Großkommentare der Praxis

Baur/Tappen

Investmentgesetze

Großkommentar

3., neu bearbeitete Auflage

herausgegeben von
Dr. Jürgen Baur
Rechtsanwalt in Köln und
Prof. Dr. Falko Tappen
Rechtsanwalt, Fachanwalt für Steuerrecht, Steuerberater in Frankfurt am Main

Zweiter Band
§§ 273–355 KAGB; InvStG

Bearbeiter:
KAGB
§§ 273, 282: Andrea München
§§ 274–277, 280–281: Andrea München/Markus München
§§ 278–279: Joachim Schneider
§§ 283–284: Marco Zingler
§§ 285–288: Sebastian Hartrott
§§ 289–292, 314–320: Caspar Behme
§§ 293–308: Frank Zingel
§§ 309–313: Ulf Klebeck
§§ 321, 323: Karin Lichtenstein
§§ 322, 324, 329: Katrin Ebel
§§ 325–328, 330–330a: Anna Lucia Izzo-Wagner/Volker Baas
§§ 331–336: Jan-Tibor Böttcher
§§ 337–338: Thomas Jesch
§§ 339–341: Tom Herberger
§§ 342–343: Finn Gerlach
§ 344: Finn Gerlach/Tom Herberger
§§ 345–355 (ohne § 346): Finn Gerlach
§ 346: Petra Reinholz

Investmentsteuergesetz
§ 1: Alexander Hagen/Petar Groseta/Julia Schilling/Christof Jenett
§§ 2–3: Horst Mertes
§§ 3a, 12–13: Peter Schäfer/Christian Schinzl
§§ 4, 8, 11, 15: Heiko Stoll/Martin Schuh
§ 5: Lidija Delčev/Timo Hillebrand/Nadine Russer
§ 6: Alexander Hagen/Petar Groseta/Tim Hackemann/Julia Schilling
§ 7: Sabine Köhler
§§ 9, 10: Heinz Zimmermann/Martin Zackor
§ 14: Thomas Jesch/Sabrina Siemko
§ 15a: Martin Heinsius/Peter Schäfer/Christian Schinzl
§§ 16, 18, 21, 23: Martin Heinsius/Marc Fellner
§ 17a: Martin Riegel/Stefan Königer
§§ 17, 22: Björn Enders
§§ 19–20: Timo Hillebrand/Nadine Russer

DE GRUYTER

Stand der Bearbeitung: September 2014

Zitiervorschlag: z.B.: Baur/Tappen/*Bearbeiter* § 320 KAGB Rn. 2
　　　　　　　　 Baur/Tappen/*Bearbeiter* § 1 InvStG Rn. 3

ISBN 978-3-11-035450-8
e-ISBN (PDF) 978-3-11-035455-3
e-ISBN (EPUB) 978-3-11-038352-2

Library of Congress Cataloging-in-Publication Data
A CIP catalog record for this book has been applied for at the Library of Congress.

Bibliografische Information der Deutschen Nationalbibliothek
Die Deutsche Nationalbibliothek verzeichnet diese Publikation in der Deutschen Nationalbibliografie; detaillierte bibliografische Daten sind im Internet über http://dnb.d-nb.de abrufbar.

© 2015 Walter de Gruyter GmbH, Berlin/München/Boston
Datenkonvertierung und Satz: jürgen ullrich typosatz, Nördlingen
Druck und Bindung: Druckerei C.H.Beck, Nördlingen
♾ Gedruckt auf säurefreiem Papier
Printed in Germany

www.degruyter.com

Die Bearbeiter der 3. Auflage

Marc von Ammon, Rechtsanwalt/Fachanwalt für Bank- und Kapitalmarktrecht, Jones Day, München
Dr. **Volker Baas**, Rechtsanwalt, Taylor Wessing, Frankfurt am Main
Damir Barac, Wirtschaftsprüfer, Ernst & Young GmbH, Eschborn
Dr. **Caspar Behme**, Wissenschaftlicher Assistent, Lehrstuhl für Bürgerliches Recht, Deutsches, Europäisches und Internationales Unternehmensrecht, Ludwig-Maximilians-Universität, München
Dr. **Florian Bentele**, Rechtsanwalt, Frankfurt am Main
Dr. **Jan-Tibor Böttcher**, Rechtsanwalt, Berlin
Bastian Bubel, Rechtsanwalt, Bubel & Roth Rechtsanwälte, Frankfurt am Main
Lidija Delčev, Diplom-Ökonomin, Ernst & Young GmbH, Eschborn
Manfred Dietrich, Rechtsanwalt, Van Campen Liem, Luxembourg
Nico Dorenkamp, Rechtsanwalt/Steuerberater, optegra GmbH & Co. KG WPG/StBG, München
René Dubois, Rechtsanwalt, Noerr LLP, Düsseldorf
Katrin Ebel, Volljuristin, Hannover
Dr. **Björn Enders**, Rechtsanwalt/Fachanwalt für Steuerrecht/Steuerberater/Diplom-Finanzwirt (FH)/Licencié en Droit (Paris II), DLA Piper UK LLP, Frankfurt am Main
Liliane Feller, Rechtsreferendarin, OLG München
Marc Fellner, Rechtsanwalt/Steuerberater, DLA Piper UK LLP, Frankfurt am Main
Dr. **Burkhard Führmeyer**, Rechtsanwalt, DLA Piper UK LLP, Frankfurt am Main
Thomas Geese, Steuerberater, Société Générale Securities Services GmbH, Unterföhring
Finn Gerlach, Rechtsanwalt, Lindemann Schwennicke & Partner, Berlin
Dr. **Matthias Geurts**, Rechtsanwalt, Noerr LLP, Frankfurt am Main
Dr. **Harald Glander**, Rechtsanwalt, Simmons & Simmons LLP, Frankfurt am Main
Lissie Goldbach, Rechtsreferendarin, OLG Celle
Jens Grimm, Wirtschaftsprüfer/Steuerberater, München
Petar Groseta, Steuerberater, Ernst & Young GmbH, Eschborn
Tim Hackemann, Rechtsanwalt/Steuerberater, Ernst & Young GmbH, Eschborn
Alexander Hagen, Rechtsanwalt/Steuerberater, Ernst & Young GmbH, Eschborn
Dr. **Mathias Hanten**, Rechtsanwalt, DLA Piper UK LLP, Frankfurt am Main
Sebastian Hartrott, Rechtsanwalt, optegra GmbH & Co. KG WPG/StBG, München
Dr. **Carlo Heck**, Rechtsanwalt, Lapithus Management S.à.r.l., Luxembourg
Martin Heinsius, Rechtsanwalt/Steuerberater, DLA Piper UK LLP, Frankfurt am Main
Tom Herberger, Wissenschaftlicher Mitarbeiter, Deutscher Bundestag, Berlin
Frank Herring, Rechtsanwalt, Allen & Overy LLP, Frankfurt am Main
Dr. **Florian Herrmann**, Rechtsanwalt/Fachanwalt für Handels- und Gesellschaftsrecht, Langwieser Rechtsanwälte, München
Nadine Hesser, Rechtsanwältin/Fachanwältin für Arbeitsrecht, DLA Piper UK LLP, Frankfurt am Main
Timo Hillebrand, Diplom Wirtschaftsjurist (FH), Ernst & Young GmbH, Eschborn
Prof. Dr. **Fabian Hinrichs**, Rechtsanwalt, Frankfurt am Main
Martin Hüwel, Rechtsanwalt, Dechert LLP, Frankfurt am Main
Dr. **Anna Lucia Izzo-Wagner**, Rechtsanwältin, Taylor Wessing, Frankfurt am Main
Christof G. Jenett, Rechtsanwalt/Steuerberater, Ernst & Young GmbH, Eschborn
Dr. **Thomas A. Jesch**, Rechtsanwalt, Kaye Scholer LLP, Frankfurt am Main
Dirk Jessen, Steuerberater/Wirtschaftsprüfer RBS RoeverBroennerSusat GmbH & Co. KG, Hamburg
Dr. **Matthias Josek**, Deutsche Asset & Wealth Management Investment GmbH, Frankfurt am Main
Valeska Karcher, Rechtsanwältin, Allen & Overy LLP, Frankfurt am Main
Dr. **Bert Kimpel**, Rechtsanwalt/Steuerberater, Taylor Wessing, Frankfurt am Main
Dr. **Jens Kirchner**, Rechtsanwalt, DLA Piper UK LLP, Frankfurt am Main
Dr. **Ulf Klebeck**, Justiziar, Zürich
Dr. **Fabian Klein**, Rechtsanwalt, DLA Piper UK LLP, Frankfurt am Main
Florian Kloster, Wissenschaftlicher Mitarbeiter, Lehrstuhl für Betriebswirtschaftslehre, insb. Betriebswirtschaftliche Steuerlehre, Saarbrücken
Sabine Köhler, Rechtsanwältin/Steuerberaterin, München
Dr. **Stefan Königer**, Steuerberater, Ernst & Young GmbH, Stuttgart

Die Bearbeiter der 3. Auflage

Dr. **Jan Könnecke**, Rechtsanwalt, Könnecke Naujok, Frankfurt am Main
Jannes Kracke, Rechtsanwalt, HANSAINVEST Hanseatische Investment-GmbH, Hamburg
Andreas B. Lammel, Bad Schwalbach
Karin Lichtenstein, Rechtsanwältin, Hannover und Schiffdorf
Dr. **Detmar Loff**, Rechtsanwalt, Allen & Overy LLP, Frankfurt am Main
Norman Mayr, Rechtsanwalt, Simmons & Simmons LLP, Frankfurt am Main
Elnaz Mehrkhah, Wissenschaftliche Mitarbeiterin/Dokotorandin, DLA Piper UK LLP, Frankfurt am Main
Horst Mertes, Rechtsanwalt/Steuerberater, Frankfurt am Main
Jens Moericke, Rechtsanwalt, Allen & Overy LLP, Frankfurt am Main
Nic Müller, Steuerberater/Wirtschaftsprüfer, KPMG Luxembourg S.à.r.l., Luxembourg
Andrea München, Rechtsanwältin/Avocàt a la Cour, DLA Piper UK LLP, Frankfurt am Main/Luxembourg
Dr. **Markus München**, Rechtsanwalt, Baker & McKenzie, Frankfurt am Main
Titus Noltenius, Rechtsanwalt, Frankfurt am Main
Petra Reinholz, Rechtsanwältin, DLA Piper UK LLP, Frankfurt am Main
Stephan Reiss, Rechtsanwalt, Ernst & Young Law GmbH, Eschborn
Martin Riegel, Rechtsanwalt/Fachanwalt für Steuerrecht/Steuerberater, Ernst & Young GmbH, Eschborn
Maximilian von Rom, Rechtsanwalt, Gleiss Lutz, Frankfurt am Main
Nadine Russer, Steuerberaterin, Ernst & Young GmbH, Eschborn
Oliver Schachinger, Rechtsanwalt, Frankfurt am Main/Luxembourg
Dr. **Peter Schäfer**, Rechtsanwalt/Fachanwalt für Steuerrecht, Hanau/Frankfurt am Main
Julia Schilling, Rechtsanwältin/Steuerberaterin, Ernst & Young GmbH, Eschborn
Christian Schinzl, Steuerberater/Wirtschaftsprüfer, Frankfurt am Main
Joachim Schneider, Referent, BaFin, Frankfurt am Main
Martin Schuh, Rechtsanwalt, Kassel
Tilman Schultheiß, Rechtsanwalt, Thümmel, Schütze & Partner, Dresden
Dr. **Nina-Luisa Siedler**, Rechtsanwältin, DLA Piper UK LLP, Berlin
Sabrina Siemko, Rechtsanwältin, Kaye Scholer LLP, Frankfurt am Main
Dr. **Lea Maria Siering**, Rechtsanwältin, Taylor Wessing, Berlin
Peggy Steffen, Rechtsanwältin, BVI Bundesverband Investment und Asset Management e.V., Frankfurt am Main
Heiko Stoll, Rechtsanwalt/Steuerberater, Simmons & Simmons LLP, Frankfurt am Main
Prof. Dr. **Falko Tappen**, Rechtsanwalt/Fachanwalt für Steuerrecht/Steuerberater, Frankfurt am Main
Dr. **Sebastian Taschke**, Rechtsanwalt, Hauck & Aufhäuser Privatbankiers KGaA, Frankfurt am Main
Sebastian Tusch, Rechtsanwalt, Gleiss Lutz, Frankfurt am Main
Simon Weber, Rechtsanwalt, Berlin
Christopher Virreira Winter, Rechtsanwalt, Frankfurt am Main
Katja Simone Wülfert, Rechtsanwältin, Société Générale Securities Services GmbH, Unterföhring
Martin Zackor, Rechtsanwalt, Gleiss Lutz, Frankfurt/Main
Heinz Zimmermann, Rechtsanwalt/Wirtschaftsprüfer/Steuerberater, DLA Piper UK LLP, Köln
Dr. **Frank Zingel**, Rechtsanwalt, lindenpartners, Berlin
Marco Zingler, Rechtsanwalt/Dipl.-Finanzwirt (FH), Allen & Overy LLP, Frankfurt am Main

Vorwort zur 3. Auflage

Die 3. Auflage des Kommentars Investmentgesetze erscheint 18 Jahre nach der 2. Auflage. 1996 war maßgebende Rechtsgrundlage für das Investmentsparen in Deutschland sowohl in zivilrechtlicher, aufsichtsrechtlicher als auch in steuerrechtlicher Hinsicht das Gesetz über Kapitalanlagegesellschaften (KAGG). Den öffentlichen Vertrieb ausländischer Investmentanteile und die steuerliche Behandlung der Erträge aus ausländischen Investmentanteilen regelte das Auslandinvestment-Gesetz (AuslInvestmG). Zur Fortentwicklung der Fondsidee und zugleich zur Förderung des Investmentstandortes Deutschland trugen die verschiedenen Finanzmarktförderungsgesetze von 1990, 1994 (2. FMFG), 1998 (3. FMFG) und 2002 (4. FMFG) bei. Eine Zäsur und zugleich eine strukturelle Anpassung an die europarechtlichen Entwicklungen in den OGAW-/UCITS-Richtlinien brachte 2003 das Investmentmodernisierungsgesetz. Dieses Gesetz hat das KAGG und das AuslInvestmG aufgehoben und durch das Investmentgesetz (InvG), in das die Organisations-, Aufsichts- und Vertriebsvorschriften, und durch das Investmentsteuergesetz (InvStG), in das die steuerrechtlichen Vorschriften beider Gesetze übernommen wurden, ersetzt. Die Fortentwicklung des europäischen Investmentrechts, aber auch die Notwendigkeit eines modernen und leistungsfähigen Regulierungs- und Aufsichtsrahmens zur Steigerung der internationalen Wettbewerbsfähigkeit der Fondsbranche, erforderten weitere Anpassungen des InvG durch das Investmentänderungsgesetz (InvÄndG) von 2007. Durch dieses Gesetz ist die Kreditinstitutseigenschaft von Kapitalanlagegesellschaften entfallen. Die Genehmigungspraxis der Aufsichtsbehörde wurde weiter vereinfacht und im Spezialfondsbereich wurden institutionelle Investoren von Regelungen entlastet, die dem Schutz von Privatanlegern dienen. Weitere Änderungen brachte die Umsetzung der EU-OGAW IV-Richtlinie in deutsches Recht und 2011 das Anlegerschutz- und Funktionsverbesserungsgesetz mit seinen Neuregelungen für Immobilien-Sondervermögen. Mit der OGAW IV-Richtlinie wurde der EU-Pass für Fondsgesellschaften geschaffen. Eine in Vorbereitung befindliche OGAW V-Richtlinie enthält vor allem Schutzvorschriften für die Anleger.

Von größerer Bedeutung als die OGAW-Richtlinien ist für die Investmentbranche die Richtlinie 2011/61/EU über die Verwalter alternativer Investmentfonds (AIFM-Richtlinie). Die AIF-Manager benötigen zukünftig eine europaweit geltende Erlaubnis für das Fondsmanagement. Der deutsche Gesetzgeber hat diese Richtlinie zum Anlass genommen, zugleich den grauen Kapitalmarkt umfassend zu regulieren. Hierzu hatte es bereits 1977 erste Ansätze mit einem nicht realisierten Entwurf eines Gesetzes über den Vertrieb von Anteilen an Vermögensanlagen gegeben (BR-Drucks. 407/77). Die Umsetzung der AIFM-Richtlinie erfolgte in dem Kapitalanlagegesetzbuch (KAGB), das seit dem 22.7.2013 in Kraft ist, und durch das zugleich das InvG aufgehoben wurde. Durch das Gesetz zur Anpassung von Gesetzen auf dem Gebiet des Finanzmarkts vom 18.7.2014, auch Reparaturgesetz genannt, ist ergänzend neben redaktionellen Anpassungen eine Abgrenzung offener und geschlossener Investmentvermögen nach den EU-Vorgaben erfolgt. Das KAGB bleibt zu einem Teil in der Systematik des InvG und ergänzt es durch ein geschlossenes Regelwerk für alle Fondsmanager und alle Typen von Investmentfonds einschließlich der bisher nicht regulierten Fonds, wie z.B. Private Equity-Fonds oder geschlossene Immobilienfonds. Mit dem KAGB werden neue Begriffe eingeführt. So tritt an die Stelle des Begriffs der Kapitalanlagegesellschaft (KAG) der Begriff der Kapitalverwaltungsgesellschaft (KVG). Diese unterscheidet sich nach Art des verwalteten Investmentvermögens in OGAW-KVG und AIF-KVG. Der Begriff der Depotbank wird durch den der Verwahrstelle ersetzt. Zu erwähnen ist weiterhin, dass das KAGB gleichzeitig aufgrund europarechtlicher Vorgaben zum sog. rein materiellen Fondsbegriff zurückkehrt, wonach grundsätzlich jede vertragliche und gesellschaftsrechtliche Struktur erfasst sein kann, sofern ein Investmentvermögen gegeben ist. Unter den Begriff des Investmentvermögens fällt jeder Organismus für gemeinsame Anlagen, wenn er von einer Anzahl von Anlegern Kapital einsammelt, um es gemäß einer festgelegten Anlagestrategie zum Nutzen der Anleger zu investieren, und der kein operativ tätiges Unternehmen außerhalb des Finanzsektors ist. Fonds, die den materiellen Anforderungen des KAGB nicht genügen, stellen unerlaubtes Investmentgeschäft dar.

Mit der Einführung der AIF ergab sich ebenfalls die Notwendigkeit, die steuerrechtlichen Vorschriften des InvStG zu ändern. Dies geschah durch das AIFM-Steuer-Anpassungsgesetz (AIFM-StAnpG) vom 18.12.2013. Unter das InvStG in der geänderten Fassung fallen neben offenen Fonds nunmehr auch alle geschlossenen Fonds. Halten OGAW und offene AIF die vorgegebenen Anlagebestimmungen ein, werden sie als Investmentfonds bezeichnet. Es gelten für die Anleger wie bisher günstige Steuerregelungen. Soweit dies nicht der Fall ist, greifen die neuen Konzepte der Investitionspersonen- bzw. Investitionskapitalgesellschaft. Es ist zu befürchten, dass es gerade die Investitionskapitalgesellschaften sind, die zu steuerlichen Überraschungen bei Investoren führen werden, da unter Umständen weder Teileinkünfteverfahren noch Freistellungsverfahren Anwendung finden können. Auch die Anwendbarkeit des Außensteuergesetzes wirft interessante neue Fragestellungen auf.

Die große Zahl von Gesetzesänderungen seit Erscheinen der 2. Auflage und zuletzt das KAGB und das InvStG in der Fassung des AIFM-StAnpG machten eine grundlegende Neuauflage des Kommentars unumgänglich. Die Kommentierung beschränkt sich wesentlich auf die vorgenannten Gesetze und in einem separaten Band, der als Nachzügler erscheint, die Investmentgesetzgebung in Luxemburg. Der Verfasser der beiden ersten Auflagen sah sich nicht mehr in der Lage, alleine die Kommentierung auf den neuesten Stand zu bringen und zu verantworten, auch wenn er schon in den Vorauflagen von Fachleuten aus der Investmentpraxis unterstützt worden ist und zusätzlich eigene Erfahrungen als Geschäftsführer einer Wertpapier-KAG und später einer Immobilien-KAG einbringen konnte. Auf Initiative des Verlags wurden über längere Zeit Kontakte zu jüngeren Fachautoren geknüpft. Als erfolgreich erwies sich der Kontakt zu Herrn Professor Dr. Falko Tappen, der als Fachanwalt für Steuerrecht und Steuerberater zunächst bei Freshfields Bruckhaus Deringer LLP, Frankfurt, und dann bei DLA Piper UK LLP, Frankfurt, tätig war. Gegenwärtig berät Professor Dr. Tappen neben seiner Hochschultätigkeit an der Fachhochschule Worms im Rahmen der von ihm gegründeten Kanzlei TCS Treuhand Steuerberatungsgesellschaft mbH. Sowohl der Verfasser der Vorauflagen als auch Herr Rechtsanwalt Professor Dr. Tappen beschlossen, die Neuauflage als Herausgeber zu begleiten. Die wesentliche Arbeit lag bei Herrn Rechtsanwalt Professor Dr. Tappen, der den Kreis der Autorinnen und Autoren aussuchte und mit ihnen nicht nur die vorbereitenden Gespräche führte, sondern auch deren Kommentierungen begleitete und über die gesamte Zeit als Ansprechpartner zur Verfügung stand. Als besonderer Glücksfall erwies sich Frau Elnaz Mehrkhah, Doktorandin und Wissenschaftliche Mitarbeiterin/Trainee Lawyer bei DLA Piper UK LLP, die den Kontakt zu allen Autorinnen und Autoren und den verantwortlichen Redakteuren beim Verlag hielt, die Manuskripte einforderte und überprüfte und durch ihren unermüdlichen Einsatz entscheidend zum Gelingen dieses Werkes beitrug. In ihren Händen lag in Kooperation mit dem Verlag auch die erfolgreiche Durchführung einer Autorenkonferenz am 12.6.2013 in Frankfurt am Main. Ihr gebührt mithin unser ganz besonderer Dank für ihre hervorragende fachkompetente Unterstützung und ihr persönliches Engagement bei allen fachlichen und administrativen Belangen. Vor diesem Hintergrund freuen wir uns sehr – nach Rücksprache und mit Zustimmung der Verantwortlichen beim De Gruyter Verlag – bereits jetzt ankündigen zu können, Frau Elnaz Mehrkhah ab der nächsten Auflage als Herausgeber für unser Werk gewonnen zu haben und sie im Herausgeber-Team begrüßen zu dürfen.

Weiterhin gilt der besondere Dank der Herausgeber allen, die bei der Fertigstellung der 3. Auflage tatkräftig mitgewirkt haben, zunächst dem Verlag Walter de Gruyter, insbesondere Herrn Eike Böttcher, und in seiner Nachfolge, Frau Dominique Tank. Die Herausgeber danken selbstverständlich den Autorinnen und Autoren, die uns teils im Team, teils alleine ihre Expertise in der Kommentierung zur Verfügung gestellt haben, und auch dafür, dass sie in der Vorbereitungszeit nicht den Mut verloren haben, trotz wiederholter Gesetzesänderungen mit großer Geduld und großem Verständnis und neben der täglichen Arbeitsbelastung an diesem umfangreichen Werk mitzuarbeiten. Wir hoffen aber, dass die Mühe sich gelohnt hat und freuen uns auf Anregungen, Hinweise und konstruktive Kritik aus der Leserschaft.

Köln und Frankfurt am Main, Oktober 2014   Rechtsanwalt Dr. Jürgen Baur
Rechtsanwalt, Steuerberater Professor Dr. Falko Tappen

Vorwort zur 2. Auflage

Seit Erscheinen der 1. Auflage sind 26 Jahre vergangen. Die Anlage in Investmentfonds erfreut sich allgemeinen Interesses. Dieses weltweite Phänomen beschränkt sich nicht auf die Industrienationen, sondern hat auch die jungen Märkte („emerging markets") erfaßt. Privatpersonen (über Publikumsfonds), Institutionen und Unternehmen (insbes. über Spezialfonds) bedienen sich in gleicher Weise der vielfältigen Anlagemöglichkeiten und Verwaltungsvorteile der Investmentanlage. Das Gesetz über Kapitalanlagegesellschaften (KAGG), die maßgebende Rechtsgrundlage für die Investmentfonds in Deutschland, und das Auslandinvestment-Gesetz (AuslInvestmG), das den öffentlichen Vertrieb ausländischer Investmentanteile und die steuerliche Behandlung ausländischer Investmenterträge regelt, sind mehrfach geändert worden. Wesentliche Änderungen ergaben sich aus der Körperschaftsteuerreform 1976, dem (1.) Finanzmarktförderungsgesetz von 1990 mit der Anpassung an die OGAW-Richtlinie (Richtlinie 85/611/EWG), den Vertriebserleichterungen für EG-Investmentanteile, dem Zugang zu den Derivaten und der Deregulierung für Spezialfonds, dem Zinsabschlaggesetz von 1992, dem Mißbrauchsbekämpfungs- und Steuerbereinigungsgesetz von 1993 mit der Einführung der Besteuerung des Zwischengewinns und dem 2. Finanzmarktförderungsgesetz von 1994 mit Erweiterungen der Anlagemöglichkeiten im derivativen Geschäft, der Zulassung von Geldmarktfonds und der Einbeziehung ausländischer Geldmarktfonds in das AuslInvestmG. Durch das Zweite Vermögensbeteiligungsgesetz von 1986 ist das KAGG um Vorschriften für Beteiligungs-Sondervermögen erweitert worden, deren praktische Anwendung jedoch noch aussteht.

Die Vielzahl von Gesetzesänderungen erforderte eine umfassende Revision des Kommentars. Um den Umgang mit den Erläuterungen zu erleichtern, wurde ein Randnummernsystem eingeführt. Dem Kommentar ist vorangestellt eine allgemeine Einleitung, die in Teil I Begriffe des Investmentsparens erläutert, in Teil II einen Überblick über die Europäischen Harmonisierungsbestrebungen gibt und in Teil III Grundinformationen zur Situation der Investmentfonds (UCITS/Mutual Funds) in den Mitgliedstaaten der EG/Vertragsstaaten des EWR sowie in der Schweiz, in Japan und in den USA vermittelt.

Die Neufassung des Kommentars ist das Ergebnis einer Vielzahl von Gesprächen mit der Aufsichtsbehörde, mit Fachkollegen und Wirtschaftsprüfern. Die bis Ende 1995 veröffentlichten Schreiben des Bundesaufsichtsamtes für das Kreditwesen und der Finanzverwaltung sowie die wesentliche Literatur sind berücksichtigt. Ich nehme die Gelegenheit wahr, allen, die mich bei der mehrjährigen Vorbereitung mit ihren Anregungen unterstützt haben, zu danken. Stellvertretend gilt ein besonderer Dank meiner Sekretärin, Frau Mittné, die sich mit großer Sorgfalt und Geduld meinem wiederholt geänderten Manuskript angenommen und die Reinschrift gefertigt hat. Mein Dank gilt auch dem Verlag Walter de Gruyter für die verlegerische Betreuung und die Bereitschaft, die bereits gesetzten Texte entsprechend den Gesetzesänderungen zu aktualisieren.

Köln, im Februar 1996   Jürgen Baur

Vorwort zur 1. Auflage

Seit 1957 der Gesetzgeber dem Investmentsparen mit dem Gesetz über Kapitalanlagegesellschaften (KAGG) eine eigene Ordnung gegeben hat, ist es dieser Anlageform gelungen, sich in der Bundesrepublik einen festen Platz neben dem Kontensparen und dem klassischen Wertpapiersparen zu erringen. Der rechtliche Rahmen des KAGG hat sich bewährt. Anlässe zu höchstrichterlicher Rechtsprechung wurden nicht gegeben. Um so größer ist die Zahl wissenschaftlicher Untersuchungen, die sich mit dieser Fundgrube rechtstheoretischer Erörterungen befassen. Auch in der Praxis entstanden Probleme, wenn es galt, den gesetzlichen Rahmen in der bestmöglichen Weise zu nutzen. Da der 1957 erschienene Kommentar von Tormann und Siara und auch die Erläuterungen von Dürre, Full und Beyer-Fehling naturgemäß der Entwicklung nicht vorausgreifen konnten, erschien mir die Novellierung des KAGG anläßlich der Verabschiedung des Auslandsinvestmentgesetzes ein guter Anlaß, in einer neuen Kommentierung die Erkenntnisse der Jahre seit 1957 zu verarbeiten. Hierbei habe ich versucht, vor allem dem Standpunkt der Praxis Rechnung zu tragen, der ich auf Grund meiner jetzigen Tätigkeit und meiner früheren Mitarbeit im Bundesverband deutscher Banken besonders nahe stehe.

Eine juristisch reizvolle Aufgabe war es für mich, gleichzeitig das Auslandsinvestmentgesetz zu erläutern. Dieses Gesetz besitzt viele Berührungspunkte mit dem KAGG. Andererseits wird erstmals versucht, durch die Regelung des Vertriebs ausländischer Investmentanteile eine äußerst vielgestaltige Rechtsmaterie in einem Teilbereich in den Griff zu bekommen. Wenn sich dabei Lücken und mehrdeutige Begriffe im Gesetz nicht vermeiden ließen, so habe ich mich bemüht, praktische Lösungen anzustreben. Sollte deren Richtigkeit bezweifelt werden, so bin ich gerne bereit, meine Ergebnisse zu überdenken und will mich auch einer besseren Erkenntnis nicht verschließen. Daher bin ich für jede Anregung dankbar, die mir aus dem Kreise meiner Leser zugetragen wird.

Abschließend darf ich noch ein Wort des Dankes sagen an alle, die zum Gelingen meiner Arbeit beigetragen haben. Besonders verbunden bin ich für Hinweise und Vorschläge Frau Rechtsanwältin Friedel Bodenstein, Justitiarin der Commerzbank AG, Herrn Rechtsanwalt Dr. Dieter Holzheimer, Geschäftsführer des Bundesverbandes deutscher Banken, Herrn Assessor Heinz Jacobs, vormals Geschäftsführer der Arbeitsgemeinschaft Deutscher Investmentgesellschaften, jetzt Geschäftsführer des Bundesverbandes Investmentvertrieb Deutschland, Herrn Heinrich Stein, Abteilungsdirektor der Deutsche Bank AG, Herrn Dr. Ernst C. Stiefel, Attorney and Counsellor at Law (New York) und Rechtsanwalt (Düsseldorf), und Herrn ORR a.D. Hans Ziganke, stellvertretender Hauptgeschäftsführer des Bundesverbandes deutscher Banken.

Köln und Frankfurt am Main, Februar 1970   Jürgen Baur

Inhaltsverzeichnis

Abkürzungsverzeichnis —— **XXI**
Literaturverzeichnis —— **XXXI**

Kapitalanlagegesetzbuch

Kapitel 3
Inländische Spezial-AIF

Abschnitt 1
Allgemeine Vorschriften für inländische Spezial-AIF
    § 273   Anlagebedingungen —— **1**
    § 274   Begrenzung von Leverage —— **2**
    § 275   Belastung —— **3**
    § 276   Leerverkäufe —— **5**
    § 277   Übertragung von Anteilen oder Aktien —— **7**

Abschnitt 2
Vorschriften für offene inländische Spezial-AIF

Unterabschnitt 1
Allgemeine Vorschriften für offene inländische Spezial-AIF
    § 278   Bewertung, Bewertungsverfahren und Bewerter —— **8**
    § 279   Häufigkeit der Bewertung, Offenlegung —— **14**
    § 280   Master-Feeder-Strukturen —— **17**
    § 281   Verschmelzung —— **18**

Unterabschnitt 2
Besondere Vorschriften für allgemeine offene inländische Spezial-AIF
    § 282   Anlageobjekte, Anlagegrenzen —— **22**

Unterabschnitt 3
Besondere Vorschriften für Hedgefonds
    § 283   Hedgefonds —— **23**

Unterabschnitt 4
Besondere Vorschriften für offene inländische Spezial-AIF mit festen Anlagebedingungen
    § 284   Anlagebedingungen, Anlagegrenzen —— **40**

Abschnitt 3
Vorschriften für geschlossene inländische Spezial-AIF

Unterabschnitt 1
Allgemeine Vorschriften für geschlossene inländische Spezial-AIF
    § 285   Anlageobjekte —— **55**
    § 286   Bewertung, Bewertungsverfahren und Bewerter; Häufigkeit der Bewertung —— **56**

Unterabschnitt 2
Besondere Vorschriften für AIF, die die Kontrolle über nicht börsennotierte
Unternehmen und Emittenten erlangen
- § 287 Geltungsbereich —— 58
- § 288 Erlangen von Kontrolle —— 63
- § 289 Mitteilungspflichten —— 65
- § 290 Offenlegungspflicht bei Erlangen der Kontrolle —— 86
- § 291 Besondere Vorschriften hinsichtlich des Jahresabschlusses und des Lageberichts —— 103
- § 292 Zerschlagen von Unternehmen —— 110

Kapitel 4
Vorschriften für den Vertrieb und den Erwerb von Investmentvermögen

Abschnitt 1
Vorschriften für den Vertrieb und den Erwerb von Investmentvermögen

Unterabschnitt 1
Allgemeine Vorschriften für den Vertrieb und den Erwerb von Investmentvermögen
- § 293 Allgemeine Vorschriften —— 124
- § 294 Auf den Vertrieb und den Erwerb von OGAW anwendbare Vorschriften —— 134
- § 295 Auf den Vertrieb und den Erwerb von AIF anwendbare Vorschriften —— 136
- § 296 Vereinbarungen mit Drittstaaten zur OGAW-Konformität —— 143

Unterabschnitt 2
Vorschriften für den Vertrieb und den Erwerb von AIF in Bezug auf Privatanleger und für den Vertrieb und den Erwerb von OGAW
- § 297 Verkaufsunterlagen und Hinweispflichten —— 145
- § 298 Veröffentlichungspflichten und laufende Informationspflichten für EU-OGAW —— 153
- § 299 Veröffentlichungspflichten und laufende Informationspflichten für EU-AIF und ausländische AIF —— 155
- § 300 Zusätzliche Informationspflichten bei AIF —— 161
- § 301 Sonstige Veröffentlichungspflichten —— 163
- § 302 Werbung —— 164
- § 303 Maßgebliche Sprachfassung —— 168
- § 304 Kostenvorausbelastung —— 169
- § 305 Widerrufsrecht —— 171
- § 306 Prospekthaftung und Haftung für die wesentlichen Anlegerinformationen —— 176

Unterabschnitt 3
Vorschriften für den Vertrieb und den Erwerb von AIF in Bezug auf semiprofessionelle und professionelle Anleger
- § 307 Informationspflichten gegenüber semiprofessionellen und professionellen Anlegern und Haftung —— 187
- § 308 Sonstige Informationspflichten —— 191

Abschnitt 2
Vertriebsanzeige und Vertriebsuntersagung für OGAW

Unterabschnitt 1
Anzeigeverfahren beim Vertrieb von EU-OGAW im Inland
- § 309 Pflichten beim Vertrieb von EU-OGAW im Inland —— **193**
- § 310 Anzeige zum Vertrieb von EU-OGAW im Inland —— **209**
- § 311 Untersagung und Einstellung des Vertriebs von EU-OGAW —— **219**

Unterabschnitt 2
Anzeigeverfahren für den Vertrieb von inländischen OGAW in anderen Mitgliedstaaten der Europäischen Union oder in Vertragsstaaten des Abkommens über den Europäischen Wirtschaftsraum
- § 312 Anzeigepflicht; Verordnungsermächtigung —— **230**
- § 313 Veröffentlichungspflichten —— **241**

Abschnitt 3
Anzeige, Einstellung und Untersagung des Vertriebs von AIF
- § 314 Untersagung des Vertriebs —— **244**
- § 315 Einstellung des Vertriebs von AIF —— **263**

Unterabschnitt 1
Anzeigeverfahren für den Vertrieb von Publikums-AIF, von EU-AIF oder von ausländischen AIF an Privatanleger im Inland
- § 316 Anzeigepflicht einer AIF-Kapitalverwaltungsgesellschaft beim beabsichtigten Vertrieb von inländischen Publikums-AIF im Inland —— **266**
- § 317 Zulässigkeit des Vertriebs von EU-AIF oder von ausländischen AIF an Privatanleger —— **276**
- § 318 Verkaufsprospekt und wesentliche Anlegerinformationen beim Vertrieb von EU-AIF oder von ausländischen AIF an Privatanleger —— **305**
- § 319 Vertretung der Gesellschaft, Gerichtsstand beim Vertrieb von EU-AIF oder von ausländischen AIF an Privatanleger —— **312**
- § 320 Anzeigepflicht beim beabsichtigten Vertrieb von EU-AIF oder von ausländischen AIF an Privatanleger im Inland —— **320**

Unterabschnitt 2
Anzeigeverfahren für den Vertrieb von AIF an semiprofessionelle Anleger und professionelle Anleger im Inland
- § 321 Anzeigepflicht einer AIF-Kapitalverwaltungsgesellschaft beim beabsichtigten Vertrieb von EU-AIF oder von inländischen Spezial-AIF an semiprofessionelle und professionelle Anleger im Inland —— **343**
- § 322 Anzeigepflicht einer AIF-Kapitalverwaltungsgesellschaft beim beabsichtigten Vertrieb von ausländischen AIF oder von inländischen Spezial-Feeder-AIF oder EU-Feeder-AIF, deren jeweiliger Master-AIF kein EU-AIF oder inländischer AIF ist, der von einer EU-AIF-Verwaltungsgesellschaft oder einer AIF-Kapitalverwaltungsgesellschaft verwaltet wird, an semiprofessionelle und professionelle Anleger im Inland —— **356**
- § 323 Anzeigepflicht einer EU-AIF-Verwaltungsgesellschaft beim beabsichtigten Vertrieb von EU-AIF oder von inländischen Spezial-AIF an semiprofessionelle und professionelle Anleger im Inland —— **369**

§ 324　Anzeigepflicht einer EU-AIF-Verwaltungsgesellschaft beim beabsichtigten Vertrieb von ausländischen AIF oder von inländischen Spezial-Feeder-AIF oder EU-Feeder-AIF, deren jeweiliger Master-AIF kein EU-AIF oder inländischer AIF ist, der von einer EU-AIF-Verwaltungsgesellschaft oder einer AIF-Kapitalverwaltungsgesellschaft verwaltet wird, an semiprofessionelle und professionelle Anleger im Inland —— **378**

§ 325　Anzeigepflicht einer ausländischen AIF-Verwaltungsgesellschaft, deren Referenzmitgliedstaat die Bundesrepublik Deutschland ist, beim beabsichtigten Vertrieb von EU-AIF oder von inländischen Spezial-AIF an semiprofessionelle und professionelle Anleger im Inland —— **386**

§ 326　Anzeigepflicht einer ausländischen AIF-Verwaltungsgesellschaft, deren Referenzmitgliedstaat die Bundesrepublik Deutschland ist, beim beabsichtigten Vertrieb von ausländischen AIF an semiprofessionelle und professionelle Anleger im Inland —— **396**

§ 327　Anzeigepflicht einer ausländischen AIF-Verwaltungsgesellschaft, deren Referenzmitgliedstaat nicht die Bundesrepublik Deutschland ist, beim beabsichtigten Vertrieb von EU-AIF oder von inländischen Spezial-AIF an semiprofessionelle und professionelle Anleger im Inland —— **406**

§ 328　Anzeigepflicht einer ausländischen AIF-Verwaltungsgesellschaft, deren Referenzmitgliedstaat nicht die Bundesrepublik Deutschland ist, beim beabsichtigten Vertrieb von ausländischen AIF an semiprofessionelle und professionelle Anleger im Inland —— **415**

§ 329　Anzeigepflicht einer EU-AIF-Verwaltungsgesellschaft oder einer AIF-Kapitalverwaltungsgesellschaft beim beabsichtigten Vertrieb von von ihr verwalteten inländischen Spezial-Feeder-AIF oder EU-Feeder-AIF, deren jeweiliger Master-AIF kein EU-AIF oder inländischer AIF ist, der von einer EU-AIF-Verwaltungsgesellschaft oder einer AIF-Kapitalverwaltungsgesellschaft verwaltet wird, oder ausländischen AIF an semiprofessionelle und professionelle Anleger im Inland —— **426**

§ 330　Anzeigepflicht einer ausländischen AIF-Verwaltungsgesellschaft beim beabsichtigten Vertrieb von ihr verwalteten ausländischen AIF oder EU-AIF an semiprofessionelle und professionelle Anleger im Inland —— **438**

§ 330a　Anzeigepflicht von EU-AIF-Verwaltungsgesellschaften, die die Bedingungen nach Artikel 3 Absatz 2 der Richtlinie 2011/61/EU erfüllen, beim beabsichtigten Vertrieb von AIF an professionelle und semiprofessionelle Anleger im Inland —— **455**

Unterabschnitt 3
Anzeigeverfahren für den Vertrieb von AIF an professionelle Anleger in anderen Mitgliedstaaten der Europäischen Union und Vertragsstaaten des Abkommens über den Europäischen Wirtschaftsraum

§ 331　Anzeigepflicht einer AIF-Kapitalverwaltungsgesellschaft beim Vertrieb von EU-AIF oder inländischen AIF an professionelle Anleger in anderen Mitgliedstaaten der Europäischen Union oder in anderen Vertragsstaaten des Abkommens über den Europäischen Wirtschaftsraum; Verordnungsermächtigung —— **466**

§ 332　Anzeigepflicht einer AIF-Kapitalverwaltungsgesellschaft beim Vertrieb von ausländischen AIF oder von inländischen Feeder-AIF oder EU-Feeder-AIF, deren jeweiliger Master-AIF kein EU-AIF oder inländischer AIF ist, der von einer EU-AIF-Verwaltungsgesellschaft oder einer AIF-Kapitalverwaltungsgesellschaft verwaltet wird, an professionelle Anleger in anderen Mitgliedstaaten der Europäischen Union oder in anderen Vertragsstaaten des Abkommens über den Europäischen Wirtschaftsraum —— **475**

§ 333 Anzeigepflicht einer ausländischen AIF-Verwaltungsgesellschaft, deren Referenzmitgliedstaat die Bundesrepublik Deutschland ist, beim Vertrieb von EU-AIF oder von inländischen AIF an professionelle Anleger in anderen Mitgliedstaaten der Europäischen Union oder in anderen Vertragsstaaten des Abkommens über den Europäischen Wirtschaftsraum —— **480**

§ 334 Anzeigepflicht einer ausländischen AIF-Verwaltungsgesellschaft, deren Referenzmitgliedstaat die Bundesrepublik Deutschland ist, beim Vertrieb von ausländischen AIF an professionelle Anleger in anderen Mitgliedstaaten der Europäischen Union oder in anderen Vertragsstaaten des Abkommens über den Europäischen Wirtschaftsraum —— **483**

§ 335 Bescheinigung der Bundesanstalt —— **488**

Unterabschnitt 4
Verweis und Ersuchen für den Vertrieb von AIF an semiprofessionelle und professionelle Anleger

§ 336 Verweise und Ersuchen nach Artikel 19 der Verordnung (EU) Nr. 1095/2010 —— **489**

Kapitel 5
Europäische Risikokapitalfonds

§ 337 Europäische Risikokapitalfonds —— **493**

Kapitel 6
Europäische Fonds für soziales Unternehmertum

§ 338 Europäische Fonds für soziales Unternehmertum —— **497**

Kapitel 7
Straf-, Bußgeld- und Übergangsvorschriften

Abschnitt 1
Straf- und Bußgeldvorschriften

§ 339 Strafvorschriften —— **500**
§ 340 Bußgeldvorschriften —— **514**
§ 341 Beteiligung der Bundesanstalt und Mitteilungen in Strafsachen —— **537**
§ 342 Beschwerde- und Schlichtungsverfahren; Verordnungsermächtigung —— **540**

Abschnitt 2
Übergangsvorschriften

Unterabschnitt 1
Allgemeine Übergangsvorschriften für AIF-Verwaltungsgesellschaften

Vorbemerkung vor §§ 343–355 KAGB —— **568**

§ 343   Übergangsvorschriften für inländische und EU-AIF-Verwaltungsgesell-
         schaften —— 573
§ 344   Übergangsvorschriften für ausländische AIF-Verwaltungsgesellschaften
         und für andere Vertragsstaaten des Abkommens über den Europäischen
         Wirtschaftsraum —— 586

Unterabschnitt 2
Besondere Übergangsvorschriften für offene AIF und für AIF-Verwaltungsgesellschaften, die offene AIF verwalten
§ 345   Übergangsvorschriften für offene AIF und AIF-Verwaltungsgesellschaften,
         die offene AIF verwalten, die bereits nach dem Investmentgesetz reguliert
         waren —— 588
§ 346   Besondere Übergangsvorschriften für Immobilien-Sondervermögen —— 601
§ 347   Besondere Übergangsvorschriften für Altersvorsorge-Sondervermö-
         gen —— 606
§ 348   Besondere Übergangsvorschriften für Gemischte Sondervermögen und
         Gemischte Investmentaktiengesellschaften —— 609
§ 349   Besondere Übergangsvorschriften für Sonstige Sondervermögen und
         Sonstige Investmentaktiengesellschaften —— 613
§ 350   Besondere Übergangsvorschriften für Hedgefonds und offene Spezial-
         AIF —— 616
§ 351   Übergangsvorschriften für offene AIF und AIF-Verwaltungsgesellschaften,
         die offene AIF verwalten, die nicht bereits nach dem Investmentgesetz
         reguliert waren —— 621
§ 352   Übergangsvorschrift zu § 127 des Investmentgesetzes —— 627

Unterabschnitt 3
Besondere Übergangsvorschriften für AIF-Verwaltungsgesellschaften, die geschlossene AIF verwalten, und für geschlossene AIF
§ 352a Definition von geschlossenen AIF im Sinne von § 353 —— 630
§ 353   Besondere Übergangsvorschriften für AIF-Verwaltungsgesellschaften,
         die geschlossene AIF verwalten, und für geschlossene AIF —— 633
§ 354   Übergangsvorschrift zu § 342 Absatz 3 —— 657

Unterabschnitt 4
Übergangsvorschriften für OGAW-Verwaltungsgesellschaften und OGAW
§ 355   Übergangsvorschriften für OGAW-Verwaltungsgesellschaften und
         OGAW —— 658

Investmentsteuergesetz

Abschnitt 1
Gemeinsame Regelungen für inländische und ausländische Investmentfonds
§ 1   Anwendungsbereich und Begriffsbestimmungen —— 667
§ 2   Erträge aus Investmentanteilen —— 755
§ 3   Ermittlung der Erträge —— 804
§ 3a   Ausschüttungsreihenfolge —— 861
§ 4   Ausländische Einkünfte —— 875
§ 5   Besteuerungsgrundlagen —— 900

§ 6 Besteuerung bei fehlender Bekanntmachung —— 974
§ 7 Kapitalertragsteuer —— 994
§ 8 Veräußerung von Investmentanteilen, Vermögensminderung —— 1051
§ 9 Ertragsausgleich —— 1086
§ 10 Dach-Investmentfonds —— 1092

Abschnitt 2
Regelungen nur für inländische Investmentfonds
§ 11 Steuerbefreiung und Außenprüfung —— 1099
§ 12 Ausschüttungsbeschluss —— 1110
§ 13 Gesonderte Feststellung der Besteuerungsgrundlagen —— 1137
§ 14 Verschmelzung von Investmentfonds und Teilen von Investmentfonds —— 1197
§ 15 Inländische Spezial-Investmentfonds —— 1206
§ 15a Offene Investmentkommanditgesellschaft —— 1245

Abschnitt 3
Regelungen nur für ausländische Investmentfonds
§ 16 Ausländische Spezial-Investmentfonds —— 1279
§ 17 Repräsentant —— 1282
§ 17a Auswirkungen der Verschmelzung von ausländischen Investmentfonds und Teilen eines solchen Investmentfonds auf einen anderen ausländischen Investmentfonds oder Teile eines solchen Investmentfonds —— 1307
§ 18 Personen-Investitionsgesellschaften —— 1322

Abschnitt 4
Gemeinsame Vorschriften für inländische und ausländische Investitionsgesellschaften
§ 19 Kapital-Investitionsgesellschaften —— 1324
§ 20 Umwandlung einer Investitionsgesellschaft in einen Investmentfonds —— 1335

Abschnitt 5
Anwendungs- und Übergangsvorschriften
§ 21 Anwendungsvorschriften vor Inkrafttreten des AIFM-Steuer-Anpassungsgesetzes —— 1343
§ 22 Anwendungsvorschriften zum AIFM-Steuer-Anpassungsgesetz —— 1356
§ 23 Übergangsvorschriften —— 1382

Sachregister —— 1385

Abkürzungsverzeichnis

a.A./A.A.	anderer Ansicht
a.F.	alte Fassung
a.E.	am Ende
aaO	am angegebenen Ort
a.M.	anderer Meinung
ABCP	Asset-Backed Commercial Paper
Abk.	Abkommen
abl.	ablehnend
ABl. (EG-ABl./EU-ABl.)	Amtsblatt der Europäischen Gemeinschaft
Abs.	Absatz
ABS	Asset-Backed Security
abw.	abweichend
AcP	Archiv für die civilistische Praxis
AEUV	Vertrag über die Arbeitsweise der Europäischen Union, konsolidierte Fassung aufgrund des am 1.12.2009 in Kraft getretenen Vertrages von Lissabon
AFG	Schweizer Anlagenfondgesetz
AG	1. Aktiengesellschaft
	2. Die Aktiengesellschaft (Zeitschrift)
	3. Amtsgericht
AGB	Allgemeine Geschäftsbedingungen
AIF	Alternative Investment Fund/Alternativer Investmentfonds
AIFM	Alternative Investmentfond Manager
AIFM-DV	AIFM-Durchführungsverordnung (EU) Nr. 231/2013 zur Ergänzung der Richtlinie 2011/61/EU des Europäischen Parlaments und des Rates vom 19. Dezember 2012
AIFM-RL	Richtlinie 2011/61/EU des Europäischen Parlaments und des Rates vom 8. Juni 2011 über die Verwalter alternativer Investmentfonds und zur Änderung der Richtlinien 2003/41/EG und 2009/65/EG und der Verordnungen (EG) Nr. 1060/2009 und (EU) Nr. 1095/2010
AIFM-UmsG	Gesetz zur Umsetzung der Richtinie 2011/61/EU über die Verwalter alternativer Investmentfonds (AIFM-Umsetzungsgesetz – AIFM-UmsG) vom 4. Juli 2013, BGBl. I 1981
AIFM-UmsG-DisE	Diskussionsentwurf eines Gesetzes zur Umsetzung der Richtlinie 2011/61/EU über die Verwalter alternativer Investmentfonds (AIFM-Umsetzungsgesetz – AIFM-UmsG), Stand 20. Juli 2012
AIFM-UmsG-RegE	Regierungsentwurf eines Gesetzes zur Umsetzung der Richtlinie 2011/61/EU über die Verwalter alternativer Investmentfonds (AIFM-Umsetzungsgesetz – AIFM-UmsG), BT-Drucksache 17/12294 vom 6.2.2013
AIMA	Alternative Investment Management Association
AktG	Aktiengesetz
alfi	Association of the Luxembourg Fund Industry
allg.	allgemein
allg.M.	allgemeine Meinung
Alt.	Alternative
AltZertG	Gesetz über die Zertifizierung von Altersvorsorge- und Basisrentenverträgen
Amtl.Anz.	Amtlicher Anzeiger
Amtl.Begr.	Amtliche Begründung
Amtsbl.	Amtsblatt
AnfG	Anfechtungsgesetz
Anh.	Anhang
Anl.	1. Anlage
	2. Anleitung
Anm.	Anmerkung

Abkürzungsverzeichnis

AnsFuG	Gesetz zur Stärkung des Anlegerschutzes und Verbesserung der Funktionsfähigkeit des Kaptialmarkts (Anlegerschutz- und Funktionsverbesserungsgesetz) vom 5. April 2011
AntAnlVerlV	Entwurf der Verordnung zur Konkretisierung der in § 28 Abs. 3 des InvG vorgesehenen Entschädigungsverfahren und zur Anpassung der InvRBV und der InvPrüfV
AnzV	Anzeigenverordnung
AO	Abgabenordnung
AP	Arbeitsrechtliche Praxis
App.	Appendix
AR	Aufsichtsrat
ArchBürgR	Archiv für Bürgerliches Recht
arg. e	Argument aus
Art.	Artikel
Artt.	Artikel (Pl.)
AT	Allgemeiner Teil
Aufl.	Auflage
AuM	Assets under management
AuslInvestmG	Auslandsinvestment-Gesetz
AV	Ausführungsverordnung
AVB	Allgemeine Vertragsbedingungen
AvmG	Altersvermögensgesetz
AWD	Außenwirtschaftsdienst des Betriebs-Beraters
AWG	Außenwirtschaftsgesetz
Az.	Aktenzeichen
Baden-Württ.	Baden-Württemberg
BaFin	Bundesanstalt für Finanzdienstleistungsaufsicht
BAI	Bundesverband für Alternative Investments e.V.
BAKred	Bundesaufsichtsamt für das Kreditwesen
BankArch	Bank-Archiv, Zeitschrift für Bank- und Börsenwesen
BankBiRILiG	Gesetz zur Durchführung der Richtlinie des Rates der Europäischen Gemeinschaften über den Jahresabschluss und den konsolidierten Abschluss von Banken und anderen Finanzinstituten (Bankbilanzrichtlinie-Gesetz) vom 30.11.1990
BAnz	Bundesanzeiger
BAO	Bundesabgabenordnung
BauSparG	Bausparkassengesetz
BAV	Bundesaufsichtsamt für Versicherungswesen
BAWe	Bundesaufsichtsamt für das Wertpapierwesen
BayObLG	Bayerisches Oberlandesgericht
BB	Betriebs-Berater
BBankG	Bundesbankgesetz
BBK	Buchführung, Bilanz, Kostenrechnung
BCBS	Baseler Ausschuss für Bankenaufsicht
Bd.	Band
BDSG	Bundesdatenschutzgesetz
Bearb.	Bearbeitung
BeckRS	Beck-Rechtsprechung
Begr.	Begründung
Beil.	Beilage
Bek. v.	Bekanntmachung vom
Bekl.	Beklagter
ber.	Berichtigt
Beschl.	Beschluss

Bespr.	Besprechung
betr.	betreffend
BetrVG	Betriebsverfassungsgesetz
BeurkG	Beurkundungsgesetz
BGB	Bürgerliches Gesetzbuch
BGBl.	Bundesgesetzblatt
BGH	Bundesgerichtshof
BGHR	BGH-Rechtsprechung, hrsg. von den Richtern des Bundesgerichtshofes
BGHSt	Entscheidungen des Bundesgerichtshofs in Strafsachen
BGHZ	Entscheidungen des Bundesgerichtshofes in Zivilsachen
BiRiLiG	Gesetz zur Durchführung der Vierten, Siebenten und Achten Richtlinie des Rates der Europäischen Gemeinschaften zur Koordinierung des Gesellschaftsrechts (Bilanzrichtlinien-Gesetz – BiRiLiG)
BIZ	Bank für internationalen Zahlungsausgleich
BKartA	Bundeskartellamt
Bl.	Blatt
BMF	Bundesministerium der Finanzen
BMJ	Bundesministerium der Justiz
BMWi	Bundesministerium für Wirtschaft und Technologie
BOS	Board of Supervisors
BörsG	Börsengesetz
BRDrucks.	Bundesratsdrucksache
Bsp.	Beispiel
bspw.	beispielsweise
BStBl	Bundessteuerblatt
BT	1. Bundestag
	2. Besonderer Teil
BTDrucks.	Bundestagsdrucksache
BVerfG	Bundesverfassungsgericht
BVerfGE	Entscheidungen des Bundesverfassungsgerichts
BVerwG	Bundesverwaltungsgericht
BVI	Bundesverband Investment und Asset Management e.V.
bzgl.	bezüglich
BZSt	Bundeszentralamt für Steuern
bzw.	beziehungsweise
CCP	Central Counterpart
CD	Certificate of Deposit
CD-ROM	Compact Disc – Read-Only Memory
CDO	Collateralized Debt Obligation
CDS	Credit Default Swap
CFD	Computational fluid dynamics
c.i.c	culpa in contrahendo
CLO	Collateralized Loan Obligation
CMBS	Commercial Mortgage Backed Securities
CP	Commercial Paper
c.p.	ceteris paribus
CRD	Capital Requirements Directive
d.h.	das heißt
DAV	Deutscher Anwaltsverein
DAX	Deutscher Aktienindex
DB	Der Betrieb
DBA	Doppelbesteuerungsabkommen
DBW	Die Betriebswirtschaft (Zeitschrift)

DD	Due Diligence
DepotG	Depotgesetz
ders.	derselbe
dies.	dieselbe(n)
Dipl.	Diplom
Diss.	Dissertation
DJT	Deutscher Juristentag
DM	Deutsche Mark
DÖV	Die öffentliche Verwaltung
DR	Deutsches Recht, Depositary Receipt
DRiG	Deutsches Richtergesetz
DRiZ	Deutsche Richterzeitung
Drucks.	Drucksache
DStR	Deutsches Strafrecht
DSWR	Datenverarbeitung – Steuern – Wirtschaft – Recht (Zeitschrift)
dto.	dito/gleichfalls/ebenso
DZWIR	Deutsche Zeitschrift für Wirtschafts- und Insolvenzrecht
EAEG	Einlagensicherungs- und Anlegerentschädigungsgesetz
e.V.	eingetragener Verein
EBA	European Banking Authority
ebd.	ebenda
EBIT	Earnings before Interest and Tax
ECOFIN	Vertretung der Europäischen Wirtschafts- und Finanzminister
EDV	Elektronische Datenverarbeitung
EFAMA	European Fund and Asset Management Association
EFTA	European Free Trade Association
EG	Europäische Gemeinschaft
EG-ABl.	Amtsblatt der Europäischen Gemeinschaft
EG-AktG	Einführungsgesetz zum Aktiengesetz
EGBGB	Einführungsgesetz zum Bürgerlichen Gesetzbuch
EGMR	Europäischer Gerichtshof für Menschenrechte
EGStGB	Einführungsgesetz zum Strafgesetzbuch
EGV	Vertrag über die Gründung der Europäischen Gemeinschaft. Konsolidierte Fassung aufgrund des Vertrags von Nizza, EG-ABl. C 325 vom 24.12.2002
ehem.	ehemalige
EIB	European Investment Bank
EIF	European Investment Fund
Einf.	Einführung
einh.	Einheitlich
Einl.	Einleitung
EL	Expected Loss
EK-DatenschutzRL	Richtlinie 2002/58/EG des Europäischen Parlaments und des Rates vom 12.7.2002 über die Verarbeitung personenbezogener Daten und den Schutz der Privatsphäre in der elektronischen Kommunikation, EG-ABl. L 201/37
EKMR	Europäische Kommission für Menschenrechte
EMRK	Europäische Konvention für Menschenrechte
EMIR-Verordnung	Verordnung (EU) Nr. 648/2012 des Europäischen Parlaments und des Rates vom 4. Juli 2012 über OTC-Derivate, zentrale Gegenparteien und Transaktionsregister (ABl. L 201 vom 27.7.2012, S. 1) (European Market Infrastructure Regulation, EMIR)
endg.	endgültig
Entsch.	Entscheidung
E-Register	elektronisches Register
Erg.	Ergebnis
Erl.	Erläuterung

ESMA	Europäische Wertpapier- und Marktaufsichtsbehörde (Europeen Securities and Markets Authority)
ESMA-Verordnung	Verordnung (EU) Nr. 1095/2010 des Europäischen Parlaments und des Rates vom 24. November 2010 zur Errichtung einer Europäischen Aufsichtsbehörde (Europäische Wertpapier- und Marktaufsichtsbehörde)
ESt	Einkommenssteuer
EStG	Einkommenssteuergesetz
et al.	et alii (und andere(n))
etc.	et cetera
ETF	Exchange Traded Fund
EU	Europäische Union
EuG	Europäisches Gericht Erster Instanz
EuGH	Europäischer Gerichtshof
EuGHE	Entscheidungen des Europäischen Gerichtshofs
EuGrCh	Europäische Grundrechtecharta
EuInsVO	Verordnung (EG) Nr. 1346/2000 des Rates vom 29. Mai 2000 über Insolvenzverfahren, ABl. 2000 L 160/1
EuLF	European Law Forum
EuR	Europarecht
EUV	Vertrag über die Europäische Union. Konsolidierte Fassung aufgrund des Vertrags von Amsterdam, EG-ABl. C 340 vom 10.11.1997
EuZW	Europäische Zeitung für Wirtschaftsrecht
EWiR	Entscheidungen zum Wirtschaftsrecht
EWR	Europäischer Wirtschaftsraum
EWS	Europäisches Wirtschafts- und Steuerrecht
exkl.	exklusive
f.	folgende (Seite)
FAQs	Frequently Asked Questions
ff.	folgende (Seiten)
FinDAG	Gesetz über die Bundesanstalt für Finanzdienstleistungsaufsicht (Finanzdienstleistungsgesetz)
FinMarktAnpG	Gesetz zur Anpassung von Gesetzen auf dem Gebiet des Finanzmarktes vom 4.6.2014, BT-Drucksache 18/1648
Fn.	Fußnote
FS	Festschrift
G	Gesetz
GAAP	General Accepted Accounting Principles
GATS	General Agreement on Trade in Service
GATT	General Agreement on Tariffs and Trade
GBl.	Gesetzblatt
GbR	Gesellschaft bürgerlichen Rechts
gem.	gemäß
GemInvV	Gemischte Investmentvermögen
GewA	Gewerbearchiv
GewO	Gewerbeordnung
GewStG	Gewerbesteuergesetz
GG	Grundgesetz
ggf.	gegebenenfalls
GK	Großkommentar
GKG	Gerichtskostengesetz
GmbH	Gesellschaft mit beschränkter Haftung
GmbHG	Gesetz betreffend die Gesellschaften mit beschränkter Haftung
GmbHR	GmbH-Rundschau

Abkürzungsverzeichnis

GoA	Geschäftsführung ohne Auftrag
GoB	Grundsätze ordnungsgemäßer Buchführung
Grds; grds.	Grundsatz; grundsätzlich
GRUR	Gewerblicher Rechtsschutz und Urheberrecht
GS	Gedächtnisschrift
GuV	Gewinn- und Verlustrechnung
GVBl.	Gesetz- und Verordnungsblatt
GVG	Gerichtsverfassungsgesetz
GVOBl.	Gesetz- und Verordnungsblatt
GWB	Gesetz gegen Wettbewerbsbeschränkungen
Halbbd.	Halbband
HandelsR	Handelsrecht
Hdb.	Handbuch
HGB	Handelsgesetzbuch
h.L.	herrschende Lehre
h.M.	herrschende Meinung
HRR	Höchstrichterliche Rechtsprechung
hrsg. v.	herausgegeben von
Hrsg.	Herausgeber
Hs./Hs	Halbsatz
HTML	Hypertext Markup Language
http	hypertext transfer protocol
HV	Hauptversammlung
IA	Impact Assessment
IAS	International Accounting Standards
i.d.F.	in der Fassung
i.d.R.	in der Regel
i.e.	id est (das heißt)
i.E.	im Ergebnis
i.e.S.	im engeren Sinne
i.S.d.	im Sinne des
i.S.v.	im Sinne von
i.V.m.	in Verbindung mit
i.w.S.	im weiteren Sinne
IHK	Industrie- und Handelskammer
IMF	International Monetary Fund
insbes.	insbesondere
InvAG	Investmentaktiengesellschaft
InvAG m.f.K.	Investmentaktiengesellschaft mit fixem Kapital
InvAG m.v.K.	Investmentaktiengesellschaft mit veränderlichem Kapital
InvG	Investmentgesetz
InvKG	Investmentkommanditgesellschaft
InvStG	Investmentsteuergesetz
InvV	Investmentvermögen
IPR	Internationales Privatrecht
IRR	Internal Rate of Return
IT	Informations- und Telekommunikationstechnologie
IWF	Internationaler Währungsfonds
J.L. Econ. & Org.	The Journal of Law, Economics, & Organization
JA	Juristische Arbeitsblätter
JBl.	Justizblatt
JMBl.	Justizministerialblatt

JR	Juristische Rundschau
JurA	Juristische Analysen
JURA	Juristische Ausbildung
JuS	Juristische Schulung
JW	Juristische Wochenschrift
JZ	Juristenzeitung
KAG	Kapitalanlagegesellschaft
KAGB	Kapitalanlagegesetzbuch
Kap.	Kapitel
KapErtrSt	Kapitalertragssteuer
Kfm.	Kaufmann
Kfz	Kraftfahrzeug
KG	1. Kammergericht
	2. Kommanditgesellschaft
KGaA	Kommanditgesellschaft auf Aktien
KMU	Kleine und mittlere Unternehmen
krit.	kritisch
KSt	Körperschaftssteuer
KVG	Kapitalverwaltungsgesellschaft
KWG	Kreditwesengesetz
LBO	Leveraged Buy-Out
LG	Landgericht
lit.	littera
LP	Limited Partnership
LS	Leitsatz
Ltd.	Private Company Limited by Shares
M.	Meinung
m.	mit
m.a.W.	mit anderen Worten
m. Anm.	mit Anmerkung
m. Bespr.	mit Besprechung
m.w.N.	mit weiteren Nachweisen
m.W.v.	mit Wirkung vom
M&A	Mergers & Acquisitions
MB	Management Board
MBS	Mortgage Backed Security
MBl.	Ministerialblatt
MDR	Monatsschrift für Deutsches Recht
MFI	Mikrofinanzinstitut
MiFID	Markets in Financial Instruments Directive (Finanzmarktrichtlinie)
MitbestG	Mitbestimmungsgesetz
Mitt.	Mitteilungen
MMR	Multimedia und Recht
Mod.	(Tatbestands-)Modalität
n.F.	neue Fassung
n.v.	nicht veröffentlicht
Nachw.	Nachweise
NAV	Net Asset Value/Nettoinventarwert
NJ	Neue Justiz
NJOZ	Neue Juristische Online Zeitschrift
NJW	Neue Juristische Wochenschrift

Abkürzungsverzeichnis

NJW-CoR	Computerreport
NJW-RR	Neue Juristische Wochenschrift, Rechtssprechungsreport
Nr.	Nummer
NRW	Nordrhein-Westfalen
NZG	Neue Zeitschrift für Gesellschaftsrecht
o.	oben
o.ä.	oder ähnliches
OECD	Organization for Economic Cooperation and Development (Organisation für wirtschaftliche Zusammenarbeit und Entwicklung)
OGAW	Organismen für gemeinsame Anlagen in Wertpapieren
OHG	Offene Handelsgesellschaft
OLG	Oberlandesgericht
ÖPP	Öffentlich-Private Partnerschaft
OWiG	Ordnungswidrigkeitengesetz
PDF	portable document format (Dateiformat)
PEX	Deutscher Pfandbriefindex
PfandBG	Pfandbriefgesetz
RefE	Referentenentwurf
RegBegr	Regierungsbegründung
RegE	Regierungsentwurf
REX	Deutscher Rentenindex
RG	1. Reichgericht
	2. Reichsgesetz
RGBl.	Reichsgesetzblatt
RGSt	Entscheidungen des Reichsgerichts in Strafsachen
RGZ	Entscheidungen des Reichsgerichts in Zivilsachen
RIW	Recht der Internationalen Wirtschaft
RL	Richtlinie
Rn.	Randnummer
Rs.	Rechtssache
Rspr.	Rechtsprechung
RVG	Rechtsanwaltsvergütungsgesetz
Rz.	Randziffer/Randzahl
S.	1. Satz
	2. Seite(n)
s.	siehe
s.a.	siehe auch
s.u.	siehe unten
SA	Société Anonyme (Aktiengesellschaft)
sc.	scilicet (das heißt, ergänze)
S.Ct.	Supreme Court
SE	Societas Europaea – Europäische Gesellschaft
Slg.	Sammlung
sog.	sogenannte
SoInvV	Sonstige Investmentvermögen
Sp.	Spalte(n)
SPV	Special Purpose Vehicle
StGB	Strafgesetzbuch
StPO	Strafprozessordnung
str.	strittig
st. Rspr.	ständige Rechtsprechung

Teilbd.	Teilband
TGV	Teilgesellschaftsvermögen
teilw.	teilweise
TKG	Telekommunikationsgesetz
Tz.	Teilziffer
u.	und
u.ä.	und ähnliches
u.a.	unter anderem
u.U.	unter Umständen
UG	Unternehmergesellschaft
UmwG	Umwandlungsgesetz
UmwStG	Umwandlungssteuergesetz
unstr.	unstrittig
Unterabs.	Unterabsatz
UrhG	Urheberrechtsgesetz
Urt.	Urteil
URV	Verordnung über das Unternehmensregister
US	United States
usf.	und so fort
USt	Umsatzsteuer
UWG	Gesetz gegen den unlauteren Wettbewerb
v.	von/vom
v.H.	von Hundert
VAG	Versicherungsaufsichtsgesetz
Var.	Variante
VaR	Value at Risk
VerbrKrG	Verbraucherkreditgesetz
Verf.	Verfasser
VerkProspG	Wertpapier-Verkaufsprospektgesetz
VermAnlG	Gesetz über Vermögensanlagen
VersR	Zeitschrift für Versicherungsrecht, Haftungs- und Schadensrecht
VertriebsR	Vertriebsrecht
VGF	Verband Geschlossene Fonds
vgl.	vergleiche
VO	Verordnung
Voraufl.	Vorauflage
Vorb.	Vorbemerkung
VwGO	Verwaltungsgerichtsordnung
VwVfG	Verwaltungsverfahrensgesetz
VZ	Veranlagungszeitraum
WA	Wertpapieraufsicht
weit.	weitere(n)
WG	Wechselgesetz
WIR	Wirtschaftsrecht
WM	Wertpapier-Mitteilungen
WpAIV	Wertpapierhandelsanzeige- und Insiderverzeichnisverordnung
WpHG	Wertpapierhandelsgesetz
WpÜG	Wertpapiererwerbs- und Übernahmegesetz
WRV	Weimarer Reichsverfassung
WTO	World Trade Organization
WuW	Wirtschaft und Wettbewerb
www	world wide web

Z	(in Zusammenhängen) Zeitschrift, Zeitung, Zentralblatt
z.B.	zum Beispiel
z.T.	zum Teil
ZBB	Zeitschrift für Bankrecht und Bankwirtschaft
ZEuP	Zeitschrift für Europäisches Privatrecht
ZfgK	Zeitschrift für das gesamte Kreditwesen
ZGR	Zeitschrift für Unternehmens- und Gesellschaftsrecht
ZHR	Zeitschrift für das gesamte Handelsrecht
Ziff.	Ziffer
ZIP	Zeitschrift für Wirtschaftsrecht
ZIS	Zeitschrift für internationale Strafrechtsdogmatik
zit.	zitiert
ZKA	Zentraler Kreditausschuss
ZPO	Zivilprozessordnung
ZR	Zivilrecht, Zentralregister, Zollrecht
ZS	Zivilsenat
zust.	Zustimmend
ZZP	Zeitschrift für Zivilprozessrecht

Literaturverzeichnis

Achenbach/Ransiek	Handbuch Wirtschaftsstrafrecht, 3. Aufl. 2012 (zit.: Achenbach/Ransiek/*Bearbeiter* Wirtschaftsstrafrecht Rn.)
Albrecht/Maurer	Investment- und Risikomanagement, Modelle, Methoden, Anwendungen, 3. Aufl. 2008 (zit.: *Albrecht/Maurer* Risikomanagement, S.)
Arndt/Voß	Verkaufsprospektgesetz: VerkProspG, 2008 (zit.: Arndt/Voß/*Bearbeiter* VerkProspG, § Rn.)
Assmann/Schlitt/ von Kopp-Colomb	Wertpapierprospektgesetz/Verkaufsprospektgesetz, 2. Aufl. 2010 (zit.: Assmann/Schlitt/von Kopp-Colomb/*Bearbeiter* WpPG/VerkProspG, § Rn.)
Assmann/Schneider	Wertpapierhandelsgesetz, 6. Aufl. 2012 (zit.: Assmann/Schneider/*Bearbeiter* WpHG, § Rn.)
Assmann/Schütze	Handbuch des Kapitalanlagerechts, 3. Aufl. 2007 (zit.: Assmann/Schütze/*Bearbeiter* Kapitalanlagerecht, § Rn.)
Bamberger/Roth	Beck'scher Online-Kommentar BGB, Stand: 1.8.2013 (zit.: BeckOKBGB/*Bearbeiter* § Rn.)
Bärmann	Wohnungseigentumsgesetz, 12. Aufl. 2013 (zit.: Bärmann/*Bearbeiter* WEG, § Rn.)
Barocka	Investment-Sparen und Investmentgesellschaften, 1965 (zit.: *Barocka* Investmentgesellschaften, S.)
Battis/Krautzberger/ Löhr	Baugesetzbuch, 12. Aufl. 2014 (zit.: Battis/Krautzberger/Löhr/*Bearbeiter* BauGB, § Rn.)
Baumbach/Hopt	Handelsgesetzbuch, 35. Aufl. 2012 (zit.: Baumbach/Hopt/*Bearbeiter* HGB, § Rn.)
Baumbach/Hueck	Kommentar zum GmbHG, 20. Aufl. 2013 (zit.: Baumbach/Hueck/*Bearbeiter* GmbHG, § Rn.)
Baur	Investmentgesetze, 2. Aufl. 1997 (zit.: *Baur* § Rn.)
Baur/Stürner	Sachenrecht, 18. Aufl. 2009 (zit.: *Baur/Stürner* SachenR, S.)
Baur/Ziegler	Das Investmentgeschäft, 2. Aufl. 2008 (zit.: *Baur/Ziegler* Investmentgeschäft, S.)
Beck/Samm/Kokemoor	Kommentar zum Gesetz über das Kreditwesen, Loseblattsammlung, 168. Ergänzungslieferung 2013 (zit.: Beck/Samm/Kokemoor/*Bearbeiter* KWG, § Rn.)
Beckmann/Scholtz/ Vollmer	Investment, Ergänzbares Handbuch für das gesamte Investmentwesen, Band 1, Loseblattsammlung, Stand 2014 (zit.: Beckmann/Scholtz/Vollmer/*Bearbeiter* Investment, § Rn.)
Berger/Steck/ Lübbehüsen	Investmentgesetz, Investmentsteuergesetz: InvG, InvStG, 2010 (zit.: Berger/Steck/Lübbehüsen/*Bearbeiter* InvG, § Rn. bzw. Berger/Steck/Lübbehüsen/*Bearbeiter* InvStG, § Rn.)
Berkenbusch	Grenzüberschreitender Informationsaustausch im Banken-, Versicherungs- und Wertpapierrecht, 2004 (zit.: *Berkenbusch* BankenR, S.)
Berrar/Meyer/Müller/ Schnorbus/Singhof/Wolf	Wertpapierprospektgesetz, 1. Aufl. 2012 (zit.: Berrar/Meyer/Müller/Schnorbus/Singhof/Wolf/*Bearbeiter* WpPG, § Rn.)
Birk/Desens/Tappe	Steuerrecht, 16. Aufl. 2013 (zit.: *Birk/Desens/Tappe* SteuerR, S.)
Blümich	EStG KStG GewStG Ertragsteuerliche Nebengesetze, Loseblattsammlung, 122. Aufl. 2014 (zit.: Blümich/*Bearbeiter* EStG/KStG/GewStG, § Rn.)
Bödecker/Braun/Ernst/ Franz/Kuhn/Vahldiek	Handbuch Investmentrecht, 2007 (zit.: Bödecker/Braun/Ernst/Franz/Kuhn/Vahldiek Handbuch InvR, S.)
Bone-Winkel	Das strategische Management von offenen Immobilienfonds unter besonderer Berücksichtigung der Projektentwicklung von Gewerbeimmobilien, 1994 (zit.: *Bone-Winkel* Offene Immobilienfonds, S.)
Boos/Fischer/ Schulter-Mattler	Kreditwesengesetz, 4. Aufl. 2012 (zit.: Boos/Fischer/Schulter-Mattler/*Bearbeiter* KWG, § Rn.)
Bordewin/Brandt	Einkommensteuergesetz, Kommentar, 364. Ergänzungslieferung, Mai 2014 (zit.: Bordewin/Brandt/*Bearbeiter* EStG, § Rn.)
Brülin	Verschmelzung von Investmentfonds in Luxemburg, Deutschland und im europäischen Binnenmarkt, 1. Aufl. 2012 (zit.: *Brülin* Verschmelzung von Investmentfonds, S.)

Literaturverzeichnis

Brinkhaus/Scherer	Gesetz über Kapitalanlagegesellschaften, Auslandsinvestment-Gesetz: KAGG AuslInvestmG, Kommentar, 2003 (zit.: Brinkhaus/Scherer/*Bearbeiter* KAGG, § Rn.)
Buck-Heeb	Kapitalmarktrecht, 6 Aufl. 2013 (zit.: Buck-Heeb KapitalmarktR, S.)
Bürkle	Compliance in Versicherungsunternehmen, 1. Aufl. 2009 (zit.: *Bürkle* Compliance, S.)
Calliess/Ruffert	EUV/AEUV: Das Verfassungsrecht der Europäischen Union mit Europäischer Grundrechtecharta 4. Aufl. 2011 (zit.: Calliess/Ruffert/*Bearbeiter* EUV/AEUV, Art. Rn.)
Canaris	Bankvertragsrecht, 2. Aufl. 1981 (zit.: *Canaris* BankvertragsR, S.)
Claussen	Bank- und Börsenrecht, 5. Aufl. 2014 (zit.: *Claussen* Bank- und BörsenR, S.)
Cornish/Mason	International Guide to Hedge Fund Regulation, 2009 (zit.: *Cornish/Mason* Hedge Fund Regulation, S.)
Derleder/Knops/ Bamberger	Handbuch zum deutschen und Europäischen Bankrecht, 2. Aufl. 2009 (zit.: Derleder/Knops/Bamberger/*Bearbeiter* Bankrecht, S.)
Dichtl/Kleeberg/ Schlenger	Handbuch Hedge Funds: Chancen, Risiken und Einsatz in der Asset Allocation, 2005 (zit.: *Dichtl/Kleeberg/Schlenger* Handbuch Hedge Funds, S.)
Dölle	Neutrales Handeln im Privatrecht, FS für Fritz Schulz, Band 2, 1951
Dötsch/Pung/ Möhlenbrock	Die Körperschaftsteuer: KStG, Kommentar, Loseblattsammlung, 80. Ergänzungslieferung 2014 (zit.: Dötsch/Pung/Möhlenbrock/*Bearbeiter* KStG, § Rn.)
Dornseifer/Jesch/ Klebeck/Tollmann	AIFM-Richtlinie, 2013 (zit. als: Dornseifer/Jesch/Klebeck/Tollmann/*Bearbeiter* AIFM, Art. Rn.)
Ebenroth/Boujong/ Joost/Strohn	Handelsgesetzbuch, 2. Aufl. 2009 (zit.: Ebenroth/Boujong/Joost/Strohn/ *Bearbeiter* HGB, § Rn.)
Einsele	Bank- und Kapitalmarktrecht, 2. Aufl. 2010 (zit.: *Einsele* KapitalmarktR, S.)
Eisenmenger	Trustgeschäft und Vermögensverwaltung durch Kreditinstitute, 1966 (zit.: *Eisenmenger* Trustgeschäft, S.)
Emde/Dornseifer/ Dreibus/Hölscher	Kommentar zum Investmentgesetz: mit Bezügen zum Kapitalanlagegesetzbuch, 2013 (zit.: Emde/Dornseifer/Dreibus/Hölscher/*Bearbeiter* InvG, § Rn.)
Erbs/Koolhaas	Strafrechtliche Nebengesetze, Loseblattsammlung 197. Ergänzungslieferung 2014 (zit.: Erbs/Koolhaas/*Bearbeiter* § Rn.)
Erfurter Kommentar	zum Arbeitsrecht, 14. Aufl. 2014 (zit.: ErfK ArbR/*Bearbeiter* § Gesetz Rn.)
Ernst & Young (Hrsg.)	Körperschaftsteuergesetz mit Nebengesetzen, Stand: Juni 2010 (zit.: Ernst & Young-KStG-Komm./*Bearbeiter* § Rn.)
Feyerabend	Besteuerung privater Kapitalanlagen, 2009 (zit.: Feyerabend/*Bearbeiter* Besteuerung Kapitalanlagen, S.)
Fischer	Strafgesetzbuch und Nebengesetze, 61. Aufl. 2014 (zit.: Fischer/*Bearbeiter* StGB, § Rn.)
Fischer	Die Investmentaktiengesellschaft aus aufsichtsrechtlicher und gesellschaftsrechtlicher Perspektive, 1. Aufl. 2008 (zit.: *Fischer* Investmentaktiengesellschaft, S.)
Flick/Wassermeyer/ Baumhoff/Schönfeld	Außensteuerrecht, Loseblattsammlung, 71. Aufl., Stand: November 2013 (zit.: Flick/Wassermeyer/Baumhoff/Schönfeld/*Bearbeiter* Außensteuerrecht, § Rn.)
Förster/Hertrampf	Das Recht der Investmentfonds, 3. Aufl. 2001 (zit.: *Förster/Hertrampf* InvFonds, S.)
Franks/Mayer/da Silva	Asset Management and Investor Protection, 2003 (zit.: *Franks/Mayer/da Silva* Investor Protection, S.)
Frotscher/Maas	Kommentar zum Körperschaft-, Gewerbe- und Umwandlungssteuergesetz, Loseblattsammlung, Stand: 2012 (zit.: Frotscher/Maas/*Bearbeiter* KStG/GewStG/ UnwStG, § Rn.)
Fuchs	Wertpapierhandelsgesetz-Kommentar, 1. Aufl. 2009 (zit.: Fuchs/*Bearbeiter* WpHG, § Rn.)
Geibel/Süßmann	Wertpapiererwerbs- und Übernahmegesetz, 2. Aufl. 2008 (zit.: Geibel/Süßmann/ *Bearbeiter* WpÜG, § Rn.)
Geurts/Schubert	KAGB kompakt – eine strukturelle Einführung in das neue Investmentrecht, 2014 (zit.: *Geurts/Schubert* Einführung Investmentrecht, S.)

Gläbe	Der Schutz der Zertifikatsinhaber von Investmentgesellschaften, 1975 (zit.: *Gläbe* Schutz der Zertifikatsinhaber, S.)
Goette/Habersack	Kommentar zum Aktiengesetz, Band 1, 3. Aufl. 2008 (zit.: MüKo-AktG/*Bearbeiter* § Rn.)
Göhler	Gesetz über Ordnungswidrigkeiten, 16. Aufl. 2012 (zit.: Göhler/*Bearbeiter* OWiG, § Rn.)
Gößmann/Hellner	Bankrecht und Bankpraxis, 2013 (zit.: *Gößmann/Hellner* Bankpraxis, S.)
Gosch	Körperschaftsteuergesetz, 2. Aufl. 2009 (zit.: Gosch/*Bearbeiter* KStG, § Rn.)
Grabitz/Hilf/Nettesheim	Das Recht der Europäischen Union, Loseblattsammlung, 52. Aufl. 2014 (zit.: Grabitz/Hilf/Nettesheim/*Bearbeiter* EUV/AEUV, Art. Rn.)
Graf/Jäger/Wittig	Wirtschafts- und Steuerstrafrecht, Kommentar, 2011 (zit.: Graf/Jäger/Wittig/ *Bearbeiter* SteuerStrR, § Rn.)
Grasshoff	Aktuelles Steuerrecht 2014, 10. Aufl. 2014 (zit.: *Grasshoff* SteuerR, S. Rn.)
Graulich	Die Rechtsverhältnisse der Sondervermögen (Investmentfonds) nach dem Gesetz über Kapitalanlagegesellschaften im Vergleich zu den Rechtsverhältnissen anderer Sondervermögen des Privatrechts, 1968 (zit.: *Graulich* Rechtsverhältnis der Sondervermögen, S.)
Grohmann	Das Informationsmodell im Europäischen Gesellschaftsrecht, 2006 (zit.: *Grohmann* Informationsmodell, S.)
Grotherr	Handbuch der Internationalen Steuerplanung, 3. Aufl. 2011 (zit.: *Grotherr* Internationale Steuerplanung, S.)
Groß	Kapitalmarktrecht, 5. Aufl. 2012 (zit.: *Groß* KMR, § Rn.)
Gruhn	Die deutsche Investmentaktiengesellschaft, 2011 (zit.: *Gruhn* Investmentaktiengesellschaft, S.)
Grundmann	Der Treuhandvertrag, 1. Aufl. 1997 (zit.: *Grundmann* Treuhandvertrag, S.)
Gummert	Münchener Anwaltshandbuch Personengesellschaftsrecht, 2005 (zit.: *Gummert*, § Rn.)
Haase	Investmentsteuergesetz, Kommentar, 1. Aufl. 2010 (zit.: Haase/*Bearbeiter* § Rn.)
Habersack/Mülbert/ Schlitt	Handbuch der Kapitalmarktinformation, 2. Aufl. 2013 (zit.: Habersack/Mülbert/ Schlitt/*Bearbeiter* KPM-Information, S.)
Haisch/Helios	Rechtshandbuch Finanzinstrumente, 2011 (zit.: Haisch/Helios/*Bearbeiter* Finanzinstrumente, S. Rn.)
Hammer	Spezialfonds im Steuerrecht aus Investorensicht, 1. Aufl. 2007 (zit.: *Hammer* Spezialfonds, S.)
Hannemann/ Schneider	Mindestanforderungen an das Risikomanagement (MaRisk), Kommentar unter Berücksichtigung der Instituts-Vergütungsverordnung (InstitutsVergV), 4. Aufl. 2013 (zit.: *Hannemann/Schneider* MaRisk, S.)
Heinke/Krämer/Nürk	Handbuch Investmentfonds für institutionelle Anleger, 2011 (zit.: *Heinke/ Krämer/Nürk* Handbuch Investmentfonds, S.)
Heinsius/Horn/Than	Depotgesetz, 1975 (zit.: *Heinsius/Horn/Than* DepotG, § Rn.)
Hellner/Steuer	Bankrecht und Bankpraxis, Loseblattsammlung, 108. Ergänzungslieferung 2014 (zit.: *Hellner/Steuer/Bearbeiter* Rn.)
Hennrichs/Kleindiek	Münchener Kommentar zum Bilanzrecht, Band 1, 3. Ergänzungslieferung 2012 (zit.: MüKo-BilR/*Bearbeiter* § Rn.)
Henssler/Strohn	Gesellschaftsrecht, 2. Aufl. 2014 (zit.: Henssler/Strohn/*Bearbeiter* GesellschaftsR, § Rn.)
Herrmann/Heuer/ Raupach	Einkommensteuer- und Körperschaftsteuergesetz, Loseblattsammlung, 261. Ergänzungslieferung, Stand: Februar 2014 (zit.: Herrmann/Heuer/Raupach/ *Bearbeiter* EStG/KStG, § Rn.)
Hesselmann/Tillmann/ Mueller-Thuns	Handbuch der GmbH & Co. KG, 20. Aufl. 2009 (zit.: Hesselmann/Tillmann/ Mueller-Thuns/*Bearbeiter* GmbH & Co. KG, S. Rn.)
Hirte/von Bülow	Kölner Kommentar zum WpÜG, 2. Aufl. 2010 (zit.: KK-WpÜG/*Bearbeiter* § Rn.)
Hoffmann-Riem/Schmidt-Aßmann/Voßkuhle	Grundlagen des Verwaltungsrechts, Band 3, 2. Aufl. 2013 (zit.: *Hoffmann-Riem/ Schmidt-Aßmann/Voßkuhle* Verwaltungsrecht, S.)
Höring	Investmentrecht, 2013 (zit.: *Höring* Investmentrecht, S.)

Literaturverzeichnis

Hohnel	Kapitalmarktstrafrecht, Kommentar, 2013 (zit.: Hohnel/*Bearbeiter* KPM-StrR, § Rn.)
Hueck/Canaris	Recht der Wertpapiere, 12. Aufl. 1986 (zit.: *Hueck/Canaris* Wertpapiere, S.)
Hüffer	Kommentar zum Aktiengesetz, 10. Aufl. 2012 (Hüffer/*Bearbeiter* AktG, § Rn.)
Jacob/Geese/Ebner	Handbuch für die Besteuerung von Fondsvermögen, 3. Aufl. 2007 (zit.: *Jacob/Geese/Ebner* Besteuerung von Fondsvermögen, S.)
Jacobs/Riegler/Schulte-Mattler/Weinrich	Frühwarnindikatoren und Krisenfrühaufklärung – Konzepte zum präventiven Risikomanagement, 2012 (zit.: Jacobs/Riegler/Schulte-Mattler/Weinrich/*Bearbeiter* Risikomanagement, S.)
Kaiser	Hedgefonds: Entmystifizierung einer Anlageklasse – Strukturen – Chancen – Risiken, 2. Aufl. 2009 (zit.: *Kaiser* Hedgefonds, S.)
Kempf	Novellierung des Investmentrechts 2004 nach dem Investmentmodernisierungsgesetz, 1. Aufl. 2004 (zit.: *Kempf* InvModG 2004, S.)
Kempf	Novellierung des Investmentrechts 2007, 1. Aufl. 2008 (zit.: *Kempf* Novellierung 2007, S.)
Kempf	Praxishandbuch zur Rechnungslegung von Investmentvermögen, 1. Aufl. 2010 (zit.: *Kempf* Rechnungslegung, S.)
Keynes	Allgemeine Theorie der Beschäftigung, der Zinsen und des Geldes, 10. Aufl. 2006 (zit.: *Keynes* Allgemeine Theorie, S. Rn.)
Kleeberg/Schlenger	Handbuch Spezialfonds – ein praktischer Leitfaden für institutionelle Anleger und Kapitalanlagegesellschaften, 1. Aufl. 2000 (zit.: *Kleeberg/Schlenger* Spezialfonds, S.)
Klein	Abgabenordnung, 12. Aufl. 2014 (zit.: Klein/*Bearbeiter* AO, § Rn.)
Klenk	Die rechtliche Behandlung des Investmentanteils unter Berücksichtigung der Anteilberechtigung des Investmentsparens, 1967 (zit.: *Klenk* Rechtliche Behandlung des Investmentanteils, S.)
Köhler/Bornkamm	Gesetz gegen den unlauteren Wettbewerb, 32. Aufl. 2014 (zit.: Köhler/Bornkamm/*Bearbeiter* UWG, § Rn.)
König	Anlegerschutz im Investmentrecht, 1998 (zit.: *König* Anlegerschutz, S.)
Kopp/Schenke	Verwaltungsgerichtsordnung, 20. Aufl. 2014 (zit.: *Kopp/Schenke* VwGO, § Rn.)
Korn/Carlé/Stahl//Strahl	Einkommensteuergesetz, Loseblattsammlung Stand: Oktober 2011
Krafka/Kühn	Registerrecht, 9. Aufl. 2013 (zit.: *Krafka/Kühn* Registerrecht, S. Rn.)
Kümpel/Hammen	Börsenrecht, 2. Aufl. 2003 (zit.: Kümpel/Hammen/*Bearbeiter* KPMR, S.)
Kümpel/Hammen/Ekkenga	Kapitalmarktrecht, Loseblattsammlung, Ergänzungslieferung 4/13 (zit. Kümpel/Hammen/Ekkenga/*Bearbeiter* KPMR, Kz.)
Kümpel/Wittig	Bank- und Kapitalmarktrecht, 4. Aufl. 2011 (zit.: Kümpel/Wittig/*Bearbeiter* Bank- und KPMR, S.)
Kupjetz/Bröker-Riers/Schröder/Wanner	Die Master-KAG als strategische Option für den Spezialfondsmarkt, 1. Aufl. 2005 (zit.: *Kupjetz/Bröker-Riers/Schröder/Wanner* Master-KAG, S.)
Laars	Finanzdienstleistungsaufsichtsgesetz, 2. Aufl. 2013 (zit.: *Laars* FinDAG, § Rn.)
Langenbucher/Bliesener/Spindler	Bankrechts-Kommentar, 2013 (zit.: Langenbucher/Bliesener/Spindler/*Bearbeiter* Rn.)
Laufhütte/Rissing-van Saan/Tiedemann	Strafgesetzbuch Leipziger Kommentar, Band 9/§§ 267–283d, 12. Aufl. 2007 (zit.: Laufhütte/Rissing-van Saan/Tiedemann/*Bearbeiter* StGB, § Rn.)
Laux/Ohl	Grundstücks-Investment – Die offenen Immobilienfonds, 2. Aufl. 1988 (zit.: *Laux/Ohl* Grundstücks-Investment, S.)
Laux/Päsler	Die deutschen Spezialfonds, 2001 (zit.: *Laux/Päsler* Spezialfonds, S.)
Lehmann	Finanzinstrumente, 2009 (zit.: *Lehmann* Finanzinstrumente, S.)
Leible/Lehmann	Hedgefonds und Private Equity – Fluch oder Segen?, 1. Aufl. 2009 (zit.: *Leible/Lehmann* Hedgefonds, S.)
Lenenbach	Kapitalmarktrecht und kapitalmarktrelevantes Gesellschaftsrecht, 2. Aufl. 2010 (zit.: *Lenenbach* KPMR, S.)
Liebich/Mathews	Treuhand und Treuhänder in Recht und Wirtschaft, 2. Aufl. 1983 (zit.: *Liebich/Mathews* Treuhand, S.)

Littmann/Bitz/Pust	Das Einkommensteuerrecht, Loseblattsammlung, 103. Ergänzungslieferung 2014 (zit.: Littmann/Bitz/Pust/*Bearbeiter* § Rn.)
Lüdicke/Arndt	Geschlossene Fonds, 6. Aufl. 2013 (zit.: *Lüdicke/Arndt* Geschlossene Fonds, S.)
Luz/Neus/Schaber/ Schneider/Weber	Kreditwesengesetz, 2. Aufl. 2011 (zit.: Luz/Neus/Schaber/Schneider/Weber/ *Bearbeiter* KWG, Rn.)
Martinek/Semler/ Habermeier/Flohr/ Feyerabend	Vertriebsrecht, 3. Aufl. 2010 (zit.: Martinek/Semler/Habermeier/Flohr/*Bearbeiter* Vertriebsrecht, § Rn.)
Martini	Rechtliche Probleme eines Immobilienzertifikats, 1967 (zit.: *Martini* Immobilienzertifikat, S.)
Maurer	Allgemeines Verwaltungsrecht, 18. Aufl. 2011 (zit.: *Maurer* Allg. VerwR, S.)
Maurer	Staatsrecht I, 7. Aufl. 2014 (zit.: *Maurer* Staatsrecht I, S.)
Maunz/Dürig	Grundgesetz, Loseblattsammlung, 70. Aufl., Stand: Dezember 2013 (zit.: Maunz/Dürig/*Bearbeiter* GG Art. Rn.)
Mayer	Das Bundesaufsichtsamt für das Kreditwesen, 1981 (zit.: *Mayer* BAKred, S.)
Mayer/Maiß	EG-Bankbilanzrichtlinie, 1987 (zit.: *Mayer/Maiß* EG-BiRiLi, S.)
Möllers/Kloyer	Das Kapitalanlagegesetzbuch, 2013 (zit.: Möllers/Kloyer/*Bearbeiter* KAGB, Rn.)
Münchener Kommentar	zum Bürgerlichen Gesetzbuch, 6. Aufl. 2013 (zit.: MüKo-BGB/*Bearbeiter* § Rn.)
Münchener Kommentar	zum Handelsgesetzbuch, 3. Aufl. Bände 1–5 (zit.: MüKo-HGB/*Bearbeiter* § Rn.)
Münchener Kommentar	zum Gesetz betreffend die Gesellschaften mit beschränkter Haftung, 2. Aufl. Bände 1–3 (MüKo-GmbHG/*Bearbeiter* § Rn.)
Münchener Kommentar	zum Aktiengesetz, 2. Aufl. (MüKo-AktG/*Bearbeiter* § Rn.)
Nickel	Die Novelle des Investmentgesetzes, 1. Aufl. 2008 (zit.: *Nickel* InvG, S.)
Obermüller	Insolvenzrecht in der Bankpraxis, 8. Aufl. 2011 (zit.: *Obermüller* InsolvenzR, S.)
Oetker	Handelsgesetzbuch, Kommentar, 3. Aufl. 2013 (zit.: Oetker/*Bearbeiter* HGB, § Rn.)
Ohl	Die Rechtsbeziehungen innerhalb des Investment-Dreiecks, 1989 (zit.: *Ohl* Investment-Dreieck, S.)
Otto	Grundkurs Strafrecht AT, 7. Aufl. 2004 (zit.: *Otto* StR AT, S.)
Palandt	Kommentar zum Bürgerlichen Gesetzbuch, 73. Auflage, München 2014 (zit.: Palandt/*Bearbeiter* § Rn.)
Pannen	Krise und Insolvenz bei Kreditinstituten, 3. Aufl. 2010 (zit.: *Pannen* Insolvenz bei Kreditinstituten, S.)
Pape	Grundlagen der Finanzierung und Investition, 2. Aufl. 2011 (zit.: *Pape* Grundlagen der Finanzierung, S.)
Park	Kapitalmarktstrafrecht, 3. Aufl. 2013 (zit.: Park/*Bearbeiter* KapitalmarktstrafR, § Rn.)
Patzner/Döser	Investmentgesetz, 1. Aufl. 2012 (zit.: Patzner/Döser/*Bearbeiter* InvG § Rn.)
Philipps	Handbuch des Auslands-Investmentrechts, 1970 (zit.: *Philipps* Auslands-InvR, S.)
Plath	Kommentar zum BDSG sowie den Datenschutzbestimmungen vom TMG und TKG, 2. Aufl. 2013 (zit.: Plath/*Bearbeiter* BDSG, § Rn.)
PriceWaterhouse Coopers	Die Novellierung des Investmentrechts 2004 – nach dem Investmentmodernisierungsgesetz, 1. Aufl. 2004 (zit.: *Kempf* InvR 2004, S.)
PriceWaterhouse Coopers	Novellierung des Investmentrechts 2007 – Ein Praxishandbuch, 1. Aufl. 2008 (zit.: *Kempf* InvR 2007, S.)
Prölss/Lipkowsky	Versicherungsaufsichtsgesetz: VAG, 2005 (zit.: Prölls/*Bearbeiter* VAG, § Rn.)
Reichert	Die GmbH & Co. KG, 7. Aufl. 2014 (zit.: *Reichert* GmbH & Co. KG, S.)
Reischauer/Kleinhans	Kreditwesengesetz, Stand: 08/2012 (zit.: Reischauer/Kleinhans/*Bearbeiter* KWG, § Rn.)
Reiss	Pflichten der Kapitalanlagegesellschaft und der Depotbank gegenüber dem Anleger und die Rechte des Anlegers bei Pflichtverletzungen, 2006 (zit.: *Reiss* KAG, S.)
Reuter	Investmentfonds und die Rechtsstellung der Anteilsinhaber, 1964 (zit.: *Reuter* Investmentfonds, S.)

Literaturverzeichnis

Richardi	Betriebsverfassungsgesetz: BetrVG, 14. Aufl. 2014 (zit.: Richardi/*Bearbeiter* BetrVG, § Rn.)
Rössler/Troll	Bewertungsgesetz: BewG, 19. Aufl. 2014 (zit.: *Rössler/Troll* BewG, § Rn.)
Roggatz	Informationspflichten von Investmentgesellschaften – Analyse der gesetzlichen Publizitätsvorschriften zur Verbesserung der investmentrechtlichen Transparenz und des Anlegerschutzes, 2003 (zit.: *Roggatz* Informationspflichten von Investmentgesellschaften, S.)
Roth	Das Treuhandmodell des Investmentrechts, Eine Alternative zur Aktiengesellschaft? 1972 (zit.: *Roth* Treuhandmodell, S.)
Sachtleber	Zivilrechtliche Strukturen von open-end-Investmentfonds in Deutschland und England, 2010 (zit.: *Sachtleber* open-end-Investmentfonds, S.)
Sapunov	Verhaltenspflichten von Wertpapierdienstleistungsunternehmen gegenüber Emittenten bei IPO's, 1. Aufl. 2013 (zit.: *Sapunov* WpDU, S.)
Schäcker	Entwicklung und System des Investmentsparens, 1961 (zit.: *Schäcker* Investmentsparen, S.)
Schäfer	Anlegerschutz und die Sorgfalt eines ordentlichen Kaufmanns bei der Anlage der Sondervermögen durch Kapitalanlagegesellschaften: unter besonderer Berücksichtigung der Theorien zur Aktienkursprognose und zur Zusammenstellung von Portefeuilles, 1987 (zit.: *Schäfer* Anlegerschutz, S.)
Schäfer	Corporate Governance bei Kapitalgesellschaften – Fund Governance, 2009 (zit.: *Schäfer* Fund Governance, S.)
Scherer	Depotgesetz Kommentar, 2012 (zit.: Scherer/*Bearbeiter* DepotG, § Rn.)
Schimansky/Bunte/ Lwowski	Bankrechtshandbuch, 4. Aufl. 2011 (Schimansky/Bunte/Lwowski/*Bearbeiter* Bankrechtshandbuch, Rn.)
Schlag	Grenzüberschreitende Verwaltungsbefugnisse im EG-Binnenmarkt, 1998 (zit.: *Schlag* Verwaltungsbefugnisse, S.)
Schmidt	EStG Einkommensteuergesetz, 33. Aufl. 2014 (Schmidt/*Bearbeiter* EStG, § Rn.)
Schmidt	Insolvenzordnung, 18. Aufl. 2013 (zit.: Schmidt/*Bearbeiter* InsO, § Rn.)
Schmidt	Gesellschaftsrecht, 4. Aufl. 2002 (zit.: K. Schmidt GesellschaftsR, S.)
Schöner/Stöber	Grundbuchrecht, 15. Aufl. 2012 (zit.: *Schöner/Stöber* Grundbuchrecht, Rn.)
Schönle	Bank und Börsenrecht, 2. Aufl. 1976 (zit.: *Schönle* Bank- und BörsenR, S.)
Scholtz/Steder	Erläuterungen zum Gesetz über Kapitalanlagegesellschaften, 1987 (zit.: *Scholtz/ Steder* KAGG, S.)
Schork/Groß	Bankstrafrecht, 2013 (zit.: Schork/Groß/*Bearbeiter* BankStrR, § Rn.)
Schröder	Kapitalmarktstrafrecht, 3. Aufl. 2014 (zit.: *Schröder* KPMStR, S.)
Schulze-Osterloh	Das Prinzip der Gesamthänderischen Bindung, 1972 (zit.: *Schulze-Osterloh* Gesamthänderische Bindung, S.)
Schwark/Zimmer	Kapitalmarktrechts-Kommentar, 5. Aufl. 2012 (zit.: Schwark/Zimmer/*Bearbeiter* KMRK, § Rn.)
Schwennicke/Auerbach	Kreditwesengesetz mit Zahlungsdiensteaufsichtsgesetz, 2. Aufl. 2013 (zit.: Schwennicke/Auerbach/*Bearbeiter* KWG, § Rn.)
Seegebarth	Stellung und Haftung der Depotbank im Investment-Dreieck, 2004 (zit.: *Seegebarth* Depotbank, S.)
Senge	Karlsruher Kommentar zum Gesetz über Ordnungswidrigkeiten, 4. Aufl. 2014 (Senge/*Bearbeiter* OWiG, § Rn.)
Siara/Tormann	Gesetz über Kapitalanlagegesellschaften vom 16. April 1957, 1957 (zit.: *Siara/ Tormann* KAGG, S.)
Sieber/Brüner/Satzger/ Von Heintschel-Heinegg	Europäisches Strafrecht, 2011 (zit.: *Sieber/Brüner/Satzger/Von Heintschel-Heinegg* Europ. StR, S.)
Staub	HGB, 5. Aufl. 2013 (zit.: Staub/*Bearbeiter* HGB, § Rn.)
Spindler/Stilz	Kommentar zum Aktiengesetz, 2. Aufl. 2010 (zit.: Spindler/Stilz/*Bearbeiter* AktG, § Rn.)
Staudinger	Bürgerliches Gesetzbuch (2012 ff.) (zit.: Staudinger/*Bearbeiter* BGB, § Rn.)

Stelkens/Bonk/Sachs	Verwaltungsverfahrensgesetz: VwVfG, 8. Aufl. 2014 (zit.: Stelkens/Bonk/Sachs/*Bearbeiter* VwVfG, § Rn.)
Streck	Körperschaftsteuergesetz: KStG, 7. Aufl. 2008 (zit.: Streck/*Bearbeiter* KStG, § Rn.)
Striegel/Wiesbrock/Jesch	Kapitalbeteiligungsrecht, Kommentar zum Private-Equity-Recht: WKBG, UBGG, Risikobegrenzungsgesetz, Nebengesetze und AIFM-Richtlinie, 2010 (zit.: Striegel/Wiesbrock/Jesch/*Bearbeiter* KapitalbeteiligungsR, S.)
Strunk/Kaminski/Köhler	Aussensteuergesetz/Doppelbesteuerungsabkommen: Kommentar, 1. Aufl. 2004 (zit.: Strunk/Kaminski/Köhler/*Bearbeiter* DBA-Komm., Rn.)
Szagunn/Haug/Ergenzinger	Gesetz über das Kreditwesen, 6. Aufl. 1997 (zit.: Szagunn/Haug/Ergenzinger/*Bearbeiter* KWG, § Rn.)
Szagunn/Neumann/Wohlschieß	Gesetz über das Kreditwesen, 3. Aufl. 1976 (zit.: Szagunn/Neumann/Wohlschieß/*Bearbeiter* KWG, § Rn.)
Tegethoff	Das Treuhandgeschäft der westdeutschen und amerikanischen Banken, 1963 (zit.: *Tegethoff* Treuhandgeschäft, S.)
Terhechte	Verwaltungsrecht der Europäischen Union, 1. Aufl. 2011 (zit.: *Terhechte* VerwR, S.)
Tipke/Lang	Steuerrecht, 21. Aufl. 2012 (zit.: *Tipke/Lang* SteuerR, S.)
Tönges	Der Wertpapierspezialfonds als Anlageinstrument für institutionelle Investoren, Frankfurt am Main 1993 (zit.: *Tönges* Wertpapierspezialfonds, S.)
Unzicker	VerkProspG, 1. Aufl. 2010 (zit.: *Unzicker* VerkProspG, § Rn.)
Veil	Europäisches Kapitalmarktrecht, 2. Aufl. 2014 (zit.: Veil/*Bearbeiter* Europäisches KapitalmarktR, § Rn.)
Veltmann	Instrumente des Anlegerschutzes im Investmentrecht, 2007 (zit.: *Veltmann* Anlegerschutz, S.)
Vogel/Lehner	Doppelbesteuerungsabkommen Kommentar, 5. Aufl. 2008 (zit.: Vogel/Lehner/*Bearbeiter* DBA, Art. Rn.)
Vogels	Grundstücks- und Gebäudebewertung – marktgerecht, 5. Aufl. 1996 (zit.: *Vogels* Grundstücksbewertung, S.)
von Oefele/Winkler	Handbuch des Erbbaurechts, 5. Aufl. 2012 (zit.: *von Oefele/Winkler* ErbbauR, S.)
Walther	Das Unmittelbarkeitsprinzip bei der fiduziarischen Treuhand, 1974 (zit.: *Walther* Unmittelbarkeitsprinzip, S.)
Wassermeyer	Doppelbesteuerungsabkommen, Loseblattsammlung, 125. Ergänzungslieferung 2014 (zit.: Wassermeyer/*Bearbeiter* DBA, Rn.)
Weber-Grellet	Steuern im modernen Verfassungsstaat – Funktionen, Prinzipien und Strukturen des Steuerstaats und des Steuerrechts, 2001 (zit.: *Weber-Grellet* SteuerR, S.)
Wolff/Bachof/Stober/	Verwaltungsrecht I, 13. Aufl. 2014 (zit.: Wolff/Bachof/Stober/*Kluth* VerwR I, § Rn.)

Kapitalanlagegesetzbuch

KAPITEL 3
Inländische Spezial-AIF

ABSCHNITT 1
Allgemeine Vorschriften für inländische Spezial-AIF

§ 273
Anlagebedingungen

Anlagebedingungen, nach denen sich
1. das vertragliche Rechtsverhältnis einer AIF-Kapitalverwaltungsgesellschaft oder einer EU-Kapitalverwaltungsgesellschaft zu den Anlegern eines Spezialsondervermögens bestimmt oder
2. in Verbindung mit der Satzung einer Spezialinvestmentaktiengesellschaft das Rechtsverhältnis dieser Investmentaktiengesellschaft zu ihren Anlegern bestimmt oder
3. in Verbindung mit dem Gesellschaftsvertrag einer Spezialinvestmentkommanditgesellschaft das Rechtsverhältnis dieser Investmentkommanditgesellschaft zu ihren Anlegern bestimmt,

sind vor Ausgabe der Anteile oder Aktien schriftlich festzuhalten. Die Anlagebedingungen von inländischen Spezial-AIF sowie die wesentlichen Änderungen der Anlagebedingungen sind der Bundesanstalt von der AIF-Kapitalverwaltungsgesellschaft vorzulegen.

Schrifttum

Weitnauer Die Informationspflichten nach dem KAGB, Möllers/Kloye (Hrsg.) Das neue Kapitalanlagegesetzbuch, Tagung vom 14./15. Juni 2013 in Augsburg.

I. Allgemeines

§ 273 setzt Art. 7 Abs. 3 lit. c der AIFM-RL um. Gem. Art. 7 Abs. 3 lit. c der AIFM-RL schreiben die Mitgliedstaaten vor, dass ein AIFM, der eine Zulassung beantragt, den zuständigen Behörden seines Herkunftsmitgliedstaats außerdem zu den AIF, die er zu verwalten beabsichtigt, die Vertragsbedingungen oder Satzungen aller AIF, die der AIFM zu verwalten beabsichtigt, vorlegt. **1**

II. Schriftform der Anlagebedingungen (Satz 1)

Satz 1 regelt lediglich, dass Anlagebedingungen für inländische Spezial-AIF der Schriftform bedürfen. Ein bestimmter Mindestinhalt der Anlagebedingungen wird jedoch nicht vorschrieben. **2**

III. Vorlage der Anlagebedingungen an die BaFin (Satz 2)

Die Anlagebedingungen von inländischen Spezial-AIF müssen der BaFin lediglich vorgelegt werden. Anders als die Anlagebedingungen von offenen oder geschlossenen Publikumssondervermögen, bedürfen die Anlagebedingungen inländischer Spezial-AIF **3** keiner Genehmigung durch die BaFin. Durch die Vorlage der Anlagebedingungen bei der BaFin erhält diese Kenntnis vom Inhalt der Anlagebedingungen und kann ggf. erforderliche Verfügungen erlassen.

§ 274
Begrenzung von Leverage

Für die Informationspflicht der AIF-Kapitalverwaltungsgesellschaft im Hinblick auf das eingesetzte Leverage sowie die Befugnis der Bundesanstalt zur Beschränkung des eingesetzten Leverage einschließlich der Mitteilungspflichten der Bundesanstalt gilt § 215 entsprechend. Die Bedingungen, unter welchen die Maßnahmen nach Satz 1 in Verbindung mit § 215 Absatz 2 angewendet werden, bestimmen sich nach Artikel 112 der Delegierten Verordnung (EU) Nr. 231/2013.

Gesetzesmaterialien

Delegierte Verordnung (EU) Nr. 231/2013; BTDrucks. 17/12294.

I. Allgemeines

1   § 274 dient der Umsetzung von Art. 25 Abs. 3, 4 und 8 der AIFM-RL. Satz 2 dient der Umsetzung von Art. 25 Abs. 9 der AIFM-RL.

II. Entsprechende Anwendung des § 215 (Satz 1)

2   Hinsichtlich der Informationspflicht der AIF-KVG bezüglich des eingesetzten Leverage sowie der Befugnis der BaFin zur Beschränkung des eingesetzten Leverage einschließlich der Mitteilungspflichten der BaFin gilt der unmittelbar für AIF-KVGen von offenen inländischen Publikums-AIF anwendbare § 215 entsprechend. Die AIF-KVG muss gemäß den Vorgaben des § 215 der BaFin aufzeigen, dass die von ihr angesetzte Begrenzung des Umfangs der Methoden, mit denen sie den Investitionsgrad des von ihr verwalteten Investmentvermögens durch Kreditaufnahme, Wertpapier-Darlehen, in Derivate eingebettete Hebelfinanzierungen oder auf andere Weise erhöht (Leverage), angemessen ist und dass sie diese Begrenzung stets einhält.

III. Bedingungen der Maßnahmen nach Art. 112 der Delegierten Verordnung (EU) Nr. 231/2013 (Satz 2)

3   Satz 2 greift die Regelung des § 215 Abs. 5 auf. Gem. § 215 Abs. 5 gilt Art. 112 der Delegierten Verordnung (EU) Nr. 231/2013 entsprechend für die Bedingungen, unter denen die Maßnahmen nach § 215 Abs. 2 angewendet werden.

4   Für die Verwaltung von Spezial-AIF gilt Art. 112 der Delegierten Verordnung (EU) Nr. 231/2013 unmittelbar.

5   Art. 112 der Delegierten Verordnung (EU) Nr. 231/2013 trifft folgende Regelungen:

*AIFM, die hebelfinanzierte AIF verwalten
(Artikel 25 Absatz 3 der Richtlinie 2011/61/EU)*

*Artikel 112
Beschränkungen für die Verwaltung von AIF*

(1) Die Grundsätze dieses Artikels gelten für die Festlegung der Umstände, unter denen die zuständigen Behörden ihre Befugnis ausüben, den AIFM Limits oder Beschränkungen für Hebelfinanzierungen vorzuschreiben.
(2) Bewertet die zuständige Behörde Informationen, die sie gemäß Artikel 7 Absatz 3, Artikel 15 Absatz 4 oder Artikel 24 Absatz 4 oder Artikel 24 Absatz 5 erhalten hat, so berücksichtigt sie, inwieweit der Einsatz von Hebelfinanzierungen durch einen AIFM oder dessen Interaktion mit einer Gruppe von AIFM oder anderen Finanzinstituten zur Entstehung von Systemrisiken im Finanzsystem oder des Risikos von Marktstörungen beitragen können.
(3) Die zuständigen Behörden berücksichtigen in ihrer Bewertung zumindest die folgenden Aspekte:
a) die Umstände, unter denen das Engagement eines oder mehrerer AIF einschließlich des Engagements aus Finanzierungs- und Anlagepositionen, das der AIFM auf eigene Rechnung oder für die AIF eingegangen ist, ein erhebliches Markt-, Liquiditäts- oder Gegenparteirisiko für ein Finanzinstitut darstellen könnte;
b) die Umstände, unter denen die Tätigkeiten eines AIFM oder seine Interaktion beispielsweise mit einer Gruppe von AIFM oder anderen Finanzinstituten, insbesondere im Hinblick auf die Arten der Vermögenswerte, in die der AIF investiert, und die über den Einsatz von Hebelfinanzierungen vom AIFM angewendeten Techniken, zu einer spiralförmigen Abwärtsbewegung der Preise von Finanzinstrumenten oder sonstigen Vermögenswerten beitragen oder beitragen könnten, die die Lebensfähigkeit dieser Finanzinstrumente oder sonstigen Vermögenswerte gefährdet bzw. gefährden würde;
c) Kriterien wie die Art des AIF, die Anlagestrategie des AIFM für die betreffenden AIF, die Marktbedingungen, unter denen der AIFM und der AIF tätig sind, sowie wahrscheinliche prozyklische Wirkungen, die eintreten könnten, wenn die zuständigen Behörden dem betreffenden AIFM Limits oder andere Beschränkungen für den Einsatz von Hebelfinanzierungen vorschreiben;
d) Kriterien wie die Größe eines oder mehrerer AIF und die entsprechenden Auswirkungen in einem bestimmten Marktsektor, Risikokonzentrationen in bestimmten Märkten, in denen ein oder mehrere AIF investieren, etwaige Ansteckungsrisiken für andere Märkte durch einen Markt, in dem Risiken festgestellt wurden, Liquiditätsprobleme in bestimmten Märkten zu einem bestimmten Zeitpunkt, das Ausmaß des mit einem Missverhältnis zwischen Vermögenswerten und Verbindlichkeiten verbundenen Risikos in einer bestimmten AIFM-Anlagestrategie oder irreguläre Preisbewegungen bei Vermögenswerten, in die ein AIF investieren könnte.

§ 275
Belastung

(1) Die Belastung von Vermögensgegenständen, die zu einem Spezial-AIF gehören, sowie die Abtretung und Belastung von Forderungen aus Rechtsverhältnissen, die sich auf diese Vermögensgegenstände beziehen, sind zulässig, wenn
1. dies in den Anlagebedingungen vorgesehen und mit einer ordnungsgemäßen Wirtschaftsführung vereinbar ist und

2. die Verwahrstelle den vorgenannten Maßnahmen zustimmt, weil sie die Bedingungen, unter denen die Maßnahmen erfolgen sollen, für marktüblich erachtet.

(2) Die Bundesanstalt kann die Höhe der zulässigen Belastung der Vermögensgegenstände beschränken, wenn sie dies zum Schutz der Anleger oder zur Gewährleistung der Stabilität und Integrität des Finanzsystems als nötig erachtet.

Gesetzesmaterialien

BTDrucks. 17/12294.

I. Allgemeines

1 § 275 regelt unter welchen Bedingungen die Belastung von Vermögensgegenständen, die zu einem Spezial-AIF gehören, und die Abtretung und Belastung von Forderungen aus Rechtsverhältnissen, die sich auf diese Vermögensgegenstände beziehen, zulässig sind. Die Norm sieht im Gegensatz zum aufgehobenen § 91 Abs. 3 Nr. 3 i.V.m. § 82 Abs. 3 InvG keine feste Grenze für die zulässige Belastung eines Spezial-AIF vor. Entsprechend den Zielen der AIFM-RL räumt Abs. 2 der BaFin das Recht ein, die Höhe der Belastung von Vermögensgegenständen von Spezial-AIF zu beschränken, wenn dies zum Schutz der Anleger oder zur Gewährleistung der Stabilität und Integrität des Finanzsystems erforderlich ist.[1]

II. Voraussetzungen für Belastungen und Abtretungen (Abs. 1)

2 Gem. Abs. 1 ist die Belastung von Vermögensgegenständen, die zu einem Spezial-AIF gehören, sowie die Abtretung und Belastung von Forderungen aus Rechtsverhältnissen, die sich auf diese Vermögensgegenstände beziehen nur zulässig, wenn dies in den Anlagebedingungen vorgesehen und mit einer ordnungsgemäßen Wirtschaftsführung vereinbar ist. Kumulativ muss die Verwahrstelle den vorgenannten Maßnahmen zustimmen, weil sie die Bedingungen unter denen die Maßnahmen erfolgen sollen, für marktüblich erachtet.

3 Der Begriff der Belastung umfasst sämtliche dinglichen Rechte.[2] Belastungen sind nicht nur solche rechtsgeschäftlicher Art, sondern ebenfalls durch staatlichen Akt entstehende öffentlich-rechtliche Belastungen, z.B. bei Grundstücken Sanierungsvermerke, Umlegungen, Wegerechte oder Leitungsrechte.

4 **1. Anlagebedingungen und Vereinbarkeit mit einer ordnungsgemäßen Wirtschaftsführung (Abs. 1 Nr. 1).** Die Belastung von Vermögensgegenständen, die zu einem Spezial-AIF gehören, sowie die Abtretung und Belastung von Forderungen aus Rechtsverhältnissen, die sich auf diese Vermögensgegenstände beziehen, müssen in den Anlagebedingungen vorgesehen sein. In welchem Detaillierungsgrad dies geschehen muss, hat der Gesetzgeber nicht geregelt. Weiter müssen Belastung und Abtretung mit einer ordnungsgemäßen Wirtschaftsführung vereinbar sein. Inwieweit Belastungen im Rahmen einer ordnungsmäßigen Wirtschaftsführung geboten sind, hängt von den besonderen Umständen des Einzelfalles ab. Im Allgemeinen ist erforderlich, dass der nega-

---
[1] BTDrucks. 17/12294, S. 274 f.
[2] Emde-Dornseifer/Dreibus/Hölscher/*Schulz-Süchting* § 82 Rn. 21.

tive Effekt der Belastung durch einen anderweitigen Vorteil für den Spezial-AIF ausgeglichen wird.[3]

2. Zustimmung der Verwahrstelle (Abs. 1 Nr. 2). Die Verwahrstelle muss der Belastung oder Abtretung zustimmen. Voraussetzung für eine solche Zustimmung ist, dass die Verwahrstelle die Bedingungen unter denen die Belastung oder Abtretung erfolgen soll, für marktüblich erachtet. Die Marktüblichkeit bezieht sich sowohl auf die Belastung selbst als auch auf das der Belastung zugrunde liegende Rechtsverhältnis.[4] Der Wortlaut des Abs. 1 impliziert, dass die Verwahrstelle die Marktüblichkeit selbst prüft. 5

III. Beschränkungen durch die BaFin

Die BaFin kann gem. Abs. 2 die Höhe der zulässigen Belastung der Vermögensgegenstände beschränken, wenn sie dies zum Schutz der Anleger oder zur Gewährleistung der Stabilität und Integrität des Finanzsystems als nötig erachtet. 6

Hinsichtlich des der BaFin durch Abs. 2 eingeräumten Ermessens gilt der allgemeine Ermessensgrundsatz des § 40 VwVfG, wonach die BaFin ihr Ermessen entsprechend dem Zweck der Ermächtigung auszuüben und die gesetzlichen Grenzen des Ermessens einzuhalten hat. 7

§ 276
Leerverkäufe

(1) Die AIF-Kapitalverwaltungsgesellschaft darf für gemeinschaftliche Rechnung der Anleger keine Vermögensgegenstände nach Maßgabe der §§ 193, 194 und 196 verkaufen, wenn die jeweiligen Vermögensgegenstände im Zeitpunkt des Geschäftsabschlusses nicht zum Spezial-AIF gehören; § 197 bleibt unberührt. Die Wirksamkeit des Rechtsgeschäfts wird durch einen Verstoß gegen Satz 1 nicht berührt.

(2) Absatz 1 findet keine Anwendung auf AIF-Kapitalverwaltungsgesellschaften, die Hedgefonds verwalten. Die Bundesanstalt kann Leerverkäufe im Sinne des § 283 Absatz 1 Satz 1 Nummer 2 beschränken, wenn sie dies zum Schutz der Anleger oder zur Gewährleistung der Stabilität und Integrität des Finanzsystems als nötig erachtet.

Gesetzesmaterialien

BTDrucks. 17/12294.

I. Allgemeines

Abs. 1 verbietet Leerverkäufe (außerhalb des Hedgefondsbereichs). Leerverkäufe sind als Spekulationsgeschäfte mit erhöhten Verlustrisiken grundsätzlich verboten. Bei einem Leerverkauf spekuliert die KVG darauf, dass die Kurse bis zum Erfüllungszeitpunkt, d.h. dem Zeitpunkt, an dem der bei Vertragsabschluss noch nicht im Vermögen des Spezial-AIF befindliche Vermögensgegenstand geliefert werden muss, sinken und 1

---

[3] Berger/Steck/Lübbehüsen/*Klusak* § 82 Rn. 11.
[4] Berger/Steck/Lübbehüsen/*Klusak* § 82 Rn. 11.

sie sich zwischenzeitlich günstiger eindecken kann.[1] Mit dem Leerverkaufsverbot soll verhindert werden, dass durch Spekulationsgeschäfte das von der KVG verwaltete Vermögen mit besonderen Risiken belastet und zu Leistungen verpflichtet wird, für die der konkrete Aufwand bei Abschluss des Geschäfts nicht genau abzuschätzen ist.[2]

2   Abs. 1 entspricht der Regelung des aufgehobenen § 91 Abs. 3 Nr. 3 i.V.m. § 59 InvG. Abs. 2 Satz 1 greift den Regelungsgehalt des aufgehobenen § 112 Abs. 1 Satz 2 Nr. 2 InvG auf, der Sondervermögen mit zusätzlichen Risiken vom Leerverkaufsverbot des ebenfalls aufgehobenen § 59 InvG ausnahm. Die bereits in § 112 Abs. 4 InvG angelegte Beschränkungsmöglichkeit für Leerverkäufe wird in Abs. 2 Satz 2 wieder aufgegriffen.[3]

II. Verbot von Leerverkäufen (Abs. 1 Satz 1 Hs. 1)

3   Gem. Abs. 1 Satz 2 darf eine AIF-KVG für gemeinschaftliche Rechnung der Anleger keine Vermögensgegenstände nach Maßgabe der §§ 193 (Wertpapiere), 194 (Geldmarktinstrumente) und 196 (Investmentanteile) kaufen, wenn die jeweiligen Vermögensgegenstände im Zeitpunkt des Geschäftsabschlusses nicht zum Spezial-AIF gehören.

4   Auch der mehrfache Verkauf desselben Vermögensgegenstands stellt einen Leerverkauf im Sinne des Abs. 1 Satz 1 Hs. 1 dar.[4]

III. Leerverkäufe durch Derivategeschäfte (Abs. 1 Satz 1 Hs. 2)

5   Gem. Abs. 1 Satz 1 Hs. 2 bleibt die Regelung des § 197 unberührt. Abs. 1 Satz 1 Hs. 2 begründet damit einen Geltungsvorrang des § 197 für über Derivate dargestellte Leerverkäufe.[5]

IV. Rechtsfolgen eines Verstoßes gegen das Leerverkaufsverbot (Abs. 1 Satz 2)

6   Gem. Abs. 1 Satz 2 wird die Wirksamkeit eines Rechtsgeschäfts, welches gegen das Leerverkaufsverbot verstößt nicht berührt. Der Regelung des Abs. 1 Satz 2 bedurfte es, da sie eine Abweichung von § 134 BGB darstellt. Abs. 1 Satz 1 stellt jedoch ein Schutzgesetz i.S.d. § 823 Abs. 2 BGB dar, so dass die Anleger bei einem Verstoß gegen Abs. 1 Satz 1 einen Schadensersatzanspruch gegen die Kapitalverwaltungsgesellschaft haben.[6]

V. Kein Leerverkaufsverbot für Hedgefonds (Abs. 2 Satz 1)

7   Gem. Abs. 2 findet Abs. 1 keine Anwendung auf AIF-KVGen, die Hedgefonds verwalten. Gem. der Legaldefinition des § 283 Abs. 1 Satz 1 sind Hedgefonds allgemeine offene inländische Spezial-AIF nach § 282, deren Anlagebedingungen zusätzlich mindestens eine der folgenden Bedingungen vorsehen: den Einsatz von Leverage in beträchtlichem Umfang oder den Verkauf von Vermögensgegenständen für gemeinschaftliche Rechnung der Anleger, die im Zeitpunkt des Geschäftsabschlusses nicht zum AIF gehören (Leerverkauf). Bei der Vornahme von Leerverkäufen hat die KVG die allgemeinen Be-

---

1   Berger/Steck/Lübbehüsen/*Brümmer* § 59 Rn. 1.
2   OLG Celle WM **2009** 1652, 1654.
3   BTDrucks. 17/12294, S. 275.
4   Emde/Dornseifer/Dreibus/Hölscher/*Stabenow* § 59 Rn. 15.
5   Emde/Dornseifer/Dreibus/Hölscher/*Stabenow* § 59 Rn. 15.
6   Berger/Steck/Lübbehüsen/*Brümmer* § 59 Rn. 4.

schränkungen und Mitteilungs- und Veröffentlichungspflichten der Verordnung (EU) Nr. 236/2012 zu beachten.

VI. Beschränkung von Leerverkäufen durch die BaFin (Abs. 2 Satz 2)

Die BaFin kann Leerverkäufe i.S.d. § 283 Abs. 1 Satz 2 Nr. 2 beschränken, wenn sie dies zum Schutz der Anleger oder zur Gewährleistung der Stabilität und Integrität des Finanzsystems als nötig erachtet. Eine solche Beschränkung muss den allgemeinen verwaltungsrechtlichen Anforderungen an eine Ermessensentscheidung genügen. 8

§ 277
Übertragung von Anteilen oder Aktien

Die AIF-Kapitalverwaltungsgesellschaft hat schriftlich mit den Anlegern zu vereinbaren oder auf Grund der konstituierenden Dokumente des AIF sicherzustellen, dass die Anteile oder Aktien nur an professionelle und semiprofessionelle Anleger übertragen werden dürfen.

Gesetzesmaterialien

BTDrucks. 17/12294.

§ 277 hat keine direkte Entsprechung im aufgehobenen InvG. Seine Privatanleger schützende Intention verbindet ihn jedoch mit dem aufgehobenen § 92 InvG. Gem. § 92 InvG hatte die KAG in einer schriftlichen Vereinbarung mit den Anlegern sicherzustellen, dass die Anteile nur mit Zustimmung der KAG von den Anlegern übertragen werden durften. 1

Bei inländischen Spezial-AIF hat die AIF-KVG gem. § 277 schriftlich mit den Anlegern zu vereinbaren, dass die Anteile oder Aktien nur an professionelle und semiprofessionelle Anleger übertragen werden dürfen. § 277 soll verhindern, dass Anteile oder Aktien von Spezial-AIF an Privatanleger weiterveräußert werden.[1] 2

§ 277 ergänzt § 1 Abs. 6, nach dem Spezial-AIF AIF sind, deren Anteile auf Grund von schriftlichen Vereinbarungen mit der Verwaltungsgesellschaft oder auf Grund der konstituierenden Dokumente des AIF nur von professionellen Anlegern i.S.d. § 1 Abs. 19 Nr. 32 und semiprofessionellen Anlegern i.S.d. Abs. 19 Nr. 33 erworben werden dürfen. 3

Die Vereinbarung zwischen AIF-KVG und Anleger wirkt nur zwischen diesen als den Parteien der Vereinbarung. Ein Verstoß des Anlegers gegen diese Vereinbarung verhindert nicht die rechtswirksame Übertragung der Anteile oder Aktien. Der Spezial-AIF würde zum ungenehmigten Publikums-AIF, was zu einem Einschreiten der BaFin führen würde. 4

---

[1] BTDrucks. 17/12294, S. 275.

ABSCHNITT 2
Vorschriften für offene inländische Spezial-AIF

§ 278
Bewertung, Bewertungsverfahren und Bewerter

Für die Bewertung, das Bewertungsverfahren und den Bewerter gelten die §§ 168, 169 und 216 entsprechend.

Schrifttum

Buck-Heeb Kapitalmarktrecht, 5. Auflage 2011; *Einsele* Bank- und Kapitalmarktrecht, 2. Auflage 2010; *Emde/Dreibus* Der Regierungsentwurf für ein Kapitalanlagegesetzbuch, BKR 2013 89; *Kempf* Praxishandbuch zur Rechnungslegung von Investmentvermögen, 2010; *ders.* Rechnungslegung von Investmentvermögen – Die neue Rechnungslegungs- und Bewertungsverordnung (InvRBV), Corporate Finance biz 2010; *Sedlmaier* Die Investment-Rechnungslegungs- und Bewertungsverordnung – Überblick und kritische Würdigung, WM **2010** 1437; *Volhard/El-Qalqili* Die neuen Bewertungsvorschriften für AIF-Investmentvermögen, DB **2013** 2103; *Weiser/Jang* Die nationale Umsetzung der AIFM-Richtlinie und ihre Auswirkungen auf die Fondsbranche in Deutschland, BB **2011** 1219.

Systematische Übersicht

A. Allgemeines —— 1
B. Tatbestand
    I. Bewertung
        1. Ermittlung des Nettoinventarwertes —— 4
        2. Bewertung der Vermögensgegenstände —— 5
    II. Bewertungsverfahren —— 8
        1. Interne Bewertungsrichtlinie —— 9
        2. Grundsätze für das Bewertungsverfahren —— 15
    III. Bewerter
        1. Interne Bewertung —— 18
        2. Externer Bewerter —— 21

A. Allgemeines

1 Die Bewertung der Vermögensgegenstände bei Spezialinvestmentvermögen richtete sich bislang nach den §§ 36 und 91 InvG. Die Vorschrift verweist auf die Bewertungsvorschriften, die bereits für die Bewertung der offenen Publikumsinvestmentvermögen gelten. Im Wesentlichen basieren die §§ 168, 169 und 216 zum einen auf den Regelungen des § 36 InvG und zum anderen auf den Vorgaben des Artikel 19 AIFM-Richtlinie. Durch Artikel 19 AIFM-Richtlinie werden zum ersten Mal europäisch harmonisierte Verfahren zur Bewertung der Vermögensgegenstände in Investmentvermögen geschaffen. Ergänzt werden die Regelungen in Artikel 19 AIFM-Richtlinie durch die Artikel 68 ff. der AIFM-DV. Dabei wird in starkem Maße auf die von IOSCO erlassenen „Principles for the valuation of hedge fund portfolios"[1] zurückgegriffen.

2 Durch die Bewertungsvorschriften soll eine verlässliche und objektive Bewertung aller Vermögensgegenstände des Spezial-AIF gesichert werden und gleichzeitig eine ordnungsgemäße Berechnung des Anteilspreises sichergestellt werden. Das Anlegerpublikum soll die Anteile oder Aktien an dem Investmentvermögen zu marktgerechten Preisen erwerben und zurückgeben können. Dies setzt voraus, dass durch den Anteils- oder Aktienpreis auch der reelle Wert des Portfolios reflektiert wird. Ziel ist daher eine unabhängige und unparteiische Bewertung durch entsprechend qualifizierte Experten,

---

[1] Abrufbar unter http://www.iosco.org/library/pubdocs/pdf/IOSCOPD240.pdf.

die mit der erforderlichen Sachkenntnis, Sorgfalt und Gewissenhaftigkeit ausgeführt wird. Soweit eine interne Bewertung durch die Kapitalverwaltungsgesellschaft selber erfolgt, soll Interessenkonflikten vorgebeugt werden.

§ 168 regelt die Ermittlung des Nettoinventarwertes, enthalten sind in dieser Vorschrift auch Regelungen zu welchem Wert bestimmte Vermögensgegenstände bei der Wertermittlung anzusetzen sind. § 169 regelt Grundsätze des Bewertungsverfahrens, die Bewertungsgrundsätze sind vorab in einer Bewertungsrichtlinie niederzulegen und für die einzelnen Vermögensgegenstände sind vorab einzelne Bewertungsverfahren festzulegen. In § 216 KAGB ist schließlich geregelt, wer die Bewertung der Vermögensgegenstände vornehmen darf und stellt jeweils Anforderungen für die externe und die interne Bewertung auf.

B. Tatbestand

I. Bewertung

1. Ermittlung des Nettoinventarwertes. § 168 regelt die Berechnung des Nettoinventarwertes und Einzelheiten zur Bewertung der Vermögensgegenstände, in die das Investmentvermögen investiert ist. Der Nettoinventarwert je Anteil oder Aktie ergibt sich dabei aus der Teilung des Wertes des Investmentvermögens durch die Zahl der in den Verkehr gelangten Anteile oder Aktien. Da die Anzahl der Anleger im Bereich der Spezialinvestmentvermögen überschaubar ist, dürfte die Ermittlung der ausgegebenen Anteile nicht weiter problematisch sein. Der Schwerpunkt liegt daher auf der Ermittlung des Wertes des offenen Spezialinvestmentvermögens.

2. Bewertung der Vermögensgegenstände. Die Vorgaben für die Bewertungsmethoden beruhen weiterhin auf nationalen Regelungen. Sowohl die AIFM-Richtlinie als auch die AIFM-DV beschränken sich auf Vorgaben zum Bewertungsverfahren, für die Bewertung der einzelnen Vermögensgegenstände an sich werden keine konkreten inhaltlichen Vorgaben gemacht. Wie sich bereits aus Artikel 19 Absatz 2 AIFM-Richtlinie ergibt, richten sich die Bewertungsmethoden für die einzelnen Vermögensgegenstände nach den nationalen Vorschriften. Damit wird zum einen der Tatsache Rechnung getragen, dass die AIFM-Richtlinie eine Managerregulierung darstellt und keine Produktregulierung beinhaltet. Folglich fehlt auch ein europaweit vereinheitlichter Katalog an erwerbbaren Vermögensgegenständen. Zum anderen gibt es auf EU-Ebene auch keine vereinheitlichten Bewertungsverfahren, insofern finden die jeweils national verbindlichen Bewertungsmethoden Anwendung. In Deutschland finden sich die entsprechenden Regelungen in § 168 und im 3. Abschnitt der KARBV.

Als Grundsatz für die Wertermittlung gilt, dass für jeden Vermögensgegenstand der Verkehrswert zu ermitteln ist. Dabei ist die Vorschrift des § 168 bei der Bewertung der Vermögensgegenstände stark auf die Bewertung von Wertpapieren und Finanzinstrumenten ausgerichtet, für die ein Börsenkurs oder sonstiger Marktpreis leicht zu ermitteln ist. Dabei gilt als Grundregel, dass bei gehandelten Vermögensgegenständen der Kurswert zugrunde zu legen sind. Bei nichtgehandelten Vermögensgegenständen, für die kein handelbarer Kurs verfügbar ist, ist ebenfalls der Verkehrswert zugrunde zu legen, der anhand geeigneter Bewertungsmodelle zu ermitteln ist.

Neben diesen Grundsätzen für die Bewertung von Vermögensgegenständen in § 168 Absatz 2 und 3 sind in den Absätzen 3 bis 6 Sonderregelungen für die Bewertung von nicht börsenzugelassenen Schuldverschreibungen, Derivaten, schwebenden Verpflichtungsgeschäften und Rückerstattungsansprüchen aus Wertpapierdarlehensgeschäften vorgesehen. § 168 Absatz 7 regelt die Verpflichtung zur Aufstellung und Einhaltung von Best Execution-Grundsätzen, das heißt das Ergreifen aller angemessenen Maßnahmen zur Erzielung des bestmöglichen Ergebnisses für das Investmentvermögen, sowie das Marktgerechtigkeitsgebot. Schließlich enthält § 168 Absatz 8 die Ermächtigung zum Erlass einer Rechtsverordnung mit weiteren konkretisierenden Regelungen zur Bewertung von Vermögensgegenständen. Diese Möglichkeit hat die BaFin mit den Regelungen der §§ 26 bis 34 KARBV genutzt.

II. Bewertungsverfahren

8   Während § 168 die Bewertung der einzelnen Vermögensgegenstände selbst regelt, werden in § 169 die Grundsätze des Bewertungsverfahrens geregelt. Kernstück ist dabei die Verpflichtung der Kapitalverwaltungsgesellschaft zur Erstellung einer Bewertungsrichtlinie, in der für jeden verwalteten AIF die Bewertungsverfahren festzulegen sind. Damit soll eine ordnungsgemäße und unabhängige Bewertung verfahrensrechtlich sichergestellt werden. Das Bewertungsverfahren und damit auch die Bewertung als solche wird damit für Abschlussprüfer und Aufsichtsbehörde nahvollziehbar gestaltet. Besondere Bedeutung erlangt dabei die AIFM-DV, die hierzu weitere Konkretisierungen enthält.

9   **1. Interne Bewertungsrichtlinie.** Der Inhalt der Bewertungsrichtlinie und damit auch die Anforderungen an das Bewertungsverfahren werden in Artikel 67 der AIFM-DV näher konkretisiert. Keine Vorgaben werden auf europäischer Ebene hinsichtlich der Bewertungsmethoden gemacht. Damit gelten in Deutschland zunächst die Anforderungen des § 168 und die Bewertungsvorgaben der KARBV. Ferner ist in der Bewertungsrichtlinie für jeden Vermögensgegenstand, der nach den Anlagebedingungen des AIF erwerbbar ist, die jeweilige Bewertungsmethode festzulegen. Es muss sich dabei um ein am jeweiligen Markt anerkanntes Bewertungsverfahren handeln, die Auswahl des jeweiligen Bewertungsverfahrens ist dabei zu begründen. Diese Vorgaben sind natürlich auch davon abhängig, welche Anlagepolitik der jeweilige AIF verfolgt und in welche Vermögensgegenstände er investieren darf. Eine gesteigerte Bedeutung kommt dieser Frage im Bereich der Spezial-AIF zu, weil insbesondere bei den allgemeinen offenen inländischen Spezial-AIF jeder Vermögensgegenstand, für den ein Verkehrswert ermittelt werden kann, erwerbbar ist. Damit hat der Gesetzgeber die Frage der Erwerbbarkeit eines Vermögensgegenstandes sehr offen gehalten.

10   Weiterhin ist nach Artikel 69 Absatz 2 der AIFM-DV zu gewährleisten, dass die Bewertungsverfahren und Bewertungsmethoden kohärent angewandt werden. Diese kohärente – das heißt einheitliche – Anwendung hat zwei Komponenten. Zum einen ist die Kohärenz auf die einzelnen Arten von Vermögensgegenständen zu beziehen. Daher ist die jeweils passende Bewertungsmethode für eine bestimmte Art von Vermögensgegenstand kohärent anzuwenden. Das muss aber nicht heißen, dass zum Beispiel bei jeder Unternehmensbeteiligung die gleiche Bewertungsmethode zur Anwendung kommt. So lassen auch § 32 KARBV und der IDW Standard S 1 „Grundsätze zur Durchführung von Unternehmensbewertungen", auf den § 32 KARBV verweist, für die Bewertung von Unternehmensbeteiligungen unterschiedliche Bewertungsmethoden zu. Daher können auch beim Vermögensgegenstand „Unternehmensbeteiligung" verschiedene Bewertungsmethoden angewandt werden, allerdings muss für die Differenzierung zwischen den einzelnen Unternehmensbeteiligungen ein sachlicher Grund vorliegen. Auch im Zeitverlauf ist eine kohärente Anwendung geboten. Das heißt, die einmal gewählte Bewertungsmethode ist so lange anzuwenden, bis gegebenenfalls neue Umstände eine Änderung der Bewertungsmethode notwendig machen.

In der Bewertungsrichtlinie hat eine Zuweisung der Pflichten, Rollen und Verantwortlichkeiten der an der Bewertung beteiligten Personen zu erfolgen. Auch diese prozessorientierte Anforderung dient der Herstellung von Transparenz. Dabei ist an die Funktionen der handelnden Personen anzuknüpfen. Die im Rahmen der Bewertung tätigen Funktionsträger sind mit ihrer Rolle und ihrem Verantwortungsbereich zu beschreiben. Festzulegen ist, welches Mitglied der Geschäftsführung für die Bewertung der Vermögensgegenstände zuständig ist. Hierbei sind auch die Kontroll- und Überwachungsprozesse darzustellen. 11

Die weiteren Festlegungen hängen auch davon ab, ob es sich um eine interne oder eine externe Bewertung handelt. Bei der externen Bewertung sind zusätzlich die Namen des oder der externen Bewerter zu nennen. Die Kriterien für die Auswahl des externen Bewerters sind zu benennen. Hierbei ist auch festzulegen, ob der externe Bewerter die Bewertungsmethoden eigenständig auswählen darf oder dem externen Bewerter die Bewertungsmethoden vorgegeben werden. Daneben sind die Prozesse für die laufende Überwachung des externen Bewerters darzustellen. Die laufende Überwachung bezieht sich sowohl auf die Einhaltung der Bewertungsvorgaben des KAGB, der KARBV und der AIFM-DV als auch auf die Fehleranfälligkeit des Bewertungsergebnisses. Bei der externen Bewertung ist das Verfahren zum Informationsaustausch zwischen der Kapitalverwaltungsgesellschaft und dem externen Bewerter zu regeln. Dagegen ist bei der internen Bewertung die funktionelle und personelle Trennung zur Portfolioverwaltung darzustellen. Die Bewertungsmethoden für bestimmte Vermögensgegenstände sind festzulegen. Bei der Investition in Vermögensgegenstände, für die Marktpreise ermittelt werden können, sollten die Preisquellen festgelegt werden. Im Hinblick auf Bewertungsmodelle sollten die zugrunde zu legenden Parameter festgelegt werden. Schließlich sollte konkretisiert sein, unter welchen Bedingungen eine Bewertungsmethode angepasst werden kann. 12

Sowohl bei der externen als auch bei der internen Bewertung sollte ein Eskalationsverfahren regeln, wie Unstimmigkeiten über eine Bewertung zwischen der Geschäftsleitung und der internen Bewertungseinheit bzw. dem externen Bewerter beigelegt werden können. Weiterhin sollte ein Verfahren für den Fall vorgesehen sein, dass sich eine Bewertung im Nachhinein als fehlerhaft herausstellt. Hierbei sollte festgelegt werden, welche Anforderungen an den Nachweis einer fehlerhaften Bewertung zu stellen sind. Auch die weiteren zu treffenden Maßnahmen in Bezug auf Korrektur des Nettoinventarwertes und Entschädigungsmaßnahmen sollten festgelegt sein. Dabei ist aber auch der Tatsache Rechnung zu tragen, dass es sich um institutionelle Anleger handelt und daher hier auch eher einzelfallbezogene Regelungen möglich sind. 13

Schließlich sollte auch ein „cutoff-date" als Zeitpunkt festgelegt werden, an dem zu einem Bewertungsstichtag die Bewertung vorgenommen wird. Bei Finanzinstrumenten, bei denen eine tägliche Handelbarkeit gegeben ist, wird dies in der Regel mit dem Handelsschluss übereinstimmen. Die näheren Vorgaben für ein eventuell zu verwendendes Bewertungsmodell sind in Artikel 68 AIFM-DV festgelegt. Dabei ist das Bewertungsmodell zu beschreiben und es ist zu begründen, warum die Bewertung anhand eines Modells erfolgt und weshalb dieses Bewertungsmodell und nicht andere am Markt verfügbare Bewertungsmodelle ausgewählt wurden. Daneben ist zu dokumentieren, welche Parameter für dieses Modell verwendet werden und welche Annahmen dem Bewertungsmodell zu Grunde liegen. Darüber hinaus sind die Grenzen und Risiken des Bewertungsmodells darzustellen. 14

2. Grundsätze für das Bewertungsverfahren. Schließlich ergeben sich aus § 169 Absatz 2 einige Grundsätze für das Bewertungsverfahren, die unabhängig davon gelten, ob es 15 sich um eine interne oder eine externe Bewertung handelt. So ist die Bewertungsaufgabe unparteiisch vorzunehmen. Damit soll sichergestellt werden, dass die Bewertung allein unter fachlichen Gesichtspunkten erfolgt und keine sachfremden Erwägungen das Bewertungsergebnis beeinflussen können. So kann die Kapitalverwaltungsgesellschaft ein Interesse an einer hohen Bewertung haben, da die Verwaltungsgebühren anhand des verwalteten Vermögens bemessen werde. Dagegen kann für Kreditgeber oder Primebroker des AIF ein Interesse an einer möglichst niedrigen Bewertung bestehen, weil andernfalls zusätzliche Sicherheiten gestellt werden müssen. Unparteilichkeit fordert vom Bewerter eine Unabhängigkeit der Person, Neutralität bei der Auftragsdurchführung und Objektivität in Sachfragen.[2]

16 Weiterhin ist nach § 169 Absatz 2 die Bewertungsaufgabe mit der gebotenen Sachkenntnis, Gewissenhaftigkeit und Sorgfalt zu erbringen. Eine sorgfältige Bewertung setzt dabei voraus, dass die Bewertungsleistung mit der Sorgfalt eines ordentlichen Bewerters im Einklang mit den gesetzlichen Vorgaben und unter Berücksichtigung des aktuellen Standes von Wissenschaft und Technik zu erbringen ist.

III. Bewerter

17 Für die Frage, wer die Bewertung durchzuführen hat, gilt auch für die offenen Spezial-AIF die Grundregel des § 216. Damit wird auch hier sowohl die externe als auch die interne Bewertung für zulässig und gleichwertig gehalten, unabhängig von Assetklassen und Vermögensgegenständen. In § 216 sind vor allem die Anforderungen an den externen Bewerter geregelt, enthalten sind jedoch auch Vorgaben für die interne Bewertung.

18 **1. Interne Bewertung.** Gerade für die Qualität des Bewertungsergebnisses ist die Unabhängigkeit der internen Bewertung ein zentrales Merkmal. § 216 Absatz 1 Satz 1 Nummer 2 enthält hierfür verschiedene Vorgaben, die die Unabhängigkeit der Mitarbeiter in der internen Bewertungseinheit sichern sollen. So dürfen weder die Geschäftsführung noch sonstige Mitarbeiter der Kapitalverwaltungsgesellschaft unzulässigen Einfluss auf die Mitarbeiter in der Bewertungseinheit ausüben. Daher ist eine funktionale und hierarchische Trennung der Bewertungseinheit von der Portfolioverwaltung sicherzustellen. Auch durch die Vergütungspolitik darf die Unabhängigkeit der Bewertung nicht in Frage gestellt werden. Daher darf die Vergütung der Mitglieder der Bewertungseinheit in keiner Form an die Wertentwicklung des AIF oder den Wert der von ihm verwalteten Vermögensgegenstände geknüpft werden. Am besten ist dem durch eine Fixvergütung Rechnung zu tragen, bei der zusätzlichen variablen Vergütung sollten Parameter wie zum Beispiel Fehleranfälligkeit des Bewertungsergebnisses zu Grunde gelegt werden. Generell dürfen sich aus Art und Höhe der Vergütung keine Interessenkonflikte für die Mitarbeiter der Bewertungseinheit ergeben.

19 Die BaFin kann darüber hinaus nach § 278 in Verbindung mit § 216 anordnen, dass die Bewertungsverfahren sowie die Bewertungen der AIF-Kapitalverwaltungsgesellschaft durch den Abschlussprüfer im Rahmen der Jahresabschlussprüfung zu überprüfen sind. § 32 KAPrüfBV sieht vor, dass die Geeignetheit der Bewertungsverfahren unter Berücksichtigung des Anlageobjektes und der Anlagestrategie zu überprüfen sind. Darüber hinaus sieht § 32 Absatz 2 KAPrüfBV noch besondere Prüfungen im Rahmen der Jahresabschlussprüfung vor. Danach hat der Abschlussprüfer im Prüfungsbericht zu bestätigen, dass die organisatorischen Anforderungen, die die Unabhängigkeit der internen Bewer-

---

[2] Dornseifer/Jesch/Klebeck/Tollmann/*Tollmann* Artikel 19 Rn. 94.

tung sicherstellen sollen, auch tatsächlich eingehalten werden. Darüber hinaus hat der Abschlussprüfer darüber zu berichten, ob die Mitarbeiter, die in der Bewertungseinheit tätig sind, auch die für die Bewertung erforderliche Qualifikation besitzen. Da die Kapitalverwaltungsgesellschaft – anders als bei der externen Bewertung – keine beruflichen Garantien nachweisen muss, soll durch den Abschlussprüfer das Vorliegen der erforderlichen Qualifikationen überprüft werden.

2. Externer Bewerter. Auch für Spezial-AIF ist die Bestellung des externen Bewerters der Bundesanstalt anzuzeigen. Dabei ist insbesondere auch die Einhaltung der Anforderungen des § 216 Absatzes 2 nachzuweisen. Die Bundesanstalt kann die Bestellung eines anderen externen Bewerters verlangen, soweit die Anforderungen des § 216 Absatz 2 nicht eingehalten werden. 20

Nach § 216 Absatz 2 Nummer 1 muss der Bewerter einer gesetzlich anerkannten obligatorischen berufsmäßigen Registrierung oder Rechts- und Verwaltungsvorschriften oder berufsständischen Regeln unterliegen. Als externe Bewerter, die Rechts- und Verwaltungsvorschriften unterliegen, kommen insbesondere öffentlich bestellte Sachverständige nach § 36 GewO oder die Verwahrstelle in Betracht. Berufsständische Regeln gelten für Wirtschaftsprüfer oder zertifizierte Sachverständige. 21

Daneben muss der externe Bewerter nach § 216 Absatz 2 Nummer 2 zudem ausreichende berufliche Garantien vorweisen können, um die Bewertungsfunktion wirksam ausüben zu können. Der Begriff der beruflichen Garantien des externen Bewerters wird in Artikel 73 AIFM-DV näher konkretisiert. Sie dienen als Nachweis dafür, dass der externe Bewerter in der Lage ist, die Bewertungsfunktion auszuüben. Dabei geht es darum, die Qualifikation des externen Bewerters und dessen Fähigkeit, ordnungsgemäße und unabhängige Bewertungen vorzunehmen, nachzuweisen. Nachzuweisen sind ebenfalls eine ausreichende Personalausstattung und technische Ressourcen. In Bezug auf seine fachliche Qualifikation muss der externe Bewerter über ein ausreichendes Wissen und Verständnis in Bezug auf die Anlagestrategie und die Vermögenswerte des AIF verfügen. Daneben muss er auch eine entsprechende Erfahrung als externer Bewerter besitzen. In persönlicher Hinsicht muss er über einen guten Leumund verfügen, hierbei geht es um die persönliche Zuverlässigkeit des externen Bewerters. 22

Die Bestellung eines externen Bewerters ist keine Auslagerung, allerdings finden die Regelungen des § 36 Absatz 1, 2 und 10 nach § 216 Absatz 2 Nummer 3 entsprechend Anwendung. Darüber sind auch diejenigen Vorschriften in Artikel 75 bis 82 der AIFM-DV anzuwenden, die die Regelungen des § 36 Absatz 1, 2 und 10 konkretisieren. Damit wird der Tatsache Rechnung getragen, dass die Kapitalverwaltungsgesellschaft eigene Aufgaben nur unter bestimmten Bedingungen auf Dritte übertragen darf. Erfasst von dem Verweis auf die Auslagerungsvorschriften werden die Regelungen zur objektiven Rechtfertigung der Auslagerung, zu den fachlichen und personell-organisatorischen Anforderungen an das Auslagerungsunternehmen und zu den Überwachungs- und Kontrollbefugnissen der Kapitalverwaltungsgesellschaft über das Auslagerungsunternehmen. 23

Auch wenn die Vorschriften über die Auslagerung entsprechend anwendbar sind, so steht der Kapitalverwaltungsgesellschaft in Bezug auf das Bewertungsergebnis gerade kein Weisungsrecht entsprechend § 36 Absatz 1 Nummer 7 gegenüber dem externen Bewerter zu. Ein solches Weisungsrecht ließe sich nicht mit der Unabhängigkeit des externen Bewerters vereinbaren. 24

Grundsätzlich spricht § 216 nur von einem externen Bewerter, was nicht bedeutet, das eine Kapitalverwaltungsgesellschaft nicht mehrere externe Bewerter bestellen kann. Hierbei ist zu berücksichtigen, dass ein Spezial-AIF in verschiedene Vermögensgegenstände investiert sein kann, für die die Bestellung unterschiedlicher externer Bewerter 25 aufgrund ihrer speziellen Expertise erforderlich sein kann. So kann zum Beispiel für einen Immobilien-Spezial-AIF die Bestellung unterschiedlicher externer Bewerter mit Expertise in unterschiedlichen regionalen Immobilienmärkten erforderlich sein. Allerdings muss die Kapitalverwaltungsgesellschaft immer nachweisen, dass ein objektiver Grund für die Bestellung mehrerer externer Bewerter vorliegt.

26   Zu den allgemeinen Grundsätzen für die Bewertung zählt die Unabhängigkeit der Bewertung. Im Falle der externen Bewertung setzt dies zunächst eine rechtliche Unabhängigkeit voraus, das heißt der externe Bewerter darf nicht zum Konzernverbund der betreffenden Kapitalverwaltungsgesellschaft gehören. Weiterhin ist auch eine wirtschaftliche Unabhängigkeit des externen Bewerters zu fordern. Weder die AIFM-Richtlinie noch die AIFM-DV enthält hierfür Spezialregelungen, alleine in § 250 Absatz 2 sind in Bezug auf Immobilien-Publikumssondervermögen Vorgaben zur Sicherung der wirtschaftlichen Unabhängigkeit enthalten. Generell lässt sich als Maßstab festlegen, dass der überwiegende Teil der jährlichen Gesamteinnahmen für Dritte erzielt werden sollte. Dagegen besteht bei einem externen Bewerter, der ausschließlich oder zu einem hohen Prozentsatz für die Kapitalverwaltungsgesellschaft tätig ist, die Gefahr einer wirtschaftlichen Abhängigkeit.[3] Auch bei der Bemessung der Vergütung, die von der Kapitalverwaltungsgesellschaft an den externen Bewerter zu zahlen ist, sollte der Unabhängigkeit des externen Bewerters Rechnung getragen werden. In der Vergütung sollten keine erfolgsbezogenen Komponenten enthalten sein, bei der an den Wert des zu bewertenden Portfolios oder einzelner Vermögensgegenstände angeknüpft wird. Auch darf die Vergütung keine in das Ermessen der Kapitalverwaltungsgesellschaft gestellten Elemente enthalten, da dies zu Interessenkonflikten bei dem externen Bewerter führen kann.

27   Nicht als externe Bewerter zu klassifizieren sind sogenannte Preisanbieter oder Datenprovider. Eine reine Zulieferung von Kursen oder Preisen stellt noch keine externe Bewertung dar, es handelt sich vielmehr um eine rein technische Zulieferung von Daten. Letztendlich trifft in diesem Fall die Kapitalverwaltungsgesellschaft gegebenenfalls durch den Abgleich mit anderen Kursquellen die Entscheidung, ob sie diese Kurse ihrer Bewertung zugrundelegt.

28   Nach § 216 Absatz 4 gilt für einen bestellten externen Bewerter ein Verbot der Auslagerung der Bewertungsfunktion. Wie auch bei der Verwahrstelle hat der externe Bewerter seine Dienstleistung höchstpersönlich zu erbringen.

29   § 216 Absatz 7 stellt klar, dass die Kapitalverwaltungsgesellschaft selbst dann für die ordnungsgemäße Bewertung der Vermögensgegenstände des AIF und die Berechnung und Offenlegung des Nettoinventarwertes verantwortlich bleibt, wenn sie einen externen Bewerter bestellt hat. Allerdings trifft den externen Bewerter eine Ausgleichs- und Freistellungspflicht gegenüber der Kapitalverwaltungsgesellschaft, wenn die Kapitalverwaltungsgesellschaft aufgrund von vorsätzlichen oder fahrlässigen Pflichtverletzungen des externen Bewerters in Anspruch genommen worden ist. Diese gesetzliche Haftungsverteilung ist auch nicht durch abweichende vertragliche Vereinbarungen abdingbar.

§ 279
Häufigkeit der Bewertung, Offenlegung

(1) Die Bewertung der Vermögensgegenstände und die Berechnung des Nettoinventarwertes je Anteil oder Aktie sind in einem zeitlichen Abstand durchzufüh-

---

[3] Dornseifer/Jesch/Klebeck/Tollmann/*Tollmann* Artikel 19 Rn. 76.

ren, der den zum Spezial-AIF gehörenden Vermögensgegenständen und der Ausgabe- und Rücknahmehäufigkeit der Anteile oder Aktien angemessen ist, jedoch mindestens einmal jährlich.

(2) Die Kriterien zur Bestimmung der Häufigkeit der Bewertung des Wertes des AIF und zur Berechnung des Nettoinventarwertes je Anteil oder Aktie bestimmen sich nach den Artikeln 67 bis 74 der Delegierten Verordnung (EU) Nr. 231/2013.

(3) Die Bewertungen der Vermögensgegenstände und Berechnungen des Nettoinventarwertes je Anteil oder Aktie sind entsprechend den diesbezüglichen Anlagebedingungen gegenüber den Anlegern offenzulegen.

Schrifttum

Volhard/El-Qualili Die neuen Bewertungsvorschriften für AIF-Investmentvermögen, Der Betrieb **2013** 2103.

Systematische Übersicht

A. Allgemeines —— 1
B. Häufigkeit der Bewertung —— 3
   I. Häufigkeit der Berechnung des Nettoinventarwertes nach der AIFM-DV —— 5
   II. Bewertungshäufigkeit nach der AIFM-DV —— 6
C. Offenlegung der Bewertung —— 9

A. Allgemeines

§ 279 wurde durch das AIFM-Umsetzungsgesetz erstmalig eingeführt. Für die Bewertung von Spezial-Sondervermögen galt bislang § 95 Absatz 4 Satz 1 InvG. Die Offenlegung des Anteilpreises wurde der individuellen Vereinbarung zwischen dem institutionellen Anleger und der Kapitalanlagegesellschaft überlassen und die Veröffentlichungspflichten des § 36 Absatz 6 InvG galten nach § 95 Absatz 4 Satz 2 InvG nicht. § 278 entspricht in seinem Wortlaut und Regelungsgehalt weitgehend der Parallelvorschrift des § 217, der die Häufigkeit der Bewertung und die Offenlegung des Nettoinventarwertes gegenüber den Anlegern eines Publikums-AIF regelt. **1**

Absatz 1 dient der Umsetzung von Artikel 19 Absatz 3 Unterabsatz 2 und 3 AIFM-Richtlinie. Absatz 2 verweist für die Kriterien zur Bestimmung der Häufigkeit der Bewertung des Investmentvermögens und zur Berechnung des Nettoinventarwertes je Anteil oder Aktie auf die AIFM-DV, dort finden sich die entsprechenden Regeln in Artikel 72 und 74 AIFM-DV. Schließlich wird durch Absatz 3 der Artikel 19 Absatz 3 Unterabsatz 1 und 5 AIFM-Richtlinie umgesetzt. **2**

B. Häufigkeit der Bewertung

Der aktuelle Anteilspreis ist eine zentrale Information für den Anleger. Um einen möglichst aktuellen Marktwert des Investmentvermögens zu erhalten, müssten möglichst aktuelle Verkehrswerte für die Vermögensgegenstände ermittelt werden. Bei Wertpapieren, die an der Börse gehandelt werden, sind Börsenpreise leicht verfügbar und daher eine aktuelle Wertermittlung problemlos möglich. Schwieriger dagegen ist die Wertermittlung bei Vermögensgegenständen, bei denen die Ermittlung des Verkehrswertes wesentlich aufwendiger ist, wie z.B. bei Immobilien. Daher hängt die Häufigkeit der Bewertung zum einen von der Verfügbarkeit der Verkehrswerte ab. Auf der anderen Seite wird die Notwendigkeit einer Bewertung auch durch die Häufigkeit der Anteilsausgabe **3** und -rücknahme bestimmt. Daneben hat die Bewertung der Vermögensgegenstände und die Ermittlung eines möglichst marktnahen Anteilspreises auch im Falle der Anteilsausgabe und -rücknahme eine wesentliche Bedeutung. Sichergestellt werden muss, dass der Anleger beim Erwerb des Anteils einen marktgerechten Preis zahlt und bei der Rückgabe seines Anteils auch einen entsprechenden Gegenwert hierfür erhält.

4   Die ersten beiden Absätze regeln die Häufigkeit der Bewertung der Vermögensgegenstände, die im Investmentvermögen gehalten werden, sowie die Häufigkeit der Berechnung des Nettoinventarwertes je Anteil oder Aktie. Als Mindestvoraussetzung gilt, dass eine Bewertung mindestens einmal im Jahr zu erfolgen hat. Darüber hinaus wird die Bewertungsfrequenz durch zwei weitere Kriterien bestimmt. Die Häufigkeit der Bewertung muss in einem zeitlichen Abstand erfolgen, der den zum Investmentvermögen gehörenden Vermögensgegenständen angemessen ist und der zeitliche Abstand muss der Ausgabe- und Rücknahmehäufigkeit der Anteile oder Aktien angemessen sein.

I. Häufigkeit der Berechnung des Nettoinventarwertes nach der AIFM-DV

5   Diese Vorgaben, die sich aus Artikel 19 Absatz 3 AIFM-Richtlinie ergeben, werden weiter durch Artikel 72 und 74 AIFM-DV konkretisiert. Ausgangspunkt ist dabei zunächst die Berechnung des Nettoinventarwertes, bei Finanzinstrumenten wird die Bewertungshäufigkeit hiermit verknüpft. Artikel 72 Absatz 1 AIFM-DV verlangt, dass bei jeder Ausgabe oder Rücknahme von Anteilen eine Berechnung des Nettoinventarwertes zu erfolgen hat.

II. Bewertungshäufigkeit nach der AIFM-DV

6   Artikel 74 AIFM-DV legt die Bewertungshäufigkeit für die Vermögensgegenstände offener AIF fest. Dabei wird zwischen der Bewertungshäufigkeit bei Finanzinstrumenten und der Bewertungshäufigkeit bei sonstigen Vermögensgegenständen differenziert. Aufgrund der leichter verfügbaren Marktpreise von Finanzinstrumenten ist in Artikel 74 Absatz 1 AIFM-DV vorgesehen, dass bei jeder Ermittlung des Nettoinventarwertes auch eine Neubewertung der Finanzinstrumente durchgeführt werden muss. Damit ist bei jeder Ausgabe und Rücknahme von Anteilen eine Neubewertung durchzuführen. Dagegen wird bei der Bewertung der sonstigen Vermögensgegenstände nach Artikel 74 Absatz 2 AIFM-DV der Tatsache Rechnung getragen, dass Marktpreise nicht leicht verfügbar sind und eine Neubewertung aufwändig und kostenintensiv sein kann. Demgemäß hat hier mindestens einmal im Jahr eine Neubewertung zu erfolgen. Darüber hinaus ist eine Neubewertung nur in all den Fällen erforderlich, in denen sich Anhaltspunkte dafür ergeben, dass die Bewertung nicht mehr marktgerecht ist.

7   Bei offenen Spezial-AIF dürfte allerdings das Kriterium der Ausgabe und Rücknahme von Anteilen in der Regel keine praktische Bedeutung erlangen. Häufig werden die Spezial-AIF für einen Anleger oder einen eng begrenzten Anlegerkreis aufgelegt. Daher wird bei einem Spezial-AIF eine Anteilsausgabe oder -rückgabe eher selten vorkommen. Dies dürfte jedoch nicht dazu führen, dass bei einem Spezial-AIF, der in Finanzinstrumente investiert ist, nur eine jährliche Bewertung und Anteilwertermittlung stattfindet. Spezial-AIF zeichnen sich gerade dadurch aus, dass die Anleger in größerem Maße Einfluss auf die Konzeption, Steuerung und Kontrolle des Spezial-AIF haben. So enthalten die sog. Dreiervereinbarungen zwischen Anteilsinhaber, Kapitalverwaltungsgesellschaft und Verwahrstelle auch auf den Anleger zugeschnittene Reportingverpflichtungen. Insofern dürfte sich aufgrund der individuell vereinbarten Reportingverpflichtungen auch eine höhere Bewertungsfrequenz ergeben.

Bei den sonstigen Vermögensgegenständen stellt sich die Frage, wann eine fehlende 8
Marktgerechtigkeit der Bewertung vorliegt und somit eine Neubewertung dieser Vermögensgegenstände erforderlich ist. Artikel 74 Absatz 2 AIFM-DV liefert hierzu keine Definition. Auch hinsichtlich dieses Punktes mag eine entsprechende Regelung in der sog. Dreiervereinbarung sinnvoll sein. In Betracht kommen hierbei Fälle, in denen eine Veränderung der Marktsituation eine Neubewertung erforderlich macht. Auch wesentliche Veränderungen am Vermögensgegenstand können den Anlass für eine Neubewertung darstellen. Solche Anlässe können zum Beispiel bei einer Immobilie Kündigung eines wichtigen Mieters, Abschluss oder Verlängerung wichtiger Mietverträge, Fertigstellung eines Neubaus und Ersteinzug der Mieter sowie der Abschluss von Revitalisierungs- oder Erweiterungsmaßnahmen sein.[1]

C. Offenlegung der Bewertung

Absatz 3 regelt die Offenlegung der Bewertung und des Anteilspreises gegenüber den 9
Anlegern. Die Offenlegung der Bewertung und der Berechnung des Nettoinventarwertes hat gegenüber den Anlegern entsprechend den Anlagebedingungen zu erfolgen. Damit ist es hier der individuellen Vereinbarung zwischen Anleger und Kapitalverwaltungsgesellschaft überlassen, wie die Information über den Wert der Vermögensgegenstände und den Anteilspreis erfolgt.

§ 280
Master-Feeder-Strukturen

Spezial-AIF dürfen nicht Masterfonds oder Feederfonds einer Master-Feeder Struktur sein, wenn Publikumsinvestmentvermögen Masterfonds oder Feederfonds derselben Master-Feeder-Struktur sind.

Gesetzesmaterialien

BTDrucks. 17/4510; BTDrucks. 17/12294.

§ 280 entspricht der Regelung des aufgehobenen § 95 Abs. 8 InvG, welcher durch das 1
OGAW-IV-UmsG eingeführt wurde. Nach der Gesetzesbegründung zu § 95 Abs. 8 InvG soll die Regelung klarstellen, dass Master-Feeder-Konstruktionen nach den gesetzlichen Vorschriften der §§ 171 ff. (vormals §§ 45a ff. InvG) nur für offene Publikumsinvestmentvermögen gestattet sind.[1] Die Auflage von Master-Feeder-Strukturen im Bereich der Spezial-AIF unterliegt keiner gesonderten Regelung im KAGB.

§ 280 schließt aus, dass sich in ein und derselben Master-Feeder-Struktur gleichzei- 2
tig Spezial-AIF und Publikumsinvestmentvermögen befinden. Dies erscheint unter Anlegerschutzgesichtspunkten für Strukturen geboten, in denen das Publikumsinvestmentvermögen Feederfonds und der Spezial-AIF Masterfonds wären, da man ansonsten den für Publikumssondervermögen geltenden Anlegerschutz letztlich über eine Master-Feeder-Struktur umgehen könnte.[2] Eine Notwendigkeit, Spezial-AIF als Feederfonds ei-

---

1 Dornseifer/Jesch/Kleebeck/Tollmann/*Tollmann* Artikel 19 Rn. 165.

1 BTDrucks. 17/4510, S. 138.
2 So auch Emde/Dornseifer/Dreibus/Hölscher/*Zirlewagen* § 95 Rn. 51.

nes Publikumsinvestmentvermögens als Masterfonds zu verbieten, erschließt sich hingegen nicht.[3]

§ 281
Verschmelzung

(1) Spezialsondervermögen dürfen nicht auf Publikumssondervermögen verschmolzen werden, Publikumssondervermögen dürfen nicht auf Spezialsondervermögen verschmolzen werden. Die §§ 184, 185, 189 und 190 sind auf Spezialsondervermögen mit den folgenden Maßgaben entsprechend anzuwenden:
1. die Angaben nach § 184 Absatz 1 Satz 3 Nummer 1 bis 4 im Verschmelzungsplan sind nicht erforderlich;
2. mit Zustimmung der Anleger kann eine Prüfung durch die Verwahrstellen nach § 185 Absatz 1 unterbleiben, der gesamte Verschmelzungsvorgang ist jedoch vom Abschlussprüfer zu prüfen;
3. Bekanntmachungen, Veröffentlichungen oder Unterrichtungen nach § 189 Absatz 4 sind nicht erforderlich.

Eine Genehmigung der Verschmelzung von Spezialsondervermögen gemäß § 182 durch die Bundesanstalt ist nicht erforderlich, die Anleger müssen der Verschmelzung nach Vorlage des Verschmelzungsplans jedoch zustimmen.

(2) Absatz 1 ist entsprechend anzuwenden auf die Verschmelzung
1. eines Spezialsondervermögens auf eine Spezialinvestmentaktiengesellschaft mit veränderlichem Kapital oder auf ein Teilgesellschaftsvermögen einer Spezialinvestmentaktiengesellschaft mit veränderlichem Kapital,
2. eines Teilgesellschaftsvermögens einer Spezialinvestmentaktiengesellschaft mit veränderlichem Kapital auf ein anderes Teilgesellschaftsvermögen derselben Investmentaktiengesellschaft,
3. eines Teilgesellschaftsvermögens einer Spezialinvestmentaktiengesellschaft mit veränderlichem Kapital auf ein Teilgesellschaftsvermögen einer anderen Spezialinvestmentaktiengesellschaft mit veränderlichem Kapital,
4. eines Teilgesellschaftsvermögens einer Spezialinvestmentaktiengesellschaft mit veränderlichem Kapital auf ein Spezialsondervermögen.

(3) Auf die Fälle der Verschmelzung einer Spezialinvestmentaktiengesellschaft mit veränderlichem Kapital auf eine andere Spezialinvestmentaktiengesellschaft mit veränderlichem Kapital, ein Teilgesellschaftsvermögen einer Spezialinvestmentaktiengesellschaft mit veränderlichem Kapital oder ein Spezialsondervermögen sind die Vorschriften des Umwandlungsgesetzes zur Verschmelzung anzuwenden, soweit sich aus § 182 in Verbindung mit Absatz 1 Satz 3, § 189 Absatz 2, 3 und 5 und § 190 nichts anderes ergibt.

(4) Die Satzung einer Spezialinvestmentaktiengesellschaft mit veränderlichem Kapital darf für die Zustimmung der Aktionäre zu einer Verschmelzung nicht mehr als 75 Prozent der tatsächlich abgegebenen Stimmen der bei der Hauptversammlung anwesenden oder vertretenen Aktionäre verlangen.

---

[3] So auch Emde/Dornseifer/Dreibus/Hölscher/*Zirlewagen* § 95 Rn. 52.

Gesetzesmaterialien

BTDrucks. 17/12294.

I. Allgemeines

Abs. 1 übernimmt mit redaktionellen Anpassungen die Regelung des aufgehobenen **1** § 91 Abs. 2 i.V.m. § 40, 40b, 40c, 40g und 40h InvG sowie des aufgehobenen § 95 Abs. 7 InvG. Abs. 2 greift den Regelungsgehalt des aufgehobenen § 100 Abs. 5 Nr. 1 bis 4 i.V.m. §§ 91 Abs. 2, 95 Abs. 7 InvG auf. Abs. 3 übernimmt die Regelung des aufgehobenen § 99 Abs. 9 Satz 1 i.V.m. den §§ 91 Abs. 2, 95 Abs. 7 InvG im Hinblick auf die Verschmelzung von Spezial-InvAGen mit veränderlichem Kapital. Abs. 4 übernimmt die Regelung der aufgehobenen §§ 99 Abs. 6 Satz 3 und 100 Abs. 5 Satz 2 InvG.

II. Verschmelzungsverbot (Abs. 1 Satz 1)

Gem. Abs. 1 Satz 1 dürfen Spezialsondervermögen nicht auf Publikumssondervermö- **2** gen verschmolzen werden und umgekehrt. Hintergrund ist das unterschiedliche Anlegerschutzniveau.

Der Begriff der Verschmelzung i.S.d. KAGB ist in § 1 Abs. 19 Nr. 37 legal definiert. **3** Verschmelzungen i.S.d. KAGB sind Auflösungen ohne Abwicklung eines Sondervermögens oder einer InvAG mit veränderlichem Kapital a) durch Übertragung sämtlicher Vermögensgegenstände und Verbindlichkeiten eines oder mehrerer übertragender offener Investmentvermögen auf ein anderes bestehendes übernehmendes Sondervermögen oder einen anderen bestehenden EU-OGAW oder auf eine andere bestehende übernehmende InvAG mit veränderlichem Kapital (Verschmelzung durch Aufnahme) oder b) durch Übertragung sämtlicher Vermögensgegenstände und Verbindlichkeiten zweier oder mehrerer übertragender offener Investmentvermögen auf ein neues, dadurch gegründetes übernehmendes Sondervermögen oder einen neuen, dadurch gegründeten übernehmenden EU-OGAW oder eine neue, dadurch gegründete übernehmende InvAG mit veränderlichem Kapital (Verschmelzung durch Neugründung) jeweils gegen Gewährung von Anteilen oder Aktien des übernehmenden Investmentvermögens an die Anleger oder Aktionäre des übertragenden Investmentvermögens sowie gegebenenfalls einer Barzahlung in Höhe von nicht mehr als 10% des Wertes eines Anteils oder einer Aktie am übertragenden Investmentvermögen.

III. Entsprechende Anwendung der §§ 184, 185, 189 und 190

Gem. Abs. 1 Satz 2 sind die für die Verschmelzung von offenen Publikumsinvestment- **4** vermögen konzipierten §§ 184 (Verschmelzungsplan), 185 (Prüfung der Verschmelzung), 189 (Wirksamwerden der Verschmelzung) und 190 (Rechtsfolgen der Verschmelzung) mit bestimmten Erleichterungen auf Spezialsondervermögen entsprechend anzuwenden.

Gem. Abs. 1 Satz 2 Nr. 1 sind die Angaben nach § 184 Abs. 1 Satz 3 Nr. 1 bis 4 im Ver- **5** schmelzungsplan nicht erforderlich. Somit muss der Verschmelzungsplan bei einer Verschmelzung von Spezialsondervermögen lediglich folgende Angaben enthalten:
– die Methode zur Berechnung des Umtauschverhältnisses,
– den geplanten Übertragungsstichtag, zu dem die Verschmelzung wirksam wird,
– die für die Übertragung von Vermögenswerten und den Umtausch von Anteilen geltenden Bestimmungen und

– bei einer Verschmelzung durch Neugründung gem. § 1 Abs. 19 Nr. 37 lit. b die Anlagebedingungen oder die Satzung des neuen Sondervermögens.

Über diese Mindestangaben hinausgehende Angaben sind zulässig, können aber nicht von der BaFin verlangt werden.

6   Verglichen mit den notwendigen Angaben im Verschmelzungsplan von offenen Publikumsinvestmentvermögen müssen damit im Verschmelzungsplan bei einer Verschmelzung von Spezialsondervermögen die Art der Verschmelzung und die beteiligten Sondervermögen (§ 184 Abs. 1 Satz 3 Nr. 1), der Hintergrund der geplanten Verschmelzung und die diesbezüglichen Beweggründe (§ 184 Abs. 1 Satz 3 Nr. 2), die erwarteten Auswirkungen der geplanten Verschmelzung auf die Anleger des übertragenden und des übernehmenden Sondervermögens (§ 184 Abs. 1 Satz 3 Nr. 3) und die beschlossenen Kriterien für die Bewertung der Vermögensgegenstände und Verbindlichkeiten im Zeitpunkt der Berechnung des Umtauschverhältnisses (§ 184 Abs. 1 Satz 3 Nr. 4) nicht angegeben werden. Hintergrund des entschlackten Verschmelzungsplans bei der Verschmelzung von Spezialsondervermögen ist, dass in der Praxis Verschmelzungen im Spezialfondsbereich regelmäßig nur auf Wunsch und mit der ausdrücklichen Zustimmung der Anleger, also in erster Linie aus anlegerseitigen Beweggründen erfolgen.[1]

7   Gem. Abs. 1 Satz 2 Nr. 2 kann mit Zustimmung der Anleger eine Prüfung durch die Verwahrstellen nach § 185 Abs. 1 unterbleiben. Der gesamte Verschmelzungsvorgang ist jedoch vom Abschlussprüfer zu prüfen. Gem. § 185 Abs. 2 Satz 2 ist die Prüfung mit einer Erklärung darüber abzuschließen, ob bei der Verschmelzung die Kriterien, die im Zeitpunkt der Berechnung des Umtauschverhältnisses für die Bewertung der Vermögensgegenstände und gegebenenfalls der Verbindlichkeiten beschlossen worden sind, beachtet wurden (Nr. 1), die Barzahlung, sofern eine Barzahlung erfolgte, je Anteil entsprechend den getroffenen Vereinbarungen berechnet wurde (Nr. 2) und die Methode, die zur Berechnung des Umtauschverhältnisses beschlossen worden ist, beachtet wurde und das tatsächliche Umtauschverhältnis zu dem Zeitpunkt, auf den die Berechnung dieses Umtauschverhältnisses erfolgte, nach dieser Methode berechnet wurde (Nr. 3).

8   Gem. Abs. 1 Satz 2 Nr. 3 sind Bekanntmachungen, Veröffentlichungen oder Unterrichtungen nach § 189 Abs. 4 nicht erforderlich. Gem. § 189 Abs. 4 hat die KVG des übernehmenden Sondervermögens das Wirksamwerden der Verschmelzung im Bundesanzeiger und darüber hinaus in einer hinreichend verbreiteten Wirtschafts- oder Tageszeitung oder in den im Verkaufsprospekt bezeichneten elektronischen Informationsmedien bekannt zu machen. Bei der Verschmelzung von Spezialsondervermögen entfallen diese Bekanntmachungspflichten.

IV. Keine Genehmigungspflicht (Abs. 1 Satz 3)

9   Gem. Abs. 1 Satz 3 bedarf die Verschmelzung von Spezialsondervermögen keiner Genehmigung gem. § 182 durch die BaFin, sondern erfordert lediglich die Zustimmung der Anleger nach der Vorlage eines Verschmelzungsplanes.

V. Entsprechende Anwendung des Abs. 1 (Abs. 2)

10   Abs. 1 ist auf folgende Verschmelzungsvorgänge entsprechend anzuwenden:

---

[1] Emde/Dornseifer/Dreibus/Hölscher/*Zirlewagen* § 95 Rn. 45.

	Übertragendes Investmentvermögen	Aufnehmendes Sondervermögen
Nr. 1	– Spezialsondervermögen	– Spezial-InvAG mit veränderlichem Kapital oder – Teilgesellschaftsvermögen einer Spezial-InvAG mit veränderlichem Kapital
Nr. 2	– Teilgesellschaftsvermögen einer Spezial-InvAG mit veränderlichem Kapital	– Teilgesellschaftsvermögen derselben Investmentaktiengesellschaft
Nr. 3	– Teilgesellschaftsvermögen einer Spezial-InvAG mit veränderlichem Kapital	– Teilgesellschaftsvermögen einer anderen Spezial-InvAG mit veränderlichem Kapital
Nr. 4	– Teilgesellschaftsvermögen einer Spezial-InvAG mit veränderlichem Kapital	– Spezialsondervermögen

VI. Anwendung des UmwG (Abs. 3)

Gem. Abs. 3 sind auf die Fälle der Verschmelzung einer Spezial-InvAG mit veränderlichem Kapital auf eine andere Spezial-InvAG mit veränderlichem Kapital, ein Teilgesellschaftsvermögen einer Spezial-InvAG mit veränderlichem Kapital oder ein Spezialsondervermögen die Vorschriften des UmwG zur Verschmelzung anzuwenden, soweit sich aus § 182 i.V.m. Abs. 1 Satz 3, § 189 Abs. 2, 3 und 5 und § 190 nichts anderes ergibt. 11

Abs. 3 deckt damit die Fälle ab, in denen eine Spezial-InvAG mit veränderlichem Kapital als übertragendes Investmentvermögen auf eine andere Spezial-InvAG mit veränderlichem Kapital, ein Teilgesellschaftsvermögen einer Spezial-InvAG mit veränderlichem Kapital oder ein Spezialsondervermögen als übernehmenden Rechtsträger verschmolzen wird (Verschmelzung durch Aufnahme). 12

Übertragendes Investmentvermögen Rechtsträger	Übernehmendes Sondervermögen
Spezial-InvAG mit veränderlichem Kapital	– Spezial-InvAG mit veränderlichem Kapital
	– Teilgesellschaftsvermögen einer Spezial-InvAG mit veränderlichem Kapital
	– Spezialsondervermögen

Bei den Verschmelzungen des Abs. 3 handelt es sich um Verschmelzungen unter Auflösung ohne Abwicklung i.S.d. § 2 Nr. 1 UmwG, auf die das UmwG anzuwenden ist, sofern sich nicht aus § 182 i.V.m. Abs. 1 Satz 3, § 189 Abs. 2, 3 und 5 und § 190 etwas anderes ergibt. 13

VII. Satzungsmäßig festgelegtes Quorum (Abs. 4)

14   Die Satzung einer Spezial-InvAG mit veränderlichem Kapital darf gem. Abs. 4 für die Zustimmung der Aktionäre zu einer Verschmelzung nicht mehr als 75 Prozent der tatsächlich abgegebenen Stimmen der bei der Hauptversammlung anwesenden oder vertretenen Aktionäre verlangen. Diese Regelung entspricht der Vorgabe für OGAW in Art. 44 der Richtlinie 2009/65/EG.

§ 282
Anlageobjekte, Anlagegrenzen

(1) Die AIF-Kapitalverwaltungsgesellschaft muss die Mittel des allgemeinen offenen inländischen Spezial-AIF nach dem Grundsatz der Risikomischung zur gemeinschaftlichen Kapitalanlage anlegen.

(2) Die AIF-Kapitalverwaltungsgesellschaft darf für den Spezial-AIF nur in Vermögensgegenstände investieren, deren Verkehrswert ermittelt werden kann. Die Zusammensetzung der Vermögensgegenstände des Spezial-AIF muss im Einklang mit den für den Spezial-AIF geltenden Regelungen zur Rücknahme von Anteilen oder Aktien stehen.

(3) Erfüllt eine AIF-Kapitalverwaltungsgesellschaft, die einen oder mehrere allgemeine offene ausländische Spezial-AIF verwaltet, die in § 287 genannten Voraussetzungen, sind die §§ 287 bis 292 anzuwenden.

Schrifttum

Viciano-Gofferje Neue Transparenzanforderungen für Private Equity Fonds nach dem Kapitalanlagegesetzbuch, BB **2013** 2506 ff.

Gesetzesmaterialien

BTDrucks. 17/12294.

I. Allgemeines

1   § 282 ist vor dem Hintergrund der AIFM-RL zu lesen. Er definiert die Anforderungen an die Vermögensgegenstände, in die eine AIF-KVG für einen allgemeinen offenen inländischen Spezial-AIF investieren darf.

II. Grundsatz der Risikomischung (Abs. 1)

2   Gem. Abs. 1 muss die AIF-KVG die Mittel des allgemeinen offenen inländischen Spezial-AIF nach dem Grundsatz der Risikomischung zur gemeinschaftlichen Kapitalanlage anlegen. Hinsichtlich der Vermögensgegenstände, in die die AIF-KGV für den Spezial-AIF investieren darf, gibt es darüber hinaus keine Einschränkungen dergestalt, dass ein Katalog von zulässigen Vermögensgegenständen aufgeführt wird. Dies ist darauf zurückzuführen, dass die AIFM-RL dem Grundsatz nach keine Regeln im Hinblick auf die AIFs selbst enthält und dass die Anteile oder Aktien von Spezial-AIF ausschließlich von professionellen und semi-professionellen Anlegern gehalten werden.[1]

---

1   BTDrucks. 17/12294, S. 275.

III. Anforderungen an Vermögensgegenstände, in die investiert wird (Abs. 2)

Abs. 2 normiert allgemeine, abstrakte Anforderungen, die die Vermögensgegenstände, in die die AIF-KVG für den Spezial-AIF investieren darf. Gem. Satz 1 darf die AIF-KVG nur in Vermögensgegenstände investieren, deren Verkehrswert ermittelt werden kann. Ferner muss gem. Abs. 2 Satz 2 die Zusammensetzung der Vermögensgegenstände des Spezial-AIF im Einklang mit den geltenden Regelungen zur Rücknahme von Anteilen oder Aktien stehen. Dies bedeutet, dass bei der Zusammensetzung der Vermögensgegenstände insbesondere ihre jeweilige Liquidität berücksichtigt werden muss.[2] 3

IV. Kein Kontrollerwerb i.S.d. § 288 und Mitteilungspflichten (Abs. 3)

Gem. Abs. 3 Satz 1 hat die AIF-KVG sicherzustellen, dass das Investmentvermögen keine Kontrolle i.S.d. § 288 über das Unternehmen erlangt, wenn ein allgemeiner offener inländischer Spezial-AIF Beteiligungen an einem nicht börsennotierten Unternehmen erwirbt. Fonds, die die Kontrolle über nicht börsennotierte Unternehmen oder Emittenten erlangen, können nur als geschlossene Fonds aufgelegt werden und unterliegen nach der AIFM-RL besonderen Vorschriften, die in den Vorschriften für geschlossene Spezial-AIF umgesetzt wurden.[3] 4

Abs. 3 Satz 2 setzt Art. 26 Abs. 3 der AIFM-RL um, wonach eine Mitteilungspflicht nach Art. 27 Abs. 1 der AIFM-RL auch dann besteht, wenn ein AIF eine Minderheitsbeteiligung an einem nicht börsennotierten Unternehmen erlangt. Aus diesem Grund ordnet der Gesetzgeber eine entsprechende Anwendung des § 289 Abs. 1 an. § 289 Abs. 1 setzt Art. 27 Abs. 1 der AIFM-RL um. Gem. § 289 Abs. 1 hat die AIF-KVG die BaFin zu unterrichten, wenn der Anteil der Stimmrechte des nicht börsennotierten Unternehmens, der von dem AIF gehalten wird, durch Erwerb, Verkauf oder Halten von Anteilen an dem nicht börsennotierten Unternehmen die Schwellenwerte von 10%, 20%, 30%, 50% und 75% erreicht, überschreitet oder unterschreitet. 5

§ 283
Hedgefonds

(1) Hedgefonds sind allgemeine offene inländische Spezial-AIF nach § 282, deren Anlagebedingungen zusätzlich mindestens eine der folgenden Bedingungen vorsehen:
1. **den Einsatz von Leverage in beträchtlichem Umfang oder**
2. **den Verkauf von Vermögensgegenständen für gemeinschaftliche Rechnung der Anleger, die im Zeitpunkt des Geschäftsabschlusses nicht zum AIF gehören (Leerverkauf).**

Die Kriterien zur Bestimmung, wann Leverage in beträchtlichisiem Umfang eingesetzt wird, richten sich nach Artikel 111 der Delegierten Verordnung (EU) Nr. 231/2013.

(2) Die Anlagebedingungen von Hedgefonds müssen Angaben darüber enthalten, ob die Vermögensgegenstände bei einer Verwahrstelle oder bei einem Primebroker verwahrt werden.

---

2 BTDrucks. 17/12294, S. 276.
3 BTDrucks. 17/12294, S. 276.

(3) Für die Rücknahme von Anteilen oder Aktien gilt § 227 entsprechend mit der Maßgabe, dass abweichend von § 227 Absatz 2 Anteil- oder Aktienrückgaben bei Hedgefonds bis zu 40 Kalendertagen vor dem jeweiligen Rücknahmetermin, zu dem auch der Anteil- oder Aktienpreis ermittelt wird, durch eine unwiderrufliche Rückgabeerklärung gegenüber der AIF-Kapitalverwaltungsgesellschaft zu erklären sind.

Schrifttum

Cornsish/Mason International Guide to Hedge Fund Regulation 2009; *Dichtl/Kleeberg/Schlenger* Handbuch Hedgefunds, 2005; *Dornseifer* Alternative Investments – Bedeutung und Rahmenbedingungen in einem geänderten Umfeld, ZfgK **2009** 360; *Emde/Dreibus* Der Regierungsentwurf für ein Kapitalanlagegesetzbuch, BKR **2013** 89; *Gerke/Mager/Kiehn* Zur Konzeption eines deutschen Hedgefonds, ZBB **2002** 479; *Graef* Aufsicht über Hedgefonds im deutschen und amerikanischen Recht. Zugleich ein Beitrag zu den Einflüssen des Anlagemodells auf die Finanzmarktstabilität, Diss. Darmstadt 2008; *Gringel* Die Regulierung von Hedgefonds zwischen Anleger- und Fondsinteressen, Diss. Münster 2009; *Gstädtner/Elicker* Das Aufsichtsrecht der Hedgefonds – Anspruch und Wirklichkeit, BKR **2006** 91; *Kaiser* Hedgefonds: Entmystifizierung einer Anlageklasse – Strukturen – Chancen – Risiken, 2004; Martinek/Semler/Habermeier/Flohr/ *Feyerabend* Vertriebsrecht, § 48 Finanzdienstleistungen, e) Hedgefonds, 3. Aufl. 2010; *Kumpan* Börsenmacht Hedge-Fonds: Die Regelung in den USA und mögliche Implikationen für Deutschland, ZHR 170 (**2006**) 39; *Laurer* Der Leerverkauf von Aktien: Abgrenzung, Formen und aufsichtsrechtliche Implikationen, ZfgK **2008** 980; *Lehmann* Die Regulierung und Überwachung von Hedgefonds als internationales Zuständigkeitsproblem, ZIP **2007** 1889; *Leible/Lehmann* (Hrsg.) Hedgefonds und Private Equity – Fluch oder Segen? 2009; *Pütz/Schmies* Die Umsetzung der neuen rechtlichen Rahmenbedingungen für Hedgefonds in der Praxis, BKR **2004** 51; *Schmies* Die Regulierung von Hedgefonds, Diss. Bonn 2007/2008; *van Kann/Redeker/Keiluweit* Überblick über das Kapitalanlagegsetzbuch, DStR 2013, 1483; *Wentrup* Die Kontrolle von Hedgefonds, Diss. Freiburg 2007; Werner Das neue Kapitalanlagegesetzbuch, StBW **2013** 811; *Wilhelmi* Möglichkeiten und Grenzen der wirtschaftsrechtlichen Regelung von Hedgefonds, WM **2008**, 861.

Systematische Übersicht

A. Allgemeines —— 1
B. Definition von Hedgefonds (Abs. 1) —— 4
   I. Rechtsform des Hedgefonds (§ 91 Abs. 3 KAGB) —— 11
   II. Leverage (Abs. 1 Satz 1 Ziffer 1 und Satz 2) —— 14
   III. Leerverkauf (Abs. 1 Satz 1 Ziffer 2) —— 20
   IV. Abgrenzung zu Dach-Hedgefonds (§ 225 KAGB) —— 25
V. Abgrenzung zu offenen inländischen Spezial-AIF mit festen Anlagebedingungen, § 284 KAGB —— 26
C. Ergänzende Angaben bei den Anlagebedingungen (Abs. 2) —— 27
D. Rücknahme von Anteilen oder Aktien (Abs. 3) —— 37
E. Übergangsvorschrift des § 350 KAGB —— 42

A. Allgemeines

1   Die Grundidee der erstmals Anfang der 50er Jahre in den USA aufgelegten Hedge-Fonds war, unterbewertete Aktien zu kaufen (Long-Position) und im gleichen Umfang überbewertete Aktien leer zu verkaufen (Short-Position).[1] Als Leerverkäufe oder Fixen bezeichnet man den Verkauf von Waren und Finanzinstrumenten zu einem Zeitpunkt, zu dem sich diese nicht im Anlagevermögen befinden und deshalb zur Erfüllung des Geschäfts gegebenenfalls noch anzuschaffen sind.[2] Grundsätzlich werden Hedgefonds als

---

[1] *Baur* Investmentgesetze, 2. Aufl., Einl. I Rn. 52.
[2] Vgl. die graphische Darstellung bei *Laurer* ZfgK **2008** 980, 981.

„Alternative Investments" angesehen und damit den traditionellen (Wertpapier-)Fonds gegenübergestellt.[3] Jedoch ist es aufgrund der Vielzahl von Investmentstrategien[4] und Investmentopportunitäten, die sich bei unterschiedlichsten Hedgefonds abzeichnen schwerlich möglich den Begriff des Hedgefonds als solchen zu definieren.[5] Stattdessen ist es sinnvoll, Hedgefonds anhand einzelner Charakteristika zu typisieren, um den Begriff auf diese Weise einzugrenzen.[6]

2 Hedgefonds wurden erstmalig Anfang 2004 mit dem Investmentmodernisierungsgesetz[7] in Deutschland eingeführt und reguliert.[8] Im Zeitpunkt der Einführung wurden diese noch als Sondervermögen mit zusätzlichen Risiken bezeichnet. Der Gesetzgeber fand den Begriff „Hedge Fund" an sich irreführend,[9] da dieser den Eindruck vermitteln würde, es handele sich um Absicherungsinstrumente, obwohl tatsächlich gerade diese Fonds spekulativ in hochriskante Vermögensgegenstände anlegen können. Die Fonds bedienen sich typischerweise auch Leerverkäufen, die als Hedging bezeichnet werden,[10] da hierdurch in der Tat eine Absicherung des Portfolios oder einzelner Vermögenswerte des Fonds erfolgen kann; zugleich wird der Begriff des Hedging für Absicherungen, z.B. über Optionsgeschäften, verwandt (Risikokompensation durch Gegengeschäfte). Einige Hedgefonds arbeiten auch mit doppelten Hebeln – hohe Kreditaufnahme und Einsatz derivativer Instrumente.[11] Mit der Einführung des KAGB hat der Gesetzgeber sich im deutschen Gesetzestext dieses Anglizismusses bedient, ohne dass sich dem Begriff inhaltlich eine andere Bedeutung zuschreiben ließe. Ziel der Regelungen zu Hedgefonds ist es, einen Rahmen zu schaffen, der Hedgefonds nur minimalen Anlagerestriktionen unterwirft, was letztlich eine Stärkung der Wettbewerbsfähigkeit begünstigen soll.[12]

3 Der ursprüngliche Gesetzentwurf zum InvG aufgrund des Investmentmodernisierungsgesetzes[13] hatte noch vorgesehen, dass Hedgefonds nur als Spezial-Sondervermögen aufgelegt werden dürfen; schließlich hat man sich aber darauf verständigt, dass Hedgefonds nur nicht öffentlich vertrieben werden dürfen.[14] Hiermit sollte vermieden werden, dass ausländische (Publikums-)Hedgefonds im Rahmen des sogenannten Private Placements hätten verkauft werden können, während inländischen Anbietern diese Möglichkeit nicht offen gestanden hätte.[15] Mit der Einführung des KAGB dürfen Hedgefonds gemäß § 283 Abs. 1 KAGB – vergleichbar der ursprünglichen Intention des Gesetzgebers zum InvG – nunmehr ausschließlich als offene inländische Spezial-AIF und nicht mehr

---

3 Emde/Dornseifer/Dreibus/Hölscher/*Stabenow* InvG, vor §§ 112–120, Rn. 2.
4 Vgl. zu verschiedenen Strategien ausführlich *Graef* Aufsicht über Hedgefonds im deutschen und amerikanischen Recht, S. 62 ff.
5 *Berger/Steck* ZBB **2003** 192, 193, Berger/Steck/Lübbehüsen/*Gringel* InvG, Vor §§ 112 bis 120 Rn. 3, *Wilhelmi* WM **2008** 861 spricht davon, „dass es bisher nicht nur an einer Definition der Hedgefonds fehlt, sondern auch ihrer Abgrenzung bisher nicht wirklich gelungen ist".
6 Emde/Dornseifer/Dreibus/Hölscher/*Stabenow* InvG, vor §§ 112–120, Rn. 2 spricht insofern von „hedgefondstypische[n] Merkmalen", zu denen er insbesondere den Einsatz von Leverage und/oder Leerverkäufen und eine weitestgehende Freiheit von gesetzlichen Anlagebeschränkungen zählt.
7 Gesetz zur Modernisierung des Investmentwesens und zur Besteuerung von Investmentvermögen (Investmentmodernisierungsgesetz) vom 15.12.2003 – BGBl. I 2676.
8 Entgegen der ursprünglichen Erwartung haben sich allerdings deutsche Hedgefonds in deutlich geringerer Zahl etabliert, vgl. Emde/Dornseifer/Dreibus/Hölscher/*Stabenow* InvG, vor §§ 112–120, Rn. 6.
9 Reg.-Begr. BTDrucks, 15/1553 (Gesetzentwurf), S. 107.
10 *Baur* Investmentgesetze, 2. Aufl., Einl. I Rn. 61.
11 *Baur* Investmentgesetze, 2. Aufl., Einl. I Rn. 52.
12 Reg.-Begr. BTDrucks. 15/1553 (Gesetzentwurf), S. 65, 67.
13 Gesetz zur Modernisierung des Investmentwesens und zur Besteuerung von Investmentvermögen (Investmentmodernisierungsgesetz) vom 15.12.2003 – BGBl. I 2676.
14 § 112 Abs. 2 InvG; BTDrucks. 15/1896 (Beschlussempfehlung), S. 78.
15 BTDrucks. 15/1944 (Bericht), S. 14, zu § 112 Abs. 2.

als Publikumsfonds bzw. offene Publikumsinvestmentvermögen aufgelegt werden. Aus Anlegerschutzgründen dürfen Anteile oder Aktien an Hedgefonds daher zukünftig ausschließlich von professionellen und semi-professionellen Anlegern gehalten und an diese vertrieben werden;[16] eine Investition von Privatanlegern in Hedgefonds ist zukünftig nur noch über Dach-Hedgefonds möglich.[17]

B. Definition von Hedgefonds (Abs. 1)

4   § 283 KAGB definiert die weiteren Anforderungen an und Voraussetzungen für Hedgefonds. Hedgefonds dürfen nur als allgemeine offene inländische Spezial-AIF gemäß § 282 KAGB aufgelegt werden. Dementsprechend müssen Hedgefonds auch die allgemeinen Anforderungen von § 282 KAGB erfüllen. Das heißt, auch für Hedgefonds gilt insbesondere der nicht abdingbare **Grundsatz der Risikomischung**.[18] Das Gesetz enthält keine Legaldefinition zu dem Begriff des Grundsatzes der Risikomischung. Lediglich für einzelne AIF werden (nicht abschließende) Auslegungshilfen und Vorgaben gegeben.[19] Viele Investment- und Risikogrenzen führen häufig bereits schon zu einer adäquaten Risikomischung eines Investmentvermögens.[20] Es ist klar, dass der Grundsatz der Risikomischung sowohl ein **quantitatives** als auch **qualitatives Element** beinhalten muss, um den Anforderungen an eine „gesunde" Mischung des Investmentvermögens zu genügen.[21] Eine schematische Betrachtungsweise verbietet sich aber hier.[22] Vielmehr ist auf das konkrete Art des Investmentvermögens abzustellen und auch die Anlageziele und die Anlagepolitik sind jeweils mit einzubeziehen, so dass auch **mittelbare Investments** zu einer adäquaten Risikomischung führen können.[23] Dementsprechend lassen sich aus dem Gesetz auch für Hedgefonds keine konkreteren Anforderungen an die Anlagepolitik ableiten.[24] Zu beachten ist aber, dass um **steuerlich als Investmentfonds** zu qualifizieren eine Risikomischung regelmäßig nur dann vorliegt, wenn das Vermögen in mehr als drei Vermögensgegenstände (quantitatives Element) mit unterschiedlichen Anlagerisiken (qualitatives Element) angelegt ist,[25] wobei auch ein mittelbares Investment als ausreichend angesehen wird.[26] Darüber hinaus dürfen Hedgefonds nur in **Vermögensgegenstände** investieren, für die ein **Verkehrswert** ermittelt werden kann und die Zusam-

---

16   Siehe hierzu die Kommentierung zu §§ 293 ff. KAGB bzw. § 350 KAGB im Hinblick auf die besonderen Übergangsvorschriften.
17   BTDrucks. 791/12 (Gesetzentwurf), S. 486, zu § 225 (Dach-Hedgefonds).
18   Siehe hierzu auch die Kommentierungen zu §§ 214, 262 und 282 KAGB.
19   Vgl. beispielsweise § 262 Abs. 1 KAGB.
20   Vgl. zum Beispiel § 243 KAGB für Immobilien-Sondervermögen und § 262 KAGB für geschlossene Publikums-AIF.
21   So auch bereits das Schreiben der BaFin vom 28.7.2009 (Grundsatz der Risikomischung; Goldfonds); siehe auch Rundschreiben 14/2008 (WA) vom 22. Dezember 2008.
22   So schon bereits nur für Hedgefonds Beckmann/Scholtz/Vollmer/*Lindemann*/*Kayser* InvG, § 112 Rn. 7. Die BaFin hat in der Vergangenheit allerdings häufig eine sehr formale Sichtweise vertreten, in der sie beispielsweise von einer Risikomischung ausgegangen ist bei einer Anlage von mehr als drei Vermögensgegenständen (Rundschreiben 14/2008 (WA) vom 22. Dezember 2008 unter I.1.b).
23   Dies ermöglicht beispielsweise auch im Rahmen von Master-Feeder-Strukturen eine Investition des gesamten Vermögens in den Master-Fonds, solange dieser wiederum selbst dem Grundsatz der Risikomischung genügt.
24   Ebenfalls für eine der Anlagestrategie von Hedgefonds angepasste Auslegung: Beckmann/Scholtz/Vollmer/*Lindemann*/*Kayser* InvG, § 112 Rn. 7; sowie Berger/Steck/Lübbehüsen/*Gringel* InvG, § 112 Rn. 22, der eine Investition in eine bestimmte Mindestanzahl von Vermögensgegenständen mit Verweis auf interne Risikomanagementsysteme ausdrücklich nach § 1 Abs. 1b S. 2 Nr. 4 InvStG ablehnt.
25   Vgl. § 1 Abs. 1b S. 2 Nr. 4 InvStG.
26   Vgl. § 1 Abs. 1b S. 3 InvStG.

mensetzung ihrer Vermögensgegenstände muss im Einklang mit den für sie geltenden Rücknahmeregelungen stehen. Schließlich dürfen Hedgefonds nicht die Kontrolle über ein nicht börsennotiertes Unternehmen erwerben[27] und haben eine Mitteilungspflicht, wenn sie Minderheitsbeteiligungen an einem nicht börsennotierten Unternehmen erlangen.

Während unter dem InvG der Erwerb von Vermögensgegenständen durch den Verweis auf die Liste der erwerbbaren Vermögensgegenstände nach § 2 Abs. 4 InvG noch eingeschränkt und insbesondere der Erwerb von Immobilien und Immobiliengesellschaften ausgeschlossen war, ist eine derartige Beschränkung in § 283 KAGB nicht mehr vorgesehen. Entsprechend führt die Gesetzesbegründung zu § 282 KAGB aus, dass für den allgemeinen offenen inländischen Spezial-AIF **kein Katalog von zulässigen Vermögensgegenständen** aufgestellt wird; es findet allein der Grundsatz der Risikomischung Anwendung.[28] Hierfür spricht auch die systematische Stellung von § 283 KAGB, in dem mit „Unterabschnitt 3 – Besondere Vorschriften für Hedgefonds" den Hedgefonds eine eigene Regelung zugewiesen ist. Ebenso wenig finden die Regelungen des § 284 KAGB Anwendung. Zum einen befinden sich diese systematisch ebenfalls in dem eigenen „Unterabschnitt 4 – Besondere Vorschriften für offene inländische Spezial-AIF mit festen Anlagebedingungen" und sind zum anderen der Regelung zu Hedgefonds nachgelagert. Sollte § 284 KAGB auf Hedgefonds Anwendung finden, so hätte der Gesetzgeber diesen den allgemeinen Vorschriften zuweisen müssen. Während § 91 InvG (als Vorgängerregelung zu § 284 KAGB) noch explizit auf § 112 InvG (als Vorgängerregelung zu § 283 KAGB) Bezug genommen hat, erfolgt das durch § 284 KAGB nicht mehr. Dementsprechend führt auch die Gesetzesbegründung zu § 284 KAGB aus, dass § 283 KAGB eine eigenständige Regelung im Hinblick auf die zulässigen Vermögensgegenstände für Hedgefonds enthält. Entsprechend der Gesetzesbegründung zu § 283 KAGB soll für Hedgefonds die Regelung gelten, dass sie **überwiegend in Finanzinstrumente** investieren müssen. Diese Regelung findet aber im Gesetzeswortlaut im Übrigen keinen Rückhalt und steht im klaren Widerspruch zu der vorstehenden Gesetzesbegründung zu § 282 KAGB, dass gerade kein Katalog von zulässigen Vermögensgegenständen aufgestellt wurde. Dementsprechend dürfen in diesem Rahmen für Hedgefonds sämtliche denkbaren Vermögensgegenstände erworben werden. Zu den Vermögensgegenständen gehören daher auch **Immobilien**, Anteile an **Immobiliengesellschaften**, **stille Beteiligungen** und **unverbriefte Darlehensforderungen**[29] sowie weitere im KAGB genannte Vermögensgegenstände, beispielsweise solche gemäß § 261 KAGB. Demzufolge dürfen Hedgefonds zukünftig grundsätzlich auch **Warenterminkontrakte** erwerben, die eine physische Lieferung (physisches Settlement) vorsehen,[30] oder generell direkt in physische Waren (sogenannte „*commodities*") investieren. Darüber hinaus werden auch nicht im KAGB genannte Vermögensgegenstände wie beispielsweise **Kunstgegenstände, Automobile, Wein** etc. erfasst. Einziges Merkmal, das diese Vermögengegenstände erfüllen müssen, ist, dass deren **Verkehrswert ermittelt werden kann**. Die Ermittlung des Verkehrswertes unter-

---

27 Dabei soll es sich weniger um ein typisierendes Tatbestandsmerkmal, als um eine Anlagerestriktion und demnach eine Rechtsfolge handeln, die an das Vorliegen eines Hedgefonds anknüpft (so schon: Berger/Steck/Lübbehüsen/*Gringel* § 112 Rn. 3).
28 BTDrucks. 791/12 (Gesetzentwurf), S. 503, zu § 282 Abs. 1.
29 Emde/Dornseifer/Dreibus/Hölscher/*Stabenow* InvG, § 113 Rn. 6 weist darauf hin, dass die Investition in non-performing loans in den letzten Jahren einen erheblichen Bedeutungsgewinn erfahren hat und die Investition in unverbriefte Darlehensforderungen bereits bisher durchaus eine Schwerpunktstrategie von ausländischen Single-Hedgefonds sein konnte.
30 Dieses war unter dem alten Recht noch umstritten, vgl. Berger/Steck/Lübbehüsen/*Gringel* InvG, § 112 Rn. 6.

liegt insoweit den allgemeinen Regelungen.³¹ Die nicht mehr vorhandene Beschränkung auf bestimmte Vermögensgegenstände dürfte in der Praxis Gestaltungsmöglichkeiten eröffnen und die Auflage regulierter Investmentvermögen ermöglichen, die in dieser Form bisher nicht möglich waren. Allerdings ist hierbei zu beachten, dass auch Hedgefonds als (offene) inländische Spezial-AIF den allgemeinen Vorschriften der §§ 278–281 KAGB unterliegen. Dementsprechend muss der Bewerter der Vermögensgegenstände den Anforderungen des § 216 KAGB³² genügen.

6 Darüber hinaus ist für Hedgefonds die bisher sogenannte **Privat-Equity-Grenze** von 30% weggefallen. Während § 112 Abs. 1 Satz 3 InvG noch eine Begrenzung von 30% des Wertes des Sondervermögens für den Erwerb von Beteiligungen an Unternehmen, die nicht zum Handel an einer Börse zugelassen oder in einen organisierten Markt einbezogen sind, vorgesehen hat, ist diese Grenze im Rahmen des § 283 KAGB gestrichen worden. Allerdings ist gemäß § 282 Abs. 3 KAGB zu beachten, der einen **Kontrollerwerb an einem nicht börsennotierten Unternehmen** ausschließt. Hiernach darf ein Hedgefonds nicht die Kontrolle im Sinne des § 288 KAGB an einem nicht börsennotierten Unternehmen³³ erlangen. Ein nicht börsennotiertes Unternehmen ist „ein Unternehmen, das seinen satzungsmäßigen Sitz in der Europäischen Union hat und dessen Anteile [...] nicht zum Handel auf einem regulierten Markt zugelassen sind" (§ 1 Abs. 19 Nr. 27 KAGB). Ein Hedgefonds würde aber die Kontrolle im Sinne des § 288 KAGB erlangen bei Erlangung von mehr als 50% der Stimmrechte der nicht börsennotierten Unternehmen durch den Hedgefonds. Insoweit kommt es nicht mehr auf den Anteil des Wertes dieser Beteiligungen an dem Sondervermögen an, sondern nur noch auf die Zurechnung von Stimmrechten, wenn auch auf 50% begrenzt. Während unter dem InvG noch zwischen Beteiligungen an Unternehmen und stillen Beteiligungen unterschieden wurde,³⁴ ist dieses unter dem KAGB nicht mehr der Fall. Daher sind auch stille Beteiligungen bei der Betrachtung der 50% Grenze zukünftig miteinzubeziehen.

7 Diese Grenze würde grundsätzlich auch für Beteiligungen an **Immobiliengesellschaften** gelten. Da Immobiliengesellschaften häufig nur als **Zweckgesellschaften** (Special Purpose Vehicle – SPV) oder als Ein-Objekt-Gesellschaften aufgelegt werden, um eine einzelne Immobilie zu halten oder zu erwerben, kommt es im Vergleich zu direkt durch den Hedgefonds gehaltenen Immobilien zu einem Wertungswiderspruch. Die Beschränkung auf nur 50% der Stimmreche dürfte in diesem Fall nicht der Intention des Richtliniengebers entsprechen,³⁵ da es vorliegend nicht darum geht, die Kontrolle über ein Unternehmen zu erlangen, sondern (mittelbar) in einen Vermögensgegenstand (Immobilie) zu investieren, der auch unmittelbar direkt gehalten werden dürfte. § 287 Abs. 2 Ziffer 2 KAGB sieht eine entsprechende (Ausnahme-)Regelung vor.³⁶ Aufgrund seiner systematischen Stellung dürfte § 287 Abs. 2 Ziffer 2 KAGB aber vorliegend keine Anwendung finden, da § 287 Abs. 2 KAGB insoweit die Anwendbarkeit von § 287 Abs. 1 KAGB voraussetzt. § 288 KAGB (bzw. § 282 Abs. 3 Satz 1 KAGB) findet aber keine Anwendung, wenn es sich um eine solche **Zweckgesellschaft** handelt. Soweit ein Hedgefonds zu **100% an einer Immobiliengesellschaft** beteiligt ist und sämtliche Anteile bzw. Stimmrechte an dieser hält, ist bei richtlinienkonformer Auslegung die Beteiligung einem Direkterwerb

---

31 Vgl. §§ 278, 168 KAGB und §§ 26 ff. KARBV.
32 Vgl. § 278 i.V.m. § 216 KAGB.
33 Hinsichtlich börsennotierter Unternehmen gelten, mangels spezieller Regelung im KAGB, (nur) die allgemeinen Anforderungen des WpÜG.
34 Berger/Steck/Lübbehüsen/*Gringel* InvG, § 112 Rn. 25.
35 § 288 KAGB setzt Artikel 26 Abs. 5 AIFMD um.
36 § 287 Abs. 2 Nr. 2 KAGB setzt Artikel 26 Abs. 2(b) AIFMD um.

gleich zu stellen. Ein Anteil von 100% an einer solchen Immobiliengesellschaft stellt daher einen für den Hedgefonds erwerbbaren Vermögensgegenstand dar.

Auch wenn ein Direktinvestment in sämtliche Aktiva eines Unternehmens nur schwer vorstellbar und Ausübung einer unternehmerischen Tätigkeit fraglich ist, so muss die vorstehende richtlinienkonforme Auslegung dann aber auch für **Beteiligungen an kleinen oder mittleren Unternehmen** im Sinne von § 287 Abs. 2 Ziffer 1 KAGB gelten.[37] Entsprechend Artikel 2 Abs. 1 des Anhangs der Empfehlung 2003/361/EG der Kommission vom 6. Mai 2003 sind dieses Unternehmen, die weniger als 250 Personen beschäftigen und die entweder einen Jahresumsatz von höchstens 50 Mio. EUR erzielen oder deren Jahresbilanzsumme sich auf höchstens 43 Mio. EUR beläuft. Soweit ein Hedgefonds in ein solches Unternehmen investiert, darf ein Hedgefonds daher sämtliche Anteile bzw. Stimmrechte an diesem Unternehmen bei richtlinienkonformer Auslegung halten. Nach dem KAGB wird (anders als unter dem InvG) nicht mehr zwischen Arten von Beteiligungen an Unternehmen unterschieden. 8

Korrespondierend mit dem Erwerb solcher (Minderheits-) Beteiligungen an nicht börsennotierten Unternehmen hat die Kapitalverwaltungsgesellschaft im Hinblick auf bestimmte Schwellenwerte eine **Mitteilungspflicht** gegenüber der BaFin (§ 282 Abs. 3 Satz 2 KAGB). Des Verweise in § 282 Abs. 3 Satz 2 KAGB auf § 289 Abs. 1 KAGB hätte es indes nicht bedurft, da § 287 Abs. 3 KAGB sich generell für anwendbar erklärt[38] und ebenso auf § 289 Abs. 1 KAGB verweist. Hiernach hat die Kapitalverwaltungsgesellschaft die BaFin zu unterrichten, wenn der Anteil der Stimmrechte des nicht börsennotierten Unternehmens, der von dem Hedgefonds gehalten wird, durch Erwerb, Verkauf oder Halten von Anteilen die **Schwellenwerte von 10%, 20%, 30% und 50%** erreicht, überschreitet oder unterschreitet, wobei aufgrund der Unzulässigkeit des Erwerbs von mehr als 50% der Stimmrechte ein Überschreiten letztgenannter Schwelle eigentlich nicht in Betracht kommt. Sollte es – regelmäßig dann wohl auch im Rahmen einer Anlagegrenzverletzung – dennoch zu einer Überschreitung dieser Schwelle kommen, wäre auch hier eine Meldung an die BaFin erforderlich. 9

Als zentrales **Charakteristikum für einen Hedgefonds** müssen dessen Anlagebedingungen aber mindestens den Einsatz von (i) so genanntem Leverage in beträchtlichem Umfang oder (ii) den Leerverkauf von Vermögensgegenständen (*„short sale"*) vorsehen.[39] Dementsprechend sieht das Gesetz gemäß § 93 Abs. 5 Satz 2 KAGB für Hedgefonds auch Ausnahmen von dem Grundsatz nach § 93 Abs. 5 Satz 1 KAGB vor, wonach Gegenstände, die zu einem Sondervermögen gehören, nicht verpfändet oder sonst belastet, zur Sicherung übereignet oder zur Sicherung abgetreten werden dürfen. Zu beachten ist allerdings, dass das **InvStG** für Zwecke der Besteuerung eine eigene **Definition** für **Investmentfonds** bzw. **Investitionsgesellschaften** vorsieht.[40] Um nicht als Investitionsgesellschaft[41] zu qualifizieren, müssen daher insbesondere die Anforderungen an einen Investmentfonds gemäß § 1 Abs. 1b InvStG erfüllt werden. Dieses bedeutet aber, dass Hedgefonds dann auch die dort genannten Voraussetzungen erfüllen müssen. Zu nennen wäre hier beispielsweise die Anlage von 90%[42] des Wertes des Fonds in den fest- 10

---

37 § 287 Abs. 2 Nr. 1 KAGB setzt Artikel 26 Abs. 2(a) AIFMD um.
38 Trotz der vermeintlich systematischen Stellung bei den Vorschriften für geschlossene inländische Spezial-AIF.
39 Dieser Ansatz, der auf die Anlagestrategie abstellt, entspricht auch dem bisherigen britischen Rechtsverständnis, vgl. *Wilhelmi* WM **2008** 861.
40 Siehe hierzu die Kommentierung zu § 1 InvStG sowie *Simonis/Grabbe/Faller* DB **2014** 16.
41 § 1 Abs. 1c InvStG.
42 Die „Schmutzgrenze" von 10% war bereits in einem früheren Rundschreiben der BaFin enthalten (Rundschreiben 14/2008 (WA) vom 22. Dezember 2008 zum Anwendungsbereich des Investmentgesetzes

gelegten **Katalog von Vermögensgegenständen**,[43] die Anlage von höchstens **20% seines Wertes in Beteiligungen an Kapitalgesellschaften**, die weder zum Handel an einer Börse zugelassen noch in einem anderen organisierten Markt zugelassen oder in diesen einbezogen sind und die Höhe der **Beteiligung an einer Kapitalgesellschaft** liegt **unter 10% des Kapitals der Kapitalgesellschaft**. Um als Investmentfonds im Sinne des InvStG zu qualifizieren, muss ein Hedgefonds darüber hinaus auch eine **Begrenzung der Kreditaufnahme** gemäß § 1 Abs. 1b Nr. 8 InvStG vorsehen; zu beachten ist, dass die Begrenzung der Kreditaufnahme insofern nur eine Möglichkeit zum Einsatz von Leverage darstellt und die etwaige alleinige Begrenzung der Kreditaufnahme dem Hedgefonds-Merkmal des **Einsatzes von Leverage in beträchtlichem Umfang** (§ 283 Abs. 1 Nr. 1 KAGB) insoweit nicht entgegensteht.

I. Rechtsform des Hedgefonds (§ 91 Abs. 3 KAGB)

11   Hedgefonds sind offene inländische Investmentvermögen (§ 283 Abs. 1 i.V.m. § 1 Abs. 1, 7 KAGB). Grundsätzlich dürfen offene inländische Investmentvermögen sowohl als **Sondervermögen** (§§ 92 ff. KAGB), als auch als **Investmentaktiengesellschaft mit veränderlichem Kapital** (§§ 108 ff. KAGB) aufgelegt werden. Offene inländische Investmentvermögen, die nicht inländische OGAW sind und deren Anteile nach dem Gesellschaftsvertrag ausschließlich von professionellen und semi-professionellen Anlegern gehalten werden dürfen (vgl. §§ 293 ff.), dürfen zusätzlich als **offene Investmentkommanditgesellschaft** (§§ 124 ff. KAGB) aufgelegt werden. Hedgefonds als offene inländische AIF, deren Anteile ausschließlich von professionellen und semi-professionellen Anlegern gehalten werden dürfen, steht damit zusätzlich zum Sondervermögen und zur Investmentaktiengesellschaft mit veränderlichem Kapital die Rechtsform der offenen Investmentkommanditgesellschaft, als nach der Zielsetzung des Gesetzgebers steuerlich transparentes, reguliertes Investmentvehikel, zur Verfügung.[44]

12   Problematisch im Zusammenhang mit Hedgefonds gestaltet sich die Regelung des § 91 Abs. 3 KAGB. Danach dürfen offene inländische Investmentvermögen, die nach den Anlagebedingungen das bei ihnen eingelegte Geld in **Immobilien** anlegen, nur als Sondervermögen aufgelegt werden. Abgewichen wird hier von der Regelung in § 91 Abs. 1 und 2 KAGB. Ausgehend davon, dass es sich bei § 91 KAGB um eine allgemeine Regelung handelt (Unterabschnitt 1, Allgemeine Vorschriften für offene inländische Investmentvermögen) müsste diese Regelung auch für Hedgefonds gelten. Soweit der Hedgefonds nach seinen Anlagebedingungen (auch) in Immobilien investieren darf, würde aufgrund der Systematik dann die Beschränkung auf die Rechtsform als Sondervermögens auch für Hedgefonds gelten. Der Wortlaut ist insoweit ebenfalls eindeutig. Fraglich wird dies allerdings, wenn man die Gesetzesbegründung zu § 91 Abs. 3 KAGB heranzieht. Recht schlicht heißt es da: „Wie bereits nach dem aufzuhebenden Investmentgesetz steht für offene Immobilienfonds nur das Sondervermögen als Rechtsform zur Verfügung".[45] Darüber hinaus waren in dem ursprünglichen Gesetzentwurf zum KAGB Regelungen zu Immobilienfonds nicht mehr enthalten; insofern spricht viel dafür, dass § 91 Abs. 3 KAGB nur im Hinblick auf die dann wieder in dem Gesetz enthaltenen Immobilienfonds aufge-

---

nach § 1 Satz 1 Nr. 3 InvG) unter I.c); siehe auch BTDrucks. 18/68, S. 41 zu § 1 Abs. 1b Nr. 5; sowie BMF v. 23.4.2014 – IV C 1 – 1980 – 1/13/10007:002, S. 6.
43 § 1 Abs. 1c Nr. 5 InvStG.
44 BRDrucks. 791/12, S. 430, zu § 91 Abs. 1.
45 §§ 96 ff. InvG.

nommen worden ist und auch nur für diese gelten sollte.[46] Daraus ist zu schließen, dass der Gesetzgeber Hedgefonds nicht im Sinn hatte, obwohl es sich bei diesen um offene inländische Investmentvermögen, die – entsprechend der hier vertretenen Ansicht – nach den Anlagebedingungen das bei ihnen eingelegte Geld zumindest auch in Immobilien anlegen können. Der Gesetzgeber spricht insoweit nur von den **offenen Immobilienfonds**. Folglich kann die **Beschränkung der Rechtsform** trotz der systematischen Stellung im „Allgemeinen Teil" für Hedgefonds nicht gelten, so dass diese nicht nur als Sondervermögen oder als Investmentaktiengesellschaft mit veränderlichem Kapital sondern auch als offene Investmentkommanditgesellschaft aufgelegt werden können.

Die vorstehende Frage ist von praktischer Relevanz, da bisher bei deutschen Single-Hedgefonds die Investmentaktiengesellschaft (gemäß dem InvG)[47] weite Verbreitung gefunden hat.[48] Bei einer rein auf Wortlaut und Systematik bezogenen Auslegung wäre solchen Hedgefonds verwehrt in Immobilien zu investieren und sie könnten ihre Anlagebedingungen nicht entsprechend umstellen oder ändern, obwohl ihnen inzwischen auch Immobilien als Anlageklasse zur Verfügung stehen. Durch die Hintertür würde so doch wieder eine zumindest faktische Beschränkung der Anlageklassen bei Hedgefonds erfolgen, die durch das KAGB ja gerade aufgehoben worden ist, zumindest dann, wenn für Hedgefonds im Übrigen eine Wahlfreiheit der Rechtsform gelten soll. 13

II. Leverage (Abs. 1 Satz 1 Ziffer 1 und Satz 2)

Ein Investmentvermögen qualifiziert als Hedgefonds, wenn seine Anlagebedingungen den Einsatz von Leverage in beträchtlichem Umfang vorsehen. Unter dem englischsprachigen Begriff des Leverage wird nicht nur die bloße Kreditaufnahme verstanden. Leverage bezeichnet vielmehr die **allgemeine Hebelfinanzierung** für ein Investmentvermögen.[49] Leverage (Hebelfinanzierung) ist dabei jede Methode, mit der die Kapitalverwaltungsgesellschaft den Investitionsgrad eines von ihr verwalteten Investmentvermögens erhöht. Dieses kann durch Kreditaufnahme, Wertpapierdarlehen, in Derivate eingebettete Hebelfinanzierungen oder auch auf sonstige Weise erfolgen, § 1 Abs. 19 Nr. 25 S. 1 KAGB.[50] Leverage begünstigt die Ertragssteigerung, gleichzeitig steigt jedoch mit dem Einsatz das Verlustrisiko des Hedgefonds.[51] 14

Eine Kapitalverwaltungsgesellschaft muss im Rahmen ihres Risikomanagements[52] ein Höchstmaß des einsetzbaren Leverage sowie den Umfang der Wiederverwendung von Sicherheiten und Garantien im Zusammenhang mit dem Leverage festlegen, § 29 Abs. 4 KAGB. Darüber hinaus müssen KVGen, die mindestens einen AIF verwalten, der in beträchtlichem Umfang Leverage einsetzt, zusätzliche Informationen an die BaFin übermitteln, § 35 Abs. 4 KAGB. Ebenso bestehen zusätzliche Informationspflichten der KVG gegenüber den Anlegern (§§ 300 Abs. 2, 308 Abs. 4 KAGB). 15

---

46 Diskussionsentwurf des Bundesministeriums der Finanzen; Bearbeitungsstand: 20.7.2012 10:00 Uhr, § 87.
47 Vgl. Emde/Dornseifer/Dreibus/Hölscher/*Stabenow* InvG, vor §§ 112–120, Rn. 6.
48 Vgl. Emde/Dornseifer/Dreibus/Hölscher/*Stabenow* InvG, vor §§ 112–120, Rn. 6.
49 Vgl. auch *van Kann/Redeker/Keilweit* DStR **2013** 1483, 1486 f.
50 Die Definition von Leverage entspricht der Definition in Artikel 4 Absatz 1 Buchstabe v der Richtlinie 2011/61/EU. Nummer 25 dient zugleich der Umsetzung von Artikel 4 Absatz 3 der Richtlinie 2011/61/EU, vgl. BRDrucks. 791/12, S. 369.
51 Berger/Steck/Lübbehüsen/*Gringel* InvG, § 112 Rn. 12.
52 *Werner* StBW **2013** 811, 814.

16 Gemäß § 283 Abs. 1 Satz 2 KAGB bestimmen sich die Kriterien, wann Leverage **in einem beträchtlichem Umfang** eingesetzt wird nach Art. 111 der Delegierten Verordnung (EU) Nr. 231/2013.[53] Art. 111 der Verordnung lautet:

17 *Artikel 111 Einsatz von Hebelfinanzierungen in beträchtlichem Umfang*
(1) Für die Zwecke von Artikel 24 Absatz 4 der Richtlinie 2011/61/EU ist davon auszugehen, dass Hebelfinanzierungen in beträchtlichem Umfang eingesetzt werden, wenn das nach der Commitment-Methode gemäß Artikel 8 dieser Verordnung berechnete Engagement eines AIF seinen Nettoinventarwert dreifach übersteigt.
(2) Sind die in Absatz 1 dieses Artikels genannten Bedingungen erfüllt, übermitteln die AIFM die in Artikel 24 Absatz 4 der Richtlinie 2011/61/EU genannten Informationen den zuständigen Behörden ihrer Herkunftsmitgliedstaaten gemäß den in Artikel 110 Absatz 3 dieser Verordnung genannten Grundsätzen.

18 Um als Hedgefonds zu qualifizieren genügte es früher gemäß § 112 Abs. 1 Satz 2 Ziffer 1 InvG, wenn die Vertragsbedingungen nur grundsätzlich eine unbeschränkte Aufnahme von Krediten vorsahen. § 283 Abs. 1 KAGB lässt dies jedoch nicht mehr genügen und führt mit Verweis auf Art. 111 der Delegierten Verordnung (EU) Nr. 231/2013 insoweit eine starres Verhältnis zwischen dem Netto-Inventarwert (Net Asset Value – NAV) und Risiko ein,[54] wobei hiermit der Gesetzgeber nur die AIFMD bzw. die Delegierten Verordnung (EU) Nr. 231/2013 umsetzt und diesen folgt. Hiernach erfolgt der Einsatz von Leverage in beträchtlichem Umfang, wenn das nach der Commitment-Methode (vgl. Artikel 8 der Delegierten Verordnung (EU) Nr. 231/2013) berechnete Risiko des Fonds den NAV des Fonds um das Dreifache übersteigt. Ebenso differenziert die AIFMD bzw. Art 111 der Delegierten Verordnung (EU) Nr. 231/2013 – auch im Hinblick auf unterschiedlichste Anlagestrategien eines Hedgefonds – nicht anhand Art und Umfang des Leverage. Während ESMA im Rahmen des ESMA Advice[55] bei der Beurteilung des Einsatzes von Leverage in beträchtlichem Umfang noch unterschiedliche Berechnungs- und Betrachtungsweisen vorschlägt, hat sich dieser differenzierende Vorschlag nicht in Art. 111 der Delegierten Verordnung (EU) Nr. 231/2013 niedergeschlagen. Hieraus resultieren praktische Probleme, insbesondere im Hinblick auf die Frage, wann und wie die Voraussetzungen des Einsatzes von Leverage in beträchtlichen Umfang vorliegen müssen bzw. erfüllt werden können.[56]

19 Da weder die AIFMD noch die Delegierten Verordnung (EU) Nr. 231/2013 weitere Konkretisierungen vorsehen, kann diese Voraussetzung nur anhand entsprechender Anwendung vergleichbarer Regelungen ausgelegt werden. Sachgerecht erscheint es daher entsprechend auf die Regelung von Art. 4 Abs. 3 der Delegierten Verordnung (EU) Nr. 231/2013 abzustellen,[57] die eine Regelung zur **Überschreitung von Schwellenwerten** enthält. Demnach qualifiziert ein Fonds als Hedgefonds, wenn das berechnete Risiko den NAV um das Dreifache für einen Zeitraum von länger als drei Monaten in Folge (voraussichtlich) übersteigt. Wenn aufgrund der gewählten Anlagestrategie des Hedgefonds möglicherweise nicht klar ist, ob die vorstehende Grenze bei dem Einsatz von Leverage länger als drei Monate eingehalten wird, sollten die Anlagebedingungen zusätzlich noch die Bedingung der Zulässigkeit des Leerverkaufs nach § 283 Abs. 1 Satz 1 Nr. 2 KAGB vorsehen, um in jedem Fall als Hedgefonds zu qualifizieren.

---

53 Delegierte Verordnung (EU) Nr. 231/2013 der Kommission v. 19. Dezember 2012, sog. Level-2-VO.
54 *Dornseifer*/Jesch/Klebeck/Tollmann, AIFM-Richtlinie, Art. 24 Rn. 31.
55 ESMA/2011/379 – ESMA's technical advice to the European Commission on possible implementing measures of the Alternative Investment Fund Managers Directive, S. 238, Box 111.
56 *Dornseifer*/Jesch/Klebeck/Tollmann, AIFM-Richtlinie, Art. 24 Rn. 35.
57 *Dornseifer*/Jesch/Klebeck/Tollmann, AIFM-Richtlinie, Art. 24 Rn. 35.

III. Leerverkauf (Abs. 1 Satz 1 Ziffer 2)

Ein weiteres, typisierendes Merkmal für einen Hedgefonds stellt gemäß § 283 Abs. 1 Satz 1 Ziffer 2 KAGB der Verkauf von Vermögensgegenständen für gemeinschaftliche Rechnung der Anleger, die im Zeitpunkt des Geschäftsabschlusses nicht zum Vermögen des Fonds gehören, dar (**Leerverkauf**). 20

Soweit das Gesetz im Weiteren keine Ausnahme vorsieht, ist einer Kapitalverwaltungsgesellschaft grundsätzlich der Leerverkauf praktisch schon dadurch verwehrt, dass nach § 93 Abs. 2 KAGB eine Verbindlichkeit für das Sondervermögen nicht begründet werden kann. Darüber hinaus ist zumeist der Verkauf von Vermögensgegenständen für gemeinschaftliche Rechnung der Anleger nicht erlaubt, wenn die jeweiligen Vermögensgegenstände im Zeitpunkt des Geschäftsabschlusses nicht zu dem jeweiligen Fonds gehören (vgl. § 205 für OGAW bzw. §§ 218, 220 und 284 KAGB für Gemischte und Sonstige Investmentvermögen sowie offene inländische Spezial-AIF; § 265 KAGB für geschlossenen Publikums-AIF; § 276 KAGB für Spezial-AIF; generelles Leerverkaufsverbot nach § 225 Abs. 1 Satz 2 KAGB für Dach-Hedgefonds). Ausnahmen von dem Leerverkaufsverbot sieht das Gesetz zum Teil vor, soweit in entsprechende Derivate investiert werden darf (§§ 205, 276 i.V.m. 197 KAGB). Mit Hilfe von Derivaten können (synthetisch) Leerverkaufspositionen eingegangen werden. Dementsprechend werden vermehrt aber auch **Hedgefonds-Strategien in OGAW** (sogenannte „*Newcits*") durch den Einsatz von Derivaten abgebildet. Dieses hat in jüngster Zeit aber auch dazu geführt, dass diese von OGAW verfolgten Strategien kritischer durch die europäische Aufsicht betrachtet und überprüft werden.[58] Soweit inländische Publikumsinvestmentvermögen (§§ 162 bis 260 KAGB) und offene inländische Spezial-AIF mit festen Anlagebedingungen (§ 284 KAGB) in Derivate gemäß § 197 KAGB investieren, muss die Kapitalverwaltungsgesellschaft nach § 3 DerivateV aber sicherstellen, dass sie allen für Rechnung eines Investmentvermögens eingegangenen, bedingten und unbedingten Liefer- und Zahlungsverpflichtungen aus Derivaten in vollem Umfang nachkommen kann und eine ausreichende Deckung der derivativen Geschäfte vorhanden ist. Für eine angemessene Deckung nach § 3 Ziffer 2 DerivateV ist bei Derivaten, die bei Fälligkeit bzw. Ausübung üblicherweise die (physische) Lieferung des Basiswertes vorsehen, grundsätzlich das Basisinstrument selbst zur Deckung im Portfolio zu halten.[59] 21

Soweit für einen Hedgefonds nach seinen Anlagebedingungen Leerverkäufe getätigt werden dürfen, obliegen diese grundsätzlich keinen Beschränkungen. Insbesondere gilt für Hedgefonds die **Derivateverordnung** nicht, da diese gemäß § 1 Abs. 2 DerivateV nur auf offene inländische Publikumsinvestmentvermögen gemäß den §§ 162 bis 260 KAGB und für offene inländische Spezial-AIF mit festen Anlagebedingungen gemäß § 284 KAGB Anwendung findet und insoweit Hedgefonds ausgenommen werden. Soweit Hedgefonds zum Teil mit Hilfe von Derivaten und Finanzinnovationen (synthetisch) Leerverkaufspositionen abbilden, um ihre Investmentstrategien umzusetzen, unterliegen sie insbesondere daher nicht den Beschränkungen des § 197 KAGB bzw. der Derivateverordnung. 22

---

[58] Vgl. ESMA vom 25. Juli 2012, Report and Consultation paper – Guidelines on ETFs and other UCITS issues Consultation on recallability of repo and reverse repo arrangements (ESMA/2012/474), Annex III; European Commission, Consultation Document (UCITS) – Product Rules, Liquidity Management, Depositary, Money Market Funds, Long-term Investments vom 26. Juli 2012 (sogenannte Konsultation zu UCITS VI), insbesondere S. 5, Box 1 (2) zu „Eligible Assets".
[59] BaFin, Erläuterungen zur Derivateverordnung in der Fassung vom 16. Juli 2013 vom 22. Juli 2013, zu § 3.

23 Bei Leerverkäufen wird zudem nach **gedeckten und ungedeckten Leerverkäufen** unterschieden.[60] Bei gedeckten Leerverkäufen (*covered short sales*) veräußert der Verkäufer Wertpapiere, die er sich mit Hilfe eines Wertpapierdarlehens geliehen hat und spekuliert darauf, dass der Preis für die Wertpapiere zu dem Zeitpunkt, zu dem er das Wertpapierdarlehen zurückführen muss, gesunken ist. Der Leerverkäufer profitiert auf diese Weise von gefallenen Kursen. Bei ungedeckten Leerverkäufen (*naked short sales*) veräußert der Verkäufer Wertpapiere, ohne bereits über diese zu verfügen/Eigentümer zu sein, und spekuliert darauf, dass der Preis für die Wertpapiere zu dem Zeitpunkt, zu dem er seine Lieferverpflichtung erfüllen muss, ebenfalls gesunken ist. Die marktüblichen Abwicklungsfrist von Börsengeschäften beträgt in Deutschland meist zwei Tage nach Abschluss des Handelsgeschäfts (sogenanntes „T+2"), so dass sich der Leerverkäufer innerhalb dieser Fristen noch mit Wertpapieren (auch zum Teil wieder mit Hilfe von Wertpapierdarlehen oder -leihen) eindecken kann.[61]

24 Gemäß § 276 Abs. 2 Satz 2 KAGB kann die BaFin vorgenannte Leerverkäufe beschränken, wenn sie dies zum Schutz der Anleger oder zur Gewährleistung der Stabilität und Integrität des Finanzsystems als nötig erachtet.

IV. Abgrenzung zu Dach-Hedgefonds (§ 225 KAGB)

25 Wie bereits oben dargestellt, gibt es keinen Katalog von zulässigen Vermögensgegenständen für Hedgefonds. Diese dürfen daher grundsätzlich auch in Anteile oder Aktien an anderen Hedgefonds investieren. Dieses gilt aber auch für Dach-Hedgefonds, die gemäß § 225 Abs. 1 Satz 1 KAGB in Anteile oder Aktien von Hedgefonds anlegen. § 225 Abs. 2 Satz 1 KAGB schreibt vor, dass Dach-Hedgefonds nur bis zu 49% des Wertes in Bankguthaben, Geldmarktinstrumente und Anteile an Geldmarkt-OGAW investieren dürfen. Charakteristisch für den Dach-Hedgefonds ist, dass dieser überwiegend in Hedgefonds investiert sein muss; dementsprechend verlangt die Fondskategorie-Richtlinie der BaFin, dass Dachfonds nach den Anlagebedingungen zu mindestens 51% ihres Wertes in Zielfonds investiert sein müssen.[62] Aus der Systematik von § 283 KAGB und § 225 KAGB könnte daher ein Typenzwang für Hedgefonds und Dach-Hedgefonds abgeleitet werden. Hier ist aber zu berücksichtigen, dass ein Hedgefonds gerade nur noch als allgemeiner offener inländischer Spezial-AIF und nicht mehr als offener inländischer Publikums-AIF aufgelegt werden darf, so dass aufgrund der Systematik die beiden Fondstypen nebeneinander und nicht in einem Ausschließlichkeitsverhältnis zueinander stehen. Entsprechend findet auch die **Fondskategorien-Richtlinie der BaFin** nur auf Dach-Hedgefonds und nicht auf Hedgefonds Anwendung.[63] Von daher darf ein Hedgefonds auch zu 51% oder mehr seines Wertes in andere Hedgefonds investieren.

---

60 Vgl. insoweit auch die Allgemeinverfügung der Bundesanstalt für Finanzdienstleistungsaufsicht (BaFin) zum Verbot ungedeckter Leerverkäufe in bestimmten Aktien vom 18. Mai 2010 (widerrufen mit Wirkung zum 27.7.2010) und die hierzu ergangene FAQ-Liste zum Verbot ungedeckter Leerverkäufe in bestimmten Aktien vom 1. Juli 2010.
61 Die Neuregulierung von Zentralverwahrern (*CSDR*) stellt europaweit die Abwicklungsfrist auf T+2 um; vgl. Vorschlag für eine Verordnung zur Verbesserung der Wertpapierabrechnung in der Europäischen Union und über Zentralverwahrer sowie zur Änderung der Richtlinie 98/26/EG, Artikel 5.
62 Richtlinie zur Festlegung von Fondskategorien gemäß § 4 Absatz 2 Kapitalanlagegesetzbuch und weitere Transparenzanforderungen an bestimmte Fondskategorien der BaFin vom 22. Juli 2013 – Fondskategorien-Richtlinie, Art. 2 (1).
63 Richtlinie zur Festlegung von Fondskategorien gemäß § 4 Absatz 2 Kapitalanlagegesetzbuch und weitere Transparenzanforderungen an bestimmte Fondskategorien der BaFin vom 22. Juli 2013 – Fondskategorien-Richtlinie, Art. 1.

V. Abgrenzung zu offenen inländische Spezial-AIF mit festen Anlagebedingungen, § 284 KAGB

Sowohl Hedgefonds i.S.v. § 283 KAGB als auch Spezial-AIF i.S.v. § 284 KAGB qualifizieren als offene inländische Spezial-AIF gemäß Kapitel 3, Abschnitt 2 KAGB. Es stellt sich daher die Frage in welchem Verhältnis § 283 und § 284 KAGB zueinander stehen. Wie bereits oben ausgeführt, bestehen für Hedgefonds kein Katalog von erwerbbaren Vermögensgegenständen und nur sehr wenige Anlagegrenzen. Von daher kann ein Hedgefonds als allgemeiner offener inländischer Spezial-AIF (§ 283 KAGB) genau wie ein offener inländischer Spezial-AIF mit festen Anlagebedingungen (§ 284 KAGB) ausgestaltet werden, solange die hedgefondsspezifischen Besonderheiten (Leverage und Leerverkäufe) in den Anlagebedingungen vorgesehen werden. Es spricht daher viel dafür offene inländische Spezial-AIF von vornherein als Hedgefonds aufzulegen und somit von den erweiterten Anlagemöglichkeiten zu profitieren. Etwas anderes gilt natürlich dann, wenn institutionelle Anlegern (wie zum Beispiel Versicherungen)[64] aufgrund spezialgesetzlicher Regelungen nur begrenzt in Hedgefonds investieren dürfen. Aus diesen Überlegungen heraus ergibt sich, dass § 283 KAGB und § 284 KAGB nebeneinander stehen und allenfalls unterschiedliche Fondstypen beschreiben.

26

C. Ergänzende Angaben bei den Anlagebedingungen (Abs. 2)

Die Regelung des § 283 Abs. 2 KAGB entspricht der Regelung des aufgehobenen § 118 Abs. 2 InvG. Nach § 283 Abs. 2 KAGB müssen die Anlagebedingungen eines Hedgefonds Angaben darüber enthalten, ob die Vermögensgegenstände des Hedgefonds bei einer Verwahrstelle oder bei einem Primebroker verwahrt werden.

27

Einen expliziten Verweis auf die Zulässigkeit der Verwendung eines Primebrokers enthält § 283 KAGG, anders als noch § 112 Abs. 2 InvG, nicht mehr. Durch die Pflicht, Angaben in den Anlagebedingungen zu machen, ob die Verwahrung der Vermögensgegenstände des Hedgefonds durch die Verwahrstelle oder einen Primebroker erfolgt, stellt § 283 Abs. 2 KAGB aber entsprechend klar, dass die Verwendung eines Primebrokers nach wie vor zulässig ist.

28

Bereits mit Einführung des InvG wurde der regelmäßig besonderen Struktur von Hedgefonds[65] im Vergleich zu anderen Sondervermögen Rechnung getragen, indem einzelne Aufgaben der Depotbank (jetzt nach dem KAGB: Verwahrstelle) auch von einer anderen vergleichbaren Einrichtung wahrgenommen werden konnten, wenn vertraglich sichergestellt war, dass die Depotbank für ein Verschulden der von ihr unmittelbar eingeschalteten Einrichtung wie für eigenes Verschulden haftete (§ 112 Abs. 3 InvG in der bis zum 28.12.2007 geltenden Fassung). Abweichend von den damaligen allgemeinen Regelungen zur Depotbank wurde aufgrund der Änderungen durch das Investmentänderungsgesetz[66] in § 112 Abs. 2 InvG die Möglichkeit vorgesehen, dass die Verwahrung von Vermögensgegenständen explizit von einem Primebroker wahrgenommen werden konnte. Der Primebroker musste seinen Sitz in einem Mitgliedstaat der Europäischen Union oder einem anderen Vertragsstaat des Abkommens über den Europäischen Wirtschaftsraum oder in

29

---

64 Vgl. hierzu die Verordnung über die Anlage des gebundenen Vermögens von Versicherungsunternehmen (Anlageverordnung – AnlV).
65 Zur bildlichen Darstellung der Struktur von Hedgefonds siehe: PWC, Die Novellierung des Investmentrechts 2004, S. 131.
66 Gesetz zur Änderung des Investmentgesetzes und zur Anpassung anderer Vorschriften (Investmentänderungsgesetz – InvÄndG) vom 21.12.2007 – Bundesgesetzblatt Teil I 2007 Nr. 68 S. 3089.

einem Staat haben, der Vollmitgliedstaat der Organisation für wirtschaftliche Zusammenarbeit und Entwicklung ist, in seinem Sitzstaat einer wirksamen öffentlichen Aufsicht unterstehen und über eine angemessene Bonität verfügen. Der Primebroker konnte sowohl unmittelbar durch die damalige Kapitalanlagegesellschaft (**Direktbeauftragungsmodell**) als auch durch die damalige Depotbank (**Unterverwahrermodell**) bestellt werden. Die Regelung zum Verschulden entfiel.

30   Gemäß der vormaligen Definition in § 2 Abs. 15 InvG waren Primebroker Unternehmen, die Vermögensgegenstände verwahren, sich diese ganz oder teilweise zur Nutzung auf eigene Rechnung übertragen lassen und gegebenenfalls sonstige mit Hedgefonds verbundene Dienstleistungen erbringen.[67] Diese Definition war durch den Gesetzgeber bewusst sehr weit gefasst worden, eine Abgrenzung sollte insoweit zu sonstigen Brokern erfolgen.[68] Die heutige **Definition des Primebrokers** nach § 1 Abs. 19 Nr. 30 KAGB übernimmt die Definition von Art. 4 Abs. 1 Buchst. a AIFMD. Hiernach ist ein Primebroker „ein Kreditinstitut, eine Wertpapierfirma im Sinne des Artikels 4 Absatz 1 Nummer 1 der Richtlinie 2004/39/EG oder eine andere Einheit, die einer Regulierungsaufsicht und ständigen Überwachung unterliegt und professionellen Anlegern Dienstleistungen anbietet, in erster Linie, um als Gegenpartei Geschäfte mit Finanzinstrumenten im Sinne der Richtlinie 2011/61/EU zu finanzieren oder durchzuführen, und die möglicherweise auch andere Dienstleistungen wie Clearing und Abwicklung von Geschäften, Verwahrungsdienstleistungen, Wertpapier-Darlehen und individuell angepasste Technologien und Einrichtungen zur betrieblichen Unterstützung anbietet".

31   Ein Primebroker ist typischerweise nicht bereit, wie eine Verwahrstelle im alleinigen Interesse der Anleger einzelne Verwahrstellenaufgaben zu erfüllen.[69] Dementsprechend macht die Verwahrung der Vermögensgegenstände durch einen Primebroker Abweichungen von den allgemeinen Vorschriften für die Verwahrung durch Verwahrstellen erforderlich.

32   Primebroker agieren als umfassende Dienstleister für Hedgefonds und bieten verschiedene Dienstleistungen an. Sie verwahren beispielsweise Vermögensgegenstände der Hedgefonds. Insofern können Hedgefonds auch Vermögensgegenstände auf einen Primebroker in der Weise übertragen, dass diesem ein Nutzungsrecht an den übertragenen Vermögensgegenständen eingeräumt wird und der Primebroker diese auch für eigene Zwecke verleihen oder anderweitig verwenden darf. Die Übertragung von Wertpapieren als Sicherheit erfolgt beispielsweise zur Besicherung von Krediten und Wertpapierleihen des Primebrokers an den Hedgefonds. Die weitere Verwendung der gestellten Sicherheiten für eigene Zwecke durch den Primebroker erfolgt insbesondere auch zur Stellung von Sicherheiten bei eigenen Transaktionen wie Kreditaufnahmen; dieses wird im Englischen auch als „**Rehypothecation**" bezeichnet und steht insoweit im Gegensatz zu der Stellung von Sicherheiten, bei denen der Sicherungsgeber Eigentümer der Sicherheit bleibt (im Englischen „**Hypothecation**"). Zu den von Primebrokern erbrachten Dienstleistungen gehören darüber hinaus die Bereitstellung von Fremdkapital (gegen Sicherheiten) zur Erhöhung des Investitionsgrades, Beschaffung von Wertpapieren bei der Durchführung von Leerverkäufen, Durchführung oder Abwicklung sonstiger bei Hedgefonds üblicherweise anfallenden Geschäfte oder Erbringung sonstiger mit der Verwaltung der Hedgefonds verbundener Dienstleistungen.[70] Hierzu finanziert der Primebroker auch als Gegenpartei Geschäfte mit Finanzinstrumenten oder führt diese durch und bie-

---

67 Vgl. Emde/Dornseifer/Dreibus/Hölscher/Verfürth/*Emde* § 2 Rn. 195f.
68 BTDrucks. 16/5576 (Gesetzentwurf), S. 57, Zu Nummer 3 (§ 2), Zu Buchstabe j, Zu Absatz 15.
69 BTDrucks. 16/5576 (Gesetzentwurf), S. 90, Zu Nummer 95 (§ 112), Zu Buchstabe c.
70 BTDrucks. 16/5576 (Gesetzentwurf), S. 57, Zu Nummer 3 (§ 2), Zu Buchstabe j, Zu Absatz 15.

tet darüber hinaus auch andere Dienstleistungen wie Clearing und Abwicklung von Geschäften, Verwahrungsdienstleistungen, Wertpapier-Darlehen und individuell angepasste Technologien und Einrichtungen zur betrieblichen Unterstützung an (§ 1 Abs. 19 Nr. 30 KAGB).

Nach § 31 Abs. 1 KAGB ist Voraussetzung, dass der Primebroker durch schriftlichen Vertrag für den Hedgefonds bestellt wird. Dadurch, dass die AIF-Kapitalverwaltungsgesellschaft den Vertrag mit dem Primebroker zu schließen hat und die Verwahrstellen nach § 31 Abs. 1 KAGB Satz 3 KAGB hierüber in Kenntnis zu setzen ist, erscheint es zunächst so, als würde nur noch das **Direktbeauftragungsmodell** nach dem KAGB zulässig sein. Dieses ist aber nur dann richtig, wenn an Stelle der Verwahrstelle ein Primebroker durch die AIF-Kapitalverwaltungsgesellschaft bestellt wird. Während § 112 Abs. 3 InvG explizit bei Hedgefonds die Abweichung von den allgemeinen Regeln und insofern eine **Substituierung der Depotbank** durch den Primebroker vorsah,[71] könnte dieses nach dem KAGB zweifelhaft sein. Dadurch, dass der Primebroker aber auch die Verwahrung der Vermögensgegenstände vornehmen darf, kann dieser auch unmittelbar als Verwahrstelle durch die AIF-Kapitalverwaltungsgesellschaft bestellt werden und (zusätzlich) die für einen Primebroker typischen Dienstleistungen erbringen. Hierfür spricht, dass nach § 85 Abs. 4 Nr. 2 Satz 1 KAGB der Primebroker, wenn er zugleich auch als Kontrahent bei Geschäften für Rechnung des inländischen AIF auftritt, nur unter bestimmten Umständen auch die Aufgaben einer Verwahrstelle wahrnehmen darf. Entsprechend geht auch der Erwägungsgrund 43 AIFMD davon aus, dass ein Primebroker nur unter Einhaltung bestimmter Voraussetzungen als Verwahrstelle bestellt werden soll. Daher ist es auch unter dem KAGB nach wie vor möglich einen **Primebroker als (alleinige) Verwahrstelle** eines Hedgefonds zu bestellen. Hier wird das Investmentdreieck durch den Anleger, die AIF-Kapitalverwaltungsgesellschaft und den Primebroker gebildet. Es ist nicht erforderlich, dass für einen Hedgefonds eine Verwahrstelle und zusätzlich noch eine weitere Einheit als Primebroker bestellt werden. Soweit allerdings ein Primebroker als Verwahrstelle bestellt wird, sollten gemäß Erwägungsgrund 43 AIFMD die **zusätzlichen Primebroker-Dienste** aber nicht im Rahmen der Vereinbarungen zur Aufgabenübertragung (Verwahrstellenvertrag), sondern in einer zusätzlichen **gesonderten Vereinbarung** geregelt werden. 33

Nach wie vor besteht aber auch noch die Möglichkeit, dass für einen Hedgefonds eine Verwahrstelle bestellt wird, die keine Primebroker-Dienste erbringt. In einem solchen Fall und unter Beachtung weiterer Voraussetzungen des § 85 Abs. 4 Nr. 2 Satz 2 KAGB kann die Verwahrstelle sich allerdings bei einem Bedarf für solche Dienstleistungen eines Primebrokers bedienen und diesem Verwahraufgaben übertragen. Insofern findet auch weiterhin das **Unterverwahrermodell** Anwendung. 34

Gemäß § 283 Abs. 2 KAGB müssen die **Anlagebedingungen** von Hedgefonds Angaben darüber enthalten, ob die Vermögensgegenstände bei einer **Verwahrstelle oder bei einem Primebroker** verwahrt werden. Das Gesetz sieht grundsätzlich für inländische Spezial-AIF keine Anforderungen an die Ausgestaltung der Anlagebedingungen vor. Dementsprechend können die Anlagebedingungen eines Hedgefonds frei gestaltet werden. Voraussetzung für die Ausgestaltung der Anlagebedingungen von Hedgefonds ist nur, dass sich diese zu der Verwahrung der Vermögensgegenstände äußern müssen. Anders als noch nach dem Investmentgesetz[72] bedürfen die Anlagebedingungen auch **nicht mehr der Genehmigung der BaFin**, sondern sind dieser nur gemäß § 273 Satz 2 KAGB vorzulegen. 35

---

71 Emde/Dornseifer/Dreibus/Hölscher/*Verfürth*/*Emde* InvG, § 2 Rn. 195.
72 § 93 Abs. 1 InvG.

36 Soweit ein Primebroker nicht als (alleinige) Verwahrstelle[73] eines Hedgefonds bestellt wird, bedarf es für dessen Bestellung keiner Genehmigung durch die BaFin. Der **Wechsel des Prime Brokers** muss auch nicht mehr[74] der BaFin angezeigt werden.

D. Rücknahme von Anteilen oder Aktien (Abs. 3)

37 Die Regelung des Abs. 3 entspricht der Regelung des früheren § 116 InvG in Bezug auf Single-Hedgefonds. Die Regelung trägt Hedgefonds dahingehend Rechnung, dass Hedgefonds häufig auch Anlagestrategien verfolgen, die auf Langfristigkeit ausgelegt sind. Darüber hinaus können Hedgefonds auch in illiquide Vermögensgegenstände investieren, was dazu führt, dass diese nur begrenzte oder keine liquiden Mittel zur Verfügung haben, um Anteil- oder Aktienrücknahmen bedienen zu können. Die andernfalls erforderliche erhöhte Vorhaltung von Liquidität mindert die Mittel für die Anlage, so dass insofern auch die Rendite geringer ausfallen kann. Der kurzfristige Abzug von Liquidität durch Rückgabe der Anteile bzw. Aktien könnte auch die Chancen, die mit dem Einsatz der Kreditaufnahme (Leverage) verbunden sind, in ihr Gegenteil verkehren;[75] durch das Erfordernis Liquidität für den Hedgefonds in einem solchen Moment zu schaffen müssen beispielsweise fremdfinanzierte Vermögensgegenstände des Hedgefonds zu Preisen unter dem ursprünglichen Kaufpreis veräußert werden, was anschließend zu einem zu hohen Verschuldungsgrad des Hedgefonds führen kann, so dass der Hedgefonds handlungsunfähig wird. Dementsprechend ermöglicht Abs. 3 die eingeschränkte Rückgabe von Anteilen bzw. Aktien und ermöglicht die Aufnahme weitergehender Anforderungen an eine solche Rückgabe, indem § 227 KAGB grundsätzlich für insgesamt entsprechend anwendbar erklärt wird.

38 Grundsätzlich besteht nach den allgemeinen Normen ein jederzeitiges Rückgaberecht der Anleger bzw. Aktionäre im Hinblick auf die Anteile oder Aktien.[76] Gemäß Abs. 3 wird dieses jederzeitige Rückgaberecht jedoch bei Hedgefonds (optional) eingeschränkt, indem für die Rücknahme von Anteilen oder Aktien eines Hedgefonds § 227 KAGB entsprechend gilt. Entsprechend § 227 Abs. 1 KAGB können daher die Anlagebedingungen des Hedgefonds nur bestimmte Termine vorsehen, zu denen die Anteile oder Aktien zurückgenommen werden. Die Anlagebedingungen müssen jedoch vorsehen, dass eine solche Rücknahme **mindestens einmal in jedem Kalendervierteljahr** erfolgen kann. Das heißt nicht, dass die Anteile gleichmäßig genau vierteljährlich zurückgenommen werden müssen. Eine Rücknahme innerhalb des jeweiligen Vierteljahres ist insofern ausreichend.[77] Soweit die Anlagebedingungen die vorstehenden Mindestanforderungen an die Rücknahme einmal in jedem Kalendervierteljahr erfüllen, können weitere Termin für die Rücknahme vorgesehen werden, die dann zusätzliche Anforderungen an die Rücknahme an diesen Terminen stellen können. Hierzu gehören beispielsweise Regelungen zur Liquiditätssteuerung des Hedgefonds (**Schleusen-Mechanismus** oder **Gating Mechanism**).[78] Bei der Umsetzung dieser Regelungen ist allerdings jeweils die Gleichbehandlung aller Anleger zu gewährleisten.[79]

---

73 Für die Auswahl als Verwahrstelle siehe § 69 KAGB.
74 So aber noch nach § 112 Abs. 3 InvG.
75 BTDrucks. 15/1553 (Gesetzentwurf), S. 111, Zu § 116 (Rücknahme).
76 Vgl. §§ 98 Abs. 1 Satz 1, 116 Abs. 2 Satz 1 KAGB.
77 Emde/Dornseifer/Dreibus/Hölscher/*Stabenow* InvG, § 116 Rn. 4.
78 Oder auch „Gate-Klausel" vgl. Emde/Dornseifer/Dreibus/Hölscher/*Stabenow* InvG, § 116 Rn. 11.
79 Emde/Dornseifer/Dreibus/Hölscher/*Stabenow* InvG, § 116 Rn. 11.

Abweichend von § 227 Absatz 2 KAGB sind Anteil- oder Aktienrückgaben jedoch nicht wie bei Dach-Hedgefonds bis zu 100 Kalendertage sondern **bis zu 40 Kalendertage vor dem jeweiligen Rücknahmetermin** zu erklären.[80] Die Anlagebedingungen können daher frei (bis zu 40 Kalendertagen) eine Regelung vorsehen, bis zu welchem Zeitpunkt vor dem Rückgabetermin die Rückgabe durch den Anleger zu erklären ist. Zumindest zu diesem Rücknahmetermin muss auch der Anteil- oder Aktienpreis ermittelt werden. Es steht der AIF-Kapitalverwaltungsgesellschaft natürlich frei den Anteil- oder Aktienpreis öfters zu ermitteln. Ebenso ist der Anteil- oder Aktienpreis bei der Ausgabe von Anteilen oder Aktien zu ermitteln. Dieses ist zwar nicht explizit geregelt, ergibt sich aber aus der Natur der Sache.[81] Die Zeitpunkte für die Ausgabe müssen nicht mit den Zeitpunkten der Rückgabe übereinstimmen.

39

Im Übrigen wiederholt Abs. 3 nur den Wortlaut von § 227 Abs. 2 KAGB. Soweit § 283 Abs. 3 KAGB auf einen Rücknahmetermin verweist, „zu dem auch der Anteil- oder Aktienpreis ermittelt wird" hätte es dieses Einschubes nicht bedurft, da die gleichlautende Regelung durch den Verweis auf die entsprechende Anwendbarkeit des § 227 KAGB Anwendung gefunden hätte. Eine von § 227 Abs. 2 Satz 1 KAGB abweichende Regelung wird durch den Einschub jedenfalls nicht getroffen. Das gleiche gilt auch für den Einschub, dass Rückgaben „durch eine unwiderrufliche Rückgabeerklärung gegenüber der AIF-Kapitalverwaltungsgesellschaft zu erklären" sind. Auch hier wird keine von § 227 KAGB abweichende Regelung getroffen. Insbesondere findet über den generellen Verweis auf § 227 KAGB auch § 227 Abs. 2 Satz 2 KAGB ebenso wie § 227 Abs. 1, 3 und 4 KAGB entsprechende Anwendung.[82]

40

Grundsätzlich kann von den vorstehenden Fristen zugunsten der Anleger auch abgewichen werden. Dieses kann zum einen durch tatsächliches Verhalten geschehen oder zum anderen bereits in den Anlagebedingungen im Rahmen einer „bis zu" Regelung erfolgen. Hierbei ist jedoch auch immer dem Grundsatz der Anlegergleichbehandlung Rechnung zu tragen.[83]

41

E. Übergangsvorschrift des § 350 KAGB

Verwiesen sei noch auf die besondere Übergangsvorschrift des § 350 KAGB.[84] Unter dem Investmentgesetz durften (Single-)Hedgefonds nur **nicht-öffentlich vertrieben** werden.[85] Die Neuregelung durch das KAGB geht hierüber allerdings noch hinaus. Dadurch, dass Hedgefonds zukünftig nur noch als offene inländische Spezial-AIF qualifizieren, dürfen diese per se nicht mehr von Privatanlegern gehalten werden. Auch die Möglichkeit des **Reverse Solicitation**, wonach ein Privatanleger von sich aus Anteile oder Aktien eines Hedgefonds nachfragt, scheidet dementsprechend aus. Sowohl der **Vertrieb der Anteile oder Aktien** eines Hedgefonds an einen Privatanleger als auch der **Erwerb durch einen Privatanleger** ist nicht mehr zulässig. § 350 Abs. 1 KAGB enthält insoweit ein Vertriebsverbot und Übergangsregelungen im Hinblick auf bereits bestehende Hedge-

42

---

80 Vgl. auch Emde/Dornseifer/Dreibus/Hölscher/*Stabenow* InvG, § 116 Rn. 13.
81 So geht auch die Überschrift von § 223 KAGB von einer Regelung zur Ausgabe und Rücknahme von Anteilen oder Aktien aus, obwohl § 223 explizit auch nur Regelungen zur Rücknahme trifft.
82 Siehe hierzu und zu dem Verhältnis zu § 305 Abs. 6 KAGB entsprechend die Kommentierung zu § 227 KAGB.
83 Emde/Dornseifer/Dreibus/Hölscher/*Stabenow* InvG, § 116 Rn. 15.
84 Siehe hierzu insbesondere auch die entsprechende Kommentierung zu § 350 KAGB.
85 Vgl. § 112 Abs, 2 InvG. Der Vertrieb von Anteilen an „leverage companies" war bereits schon nach § 2 Ziffer 4 Buchst. f AuslInvestmG untersagt, da eine Kreditaufnahme nur unter besonderen Voraussetzungen möglich war. Gleiche Einschränkungen galten für die Kreditaufnahme deutscher KAGen (§ 9 Abs. 4 KAGG).

fonds. Ein Neuerwerb von Anteilen oder Aktien an Single-Hedgefonds ist nach dem Inkrafttreten des KAGB für Privatanleger jedenfalls ausgeschlossen. § 350 Abs. 2 KAGB trägt der Beschränkung des Anlegerkreises zudem Rechnung, indem Privatanlegern gestattet wird, Anteile oder Aktien, die diese vor dem 22. Juli 2013 erworben haben, auch nach diesem Datum weiter zu halten, bis sie diese Anteile oder Aktien zurückgeben ohne, dass sich zukünftig an der Qualifikation des Hedgefonds als offener inländischer Spezial-AIF etwas ändert (auch wenn Privatanleger weiterhin an dem Fonds beteiligt bleiben).

§ 284
Anlagebedingungen, Anlagegrenzen

(1) Für offene inländische Spezial-AIF mit festen Anlagebedingungen gelten § 282 Absatz 1 sowie die §§ 192 bis 211 und 218 bis 260, soweit sich aus den Absätzen 2 bis 4 nichts anderes ergibt.

(2) Die AIF-Kapitalverwaltungsgesellschaft kann bei offenen inländischen Spezial-AIF mit festen Anlagebedingungen von den §§ 192 bis 211, 218 bis 224 und 230 bis 260 abweichen, wenn
1. die Anleger zustimmen;
2. für den entsprechenden Spezial-AIF nur die folgenden Vermögensgegenstände erworben werden:
    a) Wertpapiere,
    b) Geldmarktinstrumente,
    c) Derivate,
    d) Bankguthaben,
    e) Immobilien,
    f) Beteiligungen an Immobilien-Gesellschaften,
    g) Anteile oder Aktien an inländischen offenen Investmentvermögen sowie an entsprechenden offenen EU- oder ausländischen Investmentvermögen,
    h) Beteiligungen an ÖPP-Projektgesellschaften, wenn der Verkehrswert dieser Beteiligungen ermittelt werden kann,
    i) Edelmetalle, unverbriefte Darlehensforderungen und Unternehmensbeteiligungen, wenn der Verkehrswert dieser Beteiligungen ermittelt werden kann;
3. § 197 Absatz 2, § 276 Absatz 1, die §§ 240 und 260 Absatz 3 mit der Maßgabe, dass die Belastung nach § 260 Absatz 3 Satz 1 insgesamt 50 Prozent des Verkehrswertes der im Sondervermögen befindlichen Immobilien nicht überschreiten darf, unberührt bleiben und
4. die Anlagegrenze nach § 221 Absatz 4 hinsichtlich der in § 198 Satz 1 Nummer 1 genannten Vermögensgegenstände, sofern es sich um Aktien handelt, unberührt bleibt.

(3) Die AIF-Kapitalverwaltungsgesellschaft darf für einen offenen inländischen Spezial-AIF mit festen Anlagebedingungen in Beteiligungen an Unternehmen, die nicht zum Handel an einer Börse zugelassen oder in einen organisierten Markt einbezogen sind, nur bis zu 20 Prozent des Wertes des offenen inländischen Spezial-AIF mit festen Anlagebedingungen anlegen. § 282 Absatz 3 gilt entsprechend.

(4) Die AIF-Kapitalverwaltungsgesellschaft kann für Rechnung eines offenen inländischen Spezial-AIF mit festen Anlagebedingungen kurzfristige Kredite nur bis zur Höhe von 30 Prozent des Wertes des AIF aufnehmen. § 254 bleibt unberührt; soweit Kredite zulasten der im Sondervermögen befindlichen Immobilien

aufgenommen werden, ist dieser jedoch mit der Maßgabe anzuwenden, dass für gemeinschaftliche Rechnung der Anleger Kredite bis zur Höhe von 50 Prozent des Verkehrswertes der im Sondervermögen befindlichen Immobilien aufgenommen werden dürfen.

Schrifttum

BVI (Hrsg.) Spezialfonds aus Anlegersicht – eine Erfolgsgeschichte; *Emde/Dreibus* Der Regierungsentwurf für ein Kapitalanlagegesetzbuch, BKR **2013** 89; *Entzian* BVI-Studie Wertpapier-Spezialfonds 2009: Institutionelle nutzen maßgeschneidertes Asset Management, ZfgKW **2009** 740; *Haisch/Helios* Rechtshandbuch Finanzinstrumente, München 2011, § 13 Finanzinstrumente im Investmentrecht; *Heinke/Krämer/Nürk* Handbuch Investmentfonds für institutionelle Anleger, Bad Soden/Ts. 2011; *Helios/Schmies* Ausländische Investmentanteile i.S.d. § 2 Abs. 9 InvG – Investmentrechtliche Zweifelsfragen des BaFin Rundschreiben 14/2008 (WA) vom 22.12.2008 und steuerrechtliche (Fern-)Wirkungen –, BB 2009, 1105; *Kandlbinder* Spezialfonds als Anlageinstrument – Ein Leitfaden, Frankfurt am Main 1991; *Kestler/Benz* Aktuelle Entwicklungen im Investmentrecht, BKR **2008** 403; *Kleeberg/Schlenger* Handbuch Spezialfonds – ein praktischer Leitfaden für institutionelle Anleger und Kapitalanlagegesellschaften, Bad Soden/Ts. 2000; *Kruppa* Spezialfonds aus der Aufsicht entlassen? ZfgKW **1991** 1142 ff.; *Koch* Das Kapitalanlagegesetzbuch: Neue Rahmenbedingungen für Private-Equity-Fonds – Transparenz, gesellschaftsrechtliche Maßnahmen und Finanzierung, WM **2014** 433; *Kupjetz/Bröker-Riers/Schröder/Wanner* Die Master-KAG als strategische Option für den Spezialfondsmarkt, Frankfurt am Main 2005; *Laux/Päsler* Die deutschen Spezialfonds, Frankfurt am Main 2001; *Neubauer* Der Spezialfonds erfolgreich auf dem Weg in die Zukunft, ZfgKW **2009** 751; *Roegele/Görke* Novelle des Investmentgesetzes (InvG), BKR **2007** 393; *Roggatz* Informationspflichten von Investmentgesellschaften – Analyse der gesetzlichen Publizitätsvorschriften zur Verbesserung der investmentrechtlichen Transparenz und des Anlegerschutzes, Frankfurt am Main 2003; *Seip* Investmentgesetz: neuer Schwung für deutsche Spezialfonds, ZfgKW 2007, 114; *Tönges* Der Wertpapierspezialfonds als Anlageinstrument für institutionelle Investoren, Frankfurt am Main 1993; *Werner* Das neue Kapitalanlagegesetzbuch, StBW **2013** 811; *Zetzsche* Zwischen Anlegerschutz und Standortwettbewerb: Das Investmentänderungsgesetz, ZBB **2007** 438.

Systematische Übersicht

A. Allgemeines —— 1
B. Anwendbare Vorschriften (Abs. 1) —— 7
C. Zulässige Abweichungen (Abs. 2) —— 10
    I. Zustimmung der Anleger (Abs. 2 Nr. 1) —— 11
    II. Zulässige Vermögensgegenstände (Abs. 2 Nr. 2) —— 12
    III. Anlagegrenzen (Abs. 2 Nr. 3 und 4) —— 13
D. Unternehmensbeteiligungen (Abs. 3) —— 20
E. Möglichkeit der Kreditaufnahme (Abs. 4) —— 23

A. Allgemeines

Die Vorschrift wurde mit Wirkung zum 22. Juli 2013 im Zuge der Umsetzung der europäischen AIFM-Richtlinie[1] geschaffen und ersetzt § 91 InvG. Die vorgenommenen Änderungen wirken sich insgesamt mit Ausnahme des neugeschaffenen Abs. 3 nur marginal aus. § 91 InvG seinerseits entspricht in den besonderen Ausgestaltungsmerkmalen des Spezial-Sondervermögens wiederum grundsätzlich der Regelung in § 1 Abs. 2 KAGG.[2]

---

[1] Richtlinie 2011/61/EU über die Verwalter alternativer Investmentfonds v. 8.6.2011; vgl. auch Berger/Steck/Lübbehüsen InvG, § 91, Rn. 1.
[2] BGBl. 1998 I S. 2726, Geltung bis 31.12.2003, vgl. dazu schon *Baur* Investmentgesetze, KAGG, § 1, Rn. 31 ff.

§ 284 — Anlagebedingungen, Anlagegrenzen

2   Offene (inländische) Spezial-AIF, die bisher im Investmentrecht als Spezial-Sondervermögen bekannt waren, häufig aber auch schlicht „Spezialfonds" genannt wurden, sind besonders bedeutsam für institutionelle Investoren. Das KAGG von 1957, mit dem die „Investmentidee" erstmals in Deutschland gesetzlich gefasst wurde, sah ausschließlich Publikumsfonds vor.[3] Nachdem es „Spezialfonds" bereits seit 1968 in Deutschland gibt, wurden diese durch das Erste Finanzmarktförderungsgesetz von 1990[4] erstmals in das kodifizierte Investmentrecht eingeführt.[5] Durch das InvÄndG[6] wurden „Spezialfonds" weitgehend liberalisiert, es sollte für institutionelle Anleger ein Fonds zur Verfügung stehen, der in sämtliche nach dem InvG zulässigen Vermögensgegenstände investieren konnte, ohne den Restriktionen der Publikumsfonds hinsichtlich von Anlagegrenzen und Fondstypen zu unterliegen.[7] Für institutionelle Anleger, etwa Versicherungsunternehmen, Sozialversicherungsträger, Pensionskassen und Versorgungswerke, ebenso wie für Kirchen, Stiftungen und Verbände, Bausparkassen, Hypothekenbanken und immer häufiger auch Großunternehmen, die so ihre Pensionsrückstellungen finanzieren, ist eine solche Anlageform bilanziell wie steuerlich auch nach Geltung des KAGB noch interessant.[8]

3   Aus § 1 Abs. 6 KAGB ergibt sich, dass nur professionelle Anleger im Sinne des § 1 Abs. 19 Nr. 32 KAGB und semiprofessionelle Anleger im Sinne des § 1 Abs. 19 Nr. 33 KAGB Anteile an Spezial-AIF erwerben dürfen. Professioneller Anleger ist danach jeder Anleger, der im Sinne von Anhang II der Richtlinie 2004/39/EG als professioneller Kunde angesehen wird oder auf Antrag als ein professioneller Kunde behandelt werden kann. Semiprofessionelle Anleger müssen mehrere Voraussetzungen erfüllen, v.a. muss das Investitionsvolumen mehr als 200.000 Euro betragen, das notwendige Risikobewusstsein muss nachgewiesen und entsprechender Sachverstand, Erfahrungen und Kenntnisse müssen vorhanden sein. Dazu negativ abzugrenzen sind die Privatanleger, § 1 Abs. 19 Nr. 31 KAGB. Eine Beschränkung des Erwerbs von Anteilen an Spezial-AIF auf nicht natürliche Personen (ehemals § 2 Abs. 3 S. 1 InvG)[9] besteht, insofern die genannten Voraussetzungen erfüllt sind, damit nicht (mehr).[10] Als Anleger kommen damit unzweifelhaft auch Personenverbände, die nicht juristische Personen sind in Betracht. Im deutschen Recht betrifft dies rechtsfähige offene Handelsgesellschaften (OHG) und Kommanditgesellschaften (KG), ebenso wie teilrechtsfähige Gesellschaften bürgerlichen Rechts (GbR). Soweit ein Anleger nicht als professioneller Anleger qualifiziert, ist mithin nunmehr alleine auf die für semiprofessionelle Anleger geforderten Voraussetzungen abzustellen.

4   Die Anzahl der zulässigen Anleger wurde in § 91 Abs. 1 InvG (i.V.m. § 2 Abs. 3 InvG) von ursprünglich zehn auf 30 angehoben, um auch kleineren institutionellen Anlegern

---

3   Vgl. zur historischen Entwicklung und wirtschaftlichen Bedeutung von Spezialfonds ausführlich *Baur* Investmentgesetze, KAGG, Anhang zu § 1.
4   Gesetz zur Verbesserung der Rahmenbedingungen der Finanzmärkte (Finanzmarktförderungsgesetz), BGBl. I 1990, 266, Nr. 7 vom 28.2.1990.
5   Vgl. Bödecker/*Kuhn* Investmentrecht, S. 391.
6   Gesetz zur Änderung des Investmentgesetzes und zur Anpassung anderer Vorschriften v. 21.12.2007, BGBl. I S. 3089 (Nr. 68); Geltung ab 28.12.2007.
7   Vgl. Beckmann/Scholtz/Vollmer/*Herkströter*/*Loff* InvG, § 91 Rn. 1.
8   Vgl. Schimansky/Bunte/Lwowski/*Köndgen*/*Schmies* Bankrechts-Handbuch, § 113. Investmentgeschäft, 4. Aufl. 2011, Rn. 93 m.w.N.
9   Vgl. dazu noch BTDrucks. 11/5411, S. 25.
10 Vgl. Schimansky/Bunte/Lwowski/*Köndgen*/*Schmies* Bankrechts-Handbuch, § 113. Investmentgeschäft, 4. Aufl. 2011, Rn. 94, die noch davon sprechen, dass die Zulassung von Personenverbänden, die nicht juristische Personen sind umstritten ist.

die Anlage in Spezial-Sondervermögen zu ermöglichen.[11] Durch das InvÄndG,[12] das den Spezialfondsbereich deregulierte, wurde dieser Absatz und damit eine Begrenzung der Höchstzahl an Anlegern schließlich ganz gestrichen, wenngleich sich in der Praxis seitdem zumeist eine Zahl von maximal 100 Anlegern zusammenfand, um von steuerrechtlichen Erleichterungen zu profitieren.[13] Für **steuerliche Zwecke** erfolgt allerdings immer noch eine Beschränkung auf nicht mehr als 100 Anleger oder Aktionäre, die nicht natürliche Personen sind, § 15 Abs. 1 Satz 1 InvStG. Insofern folgt das Investmentsteuerrecht nicht (mehr) dem Aufsichtsrecht. Das Investmentsteuergesetz stellt insofern auch nach wie vor auf **nicht natürliche Personen** als Anleger und Aktionäre ab. Soweit daher Anleger oder Aktionäre in dem Spezial-AIF investiert sind, die zwar als semi-professionelle Anleger nicht aber als nicht natürliche Personen qualifizieren, finden die steuergünstigen Regelungen auf den Spezial-AIF keine Anwendung.

Hinsichtlich einer Mindestanzahl von Anlegern gab es von Anfang an keine explizite gesetzliche Anforderung.[14] Ein-Anleger-Spezial-Sondervermögen spielen in der Praxis eine nicht unerhebliche Rolle.[15] Die Aufsicht billigte diese Konstruktionen bisher, solange nach den Vertragsbedingungen die Aufnahme mindestens eines weiteren Anteilsinhabers möglich bleibt.[16]   5

Fraglich ist, was der Gesetzgeber mit der Bezeichnung „**feste Anlagebedingungen**" ausdrücken möchte. Eine Definition im Gesetz selbst findet sich jedenfalls nicht. Der Begriff hat im deutschen Investmentrecht auch keine Tradition. § 273 KAGB enthält die allgemeine Regelung zu den Anlagebedingungen für inländische Spezial-AIF.[17] Die Anlagebedingungen zwischen Kapitalverwaltungsgesellschaft und Anlegern, die unter dem InvG noch Vertragsbedingungen hießen und sich üblicherweise in Allgemeine und Besondere Anlagebedingungen aufteilen lassen, sind grundsätzlich im Sinne der Privatautonomie frei gestaltbar, so dass sich der Begriff „fest" nicht erschließt. Ansatzweise nachvollziehbar wird dieser Begriff einzig in Zusammenschau mit der Norm des § 283 KAGB. Während danach Hedgefonds grundsätzlich keiner Beschränkung hinsichtlich der erwerbbaren Vermögensgegenstände unterliegen,[18] gelten für offene inländische Spezial-AIF die Beschränkungen des § 284 Abs. 2 KAGB.[19] Deshalb von „festen Anlagebedingungen" zu sprechen erscheint jedoch verfehlt, zumal der Begriff der festen Anlagebedingungen auch sonst an keiner Stelle im Gesetz seinen Niederschlag gefunden hat. Dem Begriff kommt daher keine gesonderte Bedeutung bei der Betrachtung und Auslegung von Spezial-AIF zu.   6

---

11 BTDrucks. 15/1553, S. 74, 103.
12 Gesetz zur Änderung des Investmentgesetzes und zur Anpassung anderer Vorschriften (Investmentänderungsgesetz), BGBl. I 2007, 3089, Nr. 68 vom 21.12.2007, Geltung ab 28.12.2007.
13 Vgl. Emde/Dornseifer/Dreibus/Hölscher/*Zirlewagen* InvG, § 91 Rn. 16; Beckmann/Scholtz/Vollmer/ Herkströter/*Loff* InvG, § 91 Rn. 1; ausführlich zur steuerrechtlichen Bedeutung Berger/Steck/*Lübbehüsen* InvStG, § 15 Rn. 23 ff.
14 Problematisiert wird in diesem Zusammenhang jedoch, dass ein Investmentvermögen nach § 1 S. 2 des InvG ein Vermögen zur *gemeinschaftlichen* Kapitalanlage erforderte, vgl. Emde/Dornseifer/Dreibus/ Hölscher/*Zirlewagen* InvG, § 91 Rn. 9; kritisch auch Schimansky/Bunte/Lwowski/*Köndgen/Schmies* Bankrechts-Handbuch, § 113. Investmentgeschäft, 4. Aufl. 2011, Rn. 94, die insbesondere Ein-Personen-GmbHs, als „Millionärsfonds" kritisch sehen..
15 In Heinke/Krämer/Nürk/*Neiße* Handbuch Investmentfonds für institutionelle Anleger. Der deutsche institutionelle Fondsmarkt im Wandel, S. 3, 10 wird auf eine Umfrage des BVI aus dem Jahr 2009 verwiesen, nach der Ein-Anleger-Spezialvermögen etwa 84% aller Spezialfonds ausmachen sollen.
16 Vgl. Schimansky/Bunte/Lwowski/*Köndgen/Schmies* Bankrechts-Handbuch, § 113. Investmentgeschäft, 4. Aufl. 2011, Rn. 94.
17 Vgl. dazu die Kommentierung zu § 273 KAGB.
18 Vgl. die Kommentierung zu § 283 KAGB, Rn. 5.
19 Zum Verhältnis von § 283 und § 284 KAGB, vgl. die Kommentierung bei § 283 KAGB, Rn. 26.

B. Anwendbare Vorschriften (Abs. 1)

7   Einem Bedürfnis der Branche folgend wird im Bereich der offenen Spezial-AIF neben dem allgemeinen offenen inländischen Spezial-AIF nach § 282 KAGB der offene inländische Spezial-AIF mit festen Anlagebedingungen normiert. Dieser orientiert sich an § 91 InvG. Das heißt, es gelten hinsichtlich der Vermögensgegenstände und Anlagegrenzen grundsätzlich die Regelungen für offene Publikumsinvestmentvermögen. Anwendbar sind auf den offenen inländischen Spezial-AIF mit festen Anlagebedingungen, soweit sich aus den Abs. 2–4 (dazu unten) nichts anderes ergibt, § 282 Abs. 1 KAGB, §§ 192–211 KAGB sowie die §§ 218–260 KAGB.

8   Durch den Verweis auf § 282 Abs. 1 KAGB wird geregelt, dass auch der offene inländische Spezial-AIF mit festen Anlagebedingungen dem Grundsatz der Risikomischung unterliegt.[20] Von dieser Anforderung kann nicht abgewichen werden.[21] In den §§ 192–211 KAGB finden sich besondere Vorschriften für offene Publikumsinvestmentvermögen gemäß der OGAW-Richtlinie.[22] In den §§ 218–260 KAGB finden sich besondere Vorschriften für offene inländische Publikums-AIF. Relevant sind daher auch die Vorschriften für gemischte Investmentvermögen (§§ 218 f. KAGB), sonstige Investmentvermögen (§§ 220 ff. KAGB), Dach-Hedgefonds (§§ 225 ff. KAGB) sowie Immobilien-Sondervermögen (§§ 230 ff. KAGB). Mithin wird eine Homogenität im Bereich der Investmentvermögen hergestellt. Abgewichen werden kann von den genannten Regelungen nur unter den Voraussetzungen der Abs. 2–4. Gleichwohl ist nicht auszuschließen, dass Versicherungen als Hauptinvestoren in offene inländische Spezial-AIF mit festen Anlagebedingungen unter Diversifizierungs- und Risikogesichtspunkten, die strengeren Anlagegrenzen für OGAW angewendet wünschen.[23]

9   Hinsichtlich der Verweisungen besteht mithin weitgehender Gleichklang mit der Vorgängerregelung des § 91 InvG. Aus der neuen Systematik des KAGB ergibt sich, dass ein Verweis entsprechend § 91 Abs. 2 InvG auf die Regeln von Hedgefonds nicht übernommen wurde, da diese im Kapitel 3 Spezial-AIF gesondert geregelt wurden.

C. Zulässige Abweichungen (Abs. 2)

10   Von den §§ 192 bis 211, §§ 218 bis 224 und §§ 230 bis 260 können die offenen inländischen Spezial-AIF mit festen Anlagebedingungen abweichen, solange die in Abs. 2 bis 4 genannten Mindestvorschriften eingehalten werden. Das bedeutet im Ergebnis dann allerdings, dass, sollten sich aus den jeweiligen Regelungen von denen abgewichen wird unter wirtschaftlichen Gesichtspunkten vorteilhaftere Möglichkeiten zur Anlage ergeben, diese nicht herangezogen werden dürfen. Die Regelungen der Abs. 2–4 sind dann insofern abschließend zu verstehen. Einzig bei Hedgefonds i.S.d. § 283 KAGB scheint eine freiere Gestaltung und damit gewissermaßen auch eine Kombination aus verschiedensten Vermögensgegenständen in die angelegt wird zulässig, gleichwohl kann institutionellen Anlegern spezialgesetzlich die Investition in Hedgefonds untersagt sein, so

---

20   BTDrucks. 17/12294, S. 276.
21   Die BaFin sieht grundsätzlich den Swap sämtlicher Erträge eines Spezial-AIF mit festen Anlagebedingungen mit einem Kontrahenten als zulässig an, wenn Erträge aus einem risikodiversifizierten Vermögen in den Spezial-AIF geswapt werden; BaFin, Fragenkatalog zu erwerbbaren Vermögensgegenständen (Eligible Assets) („FAQ Eligible Assets") vom 22. Juli 2013 (WA 41-Wp 2137-2013/0001), Teil 2 Frage 6.
22   Richtlinie 2009/65/EG des Europäischen Parlaments und des Rates vom 13. Juli 2009 zur Koordinierung der Rechts- und Verwaltungsvorschriften betreffend bestimmte Organismen für gemeinsame Anlagen in Wertpapieren (OGAW).
23   Hierzu bereits Beckmann/Scholtz/Vollmer/*Herkströter*/*Loff*, InvG, § 91 Rn. 4.

dass der hinsichtlich der zulässigen Vermögensgegenstände deutlich restriktivere § 284 KAGB alleine in Betracht kommt.[24] Abs. 2 basiert grundsätzlich auf der Regelung des aufzuhebenden § 91 Abs. 3 InvG. Die Verweise auf §§ 90a–90k InvG wurden nicht entsprechend übernommen. Die Mindestanforderungen des Abs. 2 müssen kumulativ vorliegen.

I. Zustimmung der Anleger (Abs. 2 Nr.1)

Bereits unter dem alten InvG galt, dass eine Abweichung von den üblichen Anlagebeschränkungen nur mit Zustimmung der Anleger möglich ist. Hierdurch wird dem Umstand Rechnung getragen, dass der Anleger bei freierer Anlagepolitik auch größeren Risiken ausgesetzt ist.[25] Die Form der Zustimmung ist gesetzlich nicht normiert, kann also grundsätzlich auch fernmündlich erfolgen, was aus Beweisgründen allerdings nicht praktikabel erscheint.[26] Eine individuelle Vereinbarung ist nicht erforderlich, zurückgegriffen werden kann auf die Musterbedingungen des BVI.[27] **11**

II. Zulässige Vermögensgegenstände (Abs. 2 Nr. 2)

Der Katalog der Vermögensgegenstände in Abs. 2 Nr. 2 entspricht § 2 Abs. 4 Nr. 1 bis 9 des aufzuhebenden InvG. Allerdings wurden inländische Investmentvermögen i.S.d. § 2 Abs. 2 Nr. 9 Var. 1 InvG nicht übernommen). Ebenso wurden § 2 Abs. 4 Nr. 9a bis 11 InvG nicht übernommen, da sie sich zum einen auf Mitarbeiterbeteiligungs-Sondervermögen beziehen, die es nach diesem Gesetz nicht mehr gibt, und zum anderen auf zulässige Vermögensgegenstände von Hedgefonds, die in § 283 eine eigenständige Regelung erhalten. Zulässig ist und bleibt damit die Anlage in Wertpapieren, Geldmarktinstrumenten, Derivaten, Bankguthaben, Immobilien, Beteiligungen an Immobilien-Gesellschaften, Anteilen oder Aktien an inländischen offenen Investmentvermögen sowie an entsprechenden offenen EU- oder ausländischen Investmentvermögen, Beteiligungen an ÖPP-Projektgesellschaften, wenn der Verkehrswert dieser Beteiligungen ermittelt werden kann, Edelmetallen, unverbrieften Darlehensforderungen und Unternehmensbeteiligungen, ebenfalls jeweils vorausgesetzt, dass der Verkehrswert dieser Beteiligungen ermittelt werden kann. **12**

– **Wertpapiere** (Abs. 2 Nr. 2a) KAGB)
Eine Defintion des Begriffs „Wertpapier" findet sich im KAGB, wie schon im InvG, nicht. Aus der Gesetzesbegründung zum InvMoG[28] ergibt sich ein wirtschaftlicher Wertpapierbegriff, der auf die Kriterien Liquidität und Fungibilität und damit Marktfähigkeit abstellt.[29] Zurückgegriffen werden kann zur Orientierung ebenfalls auf die Definition in § 2 Abs. 1 WpHG. Danach sind „Wertpapiere (...), auch wenn keine Urkunden über sie ausgestellt sind, alle Gattungen von übertragbaren Wertpapieren mit Ausnahme von Zahlungsinstrumenten, die ihrer Art nach auf den Finanzmärkten handelbar sind."[30] Es kommt dabei nicht darauf an, ob ein Vermögensgegenstand deutschem oder ausländischem Recht unterliegt.[31]

---

24 Vgl. hierzu die Kommentierung zu § 283 KAGB, Rn. 5 und 26.
25 Vgl. etwa auch Berger/*Steck*/Lübbehüsen InvG, § 91 Rn. 7.
26 Vgl. etwa auch Berger/*Steck*/Lübbehüsen InvG, § 91 Rn. 7 f.
27 Vgl. Beckmann/Scholtz/Vollmer/*Herkströter*/*Loff* InvG, § 91 Rn. 6.
28 BTDrucks. 15/1553, S. 75.
29 Vgl. *Beckmann*/Scholtz/Vollmer InvG, § 2 Rn. 56; Emde/Dornseifer/Dreibus/Hölscher/*Verfürth*/*Emde* Rn. 36.
30 So auch schon Berger/Steck/Lübbehüsen/*Köndgen* InvG, § 2 Rn. 10.
31 Emde/Dornseifer/Dreibus/Hölscher/*Verfürth*/*Emde* InvG, § 2 Rn. 37.

- **Geldmarktinstrumente** (Abs. 2 Nr. 2b) KAGB)
  Eine Definition von Geldmarktinstrumenten findet sich in § 194 KAGB. Es handelt sich dabei um Instrumente, die üblicherweise auf dem Geldmarkt gehandelt werden, sowie verzinsliche Wertpapiere, die im Zeitpunkt ihres Erwerbs eine restliche Laufzeit von höchstens 397 Tagen haben, deren Verzinsung nach den Ausgabebedingungen während ihrer gesamten Laufzeit regelmäßig, mindestens aber einmal in 397 Tagen, marktgerecht angepasst wird oder deren Risikoprofil dem Risikoprofil solcher Wertpapiere entspricht. Diese Norm entspricht abgesehen von redaktionellen Änderung der Regelung des § 48 InvG. Der dortige Geldmarktbegriff entsprach auch dem für die Vermögensgegenstände gebräuchlichen Begriff.[32]
- **Derivate** (Abs. 2 Nr. 2c) KAGB)
  Derivate sind Finanzinstrumente bei denen sich die Wertentwicklung von einem Basiswert ableitet. Erfasst sind mithin alle abgeleiteten Finanzinstrumente,[33] gleich ob als Termingeschäft, Option oder Swap ausgestaltet.[34] In Abweichung von § 284 Abs. 1 KAGB sind Spezial-AIF mit festen Anlagebedingungen nicht auf Derivate i.S.d. § 197 Absatz 1 KAGB beschränkt.[35]
  Ein solcher Swap ist zulässig, wenn Erträge aus einem risikodiversifizierten Vermögen in den Spezial-AIF mit festen Anlagebedingungen geswapt werden und der Swap-Kontrahent Sicherheiten nach § 27 Absatz 7 DerivateV stellt. Von der Kontrahentengrenze nach § 27 Absatz 1 DerivateV kann bei einem Spezial-AIF mit festen Anlagebedingungen gemäß § 27 Absatz 2 DerivateV zwar abgewichen werden, aber auch hier ist der Grundsatz der Risikomischung zu beachten
  Darüber hinaus sieht die DerivateV weiter Ausnahmen bei Spezial-AIF vor. So darf gemäß § 2 Abs. 2 Nr. 1 DerivatV die Kapitalverwaltungsgesellschaft für ein Spezial-AIF auch dann Derivate abschließen, wenn die Basiswerte dieser Derivate nach Maßgabe des KAGB und den Anlagebedingungen für den Spezial-AIF nicht erworben werden dürfen.[36] Des Weitern dürfen Derivate selbst dann erworben werden, wenn die Risiken, die die Basiswerte repräsentieren, nicht auch durch die nach dem KAGB und den Anlagebedingungen zulässigen Vermögensgegenstände hätten entstehen können (§ 2 Abs. 2 Nr. 2 DerivatV).
- **Bankguthaben** (Abs. 2 Nr. 2d) KAGB)
  Unter Bankeinlagen fallen grundsätzlich alle Sicht-, Termin und Spareinlagen.[37]
- **Immobilien** (Abs. 2 Nr. 2e) KAGB)
  Bei Immobilien handelte es sich nach der Definition in § 1 Abs. 19 Nr. 21 KAGB um Grundstücke, grundstücksgleiche Rechte und vergleichbare Rechte nach dem Recht anderer Staaten. Abzustellen ist beim Begriff des Grundstücks nicht auf den rein sachenrechtlichen Begriff, der auf katastermäßig vermessene Teile der Erdoberfläche, für die ein Grundbuchblatt angelegt ist,[38] abstellt, sondern auf einen wirtschaftli-

---

32 BTDrucks. 15/1553, S. 75.
33 BTDrucks. 15/1553, S. 75.
34 Vgl. auch Emde/Dornseifer/Dreibus/Hölscher/*Verfürth*/*Emde* InvG, § 2 Rn. 46; vgl. hierzu auch ausführlich Haisch/Helios/*Böhringer*/*Funk*, Rechtshandbuch Finaninstrumente, § 13 Finanzinstrumente im Investmentrecht, Rn. 51 ff.
35 BaFin, Fragenkatalog zu erwerbbaren Vermögensgegenständen (Eligible Assets) („FAQ Eligible Assets") vom 22. Juli 2013 (WA 41-Wp 2137-2013/0001), Teil 2 Frage 1.
36 BaFin, Erläuterungen zur Derivateverordnung in der Fassung vom 16. Juli 2013 vom 22. Juli 2013.
37 Vgl. auch Emde/Dornseifer/Dreibus/Hölscher/*Verfürth*/*Emde* InvG, § 2 Rn. 48.
38 So aber Berger/Steck/Lübbehüsen/*Köndgen* InvG, § 2 Rn. 23.

chen Begriff.³⁹ Unter die grundstücksgleichen Rechte fallen insbesondere das Wohnungseigentum und das Erbbaurecht.⁴⁰

Nicht unter Immobilien fallen allerdings **Nießbrauchrechte**. Auch ein Nießbrauchrecht, als beschränkt dingliches Recht, kann grundsätzlich durch einen Sondervermögen erworben werden.⁴¹ Während danach die AIF-Kapitalverwaltungsgesellschaft für Immobilien-Sondervermögen nach den §§ 230 ff. KAGB Nießbrauchrechte an Mietwohngrundstücken, Geschäftsgrundstücken und gemischt genutzten Grundstücken, die der Erfüllung öffentlicher Aufgaben dienen, erwerben darf, wenn zur Zeit der Bestellung die Aufwendungen für das Nießbrauchrecht zusammen mit dem Wert der Nießbrauchrechte, die sich bereits im Sondervermögen befinden, 10 Prozent des Wertes des Sondervermögens nicht übersteigen, wie § 231 Abs. 1 Nr. 6 KAGB ausdrücklich regelt,⁴² werden Nießbrauchrechte in dem Katalog des § 284 Abs. 2 KAGB für offene inländische Spezial-AIF nicht erwähnt. Dieses hat zur Folge, dass ein offener inländische Spezial-AIF nur dann in Nießbrauchrechte investieren kann, wenn er von den in § 284 Abs. 1 KAGB genannten Regelungen nicht abweicht. Soll von diesen Regelungen nach Maßgabe des § 284 Abs. 2 KAGB abgewichen werden, bedeutet das, dass der Spezial-AIF nur in die in dem Katalog genannten Vermögensgegenstände investieren darf. Weicht ein Spezial-AIF von den in § 284 Abs. 1 KAGB genannten Regelungen ab, kann der Spezial-AIF nicht mehr in Nießbrauchrechte investieren. Hierbei dürfte es sich insgesamt um ein gesetzgeberisches Versehen handeln. Um den nicht unerheblichen Bedürfnissen der (gegenwärtigen) Praxis zu entsprechen, sollte hier eine Änderung durch den Gesetzgeber erfolgen, damit der Erwerb solcher Vermögensgegenstände auch bei sinnvollen Anpassungen der Anlagebedingungen gemäß § 284 Abs. 2 KGAB möglich ist.

Ebenfalls fehlt eine dem § 231 Abs. 3 KAGB entsprechende Regelung, nach der für ein Immobilien-Sondervermögen auch **Gegenstände** erworben werden dürfen, die **zur Bewirtschaftung** der Vermögensgegenstände des Immobilien-Sondervermögens erforderlich sind. Da diese Gegenstände auch unter keine anderen zulässigen Vermögensgegenstände direkt gefasst werden können, ist davon auszugehen, dass ein Erwerb dieser Vermögensgegenstände – ebenso wie bei den **Nießbrauchrechten** – nicht zulässig ist, wenn der Spezial-AIF von den in § 284 Abs. 1 KAGB genannten Regelungen abweicht. Der Katalog in § 284 Abs. 2 KAGB ist insoweit enumerativ.⁴³ Bei wirtschaftlicher Betrachtung bliebe gleichwohl die Beteiligung an einer Immobilien-Gesellschaft (§ 1 Abs. 19 Nr. 22 KAGB) eine mögliche Alternative.

– **Beteiligungen an Immobilien-Gesellschaften** (Abs. 2 Nr. 2f) KAGB)

Bei Immobilien-Gesellschaften handelte es sich nach der Definition in § 1 Abs. 19 Nr. 22 KAGB um Gesellschaften, die nach dem Gesellschaftsvertrag oder der Satzung nur Immobilien sowie die zur Bewirtschaftung der Immobilien erforderlichen Gegenstände erwerben dürfen. Die Beteiligung an einer Immobilien-Gesellschaften umfasst jede mitgliedschaftsrechtliche Beteiligung an einem Unternehmen, durch die sowohl Vermögensrechte (z.B. Teilnahme am Gewinn) als auch Verwaltungsrechte (z.B. Mitsprache- und Informationsrechte) gewährt werden.⁴⁴ Zulässig sind nach der

---

39 So auch Berger/Steck/Lübbehüsen/*Köndgen* InvG, § 2 Rn. 23.
40 Vgl. Emde/Dornseifer/Dreibus/Hölscher/*Verfürth/Emde* InvG, § 2 Rn. 52.
41 Vgl. § 231 Abs. 1 Satz 1 Nr. 6 KAGB; Berger/Steck/Lübbehüsen/*Köndgen* InvG, § 2 Rn. 23.
42 Vgl. hierzu die Kommentierung zu § 231 Abs. 1 Nr. 6 KAGB.
43 BaFin, Fragenkatalog zu erwerbbaren Vermögensgegenständen (Eligible Assets) („FAQ Eligible Assets") vom 22. Juli 2013 (WA 41-Wp 2137-2013/0001), Teil 2 Frage 1.
44 BaFin, Fragenkatalog zu erwerbbaren Vermögensgegenständen (Eligible Assets) („FAQ Eligible Assets") vom 22. Juli 2013 (WA 41-Wp 2137-2013/0001), Teil 2 Frage 7.

Verwaltungspraxis der BaFin auch Beteiligungen an anderen Immobiliengesellschaften unter Einschluss der Ausreichung von Darlehen an diese.[45] Gleichwohl darf die Tätigkeit nicht über das Halten und Bewirtschaften von Immobilien hinausgehen, um als Immobiliengesellschaft zu qualifizieren.[46] Tätigkeiten, die für die Gesellschaft neben den einer mittelbar oder unmittelbar gehaltenen Immobilie innewohnenden Risiken weitere wesentliche Risiken begründen, führen zum Ausschluss der Eigenschaft als Immobilien-Gesellschaft. Der Erwerb von immobilienbesicherten Darlehensforderungen oder eine eigenständige gewerbliche Betätigung (z.B. Betrieb eines Hotels) führt daher zum Ausschluss einer Qualifikation als Immobilien-Gesellschaft.[47] In einem solchen Fall kommt aber immer noch ein Erwerb als Unternehmensbeteiligung In einem solchen Fall kommt allerdings immer noch der Erwerb als Unternehmensbeteiligung in Betracht (§ 284 Abs. 2 Nr. 2i) KAGB).

– **Inländische offene Investmentvermögen** sowie **entsprechende offene EU- oder ausländische Investmentvermögen** (Abs. 2 Nr. 2g) KAGB)
Generell dürfen Anteile oder Aktien an inländischen offenen Investmentvermögen (§ 1 Abs. 4, 5 und 7 KAGB) sowie an entsprechenden offenen EU- oder ausländischen Investmentvermögen (§ 1 Abs. 8 und 9 KAGB) erworben werden. Unter Nutzung der Ausnahmemöglichkeit nach § 284 Ab. 2 KAGB dürfen daher auch Anteile an Kaskadenfonds (beachte insoweit die Abweichung von § 196 KAGB), Dach-Hedgefonds sowie in- und ausländischen Spezial-AIF (einschließlich Hedgefonds) erworben werden.[48] Eine Vergleichbarkeit mit inländischen Investmentvermögen ist allerdings nicht gegeben, wenn das offene EU- oder ausländische Investmentvermögen unmittelbar als Darlehnsgeber Darlehns-/Kreditverträge eingeht und diese nicht Abtretung erworben hat.[49]

– **Beteiligungen an ÖPP-Projektgesellschaften** (Abs. 2 Nr. 2h) KAGB)
Was eine ÖPP-Projektgesellschaft ist, ist im KAGB in § 1 Abs. 19 Nr. 28 KAGB definiert. Die Definition stimmt mit der Definition in § 2 Abs. 14 InvG überein. ÖPP-Projektgesellschaften sind danach im Rahmen Öffentlich-Privater Partnerschaften tätige Gesellschaften, die nach dem Gesellschaftsvertrag oder der Satzung zu dem Zweck gegründet wurden, Anlagen oder Bauwerke zu errichten, zu sanieren, zu betreiben oder zu bewirtschaften, die der Erfüllung öffentlicher Aufgaben dienen. Als Anforderung besteht, dass der Verkehrswert dieser Beteiligungen ermittelt werden können muss.
Anders als noch in § 91 Abs. 3 Nr. 2 InvG fehlt der Zusatz, dass Beteiligungen an ÖPP-Projektgesellschaften auch vor Beginn der Betreiberphase erworben werden dürfen. Diese Anordnung war aber wie aus dem Wortlaut auch deutlich wird „abweichend von § 90b Abs. 2 S. 1 InvG gedacht. Da es die Kategorie der „Infrastruktur-Sondervermögen" nach dem KAGB allerdings nicht mehr gibt, war eine entsprechende Anordnung nicht nötig. Richtigerweise können damit Beteiligungen an ÖPP-Projektgesellschaften auch vor Beginn der Betreiberphase erworben werden. Die KAGB-Regelung ist insofern nicht restriktiver als die Vorgängerregelung im InvG.

---

[45] BaFin, Fragenkatalog zum Anwendungsbereich des Investmentgesetzes nach § 1 Satz 1 Nr. 3 InvG und zum Rundschreiben 14/2008 (WA) vom 21. Januar 2010 (WA 41-Wp 2136-2008/0001), Frage 8 und 9.
[46] Vgl. Emde/Dornseifer/Dreibus/Hölscher/*Verfürth*/*Emde* InvG, § 2 Rn. 56.
[47] BaFin, Fragenkatalog zum Anwendungsbereich des Investmentgesetzes nach § 1 Satz 1 Nr. 3 InvG und zum Rundschreiben 14/2008 (WA) vom 21. Januar 2010 (WA 41-Wp 2136-2008/0001), Frage 8 und 9.
[48] BaFin, Fragenkatalog zu erwerbbaren Vermögensgegenständen (Eligible Assets) („FAQ Eligible Assets") vom 22. Juli 2013 (WA 41-Wp 2137-2013/0001), Teil 2 Frage 3.
[49] BaFin, Fragenkatalog zum Anwendungsbereich des Investmentgesetzes nach § 1 Satz 1 Nr. 3 InvG und zum Rundschreiben 14/2008 (WA) vom 21. Januar 2010 (WA 41-Wp 2136-2008/0001), Frage 3.

- **Edelmetalle** (Abs. 2 Nr. 2i) KAGB)
  Der Begriff der Edelmetalle richtet sich nach dem allgemeinen naturwissenschaftlichen Verständnis. Ein mittelbarer Erwerb von Edelmetallen über Zertifikate ist dann erfasst, wenn das Edelmetall als Basiswert physisch hinterlegt ist.[50]
- **Unverbriefte Darlehensforderungen** (Abs. 2 Nr. 2i) KAGB)
  Unverbriefte Darlehensfordungen sind, in Abgrenzung zu verbrieften Wertpapieren oder Geldmarktinstrumenten, erfasst. Zu beachten ist, dass diese nur durch Abtretung erworben und nicht durch Vergabe des Darlehens begründet werden dürfen.[51]
- **Unternehmensbeteiligungen** (Abs. 2 Nr. 2 i) KAGB)
  Ebenso wie bei der Beteiligung an Immobiliengesellschaften handelt es sich bei der Beteiligung an Unternehmen um den Erwerb von mitgliedsrechtlichen Anteilen, die sowohl Vermögensrechte als auch Verwaltungsrechte gewähren.[52] Als zusätzliche Anforderung besteht, dass der Verkehrswert dieser Beteiligungen ermittelt werden können muss.

III. Anlagegrenzen (Abs. 2 Nr. 3 und 4)

Bei Abs. 2 Nr. 3 und 4 und Abs. 3 handelt es sich um Rückausnahmen. Abs. 2 Nr.3 **13** und 4 greifen inhaltlich weitgehend unverändert die Regelungen von § 91 Abs. 3 Nr. 3 und 4 InvG auf. Einzig die Unternehmensbeteiligungen sind nun in einem eigenen Abs. 3 geregelt. Nach § 284 Abs. 2 Nr. 3 KAGB bleiben § 197 Abs. 2 (Marktrisikopotential bei dem Einsatz von Derivaten), § 276 Abs. 1 (Leerverkaufsverbot), § 240 (Darlehnsgewährung an Immobilien-Gesellschaften) und § 260 Abs. 3 (Belastung von Vermögensgegenständen eines Immobilien-Sondervermögen) KAGB unberührt, mit der Maßgabe, dass die Belastung nach § 260 Abs. 3 S. 1 KAGB insgesamt 50 Prozent des Verkehrswertes der im Sondervermögen befindlichen Immobilien nicht überschreiten darf.

Die Regelung des § 197 Abs. 2 KAGB aufgreifend hat die AIF-Verwaltungsgesellschaft **14** sicherzustellen, dass sich das **Marktrisikopotenzial** eines offenen inländischen Spezial-AIF durch den Einsatz von Derivaten und Finanzinstrumenten mit derivativer Komponente gemäß § 197 Abs. 1 höchstens verdoppelt.[53] Zu beachten ist, dass die DerivateV für den **Einsatz von Derivaten** sowie von **Wertpapier-Darlehen und Pensionsgeschäften** in Spezial-AIF besondere Regelungen bzw. Ausnahmen vorsieht. Hierzu gehören Abweichungen von den Anforderungen an Wertpapier-Darlehen und Pensionsgeschäften (§ 26 Abs. 4 Satz 2 DerivateV) oder auch Abweichungen beim Anrechnungsbetrag für das Kontrahentenrisiko von Vertragspartnern (§ 27 Abs. 2 DerivateV). Darüber hinaus finden erleichterte Berichtspflichten Anwendung (§§ 9 Abs. 6, 38 Abs. 1).

Auch gilt das **Verbot von „echten" Leerverkäufen** nach § 276 Abs. 1 KAGB. Folg- **15** lich darf die AIF-Kapitalverwaltungsgesellschaft für gemeinschaftliche Rechnung der Anleger keine Vermögensgegenstände nach Maßgabe von §§ 193 (Wertpapiere), 194 (Geldmarktinstrumente) und 196 (Investmentanteil) KAGB verkaufen, wenn die jeweiligen Vermögensgegenstände im Zeitpunkt des Geschäftsabschlusses nicht zum offenen inländischen Spezial-AIF mit festen Anlagebedingungen gehören.[54]

---

50 Emde/Dornseifer/Dreibus/Hölscher/*Verfürth/Emde* InvG, § 2 Rn. 64 f.
51 BaFin, Fragenkatalog zum Anwendungsbereich des Investmentgesetzes nach § 1 Satz 1 Nr. 3 InvG und zum Rundschreiben 14/2008 (WA) vom 21. Januar 2010 (WA 41-Wp 2136-2008/0001), Frage 3.
52 BaFin, Fragenkatalog zu erwerbbaren Vermögensgegenständen (Eligible Assets) („FAQ Eligible Assets") vom 22. Juli 2013 (WA 41-Wp 2137-2013/0001), Teil 2 Frage 7.
53 Vgl. die Kommentierung zu § 197 KAGB sowie auch § 7 Abs. 1 DerivateV (einfacher Ansatz) und § 15 Abs. 1 DerivateV (qualifizierter Ansatz).
54 Vgl. die Kommentierung zu § 276 KAGB.

16 Beschränkt ist auch die **Darlehensgewährung an Immobilien-Gesellschaften** nach § 240 KAGB. Die AIF-Kapitalverwaltungsgesellschaft darf einer Immobilien-Gesellschaft für Rechnung des Immobilien-Sondervermögens ein Darlehen nur gewähren, wenn
1. sie an der Immobilien-Gesellschaft für Rechnung des Immobilien-Sondervermögens unmittelbar oder mittelbar beteiligt ist,
2. die Darlehensbedingungen marktgerecht sind,
3. das Darlehen ausreichend besichert ist und
4. bei einer Veräußerung der Beteiligung das Darlehen innerhalb von sechs Monaten nach der Veräußerung zurückzuzahlen ist (§ 240 Abs. 1 KAGB).

17 Außerdem hat die AIF-Kapitalverwaltungsgesellschaft sicherzustellen, dass
1. die Summe der Darlehen, die einer Immobilien-Gesellschaft für Rechnung des Immobilien-Sondervermögens insgesamt gewährt werden, 50 Prozent des Wertes der von der Immobilien-Gesellschaft gehaltenen Grundstücke nicht übersteigt und
2. die Summe der Darlehen, die den Immobilien-Gesellschaften insgesamt für Rechnung des Immobilien-Sondervermögens gewährt werden, 25 Prozent des Wertes des Immobilien-Sondervermögens nicht übersteigt; bei der Berechnung der Grenze sind die aufgenommenen Darlehen nicht abzuziehen (§ 240 Abs. 2 KAGB).

Einer Darlehensgewährung nach den Absätzen 1 und 2 steht gleich, wenn ein Dritter im Auftrag der AIF-Kapitalverwaltungsgesellschaft der Immobilien-Gesellschaft ein Darlehen im eigenen Namen für Rechnung des Immobilien-Sondervermögens gewährt (§ 240 Abs. 3 KAGB).[55]

18 Entsprechend der Regelung des § 260 Abs. 3 KAGB bleiben die **Belastung von Vermögensgegenständen** nach § 231 Abs. 1 KAGB, die zu einem Immobilien-Sondervermögen gehören, sowie die Abtretung und Belastung von Forderungen aus Rechtsverhältnissen, die sich auf solche Vermögensgegenstände beziehen, vorbehaltlich des § 239 KAGB zulässig, wenn
1. dies in den Anlagebedingungen vorgesehen und mit einer ordnungsgemäßen Wirtschaftsführung vereinbar ist,
2. die Verwahrstelle den vorgenannten Maßnahmen zustimmt, weil sie die Bedingungen, unter denen die Maßnahmen erfolgen sollen, für marktüblich erachtet, und
3. die AIF-Kapitalverwaltungsgesellschaft sicherstellt, dass die Belastung insgesamt 50 Prozent des Verkehrswertes der im Sondervermögen befindlichen Immobilien nicht überschreitet.[56]

Hier zeigt sich eine Änderung zu § 260 Abs. 3 Nr. 3 KAGB der für Publikumsinvestmentvermögen nur eine Belastung von insgesamt 30 Prozent des Verkehrswerts der im Sondervermögen befindlichen Immobilien zulässt.

19 § 284 Abs. 2 Nr. 4 KAGB regelt, dass die Anlagegrenze nach § 221 Abs. 4 KAGB unberührt bleiben muss. Demzufolge darf die AIF-Kapitalverwaltungsgesellschaft in Wertpapiere gemäß § 198 Satz 1 Nr. 1 KAGB, soweit es sich um Aktien handelt, nur bis zu 20 Prozent des Wertes des Spezial-AIF investieren. Es muss sich daher um **Aktien** handeln, die „nicht zum Handel an einer Börse zugelassen oder an einem anderen organisierten Markt zugelassen oder in diesen einbezogen sind, im Übrigen jedoch die Kriterien des

---

[55] Vgl. die Kommentierung zu § 240 KAGB.
[56] Vgl. die Kommentierung zu § 260 KAGB.

Artikels 2 Absatz 1 Buchstabe a bis c Ziffer ii, Buchstabe d Ziffer ii und Buchstabe e bis g der Richtlinie 2007/16/EG erfüllen". Diese auch als **Private-Equity Grenze** bezeichnete Regelung setzt zum Teil den vorherigen § 91 Abs. 3 i.V.m. § 90h Abs. 4 InvG um, der der Vermeidung von Private-Equity Strategien[57] dienen sollten. Ursprünglich galt diese Grenze von 20 Prozent für vorgenannte **Aktien und Beteiligungen an Unternehmen**, die nicht zum Handel an einer Börse zugelassen oder in einen organisierten Markt einbezogen waren, zusammen. Aufgrund der systematischen Stellung ergibt sich aber, dass diese 20 Prozentgrenze nur für solche Aktien gilt. Die Regelung für Beteiligungen an Unternehmen, die nicht zum Handel an einer Börse zugelassen oder in einen organisierten Markt einbezogen, findet sich nun im folgenden § 284 Abs. 3 KAGB. Anders als noch unter der Altregelung[58] steht die 20 Prozentgrenze in § 284 Abs. 2 Nr. 4 KAGB neben der 20 Prozentgrenze in § 284 Abs. 3 KAGB. Dementsprechend darf ein spezial-AIF auch weiterhin zu **100 Prozent in nicht notierte Wertpapiere** im Sinne des § 198 Abs. 1 Nr. 1 KAGB investieren soweit es sich nicht um Aktien (§ 284 Abs. 2 Nr. 4 KAGB) und nicht um Beteiligungen an Unternehmen, die nicht zum Handel an einer Börse zugelassen oder in einen organisierten Markt einbezogen sind (§ 284 Abs. 3 KAGB), handelt und der allgemeine Grundsatz der Risikomischung gewahrt bleibt.[59] Anders als bei § 284 Abs. 3 KAGB findet § 282 Abs. 3 KAGB im Rahmen des § 284 Abs. 2 Nr. 4 KAGB keine Anwendung, da dieser explizit nach § 284 Abs. 1 KAGB ausgeschlossen ist. Soweit es sich um Aktien handelt, die nicht zum Handel an einer Börse zugelassen oder an einem anderen organisierten Markt zugelassen oder in diesen einbezogen sind, ist Abs. 2 gegenüber Abs. 3 auch die speziellere Vorschrift, so dass Abs. 3 im Hinblick auf solche Aktien keine Anwendung findet. Andernfalls würden – wie unter der Vorgängernorm des § 91 Abs. 3 Nr. 4 InvG – Aktien und Unternehmensbeteiligungen in einem Absatz zusammengefasst werden.

D. Unternehmensbeteiligungen (Abs. 3)

Neben § 284 Abs. 2 Nr. 4 KAGB soll § 284 Abs. 3 KAGB der Abgrenzung von offenen inländischen Spezial-AIF mit festen Anlagebedingungen zu Private Equity Gesellschaften dienen.[60] Zulässige Vermögensgegenstände können bei offenen inländischen Spezial-AIF mit festen Anlagebedingungen zwar – anders als bei Publikums-AIF – auch Unternehmensbeteiligungen sein, vgl. entsprechend Abs. 2 Nr. 2 lit. i). Für diese wird dann allerdings auch die 20 Prozentgrenze des Wertes des Fonds aus § 91 Abs. 3 Nr.4 in Verbindung mit § 90h Abs. 4 S. 1 InvG übernommen. Die 20 Prozentgrenze für Unternehmensbeteiligungen steht hierbei neben der 20 Prozentgrenze für Aktien nach § 284 Abs. 2 Nr. 4 KAGB. Auch wenn Aktien nach § 284 Abs. 2 Nr. 4 KAGB zugleich auch Unternehmensbeteiligungen im Sinne des Abs. 3 darstellen, geht insoweit die 20 Prozentgrenze des Abs. 2 vor. D.h. eine Anrechnung erfolgt hier nicht. Anders als nach der Vorgängernorm des § 91 Abs. 3 Nr.4 InvG können daher insgesamt 20 Prozent des Wertes eines Spezial-AIF in Aktien nach § 284 Abs. 2 Nr. 4 KAGB plus 20 Prozent des Wertes in Unternehmensbeteiligungen nach § 284 Abs. 3 KAGB investiert werden.

Der Verweis in S. 2 auf § 282 Abs. 3 KAGB schließt aus, dass der offene inländische Spezial-AIF mit festen Anlagebedingungen mit diesen 20 Prozent seines Wertes die Kontrolle über ein Unternehmen i.S.d. § 288 KAGB erlangt, die nach § 288 Abs. 1 KAGB bei mehr als 50 Prozent der Stimmrechte eines Unternehmens läge. Auch hier müssen auf-

---

57 Vgl. zuletzt BTDrucks. 17/4510, S. 79.
58 § 91 Abs. 3 Nr. 4 InvG.
59 Vgl. entsprechend Emde/Dornseifer/Dreibus/Hölscher/*Zirlewagen* InvG, § 91 Rn. 33.
60 Vgl. schon BTDrucks. 16/5576, S. 81.

grund der spezielleren Norm des § 284 Abs. 2 Nr. 4 KAGB die dort genannten Aktien außer Betracht bleiben.

21 Ferner gelten die Mitteilungspflichten nach § 289 Abs. 1 KAGB, wenn der Spezial-AIF eine Minderheitsbeteiligung an einem nicht börsennotierten Unternehmen erlangt. Relevant sind insofern die Schwellen der Über- oder Unterschreitung v. 10%, 20%, 30%, 50% und 75%.

22 Eine weitere Funktion des Abs. 3 liegt im Erhalt der Liquidität des Fonds. Beteiligungen an nicht börsennotierten Unternehmen, als wenig liquide bzw. illiquide Vermögensgegenstände, stellen sich insbesondere bei einem erhöhten Rücknahmeverlangen der Anleger des Sondervermögens als problematisch im Hinblick auf eines ausreichende Liquidität dar.[61] Insoweit bleibt allerdings festzuhalten, dass – anders als noch unter der Vorgängernorm des InvG – durch die Erweiterung der Anlagegrenze von einmal 20 Prozent (§ 91 Abs. 3 Nr. 4 InvG) auf zweimal 20 Prozent (§ 284 Abs. 2 Nr. 4 und Abs. 3 KAGB) die Investmentmöglichkeit eines Spezial-AIF in illiquide Vermögensgegenstände erhöht wurde.

E. Möglichkeit der Kreditaufnahme (Abs. 4)

23 Abs. 4 übernimmt die Regelung des aufzuhebenden § 91 Abs. 4 InvG. Eine AIF-KVG kann danach für Rechnung eines offenen inländischen Spezial-AIF mit festen Anlagebedingungen kurzfristige Kredite nur bis zur Höhe von 30 Prozent des Wertes des AIF aufnehmen. Die Regelung ist insoweit gleichlautend mit § 199 und § 221 Abs. 6 KAGB, die allerdings eine Begrenzung von 10 Prozent und 20 Prozent vorsehen.[62] Eine Zustimmung der Anleger ist insofern nicht erforderlich. Diese Regelung die mit dem InvÄndG eingeführt wurde brachte eine Erweiterung der Anlagegrenzen und bewirkt darüber hinaus auch eine Abgrenzung zu Hedgefonds,[63] die als entscheidendes Merkmal Leverage aufnehmen dürfen.[64]

24 Der Begriff „kurzfristig" darf daher, im Einklang mit der Verwaltungspraxis der BaFin,[65] keineswegs so verstanden werden, dass lediglich Liquiditätsengpässe überbrückt werden und Investitionszwecke nicht verfolgt werden dürfen.[66] Nicht abschließend geklärt ist was dann „kurzfristig" konkret bedeutet, die entsprechenden Wertungen liegen zwischen drei Monaten und zumindest nicht länger als ein Jahr.[67] Vergleicht man die kurzfristige Kreditaufnahme mit der Anlage in spiegelbildlichen, kurzfristigen Geldern (Geldmarktinstrumenten) wird vorliegend davon ausgegangen, dass eine **Kreditaufnahme bis zu 397 Tagen** zulässig ist. Anders als noch unter der Vorgängerregelung kann aufgrund des weggefallen Verweises auf §§ 199 und § 221 Abs. 6 KAGB nicht mehr davon ausgegangen werden, dass die **Marktüblichkeit der Darlehnsbedingungen** zu den unabdingbaren Voraussetzungen der Kreditaufnahme gehört.[68]

---

61 Vgl. dazu auch Berger/Steck/Lübbehüsen/*Fischer* InvG, § 90h Rn. 21 und Emde/Dornseifer/Dreibus/Hölscher/*Knöfler*/*Ghedina* InvG, § 90h Rn. 21.
62 § 91 Abs. 4 InvG nahm noch auf die entsprechenden Normen §§ 53 und § 90h Abs. 6 InvG direkt Bezug.
63 Vgl. InvÄndG, BTDrucks. 16/6874, S. 118.
64 Vgl. dazu die entsprechende Kommentierung bei § 283 KAGB, Rn. 14 ff.
65 Vgl. dazu den Fragenkatalog der BaFin zu § 53 InvG (Kreditaufnahme) v. 1. Dezember 2009 WA 41-WP 2136-2008/0053.
66 Vgl. Emde/Dornseifer/Dreibus/Hölscher/*Zirlewagen* InvG, § 91 Rn. 39.
67 Vgl. dazu ausführlich Emde/Dornseifer/Dreibus/Hölscher/*Zirlewagen* InvG, § 91 Rn. 40; *Baur* Investmentgesetze, KAGG, § 9 Rn. 32.
68 So noch zur Altregelung Emde/Dornseifer/Dreibus/Hölscher/*Zirlewagen* InvG, § 91 Rn. 41.

Soweit Kredite zulasten der im Sondervermögen befindlichen Immobilien aufgenommen werden, gilt § 254 KAGB entsprechend mit der Maßgabe, dass für gemeinschaftliche Rechnung der Anleger Kredite nur bis zur Höhe von 50 Prozent des Verkehrswertes der im Sondervermögen befindlichen Immobilien aufgenommen werden dürfen, § 284 Abs. 4 Satz 2 KAGB. Die Kreditaufnahmegrenzen nach Abs. 4 Satz 1 und Satz 2 gelten insoweit nebeneinander.[69] 25

F. Abdingbarkeit und Anwendung weiterer Regelungen

Im Rahmen des § 284 Abs. 2 KAGB stellt sich die Frage, inwieweit von weiteren nicht explizit in § 284 Abs. 2 bis 4 KAGB genannten Regelungen nicht abgewichen werden darf. Soweit eine Regelung nicht nur ausschließlich das Verhältnis der AIF-Kapitalverwaltungsgesellschaft zu den Anlegern regelt sondern auch Rechte Dritter betroffen sind, ist davon auszugehen, dass eine solche Regelung nicht abbedungen werden kann.[70] 26

Nach Ansicht der BaFin gehören die Regelungen des § 246 KAGB zu den abdingbaren Vorschriften, so dass auf die **Eintragung einer Verfügungsbeschränkung** zugunsten der Verwahrstelle bei offenen Spezial-AIF mit festen Anlagebedingungen mit Anlagemöglichkeit in Immobilien verzichtet werden kann. Dieses setz aber nach Ansicht der BaFin auch den expliziten Ausschluss von § 246 KAGB nach Maßgabe von § 284 Abs. 2 KAGB in den Anlagebedingungen des Spezial-AIF voraus. Andernfalls findet über die Vorschrift des § 246 Abs. 1 KAGB die Reglungen der §§ 84 Abs. 1 Nr. 3 und 83 Abs. 4 Nr. 1 KAGB sowie über die Vorschrift des § 246 Abs. 2 KAGB die Regelungen der §§ 87 und 69 Abs. 1, 2 und 4 KAGB Anwendung.[71] Da die Eintragung einer Verfügungsbeschränkung zugunsten der Verwahrstelle bei einem Immobilienfonds (zumindest in Deutschland) ein Kernelement der Überwachung bzw. Sicherstellung des Eigentums an den Immobilien darstellt, stellt sich aber die Frage, warum hiervon aus Anlegerschutzgesichtspunkten überhaupt abgewichen werden soll, auch wenn dieses rechtlich möglich ist. 27

Ebenfalls zu den abdingbaren Vorschriften gehört § 245 KAGB.[72] Hierdurch besteht die Möglichkeit, dass bei offenen Spezial-AIF mit festen Anlagebedingungen mit Anlagemöglichkeit in Immobilien die Immobilien als **Vermögensgegenstände des Sondervermögens im Eigentum des Investors** bzw. der Investoren sich befinden. Diese in der Praxis häufig vorkommende Regelung hat den Vorteil das Immobilen grunderwerbsteuerneutral im Rahmen einer Sacheinlage in das Sondervermögen und auch wieder zurück überführt werden können, ohne das zu einem grunderwerbsteuerpflichtigen Rechtsträgerwechsel kommt. 28

Nicht abbedungen werden kann die Regelung des § 242 KAGB, wonach ein Verstoß gegen die Regelungen zu Immobilien-Sondervermögen nicht zu einer **Unwirksamkeit des Rechtsgeschäftes** im Hinblick auf Immobilien-Transaktionen im Außenverhältnis führt. Hier aber ist zu berücksichtigen, dass im Rahmen des § 284 KAGB die Regelungen zu den Immobilien-Sondervermögen grds. abbedungen werden können. 29

Fraglich ist außerdem, wie sich der Verweis in § 284 Abs. 2 Nr. 3 KAGB auf § 260 Abs. 3 KAGB auch im Hinblick auf die Regelungen in § 275 KAGB verhält. Nach dem Wortlaut v. 30

---

69 Berger/*Steck*/Lübbehüsen InvG, § 91 Rn. 18.
70 Berger/*Steck*/Lübbehüsen InvG, § 91 Rn. 4; Emde/Dornseifer/Dreibus/Hölscher/*Zirlewagen* InvG, § 91 Rn. 39.
71 BaFin, Zur Frage der Genehmigungspflicht für die Auswahl der Verwahrstelle nach Maßgabe des § 284 Absatz 1 und 2 KAGB, WA 42-Wp 2136-2013/0284 vom 7. Oktober 2013.
72 Emde/Dornseifer/Dreibus/Hölscher/*Zirlewagen* InvG, § 91 Rn. 37; anderer Auffassung noch Berger/*Steck*/Lübbehüsen InvG, § 91 Rn. 4.

§ 284 Abs. 2 Nr. 3 KAGB muss § 260 Abs. 3 KAGB bei Abweichung v. generell anwendbaren Vorschriften unberührt bleiben. Lediglich die dort genannte Belastungsgrenze erhöht sich auf 50%. Das Bedeutet aber auch, dass v. der Regelung in § 260 Abs. 3 Nr. 2 KAGB nicht abgewichen werden kann. Insofern enthält § 260 Abs. 3 Nr. 2 KAGB die Ermächtigungsgrundlage für die **Zustimmungspflicht der Verwahrstelle** bei inländischen Spezial-AIF mit festen Anlagebedingungen soweit es sich um die in § 231 Abs. 1 KAGB genannten Vermögensgegenstände handelt. Eine (gleichlautende) allg. Regelung zur Zustimmung der Verwahrstelle wie für Publikumsfonds in § 84 Abs. 1 Nr. 3 KAGB gibt es nicht. Dementsprechend ist der Verweis in § 284 Abs. 2 Nr. 3 KAGB auf § 260 Abs. 3 KAGB zugleich *lex specialis* gegenüber der Regelung in § 275 KAGB, die insofern für die übrigen Vermögensgegenstände in dem Spezial-AIF Anwendung findet. Es können daher weder die Regelungen des § 260 Abs. 3 KAGB[73] noch die Regelungen des § 275 KAGB im Hinblick auf die Zustimmungspflicht der Verwahrstelle abbedungen werden.

---

73 Entsprechend zur Altregelung Emde/Dornseifer/Dreibus/Hölscher/*Schultz-Süchting* InvG, § 82 Rn. 34.

ABSCHNITT 3
Vorschriften für geschlossene inländische Spezial-AIF

§ 285
Anlageobjekte

i.d.F. des KAGB v. 4.7.2013 (BGBl. I 2013, 1981)

Die AIF-Kapitalverwaltungsgesellschaft darf für das Investmentvermögen nur in Vermögensgegenstände investieren, deren Verkehrswert ermittelt werden kann.

Systematische Übersicht

A. Allgemeines —— 1
   I. Entstehungsgeschichte —— 2
   II. Inhalt und Zweck der Regelung —— 3
B. Kommentierung —— 4

A. Allgemeines

Die Regelung des § 285 führt den dritten Abschnitt des dritten Kapitels des KAGB an. **1** Während der erste Abschnitt allgemeine Vorschriften für inländische Spezial-AIF enthält, enthalten die Abschnitte zwei und drei spezielle Regelungen für offene bzw. geschlossene inländische Spezial-AIF.

Die AIFM-Richtlinie selbst enthält grundsätzlich keine Regeln auf Ebene der AIF, sondern nur für deren Verwalter. Bei der Umsetzung der europäischen Vorgaben hat der deutsche Gesetzgeber insoweit von seinem Recht Gebrauch gemacht, über den Regelungsgehalt der Richtlinie hinaus neben den Verwaltern von AIF auch die AIF zu regulieren (sog. „Gold-plating").

I. Entstehungsgeschichte

Während die finale Gesetzesfassung in § 285 ausschließlich regelt, in welche Vermö- **2** gensgegenstände die AIF-Kapitalverwaltungsgesellschaft für ein Investmentvermögen investieren darf, enthielt der Diskussionsentwurf in § 253 auch Aussagen über die Anlagegrenzen des AIF. Hierdurch sollten offene von geschlossenen Spezial-AIF besser abgegrenzt werden können.

II. Inhalt und Zweck der Regelung

Durch die gesetzgeberische Begrenzung der Anlageobjekte eines inländischen ge- **3** schlossenen Spezial-AIF auf solche Vermögensgegenstände, deren Verkehrswert ermittelt werden kann, soll eine Bewertung der Vermögensgegenstände und damit auch der Anteile an dem AIF ermöglicht werden. Dies erhöht die Transparenz der Anlage und dient folglich dem Anlegerschutz.

B. Kommentierung

§ 285 legt fest, in welche Vermögensgegenstände eine AIF-Kapitalverwaltungsgesell- **4** schaft für einen geschlossenen inländischen Spezial-AIF investieren darf.

„**Spezial-AIF**" sind AIF, deren Anteile auf Grund schriftlicher Vereinbarungen mit **5** der Verwaltungsgesellschaft oder auf Grund der konstituierenden Dokumente des AIF ausschließlich von professionellen und semi-professionellen Anlegern gehalten werden dürfen.

6 **„Professionelle Anleger"** sind Anleger im Sinne des § 1 Absatz 19 Nummer 32.

7 **„Semi-professionelle Anleger"** sind Anleger im Sinne des § 1 Absatz 19 Nummer 33.

Im Gegensatz zu der Parallelvorschrift für geschlossene inländische Publikums-AIF enthält § 285 jedoch keinen Katalog von zulässigen Vermögensgegenständen. Stattdessen wird umrissartig festgelegt, dass eine AIF-Kapitalverwaltungsgesellschaft für das Investmentvermögen nur in solche Vermögensgegenstände investieren darf, deren Verkehrswert ermittelt werden kann.

8 Der **„Verkehrswert"** oder „gemeine Wert" wird nach § 9 BewG durch den Preis bestimmt, der im gewöhnlichen Geschäftsverkehr nach der Beschaffenheit des Wirtschaftsgutes bei einer Veräußerung zu erzielen wäre. Dabei sind alle Umstände, die den Preis beeinflussen, zu berücksichtigen. Ungewöhnliche oder persönliche Verhältnisse bleiben jedoch außer Betracht.

§ 286
Bewertung, Bewertungsverfahren und Bewerter; Häufigkeit der Bewertung

i.d.F. des KAGB v. 4.7.2013 (BGBl. I 2013, 1981)

(1) Für die Bewertung, das Bewertungsverfahren und den Bewerter gelten die §§ 168, 169 und 216 entsprechend.

(2) Für die Häufigkeit der Bewertung gilt § 272 entsprechend.

Systematische Übersicht

A. Allgemeines —— 1
   I. Entstehungsgeschichte —— 2
   II. Inhalt und Zweck der Regelung —— 3
B. Kommentierung
   I. Bewertungsverfahren und Bewerter (Absatz 1) —— 4
      1. Bewertungsverfahren —— 5
      2. Bewerter —— 6
   II. Häufigkeit der Bewertung (Absatz 2) —— 8

A. Allgemeines

1 § 286 legt für geschlossene inländische Spezial-AIF die Bewertungsmaßstäbe mit Blick auf das Bewertungsverfahren, den Bewerter und die Häufigkeit der Bewertung fest.

Die Regelung gehört zu den wenigen Anlagebeschränkungen, denen ein geschlossener inländischer Spezial-AIF unterliegt. Als produktbezogene Vorschrift ist sie nicht Bestandteil der AIFM-Richtlinie, sondern geht in erlaubter Weise über deren Umfang hinaus.

I. Entstehungsgeschichte

2 Der Inhalt der Vorschrift verteilte sich in dem ursprünglichen Diskussionsentwurf des KAGB auf die §§ 254 und 255. In der finalen Gesetzesfassung wurden die Regelungsgehalte in einer Vorschrift zusammengefasst.

II. Inhalt und Zweck der Regelung

Die Vorschrift verweist hinsichtlich des Bewertungsverfahrens und des Bewerters auf die für offene AIF-Publikumsinvestmentvermögen geltenden Vorschriften. Mit Blick auf die Häufigkeit der Bewertung wird auf die für geschlossene inländische Publikums-AIF geltende Regelung verwiesen.

Zweck der Regelung ist, einheitliche Maßstäbe für die Bewertung von Vermögensgegenständen zu schaffen und dadurch letztlich den Anlegerschutz zu erhöhen.

B. Kommentierung

I. Bewertungsverfahren und Bewerter

Die Vorschriften zum Bewertungsverfahren und zur Bewertung bei offenen AIF-Publikumsinvestmentgesellschaften gelten nach dem Willen des Gesetzgebers auch für geschlossene Spezial-AIF, da bereits die Vorschriften zu offenen Publikumsinvestmentvermögen im Wesentlichen auf der Umsetzung der AIFM-Richtlinie beruhen.[1] Über den Verweis in § 286 Absatz 1 sind daher für das Bewertungsverfahren und die Bewerter die §§ 168 und 169 anzuwenden.

1. Bewertungsverfahren. So enthält § 168 Absatz 1 die Berechnung des Nettoinventarwerts je Anteil oder je Aktie.

Der **"Nettoinventarwert"** (auch „Net Asset Value" oder „NAV" genannt) beschreibt das Vermögen des AIF, das für die Berechnung des Werts der einzelnen Anteile oder Aktien entscheidend ist. Er ergibt sich aus dem Nettovermögen des jeweiligen AIF geteilt durch die Anzahl der insgesamt ausgegebenen Teile.

Der **"Wert des AIF"** ergibt sich wiederum aus der Summe der Verkehrswerte seiner Vermögensgegenstände abzüglich der aufgenommenen Kredite und sonstigen Verbindlichkeiten. Existiert für die Vermögensgegenstände des geschlossenen Spezial-AIF kein Kurswert, ist nach § 168 Absatz 3 der Wert als Verkehrswert zugrunde zu legen, der bei sorgfältiger Einschätzung nach geeigneten Bewertungsmodellen unter Berücksichtigung der aktuellen Marktgegebenheiten angemessen ist.

§ 168 Absatz 7 verpflichtet die Kapitalverwaltungsgesellschaft alle angemessenen Maßnahmen zu ergreifen, um bei Erwerb oder Veräußerung der Vermögensgegenstände das bestmögliche Ergebnis für den AIF zu erzielen. Dabei gibt der Gesetzgeber einen Katalog mit gewichteten Kriterien vor, welchen die Kapitalverwaltungsgesellschaft zu beachten hat. Hierzu gehören u.a. die Merkmale des Auftrags sowie die Merkmale der Ausführungsplätze. Diese – ursprünglich für Sondervermögen in § 36 Absatz 2 InvG entwickelten – Kriterien sind jedoch inhaltlich nicht auf alle durch einen geschlossenen Spezial-AIF erwerbbaren Vermögensgegenstände übertragbar.

Die Kapitalverwaltungsgesellschaft ist nach § 169 Absatz 1 dazu verpflichtet, eine **interne Bewertungsrichtlinie** zu erstellen, die von den in § 169 Absatz 2 genannten Grundsätzen gekennzeichnet sein soll. Hiernach hat die Bewertung von Vermögensgegenständen unparteiisch und mit der gebotenen Sachkenntnis, Sorgfalt und Gewissenhaftigkeit zu erfolgen. Die Bewertungsrichtlinie muss geeignete und kohärente Verfahren für eine ordnungsgemäße, transparente und unabhängige Bewertung der Vermögensgegenstände des Investmentvermögens festlegen.

---

[1] BTDrucks. 17/12294.

6 **2. Bewerter.** Wer die Bewertung von Anteilen oder Aktien an geschlossenen inländischen Spezial-AIF vornehmen darf, ergibt sich aus § 216. Danach ist die Bewertung entweder **durch einen externen Bewerter oder von der Kapitalverwaltungsgesellschaft** selbst durchzuführen. Die Bestellung eines externen Bewerters entbindet die Kapitalverwaltungsgesellschaft nicht von ihrer für die ordnungsgemäße Bewertung bestehenden Verantwortung. Bei dem externen Bewerter kann es sich um eine natürliche oder eine juristische Person oder eine Personenhandelsgesellschaft handeln, die unabhängig von der Kapitalverwaltungsgesellschaft oder anderen Personen mit engen Verbindungen zum Spezial-AIF sein muss.

7 Für die Bestellung eines externen Bewerters gelten im Übrigen die in § 216 Absatz 2 genannten Nachweispflichten. Die Bestellung eines externen Bewerters ist nach § 216 Absatz 5 der BaFin mitzuteilen.

Ein bestellter externer Bewerter darf seine Bewertungsfunktion nach § 216 Absatz 4 nicht an Dritte delegieren.

II. Häufigkeit der Bewertung

8 Die erforderliche Häufigkeit der Bewertung von Anteilen oder Aktien an geschlossenen inländischen Spezial-AIF ergibt sich aus § 272.

Nach dessen Absatz 1 hat die Bewertung der Vermögensgegenstände und die Berechnung des Nettoinventarwerts je Anteil oder Aktie **mindestens einmal jährlich** zu erfolgen und darüber hinaus auch dann, wenn das Gesellschaftsvermögen des AIF erhöht oder herabgesetzt wird. § 272 Absatz 3 enthält darüber hinaus eine **Offenlegungspflicht** zulasten der Kapitalverwaltungsgesellschaft. Sie muss die Bewertungen der Vermögensgegenstände und die Berechnungen des Nettoanteilswerts gegenüber den Anlegern offen legen.

§ 287
Geltungsbereich

i.d.F. des KAGB v. 4.7.2013 (BGBl. I 2013, 1981); zuletzt geändert durch Artikel 2 des Gesetzes vom 15.7.2014 (BGBl. I S 934)

(1) Die §§ 287 bis 292 sind anzuwenden auf AIF-Kapitalverwaltungsgesellschaften,
1. die AIF verwalten, die entweder allein oder gemeinsam aufgrund einer Vereinbarung die Erlangung von Kontrolle gemäß § 288 Absatz 1 über ein nicht börsennotiertes Unternehmen zum Ziel haben;
2. die mit einer oder mehreren AIF-Kapitalverwaltungsgesellschaften aufgrund einer Vereinbarung zusammenarbeiten, gemäß der die von diesen AIF-Kapitalverwaltungsgesellschaften verwalteten AIF die Kontrolle gemäß § 288 Absatz 1 über ein nicht börsennotiertes Unternehmen erlangen.

(2) Die §§ 287 bis 292 sind nicht anzuwenden, wenn das nicht börsennotierte Unternehmen.

(3) Unbeschadet der Absätze 1 und 2 ist § 289 Absatz 1 auch auf AIF-Kapitalverwaltungsgesellschaften anzuwenden, die AIF verwalten, die eine Minderheitsbeteiligung an einem nicht börsennotierten Unternehmen erlangen.

(4) § 290 Absatz 1 bis 3 und § 292 sind auch auf AIF-Kapitalverwaltungsgesellschaften anzuwenden, die solche AIF verwalten, die Kontrolle in Bezug auf einen

Emittenten im Sinne von Artikel 2 Absatz 1 Buchstabe der Richtlinie 2004/109/EG erlangen,
1. der seinen satzungsmäßigen Sitz in der Europäischen Union oder in einem anderen Vertragsstaat des Abkommens über den Europäischen Wirtschaftsraum hat und
2. dessen Wertpapiere im Sinne von Artikel 4 Absatz 1 Nummer 14 der Richtlinie 2004/39/EG zum Handel auf einem organisierten Markt im Sinne von § 2 Absatz 5 des Wertpapierhandelsgesetzes zugelassen sind.
Für die Zwecke dieser Paragraphen gelten die Absätze 1 und 3 entsprechend.
(5) Die §§ 287 bis 292 gelten, vorbehaltlich der Bedingungen und Beschränkungen, die in Artikel 6 der Richtlinie 2002/14/EG 2002/14/EG festgelegt sind.

Systematische Übersicht

A. Allgemeines —— 1
   I. Entstehungsgeschichte —— 2
   II. Inhalt und Zweck der Regelung —— 3
B. Kommentierung
   I. Anwendbarkeit der §§ 287 bis 292 (Absatz 1) —— 4
      1. Verwalteter AIF erlangt Kontrolle (Absatz 1 Nummer 1, 1. Variante) —— 5
      2. Verwaltete AIF erlangen gemeinsam Kontrolle (Absatz 1 Nummer 1, 2. Variante) —— 6
      3. Kooperierende AIF-Kapitalverwaltungsgesellschaft verwaltet AIF, der Kontrolle erlangt (Absatz 1 Nummer 2, 1. Variante) —— 7
      4. Kooperierende AIF-Kapitalverwaltungsgesellschaften verwalten AIF, die Kontrolle erlangen (Absatz 1 Nummer 2, 2. Variante) —— 8
   II. Ausschluss der Anwendbarkeit bei bestimmten Unternehmen (Absatz 2) —— 11
      1. Kleine und mittlere nicht börsennotierte Unternehmen —— 12
      2. Zweckgesellschaften —— 13
   III. Anwendbarkeit des § 289 im Falle von Minderheitsbeteiligungen (Absatz 3) —— 14
   IV. Anwendbarkeit der §§ 290 und 292 auf Unternehmen mit Sitz in der EU (Absatz 4) —— 15
   V. Anwendungsvorbehalt im Hinblick auf die Richtlinie 2002/14/EG (Absatz 5) —— 20

A. Allgemeines

§ 266 setzt die in Artikel 4 Absatz 1 Buchstabe t und Artikel 26 Absatz 1 bis 4 und 6 der AIFM-Richtlinie genannten Vorgaben um. **1**

Die Regelung legt fest, dass AIF-Kapitalverwaltungsgesellschaften, die AIF verwalten, die die Kontrolle über nicht börsennotierte Unternehmen und Emittenten erlangen, die in den §§ 287 bis 292 genannten besonderen Vorschriften zu beachten haben. Sie findet in erster Linie für Private-Equity-AIF Anwendung.

I. Entstehungsgeschichte

Die in den §§ 288 bis 292 enthaltenen Kontrollvorschriften nebst des in § 287 festgelegten Geltungsbereichs waren bereits Bestandteil des Diskussionsentwurfs zum KAGB, dort noch unter den §§ 256 ff. KAGB-E. § 287 wurde dabei nahezu inhaltsgleich, jedoch mit einigen formellen Änderungen, in die finale Fassung des KAGB aufgenommen. **2**

II. Inhalt und Zweck der Regelung

3   Bereits die im Diskussionsentwurf verwendete Überschrift der Regelung verdeutlicht, an welche Adressaten sich die Regelung hauptsächlich richtet. Mit Hilfe der in den §§ 288 bis 292 enthaltenen Vorschriften möchte der Gesetzgeber insbesondere Private-Equity-Fonds dazu verpflichten, bei Erlangung der Kontrolle über nicht börsennotierte Unternehmen bestimmte Publizitätserfordernisse zu beachten, um eine „heimliche" Änderung der wesentlichen Beteiligungsverhältnisse zu verhindern.

Damit dienen die Vorschriften vor allem dem Schutz der übrigen Beteiligten und auch dem Schutz des Rechtsverkehrs im Allgemeinen.

B. Kommentierung

I. Anwendbarkeit der §§ 287 bis 292 (Absatz 1)

4   Die in den §§ 288 ff. enthaltenen Kontrollvorschriften sind aufgrund der in Absatz 1 enthaltenen, abschließenden Aufzählung nur in vier Fällen anwendbar:

5   **1. Verwalteter AIF erlangt Kontrolle (Absatz 1 Nummer 1, 1. Variante).** Wenn eine AIF-Kapitalverwaltungsgesellschaft AIF verwaltet, die alleine die Kontrolle über ein nicht börsennotiertes Unternehmen erlangen.

6   **2. Verwaltete AIF erlangen gemeinsam Kontrolle (Absatz 1 Nummer 1, 2. Variante).** Wenn eine AIF-Kapitalverwaltungsgesellschaft AIF verwaltet, die gemeinsam aufgrund einer Vereinbarung die Kontrolle über ein nicht-börsennotiertes Unternehmen erlangen.

7   **3. Kooperierende AIF-Kapitalverwaltungsgesellschaft verwaltet AIF, der Kontrolle erlangt (Absatz 1 Nummer 2, 1. Variante).** Wenn eine AIF-Kapitalverwaltungsgesellschaft mit einer AIF-Kapitalverwaltungsgesellschaft aufgrund einer Vereinbarung zusammenarbeitet, gemäß der die von dieser AIF-Kapitalverwaltungsgesellschaft verwalteten AIF die Kontrolle über ein nicht börsennotiertes Unternehmen erlangen.

8   **4. Kooperierende AIF-Kapitalverwaltungsgesellschaften verwalten AIF, die Kontrolle erlangen (Absatz 1 Nummer 2, 2. Variante).** Wenn eine AIF-Kapitalverwaltungsgesellschaft mit mehreren AIF-Kapitalverwaltungsgesellschaften aufgrund einer Vereinbarung zusammenarbeitet, gemäß der die von diesen AIF-Kapitalverwaltungsgesellschaften verwalteten AIF die Kontrolle über ein nicht börsennotiertes Unternehmen erlangen.

„**Nicht börsennotierte Unternehmen**" sind nach § 1 Absatz 19 Nummer 27 solche Unternehmen, die ihren satzungsmäßigen Sitz in der Europäischen Union haben und deren Anteile im Sinne von Artikel 4 Absatz 1 Nummer 14 der MiFID-Richtlinie[1] nicht zum Handel an einem regulierten Markt zugelassen sind.

Der Begriff „**regulierter Markt**" ist gleichzusetzen mit dem Begriff „geregelter Markt", wie ihn die MiFID-RL verwendet. Ein „geregelter Markt" im Sinne des Artikel 4 Absatz 1 Nummer 14 MiFID-RL ist ein multilaterales System, das Angebot und Nachfrage

---

[1] Richtlinie 2004/39/EG des Europäischen Parlaments und des Rates vom 21. April 2004 über Märkte für Finanzinstrumente (ABl. L 145 v. 30.4.2004, S. 1).

beim Handel von Finanzinstrumenten innerhalb des Systems zusammenführt und diese Zusammenführung der Interessen aktiv fördert. Da der Begriff „geregelter Markt" bereits durch ein Marktsegment im Wertpapierhandel vergeben ist, hat der deutsche Gesetzgeber den Begriff als **„organisierten Markt"** bezeichnet. Das KAGB definiert den „organisierten Markt" als einen Markt, der anerkannt und für das Publikum offen ist und dessen Funktionsweise ordnungsgemäß ist, sofern nicht ausdrücklich etwas anderes bestimmt ist. Weswegen das KAGB an dieser Stelle keine einheitlichen Begriffe verwendet, ist unklar.

Wann ein AIF die „Kontrolle" über ein nicht börsennotiertes Unternehmen erlangt, regelt § 288 Absatz 1. Danach bedeutet **„Kontrolle"** im Falle nicht börsennotierter Unternehmen die Erlangung von mehr als 50% der Stimmrechte dieser Unternehmen. Ähnlich wie bei der Prüfung eines beherrschenden Einflusses zwischen Mutter- und Tochterunternehmen (§ 290 Abs. 2 HGB) stellt der Gesetzgeber eine unwiderlegbare Regelvermutung auf, die sich an der Stimmrechtsverteilung innerhalb der Gesellschaft orientiert. Hinsichtlich der Berechnung des Anteils an Stimmrechten gilt § 288 Absatz 2. 9

Bei dem in Absatz 1 Nummer 2 verwendeten Wort „zusammenarbeiten" handelt es sich um einen unbestimmten Rechtsbegriff. An die „Zusammenarbeit" sind jedoch keine formellen Voraussetzungen zu knüpfen. Um dem Gesetzeszweck Rechnung zu tragen, ist eine faktische Kooperation bereits ausreichend. 10

II. Ausschluss der Anwendbarkeit bei bestimmten Unternehmen (Absatz 2)

Nach Absatz 2 sind die Kontrollvorschriften der §§ 287 bis 292 jedoch nicht ausnahmslos auf alle nicht börsennotierten Unternehmen anzuwenden. 11

1. Kleine und mittlere nicht börsennotierte Unternehmen. Vielmehr gelten sie nicht, wenn es sich bei dem nicht börsennotierten Unternehmen um ein kleineres oder mittleres Unternehmen handelt. Der **Begriff des „kleinen" oder „mittleren" Unternehmens** ist der Definition der Kleinstunternehmen sowie der kleinen und mittleren Unternehmen zu entnehmen, welche die Europäische Kommission aufgestellt hat.[2] Nach Artikel 2 Absatz 1 des Anhangs wird ein **„kleines Unternehmen"** definiert als ein Unternehmen, das weniger als 50 Mitarbeiter beschäftigt und dessen Umsatz oder Jahresbilanz 10 Mio. € nicht überschreiten. Bei einem **„mittleren Unternehmen"** handelt es sich um ein Unternehmen, das weniger als 250 Mitarbeiter beschäftigt und dessen Umsatz 50 Mio. € oder dessen Jahresbilanz 43 Mio. € nicht überschreiten. 12

2. Zweckgesellschaften. Ferner sind die §§ 287 bis 292 nicht anzuwenden, wenn es sich bei dem nicht-börsennotierten Unternehmen um eine Zweckgesellschaft für den Erwerb, den Besitz oder die Verwaltung von Immobilien handelt. 13

Was als **„Zweckgesellschaft"** gilt, ist dem KAGB nicht zu entnehmen. Der Begriff wird jedoch in § 290 Absatz 2 Nummer 4 HGB legaldefiniert. Danach handelt es sich bei einer Zweckgesellschaft um ein Unternehmen, das zur Erreichung eines eng begrenzten und genau definierten Ziels des Mutterunternehmens dient.

---

[2] Empfehlung 2003/361/EG der Kommission vom 6. Mai 2003 betreffend die Definition der Kleinstunternehmen sowie der kleinen und mittleren Unternehmen (ABl. 124 v. 20.5.2003).

§ 287 —— Geltungsbereich

III. Anwendbarkeit des § 289 im Falle von Minderheitsbeteiligungen (Absatz 3)

14 § 289 verpflichtet die AIF-Kapitalverwaltungsgesellschaft zur Mitteilung gegenüber der BaFin, wenn ein von ihr verwalteter AIF die Kontrolle über ein nicht börsennotiertes Unternehmen erlangt.

Nach Absatz 3 soll diese Mitteilungspflicht auch auf AIF-Kapitalverwaltungsgesellschaften anwendbar sein, die solche AIF verwalten, die eine Minderheitsbeteiligung an einem nicht börsennotierten Unternehmen erlangen.

Was eine **Minderheitsbeteiligung** ist, besagen die §§ 287 ff. nicht. Eine Legaldefinition dieses Begriffs enthält dagegen § 234 Absatz 2. Danach liegt eine Minderheitsbeteiligung vor, wenn die sich beteiligende Gesellschaft nicht die für eine Änderung der Satzung erforderliche Stimmen- und Kapitalmehrheit hat.

Nach § 289 Absatz 5 muss die Mitteilung gegenüber der BaFin so rasch wie möglich, aber nicht später als zehn Arbeitstage nach dem Tag, an dem der AIF die entsprechende Kontrolle oder Minderheitsbeteiligung erlangt hat, erfolgen. Die Formulierung „**so rasch wie möglich**" ist gleichzusetzen mit der Bedeutung des Begriffs „unverzüglich" im Sinne des § 121 Absatz 1 BGB. Die Mitteilung muss seitens der KVG ohne schuldhaftes Zögern bzw. in der o.g. Frist von zehn Arbeitstagen nach dem Erwerb der Beteiligung gegenüber der BaFin erfolgen.

IV. Anwendbarkeit der §§ 290 und 292 auf Unternehmen mit Sitz in der EU (Absatz 4)

15 Nach Absatz 4 sind die in § 290 Absatz 1 bis 3 sowie in § 292 enthaltenen Regelungen auch auf AIF-Kapitalverwaltungsgesellschaften anzuwenden, die AIF verwalten, die die Kontrolle über einen Emittenten im Sinne des Artikels 2 Absatz 1 Buchstabe d der europäischen Transparenzrichtlinie[3] erlangen. Ursprünglich beschränkte sich der Adressatenkreis der Regelung auf AIF-Kapitalverwaltungsgesellschaften, deren verwaltete AIF ihren Sitz in der Europäischen Union haben. Durch das KAGB-Reparaturgesetz[4] wurde der Geltungsbereich auch auf andere Vertragsstaaten des Abkommens über den Europäischen Wirtschaftsraum erweitert.

„**Emittent**" im Sinne des Artikel 2 Absatz 1 Buchstabe d der Transparenzrichtlinie ist jede juristische Person des privaten oder öffentlichen Rechts innerhalb der EU, einschließlich eines Staates, deren Wertpapiere zum Handel an einem geregelten Markt zugelassen sind, wobei im Falle von Zertifikaten, die Wertpapiere vertreten, als Emittent der Emittent der vertretenen Wertpapiere gilt. Bei der Übernahme der Kontrolle über derartige Unternehmen durch einen von ihr verwalteten AIF muss die AIF-Kapitalverwaltungsgesellschaft die in § 290 Absatz 1 bis 3 enthaltenen Offenlegungspflichten sowie die in § 292 enthaltenen Vorschriften zur Vermeidung der Zerschlagung des Unternehmens beachten.

16 **§ 290 Absatz 1** beschreibt den Adressaten der Offenlegungspflicht. Danach erfolgt die Offenlegung der Übernahme der Kontrolle durch die AIF-Kapitalverwaltungsgesellschaft gegenüber dem übernommenen Unternehmen, dessen Anteilseignern sowie gegenüber der BaFin.

---

3 Richtlinie 2004/109/EG des Europäischen Parlaments und des Rates v. 15.12.2004 zur Harmonisierung der Transparenzanforderungen in Bezug auf Informationen über Emittenten, deren Wertpapiere zum Handel auf einem geregelten Markt zugelassen sind, und zur Änderung der Richtlinie 2001/34/EG.
4 Entwurf eines Gesetzes zur Anpassung von Gesetzen auf dem Gebiet des Finanzmarktes s. BTDrucks. 18/1305.

Den Umfang der offenzulegenden Informationen regelt § 290 Absatz 2. Hierzu gehört unter anderem die Identität der die erwerbenden AIF verwaltenden AIF-Kapitalverwaltungsgesellschaften, deren Grundsätze zur Vermeidung und Steuerung von Interessenskonflikten sowie eine Beschreibung der Grundsätze der internen und externen Kommunikation des erworbenen Unternehmens. 17

§ 290 Absatz 3 besagt, dass mit der Offenlegung gegenüber dem erworbenen Unternehmen dessen Vorstand ersucht werden soll, die in § 290 Absatz 2 enthaltenen Informationen den Arbeitnehmern entweder unmittelbar oder über Arbeitnehmervertreter bekannt zu machen. 18

§ 292 verpflichtet die AIF-Kapitalverwaltungsgesellschaft, innerhalb von 24 Monaten nach Übernahme der Kontrolle oder einer Minderheitsbeteiligung durch den jeweiligen AIF, bestimmte Kapitalmaßnahmen unter dessen Beteiligung zu unterlassen. Hierdurch soll die Zerschlagung des Unternehmens, dessen Anteile erworben wurden, vermieden werden. 19

V. Anwendungsvorbehalt im Hinblick auf die Richtlinie 2002/14/EG (Absatz 5)

Nach Absatz 5 gelten die §§ 287 bis 292 nur, soweit in Artikel 6 der Richtlinie 2002/14/EG[5] keine Bedingungen oder Beschränkungen enthalten sind, die der Anwendung entgegenstehen. 20

Artikel 6 der Richtlinie 2002/14/EG begrenzt den nach §§ 287 bis 292 erforderlichen Informationsfluss. Nach Absatz 1 müssen die Mitgliedstaaten in einzelstaatlichen Rechtsvorschriften regeln, dass es den Arbeitnehmervertretern und den sie etwaig unterstützenden Sachverständigen untersagt ist, als vertraulich mitgeteilte Informationen an Arbeitnehmer oder Dritte weiterzugeben. Nach Absatz 2 kann der Arbeitgeber in besonderen Fällen von der Unterrichtungs- und/oder Anhörungspflicht entbunden werden. Die Entbindung setzt voraus, dass die Unterrichtung bzw. Anhörung nach objektiven Kriterien die Tätigkeit des Unternehmens erheblich beeinträchtigen oder dem Unternehmen schaden kann.

§ 288
Erlangen von Kontrolle

i.d.F. des KAGB v. 4.7.2013 (BGBl. I 2013, 1981)

(1) Für die Zwecke der §§ 287 bis 292 bedeutet Kontrolle im Fall nicht börsennotierter Unternehmen die Erlangung von mehr als 50 Prozent der Stimmrechte dieser Unternehmen.

(2) Bei der Berechnung des Anteils an den Stimmrechten, die von den entsprechenden AIF gehalten werden, werden zusätzlich zu von dem betreffenden AIF direkt gehaltenen Stimmrechten auch die folgenden Stimmrechte berücksichtigt, wobei die Kontrolle gemäß Absatz 1 festgestellt wird:
1. **von Unternehmen, die von dem AIF kontrolliert werden, und**
2. **von natürlichen oder juristischen Personen, die in ihrem eigenen Namen, aber im Auftrag des AIF oder eines vom AIF kontrollierten Unternehmens handeln.**

---

5 Richtlinie 2002/14/EG des Europäischen Parlaments und des Rates v. 11.3.2004 zur Festlegung eines allgemeinen Rahmens für die Unterrichtung und Anhörung der Arbeitnehmer in der Europäischen Gemeinschaft.

Der Anteil der Stimmrechte wird ausgehend von der Gesamtzahl der mit Stimmrechten versehenen Anteile berechnet, auch wenn die Ausübung dieser Stimmrechte ausgesetzt ist.

(3) Kontrolle in Bezug auf Emittenten wird für die Zwecke der §§ 290 und 292 gemäß Artikel 5 Absatz 3 der Richtlinie 2004/25/EG des Europäischen Parlaments und des Rates vom 21. April 2004 betreffend Übernahmeangebote (ABl. L 142 vom 30.4.2004, S. 12) definiert.

Systematische Übersicht

A. Allgemeines —— 1
   I. Entstehungsgeschichte —— 2
   II. Inhalt und Zweck der Regelung —— 3
B. Kommentierung
   I. Begriff der Kontrolle (Absatz 1) —— 4
   II. Berechnung des Anteils an Stimmrechten (Absatz 2) —— 5
   III. Begriff der Kontrolle in Bezug auf Emittenten (Absatz 3) —— 6

A. Allgemeines

1   Die Regelung enthält neben einer Erläuterung des Begriffs „Kontrolle" auch Hinweise zu der diesbezüglichen Berechnung des Anteils an den Stimmrechten.
§ 288 setzt damit Artikel 26 Absatz 5 der AIFM-Richtlinie um.

I. Entstehungsgeschichte

2   Im ersten Entwurf des KAGB befand sich die Vorschrift noch unter § 257. Inhaltlich ist sie jedoch unverändert in die finale Fassung übernommen worden und setzt so Artikel 26 Absatz 5 der AIFM-Richtlinie um.

II. Inhalt und Zweck der Regelung

3   Für die Zwecke der §§ 287 bis 292 definiert die Regelung, unter welchen Voraussetzungen von der Erlangung der Kontrolle über ein nicht börsennotiertes Unternehmen auszugehen ist.

Der Zweck der Regelung und ihrer benachbarten Vorschriften besteht darin, die heimliche Übernahme von nicht börsennotierten Unternehmen durch inländische geschlossene Spezial-AIF, vorwiegend in Gestalt von Private-Equity-Fonds, zu vermeiden.

B. Kommentierung

I. Begriff der Kontrolle (Absatz 1)

4   Nach Absatz 1 übernimmt derjenige die Kontrolle über ein nicht börsennotiertes Unternehmen, der mehr als 50 Prozent der Stimmrechte daran erlangt (ähnlich § 290 Abs. 2 HGB).

Bei einem „**Stimmrecht**" handelt es sich um die Befugnis des Mitglieds einer Gesellschaft zur Teilnahme an der Willensbildung durch Beschlüsse. Die Ausübung des Stimmrechts erfolgt in der Regel im Rahmen der Gesellschafter- bzw. Hauptversammlung. Stimmrechte gewähren Nennwertaktien nach ihrem Nennwert, Stückaktien nach der Zahl der Stücke.[1]

---

[1] Ebenroth/Boujong/Joost/Strohn/*Goette* HGB, § 119 Rn. 8–9.

II. Berechnung des Anteils an Stimmrechten (Absatz 2)

Absatz 2 enthält Hinweise für die Berechnung des Anteils an Stimmrechten. 5
Danach sind zusätzlich zu den von dem betroffenen AIF direkt gehaltenen auch Stimmrechte
a) von Unternehmen, die von dem betroffenen AIF kontrolliert werden sowie
b) von natürlichen und juristischen Personen, die in ihrem eigenen Namen, aber im Auftrag des betroffenen AIF oder eines von dem AIF kontrollierten Unternehmens

mit in die Berechnung des gesamten Stimmrechtsanteils einzubeziehen. Ob die Ausübung eines einzelnen Stimmrechts ausgesetzt ist, ist für die Berechnung irrelevant. Maßgebend ist die Zahl aller Stimmrechte, die der betreffende AIF mittel- oder unmittelbar hält.

III. Begriff der Kontrolle in Bezug auf Emittenten (Absatz 3)

Nach Absatz 3 wird Kontrolle in Bezug auf einen Emittenten hinsichtlich der §§ 290 6
und 292 gemäß Artikel 5 Absatz 3 der Richtlinie 2004/25/EG definiert. Die Regelung ist erforderlich, da die §§ 290 bis 292 nicht nur Publizitätspflichten vorsehen, wenn ein AIF die Kontrolle über ein nicht börsennotiertes Unternehmen erlangt, sondern auch bei Erlangung der Kontrolle über einen Emittenten.

„**Emittent**" im Sinne der AIFM-RL[2] ist jeder Emittent im Sinne von Artikel 2 Absatz 1 Buchstabe d der Richtlinie 2004/109/EG, der seinen satzungsmäßigen Sitz in der Union hat, und dessen Wertpapiere im Sinne von Artikel 4 Absatz 1 Nummer 14 der MiFID zum Handel auf einem geregelten Markt zugelassen sind. „Emittent" im Sinne von Art. 2 Absatz 1 Buchstabe d der Richtlinie 2004/109/EG (sog. „Transparenzrichtlinie") ist eine juristische Person des privaten oder öffentlichen Rechts, einschließlich eines Staates, deren Wertpapiere zum Handel an einem geregelten Markt zugelassen sind, wobei im Falle von Zertifikaten, die Wertpapiere vertreten, als Emittent der Emittent der vertretenen Wertpapiere gilt.

Artikel 5 Absatz 3 der Richtlinie 2004/25/EG (sog. „Übernahmerichtlinie") besagt schließlich, dass der prozentuale Anteil der Stimmechte, der eine Kontrolle begründet, sowie die Art der Berechnung dieses Anteils sich nach den Vorschriften desjenigen Mitgliedstaats richten, in dem die Gesellschaft ihren Sitz hat. Steht der Kontrollerwerb bei einem Emittenten durch einen AIF in Frage, kommt es für die Berechnung des prozentualen Anteils der Stimmrechte somit auf das Recht des Sitzstaates des Emittenten an.

§ 289
Mitteilungspflichten

(1) Die AIF-Kapitalverwaltungsgesellschaft unterrichtet die Bundesanstalt, wenn der Anteil der Stimmrechte des nicht börsennotierten Unternehmens, der von dem AIF gehalten wird, durch Erwerb, Verkauf oder Halten von Anteilen an dem nicht börsennotierten Unternehmen die Schwellenwerte von 10 Prozent, 20 Prozent, 30 Prozent, 50 Prozent und 75 Prozent erreicht, überschreitet oder unterschreitet.

(2) Erlangt ein AIF allein oder gemeinsam mit anderen AIF die Kontrolle über ein nicht börsennotiertes Unternehmen gemäß § 287 Absatz 1 in Verbindung mit

---

[2] Art. 4 Absatz 1 Buchstabe t.

§ 288 Absatz 1, informiert die AIF-Kapitalverwaltungsgesellschaft die folgenden Stellen über den Kontrollerwerb:
1. das nicht börsennotierte Unternehmen,
2. die Anteilseigner, soweit deren Identität und Adresse der AIF-Kapitalverwaltungsgesellschaft
   a) vorliegen,
   b) von dem nicht börsennotierten Unternehmen zur Verfügung gestellt werden können oder
   c) über ein Register, zu dem die AIF-Kapitalverwaltungsgesellschaft Zugang hat oder erhalten kann, zur Verfügung gestellt werden können und
3. die Bundesanstalt.

(3) Die Mitteilung nach Absatz 2 erhält die folgenden zusätzlichen Angaben:
1. die sich hinsichtlich der Stimmrechte ergebende Situation,
2. die Bedingungen, unter denen die Kontrolle erlangt wurde, einschließlich Nennung der einzelnen beteiligten Anteilseigner, der zur Stimmabgabe in ihrem Namen ermächtigten natürlichen oder juristischen Personen und gegebenenfalls der Beteiligungskette, über die die Stimmrechte tatsächlich gehalten werden,
3. das Datum, an dem die Kontrolle erlangt wurde.

(4) In seiner Mitteilung nach Absatz 2 Nummer 1 ersucht die AIF-Kapitalverwaltungsgesellschaft den Vorstand des Unternehmens, entweder die Arbeitnehmervertreter oder, falls es keine solchen Vertreter gibt, die Arbeitnehmer selbst unverzüglich von der Erlangung der Kontrolle durch den AIF und von den Informationen gemäß Absatz 3 in Kenntnis zu setzen. Die AIF-Kapitalverwaltungsgesellschaft bemüht sich nach besten Kräften sicherzustellen, dass der Vorstand entweder die Arbeitnehmervertreter oder, falls es keine solchen Vertreter gibt, die Arbeitnehmer selbst ordnungsgemäß informiert.

(5) Die Mitteilungen gemäß den Absätzen 1, 2 und 3 werden so rasch wie möglich, aber nicht später als zehn Arbeitstage nach dem Tag, an dem der AIF die entsprechende Schwelle erreicht, über- oder unterschritten hat oder die Kontrolle über das nicht börsennotierte Unternehmen erlangt hat, gemacht.

Schrifttum

Burgard/Heimann Das neue Kapitalanlagegesetzbuch, WM **2014** 821; *Eidenmüller* Regulierung von Finanzinvestoren, DStR **2007** 2116; *Grohmann* Das Informationsmodell im Europäischen Gesellschaftsrecht, 2006; *Hägele* Praxisrelevante Probleme der Mitteilungspflichten nach §§ 20, 21 AktG, NZG **2000** 726; *van Kann/Redeker/Keiluweit* Überblick über das Kapitalanlagergesetzbuch (KAGB), DStR **2013** 1483; *Kramer/Recknagel* Die AIFM-Richtlinie – Neuer Rechtsrahmen für die Verwaltung alternativer Investmentfonds, DB **2011** 2077; *Möllers/Harrer/Krüger* Die Regelung von Hedgefonds und Private Equity durch die neue AIFM-Richtlinie, WM **2011** 1537; *Reichold* Durchbruch zu einer europäischen Betriebsverfassung – Die Rahmen-Richtlinie 2002/EG/14 zur Unterrichtung und Anhörung der Arbeitnehmer, NZA **2003** 289; *Seibert/Wedemann* Der Schutz der Privatanschrift im elektronischen Handels- und Unternehmensregister, GmbHR **2007** 17; *Ulrici* Geschäftsähnliche Handlungen, NJW **2003** 2053; *Viciano-Gofferje* Neue Transparenzanforderungen für Private Equity Fonds nach dem Kapitalanlagegesetzbuch, BB **2013** 2506; *Volhard/Qalqili* Private Equity und AIFM-Richtlinie, Corporate Finance Law **2014** 202; *Wansleben* Derivative Finanzinstrumente und Meldepflichten nach dem WpHG, StudZR **2009** 465; *Weitnauer* Das Übernahmesonderrecht des KAGB und seine Auswirkungen auf die Private-Equity-Branche, AG **2013** 672; *Zetzsche* Anteils- und Kontrollerwerb an Zielgesellschaften durch Verwalter alternativer Investmentfonds, NZG **2012** 1164.

Systematische Übersicht

A. Überblick —— 1
B. Entstehungsgeschichte —— 3
C. Normzweck —— 4
D. Unterrichtung der BaFin bei Veränderungen der Beteiligungshöhe (Abs. 1) —— 10
   I. Voraussetzungen der Unterrichtungspflicht —— 11
      1. AIF-Kapitalverwaltungsgesellschaft als Unterrichtungspflichtige —— 11
      2. Beteiligung an einem nicht börsennotierten Unternehmen —— 15
      3. Berührung der Schwellenwerte —— 18
         a) Erwerb, Verkauf oder Halten von Anteilen —— 19
         b) Berechnung des Anteils der Stimmrechte —— 23
   II. Rechtsfolge: Unterrichtungspflicht —— 27
      1. BaFin als Unterrichtungsadressatin —— 27
      2. Inhalt der Unterrichtung —— 29
      3. Form der Unterrichtung —— 31
      4. Unterrichtungsfrist —— 32
E. Informationspflichten bei Kontrollerlangung (Abs. 2–4) —— 33
   I. Voraussetzungen der Mitteilungspflicht —— 34
   II. Rechtsfolge: Mitteilungspflicht —— 36
      1. Mitteilungsadressaten —— 36
         a) Zielgesellschaft (Abs. 2 Nr. 1) —— 37
         b) Anteilseigner der Zielgesellschaft (Abs. 2 Nr. 2) —— 38
         c) BaFin (Abs. 2 Nr. 3) —— 42
         d) Arbeitnehmer (Abs. 4) —— 43
      2. Inhalt der Mitteilung —— 50
      3. Form der Mitteilung —— 55
      4. Mitteilungsfrist —— 56
F. Rechtzeitigkeit der Information (Abs. 5) —— 57
G. Rechtsfolgen bei Verstößen gegen die Unterrichtungs- bzw. Mitteilungspflicht —— 60

A. Überblick

§ 289 statuiert Informationspflichten der AIF-Kapitalverwaltungsgesellschaft bei Veränderungen des von dem AIF gehaltenen Anteils an nicht börsennotierten Unternehmen. Diese Informationspflichten entstehen zum einen, wenn der Anteil des AIF an einem nicht börsennotierten Unternehmen bestimmte Schwellenwerte erreicht, überschreitet oder unterschreitet (Abs. 1), und zum anderen, wenn der AIF allein oder gemeinsam mit anderen AIF die Kontrolle über ein nicht börsennotiertes Unternehmen gem. § 287 Abs. 1 i.V.m. § 288 Abs. 1 erlangt (Abs. 2–4). **1**

Das Erreichen, Überschreiten oder Unterschreiten von Schwellenwerten hat gem. Abs. 1 lediglich eine Unterrichtungspflicht gegenüber der BaFin zur Folge. Inhaltliche Vorgaben, die über ein bloßes „In-Kenntnis-setzen" hinausgehen, enthält Abs. 1 nicht. Dagegen besteht bei Erlangung der Kontrolle gem. Abs. 2 eine Pflicht zur Mitteilung nicht nur gegenüber der BaFin, sondern auch gegenüber dem nicht börsennotierten Unternehmen und dessen Anteilseignern; ferner mittelbar gegenüber dessen Arbeitnehmervertretern bzw. Arbeitnehmern (Abs. 4). Zudem erschöpft sich die Mitteilung nicht in einem bloßen „In-Kenntnis-setzen", sondern muss bestimmte inhaltliche Angaben (Abs. 3) enthalten. Sowohl im Falle von Abs. 1 als auch im Falle von Abs. 2–4 muss die Information spätestens zehn Arbeitstage nach dem Eintritt des Ereignisses erfolgen, das die Informationspflicht auslöst (Abs. 5). **2**

B. Entstehungsgeschichte

3   Durch § 289 wird Art. 27 AIFM-Richtlinie in deutsches Recht umgesetzt.[1] Beide Normen sind identisch aufgebaut. Die deutsche Fassung von Art. 27 Abs. 2 AIFM-Richtlinie (Mitteilungspflicht bei Kontrollerlangung) ist allerdings missverständlich formuliert. Dort heißt es:

> „Die Mitgliedstaaten schreiben vor, dass, wenn ein AIF allein oder gemeinsam[2] die Kontrolle über ein nicht börsennotiertes Unternehmen gemäß Artikel 26 Absatz 1 in Verbindung mit Absatz 5 des genannten Artikels erlangt, der AIFM, der den betreffenden AIF verwaltet, *Folgendes in Bezug auf den Kontrollerwerb durch den AIF mitteilt:*
> a)   das nicht börsennotierte Unternehmen;
> b)   die Anteilseigner (...); und
> c)   die zuständigen Behörden des Herkunftsmitgliedstaats des AIFM."

Das börsennotierte Unternehmen, die Anteilseigner und die zuständige Behörde sind aber nicht Gegenstand, sondern Adressaten der von dem AIFM zu übermittelnden Informationen. Dies ist aus den übrigen Sprachfassungen der Richtlinie klar ersichtlich. Der deutsche Gesetzgeber hat daher Art. 27 Abs. 2 der AIFM-Richtlinie korrekt umgesetzt, indem er für den Fall der Kontrollerlangung eine Informationspflicht der AIF-Kapitalverwaltungsgesellschaft *gegenüber* den in Abs. 2 Nr. 1–3 genannten Adressaten normiert hat.

C. Normzweck

4   § 289 dient der Umsetzung von Art. 27 AIFM-Richtlinie und ist wegen der unionsrechtlichen Verpflichtung der europäischen Mitgliedstaaten zur Umsetzung von Richtlinien in nationales Recht[3] rechtspolitisch alternativlos. Ein über die Erfüllung der Umsetzungspflicht hinausgehender Normzweck des § 289 bzw. ein Normzweck des zugrunde liegenden Art. 27 AIFM-Richtlinie ist allerdings nur schwer ergründbar. Die Anteilseigner von Gesellschaften sind aufgrund ihrer eigenen vielfältigen Informationsbedürfnisse typischerweise Informationsadressaten; dass ihnen gesetzliche Informationspflichten auferlegt werden, ist eher die Ausnahme als die Regel[4] und bedarf daher näherer Begründung.

5   Vordergründig dienen die in Art. 27 AIFM-Richtlinie statuierten Informationspflichten der Transparenz bei einer Veränderung der Beteiligungshöhe bzw. beim Kontrollerwerb durch AIF;[5] daneben wird die Regelung ganz allgemein auf das Bedürfnis nach einer stärkeren Regulierung und Kontrolle von Investmentfonds und ihren Managern durch die zuständigen mitgliedstaatlichen Aufsichtsbehörden zurückgeführt.[6] In Erwägungsgrund 52 der AIFM-Richtlinie heißt es dazu, es müsse sichergestellt werden, dass die zuständigen Behörden des Herkunftsmitgliedstaats des AIFM, die Unternehmen, über die die von einem AIFM verwalteten AIF Kontrolle ausüben, und die Beschäftigten

---

1   Zur Entstehungsgeschichte von Art. 27 AIFM-Richtlinie s. Dornseifer/Jesch/Klebeck/Tollmann/*Bärenz/Käpplinger* AIFM, Art. 27 Rn. 1 f.
2   D.h. gemeinsam mit einem anderen AIF.
3   Zur unionsrechtlichen Grundlage der Umsetzungsverpflichtung siehe EuGH 18.12.1997 Slg. **1997** I-7411 Rn. 40; Calliess/Ruffert/*Ruffert* EUV/AEUV, Art. 288 AEUV Rn. 23; Grabitz/Hilf/Nettesheim/*Nettesheim* EUV/AEUV, Art. 288 AEUV Rn. 114.
4   Vgl. *Grohmann* Informationsmodell, S. 77 ff.
5   Dornseifer/Jesch/Klebeck/Tollmann/*Bärenz/Käpplinger* AIFM, Art. 27 Rn. 4.
6   *Viciano-Gofferje* BB **2013** 2506, 2510.

dieser Unternehmen über die Informationen verfügen, die erforderlich sind, damit die Unternehmen beurteilen können, wie sich diese Kontrolle auf ihre Situation auswirkt.

Dass die von einer Kontrollerlangung durch AIF Betroffenen in die Lage versetzt werden sollen, beurteilen zu können, wie sich die Kontrolle auf ihre Situation auswirkt, kann allenfalls die Mitteilungspflichten im Falle eines Kontrollerwerbs gem. Abs. 2–4 erklären, nicht aber die Unterrichtungspflichten gegenüber der BaFin bei Veränderungen der Beteiligungshöhe gem. Abs. 1, die nicht nur beim Erwerb von Anteilen im Zusammenhang mit einem (späteren oder gleichzeitigen) Kontrollerwerb bestehen, sondern auch bei Erlangung einer bloßen Minderheitsbeteiligung durch AIF (§ 287 Abs. 3). Das im Zuge der rechtspolitischen Aufarbeitung der Finanzkrise identifizierte abstrakte Bedürfnis nach Regulierung von Investmentfonds zum Zweck einer konkreten Regulierung zu erklären, erscheint tautologisch. Auch vermag der lapidare Hinweis auf Transparenz die Frage nach dem Normzweck nicht befriedigend zu beantworten. Denn die Herstellung von Transparenz ist kein Selbstzweck, sondern lediglich ein regulatorisches Mittel zur Realisierung eines übergeordneten Regelungszwecks. Worin ein solcher Regelungszweck bei § 289 bzw. bei Art. 27 AIFM-Richtlinie bestehen soll, ist aber unklar. **6**

Der Versuch einer Zweckbestimmung in Anlehnung an andere kapitalmarkt- oder gesellschaftsrechtlich normierte Informationspflichten, insbesondere §§ 21 ff. WpHG und §§ 20, 21 AktG, scheitert aus verschiedenen Gründen. Anders als bei den Informationspflichten nach § 21 WpHG kommt ein verbesserter Schutz von Anlegern durch Transparenz und eine Stärkung des Vertrauens der Anleger in den Kapitalmarkt[7] als Normzweck von vornherein nicht in Betracht, da die Anteile nicht börsennotierter Unternehmen, die § 289 betrifft, nicht an institutionalisierten Kapitalmärkten gehandelt werden und für eine erhöhte Schutzbedürftigkeit von sonstigen Anteilseignern der Zielgesellschaft daher nichts ersichtlich ist.[8] Etwas anderes gilt lediglich insoweit, als § 289 auch bei Unternehmen Anwendung findet, die außerhalb eines organisierten Marktes börsennotiert sind (s. unten Rn. 16); allerdings ist ein geringeres Maß an Regulierung und damit an Anlegerschutz für den Freiverkehr gerade kennzeichnend. Auch den Normzweck von § 20 AktG, Aktionäre, Gläubiger und die Öffentlichkeit besser über geplante und bestehende Konzernverbindungen zu unterrichten,[9] können § 289 und Art. 27 AIFM-Richtlinie nicht für sich in Anspruch nehmen, da zumindest die Informationspflichten nach Abs. 1 unabhängig von einem Erwerb von Kontrolle oder von beherrschendem Einfluss durch den AIF bestehen und zudem bei nicht börsennotierten Zielgesellschaften die Informationspflichten gem. §§ 20, 21 AktG neben den Informationspflichten des § 289 weiterhin zur Anwendung kommen. **7**

Der entscheidende Unterschied sowohl zu §§ 21 ff. WpHG als auch zu §§ 20, 21 AktG besteht aber darin, dass die Informationspflichten nach § 289 und Art. 27 AIFM-Richtlinie nicht in dem bloßen Umstand des Beteiligungserwerbs oder der Kontrollerlangung als solchem oder in der Börsennotierung der Anteile begründet sind, mithin in der Sphäre der Zielgesellschaft liegen. Sondern sie liegen in der Sphäre des Erwerbers, da sie ausschließlich dadurch begründet und ausgelöst werden, dass die Beteiligung durch ge- **8**

---

[7] MüKoAktG/*Bayer* § 21 WpHG Rn. 1; Assmann/Schneider/*Schneider* WpHG, Vor § 21 Rn. 19; *Wansleben* StudZR **2009** 465, 483; vgl. auch Erwägungsgründe Nr. 30 ff. der Richtlinie 2001/34/EG des Europäischen Parlaments und des Rates v. 29.5.2001 über die Zulassung von Wertpapieren zur amtlichen Börsennotierung und über die hinsichtlich dieser Wertpapiere zu veröffentlichenden Informationen, ABl. EG Nr. L 184 v. 6.7.2001, S. 1.
[8] Vgl. auch *Möllers/Harrer/Krüger* WM **2011** 1537, 1541: „kein schützenswerter Markt vorhanden".
[9] BGH 22.4.1991 BGHZ **114** 203, 215; MüKoAktG/*Bayer* § 20 Rn. 1; *Hägele* NZG **2000** 726, 727.

schlossene Spezial-AIF[10] erworben wird; dabei wird es sich in der Praxis vor allem um Private Equity Fonds und um Hedgefonds handeln.[11] Der Erwerb von Beteiligungen an nicht börsennotierten Gesellschaften durch andere Investoren löst, unabhängig von einer tatsächlichen oder angestrebten Kontrollerlangung, keine entsprechenden Informationspflichten aus; hier bleibt es bei Zielgesellschaften in der Rechtsform der Aktiengesellschaft[12] bei den Mitteilungspflichten nach § 20 Abs. 1 AktG, die – dem konzernrechtlichen Regelungszweck entsprechend – nur greifen, wenn der Investor ein Unternehmen ist und bestimmte, vergleichsweise hoch angesiedelte Beteiligungsschwellen überschritten werden. Die Informationspflichten lassen sich daher nicht durch ein allgemeines Bedürfnis nach Transparenz im Hinblick auf die Beteiligungssituation erklären – dann wären sie nämlich rechtssystematisch in §§ 20 ff. AktG zu verorten (bzw. es müssten vergleichbare Vorschriften für Zielgesellschaften anderer Rechtsform geschaffen werden) und sie müssten für alle Investoren gleichermaßen gelten. Sie sind vielmehr ausschließlich durch ein weitreichendes und zugleich unspezifisches Misstrauen gegenüber der Private Equity Branche zu begründen;[13] die Investitionstätigkeit von Private Equity Fonds wird offenbar als Bedrohung für die Zielgesellschaften und deren *Stakeholder* empfunden, die eine gesonderte Information sowohl der BaFin als auch der von einem Kontrollerwerb Betroffenen – der Zielgesellschaft und deren Anteilseignern und Arbeitnehmer(vertretern)[14] – erforderlich macht. Ob dieses Unbehagen und die daraus resultierende massive Ungleichbehandlung von Private Equity-Investoren gegenüber sonstigen Investoren (insbes. Banken, Wettbewerbern, vermögenden Privatinvestoren)[15] rational begründbar ist[16] oder die (europäische) Gesetzgebung hier eher emotionalen Reflexen und Ressentiments folgt, die nach der Finanzkrise dem politischen Zeitgeist entsprechen, mag an dieser Stelle dahinstehen. Wenn es um die Eindämmung vermeintlicher Gefahren geht, die von dem Beteiligungs- bzw. Kontrollerwerb durch eine bestimmte Sorte von Investoren ausgehen, ist die Statuierung bloßer Informationspflichten jedenfalls ein stumpfes Schwert, da nicht ersichtlich ist, welchen konkreten Beitrag sie zur Vermeidung der mit dem Beteiligungserwerb durch Private Equity-Investoren typischerweise assoziierten Risiken und von schädlichen Praktiken im Einzelfall leisten können. Dies gilt sowohl für die Informationspflichten gegenüber der BaFin als auch für jene gegenüber der Zielgesellschaft, da es für etwaige Abwehrmaßnahmen bei Zugang der Mitteilung längst zu spät ist.

---

10   Die §§ 287 ff. gelten für geschlossene inländische Spezial-AIF, finden über die Verweisung des § 261 Abs. 7 aber auch auf geschlossene inländische Publikums-AIF Anwendung; krit. dazu *Weitnauer* AG **2013** 672, 674.
11   *Viciano-Gofferje* BB **2013** 2506; *Weitnauer* AG **2013** 672, 673. Hedgefonds sind gem. § 283 allgemeine offene Spezial-AIF nach § 282, deren Anlagebedingungen mindestens eine der folgenden Bedingungen vorsehen: (i) den Einsatz von Leverage in beträchtlichem Umfang oder (ii) den Verkauf von Vermögensgegenständen für gemeinschaftliche Rechnung der Anleger, die im Zeitpunkt des Geschäftsabschlusses nicht zum AIF gehören (Leerverkauf). Aufgrund der Verweisung auf § 282 gilt für den Erwerb von Minderheitsbeteiligungen an einem nicht börsennotierten Unternehmen durch einen Hedgefonds § 289 Abs. 1 entsprechend. Der Kontrollerwerb über ein nicht börsennotiertes Unternehmen wird für nicht zulässig erklärt.
12   Gleiches gilt beim Erwerb von Beteiligungen an einer KGaA oder (aufgrund des Verweises in Art. 9 SE-Verordnung) einer SE; s. Spindler/Stilz/*Petersen* AktG, § 20 Rn. 6.
13   Vgl. mit Blick auf das deutsche Risikobegrenzungsgesetz bereits *Eidenmüller* DStR **2007** 2116, 2118.
14   Eine Information der ggf. ebenfalls von dem Beteiligungserwerb betroffenen Gläubiger ist nicht vorgesehen.
15   Auf diese Ungleichbehandlung weisen zu Recht Striegel/Wiesbrock/Jesch/*Swoboda*/*Schatz* Kapitalbeteiligungsrecht, S. 868 sowie *Zetzsche* NZG **2012** 1164, 1170 hin.
16   Für einen empirisch fundierten Überblick über die positiven Effekte der Beteiligung von Finanzinvestoren (Private Equity-Fonds und Hedgefonds) siehe *Eidenmüller* DStR **2007** 2116, 2117 f.

Die Unschärfe des Normzwecks ist umso problematischer, als die Erfüllung der Informationspflichten in der Praxis einen nicht zu unterschätzenden Aufwand bedeutet. Dies gilt insbesondere für die Anfangsphase ihrer Geltung, in denen AIF-Kapitalverwaltungsgesellschaften sich bei der Normanwendung weder auf eine gesicherte (Verwaltungs-)Praxis noch auf einschlägige Rechtsprechung stützen können und daher zur Vermeidung von Pflichtverstößen gezwungen sind, bei Zweifelsfragen (insbesondere die Reichweite der Zurechnung nach § 288 Abs. 2 betreffend; s. dazu unten Rn. 24f.) die jeweiligen Pflichten weit auszulegen. Zugleich führen die Informationspflichten zu Wettbewerbsnachteilen gegenüber anderen Investoren.[17] *De lege ferenda* sollte der europäische Gesetzgeber daher den mit Art. 27 AIFM-Richtlinie verfolgten Normzweck überdenken und die darin statuierten Informationspflichten insoweit reduzieren, wie sie nicht durch ein klares rechtspolitisches Konzept gedeckt sind. 9

D. Unterrichtung der BaFin bei Veränderungen der Beteiligungshöhe (Abs. 1)

Abs. 1 verpflichtet die AIF-Kapitalverwaltungsgesellschaft, die BaFin zu unterrichten, wenn der Anteil der Stimmrechte des nicht börsennotierten Unternehmens, der von dem AIF gehalten wird, durch Erwerb, Verkauf oder Halten von Anteilen an dem nicht börsennotierten Unternehmen die Schwellenwerte von 10 Prozent, 20 Prozent, 30 Prozent, 50 Prozent und 75 Prozent erreicht, überschreitet oder unterschreitet. 10

I. Voraussetzungen der Unterrichtungspflicht

1. AIF-Kapitalverwaltungsgesellschaft als Unterrichtungspflichtige. Unterrichtungspflichtig ist die AIF-Kapitalverwaltungsgesellschaft, die den betreffenden AIF verwaltet. Gem. § 287 Abs. 3 besteht die Unterrichtungspflicht auch, wenn der von der AIF-Kapitalverwaltungsgesellschaft verwaltete AIF lediglich eine Minderheitsbeteiligung an einem nicht börsennotierten Unternehmen erlangt; die in § 287 Abs. 1 Nr. 1 ansonsten für die Anwendung der §§ 287 bis 292 normierte Voraussetzung, dass der AIF die Erlangung von Kontrolle i.S.v. § 288 Abs. 2 über ein nicht börsennotiertes Unternehmen zum Ziel hat, gilt für die Unterrichtungspflicht nach § 289 Abs. 1 ausdrücklich nicht. 11

Die Holdingausnahme des § 2 Abs. 1, wonach das KAGB insgesamt auf Holdinggesellschaften nicht anzuwenden ist, kommt nur dann in Betracht, wenn die Gesellschaft ausweislich ihres Jahresberichts oder anderer amtlicher Unterlagen nicht mit dem Hauptzweck gegründet wurde, ihren Anlegern durch Veräußerung ihrer Tochterunternehmen oder verbundenen Unternehmen eine Rendite zu verschaffen. Diese Definition der Holdinggesellschaft entspricht Art. 4 lit. o AIFM-Richtlinie. Die Holding-Ausnahme soll ausweislich der Regierungsbegründung zu § 2 Manager von Private-Equity-Fonds nicht erfassen.[18] Offenbar geht der Gesetzgeber davon aus, dass diese nicht die Förderung eines langfristigen Wertes der Unternehmen verfolgen, an denen sie sich beteiligen, sondern die Erzielung einer maximalen Rendite durch deren Veräußerung.[19] 12

Keine Anwendung findet § 289 auf „kleine" AIF-Kapitalverwaltungsgesellschaften, die nicht erlaubnispflichtig, sondern gem. § 2 Abs. 4 nur registrierungspflichtig sind und daher den Vorschriften des KAGB nur eingeschränkt unterliegen.[20] Dies ist der Fall, wenn die verwalteten Vermögensgegenstände („Assets under Management") der von ihnen 13

---

17 Striegel/Wiesbrock/Jesch/*Swoboda*/*Schatz* Kapitalbeteiligungsrecht, S. 868.
18 BTDrucks. 17/12294 S. 204 f.
19 *Volhard/Qalqili* Corporate Finance Law **2014** 202 f.
20 Vgl. dazu *Volhard/Qalqili* Corporate Finance Law **2014** 202, 204.

verwalteten Spezial-AIF einschließlich der durch den Einsatz von Leverage (§ 1 Abs. 19 Nr. 25) erworbenen Vermögensgegenstände insgesamt den Wert von 100 Mio. Euro nicht überschreiten; sofern für die Spezial-AIF kein Leverage eingesetzt wird, liegt die Schwelle bei 500 Mio. EUR.

14 Keine Anwendung findet § 289 ferner auf AIF-Kapitalverwaltungsgesellschaften, die Europäische Risikokapitalfonds verwalten. Für sie wird in § 337 lediglich die Geltung bestimmter KAGB-Normen angeordnet, zu denen die §§ 289 ff. nicht zählen, im Übrigen gelten die Vorschriften der Verordnung (EU) Nr. 345/2013 über Europäische Risikokapitalfonds.

15 **2. Beteiligung an einem nicht börsennotierten Unternehmen.** Die von dem AIF gehaltene Beteiligung muss an einem nicht börsennotierten Unternehmen bestehen. Aus der wiederholten Inbezugnahme der Arbeitnehmer bzw. der Arbeitnehmervertreter in den §§ 289–291 wird teilweise gefolgert, der Unternehmensbegriff im Sinne dieser Vorschriften setze das Vorhandensein von Arbeitnehmern und damit eine operativ tätige Gesellschaft voraus; ein bloßes Halten und Verwalten von Beteiligungen genüge nicht.[21] Dieser Schluss ist freilich nicht zwingend. Abgesehen davon, dass eine Gesellschaft, die über (einige wenige) Arbeitnehmer verfügt, nicht zwingend „operativ" tätig sein muss, sondern ihre Arbeitnehmer auch mit dem Verwalten von Beteiligungen beschäftigt sein können, setzen lediglich die Regelungen, die explizit Informationspflichten gegenüber Arbeitnehmervertretern oder Arbeitnehmern statuieren (wie z.B. Abs. 4), das Vorhandensein von Arbeitnehmern voraus. Warum die Unterrichtungspflicht gegenüber der BaFin (oder den sonstigen in §§ 281–291 genannten Informationsadressaten) davon abhängen soll, ob die Zielgesellschaft Arbeitnehmer beschäftigt und ob sie „operativ" tätig ist oder nicht, ist nicht ersichtlich. Etwas anderes ließe sich allenfalls dann vertreten, wenn der Schutz von Arbeitnehmerinteressen der primäre Normzweck von § 289 wäre. Dies lässt sich aber kaum begründen, zumal eine Unterrichtung der BaFin über die Berührung von Schwellenwerten zum Schutz von Arbeitnehmerinteressen nichts beizutragen vermag. Richtigerweise kann daher auch der Erwerb einer Beteiligung durch den AIF an einer Holdinggesellschaft eine Unterrichtungspflicht der AIF-Kapitalverwaltungsgesellschaft gegenüber der BaFin auslösen.

16 Die Zielgesellschaft muss ferner nicht börsennotiert sein. Der Begriff ist in § 1 Abs. 19 Nr. 27 legaldefiniert. Ein nicht börsennotiertes Unternehmen ist demnach ein Unternehmen, das seinen satzungsmäßigen Sitz in der Europäischen Union hat und dessen Anteile im Sinne von Art. 4 Abs. 1 Nr. 14 der Richtlinie 2004/39/EG des Europäischen Parlaments und des Rates vom 21. April 2004 über Märkte für Finanzinstrumente (ABl. L 145 vom 30.4.2004, S. 1) nicht zum Handel auf einem regulierten (richtigerweise: geregelten)[22] Markt zugelassen sind. Aus dieser Definition folgt für die Praxis, dass Beteiligungserwerbe an Unternehmen mit Satzungssitz außerhalb der Europäischen Union keine Unterrichtungspflicht der AIF-Kapitalverwaltungsgesellschaft gegenüber der BaFin auslösen. Dagegen besteht eine solche Unterrichtungspflicht bei Beteiligungen an Unternehmen, deren Satzungssitz sich in der Europäischen Union befindet und die an Börsen

---

21 So im Hinblick auf Art. 27 Abs. 1 AIFM-Richtlinie Dornseifer/Jesch/Klebeck/Tollmann/*Bärenz/Käpplinger* AIFM, Art. 27 Rn. 15.
22 Die Urfassung der AIFM-Richtlinie wurde in englischer Sprache verhandelt und erstellt (*Zetzsche* NZG 2012 1164) und verwendet in Anlehnung an die Terminologie der MiFID den Begriff des „regulated market" (Art. 4 lit. t und lit. ac). In der deutschen Sprachfassung ist die Terminologie uneinheitlich; teilweise wird der Begriff „geregelter Markt" (Art. 4 lit. t) verwendet, teilweise der Begriff „regulierter Markt" (Art. 4 lit. ac). Der korrekte, auch in der deutschsprachigen Fassung der MiFID verwendete deutschsprachige Terminus für „regulated market" ist aber der des „geregelten Marktes"; dem entspricht im deutschen Recht der „organisierte Markt" i.S.d. § 2 Abs. 5 WpHG, nicht der „regulierte Markt" i.S.d. § 32 BörsG. Dieser Fehler wurde bei der Konzeption des KAGB nicht korrigiert.

bzw. in Börsensegmenten notiert sind, die keine geregelten Märkte im Sinne der MiFID bzw. keine organisierten Märkte i.S.v. § 2 Abs. 5 WpHG sind (beispielsweise an der New York Stock Exchange oder am Open Market der Frankfurter Wertpapierbörse).[23]

Unerheblich ist die Rechtsform des nicht börsennotierten Unternehmens. Die in §§ 289 ff. normierten Informations- und Offenlegungspflichten bestehen auch dann, wenn die Rechtsform der Zielgesellschaft für eine Börsennotierung von vornherein völlig ungeeignet ist (vgl. § 1 Rn. 169).[24] § 289 erfasst mithin den Erwerb von Anteilen an einer Aktiengesellschaft (auch an einer SE) ebenso wie an einer GmbH und auch an einer Personenhandelsgesellschaft. Die teilweise in der Literatur vertretene Auffassung, dass mit börsennotierten Gesellschaften nur Kapitalgesellschaften gemeint seien,[25] widerspricht dem Wortlaut („Unternehmen") von § 289 und der deutschsprachigen Fassung des zugrunde liegenden Art. 27 AIFM-Richtlinie. Auch in teleologischer Hinsicht ist es nicht überzeugend, dass das Bestehen von Informationspflichten der AIF-Kapitalverwaltungsgesellschaft davon abhängen soll, ob es sich bei der Zielgesellschaft um eine Kapitalgesellschaft oder um eine Personenhandelsgesellschaft handelt, zumal viele mittelständische Unternehmen, an denen sich Private Equity-Fonds typischerweise beteiligen, in der Rechtsform der (Kapitalgesellschaft & Co.) KG verfasst sind. **17**

3. Berührung der Schwellenwerte. Die Unterrichtungspflicht wird ausgelöst, wenn der von dem AIF gehaltene Anteil der Stimmrechte durch Erwerb, Verkauf oder Halten von Anteilen an dem nicht börsennotierten Unternehmen einen der maßgeblichen Schwellenwerte von 10 Prozent, 20 Prozent, 30 Prozent, 50 Prozent oder 75 Prozent erreicht, überschreitet oder unterschreitet. Der deutsche Gesetzgeber hat damit die in Art. 27 Abs. 1 AIFM-Richtlinie vorgegebenen Schwellenwerte übernommen, ohne von der durch Art. 26 Abs. 7 AIFM-Richtlinie eröffneten Möglichkeit Gebrauch zu machen, weitere Schwellenwerte einzufügen.[26] **18**

a) Erwerb, Verkauf oder Halten von Anteilen. Eine Berührung des Schwellenwertes kann durch drei Vorgänge ausgelöst werden: durch den Erwerb, den Verkauf oder das Halten von Anteilen. Der Tatbestand des „Erwerbs" wird mit Erlangung der Gesellschafterstellung erfüllt. Bei der Übertragung von Anteilen an einer Kapitalgesellschaft entsteht die Unterrichtungspflicht daher nicht bereits mit dem Abschluss des zugrundeliegenden schuldrechtlichen Vertrags („*Signing*"), sondern erst mit dem vollständigen dinglichen Anteilsübergang („*Closing*");[27] bei der GmbH also mit Übertragung des Geschäftsanteils durch formwirksamen (d.h. notariell beurkundeten, § 15 Abs. 3 GmbHG) Abtretungsvertrag, nicht erst durch Eintragung des Erwerbers in die Gesellschafterliste;[28] **19**

---

23 Zutreffend Dornseifer/Jesch/Klebeck/Tollmann/*Bärenz/Käpplinger* AIFM, Art. 27 Rn. 14; *van Kann/ Redeker/Keiluweit* DStR **2013** 1483, 1487.
24 Wie hier Dornseifer/Jesch/Klebeck/Tollmann/*Tollmann* AIFM, Art. 4 Rn. 205; *Viciano-Gofferje* BB **2013** 2506, 2507.
25 *Zetzsche* NZG **2012** 1164; so wohl auch *Kramer/Recknagel* DG **2011** 2077, 2083.
26 Dagegen ist der deutsche Gesetzgeber bei § 21 Abs. 1 WpHG über die unionsrechtlichen Vorgaben hinausgegangen; s. dazu MüKoAktG/*Bayer* § 21 WpHG Rn. 14; Assmann/Schneider/*Schneider* WpHG, § 21 Rn. 27.
27 Ebenso Dornseifer/Jesch/Klebeck/Tollmann/*Bärenz/Käpplinger* AIFM, Art. 27 Rn. 22; vgl. für § 21 WpHG MüKoAktG/*Bayer* § 21 WpHG Rn. 25; Assmann/Schneider/*Schneider* WpHG, § 21 Rn. 73; Schwark/ Zimmer/*Schwark* KMRK, § 21 WpHG Rn. 17; anders aber im Rahmen von § 20 Abs. 2 Nr. 1 AktG, wonach zu den Aktien, die einem Unternehmen gehören, auch Aktien zählen, die lediglich Gegenstand eines schuldrechtlichen Anspruchs auf Übereignung sind.
28 § 16 Abs. 1 S. 1 GmbHG ändert nichts daran, dass der Erwerb des Geschäftsanteils materiell-rechtlich bereits mit Abschuss des notariell beurkundeten Abtretungsvertrags vollzogen ist. Vor Eintragung in die in

bei der AG durch den für die jeweiligen Aktiengattung (Inhaber- oder Namensaktien) erforderlichen dinglichen Übertragungsakt.[29] Bei Namensaktien kommt es ebenso wie bei der Übertragung von GmbH-Anteilen auf die materiell-rechtliche Berechtigung und nicht auf die Eintragung im Aktienregister an. Dagegen hängt bei vinkulierten Namensaktien die Wirksamkeit der von dem Veräußerer getroffenen Verfügung von der Erteilung der erforderlichen Zustimmung der Gesellschaft ab;[30] wird die Zustimmung erst nach der Verfügung erteilt, liegt erst mit Erteilung der Zustimmung ein „Erwerb" i.S.v. Abs. 1 vor,[31] sodass die AIF-Kapitalverwaltungsgesellschaft auch erst zu diesem Zeitpunkt zur Unterrichtung der BaFin verpflichtet ist. Auf die materiell-rechtliche Begründung der Stellung als Gesellschafter kommt es auch an, wenn Anteile im Rahmen einer Kapitalerhöhung übernommen werden; dasselbe gilt bei Beteiligungen an Personengesellschaften (insb. Kommanditbeteiligungen), wobei die gem. § 107 HGB erforderliche Eintragung in das Handelsregister nur deklaratorische Wirkung hat.

20 Die Neugründung eines Unternehmens stellt keinen „Erwerb" von Anteilen i.S.v. Abs. 1 dar und begründet dementsprechend keine Unterrichtungspflicht gegenüber der BaFin.[32] Zwar sollen nach der Rechtsprechung des BGH auch Gründungsaktionäre den Vorschriften über die Mitteilung und Veröffentlichung von qualifizierten Beteiligungen gem. § 20 AktG unterliegen;[33] diese Erwägungen sind aber auf die Unterrichtungspflicht der AIF-Kapitalverwaltungsgesellschaft gegenüber der BaFin nach Abs. 1 nicht übertragbar. Zum einen ist der Wortlaut von § 20 Abs. 1 AktG anders gefasst und stellt nicht auf einen „Erwerb" ab („Sobald einem Unternehmen mehr als der vierte Teil der Aktien einer Aktiengesellschaft mit Sitz im Inland gehört ..."); zum anderen begründet der BGH seine Auffassung im Wesentlichen mit dem Normzweck von § 20 AktG, Gläubiger und die Öffentlichkeit besser über geplante und bestehende Konzernverbindungen zu unterrichten.[34] In diesem Zusammenhang spielt es keine Rolle, ob der unternehmerische Aktionär seine Beteiligung durch eine Neugründung oder einen Beteiligungserwerb erlangt hat. Dieser Normzweck ist auf die Unterrichtungspflicht gegenüber der BaFin nach Abs. 1 aber nicht übertragbar (s. oben Rn. 7). Die allgemeine Zwecksetzung einer Regulierung der Private Equity-Branche legt es vielmehr nahe, entsprechend dem Wortlaut die Unterrichtungspflicht nur an einen Beteiligungserwerb im eigentlichen Sinne zu knüpfen, da Private Equity Fonds sich typischerweise an bereits existierenden Unternehmen beteiligen.

21 Ebenso wie bei der Variante des „Erwerbs" kommt es ungeachtet des insoweit missverständlichen Wortlauts auch bei der Variante des „Verkaufs" für die Unterrichtungspflicht nicht auf das schuldrechtliche Verpflichtungsgeschäft an, sondern auf den ding-

---

das Handelsregister aufzunehmende Gesellschafterliste ist dem Erwerber zwar grundsätzlich die Ausübung von Gesellschafterrechten verwehrt. Aus § 16 Abs. 1 S. 2 GmbHG folgt jedoch, dass die Ausübung von Gesellschafterrechten, insbesondere die Ausübung des Stimmrechts bei Gesellschafterbeschlüssen, bereits vor Eintragung möglich ist; die Rechtshandlung des noch nicht eingetragenen Erwerbers ist lediglich schwebend unwirksam, wird aber mit Eintragung in die Gesellschafterliste *ex tunc* wirksam; s. Michalski/*Ebbing* GmbHG, § 16 Rn. 119; MüKoGmbHG/*Heidinger* § 16 Rn. 142f.

29 Zu den Voraussetzungen der Übertragung von Aktien s. den Überblick bei Spindler/Stilz/*Vatter* AktG, § 10 Rn. 52ff.
30 MüKoAktG/*Bayer* § 68 Rn. 96; Spindler/Stilz/*Cahn* AktG, § 68 Rn. 71.
31 Vgl. zum parallel gelagerten Problem bei § 21 WpHG MüKoAktG/*Bayer* § 21 WpHG Rn. 25; Schwark/Zimmer/*Schwark* KMRK, § 21 WpHG Rn. 17.
32 **A.A.** Dornseifer/Jesch/Klebeck/Tollmann/*Bärenz/Käpplinger* AIFM, Art. 27 Rn. 23, die allerdings darauf hinweisen, dass Neugründungen in der Regel aufgrund der Ausnahme für KMU nach § 287 Abs. 2 Nr. 1 KAGB (Art. 26 Abs. 2 lit. a [nicht: b] AIFM-Richtlinie) aus dem Anwendungsbereich des Abs. 1 herausfallen.
33 BGH 24.4.2006 NJW-RR **2006** 1110, 1111f.
34 BGH 22.4.1991 BGHZ **114** 203, 215; MüKoAktG/*Bayer* § 20 Rn. 1; Hägele NZG **2000** 726, 727.

lichen Anteilsübergang.³⁵ Der deutsche Gesetzgeber sollte den Begriff des „Verkaufs" im Rahmen einer Novellierung des KAGB durch den der „Veräußerung" (vgl. § 21 Abs. 1 WpHG) ersetzen. Der Umstand, dass der Begriff des „Verkaufs" Art. 27 Abs. 1 AIFM-Richtlinie entnommen ist, steht dem nicht entgegen. Zum einen ist der Wortlaut der Richtlinie nicht auf die rechtsdogmatischen Besonderheiten des nationalen Rechts in Bezug auf die Übertragung von Gesellschaftsanteilen zugeschnitten; zum anderen zeigt auch der Wortlaut anderer Sprachfassungen,³⁶ dass es nach der Richtlinie nicht auf den Abschluss des schuldrechtlichen (Kauf-)Vertrages ankommt.

Die Variante des „Haltens" von Anteilen ist einschlägig, wenn sich der Anteil der Stimmrechte verändert, ohne dass ein Erwerb oder eine Veräußerung vorliegt. Es handelt sich mithin um einen Auffangtatbestand, dessen praktischer Anwendungsbereich gering ist und der insbesondere nicht deckungsgleich ist mit dem Erreichen von Stimmrechten „auf sonstige Weise" i.S.v. § 21 Abs. 1 WpHG. Er kommt vor allem dann in Betracht, wenn sich Stimmrechtsanteile infolge von Kapitalmaßnahmen verändern oder Stimmrechte aus Vorzugsaktien gem. § 140 Abs. 2 AktG aufleben.³⁷ **22**

b) Berechnung des Anteils der Stimmrechte. Bei der Berechnung des für die Berührung der Schwellenwerte maßgeblichen Anteils der Stimmrechte des nicht börsennotierten Unternehmens werden nur solche erworbenen Anteile berücksichtigt, die mit Stimmrechten versehen sind, d.h. dem AIF Stimmrechte in der Gesellschafterversammlung und damit die Befugnis vermitteln, an der durch Beschlüsse erfolgenden Willensbildung der Zielgesellschaft teilzunehmen.³⁸ Auf das tatsächliche Stimmgewicht kommt es nicht an. Gesellschaftsanteile ohne Stimmrecht (z.B. Vorzugsaktien, §§ 139 ff. AktG) werden nicht berücksichtigt; ihr Erwerb löst die Unterrichtungspflicht nicht aus. **23**

Es ist fraglich, ob für die Berechnung des Anteils der Stimmrechte § 288 Abs. 2 entsprechend heranzuziehen ist. Die Frage ist von erheblicher praktischer Bedeutung. Zum einen hat die Anwendung von § 288 Abs. 2 S. 1 zur Folge, dass zusätzlich zu den von dem AIF direkt gehaltenen Stimmrechten auch Stimmrechte von Unternehmen hinzugerechnet werden, die von dem AIF kontrolliert werden (was gem. § 288 Abs. 1 der Fall ist, wenn der AIF mehr als 50 Prozent der Stimmrechte dieser Unternehmen hält); dies wird insbesondere bei dem typischen Fall einer zwischengeschalteten Erwerbergesellschaft relevant. Zum anderen wird gem. § 288 Abs. 2 S. 2 der Anteil der Stimmrechte ausgehend von der Gesamtzahl der mit Stimmrechten versehenen Anteile berechnet, auch wenn die Ausübung dieser Stimmrechte ausgesetzt ist. **24**

Der bloße Umstand, dass der Wortlaut von § 289 nicht ausdrücklich auf § 288 verweist, kann allenfalls als ein schwaches Argument dafür anzusehen sein, dass § 288 Abs. 2 für die Berechnung der Schwellenwerte nicht anzuwenden ist.³⁹ In systematischer Hinsicht kann gegen eine Anwendung von § 288 angeführt werden, dass dieser ausweislich seiner Überschrift (nur) das „Erlangen von Kontrolle" betrifft, während die Unterrichtungspflicht gegenüber der BaFin nach § 289 Abs. 1 eine Kontrollerlangung durch den AIF (anders als Abs. 2) gerade nicht voraussetzt. Allerdings erfordert auch die Feststellung eines Kontrollerwerbs nichts anderes als eine Berechnung des Anteils der Stimmrechte (erforderlich sind hier mehr als 50 Prozent), und es sprechen keine plausiblen **25**

---

35 Zutreffend Dornseifer/Jesch/Klebeck/Tollmann/*Bärenz*/*Käpplinger* AIFM, Art. 27 Rn. 22.
36 Englisch: „disposes of (...) shares"; französisch: „cède (...) des actions"; italienisch: „ceda azioni di una società".
37 Dornseifer/Jesch/Klebeck/Tollmann/*Bärenz*/*Käpplinger* AIFM, Art. 27 Rn. 24.
38 Zum Begriff des Stimmrechts *K. Schmidt* Gesellschaftsrecht, S. 604.
39 Vgl. *Viciano-Gofferje* BB **2013** 2506, 2507 f.

Gründe dafür, die Berechnung des Anteils zwecks Feststellung der Schwellenwerte im Rahmen von Abs. 1 anders vorzunehmen als die Berechnung zwecks Feststellung eines Kontrollerwerbs im Rahmen von Abs. 2. Die besseren Gründe sprechen für eine einheitliche Berechnung des Anteils der Stimmrechte und damit für die einheitliche Anwendung von § 288 Abs. 2. Solange eine gesicherte Verwaltungspraxis oder Rechtsprechung zu der Frage nicht existiert, ist der Praxis jedenfalls zur Vermeidung von Sanktionen (s. unten Rn. 60) eine „konservative" Handhabung zu empfehlen, die unter Zugrundelegung der Zurechnung gem. § 288 Abs. 2 den Stimmrechtsanteil im Zweifel hoch ansetzt und zu einer frühen Unterrichtung der BaFin führt.[40]

26 Fraglich ist, ob die Unterrichtungspflicht gegenüber der BaFin nach Abs. 1 auch im Falle eines Erwerbs aller Anteile an der Zielgesellschaft durch den AIF besteht. Unter Verweis auf den Wortlaut, der voraussetzt, dass der AIF einen „Anteil der Stimmrechte" hält, ließe sich begründen, dass der Erwerb von 100 Prozent der Anteile nicht erfasst ist. Wenn der AIF vor dem Erwerb aller Anteile jedoch über höchstens 75% der Anteile verfügt hat, wird durch einen Erwerb aller Anteile immer auch die Schwelle von 75 Prozent der Anteile überschritten, sodass die AIF-Kapitalverwaltungsgesellschaft zur Unterrichtung der BaFin verpflichtet ist. Lag der von dem AIF gehaltene Anteil der Stimmrechte hingegen bereits vor Erwerb aller Anteile über 75%, besteht keine erneute Unterrichtungspflicht, wenn der AIF seine Beteiligung weiter aufstockt und schließlich alle Anteile erwirbt (vgl. zu dem parallel gelagerten Problem bei Abs. 2 unten Rn. 35).

II. Rechtsfolge: Unterrichtungspflicht

27 **1. BaFin als Unterrichtungsadressatin.** Adressatin der Unterrichtung ist die BaFin. Es ist freilich nicht ersichtlich, inwiefern die BaFin die Information über das Erreichen, Überschreiten oder Unterschreiten von Schwellenwerten für die Wahrnehmung ihrer Aufsichtstätigkeit (§ 5) benötigt. Dass die bloße Berührung von Schwellenwerten die BaFin zum Erlass aufsichtlicher Anordnungen gegenüber der AIF-Kapitalverwaltungsgesellschaft veranlasst, dürfte zumindest in der Anfangsphase der Geltung des KAGB praktisch kaum vorkommen.[41] Der rechtspolitische Zweck der Unterrichtungspflicht ist daher zweifelhaft (vgl. bereits oben Rn. 4 ff.).

28 Die BaFin ist auch dann Adressatin der Unterrichtung, wenn die von dem AIF gehaltene Beteiligung an einem nicht börsennotierten Unternehmen mit Sitz im (europäischen, s. oben Rn. 16) Ausland besteht. Eine Pflicht zur Unterrichtung der für die ausländische Zielgesellschaft ggf. zuständigen nationalen Behörden besteht nach deutschem Recht nicht (derartige Pflichten können aber nach dem Recht des Herkunftsstaates der Zielgesellschaft bestehen). Dies ist insofern konsistent, als der deutsche Gesetzgeber auch von der Informationsoption des Art. 28 Abs. 1 S. 2 AIFM-Richtlinie[42] keinen Gebrauch gemacht hat.[43]

29 **2. Inhalt der Unterrichtung.** Inhaltlich erschöpft sich die „Unterrichtung" der BaFin in einem schlichten „in Kenntnis setzen"; dies ist auch der Begriff, den Art. 27 Abs. 1

---

40 So im Ergebnis auch *Burghard/Heimann* WM **2014** 821, 830; Dornseifer/Jesch/Klebeck/Tollmann/*Bärenz/Käpplinger* AIFM, Art. 27 Rn. 19; *Viciano-Gofferje* BB **2013** 2506, 2508.
41 Ähnlich *Möllers/Harrer/Krüger* WM **2011** 1537, 1541.
42 Art. 28 Abs. 1 S. 2 AIFM-Richtlinie lautet: „Die Mitgliedstaaten können vorsehen, dass die in Absatz 2 festgelegten Informationen auch den für das nicht börsennotierte Unternehmen zuständigen nationalen Behörden vorgelegt werden, die die Mitgliedstaaten für diesen Zweck benennen können."
43 Vgl. Dornseifer/Jesch/Klebeck/Tollmann/*Bärenz/Käpplinger* AIFM, Art. 27 Rn. 34.

AIFM-Richtlinie verwendet.[44] Die Anforderungen an eine wirksame Unterrichtung sind also gering; es genügt, dass die BaFin in die Lage versetzt wird, die ihr übermittelten Informationen einer bestimmten AIF-Kapitalverwaltungsgesellschaft, einem bestimmten AIF und einem bestimmten nicht börsennotierten Unternehmen eindeutig zuordnen zu können. Dazu ist es erforderlich, dass der BaFin der Name (genauer: die Firma), der satzungsmäßige Sitz und die (vollständige) Anschrift der AIF-Kapitalverwaltungsgesellschaft und des AIF sowie des betreffenden nicht börsennotierten Unternehmens mitgeteilt werden; ferner muss sich aus der Unterrichtung ergeben, welcher Schwellenwert in welcher Tatbestandsvariante (erreichen, überschreiten, unterschreiten) berührt wird.

Darüber hinaus könnte erwogen werden, den Inhalt der Unterrichtung in Anlehnung an § 17 WpAIV[45] zu bestimmen. Die Vorschrift regelt den erforderlichen Inhalt von Mitteilungen nach § 21 Abs. 1 S. 1 und Abs. 1a WpHG und verlangt weitere Angaben, die über den in Rn. 29 beschriebenen Mindestinhalt der Unterrichtung hinausgehen. Da jedoch ohnehin unklar ist, welchen Normzweck § 289 Abs. 1 verfolgt und welchen Gebrauch die BaFin von den in der Unterrichtung enthaltenen Angaben im Rahmen ihrer Aufsichtstätigkeit machen soll (s. oben Rn. 4 ff., 27), ist eine über den unmittelbaren Wortlaut der Vorschrift hinausgehende Ausdehnung der Unterrichtungspflicht abzulehnen; sie ist auch durch den Wortlaut von Art. 27 AIFM-Richtlinie nicht gefordert. Dies gilt umso mehr, als die in § 17 WpAIV verlangten weiterreichenden Angaben zumindest teilweise auf den spezifischen Normzweck von § 21 WpHG und den Erwerb von Anteilen am Kapitalmarkt zugeschnitten sind. Sie lassen sich damit nicht sinnvoll auf § 289 Abs. 1 übertragen. 30

3. Form der Unterrichtung. Was die Form der Unterrichtung anbelangt, enthält § 18 WpAIV eine sachgerechte Regelung, die einen brauchbaren Anhaltspunkt dafür liefert, welche Anforderungen insoweit zu stellen sind: Die Unterrichtung muss schriftlich oder per Telefax erfolgen; eine Übermittlung per E-Mail genügt nicht.[46] Sie kann – da alleinige Unterrichtungsadressatin die BaFin ist – sowohl in deutscher als auch in englischer Sprache erfolgen. 31

4. Unterrichtungsfrist. Gem. Abs. 5 (s. unten Rn. 57 ff.) hat die Unterrichtung der BaFin so rasch wie möglich zu erfolgen, aber nicht später als zehn Arbeitstage nach dem Tag, an dem der AIF die entsprechende Schwelle erreicht, über- oder unterschritten hat. 32

E. Informationspflichten bei Kontrollerlangung (Abs. 2–4)

Abs. 2–4 sind gemeinsam zu lesen. Sie statuieren für den Fall, dass der von dem AIF gehaltene Anteil der Stimmrechte den für eine Kontrollerlangung i.S.v. § 288 Abs. 1 erforderlichen Umfang, mithin mehr als 50 Prozent erreicht, eine weiterreichende Mitteilungspflicht der AIF-Kapitalverwaltungsgesellschaft, die sowohl hinsichtlich der Informationsadressaten (Abs. 2 und Abs. 4) als auch hinsichtlich des Informationsinhalts (Abs. 3) über die Unterrichtungspflicht nach Abs. 1 hinausgeht. 33

---

44 Die englischsprachige Sprachfassung verwendet den Begriff „notify"; die französische Sprachfassung den Begriff „notifier".
45 Verordnung zur Konkretisierung von Anzeige-, Mitteilungs- und Veröffentlichungspflichten sowie der Pflicht zur Führung von Insiderverzeichnissen nach dem Wertpapierhandelsgesetz (Wertpapierhandelsanzeige und Insiderverzeichnisverordnung, WpAIV) v. 13.12.2004, BGBl. I S. 3376.
46 S. für § 18 WpAIV Assmann/Schneider/*Schneider* WpHG, § 21 Rn. 121 f.

I. Voraussetzungen der Mitteilungspflicht

34 Mitteilungspflichtig ist auch im Rahmen von Abs. 2–4 die AIF-Kapitalverwaltungsgesellschaft. Die von dem AIF gehaltene Beteiligung muss an einem nicht börsennotierten Unternehmen (unabhängig von dessen Rechtsform, s. oben Rn. 17) bestehen und der AIF muss allein oder gemeinsam mit anderen AIF die Kontrolle über dieses Unternehmen gem. § 287 Abs. 1 i.V.m. § 288 Abs. 1 erlangen. Davon ist auszugehen, wenn der von dem AIF gehaltene Anteil der Stimmrechte mehr als 50 Prozent erreicht. Eine gemeinsame Kontrollerlangung setzt voraus, dass entweder verschiedene AIF, die von derselben AIF-Kapitalverwaltungsgesellschaft verwaltet werden, aufgrund einer Vereinbarung gemeinsam Stimmrechte an einem nicht börsennotierten Unternehmen in einem Umfang von mehr als 50 Prozent halten, oder dass mehrere AIF-Kapitalverwaltungsgesellschaften, die aufgrund einer Vereinbarung zusammenarbeiten, AIF verwalten, die gemeinsam mehr als 50 Prozent halten. Die zu einem späteren Zeitpunkt erfolgende weitere Aufstockung einer kontrollbegründenden Beteiligung löst keine erneute Mitteilungspflicht aus. Auf die Rn. 11 ff. dieser Kommentierung sowie die Kommentierung zu §§ 287, 288 wird verwiesen.

35 Wenn der von dem AIF erworbene bzw. gehaltene, die Kontrollerlangung begründende Anteil der Stimmrechte 100 Prozent beträgt, entfällt die Mitteilungspflicht gegenüber den übrigen Anteilseignern nach Abs. 2 Nr. 2, da diese nicht mehr existieren. Dagegen besteht die Informationspflicht gegenüber der Zielgesellschaft bzw. deren Geschäftsführungs- und Vertretungsorgan (Abs. 2 Nr. 1) sowie gegenüber der BaFin (Abs. 2 Nr. 3) auch im Falle eines Erwerbs aller Anteile; ferner muss die AIF-Kapitalverwaltungsgesellschaft auch bei Erwerb aller Anteile auf eine Information der Arbeitnehmer(vertreter) durch das Leitungsorgan gem. Abs. 4 hinwirken.

II. Rechtsfolge: Mitteilungspflicht

36 **1. Mitteilungsadressaten.** Unmittelbare Mitteilungsadressaten sind das nicht börsennotierte Unternehmen (Abs. 2 Nr. 1), seine Anteilseigner (Abs. 2 Nr. 2) und die BaFin (Abs. 2 Nr. 3). Gegenüber den Arbeitnehmern bzw. den Arbeitnehmervertretern besteht keine unmittelbare Mitteilungspflicht der AIF-Kapitalverwaltungsgesellschaft; sie hat nach Abs. 4 jedoch darauf hinzuwirken, dass das Geschäftsführungs- und Vertretungsorgan der Zielgesellschaft die Arbeitnehmervertreter oder, falls es keine solchen Vertreter gibt, die Arbeitnehmer selbst unverzüglich von der Erlangung der Kontrolle durch den AIF und von den Informationen gem. Abs. 3 in Kenntnis setzt. Die Arbeitnehmervertreter bzw. die Arbeitnehmer sind damit mittelbare Mitteilungsadressaten.

37 **a) Zielgesellschaft (Abs. 2 Nr. 1).** Abs. 2 Nr. 1 statuiert zunächst eine Mitteilungspflicht gegenüber der Zielgesellschaft selbst. Aus Abs. 4, wonach die AIF-Kapitalverwaltungsgesellschaft in der Mitteilung gem. Abs. 2 Nr. 1 den Vorstand des nicht börsennotierten Unternehmens ersucht, die Arbeitnehmer(vertreter) zu informieren, ergibt sich, dass die Mitteilung an den Vorstand zu richten ist. Der Begriff des „Vorstandes" ist lediglich auf Zielgesellschaften in der Rechtsform der Aktiengesellschaft zugeschnitten. Bei Zielgesellschaften anderer Rechtsform sind daher die Organe zu adressieren, die dem Vorstand bei der Aktiengesellschaft funktional entsprechen, mithin die zur Geschäftsführung und Vertretung berechtigten Personen. Bei einer GmbH sind dies die Geschäftsführer und bei einer Personenhandelsgesellschaft die zur Geschäftsführung und Vertretung der Gesellschaft berechtigten persönlich haftenden Gesellschafter.

b) Anteilseigner der Zielgesellschaft (Abs. 2 Nr. 2). Abs. 2 Nr. 2 statuiert eine Mit- 38
teilungspflicht gegenüber den Anteilseignern der Zielgesellschaft. Problematisch daran
ist, dass die Anteilseigner der Zielgesellschaft der AIF-Kapitalverwaltungsgesellschaft
häufig nicht vollständig bekannt sein werden. Anders als der ursprüngliche Richtlinienvorschlag der Kommission vom 30. April 2009, der eine Mitteilungspflicht gegenüber allen Anteilseignern vorsah,[47] tragen § 289 Abs. 2 Nr. 2 und der dieser Vorschrift zugrunde liegende Art. 27 Abs. 2 lit. b AIFM-Richtlinie diesem Umstand dadurch Rechnung, dass sie die Mitteilungspflicht nur gegenüber denjenigen Anteilseignern vorschreiben, deren Identität und Adresse der AIF-Kapitalverwaltungsgesellschaft entweder bereits vorliegen oder deren Identität und Adresse von der Zielgesellschaft oder über ein Register, zu dem die AIF-Kapitalverwaltungsgesellschaft Zugang hat oder erhalten kann, zur Verfügung gestellt werden können.

Aus der Formulierung von Abs. 2 Nr. 2 ist ersichtlich, dass der AIF-Kapitalverwal- 39
tungsgesellschaft keine Mitteilungspflichten aufgebürdet werden, die sie mangels Kenntnis der Identität und Adresse aller Anteilseigner nicht erfüllen kann. Zugleich wird aber deutlich, dass sie gewisse (Mindest-)Anstrengungen unternehmen muss, um die Identität und die Adressen der Anteilseigner in Erfahrung zu bringen. Zu den erforderlichen und zumutbaren Anstrengungen gehört es insbesondere, die Zielgesellschaft um Auskunft hinsichtlich der Identität und der Adressen ihrer Anteilseigner zu ersuchen, wobei ein Auskunftsanspruch gegenüber der Zielgesellschaft nicht besteht; ferner hat die AIF-Kapitalverwaltungsgesellschaft in die Register Einsicht zu nehmen, zu denen sie Zugang hat oder erhalten kann. Damit ist insbesondere das Handelsregister gemeint. Über ein Auskunftsersuchen bei der Zielgesellschaft und die Einsichtnahme in das Handelsregister hinausgehende Recherchepflichten hinsichtlich der Adressen namentlich bekannter Anteilseigner (z.B. Recherche über das Telefonbuch) bestehen allerdings nicht.

Sofern der AIF-Kapitalverwaltungsgesellschaft die Identität und die Adressen der 40
anderen Anteilseigner weder vorliegen noch von der Zielgesellschaft zur Verfügung gestellt werden, wird es in der Praxis daher nur zu einer lückenhaften Information der Anteilseigner der Zielgesellschaft kommen, ohne dass darin eine Pflichtverletzung der AIF-Kapitalverwaltungsgesellschaft oder eine Ordnungswidrigkeit der handelnden Personen (§ 340 Abs. 2 Nr. 26; s. unten Rn. 60) läge. Bei der Aktiengesellschaft sind zwar die Identität und auch die Adressen der Inhaber von Namensaktien und Zwischenscheinen (§ 10 AktG) im Aktienregister erfasst, sofern ein solches vorhanden ist (§ 67 Abs. 1 S. 1 AktG); dazu wird die AIF-Kapitalverwaltungsgesellschaft aber regelmäßig keinen Zugang haben.[48] Bei der GmbH ist die Identität und der Wohnort der Gesellschafter aus der zum Handelsregister eingereichten Gesellschafterliste ersichtlich (§ 40 Abs. 1 S. 1 GmbHG); die Angabe ihrer Adressen in der Gesellschafterliste wird aber überwiegend nicht für erforderlich gehalten,[49] wenn diese auch teilweise in den Gesellschafterlisten genannt sind. Auch bei Personenhandelsgesellschaften sind Identität und Wohnort der Gesellschafter aus dem Handelsregister ersichtlich (§ 106 Abs. 2 HGB); deren Adressen werden nicht eingetragen.[50] Soweit es sich bei den Anteilseignern der Zielgesellschaft nicht um

---

47 Vorschlag für eine Richtlinie des Europäischen Parlaments und des Rates über die Verwalter alternativer Investmentfonds und zur Änderung der Richtlinien 2004/39/EG und 2009/.../EG, KOM (2009) 207 endg., S. 39.
48 Entgegen Dornseifer/Jesch/Klebeck/Tollmann/*Bärenz/Käpplinger* AIFM, Art. 27 Rn. 39 erlangen auch Aktionäre aus dem Aktienregister keine Informationen über ihre Mitaktionäre, siehe MüKoAktG/*Bayer* § 67 Rn. 5; daher besteht auch keine Ausnahme für selbst verwaltete AIF.
49 MüKoGmbHG/*Heidinger* § 40 Rn. 12; Baumbach/Hueck/*Zöllner/Noack* GmbHG, § 40 Rn. 12; *Seibert/Wedemann* GmbHR **2007** 17, 19.
50 Oetker/*Weitemeyer* HGB, § 106 Rn. 15; MüKoHGB/*Langhein* § 106 Rn. 22.

41 *De lege ferenda* wäre zu erwägen, die insgesamt wenig praktikable Mitteilungspflicht gegenüber den Anteilseignern der Zielgesellschaft durch eine an Abs. 4 angelehnte Regelung zu ersetzen, wonach die AIF-Kapitalverwaltungsgesellschaft das Geschäftsführungs- und Vertretungsorgan der Zielgesellschaft zu ersuchen hat, die Anteilseigner unverzüglich von der Erlangung der Kontrolle und von den Informationen gem. Abs. 3 in Kenntnis zu setzen. Denn die Zielgesellschaft kennt die Identität und die Adressen ihrer Anteilseigner; § 67 Abs. 6 S. 3 AktG sieht sogar explizit vor, dass eine Aktiengesellschaft die im Aktienregister erfassten Daten „für ihre Aufgaben im Verhältnis zu den Aktionären" verwendet. Erforderlich wäre dazu aber eine Änderung von Art. 27 Abs. 2 lit. b AIFM-Richtlinie. Es ist sehr zweifelhaft, ob eine eigenmächtige Abänderung bzw. Verkürzung der Mitteilungspflicht gegenüber den Anteilseignern durch den deutschen Gesetzgeber mit der unionsrechtlichen Verpflichtung zur Umsetzung der AIFM-Richtlinie vereinbar wäre.[51] Art. 27 Abs. 2 lit. b AIFM-Richtlinie regelt Umfang und Adressaten der Mitteilungspflicht ausführlich und präzise, sodass nicht von einem weiten Umsetzungsspielraum der Mitgliedstaaten ausgegangen werden kann.[52]

42 **c) BaFin (Abs. 2 Nr. 3).** Abs. 2 Nr. 3 statuiert schließlich eine Mitteilungspflicht gegenüber der BaFin. Demnach wird für den Fall, dass der von dem AIF gehaltene Anteil der Stimmrechte die Schwelle von 50 Prozent überschreitet (nicht schon für den Fall des bloßen Erreichens der Schwelle), die nach Abs. 1 ohnehin bestehende Unterrichtungspflicht gegenüber der BaFin inhaltlich um die in Abs. 3 genannten Informationen erweitert.

43 **d) Arbeitnehmer (Abs. 4).** Abs. 4 erweitert den in Abs. 2 genannten Kreis der Mitteilungsadressaten dahingehend, dass er eine mittelbare Mitteilungspflicht gegenüber den Arbeitnehmervertretern bzw. den Arbeitnehmern statuiert: Gem. Abs. 4 S. 1 hat die AIF-Kapitalverwaltungsgesellschaft in ihrer Mitteilung gegenüber der Zielgesellschaft nach Abs. 2 Nr. 1 deren Vorstand zu ersuchen, entweder die Arbeitnehmervertreter oder, falls es keine solchen Vertreter gibt, die Arbeitnehmer selbst unverzüglich von der Erlangung der Kontrolle durch den AIF und von den Informationen gem. Abs. 3 in Kenntnis zu setzen. Die Ersuchenspflicht wird gem. Abs. 4 S. 2 ergänzt durch eine Bemühenspflicht: Die AIF-Kapitalverwaltungsgesellschaft hat sich nach besten Kräften zu bemühen, sicherzustellen, dass der Vorstand entweder die Arbeitnehmervertreter oder, falls es keine solchen Vertreter gibt, die Arbeitnehmer selbst ordnungsgemäß informiert.

44 Der Begriff des „Vorstandes" ist terminologisch auf die Aktiengesellschaft zugeschnitten; bei Zielgesellschaften anderer Rechtsform besteht die Ersuchenspflicht gegenüber den jeweiligen Geschäftsführungs- und Vertretungsorganen (s. oben Rn. 37).

45 Arbeitnehmervertreter sind gem. § 1 Abs. 19 Nr. 2 Vertreter der Arbeitnehmer i.S.v. Art. 2 lit. e der Richtlinie des Europäischen Parlaments und des Rates vom 11. März 2002 zur Festlegung eines allgemeinen Rahmens für die Unterrichtung und Anhörung der Arbeitnehmer in der Europäischen Gemeinschaft.[53] Nach dieser Richtlinie sind Arbeitneh-

---

[51] So offenbar Dornseifer/Jesch/Klebeck/Tollmann/*Bärenz/Käpplinger* AIFM, Art. 27 Rn. 39.
[52] Zum Inhalt der Umsetzungspflicht siehe Grabitz/Hilf/Nettesheim/*Nettesheim* EUV/AEUV, Art. 288 AEUV Rn. 120.
[53] Richtlinie 2002/14/EG des Europäischen Parlaments und des Rates vom 11. März 2002 zur Festlegung eines allgemeinen Rahmens für die Unterrichtung und Anhörung der Arbeitnehmer in der Europäischen Gemeinschaft, ABl. EG Nr. L 80 v. 23.3.2002, S. 29.

mervertreter die nach den einzelstaatlichen Rechtsvorschriften und/oder Gepflogenheiten vorgesehenen Vertreter der Arbeitnehmer. Verwiesen wird damit auf die betriebliche Mitbestimmung nach Maßgabe des jeweiligen nationalen Rechts. Das Geschäftsführungs- und Vertretungsorgan der Zielgesellschaft ist daher zu ersuchen, den zuständigen Betriebsrat von der Kontrollerlangung in Kenntnis zu setzen (vgl. die ähnlich strukturierte Vorschrift des § 10 Abs. 5 S. 2 WpÜG). Da die Erlangung der Kontrolle durch AIF das gesamte Unternehmen betrifft, ist der Gesamtbetriebsrat zuständig, falls ein solcher existiert (§ 50 Abs. 1 BetrVG). Handelt es sich bei der Zielgesellschaft um das herrschende Unternehmen eines Konzerns und existiert ein Konzernbetriebsrat (§ 58 Abs. 1 BetrVG), ist dieser zuständig.

Die Regelungstechnik von Abs. 4, wonach der AIF-Kapitalverwaltungsgesellschaft **46** lediglich eine Ersuchens- und Bemühenspflicht gegenüber dem Geschäftsführungs- und Vertretungsorgan der Zielgesellschaft, aber keine unmittelbare Informationspflicht gegenüber den Arbeitnehmervertretern oder den Arbeitnehmern der Zielgesellschaft auferlegt wird, trägt dem Umstand Rechnung, dass zwischen dem AIF bzw. der AIF-Kapitalverwaltungsgesellschaft und den Arbeitnehmern der Zielgesellschaft keine direkten Beziehungen bestehen (vgl. Erwägungsgrund 54 der AIFM-Richtlinie). Dagegen hat das Geschäftsführungs- und Vertretungsorgan der Zielgesellschaft zu den Organen der Betriebsverfassung bzw. zu den Arbeitnehmern selbst unmittelbaren Zugang. Die Ersuchens- und Bemühungspflicht der AIF-Kapitalverwaltungsgesellschaft ist keine Erfolgs-, sondern eine reine Handlungspflicht.[54] Ihre Erfüllung setzt nicht voraus, dass eine tatsächliche Weitergabe der Informationen an die Arbeitnehmervertreter bzw. die Arbeitnehmer durch das Geschäftsführungs- und Vertretungsorgan der Zielgesellschaft erfolgt. Ausreichend ist vielmehr, dass die AIF-Kapitalverwaltungsgesellschaft das Geschäftsführungs- und Vertretungsorgan der Zielgesellschaft zu einer unverzüglichen Information der Arbeitnehmer(-vertreter) auffordert und, soweit erforderlich, dieser Aufforderung durch entsprechendes Nachfragen und Insistieren Nachdruck verleiht.

Das KAGB verzichtet darauf, eine Pflicht des Geschäftsführungs- und Vertretungsorgans der Zielgesellschaft zur Weiterleitung der übermittelten Informationen an die Arbeitnehmer zu normieren. Eine solche Verpflichtung lässt sich aber grundsätzlich aus der Geschäftsführungsaufgabe als solcher ableiten;[55] die Weitergabe der Informationen wird regelmäßig der Sorgfalt eines ordentlichen und gewissenhaften Geschäftsleiters (§ 93 Abs. 1 S. 1 AktG) bzw. eines ordentlichen Geschäftsmannes (§ 43 Abs. 1 GmbHG) entsprechen. **47**

Gem. § 287 Abs. 5 gelten allerdings die §§ 287 bis 292 und damit auch die Mitteilungspflichten bei Kontrollerlangung gem. § 289 Abs. 2–4 lediglich vorbehaltlich der Bedingungen und Beschränkungen, die in Art. 6 der Richtlinie 2002/14/EG des Europäischen Parlaments und des Rates vom 11. März 2002 zur Festlegung eines allgemeinen Rahmens für die Unterrichtung und Anhörung der Arbeitnehmer in der Europäischen Gemeinschaft[56] festgelegt sind. Damit unterliegen zum einen die Arbeitnehmervertreter einer beschränkten Vertraulichkeitsverpflichtung: Gem. Art. 6 Abs. 1 dieser Richtlinie ist es ihnen nämlich nicht gestattet, ihnen im berechtigten Interesse der Unternehmen oder Betriebe ausdrücklich als vertraulich mitgeteilte Informationen an Arbeitnehmer oder Dritte weiterzugeben. Die Vertraulichkeit der Information hängt mithin davon ab, ob der Arbeitgeber – hier das in der Mitteilung nach Abs. 2 Nr. 1 adressierte Geschäftsführungs- **48**

---

54 Zutreffend Dornseifer/Jesch/Klebeck/Tollmann/*Bärenz/Käpplinger* AIFM, Art. 27 Rn. 52.
55 Vgl. dazu Baumbach/Hueck/*Zöllner/Noack* GmbHG, § 43 Rn. 17; für die AG *Hüffer* AktG, § 93 Rn. 3a.
56 Richtlinie 2002/14/EG des Europäischen Parlaments und des Rates vom 11. März 2002 zur Festlegung eines allgemeinen Rahmens für die Unterrichtung und Anhörung der Arbeitnehmer in der Europäischen Gemeinschaft, ABl. EG Nr. L 80 v. 23.3.2002, S. 29.

und Vertretungsorgan der Zielgesellschaft – sie als vertraulich kennzeichnet.[57] Zum anderen ist nach Art. 6 Abs. 2 der Richtlinie der Arbeitgeber nicht zur Information der Arbeitnehmervertreter verpflichtet, wenn die Information nach objektiven Kriterien die Tätigkeit des Unternehmens oder Betriebs erheblich beeinträchtigen oder dem Unternehmen oder Betrieb schaden könnte.[58] Dies kann insbesondere dann in Betracht kommen, wenn die Zielgesellschaft keine Arbeitnehmervertreter hat und damit die gesamte Belegschaft zu informieren ist.

49 Inwieweit das Geschäftsführungs- und Vertretungsorgan von der Möglichkeit Gebrauch macht, die Erlangung der Kontrolle durch den AIF für vertraulich zu erklären oder im Unternehmensinteresse von einer Information der Arbeitnehmervertreter abzusehen, spielt für Frage, ob die AIF-Kapitalverwaltungsgesellschaft ihrer Ersuchens- und Bemühenspflicht ordnungsgemäß nachgekommen ist, keine Rolle.[59]

50 **2. Inhalt der Mitteilung.** Die Mitteilung hat zum einen über den Kontrollerwerb als solchen, d.h. den Umstand, dass der von dem AIF gehaltene Anteil der Stimmrechte 50 Prozent überschreitet (nicht bloß: erreicht), zu informieren (Abs. 2). Die Mitteilung hat zumindest die Angaben über den (bzw. die beteiligten) AIF zu enthalten, die für seine (bzw. ihre) Identifizierung erforderlich sind; dazu gehören der Name (genauer: die Firma), der satzungsmäßige Sitz und die (vollständige) Anschrift des AIF. Darüber hinaus sind in Abs. 3 weitere Angaben genannt, die die Mitteilung enthalten[60] muss; diese Angaben werden durch die Offenlegungspflichten nach § 290 weiter ergänzt.

51 Abs. 3 Nr. 1 verlangt, dass die Mitteilung Angaben zu der sich hinsichtlich der Stimmrechte ergebenden Situation enthält. Aufgrund dieser weit gefassten Formulierung ist (anders als bei der Unterrichtung nach Abs. 1, s. oben Rn. 29f.) sowohl die Angabe des auf zwei Nachkommastellen gerundeten prozentualen Anteils der von dem AIF gehaltenen Stimmrechte als auch ihrer Anzahl erforderlich.[61] Im Falle einer gemeinsamen Kontrollerlangung ist der Stimmrechtsanteil der AIF, die Stimmrechte an dem nicht börsennotierten Unternehmen halten, im Einzelnen aufzuschlüsseln.

52 Abs. 3 Nr. 2 verlangt ferner die Mitteilung der Bedingungen, unter denen die Kontrolle erlangt wurde, wobei der Begriff der „Bedingungen" untechnisch im Sinne von „Umstände" zu verstehen ist.[62] Die wesentlichen mitteilungsbedürftigen Umstände der Kontrollerlangung werden im Normtext selbst genannt: Erforderlich ist danach die Nennung der einzelnen beteiligten Anteilseigner, der zur Stimmabgabe in ihrem Namen ermächtigten natürlichen oder juristischen Personen und gegebenenfalls der Beteiligungs-

---

57 Anders als nach § 79 BetrVG muss es sich dabei nicht um Betriebs- oder Geschäftsgeheimnisse handeln; siehe zur Richtlinienkonformität von § 79 BetrVG *Reichold* NZA **2003** 289, 297.
58 Art. 6 Abs. 2 findet im deutschen Betriebsverfassungsrecht keine Entsprechung; nach *Reichold* NZA **2003** 289, 297 musste sie wegen des Vorrangs mitgliedstaatlicher Gepflogenheiten, die für Arbeitnehmer günstiger sind, im Zuge der Umsetzung der Richtlinie 2002/14/EG in Deutschland nicht neu eingeführt werden. Da Art. 26 Abs. 6 AIFM-Richtlinie auf den vollständigen Regelungsgehalt von Art. 6 der Richtlinie 2002/14/EG verweist, nicht aber auf die in dieser Richtlinie enthaltenen Vorbehalte zugunsten mitgliedstaatlicher Gepflogenheiten, war der deutsche Gesetzgeber gezwungen, im Zuge der Umsetzung der AIFM-Richtlinie nicht auf § 79 BetrVG zu verweisen, sondern auf den inhaltlich weiterreichenden Art. 6 der Richtlinie 2002/14/EG.
59 Dornseifer/Jesch/Klebeck/Tollmann/*Bärenz/Käpplinger* AIFM, Art. 27 Rn. 55.
60 Abs. 3 spricht fälschlicherweise davon, dass die Mitteilung diese Angaben „erhält"; es müsste heißen: „enthält".
61 Ebenso Dornseifer/Jesch/Klebeck/Tollmann/*Bärenz/Käpplinger* AIFM, Art. 27 Rn. 42; ebenso für § 21 WpHG BaFin-Emittentenleitfaden, 4. Aufl. (Stand 22. Juli 2013) VIII.2.3.9.2., S. 110; Assmann/Schneider/*Schneider* WpHG, § 21 Rn. 121 f.; Schwark/Zimmer/*Schwark* KMRK, § 21 WpHG Rn. 25.
62 Dornseifer/Jesch/Klebeck/Tollmann/*Bärenz/Käpplinger* AIFM, Art. 27 Rn. 43.

kette, über die die Stimmrechte tatsächlich gehalten werden. Die Auflistung ist nicht abschließend. Welche Umstände darüber hinaus mitteilungsbedürftig sind, hängt von den Umständen des Einzelfalles ab. Keine Mitteilungspflicht besteht hinsichtlich der Inhalte einer dem Anteilserwerb durch den AIF zugrunde liegenden vertraglichen Vereinbarungen, etwa eines Kaufvertrags (*SPA*). Nicht mitteilungspflichtig sind insbesondere der Kaufpreis, die Modalitäten der Kaufpreiszahlung und die vertraglichen Regelungen betreffend Gewährleistung und Garantien. Abgesehen davon, dass der Kaufvertrag selbst regelmäßig gegenseitige Vertraulichkeitsverpflichtungen der Parteien enthalten wird (die freilich nur so weit reichen können, wie keine gesetzlichen Offenlegungspflichten bestehen), zählen die Inhalte des Kaufvertrages zu den legitimen Geschäftsgeheimnissen der Parteien, und es besteht kein Anlass dafür, diese Inhalte – anders als bei sonstigen M&A-Transaktionen – dem weiten Kreis der Mitteilungsadressaten (insbesondere den anderen Anteilseignern und – mittelbar – den Arbeitnehmern bzw. Arbeitnehmervertretern) zu offenbaren. Jedenfalls vermag der bloße Umstand, dass es sich bei dem Investor um einen geschlossenen Spezial-AIF handelt, eine derartige Offenlegung und den damit verbundenen Eingriff in die Rechte des AIF bzw. seiner Investoren nicht zu rechtfertigen.[63]

53 Abs. 3 Nr. 3 verlangt die Mitteilung des Datums, an dem die Kontrolle erlangt wurde. Entscheidend ist auch hier das Datum des vollständigen dinglichen Anteilsübergangs („Closing"; s. oben Rn. 19).

54 Abs. 4 verlangt ausschließlich für die Mitteilung gegenüber der Zielgesellschaft (Abs. 2 Nr. 1), dass die[64] AIF-Kapitalverwaltungsgesellschaft deren Geschäftsführungs- und Vertretungsorgan ersucht, die Arbeitnehmervertreter oder, falls es solche Vertreter nicht gibt, die Arbeitnehmer selbst unverzüglich von der Kontrollerlangung durch den AIF und den Informationen nach Abs. 3 Nr. 1 bis 3 in Kenntnis zu setzen (s. im Einzelnen bereits oben Rn. 43ff.). Um der Ersuchens- und Bemühungspflicht gerecht zu werden, sollte die Mitteilung sowohl den (Gesamt-)Betriebsrat als richtigen Adressaten für die Weitergabe der Informationen benennen als auch auf das Erfordernis einer „unverzüglichen" Weitergabe dieser Informationen hinweisen. Ein Hinweis auf § 287 Abs. 5 (s. oben Rn. 48) ist weder erforderlich noch schädlich.

55 **3. Form der Mitteilung.** Anders als bei der Unterrichtung gegenüber der BaFin gem. Abs. 1 (s. oben Rn. 31) kommt für die Form der Mitteilung eine Orientierung an § 18 WpAIV nicht in Betracht. Zwar wird man auch insoweit verlangen können, dass die Mitteilung schriftlich oder per Telefax erfolgt; eine Übermittlung per E-Mail genügt nicht. Bei einer deutschen Zielgesellschaft mit deutschen Anteilseignern kann (anders als bei der BaFin) aber nicht davon ausgegangen werden, dass diese Adressaten in der Lage sind, eine englischsprachige Mitteilung zu verstehen. Hier ist es daher erforderlich, dass die erforderlichen Informationen in deutscher Sprache zur Verfügung gestellt werden. Bei einer Zielgesellschaft mit Sitz in einem anderen Mitgliedstaat spricht hingegen nichts dagegen, dass die Mitteilung in englischer Sprache erfolgt; im Gegenteil wird dadurch die Rezeption der Mitteilung erleichtert. Dies kann allerdings nicht verlangt werden; erst recht kann nicht verlangt werden, dass die Mitteilung in der Sprache des Herkunftsstaates der Zielgesellschaft erfolgt.

---

63 Wie hier Dornseifer/Jesch/Klebeck/Tollmann/*Bärenz/Käpplinger* AIFM, Art. 27 Rn. 44; Striegel/Wiesbrock/Jesch/*Swoboda/Schatz* Kapitalbeteiligungsrecht, S. 870 f.
64 An dieser Stelle ist der Gesetzestext grammatikalisch fehlerhaft; es müsste heißen: „In *ihrer* Mitteilung nach Absatz 2 Nummer 1 ersucht die AIF- Kapitalverwaltungsgesellschaft (...)".

56 **4. Mitteilungsfrist.** Gem. Abs. 5 (s. unten Rn. 57 ff.) hat die Mitteilung gegenüber den jeweiligen Adressaten so rasch wie möglich zu erfolgen, aber nicht später als zehn Arbeitstage nach dem Tag, an dem der AIF die Kontrolle erlangt hat. Nach dem oben (Rn. 47, 49) Gesagten ist für eine fristgemäße Mitteilung nicht erforderlich, dass die tatsächliche Information der Arbeitnehmer(vertreter) durch das Geschäftsführungs- und Vertretungsorgan der Zielgesellschaft ebenfalls innerhalb der Frist des Abs. 5 erfolgt.

F. Rechtzeitigkeit der Information (Abs. 5)

57 Abs. 5 legt fest, innerhalb welcher Frist die Informationspflichten zu erfüllen sind. Die Vorschrift gilt für alle in § 289 normierten Informationspflichten, also sowohl für die Unterrichtungspflicht nach Abs. 1 als auch für die Mitteilungspflicht nach Abs. 2–4. Terminologisch orientiert sich Abs. 5 eng an Art. 27 Abs. 5 AIFM-Richtlinie, anstatt dem deutschen Rechtsanwender vertraute Formulierungen aus anderen Gesetzen aufzugreifen. Sämtliche Mitteilungen sollen „so rasch wie möglich" erfolgen. Die Formulierung ermöglicht eine Berücksichtigung der Umstände des Einzelfalles, von denen abhängt, was „möglich" ist; es liegt daher nahe, ihren Inhalt entsprechend der Legaldefinition des Begriffs „unverzüglich" i.S.d. § 121 Abs. 1 S. 1 BGB zu bestimmen.[65] Die Mitteilungen erfolgen demnach „so rasch wie möglich", wenn sie „ohne schuldhaftes Zögern" abgegeben werden. Durch eine solche Auslegung wird zugleich ein Gleichlauf zu den Mitteilungspflichten der §§ 21 Abs. 1 WpHG, 20 Abs. 1 S. 2 AktG hergestellt.

58 Spätestens müssen die Mitteilungen zehn Arbeitstage nach dem Tag, an dem der AIF die entsprechende Schwelle erreicht, überschritten oder unterschritten hat, gemacht werden. Der Fristbeginn wird erst durch den vollständigen dinglichen Anteilsübergang ausgelöst.[66] Was die Zählung der „Arbeitstage" anbelangt, ist unklar, ob Samstage mitgezählt werden sollen oder nicht. Das deutsche Recht definiert als „Werktage" alle Kalendertage, die nicht Sonn- oder gesetzliche Feiertage sind (vgl. § 3 Abs. 2 BUrlG); Samstage sind demnach als Werktage anzusehen.[67] Demgegenüber geht der allgemeine Sprachgebrauch von fünf Wochenarbeitstagen aus; in verschiedenen (teils landesrechtlichen) Gesetzen wird der Begriff des „Arbeitstages" unterschiedlich definiert.[68] Dass Abs. 5 nicht von „Werktagen" spricht, sondern von „Arbeitstagen", legt eine Orientierung am allgemeinen Sprachgebrauch nahe; es sprechen keine Argumente dafür, den Samstag als Arbeitstag mitzuzählen.

59 Unklar ist schließlich, was erforderlich ist, damit eine Mitteilung i.S.v. Abs. 5 „gemacht" wurde. Im Rahmen der Fristbestimmung nach § 21 Abs. 1 WpHG („unverzüglich, spätestens innerhalb von vier Handelstagen") wird aus der fehlenden Verweisung auf § 121 Abs. 1 S. 2 BGB gefolgert, es sei nicht nur eine Absendung innerhalb der Frist, sondern darüber hinaus ein fristgerechter Zugang der Mitteilung zu fordern.[69] Richtig ist, dass es sich bei Mitteilungen um geschäftsähnliche Handlungen handelt, auf die wegen der vergleichbaren Interessenlage die Vorschriften über Willenserklärungen grundsätzlich analog anzuwenden sind.[70] Das Gebot der analogen Anwendung gilt insbesondere für § 130 Abs. 1 BGB, wonach die einem anderen gegenüber in dessen Abwesenheit abge-

---

65 Die Frage offen lassend *Viciano-Gofferje* BB **2013** 2506, 2507.
66 Ebenso *Weitnauer* AG **2013** 672, 675.
67 ErfK ArbeitsR/*Gallner* § 3 BUrlG Rn. 3.
68 Vgl. z.B. § 3 Abs. 1 ArbeitszeitVO NRW: Arbeitstage = Montag bis Freitag; § 5 Abs. 1 ArbeitszeitVO Bayern: Arbeitstage = Werktage; § 3 ArbeitszeitVO Berlin: Arbeitstag = Werktag mit Ausnahme des Sonnabends.
69 Assmann/Schneider/*Schneider* WpHG, § 21 Rn. 131; MüKoAktG/*Bayer* § 21 WpHG Rn. 39.
70 MüKoBGB/*Armbrüster* vor § 116 Rn. 116 ff.; ausführlich *Ulrici* NJW **2003** 2053.

gebene Willenserklärung erst in dem Zeitpunkt wirksam wird, in dem sie ihm zugeht.[71] Allerdings hat der BGH die analoge Anwendung von § 130 Abs. 1 BGB nur für solche Mitteilungen und Anzeigen bejaht, an die das Gesetz Rechtsfolgen knüpft. Er hat die Analogie daher abgelehnt bei bloßen Benachrichtigungen (im konkreten Fall ging es um die Auskunfts- und Rechenschaftspflicht gem. § 666 BGB).[72] Da das Gesetz an die Unterrichtung nach Abs. 1 und die Mitteilung nach Abs. 2–4 keine unmittelbaren Rechtsfolgen knüpft, sprechen gute Argumente dafür, dass die AIF-Kapitalverwaltungsgesellschaft nur die ordnungsgemäße Absendung innerhalb der Frist des Abs. 5 schuldet.[73] Die Berechnung der Frist richtet sich nach §§ 187 Abs. 1, 188 Abs. 1, 193 BGB.[74]

G. Rechtsfolgen bei Verstößen gegen die Unterrichtungs- bzw. Mitteilungspflicht

Gem. § 340 Abs. 2 Nr. 26 begehen die für die AIF-Kapitalverwaltungsgesellschaft **60** handelnden Personen eine Ordnungswidrigkeit, wenn sie vorsätzlich oder leichtfertig entgegen § 289 Abs. 1, 2 oder 5 eine Unterrichtung, Information oder Mitteilung nicht, nicht richtig, nicht vollständig oder nicht rechtzeitig vornehmen. Ein Verstoß, der auf einfacher Fahrlässigkeit beruht, genügt für die Verwirklichung des Ordnungswidrigkeitentatbestands nicht. Die Begehung der Ordnungswidrigkeit kann durch ein Bußgeld von bis zu 100.000 EUR (siehe im Einzelnen § 340 Rn. 8) geahndet werden. Damit ist der Vorgabe von Art. 48 AIFM-Richtlinie genüge getan, wonach die Mitgliedstaaten wirksame, verhältnismäßige und abschreckende Sanktionen für den Verstoß gegen die nach der Richtlinie erlassenen Bestimmungen festlegen müssen.

Gem. §§ 20 Abs. 7, 21 Abs. 4 AktG sowie § 28 WpHG hat ein Verstoß gegen die in **61** §§ 20, 21 AktG sowie §§ 21 ff. WpHG normierten Mitteilungspflichten zur Folge, dass Rechte aus Aktien, die dem Mitteilungs- bzw. Meldepflichtigen gehören, für die Zeit nicht bestehen, für welche die Mitteilungspflichten nicht erfüllt werden. Ein vergleichbarer Rechtsverlust ist bei Verstoß gegen die weiterreichenden Unterrichtungs- und Mitteilungspflichten nach § 289 weder im KAGB noch in der AIFM-Richtlinie[75] vorgesehen. Da Vorschriften, welche die Befugnisse von Gesellschaftern und damit auch die Frage des Bestehens oder Nichtbestehens von Stimmrechten regeln, Bestandteil des für die betroffene Gesellschaft maßgeblichen Gesellschaftsstatuts sind,[76] hätte der deutsche Gesetzgeber einen solchen Rechtsverlust ohnehin nur für den Erwerb von Beteiligungen an in-

---

71 MüKoBGB/*Einsele* § 130 Rn. 4; Staudinger/*Singer* BGB, § 130 Rn. 14; *Ulrici* NJW **2003** 2053, 2055.
72 BGH 7.5.2002 NJW **2002** 2703, 2703 f.
73 Würde man die analoge Anwendung von § 130 Abs. 1 BGB bejahen, müsste ohne weiteres der Zugang innerhalb der Frist erfolgen; dies folgt nicht erst aus der fehlenden Verweisung auf § 121 Abs. 1 S. 2 BGB. Eine Abweichung von der Regel ließe sich allenfalls durch analoge Anwendung von § 121 Abs. 1 S. 2 BGB begründen. Bei der analogen Anwendung der Norm ist allerdings wegen der schutzwürdigen Interessen des Erklärungsempfängers Zurückhaltung geboten, da es sich um eine Ausnahmevorschrift zum Schutz des Erklärenden handelt, der bei der Abgabe der angefochtenen Willenserklärung einem Irrtum unterlag; s. Staudinger/*Singer* BGB, § 121 Rn. 12; BAG 3.7.1980 NJW **1981** 1332, 1334.
74 Siehe für § 21 WpHG MüKoAktG/*Bayer* § 21 WpHG Rn. 39.
75 Vgl. demgegenüber den im Zuge der Überarbeitung der Transparenzrichtlinie (Richtlinie 2013/50/EU des Europäischen Parlaments und des Rates vom 22. Oktober 2013, ABl. EU Nr. L 294 v. 6.11.2013, S. 13) neu geschaffenen Art. 28b Abs. 2 Transparenzrichtlinie (Richtlinie 2004/109/EG des Europäischen Parlaments und des Rates vom 15. Dezember 2004 zur Harmonisierung der Transparenzanforderungen in Bezug auf Informationen über Emittenten, deren Wertpapiere zum Handel auf einem geregelten Markt zugelassen sind, und zur Änderung der Richtlinie 2001/34/EG, ABl. EG Nr. L 390 v. 31.12.2004, S. 38).
76 Zum Umfang des Gesellschaftsstatuts MüKoBGB/*Kindler* IntGesR Rn. 543; vgl. ferner RG 25.5.1910 RGZ **73** 366, 367.

ländischen Zielgesellschaften vorsehen können.[77] Außerdem wird mit Recht bezweifelt, ob die Anordnung eines Rechtsverlusts mit dem Verhältnismäßigkeitsgebot vereinbar wäre.[78] Zu einem Rechtsverlust kann es daher nur dann kommen, wenn es sich bei der Zielgesellschaft um ein nicht börsennotiertes Unternehmen in der Rechtsform der Aktiengesellschaft handelt und die neben den Informationspflichten gem. § 289 weiterhin bestehenden Mitteilungspflichten nach § 20 AktG verletzt werden.

62 Fraglich ist, ob die AIF-Kapitalverwaltungsgesellschaft im Falle einer unterlassenen, nicht richtigen, nicht vollständigen oder nicht rechtzeitigen Unterrichtung oder Mitteilung zivilrechtlich zum Schadensersatz verpflichtet ist. Das KAGB selbst sieht eine Schadensersatzpflicht nicht vor, sodass ein Anspruch sich allenfalls aus § 823 Abs. 2 BGB ergeben könnte. Für die in §§ 20, 21 AktG sowie §§ 21 ff. WpHG normierten Mitteilungspflichten ist umstritten, ob es sich dabei um Schutzgesetze i.S.d. § 823 Abs. 2 BGB handelt;[79] dieselbe Frage stellt sich mit Blick auf § 289. Dabei kommt es für die Bejahung der Schutzgesetzeigenschaft maßgeblich darauf an, ob die jeweilige Vorschrift dem Schutz von Individualinteressen zu dienen bestimmt ist.[80] Dies ist jedenfalls für die Unterrichtungspflicht gegenüber der BaFin nach Abs. 1 zu verneinen. Für die Mitteilungspflicht nach Abs. 2–4 lässt sich vertreten, dass diese zumindest auch dem spezifischen Informationsbedürfnis der darin genannten Informationsadressaten im Hinblick auf den Beteiligungserwerb durch geschlossene Spezial-AIF dienen (zur Unschärfe des Normzwecks s. oben Rn. 4 ff.). Ein Schadensersatzanspruch erscheint daher theoretisch denkbar, wird aber in der Praxis gleichwohl keine Rolle spielen, da der erforderliche Nachweis eines kausal auf der Verletzung der Mitteilungspflicht beruhenden Schadens nur schwer zu führen sein dürfte.

§ 290
Offenlegungspflicht bei Erlangen der Kontrolle

(1) Erlangt ein AIF allein oder gemeinsam mit anderen AIF die Kontrolle über ein nicht börsennotiertes Unternehmen oder einen Emittenten gemäß § 287 Absatz 1 in Verbindung mit § 288 Absatz 1, legt die AIF-Kapitalverwaltungsgesellschaft den folgenden Stellen die in Absatz 2 genannten Informationen vor:
1. dem betreffenden Unternehmen,
2. den Anteilseignern, soweit deren Identität und Adresse der AIF-Kapitalverwaltungsgesellschaft
   a) vorliegen,
   b) von dem nicht börsennotierten Unternehmen zur Verfügung gestellt werden können oder
   c) über ein Register, zu dem die AIF-Kapitalverwaltungsgesellschaft Zugang hat oder erhalten kann, zur Verfügung gestellt werden können und
3. die Bundesanstalt.

(2) Die AIF-Kapitalverwaltungsgesellschaft legt die folgenden Informationen vor:

---

[77] Vgl. Dornseifer/Jesch/Klebeck/Tollmann/*Bärenz*/*Käpplinger* AIFM, Art. 27 Rn. 56.
[78] Dornseifer/Jesch/Klebeck/Tollmann/*Bärenz*/*Käpplinger* AIFM, Art. 27 Rn. 56.
[79] Zum Meinungsstand hinsichtlich §§ 20, 21 AktG s. Spindler/Stilz/*Petersen* AktG, Vorbemerkung zu §§ 20 bis 22 Rn. 25 ff. und hinsichtlich §§ 21 ff. WpHG Assmann/Schneider/*Schneider* WpHG, § 28 Rn. 79 ff.; Schwark/Zimmer/*Schwark* KMRK, § 28 WpHG Rn. 20.
[80] Staudinger/*Hager* BGB, § 823 Rn. G 19; MüKoBGB/*Wagner* § 823 Rn. 405.

1. die Identität der AIF-Kapitalverwaltungsgesellschaft, die entweder allein oder im Rahmen einer Vereinbarung mit anderen AIF-Kapitalverwaltungsgesellschaften die AIF verwalten, die die Kontrolle erlangt haben,
2. die Grundsätze zur Vermeidung und Steuerung von Interessenkonflikten, insbesondere zwischen der AIF-Kapitalverwaltungsgesellschaft, dem AIF und dem Unternehmen, einschließlich Informationen zu den besonderen Sicherheitsmaßnahmen, die getroffen wurden, um sicherzustellen, dass Vereinbarungen zwischen der AIF-Kapitalverwaltungsgesellschaft oder dem AIF und dem Unternehmen wie zwischen voneinander unabhängigen Geschäftspartnern geschlossen werden, und
3. die Grundsätze für die externe und interne Kommunikation in Bezug auf das Unternehmen, insbesondere gegenüber den Arbeitnehmern.

(3) In ihrer Mitteilung nach Absatz 1 Nummer 1 ersucht die AIF-Kapitalverwaltungsgesellschaft den Vorstand des Unternehmens, entweder die Arbeitnehmervertreter oder, falls es keine solchen Vertreter gibt, die Arbeitnehmer selbst unverzüglich von den Informationen gemäß Absatz 2 in Kenntnis zu setzen. Die AIF-Kapitalverwaltungsgesellschaft bemüht sich nach besten Kräften sicherzustellen, dass der Vorstand entweder die Arbeitnehmervertreter oder, falls es keine solchen Vertreter gibt, die Arbeitnehmer selbst ordnungsgemäß informiert.

(4) Die AIF-Kapitalverwaltungsgesellschaft stellt sicher, dass den in Absatz 1 Nummer 1 und 2 genannten Unternehmen und Anteilseignern folgende Informationen offengelegt werden:
1. die Absichten des AIF hinsichtlich der zukünftigen Geschäftsentwicklung des nicht börsennotierten Unternehmens und
2. die voraussichtlichen Auswirkungen auf die Beschäftigung, einschließlich wesentlicher Änderungen der Arbeitsbedingungen.

Ferner ersucht die AIF-Kapitalverwaltungsgesellschaft den Vorstand des nicht börsennotierten Unternehmens, die in diesem Absatz genannten Informationen entweder den Arbeitnehmervertretern oder, falls es keine solchen Vertreter gibt, den Arbeitnehmern des nicht börsennotierten Unternehmens selbst zur Verfügung zu stellen und bemüht sich nach besten Kräften, dies sicherzustellen.

(5) Sobald ein AIF die Kontrolle über ein nicht börsennotiertes Unternehmen gemäß § 287 Absatz 1 in Verbindung mit § 288 Absatz 1 erlangt, legt die AIF-Kapitalverwaltungsgesellschaft, die den betreffenden AIF verwaltet, der Bundesanstalt und den Anlegern des AIF Angaben zur Finanzierung des Erwerbs vor.

Schrifttum

Baums Low Balling, Creeping in und deutsches Übernahmerecht, ZIP **2010** 2374; *Behrens* „Corporate Governance", FS Drobnig (**1998**) 491; *Berle/Means* The Modern Corporation and Private Property, 1932; *Fleischer* Mitteilungspflichten für Inhaber wesentlicher Beteiligungen (§ 27a WpHG), AG **2008** 873; *Greven/Fahrenholz* Die Handhabung der neuen Mitteilungspflichten nach § 27a WpHG, BB **2009** 1487; *Jensen/Meckling* Theory of the firm: Managerial Behavior, Agency Costs and Ownership Structure, J.Fin.Econ. 3 (**1976**) 305; *Möllers/Harrer/Krüger* Die Regelung von Hedgefonds und Private Equity durch die neue AIFM-Richtlinie, WM **2011** 1537; *Schröder/Rahn* Das KAGB und Private-Equity-Transaktionen – Pflichten für Manager von Private-Equity-Fonds und deren Verwahrstellen, GWR **2014** 49; *Weitnauer* Das Übernahmesonderrecht des KAGB und seine Auswirkungen auf die Private-Equity-Branche, AG **2013** 672; *Wißmann* Probleme bei der Umsetzung der EG-Richtlinie über Massenentlassungen in deutsches Recht, RdA **1998** 221; *Zetzsche* Anteils- und Kontrollerwerb an Zielgesellschaften durch Verwalter alternativer Investmentfonds, NZG **2012** 1164.

§ 290 — Offenlegungspflicht bei Erlangen der Kontrolle

Systematische Übersicht

- A. Überblick —— 1
- B. Entstehungsgeschichte —— 4
- C. Normzweck —— 5
- D. Offenlegungspflichten bei Kontrollerlangung über ein nicht börsennotiertes Unternehmen oder einen Emittenten (Abs. 1–3) —— 7
  - I. Voraussetzungen der Offenlegungspflicht —— 8
  - II. Rechtsfolge: Offenlegungspflicht
    1. Offenlegungsadressaten —— 14
    2. Inhalt der Offenlegung
       a) Identität der AIF-Kapitalverwaltungsgesellschaft (Abs. 2 Nr. 1) —— 16
       b) Grundsätze zur Vermeidung und Steuerung von Interessenkonflikten (Abs. 2 Nr. 2) —— 18
       c) Grundsätze für die externe und interne Kommunikation in Bezug auf das Unternehmen, insbesondere gegenüber den Arbeitnehmern (Abs. 2 Nr. 3) —— 22
    3. Form der Offenlegung —— 23
    4. Offenlegungsfrist —— 24
- E. Besondere Offenlegungspflichten bei Kontrollerlangung über ein nicht börsennotiertes Unternehmen (Abs. 4) —— 25
  - I. Voraussetzungen der Offenlegungspflicht —— 26
  - II. Rechtsfolge: Offenlegungspflicht
    1. Offenlegungsadressaten —— 28
    2. Inhalt der Offenlegung
       a) Absichten des AIF hinsichtlich der zukünftigen Geschäftsentwicklung der Zielgesellschaft (Abs. 4 Nr. 1) —— 29
       b) Voraussichtliche Auswirkungen auf die Beschäftigung (Abs. 4 Nr. 2) —— 36
    3. Form der Offenlegung —— 39
    4. Offenlegungsfrist —— 40
- F. Pflicht zur Vorlage von Angaben zur Finanzierung des Erwerbs (Abs. 5) —— 41
  - I. Voraussetzungen der Offenlegungspflicht —— 42
  - II. Rechtsfolge: Offenlegungspflicht
    1. Offenlegungsadressaten —— 43
    2. Inhalt der Offenlegung —— 44
    3. Form der Offenlegung —— 48
    4. Offenlegungsfrist —— 49
- G. Rechtsfolgen bei Verstößen gegen die Offenlegungspflicht —— 50

A. Überblick

1 § 290 statuiert weitreichende Offenlegungspflichten der AIF-Kapitalverwaltungsgesellschaft für den Fall, dass der AIF gemeinsam oder mit anderen AIF die Kontrolle über die Zielgesellschaft gem. § 287 Abs. 1 i.V.m. § 288 Abs. 1 erlangt. Die Vorschrift ergänzt und erweitert damit die bereits in § 289 Abs. 2–4 normierten Mitteilungspflichten der AIF-Kapitalverwaltungsgesellschaft im Falle der Kontrollerlangung über ein nicht börsennotiertes Unternehmen.

2 Die verschiedenen in § 290 geregelten Offenlegungspflichten unterscheiden sich sowohl hinsichtlich ihrer tatbestandlichen Voraussetzungen in Bezug auf die Zielgesellschaft als auch hinsichtlich der Adressaten der jeweils offenzulegenden Informationen. So bestehen die Offenlegungspflichten gem. Abs. 1–3 nicht nur im Falle der Kontrollerlangung über ein nicht börsennotiertes Unternehmen, sondern auch dann, wenn es sich bei der Zielgesellschaft um einen Emittenten handelt. Dagegen bestehen die Pflichten nach Abs. 4 und nach Abs. 5 lediglich bei Erlangung der Kontrolle über ein nicht börsennotiertes Unternehmen. Die Informationen gem. Abs. 1–3 sind gegenüber der Zielgesellschaft, deren Anteilseignern, der BaFin sowie (mittelbar) gegenüber den Arbeitnehmern bzw. ihren Vertretern offenzulegen. Die Informationen gem. Abs. 4 sind dagegen nur gegenüber der Zielgesellschaft, deren Anteilseignern sowie (mittelbar) den Arbeitnehmer(vertretern) offenzulegen, nicht aber gegenüber der BaFin. Die Informationen zur Finanzierung des Erwerbs gem. Abs. 5 sind der BaFin sowie den Anlegern des AIF vorzulegen.

Daraus ergibt sich folgende Übersicht: 3

	Zielgesellschaft	Offenlegungsadressat	Inhalt der Offenlegung
Abs. 1–3	– Nicht börsennotiertes Unternehmen – Emittent	– Zielgesellschaft – Anteilseigner der Zielgesellschaft – BaFin – Arbeitnehmervertreter bzw. Arbeitnehmer (mittelbar)	– Identität der AIF-Kapitalverwaltungsgesellschaft – Grundsätze zur Vermeidung und Steuerung von Interessenkonflikten – Grundsätze für die externe und interne Kommunikation in Bezug auf das Unternehmen, insbesondere gegenüber den Arbeitnehmern
Abs. 4	Nicht börsennotiertes Unternehmen	– Zielgesellschaft – Anteilseigner der Zielgesellschaft – Arbeitnehmervertreter bzw. Arbeitnehmer (mittelbar)	– Absichten des AIF hinsichtlich der zukünftigen Geschäftsentwicklung der Zielgesellschaft – Voraussichtliche Auswirkungen auf die Beschäftigung
Abs. 5	Nicht börsennotiertes Unternehmen	– BaFin – Anleger des AIF	– Angaben zur Finanzierung des Erwerbs

B. Entstehungsgeschichte

Durch § 290 wird Art. 28 AIFM-Richtlinie in deutsches Recht umgesetzt.[1] Der deutsche Gesetzgeber setzt die Vorgaben der Richtlinie eins zu eins um. Er macht keinen Gebrauch von der in Art. 28 Abs. 1 UAbs. 2 AIFM-Richtlinie enthaltenen Ermächtigung, wonach die Mitgliedstaaten vorschreiben können, dass die in Abs. 2 festgelegten Informationen auch den für das nicht börsennotierte Unternehmen zuständigen nationalen Behörden vorgelegt werden. Abs. 4 wurde gegenüber Art. 28 Abs. 4 AIFM-Richtlinie sprachlich verkürzt und hat dadurch an Präzision eingebüßt (s. unten Rn. 26); eine inhaltliche Abweichung von den Vorgaben der Richtlinie ist damit aber nicht verbunden. 4

C. Normzweck

Ebenso wie die Mitteilungspflichten gem. § 289 Abs. 2–4 dienen auch die in § 290 Abs. 1–4 statuierten Offenlegungspflichten vordergründig der Transparenz beim Kontrollerwerb durch geschlossene Spezial-AIF, insbesondere einer Verbesserung der Infor- 5

---

1 Zur Entstehungsgeschichte von Art. 28 AIFM-Richtlinie s. Dornseifer/Jesch/Klebeck/Tollmann/*Bärenz/Käpplinger* AIFM, Art. 28 Rn. 3.

mationspolitik gegenüber der Zielgesellschaft und deren Arbeitnehmer(vertretern).[2] Anders als die strukturell vergleichbare Mitteilungspflicht nach § 27a WpHG (die freilich nur für den Erwerb wesentlicher Beteiligungen an einem Emittenten gilt, für den die Bundesrepublik Deutschland der Herkunftsstaat ist, und die zudem in der Satzung des Emittenten abbedungen werden kann) und die teilweise ähnlich formulierten Anforderungen an den Inhalt einer Angebotsunterlage i.S.d. § 11 WpÜG, knüpfen § 290 und Art. 28 AIFM-Richtlinie aber nicht an den Umstand, den Umfang oder die Modalitäten des Beteiligungserwerbs als solchen und die daraus resultierenden Informationsbedürfnisse bestimmter Adressaten an. Vielmehr werden die Offenlegungspflichten ausschließlich dadurch begründet und ausgelöst, dass die Beteiligung durch geschlossene Spezial-AIF[3] erworben wird. Bei der Kontrollerlangung durch andere Investoren bestehen diese Offenlegungspflichten nicht. Dies ist aus den bereits zu § 289 ausgeführten Gründen rechtspolitisch fragwürdig (siehe ausführlich § 289 Rn. 4 ff.). Bemerkenswert und mit Blick auf die Schutzrichtung der Vorschrift wenig stimmig erscheint insbesondere, dass die in § 290 Abs. 1 bis 3 statuierten Offenlegungspflichten nur beim Erwerb der Kontrolle über einen Emittenten durch einen geschlossenen Spezial-AIF, nicht aber durch einen Hedgefonds gelten; auf § 290 Abs. 1 bis 3 wird in § 283 i.V.m. § 282 nicht verwiesen. Aus Sicht der in § 290 Abs. 1 bis 3 angesprochenen Informationsadressaten macht es aber keinen Unterschied, ob die Kontrolle durch einen geschlossenen Spezial-AIF (Private Equity-Fonds) oder durch einen Hedgefonds erworben wird; das Informationsbedürfnis ist (sofern überhaupt vorhanden) in beiden Fällen identisch.

6 Abs. 5 verfolgt einen eigenständigen, rechtspolitisch überzeugenden Normzweck. Dieser besteht zum einen darin, die Anleger über die von der AIF-Kapitalverwaltungsgesellschaft verfolgte Anlagepolitik und die damit verbundenen Risiken zu informieren; er trägt damit dem zwischen den Anlegern des AIF und der AIF-Kapitalverwaltungsgesellschaft bestehenden *Principal Agent*-Konflikt[4] Rechnung. Zum anderen ermöglichen Informationen zur Finanzierung des Erwerbs der BaFin, etwaige systemische Risiken, die aus umfangreichen Fremdfinanzierungen von Beteiligungserwerben durch Private Equity-Fonds resultieren können, frühzeitig zu erkennen.

D. Offenlegungspflichten bei Kontrollerlangung über ein nicht börsennotiertes Unternehmen oder einen Emittenten (Abs. 1–3)

7 Abs. 1–3 sind gemeinsam zu lesen und verpflichten die AIF-Kapitalverwaltungsgesellschaft für den Fall der Kontrollerlangung durch AIF über ein nicht börsennotiertes Unternehmen oder einen Emittenten zur Offenlegung bestimmter, in Abs. 2 näher bezeichneter Informationen: der Identität der AIF-Kapitalverwaltungsgesellschaft (Abs. 2 Nr. 1), der Grundsätze zur Vermeidung und Steuerung von Interessenkonflikten, insbesondere zwischen der AIF-Kapitalverwaltungsgesellschaft, dem AIF und der Zielgesellschaft (Abs. 2 Nr. 2), sowie der Grundsätze für die externe und interne Kommunikation in Bezug auf das Unternehmen, insbesondere gegenüber den Arbeitnehmern (Abs. 2 Nr. 3). Die Offenlegungspflicht besteht gegenüber demselben Adressatenkreis wie die Mitteilungspflicht gem. § 289 Abs. 2–4.

---

2 Dornseifer/Jesch/Klebeck/Tollmann/*Bärenz/Käpplinger* AIFM, Art. 27 Rn. 4.
3 Die §§ 287 ff. gelten für geschlossene inländische Spezial-AIF, finden über die Verweisung des § 261 Abs. 7 aber auch auf geschlossene inländische Publikums-AIF Anwendung; krit. dazu *Weitnauer* AG **2013** 672, 674.
4 Siehe grundlegend *Berle/Means* The Modern Corporation and Private Property; *Jensen/Meckling* J.Fin.Econ. 3 (**1976**) 305; zusammenfassend *Behrens* FS Drobnig, 491, 494 ff.

I. Voraussetzungen der Offenlegungspflicht

Offenlegungspflichtig ist ebenso wie im Rahmen von § 289 die AIF-Kapitalverwaltungsgesellschaft (s. § 289 Rn. 11ff.). Die Offenlegungspflicht besteht unabhängig davon, ob es sich bei der Zielgesellschaft um ein nicht börsennotiertes Unternehmen oder um einen Emittenten handelt. Ausgelöst wird die Offenlegungspflicht dadurch, dass der AIF allein oder gemeinsam mit anderen AIF die Kontrolle über die Zielgesellschaft erlangt.

Der Begriff des nicht börsennotierten Unternehmens ist in § 1 Abs. 19 Nr. 27 legaldefiniert. Ein nicht börsennotiertes Unternehmen ist demnach ein Unternehmen, das seinen satzungsmäßigen Sitz in der Europäischen Union hat und dessen Anteile im Sinne von Art. 4 Abs. 1 Nr. 14 der Richtlinie 2004/39/EG des Europäischen Parlaments und des Rates vom 21. April 2004 über Märkte für Finanzinstrumente (ABl. L 145 vom 30.4.2004, S. 1) nicht zum Handel auf einem regulierten (richtigerweise: geregelten, s. § 289 Rn. 16, Fußn. 22) Markt zugelassen sind; die Definition erfasst Unternehmen unabhängig davon, ob sie in der Rechtsform einer Kapitalgesellschaft oder einer Personenhandelsgesellschaft verfasst sind (siehe ausführlich § 289 Rn. 17). Handelt es sich bei der Zielgesellschaft um ein nicht börsennotiertes Unternehmen, ist von einer Kontrollerlangung durch den AIF auszugehen, wenn der von dem AIF gehaltene Anteil der Stimmrechte mehr als 50 Prozent erreicht (§ 288 Abs. 1). Eine gemeinsame Kontrollerlangung setzt voraus, dass entweder verschiedene AIF, die von derselben AIF-Kapitalverwaltungsgesellschaft verwaltet werden, aufgrund einer Vereinbarung gemeinsam Stimmrechte an einem nicht börsennotierten Unternehmen in einem Umfang von mehr als 50 Prozent halten, oder dass mehrere AIF-Kapitalverwaltungsgesellschaften, die aufgrund einer Vereinbarung zusammenarbeiten, AIF verwalten, die gemeinsam mehr als 50 Prozent halten (siehe im Einzelnen die Kommentierungen zu §§ 287, 288, 289 Rn. 34).

Der Begriff des Emittenten ist das Gegenstück zum nicht börsennotierten Unternehmen und wird in § 287 Abs. 4 dahingehend konkretisiert, dass es sich um einen Emittenten im Sinne von Art. 2 Abs. 1 lit. d der Richtlinie 2004/109/EG[5] handeln muss, der seinen satzungsmäßigen Sitz in der Europäischen Union hat und dessen Wertpapiere im Sinne von Art. 4 Abs. 1 Nr. 14 der Richtlinie 2004/39/EG[6] zum Handel auf einem organisierten Markt im Sinne von § 2 Abs. 5 WpHG zugelassen sind. Die Definition ist aufgrund der mehrfachen Verweisungen nicht nur sperrig, sondern auch teilweise redundant. Entscheidend sind zwei Merkmale: *Erstens* der satzungsmäßige Sitz in der europäischen Union (insoweit besteht ein Gleichlauf zum Begriff des nicht börsennotierten Unternehmens) und *zweitens* die Zulassung der Anteile zum Handel auf einem geregelten[7] Markt (darin besteht der Unterschied zum Begriff des nicht börsennotierten Unternehmens).

Die Erlangung von Kontrolle an einem Emittenten richtet sich (anders als bei nicht börsennotierten Zielgesellschaften) nicht nach § 288 Abs. 1; vielmehr verweist § 288 Abs. 3 insoweit auf Art. 5 Abs. 3 der Richtlinie 2004/25/EG des Europäischen Parlaments und des Rates vom 21. April 2004 betreffend Übernahmeangebote (ABl. L 142 vom 30.4.2004,

---

[5] Richtlinie 2004/109/EG des Europäischen Parlaments und des Rates vom 15. Dezember 2004 zur Harmonisierung der Transparenzanforderungen in Bezug auf Informationen über Emittenten, deren Wertpapiere zum Handel auf einem geregelten Markt zugelassen sind, und zur Änderung der Richtlinie 2001/34/EG, ABl. L 390 vom 31.12.2004, S. 38.
[6] Richtlinie 2004/39/EG des Europäischen Parlaments und des Rates vom 21. April 2004 über Märkte für Finanzinstrumente, zur Änderung der Richtlinien 85/611/EWG und 93/6/EWG des Rates und der Richtlinie 2000/12/EG des Europäischen Parlaments und des Rates und zur Aufhebung der Richtlinie 93/22/EWG des Rates, ABl. L 145 vom 30.4.2004, S. 1.
[7] Dem in der MiFID verwendeten Begriff des „geregelten Marktes" entspricht im deutschen Recht der „organisierte Markt" i.S.d. § 2 Abs. 5 WpHG.

S. 12). Danach bestimmen sich der prozentuale Anteil der Stimmrechte, der eine Kontrolle begründet, und die Art der Berechnung dieses Anteils nach den Vorschriften des Mitgliedstaats, in dem die Gesellschaft ihren Sitz hat; der Begriff der Kontrolle wird in Bezug auf Emittenten weder durch die Übernahmerichtlinie noch durch die AIFM-Richtlinie harmonisiert. Für Emittenten mit Sitz in Deutschland bedeutet diese (Rück-)Verweisung auf das nationale Recht, dass gem. § 29 Abs. 2 WpÜG eine Kontrollerlangung schon beim Halten von mindestens 30 Prozent der Stimmrechte gegeben ist.[8] Anstelle der vergleichsweise knappen Zurechnungsnorm des § 288 Abs. 2 treten die deutlich umfassenderen Zurechnungsregeln des § 30 WpÜG.

12 Die Offenlegungspflichten aus § 290 Abs. 1–3 treten bei der Erlangung der Kontrolle über einen Emittenten damit neben die Pflicht zur Veröffentlichung der Kontrollerlangung und zur Abgabe eines Pflichtangebots aus § 35 Abs. 1 bzw. Abs. 2 WpÜG. Adressat der in § 35 WpÜG normierten Pflichten ist freilich derjenige, der die Kontrolle erlangt, mithin nicht die AIF-Kapitalverwaltungsgesellschaft, sondern der AIF selbst.

13 Wenn der von dem AIF erworbene bzw. gehaltene, die Kontrollerlangung begründende Anteil der Stimmrechte 100 Prozent beträgt, entfällt die Offenlegungspflicht gegenüber den übrigen Anteilseignern nach Abs. 1 Nr. 2, da solche nicht mehr existieren, wohingegen die Offenlegungspflicht gegenüber der Zielgesellschaft bzw. deren Geschäftsführungs- und Vertretungsorgan (Abs. 1 Nr. 1) sowie gegenüber der BaFin (Abs. 1 Nr. 3) auch im Falle eines Erwerbs aller Anteile besteht. Ferner muss die AIF-Kapitalverwaltungsgesellschaft auch bei Erwerb aller Anteile auf eine Information der Arbeitnehmer(-vertreter) durch das Leitungsorgan gem. Abs. 3 hinwirken (vgl. § 289 Rn. 35).

II. Rechtsfolge: Offenlegungspflicht

14 **1. Offenlegungsadressaten.** Abs. 1 bestimmt die unmittelbaren Adressaten der Offenlegung: die Zielgesellschaft (Abs. 1 Nr. 1), deren Anteilseigner (Abs. 1 Nr. 2) sowie die[9] BaFin (Abs. 1 Nr. 3). Insoweit wird auf die Kommentierung zu § 289, Rn. 36 ff. verwiesen. Handelt es sich bei der Zielgesellschaft um einen Emittenten mit typischerweise großem Anteilseignerkreis, dürfte eine lückenlose Offenlegung gegenüber sämtlichen Anteilseignern in der Praxis kaum möglich sein, da der AIF-Kapitalgesellschaft die Adressen der Aktionäre nicht vorliegen werden. Kann die AIF-Kapitalverwaltungsgesellschaft ihrer Offenlegungspflicht aus diesem Grunde nicht gegenüber allen Offenlegungsadressaten nachkommen, so ist darin keine Pflichtverletzung und keine Ordnungswidrigkeit der handelnden Personen (§ 340 Abs. 2 Nr. 27) zu sehen.

15 Abs. 3 erweitert den Kreis der Offenlegungsadressaten, indem er die AIF-Kapitalverwaltungsgesellschaft verpflichtet, darauf hinzuwirken, dass das Geschäftsführungs- und Vertretungsorgan der Zielgesellschaft die Arbeitnehmervertreter (d.h. den zuständigen Betriebsrat, Gesamtbetriebsrat oder Konzernbetriebsrat) oder, falls es keine solchen Vertreter gibt, die Arbeitnehmer selbst unverzüglich von den Informationen gem. Abs. 2 in Kenntnis setzt. Ebenso wie im Rahmen von § 289 Abs. 4 sind die Arbeitnehmervertreter bzw. die Arbeitnehmer damit mittelbare Offenlegungsadressaten; die Ausführungen zu § 289 Rn. 43 ff. gelten entsprechend.

---

[8] Der Schwellenwert von 30% ist auch in den Rechtsordnungen anderer Mitgliedstaaten verbreitet; s. den Überblick bei *Baums* ZIP **2010** 2374, 2379.
[9] Abs. 1 Nr. 3 ist grammatikalisch fehlerhaft; es müsste heißen: „der Bundesanstalt".

2. Inhalt der Offenlegung

a) Identität der AIF-Kapitalverwaltungsgesellschaft (Abs. 2 Nr. 1). Die AIF-Kapitalverwaltungsgesellschaft muss die Angaben offenlegen, die für ihre eigene Identifizierung sowie ggf. die Identifizierung der anderen beteiligten AIF-Kapitalverwaltungsgesellschaften[10] erforderlich sind. Dazu gehören der Name (genauer: die Firma), der satzungsmäßige Sitz und die (vollständige) Anschrift der AIF-Kapitalverwaltungsgesellschaft. Die Nummer der Handelsregistereintragung ist für eine Identifizierung der AIF-Kapitalverwaltungsgesellschaft nicht zwingend erforderlich; ihre Angabe kann sich gleichwohl als zweckmäßig erweisen.[11] 16

Abs. 2 Nr. 1 verlangt keine Offenlegung der Identität des AIF. Dies ist deshalb entbehrlich, weil im Falle der Kontrollerlangung über ein nicht börsennotiertes Unternehmen die den AIF betreffenden Angaben bereits in der Mitteilung gem. § 289 Abs. 2–4 über die Kontrollerlangung enthalten sind (§ 289 Rn. 50); im Falle der Kontrollerlangung über einen Emittenten ergeben sie sich aus der sowohl im Rahmen eines Übernahmeangebots (§ 34 i.V.m. § 11 WpÜG) als auch im Rahmen eines Pflichtangebots (§ 39 i.V.m. § 11 WpÜG) vorzulegenden Angebotsunterlage (§ 11 Abs. 2 S. 2 Nr. 1 WpÜG). 17

b) Grundsätze zur Vermeidung und Steuerung von Interessenkonflikten (Abs. 2 Nr. 2). Offenzulegen sind ferner die Grundsätze zur Vermeidung und Steuerung von Interessenkonflikten, insbesondere zwischen der AIF-Kapitalverwaltungsgesellschaft, dem AIF und dem Unternehmen. Dazu zählen nach dem Wortlaut des Gesetzes auch Informationen zu den besonderen Sicherheitsmaßnahmen, die getroffen wurden, um sicherzustellen, dass Vereinbarungen zwischen der AIF-Kapitalverwaltungsgesellschaft oder dem AIF und dem Unternehmen wie zwischen voneinander unabhängigen Geschäftspartnern (d.h. *at arm's length*) geschlossen werden. 18

Dass im Zusammenhang mit dem Erwerb von Beteiligungen durch AIF ganz verschiedenartige Interessenkonflikte auftreten können, liegt auf der Hand. Von diesen Interessenkonflikten betrifft Abs. 2 Nr. 2 nur einen Ausschnitt: Zum einen mögliche Interessenkonflikte zwischen der AIF-Kapitalverwaltungsgesellschaft und der Zielgesellschaft, wie sie etwa aus Gebühren entstehen können, welche die AIF-Kapitalverwaltungsgesellschaft der Zielgesellschaft in Rechnung stellt; zum anderen mögliche Interessenkonflikte zwischen dem AIF und der Zielgesellschaft, wie sie etwa entstehen können, wenn die Finanzierung des Beteiligungserwerbs oder die Rückführung einer Kaufpreisfremdfinanzierung zu Lasten der Zielgesellschaft erfolgen soll.[12] Die Offenlegungspflicht beschränkt sich auf die Darstellung der Grundsätze zur Vermeidung und Steuerung von solchen Interessenkonflikten, die in Bezug auf die Zielgesellschaft bestehen, nicht aber von etwaigen Interessenkonflikten zwischen der AIF-Kapitalverwaltungsgesellschaft und dem AIF. Zum einen würde eine Offenlegung von Grundsätzen zur Vermeidung und Steuerung solcher Interessenkonflikte gegenüber den in Abs. 1 und 3 benannten Offenlegungsadressaten keinen Sinn ergeben; zum anderen werden die Anforderungen an den Umgang mit solchen Interessenkonflikten abschließend durch § 27 geregelt. 19

An die Erfüllung der Offenlegungspflicht nach Abs. 2 Nr. 2 können grundsätzlich keine hohen Anforderungen gestellt werden. Die AIF-Kapitalverwaltungsgesellschaft hat 20

---

10 Das KAGB verwendet fälschlicherweise den Singular; es müsste heißen: „AIF-Kapitalverwaltungsgesellschaften". Vgl. Art. 28 Abs. 2 lit. a AIFM-Richtlinie: „die Namen *der* AIFM (...)".
11 Die Angabe der Registernummer verlangen Dornseifer/Jesch/Klebeck/Tollmann/*Bärenz/Käpplinger* AIFM, Art. 28 Rn. 13.
12 Dornseifer/Jesch/Klebeck/Tollmann/*Bärenz/Käpplinger* AIFM, Art. 27 Rn. 18.

lediglich in abstrakter Form Grundsätze zur Vermeidung und Steuerung von Interessenkonflikten darzustellen. Es wird aber – obwohl dadurch viel eher ein Beitrag zur Lösung des Problems möglicher Interessenkonflikte geleistet werden könnte – nicht verlangt, dass die im Einzelfall konkret auftretenden Interessenkonflikte beschrieben werden und die Darstellung der Grundsätze darauf Bezug nimmt, indem sie Wege zur Bewältigung dieser konkreten Interessenkonflikte aufzeigt. Auch ist der Vorschrift nicht zu entnehmen, welchen qualitativen und quantitativen Anforderungen die Grundsätze genügen müssen. Weder enthält sie eine Zielvorgabe dahingehend, dass Interessenkonflikte grundsätzlich im Sinne der Zielgesellschaft zu lösen wären, noch regelt sie, wie Interessenkonflikte tatsächlich zu steuern und zu vermeiden sind, oder verbietet bestimmte Praktiken, die typischerweise zu Interessenkonflikten führen.[13]

21   Eine konkrete inhaltliche Vorgabe ist Abs. 2 Nr. 2 ausschließlich im Hinblick auf Vereinbarungen zwischen der AIF-Kapitalgesellschaft oder dem AIF und der Zielgesellschaft zu entnehmen: Indem er eine Darstellung der besonderen Sicherheitsmaßnahmen verlangt, die getroffen wurden, um sicherzustellen, dass solche Vereinbarungen wie zwischen voneinander unabhängigen Geschäftspartnern geschlossen werden, schreibt er dies zugleich vor und statuiert damit eine entsprechende Verhaltenspflicht der AIF-Kapitalverwaltungsgesellschaft.[14] Vertragliche Vereinbarungen mit der Zielgesellschaft, etwa über die entgeltliche Erbringung von Beratungs- und sonstigen Dienstleistungen durch die AIF-Kapitalverwaltungsgesellschaft, sind damit unter Berücksichtigung des *Arms Length*-Prinzips abzuschließen. Ein Verbot des Abschlusses von Unternehmensverträgen ist damit nicht verbunden, weil es sich dabei nicht um „Vereinbarungen zwischen Geschäftspartnern" handelt; insoweit wird die Zielgesellschaft durch die Schutzmechanismen des allgemeinen Gesellschaftsrechts (§ 301 AktG) hinreichend geschützt.[15]

22   **c) Grundsätze für die externe und interne Kommunikation in Bezug auf das Unternehmen, insbesondere gegenüber den Arbeitnehmern (Abs. 2 Nr. 3).** Offenzulegen sind schließlich die Grundsätze für die externe und interne Kommunikation in Bezug auf die Zielgesellschaft, insbesondere gegenüber den Arbeitnehmern. Auch Abs. 2 Nr. 3 enthält keine inhaltlichen Vorgaben im Hinblick auf die konkrete Kommunikationspolitik, sondern verlangt lediglich die Darstellung entsprechender Grundsätze. Der Sinn einer solchen Offenlegungspflicht erschließt sich schon deshalb nicht, weil zwischen der AIF-Kapitalverwaltungsgesellschaft oder dem AIF als Gesellschafter und den Arbeitnehmern regelmäßig überhaupt keine unmittelbare Kommunikation stattfinden wird. Die interne und externe Kommunikation in Bezug auf das Unternehmen, insbesondere gegenüber den Arbeitnehmern bzw. den Arbeitnehmervertretern, ist vielmehr genuine Angelegenheit der Geschäftsführung. Sofern nicht die Umstände des Einzelfalles eine solche Kommunikation erforderlich machen, dürfte ein Hinweis darauf genügen, dass die interne und externe Kommunikation im Einklang mit einschlägigen gesetzlichen Vorgaben durchgeführt wird (z.B. Unterrichtung des Betriebsrats gem. § 80 Abs. 2 BetrVG und des Wirtschaftsausschusses gem. § 106 BetrVG durch den Arbeitgeber).[16]

23   **3. Form der Offenlegung.** An die Form der Offenlegung sind dieselben Anforderungen zu stellen wie an die Form der Mitteilung gem. § 289 Abs. 2–4: Die Offenlegung muss

---

13 Wie hier Dornseifer/Jesch/Klebeck/Tollmann/*Bärenz/Käpplinger* AIFM, Art. 27 Rn. 20; die Frage offen lassend *Schröder/Rahn* GWR **2014** 49, 51.
14 Vgl. *Zetzsche* NZG **2012** 1164, 1170.
15 Zutreffend *Schröder/Rahn* GWR **2014** 49, 53.
16 Dornseifer/Jesch/Klebeck/Tollmann/*Bärenz/Käpplinger* AIFM, Art. 28 Rn. 22.

schriftlich oder per Telefax erfolgen; eine Übermittlung per E-Mail genügt nicht. Die erforderlichen Informationen sind grundsätzlich in deutscher Sprache zur Verfügung zu stellen (vgl. § 289 Rn. 55). Weitergehende Anforderungen an die Form der Veröffentlichung, durch die sich insbesondere bei Emittenten sicherstellen ließe, dass die Offenlegung einen breiten Anteilseignerkreis erreicht (etwa eine Pflicht zur Veröffentlichung der einschlägigen Informationen durch Bekanntgabe im Internet oder über ein elektronisch betriebenes Informationsverbreitungssystem, vgl. § 10 Abs. 3 WpÜG), sind weder im KAGB noch in der AIFM-Richtlinie angelegt.

4. Offenlegungsfrist. § 290 enthält keine ausdrückliche Regelung bezüglich der Frist, innerhalb derer die Offenlegung zu erfolgen hat. Aufgrund des engen inhaltlichen Zusammenhangs zwischen der Mitteilungsfrist gem. § 289 Abs. 2–4 und den Offenlegungspflichten gem. § 290 im Hinblick auf die Voraussetzungen und die Adressaten der jeweiligen Pflichten ist es naheliegend, die Fristbestimmung des § 289 Abs. 5 im Rahmen von § 290 entsprechend anzuwenden. Die Offenlegung hat demnach so rasch wie möglich zu erfolgen, aber nicht später als zehn Arbeitstage nach dem Tag der Kontrollerlangung.[17] Zu den Einzelheiten siehe § 289 Rn. 57 ff. 24

E. Besondere Offenlegungspflichten bei Kontrollerlangung über ein nicht börsennotiertes Unternehmen (Abs. 4)

Abs. 4 verpflichtet die AIF-Kapitalverwaltungsgesellschaft für den Fall der Kontrollerlangung über ein nicht börsennotiertes Unternehmen (nicht: über einen Emittenten) durch AIF zur Offenlegung weiterer Informationen: der Absichten des AIF hinsichtlich der zukünftigen Geschäftsentwicklung der Zielgesellschaft (Abs. 4 Nr. 1) und der voraussichtlichen Auswirkungen der Kontrollerlangung auf die Beschäftigung, einschließlich wesentlicher Änderungen der Arbeitsbedingungen (Abs. 4 Nr. 2). Adressaten der Offenlegung sind die Zielgesellschaft und deren Anteilseigner, nicht aber die BaFin, sowie – mittelbar – die Arbeitnehmervertreter bzw. die Arbeitnehmer. 25

I. Voraussetzungen der Offenlegungspflicht

Die Offenlegungspflicht gem. Abs. 4 besteht nur, wenn der AIF allein oder gemeinsam mit anderen AIF die Kontrolle über ein nicht börsennotiertes Unternehmen erlangt (zum Begriff s. oben Rn. 9). Anders als die Offenlegungspflicht gem. Abs. 1–3 besteht sie nicht im Falle der Kontrollerlangung über einen Emittenten. Dies ergibt sich eindeutig aus dem Wortlaut von Art. 28 Abs. 4 AIFM-Richtlinie.[18] Gegenüber dem Text der Richtlinie hat sich der deutsche Gesetzgeber an dieser Stelle offenbar um eine sprachliche Straffung bemüht und darauf verzichtet, die Voraussetzungen der Offenlegungspflicht erneut auszuformulieren. Stattdessen knüpft er insoweit an Abs. 1–3 an; erst anhand des Inhalts der Offenlegung („Absichten des AIF hinsichtlich der zukünftigen Geschäftsentwicklung *des nicht börsennotierten Unternehmens*") wird deutlich, dass die Offenlegungs- 26

---

17 Für entsprechende Anwendung von § 289 Abs. 5 Dornseifer/Jesch/Klebeck/Tollmann/*Bärenz/Käpplinger* AIFM, Art. 28 Rn. 35. Großzügiger ist insoweit § 27a Abs. 1 S. 1 WpHG, der dem nach dieser Vorschrift Meldepflichtigen eine Frist von 20 Handelstagen einräumt; krit. dazu Assmann/Schneider/*Schneider* WpHG, § 27a Rn. 26 („völlig unangemessen").
18 „Die Mitgliedstaaten schreiben vor, dass, wenn ein AIF allein oder gemeinsam die Kontrolle über ein nicht börsennotiertes Unternehmen gemäß Artikel 26 Absatz 1 in Verbindung mit Absatz 5 des genannten Artikels erlangt (...)".

pflicht nur bei Kontrollerlangung über ein nicht börsennotierten Unternehmen bestehen soll. Konzeptionell ist die Vorschrift daher misslungen und sollte im Rahmen einer Novellierung des KAGB sprachlich präzisiert werden.

27 Die Beschränkung der Offenlegungspflicht auf Fälle der Kontrollerlangung über nicht börsennotierte Unternehmen trägt dem Umstand Rechnung, dass der Erwerber im Zuge der Kontrollerlangung über einen Emittenten immer eine Angebotsunterlage vorzulegen hat, welche die in § 11 Abs. 2 WpÜG vorgeschriebenen Angaben enthält: Wird die Kontrolle aufgrund eines auf den Erwerb der Kontrolle gerichteten Übernahmeangebots (§ 29 Abs. 1 WpÜG) erlangt, folgt diese Pflicht bereits im Vorfeld der Kontrollerlangung aus § 34 i.V.m. § 11 WpÜG; wird die Kontrolle auf sonstige Weise erlangt, ist jedenfalls mit Erlangung der Kontrolle ein Pflichtangebot (§ 35 Abs. 2 WpÜG) abzugeben, bei dem gem. § 39 i.V.m. § 11 WpÜG ebenfalls eine Angebotsunterlage vorzulegen ist. Gem. § 11 Abs. 2 S. 3 Nr. 2 WpÜG hat die Angebotsunterlage u.a. Angaben über die Absichten des Bieters im Hinblick auf die künftige Geschäftstätigkeit der Zielgesellschaft sowie die Arbeitnehmer und deren Vertretungen und wesentliche Änderungen der Beschäftigungsbedingungen einschließlich der insoweit vorgesehenen Maßnahmen zu enthalten. Erwirbt der AIF die Kontrolle über einen Emittenten, sind die in § 290 Abs. 4 offenzulegenden Informationen ohnehin in der vorzulegenden Angebotsunterlage enthalten. § 290 Abs. 4 erstreckt die Informationspflichten aus der Angebotsunterlage i.S.d. § 11 Abs. 2 WpÜG zumindest teilweise auf Fälle der Kontrollerlangung über nicht börsennotierte Unternehmen[19] (wobei § 290 anders als § 11 WpÜG nur im Fall der Kontrollerlangung durch geschlossene Spezial-AIF[20] gilt, nicht aber bei Kontrollerlangung durch sonstige Investoren; s. § 289 Rn. 8).

II. Rechtsfolge: Offenlegungspflicht

28 **1. Offenlegungsadressaten.** Unmittelbare Adressaten der Offenlegung sind aufgrund der Verweisung auf Abs. 1 Nr. 1 und Nr. 2 die Zielgesellschaft und deren Anteilseigner. Mangels Verweisung auf Abs. 1 Nr. 3 zählt die BaFin nicht zu den Offenlegungsadressaten. Dies erscheint in Anbetracht des Inhalts der Offenlegung ohne weiteres nachvollziehbar, da der Aufgabenbereich der BaFin weder die zukünftige Geschäftsentwicklung nicht börsennotierter Zielgesellschaften noch Belange von Arbeitnehmern betrifft.[21] Die Arbeitnehmervertreter bzw. die Arbeitnehmer sind ebenso wie im Rahmen der Offenlegung gem. Abs. 1–3 mittelbare Offenlegungsadressaten; mit der sprachlichen Straffung im Vergleich zu Abs. 3 sind keine inhaltlichen Abweichungen verbunden. Die Ausführungen zu § 289 Rn. 43 ff. gelten entsprechend.

2. Inhalt der Offenlegung

29 **a) Absichten des AIF hinsichtlich der zukünftigen Geschäftsentwicklung der Zielgesellschaft (Abs. 4 Nr. 1).** Die Pflicht zur Offenlegung der Absichten des AIF hinsichtlich der zukünftigen Geschäftsentwicklung der Zielgesellschaft gem. Abs. 4 Nr. 1 knüpft, was die Subjektivierung des Offenlegungstatbestandes betrifft, an Regelungsvorbilder

---

[19] Dornseifer/Jesch/Klebeck/Tollmann/*Bärenz/Käpplinger* AIFM, Art. 28 Rn. 4.
[20] § 290 findet über die Verweisung des § 261 Abs. 7 i.V.m. Abs. 1 Nr. 4 auch auf geschlossene inländische Publikums-AIF Anwendung, wenn diese in Beteiligungen an Unternehmen investieren, die nicht zum Handel an einer Börse zugelassen oder in einen organisierten Markt einbezogen sind; krit. dazu *Weitnauer* AG **2013** 672, 674.
[21] *Möllers/Harrer/Krüger* WM **2011** 1537, 1541.

des US-amerikanischen Kapitalmarktrechts an[22] und findet im europäischen Kapitalmarktrecht eine weitgehende Entsprechung in Art. 6 Abs. 3 lit. i der Übernahmerichtlinie,[23] der in Deutschland durch § 11 Abs. 2 S. 3 Nr. 2 WpÜG umgesetzt wurde. Eine inhaltliche Parallele besteht im deutschen Recht weiterhin zu § 27a WpHG, der den Aktionär eines Emittenten bei Erreichen oder Überschreiten der Schwelle von 10 Prozent der Stimmrechte aus Aktien oder einer höheren Schwelle (i.S.d. § 21 Abs. 1 WpHG)[24] verpflichtet, dem Emittenten u.a. die mit dem Erwerb der Stimmrechte verfolgten Ziele mitzuteilen.

30 Bezugspunkt der offenlegungspflichtigen Absichten des AIF ist die zukünftige Geschäftsentwicklung der Zielgesellschaft. Diese auf den ersten Blick sehr weit gefasste Formulierung wird – anders als im Rahmen von § 11 Abs. 2 S. 3 Nr. 2 WpÜG und § 27a Abs. 1 WpHG – nicht weiter konkretisiert; aufgrund der inhaltlichen Parallelität zu diesen Vorschriften ist es aber zielführend, sich bei der Bestimmung des Inhalts der Offenlegungspflicht an den nach diesen Vorschriften mitteilungspflichtigen Inhalten zu orientieren.[25] Ferner wird man ebenso wie bei Abs. 4 Nr. 2, der nur die Offenlegung solcher Änderungen der Arbeitsbedingungen verlangt, die „wesentlich" sind (s. unten Rn. 37), auch bei Abs. 4 Nr. 1 nur eine Offenlegung solcher Absichten des AIF verlangen können, deren Umsetzung „wesentliche" Auswirkungen auf die wirtschaftliche Ausrichtung oder auf die gesellschaftsrechtliche Struktur der Zielgesellschaft haben wird.

31 Wesentliche Auswirkungen auf die wirtschaftliche Ausrichtung der Zielgesellschaft hat etwa eine (vollständige oder teilweise) Einstellung oder Ausweitung der Produktion oder des Angebotsspektrums der Zielgesellschaft. Eine bloße Modifikation von Arbeitsabläufen genügt nicht. Offenzulegen ist auch die beabsichtigte Begründung, Änderung oder Aufhebung bedeutender Kunden- oder Lieferantenbeziehungen sowie sonstiger wesentlicher Kooperationen mit Drittunternehmen. Gleiches gilt für wesentliche beabsichtigte Investitionen.

32 Ebenso wie im Rahmen von § 11 Abs. 2 S. 3 Nr. 2 WpÜG erstreckt sich die Offenlegungspflicht insbesondere auf eine etwaige (innerstaatliche oder grenzüberschreitende) Verlegung des Sitzes der Zielgesellschaft (Satzungssitz und/oder Verwaltungssitz) oder von wesentlichen Unternehmensteilen, wozu nicht nur die Haupt- und eventuelle Zweigniederlassungen der Zielgesellschaft zählen, sondern auch rechtlich selbständige Tochtergesellschaften.[26] Offenzulegen ist ferner eine beabsichtigte Einflussnahme auf die Besetzung der (rechtsformspezifischen) Verwaltungs-, Leitungs- und Aufsichtsorgane der Zielgesellschaft. Zu den sonstigen offenlegungspflichtigen beabsichtigen Eingriffen in die gesellschaftsrechtliche Struktur der Zielgesellschaft[27] zählen insbesondere Änderungen des Gesellschaftsvertrags bzw. der Satzung; (innerstaatliche oder grenzüberschreitende) Umwandlungsmaßnahmen (Verschmelzung, Spaltung, Formwechsel, § 1 Abs. 1 UmwG), der Abschluss eines Beherrschungs-, Gewinnabführungs- oder Eingliederungsvertrages, Kapitalerhöhungen oder -herabsetzungen, die Auflösung und Liquidation der Zielgesellschaft oder die Stellung eines Insolvenzantrags. Soweit sich die Absichten des

---

[22] S. Veil/*Veil* Europäisches Kapitalmarktrecht, § 20 Rn. 6.
[23] Richtlinie 2004/25/EG des Europäischen Parlaments und des Rates vom 21. April 2004 betreffend Übernahmeangebote (ABl. L 142 vom 30.4.2004, S. 12).
[24] *Greven/Fahrenholz* BB **2009** 1487, 1488; Veil/*Veil* Europäisches Kapitalmarktrecht, § 20 Rn. 125, Fn. 269.
[25] Ebenso unter Bezug auf Art. 6 Abs. 3 lit. i der Übernahmerichtlinie Dornseifer/Jesch/Klebeck/Tollmann/*Bärenz/Käpplinger* AIFM, Art. 28 Rn. 27.
[26] Vgl. zu § 11 WpÜG MüKoAktG/*Wackerbarth* § 11 WpÜG Rn. 52; s. auch Geibel/Süßmann/*Grobys* WpÜG, § 11 Rn. 24.
[27] Vgl. zu § 11 WpÜG die ausführliche Aufzählung bei MüKoAktG/*Wackerbarth* § 11 WpÜG Rn. 49 ff.

AIF auf die Arbeitnehmer und deren Beschäftigungsbedingungen beziehen, besteht die Offenlegungspflicht gem. Abs. 4 Nr. 2 (s. unten Rn. 36 ff.).

33 Eine offenlegungspflichtige Absicht besteht, wenn bestimmte Maßnahmen, auch wenn sie formal noch nicht beschlossen sind, bereits konkret in Aussicht genommen werden.[28] Erforderlich ist also, dass die diesbezügliche Planung bereits ein hinreichendes Maß an Konkretheit erlangt hat; nicht erforderlich ist hingegen, dass die in Aussicht genommene Maßnahme bereits formal beschlossen ist oder gar bereits mit ihrer Umsetzung begonnen wurde. Die zu § 11 Abs. 2 S. 3 Nr. 2 WpÜG vertretene Auffassung, wonach unter „Absichten" schon innere Beweggründe zu verstehen sein sollen, die an sich noch nicht einmal das Planungsstadium erreicht haben,[29] verkennt den Unterschied zwischen Absichten und bloßen Überlegungen und kann daher nicht überzeugen. Sind bereits Gutachten oder Machbarkeitsstudien zur Vorbereitung einer späteren Entscheidung in Auftrag gegeben worden, kann das ein Indiz dafür darstellen, dass die in dem Gutachten thematisierten Maßnahmen beabsichtigt sind und damit eine Offenlegungspflicht besteht; dies hängt freilich von den Umständen des Einzelfalles, insbesondere dem Gegenstand des Gutachtens ab. Keineswegs besteht per se eine Absicht hinsichtlich aller in einem Gutachten erörterten Maßnahmen. Dass bereits die Erteilung des Gutachtenauftrages als solche offenzulegen sein soll,[30] geht daher ebenfalls zu weit.

34 An die Bestimmtheit und Ausführlichkeit der Darstellung der Absichten dürfen keine zu hohen Anforderungen gestellt werden. Insbesondere muss die Offenlegung keine Angaben darüber enthalten, wie die geplanten Maßnahmen konkret umgesetzt werden sollen; dies wird im Zeitpunkt der Kontrollerlangung durch den AIF regelmäßig auch noch nicht feststehen. Auf der anderen Seite darf sich die Offenlegung nicht in inhaltsleeren Floskeln erschöpfen. Auch durch eine Pauschalerklärung des Inhalts, es bestünden keine Absichten hinsichtlich der Geschäftsentwicklung der Zielgesellschaft, dürfte der Offenlegungspflicht nicht Genüge getan sein, zumal bei Erlangung der Kontrolle über eine nicht börsennotierte Zielgesellschaft – anders als im Zeitpunkt der Veröffentlichung einer Angebotsunterlage i.S.v. § 11 Abs. 2 S. 3 Nr. 2 WpÜG[31] – solche Absichten regelmäßig bestehen dürften.

35 Die Offenlegung bestimmter Absichten führt zu keiner Verpflichtung des AIF, diese Absichten in der Zukunft auch tatsächlich umzusetzen; eine Änderung dieser Absichten bleibt ohne weiteres jederzeit möglich.[32] In Ermangelung einer dem § 27a Abs. 1 S. 2 WpHG entsprechenden ausdrücklichen Anordnung besteht bei einem solchen Gesinnungswandel keine Verpflichtung zu einer erneuten Offenlegung; dies wird auch durch Art. 28 AIFM-Richtlinie nicht verlangt.

36 **b) Voraussichtliche Auswirkungen auf die Beschäftigung (Abs. 4 Nr. 2).** Mit Blick auf die Pflicht zur Offenlegung voraussichtlicher Auswirkungen auf die Beschäftigung gem. Abs. 4 Nr. 2 ist fraglich, ob damit die Auswirkungen der Kontrollerlangung als solcher gemeint sind oder die Auswirkungen der Absichten hinsichtlich der Geschäftsentwicklung gem. Nr. 1 bzw. der Umsetzung dieser Absichten auf die Beschäftigung.[33] Da die Kontrollerlangung als solche eine bloße Änderung der Beteiligungsverhältnisse dar-

---

[28] Siehe zu § 27a WpHG *Fleischer* AG **2008** 873, 877.
[29] So zu § 11 WpÜG Schwark/Zimmer/*Noack/Holzborn* KMRK, § 11 WpÜG Rn. 21; zu weit auch Geibel/Süßmann/*Geibel/Süßmann* WpÜG, § 11 Rn. 23 („subjektive Vorstellungen").
[30] Vgl. zu § 11 WpÜG MüKoAktG/*Wackerbarth* § 11 WpÜG Rn. 46.
[31] Darauf weisen zu Recht Geibel/Süßmann/*Geibel/Süßmann* WpÜG, § 11 Rn. 38 hin.
[32] Vgl. zu § 27a WpHG *Fleischer* AG **2008** 873, 878 und zu § 11 WpÜG Geibel/Süßmann/*Geibel/Süßmann* WpÜG, § 11 Rn. 23.
[33] So Dornseifer/Jesch/Klebeck/Tollmann/*Bärenz/Käpplinger* AIFM, Art. 28 Rn. 26.

stellt, die keine unmittelbaren Auswirkungen auf die Beschäftigung hat, ist Abs. 4 Nr. 2 sinnvollerweise im Zusammenhang mit Abs. 4 Nr. 1 auszulegen. Darzustellen sind dementsprechend die Absichten des AIF im Hinblick auf die Beschäftigung, die regelmäßig in engem Zusammenhang mit den Absichten des AIF im Hinblick auf die Geschäftsentwicklung der Zielgesellschaft stehen werden. § 11 Abs. 2 S. 3 Nr. 2 WpÜG ist insoweit klarer formuliert, indem er Angaben des Bieters „im Hinblick auf die künftige Geschäftstätigkeit der Zielgesellschaft (...), *insbesondere* (...) die Arbeitnehmer und deren Vertretungen, die Mitglieder der Geschäftsführungsorgane und wesentliche Änderungen der Beschäftigungsbedingungen (...)" verlangt.

Zu informieren ist insbesondere über „wesentliche Änderungen der Arbeitsbedingungen". Damit sind vor allem solche Maßnahmen gemeint, die Auswirkungen auf den Bestand von Arbeitsplätzen oder die Entlohnung von Arbeitnehmern haben, wie etwa die geplante Stilllegung oder Verlegung von Betrieben oder Betriebsteilen, Entlassungen in größerem Umfang oder eine Verkürzung der Arbeitszeiten. Wann derartige Änderungen der Arbeitsbedingungen „wesentlich" i.S.v. Abs. 4 Nr. 2 sind, hängt von den Umständen des Einzelfalles ab. Jedenfalls kann es sich dabei nur um solche Änderungen der Arbeitsbedingungen handeln, von denen die Belegschaft insgesamt oder jedenfalls wesentliche Teile der Belegschaft betroffen sind und nicht bloß einzelne Arbeitnehmer. Einen Anhaltspunkt dafür, wann wesentliche Teile der Belegschaft betroffen sind, bieten die Kriterien für das Vorliegen einer „Massenentlassung" i.S.v. § 17 Abs. 1 KSchG;[34] sie können auch im Rahmen von Abs. 4 Nr. 2 als Anhaltspunkt dafür dienen, wann eine wesentliche Änderung der Arbeitsbedingungen bevorsteht, die im Rahmen der Offenlegung thematisiert werden muss.[35] 37

Sofern im Anschluss an den Kontrollerwerb Änderungen betrieblicher Strukturen geplant sind, kommt es zu gewissen Überschneidungen der Offenlegungspflicht mit den betriebsverfassungsrechtlichen Unterrichtungspflichten gegenüber dem Betriebsrat bei Massenentlassungen (§ 17 KSchG) und geplanten Betriebsänderungen (§ 111 BetrVG) sowie dem Wirtschaftsausschuss (§ 106 Abs. 2 BetrVG). Diese betriebsverfassungsrechtlichen Unterrichtungspflichten treffen freilich nicht die AIF-Kapitalverwaltungsgesellschaft, sondern den Arbeitgeber (§ 17 KSchG) bzw. den Unternehmer (§§ 106 Abs. 2, 111 BetrVG), mithin die Zielgesellschaft bzw. deren Geschäftsführungsorgan. Die Offenlegungspflicht der AIF-Kapitalverwaltungsgesellschaft geht einerseits über die Pflicht des Unternehmers gem. § 111 BetrVG zur Unterrichtung des Betriebsrats über geplante Betriebsänderungen, die wesentliche Nachteile für die Belegschaft oder erhebliche Teile der Belegschaft zur Folge haben können, hinaus: Sie besteht nämlich unabhängig von der Anzahl der Beschäftigten der Zielgesellschaft und unabhängig vom Bestehen eines Betriebsrates, während § 111 BetrVG voraussetzt, dass es sich bei der Zielgesellschaft um ein Unternehmen mit in der Regel mehr als 20 wahlberechtigten Arbeitnehmern handelt und dass ein Betriebsrat in dem Zeitpunkt besteht, in dem der Arbeitgeber beschließt, die Betriebsänderung durchzuführen.[36] Andererseits bleibt die Offenlegungspflicht insoweit (deutlich) hinter der Unterrichtungspflicht nach § 111 BetrVG zurück, als die zur Verfü- 38

---

34 § 17 Abs. 1 KSchG basiert auf einer (überschießenden) Umsetzung von Art. 1 Abs. 1 lit. a der Richtlinie 98/59/EG des Rates vom 20. Juli 1998 zur Angleichung der Rechtsvorschriften der Mitgliedstaaten über Massenentlassungen, ABl. L 225 vom 12.8.1998, S. 16. Siehe zur Umsetzung der Massenentlassungsrichtlinie in das deutsche Recht *Wißmann* RdA **1998** 221.
35 Auch im Rahmen von § 111 BetrVG wird für die Beurteilung der Frage, von einer geplanten Betriebsänderung „die Belegschaft oder erhebliche Teile der Belegschaft" betroffen sind, auf die Zahlenangaben des § 17 Abs. 1 BetrVG rekurriert; s. BAG 6.12.1988 BAGE 60, 237; ErfK ArbeitsR/*Kania* BetrVG, § 111 Rn. 10; Richardi/*Annuß* § 111 Rn. 48.
36 ErfK ArbeitsR/*Kania* § 111 Rn. 6; Richardi/*Annuß* BetrVG, § 111 Rn. 27 m.w.N.

gung gestellten Informationen nicht „umfassend"[37] sein müssen; insbesondere müssen keine internen Unterlagen (z.B. Gutachten) zur Verfügung gestellt werden. Auch besteht keine über die bloße Offenlegung hinausgehende Pflicht der AIF-Kapitalverwaltungsgesellschaft zur Beratung mit dem zuständigen Betriebsrat der Zielgesellschaft oder zur sonstigen Herstellung eines Interessenausgleichs. Dies läge auch außerhalb der Zuständigkeit der AIF-Kapitalverwaltungsgesellschaft.

39 **3. Form der Offenlegung.** Ebenso wie die Mitteilung gem. § 289 Abs. 2–4 und die Offenlegung gem. Abs. 1–3 muss auch die Offenlegung gem. Abs. 4 schriftlich oder per Telefax erfolgen; eine Übermittlung per E-Mail genügt nicht. Die erforderlichen Informationen sind grundsätzlich in deutscher Sprache zur Verfügung zu stellen (vgl. oben Rn. 23 sowie § 289 Rn. 55).

40 **4. Offenlegungsfrist.** Die Offenlegung nach Abs. 4 hat ebenso wie die Offenlegung nach Abs. 1–3 (s. oben Rn. 24) in entsprechender Anwendung von § 289 Abs. 5 so rasch wie möglich zu erfolgen, aber nicht später als zehn Arbeitstage nach dem Tag der Kontrollerlangung. Siehe zu den Einzelheiten § 289 Rn. 57 ff.

F. Pflicht zur Vorlage von Angaben zur Finanzierung des Erwerbs (Abs. 5)

41 Abs. 5 enthält eine eigenständige Offenlegungspflicht der AIF-Kapitalverwaltungsgesellschaft in Bezug auf Angaben zur Finanzierung des Beteiligungserwerbs. Adressaten der Offenlegung sind zum einen die BaFin und zum anderen – hierin liegt eine Abweichung von den übrigen Informationspflichten der §§ 289, 290 – die Anleger des AIF.

I. Voraussetzungen der Offenlegungspflicht

42 Die Offenlegungspflicht gem. Abs. 5 besteht ebenso wie die gem. Abs. 4 nur dann, wenn der AIF allein oder gemeinsam mit anderen AIF die Kontrolle über ein nicht börsennotiertes Unternehmen erlangt. Im Falle der Kontrollerlangung über einen Emittenten schreibt § 11 Abs. 2 S. 3 Nr. 1 WpÜG vor, dass die im Rahmen eines Übernahme- oder Pflichtangebots vorzulegende Angebotsunterlage Angaben zu den notwendigen Maßnahmen enthält, die sicherstellen, dass dem Bieter die zur vollständigen Erfüllung des Angebots notwendigen Mittel zur Verfügung stehen, und zu den erwarteten Auswirkungen eines erfolgreichen Angebots auf die Vermögens-, Finanz- und Ertragslage des Bieters. Auch insoweit werden die Informationspflichten aus der Angebotsunterlage i.S.d. § 11 Abs. 2 WpÜG somit auf Fälle der Kontrollerlangung über nicht börsennotierte Unternehmen erstreckt (vgl. oben Rn. 27).

II. Rechtsfolge: Offenlegungspflicht

43 **1. Offenlegungsadressaten.** Adressaten der Offenlegung sind die BaFin und die Anleger des AIF. Eine Pflicht zur Offenlegung gegenüber der Zielgesellschaft und deren Anteilseignern besteht ebenso wenig wie eine mittelbare Offenlegungspflicht gegenüber den Arbeitnehmervertretern bzw. Arbeitnehmern.

---

[37] Zu den Anforderungen an eine „umfassende" Unterrichtung bei § 111 BetrVG s. ErfK ArbeitsR/*Kania* BetrVG, § 111 Rn. 23; Richardi/*Annuß* BetrVG, § 111 Rn. 150 f.

2. Inhalt der Offenlegung. Auf den ersten Blick ist zu erwägen, auch den Inhalt der 44
Offenlegung nach Abs. 5 in Anlehnung an den Inhalt der übernahmerechtlichen Angebotsunterlage zu bestimmen. Denn Angaben zur Finanzierung des Angebots zählen gem. § 11 Abs. 2 S. 3 Nr. 1 WpÜG zu den „ergänzenden Angaben", die in der im Rahmen eines Übernahme- oder Pflichtangebots vorzulegenden Angebotsunterlage enthalten sein müssen (s. bereits oben Rn. 42). Eine inhaltliche Parallele besteht ferner zu § 27a WpHG, der den Aktionär eines Emittenten bei Erreichen oder Überschreiten der Schwelle von 10 Prozent der Stimmrechte aus Aktien oder einer höheren Schwelle (i.S.d. § 21 Abs. 1 WpHG)[38] verpflichtet, dem Emittenten u.a. die Herkunft der verwendeten Mittel mitzuteilen.

Allerdings verfolgen die Anforderungen an den Inhalt der übernahmerechtlichen 45
Angebotsunterlage und die Mitteilungspflicht gem. § 27a WpHG einen anderen Zweck als die Offenlegungspflicht gem. Abs. 5. Die Angebotsunterlage hat die Funktion, den Angebotsadressaten sowie der Zielgesellschaft Gewissheit darüber zu verschaffen, dass das Angebot auf einer gesicherten finanziellen Grundlage erfolgt, um das Risiko einer (vollständigen oder teilweisen) Nichterfüllung oder einer verzögerten Erfüllung auf Seiten des Bieters zu vermeiden; sie dient also dem Schutz vor unseriösen Bietern.[39] Demgegenüber geht es bei der Offenlegungspflicht nach Abs. 5 darum, die Anleger des AIF und die BaFin darüber zu informieren, wie das investierte Vermögen eingesetzt wird und welche Risiken dabei eingegangen werden (s. oben Rn. 6). Auch der Normzweck von § 27a WpHG ist ein anderer, da er nicht den Informationsinteressen etwaiger Anteilseigner des Meldepflichtigen und der BaFin dient, sondern denen des Emittenten und – aufgrund der Veröffentlichungspflicht des Emittenten gem. § 27a Abs. 2 WpHG – des Kapitalmarkts.[40] Dagegen zählt im Rahmen von Abs. 5 die Zielgesellschaft nicht zu den Adressaten der Offenlegung.

Die unterschiedlichen Normzwecke wirken sich auf die Anforderungen aus, die an 46
den Inhalt der Offenlegung zu stellen sind. Der Normzweck von Abs. 5 spricht dafür, dass den Anlegern des AIF und der BaFin sämtliche Informationen zur Verfügung zu stellen sind, die sie in die Lage versetzen, die Finanzierung des Kontrollerwerbs im Wesentlichen nachzuvollziehen und die sich daraus für den AIF ergebenden Risiken einzuschätzen. Dazu gehören insbesondere Informationen zur Art und zur Höhe des eingesetzten Eigen- und Fremdkapitals; ferner sind Angaben zur Laufzeit und zu den wesentlichen Konditionen der Fremdfinanzierung erforderlich.[41]

Demgegenüber wird bei § 27a WpHG eine solch weitreichende Mitteilungspflicht aus 47
guten Gründen abgelehnt. Der nach dieser Vorschrift Meldepflichtige hat lediglich anzugeben, ob es sich bei den zur Finanzierung des Erwerbs der Stimmrechte eingesetzten Mitteln um Eigenmittel des Meldepflichtigen oder um Fremdmittel handelt; bei gemischter Finanzierung sollen die jeweiligen Anteile anzugeben sein.[42] Begründet wird der Verzicht auf eine weitergehende Mitteilungspflicht in der Regierungsbegründung zum Risikobegrenzungsgesetz mit der Erwägung, dass Wettbewerbsnachteile für Kreditgeber und Mitteilungspflichtige vermieden werden sollen, die sich aus einer vollständigen Offenlegung der Finanzierung und deren Konditionen sowie der beteiligten Institute ergeben

---

38 *Greven/Fahrenholz* BB **2009** 1487, 1488; Veil/*Veil* Europäisches Kapitalmarktrecht, § 20 Rn. 125, Fn. 269.
39 MüKoAktG/*Wackerbarth* § 11 WpÜG Rn. 37; Schwark/Zimmer/*Noack/Holzborn* KMRK, § 11 WpÜG Rn. 18; s. auch BTDrucks. 14/7034, S. 41.
40 Zum Normzweck des § 27a WpHG s. *Fleischer* AG **2008** 873, 875.
41 Tendenziell zu eng Dornseifer/Jesch/Klebeck/Tollmann/*Bärenz/Käpplinger* AIFM, Art. 28 Rn. 33.
42 Assmann/Schneider/*Schneider* WpHG, § 27a Rn. 20.

könnten.⁴³ Allerdings resultieren diese möglichen Wettbewerbsnachteile maßgeblich daraus, dass der Emittent gem. § 27a Abs. 2 WpHG die erhaltene Information zu veröffentlichen hat. Eine solche Veröffentlichung ist mit Blick auf die nach Abs. 5 offenzulegenden Angaben zur Finanzierung des Erwerbs nicht vorgesehen. Die Angaben werden allein dem zahlenmäßig begrenzten Kreis von Anlegern des AIF und der BaFin zur Verfügung gestellt, sodass das Risiko von Wettbewerbsnachteilen, die einer Offenlegung auch der Finanzierungskonditionen entgegen stehen könnten, nur gering ist.

48 **3. Form der Offenlegung.** Ebenso wie die Mitteilung gem. § 289 Abs. 2–4 und die Offenlegung gem. Abs. 1–3 und gem. Abs. 4 muss auch die Offenlegung gem. Abs. 5 schriftlich oder per Telefax erfolgen; eine Übermittlung per E-Mail genügt nicht. Die erforderlichen Informationen sind grundsätzlich in deutscher Sprache zur Verfügung zu stellen (vgl. oben Rn. 23, 39 sowie § 289 Rn. 55).

49 **4. Offenlegungsfrist.** Auf den ersten Blick scheint für die Offenlegungspflicht nach Abs. 5 eine kürzere Frist als für die Offenlegungspflichten der Abs. 1–3 und Abs. 4 zu gelten: Sie hat zu erfolgen, *sobald* ein AIF die Kontrolle über ein nicht börsennotiertes Unternehmen gem. § 287 Abs. 1 i.V.m. § 288 Abs. 1 erlangt. Die Formulierung geht zurück auf die deutschsprachige Fassung von Art. 28 AIFM-Richtlinie, der in Abs. 5 die Konjunktion „sobald" verwendet,⁴⁴ in Abs. 1 und Abs. 4 hingegen die Konjunktion „wenn".⁴⁵ Dagegen wird in anderen Sprachfassungen der Richtlinie in Abs. 1, 4 und 5 durchweg dieselbe Formulierung verwendet.⁴⁶ Mit den unterschiedlichen Formulierungen in der deutschen Sprachfassung sind aber keine inhaltlichen Unterschiede verbunden. Die Lektüre anderer Sprachfassungen deutet vielmehr darauf hin, dass die Offenlegungsfrist bei allen in Art. 28 AIFM-Richtlinie vorgesehenen Offenlegungspflichten identisch ist. Es bestehen keine Anhaltspunkte dafür, dass der deutsche Gesetzgeber davon abweichend unterschiedliche Fristen vorschreiben wollte. Die Offenlegung nach Abs. 5 hat daher ebenso wie die Offenlegung nach Abs. 1–3 und nach Abs. 4 (s. oben Rn. 24, 40) in entsprechender Anwendung von § 289 Abs. 5 so rasch wie möglich zu erfolgen, aber nicht später als zehn Arbeitstage nach dem Tag der Kontrollerlangung. Siehe zu den Einzelheiten § 289 Rn. 57 ff.

G. Rechtsfolgen bei Verstößen gegen die Offenlegungspflicht

50 Gem. § 340 Abs. 2 Nr. 27 begehen die für die AIF-Kapitalverwaltungsgesellschaft handelnden Personen eine Ordnungswidrigkeit, wenn sie vorsätzlich oder leichtfertig entgegen § 290 Abs. 1 oder Abs. 5 eine dort genannte Information oder Angabe nicht, nicht richtig, nicht vollständig oder nicht rechtzeitig vorlegen. Ein Verstoß, der auf einfacher Fahrlässigkeit beruht, genügt für die Verwirklichung des Ordnungswidrigkeitentatbestands nicht. Unklar ist, ob auch ein Verstoß gegen die Offenlegungspflicht nach § 290 Abs. 4 eine Ordnungswidrigkeit darstellt. Davon ist in Anbetracht der Bezugnahme in § 290 Abs. 4 auf Abs. 1 auszugehen, zumal der Gesetzgeber aufgrund von Art. 48 AIFM-Richtlinie verpflichtet ist, für einen Verstoß gegen die nach der Richtlinie erlasse-

---

43 BTDrucks. 16/7438, S. 12.
44 „(...) sobald ein AIF die Kontrolle (...) erlangt (...)".
45 „(...) wenn ein AIF (...) die Kontrolle (...) erlangt (...)".
46 Englische Sprachfassung: „(...) *when* an AIF acquires (...) control (...)"; französische Sprachfassung: „(...) *lorsqu'*un FIA acquiert le contrôle (...)"; italienische Sprachfassung: „(...) *qualora* un FIA acquisica (...) il controllo (...)".

nen Bestimmungen wirksame, verhältnismäßige und abschreckende Sanktionen festzulegen; dem würde es widersprechen, wenn ein Verstoß gegen die Offenlegungspflicht nach § 290 Abs. 4 sanktionslos bliebe. Im Rahmen einer Novellierung des KAGB wäre eine entsprechende Präzisierung von § 340 Abs. 2 Nr. 27 freilich wünschenswert. Die Begehung der Ordnungswidrigkeit kann durch ein Bußgeld von bis zu 100.000 EUR (siehe im Einzelnen § 340 Rn. 8) geahndet werden. Damit ist der Vorgabe von Art. 48 AIFM-Richtlinie im Übrigen genüge getan.

Ein Rechtsverlust (vgl. §§ 20 Abs. 7, 21 Abs. 4 AktG sowie § 28 WpHG) tritt im Falle **51** einer unterlassenen, nicht richtigen, nicht vollständigen oder nicht rechtzeitigen Offenlegung nicht ein (vgl. § 289 Rn. 61).[47] Mit Blick auf eine zivilrechtliche Schadensersatzpflicht der AIF-Kapitalverwaltungsgesellschaft lässt sich zwar vertreten, dass die Offenlegungspflichten zumindest auch dem spezifischen Informationsbedürfnis der darin genannten Offenlegungsadressaten dienen; jedenfalls hat die Offenlegungspflicht gegenüber den Anlegern des AIF gem. Abs. 5 eine individualschützende Funktion. Ein Schadensersatzanspruch aus § 823 Abs. 2 BGB erscheint daher theoretisch denkbar, wird aber in der Praxis gleichwohl keine Rolle spielen, da der erforderliche Nachweis eines kausal auf der Verletzung der Mitteilungspflicht beruhenden Schadens nur schwer zu führen sein dürfte (vgl. § 289 Rn. 62).

§ 291
Besondere Vorschriften hinsichtlich des Jahresabschlusses und des Lageberichts

(1) Erlangt ein AIF allein oder gemeinsam mit anderen AIF die Kontrolle über ein nicht börsennotiertes Unternehmen oder einen Emittenten gemäß § 287 Absatz 1 in Verbindung mit § 288 Absatz 1, ist die AIF-Kapitalverwaltungsgesellschaft dazu verpflichtet,
1. darum zu ersuchen und nach besten Kräften sicherzustellen, dass der Jahresabschluss und, sofern gesetzlich vorgeschrieben, der Lagebericht des nicht börsennotierten Unternehmens innerhalb der Frist, die in den einschlägigen nationalen Rechtsvorschriften für die Erstellung der genannten Unterlagen vorgesehen ist, gemäß Absatz 2 erstellt, um die Information nach Absatz 2 ergänzt und von den gesetzlichen Vertretern des Unternehmens den Arbeitnehmervertretern oder, falls es keine solchen Vertreter gibt, den Arbeitnehmern selbst zur Verfügung gestellt wird, oder
2. für jeden betreffenden AIF in den gemäß § 148 vorgesehenen Anhang zum Jahresabschluss oder den gemäß § 158 vorgesehenen Jahresbericht zusätzlich die in Absatz 2 genannten Informationen über das betreffende nicht börsennotierte Unternehmen aufzunehmen.

(2) Die zusätzlichen Informationen gemäß Absatz 1 Nummer 2 müssen zumindest einen Bericht über die Lage des nicht börsennotierten Unternehmens am Ende des von dem Jahresabschluss oder Jahresbericht abgedeckten Zeitraums enthalten, in dem der Geschäftsverlauf des Unternehmens so dargestellt wird, dass ein den tatsächlichen Verhältnissen entsprechendes Bild entsteht. Der Bericht soll außerdem folgende Informationen enthalten:

---

47 Auch bei einem Verstoß gegen § 27a WpHG ist ein solcher Rechtsverlust nicht vorgesehen; s. Assmann/Schneider/*Schneider* WpHG, § 27a Rn. 29; Schwark/Zimmer/*Schwark* KMRK, § 27a WpHG Rn. 15.

1. Ereignisse von besonderer Bedeutung, die nach Abschluss des Geschäftsjahres eingetreten sind,
2. die voraussichtliche Entwicklung des Unternehmens und
3. die in Artikel 22 Absatz 2 der Zweiten Richtlinie des Rates vom 13. Dezember 1976 zur Koordinierung der Schutzbestimmungen, die in den Mitgliedstaaten den Gesellschaften im Sinne des Artikels 58 Absatz 2 des Vertrages im Interesse der Gesellschafter sowie Dritter für die Gründung der Aktiengesellschaft sowie für die Erhaltung und Änderung ihres Kapitals vorgeschrieben sind, um diese Bestimmungen gleichwertig zu gestalten (77/91/EWG) (ABl. L 26 vom 31.1.1977, S. 1) bezeichneten Angaben über den Erwerb eigener Aktien.

(3) Die AIF-Kapitalverwaltungsgesellschaft hat

1. darum zu ersuchen und nach bestmöglichem Bemühen sicherzustellen, dass die gesetzlichen Vertreter des nicht börsennotierten Unternehmens die in Absatz 1 Nummer 2 genannten Informationen über das betreffende Unternehmen entweder den Arbeitnehmervertretern des betreffenden Unternehmens oder, falls es keine solchen Vertreter gibt, den Arbeitnehmern selbst innerhalb der in § 148 in Verbindung mit § 120 Absatz 1 oder in § 158 in Verbindung mit § 135 Absatz 1 genannten Frist zur Verfügung stellt, oder
2. den Anlegern des AIF die Informationen gemäß Absatz 1 Nummer 2, soweit bereits verfügbar, innerhalb der in § 148 in Verbindung mit § 120 Absatz 1 oder in § 158 in Verbindung mit § 135 Absatz 1 genannten Frist und in jedem Fall spätestens bis zu dem Stichtag, zu dem der Jahresabschluss und der Lagebericht des nicht börsennotierten Unternehmens gemäß den einschlägigen nationalen Rechtsvorschriften erstellt werden, zur Verfügung zu stellen.

Schrifttum

Möllers/Harrer/Krüger Die Regelung von Hedgefonds und Private Equity durch die neue AIFM-Richtlinie, WM **2011** 1537; *Viciano-Gofferje* Neue Transparenzanforderungen für Private Equity Fonds nach dem Kapitalanlagegesetzbuch, BB **2013** 2506; *Weitnauer* Das Übernahmesonderrecht des KAGB und seine Auswirkungen auf die Private-Equity-Branche, AG **2013** 672.

Systematische Übersicht

A. Überblick —— 1
B. Entstehungsgeschichte —— 2
C. Normzweck —— 3
D. Informationsmedium (Abs. 1) —— 4
   I. Jahresabschluss bzw. Lagebericht der Zielgesellschaft (Abs. 1 Nr. 1) —— 5
   II. Anhang zum Jahresabschluss bzw. Jahresbericht des AIF (Abs. 1 Nr. 2) —— 6
E. Inhalt der zusätzlichen Informationen (Abs. 2) —— 7
   I. Bericht über die Lage der Zielgesellschaft (Abs. 2 S. 1) —— 8
   II. Ereignisse von besonderer Bedeutung, die nach Abschluss des Geschäftsjahres eingetreten sind (Abs. 2 S. 2 Nr. 1) —— 9
   III. Voraussichtliche Entwicklung der Zielgesellschaft (Abs. 2 S. 2 Nr. 2) —— 10
   IV. Angaben über den Erwerb eigener Aktien (Abs. 2 S. 2 Nr. 3) —— 11
F. Inhalt der Pflichten der AIF-Kapitalverwaltungsgesellschaft —— 13
   I. Inhalt der Pflichten bei Wahl des Lageberichts bzw. Jahresabschlusses der Zielgesellschaft als Informationsmedium (Abs. 1 Nr. 1) —— 14
   II. Inhalt der Pflichten bei Wahl des Anhangs zum Jahresabschluss bzw. Jahresberichts des AIF als Informationsmedium (Abs. 1 Nr. 2) —— 17
G. Rechtsfolgen bei Verstößen gegen die Informationspflicht —— 18

A. Überblick

§ 291 verlangt für den Fall, dass der AIF allein oder gemeinsam mit anderen AIF die Kontrolle über die Zielgesellschaft gem. § 287 Abs. 1 i.V.m. § 288 Abs. 1 erlangt, dass bestimmte Informationen über die Zielgesellschaft entweder in deren Jahresabschluss und, sofern gesetzlich vorgeschrieben, deren Lagebericht oder in den für den betreffenden AIF vorgesehenen Anhang zum Jahresabschluss oder Jahresbericht aufgenommen werden. Ferner sind diese Informationen an die Arbeitnehmer(vertreter) der Zielgesellschaft bzw. die Anleger des AIF weiterzugeben. Die in den §§ 289, 290 enthaltenen Informationspflichten der AIF-Kapitalverwaltungsgesellschaft gegenüber den Arbeitnehmer(vertretern) der Zielgesellschaft und den Anlegern des AIF (§ 290 Abs. 5) werden dadurch weiter ergänzt.

B. Entstehungsgeschichte

Durch § 291 wird Art. 29 AIFM-Richtlinie in deutsches Recht umgesetzt.[1] Seinem Wortlaut nach geht § 291 Abs. 1 allerdings über die Vorgabe der Richtlinie hinaus, da er auch für den Fall der Kontrollerlangung an Emittenten gilt, während Art. 29 Abs. 1 AIFM-Richtlinie ausschließlich die Kontrollerlangung über ein nicht börsennotiertes Unternehmen erfasst. Zwar lässt Art. 26 Abs. 7 AIFM-Richtlinie eine derartige strengere Regulierung des Erwerbs von Beteiligungen an nicht börsennotierten Unternehmen und Emittenten durch das mitgliedstaatliche Recht ausdrücklich zu. Es kann jedoch bezweifelt werden, ob der deutsche Gesetzgeber vorliegend eine solche strengere Regulierung bezweckt hat, oder ob es sich nicht eher um ein redaktionelles Versehen des deutschen Gesetzgebers handelt.[2] Für Letzteres spricht zum einen, dass sich die Regierungsbegründung zum KAGB zu der Frage nicht äußert, sondern sich auf den Hinweis beschränkt, § 291 diene der Umsetzung von Art. 29 AIFM-Richtlinie.[3] Es ist davon auszugehen, dass der deutsche Gesetzgeber, wenn er über die Richtlinienvorgabe hinaus eine Erstreckung von § 291 auf Emittenten angestrebt hätte, dies in der Regierungsbegründung offengelegt hätte. Zum anderen deutet auch der Wortlaut von § 288 Abs. 3 und von § 291 selbst darauf hin, dass § 291 nur die Kontrollerlangung an nicht börsennotierten Unternehmen erfassen soll. § 288 Abs. 3 regelt den Begriff der Kontrolle in Bezug auf Emittenten ausschließlich „für die Zwecke der §§ 290 und 292", ohne § 291 zu erwähnen. Ferner wird der Begriff des nicht börsennotierten Unternehmens in allen Absätzen von § 291 mehrfach erwähnt; der Begriff des Emittenten taucht außer am Anfang von Abs. 1 an keiner Stelle mehr auf. Es sprechen daher gute Gründe dafür, dass § 291 nur für den Fall der Kontrollerlangung über ein nicht börsennotiertes Unternehmen gilt.

C. Normzweck

§ 291 bezweckt eine Verbesserung der Informationslage der Arbeitnehmer(vertreter) der Zielgesellschaft und der Anleger des AIF über die Zielgesellschaft durch laufende Transparenz im Rahmen der Rechnungslegung. Dass die Anleger des AIF über die Umstände des Beteiligungserwerbs und die Zielgesellschaft sowie deren Entwicklung informiert werden, ist mit Blick auf den zwischen den Anlegern des AIF und der AIF-Ka-

---

1 Zur Entstehungsgeschichte von Art. 29 AIFM-Richtlinie s. Dornseifer/Jesch/Klebeck/Tollmann/*Bärenz/Käpplinger* AIFM, Art. 29 Rn. 3 ff.
2 Dies hält auch *Viciano-Gofferje* BB **2013** 2506, 2510 für möglich.
3 BTDrucks. 17/12294 S. 277.

pitalverwaltungsgesellschaft bestehenden *Principal Agent*-Konflikt (siehe § 290 Rn. 6) grundsätzlich überzeugend. Sofern der AIF-Kapitalverwaltungsgesellschaft dagegen Informationspflichten gegenüber Dritten – hier: den Arbeitnehmer(vertretern) der Zielgesellschaft – auferlegt werden, die ausschließlich dadurch begründet und ausgelöst werden, dass die Beteiligung durch geschlossene Spezial-AIF[4] erworben wird, ist dies aus den bereits zu § 289 ausgeführten Gründen rechtspolitisch fragwürdig (siehe ausführlich § 289 Rn. 4 ff.). Im Hinblick auf § 291 kommt hinzu, dass die zusätzlichen Publizitätspflichten neben erhöhten Kosten auch mögliche Wettbewerbsnachteile für durch AIF übernommene Gesellschaften zur Folge haben können.[5]

D. Informationsmedium (Abs. 1)

4   Art. 29 AIFM-Richtlinie benennt zwei zulässige Informationsmedien: entweder den Jahresbericht der Zielgesellschaft (Abs. 1 lit. a) oder den Jahresbericht des AIF gem. Art. 22 (Abs. 1 lit. b). Der deutsche Gesetzgeber setzt diese Vorgabe dahingehend um, dass zulässige Informationsmedien entweder der Jahresabschluss und, sofern gesetzlich vorgeschrieben, der Lagebericht des nicht börsennotierten Unternehmens (Abs. 1 Nr. 1) sind, oder der gem. § 148 vorgesehene Anhang zum Jahresabschluss oder der gem. § 158 vorgesehene Jahresbericht des AIF (Abs. 1 Nr. 2).

I. Jahresabschluss bzw. Lagebericht der Zielgesellschaft (Abs. 1 Nr. 1)

5   Art. 29 AIFM-Richtlinie meint mit dem „Jahresbericht" des nicht börsennotierten Unternehmens dessen Lagebericht.[6] Die weitergehende Formulierung in § 291 Abs. 1 Nr. 1 („Jahresabschluss und, sofern gesetzlich vorgeschrieben, der Lagebericht") soll offenbar Informationslücken bei Zielgesellschaften verhindern, die gesetzlich nicht zur Aufstellung eines Lageberichts verpflichtet sind. Die praktische Bedeutung dieser Erweiterung ist freilich gering: Nicht zur Aufstellung eines Lageberichts verpflichtet sind gem. § 264 Abs. 1 S. 4 HGB Kapitalgesellschaften und Personenhandelsgesellschaften i.S.v. § 264a Abs. 1 HGB (Kapitalgesellschaften & Co.),[7] die „klein" i.S.v. § 267 Abs. 1 HGB sind. Für den Kontrollerwerb durch AIF an solchen Gesellschaften gelten die Informationspflichten des § 291 aber aufgrund der Ausnahmeregelung in § 287 Abs. 2 Nr. 1 für kleine und mittlere Unternehmen[8] ohnehin nicht, da alle Gesellschaften, die aufgrund ihrer Größe gem. § 264 Abs. 1 S. 4 i.V.m. § 267 Abs. 1 HGB von der Pflicht zur Aufstellung eines Lageberichts befreit sind, von dieser Ausnahmeregelung erfasst werden.[9] Der Fall, dass es sich bei der Zielgesellschaft um eine Personenhandelsgesellschaft handelt, die nicht unter den größenspezifischen Ausnahmetatbestand des § 287 Abs. 2 Nr. 1 fällt, aber gleichwohl keinen Lagebericht aufstellen muss, weil sie die Voraussetzungen des § 264a HGB

---

[4] Die §§ 287 ff. gelten für geschlossene inländische Spezial-AIF, finden über die Verweisung des § 261 Abs. 7 aber auch auf geschlossene inländische Publikums-AIF Anwendung; krit. dazu *Weitnauer* AG **2013** 672, 674.
[5] *Möllers/Harrer/Krüger* WM **2011** 1537, 1541.
[6] Dornseifer/Jesch/Klebeck/Tollmann/*Bärenz/Käpplinger* AIFM, Art. 29 Rn. 9.
[7] Die Größenklassen des § 267 HGB gelten auch für Personenhandelsgesellschaften i.S.d. § 264a Abs. 1 HGB; s. MüKoHGB/*Reiner* § 267 Rn. 1.
[8] Danach sind die §§ 287 bis 292 nicht anzuwenden, wenn es sich bei der Zielgesellschaft um ein kleines oder mittleres Unternehmen i.S.v. Art. 2 Abs. 1 des Anhangs der Empfehlung 2003/361/EG der Kommission vom 6. Mai 2003 betreffend die Definition der Kleinstunternehmen sowie der kleinen und mittleren Unternehmen handelt.
[9] Vgl. Dornseifer/Jesch/Klebeck/Tollmann/*Bärenz/Käpplinger* AIFM, Art. 29 Rn. 9.

nicht erfüllt (weil es sich also nicht um eine Kapitalgesellschaft & Co. handelt), dürfte nur selten vorkommen. Regelmäßig sind die zusätzlichen Informationen gem. Abs. 2 demnach in den Lagebericht aufzunehmen.

II. Anhang zum Jahresabschluss bzw. Jahresbericht des AIF (Abs. 1 Nr. 2)

Abs. 1 Nr. 2 sieht vor, dass alternativ zur Aufnahme der zusätzlichen Informationen gem. Abs. 2 in den Lagebericht der Zielgesellschaft diese Informationen auch in den gem. § 148 vorgesehenen Anhang zum Jahresabschluss oder den gem. § 158 vorgesehenen Jahresbericht des AIF (Abs. 1 Nr. 2) aufgenommen werden können. § 148 betrifft dabei AIF, die als Investmentaktiengesellschaft mit fixem Kapital aufgelegt wurden; § 158 betrifft AIF, die als geschlossene Investmentkommanditgesellschaft aufgelegt wurden. Inhaltlich entsprechen sich die Anforderungen an den Anhang zum Jahresabschluss bei einer Investmentaktiengesellschaft mit fixem Kapital (§ 148) und an den Jahresbericht einer geschlossenen Investmentkommanditgesellschaft (§ 158) weitgehend. Beim Erwerb einer Beteiligung i.S.v. § 261 Abs. 1 Nr. 2–6 durch einen geschlossenen Publikums-AIF (auf den § 291 aufgrund der Verweisung in § 261 Abs. 7 ebenfalls Anwendung findet) werden bereits durch § 148 Abs. 2 bzw. § 158 S. 2 bestimmte Angaben über die Zielgesellschaft gefordert; diese Angaben werden durch die in § 291 Abs. 2 geforderten Angaben ergänzt. 6

E. Inhalt der zusätzlichen Informationen (Abs. 2)

Bei den Informationen nach Abs. 2 handelt es sich ausschließlich um Informationen, die ohnehin bereits Bestandteil der Rechnungslegung der Zielgesellschaft sind. Insgesamt sind die inhaltlichen Anforderungen an den Lagebericht gem. § 289 HGB bzw. (im Hinblick auf den Erwerb eigener Aktien) an den Anhang zum Jahresabschluss gem. § 160 Abs. 1 Nr. 2 AktG strenger als die in Abs. 2 normierten Anforderungen. Sie werden daher zugleich den Anforderungen des Abs. 2 gerecht.[10] Eine eigenständige Bedeutung haben die Anforderungen nach Abs. 2 daher nur dann, wenn die Zielgesellschaft ausnahmsweise nicht zur Aufstellung eines Lageberichts verpflichtet ist.[11] 7

I. Bericht über die Lage der Zielgesellschaft (Abs. 2 S. 1)

Abs. 2 S. 1 verlangt einen Bericht über die Lage der Zielgesellschaft, in dem der Geschäftsverlauf des Unternehmens so dargestellt wird, dass ein den tatsächlichen Verhältnissen entsprechendes Bild entsteht. Dem entspricht § 289 Abs. 1 S. 1 HGB, wonach im Lagebericht der Geschäftsverlauf einschließlich des Geschäftsergebnisses und die Lage des Unternehmens so darzustellen sind, dass ein den tatsächlichen Verhältnissen entsprechendes Bild vermittelt wird. 8

II. Ereignisse von besonderer Bedeutung, die nach Abschluss des Geschäftsjahres eingetreten sind (Abs. 2 S. 2 Nr. 1)

Abs. 2 S. 2 Nr. 1 verlangt die Darstellung von Ereignissen von besonderer Bedeutung, die nach Abschluss des Geschäftsjahres eingetreten sind. Dies entspricht § 289 Abs. 2 9

---

10 Zutreffend Dornseifer/Jesch/Klebeck/Tollmann/*Bärenz/Käpplinger* AIFM, Art. 29 Rn. 16.
11 Dornseifer/Jesch/Klebeck/Tollmann/*Bärenz/Käpplinger* AIFM, Art. 29 Rn. 11.

Nr. 1 HGB, wonach der Lagebericht auch auf Vorgänge von besonderer Bedeutung eingehen soll, die nach dem Schluss des Geschäftsjahres eingetreten sind.

III. Voraussichtliche Entwicklung der Zielgesellschaft (Abs. 2 S. 2 Nr. 2)

10 Abs. 2 S. 2 Nr. 2 verlangt die Darstellung der voraussichtlichen Entwicklung der Zielgesellschaft. Dies entspricht § 289 Abs. 1 S. 4 HGB, wonach im Lagebericht auch die voraussichtliche Entwicklung mit ihren wesentlichen Chancen und Risiken zu beurteilen und zu erläutern ist.

IV. Angaben über den Erwerb eigener Aktien (Abs. 2 S. 2 Nr. 3)

11 Abs. 2 S. 2 Nr. 3 ist nur einschlägig, wenn es sich bei der Zielgesellschaft um eine Aktiengesellschaft handelt; in diesem Falle sind bestimmte Angaben über den Erwerb eigener Aktien erforderlich. Das Gesetz verweist insoweit auf Art. 22 Abs. 2 der Kapitalrichtlinie.[12] Diese Richtlinie wurde zwischenzeitlich neu gefasst;[13] die erforderlichen Angaben über den Erwerb eigener Aktien finden sich in inhaltlich unveränderter Form nunmehr in Art. 24 Abs. 2 der Richtlinie. Im Einzelnen sind folgende Angaben erforderlich:
– die Gründe für die während des Geschäftsjahres getätigten Ankäufe (lit. a);
– die Zahl und der Nennbetrag oder, wenn ein Nennbetrag nicht vorhanden ist, der rechnerische Wert der während des Geschäftsjahres erworbenen und veräußerten Aktien sowie deren Anteil am gezeichneten Kapital (lit. b);
– bei entgeltlichem Erwerb oder entgeltlicher Veräußerung der Gegenwert der Aktien (lit. c);
– die Zahl und der Nennbetrag oder, wenn ein Nennbetrag nicht vorhanden ist, der rechnerische Wert aller erworbenen und gehaltenen Aktien sowie deren Anteil am gezeichneten Kapital (lit. d).

12 Die Richtlinienbestimmung setzt das deutsche Recht in § 160 Abs. 1 Nr. 2 AktG um. Dieser weicht insoweit von der Richtlinie ab, als die erforderlichen Angaben im Anhang zu machen sind anstatt – wie von der Richtlinie vorgegeben – im Lagebericht. Ein praktisches Problem ergibt sich daraus für die AIF-Kapitalverwaltungsgesellschaft nicht, da der Anhang Teil des Jahresabschlusses ist, der gem. Abs. 1 Nr. 1 zulässiges Informationsmedium ist.

F. Inhalt der Pflichten der AIF-Kapitalverwaltungsgesellschaft

13 In § 291 sind verschiedene Pflichten angelegt, deren Adressatin jeweils die AIF-Kapitalverwaltungsgesellschaft ist. Welche dieser Pflichten im konkreten Fall einschlägig sind, hängt davon ab, ob als Informationsmedium der Lagebericht bzw. Jahresabschluss

---

[12] Zweite Richtlinie 77/91/EWG des Rates vom 13. Dezember 1976 zur Koordinierung der Schutzbestimmungen, die in den Mitgliedstaaten den Gesellschaften im Interesse der Gesellschafter sowie Dritter für die Gründung der Aktiengesellschaft sowie für die Erhaltung und Änderung ihres Kapitals vorgeschrieben sind, um diese Bestimmungen gleichwertig zu gestalten, ABl. L 26 vom 31.1.1977, S. 1.
[13] Richtlinie 2012/30/EU des Europäischen Parlaments und des Rates vom 25. Oktober 2012 zur Koordinierung der Schutzbestimmungen, die in den Mitgliedstaaten den Gesellschaften im Sinne des Artikels 54 Absatz 2 des Vertrages über die Arbeitsweise der Europäischen Union im Interesse der Gesellschafter sowie Dritter für die Gründung der Aktiengesellschaft sowie für die Erhaltung und Änderung ihres Kapitals vorgeschrieben sind, um diese Bestimmungen gleichwertig zu gestalten, ABl. L 315 vom 14.11.2012, S. 74.

der Zielgesellschaft gewählt wird (Abs. 1 Nr. 1) oder der Anhang zum Jahresabschluss bzw. der Jahresbericht des AIF (Abs. 1 Nr. 2).

I. Inhalt der Pflichten bei Wahl des Lageberichts bzw. Jahresabschlusses der Zielgesellschaft als Informationsmedium (Abs. 1 Nr. 1)

14 Wird als Informationsmedium der Lagebericht bzw. Jahresabschluss der Zielgesellschaft gewählt, trifft die AIF-Kapitalverwaltungsgesellschaft zunächst eine Ersuchens- und Bemühenspflicht hinsichtlich der ordnungsgemäßen Erstellung des Lageberichts bzw. Jahresabschlusses (Abs. 1 Nr. 1). Es handelt sich um eine reine Handlungs-, nicht um eine Erfolgspflicht. Die alleinige Verantwortlichkeit für die Aufstellung und Richtigkeit des Jahresabschlusses und des Lageberichts verbleibt bei der Zielgesellschaft bzw. deren Leitungsorgan. Eine zusätzliche Verantwortlichkeit der AIF-Kapitalverwaltungsgesellschaft wird dadurch nicht begründet; sie ließe sich auch rechtspolitisch nicht rechtfertigen.[14] Die praktische Bedeutung der Ersuchens- und Bemühenspflicht ist daher gering und auf die Fälle beschränkt, in denen die Zielgesellschaft nicht ohnehin gesetzlich zur Aufstellung eines Lageberichts mit den Informationen nach § 289 HGB verpflichtet ist (vgl. bereits oben Rn. 5).

15 Eine weitere Ersuchens- und Bemühenspflicht trifft die AIF-Kapitalverwaltungsgesellschaft dahingehend, dass der Lagebericht bzw. Jahresabschluss der Zielgesellschaft von deren gesetzlichen Vertretern den Arbeitnehmervertretern oder, falls es keine solchen Vertreter gibt, den Arbeitnehmern selbst zur Verfügung gestellt wird (Abs. 1 Nr. 1). Auch insoweit handelt es sich um eine Handlungs-, nicht um eine Erfolgspflicht; eine entsprechende Aufforderung an das Geschäftsführungs- und Vertretungsorgan der Zielgesellschaft genügt. Im Übrigen gelten hinsichtlich der Regelungsstruktur dieser Ersuchens- und Bemühenspflicht die Ausführungen zu § 289 Rn. 43ff. entsprechend. Regelmäßig wird die Zielgesellschaft dieser Aufforderung bereits dadurch entsprechen, dass sie ihren gesetzlichen Offenlegungspflichten (§ 325 HGB) nachkommt. Mit der Offenlegung sind Lagebericht und Jahresabschluss auch den Arbeitnehmer(vertretern) zugänglich, sodass die AIF-Kapitalverwaltungsgesellschaft nicht darauf hinwirken muss, dass sie diesen in gesonderter Form zur Verfügung gestellt werden.

16 Schließlich sind die in Abs. 2 genannten Informationen (nicht aber notwendigerweise der vollständige Lagebericht bzw. Jahresabschluss der Zielgesellschaft)[15] den Anlegern des AIF zur Verfügung zu stellen (Abs. 3 Nr. 2). Soweit die Informationen zu diesem Zeitpunkt bereits verfügbar sind, sind sie den Anlegern innerhalb der Frist zur Verfügung zu stellen, die auch für die Aufstellung des Jahresabschlusses bzw. Jahresberichts des AIF gilt, also innerhalb von sechs Monaten nach Ende des Geschäftsjahres des AIF (§ 120 Abs. 1 S. 2 bzw. § 135 Abs. 1 S. 1). Anderenfalls sind sie den Anlegern spätestens bis zu dem Stichtag zur Verfügung zu stellen, zu dem der Jahresabschluss und der Lagebericht der Zielgesellschaft gemäß den einschlägigen nationalen Rechtsvorschriften erstellt werden.

---

[14] Zutreffend Dornseifer/Jesch/Klebeck/Tollmann/*Bärenz*/*Käpplinger* AIFM, Art. 29 Rn. 11.
[15] So aber Dornseifer/Jesch/Klebeck/Tollmann/*Bärenz*/*Käpplinger* AIFM, Art. 29 Rn. 20; diese Dokumente sind den Anlegern freilich aufgrund der Offenlegung nach den einschlägigen nationalen Rechtsvorschriften ebenfalls zugänglich.

II. Inhalt der Pflichten bei Wahl des Anhangs zum Jahresabschluss bzw. Jahresberichts des AIF als Informationsmedium (Abs. 1 Nr. 2)

17 Wird als Informationsmedium der Anhang zum Jahresabschluss bzw. der Jahresbericht des AIF gewählt (Abs. 1 Nr. 2), trifft die AIF-Kapitalverwaltungsgesellschaft eine Ersuchens- und Bemühenspflicht dahingehend, dass die gesetzlichen Vertreter der Zielgesellschaft die in Abs. 2 genannten Informationen entweder den Arbeitnehmervertretern des betreffenden Unternehmens oder, falls es keine solchen Vertreter gibt, den Arbeitnehmern selbst zur Verfügung gestellt werden. Auch insoweit handelt es sich um eine Handlungs-, nicht um eine Erfolgspflicht; eine entsprechende Aufforderung an das Geschäftsführungs- und Vertretungsorgan der Zielgesellschaft genügt. Im Übrigen gelten hinsichtlich der Regelungsstruktur dieser Ersuchens- und Bemühenspflicht die Ausführungen zu § 289 Rn. 43 ff. entsprechend. Die AIF-Kapitalverwaltungsgesellschaft hat darauf hinzuwirken, dass die Informationen den Arbeitnehmer(vertretern) innerhalb der Frist zur Verfügung gestellt werden, die auch für die Aufstellung des Jahresabschlusses bzw. Jahresberichts des AIF gilt, also innerhalb von sechs Monaten nach Ende des Geschäftsjahres des AIF (§ 120 Abs. 1 S. 2 bzw. § 135 Abs. 1 S. 1).

G. Rechtsfolgen bei Verstößen gegen die Informationspflicht

18 Verstöße gegen die Rechnungslegungsvorschriften des KAGB werden gem. § 340 Abs. 2 Nr. 12 als Ordnungswidrigkeiten sanktioniert; in diesem Zusammenhang wird auch § 291 Abs. 1 Nr. 2 erwähnt, da er die Rechnungslegung des AIF betrifft. Gem. § 340 Abs. 2 Nr. 12 handelt ordnungswidrig, wer vorsätzlich oder leichtfertig entgegen § 120 Abs. 1 S. 2, i.V.m. einer Rechtsverordnung nach Abs. 8, jeweils auch i.V.m. § 122 Abs. 1 S. 1 oder Abs. 2 oder § 148 Abs. 1 oder Abs. 2 S. 1, jeweils auch i.V.m. § 291 Abs. 1 Nr. 2, einen Jahresabschluss, einen Lagebericht, einen Halbjahresfinanzbericht, einen Auflösungsbericht oder einen Abwicklungsbericht (lit. c) oder entgegen § 135 Abs. 1, auch i.V.m. einer Rechtsverordnung nach Abs. 11 S. 1, jeweils auch i.V.m. § 158, auch i.V.m. § 291 Abs. 1 Nr. 2, einen Jahresbericht (lit. d) nicht, nicht richtig, nicht vollständig, nicht in der vorgeschriebenen Weise oder nicht rechtzeitig erstellt bzw. aufstellt. Kein Verstoß gegen § 291 und damit auch keine Ordnungswidrigkeit liegt allerdings vor, wenn die in Abs. 2 genannten Informationen im Lagebericht bzw. im Jahresabschluss der Zielgesellschaft enthalten sind (Abs. 1 Nr. 1). Ein Verstoß, der auf einfacher Fahrlässigkeit beruht, genügt für die Verwirklichung des Ordnungswidrigkeitentatbestands ebenfalls nicht. Die Begehung der Ordnungswidrigkeit kann durch ein Bußgeld von bis zu 100.000 EUR (siehe im Einzelnen § 340 Rn. 8) geahndet werden.

§ 292
Zerschlagen von Unternehmen

(1) Erlangt ein AIF allein oder gemeinsam mit anderen AIF die Kontrolle über ein nicht börsennotiertes Unternehmen oder einen Emittenten gemäß § 288, ist die AIF-Kapitalverwaltungsgesellschaft innerhalb von 24 Monaten nach Erlangen der Kontrolle über das Unternehmen durch den AIF dazu verpflichtet,
1. Ausschüttungen, Kapitalherabsetzungen, die Rücknahme von Anteilen oder den Ankauf eigener Anteile durch das Unternehmen gemäß Absatz 2 weder zu gestatten noch zu ermöglichen, zu unterstützen oder anzuordnen,

2. sofern sie befugt ist, in den Versammlungen der Leitungsgremien des Unternehmens im Namen des AIF abzustimmen, nicht für Ausschüttungen, Kapitalherabsetzungen, die Rücknahme von Anteilen oder den Ankauf eigener Anteile durch das Unternehmen gemäß Absatz 2 zu stimmen und
3. sich in jedem Fall bestmöglich zu bemühen, Ausschüttungen, Kapitalherabsetzungen, die Rücknahme von Anteilen oder den Ankauf eigener Anteile durch das Unternehmen gemäß Absatz 2 zu verhindern.

(2) Die Pflichten gemäß Absatz 1 beziehen sich auf

1. Ausschüttungen an Anteilseigner, die vorgenommen werden, wenn das im Jahresabschluss des Unternehmens ausgewiesene Nettoaktivvermögen bei Abschluss des letzten Geschäftsjahres den Betrag des gezeichneten Kapitals zuzüglich der Rücklagen, deren Ausschüttung das Recht oder die Satzung nicht gestattet, unterschreitet oder infolge einer solchen Ausschüttung unterschreiten würde, wobei der Betrag des gezeichneten Kapitals um den Betrag des noch nicht eingeforderten Teils des gezeichneten Kapitals vermindert wird, falls Letzterer nicht auf der Aktivseite der Bilanz ausgewiesen ist;
2. Ausschüttungen an Anteilseigner, deren Betrag den Betrag des Ergebnisses des letzten abgeschlossenen Geschäftsjahres, zuzüglich des Gewinnvortrags und der Entnahmen aus hierfür verfügbaren Rücklagen, jedoch vermindert um die Verluste aus früheren Geschäftsjahren sowie um die Beträge, die nach Gesetz oder Satzung in Rücklagen eingestellt worden sind, überschreiten würde;
3. in dem Umfang, in dem der Ankauf eigener Anteile gestattet ist, Ankäufe durch das Unternehmen, einschließlich Anteilen, die bereits früher vom Unternehmen erworben und von ihm gehalten wurden, und Anteilen, die von einer Person erworben werden, die in ihrem eigenen Namen, aber im Auftrag des Unternehmens handelt, die zur Folge hätten, dass das Nettoaktivvermögen unter die in Nummer 1 genannte Schwelle gesenkt würde.

(3) Für die Zwecke des Absatzes 2 gilt Folgendes:

1. der in Absatz 2 Nummer 1 und 2 verwendete Begriff „Ausschüttungen" bezieht sich insbesondere auf die Zahlung von Dividenden und Zinsen im Zusammenhang mit Anteilen,
2. die Bestimmungen für Kapitalherabsetzungen erstrecken sich nicht auf Herabsetzungen des gezeichneten Kapitals, deren Zweck im Ausgleich von erlittenen Verlusten oder in der Aufnahme von Geldern in eine nicht ausschüttbare Rücklage besteht, unter der Voraussetzung, dass die Höhe einer solchen Rücklage nach dieser Maßnahme 10 Prozent des herabgesetzten gezeichneten Kapitals nicht überschreitet, und
3. die Einschränkung gemäß Absatz 2 Nummer 3 richtet sich nach Artikel 20 Absatz 1 Buchstabe b bis h der Richtlinie 77/91/EWG.

Schrifttum

Baums Low Balling, Creeping in und deutsches Übernahmerecht, ZIP **2010** 2374; *Brandes* Europäische Aktiengesellschaft: Juristische Person als Organ? NZG **2004** 642; *Burgard/Heimann* Das neue Kapitalanlagegesetzbuch, WM **2014** 821; *Drygala* Die Vorschläge der SLIM-Arbeitsgruppe zur Vereinfachung des Europäischen Gesellschaftsrechts, AG **2001** 291; *Eidenmüller* Regulierung von Finanzinvestoren, DStR **2007** 2116; *Fleischer* Juristische Personen als Organmitglieder im Europäischen Gesellschaftsrecht, RIW **2004** 16; *Hesse/Lamsa* Die Richtlinie über die Verwalter alternativer Investmentfonds (AIFM-Richtlinie), Corporate Finance Law **2011** 39; *van Kann/Redeker/Keiluweit* Überblick über das Kapitalanlagegesetzbuch (KAGB), DStR **2013** 1483; *Koch* Das Kapitalanlagegesetzbuch: Neue Rahmenbedingungen für Private-

§ 292 — Zerschlagen von Unternehmen

Equity-Fonds – Transparenz, gesellschaftsrechtliche Maßnahmen und Finanzierung, WM **2014** 433; *Priester* Eigene Anteile bei Personengesellschaften, ZIP **2014** 245; *K. Schmidt* Personengesellschaften: neu gedacht?, ZIP **2014** 493; *Schmidt-Aßmann/Groß* Zur verwaltungsgerichtlichen Kontrolldichte nach der Privatgrundschul-Entscheiung des BVerfG, NVwZ **1993** 617; *Viciano-Gofferje* Neue Transparenzanforderungen für Private Equity Fonds nach dem Kapitalanlagegesetzbuch, BB **2013** 2506; *Wollenhaupt/Beck* Das neue Kapitalanlagegesetzbuch, DB **2013** 1950; *Zetzsche* Anteils- und Kontrollerwerb an Zielgesellschaften durch Verwalter alternativer Investmentfonds, NZG **2012** 1164.

Systematische Übersicht

A. Überblick —— 1
B. Entstehungsgeschichte —— 4
C. Normzweck —— 6
D. Voraussetzungen des „Zerschlagungsverbots" —— 10
  I. Kontrolle über ein nicht börsennotiertes Unternehmen —— 11
  II. Kontrolle über einen Emittenten —— 14
E. Rechtsfolge: „Zerschlagungsverbot" —— 16
  I. Inkriminierte Maßnahmen —— 16
    1. Ausschüttungen —— 17
      a) Begriff der Ausschüttung (Abs. 3 Nr. 1) —— 17
      b) Erfasste Ausschüttungen (Abs. 2 Nr. 1 und 2) —— 18
    2. Kapitalherabsetzungen —— 21
    3. Rücknahme von Anteilen oder Ankauf eigener Anteile durch die Zielgesellschaft —— 22
  II. Die Wohlverhaltenspflichten der AIF-Kapitalverwaltungsgesellschaft im Einzelnen —— 24
  III. Dauer der Wohlverhaltenspflichten —— 27
F. Rechtsfolgen bei Verstößen gegen das Zerschlagungsverbot —— 28

A. Überblick

1 § 292 untersagt der AIF-Kapitalverwaltungsgesellschaft für den Fall, dass der AIF allein oder gemeinsam mit anderen AIF die Kontrolle über ein nicht börsennotiertes Unternehmen oder einen Emittenten erlangt, für den Zeitraum von 24 Monaten nach Kontrollerwerb in einem weiten Sinne die Mitwirkung an Ausschüttungen, die einen bestimmten Umfang überschreiten, an Kapitalherabsetzungen und an der Rücknahme von Anteilen oder am Ankauf eigener Anteile durch die Zielgesellschaft. Die Vorschrift ergänzt damit die Informationspflichten, die beim Erwerb der Kontrolle über ein nicht börsennotiertes Unternehmen gem. §§ 289 Abs. 2 bis 4, 290 und 291 sowie beim Erwerb der Kontrolle über einen Emittenten gem. § 290 Abs. 1 bis 3 bestehen.[1] Während die genannten Informationspflichten für die AIF-Kapitalverwaltungsgesellschaft in erster Linie zusätzlichen Aufwand verursachen, bedeutet § 292 einen vergleichsweise weitreichenden Eingriff in das Geschäftsmodell und in die Eigentumsrechte von Private Equity-Fonds.[2]

2 Zwar werden die von § 292 erfassten Maßnahmen nicht per se untersagt: Die Vorschrift trifft keine Aussage über die (gesellschaftsrechtliche) Zulässigkeit von Ausschüttungen, Kapitalherabsetzungen und dem Erwerb eigener Anteile durch die Zielgesellschaft, sondern ist lediglich eine an die AIF-Kapitalgesellschaft als Repräsentantin eines Gesellschafters (des AIF) adressierte (aufsichtsrechtliche) Verhaltensnorm. Die Maßnahmen dürfen aber nicht mehr auf Initiative oder unter Mitwirkung der AIF-Kapitalverwaltungsgesellschaft erfolgen. Anders als die amtliche Überschrift suggeriert, wird eine „Zerschlagung" der Zielgesellschaft nicht verhindert: § 292 verbietet weder die Veräuße-

---

[1] § 291 betrifft entgegen dem Wortlaut der Norm nur den Fall der Kontrollerlangung über ein nicht börsennotiertes Unternehmen, nicht über einen Emittenten, s. § 291 Rn. 2.
[2] Dornseifer/Jesch/Klebeck/Tollmann/*Boxberger* AIFM, Art. 30 Rn. 1; *Koch* WM **2014** 433, 437; *Wollenhaupt/Beck* DB **2013** 1950, 1955.

rung von Gegenständen des Gesellschaftsvermögens[3] noch Umwandlungen (z.B. *Debt-Push-Down-* oder *Merger-Buy-Out*-Gestaltungen, bei denen die Zielgesellschaft mit einer Erwerbergesellschaft verschmolzen wird,[4] oder die Aufspaltung mit anschließender Veräußerung eines aus der Spaltung hervorgehenden Rechtsträgers), sonstige Restrukturierungsmaßnahmen oder gar die Auflösung der Gesellschaft.[5]

Die Struktur von § 292 folgt der Struktur von Art. 30 AIFM-Richtlinie und erscheint wenig übersichtlich. Bereits Abs. 1 ist zu entnehmen, welche Maßnahmen die Norm erfasst (Ausschüttungen, Kapitalherabsetzungen, Rücknahme von Anteilen oder Ankauf eigener Anteile durch die Zielgesellschaft) und welche konkreten Handlungen der AIF-Kapitalverwaltungsgesellschaft untersagt sind. Abs. 2 und Abs. 3 ergänzen und präzisieren Abs. 1; sie lassen sich den in Abs. 1 genannten Maßnahmen wie folgt zuordnen: **3**
– Ausschüttungen: Abs. 2 Nr. 1 und Nr. 2, Abs. 3 Nr. 1;
– Kapitalherabsetzungen: Abs. 3 Nr. 2;
– Ankauf eigener Anteile durch die Zielgesellschaft: Abs. 2 Nr. 3, Abs. 3 Nr. 3.

B. Entstehungsgeschichte

Durch § 292 wird Art. 30 AIFM-Richtlinie in deutsches Recht umgesetzt. Beide Normen sind identisch aufgebaut und entsprechen sich im Wortlaut weitgehend. Dass in der deutschsprachigen Fassung von Art. 30 Abs. 1 lit. a AIFM-Richtlinie statt von „Ausschüttung" von „Vertrieb" die Rede ist, beruht auf einer falschen Übersetzung[6] des in der englischen Sprachfassung verwendeten Begriffs *distribution*; dieser Fehler wurde im Zuge der Umsetzung durch den deutschen Gesetzgeber korrigiert. Bereits im Hinblick auf die deutschsprachige Fassung von Art. 30 AIFM-Richtlinie ist kritisiert worden, dass Abs. 2 den in der deutschen Rechtsterminologie nicht gebräuchlichen Begriff des „Nettoaktivvermögens"[7] verwendet;[8] immerhin wird dieser Begriff aber auch in den deutschsprachigen Fassungen anderer gesellschaftsrechtlicher Richtlinien (Kapitalrichtlinie,[9] Spaltungsrichtlinie[10]) verwendet und ist daher dem europäischen Gesellschaftsrecht nicht fremd. § 292 ist jedoch die einzige Norm des deutschen Rechts, in der dieser Begriff auftaucht; jedenfalls im Rahmen der Richtlinienumsetzung wäre es daher sinnvoll gewesen, eine Anpassung an die im deutschen Gesellschafts- und Bilanzrecht gebräuchliche Terminologie vorzunehmen und den Begriff des „Eigenkapitals" anstelle von „Nettoaktivvermögen" zu verwenden. **4**

---

3 Unrichtig *Koch* WM **2014** 433, 437.
4 *Schröder/Rahn* GWR **2014** 49, 52; *Weitnauer* AG **2013** 672, 677.
5 Zutreffend *Burgard/Heimann* WM **2014** 821, 830; *van Kann/Redeker/Keiluweit* DStR **2013** 1483, 1487; *Zetzsche* NZG **2012** 1164, 1168.
6 Die Urfassung der AIFM-Richtlinie wurde in englischer Sprache verhandelt und erstellt; s. *Zetzsche* NZG **2012** 1164.
7 Die englischsprachige Sprachfassung verwendet den Begriff „net assets"; die französische Sprachfassung den Begriff „valeur nette d'inventaire".
8 Dornseifer/Jesch/Klebeck/Tollmann/*Boxberger* AIFM, Art. 30 Rn. 25; *Hesse/Lamsa* Corporate Finance Law **2011** 39, 46.
9 Richtlinie 2012/30/EU des Europäischen Parlaments und des Rates vom 25. Oktober 2012 zur Koordinierung der Schutzbestimmungen, die in den Mitgliedstaaten den Gesellschaften im Sinne des Artikels 54 Absatz 2 des Vertrages über die Arbeitsweise der Europäischen Union im Interesse der Gesellschafter sowie Dritter für die Gründung der Aktiengesellschaft sowie für die Erhaltung und Änderung ihres Kapitals vorgeschrieben sind, um diese Bestimmungen gleichwertig zu gestalten, ABl. L 315 vom 14.11.2012, S. 74.
10 Sechste Richtlinie des Rates vom 17. Dezember 1982 gemäß Artikel 54 Absatz 3 Buchstabe g) des Vertrages betreffend die Spaltung von Aktiengesellschaften, 82/891/EWG, ABl. L 378 vom 31.12.1982, S. 47.

5   Art. 30 Abs. 1 AIFM-Richtlinie verweist hinsichtlich des Begriffs der Kontrollerlangung (ebenso wie Art. 27 Abs. 2, 28 Abs. 1 und 29 Abs. 1 AIFM-Richtlinie) auf Art. 26 Abs. 1 i.V.m. Abs. 5 AIFM-Richtlinie. Art. 26 Abs. 1 AIFM-Richtlinie wird durch § 287 Abs. 1 umgesetzt; Art. 26 Abs. 5 AIFM-Richtlinie durch § 288. Dementsprechend verweisen § 289 Abs. 2, § 290 Abs. 1 und § 291 Abs. 1 hinsichtlich der Kontrollerlangung einheitlich auf § 287 Abs. 1 i.V.m. § 288 Abs. 1. Dagegen verweist § 292 Abs. 1 lediglich auf § 288. In Anbetracht des eindeutigen Wortlauts von Art. 30 Abs. 1 AIFM-Richtlinie und des Umstands, dass die Regierungsbegründung zum KAGB lediglich ausführt, § 292 diene der Umsetzung von Art. 30 AIFM-Richtlinie,[11] ist nicht davon auszugehen, dass die Kontrollerlangung im Rahmen von § 292 anders zu beurteilen ist als im Rahmen von § 289 Abs. 2, § 290 Abs. 1 und § 291 Abs. 1, zumal § 287 Abs. 1 seinerseits auch auf § 292 Bezug nimmt. Vielmehr dürfte es sich bei der fehlenden Bezugnahme auf § 287 Abs. 1 in § 292 Abs. 1 um ein redaktionelles Versehen handeln.

C. Normzweck

6   § 292 bzw. der zugrunde liegende Art. 30 AIFM-Richtlinie verfolgt den Zweck, im Anschluss an die Übernahme einer Zielgesellschaft deren „Zerschlagung" zu erschweren oder zumindest zu verzögern, wobei es keine Rolle spielt, ob es sich bei der Zielgesellschaft um ein nicht börsennotiertes Unternehmen oder um einen Emittenten handelt. Unter dem untechnischen, semantisch unscharfen[12] Begriff der „Zerschlagung" sind Praktiken zu verstehen, die der Zielgesellschaft liquide Mittel und Vermögenswerte entziehen (sog. *Asset Stripping*),[13] um auf diese Weise kurzfristige Gewinne zu erzielen und insbesondere auf Kosten der Zielgesellschaft Mittel für die Rückführung einer zum Zwecke der Übernahme aufgenommenen Fremdfinanzierung (*Leveraged Buyout*) zu erhalten.[14]

7   Der Normzweck des § 292 ist vielschichtiger als der Normzweck der in §§ 289 bis 291 statuierten Informationspflichten (s. dazu ausführlich § 289 Rn. 4 ff.). Die Verhinderung bzw. Verzögerung des *Asset Strippings* und missbräuchlicher Finanzierungsstrukturen bezweckt im Wesentlichen den Schutz des Bestands der Zielgesellschaft und dient damit zugleich den Interessen jener Personengruppen, denen am Bestand und an einem nachhaltigen wirtschaftlichen Erfolg der Zielgesellschaft gelegen ist. Dazu zählen insbesondere – soweit vorhanden – die übrigen (Minderheits-)Gesellschafter sowie die Arbeitnehmer der Zielgesellschaft. Wie sämtliche Normen, die – im weitesten Sinne – den Zugriff von Gesellschaftern auf das Gesellschaftsvermögen beschränken, bezweckt § 292 mittelbar auch den Schutz der Gläubiger der Zielgesellschaft. Darin besteht ein wesentlicher Unterschied zu den Informationspflichten der §§ 289 bis 291, die eine Information der Gläubiger im Falle der Kontrollerlangung durch den AIF nicht vorsehen.

8   Ebenso wie im Rahmen von §§ 289 bis 291 ist auch mit Blick auf § 292 zu kritisieren, dass eine bestimmte Gruppe von Investoren, nämlich geschlossene Spezial-AIF,[15] einer weitaus strengeren Regulierung beim Erwerb kontrollbegründender Beteiligungen unterworfen wird als andere Investoren. Die Ursache hierfür kann nur in einem weitrei-

---

11 BTDrucks. 17/12294, S. 277.
12 *van Kann/Redeker/Keiluweit* DStR **2013** 1483, 1487.
13 S. für eine Übersicht der gängigsten *Corporate Raiding*-Maßnahmen Dornseifer/Jesch/Klebeck/Tollmann/*Boxberger* AIFM, Art. 30 Rn. 4 ff.
14 *Burgard/Heimann* WM **2014** 821, 830; *van Kann/Redeker/Keiluweit* DStR **2013** 1483, 1487; *Zetzsche* NZG **2012** 1164, 1168.
15 Die §§ 287 ff. gelten für geschlossene inländische Spezial-AIF, finden über die Verweisung des § 261 Abs. 7 aber auch auf geschlossene inländische Publikums-AIF Anwendung; krit. dazu *Weitnauer* AG **2013** 672, 674.

chenden und zugleich unspezifischen Misstrauen gegenüber der Private Equity Branche gesehen werden (s. § 289 Rn. 8). Auch wenn bestimmte *Corporate Raiding*-Maßnahmen, die § 292 erschweren soll, charakteristisch für Private Equity-Transaktionen sein mögen,[16] können Anreize zu solchen Maßnahmen auch für andere Investoren bestehen. Es ist daher eine grundsätzliche rechtspolitische Frage, ob und in welcher Weise sie zu unterbinden oder zumindest zu regulieren sind; die Antwort auf diese Frage ist jedoch unabhängig davon, um welche Art von Investor es sich handelt. Insbesondere erscheint es wenig stimmig, dass § 292 nicht beim Erwerb der Kontrolle über einen Emittenten durch Hedgefonds gilt; auf § 292 wird in § 283 i.V.m. § 282 nicht verwiesen. Aus Sicht der Zielgesellschaft macht es aber kaum einen Unterschied, ob die Kontrolle durch einen geschlossenen Spezial-AIF (Private Equity-Fonds) oder durch einen Hedgefonds erworben wird.

Unabhängig von der rechtspolitisch fragwürdigen Ungleichbehandlung verschiedener Investorengruppen mit potentiell ähnlichem „Gefährdungspotential" ist zweifelhaft, ob § 292 einen wirksamen Beitrag zur Verhinderung der finanziellen Ausbeutung von Zielgesellschaften zu leisten vermag. Denn zum einen gelten die Restriktionen des § 292 nur für einen begrenzten Zeitraum von 24 Monaten nach Kontrollerlangung, unabhängig von der tatsächlichen Dauer des Engagements des AIF in der Zielgesellschaft im Einzelfall. Zum anderen kommen bei Verstößen gegen in § 292 normierten Wohlverhaltenspflichten nahezu ausschließlich aufsichtsrechtliche Sanktionen gegen die AIF-Kapitalverwaltungsgesellschaft in Betracht, die der konkret betroffenen Zielgesellschaft aber nicht nutzen; die gesellschaftsrechtliche Wirksamkeit der von § 292 erfassten Maßnahmen bleibt von der Vorschrift unberührt (s. unten Rn. 30). Wirksame regulatorische Mittel gegen missbräuchliche Finanzierungsstrukturen sind daher weniger im Aufsichtsrecht als im Gesellschafts- und im Insolvenzrecht (dort insbesondere im Anfechtungsrecht)[17] zu verorten. 9

D. Voraussetzungen des „Zerschlagungsverbots"

Die in § 292 normierten Wohlverhaltenspflichten richten sich an die AIF-Kapitalverwaltungsgesellschaft (s. zu den Ausnahmen ausführlich § 289 Rn. 12ff.). Sie bestehen unabhängig davon, ob es sich bei der Zielgesellschaft um ein nicht börsennotiertes Unternehmen oder um einen Emittenten handelt, und werden dadurch ausgelöst, dass der AIF allein oder gemeinsam mit anderen AIF die Kontrolle über die Zielgesellschaft erlangt. 10

I. Kontrolle über ein nicht börsennotiertes Unternehmen

Der Begriff des nicht börsennotierten Unternehmens ist in § 1 Abs. 19 Nr. 27 legaldefiniert. Ein nicht börsennotiertes Unternehmen ist demnach ein Unternehmen, das seinen satzungsmäßigen Sitz in der Europäischen Union hat und dessen Anteile im Sinne von Art. 4 Abs. 1 Nr. 14 der Richtlinie 2004/39/EG des Europäischen Parlaments und des Rates vom 21. April 2004 über Märkte für Finanzinstrumente (ABl. L 145 vom 30.4.2004, S. 1) nicht zum Handel auf einem regulierten (richtigerweise: geregelten, s. § 289 Rn. 16) Markt zugelassen sind; die Definition erfasst Unternehmen unabhängig davon, ob sie in 11

---

16 Die positiven Effekte einer Beteiligung von Finanzinvestoren (Private Equity-Fonds und Hedge-Fonds) betont demgegenüber *Eidenmüller* DStR **2007** 2116, 2117.
17 *Eidenmüller* DStR **2006** 2116, 2120 f.

der Rechtsform einer Kapitalgesellschaft oder einer Personenhandelsgesellschaft[18] verfasst sind (s. ausführlich § 289 Rn. 17). Handelt es sich bei der Zielgesellschaft um ein nicht börsennotiertes Unternehmen, ist von einer Kontrollerlangung durch den AIF auszugehen, wenn der von dem AIF gehaltene Anteil der Stimmrechte mehr als 50 Prozent erreicht (§ 288 Abs. 1). Eine gemeinsame Kontrollerlangung setzt voraus, dass entweder verschiedene AIF, die von derselben AIF-Kapitalverwaltungsgesellschaft verwaltet werden, aufgrund einer Vereinbarung gemeinsam Stimmrechte an einem nicht börsennotierten Unternehmen in einem Umfang von mehr als 50 Prozent halten, oder dass mehrere AIF-Kapitalverwaltungsgesellschaften, die aufgrund einer Vereinbarung zusammenarbeiten, AIF verwalten, die gemeinsam mehr als 50 Prozent halten (s. im Einzelnen die Kommentierungen zu §§ 287, 288, 289 Rn. 34).

12 Die rechtsformunabhängige Definition des nicht börsennotierten Unternehmens birgt im Rahmen von § 292 erhebliche Anwendungsprobleme. Denn während sich Informationspflichten gegenüber der Zielgesellschaft, ihren Gesellschaftern und Arbeitnehmern ohne weiteres unabhängig davon erfüllen lassen, ob es sich bei der Zielgesellschaft um eine Kapitalgesellschaft oder um eine Personengesellschaft handelt, und daher eine Ungleichbehandlung von Kapitalgesellschaften und Personengesellschaften im Rahmen der §§ 289 bis 291 jeder inneren Rechtfertigung entbehren würde (s. § 289 Rn. 17), ist § 292 terminologisch ausschließlich auf Kapitalgesellschaften zugeschnitten: Bei Personengesellschaften gibt es weder „Ausschüttungen" (sondern es werden Gewinne den Kapitalkonten der Gesellschafter zugeschrieben) noch „Kapitalherabsetzungen" noch ist eine Rücknahme von Anteilen oder ein Ankauf eigener Anteile denkbar.[19] Gleichwohl erscheinen die mit § 292 verfolgten Zwecke (s. oben Rn. 6 ff.) zumindest auf den ersten Blick auch bei Personengesellschaften einzugreifen, da auch bei ihnen eine finanzielle Ausbeutung durch Finanzinvestoren denkbar erscheint und ihr Bestand sowie die Interessen ihrer *stakeholder* insbesondere durch missbräuchliche Finanzierungsstrukturen in ähnlicher Weise gefährdet werden können wie dies bei Zielgesellschaften in der Rechtsform der AG oder der GmbH der Fall ist. Zu betonen ist allerdings, dass im Ausgangspunkt Personengesellschaften aufgrund ihrer im Vergleich zu juristischen Personen geringeren rechtlichen Verselbständigung noch weniger als diese als Vertreter eines autonomen Bestandsinteresses anzuerkennen sind;[20] im Vordergrund stehen vielmehr die Interessen der Gesellschafter, deren Zugriffsmöglichkeiten auf das Gesellschaftsvermögen folgerichtig keinen den §§ 30 GmbHG, 57 AktG vergleichbaren Restriktionen unterworfen sind. Mit Blick auf den – von § 292 freilich nur mittelbar bewirkten (s. oben Rn. 7) – Gläubigerschutz liegt es in der Natur von Personengesellschaften, dass Gesellschaftsgläubigern aufgrund der persönlichen Haftung zumindest eines Gesellschafters für Gesellschaftsverbindlichkeiten gerade kein rechtlich gebundenes Gesellschaftskapital zur Verfügung steht. Schon aus diesen Gründen sind der praktischen Anwendung von § 292 beim Erwerb der Kontrolle über Personengesellschaften durch AIF Grenzen gesetzt.

13 Entschärft wird die Problematik ferner dadurch, dass § 292 keinerlei gesellschaftsrechtliche Wirkungen auf der Ebene der Zielgesellschaft entfaltet, sondern ein Verstoß lediglich aufsichtsrechtliche Maßnahmen der BaFin gegenüber der AIF-Kapitalverwal-

---

18 Dies verkennt Dornseifer/Jesch/Klebeck/Tollmann/*Boxberger* AIFM, Art. 30 Rn. 20, demzufolge als Zielgesellschaften in Deutschland „im Wesentlichen Gesellschaften mit beschränkter Haftung, vereinzelt aber auch nicht börsennotierte Aktiengesellschaften einschlägig sein" dürften.
19 Eingehend Baumbach/Hopt/*Roth* HGB, § 105 Rn. 30; MüKoHGB/*K. Schmidt* § 105 Rn. 93; Staub/ *Schäfer* HGB, § 105 Rn. 97; **a.A.** neuerdings *Priester* ZIP **2014** 245 mit Erwiderung von *K. Schmidt* ZIP **2014** 493.
20 Vgl. für die GmbH MüKoGmbHG/*Ekkenga* § 30 Rn. 17.

tungsgesellschaft nach sich zieht (s. zu den Rechtsfolgen eines Verstoßes gegen § 292 ausführlich unten Rn. 28 ff.). Fraglich ist daher, bei welchen Maßnahmen auf der Ebene einer als Personengesellschaft konfigurierten Zielgesellschaft die AIF-Kapitalverwaltungsgesellschaft die in § 292 normierten Pflichten treffen. Dabei ist (anders als dies bei der Anknüpfung konkreter gesellschaftsrechtlicher Rechtsfolgen auf der Ebene der Zielgesellschaft der Fall wäre) keine exakte Analogie zu den in § 292 ausdrücklich genannten Maßnahmen erforderlich. In Anbetracht des grundsätzlich weiten Ermessensspielraums der BaFin bei der Ausübung ihrer aufsichtsrechtlichen Befugnisse (vgl. § 5 Abs. 6) kann vielmehr genügen, dass sich die AIF-Kapitalverwaltungsgesellschaft, nachdem der AIF die Kontrolle über eine Personengesellschaft erlangt hat, an Maßnahmen beteiligt, die mit den in § 292 genannten Maßnahmen bei wertender Gesamtbetrachtung vergleichbar sind, weil sie den Bestand der Gesellschaft oder die Interessen der Gläubiger in vergleichbarer Weise gefährden (dies kann im Einzelfall etwa der Fall sein, wenn bei entsprechender gesellschaftsvertraglicher Gestaltung aufgrund von Entnahmen negative Kapitalkonten entstehen, oder wenn vor Entnahmen mit Insolvenzfolge eine Herabsetzung der funktional dem Stammkapital vergleichbaren Hafteinlagen von Kommanditisten erfolgt).

II. Kontrolle über einen Emittenten

Der Begriff des Emittenten ist das Gegenstück zum nicht börsennotierten Unternehmen und wird in § 287 Abs. 4 dahingehend konkretisiert, dass es sich um einen Emittenten im Sinne von Art. 2 Abs. 1 lit. d der Richtlinie 2004/109/EG[21] handeln muss, der seinen satzungsmäßigen Sitz in der Europäischen Union hat und dessen Wertpapiere im Sinne von Art. 4 Abs. 1 Nr. 14 der Richtlinie 2004/39/EG[22] zum Handel auf einem organisierten Markt im Sinne von § 2 Abs. 5 WpHG zugelassen sind. Die Definition ist aufgrund der mehrfachen Verweisungen nicht nur sperrig, sondern auch teilweise redundant. Entscheidend sind zwei Merkmale: *Erstens* der satzungsmäßige Sitz in der europäischen Union (insoweit besteht ein Gleichlauf zum Begriff des nicht börsennotierten Unternehmens) und *zweitens* die Zulassung der Anteile zum Handel auf einem geregelten[23] Markt (darin besteht der Unterschied zum Begriff des nicht börsennotierten Unternehmens).

14

Die Erlangung von Kontrolle an einem Emittenten richtet sich (anders als bei nicht börsennotierten Zielgesellschaften) nicht nach § 288 Abs. 1; vielmehr verweist § 288 Abs. 3 insoweit auf Art. 5 Abs. 3 der Richtlinie 2004/25/EG des Europäischen Parlaments und des Rates vom 21. April 2004 betreffend Übernahmeangebote (ABl. L 142 vom 30.4.2004, S. 12). Danach bestimmen sich der prozentuale Anteil der Stimmrechte, der eine Kontrolle begründet, und die Art der Berechnung dieses Anteils nach den Vorschriften des Mitgliedstaats, in dem die Gesellschaft ihren Sitz hat; der Begriff der Kontrolle wird in Bezug auf Emittenten weder durch die Übernahmerichtlinie noch durch die AIFM-Richtlinie harmonisiert. Für Emittenten mit Sitz in Deutschland bedeutet diese (Rück-)Verweisung auf

15

---

21 Richtlinie 2004/109/EG des Europäischen Parlaments und des Rates vom 15. Dezember 2004 zur Harmonisierung der Transparenzanforderungen in Bezug auf Informationen über Emittenten, deren Wertpapiere zum Handel auf einem geregelten Markt zugelassen sind, und zur Änderung der Richtlinie 2001/34/EG, ABl. L 390 vom 31.12.2004, S. 38.
22 Richtlinie 2004/39/EG des Europäischen Parlaments und des Rates vom 21. April 2004 über Märkte für Finanzinstrumente, zur Änderung der Richtlinien 85/611/EWG und 93/6/EWG des Rates und der Richtlinie 2000/12/EG des Europäischen Parlaments und des Rates und zur Aufhebung der Richtlinie 93/22/EWG des Rates, ABl. L 145 vom 30.4.2004, S. 1.
23 Dem in der MiFID verwendeten Begriff des „geregelten Marktes" entspricht im deutschen Recht der „organisierte Markt" i.S.d. § 2 Abs. 5 WpHG.

das nationale Recht, dass gem. § 29 Abs. 2 WpÜG eine Kontrollerlangung schon beim Halten von mindestens 30 Prozent der Stimmrechte gegeben ist.[24] Anstelle der vergleichsweise knappen Zurechnungsnorm des § 288 Abs. 2 treten die deutlich umfassenderen Zurechnungsregeln des § 30 WpÜG.

E. Rechtsfolge: „Zerschlagungsverbot"

I. Inkriminierte Maßnahmen

16 Das „Zerschlagungsverbot" wird rechtstechnisch umgesetzt durch die Normierung verschiedener, an die AIF-Kapitalverwaltungsgesellschaft adressierter Wohlverhaltenspflichten, die sich auf die folgenden Maßnahmen beziehen: Ausschüttungen, Kapitalherabsetzungen und Rücknahme von Anteilen oder Rückkauf eigener Anteile durch die Zielgesellschaft. An diesen Maßnahmen ist der AIF-Kapitalverwaltungsgesellschaft jede Mitwirkung untersagt.

1. Ausschüttungen

17 **a) Begriff der Ausschüttung (Abs. 3 Nr. 1).** Der Begriff der Ausschüttung bezieht sich nach der Definition in Abs. 3 Nr. 1 in erster Linie auf die Zahlung von Dividenden und Zinsen im Zusammenhang mit Anteilen, erlaubt aber aufgrund der offenen Formulierung der Definition („insbesondere"), in den Grenzen des Wortsinns jeden schädlichen Transfer von Vermögenswerten[25] an Gesellschafter unter den Begriff der Ausschüttung zu fassen. Erfasst sind damit insbesondere Zinsen auf Wandelschuldverschreibungen und sonstige Formen hybriden Kapitals, das sich in Gesellschaftsanteile umwandeln lässt.[26] Der Normzweck, der insbesondere auf eine Verhinderung missbräuchlicher Finanzierungsstrukturen abzielt (s. oben Rn. 6f.), legt es nahe, auch Zinszahlungen, die von der Zielgesellschaft nach Kontrollerwerb auf Darlehen zur Finanzierung des Anteilserwerbs geleistet werden, als Ausschüttungen i.S.v. Abs. 3 Nr. 1 anzusehen,[27] wenngleich solche Zinszahlungen in keinem Zusammenhang mit der Stellung als Inhaber des Anteils oder als Inhaber einer vergleichbaren (hybriden) Rechtsposition, sondern lediglich mit der Finanzierung des Erwerbsvorgangs stehen. Bereits dem Wortlaut nach keine Ausschüttung ist die Bestellung von Sicherheiten am Vermögen der Zielgesellschaft zur Absicherung von Darlehen zur Finanzierung des Anteilserwerbs.[28]

18 **b) Erfasste Ausschüttungen (Abs. 2 Nr. 1 und 2).** Nach Abs. 2 Nr. 1 beziehen sich die Wohlverhaltenspflichten der AIF-Kapitalverwaltungsgesellschaft auf Ausschüttungen, die vorgenommen werden, wenn das im Jahresabschluss der Zielgesellschaft ausgewiesene Nettoaktivvermögen bei Abschluss des letzten Geschäftsjahres den Betrag des gezeichneten Kapitals unterschreitet oder infolge einer solchen Ausschüttung unterschreiten würde. Dabei wird der Betrag des gezeichneten Kapitals erhöht um die Rücklagen, deren Ausschüttung das Recht oder die Satzung nicht gestattet, und vermindert um

---

[24] Der Schwellenwert von 30% ist auch in den Rechtsordnungen anderer Mitgliedstaaten verbreitet; s. den Überblick bei *Baums* ZIP **2010** 2374, 2379.
[25] So die extrem weite Auslegung von Dornseifer/Jesch/Klebeck/Tollmann/*Boxberger* AIFM, Art. 30 Rn. 26.
[26] *Zetzsche* NZG **2012** 1164, 1168; *van Kann/Redeker/Keiluweit* DStR **2013** 1483, 1487; *Schröder/Rahn* GWR **2014** 49, 52.
[27] Dafür *Zetzsche* NZG **2012** 1164, 1168.
[28] Wie hier Dornseifer/Jesch/Klebeck/Tollmann/*Boxberger* AIFM, Art. 30 Rn. 27; *Schröder/Rahn* GWR **2014** 49, 52; *Weitnauer* AG **2013** 672, 676.

den Betrag des noch nicht eingeforderten Teils des gezeichneten Kapitals, falls Letzterer nicht auf der Aktivseite der Bilanz ausgewiesen ist. Der in der deutschen Rechtsterminologie nicht gebräuchliche (s. oben Rn. 4) Begriff des „Nettoaktivvermögens" lässt sich definieren als der Betrag, um den das bei Abschluss des Geschäftsjahres bilanziell festgestellte Vermögen den Betrag des Stammkapitals bzw. Grundkapitals zuzüglich der gesetzlichen und satzungsmäßigen/gesellschaftsvertraglichen Rücklagen übersteigt; mit anderen Worten: als das nicht durch die Pflicht zur Deckung der Stammkapitals bzw. Grundkapitals sowie zur Unterhaltung gesetzlicher oder satzungsmäßiger/gesellschaftsvertraglicher Rücklagen gebundene Vermögen.[29] Die sperrige Formulierung von Abs. 2 Nr. 1 lässt sich daher auf die schlichte Formel reduzieren, dass Ausschüttungen inkriminiert werden, die das Nettoaktivvermögen überschreiten.[30] Es handelt sich mithin um ein aufsichtsrechtliches Pendant zu den gesellschaftsrechtlichen Verbotstatbeständen gem. § 30 Abs. 1 S. 1 GmbHG und § 57 Abs. 1 S. 1 AktG.

Aufsichtsrechtlich bestehen anders als nach § 30 Abs. 1 S. 2 GmbHG und § 57 Abs. 1 **19** S. 2 AktG keine ausdrücklichen Verbotsfreistellungen für Leistungen, die bei Bestehen eines Beherrschungs- oder Gewinnabführungsvertrags (§ 291) erfolgen oder durch einen vollwertigen Gegenleistungs- oder Rückgewähranspruch gegen den Gesellschafter bzw. Aktionär gedeckt sind.[31] Allerdings besteht in diesen Fällen nach dem Schutzzweck der Norm keine Veranlassung für ein Eingreifen der aufsichtsrechtlichen Wohlverhaltenspflichten: Bei Bestehen eines Beherrschungs- und Gewinnabführungsvertrages deshalb nicht, weil die Zielgesellschaft durch die Schutzmechanismen des Konzernrechts (insb. §§ 300 bis 302 AktG) ausreichend geschützt wird, weshalb § 292 nach richtiger Ansicht dem Abschluss eines Beherrschungs- und Gewinnabführungsvertrags nach § 291 Abs. 1 S. 1 AktG nicht entgegen steht;[32] bei einem vollwertigen Gegenleistungs- oder Rückgewähranspruch deshalb nicht, weil das Vermögen der Zielgesellschaft bilanziell nicht geschmälert wird, da es sich um einen bloßen Aktivtausch handelt. Sofern man überhaupt annimmt, dass es sich bei derartigen Zahlungen um „Ausschüttungen" i.S.v. Abs. 3 Nr. 1 handelt, erscheint daher eine teleologische Reduktion der Wohlverhaltenspflichten geboten.

Nach Abs. 2 Nr. 2 beziehen sich die Wohlverhaltenspflichten der AIF-Kapitalverwal- **20** tungsgesellschaft ferner auf Ausschüttungen, deren Betrag den Betrag des Ergebnisses des letzten abgeschlossenen Geschäftsjahres, zuzüglich des Gewinnvortrags und der Entnahmen aus hierfür verfügbaren Rücklagen, jedoch vermindert um die Verluste aus früheren Geschäftsjahren sowie um die Beträge, die nach Gesetz oder Satzung in Rücklagen eingestellt worden sind, überschreiten würde. Hierbei handelt es sich um ein rechtsformunabhängiges aufsichtsrechtliches Pendant zu der gesellschaftsrechtlich nur für die Aktiengesellschaft maßgeblichen Regelung des § 57 Abs. 3 AktG.[33]

2. Kapitalherabsetzungen. Die Wohlverhaltenspflichten der AIF-Kapitalverwal- **21** tungsgesellschaft bestehen ferner bei Kapitalherabsetzungen. Hiervon bestehen gem. Abs. 3 Nr. 2 zwei für die Praxis bedeutende Ausnahmen, die an die Voraussetzungen für eine vereinfachte Kapitalherabsetzung gem. §§ 229 ff. AktG, §§ 58 GmbHG angelehnt sind: Die erste Ausnahme betrifft den Fall, dass der Zweck der Kapitalherabsetzung im Ausgleich von Verlusten besteht. Ein praktisches Bedürfnis für eine solche nominelle Kapi-

---

29 *Drygala* AG **2001** 291, 295 Fn. 43.
30 Zutreffend *van Kann/Redeker/Keiluweit* DStR **2013** 1483, 1487.
31 *Burgard/Heimann* WM **2014** 821, 830; *van Kann/Redeker/Keiluweit* DStR **2013** 1483, 1487 f.
32 Wie hier *Schröder/Rahn* GWR **2014** 49, 53; *Weitnauer* AG **2013** 672, 677.
33 *Burgard/Heimann* WM **2014** 821, 830; *van Kann/Redeker/Keiluweit* DStR **2013** 1483, 1487 f.

talherabsetzung, die häufig von einer effektiven Kapitalerhöhung flankiert wird (sog. „Kapitalschnitt"), besteht vor allem in Sanierungsfällen.[34] Die zweite Ausnahme betrifft den Fall, dass der Zweck der Kapitalherabsetzung in der Aufnahme von Geldern in eine nicht ausschüttbare Rücklage besteht, die Kapitalherabsetzung also eine Umbuchung von gezeichnetem Kapital in die Kapitalrücklage zur Versorge vor Verlusten[35] bedeutet. Voraussetzung ist, dass die Höhe einer solchen Rücklage nach dieser Maßnahme zehn Prozent des herabgesetzten gezeichneten Kapitals nicht überschreitet (vgl. auch § 231 AktG, § 58b Abs. 2 GmbHG).

22 **3. Rücknahme von Anteilen oder Ankauf eigener Anteile durch die Zielgesellschaft.** Schließlich treffen die Wohlverhaltenspflichten die AIF-Kapitalverwaltungsgesellschaft gem. Abs. 2 Nr. 3 bei der Rücknahme von Anteilen und beim Ankauf eigener Anteile durch die Zielgesellschaft, wenn dadurch das Nettoaktivvermögen unter die in Abs. 2 Nr. 1 genannte Schwelle (= Betrag des gezeichneten Kapitals zzgl. nicht ausschüttbarer Rücklagen abzgl. Betrag des noch nicht eingeforderten Teils des gezeichneten Kapitals, falls letzter nicht auf der Aktivseite der Bilanz ausgewiesen wird) absinkt.

23 Gem. Abs. 3 Nr. 3 richtet sich die Einschränkung gemäß Abs. 2 Nr. 3 nach Art. 20 Abs. 1 lit. b bis h der Richtlinie 77/91/EWG (sog. Kapitalrichtlinie). Die Formulierung des Gesetzes („richtet sich nach") ist sprachlich insofern missglückt, als sie nicht hinreichend deutlich macht, dass Abs. 3 Nr. 3 eine Ausnahmevorschrift enthält: Die Verweisung zielt nämlich auf einen Katalog von Ausnahmetatbeständen, bei deren Vorliegen die Mitgliedstaaten die Bestimmungen der Richtlinie über den Erwerb eigener Aktien nicht anzuwenden brauchen. Die Verweisung in Abs. 3 Nr. 3 auf diesen Katalog bringt zum Ausdruck, dass bei Vorliegen dieser Voraussetzungen die AIF-Kapitalverwaltungsgesellschaften im Zusammenhang mit dem Erwerb eigener Anteile keine besonderen Wohlverhaltenspflichten treffen. Die Kapitalrichtlinie wurde zwischenzeitlich neu gefasst;[36] die einschlägigen Ausnahmetatbestände finden sich in inhaltlich unveränderter Form nunmehr in Art. 22 Abs. 1 lit. b bis h der Richtlinie.[37]

---

34 *van Kann/Redeker/Keiluweit* DStR **2013** 1483, 1488; s. dazu eingehend *K. Schmidt* Gesellschaftsrecht, S. 898 sowie S. 907 (für die AG) und S. 1180 f. (für die GmbH).

35 Vgl. *Hüffer* AktG § 229 Rn. 9; Spindler/Stilz/*Marsch-Barner* AktG, § 229 Rn. 9; MüKoGmbHG/*Vetter* § 58b Rn. 17.

36 Richtlinie 2012/30/EU des Europäischen Parlaments und des Rates vom 25. Oktober 2012 zur Koordinierung der Schutzbestimmungen, die in den Mitgliedstaaten den Gesellschaften im Sinne des Artikels 54 Absatz 2 des Vertrages über die Arbeitsweise der Europäischen Union im Interesse der Gesellschafter sowie Dritter für die Gründung der Aktiengesellschaft sowie für die Erhaltung und Änderung ihres Kapitals vorgeschrieben sind, um diese Bestimmungen gleichwertig zu gestalten, ABl. L 315 vom 14.11.2012, S. 74.

37 Art. 22 Abs. 1 der Kapitalrichtlinie lautet:
Die Mitgliedstaaten brauchen Artikel 21 nicht anzuwenden
a) auf Aktien, die in Durchführung einer Entscheidung über eine Kapitalherabsetzung oder im Falle des Artikels 43 erworben werden;
b) auf Aktien, die durch eine Vermögensübertragung im Wege der Gesamtrechtsnachfolge erworben werden;
c) auf voll eingezahlte Aktien, die unentgeltlich oder die von Banken und anderen Finanzinstituten auf Grund einer Einkaufskommission erworben werden;
d) auf Aktien, die auf Grund einer gesetzlichen Verpflichtung oder einer gerichtlichen Entscheidung zum Schutz der Minderheitsaktionäre, insbesondere im Falle der Verschmelzung, der Änderung des Gegenstands oder der Rechtsform der Gesellschaft, der Verlegung des Sitzes der Gesellschaft ins Ausland oder der Einführung von Beschränkungen der Übertragbarkeit von Aktien erworben werden;
e) auf Aktien, die aus der Hand eines Aktionärs erworben werden, weil er seine Einlage nicht leistet;
f) auf Aktien, die erworben werden, um Minderheitsaktionäre verbundener Gesellschaften zu entschädigen;

II. Die Wohlverhaltenspflichten der AIF-Kapitalverwaltungsgesellschaft im Einzelnen

Abs. 1 Nr. 1 bis 3 untersagt – im weitesten Sinne – jede Mitwirkung der AIF-Kapitalverwaltungsgesellschaft an den von § 292 erfassten Maßnahmen. Sofern die AIF-Kapitalverwaltungsgesellschaft dazu befugt ist, in den „Versammlungen der Leitungsgremien" im Namen des AIF abzustimmen, bedeutet dies zunächst, dass jede Stimmabgabe für die Durchführung der erfassten Maßnahmen zu unterbleiben hat (Abs. 1 Nr. 2). Der Begriff der „Versammlungen der Leitungsgremien" ist in einem untechnischen und weiten Sinne zu verstehen (die englischsprachige Fassung von Art. 30 Abs. 1 lit. b AIFM-Richtlinie spricht von *governing bodies of the company*) und erfasst sämtliche Gremien, die über die jeweilige Maßnahme entscheiden und in denen die AIF-Kapitalverwaltungsgesellschaft vertreten ist. Welche Gremien dies im Einzelfall sind, richtet sich nach dem Gesellschaftsstatut der Zielgesellschaft. 24

Wären die Wohlverhaltenspflichten der AIF-Kapitalverwaltungsgesellschaft auf ein Stimmverbot beschränkt, würde der durch die Norm bezweckte Bestandsschutz weitgehend leerlaufen. Denn zum einen ist der AIF regelmäßig nicht unmittelbar an der Zielgesellschaft beteiligt, sondern mittelbar über eine Erwerbergesellschaft.[38] Zum anderen entstünden Lücken, wenn der AIF in seiner Eigenschaft als Gesellschafter lediglich in der Gesellschafterversammlung der Zielgesellschaft vertreten ist, nicht aber in den Leitungsorganen der Zielgesellschaft, die etwa über den von § 292 erfassten Ankauf eigener Anteile oder die Erteilung der Zustimmung hierzu entscheiden; vielen Rechtsordnungen – darunter dem deutschen Gesellschaftsrecht – ist eine Bestellung von juristischen Personen zu Mitgliedern der Geschäftsleitung anderer juristischer Personen gänzlich fremd.[39] In beiden Fällen greift Abs. 1 Nr. 2 nicht ein. 25

Aus diesen Gründen wird das Stimmverbot in Abs. 1 Nr. 1 ergänzt durch ein umfassendes Verbot, in sonstiger Weise an den erfassten Maßnahmen mitzuwirken: Die AIF-Kapitalverwaltungsgesellschaft darf diese weder gestatten noch ermöglichen, unterstützen oder anordnen. Daneben wird ihr gem. Abs. 1 Nr. 3 eine Bemühenspflicht auferlegt, die Maßnahmen aktiv zu verhindern. Die Bemühenspflicht ist strukturell den Bemühenspflichten der §§ 289 Abs. 4, 290 Abs. 3 und Abs. 4 S. 2 und 291 Abs. 1 und Abs. 3 vergleichbar. Sie hat zur Folge, dass sich die AIF-Kapitalverwaltungsgesellschaft bei Abstimmungen über die inkriminierten Maßnahmen nicht enthalten darf, sondern verpflichtet ist, auf ein Veto hinzuwirken.[40] Ist der AIF mittelbar über eine Erwerbergesellschaft an der Zielgesellschaft beteiligt, hat die AIF-Kapitalverwaltungsgesellschaft ihren Einfluss innerhalb der Erwerbergesellschaft dahingehend auszuüben, dass die Geschäftsführung der Erwerbergesellschaft nicht für die Durchführung der Maßnahmen stimmt.[41] 26

---

g) auf voll eingezahlte Aktien, die bei einer gerichtlichen Versteigerung zum Zwecke der Erfüllung einer Forderung der Gesellschaft gegen den Eigentümer dieser Aktien erworben werden und

h) auf voll eingezahlte Aktien, die von einer Investmentgesellschaft mit festem Kapital im Sinne von Artikel 17 Abs. 7 und von dieser oder einer mit ihr verbundenen Gesellschaft auf Wunsch der Anleger erworben werden. Artikel 17 Abs. 7 Unterabsatz 3 Buchstabe a ist anzuwenden. Dieser Erwerb darf nicht dazu führen, dass das Nettoaktivvermögen den Betrag des gezeichneten Kapitals zuzüglich der Rücklagen, deren Ausschüttung das Gesetz nicht gestattet, unterschreitet.

38 Zutreffend *Koch* WM **2014** 433, 437; *Weitnauer* AG **2013** 672, 676.
39 S. für einen rechtsvergleichenden Überblick *Fleischer* RIW **2004** 16, 17 ff.; s. ferner im Hinblick auf die SE auch *Brandes* NZG **2004** 642, 643.
40 *Koch* WM **2014** 433, 437; *Weitnauer* AG **2013** 672, 676.
41 *Weitnauer* AG **2013** 672, 676.

III. Dauer der Wohlverhaltenspflichten

27   Die in Abs. 1 statuierten Verbote gelten für die Dauer von 24 Monaten nach Erlangung der Kontrolle über die Zielgesellschaft durch den AIF. Die Frist beginnt also mit Erlangung der Kontrolle und damit in dem Zeitpunkt, in dem der AIF den für die Kontrollerlangung jeweils erforderlichen Stimmrechtsanteil (bei nicht börsennotierten Unternehmen: mehr als 50% der Stimmrechte der Zielgesellschaft; bei Emittenten: mindestens 30% der Stimmrechte der Zielgesellschaft, s. oben Rn. 11, 14) erreicht; maßgeblich ist insoweit der Zeitpunkt des vollständigen dinglichen Anteilsübergangs (s. § 289 Rn. 19). Die Berechnung der Frist richtet sich nach den §§ 187 Abs. 1, 188 Abs. 2, 193 BGB.

F. Rechtsfolgen bei Verstößen gegen das Zerschlagungsverbot

28   Das KAGB sieht keine speziellen Rechtsfolgen für den Fall vor, dass die AIF-Kapitalverwaltungsgesellschaft gegen die in § 292 statuierten Verbote verstößt. Insbesondere wird ein Verstoß gegen § 292 – anders als Verstöße gegen die diversen Informationspflichten der §§ 289 bis 291 – nicht als Ordnungswidrigkeit geahndet.

29   Allerdings kann die BaFin im Einzelfall von den Befugnissen Gebrauch machen, die ihr im Rahmen ihrer Verpflichtung zur Überwachung der Einhaltung der Gebote und Verbote des KAGB und im Rahmen der Missstandsaufsicht gem. § 5 Abs. 6 KAGB zugewiesen sind. Darunter fällt als *ultima ratio* auch die Aufhebung der Genehmigung zur Verwaltung eines AIF aufgrund nachhaltiger Verstöße gegen die Bestimmungen des KAGB gem. § 39 Abs. 3 Nr. 5.[42] Von einer „Nachhaltigkeit" der Verstöße kann jedoch nur dann ausgegangen werden, wenn diese „schwerwiegend" und „systematisch" i.S.v. Art. 11 lit. e AIFM-Richtlinie sind. Unter „systematischen" Verstößen sind fortgesetzte Verstöße zu verstehen;[43] ein einmaliger Verstoß gegen eines der in § 292 statuierten Verbote wird für eine Aufhebung der Erlaubnis daher nicht genügen. Bei der Erheblichkeit des Verstoßes handelt es sich um einen unbestimmten Rechtsbegriff, bei dem zweifelhaft ist, ob seine Ausfüllung durch die BaFin im Einzelfall der vollen gerichtlichen Überprüfbarkeit unterliegt oder ob der BaFin insofern ein Beurteilungsspielraum zukommt, der nur eingeschränkt gerichtlich überprüfbar ist.[44] Auch wenn man mit der Rechtsprechung und ganz herrschenden Meinung in der Literatur davon ausgeht, dass unbestimmte Rechtsbegriffe grundsätzlich gerichtlich voll überprüfbar sind,[45] könnte wegen der hohen Komplexität und der besonderen Dynamik des Investmentrechts ausnahmsweise eine eingeschränkte gerichtliche Kontrolle angezeigt sein. Ob die Rechtsprechung bei Verstößen gegen § 292 davon ausgehen wird, bleibt abzuwarten. Bei schwerwiegenden und systematischen Verstößen gegen § 292 ist das der BaFin nach dem Wortlaut von § 39 Abs. 3 zustehende Entschließungsermessen auf Null reduziert.[46]

30   Eine andere Frage ist, welche zivilrechtlichen Folgen ein Verstoß gegen § 292 hat. Zunächst ist zu betonen, dass § 292 sämtliche (rechtsformspezifischen) Normen des Gesellschaftsrechts unberührt lässt, welche die von § 292 erfassten Maßnahmen in irgend-

---

42   *Weitnauer* AG **2013** 672, 676; ähnlich *Viciano-Gofferje* BB **2013** 2506, 2510, der aber davon ausgeht, es handele sich um einen Fall fehlender Zuverlässigkeit der Geschäftsleiter der AIF-Kapitalverwaltungsgesellschaft (§ 39 Abs. 3 Nr. 3 i.V.m. § 23 Nr. 3).
43   Dornseifer/Jesch/Klebeck/Tollmann/*Boxberger* AIFM, Art. 30 Rn. 27.
44   Vgl. zum generellen Problem der gerichtlichen Überprüfung unbestimmter Rechtsbegriffe im öffentlichen Recht Eyermann/*Rennert* VwGO, § 114 Rn. 51; *Kopp/Schenke* VwGO, § 114 Rn. 23.
45   BVerfG 16.12.1992 NVwZ **1993** 666, 670; BVerwG 7.11.1985 BVerwGE **72** 195, 197; BVerfG 28.6.1983 BVerfGE **64** 261, 279; *Kopp/Schenke* VwGO, § 114 Rn. 24; *Schmidt-Aßmann/Groß* NVwZ **1993** 617, 622.
46   Dornseifer/Jesch/Klebeck/Tollmann/*Boxberger* AIFM, Art. 30 Rn. 27.

einer Form regulieren, und diese Bestimmungen weder verschärft noch (als *lex specialis*) verdrängt. Dies gilt nicht nur auf Tatbestands-, sondern auch auf Rechtsfolgenebene, sodass bei Verstößen gegen die einschlägigen gesellschaftsrechtlichen Bestimmungen die daran anknüpfenden Rechtsfolgen und Sanktionen völlig unabhängig davon eingreifen, ob zugleich ein Verstoß gegen § 292 gegeben ist oder nicht. Zugleich sind gesellschaftsrechtliche Konsequenzen undenkbar, wenn eine bestimmte Maßnahme gesellschaftsrechtlich zulässig ist und lediglich – auf der Ebene der AIF-Kapitalverwaltungsgesellschaft – gegen § 292 verstößt.

Es versteht sich daher von selbst, dass Maßnahmen auf der Ebene der Zielgesellschaft nicht allein deshalb gem. § 134 BGB nichtig sein können, weil an ihnen die AIF-Kapitalverwaltungsgesellschaft unter Verstoß gegen § 292 mitgewirkt hat.[47] Eine Nichtigkeit wegen Verstoßes gegen § 292 lässt sich auch nicht aus § 241 Nr. 3 AktG (bei der AG) herleiten. Was eine Schadensersatzhaftung der AIF-Kapitalverwaltungsgesellschaft bei Verstößen gegen das „Zerschlagungsverbot" betrifft, ist nach richtiger Ansicht zu differenzieren: § 292 ist (ebenso wenig wie etwa § 30 GmbHG)[48] kein Schutzgesetz zugunsten der Gläubiger i.S.v. § 823 Abs. 2 BGB.[49] Dagegen lässt sich die Eigenschaft von § 292 als Schutzgesetz zugunsten der Gesellschaft selbst, deren Bestand durch die Norm geschützt werden soll, grundsätzlich bejahen.[50]

31

---

47 Zutreffend *Weitnauer* AG **2013** 672, 676 f.
48 Baumbach/Hueck/*Fastrich* GmbHG, § 30 Rn. 1; MüKoGmbHG/*Ekkenga* § 30 Rn. 275.
49 *Weitnauer* AG **2013** 672, 676.
50 *Weitnauer* AG **2013** 672, 676; *Zetzsche* NZG **2012** 1164, 1169.

KAPITEL 4
Vorschriften für den Vertrieb und den Erwerb von Investmentvermögen

ABSCHNITT 1
Vorschriften für den Vertrieb und den Erwerb von Investmentvermögen

§ 293
Allgemeine Vorschriften

(1) Vertrieb ist das direkte oder indirekte Anbieten oder Platzieren von Anteilen oder Aktien eines Investmentvermögens. Als Vertrieb gilt nicht, wenn
1. Investmentvermögen nur namentlich benannt werden,
2. nur die Nettoinventarwerte und die an einem organisierten Markt ermittelten Kurse oder die Ausgabe- und Rücknahmepreise von Anteilen oder Aktien eines Investmentvermögens genannt oder veröffentlicht werden,
3. Verkaufsunterlagen eines Investmentvermögens mit mindestens einem Teilinvestmentvermögen, dessen Anteile oder Aktien im Geltungsbereich dieses Gesetzes an eine, mehrere oder alle Anlegergruppen im Sinne des § 1 Absatz 19 Nummer 31 bis 33 vertrieben werden dürfen, verwendet werden und diese Verkaufsunterlagen auch Informationen über weitere Teilinvestmentvermögen enthalten, die im Geltungsbereich dieses Gesetzes nicht oder nur an mehrere andere Anlegergruppen vertrieben werden dürfen, sofern in den Verkaufsunterlagen jeweils drucktechnisch herausgestellt an hervorgehobener Stelle darauf hingewiesen wird, dass die Anteile oder Aktien der weiteren Teilinvestmentvermögen im Geltungsbereich dieses Gesetzes nicht vertrieben werden dürfen oder, sofern sie an einzelne Anlegergruppen vertrieben werden dürfen, an welche Anlegergruppe im Sinne des § 1 Absatz 19 Nummer 31 bis 33 sie nicht vertrieben werden dürfen,
4. die Besteuerungsgrundlagen nach § 5 des Investmentsteuergesetzes genannt oder bekannt gemacht werden,
5. in einen Prospekt für Wertpapiere Mindestangaben nach § 7 des Wertpapierprospektgesetzes oder Zusatzangaben gemäß § 268 oder § 307 oder in einen Prospekt für Vermögensanlagen Mindestangaben nach § 8g des Verkaufsprospektgesetzes oder nach § 7 des Vermögensanlagengesetzes aufgenommen werden,
6. Verwaltungsgesellschaften nur ihre gesetzlichen Veröffentlichungspflichten im Bundesanzeiger oder ausschließlich ihre regelmäßigen Informationspflichten gegenüber dem bereits in das betreffende Investmentvermögen investierten Anleger nach diesem Gesetz oder nach dem Recht des Herkunftsstaates erfüllen,
7. ein EU-Master-OGAW ausschließlich Anteile an einen oder mehrere inländische OGAW-Feederfonds ausgibt

und darüber hinaus kein Vertrieb im Sinne des Satzes 1 stattfindet. Ein Vertrieb an semiprofessionelle und professionelle Anleger ist nur dann gegeben, wenn dieser auf Initiative der Verwaltungsgesellschaft oder in deren Auftrag erfolgt und sich an semiprofessionelle oder professionelle Anleger mit Wohnsitz oder Sitz im Inland oder einem anderen Mitgliedstaat der Europäischen Union oder Vertragsstaat des Abkommens über den Europäischen Wirtschaftsraum richtet. Die Bundesanstalt kann Richtlinien aufstellen, nach denen sie für den Regelfall beurteilt, wann ein Vertrieb im Sinne der Sätze 1 und 3 vorliegt.

(2) Enthalten die Vorschriften dieses Kapitels Regelungen für Investmentvermögen, gelten diese entsprechend auch für Teilinvestmentvermögen, es sei denn, aus den Vorschriften dieses Kapitels geht etwas anderes hervor.

Schrifttum

Bundesanstalt für Finanzdienstleistungsaufsicht, Häufige Fragen zum Vertrieb und Erwerb von Investmentvermögen nach dem KAGB (WA 41-Wp 2137-2013/0293) vom 4. Juli 2013 (*BaFin-FAQ „Vertrieb"*); *dies.* Rundschreiben 4/2010 (WA) – Mindestanforderungen an die Compliance-Funktion und die weiteren Verhaltens-, Organisations- und Transparenzpflichten nach §§ 31 ff. WpHG für Wertpapierdienstleistungsunternehmen (*MaComp*), Stand 7. Mai 2014; *Bußalb/Vogel* Das Gesetz über Vermögensanlagen – neue Regeln für geschlossenen Fonds, WM **2012** 1416; *Bußalb/Unzicker* Auswirkung der AIFM-Richtlinie auf geschlossene Fonds, BKR **2012** 309; *Ellenberger/Schäfer/Clouth/Lang* Praktikerhandbuch Wertpapier- und Derivategeschäft, 4. Aufl. 2011; *Emde/Dreibus* Der Regierungsentwurf für ein Kapitalanlagegesetzbuch, BKR **2013** 89; *Görke/Ruhl* Neuregelung der offenen Immobilienfonds nach dem Regierungsentwurf des Kapitalanlagegesetzbuches: Bestandsaufnahme und erste Bewertung, BKR **2013** 142; *Jäger* Das Gesetz über Vermögensanlagen und seine Folgen für den Finanzvertrieb, ZVertriebsR **2012** 223; *Jäger/Maas/Renz* Compliance bei geschlossenen Fonds – Ein Überblick, CCZ **2014** 63; *Klebeck* Neue Richtlinie für Verwalter alternativer Investmentfonds? DStR **2009** 2154, 2155; *Kugler/Lochmann* Ausgewählte Rechtsfragen zum öffentlichen Vertrieb von Hedgefonds in Deutschland, BKR **2006** 41; *Lehne* Die AIFM-Richtlinie aus Sicht des europäischen Gesetzgebers, DB **2010** 81; *Leuering* Die Neuordnung der gesetzlichen Prospekthaftung, NJW **2012** 1905; *Loff/Klebeck* Fundraising nach der AIFM-Richtlinie und Umsetzung in Deutschland durch das KAGB, BKR **2012** 353; *Müchler* Die neuen Kurzinformationsblätter – Haftungsrisiken im Rahmen der Anlageberatung, WM **2012** 974; *Müller* Wertpapierprospektgesetz, 2012; *Nickel* Der Vertrieb von Investmentanteilen nach dem Investmentgesetz, ZBB **2004** 197; *Roegele/Görke* Novelle des Investmentgesetz, BKR **2007** 393; *Steck* US-amerikanisches Wertpapieraufsichtsrecht und Internet, ZBB **2000** 112; *Voigt/Busse* Die Übergangsvorschriften für geschlossenen Fonds nach dem Regierungsentwurf zum AIFM-Umsetzungsgesetz, BKR **2013** 184; *Volhard/Jang* Der Vertrieb alternativer Investmentfonds, DB **2013** 273; *Wollenhaupt/Beck* Das neue Kapitalanlagegesetzbuch – Überblick über die Neuregelung des deutschen Investmentrechts nach der Umsetzung der AIFM-RL, DB **2013** 1950; *Zingel/Varadinek* Vertrieb von Vermögensanlagen nach dem Gesetz zur Novellierung des Finanzanlagenvermittler- und Vermögensanlagenrechts.

Systematische Übersicht

A. Regulierungshintergrund — 1
B. Allgemeine Definition des Vertriebs
  (Abs. 1 Satz 1)
  I. Regelungssystematik — 3
  II. Abgrenzungen — 4
  III. Keine Ausnahme für Privatplatzierungen — 9
  IV. Anbieten oder Platzieren — 12
C. Ausnahmen von der Vertriebsdefinition
  (Abs. 1 Satz 2)
  I. Einleitung — 20
  II. Nur namentliche Benennung (Nr. 1) — 21
  III. Nennung der Nettoinventarwerte, Börsenkurse oder Ausgabe-/Rücknahmepreis (Nr. 2) — 22
  IV. Investmentvermögen mit Teilinvestmentvermögen (Nr. 3) — 26
  V. Nennung von Besteuergrundlagen (Nr. 4) — 28
  VI. Angaben in einem Prospekt (Nr. 5) — 29
  VII. Gesetzliche Veröffentlichungspflichten (Nr. 6) — 30
  VIII. Ausgabe von Anteilen an einem Masterfonds an Feederfonds (Nr. 7) — 31
D. Vertrieb an semiprofessionelle und professionelle Anleger (Abs. 1 Satz 3) — 32
E. Richtlinien-Ermächtigung für die BaFin (Abs. 1 Satz 4) — 34
F. Anwendbarkeit auf Teilinvestmentvermögen (Abs. 2) — 35

A. Regulierungshintergrund

1 § 293 Abs. 1 Satz 1 definiert mit dem **Vertrieb** das zentrale Tatbestandsmerkmal des vierten Kapitels des Kapitalanlagegesetzbuches. Die Definition basiert nach der Gesetzesbegründung auf dem aufgehobenen § 2 Abs. 11 InvG, passe den Wortlaut allerdings an, um den neuen Begriffsbestimmungen in § 1 und der Vertriebsdefinition in Art. 4 Abs. 1 Buchstabe x AIFM-Richtlinie Rechnung zu tragen.[1] Dies klingt nach einer behutsamen Überleitung bekannter Bestimmungen in das Kapitalanlagegesetzbuch. Tatsächlich aber brechen die §§ 293 ff. mit wesentlichen Elementen der bisherigen Vertriebsregulierung von Investmentfonds. Dies betrifft sowohl die Regulierung des Vertriebs von offenen Investmentvermögen als auch die Regulierung des Vertriebs von geschlossenen Investmentvermögen.

2 Vor allem wird in § 293 Abs. 1 Satz die Unterscheidung zwischen einem regulierten **öffentlichen Vertrieb** und der regulierungsfreien **Privatplatzierung** aufgegeben. Richtig wäre in der Gesetzesbegründung daher die Aussage gewesen, dass § 293 gänzlich neu bestimmt, wann Aktien oder Anteile an einem Investmentvermögen im Sinne des Gesetzes vertrieben werden. Die neue Vertriebsdefinition ist dabei nicht nur deutlich weiter als die bisherige in § 2 Abs. 11 InvG, sie geht auch über die Definition in Art. 4 Abs. 1 Buchstabe x AIFM-Richtlinie hinaus.

B. Allgemeine Definition des Vertriebs (Abs. 1 Satz 1)

I. Regelungssystematik

3 Der Tatbestandsmerkmal „Vertrieb" wird in den folgenden Vorschriften unabhängig davon verwandt, ob der Vertrieb eines inländischen OGAW, eines EU-OGAW, eines inländischen AIF, eines EU-AIF oder eines ausländischen AIF reguliert wird. Eingeschränkt wird der Begriff durch § 293 Abs. 1 Satz 3 allerdings für den Erwerb von Anteilen oder Aktien an einem Investmentvermögen durch **semiprofessionelle und professionelle Anleger**. Bei diesen Anlegergruppen liegt ein Vertrieb nur vor, wenn die Ansprache auf Initiative oder im Auftrag der Verwaltungsgesellschaft erfolgt (dazu unten Rn. 33 f.).

II. Abgrenzungen

4 **Vertrieb** im Sinne von § 293 Abs. 1 Satz 1 ist das direkte oder indirekte **Anbieten** oder **Platzieren** von Anteilen oder Aktien eines Investmentvermögens. Die beiden Tatbestandsalternativen tragen den unterschiedlichen Gestaltungsmöglichkeiten von Investmentvermögen Rechnung. Während der Zugang zu Sondervermögen im Sinne von § 1 Abs. 10 und zu einer Investmentkommanditgesellschaft im Sinne von § 1 Abs. 11 regelmäßig durch eine Vereinbarung mit dem Anleger erfolgt, werden Aktien einer Investmentaktiengesellschaft im Sinne von § 1 Abs. 11 am Kapitalmarkt handelbar gemacht.[2]

5 Eine **Aktivität muss produktbezogen** sein, um unter den Vertriebsbegriff zu fallen. Kommunikationen, die sich lediglich auf eine Verwaltungsgesellschaft beziehen, wie etwa eine Imagebroschüre, fallen nicht unter den Tatbestand, solange sie keinen Bezug zu einem bestimmten OGAW oder AIF enthalten.[3] Dies entspricht der in den Ausnahmebestim-

---

1 RegBegr BTDrucks. 17/12294, S. 277.
2 Siehe auch Dornseifer/Jesch/Klebeck/Tollmann/*Tollmann* Art. 4 Rn. 183.
3 So im Ergebnis bereits zu § 1 Abs. 11 Satz 1 InvG Emde/Dornseifer/Dreibus/Hölscher/*Verführt*/*Emde* § 2 Rn. 160; **a. A.** Berger/Steck/Lübbehüsen/*Köndgen* § 2 InvG Rn. 68.

mungen von § 293 Abs. 1 Satz 2 zum Ausdruck kommenden Wertung. Wenn dort etwa die bloße namentliche Nennung eines Investmentvermögens nicht als Vertrieb gilt, weil die Anleger insoweit nicht schutzbedürftig sind (siehe hierzu Rn. 21), muss dies umso mehr gelten, wenn eine Verwaltungsgesellschaft lediglich auf sich selbst aufmerksam macht.[4]

Ein Angebot oder eine Platzierung kann denknotwendig nur dann produktbezogen sein, wenn ein Produkt überhaupt existiert. Damit eine Ansprache einen Bezug zu einem existierenden Investmentvermögen aufweisen kann, ist grundsätzlich notwendig, dass die Anlagebedingungen keine Lücken mehr aufweisen, das Investmentvermögen also angebotsreif ist.[5] Solange etwa im Fall eines Spezial-AIF noch mit den Anlageinteressenten über die Angebotsbedingungen verhandelt wird, liegt kein produktbezogenes Angebot vor. Allerdings ist zu beachten, dass die BaFin nicht zwingend die Angebotsreife voraus setzt, um einen Bezug zu einem Investmentvermögen zu bejahen. Der Bezug kann auch dadurch hergestellt werden, dass Investmentvermögen bereits „unter einem bestimmten Namen firmieren".[6] 6

Die Definition des Vertriebs in § 293 Abs. 1 Satz 1 ist weiter als jene in Art. 4 Abs. 1 Buchstabe x AIFM-Richtlinie, die nur den Vertrieb erfasst, der auf **Initiative** oder im **Auftrag** einer Verwaltungsgesellschaft erfolgt. Diese Beschränkung der Definition in der AIFM-Richtlinie wird in § 293 Abs. 1 Satz 3 allein in Bezug auf semiprofessionelle und professionelle Anleger umgesetzt. Dies ist insoweit europarechtskonform, als die AIFM-Richtlinie harmonisierte Vorschriften nur für den Vertrieb an professionelle Anleger aufstellt.[7] Nach Art. 43 Abs. 1 Unterabsatz 2 Satz 1 AIFM-Richtlinie können die Mitgliedstaaten den Vertrieb an Kleinanleger (= Privatanleger in der Terminologie des Kapitalanlagegesetzbuches) strengeren Bestimmungen unterwerfen. 7

Durch die weite Definition in § 293 Abs. 1 Satz 1 werden etwa Angebote erfasst, die ein Anlageberater **unabhängig von der Initiative oder dem Auftrag einer Verwaltungsgesellschaft** abgibt.[8] Es kommt auch nicht darauf an, ob der angesprochene Anleger bereits Anteile oder Aktien des angebotenen Investmentvermögens hält.[9] Das Wort „Vertrieb" beinhaltet allerdings eine auf den Absatz gerichtete Aktivität, die **bloße Umsetzung eines Kundenauftrages** erfüllt den Tatbestand nicht.[10] Aus der Regelung in § 293 Abs. 1 Satz 3 kann also nicht etwa im Umkehrschuss gefolgert werden, dass von der allgemeinen Vertriebsdefinition in § 293 Abs. 1 Satz 1 auch Fälle erfasst sind, bei denen ein Anleger von sich aus ein Unternehmen anspricht, um Anteile oder Aktien an einem bestimmten Investmentvermögen zu erwerben und das Unternehmen sich auf die Ausführung dieses Auftrages beschränkt.[11] 8

III. Keine Ausnahme für Privatplatzierungen

Die Definition des Vertriebs in § 293 Abs. 1 ist weiter als jene im aufgehobenen § 2 Abs. 11 InvG, auf der sie nach der Regierungsbegründung beruht.[12] In § 2 Abs. 11 Satz 1 InvG war der Anwendungsbereich auf das **öffentliche** Anbieten oder Werben oder ähnliche Vertriebsweisen beschränkt. Nicht öffentlich im Sinne der Vorschrift war die sogenannte 9

---

4 Emde/Dornseifer/Dreibus/Hölscher/*Verführt/Emde* § 2 Rn. 160.
5 Ziff. 1.1 BaFin-FAQ „Vertrieb"; *Wollenhaupt/Beck* DB **2013** 1950, 1957.
6 Ziff. 1.1 a.E. BaFin-FAQ „Vertrieb".
7 *Volhard/Jang* DB **2013** 273; *Lehne* DB **2010** 81, 82; *Klebeck* DStR **2009** 2154, 2155.
8 Vgl. Ziff. 1.1. BaFin-FAQ „Vertrieb".
9 Ziffer 1.4 BaFin-FAQ „Vertrieb".
10 Ziff. 1.1 BaFin-FAQ „Vertrieb".
11 Offen gelassen von Dornseifer/Jesch/Klebeck/Tollmann/*Tollmann* Art. 4 Rn. 191.
12 RegBegr., BTDrucks. 17/12294, S. 277.

Privatplatzierung, bei der ein eingeschränkter Personenkreis angesprochen wird.[13] Vorschriften, die auf den *öffentlichen* Vertrieb abstellten, galten daher für Privatplatzierungen nicht. Dies betraf den gesamten Vertrieb von EU-Investmentanteilen und von ausländischen Investmentanteilen. § 130 Abs. 1 InvG legte für EU-Investmentanteile fest, dass die Vertriebsvorschriften des Investmentgesetzes (nur) für den *öffentlichen* Vertrieb der Anteile gelten. § 135 Abs. 1 InvG regelte dies genauso für ausländische Investmentanteile.

10 Auch der **Vertrieb von geschlossenen Fonds** (= geschlossene AIF im Sinne von § 1 Abs. 3 und 5) war bis zum Inkrafttreten des AIFM-Umsetzungsgesetzes im Rahmen einer Privatplatzierung und damit ohne die Einhaltung spezifischer aufsichtsrechtlicher Anforderungen möglich. Gemäß § 1 Abs. 2 Nr. 1 bis 3 VermAnlG a.F. waren geschlossene Fonds Vermögensanlagen, die nach § 1 Abs. 1 VermAnlG a.F. nur im Fall des *öffentlichen* Anbietens unter die gesetzlichen Voraussetzungen für den Vertrieb fielen.

11 Mit der Vertriebsdefinition in § 293 Abs. 1 Satz 1 hat der Gesetzgeber sich entschieden – insoweit vollständig im Einklang mit den Zielen der AIFM-Richtlinie –,[14] den **regulierungsfreien Bereich der Privatplatzierung aufzugeben**. Auch eine Privatplatzierung unterfällt sämtlichen Vorgaben der §§ 293 ff.[15] Lediglich für eine Übergangszeit sind Privatplatzierungen noch genehmigungsfrei möglich (siehe §§ 345 Abs. 6 bis 9, 351 Abs. 5, 353 Abs. 6 Satz 2).[16] Danach gilt ohne Ausnahme, dass durch eine Privatplatzierung die Anwendung der Vertriebsvorschriften nicht ausgeschlossen wird. Dies galt unter der alten Rechtslage zwar schon für den Vertrieb von inländischen Investmentanteilen. Dort stellte das Investmentgesetz – mit Ausnahme der Regelung über den Vertrieb von Hedgefonds[17] – nicht auf den *öffentlichen* Vertrieb ab (vgl. § 121 InvG).[18] Allerdings regelte das Investmentgesetz den Vertrieb von inländischen Investmentanteilen auch nur sehr eingeschränkt, im Wesentlichen unterlag deren Vertrieb aufsichtsrechtlich allein den Vorschriften des Wertpapierhandelsgesetzes und der Finanzanlagenvermittlungsverordnung. Nunmehr gelten zusätzlich die Vertriebsvorschriften der §§ 297 ff.

IV. Anbieten oder Platzieren

12 Angesichts des Verzichts auf das Kriterium „öffentlich" ist die Bestimmung des Tatbestandmerkmals „**Anbieten**" in § 293 Abs. 1 Satz 1 entscheidend, um die von den Vertriebsvorschriften erfassten Sachverhalte zu bestimmen. Der Begriff ist weit zu verstehen. Unter Anbieten ist entsprechend der Auslegung von § 2 Abs. 11 InvG jede Tätigkeit zu fassen, die Anlegern die Möglichkeit zum Erwerb von Anteilen oder Aktien bietet oder sie auf eine solche Möglichkeit aufmerksam macht.[19] Ein Angebot im zivilrechtlichen Angebot ist nicht notwendig, ausreichend ist eine Aufforderung zur Abgabe eines Angebots (invitatio ad offerendum).[20]

---

[13] Siehe zu dieser Abgrenzung etwa *Kugler/Lochmann* BKR **2006** 41.
[14] Siehe hierzu Dornseifer/Jesch/Klebeck/Tollmann/*Tollmann* Art. 4 Rn. 179.
[15] *Emde/Dreibus* BKR **2013** 89, 97; *Görke/Ruhl* BKR **2013** 142, 148; *Wollenhaupt/Beck* DB **2013** 1950, 1957.
[16] *Emde/Dreibus* BKR **2013** 89, 97.
[17] Der *öffentliche* Vertrieb von Hedgefonds (Sondervermögen mit zusätzlichen Risiken nach § 112 InvG) war gemäß § 101 InvG der verboten. Hedgefonds konnten also ausschließlich in Form einer Privatplatzierung vertrieben werden.
[18] Emde/Dornseifer/Dreibus/Hölscher/*Verführt/Emde* § 2 Rn. 152.
[19] Zur Auslegung des Begriffs „Anbieten" im Investmentgesetz siehe etwa Emde/Dornseifer/Dreibus/Hölscher/*Verführt/Emde* § 2 Rn. 157.
[20] So bereits die allgemeine Ansicht bei der Auslegung des Begriffs im Auslandinvestmentgesetz und im Investmentgesetz Brinkhaus/Scherer/*Pfüller/Schmitt* § 1 AuslInvestmG und Emde/Dornseifer/Dreibus/Hölscher/*Verführt/Emde* § 2 Rn. 157.

13 Zweifeln lässt sich, ob ein Angebot voraus setzt, dass mit der Ansprache eine **konkrete Erwerbmöglichkeit** verbunden ist. So ist wohl das allgemeine Verständnis über die Auslegung des Begriffs „Angebot" in § 2 Nr. 4 WpPG.[21] Für ein Angebot müssten danach die wesentlichen Vertragsbestandteile konkretisiert und veröffentlicht sein und die invitatio ad offerendum des Anbieters müsste *auf diese Bezug nehmen*, so dass der Anleger eine vollständige Angebotserklärung im Sinne von § 145 BGB abgeben kann, die der Anbieter mit einer schlichten Zustimmung annehmen kann.[22]

14 Bei einem solchen Verständnis des Tatbestandmerkmals „Angebot" in § 293 Abs. 1 Satz 1 würden bloße **Werbemaßnahmen** für ein Investmentvermögen wohl in der Regel kein Angebot darstellen. Freilich lässt sich die Auslegung von § 2 Nr. 4 WpPG schlicht nicht auf die Auslegung von § 293 Abs. 1 Satz 1 übertragen. Der Wortlaut von § 2 Nr. 4 WpPG ist eingeschränkter. Dort wird eine Mitteilung verlangt, „*die ausreichend Informationen über die Angebotsbedingungen und die anzubietenden Wertpapiere enthält, um einen Anleger in die Lage zu versetzten, über den Kauf oder die Zeichnung dieser Wertpapiere zu entscheiden*".

15 Gegen ein weites Verständnis von einem Angebot im Sinne von § 293 Abs. 1 Satz 1 spricht auf den ersten Blick allerdings, dass in den Gesetzesentwürfen eine umfassendere Definition des Vertriebes vorgesehen war, die im Laufe Gesetzgebungsverfahren aufgegeben wurde. Nach dem Regierungsentwurf sollte der Vertrieb von Anteilen oder Aktien an einem Investmentvermögen nicht nur vorliegen, wenn sie angeboten oder platziert werden, sondern auch, wenn für sie geworben wird. Das zusätzliche **Tatbestandmerkmal „Werbung"** fehlt in der verabschiedeten Fassung von § 293 Abs. 1 Satz 1, die Formulierung ist insoweit an Art. 4 Abs. 1 Buchstabe x AIFM-Richtlinie angepasst worden. Unter den Begriff „Werbung" im Sinne des aufgehobenen § 2 Abs. 11 InvG wurden in der Vergangenheit gerade Fälle erfasst, bei denen mit der Ansprache von Anlegern keine konkrete Erwerbsmöglichkeit verbunden war.[23] Freilich kam es nach der alten Rechtslage auf eine trennscharfe Abgrenzung zwischen Werbung auf der einen Seite und einem Angebot auf der anderen Seite gar nicht an, da es für die Annahme eines Vertriebs reichte, wenn eine der beiden Tatbestandalternativen erfüllt war.[24] Zumindest teilweise wurden Werbemaßnahmen im Rahmen von § 2 Abs. 11 InvG jedenfalls auch als Angebote angesehen.[25] Auch nach der alten Rechtslage wurde der Begriff des „Angebots" also nicht durchgehend eng ausgelegt. Hiervon ging auch der Gesetzgeber bei der Schaffung von § 293 aus, er sah das zusätzliche Tatbestandsmerkmal „Werbung" als „im Wesentlichen redundant" an und hat es aus diesem Grund gestrichen.[26] Die Gesetzgebungsgeschichte spricht daher trotz der Streichung des Tatbestandmerkmals „Werbung" sehr deutlich für die weite Auslegung des Tatbestandsmerkmals „Angebot" in 293 Abs. 1 Satz 1.

16 Für ein **weites Verständnis des Tatbestandsmerkmals „Angebot"** sprechen auch die Ausnahmebestimmungen in § 293 Abs. 1 Satz 2. So bedürfte es der Ausnahme in § 293 Abs. 1 Satz 2 Nr. 1, wonach die bloße Nennung des Namens eines Investmentvermögens keinen Vertrieb darstellt, gar nicht, wenn ein Angebot ohnehin nur vorliegt, wenn mit

---

21 Vgl. etwa *Schnorbus* AG **2008** 389, 392 f.; Schwark/Zimmer/*Heidelbach* § 2 WpPG Rn. 16; *Müller* WpPG, § 2 Rn. 6; *Groß* § 2 WpPG Rn. 10 f. Siehe auch die RegBegr. zum Prospektrichtlinie-Umsetzungsgesetz, BTDrucks. 15/4999, S. 25, 28.
22 Vgl. Schwark/Zimmer/*Heidelbach* § 2 WpPG Rn. 16.
23 Vgl. Emde/Dornseifer/Dreibus/Hölscher/*Verführt*/*Emde* § 2 Rn. 159; Beckmann/Scholtz/Vollmer/*Schmies* § 124 Rn. 16 ff.; Berger/Steck/Lübbehüsen/*Ewers* § 124 InvG Rn. 4.
24 Siehe Beckmann/Scholtz/Vollmer/*Beckmann* § 2 InvG Rn. 290 („Die Begriffe gehen zum Teil ineinander über"); Emde/Dornseifer/Dreibus/Hölscher/*Verführt*/*Emde* § 2 Rn. 161 („Auf eine trennscharfe Unterscheidung zwischen den Begriffen kommt es in der Praxis letztendlich nicht an").
25 Vgl. Emde/Dornseifer/Dreibus/Hölscher/*Verführt*/*Emde* § 2 Rn. 157.
26 Bericht des Finanzausschusses, BTDrucks. 17/13395, S. 408.

der Ansprache eine konkrete Erwerbsmöglichkeit verbunden ist. Mit der Nennung des Namens eines Investmentvermögens, ohne jeden Bezug zu weiterführenden Information, ist eine solche in keinem Fall verbunden. Gleiches gilt für die Nennung von Besteuerungsgrundlagen, die nach § 293 Abs. 1 Satz 2 Nr. 4 von der Vertriebsdefinition ausgenommen sind, für die Ausnahme für Prospektangaben (§ 293 Abs. 1 Satz 2 Nr. 5) und für gesetzliche Veröffentlichungspflichten (§ 293 Abs. 1 Satz 2 Nr. 6). Hinzu kommt, dass auch der Begriff „Vertrieb" in Art. 4 Abs. 1 Buchstabe x AiFM-Richtlinie weit auszulegen ist. Hierfür spricht bereits der umfassende Regulierungsansatz der Richtlinie.[27] Deutlich wird das weite Verständnis zudem auch in Art. 1 Abs. 5 Buchstabe b AIFM-Verordnung,[28] wonach es ein Kriterium für die Bestimmung des Referenzmitgliedstaats für die Aufsicht über einen ausländischen AIF ist, wo Werbemaßnahmen stattfinden.[29]

17 Ein Angebot im Sinne von § 293 Abs. 1 Satz 2 kann demnach vorliegen bei Verkaufs- und Beratungsgesprächen, Kundenanschreiben, Postwurfsendungen, Zeitungsanzeigen, Werbebannern, Darstellungen auf einer Internetseite oder in sozialen Netzwerken.[30] Da bereits das **indirekte** Anbieten den Tatbestand erfüllt, sind auch Fälle erfasst, bei denen Dritten Unterlagen zur Verfügung gestellt werden, die diese zur Kundenansprache nutzen. Sofern eine Verwaltungsgesellschaft **Vertriebspartnern** vor der eigentlichen Aufnahme des Vertriebes Produktinformationen zur Verfügung stellt, muss sie daher Vorkehrungen treffen, um eine **Weitergabe an potentielle Anleger** zu verhindern. Andernfalls kann sie ungewollt vorzeitig der Tatbestand von § 293 Abs. 1 Satz 1 erfüllen.

18 Das Angebot im Sinne von § 293 Abs. 1 Satz 1 muss nicht aus dem Inland erfolgen. Ausreichend ist, dass (auch) **inländische Anleger** angesprochen werden. Auf die Sprache, in der die Ansprache erfolgt kommt es nicht an.[31] Ein **Vertrieb im Internet** kann regelmäßig auch inländische Anleger ansprechen und zwar selbst dann, wenn die Internetseite des Anbieters fremdsprachig ist und die Abrechnung in einer ausländischen Währung erfolgt.[32] Anders ist dies zur beurteilen, wenn die Ansprache mit einem eindeutigen Sperrhinweis versehen wird[33] und der Anbieter Kaufangebote von Anlegern, die erkennbar aus Deutschland kommen, auch tatsächlich nicht annimmt. Anhaltspunkte dafür, wann die BaFin bei Angeboten im Internet einen Vertrieb im Inland annimmt, lassen sich nach wie vor aus einer Richtlinie des Bundesaufsichtsamtes für das Kreditwesen (BaKred) gewinnen.[34]

19 Das Tatbestandsmerkmal **Platzieren** entspricht der Formulierung in Art. 4 Abs. 1 Abs. 1 Buchstabe x AIFM-Richtlinie. Platzieren meint nach der Auslegung der BaFin von § 1 Abs. 1a Satz 2 Nr. 1c KWG (Platzierungsgeschäft): „Die Unterbringung (den Verkauf) von Finanzinstrumenten im Kapitalmarkt oder an einen begrenzten Kreis von Personen oder (institutionellen) Investoren im Rahmen einer Emission."[35]

---

[27] Loff/Klebeck BKR **2012** 353, 354.
[28] Commission Implementing Regulation (EU) 448/2013 of 15 May 2013 establishing a procedure for determining the Member State of reference of a non-EU AIFM pursuant to Directive 2011/61/EU of the European Parliament and of the Council.
[29] Siehe auch bereits Loff/Klebeck BKR **2012** 353, 354.
[30] Vgl. bereits Brinkhaus/Scherer/Pfüller/Schmitt § 1 AuslInvestmentG Rn. 7.
[31] Vgl. Berger/Steck/Lübbehüsen/Köndgen § 2 Rn. 71 InvG.
[32] Dornseifer/Jesch/Klebeck/Tollmann/Tollmann Art. 4 Rn. 186.
[33] Hierzu eingehend Steck ZBB **2000** 115 ff.
[34] Richtlinie „Öffentlicher Vertrieb ausländischer Investmentanteile über das Internet" vom 2. Juni 1998", verfügbar etwa über www.beck-online.de. Siehe hierzu auch Emde/Dornseifer/Dreibus/Hölscher/Verführt/Emde § 1 Rn. 32.
[35] BaFin-Merkblatt „Hinweise zum Tatbestand des Platzierungsgeschäfts", Stand Juli 2013, Ziffer 1.

C. Ausnahmen von der Vertriebsdefinition (Abs. 1 Satz 2)

I. Einleitung

In § 293 Abs. 1 Satz 2 werden Ausnahmen von der Vertriebsdefinition festgelegt. Die Ausnahmen orientieren sich an jenen im aufgehobenen § 2 Abs. 11 Satz 2 InvG. Sie gelten gemäß § 293 Abs. 1 Satz 2 a. E. nur, wenn darüber hinaus kein Vertrieb im Sinne von § 293 Abs. 1 Satz 1 stattfindet.

II. Nur namentliche Benennung (Nr. 1)

Als Vertrieb gilt gemäß § 293 Abs. 1 Satz 2 Nr. 1 nicht, wenn ein Investmentvermögen **nur namentlich benannt** wird. Dies entspricht der alten Regelung in § 2 Abs. 11 Satz 2 Nr. 2 InvG. Zwar kann auch die bloße Nennung des Namens eines Investmentvermögens die Aufmerksamkeit von Anlegern wecken. Allerdings sah der Gesetzgeber des Investmentgesetzes darin noch **keine Gefahren für Erwerbinteressenten**, die spezifische Schutzvorschriften erfordern würden.[36] Die Ausnahmevorschrift erfasst nach ihrem eindeutigen Wortlaut („*nur* namentlich benannt") lediglich Sachverhalte, in denen neben der Namensnennung überhaupt **keine weiteren Angaben** über das Investmentvermögen gemacht werden.

III. Nennung der Nettoinventarwerte, Börsenkurse oder Ausgabe-/Rücknahmepreis (Nr. 2)

Kein Vertrieb von Investmentanteilen ist nach Nr. 2 die bloße **Nennung von Nettoinventarwerten** oder der **Ausgabe- und Rücknahmepreise** oder der **Kurse**, die an einem organisierten Markt i.S.v. § 1 Abs. 19 Nr. 29 ermittelt wurden. Die Regelung lehnt sich an § 2 Abs. 11 Satz 2 Nr. 3 InvG an. Hinter ihr steht die gleiche Überlegung wie hinter der Ausnahme in Nr. 1. Diese Angaben wecken das Interesse des Anlegers noch nicht in einer Art und Weise, die spezifische Schutzvorschriften erfordern würden.[37] Auch hier gilt, dass neben der Nennung der Nettoinventarwerte, Börsenkurse oder Ausgabe-/Rücknahmepreise **keine weiteren Angaben** gemacht werden dürfen.

Der **Nettoinventarwert** wird bei einem inländischen OGAW gemäß § 212 von der Verwahrstelle oder von der Verwaltungsgesellschaft ermittelt. Er ergibt sich nach § 168 Abs. 1 Satz 1 aus der Teilung des Wertes des offenen Publikumsvermögens durch die Zahl der in Verkehr gelangten Anteile oder Aktien. Bei einem geschlossenen inländischen Publikums-AIF bestimmt § 271 i.V.m. § 168 das Verfahren zur Bewertung. Der Nettoinventarwert ist nach § 272 Abs. 2 gemäß den Regeln in Art. 67 bis 73 der AIFM-Verordnung zu bestimmen.[38]

Ausgabe- und Rücknahmepreis von Anteilen oder Aktien eines inländischen OGAW bestimmen sich gemäß § 71 Abs. 2 Satz 1 nach dem Nettoinventarwert zuzüglich eines in den Anlagebedingungen festzusetzenden Aufschlags gemäß § 165 Abs. 2 Nr. 8.[39]

Ein **organisierter Markt** im Sinne des Kapitalanlagegesetzbuches ist gemäß § 1 Abs. 19 Nr. 29 ein Markt, der anerkannt und für das Publikum offen ist und dessen Funk-

---

[36] BTDrucks. 16/5576, S. 56 f. Siehe hierzu auch Emde/Dornseifer/Dreibus/Hölscher/*Verführt*/*Emde* § 2 Rn. 171.
[37] BTDrucks. 16/5576, S. 57.
[38] Siehe hierzu § 272.
[39] Siehe hierzu § 165.

tionsweise ordnungsgemäß ist. Diese Definition ist deutlich weiter als jene in § 2 Abs. 5 WpHG, die lediglich die öffentlich-rechtlichen Börsen erfasst. Von § 1 Abs. 19 Nr. 29 werden insbesondere auch rein privatrechtlich organisierte Fondbörsen für AIF erfasst. Dies entspricht dem Ziel des Gesetzgebers, die Besonderheiten beim Handel mit geschlossenen Fonds zu erfassen.[40] Anerkannt, für das Publikum offen und mit ordnungsgemäßer Funktionsweise ist ein Markt jedenfalls dann, wenn er als multilaterales Handelssystem im Sinne von §§ 1 Abs. 1a Satz 2 Nr. 1b KWG, 2 Abs. 3 Satz 1 Nr. 8 WpHG zugelassen ist.

IV. Investmentvermögen mit Teilinvestmentvermögen (Nr. 3)

26 Die Ausnahme in § 293 Abs. 1 Satz 2 Nr. 3 bezieht sich auf die in § 96 geregelten Fonds in einer **Umbrella-Konstruktion**. Nach der Definition in § 96 Abs. 2 Satz 1 handelt es sich dabei um mehrere Sondervermögen im Sinne von § 1 Abs. 10, die sich hinsichtlich der Anlagepolitik oder eines anderen Ausstattungsmerkmals unterscheiden (= Teilsondervermögen) und die zu einem Sondermögen zusammengefasst werden. Vermögens- und haftungsrechtlich sind die Teilsondermögen voneinander getrennt (§ 96 Abs. 1 Satz 1). Im Rahmen der Ausnahmeregelung in Nr. 3 gilt dieses Verständnis nicht nur für inländische, sondern auch für **EU-OGAW in einer Umbrella-Konstruktion**.

27 Durch die Ausnahme wird verhindert, dass der **Vertrieb einzelner Teilfonds** im Inland gleichzeitig als Vertrieb aller anderen Teilfonds anzusehen ist, selbst wenn einheitliche Verkaufsunterlagen für alle Teilfonds eingesetzt werden. Ohne die Ausnahme müssten die Anlegerschutzvorschriften der §§ 293 ff. auch für Teilfonds eingehalten werden, die Anleger gar nicht erwerben können. Ein solcher Schutz wäre sinnlos. Dies hatte der europäische Ausschuss der Wertpapieraufsichtsbehörden CESR bereits 2006 klargestellt.[41] Mit dem Investmentänderungsgesetz wurde dieses Verständnis in nationales Recht überführt. In § 131 Abs. 3 InvG wurde für richtlinienkonforme Umbrella-Fonds und in § 137 Abs. 1 Nr. 5 InvG für sonstige ausländische Umbrella-Fonds festgelegt, dass nicht vertriebene Teilfonds von der Anzeigepflicht ausgenommen sind.[42] Eine entsprechende Regelung findet sich nunmehr in § 309 Abs. 3 Satz 2.[43] Voraussetzung für den Wegfall der Anzeigepflicht ist danach, dass in den Unterlagen für den oder die vertriebenen Teilfonds **drucktechnisch hervorgehoben** an zentraler Stelle darauf hingewiesen wird, dass für das weitere oder die weiteren Teilinvestmentvermögen keine Anzeige erstattet wurde und die Anteile oder Aktien in Deutschland nicht vertrieben werden dürfen. Die Ausnahme in § 293 Abs. 1 Satz 2 Nr. 3 stellt klar, dass damit auch kein Vertrieb der Teilfonds vorliegt.[44]

V. Nennung von Besteuerungsgrundlagen (Nr. 4)

28 Die Nennung und Bekanntmachung von **Besteuerungsgrundlagen** nach § 5 des Investmentsteuergesetzes ist gemäß der § 293 Abs. 1 Satz 2 Nr. 4 kein Vertrieb. Dies dient der Vermeidung von Wertungswidersprüchen. § 5 Investmentsteuergesetz schreibt die Veröffentlichung der Besteuerungsgrundlagen vor.[45] Der Gesetzgeber wollte die bloße Erfüllung von gesetzlichen Vorgaben nicht mit weiteren gesetzlichen Pflichten belegen.

---

40 RegBegr., BTDrucks. 17/12294, S. 277.
41 Committee of European Securities Regulators (CESR), Guidelines to simplify the notice procedure, CESR/06-120b (www.esma.europa.eu).
42 Emde/Dornseifer/Dreibus/Hölscher/*Verführt*/*Emde* § 2 Rn. 173.
43 Siehe hierzu § 309.
44 Siehe auch bereits Emde/Dornseifer/Dreibus/Hölscher/*Verführt*/*Emde* § 2 Rn. 173.
45 BTDrucks. 16/5576, S. 57; Emde/Dornseifer/Dreibus/Hölscher/*Verführt*/*Emde* § 2 Rn. 174.

VI. Angaben in einem Prospekt (Nr. 5)

Nach § 293 Abs. 1 Satz 2 Nr. 5 liegt kein Vertrieb vor, wenn in einem **Prospekt** die 29 **Mindestangaben** nach § 7 WpPG, die **Zusatzangaben** nach § 268 oder § 307 oder die **Mindestangaben** nach § 8g VerkProspG oder § 7 VermAnlG aufgenommen werden. Auch hier wollte der Gesetzgeber mit der Ausnahme einen Wertungswiderspruch vermeiden, indem er festlegt, dass die Erfüllung gesetzlicher Verpflichtungen nicht neue gesetzliche Verpflichtungen nach sich zieht. Ein Beispiel für die Bedeutung dieser Ausnahme sind **Angaben über einen Basiswert**, die in einem Prospekt über ein strukturiertes Wertpapier gemäß § 7 WpPG i.V.m. der EU-Prospektverordnung[46] notwendig sind. Es wäre widersinnig, wenn allein durch diese Angaben die Vertriebsvorschriften des Kapitalanlagegesetzbuches einzuhalten wären.

VII. Gesetzliche Veröffentlichungspflichten (Nr. 6)

Nach § 293 Abs. 1 Satz 2 Nr. 6 ist es kein Vertrieb, wenn eine Verwaltungsgesellschaft 30 ihre gesetzlichen **Veröffentlichungspflichten im Bundesanzeiger** oder ihre **regelmäßigen Informationspflichten** gegenüber den bereits investierten Anlegern erfüllt.

VIII. Ausgabe von Anteilen an einem Masterfonds an Feederfonds (Nr. 7)

Bis auf die sprachliche Anpassung („EU-Master-OGAW" statt „ausländischer Master- 31 fonds") an die Systematik des Kapitalanlagegesetzbuches entspricht die Ausnahmebestimmung in § 293 Abs. 1 Satz 2 Nr. 7 dem aufgehobenen § 2 Abs. 11 Satz 2 Nr. 8 InvG. Die Regelung setzt Art. 58 Abs. 4 Buchstabe b OGAW-Richtlinie um. Der Begriff „**Masterfonds**" ist in § 1 Abs. 19 Nr. 12, der Begriff „**Feederfonds**" in § 1 Abs. 19 Nr. 11 definiert. Die Ausnahme greift – entsprechend der Regelung in Art. 58 Abs. 4 Buchstabe b OGAW-Richtlinie („nicht an das Publikum") – nur, wenn die Erwerber der Anteile ausschließlich Feederfonds sind.

D. Vertrieb an semiprofessionelle und professionelle Anleger (Abs. 1 Satz 3)

Unter dem Regime des Investmentgesetzes war die **Ansprache von bestimmten insti-** 32 **tutionellen Anlegern** von sämtlichen Vorschriften ausgenommen, die auf einen öffentlichen Vertrieb abstellten. Dies betraf gemäß § 2 Abs. 1 Satz 2 Nr. 1 InvG die Ansprache von Kreditinstituten, Finanzdienstleistungsinstituten, privaten und öffentlich-rechtlichen Versicherungsunternehmen, Kapitalanlagegesellschaften, Investmentaktiengesellschaften und deren Verwaltungsgesellschaften, Pensionsfonds und deren Verwaltungsgesellschaften. Eine solche allgemeine Ausnahme für den Vertrieb an institutionelle Anleger sieht die AIFM-Richtlinie nicht vor. Sie soll gerade auch den Vertrieb von AIF an institutionelle Anleger wie Hedgefonds regeln.[47]

Der Richtliniengeber hat allerdings eine bewusste Entscheidung gefällt, den sog. 33 **passiven Vertrieb** von der Regulierung auszunehmen. Dies war eine der wesentlichen

---

[46] Verordnung (EG) Nr. 809/2004 der Kommission vom 29. April 2004 zur Umsetzung der Richtlinie 2013/71/EG des Europäischen Parlaments und des Rates betreffend die in Prospekten enthaltenen Informationen sowie das Format, die Aufnahme mittels Verweis und die Veröffentlichung solcher Prospekte und die Verbreitung von Werbung.
[47] Dornseifer/Jesch/Klebeck/Tollmann/*Tollmann* Art. 4 Rn. 179.

Abweichungen vom ursprünglichen Vorschlag der Kommission.[48] Der deutsche Gesetzgeber hat die Einschränkung in § 293 Abs. 1 Satz 3 nahezu wortgetreu umgesetzt und festgelegt, dass ein Vertrieb an semiprofessionelle und professionelle Anleger nur gegeben ist, wenn dieser auf **Initiative oder im Auftrag der Verwaltungsgesellschaft** erfolgt. Nicht erfasst sind damit Vertriebsinitiativen, die nicht von Verwaltungsgesellschaft ausgehen. Allerdings dürfte die Grenzziehung bei denkbaren Einzelfällen – gedacht sei an die Konstellation einer Weiterveräußerung durch einen Ersterwerber – mit einigen Unsicherheiten verbunden sein. Eine Verwaltungsgesellschaft bietet Anteile oder Aktien an einem Investmentvermögen aber jedenfalls dann nicht an, wenn sie nur auf eine konkrete Anfragen eines semiprofessionellen oder professionellen Anlegers reagiert.[49] Dies gilt auch dann, wenn sie zuvor gegenüber diesen Anlegern die Auflegung eines entsprechenden Investmentvermögens in Aussicht gestellt hat. Allerdings greift die Ausnahme in diesem Fall nur solange, wie die Verwaltungsgesellschaften nach der Angebotsreife der Anteile oder Aktien auf Nachfragen bei den potentiellen Investoren verzichtet.

E. Richtlinien-Ermächtigung für die BaFin (Abs. 1 Satz 4)

34 Die BaFin wird in § 293 Abs. 1 Satz 4 ausdrücklich ermächtigt, Richtlinien aufzustellen, nach denen sie regelmäßig festlegt, wann ein Vertrieb im Sinne der allgemeinen Vertriebsdefinition und gemäß den speziellen Vorgaben für semiprofessionelle und professionelle Anleger vorliegt. Die BaFin hat sich am 4. Juli 2013 erstmals mit einem Schreiben über „Häufige Fragen zum Vertrieb und Erwerb von Investmentvermögen nach dem KAGB" zu ihrer Auslegung des Begriffs in § 293 geäußert. Darin hat sich angekündigt, dieses Schreiben fortlaufend zu aktualisieren.

F. Anwendbarkeit auf Teilinvestmentvermögen (Abs. 2)

35 § 293 Abs. 2 stellt klar, dass die Vertriebsvorschriften auch für Teilinvestmentvermögen gelten, soweit in einzelnen Vorschriften nicht ausdrücklich etwas anderes festgestellt ist. Dies war bereits ohne ausdrückliche Regelung im Rahmen des Investmentgesetzes allgemeines Verständnis.[49]

§ 294
Auf den Vertrieb und den Erwerb von OGAW anwendbare Vorschriften

(1) Auf den Vertrieb und den Erwerb von Anteilen oder Aktien an inländischen OGAW oder an zum Vertrieb berechtigten EU-OGAW im Geltungsbereich dieses Gesetzes sind die Vorschriften des Unterabschnitts 2 dieses Abschnitts, soweit sie auf Anteile oder Aktien an inländischen OGAW oder EU-OGAW Anwendung finden, anzuwenden. Zudem sind auf EU-OGAW die Vorschriften des Abschnitts 2 Unterabschnitt 1 und auf inländische OGAW die Vorschriften des Abschnitts 2 Unterabschnitt 2 anzuwenden. Der Vertrieb von EU-OGAW im Inland ist nur zulässig, wenn die Voraussetzungen des § 310 gegeben sind.

---

48 Siehe hierzu Dornseifer/Jesch/Klebeck/Tollmann/*Tollmann* Art. 4 Rn. 180.
49 Siehe zur Subsumtion unter die allgemeine Angebotsdefinition Rn. 8.
49 Vgl. etwa Emde/Dornseifer/Dreibus/Hölscher/*Schott* § 34 Rn. 28.

(2) Die Bundesanstalt veröffentlicht auf ihrer Internetseite gemäß Artikel 30 der Richtlinie 2010/44/EU die Anforderungen, die beim Vertrieb von Anteilen oder Aktien an EU-OGAW im Geltungsbereich dieses Gesetzes zu beachten sind.

Schrifttum

Siehe bei § 293.

A. Regulierungshintergrund

Die Formulierung in § 294 Abs. 1 Satz 1 über die **anwendbaren Vorschriften für den Vertrieb von OGAW-Fonds** ist an den Wortlaut des aufgehobenen § 130 InvG angelehnt, wurde aber an die Begriffsbestimmungen in § 1 angepasst. Zudem galt § 130 InvG nur für EU-OGAW, während § 294 auch inländische OGAW erfasst. Diese Erweiterung dient dem Gleichlauf mit den Vorschriften für AIF. Demselben Zweck dienen die aufgenommenen Regelungen über den Erwerb von Anteilen und Aktien, über die Berechtigung zum Vertrieb eines EU-OGAW und zur Zulässigkeit des Vertriebs von EU-OGAW.[1] 1

Die Regelung steht nicht in Widerspruch zu Art. 97 Abs. 3 S. 1 OGAW IV-Richtlinie, 2
der das Prinzip der Kontrolle durch den Herkunftsmitgliedstaat festlegt. Ein Aufnahmemitgliedstaat kann nach Erwägungsgrund 64 OGAW IV-Richtlinie Vermarktungs- und Vertriebsaktivitäten sowie Werbung innerstaatlichem Recht unterwerfen, solange EU-OGAW dabei nicht diskriminiert werden.[2]

B. Lotsenfunktion

§ 294 übernimmt – so wie § 295 für AIF – eine **Lotsenfunktion** für die auf OGAW 3
anwendbaren Vorschriften der Vertriebsregulierung.[3] Danach regeln folgende Vorschriften den Vertrieb von inländischen OGAW und EU-OGAW:

Abschnitt 1 – Vorschriften für den Vertrieb und den Erwerb von Investmentvermögen

Unterabschnitt 1 – Allgemeine Vorschriften für den Vertrieb und den Erwerb von Investmentvermögen
- **§ 296** Abs. 1 Satz 1 Nr. 2 = Vereinbarung mit Drittstaaten zum Vertrieb von inländischen OGAW

Unterabschnitt 2 – Vorschriften für den Vertrieb und den Erwerb von AIF in Bezug auf Privatanleger und für den Vertrieb und den Erwerb von OGAW
- **§ 297 Abs. 1** = Zurverfügungstellung von wesentlichen Anlegerinformationen, Verkaufsprospekt und Jahres-/Halbjahresbericht, **Abs. 3** = dem Verkaufsprospekt beizufügende Unterlagen, **Abs. 4** = Hinweis auf Haftungsfreistellung der Verwahrstelle gemäß § 77 Abs. 4, **Abs. 5** = Form der Informationen, **Abs. 6** = Informationen für Anleger eines Feederfonds, **Abs. 8** = Ausnahmen für einen Erwerb im Rahmen der Finanzportfolioverwaltung und Sonderregelungen für den Erwerb im Rahmen eines Investmentsparplans, **Abs. 9** = Kaufabrechnung mit Hinweis auf Ausgabeaufschlag, Rücknahmeabschlag und Widerrufsrecht nach § 305; **Abs. 10** = Informationen über Anlagegrenzen des Risikomanagements, Risikomanagementmethoden und jüngste Entwicklungen bei Risiken und Renditen
- **§ 298** = Veröffentlichungspflichten und laufende Informationspflichten für EU-OGAW
- **§ 301** = Veröffentlichung der wesentlichen Anlegerinformationen und eines Hinweises auf eine Haftungsfreistellung der Verwahrstelle gemäß § 77 Abs. 4

---

1 RegBegr. BTDrucks. 17/12294, S. 278.
2 Emde/Dornseifer/Dreibus/Hölscher/*Baum* § 130 Rn. 1.
3 *Emde/Dreibus* BKR **2013** 89, 97.

- § 302 Abs. 1 bis 5 und 7 = Anforderungen an Werbung und Untersagung von Werbung durch die BaFin
- § 303 = Maßgebliche Sprachfassung
- § 304 = Zulässigkeit von Kostenvorausbelastungen
- § 305 Abs. 1 bis 6 = Widerrufsrecht
- § 306 = Prospekthaftung und Haftung für wesentliche Anlegerinformationen

Abschnitt 2 – Vertriebsanzeige und Vertriebsuntersagung für OGAW

Unterabschnitt 1 – Anzeigeverfahren beim Vertrieb von EU-OGAW im Inland
- § 309 = Pflichten beim Vertrieb von EU-OGAW
- § 310 = Anzeige zum Vertrieb von EU-OGAW
- § 311 = Untersagung und Einstellung des Vertriebs von EU-OGAW

Unterabschnitt 2 – Anzeigeverfahren für den Vertrieb von inländischen OGAW in anderen Mitgliedstaaten der Europäischen Union oder in Vertragsstaaten des Abkommens über den Europäischen Wirtschaftraum
- § 312 = Anzeige zum Vertrieb von inländischen OGAW in einem anderen EU-Mitgliedstaat oder EWR-Vertragsstaat
- § 313 = Veröffentlichungspflichten beim Vertrieb in einem anderen EU-Mitgliedstaat oder EWR-Vertragsstaat

4   § 294 Abs. 1 Satz 3 bestimmt, dass der Vertrieb von EU-OGAW im Inland nur zulässig ist, wenn das Anzeigeverfahren nach § 310 erfolgreich durchlaufen wurde.

C. BaFin-Veröffentlichung

5   § 294 Abs. 2 setzt Art. 30 OGAW-DRL um, wonach die **Aufsichtsbehörden** der Mitgliedstaaten verpflichtet sein sollen, auf ihrer **Internetseite die Anforderungen zu veröffentlichen**, die beim Vertrieb von EU-OGAW in ihrem Hoheitsgebiet zu beachten sind. Diese Information dient nach Erwägungsgrund 65 OGAW IV-Richtlinie der Verbesserung der **Rechtssicherheit**. Ein OGAW, der seine Anteile grenzüberschreitend vertreiben will, soll einen einfachen Zugang zu den hierbei zu beachtenden Anforderungen in einer Sprache haben, die an den internationalen Finanzmärkten gebräuchlich ist. Die BaFin hat mit dem Inkrafttreten des Kapitalanlagegesetzbuches am 22. Juli 2013 ein neues „**Merkblatt zum Vertrieb von EU-OGAW** in der Bundesrepublik Deutschland gemäß § 310 Kapitalanlagegesetzbuch (KAGB)" auf ihrer Internetseite veröffentlicht. Das Merkblatt gibt es in einer deutschen und in einer englischen Fassung. Im Merkblatt wird erläutert, welche einzelnen Angaben im Anzeigeverfahren notwendig sind und welche Anforderungen der OGAW beim Vertrieb erfüllen muss.

§ 295
Auf den Vertrieb und den Erwerb von AIF anwendbare Vorschriften

(1) Der Vertrieb von Anteilen oder Aktien an inländischen Publikums-AIF an Privatanleger, semiprofessionelle und professionelle Anleger im Geltungsbereich dieses Gesetzes ist nur zulässig, wenn die Voraussetzungen des § 316 erfüllt sind. Der Vertrieb von Anteilen oder Aktien an EU-AIF und ausländischen AIF an Privatanleger im Geltungsbereich dieses Gesetzes ist nur zulässig, wenn die Voraussetzungen der §§ 317 bis 320 erfüllt sind. Die Verwaltungsgesellschaften, die AIF verwalten, die die Voraussetzungen für den Vertrieb an Privatanleger nicht erfüllen,

müssen wirksame Vorkehrungen treffen, die verhindern, dass Anteile oder Aktien an den AIF an Privatanleger im Geltungsbereich dieses Gesetzes vertrieben werden; dies gilt auch, wenn unabhängige Unternehmen eingeschaltet werden, die für den AIF Wertpapierdienstleistungen erbringen.

(2) Der Vertrieb von Anteilen oder Aktien an inländischen Spezial-AIF, EU-AIF und ausländischen AIF an professionelle Anleger ist im Inland nur zulässig
1. bis zu dem in dem auf Grundlage des Artikels 66 Absatz 3 in Verbindung mit Artikel 67 Absatz 6 der Richtlinie 2011/61/EU erlassenen delegierten Rechtsakt der Europäischen Kommission genannten Zeitpunkt nach den Voraussetzungen des §§ 321, 323, 329, 330 oder 330a;
2. ab dem Zeitpunkt, auf den in Nummer 1 verwiesen wird, nach den Voraussetzungen der §§ 321 bis 328 oder § 330a.

(3) Der Vertrieb von Anteilen oder Aktien an inländischen Spezial-AIF, EU-AIF und ausländischen AIF an semiprofessionelle Anleger im Inland ist nur zulässig
1. bis zu dem in dem auf Grundlage des Artikels 66 Absatz 3 in Verbindung mit Artikel 67 Absatz 6 der Richtlinie 2011/61/EU erlassenen delegierten Rechtsakt der Europäischen Kommission genannten Zeitpunkt
    a) nach den für den Vertrieb an semiprofessionelle Anleger genannten Voraussetzungen des §§ 321, 323, 329, 330 oder 330a oder
    b) nach den Voraussetzungen der §§ 317 bis 320;
2. ab dem Zeitpunkt, auf den in Nummer 1 verwiesen wird,
    a) nach den für den Vertrieb an semiprofessionelle Anleger genannten Voraussetzungen der §§ 321 bis 328 oder 330a oder
    b) nach den Voraussetzungen der §§ 317 bis 320.

(4) Werden im Geltungsbereich dieses Gesetzes Anteile oder Aktien an inländischen Publikums-AIF, an zum Vertrieb an Privatanleger berechtigten EU-AIF oder an zum Vertrieb an Privatanleger berechtigten ausländischen AIF an Privatanleger vertrieben oder von diesen erworben, so gelten die Vorschriften des Unterabschnitts 2 dieses Abschnitts, soweit sie sich auf den Vertrieb oder den Erwerb von inländischen Publikums-AIF, EU-AIF oder ausländischen AIF beziehen;

(5) Werden im Geltungsbereich dieses Gesetzes Anteile oder Aktien an
1. inländischen AIF,
2. von einer AIF-Kapitalverwaltungsgesellschaft oder ab dem Zeitpunkt, auf den in Absatz 2 Nummer 1 verwiesen wird, von einer ausländischen AIF-Verwaltungsgesellschaft, die eine Erlaubnis nach § 58 erhalten hat, verwalteten EU-AIF,
3. zum Vertrieb an professionelle Anleger berechtigten EU-AIF, die von einer EU-AIF-Verwaltungsgesellschaft oder ab dem Zeitpunkt, auf den in Absatz 2 Nummer 1 verwiesen wird, von einer ausländischen AIF-Verwaltungsgesellschaft, deren Referenzmitgliedstaat nicht die Bundesrepublik Deutschland ist, verwaltet werden oder
4. zum Vertrieb an professionelle Anleger berechtigten ausländischen AIF

an semiprofessionelle oder professionelle Anleger vertrieben oder durch diese erworben, gelten die Vorschriften des Unterabschnitts 3 dieses Abschnitts.

(6) Beabsichtigt eine AIF-Kapitalverwaltungsgesellschaft, Anteile oder Aktien an von ihr verwalteten inländischen AIF, an EU-AIF oder, ab dem Zeitpunkt, auf den in Absatz 2 Nummer 1 verwiesen wird, an ausländischen AIF an professionelle Anleger in einem anderen Mitgliedstaat der Europäischen Union oder in einem anderen Vertragsstaat des Abkommens über den Europäischen Wirtschaftsraum zu vertreiben, gelten § 331 und ab dem Zeitpunkt, auf den in Absatz 2 Nummer 1

verwiesen wird, § 332. Die AIF Kapitalverwaltungsgesellschaft stellt den am Erwerb eines Anteils oder einer Aktie Interessierten in den anderen Mitgliedstaaten der Europäischen Union und Vertragsstaaten des Abkommens über den Europäischen Wirtschaftsraum für jeden von ihr verwalteten inländischen AIF oder EU-AIF und für jeden von ihr vertriebenen AIF vor Vertragsschluss

1. die in § 307 Absatz 1 genannten Informationen einschließlich aller wesentlichen Änderungen dieser Informationen unter Berücksichtigung von § 307 Absatz 4 in der in den Anlagebedingungen, der Satzung oder dem Gesellschaftsvertrag des AIF festgelegten Art und Weise zur Verfügung und
2. unterrichtet die am Erwerb eines Anteils oder einer Aktie Interessierten nach § 307 Absatz 2 in Verbindung mit § 297 Absatz 4.

Zudem informiert die AIF-Kapitalverwaltungsgesellschaft die Anleger nach § 308 Absatz 1 bis 4, auch in Verbindung mit § 300 Absatz 1 bis 3, und über Änderungen der Informationen nach § 307 Absatz 2 in Verbindung mit § 297 Absatz 4.

(7) Beabsichtigt eine ausländische AIF-Verwaltungsgesellschaft ab dem Zeitpunkt, auf den in Absatz 2 Nummer 1 verwiesen wird, Anteile oder Aktien an von ihr verwalteten inländischen AIF, an EU-AIF oder an ausländischen AIF an professionelle Anleger in einem anderen Mitgliedstaat der Europäischen Union oder in einem anderen Vertragsstaat des Abkommens über den Europäischen Wirtschaftsraum zu vertreiben, gelten die §§ 333 und 334. Absatz 6 Satz 2 gilt entsprechend.

(8) Das Wertpapierprospektgesetz und die Richtlinie 2003/71/EG bleiben unberührt. An die Stelle des Verkaufsprospekts in diesem Kapitel treten die in einem Wertpapierprospekt enthaltenen Angaben nach § 269, wenn

1. der AIF gemäß § 268 Absatz 1 Satz 3 oder § 318 Absatz 3 Satz 2 auf Grund seiner Pflicht zur Erstellung eines Prospekts nach dem Wertpapierprospektgesetz oder der Richtlinie 2003/71/EG und der Aufnahme aller gemäß § 269 erforderlichen Angaben in diesen Prospekt von der Pflicht zur Erstellung eines Verkaufsprospekts befreit ist und
2. aus den Vorschriften dieses Kapitels nichts anderes hervorgeht.

Schrifttum

Siehe bei § 293.

Systematische Übersicht

A. Regulierungshintergrund —— 1
B. Pflichten beim Vertrieb an Privatanleger (Abs. 1 Satz 1 und 2 und Abs. 4) —— 5
C. Pflichten beim Vertrieb an professionelle und semi-professionelle Anleger (Abs. 2, 3 und 5) —— 8
D. Verhinderung des Vertriebs an Privatanleger (Abs. 1 Satz 3) —— 11
E. Verhältnis zu den Prospektpflichten (Abs. 8) —— 12

A. Regulierungshintergrund

1 Die umfangreiche Regulierung des Vertriebs von AIF in den §§ 297 ff. war nur zum Teil zur **Umsetzung der AIFM-Richtlinie** notwendig. Die Richtlinie regelt den Vertrieb nur eingeschränkt, indem sie einen europäischen Pass für den Vertrieb durch AIF-Verwaltungsgesellschaften einführt.[1] Auf die Übernahme dieser Vorgabe hätte sich also auch der deutsche Gesetzgeber beschränken können. Er hat sich jedoch anders entschie-

---

1 *Volhard/Jang* DB **2013** 273.

den und den Vertrieb von AIF unabhängig davon reguliert, ob ein grenzüberschreitender Sachverhalt vorliegt oder nicht.

Reguliert wurde mit den §§ 293 ff. auch der **Vertrieb an Privatanleger**, der von der AIFM-Richtlinie gar nicht behandelt wird.[2] Er wird dort allein in Form einer Negativabgrenzung angesprochen, indem in Art. 43 AIFM-Richtlinie festgelegt wird, dass die Mitgliedstaaten ihn strengeren Auflagen unterwerfen können. 2

Der deutsche Gesetzgeber hat aus Art. 43 AIFM-Richtlinie die Schlussfolgerung gezogen, dass die AIFM-Richtlinie **allgemeine Mindeststandards** für den Vertrieb von AIF festlege.[3] Auf diesen aufbauend hat er dann strengere Regeln für den Vertrieb an Privatanleger festgelegt. 3

§ 295 übernimmt – so wie § 294 für OGAW – eine **Lotsenfunktion** für die auf AIF anwendbaren Vorschriften der Vertriebsregulierung.[4] 4

B. Pflichten beim Vertrieb an Privatanleger (Abs. 1 Satz 1 und 2 und Abs. 4)

In § 295 Abs. 1 Satz 1 wird festgelegt, dass der Vertrieb von **Publikums-AIF** nur zulässig ist, wenn die AIF-Kapitalverwaltungsgesellschaft ihre **Anzeigepflicht** nach § 316 erfüllt hat. Der Begriff des Publikums-AIF wird in § 1 Abs. 6 Satz 2 in Abgrenzung zum Begriff des Spezial-AIF definiert. Alle AIF, die kein Spezial-AIF sind, sind Publikums-AIF. Ein Publikums-AIF ist damit jeder AIF, der (auch) von Privatanlegern erworben werden kann.[5] 5

Nach § 295 Abs. 1 Satz 2 muss die Verwaltungsgesellschaft die **Anzeigepflicht** gemäß § 316 unabhängig davon erfüllt haben, ob der Publikums-AIF an Privatanleger, semiprofessionelle Anleger oder professionelle Anleger vertrieben werden soll. Die Regelung trägt nach der Gesetzesbegründung zur Umsetzung der Bestimmungen in Art. 31 Abs. 6, Art. 32 Abs. 9, Art. 35 Abs. 17, Art. 39 Abs. 11, Art. 40 Abs. 17 und Art. 43 Abs. 1 Unterabsatz 1 AIFM-Richtlinie und Art. 31 Abs. 6, 32 Abs. 9, 35 Abs. 17, 39 Abs. 11, 40 Abs. 17, 43 Abs. 1 Unterabsatz 2 AIFM-Richtlinie bei, indem klar gestellt werde, dass nur AIF in Deutschland vertrieben werden dürfen, die das Anzeigeverfahren nach § 316 (für inländische AIF) durchlaufen haben bzw. die Voraussetzungen von §§ 317 ff. (für ausländische AIF) erfüllen.[6] 6

§ 295 Abs. 4 legt fest, dass inländische Publikums-AIF, EU-AIF und ausländische AIF nur an Privatanleger vertrieben und von diesen erworben werden können, wenn folgende Vorschriften eingehalten werden: 7

Abschnitt 1 – Vorschriften für den Vertrieb und den Erwerb von Investmentvermögen

Unterabschnitt 2 – Vorschriften für den Vertrieb und den Erwerb von AIF in Bezug auf Privatanleger und für den Vertrieb und den Erwerb von OGAW
- **§ 297 Abs. 2** = Information über Nettoinventarwert oder Marktpreis, Zurverfügungstellung von wesentlichen Anlegerinformationen, Verkaufsprospekt und Jahres-/Halbjahresbericht, **Abs. 3** = Ergänzung des Verkaufsprospekts um Anlagebedingungen, Satzung, Gesellschaftsvertrag und Treuhandvertrag, **Abs. 4** = Hinweis auf Haftungsbeschränkung der Verwahrstelle gemäß § 88 Abs. 4, **Abs. 5** = Form der Informationen, **Abs. 6** = Informationen für Anleger eines Feederfonds, **Abs. 7** = Besondere Anforderungen für EU-AIF oder ausländische AIF, deren Analagepolitik Anforderungen unterliegt,

---

[2] *Volhard/Jang* DB **2013** 273; siehe auch *Lehne* DB **2010** 81, 82; *Klebeck* DStR **2009** 2154, 2155; *Kramer/Recknagel* DB **2011** 2077, 2083.
[3] Vgl. RegBegr. 17/12294, S. 192; gegen diese Schlussfolgerung *Volhard/Jang* DB **2013** 273.
[4] *Emde/Dreibus* BKR **2013** 89, 97.
[5] Siehe hierzu § 1.
[6] RegBegr., BTDrucks. 17/12294, S. 278.

die mit Hedgefonds vergleichbar sind; **Abs. 8** = Ausnahmen von den Pflichten nach § 294 für den Erwerb im Rahmen der Finanzportfolioverwaltung und Sonderregelungen für den Erwerb im Rahmen eines Investmentsparplans, **Abs. 9** = Kaufabrechnung mit Hinweis auf Ausgabeaufschlag, Rücknahmeabschlag und Widerrufsrecht nach § 305, **Abs. 10** = Informationen über Anlagegrenzen des Risikomanagements, Risikomanagementmethoden und jüngste Entwicklungen bei Risiken und Renditen auf Verlangen eines Anlegers

- § 299 = Veröffentlichungspflichten und laufende Informationspflichten für EU-AIF und ausländische AIF)
- § 300 = Information über illiquide Vermögenswerte, über neue Regelungen zum Liquiditätsmanagement, über das aktuelle Risikoprofil und über Umfang und Höhe des Leverage)
- § 301 = Veröffentlichung der wesentliche Anlegerinformationen und eines Hinweises auf eine Haftungsfreistellung der Verwahrstelle gemäß § 88 Abs. 4
- § 302 = Anforderungen an Werbung, Untersagung von Werbung durch die BaFin
- § 303 = Maßgebliche Sprachfassung
- § 304 = Regelung zur Kostenvorausbelastung
- § 305 = Widerrufsrecht
- § 306 = Prospekthaftung und Haftung für wesentliche Anlegerinformationen

Abschnitt 3 – Anzeige, Einstellung und Untersagung des Vertriebs von AIF

- § 314 = Untersagung des Vertriebs
- § 315 = Einstellung des Vertriebs

Unterabschnitt 1 – Anzeigeverfahren für den Vertrieb von Publikums-AIF, von EU-AIF oder von ausländischen AIF an Privatanleger im Inland

- § 316 = Anzeigepflicht einer AIF-Kapitalverwaltungsgesellschaft beim beabsichtigten Vertrieb von inländischen Publikums-AIF im Inland
- § 317 = Zulässigkeit des Vertriebs von EU-AIF oder von ausländischen AIF an Privatanleger
- § 318 = Verkaufsprospekt und wesentliche Anlegerinformationen beim Vertrieb von EU-AIF oder von ausländischen AIF an Privatanleger
- § 319 = Vertretung der Gesellschaft, Gerichtsstand beim Vertrieb von EU-AIF oder von ausländischen AIF an Privatanleger
- § 320 = Anzeigepflicht beim beabsichtigten Vertrieb von EU-AIF oder von ausländischen AIF an Privatanleger im Inland

C. Pflichten beim Vertrieb an semiprofessionelle und professionelle Anleger (Abs. 2, 3 und 5) und beim Vertrieb im EU-Ausland (Abs. 6 und 7)

8 Durch § 295 Abs. 2, 3 und 5, 6 und 7 wird festgelegt, welche Bestimmungen für den Vertrieb von Anteilen oder Aktien an inländischen Spezial-AIF, EU-AIF und ausländischen AIF an professionelle oder semi-professionelle Anleger gelten und welche Bestimmungen beim Vertrieb im anderen EU-Mitgliedstaaten oder EWR-Vertragsstaaten zu beachten sind. Im Einzelnen sind dies:

Abschnitt 1 – Vorschriften für den Vertrieb und den Erwerb von Investmentvermögen

Unterabschnitt 3 – Vorschriften für den Vertrieb und den Erwerb von AIF in Bezug auf semi-professionelle und professionelle Anleger

- § 307 = Informationspflichten und Haftung
- § 308 = Sonstige Informationspflichten

Abschnitt 3 – Anzeige, Einstellung und Untersagung des Vertriebs von AIF

- § 314 = Untersagung des Vertriebs
- § 315 = Einstellung des Vertriebs

Unterabschnitt 2 – Anzeigepflicht für den Vertrieb von AIF an semiprofessionelle Anleger und professionelle Anleger im Inland
- § 321 = Anzeigepflicht einer AIF-Kapitalverwaltungsgesellschaft beim beabsichtigten Vertrieb von EU-AIF oder von inländischen Spezial-AIF
- § 322 = Anzeigepflicht einer AIF-Kapitalverwaltungsgesellschaft beim beabsichtigten Vertrieb von ausländischen AIF oder von inländischen Spezial-Feeder-AIF oder EU-Feeder-AIF, deren jeweiliger Master-AIF kein EU-AIF oder inländischer AIF ist, der von einer EU-AIF-Verwaltungsgesellschaft oder einer AIF-Verwaltungsgesellschaft verwaltet wird
- § 323 = Anzeigepflicht einer EU-AIF-Verwaltungsgesellschaft beim beabsichtigten Vertrieb von EU-AIF oder von inländischen Spezial-AIF
- § 324 = Anzeigepflicht einer EU-AIF-Verwaltungsgesellschaft beim beabsichtigten Vertrieb von ausländischen AIF oder von inländischen Spezial-Feeder-AIF oder EU-Feeder-AIF, deren jeweiliger Master-AIF kein EU-AIF oder inländischer AIF ist, der von einer EU-AIF-Verwaltungsgesellschaft oder einer AIF-Kapitalverwaltungsgesellschaft verwaltet wird
- § 325 = Anzeigepflicht einer ausländischen AIF-Verwaltungsgesellschaft, deren Referenzmitgliedstaat die Bundesrepublik Deutschland ist, beim beabsichtigten Vertrieb von EU-AIF oder von inländischen AIF
- § 326 = Anzeigepflicht einer ausländischen AIF-Verwaltungsgesellschaft, deren Referenzmitgliedstaat die Bundesrepublik Deutschland ist, beim beabsichtigten Vertrieb von ausländischen AIF
- § 327 = Anzeigepflicht einer ausländischen AIF-Verwaltungsgesellschaft, deren Referenzmitgliedstaat nicht die Bundesrepublik Deutschland ist, beim beabsichtigten Vertrieb von EU-AIF oder von inländischen AIF
- § 328 = Anzeigepflicht einer ausländischen AIF-Verwaltungsgesellschaft, deren Referenzmitgliedstaat nicht die Bundesrepublik Deutschland ist, beim beabsichtigten Vertrieb von ausländischen AIF
- § 329 = Anzeigepflicht einer EU-AIF-Verwaltungsgesellschaft oder einer AIF-Kapitalverwaltungsgesellschaft beim beabsichtigten Vertrieb von von ihr verwalteten inländischen Spezial-Feeder-AIF oder EU-Feeder-AIF, deren jeweiliger Master-AIF kein EU-AIF oder inländischer AIF ist, der von einer EU-AIF-Verwaltungsgesellschaft oder einer AIF-Verwaltungsgesellschaft verwaltet wird oder ausländischen AIF
- § 330 = Anzeigepflicht einer ausländischen AIF-Verwaltungsgesellschaft beim beabsichtigten Vertrieb von ihr verwalteter ausländischen AIF oder EU-AIF
- § 330a = Anzeigepflicht von EU-AIF-Verwaltungsgesellschaften, die die Bedingungen nach Art. 3 Abs. 2 der AIFM-Richtlinie erfüllen

Unterabschnitt 3 – Anzeigeverfahren für den Vertrieb von AIF an professionelle Anleger in anderen Mitgliedstaaten der Europäischen Union oder Vertragsstaaten des Abkommens über den Europäischen Wirtschaftsraum
- § 331 = Anzeigepflicht einer AIF-Kapitalverwaltungsgesellschaft beim Vertrieb von EU-AIF oder inländischen AIF an professionelle Anleger in einem anderen EU-Mitgliedstaat oder EWR-Vertragsstaat, Verordnungsermächtigung
- § 332 = Anzeigepflicht einer AIF-Kapitalverwaltungsgesellschaft beim Vertrieb von ausländischen AIF oder von inländischen Feeder-AIF oder EU-Feeder-AIF, deren jeweiliger Master-AIF kein EU-AIF oder inländischer AIF ist, der von einer AIF-Verwaltungsgesellschaft verwaltet wird an professionelle Anleger in anderen EU-Mitgliedstaaten oder EWR-Vertragsstaaten
- § 333 = Anzeigepflicht einer ausländischen AIF-Verwaltungsgesellschaft, deren Referenzmitgliedstaat die Bundesrepublik Deutschland ist, beim Vertrieb von EU-AIF oder inländischen AIF an professionelle Anleger in anderen EU-Mitgliedstaaten oder EWR-Vertragsstaaten
- § 334 = Anzeigepflicht einer ausländischen AIF-Verwaltungsgesellschaft, deren Referenzmitgliedstaat die Bundesrepublik Deutschland ist, beim Vertrieb von ausländischen AIF an professionelle Anleger in anderen EU-Mitgliedstaaten oder EWR-Vertragsstaaten
- § 335 = BaFin-Bescheinigungen über die Einhaltung der Vorschriften der AIFM-Richtlinie und über die Registrierung einer AIF-Kapitalverwaltungsgesellschaft nach § 44

Unterabschnitt 4 – Verweis und Ersuchen für den Vertrieb von AIF an semiprofessionelle und professionelle Anleger
- § 336 = Verweise und Ersuchen nach Art. 19 der AIFM-Verordnung

9   Bei der Festlegung der anwendbaren Vorschriften hat der Gesetzgeber der Tatsache Rechnung getragen, dass Art. 67 Abs. 6 AIFM-Richtlinie eine Ermächtigung für die Europäische Kommission enthält, einen **delegierten Rechtsakt** zu erlassen. Sobald dieser erlassen ist, sollen die Bestimmungen in Art. 35, 39 und 40 AIFM-Richtlinie angewandt werden (Art. 66 Abs. 3 AIFM-Richtlinie). Gleichzeitig treten gemäß Art. 66 Abs. 4 AIFM-Richtlinie Art. 36 und Art. 42 AIFM-Richtlinie außer Kraft. § 295 Abs. 2 und Abs. 3 unterscheiden bezüglich der anwendbaren Vertriebsvorschriften daher zwischen der Zeit vor und nach dem Erlass des delegierten Rechtsaktes. Für den Vertrieb an semiprofessionelle Anleger und professionelle Anleger gelten erst nach der Verabschiedung des delegierten Rechtsaktes folgende Vorschriften: §§ 322, 323 bis 328. Umgekehrt gelten nach der Verabschiedung des delegierten Rechtsaktes §§ 329 und 330 nicht mehr.

10   Beim Vertrieb in einem anderen EU-Mitgliedstaat oder EWR-Vertragsstaat gilt gemäß § 295 Abs. 6 Satz 1 bis zur Verabschiedung des delegierten Rechtsaktes § 331, ab diesem Zeitpunkt gilt dann § 332. Eine ausländische AIF-Verwaltungsgesellschaft kann gemäß § 295 Abs. 7 Satz 1 nach Erlass des delegierten Rechtsaktes Anteile oder Aktien an einem inländischen AIF oder an einem EU-AIF nach den Vorgaben der §§ 333 und 334 vertreiben. Die vorvertraglichen Informationspflichten nach § 307 gelten auch in diesen Konstellationen (§ 295 Abs. 6 Satz 2, Abs. 7 Satz 2).

D. Verhinderung des Vertriebs an Privatanleger (Abs. 1 Satz 3)

11   § 295 Abs. 1 Satz 3 verlangt von AIF-Verwaltungsgesellschaften **wirksame Vorkehrungen** zur Verhinderung des Vertriebs an Privatkunden, wenn die Voraussetzungen für einen solchen Vertrieb nicht erfüllt sind. Die Ausgestaltung der Vorkehrungen bleibt der Verwaltungsgesellschaft überlassen. Sie müssen auch dann wirksam sein, wenn unabhängige Unternehmen eingeschaltet werden, die für den AIF Wertpapierdienstleistungen erbringen. Eine Verwaltungsgesellschaft, die einen EU-AIF oder einen ausländischen AIF ausschließlich an semiprofessionelle und professionelle Anleger vertreiben will, muss dies daher in allen Werbe- und Informationsmaterialien deutlich machen. Der entsprechende Hinweis muss drucktechnisch hervorgehoben werden. Es sind zudem **organisatorische Vorkehrungen** zu treffen, die geeignet sind, den Vertrieb an Privatanleger zu verhindern. Nach den Vorstellungen der BaFin sollte etwa bei einem Onlinevertrieb ein getrenntes und zugangsgesichertes Verkaufsportal eingerichtet werden, dass nur für semiprofessionelle und professionelle Anleger zugänglich ist. Vertriebsvereinbarungen mit unabhängigen Unternehmen müssten zudem den Vertrieb an Privatanleger ausdrücklich ausschließen.[7]

E. Verhältnis zu den Prospektpflichten (Abs. 8)

12   § 295 Abs. 8 Abs. 1 stellt klar, dass die EU-Prospektrichtlinie und das Wertpapierprospektgesetz von den Vertriebsvorschriften nicht verdrängt werden und setzt damit Art. 61 Abs. 2 i.V.m. Erwägungsgrund 60 AIFM-Richtlinie um. § 295 Abs. 8 Satz 2 legt fest, dass dann, wenn ein AIF gemäß § 268 Abs. 1 Satz 3 oder § 318 Abs. 3 Satz 2 von der Pflicht

---

[7] Ziff. 1.5 BaFin-FAQ „Vertrieb".

zur Erstellung eines Verkaufsprospektes befreit ist, die Angaben im Wertpapierprospekt grundsätzlich an die Stelle des Verkaufsprospektes treten.

§ 296
Vereinbarungen mit Drittstaaten zur OGAW-Konformität

(1) Die Bundesanstalt kann mit den zuständigen Stellen von Drittstaaten vereinbaren, dass
1. die §§ 310 und 311 auf Anteile an ausländischen AIF, die in dem Drittstaat gemäß den Anforderungen der Richtlinie 2009/65/EG aufgelegt und verwaltet werden, entsprechend anzuwenden sind, sofern diese AIF im Geltungsbereich dieses Gesetzes vertrieben werden sollen und
2. die §§ 312 und 313 entsprechend anzuwenden sind, wenn Anteile an inländischen OGAW auf dem Hoheitsgebiet des Drittstaates vertrieben werden sollen.

§ 310 gilt dabei mit der Maßgabe, dass zusätzlich zu der Bescheinigung nach § 310 Absatz 1 Satz 1 Nummer 2 auch eine Bescheinigung der zuständigen Stelle des Drittstaates zu übermitteln ist, dass der angezeigte AIF gemäß der Richtlinie 2011/61/EU verwaltet wird.

(2) Die Bundesanstalt darf die Vereinbarung nach Absatz 1 nur abschließen, wenn
1. die Anforderungen der Richtlinie 2009/65/EG in das Recht des Drittstaates entsprechend umgesetzt sind und öffentlich beaufsichtigt werden,
2. die Bundesanstalt und die zuständigen Stellen des Drittstaates eine Vereinbarung im Sinne des Artikels 42 Absatz 1 Buchstabe b in Verbindung mit Absatz 3 der Richtlinie 2011/61/EU abgeschlossen haben oder zeitgleich mit der Vereinbarung nach Absatz 1 abschließen werden,
3. der Drittstaat gemäß Artikel 42 Absatz 1 Buchstabe c der Richtlinie 2011/61/EU nicht auf der Liste der nicht kooperierenden Länder und Gebiete, die von der Arbeitsgruppe „Finanzielle Maßnahmen gegen die Geldwäsche und die Terrorismusfinanzierung" aufgestellt wurde, steht,
4. der gegenseitige Marktzugang unter vergleichbaren Voraussetzungen gewährt wird und
5. die Vereinbarung nach Absatz 1 auf solche ausländischen AIF des Drittstaates beschränkt wird, bei denen sowohl der AIF als auch der Verwalter ihren Sitz in diesem Drittstaat haben, und die gemäß der Richtlinie 2011/61/EU verwaltet werden.

(3) Auf ausländische AIF, deren Anteile entsprechend Absatz 1 im Geltungsbereich dieses Gesetzes vertrieben werden, sind diejenigen Bestimmungen dieses Gesetzes entsprechend anzuwenden, die eine EU-OGAW-Verwaltungsgesellschaft zu beachten hat, wenn sie Anteile an einem EU-OGAW im Geltungsbereich dieses Gesetzes vertreibt; insbesondere sind § 94 Absatz 3, die §§ 297, 298 sowie 301 bis 306 und 309 entsprechend anzuwenden. Darüber hinaus gilt für den Vertrieb des ausländischen AIF Artikel 42 Absatz 1 Buchstabe a in Verbindung mit den Artikeln 22, 23 und 24 der Richtlinie 2011/61/EU.

(4) Die Bundesanstalt veröffentlicht die Vereinbarung nach Absatz 1 unverzüglich nach Inkrafttreten auf ihrer Internetseite. Mit der Bekanntmachung sind die in Absatz 3 genannten Vorschriften anzuwenden. Die Vereinbarung nach Absatz 1 verliert ihre Geltungskraft ab dem Zeitpunkt, auf den in § 295 Absatz 2 Nummer 1 verwiesen wird.

§ 296 — Vereinbarungen mit Drittstaaten zur OGAW-Konformität

Schrifttum

Siehe bei § 293.

1 § 296 Abs. 1 ist an den aufgehobenen § 136 Abs. 5 InvG angelehnt.[1] Die Regelung ermöglicht es der BaFin AIF aus einem Drittstaat wie EU-OGAW zu behandeln, indem sie eine **bilaterale behördliche Vereinbarung** mit der zuständigen Stelle in dem Drittstaat trifft. Macht die BaFin von dieser Möglichkeit Gebrauch, so können Anteile an den entsprechenden AIF mit dem in §§ 310 und 311 vorgesehenen Produktpass vertrieben werden. Umgekehrt sind dann §§ 312 und 313 auf den Vertrieb inländischer OGAW in dem Drittstaat anwendbar. In einem im August 2013 gezeichneten „*Memorandum zu verfahrensrechtlichen Aspekten grenzüberschreitender Tätigkeiten im Finanzbereich*" zwischen Deutschland und der Schweiz wird der Abschluss einer entsprechenden Vereinbarung angekündigt.

2 Voraussetzung für die behördliche Vereinbarung ist nach § 296 Abs. 1 Satz 1, dass das Investmentvermögen und die Verwaltungsgesellschaft entsprechend den **Anforderungen in der OGAW-Richtlinie** reguliert und beaufsichtigt werden. Eine diese Tatsache bestätigende Bescheinigung der Drittstaatbehörde ist nach § 310 Abs. 1 Satz 1 Nr. 2 notwendig. Daneben muss die Drittstaatbehörde gemäß § 296 Abs. 1 Satz 2 bescheinigen, dass der angezeigte AIF entsprechend den Anforderungen der AIFM-Richtlinie verwaltet wird.

3 Die BaFin darf eine Vereinbarung nach § 296 Abs. 1 nur treffen, wenn die **Voraussetzungen** von § 296 Abs. 2 **kumulativ erfüllt** sind:
– Die Anforderungen der OGAW-Richtlinie sind im Recht des Drittstaats entsprechend umgesetzt und beaufsichtigt,
– die besonderen Vertriebsregelungen gemäß Art. 42 der AIFM-Richtlinie sind erfüllt, die BaFin und die zuständige Stelle im Drittstaat haben eine Vereinbarung nach Art. 42 Abs. 1 Buchstabe c AIFM-Richtlinie abgeschlossen,
– der Drittstaat steht nicht auf der Liste der nicht kooperierenden Länder und Gebiete der Arbeitsgruppe „Finanzielle Maßnahmen gegen die Geldwäsche und die Terrorismusfinanzierung,"
– der gegenseitige Marktzugang wird unter vergleichbaren Voraussetzungen erfüllt und
– sowohl der AIF als auch seine Verwaltungsgesellschaft haben ihren Sitz in dem Drittstaat, mit dem die Vereinbarung abgeschlossen wird, und der AIF wird entsprechend der AIFM-Richtlinie verwaltet.

4 § 296 Abs. 3 stellt klar, dass **ausländische AIF**, die auf Basis einer behördlichen Vereinbarung nach § 296 Abs. 1 im Inland vertrieben werden, die **gleichen Vorschriften wie EU-OGAW** beachten müssen. Die Regelung trägt den in Art. 42 Abs. 1 Buchstabe a i.V.m. mit Art. 22, 23 und 24 AIFM-Richtlinie vorgesehenen besonderen Vertriebsvorschriften für ausländische AIF Rechnung.[2] Die BaFin veröffentlicht die von ihr geschlossenen Vereinbarungen auf ihrer Internetseite (§ 296 Abs. 4 Satz 1). Mit der Veröffentlichung finden die in Absatz 3 genannten Normen Anwendung (§ 296 Abs. 4 Satz 2). Sobald der delegierte Rechtsakt nach Art. 67 Abs. 6 AIFM-Richtlinie erlassen ist, verlieren getroffene Vereinbarungen ihre Gültigkeit (§ 296 Abs. 4 Satz 3). Ab dann gelten die Passregeln in Art. 37,

---

[1] RegBegr., BTDrucks. 17/12294, S. 280.
[2] RegBegr., BTDrucks. 17/12294, S. 280.

39 und 40 AIFM-Richtlinie, so dass kein Raum mehr für bilaterale behördliche Vereinbarungen besteht.[3]

§ 297
Verkaufsunterlagen und Hinweispflichten

(1) Dem am Erwerb eines Anteils oder einer Aktie an einem OGAW Interessierten sind rechtzeitig vor Vertragsschluss die wesentlichen Anlegerinformationen in der geltenden Fassung kostenlos zur Verfügung zu stellen. Darüber hinaus sind ihm sowie auch dem Anleger eines OGAW auf Verlangen der Verkaufsprospekt sowie der letzte veröffentlichte Jahres- und Halbjahresbericht kostenlos zur Verfügung zu stellen.

(2) Der am Erwerb eines Anteils oder einer Aktie an einem AIF interessierte Privatanleger ist vor Vertragsschluss über den jüngsten Nettoinventarwert des Investmentvermögens oder den jüngsten Marktpreis der Anteile oder Aktien gemäß den §§ 168 und 271 Absatz 1 zu informieren. Ihm sind rechtzeitig vor Vertragsschluss die wesentlichen Anlegerinformationen, der Verkaufsprospekt und der letzte veröffentlichte Jahres- und Halbjahresbericht in der geltenden Fassung kostenlos zur Verfügung zu stellen.

(3) Die Anlagebedingungen und gegebenenfalls die Satzung oder der Gesellschaftsvertrag und der Treuhandvertrag mit dem Treuhandkommanditisten sind dem Verkaufsprospekt von OGAW und AIF beizufügen, es sei denn, dieser enthält einen Hinweis, wo diese im Geltungsbereich dieses Gesetzes kostenlos erhalten werden können.

(4) Der am Erwerb eines Anteils oder einer Aktie Interessierte ist auf eine bestehende Vereinbarung hinzuweisen, die die Verwahrstelle getroffen hat, um sich vertraglich von der Haftung gemäß § 77 Absatz 4 oder § 88 Absatz 4 freizustellen.

(5) Die in den Absätzen 1, 2 Satz 2 sowie in Absatz 3 genannten Unterlagen (Verkaufsunterlagen) sind dem am Erwerb eines Anteils oder einer Aktie Interessierten und dem Anleger auf einem dauerhaften Datenträger oder einer Internetseite gemäß Artikel 38 der Verordnung (EU) Nr. 583/2010 sowie auf Verlangen jederzeit kostenlos in Papierform zur Verfügung zu stellen. Der am Erwerb eines Anteils oder einer Aktie Interessierte ist darauf hinzuweisen, wo im Geltungsbereich des Gesetzes und auf welche Weise er die Verkaufsunterlagen kostenlos erhalten kann.

(6) Dem am Erwerb eines Anteils oder einer Aktie an einem Feederfonds Interessierten und dem Anleger eines Feederfonds sind auch der Verkaufsprospekt sowie Jahres- und Halbjahresbericht des Masterfonds auf Verlangen kostenlos in Papierform zur Verfügung zu stellen. Zusätzlich ist den Anlegern des Feederfonds und des Masterfonds die gemäß § 175 Absatz 1 oder § 317 Absatz 3 Nummer 5 abgeschlossene Master-Feeder-Vereinbarung auf Verlangen kostenlos zur Verfügung zu stellen.

(7) Dem am Erwerb eines Anteils oder einer Aktie interessierten Privatanleger sind vor dem Erwerb eines Anteils oder einer Aktie an einem Dach-Hedgefonds oder von EU-AIF oder ausländischen AIF, die hinsichtlich der Anlagepolitik Anforderungen unterliegen, die denen von Dach-Hedgefonds vergleichbar sind, sämtli-

---

[3] RegBegr., BTDrucks. 17/12294, S. 281.

che Verkaufsunterlagen auszuhändigen. Der Erwerb bedarf der schriftlichen Form. Der am Erwerb Interessierte muss vor dem Erwerb auf die Risiken des AIF nach Maßgabe des § 228 Absatz 2 ausdrücklich hingewiesen werden. Ist streitig, ob der Verkäufer die Belehrung durchgeführt hat, trifft die Beweislast den Verkäufer.

(8) Soweit sie Informationspflichten gegenüber dem am Erwerb eines Anteils oder einer Aktie Interessierten betreffen, finden die Absätze 1, 2, 4, 6 Satz 1 und Absatz 7 keine Anwendung auf den Erwerb von Anteilen oder Aktien im Rahmen einer Finanzportfolioverwaltung im Sinne des § 1 Absatz 1a Nummer 3 des Kreditwesengesetzes oder des § 20 Absatz 2 Nummer 1 oder Absatz 3 Nummer 2. Werden Anteilen oder Aktien im Rahmen eines Investment-Sparplans in regelmäßigem Abstand erworben, so sind die Absätze 1, 2, 4, 6 Satz 1 und Absatz 7, soweit sie Informationspflichten gegenüber dem am Erwerb eines Anteils oder einer Aktie Interessierten betreffen, nur auf den erstmaligen Erwerb anzuwenden.

(9) Dem Erwerber eines Anteils oder einer Aktie an einem OGAW oder AIF ist eine Durchschrift des Antrags auf Vertragsabschluss auszuhändigen oder eine Kaufabrechnung zu übersenden, die jeweils einen Hinweis auf die Höhe des Ausgabeaufschlags und des Rücknahmeabschlags und eine Belehrung über das Recht des Käufers zum Widerruf nach § 305 enthalten müssen.

(10) Auf Verlangen des am Erwerb eines Anteils oder einer Aktie Interessierten muss die Kapitalverwaltungsgesellschaft, die EU-Verwaltungsgesellschaft oder die ausländische AIF-Verwaltungsgesellschaft zusätzlich über die Anlagegrenzen des Risikomanagements des Investmentvermögens, die Risikomanagementmethoden und die jüngsten Entwicklungen bei den Risiken und Renditen der wichtigsten Kategorien von Vermögensgegenständen des Investmentvermögens informieren.

Schrifttum

Siehe bei § 293.

Systematische Übersicht

A. Regulierungshintergrund —— 1
B. Zurverfügungstellung der wesentlichen Anlegerinformationen beim Vertrieb von OGAW und AIF (Abs. 1 Satz 1 und Abs. 2 Satz 2) —— 3
C. Weitere Informationspflichten beim Vertrieb von OGAW (Abs. 1 und 3) —— 9
D. Weitere Informationspflichten beim Vertrieb von AIF (Abs. 2 und 3) —— 10
E. Hinweis auf Haftungsfreistellung der Verwahrstelle beim Vertrieb von OGAW und AIF (Abs. 4) —— 11

F. Form der Information (Abs. 5) —— 12
G. Erwerb von Feederfonds, Dach-Hedgefonds oder mit Dach-Hedgefonds vergleichbare EU- oder ausländische AIF (Abs. 6 und 7) —— 13
H. Ausnahmeregelungen (Abs. 8) —— 19
I. Kaufunterlagen und weitere Informationsrechte des Anlegers (Abs. 9 und 10) —— 21

A. Regulierungshintergrund

1 § 297 legt **Informations- und Hinweispflichten** fest, die zu erfüllen sind, bevor ein Anleger Anteile oder Aktien eines Investmentvermögens erwirbt. Informationsmedien sind dabei: die wesentlichen Anlegerinformationen, der Verkaufsprospekt, die Anlagebedingungen, die Satzung oder der Gesellschaftsvertrag, ein etwaiger Treuhandvertrag sowie Jahres- und Halbjahresberichte. Die **Informationspflichten sind nicht auf Ver-**

waltungsgesellschaften beschränkt, sondern treffen jeden, der Anteile oder Aktien an Investmentvermögen vertreibt. § 297 Abs. 1 gilt allein für den **Vertrieb von OGAW**, § 297 Abs. 2 allein für den **Vertrieb von AIF an Privatanleger**. Die übrigen Absätze enthalten Regeln für beide Arten von Investmentvermögen. Die Vorschrift gilt – wie alle Regelungen im zweiten Unterabschnitt – nicht für den Vertrieb von Anteilen oder Aktien an einem AIF an semiprofessionelle und professionelle Anleger.

Kernelement der Aufklärung sind die **wesentlichen Anlegerinformationen**. Diese waren als Aufklärungsmedium bereits im aufgehobenen Investmentgesetz vorgesehen, wo sie durch das OGAW-IV-Umsetzungsgesetz eingeführt worden sind. § 121 Abs. 1 Satz 1 InvG verlangte ebenso wie nunmehr § 297 Abs. 1 Satz 1 und Abs. 2 Satz 1, dass die wesentlichen Anlegerinformationen dem Anleger rechtzeitig vor Vertragsschluss **zur Verfügung gestellt** werden. Für den Vertrieb von geschlossenen Fonds bestand vor dem Inkrafttreten des Kapitalanlagegesetzbuches lediglich im Fall der Anlageberatung die Pflicht, das Vermögensanlagen-Informationsblatt im Sinne von § 13 VermAnlG zur Verfügung zu stellen (§ 31 Abs. 3a WpHG für Wertpapierdienstleistungsunternehmen bzw. § 15 FinVermV für Finanzanlagenvermittler). 2

B. Zurverfügungstellung der wesentlichen Anlegerinformationen beim Vertrieb von OGAW und AIF (Abs. 1 Satz 1 und Abs. 2 Satz 2)

§ 297 Abs. 1 Satz 1 entspricht weitgehend der aufgehobenen Regelung in § 121 Abs. 1 Satz 1 und 2 InvG[1] und verlangt, dass dem am Erwerb eines Anteils oder einer Aktie eines OGAW Interessierten die **wesentlichen Anlegerinformationen** (§ 166) zur Verfügung gestellte werden. Der Wortlaut der Regelung wurde im Vergleich zum alten Wortlaut in § 121 Abs. 1 Satz 1 InvG an die Begriffsbestimmungen in § 1 angepasst. Eine entsprechende Regelung für AIF findet sich in § 297 Abs. 2 Satz 2. Die Pflicht ist eine **vorvertragliche Informationspflicht**. Sie trifft jeden, der Anteile oder Aktien an einem OGAW oder AIF im Sinne des § 293 Abs. 1 Satz 1 anbietet oder platziert. Zur Erfüllung der Pflicht ist in einer Vertriebskette derjenige verpflichtet, der den unmittelbaren Kontakt zum Anleger hat.[2] Die wesentlichen Anlegerinformationen sind in der **aktuellen Fassung** zur Verfügung zu stellen. Bei ihnen handelt es sich das Kurzinformationsblatt im Sinne von Art. 78 OGAW IV-Richtlinie (siehe hierzu § 166). 3

Die in § 297 vorgeschriebenen Informationen sollen einen Erwerbsinteressenten in die Lage versetzen, sich ein **umfassendes Bild** über das jeweilige Investmentvermögen zu machen, um auf dieser Basis eine fundierte Anlageentscheidung treffen zu können.[3] Die Informationspflichten sind ein Ausgleich dafür, dass den Anlegern nur eingeschränkte Kontrollrechte hinsichtlich der Verwaltung eines Investmentvermögens zustehen.[4] 4

Die Pflicht, die wesentlichen Anlegerinformationen zur Verfügung zu stellen, besteht unabhängig davon, ob der Erwerbsinteressent beraten wird oder nicht. Anders ist dies gemäß § 31 Abs. 3a Satz 1 und Satz 3 WpHG, wonach Wertpapierdienstleistungsunternehmen nur im **Fall der Anlageberatung** die wesentlichen Anlegerinformationen zur Verfügung stellen müssen. Diese parallele Normierung der selben Pflicht (vorvertragliche Information durch die wesentlichen Anlegerinformationen) mit unterschiedlichen 5

---

1 RegBegr BTDrucks. 17/12294, S. 280.
2 Vgl. bereits zu § 121 InvG *Baur/Ziegler* in BuB, Rn. 9/497 und Emde/Dornseifer/Dreibus/Hölscher/*Müchler* § 121 Rn. 9.
3 Emde/Dornseifer/Dreibus/Hölscher/*Müchler* § 121 Rn. 1.
4 Emde/Dornseifer/Dreibus/Hölscher/*Müchler* § 121 Rn. 1.

tatbestandlichen Voraussetzungen (Pflicht besteht bei jedem Erwerb/Pflicht besteht nur in der Anlageberatung) warf bereits unter der Geltung des Investmentgesetzes die Frage auf, ob § 121 Abs. 1 Satz 1 InvG auch **Wertpapierdienstleistungsunternehmen verpflichtete** oder ob diese allein an § 31 Abs. 3a Satz 1 und 3 WpHG gebunden waren. Bejaht man ersteres, besteht für Wertpapierdienstleistungsunternehmen auch im beratungsfreien Geschäft die Pflicht, die wesentlichen Anlegerinformationen zur Verfügung zu stellen, andernfalls ist dies nur im Fall der Anlageberatung notwendig.[5] Mit dem Kapitalanlagegesetzbuch hat der Gesetzgeber diese **Streitfrage entschieden**. Nach § 5 Abs. 5 überwacht die BaFin die Einhaltung der Vertriebsvorschriften nicht nur bei Verwaltungsgesellschaften von Investmentvermögen, sondern auch bei anderen von ihr beaufsichtigten Unternehmen; also auch bei Wertpapierdienstleistungsunternehmen im Sinne des § 2 Abs. 4 WpHG. § 297 Abs. 1 Satz 1 und Abs. 2 Satz 1 gelten damit für jeden, der im Geltungsbereich des Kapitalanlagegesetzbuches Anteile oder Aktien an einem Investmentvermögen vertreibt. Wertpapierdienstleistungsunternehmen sind nicht ausgenommen. Folge hiervon ist, dass sie die Informationspflichten **auch im beratungsfreien Geschäft** treffen.

6   Die BaFin überwacht die Einhaltung der Informationspflicht gemäß § 5 Abs. 5 zudem auch bei Kredit- und Finanzdienstleistungsinstituten im Sinne des Kreditwesengesetzes und bei Versicherungsunternehmen im Sinne des Versicherungsaufsichtsgesetzes.[6]

7   Der Anleger kann auf sein Informationsrecht verzichten. Ein solcher **Verzicht** muss im Einzelfall erfolgen,[7] kann also nicht für eine Vielzahl von Erwerbsvorgängen vorweg genommen werden.

8   **Zur Verfügung gestellt** sind Informationsmaterialien, wenn dem Erwerbsinteressenten die Übergabe angeboten wird und er tatsächlich unmittelbar die Möglichkeit hat, den Inhalt zur Kenntnis zu nehmen.[8] Die Zurverfügungstellung muss **rechtzeitig** vor der Anlageentscheidung und kostenfrei erfolgen. Auf eine tatsächliche Kenntnisnahme der Informationen kommt es nicht an. Die wesentlichen Anlegerinformationen sind dann **rechtzeitig zur Verfügung gestellt**, wenn der Erwerbsinteressent vor der Anlageentscheidung Zeit hat, die Informationen aufzunehmen und einzuordnen.[9] Ein fester Zeitrahmen lässt sich hierfür nicht bestimmen. Bei der Bewertung im Einzelfall sind vor allem die Kenntnisse und Erfahrungen des Interessenten und die Komplexität des Produktes zu berücksichtigen. Angesichts des geringen Umfanges, die die wesentlichen Anlegerinformationen haben, kann auch eine kurze Zeitspanne ausreichen.[10]

C. Weitere Informationspflichten beim Vertrieb von OGAW (Abs. 1 und 3)

9   Gemäß 297 Abs. 1 Satz 2 muss derjenige, der Aktien oder Anteile an einem OGAW vertreibt, „**auf Verlangen**" den **Verkaufsprospekt** sowie den letzten veröffentlichten **Jahres- und Halbjahresbericht** kostenlos zur Verfügung zu stellen. Die Regelung basiert auf § 121 Abs. 1 Satz 2 InvG.[11] Die Pflicht ist – anders als die Pflicht, die wesentlichen Anlegerinformationen zur Verfügung zu stellen – nicht allein eine vorvertragliche, auch ein **bereits investierter Anleger** kann jederzeit die Zurverfügungstellung der Informations-

---

5   Umfassende Darstellung der Positionen bei Emde/Dornseifer/Dreibus/Hölscher/*Müchler* § 121 Rn. 7.
6   Ziff. 3.1 BaFin-FAQ „Vertrieb".
7   Ziff. 3.1 BaFin-FAQ „Vertrieb".
8   Ellenberger/Schäfer/Clouth/Lang/*Rozok* Rn. 938.
9   Vgl. Emde/Dornseifer/Dreibus/Hölscher/*Müchler* § 121 Rn. 15.
10 *Bujotzek/Steinmüller* DB **2011** 2305, 2308.
11 RegBegr BTDrucks. 17/12294, S. 280.

materialien verlangen. Dem Verkaufsprospekt müssen die Anlagebedingungen oder – bei einer Investmentaktiengesellschaft – die Satzung beigefügt werden, es sei denn, der Anleger wird im Verkaufsprospekt darauf hingewiesen, wo er diese kostenlos in Inland erhalten kann (§ 297 Abs. 3).

D. Weitere Informationspflichten beim Vertrieb von AIF (Abs. 2 und 3)

Die Informationspflichten beim Vertrieb von Anteilen oder Aktien an einem AIF an Privatanleger unterscheiden sich in zweierlei Hinsicht von den entsprechenden Regelungen für den Vertrieb von OGAW. Zum einen sind der **Verkaufsprospekt** und der letzte veröffentlichte **Jahres- und Halbjahresbericht** gemäß § 297 Abs. 2 Satz 2 stets und nicht nur auf Verlangen zur Verfügung zu stellen. Zum anderen ist der Erwerbsinteressent nach § 297 Abs. 2 Satz 1 vor Vertragsschluss über den jüngsten **Nettoinventarwert** des Investmentvermögens oder über den jüngsten **Marktpreis** der Anteile oder Aktien gemäß §§ 168 und 271 Abs. 1 zu informieren. Der Verkaufsprospekt muss die **Anlagebedingungen**, die **Satzung** oder den **Gesellschaftsvertrag** und den **Treuhandvertrag** mit dem Treuhandkommanditisten enthalten, es sei denn, der Anleger wird im Verkaufsprospekt darauf hingewiesen, wo er diese Unterlagen kostenlos im Inland erhalten kann (§ 297 Abs. 3).

E. Hinweis auf Haftungsfreistellung der Verwahrstelle beim Vertrieb von OGAW und AIF (Abs. 4)

Ein Erwerbsinteressent ist darauf hinzuweisen, wenn es zwischen der Verwaltungsgesellschaft und der **Verwahrstelle** eine Vereinbarung gibt, wonach letztere von der **Haftung freigestellt** ist (§ 77 Abs. 4 für OGAW, § 88 Abs. 4 für AIF). Mit der Regelung wird Art. 23 Abs. 2 Satz 1 AIFM-Richtlinie umgesetzt.[12] Ein **Hinweis im Verkaufsprospekt** ist ausreichend, wenn er an auffälliger Stelle drucktechnisch hervorgehoben wird.[13]

F. Form der Information (Abs. 5)

§ 297 Abs. 5 entspricht weitgehend den aufgehobenen § 121 Abs. 1 Satz 4 und 6 InvG, passt den Wortlaut aber an die Begriffsbestimmungen in § 1 an.[14] Die wesentlichen Anlegerinformationen, der Verkaufsprospekt, der Jahres- und Halbjahresbericht, die Anlagebedingungen, die Satzung oder der Gesellschaftsvertrag und ggf. der Treuhandvertrag sind dem Erwerbsinteressenten oder dem Anleger nach § 297 Abs. 5 Satz 1 auf einem **dauerhaften Datenträger** im Sinne von § 1 Abs. 19 Nr. 8[15] oder auf einer **Internetseite** gemäß Art. 38 OGAW-Verordnung[16] zur Verfügung zu stellen. Der Erwerbsinteressent oder Anleger kann jederzeit verlangen, dass ihm die Unterlagen kostenlos in **Papierform** zur Verfügung gestellt werden. Bei der Verwendung eines dauerhaften Datenträgers ist zu beachten, dass ein Erwerbsinteressent oder Anleger die Informationen auch tatsächlich zur Kenntnis nehmen kann. Dies ist etwa im Rahmen einer Anlageberatung in einer Bankfiliale bei der Verwendung eines Datenspeichers dann nicht der Fall, wenn der Anlageinteressent gar keine Gelegenheit hat, die dort gespeicherte Datei zu öffnen. Wird

---

12 RegBegr BTDrucks. 17/12294, S. 280.
13 Ziff. 3.5 BaFin-FAQ „Vertrieb".
14 RegBegr BTDrucks. 17/12294, S. 280.
15 Siehe hierzu § 1.
16 Verordnung (EU) Nr. 583/2010.

eine Internetseite als Ort der Information genutzt, so muss der Erwerbsinteressent oder Anleger auch Zugang zum Internet haben. Ihm ist zudem ein Link zu übergeben, der unmittelbar die Öffnung der gespeicherten Datei ermöglicht. Eine Zustimmung des Anlegers zur Nutzung eines dauerhaften Datenträgers oder einer Internetseite ist aber nicht erforderlich, da das Gesetz diese Form der Information ausdrücklich vorsieht.[17] Die Informationen müssen stets auf dem aktuellen Stand sein.

G. Erwerb von Feederfonds, Dach-Hedgefonds oder mit Dach-Hedgefonds vergleichbare EU- oder ausländische AIF (Abs. 6 und 7)

13 Besondere Informationspflichten bestehen gemäß § 297 Abs. 6 und 7 beim Vertrieb von Anteilen oder Aktien an einem **Feederfonds** im Sinne von § 1 Abs. 11, an einem **Dach-Hedgefonds** im Sinne von § 225 Abs. 1 Satz 1 und an solchen EU-AIF und ausländischen AIF, die **mit Dach-Hedgefonds vergleichbar** sind. Der Wortlaut der Regelungen basiert auf § 121 Abs. 2 und 3 des aufgehobenen Investmentgesetzes.

14 Beim Vertrieb von Anteilen oder Aktien an einem Feederfonds sind einem Erwerbsinteressenten nach § 297 Abs. 6 Satz 1 der Verkaufsprospekt sowie der Jahres- und Halbjahresbericht des Masterfonds kostenlos zur Verfügung zu stellen, wenn er dies verlangt. Die Unterlagen müssen in **Papierform** zur Verfügung gestellt werden. Den Anlegern des Masterfonds und des Feederfonds ist zudem die **Master-Feeder-Vereinbarung** nach § 175 Abs. 1 bzw. § 317 Abs. 2 Nr. 5 kostenlos zur Verfügung zu stellen. Die Regelung entspricht weitgehend dem aufgehobenen § 121 Abs. 2 InvG, der Art. 60 Abs. 1 Unterabsatz 2 Satz 2 und Art. 63 Abs. 5 OGAW-IV-Richtlinie umgesetzt hatte. Hintergrund der Regelung ist, dass Feederfonds keine eigene Anlagepolitik verfolgen. Sie investieren das ihnen anvertraute Vermögen zu mindestens 85 Prozent in ihren Masterfonds (vgl. § 1 Abs. 11). Die gesamte Konstruktion ist für einen Anleger daher überhaupt nur mit Informationen über den Masterfonds nachvollziehbar.[18]

15 Bei Vertrieb von Anteilen oder Aktien an einem Dach-Hedgefonds oder einem mit Dach-Hedgefonds vergleichbaren EU-AIF oder ausländischen AIF, sind dem Erwerbsinteressenten gemäß § 297 Abs. 7 Satz 1 sämtliche Verkaufsunterlagen **auszuhändigen**. Dies umfasst nach der Definition in § 297 Abs. 5 Satz 1 die wesentlichen Anlegerinformationen, den Verkaufsprospekt, den letzten veröffentlichten Jahres- und Halbjahresbericht, die Anlagebedingungen, die Satzung oder den Gesellschaftsvertrag und den Treuhandvertrag. Die Reglung basiert auf § 121 Abs. 3 InvG.[19] In Abweichung zu den sonstigen Informationspflichten in § 297 reicht es nicht, wenn die Durchschrift zur Verfügung gestellt wird. Der Wortlaut („aushändigen") verlangt eine **Übergabe**.[20] Damit ist ein Verweis auf eine Internetseite ausgeschlossen.[21] Die Übergabe eines **dauerhaften Datenträgers** ist allerdings ausreichend.[22] Zwar legt der Wortlaut die Übergabe in Papierform nahe. Da der Gesetzgeber aber auf eine Formvorgabe verzichtet hat, reicht dies nicht, um eine entsprechende Verpflichtung zu begründen.[23]

---

17 **A.A.** Emde/Dornseifer/Dreibus/Hölscher/*Müchler* § 121 Rn. 18.
18 Emde/Dornseifer/Dreibus/Hölscher/*Müchler* § 121 Rn. 22.
19 RegBegr. BTDrucks. 17/12294, S. 280.
20 *Baur* § 3 AuslInvestmG Rn. 10; Emde/Dornseifer/Dreibus/Hölscher/*Müchler* § 121 Rn. 24.
21 Berger/Steck/Lübbehüsen/*Ewers* § 121 InvG Rn. 20, Emde/Dornseifer/Dreibus/Hölscher/*Müchler* § 121 Rn. 24.
22 Emde/Dornseifer/Dreibus/Hölscher/*Müchler* § 121 Rn. 24, Berger/Steck/Lübbehüsen/*Müchler* § 121 InvG Rn. 21.
23 Emde/Dornseifer/Dreibus/Hölscher/*Müchler* § 121 Rn. 24.

Gemäß § 297 Abs. 7 Satz 2 bedarf der Erwerb von Dach-Hedgefonds und mit Dach-Hedgefonds vergleichbaren EU-AIF oder ausländischen AIF der **Schriftform** (§ 126 Abs. 1 BGB). Dadurch soll der Anleger vor den Risiken des Erwerbs gewarnt werden.[24] Die Schriftform kann durch eine qualifizierte elektronische Form nach dem Signaturgesetz ersetzt werden (§ 126a BGB).

Dem mit dem Schriftformerfordernis zum Ausdruck gebrachten Schutzbedürfnis wird Rechnung getragen, wenn die Willenserklärung des Anlegers das Formerfordernis erfüllt; nicht notwendig ist, dass der gesamte Erwerbsvertrag in Schriftform geschlossen wird.[25] Die Schriftform ist Voraussetzung für die Wirksamkeit der Willenserklärung des Anlegers (§ 125 Satz 1 BGB). Beauftragt der Erwerbsinteressent einen Dritten mit dem Vertragsschluss, so gilt das Schriftformerfordernis nach seinem Sinn und Zweck für die Erklärung, mit der die Beauftragung erfolgt,[26] also etwa für den Kommissionsauftrag.

§ 297 Abs. 7 Satz 3 verlangt, dass der Erwerbsinteressent entsprechend der Vorgabe in § 228 Abs. 2 ausdrücklich darauf hingewiesen wird, dass der Dach-Hedgefonds oder vergleichbare EU-AIF oder ausländische AIF **keinen Leverage- oder Risikobeschränkungen unterliegt**. Die **Beweislast** dafür, dass diese Aufklärung erfolgt ist, liegt nach § 297 Abs. 7 Satz 4 beim Verkäufer der Aktie oder des Anteils. Die Regelung entspricht dem Inhalt des Regelung im aufgehobenen § 121 Abs. 3 Satz 3 und 4 InvG. Die Warnpflicht kann nicht durch die Aushändigung des Verkaufsprospektes mit dem in § 228 Abs. 2 geforderten Hinweis erfüllt werden.[27] § 121 Abs. 3 Satz 3 fordert einen eigenständigen ausdrücklichen Warnhinweis. Der Verkäufer sollte sich angesichts der Beweislastverteilung vom Erwerbsinteressenten schriftlich bestätigen lassen, dass er den Hinweis erteilt hat.[28]

H. Ausnahmeregelungen (Abs. 8)

Die vorvertraglichen Informationspflichten finden gemäß § 297 Abs. 1 Abs. 8 Satz 1 keine Anwendung, wenn der Erwerb von Aktien oder Anteilen an einem Investmentvermögen im Rahmen der **Finanzportfolioverwaltung** (§§ 1 Abs. 1a Satz 2 Nr. 3 KWG, 2 Abs. 3 Satz 1 Nr. 7 WpHG) erfolgt. Die Regelung basiert auf § 121 Abs. 3a InvG,[29] wobei sich die alte Regelung allein auf Hedgefonds und Dach-Hedgefonds bezog. Der Gesetzgeber des Investmentgesetzes begründete diese Ausnahme mit dem Wesen des Vermögensverwaltungsvertrages, der dem Vermögensverwalter ein eigenes Ermessen bei seinen Anlageentscheidungen einräumt.[30] Trifft nicht der schützenswerte Anleger die Entscheidungen, so ist es in der Tat schlüssig, bei vorvertraglichen Informationspflichten nicht auf die einzelnen Anlageentscheidungen abzustellen, sondern solche Pflichten allein vor dem Abschluss des Vermögensverwaltungsvertrages festzulegen. Bei der Finanzportfolioverwaltung bleibt es also auch nach der Verabschiedung des Kapitalanlagegesetzbuches dabei, dass aufsichtsrechtlich allein die vorvertraglichen Informationspflichten nach § 31 Abs. 3 WpHG maßgeblich sind.

§ 297 Abs. 1 Abs. 8 Satz 2 legt fest, dass bei einem Erwerb von Aktien oder Anteilen im Rahmen eines **Investment-Sparplans** die vorvertraglichen Informationspflichten nur vor dem ersten Erwerb zu erfüllen sind. Diese Ausnahme wurde vom Gesetzgeber des

---

24 RegBegr. zum Investmentmodernisierungsgesetz, BTDrucks. 15/1553, S. 113.
25 Näher hierzu *Kugler/Lochmann* BKR **2006** 41, 45.
26 Emde/Dornseifer/Dreibus/Hölscher/*Müchler* § 121 Rn. 25.
27 Vgl. *Nickel* ZBB **2004** 208; *Kugler/Lochmann* BKR **2006** 41, 45.
28 *Kugler/Lochmann* BKR **2006** 41, 45.
29 RegBegr BTDrucks. 17/12294, S. 280.
30 RegBegr. zum Investmentgesetz, BTDrucks. 16/5576, S. 92.

Investmentgesetzes damit begründet, dass der Anleger seine Anlageentscheidung bei Abschluss des Sparplans trifft und alle nachfolgenden Verkäufe automatisch erfolgen.[31]

I. Kaufunterlagen und weitere Informationsrechte des Anlegers (Abs. 9 und 10)

21 Gemäß § 297 Abs. 9 ist einem Erwerbsinteressenten eine **Durchschrift des Antrags** auf Vertragsschluss (etwa Zeichnungsschein oder Vertrag über einen Investmentsparplan)[32] **auszuhändigen** oder eine **Kaufabrechnung** zu übersenden. In der Durchschrift des Antrags oder der Kaufabrechnung muss ein Hinweis auf die **Höhe des Ausgabeaufschlags und des Rücknahmeabschlags** und eine **Belehrung über das Widerrufsrecht** nach § 305 enthalten sein. Der Inhalt der Regelung entspricht vollständig der Regelung im aufgehobenen § 121 Abs. 1 Satz 7 InvG, der Wortlaut wurde lediglich an die Begrifflichkeiten in § 1 angepasst. Eine entsprechende Regelung fand sich bereits in § 19 Abs. 1 Satz 4 KAGG und in § 15f Abs. 1 Satz 2 AuslInvestmG.

22 Es reicht nicht, wenn die Durchschrift lediglich zur Verfügung gestellt wird. Der Wortlaut („auszuhändigen") verlangt eine **Übergabe**.

23 Mit der **Möglichkeit der Zusendung der Kaufabrechnung** hat der Gesetzgeber der Tatsache Rechnung getragen, dass bei der Nutzung von Fernkommunikationsmitteln eine Aushändigung der Antragsdurchschrift in der Regel nicht möglich ist.[33]

24 Die Durchschrift oder Kaufabrechnung müssen Angaben zur Höhe des Ausgabeaufschlages und Rücknahmeabschlages enthalten. In der Kaufabrechnung ist der Wert zu beziffern,[34] in der Durchschrift des Antrages kann ein prozentualer Wert genannt werden.[35] Die Belehrung über das Widerrufsrecht nach § 305 setzt die Widerrufsfrist von zwei Wochen in Gang. Ausgabeaufschlag, Rücknahmeabschlag und Belehrung über das Widerrufsrecht müssen in der Durchschrift des Antrags oder der Kaufabrechnung selbst enthalten sein. Ein **Verweis auf andere Dokumente** mit den entsprechenden Angaben erfüllt die gesetzliche Anforderung nicht.[36]

25 Ein Erwerbsinteressent kann von der Verwaltungsgesellschaft zusätzliche Informationen verlangen, und zwar über die **Anlagegrenzen des Risikomanagements**, die **Risikomanagementmethoden** und die jüngsten Entwicklungen bei **Risiken und Renditen**. Die Regelung in § 297 Abs. 10 basiert auf den aufgehobenen §§ 13a Abs. 5, 121 Abs. 4 InvG,[37] die Art. 70 Abs. 4 OGAW-Richtlinie umgesetzt hatten.

26 Die **Anlagegrenzen des Risikomanagements** sind vor allem quantitative Grenzen, die über die Beschränkungen hinaus gehen, die gesetzlich und in den Vertragsbedingungen festgelegt sind.[38] Die **Risikomanagementmethoden** umfassen alle Verfahren, mit denen die Verwaltungsgesellschaft Risiken ermittelt, begrenzt und steuert.[39] Die Auskunftserteilung kann standardisiert und bezogen auf die **Risiken und Renditen** unter Bezugnahme auf den Jahres- und Halbjahresbericht erfolgen.[40]

---

31 RegBegr. zum Investmentgesetz, BTDrucks. 16/5576, S. 92.
32 Vgl. *Baur* § 19 KAGG Rn. 11; Berger/Steck/Lübbehüsen/*Ewers* § 121 InvG Rn. 16.
33 RegBegr. zum KAGG, BTDrucks. 13/8933, S. 114.
34 Emde/Dornseifer/Dreibus/Hölscher/*Müchler* § 121 Rn. 21.
35 *Nickel* ZBB **2004** 197.
36 *Nickel* ZBB **2004** 197, 202; Emde/Dornseifer/Dreibus/Hölscher/*Müchler* § 121 Rn. 21.
37 RegBegr BTDrucks. 17/12294, S. 280.
38 Beckmann/Scholtz/Vollmer/*Schmies* § 121 InvG Rn. 34; Emde/Dornseifer/Dreibus/Hölscher/*Müchler* § 121 Rn. 30.
39 Beckmann/Scholtz/Vollmer/*Schmies* § 121 InvG Rn. 34; Emde/Dornseifer/Dreibus/Hölscher/*Müchler* § 121 Rn. 30.
40 Vgl. *Baur/Ziegler*, BuB Rn. 9/493; Ellenberger/Schäfer/Clouth/Lang/*Rozok* Rn. 947; Emde/Dornseifer/Dreibus/Hölscher/*Müchler* § 121 Rn. 30.

§ 298
Veröffentlichungspflichten und laufende Informationspflichten für EU-OGAW

(1) Für nach § 310 zum Vertrieb angezeigte Anteile oder Aktien an EU-OGAW hat die EU-OGAW-Verwaltungsgesellschaft oder die OGAW-Kapitalverwaltungsgesellschaft folgende Unterlagen und Angaben im Geltungsbereich dieses Gesetzes in deutscher Sprache oder in einer in internationalen Finanzkreisen üblichen Sprache zu veröffentlichen:
1. den Jahresbericht für den Schluss eines jeden Geschäftsjahres,
2. den Halbjahresbericht,
3. den Verkaufsprospekt,
4. die Anlagebedingungen oder die Satzung,
5. die Ausgabe- und Rücknahmepreise der Anteile oder Aktien sowie
6. sonstige Unterlagen und Angaben, die in dem Herkunftsmitgliedstaat des EU-OGAW zu veröffentlichen sind.

Die wesentlichen Anlegerinformationen gemäß Artikel 78 der Richtlinie 2009/65/EG sind ohne Änderung gegenüber der im Herkunftsmitgliedstaat verwendeten Fassung in deutscher Sprache zu veröffentlichen. Die in den Sätzen 1 und 2 beschriebenen Anforderungen gelten auch für jegliche Änderungen der genannten Informationen und Unterlagen. Für die Häufigkeit der Veröffentlichungen von Ausgabe- und Rücknahmepreis gelten die Vorschriften des Herkunftsmitgliedstaates des EU-OGAW entsprechend.

(2) Neben der Veröffentlichung in einem im Verkaufsprospekt zu benennenden Informationsmedium sind die Anleger entsprechend § 167 unverzüglich mittels eines dauerhaften Datenträgers zu unterrichten über
1. die Aussetzung der Rücknahme der Anteile oder Aktien eines Investmentvermögens;
2. die Kündigung der Verwaltung eines Investmentvermögens oder dessen Abwicklung;
3. Änderungen der Anlagebedingungen, die mit den bisherigen Anlagegrundsätzen nicht vereinbar sind, die wesentliche Anlegerrechte berühren oder die Vergütungen und Aufwendungserstattungen betreffen, die aus dem Investmentvermögen entnommen werden können, einschließlich der Hintergründe der Änderungen sowie der Rechte der Anleger in einer verständlichen Art und Weise; dabei ist mitzuteilen, wo und auf welche Weise weitere Informationen hierzu erlangt werden können,
4. die Verschmelzung von Investmentvermögen in Form von Verschmelzungsinformationen, die gemäß Artikel 43 der Richtlinie 2009/65/EG zu erstellen sind und
5. die Umwandlung eines Investmentvermögens in einen Feederfonds oder die Änderung eines Masterfonds in Form von Informationen, die gemäß Artikel 64 der Richtlinie 2009/65/EG zu erstellen sind.

Schrifttum

Siehe bei § 293 und Bundesanstalt für Finanzdienstleistungsaufsicht, Merkblatt (2013) zum Vertrieb von Anteilen an EU-OGAW in der Bundesrepublik Deutschland gemäß § 310 Kapitalanlagegesetzbuch – „Incoming UCITS-Notification" bzw. „Incoming UCITS-Update".

§ 298 — Veröffentlichungspflichten und laufende Informationspflichten für EU-OGAW

A. Regulierungshintergrund

1 § 298 entspricht weitgehend dem aufgehobenen § 122 Abs. 1 InvG. Der Wortlaut ist lediglich an die Begriffsbestimmungen in § 1 angepasst worden.[1]

2 Die Vorschrift legt Veröffentlichungspflichten für OGAW fest, die dem Recht eines anderen Mitgliedstaat der Europäischen Union oder dem Recht eines anderen Vertragsstaat des Europäischen Wirtschaftsraum (**EU-OGAW**) unterliegen und die gemäß § 310 den Vertrieb im Inland angezeigt haben. Die Veröffentlichung muss nach § 298 Abs. 1 **in deutscher Sprache** oder „in einer **in internationalen Finanzkreisen üblichen Sprache**" erfolgen. Die Regelung berücksichtigt, dass nach Art. 94 OGAW IV-Richtlinie Informationen, die ein EU-OGAW in seinem Herkunftsstaat veröffentlicht hat, in gleicher Weise im Aufnahmestaat zu veröffentlichen sind.[2]

B. Allgemeine Veröffentlichungspflichten (Abs. 1)

3 Die Veröffentlichungspflichten treffen die Verwaltungsgesellschaft und umfassen gemäß § 298 Abs. 1 Satz 1 folgende Unterlagen:
– den Jahresbericht,
– den Halbjahresbericht,
– den Verkaufsprospekt,
– die Anlagebedingungen oder die Satzung,
– die Ausgabe- und Rücknahmepreise der Anteile oder Aktien,
– sonstige Unterlagen, die der EU-OGAW in seinem Herkunftsstaat veröffentlichen muss.

4 Unstrittig dürfte sein, dass eine Veröffentlichung in **englischer Sprache** den Anforderungen genügt.[3] Für die wesentlichen Anlegerinformationen gemäß Art. 78 OGAW-Richtlinie (umgesetzt durch § 166) schreibt § 298 Abs. 1 Satz 2 eine Veröffentlichung in deutscher Sprache vor, die unverändert zur Originalfassung ist. Für Änderungen der Informationen gelten die Vorschriften nach § 298 Abs. 1 Satz 3 entsprechend.

5 **Sonstige Unterlagen**, die im Herkunftsstaat zu veröffentlichen sind, können beispielsweise Einladungen zu Anlegerversammlungen, Ausschüttungsmitteilungen, Änderungen in der Geschäftsführung oder geplante Änderungen des Verkaufsprospektes, der Vertragsbedingungen oder der Satzung sein.[4]

6 § 298 Abs. 1 Satz 3 legt fest, dass auch jegliche Änderungen dieser Informationen zu veröffentlichen sind. Für die Häufigkeit der Veröffentlichung von Ausgabe- und Rücknahmepreis gelten gemäß § 298 Abs. 1 Satz 4 die Vorschriften des Herkunftsmitgliedstaates.

7 § 298 Abs. 1 trifft keine Aussage, in welcher Form die Veröffentlichung erfolgen soll. In der Gesetzesbegründung findet sich zwar eine entsprechende Behauptung, wenn gesagt wird, der Gesetzestext stelle klar, dass „entsprechend der bisherigen Verwaltungspraxis der Bundesanstalt" die Veröffentlichungspflicht mittels eines dauerhaften Datenträgers (§ 167) erfüllt werden könne.[5] Tatsächlich fehlt eine solche Klarstellung aber im Wortlaut der Regelung. Der Bezug auf einen dauerhaften Datenträger in Absatz 2 ent-

---
[1] RegBegr., BTDrucks. 17/12294, S. 281.
[2] Emde/Dornseifer/Dreibus/Hölscher/*Süßmann* § 122 Rn. 1.
[3] Vgl. etwa Emde/Dornseifer/Dreibus/Hölscher/*Süßmann* § 122 Rn. 7.
[4] Emde/Dornseifer/Dreibus/Hölscher/*Süßmann* § 122 Rn. 3.
[5] RegBegr., BTDrucks. 17/12294, S. 281.

spricht lediglich der Formulierung im aufgehobenen § 122 Abs. 1 Satz 5 InVG und bezieht sich hier wie dort nur auf die dort aufgezählten zusätzlichen Informationen. Die BaFin lässt die Information mittels eines dauerhaften Datenträgers aber ausdrücklich zu. Auch die Veröffentlichung auf der Website der OGAW-Verwaltungsgesellschaft genügt nach ausdrücklicher Festlegung der BaFin.[6]

C. Besondere Veröffentlichungspflichten (Abs. 2)

§ 298 Abs. 2 verlangt eine Unterrichtung der Anleger mittels eines **im Verkaufsprospekt benannten Mediums** und[7] mittels eines **dauerhaften Datenträgers** im Sinne von § 167 bei folgenden Ereignissen 8
– Aussetzung der Rücknahme;
– Kündigung der Verwaltung oder Abwicklung des Investmentvermögens;
– Änderungen der Anlagebedingungen, die (i) mit den bisherigen Anlagegrundsätzen nicht vereinbar sind, (ii) wesentliche Anlegerrechte berühren oder (iii) Vergütungen oder Aufwendungserstattungen betreffen. Die Hintergründe der Änderungen und die Rechte der Anleger sind in verständlicher Art und Weise zu erläutern. Zudem ist der Anleger darauf hinzuweisen, wo und wie er weitere Informationen erlangen kann;
– Verschmelzungsinformationen gemäß § 43 OGAW IV-Richtlinie;
– Umwandlung eines Investmentvermögens in einen Feederfonds oder die Änderung der Form eines Masterfonds gemäß Art. 64 OGAW IV-Richtlinie.

§ 299
Veröffentlichungspflichten und laufende Informationspflichten für EU-AIF und ausländische AIF

(1) Die EU-AIF-Verwaltungsgesellschaft oder die ausländische AIF-Verwaltungsgesellschaft veröffentlicht für Anteile oder Aktien an EU-AIF oder ausländischen AIF
1. den Verkaufsprospekt und alle Änderungen desselben auf der Internetseite der AIF-Verwaltungsgesellschaft;
2. die Anlagebedingungen, die Satzung oder den Gesellschaftsvertrag und alle Änderungen derselben auf der Internetseite der AIF-Verwaltungsgesellschaft;
3. einen Jahresbericht für den Schluss eines jeden Geschäftsjahres im Bundesanzeiger spätestens sechs Monate nach Ablauf des Geschäftsjahres; der Bericht hat folgende Angaben zu enthalten:
   a) eine Vermögensaufstellung, die in einer dem § 101 Absatz 1 Satz 3 Nummer 1 und 2, ausgenommen Nummer 1 Satz 3 und 7 und § 247 Absatz 1, vergleichbaren Weise ausgestaltet ist und die im Berichtszeitraum getätigten Käufe und Verkäufe von Vermögensgegenständen im Sinne von § 261 Absatz 1 Nummer 1 benennt;
   b) eine nach der Art der Aufwendungen und Erträge gegliederte Aufwands- und Ertragsrechnung;

---

6 BaFin-Merkblatt „Vertrieb von Anteilen an EU-OGAW", S. 4.
7 Siehe auch BaFin-Merkblatt „Vertrieb von Anteilen an EU-OGAW", S. 6.

c) einen Bericht über die Tätigkeiten der AIF-Verwaltungsgesellschaft im vergangenen Geschäftsjahr einschließlich einer Übersicht über die Entwicklung des Investmentvermögens in einer § 101 Absatz 1 Nummer 4 Satz 3 vergleichbaren Weise; die Übersicht ist mit dem ausdrücklichen Hinweis zu verbinden, dass die vergangenheitsbezogenen Werte keine Rückschlüsse für die Zukunft gewähren;
d) die Anzahl der am Berichtsstichtag umlaufenden Anteile oder Aktien und den Wert eines Anteils oder einer Aktie;
e) jede wesentliche Änderung der im Verkaufsprospekt aufgeführten Informationen während des Geschäftsjahres, auf das sich der Bericht bezieht;
f) die Gesamtsumme der im abgelaufenen Geschäftsjahr gezahlten Vergütungen, aufgegliedert nach festen und variablen von der Verwaltungsgesellschaft an ihre Mitarbeiter gezahlten Vergütungen, sowie die Zahl der Begünstigten und gegebenenfalls die vom EU-AIF oder ausländischen AIF gezahlten Carried Interest;
g) die Gesamtsumme der gezahlten Vergütungen, aufgegliedert nach Vergütungen für Führungskräfte und Mitarbeiter der Verwaltungsgesellschaft, deren Tätigkeit sich wesentlich auf das Risikoprofil des AIF auswirkt;
h) eine Wiedergabe des vollständigen Berichts des Rechnungsprüfers einschließlich etwaiger Vorbehalte;
i) eine Gesamtkostenquote entsprechend § 166 Absatz 5 oder § 270 Absatz 1 in Verbindung mit § 166 Absatz 5; gegebenenfalls zusätzlich eine Kostenquote für erfolgsabhängige Verwaltungsvergütungen und zusätzliche Verwaltungsvergütungen nach § 166 Absatz 5 Satz 4 oder § 270 Absatz 4;
4. einen Halbjahresbericht für die Mitte eines jeden Geschäftsjahres, falls es sich um einen offenen AIF handelt; der Bericht ist im Bundesanzeiger spätestens zwei Monate nach dem Stichtag zu veröffentlichen und muss die Angaben nach Nummer 3 Buchstabe a und d enthalten; außerdem sind die Angaben nach Nummer 3 Buchstabe b und c aufzunehmen, wenn für das Halbjahr Zwischenausschüttungen erfolgt oder vorgesehen sind;
5. die Ausgabe- und Rücknahmepreise und den Nettoinventarwert je Anteil oder Aktie bei jeder Ausgabe oder Rücknahme von Anteilen oder Aktien, jedoch mindestens einmal im Jahr, in einer im Verkaufsprospekt anzugebenden hinreichend verbreiteten Wirtschafts- oder Tageszeitung mit Erscheinungsort im Geltungsbereich dieses Gesetzes oder in den im Verkaufsprospekt bezeichneten elektronischen Informationsmedien; dabei ist der für den niedrigsten Anlagebetrag berechnete Ausgabepreis zu nennen; abweichend erfolgt die Veröffentlichung bei mit OGAW nach § 192 vergleichbaren Investmentvermögen mindestens zweimal im Monat.

Inhalt und Form des Jahres- und Halbjahresbericht bestimmen sich im Übrigen nach den Artikeln 103 bis 107 der Verordnung (EU) Nr. .../2013 [Level-2-Verordnung gemäß Artikel 22 Absatz 4 der Richtlinie 2011/61/EU]. Der Jahresbericht eines Feederfonds muss zudem die Anforderungen entsprechend § 173 Absatz 4 erfüllen. Die Berichte nach § 299 Absatz 1 Satz 1 Nummer 3 und 4 sind dem Anleger auf Verlangen zur Verfügung zu stellen. Ist der AIF nach der Richtlinie 2004/109/EG verpflichtet, Jahresfinanzberichte zu veröffentlichen, so sind dem Anleger die Angaben nach Satz 1 Nummer 3 auf Verlangen gesondert oder in Form einer Ergänzung zum Jahresfinanzbericht zur Verfügung zu stellen. In letzterem Fall ist der Jahresfinanzbericht spätestens vier Monate nach Ende des Geschäftsjahres zu veröffentlichen.

(2) Ausgabe- und Rücknahmepreise der Anteile oder Aktien an ausländischen AIF und EU-AIF dürfen in Bekanntgaben nur gemeinsam genannt werden; dabei ist der für den niedrigsten Anlagebetrag berechnete Ausgabepreis zu nennen.

(3) Für geschlossene EU-AIF und geschlossene ausländische AIF, die mit inländischen geschlossenen Publikums-AIF nach den §§ 261 bis 272 vergleichbar sind und die an einem organisierten Markt im Sinne des § 2 Absatz 5 des Wertpapierhandelsgesetzes oder an einem organisierten Markt, der die wesentlichen Anforderungen an geregelte Märkte im Sinne der Richtlinie 2004/39/EG erfüllt, zugelassen sind, müssen die gemäß Absatz 1 Nummer 3 zu veröffentlichenden Unterlagen eine Darstellung der Entwicklung des Kurses der Anteile oder Aktien des Investmentvermögens und des Nettoinventarwertes des Investmentvermögens im Berichtszeitraum enthalten.

(4) Absatz 1 Nummer 5 und Absatz 2 gelten nicht für geschlossene EU-AIF und geschlossene ausländische AIF, die mit inländischen geschlossenen AIF nach den §§ 261 bis 272 vergleichbar sind. Für AIF im Sinne von Satz 1, die nicht zu den in Absatz 3 genannten AIF gehören, muss den Anlegern der Nettoinventarwert je Anteil oder Aktie entsprechend den Vorschriften für inländische geschlossene Publikums-AIF nach § 272 offengelegt werden. Für AIF im Sinne von Absatz 3 veröffentlichen die AIF-Verwaltungsgesellschaften täglich in einer hinreichend verbreiteten Wirtschafts- oder Tageszeitung mit Erscheinungsort im Geltungsbereich dieses Gesetzes
1. den Kurs der Anteile oder Aktien des AIF, der an dem organisierten Markt im Sinne des § 2 Absatz 5 des Wertpapierhandelsgesetzes oder an einem organisierten Markt, der die wesentlichen Anforderungen an geregelte Märkte im Sinne der Richtlinie 2004/39/EG erfüllt, ermittelt wurde, und
2. den Nettoinventarwert des AIF entsprechend den Vorschriften für inländische geschlossene Publikums AIF nach § 272.

In sonstigen Veröffentlichungen und Werbeschriften über den AIF im Sinne von Satz 3 dürfen der Kurs der Anteile oder Aktien und der Nettoinventarwert des Investmentvermögens nur gemeinsam genannt werden.

(5) Die Veröffentlichungs- und Unterrichtungspflichten gemäß § 298 Absatz 2 gelten für EU-AIF-Verwaltungsgesellschaften oder ausländische AIF-Verwaltungsgesellschaften entsprechend.

Schrifttum

Siehe bei § 293.

Systematische Übersicht

A. Regulierungshintergrund —— 1
B. Grundsätzliche Veröffentlichungspflichten (Abs. 1 Satz 1 Nr. 1, 2 und 3 Halbsatz 1) —— 2
C. Inhalt des Jahresberichts und Form der Veröffentlichung (Abs. 1 Satz 1 Nr. 3 Halbsatz 2 und Satz 2 bis 4) —— 3
D. Halbjahresbericht und Jahresfinanzbericht (Abs. 1 Satz 1 Nr. 4 und Satz 4 und 5) —— 11
E. Ausgabe- und Rücknahmepreise und Nettoinventarwert (Abs. 1 Satz 1 Nr. 5 und Satz 4) —— 12
F. Weitere Veröffentlichungs- und Informationspflichten (Abs. 2 bis 5) —— 13

A. Regulierungshintergrund

1 § 299 Abs. 1 bis 4 basiert auf entsprechenden Regelungen in § 122 Abs. 2 bis 5 InvG. § 299 Abs. 5 erstreckt die für OGAW geltenden Informations- und Veröffentlichungspflichten auf EU-AIF und ausländische AIF, die in Deutschland vertrieben werden. Er dient darüber hinaus der Umsetzung von Art. 22 Abs. 1 Unterabsatz 1 Satz 2 und Unterabsatz 2 und Art. 23 Abs. 2 Satz 2 der AIFM-Richtlinie.[1] Die Vorschrift gilt – wie alle Regelungen im zweiten Unterabschnitt – nicht für den Vertrieb von Anteilen oder Aktien an einem AIF an semiprofessionelle und professionelle Anleger.

B. Grundsätzliche Veröffentlichungspflichten (Abs. 1 Satz 1 Nr. 1, 2, 3 Halbsatz 1, Nr. 4 und 5)

2 § 299 Abs. 1 regelt **Veröffentlichungspflichten** von EU-AIF und ausländischen AIF. Die entsprechenden Verpflichtungen für inländische Publikums-AIF ergeben sich aus der Produktregulierung (vor allem § 107). Die Pflichten treffen die **Verwaltungsgesellschaft** des EU-AIF oder ausländischen AIF. Sie muss veröffentlichen:
– den **Verkaufsprospekt** und Änderungen des Verkaufsprospektes (Nr. 1),
– die **Anlagebedingungen**, die **Satzung** oder den **Gesellschaftsvertrag** und Änderungen an diesen Dokumenten (Nr. 2),
– einen **Jahresbericht** und ggf. einen **Halbjahresbericht** (Nr. 3 und 4),
– **Ausgabe-** und **Rücknahmepreis** und **Nettoinventarwert** (Nr. 5).

Verkaufsprospekt, Anlagebedingungen und Satzung bzw. Gesellschaftsvertrag sind auf der Internetseite der Verwaltungsgesellschaft zu veröffentlichen.

C. Inhalt des Jahresberichts und Form der Veröffentlichung (Abs. 1 Satz 1 Nr. 3 Halbsatz 2 und Satz 2 bis 4)

3 Der Jahresbericht ist gemäß § 299 Abs. 1 Satz 1 Nr. 3 spätestens sechs Monate nach Ende des Geschäftsjahres im Bundesanzeiger zu veröffentlichen und muss die folgenden Angaben enthalten: eine **Vermögensaufstellung**; eine **Aufwands- und Ertragsrechnung**; einen **Tätigkeitsbericht** mit einer Übersicht über die Entwicklung des Investmentvermögens (vergleichbar §§ 101 Abs. 1 Satz 3 Nr. 4 Satz 3, 247 Abs. 1); die **Anzahl der umlaufenden Anteile oder Aktien**; jede **wesentliche Änderung** der Informationen im Verkaufsprospekt; die **Gesamtsumme der gezahlten Vergütungen**, eine Wiedergabe des vollständigen **Berichts des Rechnungsprüfers** einschließlich etwaiger Vorbehalte und eine **Darstellung der Kosten**.

4 Die **Vermögensaufstellung** muss den Anforderungen von § 101 Abs. 1 Satz 3 Nr. 1 und 2 entsprechen (§ 299 Abs. 1 Satz 1 Nr. 3 Buchstabe a). Notwendig ist die von § 101 Abs. 1 Satz 3 Nr. 1 Satz 2 geforderte **Unterteilung der Vermögensgegenstände** nach Art, Nennbetrag oder Zahl, Kurs und Kurswert. Entbehrlich ist die in 101 Abs. 1 Satz 3 Nr. 1 Satz 3 geforderte untergliederte Darstellung des Wertpapierbestandes und die von § 101 Abs. 1 Satz 3 Nr. 1 Satz 7 geforderte Angabe über Rechte Dritter an Vermögensgegenständen des Sondervermögens.

5 Für die **Aufwands- und Ertragsrechnung** verlangt § 299 Abs. 1 Satz 1 Nr. 3 Buchstabe b lediglich, dass sie nach Art der Aufwendungen und Erträge gegliedert ist. Es liegt

---
1 RegBeg, BTDrucks. 17/12294; S. 281.

auch ohne gesetzlichen Verweis nahe, sie entsprechend der Anforderung in § 101 Abs. 1 Satz 3 Nr. 4 Satz 1 und 2 zu gliedern. Eine abweichende Darstellung kann dann geboten sein, wenn sie entsprechend vom Herkunftsstaat des AIF vorgeschrieben ist. Bezüglich der **Aufwendungen** sollten zumindest folgende Positionen gesondert ausgewiesen werden: Verwaltungsvergütung und erfolgsabhängige Vergütung, Depotbankvergütung, Vergütungen für Beratungsleistungen, sonstige Kosten und der Sollsaldo aus Gewinnen und Verlusten.[2] Bezüglich der **Erträge** sollte in der Darstellung zumindest wie folgt unterschieden werden: Habensaldo aus Gewinnen und Verlusten, Dividenden, Zinsen aus Wertpapieren, sonstige Zinserträge und Gewinne aus Geschäfte mit Derivaten.[3] Bei **AIF, die in Immobilien investieren**, sind einerseits die Kapitalerträge und anderseits die Zinsen, Kapitalverluste, Unterhalts- und Renovierungsaufwendungen, entsprechende Rückstellungen und Abschreibungen anzugeben.[4]

Der **Tätigkeitsbericht** muss gemäß § 299 Abs. 1 Satz 1 Nr. 3 Buchstabe c eine Übersicht über die Entwicklung des Investmentvermögens enthalten (entsprechend § 101 Abs. 1 Satz 3 Nr. 4 Satz 3 und § 247 Abs. 1). Die Übersicht ist mit dem Hinweis zu versehen, „dass die vergangenheitsbezogenen Werte keinen Rückschluss für die Zukunft gewähren". **6**

Die Angabe der **Anzahl** der umlaufenden Anteile oder Aktien und der **Wert** eines Anteils oder einer Aktie muss in Bezug auf einen **Stichtag** erfolgen (§ 299 Abs. 1 Satz 1 Nr. 3 Buchstabe d). Jede **wesentliche Änderung** zu den Informationen im Verkaufsprospekt ist gemäß § 299 Abs. 1 Satz 1 Nr. 3 Buchstabe e anzugeben.[5] **7**

Die Darstellung der **gezahlten Vergütungen** muss gemäß § 299 Abs. 1 Satz 1 Nr. 3 Buchstabe f und g wie folgt aufgebaut sein: Die Gesamtsumme der im abgelaufenen Geschäftsjahr gezahlten Vergütungen **ist aufzugliedern** nach **8**
– festen und variablen Vergütungen an Mitarbeiter der Verwaltungsgesellschaft,
– der Zahl der Begünstigten und
– ggf. eines gezahlten Carried Interest im Sinne von § 1 Abs. 19 Nr. 7.

Daneben ist die **Gesamtsumme der Vergütungen** aufzugliedern nach Vergütungen für Führungskräfte und Mitarbeiter der Verwaltungsgesellschaft, deren Tätigkeit sich wesentlich auf das Risikoprofil des AIF auswirkt.

Neu im Vergleich zur Regelung in § 122 Abs. 2 InvG ist die Verpflichtung, den **Bericht des Rechnungsprüfers** (§ 299 Abs. 1 Satz 3 Nr. 3 Buchstabe h) wiederzugeben. Nach § 299 Abs. 1 Satz 3 Nr. 3 Buchstabe i mit seinem Verweis auf § 166 Abs. 5 ist eine **Gesamtkostenquote** im Verhältnis zum durchschnittlichen Nettoinventarwert auszuweisen und, sofern erfolgsabhängige Vergütungen oder zusätzliche Verwaltungsvergütungen vorgesehen sind, auch die Kostenquote für diese Vergütungen.[6] **9**

Inhalt und Form des Jahresberichts bestimmen sich nach **Art. 103 bis 107 AIFM-DVO** (§ 299 Abs. 1 Satz 2).[7] Der Jahresbericht und der Halbjahresbericht eines **Feederfonds** muss den Anforderungen von § 173 Abs. 4 entsprechen (§ 299 Abs. 1 Satz 3). Einem Anleger sind die Berichte **auf Verlangen** zur Verfügung zu stellen (§ 299 Abs. 1 Satz 4). **10**

---

2 *Baur* § 4 AuslInvestmG Rn. 5; Beckmann/Scholtz/Vollmer/*Beckmann* § 4 AuslInvestmG Rn. 9; Berger/Steck/Lübbehüsen/*Ewers* § 122 Rn. 12; Emde/Dornseifer/Dreibus/Hölscher/*Süßmann* § 122 InvG Rn. 15.
3 Berger/Steck/Lübbehüsen/*Ewers* § 122 Rn. 12; Emde/Dornseifer/Dreibus/Hölscher/*Süßmann* § 122 InvG Rn. 15.
4 Emde/Dornseifer/Dreibus/Hölscher/*Süßmann* § 122 InvG Rn. 16.
5 Zum Begriff der „wesentlichen Änderung" siehe § 101.
6 Zur Berechnung siehe § 166.
7 Hierzu § 101.

D. Halbjahresbericht und Jahresfinanzbericht (Abs. 1 Satz 1 Nr. 4 und Satz 4 und 5)

11   Bei einem **offenen AIF** im Sinne von § 1 Abs. 4 muss die Verwaltungsgesellschaft einen Halbjahresbericht für die Mitte eines Geschäftsjahres veröffentlichen. Die Veröffentlichung muss zwei Monate nach dem Stichtag im Bundesanzeiger erfolgen. Der Bericht muss entsprechend § 299 Abs. 1 Satz 1 Nr. 3 Buchstabe b und c eine Aufwands- und Ertragsrechnung und einen Tätigkeitsbericht der AIF-Verwaltungsgesellschaft enthalten, wenn für das Halbjahr Zwischenausschüttungen erfolgen oder vorgesehen sind. Einem Anleger ist der Halbjahresbericht auf Verlangen zur Verfügung zu stellen (§ 299 Abs. 1 Satz 4). Ist ein AIF nach der Transparenzrichtlinie verpflichtet, **Jahresfinanzberichte** zu erstellen, so sind sie gesondert oder als Ergänzung zum Jahresbericht zur Verfügung zu stellen (§ 299 Abs. 1 Satz 5).

E. Ausgabe- und Rücknahmepreise und Nettoinventarwert (Abs. 1 Satz 1 Nr. 5 und Satz 4)

12   **Ausgabe- und Rücknahmepreise** und **Nettoinventarwert** je Anteil oder Aktie sind gemäß § 299 Abs. 1 Satz 1 Nr. 5 bei jeder Ausgabe oder Rücknahme von Aktien oder Anteilen zur Verfügung zu stellen. Es ist der Ausgabepreis zu nennen, der für den niedrigsten Anlagebetrag berechnet wurde. Ausgabe- und Rücknahmepreis sind zudem mindestens einmal im Jahr in einer im Verkaufsprospekt genannten „hinreichend verbreiteten" inländischen Wirtschafts- oder Tageszeitung oder in elektronischen Informationsmedien zu veröffentlichen. Bei AIF, die wie OGAW lediglich in die in § 192 genannten Vermögensgegenstände investieren, muss die Veröffentlichung mindestens zweimal im Monat erfolgen.

F. Weitere Veröffentlichungs- und Informationspflichten (Abs. 2 bis 5)

13   Ausländische AIF und EU-AIF dürfen die **Ausgabe- und Rücknahmepreise nur gemeinsam** (§ 299 Abs. 2) nennen.

14   Ausländischen AIF und EU-AIF müssen gemäß § 299 Abs. 3 ihrem Jahresbericht eine Darstellung der Kursentwicklung und der Entwicklung des Nettoinventarwertes beifügen, wenn sie geschlossenen inländischen Publikums-AIF vergleichbar sind und ihre Anteile oder Aktien an einem organisierten Markt im Sinne von § 2 Abs. 5 WpHG bzw. an einem geregelten Markt im Sinne von Art. 4 Abs. 1 Satz 1 Nr. 14 MiFID[8] gehandelt werden. Die europäische Wertpapieraufsichtsbehörde veröffentlicht auf ihrer Website jährlich eine Liste der geregelten Märkte.[9]

15   Geschlossene AIF können aufgrund ihrer Struktur keine Ausgabe- und Rücknahmepreise veröffentlichen. Dem trägt § 299 Abs. 4 Satz 1 Rechnung, indem er diese von der entsprechenden Verpflichtung ausnimmt. Anstelle der Ausgabe- und Rücknahmepreise muss der Jahresbericht dafür aber die **Kursentwicklung** darstellen, wenn die Aktien oder Anteile an einem organisierten Markt im Sinne von § 2 Abs. 5 WpHG oder einem vergleichbaren Markt im Sinne von Art. 4 Abs. 1 Nr. 14 MiFID gehandelt werden. Die Kurse sind zusammen mit dem **Nettoinventarwert** im Sinne des § 272 in einer „hinreichend verbreiteten" Wirtschafts- oder Tageszeitung zu veröffentlichen (§ 299 Abs. 4

---

[8] Siehe zu den Begriffsbestimmungen etwa Assmann/Schneider/*Assmann* § 2 Rn. 158 ff.
[9] mifiddatabase.esma.europa.eu unter der Rubrik „Regulated Markets".

Satz 3). In sonstigen Veröffentlichungen dürfen der Kurs und der Nettoinventarwert nur gemeinsam genannt werden (§ 299 Abs. 4 Satz 4). Geschlossene EU-AIF und geschlossen ausländische AIF, deren Anteile oder Aktien nicht börsengehandelt sind, müssen gemäß § 299 Abs. 4 Satz 2 den Nettoinventarwert nach den Anforderungen in § 272 veröffentlichen.

Die **Veröffentlichungspflichten in § 298 Abs. 2** gelten gemäß § 299 Abs. 5 entsprechend auch für die EU-AIF-Verwaltungsgesellschaft und die ausländische Verwaltungsgesellschaft. 16

§ 300
Zusätzliche Informationspflichten bei AIF

(1) Für jeden von ihr verwalteten inländischen AIF, EU-AIF oder ausländischen AIF muss die AIF-Verwaltungsgesellschaft den Anlegern im Geltungsbereich dieses Gesetzes regelmäßig Folgendes offenlegen:
1. den prozentualen Anteil der Vermögensgegenstände des AIF, die schwer zu liquidieren sind und für die deshalb besondere Regelungen gelten,
2. jegliche neue Regelungen zum Liquiditätsmanagement des AIF und
3. das aktuelle Risikoprofil des AIF und die von der AIF-Verwaltungsgesellschaft zur Steuerung dieser Risiken eingesetzten Risikomanagementsysteme.

(2) Für jeden von ihr verwalteten, Leverage einsetzenden inländischen AIF, EU-AIF oder ausländischen AIF muss die AIF-Verwaltungsgesellschaft den Anlegern im Geltungsbereich dieses Gesetzes regelmäßig Folgendes offenlegen:
1. alle Änderungen des maximalen Umfangs, in dem die AIF-Verwaltungsgesellschaft für Rechnung des AIF Leverage einsetzen kann sowie etwaige Rechte zur Wiederverwendung von Sicherheiten oder sonstige Garantien, die im Rahmen von Leverage-Geschäften gewährt wurden, und
2. die Gesamthöhe des Leverage des betreffenden AIF.

(3) Nähere Bestimmungen zu den Offenlegungspflichten gemäß den Absätzen 1 und 2 ergeben sich aus den Artikeln 108 und 109 der Verordnung (EU) Nr. .../2013 [Level-2-Verordnung gemäß Artikel 23 Absatz 6 der Richtlinie 2011/61/EU].

(4) Die AIF-Verwaltungsgesellschaft informiert die Anleger zusätzlich unverzüglich mittels dauerhaften Datenträgers entsprechend § 167 und durch Veröffentlichung in einem weiteren im Verkaufsprospekt zu benennenden Informationsmedium über alle Änderungen, die sich in Bezug auf die Haftung der Verwahrstelle ergeben.

Schrifttum

Siehe bei § 293.

Systematische Übersicht

A. Regulierungshintergrund —— 1
B. Illiquide Vermögensgegenstände —— 3
C. Liquiditätssteuerung —— 5
D. Risikoprofil und Risikosteuerung —— 6
E. Veränderte Haftung der Verwahrstelle —— 8

§ 300 — Zusätzliche Informationspflichten bei AIF

A. Regulierungshintergrund

1 Mit § 300 Abs. 1 bis 3 soll ausweislich der Gesetzesbegründung Art. 23 Abs. 4 bis 6 AIFM-Richtlinie, mit § 300 Abs. 4 soll Art. 23 Abs. 2 Satz 2 AIFM-Richtlinie umgesetzt werden.[1] Die zugrunde liegenden Bestimmungen der AIFM-Richtlinie werden durch Art. 108 und 109 AIFM-DVO konkretisiert (vgl. § 300 Abs. 3). Die Informationspflichten treffen die Verwaltungsgesellschaft, nach Art. 108 Abs. 1 AIFM-DVO muss sie die Informationen klar und verständlich darstellen.

2 Die Pflichten des § 300 bestehen, wie alle Pflichten des zweiten Unterabschnitts in Bezug auf AIF, nur gegenüber Privatanlegern. Informationspflichten gegenüber semiprofessionellen und professionellen Anleger sind in §§ 307 f. festgelegt.

B. Illiquide Vermögensgegenstände

3 Das prozentuale Verhältnis der illiquiden Vermögensgegenstände gemäß § 300 Abs. 1 Nr. 1 wird nach Art. 108 Abs. 2 Satz 2 AIFM-DVO dadurch berechnet, dass deren Nettoinventarwert durch den Nettoinventarwert des AIF geteilt wird.[2]

4 Gemäß Art. 108 Abs. 2 Satz 1 Buchstabe a AIFM-DVO muss die Offenlegung des prozentualen Anteils der illiquiden Vermögensgegenstände einen Überblick enthalten über:
– alle Sonderregeln und eine Aussage darüber, ob diese sich auf Side Pockets (= Abspaltungen, siehe Erwägungsgrund 59 AIFM-DVO), Gates (= Rücknahmebeschränkungen, siehe Erwägungsgrund 59 AIFM-DVO) oder ähnliches beziehen;
– die Bewertungsmethoden, die für sie gelten;
– darüber, wie Verwaltungsentgelte und Erfolgsprämien angewendet werden.

Die Informationen sind nach Art. 108 Abs. 2 Satz 1 Buchstabe b AIFM-DVO als Teil des regelmäßigen Berichtswesens offenzulegen. Dabei sind die Vertragsbedingungen oder die Satzung des AIF maßgeblich. Die Informationen können zeitgleich mit dem Verkaufsprospekt, den Angebotsunterlagen oder mit dem Jahresbericht vorgelegt werden.[3]

C. Liquiditätssteuerung

5 Informationen über jegliche neue Regeln zur Liquiditätssteuerung gemäß § 300 Abs. 1 Nr. 2 beinhalten nach Art. 108 Abs. 3 AIFM-DVO Informationen über:
– jede wesentliche Änderung am Liquiditätsmanagement und den Verfahren zu deren Überwachung nach Art. 16 Abs. 1 AIFM-Richtlinie. Ebenso wie nach Art. 16 Abs. 1 sind hiervon geschlossene nicht-hebelfinanzierte AIF ausgenommen;[4]
– die Aktivierung von Gates (Rücknahmebeschränkungen) oder Side Pockets (Abspaltungen) oder ähnlichen besonderen Regeln;
– die Aussetzung der Rücknahme;
– Änderungen an sonstigen liquiditätsbezogenen Regelungen, wobei ein Überblick ausreichend ist.

---

1 RegBegr., BTDrucks. 17/12294, S. 283.
2 Dornseifer/Jesch/Klebeck/Tollmann/*Dornseifer* Art. 23 Rn. 61.
3 Dornseifer/Jesch/Klebeck/Tollmann/*Dornseifer* Art. 23 Rn. 60.
4 Zu den Abgrenzungsschwierigkeiten siehe § 30.

D. Risikoprofil und Risikosteuerung

Art. 108 Abs. 4 Satz 1 AIFM-DVO konkretisiert die Pflicht nach § 300 Abs. 1 Nr. 3 zur **6** regelmäßigen Information über das Risikoprofil und die Maßnahmen, die zur Risikosteuerung eingesetzt werden. Danach muss Folgendes dargestellt werden:
– Die Maßnahmen zur Bewertung der Sensitivität des Portfolios gegenüber den Hauptrisiken, denen der AIF ausgesetzt ist und
– eine drohende oder eingetretene Überschreitung der festgelegten Risikolimits. Wurden die Risikolimits überschritten, ist zudem zu erläutern, unter welchen Umständen dies geschah und welche Abhilfemaßnahmen getroffen wurden.

Ebenso wie bei der Pflicht zur Darstellung der illiquiden Vermögensgegenstände sollen die Angaben im Rahmen des regelmäßigen Berichtswesens offengelegt werden (Art. 108 Abs. 4 Satz 2 AIFM-DVO). Auch hier sind also die Vertragsbedingungen oder die Satzung des AIF maßgeblich, die Informationen können mit dem Verkaufsprospekt, den Angebotsunterlagen oder mit dem Jahresbericht vorgelegt werden.

Art. 108 Abs. 5 Satz 1 AIFM-DVO verlangt zudem, dass die Verwaltungsgesellschaft die **7** Grundzüge der Risikomanagement-Systeme darlegt, die der AIF zur Steuerung der Risiken einsetzt. Art. 108 Abs. 5 Satz 2 AIFM-DVO fordert zusätzlich die Information über eine Änderung dieser Systeme und die erwarteten Auswirkungen auf den AIF und seine Anleger.

E. Veränderte Haftung der Verwahrstelle

Änderungen in der Haftung der Verwahrstelle (§ 77 Abs. 4 bzw. § 88 Abs. 4) müssen **8** den Anlegern gemäß § 300 Abs. 4 mittels eines dauerhaften Datenträgers (§ 167) mitgeteilt werden. Zusätzlich ist die Veröffentlichung in einem weiteren, im Verkaufsprospekt genannten Informationsmedium notwendig. Die Veröffentlichung auf der Internetseite der Verwahrstelle erfüllt regelmäßig diese Anforderung.

§ 301
Sonstige Veröffentlichungspflichten

Auf der Internetseite der Kapitalverwaltungsgesellschaft, der EU-Verwaltungsgesellschaft oder der ausländischen AIF-Verwaltungsgesellschaft ist jeweils eine geltende Fassung der wesentlichen Anlegerinformationen zu veröffentlichen und auf eine bestehende Vereinbarung hinzuweisen, die die Verwahrstelle getroffen hat, um sich vertraglich von der Haftung gemäß § 77 Absatz 4 oder § 88 Absatz 4 freizustellen.

Schrifttum

Siehe bei § 293.

§ 301 entspricht weitgehend dem aufgehobenen § 121 Abs. 1 Satz 5 InvG, passt den **1** Wortlaut aber an die Begriffsbestimmungen in § 1 an. Zudem wurde die Regelung um eine Pflicht zum Hinweis auf eine Haftungsfreistellung ergänzt.[1]

---

1 RegBegr., BTDrucks. 17/12294, S. 282.

2   Die Regelung setzt Art. 81 Abs. 1 Unterabsatz 2 OGAW IV-Richtlinie um. Der Wortlaut verlangt ausdrücklich eine Veröffentlichung auf der Website der Kapitalverwaltungsgesellschaft, Veröffentlichungen an anderer Stelle erfüllen die Pflicht nicht, vor allem auch nicht die Veröffentlichung auf der Website einer Vertriebsgesellschaft.[2]

3   Die Verwaltungsgesellschaft eines AIF muss gemäß § 301 stets eine aktuelle Fassung der wesentlichen Anlegerinformationen auf ihrer Internetseite veröffentlichen. Zudem muss sie auf der Website auf eine etwaige Haftungsfreistellung der Verwahrstelle hinweisen.

§ 302
Werbung

(1) Werbung für AIF gegenüber Privatanlegern und Werbung für OGAW muss eindeutig als solche erkennbar sein. Sie muss redlich und eindeutig sein und darf nicht irreführend sein. Insbesondere darf Werbung, die zum Erwerb von Anteilen oder Aktien eines inländischen Investmentvermögens, EU-Investmentvermögens oder ausländischen AIF auffordert und spezifische Informationen über diese Anteile oder Aktien enthält, keine Aussagen treffen, die im Widerspruch zu Informationen des Verkaufsprospekts und den in den §§ 166, 270, 318 Absatz 5 oder in Artikel 78 der Richtlinie 2009/65/EG genannten wesentlichen Anlegerinformationen stehen oder die Bedeutung dieser Informationen herabstufen.

(2) Bei Werbung in Textform ist darauf hinzuweisen, dass ein Verkaufsprospekt existiert und dass die in den §§ 166, 270, 318 Absatz 5 oder in Artikel 78 der Richtlinie 2009/65/EG genannten wesentlichen Anlegerinformationen verfügbar sind. Dabei ist anzugeben, wo und in welcher Sprache diese Informationen oder Unterlagen erhältlich sind und welche Zugangsmöglichkeiten bestehen.

(3) Werbung in Textform für den Erwerb von Anteilen oder Aktien eines inländischen Investmentvermögens, nach dessen Anlagebedingungen oder Satzung die Anlage von mehr als 35 Prozent des Wertes des Investmentvermögens in Schuldverschreibungen eines der in § 206 Absatz 2 Satz 1 genannten Aussteller zulässig ist, muss diese Aussteller benennen.

(4) Werbung für den Erwerb von Anteilen oder Aktien eines Investmentvermögens, nach dessen Anlagebedingungen oder Satzung ein anerkannter Wertpapierindex nachgebildet wird oder hauptsächlich in Derivate nach Maßgabe des § 197 angelegt wird, muss auf die Anlagestrategie hinweisen. Weist ein Investmentvermögen auf Grund seiner Zusammensetzung oder der für die Fondsverwaltung verwendeten Techniken eine erhöhte Volatilität auf, so muss in der Werbung darauf hingewiesen werden. Die Sätze 1 und 2 gelten nicht für die Werbung für ausländische AIF oder EU-AIF.

(5) Werbung in Textform für einen Feederfonds muss einen Hinweis enthalten, dass dieser dauerhaft mindestens 85 Prozent seines Vermögens in Anteile eines Masterfonds anlegt.

(6) Werbung für Dach-Hedgefonds oder für ausländische AIF oder EU-AIF, die hinsichtlich der Anlagepolitik Anforderungen unterliegen, die denen von Dach-Hedgefonds vergleichbar sind, muss ausdrücklich auf die besonderen Risiken des Investmentvermögens nach Maßgabe des § 228 Absatz 2 hinweisen.

---

[2] Vgl. Emde/Dornseifer/Dreibus/Hölscher/*Müchler* § 121 Rn. 19.

(7) Die Bundesanstalt kann Werbung untersagen, um Missständen bei der Werbung für AIF gegenüber Privatanlegern und für OGAW zu begegnen. Dies gilt insbesondere für
1. Werbung mit Angaben, die in irreführender Weise den Anschein eines besonders günstigen Angebots hervorrufen können sowie
2. Werbung mit dem Hinweis auf die Befugnisse der Bundesanstalt nach diesem Gesetz oder auf die Befugnisse der für die Aufsicht zuständigen Stellen in anderen Mitgliedstaaten der Europäischen Union, Vertragsstaaten des Abkommens über den Europäischen Wirtschaftsraum oder Drittstaaten.

Schrifttum

Siehe bei § 293 und Bundesanstalt für Finanzdienstleistungsaufsicht, Hinweise zur Werbung mit der BaFin vom 14. September 2005; *dies.* Rundschreiben 4/2010 (WA) über Mindestanforderungen an die Compliance-Funktion und die weiteren Verhaltens-, Organisations- und Transparenzpflichten nach §§ 31 WpHG für Wertpapierdienstleistungsunternehmen (MaComp), Stand 7. Januar 2014.

Systematische Übersicht

I. Regulierungshintergrund —— 1	IV. Hinweispflichten auf besondere Risiken (Abs. 3 bis 6) —— 6
II. Begriff der Werbung und Anforderungen an die Redlichkeit (Abs. 1) —— 2	V. Untersagung von Werbung durch die BaFin (Abs. 7) —— 9
III. Allgemeine Hinweispflichten (Abs. 2) —— 5	

I. Regulierungshintergrund

Der Wortlaut von § 302 orientiert sich an dem aufgehobenen § 124 InvG.[1] Anwendungsbereich ist die Werbung für AIF gegenüber Privatanlegern und für OGAW. Erfasst wird die Werbung für ein bestimmtes Investmentvermögen. Sonstige Werbung einer Kapitalverwaltungsgesellschaft oder einer extern verwalteten Investmentgesellschaft wird durch § 33 i.V.m. § 23 KWG reguliert. **1**

II. Begriff der Werbung und Anforderungen an die Redlichkeit (Abs. 1)

Werbung im Sinne von § 302 Abs. 1 Satz 1 erfasst sämtliche Äußerungen, die das Interesse am Erwerb von Aktien oder Anteilen an einem Investmentvermögen wecken sollen.[2] Auf das Medium kommt es nicht an. Bei der Werbung in Textform stellt § 302 Abs. 2 und 3 aber zusätzliche Anforderungen auf. **2**

Werbung für ein Investmentvermögen muss nach § 302 Abs. 1 Satz 1 eindeutig **als solche erkennbar** sein. Die Formulierung entspricht jener in § 31 Abs. 2 Satz 2 WpHG. Die eindeutige Erkennbarkeit setzt nicht eine Bezeichnung als „Werbung" voraus. Ausreichend ist, dass Art, Form oder Inhalt der Information sie erkennbar als Werbung erscheinen lässt. Dies ist dann nicht mehr der Fall, wenn die Werbung wie eine objektive Information wirkt, etwa wie ein unabhängiger redaktioneller Beitrag.[3] **3**

Werbung muss **redlich** und **eindeutig**, sie darf **nicht irreführend** sein (§ 302 Abs. 1 Satz 2). Dies entspricht der Verpflichtung in § 31 Abs. 2 Satz 1 WpHG für die Werbung von Wertpapierdienstleistungsunternehmen. Zur Auslegung der Vorgabe in § 302 Abs. 1 **4**

---

[1] RegBegr. BTDrucks. 17/12294, S. 282.
[2] Vgl. Emde/Dornseifer/Dreibus/Hölscher/*Süßmann* § 124 Rn. 4; Berger/Steck/Lübbehüsen/*Ewers* § 124 InvG Rn. 4; Beckmann/Scholtz/Vollmer/*Schmies* § 124 Rn. 16.
[3] Assmann/Schneider/*Koller* § 31 Rn. 89.

Satz 2 kann daher der § 31 Abs. 2 Satz 1 WpHG konkretisierende § 4 WpDVerOV herangezogen werden.[4] Redlich ist Werbung, wenn sie notwendige Informationen beinhaltet. Unredlich wäre es etwa, veraltete Angaben zu machen oder ein Erstellungsdatum zu verschleiern.[5] Eindeutig ist Werbung, wenn sie so klar formuliert wird, dass eine abweichende Interpretation des Gesagten fern liegend ist.[6] Irreführend ist Werbung, wenn sie so verstanden werden kann, mit den Tatsachen nicht übereinstimmt.[7] Die Verpflichtung in § 302 Abs. 1 Satz 3 zur Übereinstimmung der Informationen mit den Angaben im Verkaufsprospekt und in den wesentlichen Anlegerinformationen konkretisiert das Verbot der Irreführung zusätzlich. Ein Widerspruch zwischen Werbung einerseits und Verkaufsprospekt und wesentlichen Anlegerinformationen andererseits liegt etwa vor, wenn Risiken abgeschwächt dargestellt werden.

III. Allgemeine Hinweispflichten (Abs. 2)

5   Bei Werbung in **Textform** muss darauf hingewiesen werden, dass es einen Verkaufsprospekt und wesentliche Anlegerinformationen gibt. Es ist anzugeben, wo und in welcher Sprache diese erhältlich sind und welche Zugangsmöglichkeiten bestehen (§ 302 Abs. 2). Textform umfasst – abweichend von der Definition beim Formerfordernis in § 126b BGB[8] – jede Werbung, die Schriftzeichen enthält. Auf die Art der Speicherung des Textes kommt es nicht an.[9] Für die Angaben, wo und auf welche Weise der Verkaufsprospekt und die wesentlichen Anlegerinformationen erhältlich sind, ist mittlerweile der Verweis auf eine Internetseite mit der Möglichkeit zum Herunterladen der Dokumente üblich. Möglich ist aber auch weiterhin die Angabe einer Postanschrift oder Telefonnummer, über die die Dokumente angefordert werden können.[10]

IV. Hinweispflichten auf besondere Risiken (Abs. 3 bis 6)

6   Werbung in Textform für ein Investmentvermögen, das 35 Prozent oder mehr seines Wertes in **Schuldverschreibungen** der in § 206 Abs. 2 Satz 1 genannten Aussteller anlegen darf, muss gemäß § 302 Abs. 3 Satz 1 diese Aussteller benennen.

7   Wenn das Investmentvermögen einen anerkannten **Wertpapierindex** nachbildet oder hauptsächlich in Derivate nach § 197 anlegt, muss hierauf bei der Werbung hingewiesen werden (§ 302 Abs. 4 Satz 1). Dies gilt bei jeder Form der Werbung, nicht nur bei der Werbung in Textform. Gleiches gilt für den nach § 302 Abs. 4 Satz 2 notwendigen Hinweis auf eine **erhöhte Volatilität** aufgrund der Zusammensetzung eines Investmentvermögens oder aufgrund der von der Verwaltung genutzten Techniken. Allerdings gelten diese Pflichten nicht bei der Werbung für ausländische AIF und EU-AIF.

8   Werbung in Textform für einen **Feederfonds** muss gemäß § 302 Abs. 5 einen Hinweis enthalten, dass dieser dauerhaft mindestens 85 Prozent seines Vermögens in Anteile eines Masterfonds anlegt. Werbung für **Dach-Hedgefonds** und vergleichbare ausländische AIF oder EU-AIF muss ausdrücklich auf die besonderen Risiken nach Maßgabe des

---

4   Emde/Dornseifer/Dreibus/Hölscher/*Süßmann* § 124 Rn. 6.
5   Vgl. Assmann/Schneider/*Koller* § 31 Rn. 59.
6   Schwark/Zimmer/*Rothenhöfer* § 31 WpHG Rn. 103; Assmann/Schneider/*Koller* § 31 Rn. 57. Siehe auch BT. 3.1.1 Nr. 2 der Mindestanforderungen an Compliance (MaComp), wonach Werbung verständlich zu formulieren ist und ausreichende Informationen enthalten muss.
7   Assmann/Schneider/*Koller* § 31 Rn. 58.
8   *Jäger/Maas/Renz* CCZ **2014** 63, 72.
9   Beckmann/Scholtz/Vollmer/*Schmies* § 123 Rn. 8; *Jäger/Maas/Renz* CCZ **2014** 63, 72.
10 Emde/Dornseifer/Dreibus/Hölscher/*Süßmann* § 124 Rn. 8.

§ 228 Abs. 2 hinweisen (§ 302 Abs. 6). Bei Werbung in Textform ist eine drucktechnische Hervorhebung erforderlich. Bei anderen Formen der Werbung muss eine entsprechende Hervorhebung, etwa durch eine abgegrenzte mündliche Einklärung, sichergestellt werden.

V. Untersagung von Werbung durch die BaFin (Abs. 7)

§ 302 Abs. 7 Satz 1 gibt der BaFin die Möglichkeit, Werbung zu untersagen, um **Missständen zu begegnen**. Ein Anknüpfungspunkt für eine Untersagungsverfügung ist nicht der bloße Verstoß gegen die Vorgaben des § 302. Begrifflich verlangt ein Missstand vielmehr eine **Pflichtverletzung von einer gewissen Intensität**.[11] Ein Missstand liegt daher erst dann vor, wenn mit der Werbung erheblich gegen die Pflichten aus § 302 verstoßen wird. Ein Maßstab hierfür ergibt sich aus der vom UWG bestimmten Wettbewerbsordnung.[12]

§ 302 Abs. 7 Satz 2 nennt zwei Beispiele für Verstöße, die eine Untersagung durch die BaFin begründen können. Zum einen die Werbung mit Angaben, die in irreführender Weise den Eindruck eines besonders günstigen Angebots hervorrufen können. Zum anderen die Werbung mit Befugnissen der BaFin oder einer anderen Aufsichtsbehörde der Europäischen Union oder des Europäischen Wirtschaftsraums. **Der irreführende Eindruck** eines **besonders günstigen Angebots** ist gegeben, wenn gegenüber anderen Anbietern mit Vorteilen geworben wird, die nicht allgemein üblich sind.[13] Die Art des Vorteils ist bedeutungslos. Erfasst sind vor allem die Werbung mit geringen Gebühren und die Werbung mit überdurchschnittlichen Wertentwicklungen.[14] Irreführend ist der Eindruck freilich nur dann, wenn er **nicht den Tatsachen entspricht**. Dies ist immer dann der Fall, wenn die Verhältnisse unrichtig, unvollständig, einseitig und nicht mit der gebotenen Vorsicht dargestellt werden.[15] Die Werbung mit einem tatsächlich günstigen Angebot bleibt zulässig. Bei der Darstellung der Wertentwicklung sollte jedoch beachtet werden, dass das Gesetz davon ausgeht, dass vergangenheitsbezogene Werte keine Rückschlüsse für die Zukunft gewähren (vgl. § 299 Abs. 1 Satz 1 Nr. 3 Buchstabe c). Darauf sollte bei der Darstellung einer positiven vergangenen Wertentwicklung im Rahmen von Werbematerialien deutlich hingewiesen werden. Weitere Anhaltspunkte für eine angemessene Darstellung lassen sich aus § 4 WpDVerOV gewinnen,[16] insbesondere bezüglich der Darstellung von Wertentwicklungen.

Die Untersagung der Werbung mit Befugnissen einer Aufsichtsbehörde soll verhindern, dass ein falscher Eindruck über die Reichweite der Aufsicht entsteht. Entsprechend der „Hinweise zur Werbung mit der BaFin" vom 14. September 2005 wirbt jeder Hinweis mit Befugnissen der BaFin, der über die bloße Nennung der BaFin als Aufsichtsbehörde hinaus geht. Gleiches muss dann für die Nennung einer anderen europäischen Aufsichtsbehörde gelten.[17] Die BaFin hat bisher bei ausländischen Investmentvermögen ei-

---

[11] Beckmann/Scholtz/Vollmer/*Schmies* § 124 Rn. 24 f.; Emde/Dornseifer/Dreibus/Hölscher/*Süßmann* § 124 Rn. 13.
[12] Vgl. Baur § 10 AuslInvestmG Rn. 8; Berger/Steck/Lübbehüsen/*Ewers* § 124 InvG Rn. 10.
[13] Berger/Steck/Lübbehüsen/*Ewers* § 124 InvG Rn. 11; Emde/Dornseifer/Dreibus/Hölscher/*Süßmann* § 123 Rn. 15.
[14] Emde/Dornseifer/Dreibus/Hölscher/*Süßmann* § 123 Rn. 15.
[15] *Baur* § 10 AuslInvestmG Rn. 12.
[16] Vgl. auch Berger/Steck/Lübbehüsen/*Ewers* § 124 InvG Rn. 13 f.
[17] Die Nennung von ausländischen Aufsichtsbehörden in der gesetzlichen Regelung zeigt zudem, dass der Gesetzgeber die Befürchtung nicht geteilt hat, der bloße Hinweis auf eine solche Behörde könne einen

nen Hinweis auf die Anzeige bei der BaFin (vormals § 139 InvG, nunmehr § 310 und § 312) akzeptiert.[18]

§ 303
Maßgebliche Sprachfassung

(1) Sämtliche Veröffentlichungen und Werbeschriften, die sich auf Anteile oder Aktien an einem an Privatanleger vertriebenen AIF oder an einem inländischen OGAW beziehen, sind in deutscher Sprache abzufassen oder mit einer deutschen Übersetzung zu versehen. Dabei ist der deutsche Wortlaut der in § 297 Absatz 1 bis 5 und 9 genannten Unterlagen und der in Satz 1 genannten Unterlagen und Veröffentlichungen maßgeblich.

(2) Bei EU-OGAW ist der deutsche Wortlaut der wesentlichen Anlegerinformationen für die Prospekthaftung nach § 306 maßgeblich; für die übrigen in § 298 Absatz 1 genannten Unterlagen ist die im Geltungsbereich dieses Gesetzes veröffentlichte Sprachfassung zugrunde zu legen. Erfolgt die Veröffentlichung auch in deutscher Sprache, so ist der deutsche Wortlaut maßgeblich.

(3) Übersetzungen von wesentlichen Anlegerinformationen und Unterlagen gemäß § 298 Absatz 1 Satz 1 und gemäß § 299 Absatz 1 Satz 1 müssen unter der Verantwortung der ausländischen AIF-Verwaltungsgesellschaft oder der EU-Verwaltungsgesellschaft erstellt werden. Sie müssen den Inhalt der ursprünglichen Informationen richtig und vollständig wiedergeben.

Schrifttum

Siehe bei § 293.

A. Regulierungshintergrund

1 § 303 entspricht den entsprechenden Sprachregelungen im aufgehobenen Investmentgesetz: § 303 Abs. 1 übernimmt § 123 Abs. 1 InvG unter Anpassung an die Begrifflichkeiten in § 1, § 303 Abs. 2 basiert auf § 123 Abs. 2 InvG und § 303 Abs. 3 entspricht § 122 Abs. 1a InvG.[1] Die Regelungen legen die maßgebliche Sprachfassung für den Vertrieb von OGAW und für den Vertrieb von AIF an Privatanleger fest.

B. Grundsatz: Deutsche Sprache (Abs. 1 und Abs. 3)

2 Nach § 303 Abs. 1 Satz 1 müssen sämtliche **Veröffentlichungen** und **Werbeschriften**, die sich auf Anteile oder Aktien an einem inländischen OGAW oder auf einen AIF beziehen, der in Deutschland an Privatanleger vertrieben wird, in deutscher Sprache abgefasst oder mit einer deutschen Übersetzung versehen sein. § 303 Abs. 1 dürfte ebenso wie zuvor § 121 Abs. 1 als ein Schutzgesetz im Sinne von § 823 Abs. 2 BGB anzusehen

---

falschen Eindruck beim Anleger entstehen lassen, wenn diese von der BaFin abweichende Befugnisse habe (so Berger/Steck/Lübbehüsen/*Ewers* § 124 InvG Rn. 15 m.w.N.; dagegen schon unter dem Regulierungsregime des Investmentgesetzes Emde/Dornseifer/Dreibus/Hölscher/*Süßmann* § 124 Rn. 17).
18 Siehe Emde/Dornseifer/Dreibus/Hölscher/*Süßmann* § 123 Rn. 17.

1 RegBegr. BTDrucks. 17/12294, S. 282.

sein, da die Regelung für den einzelnen Anleger sicherstellen will, dass er in einer Sprache unterrichtet wird, die für ihn verständlich ist.[2] Unter **Werbeschriften** wurden im Rahmen des Investmentgesetzes Veröffentlichungen in Textform verstanden, die der Absatzförderung dienen.[3] Das Tatbestandmerkmal hatte aber bereits dort keine eigenständige Bedeutung, da ohnehin alle Arten von Veröffentlichungen erfasst sind. Nicht notwendig ist die Schriftform; auch Podcasts, Videos oder Rundfunkausstrahlungen erfüllen den Tatbestand. Liegen die Unterlagen auch in einer anderen Sprache als der deutschen vor, so ist die deutsche Fassung für die Frage maßgeblich, ob gesetzliche oder vertragliche Pflichten durch die Veröffentlichung verletzt werden (§ 303 Abs. 1 Satz 2).

§ 303 Abs. 3 Satz 1 stellt klar, dass für die Übersetzungen die ausländische AIF-Verwaltungsgesellschaft oder EU-Verwaltungsgesellschaft verantwortlich ist. § 303 Abs. 3 Satz 2 scheint etwas Selbstverständliches noch einmal ausdrücklich vorzugeben, nämlich dass der Inhalt der Informationen in der Übersetzung richtig wieder gegeben werden muss. Dies soll wohl deutlich machen, dass die Übersetzung nicht etwas unverbindliches ist.[4] 3

C. Verwendung einer anderen Sprache beim Vertrieb von EU-OGAW (Abs. 2)

§ 303 Abs. 2 soll den grenzüberschreitenden Vertrieb von EU-OGAW erleichtern. Die Regelung setzt in Abweichung von Absatz 1 die deutsche Sprachfassung nur für die wesentlichen Anlegerinformationen im Rahmen der Haftung nach § 306 voraus. Ansonsten gilt nach § 303 Abs. 1 Satz 1, dass für alle von § 298 geforderten Veröffentlichungen die Fassung in einer an den Finanzmärkten üblichen Sprache maßgeblich ist. Dies gilt nach § 303 Abs. 2 Satz 2 allerdings nur solange, wie keine deutsche Übersetzung erstellt worden ist. 4

§ 304
Kostenvorausbelastung

Wurde die Abnahme von Anteilen oder Aktien für einen mehrjährigen Zeitraum vereinbart, so darf von jeder der für das erste Jahr vereinbarten Zahlungen höchstens ein Drittel für die Deckung von Kosten verwendet werden, die restlichen Kosten müssen auf alle späteren Zahlungen gleichmäßig verteilt werden.

Schrifttum

Siehe bei § 293.

A. Regulierungshintergrund

§ 304 legt **für Investmentsparpläne** fest, dass höchstens ein Drittel der für das erste Jahr vereinbarten Zahlungen zur Deckung der Kosten verwandt werden darf. Die restlichen Kosten müssen auf alle späteren Zahlungen gleichmäßig verteilt werden. Eine der- 1

---

[2] Vgl. Emde/Dornseifer/Dreibus/Hölscher/*Süßmann* § 123 Rn. 2; Berger/Steck/Lübbehüsen/*Ewers* § 123 InvG Rn. 9; Beckmann/Scholtz/Vollmer/*Schmies* § 123 Rn. 10; Brinkhaus/Scherer/*Pfüller* § 5 AuslInvestmG Rn. 9; *Baur* § 5 AuslInvestmG Rn. 5.
[3] Emde/Dornseifer/Dreibus/Hölscher/*Süßmann* § 123 Rn. 6.
[4] Emde/Dornseifer/Dreibus/Hölscher/*Süßmann* § 123 Rn. 10.

artige **Einschränkung der Kostenvorausbelastung** sah bereits das Auslandinvestmentgesetz in seiner ursprünglichen Fassung von 1969 vor.[1] Der Wortlaut von § 304 entspricht nahezu vollständig dem aufgehobenen § 125 InvG, der seinerseits die vorher bestehenden Vorschriften in § 2 Abs. 1 Nr. 4c AuslinvestmG und in § 22 KAGG aufgenommen hatte.[2] Die Vorschrift gilt – wie alle Regelungen im zweiten Unterabschnitt – bezüglich AIF nur bei einem Erwerb durch Privatanleger.

2   Sinn und Zweck der Regelung ist, einen Mechanismus ähnlich der Zillmerung zu verhindern.[3] Der Begriff „Zillmerung" stammt aus der Versicherungsmathematik. Dort bezeichnet er die Verwendung der ersten vom Kunden gezahlten Prämien für die Deckung der Abschlusskosten. Die Zillmerung führt bei einer Versicherung in den ersten Jahren zu Rückkaufswerten, die unter den gezahlten Prämien liegen.[4] Übertragen auf einen Investmentsparplan bedeutet dies, dass der Anleger durch die Kostenvorausbelastung am Anfang der Laufzeit deutlich weniger Anteile oder Aktien erwerben würde als es seiner Sparrate entspricht. Durch die Beschränkung der Kostenbelastung im ersten Jahr soll der Anleger vor der negativen Wirkung dieses Effektes geschützt werden, ohne dass die Anreize zum Vertrieb von Investmentsparplänen ganz aufgehoben werden.[5]

B. Kosten

3   Kosten im Sinne von § 304 sind **alle Aufwendungen im Zusammenhang mit dem Erwerb**, nicht etwa nur Ausgabeaufschläge, Vermittlungsprovisionen und Einrichtungsentgelte.[6] Die Regelung gilt nicht nur für Verwaltungsgesellschaften, sondern unabhängig vom Anbieter für alle Vereinbarungen über die mehrjährige Abnahme von Investmentvermögen.[7] Sie gilt allerdings nach ihrem Wortlaut nur insoweit, wie die Kosten **von den Sparraten abgezogen** werden.[8] Schließt der Anleger eine gesonderte Vereinbarung über die Kosten, so kann diese auch eine Kostenvorausbelastung über die Grenze von einem Drittel hinaus vorsehen.[9] Nicht erfasst von der Regelung sind damit Vereinbarungen zwischen einem Anleger und einem Anlageberater über ein Honorar für die Beratung.

C. Reichweite der Regelung

4   § 304 regelt nur die Kostenvorausbelastung bei einem mehrjährigen Erwerb von Aktien oder Anteilen. Dies setzt begrifflich voraus, dass sich der Erwerb über **mindestens 24 Monate** erstreckt.[10]

---

1 Emde/Dornseifer/Dreibus/Hölscher/*Baum* § 125 Rn. 2.
2 Emde/Dornseifer/Dreibus/Hölscher/*Baum* § 125 Rn. 3.
3 RegBegr. zum Investmentgesetz, BTDrucks. 16/5576, S. 93.
4 Vgl. zu diesem Hintergrund Emde/Dornseifer/Dreibus/Hölscher/*Baum* § 125 Rn. 14.
5 Berger/Steck/Lübbehüsen/*Ewers* § 125 InvG Rn. 1. Die Kostenvorausbelastung ist aus Sicht des Anbieters eines Investmentvermögens sinnvoll, da für ihn die Vertriebskosten beim Abschluss des Vertrages anfallen, vgl. *Roegele/Görke* BKR **2007** 393, 400.
6 Emde/Dornseifer/Dreibus/Hölscher/*Baum* § 125 Rn. 23.
7 Siehe bereits zu § 125 InvG VGH Kassel, Beschluss vom 23.9.2009 BeckRS 55460; **a.A.** VG Frankfurt, Beschluss vom 27.7.2009 NZG **2009** 1230 f.; Emde/Dornseifer/Dreibus/Hölscher/*Baum* § 125 Rn. 10.
8 VGH Kassel, Beschluss vom 23.9.2009 BeckRS 55460.
9 Emde/Dornseifer/Dreibus/Hölscher/*Baum* § 125 Rn. 24 ff., **a.A.** Berger/Steck/Lübbehüsen/*Ewers* § 125 InvG Rn. 8.
10 Berger/Steck/Lübbehüsen/*Ewers* § 125 InvG Rn. 5; Emde/Dornseifer/Dreibus/Hölscher/*Baum* § 125 Rn. 11.

Die Regelung gilt nur, wenn der **Anleger sich zu Sparraten verpflichtet hat**. Nimmt 5
er ohne rechtliche Verpflichtung in regelmäßigen Abständen Anteile oder Aktien ab,
fehlt es an der vom Wortlaut geforderten Vereinbarung über die Abnahme.[11] Es kommt
allerdings nicht auf die Festlegung einer festen Sparrate an. Auch wenn deren konkrete
Höhe ins Ermessen des Anlegers gestellt ist, darf von den Raten des ersten Jahres höchstens ein Drittel für die Kosten verwandt werden. Hat der Anleger sich hingegen zu bestimmten Raten verpflichtet und leistet er diese vertragswidrig nicht in voller Höhe, so
dürfen die tatsächlichen Leistungen auch mit mehr als einem Drittel belastet werden.[12]
Die Grenze bildet der Betrag, der bei vereinbarungsgemäßer Leistung im ersten Jahr für
die Kosten hätte verwandt werden dürfen.

D. Rechtsfolgen

§ 304 ist ein **Verbotsgesetz** im Sinne von § 134 BGB,[13] eine der Regelung widerspre- 6
chende Vereinbarung über die Kostenvorausbelastung ist daher nichtig.[14] § 304 dürfte
auch als ein **Schutzgesetz** im Sinn von § 823 Abs. 2 BGB anzusehen sein, er bezweckt
den Schutz der Vermögensinteressen des einzelnen Anlegers.[15] Der Anleger hat demnach
einen Anspruch, so gestellt zu werden, wie er stünde, wenn für die unzulässig abgezogenen Kosten weitere Anteile erworben worden wären.[16] Die BaFin kann gemäß § 5
Abs. 6 Satz 1 Vereinbarungen untersagen, die gegen § 304 verstoßen. Ein Verstoß gegen
§ 304 durch ein Wertpapierdienstleistungsunternehmen wird regelmäßig zugleich einen
Verstoß gegen § 31 Abs. 1 Satz 1 WpHG darstellen,[17] den die BaFin gemäß § 4 Abs. 1 Satz 3
WpHG verfolgen kann.

§ 305
Widerrufsrecht

(1) Ist der Käufer von Anteilen oder Aktien eines offenen Investmentvermögens durch mündliche Verhandlungen außerhalb der ständigen Geschäftsräume desjenigen, der die Anteile oder Aktien verkauft oder den Verkauf vermittelt hat, dazu bestimmt worden, eine auf den Kauf gerichtete Willenserklärung abzugeben, so ist er an diese Erklärung nur gebunden, wenn er sie nicht innerhalb einer Frist von zwei Wochen bei der Verwaltungsgesellschaft oder einem Repräsentanten im Sinne des § 319 in Textform widerruft; dies gilt auch dann, wenn derjenige, der die Anteile oder Aktien verkauft oder den Verkauf vermittelt, keine ständigen Geschäftsräume hat. Bei Fernabsatzgeschäften gilt § 312d Absatz 4 Nummer 6 des Bürgerlichen Gesetzbuchs entsprechend.

---

11   Berger/Steck/Lübbehüsen/*Ewers* § 125 Rn. 5; Brinkhaus/Scherer/*Pfüller* § 2 AuslInvestmG Rn. 74,
a.A. Emde/Dornseifer/Dreibus/Hölscher/*Baum* § 125 Rn. 18.
12   Emde/Dornseifer/Dreibus/Hölscher/*Baum* § 125 Rn. 21; Beckmann/Scholtz/Vollmer/*Schmies* § 123
Rn. 4. Anders wird das Problem von *Baur* § 22 KAGG Rn. 3 gelöst, der im Fall der vertragswidrigen
Nichtleistung den Zeitraum verlängert, in dem ein Drittel der Zahlungen für die Kosten verwandt werden
dürfen. So auch Berger/Steck/Lübbehüsen/*Ewers* § 125 InvG Rn. 7.
13   Vgl. *Baur* § 22 KAGG Rn. 22, Berger/Steck/Lübbehüsen/*Ewers* § 125 InvG Rn. 10.
14   Einschränkend Emde/Dornseifer/Dreibus/Hölscher/*Baum* § 125 Rn. 33 ff., der die Nichtigkeit der
Vereinbarung auf den Teil beschränkt, der über die gesetzlich zulässige Kostenvorausbelastung hinaus
geht.
15   Emde/Dornseifer/Dreibus/Hölscher/*Baum* § 125 Rn. 36.
16   Berger/Steck/Lübbehüsen/*Ewers* § 125 InvG Rn. 10.
17   Vgl. VGH Kassel, Beschluss vom 23.9.2009 BeckRS 55460.

(2) Zur Wahrung der Frist genügt die rechtzeitige Absendung der Widerrufserklärung. Die Widerrufsfrist beginnt erst zu laufen, wenn dem Käufer die Durchschrift des Antrags auf Vertragsabschluss ausgehändigt oder eine Kaufabrechnung übersandt worden ist und in der Durchschrift oder der Kaufabrechnung eine Belehrung über das Widerrufsrecht enthalten ist, die den Anforderungen des § 360 Absatz 1 des Bürgerlichen Gesetzbuchs genügt. Ist der Fristbeginn nach Satz 2 streitig, trifft die Beweislast den Verkäufer.

(3) Das Recht zum Widerruf besteht nicht, wenn der Verkäufer nachweist, dass
1. der Käufer kein Verbraucher im Sinne des § 13 des Bürgerlichen Gesetzbuchs ist oder
2. er den Käufer zu den Verhandlungen, die zum Verkauf der Anteile oder Aktien geführt haben, auf Grund vorhergehender Bestellung gemäß § 55 Absatz 1 der Gewerbeordnung aufgesucht hat.

(4) Ist der Widerruf erfolgt und hat der Käufer bereits Zahlungen geleistet, so ist die Kapitalverwaltungsgesellschaft, die EU-Verwaltungsgesellschaft oder die ausländische AIF-Verwaltungsgesellschaft verpflichtet, dem Käufer, gegebenenfalls Zug um Zug gegen Rückübertragung der erworbenen Anteile oder Aktien, die bezahlten Kosten und einen Betrag auszuzahlen, der dem Wert der bezahlten Anteile oder Aktien am Tag nach dem Eingang der Widerrufserklärung entspricht.

(5) Auf das Recht zum Widerruf kann nicht verzichtet werden.

(6) Die Vorschrift ist auf den Verkauf von Anteilen oder Aktien durch den Anleger entsprechend anwendbar.

(7) Das Widerrufsrecht in Bezug auf Anteile und Aktien eines geschlossenen Investmentvermögens richtet sich nach dem Bürgerlichen Gesetzbuch.

(8) Anleger, die vor der Veröffentlichung eines Nachtrags zum Verkaufsprospekt eine auf den Erwerb eines Anteils oder einer Aktie eines geschlossenen Publikums-AIF gerichtete Willenserklärung abgegeben haben, können diese innerhalb einer Frist von zwei Werktagen nach Veröffentlichung des Nachtrags widerrufen, sofern noch keine Erfüllung eingetreten ist. Der Widerruf muss keine Begründung enthalten und ist in Textform gegenüber der im Nachtrag als Empfänger des Widerrufs bezeichneten Verwaltungsgesellschaft oder Person zu erklären; zur Fristwahrung reicht die rechtzeitige Absendung. Auf die Rechtsfolgen des Widerrufs ist § 357 des Bürgerlichen Gesetzbuches entsprechend anzuwenden.

Schrifttum

Siehe bei § 293 und *Markwardt/Kracke* Auf dem Prüfstand: Das Widerrufsrecht nach § 11 Abs. 2 VermAnlG, BKR **2012** 149.

Systematische Übersicht

A. Regulierungshintergrund —— 1
B. Anwendungsbereich der Absätze 1 bis 6 (Abs. 1 Satz 1 und Abs. 7) —— 2
C. Keine Anwendung der Vorschriften über den Widerruf von Fernabsatzgeschäften (Abs. 1 Satz 2) —— 3
D. Voraussetzungen des Widerrufsrechts (Abs. 1 und 2)
    I. Gespräch als Grundlage des Anteilserwerbs —— 4
    II. Außerhalb der ständigen Geschäftsräume —— 5
    III. Frist —— 6
    IV. Widerrufsbelehrung —— 7
    V. Widerrufserklärung —— 8
E. Ausschluss des Widerrufsrecht (Abs. 3) —— 9
F. Rechtsfolgen des Widerrufs (Abs. 4) —— 10
G. Kein Verzicht auf das Widerrufsrecht (Abs. 5) —— 11

H.	Verkauf von Anteilen oder Aktien (Abs. 6) —— 12	I.	Widerrufsrecht beim Nachtrag zum Verkaufsprospekt eines geschlossenen Publikums-AIF (Abs. 8) —— 13

A. Regulierungshintergrund

§ 305 entspricht in seinen Absätzen 1 bis 6 der Regelung im aufgehobenen § 126 **1** InvG, der Wortlaut wurde lediglich an die Begriffsbestimmungen in § 1 angepasst.[1] § 126 InvG gründete seinerseits auf § 23 KAGG.[2] Die Regelung gibt einem **Anleger eines offenen Investmentvermögens** unter bestimmten Umständen ein **Widerrufsrecht**. Er soll sich nach § 305 Abs. 1 Satz 1 von seiner Anlageentscheidung wieder lösen können, wenn der Erwerb auf einer Überrumpelung außerhalb der Geschäftsräume des Verkäufers oder Vermittlers gründet.

B. Anwendungsbereich der Absätze 1 bis 6 (Abs. 1 Satz 1 und Abs. 7)

Die Regelungen in § 305 Abs. 1 bis 6 gelten für **offene Investmentvermögen**. Sie **2** schließen als spezielle Regelung im Sinne von § 312a BGB ein Widerrufsrecht nach § 312 BGB aus. Für **geschlossene Investmentvermögen** gilt dagegen gemäß § 305 Abs. 7 die allgemeine Regelung in § 312 BGB. Das Widerrufsrecht gilt auch im Rahmen eines **Investment-Sparplans**, wenn die Entscheidung zum Abschluss des Sparplans auf eine Vermittlung oder Verkauf außerhalb der Geschäftsräume der Verkäufers oder Vermittlers gründet.[3] Das Widerrufsrecht besteht zudem unabhängig davon, ob der Anleger Anteile oder Aktien eines bestimmten Investmentvermögens erwerben will oder ob die Auswahl in das Ermessen eines Dritten gestellt ist.[4]

C. Keine Anwendung der Vorschriften über den Widerruf von Fernabsatzgeschäften (Abs. 1 Satz 2)

Bei **Fernabsatzgeschäften** über offene Investmentvermögen ist ein Wiederruf ge- **3** mäß § 305 Abs. 1 Satz 2 i.V.m. § 312g Abs. 2 Satz 1 Nr. 8 BGB ausgeschlossen. Ein Widerruf ist also auch im Rahmen des Fernabsatzes nur unter den Voraussetzungen des § 305 möglich.

D. Voraussetzungen des Widerrufsrechts (Abs. 1 und 2)

I. Gespräch als Grundlage des Anteilserwerbs

Das Widerrufsrecht setzt voraus, dass der Anleger den Anteil oder die Aktie eines **4** offenen Investmentvermögen auf der Grundlage eines Gesprächs erworben hat (§ 305 Abs. 1). Auf andere Formen der Kommunikation – etwas die rein schriftliche Kommunikation – ist § 305 nach seinem eindeutigen Wortlaut ("mündliche Verhandlungen") nicht anwendbar. Die Willenserklärung zum Erwerb des Anteils oder der Aktie muss nicht in einem engen zeitlichen Zusammenhang mit dem Gespräch abgegeben worden sein, um das Widerrufsrecht zu begründen. Notwendig ist allein, dass es ohne das Gespräch nicht

---

1 RegBegr. BTDrucks. 17/12294, S. 282 f.
2 Emde/Dornseifer/Dreibus/Hölscher/*Süßmann* § 126 Rn. 1.
3 Emde/Dornseifer/Dreibus/Hölscher/*Süßmann* § 126 Rn. 3.
4 Vgl. Baur § 23 KAGG Rn. 17; Berger/Steck/Lübbehüsen/*Ewers* § 126 InvG Rn. 3.

zu dem Erwerb gekommen wäre. Dies wird zweifelhafter, wenn eine längere Zeit zwischen dem Gespräch und dem Erwerb liegt.

II. Außerhalb der ständigen Geschäftsräume

5   Der Begriff des **ständigen Geschäftsraums** in § 305 Abs. 1 lässt sich in Anlehnung an **§ 42 Abs. 2 GewO** bestimmen.[5] Ein ständiger Geschäftsraum ist danach ein Raum, der regelmäßig vom Vermittler oder Verkäufer genutzt wird. Nicht notwendig ist, dass die geschäftliche Nutzung die überwiegende Nutzung der Räume ist. Auch hautsächlich privat genutzte Räume sind erfasst, solange sie nur auch geschäftlich genutzt werden.[6] Unerheblich ist, ob der Verkäufer oder Vermittler überhaupt Geschäftsräume hat. Für den Überrumpelungseffekt, vor dem das Widerrufsrecht schützen will, kommt es allein darauf an, dass das Geschäft eben nicht in solchen Räumen angebahnt wurde.[7]

III. Frist

6   Der Käufer kann seine Willenserklärung binnen zwei Wochen durch eine Erklärung in Textform (§ 126b BGB) widerrufen. Die Frist beginnt nach § 305 Abs. 2 Satz 2 erst zu laufen, wenn der Anleger entweder eine **Durchschrift seines Kaufantrages** oder eine **Kaufabrechnung** erhalten hat und darin eine **Belehrung** über das Widerrufsrecht enthalten war. Die Beweislast hierfür trifft den Verkäufer (§ 305 Abs. 2 Satz 2). Zur Wahrung der Frist genügt gemäß § 305 Abs. 2 Satz 1 die rechtzeitige Absendung der Widerrufserklärung. Die rechtzeitige Absendung muss nach der allgemeinen Beweislastverteilung der Käufer ebenso beweisen wie den Zugang beim Verkäufer.[8]

IV. Widerrufsbelehrung

7   Die Widerrufsbelehrung muss den Anforderungen von § 360 Abs. 1 BGB genügen (§ 305 Abs. 2 Satz 1) und auf der Durchschrift des Kaufantrages oder der Kaufabrechnung abgedruckt sein. In der Widerrufsbelehrung ist zu benennen, an wen sie zu richten ist (§ 360 Abs. 1 BGB).

V. Widerrufserklärung

8   Der Käufer muss eine Widerrufserklärung nicht als solche bezeichnen, es muss aus seiner Erklärung aber deutlich werden, dass er den Kauf des Anteils oder der Aktie widerruft.[9] **Adressaten** der Erklärung sind gemäß § 305 Abs. 1 die Verwaltungsgesellschaft oder ein Repräsentant im Sinne von § 319.

---

5   Emde/Dornseifer/Dreibus/Hölscher/*Süßmann* § 126 Rn. 6.
6   Emde/Dornseifer/Dreibus/Hölscher/*Süßmann* § 126 Rn. 6, Berger/Steck/Lübbehüsen/*Ewers* § 126 InvG Rn. 3.
7   Vgl. auch Emde/Dornseifer/Dreibus/Hölscher/*Süßmann* § 126 Rn. 6.
8   Berger/Steck/Lübbehüsen/*Ewers* § 126 InvG Rn. 10; Emde/Dornseifer/Dreibus/Hölscher/*Süßmann* § 126 Rn. 7.
9   Emde/Dornseifer/Dreibus/Hölscher/*Süßmann* § 126 Rn. 9.

E. Ausschluss des Widerrufsrecht (Abs. 3)

Das Widerrufsrecht besteht nach § 305 Abs. 3 Nr. 1 nur, wenn der Käufer ein **Verbrau-** 9
cher im Sinne von § 13 BGB ist. Es besteht nach § 305 Abs. 3 Nr. 2 nicht, wenn nach einer Bestellung durch den Käufer über den Erwerb der Anteile oder Aktien verhandelt wurde. Eine solche vorhergehende Bestellung setzt voraus, dass der Käufer unbeeinflusst vom Verkäufer um dessen Besuch gebeten hat. Dies ist dann nicht mehr der Fall, wenn die Bestellung vom Verkäufer durch eine Überrumpelung des Käufers ausgelöst wurde.[10]

F. Rechtsfolgen des Widerrufs (Abs. 4)

Mit dem Widerruf löst sich der Käufer von der Willenserklärung, die auf den Erwerb 10
der Anteile oder Aktien gerichtet war. Hat er vor dem Widerruf bereits Zahlungen geleistet, so muss die Verwaltungsgesellschaft diese nach den Maßgaben des § 305 Abs. 4 zurückgewähren. § 305 Abs. 4 sieht dabei nicht die Rückzahlung des Kaufpreises vor, sondern die **Zahlung des Gegenwertes** der Anteile oder Aktien am Tag nach dem Eingang der Widerrufserklärung. Dies gilt unabhängig davon, ob dieser Gegenwert über oder unter dem Kaufpreis liegt.[11] Ist der Käufer bereits Inhaber der Anteile oder Aktien, so erfolgt diese Rückübertragung Zug um Zug gegen die **Rückübertragung** der Anteile oder Aktien. Neben dem Gegenwert der Anteile oder Aktien sind dem Käufer aufgrund des Erwerbsvertrages gezahlte Kosten zu erstatten.[12] Dies umfasst einen Ausgabeaufschlag, nicht jedoch Kosten außerhalb des eigentlichen Erwerbs, wie etwa Depotentgelte der Bank des Käufers.[13]

G. Kein Verzicht auf das Widerrufsrecht (Abs. 5)

Der Käufer eines Anteils oder einer Aktie an einem Investmentvermögen kann auf 11
sein Widerrufsrecht nicht verzichten (§ 305 Abs. 5). Dies gilt unabhängig davon, wann eine Verzichtserklärung abgegeben wird, ob also bereits beim Erwerb der Anteile oder Aktien oder nachträglich.[14] Eine **Verwirkung** des Widerrufsrecht nach § 242 BGB ist grundsätzlich denkbar, allerdings nur unter den strengen Voraussetzungen, die auch beim Haustürwiderruf gelten.[15]

H. Verkauf von Anteilen oder Aktien (Abs. 6)

Der Schutz des Anlegers durch das Widerrufsrecht ist nicht auf den Kauf der Anteile 12
oder Aktien beschränkt. Er kann nach § 305 Abs. 6 auch einen Verkauf seiner Anteile widerrufen, wenn die Voraussetzungen von § 305 Abs. 1 erfüllt sind und kein Ausschlussgrund nach § 305 Abs. 3 vorliegt.

---

10 *Baur* § 23 KAGG Rn. 28; Berger/Steck/Lübbehüsen/*Ewers* § 126 InvG Rn. 14; Beckmann/Scholtz/Vollmer/Schmies § 126 Rn. 15; Emde/Dornseifer/Dreibus/Hölscher/*Süßmann* § 126 Rn. 10.
11 Vgl. auch Emde/Dornseifer/Dreibus/Hölscher/*Süßmann* § 126 Rn. 12.
12 Berger/Steck/Lübbehüsen/*Ewers* § 126 InvG Rn. 15. Emde/Dornseifer/Dreibus/Hölscher/*Süßmann* § 126 Rn. 13.
13 Berger/Steck/Lübbehüsen//*Ewers* § 126 InvG Rn. 15; Beckmann/Scholtz/Vollmer/*Schmies* § 126 Rn. 19; **a.A.** Baur § 23 KAGG Rn. 34; Emde/Dornseifer/Dreibus/Hölscher/*Süßmann* § 126 Rn. 13.
14 Berger/Steck/Lübbehüsen/*Ewers* § 126 InvG Rn. 16.
15 Berger/Steck/Lübbehüsen/*Ewers* § 126 InvG Rn. 16; einschränkender Emde/Dornseifer/Dreibus/Hölscher/*Süßmann* § 126 Rn. 14. Zu den Voraussetzungen beim Haustürwiderruf etwa MünchKommBGB/*Masuch* § 355 BGB Rn. 71. Jede Verwirkung verneinend OLG Karlsruhe WM **2006** 676, 678.

I. Widerrufsrecht beim Nachtrag zum Verkaufsprospekt eines geschlossenen Publikums-AIF (Abs. 8)

13   Privatanleger, die ihre Willenserklärung zum Erwerb von Anteilen oder Aktien an einem Publikums-AIF vor der Veröffentlichung eines **Nachtrags zum Verkaufsprospekt** abgeben haben, können diese Erklärung gemäß § 305 Abs. 8 Satz 1 widerrufen. Die Regelung entspricht § 11 Abs. 2 VermAnlG.[16] Der Widerruf muss **binnen zwei Werktagen** nach Veröffentlichung des Nachtrags erfolgen. Zur Wahrung der Frist genügt die rechtzeitige Absendung des Widerrufs (§ 305 Abs. 8 Satz 2 Halbsatz 2). Im Nachtrag muss eine Stelle benannt sein, die Empfänger des Widerrufs ist (in der Regel die Verwaltungsgesellschaft des AIF). Der Widerspruch ist in **Textform** (§ 126b BGB) zu erklären, er muss **keine Begründung** enthalten (§ 305 Abs. 8 Satz 2 Halbsatz 1). § 357 BGB gilt für die **Rechtsfolgen** des Widerrufs entsprechend, die empfangenen Leistungen sind zurück zu gewähren. Der Anleger erhält den Kaufpreis Zug um Zug gegen die Übertragung seines Gesellschaftsanteils auf die Verwaltungsgesellschaft.[17]

14   Nach dem Wortlaut der Regelung kommt es für das Widerrufsrecht allein darauf an, ob es einen Nachtrag zum Prospekt gegeben hat. Damit scheint es unerheblich zu sein, ob der Anleger seine Anlageentscheidung vor oder nach dem Ereignis getroffen hat, das die Nachtragspflicht begründet hat. Die Regelung dient indes dem Schutz solcher Anleger, die ihre Entscheidung auf Angaben gegründet haben, die zum Zeitpunkt ihrer Anlageentscheidung falsch oder unvollständig waren.[18] Daher ist die Regelung so zu verstehen, dass das Widerrufsrecht nur den Anlegern zusteht, die ihre Willenserklärung zwar nach einem nachtragspflichtigen Ereignis, aber vor dessen Veröffentlichung abgegeben haben.[19]

15   Voraussetzung für das Widerrufsrecht ist, dass das Erwerbsangebot des Anlegers **noch nicht erfüllt** wurde. Erfüllt ist ein Erwerbsangebot für Anteile oder Aktie an einem geschlossenen AIF, wenn der Anleger die Stellung erreicht hat, die er mit seiner entsprechenden Willenserklärung anstrebt hat. Erfüllt ist etwa der Erwerb einer Aktie mit ihrer Übertragung oder mit der Einbuchung in das Depot des Anlegers. Der Erwerb eines Anteils einer Personengesellschaft in Form der GmbH & Co. KG erfolgt mit der Aufnahme in die Gesellschaft.[20]

§ 306
Prospekthaftung und Haftung für die wesentlichen Anlegerinformationen

(1) Sind in dem Verkaufsprospekt Angaben, die für die Beurteilung der Anteile oder Aktien von wesentlicher Bedeutung sind, unrichtig oder unvollständig, so kann der Käufer von der Verwaltungsgesellschaft, von denjenigen, die neben der Verwaltungsgesellschaft für den Verkaufsprospekt die Verantwortung übernom-

---

16   Eingehend hierzu *Markwardt/Kracke* BKR **2012** 149.
17   Für die Anwendbarkeit der Regeln über die fehlerhafte Gesellschaft *Markwardt/Kracke* BKR **2012** 149; siehe zudem zu den gesellschaftsrechtlichen Hindernissen einer Rückgewährung bei einer geschlossenen Investmentkommanditgesellschaft § 306 Rn. 24.
18   Vgl. den Beschluss des Finanzausschusses (BTDrucks. 17/7453, 72) und seine Bezugnahme auf § 16 WpPG, der nach seiner Regierungsbegründung eine Kauferklärung **nach** dem nachtragspflichtigen Ereignis verlangt (BTDrucks. 15/4999, S. 36 f.). Siehe auch *Heidelbach* in: Schwark/Zimmer, § 16 Rn. 45.
19   *Markwardt/Kracke* BKR **2012** 149, 150.
20   *Markwardt/Kracke* BKR **2012** 149, 151.

men haben oder von denen der Erlass des Verkaufsprospektes ausgeht, und von demjenigen, der diese Anteile oder Aktien im eigenen Namen gewerbsmäßig verkauft hat, als Gesamtschuldner die Übernahme der Anteile oder Aktien gegen Erstattung des von ihm gezahlten Betrages verlangen. Ist der Käufer in dem Zeitpunkt, in dem er von der Unrichtigkeit oder Unvollständigkeit des Verkaufsprospekts Kenntnis erlangt hat, nicht mehr Inhaber des Anteils oder der Aktie, so kann er die Zahlung des Betrages verlangen, um den der von ihm gezahlte Betrag den Rücknahmepreis des Anteils oder der Aktie oder andernfalls den Wert des Anteils oder der Aktie im Zeitpunkt der Veräußerung übersteigt.

(2) Sind in den wesentlichen Anlegerinformationen enthaltene Angaben irreführend, unrichtig oder nicht mit den einschlägigen Stellen des Verkaufsprospekts vereinbar, so kann der Käufer von der Verwaltungsgesellschaft und von demjenigen, der diese Anteile oder Aktien im eigenen Namen gewerbsmäßig verkauft hat, als Gesamtschuldner die Übernahme der Anteile oder Aktien gegen Erstattung des von ihm gezahlten Betrages verlangen. Ist der Käufer in dem Zeitpunkt, in dem er von der Fehlerhaftigkeit der wesentlichen Anlegerinformationen Kenntnis erlangt hat, nicht mehr Inhaber des Anteils oder der Aktie, so kann er die Zahlung des Betrages verlangen, um den der von ihm gezahlte Betrag den Rücknahmepreis des Anteils oder der Aktie oder andernfalls den Wert des Anteils oder der Aktie im Zeitpunkt der Veräußerung übersteigt.

(3) Eine Gesellschaft, eine Person oder diejenige Stelle, welche die Anteile oder Aktien im eigenen Namen gewerbsmäßig verkauft hat, kann nicht nach Absatz 1 oder 2 in Anspruch genommen werden, wenn sie nachweist, dass sie die Unrichtigkeit oder Unvollständigkeit des Verkaufsprospekts oder die Unrichtigkeit der wesentlichen Anlegerinformationen nicht gekannt hat und die Unkenntnis nicht auf grober Fahrlässigkeit beruht. Der Anspruch nach Absatz 1 oder nach Absatz 2 besteht nicht, wenn

1. der Käufer der Anteile oder Aktien die Unrichtigkeit oder Unvollständigkeit des Verkaufsprospekts oder die Unrichtigkeit der wesentlichen Anlegerinformationen beim Kauf gekannt hat oder
2. die Anteile oder Aktien nicht auf Grund des Verkaufsprospekts oder der wesentlichen Anlegerinformationen erworben wurden.

(4) Zur Übernahme nach Absatz 1 oder 2 ist auch verpflichtet, wer gewerbsmäßig den Verkauf der Anteile oder Aktien vermittelt oder die Anteile oder Aktien im fremden Namen verkauft hat, wenn er die Unrichtigkeit oder Unvollständigkeit des Verkaufsprospekts oder die Unrichtigkeit der wesentlichen Anlegerinformationen gekannt hat oder die Anteile oder Aktien nicht auf Grund des Verkaufsprospekts oder der wesentlichen Anlegerinformation erworben wurden. Dies gilt nicht, wenn auch der Käufer der Anteile oder Aktien die Unrichtigkeit oder Unvollständigkeit des Verkaufsprospekts oder die Unrichtigkeit der wesentlichen Anlegerinformationen beim Kauf gekannt hat.

(5) Wurde ein Verkaufsprospekt entgegen § 164 Absatz 1, § 268 Absatz 1, § 298 Absatz 1 oder § 299 Absatz 1 nicht veröffentlicht, so kann der Erwerber eines Anteils oder einer Aktie an einem Investmentvermögen von dem Anbieter die Übernahme der Anteile oder Aktien gegen Erstattung des Erwerbspreises, soweit dieser den ersten Erwerbspreis nicht überschreitet, und der mit dem Erwerb verbundenen üblichen Kosten verlangen, sofern das Erwerbsgeschäft vor Veröffentlichung eines Verkaufsprospekts und innerhalb von zwei Jahren nach dem ersten Anbieten oder Platzieren von Anteilen oder Aktien dieses Investmentvermögens im Inland abgeschlossen wurde. Ist der Erwerber nicht mehr Inhaber der Anteile oder

Aktien des Investmentvermögens, kann er die Zahlung des Unterschiedsbetrags zwischen dem Erwerbspreis und dem Veräußerungspreis der Anteile oder Aktien sowie der mit dem Erwerb und der Veräußerung verbundenen üblichen Kosten verlangen. Die Ansprüche dieses Absatzes bestehen nicht, sofern der Erwerber die Pflicht, einen Verkaufsprospekt zu veröffentlichen, bei dem Erwerb kannte.

(6) **Eine Vereinbarung, durch die der Anspruch nach Absatz 1, 2, 4 oder 5 im Voraus ermäßigt oder erlassen wird, ist unwirksam. Weitergehende Ansprüche, die sich aus den Vorschriften des bürgerlichen Rechts auf Grund von Verträgen oder unerlaubten Handlungen ergeben können, bleiben unberührt.**

Schrifttum

Siehe bei § 293 sowie Beschlüsse des 64. Deutschen Juristentages 2002, NJW **2002** 3073; *Bohlken/Lange* Die Prospekthaftung im Bereich geschlossener Fonds nach §§ 13 I Nr. 3, 13a Verkaufsprospektgesetz n.F., DB **2005** 1259; *Bongartz* Verschuldensunabhängige Haftung bei fehlendem Verkaufsprospekt trotz Abstimmung mit der BaFin? BB **2012** 470 *Fleischer* Prospektpflicht und Prospekthaftung für Kapitalanlagen des Grauen Kapitalmarkts nach dem Anlegerschutzverbesserungsgesetz, BKR **2004** 339; *Günther* Hinweise zu Gestaltung des Produktinformationsblattes gemäß § 31 Abs. 3a WpHG, GWR **2013** 55; *Heidelbach/Preuße* Die Anwendung des neuen europäischen Prospektregimes in der Praxis – ausgewählte Probleme, BKR **2012** 397; *Janet/Schuster* Dritthaftung des Wirtschaftsprüfers am Beispiel der Haftung für Prospektgutachten, BB **2005** 987; *Keul/Erttmann* Inhalt und Reichweite zivilrechtlicher Prospekthaftung, DB **2006** 1664; *Kiethe* Prospekthaftung und grauer Kapitalmarkt, ZIP **2000** 216; *Kind/Bruchwitz* Die Verjährung von Prospekthaftungsansprüchen bei geschlossenen Fonds und Bauherrenmodellen, BKR **2011** 10; *Klöhn* Optimistische Prognosen in der bürgerlich-rechtlichen Prospekthaftung, WM **2010** 289; *ders.* Die Ausweitung der bürgerlich-rechtlichen Prospekthaftung durch das „Rupert Scholz"-Urteil des BGH, WM **2012** 97; *Leuering* Die Neuordnung der gesetzlichen Prospekthaftung, NJW **2012** 1905; *Müchler* Die neuen Kurzinformationsblätter – Haftungsrisiken im Rahmen der Anlageberatung, WM **2012** 974; *Nobbe* Prospekthaftung bei geschlossenen Fonds – Ein Überblick über die Rechtsprechung insbesondere des Bundesgerichtshofs, WM **2013** 193; *Pobortscha/Rinas* Das Vermögensanlagen-Informationsblatt: neue Anforderungen im Bereich geschlossener Fonds, BB **2012** 1615; *Podewigs* Beipackzettel für Finanzprodukte – Verbesserte Anlegerinformationen durch Informationsblätter und Key Investor Information Dokuments? ZBB **2011** 169; *Preuße/Schmidt* Anforderungen an Informationsblätter nach § 31 Abs. 3a WpHG, BKR **2011** 265; *Schäfer* Stand und Entwicklungstendenzen der spezialgesetzlichen Prospekthaftung, ZGR **2006** 41; *Schlee/Maywald* PIB: Ein neues Risiko im Rahmen der Prospekthaftung, BKR **2012** 320; *Schnauder* Regimewechsel im Prospekthaftungsrecht bei geschlossenen Publikumsfonds, NJW **2013** 3207; *Schnorbus* Die prospektfreie Platzierung von Wertpapieren nach dem WpPG, AG **2008** 389; *Suchomel* Konkurrenz von § 20 VermAnlG und bürgerlich-rechtlicher Prospekthaftung, NJW **2013** 1126; *Tilp* Anmerkung zum Urteil des LG Frankfurt vom 20.12.2002 – 2-21 O 15/02, ZIP **2003** 306; *Zugehör* Berufliche „Dritthaftung" – insbesondere der Rechtsanwälte, Steuerberater, Wirtschaftsprüfer und Notare – in der deutschen Rechtsprechung, NJW **2000** 1601.

Systematische Übersicht

A. Regulierungshintergrund —— 1
B. Fehler im Verkaufsprospekt —— 7
C. Fehler in den wesentlichen Anlegerinformationen —— 14
D. Kausalität —— 17
E. Anspruchsberechtigte und Anspruchsgegner —— 19
F. Anspruchsinhalt —— 27
G. Haftung für fehlenden Verkaufsprospekt —— 30
H. Verjährung —— 31
I. Anspruchskonkurrenzen
    I. Allgemeine zivilrechtliche Prospekthaftung —— 32
    II. Sonstige vorvertragliche und vertragliche Ansprüche —— 34
    III. Deliktische Ansprüche —— 36
J. Unwirksamer Haftungsausschluss —— 38

A. Regulierungshintergrund

§ 306 orientiert sich in seinen Absätzen 1 bis 4 an dem aufgehobenen § 127 InvG, wobei **1** der Wortlaut an die Begriffsbestimmungen in § 1 angepasst und der Kreis der erfassten Personen ausgedehnt wurde. Seine jetzige Formulierung hat § 306 Abs. 1 auf Vorschlag des Bundestag-Finanzausschusses erhalten. Im Gesetzentwurf der Bundesregierung vom 6. Februar 2013 war der Wortlaut von § 127 Abs. 1 InvG weitgehend unverändert übernommen worden.[1] Danach hätte der Anspruch allein gegen die Kapitalverwaltungsgesellschaften und einen gewerbsmäßigen Verkäufer bestanden. Im endgültigen Wortlaut hat der Gesetzgeber den Kreis der haftenden Personen in Anlehnung an § 20 Abs. 1 VermAnlG weiter gefasst.[2] Durch das „KAGB-Reparaturgesetz"[3] wurde der Wortlaut nachträglich an die Formulierungen in §§ 21 ff. WpPG und § 20 VormAnlG angepasst und die Beweislast für die Kausalität zwischen fehlerhaftem Prospekt/fehlerhaften wesentlichen Anlegerinformationen und Anlageentscheidung umgekehrt.[4]

In § 127 InvG waren seinerzeit Regelungen aus § 20 Abs. 1 KAGG und §§ 12 Abs. 1, 15i **2** AuslInvG übernommen worden.[5] Die Prospekthaftung war im KAGG bereits seit 1969 vorgesehen und orientierte sich an der **börsenrechtlichen Prospekthaftung**.[6] Im Rahmen der OGAW III-Umsetzung wurde die Prospekthaftung um Haftungsregeln in Bezug auf den **vereinfachten Verkaufsprospekt** ergänzt.[7] Mit dem vereinfachten Verkaufsprospekt wurde erstmals das Ziel verfolgt, dem Anleger in leicht verständlicher Form eine Kurzdarstellung über ein OGAW-Sondervermögen an die Hand zu geben.[8] Der vereinfachte Verkaufsprospekt wurde mit der OGAW IV-Richtlinie durch die **wesentlichen Anlegerinformationen** abgelöst, was der deutsche Gesetzgeber durch eine Neufassung von § 127 Abs. 2 umgesetzt hatte.[9]

Für geschlossene Publikumsfonds galt vor dem Inkrafttreten von § 306 die Haftungs- **3** regelung in §§ 20 ff. VermAnlG. § 306 Abs. 5 übernimmt die Regelungen in §§ 20 Abs. 6 und 22 Abs. 6 VermAnlG.[10]

Die Haftung nach § 306 ist auf **fehlerhafte Angaben** im Verkaufsprospekt und in **4** den wesentlichen Anlegerinformationen beschränkt. Fehlerhafte Angaben in anderen Dokumenten – etwa in Werbematerialien – begründen den Anspruch nicht. Allerdings können sie vorvertragliche und vertragliche Ansprüche begründen.[11]

§ 306 gilt wie alle Regelungen im zweiten Unterabschnitt nicht beim Vertrieb von **5** Anteilen oder Aktien an einem AIF an semiprofessionelle und professionelle Anleger.

Verkaufsprospekte und wesentliche Anlegerinformationen nach dem Kapitalanla- **6** gegesetzbuch sind gemäß § 1 Abs. 2 Satz 2 Nr. 2 KapMuG **öffentliche Kapitalmarktinformationen** im Sinne von § 1 Abs. 2 Satz 1 KapMuG. Ein Musterverfahren ist damit nach § 1 Abs. 1 Nr. 1 KapMuG bei falscher, irreführender oder unterlassener Information durch einen Verkaufsprospekt oder durch wesentliche Anlegerinformationen möglich.

---

1 BTDrucks. 17/12294, S. 141.
2 Zur Gesetzgebungsgeschichte *Schnauder* NJW **2013** 3207, 3209.
3 Regierungsentwurf in der BTDrucks. 18/1305.
4 RegBegr. BTDrucks. 18/1305, S. 51.
5 RegBegr zum Investmentmodernisierungsgesetz, BTDrucks. 15/1553, S. 115; Berger/Steck/Lübbehüsen/*Köndgen* § 127 InvG Rn. 1.
6 Berger/Steck/Lübbehüsen/*Köndgen* § 127 Rn. 1.
7 BTDrucks. 15/1553, S. 66.
8 Emde/Dornseifer/Dreibus/Hölscher/*Heisterhagen* § 127 Rn. 9.
9 Siehe hierzu § 166.
10 RegBegr. BTDrucks. 17/12294, S. 283.
11 Siehe hierzu etwa MünchKomm-HGB/*Grunewald* § 161 Rn. 195 ff. Zum Verhältnis zwischen § 306 und der zivilrechtlichen Prospekthaftung Rn. 28 f.

B. Fehler im Verkaufsprospekt

7 Nach § 306 Abs. 1 Satz 1 kann der Erwerber von Anteilen oder Aktien deren Rücknahme gegen Erstattung des Kaufpreises verlangen, wenn Angaben, die für die Beurteilung der Aktien oder Anteile von **wesentlicher Bedeutung** sind, im Verkaufsprospekt unrichtig oder unvollständig sind.

8 Unrichtig können sowohl **Tatsachen** als auch **Werturteile** sein.[12] Die Darstellung einer Tatsache ist unrichtig, wenn sie mit den objektiven Verhältnissen nicht übereinstimmt.[13] Ein Werturteil ist unrichtig, wenn es nicht ausreichend durch Tatsachen gestützt oder wenn es kaufmännisch unvertretbar ist. Der Anspruch ist vor allem auch begründet, wenn der Verkaufsprospekt eine unvertretbare Darstellung einer zukünftigen Geschäftsentwicklung (= **Prognose**) enthält.[14] Unvollständig ist der Verkaufsprospekt, wenn **Angaben fehlen**, die für die Anlageentscheidung von wesentlicher Bedeutung sind.[15]

9 Die Darstellung in einem Verkaufsprospekt kann unrichtig im Sinne von § 306 Abs. 1 sein, obwohl er zutreffende Angaben enthält. Dies ist dann der Fall, wenn die Darstellung unklar oder unübersichtlich ist.[16] Denn entscheidend für die Beurteilung eines Prospektes ist das durch ihn vermittelte **Gesamtbild**.[17]

10 **Von wesentlicher Bedeutung** sind Angaben, wenn sie die Urteilsbildung eines verständigen Durchschnittsanlegers über die Aktie oder den Anteil beeinflussen können.[18] Dabei darf der Prospektersteller davon ausgehen, dass der Anleger eine Bilanz zu lesen versteht, er darf aber nicht die Kenntnis von Fachbegriffen voraus setzen.[19] Wesentlich sind alle Informationen, die zu den wertbildenden Faktoren des jeweiligen Investmentvermögens zählen.[20]

11 Der Gesetzgeber hat darauf verzichtet, bestimmte Angaben für wesentlich zu erklären. Notwendig bleibt immer eine Bewertung des Einzelfalls. Allerdings dürfte ein Verstoß gegen die von § 165 Abs. 2 Nr. 2 und 3 geforderte Darstellung der **Anlagepolitik/-strategie** und des **Risikoprofils** regelmäßig den Anspruch begründen.[21] Freilich findet sich weder im Gesetz noch bisher in der Aufsichtspraxis der BaFin eine Vorgabe, wie diese Darstellung aufgebaut werden soll,[22] so dass für potentielle Anspruchsgegner allein eine Orientierung an den sich stetig fortentwickelnden Marktstandards eine Hilfestellung zur Haftungsvermeidung bietet. Eine gewisse Sicherheit können Muster geben, die von Verbänden wie dem *BVI Bundesverband Investment und Asset Management* oder dem *bsi Bundesverband Sachwerte und Investmentvermögen* entwickelt werden.[23]

---

12 Vgl. Emde/Dornseifer/Dreibus/Hölscher/*Heisterhagen* § 127 Rn. 18.
13 Siehe zur die Kasuistik des BGH bezüglich der allgemeinen zivilrechtlichen Prospekthaftung *Nobbe* WM **2013** 193, 194 f.
14 Siehe vor allem BGH WM **1982** 862, 865; BGH WM **2009** 2303, 2305; BGH BKR **2010** 35; zur Kasuistik des BGH *Nobbe*, WM **2013** 193, 195; vgl. auch *Baur* § 20 KAGG Rn. 8; Emde/Dornseifer/Dreibus/Hölscher/*Heisterhagen* § 127 Rn. 19; zur Frage wie optimistisch eine Prognose sein darf siehe *Klöhn* WM **2010** 289.
15 Emde/Dornseifer/Dreibus/Hölscher/*Heisterhagen* § 127 Rn. 20; *Nobbe*, WM **2013** 193, 195 f.
16 Beckmann/Scholtz/Vollmer/*Schmies* § 127 InvG Rn. 9; Emde/Dornseifer/Dreibus/Hölscher/*Heisterhagen* § 127 Rn. 21.
17 Emde/Dornseifer/Dreibus/Hölscher/*Heisterhagen* § 127 Rn. 21 unter Bezug auf BGH NJW **1982** 2823, 2824.
18 Berger/Steck/Lübbehüsen/*Köndgen* § 127 InvG Rn. 3.
19 Emde/Dornseifer/Dreibus/Hölscher/*Heisterhagen* § 127 Rn. 20.
20 Emde/Dornseifer/Dreibus/Hölscher/*Heisterhagen* § 127 Rn. 17; Assmann/Schütze/*Assmann* § 6 Rn. 87.
21 Zu diesen Anforderungen siehe § 165. Siehe auch BGH NJW-RR **2005** 772.
22 Siehe § 165.
23 Siehe zu solchen Mustern § 165.

12 Auch freiwillige, also nicht von § 165 geforderte Angaben, können wesentlich sein. Keine wesentliche Bedeutung haben rein technische Informationen, eine falsche Anschrift oder ein falsch angegebener Vorname begründet die Haftung also nicht.[24]

13 Für die **Vollständigkeit** greift eine Vermutung, wenn alle gesetzlich verlangten Angaben im Verkaufsprospekt enthalten sind.[25]

C. Fehler in den wesentlichen Anlegerinformationen

14 Nach § 306 Abs. 2 Satz 1 kann der Erwerber die Rücknahme von Anteilen oder Aktien gegen Erstattung des Kaufpreises verlangen, wenn die in den wesentlichen Anlegerinformationen enthaltenen Angaben **irreführend**, **unrichtig** oder **nicht mit den einschlägigen Stellen im Verkaufsprospekt vereinbar** sind. Die Regelung setzt Art. 79 Abs. 2 OGAW IV-Richtlinie um und übernimmt gleichzeitig die Haftungsregelung in § 22 VermAnlG. Die Haftung basiert auf der Inanspruchnahme von Vertrauen.[26]

15 **Unrichtig** sind Angaben in den wesentlichen Anlegerinformationen unter denselben Voraussetzungen wie beim Verkaufsprospekt. **Irreführend** sind Angaben, wenn sie zwar den Tatsachen entsprechen, aber durch eine unklare oder missverständliche Darstellung beim Anleger einen unzutreffenden Eindruck erwecken.[27] **Unvereinbar mit dem Verkaufsprospekt** ist eine Angabe zum einen, wenn sie im direkten Widerspruch zu einer Angabe im Verkaufsprospekt steht. Daneben ist ein Widerspruch aber auch anzunehmen, wenn das von den wesentlichen Anlegerinformationen gezeichnete Gesamtbild von dem im Verkaufsprospekt gezeichneten abweicht.[28]

16 Die Haftung nach § 306 Abs. 2 Satz 1 ist beschränkt auf die genannten Fälle unrichtiger, irreführender und mit dem Verkaufsprospekt unvereinbarer Angaben. Die wesentlichen Anlegerinformationen dienen einer kurzen und verständlichen Information,[29] ein Anleger kann sich daher nicht darauf berufen, dass die Angaben **unvollständig** seien.[30] Unberührt von dieser Beschränkung bleiben Ansprüche aufgrund anderer Anspruchsgrundlagen, also etwa Ansprüche aufgrund einer Aufklärung durch einen Anlageberater, die nicht anleger- oder nicht objektgerecht war.[31]

D. Kausalität

17 Sowohl der Prospekthaftungsanspruch aus § 306 Abs. 1 Satz 1 als auch die Haftung für die wesentlichen Anlegerinformationen nach § 306 Abs. 2 Satz 1 setzten nach dem ursprünglichen Wortlaut voraus, dass die Anteile oder Aktien „auf Grund" des jeweiligen Dokuments erworben wurden. Dies ist mit dem „KAGB-Reparaturgesetz" aufgegeben worden. Nach der Regierungsbegründung trägt nunmehr der Anspruchsgegner die **Beweislast** dafür, dass der Prospekt **nicht kausal** für die Anlageentscheidung war.[32]

---

24 *Baur* § 20 KAGG Rn. 6; Emde/Dornseifer/Dreibus/Hölscher/*Heisterhagen* § 127 Rn. 18; Berger/Steck/Lübbehüsen/*Köndgen* § 127 InvG Rn. 3.
25 Berger/Steck/Lübbehüsen/*Köndgen* § 127 InvG Rn. 4.
26 *Müchler* WM **2012** 974, 977; Emde/Dornseifer/Dreibus/Hölscher/*Heisterhagen* § 127 Rn. 31.
27 *Müchler* WM **2012** 974, 978.
28 *Müchler* WM **2012** 974, 978.
29 § 166.
30 RegBegr BTDrucks. 17/6051, S. 38 zum Vermögensanlagen-Informationsblatt unter ausdrücklicher Bezugnahme auf die wesentlichen Anlegerinformationen. Vgl. auch Emde/Dornseifer/Dreibus/Hölscher/*Heisterhagen* § 127 Rn. 32.
31 BTDrucks. 17/4510, S. 84.
32 BTDrucks. 18/1305, S. 51.

18 Es reicht daher, wenn der Anleger lediglich behauptet, dass er innerhalb einer durch den Prospekt geschaffenen **Anlegerstimmung** die Anteile oder Aktien erworben habe.[33] Der Anspruchsgegner muss dann beweisen, dass die Anlagestimmung für die Anlageentscheidung nicht kausal war. Dies ist vor allem dann zu bejahen, wenn dem Käufer neagative, im Widerspruch zum Prospekt stehende Entwicklungen bekannt waren.[34]

E. Anspruchsberechtigte und Anspruchsgegner

19 **Anspruchsberechtigt ist nur der Ersterwerber** von Aktien oder Anteilen, nicht ein Zweiterwerber oder Beschenkter.[35] Dies folgt aus § 306 Abs. 1 Satz 2, wonach der Käufer auch dann einen Anspruch behält, wenn er nicht mehr Inhaber des Anteils oder der Aktie ist.[36]

20 Ein Anspruch wegen eines **fehlerhaften Verkaufsprospektes** besteht gemäß § 306 Abs. 1 Satz 1 gegen die
- **Verwaltungsgesellschaft**,
- diejenigen, die neben der Verwaltungsgesellschaft für den Verkaufsprospekt die Verantwortung übernommen haben (**Prospektverantwortliche**),
- jene, von denen der Erlass des Prospektes ausging (**Prospektveranlasser**) und
- **gewerbsmäßige Anteilsverkäufer**.

21 Der Tatbestand von § 306 Abs. 1 übernimmt bezüglich der Anspruchsgegner die Formulierung in § 20 Abs. 1 VermAnlG, der seinerseits auf § 44 Abs. 1 Nr. 1 und 2 BörsG gründete. **Prospektverantwortliche** sind diejenigen, die im Verkaufsprospekt als solche genannt werden. **Prospektveranlasser** ist derjenige, von dem die Erstellung des Prospekts ausgeht.[37] Dies umfasst Personen, die ein eigenes wirtschaftliches Interesse an dem Angebot oder der Platzierung der Anteile haben und die darauf hinwirken, dass ein fehlerhafter Verkaufsprospekt veröffentlicht wird.[38] **Gewerbsmäßige Anteilsverkäufer** sind Personen, die Aktien oder Anteile an einem Investmentvermögen als Verkaufskommissionär im Sinne von §§ 383 ff. HGB oder aus eigenen Beständen veräußern.[39] Die Gewerbsmäßigkeit ist nach den Maßstäben des Gewerberechts zu bestimmen, es kommt also darauf an, ob die Tätigkeit auf Dauer angelegt ist und mit der Absicht der Gewinnerzielung betrieben wird.[40]

22 Ein Anspruch wegen **fehlerhafter wesentlicher Anlegerinformationen** richtet sich gemäß § 306 Abs. 2 Satz 1 gegen die **Verwaltungsgesellschaft** und gegen einen **gewerbsmäßigen Anteilsverkäufer**.

23 Nach § 306 Abs. 4 Satz 1 haftet für den fehlerhaften Verkaufsprospekt oder die fehlerhafte wesentliche Anlegerinformation zudem derjenige, der Anteile oder Aktien an

---

33 Vgl. *Schnauder* NJW **2013** 3207, 3209, der darlegt, warum dies bei der ursprünglichen Formulierung nicht hinreichend gewesen wäre.
34 Vgl. *Groß* § 21 WpPG Rn. 70; Assmann/Schlitt/von Kopp-Colomb/*Assmann* § 13 VerkProspG Rn. 82 ff.
35 Vgl. bereits *Baur* § 20 KAGG Rn. 18 und Berger/Steck/Lübbehüsen/*Köndgen* § 127 Rn. 11; Emde/Dornseifer/Dreibus/Hölscher/*Heisterhagen* § 127 Rn. 4; Beckmann/Scholtz/Vollmer/*Schmies* § 127 InvG Rn. 14.
36 *Baur* § 20 KAGG Rn. 18, ihm folgend Berger/Steck/Lübbehüsen/*Köndgen* § 127 Rn. 11.
37 *Suchomel* NJW **2013** 1126, 1128.
38 *Suchomel* NJW **2013** 1126, 1128.
39 Emde/Dornseifer/Dreibus/Hölscher/*Heisterhagen* § 127 Rn. 37; Berger/Steck/Lübbehüsen/*Köndgen* § 127 InvG Rn. 16.
40 Berger/Steck/Lübbehüsen/*Köndgen* § 127 InvG Rn. 16.

einem Investmentvermögen in fremden Namen verkauft hat oder den Kauf der Anteile oder Aktien gewerbsmäßig vermittelt hat. In fremden Namen verkauft werden Aktien oder Anteile von Handelsvertretern (§§ 84 ff. HGB), gewerbsmäßige Vermittler sind Handelsvertreter und Handelsmakler (§§ 93 ff. HGB).[41] Erfasst werden von der Regelung **Abschlussvermittler** im Sinne von § 2 Abs. 3 Satz 1 Nr. 3 WpHG und **Anlagevermittler** im Sinne von § 2 Abs. 3 Satz 1 Nr. 4 WpHG.[42]

Die nach § 306 Abs. 1 Satz 1, Abs. 2 Satz 1 und Abs. 4 Satz 1 Verpflichteten haften **gesamtschuldnerisch** im Sinne von §§ 421 ff. BGB. Für den **Innenregress** gemäß § 426 BGB kommt es zunächst auf eine vertragliche Regelung zwischen den Gesamtschuldnern an. Eine solche ist oftmals Teil der **Vertriebsvereinbarung** zwischen der Verwaltungsgesellschaft und ihren Vertriebspartnern. Auch zwischen der Verwaltungsgesellschaft und sonstigen Prospektverantwortlichen wird oftmals eine **Haftungsvereinbarung** geschlossen. Fehlt es an einer vertraglichen Regelung, kommt eine Teilung in analoger Anwendung von § 254 BGB in Betracht.[43] Hiergegen wird eingewandt, dass die Pflicht zur Erstellung des Verkaufsprospektes und der wesentlichen Anlegerinformationen der Verwaltungsgesellschaft zugewiesen sei (§ 164 Abs. 1 Satz 1) und für eine Anwendung der Regeln einer unechten Gesamtschuld plädiert, mit der Folge dass allein die Verwaltungsgesellschaft hafte.[44] Gegen dieses Verständnis spricht, dass das Gesetz eine Aufklärung mittels des Verkaufsprospekts und der wesentlichen Anlegerinformationen gerade nicht allein von der Verwaltungsgesellschaft, sondern von jedem verlangt, der Anteile oder Aktien an einem Investmentvermögen vertreibt.[45] Eine allgemein vorrangige Pflicht der Verwaltungsgesellschaft lässt sich dem Gesetz also nicht entnehmen.

Ein Anspruch gegen alle nach § 306 Abs. 1 Satz 1, Abs. 2 Satz 1 und Abs. 4 Satz 1 Verpflichteten ist ausgeschlossen, wenn der Käufer eines Anteils oder einer Aktie die **Fehlerhaftigkeit** des Verkaufsprospektes bzw. der wesentlichen Anlegerinformationen beim Erwerb **gekannt** hat (§ 306 Abs. 3 Satz 2, Abs. 4 Satz 2). Notwendig für den Ausschluss ist nach dem eindeutigen Wortlaut die positive Kenntnis des Käufers, auch grob fahrlässige Unkenntnis reicht nicht.[46] Eine positive Kenntnis des Käufers dürfte in der Regel nur nachweisbar sein, wenn er vor dem Erwerb der Anteile oder Aktien auf den Fehler im Verkaufsprospekt oder in den wesentlichen Anlegerinformationen schriftlich hingewiesen worden ist.

§ 306 Abs. 3 Satz 1 **beschränkt die Haftung** von Prospektverantwortlichen, Prospektveranlassern und **gewerbsmäßigen Anteilsverkäufern**. Sie haften nicht für einen fehlerhaften Verkaufsprospekt oder fehlerhafte wesentliche Anlegerinformationen, wenn sie nachweisen, dass sie die Fehlerhaftigkeit nicht gekannt haben. Voraussetzung für diesen Anspruchsausschluss ist allerdings, dass die Unkenntnis nicht auf grober Fahrlässigkeit beruht. Weiter geht die **Haftungsbeschränkung für Abschlussvermittler und Anlagevermittler** nach § 306 Abs. 4 Satz 1. Sie haften ausschließlich bei positiver Kenntnis von den Prospektfehlern, auch grob fahrlässige Unkenntnis reicht nicht aus. Teilweise wird ihnen dabei die Beweislast für die fehlende Kenntnis zugewiesen.[47] Dies darf aber jedenfalls nicht so verstanden werden, dass jegliche Zweifel zu Lasten

---

41 Emde/Dornseifer/Dreibus/Hölscher/*Heisterhagen* § 127 Rn. 38.
42 Vgl. Berger/Steck/Lübbehüsen/*Köndgen* § 127 InvG Rn. 16.
43 Hierfür *Baur* § 20 KAGG Rn. 20; Brinkhaus/Scherer/*Schödermeier/Baltzer* § 20 KAGG Rn. 18.
44 Berger/Steck/Lübbehüsen/*Köndgen*, § 127 InvG Rn. 17; zur unechten Gesamtschuld etwa MünchKommBGB/*Bydlinski* § 421 Rn. 60 ff.
45 Hierzu § 297 Rn. 1.
46 Vgl. Emde/Dornseifer/Dreibus/Hölscher/Heisterhagen § 127 Rn. 41.
47 So bereits *Baur* § 20 KAGG Rn. 30; siehe auch Emde/Dornseifer/Dreibus/Hölscher/*Heisterhagen* § 127 Rn. 43.

eines Abschlussvermittlers oder Anlagevermittlers gehen. Dann würde die Regelung leer laufen. Der Beweis kann folglich etwa durch den Nachweis einer fachlichen Prüfung des Prospekts erbracht werden.

F. Anspruchsinhalt

27 Der Anspruch des Anlegers richtet sich auf **Übernahme der Anteile oder Aktien** gegen **Rückübertragung des Kaufpreises**, wenn der Anleger noch Inhaber der Anteile oder Aktien zu dem Zeitpunkt ist, an dem er Kenntnis von der Fehlerhaftigkeit des Verkaufsprospektes oder der wesentlichen Anlegerinformationen erlangt (§ 306 Abs. 1 Satz 1 bzw. Abs. 2 Satz 1). Dies umfasst die mit dem Erwerb verbundenen Kosten wie Vertriebsprovisionen.[48]

28 Die **Rechtsfolge des Anspruches** (= Übertragung der Anteile gegen Rückübertragung des Kaufpreises) steht bei einer geschlossenen Investmentkommanditgesellschaft recht in **Konflikt zu hergebrachten Grenzen des Personengesellschaftsrechts**.[49] Gemäß § 149 Abs. 1 Satz 1 darf eine Investmentkommanditgesellschaft nur in der Rechtsform einer Kommanditgesellschaft betrieben werden. § 149 Abs. 1 Satz 2 erklärt ausdrücklich die Regeln des Handelsgesetzbuches für anwendbar, soweit sich aus den Bestimmungen in §§ 149 ff. nicht etwas anderes ergibt. Einer Kommanditgesellschaft ist es aber nach allgemeinen gesellschaftsrechtlichen Vorgaben gar nicht möglich, den Kaufpreis an den Anleger zurück zu zahlen und die Anteile zurück zu nehmen. Zum einen wäre die Rückgewährung des Kaufpreises eine unzulässige Rückgewähr der Pflichteinlage, zum anderen kennt das Personengesellschaftsrecht eigene Anteile der Gesellschaft nicht.[50] Dieses Problem stellte sich bereits bisher bei der Regelung in § 13 VerkProspkG.[51] Will man den Rückübertragungsanspruch bei der Investmentkommanditgesellschaft nicht leer laufen lassen, wird man hier ebenso wie dort – abweichend von dem sonstigen Verständnis im Personengesellschaftsrecht – davon ausgehen müssen, dass das Gesetz dem Anleger ein modifiziertes Rücktrittsrecht gibt, wenn er durch den Prospekt irregeführt wurde.[52]

29 Der Anspruch des Anlegers richtet sich auf die Zahlung eines **Ausgleichsbetrages**, wenn der Berechtigte nicht mehr Inhaber der Anteile oder Aktien zu dem Zeitpunkt ist, an dem er Kenntnis von der Fehlerhaftigkeit des Verkaufsprospektes oder der wesentlichen Anlegerinformationen erlangt (§ 306 Abs. 1 Satz 2 bzw. Abs. 2 Satz 2). Der Ausgleichsbetrag berechnet sich nach der Differenz zwischen dem Erwerbspreis und dem Rücknahmepreis oder dem Wert der Anteile zum Zeitpunkt der Veräußerung. Veräußerung ist nicht im Sinne eines entgeltlichen Rechtsgeschäftes zu verstehen, auch eine Schenkung erfüllt die Voraussetzung.[53]

G. Haftung für fehlenden Verkaufsprospekt

30 § 306 Abs. 5 Satz 1 legt die Haftung eines Anbieters von Anteilen oder Aktien an einem Investmentvermögen fest, wenn ein Verkaufsprospekt entgegen § 164 Abs. 1, § 268

---

48 Emde/Dornseifer/Dreibus/Hölscher/*Heisterhagen* § 127 Rn. 44.
49 *Schnauder* NJW **2013** 3207, 3210. Zu der Bewertung mit Blick auf das Kapitalgesellschaftsrecht siehe etwa *Groß* § 21 WpPG Rn. 10 ff.; Schwark/Zimmer/*Schwark* § 45 BörsG Rn. 13.
50 MünchKomm-HGB/*K. Schmidt* § 105 Rn. 93.
51 *Schnauder* NJW **2013** 3207, 3210.
52 Vgl. etwa *Fleischer* BKR **2004** 339, 345 unter Verweis in Fußnote 109 auf die bereits zum Regierungsentwurf für ein Vermögensanlagengesetz von 1978 geführte Diskussion, **a.A.** *Schnauder* NJW **2013** 3207, 3210.
53 Emde/Dornseifer/Dreibus/Hölscher/*Heisterhagen* § 127 Rn. 45.

Abs. 1, § 298 Abs. 1 oder § 299 Abs. 1 **nicht veröffentlicht** worden ist. Die Haftung besteht gegenüber allen Erwerbern, die Anteile oder Aktien **zwei Jahre nach ihrem erstmaligen Angebot** erworben haben. Der **Anspruchsinhalt** entspricht jenem in § 306 Abs. 1, auch in § 306 Abs. 5 Satz 1 wird danach unterschieden, ob der Anleger noch Inhaber der Anteile oder Aktien ist oder ob er diese veräußert hat. Ein Verschulden des Anbieters ist nicht Anspruchsvoraussetzung.[54] Die Haftung besteht nach § 306 Abs. 5 Satz 3 aber nicht, wenn der Erwerber die Pflicht zur Veröffentlichung eines Verkaufsprospektes kannte.

H. Verjährung

Für sämtliche in § 306 normierten Ansprüche gelten die allgemeinen Verjährungsvorschriften der §§ 195, 199 BGB. **31**

I. Anspruchskonkurrenzen

I. Allgemeine zivilrechtliche Prospekthaftung

Die Prospekthaftung nach § 306 Abs. 1 lässt keinen Raum für die sog. **Prospekthaftung im engeren Sinne** nach den von der Rechtsprechung entwickelten Grundsätzen. Diese allgemeine zivilrechtliche Prospekthaftung ist für Anlagen auf dem grauen Kapitalmarkt entwickelt worden, weil es dort an spezialgesetzlichen Regeln fehlte.[55] Ihr unterlagen diejenigen, die für die Prospekterstellung verantwortlich sind und diejenigen, die an der Erstellung maßgeblich mitgewirkt haben, also vor allem Initiatoren und Gründungsgesellschafter einer Anlagegesellschaft, aber auch berufsmäßig sachkundige wie Wirtschaftsprüfer, Steuerberater und Rechtsanwälte, wenn sie durch ihre Mitwirkung gegenüber den Anlegern einen besonderen Vertrauenstatbestand schaffen.[56] Dabei geht es nicht um ein persönliches Vertrauen gegenüber einer dem Anleger bekannten Person. Es handelt sich um eine **typisierte Vertrauenshaftung**, das Anlagepublikum soll sich darauf verlassen können, dass die Angaben im Verkaufsprospekt richtig und zutreffend sind.[57] **32**

§ 306 Abs. 1 ist ebenso wie die allgemeine zivilrechtliche Prospekthaftung eine typisierte Vertrauenshaftung. Das galt bereits für § 127 InvG und § 20 VermAnlG, die ihrerseits an § 44 BörsG a.F. angelehnt waren.[58] Die gesetzliche Regelung in § 306 stellt für diese Vertrauenshaftung – ebenso wie die vorherigen Regulierungen in § 127 InvG und § 20 VermAnlG – ein ausdifferenziertes Haftungsregime dar, das den Haftungsgrund, die Anspruchsgegner, die Haftungsfolgen und einen etwaigen Haftungsausschluss regelt.[59] Diese gesetzliche Festlegung würde weitgehend bedeutungslos, wenn daneben ein weiteres Haftungsregime anwendbar bliebe. § 306 verdrängt daher als **spezialgesetzliche Regelung** die allgemeine zivilrechtliche Prospekthaftung.[60] § 306 Abs. 6 Satz 2 spricht **33**

---

54 Zur Frage, ob § 21 VermAnlG ein Verschulden voraus setzt siehe *Leuering* NJW **2012** 1905, 1008.
55 *Suchomel* NJW **2013** 1126, 1127.
56 Eingehend zur allgemeinen zivilrechtlichen Prospekthaftung *Keul/Erttmann* DB **2006** 1664.
57 Grundlegend BGHZ **71** 284 = NJW **1978** 1625; BGHZ **72** 382 = NJW **1979** 718.
58 Vgl. auch Emde/Dornseifer/Dreibus/Hölscher/*Heisterhagen* § 127 Rn. 1 und Rn. 54.
59 Siehe auch die RegBegr BTDrucks. 17/12294, S. 2, wo das Haftungsregime „als in sich geschlossenes Regelwerk für Investmentfonds und ihre Manager" beschrieben wird.
60 *Schnauder* NJW **2013** 3207, 3212 mit Bezug zur Gesetzesbegründung; entsprechend bereits bezüglich § 127 InvG Berger/Steck/Lübbehüsen/*Köndgen* § 127 Rn. 29; Emde/Dornseifer/Dreibus/Hölscher/

nicht gegen dieses Verständnis. Danach sind weitergehende Ansprüche „auf Grund von Verträgen" nicht ausgeschlossen. Die allgemeine zivilrechtliche Prospekthaftung ist indes keine vertragliche Haftung.[61]

II. Sonstige vorvertragliche und vertragliche Ansprüche

34 Unberührt von § 306 Abs. 1 bleiben Ansprüche auf der Grundlage einer **persönlichen Vertrauenshaftung** unter Verwendung des Verkaufsprospektes, wie § 306 Abs. 6 Satz 2 ausdrücklich klarstellt. In diesen unter der Bezeichnung **Prospekthaftung im weiteren Sinne** erfassten Fällen gründet der Anspruch darauf, dass Anlageberater oder Anlagevermittler einen Anleger falsch über die Risiken der Anlage aufgeklärt haben. Hier liegt kein Fall der Anspruchskonkurrenz vor, denn der Anspruch gründet auf der eigenständigen Verletzung von vorvertraglichen oder vertraglichen Aufklärungspflichten.[62]

35 Gedacht sei etwa an eine falsche Aufklärung eines Beraters, bei der Angaben im Verkaufsprospekt oder in den wesentlichen Anlegerinformationen verschleiert werden. Anknüpfungspunkt des Anspruchs sind hier nicht der Verkaufsprospekt oder die wesentlichen Anlegerinformationen, sondern der Beratungsvertrag.[63] Auch Ansprüche aufgrund von Fehlern in anderen Dokumenten als dem Verkaufsprospekt oder den wesentlichen Anlegerinformationen, etwa in Werbeflyern, stehen selbständig neben dem Anspruch aus § 306.[64]

III. Deliktische Ansprüche

36 Auch deliktische Ansprüche aus § 823 Abs. 2 und § 826 BGB stehen selbständig neben den Ansprüchen aus § 306, wie § 306 Abs. 6 Satz 2 ausdrücklich klarstellt.[65] Als Schutzgesetz im Sinne von § 823 Abs. 2 BGB kommt vor allem § 264a StGB (Kapitalanlagebetrug) in Betracht.[66] **§ 306 selbst ist kein Schutzgesetz** im Sinne von § 823 Abs. 2 BGB. Diese Frage hat Bedeutung vor allem für die Haftung eines Anlageberaters, der fehlerhafte wesentliche Anlegerinformationen zur Aufklärung einsetzt und der nicht zu den haftenden Personen in § 306 zählt, der also etwa in der konkreten Beratungssituation nicht auch als Anlagevermittler oder Abschlussvermittler tätig war.

37 Zwar scheint der Gesetzgeber des OGAW IV-Umsetzungsgesetzes bezüglich der Vorgängerregelung in § 127 InvG davon ausgegangen zu sein, dass diese Haftungsbestimmung ein Schutzgesetz im Sinne von § 823 Abs. 2 BGB darstellt.[67] Dies widerspricht jedoch den Anforderungen, die der BGH an die Schutzgesetzeigenschaft stellt. Der Vermögensschutz im deliktischen Haftungssystem soll grundsätzlich allein durch § 826 BGB

Heisterhagen § 127 Rn. 54 f.; siehe auch *Nobbe* WM **2013** 193, 202 mit Nachweisen zur Diskussion im Rahmen der Auslegung von § 13 VerkProspG und § 20 VermAnlG.

61 Siehe näher *Nobbe* WM **2013** 193, 197.
62 Berger/Steck/Lübbehüsen/*Köndgen* § 127 InvG Rn. 31; Emde/Dornseifer/Dreibus/Hölscher/*Heisterhagen* § 127 Rn. 56; Brinkhaus/Scherer/ *Schödermeier/Baltzer* § 20 KAGG Rn. 34; zu dieser Haftung eingehend Schimansky/Bunte/Lwowski *Köndgen/Schmied* § 113 Rn. 91 f.
63 Vgl. hierzu auch Emde/Dornseifer/Dreibus/Hölscher/*Heisterhagen* § 127 Rn. 57.
64 Siehe auch Emde/Dornseifer/Dreibus/Hölscher/*Heisterhagen* § 127 Rn. 16.
65 Befürwortend bereits vorher *Baur* § 20 KAGG Rn. 43; Berger/Steck/Lübbehüsen/*Köndgen* § 127 InvG Rn. 32, Emde/Dornseifer/Dreibus/Hölscher/*Heisterhagen* § 127 Rn. 59, Beckmann/Scholtz/Vollmer/*Schmies* § 127 InvG Rn. 30; **a.A.** Brinkhaus/Scherer/ *Schödermeier/Baltzer* § 20 KAGG Rn. 66.
66 Berger/Steck/Lübbehüsen/*Köndgen* § 127 InvG Rn. 32.
67 Vgl. BTDrucks. 17/4510, S. 84. Hierzu näher Emde/Dornseifer/Dreibus/Hölscher/*Heisterhagen* § 127 Rn. 60.

gewährleistet werden. Diese Grundentscheidung des Gesetzgebers würde durch eine ausufernde Annahme von Schutzgesetzen unterlaufen werden.[68] § 823 Abs. 2 BGB **ist keine Hintertür für eine allgemeine Fahrlässigkeitshaftung für Vermögensschäden**.[69] Notwendig für seine Anwendbarkeit ist, dass das spezialgesetzliche Haftungsregime unvollständig ist.[70] Dies dürfte angesichts der detaillierten Regelung in § 306 mit ihrer Vielzahl an Anspruchsgegnern nicht begründbar sein.

J. Unwirksamer Haftungsausschluss

§ 306 Abs. 6 Satz 1 bestimmt, dass ein Haftungsausschluss und eine Haftungsbeschränkung unwirksam sind, wenn sie vor der Entstehung des Anspruches abgeschlossen werden. **38**

§ 307
Informationspflichten gegenüber semiprofessionellen und professionellen Anlegern und Haftung

(1) Dem am Erwerb eines Anteils oder einer Aktie interessierten professionellen Anleger oder semiprofessionellen Anleger ist vor Vertragsschluss der letzte Jahresbericht nach den §§ 67, 101, 102, 106, 107, 120 bis 123, 135 bis 137, 148, 158 bis 161 oder Artikel 22 der Richtlinie 2011/61/EU zur Verfügung zu stellen. Zusätzlich sind ihm folgende Informationen einschließlich aller wesentlichen Änderungen in der in den Anlagebedingungen, der Satzung oder des Gesellschaftsvertrages des AIF festgelegten Art und Weise zur Verfügung zu stellen:
1. eine Beschreibung der Anlagestrategie und der Ziele des AIF;
2. eine Beschreibung der Art der Vermögenswerte, in die der AIF investieren darf und der Techniken, die er einsetzen darf und aller damit verbundenen Risiken;
3. eine Beschreibung etwaiger Anlagebeschränkungen;
4. Angaben über den Sitz eines eventuellen Master-AIF und über den Sitz der Zielinvestmentvermögen, wenn es sich bei dem AIF um ein Dach-Investmentvermögen handelt;
5. eine Beschreibung der Umstände, unter denen der AIF Leverage einsetzen kann, Art und Quellen des zulässigen Leverage und damit verbundener Risiken, Beschreibung sonstiger Beschränkungen für den Einsatz von Leverage sowie des maximalen Umfangs des Leverage, den die AIF-Verwaltungsgesellschaft für Rechnung des AIF einsetzen darf, und der Handhabung der Wiederverwendung von Sicherheiten und Vermögenswerten;
6. eine Beschreibung der Verfahren, nach denen der AIF seine Anlagestrategie oder seine Anlagepolitik oder beides ändern kann;
7. eine Beschreibung der wichtigsten rechtlichen Auswirkungen der für die Tätigung der Anlage eingegangenen Vertragsbeziehung, einschließlich Informationen über die zuständigen Gerichte, das anwendbare Recht und darüber, ob Rechtsinstrumente vorhanden sind, die die Anerkennung und Vollstreckung von Urteilen in dem Gebiet vorsehen, in dem der AIF seinen Sitz hat;

---

68 BGH NZG **2008** 477, 479; BGH NJW **2010** 3651, 3652.
69 *Müchler* WM **2012** 974, 982.
70 Vgl. auch Emde/Dornseifer/Dreibus/Hölscher/*Heisterhagen* § 127 Rn. 60.

8. Identität der AIF-Verwaltungsgesellschaft, der Verwahrstelle des AIF, des Rechnungsprüfers oder sonstiger Dienstleistungsanbieter sowie eine Erläuterung ihrer Pflichten sowie der Rechte der Anleger;
9. eine Beschreibung, in welcher Weise die AIF-Verwaltungsgesellschaft den Anforderungen des § 25 Absatz 6 oder des Artikels 9 Absatz 7 der Richtlinie 2011/61/EU gerecht wird;
10. eine Beschreibung sämtlicher von der AIF-Verwaltungsgesellschaft übertragener Verwaltungsfunktionen gemäß Anhang I der Richtlinie 2011/61/EU sowie sämtlicher von der Verwahrstelle übertragener Verwahrfunktionen; die Bezeichnung des Beauftragten sowie eine Beschreibung sämtlicher Interessenkonflikte, die sich aus der Aufgabenübertragung ergeben könnten;
11. eine Beschreibung des Bewertungsverfahrens des AIF und der Kalkulationsmethoden für die Bewertung von Vermögenswerten, einschließlich der Verfahren für die Bewertung schwer zu bewertender Vermögenswerte gemäß den §§ 278, 279, 286 oder gemäß Artikel 19 der Richtlinie 2011/61/EU;
12. eine Beschreibung des Liquiditätsrisikomanagements des AIF, einschließlich der Rücknahmerechte unter normalen und außergewöhnlichen Umständen, und der bestehenden Rücknahmevereinbarungen mit den Anlegern.

(2) § 297 Absatz 4 und 8 sowie § 305 gelten entsprechend.

(3) § 306 Absatz 1, 3 4 und 6 gilt entsprechend mit der Maßgabe, dass es statt „Verkaufsprospekt" „Informationen nach § 307 Absatz 1 und 2" heißen muss und dass die Haftungsregelungen in Bezug auf die wesentlichen Anlegerinformationen nicht anzuwenden sind.

(4) Ist die AIF-Verwaltungsgesellschaft durch das Wertpapierprospektgesetz oder durch die Richtlinie 2003/71/EG verpflichtet, einen Wertpapierprospekt zu veröffentlichen, so hat sie die in Absatz 1 genannten Angaben entweder gesondert oder als ergänzende Angaben im Wertpapierprospekt offenzulegen.

Schrifttum

Siehe bei § 293.

Systematische Übersicht

A. Regulierungshintergrund —— 1
B. Inhalt der Informationspflicht (Abs. 1 Satz 2) —— 2
C. Anwendbare Vorschriften und Angaben im Wertpapierprospekt (Absatz 2 bis 4) —— 20

A. Regulierungshintergrund

1   § 307 dient der Umsetzung von Art. 23 Abs. 1 bis 3 der AIFM-Richtlinie.[1] Die Regelung bestimmt die **vorvertraglichen Informationspflichten** beim Vertrieb von AIF an semi-professionelle und professionelle Anleger. Sie trägt der Tatsache Rechnung, dass ein Verkaufsprospekt für einen AIF gemäß § 164 Abs. 1 Satz 1 nur bei Publikumsinvestmentvermögen im Sinne von § 1 Abs. 6 Satz 2 zu erstellen ist. Bei **Spezial-AIF** im Sinne von § 1 Abs. 6 Satz 1 (= AIF, die nur von semiprofessionellen und professionellen Anlegern erworben werden dürfen) ist der **Verkaufsprospekt** als gesetzliches Informationsdoku-

---
[1] RegBegr. BTDrucks. 17/12294, S. 283.

ment hingegen nicht vorgesehen. Ohne die Regelung in § 307 gäbe es daher kein Informationsdokument beim Vertrieb von Spezial-AIF.

B. Inhalt der Informationspflicht (Abs. 1 Satz 2)

§ 307 Abs. 1 Satz 1 verlangt, dass einem semiprofessionellen oder professionellen Erwerbsinteressenten der letzte **Jahresbericht** zur Verfügung gestellt wird.[2] § 307 Abs. 1 Satz 2 verlangt daneben detaillierte weitere Informationen: **2**

Die Informationspflicht umfasst Angaben über die **Anlagestrategie** und die **Ziele** des AIF (§ 307 Abs. 1 Satz 2 Nr. 1). Näher zu beschreiben ist dabei, in welche **Vermögenswerte** der AIF investieren darf, welche **Techniken** er einsetzen kann und welche **Risiken** mit diesen verbunden sind (§ 307 Abs. 1 Satz 2 Nr. 2). Zu beschreiben sind zudem etwaige **Anlagebeschränkungen** (§ 307 Abs. 1 Satz 2 Nr. 3). **3**

Bei **mehrstufigen Strukturen** mit Master-AIF oder Dach-Investmentvermögen sind Erwerbsinteressenten über den Sitz des Master-AIF oder des Zielinvestmentvermögens zu unterrichten (§ 307 Abs. 1 Satz 2 Nr. 4). **4**

Sofern der AIF **Hebelfinanzierungen** (§ 307 Abs. 1 Satz 2 Nr. 5) einsetzen darf, sind die Umstände zu beschreiben, unter denen dies geschehen kann. Art, Herkunft und Umfang des zulässigen Leverage und die mit ihm verbundenen Risiken sind zu erläutern. Beschränkungen für den Einsatz von Leverage sind ebenso zu beschreiben wie die Handhabung der Wiederverwendung von Sicherheiten und Vermögenswerten. **5**

Verfahren, nach denen der AIF seine **Anlagestrategie ändern** kann, sind zu beschreiben (§ 307 Abs. 1 Satz 2 Nr. 6). Dies umfasst etwa Zustimmungsvorbehalte durch einen Beirat oder einen Anlegerausschuss.[3] **6**

Ein AIF geht im Rahmen seiner Anlagetätigkeit zwangläufig **vertragliche Beziehungen** ein. Die wichtigsten hiervon sind einem Erwerbsinteressenten zu beschreiben (§ 307 Abs. 1 Satz 2 Nr. 7). Der Wortlaut („**für die Tätigung der Anlage**") erfasst lediglich Verträge, die unmittelbar dem Erwerb und der Veräußerung von Vermögensgegenständen dienen.[4] Beispielhaft aufgezählt werden Informationen über zuständige Gerichte, anwendbares Recht und über Rechtsinstrumente, die die Anerkennung und Vollstreckung von Urteilen im Sitzstaat des AIF vorsehen. Die Information ist nur insoweit für einen Anleger von Interesse und damit notwendig, wie sie die **Rechtsdurchsetzung** betreffen.[5] **7**

Über **die Identität der Verwaltungsgesellschaft, der Verwahrstelle, des Rechnungsprüfers oder sonstiger Dienstleister** muss ein Erwerbsinteressent informiert werden. Die **Pflichten dieser Personen** und die Rechte der Anleger sind ihm zu erläutern (§ 307 Abs. 1 Satz 2 Nr. 8). **8**

Art. 9 Abs. 7 AIFM-Richtlinie legt Anforderungen für die **Deckung von Berufshaftungsrisiken** durch Eigenmittel oder eine Berufshaftpflichtversicherung fest. Einem Erwerbsinteressenten ist zu beschreiben, wie die AIF-Verwaltungsgesellschaft diese Verpflichtung erfüllt (§ 307 Abs. 1 Satz 2 Nr. 9). **9**

Die **Auslagerung von Funktionen** der Verwaltungsgesellschaft gemäß Anlage I AIFM-Richtlinie sowie jede Auslagerung von Funktionen durch die Verwahrstelle sind zu beschreiben. Gleichfalls zu beschreiben sind die mit der Auslagerung verbundenen Interessenkonflikte, der Beauftragte ist zu benennen (§ 307 Abs. 1 Satz 2 Nr. 10). Anhang I **10**

---

[2] Zum Begriff § 297 Rn. 8.
[3] Dornseifer/Jesch/Klebeck/Tollmann/*Dornseifer* Art. 23 Rn. 22.
[4] Im Ergebnis ebenso Dornseifer/Jesch/Klebeck/Tollmann/*Dornseifer* Art. 23 Rn. 23.
[5] Dornseifer/Jesch/Klebeck/Tollmann/*Dornseifer* Art. 23 Rn. 23.

AIFM-Richtlinie unterschiedet zwischen Funktionen, die eine Verwaltungsgesellschaft mindestens übernehmen muss (Portfolioverwaltung und Risikomanagement) und Funktionen, die sie übernehmen kann (etwa administrative Dienstleistungen, Gewinnausschüttungen oder die Ausgabe und Rücknahme von Anteilen). Da der Verweis in § 307 Abs. 1 Satz 2 Nr. 10 nicht zwischen den obligatorischen und den fakultativen Aufgaben trennt, ist jede Auslagerung zu beschreiben.[6]

11 Zu beschreiben ist das **Bewertungsverfahren** des AIF und die **Kalkulationsmethoden** für die Bewertung von Vermögenswerten (§ 307 Abs. 1 Satz 2 Nr. 11). Dies umfasst die Bewertungsverfahren für schwer zu bewertende Vermögenswerte (§§ 278, 279, 286 bzw. Art. 19 AIFM-Richtlinie).

12 Das **Liquiditätsmanagement** des AIF ist zu beschreiben. Dies umfasst Rücknahmerechte unter normalen und außergewöhnlichen Umständen sowie Rücknahmevereinbarungen mit den Anlegern (§ 307 Abs. 1 Satz 2 Nr. 12).

13 Den Erwerbsinteressenten sind **sämtliche Entgelte, Gebühren und sonstige Kosten** zu beschreiben. Dabei sind die Höchstbeträge anzugeben, die **von den Anlegern mittel- oder unmittelbar getragen werden** (§ 307 Abs. 1 Satz 2 Nr. 13). Zur Art und Weise der Darstellung enthält weder die AIFM-Richtlinie noch die Durchführungsverordnung nähere Vorgaben. Die Ermächtigung für delegierte Rechtsakte in Abs. 6 umfasst die Bestimmung über die Offenlegung von Entgelten, Gebühren und Kosten nicht.[7] Es liegt nahe, die Darstellung an den Vorgaben in **§ 165 Abs. 3** zu orientieren.[8] Unerheblich für die Verpflichtung zur Darstellung ist, ob die Kosten beim AIF oder bei der Verwaltungsgesellschaft anfallen. Auch Kosten von Dienstleistern der Verwaltungsgesellschaft sind als mittelbare Kosten erfasst.[9] Erfasst sind aber nur Kosten, die von den Anlegern zu tragen sind, die also aus dem Investmentvermögen entnommen werden.[10]

14 Auf welche Weise die Verwaltungsgesellschaft eine **faire Behandlung** der Anleger gewährleisten will, muss einem Erwerbsinteressenten beschrieben werden. Wann immer ein Anleger eine Vorzugsbehandlung oder einen Anspruch darauf erhält, ist eine Erläuterung dieser Behandlung, der Art der Anleger, die sie erhalten, und gegebenenfalls der rechtlichen und wirtschaftlichen Verbindungen zwischen diesen Anlegern und dem AIF oder der Verwaltungsgesellschaft notwendig (§ 307 Abs. 1 Satz 2 Nr. 14).

15 Beschrieben werden müssen die **Verfahren und Bedingungen für die Ausgabe und den Verkauf** der Anteile (§ 307 Abs. 1 Satz 2 Nr. 15)

16 Der **Nettoinventarwert** des AIF oder der jüngste **Marktpreis** der Anteile oder Aktien (§§ 278 und 286 Abs. 1 bzw. Art. 19 AIFM-Richtlinie) ist anzugeben (§ 307 Abs. 1 Satz 2 Nr. 16).

17 Verfügbare Angaben zur **bisherigen Wertentwicklung** sind mitzuteilen (§ 307 Abs. 1 Satz 2 Nr. 17). Im Gegensatz zur Regelung in § 165 Abs. 2 Nr. 16 wird kein Warnhinweis gefordert, dass die bisherige Wertentwicklung kein Indikator für die Zukunft ist.

18 Angesichts der vielfältigen Pflichten eines **Primebroker** im Sinne von § 1 Abs. 19 Nr. 30 soll der Erwerbsinteressent über dessen Identität und alle wesentlichen Vereinbarungen zwischen der Verwaltungsgesellschaft und ihren Primebrokern informiert werden (§ 307 Abs. 1 Satz 2 Nr. 18). Dies umfasst eine Darlegung, wie Interessenkonflikte beigelegt werden. Zudem ist eine Information darüber notwendig, ob in einer Vereinbarung mit der Verwahrstelle Möglichkeiten bestehen, Vermögenswerte zu übertragen oder

---

[6] Vgl. auch Dornseifer/Jesch/Klebeck/Tollmann/*Dornseifer* Art. 23 Rn. 31.
[7] Dornseifer/Jesch/Klebeck/Tollmann/*Dornseifer* Art. 23 Rn. 34.
[8] Siehe hierzu § 165.
[9] Siehe auch Dornseifer/Jesch/Klebeck/Tollmann/*Dornseifer* Art. 23 Rn. 35.
[10] Emde/Dornseifer/Dreibus/Hölscher/*Rozok* § 42 Rn. 38.

wiederzuverwenden und ob Haftungsübertragungen auf den Primebroker vorgesehen sind.

Schließlich ist ein Erwerbsinteressent darüber zu informieren, wann und wie die **Informationen nach § 300 Abs. 1 bis 3** offen gelegt werden, die über § 308 Abs. 4 Satz 2 auch gegenüber semiprofessionellen und professionellen Anlegern gegeben werden müssen (§ 307 Abs. 1 Satz 2 Nr. 19). 19

C. Anwendbare Vorschriften und Angaben im Wertpapierprospekt (Absatz 2 bis 4)

Nach § 307 Abs. 2 gelten §§ 297 Abs. 4 bis 8 und 305 für die Information von semiprofessionellen und professionellen Anlegern entsprechend. Die Haftungsregeln des § 306 gelten ebenfalls entsprechend, wobei an die Stelle des Verkaufsprospektes die Angaben nach § 307 Abs. 1 treten und die Haftungsregeln für die wesentlichen Anlegerinformationen nicht anzuwenden sind (§ 307 Abs. 3). § 307 Abs. 4 stellt klar, dass die von § 307 Abs. 1 geforderten Angaben auch in einem Wertpapierprospekt offen gelegt werden können. 20

§ 308
Sonstige Informationspflichten

(1) Die EU-AIF-Verwaltungsgesellschaft und die ausländische AIF-Verwaltungsgesellschaft haben den semiprofessionellen und den professionellen Anlegern eines EU-AIF oder ausländischen AIF im Geltungsbereich dieses Gesetzes spätestens sechs Monate nach Ende eines jeden Geschäftsjahres auf Verlangen den geprüften und testierten Jahresbericht nach Artikel 22 der Richtlinie 2011/61/EU zur Verfügung zu stellen.

(2) Der Jahresbericht muss folgende Angaben enthalten:
1. eine Vermögensaufstellung,
2. eine Aufwands- und Ertragsrechnung,
3. einen Bericht über die Tätigkeiten der AIF-Verwaltungsgesellschaft im vergangenen Geschäftsjahr und
4. die in § 299 Absatz 1 Satz 1 Nummer 3 Buchstabe e bis h genannten Angaben.

§ 299 Absatz 1 Satz 2 gilt entsprechend.

(3) Ist der AIF nach der Richtlinie 2004/109/EG verpflichtet, Jahresfinanzberichte zu veröffentlichen, so sind dem Anleger die Angaben nach Absatz 2 auf Verlangen gesondert oder in Form einer Ergänzung zum Jahresfinanzbericht zur Verfügung zu stellen. In letzterem Fall ist der Jahresfinanzbericht spätestens vier Monate nach Ende des Geschäftsjahres zu veröffentlichen.

(4) Die AIF-Verwaltungsgesellschaft informiert die Anleger unverzüglich über alle Änderungen, die sich in Bezug auf die Haftung der Verwahrstelle ergeben. Zudem gilt § 300 Absatz 1 bis 3 entsprechend.

Schrifttum

Siehe bei § 293.

§ 308 — Sonstige Informationspflichten

1 § 308 setzt die in Art. 22 AIFM-Richtlinie festgelegte Pflicht zur Information von Anlegern durch den **Jahresbericht** von EU-AIF und ausländischen AIF um.[1] Normadressat ist die Verwaltungsgesellschaft. Sie muss spätestens sechs Monate nach Ende eines jeden Geschäftsjahres **auf Verlangen** einem semiprofessionellen oder professionellen Anleger den geprüften und testierten Jahresbericht nach Art. 22 AIFM-Richtlinie zur Verfügung stellen.[2]

2 Der Jahresbericht muss gemäß § 308 Abs. 2 i.V.m. § 299 Abs. 1 Satz 1 Nr. 3 enthalten:
- eine **Vermögensaufstellung**,
- eine **Aufwands- und Ertragsrechnung**,
- einen **Tätigkeitsbericht** der Verwaltungsgesellschaft,
- jede **wesentliche Änderung der Angaben im Verkaufsprospekt**,
- eine **Darstellung der gezahlten Vergütungen**,[3]
- eine Wiedergabe des vollständigen **Berichts des Rechnungsprüfers**.

3 Inhalt und Form bestimmen sich nach Art. 103 bis 107 AIFM-DVO.[4]

4 Der Jahresbericht kann auch in **Ergänzung zum Jahresfinanzbericht** zur Verfügung gestellt werden, wenn der AIF nach der Transparenzrichtlinie zur Veröffentlichung eines solchen verpflichtet ist. Der Jahresfinanzbericht muss dann spätestens vier Monate nach Ende des Geschäftsjahres veröffentlicht werden.

5 Über **Änderungen in der Haftung der Verwahrstelle** muss die Verwaltungsgesellschaft die Anleger unverzüglich unterrichten. Die zusätzlichen Informationspflichten nach § 300 Abs. 1 bis 3 gelten entsprechend.

---

1 Vgl. RegBegr. BTDrucks. 17/12294, S. 283.
2 Zum Inhalt des Jahresberichts siehe § 67. Siehe dazu wie Dokumente zur Verfügung gestellt werden § 297 Rn. 8.
3 Siehe zu den Einzelheiten § 299 Rn. 8.
4 Siehe hierzu § 67 und Dornseifer/Jesch/Klebeck/Tollmann/*Dornseifer* Art. 22 Rn. 16 ff.

ABSCHNITT 2
Vertriebsanzeige und Vertriebsuntersagung für OGAW

§ 309
Pflichten beim Vertrieb von EU-OGAW im Inland

(1) Die EU-OGAW-Verwaltungsgesellschaft oder die OGAW-Kapitalverwaltungsgesellschaft muss für den Vertrieb von Anteilen oder Aktien an EU-OGAW unter Einhaltung der deutschen Rechts- und Verwaltungsvorschriften sämtliche Vorkehrungen treffen, die sicherstellen, dass
1. Zahlungen an die Anteilinhaber oder Aktionäre im Geltungsbereich dieses Gesetzes geleistet werden und
2. Rückkauf und Rücknahme der Anteile oder Aktien im Geltungsbereich dieses Gesetzes erfolgen.

Sie hat mindestens ein inländisches Kreditinstitut oder eine inländische Zweigniederlassung eines Kreditinstituts mit Sitz im Ausland zu benennen, über das die Zahlungen für die Anleger geleitet werden und über das die Rücknahme von Anteilen oder Aktien durch die EU-OGAW-Verwaltungsgesellschaft oder die OGAW-Kapitalverwaltungsgesellschaft abgewickelt werden kann, soweit die Anteile oder Aktien an EU-OGAW als gedruckte Einzelurkunden ausgegeben werden.

(2) Die EU-OGAW-Verwaltungsgesellschaft oder OGAW-Kapitalverwaltungsgesellschaft, die Anteile oder Aktien an EU-OGAW im Geltungsbereich dieses Gesetzes vertreibt, hat sicherzustellen, dass die Anleger im Geltungsbereich dieses Gesetzes alle Informationen und Unterlagen sowie Änderungen dieser Informationen und Unterlagen erhalten, die sie gemäß Kapitel IX der Richtlinie 2009/65/EG den Anlegern im Herkunftsmitgliedstaat des EU-OGAW liefern muss.

(3) Angaben über die nach den Absätzen 1 und 2 getroffenen Vorkehrungen und Maßnahmen sind in den Verkaufsprospekt aufzunehmen, der im Geltungsbereich dieses Gesetzes verbreitet ist. Bei EU-OGAW mit mindestens einem Teilinvestmentvermögen, dessen Anteile oder Aktien im Geltungsbereich dieses Gesetzes vertrieben werden dürfen, und mindestens einem weiteren Teilinvestmentvermögen, für das keine Anzeige nach § 310 erstattet wurde, ist drucktechnisch hervorgehoben an zentraler Stelle darauf hinzuweisen, dass für das oder die weiteren Teilinvestmentvermögen keine Anzeige erstattet wurde und Anteile oder Aktien dieses oder dieser Teilinvestmentvermögen im Geltungsbereich dieses Gesetzes nicht vertrieben werden dürfen; dieses oder diese weiteren Teilinvestmentvermögen sind namentlich zu bezeichnen.

Schrifttum

Baur/Boegl Die neue europäische Finanzmarktaufsicht – Der Grundstein ist gelegt, BKR **2011** 177 ff.; *Blankenheim* Die Umsetzung der OGAW-IV-Richtlinie in das Investmentgesetz, ZBB **2011** 344 ff.; *Boxberger/ Klebeck* Anforderungen an die Vergütungssysteme von AIF-Kapitalverwaltungsgesellschaften, BKR **2013** 441 ff.; *Burki* Informationswege und -quellen der Finanzverwaltung bei Schweizer Bankkonten, JbFfSt **2010/2011** 618 ff.; *Bussalb/Unzicker* Auswirkungen der AIFM-Richtlinie auf geschlossene Fonds, BKR **2012** 309 ff.; *Duve/Keller* MiFID: Die neue Welt des Wertpapiergeschäfts – Transparenz und Marktintegrität für einen europäischen Kapitalmarkt, BB **2006** 2425 ff.; *Emde/Dreibus* Der Regierungsentwurf für ein Kapitalanlagegesetzbuch, BKR **2013** 89 ff.; *Fleischer/Schmolke* Die Reform der Transparenzrichtlinie: Mindest- oder Vollharmonisierung der kapitalmarktrechtlichen Beteiligungspublizität? NZG **2010** 1241 ff.; *Frick* Private Equity im Schweizer Recht, Schweizer Schriften zum Handels- und Wirtschaftsrecht (SSHW) (2009); Grabitz/Hilf/Nettesheim (Hrsg.) Das Recht der Europäischen Union, Stand: 45. EL (2011); *Hanten* Aufsichtsrechtliche Erlaubnispflicht bei grenzüberschreitenden Bankgeschäften und Finanzdienstleistungen, WM 2003 1412 ff.; *Herring/Krause* Auswirkungen der AIFM-Richtlinie auf institutionelle Investoren, Absolutreport 2/2010 54 ff.; *Herring/Loff* Die Verwaltung alternativer Investmentvermögen, DB 2012 2029 ff.; *Hoffmann/Detzen* ESMA – Praktische Implikationen und kritische Würdigung der neuen Europäischen Wertpapier- und Marktaufsichtsbehörde, DB 2011 1261 ff.; *Hosp/Langer* Das DBA zwischen Deutschland und Liechtenstein, IWB 2011 878 ff.; *Johannsen* Jumping the gun: hedge funds in search of capital under UCITS IV, Brooklyn Journal of Corporate, Financial & Commercial Law 2/2011 473 ff.; *Kammel* Alternative Investment Fund Manager Richtlinie – „Another European Mess"? ÖBA 2011 18 ff.; *Kind/Haag* Der Begriff des Alternative Investment Fund nach der AIFM-Richtlinie – geschlossene Fonds und private Vermögensanlagegesellschaften im Anwendungsbereich? DStR 2010 1526 ff.; *Klebeck* Neue Richtlinie für Verwalter von alternativen Investmentfonds?, DStR 2009 2154 ff.; *ders.* Auslagerung von Anlageverwaltungsfunktionen, RdF 2012 225 ff.; *Klebeck/Boxberger* Vertrieb von Alternativen Investmentfonds unter dem KAGB, Absolutreport 4/2013 64 ff.; *Klebeck/Jesch* Private Equity für institutionelle Investoren, CFlaw 2010 372 ff.; *Klebeck/Meyer* Drittstaatenregulierung der AIFM-Richtlinie, RdF 2012 95 ff.; *Klebeck* in: Zetsche, The Alternative Investment Fund Managers Directive (2012), Interplay between the AIFMD and UCITS, S. 77 ff.; *Klebeck/Zollinger* Compliance-Funktion nach der AIFM-Richtlinie, BB 2013 459 ff.; *Klebeck/Frick* Compliance bei grenzüberschreitenden Finanzdienstleistungen, CB 2013 312 ff.; *Klebeck/Eichhorn* OGAW-Konformität von AIF, RdF 2014 16 ff.; *Klebeck/Kolbe* Aufsichts- und Arbeitsrecht im KAGB, BB 2014 707 ff.; *Kobbach/Anders* Umsetzung der AIFM-Richtlinie aus Sicht einer Verwahrstelle, NZG 2012 1170 ff.; *Kolbe* Arbeitnehmer-Beteiligung nach der geplanten Richtlinie über die Verwalter alternativer Investmentfonds, DB 2009 1874 ff.; *Kramer/Recknagel* Die AIFM-Richtlinie – Neuer Rechtsrahmen für die Verwaltung alternativer Investmentfonds, DB 2011 2077 ff.; *Krause/Klebeck* Family Office und AIFM-Richtlinie BB 2012 2063 ff.; *Krause/Klebeck* Fonds(anteils)begriff nach der AIFM-Richtlinie und dem Entwurf des KAGB, RdF 2013 4 ff.; *Kumpan* Börsenmacht Hedge-Fonds – Die Regelungen in den USA und mögliche Implikationen für Deutschland, ZHR 170 (2006) S. 39 ff.; *Kurth* Problematik grenzüberschreitender Wertpapieraufsicht, WM 2000 1521 ff.; *Kurz* Vertrieb von Finanzprodukten in Deutschland, DB 2013 501 ff.; *Lehmann* Die Regulierung und Überwachung von Hedgefonds als internationales Zuständigkeitsproblem, ZIP 2007 1889 ff.; *Lehne* Die AIFM-Richtlinie aus Sicht des deutschen Gesetzgebers, DB Standpunkte 2010 81 f.; *Lezzi* Regulierung und Aufsicht über kollektive Kapitalanlagen für alternative Anlage, Schweizer Schriften zum Finanzmarktrecht, 2012; *von Livonius/Schatz* Die AIFM-Richtlinie – Handlungsbedarf für Fondsmanager, Absolutreport 6/2010 54 ff.; *von Livonius* Aktuelle Rechtsfragen des Vertriebs von Finanzprodukten, BKR 2005 12 ff.; *Loff/Klebeck* Fundraising nach der AIFM-Richtlinie und Umsetzung in Deutschland durch das KAGB, BKR 2012 353 ff.; *Möllers/Hailer* Management- und Vertriebsvergütungen bei Alternativen Investmentfonds – Überlegungen zur Umsetzung der Vergütungsvorgaben der AIFM-RL in das deutsche Recht, ZBB 2012 178 ff.; *Möllers/Harrer/Krüger* Die Regelung von Hedgefonds und Private Equity durch die neue AIFM-Richtlinie, WM 2011 1537 ff.; *Nelle/Klebeck* Der „kleine" AIFM – Chancen und Risiken der neuen Regulierung für deutsche Fondsmanager, BB 2013 2499 ff.; *Nietsch/Graef* Aufsicht über Hedgefonds nach dem AIFM-Richtlinienvorschlag, ZBB 2010 12 ff.; *Pfenninger/Keller* Hedge Fund Regulierung in der Schweiz und der EU, in: Reutter/Werlen, Kapitalmarkttransaktionen VI, Bd. 115 (2011) S. 71 ff.; *Pöllath+Partners* Private Equity Fonds, 2006; *Schmolke* Der Lamfalussy-Prozess im Europäischen Kapitalmarktrecht – eine Zwischenbilanz, NZG 2005 912 ff.; *Schwärzler/Schatzmann* Internationale Amtshilfe in Steuersachen, SAM 2010 67 ff.; *Siekmann* Die Europäisierung der Finanzmarktaufsicht. Insitute for Monetary and Financial Stability, Working Papier Series No. 47 (2011); *Spindler* Die europäische Regulierung von „Alternativen Investments" – oder: gezähmte „Heuschrecken"?, DB Standpunkte 2010, 85 f.; *Spindler/Kasten* Der neue Rechtsrahmen für den Finanzdienstleistungssektor – die MiFID und ihre Umsetzung – Teil I, WM 2006 1749 ff.; *Spindler/Tancredi* Die Richtlinie über Alternative Investmentfonds (AIFM-Richtlinie) – Teil 1, WM 2011 1393 ff. sowie Teil 2, WM 2011 14411 ff.; *Teichmann* Private Equity-Fonds im Sog der AIFM-Richtlinie, Corporate Finance 7/2011 321 ff.; *Timmerbeil/Spachmüller* Anforderungen an das Risikomangement nach der AIFM-Richtlinie, DB 2012 1425 ff.; *Volhard/Jang* Der Vertrieb alternativer Investmentfonds, DB 2013 273 ff.; *Volhard/Kruschke* Zur geplanten Regulierung von Vergütungsstrukturen bei Private Equity Fonds durch die AIFM-Richtlinie, DB 2011 2645 ff.; *diess.* Die Regulierung von Private Equity Fonds-Manager durch den Europäischen Gesetzgeber – Ausgewählte Aspekte der AIFM-Richtlinie und der VC-Verordnung im Überblick, EWS 2012 21 ff.; *Wallach* Alternative Investment Funds Managers Directive – ein neues Kapitel des europäischen Investmentrechts, RdF 2011 80 ff.; *Wallach* Umsetzung der AIFM-Richtlinie in deutsches Recht – erste umfassende Regulierung des deutschen Investmentrechts, RdF 2013 92 ff.; *Weiser/Jang*

Die nationale Umsetzung der AIFM-Richtlinie und ihre Auswirkungen auf die Fondsbranche in Deutschland, BB **2011** 1219 ff.; *Weiser/Hüwel* Verwaltung alternativer Investmentfonds und Auslagerung nach dem KAGB-E, BB **2013** 1091 ff.; *Weisner/Friedrichsen/Heimberg* Neue Anforderungen an Erlaubnis und Tätigkeit der „freien" Anlageberater und -vermittler, DStR **2012** 1034 ff. *Weitnauer* Die AIFM-Richtlinie und ihre Umsetzung, BKR **2011** 143 ff.; *Wilhelmi* Möglichkeiten und Grenzen der wirtschaftsrechtlichen Regelung von Hedgefonds, WM **2008** 861 ff.; *Zetzsche* Die Europäische Regulierung von Hedgefonds und Private Equity – ein Zwischenstand, NZG **2009** 692 ff.

Systematische Übersicht

I. Grundlagen: EU-Vorgaben und deutsche Umsetzung —— 1
II. Pflichtenprogramm beim Vertrieb von EU-OGAW
   1. Adressat und Auslöser der Pflichten
      a) EU-OGAW-Verwaltungsgesellschaft oder OGAW-Kapitalverwaltungsgesellschaft als Adressat —— 6
      b) Vertrieb von EU-OGAW im Inland als Auslöser —— 11
   2. Sicherstellung des Zahlungsverkehrs im Inland
      a) Bestellung einer Zahlstelle im Inland —— 40
      b) Zahlung und Abwicklung im Inland ohne Zahlstelle —— 49
   3. Sicherstellung der Anlegerinformation im Inland durch eine inländische Informationsstelle —— 52
   4. Deutschlandspezifische Angaben im Verkaufsprospekt
      a) Angaben zu Zahlstelle, Informationsstelle und sonstigen getroffenen Vorkehrungen —— 58
      b) Angaben zu einem geeigneten Veröffentlichungsmediums —— 62
      c) Steuerliche Informationen —— 64
   5. Pflichten bei Vertrieb lediglich eines oder mehrerer Teilfonds eines Umbrella-Fonds —— 65
   6. Formelles und Sprache —— 67

I. Grundlagen: EU-Vorgaben und deutsche Umsetzung

Die Vorschrift des § 309 KAGB stellt die allgemeinen wie auch die deutschlandspezifischen Voraussetzungen und Pflichten beim Vertrieb von EU-OGAW im Inland, sprich: Deutschland, auf. Nach der Begründung des Regierungsentwurfes des KAGB soll diese Vorschrift § 131 des aufzuhebenden Investmentgesetzes" entsprechen „und wurde lediglich redaktionell aufgrund der in § 1 enthaltenen Begriffsbestimmungen überarbeitet und insbesondere der Begriff des „öffentlichen Vertriebs" durch den Begriff des „Vertriebs" ersetzt.[1] **1**

§ 131 InvG a.F. selbst diente der Umsetzung von Art. 92 und Art. 94 Abs. 1 Satz 1 und Abs. 2 sowie der Umsetzung von Anhang I Schema A Ziff. 4 der OGAW IV-Richtlinie (sog. deutschlandspezifische Angaben).[2] Nach Art. 92 der OGAW IV-Richtlinie müssen OGAW unter Einhaltung der Rechts- und Verwaltungsvorschriften, die in dem Mitgliedstaat gelten, in dem ihre Anteile vertrieben werden, die Maßnahmen treffen, die erforderlich sind, um sicherzustellen, dass die Anteilinhaber in diesem Mitgliedstaat in den Genuss der Zahlungen, des Rückkaufs und der Rücknahme der Anteile kommen und die vom OGAW zu liefernden Informationen erhalten. **2**

Und nach Art. 94 Abs. 1 der OGAW IV-Richtlinie ist ein OGAW, der seine Anteile in einem Aufnahmemitgliedstaat vertreibt, verpflichtet, den Anlegern im Hoheitsgebiet dieses Mitgliedstaats alle Informationen und Unterlagen liefern, die er gemäß Kapitel IX den Anlegern in seinem Herkunftsmitgliedstaat liefern muss. **3**

---

[1] Vgl. Gesetzesentwurf der Bundesregierung zur Umsetzung der Richtlinie 2011/61/EU über die Verwalter alternativer Investmentfonds (AIFM-Umsetzungsgesetz – AIFM-UmsG) S. 520; hierzu auch *Emde/Dreibus* BKR **2013** 89, 98.
[2] Hierzu auch Emde/Dornseifer/Dreibus/Hölscher/*Baum* § 131 Rn. 1 ff.

4   Dem EU-Richtliniengeber geht es – den Empfehlungen der EU-Kommission in ihrem Grünbuch[3] sowie Weißbuch[4] für den Ausbau des Binnenmarktrahmens für Investmentfonds folgend – zwar einerseits um eine Verbesserung des grenzüberschreitenden Fondsvertriebs und v.a. Beseitigung der administrativen Hindernisse für den Fondsvertrieb, andererseits soll aber ein hohes Anlegerschutzniveau gewahrt bzw. durch eine effizientere Gestaltung des Fondsvertriebs nicht beeinträchtigt werden.

5   Hierauf zielen auch Art. 92 und 94 der OGAW IV-Richtlinie – wie deren Erwägungsgrund (63) belegt: OGAW sollen ihre Anteile europaweit vertreiben können – *„unter der Bedingung, dass sie die erforderlichen Maßnahmen ergreifen, um zu gewährleisten, dass Einrichtungen für die Ausführung von Zahlungen an Anteilinhaber, die Rücknahme oder Auszahlung von Anteilen sowie für die Bereitstellung der Informationen, die die OGAW zur Verfügung stellen müssen, verfügbar sind".*[5]

II. Pflichtenprogramm beim Vertrieb von EU-OGAW

1. Adressat und Auslöser der Pflichten

6   **a) EU-OGAW-Verwaltungsgesellschaft oder OGAW-Kapitalverwaltungsgesellschaft als Adressat.** Regelungsadressaten sind EU-OGAW-Verwaltungsgesellschaften und OGAW-Kapitalverwaltungsgesellschaft, die im Wege der Möglichkeit einer grenzüberschreitenden Verwaltung (Zweigniederlassung oder grenzüberschreitender Dienstleistungsverkehr) EU-OGAW verwalten.[6] Wenngleich das KAGB für EU-OGAW-Verwaltungsgesellschaften keine gesonderte Begriffsbestimmung in § 1 KAGB vorsieht, lässt sich aus § 1 Abs. 17 KAGB ableiten, welche Unternehmen hiervon erfasst sind. Danach sind EU-Verwaltungsgesellschaften Unternehmen mit Sitz in einem anderen Mitgliedstaat der EU oder einem anderen EWR-Vertragsstaat, die den Anforderungen an eine Verwaltungsgesellschaft oder an eine intern verwaltete Investmentgesellschaft im Sinne der OGAW IV-Richtlinie entsprechen.[7]

7   Richtigerweise greift das Pflichtenprogramm auch für eine externe AIF-Kapitalverwaltungsgesellschaft, der zusätzlich eine Erlaubnis als externe OGAW-Kapitalverwaltungsgesellschaft erteilt worden ist und insoweit die Verwaltung von OGAW übernommen hat – § 20 Abs. 3 Nr. 7 KAGB. Nichts anderes gilt für EU-AIF-Verwaltungsgesellschaften, die in ihrem Heimatstaat die zusätzliche Erlaubnis zur Verwaltung von OGAW erhalten haben. Diese Möglichkeit der Doppelzulassung wird in Artikel 6 Abs. 2 der AIFM-Richtlinie ausdrücklich vorgesehen.[8]

8   Für eine ausländische AIF-Verwaltungsgesellschaft (sprich: Nicht-EU-AIFM) besteht diese Möglichkeit indes nicht, da eine Zulassung unter der OGAW IV-Richtlinie Verwaltungsgesellschaften und Fonds mit Sitz in der EU vorbehalten sind.[9]

---

[3] Grünbuch – Ausbau des Europäischen Rahmens für Investmentfonds, 12.7.2005, KOM (2005) 314 endgültig.
[4] Weißbuch für den Ausbau des Binnenmarktrahmens für Investmentfonds, 15.11.2006, KOM (2006) 686 endgültig.
[5] So Erwägungsgrund (63) der OGAW IV-Richtlinie.
[6] Zu den Einzelheiten des sog. „EU-Pass für Verwaltungsgesellschaften" eingehend *Reiter/Plumridge* WM **2012** 343, 344 ff.; Emde/Dornseifer/Dreibus/Hölscher/*Nietsch* § 12 G Rn. 5 ff.; *Blankenheim* ZBB **2011** 344, 348 f.
[7] Vgl. hierzu die Kommentierung zu § 1 KAGB Abs. 17.
[8] Zur Wechselwirkung zwischen der AIFM-Richtlinie und OGAW IV-Richtlinie vgl. *Klebeck* in: Zetzsche, The Alternative Investment Fund Managers Directive – European Regulation of Alternative Investment Funds (2012) S. 77 ff.
[9] Hierzu auch Dornseifer/Jesch/Klebeck/Tollmann/*Klebeck* AIFM-Richtlinie (2013) Vorbem. zu Kapitel VII Rn. 20 ff.

Anderes gilt indes, sofern gemäß § 296 KAGB die BaFin mit den zuständigen Stellen 9
von Drittstaaten eine Vereinbarung zur OGAW-Konformität getroffen hat – mit der Folge, dass die §§ 310 und 311 KAGB auf Anteile an ausländischen AIF, die in dem Drittstaat gemäß den Anforderungen der OGAW IV-Richtlinie aufgelegt und verwaltet werden, entsprechend anzuwenden sind, sofern diese (eigentlichen) AIF im Geltungsbereich des KAGB vertrieben werden sollen, und die §§ 312 und 313 KAGB entsprechend anzuwenden sind, wenn Anteile an inländischen OGAW auf dem Hoheitsgebiet des Drittstaates vertrieben werden sollen. § 310 KAGB soll dabei aber mit der Maßgabe gelten, dass zusätzlich zu der Bescheinigung nach § 310 Abs. 1 S. 1 Nr. 2 KAGB auch eine Bescheinigung der zuständigen Stelle des Drittstaates zu übermitteln ist, dass der angezeigte AIF gemäß der AIFM-Richtlinie verwaltet wird.[10] Zwischen Deutschland und Schweiz ist ein entsprechendes Memorandum of Understanding unterzeichnet worden, wonach die OGAW-Konformität von deutschen und schweizerischen Effektenfonds vereinbart werden soll. Damit soll der Vertrieb der deutschen Kapitalanlagen in der Schweiz und der schweizerischen in Deutschland nicht nur zugelassen, sondern auch vereinbart werden.[11]

OGAW-Kapitalverwaltungsgesellschaften sind gemäß § 1 Abs. 15 KAGB deutsche Ka- 10
pitalverwaltungsgesellschaften gemäß § 17 KAGB, die mindestens einen OGAW verwalten oder zu verwalten beabsichtigen. Und nach § 17 Abs. 1 KAGB sind Kapitalverwaltungsgesellschaften Unternehmen mit satzungsmäßigem Sitz und Hauptverwaltung im Inland, deren Geschäftsbetrieb darauf gerichtet ist, inländische Investmentvermögen, EU-Investmentvermögen oder ausländische AIF zu verwalten. Verwaltung eines Investmentvermögens liegt nach § 17 Abs. 1 S. 2 KAGB vor, wenn mindestens die Portfolioverwaltung oder das Risikomanagement für ein oder mehrere Investmentvermögen erbracht wird.

b) Vertrieb von EU-OGAW im Inland als Auslöser. Die Pflichten nach § 309 KAGB 11
trifft die EU-OGAW-Verwaltungsgesellschaft bzw. OGAW-Kapitalverwaltungsgesellschaft nur, wenn sie EU-OGAW im Inland vertreiben. Am Tatbestandsmerkmal „Vertrieb" von EU-OGAW wird der zentrale Unterschied zur Vorgängerregelung des aufgehobenen § 131 InvG deutlich, der lediglich auf den „öffentlichen Vertrieb" i.S.d. § 2 Abs. 11 InvG a.F. abstellte.[12] Bedeutung hat die „alte" Abgrenzung zwischen „öffentlichem Vertrieb" und Privatplatzierung nur noch für Altfälle unter Geltung des InvG bzw. entsprechend den Übergangsbestimmungen des KAGB.

Danach entschied letztlich die Art des beabsichtigten Vertriebs („öffentlicher Ver- 12
trieb" vs. „Privatplatzierung"), ob und inwieweit der einzelne Fonds wie auch der Vertriebsträger einer staatlichen Aufsicht unterstehen sollte und das Produkt insoweit zu einer formellen oder materiellen Prüfung vorzulegen war.[13] Hinzu traten (und treten aber auch heute noch) die einschlägigen Erlaubnispflichten des Vertriebsträgers bzw. Anbieters – abhängig von der jeweils im Rahmen der Vertriebsaktivitäten erbrachten Dienstleistung.[14]

Eindeutige Vorgaben, die eine klare Abgrenzung zwischen dem öffentlichen Vertrieb 13
bzw. Angebot und einer Privatplatzierung (sog. „*Private Placement*") ermöglichten,[15] gab

---

10 Hierzu umfassend auch *Klebeck/Eichhorn* RdF **2014** 16 ff.
11 Hierzu und zu den Einzelheiten auch *Klebeck/Eichhorn* RdF **2014** 16 ff.
12 Vgl. hierzu Emde/Dornseifer/Dreibus/Hölscher/*Baum* § 130 Rn. 2 ff.
13 Hierzu auch Berger/Steck/Lübbehüsen/*Blankenheim* Vor §§ 128 bis 133 Rn. 8.
14 Zur Regulierung der Vertriebsträger bzw. -kanäle auch Dornseifer/Jesch/Klebeck/Tollmann/*Klebeck* AIFM-Richtlinie (2013) Vorbem. zu Kapitel VII Rn. 12 ff.; zum Vertrieb von Finanzprodukten im Überblick *Kurz* DB **2013** 501 ff.; *Weisner/Friedrichsen/Heimberg* DStR **2012** 1034 ff.
15 Kritisch Schimansky/Bunte/Lwowski/*Köndgen/Schmies* § 113. Investmentgeschäft, Rn. 75.

14 Die Praxis[17] orientiert(e) sich für die Abgrenzung zwischen öffentlicher und privater Platzierung vielfach v.a. an der Bekanntmachung des Bundesaufsichtsamtes für den Wertpapierhandel zum Wertpapier-Verkaufsprospektgesetz (Verkaufsprospektgesetz) aus dem Jahr 1999 (!)[18] sowie dem Schreiben des BAKred zum AIG vom 20.1.1982[19] sowie 29.3.1984[20] „Öffentlicher Vertrieb von Anteilen. Danach ist ein „öffentliches Angebot" insbesondere jede Form von Werbung in den Medien oder mittels Postwurfsendungen, die sich an jedermann wendet, ein Kaufangebot abzugeben. Notwendige, wenn auch nicht hinreichende Bedingung für das Vorliegen eines Angebots ist die zielgerichtete Ansprache von potentiellen Anlegern.[21]

Einleitend die Ausführungen beziehen sich auf den Text oberhalb: es ebenso wenig wie unmittelbar einschlägige Bestimmungen der BaFin etwa in Form von Rundschreiben oder Mitteilungen, in der sie ihre Verwaltungspraxis vollumfänglich schriftlich fixiert hatte.[16]

15 Neben der Werbung setzte nach herrschender Meinung[22] ein öffentliches Angebot voraus, dass für den Interessenten eine konkrete Möglichkeit zum Erwerb der beworbenen Wertpapiere besteht. Der Interessent muss ein Angebot abgeben können, welches der Anbieter durch einseitige Erklärung verbindlich annehmen kann. Allgemeine Werbemaßnahmen, Veröffentlichungen und Informationen, in denen auf die Möglichkeit zum Erwerb der Wertpapiere hingewiesen wird, wurden danach nicht als öffentliches Angebot angesehen, wenn noch keine Zeichnungsmöglichkeit besteht.

16 Ähnliche Grundsätze galten nach herrschender Meinung auch für die investmentrechtlichen Vorgaben des „öffentlichen Vertriebs":[23] Nach § 2 Abs. 11 S. 1 InvG a.F. war hierunter ein Vertrieb zu verstehen, der im Wege des öffentlichen Anbietens, der öffentlichen Werbung oder in ähnlicher Weise erfolgt – freilich im Geltungsbereich des InvG, sprich: Deutschland. Als Vertrieb wurde nach herrschender Meinung nicht nur die Ausgabe von Investmentanteilen und deren Unterbringung (Platzierung) beim Publikum umschrieben, sondern auch jedwede Veräußerung von Investmentanteilen im eigenen oder fremden Namen sowie das Angebot hierzu.[24] Auf den Erfolg eines Angebotes, also auf den Erwerb eines Anteils durch den Anleger, sollte es nicht ankommen.[25]

17 Dass man den Tatbestand des Vertriebs bereits dann als erfüllt ansah, wenn von der Investment- oder der Vertriebsgesellschaft die sachlichen und personellen Mittel bereitgestellt werden, die einen Erwerb von Anteilen durch einen Anleger ermöglichen sollten,[26] konnte und kann in der Sache nicht überzeugend.[27] Eine solche Auffassung verwischt die Grenzen zu internen Vorbereitungshandlungen, die auch mit Blick auf das

---

16 Vgl. aber die Schreiben des Bundesaufsichtsamtes vom 20.1.1982 – V 2 – W 160 sowie vom 29.3.1984 – V 2 – X – 6/83.
17 Vgl. zum Vertriebsbegriff unter Geltung des AuslInvG eingehend *Baur* Investmentgesetze, 2. Auflage (1997) § 1 AuslInvG, Rn. 8 ff.
18 Vgl. Bekanntmachung des Bundesaufsichtsamtes für den Wertpapierhandel zum Wertpapier-Verkaufsprospektgesetz vom 6.9.1999, BAnz. Nr. 177, 16180; hierzu auch *von Livionius* BKR **2005** 12, 16 f.
19 Vgl. Schreiben des Bundesaufsichtsamtes vom 20.1.1982 – V 2 – W 160.
20 Vgl. Schreiben des Bundesaufsichtsamtes vom 29.3.1984 – V 2 – X – 6/83.
21 Vgl. Bekanntmachung des Bundesaufsichtsamtes für den Wertpapierhandel zum Wertpapier-Verkaufsprospektgesetz vom 6.9.1999 unter I.2.
22 Vgl. Bekanntmachung des Bundesaufsichtsamtes für den Wertpapierhandel zum Wertpapier-Verkaufsprospektgesetz vom 6.9.1999 unter I.2.; *von Livionius* BKR **2005** 12, 16 f.
23 Hierzu eingehend Berger/Steck/Lübbehüsen/*Köndgen* § 2 Rn. 68 ff.
24 Vgl. hierzu auch unter Geltung des AuslInvG *Baur* Investmentgesetze, § 1 AuslInvG Rn. 10 ff.
25 So Assmann/Schütze/*Baur* § 20 Investmentgeschäft und -vertrieb, Rn. 360.
26 So Assmann/Schütze/*Baur* § 20 Investmentgeschäft und -vertrieb, Rn. 360.
27 So aber mit weiteren Nachweisen *Baur* Investmentgesetze, § 1 AuslInvG, Rn. 10.

verfolgte Ziel eines umfassenden Anlegerschutzes noch keiner Regulierung und Aufsicht bedürfen.

Bei dem öffentlichen Vertrieb musste es sich bislang um ein öffentliches Anbieten oder eine öffentliche Werbung handeln. Öffentlich ist nach herrschender Meinung jedes Angebot oder jede Werbung, wenn sie sich an einen unbestimmten Personenkreis richten.[28] Die Grenze zwischen öffentlich und nicht mehr öffentlich wurde dort gezogen, wo sich das Angebot oder die Werbung an bestimmte Personen richtet, die mit dem Anbietenden oder Werbenden schon zu einem früheren Zeitpunkt in Verbindung getreten sind.[29]

Enger als bei dem Begriff der Werbung setzt ein öffentliches Angebot voraus, dass für den Interessenten eine konkrete Möglichkeit zum Erwerb der beworbenen Wertpapiere besteht. Der Interessent muss ein Angebot abgeben können, welches der Anbieter durch einseitige Erklärung verbindlich annehmen kann.[30] Von der Werbung i.S.d. InvG a.F. sollten hingegen alle Werbeverlautbarungen in Presse, Rundfunk, Fernsehen, Internet oder durch Postwurfsendungen erfasst sein sollen.[31]

Die Kritik, dass die investmentrechtliche Abgrenzung des öffentlichen Vertriebs vom Privatplatzierungsregime von den untereinander bereits nicht ganz einheitlichen Privatplatzierungsbestimmungen des WpPG sowie des VerkaufsprospektG a.F. bzw. nunmehr VermAnlG abweiche und § 2 Abs. 11 InvG a.F. insbesondere keine Möglichkeit vorsah, aufgrund eines bestimmten Mindestanlagebetrags rechtssicher im Bereich der Privatplatzierung Finanzprodukte zu vertreiben, war in der Sache berechtigt.[32]

Zwar mussten auch Vertriebsaktivitäten, die sich ausschließlich an hochvermögende Privatkunden bzw. institutionelle Investoren richteten und beschränkten, anhand der unscharfen Kriterien für eine Abgrenzung des öffentlichen Angebots bzw. Vertriebs von der Privatplatzierung beurteilt werden.

Im Sinne einer Rückausnahme sollte dies aber nach herrschender Meinung dann nicht der Fall sein, wenn zu den potentiellen Investoren bereits eine Geschäftsbeziehung bestand, auf Grund derer die angesprochenen Anleger mit der Vertriebshandlung zumindest rechnen konnte, oder wenn die Vertriebsaktivität nicht vom Anbieter ausging, sondern auf eine entsprechende Nachfrage eines Interessenten zurückzuführen war.[33] Maßgeblich war insoweit für das Bestehen eines geschäftlichen Kontakts nicht die Person des Emittenten bzw. Sponsors, sondern die Person des Anbieters – worauf *von Livonius* richtig hinweist.[34]

Ob und inwieweit sich diese bisherige Abgrenzungspraxis durch die aufsichtsrechtlichen Änderungen des Vertriebsregulierungskonzepts nach dem KAGB (sprich: weg vom

---

28 Zur Abgrenzung zwischen „öffentlichem" und „nicht-öffentlichem Vertrieb" nach altem Recht *Baur* Investmentgesetze, § 1 AuslInvG Rn. 14 ff.
29 Hierzu auch Berger/Steck/Lübbehüsen/*Köndgen* § 2 Rn. 71.
30 Vgl. Bekanntmachung des Bundesaufsichtsamtes für den Wertpapierhandel zum Wertpapier-Verkaufsprospektgesetz vom 6.9.1999 unter I.2.
31 Vgl. Assmann/Schütze/*Baur* § 20 Investmentgeschäft und -vertrieb, Rn. 364; anders dagegen für das öffentliche Angebot von Wertpapieren gemäss Bekanntmachung des Bundesaufsichtsamtes für den Wertpapierhandel zum Wertpapier-Verkaufsprospektgesetz vom 6.9.1999 unter I.2.: „Allgemeine Werbemaßnahmen, Veröffentlichungen und Informationen, in denen auf die Möglichkeit zum Erwerb der Wertpapiere hingewiesen wird, sind nicht als öffentliches Angebot anzusehen, wenn noch keine Zeichnungsmöglichkeit besteht."
32 So schon richtig die Kritik von Schimansky/Bunte/Lwowski/*Köndgen/Schmies* § 113. Investmentgeschäft, Rn. 75.
33 Unklar war indes, ob es dann bereits am Tatbestand des „Vertriebs" oder an der Öffentlichkeit des Vertriebs fehlte; hierzu *Baur* Investmentgesetze, § 1 AuslInvG Rn. 13 einerseits und Rn. 16 andererseits.
34 Vgl. *von Livonius* BKR **2005** 12, 16.

Konzept der Abgrenzung des öffentlichen vs. nicht-öffentlichen Vertriebs) ändern wird, bleibt abzuwarten.[35]

24 Die Möglichkeit der Privatplatzierung soll es nach der Vorstellung des deutschen Gesetzgebers jedenfalls nicht mehr geben.[36] Nach § 293 Abs. 1 KAGB qualifiziert als Vertrieb grundsätzlich jedes direkte oder indirekte Anbieten oder Platzieren von Anteilen oder Aktien eines Investmentvermögens.[37] Die BaFin hat in ihrem Schreiben vom 4.7.2013 eine gewisse Konkretisierung vorgenommen und dabei häufig gestellte Fragen zum Vertrieb und Erwerb von Investmentvermögen nach den Vorschriften des KAGB beantwortet (FAQ).[38]

25 Nach Ansicht der BaFin fallen unter den Begriff des „Anbietens" Angebote im juristischen und im weiteren Sinne, wie etwa auch die sog. *„invitatio ad offerendum"*.[39] Ein „Platzieren" ist nach Ansicht der BaFin nur bei einem aktiven Absatz von Anteilen oder Aktien eines Investmentvermögens gegeben. Denn das Wort „Vertrieb" soll eine auf den Absatz von Anteilen oder Aktien gerichtete Aktivität des Vertreibenden implizieren. Das bloße Reagieren auf die Order eines Anlegers stellt somit keinen Vertrieb dar.[40] Mehr noch: Das Anbieten oder Platzieren muss sich zudem auf *ein* Investmentvermögen beziehen. Ein Investmentvermögen in diesem Zusammenhang ist insbesondere in folgenden Konstellationen gegeben: (1) Investmentvermögen, die bereits aufgelegt sind; (2) Investmentvermögen, die angebotsreif sind (Musteranlagebedingungen, die noch zu verhandelnde Lücken aufweisen, reichen nicht) oder Investmentvermögen, die bereits unter einem bestimmten Namen firmieren.

26 Ausgenommen vom Vertriebsbegriff sind v.a. die namentliche Nennung des Investmentvermögens, die Nennung und Veröffentlichung der Nettoinventarwerte und die an einem organisierten Markt ermittelten Kurse oder die Ausgabe- und Rücknahmepreise von Anteilen oder Aktien eines Investmentvermögens, Nennung bzw. Bekanntmachung der Besteuerungsgrundlagen nach § 5 des Investmentsteuergesetzes, die Erfüllung der gesetzlichen Veröffentlichungspflichten im Bundesanzeiger oder ausschließlich der regelmäßigen Informationspflichten der Verwaltungsgesellschaft gegenüber dem bereits in das betreffende Investmentvermögen investierten Anleger nach dem KAGB – sofern darüber hinaus keine weiteren Vertriebsaktivitäten i.S.d. § 293 Abs. 1 S. 1 KAGB vorgenommen werden.

27 Aber: Nach Ansicht der BaFin soll ein Vertrieb von Anteilen oder Aktien eines Investmentvermögens dann vorliegen, wenn einem Anleger der Erwerb von weiteren Anteilen oder Aktien desselben Investmentvermögens direkt oder indirekt, etwa durch die Zusendung eines Verkaufsprospektes oder anderer Informationen, angeboten wird.[41]

28 Einschränkend soll nach § 293 Abs. 1 S. 3 KAGB ein Vertrieb an semi-professionelle und professionelle Anleger nur dann gegeben sein, wenn dieser auf Initiative der Verwaltungsgesellschaft oder in deren Auftrag erfolgt und sich an semi-professionelle oder professionelle Anleger mit Wohnsitz oder Sitz im Inland oder einem anderen EU-/EWR-

---

35 Hierzu auch mit Blick auf den Vertrieb von AIF *Loff/Klebeck* BKR **2012** 353, 354 ff.; *Volhard/Jang* DB **2013** 273 ff.
36 Vgl. auch *Emde/Dreibus* BKR **2013** 89, 97.
37 Zum weiten Vertriebsbegriff nach altem Recht schon *Baur* Investmentgesetze, § 1 AuslInvG, Rn. 11.
38 Vgl. das Schreiben der BaFin „Häufige Fragen zum Vertrieb und Erwerb von Investmentvermögen nach dem KAGB" – Geschäftszeichen WA 41-Wp 2137-2013/0293 – 4. Juli 2013 (im Folgenden: „BaFin-FAQ zum Vertrieb").
39 Vgl. BaFin-FAQ zum Vertrieb unter 1.1.
40 Vgl. BaFin-FAQ zum Vertrieb unter 1.2.
41 Vgl. BaFin-FAQ zum Vertrieb unter 1.4.

Mitgliedstaat richtet.⁴² Die nach § 293 Abs. 1 S. 3 KAGB in Aussicht gestellten Richtlinien der BaFin, nach denen sie für den Regelfall beurteilt, wann ein Vertrieb im Sinne des S. 1 und 3 vorliegt, sind wohl durch das BaFin-FAQ zum Vertrieb veröffentlicht worden. Zu beachten ist, dass sich der FAQ-Katalog fortlaufend aktualisiert und ggf. um weitere Fragen ergänzt werden soll.⁴³

Damit sucht der deutsche Gesetzgeber – allgemein anwendbar auf den Vertrieb so- **29** wohl von AIF als auch von OGAW – den Vertriebsbegriff der AIFM-Richtlinie, genauer: Art. 4 Abs. 1 Bst. x), nachzuzeichnen. Nach der AIFM-Richtliniendefinition gilt als Vertrieb „das direkte oder indirekte, auf Initiative des AIFM oder in dessen Auftrag erfolgende Anbieten oder Platzieren von Anteilen an einem vom AIFM verwalteten AIF an Anleger oder bei Anlegern mit Wohnsitz oder Sitz in der Union".⁴⁴ Das KAGB beschränkt diese Vertriebsdefinition aber nicht auf den Vertrieb von AIF. Vielmehr soll diese beschränkte Definition nur bei einem Vertrieb an professionelle und semiprofessionelle Anleger greifen.⁴⁵

Anlagen in einen (EU-)OGAW, die aufgrund der Initiative eines semi-professionellen **30** oder professionellen EU- bzw. EWR-Anlegers (einschließlich eines deutschen semi-professionellen oder professionellen Anlegers) zustande gekommen sind, führen *per definitionem* nicht zur Anwendbarkeit des Pflichtenprogramms nach §§ 309 ff. KAGB. Dies folgt – wie nach bisheriger Rechtslage – aus dem Recht eines Anlegers mit Sitz in der EU, unabhängig vom Sitz des Fonds bzw. dessen Fondsverwalters, auf eigene Initiative in einen OGAW zu investieren (sog. *Reverse Solicitation*)⁴⁶ – was letztlich von der europarechtlich garantierten passiven Dienstleistungsfreiheit gedeckt sein soll.⁴⁷

Wann von einem solchen passiven Marketing bzw. Vertrieb auszugehen ist, wird **31** richtigerweise von einer Gesamtbetrachtung der Umstände des Einzelfalls abhängen. Denkbar und für die Praxis hilfreich wäre, wenn sich die BaFin an bereits vorhandenen Antworten auf vergleichbare Fragestellungen in anderen Bereichen orientiert.⁴⁸ Zu denken ist v.a. an das Merkblatt der BaFin – Hinweise zur Erlaubnispflicht nach § 32 Abs. 1 KWG in Verbindung mit § 1 Abs. 1 und Abs. 1a KWG von grenzüberschreitend betriebenen Bankgeschäften und/oder grenzüberschreitend erbrachten Finanzdienstleistungen vom 1.4.2005⁴⁹ sowie die hierzu bestehende Verwaltungspraxis.⁵⁰

Entsprechend wird man etwa das bloße Weiterführen bestehender Investorenbezie- **32** hungen nicht als Vertrieb einordnen⁵¹ – was auch die Versorgung mit Informationen über die gesamte Produktpalette eines Emittenten umfasst. Dabei kann die Investorenbeziehung schon von Anfang an im Wege des passiven Marketings zustande gekommen sein. Es kann sich dabei aber auch um eine Geschäftsbeziehung handeln, deren Anbahnung durch ein aktives Marketing erfolgt ist, aber nun über den Umfang der bereits be-

---

42 Hierzu auch *Loff/Klebeck* BKR **2012** 353, 354 ff.
43 Vgl. BaFin-FAQ zum Vertrieb unter Einleitung.
44 Hierzu Dornseifer/Jesch/Klebeck/Tollmann/*Klebeck/Brocker* AIFM-Richtlinie (2013) Art. 34 Rn. 17 ff.
45 Vgl. BaFin-FAQ zum Vertrieb unter 1.2.
46 Vgl. Erwägungsgrund (70) der AIFM-Richtlinie.
47 Die passive Dienstleistungsfreiheit soll Ausfluss der allgemeinen Handlungsfreiheit aus Art. 2 Abs. 1 Grundgesetz, die im Hinblick auf den Empfänger der Dienstleistung – anders als beim Dienstleistungserbringer – nicht durch Regelungen der Wirtschaftsaufsicht eingeschränkt werden.
48 Vgl. mit Blick auf die Erlaubnispflicht nach § 32 Abs. 1 KWG eingehend auch Boos/Fischer/Schulte-Mattler/*Vahldiek* KWG, § 53 Rn. 143 ff.
49 Abrufbar unter www.bafin.de (zuletzt abgerufen am 3. April 2014) (im Folgenden: „BaFin-Merkblatt zur Erlaubnispflicht nach § 32 Abs. 1 KWG").
50 Hierzu auch Dornseifer/Jesch/Klebeck/Tollmann/*Klebeck/Brocker* AIFM-Richtlinie (2013) Art. 34 Rn. 17 ff.
51 In diese Richtung auch *Baur* Investmentgesetze, § 1 AuslInvG, Rn. 13.

stehenden Investition hinaus auf eine Kapitalanlage in einen OGAW ausgebaut werden soll.[52] Ein Vertrieb von Anteilen oder Aktien eines Investmentvermögens soll aber nach Ansicht der BaFin dann vorliegen, wenn einem Anleger der Erwerb von weiteren Anteilen oder Aktien desselben Investmentvermögens direkt oder indirekt, etwa durch die Zusendung eines Verkaufsprospektes oder anderer Informationen, angeboten wird.[53] Andererseits wird man den Einsatz von Investmentvermögen im Rahmen eines Vermögensverwaltungsmandates nicht als Vertrieb seitens des Fondsanbieters wie auch des Vermögensverwalters ansehen.

33   Nicht auf Initiative der EU-OGAW-Verwaltungsgesellschaft oder OGAW-Kapitalverwaltungsgesellschaft, sondern vielmehr des professionellen bzw. semi-professionellen Anlegers erfolgt die Initiative im Falle des sog. *Request for Proposal* (kurz „RFP" genannt), des sog. „*Beauty Contest*" bzw. Konditionenvergleich: Das aktive Aussuchen von Fondsverwaltern durch den Investor in der Form, dass von verschiedenen Anbietern Konditionen eingeholt werden, wird man als einen Fall des sog. *Reverse Solicitation* ansehen können.[54]

34   Im Falle sog. institutioneller Investoren geschieht dies häufig im Rahmen eines sog. *Beauty-Contests*, was letztlich aber nur ein anderes Wort für das selbstbestimmte Aussuchen eines Dienstleisters ist. Dabei kann der Konditionenvergleich durchaus auch mit Hilfe eines sich objektiv verhaltenden Dritten, etwa eines Beraters erfolgen, wenn dieser Dritte eine Auswahl an Vermögensverwalter als möglichen Vertragspartnern des Investors neutral präsentiert und der Investor auf dieser Basis die Auswahl selber trifft. Den Dritten wird man nicht ohne Weiteres als indirektes Vertriebsvehikel ansehen dürfen.[55]

35   Nichts anderes gilt für grenzüberschreitende Geschäftsbesuche,[56] wenn die Nachfrage nach einem solchen Besuch initiativ vom Kunden ausgeht.[57] Ob Namens- bzw. Sympathiewerbung der EU-OGAW-Verwaltungsgesellschaft bzw. OGAW-Kapitalverwaltungsgesellschaft ohne Bewerbung eines konkreten Produkts als Vertrieb zu qualifizieren ist, ist fraglich. Auch hier wird man auf die Gesamtumstände abstellen müssen. Eine allgemeine Darstellung des Fondsmanagers ohne konkreten Bezug zu einem Produkt wird man richtigerweise aber nicht als ein Anbieten und damit als Vertrieb i.S.d. § 293 KAGB qualifizieren können.

36   Das Einschalten von Dritten, etwa Finanzdienstleistungsinstitute oder (freier) Mitarbeiter, als Vermittler führt jedoch nicht automatisch zur Verneinung eines aktiven Vertriebs. Umgekehrt spricht der Aufbau einer Vertriebsorganisation unter Zuhilfenahme von externen Vermittlern (sog. *Placement Agents*) für die Annahme eines Vertriebs.[58] Der Verkauf eigener Anteile oder Aktien an einem Investmentvermögen durch einen Anleger

---

52   Mit Blick auf die Erlaubnispflicht nach § 32 KWG auch Boos/Fischer/Schulte-Mattler/*Vahldiek* KWG, § 53 Rn. 150.
53   Vgl. BaFin-FAQ zum Vertrieb unter 1.4.
54   Vgl. zu § 32 KWG auch das BaFin-Merkblatt zur Erlaubnispflicht nach § 32 Abs. 1 KWG, S. 3 und 5; hierzu auch Boos/Fischer/Schulte-Mattler/*Vahldiek* KWG, § 53 Rn. 151.
55   So auch mit Blick auf die Erlaubnispflicht nach § 32 KWG Boos/Fischer/Schulte-Mattler/*Vahldiek* KWG, § 53 Rn. 151; mit Blick auf den Vertrieb von AIF Dornseifer/Jesch/Klebeck/Tollmann/*Klebeck*/*Brocker* AIFM-Richtlinie (2013) Art. 34 Rn. 23 f.
56   Mit Blick auf § 32 KWG auch Boos/Fischer/Schulte-Mattler/*Vahldiek* KWG, § 53 Rn. 156; mit Blick auf den Vertrieb von AIF Dornseifer/Jesch/Klebeck/Tollmann/*Klebeck*/*Brocker* (2013) Art. 34 Rn. 24.
57   Zum „Vertrieb im Inland" bei grenzüberschreitenden Sachverhalten auch *Baur*, Investmentgesetze, 2. Auflage (1997) § 1 AuslInvG, Rn. 23 ff.
58   Vgl. auch den Wortlaut der Legaldefinition des Vertriebs nach Artikel 4 Abs. lit. x): „[…] indirekte, auf Initiative des AIFM oder in dessen Auftrag erfolgende Anbieten oder Platzieren von Anteilen […]"; zur Anwendung des § 32 KWG bei Einschaltung von Dritten BaFin-Merkblatt zur Erlaubnispflicht nach § 32 Abs. 1 KWG, S. 4.

stellt nach Ansicht der BaFin in der Regel keinen Vertrieb dar. Sinn und Zweck des KAGB ist nicht, den Anlegern eine Veräußerung ihrer Anteile oder Aktien zu verbieten. Auf der anderen Seite darf dies nicht dazu führen, dass die Vertriebsvorschriften des KAGB umgangen werden. Dies wäre etwa der Fall, wenn ein Vermittler die Anteile oder Aktien eines Investmentvermögens zunächst auf die eigenen Bücher nimmt und sie anschließend an seine Kunden vertreibt. In einer solchen Fallkonstellation ist ein Vertrieb im Sinne des KAGB gegeben.[59]

Indizien für das Nutzen eines Vermittlers als Vertriebskanal können v.a. die exklusive Bindung des Vermittlers an einen Anbieter oder ein Produkt durch Rahmen- bzw. Kooperationsvereinbarungen sein, die Gewährung von Provisionen für die Zuführung von Anlegern oder die gezielte Werbung für die Produkte durch den Vermittler sein. Nur wenn es sich bei dem Vermittler um einen nicht vertraglich an den Emittenten bzw. Verwaltungsgesellschaft gebundenen Vermittler handelt, der den Anleger objektiv beratend die Auswahl zwischen verschiedenen Produktanbietern lässt, wird man dies als *Reverse Solicitation* ansehen können.[60] **37**

Auch im Rahmen des Internet-Vertriebs wird man auf die bereits aus dem Investment-, Prospekt- sowie Kreditwesenrecht bekannten Grundsätze abstellen können, handelt es sich um weithin vergleichbare Fälle und eine einheitliche Auslegung für die Praxis hilfreich erscheint.[61] Die Abgrenzung des aktiven Internetmarketings zur aktiven Nutzung durch den Anleger ist schwierig, denn es ließe sich auch hier argumentieren, dass der Anleger durch Eingabe der Internetadresse in seinen Browser die Internetpräsenz stets eigeninitiativ ansteuert, dass er somit den Informationsfluss per Internet nutzt, um dem Fondsemittenten einen virtuellen Geschäftsbesuch abzustatten. So verstanden meint das, dass es sich bei der Internetpräsenz immer um einen Fall des passiven Marketings handelt.[62] **38**

Dagegen spricht indes die globale Reichweite des Internets – hiernach wäre jegliche Form der Internetpräsenz zugleich auch eine Form des aktiven Marketings.[63] Diese Ansicht ist indes zu weitgehend.[64] Zentrale Bedeutung für die Abgrenzung einer Werbung im Internet wird man auch hier einem sog. *Disclaimer* beimessen können. Wird in einem solchen zentralen Hinweis an Besucher der Internetseiten klargestellt, dass die enthaltenen Inhalte bzw. Angebote ausdrücklich nicht für in EU-Mitgliedstaaten ansässige Personen bestimmt sind, so muss der Besucher der Seiten schon eine erhebliche Eigeninitiative aufbieten, um sich über diesen Hinweis hinwegzusetzen, was gegen eine Vertriebsaktivität spricht.[65] **39**

---

59 Vgl. BaFin-FAQ zum Vertrieb unter 1.3.
60 So auch mit Blick auf § 32 KWG Boos/Fischer/Schulte-Mattler/*Vahldiek* KWG, § 53 Rn. 155; mit Blick auf den AIF-Vertrieb nach der AIFM-Richtlinie Dornseifer/Jesch/Klebeck/Tollmann/*Klebeck*/*Brocker* AIFM-Richtlinie (2013) Art. 34 Rn. 26 f.
61 Hierzu v.a. das Schreiben des BAKred vom 2.6.1998 sowie die Bekanntmachung des BAWe zum Wertpapier-Verkaufsprospektgesetz vom 6.9.1999 (jeweils abrufbar unter www.bafin.de; zuletzt abgerufen am 3. April 2014), auf die auch das BaFin-Merkblatt zur Erlaubnispflicht nach § 32 Abs. 1 KWG, S. 2, verweist.
62 Hierzu auch Dornseifer/Jesch/Klebeck/Tollmann/*Klebeck*/*Brocker* AIFM-Richtlinie (2013) Art. 34 Rn. 27.
63 Vgl. zu einem vergleichbaren Problem bei anderen Medien mit internationalem Empfängerkreis *Baur* Investmentgesetze, § 1 AuslInvG, Rn. 24.
64 Mit Blick auf die Erlaubnispflicht nach § 32 KWG vgl. auch Boos/Fischer/Schulte-Mattler/*Vahldiek* KWG, § 53 Rn. 158 ff.
65 So unter Geltung des InvG a.F. Berger/Streck/Lübbehusen/*Köndgen* § 2 Rn. 71 f.

2. Sicherstellung des Zahlungsverkehrs im Inland

40 **a) Bestellung einer Zahlstelle im Inland.** Liegt nach den oben aufgezeigten Grundsätzen ein Vertrieb von Anteilen oder Aktien von EU-OGAW i.S.d. KAGB vor, trifft die EU-OGAW-Verwaltungsgesellschaft bzw. die OGAW-Kapitalverwaltungsgesellschaft das Pflichtenprogramm des § 309 KAGB. Sie müssen – unter Einhaltung der deutschen Rechts- und Verwaltungsvorschriften – sämtliche Vorkehrungen treffen, die sicherstellen, dass Zahlungen an die Anteilinhaber oder Aktionäre im Geltungsbereich des KAGB geleistet werden und Rückkauf und Rücknahme der Anteile oder Aktien im Geltungsbereich des KAGB erfolgen.

41 Nach Art. 91 Abs. 3 der OGAW IV-Richtlinie müssen die Mitgliedstaaten sicherstellen, dass vollständige Informationen über Rechts- und Verwaltungsvorschriften, die nicht in den von der OGAW IV-Richtlinie geregelten Bereich fallen und die für die Modalitäten der Vermarktung von Anteilen von in anderen Mitgliedstaaten niedergelassenen OGAW auf ihrem Hoheitsgebiet spezifisch relevant sind, aus der Ferne und elektronisch leicht zugänglich sind. Die Mitgliedstaaten stellen sicher, dass diese Informationen in einer in der Finanzwelt gebräuchlichen Sprache bereitgestellt werden, eindeutig und unmissverständlich sind und dem neuestem Stand entsprechen.[66] Die BaFin ist dieser Pflicht mit einer Übersetzung der maßgeblichen Informationen auf ihrer Website nachgekommen.

42 Sie haben zudem mindestens ein inländisches Kreditinstitut oder eine inländische Zweigniederlassung eines Kreditinstituts mit Sitz im Ausland zu benennen, über das die Zahlungen für die Anleger geleitet werden und über das die Rücknahme von Anteilen oder Aktien durch die EU-OGAW-Verwaltungsgesellschaft oder die OGAW-Kapitalverwaltungsgesellschaft abgewickelt werden kann, soweit die Anteile oder Aktien an EU-OGAW als gedruckte Einzelurkunden ausgegeben werden.

43 Während vor der Umsetzung der OGAW IV-Richtlinie in deutsches Recht allgemein die Bestellung einer sog. Zahlstelle erforderlich war,[67] gilt dies nach Umsetzung der OGAW-IV-Richtlinie nur dann, wenn und soweit Anteile oder Aktien an EU-OGAW als gedruckte Einzelurkunden ausgegeben worden sind bzw. werden. Damit ist der deutsche Gesetzgeber der in der Industrie und Wissenschaft vielfach geäußerten Kritik bzw. Zweifel an der Notwendigkeit der Bestellung einer Zahlstelle im Inland nachgekommen.[68]

44 Europarechtlich geboten war und ist die Bestellung einer Zahlstelle in der Auslegung der BaFin ohnehin nicht: Die OGAW IV-Richtlinie verlangt lediglich, dass die Maßnahmen getroffen, die erforderlich sind, um sicherzustellen, dass die Anteilinhaber in diesem Mitgliedstaat in den Genuss der Zahlungen, des Rückkaufs und der Rücknahme der Anteile kommen.[69]

45 Begründet wurde das Erfordernis, eine inländische Zahlstelle zu bestellen, mit deren Funktion zugunsten inländischer Anleger die Entgegennahme von Zahlungen in der Form von Barzahlungen, Schecks, Überweisungen u.ä. der Anleger sowie deren Weiterleitung an die Depotbank zu ermöglichen.[70] Das Gleiche galt auch für den umgekehrten Weg bei Ausschüttungen oder Rücknahme von Anteilen an einem EU-OGAW.[71]

---

[66] Vgl. auch *Reiter/Plumridge* WM **2012** 388, 392.
[67] Hierzu Berger/Streck/Lübbehusen/*Blankeheim*) § 131 Rn. 4 ff.; *ders.* ZBB **2011** 344, 357; *Baur* Investmentgesetze, § 15a AuslInvG, Rn. 1 ff.
[68] Zu den Zweifeln an der Notwendigkeit der Bestellung einer Zahlstelle Berger/Streck/Lübbehusen/*Blankeheim* § 131 Rn. 8; Emde/Dornseifer/Dreibus/Hölscher/*Baum* § 131 Rn. 4 ff.
[69] Artikel 92 OGAW IV-Richtlinie.
[70] Vgl. Emde/Dornseifer/Dreibus/Hölscher/*Baum* § 131 Rn. 8; *Blankenheim* ZBB **2011** 344, 357.
[71] Eingehend hierzu Emde/Dornseifer/Dreibus/Hölscher/*Baum* § 131 Rn. 8.

Das Kreditinstitut mit Zahlstellenfunktion sollte sicherstellen, dass ein Anleger auf **46** seinen Wunsch von der Zahlstelle Rücknahmeerlöse, Ausschüttungen, Rückerstattung von Spitzenbeträgen und Liquidationserlöse in bar erhalten kann.[72] Und die Barauszahlungsmöglichkeit sollte sicherstellen, dass sich auch ein Anleger ohne Bankverbindung am Investmentsparen beteiligen können sollte.[73]

Eine Pflicht des inländischen Anlegers zur Nutzung der Zahlstelle bei Rückgabe der **47** Investmentanteile oder der Auszahlung von Erträgen ist ebenso wenig anzuerkennen[74] wie eine Pflicht der Zahlstelle bzw. EU-OGAW zur Entgegennahme von Bareinzahlungen oder Schecks und deren Weiterleitung an die EU-OGAW-Verwaltungsgesellschaft.[75]

Die praktische Bedeutung der Zahlstelle war, ist und wird auch in Zukunft nicht all- **48** zu groß sein, als eine Bestellungspflicht nur noch dann besteht, wenn sofern die Anteile am EU-OGAW zumindest teilweise als gedruckte Einzelurkunden ausgegeben wurden bzw. werden.[76] Ist die Bestellung einer Zahlstelle erforderlich, sind Firma, Rechtsform, Sitz und Anschrift aller inländischen Kreditinstitute oder inländischen Zweigniederlassungen von Kreditinstituten mit Sitz im Ausland, über welche die für die Anleger bestimmten Zahlungen geleitet werden und die Rücknahme und gegebenenfalls der Umtausch von Anteilen abgewickelt wird, der BaFin anzugeben. Anderes gilt indes für den Vertrieb von sog. Publikums-AIF aus der EU oder dem Nicht-EU-Ausland. Nach § 317 Abs. 1 Nr. 6 KAGB muss hierfür zwingend eine Zahlstelle im Inland benannt werden.[77]

b) Zahlung und Abwicklung im Inland ohne Zahlstelle. Wird zulässigerweise auf **49** die Bestellung einer Zahlstelle verzichtet, weil keine gedruckten Einzelurkunden ausgegeben wurden bzw. werden, stellt sich die Frage nach alternativen Vorkehrungen zur Sicherzustellung, dass die inländischen Anleger in den Genuss der Zahlungen, des Rückkaufs und der Rücknahme der Anteile entsprechend den Vorgaben des Artikels 92 der OGAW IV-Richtlinie kommen. In diesem Fall müssen gegenüber der BaFin nach deren nunmehr aktualisierten Merkblatt (2013) zum Vertrieb von Anteilen an EU-OGAW in der Bundesrepublik Deutschland gemäß § 310 Kapitalanlagegesetzbuch (KAGB) „Incoming UCITS-Notification" bzw. „Incoming UCITS-Update"[78] keine konkreten Angaben zu den Vorkehrungen ohne Einschaltung einer Zahlstelle gemacht werden.

Zur Vermeidung von Rückfragen seitens der BaFin sollten jedoch im Anzeigeschrei- **50** ben darauf hingewiesen werden, dass keine gedruckten Einzelurkunden ausgegeben wurden. Die EU-OGAW-Verwaltungsgesellschaft bzw. die OGAW-Kapitalverwaltungsgesellschaft muss sicherstellen, der BaFin aber nicht gesondert darlegen, dass sie in der Lage ist, Zahlungen an die deutschen Anleger zu leisten und die Anteile in der Bundesrepublik Deutschland zurückzunehmen. Angaben hierzu – insbesondere Ausführungen dazu, wie die Anleger Anteile zurückgeben bzw. umtauschen können und wie sie in den Genuss von Zahlungen kommen – sind in den deutschlandspezifischen Verkaufsprospekt aufzunehmen, der beim Vertrieb in Deutschland zum Einsatz kommt.

---

[72] Vgl. Schreiben des BaKred vom 24.3.1992 – V 2 – X – 13/90 zur Funktion der inländischen Zahlstelle; hierzu auch *Baur* AuslInvestmG, § 2 Rn. 49 ff.
[73] Hierzu auch Emde/Dornseifer/Dreibus/Hölscher/*Baum* § 131 Rn. 5; *Blankenheim* ZBB **2011** 344, 357.
[74] So schon unter Geltung des AuIInvG *Baur* Investmentgesetze, § 15a AuslInvG, Rn. 3.
[75] So auch Berger/Steck/Lübbehusen/*Blankenheim* § 131 Rn. 8; Emde/Dornseifer/Dreibus/Hölscher/*Baum* § 131 Rn. 8.
[76] Zutreffend Berger/Steck/Lübbehusen/*Blankenheim* § 131 Rn. 8.
[77] Vgl. hierzu die Kommentierung zu § 317 KAGB.
[78] Abrufbar unter: www.bafin.de; zuletzt abgerufen am: 3. April 2014; im Folgenden: „BaFin-Merkblatt 2013.

51   Dass die Abwicklungen der Rückgabe von Anteilen an einem EU-OGAW auf demselben Vertriebsweg, über die ein inländischer Anleger seine Anteile erworben, erfolgen muss, lässt sich weder den EU-Vorgaben noch der deutschen Umsetzung entnehmen, kann sich aber im Interesse der Anleger und v.a. zur Sicherstellung einer Rückabwicklung im Inland durchaus empfehlen. Erwirbt der Anleger die Anteile an einem EU-OGAW über ein inländisches Kreditinstitut, ist die Rückabwicklung hinreichend sichergestellt, wenn der Anleger dieses Kreditinstitut mit der Rückgabe der Anteile beauftragt. Sind andere Vertriebskanäle involviert, sind auch diese zur Sicherstellung der Zahlungen an die deutschen Anleger und die Anteilsrücknahme in der Bundesrepublik Deutschland zu verpflichten. Die Rückabwicklung führt richtigerweise nicht zu einer nach dem KWG bzw. GewO erlaubnispflichtigen Finanzdienstleistung.[79]

52   **3. Sicherstellung der Anlegerinformation im Inland durch eine inländische Informationsstelle.** Nach § 309 Abs. 2 KAGB muss die EU-OGAW-Verwaltungsgesellschaft oder OGAW-Kapitalverwaltungsgesellschaft, die Anteile oder Aktien an EU-OGAW im Geltungsbereich des KAGB vertreibt, zudem sicherstellen, dass die inländischen Anleger alle Informationen und Unterlagen sowie Änderungen dieser Informationen und Unterlagen erhalten, die sie gemäß Kapitel IX der Richtlinie 2009/65/EG den Anlegern im Herkunftsmitgliedstaat des EU-OGAW liefern muss. Der deutsche Gesetzgeber setzt damit die europäischen Vorgaben nach Art. 94 Abs. 1 und 2 der OGAW IV-Richtlinie um.[80] Nach den OGAW-Richtlinienvorgaben muss ein OGAW, der seine Anteile in einem Aufnahmemitgliedstaat vertreibt, den Anlegern im Hoheitsgebiet dieses Mitgliedstaats alle Informationen und Unterlagen liefern, die er gemäß Kapitel IX der OGAW IV-Richtlinie den Anlegern in seinem Herkunftsmitgliedstaat liefern muss.[81]

53   Aufsichtsrechtlich verlangt – mit Blick auf das Anzeigeschreiben betreffend Vertrieb von EU-OGAW in Deutschland – die BaFin die Anzeige des Namens oder der Firma und Anschrift der Stelle(n) in der Bundesrepublik Deutschland (Informationsstelle), bei der/denen die Anleger Informationen einholen und Dokumente erhalten können.

54   Zur Vermeidung von Rückfragen seitens der BaFin beim Vertriebsanzeigeverfahren fordert die BaFin, alle Informationsstellen in Deutschland aufzuführen.[82] Sofern die Zahlstelle auch die Funktion der Informationsstelle übernimmt, so ist sie bei der Angabe der Informationsstelle ebenfalls zu nennen.[83] Anders als an die Zahlstelle nach § 309 Abs. 1 KAGB werden keine besonderen Anforderungen an die Informationsstelle gestellt: diese Funktion kann jede natürliche oder juristische Person mit Sitz im Inland übernehmen.[84]

55   Bei den in Kapitel IX der OGAW IV-Richtlinie aufgeführten Dokumenten handelt es sich um den Verkaufsprospekt einschließlich Vertragsbedingungen bzw. Satzung, Jahresbericht sowie Halbjahresbericht und die wesentlichen Anlegerinformationen. Als weitere Informationen nennt Art. 76 der OGAW IV-Richtlinie den Ausgabe-, Verkaufs-, Rücknahme- oder Auszahlungspreis der Anteile am OGAW.

56   Ob darüber hinaus auch die Informationen aus Marketing-Anzeigen i.S.d. Art. 77 der OGAW IV-Richtlinie hierunter fallen, ist fraglich, wird aber von der herrschenden Mei-

---

79   Ebenso Emde/Dornseifer/Dreibus/Hölscher/*Baum* § 131 Rn. 17.
80   Vgl. auch die Begründung des Regierungsentwurfes zum OGAW-IV-Umsetzungsgesetzes, BTDrucks. 17/4510, S. 147.
81   Zum Erfordernis der Bestellung von Informationsstellen unter Geltung des AuslInvG *Baur* Investmentgesetze, § 15a AuslInvG, Rn. 5 ff.
82   Vgl. BaFin-Merkblatt 2013 unter III. 2. b).
83   Vgl. IV. 4. d) des BaFin-Merkblatts 2013.
84   Statt vieler Emde/Dornseifer/Dreibus/Hölscher/*Baum* § 131 Rn. 17; Berger/Steck/Lübbehusen/*Blankenheim* § 131 Rn. 10.

nung mit Blick auf das Ziel des informationellen Gleichlaufs der Anleger zu Recht bejaht.[85] Freilich gilt auch hier: Eine entsprechende Marketing-Anzeige, die eine Aufforderung zum Erwerb von Anteilen eines OGAW und spezifische Informationen über einen OGAW enthält, darf auch für inländische, sprich: deutsche Anleger keine Aussagen treffen, die im Widerspruch zu Informationen des Prospekts und den in Art. 78 der OGAW IV-Richtlinie genannten wesentlichen Informationen für den Anleger stehen oder die Bedeutung dieser Informationen herabstufen.

Die Bestellung eine Repräsentanten im Inland ist – anders als beim Vertrieb von AIF, vgl. etwa beim Vertrieb von EU- sowie Nicht-EU-Publikums-AIF an Privatanleger nach § 317 Abs. 1 Nr. 4 KAGB – für den Vertrieb von OGAW nicht erforderlich.[86] **57**

4. Deutschlandspezifische Angaben im Verkaufsprospekt

a) Angaben zu Zahlstelle, Informationsstelle und sonstigen getroffenen Vorkehrungen. Angaben über die nach den § 309 Abs. 1 und 2 KAGB getroffenen Vorkehrungen und Maßnahmen sind nach § 309 Abs. 1 S. 1 KAGB nur in den Verkaufsprospekt (und nicht etwa in die wesentlichen Anlegerinformationen)[87] aufzunehmen, der im Geltungsbereich dieses Gesetzes verbreitet ist – sprich: für den Vertrieb in Deutschland eingesetzt werden soll. Entsprechend IV. 4d) des aktualisierten BaFin-Merkblatts 2013 sind folgende Angaben bzw. Informationen für die Anleger in Deutschland in den Prospekt aufzunehmen: **58**

Sofern eine Zahlstelle zu benennen ist, sind Firma und Anschrift der Zahlstelle(n) in Deutschland aufzuführen; hinzu kommen Angaben darüber, dass Rücknahmeanträge und bei einem Umbrella-Fonds zusätzlich auch Umtauschanträge für die Anteile (die in Deutschland öffentlich vertrieben werden dürfen) bei der/den deutschen Zahlstelle(n) eingereicht werden können; sowie Angaben darüber, dass sämtliche Zahlungen an die Anleger (Rücknahmeerlöse, etwaige Ausschüttungen und sonstige Zahlungen) über die deutsche(n) Zahlstelle(n) geleitet werden können. Sofern auf die Bestellung einer Zahlstelle verzichtet wird, sind Ausführungen in den Prospekt aufzunehmen, wie die Anleger Anteile zurückgeben bzw. umtauschen können und wie sie in den Genuss von Zahlungen kommen. **59**

Weiter ist der Name oder Firma und Anschrift der Informationsstelle(n) in der Bundesrepublik Deutschland mit einem Hinweis anzugeben, dass und auf welche Weise bei dieser/diesen die nachfolgend zu benennenden Unterlagen kostenlos erhältlich sind: der Verkaufsprospekt, die wesentlichen Anlegerinformationen, die Satzung bzw. die Vertragsbedingungen des Investmentfonds, die Jahres- und Halbjahresberichte (nach Ansicht der BaFin ggfs. auch die Vierteljahresberichte); sowie die Angabe, dass die nachfolgenden Informationen bei der Informationsstelle kostenlos einsehbar oder erhältlich sind: die Ausgabe- und Rücknahmepreise (ggfs. auch die Umtauschpreise), sonstige Angaben und Unterlagen die im Herkunftsstaat des EU-OGAW zu veröffentlichen sind (wie etwa die einschlägigen Verträge und Gesetze). **60**

Dabei sind die Verkaufsunterlagen, sonstigen Unterlagen und sonstigen Informationen im Verkaufsprospekt einzeln aufzuführen. Fehlt es an einem Hinweis, an welcher Stelle die die Vertragsbedingungen oder die Satzung kostenlos erlangt werden können, sind diese dem Verkaufsprospekt beizufügen.[88] **61**

---

[85] Hierzu mit weiteren Nachweisen Emde/Dornseifer/Dreibus/Hölscher/*Baum* § 131 Rn. 36.
[86] Vgl. zur alten Rechtslage *Baur* Investmentgesetze, § 15a AuslInvG Rn. 4.
[87] Kritisch mit Blick auf den Anlegerschutz Emde/Dornseifer/Dreibus/Hölscher/*Baum* § 131 Rn. 27.
[88] Vgl. IV. 4. d) des BaFin-Merkblatts 2013.

62 **b) Angaben zu einem geeigneten Veröffentlichungsmediums.** Darüber hinaus gehört nach Ansicht der BaFin zu den deutschlandspezifischen Angaben auch die Nennung eines zur Information der Anleger in Deutschland geeigneten Veröffentlichungsmediums, in denen die Ausgabe- und Rücknahmepreise (ggfs. auch die Umtauschpreise) der Anteile sowie sonstige Unterlagen und Angaben, die in dem Herkunftsstaat des EU-OGAW zu veröffentlichen sind, publiziert werden.[89]

63 Als geeignete Veröffentlichungsmedien anerkennt die BaFin Zeitungen mit Erscheinungsort in Deutschland, den dauerhaften Datenträger, den Bundesanzeiger, andere an Anleger in Deutschland gerichtete elektronische Informationsmedien, wie z.B. die Homepage der EU-OGAW-Verwaltungsgesellschaft bzw. OGAW-Kapitalverwaltungsgesellschaft[90] sowie für sonstige Unterlagen (z.B. relevante Verträge und Gesetze), die für die Anleger im Heimatstaat ausschließlich zur Einsichtnahme bei einer in den Verkaufsunterlagen bezeichneten Stelle bereit gehalten werden, auch die Informationsstelle.[91]

64 **c) Steuerliche Informationen.** Die in den für den Vertrieb in Deutschland typischerweise vorgesehenen, steuerlichen Informationen und Angaben sind keine aufsichtsrechtlich, sprich vom KAGB geforderten Angaben. Vielmehr sind diese Angaben steuerlich getrieben, um die steuerliche Transparenz nach dem InvStG zu gewährleisten.[92]

65 **5. Pflichten bei Vertrieb lediglich eines oder mehrerer Teilfonds eines Umbrella-Fonds.** Handelt es sich bei dem EU-OGAW um eine Umbrella-Fondsstruktur mit mindestens einem Teilinvestmentvermögen, dessen Anteile oder Aktien im Geltungsbereich des KAGB vertrieben werden dürfen, und mindestens einem weiteren Teilinvestmentvermögen, für das keine Anzeige nach § 310 KAGB erstattet wurde, ist nach § 309 Abs. 3 S. 2 KAGB drucktechnisch hervorgehoben an zentraler Stelle darauf hinzuweisen, dass für das oder die weiteren Teilinvestmentvermögen keine Anzeige erstattet wurde und Anteile oder Aktien dieses oder dieser Teilinvestmentvermögen im Geltungsbereich KAGB nicht vertrieben werden dürfen; dieses oder diese weiteren Teilinvestmentvermögen sind namentlich zu bezeichnen.[93]

66 Nach dem BaFin-Merkblatt 2013 sind die Hinweise in den deutschlandspezifischen Angaben anzuführen und durch Fettdruck hervorzuheben. Die Aufnahme dieser Hinweise in die Satzung oder die Vertragsbedingungen soll nur dann erforderlich sein, wenn diese nicht Bestandteil des Verkaufsprospektes sind und Bezugnahmen auf nicht vertriebsberechtigte Teilfonds enthalten, die über eine namentliche Nennung hinausgehen. Die Hinweise sind nach den Vorgaben der BaFin in die für den Anleger in Deutschland bestimmten Unterlagen aufzunehmen – unabhängig davon ob diese in einer deutschen Übersetzung oder in einer in internationalen Finanzkreisen gebräuchlichen Sprache verwandt werden.[94]

67 **6. Formelles und Sprache.** Allgemein sind die deutschlandspezifischen Angaben in der Sprache aufzunehmen, in der auch der für den Vertrieb in Deutschland bestimmte

---

89 Vgl. IV. 4. des BaFin-Merkblatts 2013.
90 Zur Frage, ob auch Internetseiten von Fondsplattformen als geeignetes Informationsmedium in Betracht kommen, vgl. Emde/Dornseifer/Dreibus/Hölscher/*Baum* § 131 Rn. 42.
91 Vgl. IV. 3. b) des BaFin-Merkblatts 2013.
92 Vgl. Emde/Dornseifer/Dreibus/Hölscher/*Baum* § 131 Rn. 44.
93 Vgl. § 293 Abs. 1 Nr. 3 KAGB.
94 Vgl. IV. 5. des BaFin-Merkblatts 2013.

Verkaufsprospekt abgefasst ist, d.h. in deutscher Sprache, wenn der Verkaufsprospekt in die deutsche Sprache übersetzt wurde oder bereits ursprünglich auf Deutsch abgefasst ist, ansonsten in der in internationalen Finanzkreisen üblichen Sprache, in der er abgefasst ist.[95]

Zudem fordert die BaFin, dass diese Informationen für die Anleger in Deutschland in den für den Vertrieb in Deutschland bestimmten Verkaufsprospekt als fester Bestandteil aufzunehmen, was im Inhaltsverzeichnis entsprechend berücksichtigt und durch eine Nummerierung der Seiten dokumentiert werden sollte. Die lose Beilage oder das bloße Anheften eines gesonderten Blattes mit diesen zusätzlichen Informationen ist nach Ansicht der BaFin nicht ausreichend.[96]

68

§ 310
Anzeige zum Vertrieb von EU-OGAW im Inland

(1) Beabsichtigt eine EU-OGAW-Verwaltungsgesellschaft oder eine OGAW-Kapitalverwaltungsgesellschaft Anteile oder Aktien im Geltungsbereich dieses Gesetzes an EU-OGAW zu vertreiben, so prüft die Bundesanstalt, ob die zuständigen Stellen des Herkunftsmitgliedstaates des EU-OGAW folgende Unterlagen an die Bundesanstalt übermittelt haben:
1. das Anzeigeschreiben gemäß Anhang I der Verordnung (EU) Nr. 584/2010,
2. die Bescheinigung gemäß Anhang II der Verordnung (EU) Nr. 584/2010 darüber, dass es sich um einen EU-OGAW handelt,
3. die Anlagebedingungen oder die Satzung des EU-OGAW, den Verkaufsprospekt sowie den letzten Jahresbericht und den anschließenden Halbjahresbericht gemäß Artikel 93 Absatz 2 Buchstabe a der Richtlinie 2009/65/EG und
4. die in Artikel 78 der Richtlinie 2009/65/EG genannten wesentlichen Anlegerinformationen.

Der Vertrieb kann aufgenommen werden, wenn die EU-OGAW-Verwaltungsgesellschaft oder die OGAW-Kapitalverwaltungsgesellschaft von der zuständigen Stelle des Herkunftsmitgliedstaates des EU-OGAW über diese Übermittlung unterrichtet wurde. Die näheren Inhalte, die Form und die Gestaltung des Anzeigeverfahrens bestimmen sich nach den Artikeln 1 bis 5 der Verordnung (EU) Nr. 584/2010.

(2) Die in Absatz 1 Satz 1 Nummer 3 genannten Unterlagen sind entweder in deutscher Sprache oder in einer in internationalen Finanzkreisen gebräuchlichen Sprache vorzulegen. Die in Absatz 1 Satz 1 Nummer 4 genannten wesentlichen Anlegerinformationen sind in deutscher Sprache vorzulegen. Verantwortlich für die Übersetzungen ist die EU-OGAW-Verwaltungsgesellschaft oder die OGAW-Kapitalverwaltungsgesellschaft; der Inhalt der ursprünglichen Informationen muss richtig und vollständig wiedergeben werden. Das Anzeigeschreiben gemäß Absatz 1 Satz 1 Nummer 1 und die Bescheinigung gemäß Absatz 1 Satz 1 Nummer 2 sind in einer in internationalen Finanzkreisen gebräuchlichen Sprache vorzulegen, sofern die Bundesanstalt und die zuständige Stelle des Herkunftsmitgliedstaates nicht vereinbart haben, dass diese in einer Amtssprache beider Mitgliedstaaten übermittelt werden können.

---

95 Vgl. IV. 4. c) des BaFin-Merkblatts 2013.
96 Vgl. IV. 4. c) des BaFin-Merkblatts 2013; allgemein kritisch zur Verortung der deutschlandspezifischen Angaben im Verkaufsprospekt Emde/Dornseifer/Dreibus/Hölscher/*Baum* § 131 Rn. 27.

(3) Die Bundesanstalt verlangt im Rahmen des Anzeigeverfahrens keine zusätzlichen Unterlagen, Zertifikate oder Informationen, die nicht in Artikel 93 der Richtlinie 2009/65/EG vorgesehen sind.

(4) Die EU-OGAW-Verwaltungsgesellschaft oder die OGAW-Kapitalverwaltungsgesellschaft hat die Bundesanstalt über Änderungen der Anlagebedingungen oder der Satzung, des Verkaufsprospekts, des Jahresberichts, des Halbjahresberichts und der wesentlichen Anlegerinformationen gemäß Artikel 78 der Richtlinie 2009/65/EG jeweils unverzüglich zu unterrichten und unverzüglich darüber zu informieren, wo diese Unterlagen in elektronischer Form verfügbar sind. Die Bundesanstalt hat eine E-Mail-Adresse anzugeben, an die die Aktualisierungen und Änderungen sämtlicher in Satz 1 genannter Unterlagen übermittelt werden müssen. Die EU-OGAW-Verwaltungsgesellschaft oder die OGAW-Kapitalverwaltungsgesellschaft hat bei der Übersendung die Änderungen oder Aktualisierungen zu beschreiben oder eine geänderte Fassung des jeweiligen Dokuments als Anlage in einem gebräuchlichen elektronischen Format beizufügen.

(5) Werden Informationen über die Modalitäten der Vermarktung oder vertriebene Anteil- oder Aktienklassen, die im Anzeigeschreiben gemäß Artikel 93 Absatz 1 der Richtlinie 2009/65/EG mitgeteilt wurden, geändert, so teilt die EU-OGAW-Verwaltungsgesellschaft oder die OGAW-Kapitalverwaltungsgesellschaft diese Änderung der Bundesanstalt vor Umsetzung der Änderung in Textform mit.

Schrifttum

Siehe Schrifttum zu § 309.

Systematische Übersicht

I. Grundlagen: EU-Vorgaben und deutsche Umsetzung —— 1
II. Anzeigeverfahren beim beabsichtigen Vertrieb von EU-OGAW
   1. Allgemeines —— 8
   2. Notwendige Informationen und Unterlagen des EU-OGAW
     a) Anzeigeschreiben —— 10
     b) OGAW-Bescheinigung —— 22
     c) Vertragsbedingungen oder Satzung, Verkaufsprospekt sowie Jahresbericht und Halbjahresbericht des EU-OGAW —— 23
     d) Wesentliche Anlegerinformationen —— 25
     e) Keine weiteren Unterlagen über Artikel 93 der OGAW-RL hinaus —— 26
   3. Sprache und Übersetzungen —— 28
   4. (Rest-)Prüfungskompetenz durch BaFin —— 36
III. Anzeige bei Änderungen der EU-OGAW-Unterlagen —— 38
IV. Anzeige bei Änderungen der Vermarktungsmodalitäten und vertriebenen Anteilsklassen —— 46

I. Grundlagen: EU-Vorgaben und deutsche Umsetzung

1   Nach der Regierungsbegründung zum Entwurf des KAGB[1] soll die Vorschrift des § 310 KAGB den § 132 des aufzuhebenden Investmentgesetzes, der seinerseits v.a. Artikel 93 der OGAW IV-Richtlinie umsetzen sollte,[2] entsprechen. Lediglich redaktionell soll aufgrund der in § 1 KAGB enthaltenen Begriffsbestimmungen überarbeitet und insbesondere der Begriff des „öffentlichen Vertriebs" durch den Begriff des „Vertriebs" er-

---
[1] Vgl. Gesetzesentwurf der Bundesregierung zur Umsetzung der Richtlinie 2011/61/EU über die Verwalter alternativer Investmentfonds (AIFM-Umsetzungsgesetz – AIFM-UmsG) S. 520 ff.
[2] Vgl. BTDrucks. 17/4510 S. 147.

setzt werden. § 132 InvG a.F. seinerseits erfuhr nicht nur durch das OGAW-IV-Umsetzungsgesetz, sondern allgemein das Konzept des EU-Produktpasses für OGAW durch die OGAW IV-Richtlinie eine grundlegende Änderungen.[3]

Die Möglichkeit, einen OGAW grenzüberschreitend in anderen Mitgliedstaaten vertreiben zu können, war nicht nur eines der wesentlichen Motive für die ursprüngliche OGAW-Richtlinie aus dem Jahr 1985,[4] sondern der EU-weit geltende Produktpass bot unbestritten der Fondsindustrie einen positiven Anreiz, sich dem OGAW-Regime zu unterstellen.[5] 2

Jedoch erwies sich das ursprüngliche Aufsichtskonzept des grenzüberschreitenden Vertriebs als sehr aufwändig und kostspielig[6] sowie konfliktträchtig: Vor dem Vertrieb von Fondsanteilen in anderen Mitgliedstaaten sah die ursprüngliche OGAW-Richtlinie vor, dass Fondsverwalter ausführliche Unterlagen (zusammen mit entsprechenden Übersetzungen) bei der zuständigen nationalen Aufsichtsbehörden einzureichen und zwei Monate zu warten haben, während die jeweils zuständige Aufsichtsbehörde die Einhaltung der jeweils nationalen Vertriebsregeln prüfte.[7] Diese Zweimonatsfrist wurde in der Praxis nicht immer eingehalten. So wurde von Fällen berichtet, in denen der Abschluss des Notifizierungsverfahrens acht bis neun Monate gedauert hatte.[8] Auf der Gegenseite standen diesem Notifzierungssystem nur wenige erkennbare Vorteile gegenüber – worauf die EU-Kommission auch in ihren beiden Grundlagenpapieren aus den Jahren 2005 und 2006 (Stichwort: Grünbuch[9] und Weißbuch)[10] ausdrücklich hinwies.[11] 3

Trotz zahlreicher Bemühungen zur Beseitigung administrativer Hindernisse, allen voran die Leitlinien des CESR, wurden die administrativen und verfahrenstechnischen Hindernisse nicht vollumfänglich beseitigt, die ihren Ursprung letztlich in den veralteten Richtlinienbestimmungen der ursprünglichen OGAW-Richtlinie hatten.[12] 4

Die OGAW IV-Richtlinie hat nunmehr das Anzeigeverfahren mit mehr oder weniger klaren Zuständigkeiten der Aufsichtsbehörden des Herkunftsstaates des OGAW und des 5

---

[3] Hierzu Emde/Dornseifer/Dreibus/Hölscher/*Baum* Vorbemerkungen zu §§ 128–129 InvG, Rn. 1 ff.; *Johannsen* Jumping the gun: hedge funds in search of capital under UCITS IV, Brooklyn Journal of Corporate, Financial & Commercial Law, Volume 5 (2011) S. 473, 483 f.
[4] Richtlinie 85/611/EWG des Rates vom 20. Dezember 1985 zur Koordinierung der Rechts- und Verwaltungsvorschriften betreffend bestimmte Organismen für gemeinsame Anlagen in Wertpapieren.
[5] Hierzu auch *Blankenheim* ZBB **2011** 344, 356 f.
[6] Zu den Kosten auch das Arbeitspapier der EU-Kommission „Commission staff working document accompanying the proposal for a directive of the European Parliament and of the Council on the coordination of laws, regulations and administrative provisions relating to undertakings for collective investment in transferable securities (UCITS) – Impact assessment of the legislative proposal amending The UCITS directive, 16.7.2008 (COM[2008] 458 final) (SEC[2008] 2264) S. 4 ff.; hierzu auch *Rouch/Smith* The UCITS Directive and the Single European Funds Market: A Case Review, Journal of International Banking Law and Regulation, 20 (6)(2005) S. 251, 257; *Blankenheim* ZBB **2011** 344, 356 f.
[7] Eingehend aus der englischsprachigen Literatur auch *Rouch/Smith* The UCITS Directive and the Single European Funds Market: A Case Review, Journal of International Banking Law and Regulation, 20 (6) (2005) S. 251, 257 ff.; *Johannsen* Jumping the gun: hedge funds in search of capital under UCITS IV, Brooklyn Journal of Corporate, Financial & Commercial Law, Volume 5 (2011) S. 473, 483 ff.; *Blankenheim* ZBB **2011** 344, 356 f.
[8] Vgl. hierzu auch *Blankenheim* ZBB **2011** 344, 356 f.; *Reiter/Plumdridge* WM **2012** 388, 390 f.
[9] Grünbuch – Ausbau des Europäischen Rahmens für Investmentfonds, 12.7.2005, KOM (2005) 314 endgültig.
[10] Weißbuch für den Ausbau des Binnenmarktrahmens für Investmentfonds, 15.11.2006, KOM (2006) 686 endgültig.
[11] Auf den Wettbewerbsnachteil von OGAW-Produkten im Vergleich zu anderen Finanzprodukten und deren EU-weiten Vertrieb hinweisend *Blankenheim*, ZBB **2011** 344, 356.
[12] Vgl. *Reiter/Plumridge* WM **2012** 388, 390 ff.

Aufnahmestaates neu gestaltet.[13] Zusätzlich wurde der vorgegebene Rechtsrahmen durch die in den einzelnen Mitgliedstaaten unmittelbar geltende EU-Verordnung Nr. 584/2010 konkretisiert bzw. ergänzt.

6 Die Anzeige zum Vertrieb ist nach den Vorgaben der OGAW IV-Richtlinie nunmehr bei der zuständigen Behörde des Herkunftsstaates des OGAW einzureichen, die diese dann elektronisch der zuständigen Behörde im Mitgliedstaat, in dem der OGAW vertrieben werden soll, übermittelt. Damit ist der bisherige Weg über die jeweilige Aufsichtsbehörde jedes einzelnen Vertriebslandes entfallen, was in der Tat eine deutliche Erleichterung für die Zulassung eines OGAW zum grenzüberschreitenden Vertrieb darstellt.[14]

7 Der deutsche Gesetzgeber hat diese Richtlinienvorgaben v.a. in § 132 InvG a.F. und nunmehr in § 310 KAGB nachgezeichnet – worauf die Begründung des Entwurfes des OGAW-IV-UmsG ausdrücklich hinweist: „*Durch Umsetzung der Richtlinie 2009/65/EG wird ein vereinfachtes Anzeigeverfahren geschaffen, das auf einem verbesserten Informationsaustausch zwischen den Aufsichtsbehörden der Mitgliedstaaten beruht. Die Notifizierung bzw. Vertriebsanzeige erfolgt zukünftig bei der zuständigen Aufsichtsbehörde des Herkunftsstaates des OGAW. Die Überprüfung durch den Aufnahmemitgliedsstaat erfolgt ausschließlich auf Grundlage der von der Aufsichtsbehörde des Herkunftsmitgliedsstaates übermittelten Informationen. Nachdem die Behörden des Herkunftsstaates des Investmentvermögens die notwendigen Informationen an die zuständige Behörde übermittelt hat, ist es dem Aufnahmestaat verwehrt, dem in einem anderen Mitgliedstaat zugelassenen Investmentvermögen den Zugang zu seinem Markt zu verweigern oder die vom anderen Mitgliedstaat erteilte Zulassung anzufechten.*"[15]

II. Anzeigeverfahren beim beabsichtigen Vertrieb von EU-OGAW

8 **1. Allgemeines.** § 310 KAGB regelt das Verfahren beim beabsichtigten Vertrieb von Anteilen oder Aktien an EU-OGAW durch EU-OGAW-Verwaltungsgesellschaften oder OGAW-Kapitalverwaltungsgesellschaft im Geltungsbereich des KAGB. Zentrales Tatbestandsmerkmal und Auslöser der Anzeigepflicht nach § 310 KAGB ist der Vertrieb von EU-OGAW.

9 Anders als nach der Vorgängerregelung des § 132 InvG kommt es dabei nicht mehr auf die Öffentlichkeit des Vertriebs bzw. die Abgrenzung zwischen öffentlichen Vertrieb und Privatplatzierung an. Zur bisherigen Abgrenzung sowie der nunmehr erforderlichen Bestimmung von aufsichtsrechtlich relevanten Vertriebsaktivitäten bzw. Abgrenzung zum *Reverse Solicitation* (sofern anwendbar) vgl. bereits die Ausführungen bei § 309 KAGB Rn. 30 ff.

2. Notwendige Informationen und Unterlagen des EU-OGAW

10 **a) Anzeigeschreiben.** Will eine EU-OGAW-Verwaltungsgesellschaft oder eine OGAW-Kapitalverwaltungsgesellschaft Anteile oder Aktien an EU-OGAW in Deutschland ver-

---

13 Hierzu auch *Reiter/Plumridge* WM **2012** 388, 390 ff.; *Blankenheim* ZBB **2011** 344, 356 ff.; *Johannsen* Jumping the gun: hedge funds in search of capital under UCITS IV, Brooklyn Journal of Corporate, Financial & Commercial Law, Volume 5 (2011) S. 473, 483 ff.
14 Hierzu auch *Blankenheim* ZBB **2011** 344, 356 ff.; zur Kritik und der Notwendigkeit weiterer Verbesserung *Reiter/Plumridge* WM **2012** 388, 390 ff.; *Johannsen* Jumping the gun: hedge funds in search of capital under UCITS IV, Brooklyn Journal of Corporate, Financial & Commercial Law, Volume 5 (2011) S. 473, 494 ff.
15 Vgl. die Begründung des Regierungsentwurfes des OGAW-IV-Umsetzungsgesetz BTDrucks. 17/4510, S. 90.

treiben, so muss nach dem nunmehr geltenden „*regulator-to-regulator*"-Konzept die Verwaltungsgesellschaft ihre Vertriebsabsicht nicht mehr selbst bei der BaFin kundtun, sondern die Notifizierung bzw. Vertriebsanzeige erfolgt bei der zuständigen Aufsichtsbehörde des Herkunftsstaates des EU-OGAW.[16]

Die BaFin prüft insoweit nur, ob die zuständigen Stellen bzw. Aufsichtsbehörden **11** des Herkunftsmitgliedstaates des EU-OGAW die in § 310 Abs. 1 KAGB aufgezählten Unterlagen an die BaFin übermittelt haben. Von der Vertriebsabsicht erfährt die BaFin nur noch durch die Aufsichtsbehörden des Herkunftsstaates. Mehr noch: Als Aufsichtsbehörde des Aufnahmestaates ist es BaFin verwehrt, dem in einem anderen Mitgliedstaat zugelassenen Investmentvermögen den Zugang zu seinem Markt zu verweigern oder die vom anderen Mitgliedstaat erteilte Zulassung anzuzweifeln.[17]

Insoweit beschränkt sich der Prüfungsauftrag und -umfang der Aufsichtsbehörde **12** des Vertriebslandes (sprich: BaFin) zunächst auf eine Vollständigkeitsprüfung der übermittelten Unterlagen durch die Aufsichtsbehörde des Herkunftsmitgliedstaates des EU-OGAW. Nach Artikel 5 der EU-VO Nr. 584/2010 müssen die zuständigen Aufsichtsbehörden eines Mitgliedstaats, in dem ein OGAW seine Anteile vermarkten will, die Unterlagen, die ihnen nach Art. 93 Absatz 3 der OGAW IV-Richtlinie zu übermitteln sind, erhalten. Sie bestätigen lediglich den zuständigen Aufsichtsbehörden des OGAW-Herkunftsmitgliedstaats so bald wie möglich, spätestens aber fünf Arbeitstage nach Eingang der Unterlagen, ob sie alle Anlagen, die nach Art. 4 Abs. 1 dieser Verordnung aufzuführen sind, erhalten haben und die Unterlagen, die ihnen übermittelt werden müssen, angezeigt oder ausgedruckt werden können.[18]

Haben die zuständigen Behörden des OGAW-Herkunftsmitgliedstaats von den zu- **13** ständigen Aufsichtsbehörden des Aufnahmestaates nicht innerhalb von fünf Arbeitstagen gesetzten Fristen eine Bestätigung erhalten, setzen sie sich mit Letzteren in Verbindung und vergewissern sich, dass die Unterlagen vollständig übermittelt wurden.[19]

Auf den Vertriebsbeginn für den EU-OGAW hat dies aber keinen Einfluss: Nach **14** Art. 93 Abs. 3 UAbs. 4 OGAW IV-Richtlinie bzw. § 310 Abs. 1 S. 2 KAGB unterrichten die zuständigen Behörden des Herkunftsmitgliedstaates den OGAW unmittelbar über den Versand der Unterlagen. Der OGAW kann seine Anteile ab dem Datum dieser Versand- bzw. Übermittlungsanzeige im Aufnahmemitgliedstaat auf den Markt bringen. Ob der Versand bzw. Übermittlung erfolgreich war, ist mit Blick auf den Vertriebsbeginn nicht von Bedeutung. Insoweit greift die Übermittlungsfiktion des Art. 4 der EU-VO Nr. 584/2010.[20]

Entsprechend der Wegleitung der BaFin durch das aktualisierte BaFin-Merkblatt **15** 2013 ist für die Anzeige ein Anzeigeschreiben entsprechend dem Muster nach Anhang I der EU-VO Nr. 584/2010 zu verwenden. Der Anzeige sind die nach § 310 Abs. 1 und 2 KAGB erforderlichen Unterlagen beizufügen. Die Anzeige ist gegenüber der zuständigen Stelle des Herkunftsmitgliedstaates des EU-OGAW zu erstatten, welche diese per E-Mail an die BaFin weiterleitet.

Während Teil A des Muster-Anzeigeschreibens weithin allgemeine Informationen **16** zum und Erläuterungen über den EU-OGAW sowie die Verwaltungsgesellschaft enthält, und Teil C des Muster-Anzeigeschreibens eine vorgegebene Bestätigung durch EU-OGAW

---

16 Vgl. *Reiter/Plumridge* WM **2012** 388, 390 ff.; *Blankenheim* ZBB **2011** 344, 356 ff.
17 Zum beschränkten Prüfungsumfang der BaFin auch Emde/Dornseifer/Dreibus/Hölscher/*Baum* § 133 Rn. 1 f.; *Blankenheim* ZBB **2011** 344, 356 ff.
18 Hierzu auch Emde/Dornseifer/Dreibus/Hölscher/*Baum* § 132 Rn. 11.
19 Vgl. Art. 5 Abs. 2 der EU-VO Nr. 584/2010.
20 Zu dieser Fiktion auch Emde/Dornseifer/Dreibus/Hölscher/*Baum* § 132 Rn. 14.

fordert, sind beim Ausfüllen des Teils B des Muster-Anzeigeschreibens allfällige Besonderheiten des Aufnahmemitgliedstaates, hier: die sog. deutschlandspezifischen Besonderheiten, zu beachten.

17   Auf diese beziehen sich auch und v.a. die Hinweise der BaFin in ihrem Merkblatt 2013: Danach sind Angaben zu machen, auf welche Weise der EU-OGAW in Deutschland vertrieben werden – wobei die BaFin ausdrücklich darauf hinweist, dass Angaben zu allen vorgesehenen Vertriebswegen aufgeführt werden müssen.[21]

18   Während ein Vertrieb durch die Verwaltungsgesellschaft selbst oder eine andere OGAW-Verwaltungsgesellschaft, Kreditinstitute, zugelassene Wertpapierfirmen oder Berater ohne namentliche Nennung durch ein entsprechendes Ankreuzen angegeben werden können, sind bei einem Vertrieb durch „sonstige Einrichtungen" weitere Angaben – begrenzt indes auf drei Angaben – zu machen.[22]

19   Zu den sonstigen Einrichtungen gehören nach Ansicht der BaFin auch Vermittler, die über keine BaFin-Erlaubnis nach KWG verfügen. Eine Erlaubnis nach KWG ist v.a. dann nicht erforderlich, wenn die Tatbestandsvoraussetzungen der in § 2 Absatz 6 Satz 1 Nummer 8 KWG normierten Bereichsausnahme vorliegen. Unternehmen mit einer Gewerbeerlaubnis gemäß § 34f GewO sind danach als sonstige Einrichtungen zu verstehen.[23] Eine namentliche Nennung und Auflistung sämtlicher Finanzanlagenvermittler kann richtigerweise von der BaFin nicht verlangt werden.[24]

20   Was die Vorkehrungen und Maßnahmen für die Anleger nach Artikel 92 der OGAW IV-Richtlinie anlangt, sprich: Angaben zur Zahlstelle (sofern erforderlich), Informationsstelle, sind im Anzeigeschreiben die entsprechenden Angaben zu Name/Firma, Rechtsform, Sitz sowie Anschrift, etc. zu machen. Mit Blick auf die Modalitäten für die Veröffentlichung der Ausgabe-, Verkaufs-, Rücknahme- oder Auszahlungspreise für OGAW-Anteile verlangt die BaFin die Nennung eines zur Information der Anleger in Deutschland geeigneten Veröffentlichungsmediums, in denen die Ausgabe-, Rücknahme- oder Auszahlungspreise der Anteile veröffentlicht werden.[25]

21   Mit Blick auf die Ausführungen zu den „sonstige Informationen i.S.d. Teils B Nr. 3, die den zuständigen Behörden des Aufnahmemitgliedstaates gemäß Art. 91 Absatz 3 der Richtlinie 2009/65/EG" zur Verfügung zu stellen sind, verlangt die BaFin lediglich der Nachweis der Zahlung der Gebühr für die Bearbeitung der Anzeige auf das im BaFin-Merkblatt 2013 angeführte Konto. Als Beleg der Zahlung der Gebühr ist der Anzeige ein Nachweis über die getätigte Überweisung beizufügen, etwa der Scan des Überweisungsträgers. Weitere Angaben sind für einen Vertrieb in Deutschland in diesem Abschnitt des Muster-Anzeigeschreibens nicht zu machen.[26]

22   **b) OGAW-Bescheinigung.** Weiter prüft nach § 310 Abs. 1 Nr. 2 KAGB die BaFin die Übermittlung der sog. OGAW-Bescheinigung, also der Bescheinigung gemäß Anhang II der EU-VO Nr. 584/2010 darüber, dass es sich um einen EU-OGAW handelt. Nach Artikel 2 der EU-VO Nr. 584/2010 erstellen die zuständigen Behörden des OGAW-Herkunftsmitgliedstaats genannte Bescheinigung nach dem Muster in Anhang II dieser Verord-

---

21   Vgl. III. 1. des BaFin-Merkblatts 2013.
22   Hierzu auch Emde/Dornseifer/Dreibus/Hölscher/*Baum* § 132 Rn. 24.
23   Zur Regulierung von Anlageberater und Anlagevermittler *Weisner/Friedrichsen/Heimberg* DStR **2012** 1034 ff.
24   So schon Emde/Dornseifer/Dreibus/Hölscher/*Baum* § 132 Rn. 26, der zutreffend auf die Ziele der Erleichterung des Marktzugangs und des Anzeigeverfahrens verweist.
25   Vgl. III. 2. a)–c) des BaFin-Merkblatts 2013.
26   Vgl. III. 3. b) des BaFin-Merkblatts 2013.

nung die in Art. 93 Absatz 3 der Richtlinie 2009/65/EG, dass der OGAW die in dieser Richtlinie genannten Bedingungen erfüllt – sog. „OGAW-Bescheinigung".

c) Vertragsbedingungen oder Satzung, Verkaufsprospekt sowie Jahresbericht 23 **und Halbjahresbericht des EU-OGAW.** Muss gemäß Art. 93 Absatz 2 lit. a) der OGAW IV-Richtlinie die Aufsichtsbehörde des Herkunftsmitgliedstaates des EU-OGAW die Anlagebedingungen oder die Satzung des EU-OGAW, den Verkaufsprospekt jeweils in der aktuell geltenden Fassung sowie den letzten Jahresbericht und den anschließenden Halbjahresbericht in den entsprechend erforderlichen Übersetzungen[27] der BaFin (als zuständige Aufsichtsbehörde des Aufnahmemitgliedstaates) per Email übermitteln, hat der EU-OGAW diese dem Anzeigeschreiben bei seiner Aufsichtsbehörde beizufügen.

Mehr noch: Jede in Anhang I genannte Anlage zum Anzeigeschreiben muss nach 24 Art. 4 Abs. 1 UAbs. 1 der EU-VO Nr. 584/2010 in der E-Mail aufgeführt und in einem gängigen Format bereitgestellt werden, das Anzeige und Ausdruck ermöglicht. Falls der BaFin bereits Dokumente übermittelt worden sind, und diese weiterhin gültig, soll im Anzeigeschreiben hierauf verwiesen werden können.

d) Wesentliche Anlegerinformationen. Endlich hat die Aufsichtsbehörde des Her- 25 kunftsmitgliedstaates des EU-OGAW der BaFin die in Art. 78 der OGAW IV-Richtlinie genannten, wesentlichen Anlegerinformationen des EU-OGAW zu übermitteln. Die wesentlichen Anlegerinformationen sollen nach Art. 78 Abs. 6 der OGAW IV-Richtlinie in allen Mitgliedstaaten, in denen der Vertrieb der OGAW-Anteile angezeigt wurde, abgesehen von der Übersetzung, ohne Änderungen oder Ergänzungen verwendet. Entsprechend fordert auch die BaFin keine Ergänzung um allfällige Deutschland-spezifische Angaben.[28]

e) Keine weiteren Unterlagen über Artikel 93 der OGAW-RL hinaus. Dass die 26 Aufsichtsbehörde des Aufnahmemitgliedstaates keine zusätzlichen Unterlagen, Zertifikate oder Informationen, die nicht in Art. 93 OGAW IV-Richtlinie vorgesehen sind, verlangen dürfen, schreibt auf europäischer Ebene Art. 93 Abs. 6 der OGAW IV-Richtlinie vor. Der deutsche Gesetzgeber hat diese Vorgaben nahezu wortgleich in § 310 Abs. 3 KAGB umgesetzt.[29] Entsprechend verzichtet auch das aktualisierte BaFin-Merkblatt 2013 auf die Vorlage eines Bestätigungsschreibens von Zahl- und Informationsstelle, dass sie diese Funktionen für den EU-OGAW in Deutschland übernehmen.[30]

Anderes gilt indes nach neuem Recht für den Vertrieb von EU-AIF (sowie ausländi- 27 sche AIF) an Privatanleger im Inland: Nach § 320 Abs. 1 Nr. 2 KAGB muss das bei der BaFin einzureichende Anzeigeschreiben u.a. auch alle wesentlichen Angaben zum Repräsentanten i.S.d. § 319 KAGB, zur Verwahrstelle und zur Zahlstelle enthalten sowie die Bestätigungen des Repräsentanten, der Verwahrstelle und der Zahlstelle über die Übernahme dieser Funktionen.

3. Sprache und Übersetzungen. Während die Anlagebedingungen, die Satzung des 28 EU-OGAW, der Verkaufsprospekt sowie der letzten Jahresbericht und der anschließenden Halbjahresbericht nach § 310 Abs. 2 S. 1 KAGB entweder in deutscher Sprache oder in

---

27 Zur Übersetzung der Dokumente noch unten Rn. 28 ff.
28 Vgl. IV. 4. des BaFin-Merkblatts 2013.
29 So auch § 132 InvG a.F.; hierzu Emde/Dornseifer/Dreibus/Hölscher/*Baum* § 132 Rn. 38.
30 Vgl. zur Rechtslage vor Inkrafttreten des OGAW-IV-Umsetzungsgesetzes und zum Erfordernis der Bestätigung der Zahl- und Informationsstelle Berger/Steck/Lübbehüsen/*Blankenheim* § 132 Rn. 17.

einer in internationalen Finanzkreisen gebräuchlichen Sprache vorzulegen sind, sind die wesentlichen Anlegerinformationen nach § 310 Abs. 2 S. 2 für den Vertrieb in Deutschland zwingend in deutscher Sprache vorzulegen.

29 Das Anzeigeschreiben und die OGAW-Bescheinigung gemäß § 310 Abs. 1 S. 4 KAGB sind in einer in internationalen Finanzkreisen gebräuchlichen Sprache vorzulegen, sofern die BaFin und die zuständige Stelle des Herkunftsmitgliedstaates nicht vereinbart haben, dass diese in einer Amtssprache beider Mitgliedstaaten übermittelt werden können.

30 Der deutsche Gesetzgeber hat hiermit die Vorgaben des Art. 94 Abs. 1 UAbs. 2 lit. b) und c) der OGAW IV-Richtlinie umgesetzt. Hintergrund und Ziel der europäischen Vorgaben ist, den Zugang eines OGAW zu den Märkten anderer Mitgliedstaaten zu erleichtern und die durch hohe Übersetzungskosten bedingten Marktzugangshindernisse zu beseitigen.[31] Nach Erwägungsgrund (66) der OGAW IV-Richtlinie soll ein OGAW lediglich dazu verpflichtet sein, die wesentlichen Informationen für den Anleger in die Amtssprache oder eine der Amtssprachen seines Aufnahmemitgliedstaats oder in eine von dessen zuständigen Behörden akzeptierte Sprache übersetzen zu lassen.[32] Dabei soll in den wesentlichen Anlegerinformationen angegeben werden, in welcher Sprache andere obligatorische Unterlagen und zusätzliche Informationen erhältlich sind.

31 Für die Praxis bedeutet dies zunächst, dass lediglich die wesentlichen Anlegerinformationen in die deutsche Sprache übersetzt werden müssen.[33] Von der nach Art. 94 Abs. 1 UAbs. 2 lit. b) der OGAW IV-Richtlinie vorgesehenen Möglichkeit, eine Übersetzung in andere Sprache zu akzeptieren, hat der deutsche Gesetzgeber bzw. BaFin bislang keinen Gebrauch gemacht. Die anderen Unterlagen, also v.a. Anlagebedingungen, Satzung, Verkaufsprospekt sowie Halbjahres- und Jahresbericht sind – wenn sie nicht bereits in Deutsch abgefasst sind – in einer in internationalen Finanzkreisen gebräuchlichen Sprache vorzulegen.

32 Nach wohl herrschender Meinung ist in jedem Fall Englisch als eine in internationalen Finanzkreisen gebräuchliche Sprache anzuerkennen.[34] Verantwortlich für die Übersetzungen ist die EU-OGAW-Verwaltungsgesellschaft bzw. OGAW-Kapitalverwaltungsgesellschaft; der Inhalt der ursprünglichen Informationen muss richtig und vollständig wiedergeben werden. Ob und inwieweit diese aufsichtsrechtlichen Vorgaben mit den zivil(richter)rechtlichen Vorgaben einer Prospekthaftung einhergehen, ist nicht abschließend beantwortet.[35]

33 Ebenfalls in einer in internationalen Finanzkreisen gebräuchlichen Sprache sind das Anzeigeschreiben sowie die OGAW-Bescheinigung zu verfassen. Nach momentanem Kenntnis- und Informationsstand bestehen auch insoweit keine Vereinbarungen zwischen BaFin und zuständige Aufsichtsbehörden anderer EU-Mitgliedstaaten dahingehend, dass diese in einer Amtssprache beider Mitgliedstaaten übermittelt werden können. Denkbar wäre etwa die Verwendung der deutschen Sprache bei der Übermittlung

---

[31] Hierzu auch Emde/Dornseifer/Dreibus/Hölscher/*Baum* § 132 Rn. 34.
[32] Kritisch hierzu mit Blick auf den gleichsam verfolgten Anlegerschutz und die Erschwerung der Rechtsdurchsetzung Emde/Dornseifer/Dreibus/Hölscher/*Baum* § 132 Rn. 5 und 35.
[33] Vgl. hierzu auch *Blankenheim* ZBB **2011** 344, 356.
[34] So auch *Reiter/Plumridge* WM **2012** 388, 391; *Blankenheim* ZBB **2011** 344, 356; eingehend zum Sprachenregime Emde/Dornseifer/Dreibus/Hölscher/*Baum* § 128 Rn. 35 ff.
[35] Weiterführend Emde/Dornseifer/Dreibus/Hölscher/*Baum* § 132 Rn. 35; *Reiter/Plumridge* WM **2012** 388, 391, die aus zivilrechtlichen Gründen empfehlen, die Amtssprache des Aufnahmemitgliedstaates zu verwenden.

durch andere EU-Mitgliedstaaten, die deutsche Sprache als Amtssprache haben. Die BaFin hat hierzu jedoch noch nicht eindeutig Position bezogen.[36]

Nicht festgelegt ist in § 310 KAGB, welcher Text bei mangelnder Übereinstimmung zwischen dem Originaltext der oben genannten Unterlagen und der Übersetzung dieser oder jene als verbindlich anzusehen ist. § 310 Abs. 2 S. 3 KAGB legt lediglich die Verantwortlichkeiten fest: Verantwortlich für die Übersetzungen ist die EU-OGAW-Verwaltungsgesellschaft oder die OGAW-Kapitalverwaltungsgesellschaft, wobei der Inhalt der ursprünglichen Informationen richtig und vollständig wiedergeben werden muss. **34**

Mit Blick auf die maßgebliche Sprachfassung trifft nunmehr § 303 eine ausdrückliche Regelung – genauer: § 303 Abs. 2 KAGB. Danach ist bei EU-OGAW der deutsche Wortlaut der wesentlichen Anlegerinformationen für die Prospekthaftung nach § 306 KAGB maßgeblich; für die übrigen in § 298 Abs. 1 KAGB genannten Unterlagen ist die im Geltungsbereich des KAGB veröffentlichte Sprachfassung zugrunde zu legen. Erfolgt die Veröffentlichung auch in deutscher Sprache, so ist der deutsche Wortlaut maßgeblich. **35**

4. (Rest-)Prüfungskompetenz durch BaFin. Welche (Rest-)Prüfungskompetenz verbleibt nach dem Zuvorgesagten bei der BaFin? Anders als vor Inkrafttreten der OGAW IV-Richtlinie und deren deutschen Umsetzung kann die EU-OGAW-Verwaltungsgesellschaft bzw. OGAW-Kapitalverwaltungsgesellschaft nach § 310 Abs. 1 S. 2 KAGB den Vertrieb des EU-OGAW unmittelbar aufnehmen, wenn sie von der zuständigen Stelle des Herkunftsmitgliedstaates des EU-OGAW über die Übermittlung unterrichtet wurde.[37] **36**

Das Abwarten der bis anhin geltenden Zwei-Monatsfrist, innerhalb derer die BaFin den Vertrieb in Deutschland untersagen konnte, ist nicht mehr notwendig.[38] Ob die von der Aufsichtsbehörde des Herkunftsmitgliedstaates zu übermittelnden Unterlagen und Informationen über den EU-OGAW vollständig sind, ist für den Vertriebsbeginn nach dem Gesetzeswortlaut ebenfalls ohne Belang. Einschreiten gegen den Vertrieb des EU-OGAW kann die BaFin mithin nur unter den weiteren Voraussetzungen des § 311 KAGB.[39] **37**

III. Anzeige bei Änderungen der EU-OGAW-Unterlagen

Bei Änderungen der Anlagebedingungen oder der Satzung, des Verkaufsprospekts, des Jahresberichts, des Halbjahresberichts und der wesentlichen Anlegerinformationen gemäß Art. 78 der OGAW IV-Richtlinie ist nach § 310 Abs. 4 KAGB die BaFin jeweils unverzüglich zu unterrichten und darüber zu informieren, wo diese (geänderten) Unterlagen in elektronischer Form verfügbar sind. Unverzüglich meint auch in diesem Zusammenhang ohne schuldhaftes Zögern.[40] **38**

Die Unterrichtungspflicht gegenüber der BaFin trifft die EU-OGAW-Verwaltungsgesellschaft bzw. die OGAW-Verwaltungsgesellschaft selbst – was sich aus Art. 93 Abs. 7 der OGAW IV-Richtlinie ergibt.[41] Danach informiert der OGAW die zuständigen Behörden des Aufnahmemitgliedstaats des OGAW (und nicht die Aufsichtsbehörden des Herkunftsmitgliedstaates des EU-OGAW) über jede Änderung an den Unterlagen des EU-OGAW sowie darüber, wo diese Unterlagen in elektronischer Form verfügbar sind. Ob und inwieweit die EU-OGAW-Verwaltungsgesellschaft auch die Aufsichtsbehörde des Herkunfts- **39**

---

36 Hierzu auch Emde/Dornseifer/Dreibus/Hölscher/*Baum* § 128 Rn. 20 ff.
37 Vgl. hierzu auch *Blankenheim* ZBB **2011** 344, 356 f.
38 Hierzu noch Berger/Steck/Lübbehüsen/*Blankenheim* § 133 Rn. 3 ff.
39 Vgl. hierzu § 311 KAGB.
40 Hierzu auch Emde/Dornseifer/Dreibus/Hölscher/*Baum* § 132 Rn. 39.
41 Kritisch hierzu *Reiter/Plumridge* WM **2012** 388, 391.

40 Als Änderung i.S.d. § 310 Abs. 4 KAGB wird man richtigerweise auch eine entsprechende Aktualisierung der Unterlagen des EU-OGAW begreifen müssen.[42] Nach dem BaFin-Merkblatt 2013 sind auch Änderungen bestimmter im Anzeigeschreiben gemachter Angaben der BaFin bereits vor deren Umsetzung mitzuteilen.[43] Anders als nach alter Rechtslage besteht dabei aber kein Billigungserfordernis seitens der BaFin – etwa für den Wechsel der Zahlstelle (sofern erforderlich) oder Informationsstelle.

41 Bei der Übersendung sind die Änderungen oder Aktualisierungen zu beschreiben oder eine geänderte Fassung des jeweiligen Dokuments als Anlage in einem gebräuchlichen elektronischen Format beizufügen. Dies betrifft nach Ansicht der BaFin insbesondere die Änderung von Adressen und Bezeichnungen, Umfirmierungen sowie Fusionen und Liquidationen.[44]

42 In der Meldung an die BaFin muss zudem eine Erklärung enthalten sein, dass die mitgeteilten Änderungen entsprechend den Regelungen im Herkunftsstaat des EU-OGAW von der dort zuständigen Stelle genehmigt, gebilligt oder zur Kenntnis genommen wurden bzw. ihr zur Kenntnis gebracht wurden. Diese Erklärung kann alternativ auch direkt auf der beigefügten Verkaufsunterlage angebracht werden. In diesem Fall muss aber nach den Vorgaben der BaFin die Person des Erklärenden und dessen Funktion eindeutig erkennbar sein.[45]

43 Änderungsmitteilungen können in deutscher oder in einer in internationalen Finanzkreisen gebräuchlichen Sprache abgegeben werden. Nach § 310 Abs. 4 S. 2 KAGB hat die BaFin eine E-Mail-Adresse anzugeben, an die die Aktualisierungen und Änderungen sämtlicher in Satz 1 genannter Unterlagen übermittelt werden müssen. Dieser Pflicht ist die BaFin – wie im BaFin-Merkblatt 2013 ausgeführt – nachgekommen: Mitteilungen von Änderungen der Verkaufsunterlagen sind an das E-Mail Postfach: „UCITS-Update@bafin.de" zu senden.[46]

44 Die E-Mail darf nicht größer sein als 30 MB, wobei es aber zulässig ist, die Anhänge in eine Zip-Datei zu packen. Ist der Datenumfang grösser 30 MB, kann der Inhalt auch auf mehrere E-Mails aufgeteilt werden, was im Betreff kenntlich zu machen ist. Zulässige Dateiformate für Anhänge sind pdf, doc und docx. Im Betreff der E-Mail sind die achtstellige BaFin-ID (70XXXXXX), der Name der EU-OGAW-Verwaltungsgesellschaft bzw. OGAW-Kapitalverwaltungsgesellschaft, sowie eine laufende Nummer, wenn die Mitteilung mit mehreren E-Mails versendet wird, zu nennen.[47]

45 Endlich müssen der vollständige Name des Absenders und dessen Funktion innerhalb der EU-OGAW-Verwaltungsgesellschaft bzw. der OGAW-Kapitalverwaltungsgesellschaft aus der Änderungsmitteilung eindeutig hervorgehen. Bei der gesammelten Einreichung von zahlreichen wesentlichen Anlegerinformationen empfiehlt die BaFin zur besseren Übersicht eine alphabetische Sortierung nach Teilfondsnamen/Anteilklassen.[48]

---

[42] So auch Emde/Dornseifer/Dreibus/Hölscher/*Baum* § 132 Rn. 39.
[43] Vgl. V. des BaFin-Merkblatts 2013.
[44] Vgl. V. 1. b) des BaFin-Merkblatts 2013.
[45] Vgl. V. 1. b) des BaFin-Merkblatts 2013.
[46] Vgl. V. des BaFin-Merkblatts 2013.
[47] Vgl. V. 3. des BaFin-Merkblatts 2013.
[48] Vgl. V. 3. c) des BaFin-Merkblatts 2013.

IV. Anzeige bei Änderungen der Vermarktungsmodalitäten und vertriebenen Anteilsklassen

Werden Informationen über die Modalitäten der Vermarktung oder vertriebene Anteil- oder Aktienklassen, die im Anzeigeschreiben mitgeteilt wurden, geändert, so muss die EU-OGAW-Verwaltungsgesellschaft bzw. die OGAW-Kapitalverwaltungsgesellschaft diese Änderung der BaFin ebenfalls vor Umsetzung der Änderung in Textform[49] mitteilen. 46

Dies soll nach Ansicht der BaFin auch dann gelten, wenn der Vertrieb von bestimmten Anteilsklassen eines EU-OGAW bzw. eines Teilfonds eines EU-OGAW in Form einer Umbrella-Struktur in Deutschland eingestellt wird bzw. neue Anteilsklassen für den Vertrieb in Deutschland lanciert werden.[50] Eine neue Vertriebsanzeige soll in diesem Fall aber nicht erforderlich sein, als sich das Anzeigeverfahren lediglich auf die Ebene des EU-OGAW bzw. eines Teilfonds einer EU-OGAW-Umbrella bezieht. Die Mitteilung nach § 310 Abs. 5 KAGB muss jedoch vor der Umsetzung der Änderungen erfolgen. 47

Führen die nach § 310 Abs. 5 KAGB mitgeteilten Änderungen zu einer Änderung der Verkaufsunterlagen, so ist die BaFin über diese Änderung der Verkaufsunterlagen gemäß § 310 Abs. 4 KAGB zu informieren. Die Mitteilung nach § 310 Abs. 5 ist in Textform gemäß § 126b BGB abzugeben, d.h. sie kann unter anderem mit normaler Post oder per E-Mail erfolgen. Sofern die Meldung per E-Mail abgegeben wird, so ist nach dem BaFin-Merkblatt diese ebenfalls an das E-Mail Postfach: UCITS-Update@bafin.de zu senden.[51] 48

§ 311
Untersagung und Einstellung des Vertriebs von EU-OGAW

(1) Die Bundesanstalt ist befugt, alle erforderlichen und geeigneten Maßnahmen zum Schutz der Anleger zu ergreifen, einschließlich einer Untersagung des Vertriebs von Anteilen oder Aktien an EU-OGAW, wenn
1. die Art und Weise des Vertriebs gegen sonstige Vorschriften des deutschen Rechts verstoßen,
2. die Pflichten nach § 309 nicht oder nicht mehr erfüllt sind.

(2) Hat die Bundesanstalt hinreichende Anhaltspunkte für die Annahme, dass eine EU-OGAW-Verwaltungsgesellschaft oder OGAW-Kapitalverwaltungsgesellschaft, die Anteile oder Aktien an EU-OGAW im Geltungsbereich dieses Gesetzes vertreibt, gegen Vorschriften dieses Gesetzes verstößt, und hat die Bundesanstalt keine Befugnisse nach Absatz 1, so teilt sie ihre Erkenntnisse den zuständigen Stellen des Herkunftsmitgliedstaates des EU-OGAW mit und fordert diese auf, geeignete Maßnahmen zu ergreifen.

(3) Werden Verstöße gegen Vorschriften dieses Gesetzes durch die Maßnahmen der zuständigen Stellen des Herkunftsmitgliedstaates des EU-OGAW nicht beendet oder erweisen sich diese Maßnahmen als nicht geeignet oder als unzulänglich, so ist die Bundesanstalt befugt,
1. nach Unterrichtung der zuständigen Stellen des Herkunftsmitgliedstaates des EU-OGAW im Rahmen ihrer Aufsicht und Überwachung der Vorschriften des

---

49 Zur Auslegung des Begriffes „Textforms" und den europarechtlichen Vorgaben der OGAW IV-Richtlinie Emde/Dornseifer/Dreibus/Hölscher/*Baum* § 129 Rn. 13 ff.
50 Vgl. VI. des BaFin-Merkblatts 2013.
51 Vgl. V. des BaFin-Merkblatts 2013.

Abschnitts 1 Unterabschnitt 1 und des Abschnitts 2 Unterabschnitt 1 dieses Kapitels alle erforderlichen und geeigneten Maßnahmen zum Schutz der Anleger zu ergreifen, einschließlich einer Untersagung des weiteren Vertriebs von Anteilen oder Aktien an EUOGAW,
2. die Europäische Wertpapier- und Marktaufsichtsbehörde nach Maßgabe des Artikels 19 der Verordnung (EU) Nr. 1095/2010 um Hilfe zu ersuchen.

Maßnahmen gemäß Satz 1 Nummer 1 und 2 sind auch zu ergreifen, wenn der Herkunftsmitgliedstaat des EU-OGAW nicht innerhalb einer angemessenen Frist Maßnahmen ergreift und die EU-OGAW-Verwaltungsgesellschaft oder die OGAW-Kapitalverwaltungsgesellschaft, die Anteile oder Aktien dieses EU-OGAW im Geltungsbereich dieses Gesetzes vertreibt, deshalb weiterhin auf eine Weise tätig ist, die den Interessen der Anleger im Geltungsbereich dieses Gesetzes eindeutig zuwiderläuft. Die Europäische Kommission und die Europäische Wertpapier- und Marktaufsichtsbehörde sind unverzüglich über jede nach Satz 1 Nummer 1 ergriffene Maßnahme zu unterrichten.

(4) Die Bundesanstalt teilt den zuständigen Stellen des Herkunftsmitgliedstaates des EU-OGAW die Untersagung des Vertriebs mit. Sofern der Herkunftsmitgliedstaat dieses EU-OGAW ein anderer ist als der Herkunftsmitgliedstaat der verwaltenden EU-OGAW-Verwaltungsgesellschaft, teilt die Bundesanstalt die Untersagung auch den zuständigen Stellen des Herkunftsmitgliedstaates der EU-OGAW-Verwaltungsgesellschaft mit. Sie macht die Untersagung im Bundesanzeiger bekannt, falls ein Vertrieb stattgefunden hat. Entstehen der Bundesanstalt durch die Bekanntmachung nach Satz 2 Kosten, sind diese der Bundesanstalt von der EU-OGAW-Verwaltungsgesellschaft oder der OGAW-Kapitalverwaltungsgesellschaft zu erstatten.

(5) Teilt die zuständige Stelle des Herkunftsmitgliedstaates des EU-OGAW der Bundesanstalt die Einstellung des Vertriebs von Anteilen oder Aktien an EU-OGAW mit, so hat die EU-OGAW-Verwaltungsgesellschaft oder die OGAW-Kapitalverwaltungsgesellschaft dies unverzüglich im Bundesanzeiger zu veröffentlichen und die Veröffentlichung der Bundesanstalt nachzuweisen. Wenn die Veröffentlichungspflicht auch nach Fristsetzung durch die Bundesanstalt nicht erfüllt wird, kann die Bundesanstalt die Veröffentlichung auf Kosten der EU-OGAW-Verwaltungsgesellschaft oder der OGAW-Kapitalverwaltungsgesellschaft vornehmen. Absatz 6 bleibt unberührt.

(6) Teilt die zuständige Stelle des Herkunftsmitgliedstaates des EU-OGAW der Bundesanstalt die Einstellung des Vertriebs von einzelnen Teilinvestmentvermögen des EU-OGAW mit, so hat die EU-OGAW-Verwaltungsgesellschaft oder die OGAW-Kapitalverwaltungsgesellschaft die Bundesanstalt über geänderte Angaben und Unterlagen entsprechend § 310 Absatz 4 Satz 1 zu unterrichten. Dabei ist § 293 Absatz 1 Satz 2 Nummer 3 zu berücksichtigen. Die geänderten Unterlagen dürfen erst nach der Unterrichtung im Geltungsbereich dieses Gesetzes eingesetzt werden. Die EU-OGAW-Verwaltungsgesellschaft oder die OGAW-Kapitalverwaltungsgesellschaft hat die Einstellung des Vertriebs unverzüglich im Bundesanzeiger zu veröffentlichen und dies der Bundesanstalt nachzuweisen. Wenn die Veröffentlichungspflicht auch nach Fristsetzung nicht erfüllt wird, kann die Bundesanstalt die Veröffentlichung auf Kosten der EU-OGAW-Verwaltungsgesellschaft oder der OGAW-Kapitalverwaltungsgesellschaft vornehmen.

Schrifttum

Siehe Schrifttum zu § 309.

Systematische Übersicht

I. Grundlagen: EU-Vorgaben und deutsche Umsetzung —— 1
II. Originäre Aufsichtsbefugnisse vs. aufsichtsrechtliche Restzuständigkeit der BaFin
  1. Voraussetzungen für aufsichtsbehördliches Einschreiten durch die BaFin
    a) Verstoß gegen sonstiges Recht —— 7
    b) Verstoß gegen Pflichten nach § 309 KAGB —— 9
  2. Anlegerschutz als Ziel und Eingriffsgrenze – Verhältnismäßigkeit —— 11
  3. Eingriffsinstrumente der BaFin —— 16
III. Subsidiäre Handlungs- und Eingriffsbefugnisse der BaFin
  1. Verstoß gegen Vorschriften des KAGB —— 17
  2. Fehlende Befugnisse der BaFin nach Abs. 1 —— 20
  3. Mitteilung an und Aufforderung der Aufsichtsbehörde des Herkunftsmitgliedstaates zum Einschreiten —— 21
  4. Restaufsichts- und Eingriffskompetenz der BaFin
    a) Untätigkeit der Aufsichtsbehörde des Herkunftsmitgliedstaates —— 22
    b) Ungeeignetheit und Unzulänglichkeit der behördlichen Maßnahmen —— 24
    c) Fristüberschreitungen —— 25
    d) Handlungs- und Eingriffsbefugnisse der BaFin
      aa) „Selbstvornahme" bzw. „Ersatzvornahme" durch die BaFin —— 27
      bb) Hilfeersuchen an ESMA —— 30
    e) Informationspflichten der BaFin vor und nach Einschreiten —— 32
IV. Verfahrens- und Rechtsschutzfragen bei Eingriffen der BaFin
  1. Mitteilung und Veröffentlichung der Untersagung —— 33
  2. Rechtsschutz —— 35
V. Einstellung des Vertriebs von EU-OGAW —— 38
VI. Einstellung des öffentlichen Vertriebs von einzelnen Teilfonds eines EU-OGAW-Umbrella-Fonds —— 41

I. Grundlagen: EU-Vorgaben und deutsche Umsetzung

Nach der Begründung des Regierungsentwurfes des KAGB entspricht § 311 KAGB weitgehend § 133 des aufzuhebenden Investmentgesetzes und wurde lediglich redaktionell aufgrund der in § 1 enthaltenen Begriffsbestimmungen überarbeitet und insbesondere der Begriff des „öffentlichen Vertriebs" durch den Begriff des „Vertriebs" ersetzt.[1] Insoweit gelten auch für § 311 KAGB die gesetzgeberischen Erwägungen zu § 133 InvG in der Fassung des OGAW-IV-Umsetzungsgesetzes. Diese Vorschrift zielt auf die Umsetzung der aufsichtsbehördlichen Abgrenzung zwischen den Aufsichtsbefugnissen des Herkunftsmitgliedstaates des OGAW und den Restbefugnis des Aufnahmestaates gemäß Art. 108 der OGAW IV-Richtlinie.[2] **1**

Nach Artikel 108 Abs. 1 der OGAW IV-Richtlinie gilt der Grundsatz, dass allein die Stellen des Herkunftsmitgliedstaats des OGAW befugt sind, diesem OGAW gegenüber bei Verletzung der Rechts- und Verwaltungsvorschriften sowie der in den Vertragsbedingungen oder in der Satzung der Investmentgesellschaft enthaltenen Bestimmungen Maßnahmen zu ergreifen. Die Behörden des Aufnahmemitgliedstaats des EU-OGAW können **2**

---

[1] Vgl. auch Begründung des Regierungsentwurfes des OGAW-IV-Umsetzungsgesetz BTDrucks. 17/4510, S. 91.
[2] Hierzu auch Emde/Dornseifer/Dreibus/Hölscher/*Baum* § 133 Rn. 1ff.

lediglich im Falle einer Verletzung der in diesem Mitgliedstaat geltenden Rechts- und Verwaltungsvorschriften, die nicht unter den Anwendungsbereich der vorliegenden Richtlinie oder unter die in den Artikeln 92 und 94 der OGAW IV-Richtlinie festgelegten Anforderungen fallen, Maßnahmen ergreifen.[3]

3   Dieser nunmehr geltenden Kompetenzver- bzw. -zuteilung zwischen der Aufsichtsbehörde des Heimatstaates des EU-OGAW und der Aufsichtsbehörde des Aufnahmestaates bzw. Vertriebslandes war ein langer Kompetenzstreit zwischen den Aufsichtsbehörden der einzelnen EU-Mitgliedstaaten trotz der grundsätzlichen Anerkennung des Prinzips der Kontrolle durch den Sitzstaat des OGAW vorausgegangen, welchen die EU-Kommission zunächst in einer Erläuternden Mitteilung der Kommission zu den jeweiligen Zuständigkeiten von Herkunftsmitgliedstaat und Aufnahmemitgliedstaat beim Vertrieb von OGAW gemäß Abschnitt VIII der OGAW-Richtlinie zu schlichten suchte.[4]

4   Artikel 108 der OGAW IV-Richtlinie will diesen Kompetenzstreit beenden und nunmehr die Eingriffs- und Untersagungsrechte der BaFin mit Blick auf den Vertrieb von EU-OGAW in Deutschland weitgehend auf nationale Angelegenheiten bzw. Verstöße gegen nationale Vorschriften beschränken, deren Einhaltung nach der OGAW IV-Richtlinie nicht der Aufsichtsbefugnis des Heimatstaates des EU-OGAW zugewiesen ist. Im Interesse des Binnenmarktes und einer reibungslosen Erbringung von grenzüberschreitenden Dienstleistungen sollen die Zuständigkeiten der jeweils zuständigen Aufsichtsbehörden eindeutig zugewiesen sein.[5]

5   Der EU-Gesetzgeber vertraut und setzt damit auf eine effiziente Kooperation zwischen den einzelnen Aufsichtsbehörden.[6] Ob und inwieweit dieses Vertrauen bestätigt und die aufsichtsbehördliche Zusammenarbeit in der Praxis funktionieren wird, bleibt abzuwarten. Die AIFM-Richtlinie setzt ebenfalls entscheidend auf eine Kooperation der Aufsichtsbehörden – auch hier steht der Lackmustest noch bevor.[7]

6   In der Zusammenschau mit § 310 KAGB bleibt festzuhalten, dass der BaFin mit Blick auf einen EU-OGAW-Vertrieb letztlich kaum Befugnisse mehr zu stehen, die Aufnahme des Vertriebs in Deutschland zu verhindern.[8] Der EU-OGAW kann unmittelbar nach der Mitteilung der Übermittlung der nach § 310 KAGB notwendigen Information und Unterlagen an die Aufsichtsbehörde des Aufnahmestaates durch seine Heimataufsichtsbehörde mit dem grenzüberschreitenden Vertrieb beginnen. Der BaFin verbleibt lediglich ein Einschreiten nach den Vorschriften des § 311 KAGB – mithin *post* Aufnahme des Vertriebs in Deutschland.[9]

---

3   In diese Richtung auch die Abgrenzung in der „Erläuternden Mitteilung der Kommission, Die jeweiligen Zuständigkeiten von Herkunftsmitgliedstaat und Aufnahmemitgliedstaat beim Vertrieb von OGAW gemäß Abschnitt VIII der OGAW-Richtlinie", 19.3.2007, KOM (2007) 112 endgültig.
4   Vgl. Erläuternde Mitteilung der Kommission, Die jeweiligen Zuständigkeiten von Herkunftsmitgliedstaat und Aufnahmemitgliedstaat beim Vertrieb von OGAW gemäß Abschnitt VIII der OGAW-Richtlinie, 19.3.2007, KOM (2007) 112 endgültig; hierzu auch Berger/Steck/Lübbehausen/*Blankenheim* Vor §§ 128 bis 133 Rn. 1 ff. sowie § 129 Rn. 3 ff.
5   Vgl. auch *Reiter/Plumridge* WM **2012** 388, 390.
6   Vgl. auch Begründung des Regierungsentwurfes des OGAW-IV-Umsetzungsgesetz BTDrucks. 17/4510, S. 91.
7   Zur Aufsichtskooperation nach der AIFM-Richtlinie Dornseifer/Jesch/Klebeck/Tollmann/*Kunschke/Machhausen* AIFM-Richtlinie (2013) Art. 50 Rn. 2 ff.
8   Vgl. Emde/Dornseifer/Dreibus/Hölscher/*Baum* § 133 Rn. 2.
9   Vgl. *Blankenheim* ZBB **2011** 344, 356 ff.; *Klebeck* in: Zetzsche, The Alternative Investment Fund Managers Directive – European Regulation of Alternative Investment Funds (2012) S. 77 ff.

II. Originäre Aufsichtsbefugnisse vs. aufsichtsrechtliche Restzuständigkeit der BaFin

1. Voraussetzungen für aufsichtsbehördliches Einschreiten durch die BaFin

a) Verstoß gegen sonstiges Recht. Nach § 311 Abs. 1 Nr. 1 KAGB ist die BaFin im Rahmen ihrer nach Art. 108 der OGAW IV-Richtlinie zugewiesenen Restbefugnisse ermächtigt, alle erforderlichen und geeigneten Maßnahmen zum Schutz der Anleger zu ergreifen, einschließlich einer Untersagung des Vertriebs von Anteilen oder Aktien an EU-OGAW, wenn die Art und Weise des Vertriebs gegen sonstige Vorschriften des deutschen Rechts verstoßen. Nach Art. 108 Abs. 1 S. 2 der OGAW IV-Richtlinie sind unter den sonstigen Vorschriften alle geltenden Rechts- und Verwaltungsvorschriften zu verstehen, die nicht in den Anwendungsbereich der OGAW IV-Richtlinie fallen.[10] Nach herrschender Meinung wurden unter Geltung des InvG hierunter v.a. Vorschriften des Gewerbe-, Wettbewerbs-, Straf- und Steuerrechts gefasst.[11] Diese Ansicht wird man auch für § 311 Abs. 1 Nr. 1 KAGB vertreten können.[12]   7

Entsprechend verpflichtet auch Art. 91 Abs. 3 der OGAW IV-Richtlinie die Mitgliedstaaten sicherzustellen, dass vollständige Informationen über Rechts- und Verwaltungsvorschriften, die nicht in den von dieser Richtlinie geregelten Bereich fallen und die für die Modalitäten der Vermarktung von Anteilen von in anderen Mitgliedstaaten niedergelassenen OGAW auf ihrem Hoheitsgebiet spezifisch relevant sind, „aus der Ferne und elektronisch leicht zugänglich sind". Die Mitgliedstaaten stellen sicher, dass diese Informationen in einer in der Finanzwelt gebräuchlichen Sprache bereitgestellt werden, eindeutig und unmissverständlich sind und dem neuestem Stand entsprechen. Ob die BaFin dieser Anforderungen mit den wenigen Informationen auf ihrer Website gerecht wird, wird mitunter in Frage gestellt.   8

b) Verstoß gegen Pflichten nach § 309 KAGB. Weiter kann die BaFin alle erforderlichen und geeigneten Maßnahmen zum Schutz der Anleger ergreifen, einschließlich einer Untersagung des Vertriebs von Anteilen oder Aktien an EU-OGAW, wenn die Pflichten nach § 309 KAGB nicht oder nicht mehr erfüllt sind. Das meint zunächst die Pflicht, sämtliche Vorkehrungen zu treffen, die sicherstellen, dass Zahlungen an die Anleger im Geltungsbereich des KAGB geleistet werden und Rückkauf und Rücknahme der Anteile oder Aktien im Geltungsbereich des KAGB erfolgen.   9

Die Pflicht zur Bestellung einer Zahlstelle nach § 309 Abs. 1 KAGB besteht freilich nur dann, soweit die Anteile oder Aktien an dem in Rede stehenden EU-OGAW als gedruckte Einzelurkunden ausgegeben werden bzw. wurden.[13] Zu den Pflichten nach § 311 Abs. 1 Nr. 2 KAGB zählt, eine entsprechende Informationsstelle i.S.d. § 309 Abs. 2 KAGB zu bestellen sowie die deutschlandspezifischen Angaben und Informationen im Verkaufsprospekt zu machen.[14]   10

---

10 Vgl. *Blankenheim* ZBB **2011** 344, 357.
11 Hierzu nur Berger/Steck/Lübbehusen/*Blankenheim* § 133 Rn. 13; *Baur* Investmentgesetze, § 15d AuslInvG, Rn. 3.
12 So auch für den insoweit inhaltsgleichen § 133 InvG Emde/Dornseifer/Dreibus/Hölscher/*Baum* § 133 Rn. 5.
13 Hierzu bereits oben § 310 KAGB Rn. 40 ff.
14 Vgl. hierzu oben § 309 KAGB Rn. 52 ff.

11 **2. Anlegerschutz als Ziel und Eingriffsgrenze – Verhältnismäßigkeit.** Die von der BaFin zu ergreifenden Maßnahmen müssen nicht nur geeignet, erforderlich und angemessen im Sinne des für die Eingriffsverwaltung der BaFin anwendbaren Verhältnismäßigkeitsgrundsatzes, sondern das Eingriffshandeln der BaFin muss nach dem Wortlaut zum Schutz der Anleger, genauer: der deutschen Anleger, erfolgen. Das meint: das Einschreiten der BaFin muss geeignet, erforderlich und angemessen zur Erreichung des gesetzlich vorgegebenen Ziels sein: Schutz der Anleger.

12 Dass mit der in § 311 Abs. 1 KAGB ausdrücklich vorgesehenen Möglichkeit einer Untersagung des Vertriebs die bereits investierten deutschen Anleger den Schutz des KAGB verlieren,[15] ist eine These, die noch ihre Begründung sucht. Zutreffend wäre dies etwa für den Fall einer aufsichtsbehördlich angeordneten Zwangsliquidation des EU-OGAW; aber eine solche Eingriffsbefugnis der BaFin sieht weder Art. 108 OGAW IV-Richtlinie noch das KAGB vor – zu Recht.

13 In die Abwägung ist aber in der Tat der mit einer Untersagung einhergehende Wegfall der Pflichten zum Schutz der deutschen Anleger – sprich: Bestellung einer Zahlstelle (falls erforderlich), einer Informationsstelle, Angabe deutschlandspezifischer Angaben in den Verkaufsunterlagen. Ein solcher Wegfall kann aber nur in den seltensten Fällen im Interesse der deutschen Anleger sein. Denkbar wäre mithin die Untersagung eines *weiteren* Vertriebs in Deutschland unter Beibehaltung der bestehenden Pflichten zugunsten der deutschen Anleger.

14 Für den EU-OGAW, EU-OGAW-Verwaltungsgesellschaft bzw. OGAW-Kapitalverwaltungsgesellschaft ist eine Untersagung des Vertriebs in Deutschland unstrittig ein empfindlicher Eingriff in ihre Geschäftstätigkeit, sodass eine entsprechende Untersagung nur und nur bei erheblichen und wiederholten Verstößen gegen sonstige Vorschriften i.S.d. § 311 Abs. 1 Nr. 1 KAGB bzw. bei Verzug mit der Pflichtenerfüllung nach § 311 Abs. 1 Nr. 2 i.V.m. § 309 KAGB (Bestellung einer Zahlstelle bzw. Informationsstelle oder Korrektur bzw. Ergänzung der deutschlandspezifischen Angaben im Verkaufsprospekt) als *ultima ratio* in Betracht kommt.[16]

15 Umstritten ist, ob und inwieweit die EU-OGAW-Verwaltungsgesellschaft bzw. OGAW-Kapitalverwaltungsgesellschaft für das Fehlverhalten Dritter, allen voran von Vertriebsträgern in Deutschland einzustehen hat bzw. sich dieses zurechnen lassen muss.[17] Die bloße Möglichkeit einer Einflussnahme auf den Vertriebsträger wird man richtigerweise nicht als Grund für die Zurechnung ausreichen lassen können. Eine solche Mithaftung lässt sich weder aus allgemein- bzw. sonderpolizeirechtlichen Grundsätzen noch aus dem KAGB entnehmen.[18]

16 **3. Eingriffsinstrumente der BaFin.** Die BaFin kann alle erforderlichen und geeigneten Maßnahmen zum Schutz der Anleger ergreifen – sofern die Eingriffsvoraussetzungen nach § 311 Abs. 1 Nr. 1 und 2 KAGB vorliegen. Mit Blick auf die Maßnahmen der BaFin greifen die allgemeinen Grundsätze der Eingriffsverwaltung. Typisches Instrument ist der belastende Verwaltungsakt, gegen den Widerspruch und Anfechtungsklage zuläs-

---

15 So etwa Emde/Dornseifer/Dreibus/Hölscher/*Baum* § 133 Rn. 7; Berger/Steck/Lübbehusen/*Blankenheim* § 133 Rn. 17; *Baur* Investmentgesetze, § 15d AuslInvG, Rn. 16 ff.
16 So schon unter Geltung des InvG a.F. Berger/Steck/Lübbehusen/*Blankenheim* § 133 Rn. 17.
17 Hierzu Emde/Dornseifer/Dreibus/Hölscher/*Baum* § 133 Rn. 8; Berger/Steck/Lübbehusen/*Blankenheim* § 133 Rn. 17.
18 So schon Emde/Dornseifer/Dreibus/Hölscher/*Baum* § 133 Rn. 8; Berger/Steck/Lübbehusen/*Blankenheim* § 133 Rn. 17; Beckmann/Scholtz/Vollmer/*Schmies* § 133 Rn. 25.

sig.[19] Der BaFin steht insoweit nicht nur ein Eingriffs-, sondern auch ein Auswahlermessen zu, was gerichtlich überprüft werden kann.[20]

III. Subsidiäre Handlungs- und Eingriffsbefugnisse der BaFin

1. Verstoß gegen Vorschriften des KAGB. Nach § 311 Abs. 2 KAGB teilt die BaFin, sofern sie hinreichende Anhaltspunkte für die Annahme, dass eine EU-OGAW-Verwaltungsgesellschaft oder OGAW-Kapitalverwaltungsgesellschaft, die Anteile oder Aktien an EU-OGAW in Deutschland vertreibt, gegen Vorschriften dieses KAGB verstößt, und sie keine Befugnisse nach Absatz 1 hat, den zuständigen Stellen des Herkunftsmitgliedstaates des EU-OGAW diese Missstände mit und fordert diese auf, geeignete Maßnahmen zu ergreifen. Damit setzt der deutsche Gesetzgeber nahezu wortgleich die Vorgaben von Art. 108 Abs. 4 der OGAW IV-Richtlinie um.

Bedenken sind zunächst mit Blick auf die tatbestandliche Weite des § 311 Abs. 2 KAGB und damit folgend des genannten Eingriffsgrundes nach § 311 Abs. 3 KAGB angebracht: Anlass eines Einschreitens gegenüber dem EU-OGAW durch die BaFin sind nach dem Wortlaut des § 311 Abs. 3 KAGB „*Verstöße gegen dieses Gesetzes*" – will meinen: des KAGB. Damit stellt sich zentral die Frage nach einer Konkretisierung.[21]

Denkbar wäre es etwa, das Erfordernis eines Bezugs des Rechtsverstoßes zum Vertrieb des EU-OGAW zu verlangen. Hierfür spricht auch die Begrenzung des § 311 Abs. 3 KAGB, wonach die BaFin im Rahmen ihrer Aufsicht und Überwachung der Vorschriften des „Abschnitts 1 Unterabschnitt 1 und des Abschnitts 2 Unterabschnitt 1 dieses Kapitels" alle erforderlichen und geeigneten Maßnahmen zum Schutz der Anleger ergreifen kann. Beschränkend wirkt insoweit auch das mit dem Eingriff der BaFin zu verfolgende Ziel des Eingriffs in den Vertrieb des EU-OGAW – namentlich: der Schutz der deutschen Anleger.

2. Fehlende Befugnisse der BaFin nach Abs. 1. Eine Mitteilung der BaFin an die zuständigen Aufsichtsbehörden des Herkunftsmitgliedstaates des EU-OGAW über die Rechtsverstöße sowie eine entsprechende Aufforderung, geeignete Maßnahmen gegenüber dem EU-OGAW zu ergreifen, muss freilich nur dann erfolgen, wenn der BaFin keine Eingriffsbefugnis zum Einschreiten nach § 311 Abs. 1 KAGB zusteht. Insoweit werden die in Art. 108 der OGAW IV-Richtlinie angelegten Eskalationsstufen in das deutsche Recht umgesetzt: Kann die BaFin nach § 311 Abs. 1 KAGB selbst einschreiten, ist sie nicht verpflichtet, die Aufsichtsbehörde des Heimatstaates des EU-OGAW zum Einschreiten zu veranlassen.[22]

3. Mitteilung an und Aufforderung der Aufsichtsbehörde des Herkunftsmitgliedstaates zum Einschreiten. Bestehen keine Eingriffsbefugnisse der BaFin nach § 311 Abs. 1 KAGB, bleibt es zunächst Sache der Aufsichtsbehörde des EU-OGAW die Auf-

---

19 Hierzu auch Emde/Dornseifer/Dreibus/Hölscher/*Baum* § 133 Rn. 9; zum Rechtsschutz unter Geltung des InvG vor Inkrafttreten des OGAW-IV-Umsetzungsgesetzes Berger/Steck/Lübbehusen/*Blankenheim* § 133 Rn. 27 f.; Beckmann/Scholtz/Vollmer/*Schmies* § 133 Rn. 30 ff.
20 Vgl. zur Aufgabe der bis anhin geltenden Differenzierung zwischen zwingender und fakultativer Vertriebsuntersagung und der damit einhergehende, flexibleren Handhabung *Blankenheim* ZBB **2011** 344, 357.
21 Vgl. zu einer vergleichbaren Frage beim grenzüberschreitenden Vertrieb von AIF unter der AIFM-Richtlinie Dornseifer/Jesch/Klebeck/Tollmann/*Klebeck/Frick* AIFM-Richtlinie (2013) Art. 39 Rn. 74 ff. sowie Art. 40 Rn. 46 ff.
22 Hierzu auch Emde/Dornseifer/Dreibus/Hölscher/*Baum* § 133 Rn. 11 ff.

sichtsbefugnisse entsprechend auszuüben und gegen den EU-OGAW in geeigneter Weise vorzugehen, um allfällige Missstände zu beseitigen. Der BaFin kommt bei hinreichenden Anhaltspunkten auf erster Stufe lediglich das Recht zu, die Aufsichtsbehörde zu informieren und entsprechend zum Einschreiten zu bewegen. Dies schließt freilich nicht aus, dass die BaFin zunächst selbst Vorabklärung trifft, um zu entscheiden, ob die Anhaltspunkte in der Tat hinreichend sind.[23]

4. Restaufsichts- und Eingriffskompetenz der BaFin

22 **a) Untätigkeit der Aufsichtsbehörde des Herkunftsmitgliedstaates.** Werden Verstöße gegen Vorschriften des KAGB durch die Maßnahmen der Aufsichtsbehörde des Herkunftsmitgliedstaates des EU-OGAW nicht beendet oder erweisen sich diese Maßnahmen als nicht geeignet oder als unzulänglich, so ist die BaFin zum Einschreiten entsprechend § 311 Abs. 3 KAGB befugt. Dabei handelt es sich bei der Eingriffsbefugnis der BaFin letztlich nur um eine subsidiäre Eingriffskompetenz[24] – entsprechend den Vorgaben des Art. 108 Abs. 5 der OGAW IV-Richtlinie.

23 Zuständig für die Aufsicht, Überwachung und einen allfälligen Eingriff ist grundsätzlich zunächst die Aufsichtsbehörde des Herkunftsmitgliedstaates des EU-OGAW. Erst wenn die Rechtsverstöße durch die Maßnahmen der zuständigen Stellen des Herkunftsmitgliedstaates des EU-OGAW nicht beendet werden bzw. worden sind, kann die BaFin entsprechend § 311 Abs. 3 Nr. 1 oder 2 KAGB einschreiten.

24 **b) Ungeeignetheit und Unzulänglichkeit der behördlichen Maßnahmen.** Gleiches soll nach § 311 Abs. 3 KAGB gelten, wenn sich die Maßnahmen der zuständigen Stellen des Herkunftsmitgliedstaates des EU-OGAW als nicht geeignet oder als unzulänglich erweisen. Unklar ist, ob und inwieweit zugunsten der BaFin in diesem Zusammenhang ein Einschätzungsspielraum anzuerkennen ist. Zu bedenken ist freilich, dass ein entsprechender Streit zwischen Aufsichtsbehörden in der Praxis wohl vielfach vermieden werden wird, sodass diese Frage eher von theoretischer Natur ist.

25 **c) Fristüberschreitungen.** Endlich können Maßnahmen gemäß § 311 Abs. 3 S. 1 Nr. 1 und 2 KAGB von der BaFin auch dann ergriffen werden, wenn der Herkunftsmitgliedstaat des EU-OGAW nicht innerhalb einer angemessenen Frist einschreitet und die EU-OGAW-Verwaltungsgesellschaft oder OGAW-Kapitalverwaltungsgesellschaft, die Anteile oder Aktien dieses EU-OGAW im Geltungsbereich des KAGB vertreibt, deshalb weiterhin auf eine Weise tätig ist, die den Interessen der Anleger im Geltungsbereich des KAGB, sprich: deutschen Anlegern, eindeutig zuwiderläuft.

26 Ob diese Frist von der BaFin gesetzt werden muss, beantwortet das Gesetz ebenso wenig wie die Frage, wie die Angemessenheit der Frist zu bestimmen ist.[25] Letztere wird man richtigerweise im Einzelfall – abhängig vom Umfang und von der Komplexität der Rechtsverstöße – bestimmen müssen. Leitgedanke und ausgerufenes Ziel nach Erwägungsgrund (70) der OGAW IV-Richtlinie ist es, die Zusammenarbeit zwischen den Aufsichtsbehörden zu verstärken.

---

23 So auch Emde/Dornseifer/Dreibus/Hölscher/*Baum* § 133 Rn. 13.
24 Zutreffend Emde/Dornseifer/Dreibus/Hölscher/*Baum* § 133 Rn. 15, der von einem „Zuständigkeitswechsel" spricht, von „subsidiärer" Befugnis spricht *Blankenheim* ZBB **2011** 344, 357.
25 Zur Angemessenheit der Frist auch Emde/Dornseifer/Dreibus/Hölscher/*Baum* § 133 Rn. 19.

d) Handlungs- und Eingriffsbefugnisse der BaFin

aa) „Selbstvornahme" bzw. „Ersatzvornahme" durch die BaFin. Hat die originär 27 zuständige Aufsichtsbehörde des EU-OGAW keine, ungeeignete oder nicht fristgerecht die erforderlichen Maßnahmen getroffen, kann die BaFin nach § 311 Abs. 3 Nr. 1 KAGB nach Unterrichtung der Aufsichtsbehörden des Herkunftsmitgliedstaates des EU-OGAW alle erforderlichen und geeigneten Maßnahmen zum Schutz der (deutschen) Anleger zu ergreifen, einschließlich einer Untersagung des weiteren Vertriebs von Anteilen oder Aktien an EU-OGAW.

Dies wird einerseits durch die allgemein geltenden Grenzen eines grenzüberschreiten- 28 den Verwaltungshandelns begrenzt.[26] Die Mitgliedstaaten sind nach Erwägungsgrund (68) der OGAW IV-Richtlinie aufgerufen, die erforderlichen verwaltungs- und organisatorischen Maßnahmen zu ergreifen, um eine Zusammenarbeit zwischen den innerstaatlichen Behörden und den zuständigen Behörden anderer Mitgliedstaaten u.a. durch bilaterale oder multilaterale Vereinbarungen zwischen diesen Behörden zu ermöglichen, dies könnte auch eine freiwillige Übertragung von Aufgaben beinhalten.

Zum anderen darf die BaFin nur im Rahmen ihrer Aufsicht und Überwachung der 29 Vorschriften des Abschnitts 1 (Unterabschnitt 1) und des Abschnitts 2 (Unterabschnitt 1) dieses KAGB-Kapitels alle erforderlichen und geeigneten Maßnahmen zum Schutz der Anleger zu ergreifen, einschließlich einer Untersagung des weiteren Vertriebs des EU-OGAW in Deutschland. Mit Blick auf die Verhältnismäßigkeit der im Einzelfall ergriffenen Maßnahmen gelten die zu § 311 Abs. 1 KAGB gemachten Ausführungen entsprechend.

bb) Hilfeersuchen an ESMA. Ebenfalls kann die BaFin nach § 311 Abs. 3 Nr. 2 KAGB 30 ESMA nach Maßgabe des Art. 19 der Verordnung (EU) Nr. 1095/2010 um Hilfe ersuchen – sprich: das dort vorgesehene Schlichtungsverfahren unter der Federführung der ESMA einleiten. Das auf Empfehlung (22) des sog. Larosière-Report v. 25.2.2009 – benannt nach dem Vorsitzenden *Jacques de Larosière* der „High-Level Group on Financial Supervision in the EU"[27] – zurückgehende Schlichtungsverfahren ist ein europarechtliches Zwischenverfahren zur Beilegung von Meinungsverschiedenheiten zwischen zuständigen Behörden in grenzübergreifenden Fällen.[28]

Schlichtungsentscheidungen sollen nach Art. 19 Abs. 5 VO (EU) 1095/2010 „*Vor-* 31 *rang*" vor allen von den zuständigen Behörden in der gleichen Sache erlassenen früheren Beschlüssen haben. Dabei sind v.a. die Auswirkungen dieses Vorrangs auf bestandskräftige Verwaltungsakte der zuständigen mitgliedstaatlichen Behörden fraglich.[29] Der Wortlaut spricht für eine Rücknahmepflicht der betreffenden mitgliedstaatlichen Aufsichtsbehörde. Demgegenüber ist im Rahmen der Loyalitätspflicht der Mitgliedstaaten nach Art. 4 Abs. 3 EUV anerkannt, dass die Mitgliedstaaten nicht dazu verpflichtet sind, auch unionsrechtswidrige Verwaltungsakt in jedem Fall und unter allen Umständen zurückzu-

---

26 Vgl. Dornseifer/Jesch/Klebeck/Tollmann/*Klebeck* AIFM-Richtlinie (2013) Vorbem. zu Kapitel VII Rn. 8 ff.
27 The High-Level Group on Financial Supervision in the EU – chaired by *Jacques de Larosière* (25.2.2009) S. 62 ff. (abrufbar unter: http://ec.europa.eu/internal_market/finances/docs/de_larosiere_report_en.pdf; zuletzt abgerufen am 3. April 2014).
28 Hierzu auch mit Blick auf die Streitbeilegung nach der AIFM-Richtlinie Dornseifer/Jesch/Klebeck/Tollmann/*Klebeck/Brocker*, AIFM-Richtlinie (2013) Art. 35 Rn. 44 ff.
29 Hierzu auch mit Blick auf die Streitbeilegung nach der AIFM-Richtlinie Dornseifer/Jesch/Klebeck/Tollmann/*Klebeck/Brocker*, AIFM-Richtlinie (2013) Art. 35 Rn. 44 ff.

nehmen.³⁰ An diesen primärrechtlich verankerten Grundsätzen dürfte sich durch den „Vorranganspruch" des (sekundärrechtlichen) Art. 19 Abs. 5 VO (EU) 1095/2010 nichts ändern.

32 **e) Informationspflichten der BaFin vor und nach Einschreiten.** Vor dem Ergreifen einer Maßnahme durch die BaFin nach § 311 Abs. 3 Nr. 1 KAGB sind die zuständigen Stellen, sprich: Aufsichtsbehörden des Herkunftsmitgliedstaates des EU-OGAW zu unterrichten. Die EU-Kommission und ESMA sind unverzüglich, sprich: ohne schuldhaftes Zögern, über jede nach § 311 Abs. 1 Nr. 1 KAGB ergriffene Maßnahme der BaFin zu unterrichten.

IV. Verfahrens- und Rechtsschutzfragen bei Eingriffen der BaFin

33 **1. Mitteilung und Veröffentlichung der Untersagung.** Im Falle einer Untersagung des Vertriebs eines EU-OGAW – sei es aufgrund ihrer Restkompetenz nach § 311 Abs. 1 KAGB oder einer Ersatzvornahme nach § 311 Abs. 3 KAGB – teilt die BaFin den zuständigen Stellen des Herkunftsmitgliedstaates des EU-OGAW diese Untersagung mit. Sofern der Herkunftsmitgliedstaat dieses EU-OGAW ein anderer ist als der Herkunftsmitgliedstaat der verwaltenden EU-OGAW-Verwaltungsgesellschaft,³¹ teilt die BaFin die Untersagung auch den zuständigen Stellen des Herkunftsmitgliedstaates der EU-OGAW-Verwaltungsgesellschaft mit.

34 Zudem macht sie die Untersagung im Bundesanzeiger bekannt, falls zuvor ein Vertrieb stattgefunden hat. Entstehen der BaFin durch die Bekanntmachung Kosten, sind diese der BaFin von der EU-OGAW-Verwaltungsgesellschaft oder der OGAW-Kapitalverwaltungsgesellschaft zu erstatten.

35 **2. Rechtsschutz.** Die von der BaFin nach § 311 Abs. 1 wie auch Abs. 3 KAGB getroffenen Maßnahmen werden typischerweise als belastende Verwaltungsakte zu qualifizieren sein – mit der Folge, dass Widerspruch und Anfechtungsklage als verwaltungsrechtliche Rechtsbehelfe in Frage kommen.³² Und bei der Frage nach der aufschiebenden Wirkung dieser Rechtsbehelfe entspricht § 311 KAGB dem § 133 des aufzuhebenden Investmentgesetzes nicht in Gänze und insoweit wurde dieser auch nicht lediglich redaktionell aufgrund der in § 1 enthaltenen Begriffsbestimmungen überarbeitet.

36 § 133 Abs. 4 InvG a.F. sah ausdrücklich vor,³³ dass Widerspruch und Anfechtungsklage gegen Maßnahmen der BaFin keine aufschiebende Wirkung haben sollten. Eine entsprechende Vorschrift sieht § 311 KAGB nicht mehr vor. Auf die Praxis wird dies (ob der Möglichkeit nach § 80 Abs. 2 Nr. 4 VwGO, die sofortige Vollziehbarkeit anzuordnen) kaum Auswirkungen haben bzw. Erleichterungen bringen.

37 Für Klagen gegen die BaFin gilt Frankfurt als Sitz der Behörde. Vor einer Anfechtungsklage gegen eine entsprechende Untersagungsverfügung bedarf es nach § 68 Abs. 1 S. 1 VwGO eines Widerspruchsverfahrens. Bei der BaFin handelt es sich nicht um eine

---

30 *Streinz* EUV/AEUV, 2. Aufl. 2012, Art. 4 EUV Rn. 56 f. m.w.N.; Bader/Ronellenfitsch/*Müller* BeckOK VwVfG, § 48 Rn. 132 (Stand 1.10.2011) unter Verweis auf EuGH Rs 205-215/82, NJW **1984** 2024 – Deutsches Milchkontor und Rs. C-392/04 u. C-422/04, NVwZ **2006** 1277 – i-21/Arcor.
31 Zur Möglichkeit der grenzüberschreitenden Verwaltung und dem EU-Pass für Verwaltungsgesellschaften nur *Blankenheim* ZBB **2011** 344, 348 ff.
32 Hierzu auch schon *Baur* Investmentgesetze, § 15d AuslInvG, Rn. 23 ff.
33 Hierzu auch Emde/Dornseifer/Dreibus/Hölscher/*Baum* § 133 Rn. 24; Berger/Steck/Lübbehusen/ *Blankenheim* § 133 Rn. 27 ff.; Beckmann/Scholtz/Vollmer/*Schmies* § 133 Rn. 30 ff.

oberste Bundesbehörde, sodass die Ausnahme des § 68 Abs. 1 S. 2 Nr. 2 VwGO nicht Platz greift.[34]

V. Einstellung des Vertriebs von EU-OGAW

§ 311 Abs. 5 KAGB regelt das Deregistrierungsverfahren bei Einstellung des Vertriebs **38** des EU-OGAW in Deutschland. Danach teilt die zuständige Stelle des Herkunftsmitgliedstaates des EU-OGAW der BaFin die Einstellung des Vertriebs des EU-OGAW mit. Eine direkte Mitteilung an die BaFin durch die EU-OGAW-Verwaltungsgesellschaft bzw. die OGAW-Kapitalverwaltungsgesellschaft ist nicht mehr erforderlich.[35]

Vielmehr haben diese die Einstellung des Vertriebs unverzüglich im Bundesanzeiger **39** zu veröffentlichen und die Veröffentlichung der Bundesanstalt nachzuweisen. Wenn die Veröffentlichungspflicht auch nach Fristsetzung seitens BaFin nicht erfüllt wird, kann diese die Veröffentlichung auf Kosten der EU-OGAW-Verwaltungsgesellschaft oder der OGAW-Kapitalverwaltungsgesellschaft vornehmen.

Nach dem BaFin-Merkblatt 2013 ist der Nachweis über die Veröffentlichung der Ein- **40** stellung des Vertriebs an das E-Mail Postfach UCITS-Update@bafin.de zu senden. Hierbei sind die unter V.3. des BaFin-Merkblatts 2013 gemachten Hinweise der BaFin zur Einreichung per E-Mail zu beachten.

VI. Einstellung des öffentlichen Vertriebs von einzelnen Teilfonds eines EU-OGAW-Umbrella-Fonds

Die Einstellung des Vertriebes einzelner vertriebsberechtigter Teilfonds eines EU- **41** OGAW in Form einer Umbrella-Konstruktion ist unter den Voraussetzungen des § 311 Abs. 6 KAGB möglich.[36] Danach teilt die zuständige Aufsichtsbehörde des Herkunftsmitgliedstaates des EU-OGAW der BaFin die Einstellung des Vertriebs von einzelnen Teilinvestmentvermögen des EU-OGAW mit. Die EU-OGAW-Verwaltungsgesellschaft oder die OGAW-Kapitalverwaltungsgesellschaft hat die BaFin über geänderte Angaben und Unterlagen entsprechend § 310 Abs. 4 S. 1 KAGB zu unterrichten. Dabei ist freilich auch § 293 Abs. 1 S. 2 Nr. 3 KAGB zu berücksichtigen.

Nach dieser Vorschrift wird der Einsatz von Verkaufsunterlagen eines Investment- **42** vermögens mit mindestens einem Teilinvestmentvermögen, dessen Anteile an eine, mehrere oder alle Anlegergruppen im Sinne des § 1 Abs. 19 Nr. 31 bis 33 KAGB vertrieben werden dürfen, nicht als Vertrieb qualifiziert, wenn diese Verkaufsunterlagen auch Informationen über weitere Teilinvestmentvermögen enthalten, die im Geltungsbereich des KAGB nicht oder nur an eine andere Anlegergruppe vertrieben werden dürfen, sofern in den Verkaufsunterlagen jeweils drucktechnisch herausgestellt an hervorgehobener Stelle darauf hingewiesen wird, dass die Anteile der weiteren Teilinvestmentvermögen im Geltungsbereich des KAGB nicht vertrieben werden dürfen oder, sofern sie an einzelne Anlegergruppen vertrieben werden dürfen, an welche Anlegergruppe im Sinne des § 1 Abs. 19 Nr. 31 bis 33 KAGB sie nicht vertrieben werden dürfen.

Hierzu sind in die Verkaufsunterlagen (mit Ausnahme der wesentlichen Anlegerin- **43** formationen) Hinweise auf die fehlende Vertriebsberechtigung der entsprechenden Teil-

---

34 Hierzu schon Beckmann/Scholtz/Vollmer/*Schmies* § 133 Rn. 31 ff.
35 Vgl. zum alten Recht Berger/Steck/Lübbehusen/*Blankenheim* § 133 Rn. 31 ff.; zu Einzelheiten des Verfahrens auch Emde/Dornseifer/Dreibus/Hölscher/*Baum* § 133 Rn. 30 ff.
36 Hierzu auch unter Geltung des § 133 InvG a.F. Emde/Dornseifer/Dreibus/Hölscher/*Baum* § 133 Rn. 30 ff.

fonds aufzunehmen und die BaFin hierüber zu unterrichten. Die geänderten Unterlagen dürfen gemäß § 311 Abs. 6 S. 3 KAGB erst nach der Unterrichtung in Deutschland eingesetzt werden.

44 Weiter muss die EU-OGAW-Verwaltungsgesellschaft oder die OGAW-Kapitalverwaltungsgesellschaft die Einstellung des Vertriebs unverzüglich im Bundesanzeiger zu veröffentlichen und dies der BaFin nachzuweisen. Auch hier gilt: Wenn die Veröffentlichungspflicht auch nach Fristsetzung nicht erfüllt wird, kann die Bundesanstalt die Veröffentlichung auf Kosten der EU-OGAW-Verwaltungsgesellschaft oder der OGAW-Kapitalverwaltungsgesellschaft vornehmen.

45 Nach dem BaFin-Merkblatt 2013 kann die Deregistrierung durch die BaFin erst erfolgen, wenn die erforderlichen Unterlagen, der Nachweis über die Veröffentlichung im Bundesanzeiger sowie der Nachweis über die Zahlung der Deregistrierungsgebühr bei der BaFin eingereicht worden sind.[37] Die geänderten Unterlagen oder die Beschreibung der Änderungen, der Nachweis über die Veröffentlichung der Einstellung des Vertriebes sowie der Nachweis der Zahlung der Deregistrierungsgebühr sind an das E-Mail Postfach: UCITS-Update@bafin.de zu senden.

46 Die Einstellung des Vertriebs einzelner Anteilsklassen wird nicht durch § 311 Abs. 6 KAGB, sondern vielmehr durch § 310 Abs. 5 KAGB geregelt. Auf die Kommentierung zu § 310 Abs. 5 soll an dieser Stelle verwiesen werden.

§ 312
Anzeigepflicht; Verordnungsermächtigung

(1) Beabsichtigt eine OGAW-Kapitalverwaltungsgesellschaft oder eine EU-OGAW-Verwaltungsgesellschaft, Anteile oder Aktien an einem von ihr verwalteten inländischen OGAW in einem anderen Mitgliedstaat der Europäischen Union oder in einem anderen Vertragsstaat des Abkommens über den Europäischen Wirtschaftsraum zu vertreiben, so hat sie dies der Bundesanstalt mit einem Anzeigeschreiben gemäß Anhang I der Verordnung (EU) Nr. 584/2010 anzuzeigen. Die Anzeige muss in einer in internationalen Finanzkreisen gebräuchlichen Sprache gefasst sein, wenn nicht vereinbart wurde, dass sie in einer der Amtssprachen der beiden Mitgliedstaaten gefasst wird. Der Anzeige sind in jeweils geltender Fassung beizufügen:
1. die Anlagebedingungen und gegebenenfalls die Satzung, der Verkaufsprospekt sowie der letzte Jahresbericht und der anschließende Halbjahresbericht,
2. die wesentlichen Anlegerinformationen gemäß § 166.

(2) Die nach Absatz 1 Satz 2 Nummer 1 beizufügenden Unterlagen sind entweder zu übersetzen
1. in die Amtssprache des Aufnahmestaates,
2. in eine der Amtssprachen des Aufnahmestaates,
3. in eine von den zuständigen Stellen des Aufnahmestaates akzeptierte Sprache oder
4. in eine in internationalen Finanzkreisen gebräuchliche Sprache.

(3) Die wesentlichen Anlegerinformationen sind in der Amtssprache oder in einer der Amtssprachen des Aufnahmestaates oder in einer von den zuständigen Stellen des Aufnahmestaates akzeptierten Sprache vorzulegen. Verantwortlich für

---

[37] Vgl. unter V. des BaFin-Merkblatts 2013.

die Übersetzung ist die OGAW-Kapitalverwaltungsgesellschaft oder die EU-OGAW-Verwaltungsgesellschaft; die Übersetzung muss den Inhalt der ursprünglichen Informationen richtig und vollständig wiedergeben.

(4) Die Bundesanstalt prüft, ob die gemäß Absatz 1 übermittelten Unterlagen vollständig sind. Fehlende Angaben und Unterlagen fordert sie innerhalb von zehn Arbeitstagen als Ergänzungsanzeige an. Die Ergänzungsanzeige ist der Bundesanstalt innerhalb von sechs Monaten nach der Erstattung der Anzeige oder der letzten Ergänzungsanzeige einzureichen; anderenfalls ist eine Übermittlung der Anzeige nach Absatz 5 ausgeschlossen. Die Frist nach Satz 3 ist eine Ausschlussfrist. Eine erneute Anzeige ist jederzeit möglich.

(5) Spätestens zehn Arbeitstage nach Eingang der vollständigen Anzeige bei der Bundesanstalt übermittelt sie den zuständigen Stellen des Aufnahmestaates diese Anzeige sowie eine Bescheinigung gemäß Anhang II der Verordnung (EU) Nr. 584/2010 darüber, dass es sich um einen inländischen OGAW handelt. Das Anzeigeschreiben und die Bescheinigung sind den zuständigen Stellen des Aufnahmestaates in einer in internationalen Finanzkreisen gebräuchlichen Sprache zu übermitteln, wenn nicht vereinbart wurde, dass sie in einer der Amtssprachen der beiden Mitgliedstaaten gefasst werden. Die Bundesanstalt benachrichtigt die OGAW-Kapitalverwaltungsgesellschaft oder die EU-OGAW-Verwaltungsgesellschaft unmittelbar über die Übermittlung. Die OGAWKapitalverwaltungsgesellschaft oder die EU-OGAW-Verwaltungsgesellschaft kann ihre Anteile oder Aktien ab dem Datum dieser Benachrichtigung im Aufnahmestaat auf den Markt bringen. Die näheren Inhalte, die Form und die Gestaltung des Anzeigeverfahrens bestimmen sich nach den Artikeln 1 bis 5 der Verordnung (EU) Nr. 584/2010.

(6) Unbeschadet der Anzeige nach Absatz 1 stellt die Bundesanstalt auf Antrag der OGAW-Kapitalverwaltungsgesellschaft oder der EU-OGAW-Verwaltungsgesellschaft eine Bescheinigung gemäß Anhang II der Verordnung (EU) Nr. 584/2010 aus, dass die Vorschriften der Richtlinie 2009/65/EG erfüllt sind.

(7) Die OGAW-Kapitalverwaltungsgesellschaft oder die EU-OGAW-Verwaltungsgesellschaft hat das Anzeigeschreiben nach Absatz 1 Satz 1 und die in Absatz 1 Satz 2 genannten Unterlagen über das Melde- und Veröffentlichungssystem der Bundesanstalt zu übermitteln.

(8) Das Bundesministerium der Finanzen kann durch Rechtsverordnung, die nicht der Zustimmung des Bundesrates bedarf, nähere Bestimmungen über Art, Umfang und Form der einzureichenden Unterlagen nach Absatz 6 und über die zulässigen Datenträger und Übertragungswege erlassen. Das Bundesministerium der Finanzen kann die Ermächtigung durch Rechtsverordnung auf die Bundesanstalt übertragen.

Schrifttum

Siehe Schrifttum zu § 309.

Systematische Übersicht

I. Grundlagen: EU-Vorgaben und deutsche Umsetzung —— 1
II. Anzeigepflicht, -schreiben und beizufügende Unterlagen
    1. Grenzüberschreitender Vertrieb von OGAW in der EU —— 6
    2. Anzeigeschreiben gemäß Anhang I der Verordnung (EU) Nr. 584/2010 —— 18
    3. Beizufügende Unterlagen
        a) Anlagebedingungen, Verkaufsprospekt, Jahres- und Halbjahres-

		bericht und wesentliche Anlegerinformationen —— 22
	b)	Sprache und Übersetzungen —— 27
4.		Melde- und Veröffentlichungssystem der BaFin —— 31

III. Prüfung durch die BaFin und Verfahren
1. „Vollständigkeit" der Unterlagen —— 32
2. Ergänzungsanzeige
    a) Fehlende Angaben und Unterlagen —— 33
    b) Fehlerhafte Angaben? —— 35
    c) Ausschlussfrist von 6 Monaten und Neuanzeige —— 38

IV. Übermittlung an die Aufsichtsbehörde des Aufnahmestaates
1. Frist zur Übermittlung: innerhalb von 10 Tagen —— 39
2. Bescheinigung gemäß Anhang II der Verordnung (EU) Nr. 584/2010 —— 41
3. Zwischenbehördliche Übermittlung der Unterlagen —— 42

V. Aufnahme des grenzüberschreitenden Vertriebs
1. Beginn unmittelbar mit Übermittlungsanzeige durch BaFin —— 48
2. Besonderheiten des Aufnahmestaates —— 52

I. Grundlagen: EU-Vorgaben und deutsche Umsetzung

1   Während der Unterabschnitt 1 (§§ 309 ff. KAGB) das Anzeigeverfahren für den Vertrieb von EU-OGAW im Inland regelt, werden im Unterabschnitt 2 (§ 312 KAGB) die Voraussetzungen für das Anzeigeverfahren für den Vertrieb von inländischen OGAW in anderen Mitgliedstaaten der EU oder in EWR-Vertragsstaaten aufgestellt – sog. „Outgoing-Notification". Nach der Begründung des KAGB-Entwurfes soll diese Vorschrift weithin § 128 des aufzuhebenden Investmentgesetzes entsprechen.[1]

2   Nach Ansicht des Gesetzgebers wurde die bislang geltende Bestimmung lediglich redaktionell aufgrund der in § 1 KAGB enthaltenen Begriffsbestimmungen überarbeitet und insbesondere der Begriff des „öffentlichen Vertriebs" durch den Begriff des „Vertriebs" ersetzt. Zudem wurde der Verweis des § 13a Absatz 5 des aufzuhebenden Investmentgesetzes umgesetzt, in dem die Vorschriften sich nunmehr unmittelbar auch auf EU-OGAW-Verwaltungsgesellschaften, die inländische OGAW verwalten, beziehen."

3   Europarechtlich dient § 312 KAGB v.a. der Umsetzung von Art. 93 der OGAW IV-Richtlinie für den Fall, in dem Anteile an einem inländischen OGAW im EU/EWR-Ausland vertrieben werden sollen. Das neue Vertriebsanzeigeverfahren nach dem „regulator-to-regulator"-Konzept greift auch für den Fall des sog. Outbound.[2] Anders als gemäß § 128 InvG in der Fassung vor Inkrafttreten des OGAW IV-Umsetzungsgesetzes[3] ist eine Vertriebsanzeige sowohl bei der BaFin als auch bei der Aufsichtsbehörde des EU-/EWR-Aufnahmestaates, sprich: des Staates, in dem der inländische OGAW vertrieben werden soll, nicht mehr notwendig.

4   Erforderlich ist nach Inkrafttreten des OGAW IV-Umsetzungsgesetzes nunmehr nur noch eine Vertriebsanzeige und zwar bei der BaFin als zuständige Aufsichtsbehörde des inländischen OGAW. Diese prüft die Vertriebsanzeige und bei Vollständigkeit an die Aufsichtsbehörde des Aufnahmemitgliedstaates weitergeleitet. Mit Unterrichtung über die Weiterleitung der Vertriebsanzeige kann mit dem Vertrieb des inländischen OGAW im Aufnahmemitgliedstaat begonnen werden.

---

1 Vgl. Gesetzesentwurf der Bundesregierung zur Umsetzung der Richtlinie 2011/61/EU über die Verwalter alternativer Investmentfonds (AIFM-Umsetzungsgesetz – AIFM-UmsG) S. 520 ff.
2 Eingehend hierzu auch Emde/Dornseifer/Dreibus/Hölscher/*Baum* Vorbemerkung zu §§ 128–129 InvG Rn. 11 ff.
3 Hierzu Berger/Steck/Lübbehusen/*Blankenheim* § 128 Rn. 1 ff.

Da oftmals auch ein praktisches Bedürfnis für die Erteilung eines OGAW-Passes für den Vertrieb außerhalb des EU-/EWR-Raums besteht, stellt die BaFin nach § 312 Abs. 6 KAGB auf Antrag auch hierfür eine gebührenpflichtige OGAW-Bescheinigung aus. Bedeutung hat dies etwa für die Zulassung des Vertriebs in die Schweiz. Nach deren Aufsichtspraxis ist für die Zulassung zum Vertrieb einer sog. ausländischen kollektiven Kapitalanlage, welche der Richtlinie 2009/65/EG entsprechen, u.a. auch die Einreichung einer aktuellen Bescheinigung der ausländischen Aufsichtsbehörde, dass die ausländische kollektive Kapitalanlage in ihrem Herkunftsstaat als kollektive Kapitalanlage gemäß der OGAW IV-Richtlinie zugelassen und der Aufsicht der ausländischen Aufsichtsbehörde unterstellt ist (nicht älter als 6 Monate im Zeitpunkt der Gesucheingabe).[4]

II. Anzeigepflicht, -schreiben und beizufügende Unterlagen

1. Grenzüberschreitender Vertrieb von OGAW in der EU. Eine Anzeigepflicht für eine OGAW-Kapitalverwaltungsgesellschaft oder eine EU-OGAW-Verwaltungsgesellschaft gegenüber der BaFin besteht, wenn diese Anteile oder Aktien an einem von ihr verwalteten inländischen OGAW in einem anderen EU-Mitgliedstaat oder in einem anderen EWR-Vertragsstaat zu vertreiben beabsichtigt.

Nicht anders als für den Fall des Vertriebs von EU-OGAW in Deutschland, kommt es auch für den Vertrieb eines inländischen OGAW im EU-/EWR-Ausland entscheidend darauf an, was als „Vertrieb" qualifiziert wird. Zu beachten ist hierbei, dass es auch insoweit – anders als nach dem aufzuhebenden Investmentgesetz – nicht mehr darauf ankommen soll, ob ein öffentlicher Vertrieb oder eine Privatplatzierung vorliegt – jedenfalls nach deutschem Recht.[5]

Nach neuem Recht, genauer: § 293 Abs. 1 KAGB, qualifiziert als Vertrieb grundsätzlich jedes direkte oder indirekte Anbieten oder Platzieren von Anteilen oder Aktien eines Investmentvermögens oder das Werben für ein Investmentvermögen.

Ausgenommen vom Vertriebsbegriff sind nach § 293 Abs. 1 S. 2 KAGB v.a. die namentliche Nennung des Investmentvermögens, die Nennung und Veröffentlichung der Nettoinventarwerte und die an einem organisierten Markt ermittelten Kurse oder die Ausgabe- und Rücknahmepreise von Anteilen oder Aktien eines Investmentvermögens, Nennung bzw. Bekanntmachung der Besteuerungsgrundlagen nach § 5 des Investmentsteuergesetzes, die Erfüllung der gesetzlichen Veröffentlichungspflichten im Bundesanzeiger oder ausschließlich der regelmäßigen Informationspflichten der Verwaltungsgesellschaft gegenüber dem bereits in das betreffende Investmentvermögen investierten Anleger nach dem KAGB – sofern darüber hinaus keine weiteren Vertriebsaktivitäten i.S.d. § 293 Abs. 1 S. 1 KAGB vorgenommen werden.[6]

Einschränkend soll nach § 293 Abs. 1 S. 3 KAGB ein Vertrieb an semi-professionelle und professionelle Anleger ist nur dann gegeben, wenn dieser auf Initiative der Verwaltungsgesellschaft oder in deren Auftrag erfolgt und sich an semi-professionelle oder professionelle Anleger mit Wohnsitz oder Sitz im Inland oder einem anderen Mitgliedstaat der Europäischen Union oder Vertragsstaat des Abkommens über den Europäischen Wirtschaftsraum richtet. Die nach § 293 Abs. 1 S. 3 KAGB in Aussicht gestellten Richtlinien der BaFin, nach denen sie für den Regelfall beurteilt, wann ein Vertrieb im Sinne

---

4 Vgl. hierzu das Gesuchsformular betreffend Vertriebszulassung von OGAW-Fonds in der Schweiz unter www.finma.ch (zuletzt abgerufen am 3. April 2014).
5 Hierzu bereits oben § 309 KAGB Rn. 11 ff.
6 Hierzu auch die Kommentierung zu § 293 KAGB.

des S. 1 und 3 vorliegt, sind auf der BaFin-Homepage zumindest teilweise veröffentlicht worden.

11 Damit sucht der deutsche Gesetzgeber – allgemein anwendbar auf den Vertrieb sowohl von AIF als auch von OGAW – den Vertriebsbegriff der AIFM-Richtlinie, genauer: Art. 4 Abs. 1 Bst. x), nachzuzeichnen.[7] Nach der AIFM-Richtliniendefinition gilt als Vertrieb „das direkte oder indirekte, auf Initiative des AIFM oder in dessen Auftrag erfolgende Anbieten oder Platzieren von Anteilen an einem vom AIFM verwalteten AIF an Anleger oder bei Anlegern mit Wohnsitz oder Sitz in der Union". Das KAGB beschränkt diese Vertriebsdefinition aber nicht auf den Vertrieb von AIF.[8]

12 Fraglich ist, ob überhaupt Aktivitäten die aufgrund der Initiative eines semi-professionellen oder professionellen EU- bzw. EWR-Anlegers (einschließlich eines deutschen semi-professionellen oder professionellen Anlegers) erfolgen, zur Anwendbarkeit des Pflichtenprogramms nach §§ 312f. KAGB führen. Die OGAW IV-Richtlinie hilft nicht weiter, spricht sie sehr allgemein vom Vertrieb bzw. Verkauf „im Publikum" oder an anderer Stelle von „Beschaffung von Geldern im Publikum".[9]

13 Die EU-VO Nr. 584/2010 enthält ebenso wenig eine Legaldefinition.[10] Aus dem Fehlen einer europaweiten Harmonisierung schließt die herrschende Meinung in der Literatur,[11] dass es jedem Mitgliedstaat überlassen bleibt, wann von einem Vertrieb im jeweiligen Mitgliedstaat auszugehen ist bzw. welche Aktivitäten als Vertrieb, Verkauf oder Vermarktung i.S.d. OGAW IV-Richtlinie qualifizieren.

14 Richtigerweise führt dies dazu, dass man entsprechend den Vorgaben des jeweiligen Ziellandes analysieren muss, was als „Vertrieb" i.S.d. OGAW IV-Richtlinie qualifiziert und damit das Pflichtenprogramm nach §§ 312f. KAGB auslöst. Dem deutschen Gesetzgeber steht insoweit keine Gesetzgebungs- und Bestimmungskompetenz zu.[12]

15 Für die Praxis ist diese Unsicherheit unbefriedigend und führt dazu, dass man zur Sicherheit eher von einem weiten Vertriebsbegriff auszugehen hat, die Vertriebsanzeige bei der BaFin einreichen wird, um nicht die Gefahr zu laufen, ohne aufsichtsbehördlich notwendige Notifizierung im Zielland Vertriebsaktivitäten aufzunehmen.

16 Auf den Vertriebsbegriff der AIFM-Richtlinie (vgl. Art. 4 Abs. 1 Bst. x), wonach als Vertrieb „das direkte oder indirekte, auf Initiative des AIFM oder in dessen Auftrag erfolgende Anbieten oder Platzieren von Anteilen an einem vom AIFM verwalteten AIF an Anleger oder bei Anlegern mit Wohnsitz oder Sitz in der Union" verstanden wird, abzustellen, hilft nur bedingt weiter, geht es der AIFM-Richtlinie insoweit ausschließlich um die Regulierung des Vertriebs an professionelle Anleger.[13] Entsprechend geht der deutsche Gesetzgeber auch von einem grundsätzlich weiteren Vertriebsbegriff nach § 293 Abs. 1 S. 1 KAGB aus.

---

7 Zum Vertriebsbegriff nach der AIFM-RL vgl. Dornseifer/Jesch/Klebeck/Tollmann/*Tollmann* AIFM-RL (2013) Art. 4 Rn. 178 ff.
8 Siehe hierzu bereits § 309 KAGB Rn. 11 ff.
9 Eingehend hierzu Emde/Dornseifer/Dreibus/Hölscher/*Baum* § 128 Rn. 9 ff.
10 Hierzu auch Emde/Dornseifer/Dreibus/Hölscher/*Baum* § 128 Rn. 10.
11 Vgl. Emde/Dornseifer/Dreibus/Hölscher/*Baum* § 128 Rn. 11; Beckmann/Scholtz/Vollmer/*Schmies* § 128 InvG Rn. 4; Berger/Steck/Lübbehusen/*Blankenheim* § 128 Rn. 4.
12 Zur beschränkten Gesetzgebungskompetenz mit Blick auf den grenzüberschreitenden Vertrieb nach altem Recht schon Berger/Steck/Lübbehusen/*Blankenheim* § 129 Rn. 1; Beckmann/Scholtz/Vollmer/*Schmies* § 128 InvG Rn. 9 ff.
13 Zum Vertrieb unter der AIFM-Richtlinie *Loff/Klebeck* BKR **2012** 353 ff.; *Klebeck/Boxberger* Absolutreport **2013** 64 ff.; *Volhard/Jang* DB **2013** 273 ff.

Wann von einer Absicht i.S.d. § 312 Abs. 1 KAGB auszugehen, ist Tatfrage.[14] Unstrittig gibt es weder die Möglichkeit einer Vertriebsanzeige auf Vorrat von noch nicht zugelassenen inländischen OGAW bzw. Teilfonds von inländischen OGAW noch ist es zulässig, die Vertriebsanzeige erst nach Aufnahme des Vertriebs im Aufnahmemitgliedstaat bei der BaFin einzureichen. Als Faustformel lässt sich mit dem Überschreiten der Schwelle zum „Jetzt geht es los" arbeiten.

2. Anzeigeschreiben gemäß Anhang I der Verordnung (EU) Nr. 584/2010. Die Vertriebsabsicht hat die OGAW-Kapitalverwaltungsgesellschaft oder die EU-OGAW-Verwaltungsgesellschaft der BaFin mit einem Anzeigeschreiben gemäß Anhang I der Verordnung (EU) Nr. 584/2010 anzuzeigen. Entsprechend Art. 1 der Verordnung (EU) Nr. 584/2010 ist dieses weithin selbsterläuternde Muster ohne Veränderungen aus Anhang I zu übernehmen.

Während Teil A des Muster-Anzeigeschreibens Angaben und Informationen zu dem zu vertreibenden inländischen OGAW, zur Verwaltungsgesellschaft und zu dem jeweiligen Aufnahmemitgliedstaat verlangt, müssen in Teil B Informationen zu allfälligen spezifischen Besonderheiten im Aufnahmemitgliedstaaten gemacht werden. Welche Angaben im Einzelfall zu machen sind, soll der Website der jeweils zuständigen Aufsichtsbehörde des Aufnahmemitgliedstaates entnommen werden.[15]

Teil C verlangt schließlich die Bestätigung eines für den OGAW Unterzeichnungsberechtigten oder eines bevollmächtigten Dritten, dass die dem Anzeigeschreiben beigefügten Unterlagen alle in der OGAW IV-Richtlinie vorgesehenen Informationen enthalten und der Wortlaut der Dokumente denjenigen entspricht, die bei der Aufsichtsbehörde des OGAW, hier: BaFin, eingereicht wurden bzw. im Fall einer Übersetzung den Inhalt zuverlässig wiedergibt.

Das Anzeigeschreiben selbst muss nach § 312 Abs. 1 S. 2 KAGB in einer in internationalen Finanzkreisen gebräuchlichen Sprache gefasst sein, wenn nicht vereinbart wurde, dass sie in einer der Amtssprachen der beiden Mitgliedstaaten gefasst wird. Soweit ersichtlich hat die BaFin noch keine Vereinbarung über die Verwendung einer Amtssprache getroffen. Als eine in internationalen Finanzkreisen anerkannte Sprache wird man unstrittig Englisch anerkennen dürfen. Ob und inwieweit Deutsch als eine entsprechend anerkannte Sprache zu betrachten ist, ist fraglich, wird man aber zum Teil wenigstens in deutschsprachigen Ländern bejahen können.[16]

3. Beizufügende Unterlagen

a) Anlagebedingungen, Verkaufsprospekt, Jahres- und Halbjahresbericht und wesentliche Anlegerinformationen. Nach § 312 Abs. 1 S. 3 KAGB sind dem Anzeigeschreiben die Anlagebedingungen, der Verkaufsprospekt sowie der letzte Jahresbericht und der anschließende Halbjahresbericht sowie die wesentlichen Anlegerinformationen (gemäß § 166 KAGB) des inländischen OGAW in der jeweils geltenden Fassung beizufügen. Dies entspricht den Vorgaben des Muster-Anzeigeschreibens nach Anhang I der Verordnung (EU) Nr. 584/2010.

Liegen diese Dokumente (zum Teil) bereits bei der Aufsichtsbehörde des Aufnahmemitgliedstaates vor, und sind diese weiterhin gültig, kann nach der Anmerkung im Muster-Anzeigeschreiben hierauf verwiesen werden. Typischerweise greift dies für Um-

---

14 Vgl. Emde/Dornseifer/Dreibus/Hölscher/*Baum* § 128 Rn. 14 ff.
15 Hierzu auch schon Emde/Dornseifer/Dreibus/Hölscher/*Baum* § 128 Rn. 24 ff.
16 Zum Sprachenregime schon Emde/Dornseifer/Dreibus/Hölscher/*Baum* § 128 Rn. 20 ff.

brella-Fondsstrukturen, bei denen weitere Teilfonds zum Vertrieb angezeigt werden.[17] Sofern die Unterlagen nur bei der BaFin vorliegen, müssen diese indes noch einmal beigefügt werden.[18]

24 Zu beachten ist freilich, dass nach Anhang I, Schema A Nr. 4 des Anhangs 1 zur OGAW IV-Richtlinie – je nach den Anforderungen des einzelnen Aufnahmemitgliedstaates – Angaben über die Maßnahmen zu machen sind, die getroffen worden sind, um die Zahlungen an die Anteilinhaber, den Rückkauf oder die Rücknahme der Anteile sowie die Verbreitung der Informationen über den OGAW vorzunehmen. Falls die Anteile auch noch in einem anderen Mitgliedstaat vertrieben werden, sind die oben bezeichneten Angaben auch hinsichtlich dieses Mitgliedstaats zu machen und in den dort verbreiteten Prospekt aufzunehmen. Dies kann dazu führen, dass man für das jeweilige Vertriebsland entsprechende Verkaufsunterlagen erstellen muss.

25 Was das Anzeigeverfahren bei der BaFin und die hierbei einzureichenden Unterlagen anbelangt, ist zwingend § 312 Abs. 8 KAGB i.V.m. der „Verordnung zum elektronischen Anzeigeverfahren für richtlinienkonforme inländische Investmentvermögen nach dem Investmentgesetz – EAInvV" zu beachten.

26 Nach § 5 EAInvV (1) sind die einzureichenden Dateien wie folgt zu bezeichnen: (1) Anzeigeschreiben: BaFin-ID und Bezeichnung „Notification Letter", (2) Vertragsbedingungen: BaFin-ID und Bezeichnung „Fund Rules", (3) Satzung und Anlagebedingungen: BaFin-ID und Bezeichnung „Articles of Association" sowie BaFin-ID und Bezeichnung „Terms and Conditions for Investment", (4) Verkaufsprospekt: BaFin-ID und Bezeichnung „Prospectus", (5) Jahresbericht: BaFin-ID und Bezeichnung „Annual Report", (6) Halbjahresbericht: BaFin-ID und Bezeichnung „Half-yearly Report", (7) Wesentliche Anlegerinformationen: BaFin-ID und Bezeichnung „Key Investor Information", (8) zusätzliche Dokumente, die der Anzeige gemäß Teil B Nummer 3 des Anzeigeschreibens nach den Rechts- und Verwaltungsvorschriften des jeweiligen Aufnahmemitgliedstaates beizufügen sind: BaFin-ID sowie eine den entsprechenden Inhalt kennzeichnende Benennung.

27 **b) Sprache und Übersetzungen.** Was die Sprachfassung bzw. die Übersetzung der einzureichenden Dokumente anlangt, ist zu differenzieren: Gemäß § 312 Abs. 2 KAGB sind die Anlagebedingungen, der Verkaufsprospekt wie auch der Jahres- und Halbjahresbericht entweder zu übersetzen in die Amtssprache des Aufnahmestaates, in eine der Amtssprachen des Aufnahmestaates, in eine von den zuständigen Stellen des Aufnahmestaates akzeptierte Sprache oder in eine in internationalen Finanzkreisen gebräuchliche Sprache.

28 Nichts Anderes besagt das Muster-Anzeigeschreiben nach Anhang I der Verordnung (EU) Nr. 584/2010. Damit hängt die Frage nach der Übersetzung von der Frage nach dem Vertriebsfokus des inländischen OGAW ab. Auf der sicheren Seite ist man – ob der Möglichkeit einer Übersetzung in eine in internationalen Finanzkreisen gebräuchliche – mit einer Übersetzung in die englische Sprache.[19]

29 Anderes gilt jedoch für die wesentlichen Anlegerinformationen: Diese sind nach § 312 Abs. 3 KAGB in der Amtssprache oder in einer der Amtssprachen des Aufnahmestaates oder in einer von den zuständigen Stellen des Aufnahmestaates akzeptierten Sprache vorzulegen. Zu beachten ist bei der Übersetzung der wesentlichen Anlegerin-

---

[17] So auch Emde/Dornseifer/Dreibus/Hölscher/*Baum* § 128 Rn. 30.
[18] Vgl. Emde/Dornseifer/Dreibus/Hölscher/*Baum* § 128 Rn. 30.
[19] Kritisch zum Sprachenregime der Verkaufsunterlagen auch Emde/Dornseifer/Dreibus/Hölscher/ *Baum* § 128 Rn. 34 mit weiteren Nachweisen.

formationen, dass für bestimmte Abschnitte und Überschriften gemäß den Vorgaben der Verordnung (EU) Nr. 583/2010 der Wortlaut in der jeweiligen Sprache vorgegeben ist.[20]

30 Verantwortlich für die Übersetzung der wesentlichen Anlegerinformationen ist nach § 312 Abs. 3 S. 2 KAGB die OGAW-Kapitalverwaltungsgesellschaft oder die EU-OGAW-Verwaltungsgesellschaft; die Übersetzung muss den Inhalt der ursprünglichen Informationen richtig und vollständig wiedergeben. Eine entsprechende Verantwortlichkeit für die Übersetzung der Dokumente nach § 312 Abs. 1 S. 2 Nr. 1 KAGB ist in § 312 Abs. 2 KAGB nicht ausdrücklich vorgesehen.

4. Melde- und Veröffentlichungssystem der BaFin. Nach § 312 Abs. 7 KAGB muss **31** die OGAW-Kapitalverwaltungsgesellschaft oder die EU-OGAW-Verwaltungsgesellschaft das Anzeigeschreiben nach § 312 Abs. 1 S. 1 KAGB und die in § 312 Abs. 1 S. 2 KAGB genannten Unterlagen über das Melde- und Veröffentlichungssystem der BaFin übermitteln. Einzelheiten zu den technischen Anforderungen und zum Zugang zu diesem Meldesystem lassen sich den entsprechenden Hinweisen und Handbüchern der BaFin entnehmen, die auch der BaFin-Website unter www.bafin.de abrufbar sind.

III. Prüfung durch die BaFin und Verfahren

1. „Vollständigkeit" der Unterlagen. Gemäß § 312 Abs. 4 S. 1 KAGB prüft die BaFin, **32** ob die gemäß Abs. 1 übermittelten Unterlagen vollständig sind. Der Begriff „Unterlagen" meint in diesem Zusammenhang nicht nur die Beilagen, also Anlagebedingungen, Verkaufsprospekt, Jahres- und Halbjahresbericht und wesentliche Anlegerinformationen, sondern ist umfassender dahin auszulegen, dass auch das Anzeigeschreiben selbst auf Vollständigkeit geprüft werden muss. Dies ergibt sich nicht nur aus Art. 93 Abs. 3 der OGAW IV-Richtlinie, der von der Aufsichtsbehörde des Heimatstaates des OGAW eine Überprüfung der Angaben im Anzeigeschreiben fordert, sondern auch aus der EAInvV.[21]

2. Ergänzungsanzeige

a) Fehlende Angaben und Unterlagen. Fehlende Angaben und Unterlagen fordert **33** die BaFin nach § 312 Abs. 4 S. 1 innerhalb von zehn Arbeitstagen als Ergänzungsanzeige an. Insoweit werden auch in das KAGB die Regelungen zur Ergänzungsanzeige aus der Fassung des § 132 Abs. 3 InvG vor Inkrafttreten des OGAW-IV-Umsetzungsgesetzes aufgenommen. Artikel 93 der OGAW IV-Richtlinie macht keine Vorgaben dazu, wie bei unvollständigen Unterlagen vorzugehen ist.[22]

Die Ergänzungsanzeige ist der BaFin innerhalb von sechs Monaten nach der Erstat- **34** tung der Vertriebsanzeige oder der letzten Ergänzungsanzeige gemäß § 6 EAInvV einzureichen. Mit Eingang der fehlenden Unterlagen beginnt die 10-Tage-Frist erneut zu laufen, innerhalb der die BaFin die Vollständigkeit der Unterlagen prüft und u.U. erneut eine Ergänzungsanzeige verlangt.

---

[20] Vgl. etwa Art. 4 Abs. 3, 12 und 14 oder etwa auch Art. 7 Abs. 1 der EU-VO Nr. 583/2010; hierauf hinweisend auch Emde/Dornseifer/Dreibus/Hölscher/*Baum* § 128 Rn. 40.
[21] Zur Vollständigkeitsprüfung unter Geltung des § 128 InvG Emde/Dornseifer/Dreibus/Hölscher/*Baum* § 128 Rn. 53 ff.
[22] Zu § 132 Abs. 3 InvG a.F. und das dort vorgesehene Verfahren der Ergänzungsanzeige Berger/Steck/Lübbehusen/*Blankenheim* § 132 Rn. 22; Emde/Dornseifer/Dreibus/Hölscher/*Baum* § 128 Rn. 55; *Reiter/Plumridge* WM **2012** 388, 391.

35 **b) Fehlerhafte Angaben?** Fraglich ist, wie im Fall von fehlerhaften Angaben vorzugehen ist. Der Wortlaut des § 312 Abs. 4 KAGB spricht lediglich von fehlenden und eben nicht auch von fehlerhaften Angaben bzw. Unterlagen. In der Sache ist dies letztlich eine Frage der Zuständigkeitsabgrenzung zwischen den Aufsichtsbehörden des Aufnahmemitgliedstaates einerseits und des Heimatmitgliedstaates des OGAW andererseits.

36 Dabei ist richtigerweise zu differenzieren: Geht es um die Zulassung des inländischen OGAW als solchen sowie um die Richtigkeit der in den Verkaufsunterlagen gemachten Angaben und deren Konformität mit den Vorgaben der OGAW IV-Richtlinie, liegt dies zweifelsohne in der Aufsichtskompetenz der BaFin als zuständige Aufsichtsbehörde des inländischen OGAW.

37 Eine erneute Prüfung durch die BaFin im Rahmen des Vertriebsanzeigeverfahrens wird man aber durch die nach Teil C des Anhangs I der Verordnung (EU) Nr. 584/2010 geforderte Bestätigung abfangen. Was die Angaben der spezifischen Informationen im jeweiligen Aufnahmemitgliedstaat anlangt, fällt dies richtigerweise in den Kompetenzbereich der Aufsichtsbehörde des Aufnahmemitgliedstaates. Entsprechend kann im umgekehrten Fall des *Inbound* die BaFin nach § 311 Abs. 1 Nr. 1 i.V.m. § 309 KAGB einschreiten.[23]

38 **c) Ausschlussfrist von 6 Monaten und Neuanzeige.** Die Ergänzungsanzeige ist der BaFin innerhalb von sechs Monaten nach der Erstattung der Anzeige oder der letzten Ergänzungsanzeige einzureichen.[24] Wird diese Frist nicht eingehalten, ist eine Übermittlung der Anzeige nach § 312 Abs. 5 KAGB ausgeschlossen. Dabei handelt es um eine Ausschlussfrist, die weder verlängert werden kann noch eine Wiedereinsetzung möglich ist.[25] Hintergrund ist nicht nur das Ziel einer Beschleunigung, sondern auch und v.a. die fehlende Aktualität der eingereichten Dokumente.[26] Eine Neuanzeige des grenzüberschreitenden Vertriebs soll nach § 312 Abs. 4 S. 4 KAGB aber jederzeit möglich sein.

IV. Übermittlung an die Aufsichtsbehörde des Aufnahmestaates

39 **1. Frist zur Übermittlung: innerhalb von 10 Tagen.** Im Einklang mit Art. 93 Abs. 3 S. 2 der OGAW IV-Richtlinie muss die BaFin spätestens zehn Arbeitstage nach Eingang der vollständigen Anzeige und Unterlagen den zuständigen Stellen des Aufnahmestaates die Vertriebsanzeige sowie eine Bescheinigung gemäß Anhang II der Verordnung (EU) Nr. 584/2010 darüber, dass es sich um einen inländischen OGAW handelt („OGAW-Bescheinigung"), übermitteln.

40 Das Anzeigeschreiben und die Bescheinigung sind den zuständigen Stellen des Aufnahmestaates in einer in internationalen Finanzkreisen gebräuchlichen Sprache zu übermitteln, wenn nicht vereinbart wurde, dass sie in einer der Amtssprachen der beiden Mitgliedstaaten gefasst werden. Eine entsprechende Vereinbarung der BaFin mit anderen Aufsichtsbehörden ist – soweit ersichtlich – bislang nicht erfolgt.

41 **2. Bescheinigung gemäß Anhang II der Verordnung (EU) Nr. 584/2010.** Nach Art. 2 der EU-VO Nr. 584/2010 müssen die zuständigen Behörden des OGAW-Herkunftsmitgliedstaats die in Art. 93 Abs. 3 der OGAW IV-Richtlinie genannte Bescheinigung erstellen, dass – sofern freilich zutreffend – der OGAW die in dieser Richtlinie genannten

---

23 Hierzu vgl. die Kommentierung zu § 311 KAGB Rn. 4 ff.
24 Vgl. auch *Reiter/Plumridge* WM **2012** 388, 391.
25 Hierzu auch Emde/Dornseifer/Dreibus/Hölscher/*Baum* § 128 Rn. 56.
26 Vgl. BTDrucks. 17/4510 S. 84; hierzu auch *Reiter/Plumridge* WM **2012** 388, 391.

Bedingungen erfüllt. Diese OGAW-Bescheinigung muss nach dem Muster in Anhang II der EU-VO Nr. 584/2010 erstellt werden, welches in allen Amtssprachen der Mitgliedstaaten erhältlich und unter ebenfalls online verfügbar ist.

3. Zwischenbehördliche Übermittlung der Unterlagen. Die zwischenbehördliche Übermittlung des Anzeigeschreibens und Unterlagen erfolgt nach Art. 4 der EU-VO Nr. 584/2010 per Email. Die Anlagen zum Anzeigeschreiben werden jeweils in der E-Mail aufgeführt und in einem gängigen Format bereitgestellt, das Anzeige und Ausdruck ermöglicht. 42

Nach Art. 3 der EU-VO Nr. 584/2010 benennen die Aufsichtsbehörden für die Übermittlung der Unterlagen und für den Austausch von Informationen im Zusammenhang mit dem Anzeigeverfahren eine E-Mail-Adresse. Dabei richten die zuständigen Behörden ein Verfahren ein, das gewährleistet, dass die von ihnen für den Empfang von Anzeigen benannte E-Mail-Adresse an jedem Arbeitstag auf Nachrichteneingang hin überprüft wird. 43

Bevor die BaFin als zuständige Behörden des OGAW-Herkunftsmitgliedstaats die Übermittlung der vollständigen Unterlagen an die Aufsichtsbehörde des Aufnahmemitgliedstaates bestätigt und dann dort mit dem Vertrieb des inländischen OGAW begonnen werden kann, muss sie nach Art. 4 Abs. 3 der EU-VO Nr. 584/2010 sicherstellen, dass diese Übermittlung auch stattgefunden hat. Denkbar wäre eine Empfangsbestätigung seitens der Aufsichtsbehörde des Aufnahmemitgliedstaates zu verlangen.[27] 44

Entsprechend verpflichtet Art. 5 Abs. 1 der EU-VO Nr. 584/2010 die zuständigen Aufsichtsbehörden des Aufnahmemitgliedstaats spätestens fünf Arbeitstage nach Eingang der Unterlagen zu bestätigen, dass sie alle zu übermittelnden Anlagen erhalten haben und die Unterlagen angezeigt oder ausgedruckt werden können. Die Bestätigung kann per E-Mail an die benannte Adresse der Aufsichtsbehörde gesandt werden, sofern die Behörden keine andere Abmachung über die Form der Bestätigung getroffen haben. 45

Ob und inwieweit eine Empfangs- bzw. Übermittlungsfiktion greift, ist fraglich. Einerseits haben nach Art. 5 Abs. 2 der EU-VO Nr. 584/2010 die zuständigen Behörden des OGAW-Herkunftsmitgliedstaats von den zuständigen Behörden des Mitgliedstaats, in dem der OGAW seine Anteile vertreiben will, nicht innerhalb der in Art. 5 Abs. 1 gesetzten Fristen eine Bestätigung erhalten, setzen sie sich mit Letzteren in Verbindung und vergewissern sich, dass die Unterlagen vollständig übermittelt wurden. 46

Andererseits gilt nach Art. 4 Abs. 2 der EU-VO Nr. 584/2010 die Übermittlung nur dann als nicht erfolgt, wenn eine der zu übermittelnden Unterlagen fehlt, unvollständig ist oder ein von Art. 4 Abs. 1 abweichendes Format hat, die zuständigen Behörden des OGAW-Herkunftsmitgliedstaats nicht die E-Mail-Adresse verwenden, die die zuständigen Behörden des Mitgliedstaats, in dem der OGAW seine Anteile vermarkten will, gemäß Artikel 3 Abs. 1 benannt haben oder die Übermittlung der vollständigen Unterlagen durch die zuständigen Behörden des OGAW-Herkunftsmitgliedstaats wegen eines technischen Fehlers in ihrem elektronischen System fehlgeschlagen ist. Auch Art. 4 Abs. 3 der EU-VO Nr. 584/2010 verpflichtet, sich über den Erhalt zu vergewissern.[28] 47

---

27 So auch Emde/Dornseifer/Dreibus/Hölscher/*Baum* § 128 Rn. 65.
28 Hierzu auch Emde/Dornseifer/Dreibus/Hölscher/*Baum* § 128 Rn. 65, der der BaFin einen weiteren Arbeitstag zur Prüfung einräumen will.

V. Aufnahme des grenzüberschreitenden Vertriebs

48 **1. Beginn unmittelbar mit Übermittlungsanzeige durch BaFin.** Die BaFin benachrichtigt gemäß § 312 Abs. 5 S. 3 die OGAW-Kapitalverwaltungsgesellschaft oder die EU-OGAW-Verwaltungsgesellschaft unmittelbar über die Übermittlung an die zuständige Aufsichtsbehörde des Aufnahmemitgliedstaates. Die OGAW-Kapitalverwaltungsgesellschaft oder die EU-OGAW-Verwaltungsgesellschaft kann ihre Anteile oder Aktien des inländischen OGAW ab dem Datum dieser Benachrichtigung im Aufnahmestaat auf den Markt bringen – sprich: dort vertreiben.

49 § 312 Abs. 5 S. 3 KAGB entspricht dem Wortlaut von Art. 93 Abs. 3 UAbs. 3, wonach die zuständigen Behörden des Herkunftsmitgliedstaats des OGAW den OGAW unmittelbar über den Versand der Unterlagen unterrichten. Der OGAW kann seine Anteile ab dem Datum dieser Anzeige im Aufnahmemitgliedstaat auf den Markt bringen.

50 Fraglich ist, wie es sich bei einer Untätigkeit der BaFin verhält – sprich: eine Benachrichtigung der OGAW-Kapitalverwaltungsgesellschaft oder die EU-OGAW-Verwaltungsgesellschaft über die Übermittlung nicht erfolgt. Die OGAW-Kapitalverwaltungsgesellschaft oder die EU-OGAW-Verwaltungsgesellschaft kann nach dem Gesetzeswortlaut ihre Anteile oder Aktien erst ab dem Datum der BaFin-Benachrichtigung im Aufnahmestaat auf den Markt bringen. Eine Vermutung bzw. Fiktion, dass bei Untätigkeit bzw. Schweigen der BaFin nach Ablauf der oben genannten Frist die Anzeige mit vollständigen Angaben und Unterlagen weitergeleitet worden ist, sieht das Gesetz nicht ausdrücklich vor. Richtigerweise wird in diesem Fall der OGAW-Kapitalverwaltungsgesellschaft oder die EU-OGAW-Verwaltungsgesellschaft die Möglichkeit einräumen muss, Untätigkeitsklage (§ 42 Abs. 1 VwGO) vor dem zuständigen Verwaltungsgericht zu erheben.[29]

51 Fraglich ist, wie mit einer anderweitigen, wenngleich nicht richtlinien-konformen, sprich europarechtswidrigen Regelung im Aufnahmemitgliedstaat bzw. weitergehenden Restriktionen umzugehen ist. Auf § 312 Abs. 5 S. 4 KAGB kann sich die OGAW-Kapitalverwaltungsgesellschaft bzw. EU-OGAW-Verwaltungsgesellschaft nicht berufen, als dem deutschen Gesetzgeber insoweit die Gesetzgebungskompetenz fehlt – v.a. der Aufsichtsbehörde des Aufnahmemitgliedstaates bindende Vorgaben zu machen.[30]

52 **2. Besonderheiten des Aufnahmestaates.** Nicht anders als für den umgekehrten Fall des Vertriebs eines EU-OGAW im Inland sind auch für den Vertrieb eines inländischen OGAW im EU-/EWR-Ausland sind die Maßnahmen zu treffen, die erforderlich sind, um sicherzustellen, dass die Anteilinhaber in dem Aufnahmemitgliedstaat in den Genuss der Zahlungen, des Rückkaufs und der Rücknahme der Anteile kommen und die vom OGAW zu liefernden Informationen erhalten.

53 Zudem gilt es jeweils die Rechts- und Verwaltungsvorschriften zu beachten, die nicht in den von der OGAW IV-Richtlinie geregelten Bereich fallen und die für die Modalitäten der Vermarktung von Anteilen von in anderen Mitgliedstaaten niedergelassenen OGAW auf ihrem Hoheitsgebiet spezifisch relevant sind. Nach Art. 91 Abs. 3 OGAW IV-Richtlinie müssen die Mitgliedstaaten sicherstellen, dass diese einschlägigen Vorschriften aus der Ferne und elektronisch leicht zugänglich sind.

54 Dabei müssen die Mitgliedstaaten sicherstellen, dass diese Informationen in einer in der Finanzwelt gebräuchlichen Sprache bereitgestellt werden, eindeutig und unmissverständlich sind und dem neuesten Stand entsprechen. Im Fall des *Inbound* hat die BaFin

---

[29] Zur Untätigkeitsklage nach altem Recht *Baur* Investmentgesetze, § 15d AuslInvG, Rn. 7.
[30] Zu den Grenzen der deutschen Gesetzgebungskompetenz schon Beckmann/Scholtz/Vollmer/*Schmies* § 128 Rn. 9 f.

versucht, diese Bestimmungen in Deutsch und Englisch als Anlage I zum BaFin-Merkblatt (2013) – wenn auch nicht abschließend – aufzulisten.

§ 313
Veröffentlichungspflichten

(1) Die OGAW-Kapitalverwaltungsgesellschaft oder die EU-OGAW-Verwaltungsgesellschaft hat sämtliche in § 312 Absatz 1 und 2 genannten Unterlagen sowie deren Änderungen auf ihrer Internetseite oder einer Internetseite, die sie im Anzeigeschreiben gemäß Anhang I der Verordnung (EU) Nr. 584/2010 genannt hat, zu veröffentlichen. Sie hat den zuständigen Stellen des Aufnahmestaates Zugang zu dieser Internetseite zu gewähren.

(2) Die OGAW-Kapitalverwaltungsgesellschaft oder die EU-OGAW-Verwaltungsgesellschaft hat die veröffentlichten Unterlagen und Übersetzungen auf dem neuesten Stand zu halten. Die OGAW-Kapitalverwaltungsgesellschaft oder die EU-OGAW-Verwaltungsgesellschaft hat die zuständigen Stellen des Aufnahmestaates auf elektronischem Wege über jede Änderung an den in § 312 genannten Unterlagen sowie darüber, wo diese Unterlagen im Internet verfügbar sind, zu unterrichten. Die OGAW-Kapitalverwaltungsgesellschaft oder die EU-OGAW-Verwaltungsgesellschaft hat hierbei entweder die Änderungen oder Aktualisierungen zu beschreiben oder eine geänderte Fassung des jeweiligen Dokuments als Anlage in einem gebräuchlichen elektronischen Format beizufügen.

(3) Sollten sich die im Anzeigeschreiben nach Absatz 1 Satz 1 mitgeteilten Vorkehrungen für die Vermarktung gemäß Anhang I Teil B der Verordnung (EU) Nr. 584/2010 oder für die vertriebenen Anteil- oder Aktienklassen ändern, so hat die OGAW-Kapitalverwaltungsgesellschaft oder die EU-OGAW-Verwaltungsgesellschaft dies den zuständigen Stellen des Aufnahmestaates vor Umsetzung der Änderung in Textform mitzuteilen.

Schrifttum

Siehe Schrifttum zu § 309.

Systematische Übersicht

I. Grundlagen: EU-Vorgaben und deutsche Umsetzung —— 1
II. Veröffentlichungspflichten
   1. Unterlagen nach § 312 Abs. 1 und 2 KAGB —— 3
   2. Veröffentlichung auf Internetseite und Zugriff —— 5

III. Pflicht zur Aktualisierung und Unterrichtung
   1. Aktualisierung der Unterlagen des § 312 KAGB und Unterrichtung —— 7
   2. Änderung der Vermarktungsstrategie und der vertriebenen Anteilsklassen —— 11

I. Grundlagen: EU-Vorgaben und deutsche Umsetzung

Wie seine Vorgängernorm dient § 313 KAGB v.a. der Umsetzung von Art. 93 Abs. 7 **1** und 8 der OGAW IV-Richtlinie.[1] Gemäß Art. 93 Abs. 7 hat der Herkunftsmitgliedstaat des

---

1 Zum Inhalt des § 129 InvG a.F. vgl. E/D/D/H/*Baum* InvG (2012) § 129 Rn. 1 ff.

OGAW sicherzustellen, dass die zuständigen Behörden des Aufnahmemitgliedstaats des OGAW auf elektronischem Wege Zugang zu den in Art. 93 Abs. 2 der OGAW IV-Richtlinie genannten Unterlagen sowie gegebenenfalls zu den einschlägigen Übersetzungen haben.

2 Zudem ist zu gewährleisten, dass der OGAW diese Unterlagen und Übersetzungen auf dem neuesten Stand hält. Der OGAW ist zu verpflichten, die zuständigen Behörden des Aufnahmemitgliedstaats des OGAW über jede Änderung an den in Art. 93 Abs. 2 der OGAW IV-Richtlinie genannten Unterlagen sowie darüber, wo diese Unterlagen in elektronischer Form verfügbar sind, zu unterrichten.

II. Veröffentlichungspflichten

3 **1. Unterlagen nach § 312 Abs. 1 und 2 KAGB.** Erfasst von der Unterrichtungs- bzw. Veröffentlichungspflicht sind sämtliche in § 312 Abs. 1 und 2 KAGB genannte Unterlagen sowie deren Änderungen. Das heißt: Zu veröffentlichen sind die Anlagebedingungen, der Verkaufsprospekt sowie der letzte Jahresbericht und der anschließende Halbjahresbericht sowie die wesentlichen Anlegerinformationen in der jeweils maßgeblichen Sprache bzw. Übersetzung. Das Anzeigeschreiben selbst wird man nicht als eine zu veröffentlichende Unterlage qualifizieren.

4 Die Form bzw. das Format der zu veröffentlichenden Unterlagen anbelangt wird durch Art. 31 Abs. 1 der DRL 2010/44/EG dahingehend konkretisiert, dass die Veröffentlichung der Unterlagen in einem allgemein gültigen Format zu erfolgen hat. In entsprechender Anwendung von § 4 EAInvV wird man dies für die Formate PDF, DOC sowie DOCX derzeit bejahen können.[2] Die namentliche Bezeichnung sollte – insbesondere zur Vermeidung von Rückfragen – aussagekräftig sein.

5 **2. Veröffentlichung auf Internetseite und Zugriff.** Die genannten Unterlagen sowie deren Änderungen sind auf der Internetseite der OGAW-Kapitalverwaltungsgesellschaft bzw. EU-OGAW-Verwaltungsgesellschaft oder einer Internetseite, die im Anzeigeschreiben gemäß Anhang I der Verordnung (EU) Nr. 584/2010 genannt worden ist, zu veröffentlichen. Den zuständigen Stellen des Aufnahmestaates ist Zugang zu dieser Internetseite zu gewähren, was nicht als frei zugänglich zu verstehen ist.

6 Mit Blick auf allfällige Grenzen des Internet-Vertriebs wird man es auch für zulässig erachten dürfen, dass der jeweiligen Aufsichtsbehörde mittels Code und Passwort Zugang gewährt wird. Nicht zu beanstanden ist auch, wenn den Aufsichtsbehörden ein gänzlich separater Zugang gewährt wird, der nicht den Anlegern offen steht.[3]

III. Pflicht zur Aktualisierung und Unterrichtung

7 **1. Aktualisierung der Unterlagen des § 312 KAGB und Unterrichtung.** Nach § 313 Abs. 2 KAGB hat die OGAW-Kapitalverwaltungsgesellschaft oder die EU-OGAW-Verwaltungsgesellschaft die veröffentlichten Unterlagen und Übersetzungen nicht nur auf dem neuesten Stand zu halten, sondern sie haben auch die zuständigen Stellen des Aufnahmestaates auf elektronischem Wege über jede Änderung an den in § 312 KAGB genannten Unterlagen sowie darüber, wo diese Unterlagen im Internet verfügbar sind, zu unterrichten.

---

[2] So schon Emde/Dornseifer/Dreibus/Hölscher/*Baum* § 129 Rn. 2.
[3] Hierzu auch Emde/Dornseifer/Dreibus/Hölscher/*Baum* § 129 Rn. 4.

8 Die Unterrichtung muss auf elektronischem Wege erfolgen, was nach Art. 32 der DRL 2010/44/EG via einfacher E-Mail-Kommunikation erfolgen. Dies setzt freilich voraus, dass eine entsprechende E-Mail-Adresse bekannt ist. Art. 32 Abs. 2 der DRL 2010/44/EG verpflichtet die Mitgliedstaaten jedenfalls eine entsprechende E-Mail-Adresse zur Verfügung zu stellen.

9 Bei allfälligen Änderungen hat die OGAW-Kapitalverwaltungsgesellschaft oder die EU-OGAW-Verwaltungsgesellschaft hierbei entweder die Änderungen oder Aktualisierungen zu beschreiben oder eine geänderte Fassung des jeweiligen Dokuments als Anlage in einem gebräuchlichen elektronischen Format beizufügen.

10 Dies ist nicht als zwingende Alternative zu verstehen: Denkbar wäre etwa, dass man nicht nur die geänderte Fassung oder auch änderungsmarkierte Version übersendet, sondern auch die Änderungen jeweils in gebotener Kürze beschreibt. Letztlich ist es Sache der einzelnen Aufnahmemitgliedstaaten und deren Aufsichtspraxis, Vorgaben zum Inhalt und Umfang der Aktualisierungsmitteilung zu machen.

2. Änderung der Vermarktungsstrategie und der vertriebenen Anteilsklassen.

11 Sollten sich die im Anzeigeschreiben nach § 312 Abs. 1 S. 1 KAGB mitgeteilten Vorkehrungen für die Vermarktung gemäß Anhang I Teil B der Verordnung (EU) Nr. 584/2010 oder für die vertriebenen Anteil- oder Aktienklassen ändern, so hat die OGAW-Kapitalverwaltungsgesellschaft oder die EU-OGAW-Verwaltungsgesellschaft nach § 313 Abs. 3 dies den zuständigen Stellen des Aufnahmestaates vor Umsetzung der Änderung in Textform (sprich: § 126b BGB)[4] mitzuteilen. Gemeint sind zunächst jeweils die spezifischen Angaben im Aufnahmemitgliedstaat – wie etwa Änderungen bei den angegebenen Vertriebswegen, Änderungen bei den Zahlstellen bzw. Informationsstellen.

12 Zudem sind auch Änderungen des Vertriebs von Anteilsklassen entsprechend den jeweiligen Aufsichtsbehörden des Aufnahmemitgliedstaates mitzuteilen. Das heißt: sowohl die Aufnahme des Vertriebs bereits bestehender Anteilsklassen, die zum Zeitpunkt des Vertriebsanzeigeverfahrens noch nicht im jeweiligen Aufnahmemitgliedstaat vertrieben werden sollten, als auch die Einbeziehung neuer, nach dem Vertriebsanzeigeverfahren aufgelegter Anteilsklassen begründen keine Pflicht zu einem neuen, gesonderten Vertriebsanzeigeverfahren,[5] sondern dies an entsprechend § 313 Abs. 3 KAGB den Aufsichtsbehörden des Aufnahmestaates mitgeteilt werden.

---

4 Ausführlich hierzu Emde/Dornseifer/Dreibus/Hölscher/*Baum* § 129 Rn. 13 f.
5 So auch Emde/Dornseifer/Dreibus/Hölscher/*Baum* § 129 Rn. 12.

ABSCHNITT 3
Anzeige, Einstellung und Untersagung des Vertriebs von AIF

§ 314
Untersagung des Vertriebs

(1) Soweit § 11 nicht anzuwenden ist, ist die Bundesanstalt in Bezug auf AIF befugt, alle zum Schutz der Anleger geeigneten und erforderlichen Maßnahmen zu ergreifen, einschließlich einer Untersagung des Vertriebs von Anteilen oder Aktien dieser Investmentvermögen, wenn

1. eine nach diesem Gesetz beim beabsichtigten Vertrieb von Anteilen oder Aktien an einem AIF erforderliche Anzeige nicht ordnungsgemäß erstattet oder der Vertrieb vor der entsprechenden Mitteilung der Bundesanstalt aufgenommen worden ist,
2. die nach § 295 Absatz 1 Satz 3 geforderten Vorkehrungen nicht geeignet sind, um einen Vertrieb an Privatanleger wirksam zu verhindern oder entsprechende Vorkehrungen nicht eingehalten werden,
3. eine Voraussetzung für die Zulässigkeit des Vertriebs nach diesem Gesetz nicht vorliegt oder entfallen ist oder die der Bundesanstalt gegenüber nach § 320 Absatz 1 Satz 2 Nummer 7, § 329 Absatz 2 Satz 3 Nummer 2 oder 3, § 330 Absatz 2 Satz 3 Nummer 2 oder § 330a Absatz 2 Satz 2 Nummer 2 und 3 übernommenen Pflichten trotz Mahnung nicht eingehalten werden,
4. die AIF-Verwaltungsgesellschaft, ein von ihr bestellter Repräsentant oder eine mit dem Vertrieb befasste Person erheblich gegen § 302 Absatz 1 bis 6 oder Anordnungen nach § 302 Absatz 7 verstößt und die Verstöße trotz Verwarnung durch die Bundesanstalt nicht eingestellt werden,
5. die Informations- und Veröffentlichungspflichten nach § 307 Absatz 1 oder Absatz 2 in Verbindung mit § 297 Absatz 4 oder nach § 308 oder § 297 Absatz 2 bis 7, 9 oder 10, den §§ 299 bis 301, 303 Absatz 1 oder 3 oder § 318 nicht ordnungsgemäß erfüllt werden,
6. gegen sonstige Vorschriften dieses Gesetzes verstoßen wird,
7. bei einem Vertrieb eines AIF an Privatanleger ein durch rechtskräftiges Urteil oder gerichtlichen Vergleich gegenüber der AIF-Verwaltungsgesellschaft oder der Vertriebsgesellschaft festgestellter Anspruch eines Anlegers nicht erfüllt worden ist,
8. bei dem Vertrieb an Privatanleger erheblich gegen die Anlagebedingungen, die Satzung oder den Gesellschaftsvertrag verstoßen worden ist,
9. die Art und Weise des Vertriebs gegen sonstige Vorschriften des deutschen Rechts verstoßen,
10. Kosten, die der Bundesanstalt im Rahmen der Pflicht zur Bekanntmachung des gesetzlichen Vertreters nach § 319 Absatz 3 entstanden sind, trotz Mahnung nicht erstattet werden oder eine Gebühr, die für die Prüfung von nach § 320 Absatz 1 Satz 2 Nummer 7, § 329 Absatz 2 Satz 3 Nummer 2 oder § 330 Absatz 2 Satz 3 Nummer 2 vorgeschriebenen Angaben und Unterlagen zu entrichten ist, trotz Mahnung nicht gezahlt wird.

(2) Die Bundesanstalt kann bei AIF mit Teilinvestmentvermögen auch den Vertrieb von Anteilen oder Aktien an Teilinvestmentvermögen, die im Geltungsbereich dieses Gesetzes nach den §§ 316, 320, 329 oder 330 an eine, mehrere oder alle Anlegergruppen im Sinne des § 1 Absatz 19 Nummer 31 bis 33 vertrieben werden dürfen, untersagen, wenn weitere Anteile oder Aktien von Teilinvestmentvermö-

gen desselben AIF im Geltungsbereich dieses Gesetzes an eine, mehrere oder alle Anlegergruppen im Sinne des § 1 Absatz 19 Nummer 31 bis 33 vertrieben werden, die im Geltungsbereich dieses Gesetzes entweder nicht oder nicht an diese Anlegergruppe vertrieben werden dürfen.

(3) Die Bundesanstalt macht eine Vertriebsuntersagung im Bundesanzeiger bekannt, falls ein Vertrieb bereits stattgefunden hat. Entstehen der Bundesanstalt durch die Bekanntmachung nach Satz 1 Kosten, sind ihr diese von der AIF-Verwaltungsgesellschaft zu erstatten.

(4) Hat die Bundesanstalt den weiteren Vertrieb eines AIF, der einer Anzeigepflicht nach den §§ 316, 320, 329 oder 330 unterliegt, nach Absatz 1 Nummer 2, 5 und 7 bis 10 oder Absatz 2 im Geltungsbereich dieses Gesetzes untersagt, darf die AIF-Verwaltungsgesellschaft die Absicht, die Anteile oder Aktien dieses AIF im Geltungsbereich dieses Gesetzes zu vertreiben, erst ein Jahr nach der Untersagung wieder anzeigen.

Schrifttum

Alexy Ermessensfehler, JZ **1986** 701; *Badura* Gestaltungsspielraum und Prognoseverantwortung wirtschaftslenkender Verwaltung, Jura **1980** 615; *Böckmann/Kießling* Möglichkeiten der BaFin zur Beendigung von Übernahmeschlachten nach dem WpÜG, DB **2007** 1796; *Bühler* Die subjektiven öffentlichen Rechte, 1914; *Di Fabio* Die Ermessensreduzierung, VerwArch 86 **(1995)** 214; *Fehling/Kastner/Störmer* Verwaltungsrecht, 3. Aufl. 2014; *Eyermann* Verwaltungsgerichtsordnung Kommentar, 14. Aufl. 2014; *Gern* Die Ermessensreduzierung auf Null, DVBl **1987** 1194; *Ihrig* Rechtsschutz Drittbetroffener im Übernahmerecht, ZHR 167 **(2003)** 315; *v. Jhering* Geist des römischen Rechts auf den verschiedenen Stufen seiner Entwicklung, Dritter Theil, Erste Abteilung, 3. Aufl. 1877; *Lenz* Das Wertpapiererwerbs- und Übernahmegesetz in der Praxis der Bundesanstalt für Finanzdienstleistungsaufsicht, NJW **2003** 2073; *Möller* Das Verwaltungs- und Beschwerdeverfahren nach dem Wertpapiererwerbs- und Übernahmegesetz unter besonderer Berücksichtigung der Rechtsstellung Dritter, ZHR 167 **(2003)** 301; *Redeker/v. Oertzen* Verwaltungsgerichtsordnung Kommentar, 15. Aufl. 2010; *von Riegen* Verwaltungsrechtsschutz Dritter im WpÜG, Der Konzern **2003**, 583; *Rohlfing* Wirtschaftsaufsicht und amtshaftungsrechtlicher Drittschutz, WM **2005** 311; *Schmidt-Aßmann/Groß* Zur verwaltungsgerichtlichen Kontrolldichte nach der Privatgrundschul-Entscheidung des BVerfG, NVwZ **1993** 617; *Schoch/Schneider/Bier* Verwaltungsgerichtsordnung Kommentar, 26. Aufl. 2013; *Wagner* Zur Rechtsstellung Dritter nach dem WpÜG, NZG **2003** 718.

Systematische Übersicht

A. Überblick —— 1
B. Entstehungsgeschichte —— 4
C. Normzweck —— 6
D. Befugnis der BaFin, in Bezug auf AIF Maßnahmen zum Schutz der Anleger zu ergreifen (Abs. 1) —— 7
   I. Zulässige Maßnahmen nach Abs. 1 —— 7
      1. Auswahlermessen der BaFin —— 8
      2. Entschließungsermessen der BaFin —— 9
      3. Beachtung des Verhältnismäßigkeitsgrundsatzes —— 10
   II. Mögliche Adressaten von Maßnahmen nach Abs. 1 —— 11
   III. Rechtsnatur von Maßnahmen nach Abs. 1 —— 12

IV. Voraussetzungen für Maßnahmen nach Abs. 1 im Einzelnen —— 15
   1. Nicht ordnungsgemäße Vertriebsanzeige oder vorzeitige Aufnahme des Vertriebs (Nr. 1) —— 15
   2. Vertrieb von AIF, welche die Voraussetzungen hierfür nicht erfüllen, an Privatanleger (Nr. 2) —— 17
   3. Nichtvorliegen oder Entfall der Voraussetzungen für die Zulässigkeit des Vertriebs nach dem KAGB; Nichteinhaltung übernommener Pflichten gegenüber der BaFin zur Einreichung von Unterlagen (Nr. 3) —— 19

4. Erheblicher Verstoß gegen § 302 Abs. 1 bis 6 oder Anordnungen nach § 302 Abs. 7 (Nr. 4) —— 21
5. Nicht ordnungsgemäße Erfüllung von Informations- und Veröffentlichungspflichten (Nr. 5) —— 25
6. Verstoß gegen sonstige Vorschriften des KAGB (Nr. 6) —— 26
7. Beim Vertrieb eines AIF an Privatanleger: Nichterfüllung eines durch rechtskräftiges Urteil oder gerichtlichen Vergleich festgestellten Anspruchs eines Anlegers (Nr. 7) —— 27
8. Erheblicher Verstoß gegen die Anlagebedingungen, die Satzung oder den Gesellschaftsvertrag bei dem Vertrieb von AIF an Privatanleger (Nr. 8) —— 30
9. Verstoß gegen sonstige Vorschriften des deutschen Rechts (Nr. 9) —— 31
10. Nicht-Erstattung von Kosten (Nr. 10) —— 32
E. Befugnisse der BaFin bei AIF mit Teilinvestmentvermögen (Abs. 2) —— 36
F. Bekanntmachung einer Vertriebsuntersagung im Bundesanzeiger durch die BaFin und Erstattung hierdurch entstehender Kosten (Abs. 3) —— 39
G. Erneute Anzeige nach Vertriebsuntersagung (Abs. 4) —— 43
H. Rechtsschutz gegen Maßnahmen der BaFin auf der Grundlage von § 314 —— 45
 I. Eröffnung des Rechtswegs zu den Verwaltungsgerichten gem. § 40 Abs. 1 S. 1 VwGO —— 46
 II. Klage- und Widerspruchsbefugnis —— 47
 III. Örtliche Zuständigkeit des Gerichts —— 50
 IV. Rechtsschutz gegen Maßnahmen in Form von Verwaltungsakten —— 51
  1. Widerspruchsverfahren —— 52
  2. Anfechtungsklage —— 53
  3. Vorläufiger Rechtsschutz —— 54
  4. Fortsetzungsfeststellungsklage —— 56
 V. Rechtsschutz gegen Maßnahmen in Form von Realakten —— 57
  1. Feststellungsklage —— 58
  2. Leistungsklage in Form der Unterlassungsklage —— 59
 VI. Rechtsschutz im Verwaltungsvollstreckungsverfahren —— 60
 VII. Staatshaftung —— 61

A. Überblick

1 § 314 steht am Anfang von Abschnitt 3 des Kapitels 4, der Regelungen betreffend den Vertrieb von AIF enthält, und ermächtigt die BaFin, in Bezug auf AIF alle zum Schutz der Anleger erforderlichen und geeigneten Maßnahmen zu ergreifen, wenn eine der in Abs. 1 tatbestandlich näher spezifizierten Voraussetzungen vorliegt. Die einschneidendste dieser Maßnahmen, die in Abs. 1 explizit benannt wird und Eingang in die Überschrift von § 314 gefunden hat, ohne den alleinigen Regelungsgehalt der Norm auszumachen (s. unten Rn. 8), ist die Untersagung des Vertriebs.

2 § 314 bildet das für AIF einschlägige Pendant zu § 311, der die Untersagung und Einstellung des Vertriebs von EU-OGAW regelt. Der praktische Anwendungsbereich der Norm dürfte geringer sein, als es auf den ersten Blick den Anschein hat. Denn zum einen besteht die Befugnis der BaFin gem. Abs. 1 nur, soweit § 11 nicht anzuwenden ist. Dieser regelt den Fall, dass eine EU-AIF-Verwaltungsgesellschaft oder eine ausländische AIF-Verwaltungsgesellschaft, die im Inland AIF verwaltet oder vertreibt, gegen eine der Bestimmungen verstößt, deren Einhaltung die BaFin zu überwachen hat, und verfügt damit über einen weiten Anwendungsbereich. Zum anderen sind in den Vorschriften zu den einzelnen Anzeigeverfahren (§§ 316 ff.) verschiedene spezielle Ermächtigungsgrundlagen enthalten, die ebenfalls die BaFin ermächtigen, den Vertrieb bzw. dessen Aufnahme zu untersagen (z.B. § 316 Abs. 3 S. 2, Abs. 4 S. 4). Inwieweit Maßnahmen der BaFin im Anwendungsbereich von § 314 auch auf die allgemeine Befugnisnorm des § 5 gestützt werden können,[1] der ebenfalls eine Untersagung des Vertriebs ermöglicht (s. § 5 Rn. 18, arg. ex § 5 Abs. 7 S. 2 und § 316 Abs. 4 S. 4), erscheint dagegen zweifelhaft, da § 314 insoweit als *lex specialis* anzusehen sein dürfte.

Ergänzend zu Abs. 1 enthält Abs. 2 eine spezielle Ermächtigungsgrundlage, die es **3** der BaFin ermöglicht, den Vertrieb von Anteilen oder Aktien anderer Teilinvestmentvermögen bei AIF mit Teilinvestmentvermögen (Umbrella-Konstruktion) zu untersagen. Nach Abs. 3 macht die BaFin eine aufgrund von Abs. 1 oder Abs. 2 erfolgte Vertriebsuntersagung im Bundesanzeiger bekannt, falls ein Vertrieb bereits stattgefunden hat, und kann die hierdurch entstehenden Kosten von der AIF-Verwaltungsgesellschaft erstattet verlangen. In Abs. 4 wird als (weitere) Rechtsfolge für den Fall einer Untersagung des Vertriebs eine einjährige Anzeigensperre gegenüber der AIF-Verwaltungsgesellschaft angeordnet, wenn der AIF einer Anzeigepflicht nach den §§ 316, 320, 329 oder 330 unterliegt und der Vertrieb auf der Grundlage von Abs. 1 Nr. 2, Nr. 5 und Nr. 7 bis Nr. 10 oder Abs. 2 untersagt wurde.

B. Entstehungsgeschichte

§ 314 dient teilweise der Umsetzung der AIFM-RL. Die Regierungsbegründung zum **4** KAGB verweist insofern lediglich hinsichtlich Abs. 1 Nr. 2 auf Art. 39 Abs. 7, Art. 40 Abs. 8 sowie Art. 42 AIFM-RL und hinsichtlich § 314 Abs. 4 auf Art. 36 und Art. 42 AIFM-RL.[2] Ferner entspricht die Ermächtigungsgrundlage der an die Mitgliedstaaten adressierten Vorgabe, die zuständigen Behörden mit der Befugnis auszustatten, jegliche Art von Maßnahmen zu ergreifen, um sicherzustellen, dass AIFM oder Verwahrstellen sich weiterhin an die auf sie anwendbaren Anforderungen der Richtlinie halten (Art. 46 Abs. 2 lit. i AIFM-Richtlinie).

Zudem greift § 314 ausweislich der Regierungsbegründung zum KAGB wesentliche **5** Regelungsinhalte von § 140 des aufgehobenen InvG und im Fall von Abs. 1 Nr. 4 auch von § 124 Abs. 4 S. 1 InvG auf.[3] Der Anwendungsbereich von § 140 InvG war freilich auf den öffentlichen Vertrieb von ausländischen Investmentanteilen beschränkt; § 314 wurde in seinem Anwendungsbereich in dieser Hinsicht erheblich erweitert („in Bezug auf AIF").

C. Normzweck

§ 314 verleiht der BaFin umfangreiche Befugnisse in Bezug auf AIF, die einen we- **6** sentlichen Beitrag dazu leisten, dass die BaFin ihre Aufsichts- und Kontrollfunktion im Investmentbereich effektiv wahrnehmen kann. Seinem Wortlaut nach dient § 314 dem Schutz der Anleger im Zusammenhang mit dem Vertrieb von AIF, und zwar grundsätzlich unabhängig davon, an welchen Anlegerkreis der Vertrieb erfolgt. Einzelne der in Abs. 1 tatbestandlich näher spezifizierten Voraussetzungen sind in ihrer Schutzrichtung allerdings enger: So betreffen Abs. 1 Nrn. 2, 4,[4] 7 und 8 ausschließlich den Vertrieb an Privatanleger und sind in ihrer Schutzrichtung folglich auf Privatanleger begrenzt. Der mit § 314 (und sonstigen Befugnisnormen der BaFin) realisierte Anlegerschutz soll auch

---

1 So die Regierungsbegründung zum KAGB, BTDrucks. 17/12294 S. 284.
2 BTDrucks. 17/12294 S. 284.
3 BTDrucks. 17/12294 S. 284.
4 Dies ergibt sich aus § 302, auf den Nr. 4 verweist.

einen Beitrag dazu leisten, das im Zuge der Finanzmarktkrise gesunkene Vertrauen der Anleger in Investmentprodukte wieder herzustellen.[5]

D. Befugnis der BaFin, in Bezug auf AIF Maßnahmen zum Schutz der Anleger zu ergreifen (Abs. 1)

I. Zulässige Maßnahmen nach Abs. 1

7   Gem. Abs. 1 ist die BaFin „befugt", „Maßnahmen" zu ergreifen. Damit stellt sich zum einen die Frage, welche Maßnahmen von der Ermächtigungsgrundlage erfasst sind, und zum anderen, ob die BaFin diese Maßnahme lediglich ergreifen *kann* oder ob sie diese ergreifen *muss*.

8   **1. Auswahlermessen der BaFin.** Ungeachtet der amtlichen Überschrift sowie des Umstands, dass auch in der Gesetzesbegründung ausdrücklich nur von der Untersagung des Vertriebs die Rede ist,[6] kann die BaFin gem. Abs. 1 auch andere zum Schutz der Anleger geeignete und erforderliche Maßnahmen ergreifen. Im Gegensatz zu § 140 Abs. 2 und Abs. 3 des aufgehobenen InvG, auf denen § 314 Abs. 1 teilweise basiert und die bei Vorliegen ihrer Voraussetzungen grundsätzlich kein Ermessen gewährt haben,[7] ist der Wortlaut des § 314 Abs. 1 insofern offen gehalten („alle" zum Schutz der Anleger geeigneten und erforderlichen Maßnahmen) und enthält, anders als § 140 Abs. 2 und Abs. 3 InvG („untersagt … den weiteren öffentlichen Vertrieb"),[8] keine Hinweise auf eine gebundene Entscheidung. Der BaFin steht somit hinsichtlich der einzelnen Maßnahmen jedenfalls ein Auswahlermessen[9] zu. Dieses ist durch die Kriterien der Geeignetheit und Erforderlichkeit begrenzt (s. unten Rn. 10).

9   **2. Entschließungsermessen der BaFin.** Eine andere Frage ist, ob die BaFin bei Vorliegen der Voraussetzungen von Abs. 1 verpflichtet ist, Maßnahmen zu ergreifen, oder ob ihr in dieser Hinsicht ein Entschließungsermessen[10] zukommt. Der Wortlaut („ist befugt") deutet auch auf ein Entschließungsermessen der BaFin hin.[11] Es wäre mit Blick auf den Verhältnismäßigkeitsgrundsatz auch fragwürdig, wenn die BaFin sogar bei ganz unbedeutenden Verstößen verpflichtet wäre, Maßnahmen zu ergreifen. Eine Verpflichtung der BaFin zum Einschreiten besteht daher nur in Fällen einer Ermessensreduktion auf Null.[12] Die Ausübung des Ermessens durch die BaFin ist nach § 114 VwGO nur eingeschränkt auf Ermessensfehler hin gerichtlich überprüfbar.[13]

---

5   BTDrucks. 17/12294 S. 187, 193.
6   BTDrucks. 17/12294 S. 284.
7   BTDrucks. 17/12294 S. 284.
8   S. dazu näher Emde/Dornseifer/Dreibus/Hölscher/*Baum* InvG, § 140 Rn. 12, 14.
9   Zum Begriff des Auswahlermessens vgl. Schoch/Schneider/Bier/*Gerhardt* VwGO, § 114 Rn. 16.
10 Zum Begriff des Entschließungsermessens vgl. Schoch/Schneider/Bier/*Gerhardt* VwGO, § 114 Rn. 16.
11 So in Bezug auf § 4 WpHG auch (ohne nähere Begründung) Schwark/Zimmer/*Zetzsche* KMRK, § 4 WpHG Rn. 35.
12 Vgl. zu § 4 WpHG Schwark/Zimmer/*Zetzsche* KMRK, § 4 WpHG Rn. 34; ferner *di Fabio* VerwArch 86 **(1995)** 214; *Gern* DVBl. **1987** 1194.
13 Vgl. zu § 4 WpHG Schwark/Zimmer/*Zetzsche* KMRK, § 4 WpHG Rn. 34, sowie allgemein zur gerichtlichen Kontrolle der Ermessensausübung BVerwG 27.5.2010 DVBl. **2010** 1119; *Alexy* JZ **1986** 701; *Badura* Jura **1980** 615; Redeker/v. Oertzen/*Redeker* VwGO, § 114 Rn. 13 ff.; Schoch/Schneider/Bier/*Gerhardt* VwGO, § 114 Rn. 4 ff.

3. Beachtung des Verhältnismäßigkeitsgrundsatzes. Die BaFin hat bei Maßnahmen auf der Grundlage des § 314 Abs. 1 den Verhältnismäßigkeitsgrundsatz zu beachten. Die ausdrückliche Nennung der Kriterien „Geeignetheit" und „Erforderlichkeit" im Rahmen von § 314 Abs. 1 indiziert nicht eine eingeschränkte Prüfung der Verhältnismäßigkeit, sondern ist lediglich Ausdruck des allgemeinen öffentlich-rechtlichen Verhältnismäßigkeitsgrundsatzes.[14] Die Geeignetheit und Erforderlichkeit der jeweiligen Maßnahmen bestimmt sich insbesondere vor dem Hintergrund des mit Abs. 1 verfolgten Normzwecks, Anleger im Zusammenhang mit dem Vertrieb von AIF umfassend zu schützen. Soweit ein AIF auch an Privatanleger vertrieben wird und die Maßnahmen der BaFin auf Tatbestandsvarianten von Abs. 1 gestützt werden, die dem spezifischen Schutz von Privatanlegern dienen (Nrn. 2, 4, 7 und 8, s. oben Rn. 6), wird der an die Prüfung der Verhältnismäßigkeit anzulegende Maßstab dabei tendenziell großzügiger sein als bei AIF, die ausschließlich an professionelle oder semiprofessionelle Anleger vertrieben werden. Eine Vertriebsuntersagung kommt grundsätzlich nur als *ultima ratio* in Betracht und wäre bei leichten Verstößen zumindest ohne vorherige Androhung unverhältnismäßig. **10**

II. Mögliche Adressaten von Maßnahmen nach Abs. 1

Nach dem Wortlaut von Abs. 1 kann die BaFin Maßnahmen „in Bezug auf AIF" treffen. Diese Formulierung könnte so zu verstehen sein, dass als Adressat von Maßnahmen nach § 314 nur der AIF selbst und die AIF-Verwaltungsgesellschaft in Betracht kommen. Zwar wird regelmäßig die AIF-Verwaltungsgesellschaft Adressatin von Maßnahmen nach § 314 (insbesondere einer Vertriebsuntersagung) sein; sofern dies im Interesse eines effektiven Anlegerschutzes im Einzelfall jedoch geeignet und erforderlich ist, wird man der BaFin aber zugestehen müssen, im Rahmen ihres Auswahlermessens (s. oben Rn. 8) und unter Beachtung des Verhältnismäßigkeitsgrundsatzes (s. oben Rn. 10) Maßnahmen auch gegenüber Dritten zu ergreifen, insbesondere gegenüber sämtlichen Adressaten der in Nr. 1 bis Nr. 10 genannten Bestimmungen (s. etwa Nr. 4: „die AIF-Verwaltungsgesellschaft, ein von ihr bestellter Repräsentant oder eine mit dem Vertrieb befasste Person"). **11**

III. Rechtsnatur von Maßnahmen nach Abs. 1

Die Untersagung des Vertriebs ist ein Verwaltungsakt; auch sonstige Maßnahmen nach Abs. 1 wird die BaFin regelmäßig als Verwaltungsakte i.S.d. § 35 VwVfG erlassen. Diese stellen gegenüber dem Betroffenen belastende Verwaltungsakte dar, da sie in dessen Rechte eingreifen; § 314 ist die hierfür erforderliche Ermächtigungsgrundlage (s. zum Rechtsschutz gegen belastende Verwaltungsakte der BaFin unten Rn. 51 ff.). **12**

In formeller Hinsicht enthält das KAGB keine speziellen Vorgaben für den Erlass von Verwaltungsakten; es gelten mithin die allgemeinen Regelungen des Verwaltungsverfahrensgesetzes. Dies bedeutet im Einzelnen: Dem Betroffenen muss gem. § 28 Abs. 1 VwfVG vor dem Erlass eines belastenden Verwaltungsaktes grundsätzlich die Möglichkeit gegeben werden, sich zu den für die Entscheidung erheblichen Tatsachen zu äußern. Gem. § 28 Abs. 2 VwVfG kann die BaFin im Einzelfall bei Vorliegen besonderer Umstände (insb. § 28 Abs. 2 Nr. 1 VwVfG: wegen Gefahr im Verzug oder im öffentlichen Interesse) von der vorherigen Anhörung des Betroffenen absehen. Eine Verletzung des Anhörungserfordernisses kann gem. § 45 Abs. 1 Nr. 3 VwVfG durch Nachholung geheilt werden. **13**

---

14 Vgl. in Bezug auf § 4 Abs. 1 S. 3 WpHG Assmann/Schneider/*Döhmel* WpHG, § 4 Rn. 11.

Hinsichtlich der Bestimmtheit und Form des Verwaltungsaktes gilt § 37 VwVfG. Gem. § 39 VwVfG ist der Verwaltungsakt in der Regel mit einer Begründung und gem. § 58 VwGO mit einer Rechtsbehelfsbelehrung zu versehen.

14 Die Verfügungen, welche die BaFin auf der Grundlage von § 314 erlässt, kann sie gem. § 17 FinDAG mit Zwangsmitteln nach den Bestimmungen des Verwaltungsvollstreckungsgesetzes (VwVG) durchsetzen. Dabei kann sie die Zwangsmittel für jeden Fall der Nichtbefolgung androhen (zum Rechtsschutz gegen Zwangsmittel und deren Androhung s. unten Rn. 60).

IV. Voraussetzungen für Maßnahmen nach Abs. 1 im Einzelnen

15 **1. Nicht ordnungsgemäße Vertriebsanzeige oder vorzeitige Aufnahme des Vertriebs (Nr. 1).** Die Befugnis der BaFin zum Erlass von Maßnahmen nach Abs. 1 Nr. 1 erfasst zwei Fälle: Zum einen den Fall, dass eine nach den §§ 316 ff. beim beabsichtigten Vertrieb von Anteilen oder Aktien an einem AIF erforderliche Anzeige gegenüber der BaFin nicht ordnungsgemäß erstattet worden ist; zum anderen den Fall, dass der Vertrieb aufgenommen worden ist, bevor die erforderliche Mitteilung der BaFin erfolgt ist, ob mit dem Vertrieb des angezeigten AIF begonnen werden kann (§§ 316 Abs. 3, 321 Abs. 3). Anders als § 140 Abs. 2 des aufgehobenen InvG erfasst Abs. 1 Nr. 1 mithin sowohl eine vorherige als auch eine nachträgliche Vertriebsuntersagung.[15]

16 Dem Wortlaut ist nicht zu entnehmen, was unter einer ordnungsgemäß erstatteten Anzeige i.S.v. Abs. 1 Nr. 1 Var. 1 zu verstehen ist. Zu § 140 Abs. 2 des aufgehobenen InvG wurde teilweise vertreten, eine Anzeige sei bereits dann „ordnungsgemäß" erstattet worden, wenn sie in formeller Hinsicht den gesetzlichen Anforderungen entspricht.[16] Dagegen spricht jedoch, dass die BaFin im Rahmen des Anzeigeverfahrens die eingereichten Angaben und Unterlagen nicht nur in formeller, sondern auch in materieller Hinsicht auf ihre Vereinbarkeit mit den Vorgaben des KAGB zu überprüfen hat (s. § 316 Rn. 17). Ohnehin dürfte sich das Problem infolge der durch das KAGB erfolgten Reformierung des Anzeigeverfahrens erledigt haben: Ist die Anzeige nämlich nicht (in formeller und materieller Hinsicht) „ordnungsgemäß", wird eine entsprechende Mitteilung der BaFin, dass mit dem Vertrieb begonnen werden kann (z.B. nach § 316 Abs. 3 S. 1, § 321 Abs. 3 S. 1), nicht erfolgen; solange diese Mitteilung nicht erfolgt ist, ist aber ohnehin Abs. 1 Nr. 1 Var. 2 einschlägig.

17 **2. Vertrieb von AIF, welche die Voraussetzungen hierfür nicht erfüllen, an Privatanleger (Nr. 2).** Nach Abs. 1 Nr. 2 besteht die Befugnis der BaFin zum Erlass von Maßnahmen, sofern die nach § 295 Abs. 1 S. 3 geforderten Vorkehrungen zur Verhinderung des Vertriebs solcher AIF an Privatanleger, welche die Voraussetzungen hierfür nicht erfüllen, nicht geeignet sind, um einen Vertrieb an Privatanleger wirksam zu verhindern, oder entsprechende Vorkehrungen nicht eingehalten werden.

18 § 295 Abs. 1 S. 3 soll den Vertrieb von AIF an Privatanleger verhindern, welche die Voraussetzungen für den Vertrieb an Privatanleger nicht erfüllen. Um dies sicherzustellen, muss die Verwaltungsgesellschaft eines solchen AIF wirksame Vorkehrungen treffen und diese einhalten. Dies gilt auch dann, wenn unabhängige Unternehmen eingeschal-

---

[15] Vgl. zu der entsprechenden Problematik bei § 140 Abs. 2 InvG Berger/Steck/Lübbehüsen/*Erhard* InvG, § 140 Rn. 15.
[16] Vgl. Beckmann/Scholtz/Vollmer/*Beckmann* Investment, § 8 AuslInvestmG Rn. 9; **a.A.** *Baur* § 8 AuslInvestmG Rn. 12; Berger/Steck/Lübbehüsen/*Erhard* InvG, § 140 Rn. 14; Emde/Dornseifer/Dreibus/Hölscher/*Baum* InvG, § 140 Rn. 17.

tet werden, die für den AIF Wertpapierdienstleistungen erbringen. Daher kann die BaFin im Rahmen ihres Auswahlermessens (s. oben Rn. 8) unter Beachtung des Verhältnismäßigkeitsgrundsatzes (s. oben Rn. 10) Maßnahmen nicht nur gegenüber der jeweiligen AIF-Verwaltungsgesellschaft, sondern auch gegenüber solchen Unternehmen ergreifen.

3. Nichtvorliegen oder Entfall der Voraussetzungen für die Zulässigkeit des Vertriebs nach dem KAGB; Nichteinhaltung übernommener Pflichten gegenüber der BaFin zur Einreichung von Unterlagen (Nr. 3). Nach Abs. 1 Nr. 3 Var. 1 kann die BaFin Maßnahmen ergreifen, wenn eine Voraussetzung für die Zulässigkeit des Vertriebs nach dem KAGB nicht vorliegt oder später entfallen ist. Unter Voraussetzungen für die Zulässigkeit i.S.v. Abs. 1 Nr. 3 Var. 1 sind – auch wenn es sich bei der Anzeige um eine Vertriebsvoraussetzung i.w.S. handelt – nicht die Vorschriften zu verstehen, die eine Anzeigepflicht beim (beabsichtigten) Vertrieb von AIF statuieren und bestimmen, welche Angaben und Unterlagen die Anzeige enthalten muss. Denn wenn die Anzeige nicht ordnungsgemäß erstattet oder der Vertrieb vor der entsprechenden Mitteilung der BaFin, dass mit dem Vertrieb begonnen werden kann, aufgenommen worden ist, ist bereits Abs. 1 Nr. 1 einschlägig. Gemeint sind vielmehr die Voraussetzungen, die ausdrücklich die Voraussetzungen für die Zulässigkeit des Vertriebs normieren („... ist nur zulässig, wenn ..."). Die Befugnis nach Abs. 1 Nr. 3 Var. 1 besteht daher nur dann, wenn die in den §§ 317, 322 Abs. 1, 324 Abs. 1 i.V.m. § 322 Abs. 1, 326 Abs. 1 i.V.m. § 322 Abs. 1, 328 Abs. 1 i.V.m. 322 Abs. 1, 329 Abs. 1, 330 Abs. 1, 330a Abs. 1, 332 Abs. 1 i.V.m. § 322 Abs. 1, 334 Abs. 1 i.V.m. § 322 Abs. 1 genannten Voraussetzungen nicht vorliegen oder später – d.h. nach Aufnahme des Vertriebs – entfallen sind. **19**

Zudem besteht die Befugnis nach Abs. 1 Nr. 3 Var. 2, wenn verschiedene Angaben und Unterlagen, zu deren Einreichung sich die jeweilige Verwaltungsgesellschaft gegenüber der BaFin in der Vertriebsanzeige verpflichten muss, trotz – im Regelfall aus Beweisgründen schriftlich erfolgender[17] – Mahnung nicht eingereicht werden. Im Einzelnen handelt es sich um folgende Pflichten: **20**

– § 320 Abs. 1 S. 2 Nr. 7 betrifft EU-AIF-Verwaltungsgesellschaften oder ausländische AIF-Verwaltungsgesellschaften, die beabsichtigen, Anteile oder Aktien an einem von ihnen verwalteten EU-AIF oder an einem ausländischen AIF im Inland an Privatanleger zu vertreiben. Sie müssen im Anzeigeschreiben gegenüber der BaFin erklären, dass sie sich zu Folgendem verpflichten: Fristgerechte Einreichung von Rechnungslegungsdokumenten (lit. a), Unterrichtung der BaFin über alle wesentlichen Änderungen von Umständen, die bei der Vertriebsanzeige angegeben worden sind oder die der Bescheinigung nach § 320 Abs. 1 S. 2 Nr. 1 lit. a zugrunde liegen, und Nachweis der Änderungsangaben (lit. b), auf Verlangen der BaFin Erteilung von Auskünften über die Geschäftstätigkeit der EU-AIF-Verwaltungsgesellschaft oder Vorlage von Unterlagen (lit. c), auf Verlangen der BaFin Beschränkung auf den von der BaFin geforderten Umfang oder Einstellung des Einsatzes von Leverage (lit. d) und – falls es sich um eine ausländische AIF-Verwaltungsgesellschaft handelt – Erfüllung der Berichtspflichten nach § 35 (lit. e).

– § 329 Abs. 2 S. 3 Nr. 2 betrifft EU-AIF-Verwaltungsgesellschaften und § 329 Abs. 2 S. 3 Nr. 3 AIF-Kapitalverwaltungsgesellschaften, die beabsichtigen, Anteile oder Aktien an von ihnen verwalteten inländischen Spezial-Feeder-AIF oder EU-Feeder-AIF, deren jeweiliger Master-AIF kein EU-AIF oder inländischer AIF ist, der von einer EU-AIF-Verwaltungsgesellschaft oder einer AIF-Kapitalverwaltungsgesellschaft ver-

---
17 Emde/Dornseifer/Dreibus/Hölscher/*Baum* InvG, § 140 Rn. 26.

waltet wird, oder ausländischen AIF im Inland an semiprofessionelle oder professionelle Anleger zu vertreiben. EU-AIF-Verwaltungsgesellschaften müssen im Anzeigeschreiben gegenüber der BaFin erklären, dass sie sich zu Folgendem verpflichten: Fristgerechte Einreichung eines den Vorgaben entsprechenden Jahresberichtes des AIF (Nr. 2 lit. a), Unterrichtung der BaFin über alle wesentlichen Änderungen von Umständen, die bei der Vertriebsanzeige angegeben worden sind oder die der Bescheinigung nach § 329 Abs. 2 S. 3 Nr. 1 zugrunde liegen, und Nachweis der Änderungsangaben (Nr. 2 lit. b), auf Verlangen der BaFin Erteilung von Auskünften über die Geschäftstätigkeit der EU-AIF-Verwaltungsgesellschaft oder Vorlage von Unterlagen (Nr. 2 lit. c). Die Verpflichtung nach S. 3 Nr. 2 lit. b trifft gem. S. 3 Nr. 3 auch AIF-Kapitalverwaltungsgesellschaften.

- § 330 Abs. 2 S. 3 Nr. 2 betrifft ausländische AIF-Verwaltungsgesellschaften, die beabsichtigen Anteile oder Aktien an von ihnen verwalteten ausländischen AIF oder EU-AIF im Inland an semiprofessionelle oder professionelle Anleger zu vertreiben. Sie müssen im Anzeigeschreiben gegenüber der BaFin erklären, dass sie sich zu Folgendem verpflichten: Fristgerechte Einreichung eines den Vorgaben entsprechenden Jahresberichtes des AIF (lit. a), Unterrichtung der BaFin über alle wesentlichen Änderungen von Umständen, die bei der Vertriebsanzeige angegeben worden sind, und Nachweis der Änderungsangaben (lit. b), auf Verlangen der BaFin Erteilung von Auskünften über die Geschäftstätigkeit der EU-AIF-Verwaltungsgesellschaft oder Vorlage von Unterlagen und Erfüllung der sich aus § 330 Abs. 1 S. 1 Nr. 1 oder Nr. 2 ergebenden Melde- und Informationspflichten (lit. c).

- § 330a Abs. 2 Nr. 2 und Nr. 3 betreffen EU-AIF-Verwaltungsgesellschaften, die die Bedingungen nach Art. 3 Abs. 2 AIFM-Richtlinie erfüllen und die beabsichtigen, Anteile oder Aktien an von ihnen verwalteten AIF im Inland an semiprofessionelle oder professionelle Anleger zu vertreiben. Sie müssen im Anzeigeschreiben gegenüber der BaFin erklären, dass sie sich zu Folgendem verpflichten: Unterrichtung der BaFin über alle wesentlichen Änderungen ihre Registrierung betreffend und Nachweis der Änderungsangaben (Nr. 2), auf Verlangen der BaFin Erteilung von Auskünften über die Geschäftstätigkeit der EU-AIF-Verwaltungsgesellschaft und Vorlage von Unterlagen (Nr. 3).

21 **4. Erheblicher Verstoß gegen § 302 Abs. 1 bis 6 oder Anordnungen nach § 302 Abs. 7 (Nr. 4).** Gem. Abs. 1 Nr. 4 kann die BaFin Maßnahmen ergreifen, wenn die AIF-Verwaltungsgesellschaft, ein von ihr bestellter Repräsentant oder eine mit dem Vertrieb befasste Person erheblich gegen die in § 302 Abs. 1 bis 6 normierten Anforderungen an Werbung für AIF gegenüber Privatanlegern oder gegen eine Untersagung von Werbung für AIF gegenüber Privatanlegern nach § 302 Abs. 7 verstößt und die Verstöße trotz Verwarnung durch die BaFin nicht eingestellt werden.[18]

22 Als Verursacher der Verstöße kommen neben AIF-Verwaltungsgesellschaften auch Repräsentanten i.S.d. § 317 Abs. 1 Nr. 4 und alle sonstigen Personen in Betracht, die mit Duldung, auf Veranlassung oder aufgrund sonstiger Zurechnungsregeln mit dem Vertrieb von EU-AIF oder ausländischen AIF des AIFM befasst sind.[19] Ein Verschulden ist nicht erforderlich.[20]

---

[18] § 302 gilt auch für den Vertrieb von OGAW; s. § 302 Rn. 1.
[19] Vgl. zum Begriff der mit dem Vertrieb befassten Person Berger/Steck/Lübbehüsen/*Ewers* InvG, § 124 Rn. 19; Emde/Dornseifer/Dreibus/Hölscher/*Süßmann* InvG, § 124 Rn. 23.
[20] Vgl. Emde/Dornseifer/Dreibus/Hölscher/*Süßmann* InvG, § 124 Rn. 23.

Erforderlich ist aber, dass der jeweilige Verstoß gegen § 302 Abs. 1 bis 6 oder die An- 23
ordnungen nach § 302 Abs. 7 erheblich ist. Dieses Erfordernis macht deutlich, dass die
BaFin nicht bei jedem Verstoß gegen § 302 Abs. 1 bis 6 befugt ist, über die in § 302 Abs. 7
vorgesehene Untersagung der Werbung hinausgehende Maßnahmen zu ergreifen, und
ist somit Ausdruck des Übermaßverbotes.[21] Was genau unter einem erheblichen Verstoß
zu verstehen ist, lässt sich dem § 314 Abs. 1 Nr. 4 nicht entnehmen. Im Hinblick auf die
Schutzrichtung von Abs. 1 Nr. 4 ist die Erheblichkeit des Verstoßes anhand der Schwere
der Beeinträchtigung des Privatanlegers durch den Verstoß zu bestimmen.[22] Zweifelhaft
ist, ob die Beurteilung der Erheblichkeit des Verstoßes durch die BaFin der vollen gerichtlichen Überprüfbarkeit unterliegt oder ob der BaFin insofern ein Beurteilungsspielraum zukommt, der nur eingeschränkt gerichtlich überprüfbar ist.[23] Auch wenn man mit
der Rechtsprechung und der ganz herrschenden Meinung in der Literatur davon ausgeht,
dass unbestimmte Rechtsbegriffe grundsätzlich gerichtlich voll überprüfbar sind,[24] könnte
wegen der hohen Komplexität und der besonderen Dynamik des Investmentrechts ausnahmsweise eine eingeschränkte gerichtliche Kontrolle angezeigt sein. Ob die Rechtsprechung im Rahmen von § 314 davon ausgehen wird, bleibt abzuwarten.

Die BaFin muss die genannten Adressaten bei Verstößen gegen § 302 zunächst ver- 24
warnen, bevor sie Maßnahmen nach Abs. 1 ergreift, und darf nur tätig werden, wenn die
Verstöße trotz dieser Verwarnung nicht eingestellt werden. Mit der Verwarnung stellt die
BaFin den erheblichen Verstoß gegen § 302 fest. Aufgrund dieses eigenständigen Rege-
lungsgehaltes hat die Verwarnung die Qualität eines Verwaltungsaktes i.S.d. § 35 S. 1
VwVfG[25] (zu Rechtsschutzmöglichkeiten gegen belastende Verwaltungsakte der BaFin
s. unten Rn. 51 ff.).

5. Nicht ordnungsgemäße Erfüllung von Informations- und Veröffentlichungs- 25
pflichten (Nr. 5). Gem. Abs. 1 Nr. 5 besteht die Befugnis der BaFin, wenn die folgenden
Informations- und Veröffentlichungspflichten nicht ordnungsgemäß erfüllt werden:

– **§ 307 Abs. 1 oder Abs. 2 i.V.m. § 297 Abs. 4** beinhalten vorvertragliche Informa-
  tions- und Hinweispflichten für den Vertrieb von Anteilen oder Aktien an AIF gegenüber semiprofessionellen und professionellen Anlegern.
– **§ 308** statuiert Informations- und Offenlegungspflichten von EU-AIF-Verwaltungsgesellschaften und ausländischen AIF-Verwaltungsgesellschaften gegenüber professionellen und semiprofessionellen Anlegern eines EU-AIF oder ausländischen
  AIF.
– **§ 297 Abs. 2 bis Abs. 7, 9 oder 10** statuieren vorvertragliche Informations- und Offenlegungspflichten gegenüber am Erwerb von AIF interessierten Privatanlegern.
– **§ 299** statuiert Veröffentlichungspflichten und kontinuierliche Informationspflichten von EU-AIF-Verwaltungsgesellschaften oder ausländischen AIF-Verwaltungsgesellschaften im Hinblick auf EU-AIF oder ausländische AIF.

---

21 Vgl. Emde/Dornseifer/Dreibus/Hölscher/*Süßmann* InvG, § 124 Rn. 22.
22 Vgl. Berger/Steck/Lübbehüsen/*Ewers* InvG, § 124 Rn. 19; Emde/Dornseifer/Dreibus/Hölscher/
Süßmann InvG, § 124 Rn. 22.
23 Vgl. zum generellen Problem der gerichtlichen Überprüfung unbestimmter Rechtsbegriffe im
öffentlichen Recht Eyermann/*Rennert* VwGO, § 114 Rn. 51; *Kopp/Schenke* VwGO, § 114 Rn. 23.
24 BVerfG 16.12.1992 NVwZ **1993** 666, 670; BVerwG 7.11.1985 BVerwGE **72** 195, 197; BVerfG
28.6.1983 BVerfGE **64** 261, 279; *Kopp/Schenke* VwGO, § 114 Rn. 24; *Schmidt-Aßmann/Groß* NVwZ **1993** 617,
622; s. auch *Baur* § 8 AuslInvestmG Rn. 18.
25 Vgl. Berger/Steck/Lübbehüsen/*Ewers* InvG, § 124 Rn. 20; Emde/Dornseifer/Dreibus/Hölscher/
Süßmann InvG, § 124 Rn. 25.

- **§ 300** statuiert weitere Offenlegungspflichten der AIF-Verwaltungsgesellschaft im Hinblick auf von ihr verwaltete inländische AIF, EU-AIF oder ausländischen AIF gegenüber den Anlegern. Teilweise werden diese Offenlegungspflichten durch die Art. 108 und 109 der Level 2-Verordnung ergänzt.
- **§ 301** statuiert eine Veröffentlichungspflicht der Kapitalverwaltungsgesellschaft, der EU-Verwaltungsgesellschaft oder der ausländischen AIF-Verwaltungsgesellschaft auf ihrer Internetseite bezüglich der wesentlichen Anlegerinformationen und einer Vereinbarung, die die Verwahrstelle getroffen hat, um sich vertraglich von der Haftung gem. § 77 Abs. 4 oder § 88 Abs. 4 freizustellen.
- **§ 303 Abs. 1 oder 3** bestimmen, dass sämtliche Veröffentlichungen und Werbeschriften, die sich auf Anteile oder Aktien an einem an Privatanleger vertriebenen AIF beziehen, in deutscher Sprache abzufassen oder mit einer deutschen Übersetzung zu versehen sind, die den Inhalt der ursprünglichen Information richtig und vollständig wiedergibt.
- **§ 318** regelt den Inhalt des Verkaufsprospektes des EU-AIF oder ausländischen AIF beim Vertrieb an Privatanleger (Abs. 1 bis 4). Außerdem normiert § 318 die Pflicht, wesentliche Anlegerinformationen für EU-AIF und ausländische AIF zu erstellen (Abs. 5) und die wesentlichen Anlegerinformationen sowie Angaben von wesentlicher Bedeutung im Verkaufsprospekt auf dem neuesten Stand zu halten (Abs. 6).

Anders als in Abs. 1 Nr. 3 und Nr. 10 verlangt das Gesetz bei nicht ordnungsgemäßer Erfüllung von Informations- und Veröffentlichungspflichten gem. Abs. 1 Nr. 5 nicht ausdrücklich, dass eine Mahnung durch die BaFin erfolgt, bevor Maßnahmen ergriffen werden. Richtigerweise wird man von dem Erfordernis einer vorherigen Mahnung schon aus Gründen der Verhältnismäßigkeit jedoch auch im Rahmen von Abs. 1 Nr. 5 ausgehen müssen.

26 **6. Verstoß gegen sonstige Vorschriften des KAGB (Nr. 6).** Abs. 1 Nr. 6 stellt ausweislich der Regierungsbegründung zum KAGB klar, dass die Befugnis der BaFin, Maßnahmen zum Schutz der Anleger einschließlich einer Untersagung des Vertriebs zu ergreifen, bei jedem Verstoß gegen Vorschriften des KAGB besteht;[26] es handelt sich mithin um einen denkbar weit gefassten Auffangtatbestand.

27 **7. Beim Vertrieb eines AIF an Privatanleger: Nichterfüllung eines durch rechtskräftiges Urteil oder gerichtlichen Vergleich festgestellten Anspruchs eines Anlegers (Nr. 7).** Abs. 1 Nr. 7 ist nur einschlägig, wenn AIF auch an Privatanleger vertrieben werden. In diesem Falle kann die BaFin Maßnahmen ergreifen, wenn ein durch rechtskräftiges gerichtliches Urteil, durch einen Schiedsspruch (§ 1055 ZPO) oder durch einen gerichtlichen Vergleich gegenüber der AIF-Verwaltungsgesellschaft oder der Vertriebsgesellschaft festgestellter Anspruch eines Anlegers nicht erfüllt worden ist. Auf diese Weise sollen Verwaltungs- und Vertriebsgesellschaften, die AIF an Privatanleger vertreiben, angehalten werden, rechtskräftige Ansprüche der Anleger schnellstmöglich zu erfüllen. Von besonderer praktischer Bedeutung ist dies insbesondere bei Ansprüchen, die einem Privatanleger durch ein deutsches Gericht gegen eine im Ausland ansässige Verwaltungs- oder Vertriebsgesellschaft zugesprochen werden: Mit einer etwaigen Vertriebsuntersagung, die von der BaFin schon aus Gründen der Verhältnismäßigkeit zuvor

---

26 Vgl. BTDrucks. 17/12294, S. 284.

unter Setzung einer angemessenen Frist zur Erfüllung der Ansprüche anzudrohen ist,[27] verfügt die BaFin über ein nicht unerhebliches Druckmittel auch gegen ausländische Verwaltungs- und Vertriebsgesellschaften, aufgrund dessen Privatanlegern ggf. die zeit- und kostenintensive Durchsetzung im Inland erstrittener Titel im Ausland erspart bleibt.[28] In Anbetracht des Schutzzwecks von Abs. 1 Nr. 7 kann die Befugnis der BaFin nur bei solchen Ansprüchen der Anleger bestehen, die im Zusammenhang mit ihrer Stellung als Anteilsinhaber oder Aktionär des AIF stehen.[29]

28 Das von Anlegern gegenüber der AIF-Verwaltungsgesellschaft oder der Vertriebsgesellschaft auf dem Zivilrechtsweg erstrittene Urteil ist gem. § 705 ZPO (formell) rechtskräftig, wenn die für die Einlegung des zulässigen Rechtsmittels (Berufung oder Revision) bestimmte Frist abgelaufen ist, ohne dass das Rechtsmittel rechtzeitig eingelegt worden wäre. Ein gerichtlicher Vergleich ist ein Vergleich, welcher von den Parteien vor Gericht geschlossen wurde (§ 278 ZPO). Unter der Nichterfüllung eines festgestellten Anspruchs ist bereits die Untätigkeit oder Erfüllungsverweigerung der Verwaltungs- oder Vertriebsgesellschaft ohne sachlichen Grund nach der Urteilsverkündung zu verstehen.[30] Nicht erforderlich ist, dass der Anleger bereits einen Vollstreckungsversuch unternommen hat.

29 Nicht eindeutig aus dem Wortlaut der Norm ersichtlich ist, ob es sich bei den festgestellten Ansprüchen um solche von Privatanlegern handeln muss oder ob die Befugnis auch dann besteht, wenn Ansprüche von professionellen oder semiprofessionellen Anlegern nicht erfüllt werden. Für Letzteres spricht zum einen der offene Wortlaut der Vorschrift. Zum anderen bezweckt die Vorschrift die Realisierung eines umfassenden Schutzes von Privatanlegern dadurch, dass Verwaltungs- und Vertriebsgesellschaften, die AIF an Privatanleger vertreiben, dazu angehalten werden, sämtliche durch rechtskräftiges Urteil oder gerichtlichen Vergleich festgestellten Ansprüche ihrer Anleger zuverlässig zu erfüllen, unabhängig davon, welcher Anlegergruppe sie angehören. Allerdings hat die BaFin hinsichtlich der Maßnahmen, die sie im konkreten Einzelfall ergreift, ein umfassendes Auswahlermessen (s. oben Rn. 8).

30 **8. Erheblicher Verstoß gegen die Anlagebedingungen, die Satzung oder den Gesellschaftsvertrag bei dem Vertrieb von AIF an Privatanleger (Nr. 8).** Nach Abs. 1 Nr. 8 besteht die Befugnis der BaFin zum Erlass von Maßnahmen, wenn bei dem Vertrieb eines AIF an Privatanleger erheblich gegen die Anlagebedingungen, die Satzung oder den Gesellschaftsvertrag verstoßen wurde. Bei der Erheblichkeit des Verstoßes handelt es sich um einen unbestimmten Rechtsbegriff, welcher im Hinblick auf den von Abs. 1 Nr. 8 intendierten Schutz der Privatanleger von der BaFin auszulegen ist (s. zur Problematik der gerichtlichen Überprüfbarkeit unbestimmter Rechtsbegriffe oben Rn. 23). Ein Verstoß ist demnach erheblich, wenn der Schutz der Privatanleger durch den Verstoß wesentlich beeinträchtigt wird. Als Kriterien für die Beurteilung der Wesentlichkeit von Beeinträchtigungen können Intensität, Planmäßigkeit, Nachhaltigkeit und Häufigkeit des Verstoßes gelten.[31]

---

27 Vgl. auch Emde/Dornseifer/Dreibus/Hölscher/*Baum* InvG, § 140 Rn. 34.
28 Vgl. *Baur* § 8 AuslInvestmG Rn. 25; Berger/Steck/Lübbehüsen/*Erhard* InvG, § 140 Rn. 19; vgl. auch Emde/Dornseifer/Dreibus/Hölscher/*Baum* InvG, § 140 Rn. 33.
29 Vgl. Berger/Steck/Lübbehüsen/*Erhard* InvG, § 140 Rn. 19.
30 Vgl. Berger/Steck/Lübbehüsen/*Erhard* InvG, § 140 Rn. 19.
31 Ebenso Berger/Steck/Lübbehüsen/*Erhard* InvG, § 140 Rn. 21; vgl. auch Emde/Dornseifer/Dreibus/Hölscher/*Baum* InvG, § 140 Rn. 44.

31 **9. Verstoß gegen sonstige Vorschriften des deutschen Rechts (Nr. 9).** Abs. 1 Nr. 9 stellt klar, dass die BaFin Maßnahmen auch ergreifen darf, wenn die Art und Weise des Vertriebs gegen „sonstige" Vorschriften des deutschen Rechts verstößt. Damit sind insbesondere Verstöße gegen Normen außerhalb des KAGB erfasst (für Verstöße gegen sämtliche Vorschriften des KAGB enthält bereits Nr. 6 eine umfassende Ermächtigungsgrundlage), etwa gegen Straf- und Steuergesetze sowie gegen die GewO und das UWG.[32] Abs. 1 Nr. 9 enthält keine Eingrenzung auf bestimmte Verursacher (etwa die AIF-Verwaltungsgesellschaft). Der Verstoß muss unmittelbar mit der Art und Weise des Vertriebs zusammenhängen.

32 **10. Nicht-Erstattung von Kosten (Nr. 10).** Gem. Abs. 1 Nr. 10 Var. 1 besteht die Befugnis der BaFin zum Erlass von Maßnahmen schließlich, wenn die Kosten, die ihr im Rahmen der Pflicht zur Bekanntmachung des gesetzlichen Vertreters (= Repräsentanten) nach § 319 Abs. 3 entstanden sind, trotz Mahnung nicht erstattet werden.

33 Die Bekanntmachung des gesetzlichen Vertreters gem. § 319 Abs. 3 nimmt auf § 317 Abs. 1 Nr. 4 Bezug. Danach ist der Vertrieb von EU-AIF und ausländischen AIF an Privatanleger durch eine EU-AIF-Verwaltungsgesellschaft oder eine ausländische AIF-Verwaltungsgesellschaft nur zulässig, wenn die AIF-Verwaltungsgesellschaft der BaFin ein inländisches Kreditinstitut oder eine zuverlässige, fachlich geeignete Person mit Sitz bzw. Wohnsitz im Inland als Repräsentanten benennt, die hinreichend ausgestattet ist, um die Compliance-Funktion gem. § 57 Abs. 3 S. 3 wahrnehmen zu können. Gem. § 319 Abs. 1 vertritt der Repräsentant den AIF gerichtlich und außergerichtlich. Gem. § 319 Abs. 3 sind der Name des Repräsentanten und die Beendigung seiner Stellung von der BaFin im Bundesanzeiger bekannt zu machen. Wenn der BaFin hierdurch Kosten entstehen, sind ihr diese Kosten zu erstatten (s. im Einzelnen § 319 Rn. 25).

34 Gem. Abs. 1 Nr. 10 Var. 2 besteht die Befugnis der BaFin des Weiteren, wenn eine Gebühr, die für die Prüfung von nach § 320 Abs. 1 S. 2 Nr. 7, § 329 Abs. 2 S. 3 Nr. 2 oder § 330 Abs. 2 S. 3 Nr. 2 vorgeschriebenen Angaben und Unterlagen zu entrichten ist, trotz Mahnung nicht gezahlt wird (s. zu den jeweiligen Angaben und Unterlagen bereits oben Rn. 20). Die Gebühren für die Prüfung der entsprechenden Vorschriften ergeben sich aus folgenden Bestimmungen:
– die Gebühren für die Prüfung der nach § 320 Abs. 1 S. 2 Nr. 7 vorgeschriebenen Angaben und Unterlagen aus Ziff. 4.1.10.2.4.1.2 Anhang zur FinDAGKostV (zu § 2 Abs. 1) in der ab 1.1.2014 gültigen Fassung;
– die Gebühren für die Prüfung der nach § 329 Abs. 2 S. 3 Nr. 2 vorgeschriebenen Angaben und Unterlagen aus Ziff. 4.1.10.2.7.2.2 Anhang zur FinDAGKostV (zu § 2 Abs. 1) in der ab 1.1.2014 gültigen Fassung;
– die Gebühren für die Prüfung der nach § 330 Abs. 2 S. 3 Nr. 2 vorgeschriebenen Angaben und Unterlagen aus Ziffer 4.1.10.2.8.1.2 Anhang zur FinDAGKostV (zu § 2 Abs. 1) in der ab 1.1.2014 gültigen Fassung.

35 Auf den ersten Blick erscheint zweifelhaft, ob die Vorschriften, auf die Abs. 1 Nr. 10 verweist, überhaupt dem Anlegerschutz dienen. Sofern eine Bekanntmachung durch die BaFin gem. § 319 Abs. 3 erfolgt ist, ist der Anleger bereits dadurch hinreichend geschützt. Zur Prüfung der gem. § 320 Abs. 1 S. 2 Nr. 7, § 329 Abs. 2 S. 3 Nr. 2 oder § 330 Abs. 2 S. 3 Nr. 2 vorgeschriebenen Angaben und Unterlagen ist die BaFin gesetzlich verpflichtet. Für

---

[32] Vgl. in Bezug auf § 140 Abs. 3 Nr. 4 InvG Berger/Steck/Lübbehüsen/*Erhard* InvG, § 140 Rn. 21 sowie in Bezug auf § 8 AuslInvestmG *Baur* § 8 AuslInvestmG Rn. 17.

den Anleger können Maßnahmen der BaFin auf der Grundlage von § 314 Abs. 1 Nr. 10 bei Nichtzahlung der Gebühren, wie beispielsweise eine Vertriebsuntersagung, sogar nachteilig sein. Zu berücksichtigen ist jedoch, dass die Tätigkeit der BaFin generell dem Anlegerschutz dient. Die BaFin finanziert sich ausschließlich aus Gebühren, gesonderten Erstattungen und Umlagen (§§ 13 ff. FinDAG) und erhält keine Mittel aus dem Bundeshaushalt. Folglich ist die Durchsetzung der Zahlungspflichten gegenüber der BaFin für den Anlegerschutz zumindest mittelbar von Bedeutung, da sie gewährleisten, dass die BaFin überhaupt in der Lage ist, ihren (auch) im Interesse des Anlegerschutzes bestehenden Aufgaben nachzukommen.[33]

E. Befugnisse der BaFin bei AIF mit Teilinvestmentvermögen (Abs. 2)

Abs. 2 regelt spezielle Befugnisse der BaFin bezüglich AIF mit Teilinvestmentvermögen (Umbrella-Konstruktionen). Demnach kann die BaFin bei AIF mit Teilinvestmentvermögen auch den Vertrieb von Teilinvestmentvermögen, die im Inland nach den §§ 316, 320, 329 oder 330 an eine, mehrere oder alle Anlegergruppen i.S.d. § 1 Abs. 19 Nr. 31 bis Nr. 33 (Privatanleger, professionelle Anleger, semiprofessionelle Anleger) vertrieben werden dürfen, untersagen, wenn weitere Teilinvestmentvermögen derselben Umbrella-Konstruktion im Geltungsbereich des KAGB an eine, mehrere oder alle Anlegergruppen i.S.d. § 1 Abs. 19 Nr. 31 bis Nr. 33 vertrieben werden, die im Inland entweder nicht oder nicht an diese Anlegergruppe vertrieben werden dürfen. 36

Die BaFin kann folglich nicht nur gem. Abs. 1 den Vertrieb von Teilinvestmentvermögen verbieten, die an Anlegergruppen i.S.d. § 1 Abs. 19 Nr. 31 bis Nr. 33 vertrieben werden, an die sie nicht vertrieben werden dürfen. Sie hat vielmehr in einem solchen Fall gem. Abs. 2 die weitergehende Befugnis, den Vertrieb von anderen Teilinvestmentvermögen derselben Umbrella-Konstruktion zu untersagen. Auf diese Weise sollen Anbieter von Umbrella-Konstruktionen nachhaltig dazu angehalten werden, von einem Vertrieb von Teilinvestmentvermögen ohne Vertriebsberechtigung abzusehen.[34] Dem Wortlaut nach („kann") steht die Vertriebsuntersagung im Ermessen der BaFin, das sie unter Beachtung des Verhältnismäßigkeitsgrundsatzes (s. oben Rn. 10) auszuüben hat. Bei der Vertriebsuntersagung handelt es sich um einen belastenden Verwaltungsakt i.S.d. § 35 VwVfG (zu den formellen Anforderungen s. oben Rn. 13; zu den Rechtsschutzmöglichkeiten gegen belastende Verwaltungsakte der BaFin s. unten Rn. 51 ff.). 37

Die Befugnis zur Vertriebsuntersagung nach Abs. 2 besteht nur im Hinblick auf Teilinvestmentvermögen, die nach den Anzeigeverfahren der §§ 316, 320, 329 oder 330 an eine, mehrere oder alle Anlegergruppen i.S.d. § 1 Abs. 19 Nr. 31 bis Nr. 33 vertrieben werden dürfen. Im Einzelnen handelt es sich um die folgenden Anzeigeverfahren: 38
– § 316: Anzeigepflicht für AIF-Kapitalverwaltungsgesellschaften beim beabsichtigten Vertrieb von inländischen Publikums-AIF im Inland (unabhängig davon, an welche Anlegergruppe der Vertrieb erfolgt, s. § 316 Rn. 6);
– § 320: Anzeigepflicht für EU-AIF-Verwaltungsgesellschaften oder ausländische AIF-Verwaltungsgesellschaften beim beabsichtigten Vertrieb von EU-AIF oder von ausländischen AIF an Privatanleger im Inland;
– § 329: Anzeigepflicht einer EU-AIF-Verwaltungsgesellschaft oder einer AIF-Kapitalverwaltungsgesellschaft beim beabsichtigten Vertrieb von von ihnen verwalteten inländischen Spezial-Feeder-AIF oder EU-Feeder-AIF, deren jeweiliger Master-AIF kein

---
33 A.A. Emde/Dornseifer/Dreibus/Hölscher/*Baum* InvG, § 140 Rn. 40.
34 Vgl. die Regierungsbegründung zum InvÄndG, BTDrucks. 16/5576, S. 97 (zu § 140 Abs. 4a InvG).

EU-AIF oder inländischer AIF ist, der von einer EU-AIF-Verwaltungsgesellschaft oder einer AIF-Kapitalverwaltungsgesellschaft verwaltet wird, oder ausländischen AIF an semiprofessionelle und professionelle Anleger im Inland;
- § 330: Anzeigepflicht einer ausländischen AIF-Verwaltungsgesellschaft beim beabsichtigten Vertrieb von von ihr verwalteten ausländischen AIF oder EU-AIF an semiprofessionelle oder professionelle Anleger im Inland.

F. Bekanntmachung einer Vertriebsuntersagung im Bundesanzeiger durch die BaFin und Erstattung hierdurch entstehender Kosten (Abs. 3)

39   Nach Abs. 3 S. 1 macht die BaFin eine Vertriebsuntersagung im Bundesanzeiger bekannt, falls ein Vertrieb bereits stattgefunden hat. Nach Abs. 3 S. 2 kann sie die für die Bekanntmachung der Vertriebsuntersagung im Bundesanzeiger nach S. 1 entstandenen Kosten von der AIF-Verwaltungsgesellschaft erstattet verlangen.

40   Die Bekanntmachung der Untersagung des Vertriebs von AIF, bei denen ein Vertrieb bereits erfolgt ist, durch die BaFin im Bundesanzeiger dient dem Informationsbedürfnis der Anleger und der Öffentlichkeit.[35] Die BaFin ist nach dem Wortlaut („macht ... bekannt") zur Veröffentlichung der Vertriebsuntersagung verpflichtet; sie hat insoweit kein Ermessen.[36] Ihrem Telos entsprechend, greift die Bekanntmachungspflicht auch bei Vertriebsuntersagungen auf der Grundlage anderer Ermächtigungsgrundlagen als § 314 (z.B. Vertriebsuntersagung aufgrund von Ermächtigungsgrundlagen in den Anzeigevorschriften, §§ 316 ff.). Dies gilt jedoch nur, sofern ein Vertrieb bereits erfolgt ist. Für die Veröffentlichung einer Untersagung der Aufnahme des Vertriebs aufgrund von Mängeln der mit dem Anzeigeschreiben eingereichten Angaben und Unterlagen (§ 316 Abs. 3 S. 2) besteht kein Anlass.

41   Nicht geregelt ist die Frist, innerhalb derer die Bekanntmachung der Vertriebsuntersagung zu erfolgen hat. Im Interesse des Anlegerschutzes erscheint eine unverzügliche Veröffentlichung sinnvoll, und zwar unabhängig von der Bestandskraft der Vertriebsuntersagung.[37] Die BaFin hat jedoch auch hier den Verhältnismäßigkeitsgrundsatz zu beachten. Die Gründe für die Vertriebsuntersagung sind nicht zu veröffentlichen.[38] Die Bekanntmachung im Bundesanzeiger ist ein Realakt (zu den Rechtsschutzmöglichkeiten gegen Realakte der BaFin s. unten Rn. 57 ff.).

42   Die Veröffentlichung im Bundesanzeiger steht einer zusätzlichen Veröffentlichung der Vertriebsuntersagung in anderen Medien, z.B. auf der Internetseite der BaFin nicht entgegen. Der Kostenersatzanspruch der BaFin gem. Abs. 3 S. 2 besteht jedoch nur hinsichtlich der Veröffentlichung im Bundesanzeiger.[39]

G. Erneute Anzeige nach Vertriebsuntersagung (Abs. 4)

43   Abs. 4 ordnet an, dass, wenn die BaFin den weiteren Vertrieb eines AIF untersagt, der einer Anzeigepflicht nach den §§ 316, 320, 329 oder 330 unterliegt (für einen Über-

---

[35] Berger/Steck/Lübbehüsen/*Erhard* InvG, § 140 Rn. 25; Emde/Dornseifer/Dreibus/Hölscher/*Baum* InvG, § 140 Rn. 54.
[36] So bereits zu § 8 AuslInvestmG Beckmann/Scholtz/Vollmer/*Beckmann* Investment, § 8 AuslInvestmG Rn. 62.
[37] Ebenso Berger/Steck/Lübbehüsen/*Erhard* InvG, § 140 Rn. 25; s. auch *Baur* § 8 AuslInvestmG Rn. 40: Vollziehbarkeit erforderlich.
[38] Vgl. zu § 8 AuslInvestmG *Baur* § 8 AuslInvestmG Rn. 40; Beckmann/Scholtz/Vollmer/*Beckmann* Investment, § 8 AuslInvestmG Rn. 63.
[39] Vgl. zu § 140 Abs. 7 InvG Emde/Dornseifer/Dreibus/Hölscher/*Baum* InvG, § 140 Rn. 55.

blick über diese Anzeigeverfahren s. oben Rn. 38), die AIF-Verwaltungsgesellschaft für die Dauer eines Jahres keine erneute Vertriebsanzeige für diesen AIF erstatten darf. Auf diese Weise soll die Sanktionswirkung einer Vertriebsuntersagung verstärkt werden.[40]

Die einjährige Sperre besteht nur, wenn der Vertrieb nach Abs. 1 Nr. 2, Nr. 5, Nr. 7 bis 10 sowie nach Abs. 2 untersagt wurde. Auch im Falle eines in diesen Tatbestandsvarianten spezifizierten Verstoßes tritt die Sperre nicht ein, wenn die AIF-Verwaltungsgesellschaft im Rahmen eines Untersagungsverfahrens der Vertriebsuntersagung durch Mitteilung der Einstellung des öffentlichen Vertriebs gem. § 315 zuvorkommt.[41] Kommt es hingegen zur Untersagung des Vertriebs, beginnt die Jahresfrist mit Eintritt der Bestandskraft bzw. bei gerichtlicher Überprüfung mit Eintritt der Rechtskraft des Urteils, das die Untersagung bestätigt.[42] Ihre Berechnung richtet sich nach § 31 VwVfG i.V.m. §§ 187 Abs. 1, 188 Abs. 2, 193 BGB. **44**

H. Rechtsschutz gegen Maßnahmen der BaFin auf der Grundlage von § 314

Der Rechtsschutz gegen Maßnahmen der BaFin als bundesunmittelbarer, rechtsfähiger Anstalt des öffentlichen Rechts (§ 1 FinDAG) richtet sich grundsätzlich nach den allgemeinen Voraussetzungen des Verwaltungsprozessrechts. Im Folgenden soll ein kurzer Überblick über die prozessualen Möglichkeiten gegen auf der Grundlage von § 314 getroffene Maßnahmen der BaFin erfolgen. **45**

I. Eröffnung des Rechtswegs zu den Verwaltungsgerichten gem. § 40 Abs. 1 S. 1 VwGO

Der Rechtsweg zu den Verwaltungsgerichten gem. § 40 Abs. 1 S. 1 VwGO ist grundsätzlich für alle Rechtsbehelfe gegen Maßnahmen der BaFin auf der Grundlage von § 314 eröffnet.[43] Dies zeigt auch die Bezugnahme in § 7 auf Rechtsbehelfe der VwGO. **46**

II. Klage- und Widerspruchsbefugnis

Zudem muss nach h.M. gem. § 42 VwGO (ggf. analog) für alle Rechtsbehelfe eine Klage- bzw. Widerspruchsbefugnis gegeben sein.[44] Diese ist gegeben, wenn der Kläger geltend macht, in seinen eigenen Rechten verletzt zu sein. Hierdurch sollen Popularklagen, beispielsweise von Anlegerschutzverbänden, ausgeschlossen werden.[45] Die bloße Möglichkeit einer Verletzung eines subjektiven öffentlichen Rechts ist jedoch nach h.M. ausreichend.[46] Eine solche Rechtsverletzung kann sich aus öffentlich-rechtlichen Son- **47**

---

40 Vgl. die Regierungsbegründung zum InVÄndG, BTDrucks. 16/5576, S. 95 (zu § 133 Abs. 9 InvG); Emde/Dornseifer/Dreibus/Hölscher/*Baum* InvG, § 140 Rn. 46.
41 Emde/Dornseifer/Dreibus/Hölscher/*Baum* InvG, § 140 Rn. 47.
42 Berger/Steck/Lübbehüsen/*Erhard* InvG, § 140 Rn. 23.
43 Ausführlich zur Eröffnung des Verwaltungsrechtswegs gem. § 40 Abs. 1 S. 1 VwGO beim Rechtsschutz gegenüber Maßnahmen der BaFin Assmann/Schneider/*Vogel* WpHG, § 4 Rn. 72; *Buck-Heeb* KapitalmarktR, § 19 Rn. 692.
44 Schoch/Schneider/Bier/*Wahl/Schütz* VwGO, § 42 Rn. 21; verneinend für Feststellungsklage *Erichsen* Jura **1994** 385, 386; *Kopp/Schenke* VwGO, § 42 Rn. 63; verneinend für Leistungsklage *Erichsen* DVBl. **1982** 95, 100.
45 Assmann/Schneider/*Vogel* WpHG, § 4 Rn. 67.
46 BVerwG 21.1.1993 NVwZ **1993** 884 f.

48 Wenn der Kläger selbst Adressat eines auf der Grundlage von § 314 erlassenen, belastenden Verwaltungsaktes der BaFin ist und hiergegen mit der Anfechtungsklage vorgeht (s. unten Rn. 53), ist grundsätzlich von einer Klagebefugnis auszugehen.[48] Der Kläger ist als Adressat des ihn belastenden Verwaltungsaktes in diesem Fall jedenfalls in seiner allgemeinen Handlungsfreiheit gem. Art. 2 Abs. 1 GG betroffen. Zweifelhaft erscheint, ob die Klagebefugnis auch in anderen Fällen gegeben ist. Besondere Bedeutung hat die Frage im Rahmen von § 314 insbesondere dann, wenn Dritte (z.B. Anleger) gegen eine auf der Grundlage von § 314 getroffene Maßnahme der BaFin vorgehen wollen, die nicht an sie adressiert ist, sie jedoch gleichwohl mittelbar belastet. Zudem sind Fälle denkbar, in denen ein Unterlassen der BaFin gerügt wird. In diesen Fällen wird eine Klagebefugnis in der Regel nur dann in Betracht kommen, soweit § 314 drittschützenden Charakter hat. Dies bestimmt sich nach allgemeinen verwaltungsrechtlichen Grundsätzen.[49] Danach ist eine Norm im Sinne der Schutznormtheorie drittschützend, sofern sie neben dem Schutz von Allgemeininteressen auch den Interessen des individuell Betroffenen subjektiv zu dienen bestimmt ist.[50] Entscheidend für den Drittschutz sind der Wortlaut der Vorschrift und der Wille des Gesetzgebers.[51] Im KAGB findet sich keine den §§ 4 Abs. 2 WpÜG, 3 Abs. 3 BörsG oder 41 Abs. 1 S. 1 VAG vergleichbare Norm, derzufolge die BaFin ihre Befugnisse ausschließlich im öffentlichen Interesse wahrnimmt. Vielmehr findet sich im Wortlaut des § 314 der ausdrückliche Hinweis, dass die BaFin ihre Befugnisse zum Schutz der Anleger ausübt. Dies spricht jedoch nur dann für einen Drittschutz, wenn es sich bei der Gruppe der Anleger im Sinne des § 314 um einen begrenzten und überschaubaren Personenkreis handelt.[52] Hiervon ist in Bezug auf AIF jedoch in der Regel nicht auszugehen. Bereits die Kategorisierung der möglichen Anlegergruppen des KAGB in private, semiprofessionelle und professionelle Anleger (vgl. § 1 Abs. 19 Nr. 31 bis 33) zeigt, dass es sich hierbei um inhomogene Personengruppen handelt. Der Vertrieb von AIF wird in der Regel auch nicht auf einen überschaubaren Personenkreis begrenzt sein, sondern sich an jeden richten, der hieran interessiert ist und an den der AIF vertrieben werden darf. Folglich wird durch § 314 das Anlegerpublikum als solches geschützt. Der damit einhergehende Schutz des individuellen Anlegers erfolgt als bloßer Rechtsreflex.[53]

49 Zudem ist zu bedenken, dass der Drittschutz durch kapitalmarktrechtliche Normen grundsätzlich restriktiv gehandhabt wird.[54] Dies kommt auch in § 4 Abs. 4 FinDAG zum Ausdruck, wonach die BaFin ihre Aufgaben ausschließlich im öffentlichen Interesse wahrnimmt.

---

47 *Kopp/Schenke* VwGO, § 42 Rn. 78.
48 Sog. „Adressatentheorie"; vgl. auch in Bezug auf das WpHG Assmann/Schneider/*Vogel* WpHG, § 4 Rn. 77; Schwark/Zimmer/*Zetzsche* KMRK, § 4 WpHG Rn. 12.
49 Vgl. Schwark/Zimmer/*Zetzsche* KMRK, § 4 WpHG Rn. 16.
50 BVerwG 16.3.1989 BVerwGE **81** 329, 334; BVerfG 17.12.1969 BVerfGE **27** 297, 307; *Kopp/Schenke* VwGO, § 42 Rn. 82; Schoch/Schneider/Bier/*Wahl* VwGO, Vorb. zu § 42 VwGO Rn. 95.
51 *Bühler* S. 44 f.; *v. Jhering* S. 328.
52 BVerwG 5.8.1983 NJW **1984** 138; BVerwG 25.2.1977 BVerwGE **52** 122.
53 Vgl. auch in Bezug auf das WpHG *Buck-Heeb* KapitalmarktR, § 19 Rn. 693.
54 Vgl. auch in Bezug auf das WpHG *Buck-Heeb* KapitalmarktR, § 19 Rn. 693; krit. Schwark/Zimmer/ *Zetzsche* KMRK, § 4 WpHG Rn. 12 ff.; vgl. zu § 4 WpÜG MüKo-AktG/*Wackerbarth*/*Kreße* § 4 WpÜG Rn. 19 ff., 25 ff.; Böckmann/Kießling DB **2007** 1796, 1801; *Ihrig* ZHR 167 (**2003**) 315, 319 ff.; *Lenz* NJW **2003** 2073, 2075; *Möller* ZHR 167 (**2003**) 301, 302; *v. Riegen* Der Konzern **2003** 583, 588 ff.; *Rohlfing* WM **2005** 311; Schwark/ Zimmer/*Noack* KMRK, § 4 WpÜG Rn. 13; *Wagner* NZG **2003** 718.

III. Örtliche Zuständigkeit des Gerichts

50 Örtlich zuständig für Klagen gegen die BaFin ist gem. § 52 Nr. 2 VwGO i.V.m. § 1 Abs. 3 FinDAG das Verwaltungsgericht Frankfurt am Main.

IV. Rechtsschutz gegen Maßnahmen in Form von Verwaltungsakten

51 Die BaFin kann auf der Grundlage des § 314 Verwaltungsakte erlassen (s. oben Rn. 12f.). Diese werden gegenüber dem Betroffenen in der Regel belastende Verwaltungsakte darstellen.[55]

52 **1. Widerspruchsverfahren.** Gegen eine belastende Maßnahme in Form eines Verwaltungsaktes ist zunächst die Einlegung des Widerspruchs statthaft. Im Widerspruchsverfahren überprüft die BaFin den Verwaltungsakt auf seine Recht- und Zweckmäßigkeit (vgl. § 68 Abs. 1 S. 1 VwGO). Der Widerspruch ist gem. § 70 Abs. 1 S. 1 VwGO grundsätzlich innerhalb eines Monats nach Bekanntgabe des Verwaltungsaktes schriftlich oder zur Niederschrift bei der BaFin zu erheben. Die Frist des § 70 Abs. 1 S. 1 VwGO läuft jedoch nur, wenn der Verwaltungsakt gem. § 58 Abs. 1 VwGO mit einer ordnungsgemäßen Rechtsbehelfsbelehrung versehen ist; ansonsten gilt gem. § 58 Abs. 2 VwGO eine Jahresfrist. Das Widerspruchsverfahren endet dadurch, dass die BaFin dem Widerspruch abhilft (vgl. § 72 VwGO) oder den Widerspruch zurückweist und einen Widerspruchsbescheid erlässt (vgl. § 73 VwGO). Den Widerspruchsbescheid erlässt die BaFin gem. § 73 Abs. 1 S. 2 Nr. 2 VwGO selbst, da das Bundesfinanzministerium als nächsthöhere Behörde eine oberste Bundesbehörde ist.[56] Der Widerspruchsbescheid ist gem. § 73 Abs. 3 VwGO zu begründen, mit einer Rechtsmittelbelehrung zu versehen und zuzustellen.

53 **2. Anfechtungsklage.** Wird die Aufhebung eines belastenden Verwaltungsaktes begehrt, ist die Anfechtungsklage gem. § 42 Abs. 1 Var. 1 VwGO die statthafte Klageart. Gem. § 68 Abs. 1 S. 1 VwGO muss die Recht- und Zweckmäßigkeit des Verwaltungsaktes vor Erhebung der Anfechtungsklage in einem Vorverfahren überprüft werden. Die Ausnahme des § 68 Abs. 1 S. 2 Nr. 1 VwGO greift nicht ein, da die BaFin selbst keine oberste Bundesbehörde ist.[57] Für das Vorverfahren gelten die §§ 68 ff. VwGO (s. oben Rn. 52). Die Klagefrist richtet sich nach § 74 Abs. 1 VwGO. Beklagte gem. § 78 Abs. 1 Nr. 1 VwGO ist die BaFin selbst (vgl. § 18 Abs. 1 FinDAG).

54 **3. Vorläufiger Rechtsschutz.** Gem. § 7 haben Widerspruch und Anfechtungsklage gegen Maßnahmen der BaFin auf der Grundlage von § 314 Abs. 1 und Abs. 2 keine aufschiebende Wirkung. Hierbei handelt es sich um eine durch Bundesrecht geregelte Ausnahme gem. § 80 Abs. 2 Nr. 3 VwGO vom grundsätzlichen Suspensiveffekt des Widerspruchs und der Anfechtungsklage (§ 80 Abs. 1 VwGO).[58] Diese Regelung dient dem Anlegerschutz. Die BaFin muss somit nicht im Einzelfall gem. § 80 Abs. 2 Nr. 4 VwGO die sofortige Vollziehung anordnen und gem. § 80 Abs. 3 das besondere Interesse hieran schriftlich begründen. Der Adressat des belastenden Verwaltungsaktes soll nicht durch

---

55 Vgl. in Bezug auf § 140 InvG Berger/Steck/Lübbehüsen/*Erhard* InvG, § 140 Rn. 24; Emde/Dornseifer/Dreibus/Hölscher/*Baum* InvG, § 140 Rn. 48.
56 Vgl. auch Assmann/Schneider/*Vogel* WpHG, § 4 Rn. 78.
57 Vgl. auch Assmann/Schneider/*Vogel* WpHG, § 4 Rn. 78; Schwark/Zimmer/*Zetzsche* KMRK, § 4 WpHG Rn. 70.
58 Vgl. in Bezug auf das WpHG auch Schwark/Zimmer/*Zetzsche* KMRK, § 4 WpHG Rn. 72.

die Ausnutzung aller Rechtsschutzmöglichkeiten die im Interesse des Anlegerschutzes aufgrund von § 314 getroffenen Maßnahmen der BaFin zeitlich verzögern können.[59]

55 Der Adressat der Maßnahme kann im Wege des vorläufigen Rechtschutzes gem. § 80 Abs. 5 S. 1 Var. 1 VwGO i.V.m. § 80 Abs. 2 Nr. 3 VwGO die Anordnung der aufschiebenden Wirkung beantragen.

56 **4. Fortsetzungsfeststellungsklage.** Die Fortsetzungsfeststellungsklage ist im Falle der Erledigung eines belastenden Verwaltungsaktes nach Klageerhebung (Regelfall des § 113 Abs. 1 S. 4 VwGO) und des Weiteren im Falle der Erledigung eines belastenden Verwaltungsaktes vor Klageerhebung (§ 113 Abs. 1 S. 4 VwGO analog) die statthafte Klageart. Ein belastender Verwaltungsakt hat sich erledigt, wenn die wesentliche Beschwer weggefallen ist.[60] Erforderlich für die Fortsetzungsfeststellungsklage ist insbesondere ein Feststellungsinteresse.[61] Die weiteren Voraussetzungen der Fortsetzungsfeststellungsklage sind im Wesentlichen mit denen der Anfechtungsklage vergleichbar.

V. Rechtsschutz gegen Maßnahmen in Form von Realakten

57 Denkbar ist auch ein Tätigwerden der BaFin auf der Grundlage von § 314 durch schlicht hoheitliches Handeln, welches nicht die Voraussetzungen eines Verwaltungsaktes gem. § 35 VwVfG erfüllt (sog. „Realakte"). Ein Beispiel für schlicht hoheitliches Handeln der BaFin auf der Grundlage von § 314 stellt die Bekanntmachung der Vertriebsuntersagung im Bundesanzeiger gem. § 314 Abs. 3 dar (s. oben Rn. 41). Rechtsschutz gegen Realakte wird durch die Feststellungs- und die Leistungsklage in Form der Unterlassungsklage gewährt, wobei die Feststellungsklage gem. § 43 Abs. 2 VwGO zu Leistungs- und Gestaltungsklagen grundsätzlich subsidiär ist.

58 **1. Feststellungsklage.** Mit der Feststellungklage gem. § 43 VwGO kann der Kläger gerichtlich das Bestehen oder Nichtbestehen eines Rechtsverhältnisses klären lassen. Voraussetzung ist zum einen ein konkretes Rechtsverhältnis. Zum anderen muss ein Feststellungsinteresse gegeben sein. Hinsichtlich der Anforderungen an das Feststellungsinteresse ist danach zu differenzieren, ob ein gegenwärtiges, vergangenes oder zukünftiges Rechtsverhältnis vorliegt. Bei einem gegenwärtigen Rechtsverhältnis sind wirtschaftliche, persönliche und ideelle Interessen ausreichend, sofern diese schutzwürdig sind.[62] Bei einem vergangenem Rechtsverhältnis gelten vergleichbare Anforderungen wie bei der Fortsetzungsfeststellungsklage.[63] Bei der Feststellung eines zukünftigen Rechtsverhältnisses (sog. vorbeugende Feststellungsklage) muss dem Kläger ein Abwarten unzumutbar sein.[64]

59 **2. Leistungsklage in Form der Unterlassungsklage.** Mit der Leistungsklage in Form der Unterlassungsklage kann gegen Realakte der BaFin vorgegangen werden, so-

---

[59] Vgl. auch in Bezug auf § 140 Abs. 6 InvG Berger/Steck/Lübbehüsen/*Erhard* InvG, § 140 Rn. 24; Emde/Dornseifer/Dreibus/Hölscher/*Baum* InvG, § 140 Rn. 50. Der Suspensiveffekt wurde im Vergleich zu § 140 Abs. 6 InvG insofern ausgeweitet, als er nunmehr alle Maßnahmen der BaFin im Rahmen von § 314 Abs. 1 und Abs. 2 betrifft.
[60] BVerwG 15.11.1990 NVwZ **1991** 570, 571; *Kopp/Schenke* VwGO, § 113 Rn. 102.
[61] Zu den Fallgruppen, in denen das Feststellungsinteresse gegeben ist, s. BVerwG 16.5.2013 NVwZ **2013** 1481; Eyermann/*Schmidt* VwGO, § 113 Rn. 136 ff.
[62] BVerwG 18.11.1997 BVerwGE **113** 158.
[63] BVerwG 10.5.1984 NJW **1985** 1302; Eyermann/*Happ* VwGO, § 43 Rn. 18.
[64] BVerwG 8.9.1972 BVerwGE **40** 323, 326; *Kopp/Schenke* VwGO, Vorb. zu § 40 Rn. 33.

fern ein Unterlassungsanspruch besteht.⁶⁵ Die Leistungsklage ist in der VwGO nicht ausdrücklich geregelt. Sie wird jedoch in zahlreichen Vorschriften der VwGO vorausgesetzt und ist zudem allgemein als Klageart anerkannt. Neben der Klagebefugnis nach § 42 Abs. 2 VwGO (s. oben Rn. 47 ff.) kann im Einzelfall das Rechtsschutzbedürfnis problematisch sein. Der vorläufige Rechtsschutz bei der Leistungsklage richtet sich nach § 123 VwGO.⁶⁶

VI. Rechtsschutz im Verwaltungsvollstreckungsverfahren

60 Die BaFin kann die auf der Grundlage von § 314 getroffenen Maßnahmen gem. § 17 FinDAG mit Zwangsmitteln nach den Vorschriften des Verwaltungsvollstreckungsgesetzes (VwVG) durchsetzen. Gem. § 7 Abs. 1 sind die Androhung und Festsetzung der Zwangsmittel sofort vollziehbar. Gegen Maßnahmen der Verwaltungsvollstreckung wird Rechtsschutz nach den allgemeinen Vorschriften gewährt. Nach h.M. kann die Rechtswidrigkeit eines auf der Grundlage von § 314 vorgenommenen Verwaltungsaktes nicht in dem Verfahren gegen die Verwaltungsvollstreckung geltend gemacht werden.⁶⁷ Es ist vielmehr i.d.R. mit den oben genannten Rechtsschutzmöglichkeiten gegen den rechtswidrigen Verwaltungsakt direkt vorzugehen. Hingegen kann die Androhung des Zwangsmittels i.d.R. selbstständig mit dem Widerspruch und der Anfechtungsklage angegriffen werden, sofern die Voraussetzungen vorliegen. Dies gilt grundsätzlich auch für die Festsetzung von Zwangsgeldern und die Kosten der Ersatzvornahme.⁶⁸

VII. Staatshaftung

61 Staatshaftungsrechtliche Ansprüche gegen die BaFin richten sich nach den allgemeinen Regeln des Staatshaftungsrechts. In Betracht kommen kann insbesondere ein Amtshaftungsanspruch gem. § 839 BGB i.V.m. Art. 34 GG. Voraussetzung hierfür ist insbesondere die vorsätzliche oder fahrlässige Verletzung einer drittbezogenen Amtspflicht. Da die BaFin ihre Aufgaben und Befugnisse nur im öffentlichen Interesse wahrnimmt (§ 4 Abs. 4 FinDAG), sind Staatshaftungsansprüche von mittelbar betroffenen Personen, beispielsweise Anlegern, jedoch in der Regel ausgeschlossen.⁶⁹ Für den Amtshaftungsanspruch ist der Rechtsweg zu den ordentlichen Gerichten gem. Art. 34 S. 3 GG i.V.m. § 40 Abs. 2 S. 1 Var. 3 VwGO gegeben. Sachlich zuständig sind die Landgerichte gem. § 71 Abs. 2 Nr. 2 GVG.

§ 315
Einstellung des Vertriebs von AIF

(1) Stellt eine AIF-Verwaltungsgesellschaft den Vertrieb von Anteilen oder Aktien eines von ihr verwalteten und nach § 316 oder § 320 vertriebenen AIF im Geltungsbereich dieses Gesetzes gegenüber einer, mehreren oder allen Anlegergrup-

---

65 S. zu den Voraussetzungen der Leistungsklage ausführlich Eyermann/*Happ* VwGO, § 42 Rn. 62 ff.
66 S. hierzu näher Eyermann/*Happ* VwGO, § 123 Rn. 7.
67 BVerfG 7.12.1998 NVwZ **1999** 290, 292; Fehling/Kastner/Störmer/*Lemke* Verwaltungsrecht, § 6 VwVG Rn. 25.
68 Assmann/Schneider/*Vogel* WpHG, § 4 Rn. 90.
69 Vgl. in Bezug auf § 4 WpHG Schwark/Zimmer/*Zetzsche* KMRK, § 4 WpHG Rn. 11; vgl. in Bezug auf § 4 WpÜG Schwark/Zimmer/*Noack* KMRK, § 4 WpÜG Rn. 12; vgl. auch BGH 20.1.2005 BGHZ **162** 49, 62; BGH 7.5.2009 ZIP **2009** 1166, 1169 f.

pen im Sinne des § 1 Absatz 19 Nummer 31 bis 33 ein, so hat die AIF-Verwaltungsgesellschaft dies unverzüglich im Bundesanzeiger zu veröffentlichen und die Veröffentlichung der Bundesanstalt nachzuweisen. Die Bundesanstalt kann die Veröffentlichung auf Kosten der AIF-Verwaltungsgesellschaft vornehmen, wenn die Veröffentlichungspflicht auch nach Fristsetzung durch die Bundesanstalt nicht erfüllt wird. Absatz 2 bleibt unberührt.

(2) Stellt eine AIF-Verwaltungsgesellschaft den Vertrieb von einzelnen Teilinvestmentvermögen eines AIF gegenüber einer, mehreren oder allen Anlegergruppen im Sinne des § 1 Absatz 19 Nummer 31 bis 33 im Geltungsbereich dieses Gesetzes ein, so hat sie § 293 Absatz 1 Satz 2 Nummer 3 bei Änderungen der im Anzeigeverfahren eingereichten Angaben und Unterlagen zu berücksichtigen. Die AIF-Verwaltungsgesellschaft hat die Einstellung des Vertriebs von Anteilen oder Aktien an nach § 316 oder § 320 vertriebenen AIF unverzüglich im Bundesanzeiger zu veröffentlichen und dies der Bundesanstalt nachzuweisen. Die Bundesanstalt kann die Veröffentlichung auf Kosten der AIF-Verwaltungsgesellschaft vornehmen, wenn die Veröffentlichungspflicht auch nach Fristsetzung nicht erfüllt wird.

Schrifttum

Siehe bei § 314.

Systematische Übersicht

A. Überblick —— 1
B. Entstehungsgeschichte —— 2
C. Normzweck —— 3
D. Einstellung des Vertriebs von AIF (Abs. 1) —— 4

E. Einstellung des Vertriebs einzelner Teilinvestmentvermögen von AIF (Abs. 2) —— 6

A. Überblick

1   Die AIF-Verwaltungsgesellschaft erwirbt durch das Anzeigeverfahren lediglich ein Recht zum Vertrieb, und es versteht sich von selbst, dass sie auf dieses Recht nachträglich verzichten und den Vertrieb eines AIF wieder einstellen kann. Für den Fall einer solchen Vertriebseinstellung normiert § 315 eine Veröffentlichungspflicht, wobei Abs. 1 die Einstellung des Vertriebs von AIF („Monostrukturen")[1] betrifft und Abs. 2 Sonderregelungen für AIF mit Teilinvestmentvermögen (Umbrella-Konstruktion) enthält. § 315 bildet das für AIF einschlägige Pendant zu § 311, der nicht nur die Untersagung des Vertriebs von EU-OGAW regelt (Abs. 1 bis 4), sondern auch Veröffentlichungspflichten im Falle der Vertriebseinstellung statuiert (Abs. 5 und 6).

B. Entstehungsgeschichte

2   § 315 basiert nicht auf Vorgaben der AIFM-Richtlinie. Er übernimmt ausweislich der Regierungsbegründung zum KAGB § 140 Abs. 8 und Abs. 9 des aufgehobenen InvG, die ihrerseits erst durch das InvÄndG eingeführt und mit Inkrafttreten des KAGB lediglich an dessen Terminologie angepasst worden sind.[2] Anders als in § 140 InvG und auch anders als in § 311, der die Untersagung und die Einstellung des Vertriebs von OGAW regelt,

---

[1] So die treffende Bezeichnung bei Berger/Steck/Lübbehüsen/*Blankenheim* InvG, § 133 Rn. 34.
[2] BTDrucks. 17/12294 S. 285.

wurde die Untersagung und die Einstellung des Vertriebs von AIF in zwei separaten Vorschriften normiert, ohne dass für diese asymmetrische Regelungsstruktur ein sachlicher Grund bestünde.

C. Normzweck

§ 315 dient den Informationsbedürfnissen der Anleger, und zwar in erster Linie bereits bestehender Anleger. Durch die sowohl im Falle von Abs. 1 als auch im Falle von Abs. 2 bestehende Befugnis der BaFin, die Veröffentlichung selbst vorzunehmen (s. unten Rn. 5, 8), wird sichergestellt, dass die bezweckte Transparenz im Interesse dieser Anleger in einem engen zeitlichen Zusammenhang mit der Einstellung des Vertriebs hergestellt wird. 3

D. Einstellung des Vertriebs von AIF (Abs. 1)

Abs. 1 betrifft lediglich die Einstellung des Vertriebs von Anteilen oder Aktien eines AIF, der nach § 316 oder nach § 320 vertrieben wird. Erfasst sind damit inländische Publikums-AIF, die im Inland vertrieben werden (§ 316, und zwar unabhängig davon, an welche Anlegergruppen der Vertrieb erfolgt, s. § 316 Rn. 6), und EU-AIF oder ausländische AIF, die im Inland durch eine EU-AIF-Verwaltungsgesellschaft oder eine ausländische AIF-Verwaltungsgesellschaft an Privatanleger vertrieben werden (§ 320). Stellt die jeweilige AIF-Verwaltungsgesellschaft den Vertrieb eines solchen AIF ein, hat sie dies unverzüglich im Bundesanzeiger zu veröffentlichen und die Veröffentlichung der BaFin nachzuweisen. Ist der Vertrieb an mehrere Anlegergruppen i.S.d. § 1 Abs. 19 Nr. 31 bis 33 erfolgt, besteht die Veröffentlichungspflicht nach Abs. 1 auch dann, wenn nur der Vertrieb gegenüber einer Anlegergruppe eingestellt wird. 4

Kommt die AIF-Verwaltungsgesellschaft der Veröffentlichungspflicht auch nach entsprechender Fristsetzung durch die BaFin nicht nach, kann die BaFin die Veröffentlichung selbst vornehmen. Gegenüber dem Vollstreckungsverfahren nach dem VwVG, das die Ersatzvornahme nur in Form der Fremdvornahme kennt und die Selbstvornahme durch die Behörde als Form von unmittelbarem Zwang (§ 12 VwVG) begreift mit der Folge, dass die Voraussetzungen hierfür vorliegen müssen, ist damit eine gewisse Beschleunigung der mit der Veröffentlichung bezweckten Herstellung von Transparenz verbunden.[3] Die Kosten der Veröffentlichung durch die BaFin hat die AIF-Verwaltungsgesellschaft zu tragen. 5

E. Einstellung des Vertriebs einzelner Teilinvestmentvermögen von AIF (Abs. 2)

Abs. 2 erweitert die (nach Abs. 1 ohnehin bestehende) Veröffentlichungspflicht der AIF-Verwaltungsgesellschaft im Falle der Einstellung des Vertriebs einzelner nach § 316 oder § 320 vertriebener Teilinvestmentvermögen einer Umbrella-Konstruktion um eine Pflicht zur Anpassung der im Anzeigeverfahren eingereichten Angaben und Unterlagen. Diese Anpassung ist erforderlich, weil die sonstigen Teilinvestmentvermögen der Umbrella-Konstruktion weiterhin vertrieben werden; ihre (bisherigen) Anlagebedingungen 6

---

[3] Berger/Steck/Lübbehüsen/*Blankenheim* InvG, § 133 Rn. 33; Emde/Dornseifer/Dreibus/Hölscher/*Baum* InvG, § 140 Rn. 61; die Regierungsbegründung zum InvÄndG geht (im Hinblick auf § 133 Abs. 9 InvG) von einer „deutlich schnellere[n] Information des Marktes" aus, s. BTDrucks. 16/5576, S. 96.

können aber beispielweise Umtauschrechte in die bislang vertriebsberechtigten Teilinvestmentfonds vorgesehen haben, deren Vertrieb nunmehr eingestellt ist.

7   Für die Prüfung der geänderten Angaben und Unterlagen bei Einstellung des Vertriebs eines Teilinvestmentvermögens erhebt die BaFin eine Gebühr gem. § 2 Abs. 1 FinDAGKostV i.V.m. Nr. 4.1.10.2.2 des Gebührenverzeichnisses zu dieser Verordnung; diese Gebühr beläuft sich derzeit auf 746 Euro.

8   Kommt die AIF-Verwaltungsgesellschaft ihrer Pflicht zur Veröffentlichung der Einstellung des Vertriebs eines einzelnen Teilinvestmentvermögens auch nach entsprechender Fristsetzung durch die BaFin nicht nach, kann die BaFin die Veröffentlichung selbst vornehmen; insofern kann auf die Ausführungen zu Abs. 1 (s. oben Rn. 5) verwiesen werden.

§ 316
Anzeigepflicht einer AIF-Kapitalverwaltungsgesellschaft beim beabsichtigten Vertrieb von inländischen Publikums-AIF im Inland

(1) Beabsichtigt eine AIF-Kapitalverwaltungsgesellschaft, Anteile oder Aktien an einem von ihr verwalteten inländischen Publikums-AIF im Geltungsbereich dieses Gesetzes zu vertreiben, so hat sie dies der Bundesanstalt anzuzeigen. Das Anzeigeschreiben muss folgende Angaben und Unterlagen in jeweils geltender Fassung enthalten:
1. einen Geschäftsplan, der Angaben zu dem angezeigten Publikums-AIF enthält;
2. die Anlagebedingungen oder einen Verweis auf die zur Genehmigung eingereichten Anlagebedingungen und gegebenenfalls die Satzung oder den Gesellschaftsvertrag des angezeigten AIF;
3. die Angabe der Verwahrstelle oder einen Verweis auf die von der Bundesanstalt gemäß den §§ 87, 69 Absatz 1 genehmigte Verwahrstelle des angezeigten AIF;
4. den Verkaufsprospekt und die wesentlichen Anlegerinformationen des angezeigten AIF;
5. falls es sich bei dem angezeigten AIF um einen Feederfonds handelt, einen Verweis auf die von der Bundesanstalt genehmigten Anlagebedingungen des Masterfonds, einen Verweis auf die von der Bundesanstalt gemäß § 87 in Verbindung mit § 69 genehmigte Verwahrstelle des Masterfonds, den Verkaufsprospekt und die wesentlichen Anlegerinformationen des Masterfonds sowie die Angabe, ob der Masterfonds im Geltungsbereich dieses Gesetzes an Privatanleger vertrieben werden darf.

(2) Die Bundesanstalt prüft, ob die gemäß Absatz 1 übermittelten Angaben und Unterlagen vollständig sind. Fehlende Angaben und Unterlagen fordert die Bundesanstalt innerhalb einer Frist von 20 Arbeitstagen nach dem Tag, an dem sämtliche der folgenden Voraussetzungen vorliegen, als Ergänzungsanzeige an:
1. Eingang der Anzeige,
2. Genehmigung der Anlagebedingungen und
3. Genehmigung der Verwahrstelle.

Mit Eingang der Ergänzungsanzeige beginnt die in Satz 2 genannte Frist erneut. Die Ergänzungsanzeige ist der Bundesanstalt innerhalb von sechs Monaten nach der Erstattung der Anzeige oder der letzten Ergänzungsanzeige einzureichen; andernfalls ist eine Mitteilung nach Absatz 3 ausgeschlossen. Die Frist nach Satz 4 ist eine Ausschlussfrist. Eine erneute Anzeige ist jederzeit möglich.

(3) Innerhalb von 20 Arbeitstagen nach Eingang der vollständigen Anzeigenunterlagen nach Absatz 1 sowie der Genehmigung der Anlagebedingungen und der Verwahrstelle teilt die Bundesanstalt der AIF-Kapitalverwaltungsgesellschaft mit, ob sie mit dem Vertrieb des im Anzeigeschreiben nach Absatz 1 genannten AIF im Geltungsbereich dieses Gesetzes beginnen kann. Die Bundesanstalt kann die Aufnahme des Vertriebs innerhalb der in Satz 1 genannten Frist untersagen, wenn die AIF-Kapitalverwaltungsgesellschaft oder die Verwaltung des angezeigten AIF durch die AIF-Kapitalverwaltungsgesellschaft gegen die Vorschriften dieses Gesetzes verstößt. Teilt sie der AIF-Kapitalverwaltungsgesellschaft entsprechende Beanstandungen der eingereichten Angaben und Unterlagen innerhalb der Frist von Satz 1 mit, wird die Frist unterbrochen und beginnt die in Satz 1 genannte Frist mit der Einreichung der geänderten Angaben und Unterlagen erneut. Die AIF-Kapitalverwaltungsgesellschaft kann ab dem Datum der entsprechenden Mitteilung nach Satz 1 mit dem Vertrieb des angezeigten AIF im Geltungsbereich dieses Gesetzes beginnen.

(4) Bei einer Änderung der nach Absatz 1 übermittelten Angaben oder Unterlagen teilt die AIF-Kapitalverwaltungsgesellschaft der Bundesanstalt diese Änderung schriftlich mit und übermittelt der Bundesanstalt gegebenenfalls zeitgleich aktualisierte Angaben und Unterlagen. Geplante Änderungen sind mindestens 20 Arbeitstage vor Durchführung der Änderung mitzuteilen, ungeplante Änderungen unverzüglich nach deren Eintreten. Sollte die AIF-Kapitalverwaltungsgesellschaft oder die Verwaltung des betreffenden AIF durch die geplante Änderung gegen dieses Gesetz verstoßen, so teilt die Bundesanstalt der AIF-Kapitalverwaltungsgesellschaft unverzüglich mit, dass sie die Änderung nicht durchführen darf. Wird eine geplante Änderung ungeachtet der Sätze 1 bis 3 durchgeführt oder führt eine durch einen unvorhersehbaren Umstand ausgelöste Änderung dazu, dass die AIF-Kapitalverwaltungsgesellschaft oder die Verwaltung des betreffenden AIF durch diese Änderung nunmehr gegen dieses Gesetz verstößt, so ergreift die Bundesanstalt alle gebotenen Maßnahmen gemäß § 5 einschließlich der ausdrücklichen Untersagung des Vertriebs des betreffenden AIF.

(5) Betrifft die Änderung nach Absatz 4 einen wichtigen neuen Umstand oder eine wesentliche Unrichtigkeit in Bezug auf die im Verkaufsprospekt eines geschlossenen inländischen Publikums-AIF enthaltenen Angaben, die die Beurteilung des Investmentvermögens oder der AIF-Kapitalverwaltungsgesellschaft beeinflussen könnten, so ist diese Änderung auch als Nachtrag zum Verkaufsprospekt, der den Empfänger des Widerrufs bezeichnen sowie einen Hinweis, wo der Nachtrag zur kostenlosen Ausgabe bereitgehalten wird, und an hervorgehobener Stelle auch eine Belehrung über das Widerrufsrecht enthalten muss, unverzüglich im Bundesanzeiger und in einer hinreichend verbreiteten Wirtschafts- oder Tageszeitung oder in den im Verkaufsprospekt zu bezeichneten elektronischen Informationsmedien zu veröffentlichen.

Schrifttum

Kramer/Recknagel Die AIFM-Richtlinie – Neuer Rechtsrahmen für die Verwaltung alternativer Investmentfonds, DB **2011** 2077; *Patz* Verkaufsprospektpflicht für offene inländische Investmentvermögen – De facto eine gesetzliche Prospektpflicht für offene Spezial-Investmentfonds aufgrund der Vertriebsvorschriften des KAGB, BKR **2014** 271.

§ 316 — Anzeigepflicht einer AIF-Kapitalverwaltungsgesellschaft

Systematische Übersicht

A. Überblick — 1
B. Entstehungsgeschichte — 3
C. Normzweck — 5
D. Anwendungsbereich (§§ 295 Abs. 1 S. 1, 316 Abs. 1 S. 1) — 6
E. Anzeigepflicht und Inhalt des Anzeigeschreibens (Abs. 1) — 7
   I. Anzeigepflicht (Abs. 1 S. 1) — 7
   II. Inhalt des Anzeigeschreibens (Abs. 1 S. 2) — 8
      1. Geschäftsplan (Nr. 1) — 10
      2. Anlagebedingungen oder Verweis auf die zur Genehmigung eingereichten Anlagebedingungen und ggf. Satzung oder Gesellschaftsvertrag des angezeigten AIF (Nr. 2) — 11
      3. Angabe der Verwahrstelle oder Verweis auf die von der Bundesanstalt gemäß den §§ 87, 69 Absatz 1 genehmigte Verwahrstelle des angezeigten AIF (Nr. 3) — 13
      4. Verkaufsprospekt und wesentliche Anlegerinformationen des angezeigten AIF (Nr. 4) — 14
      5. Spezielle Anforderungen bei Feederfonds (Nr. 5) — 15
F. Prüfungsverfahren der BaFin (Abs. 2 und Abs. 3) — 16
   I. Prüfung der Vollständigkeit der Unterlagen (Abs. 2 S. 1) — 17
   II. Bei Unvollständigkeit der übermittelten Angaben und Unterlagen: Anforderung einer Ergänzungsanzeige (Abs. 2 S. 2 bis 6) — 20
   III. Bei Vollständigkeit der eingereichten Unterlagen: Mitteilung, ob mit dem Vertrieb begonnen werden kann, ggf. Untersagung der Aufnahme des Vertriebs (Abs. 3) — 22
      1. Mitteilung, dass mit dem Vertrieb des angezeigten AIF begonnen werden kann (Abs. 3 S. 1 und S. 4) — 23
      2. Untersagung der Aufnahme des Vertriebs (Abs. 3 S. 2 bis 3) — 25
G. Änderungen der nach Abs. 1 übermittelten Angaben oder Unterlagen (Abs. 4 und Abs. 5) — 29
   I. Anzeigepflichtige Änderungen — 29
   II. Prüfung der Änderungen durch die BaFin — 30
   III. Wesentliche Änderungen der im Verkaufsprospekt enthaltenen Angaben — 32

A. Überblick

1 § 316 regelt das Anzeigeverfahren für den (beabsichtigten) Vertrieb von inländischen Publikums-AIF durch eine AIF-Kapitalverwaltungsgesellschaft im Inland, und zwar unabhängig davon, ob es sich bei dem angezeigten AIF um einen offenen oder um einen geschlossenen inländischen Publikums-AIF handelt, und unabhängig von dem Anlegerkreis, an den der Vertrieb erfolgt (s. unten Rn. 6). Er steht damit systematisch vor den Vorschriften, die den Vertrieb von EU-AIF durch eine EU-AIF-Verwaltungsgesellschaft oder von ausländischen AIF durch eine ausländische AIF-Verwaltungsgesellschaft an Privatanleger im Inland regeln (§§ 317 bis 320), ohne dass zu diesen Vorschriften ein näherer inhaltlicher Zusammenhang bestünde. Im Interesse der Übersichtlichkeit wäre es daher ratsam gewesen, § 316 einerseits und §§ 317 bis 320 andererseits jeweils separate Unterabschnitte innerhalb von Abschnitt 3 zu widmen.

2 Abs. 1 statuiert die Anzeigepflicht als solche und legt fest, welche Angaben und Unterlagen das Anzeigeschreiben enthalten muss. Abs. 2 und Abs. 3 regeln das weitere Verfahren nach Eingang des Anzeigeschreibens bei der BaFin. Abs. 4 und Abs. 5 behandeln den Fall, dass sich die nach Abs. 1 übermittelten Angaben oder Unterlagen nachträglich ändern.

B. Entstehungsgeschichte

Die AIFM-Richtlinie reguliert nur den Vertrieb von AIF im Herkunftsstaat des AIFM an professionelle Anleger (Art. 31 AIFM-Richtlinie).[1] Die Mitgliedstaaten dürfen AIFM jedoch gestatten, in ihrem Hoheitsgebiet Anteile an von ihnen verwalteten AIF auch an Kleinanleger[2] zu vertreiben (Art. 43 Abs. 1 UAbs. 1 AIFM-Richtlinie). Dabei können die Mitgliedstaaten den AIFM oder AIF Auflagen unterwerfen, die strenger sind als jene, die für AIF gelten, die (nur) an professionelle Anleger vertrieben werden (Art. 43 Abs. 1 UAbs. 2 AIFM-Richtlinie). Damit ist zugleich gesagt, dass die für den Vertrieb an Kleinanleger geltenden Auflagen nicht weniger streng sein dürfen als jene, die für den Vertrieb an professionelle Anleger gelten; sie müssen also mindestens das Regulierungsniveau von Art. 31 AIFM-Richtlinie erreichen. Dementsprechend dient § 316 auch der Umsetzung von Art. 31 AIFM-Richtlinie (im Hinblick auf den Inhalt des Anzeigeschreibens i.V.m. Anhang III der AIFM-Richtlinie), geht aber ausweislich der Regierungsbegründung in Einzelfragen zulässigerweise über dessen Schutzniveau hinaus.[3]

3

§ 316 ist nicht auf eine unmittelbare Vorläufervorschrift im aufgehobenen InvG zurückzuführen, greift ausweislich der Regierungsbegründung aber teilweise auf Regelungsmuster des InvG zurück (z.B. Abs. 2 auf § 128 Abs. 2 und § 139 Abs. 3 InvG;[4] Abs. 3 auf § 43 Abs. 2 S. 3 und 4 InvG).

4

C. Normzweck

Das Anzeigeverfahren gem. § 316 dient dem Schutz der Anleger beim Erwerb von Anteilen oder Aktien an inländischen Publikums-AIF und trägt dazu bei, dass die BaFin ihre Aufsichts- und Kontrollfunktion im Investmentbereich effektiv wahrnehmen kann. Siehe im Übrigen § 314 Rn. 6.

5

D. Anwendungsbereich (§§ 295 Abs. 1 S. 1, 316 Abs. 1 S. 1)

§ 316 betrifft den Vertrieb von (offenen und geschlossenen) inländischen Publikums-AIF. § 295 Abs. 1 S. 1 stellt ausdrücklich klar, dass das Anzeigeverfahren gem. § 316 beim (beabsichtigten) Vertrieb von Anteilen und Aktien an inländischen Publikums-AIF im Inland immer durchzuführen ist, wenn der Vertrieb an Privatanleger, semiprofessionelle Anleger oder professionelle Anleger erfolgen soll. Die Überschrift von Kapitel 4, Abschnitt 3, Unterabschnitt 1 („Anzeigeverfahren für den Vertrieb von Publikums-AIF, von EU-AIF oder von ausländischen AIF an Privatanleger im Inland"), an dessen Beginn § 316 steht, ist daher insoweit missverständlich, als sich die Formulierung „an Privatanleger" nur auf den Vertrieb von EU-AIF oder von ausländischen AIF gem. §§ 317 ff. bezieht, nicht aber auf den Vertrieb von inländischen Publikums-AIF gem. § 316.

6

---

1 S. dazu näher *Kramer/Recknagel* DB **2011** 2077, 2083.
2 Art. 4 Abs. 1 lit. aj AIFM-Richtlinie definiert den Kleinanleger als einen „Anleger, bei dem es sich nicht um einen professionellen Anleger handelt"; der Begriff ist damit weiter als der des Privatanlegers i.S.v. § 1 Abs. 19 Nr. 31.
3 BTDrucks. 17/12294 S. 285.
4 Die Regierungsbegründung (BTDrucks. 17/12294 S. 285) verweist – sachlich falsch – auf § 129 Abs. 2 InvG.

E. Anzeigepflicht und Inhalt des Anzeigeschreibens (Abs. 1)

I. Anzeigepflicht (Abs. 1 S. 1)

7   Gem. Abs. 1 S. 1 hat eine AIF-Kapitalverwaltungsgesellschaft, die beabsichtigt, Anteile oder Aktien an einem von ihr verwalteten inländischen Publikums-AIF im Geltungsbereich des KAGB, mithin im Inland, zu vertreiben, dies der BaFin anzuzeigen. Die Anzeige ist formelle Voraussetzung für den Vertrieb[5] und kann nur von der AIF-Kapitalverwaltungsgesellschaft abgegeben werden.[6] Sie erfolgt mittels eines Anzeigeschreibens, das den in Abs. 1 S. 2 normierten inhaltlichen Anforderungen genügen muss.

II. Inhalt des Anzeigeschreibens (Abs. 1 S. 2)

8   Das Anzeigeschreiben muss gem. Abs. 1 S. 2 enthalten: einen Geschäftsplan, der Angaben zu dem angezeigten Publikums-AIF enthält (Nr. 1), die Anlagebedingungen oder einen Verweis auf die zur Genehmigung eingereichten Anlagebedingungen und gegebenenfalls die Satzung oder den Gesellschaftsvertrag des angezeigten AIF (Nr. 2), die Angabe der Verwahrstelle oder einen Verweis auf die von der Bundesanstalt gemäß den §§ 87, 69 Abs. 1 genehmigte Verwahrstelle des angezeigten AIF (Nr. 3), den Verkaufsprospekt und die wesentlichen Anlegerinformationen des angezeigten AIF (Nr. 4) sowie, falls es sich bei dem angezeigten AIF um einen Feederfonds handelt, einen Verweis auf die von der Bundesanstalt genehmigten Anlagebedingungen des Masterfonds, einen Verweis auf die von der Bundesanstalt gemäß § 87 in Verbindung mit § 69 genehmigte Verwahrstelle des Masterfonds, den Verkaufsprospekt und die wesentlichen Anlegerinformationen des Masterfonds sowie die Angabe, ob der Masterfonds im Geltungsbereich des KAGB an Privatanleger vertrieben werden darf (Nr. 5).

9   Das Anzeigeschreiben darf weitere Angaben enthalten, sofern die AIF-Kapitalverwaltungsgesellschaft dies für sinnvoll hält. In ihrem Merkblatt zum Anzeigeverfahren nach § 320 KAGB geht die BaFin ferner ohne nähere Begründung davon aus, dass sie auch weitere (d.h. über die inhaltlichen Anforderungen des § 320 Abs. 1 S. 2 hinausgehende) Angaben verlangen kann;[7] dieselbe Befugnis wird man der BaFin im Anzeigeverfahren nach § 316 zugestehen müssen. Sie ergibt sich bereits aus den generellen Anordnungsbefugnissen der BaFin im Rahmen der Überwachung der Einhaltung der Gebote und Verbote des KAGB und im Rahmen der Missstandsaufsicht gem. § 5 Abs. 6 KAGB.

10 **1. Geschäftsplan (Nr. 1).** Der Geschäftsplan muss „Angaben zu dem angezeigten Publikums-AIF" enthalten; welche Angaben dies im Einzelnen sind, ist weder dem Gesetzeswortlaut noch dem zugrunde liegenden Art. 31 Abs. 2 i.V.m. Anhang III der AIFM-Richtlinie zu entnehmen. Anhang III der AIFM-Richtlinie stellt lediglich klar, dass zumindest Angaben zum Sitz des angezeigten AIF erforderlich sind. Im Einklang damit äußert sich die BaFin in ihrer FAQ zum Vertrieb und Erwerb von Investmentvermögen nach dem KAGB dahingehend, dass der Geschäftsplan den Namen und den Sitz des AIF beinhalten muss. Weitere Angaben zu dem angezeigten AIF seien im Geschäftsplan in der Regel nicht erforderlich, da die BaFin diese den übrigen in der Anzeige enthaltenen

---

[5] Vgl. zu § 139 InvG Emde/Dornseifer/Dreibus/Hölscher/*Baum* InvG, § 139 Rn. 2.
[6] S. BaFin, Häufige Fragen zum Vertrieb und Erwerb von Investmentvermögen nach dem KAGB, 2.1.2.
[7] BaFin, Merkblatt für Anzeigen beim beabsichtigten Vertrieb von EU-AIF oder ausländischen AIF an Privatanleger in der Bundesrepublik Deutschland nach § 320 Kapitalanlagegesetzbuch (KAGB), S. 4.

Angaben und Unterlagen entnehmen könne.[8] Darin ist der BaFin gewiss zuzustimmen; mit dem, was der allgemeine Sprachgebrauch unter einem „Geschäftsplan" versteht, hat ein Dokument, das lediglich den Namen und den Sitz des AIF angibt, freilich nichts mehr zu tun.

2. Anlagebedingungen oder Verweis auf die zur Genehmigung eingereichten Anlagebedingungen und ggf. Satzung oder Gesellschaftsvertrag des angezeigten AIF (Nr. 2). Dem Anzeigeschreiben sind die Anlagebedingungen beizufügen (zu deren Inhalt s. bei offenen inländischen Publikums-AIF: § 162; bei geschlossenen inländischen Publikums-AIF: § 266). Wurden die Anlagebedingungen bereits zur Genehmigung eingereicht (bei offenen inländischen Publikums-AIF: § 163; bei geschlossenen inländischen Publikums-AIF: § 267), genügt ein entsprechender Verweis. Es können somit auch Anlagebedingungen, die die BaFin noch nicht genehmigt hat, erstmals und zeitgleich mit der Vertriebsanzeige eingereicht werden; damit wird zugleich das Genehmigungsverfahren in Gang gesetzt.[9] Die Genehmigung der Anlagebedingungen ist aber Voraussetzung für das weitere Anzeigeverfahren nach Maßgabe von Abs. 2 und 3. 11

Bei inländischen Publikums-AIF in der Rechtsform einer Investmentaktiengesellschaft ist ferner die Satzung, bei solchen in der Rechtsform einer Investmentkommanditgesellschaft der Gesellschaftsvertrag beizufügen. 12

3. Angabe der Verwahrstelle oder Verweis auf die von der Bundesanstalt gemäß den §§ 87, 69 Absatz 1 genehmigte Verwahrstelle des angezeigten AIF (Nr. 3). Im dem Anzeigeschreiben ist die Verwahrstelle anzugeben; wurde diese bereits genehmigt (§ 87 i.V.m. § 69 Abs. 1), genügt wiederum ein entsprechender Verweis. 13

4. Verkaufsprospekt und wesentliche Anlegerinformationen des angezeigten AIF (Nr. 4). Dem Anzeigeschreiben sind der Verkaufsprospekt (bei offenen inländischen Publikums-AIF: §§ 164, 165; bei geschlossenen inländischen Publikums-AIF: §§ 268, 269) sowie die wesentlichen Anlegerinformationen (bei offenen inländischen Publikums-AIF: § 166; bei geschlossenen inländischen Publikums-AIF: § 270) beizufügen.[10] 14

5. Spezielle Anforderungen bei Feederfonds (Nr. 5). Für den Fall, dass es sich bei dem angezeigten inländischen Publikums-AIF um einen Feederfonds handelt, muss das Anzeigeschreiben zusätzlich zu den Angaben gem. Nr. 1 bis 4, die sich auf den Feederfonds selbst beziehen, Angaben über den Masterfonds enthalten. Terminologisch ist das Gesetz an dieser Stelle unpräzise, da insbesondere Feeder-AIF i.S.v. § 1 Abs. 19 Nr. 13 und Master-AIF i.S.v. § 1 Abs. 19 Nr. 14 gemeint sind (vgl. auch den Wortlaut von § 317 Abs. 3). Die erforderlichen Angaben über den Masterfonds entsprechen inhaltlich weitgehend den Angaben über den Feederfonds gem. Nr. 1 bis 4. Das Anzeigeschreiben muss demnach einen Verweis auf die von der Bundesanstalt genehmigten Anlagebedingungen des Masterfonds enthalten (vgl. Nr. 2), einen Verweis auf die von der Bundesanstalt gem. § 87 i.V.m. § 69 genehmigte Verwahrstelle des Masterfonds (vgl. Nr. 3), den Verkaufsprospekt und die wesentlichen Anlegerinformationen des Masterfonds (vgl. Nr. 4) sowie – zusätzlich – die Angabe, ob der Masterfonds im Geltungsbereich des KAGB an Privatanleger vertrieben werden darf. 15

---

[8] BaFin, Häufige Fragen zum Vertrieb und Erwerb von Investmentvermögen nach dem KAGB, 2.2.3.
[9] BaFin, Häufige Fragen zum Vertrieb und Erwerb von Investmentvermögen nach dem KAGB, 2.2.2.
[10] S. zur Verkaufsprospektpflicht *Patz* BKR **2014** 271 (272f.).

F. Prüfungsverfahren der BaFin (Abs. 2 und Abs. 3)

16 Der Eingang des Anzeigeschreibens und der beigefügten Unterlagen bei der BaFin setzt dort ein Prüfungsverfahren in Gang, das in Abs. 2 und Abs. 3 näher beschrieben wird.

I. Prüfung der Vollständigkeit der Unterlagen (Abs. 2 S. 1)

17 Zunächst prüft die BaFin, ob die übermittelten Angaben und Unterlagen vollständig sind und ob bereits eine Genehmigung der Anlagebedingungen und der Verwahrstelle erfolgt ist. Ist dies der Fall, wird bereits mit dem Eingang des Anzeigeschreibens eine Frist von 20 Arbeitstagen in Gang gesetzt, innerhalb derer die BaFin entweder fehlende Angaben und Unterlagen als Ergänzungsanzeige anfordert (Abs. 2 S. 2 bis 6, s. Rn. 19f.) oder der AIF-Kapitalverwaltungsgesellschaft mitteilt, ob sie mit dem Vertrieb des AIF beginnen kann (Abs. 3 S. 1, s. Rn. 21f.). Sie hat innerhalb der Frist also sowohl (formell) die Vollständigkeit der eingereichten Unterlagen zu prüfen als auch (materiell) – wenn die Unterlagen vollständig sind – ihre Übereinstimmung mit den Vorgaben des KAGB (s. unten Rn. 22). Ist im Zeitpunkt des Eingangs des Anzeigeschreibens die Genehmigung der Anlagebedingungen und der Verwahrstelle noch nicht erfolgt, beginnt die Frist erst zu dem Zeitpunkt, in dem beide Genehmigungen vorliegen.

18 Die Prüfungsfrist von 20 Arbeitstagen ist relativ knapp bemessen und bezweckt ausweislich der Regierungsbegründung eine Beschleunigung des Verfahrens.[11] Bei der Zählung der Arbeitstage werden Samstage nicht berücksichtigt (s. § 289 Rn. 58); 20 Arbeitstage sind demnach vier Wochen. Die Berechnung der Frist richtet sich nach § 31 VwVfG i.V.m. §§ 187 Abs. 1, 188 Abs. 1, 193 BGB.

19 Die AIF-Kapitalverwaltungsgesellschaft hat einen Anspruch darauf, innerhalb der Frist von 20 Arbeitstagen jedenfalls eine Reaktion der BaFin (in Form der Anforderung einer Ergänzungsanzeige nach Abs. 2 oder in Form einer Mitteilung nach Abs. 3) zu erhalten. Geschieht dies nicht, kann die AIF-Kapitalverwaltungsgesellschaft gegen die BaFin mit einer Verpflichtungsklage gem. § 42 Abs. 1 Var. 2 VwGO vorgehen (s. zum Rechtsschutz gegen Maßnahmen der BaFin ausführlich § 314 Rn. 45ff.).

II. Bei Unvollständigkeit der übermittelten Angaben und Unterlagen: Anforderung einer Ergänzungsanzeige (Abs. 2 S. 2 bis 6)

20 Stellt die BaFin fest, dass die mit dem Anzeigeschreiben gem. Abs. 1 übermittelten Angaben und Unterlagen unvollständig sind, und liegen die weiteren Voraussetzungen des Abs. 2 S. 2 vor (Genehmigung der Anlagebedingungen und der Verwahrstelle), fordert sie die fehlenden Angaben und Unterlagen innerhalb der Frist von 20 Arbeitstagen (s. Rn. 18) als Ergänzungsanzeige an. Der Eingang der Ergänzungsanzeige bei der BaFin setzt die Frist von 20 Arbeitstagen erneut in Gang. Sind die eingereichten Angaben und Unterlagen nach wie vor unvollständig, fordert die BaFin innerhalb dieser Frist die fehlenden Angaben und Unterlagen als weitere Ergänzungsanzeige an; anderenfalls teilt sie der AIF-Kapitalverwaltungsgesellschaft mit, ob sie mit dem Vertrieb des AIF beginnen kann (Abs. 3 S. 1).

21 Für die Einreichung der Ergänzungsanzeige durch die AIF-Kapitalverwaltungsgesellschaft gilt eine Frist von sechs Monaten nach Erstattung der Anzeige; wird von der

---

[11] BTDrucks. 17/12294 S. 285.

BaFin eine weitere Ergänzungsanzeige angefordert (s. Rn. 20), gilt eine Frist von sechs Monaten nach Erstattung der vorherigen (jeweils letzten) Ergänzungsanzeige. Die Berechnung der Frist richtet sich nach § 31 VwVfG i.V.m. §§ 187 Abs. 1, 188 Abs. 2, 193 BGB. Sie ist äußerst großzügig bemessen. Nach dem ausdrücklichen Gesetzeswortlaut handelt es sich um eine Ausschlussfrist (Abs. 2 S. 5); sie ist nicht verlängerbar[12] und eine Wiedereinsetzung in den vorigen Stand ist gem. § 32 Abs. 5 VwVfG unzulässig.[13] Wird die Ergänzungsanzeige nicht innerhalb der Frist eingereicht, ist eine Mitteilung nach Abs. 3, ob mit dem Vertrieb des angezeigten AIF begonnen werden kann, ausgeschlossen. Es kann allerdings durch eine erneute Anzeige ein neues Anzeigeverfahren in Gang gesetzt werden; dies ist gem. Abs. 2 S. 6 jederzeit möglich.

III. Bei Vollständigkeit der eingereichten Unterlagen: Mitteilung, ob mit dem Vertrieb begonnen werden kann, ggf. Untersagung der Aufnahme des Vertriebs (Abs. 3)

Stellt die BaFin fest, dass die mit dem Anzeigeschreiben gem. Abs. 1 übermittelten **22** Angaben und Unterlagen vollständig sind, und liegen die weiteren Voraussetzungen des Abs. 2 S. 2 vor (Genehmigung der Anlagebedingungen und der Verwahrstelle), teilt sie der AIF-Kapitalverwaltungsgesellschaft innerhalb der Frist von 20 Arbeitstagen (Rn. 18) entweder mit, dass sie mit dem Vertrieb des AIF beginnen kann, oder untersagt die Aufnahme des Vertriebs. Die Mitteilung dieser Entscheidung ist – in beiden Fällen – ein Verwaltungsakt (s. zur Rechtsnatur von Maßnahmen der BaFin bereits § 314 Rn. 12 f.). Er wird erlassen auf der Grundlage einer materiellen Prüfung der eingereichten Unterlagen, insbesondere des Verkaufsprospekts und der wesentlichen Anlegerinformationen (ob die Anlagebedingungen den gesetzlichen Anforderungen entsprechen, wurde bereits in dem – zu diesem Zeitpunkt bereits abgeschlossenen – Genehmigungsverfahren gem. § 163 bzw. § 267 geprüft).

1. Mitteilung, dass mit dem Vertrieb des angezeigten AIF begonnen werden **23** **kann (Abs. 3 S. 1 und S. 4).** Kommt die BaFin nach materieller Prüfung der eingereichten Unterlagen zu dem Ergebnis, dass keine Beanstandungen bestehen, erschöpft sich der Inhalt der Mitteilung darin, die AIF-Kapitalverwaltungsgesellschaft darüber zu informieren, dass sie mit dem Vertrieb des angezeigten AIF beginnen kann. Sie kann mit dem Vertrieb bereits ab dem Datum der entsprechenden Mitteilung beginnen (Abs. 3 S. 4); damit ist gegenüber der Regelung des § 140 Abs. 1 des aufgehobenen InvG[14] eine maßgebliche Verkürzung des Verfahrens verbunden. Eine dem § 163 Abs. 2 S. 8 vergleichbare Möglichkeit, die Mitteilung mit Nebenbestimmungen (Bedingungen oder Auflagen) zu versehen, ist im Rahmen von § 316 nicht vorgesehen.

Treten Beanstandungen erst zu einem späteren Zeitpunkt zu Tage, nachdem die AIF- **24** Kapitalverwaltungsgesellschaft bereits mit der Aufnahme des Vertriebs begonnen hat, kann die BaFin unter den Voraussetzungen des § 314 Abs. 1 (insbesondere Nr. 3: Entfallen einer Voraussetzung für die Zulässigkeit des Vertriebs, ggf. Nr. 6: Verstoß gegen jede

---

[12] Vgl. zu § 139 InvG Berger/Steck/Lübbehüsen/*Erhard* InvG, § 139 Rn. 11.
[13] Vgl. zur Möglichkeit Wiedereinsetzung in den vorigen Stand bei Ausschlussfristen Stelkens/Bonk/Sachs/*Kellerhof* VwVfG, § 32 Rn. 6.
[14] Nach § 140 Abs. 1 InvG durfte der öffentliche Vertrieb von ausländischen Investmentanteilen grundsätzlich erst aufgenommen werden, wenn seit dem Eingang der vollständigen Anzeige nach § 139 InvG drei Monate vergangen waren, ohne dass die Bundesanstalt die Aufnahme des öffentlichen Vertriebs untersagt hatte.

Vorschrift des KAGB, s. § 314 Rn. 19, 26) die nach dieser Vorschrift zulässigen Maßnahmen ergreifen, einschließlich – sofern zum Schutze der Anleger geeignet und erforderlich – einer nachträglichen Untersagung des Vertriebs.

25 **2. Untersagung der Aufnahme des Vertriebs (Abs. 3 S. 2 bis 3).** Kommt die BaFin nach materieller Prüfung der eingereichten Unterlagen zu dem Ergebnis, dass die AIF-Kapitalverwaltungsgesellschaft oder die Verwaltung des angezeigten AIF durch die AIF-Kapitalverwaltungsgesellschaft gegen die Vorschriften des KAGB verstoßen, kann sie die Aufnahme des Vertriebs innerhalb der Frist von 20 Arbeitstagen gem. Abs. 3 S. 2 untersagen.

26 Dass die AIF-Kapitalverwaltungsgesellschaft oder die Verwaltung des angezeigten AIF durch die AIF-Kapitalverwaltungsgesellschaft gegen Vorschriften des KAGB verstößt, ist zwingende Voraussetzung einer Untersagung der Aufnahme des Vertriebs.[15] Diese Voraussetzung ist freilich weit auszulegen; es genügt mithin jeder Verstoß gegen Vorschriften des KAGB, um eine Untersagung der Aufnahme des Vertriebs zu rechtfertigen. Denn es wäre widersinnig, wenn die BaFin bei Verstößen gegen bestimmte Vorschriften des KAGB die Aufnahme des Vertriebs nicht untersagen dürfte, aber – nachdem die Aufnahme des Vertriebs erfolgt ist – wegen jedes Verstoßes gegen Vorschriften des KAGB gem. § 314 Abs. 1 Nr. 6 alle zum Schutz der Anleger geeigneten und erforderlichen Maßnahmen einschließlich einer nachträglichen Untersagung des Vertriebs ergreifen könnte.

27 Stellt die BaFin fest, dass die AIF-Kapitalverwaltungsgesellschaft oder die Verwaltung des angezeigten AIF durch die AIF-Kapitalverwaltungsgesellschaft gegen Vorschriften des KAGB verstößt, bedeutet dies nicht zwingend, dass sie die Aufnahme des Vertriebs untersagen *muss*. Der Wortlaut von Abs. 3 S. 2, wonach die BaFin die Aufnahme des Vertriebs innerhalb der in Satz 1 genannten Frist untersagen *kann*, deutet vielmehr darauf hin, dass die BaFin insoweit ein Entschließungsermessen hat, das unter Beachtung des Verhältnismäßigkeitsgrundsatzes (s. dazu § 314 Rn. 10) auszuüben ist. Bei ganz unbedeutenden Verstößen wird eine Untersagung der Aufnahme des Vertriebs daher nicht in Betracht kommen. Jedenfalls hat die BaFin zumindest bei Verstößen, die sich durch eine Änderung der Angaben und Unterlagen gem. Abs. 1 beseitigen lassen, vor einer (endgültigen) Untersagung der Aufnahme des Vertriebs ihre Beanstandungen der AIF-Kapitalverwaltungsgesellschaft mitzuteilen und dieser damit die Möglichkeit zur Überarbeitung zu geben, ohne dass nach erfolgter Überarbeitung ein neues Anzeigeverfahren einzuleiten wäre. Gem. Abs. 3 S. 3 beginnt mit Eingang der geänderten Angaben und Unterlagen die Frist von 20 Arbeitstagen für die Mitteilung gem. Abs. 3 S. 1 erneut. Wie viele „Korrekturschleifen" die BaFin zulässt, liegt in ihrem Ermessen. Jedenfalls steht das Gesetz mehreren Korrekturschleifen, an deren Ende die BaFin der AIF-Kapitalverwaltungsgesellschaft mitteilt, dass sie mit dem Vertrieb des AIF beginnen kann, nicht entgegen; im Gegenteil scheint es von der Zulässigkeit mehrerer Korrekturschleifen auszugehen, wie die in Abs. 2 angesprochene Anforderung mehrerer Ergänzungsanzeigen im Falle der bloßen Unvollständigkeit der Angaben und Unterlagen zeigt.

28 Die Untersagung der Aufnahme des Vertriebs stellt einen belastenden Verwaltungsakt dar (s. zu den Rechtsschutzmöglichkeiten gegen Maßnahmen der BaFin § 314 Rn. 45 ff.).

---

[15] Der Abs. 3 zugrunde liegende Art. 31 Abs. 3 AIFM-Richtlinie betont dies, indem er formuliert, dass die zuständigen Behörden des Herkunftsmitgliedstaats des AIFM den Vertrieb des AIF *nur* untersagen können, wenn die Verwaltung des AIF durch den AIFM gegen die Richtlinie verstoßen bzw. verstoßen wird oder der AIFM gegen die Richtlinie verstößt oder verstoßen wird.

G. Änderungen der nach Abs. 1 übermittelten Angaben oder Unterlagen (Abs. 4 und Abs. 5)

I. Anzeigepflichtige Änderungen

Abs. 4 S. 1 statuiert eine Pflicht der AIF-Kapitalverwaltungsgesellschaft, Änderungen der mit dem Anzeigeschreiben gem. Abs. 1 übermittelten Angaben und Unterlagen der BaFin schriftlich mitzuteilen und ihr zeitgleich entsprechend aktualisierte Angaben und Unterlagen zu übermitteln. Die Pflicht besteht nach dem Sinn und Zweck von Abs. 4 nur bei solchen Änderungen, die für die Zwecke des Anzeigeverfahrens von Relevanz sind. Dies soll nach Aussage der BaFin in ihrer FAQ zum Vertrieb und Erwerb von Investmentvermögen nach dem KAGB jedenfalls dann nicht der Fall sein, wenn die Änderungen rein redaktioneller Natur sind (z.B. Korrektur von Rechtschreibfehlern).[16] Danach wird die Pflicht zur Anzeige von Änderungen insbesondere bei inhaltlichen Änderungen des Verkaufsprospekts und der wesentlichen Anlegerinformationen (Abs. 1 Nr. 4) eine Rolle spielen. Änderungen der Anlagebedingungen bedürfen ohnehin der Genehmigung der BaFin (bei offenen inländischen Publikums-AIF: § 163 Abs. 1; bei geschlossenen inländischen Publikums-AIF: § 267 Abs. 1); Gleiches gilt für einen Wechsel der Verwahrstelle (§ 87 i.V.m. § 69 Abs. 1).

29

II. Prüfung der Änderungen durch die BaFin

Handelt es sich um eine geplante Änderung, so ist sie mindestens 20 Arbeitstage (s. Rn. 18) vor ihrer Durchführung mitzuteilen; handelt es sich um eine ungeplante Änderung, ist sie unverzüglich (d.h. ohne schuldhaftes Zögern, § 121 Abs. 1 S. 1 BGB) nach ihrem Eintreten mitzuteilen (Abs. 4 S. 2). Bestehen gegen die Änderung keinerlei Beanstandungen, wird die BaFin die entsprechende Mitteilung zur Kenntnis nehmen und gegenüber der AIF-Kapitalverwaltungsgesellschaft nicht weiter reagieren. Sofern eine geplante Änderung dazu führt, dass die AIF-Kapitalverwaltungsgesellschaft oder die Verwaltung des betreffenden AIF durch die AIF-Kapitalverwaltungsgesellschaft gegen Vorschriften des KAGB verstößt, teilt die BaFin der AIF-Kapitalverwaltungsgesellschaft mit, dass sie die Änderung nicht durchführen darf (Abs. 4 S. 3). Die entsprechende Mitteilung muss wiederum unverzüglich, d.h. ohne schuldhaftes Zögern (§ 121 Abs. 1 S. 1 BGB) erfolgen. Es handelt sich bei ihr um einen belastenden Verwaltungsakt (s. zu den Rechtsschutzmöglichkeiten gegen belastende Verwaltungsakte der BaFin § 314 Rn. 51 ff.).

30

Wird eine geplante Änderung durchgeführt, ohne dass sie gem. Abs. 4 S. 1 und 2 fristgerecht der BaFin angezeigt wurde, oder wird sie entgegen einer Mitteilung der BaFin gem. Abs. 4 S. 3 durchgeführt, kann die Bundesanstalt im Rahmen ihres diesbezüglichen Auswahlermessens alle gebotenen Maßnahmen einschließlich – falls erforderlich – der Untersagung des Vertriebs des betreffenden AIF ergreifen. Gleiches gilt, wenn eine ungeplante Änderung dazu führt, dass die AIF-Kapitalverwaltungsgesellschaft oder die Verwaltung des betreffenden AIF durch die AIF-Kapitalverwaltungsgesellschaft gegen Vorschriften des KAGB verstößt. Regelmäßig – insbesondere im Falle einer Vertriebsuntersagung – wird es sich bei den Maßnahmen der BaFin um belastende Verwaltungsakte handeln (vgl. § 314 Rn. 12f.; s. zu den Rechtsschutzmöglichkeiten gegen belastende Verwaltungsakte der BaFin § 314 Rn. 51 ff.).

31

---

[16] BaFin, Häufige Fragen zum Vertrieb und Erwerb von Investmentvermögen nach dem KAGB, 2.2.4.

III. Wesentliche Änderungen der im Verkaufsprospekt enthaltenen Angaben

32   Der sprachlich völlig missratene Abs. 5 betrifft ausschließlich geschlossene inländische Publikums-AIF. Er regelt den Fall, dass die Änderung i.S.v. Abs. 4 neue Umstände oder eine Unrichtigkeit in Bezug auf die im Verkaufsprospekt enthaltenen Angaben betrifft. Sind diese neuen Umstände „wichtig" bzw. ist die Unrichtigkeit „wesentlich", so ist die betreffende Änderung unverzüglich (d.h. ohne schuldhaftes Zögern, § 121 Abs. 1 S. 1 BGB) auch als Nachtrag zum Verkaufsprospekt zu veröffentlichen. Die Veröffentlichung hat im Bundesanzeiger und in einer hinreichend verbreiteten Wirtschafts- oder Tageszeitung oder in den im Verkaufsprospekt zu bezeichnenden[17] elektronischen Informationsmedien zu erfolgen.

33   Für den Fall der Veröffentlichung eines Nachtrags zum Verkaufsprospekt bestimmt § 305 Abs. 8 S. 1, dass Anleger, die vor der Veröffentlichung des Nachtrags eine auf den Erwerb eines Anteils oder einer Aktie eines geschlossenen Publikums-AIF gerichtete Willenserklärung abgegeben haben, diese Willenserklärung innerhalb einer Frist von zwei Werktagen nach Veröffentlichung des Nachtrags widerrufen können, sofern noch keine Erfüllung eingetreten ist. Gem. § 305 Abs. 8 S. 2 muss der Widerruf keine Begründung enthalten und ist in Textform (§ 126b BGB) gegenüber der im Nachtrag als Empfänger des Widerrufs bezeichneten Verwaltungsgesellschaft oder Person zu erklären. Vor dem Hintergrund von § 305 Abs. 8 verlangt § 316 Abs. 5, dass der Nachtrag den Empfänger des Widerrufs benennt; ferner muss der Nachtrag an hervorgehobener Stelle eine Belehrung über das Widerrufsrecht enthalten.

§ 317
Zulässigkeit des Vertriebs von EU-AIF oder von ausländischen AIF an Privatanleger

(1) Der Vertrieb von EU-AIF und ausländischen AIF durch eine EU-AIF-Verwaltungsgesellschaft oder eine ausländische AIF-Verwaltungsgesellschaft an Privatanleger im Geltungsbereich dieses Gesetzes ist nur zulässig, wenn
1. der AIF und seine Verwaltungsgesellschaft im Staat ihres gemeinsamen Sitzes einer wirksamen öffentlichen Aufsicht zum Schutz der Anleger unterliegen;
2. die zuständigen Aufsichtsstellen des Sitzstaates zu einer nach den Erfahrungen der Bundesanstalt befriedigenden Zusammenarbeit mit der Bundesanstalt entsprechend den §§ 9 und 10 bereit sind;
3. die AIF-Verwaltungsgesellschaft und die Verwaltung des angezeigten AIF durch sie den Anforderungen der Richtlinie 2011/61/EU entsprechen;
4. die AIF-Verwaltungsgesellschaft der Bundesanstalt ein inländisches Kreditinstitut oder eine zuverlässige, fachlich geeignete Person mit Sitz oder Wohnsitz im Geltungsbereich dieses Gesetzes als Repräsentanten benennt, die hinreichend ausgestattet ist, um die Compliance-Funktion entsprechend § 57 Absatz 3 Satz 4 wahrnehmen zu können;
5. eine Verwahrstelle die Gegenstände des AIF in einer Weise sichert, die den Vorschriften der §§ 80 bis 90 vergleichbar ist;
6. ein oder mehrere inländische Kreditinstitute oder inländische Zweigniederlassungen von Kreditinstituten mit Sitz im Ausland als Zahlstellen benannt

---
17   Im Normtext heißt es fehlerhaft: „zu bezeichneten".

werden, über welche von den Anlegern geleistete oder für sie bestimmte Zahlungen geleitet werden können; werden Zahlungen und Überweisungen über eine Zahlstelle geleitet, so ist sicherzustellen, dass die Beträge unverzüglich an das in § 83 Absatz 6 genannte Geldkonto oder an die Anleger weitergeleitet werden;
7. die Anlagebedingungen, die Satzung oder der Gesellschaftsvertrag
   a) bei offenen AIF die Mindestinhalte nach § 162 und gegebenenfalls
      aa) bei mit Sonstigen Investmentvermögen vergleichbaren AIF die Angaben nach § 224 Absatz 2,
      bb) bei mit Dach-Hedgefonds vergleichbaren AIF die Angaben nach § 229,
      cc) bei mit Immobilien-Sondervermögen vergleichbaren AIF die Angaben nach § 256 Absatz 2
   aufweisen,
   b) bei geschlossenen AIF die Mindestinhalte nach § 266 aufweisen,
   c) Regelungen enthalten, die bei offenen AIF die Einhaltung der Vorschriften in den §§ 192 bis 213 oder den §§ 218, 219 oder den §§ 220, 221, 222 oder § 225 oder den §§ 230 bis 246, 252 bis 254, 258 bis 260 und bei geschlossenen AIF die Einhaltung der Vorschriften in den §§ 261 bis 265 sicherstellen,
   d) vorsehen, dass die zum AIF gehörenden Vermögensgegenstände nicht verpfändet oder sonst belastet, zur Sicherung übereignet oder zur Sicherung abgetreten werden dürfen, es sei denn, es werden für den AIF Kredite unter Berücksichtigung der Anforderungen nach den §§ 199, 221 Absatz 6, nach § 254 aufgenommen, einem Dritten Optionsrechte eingeräumt oder Wertpapierpensionsgeschäfte nach § 203 oder Finanzterminkontrakte, Devisenterminkontrakte, Swaps oder ähnliche Geschäfte nach Maßgabe des § 197 abgeschlossen,
   e) bei offenen AIF mit Ausnahme von offenen Immobilien-Investmentvermögen vorsehen, dass die Anleger täglich die Auszahlung des auf den Anteil oder die Aktie entfallenden Vermögensteils verlangen können, es sei denn, sie sehen bei mit Sonstigen Investmentvermögen vergleichbaren AIF Regelungen entsprechend § 223 Absatz 1, bei mit Sonstigen Investmentvermögen mit Anlagemöglichkeiten entsprechend § 222 Absatz 1 vergleichbaren AIF Regelungen entsprechend § 223 Absatz 2 oder bei mit Dach-Hedgefonds vergleichbaren AIF Regelungen entsprechend § 227 vor,
   f) bei mit Immobilien-Sondervermögen vergleichbaren Investmentvermögen eine Regelung entsprechend den §§ 255, 257 vorsehen,
   g) bei geschlossenen AIF vorsehen, dass die Anleger zumindest am Ende der Laufzeit die Auszahlung des auf den Anteil oder die Aktie entfallenden Vermögensteils verlangen können,
   h) Regelungen enthalten, die sicherstellen, dass die Bewertung des AIF bei offenen AIF in einer den §§ 168 bis 170, 216 und 217, bei mit Immobilien-Sondervermögen vergleichbaren AIF unter Berücksichtigung der Sonderregelung in den §§ 248 bis 251 und bei geschlossenen AIF in einer den §§ 271 und 272 entsprechenden Weise erfolgt,
   i) vorsehen, dass eine Kostenvorausbelastung nach Maßgabe des § 304 eingeschränkt ist und dass im Jahresbericht und gegebenenfalls in den Halbjahresberichten die Angaben gemäß § 101 Absatz 2 Nummer 4 zu machen sind,
   j) bei geschlossenen AIF zudem vorsehen, dass die Bildung von Teilinvestmentvermögen und Master-Feeder-Konstruktionen ausgeschlossen ist;

8. die in § 297 Absatz 2 bis 7, 9 und 10, in den §§ 299 bis 301, 303 Absatz 1 und 3 und in § 318 genannten Pflichten zur Unterrichtung der am Erwerb eines Anteils oder einer Aktie Interessierten oder des Anlegers ordnungsgemäß erfüllt werden.

(2) Sofern es sich bei dem angezeigten AIF um einen ausländischen AIF handelt, der von einer ausländischen AIF-Verwaltungsgesellschaft verwaltet wird, ist der Vertrieb nur zulässig, wenn zusätzlich folgende Anforderungen erfüllt sind:

1. Es bestehen geeignete Vereinbarungen über die Zusammenarbeit zwischen der Bundesanstalt und den für die Aufsicht zuständigen Stellen des Drittstaates, in dem der ausländische AIF und die ausländische AIF-Verwaltungsgesellschaft ihren Sitz haben; die Vereinbarungen müssen
   a) der Überwachung von Systemrisiken dienen,
   b) im Einklang mit den internationalen Standards und den Artikeln 113 bis 115 der Delegierten Verordnung (EU) Nr. 231/2013 stehen und
   c) einen wirksamen Informationsaustausch gewährleisten, der es der Bundesanstalt ermöglicht, ihre in § 5 festgelegten Aufgaben zu erfüllen.
2. Der Herkunftsstaat des angezeigten AIF steht nicht auf der Liste der nicht kooperativen Länder und Gebiete, die von der Arbeitsgruppe „Finanzielle Maßnahmen gegen die Geldwäsche und die Terrorismusfinanzierung" aufgestellt wurde.
3. Der Herkunftsstaat des angezeigten AIF hat mit der Bundesrepublik Deutschland eine Vereinbarung unterzeichnet, die den Normen gemäß Artikel 26 des OECD-Musterabkommens zur Vermeidung der Doppelbesteuerung von Einkommen und Vermögen vollständig entspricht und einen wirksamen Informationsaustausch in Steuerangelegenheiten, gegebenenfalls einschließlich multilateraler Abkommen über die Besteuerung, gewährleistet.

(3) Ist der angezeigte AIF ein Feeder-AIF, müssen zusätzlich zu den Anforderungen nach Absatz 1 und gegebenenfalls nach Absatz 2 in Bezug auf den Feeder-AIF zumindest folgende Anforderungen erfüllt sein:

1. der Master-AIF und dessen Verwaltungsgesellschaft müssen denselben Herkunftsstaat haben wie der Feeder-AIF und dessen Verwaltungsgesellschaft,
2. die Anlagebedingungen, die Satzung oder der Gesellschaftsvertrag des Master-AIF müssen Regelungen enthalten, die die Einhaltung der Vorschriften der §§ 220, 221 und 222 sicherstellen,
3. der Master-AIF und dessen Verwaltungsgesellschaft müssen die Voraussetzungen der §§ 317 bis 319 erfüllen und das Anzeigeverfahren gemäß § 320 erfolgreich abgeschlossen haben,
4. die Anlagebedingungen oder die Satzung des Feeder-AIF müssen eine Bezeichnung des Master-AIF enthalten, in dessen Anteile oder Aktien mindestens 85 Prozent des Wertes des Feeder-AIF angelegt werden und gewährleisten, dass die Anleger in einer Art und Weise geschützt werden, die mit den Vorschriften dieses Gesetzes in Bezug auf Master-Feeder-Konstruktionen im Bereich der Publikumsinvestmentvermögen vergleichbar ist,
5. die in § 175 vorgesehenen Vereinbarungen wurden abgeschlossen.

Schrifttum

Vgl. die Angaben zu § 314; ferner *Beckmann* Der Begriff der „Vertragsbedingungen" i.S.d. § 2 Nr. 4 Auslandsinvestmentgesetz, BB **1971** 850; *Behme* Rechtsformwahrende Sitzverlegung und Formwechsel von Gesellschaften über die Grenze – Ein Beitrag zum Prinzip der gegenseitigen Anerkennung im europäischen

Gesellschaftsrecht, erscheint Ende 2014; *von Bogdandy* Die Informationsbeziehungen im europäischen Verwaltungsverbund, in: Hoffmann-Riehm/Schmidt-Aßmann/Voßkuhle, Grundlagen des Verwaltungsrechts Bd. II, 2. Aufl. 2012; *Burgard/Heimann* Das neue Kapitalanlagegesetzbuch, WM **2014** 821; *Mansel* Anerkennung als Grundprinzip des Europäischen Rechtsraums, RabelsZ 70 **(2006)** 651; *Müller-Graff* Gegenseitige Anerkennung im Europäischen Unionsrecht, ZVglRWiss 111 **(2012)** 72; *Wallach* Die Regulierung von Personengesellschaften im Kapitalanlagegesetzbuch, ZGR **2014** 289; *Wollenhaupt/Beck* Das neue Kapitalanlagegesetzbuch (KAGB), DB **2013** 1950.

Systematische Übersicht

A. Überblick —— 1
B. Entstehungsgeschichte —— 4
C. Normzweck, insb. Schutzgesetzeigenschaft —— 6
D. Anwendungsbereich (§§ 317 ff., 295 Abs. 3) —— 9
E. Voraussetzungen für die Zulässigkeit des Vertriebs von EU-AIF und ausländischen AIF an Privatanleger im Inland im Einzelnen (Abs. 1) —— 10
 I. Wirksame öffentliche Aufsicht im Sitzstaat (Nr. 1) —— 10
 II. Befriedigende Zusammenarbeit der zuständigen Aufsichtsstellen des Sitzstaates mit der BaFin (Nr. 2) —— 13
 III. Erfüllung der Anforderungen der AIFM-Richtlinie (Nr. 3) —— 16
 IV. Benennung eines Repräsentanten (Nr. 4) —— 18
  1. Inländisches Kreditinstitut —— 19
  2. Sonstige zuverlässige, fachlich geeignete Person mit Sitz oder Wohnsitz im Inland —— 20
  3. Wahrnehmung der Compliance-Funktion —— 25
 V. Verwahrstelle (Nr. 5) —— 27
  1. Das Kriterium der „Vergleichbarkeit" —— 28
  2. Anforderungen an die Verwahrstelle im Einzelnen —— 30
  3. Mehrere Verwahrstellen —— 34
 VI. Inländische Zahlstelle (Nr. 6) —— 35
 VII. Anforderungen an Anlagebedingungen und Satzung bzw. Gesellschaftsvertrag (Nr. 7) —— 38
  1. Mindestinhalte bei offenen AIF (lit. a) —— 40
  2. Mindestinhalte bei geschlossenen AIF (lit. b) —— 41
  3. Regelungen betreffend das Anlageverhalten des AIF, Kreditaufnahme, Leerverkaufsverbot (lit. c) —— 42
   a) Insbesondere: Investition in Zielfonds —— 44
   b) Insbesondere: Kreditaufnahme —— 46
   c) Insbesondere: Leerverkaufsverbot —— 49
  4. Verpfändungs- und Belastungsverbot (lit. d) —— 50
  5. Rücknahmeverpflichtung bei offenen AIF (lit. e) —— 53
  6. Rücknahmeverpflichtung bei Immobilien-Sondervermögen (lit. f) —— 57
  7. Rücknahmeverpflichtung bei geschlossenen AIF (lit. g) —— 58
  8. Bewertung des AIF (lit. h) —— 59
  9. Einschränkung der Kostenvorausbelastung (lit. i) —— 60
  10. Ausschluss der Bildung von Teilinvestmentvermögen und von Master-Feeder-Konstruktionen bei geschlossenen AIF (lit. j) —— 63
  11. Nachträgliche Änderungen der Anlagebedingungen, der Satzung oder des Gesellschaftsvertrags —— 64
 VIII. Ordnungsgemäße Erfüllung von Unterrichtungspflichten (Nr. 8) —— 65
F. Zusätzlich zu erfüllende Voraussetzungen für den Vertrieb von ausländischen AIF (Abs. 2) —— 67
 I. Bestehen von geeigneten Vereinbarungen über die Zusammenarbeit zwischen der BaFin und den für die Aufsicht zuständigen Stellen des Sitzstaates (Nr. 1) —— 68
 II. Herkunftsstaat des angezeigten AIF steht nicht auf der NCCT-Liste der FATF (Nr. 2) —— 70
 III. Bestehen einer Vereinbarung zwischen dem Herkunftsstaat des angezeigten AIF und der Bundesrepublik Deutschland in Steuerangelegenheiten (Nr. 3) —— 71

§ 317 ──── Zulässigkeit des Vertriebs von EU-AIF oder von ausl. AIF

G. Zusätzlich zu erfüllende Voraussetzungen für den Vertrieb von Feeder-AIF (Abs. 3) —— 72
    I. Identischer Herkunftsstaat von Master-AIF und Feeder-AIF (Nr. 1) —— 73
    II. Inhalt von Anlagebedingungen, Satzung oder Gesellschaftsvertrag des Master-AIF (Nr. 2) —— 74
    III. Erfüllung der Voraussetzungen der §§ 317 bis 319 und erfolgreicher Abschluss des Anzeigeverfahrens gem. § 320 durch den Master-AIF (Nr. 3) —— 76
    IV. Inhalt von Anlagebedingungen, Satzung oder Gesellschaftsvertrag des Feeder-AIF (Nr. 4) —— 77
    V. Abschluss der in § 175 vorgesehenen Vereinbarungen (Nr. 5) —— 79

A. Überblick

1   § 317 steht zu Beginn jener Vorschriften, die den Vertrieb von EU-AIF und ausländischen AIF durch eine EU-AIF-Kapitalverwaltungsgesellschaft oder eine ausländische AIF-Verwaltungsgesellschaft an Privatanleger im Inland regulieren. Er statuiert insoweit die wesentlichen materiellen Voraussetzungen, die erfüllt sein müssen, damit der Vertrieb „zulässig" ist, mithin das Anzeigeverfahren gem. § 320 erfolgreich durchlaufen werden kann. Soweit der Wortlaut keine ausdrückliche Differenzierung zwischen offenen und geschlossenen AIF enthält (Absatz 1 Nr. 7), gelten die Anforderungen sowohl für offene als auch für geschlossene AIF. § 317 wird ergänzt durch § 318 im Hinblick auf die inhaltlichen Anforderungen an den Verkaufsprospekt und die wesentlichen Anlegerinformationen beim Vertrieb von EU-AIF oder ausländischen AIF an Privatanleger und durch § 319 im Hinblick auf die Funktion des gem. Abs. 1 Nr. 4 zu benennenden Repräsentanten. Liegt eine der in § 317 bezeichneten Voraussetzungen für den Vertrieb nicht vor, kann die BaFin die Aufnahme des Vertriebs nach § 320 Abs. 2 i.V.m. § 316 Abs. 3 S. 2 untersagen; ist mit dem Vertrieb bereits begonnen worden oder entfällt eine der Zulässigkeitsvoraussetzungen erst nachträglich, ist die BaFin gem. § 314 Abs. 1 Nr. 3 befugt, alle zum Schutz der Anleger geeigneten und erforderlichen Maßnahmen zu ergreifen, einschließlich einer Untersagung des Vertriebs.

2   Die in Absatz 1 statuierten Voraussetzungen gelten für den Vertrieb von EU-AIF und ausländischen AIF gleichermaßen. Absatz 2 enthält weitere, zusätzlich zu den Anforderungen nach Absatz 1 zu erfüllende Voraussetzungen für den Vertrieb von ausländischen AIF; Absatz 3 enthält weitere, zusätzlich zu den Anforderungen nach Absatz 1 und ggf. nach Absatz 2 zu erfüllende Voraussetzungen für den Vertrieb von (EU- und ausländischen) Feeder-AIF.

3   Die BaFin hat ein Merkblatt veröffentlicht, das die Grundzüge des Anzeigeverfahrens gem. § 320 KAGB und die Voraussetzungen für den Vertrieb von EU-AIF und ausländischen AIF an Privatanleger im Inland erläutert („BaFin-Merkblatt").[1] Ein solches Merkblatt hatte bereits zu dem Anzeigeverfahren nach § 139 des aufgehobenen InvG existiert.[2] Das Merkblatt äußert sich ausführlich auch zu den materiellen Anforderungen an Anlagebedingungen, Satzung bzw. Gesellschaftsvertrag, Verkaufsprospekt und wesentliche Anlegerinformationen, und ist daher im Hinblick auf § 317 für die Praxis von erheblicher Bedeutung.

---

[1] Merkblatt für Anzeigen beim beabsichtigten Vertrieb von EU-AIF oder ausländischen AIF an Privatanleger in der Bundesrepublik Deutschland nach § 320 Kapitalanlagegesetzbuch (KAGB), Stand: 17.6.2014, online abrufbar unter http://www.bafin.de/SharedDocs/Downloads/DE/Merkblatt/WA/dl_140617_merkbl_320_kagb.html (zuletzt aufgerufen am 25.8.2014).
[2] S. dazu näher Emde/Dornseifer/Dreibus/Hölscher/*Baum* InvG, § 136 Rn. 6 f.

B. Entstehungsgeschichte

Durch § 317 werden an verschiedenen Stellen der AIFM-Richtlinie normierte Mindestanforderungen umgesetzt. Dabei nimmt die Regierungsbegründung auf folgende Bestimmungen der AIFM-Richtlinie Bezug: **4**
– Gem. Art. 43 Abs. 1 UAbs. 1 AIFM-Richtlinie können die Mitgliedstaaten unbeschadet anderer Rechtsakte der Union AIFM gestatten, in ihrem Hoheitsgebiet Anteile an von ihnen *gemäß dieser Richtlinie* verwalteten AIF an Kleinanleger zu vertreiben, wobei es keine Rolle spielt, ob der Vertrieb der AIF auf nationaler Ebene oder grenzübergreifend erfolgt und ob es sich um einen EU-AIF oder einen Nicht-EU-AIF handelt. Dementsprechend verlangt Absatz 1 Nr. 3, dass die AIF-Verwaltungsgesellschaft und die Verwaltung des angezeigten AIF durch sie den Anforderungen der AIFM-Richtlinie entsprechen (s. dazu im Einzelnen Rn. 16 f.).
– Gem. Art. 37 Abs. 3 AIFM-Richtlinie muss ein Nicht-EU-AIFM, der beabsichtigt, EU-AIF zu verwalten und/oder von ihm verwaltete AIF gem. Art. 39 oder 40 AIFM-Richtlinie in der Union zu vertreiben, über einen gesetzlichen Vertreter mit Sitz in seinem Referenzmitgliedstaat verfügen. Der gesetzliche Vertreter ist die Kontaktstelle für den AIFM in der Union, und sämtliche Korrespondenz zwischen den zuständigen Behörden und dem AIFM und zwischen den EU-Anlegern des betreffenden AIF und dem AIFM erfolgt über ihn. Der gesetzliche Vertreter nimmt gemeinsam mit dem AIFM die Compliance-Funktion in Bezug auf die von dem AIFM gemäß dieser Richtlinie ausgeführten Verwaltungs- und Vertriebstätigkeiten wahr. Diese Richtlinienbestimmung wird in § 57 Abs. 3 umgesetzt; Absatz 1 Nr. 4 und § 319 lehnen sich bei der Beschreibung der Funktion des Repräsentanten teilweise daran an.
– Art. 40 Abs. 2 AIFM-Richtlinie normiert bestimmte Bedingungen, die Nicht-EU-AIFM zusätzlich zu den in der Richtlinie festgelegten Anforderungen an EU-AIFM einhalten müssen. Diese Anforderungen werden in Absatz 2 umgesetzt.

Ferner hat der Gesetzgeber auch bei § 317 von der in Art. 43 Abs. 1 UAbs. 2 AIFM-Richtlinie vorgesehenen Möglichkeit Gebrauch gemacht, beim Vertrieb an Privatanleger über das Regulierungsniveau der Richtlinie hinauszugehen (vgl. bereits § 316 Rn. 3).[3]

§ 317 basiert in weiten Teilen auf Regelungsinhalten von § 136 des aufgehobenen **5** InvG, die weitgehend neu strukturiert und an die Terminologie des KAGB angepasst wurden. Dabei wurden die Absätze 1, 2a, 3 und 4 von § 136 InvG in Absatz 1 integriert; § 136 Abs. 2 InvG wurde nicht übernommen.[4] Ob die neue Regelungstechnik, die auf umfängliche Verweisungen statt auf die Beschreibung von Regelungsinhalten setzt, die Rechtsanwendung erleichtert, muss bezweifelt werden.

C. Normzweck, insb. Schutzgesetzeigenschaft

Die in § 317 normierten materiellen Voraussetzungen für die Zulässigkeit des Vertriebs bezwecken den Schutz der Anleger beim Erwerb von Anteilen oder Aktien an EU-AIF und ausländischen AIF. Ausweislich der Regierungsbegründung zum KAGB soll das Schutzniveau beim Vertrieb von EU-AIF und ausländischen AIF weitgehend an das Schutzniveau angeglichen werden, das nach dem KAGB beim Vertrieb inländischer Publikumsinvestmentvermögen besteht.[5] Neben dem Schutz der Anleger kann daher auch **6**

---
3 BTDrucks. 17/12294 S. 285 f.
4 BTDrucks. 17/12294 S. 285 f.
5 BTDrucks. 17/12294 S. 286.

die Schaffung gleicher Wettbewerbsbedingungen beim Vertrieb von in- und ausländischen AIF an Privatanleger als ein Zweck von § 317 angesehen werden.[6] Insgesamt sind die Anforderungen freilich so hoch, dass es nicht überzogen erscheint, wenn ihnen in der Literatur eine geradezu prohibitive Wirkung zugeschrieben wird.[7] Soweit sie den Vertrieb von EU-AIF durch eine EU-AIF-Verwaltungsgesellschaft betreffen, ist daher zweifelhaft, ob sie mit den Grundfreiheiten des europäischen Primärrechts, namentlich dem freien Kapitalverkehr (Art. 63 AEUV) und der Dienstleistungsfreiheit (Art. 56 AEUV), vollständig vereinbar sind.

7   Der BGH hat bereits zu § 2 Abs. 1 Nr. 2 und Nr. 4 lit. f AuslInvestmG entschieden, dass es sich bei diesen Normen um Schutzgesetze i.S.d. § 823 Abs. 2 BGB handelt, aus deren Verletzung der Anleger folglich einen deliktsrechtlichen Schadensersatzanspruch gegen die Investmentgesellschaft herleiten kann. Er hat dies im Wesentlichen mit der Erwägung begründet, dass diese Vorschriften unzweifelhaft dem Anlegerschutz dienen und insbesondere verhindern sollen, dass Anleger ihr Kapital in besonders gefährliche und aus diesem Grunde materiell unzulässige Anlagemodelle investieren. Er hat ferner betont, dass ihre Nichtbeachtung zur Unzulässigkeit des Anteilsvertriebs gem. § 2 AuslInvestmG geführt und die zuständige Behörde zu einem Einschreiten im Wege der Vertriebsuntersagung gem. § 8 Abs. 2, 3 AuslInvestmG verpflichtet hätte, wenn ihr die Verstöße bekannt geworden wären.[8] Ausgehend von dieser Entscheidung des BGH, haben das OLG Stuttgart und – ihm folgend – das OLG Karlsruhe mit jeweils identischer Begründung die Schutzgesetzeigenschaft aller Einzelregelungen in § 2 AuslInvestmG bejaht; für eine differenzierende Würdigung des Charakters der einzelnen Anforderungen gebe es keinen Spielraum.[9] Auch diese Entscheidungen stellen maßgeblich darauf ab, dass alle Einzelregelungen in § 2 AuslInvestmG zwingende Anforderungen an die Zulassung eines öffentlichen Vertriebs enthalten, mit der Folge, dass bei Nichterfüllung einer jeden dieser Zulassungsvoraussetzungen die Behörde ohne Ermessensspielraum (§ 8 Abs. 3 Nr. 1 und Nr. 2 AuslInvestmG) ebenso wie bei fehlender Anzeige (§ 7 AuslInvestmG) den Vertrieb untersagen muss. Die Kommentarliteratur zu § 136 des aufgehobenen InvG, der auf § 2 AuslInvestmG basierte, hat diese Rechtsprechung auf die in § 136 InvG statuierten Zulässigkeitsvoraussetzungen übertragen. Denn es hätten sich im Hinblick auf die Gesetzessystematik, d.h. das ermessenslose Verbot des Vertriebs durch die BaFin, keine Änderungen ergeben.[10]

8   Es ist vor diesem Hintergrund davon auszugehen, dass die Rechtsprechung auch die in § 317 normierten Zulässigkeitsvoraussetzungen als Schutzgesetze i.S.d. § 823 Abs. 2 BGB qualifizieren wird. Zwar hat die BaFin im Rahmen des Anzeigeverfahrens gem. § 320 Abs. 2 i.V.m. § 316 Abs. 3 S. 2 nach dem Wortlaut („kann die Aufnahme des Vertriebs ... untersagen") ein Ermessen hinsichtlich der Untersagung der Aufnahme des Vertriebs und gem. § 314 („ist befugt") ferner ein Ermessen hinsichtlich einer späteren Vertriebsuntersagung (s. § 314 Rn. 9). Darauf, ob die aufsichtsrechtlichen Bestimmungen unter bestimmten Voraussetzungen der BaFin ein Ermessen einräumen oder nicht, kommt es für die zivilrechtliche Qualifikation der Zulässigkeitsvoraussetzungen als Schutzgesetze i.S.d. § 823 Abs. 2 BGB aber nicht an. Entscheidend ist insoweit allein, ob die jeweilige

---

6   Vgl. Emde/Dornseifer/Dreibus/Hölscher/*Baum* InvG, § 136 Rn. 74.
7   So *Burgard/Heimann* WM **2014** 821, 829.
8   BGH 13.9.2004 ZIP **2004** 2095, 2099.
9   OLG Stuttgart 2.11.2005, 9 U 108/05 (juris); OLG Karlsruhe 24.2.2006, 1 U 190/05 (juris).
10 So ausdrücklich Emde/Dornseifer/Dreibus/Hölscher/*Baum* InvG, § 136 Rn. 5; im Ergebnis ebenso ohne nähere Begründung Berger/Steck/Lübbehüsen/*Erhard* InvG, § 136 Rn. 2.

Vorschrift dem Schutz von Individualinteressen zu dienen bestimmt ist.[11] Hiervon geht die Rechtsprechung offenbar aus, wenngleich dies keineswegs zweifelsfrei erscheint: Die besseren Argumente sprechen dafür, dass die allgemeinen Anforderungen an die Zulässigkeit des Vertriebs dem Schutz der Anleger in ihrer Gesamtheit und des Finanzmarktes als Institution dienen, nicht dem Schutz individueller Anlegerinteressen. Dies entspricht auch eher der Konzeption des deutschen Deliktsrechts, das den Schutz bloßer Vermögensinteressen grundsätzlich nur unter den strengen Voraussetzungen des § 826 BGB gewährleistet.

D. Anwendungsbereich (§§ 317 ff., 295 Abs. 3)

Die §§ 317 bis 320 betreffen nach ihrem Wortlaut und den amtlichen Überschriften **9** der Normen den Vertrieb von (offenen und geschlossenen) EU-AIF oder ausländischen AIF an Privatanleger im Inland. Gem. § 295 Abs. 3 Nr. 1 lit. b und Nr. 2 lit. b ist eine Vertriebsanzeige nach §§ 317 bis 320 jedoch auch möglich, wenn der Vertrieb von EU-AIF oder ausländischen AIF an semiprofessionelle Anleger im Inland erfolgen soll (alternativ zu den Voraussetzungen für den Vertrieb von inländischen Spezial-AIF, EU-AIF und ausländischen AIF an semiprofessionelle Anleger im Inland, auf die in § 295 Abs. 3 Nr. 1 lit. a oder Nr. 2 lit. a verwiesen wird).

E. Voraussetzungen für die Zulässigkeit des Vertriebs von EU-AIF und ausländischen AIF an Privatanleger im Inland im Einzelnen (Abs. 1)

I. Wirksame öffentliche Aufsicht im Sitzstaat (Nr. 1)

Gem. Absatz 1 Nr. 1 müssen der AIF und seine Verwaltungsgesellschaft im Staat ih- **10** res gemeinsamen Sitzes einer wirksamen öffentlichen Aufsicht zum Schutz der Anleger unterstehen. Die Formulierung macht deutlich, dass der AIF und die Verwaltungsgesellschaft ihren Sitz in demselben Staat haben müssen.[12] Für EU-AIF und ausländische AIF und ihre Verwaltungsgesellschaften gilt damit dasselbe wie für inländische Investmentvermögen und ihre Kapitalverwaltungsgesellschaften, bei denen sich gem. § 17 Abs. 1 ebenfalls der satzungsmäßige Sitz im Inland befinden muss. § 17 Abs. 1 verlangt zudem, dass sich auch die Hauptverwaltung der Kapitalverwaltungsgesellschaft im Inland befindet. Dagegen verlangt Absatz 1 Nr. 1 lediglich, dass sich der Sitz – gemeint ist der satzungsmäßige Sitz – der AIF-Verwaltungsgesellschaft im Herkunftsstaat des AIF befindet. Die Hauptverwaltung kann sich im Inland befinden, sofern das Recht des Herkunftsstaates dies gestattet. Für EU-AIF-Verwaltungsgesellschaften ergibt sich dies bereits aus der Rechtsprechung des EuGH zur Auslegung der Niederlassungsfreiheit von Gesellschaften (Art. 49, 54 AEUV)[13] im Sinne eines Prinzips der gegenseitigen Anerkennung.[14]

Es muss sich um eine öffentliche Aufsicht handeln, mithin eine Aufsicht, die durch **11** staatliche Organe oder Beliehene ausgeübt wird; eine Aufsicht durch Selbstregulierungseinrichtungen genügt nicht. Wirksam ist die Aufsicht dann, wenn die zuständige Behörde mit den erforderlichen Durchsetzungsbefugnissen ausgestattet ist und von diesen

---

11 MünchKomm BGB/*Wagner* § 823 Rn. 405; Staudinger/*Hager* BGB, § 823 Rn. G 19.
12 *Wollenhaupt/Beck* DB **2013** 1950, 1957.
13 EuGH 9.3.1999 Slg. **1999** I-1459 (Centros); EuGH 5.11.2002 Slg. **2002** I-9919 (Überseering); EuGH 30.9.2003 Slg. **2003** I-10155 (Inspire Art).
14 S. dazu *Behme* passim.

auch tatsächlich Gebrauch macht.[15] Die Aufsicht muss ferner dem Schutz der Anleger dienen; der Regierungsbegründung zum Investmentmodernisierungsgesetz ist insoweit zu entnehmen, dass eine ausreichende Überwachung der Einhaltung der Vertragsbedingungen oder Satzung, der Verkaufsprospekte und der anlegerschützenden gesetzlichen Bestimmungen im Ausland sichergestellt sein muss.[16] Jedenfalls bei EU-AIF und EU-AIF-Verwaltungsgesellschaften wird man davon ausgehen müssen, dass diese stets einer wirksamen öffentlichen Aufsicht in ihrem Herkunftsstaat unterliegen. Der Gedanke des gegenseitigen Vertrauens der europäischen Staaten in die Güte ihrer Regulierung und – darauf aufbauend – der gegenseitigen Anerkennung ist für den europäischen Binnenmarkt prägend;[17] er lässt sich auf den Bereich des Aufsichtsrechts jedenfalls vor dem Hintergrund der durch die AIFM-Richtlinie erfolgten Angleichung der Aufgaben und Befugnisse der nationalen Aufsichtsbehörden (vgl. Art. 44 ff. AIFM-Richtlinie) übertragen.[18]

12 Gem. § 320 Abs. 1 Nr. 9 sind im Rahmen des Anzeigeverfahrens alle wesentlichen Angaben und Unterlagen einzureichen, aus denen hervorgeht, dass der ausländische AIF und seine Verwaltungsgesellschaft in dem Staat, in dem sie ihren Sitz haben, einer wirksamen öffentlichen Aufsicht zum Schutz der Anleger unterliegen. Ausweislich des BaFin-Merkblatts ist eine Bescheinigung im Original der zuständigen Aufsichtsbehörde darüber erforderlich, dass die AIF-Verwaltungsgesellschaft von dieser Behörde zugelassen worden ist und der dortigen öffentlichen Aufsicht zum Schutz der Investmentanleger unterliegt.[19] Mit Blick auf EU-AIF und ihre Verwaltungsgesellschaften wird die Einreichung entsprechender Angaben und Unterlagen weder durch § 320 Abs. 1 Nr. 9 noch durch das BaFin-Merkblatt gefordert, da bei ihnen auch ohne gesonderten Nachweis davon auszugehen ist, dass sie einer wirksamen öffentlichen Aufsicht unterliegen (s. bereits oben Rn. 11).

II. Befriedigende Zusammenarbeit der zuständigen Aufsichtsstellen des Sitzstaates mit der BaFin (Nr. 2)

13 Absatz 1 Nr. 2 verlangt ferner, dass die zuständigen Aufsichtsstellen des Sitzstaates zu einer nach den Erfahrungen der BaFin befriedigenden Zusammenarbeit mit der BaFin entsprechend den §§ 9 und 10 bereit sind. Die Dimensionen der Zusammenarbeit werden in § 10 Abs. 1 S. 1 dahingehend beschrieben, dass sie sich auf den Informationsaustausch, die Zusammenarbeit bei Überwachungstätigkeiten, Überprüfungen vor Ort und Ermittlungen erstreckt, wobei der Informationsaustausch von besonderer Bedeutung ist.[20]

14 Der Wortlaut von Absatz 1 Nr. 2 setzt voraus, dass die BaFin bereits positive Erfahrungen hinsichtlich der Kooperationsbereitschaft der jeweiligen ausländischen Behörde gesammelt hat. Dies würde freilich bedeuten, dass ausländische AIF aus Staaten, mit denen entsprechende Erfahrungen noch nicht bestehen, in Deutschland grundsätzlich

---

15 Berger/Steck/Lübbehüsen/*Erhard* InvG, § 136 Rn. 5; Emde/Dornseifer/Dreibus/Hölscher/*Baum* InvG, § 136 Rn. 10.
16 BTDrucks. 15/1553 S. 117 in Bezug auf § 136 des aufgehobenen InvG.
17 S. ausführlich *Müller-Graff* ZVglRWiss 111 (**2012**) 72; zum Grundsatz der gegenseitigen Anerkennung als Ausdruck des gegenseitigen Vertrauens der Mitgliedstaaten s. auch *Mansel* RabelsZ 70 (**2006**) 651, 668.
18 A.A. noch Emde/Dornseifer/Dreibus/Hölscher/*Baum* InvG, § 136 Rn. 11, jedoch vor Inkrafttreten der AIFM-Richtlinie.
19 BaFin-Merkblatt S. 15.
20 S. grundlegend zu horizontalen Informationsbeziehungen im europäischen Verwaltungsverbund *v. Bogdandy* S. 365, 406 ff.

nicht vertrieben werden könnten. Daher ist wie auch im Rahmen von Absatz 1 Nr. 1 zu differenzieren: Bei Aufsichtsstellen anderer EU- und EWR-Mitgliedstaaten ist nach dem Grundsatz der gegenseitigen Anerkennung (s. oben Rn. 11) stets davon auszugehen, dass sie zu einer entsprechenden Zusammenarbeit mit der BaFin bereit sind. In Bezug auf Aufsichtsstellen aus Drittstaaten verlangt die BaFin im Rahmen des Anzeigeverfahrens nach § 320 eine aktuelle Bescheinigung im Original der zuständigen Aufsichtsbehörde darüber, dass diese zu einer befriedigenden Zusammenarbeit mit der Bundesanstalt bereit ist und die Bundesanstalt unverzüglich über eine Aufhebung, Rücknahme, einen anderen Wegfall der Zulassung der AIF-Verwaltungsgesellschaft oder andere schwerwiegende Maßnahmen gegen die AIF-Verwaltungsgesellschaft unterrichten sowie weitere von der Bundesanstalt zur Erfüllung ihrer Aufgaben erbetene Informationen zur Verfügung stellen wird. Diese Bescheinigung ist jedoch entbehrlich, wenn zwischen der Bundesanstalt und der zuständigen Aufsichtsbehörde des Staates, in dem die ausländische AIF-Verwaltungsgesellschaft ihren Sitz hat, eine bilaterale oder multilaterale Vereinbarung (*Memorandum of Understanding*, kurz: MoU) besteht, die eine Zusammenarbeit der Aufsichtsbehörden, insbesondere einen Informationsaustausch, auch auf dem Gebiet der einschlägigen Vorschriften des KAGB gewährleistet.[21]

Da Absatz 1 Nr. 2 nach dem soeben Ausgeführten nur für den Vertrieb von ausländischen AIF durch eine ausländische AIF-Verwaltungsgesellschaft von Relevanz ist, wäre die Voraussetzung systematisch besser in Absatz 2 aufgehoben. Insgesamt erscheint weder die Regelung selbst, die auf § 136 Abs. 1 Nr. 1 des aufgehobenen InvG basiert und mit dem in Umsetzung der AIFM-Richtlinie eingefügten Absatz 2 nicht konsolidiert wurde, noch die Verwaltungspraxis der BaFin sonderlich durchdacht. Denn nach Absatz 2 Nr. 1 ist beim Vertrieb ausländischer AIF ohnehin erforderlich, dass zwischen der BaFin und den zuständigen Aufsichtsbehörden des Sitzstaates eine bilaterale Vereinbarung (MoU) besteht, deren inhaltliche Anforderungen dort näher beschrieben werden (s. unten Rn. 68 f.). Der Fall, dass nach dem Merkblatt (in Ermangelung eines entsprechenden MoU) eine Bescheinigung der zuständigen Aufsichtsbehörde über ihre Bereitschaft zur Zusammenarbeit mit der BaFin erforderlich ist, wird daher niemals eintreten, da die Zulässigkeit des Vertriebs dann an Absatz 2 Nr. 1 scheitern würde. Das *Multilateral Memorandum of Understanding concerning Consultation and Cooperation and the Exchange of Information* der IOSCO (= *International Organization of Securities Commissions*), das von derzeit 103 Aufsichtsbehörden weltweit unterzeichnet wurde,[22] ist zwar als „multilaterale Vereinbarung" i.S.d. BaFin-Merkblatts geeignet, die Bereitschaft der ausländische Aufsichtsbehörde zur Zusammenarbeit im Rahmen von Absatz 1 Nr. 2 nachzuweisen, macht aber den Abschuss eines bilateralen Abkommens, das den Anforderungen von Absatz 2 Nr. 1 genügt, nicht entbehrlich, da es selbst diesen Anforderungen nicht genügt. 15

III. Erfüllung der Anforderungen der AIFM-Richtlinie (Nr. 3)

Absatz 1 Nr. 3 verlangt, dass die AIF-Verwaltungsgesellschaft und die Verwaltung des angezeigten AIF durch sie den (Mindest-)Anforderungen der AIFM-Richtlinie entsprechen. Damit macht der Gesetzgeber von der ihm durch Art. 43 Abs. 1 UAbs. 1 AIFM-Richtlinie eingeräumten Befugnis Gebrauch, ausländischen AIFM zu gestatten, in Deutschland Anteile an von ihnen *gemäß dieser Richtlinie* verwalteten AIF an Kleinanle- 16

---

21 BaFin-Merkblatt S. 15.
22 Eine Liste der Signatare des *Multilateral Memorandum of Understanding concerning Consultation and Cooperation and the Exchange of Information* der IOSCO ist online abrufbar unter http://www.iosco.org/library/index.cfm?section=mou_siglist (zuletzt aufgerufen am 27.8.2014).

ger zu vertreiben, wobei es keine Rolle spielt, ob der Vertrieb der AIF auf nationaler Ebene oder grenzübergreifend erfolgt und ob es sich um einen EU-AIF oder einen Nicht-EU-AIF handelt. Eine EU-AIF-Verwaltungsgesellschaft unterliegt aufgrund der im Rahmen der Umsetzung der AIFM-Richtlinie erlassenen nationalen Vorschriften ihres Herkunftsstaats stets den Anforderungen der AIFM-Richtlinie (s. § 1 Abs. 17 Nr. 2); dass sie diesen Anforderungen auch tatsächlich entspricht, ist im Rahmen des Anzeigeverfahrens durch eine Bescheinigung der zuständigen Aufsichtsbehörde ihres Herkunftsmitgliedstaates oder ihres Referenzmitgliedstaates nachzuweisen (§ 320 Abs. 1 Nr. 1 lit. a). Anders verhält es sich bei einer ausländischen AIF-Verwaltungsgesellschaft. Aufgrund ihrer jeweils beschränkten Hoheitsgewalt können weder der deutsche noch der europäische Gesetzgeber Regelungen für ausländische Investmentvermögen erlassen; diese unterliegen vielmehr dem nicht durch die AIFM-Richtlinie harmonisierten nationalen Recht ihres Herkunftsstaates. Aufgrund von Art. 43 Abs. 1 UAbs. 1 AIFM-Richtlinie dürfen die nationalen Gesetzgeber der Mitgliedstaaten aber nur den Vertrieb von solchen ausländischen AIF in ihrem Hoheitsgebiet zulassen, deren Verwaltung den Anforderungen der AIFM-Richtlinie genügt. Mittelbar werden dadurch die Anforderungen der AIFM-Richtlinie auch auf ausländische Investmentvermögen zur Anwendung gebracht. Aus diesem Grunde hat eine ausländische AIF-Kapitalverwaltungsgesellschaft im Rahmen des Anzeigeverfahrens Angaben und Unterlagen entsprechend § 22 Abs. 1 Nrn. 1 bis 9 und 13 vorzulegen (§ 320 Abs. 1 Nr. 1 lit. b).

17 Bereits aus Abs. 1 Nr. 3 ergibt sich, dass der Vertrieb ausländischer AIF nur zulässig ist, wenn die Vermögensgegenstände des AIF durch eine Verwahrstelle gesichert werden. Denn eine Verwaltung nach den Anforderungen der Richtlinie setzt gem. Art. 21 Abs. 1 AIFM-Richtlinie zwingend voraus, dass der AIFM für jeden von ihm verwalteten AIF (also auch für einen ausländischen AIF) sicherstellt, dass eine Verwahrstelle im Einklang mit diesem Artikel bestellt wird.

IV. Benennung eines Repräsentanten (Nr. 4)

18 Absatz 1 Nr. 4 verpflichtet die AIF-Verwaltungsgesellschaft, der BaFin einen inländischen Repräsentanten zu benennen, der hinreichend ausgestattet ist, um die Compliance-Funktion entsprechend § 57 Abs. 3 S. 3 wahrnehmen zu können, und legt fest, wer als Repräsentant in Betracht kommt. Die Vorschrift wird ergänzt durch § 319, der die Befugnisse des Repräsentanten regelt, für Klagen gegen den AIF oder die AIF-Verwaltungsgesellschaft einen gesetzlichen Gerichtsstand am Sitz des Repräsentanten begründet und eine Bekanntmachungspflicht der BaFin statuiert.

19 **1. Inländisches Kreditinstitut.** Als Repräsentant kommt ein inländisches Kreditinstitut oder eine zuverlässige, fachlich geeignete Person mit Sitz oder Wohnsitz im Inland in Betracht. Unter einem inländischen Kreditinstitut ist ein solches gem. § 1 Abs. 1 S. 1 KWG zu verstehen, mithin ein Unternehmen, das Bankgeschäfte gewerbsmäßig oder in einem Umfang betreibt, der einen in kaufmännischer Weise eingerichteten Geschäftsbetrieb erfordert. Inländische Zweigstellen ausländischer Unternehmen, die Bankgeschäfte betreiben, gelten gem. § 53 Abs. 1 KWG als Kreditinstitut und können daher ebenfalls die Repräsentantenfunktion übernehmen.[23] Die Übernahme der Repräsentantenfunktion durch eine bloße Repräsentanz i.S.d. § 53a KWG fällt nicht unter Var. 1 („inländisches

---

[23] *Baur* § 2 AuslInvestmG Rn. 12; Berger/Steck/Lübbehüsen/*Erhard* InvG, § 136 Rn. 9; Emde/Dornseifer/Dreibus/Hölscher/*Baum* InvG, § 136 Rn. 19.

Kreditinstitut"), kann aber im Einzelfall unter Var. 2 ("zuverlässige, fachlich geeignete Person mit Sitz oder Wohnsitz im Geltungsbereich dieses Gesetzes") fallen.

2. Sonstige zuverlässige, fachlich geeignete Person mit Sitz oder Wohnsitz im Inland. Eine Person, die kein inländisches Kreditinstitut ist, kann die Repräsentantenfunktion übernehmen, wenn sie (i) zuverlässig und (ii) fachlich geeignet ist sowie (iii) über einen Sitz oder Wohnsitz im Geltungsbereich dieses Gesetzes verfügt. Anders als bei Kreditinstituten, bei denen Zuverlässigkeit und fachliche Eignung bereits im Rahmen der KWG-Erlaubnis festgestellt wurden,[24] sind diese Eigenschaften bei sonstigen Personen positiv festzustellen. In Betracht kommen sowohl natürliche Personen als auch rechtsfähige Gesellschaften unabhängig von ihrer Rechtsform. Insbesondere kommt es nicht darauf an, ob eine Gesellschaft als juristische Person zu qualifizieren ist, sodass die Repräsentantenfunktion auch durch eine rechtsfähige Personengesellschaft wahrgenommen werden kann.[25] Darunter fällt nach der Rechtsprechung des BGH[26] auch die Außengesellschaft bürgerlichen Rechts, etwa eine in dieser Form organisierte Rechtsanwaltssozietät.[27] Bei Gesellschaften ist auf die Zuverlässigkeit und fachliche Eignung ihrer gesetzlichen Vertreter abzustellen.[28]

Eine Person ist als zuverlässig anzusehen, wenn sie nach ihrer gesamten Persönlichkeit bzw. ihrem Lebenslauf Gewähr für eine ordnungsgemäße, gesetzeskonforme Wahrnehmung der Aufgaben eines Repräsentanten bietet.[29] Die fachliche Eignung setzt unstreitig jedenfalls die Beherrschung der deutschen Sprache in Wort und Schrift voraus; als erforderlich wird man ferner ansehen müssen, dass der Repräsentant zumindest über so weitreichende Kenntnisse im Bereich des Investmentwesens und -rechts verfügt, dass er in der Lage ist, seine grundsätzliche Funktion sowie den Inhalt und Umfang seiner Pflichten zutreffend zu beurteilen und diese Pflichten auch mit der gebotenen Sorgfalt wahrzunehmen.[30] Gegen einen allzu großzügigen Maßstab bei der Beurteilung der fachlichen Eignung spricht vor allem die dem Repräsentanten zugewiesene Wahrnehmung der Compliance-Funktion, die voraussetzt, dass der Repräsentant fachlich dazu in der Lage ist, die KAGB-Konformität der AIF-Verwaltungsgesellschaft und der Verwaltung des AIF durch diese zu prüfen (s. dazu unten Rn. 25f.). Ob die BaFin im Einklang mit ihrer früheren Verwaltungspraxis[31] weitergehende Anforderungen an die fachliche Eignung

---

24 Berger/Steck/Lübbehüsen/*Erhard* InvG, § 136 Rn. 9.
25 Dass in § 1 Abs. 19 Nr. 34 lit. b von dem „gesetzlichen Vertreter" (statt Repräsentanten) einer „juristischen Person" (statt einer rechtsfähigen Gesellschaft) die Rede ist, liegt daran, dass die Terminologie von Art. 4 Abs. 1 lit. j iv) AIFM-Richtlinie vollständig übernommen wurde, ohne dass eine Anpassung an das deutsche Recht erfolgt wäre. Der Begriff der „juristischen Person" (engl. *legal person*, franz. *personne morale*) in der AIFM-Richtlinie ist aber weiter als der Begriff der juristischen Person i.S.d. deutschen Gesellschaftsrechts. S. zutreffend *Wallach* ZGR **2014** 289, 299.
26 Grundlegend BGH 29.1.2001 BGHZ **146** 341.
27 Anders, jedoch vor Anerkennung der Rechtsfähigkeit der Außen-GbR, noch *Baur* § 2 AuslInvestmG Rn. 15 und § 6 AuslInvestmG Rn. 9.
28 Berger/Steck/Lübbehüsen/*Erhard* InvG, § 136 Rn. 9.
29 Berger/Steck/Lübbehüsen/*Erhard* InvG, § 136 Rn. 10; Emde/Dornseifer/Dreibus/Hölscher/*Baum* InvG, § 136 Rn. 20.
30 Berger/Steck/Lübbehüsen/*Erhard* InvG, § 136 Rn. 10; Emde/Dornseifer/Dreibus/Hölscher/*Baum* InvG, § 136 Rn. 20.
31 BAK-Schreiben v. 21.1.1969, zit. nach *Baur* § 2 AuslInvestmG Rn. 17: „An die fachliche Qualifikation des Repräsentanten können zwar nicht die Anforderungen des § 33 Abs. 2 KWG in vollem Umfang gestellt werden; in Anlehnung an diese Bestimmung dürfte die fachliche Eignung i.d.R. allerdings nur dann angenommen werden können, wenn eine dreijährige Tätigkeit in nicht nur untergeordneter Stellung auf dem Gebiet des Effektenwesens vorliegt (z.B. bei einer Bank, bei einer Wertpapierbörse, im Rahmen einer Investmentvertriebsorganisation)."

stellen wird, die sich an den für die Geschäftsleiter von Kreditinstituten geltenden Bestimmungen (nunmehr § 25c Abs. 1 KWG) orientieren, bleibt abzuwarten. In der Literatur werden derartige Anforderungen mit Recht als unverhältnismäßig kritisiert.[32]

22 Die BaFin beurteilt die Zuverlässigkeit und die fachliche Eignung anhand der nach § 320 Abs. 1 Nr. 2 einzureichenden „wesentlichen Angaben zum Repräsentanten", wozu ausweislich des Merkblatts zum Anzeigeverfahren nach § 320 (s. oben Rn. 3) insbesondere die folgenden Angaben zählen:[33]

- Lückenloser, eigenhändig unterzeichneter Lebenslauf, der sämtliche Vornamen, den Familien- und Geburtsnamen, Geburtstag, Geburtsort, die Privatanschrift, Staatsangehörigkeit sowie eine eingehende Darlegung der fachlichen Vorbildung, die Namen aller Unternehmen, für die diese Person tätig gewesen ist, und Angaben zur Art der jeweiligen Tätigkeit enthalten muss; bei der Art der jeweiligen Tätigkeit sind insbesondere die Vertretungsmacht dieser Person, ihre internen Entscheidungskompetenzen und die ihr innerhalb des Unternehmens unterstellten Geschäftsbereiche darzustellen; bei fremden Staatsangehörigen ist eine Erklärung erforderlich, ob sie die deutsche Sprache in Wort und Schrift beherrschen;
- Erklärung der betreffenden Person, ob gegen sie ein Strafverfahren schwebt, ob ein Strafverfahren wegen eines Verbrechens oder Vergehens gegen sie anhängig gewesen ist oder ob sie oder ein von ihr geleitetes Unternehmen als Schuldnerin in ein Insolvenzverfahren oder ein Verfahren zur Abgabe einer eidesstattlichen Versicherung oder ein vergleichbares Verfahren verwickelt war oder ist;
- Führungszeugnis zur Vorlage bei einer Behörde (Belegart „O") des Bundesamtes für Justiz gemäß § 30 Abs. 5 Bundeszentralregistergesetz (BZRG);
- Bei natürlichen Personen, die selbständig tätig waren oder sind, und solchen, die im Rahmen ihrer beruflichen Tätigkeit Vertretungsberechtigte eines Gewerbetreibenden oder mit der Leitung eines Gewerbebetriebes beauftragt oder Leiter einer sonstigen wirtschaftlichen Unternehmung waren oder sind, Auszug aus dem Gewerbezentralregister gemäß § 150 Gewerbeordnung (GewO) im Original.

Ist der Repräsentant eine Handels- oder Kapitalgesellschaft, so sind diese Unterlagen für sämtliche Mitglieder der Geschäftsleitung einzureichen.

23 Das Erfordernis des inländisches Sitzes oder Wohnsitzes hat die Funktion, einen lokalen Anknüpfungspunkt im Inland zu schaffen, damit sich der am Wohnsitz oder Sitz gem. § 319 Abs. 2 begründete gesetzliche Gerichtsstand des AIF, der AIF-Verwaltungsgesellschaft oder einer Vertriebsgesellschaft im Inland befindet. Im Lichte dieser Funktion ist es nicht erforderlich, dass sich der Hauptwohnsitz des Repräsentanten im Inland befindet; es genügt, dass sich einer von ggf. mehreren Wohnsitzen im Inland befindet. Bei Gesellschaften ist entscheidend, dass sich zumindest ein lokaler Anknüpfungspunkt im Inland befindet, der die Begründung eines Gerichtsstands im Inland zur Folge hat. Dabei muss es sich nicht notwendigerweise um den satzungsmäßigen Sitz handeln; eine Zweigniederlassung im Inland genügt (§ 1 Abs. 19 Nr. 34 lit. b). Das Erfordernis eines inländischen Satzungssitzes und damit einhergehend einer inländischen Rechtsform wäre auch vor dem Hintergrund der Auslegung der unionsrechtlichen Niederlassungsfreiheit

---

[32] Berger/Steck/Lübbehüsen/*Erhard* InvG, § 136 Rn. 10; Emde/Dornseifer/Dreibus/Hölscher/*Baum* InvG, § 136 Rn. 20.
[33] BaFin-Merkblatt S. 19 f.

(Art. 49, 54 AEUV) im Sinne eines Prinzips der gegenseitigen Anerkennung[34] durch die Rechtsprechung des EuGH[35] unionsrechtlich nicht haltbar gewesen.

Personelle Verflechtungen zwischen dem Repräsentanten und dem AIF, der AIF-Verwaltungsgesellschaft oder der Verwahrstelle sind unschädlich. Die Funktion des Repräsentanten besteht in der Wahrnehmung einer Mittlerfunktion zwischen dem AIF und der AIF-Verwaltungsgesellschaft auf der einen und den Anlegern und der BaFin auf der anderen Seite. Er wirkt weder an der Verwaltung des AIF mit noch nimmt er Aufsichts- oder Kontrollfunktionen war. Die Gefahr von Interessenkonflikten besteht daher nicht.[36]

3. Wahrnehmung der Compliance-Funktion. Der Repräsentant muss hinreichend ausgestattet sein, um die Compliance-Funktion entsprechend § 57 Abs. 3 S. 4 wahrnehmen zu können. Diese Anforderung wird von der BaFin in ihrer FAQ zum Vertrieb und Erwerb von Investmentvermögen nach dem KAGB konkretisiert.[37] Danach umfasst die Compliance-Funktion die Prüfung, ob die AIF-Verwaltungsgesellschaft und die Verwaltung des AIF durch diese mit den Anforderungen des KAGB konform sind. Richtigerweise beschränkt sich die Compliance-Funktion bei EU-AIF-Verwaltungsgesellschaften auf Anforderungen des KAGB, die über die AIFM-Richtlinie hinausgehen. Denn die Einhaltung der Anforderungen der AIFM-Richtlinie (präziser: der im Rahmen der Umsetzung der AIFM-Richtlinie erlassenen Bestimmungen des nationalen Rechts) wird bereits von der zuständigen Stelle des Herkunftsstaates beaufsichtigt und bei der Vertriebsanzeige bestätigt (§ 320 Abs. 1 Nr. 1 lit. a).

Der BaFin zufolge hat der Repräsentant ferner im Rahmen der Wahrnehmung der Compliance-Funktion die AIF-Verwaltungsgesellschaft bei der Einhaltung des KAGB zu unterstützen. Aus diesem Grunde soll es erforderlich sein, dass der Repräsentant von der AIF-Verwaltungsgesellschaft „eingebunden" wird, wenn Tätigkeiten oder Entscheidungen Auswirkungen auf die KAGB-Konformität haben könnten. Dazu, wie diese Einbindung konkret auszusehen hat, äußert sich die BaFin nicht. Da der Repräsentant selbst nicht an der Verwaltung des AIF beteiligt ist, kann es sich bei der Pflicht zur Einbindung lediglich um eine Pflicht zur Mitteilung der jeweiligen Tätigkeiten oder Entscheidungen handeln bzw. um eine Aufforderung zur Stellungnahme. Der Repräsentant hat jedenfalls im Rahmen der Compliance-Funktion keine Möglichkeit, bestimmte Tätigkeiten oder Entscheidungen im Rahmen der Verwaltung des AIF zu verhindern. Die BaFin weist allerdings darauf hin, dass der Repräsentant bei mangelnder Kooperationsbereitschaft der AIF-Verwaltungsgesellschaft sein Mandat niederlegen kann und muss, wodurch eine der gesetzlichen Voraussetzungen für die Zulässigkeit des Vertriebs (§ 317 Abs. 1 Nr. 4) entfällt.

V. Verwahrstelle (Nr. 5)

Gem. Absatz 1 Nr. 5 ist erforderlich, dass eine Verwahrstelle die Gegenstände des AIF in einer Weise sichert, die den Vorschriften der §§ 80 bis 90 vergleichbar ist. Damit wird ebenso wie für inländische AIF der Grundsatz einer strikten Trennung von Vermögens-

---

34 S. dazu *Behme* passim.
35 EuGH 9.3.1999 Slg. **1999** I-1459 (Centros); EuGH 5.11.2002 Slg. **2002** I-9919 (Überseering); EuGH 30.9.2003 Slg. **2003** I-10155 (Inspire Art).
36 Ebenso *Baur* § 2 AuslInvestmG Rn. 14; Berger/Steck/Lübbehüsen/*Erhard* InvG, § 136 Rn. 11; Emde/Dornseifer/Dreibus/Hölscher/*Baum* InvG, § 136 Rn. 20.
37 BaFin, Häufige Fragen zum Vertrieb und Erwerb von Investmentvermögen nach dem KAGB, 2.3.1.

verwahrung und Vermögensverwaltungsfunktionen postuliert.[38] Dies folgt an sich bereits aus Absatz 1 Nr. 3 (s. oben Rn. 17), weshalb der Verweis auf die Vorschriften des deutschen Rechts über die Verwahrstelle nicht unbedingt nötig gewesen wäre. Es handelt sich um ein Überbleibsel von § 136 Abs. 1 Nr. 3 des aufgehobenen InvG, der als Voraussetzung für die Zulässigkeit des öffentlichen Vertriebs von ausländischen Investmentanteilen eine Verwahrung der Vermögensgegenstände durch eine Depotbank in einer den Vorschriften der §§ 20 bis 29 InvG a.F. vergleichbaren Weise deshalb verlangte, weil eine Harmonisierung der organisatorischen Anforderungen, Aufgaben und Befugnisse der Verwahrstelle außerhalb des OGAW-Bereichs damals noch nicht erfolgt war.[39] Eine eigenständige Bedeutung kann Absatz 1 Nr. 5 jedoch insoweit zukommen, wie die §§ 80 bis 90 über die Anforderungen an die Verwahrstelle nach Art. 21 AIFM-Richtlinie hinausgehen.

28   **1. Das Kriterium der „Vergleichbarkeit".** Aus dem Gesetzeswortlaut ergibt sich zunächst, dass es sich bei der Verwahrstelle nicht um ein Unternehmen handeln muss, auf das die §§ 80 bis 90 unmittelbar Anwendung finden. Erforderlich ist vielmehr, dass es sich um ein Unternehmen handelt, das nach dem auf ihn anwendbaren ausländischen Recht vergleichbaren organisatorischen Anforderungen unterliegt und mit vergleichbaren Aufgaben und Befugnissen ausgestattet ist wie eine Verwahrstelle i.S.d. §§ 80 ff. Aufgrund der zentralen Rolle, welche die Verwahrstelle für den Anlegerschutz spielt, ist das Merkmal der Vergleichbarkeit eng auszulegen.[40] Der Wortlaut von Absatz 1 Nr. 5 würde allerdings überspannt, wenn man verlangen würde, dass die auf die Verwahrstelle anwendbaren Regelungen den §§ 80 ff. inhaltlich vollumfänglich entsprechen, das Sicherungsniveau mithin identisch ist. Es ist daher unschädlich, wenn das maßgebliche ausländische Recht im Detail (z.B. Verfahrensfragen, Einzelbefugnisse der Verwahrstelle) von den Regelungen der §§ 80 ff. abweicht; das Gesamtbild muss jedoch dem einer Verwahrstelle nach den §§ 80 ff. entsprechen.

29   Nach dem Grundsatz der gegenseitigen Anerkennung (s. oben Rn. 11) und in Anbetracht des Umstands, dass die in Art. 21 AIFM-Richtlinie statuierten (Mindest-)Anforderungen an eine Verwahrstelle von allen Mitgliedstaaten umzusetzen waren, wird man grundsätzlich von der Vergleichbarkeit der regulatorischen Rahmenbedingungen für die Verwahrstelle ausgehen müssen, wenn diese ihren Sitz in einem EU- bzw. EWR-Mitgliedstaat hat und den dortigen, in Umsetzung von Art. 21 AIFM-Richtlinie erlassenen Vorschriften unterliegt.

30   **2. Anforderungen an die Verwahrstelle im Einzelnen.** Bei der Verwahrstelle muss es sich jedenfalls um ein Kreditinstitut bzw. eine Wertpapierfirma i.S.d. Art. 4 Nr. 1 MiFID[41] handeln (vgl. § 80 Abs. 2). Die Verwahrstelle muss ihren Sitz nicht im Inland oder in der Europäischen Union haben; hat sie ihren Sitz in einem Drittstaat, gelten die Anforderungen des § 80 VIII. Danach muss die Verwahrstelle (in Umsetzung der Anforderungen von Art. 21 Abs. 6 AIFM-Richtlinie und anders als die Depotbank i.S.d. § 136

---

38 Vgl. auch Erwägungsgrund 32 der AIFM-Richtlinie: „Die jüngsten Entwicklungen haben deutlich gemacht, dass Vermögensverwahrung und -verwaltungsfunktionen strikt voneinander getrennt und die Vermögenswerte der Anleger von denen des Verwalters getrennt werden müssen."
39 Vgl. die Regierungsbegründung zum Investmentmodernisierungsgesetz BTDrucks. 15/1553, S. 116.
40 Zutreffend *Baur* § 2 AuslInvestmG Rn. 20; Berger/Steck/Lübbehüsen/*Erhard* InvG, § 136 Rn. 13; ebenso Emde/Dornseifer/Dreibus/Hölscher/*Baum* InvG, § 136 Rn. 29 ff.
41 Richtlinie 2004/39/EG des Europäischen Parlaments und des Rates vom 21. April 2004 über Märkte für Finanzinstrumente, ABl. L 145 vom 30.4.2004, S. 1.

Abs. 1 Nr. 3 des aufgehobenen InvG)⁴² in ihrem Herkunftsstaat einer wirksamen aufsichtlichen Regulierung, einschließlich Mindesteigenkapitalanforderungen, und einer Aufsicht unterliegen, die im Wesentlichen den unionsrechtlichen Anforderungen entspricht und wirksam durchgesetzt wird. Gem. § 80 X bestimmen sich die Kriterien zur Bewertung der aufsichtlichen Regulierung und Aufsicht einer Verwahrstelle in einem Drittstaat nach Art. 84 der Delegierten Verordnung (EU) Nr. 231/2013 (sog. Level II-Verordnung). Unter den Voraussetzungen von § 80 Abs. 3 kommt als Verwahrstelle auch ein Treuhänder in Betracht.

Erforderlich ist ferner, dass die für die Verwahrstelle maßgeblichen personellen Anforderungen denen der §§ 80 ff. vergleichbar sind. Das bedeutet zum einen, dass mindestens ein Mitglied des Leitungs- oder Verwaltungsorgans der Verwahrstelle über die für die Verwahrstellenaufgaben erforderliche Erfahrung verfügen muss (vgl. § 80 Abs. 9). Zum anderen dürfen keine personelle Verflechtungen zwischen der Verwahrstelle und der AIF-Verwaltungsgesellschaft i.S.v. § 85 Abs. 5 bestehen, d.h. die Geschäftsleiter, Prokuristen und die zum gesamten Geschäftsbetrieb ermächtigten Handlungsbevollmächtigten der Verwahrstelle dürfen nicht gleichzeitig Angestellte der AIF-Verwaltungsgesellschaft sein und die Geschäftsleiter, Prokuristen und die zum gesamten Geschäftsbetrieb ermächtigten Handlungsbevollmächtigten der AIF-Verwaltungsgesellschaft dürfen nicht gleichzeitig Angestellte der Verwahrstelle sein. Die gegenseitige Vertretung in Aufsichtsorganen ist unschädlich, sofern eine strenge organisatorische Trennung zwischen Beaufsichtigung und Geschäftsführung besteht. Dies kann insbesondere zweifelhaft erscheinen, wenn die AIF-Verwaltungsgesellschaft und die Verwahrstelle in einer monistisch verfassten Rechtsform organisiert sind, d.h. keine Trennung zwischen Leitungs- und Überwachungsorgan besteht.⁴³

Schließlich müssen die Aufgaben und Befugnisse der Verwahrstelle denen der §§ 80 ff. vergleichbar sein. Insbesondere hat die Verwahrstelle bei der Wahrnehmung ihrer Aufgaben im Interesse des AIF und seiner Anleger zu handeln (vgl. § 85 Abs. 1). Sie muss die Vermögensgegenstände des AIF in einer Art und Weise verwahren, die § 81 vergleichbar ist; sofern es der Verwahrstelle gestattet ist, Verwahraufgaben auf einen Unterverwahrer auszulagern, muss dies nach Maßgabe von § 82 vergleichbaren Anforderungen geschehen. Darüber hinaus müssen der Verwahrstelle weitreichende Kontrollbefugnisse und -pflichten gegenüber der AIF-Verwaltungsgesellschaft zustehen, die inhaltlich im Wesentlichen den §§ 83 (Kontrollfunktion im Hinblick auf bestimmte Geschäftsvorgänge von besonderer Bedeutung), 84 (Zustimmungsbefugnis zu bestimmten Geschäften der AIF-Verwaltungsgesellschaft) und 89 (Geltendmachung von Ansprüchen der Anleger im eigenen Namen, sofern das nationale Recht des Herkunftsstaates das Institut der gewillkürten Prozessstandschaft kennt)⁴⁴ vergleichbar sein müssen.

Die Beurteilung, ob die Art und Weise, in der die Verwahrstelle die Gegenstände eines ausländischen AIF sichert, den Anforderungen der §§ 80 bis 90 vergleichbar ist, erfolgt durch die BaFin im Rahmen des Anzeigeverfahrens und würde an sich eine umfassende Prüfung unter Würdigung sämtlicher Umstände des Einzelfalles erfordern.⁴⁵ Eine solche Prüfung könnte sich nicht auf die bloße Sichtung der einschlägigen gesetzlichen Bestimmungen des Herkunftsstaates der Verwahrstelle beschränken; um die Aufgaben und Befugnisse der Verwahrstelle vollständig zu erfassen und zutreffend beurteilen zu

---

42 Emde/Dornseifer/Dreibus/Hölscher/*Baum* InvG, § 136 Rn. 36 unter Berufung auf BTDrucks. 15/1944 S. 16.
43 Zutreffend Emde/Dornseifer/Dreibus/Hölscher/*Baum* InvG, § 136 Rn. 47.
44 Emde/Dornseifer/Dreibus/Hölscher/*Baum* InvG, § 136 Rn. 63.
45 Berger/Steck/Lübbehüsen/*Erhard* InvG, § 136 Rn. 13.

können, wäre darüber hinaus vielmehr eine Analyse der dortigen Verwaltungspraxis und Rechtsprechung erforderlich.[46] Dies kann die BaFin innerhalb der ihr nach Eingang des Anzeigeschreibens und der flankierenden Angaben und Unterlagen zur Verfügung stehenden Prüfungsfrist (§ 320 Abs. 2) nicht ansatzweise leisten. Ausweislich des Merkblatts zum Anzeigeverfahren nach § 320 verlangt die BaFin daher, dass die Anlagebedingungen und die Satzung bzw. der Gesellschaftsvertrag des AIF eine detaillierte Beschreibung der Aufgaben und Pflichten der Verwahrstelle enthalten.[47] Diese detaillierte Beschreibung macht sie zur Grundlage der erforderlichen Prüfung, ob die Verwahrstelle die Anleger in einer den §§ 80 ff. vergleichbaren Weise sichert. In ihrem Merkblatt weist die BaFin ferner darauf hin, dass den danach notwendigen inhaltlichen Anforderungen an die Darlegung der vergleichbaren Sicherung regelmäßig Rechnung getragen ist, wenn in den Anlagebedingungen, der Satzung bzw. dem Gesellschaftsvertrag sämtliche in den §§ 80 ff. aufgelisteten Voraussetzungen aufgeführt werden. Dass ungeachtet der gesetzlichen Bestimmungen des Herkunftsstaates sämtliche in den §§ 80 ff. aufgelisteten Voraussetzungen in die Gründungsdokumente des AIF aufgenommen werden, kann freilich nach dem Gesetzeswortlaut nicht verlangt werden, da dieser nur verlangt, dass die Anforderungen an die Verwahrstelle den §§ 80 ff. vergleichbar, nicht aber dass sie identisch sind.

34   **3. Mehrere Verwahrstellen.** Anders als noch in § 136 Abs. 1 Nr. 3 des aufgehobenen InvG vorgesehen, kann die BaFin nach Absatz 1 Nr. 5 nicht mehr ausnahmsweise zulassen, dass die Verwahr- und Kontrollfunktion durch mehrere Verwahrstellen wahrgenommen wird. Der Gesetzgeber begründet diese Änderung mit dem Ziel einer weitgehenden Äquivalenz zwischen EU-AIF und ausländischen AIF einerseits und inländischen Publikumsinvestmentvermögen andererseits (s. bereits oben Rn. 6).[48]

VI. Inländische Zahlstelle (Nr. 6)

35   Gem. Absatz 1 Nr. 6 hat die AIF-Verwaltungsgesellschaft mindestens eine inländische Zahlstelle zu benennen, über die von den Anlegern geleistete oder für sie bestimmte Zahlungen geleitet werden können. Als Zahlstellen kommen zum einen inländische Kreditinstitute i.S.d. § 1 Abs. 1 KWG in Betracht, wobei inländische Zweigstellen ausländischer Unternehmen, die Bankgeschäfte betreiben, gem. § 53 Abs. 1 KWG als Kreditinstitut gelten (s. oben Rn. 19); zum anderen Zweigniederlassungen von Kreditinstituten mit Sitz im Ausland. Die Begriffe „Zweigstelle" und „Zweigniederlassung" werden im deutschen Recht nicht einheitlich verwendet; als „Zweigniederlassung" werden in § 53b KWG Niederlassungen bezeichnet, die durch den Europäischen Pass gem. § 53b KWG oder aufgrund von § 53c KWG von der nationalen Aufsicht teilweise befreit sind.[49] Die Zahlstellenfunktion wird nicht selten durch dasselbe Kreditinstitut wahrgenommen wie die Verwahrstellenfunktion.[50]

36   Die Zahlstelle soll der Erleichterung des Zahlungsverkehrs zwischen den Anlegern und dem AIF bzw. der Verwahrstelle dienen.[51] Worin diese Erleichterung heutzutage noch

---

46   Auf dieses Problem weist mit Recht Emde/Dornseifer/Dreibus/Hölscher/*Baum* InvG, § 136 Rn. 32 hin.
47   BaFin-Merkblatt S. 29.
48   BTDrucks. 17/12294, S. 286.
49   Boos/Fischer/Schulte-Mattler/*Vahldiek* KWG, § 53 Rn. 10.
50   S. dazu ausführlich *Baur* § 2 AuslInvestmG Rn. 13.
51   S. Regierungsbegründung zu § 2 AuslInvestmG, BTDrucks. V/3494, S. 19.

bestehen soll, ist nicht ersichtlich: Zahlungen und Überweisungen können ohne weiteres über das Konto des Anlegers bei seiner Hausbank erfolgen. Dass der Anleger durch die (ohnehin nur fakultative) Nutzung der Zahlstelle Sicherheit hinsichtlich des Zahlungswegs gewinnen soll,[52] erscheint als tatsächlicher Vorteil der Zahlstelle kaum greifbar. Eine Funktion der Zahlstelle könnte allenfalls darin bestehen, auch Anlegern ohne eigene Bankverbindung die Teilnahme am Investmentsparen zu ermöglichen. Dazu wäre es erforderlich, dass die Zahlstelle Bareinzahlungen und -auszahlungen akzeptiert bzw. vornimmt.[53] Es wird aber mit Recht bezweifelt, ob dies im Hinblick auf die sich fortlaufend verschärfenden Geldwäschevorschriften und Kundenidentifizierungspflichten von der Zahlstelle überhaupt verlangt werden kann.[54] In Anbetracht der geringen praktischen Bedeutung der Zahlstelle sollte *de lege ferenda* auf das Erfordernis der Benennung einer inländischen Zahlstelle als Voraussetzung für die Zulässigkeit des Vertriebs verzichtet werden.

Für den Fall, dass die von einem Anleger geleisteten oder für ihn bestimmten Zahlungen (auf seine Veranlassung) über die Zahlstelle geleitet werden, hat die Zahlstelle sicherzustellen, dass Zwischenverfügungen sowie Umwege zu Lasten des Anlegers ausgeschlossen werden und keine unnötigen Verzögerungen im Zahlungs- und Überweisungsverkehr vorkommen.[55] Dies lässt sich die BaFin im Rahmen des Anzeigeverfahrens durch eine schriftliche Erklärung der Zahlstelle bestätigen, die dem von der BaFin vorformulierten Wortlaut entsprechen sollte.[56] Sofern dem Anleger infolge von Pflichtverletzungen der Zahlstelle ein Schaden entsteht (was praktisch kaum relevant werden dürfte), haftet die Zahlstelle gegenüber dem Anleger aus § 280 Abs. 1 BGB wegen einer Verletzung des zwischen der Zahlstelle und dem Anleger bestehenden Geschäftsbesorgungsvertrags und ggf. aus 823 Abs. 2 BGB i.V.m. Abs. 1 Nr. 6 (s. oben Rn. 7f.); in seltenen Ausnahmefällen mag auch eine Haftung aus § 826 BGB in Betracht kommen.[57] **37**

VII. Anforderungen an Anlagebedingungen und Satzung bzw. Gesellschaftsvertrag (Nr. 7)

Absatz 1 Nr. 7 normiert umfangreiche und detaillierte Vorgaben im Hinblick auf den Inhalt der Anlagebedingungen, der Satzung oder des Gesellschaftsvertrags des angezeigten AIF. Diese Vorgaben sind in den Regelungswerken umzusetzen, die nach dem nationalen Recht des Herkunftsstaates des AIF das Rechtsverhältnis zwischen dem AIF und dem Anleger regeln, unabhängig von ihrer dortigen Bezeichnung. Bei in Gesellschaftsform konfigurierten AIF wird dies regelmäßig die Satzung (bei Kapitalgesellschaften) bzw. der Gesellschaftsvertrag (bei Personengesellschaften) sein. Sofern daneben – wie im deutschen Recht (§§ 111, 126, 143, 151) – Anlagebedingungen zu erstellen sind, sind die Vorgaben des Absatz 1 Nr. 7 jeweils an geeigneter Stelle der Satzung bzw. des Gesellschaftsvertrages oder der Anlagebedingungen umzusetzen. Bei in Vertragsform konfigu- **38**

---

[52] Emde/Dornseifer/Dreibus/Hölscher/*Baum* InvG, § 136 Rn. 70.
[53] Dies verlangen *Baur* § 2 AuslInvestmG Rn. 49; Berger/Steck/Lübbehüsen/*Blankenheim* InvG, § 131 Rn. 6.
[54] Emde/Dornseifer/Dreibus/Hölscher/*Baum* InvG, § 136 Rn. 72.
[55] S. Regierungsbegründung zu § 2 AuslInvestmG, BTDrucks. V/3494, S. 19.
[56] BaFin-Merkblatt S. 22 f.; der von der BaFin vorformulierte Wortlaut lautet: „Wir bestätigen hiermit, dass wir für den/die … (Name des/der AIF) die Funktion einer Zahlstelle im Sinne des § 317 Absatz 1 Nummer 6 Kapitalanlagegesetzbuch (KAGB) übernommen haben. Wir werden von den Anlegern geleistete oder für diese bestimmten Zahlungen unverzüglich und unmittelbar an das in § 83 Absatz 6 KAGB genannte Geldkonto bzw. an die Anleger weiterleiten."
[57] *Baur* § 2 AuslInvestmG Rn. 50; Emde/Dornseifer/Dreibus/Hölscher/*Baum* InvG, § 136 Rn. 71.

rierten AIF sind die Vorgaben des Absatz 1 Nr. 7 in den relevanten Vertragswerken („Anlagebedingungen")[58] umzusetzen.

39 Die in Absatz 1 Nr. 7 genannten Vorgaben sind vollumfänglich umzusetzen. Die BaFin äußert sich in ihrer FAQ zum Vertrieb und Erwerb von Investmentvermögen nach dem KAGB dahingehend, dass die Regelung für (auch geringfügige) Abweichungen von den in Absatz 1 Nr. 7 genannten Vorschriften (einschließlich der darin enthaltenen Kataloge von erwerbbaren Vermögensgegenständen) keinen Raum lässt.[59] In der Praxis ist ferner zu beachten, dass die BaFin die inhaltlichen Anforderungen an die Anlagebedingungen, die Satzung oder den Gesellschaft in ihrem Merkblatt zum Anzeigeverfahren nach § 320 umfänglich konkretisiert hat.[60]

40 **1. Mindestinhalte bei offenen AIF (lit. a).** Gem. Absatz 1 Nr. 7 lit. a müssen die Anlagebedingungen, die Satzung oder der Gesellschaftsvertrag bei offenen EU-AIF bzw. ausländischen AIF die Mindestangaben aufweisen, die § 162 Abs. 2 für die Anlagebedingungen inländischer offener Publikumsinvestmentvermögen vorschreibt. Ferner müssen sie bei einem offenen EU-AIF bzw. ausländischen AIF, der einer bestimmten Form offener inländischer Publikums-AIF vergleichbar ist, die Angaben aufweisen, die bei solchen inländischen Publikums-AIF zusätzlich zu den Angaben nach § 162 erforderlich sind. Dies sind
- bei mit Sonstigen Investmentvermögen vergleichbaren AIF die Angaben nach § 224 Abs. 2;
- bei mit Dach-Hedgefonds vergleichbaren AIF die Angaben nach § 229;
- bei mit Immobilien-Sondervermögen vergleichbaren AIF die Angaben nach § 256 Abs. 2.

41 **2. Mindestinhalte bei geschlossenen AIF (lit. b).** Gem. Absatz 1 Nr. 7 lit. b müssen die Anlagebedingungen, die Satzung oder der Gesellschaftsvertrag bei geschlossenen EU-AIF bzw. ausländischen AIF die Mindestangaben aufweisen, die § 266 Abs. 2 für die Anlagebedingungen inländischer geschlossener Publikumsinvestmentvermögen vorschreibt; es handelt sich um das Pendant zu lit. a, der offene AIF betrifft.

42 **3. Regelungen betreffend das Anlageverhalten des AIF, Kreditaufnahme, Leerverkaufsverbot (lit. c).** Bei offenen AIF müssen die Anlagebedingungen, die Satzung oder der Gesellschaftsvertrag gem. Absatz 1 Nr. 7 lit. c Regelungen enthalten, die sicherstellen, dass der EU-AIF bzw. ausländische AIF entweder die Vorschriften des für Investmentvermögen gemäß der OGAW-Richtlinie maßgeblichen Normenregimes oder die Vorschriften eines der für die verschiedenen Formen offener inländischer Publikums-AIF maßgeblichen Normenregime einhält. Die Vorschriften, auf die verwiesen wird, betreffen im weitesten Sinne das Anlageverhalten des EU-AIF bzw. ausländischen AIF. Im Einzelnen handelt es sich um die folgenden Normenregime:
- §§ 192 bis 213: Investmentvermögen gemäß der OGAW-Richtlinie;
- §§ 218, 219: Gemischte Investmentvermögen;
- §§ 220, 221, 222: Sonstige Investmentvermögen;

---

58 S. zu den Problemen bei der Auslegung des in § 136 Abs. 1 Nr. 5 InvG und in § 2 Nr. 4 AuslInvestmG verwendeten Begriffs der „Vertragsbedingungen" *Beckmann* BB **1971** 850 sowie Berger/Steck/Lübbehüsen/ *Erhard* InvG, § 136 Rn. 19.
59 BaFin, Häufige Fragen zum Vertrieb und Erwerb von Investmentvermögen nach dem KAGB, 2.3.2.
60 S. für offene AIF BaFin-Merkblatt S. 25 ff. und für geschlossene AIF BaFin-Merkblatt S. 52 ff.

- § 225: Dach-Hedgefonds;
- §§ 230 bis 246, 252 bis 254, 258 bis 260: Immobilien-Sondervermögen.

Bei geschlossenen AIF müssen Regelungen enthalten sein, die sicherstellen, dass der EU-AIF bzw. ausländische AIF die Vorschriften der §§ 261 bis 265 einhält.

Die Verweisung ist auf den Regelungsgehalt der genannten Normenregime und die **43** darin ausdrücklich in Bezug genommenen Vorschriften beschränkt. Absatz 1 Nr. 7 lit. c verlangt nicht die Beachtung anderer Normen des KAGB, die auf die jeweiligen Arten von Investmentvermögen im Sinne des deutschen Rechts Anwendung finden, insbesondere der allgemeinen Vorschriften für offene bzw. geschlossene inländische Investmentvermögen (z.B. zulässige Rechtsformen und deren Ausgestaltung, §§ 91 ff., 139 ff.).

a) Insbesondere: Investition in Zielfonds. Gem. § 136 Abs. 1 Nr. 5 lit. d des aufge- **44** hobenen InvG durften Anteile an risikogemischten Investmentvermögen nur in einer den §§ 50, 61, 64 Abs. 3, 84 Abs. 1 Nr. 2 und 3 sowie 85 InvG entsprechenden Art und Weise erworben werden. Die §§ 50 und 84 Abs. 1 Nr. 2 und 3 InvG regelten, in welche Arten von Investmentvermögen investiert werden durfte; aus den §§ 50, 61, 64 Abs. 3 und 85 InvG ergaben sich die dabei zu beachtenden Anlagegrenzen.[61]

Diese Regelungen betreffend die Investition in Zielfonds sind in den in Absatz 1 Nr. 7 **45** lit. c enthaltenen Verweisungen aufgegangen. Den §§ 50 und 84 Abs. 1 Nr. 2 und 3 entsprechende Regelungen sind nunmehr in § 196 sowie (in modifizierter Form)[62] in § 219 Abs. 1 Nr. 2 enthalten. Den §§ 50, 61, 64 Abs. 3 und 85 InvG entsprechende Regelungen finden sich nunmehr in den §§ 196, 207, 210 Abs. 3 und 219 Abs. 5. Die §§ 196, 207 und 210 Abs. 3 sind Teil des Normenregimes für Investmentvermögen gemäß der OGAW-Richtlinie; auf diese Regelungen wird in den übrigen Normenregimen teilweise verwiesen, teilweise werden sie – der Natur des jeweiligen offenen Publikums-AIF entsprechend – modifiziert. Für geschlossene Publikums-AIF regelt § 261 Abs. 1 Nr. 5 und Nr. 6, in welche Zielfonds eine Investition zulässig ist.

b) Insbesondere: Kreditaufnahme. Die Aufnahme von Krediten wurde in § 136 **46** Abs. 1 Nr. 5 lit. f des aufgehobenen InvG dahingehend eingeschränkt, dass Kredite zu Lasten des Investmentvermögens nur entsprechend der Regelung des § 53 InvG aufgenommen werden durften und Kreditaufnahmen der Zustimmung der Depotbank zu den Darlehensbedingungen bedurften; Sonderregelungen bestanden für ausländische Immobilienfonds und ausländische Sonstige Investmentvermögen. Gem. § 53 des aufgehobenen InvG durfte die Kapitalanlagegesellschaft für gemeinschaftliche Rechnung der Anleger kurzfristige Kredite nur bis zur Höhe von 10 Prozent des Sondervermögens aufnehmen, und auch dies nur dann, wenn die Bedingungen der Kreditaufnahme marktüblich sind und dies in den Vertragsbedingungen vorgesehen ist.

Diese Regelungen sind ebenfalls in den in Absatz 1 Nr. 7 lit. c enthaltenen Verwei- **47** sungen aufgegangen: § 199 enthält für Investmentvermögen gemäß der OGAW-Richtlinie eine § 53 InvG inhaltlich entsprechende Regelung; auf diese Norm wird in § 218 S. 2 (für gemischte Investmentvermögen) und in § 225 Abs. 1 S. 2 (für Dach-Hedgefonds) verwiesen. Für Sonstige Investmentvermögen wird die Regelung in § 221 Abs. 6 dahingehend modifiziert, dass Kreditaufnahmen bis zur Höhe von 20 Prozent des Wertes des Sonsti-

---

[61] Berger/Steck/Lübbehüsen/*Erhard* InvG, § 136 Rn. 30; Emde/Dornseifer/Dreibus/Hölscher/*Baum* InvG, § 136 Rn. 98.
[62] Die Modifizierungen betreffen die Streichung von Immobilien-Sondervermögen und Hedgefonds als zulässige Vermögensgegenstände von gemischten Investmentvermögen, s. BTDrucks. 17/12294, S. 264.

gen Investmentvermögens zulässig sind. Für Immobilien-Sondervermögen enthält § 254 eine Sonderregelung, die unter den dort genannten Voraussetzungen Kreditaufnahmen bis zur Höhe von 30 Prozent des Verkehrswertes der Immobilien, die zum Sondervermögen gehören, erlaubt. Für geschlossene Publikums-AIF sind gem. § 263 Kreditaufnahmen bis zur Höhe von 60 Prozent des Wertes des geschlossenen Publikums-AIF zulässig; im Übrigen entsprechen die Voraussetzungen denen des § 199.

48 Das in § 53 des aufgehobenen InvG statuierte Erfordernis der Zustimmung der Depotbank findet sich nunmehr in § 84 Abs. 1 Nr. 1 (Erfordernis der Zustimmung der Verwahrstelle, soweit es sich nicht um valutarische Überziehungen handelt) und gilt bereits über Absatz 1 Nr. 5 auch für EU-AIF und ausländische AIF.

49 **c) Insbesondere: Leerverkaufsverbot.** Auch das in § 136 Abs. 1 Nr. 5 lit. g des aufgehobenen InvG enthaltene Verbot von Geschäften zu Lasten des Investmentvermögens, die den Verkauf nicht zum Investmentvermögen gehörender Vermögensgegenstände zum Inhalt haben (Leerverkaufsverbot), ist in den in Absatz 1 Nr. 7 lit. c enthaltenen Verweisungen aufgegangen: § 205 statuiert ein Leerverkaufsverbot für Investmentvermögen gemäß der OGAW-Richtlinie; auf diese Norm wird in § 218 S. 2 (für gemischte Investmentvermögen), in § 220 (für Sonstige Investmentvermögen) und in § 230 Abs. 1 (für Immobilien-Sondervermögen) verwiesen. Für Dach-Hedgefonds wird in § 225 Abs. 1 S. 2 eigens betont, dass für sie Leerverkäufe nicht durchgeführt werden dürfen. Für geschlossene Publikums-AIF wird ein Leerverkaufsverbot in § 265 normiert. Damit gilt für alle offenen und geschlossenen EU-AIF und ausländischen AIF, die in Deutschland an Privatanleger vertrieben werden, ein Leerverkaufsverbot. Nicht von dem Leerverkaufsverbot erfasst ist nach der FAQ der BaFin zu erwerbbaren Vermögensgegenständen (*Eligible Assets*) ein synthetischer Leerverkauf über Derivate, wenn das Geschäft angemessen gedeckt ist.[63]

50 **4. Verpfändungs- und Belastungsverbot (lit. d).** Gem. Absatz 1 Nr. 7 lit. d müssen die Anlagebedingungen, die Satzung oder der Gesellschaftsvertrag vorsehen, dass die zum AIF gehörenden Vermögensgegenstände nicht verpfändet oder sonst belastet, zur Sicherung übereignet oder zur Sicherung abgetreten werden dürfen. Das Verpfändungs- und Belastungsverbot ist weit auszulegen und erfasst alle Formen rechtsgeschäftlicher Pfand- und Sicherungsrechte, auch solche nach ausländischem Recht, die der deutschen Terminologie nicht entsprechen;[64] es ist auch nicht beschränkt auf Finanzsicherheiten im Sinne der Richtlinie 2002/47/EG über Finanzsicherheiten.[65] Die Regelung geht damit über die für inländische Publikums-AIF maßgeblichen Bestimmungen hinaus, die ein vergleichbares Verpfändungs- und Belastungsverbot nur bei als Sondervermögen i.S.d. §§ 92 ff. konfigurierten offenen AIF vorsehen (§ 93 Abs. 5).

51 Das Verpfändungs- und Belastungsverbot besteht nicht, wenn für den EU-AIF Kredite aufgenommen werden, die nach den Vorschriften, auf die in Absatz 1 Nr. 7 lit. c verwiesen wird, zulässig sind (s. oben Rn. 47); ferner wenn einem Dritten Optionsrechte eingeräumt oder Wertpapierpensionsgeschäfte nach § 203 oder Finanzterminkontrakte, Devisenterminkontrakte, Swaps oder ähnliche Geschäfte nach Maßgabe des § 197 abgeschlossen werden.

---

63 BaFin, Fragenkatalog zu erwerbbaren Vermögensgegenständen (Eligible Assets), online abrufbar unter http://www.bafin.de/SharedDocs/Veroeffentlichungen/DE/Auslegungsentscheidung/WA/ae_130722_fragen_ea.html (zuletzt aufgerufen am 28.8.2014).
64 Berger/Steck/Lübbehüsen/*Erhard* InvG, § 136 Rn. 31.
65 Emde/Dornseifer/Dreibus/Hölscher/*Baum* InvG, § 136 Rn. 103.

Absatz 1 Nr. 7 lit. d enthält keine § 93 Abs. 5 vergleichbare Regelung, wonach eine **52** unter Verstoß gegen diese Vorschrift vorgenommene Verfügung gegenüber den Anlegern unwirksam ist (relatives Veräußerungsverbot i.S.d. § 135 Abs. 1 BGB). Diese Rechtsfolge kann sich ggf. aus dem für den AIF maßgeblichen ausländischen Recht ergeben.[66] Es handelt sich aber jedenfalls um einen Verstoß gegen die Anlagebedingungen, die Satzung oder den Gesellschaftsvertrag mit der Konsequenz, dass die BaFin gem. § 314 Abs. 1 Nr. 8 die zum Schutz der Anleger geeigneten und erforderlichen Maßnahmen ergreifen kann, einschließlich einer Untersagung des Vertriebs.

5. Rücknahmeverpflichtung bei offenen AIF (lit. e). Gem. Absatz 1 Nr. 7 lit. e müs- **53** sen die Anlagebedingungen, die Satzung oder der Gesellschaftsvertrag bei offenen AIF mit Ausnahme von offenen Immobilien-Investmentvermögen vorsehen, dass die Anleger täglich die Auszahlung des auf den Anteil oder die Aktie entfallenden Vermögensteils verlangen können. Da der Anleger die Verwaltung des AIF nicht beeinflussen kann, ist die Rückgabe der Anteile bzw. der Aktie für ihn die einzige Möglichkeit, auf mangelnde Anlageerfolge zu reagieren.[67] Die Rückgabemöglichkeit ist für den Anleger daher von essentieller Bedeutung. Indem der Anleger die Auszahlung des auf den Anteil oder die Aktie entfallenden Vermögensteils verlangen kann, wird der Rückkaufswert allein vom Wert der von dem AIF gehaltenen Vermögensgegenstände und nicht von Angebot und Nachfrage der Anteile auf dem Markt abhängig gemacht. Auf diese Weise wird sichergestellt, dass der Anleger keine Abschläge wegen mangelnder Nachfrage nach Anteilen oder Aktien des jeweiligen AIF fürchten muss.[68]

In zeitlicher Hinsicht wird gegenüber § 136 Abs. 1 Nr. 5b des aufgehobenen InvG klar- **54** gestellt, dass der Anleger die Auszahlung täglich verlangen können muss; bereits zuvor hatte die BaFin in ihrer ständigen Verwaltungspraxis verlangt, dass diese Möglichkeit „jederzeit" bestehen muss. Eine Verschärfung gegenüber der bisherigen Praxis dürfte mit dieser zeitlichen Klarstellung nicht verbunden sein; es ist weiterhin davon auszugehen, dass die Auszahlung spätestens sieben Kalendertage nach Erhalt eines vollständigen Rücknahmeantrags zu erfolgen hat.[69] Dies ist von der gem. Absatz 1 Nr. 5 zu bestellenden Verwahrstelle sicherzustellen (vgl. § 83 Abs. 1 Nr. 1). Die tägliche bzw. „jederzeitige" Rückgabemöglichkeit ist auch dann gesichert, wenn der Anleger die Rücknahme des Anteils bzw. der Aktie und die Auszahlung des entsprechenden Vermögensteils von einer Rückkaufgesellschaft verlangen kann; Voraussetzung hierfür ist allerdings, dass es dadurch nicht zu Verzögerungen oder sonstigen Beeinträchtigungen der Auszahlung kommt.[70]

Absatz 1 Nr. 7 lit. e sieht keine Aussetzungsmöglichkeit vor. Die Anlagebedingun- **55** gen, die Satzung oder der Gesellschaftsvertrag dürfen jedoch entsprechend § 98 Abs. 2, auf den in § 116 Abs. 2 S. 6 für die Rücknahme von Aktien und in § 133 Abs. 1 S. 5 für die Kündigung von Kommanditbeteiligungen verwiesen wird, vorsehen, dass die Rücknahme ausgesetzt werden darf, wenn außergewöhnliche Umstände vorliegen, die eine Aus-

---

66 Emde/Dornseifer/Dreibus/Hölscher/*Baum* InvG, § 136 Rn. 105.
67 Berger/Steck/Lübbehüsen/*Erhard* InvG, § 136 Rn. 24; Emde/Dornseifer/Dreibus/Hölscher/*Baum* InvG, § 136 Rn. 85.
68 Berger/Steck/Lübbehüsen/*Erhard* InvG, § 136 Rn. 24.
69 Emde/Dornseifer/Dreibus/Hölscher/*Baum* InvG, § 136 Rn. 90, der darauf hinweist, dass diese Verwaltungspraxis auf Sec. 22 (e) des *US-Investment Company Act* zurückgeht.
70 Strenger Emde/Dornseifer/Dreibus/Hölscher/*Baum* InvG, § 136 Rn. 88: Gesamtschuldnerische Haftung von Rückkaufgesellschaft und AIF für den Rückgabeerlös erforderlich.

setzung unter Berücksichtigung der Interessen der Anleger erforderlich erscheinen lassen (sog. „Katastrophenklausel").[71]

56 Von dem Grundsatz, dass Anlagebedingungen, die Satzung oder der Gesellschaftsvertrag bei offenen AIF mit Ausnahme von offenen Immobilien-Investmentvermögen eine tägliche Rückgabemöglichkeit vorsehen müssen, bestehen Ausnahmen für offene EU-AIF oder ausländische AIF, die mit bestimmten Formen offener inländischer Publikums-AIF vergleichbar sind, sofern Regelungen vorgesehen sind, die den bei diesen Formen offener inländischer Publikums-AIF zulässigen oder vorgeschriebenen Regelungen entsprechen. Im Einzelnen bestehen Ausnahmen, wenn
– bei mit Sonstigen Investmentvermögen vergleichbaren AIF Regelungen entsprechend § 223 Abs. 1 vorgesehen sind;
– bei mit Sonstigen Investmentvermögen mit Anlagemöglichkeiten entsprechend § 222 Abs. 1 vergleichbaren AIF Regelungen entsprechend § 223 Abs. 2 vorgesehen sind;
– bei mit Dach-Hedgefonds vergleichbaren AIF Regelungen entsprechend § 227 vorgesehen sind.

57 **6. Rücknahmeverpflichtung bei Immobilien-Sondervermögen (lit. f).** Gem. Absatz 1 Nr. 7 lit. f müssen die Anlagebedingungen, die Satzung oder der Gesellschaftsvertrag bei mit Immobilien-Sondervermögen vergleichbaren EU-AIF oder ausländischen AIF eine Regelung entsprechend den §§ 255, 257 vorsehen. § 255 enthält Sonderregelungen für die Ausgabe und Rücknahme von Anteilen; § 257 regelt die Aussetzung der Rücknahme, wenn die liquiden Mittel zur Zahlung des Rücknahmepreises und zur Sicherstellung einer ordnungsgemäßen laufenden Bewirtschaftung nicht ausreichen oder nicht sogleich zur Verfügung stehen (vgl. zur Aussetzung der Rücknahme im Übrigen oben Rn. 55).

58 **7. Rücknahmeverpflichtung bei geschlossenen AIF (lit. g).** Anders als noch im Rahmen von § 136 Abs. 1 Nr. 5b des aufgehobenen InvG, der die Möglichkeit des Vertriebs ausländischer Investmentanteile auf offene Fonds beschränkt hat,[72] ist nach § 317 auch der Vertrieb geschlossener EU-AIF und ausländischer AIF zulässig. Gem. Absatz 1 Nr. 7 lit. g müssen die Anlagebedingungen, die Satzung oder der Gesellschaftsvertrag jedoch vorsehen, dass die Anleger zumindest am Ende der Laufzeit die Auszahlung des auf den Anteil oder die Aktie entfallenden Vermögensteils verlangen können.

59 **8. Bewertung des AIF (lit. h).** Gem. Absatz 1 Nr. 7 lit. h müssen die Anlagebedingungen, die Satzung oder der Gesellschaftsvertrag Regelungen enthalten, die sicherstellen, dass die Bewertung des EU-AIF bzw. ausländischen AIF in einer Weise erfolgt, die den für die Bewertung inländischer Publikums-AIF maßgeblichen Vorschriften entspricht. Im Einzelnen sind dies
– bei offenen AIF die §§ 168 bis 170, 216 und 217, bei mit Immobilien-Sondervermögen vergleichbaren AIF unter Berücksichtigung der Sonderregelung in den §§ 248 bis 251;
– bei geschlossenen AIF die §§ 271 und 272.

---

[71] Vgl. Berger/Steck/Lübbehüsen/*Erhard* InvG, § 136 Rn. 27; Emde/Dornseifer/Dreibus/Hölscher/*Baum* InvG, § 136 Rn. 91.
[72] Berger/Steck/Lübbehüsen/*Erhard* InvG, § 136 Rn. 24; Emde/Dornseifer/Dreibus/Hölscher/*Baum* InvG, § 136 Rn. 84.

9. Einschränkung der Kostenvorausbelastung (lit. i). Absatz 1 Nr. 7 lit. i verlangt, dass die Anlagebedingungen, die Satzung oder der Gesellschaftsvertrag vorsehen, dass bei auf mehrere Jahre angelegten Fondssparplänen, bei denen sich der Anleger zur regelmäßigen Einzahlung gleich hoher Beträge in das Investmentvermögen verpflichtet, eine Kostenvorausbelastung nach Maßgabe des § 304 eingeschränkt ist. Von jeder der für das erste Jahr vereinbarten Zahlungen darf also höchstens ein Drittel für die Deckung von Kosten verwendet werden; die restlichen Kosten müssen auf alle späteren Zahlungen gleichmäßig verteilt werden. Auf diese Weise sollen die Nachteile abgemildert werden, die dem Anleger bei vorzeitiger Beendigung des Sparplans daraus entstehen, dass er durch die ersten Zahlungen aufgrund des Abzugs der Kosten weniger Anteile erwirbt als es der Sparrate entspricht und dementsprechend auch an Wertsteigerungen und Erträgen des AIF nur in entsprechend verringertem Umfang partizipiert (sog. Zillmerung; s. § 304 Rn. 2).[73] Diesem Schutzzweck entsprechend ist der Begriff der Kostenvorausbelastung weit auszulegen; als Kosten i.S.d. § 304 sind alle Aufwendungen im Zusammenhang mit dem Erwerb anzusehen (s. im Einzelnen § 304 Rn. 4). 60

De lege ferenda sollte die Verpflichtung, die Einschränkung der Kostenvorausbelastung in die Anlagebedingungen, die Satzung oder den Gesellschaftsvertrag des EU-AIF oder ausländischen AIF aufzunehmen, gestrichen werden. § 304 ist ohnehin beim Vertrieb sämtlicher AIF an Privatanleger zu beachten; die bloße Wiederholung seines Regelungsgehalts in den genannten Dokumenten ist daher überflüssig. Wird beim Vertrieb von EU-AIF oder ausländischen AIF gegen § 304 verstoßen, werden die Anleger hinreichend dadurch geschützt, dass die BaFin gem. § 314 Abs. 1 Nr. 6 (statt Nr. 8) alle zum Schutz der Anleger geeigneten und erforderlichen Maßnahmen ergreifen kann, einschließlich einer Untersagung des Vertriebs.[74] 61

Ferner müssen die Anlagebedingungen, die Satzung oder der Gesellschaftsvertrag vorsehen, dass im Jahresbericht und gegebenenfalls in den Habjahresberichten die Angaben gemäß § 101 Abs. 2 Nr. 4 zu machen sind. Die Vorschrift dient der Kostentransparenz. Anzugeben sind der Betrag der Ausgabeaufschläge und Rücknahmeabschläge, die dem EU-AIF bzw. ausländischen AIF im Berichtszeitraum für den Erwerb und die Rücknahme von Anteilen im Sinne der §§ 196 und 230 berechnet worden sind, sowie die Vergütung, die dem EU-AIF bzw. dem ausländischen AIF als Verwaltungsvergütung für die im Sondervermögen gehaltenen Anteile berechnet wurde. 62

10. Ausschluss der Bildung von Teilinvestmentvermögen und von Master-Feeder-Konstruktionen bei geschlossenen AIF (lit. j). Gem. Absatz 1 Nr. 7 lit. j ist bei geschlossenen AIF zudem vorzusehen, dass die Bildung von Teilinvestmentvermögen (Umbrella-Konstruktionen) und Master-Feeder-Konstruktionen ausgeschlossen ist. Insoweit wird ein Gleichlauf zu inländischen Publikums-AIF hergestellt, bei denen ebenfalls die Bildung von Teilinvestmentvermögen und Master-Feeder-Konstruktionen bei geschlossenen AIF ausgeschlossen ist. 63

11. Nachträgliche Änderungen der Anlagebedingungen, der Satzung oder des Gesellschaftsvertrags. Die BaFin prüft die Anlagebedingungen, die Satzung oder den Gesellschaftsvertrag des EU-AIF bzw. ausländischen AIF im Rahmen des Anzeigeverfahrens nach § 320. Bei nachträglichen Änderungen kann sie gem. § 314 Abs. 1 Nr. 3 die zum Schutz der Anleger geeigneten und erforderlichen Maßnahmen ergreifen, einschließlich 64

---

73 *Baur* § 2 AuslInvestmG Rn. 17; Berger/Steck/Lübbehüsen/*Erhard* InvG, § 136 Rn. 29.
74 Vgl. überzeugend bereits Emde/Dornseifer/Dreibus/Hölscher/*Baum* InvG, § 136 Rn. 96.

einer Untersagung des Vertriebs. Für die Anleger bedeutet dies, dass sie (ebenso wie im Falle einer Einstellung des Vertriebs gem. § 315 Abs. 1) den Schutz des KAGB verlieren; mit anderen Worten: Die Aufnahme der in Absatz 1 Nr. 7 statuierten Anforderungen in die Anlagebedingungen, die Satzung oder den Gesellschaftsvertrag ist nur solange gesichert, wie der EU-AIF bzw. ausländische AIF in Deutschland vertrieben wird. Dies ist umso problematischer, als Änderungen dieser Dokumente nach dem für den AIF maßgeblichen (Gesellschafts-)Recht möglicherweise erfolgen, ohne dass die Anleger dies beeinflussen können: Zum einen kann eine Änderung von vornherein auch ohne die Zustimmung der Anteilseigner möglich sein, etwa durch Beschluss der Geschäftsführung; zum anderen sind die Aktien bzw. Anteile der Anleger nicht notwendigerweise mit einem Stimmrecht verbunden. In der Literatur wird daher vertreten, es sei zu verlangen, dass eine Änderung der betreffenden Dokumente ohne Mitwirkung der Anleger nur zulässig ist, wenn sie zumindest den Anlegern so rechtzeitig bekanntgemacht wird, dass diese die Möglichkeit haben, ihre Anteile vor Wirksamwerden der Änderungen zurückzugeben.[75] Diese Ansicht ist abzulehnen. Gegen sie ist zum einen einzuwenden, dass mit einer solchen Regelung eine massive Beeinträchtigung der Handlungsfreiheit des AIF verbunden wäre, die einer gesetzlichen Grundlage im Rahmen von § 317 entbehrt,[76] obwohl davon auszugehen ist, dass der KAGB-Gesetzgeber sich des seit Jahrzehnten diskutierten Problems bewusst war. Zum anderen wird zutreffend darauf hingewiesen, dass das Risiko einer Änderung der Gründungsdokumente und einer daraufhin erfolgenden Vertriebsuntersagung der Anlage in einen EU-AIF oder ausländischen AIF immanent ist.[77]

VIII. Ordnungsgemäße Erfüllung von Unterrichtungspflichten (Nr. 8)

65 Die Zulässigkeit des Vertriebs wird ferner an die Voraussetzung geknüpft, dass die in § 297 Abs. 2 bis 7, 9 und 10, in den §§ 299 bis 301, 303 Abs. 1 und 3 und in § 318 genannten Informations- und Veröffentlichungspflichten zugunsten (potentieller) Anleger ordnungsgemäß erfüllt werden. Im Einzelnen handelt es sich dabei um die folgenden Pflichten:
- Informations- und Hinweispflichten, bevor ein Anleger Anteile oder Aktien eines AIF erwirbt (§ 297),
- Veröffentlichungspflichten und laufende Informationspflichten (§ 299);
- zusätzliche Informationspflichten bei AIF (§ 300);
- sonstige Veröffentlichungspflichten (§ 301);
- Pflicht zur Erstellung eines Verkaufsprospekts und wesentlicher Anlegerinformationen (§ 318).

Der Verweis auf § 303 Abs. 1 und 3 macht deutlich, dass die Erfüllung der Informations- und Veröffentlichungspflichten in deutscher Sprache zu erfolgen hat; alternativ sind die jeweiligen Dokumente mit einer deutschen Übersetzung zu versehen, wobei die deutsche Sprachfassung maßgeblich ist.

66 Im Zeitpunkt der Vertriebsanzeige gem. § 320 wird der BaFin eine Prüfung, ob die jeweiligen Informations- und Veröffentlichungspflichten erfüllt werden, nur teilweise

---

[75] Vgl. *Baur* § 2 AuslInvestmG Rn. 59; dies erwägt auch Emde/Dornseifer/Dreibus/Hölscher/*Baum* InvG, § 136 Rn. 78.
[76] Emde/Dornseifer/Dreibus/Hölscher/*Baum* InvG, § 136 Rn. 78; vgl. auch schon *Beckmann* BB **1971** 850, 853.
[77] Emde/Dornseifer/Dreibus/Hölscher/*Baum* InvG, § 136 Rn. 78.

(z.B. im Hinblick auf den Inhalt des Verkaufsprospekts gem. § 318) möglich sein. Darüber, ob die AIF-Verwaltungsgesellschaft die laufenden Pflichten erfüllen wird, kann sie nur eine Prognose treffen.[78] Stellt sich im Nachhinein heraus, dass die Pflichten nicht ordnungsgemäß erfüllt werden, kann die BaFin gem. § 314 Abs. 1 Nr. 5 die zum Schutz der Anleger geeigneten und erforderlichen Maßnahmen ergreifen, einschließlich einer Untersagung des Vertriebs.

F. Zusätzlich zu erfüllende Voraussetzungen für den Vertrieb von ausländischen AIF (Abs. 2)

Absatz 2 statuiert weitere Voraussetzungen für die Zulässigkeit des Vertriebs, die zusätzlich zu den Anforderungen nach Absatz 1 zu erfüllen sind, wenn es sich bei dem angezeigten AIF um einen ausländischen AIF handelt, der von einer ausländischen AIF-Verwaltungsgesellschaft verwaltet wird. 67

I. Bestehen von geeigneten Vereinbarungen über die Zusammenarbeit zwischen der BaFin und den für die Aufsicht zuständigen Stellen des Sitzstaates (Nr. 1)

Gem. Absatz 2 Nr. 1 ist zunächst erforderlich, dass zwischen der BaFin und der zuständigen Aufsichtsbehörde des Drittstaates, in dem der ausländische AIF und die ausländische AIF-Verwaltungsgesellschaft ihren Sitz haben, geeignete Vereinbarungen über die Zusammenarbeit bestehen (zur fehlenden inhaltlichen Abstimmung zwischen Absatz 1 Nr. 2 und Absatz 2 Nr. 1 s. bereits oben Rn. 15). „Geeignet" sind diese Vereinbarungen, wenn sie den in Absatz 2 Nr. 1 beschriebenen inhaltlichen Anforderungen genügen: Sie müssen (a) der Überwachung von Systemrisiken dienen, (b) im Einklang mit den internationalen Standards und den Art. 113 bis 115 der Delegierten Verordnung (EU) Nr. 231/2013 (sog. Level II-Verordnung) stehen und (c) einen wirksamen Informationsaustausch gewährleisten, der es der Bundesanstalt ermöglicht, ihre in § 5 festgelegten Aufgaben wahrzunehmen. 68

Die BaFin hat ein „Merkblatt zu Vereinbarungen über die Zusammenarbeit zwischen der Bundesanstalt und zuständigen Stellen eines Drittstaats im Rahmen der AIFM Richtlinie 2011/61/EU" veröffentlicht.[79] Darin führt die BaFin aus, dass die Zusammenarbeit mit den Aufsichtsbehörden in Drittstaaten über bilaterale Kooperationsvereinbarungen (Memorandum of Understanding – MoU) geregelt wird. Das Merkblatt enthält auch eine Liste der Aufsichtsbehörden, mit denen bereits Kooperationsvereinbarungen abgeschlossen wurden, die den in Absatz 2 Nr. 1 statuierten inhaltlichen Anforderungen genügen,[80] und gibt Hinweise über das erforderliche Vorgehen, wenn noch keine Kooperationsvereinbarung mit der zuständigen ausländischen Aufsichtsbehörde besteht. Die AIF-Verwaltungsgesellschaft sollte sich in diesem Falle zunächst an die zuständige ausländische Aufsichtsbehörde wenden. Diese Aufsichtsbehörde sollte sich dann direkt mit der BaFin 69

---

[78] Emde/Dornseifer/Dreibus/Hölscher/*Baum* InvG, § 136 Rn. 115.
[79] Merkblatt zu Vereinbarungen über die Zusammenarbeit zwischen der Bundesanstalt und zuständigen Stellen eines Drittstaats im Rahmen der AIFM Richtlinie 2011/61/EU, Stand: 10.2.2014, online abrufbar unter http://www.bafin.de/SharedDocs/Veroeffentlichungen/DE/Merkblatt/WA/mb_130722_internat_koopvereinbarungen_kagb.html?nn=2818474 (zuletzt aufgerufen am 28.8.2014).
[80] Derzeit (Stand: 10.2.2014) sind dies: Australien (ASIC), Bermuda (BMA), Cayman Islands (CIMA), Guernsey (GFSC), Hong Kong (SFC), Hong Kong (HKMA), Indien (SEBI), Japan (JFSA), Japan (METI), Japan (MAFF), Jersey (JFSC), Kanada (AMF), Kanada (OSC), Kanada (ASC), Kanada (BCSC), Kanada (OSFI), Schweiz (FINMA), Singapur (MAS), USA (SEC), USA (CFTC), USA (FED/CC).

in Verbindung setzen, um den Abschluss einer solchen Kooperationsvereinbarung vorzubereiten.

II. Herkunftsstaat des angezeigten AIF steht nicht auf der NCCT-Liste der FATF (Nr. 2)

70 Der Herkunftsstaat des angezeigten AIF darf gem. Absatz 2 Nr. 2 ferner nicht auf der Liste der nicht kooperativen Länder und Gebiete (*non-cooperative countries and territories*, kurz: NCCT) stehen, die von der Arbeitsgruppe „Finanzielle Maßnahmen gegen die Geldwäsche und die Terrorismusfinanzierung" (*Financial Action Task Force on Money Laundering*, kurz: FATF) aufgestellt wurde. Die Liste (aktueller Stand: 27.6.2014) ist auf der Homepage der FATF einsehbar.[81]

III. Bestehen einer Vereinbarung zwischen dem Herkunftsstaat des angezeigten AIF und der Bundesrepublik Deutschland in Steuerangelegenheiten (Nr. 3)

71 Gem. Absatz 2 Nr. 3 ist erforderlich, dass zwischen dem Herkunftsstaat des angezeigten AIF und der Bundesrepublik Deutschland eine Vereinbarung besteht, die einen wirksamen Informationsaustausch in Steuerangelegenheiten gewährleistet. Diese Vereinbarung muss den Normen von Art. 26 des OECD-Musterabkommens zur Vermeidung der Doppelbesteuerung von Einkommen und Vermögen, das zuletzt am 15. Juli 2014 aktualisiert wurde und die Basis für zahlreiche Doppelbesteuerungsabkommen weltweit bildet, vollständig entsprechen. Art. 26 des OECD-Musterabkommens regelt den zwischenstaatlichen Informationsaustausch zwischen den nationalen Steuerbehörden und begründet zwischen den Vertragsstaaten eines Doppelbesteuerungsabkommens einen völkerrechtlichen Anspruch auf Erteilung derjenigen Auskünfte, die zur Durchführung des Doppelbesteuerungsabkommens, insbesondere aber auch zur Durchführung ihres gesamten innerstaatlichen Steuerrechts erforderlich sind.[82]

G. Zusätzlich zu erfüllende Voraussetzungen für den Vertrieb von Feeder-AIF (Abs. 3)

72 Absatz 3 enthält weitere Voraussetzungen für die Zulässigkeit des Vertriebs, die zu erfüllen sind, wenn es sich bei dem angezeigten AIF um einen Feeder-AIF (§ 1 Abs. 19 Nr. 13) handelt. Handelt es sich um einen EU-Feeder-AIF, sind diese Voraussetzungen zusätzlich zu den Anforderungen nach Absatz 1, handelt es sich um einen ausländischen Feeder-AIF, sind sie zusätzlich zu den Anforderungen nach Absatz 1 und Absatz 2 zu erfüllen.

I. Identischer Herkunftsstaat von Master-AIF und Feeder-AIF (Nr. 1)

73 Gem. Absatz 3 Nr. 1 müssen der Master-AIF und dessen Verwaltungsgesellschaft denselben Herkunftsstaat haben wie der Feeder-AIF und dessen Verwaltungsgesellschaft. Ausweislich der Regierungsbegründung zum KAGB soll die Rechtslage damit derjenigen bei inländischen offenen Publikumsinvestmentvermögen entsprechen; ferner soll wegen

---

[81] http://www.fatf-gafi.org/topics/high-riskandnon-cooperativejurisdictions/documents/public-statement-june-2014.html (zuletzt aufgerufen am 28.8.2014).
[82] S. näher Vogel/Lehner/*Engelschalk* DBA, OECD-MA Art. 26 Rn. 2f.

der fehlenden Harmonisierung von AIF eine grenzüberschreitende Verwaltung weder des Feeder-AIF noch des Master-AIF möglich sein, weshalb nicht nur die Investmentvermögen, sondern auch deren Verwaltungsgesellschaften denselben Herkunftsstaat haben müssen.[83]

II. Inhalt von Anlagebedingungen, Satzung oder Gesellschaftsvertrag des Master-AIF (Nr. 2)

Gem. Absatz 3 Nr. 2 müssen die Anlagebedingungen, die Satzung oder der Gesellschaftsvertrag des Master-AIF Regelungen enthalten, die die Einhaltung der Vorschriften der §§ 220, 221 und 222 sicherstellen. Diese Vorschriften betreffen Sonstige Investmentvermögen; die Verweisung trägt ausweislich der Regierungsbegründung zum KAGB im Sinne der Gleichbehandlung von inländischen Publikums-AIF einerseits und EU-AIF und ausländischen AIF, die im Inland an Privatanleger vertrieben werden, andererseits dem Umstand Rechnung, dass Master-Feeder-Konstruktionen im Bereich der inländischen Publikums-AIF nur bei Sonstigen Investmentvermögen zulässig sind.[84] 74

Auf Sonstige Investmentvermögen sind gem. § 220 die Vorschriften der §§ 192 bis 205 betreffend Investmentvermögen gemäß der OGAW-Richtlinie insoweit anzuwenden, als sich aus den §§ 221 ff. nichts anderes ergibt. Die §§ 192 bis 205 sind über § 220 daher mittelbar ebenfalls von der Verweisung in Absatz 3 Nr. 2 erfasst. Im Übrigen ist die Verweisung jedoch auf den Regelungsgehalt der §§ 220, 221 und 222 und der darin ausdrücklich in Bezug genommenen Vorschriften beschränkt. Absatz 3 Nr. 2 verlangt daher nicht die Beachtung anderer Normen des KAGB, die auf Sonstige Investmentvermögen im Sinne des deutschen Rechts Anwendung finden, insbesondere der allgemeinen Vorschriften für offene inländische Investmentvermögen (z.B. zulässige Rechtsformen und deren Ausgestaltung, §§ 91 ff.). 75

III. Erfüllung der Voraussetzungen der §§ 317 bis 319 und erfolgreicher Abschluss des Anzeigeverfahrens gem. § 320 durch den Master-AIF (Nr. 3)

Absatz 3 Nr. 3 verlangt, dass der Master-AIF und dessen Verwaltungsgesellschaft die Voraussetzungen der §§ 317 bis 319 erfüllen und das Anzeigeverfahren gem. § 320 erfolgreich abgeschlossen haben. Auch für den Master-AIF gelten somit die in § 317 statuierten materiellen Voraussetzungen für die Zulässigkeit des Vertriebs; ferner sind die Anforderungen des § 318 an den Verkaufsprospekt zu erfüllen und es sind wesentliche Anlegerinformationen für den Master-AIF zu erstellen; auch für den Master-AIF muss ein Repräsentant im Inland benannt werden, der die in § 319 beschriebenen Funktionen ausübt. Dadurch, dass der Master-AIF ebenfalls das Anzeigeverfahren gem. § 320 erfolgreich abgeschlossen haben muss, wird eine umfassende Prüfung auch des Master-AIF durch die BaFin sichergestellt.[85] 76

---

83 BTDrucks. 17/12294, S. 286.
84 BTDrucks. 17/12294, S. 286.
85 BTDrucks. 17/12294, S. 286.

IV. Inhalt von Anlagebedingungen, Satzung oder Gesellschaftsvertrag des Feeder-AIF (Nr. 4)

77 Gem. Absatz 3 Nr. 4 müssen die Anlagebedingungen oder die Satzung bzw. der Gesellschaftsvertrag[86] des Feeder-AIF eine Bezeichnung des Master-AIF enthalten, in dessen Anteile oder Aktien mindestens 85 Prozent des Wertes des Feeder-AIF angelegt werden. Die Bezeichnung des Master-AIF muss die Angaben enthalten, die für die Identifizierung des Master-AIF erforderlich sind. Dazu gehören der Name (genauer: die Firma), der satzungsmäßige Sitz und die (vollständige) Anschrift des Master-AIF.

78 Ferner müssen sie gewährleisten, dass die Anleger in einer Art und Weise geschützt werden, die mit den Vorschriften des KAGB in Bezug auf Master-Feeder-Konstruktionen im Bereich der Publikums-Investmentvermögen (§§ 171 ff.) vergleichbar ist. Die Vorschrift soll ausweislich der Regierungsbegründung zum KAGB sicherstellen, dass die Privatanleger eines EU- bzw. ausländischen Feeder-AIF ein mit inländischen Feeder-AIF vergleichbares Schutzniveau erhalten.[87] Ähnlich wie bei Absatz 1 Nr. 5 (s. oben Rn. 28) ist daher nicht zu verlangen, dass die Anlagebedingungen bzw. die Satzung oder der Gesellschaftsvertrag des Feeder-AIF Regelungen enthalten, die den für inländische Feeder-AIF maßgeblichen anlegerschützenden Bestimmungen vollumfänglich entsprechen, das Schutzniveau mithin identisch ist. Das Schutzniveau kann in Detailfragen divergieren, muss aber im Rahmen einer Gesamtbetrachtung dem des KAGB entsprechen.

V. Abschluss der in § 175 vorgesehenen Vereinbarungen (Nr. 5)

79 Gem. Absatz 3 Nr. 5 müssen die in § 175 vorgesehenen Vereinbarungen abgeschlossen worden sein. Dabei handelt es sich (i) um die Master-Feeder-Vereinbarung zwischen der Verwaltungsgesellschaft des Master-AIF und der Verwaltungsgesellschaft des Feeder-AIF gem. § 175 Abs. 1, (ii) die Verwahrstellenvereinbarung zwischen der für den Master-AIF beauftragten Verwahrstelle und der für den Feeder-AIF beauftragten Verwahrstelle gem. § 175 Abs. 2 und (iii) um die Abschlussprüfervereinbarung zwischen dem für den Master-AIF bestellten Abschlussprüfer und dem für den Feeder-AIF bestellen Abschlussprüfer gem. § 175 Abs. 3. Diese Vereinbarungen sollen bei Master-Feeder-Strukturen gewährleisten, dass die auf der Ebene des Feeder-AIF Beteiligten die erforderlichen Informationen erhalten, um ihre Verpflichtungen zu erfüllen.[88] Ebenso wie Absatz 3 Nr. 4 soll Absatz 3 Nr. 5 ausweislich der Regierungsbegründung zum KAGB dazu beitragen, dass die Privatanleger eines EU- bzw. ausländischen Feeder-AIF ein mit inländischen Feeder-AIF vergleichbares Schutzniveau erhalten.[89]

80 Die gem. Absatz 3 Nr. 5 (i.V.m. § 175 Abs. 1) abgeschlossene Master-Feeder-Vereinbarung ist den Anlegern des Feeder-Fonds und des Masterfonds gem. § 297 Abs. 6 auf Verlangen kostenlos zur Verfügung zu stellen.

---

86 Dass der Gesellschaftsvertrag in Abs. 3 Nr. 4 (anders als in Abs. 3 Nr. 3 mit Blick auf den Master-AIF) nicht genannt wird, dürfte als Redaktionsversehen anzusehen sein, da EU-Feeder-AIF oder ausländische Feeder-AIF nach dem nationalen Recht ihres Herkunftsstaates durchaus in der Rechtsform einer Personengesellschaft konfiguriert sein können und folglich nicht über eine Satzung, sondern über einen Gesellschaftsvertrag verfügen.
87 BTDrucks. 17/12294, S. 286.
88 Emde/Dornseifer/Dreibus/Hölscher/*Daemgen* InvG, § 45b Rn. 1 ff.
89 BTDrucks. 17/12294, S. 286.

§ 318
Verkaufsprospekt und wesentliche Anlegerinformationen beim Vertrieb von EU-AIF oder von ausländischen AIF an Privatanleger

(1) Der Verkaufsprospekt des EU-AIF oder des ausländischen AIF muss mit einem Datum versehen sein und alle Angaben enthalten, die zum Zeitpunkt der Antragstellung für die Beurteilung der Anteile oder Aktien des EU-AIF oder des ausländischen AIF von wesentlicher Bedeutung sind. Er muss zumindest die in § 165 Absatz 2 bis 7 und 9 geforderten Angaben enthalten. Der Verkaufsprospekt eines geschlossenen AIF muss keine Angaben entsprechend § 165 Absatz 3 Nummer 2 und Absatz 4 bis 7, dafür aber Angaben entsprechend § 269 Absatz 2 Nummer 2 und 3 und Absatz 3 sowie einen Hinweis enthalten, wie die Anteile oder Aktien übertragen werden können und gegebenenfalls Hinweise entsprechend § 262 Absatz 1 Satz 4, § 262 Absatz 2 Satz 2, § 263 Absatz 5 Satz 2 und gegebenenfalls einen Hinweis, in welcher Weise ihre freie Handelbarkeit eingeschränkt ist. Der Verkaufsprospekt eines Feeder-AIF muss zusätzlich die Angaben nach § 173 Absatz 1 enthalten. Darüber hinaus muss der Verkaufsprospekt eines EU-AIF oder ausländischen AIF insbesondere Angaben enthalten
1. über Name oder Firma, Rechtsform, Sitz und Höhe des gezeichneten und eingezahlten Kapitals (Grund- oder Stammkapital abzüglich der ausstehenden Einlagen zuzüglich der Rücklagen) des EU-AIF oder des ausländischen AIF, der AIF-Verwaltungsgesellschaft, des Unternehmens, das den Vertrieb der Anteile oder Aktien im Geltungsbereich dieses Gesetzes übernommen hat (Vertriebsgesellschaft), und der Verwahrstelle,
2. über Name oder Firma, Sitz und Anschrift des Repräsentanten und der Zahlstellen,
3. über die Voraussetzungen und Bedingungen, zu denen die Anleger die Auszahlung des auf den Anteil oder die Aktie entfallenden Vermögensteils verlangen können sowie über die für die Auszahlung zuständigen Stellen.

Der Verkaufsprospekt muss ferner ausdrückliche Hinweise darauf enthalten, dass der EU-AIF oder der ausländische AIF und seine Verwaltungsgesellschaft nicht einer staatlichen Aufsicht durch die Bundesanstalt unterstehen. Die Bundesanstalt kann verlangen, dass in den Verkaufsprospekt weitere Angaben aufgenommen werden, wenn sie Grund zu der Annahme hat, dass die Angaben für den Erwerber erforderlich sind.

(2) Der Verkaufsprospekt von EU-AIF und ausländischen AIF, die hinsichtlich ihrer Anlagepolitik Anforderungen unterliegen, die denen von Dach-Hedgefonds nach § 225 Absatz 1 und 2 vergleichbar sind, muss darüber hinaus Angaben entsprechend den in § 228 genannten Angaben enthalten. Der Verkaufsprospekt von EU-AIF oder ausländischen AIF, die hinsichtlich ihrer Anlagepolitik Anforderungen unterliegen, die denen von Sonstigen Sondervermögen nach den §§ 220, 221, 222 vergleichbar sind, muss darüber hinaus Angaben entsprechend den in § 224 Absatz 1 genannten Angaben enthalten. Der Verkaufsprospekt von EU-AIF oder ausländischen AIF, die hinsichtlich ihrer Anlagepolitik Anforderungen unterliegen, die denen von Immobilien-Sondervermögen nach § 230 vergleichbar sind, muss darüber hinaus Angaben entsprechend den Angaben nach § 256 Absatz 1 enthalten.

(3) Für EU-AIF-Verwaltungsgesellschaften oder ausländische AIF-Verwaltungsgesellschaften, die nach der Richtlinie 2003/71/EG einen Prospekt zu veröffentlichen haben, bestimmen sich die in diesen Prospekt aufzunehmenden Mindestan-

gaben nach dem Wertpapierprospektgesetz und der Verordnung (EG) Nr. 809/2004. Enthält dieser Prospekt zusätzlich die in den Absätzen 1 und 2 geforderten Angaben, muss darüber hinaus kein Verkaufsprospekt erstellt werden. Die Absätze 4 und 6 gelten entsprechend.

(4) Außerdem ist dem Verkaufsprospekt als Anlage beizufügen:
1. ein Jahresbericht nach § 299 Absatz 1 Satz 1 Nummer 3, dessen Stichtag nicht länger als 16 Monate zurückliegen darf, und
2. bei offenen AIF, wenn der Stichtag des Jahresberichts länger als acht Monate zurückliegt, auch ein Halbjahresbericht nach § 299 Absatz 1 Satz 1 Nummer 4.

(5) Für EU-AIF und ausländische AIF sind wesentliche Anlegerinformationen zu erstellen. Für offene EU-AIF und offene ausländische AIF gilt § 166 Absatz 1 bis 5 und für geschlossene EU-AIF und geschlossene ausländische AIF gilt § 270 entsprechend. Für die wesentlichen Anlegerinformationen von EU-AIF und ausländischen AIF, die Immobilien-Sondervermögen entsprechen, sind die Anforderungen nach § 166 Absatz 6 und von EU-AIF und ausländischen AIF, die Dach-Hedgefonds nach § 225 entsprechen, sind die Anforderungen nach § 166 Absatz 7 zu beachten.

(6) Die wesentlichen Anlegerinformationen sowie Angaben von wesentlicher Bedeutung im Verkaufsprospekt sind auf dem neusten Stand zu halten. Bei geschlossenen AIF mit einer einmaligen Vertriebsphase gilt dies nur für die Dauer der Vertriebsphase.

Schrifttum

Siehe bei § 314; ferner *Voß* Die Überarbeitung der Prospektrichtlinie, ZBB **2010** 194.

Systematische Übersicht

A. Überblick —— 1
B. Entstehungsgeschichte —— 4
C. Normzweck —— 5
D. Mindestanforderungen an den Inhalt des Verkaufsprospekts im Einzelnen (Abs. 1) —— 6
   I. Allgemeines (Abs. 1 S. 1) —— 6
   II. Inhaltliche Vorgaben im Einzelnen (Abs. 1 S. 2 bis 5) —— 7
   III. Hinweis auf fehlende staatliche Aufsicht durch die BaFin (Abs. 1 S. 6) —— 13
E. Zusätzliche Anforderungen für bestimmte AIF, die hinsichtlich ihrer Anlagepolitik besonderen Anforderungen unterliegen (Abs. 2) —— 14
   I. Dach-Hedgefonds (Abs. 2 S. 1) —— 14
   II. Sonstige Sondervermögen (Abs. 2 S. 2) —— 15
   III. Immobilien-Sondervermögen (Abs. 2 S. 3) —— 16
F. Konkurrenzverhältnis zur Prospektpflicht nach der Prospektrichtlinie (Abs. 3) —— 17
G. Beifügung von Finanzberichten (Abs. 4) —— 19
H. Wesentliche Anlegerinformationen (Abs. 5) —— 21
I. Aktualisierungspflicht (Abs. 6) —— 22

A. Überblick

1 § 318 normiert die inhaltlichen Mindestanforderungen an den Verkaufsprospekt eines EU-AIF oder ausländischen AIF, der im Inland an Privatanleger vertrieben werden soll, und schreibt ferner die Erstellung wesentlicher Anlegerinformationen vor. Der Verkaufsprospekt und die wesentlichen Anlegerinformationen sind gem. § 320 Abs. 1 Nr. 3 mit dem Anzeigeschreiben bei der BaFin einzureichen. Sie sind ferner gem. § 297 Abs. 2 S. 2 jedem am Erwerb eines Anteils oder einer Aktie an einem AIF interessierten Privatan-

leger rechtzeitig vor Vertragsschluss kostenlos zur Verfügung zu stellen. Beide Dokumente sind gem. § 303 Abs. 1 in deutscher Sprache abzufassen oder mit einer deutschen Übersetzung zu versehen, wobei die deutsche Sprachfassung maßgeblich ist.

Abs. 1 regelt, welche Angaben der Verkaufsprospekt des EU-AIF oder des ausländischen AIF im Einzelnen enthalten muss, wobei er teilweise zwischen offenen und geschlossenen AIF differenziert und ferner eine Erweiterung für den Verkaufsprospekt eines EU- oder ausländischen Feeder-AIF enthält. Abs. 2 enthält eine Erweiterung der inhaltlichen Anforderungen gem. Abs. 1 für bestimmte AIF, die hinsichtlich ihrer Anlagepolitik besonderen Anforderungen unterliegen. Sowohl Abs. 1 als auch Abs. 2 bedienen sich dabei weitreichender Verweisungen auf die für inländische Publikums-AIF maßgeblichen Bestimmungen. Abs. 3 regelt das Konkurrenzverhältnis zu einer etwaigen Prospektpflicht nach dem WpPG. Gem. Abs. 4 ist dem Verkaufsprospekt ein Jahresbericht und bei offenen AIF ggf. auch ein Halbjahresbericht beizufügen. Abs. 5 schreibt vor, dass für EU-AIF und ausländische AIF wesentliche Anlegerinformationen zu erstellen sind. Abs. 6 regelt, dass die wesentlichen Anlegerinformationen sowie Angaben von wesentlicher Bedeutung im Verkaufsprospekt auf dem neuesten Stand zu halten sind.

Gem. Abs. 1 S. 7 kann die BaFin verlangen, dass in den Verkaufsprospekt weitere, d.h. über die in § 318 normierten inhaltlichen Anforderungen hinausgehende Angaben aufgenommen werden, wenn sie Grund zu der Annahme hat, dass die Angaben für den Erwerber erforderlich sind. Die BaFin hat ein Merkblatt veröffentlicht, das die Grundzüge des Anzeigeverfahrens gem. § 320 KAGB und die Voraussetzungen für den Vertrieb von EU-AIF und ausländischen AIF an Privatanleger im Inland erläutert („BaFin-Merkblatt").[1] Diesem Merkblatt kann u.a. entnommen werden, welche weiteren Anforderungen die BaFin an den Inhalt des Verkaufsprospekts und der wesentlichen Anlegerinformationen stellt.[2] Die BaFin kann im Einzelfall aber auch über das Merkblatt hinausgehende Angaben verlangen (s. § 320 Rn. 9).[3]

B. Entstehungsgeschichte

§ 318 entspricht weitgehend dem Regelungsgehalt von § 137 des aufgehobenen InvG, wobei ausweislich der Regierungsbegründung zum KAGB eine umfassende Anpassung an die Anforderungen an die Verkaufsprospekte von inländischen Publikumsinvestmentvermögen (bei offenen inländischen Publikums-AIF: § 165; bei geschlossenen inländischen Publikums-AIF: § 269) vorgenommen wurde. Ferner wurde die Regelung an die Terminologie des KAGB angepasst.[4] Eine erste inhaltliche Erweiterung hat § 318 bereits durch Art. 2 Nr. 58 des Gesetzes zur Anpassung von Gesetzen auf dem Gebiet des Finanzmarktes (FiMaAnpG)[5] erfahren; dadurch wurde Abs. 1 S. 3 um die Pflicht ergänzt, ggf. Hinweise entsprechend § 262 Abs. 1 S. 4, § 262 Abs. 2 S. 2, § 263 Abs. 5 S. 2 in den Verkaufsprospekt eines geschlossenen AIF aufzunehmen.

---

1   Merkblatt für Anzeigen beim beabsichtigten Vertrieb von EU-AIF oder ausländischen AIF an Privatanleger in der Bundesrepublik Deutschland nach § 320 Kapitalanlagegesetzbuch (KAGB), Stand: 17.6.2014, online abrufbar unter http://www.bafin.de/SharedDocs/Downloads/DE/Merkblatt/WA/dl_140617_merkbl_320_kagb.html (zuletzt aufgerufen am 15.8.2014).
2   S. für offene AIF BaFin-Merkblatt S. 34 ff. und für geschlossene AIF BaFin-Merkblatt S. 57 ff.
3   Emde/Dornseifer/Dreibus/Hölscher/*Baum* InvG, § 137 Rn. 5.
4   BTDrucks. 17/12294 S. 285.
5   Gesetz zur Anpassung von Gesetzen auf dem Gebiet des Finanzmarktes (FiMaAnpG) v. 15.7.2014, BGBl. I S. 934.

C. Normzweck

5 Der Verkaufsprospekt und die wesentlichen Anlegerinformationen sind wesentliche Instrumente des Anlegerschutzes. Die darin enthaltenen Angaben versetzen den am Erwerb eines Anteils oder einer Aktie eines AIF interessierten Anleger in die Lage, sich mit den Eigenschaften des AIF zu befassen sowie die mit der Anlage verbundenen Chancen und Risiken zu analysieren und mit seinen Präferenzen, insbesondere seiner individuellen Risikobereitschaft abzugleichen. Auf diese Weise soll er seine Anlageentscheidung schließlich auf der Grundlage ausreichender und fundierter Informationen treffen können. § 318 stellt durch die Normierung inhaltlicher Mindestanforderungen an den Verkaufsprospekt sicher, dass dem Anlegerschutz insoweit auch beim Vertrieb von EU-AIF und ausländischen AIF in Deutschland Rechnung getragen wird. Er wird flankiert von der Prospekthaftung gem. § 306 für den Fall, dass die im Verkaufsprospekt enthaltenen Angaben unrichtig oder unvollständig oder die in den wesentlichen Anlegerinformationen enthaltenen Angaben irreführend, unrichtig oder nicht mit den einschlägigen Stellen des Verkaufsprospekts vereinbar sind.

D. Mindestanforderungen an den Inhalt des Verkaufsprospekts im Einzelnen (Abs. 1)

I. Allgemeines (Abs. 1 S. 1)

6 Gem. Abs. 1 S. 1 muss der Verkaufsprospekt des EU-AIF oder des ausländischen AIF mit einem Datum versehen sein, womit das Datum seiner Erstellung gemeint ist.[6] Er muss sämtliche Angaben enthalten, die zum Zeitpunkt der Antragstellung für die Beurteilung der Anteile oder Aktien des EU-AIF oder des ausländischen AIF von wesentlicher Bedeutung sind. Von wesentlicher Bedeutung sind solche Angaben, die objektiv für einen durchschnittlich verständigen Anleger erforderlich sind, um sich ein fundiertes Urteil über die Anlage zu bilden. Individuelle Kenntnisse und Erfahrungen des einzelnen Anlegers spielen keine Rolle.[7] Die Angaben, die aufgrund derjenigen Vorschriften erforderlich sind, auf die in Abs. 1 und Abs. 2 verwiesen wird, sowie die in Abs. 1 S. 5 ausdrücklich verlangten Angaben sind qua gesetzlicher Regelung von wesentlicher Bedeutung. Mit dem Zeitpunkt der Antragstellung ist der Zeitpunkt gemeint, in dem der Erwerber den Kaufantrag stellt (in § 297 Abs. 9 und § 305 Abs. 2 als Antrag auf Vertragsabschluss bezeichnet).

II. Inhaltliche Vorgaben im Einzelnen (Abs. 1 S. 2 bis 5)

7 Gem. Abs. 1 S. 2 muss der Verkaufsprospekt zumindest die in § 165 Abs. 2 bis 7 und 9 für den Verkaufsprospekt offener inländischer Publikums-AIF vorgeschriebenen Mindestangaben enthalten. § 165 Abs. 8 ist deshalb nicht Teil der Verweisung, weil er wortgleich Abs. 1 S. 7 entspricht, wonach die BaFin verlangen kann, dass in den Verkaufsprospekt weitere Angaben aufgenommen werden, wenn sie Grund zu der Annahme hat, dass die Angaben für den Erwerber erforderlich sind.

8 Abs. 1 S. 3 schränkt für den Verkaufsprospekt eines geschlossenen AIF die Verweisung auf § 165 in Abs. 1 S. 3 dahingehend ein, dass die Angaben nach § 165 Abs. 3 Nr. 2

---

[6] Präziser ist insoweit die Formulierung in § 5 WpPG.
[7] Berger/Steck/Lübbehüsen/*Erhard* InvG, § 137 Rn. 4.

sowie Abs. 4 bis 7 nicht erforderlich sind. Stattdessen muss der Verkaufsprospekt Angaben nach § 269 Abs. 2 Nr. 2 und 3 sowie Abs. 3 enthalten sowie einen Hinweis darauf, wie die Anteile oder Aktien übertragen werden können, gegebenenfalls Hinweise entsprechend § 262 Abs. 1 S. 4 und § 262 Abs. 2 S. 2 (sofern ohne Einhaltung des Grundsatzes der Risikomischung investiert wird) sowie § 263 Abs. 5 S. 2 (bei fehlender Begrenzung von Leverage und Belastung), und schließlich gegebenenfalls einen Hinweis, in welcher Weise ihre freie Handelbarkeit eingeschränkt ist. Letzteres entspricht der Vorgabe von § 269 Abs. 2 Nr. 1 für den Verkaufsprospekt eines geschlossenen Publikums-AIF in Form der geschlossenen Investmentkommanditgesellschaft deutschen Rechts. Die Übertragbarkeit der Anteile und ihre freie Handelbarkeit richtet sich nach den für die Rechtsform des betreffenden AIF maßgeblichen Vorschriften des nationalen Rechts seines Herkunftsstaates.

Gem. Abs. 1 S. 4 muss der Verkaufsprospekt eines EU- oder ausländischen Feeder-AIF zusätzlich die Angaben nach § 173 Abs. 1 enthalten, die im Wesentlichen den Master-AIF und das Verhältnis zwischen Feeder-AIF und Master-AIF betreffen. **9**

Abs. 1 S. 5 enthält weitere Angaben, die der Verkaufsprospekt eines EU-AIF oder ausländischen AIF enthalten muss. Dazu gehören gem. Abs. 1 S. 5 Nr. 1 zunächst Name oder Firma, Rechtsform, Sitz sowie gezeichnetes und eingezahltes Kapital (definiert als Grund- oder Stammkapital abzüglich der ausstehenden Einlagen zuzüglich der Rücklagen) des EU-AIF oder des ausländischen AIF, der AIF-Verwaltungsgesellschaft und ggf. der Vertriebsgesellschaft(en) sowie der Verwahrstelle. Mit Recht wird kritisiert, dass die Angaben im Hinblick auf sämtliche Vertriebsgesellschaften erforderlich sind, die den EU-AIF oder ausländischen AIF in Deutschland vertreiben. Denn es ist nicht ersichtlich, welchen konkreten Beitrag eine Liste aller Vertriebsgesellschaften mit Informationen u.a. über ihre finanzielle Struktur zu dem mit dem Prospekt verfolgten Zweck leisten soll, eine ausreichende Informationsgrundlage für potentielle Anleger im Hinblick auf Chancen und Risiken der Anlage im Vorfeld ihrer Anlageentscheidung zu schaffen. Sie bedeutet zudem einen erheblichen Verwaltungsaufwand, da nach dem Gesetzeswortlaut jede Änderung der Liste der Vertriebsgesellschaften die Aktualisierungspflicht nach Abs. 6 und bei deren Verletzung die Prospekthaftung nach § 306 auslöst.[8] Es sollte daher genügen, wenn Name oder Firma, Rechtsform, Sitz und Anschrift aller in Deutschland tätigen Vertriebsgesellschaften der BaFin im Rahmen des Anzeigeverfahrens gem. § 320 Abs. 1 Nr. 3 mitgeteilt werden.[9] **10**

Von erheblicher Bedeutung für die Anleger sind hingegen die gem. Abs. 1 S. 5 Nr. 2 erforderlichen Angaben über Name oder Firma, Sitz und Anschrift des Repräsentanten und der Zahlstellen. Bei der Benennung eines Repräsentanten und einer oder mehrerer Zahlstellen handelt es sich gem. § 317 Abs. 1 Nr. 4 und Nr. 6 um materielle Voraussetzungen für die Zulässigkeit des Vertriebs. Der Repräsentant vertritt gem. § 319 Abs. 1 den AIF gerichtlich und außergerichtlich und ist zum Empfang von Schriftstücken ermächtigt, die für die AIF-Verwaltungsgesellschaft oder die Vertriebsgesellschaft bestimmt sind; ferner besteht gem. § 319 Abs. 2 an seinem (Wohn-)Sitz ein Gerichtsstand für Klagen gegen den AIF, die AIF-Verwaltungsgesellschaft oder eine Vertriebsgesellschaft, die zum Vertrieb des AIF Bezug haben. Über die Zahlstellen können von den Anlegern zu leistende oder für sie bestimmte Zahlungen geleistet werden. **11**

Schließlich hat der Verkaufsprospekt gem. Abs. 1 S. 5 Nr. 3 Angaben über die Voraussetzungen und Bedingungen zu enthalten, zu denen die Anleger die Auszahlung des **12**

---

[8] Überzeugend insoweit Emde/Dornseifer/Dreibus/Hölscher/*Baum* InvG, § 139 Rn. 11.
[9] Diese Angaben verlangt die BaFin, s. BaFin-Merkblatt S. 20.

auf den Anteil oder die Aktie entfallenden Vermögensteils verlangen können, sowie über die für die Auszahlung zuständigen Stellen. Ergänzend dazu verlangt die BaFin Angaben zu dem Verfahren und den Bedingungen eines etwaigen Umtausches von Anteilen oder Aktien zwischen verschiedenen Teilinvestmentvermögen einer Umbrella-Konstruktion.[10]

III. Hinweis auf fehlende staatliche Aufsicht durch die BaFin (Abs. 1 S. 6)

13   Gem. Abs. 1 S. 6 muss der Verkaufsprospekt einen ausdrücklichen Hinweis[11] darauf enthalten, dass der EU-AIF oder der ausländische AIF und seine Verwaltungsgesellschaft nicht der staatlichen Aufsicht durch die BaFin unterstehen. Der Wortlaut der Formulierung wird im BaFin-Merkblatt vorgegeben und sollte in der Praxis in dieser Form verwendet werden.[12]

E. Zusätzliche Anforderungen für bestimmte AIF, die hinsichtlich ihrer Anlagepolitik besonderen Anforderungen unterliegen (Abs. 2)

I. Dach-Hedgefonds (Abs. 2 S. 1)

14   Gem. Abs. 2 S. 1 muss der Verkaufsprospekt von EU-AIF und ausländischen AIF, die hinsichtlich ihrer Anlagepolitik Anforderungen unterliegen, die denen von Dach-Hedgefonds nach § 225 Abs. 1 und 2 vergleichbar sind, über die Angaben nach Abs. 1 hinaus Angaben entsprechend den in § 228 genannten Angaben enthalten. Die nach § 228 (zusätzlich zu den Angaben nach § 165 erforderlichen) Angaben beziehen sich im Wesentlichen auf die Zielfonds, an denen der Dach-Hedgefonds Anteile erwirbt, sowie die Einzelheiten und Bedingungen der Rücknahme und der Auszahlung von Anteilen oder Aktien (§ 228 Abs. 1); ferner muss der Verkaufsprospekt an auffälliger Stelle drucktechnisch hervorgehoben einen Warnhinweis darauf enthalten, dass der AIF in Hedgefonds investiert, die keinen gesetzlichen Leverage- oder Risikobeschränkungen unterliegen (§ 228 Abs. 2).

II. Sonstige Sondervermögen (Abs. 2 S. 2)

15   Gem. Abs. 2 S. 2 muss der Verkaufsprospekt von EU-AIF und ausländischen AIF, die hinsichtlich ihrer Anlagepolitik Anforderungen unterliegen, die denen von Sonstigen Sondervermögen nach den §§ 220, 221, 222[13] vergleichbar sind, über die Angaben nach Abs. 1 hinaus Angaben entsprechend den in § 224 Abs. 1 genannten Angaben enthalten. Die nach § 224 Abs. 1 (zusätzlich zu den Angaben nach § 165) erforderlichen Angaben beziehen sich auf die Vermögensgegenstände, in die der AIF investiert, sowie die Voraussetzungen und Bedingungen für die Rücknahme[14] und Auszahlung von Anteilen oder Aktien aus dem Sonstigen Investmentvermögen Zug um Zug gegen Rückgabe der Anteile oder Aktien.

---

[10] BaFin-Merkblatt S. 37; s. auch Emde/Dornseifer/Dreibus/Hölscher/*Baum* InvG, § 139 Rn. 25.
[11] Dass die Formulierung des Gesetzes in Abs. 1 S. 6 den Plural („ausdrückliche Hinweise") verwendet, ist nicht von näherer Bedeutung; ein entsprechender Hinweis genügt.
[12] BaFin-Merkblatt, S. 42 f. Der Wortlaut lautet wie folgt: „Sowohl das Investmentvermögen als auch seine Verwaltungsgesellschaft unterliegen nicht der staatlichen Aufsicht durch die Bundesanstalt für Finanzdienstleistungsaufsicht."
[13] Die Verweisung ist insoweit terminologisch unscharf, als diese in § 220 nicht als „Sonstige Sondervermögen", sondern als „Sonstige Investmentvermögen" bezeichnet werden.
[14] In § 256 Abs. 1 Nr. 2 heißt es fälschlicherweise: „Rückgabe".

III. Immobilien-Sondervermögen (Abs. 2 S. 3)

Gem. Abs. 2 S. 3 muss der Verkaufsprospekt von EU-AIF und ausländischen AIF, die 16 hinsichtlich ihrer Anlagepolitik Anforderungen unterliegen, die denen von Immobilien-Sondervermögen nach § 230 vergleichbar sind, über die Angaben nach Abs. 1 hinaus Angaben entsprechend den Angaben nach § 256 Abs. 1 enthalten. Die nach § 256 Abs. 1 (zusätzlich zu den Angaben nach § 165) erforderlichen Angaben beziehen sich auf die Sonderregelung für die Ausgabe und Rücknahme von Anteilen gem. § 255 Abs. 2 sowie die Voraussetzungen und Bedingungen für die Rücknahme und Auszahlung von Anteilen oder Aktien aus dem Sondervermögen Zug um Zug gegen Rückgabe der Anteile.

F. Konkurrenzverhältnis zur Prospektpflicht nach der Prospektrichtlinie (Abs. 3)

Abs. 3 S. 1 regelt den Fall, dass eine Prospektpflicht für den EU-AIF oder den aus- 17 ländischen AIF[15] nach der Richtlinie 2003/71/EG (sog. Prospektrichtlinie)[16] bzw. den im Rahmen ihrer Umsetzung erlassenen Vorschriften des nationalen Rechts besteht. Die Prospektrichtlinie wurde in Deutschland durch das Wertpapierprospektgesetz (WpPG) umgesetzt, das in § 7 WpPG hinsichtlich der Mindestangaben des Prospekts auf die Verordnung (EG) Nr. 809/2004 (sog. Prospektverordnung) verweist. Enthält der nach Maßgabe dieser Bestimmungen erstellte Prospekt zusätzlich die in Abs. 1 und Abs. 2 geforderten Angaben, ist die Erstellung eines zusätzlichen Verkaufsprospekts nach dem KAGB nicht erforderlich.

Abs. 3 S. 2 stellt klar, dass in diesem Falle die Abs. 4 bis 6 „entsprechend" gelten, 18 d.h. dem Prospekt ist ein Jahresbericht als Anlage beizufügen (Abs. 4), es sind wesentliche Anlegerinformationen zu erstellen (Abs. 5) und es besteht eine Pflicht zur Aktualisierung der wesentlichen Anlegerinformationen und der Angaben von wesentlicher Bedeutung (s. unten Rn. 22 f.) im Prospekt (Abs. 6).

G. Beifügung von Finanzberichten (Abs. 4)

Abs. 4 Nr. 1 verlangt, dass dem Verkaufsprospekt ein Jahresbericht als Anlage beige- 19 fügt wird, dessen Stichtag nicht länger als 16 Monate zurückliegen darf. Welche Angaben der Jahresbericht zu enthalten hat, bestimmt § 299 Abs. 1 S. 1 Nr. 3; hinsichtlich Inhalt und Form des Jahresberichts wird in § 299 Abs. 1 S. 2 im Übrigen auf die Art. 103 bis 107 der Delegierten Verordnung (EU) NR. 231/2013 (sog. Level II-Verordnung) verwiesen.

Bei offenen EU-AIF und ausländischen AIF ist, wenn der Stichtag des Jahresberichts 20 länger als acht Monate zurückliegt, auch ein Halbjahresbericht beizufügen, dessen Inhalt § 299 Abs. 1 S. 1 Nr. 4 durch partielle Verweisung auf die Angaben im Jahresbericht gem. § 299 Abs. 1 S. 1 Nr. 3 bestimmt.

H. Wesentliche Anlegerinformationen (Abs. 5)

Gem. Abs. 5 sind für EU-AIF und ausländische AIF, die im Inland an Privatanleger 21 vertrieben werden, wesentliche Anlegerinformationen zu erstellen. Hinsichtlich Inhalt,

---

15 Der Gesetzeswortlaut spricht unpräzise von „EU-AIF-Verwaltungsgesellschaften oder ausländische[n] Verwaltungsgesellschaften, die nach der Richtlinie 2003/71/EG einen Prospekt zu veröffentlichen haben."
16 Die Prospektrichtlinie ist durch die Richtlinie 2010/73/EU vom 24.11.2010 (ABl. EU Nr. L 327 v. 11.12.2010, S. 1) umfassend überarbeitet worden; s. dazu *Voß* ZBB **2010** 194.

Form und Gestaltung der wesentlichen Anlegerinformationen wird auf die für inländische Publikums-AIF maßgeblichen Vorschriften verwiesen:
– für offene EU-AIF und offene ausländische AIF auf § 166 Abs. 1 bis 5 (der seinerseits in Abs. 4 für offene Publikums-AIF auf die Verordnung (EU) Nr. 583/2010 verweist);
– für geschlossene EU-AIF und geschlossene ausländische AIF auf § 270 (der seinerseits auf § 166 Abs. 1 bis 3 und 5 verweist);
– für EU-AIF und ausländische AIF, die Immobilien-Sondervermögen entsprechen, auf § 166 Abs. 6;
– für EU-AIF, die Dach-Hedgefonds nach § 225 entsprechen, auf § 166 Abs. 7.

I. Aktualisierungspflicht (Abs. 6)

22   Abs. 6 S. 1 statuiert eine Aktualisierungspflicht, die § 164 Abs. 3 und § 268 Abs. 2 entspricht. Danach sind die wesentlichen Anlegerinformationen sowie Angaben von wesentlicher Bedeutung im Verkaufsprospekt auf dem neuesten Stand zu halten. Abs. 6 S. 2 enthält ebenso wie § 268 Abs. 2 S. 2 eine Sonderregelung für geschlossene AIF mit einer einmaligen Vertriebsphase, bei denen eine Aktualisierung des Verkaufsprospekts und der wesentlichen Anlegerinformationen nur während dieser Vertriebsphase erforderlich ist. Die Aktualisierung kann dadurch erfolgen, dass ein neuer Verkaufsprospekt erstellt wird; ebenso ist es möglich, dem Verkaufsprospekt einen Nachtrag voranzustellen, der es dem Anleger ermöglicht, die Änderungen nachzuvollziehen.

23   Anders als noch in § 42 Abs. 5 des aufgehobenen InvG bezieht sich die Aktualisierungspflicht auf die wesentlichen Anlegerinformationen insgesamt und ist nicht auf darin enthaltene Angaben „von wesentlicher Bedeutung" beschränkt. Dies trägt dem Umstand Rechnung, dass die wesentlichen Anlegerinformationen (bei offenen inländischen Publikums-AIF: § 166; bei geschlossenen inländischen Publikums-AIF: § 270) regelmäßig keine unwesentlichen Angaben enthalten; sie sind vielmehr gem. § 166 Abs. 3 S. 4 kurz zu halten. Dagegen besteht die Aktualisierungspflicht im Hinblick auf den Verkaufsprospekt weiterhin nur in Bezug auf Angaben von wesentlicher Bedeutung. Aus Gründen des Anlegerschutzes ist dieses Merkmal allerdings weit auszulegen. Bei den gesetzlich vorgeschriebenen Inhalten des Verkaufsprospekts ist stets davon auszugehen, dass sie von wesentlicher Bedeutung sind. Eine Aktualisierungspflicht besteht nur ausnahmsweise nicht, wenn im Verkaufsprospekt ergänzende Angaben gemacht werden und sich diese Tatsachen nachträglich ändern.[17]

§ 319
Vertretung der Gesellschaft, Gerichtsstand beim Vertrieb von EU-AIF oder von ausländischen AIF an Privatanleger

(1) Der Repräsentant vertritt den EU-AIF oder ausländischen AIF gerichtlich und außergerichtlich. Er ist ermächtigt, für die AIF-Verwaltungsgesellschaft und die Vertriebsgesellschaft bestimmten Schriftstücke zu empfangen. Diese Befugnisse können nicht beschränkt werden.
(2) Für Klagen gegen einen EU-AIF oder einen ausländischen AIF, eine AIF-Verwaltungsgesellschaft oder eine Vertriebsgesellschaft, die zum Vertrieb von Anteilen oder Aktien an EU-AIF oder ausländischen AIF an Privatanleger im Gel-

---

[17] Vgl. Emde/Dornseifer/Dreibus/Hölscher/*Rozok* InvG, § 42 Rn. 129.

tungsbereich dieses Gesetzes Bezug haben, ist das Gericht zuständig, in dessen Bezirk der Repräsentant seinen Wohnsitz oder Sitz hat. Dieser Gerichtsstand kann durch Vereinbarung nicht ausgeschlossen werden.

(3) Der Name des Repräsentanten und die Beendigung seiner Stellung sind von der Bundesanstalt im Bundesanzeiger bekannt zu machen. Entstehen der Bundesanstalt durch die Bekanntmachung nach Satz 1 Kosten, so sind ihr diese Kosten zu erstatten.

Schrifttum

Siehe bei § 314.

Systematische Übersicht

- A. Überblick —— 1
- B. Entstehungsgeschichte —— 3
- C. Normzweck —— 5
- D. Rechtsstellung des Repräsentanten (Abs. 1) —— 6
  - I. Vertretung des EU-AIF bzw. ausländischen AIF —— 6
  - II. Empfangsbevollmächtigung für die AIF-Verwaltungsgesellschaft und die Vertriebsgesellschaft —— 10
  - III. Begründung der Repräsentantenstellung —— 11
  - IV. Beendigung der Repräsentantenstellung —— 15
- E. Gesetzlicher Gerichtsstand (Abs. 2) —— 19
- F. Bekanntmachungspflicht der BaFin (Abs. 3) —— 23

A. Überblick

§ 319 bestimmt die Funktion des Repräsentanten näher, dessen Benennung gem. **1** § 317 Abs. 1 Nr. 4 zwingende materielle Voraussetzung für die Zulässigkeit des Vertriebs ist. Die Norm ist gemeinsam mit § 317 Abs. 1 Nr. 4 zu lesen, der die Voraussetzungen für die Benennung als Repräsentant statuiert. Dessen Funktion lässt sich als die eines Mittlers zwischen dem AIF auf der einen und den Anlegern und der BaFin auf der anderen Seite charakterisieren (s. § 317 Rn. 24);[1] daneben nimmt der Repräsentant die Compliance-Funktion entsprechend § 57 Abs. 3 S. 4 wahr.

Abs. 1 regelt die wesentlichen Aufgaben des Repräsentanten, die (neben der Wahr- **2** nehmung der Compliance-Funktion) in der gerichtlichen und außergerichtlichen Vertretung des EU-AIF bzw. ausländischen AIF sowie in der Entgegennahme der für die AIF-Verwaltungsgesellschaft und die Vertriebsgesellschaft bestimmten Schriftstücke bestehen. Abs. 2 begründet einen gesetzlichen Gerichtsstand am Sitz des Repräsentanten für Klagen gegen einen EU-AIF oder einen ausländischen AIF, eine AIF-Verwaltungsgesellschaft oder eine Vertriebsgesellschaft, sofern die Klage in Bezug zum Vertrieb des AIF im Inland steht. Abs. 3 statuiert schließlich eine Pflicht der BaFin zur Bekanntmachung des Namens des Repräsentanten sowie der Beendigung seiner Stellung auf Kosten der AIF-Verwaltungsgesellschaft.

B. Entstehungsgeschichte

§ 319 basiert nicht unmittelbar auf Vorgaben der AIFM-Richtlinie. Lediglich die Be- **3** schreibung der Funktion des Repräsentanten in § 317 Abs. 1 Nr. 4 und in § 319 lehnt sich

---

[1] Berger/Steck/Lübbehüsen/*Erhard* InvG, § 138 Rn. 1; Emde/Dornseifer/Dreibus/Hölscher/*Baum* InvG, § 136 Rn. 20.

teilweise an die Beschreibung des gesetzlichen Vertreters eines AIFM, der beabsichtigt, EU-AIF zu verwalten und/oder von ihm verwaltete AIF gem. Art. 39 oder 40 AIFM-Richtlinie in der Union zu vertreiben, in Art. 37 Abs. 3 AIFM-Richtlinie an. Diese Richtlinienbestimmung wird in § 57 Abs. 3 umgesetzt (s. § 317 Rn. 4).

4 § 319 entspricht weitgehend dem Regelungsgehalt von § 138 des aufgehobenen InvG, der ausweislich der Regierungsbegründung zum KAGB an dessen Terminologie angepasst wurde.[2]

C. Normzweck

5 Auch § 319 dient dem Anlegerschutz. Die Bestellung des Repräsentanten hat dabei vor allem die Funktion, den Anlegern, aber auch der BaFin die Kommunikation und die effektive Durchsetzung von Rechten gegenüber dem EU-AIF bzw. ausländischen AIF, der AIF-Verwaltungsgesellschaft und einer ggf. beauftragten Vertriebsgesellschaft[3] im Inland erheblich zu erleichtern.[4]

D. Rechtsstellung des Repräsentanten (Abs. 1)

I. Vertretung des EU-AIF bzw. ausländischen AIF

6 Die Vertretungsbefugnis des Repräsentanten für den AIF wird in der Literatur dogmatisch nur unzureichend erfasst. Überwiegend wird sie als gesetzliche Vertretungsmacht charakterisiert;[5] dieselben Autoren nehmen aber zugleich an, es handele sich bei der Repräsentantenstellung „im Kern um ein rechtsgeschäftliches Stellvertretungsverhältnis mit gesetzlich normiertem Vertretungsumfang",[6] oder sie rücken die Vertretungsmacht des Repräsentanten in die Nähe organschaftlicher Vertretungsmacht, deren Umfang der eines GmbH-Geschäftsführers gem. § 35 Abs. 1 GmbHG oder eines AG-Vorstands gem. § 78 Abs. 1 AktG entspreche.[7] Anders als bei einer rechtsgeschäftlich erteilten Vertretungsmacht mit gesetzlich normiertem Vertretungsumfang, wie etwa der handelsrechtlichen Prokura (§ 48 HGB),[8] handelt es sich bei der Bestellung des Repräsentanten nicht um einen freiwilligen Akt im Sinne gewillkürter Stellvertretung. Sondern die Bestellung des Repräsentanten ist gesetzlich vorgeschrieben und eine materielle Voraussetzung für die Zulässigkeit des Vertriebs. Darin liegt eine Parallele zu Fällen gesetzlicher Vertretungsmacht, für die im Übrigen aber charakteristisch ist, dass der Vertretene den Vertreter nicht selbst auswählt und ein konkurrierendes Handeln des Vertretenen ausgeschlossen ist; sie ist nicht Ausdruck von Selbst-, sondern von Fremdbestimmung.[9] Eine größere Nähe besteht daher in der Tat zu der organschaftlichen Vertretungsmacht, die aber typischerweise mit einer entsprechenden Geschäftsführungsbefugnis einhergeht (vgl. etwa § 35 GmbHG, §§ 77, 78 AktG, §§ 114, 125 HGB). Die Funktion des Repräsen-

---

2 BTDrucks. 17/12294 S. 287.
3 § 318 Abs. 1 S. 5 Nr. 1 enthält eine Legaldefinition der Vertriebsgesellschaft: Es handelt sich um das Unternehmen, das den Vertrieb der Anteile oder Aktien (= des EU-AIF oder ausländischen AIF) im Geltungsbereich dieses Gesetzes (= im Inland) übernommen hat.
4 Berger/Steck/Lübbehüsen/*Erhard* InvG, § 138 Rn. 1.
5 *Baur* § 6 AuslInvestmG Rn. 10; Berger/Steck/Lübbehüsen/*Erhard* InvG, § 138 Rn. 2; Emde/Dornseifer/Dreibus/Hölscher/*Baum* InvG, § 136 Rn. 6.
6 So Berger/Steck/Lübbehüsen/*Erhard* InvG, § 138 Rn. 5.
7 So *Baur* § 6 AuslInvestmG Rn. 10; Emde/Dornseifer/Dreibus/Hölscher/*Baum* InvG, § 136 Rn. 6.
8 MüKoHGB/*Krebs* § 48 Rn. 1.
9 MüKoBGB/*Schramm* Vor § 164 Rn. 5.

tanten soll sich nach der Konzeption des Gesetzes aber gerade auf die Wahrnehmung der Mittlerfunktion zwischen einerseits den Anlegern und der BaFin und andererseits dem AIF sowie auf die Wahrnehmung der Compliance-Funktion beschränken; eine Befugnis zur Geschäftsführung oder zur Verwaltung des Gesellschaftsvermögens ist ihm nicht zugewiesen.

Die Vertretungsbefugnis des Repräsentanten im Außenverhältnis ist weder durch die ihm gesetzlich zugewiesene Mittlerfunktion beschränkt noch ist sie durch Vereinbarungen, die der AIF mit dem Repräsentanten selbst oder mit Dritten trifft, beschränkbar (Abs. 1 S. 3). Vereinbarungen über eine Beschränkung der Vertretungsbefugnis im Außenverhältnis sind gem. § 134 BGB nichtig. Die einzige Norm, aus der sich eine Beschränkung der Vertretungsbefugnis des Repräsentanten ergibt, ist § 181 BGB (Insichgeschäft). Sämtliche Willenserklärungen, die der Repräsentant im Namen des AIF abgibt, wirken daher gem. § 164 Abs. 1 BGB unmittelbar für und gegen den AIF, unabhängig davon, auf welche Art von Geschäft (z.B. Kreditaufnahme) sie sich beziehen.[10] **7**

In Anbetracht der weitreichenden und im Außenverhältnis unbeschränkbaren Vertretungsbefugnis des Repräsentanten ist es von umso größerer Bedeutung, die Befugnisse des Repräsentanten im Innenverhältnis durch eine vertragliche Vereinbarung zwischen AIF und Repräsentant (s. dazu ausführlich unten Rn. 12) zu beschränken.[11] Bei einer Überschreitung der im Innenverhältnis gezogenen Grenzen der Vertretungsbefugnis kann im Einzelfall ein Missbrauch der Vertretungsmacht vorliegen, der dazu führt, dass sich der Geschäftsgegner nicht auf die Vertretungsmacht berufen kann, wenn er den Missbrauch kennt oder sich ihm diese Erkenntnis nach den Umständen geradezu aufdrängt[12] (Einzelheiten sind umstritten).[13] In Fällen kollusiven Zusammenwirkens von Repräsentant und Geschäftsgegner zum Nachteil des AIF kann das Geschäft sogar gem. § 138 Abs. 1 BGB nichtig sein.[14] Fehlt es an den Voraussetzungen eines Missbrauchs der Vertretungsmacht, kommt zumindest eine Schadensersatzpflicht des Repräsentanten gegenüber dem AIF in Betracht. **8**

Aus der Nähe der Repräsentantenstellung zur organschaftlichen Vertretung (s. oben Rn. 6) folgt, dass in analoger Anwendung von § 31 BGB der AIF für Schäden haftet, die der Repräsentant in Ausübung seiner Befugnisse einem Dritten zufügt. Der AIF kann seinerseits den Repräsentanten in Regress nehmen.[15] **9**

II. Empfangsbevollmächtigung für die AIF-Verwaltungsgesellschaft und die Vertriebsgesellschaft

Über seine Stellung als Vertreter des AIF hinaus ist der Repräsentant gem. Abs. 1 S. 2 auch ermächtigt, für die AIF-Verwaltungsgesellschaft und eine etwaige Vertriebsgesellschaft bestimmte[16] Schriftstücke zu empfangen. Für den AIF selbst ergibt sich eine entsprechende Ermächtigung des Repräsentanten schon aus dessen Vertretungsbefugnis **10**

---

10 S. zum Ganzen Berger/Steck/Lübbehüsen/*Erhard* InvG, § 138 Rn. 4.
11 S. dazu Berger/Steck/Lübbehüsen/*Erhard* InvG, § 138 Rn. 4.
12 Siehe bereits BGH 25.3.1968 NJW **1968** 1379; BGH 31.1.1999 NJW **1991** 1812, 1813; BGH 5.11.2003 NJW-RR **2004** 247, 248.
13 Siehe ausführlich zum Missbrauch der Vertretungsmacht MüKoBGB/*Schramm* § 164 Rn. 106 ff. m.w.N.
14 BGH 17.5.1988 NJW **1989** 26; BGH 5.11.2003 NJW-RR **2004** 247, 248; MüKoBGB/*Schramm* § 164 Rn. 107 m.w.N.
15 *Baur* § 6 AuslInvestmG Rn. 19.
16 In Abs. 1 S. 2 heißt es fälschlicherweise: „bestimmten"; es müsste heißen: „bestimmte".

nach Abs. 1 S. 1.[17] Damit ist insbesondere eine wirksame Zustellung schriftlicher Verwaltungsakte der BaFin und ggf. anderer Behörden sowie gerichtlicher Schriftstücke an die AIF-Verwaltungsgesellschaft und die Vertriebsgesellschaft unter der Adresse des Repräsentanten möglich; eine Zustellung im Ausland wird damit entbehrlich. Die Entgegennahme von Erklärungen in anderer als schriftlicher Form (mündlich, elektronisch) ist von der Empfangsermächtigung nicht erfasst; eine Erweiterung der Empfangsermächtigung ist jedoch möglich.[18] Ebenso wie die Vertretungsbefugnis für den EU-AIF bzw. ausländischen AIF (s. oben Rn. 7) ist gem. Abs. 1 S. 3 auch die Empfangsermächtigung für die AIF-Verwaltungsgesellschaft und die Vertriebsgesellschaft im Außenverhältnis nicht beschränkbar.

III. Begründung der Repräsentantenstellung

11   Das Gesetz enthält keine Regelungen zur Begründung der Repräsentantenstellung, sondern ordnet in § 317 Abs. 1 Nr. 4 lediglich an, dass der Repräsentant der BaFin zu „benennen" ist. Die Benennung ist eine Erklärung der AIF-Verwaltungsgesellschaft gegenüber der BaFin, die voraussetzt, dass eine vorherige Bestellung des Repräsentanten erfolgt ist.[19] Dies ist auch daraus ersichtlich, dass zu den nach § 320 Abs. 1 Nr. 2 einzureichenden „wesentlichen Angaben zum Repräsentanten" ausweislich des Merkblatts zum Anzeigeverfahren nach § 320 (s. § 317 Rn. 3) auch eine aktuelle Bestätigung des Repräsentanten über die erfolgte Übernahme dieser Funktion zählt; sie ist im Original einzureichen und sollte dem von der BaFin vorformulierten Wortlaut entsprechen.[20]

12   Aufgrund der aufgezeigten Nähe der Stellung des Repräsentanten zu organschaftlichen Vertretungsverhältnissen (s. oben Rn. 6) erscheint es erforderlich, ebenfalls zwischen einem „organschaftlichen" Bestellungsakt und dem Abschluss eines Repräsentantenvertrags auf der schuldrechtlichen Ebene zu differenzieren.[21] Typische Inhalte des Repräsentantenvertrags sind eine Beschreibung der durch den Repräsentanten zu erfüllenden Aufgaben, die Festlegung der dem Repräsentanten zustehenden Vergütung (pauschal oder nach Zeitaufwand)[22] und insbesondere die im Innenverhältnis maßgebliche Beschränkung der nach außen hin unbeschränkbaren Vertretungsbefugnis des Repräsentanten (s. oben Rn. 8). Der Repräsentantenvertrag unterliegt dem von den Parteien gewählten Recht (Art. 3 Abs. 1 Rom I-VO). Nach deutschem Recht handelt es sich, sofern der Repräsentant entgeltlich tätig wird, um einen Dienstvertrag (§§ 611ff. BGB), sonst um einen Auftrag (§§ 662ff. BGB). Als Dienstvertrag hat der Repräsentantenvertrag Geschäftsbesorgungscharakter i.S.v. § 675 Abs. 1 BGB.[23] Sein Abschluss ist keine Voraussetzung für die wirksame Bestellung des Repräsentanten.

13   Weder § 317 Abs. 1 Nr. 4 noch § 319 regeln, durch wen die Bestellung des Repräsentanten erfolgt und wer ggf. Partei des Repräsentantenvertrags auf Seiten des Auftragge-

---

17 Zutreffend *Baur* § 6 AuslInvestmG Rn. 10; Emde/Dornseifer/Dreibus/Hölscher/*Baum* InvG, § 136 Rn. 8.
18 *Baur* § 6 AuslInvestmG Rn. 14; Emde/Dornseifer/Dreibus/Hölscher/*Baum* InvG, § 136 Rn. 10.
19 Zutreffend *Baur* § 6 AuslInvestmG Rn. 3.
20 BaFin-Merkblatt S. 19; der von der BaFin vorformulierte Wortlaut lautet: „Hiermit bestätige(n) ich (wir), dass ich (wir) für die … (Name der AIF-Verwaltungsgesellschaft bzw. des AIF) die Funktion des Repräsentanten im Sinne von § 319 Kapitalanlagegesetzbuch (KAGB) übernommen habe(n) und die Compliance-Funktion entsprechend § 57 Absatz 3 Satz 4 KAGB wahrnehmen." Bei einem rechtlich unselbständigen AIF ist zusätzlich die Bezeichnung des AIF zu nennen („… für die … wegen des AIF …").
21 S. für den GmbH-Geschäftsführer MüKo GmbHG/*Stephan*/*Tieves* § 35 Rn. 39.
22 S. *Baur* § 6 AuslInvestmG Rn. 8.
23 *Baur* § 6 AuslInvestmG Rn. 20; Berger/Steck/Lübbehüsen/*Erhard* InvG, § 138 Rn. 5.

bers ist. Der Umstand, dass die AIF-Verwaltungsgesellschaft den Repräsentanten der BaFin zu benennen hat, bedeutet keineswegs, dass sie auch für die Bestellung und den Abschluss des Repräsentantenvertrags zuständig ist. Die quasi-organschaftliche Vertretungsbefugnis des Repräsentanten für den AIF legt vielmehr nahe, dass die Bestellung des Repräsentanten bei rechtlich selbständigen AIF durch den AIF selbst erfolgen muss, und zwar unabhängig davon, ob der AIF intern oder extern verwaltet wird, wohingegen bei rechtlich unselbständigen AIF die Bestellung des Repräsentanten allein durch die AIF-Verwaltungsgesellschaft erfolgen kann. Die konkrete Zuständigkeit für die Bestellung des Repräsentanten hängt demnach maßgeblich von der Rechtsform des AIF und den für diese Rechtsform nach dem nationalen Recht, dem der AIF unterliegt, einschlägigen gesellschaftsrechtlichen Regelungen ab. Dagegen ist der Abschluss des Repräsentantenvertrags von diesen gesellschaftsrechtlichen Regelungen unabhängig; der Auftraggeber i.S.d. Repräsentantenvertrags muss nicht mit der Person identisch sein, die den Repräsentanten bestellt.[24] Es ist daher auch denkbar, dass die Bestellung des Repräsentanten durch den AIF erfolgt, der Repräsentantenvertrag aber durch die AIF-Verwaltungsgesellschaft oder eine dritte Person (z.B. die Vertriebsgesellschaft) abgeschlossen wird.

Lässt das maßgebliche ausländische Gesellschaftsrecht die Bestellung eines mit umfassender Vertretungsbefugnis ausgestatteten Repräsentanten nicht zu, kann ein solcher Repräsentant in Deutschland gegenüber der BaFin nicht benannt werden. Dies bedeutet, dass eine materielle Voraussetzung für die Zulässigkeit des Vertriebs (§ 317 Abs. 1 Nr. 4) nicht geschaffen werden kann. Bei Zweifeln an der Wirksamkeit der Bestellung des Repräsentanten ist die BaFin daher angehalten, von der AIF-Verwaltungsgesellschaft einen entsprechenden Nachweis zu verlangen.[25] Ein solcher Nachweis kann beispielsweise durch ein Rechtsgutachten erbracht werden; verbleiben nach einem solchen Rechtsgutachten Zweifel an der Wirksamkeit der Bestellung, kann die BaFin im Rahmen ihres Ermessens und unter Beachtung des Verhältnismäßigkeitsgrundsatzes die Aufnahme des Vertriebs gem. § 320 Abs. 2 i.V.m. § 316 Abs. 3 S. 2 untersagen. **14**

IV. Beendigung der Repräsentantenstellung

Entgegen der h.M.[26] kann die Beendigung der Repräsentantenstellung nicht durch Erklärung der AIF-Verwaltungsgesellschaft oder des Repräsentanten gegenüber der BaFin erfolgen, ebenso wenig wie sie durch die Benennung gegenüber der BaFin (durch die AIF-Verwaltungsgesellschaft) begründet wird (s. oben Rn. 11). Erforderlich ist vielmehr ein Widerruf der Bestellung durch den AIF bzw. – falls die Bestellung durch sie erfolgt ist (s. oben Rn. 13) – durch die AIF-Verwaltungsgesellschaft; die Wirksamkeit des Widerrufs der Bestellung richtet sich ebenso wie die Wirksamkeit der Bestellung selbst nach dem nationalen Recht, dem der AIF bzw. die AIF-Verwaltungsgesellschaft unterliegt. Ferner kann der Repräsentant seine Stellung durch Amtsniederlegung beenden, deren Wirksamkeit sich ebenfalls nach dem Recht beurteilt, dem der AIF bzw. die AIF-Verwaltungsgesellschaft unterliegt. Sowohl der Widerruf der Bestellung als auch die Amtsnie- **15**

---

24 Ebenso wie etwa das Anstellungsverhältnis des GmbH-Geschäftsführers nicht notwendig mit der Gesellschaft begründet werden muss, zu deren Geschäftsführer er bestellt wurde; s. MüKoGmbHG/*Stephan*/*Tieves* § 35 Rn. 252; krit. mit Blick auf den Vorstand der AG MüKo AktG/*Spindler* § 84 Rn. 76.
25 S. *Baur* § 6 AuslInvestmG Rn. 4.
26 *Baur* § 6 AuslInvestmG Rn. 20; Emde/Dornseifer/Dreibus/Hölscher/*Baum* InvG, § 136 Rn. 12; ebenso wohl Berger/Steck/Lübbehüsen/*Erhard* InvG, § 138 Rn. 7, der auf die bürgerlich-rechtlichen Stellvertretungsregelungen rekurriert.

derlegung haben auf den Bestand des Repräsentantenvertrags im Innenverhältnis zunächst keine Auswirkungen, ebenso wenig wie bereits eine (ordentliche oder gem. § 626 BGB außerordentliche) Kündigung des Repräsentantenvertrags die quasi-organschaftliche Vertretungsbefugnis des Repräsentanten im Außenverhältnis beendet.

16 Einen Widerruf der Bestellung oder eine Amtsniederlegung hat die AIF-Verwaltungsgesellschaft der BaFin gem. § 320 Abs. 4 S. 1 i.V.m. § 316 Abs. 4 schriftlich mitzuteilen. Sofern die Investmentgesellschaft in einem solchen Fall nicht zugleich einen neuen Repräsentanten benennt, entfällt eine materielle Voraussetzung für die Zulässigkeit des Vertriebs (§ 317 Abs. 1 Nr. 4) mit der Konsequenz, dass die BaFin gem. § 314 Abs. 1 Nr. 3 befugt ist, alle zum Schutz der Anleger geeigneten und erforderlichen Maßnahmen zu ergreifen, einschließlich einer Untersagung des Vertriebs. Um dies zu vermeiden, empfiehlt es sich, in den Repräsentantenvertrag Regelungen über die einseitige Beendigung des Repräsentantenverhältnisses durch eine der Parteien vorzusehen, sie etwa an Fristen oder das Bestehen eines wichtigen Grundes zu knüpfen. Solche vertraglichen Vereinbarungen betreffen zwar lediglich die schuldrechtliche Ebene und haben keine Auswirkungen auf die Wirksamkeit einer Amtsniederlegung (s. oben Rn. 15); die Verletzung des Repräsentantenvertrags durch eine unbegründete Amtsniederlegung kann aber eine Schadensersatzpflicht des Repräsentanten begründen und ihn auf diese Weise von einer unbegründeten Amtsniederlegung abhalten.

17 Aufgrund der engen Verknüpfung der Repräsentantenstellung mit dem Vertrieb des EU-AIF bzw. ausländischen AIF im Inland endet die Stellung des Repräsentanten auch im Falle einer Untersagung des Vertriebs gem. § 314 Abs. 1 oder einer Einstellung des Vertriebs gem. § 315 Abs. 1.[27]

18 Gem. Abs. 3 hat die BaFin die Beendigung der Repräsentantenstellung, gleich aus welchem Grunde sie erfolgt, im Bundesanzeiger bekannt zu machen. Die Bekanntmachung hat lediglich deklaratorische Wirkung (s. unten Rn. 24).

E. Gesetzlicher Gerichtsstand (Abs. 2)

19 Abs. 2 S. 1 statuiert einen gesetzlichen Gerichtsstand für Klagen gegen den EU-AIF oder ausländischen AIF, die AIF-Verwaltungsgesellschaft oder eine Vertriebsgesellschaft an dem Ort des Wohnsitzes oder Sitzes des Repräsentanten. Die Begründung eines Gerichtsstands im Inland trägt maßgeblich dazu bei, Anlegern die Geltendmachung und Durchsetzung von Ansprüchen zu erleichtern. Diesem Schutzzweck entsprechend, handelt es sich nicht um einen ausschließlichen Gerichtsstand; Gerichtsstandsvereinbarungen sind unter den Voraussetzungen von § 38 ZPO ebenso möglich wie eine Klage am ausländischen Gesellschaftssitz.[28]

20 Voraussetzung ist gem. Abs. 2 S. 1, dass die Klage Bezug zum Vertrieb von Anteilen oder Aktien an EU-AIF oder ausländischen AIF an Privatanleger im Inland hat. Daraus folgt mit Blick auf Klagen von Anlegern, dass es sich bei dem Kläger um einen Privatanleger handeln muss, der in Deutschland eingeworben wurde.[29] Erfolgt gem. § 295 Abs. 3 der Vertrieb von EU-AIF und ausländischen AIF an semiprofessionelle Anleger im Inland nach den Voraussetzungen der §§ 317 bis 320, ist der Gerichtsstand auch für Klagen semiprofessioneller Anleger eröffnet, die in Deutschland eingeworben wurden. Erfasst sind sämtliche Klagen, die im Zusammenhang mit der Stellung als Anleger (z.B. Geltendmachung einer Verletzung der Anlagebedingungen oder des Gesellschaftsvertrags bzw. der

---

27 Krit. *Baur* § 6 AuslInvestmG Rn. 21.
28 *Baur* § 6 AuslInvestmG Rn. 28; ebenso Berger/Steck/Lübbehüsen/*Erhard* InvG, § 138 Rn. 8.
29 *Baur* § 6 AuslInvestmG Rn. 26; Emde/Dornseifer/Dreibus/Hölscher/*Baum* InvG, § 136 Rn. 17.

Satzung) oder mit den Umständen des Vertriebs (z.B. Ansprüche wegen Unrichtigkeit oder Unvollständigkeit des Verkaufsprospekts) stehen.

Der Gerichtsstand nach Abs. 2 S. 2 ist ferner für Klagen von Dritten, z.B. Wettbewerbern, eröffnet, deren Rechte im unmittelbaren Zusammenhang mit dem Vertrieb des EU-AIF oder ausländischen AIF an Privatanleger (oder an semiprofessionelle Anleger) in Deutschland verletzt wurden.[30] Ein allgemeiner Gerichtsstand am Wohnsitz oder Sitz des Repräsentanten wird durch Abs. 2 aber nicht begründet. Für Klagen, die mit dem Vertrieb nur in einem mittelbaren Zusammenhang stehen, richtet sich der Gerichtsstand daher nach den Regeln der ZPO (so etwa bei Kaufverträgen über Büromaterial, Mietverträgen etc.). Die Grenzziehung kann im Einzelfall schwierig sein; im Zweifel empfiehlt es sich, bei der Begründung vertraglicher Beziehungen eine Gerichtsstandsvereinbarung zu treffen.

Verfügt der Repräsentant im Inland über mehrere Wohnsitze oder (im Falle einer Gesellschaft) über einen (inländischen oder ausländischen) Sitz und mehrere inländische Zweigniederlassungen (vgl. § 317 Rn. 23), werden nach Abs. 2 S. 1 mehrere Gerichtsstände begründet; zwischen mehreren zuständigen Gerichten hat der Kläger gem. § 35 ZPO die Wahl. Gem. Abs. 2 S. 2 kann der nach S. 1 begründete Gerichtsstand nicht durch Vereinbarung ausgeschlossen werden; entsprechende Vereinbarungen wären demzufolge gem. § 134 BGB nichtig.

F. Bekanntmachungspflicht der BaFin (Abs. 3)

Gem. Abs. 3 S. 1 ist der Name (sinnvollerweise auch die Anschrift)[31] des Repräsentanten und die Beendigung seiner Stellung von der BaFin im Bundesanzeiger bekannt zu machen. Auf diese Weise soll sichergestellt werden, dass die Anleger und sonstige Geschäftsgegner des AIF, der AIF-Verwaltungsgesellschaft oder der Vertriebsgesellschaft sowie Behörden den Repräsentanten kennen und von den durch die Bestellung des Repräsentanten bewirkten Erleichterungen Gebrauch machen (können);[32] die Anleger des AIF können den Namen oder die Firma, den Sitz und die Anschrift des Repräsentanten auch dem Verkaufsprospekt entnehmen (§ 318 Abs. 1 S. 5 Nr. 2). Die Bekanntmachung hat erst dann zu erfolgen, wenn das Anzeigeverfahren gem. § 320 im Übrigen erfolgreich durchlaufen wurde, d.h. nach Mitteilung der BaFin gegenüber der AIF-Verwaltungsgesellschaft, dass mit dem Vertrieb des AIF begonnen werden kann (§ 320 Abs. 2 i.V.m. § 316 Abs. 3 S. 1).[33]

Die Bekanntmachung des Namens und der Beendigung der Repräsentantenstellung hat nur deklaratorische Wirkung; sie ist keine Voraussetzung für die Bestellung des Repräsentanten oder deren Widerruf. Solange eine Bekanntmachung der Beendigung der Stellung des Repräsentanten nicht erfolgt ist, muss der AIF das Fortbestehen der Vertretungsmacht und die AIF-Verwaltungsgesellschaft und die Vertriebsgesellschaft das Fortbestehen der Empfangsermächtigung nach Rechtsscheingrundsätzen gegen sich gelten lassen, wenn nicht der Geschäftsgegner die Beendigung der Repräsentantenstellung kennt.[34]

---

30 Emde/Dornseifer/Dreibus/Hölscher/*Baum* InvG, § 136 Rn. 18.
31 Emde/Dornseifer/Dreibus/Hölscher/*Baum* InvG, § 136 Rn. 22.
32 Berger/Steck/Lübbehüsen/*Erhard* InvG, § 138 Rn. 11.
33 Überzeugend Berger/Steck/Lübbehüsen/*Erhard* InvG, § 138 Rn. 13.
34 *Baur* § 6 AuslInvestmG Rn. 20, der auf die Grundsätze der Anscheinsvollmacht rekurriert; im Ergebnis ebenso Berger/Steck/Lübbehüsen/*Erhard* InvG, § 138 Rn. 7 unter Verweis auf § 171 Abs. 2 BGB.

§ 320 — Anzeigepflicht beim beabsichtigten Vertrieb von EU-AIF

25 Abs. 3 S. 2 ordnet an, dass der BaFin die aufgrund der Bekanntmachung entstehenden Kosten zu erstatten sind. Nicht geregelt ist, wer zur Erstattung verpflichtet ist. Da die Bekanntmachung aufgrund einer Anzeige (§ 320 Abs. 1) oder einer Änderungsmitteilung (§ 320 Abs. 4 S. 1 i.V.m. § 316 Abs. 4) der AIF-Verwaltungsgesellschaft erfolgt und die Kosten mittelbar hierdurch verursacht werden, ist die AIF-Verwaltungsgesellschaft auch zur Erstattung der Kosten verpflichtet.[35]

§ 320
Anzeigepflicht beim beabsichtigten Vertrieb von EU-AIF oder von ausländischen AIF an Privatanleger im Inland

(1) Beabsichtigt eine EU-AIF-Verwaltungsgesellschaft oder eine ausländische AIF-Verwaltungsgesellschaft, Anteile oder Aktien an einem von ihr verwalteten EU-AIF oder an einem ausländischen AIF im Geltungsbereich dieses Gesetzes an Privatanleger zu vertreiben, so hat sie dies der Bundesanstalt anzuzeigen. Das Anzeigeschreiben muss folgende Angaben und Unterlagen in jeweils geltender Fassung enthalten:

1. bei der Anzeige
   a) einer EU-AIF-Verwaltungsgesellschaft oder ab dem Zeitpunkt, auf den in § 295 Absatz 2 Nummer 1 verwiesen wird, einer ausländischen AIF-Verwaltungsgesellschaft eine Bescheinigung der zuständigen Stelle ihres Herkunftsmitgliedstaates oder ihres Referenzmitgliedstaates in einer in der internationalen Finanzwelt gebräuchlichen Sprache, dass die AIF-Verwaltungsgesellschaft und die Verwaltung des AIF durch diese der Richtlinie 2011/61/EU entsprechen und dass die AIF-Verwaltungsgesellschaft über eine Erlaubnis zur Verwaltung von AIF mit einer bestimmten Anlagestrategie verfügt,
   b) einer ausländischen AIF-Verwaltungsgesellschaft vor dem Zeitpunkt, auf den in § 295 Absatz 2 Nummer 1 verwiesen wird, Angaben und Unterlagen entsprechend § 22 Absatz 1 Nummer 1 bis 9 und 13;
2. alle wesentlichen Angaben zur AIF-Verwaltungsgesellschaft, zum AIF, zum Repräsentanten, zur Verwahrstelle und zur Zahlstelle sowie die Bestätigungen des Repräsentanten, der Verwahrstelle und der Zahlstelle über die Übernahme dieser Funktionen; Angaben zur Verwahrstelle sind nur insoweit erforderlich, als sie von der Bescheinigung nach Nummer 1 Buchstabe a nicht erfasst werden;
3. die Anlagebedingungen, die Satzung oder den Gesellschaftsvertrag des EU-AIF oder ausländischen AIF, seinen Geschäftsplan, der auch die wesentlichen Angaben zu seinen Organen enthält, sowie den Verkaufsprospekt und die wesentliche Anlegerinformationen und alle weiteren für den Anleger verfügbaren Informationen über den angezeigten AIF sowie wesentliche Angaben über die für den Vertrieb im Geltungsbereich dieses Gesetzes vorgesehenen Vertriebsgesellschaften;
4. den letzten Jahresbericht, der den Anforderungen des § 299 Absatz 1 Satz 1 Nummer 3 entsprechen muss, und, wenn der Stichtag des Jahresberichts län-

---

[35] Ähnlich zu § 138 Abs. 3 des aufgehobenen InvG Berger/Steck/Lübbehüsen/*Erhard* InvG, § 138 Rn. 12 im Hinblick auf die Investmentgesellschaft.

ger als acht Monate zurückliegt und es sich nicht um einen geschlossenen AIF handelt, auch der anschließende Halbjahresbericht, der den Anforderungen des § 299 Absatz 1 Satz 1 Nummer 4 entsprechen muss; der Jahresbericht muss mit dem Bestätigungsvermerk eines Wirtschaftsprüfers versehen sein;

5. die festgestellte Jahresbilanz des letzten Geschäftsjahres nebst Gewinn- und Verlustrechnung (Jahresabschluss) der Verwaltungsgesellschaft, die mit dem Bestätigungsvermerk eines Wirtschaftsprüfers versehen sein muss;
6. Angaben zu den Vorkehrungen für den Vertrieb des angezeigten AIF;
7. die Erklärung der EU-AIF-Verwaltungsgesellschaft oder der ausländischen AIF-Verwaltungsgesellschaft, dass sie sich verpflichtet,
    a) der Bundesanstalt den Jahresabschluss der Verwaltungsgesellschaft und den nach § 299 Absatz 1 Satz 1 Nummer 3 zu veröffentlichenden Jahresbericht spätestens sechs Monate nach Ende jedes Geschäftsjahres sowie für offene AIF zusätzlich den nach § 299 Absatz 1 Satz 1 Nummer 4 zu veröffentlichenden Halbjahresbericht spätestens drei Monate nach Ende jedes Geschäftshalbjahres einzureichen; der Jahresabschluss und der Jahresbericht müssen mit dem Bestätigungsvermerk eines Wirtschaftsprüfers versehen sein;
    b) die Bundesanstalt über alle wesentlichen Änderungen von Umständen, die bei der Vertriebsanzeige angegeben worden sind oder die der Bescheinigung der zuständigen Stelle nach Nummer 1 Buchstabe a zugrunde liegen, gemäß Absatz 4 zu unterrichten und die Änderungsangaben nachzuweisen;
    c) der Bundesanstalt auf Verlangen über ihre Geschäftstätigkeit Auskunft zu erteilen und Unterlagen vorzulegen;
    d) auf Verlangen der Bundesanstalt den Einsatz von Leverage auf den von der Bundesanstalt geforderten Umfang zu beschränken oder einzustellen und
    e) falls es sich um eine ausländische AIF-Verwaltungsgesellschaft handelt, gegenüber der Bundesanstalt die Berichtspflichten nach § 35 zu erfüllen;
8. den Nachweis über die Zahlung der Gebühr für die Anzeige;
9. alle wesentlichen Angaben und Unterlagen, aus denen hervorgeht, dass der ausländische AIF und seine Verwaltungsgesellschaft in dem Staat, in dem sie ihren Sitz haben, einer wirksamen öffentlichen Aufsicht zum Schutz der Anleger unterliegen;
10. gegebenenfalls die nach § 175 erforderlichen Vereinbarungen für Master-Feeder-Strukturen.

    Fremdsprachige Unterlagen sind mit einer deutschen Übersetzung vorzulegen.

(2) § 316 Absatz 2 und 3 ist mit der Maßgabe entsprechend anzuwenden, dass es statt „AIF-Kapitalverwaltungsgesellschaft" „EU-AIF-Verwaltungsgesellschaft oder ausländische AIF-Verwaltungsgesellschaft" heißen muss und dass die in § 316 Absatz 3 Satz 1 genannte Frist bei der Anzeige

1. einer EU-AIF-Verwaltungsgesellschaft oder ab dem Zeitpunkt, auf den in § 295 Absatz 2 Nummer 1 verwiesen wird, einer ausländischen AIF-Verwaltungsgesellschaft drei Monate,
2. einer ausländischen AIF-Verwaltungsgesellschaft vor dem Zeitpunkt, auf den in § 295 Absatz 2 Nummer 1 verwiesen wird, sechs Monate

beträgt.

(3) Hat die anzeigende ausländische AIF-Verwaltungsgesellschaft im Sinne von Absatz 1 Buchstabe b bereits einen AIF zum Vertrieb an Privatanleger im Gel-

tungsbereich dieses Gesetzes nach Absatz 1 Satz 1 angezeigt, so prüft die Bundesanstalt bei der Anzeige eines weiteren AIF der gleichen Art nicht erneut das Vorliegen der Voraussetzungen nach § 317 Absatz 1 Satz 1 Nummer 1 und 3, wenn die anzeigende AIF-Verwaltungsgesellschaft im Anzeigeschreiben versichert, dass in Bezug auf die Anforderungen nach § 317 Absatz 1 Satz 1 Nummer 1 und 3 seit der letzten Anzeige keine Änderungen erfolgt sind. In diesem Fall müssen die in § 22 Absatz 1 Nummer 1 bis 9 genannten Angaben nicht eingereicht werden und die in Absatz 2 Nummer 2 genannte Frist beträgt drei Monate.

(4) § 316 Absatz 4 Satz 1 bis 3 ist mit der Maßgabe entsprechend anzuwenden, dass es statt „AIF-Kapitalverwaltungsgesellschaft" „EU-AIF-Verwaltungsgesellschaft oder ausländische AIF-Verwaltungsgesellschaft" heißen muss. Wird eine geplante Änderung ungeachtet von § 316 Absatz 4 Satz 1 bis 3 durchgeführt oder führt eine durch einen unvorhersehbaren Umstand ausgelöste Änderung dazu, dass die EU-AIF-Verwaltungsgesellschaft, ausländische AIF-Verwaltungsgesellschaft oder die Verwaltung des betreffenden AIF durch die EU-AIF-Verwaltungsgesellschaft oder die ausländische AIF-Verwaltungsgesellschaft gegen dieses Gesetz verstößt, so ergreift die Bundesanstalt alle gebotenen Maßnahmen einschließlich der ausdrücklichen Untersagung des Vertriebs des betreffenden AIF. § 316 Absatz 5 gilt entsprechend.

Schrifttum

Siehe bei § 314; ferner *Kramer/Recknagel* Die AIFM-Richtlinie – Neuer Rechtsrahmen für die Verwaltung alternativer Investmentfonds, DB **2011** 2077.

Systematische Übersicht

A. Überblick —— 1
B. Entstehungsgeschichte —— 4
C. Normzweck —— 6
D. Anwendungsbereich (§§ 295 Abs. 1 S. 1, 316 Abs. 1 S. 1) —— 7
E. Anzeigepflicht und Inhalt des Anzeigeschreibens (Abs. 1) —— 8
    I. Anzeigepflicht (Abs. 1 S. 1) —— 8
    II. Inhalt des Anzeigeschreibens (Abs. 1 S. 2) —— 9
    III. Vorlage einer deutschen Übersetzung (Abs. 1 S. 3) —— 12
F. Prüfungsverfahren der BaFin (Abs. 2 i.V.m. § 316 Abs. 2 und Abs. 3) —— 13
    I. Prüfung der Vollständigkeit der Unterlagen (Abs. 2 i.V.m. § 316 Abs. 2 S. 1) —— 14
    II. Bei Unvollständigkeit der übermittelten Angaben und Unterlagen: Anforderung einer Ergänzungsanzeige (Abs. 2 i.V.m. § 316 Abs. 2 S. 2 bis 6) —— 16
    III. Bei Vollständigkeit der eingereichten Unterlagen: Mitteilung, ob mit dem Vertrieb begonnen werden kann, ggf. Untersagung der Aufnahme des Vertriebs (Abs. 2 i.V.m. § 316 Abs. 3) —— 18
    1. Mitteilung, dass mit dem Vertrieb des angezeigten AIF begonnen werden kann (Abs. 2 i.V.m. § 316 Abs. 3 S. 1 und S. 4) —— 21
    2. Untersagung der Aufnahme des Vertriebs (Abs. 2 i.V.m. § 316 Abs. 3 S. 2 bis 3) —— 23
G. Wiederholte Anzeige von gleichartigen AIF durch eine ausländische AIF-Verwaltungsgesellschaft (Abs. 3) —— 27
H. Änderungen der nach Abs. 1 übermittelten Angaben oder Unterlagen (Abs. 4 und Abs. 5) —— 29
    I. Anzeigepflichtige Änderungen —— 29
    II. Prüfung der Änderungen durch die BaFin —— 30
    III. Wesentliche Änderungen der im Verkaufsprospekt enthaltenen Angaben —— 32

A. Überblick

§ 320 regelt das Anzeigeverfahren für den (beabsichtigten) Vertrieb eines EU-AIF **1** durch eine EU-AIF-Verwaltungsgesellschaft oder eines ausländischen AIF durch eine ausländische AIF-Verwaltungsgesellschaft im Inland, und zwar unabhängig davon, ob es sich bei dem angezeigten AIF um einen offenen oder um einen geschlossenen EU-AIF bzw. ausländischen AIF handelt. Er steht damit in einem engen systematischen Zusammenhang mit § 317, der die wesentlichen materiellen Voraussetzungen statuiert, die erfüllt sein müssen, damit der Vertrieb „zulässig" ist, mithin das Anzeigeverfahren gem. § 320 erfolgreich durchlaufen werden kann. Hinsichtlich der Durchführung des Prüfungsverfahrens bei der BaFin und des Verfahrens bei einer Änderung der eingereichten Angaben oder Unterlagen verweist er teilweise auf die in § 316 für das Anzeigeverfahren beim (beabsichtigten) Vertrieb von inländischen Publikums-AIF durch eine AIF-Kapitalverwaltungsgesellschaft im Inland enthaltenen Regelungen.

Abs. 1 statuiert die Anzeigepflicht als solche und legt fest, welche Angaben und Unterlagen das Anzeigeschreiben enthalten muss. Abs. 2 verweist hinsichtlich der Ausgestaltung des weiteren Verfahrens nach Eingang des Anzeigeschreibens bei der BaFin im Wesentlichen auf § 316 Abs. 2 und Abs. 3, verlängert aber die in § 316 Abs. 3 vorgesehene Prüfungsfrist. Abs. 3 modifiziert den Prüfungsumfang bei ausländischen AIF, wenn die anzeigende ausländische AIF-Verwaltungsgesellschaft bereits einen AIF der gleichen Art zum Vertrieb an Privatanleger im Inland nach Abs. 1 S. 1 angezeigt hat. Abs. 4 verweist für den Fall, dass sich die nach Abs. 1 übermittelten Angaben oder Unterlagen nachträglich ändern, auf § 316 Abs. 4 und Abs. 5. **2**

Die BaFin hat ein Merkblatt veröffentlicht, das die Grundzüge des Anzeigeverfahrens **3** gem. § 320 KAGB und die Voraussetzungen für den Vertrieb von EU-AIF und ausländischen AIF an Privatanleger im Inland erläutert („BaFin-Merkblatt").[1] Ein solches Merkblatt hatte bereits zu dem Anzeigeverfahren nach § 139 des aufgehobenen InvG existiert.[2] Das Merkblatt enthält umfassende Angaben auch zum erforderlichen Inhalt des Anzeigeschreibens und der beizufügenden Angaben und Unterlagen; es ist in der Praxis unbedingt zu beachten (s. ausführlich unten Rn. 9 ff.).

B. Entstehungsgeschichte

Die AIFM-Richtlinie reguliert nur den Vertrieb von AIF im Herkunftsstaat des AIFM **4** an professionelle Anleger (Art. 31 AIFM-Richtlinie).[3] Die Mitgliedstaaten dürfen AIFM jedoch gestatten, in ihrem Hoheitsgebiet Anteile an von ihnen verwalteten AIF auch an Kleinanleger[4] zu vertreiben, wobei es keine Rolle spielt, ob der Vertrieb der AIF auf nationaler Ebene oder grenzübergreifend erfolgt und ob es sich um einen EU-AIF oder einen Nicht-EU-AIF handelt (Art. 43 Abs. 1 UAbs. 1 AIFM-Richtlinie). Dabei können die Mitgliedstaaten den AIFM oder AIF Auflagen unterwerfen, die strenger sind als jene, die für AIF gelten, die (nur) an professionelle Anleger vertrieben werden (Art. 43 Abs. 1

---

[1] Merkblatt für Anzeigen beim beabsichtigten Vertrieb von EU-AIF oder ausländischen AIF an Privatanleger in der Bundesrepublik Deutschland nach § 320 Kapitalanlagegesetzbuch (KAGB), Stand: 17.6.2014, online abrufbar unter http://www.bafin.de/SharedDocs/Downloads/DE/Merkblatt/WA/dl_140617_merkbl_320_kagb.html (zuletzt aufgerufen am 25.8.2014).
[2] S. dazu näher Emde/Dornseifer/Dreibus/Hölscher/*Baum* InvG, § 136 Rn. 6 f.
[3] S. dazu näher *Kramer/Recknagel* DB **2011** 2077, 2083.
[4] Art. 4 Abs. 1 lit. aj AIFM-Richtlinie definiert den Kleinanleger als einen „Anleger, bei dem es sich nicht um einen professionellen Anleger handelt"; der Begriff ist damit weiter als der des Privatanlegers i.S.v. § 1 Abs. 19 Nr. 31.

UAbs. 2 AIFM-Richtlinie). Damit ist zugleich gesagt, dass die für den Vertrieb an Kleinanleger geltenden Auflagen nicht weniger streng sein dürfen als jene, die für den Vertrieb an professionelle Anleger gelten; sie müssen also mindestens das Regulierungsniveau von Art. 31 AIFM-Richtlinie erreichen. Dementsprechend dient § 320 auch der Umsetzung von Art. 31 AIFM-Richtlinie (im Hinblick auf den Inhalt des Anzeigeschreibens in Verbindung mit Anhang IV der AIFM-Richtlinie), geht aber in Einzelfragen zulässigerweise über dessen Schutzniveau hinaus.

5 § 320 basiert in weiten Teilen auf Regelungsinhalten von § 139 des aufgehobenen InvG, die ausweislich der Regierungsbegründung an die Terminologie des KAGB angepasst wurden (s. zum Hintergrund von § 316 Abs. 2 und 3, auf den in Abs. 2 verwiesen wird, § 316 Rn. 4).[5]

C. Normzweck

6 Das Anzeigeverfahren gem. § 320 dient dem Schutz der Anleger beim Erwerb von Anteilen oder Aktien an EU-AIF und ausländischen AIF und trägt dazu bei, dass die BaFin ihre Aufsichts- und Kontrollfunktion im Investmentbereich effektiv wahrnehmen kann. Siehe im Übrigen § 314 Rn. 6.

D. Anwendungsbereich (§§ 317 ff., 295 Abs. 3)

7 Die §§ 317 bis 320 betreffen nach ihrem Wortlaut und den amtlichen Überschriften der Normen den Vertrieb von (offenen und geschlossenen) EU-AIF oder ausländischen AIF an Privatanleger im Inland. Gem. § 295 Abs. 3 Nr. 1 lit. b und Nr. 2 lit. b ist eine Vertriebsanzeige nach §§ 317 bis 320 jedoch auch möglich, wenn der Vertrieb von EU-AIF oder ausländischen AIF an semiprofessionelle Anleger im Inland erfolgen soll (alternativ zu den Voraussetzungen für den Vertrieb von inländischen Spezial-AIF, EU-AIF und ausländischen AIF an semiprofessionelle Anleger im Inland, auf die in § 295 Abs. 3 Nr. 1 lit. a oder Nr. 2 lit. a verwiesen wird).

E. Anzeigepflicht und Inhalt des Anzeigeschreibens (Abs. 1)

I. Anzeigepflicht (Abs. 1 S. 1)

8 Gem. Abs. 1 S. 1 hat eine EU-AIF-Verwaltungsgesellschaft oder ausländische AIF-Verwaltungsgesellschaft, die beabsichtigt, Anteile oder Aktien an einem von ihr verwalteten EU-AIF oder ausländischen AIF im Geltungsbereich des KAGB, mithin im Inland, an Privatanleger zu vertreiben, dies der BaFin anzuzeigen. Die Anzeige ist formelle Voraussetzung für den Vertrieb[6] und kann nur von der EU-AIF-Verwaltungsgesellschaft oder ausländischen AIF-Verwaltungsgesellschaft abgegeben werden.[7] Sie erfolgt mittels eines Anzeigeschreibens, das den in Abs. 1 S. 2 normierten inhaltlichen Anforderungen genügt.

---

5 BTDrucks. 17/12294 S. 287.
6 Emde/Dornseifer/Dreibus/Hölscher/*Baum* InvG, § 139 Rn. 2.
7 S. BaFin, Häufige Fragen zum Vertrieb und Erwerb von Investmentvermögen nach dem KAGB, 2.1.2.

II. Inhalt des Anzeigeschreibens (Abs. 1 S. 2)

Welche Angaben und Unterlagen das Anzeigeschreiben zu enthalten hat, regelt Abs. 1 S. 2; die dort statuierten Anforderungen werden in dem Merkblatt der BaFin zum Anzeigeverfahren nach § 320 umfänglich präzisiert und ergänzt. Das Anzeigeschreiben darf weitere Angaben enthalten, sofern die anzeigende EU-AIF-Verwaltungsgesellschaft oder ausländische AIF-Verwaltungsgesellschaft dies für sinnvoll hält. In ihrem Merkblatt zum Anzeigeverfahren nach § 320 KAGB geht die BaFin ferner ohne nähere Begründung davon aus, dass sie auch weitere (d.h. über die inhaltlichen Anforderungen von Abs. 1 S. 2 hinausgehende) Angaben verlangen kann.[8] Diese Befugnis ergibt sich bereits aus den generellen Anordnungsbefugnissen der BaFin im Rahmen der Überwachung der Einhaltung der Gebote und Verbote des KAGB und im Rahmen der Missstandsaufsicht gem. § 5 Abs. 6.

Der Aufbau der Anzeige sollte sich in der Praxis nicht am Aufbau von Abs. 1 S. 2 orientieren, sondern am Aufbau des BaFin-Merkblatts; die BaFin verlangt sogar, dass die einzelnen Angaben entsprechend der Nummerierung und den zugehörigen Stichworten dieses Merkblatts gekennzeichnet werden. Sofern einzelne Positionen nicht einschlägig sind oder das Merkblatt einzelne Angaben in bestimmten Fällen für nicht erforderlich erklärt, sollen sie trotzdem in die Anzeige aufgenommen und mit „entfällt" gekennzeichnet werden.[9]

Der in der linken Spalte der folgenden Tabelle wörtlich und vollständig wiedergegebene[10] Teil des BaFin-Merkblatts, der den Inhalt der Anzeige betrifft, ist in 14 Punkte gegliedert; darin werden die nach Abs. 1 S. 2 geforderten Angaben den einzelnen Beteiligten wie folgt zugeordnet:

BaFin-Merkblatt	§ 320
I. Angaben über die AIF-Verwaltungsgesellschaft (im Fall von selbstverwalteten AIF haben die hier genannten Angaben entsprechend zu dem AIF zu erfolgen)	
1. Name oder Firma, Rechtsform, Sitz, Anschrift, Ansprechpartner/Kontaktperson mit Telefonnummer, Telefaxnummer und E-Mail-Adresse	
2. Name des Staates, nach dessen Recht die AIF-Verwaltungsgesellschaft errichtet worden ist	
3. Name, Sitz und Anschrift der staatlichen Stelle, deren Aufsicht die AIF-Verwaltungsgesellschaft unterliegt	
4. Im Fall einer ausländischen AIF-Verwaltungsgesellschaft	
4.1. Alle wesentlichen Angaben, aus denen sich ergibt, dass die ausländische AIF-Verwaltungsgesellschaft im Staat, in dem sie ihren Sitz hat, einer wirksamen öffentlichen Aufsicht zum Schutz der Investmentanleger unterliegt	Abs. 1 S. 2 Nr. 9

---

[8] BaFin-Merkblatt, S. 4.
[9] BaFin-Merkblatt, S. 4 f.
[10] Fehler in Rechtschreibung und Interpunktion werden korrigiert.

BaFin-Merkblatt	**§ 320**
4.2. Weitere Angaben[11]	
a) Angabe der Geschäftsleiter	Abs. 1 S. 2 Nr. 1 lit. b i.V.m. § 22 Abs. 1 Nr. 2
b) Namen der an der AIF-Verwaltungsgesellschaft bedeutend beteiligten Inhaber	Abs. 1 S. 2 Nr. 1 lit. b i.V.m. § 22 Abs. 1 Nr. 5
c) Angabe der Tatsachen, die auf eine enge Verbindung zwischen der AIF-Verwaltungsgesellschaft und anderen natürlichen oder juristischen Personen hinweisen	Abs. 1 S. 2 Nr. 1 lit. b i.V.m. § 22 Abs. 1 Nr. 6
d) Angaben über Vergütungspolitik und Vergütungspraxis i.S.d. § 37 Die Angaben müssen mindestens enthalten: – eine Auflistung der Mitarbeiter(gruppen), die in den Anwendungsbereich der Vergütungspolitik und -praxis der Gesellschaft fallen; die Angabe der funktionalen Stellung des Mitarbeiters ist hierzu ausreichend, – die Angabe, ob ein Vergütungsausschuss errichtet wird und falls nicht, die Angabe der Gründe für die Nicht-Errichtung, – eine Darstellung der Ausgestaltung der variablen und festen Vergütung (z.B. Angabe der zugrundezulegenden Parameter)	Abs. 1 S. 2 Nr. 1 lit. b i.V.m. § 22 Abs. 1 Nr. 8
e) Angaben über Auslagerungsvereinbarungen i.S.d. § 36	Abs. 1 S. 2 Nr. 1 lit. b i.V.m. § 22 Abs. 1 Nr. 9
f) Angaben zu den Vereinbarungen zur Beauftragung der Verwahrstelle	Abs. 1 S. 2 Nr. 1 lit. b i.V.m. § 22 Abs. 1 Nr. 13
Hat die anzeigende ausländische AIF-Verwaltungsgesellschaft bereits einen AIF zum Vertrieb an Privatanleger in der Bundesrepublik Deutschland angezeigt, so müssen die unter a) bis e) genannten Angaben nicht erneut gemacht werden, sofern die AIF-Verwaltungsgesellschaft im Anzeigeschreiben versichert, dass in Bezug auf die Anforderungen nach § 317 Absatz 1 Satz 1 Nummer 1 und 3 seit der letzten Anzeige keine Änderungen erfolgt sind.	Abs. 3
5. Eigenkapital (Grund- oder Stammkapital abzüglich der ausstehenden Einlagen zuzüglich der Rücklagen) nach dem letzten Jahresabschluss	
6. Datum der Gründung und Dauer der AIF-Verwaltungsgesellschaft	

---

[11] Die Notwendigkeit dieser Angaben ergibt sich aus Abs. 1 S. 2 Nr. 1 lit. b; sie werden gem. Abs. 1 S. 2 Nr. 1 lit. a ab dem Zeitpunkt, auf den in § 295 Abs. 2 Nr. 1 verwiesen wird (s. näher § 295 Rn. 9), entbehrlich sein.

BaFin-Merkblatt	§ 320
7. Datum der Aufnahme der Geschäftstätigkeit	
8. Geschäftsjahr	
9. Beteiligungen der AIF-Verwaltungsgesellschaft (unter Angabe des Anteils in vom Hundert) an der Verwahrstelle	
II. Unterlagen zu den Angaben über die AIF-Verwaltungsgesellschaft (im Fall von selbstverwaltenden AIF sind die hier genannten Unterlagen entsprechend für den AIF einzureichen)	
1. Erklärung über die Übernahme der Verpflichtungen nach § 320 Absatz 1 Satz 2 Nummer 7[12] Die Bestätigung sollte folgenden Wortlaut haben: „Bestätigung gemäß § 320 Absatz 1 Satz 2 Nummer 7 Kapitalanlagegesetzbuch (KAGB) für … (Name des AIF bzw. der Umbrella-Konstruktion unter Nennung des/der angezeigten Teilinvestmentvermögen(s)) Hiermit verpflichtet sich die … (Name der AIF-Verwaltungsgesellschaft bzw. im Falle eines selbstverwaltenden AIF Name des AIF) – der Bundesanstalt für Finanzdienstleistungsaufsicht (im Folgenden Bundesanstalt) den Jahresabschluss der Verwaltungsgesellschaft und den nach § 299 Absatz 1 Satz 1 Nummer 3 KAGB zu veröffentlichenden Jahresbericht spätestens sechs Monate nach Ende jedes Geschäftsjahres sowie für offene AIF zusätzlich den nach § 299 Absatz 1 Satz 1 Nummer 4 KAGB zu veröffentlichenden Halbjahresbericht spätestens drei Monate nach Ende jedes Geschäftshalbjahres einzureichen; der Jahresabschluss und der Jahresbericht müssen mit dem Bestätigungsvermerk eines Wirtschaftsprüfers versehen sein, – die Bundesanstalt über alle wesentlichen Änderungen von Umständen, die bei der Vertriebsanzeige angegeben worden sind oder die der Bescheinigung der zuständigen Stelle nach § 320 Absatz 1 Nummer 1 Buchstabe a KAGB zugrunde liegen, gemäß § 320 Absatz 3 KAGB zu unterrichten und die Änderungsangaben nachzuweisen, – der Bundesanstalt auf Verlangen über die Geschäftstätigkeit der Verwaltungsgesellschaft Auskunft zu erteilen und Unterlagen vorzulegen,	Abs. 1 S. 2 Nr. 7

---

[12] Die Verpflichtungserklärung ist öffentlich-rechtlicher Natur. Die Verletzung der eingegangenen Verpflichtung begründet keine zivilrechtlichen Schadensersatzansprüche einzelner Anleger gegen die ausländische Investmentgesellschaft; die BaFin ist jedoch gem. § 314 Abs. 1 Nr. 3 befugt, alle zum Schutz der Anleger geeigneten und erforderlichen Maßnahmen zu ergreifen, einschließlich einer Untersagung des Vertriebs. S. bereits *Baur* § 7 AuslInvestmG Rn. 20; s. zur Funktion dieser Verpflichtungserklärung ferner ausführlich Berger/Steck/Lübbehüsen/*Erhard* InvG, § 139 Rn. 6.

BaFin-Merkblatt	§ 320
– auf Verlangen der Bundesanstalt den Einsatz von Leverage auf den von der Bundesanstalt geforderten Umfang zu beschränken oder einzustellen (*und*, – *falls es sich um eine ausländische AIF-Verwaltungsgesellschaft handelt*) gegenüber der Bundesanstalt die Berichtspflichten nach § 35 KAGB zu erfüllen." Im Falle von AIF, die die Kontrolle über nicht börsennotierte Unternehmen ausüben, ist die Bestätigung dahingehend zu ergänzen, dass die besonderen Bestimmungen hinsichtlich des Jahresberichts gemäß Artikel 29 der Richtlinie 2011/61/EU eingehalten und auch die Mitteilungs- und Offenlegungspflichten gegenüber der Bundesanstalt nach Artikel 27 und 28 der Richtlinie 2011/61/EU beachtet werden.	
2. Letzter festgestellter Jahresabschluss (Bilanz mit Gewinn- und Verlustrechnung), versehen mit dem handschriftlich unterzeichneten Bestätigungsvermerk (Original) eines deutschen Wirtschaftsprüfers oder ihm gleichstehenden ausländischen Prüfers	Abs. 1 S. 2 Nr. 5
3. Nachweis der Zahlung der Gebühr für die Anzeige nach § 320 Absatz 1 Satz 2 Nummer 8[13]	Abs. 1 S. 2 Nr. 8
4. Im Fall einer EU-AIF-Verwaltungsgesellschaft: Bescheinigung der zuständigen Stelle des Herkunftsmitgliedstaats in einer in der internationalen Finanzwelt gebräuchlichen Sprache, dass die EU-AIF-Verwaltungsgesellschaft und die Verwaltung des angezeigten AIF durch diese der Richtlinie 2011/61/EU entsprechen und die für die Verwaltung des AIF erforderliche Erlaubnis vorliegt	Abs. 1 S. 2 Nr. 1 lit. a
5. Im Fall einer ausländischen AIF-Verwaltungsgesellschaft:[14]	
5.1. Nachweis der zum Geschäftsbetrieb erforderlichen Mittel i.S.d. § 25	Abs. 1 S. 2 Nr. 1 lit. b i.V.m. § 22 Abs. 1 Nr. 1
5.2. Geschäftsplan, der neben der Organisationsstruktur der ausländischen AIF-Verwaltungsgesellschaft auch Angaben darüber enthält, wie die ausländische AIF-Verwaltungsgesellschaft ihren Pflichten entsprechend dem KAGB einschließlich den Anforderungen aus der Richtlinie 2011/61/EU nachkommen will	Abs. 1 S. 2 Nr. 1 lit. b i.V.m. § 22 Abs. 1 Nr. 7

---

[13] Die Gebühr beläuft sich nach Ziff. 4.1.10.2.4.1.1. des Gebührenverzeichnisses zu § 2 Abs. 1 FinDAGKostV auf derzeit 7.500 EUR. Der Nachweis über die Zahlung der Gebühr kann z.B. durch die Kopie eines Überweisungsträgers erfolgen, s. Emde/Dornseifer/Dreibus/Hölscher/*Baum* InvG, § 139 Rn. 30.

[14] Die Notwendigkeit der Einreichung dieser Unterlagen ergibt sich aus Abs. 1 S. 2 Nr. 1 lit. b; sie werden gem. Abs. 1 S. 2 Nr. 1 lit. a ab dem Zeitpunkt, auf den in § 295 Abs. 2 Nr. 1 verwiesen wird (s. näher § 295 Rn. 9), entbehrlich sein.

BaFin-Merkblatt	§ 320
5.3. Angaben zur Beurteilung der Zuverlässigkeit und der fachlichen Eignung der Geschäftsleiter Den danach notwendigen inhaltlichen Anforderungen an die Darlegung der Zuverlässigkeit und fachlichen Eignung ist regelmäßig Rechnung getragen, wenn folgende Unterlagen zu allen Geschäftsleitern eingereicht werden: a) Führungszeugnisse oder entsprechende Bescheinigungen über von Aufsichtsbehörden des Wohnsitzstaates vorgenommene Zuverlässigkeitsprüfungen b) Erklärung der betreffenden Person, ob gegen sie ein Strafverfahren schwebt, ob ein Strafverfahren wegen eines Verbrechens oder Vergehens gegen sie anhängig gewesen ist oder ob sie oder ein von ihr geleitetes Unternehmen als Schuldnerin in ein Insolvenzverfahren oder ein Verfahren zur Abgabe einer eidesstattlichen Versicherung oder ein vergleichbares Verfahren verwickelt war oder ist c) Lückenloser, eigenhändig unterzeichneter Lebenslauf, der sämtliche Vornamen, den Familien- und Geburtsnamen, Geburtstag, Geburtsort, die Privatanschrift, Staatsangehörigkeit sowie eine eingehende Darlegung der fachlichen Vorbildung, die Namen aller Unternehmen, für die diese Person tätig gewesen ist, und Angaben zur Art der jeweiligen Tätigkeit enthalten muss. Bei der Art der jeweiligen Tätigkeit sind insbesondere die Vertretungsmacht dieser Person, ihre internen Entscheidungskompetenzen und die ihr innerhalb des Unternehmens unterstellten Geschäftsbereiche darzustellen	Abs. 1 S. 2 Nr. 1 lit. b i.V.m. § 22 Abs. 1 Nr. 3 und 4
5.4. Unterlagen zur Beurteilung der Zuverlässigkeit der an der AIF-Verwaltungsgesellschaft bedeutend beteiligten Inhaber a) Führungszeugnisse oder entsprechende Bescheinigungen über von Aufsichtsbehörden des Wohnsitzstaates vorgenommene Zuverlässigkeitsprüfungen b) Erklärung der betreffenden Person, ob gegen sie ein Strafverfahren schwebt, ob ein Strafverfahren wegen eines Verbrechens oder Vergehens gegen sie anhängig gewesen ist oder ob sie oder ein von ihr geleitetes Unternehmen als Schuldnerin in ein Insolvenzverfahren oder ein Verfahren zur Abgabe einer eidesstattlichen Versicherung oder ein vergleichbares Verfahren verwickelt war oder ist	Abs. 1 S. 2 Nr. 1 lit. b i.V.m. § 22 Abs. 1 Nr. 5
Hat die anzeigende ausländische AIF-Verwaltungsgesellschaft bereits einen AIF zum Vertrieb an Privatanleger in der Bundesrepublik Deutschland angezeigt, so müssen die unter II.5.1 bis II.5.4 genannten Unterlagen nicht erneut eingereicht werden, sofern die AIF-Verwaltungsgesellschaft im Anzeigeschreiben versichert, dass in Bezug auf die Anforderungen nach § 317 Absatz 1 Satz 1 Nummer 1 und 3 seit der letzten Anzeige keine Änderungen erfolgt sind.	Abs. 3

BaFin-Merkblatt	§ 320
5.5. Alle wesentlichen Unterlagen, aus denen sich ergibt, dass die ausländische AIF-Verwaltungsgesellschaft in dem Staat, in dem sie ihren Sitz hat, einer wirksamen öffentlichen Aufsicht zum Schutz der Investmentanleger unterliegt und die zuständige Aufsichtsbehörde zur Zusammenarbeit mit der Bundesanstalt bereit ist, insbesondere a) eine aktuelle Bescheinigung im Original der zuständigen Aufsichtsbehörde darüber, dass die AIF-Verwaltungsgesellschaft von dieser Behörde zugelassen worden ist und der dortigen öffentlichen Aufsicht zum Schutz der Investmentanleger unterliegt b) eine aktuelle Bescheinigung im Original der zuständigen Aufsichtsbehörde darüber, dass diese zu einer befriedigenden Zusammenarbeit mit der Bundesanstalt bereit ist und die Bundesanstalt unverzüglich über eine Aufhebung, Rücknahme, einen anderen Wegfall der Zulassung der AIF-Verwaltungsgesellschaft oder andere schwerwiegende Maßnahmen gegen die AIF-Verwaltungsgesellschaft unterrichten sowie weitere von der Bundesanstalt zur Erfüllung ihrer Aufgaben erbetene Informationen zur Verfügung stellen wird. Die Bescheinigung unter b) ist entbehrlich, wenn zwischen der Bundesanstalt und der zuständigen Aufsichtsbehörde des Staates, in dem die ausländische AIF-Verwaltungsgesellschaft ihren Sitz hat, eine bilaterale oder multilaterale Vereinbarung (MoU) besteht, die eine Zusammenarbeit der Aufsichtsbehörden, insbesondere einen Informationsaustausch, auch auf dem Gebiet der einschlägigen Vorschriften des KAGB gewährleistet.	Abs. 1 S. 2 Nr. 9
6. Nur auf Verlangen: die auf die AIF-Verwaltungsgesellschaft sowie ggf. den AIF anwendbaren geltenden Gesetze, Verordnungen und Verlautbarungen des Staates, in dem die ausländische AIF-Verwaltungsgesellschaft ihren Sitz hat	
III. Angaben zum AIF, dessen Anteile vertrieben werden sollen (Angaben, die bereits unter I. gemacht wurden, können an dieser Stelle entfallen, es ist jedoch ein entsprechender Hinweis erforderlich)	
1. Bezeichnung und Dauer des AIF, falls diese von den Angaben zu Punkt I.1. abweichen; ISIN-Code, soweit vorhanden	
1.1. Bezeichnung und Dauer des/der Teilinvestmentvermögen(s), soweit es sich um eine Umbrella-Konstruktion handelt	
2. Angabe, ob die Anteile oder Aktien an dem AIF in dem Staat, in dem er seinen Sitz hat, an Privatanleger vertrieben werden dürfen; sollte der Vertrieb nicht statthaft sein, sind die Gründe hierfür ausführlich darzulegen	
3. Rechtsform des AIF (z.B. Vertragsform, selbstverwaltender AIF; Satzungsform bzw. Gesellschaftsvertrag)	

BaFin-Merkblatt	§ 320
4. Darstellung des Rechtsverhältnisses der Inhaber von Anteilen oder Aktien an dem AIF, auf den sich die Anzeige bezieht (z.B.: „Die Anleger sind Aktionäre (Gesellschafter) des AIF." bzw. „Die Anleger sind an dem vom eigenen Vermögen der AIF-Verwaltungsgesellschaft getrennt gehaltenen Investmentvermögen beteiligt.")	
5. Datum der Errichtung des AIF	
6. Datum der Errichtung des/der Teilinvestmentvermögen(s), soweit zutreffend	
7. Datum der erstmaligen Ausgabe von Anteilen	
8. Geschäftsjahr des AIF	
9. Angaben zu den Vorkehrungen für den Vertrieb des angezeigten AIF	Abs. 1 S. 2 Nr. 6
IV. Unterlagen zu den Angaben über den AIF (Angaben, die bereits unter Punkt II. gemacht wurden, können an dieser Stelle entfallen; es ist jedoch ein entsprechender Hinweis erforderlich)	
1. Die von der Aufsichtsbehörde in dem Staat, in dem der AIF seinen Sitz hat, genehmigten Anlagebedingungen, die Satzung bzw. der Gesellschaftsvertrag des AIF Eine separate Einreichung der Anlagebedingungen, der Satzung bzw. des Gesellschaftsvertrages ist entbehrlich, wenn diese(r) Bestandteil des Verkaufsprospektes sind/ist. Ein entsprechender Hinweis, ob die Anlagebedingungen, die Satzung bzw. der Gesellschaftsvertrag Bestandteil des Verkaufsprospektes sind, ist an dieser Stelle erforderlich.	Abs. 1 S. 2 Nr. 3
2. Geschäftsplan, der ggf. auch die wesentlichen Angaben zu den Organen des AIF enthält	Abs. 1 S. 2 Nr. 3
3. Jahresbericht gemäß § 299 Absatz 1 Satz 1 Nummer 3 für das letzte Geschäftsjahr, versehen mit dem handschriftlich unterzeichneten Bestätigungsvermerk (Original) eines Wirtschaftsprüfers	Abs. 1 S. 2 Nr. 4
4. Der sich an den letzten Jahresbericht anschließende Halbjahresbericht gemäß § 299 Absatz 1 Satz 1 Nummer 4, sofern der Stichtag des Jahresberichts länger als acht Monate zurückliegt *(dieser Punkt entfällt, sofern es sich um einen geschlossenen AIF handelt)*	Abs. 1 S. 2 Nr. 4
5. Die im Zeitpunkt der Anzeige gültige und bei der Aufsichtsbehörde in dem Staat, in dem der AIF seinen Sitz hat, eingereichte bzw. von dieser genehmigte Originalfassung des ggf. fremdsprachigen Verkaufsprospekts; fremdsprachigen Verkaufsprospekten ist eine deutsche Übersetzung beizufügen	Abs. 1 S. 2 Nr. 3

BaFin-Merkblatt	§ 320
6. Die im Zeitpunkt der Anzeige gültigen wesentlichen Anlegerinformationen, die für den Vertrieb in der Bundesrepublik Deutschland vorgesehen sind	Abs. 1 S. 2 Nr. 3
7. Ggf. alle weiteren für den Anleger verfügbaren Informationen über den AIF	Abs. 1 S. 2 Nr. 3
8. Bei ausländischen AIF a) eine aktuelle Bescheinigung im Original der zuständigen Aufsichtsbehörde darüber, dass der AIF von dieser Behörde zugelassen worden ist, der dortigen öffentlichen Aufsicht zum Schutz der Investmentanleger unterliegt und die Anlagebedingungen, die Satzung bzw. der Gesellschaftsvertrag des AIF sowie der Verkaufsprospekt den geltenden Vorschriften entsprechen b) eine aktuelle Bescheinigung im Original der zuständigen Aufsichtsbehörde darüber, dass diese zu einer befriedigenden Zusammenarbeit mit der Bundesanstalt bereit ist und die Bundesanstalt unverzüglich über eine Aufhebung, Rücknahme, einen anderen Wegfall der Zulassung des AIF oder andere schwerwiegende Maßnahmen gegen den AIF unterrichten sowie weitere von der Bundesanstalt zur Erfüllung ihrer Aufgaben erbetene Informationen zur Verfügung stellen wird Die Bescheinigung unter b) ist entbehrlich, wenn zwischen der Bundesanstalt und der zuständigen Aufsichtsbehörde in dem Staat, in dem der AIF seinen Sitz hat, eine bilaterale oder multilaterale Vereinbarung (MoU) besteht, die eine Zusammenarbeit der Aufsichtsbehörden, insbesondere einen Informationsaustausch, auch auf dem Gebiet der einschlägigen Vorschriften des KAGB, gewährleistet.	Abs. 1 S. 2 Nr. 9
V. Angaben über den Repräsentanten	Abs. 1 S. 2 Nr. 2
1. Name oder Firma, Rechtsform, Sitz oder Wohnsitz, Anschrift, E-Mail-Adresse sowie Telefon- und Telefaxnummer	
2. Beruf/Tätigkeit oder Unternehmensgegenstand	
3. Mitglieder der Geschäftsleitung unter Angabe von Name, Wohnort und Funktion (z.B. Vorsitzender, stellv. Vorsitzender)	
4. Darstellung, dass die Compliance-Funktion gemäß der Richtlinie 2011/61/EU entsprechend § 57 Absatz 3 Satz 4 wahrgenommen werden kann	
Sofern es sich bei dem Repräsentanten um ein Kreditinstitut mit Sitz in der Bundesrepublik Deutschland handelt, sind die Angaben zu Punkt V.2. bis V.4. nicht erforderlich.	
VI. Unterlagen zu den Angaben über den Repräsentanten	Abs. 1 S. 2 Nr. 2
1. Aktuelle Bestätigung im Original des Repräsentanten über die erfolgte Übernahme dieser Funktion Die Bestätigung sollte folgenden Wortlaut haben:	

E. Anzeigepflicht und Inhalt des Anzeigeschreibens (Abs. 1) — § 320

BaFin-Merkblatt	**§ 320**
„Hiermit bestätige(n) ich (wir), dass ich (wir) für die ... (Name der AIF-Verwaltungsgesellschaft bzw. des AIF) die Funktion des Repräsentanten im Sinne von § 319 Kapitalanlagegesetzbuch (KAGB) übernommen habe(n) und die Compliance-Funktion entsprechend § 57 Absatz 3 Satz 4 KAGB wahrnehme(n). *Bei einem rechtlich unselbständigen AIF ist zusätzlich die Bezeichnung des AIF zu nennen („... für die ... wegen des AIF ...")*	
2. Öffentlich beglaubigter Auszug aus dem Handelsregister	
3. Lückenloser, eigenhändig unterzeichneter Lebenslauf, der sämtliche Vornamen, den Familien- und Geburtsnamen, Geburtstag, Geburtsort, die Privatanschrift, Staatsangehörigkeit sowie eine eingehende Darlegung der fachlichen Vorbildung, die Namen aller Unternehmen, für die diese Person tätig gewesen ist, und Angaben zur Art der jeweiligen Tätigkeit enthalten muss; bei der Art der jeweiligen Tätigkeit sind insbesondere die Vertretungsmacht dieser Person, ihre internen Entscheidungskompetenzen und die ihr innerhalb des Unternehmens unterstellten Geschäftsbereiche darzustellen; bei fremden Staatsangehörigen ist eine Erklärung erforderlich, ob sie die deutsche Sprache in Wort und Schrift beherrschen	
4. Erklärung der betreffenden Person, ob gegen sie ein Strafverfahren schwebt, ob ein Strafverfahren wegen eines Verbrechens oder Vergehens gegen sie anhängig gewesen ist oder ob sie oder ein von ihr geleitetes Unternehmen als Schuldnerin in ein Insolvenzverfahren oder ein Verfahren zur Abgabe einer eidesstattlichen Versicherung oder ein vergleichbares Verfahren verwickelt war oder ist	
5. Führungszeugnis zur Vorlage bei einer Behörde (Belegart „O") des Bundesamtes für Justiz gemäß § 30 Abs. 5 Bundeszentralregistergesetz (BZRG)	
6. Bei natürlichen Personen, die selbständig tätig waren oder sind, und solchen, die im Rahmen ihrer beruflichen Tätigkeit – Vertretungsberechtigte eines Gewerbetreibenden oder – mit der Leitung eines Gewerbebetriebes beauftragt oder – Leiter einer sonstigen wirtschaftlichen Unternehmung waren oder sind, Auszug aus dem Gewerbezentralregister gemäß § 150 Gewerbeordnung (GewO) im Original Ist der Repräsentant eine Handels- oder Kapitalgesellschaft, so sind die Unterlagen zu Punkt VI.3. bis VI.6. für sämtliche Mitglieder der Geschäftsleitung einzureichen. Sofern es sich bei dem Repräsentanten um ein Kreditinstitut mit Sitz in der Bundesrepublik Deutschland handelt, ist die Einreichung der Unterlagen zu Punkt VI.2. bis VI.6. nicht erforderlich.	

BaFin-Merkblatt	§ 320
VII. Angaben über die Vertriebsgesellschaft(en)	Abs. 1 S. 2 Nr. 3
1. Name oder Firma, Rechtsform, Sitz und Anschrift aller in der Bundesrepublik Deutschland tätigen Vertriebsgesellschaften	
2. Art der Erlaubnis zum Vertrieb von Investmentanteilen	
VIII. Angaben über die Verwahrstelle (einzelne Angaben können entfallen, sofern sie von der Bescheinigung nach II.4. erfasst sind)	Abs. 1 S. 2 Nr. 2
1. Name oder Firma, Rechtsform, Sitz und Anschrift	
2. Haupttätigkeit der Verwahrstelle	
3. Name des Staates, nach dessen Recht die Verwahrstelle errichtet worden ist	
4. Name, Sitz und Anschrift der staatlichen Stelle, deren Aufsicht die Verwahrstelle unterliegt, bei einer Verwahrstelle aus einem Drittstaat unter ausführlicher Darstellung der Art und des Umfangs der Aufsicht, insbesondere dahingehend, dass nach den für die Aufsicht maßgeblichen Regelungen zu prüfen ist, ob die Verwaltungs- und Leitungsorgane (Geschäftsleitung) der Verwahrstelle über die für die Verwahrstellenfunktion erforderliche Erfahrung verfügen, ob die Verwahrstelle die zur Erfüllung ihrer Aufgaben notwendige Organisation vorhält und ob sie Mindesteigenkapitalanforderungen unterliegt	
5. Eigenkapital (Grund- oder Stammkapital, abzüglich der ausstehenden Einlagen zuzüglich der Rücklagen) nach dem letzten Jahresabschluss	
6. Datum der Gründung der Verwahrstelle	
7. Geschäftsjahr	
8. Datum der Übernahme der Funktion der Verwahrstelle	
9. Art der Bestellung der Verwahrstelle, z.B. Bestellung durch die Verwaltungs- und Leitungsorgane (Geschäftsleitung) der AIF-Verwaltungsgesellschaft; Wahl oder Bestätigung durch Versammlung/Hauptversammlung der Anleger	
10. Zeitliche Beschränkung der Bestellung (z.B. unbefristet, Bestellung für einen bestimmten Zeitraum mit Verlängerungsmöglichkeit, Kündigungsmöglichkeiten)	
11. Leitende Angestellte der Verwahrstelle (Geschäftsleiter, Prokuristen, zum gesamten Geschäftsbetrieb ermächtigte Handlungsbevollmächtigte), die gleichzeitig Organmitglieder oder Angestellte der AIF-Verwaltungsgesellschaft sind; leitende Angestellte (Geschäftsleiter, Prokuristen, zum gesamten Geschäftsbetrieb ermächtigte Handlungsbevollmächtigte) der AIF-	

BaFin-Merkblatt	§ 320
Verwaltungsgesellschaft, die gleichzeitig Organmitglieder oder Angestellte der Verwahrstelle sind	
IX. Unterlagen zu den Angaben über die Verwahrstelle	Abs. 1 S. 2 Nr. 2
1. Aktuelle Bestätigung der Verwahrstelle im Original über die Übernahme dieser Funktion unter entsprechender Einhaltung der Vorschriften nach §§ 80 bis 90 KAGB und mit Hinweis auf gesetzliche Bestimmungen in dem Staat, in dem die Verwahrstelle ihren Sitz hat, aus denen sich Rechte und Pflichten der Verwahrstelle ergeben	
2. Vertrag zwischen der AIF-Verwaltungsgesellschaft und der Verwahrstelle (Verwahrstellenvertrag)	
3. Letzter Geschäftsbericht einschließlich des Jahresabschlusses der Verwahrstelle	
Die Einreichung von Unterlagen gemäß den Punkten IX.2. sowie IX.3. kann entfallen, sofern die entsprechenden Angaben von der Bescheinigung nach II.4. erfasst sind.	
X. Angaben über die Zahlstellen	Abs. 1 S. 2 Nr. 2
1. Firma, Rechtsform, Sitz und Anschrift aller Kreditinstitute mit Sitz in der Bundesrepublik Deutschland oder Zweigniederlassungen von Kreditinstituten mit Sitz im Ausland in der Bundesrepublik Deutschland, über welche von den Anlegern geleistete oder für sie bestimmte Zahlungen geleistet werden können	
2. Darstellung des Zahlungswegs für Zahlungen von den Zahlstellen zur Verwahrstelle und umgekehrt	
XI. Unterlagen zu den Angaben über die Zahlstellen	Abs. 1 S. 2 Nr. 2
Aktuelle Bestätigung(en) der einzelnen Zahlstellen in der Bundesrepublik Deutschland im Original über die erfolgte Übernahme dieser Funktion sowie darüber, dass Zahlungen an das in § 83 Absatz 6 KAGB genannte Geldkonto bzw. an die Anleger unverzüglich und unmittelbar weitergeleitet werden. Die Bestätigung sollte folgenden Wortlaut haben: „Wir bestätigen hiermit, dass wir für den/die ... *(Name des/der AIF)* die Funktion einer Zahlstelle im Sinne des § 317 Absatz 1 Nummer 6 Kapitalanlagegesetzbuch (KAGB) übernommen haben. Wir werden von den Anlegern geleistete oder für diese bestimmte Zahlungen unverzüglich und unmittelbar an das in § 83 Absatz 6 KAGB genannte Geldkonto bzw. an die Anleger weiterleiten."	
XII. Ggf. die nach § 175 erforderlichen Vereinbarungen für Master-Feeder-Strukturen	Abs. 1 S. 2 Nr. 10

BaFin-Merkblatt	§ 320
XIII. Werbung	
Jede Werbung für AIF gegenüber Privatanlegern muss eindeutig als solche erkennbar sein. Sie muss redlich und eindeutig sein und darf nicht irreführend sein. Insbesondere darf Werbung, die zum Erwerb von Anteilen oder Aktien eines AIF auffordert und spezifische Informationen über diese Anteile oder Aktien enthält, keine Aussagen treffen, die im Widerspruch zu Informationen des Verkaufsprospektes und der wesentlichen Anlegerinformationen stehen oder die Bedeutung dieser Informationen herabstufen. Bei Werbung in Textform ist darauf hinzuweisen, dass ein Verkaufsprospekt existiert und dass die wesentlichen Anlegerinformationen verfügbar sind. Dabei ist anzugeben, wo und in welcher Sprache diese Informationen oder Unterlagen erhältlich sind und welche Zugangsmöglichkeiten bestehen. Werbeschriften dürfen keine Angaben enthalten, die geeignet sind, in irreführender Weise den Anschein eines besonders günstigen Angebots hervorzurufen; dies gilt auch für den Verkaufsprospekt. Die Werbung darf auch keine Hinweise auf die Befugnisse der Bundesanstalt nach dem KAGB enthalten; die Tatsache der Anzeige des Vertriebs darf allerdings vermerkt werden (z.B. mit der Formulierung: „Der Vertrieb der Anteile ist der Bundesanstalt für Finanzdienstleistungsaufsicht nach § 320 KAGB angezeigt worden."). Angaben zur künftigen Wertentwicklung dürfen nicht auf einer simulierten früheren Wertentwicklung beruhen oder auf eine solche Simulation Bezug nehmen. Die Angaben müssen auf angemessenen, durch objektive Daten gestützten Annahmen beruhen und für den Fall, dass sie auf der Bruttowertentwicklung beruhen, deutlich angeben, wie sich Provisionen, Gebühren und andere Entgelte auswirken. Die Darstellung der Wertentwicklung in der Vergangenheit ist bis auf weiteres mit einem Warnhinweis zu versehen, dass die vergangenheitsbezogenen Daten kein Indikator für die zukünftige Wertentwicklung sind und keine Garantie für einen Erfolg in der Zukunft bieten. Werbung mit dem Hinweis auf die Gefahr einer Inflation bzw. eines Kaufkraftschwunds oder der Sicherheit einer Vermögensanlage in Investmentanteilen ist unzulässig. Im Übrigen darf der Begriff „Sicherheit" in der Werbung für Investmentanteile nur äußerst zurückhaltend und mit klärenden Zusätzen verwendet werden. Soweit in sachlicher und zurückhaltender Formulierung auf eine auf Sicherheit ausgerichtete Anlagestrategie hingewiesen wird, muss sich bei solchen Hinweisen aus dem Zusammenhang zweifelsfrei ergeben, dass das Anlagekonzept des AIF gemeint ist. Des Weiteren ist das bei einer Anlage in Wertpapieren jeder Art und in vergleichbare Vermögenswerte nicht (völlig) auszuschließende Risiko von Kurs- und Währungsverlusten zu verdeutli-	

BaFin-Merkblatt	§ 320
chen. Jede Werbung mit dem Begriff „Sicherheit" in plakativer Form ist zu unterlassen. Sofern Preise in Werbeschriften angegeben werden, dürfen Ausgabe- und Rücknahmepreise nur gemeinsam genannt werden. Es gilt § 302.	
XIV. Verkaufsunterlagen	
<u>Zeichnungsantrag und/oder Kaufabrechnung</u> Der Antrag auf Vertragsschluss und/oder die Kaufabrechnung müssen einen Hinweis auf die Höhe des Ausgabeaufschlags und des Rücknahmeabschlags sowie eine Belehrung über das Recht des Käufers zum Widerruf nach § 305 gegenüber der AIF-Verwaltungsgesellschaft enthalten.	

III. Vorlage einer deutschen Übersetzung (Abs. 1 S. 3)

Das Anzeigeschreiben ist in deutscher Sprache bei der BaFin einzureichen; fremdsprachige Unterlagen sind gem. Abs. 1 S. 3 mit einer deutschen Übersetzung (d.h. doppelt: im Original und in deutscher Übersetzung) vorzulegen. Für Veröffentlichungen, Werbeschriften und die in § 297 genannten Unterlagen ergibt sich dies bereits aus § 303 Abs. 1. Daher hat Abs. 1 Satz 3 insbesondere Bedeutung für die Angaben und Unterlagen, die in Abs. 1 Satz 2 zusätzlich genannt sind.[15] Für die Übersetzungen gilt ebenso wie im Rahmen von § 303, dass der deutsche Wortlaut maßgeblich ist (vgl. § 303 Abs. 1 S. 2) und dass sie den Inhalt des Ursprungsdokuments richtig und vollständig wiedergeben müssen (vgl. § 303 Abs. 3 S. 2). Andernfalls ist die Anzeige nicht ordnungsgemäß erstattet mit der Konsequenz, dass die BaFin gem. § 314 Abs. 1 Nr. 1 befugt ist, alle zum Schutz der Anleger geeigneten und erforderlichen Maßnahmen zu ergreifen, einschließlich einer Untersagung des Vertriebs.

12

F. Prüfungsverfahren der BaFin (Abs. 2 i.V.m. § 316 Abs. 2 und Abs. 3)

Der Eingang des Anzeigeschreibens und der beigefügten Unterlagen bei der BaFin setzt dort ein Prüfungsverfahren in Gang. Abs. 2 verweist hinsichtlich der näheren Ausgestaltung dieses Prüfungsverfahrens auf § 316 Abs. 2 und Abs. 3, modifiziert aber die Prüfungsfrist für die eingereichten Angaben und Unterlagen, wobei er zwischen EU-AIF und ausländischen AIF differenziert, und trägt damit dem erhöhten Prüfungsaufwand bei EU-AIF und dem nochmals erhöhten Prüfungsaufwand bei ausländischen AIF Rechnung.

13

I. Prüfung der Vollständigkeit der Unterlagen (Abs. 2 i.V.m. § 316 Abs. 2 S. 1)

Zunächst prüft die BaFin, ob die übermittelten Angaben und Unterlagen vollständig sind. Anders als im Rahmen von § 316 Abs. 2 kann es auf die Frage, ob bereits eine Genehmigung der Anlagebedingungen und der Verwahrstelle erfolgt ist, nicht ankommen.

14

---

15 Vgl. bereits *Baur* § 7 AuslInvestmG Rn. 8.

Denn gem. § 317 Abs. 1 Nr. 1 und Nr. 5 ist zwar Voraussetzung für die Zulässigkeit des Vertriebs, dass der AIF und seine Verwaltungsgesellschaft einer wirksamen öffentlichen Aufsicht zum Schutz der Anleger unterliegen (Nr. 1) und dass eine Verwahrstelle die Gegenstände des AIF in einer Weise sichert, die den Vorschriften der §§ 80 bis 90 vergleichbar ist (Nr. 5), was u.a. voraussetzt, dass die Verwahrstelle in ihrem Herkunftsstaat einer wirksamen aufsichtlichen Regulierung, einschließlich Mindesteigenkapitalanforderungen, und einer Aufsicht unterliegt, die im Wesentlichen den unionsrechtlichen Anforderungen entspricht und wirksam durchgesetzt wird (s. § 317 Rn. 30). Dies setzt aber nicht zwingend voraus, dass die Anlagebedingungen und die Auswahl der Verwahrstelle – wie nach deutschem Recht – von der zuständigen Aufsichtsbehörde genehmigt werden müssen; mit welchen rechtstechnischen Mitteln die Aufsicht ausgeübt wird (Genehmigungserfordernisse, Verbotsvorbehalte usw.), ist nicht entscheidend.

15 Ebenso wie im Rahmen von § 316 hat die BaFin für die (formelle) Prüfung, ob die eingereichten Unterlagen vollständig sind, 20 Arbeitstage Zeit. Sind sie nicht vollständig, hat die BaFin innerhalb dieser Frist fehlende Angaben und Unterlagen als Ergänzungsanzeige anzufordern (Abs. 2 i.V.m. § 316 Abs. 2 S. 2 bis 6, s. Rn. 16). Diese Frist wird auch nicht durch Abs. 2 modifiziert. Bei der Zählung der Arbeitstage werden Samstage nicht berücksichtigt (s. § 289 Rn. 58); 20 Arbeitstage sind demnach vier Wochen. Die Berechnung der Frist richtet sich nach § 31 VwVfG i.V.m. §§ 187 Abs. 1, 188 Abs. 1, 193 BGB.

II. Bei Unvollständigkeit der übermittelten Angaben und Unterlagen: Anforderung einer Ergänzungsanzeige (Abs. 2 i.V.m. § 316 Abs. 2 S. 2 bis 6)

16 Stellt die BaFin fest, dass die mit dem Anzeigeschreiben gem. Abs. 1 übermittelten Angaben und Unterlagen unvollständig sind, fordert sie die fehlenden Angaben und Unterlagen innerhalb der Frist von 20 Arbeitstagen (s. Rn. 15) als Ergänzungsanzeige an. Der Eingang der Ergänzungsanzeige bei der BaFin setzt die Frist von 20 Arbeitstagen erneut in Gang. Sind die eingereichten Angaben und Unterlagen nach wie vor unvollständig, fordert die BaFin innerhalb dieser Frist die fehlenden Angaben und Unterlagen als weitere Ergänzungsanzeige an; anderenfalls beginnt mit dem Eingang der Ergänzungsanzeige die nach Abs. 3 modifizierte Frist für die materielle Prüfung der Unterlagen (s. unten Rn. 19 f.).

17 Für die Einreichung der Ergänzungsanzeige durch die EU-AIF-Verwaltungsgesellschaft oder ausländische AIF-Verwaltungsgesellschaft gilt eine Frist von sechs Monaten nach Erstattung der Anzeige; wird von der BaFin eine weitere Ergänzungsanzeige angefordert (s. Rn. 16), gilt eine Frist von sechs Monaten nach Erstattung der vorherigen (jeweils letzten) Ergänzungsanzeige. Die Berechnung der Frist richtet sich nach § 31 VwVfG i.V.m. §§ 187 Abs. 1, 188 Abs. 2, 193 BGB. Sie ist äußerst großzügig bemessen. Nach dem ausdrücklichen Gesetzeswortlaut handelt es sich um eine Ausschlussfrist (Abs. 2 i.V.m. § 316 Abs. 2 S. 5); sie ist nicht verlängerbar[16] und eine Wiedereinsetzung in den vorigen Stand ist gem. § 32 Abs. 5 VwVfG unzulässig.[17] Wird die Ergänzungsanzeige nicht innerhalb der Frist eingereicht, ist eine Mitteilung nach Abs. 2 i.V.m. § 316 Abs. 3 S. 1, ob mit dem Vertrieb des angezeigten AIF begonnen werden kann, ausgeschlossen. Es kann allerdings durch eine erneute Anzeige ein neues Anzeigeverfahren in Gang gesetzt werden; dies ist gem. Abs. 2 i.V.m. § 316 Abs. 2 S. 6 jederzeit möglich.

---

16 Vgl. zu § 139 InvG Berger/Steck/Lübbehüsen/*Erhard* InvG, § 139 Rn. 11.
17 Vgl. zur Möglichkeit der Wiedereinsetzung in den vorigen Stand bei Ausschlussfristen Stelkens/Bonk/Sachs/*Kellerhof* VwVfG, § 32 Rn. 6.

III. Bei Vollständigkeit der eingereichten Unterlagen: Mitteilung, ob mit dem Vertrieb begonnen werden kann, ggf. Untersagung der Aufnahme des Vertriebs (Abs. 2 i.V.m. § 316 Abs. 3)

Stellt die BaFin fest, dass die mit dem Anzeigeschreiben gem. Abs. 1 übermittelten Angaben und Unterlagen vollständig sind, läuft die gegenüber § 316 Abs. 3 modifizierte Frist für die materielle Prüfung der eingereichten Unterlagen, innerhalb derer die BaFin der EU-AIF-Verwaltungsgesellschaft oder der ausländischen AIF-Verwaltungsgesellschaft entweder mitteilt, dass sie mit dem Vertrieb des AIF beginnen kann, oder die Aufnahme des Vertriebs untersagt. Die Mitteilung dieser Entscheidung ist – in beiden Fällen – ein Verwaltungsakt (s. zur Rechtsnatur von Maßnahmen der BaFin bereits § 314 Rn. 12f.). 18

Für die materielle Prüfung, die sich insbesondere auf die Einhaltung der in § 317 normierten materiellen Voraussetzungen für die Zulässigkeit des Vertriebs bezieht, hat die BaFin bei einem EU-AIF drei Monate und bei einem ausländischen AIF sechs Monate Zeit. Diese Prüfungsfrist ist gegenüber der im Rahmen von § 316 auch für die materielle Prüfung maßgeblichen Frist von 20 Arbeitstagen (s. § 316 Rn. 17f.) erheblich verlängert; anders als im Rahmen von § 316 Abs. 2 und 3 sowie im Rahmen von § 321 Abs. 2 und 3 gelten für die Prüfung der Vollständigkeit und für die materielle Prüfung der vollständigen Unterlagen unterschiedliche Fristen, die allerdings zum gleichen Zeitpunkt (mit Eingang der Anzeige bzw. der Ergänzungsanzeige) beginnen. Die Berechnung der Frist für die materielle Prüfung richtet sich nach § 31 VwVfG i.V.m. §§ 187 Abs. 1, 188 Abs. 2, 193 BGB. 19

Ausweislich der Regierungsbegründung zum KAGB trägt die Verlängerung der Prüfungsfrist dem Umstand Rechnung, dass sich die BaFin bei EU-AIF und ausländischen AIF mit einem höheren Prüfungsaufwand konfrontiert sieht als bei inländischen Publikums-AIF. Bei ausländischen Publikums-AIF ist dieser Prüfungsaufwand in Anbetracht der Vielzahl möglicher Herkunftsstaaten und dementsprechend der Vielgestaltigkeit solcher AIF nochmals höher als bei EU-AIF. Insbesondere ist bei ihnen eine zusätzliche Prüfung erforderlich, ob die ausländische AIF-Verwaltungsgesellschaft und die Verwaltung des angezeigten ausländischen AIF durch diese die Anforderungen der AIFM-Richtlinie erfüllt (Abs. 1 Nr. 1 lit. b: Prüfung von Angaben und Unterlagen gem. § 22 Abs. 1 Nrn. 1 bis 9 und 13). Aus diesem Grunde beträgt die Prüfungsfrist sechs Monate (statt drei Monate bei EU-AIF). Der erforderliche Prüfungsumfang wird sich ab dem Zeitpunkt reduzieren, auf den in § 295 Abs. 2 Nr. 1 verwiesen wird (s. § 295 Rn. 9), weil ab diesem Zeitpunkt auch eine ausländische AIF-Verwaltungsgesellschaft eine Bescheinigung der zuständigen Stelle ihres Herkunftsmitgliedstaats bzw. Referenzmitgliedstaats vorlegen muss, dass sie den Anforderungen der AIFM-Richtlinie entspricht.[18] Aus diesem Grunde wird die Prüfungsfrist ab diesem Zeitpunkt auf drei Monate verkürzt und damit an die Prüfungsfrist angepasst, die bereits jetzt beim (beabsichtigten) Vertrieb von EU-AIF durch eine EU-AIF-Verwaltungsgesellschaft gilt. 20

1. Mitteilung, dass mit dem Vertrieb des angezeigten AIF begonnen werden kann (Abs. 2 i.V.m. § 316 Abs. 3 S. 1 und S. 4). Kommt die BaFin nach materieller Prüfung der eingereichten Unterlagen zu dem Ergebnis, dass keine Beanstandungen bestehen, erschöpft sich der Inhalt der Mitteilung darin, die EU-AIF-Verwaltungsgesellschaft oder ausländische AIF-Verwaltungsgesellschaft darüber zu informieren, dass sie mit dem Vertrieb des angezeigten AIF beginnen kann. Sie kann mit dem Vertrieb bereits ab 21

---

[18] BTDrucks. 17/12294, S. 287.

dem Datum der entsprechenden Mitteilung beginnen (Abs. 2 i.V.m. § 316 Abs. 3 S. 4); damit ist gegenüber der Regelung des § 140 Abs. 1 des aufgehobenen InvG[19] eine Verkürzung des Verfahrens verbunden, wenn die Mitteilung bereits vor Ablauf der Prüfungsfrist erfolgt. Eine dem § 163 Abs. 2 S. 8 vergleichbare Möglichkeit, die Mitteilung mit Nebenbestimmungen (Bedingungen oder Auflagen) zu versehen, ist im Rahmen von Abs. 2 i.V.m. § 316 Abs. 3 nicht vorgesehen.

22 Treten Beanstandungen erst zu einem späteren Zeitpunkt zu Tage, nachdem die EU-AIF-Verwaltungsgesellschaft oder ausländische AIF-Verwaltungsgesellschaft bereits mit der Aufnahme des Vertriebs begonnen hat, kann die BaFin unter den Voraussetzungen des § 314 Abs. 1 (insbesondere Nr. 3: Entfallen einer Voraussetzung für die Zulässigkeit des Vertriebs, ggf. Nr. 6: Verstoß gegen jede Vorschrift des KAGB, s. § 314 Rn. 19, 26) die nach dieser Vorschrift zulässigen Maßnahmen ergreifen, einschließlich – sofern zum Schutze der Anleger geeignet und erforderlich – einer nachträglichen Untersagung des Vertriebs.

23 **2. Untersagung der Aufnahme des Vertriebs (Abs. 2 i.V.m. § 316 Abs. 3 S. 2 bis 3).** Kommt die BaFin nach materieller Prüfung der eingereichten Unterlagen zu dem Ergebnis, dass die EU-AIF-Verwaltungsgesellschaft oder die ausländische AIF-Verwaltungsgesellschaft oder die Verwaltung des angezeigten AIF durch die jeweilige AIF-Verwaltungsgesellschaft gegen die Vorschriften des KAGB verstoßen, kann sie die Aufnahme des Vertriebs innerhalb der Frist von drei bzw. sechs Monaten gem. Abs. 2 i.V.m. § 316 Abs. 3 S. 2 untersagen.

24 Dass die EU-AIF-Verwaltungsgesellschaft oder ausländische AIF-Verwaltungsgesellschaft oder die Verwaltung des angezeigten AIF durch die jeweilige AIF-Verwaltungsgesellschaft gegen Vorschriften des KAGB verstößt, ist zwingende Voraussetzung einer Untersagung der Aufnahme des Vertriebs.[20] Diese Voraussetzung ist freilich weit auszulegen; es genügt mithin jeder Verstoß gegen Vorschriften des KAGB (insbesondere gegen die §§ 317 bis 319), um eine Untersagung der Aufnahme des Vertriebs zu rechtfertigen. Denn es wäre widersinnig, wenn die BaFin bei Verstößen gegen bestimmte Vorschriften des KAGB die Aufnahme des Vertriebs nicht untersagen dürfte, aber – nachdem die Aufnahme des Vertriebs erfolgt ist – wegen jedes Verstoßes gegen Vorschriften des KAGB gem. § 314 Abs. 1 Nr. 6 alle zum Schutz der Anleger geeigneten und erforderlichen Maßnahmen einschließlich einer nachträglichen Untersagung des Vertriebs ergreifen könnte.

25 Stellt die BaFin fest, dass die EU-AIF-Verwaltungsgesellschaft oder ausländische AIF-Verwaltungsgesellschaft oder die Verwaltung des angezeigten AIF durch die jeweilige AIF-Verwaltungsgesellschaft gegen Vorschriften des KAGB verstößt, bedeutet dies allerdings nicht zwingend, dass sie die Aufnahme des Vertriebs untersagen *muss*. Der Wortlaut von § 316 Abs. 3 S. 2, wonach die BaFin die Aufnahme des Vertriebs innerhalb der einschlägigen Frist untersagen *kann*, deutet vielmehr darauf hin, dass die BaFin insoweit ein Entschließungsermessen hat, das unter Beachtung des Verhältnismäßigkeitsgrundsatzes (s. dazu § 314 Rn. 10) auszuüben ist. Bei ganz unbedeutenden Verstößen wird eine Untersagung der Aufnahme des Vertriebs daher nicht in Betracht kommen.

---

19 Nach § 140 Abs. 1 InvG durfte der öffentliche Vertrieb von ausländischen Investmentanteilen grundsätzlich erst aufgenommen werden, wenn seit dem Eingang der vollständigen Anzeige nach § 139 InvG drei Monate vergangen waren, ohne dass die Bundesanstalt die Aufnahme des öffentlichen Vertriebs untersagt hat.

20 Der Abs. 3 zugrunde liegende Art. 31 Abs. 3 AIFM-Richtlinie betont dies, indem er formuliert, dass die zuständigen Behörden des Herkunftsmitgliedstaats des AIFM den Vertrieb des AIF *nur* untersagen können, wenn die Verwaltung des AIF durch den AIFM gegen die Richtlinie verstößt bzw. verstoßen wird oder der AIFM gegen die Richtlinie verstößt oder verstoßen wird.

Jedenfalls hat die BaFin zumindest bei Verstößen, die sich durch eine Änderung der Angaben und Unterlagen gem. Abs. 1 beseitigen lassen, vor einer (endgültigen) Untersagung der Aufnahme des Vertriebs ihre Beanstandungen der EU-AIF-Verwaltungsgesellschaft oder ausländischen AIF-Verwaltungsgesellschaft mitzuteilen und dieser damit die Möglichkeit zur Überarbeitung zu geben, ohne dass nach erfolgter Überarbeitung ein neues Anzeigeverfahren einzuleiten wäre. Gem. Abs. 2 i.V.m. § 316 Abs. 3 S. 3 beginnt mit Eingang der geänderten Angaben und Unterlagen die jeweils einschlägige Frist für die Mitteilung gem. Abs. 2 i.V.m. § 316 Abs. 3 S. 1 erneut. Wieviele „Korrekturschleifen" die BaFin zulässt, liegt in ihrem Ermessen. Jedenfalls steht das Gesetz mehreren Korrekturschleifen, an deren Ende die BaFin der EU-AIF-Verwaltungsgesellschaft oder ausländischen AIF-Verwaltungsgesellschaft mitteilt, dass sie mit dem Vertrieb des AIF beginnen kann, nicht entgegen; im Gegenteil scheint es von der Zulässigkeit mehrerer Korrekturschleifen auszugehen, wie die in § 316 Abs. 2 angesprochene Anforderung mehrerer Ergänzungsanzeigen im Falle der bloßen Unvollständigkeit der Angaben und Unterlagen zeigt.

Die Untersagung der Aufnahme des Vertriebs stellt einen belastenden Verwaltungsakt dar (s. zu den Rechtsschutzmöglichkeiten gegen Maßnahmen der BaFin § 314 Rn. 45 ff.). **26**

G. Wiederholte Anzeige von gleichartigen AIF durch eine ausländische AIF-Verwaltungsgesellschaft (Abs. 3)

Abs. 3 strebt ausweislich der Regierungsbegründung zum KAGB einen Ausgleich **27** zwischen dem Interesse der anzeigenden ausländischen AIF-Verwaltungsgesellschaft an einer möglichst kurzen Prüfungsdauer und der Zeit an, welche die BaFin für die Prüfung der Anzeige in Anbetracht des hohen Prüfungsaufwands bei ausländischen AIF benötigt.[21] Aus diesem Grunde wird der Prüfungsumfang der BaFin reduziert, wenn die anzeigende ausländische AIF-Verwaltungsgesellschaft bereits einen ausländischen AIF zum Vertrieb an Privatanleger im Inland nach Abs. 1 S. 1 angezeigt hat: In diesem Fall ist bei der Anzeige eines weiteren AIF der gleichen Art nicht erneut zu prüfen, ob der AIF und seine Verwaltungsgesellschaft in ihrem Herkunftsstaat einer wirksamen öffentlichen Aufsicht zum Schutz der Anleger unterliegen (§ 317 Abs. 1 Nr. 1) und ob die AIF-Verwaltungsgesellschaft und die Verwaltung des angezeigten AIF durch sie den Anforderungen der AIFM-Richtlinie entsprechen (§ 317 Abs. 1 Nr. 3), wenn die anzeigende AIF-Verwaltungsgesellschaft im Anzeigeschreiben versichert, dass in Bezug auf diese Anforderungen seit der letzten Anzeige keine Änderungen erfolgt sind. Die ansonsten gem. Abs. 1 S. 2 Nr. 1 lit. b erforderlichen Angaben nach § 22 Abs. 1 Nr. 1 bis 9 müssen nicht eingereicht werden (nicht entbehrlich sind allerdings die Angaben nach § 22 Abs. 1 Nr. 13 zu den Vereinbarungen zur Beauftragung der Verwahrstelle) und die in Abs. 2 Nr. 2 genannte Frist wird auf drei Monate verkürzt.

Weder dem Gesetz noch der Regierungsbegründung ist zu entnehmen, welche Voraussetzungen erfüllt sein müssen, damit die angezeigten AIF gleichartig i.S.v. Abs. 3 sind mit der Konsequenz, dass sich der Prüfungsumfang in der beschriebenen Form (s. oben Rn. 27) reduziert. Die BaFin lässt insoweit offenbar genügen, dass es sich um ausländische AIF handelt, die an Privatanleger vertrieben werden sollen; ausweislich des BaFin-Merkblattes müssen nämlich die § 22 Abs. 1 Nr. 1 bis 9 entsprechenden Angaben und Unterlagen bereits dann nicht erneut eingereicht werden, wenn die anzeigende auslän- **28**

---

21 BTDrucks. 17/12294, S. 287.

dische AIF-Verwaltungsgesellschaft bereits einen AIF zum Vertrieb an Privatanleger in der Bundesrepublik Deutschland angezeigt hat, ohne dass weitere Anforderungen an die Gleichartigkeit der angezeigten AIF gestellt würden.[22] Sollte die BaFin ihre Verwaltungspraxis insoweit ändern, wäre die Gleichartigkeit der angezeigten AIF innerhalb der Frist von 20 Arbeitstagen nach Eingang der Anzeige gem. Abs. 2 i.V.m. § 316 Abs. 2 S. 2 zu prüfen, da die fehlende Gleichartigkeit sich (lediglich) auf den Umfang der einzureichenden Angaben und Unterlagen und damit auf die (formelle) Prüfung der Vollständigkeit, nicht aber auf die materielle Prüfung nach Abs. 2 i.V.m. § 316 Abs. 3 auswirken würde.

H. Änderungen der nach Abs. 1 übermittelten Angaben oder Unterlagen (Abs. 4 i.V.m. § 316 Abs. 4 und Abs. 5)

I. Anzeigepflichtige Änderungen

29 Abs. 4 i.V.m. § 316 Abs. 4 S. 1 statuiert eine Pflicht der EU-AIF-Verwaltungsgesellschaft oder ausländischen AIF-Verwaltungsgesellschaft, Änderungen der mit dem Anzeigeschreiben gem. Abs. 1 übermittelten Angaben und Unterlagen der BaFin schriftlich mitzuteilen und ihr zeitgleich entsprechend aktualisierte Angaben und Unterlagen zu übermitteln. Die Pflicht besteht nach dem Sinn und Zweck von Abs. 4 nur bei solchen Änderungen, die für die Zwecke des Anzeigeverfahrens von Relevanz sind. Dies soll nach Aussage der BaFin in ihrer FAQ zum Vertrieb und Erwerb von Investmentvermögen nach dem KAGB jedenfalls dann nicht der Fall sein, wenn die Änderungen rein redaktioneller Natur sind (z.B. Korrektur von Rechtschreibfehlern).[23] Danach wird die Pflicht zur Anzeige von Änderungen insbesondere bei inhaltlichen Änderungen der Angaben und Unterlagen gem. Abs. 1 Nr. 2 (Angaben zum Repräsentanten, zur Verwahrstelle und zur Zahlstelle) und Abs. 1 Nr. 3 (Anlagebedingungen, Satzung oder Gesellschaftsvertrag des EU-AIF oder ausländischen AIF, Geschäftsplan, Verkaufsprospekt und wesentliche Anlegerinformationen) eine Rolle spielen. Dass bereits ein Wechsel in den Vertriebsgesellschaften die Pflicht zur Anzeige von Änderungen auslösen soll, wird mit Recht bezweifelt.[24]

II. Prüfung der Änderungen durch die BaFin

30 Handelt es sich um eine geplante Änderung, so ist sie mindestens 20 Arbeitstage (s. Rn. 15) vor ihrer Durchführung mitzuteilen; handelt es sich um eine ungeplante Änderung, ist sie unverzüglich (d.h. ohne schuldhaftes Zögern, § 121 Abs. 1 S. 1 BGB) nach ihrem Eintreten mitzuteilen (Abs. 4 i.V.m. § 316 Abs. 4 S. 2). Bestehen gegen die Änderung keinerlei Beanstandungen, wird die BaFin die entsprechende Mitteilung zur Kenntnis nehmen und gegenüber der EU-AIF-Verwaltungsgesellschaft oder ausländischen AIF-Verwaltungsgesellschaft nicht weiter reagieren. Sofern eine geplante Änderung dazu führt, dass die EU-AIF-Verwaltungsgesellschaft oder ausländische AIF-Verwaltungsgesellschaft oder die Verwaltung des betreffenden AIF gegen Vorschriften des KAGB verstößt, teilt die BaFin der EU-AIF-Verwaltungsgesellschaft oder ausländischen AIF-Verwaltungsgesellschaft mit, dass sie die Änderung nicht durchführen darf (Abs. 4 i.V.m. § 316 Abs. 4 S. 3). Die entsprechende Mitteilung muss wiederum unverzüglich, d.h. ohne schuldhaftes Zögern (§ 121 Abs. 1 S. 1 BGB) erfolgen. Es handelt sich bei ihr um einen be-

---

22 BaFin-Merkblatt, S. 11 (A.I.4.2.) und S. 15 (A.II.5.4.).
23 BaFin, Häufige Fragen zum Vertrieb und Erwerb von Investmentvermögen nach dem KAGB, 2.2.4.
24 Emde/Dornseifer/Dreibus/Hölscher/*Baum* InvG, § 139 Rn. 37 („auf keinen Fall").

lastenden Verwaltungsakt (s. zu den Rechtsschutzmöglichkeiten gegen belastende Verwaltungsakte der BaFin § 314 Rn. 51 ff.).

Wird eine geplante Änderung durchgeführt, ohne dass sie gem. Abs. 4 i.V.m. § 316 Abs. 4 S. 1 und 2 fristgerecht der BaFin angezeigt wurde, oder wird sie entgegen einer Mitteilung der BaFin gem. Abs. 4 i.V.m. § 316 Abs. 4 S. 3 durchgeführt, kann die Bundesanstalt im Rahmen ihres diesbezüglichen Auswahlermessens alle gebotenen Maßnahmen einschließlich – falls erforderlich – der Untersagung des Vertriebs des betreffenden AIF ergreifen. Gleiches gilt, wenn eine ungeplante Änderung dazu führt, dass die EU-AIF-Verwaltungsgesellschaft oder ausländische AIF-Verwaltungsgesellschaft oder die Verwaltung des betreffenden AIF durch die EU-AIF-Verwaltungsgesellschaft oder ausländische AIF-Verwaltungsgesellschaft gegen Vorschriften des KAGB verstößt. Regelmäßig – insbesondere im Falle einer Vertriebsuntersagung – wird es sich bei den Maßnahmen der BaFin um belastende Verwaltungsakte handeln (vgl. § 314 Rn. 12; s. zu den Rechtsschutzmöglichkeiten gegen belastende Verwaltungsakte der BaFin s. § 314 Rn. 51 ff.). **31**

III. Wesentliche Änderungen der im Verkaufsprospekt enthaltenen Angaben

Abs. 4 verweist ferner auf den sprachlich völlig missratenen § 316 Abs. 5, der ausschließlich geschlossene inländische Publikums-AIF betrifft und somit nur für geschlossene EU-AIF bzw. geschlossene ausländische AIF entsprechend gilt. Er regelt den Fall, dass die Änderung i.S.v. Abs. 4 neue Umstände oder eine Unrichtigkeit in Bezug auf die im Verkaufsprospekt enthaltenen Angaben betrifft. Sind diese neuen Umstände „wichtig" bzw. ist die Unrichtigkeit „wesentlich", so ist die betreffende Änderung unverzüglich (d.h. ohne schuldhaftes Zögern, § 121 Abs. 1 S. 1 BGB) auch als Nachtrag zum Verkaufsprospekt zu veröffentlichen. Die Veröffentlichung hat im Bundesanzeiger und in einer hinreichend verbreiteten Wirtschafts- oder Tageszeitung oder in den im Verkaufsprospekt zu bezeichnenden[25] elektronischen Informationsmedien zu erfolgen. **32**

Für den Fall der Veröffentlichung eines Nachtrags zum Verkaufsprospekt bestimmt § 305 Abs. 8 S. 1, dass Anleger, die vor der Veröffentlichung des Nachtrags eine auf den Erwerb eines Anteils oder einer Aktie eines geschlossenen Publikums-AIF gerichtete Willenserklärung abgegeben haben, diese Willenserklärung innerhalb einer Frist von zwei Werktagen nach Veröffentlichung des Nachtrags widerrufen können, sofern noch keine Erfüllung eingetreten ist. Gem. § 305 Abs. 8 S. 2 muss der Wiederruf keine Begründung enthalten und ist in Textform (§ 126b BGB) gegenüber der im Nachtrag als Empfänger des Widerrufs bezeichneten Verwaltungsgesellschaft oder Person zu erklären. Vor dem Hintergrund von § 305 Abs. 8 verlangt Abs. 4 i.V.m. § 316 Abs. 5, dass der Nachtrag den Empfänger des Widerrufs benennt; ferner muss der Nachtrag an hervorgehobener Stelle eine Belehrung über das Widerrufsrecht enthalten. **33**

§ 321
Anzeigepflicht einer AIF-Kapitalverwaltungsgesellschaft beim beabsichtigten Vertrieb von EU-AIF oder von inländischen Spezial-AIF an semiprofessionelle und professionelle Anleger im Inland

(1) Beabsichtigt eine AIF-Kapitalverwaltungsgesellschaft, Anteile oder Aktien an einem von ihr verwalteten EU-AIF oder an einem von ihr verwalteten inländi-

---

25 Im Normtext heißt es fehlerhaft: „zu bezeichneten".

schen Spezial-AIF an semiprofessionelle oder professionelle Anleger im Geltungsbereich dieses Gesetzes zu vertreiben, so hat sie dies der Bundesanstalt anzuzeigen. Das Anzeigeschreiben muss folgende Angaben und Unterlagen in jeweils geltender Fassung enthalten:
1. einen Geschäftsplan, der Angaben zum angezeigten AIF sowie zu seinem Sitz enthält;
2. die Anlagebedingungen, die Satzung oder den Gesellschaftsvertrag des angezeigten AIF;
3. den Namen der Verwahrstelle des angezeigten AIF;
4. eine Beschreibung des angezeigten AIF und alle für die Anleger verfügbaren Informationen über den angezeigten AIF;
5. Angaben zum Sitz des Master-AIF und seiner Verwaltungsgesellschaft, falls es sich bei dem angezeigten AIF um einen Feeder-AIF handelt;
6. alle in § 307 Absatz 1 genannten weiteren Informationen für jeden angezeigten AIF;
7. Angaben zu den Vorkehrungen, die getroffen wurden, um zu verhindern, dass Anteile oder Aktien des angezeigten AIF an Privatanleger vertrieben werden, insbesondere wenn die AIF-Kapitalverwaltungsgesellschaft für die Erbringung von Wertpapierdienstleistungen für den angezeigten AIF auf unabhängige Unternehmen zurückgreift.

Ist der EU-AIF oder der inländische Spezial-AIF, den die AIF-Kapitalverwaltungsgesellschaft an semiprofessionelle oder professionelle Anleger im Geltungsbereich dieses Gesetzes zu vertreiben beabsichtigt, ein Feeder-AIF, ist eine Anzeige nach Satz 1 nur zulässig, wenn der Master-AIF ebenfalls ein EU-AIF oder ein inländischer AIF ist, der von einer EU-AIF-Verwaltungsgesellschaft oder einer AIF-Kapitalverwaltungsgesellschaft verwaltet wird. Andernfalls richtet sich das Anzeigeverfahren ab dem Zeitpunkt, auf den in § 295 Absatz 2 Nummer 1 verwiesen wird, nach § 322 und vor diesem Zeitpunkt nach § 329.

(2) Die Bundesanstalt prüft, ob die gemäß Absatz 1 übermittelten Angaben und Unterlagen vollständig sind. Fehlende Angaben und Unterlagen fordert sie innerhalb einer Frist von 20 Arbeitstagen als Ergänzungsanzeige an. Mit Eingang der Ergänzungsanzeige beginnt die in Satz 2 genannte Frist erneut. Die Ergänzungsanzeige ist der Bundesanstalt innerhalb von sechs Monaten nach der Erstattung der Anzeige oder der letzten Ergänzungsanzeige einzureichen; andernfalls ist eine Mitteilung nach Absatz 4 ausgeschlossen. Die Frist nach Satz 3 ist eine Ausschlussfrist. Eine erneute Anzeige ist jederzeit möglich.

(3) Innerhalb von 20 Arbeitstagen nach Eingang der vollständigen Anzeigeunterlagen nach Absatz 1 teilt die Bundesanstalt der AIF-Kapitalverwaltungsgesellschaft mit, ob diese mit dem Vertrieb des im Anzeigeschreiben genannten AIF an semiprofessionelle und professionelle Anleger im Geltungsbereich dieses Gesetzes ab sofort beginnen kann. Die Bundesanstalt kann innerhalb dieser Frist die Aufnahme des Vertriebs untersagen, wenn die AIF-Kapitalverwaltungsgesellschaft oder die Verwaltung des angezeigten AIF durch die AIF-Kapitalverwaltungsgesellschaft gegen die Vorschriften dieses Gesetzes oder gegen die Vorschriften der Richtlinie 2011/61/EU verstößt. Teilt sie der AIF-Kapitalverwaltungsgesellschaft entsprechende Beanstandungen der eingereichten Angaben und Unterlagen innerhalb der Frist von Satz 1 mit, wird die in Satz 1 genannte Frist unterbrochen und beginnt mit der Einreichung der geänderten Angaben und Unterlagen erneut. Die AIF-Kapitalverwaltungsgesellschaft kann ab dem Datum der entsprechenden Mitteilung nach Satz 1 mit dem Vertrieb des angezeigten AIF an semiprofessionelle

und professionelle Anleger im Geltungsbereich dieses Gesetzes beginnen. Handelt es sich um einen EU-AIF, so teilt die Bundesanstalt zudem den für den EU-AIF zuständigen Stellen mit, dass die AIF-Kapitalverwaltungsgesellschaft mit dem Vertrieb von Anteilen oder Aktien des EU-AIF an professionelle Anleger im Geltungsbereich dieses Gesetzes beginnen kann.

(4) Die AIF-Kapitalverwaltungsgesellschaft teilt der Bundesanstalt wesentliche Änderungen der nach Absatz 1 oder 2 übermittelten Angaben schriftlich mit. Änderungen, die von der AIF-Kapitalverwaltungsgesellschaft geplant sind, sind mindestens einen Monat vor Durchführung der Änderung mitzuteilen. Ungeplante Änderungen sind unverzüglich nach ihrem Eintreten mitzuteilen. Führt die geplante Änderung dazu, dass die AIF-Kapitalverwaltungsgesellschaft oder die Verwaltung des betreffenden AIF durch die AIF-Kapitalverwaltungsgesellschaft nunmehr gegen die Vorschriften dieses Gesetzes oder gegen die Vorschriften der Richtlinie 2011/61/EU verstößt, so teilt die Bundesanstalt der AIF-Kapitalverwaltungsgesellschaft unverzüglich mit, dass sie die Änderung nicht durchführen darf. Wird eine geplante Änderung ungeachtet der Sätze 1 bis 4 durchgeführt oder führt eine durch einen unvorhersehbaren Umstand ausgelöste Änderung dazu, dass die AIF-Kapitalverwaltungsgesellschaft oder die Verwaltung des betreffenden AIF durch die AIF-Kapitalverwaltungsgesellschaft nunmehr gegen die Vorschriften dieses Gesetzes oder der Richtlinie 2011/61/EU verstößt, so ergreift die Bundesanstalt alle gebotenen Maßnahmen gemäß § 5 einschließlich der ausdrücklichen Untersagung des Vertriebs des betreffenden AIF.

Schrifttum

Bußalb/Unzicker Auswirkungen der AIFM-Richtlinie aufgeschlossene Fonds, BKR **2012** 309; *Emde/Dreibus* Der Regierungsentwurf für ein Kapitalanlagegesetzbuch, BKR **2013** 89; *Jesch/Geyer* Die Übergangsbestimmungen der AIFM-Richtlinie, RdF **2012** 359; *Klebeck/Meyer*, Drittstaatenregulierung der AIFM-Richtlinie, RdF **2012** 95; *Spindler/Tancredi* Die Richtlinie über Alternative Investmentfonds (AIFM-Richtlinie), WM **2011** 1393 (Teil I) und WM **2011** 1441 (Teil II); *Loff/Klebeck* Fundraising nach der AIFM-Richtlinie und Umsetzung in Deutschland durch das KAGB, BKR **2012** 353; *Volhard/Jang* Der Vertrieb alternativer Investmentfonds, DB **2013** 273; *Wallach* Alternative Investment Funds Managers Directive – ein neues Kapitel des europäischen Investmentrechts, RdF **2011** 80; *Weitnauer* Die AIFM-Richtlinie und ihre Umsetzung, BKR **2011** 143; *Weiser/Jang* Die nationale Umsetzung der AIFM-Richtlinie und ihre Auswirkungen auf die Fondsbranche in Deutschland, BB **2011** 1219.

Systematische Übersicht

A. Allgemeines —— 1
   I. Überblick und zeitliche Anwendbarkeit —— 2
   II. Entstehung der Norm und Grundlagen —— 7
B. Vertriebsvoraussetzungen/Anwendungsbereich der Norm —— 14
   I. Anzeigepflicht (Abs. 1 S. 1)
     1. Adressat der Anzeigepflicht —— 15
     2. Anteile oder Aktien an deutschen Spezial-AIF sowie EU-AIF —— 16
     3. Vertriebsabsicht —— 17
     4. Vertrieb an semiprofessionelle und professionelle Anleger —— 18

   II. Anzeigeschreiben (Abs. 1 S. 2) —— 20
     1. Geschäftsplan (Nr. 1) —— 21
     2. Gründungsdokumente (Nr. 2) —— 22
     3. Verwahrstelle des angezeigten AIF (Nr. 3) —— 23
     4. Beschreibung und Informationen über den AIF (Nr. 4) —— 24
     5. Angaben zum Sitz des Master-AIF (Nr. 5) —— 25
     6. Informationspflichten gemäß § 307 Abs. 1 (Nr. 6) —— 26
     7. Vorkehrungen zur Verhinderung des Vertriebs an Privatanleger (Nr. 7) —— 27

8. Besonderheiten bei Master-Feeder-Konstruktionen (Abs. 1 S. 3 und 4) —— 29	3. Besonderheiten bei EU-AIF (Abs. 3 S. 5) —— 40
III. Prüfungsverfahren der BaFin —— 32	IV. Informationspflichten der Kapitalverwaltungsgesellschaft (Abs. 4 S. 1 bis 3) —— 41
1. Prüfungspflichten der BaFin und Ergänzungsanzeige (Abs. 2) —— 33	V. Verstoß gegen Rechtsvorschriften (Abs. 4 S. 4 und 5) —— 44
2. Vertriebsmitteilung der BaFin (Abs. 3 S. 1 bis 4) —— 38	C. Übergangsregelungen —— 46

A. Allgemeines

1 § 321 enthält die Vorgaben für deutsche AIF-Kapitalverwaltungsgesellschaften für den Vertrieb von Anteilen an inländischen – genauer gesagt: deutschen – Spezial-AIF und EU-AIF an semiprofessionelle und professionelle Anleger in Deutschland und kann als „Grundnorm" für inländische Vertriebsaktivitäten angesehen werden.[1] Verwaltet eine inländische AIF-Kapitalverwaltungsgesellschaft inländische Spezial-AIF und EU-AIF und beabsichtigt sie, deren Anteile an semiprofessionelle und professionelle Anleger in Deutschland zu vertreiben, so richtet sich das Anzeigeverfahren bei der BaFin nach den Vorgaben des § 321.[2]

I. Überblick und zeitliche Anwendbarkeit

2 Die Norm ist im Unterabschnitt 2 des Abschnitts 3 des Kapitels 4 angesiedelt. Kapitel 4 beinhaltet die Vertriebsregeln des KAGB, Abschnitt 3 behandelt die verschiedenen Vertriebsmöglichkeiten von AIF und dessen Unterabschnitt 2 (§§ 321–330a) regelt die Anzeigeverfahren für den Vertrieb von AIF an semiprofessionelle und professionelle Anleger im Inland[3] und unterscheidet jeweils danach, ob inländische AIF, EU-AIF oder ausländische AIF von AIF-Kapitalverwaltungsgesellschaften, EU-AIF-Verwaltungsgesellschaften oder ausländischen Verwaltungsgesellschaften vertrieben werden.

3 Bei den in Unterabschnitt 2 geregelten Anzeigeverfahren sind in zeitlicher Hinsicht zwei Regelungsregime zu unterscheiden; das erste Regime umfasst Vertriebssachverhalte mit reinem EU-Bezug (§§ 321, 323, 330a), das zweite solche mit Drittstaatenbezug (§§ 322, 324–328). Ein **Vertrieb mit reinem EU-Bezug** liegt vor, wenn sowohl der AIFM und der AIF (bei Master-Feeder-Konstruktionen der Feeder- und der Master-AIF) ihren Sitz in der EU haben, während bei einem **Vertrieb mit Drittstaatenbezug** der AIFM und/oder der AIF (bei Master-Feeder-Konstruktionen der Feeder- und/oder der Master-AIF) außerhalb der EU ansässig sind bzw. ist.

4 Vertriebsvorschriften mit reinem EU-Bezug (erstes Regelungsregime) sind mit Inkrafttreten des KAGB am 22.7.2013 sofort anwendbar, für Vertriebsvorschriften mit Drittstaatenbezug (zweites Regelungsregime) gelten bis 2015 spezielle Vertriebsvorgaben. Das KAGB macht insoweit von dem Wahlrecht der AIFM-Richtlinie[4] Gebrauch und unter-

---

[1] *Volhard/Jang* DB **2013** 273, 274; so auch Dornseifer/Jesch/Klebeck/Tollmann/*Jesch* Art. 31 Rn. 9 für die Ausgangsnorm in der AIFM-Richtlinie.
[2] *Volhard/Jang* DB **2013** 273, 274.
[3] Den Vertrieb von AIF an Privatanleger im Inland regeln die §§ 316–320, den an professionelle Anleger in anderen EU-Mitgliedsstaaten die §§ 331–335 KAGB.
[4] Richtlinie 2011/61/EU des Europäischen Parlaments und des Rates vom 8. Juni 2011 über die Verwalter alternativer Investmentfonds und zur Änderung der Richtlinien 2003/41/EG und 2009/65/EG und der Verordnungen (EG) Nr. 1060/2009 und (EU) Nr. 1095/2010, ABl. L 174 vom 1.7.2011, S. 1.

stellt den Vertrieb von **inländischen** Spezial-AIF und *EU*-AIF dem EU-Passport-Regime[5] der AIFM-Richtlinie, das für den Vertrieb mit Drittstaatenbezug erst ab 2015 zwingend anwendbar ist, vgl. § 295 Abs. 2 und 3 KAGB i.V.m. Art. 66 Abs. 3, Art. 67 Abs. 6 AIFM-Richtlinie (sog. gestreckte Anwendbarkeit).[6] Dies gilt für den Vertrieb sowohl an professionelle Anleger[7] als grundsätzlich auch an semiprofessionelle Anleger. Bei den semiprofessionellen Anlegern handelt es sich um Kleinanleger im Sinne von Art. 43 Abs. 1 der AIFM-Richtlinie, an die nur solche AIF vertrieben werden dürfen, die gemäß der AIFM-Richtlinie verwaltet werden.[8] Der deutsche Gesetzgeber stellt den semiprofessionellen Anleger im KAGB insoweit dem professionellen Anleger gleich.[9]

Bei der Auswahl des einschlägigen Anzeigeverfahrens für den Vertrieb von AIF an semiprofessionelle und professionelle Anleger in Deutschland ist daher zu beachten, dass einige Anzeigeverfahren (§§ 329, 330 KAGB) nur bis zu dem Zeitpunkt gelten, der in dem auf Grundlage des Art. 66 Abs. 3 i.V.m. Art. 67 Abs. 6 der AIFM-Richtlinie erlassenen delegierten Rechtsakt genannt wird, und andere Anzeigeverfahren (§§ 322, 324–328 KAGB) erst ab diesem Zeitpunkt;[10] bis dahin muss das für die jeweilige Fallkonstellation einschlägige Anzeigeverfahren gewählt werden.[11] Die übrigen Anzeigeverfahren des Unterabschnitts 2 (§§ 321, 323, 330a) gelten ab Inkrafttreten des KAGB und über den vorgenannten Zeitpunkt hinaus. 5

§ 321 ist für den Vertrieb von inländischen Spezial-AIF und EU-AIF an professionelle und semiprofessionelle Anleger durch eine AIF-Kapitalverwaltungsgesellschaft gemäß § 295 Abs. 2 bzw. 3 mit Inkrafttreten des KAGB sofort anwendbar und gilt auch über 2015 hinaus. 6

II. Entstehung der Norm und Grundlagen

Nach der Begründung zum Regierungsentwurf[12] setzt § 321 die europäischen Vorgaben des Art. 31 Abs. 1–4, Abs. 6 der AIFM-Richtlinie auf nationaler Ebene um[13] und gehört – wie alle Normen des Unterabschnitts 2 – zu den durch die AIFM-Richtlinie neu geschaffenen investmentrechtlichen Regelungen. Das Investmentgesetz sah für den europaweiten Vertrieb von Investmentanteilen, die keine OGAW sind, keinen EU-Pass vor. Der öffentlichen Vertrieb von ausländischen Investmentanteilen, die keine OGAW sind, wurde in Deutschland zwar in §§ 135 ff. InvG geregelt, diese setzten allerdings eine Vergleichbarkeit der ausländischen Investmentanteile mit deutschen Investmentanteilen 7

---

5   Zur Thematik des „EU-Passport-Regimes" vgl. die Erläuterungen bei *Volhard/Jang* DB **2013** 273, 274 ff.; ferner: *Emde/Dreibus* BKR **2013** 97 ff., die den Übergang vom ersten Regelungsregime zum zweiten Regelungsregime „Drittstaatenstichtag" nennen; *Jesch/Geyer* BKR **2012** 362; *Klebeck/Meyer* RdF **2012** 96; *Spindler/Tancredi* WM **2011** 1446 ff.; *Loff/Klebeck* BKR **2012** 355 ff.; *Wallach* **2011** 86 ff.; *Weiser/Jang* BB **2011** 1224 f.
6   Der Begriff wurde geprägt von *Volhard/Jang* DB **2013** 273, 274.
7   Zum Begriff des „Professionellen Anlegers" vgl. § 1 Abs. 19 Nr. 32.
8   BTDrucks. 17/12294 S. 287 f.; zum Begriff des „Semiprofessionellen Anlegers" vgl. im Übrigen § 1 Abs. 19 Nr. 33.
9   Vgl. Begründung zu § 295 Abs. 3, BTDrucks. 17/12294 S. 278.
10 Vgl. Antwort auf Frage 2.1.1 des FAQ „Häufige Fragen zum Vertrieb und Erwerb von Investmentvermögen nach dem KAGB" der BaFin vom 4.7.2013 (Geschäftszeichen WA 41-Wp 2137-2013/0293) abrufbar unter www.bafin.de/SharedDocs/Veroeffentlichungen/DE/FAQ/faq_kagb_vertrieb_erwerb_130604.html?nn=2696570.
11 *Ewers* Bundestag beschließt AIFM-Umsetzungsgesetz, BaFin-Journal 06/**2013** 19.
12 Gesetzentwurf der Bundesregierung zur Umsetzung der Richtlinie 2011/61/EU über die Verwalter alternativer Investmentfonds (AIFM-Umsetzungsgesetz – AIFM-UmsG) vom 6.2.2013, BTDrucks. 17/12294.
13 Vgl. BTDrucks. 17/12294 S. 287 f.

voraus. Die Vergleichbarkeitsprüfung war streng und schloss all jene Investmentfonds vom öffentlichen Vertrieb in Deutschland aus, die nicht eigens dafür konzipiert worden waren.[14] Eine Anzeige- oder Erlaubnispflicht auf Ebene der geschlossenen Fondskonstrukte gab es zuvor ebenso wenig wie eine generelle Anzeige- oder Erlaubnispflicht auf Ebene ihrer Verwalter;[15] der Vertrieb erfolgte im Rahmen von Privatplatzierungen, die in bestimmten Konstellationen ohne jegliche Beteiligung der BaFin möglich war.[16] Dementsprechend fehlt es an entsprechenden Vorgängernormen. Die Abschaffung der Privatplatzierungen erfolgt aufgrund eines Systemwechsels des Europäischen Gesetzgebers, der in der AIFM-Richtlinie nicht zwischen öffentlichen und nicht-öffentlichen Vertrieb unterscheidet, sondern nur zwischen dem Vertrieb mit Passport oder ohne Passport.[17]

8   Zudem stellt § 321 die semiprofessionellen Anleger den professionellen Anlegern gleich. Der Gesetzgeber sieht dies als richtlinienkonform an, da § 321 für den Vertrieb voraussetzt, dass die AIF-Kapitalverwaltungsgesellschaft und deren Verwaltung des angezeigten AIF der AIFM-Richtlinie entsprechen.[18]

9   § 321 Abs. 1 S. 1 dient der Umsetzung von Art. 31 Abs. 1 UAbs. 1 und Abs. 6 der AIFM-Richtlinie. Art. 31 der AIFM-Richtlinie hat den Zweck, bereits auf Ebene der einzelnen Mitgliedsstaaten einheitliche Bedingungen für den nationalen Vertrieb von AIF durch ihren AIFM zu schaffen. Art. 31 der AIFM-Richtlinie weist die einzelnen Mitgliedsstaaten an, wie der nationale Vertrieb von AIF aus dem Herkunftsland sicherzustellen ist und schreibt ein Anzeigeverfahren für alle EU-AIF vor, die von einem EU-AIFM in seinem Herkunftsland an professionelle Anleger vertrieben werden sollen. Dadurch wird den Behörden eines Aufnahmestaates Gewissheit verschafft, dass bestimmte Mindeststandards eingehalten werden. So wird ein Vertrieb in anderen Mitgliedsstaaten als dem Herkunftsland des AIFM zu gleichen Bedingungen möglich.[19]

10   § 321 Abs. 1 S. 2 setzt Art. 31 Abs. 2 und Anhang III der AIFM-Richtlinie um, mit denen die Mindeststandards für die Anzeigeschreiben vorgegeben werden. § 321 Abs. 1 S. 3 setzt Art. 31 Abs. 1 UAbs. 2 der AIFM-Richtlinie um,[20] der die Bedingungen für eine Master-Feeder-Konstruktion vorgibt.

11   § 321 Abs. 2 basiert laut der Gesetzesbegründung auf § 129 Abs. 2 des aufgehobenen Investmentgesetzes.[21] Bei dem Verweis auf § 129 Abs. 2 InvG handelt es sich um ein redaktionelles Versehen in der Gesetzesbegründung, richtigerweise muss auf § 128 Abs. 2 des aufgehobenen Investmentgesetzes verwiesen werden, wie ein Vergleich der beiden Normen (§ 321 Abs. 2 und § 128 Abs. 2 InvG) unschwer erkennen lässt. Die Anlehnung an § 128 Abs. 2 InvG war vorgenommen worden, da die AIFM-Richtlinie – ebenso wie die OGAW IV-Richtlinie[22] – keine Regelungen enthält, wie mit unvollständigen Anzeigen umgegangen werden soll.[23] Entsprechend der Gesetzesbegründung zum OGAW IV-UmsG[24] dient die Frist zur Überprüfung der Vollständigkeit einer Beschleunigung des Verfahrens.[25]

---

14 *Weiser/Jang* BB **2011** 1225 m.w.N.
15 Dornseifer/Jesch/Klebeck/Tollmann/*Jesch* Art. 31 Rn. 35.
16 Vgl. *Volhard/Jang* DB **2013** 273, 274.
17 Vgl. *Volhard/Jang* DB **2013** 273, 274.
18 Vgl. BTDrucks. 17/12294 S. 287 f.
19 Dornseifer/Jesch/Klebeck/Tollmann/*Jesch* Art. 31 Rn. 7.
20 Vgl. BTDrucks. 17/12294 S. 288.
21 Vgl. BTDrucks. 17/12294 S. 288.
22 Richtlinie 2009/65/EG des Europäischen Parlaments und des Rates vom 13. Juli 2009 zur Koordinierung der Rechts- und Verwaltungsvorschriften betreffend bestimmte Organismen für gemeinsame Anlagen in Wertpapieren (OGAW), ABl. L 302 vom 17.11.2009, S. 1.
23 Vgl. BTDrucks. 17/12294 S. 288.
24 BGBl. I 2011/1126.
25 Vgl. BTDrucks. 17/4510.

§ 321 Abs. 3 setzt Art. 31 Abs. 3 und Abs. 6 der AIFM-Richtlinie um und stellt darüber 12
hinaus die semiprofessionellen Anleger den professionellen Anlegern gleich. Da die
AIFM-Richtlinie in den Parallelvorschriften von Art. 31 Abs. 3, wie etwa Art. 35 Abs. 4, 39
Abs. 3 und 40 Abs. 4, nicht auf einen etwaigen künftigen Verstoß abstellt, wird dies auch
bei der Umsetzung des Art. 31 der AIFM-Richtlinie im Sinne der Einheitlichkeit und Widerspruchsfreiheit der AIFM-Richtlinie nicht gefordert.

§ 321 Abs. 4 setzt Art. 31 Abs. 4 der AIFM-Richtlinie um. 13

B. Vertriebsvoraussetzungen/Anwendungsbereich der Norm

Das Anzeigeverfahren nach § 321 ist anwendbar, wenn eine AIF-Kapitalverwaltungs- 14
gesellschaft inländische Spezial- oder EU-AIF verwaltet und beabsichtigt, die Anteile
oder Aktien dieser AIF an semiprofessionelle und professionelle Anleger im Inland zu
vertreiben.

I. Anzeigepflicht (Abs. 1 S. 1)

1. Adressat der Anzeigepflicht. Anzeigeberechtigt ist gemäß § 321 Abs. 1 S. 1 die 15
(deutsche) AIF-Kapitalverwaltungsgesellschaft i.S.v. § 1 Abs. 16, die den zu vertreibenden AIF verwaltet. Die Vertriebsanzeige kann nur von ihr abgegeben werden, sie ist
Adressatin der Vorschrift. Auch wenn sich die AIF-Kapitalverwaltungsgesellschaft einer
externen Vertriebsgesellschaft bedient, bleibt sie für die Vertriebsanzeige verantwortlich.[26]

2. Anteile oder Aktien an deutschen Spezial-AIF sowie EU-AIF. § 321 Abs. 1 S. 1 16
betrifft ausschließlich **deutsche Spezial-AIF** sowie **EU-AIF**, die **von** der deutschen **AIF-Kapitalverwaltungsgesellschaft verwaltet** werden. Die Anzeigepflicht der AIF-Kapitalverwaltungsgesellschaft für den Vertrieb von ausländischen AIF und Master-Feeder-AIF
mit Drittstaatenbezug an semiprofessionelle und professionelle Anleger ist in § 322 geregelt. Die entsprechende Anzeigepflicht einer EU-AIF-Verwaltungsgesellschaft für den
Vertrieb von inländische Spezial- oder EU-AIF regelt § 323 und von ausländischen AIF
und Master-Feeder-AIF mit Drittstaatenbezug § 324, und die entsprechenden Pflichten
einer ausländischen AIF-Verwaltungsgesellschaft regeln die §§ 325, 327.

3. Vertriebsabsicht. Die Anzeigepflicht der AIF-Kapitalverwaltungsgesellschaft nach 17
§ 321 Abs. 1 S. 1 knüpft nach dessen Wortlaut an die **Absicht des Vertriebs** in Deutschland.
Mit „Absicht" verwendet § 321 Abs. 1 S. 1 einen unbestimmten Rechtsbegriff, der im Hinblick auf die Willensbildung bei der AIF-Kapitalverwaltungsgesellschaft in Bezug auf
den Vertrieb der Auslegung bedarf.[27] „Absicht" bedeutet wohl nicht, dass die Anzeigepflicht bereits gegeben ist, wenn die AIF-Kapitalverwaltungsgesellschaft geschäftsintern
einen derartigen Vertrieb nur in Erwägung zieht.[28] Die Willensbildung der AIF-Kapitalverwaltungsgesellschaft wird erst zu einer Vertriebsabsicht gereift sein, wenn sie willens
und in der Lage ist, die an den Vertrieb gestellten gesetzlichen Anforderungen zu erfüllen und den Vertrieb tatsächlich aufzunehmen.[29] Sobald diese Voraussetzungen gegeben

---

[26] Vgl. Antwort auf Frage 2.1.2 des BaFin-FAQ „Vertrieb und Erwerb von Investmentvermögen nach dem KAGB" (Fn. 10).
[27] Emde/Dornseifer/Dreibus/Hölscher/*Baum* InvG (2013) § 128 Rn. 15.
[28] So auch Beckmann/Scholtz/Vollmer/*Schmies* InvG (2013) § 128 Rn. 3.
[29] Emde/Dornseifer/Dreibus/Hölscher/*Baum* InvG (2013) § 128 Rn. 16.

sind, löst die Vertriebsabsicht die Anzeigepflicht der AIF-Kapitalverwaltungsgesellschaft aus. Einer Anzeige bedarf es, bevor irgendeine nach außen gerichtete Vertriebstätigkeit aufgenommen wird.[30]

18 **4. Vertrieb an semiprofessionelle und professionelle Anleger.** Die Anzeigepflicht des § 321 trifft die AIF-Kapitalverwaltungsgesellschaft nur, wenn sie die inländischen Spezial-AIF und die EU-AIF in Deutschland **vertreiben** will. Der Vertrieb muss sich dabei **an semiprofessionelle und professionelle Anleger** im Inland richten.[31] Gemäß § 293 Abs. 1 S. 1 qualifiziert als Vertrieb grundsätzlich jedes direkte oder indirekte Anbieten oder Platzieren von Anteilen oder Aktien eines Investmentvermögens.[32] Bei einem Vertrieb an professionelle und semiprofessionelle Anleger wird der Vertriebsbegriff entsprechend den Vorgaben aus der AIFM-Richtlinie durch § 293 Abs. 1 S. 3 KAGB eingeschränkt. Ein Vertrieb an diese Anlegergruppe i.S.d. § 321 ist nur gegeben, wenn der Vertrieb auf Initiative oder im Auftrag der AIF-Kapitalverwaltungsgesellschaft erfolgt. Das Anbieten von Anteilen oder Aktien eines AIF, das nicht auf Initiative oder im Auftrag der AIF-Kapitalverwaltungsgesellschaft erfolgt (z.B. Vermittlung durch einen nicht von der AIF-Kapitalverwaltungsgesellschaft beauftragten Dritten), stellt demnach keinen Vertrieb der AIF-Kapitalverwaltungsgesellschaft nach § 321 dar.[33]

19 Im Spezialfondsbereich sind darüber hinaus Fallkonstellationen denkbar, dass eine AIF-Kapitalverwaltungsgesellschaft gegenüber einem Interessenten die eigenen Fähigkeiten bewirbt und dabei Musteranlagebedingungen und Musterprospekte übergibt, die ersichtlich noch nicht angebotsreif sind, weil sie noch zu verhandelnde Lücken aufweisen, und die sodann von den Parteien verhandelt werden. Vertriebshandlungen für ein Investmentvermögen, das weder aufgelegt ist noch unter einem bestimmten Namen firmiert, sind erst möglich, wenn das Investmentvermögen angebotsreif ist. Das ist erst dann der Fall, wenn die Anlagebedingungen vollständig ausgehandelt sind. Denn ansonsten müsste die Verwaltungsgesellschaft jeden Verhandlungsstand bei der BaFin anzeigen, was nicht Sinn und Zweck des Anzeigeverfahrens sein kann.[34]

II. Anzeigeschreiben (Abs. 1 S. 2)

20 Die AIF-Kapitalverwaltungsgesellschaft hat der BaFin **für jeden AIF**, den sie zu vertreiben beabsichtigt, ein Anzeigeschreiben vorzulegen. Dies geht aus dem Wortlaut des § 321 Abs. 1 S. 2 zwar so eindeutig nicht hervor, die Norm setzt allerdings Art. 31 Abs. 2 und Anhang III der AIFM-Richtlinie um, der dies ausdrücklich verlangt. Der Anzeige an die BaFin ist ein Katalog von Unterlagen beizufügen.

21 **1. Geschäftsplan (Nr. 1).** Der Anzeige ist gemäß § 321 Abs. 1 S. 2 Nr. 1 ein Geschäftsplan beizufügen, der Angaben zum angezeigten AIF sowie zu seinem Sitz enthält. Die BaFin hat in ihrem FAQ-Vertrieb[35] festgelegt, dass der Geschäftsplan für Vertriebsanzeigen nach § 321 – vorbehaltlich abweichender Vorgaben der ESMA – den Namen und den

---

[30] So im Ergebnis auch Beckmann/Scholtz/Vollmer/*Schmies* InvG (2013) § 128 Rn. 3; Emde/Dornseifer/Dreibus/Hölscher/*Baum* InvG § 128 Rn. 17.
[31] Zum Vertrieb von AIF an Privatanleger s. Baur/Tappen/*Behme* §§ 316 ff.
[32] Zur Definition des Vertriebsbegriffes s. Baur/Tappen/*Zingel* § 293 Rn. 3 ff.
[33] Vgl. Antwort auf Frage 1.2 des BaFin-FAQ „Vertrieb und Erwerb von Investmentvermögen nach dem KAGB" (Fn. 10), *Ewers* BaFin-Journal 06/**2013** 18.
[34] Vgl. Antwort auf Frage 1.2 des BaFin-FAQ „Vertrieb und Erwerb von Investmentvermögen nach dem KAGB" (Fn. 10).
[35] Vgl. Fn. 10.

Sitz des AIF beinhalten muss. Handelt es sich um einen EU-AIF muss der Geschäftsplan zusätzlich den Herkunftsmitgliedstaat des angezeigten AIF benennen. Weitere Angaben zu dem angezeigten AIF sind im Geschäftsplan in der Regel nicht erforderlich, da die BaFin den übrigen in der Anzeige enthaltenen Angaben und Unterlagen weitere Informationen entnehmen kann.[36]

2. Gründungsdokumente (Nr. 2). Dem Anzeigeschreiben sind die Gründungsdokumente des AIF beizufügen (§ 321 Abs. 1 S. 2 Nr. 2). Abhängig davon, ob der AIF als Sondervermögen, Investmentaktiengesellschaft oder Investmentkommanditgesellschaft organisiert ist, sind dies die Anlagebedingungen bzw. die Satzung bzw. der Gesellschaftsvertrag des angezeigten AIF.

3. Verwahrstelle des angezeigten AIF (Nr. 3). Gemäß § 80 Abs. 1 S. 1 muss die AIF-Kapitalverwaltungsgesellschaft für jeden von ihr verwalteten AIF eine Verwahrstelle beauftragen. Nach dem Gesetzeswortlaut des § 321 Abs. 1 S. 2 Nr. 3 hat sie im Rahmen der Vertriebsanzeige lediglich den Namen der Verwahrstelle anzugeben, ob die investmentrechtliche Verwaltungspraxis darüber hinaus einen Nachweis über die Bestellung verlangt und sich z.B. den Verwahrstellenvertrag einreichen lassen wird, bleibt abzuwarten.

4. Beschreibung und Informationen über den AIF (Nr. 4). Die Anzeige muss eine Beschreibung des angezeigten AIF und alle für die Anleger verfügbaren Informationen über den angezeigten AIF enthalten (§ 321 Abs. 1 S. 2 Nr. 4).

5. Angaben zum Sitz des Master-AIF (Nr. 5). Falls es sich bei dem angezeigten AIF um einen Feeder-AIF handelt, sind gemäß § 321 Abs. 1 S. 2 Nr. 5 Angaben zum Sitz des Master-AIF und seiner Verwaltungsgesellschaft zu machen.[37]

6. Informationspflichten gemäß § 307 Abs. 1 (Nr. 6). Nach § 321 Abs. 1 S. 2 Nr. 6 bezieht sich die Anzeigeverpflichtung auch auf alle in § 307 Abs. 1 genannten weiteren Informationen, die semiprofessionellen und professionellen Anlegern vor Erwerb zur Verfügung gestellt werden müssen. Da diesen Anlegern regelmäßig kein detaillierter Verkaufsprospekt i.S.d. §§ 164, 165 vorgelegt werden muss, sind in § 307 die notwendigen Einzelinformationen aufgelistet.[38] Im Wesentlichen sind die nachfolgenden Informationen zur bereitzustellen:
– jüngster Jahresbericht,
– Nettoinventarwert oder Marktpreis und Wertentwicklung,
– Beschreibung der Anlagestrategie,
– Darstellung des Einsatzes von Fremdmitteln (Leverage),
– Beschreibung der Verwaltungsgesellschaft, der Verwahrstelle und sonstiger Dienstleister (einschließlich deren Pflichten),
– Angabe der ausgegliederten Verwaltungsfunktionen der Verwaltungsgesellschaft,
– Darstellung des Bewertungsverfahrens des Investmentvermögens,
– Beschreibung des Liquiditätsmanagements (unter Berücksichtigung möglicher Rücknahmerechte),

---

36 Vgl. Antwort auf Frage 2.2.3 des BaFin-FAQ „Vertrieb und Erwerb von Investmentvermögen nach dem KAGB" (Fn. 10).
37 Zu den Anforderungen an eine Master-Feeder-Konstruktion im Rahmen des § 321 vgl. nachfolgend Rn. 29.
38 *Volhard/Jang* DB **2013** 275; *Hartrott/Goller* BB **2013** 1610.

§ 321 — Anzeigepflicht einer AIF-Kapitalverwaltungsgesellschaft

- Transparenzangaben (hinsichtlich Kostenstruktur),
- Angaben zur fairen Behandlung der Anleger und
- Angaben zur Informationspolitik.

27 **7. Vorkehrungen zur Verhinderung des Vertriebs an Privatanleger (Nr. 7).** Die AIF-Kapitalverwaltungsgesellschaft muss Vorkehrungen treffen, um zu verhindern, dass Anteile oder Aktien des angezeigten AIF an Privatanleger vertrieben werden, insbesondere wenn die AIF-Kapitalverwaltungsgesellschaft für die Erbringung von Wertpapierdienstleistungen für den angezeigten AIF auf unabhängige Unternehmen zurückgreift. § 321 Abs. 1 S. 2 Nr. 7 wiederholt damit die bereits in § 295 Abs. 1 S. 3 enthaltene allgemeine Regelung für den Vertrieb von AIF. Die Vorkehrungen müssen so gestaltet sein, dass ein Vertrieb an Privatanleger wirksam verhindert wird.[39]

28 Die BaFin verlangt zur Einhaltung dieser „Kleinanlegersperre"[40] im Prospekt und allen weiteren Informations- und Werbematerialien einen drucktechnisch herausgestellten Hinweis entsprechend § 293 Abs. 1 S. 2 Nr. 3 aufzunehmen. Unter Berücksichtigung des Vertriebswegs ist darauf zu achten, dass die betreffenden AIF nicht an Privatanleger vertrieben werden können. Beim Online-Vertrieb sind etwa getrennte und zugangsgesicherte Verkaufsportale für die jeweiligen Anlegergruppen erforderlich. Für die Umsetzung dieser Anforderungen bei Vertriebspartner reicht ein Hinweis gegenüber den Vertriebspartnern nicht aus, erforderlich ist vielmehr eine vertragliche Verpflichtung im Vertriebsvertrag. Die AIF-Kapitalverwaltungsgesellschaft ist verpflichtet, sicherzustellen, dass auch ihre Vertriebspartner die Anforderungen des Gesetzes einhalten.[41]

29 **8. Besonderheiten bei Master-Feeder-Konstruktionen (Abs. 1 S. 3 und 4).** Handelt es sich bei dem inländischen Spezial-AIF oder dem EU-AIF um einen Feeder-AIF, ist gemäß § 321 Abs. 1 S. 3 das Anzeigeverfahren nach § 321 nur zulässig, wenn der Master-AIF ebenfalls ein inländischer Spezial-AIF oder EU-AIF ist, der von einer AIF-Kapitalverwaltungsgesellschaft oder einer EU-AIF-Verwaltungsgesellschaft verwaltet wird. Master- und Feeder-AIF müssen inländische Spezial-AIF oder EU-AIF sein, damit das Anzeigeverfahren nach § 321 einschlägig ist.

30 Ein Feeder-AIF ist ein AIF, der sein Vermögen vollständig in einen anderen AIF, den Master-AIF, investiert. Eine Risikomischung ergibt sich, da der Master-AIF die Regelungen zur Risikodiversifizierung beachten muss.[42] Der Feeder-AIF muss gemäß § 1 Abs. 19 Nr. 13 entweder (i) mindestens 85 Prozent seines Wertes in Anteilen eines Master-AIF anlegen, oder (ii) mindestens 85 Prozent seines Wertes in mehr als einem Master-AIF anlegen, wenn diese Master-AIF identische Anlagestrategien verfolgen, oder (iii) anderweitig ein Engagement von mindestens 85 Prozent seines Wertes in einem Master-AIF haben. Ein Master-AIF ist gemäß § 1 Abs. 19 Nr. 14 ein AIF, an dem ein Feeder-AIF Anteile hält.

31 Bei einem Feeder-AIF mit Drittstaatenbezug, d.h. einen Feeder-AIF, dessen Master-AIF kein EU-AIF oder inländischer AIF ist, der von einer AIF-Kapitalverwaltungsgesellschaft oder EU-AIF-Verwaltungsgesellschaft verwaltet wird, richtet sich gemäß § 321 Abs. 1

---

39 Vgl. BTDrucks. 17/12294 S. 288.
40 Der Begriff stammt von Dornseifer/Jesch/Klebeck/Tollmann/*Jesch/Klebeck* Anh. III Rn. 9.
41 Vgl. Antwort auf Frage 1.5 des BaFin-FAQ „Vertrieb und Erwerb von Investmentvermögen nach dem KAGB" (Fn. 10); so auch *Jesch/Klebeck*, die vorschlagen, entsprechende Hinweise in die Fondsdokumentation aufzunehmen und darüber hinaus im Vertrieb mit entsprechenden Verpflichtungserklärungen oder -vereinbarungen zu arbeiten; vgl. Dornseifer/Jesch/Klebeck/Tollmann/ *Jesch/Klebeck* Anh. III Rn. 9.
42 Dornseifer/Jesch/Klebeck/Tollmann/*Jesch* Art. 31 Rn. 9.

S. 4 das Anzeigeverfahren bis zu dem Zeitpunkt, der in dem auf Grundlage des Art. 66 Abs. 3 i.V.m. Art. 67 Abs. 6 der AIFM-Richtlinie erlassenen delegierten Rechtsakt genannt wird (also bis etwa 2015), nach § 329 und nach diesem Zeitpunkt nach § 322.

III. Prüfungsverfahren der BaFin

Das Prüfungsverfahren der BaFin nach § 321 Abs. 2 basiert auf dem in § 128 Abs. 2 **32** des aufgehobenen Investmentgesetzes geregelten Verfahren,[43] das nach der Neufassung der OGAW-Richtlinie und deren Umsetzung durch das OGAW IV-UmsG grundlegend umgestellt worden war. Der Wortlaut des § 128 Abs. 2 InvG wurde – redaktionell angepasst und um einen neuen Satz 3 ergänzt – in das KAGB übernommen.

1. Prüfungspflichten der BaFin und Ergänzungsanzeige (Abs. 2). Voraussetzung **33** für die Vertriebszulassung ist der Eingang der vollständigen Anzeigeunterlagen. Daher prüft die BaFin nach Eingang des Anzeigeschreibens, ob die mit der Vertriebsanzeige übermittelten Angaben und Unterlagen vollständig sind. Das Gesetz verpflichtet die BaFin, diese Prüfung innerhalb von 20 Arbeitstagen vorzunehmen. Entsprechend der Gesetzesbegründung zum OGAW IV-UmsG dient diese Frist einer Beschleunigung des Verfahrens.[44] Die Frist für die Prüfung der Vollständigkeit entspricht wie in § 128 des aufgehobenen InvG und in § 316 der Frist für die Möglichkeit der materiellen Prüfung der vollständigen Unterlagen.[45] Sollten die eingereichten Unterlagen nicht vollständig sein, hat die antragstellenden AIF-Kapitalverwaltungsgesellschaft einen Anspruch darauf, dies innerhalb der Frist mitgeteilt zu bekommen;[46] innerhalb dieser Frist hat die BaFin Gelegenheit, fehlende Angaben und Unterlagen anzufordern. Darüber hinaus teilt die BaFin der AIF-Kapitalverwaltungsgesellschaft mit, falls die Angeben und Unterlagen Anlass zu Beanstandungen geben. Die BaFin ist allerdings nicht verpflichtet, die gesetzlichen Bearbeitungsfristen auszuschöpfen, sie kann den Antragsteller – im Falle fehlender Unterlagen – auch innerhalb einer kürzeren Frist als maximal 20 Arbeitstagen zu einer Ergänzungsanzeige unter Beifügung der fehlenden Dokumente auffordern.[47]

Die fehlenden Angaben und Unterlagen sind im Wege einer Ergänzungsanzeige bei **34** der BaFin einzureichen. Der Gesetzgeber hat die Regelungen zur Ergänzungsanzeige aus § 128 Abs. 2 InvG fortgeführt.[48] Mit Eingang der Ergänzungsanzeige beginnt gemäß § 321 Abs. 2 S. 3 die Prüfungsfrist der BaFin erneut.

Die Ergänzungsanzeige ist gemäß § 321 Abs. 2 S. 4 innerhalb von sechs Monaten **35** nach Erstattung der Vertriebsanzeige oder der letzten Ergänzungsanzeige einzureichen, andernfalls ist gemäß § 321 Abs. 2 S. 4 letzter Halbsatz „eine Mitteilung nach Absatz 4" ausgeschlossen. Offensichtlich liegt hier ein Verweisfehler vor: § 321 Abs. 2 S. 4 verweist auf § 321 Abs. 4. Der Verweis müsste jedoch auf § 321 Abs. 3 lauten, denn Absatz 3 be-

---

[43] Die Gesetzesbegründung (BTDrucks. 17/12294 S. 288) verweist an dieser Stelle auf § 129 Abs. 2 InvG statt auf § 128 Abs. 2 InvG, hierbei handelt es sich um ein redaktionelles Versehen in der Gesetzesbegründung, vgl. insoweit die Ausführungen oben Rn. 11.
[44] Vgl. die Gesetzesbegründung zum OGAW IV-UmsG (BTDrucks. 17/4510), auf den die Vorgängernorm § 128 Abs. 2 InvG zurückgeht.
[45] Vgl. BTDrucks. 17/12294 S. 288.
[46] Vgl. Dornseifer/Jesch/Klebeck/Tollmann/*Jesch* Art. 31 Rn. 24.
[47] Vgl. Antwort auf Frage 2.1.3 des BaFin-FAQ „Vertrieb und Erwerb von Investmentvermögen nach dem KAGB" (Fn. 10).
[48] Die Regelungen zur Ergänzungsanzeige waren mit dem OGAW IV-UmsG in § 128 Abs. 2 InvG aufgenommen worden und aus § 132 Abs. 3 InvG in der Fassung vom 5.4.2011 – der Fassung des InvG vor Änderung durch das OGAW IV-UmsG – entnommen worden.

handelt die Vertriebsmitteilungen der BaFin und um eine solche geht es hier. Absatz 4 dagegen behandelt Änderungsanzeigen der Verwaltungsgesellschaft.

36   Die Frist von sechs Monaten ist eine Ausschlussfrist, die – ebenso wie die Frist in § 128 Abs. 2 des aufgehobenen InvG – verhindern soll, dass eine unvollständige Anzeige nach Ablauf von sechs Monaten noch vervollständigt werden kann. Der Gesetzgeber sieht darin regelmäßig die Gefahr, dass die bereits eingereichten Unterlagen veraltet sind. Eine erneute, vollständige Anzeige ist aber jederzeit möglich.[49]

37   Gemäß Satz 5 ist „die Frist nach Satz 3" eine Ausschlussfrist. Hier liegt ein (weiterer) Verweisungsfehler vor, da die Ausschlussfrist von sechs Monaten in Satz 4 geregelt ist und nicht in dem zitierten Satz 3.

38   **2. Vertriebsmitteilung der BaFin (Abs. 3 S. 1 bis 4).** Die BaFin teilt der antragstellenden AIF-Kapitalverwaltungsgesellschaft innerhalb von 20 Arbeitstagen nach Eingang der vollständigen Anzeigeunterlagen mit, ob sie mit dem Vertrieb des AIF an semiprofessionelle und professionelle Anleger in Deutschland beginnen kann (Satz 1) oder nicht (Satz 2). Eine Vertriebsuntersagung darf die BaFin nur dann aussprechen, wenn die AIF-Kapitalverwaltungsgesellschaft selbst oder die Verwaltung des angezeigten AIF durch die AIF-Kapitalverwaltungsgesellschaft gegen das KAGB oder die AIFM-Richtlinie verstoßen. Der dem § 321 Abs. 3 zugrundeliegende Art. 31 Abs. 3 AIFM-Richtlinie stellt auch auf mögliche zukünftige Verstöße des AIFM gegen die Richtlinie ab und gibt dem nationalen Gesetzgeber Spielraum für eine Zulassung mit Untersagungsvorbehalt. Der deutsche Gesetzgeber hat diese Möglichkeit nicht in das KAGB aufgenommen, weil die AIFM-Richtlinie in den Parallelvorschriften von Artikel 31 Absatz 3, wie etwa Artikel 35 Absatz 4, 39 Absatz 3 und 40 Absatz 4, nicht auf einen etwaigen künftigen Verstoß abstellt, wird dies auch bei der Umsetzung des Artikel 31 der Richtlinie 2011/61/EU im Sinne der Einheitlichkeit und Widerspruchsfreiheit der Richtlinie nicht gefordert.[50]

39   Im Falle einer positiven Entscheidung kann die AIF-Kapitalverwaltungsgesellschaft sofort ab Datum der Vertriebsmitteilung der BaFin mit dem Vertrieb des angezeigten AIF an professionelle und semiprofessionelle Anleger in Deutschland beginnen.

40   **3. Besonderheiten bei EU-AIF (Abs. 3 S. 5).** Handelt es sich um einen EU-AIF, teilt die BaFin neben der AIF-Kapitalverwaltungsgesellschaft auch der zuständigen Heimatbehörde des EU-AIF mit, dass der EU-AIF nunmehr durch die AIF-Kapitalverwaltungsgesellschaft (auch) in Deutschland vertrieben werden darf.

IV. Informationspflichten der Kapitalverwaltungsgesellschaft (Abs. 4 S. 1 bis 3)

41   Sollten sich bei den in der Vertriebsanzeige gemachten Angaben wesentlichen Änderungen ergeben, muss die AIF-Kapitalverwaltungsgesellschaft der BaFin diese mindestens einen Monat vor deren Durchführung oder – wenn es sich um ungeplante Änderungen handelt – unverzüglich nach deren Eintreten schriftlich mitteilen. Mit diesem Verfahren sollen Vertriebsuntersagungen möglichst verhindert werden.[51]

42   Für den Gesetzesanwender ist allerdings unklar, welche Änderungen als „wesentlich" einzustufen sind. Nach dem BaFin-FAQ „Vertrieb und Erwerb von Investmentvermögen nach dem KAGB"[52] sind nach dem Sinn und Zweck dieser Regelung nur solche

---

49 Vgl. BTDrucks. 17/12294 S. 288.
50 Vgl. BTDrucks. 17/12294 S. 288.
51 Dornseifer/Jesch/Klebeck/Tollmann/*Jesch* Art. 31 Rn. 27.
52 Vgl. Fn. 10.

Änderungen anzuzeigen, die für die Zwecke des Anzeigeverfahrens von Relevanz sind. Rein redaktionelle Änderungen ohne materielle Auswirkungen (z.B. Korrektur eines Rechtschreibfehlers) sind für die BaFin jedenfalls nicht relevant und daher nicht anzuzeigen.[53] Das konkretisiert den Begriff „wesentlich" nur unzureichend und für die AIF-Kapitalverwaltungsgesellschaft bleibt fraglich, welche Änderungen als wesentlich einzustufen sind. Bei den geplanten Änderungen kommen z.B. Vergütungsanhebungen, organisatorische Änderungen im Bereich Risiko- oder Liquiditätsmanagement, zusätzliche Anlagegegenstände, Änderungen im Bereich der Bewertung und Übertragung von Funktionen der AIF-Kapitalverwaltungsgesellschaft in Betracht; ungeplante Änderungen können Interessenkonflikte gemäß § 27 sein, die erst nach dem Erwerb von Zielinvestments und sich daraus ergebenden Kontrollverhältnissen sichtbar werden.[54]

Das weitere Anzeigeverfahren richtet sich bei Änderungen nach den Umständen des Einzelfalls. Ist das Anzeigeverfahren im Zeitpunkt der Einreichung der geänderten Angaben und Unterlagen noch nicht abgeschlossen, so beginnt in jedem Fall die Bearbeitungsfrist der BaFin erneut. Insoweit kann jeweils die Regelung für die Ergänzungsanzeige entsprechend angewendet werden. In besonders gelagerten Fällen könnte die Einreichung von geänderten Angaben und Unterlagen aber auch als neue Anzeige zu werten sein, etwa wenn die eingereichten Angaben und Unterlagen umfassend geändert werden.[55] 43

V. Verstoß gegen Rechtsvorschriften (Abs. 4 S. 4 und 5)

Sollte die geplante Änderung dazu führen, dass die AIF-Kapitalverwaltungsgesellschaft oder ihre Verwaltung des AIF nunmehr gegen die Vorschriften des KAGB oder der AIFM-Richtlinie verstößt, teilt die BaFin der AIF-Kapitalverwaltungsgesellschaft unverzüglich mit, dass sie die Änderung nicht durchführen darf. Welche Frist für diese Mitteilung anwendbar ist, gibt der Gesetzgeber nicht vor, eine Konkretisierung des unbestimmten Rechtsbegriffs fehlt im KAGB und auch die AIFM-Richtlinie bleibt eine Konkretisierung schuldig. Für das KAGB kann auf die Legaldefinition für „unverzüglich" in § 121 Abs. 1 BGB zurückgegriffen werden. Demnach muss die BaFin der AIF-Kapitalverwaltungsgesellschaft ohne schuldhaftes Zögern nachdem sie von dem Versagungsgrund Kenntnis erlangt hat mitteilen, dass die Änderung nicht zulässig ist. 44

Führt die AIF-Kapitalverwaltungsgesellschaft eine geplante Änderung ungeachtet der Sätze 1 bis 4 durch oder führt eine durch einen unvorhersehbaren Umstand ausgelöste Änderung dazu, dass die AIF-Kapitalverwaltungsgesellschaft oder ihre Verwaltung des betreffenden AIF nunmehr gegen die Vorschriften des KAGB oder der AIFM-Richtlinie verstößt, so ergreift die BaFin alle gebotenen Maßnahmen gemäß § 5 einschließlich der ausdrücklichen Untersagung des Vertriebs des betreffenden AIF. Die BaFin kann auf weisungswidrig durchgeführte geplante Änderungen und auf materialisierte ungeplante Änderungen mit ihren gesamten Befugnissen nach § 5 reagieren. 45

---

53 Vgl. Antwort auf Frage 2.2.4 des BaFin-FAQ „Vertrieb und Erwerb von Investmentvermögen nach dem KAGB" (Fn. 10).
54 Dornseifer/Jesch/Klebeck/Tollmann/*Jesch* Art. 31 Rn. 27.
55 Vgl. Antwort auf Frage 2.1.4 des BaFin-FAQ „Vertrieb und Erwerb von Investmentvermögen nach dem KAGB" (Fn. 10).

C. Übergangsregelungen

46 Auf § 321 finden die Übergangsregelungen der §§ 343 Abs. 3, 345 Abs. 6, 7, 351 Abs. 1–4 und 353 Abs. 8 Anwendung.

**§ 322
Anzeigepflicht einer AIF-Kapitalverwaltungsgesellschaft beim beabsichtigten Vertrieb von ausländischen AIF oder von inländischen Spezial-Feeder-AIF oder EU-Feeder-AIF, deren jeweiliger Master-AIF kein EU-AIF oder inländischer AIF ist, der von einer EU-AIF-Verwaltungsgesellschaft oder einer AIF-Kapitalverwaltungsgesellschaft verwaltet wird, an semiprofessionelle und professionelle Anleger im Inland**

(1) Der Vertrieb von Anteilen oder Aktien an ausländischen AIF und von Anteilen oder Aktien an EU-Feeder-AIF oder inländischen Spezial-Feeder-AIF, deren jeweiliger Master-AIF kein EU-AIF oder inländischer AIF ist, der von einer EU-AIF-Verwaltungsgesellschaft oder einer AIF-Kapitalverwaltungsgesellschaft verwaltet wird, an semiprofessionelle und professionelle Anleger im Geltungsbereich dieses Gesetzes durch eine AIF- Kapitalverwaltungsgesellschaft ist nur zulässig, wenn
1. geeignete Vereinbarungen über die Zusammenarbeit zwischen der Bundesanstalt und den Aufsichtsbehörden des Drittstaates bestehen, in dem der ausländische AIF seinen Sitz hat, damit unter Berücksichtigung von § 9 Absatz 8 zumindest ein effizienter Informationsaustausch gewährleistet ist, der es der Bundesanstalt ermöglicht, ihre Aufgaben gemäß der Richtlinie 2011/61/EU wahrzunehmen;
2. der Drittstaat, in dem der ausländische AIF seinen Sitz hat, nicht auf der Liste der nicht kooperativen Länder und Gebiete steht, die von der Arbeitsgruppe „Finanzielle Maßnahmen gegen die Geldwäsche und die Terrorismusfinanzierung" aufgestellt wurde;
3. der Drittstaat, in dem der ausländische AIF seinen Sitz hat, mit der Bundesrepublik Deutschland eine Vereinbarung unterzeichnet hat, die den Normen des Artikels 26 des OECD-Musterabkommens zur Vermeidung der Doppelbesteuerung von Einkommen und Vermögen vollständig entspricht und einen wirksamen Informationsaustausch in Steuerangelegenheiten, gegebenenfalls einschließlich multilateraler Abkommen über die Besteuerung, gewährleistet;
4. die AIF-Kapitalverwaltungsgesellschaft bei der Verwaltung eines ausländischen AIF abweichend von § 55 Absatz 1 Nummer 1 alle in der Richtlinie 2011/61/EU für diese AIF festgelegten Anforderungen erfüllt.

(2) Beabsichtigt eine AIF-Kapitalverwaltungsgesellschaft, Anteile oder Aktien an einem von ihr verwalteten AIF im Sinne von Absatz 1 Satz 1 im Geltungsbereich dieses Gesetzes an semiprofessionelle oder professionelle Anleger zu vertreiben, so hat sie dies der Bundesanstalt anzuzeigen. Für den Inhalt des Anzeigeschreibens einschließlich der erforderlichen Dokumentation und Angaben gilt § 321 Absatz 1 Satz 2 entsprechend.

(3) § 321 Absatz 2 gilt entsprechend.

(4) § 321 Absatz 3 Satz 1 bis 4 und 6 gilt entsprechend. Die Bundesanstalt teilt der Europäischen Wertpapier- und Marktaufsichtsbehörde mit, dass die AIF- Kapitalverwaltungsgesellschaft mit dem Vertrieb von Anteilen oder Aktien des ange-

zeigten AIF im Geltungsbereich dieses Gesetzes an professionelle Anleger beginnen kann. Falls es sich um einen EU-Feeder-AIF handelt, teilt die Bundesanstalt zudem den für den EU-Feeder-AIF in seinem Herkunftsmitgliedstaat zuständigen Stellen mit, dass die AIF-Kapitalverwaltungsgesellschaft mit dem Vertrieb von Anteilen oder Aktien des EU-Feeder-AIF an professionelle Anleger im Geltungsbereich dieses Gesetzes beginnen kann.

(5) Die AIF-Kapitalverwaltungsgesellschaft teilt der Bundesanstalt wesentliche Änderungen der nach Absatz 2 übermittelten Angaben schriftlich mit. § 321 Absatz 4 Satz 2 bis 5 gilt entsprechend. Änderungen sind zulässig, wenn sie nicht dazu führen, dass die AIF-Kapitalverwaltungsgesellschaft oder die Verwaltung des angezeigten AIF durch die AIF-Kapitalverwaltungsgesellschaft gegen die Vorschriften dieses Gesetzes oder gegen die Vorschriften der Richtlinie 2011/61/EU verstößt. Bei zulässigen Änderungen unterrichtet die Bundesanstalt unverzüglich die Europäische Wertpapier- und Marktaufsichtsbehörde, soweit die Änderungen die Beendigung des Vertriebs von bestimmten AIF oder zusätzlich vertriebenen AIF betreffen.

Schrifttum

Emde/Dreibus Der Regierungsentwurf für ein Kapitalanlagegesetzbuch, BKR **2013** 89; *Klebeck/Meyer* Drittstaatenregulierung der AIFM-Richtlinie, RdF **2012** 95; *Spindler/Tancredi* Die Richtlinie über Alternative Investmentfonds (AIFM-Richtlinie), WM **2011** 1393 (Teil I) und WM **2011** 1441 (Teil II); *Loff/Klebeck* Fundraising nach der AIFM-Richtlinie und Umsetzung in Deutschland durch das KAGB, BKR **2012** 353; *Volhard/Jang* Der Vertrieb alternativer Investmentfonds, DB **2013** 273; *Wallach* Alternative Investment Funds Managers Directive – ein neues Kapitel des europäischen Investmentrechts, RdF **2011** 80; *Weiser, Hüwel* Verwaltung alternativer Investmentfonds und Auslagerung nach dem KAGB-E.

Systematische Übersicht

A. Überblick —— 1
B. Regulierungshintergrund —— 2
C. Anwendungsbereich der Norm
    I. Zeitlicher Anwendungsbereich der Norm —— 3
    II. Persönlicher Anwendungsbereich der Norm —— 6
    III. Sachlicher Anwendungsbereich der Norm —— 7
D. Vertriebsvoraussetzungen —— 19
    I. Vereinbarungen über die Zusammenarbeit —— 20
    II. Keine FATF-Listung —— 24
    III. OECD-Musterabkommen —— 31
    IV. Richtlinienkonformität —— 33
E. Anzeigepflicht (Abs. 2) —— 35
F. Prüfung durch die BaFin (Abs. 3) —— 47
G. Entscheidung der BaFin (Abs. 4) —— 49
H. Wesentliche Änderungen (Abs. 5) —— 55

A. Überblick

Wie alle im Abschnitt 3, Unterabschnitt 2 des 4. Kapitels des KAGB enthaltenen Vorschriften regelt § 322 den Vertrieb von AIF an semiprofessionelle und professionelle Anleger im Inland. § 322 betrifft hierbei den Vertrieb von ausländischen AIF und von Master-Feeder-Konstruktionen mit Drittstaatenbezug durch eine AIF-Kapitalverwaltungsgesellschaft. **1**

B. Regulierungshintergrund

Mit § 322 werden die im Art. 35 der AIFM-Richtlinie enthaltenen Vorgaben hinsichtlich des inländischen Vertriebs von AIF mit Drittstaatenbezug durch eine AIF-Kapitalverwaltungsgesellschaft umgesetzt. **2**

C. Anwendungsbereich der Norm

I. Zeitlicher Anwendungsbereich der Norm

3   Hinsichtlich der Anwendbarkeit der Vorschriften des Unterabschnittes 2 des dritten Abschnittes von Kapitel 4 des KAGB ist zu beachten, dass § 295 Abs. 2 und 3 für diese zwei zeitlich getrennte Anwendungsregime vorsieht. Das erste zeitliche Regime umfasst die sofort anwendbaren §§ 321, 323, 329, 330 und 330 a. Das zeitlich nachfolgende Regime beginnt ab dem in dem auf Grundlage des Art. 66 Abs. 3 in Verbindung mit Art. 67 Abs. 6 der AIFM-Richtlinie erlassenen delegierten Rechtsakt der Europäischen Kommission genannten Zeitpunkt.[1] In diesem zeitlich zweiten Regime sind hinsichtlich des Unterabschnittes 2 die §§ 321–328 und 330a anwendbar. Erst im zeitlich zweiten Regime anwendbar sind daher der vorliegend kommentierte § 322 sowie die §§ 324, 325, 326, 327, und 328. Nicht mehr anwendbar sind im zweiten Regelungsregime §§ 329 und 330.

4   Die im Gesetz verwendete umständlich anmutende Formulierung für die Festlegung des Beginns des zeitlich zweiten Regimes *„ab dem in dem auf Grundlage des Art. 66 Abs. 3 i.V.m. Art. 67 Abs. 6 der Richtlinie 2011/61 EU erlassenen delegierten Rechtsakt der Europäischen Kommission genannten Zeitpunkt"* erklärt sich daraus, dass der delegierte Rechtsakt noch nicht erlassen wurde und kein konkreter Zeitpunkt genannt wurde. Die Europäische Kommission erlässt den entsprechenden delegierten Rechtsakt laut Art. 67 Abs. 6 der AIFM-Richtlinie binnen drei Monaten nach Eingang der positiven Empfehlung und einer Stellungnahme der ESMA unter Angabe des Zeitpunkts, ab dem die Bestimmungen der Art. 35 sowie 37 bis 41 der AIFM-Richtlinie umgesetzt werden. Diese in Art. 67 Abs. 6 der AIFM-Richtlinie in Bezug genommene Empfehlung und Stellungnahme der ESMA legt diese gem. Art. 67 Abs. 1 der AIFM-Richtlinie bis zum 22. Juli 2015 vor. Es geht hierbei um die Stellungnahme und die Empfehlung der ESMA zur Anwendung des Passes u.a. auf den Vertrieb von Nicht-EU-AIF durch EU-AIFM in den Mitgliedstaaten.

5   Die Normen, die erst ab dem im delegierten Rechtsakt genannten Zeitpunkt gelten, betreffen die Fälle des Vertriebes mit Drittstaatenbezug in der Union mit EU-Pass.[2] Der Drittstaatenbezug kann sich daraus ergeben, dass es sich um einen ausländischen AIFM oder um einen ausländischen AIF handelt. Für den Zeitraum bis zum im delegierten Rechtsakt genannten Zeitpunkt hat der EU-Gesetzgeber den Mitgliedstaaten ein Wahlrecht dahingehend gelassen, ob sie vor Geltung des zweiten Regimes unter vorausgesetzter Einhaltung von Mindeststandards die entsprechenden Vertriebskonstellationen in ihrem Gebiet zulassen wollen.[3]

II. Persönlicher Anwendungsbereich der Norm

6   Die Norm bezieht sich auf den Vertrieb durch eine AIF-Kapitalverwaltungsgesellschaft. AIF-Kapitalverwaltungsgesellschaften sind nach § 1 Abs. 16 Kapitalverwaltungsgesellschaften gemäß § 17, die mindestens einen AIF verwalten oder zu verwalten beabsichtigen. Laut § 17 Abs. 1 Satz 1 sind Kapitalverwaltungsgesellschaften Unternehmen mit satzungsmäßigem Sitz und Hauptverwaltung im Inland, deren Geschäftsbetrieb darauf gerichtet ist, inländische Investmentvermögen, EU-Investmentvermögen oder ausländi-

---

1   *Emde/Dreibus* BKR **2013** 89, 97 sprechen einprägsam vom Drittstaatenstichtag.
2   Einen guten Überblick zum EU-Pass geben *Spindler/Tancredi* WM **2011** 1446 f. sowie *Wallach* RdF **2011** 80.
3   Vgl. AIFM-Richtlinie in Art. 36 und 42 von deren Möglichkeiten der deutsche Gesetzgeber in §§ 329 und 330 Gebrauch gemacht hat.

sche AIF zu verwalten. Hierbei liegt gemäß § 17 Abs. 1 Satz 2 Verwaltung eines Investmentvermögens vor, wenn mindestens die Portfolioverwaltung oder das Risikomanagement für ein oder mehrere Investmentvermögen erbracht wird.[4]

III. Sachlicher Anwendungsbereich der Norm

Der sachliche Anwendungsbereich des § 322 wird zum einen bestimmt durch die Objekte des Vertriebs. Hierbei gehören zum einen Anteile oder Aktien an ausländischen AIF zu den erfassten Vertriebsobjekten. Ausländische AIF sind laut § 1 Abs. 9 AIF, die dem Recht eines Drittstaates unterliegen. Nach § 1 Abs. 19 Nr. 5 wiederum sind Drittstaaten alle Staaten, die nicht Mitgliedstaat der Europäischen Union oder anderer Vertragsstaat des Abkommens über den Europäischen Wirtschaftsraum sind. Die Frage, welchem Recht ein AIF unterliegt, bestimmt sich nach der rechtlichen Ausgestaltung des Vermögens und der Vertragsbedingungen, der Satzung, der Anlagebedingungen oder vergleichbaren Bestimmungen, nach denen sich das Rechtsverhältnis der Anleger zu dem AIF bestimmt.[5] 7

Bemerkenswert ist, dass der deutsche Gesetzgeber den ausländischen AIF anders definiert, als der europäische Gesetzgeber dessen Pendant in der AIFM-Richtlinie, den dortigen Nicht-EU-AIF. Denn gemäß Art. 4 Abs. 1 z) aa) der AIFM-Richtlinie ist ein Nicht-EU-AIF ein AIF, der kein EU-AIF ist. Dementsprechend ist ein Nicht-EU-AIF ein AIF, der weder nach einschlägigem nationalem Recht in einem Mitgliedstaat zugelassen oder registriert ist, noch seinen satzungsmäßiger Sitz und/oder Hauptverwaltung in einem Mitgliedstaat hat.[6] Aufgrund dieser unterschiedlichen Definitionen in KAGB und AIFM-Richtlinie ist es möglich, dass die Frage, ob ein ausländischer AIF vorliegt, im Einzelfall durch das KAGB anders beantwortet wird als von der AIFM-Richtlinie vorgesehen. Dies erscheint deswegen problematisch, weil an den Vertrieb von Nicht-EU-AIF nach der AIFM-Richtlinie andere Voraussetzungen geknüpft sind, was das KAGB im Prinzip auch nachzeichnet.[7] Im Übrigen können sich hier auch Divergenzen zu den Beurteilungen anderer Mitgliedstaaten ergeben. 8

Als zweite Alternative für vom Anwendungsbereich des § 322 erfasste Vertriebsobjekte nennt dieser Anteile oder Aktien an EU-Feeder-AIF oder inländischen Spezial-Feeder-AIF, deren jeweiliger Master-AIF kein EU-AIF oder inländischer AIF ist, der von einer EU-AIF-Verwaltungsgesellschaft oder einer AIF-Kapitalverwaltungsgesellschaft verwaltet wird. Hintergrund für die Erfassung der entsprechenden Drittstaaten-Master-Feeder-Konstruktionen ist, dass hiermit eine Umgehung der für ausländische AIF strengeren Vertriebsvoraussetzungen durch Zwischenschaltung eines inländischen Spezial-Feeder-AIF oder EU-Feeder-AIF verhindert werden soll. Ein Feeder-AIF ist gem. § 1 Abs. 19 Nr. 13 ein AIF, der a) mindestens 85 Prozent seines Wertes in Anteilen eines Master-AIF anlegt, oder b) mindestens 85 Prozent seines Wertes in mehr als einem Master-AIF anlegt, die jeweils identische Anlagestrategien verfolgen, oder c) anderweitig ein Engagement von mindestens 85 Prozent seines Wertes in einem Master-AIF hat. Master AIF sind gem. § 1 Abs. 19 Nr. 14 AIF, an dem ein Feeder-AIF Anteile hält. Die Frage, ob es sich um 9

---

4 Zur Bestimmung der AIF-Kapitalverwaltungsgesellschaft näher *Weiser, Hüwel* BB **2013** 1091 ff.
5 Siehe insofern zur Frage welchem Recht ein Investmentvermögen untersteht, das BaFin Rundschreiben 14/2008 (WA) zum Anwendungsbereich des Investmentgesetzes nach § 1 Satz 1 Nr. 3 InvG, Geschäftszeichen WA 41-Wp 2136-2008/0001 unter I.1.e).
6 Umkehrschluss aus Art. 4 Abs. 1k) der AIFM-Richtlinie.
7 Auf die erhebliche Bedeutung der Abgrenzung zwischen EU-AIF und nicht EU-AIF weisen zu Recht Dornseifer/Jesch/Klebeck/Tollmann/*Klebeck/Brocker* Art. 35 Rn. 12 hin.

einen Feeder-Fonds handelt, kann insbesondere in den Fällen des § 1 Abs. 19 Nr. 13b) mit schwierigen Abgrenzungsproblemen verbunden sein.[8] Je abstrakter man die identischen Anlagestrategien fasst, umso größer ist die Wahrscheinlichkeit, dass auch Dachfonds als Feeder-Fonds beurteilt werden.[9]

10 Die Anteile müssen im Geltungsbereich dieses Gesetzes vertrieben werden. Gemäß § 293 Abs. 1 Satz 1 ist Vertrieb das direkte oder indirekte Anbieten oder Platzieren von Anteilen oder Aktien eines Investmentvermögens. Die BaFin hat in ihrem Rundschreiben „Häufige Fragen zum Vertrieb und Erwerb von Investmentvermögen nach dem KAGB"[10] zahlreiche Hinweise zur Auslegung des Vertriebsbegriffes gegeben. Hiernach fallen unter den Begriff des Anbietens Angebote im juristischen und im weiteren Sinne, wie etwa die invitatio ad offerendum.[11] Ein Platzieren ist nur bei einem aktiven Absatz von Anteilen oder Aktien eines Investmentvermögens gegeben, da das Wort „Vertrieb" eine auf den Absatz von Anteilen oder Aktien gerichtete Aktivität des Vertreibenden impliziert.[12] Somit stellt das bloße Reagieren auf die Order eines Anlegers keinen Vertrieb dar.[13] Die BaFin weist weiter daraufhin, dass sich das Anbieten oder Platzieren auf ein Investmentvermögen beziehen muss. Ein Investmentvermögen in diesem Zusammenhang ist laut BaFin insbesondere gegeben, bei Investmentvermögen, die bereits aufgelegt seien, bei Investmentvermögen die angebotsreif sind (Musteranlagebedingungen, die noch zu verhandelnde Lücken aufweisen, reichen nicht) oder bei Investmentvermögen, die bereits unter einem bestimmten Namen firmieren.[14]

11 § 293 Abs. 1 Satz 2 schränkt den Vertriebsbegriff für die dort genannten Fallkonstellationen ein. Als Vertrieb gilt hiernach nicht, wenn 1. Investmentvermögen nur namentlich benannt werden, 2. nur die Nettoinventarwerte und die an einem organisierten Markt ermittelten Kurse oder die Ausgabe- und Rücknahmepreise von Anteilen oder Aktien eines Investmentvermögens genannt oder veröffentlich werden, 3. Verkaufsunterlagen eines Investmentvermögens mit mindestens einem Teilinvestmentvermögen, dessen Anteile oder Aktien im Geltungsbereich des KAGB an eine, mehrere oder alle Anlegergruppen im Sinne des § 1 Abs. 19 Nr. 31 bis 33 vertrieben werden dürfen, verwendet werden und diese Verkaufsunterlagen auch Informationen über weitere Teilinvestmentvermögen enthalten, die im Geltungsbereich des KAGB nicht oder nur an eine andere Anlegergruppe vertrieben werden dürfen, sofern in den Verkaufsunterlagen jeweils drucktechnisch herausgestellt an hervorgehobener Stelle darauf hingewiesen wird, dass die Anteile oder Aktien der weiteren Teilinvestmentvermögen im Geltungsbereich des KAGB nicht vertrieben werden dürfen oder, sofern sie an einzelne Anlegergruppen vertrieben werden dürfen, an welche Anlegergruppe im Sinne des § 1 Abs. 19 Nr. 31–33 sie nicht vertrieben werden dürfen, 4. die Besteuerungsgrundlagen nach § 5 des Investmentsteuergesetzes genannt oder bekannt gemacht werden, 5. in einen Prospekt für Wertpapiere Mindestangaben nach § 7 des Wertpapierprospektgesetzes oder Zusatzangaben gem. § 268 oder § 307 oder in einen Prospekt für Vermögensanlagen Mindestangaben nach § 8g des Verkaufsprospektgesetzes oder nach § 7 des Vermögensanlagegesetzes aufgenommen werden, 6. Verwaltungsgesellschaften nur ihre gesetzlichen Veröffentlichungspflichten im Bundesanzeiger oder ausschließlich ihre regelmäßigen Informa-

---

8 Vgl. insofern ausführlich Dornseifer/Jesch/Klebeck/Tollmann/*Klebeck*/*Brocker* Art. 35 Rn. 20.
9 Dornseifer/Jesch/Klebeck/Tollmann/*Klebeck*/*Brocker* Art. 35 Rn. 21.
10 Schreiben der BaFin vom 4.7.2013, Geschäftszeichen WA 41-Wp 2137-2013/0293, das regelmäßig aktualisiert und ggf. ergänzt werden soll (im Folgenden: BaFin FAQ zum Vertrieb).
11 BaFin FAQ zum Vertrieb, 1.1.
12 BaFin FAQ zum Vertrieb, 1.1.
13 BaFin FAQ zum Vertrieb, 1.1.
14 BaFin FAQ zum Vertrieb, 1.1.

tionspflichten gegenüber dem bereits in das betreffende Investmentvermögen investierten Anleger nach dem KAGB erfüllen, 7. ein EU-Master-OGAW ausschließlich Anteile an einen oder mehrere inländische OGAW-Feederfonds ausgibt und darüber hinaus jeweils kein Vertrieb im Sinne des Satzes 1 stattfindet.

§ 293 Abs. 1 Satz 3 erklärt weiterhin, dass ein Vertrieb an semiprofessionelle und professionelle Anleger nur dann gegeben ist, wenn dieser auf Initiative der Verwaltungsgesellschaft oder in deren Auftrag erfolgt und sich an semiprofessionelle oder professionelle Anleger mit Wohnsitz oder Sitz im Inland oder einem anderen Mitgliedstaat der Europäischen Union oder Vertragsstaat des Abkommens über den Europäischen Wirtschaftsraum richtet. Zum einen besteht somit eine räumliche Einschränkung des Vertriebsbegriffes. Zum anderen muss der Vertrieb an semiprofessionelle und professionelle Anleger im Auftrag oder auf Initiative der Verwaltungsgesellschaft erfolgen. Dies bedeutet, dass die Vermittlung durch einen nicht von der Verwaltungsgesellschaft beauftragten Dritten an semiprofessionelle und professionelle Anleger nicht als Vertrieb gilt.[15] 12

Die BaFin führt in ihrem FAQ zum Vertrieb aus, dass der Verkauf eigener Anteile oder Aktien an einem Investmentvermögen durch einen Anleger in der Regel keinen Vertrieb darstelle, da Sinn und Zweck der KAGB nicht sei, den Anlegern eine Veräußerung ihrer Anteile oder Aktien zu verbieten.[16] Dies gelte allerdings nur, soweit die Vertriebsvorschriften des KAGB nicht umgangen würden, was etwa der Fall wäre, wenn ein Vermittler die Anteile oder Aktien zunächst auf die eigenen Bücher nehme und sie anschließend an seine Kunden vertreibe.[17] 13

Einen Vertrieb von Anteilen oder Aktien eines Investmentvermögens bejaht die BaFin auch dann, wenn einem bereits investierten Anleger der Erwerb von weiteren Anteilen oder Aktien desselben Investmentvermögens direkt oder indirekt, etwa durch die Zusendung eines Verkaufsprospektes oder anderer Informationen, angeboten wird, sofern der Vertrieb nicht aus anderen Gründen – wie z.B. dem Vorliegen eines Falles des § 293 Abs. 1 Satz 2 Nr. 6 KAGB – ausscheidet.[18] 14

Als Vertriebsadressaten sind professionelle oder semiprofessionelle Anleger von der Norm des § 322 erfasst. 15

Professioneller Anleger ist gem. § 1 Abs. 19 Nr. 32 jeder Anleger, der i.S.v. Anhang II der MiFID-Richtlinie[19] als professioneller Kunde angesehen wird oder auf Antrag als ein professioneller Kunde behandelt werden kann. Erfasst sind somit zum einen die in Anhang II der MiFID-Richtlinie unter I. genannten Kategorien von Kunden, die als professionelle Kunden angesehen werden. Zu diesen Kategorien der sog. geborenen professionellen Kunden gehören Rechtspersönlichkeiten, die zugelassen sein oder unter Aufsicht stehen müssen, um auf den Finanzmärkten tätig werden zu können, große Unternehmen die bestimmte Anforderungen erfüllen, Regierungen, Stellen der staatlichen Schuldenverwaltung, Zentralbanken, internationale und supranationale Einrichtungen, sowie andere institutionelle Anleger, deren Haupttätigkeit in der Anlage in Finanzinstrumenten besteht, einschließlich Einrichtungen, die die wertpapiermäßige Verbriefung von Verbindlichkeiten und andere Finanzierungsgeschäfte betreiben. Zudem sind auch die unter II. genannten sog. gekorenen professionellen Kunden erfasst. Dies sind Kunden, die 16

---

15 BaFin FAQ zum Vertrieb, 1.2.
16 BaFin FAQ zum Vertrieb, 1.3.
17 BaFin FAQ zum Vertrieb, 1.3.
18 BaFin FAQ zum Vertrieb, 1.4.
19 Richtlinie 2004/39/EG des Europäischen Parlaments und des Rates vom 21.4.2004 über Märkte für Finanzinstrumente, zur Änderung der Richtlinien 85/611/EWG und 93/6/EWG des Rates und der Richtlinie 2000/12/EG des Europäischen Parlaments und des Rates und zur Aufhebung der Richtlinie 93/22/EWG des Rates.

auf Antrag als professionelle Kunden behandelt werden können, sofern die in II. 1. und 2. genannten Kriterien und Verfahren eingehalten werden.

17 Die Kategorie des semiprofessionellen Anlegers war im Diskussionsentwurf des Bundesministeriums der Finanzen zunächst nicht enthalten.[20] Diese Kategorie wurde dann aufgrund von Kritik der Branche an der Einengung des potentiellen Investorenkreises für Spezialfonds aufgenommen.[21]

18 Semiprofessioneller Anleger ist gem. § 1 Abs. 19 Nr. 33 a) jeder Anleger, aa) der sich verpflichtet, mindestens 200.000 Euro zu investieren, bb) der schriftlich in einem vom Vertrag über die Investitionsverpflichtung getrennten Dokument angibt, dass er sich der Risiken im Zusammenhang mit der beabsichtigten Verpflichtung oder Investition bewusst ist, cc) dessen Sachverstand, Erfahrungen und Kenntnisse die AIF-Verwaltungsgesellschaft oder die von ihr beauftragte Vertriebsgesellschaft bewertet, ohne von der Annahme auszugehen, dass der Anleger über die Marktkenntnisse und -erfahrungen der in Anhang II Abschnitt I der Richtlinie 2004/39/EG genannten Anleger verfügt, dd) bei dem die AIF-Verwaltungsgesellschaft oder die von ihr beauftragte Vertriebsgesellschaft unter Berücksichtigung der Art der beabsichtigten Verpflichtung oder Investition hinreichend davon überzeugt ist, dass er in der Lage ist, seine Anlageentscheidungen selbst zu treffen und die damit einhergehenden Risiken versteht und dass eine solche Verpflichtung für den betreffenden Anleger angemessen ist, und ee) dem die AIF-Verwaltungsgesellschaft oder die von ihr beauftragte Vertriebsgesellschaft schriftlich bestätigt, dass sie die unter Doppelbuchstabe cc genannte Bewertung vorgenommen hat und die unter Doppelbuchstabe dd genannten Voraussetzungen gegeben sind, b) ein in § 37 Abs. 1 genannter Geschäftsleiter oder Mitarbeiter der AIF-Verwaltungsgesellschaft, sofern er in von der AIF-Verwaltungsgesellschaft verwaltete AIF investiert, oder ein Mitglied der Geschäftsführung oder des Vorstands einer extern verwalteten Investmentgesellschaft, sofern es in die extern verwaltete Investmentgesellschaft investiert, c) jeder Anleger, der sich verpflichtet, mindestens 10 Millionen Euro in ein Investmentvermögen zu investieren.

D. Vertriebsvoraussetzungen

19 § 322 Abs. 1 regelt die Vertriebsvoraussetzungen und setzt hierbei den Art. 35 Abs. 1 und Abs. 2 Unterabs. 1 der AIFM-Richtlinie hinsichtlich AIF-Kapitalverwaltungsgesellschaften um.

I. Vereinbarungen über die Zusammenarbeit

20 Es müssen geeignete Vereinbarungen über die Zusammenarbeit zwischen der BaFin und den Aufsichtsbehörden des Drittstaates bestehen, in dem der ausländische AIF seinen Sitz hat, damit unter Berücksichtigung von § 9 Abs. 7 zumindest ein effizienter Informationsaustausch gewährleistet ist, der es der BaFin ermöglicht, ihre Aufgaben gemäß der AIFM-Richtlinie wahrzunehmen.

21 Der Verweis in § 322 Abs. 1 Nr. 1 auf § 9 Abs. 8, der die Weitergabe von Informationen an zuständige Stellen in Drittländern betrifft, ist ein redaktioneller Fehler. Tatsächlich dürfte ein Verweis auf den § 9 Abs. 7 gemeint sein, welcher die Weitergabe von Vereinbarungen über die Zusammenarbeit und daraus erlangten Informationen an andere Mitgliedstaaten, sowie die Möglichkeit der BaFin die ESMA in dem dort genannten Fällen

---

20 Siehe Diskussionsentwurf des Bundesministeriums der Finanzen vom 20.7.2012.
21 Siehe zur Kritik etwa die Stellungnahme des Gesamtverbandes der Deutschen Versicherungswirtschaft zum Diskussionsentwurf des Bundesministeriums der Finanzen unter 12.

anzurufen, regelt. § 9 Abs. 7 entspricht insofern auch weitgehend dem von Art. 35 Abs. 2 Satz 2 (a) als der Norm der AIFM-Richtlinie, auf dem § 322 Abs. 1 Nr. 1 beruht, in Bezug genommenen Art. 50 Abs. 4 der AIFM-Richtlinie. Der Verweisfehler dürfte darauf beruhen, dass im Diskussionsentwurf des Bundesministeriums für Finanzen der jetzige § 9 Abs. 7 noch § 9 Abs. 8 war und der Verweis in § 322 Abs. 1 Nr. 1 (im Diskussionsentwurf des Bundesministeriums für Finanzen noch § 288 Abs. 1 Nr. 1) versehentlich nicht angepasst wurde.

Mit Art. 113–115 der delegierten Verordnung 231/2013 EU[22] hat die Kommission, wie von Art. 35 Abs. 11 der AIFM-Richtlinie vorgesehen, einen einheitlichen Rahmen zur Erleichterung des Abschlusses derartiger Vereinbarungen über die Zusammenarbeit mit Drittländern geschaffen. Art. 113 statuiert allgemeine Anforderungen an die Kooperationsvereinbarungen, Art. 114 legt Mechanismen, Instrumente und Verfahren fest und Art. 115 enthält eine Regelung zum Datenschutz. **22**

Der einheitliche Rahmen der Kommission in den Art. 113–115 der Verordnung 231/2013 EU wird wiederum, wie in Art. 35 Abs. 12 der AIFM-Richtlinie vorgesehen, durch Leitlinien der ESMA konkretisiert. Mit Datum vom 29.11.2013 hat die ESMA „Leitlinien für das Muster-MoU über Konsultation und Kooperation sowie den Austausch von Informationen im Zusammenhang mit der Beaufsichtigung von AIFMD-Unternehmen" veröffentlicht.[23] Diese enthalten ein Muster Memorandum of Understanding (MoU). Auf der Seite der ESMA sind auch bereits von der ESMA verhandelte MoU abrufbar.[24] Ebenfalls steht hier eine Liste darüber bereit, welche Mitgliedstaaten mit welchen Ländern MoU unterzeichnet haben.[25] Die BaFin hat teilt in ihrem „Merkblatt zu Vereinbarungen über die Zusammenarbeit zwischen der Bundesanstalt und zuständigen Stellen eines Drittstaats im Rahmen der AIFM Richtlinie 2011/61/EU" ebenfalls mit, mit welchen Ländern sie bereits entsprechende Kooperationsvereinbarungen geschlossen hat. **23**

II. Keine FATF-Listung

Der Drittstaat, in dem der ausländische AIF seinen Sitz hat, darf gem. § 322 Abs. 1 Nr. 2 nicht auf der Liste der nicht kooperativen Länder und Gebiete stehen, die von der Arbeitsgruppe „Finanzielle Maßnahmen gegen die Geldwäsche und die Terrorismusfinanzierung" (engl. „Financial Action Task Force on Money Laundering", FATF) aufgestellt wurde. **24**

Der Verweis auf die Liste der nicht kooperativen Länder und Gebiete die von der Arbeitsgruppe FATF aufgestellt wurde, ist nicht eindeutig. Die ursprüngliche, von der FATF aufgestellte, Liste der nicht kooperativen Länder und Gebiete wird, nachdem 2007 Myanmar als letztes Land von der Liste genommen wurde, nicht mehr aktualisiert. Stattdessen werden von der FATF nunmehr dreimal jährlich zwei Dokumente veröffentlicht, die Länder mit strategischen Defiziten in den Maßnahmen zur Verhinderung von Geldwäsche und die Terrorismusfinanzierung identifizieren.[26] Zum einen gibt es das Dokument „FATF Public Statement". Dieses Dokument ist wiederum zweigeteilt. In Teil 1 werden die Jurisdiktionen, die strategische Defizite in der Verhinderung von Geldwäsche **25**

---

[22] Delegierte Verordnung (EU) Nr. 231/2013 der Kommission vom 19. Dezember 2012 zur Ergänzung der Richtlinie 2011/61/EU des Europäischen Parlaments und des Rates im Hinblick auf Ausnahmen, die Bedingungen für die Ausübung der Tätigkeit, Verwahrstellen, Hebelfinanzierung, Transparenz und Beaufsichtigung.
[23] Abrufbar unter http://www.esma.europa.eu/de/system/files/esma_2013_998_de.pdf.
[24] http://www.esma.europa.eu/de/node/66691.
[25] http://www.esma.europa.eu/content/AIFMD-MoUs-signed-EU-authorities.
[26] http://www.fatf-gafi.org/topics/high-riskandnon-cooperativejurisdictions/.

und/oder Terrorismusfinanzierung haben und bezüglich derer die FATF ihre Mitgliedsländer und alle anderen Länder zum Schutz des internationalen Finanzsystems zu Gegenmaßnahmen aufruft, genannt. Mit Stand vom 27. Juni 2014 sind dies lediglich der Iran und die Demokratische Volksrepublik Korea („Nordkorea").[27] In Teil 2 des FATF Public Statement werden die Jurisdiktionen genannt, die strategische Defizite in der Verhinderung von Geldwäsche und/oder Terrorismusfinanzierung haben und die keinen ausreichenden Fortschritt in der Beseitigung der Defizite gemacht haben und sich nicht zu einem mit der FATF entwickelten Aktionsplan verpflichtet haben, um die Defizite zu beseitigen und bezüglich derer die FATF ihre Mitgliedsländer zu einer Berücksichtigung der Risiken aufruft, die aus den Defiziten resultieren. Mit Stand vom 27. Juni 2014 sind dies Algerien, Ecuador, Indonesien und Myanmar.[28] Zum anderen wird das Dokument „Improving Global AML/CFT Compliance: On-going Process" von der FATF veröffentlicht. Hier werden die Jurisdiktionen mit Defiziten in der Verhinderung von Geldwäsche und Terrorismusfinanzierung genannt, die mit der FATF jeweils einen Aktionsplan entwickelt haben und die schriftliche Selbstverpflichtungen auf hoher politischer Ebene abgegeben haben, die Defizite zu beseitigen. Bezüglich dieser ermutigt die FATF ihre Mitglieder lediglich, die von ihr im Dokument mitgeteilten Informationen zu berücksichtigen. Auf dieser Liste gibt es im Übrigen wiederum einen Teil, in dem Jurisdiktionen genannt sind, die bisher keinen ausreichenden Fortschritt machen.

26 Art. 35 Abs. 2 Unterabs. 1b) der AIFM-Richtlinie, auf dem § 322 Abs. 1 Nr. 2 basiert, hilft bei der Frage der referenzierten Liste nicht weiter, da auch dort keine Klarstellung erfolgt.

27 Bei der Frage, auf welche Liste richtigerweise referenziert werden sollte, geht es letztlich darum, wie hoch man den Maßstab der Mindestanforderungen setzen will, die der Drittstaat in Bezug auf die Verhinderung von Geldwäsche und Terrorismusfinanzierung erfüllen muss, damit ein Vertrieb nach § 322 möglich ist.

28 Dafür, dass auch die Länder im Dokument „Improving Global AML/CFT Compliance: On-going Process" als referenzierte Länder gelten, spricht, dass die FATF selbst die Liste genau wie ihr Dokument „Public Statement" mit „Hochrisiko und nicht-kooperative Jurisdiktionen" überschreibt und einem Großteil dieser Jurisdiktionen weiterhin ausdrücklich strategische Defizite in der Verhinderung von Geldwäsche und Terrorfinanzierung bescheinigt. Dagegen spricht aber, dass die FATF es hinsichtlich dieser Jurisdiktionen nicht für erforderlich hält, ihre Mitgliedsländer zu erhöhten Sorgfaltspflichten aufzurufen. Dass durch die Regelungen in der AIFM-Richtlinie und in der Umsetzung durch das KAGB insoweit stärkere Repressionen gewollt sein sollten, ist weder wahrscheinlich noch erkennbar.

29 Nicht wahrscheinlich dürfte auch sein, dass auf die ursprüngliche Liste der nicht-kooperativen Länder und Gebiete referenziert wird.[29] Diese ist seit 2007 leer und wurde inhaltlich durch das jetzige Verfahren der beiden Listen ersetzt.[30]

30 Zutreffend ist wohl auf die FATF Public Statement Liste abzustellen. Insofern dürften auch sowohl Teil 1 als auch Teil 2 der Liste gemeint sein.[31] Zwar wird nur bezüglich

---

[27] http://www.fatf-gafi.org/topics/high-riskandnon-cooperativejurisdictions/documents/public-statement-june-2014.html.
[28] http://www.fatf-gafi.org/topics/high-riskandnon-cooperativejurisdictions/documents/public-statement-june-2014.html.
[29] So aber Dornseifer/Jesch/Klebeck/Tollmann/*Pauls*/*Schatz* Art. 36 Rn. 24 Fußnote 16.
[30] Dies ergibt sich aus der Darstellung der FATF unter http://www.fatf-gafi.org/topics/high-riskandnon-cooperativejurisdictions/more/moreabouttheinternationalco-operationreviewgroupicrg.html.
[31] So ausdrücklich auch die FCA http://www.fca.org.uk/firms/markets/international-markets/aifmd/nppr; sowie die ESMA in einer Anmerkung zur Liste der bisher gezeichneten MoUs, abrufbar unter http://www.esma.europa.eu/content/AIFMD-MoUs-signed-EU-authorities.

der Jurisdiktionen in Teil 1 zu Gegenmaßnahmen aufgerufen. Allerdings werden die Mitglieder der FATF bezüglich der in Teil 2 enthaltenen Liste jedenfalls zur Berücksichtigung der Risiken angehalten. Hierfür spricht auch, dass die ursprüngliche, nach dem Wortlaut des § 322 Abs. 1 Nr. 2 referenzierte Liste der FATF ebenfalls nicht für alle als nichtkooperative Jurisdiktionen gelisteten Jurisdiktionen zu Gegenmaßnahmen aufrief.

III. OECD-Musterabkommen

Weitere Voraussetzung für den Vertrieb ist gem. § 322 Abs. 1 Nr. 3, dass der Drittstaat, in dem der ausländische AIF seinen Sitz hat, mit der Bundesrepublik Deutschland eine Vereinbarung unterzeichnet hat, die den Normen des Art. 26 des OECD-Musterabkommens zur Vermeidung der Doppelbesteuerung von Einkommen und Vermögen vollständig entspricht und einen wirksamen Informationsaustausch in Steuerangelegenheiten, gegebenenfalls einschließlich multilateraler Abkommen über die Besteuerung, gewährleistet. **31**

Art. 26 des OECD-Musterabkommens regelt den zwischenstaatlichen Informationsaustausch der Steuerbehörden.[32] **32**

IV. Richtlinienkonformität

§ 322 Abs. 1 Nr. 4 verlangt, dass die AIF-Kapitalverwaltungsgesellschaft bei der Verwaltung eines ausländischen AIF abweichend von § 55 Absatz 1 Nummer 1 alle in der AIFM-Richtlinie für diese AIF festgelegten Anforderungen erfüllt. **33**

Die Regelung stellt laut Gesetzesbegründung klar, dass die Regelung des § 55 Abs. 1 Nr. 1, der AIF-Kapitalverwaltungsgesellschaften in Bezug auf die Verwaltung von ausländischen AIF, die in den Mitgliedstaaten der Europäischen Union und den Vertragsstaaten des Abkommens über den Europäischen Wirtschaftsraum nicht vertrieben werden, von der Einhaltung der §§ 67 und 80 bis 90 befreit, dann nicht mehr greift, wenn der AIF in den Mitgliedstaaten der Europäischen Union oder den Vertragsstaaten des Abkommens über den Europäischen Wirtschaftsraum vertrieben werden soll.[33] **34**

E. Anzeigepflicht (Abs. 2)

Gemäß § 322 Abs. 2 Satz 1 hat eine AIF-Kapitalverwaltungsgesellschaft die Absicht eines Vertriebs im Anwendungsbereich der Norm der BaFin anzuzeigen.[34] **35**

Hierbei wird für die Anzeigepflicht auf die Vertriebsabsicht abgestellt. Ein bloßes abstraktes Erwägen des entsprechenden Vertriebs genügt nicht, sondern die Überlegungen müssen sich bereits zu einer konkreten Absicht verdichtet haben. Die Anzeige hat aber in jedem Fall vor Entfaltung von Vertriebstätigkeiten zu erfolgen. **36**

Für den Inhalt des Anzeigeschreibens erklärt § 322 Abs. 2 Satz 2 den § 321 Abs. 1 Satz 2 für entsprechend anwendbar.[35] **37**

Das Anzeigeschreiben muss demnach einen **Geschäftsplan** enthalten, der Angaben zum angezeigten AIF sowie zu seinem Sitz enthält. **38**

---

32 Siehe hierzu die Kommentierung von *Wassermeyer*, DBA, Art. 26, dort ist zusätzlich die Kommentierung der OECD abgedruckt.
33 RegBegr BTDrucks. 17/12294 S. 288.
34 § 322 Abs. 2 Satz 1 setzt Art. 35 Abs. 1 und Abs. 3 Unterabs. 1 der AIFM-Richtlinie um.
35 § 322 Abs. 2 Satz 2 dient der Umsetzung von Art. 35 Abs. 1 und Abs. 3 Unterabs. 2 und Anhang III der AIFM-Richtlinie.

39 Die BaFin hat in ihrem FAQ zum Vertrieb bisher lediglich unter 2.2.3. ausgeführt, welche Angaben der Geschäftsplan bei Vertriebsanzeigen nach §§ 316, 321 und 331 enthalten muss. Hiernach muss der Geschäftsplan – vorbehaltlich abweichender Vorgaben der ESMA – den Namen und den Sitz des AIF beinhalten. Bei einer Anzeige nach § 321 oder § 331 muss der Geschäftsplan zusätzlich den Herkunftsmitgliedstaat des angezeigten AIF benennen. Weitere Angaben zu dem angezeigten AIF seien im Geschäftsplan in der Regel nicht erforderlich, da die BaFin diese den übrigen in der Anzeige enthaltenen Angaben und Unterlagen entnehmen kann.

40 Ob die BaFin im Hinblick auf den Drittstaatenbezug beim § 322 zusätzliche Angaben verlangen wird, bleibt abzuwarten, da die BaFin diesbezüglich bisher keine Aussagen gemacht hat.

41 § 321 Abs. 1 Satz 2 verlangt des Weiteren, dass das Anzeigeschreiben die Anlagebedingungen, die Satzung oder den Gesellschaftsvertrag, sprich entsprechend die **Gründungsdokumente** des angezeigten AIF enthält.

42 Des Weiteren ist der Name der **Verwahrstelle** des angezeigten AIF mitzuteilen. Anders als in § 320 werden nähere Angaben zur Verwahrstelle hier nicht gefordert.

43 Des Weiteren muss das Anzeigeschreiben eine **Beschreibung** des angezeigten AIF und alle für die Anleger verfügbaren Informationen über den angezeigten AIF enthalten.

44 Soweit es sich bei dem angezeigten AIF um einen Feeder-AIF handelt, sind zudem Angaben zum **Sitz des Master-AIF und seiner Verwaltungsgesellschaft** zu machen.

45 Das Anzeigeschreiben muss alle in **§ 307 Abs. 1 genannten weiteren Informationen** für jeden angezeigten AIF enthalten.

46 Es müssen Angaben zu den **Vorkehrungen** gemacht werden, die getroffen wurden, um zu verhindern, dass Anteile oder Aktien des angezeigten AIF an Privatanleger vertrieben werden, insbesondere wenn die AIF-Kapitalverwaltungsgesellschaft für die Erbringung von Wertpapierdienstleistungen für den angezeigten AIF auf unabhängige Unternehmen zurückgreift. Die BaFin hat in ihrem „Merkblatt (2013) zum Vertrieb von Anteilen oder Aktien an EU-AIF oder inländischen Spezial-AIF, die von einer EU-AIF-Verwaltungsgesellschaft verwaltet werden, an semiprofessionelle und professionelle Anleger in der Bundesrepublik Deutschland gem. § 323 Kapitalanlagegesetzbuch (KAGB)"[36] ausgeführt, welche Angaben sie in Bezug auf die Vorkehrungen zur Verhinderung eines Vertriebs an Privatanleger verlangt.[37] Diese Ausführungen können auch für die Anzeige nach § 322 Abs. 2 herangezogen werden. Die BaFin verlangt, dass die AIF-Verwaltungsgesellschaft anzugeben hat, ob sie interne Vorkehrungen getroffen hat, um sicherzustellen, dass Anteile oder Aktien an den zum Vertrieb angezeigten AIF weder Privatanlegern angeboten noch bei diesen platziert werden und, sofern der Vertrieb über das Internet oder andere elektronische Systeme erfolgt, getrennte Zugangswege für die einzelnen Anlegergruppen (Privatanleger, semiprofessionelle und professionelle Anleger) bestehen.[38] Ferner hat sie anzugeben, ob eine Vereinbarung mit Vertriebspartnern abgeschlossen wurde, nach der Anteile oder Aktien an dem zum Vertrieb angezeigten AIF weder Privatanlegern angeboten, noch bei diesen platziert werden dürfen und sofern der Vertrieb über das Internet oder andere elektronische Systeme erfolgt, getrennte Zugangswege für die einzelnen Anlegergruppen (Privatanleger, semiprofessionelle und professionelle Anleger) bestehen.[39]

---

36 Im Folgenden bezeichnet als Merkblatt (2013) zu § 323.
37 Merkblatt (2013) zu § 323 unter V.2.
38 Merkblatt (2013) zu § 323 V. 2.
39 Merkblatt (2013) zu § 323 V. 2.

F. Prüfung durch die BaFin (Abs. 3)

§ 322 Abs. 3 erklärt die entsprechende Geltung von § 321 Abs. 2. Die Regelung basiert auf § 128 des aufgehobenen Investmentgesetzes.[40] Gem. § 321 Abs. 2 prüft die BaFin, ob die übermittelten Angaben und Unterlagen vollständig sind und fordert fehlende Unterlagen innerhalb einer Frist von 20 Arbeitstagen als Ergänzungsanzeige an. Mit Eingang der Ergänzungsanzeige beginnt die Frist von 20 Arbeitstagen erneut. Die Ergänzungsanzeige ist der BaFin innerhalb von sechs Monaten nach Erstattung der Anzeige oder der letzten Ergänzungsanzeige einzureichen; andernfalls ist eine Vertriebsmitteilung ausgeschlossen. Die Frist von 6 Monaten ist eine Ausschlussfrist. Eine erneute Anzeige ist jedoch jederzeit möglich. Hierbei sind in § 321 Abs. 2 zwei Verweisfehler enthalten. Der Verweis in § 321 Abs. 2 Satz 4 muss auf Abs. 3 statt auf Abs. 4 und der Verweis in § 321 Abs. 2 Satz 5 muss auf die Frist nach Satz 4 statt auf die Frist nach Satz 3 gehen. **47**

Die AIFM-Richtlinie selbst enthält, genau wie schon die OGAW-Richtlinie, keine Regelung wie mit unvollständigen Anzeigen umgegangen werden soll.[41] Entsprechend der Gesetzesbegründung zum OGAW IV-Umsetzungsgesetz soll auch die in § 322 Abs. 3 i.V.m. § 321 Abs. 2 Satz 3 enthaltene Frist zur Überprüfung der Vollständigkeit einer Beschleunigung des Verfahrens dienen.[42] Hierbei entspricht die Frist für die Prüfung der Vollständigkeit der Unterlagen (wie schon im § 128 des aufgehobenen Investmentgesetzes) der materiellen Prüfungsfrist.[43] Die in § 322 Abs. 3 i.V.m. § 321 Abs. 2 Satz 4 normierte Ausschlussfrist von sechs Monaten soll die Vervollständigung einer Anzeige nach diesem Zeitraum verhindern, da dann regelmäßig die Gefahr besteht, dass die bereits eingereichten Unterlagen veraltet sind.[44] Ab Ablauf der Ausschlussfrist ist eine erneute, vollständige Anzeige erforderlich und möglich.[45] **48**

G. Entscheidung der BaFin (Abs. 4)

§ 322 Abs. 4 Satz 1 und 2 dienen der Umsetzung von Art. 35 Abs. 4 der AIFM-Richtlinie. **49**

§ 322 Abs. 4 S. 1 erklärt, dass § 321 Abs. 3 Satz 1 bis 4 und 6 entsprechend gilt. Es gibt allerdings keinen § 321 Abs. 3 Satz 6. Gemeint sein dürfte ein Verweis auf § 321 Abs. 3 Satz 1 bis 4.[46] **50**

Demnach teilt die BaFin der AIF-Kapitalverwaltungsgesellschaft innerhalb von 20 Arbeitstagen nach Eingang der vollständigen Anzeigeunterlagen mit, ob diese mit dem Vertrieb des im Anzeigeschreiben genannten AIF an semiprofessionelle und professionelle Anleger im Geltungsbereich dieses Gesetzes ab sofort beginnen kann. Die AIF-Kapitalverwaltungsgesellschaft kann ab dem Datum der entsprechenden positiven Mitteilung mit dem Vertrieb des angezeigten AIF an semiprofessionelle und professionelle Anleger im Geltungsbereich dieses Gesetzes beginnen. **51**

Die BaFin kann innerhalb der o.g. Frist von 20 Arbeitstagen aber auch die Aufnahme des Vertriebs untersagen, wenn die AIF-Kapitalverwaltungsgesellschaft oder die Verwaltung des angezeigten AIF durch die AIF-Kapitalverwaltungsgesellschaft gegen die Vor- **52**

---

40 Der Verweis in der Begr. RegE in BTDrucks. 17/12294 S. 288 auf § 129 InvG ist ein redaktioneller Fehler.
41 Begr. RegE in BTDrucks. 17/12294 S. 288.
42 Begr. RegE in BTDrucks. 17/12294 S. 288.
43 Begr. RegE in BTDrucks. 17/12294 S. 288.
44 Begr. RegE in BTDrucks. 17/12294 S. 288.
45 Begr. RegE in BTDrucks. 17/12294 S. 288.
46 Für § 321 Abs. 3 Satz 5 besteht insofern kein Anwendungsfall.

schriften dieses Gesetzes oder gegen die Vorschriften der AIFM-Richtlinie verstößt. Teilt sie der AIF-Kapitalverwaltungsgesellschaft entsprechende Beanstandungen der eingereichten Angaben und Unterlagen innerhalb der Frist von 20 Arbeitstagen mit, wird die Frist unterbrochen und beginnt mit der Einreichung der geänderten Angaben und Unterlagen erneut.

53 Die BaFin teilt der Europäischen Wertpapier- und Marktaufsichtsbehörde gem. § 322 Abs. 4 Satz 2 mit, dass die AIF- Kapitalverwaltungsgesellschaft mit dem Vertrieb von Anteilen oder Aktien des angezeigten AIF im Geltungsbereich dieses Gesetzes an professionelle Anleger beginnen kann.

54 Falls es sich um einen EU-Feeder-AIF handelt, teilt die BaFin gem. § 322 Abs. 4 Satz 3 zudem den für den EU-Feeder-AIF in seinem Herkunftsmitgliedstaat zuständigen Stellen mit, dass die AIF-Kapitalverwaltungsgesellschaft mit dem Vertrieb von Anteilen oder Aktien des EU-Feeder-AIF an professionelle Anleger im Geltungsbereich dieses Gesetzes beginnen kann. Dies dient ausweichlich der Regierungsbegründung der Umsetzung des Prinzips der Zusammenarbeit zwischen den Mitgliedstaaten der Europäischen Union bzw. den Vertragsstaaten des Abkommens über den Europäischen Wirtschaftsraum.[47] Diese in Art. 35 Abs. 4 der AIFM-Richtlinie nicht ausdrücklich normierte Mitteilungspflicht leitet die Regierungsbegründung aus Art. 50 Abs. 4 Unterabs. 1 und Art. 31 Abs. 3 Unterabs. 2, Art. 32 Abs. 4 Unterabs. 2 und Art. 39 Absatz 3 Unterabs. 2 der AIFM-Richtlinie her.[48]

H. Wesentliche Änderungen (Abs. 5)

55 § 322 Abs. 5 dient der Umsetzung von Art. 35 Abs. 10 der AIFM-Richtlinie.

56 Gem. § 322 Abs. 5 Satz 1 hat die AIF-Kapitalverwaltungsgesellschaft der BaFin wesentliche Änderungen der nach Abs. 2 übermittelten Angaben schriftlich mitzuteilen. Wesentlich sind Änderungen immer dann, wenn sie geeignet sind, Einfluss auf die Beurteilung der Zulässigkeit des Vertriebs zu haben. Rein redaktionelle Änderungen, wie die Korrektur eines Rechtschreibfehlers ohne materielle Auswirkungen sind für die BaFin jedenfalls nicht relevant und daher nicht anzuzeigen.[49]

57 Satz 2 erklärt § 321 Abs. 4 Satz 2 bis 5 für entsprechend anwendbar. Hiernach sind Änderungen die von der AIF-Kapitalverwaltungsgesellschaft geplant sind, mindestens einen Monat vor Durchführung der Änderung mitzuteilen. Ungeplante Änderungen sind unverzüglich nach ihrem Eintreten mitzuteilen. Führt die geplante Änderung dazu, dass die AIF-Kapitalverwaltungsgesellschaft oder die Verwaltung des betreffenden AIF durch die AIF-Kapitalverwaltungsgesellschaft nunmehr gegen die Vorschriften dieses Gesetzes oder gegen die Vorschriften der AIFM-Richtlinie verstößt, so teilt die BaFin der AIF-Kapitalverwaltungsgesellschaft unverzüglich mit, dass sie die Änderung nicht durchführen darf. Wird eine geplante Änderung ungeachtet der Sätze 1 bis 4 durchgeführt oder führt eine durch einen unvorhersehbaren Umstand ausgelöste Änderung dazu, dass die AIF-Kapitalverwaltungsgesellschaft nunmehr gegen die Vorschriften des KAGB oder der AIFM-Richtlinie verstößt, so ergreift die BaFin alle gebotenen Maßnahmen gem. § 5 einschließlich der ausdrücklichen Untersagung des Vertriebs des betreffenden AIF.

58 Änderungen sind gem. § 322 Abs. 5 Satz 3 zulässig, wenn sie nicht dazu führen, dass die AIF-Kapitalverwaltungsgesellschaft oder die Verwaltung des angezeigten AIF durch die AIF-Kapitalverwaltungsgesellschaft gegen die Vorschriften des KAGB oder gegen die

---

47 Begr. RegE in BTDrucks. 17/12294 S. 288 f.
48 Begr. RegE in BTDrucks. 17/12294 S. 288 f.
49 So zu § 316 Abs. 4 BaFin FAQ zum Vertrieb Punkt 2.2.4.

Vorschriften der AIFM-Richtlinie verstößt. Bei zulässigen Änderungen unterrichtet die BaFin gem. § 322 Abs. 5 Satz 4 unverzüglich die Europäische Wertpapier- und Marktaufsichtsbehörde, soweit die Änderungen die Beendigung des Vertriebs von bestimmten AIF oder zusätzlich vertriebenen AIF betreffen.

§ 323
Anzeigepflicht einer EU-AIF-Verwaltungsgesellschaft beim beabsichtigten Vertrieb von EU-AIF oder von inländischen Spezial-AIF an semiprofessionelle und professionelle Anleger im Inland

(1) Beabsichtigt eine EU-AIF-Verwaltungsgesellschaft im Geltungsbereich dieses Gesetzes, Anteile oder Aktien an EU-AIF oder an inländischen Spezial-AIF an semiprofessionelle oder professionelle Anleger zu vertreiben, so prüft die Bundesanstalt, ob die zuständige Stelle des Herkunftsmitgliedstaates der EU-AIF-Verwaltungsgesellschaft Folgendes übermittelt hat:
1. eine von ihr ausgestellte Bescheinigung über die Erlaubnis der betreffenden EU-AIF-Verwaltungsgesellschaft zur Verwaltung von AIF mit einer bestimmten Anlagestrategie sowie
2. ein Anzeigeschreiben für jeden angezeigten AIF,

jeweils in einer in der internationalen Finanzwelt gebräuchlichen Sprache. Für den Inhalt des Anzeigeschreibens einschließlich der erforderlichen Dokumentation und Angaben gilt § 321 Absatz 1 Satz 2 entsprechend mit der Maßgabe, dass es statt „AIF-Kapitalverwaltungsgesellschaft" „EU-AIF-Verwaltungsgesellschaft" heißen muss, die Vorkehrungen zum Vertrieb des angezeigten AIF angegeben sein müssen und die Deutschland als Staat genannt sein muss, in dem Anteile oder Aktien des angezeigten AIF an professionelle Anleger vertrieben werden sollen.

(2) Der Vertrieb kann aufgenommen werden, wenn die EU-AIF-Verwaltungsgesellschaft von der zuständigen Stelle ihres Herkunftsmitgliedstaates über die Übermittlung nach Absatz 1 unterrichtet wurde. Ist der AIF im Sinne von Absatz 1 Satz 1 ein Feeder-AIF, so besteht ein Recht zum Vertrieb gemäß Satz 1 nur, wenn der Master-AIF ebenfalls ein EU-AIF oder ein inländischer AIF ist, der von einer EU-AIF-Verwaltungsgesellschaft oder einer AIF-Kapitalverwaltungsgesellschaft verwaltet wird. Die Bundesanstalt prüft, ob die Vorkehrungen nach § 321 Absatz 1 Satz 2 Nummer 7 geeignet sind, um einen Vertrieb an Privatanleger wirksam zu verhindern und ob die Vorkehrungen nach § 323 Absatz 1 Satz 2 gegen dieses Gesetz verstoßen.

(3) Wird die Bundesanstalt von den zuständigen Stellen im Herkunftsmitgliedstaat der EU-AIF-Verwaltungsgesellschaft über eine Änderung der Vorkehrungen nach § 321 Absatz 1 Satz 2 Nummer 7 und § 323 Absatz 1 Satz 2 unterrichtet, prüft die Bundesanstalt, ob die Vorkehrungen nach § 321 Absatz 1 Satz 2 Nummer 7 weiterhin geeignet sind, um einen Vertrieb an Privatanleger wirksam zu verhindern und ob die Vorkehrungen nach § 323 Absatz 1 Satz 2 weiterhin nicht gegen dieses Gesetz verstoßen.

Schrifttum

Bußalb/Unzicker Auswirkungen der AIFM-Richtlinie aufgeschlossene Fonds, BKR **2012** 309; *Emde/Dreibus* Der Regierungsentwurf für ein Kapitalanlagegesetzbuch, BKR **2013** 89; *Jesch/Geyer* Die Übergangsbestimmungen der AIFM-Richtlinie, BKR **2012** 359; *Klebeck/Meyer* Drittstaatenregulierung der AIFM-

Richtlinie, RdF **2012** 95; *Spindler/Tancredi* Die Richtlinie über Alternative Investmentfonds (AIFM-Richtlinie), WM **2011** 1393 (Teil I) und WM **2011** 1441 (Teil II); *Loff/Klebeck* Fundraising nach der AIFM-Richtlinie und Umsetzung in Deutschland durch das KAGB, BKR **2012** 353; *Volhard/Jang* Der Vertrieb alternativer Investmentfonds, DB **2013** 273; *Wallach* Alternative Investment Funds Managers Directive – ein neues Kapitel des europäischen Investmentrechts, RdF **2011** 80; *Weitnauer* Die AIFM-Richtlinie und ihre Umsetzung, BKR **2011** 143; *Weiser/Jang* Die nationale Umsetzung der AIFM-Richtlinie und ihre Auswirkungen auf die Fondsbranche in Deutschland, BB **2011** 1219.

Systematische Übersicht

A. Allgemeines —— 1
   I. Überblick und zeitliche Anwendbarkeit —— 2
   II. Entstehung der Norm und Grundlagen —— 7
B. Vertriebsvoraussetzungen/Anwendungsbereich der Norm —— 14
   I. Vollständigkeitsprüfung der BaFin (Abs. 1) —— 20
     1. Zulassungsbescheinigung der Aufsichtsbehörde des Herkunftsmitgliedstaates —— 21
     2. Anzeigeschreiben für jeden angezeigten AIF —— 22
     3. In der internationalen Finanzwelt gebräuchliche Sprache —— 26
   II. Vertriebsaufnahme
     1. Vertriebsmitteilung (Abs. 2 S. 1) —— 27
     2. Besonderheiten bei Master-Feeder-Konstruktionen (Abs. 2 S. 2) —— 28
     3. Vorkehrungen zum Vertrieb (Abs. 2 S. 3) —— 30
   III. Änderungsmitteilungen, Beendigung des Vertriebs in Deutschland —— 35
C. Übergangsregelungen —— 36

A. Allgemeines

1 § 323 enthält Vorgaben für EU-AIF-Verwaltungsgesellschaften für den Vertrieb von Anteilen oder Aktien[1] an inländischen Spezial-AIF und EU-AIF an semiprofessionelle und professionelle Anleger in Deutschland. Verwaltet eine EU-AIF-Verwaltungsgesellschaft inländische Spezial-AIF und EU-AIF und beabsichtigt sie, deren Anteile an semiprofessionelle und professionelle Anleger in Deutschland zu vertreiben, richtet sich das Anzeigeverfahren bei der BaFin nach den Vorgaben des § 323.

I. Überblick und zeitliche Anwendbarkeit

2 Innerhalb des Kapitels 4 ist die Norm im Unterabschnitt 2 des Abschnitts 3 angesiedelt. Kapitel 4 beinhaltet die Vertriebsregeln des KAGB, Abschnitt 3 behandelt die verschiedenen Vertriebsmöglichkeiten von AIF und dessen Unterabschnitt 2 (§§ 321–330a) regelt die Anzeigeverfahren für den Vertrieb von AIF an semiprofessionelle und professionelle Anleger im Inland. Den Vertrieb von AIF an Privatanleger im Inland regeln die §§ 316–320, den an professionelle Anleger in anderen EU-Mitgliedsstaaten die §§ 331–335 KAGB. Bei den Anzeigeverfahren für den Vertrieb von AIF an semiprofessionelle und professionelle Anleger im Inland wird jeweils danach unterschieden, ob inländische AIF, EU-AIF oder ausländische AIF von AIF-Kapitalverwaltungsgesellschaften, EU-AIF-Verwaltungsgesellschaften oder ausländischen Verwaltungsgesellschaften vertrieben werden.

3 Bei den in Unterabschnitt 2 geregelten Anzeigeverfahren sind in zeitlicher Hinsicht zwei Regelungsregime zu unterscheiden; das erste Regime umfasst Vertriebssachverhalte

---

[1] Zur besseren Lesbarkeit wird im folgenden Kommentartext nur noch von Anteilen gesprochen, gemeint sind dann jeweils Anteile oder Aktien, je nachdem, welche Organisationsform die AIF hat.

mit reinem EU-Bezug (§§ 321, 323, 330a), das zweite solche mit Drittstaatenbezug (§§ 322, 324–328). Ein **Vertrieb mit reinem EU-Bezug** liegt vor, wenn sowohl der AIFM und der AIF (bei Master-Feeder-Konstruktionen der Feeder- und der Master-AIF) ihren Sitz in der EU haben, während bei einem **Vertrieb mit Drittstaatenbezug** der AIFM und/oder der AIF (bei Master-Feeder-Konstruktionen der Feeder- und/oder der Master-AIF) außerhalb der EU ansässig sind bzw. ist.

Vertriebsvorschriften mit reinem EU-Bezug (erstes Regelungsregime) sind mit Inkrafttreten des KAGB am 22.7.2013 sofort anwendbar, für Vertriebsvorschriften mit Drittstaatenbezug (zweites Regelungsregime) gelten bis 2015 spezielle Vertriebsvorgaben. Das KAGB macht insoweit von dem Wahlrecht der AIFM-Richtlinie[2] Gebrauch und unterstellt den Vertrieb von inländischen Spezial-AIF und *EU*-AIF dem EU-Passport-Regime[3] der AIFM-Richtlinie, das für den Vertrieb mit Drittstaatenbezug erst ab 2015 zwingend anwendbar ist, vgl. § 295 Abs. 2 und 3 KAGB i.V.m. Art. 66 Abs. 3, Art. 67 Abs. 6 AIFM-Richtlinie (sog. gestreckte Anwendbarkeit).[4] Dies gilt für den Vertrieb sowohl an professionelle Anleger[5] als grundsätzlich auch an semiprofessionelle Anleger. Bei den semiprofessionellen Anlegern handelt es sich um Kleinanleger im Sinne von Art. 43 Abs. 1 der AIFM-Richtlinie, an die nur solche AIF vertrieben werden dürfen, die gemäß der AIFM-Richtlinie verwaltet werden.[6] Der deutsche Gesetzgeber stellt den semiprofessionellen Anleger im KAGB insoweit dem professionellen Anleger gleich.[7]

Bei der Auswahl des einschlägigen Anzeigeverfahrens für den Vertrieb von AIF an professionelle und semiprofessionelle Anleger in Deutschland ist daher zu beachten, dass einige Anzeigeverfahren (§§ 329, 330) nur bis zu dem Zeitpunkt gelten, der in dem auf Grundlage des Art. 66 Abs. 3 i.V.m. Art. 67 Abs. 6 der AIFM-Richtlinie erlassenen delegierten Rechtsakt genannt wird, und andere Anzeigeverfahren (§§ 322, 324–328) erst ab diesem Zeitpunkt;[8] bis dahin muss das für die jeweilige Fallkonstellation einschlägige Anzeigeverfahren gewählt werden.[9] Die übrigen Anzeigeverfahren des Unterabschnitts 2 (§§ 321, 323, 330a) gelten ab Inkrafttreten des KAGB und über den vorgenannten Zeitpunkt hinaus.

§ 323 ist gemäß § 295 Abs. 2 und 3 für den Vertrieb von inländischen Spezial-AIF und EU-AIF an professionelle bzw. semiprofessionelle Anleger durch EU-AIF-Verwaltungsgesellschaften mit Inkrafttreten des KAGB sofort und über das Jahr 2015 hinaus anwendbar.

---

2   Richtlinie 2011/61/EU des Europäischen Parlaments und des Rates vom 8. Juni 2011 über die Verwalter alternativer Investmentfonds und zur Änderung der Richtlinien 2003/41/EG und 2009/65/EG und der Verordnungen (EG) Nr. 1060/2009 und (EU) Nr. 1095/2010, ABl. L 174 vom 1.7.2011, S. 1.
3   Zur Thematik des „EU-Passport-Regimes" vgl. *Volhard/Jang* DB **2013** 273, 274 ff.; ferner: *Emde/Dreibus* BKR **2013** 97 ff., die den Übergang vom ersten Regelungsregime zum zweiten Regelungsregime „Drittstaatenstichtag" nennen; *Jesch/Geyer* BKR **2012** 362; *Klebeck/Meyer* RdF **2012** 96; *Spindler/Tancredi* WM **2011** 1446 ff.; *Loff/Klebeck* BKR **2012** 355 ff.; *Wallach* **2011** 86 ff.; *Weiser/Jang* BB **2011** 1224 f.
4   Der Begriff wurde geprägt von *Volhard/Jang* DB **2013** 273, 274.
5   Zum Begriff des „Professionellen Anlegers" vgl. § 1 Abs. 19 Nr. 32.
6   BTDrucks. 17/12294 S. 289; zum Begriff des „Semiprofessionellen Anlegers" vgl. im Übrigen § 1 Abs. 19 Nr. 33.
7   Vgl. Begründung zu § 295 Abs. 3, BTDrucks. 17/12294 S. 278.
8   Vgl. Antwort auf Frage 2.1.1 des FAQ „Häufige Fragen zum Vertrieb und Erwerb von Investmentvermögen nach dem KAGB" der Bundesanstalt vom 4.7.2013 (Geschäftszeichen WA 41-Wp 2137-2013/0293) abrufbar unter www.bafin.de/SharedDocs/Veroeffentlichungen/DE/FAQ/faq_kagb_vertrieb_erwerb_130604.html?nn=2696570.
9   *Ewers* Bundestag beschließt AIFM-Umsetzungsgesetz, BaFin-Journal 06/**2013** 19.

II. Entstehung der Norm und Grundlagen

7 § 323 gehört – wie alle Normen des Unterabschnitts 2 – zu den durch die AIFM-Richtlinie neu geschaffenen investmentrechtlichen Regelungen. Eine entsprechende Vorgängernorm fehlte im Investmentgesetz. Das Investmentgesetz sah für den europaweiten Vertrieb von Investmentanteilen, die keine OGAW sind, keinen EU-Pass vor. Der öffentlichen Vertrieb von ausländischen Investmentanteilen, die keine OGAW sind, wurde in Deutschland zwar in §§ 135 ff. InvG geregelt, diese setzten allerdings eine Vergleichbarkeit der ausländischen Investmentanteile mit deutschen Investmentanteilen voraus. Die Vergleichbarkeitsprüfung war streng und schloss all jene Investmentfonds vom öffentlichen Vertrieb in Deutschland aus, die nicht eigens dafür konzipiert worden waren.[10] Eine Anzeige- oder Erlaubnispflicht auf Ebene der geschlossenen Fondskonstrukte gab es zuvor ebenso wenig wie eine generelle Anzeige- oder Erlaubnispflicht auf Ebene ihrer Verwalter;[11] der Vertrieb erfolgte im Rahmen von Privatplatzierungen, die in bestimmten Konstellationen ohne jegliche Beteiligung der BaFin möglich war.[12] Die Abschaffung der Privatplatzierungen erfolgt aufgrund eines Systemwechsels des Europäischen Gesetzgebers, der in der AIFM-Richtlinie nur zwischen dem Vertrieb mit Passport oder ohne Passport und nicht zwischen öffentlichen und nicht-öffentlichen Vertrieb unterscheidet.[13]

8 Nach der Begründung zum Regierungsentwurf[14] setzt § 323 die europäischen Vorgaben des Art. 32 der AIFM-Richtlinie auf nationaler Ebene um.[15] Art. 32 der AIFM-Richtlinie schreibt ein Anzeigeverfahren für alle EU-AIF vor, die von einem EU-AIFM in einem anderen Staat als seinem Herkunftsland an professionelle Anleger vertrieben werden sollen. Da Art. 32 der AIFM-Richtlinie keine Ausnahme für EU-AIF vorsieht, die im Aufnahmestaat des EU-AIFM aufgelegt wurden, besteht eine Anzeigepflicht von EU-AIF-Verwaltungsgesellschaften auch beim beabsichtigten Vertrieb von inländischen Spezial-AIF an professionelle Anleger im Inland.[16]

9 Art. 32 der AIFM-Richtlinie regelt die Aufgabenverteilung zwischen den zuständigen Stellen des Heimatstaates und des Aufnahmestaates des AIF und dient so dem Zweck, die Rahmenbedingungen für einen EU-weiten Vertrieb von EU-AIF zu schaffen.[17] Damit dehnt Art. 32 die Regelungen des Art. 31 AIFM-Richtlinie, der auf Ebene der einzelnen Mitgliedsstaaten einheitliche Bedingungen für den nationalen Vertrieb von AIF durch ihren AIFM schafft, auf den Vertrieb in anderen Mitgliedsstaaten aus.[18]

10 § 323 stellt die semiprofessionellen Anleger den professionellen Anlegern gleich. Der Gesetzgeber sieht dies als richtlinienkonform an, da § 323 für den Vertrieb voraussetzt, dass die EU-AIF-Verwaltungsgesellschaft und deren Verwaltung des angezeigten AIF der AIFM-Richtlinie entsprechen.[19]

---

10 *Weiser/Jang* BB **2011** 1225 m.w.N.
11 Dornseifer/Jesch/Klebeck/Tollmann/*Jesch* Art. 31 Rn. 35.
12 Vgl. *Volhard/Jang* DB **2013** 273, 274.
13 Vgl. *Volhard/Jang* DB **2013** 273, 274.
14 Gesetzentwurf der Bundesregierung zur Umsetzung der Richtlinie 2011/61/EU über die Verwalter alternativer Investmentfonds (AIFM-Umsetzungsgesetz – AIFM-UmsG) vom 6.2.2013, BTDrucks. 17/12294.
15 Vgl. BTDrucks. 17/12294 S. 289.
16 Vgl. BTDrucks. 17/12294 S. 289.
17 Dornseifer/Jesch/Klebeck/Tollmann/*Jesch* Art. 32 Rn. 2.
18 Dornseifer/Jesch/Klebeck/Tollmann/*Jesch* Art. 32 Rn. 3.
19 Vgl. BTDrucks. 17/12294 S. 289.

§ 323 Abs. 1 S. 1 dient der Umsetzung von Art. 32 Abs. 1 UAbs. 1 und Abs. 6 der AIFM-Richtlinie.[20] **§ 323 Abs. 1 S. 2** setzt Art. 32 Abs. 2 und 3 der AIFM-Richtlinie um.[21] 11

Mit **§ 321 Abs. 2 S. 1 und S. 2** wird Artikel 32 Abs. 1 UAbs. 1 und 2 und Abs. 4 UAbs. 1 der AIFM-Richtlinie umgesetzt.[22] **§ 323 Abs. 2 S. 3** setzt Art. 32 Abs. 5 der AIFM-Richtlinie um.[23] 12

§ 323 Abs. 3 setzt Art. 32 Abs. 5 der AIFM-Richtlinie für den Fall um, dass die BaFin von den zuständigen Stellen im Herkunftsmitgliedstaat der EU-AIF-Verwaltungsgesellschaft über eine Änderung der Vorkehrungen nach § 321 Abs. 1 S. 2 Nr. 7 oder § 323 Abs. 1 S. 2 unterrichtet wird.[24] 13

B. Vertriebsvoraussetzungen/Anwendungsbereich der Norm

Das Anzeigeverfahren nach § 323 ist anwendbar, wenn eine EU-AIF-Verwaltungsgesellschaft beabsichtigt, Anteile an EU-AIF oder an deutschen Spezial-AIF, die sie gemäß § 54 grenzüberschreitend im Inland verwaltet, an semiprofessionelle und professionelle Anleger in Deutschland zu vertreiben. 14

§ 323 Abs. 1 betrifft ausschließlich **deutsche Spezial-AIF** sowie **EU-AIF**, die von der EU-AIF-Verwaltungsgesellschaft verwaltet werden. Die Anzeigepflicht der EU-AIF-Verwaltungsgesellschaft für den Vertrieb von ausländischen AIF und Master-Feeder-AIF mit Drittstaatenbezug an semiprofessionelle und professionelle Anleger ist in § 324 geregelt. Die entsprechende Anzeigepflicht einer AIF-Kapitalverwaltungsgesellschaft für den Vertrieb von inländische Spezial- oder EU-AIF regelt § 321 und von ausländischen AIF und Master-Feeder-AIF mit Drittstaatenbezug § 324, und die entsprechenden Pflichten einer ausländischen AIF-Verwaltungsgesellschaft regeln die §§ 325, 327. 15

Die Anzeigepflicht der EU-AIF-Verwaltungsgesellschaft nach § 323 Abs. 1 S. 1 knüpft nach dessen Wortlaut an die **Absicht des Vertriebs** in Deutschland.[25] Eine Vertriebsabsicht dürfte erst dann vorliegen, wenn die EU-AIF-Verwaltungsgesellschaft willens und in der Lage ist, die an den Vertrieb gestellten gesetzlichen Anforderungen zu erfüllen und den Vertrieb tatsächlich aufzunehmen.[26] Sobald diese Voraussetzungen gegeben sind, löst die Vertriebsabsicht die Anzeigepflicht der EU-AIF-Verwaltungsgesellschaft aus. Einer Anzeige bedarf es, bevor irgendeine nach außen gerichtete Vertriebstätigkeit aufgenommen wird.[27] 16

Die Anzeigepflicht des § 323 trifft die EU-AIF-Verwaltungsgesellschaft nur, wenn sie die inländischen Spezial-AIF und die EU-AIF in Deutschland **vertreiben** will. Der Vertrieb muss sich dabei **an semiprofessionelle und professionelle Anleger** im Inland richten.[28] Gemäß § 293 Abs. 1 S. 1 qualifiziert als Vertrieb grundsätzlich jedes direkte oder indirekte Anbieten oder Platzieren von Anteilen eines Investmentvermögens.[29] Bei einem Vertrieb an professionelle und semiprofessionelle Anleger wird der Vertriebsbegriff entsprechend den Vorgaben aus der AIFM-Richtlinie durch § 293 Abs. 1 S. 3 KAGB einge- 17

---

20 Vgl. BTDrucks. 17/12294 S. 289.
21 Vgl. BTDrucks. 17/12294 S. 289.
22 Vgl. BTDrucks. 17/12294 S. 289.
23 Vgl. BTDrucks. 17/12294 S. 289.
24 Vgl. BTDrucks. 17/12294 S. 289.
25 Vgl. hierzu bereits die Erläuterungen zu § 321 Rn. 17.
26 Emde/Dornseifer/Dreibus/Hölscher/*Baum* InvG (2013) § 128 Rn. 16.
27 So im Ergebnis auch Beckmann/Scholtz/Vollmer/*Schmies* InvG (2013) § 128 Rn. 3; Emde/Dornseifer/Dreibus/Hölscher/*Baum* InvG (2013) § 128 Rn. 17.
28 Zum Vertrieb von AIF an Privatanleger siehe Baur/Tappen/*Behme* §§ 316 ff.
29 Zur ausführlichen Definition des Vertriebsbegriffes s. Baur/Tappen/*Zingel* § 293 Rn. 3 ff.

schränkt. Ein Vertrieb an diese Anlegergruppe ist nur gegeben, wenn der Vertrieb auf Initiative oder im Auftrag der EU-AIF-Verwaltungsgesellschaft erfolgt. Das Anbieten von Anteilen eines AIF, das nicht auf Initiative oder im Auftrag der EU-AIF-Verwaltungsgesellschaft erfolgt (z.B. Vermittlung durch einen Dritten, den die EU-AIF-Verwaltungsgesellschaft nicht beauftragt hat), stellt demnach keinen Vertrieb der EU-AIF-Verwaltungsgesellschaft dar.[30]

18 Im Spezialfondsbereich sind darüber hinaus Fallkonstellationen denkbar, dass eine EU-AIF-Verwaltungsgesellschaft gegenüber einem Interessenten die eigenen Fähigkeiten bewirbt und dabei Musteranlagebedingungen und Musterprospekte übergibt, die ersichtlich noch nicht angebotsreif sind, weil sie noch zu verhandelnde Lücken aufweisen, und die sodann von den Parteien verhandelt werden. Vertriebshandlungen für ein Investmentvermögen, das weder aufgelegt ist noch unter einem bestimmten Namen firmiert, sind erst möglich, wenn das Investmentvermögen angebotsreif ist. Das ist erst dann der Fall, wenn die Anlagebedingungen vollständig ausgehandelt sind. Denn ansonsten müsste die EU-AIF-Verwaltungsgesellschaft jeden Verhandlungsstand bei der BaFin anzeigen, was nicht Sinn und Zweck des Anzeigeverfahrens sein kann.[31]

19 Die EU-AIF-Verwaltungsgesellschaft hat die Vertriebsabsicht ihrer Aufsichtsbehörde im Herkunftsmitgliedstaat für jeden EU-AIF, den sie zu vertreiben beabsichtigt, anzuzeigen. Deutschland ist der Aufnahmemitgliedstaat für die EU-AIF-Verwaltungsgesellschaft und den EU-AIF. Das Anzeigeverfahren richtet sich nach dem Recht des Herkunftsmitgliedstaates nach Maßgabe von Artikel 32 der AIFM-Richtlinie.[32] Die zuständige Behörde des Herkunftsmitgliedstaats des AIFM prüft, ob Anhaltspunkte dafür vorliegen, dass die EU-AIF-Verwaltungsgesellschaft oder die Verwaltung des angezeigten AIF durch die EU-AIF-Verwaltungsgesellschaft den Vorschriften der AIFM-Richtlinie nicht entsprechen oder künftig nicht entsprechen werden. Wenn solche Anhaltspunkte nicht gegeben sind, übermittelt die zuständige Aufsichtsbehörde des Herkunftsmitgliedstaates spätestens 20 Arbeitstage nach dem Eingang der vollständigen Anzeigeunterlagen diese Unterlagen sowie eine Bescheinigung über die Erlaubnis der betreffenden EU-AIF-Verwaltungsgesellschaft zur Verwaltung des betreffenden EU-AIF oder inländischen Spezial-AIF an die BaFin. Die Übermittlung kann nach dem Merkblatt der BaFin zu § 323 per E-Mail erfolgen.[33] Des weiteren unterrichtet die Aufsichtsbehörde der EU-AIF-Verwaltungsgesellschaft diese unverzüglich über den Versand der Anzeigeunterlagen.

I. Vollständigkeitsprüfung der BaFin (Abs. 1)

20 Der Austausch von Dokumenten erfolgt zwischen den zuständigen Aufsichtsbehörden der betroffenen Mitgliedstaaten; einerseits der BaFin in Deutschland und andererseits der im Herkunftsmitgliedstaat der EU-AIF-Verwaltungsgesellschaft für diese zuständigen Aufsichtsbehörde. Die BaFin prüft, ob die von den zuständigen Stellen des Herkunftsmitgliedstaates übermittelten Anzeigeunterlagen vollständig sind, eine ent-

---

[30] Vgl. Antwort auf Frage 1.2 des BaFin-FAQ „Vertrieb und Erwerb von Investmentvermögen nach dem KAGB" (Fn. 8), *Ewers* BaFin-Journal 06/**2013** 18.
[31] Vgl. Antwort auf Frage 1.2 des BaFin-FAQ „Vertrieb und Erwerb von Investmentvermögen nach dem KAGB" (Fn. 8).
[32] Der deutsche Gesetzgeber hat Art. 32 insoweit in § 331 umgesetzt.
[33] Merkblatt (2013) zum Vertrieb von Anteilen oder Aktien an EU-AIF oder inländischen Spezial-AIF, die von einer EU-AIF- Verwaltungsgesellschaft verwaltet werden, an semiprofessionelle und professionelle Anleger in der Bundesrepublik Deutschland gemäß § 323 Kapitalanlagegesetzbuch (KAGB) vom 17.7.2013, abrufbar unter http://www.bafin.de/SharedDocs/Downloads/DE/Merkblatt/WA/dl_130722_merkbl_323_KAGB_wa.pdf?__blob=publicationFile&v=2.

sprechende Bescheinigung der zuständigen Stelle des Herkunftsmitgliedstaates über die Erlaubnis der EU-AIF-Verwaltungsgesellschaft vorliegt und die Unterlagen in einer in der internationalen Finanzwelt gebräuchlichen Sprache übermittelt wurden.

1. Zulassungsbescheinigung der Aufsichtsbehörde des Herkunftsmitgliedstaates. Die BaFin prüft gemäß § 323 Abs. 1 S. 1 Nr. 1, ob sie von der Aufsichtsbehörde des Herkunftsmitgliedstaates eine Bescheinigung über die Erlaubnis der betreffenden EU-AIF-Verwaltungsgesellschaft zur Verwaltung von AIF mit einer bestimmten Anlagestrategie erhalten hat. Die Zulassung der EU-AIF-Verwaltungsgesellschaft erfolgt auf deren Antrag bei dieser für sie zuständigen Aufsichtsbehörde. Die EU-AIF-Verwaltungsgesellschaft hat hierfür verschiedene Unterlagen vorzulegen und Auskünfte zu geben. Darüber hinaus hat sie bestimmt organisatorische und personelle Voraussetzungen zu erfüllen. Art. 7 und Art. 8 der AIFM-Richtlinie legen Mindeststandards für die Zulassung einer EU-AIF-Verwaltungsgesellschaft fest, die jeder Mitgliedstaat in nationales Recht umzusetzen hat. Ein Aufnahmemitgliedstaat kann sich daher darauf verlassen, dass EU-AIF-Verwaltungsgesellschaften aus anderen Mitgliedstaaten bestimmte Mindeststandards erfüllen und brauchen insoweit keine eigene Prüfung mehr vorzunehmen. So wird ein Vertrieb in anderen Mitgliedstaaten als dem Herkunftsland des AIFM möglich.[34]

21

2. Anzeigeschreiben für jeden angezeigten AIF. Ferner prüft die BaFin, ob sie von der Aufsichtsbehörde des Herkunftsmitgliedstaates für jeden angezeigten AIF ein Anzeigeschreiben erhalten hat (§ 323 Abs. 1 S. 1 Nr. 2). Für den Inhalt des Anzeigeschreibens gilt gemäß Satz 2 der § 321 Abs. 1 S. 2 entsprechend mit der Maßgabe, dass es statt „AIF-Kapitalverwaltungsgesellschaft" „EU-AIF-Verwaltungsgesellschaft" heißen muss. Die redaktionellen Hinweise des Gesetzgebers bei der Anwendung des § 321 stellen sicher, dass die Rechtsanwendung verständlich und klar ist und keine zusätzlichen Auslegungsfragen durch Gesetzesverweise auftreten.

22

Dem Anzeigeschreiben ist ein Katalog von Unterlagen beizufügen. Dies sind im Einzelnen (i) ein Geschäftsplan, der Angaben zum angezeigten AIF sowie zu seinem Sitz enthält,[35] (ii) die Gründungsdokumente des AIF, also abhängig davon, ob der AIF als Sondervermögen, Investmentaktiengesellschaft oder Investmentkommanditgesellschaft organisiert ist, Anlagebedingungen bzw. Satzung bzw. Gesellschaftsvertrag des angezeigten AIF, (iii) Angaben zum Namen der Verwahrstelle, (iv) eine Beschreibung des angezeigten AIF und alle für die Anleger verfügbaren Informationen über den angezeigten AIF, (v) falls es sich bei dem angezeigten AIF um einen Feeder-AIF handelt, Angaben zum Sitz des Master-AIF und seiner Verwaltungsgesellschaft,[36] (vi) alle in § 307 Absatz 1 genannten weiteren Informationen, die semiprofessionellen und professionellen Anlegern vor Erwerb zur Verfügung gestellt werden müssen (dies sind z.B. der jüngste Jahresbericht, der Nettoinventarwert oder Marktpreis, die Wertentwicklung, eine Beschreibung der Anlagestrategie, eine Darstellung des Einsatzes von Fremdmitteln, eine Beschreibung der Verwaltungsgesellschaft, der Verwahrstelle und sonstiger Dienstleister, Angabe der ausgegliederten Verwaltungsfunktionen, eine Darstellung des Bewertungsverfahrens, eine Beschreibung des Liquiditätsmanagements, Transparenzangaben hinsichtlich der Kostenstruktur, An-

23

---

34 Dornseifer/Jesch/Klebeck/Tollmann/*Jesch* Art. 31 Rn. 7.
35 Vgl. § 321 Rn. 21.
36 Zu den Anforderungen an eine Master-Feeder-Konstruktion im Rahmen des § 323 vgl. nachfolgend Rn. 28.

gaben zur Informationspolitik),[37] (vii) Angaben zu den Vorkehrungen zur Verhinderung des Vertriebs an Privatanleger, auch bei Einschaltung eines Wertpapierdienstleisters.[38]

24 Weiterhin muss das Anzeigeschreiben entsprechend Anhang IV Buchstabe h der AIFM-Richtlinie Angaben zu den Vorkehrungen für den Vertrieb des EU-AIF oder inländischen Spezial-AIF in Deutschland sowie Angaben zu den Vorkehrungen beinhalten, die getroffen wurden, um zu verhindern, dass Anteile oder Aktien an dem EU-AIF oder inländischen Spezial-AIF in Deutschland an Privatanleger vertrieben werden. Dies gilt auch, wenn die EU-AIF-Verwaltungsgesellschaft zum Zwecke des Vertriebes auf unabhängige Unternehmen zurückgreift.

25 Darüber hinaus muss Deutschland als Staat genannt sein, in dem Anteile des angezeigten AIF an professionelle Anleger vertrieben werden sollen.

26 **3. In der internationalen Finanzwelt gebräuchlichen Sprache.** Die der BaFin zu übermittelnde Dokumentation hat in einer in der internationalen Finanzwelt gebräuchlichen Sprache zu sein. Die EU-Kommission hat in dem Protokoll einer informellen Zusammenkunft am 26.1.2005[39] zu Art. 19 der Prospekt-Richtlinie[40] festgestellt, dass jedenfalls Englisch eine in der internationalen Finanzwelt gebräuchliche Sprache sei. Es können aber auch andere Sprachen das Kriterium „in der internationalen Finanzwelt gebräuchliche Sprache" erfüllen, insbesondere dann wenn sie bei Finanztransaktionen in einer bestimmten Region verwendet würden. Dies kann gegeben sein, wenn der Vertrieb z.B. in den deutschsprachigen Ländern Deutschland, Liechtenstein, Luxemburg und Österreich erfolgt.[41]

II. Vertriebsaufnahme

27 **1. Vertriebsmitteilung (Abs. 2 S. 1).** Die EU-AIF-Verwaltungsgesellschaft kann den Vertrieb in Deutschland aufnehmen, sobald sie von der zuständigen Aufsichtsbehörde ihres Herkunftsmitgliedstaats über die Übermittlung der Zulassungsbescheinigung und des Anzeigeschreibens an die BaFin unterrichtet wurde. Hat die EU-AIF-Verwaltungsgesellschaft eine solche Mitteilung erhalten, darf sie EU-AIF oder inländischen Spezial-AIF an professionelle und semiprofessionelle Anleger vertreiben.[42]

28 **2. Besonderheiten bei Master-Feeder-Konstruktionen (Abs. 2 S. 2).** Handelt es sich bei dem inländischen Spezial-AIF oder dem EU-AIF um einen Feeder-AIF, besteht das Vertriebsrecht gemäß § 323 Abs. 2 S. 2 nur, wenn der Master-AIF ebenfalls ein EU-AIF oder inländischer AIF ist, der von einer EU-AIF-Verwaltungsgesellschaft oder einer AIF-Kapitalverwaltungsgesellschaft verwaltet wird. Das Anzeigeverfahren nach § 323 ist nur einschlägig, wenn sowohl Master- und Feeder-AIF EU-AIF oder inländische Spezial-AIF sind.

---

[37] Vgl. nachfolgend Rn. 32.
[38] Vgl. nachfolgend Rn. 33.
[39] European Commission, Internal Market and Services DG, 3rd Informal Meeting on Prospectus Transposition – 26 January 2005, Summary record, Az. MARKT/G3/WG D(2005) S. 10, abrufbar unter http://ec.europa.eu/internal_market/securities/docs/prospectus/summary-note-050126_en.pdf.
[40] Richtlinie 2003/71/EG des Europäischen Parlaments und des Rates vom 4. November 2003 betreffend den Prospekt, der beim öffentlichen Angebot von Wertpapieren oder bei deren Zulassung zum Handel zu veröffentlichen ist, und zur Änderung der Richtlinie 2001/34/EG, ABl. L 345/64 vom 31.12.2003.
[41] Vgl. auch Emde/Dornseifer/Dreibus/Hölscher/*Baum* InvG (2013) § 128 Rn. 21.
[42] Vgl. BTDrucks. 17/12294 S. 289.

Ein Feeder-AIF ist ein AIF, der sein Vermögen vollständig in einen anderen AIF, den **29** Master-AIF, investiert. Eine Risikomischung ergibt sich, da der Master-AIF die Regelungen zur Risikodiversifizierung beachten muss.[43] Der Feeder-AIF muss gemäß § 1 Abs. 19 Nr. 13 entweder (i) mindestens 85 Prozent seines Wertes in Anteilen eines Master-AIF anlegen, oder (ii) mindestens 85 Prozent seines Wertes in mehr als einem Master-AIF anlegen, wenn diese Master-AIF identische Anlagestrategien verfolgen, oder (iii) anderweitig ein Engagement von mindestens 85 Prozent seines Wertes in einem Master-AIF haben. Ein Master-AIF ist gemäß § 1 Abs. 19 Nr. 14 ein AIF, an dem ein Feeder-AIF Anteile hält.

3. Vorkehrungen zum Vertrieb (Abs. 2 S. 3). Die EU-AIF-Verwaltungsgesellschaft **30** muss Vorkehrungen treffen, um zu verhindern, dass Anteile des angezeigten AIF an Privatanleger vertrieben werden, insbesondere wenn sie für die Erbringung von Wertpapierdienstleistungen für den angezeigten AIF auf unabhängige Unternehmen zurückgreift. § 323 Abs. 2 S. 3 verweist auf § 321 Abs. 1 S. 2 Nr. 7, der damit die bereits in § 295 Abs. 1 S. 3 enthaltene allgemeine Regelung für den Vertrieb von AIF wiederholt. Die Vorkehrungen müssen so gestaltet sein, dass ein Vertrieb an Privatanleger wirksam verhindert wird.[44]

Gemäß § 323 Abs. 2 S. 3 KAGB prüft die BaFin, ob die Vorkehrungen zum Vertrieb **31** geeignet sind, einen Verstoß gegen die Vertriebsvorschriften des KAGB zu vermeiden, insbesondere einen Vertrieb an Privatanleger wirksam zu verhindern. Gemäß Art. 32 Abs. 5 der AIFM-Richtlinie fällt diese Prüfung nicht in die Zuständigkeit der zuständigen Stelle des Herkunftsmitgliedstaates, sondern unterliegt den Rechtsvorschriften und der Aufsicht der zuständigen Behörde des Aufnahmemitgliedstaates, somit der BaFin.

Die EU-AIF-Verwaltungsgesellschaft hat **allgemeine Vorkehrungen zum Vertrieb** **32** zu treffen. Sie hat im Anzeigeschreiben anzugeben, ob sie interne Vorkehrungen getroffen hat, um sicherzustellen, dass die in den §§ 307 und 308 genannten Informationspflichten eingehalten werden, z.B. durch entsprechende Anweisungen und Schulungen der Mitarbeiter, und ob sie mit allen Vertriebspartnern, die in ihrem Auftrag handeln, Vereinbarungen getroffen hat, nach denen diese ihrerseits verpflichtet sind, die in § 307 genannten Informationspflichten einzuhalten. Diese Angaben sind erforderlich, damit die BaFin überprüfen kann, ob die EU-AIF-Verwaltungsgesellschaft die Vertriebsvorgaben des KAGB erfüllen kann.[45]

Weiterhin hat die EU-AIF-Verwaltungsgesellschaft **Angaben in Bezug auf ihre** **33** **Vorkehrungen zur Verhinderung eines Vertriebes an Privatanleger** zu machen. Sie hat darzulegen, ob sie interne Vorkehrungen getroffen hat, um sicherzustellen, dass Anteile an den zum Vertrieb angezeigten EU-AIF oder Spezial-AIF Privatanlegern weder angeboten noch bei diesen platziert werden.[46] Sie hat diese Anforderungen auch bei ihren Vertriebspartnern umzusetzen und mit allen Vertriebspartnern Vereinbarungen zu schließen, nach denen Anteile an dem angezeigten EU-AIF oder Spezial-AIF Privatanlegern weder angeboten noch bei diesen platziert werden dürfen. Für die Umsetzung dieser Anforderungen bei Vertriebspartner reicht ein Hinweis gegenüber den Vertriebspartnern nicht aus, erforderlich ist vielmehr eine vertragliche Verpflichtung im Vertriebsvertrag. Die

---

43 Dornseifer/Jesch/Klebeck/Tollmann/*Jesch* Art. 31 Rn. 9.
44 Vgl. BTDrucks. 17/12294 S. 288.
45 BaFin-Merkblatt zum Vertrieb (Fn. 33), S. 3.
46 BaFin-Merkblatt zum Vertrieb (Fn. 33), S. 3.

EU-AIF-Verwaltungsgesellschaft hat der BaFin gegenüber anzugeben, ob mit allen Vertriebspartnern solche Vereinbarungen geschlossen wurden.[47]

34 Sofern der Vertrieb über das Internet oder andere elektronische Systeme erfolgt müssen – unabhängig davon, ob der Vertrieb durch die EU-AIF-Verwaltungsgesellschaft selbst oder durch einen Vertriebspartner erfolgt – für die einzelnen Anlegergruppen (Privatanleger, semi-professionelle und professionelle Anleger) getrennte Zugangswege bestehen. Auch dies ist der BaFin anzugeben.[48]

III. Änderungsmitteilungen, Beendigung des Vertriebs in Deutschland

35 Aktualisierungen oder Änderungen der im Anzeigeschreiben enthaltenen Angaben und Unterlagen einschließlich der Einstellung des Vertriebes für EU-AIF oder inländische Spezial-AIF oder einzelner vertriebsberechtigter Teilinvestmentvermögen eines EU-AIF oder inländischen Spezial-AIF (Deregistrierung) sind gegenüber der zuständigen Stelle im Herkunftsmitgliedstaat anzuzeigen.[49] Diese informieren die BaFin entsprechend. Die BaFin prüft, ob die Änderungen gegen geltendes deutsches Investmentrecht verstoßen und ob die Vertriebsvorkehrungen (weiterhin) geeignet sind, den Vertrieb an Privatanleger zu verhindern.

C. Übergangsregelungen

36 Auf § 323 finden die Übergangsregelungen der §§ 345 Abs. 8, 9, 351 Abs. 5 und 353 Abs. 6 Anwendung.

§ 324
Anzeigepflicht einer EU-AIF-Verwaltungsgesellschaft beim beabsichtigten Vertrieb von ausländischen AIF oder von inländischen Spezial-Feeder-AIF oder EU-Feeder-AIF, deren jeweiliger Master-AIF kein EU-AIF oder inländischer AIF ist, der von einer EU-AIF-Verwaltungsgesellschaft oder einer AIF-Kapitalverwaltungsgesellschaft verwaltet wird, an semiprofessionelle und professionelle Anleger im Inland

(1) Ein Vertrieb von Anteilen oder Aktien an ausländischen AIF und von Anteilen oder Aktien an inländischen Spezial-Feeder-AIF oder EU-Feeder-AIF, deren jeweiliger Master-AIF kein EU-AIF oder inländischer AIF ist, der von einer EU-AIF-Verwaltungsgesellschaft oder einer AIF-Kapitalverwaltungsgesellschaft verwaltet wird, an semiprofessionelle oder professionelle Anleger im Geltungsbereich dieses Gesetzes durch eine EU-AIF-Verwaltungsgesellschaft ist nur zulässig, wenn die in § 322 Absatz 1 genannten Voraussetzungen gegeben sind. Ist die Bundesanstalt nicht mit der Beurteilung der in § 322 Absatz 1 Nummer 1 und 2 genannten Voraussetzungen durch die zuständige Stelle des Herkunftsmitgliedstaates der EU-AIF-Verwaltungsgesellschaft einverstanden, kann die Bundesanstalt die Europäische Wertpapier- und Marktaufsichtsbehörde nach Maßgabe des Artikels 19 der Verordnung (EU) Nr. 1095/2010 um Hilfe ersuchen.

---

47 BaFin-Merkblatt zum Vertrieb (Fn. 33), S. 3.
48 BaFin-Merkblatt zum Vertrieb (Fn. 33), S. 3.
49 BaFin-Merkblatt zum Vertrieb (Fn. 33), S. 4.

(2) Beabsichtigt eine EU-AIF-Verwaltungsgesellschaft im Geltungsbereich dieses Gesetzes, die in Absatz 1 Satz 1 genannten AIF an semiprofessionelle oder professionelle Anleger zu vertreiben, so prüft die Bundesanstalt, ob die zuständige Stelle des Herkunftsmitgliedstaates der EU-AIF-Verwaltungsgesellschaft eine von ihr ausgestellte Bescheinigung über die Erlaubnis der betreffenden EU-AIF-Verwaltungsgesellschaft zur Verwaltung von AIF mit einer bestimmten Anlagestrategie sowie ein Anzeigeschreiben für jeden AIF in einer in der internationalen Finanzwelt gebräuchlichen Sprache übermittelt hat. § 323 Absatz 1 Satz 2 gilt entsprechend.

(3) § 323 Absatz 2 Satz 1 und 3 sowie Absatz 3 ist entsprechend anzuwenden.

Schrifttum

Emde/Dreibus Der Regierungsentwurf für ein Kapitalanlagegesetzbuch, BKR **2013** 89; *Jesch/Geyer* Die Übergangsbestimmungen der AIFM-Richtlinie, BKR **2012** 359; *Klebeck/Meyer*, Drittstaatenregulierung der AIFM-Richtlinie, RdF **2012** 95; *Spindler/Tancredi* Die Richtlinie über Alternative Investmentfonds (AIFM-Richtlinie), WM **2011** 1393 (Teil I) und WM **2011** 1441 (Teil II); *Loff/Klebeck* Fundraising nach der AIFM-Richtlinie und Umsetzung in Deutschland durch das KAGB, BKR **2012** 353; *Volhard/Jang* Der Vertrieb alternativer Investmentfonds, DB **2013** 273; *Wallach* Alternative Investment Funds Managers Directive – ein neues Kapitel des europäischen Investmentrechts, RdF **2011** 80; *Weiser/Hüwel* Verwaltung alternativer Investmentfonds und Auslagerung nach dem KAGB-E.

Systematische Übersicht

A. Überblick —— 1
B. Regulierungshintergrund —— 2
C. Anwendungsbereich der Norm
   I. Zeitlicher Anwendungsbereich der Norm —— 7
   II. Persönlicher Anwendungsbereich der Norm —— 10
   III. Sachlicher Anwendungsbereich der Norm —— 11
D. Vertriebsvoraussetzungen —— 17
E. Bewertungsdivergenz —— 22
F. Bescheinigung und Anzeigeschreiben (Abs. 2) —— 28
G. Entsprechende Geltung von § 323 Abs. 2 Satz 1 und 3 sowie Abs. 3 —— 34

A. Überblick

Wie alle im Abschnitt 3, Unterabschnitt 2 des 4. Kapitels des KAGB enthaltenen **1** Vorschriften regelt § 324 den Vertrieb von AIF an semiprofessionelle und professionelle Anleger im Inland. § 324 betrifft hierbei den Vertrieb von ausländischen AIF und von Master-Feeder-Konstruktionen mit Drittstaatenbezug durch eine EU-AIF-Verwaltungsgesellschaft.

B. Regulierungshintergrund

Mit § 324 werden die im Art. 35 der AIFM-Richtlinie enthaltenen Vorgaben für den **2** inländischen Vertrieb von AIF mit Drittstaatenbezug mit EU-Pass durch eine EU-AIF-Verwaltungsgesellschaft umgesetzt.

Hierbei setzt § 324 Abs. 1 Art. 35 Abs. 1 und Abs. 2 Unterabs. 1 der AIFM-Richtlinie **3** um.[1]

§ 324 Abs. 2 setzt Art. 35 Abs. 5, Abs. 6 Unterabs. 2 und Art. 9 Unterabs. 1 der AIFM- **4** Richtlinie um.[2]

---

[1] Begr. RegE in BTDrucks. 17/12294 S. 289.
[2] Begr. RegE in BTDrucks. 17/12294 S. 289.

5 § 324 Abs. 3 setzt durch Verweis auf § 323 Abs. 2 Satz 1 und 3 Art. 35 Abs. 7 Unterabs. 1 Satz 2 und Art. 35 Abs. 8 der AIFM-Richtlinie um.[3]

6 Der deutsche Gesetzgeber stellt in § 324 zudem die semiprofessionellen Anleger den professionellen Anlegern gleich.

C. Anwendungsbereich der Norm

I. Zeitlicher Anwendungsbereich der Norm

7 Hinsichtlich der Anwendbarkeit des § 324 ist zu beachten, dass § 295 Abs. 2 und 3 KAGB für die Zulässigkeit des Vertriebs von Anteilen oder Aktien an inländischen Spezial-AIF, EU-AIF und ausländischen AIF an professionelle und semiprofessionelle Anleger im Inland zwei unterschiedliche Regelungsregime vorsieht. Für den Zeitraum ab dem 22.7.2013 bis zu dem in dem auf Grundlage des Art. 66 Abs. 3 i.V.m. Art. 67 Abs. 6 der AIFM-Richtlinie erlassenen delegierten Rechtsakt der Europäischen Kommission genannten Zeitpunkt gelten die §§ 321, 323, 329, 330 und 330a. Ab dem in dem vorbezeichneten delegierten Rechtsakt genannten Zeitpunkt gelten dann die §§ 321 bis 328 und § 330a.[4] Daneben ist in beiden Regelungsregime an semiprofessionelle Anleger auch ein Vertrieb nach den §§ 317 bis 320 möglich.

8 Grund für die unterschiedlichen Regelungsregime ist, dass der EU-Pass beim Vertrieb mit Drittstaatenbezug in den Mitgliedstaaten nicht unmittelbar gilt.[5] Diesbezüglich statuiert Art. 66 Abs. 3 der AIFM-Richtlinie, dass die Mitgliedstaaten die Rechts- und Verwaltungsvorschriften, die erforderlich sind, um den Art. 35 sowie 37 bis 41 der AIFM-Richtlinie nachzukommen, gemäß dem von der Kommission nach Art. 67 Abs. 6[6] erlassenen delegierten Rechtsakt und von dem darin festgelegten Zeitpunkt an anwenden. Der Erlass des delegierten Rechtsaktes hängt gem. Art. 67 Abs. 6 u.a. von der positiven Empfehlung der ESMA zur Anwendung des Passes auf die entsprechenden Drittstaaten-Vertriebskonstellationen ab.

9 § 324 gehört zu den Vorschriften, die ab dem in dem delegierten Rechtsakt genannten Zeitpunkt Anwendung finden. Avisiert ist dieser für 2015.[7]

II. Persönlicher Anwendungsbereich der Norm

10 Die Norm gilt für den Vertrieb durch eine EU-AIF-Verwaltungsgesellschaft. EU-AIF-Verwaltungsgesellschaften sind laut § 1 Abs. 17 Unternehmen mit Sitz in einem anderen Mitgliedstaat der Europäischen Union oder einem anderen Vertragsstaat des Abkommens über den Europäischen Wirtschaftsraum, die den Anforderungen an einen Verwalter alternativer Investmentfonds im Sinne der AIFM-Richtlinie entsprechen.

---

[3] Begr. RegE in BTDrucks. 17/12294 S. 290.
[4] *Emde/Dreibus* BKR **2013** 89, 97 sprechen einprägsam vom Drittstaatenstichtag.
[5] Diesbezüglich gestattet die AIFM-Richtlinie in Art. 36 und 42 den Mitgliedstaaten allerdings vorübergehend die entsprechenden Vertriebskonstellationen auf nationaler Ebene ohne EU-Pass unter Berücksichtigung bestimmter Mindeststandards zuzulassen, wovon der deutsche Gesetzgeber in §§ 329 und 330 Gebrauch gemacht hat.
[6] Bei dem Verweis von Art. 66 Abs. 3 auf den nicht existierenden Art. 65 Abs. 6 in der deutschen Fassung der AIFM-Richtlinie handelt es sich um einen redaktioneller Fehler.
[7] Vgl. Erwägungsgrund 4 der AIFM-Richtlinie.

III. Sachlicher Anwendungsbereich der Norm

Der sachliche Anwendungsbereich des § 324 wird zum einen bestimmt durch die Objekte des Vertriebs. Hierbei gehören zum einen Anteile oder Aktien an ausländischen AIF zu den erfassten Vertriebsobjekten. Ausländische AIF sind laut § 1 Abs. 9 AIF, die dem Recht eines Drittstaates unterliegen. Nach § 1 Abs. 19 Nr. 5 sind Drittstaaten wiederum alle Staaten, die nicht Mitgliedstaat der Europäischen Union oder anderer Vertragsstaat des Abkommens über den Europäischen Wirtschaftsraum sind. Die Frage, welchem Recht ein AIF unterliegt, bestimmt sich nach der rechtlichen Ausgestaltung des Vermögens und der Vertragsbedingungen, der Satzung, der Anlagebedingungen oder vergleichbaren Bestimmungen, nach denen sich das Rechtsverhältnis der Anleger zu dem AIF bestimmt.[8]

11

Bemerkenswert ist, dass der deutsche Gesetzgeber den ausländischen AIF anders definiert, als der europäische Gesetzgeber dessen Pendant in der AIFM-Richtlinie, den dortigen Nicht-EU-AIF. Denn gemäß Art. 4 Abs. 1z) aa) der AIFM-Richtlinie ist ein Nicht-EU-AIF ein AIF, der kein EU-AIF ist. Dementsprechend ist ein Nicht-EU-AIF ein AIF, der weder nach einschlägigem nationalem Recht in einem Mitgliedstaat zugelassen oder registriert ist, noch seinen satzungsmäßiger Sitz und/oder Hauptverwaltung in einem Mitgliedstaat hat.[9] Aufgrund dieser unterschiedlichen Definitionen in KAGB und AIFM-Richtlinie ist es möglich, dass die Frage, ob ein ausländischer AIF vorliegt, im Einzelfall durch das KAGB anders beantwortet wird als von der AIFM-Richtlinie vorgesehen. Dies erscheint deswegen problematisch, weil an den Vertrieb von Nicht-EU-AIF nach der AIFM-Richtlinie andere Voraussetzungen geknüpft sind als an den Vertrieb von EU-AIF, was das KAGB im Prinzip auch nachzeichnet.[10] Im Übrigen können sich hier auch Divergenzen zu den Beurteilungen anderer Mitgliedstaaten ergeben.

12

Als zweite Alternativ für vom Anwendungsbereich des § 324 erfasste Vertriebsobjekte nennt dieser Anteile oder Aktien an inländischen Spezial-Feeder-AIF oder EU-Feeder-AIF, deren jeweiliger Master-AIF kein EU-AIF oder inländischer AIF ist, der von einer EU-AIF-Verwaltungsgesellschaft oder einer AIF-Kapitalverwaltungsgesellschaft verwaltet wird. Hintergrund für die Erfassung der entsprechenden Drittstaaten-Master-Feeder-Konstruktionen ist, dass hiermit eine Umgehung der für ausländische AIF strengeren Vertriebsvoraussetzungen durch Zwischenschaltung eines inländischen Spezial-Feeder-AIF oder EU-Feeder-AIF verhindert werden soll. Ein Feeder-AIF ist gem. § 1 Abs. 19 Nr. 13 ein AIF, der a) mindestens 85 Prozent seines Wertes in Anteilen eines Master-AIF anlegt, oder b) mindestens 85 Prozent seines Wertes in mehr als einem Master-AIF anlegt, die jeweils identische Anlagestrategien verfolgen, oder c) anderweitig ein Engagement von mindestens 85 Prozent seines Wertes in einem Master-AIF hat. Ein Master-AIF ist gem. § 1 Abs. 19 Nr. 14 ein AIF, an dem ein Feeder-AIF Anteile hält. Die Frage, ob es sich um einen Feeder-Fonds handelt, kann insbesondere in den Fällen des § 1 Abs. 19 Nr. 13b) mit schwierigen Abgrenzungsproblemen verbunden sein.[11] Je abstrakter man die identischen Anlagestrategien fasst, umso größer ist die Wahrscheinlichkeit, dass auch Dachfonds als Feeder-Fonds beurteilt werden.[12]

13

---

8 Siehe insofern zur Frage welchem Recht ein Investmentvermögen untersteht, das BaFin Rundschreiben 14/2008 (WA) zum Anwendungsbereich des Investmentgesetzes nach § 1 Satz 1 Nr. 3 InvG, Geschäftszeichen WA 41-Wp 2136-2008/0001 unter I.1.e).
9 Umkehrschluss aus Art. 4 Abs. 1k) der AIFM-Richtlinie.
10 Auf die erhebliche Bedeutung der Abgrenzung zwischen EU-AIF und nicht EU-AIF weisen zu Recht Dornseifer/Jesch/Klebeck/Tollmann/*Klebeck/Brocker* Art. 35 Rn. 12 hin.
11 Vgl. insofern ausführlich Dornseifer/Jesch/Klebeck/Tollmann/*Klebeck/Brocker* Art. 35 Rn. 20.
12 Dornseifer/Jesch/Klebeck/Tollmann/*Klebeck/Brocker* Art. 35 Rn. 21.

14   Als Vertriebsadressaten sind semiprofessionelle und professionelle Anleger erfasst. Gem. Art. 1 Abs. 19 Nr. 32 ist professioneller Anleger jeder Anleger, der im Sinne von Anhang II der MiFID-Richtlinie als professioneller Kunde angesehen wird oder auf Antrag als professioneller Kunde behandelt werden kann. Erfasst sind somit zum einen die in Anhang II der MiFID-Richtlinie unter I. genannten Kategorien von Kunden, die als professionelle Kunden angesehen werden. Zu diesen Kategorien der geborenen professionellen Kunden gehören Rechtspersönlichkeiten, die zugelassen sein oder unter Aufsicht stehen müssen, um auf den Finanzmärkten tätig werden zu können, große Unternehmen die bestimmte Anforderungen erfüllen, Regierungen, Stellen der staatlichen Schuldenverwaltung, Zentralbanken, internationale und supranationale Einrichtungen, sowie andere institutionelle Anleger, deren Haupttätigkeit in der Anlage in Finanzinstrumenten besteht, einschließlich Einrichtungen, die die wertpapiermäßige Verbriefung von Verbindlichkeiten und andere Finanzierungsgeschäfte betreiben. Zudem sind auch die in Anhang II der MiFID-Richtlinie unter II. genannten gekorenen professionellen Kunden erfasst. Dies sind Kunden, die auf Antrag als professionelle Kunden behandelt werden können, sofern die in II. 1 und 2 genannten Kriterien und Verfahren eingehalten werden.

15   Die Kategorie des semiprofessionellen Anlegers war im Diskussionsentwurf des Bundesministeriums der Finanzen zunächst nicht enthalten.[13] Diese Kategorie wurde dann nach der Kritik der Branche an der Einengung des potentiellen Investorenkreises für Spezialfonds aufgenommen.[14] Der semiprofessionelle Anleger ist in Art. 1 Abs. 19 Nr. 33 definiert. Es sind im Prinzip drei Alternativen gegeben, nach denen ein Anleger als semiprofessioneller Anleger qualifizieren kann. Zum einen erfasst ist jeder Anleger der sich verpflichtet, mindestens 200.000 Euro zu investieren und u.a. schriftlich angibt, dass er sich der Risiken im Zusammenhang mit der Investition bewusst ist, dessen Sachverstand, Erfahrungen und Kenntnisse die AIF-Verwaltungsgesellschaft bewertet und davon überzeugt ist, dass er in der Lage ist, seine Anlageentscheidung selbst zu treffen und die Risiken versteht und eine solche Verpflichtung für ihn angemessen ist und dies dem Anleger bestätigt. Die zweite Fallgruppe erfasst jeden in § 37 genannten Geschäftsleiter oder Mitarbeiter der AIF-Verwaltungsgesellschaft, sofern dieser in von der AIF-Verwaltungsgesellschaft verwaltete AIF investiert, oder ein Mitglied der Geschäftsführung oder des Vorstands einer extern verwalteten Investmentgesellschaft, sofern er in die extern verwaltete Investmentgesellschaft investiert. Drittens gilt jeder Anleger, der sich verpflichtet mindestens 10 Millionen Euro zu investieren, als semiprofessioneller Anleger.

16   Zudem ist lediglich der Vertrieb (bzw. in Abs. 2 die diesbezügliche Absicht) im Geltungsbereich dieses Gesetzes erfasst. Vertrieb ist gem. § 293 Abs. 1 Satz 1 das direkte oder indirekte Anbieten oder Platzieren von Anteilen oder Aktien eines Investmentvermögens. Hierbei schränkt § 293 Abs. 1 Satz 3 den Vertriebsbegriff hinsichtlich des Vertriebs an semiprofessionelle und professionelle Anleger insofern ein, als dass ein Vertrieb nur dann gegeben ist, wenn er auf Initiative der Verwaltungsgesellschaft oder in deren Auftrag erfolgt und sich an semiprofessionelle oder professionelle Anleger mit Wohnsitz oder Sitz im Inland oder einem anderen Mitgliedstaat der Europäischen Union oder Vertragsstaat des Abkommens über den Europäischen Wirtschaftsraum richtet. Zudem enthält § 293 Abs. 1 Satz 2 bestimmte Fälle, die nicht als Vertrieb gelten. Dies sind unter anderem Fälle, in denen lediglich gesetzliche Informationspflichten erfüllt werden. Die BaFin hat in ihrem Rundschreiben „Häufige Fragen zum Vertrieb und Erwerb von In-

---

[13] Siehe Diskussionsentwurf des Bundesministeriums der Finanzen vom 20.7.2012.
[14] Siehe etwa die Stellungnahme des Gesamtverbandes der Deutschen Versicherungswirtschaft zum Diskussionsentwurf des Bundesministeriums der Finanzen unter 12.

vestmentvermögen nach dem KAGB"[15] Hinweise zur Auslegung des Vertriebsbegriffes gegeben. Hiernach fallen unter den Begriff des „Anbietens" Angebote im juristischen und im weiteren Sinne, wie etwa die invitatio ad offerendum.[16] Ein „Platzieren" ist nur bei einem aktiven Absatz von Anteilen oder Aktien eines Investmentvermögens gegeben, da das Wort „Vertrieb" eine auf den Absatz von Anteilen oder Aktien gerichtete Aktivität des Vertreibenden impliziere.[17] Das bloße Reagieren auf die Order eines Anlegers stellt somit keinen Vertrieb dar.[18] Des Weiteren stellt die BaFin klar, dass sich das Anbieten oder Platzieren zudem auf ein Investmentvermögen beziehen muss. Ein Investmentvermögen ist insbesondere gegeben, bei Investmentvermögen die bereits aufgelegt sind, bei Investmentvermögen, die angebotsreif sind oder Investmentvermögen, die bereits unter einem bestimmten Namen firmieren.[19]

D. Vertriebsvoraussetzungen

§ 324 Abs. 1 Satz 1 erklärt, dass ein Vertrieb im Anwendungsbereich dieser Vorschrift nur zulässig ist, wenn die in § 322 Abs. 1 genannten Voraussetzungen gegeben sind. 17

Es müssen demnach zunächst geeignete **Vereinbarungen über die Zusammenarbeit** zwischen der BaFin und den Aufsichtsbehörden des Drittstaates bestehen, in dem der ausländische AIF seinen Sitz hat, damit unter Berücksichtigung von § 9 Abs. 7[20] zumindest ein effizienter Informationsaustausch gewährleistet ist, der es der BaFin ermöglicht, ihre Aufgaben gemäß der Richtlinie 2011/61/EU wahrzunehmen. In Art. 113–115 der delegierten Verordnung 231/2013 hat die Kommission nähere Einzelheiten zu den Kooperationsvereinbarungen geregelt.[21] Die ESMA wiederum hat „Leitlinien für das Muster-MoU über Konsultation und Kooperation sowie den Austausch von Informationen im Zusammenhang mit der Beaufsichtigung von AIFMD-Unternehmen" veröffentlich.[22] Diese enthalten ein Muster Memorandum of Understanding. Auf der Seite der ESMA sind auch bereits von der ESMA verhandelte MoU abrufbar.[23] Ebenfalls steht hier eine Liste darüber bereit, welche Mitgliedstaaten mit welchen Ländern MoU unterzeichnet haben.[24] Die BaFin teilt in ihrem „Merkblatt zu Vereinbarungen über die Zusammenarbeit zwischen der Bundesanstalt und zuständigen Stellen eines Drittstaats im Rahmen der AIFM Richtlinie 2011/61/EU" ebenfalls mit, mit welchen Ländern sie bereits entsprechende Kooperationsvereinbarungen geschlossen hat. 18

Des Weiteren darf der Drittstaat, in dem der ausländische AIF seinen Sitz hat, nicht auf der **Liste der nicht kooperativen Länder und Gebiete** stehen, die von der Arbeitsgruppe „Finanzielle Maßnahmen gegen die Geldwäsche und die Terrorismusfinanzierung" aufgestellt wurde. Die referenzierte Liste wird nicht mehr aktualisiert. Richtiger- 19

---

15 Schreiben der BaFin vom 4.7.2013, Geschäftszeichen WA 41-Wp 2137-2013/0293, das regelmäßig aktualisiert und ggf. ergänzt werden soll (im Folgenden: BaFin FAQ zum Vertrieb).
16 BaFin FAQ zum Vertrieb 1.1.
17 BaFin FAQ zum Vertrieb 1.1.
18 BaFin FAQ zum Vertrieb 1.1.
19 BaFin FAQ zum Vertrieb 1.1.
20 Der Verweis in § 322 Abs. 1 Nr. 1 auf § 9 Abs. 8 muss richtigerweise auf § 9 Abs. 7 gehen, vgl. Kommentierung zu § 322 unter Rn. 21.
21 Siehe hierzu die Kommentierung zu § 322 Rn. 22.
22 Abrufbar unter http://www.esma.europa.eu/de/system/files/esma_2013_998_de.pdf.
23 http://www.esma.europa.eu/de/node/66691.
24 http://www.esma.europa.eu/content/AIFMD-MoUs-signed-EU-authorities.

weise ist darauf abzustellen, dass keine Listung durch die FATF in dem von ihr veröffentlichten Public Statement gegeben ist.[25]

20 Zudem muss der Drittstaat, in dem der ausländische AIF seinen Sitz hat, mit der Bundesrepublik Deutschland eine Vereinbarung unterzeichnet haben, die den Normen des **Art. 26 des OECD-Musterabkommens** zur Vermeidung der Doppelbesteuerung von Einkommen und Vermögen vollständig entspricht und einen wirksamen Informationsaustausch in Steuerangelegenheiten gegebenenfalls einschließlich multilateraler Abkommen über die Besteuerung, gewährleistet.[26]

21 Weiterhin muss die EU-AIF-Verwaltungsgesellschaft alle in der AIFM-Richtlinie festgelegten Anforderungen erfüllen. Die in § 322 Abs. 1 Nr. 4 genannte Regelung des § 55 Abs. 1 Nummer 1 findet ohnehin keine Anwendung auf EU-AIF-Verwaltungsgesellschaften.

E. Bewertungsdivergenz

22 Für den Fall, das die BaFin mit der Beurteilung der in § 322 Abs. 1 Nr. 1 und 2 genannten Voraussetzungen durch die zuständige Stelle des Herkunftsmitgliedstaates der EU-AIF-Verwaltungsgesellschaft nicht einverstanden ist, kann sie die ESMA nach Maßgabe des Art. 19 der Verordnung 1095/2010 EU[27] um Hilfe ersuchen.

23 Das Verfahren nach Maßgabe des Art. 19 ist ein Verfahren zur Beilegung von Meinungsverschiedenheiten zwischen zuständigen Behörden in grenzübergreifenden Fällen.

24 Das Verfahren nach Art. 19 ist zweistufig. Zunächst setzt die ESMA den zuständigen Behörden für die Schlichtung ihrer Meinungsverschiedenheiten eine angemessene Frist. In diesem Stadium handelt die ESMA als Vermittlerin.

25 Erzielen die BaFin und die zuständige Stelle des Herkunftsmitgliedstaates der EU-AIF-Verwaltungsgesellschaft innerhalb der Schlichtungsphase keine Einigung, kann die ESMA in einer zweiten Stufe einen Beschluss mit verbindlicher Wirkung für die genannten Behörden fassen, mit dem diese dazu verpflichtet werden, zur Beilegung der Angelegenheit bestimmte Maßnahmen zu treffen oder von solchen abzusehen, um die Einhaltung des Unionsrechts zu gewährleisten.

26 Kommt eine zuständige Behörde dem Beschluss der ESMA nicht nach und stellt somit nicht sicher, dass ein Finanzmarktteilnehmer die Anforderungen erfüllt, die unmittelbar auf diesen anwendbar sind, kann die ESMA einen Beschluss im Einzelfall an den betreffenden Finanzmarktteilnehmer richten und ihn so dazu verpflichten, die zur Einhaltung seiner Pflichten im Rahmen des Unionsrechts erforderlichen Maßnahmen zu treffen, einschließlich der Einstellung jeder Tätigkeit.

27 Die Möglichkeit des Verfahrens nach Art. 19 bietet § 324 Abs. 1 Satz 2 nur für den Fall, dass die BaFin mit der Beurteilung, ob geeignete Verfahren über die Zusammenarbeit bestehen und der Drittstaat nicht von der FATF gelistet ist, nicht einverstanden ist. Dies entspricht den Vorgaben der AIFM-Richtlinie.

---

25 Siehe hierzu ausführlich die Kommentierung unter § 322 Rn. 24 f.
26 Siehe auch die Kommentierung zu § 322 Rn. 31 f.
27 Verordnung (EU) Nr. 1095/2010 des Europäischen Parlaments und des Rates vom 24.11.2010 zur Errichtung einer Europäischen Aufsichtsbehörde (Europäische Wertpapier- und Marktaufsichtsbehörde), zur Änderung des Beschlusses Nr. 716/2009/EG und zur Aufhebung des Beschlusses 2009/77/EG der Kommission.

F. Bescheinigung und Anzeigeschreiben (Abs. 2)

Die BaFin prüft im Falle der Vertriebsabsicht einer EU-AIF-Verwaltungsgesellschaft 28
der in § 324 Abs. 1 Satz 1 genannten AIF an semiprofessionelle oder professionelle Anleger im Geltungsbereich dieses Gesetzes, ob die zuständige Stelle des Herkunftsmitgliedstaates der EU-AIF-Verwaltungsgesellschaft eine von ihr ausgestellte Bescheinigung über die Erlaubnis der betreffenden EU-AIF-Verwaltungsgesellschaft zur Verwaltung von AIF mit einer bestimmten Anlagestrategie sowie ein Anzeigeschreiben für jeden AIF in einer in der internationalen Finanzwelt gebräuchlichen Sprache übermittelt hat.

Für den Inhalt des Anzeigeschreibens verweist § 324 Abs. 2 Satz 2 auf § 323 Abs. 1 29
Satz 2. Nach dieser Norm gilt für den Inhalt des Anzeigeschreibens einschließlich der erforderlichen Dokumentation und Angaben § 321 Abs. 1 Satz 2 entsprechend mit der Maßgabe, dass es statt „AIF-Kapitalverwaltungsgesellschaft" „EU-AIF-Verwaltungsgesellschaft" heißen muss, die Vorkehrungen zum Vertrieb des angezeigten AIF angegeben sein müssen und die Bundesrepublik Deutschland als Staat genannt sein muss, in dem Anteile oder Aktien des angezeigten AIF an professionelle Anleger vertrieben werden sollen.

Somit sind zunächst die Angaben entsprechend § 321 Abs. 1 Satz 2 erforderlich, also 30
1. ein Geschäftsplan, der Angaben zum angezeigten AIF sowie zu seinem Sitz enthält; 2. die Gründungsdokumente des angezeigten AIF; 3. der Name der Verwahrstelle des angezeigten AIF; 4. eine Beschreibung des angezeigten AIF und alle für die Anleger verfügbaren Informationen über den angezeigten AIF; 5. Angaben zum Sitz des Master-AIF und seiner Verwaltungsgesellschaft, falls es sich bei dem angezeigten AIF um einen Feeder-AIF handelt; 6. alle in § 307 Abs. 1 genannten weiteren Informationen für jeden angezeigten AIF und 7. Angaben zu den Vorkehrungen, die getroffen wurden, um zu verhindern dass Anteile oder Aktien des angezeigten AIF an Privatanleger vertrieben werden, insbesondere wenn die EU-AIF-Verwaltungsgesellschaft für die Erbringung von Wertpapierdienstleistungen für den angezeigten AIF auf unabhängige Unternehmen zurückgreift. Die BaFin hat insofern in ihrem „Merkblatt (2013) zum Vertrieb von Anteilen oder Aktien an EU-AIF oder inländischen Spezial-AIF, die von einer EU-AIF-Verwaltungsgesellschaft verwaltet werden, an semiprofessionelle und professionelle Anleger in der Bundesrepublik Deutschland gem. § 323 Kapitalanlagegesetzbuch (KAGB)"[28] ausgeführt, welche Angaben sie in Bezug auf die Vorkehrungen zur Verhinderung eines Vertriebs an Privatanleger verlangt.[29] Diese Ausführungen können auch für die Anzeige nach § 324 Abs. 2 herangezogen werden. Die BaFin führt insofern aus, dass die EU-AIF-Verwaltungsgesellschaft anzugeben hat, ob sie interne Vorkehrungen getroffen hat, um sicherzustellen, dass Anteile oder Aktien an den zum Vertrieb angezeigten AIF weder Privatanlegern angeboten noch bei diesen platziert werden und, sofern der Vertrieb über das Internet oder andere elektronische Systeme erfolgt, getrennte Zugangswege für die einzelnen Anlegergruppen (Privatanleger, semiprofessionelle und professionelle Anleger) bestehen. Ferner hat die EU-AIF-Verwaltungsgesellschaft anzugeben, ob eine Vereinbarung mit allen Vertriebspartnern geschlossen wurde, nach der Anteil oder Aktien an dem zum Vertrieb angezeigten AIF weder Privatlegern angeboten noch bei diesen platziert werden dürfen und sofern der Vertrieb über das Internet oder andere elektronische Systeme erfolgt, getrennte Zugangswege für die einzelnen Anlegergruppen bestehen.[30]

---

[28] Im Folgenden bezeichnet als Merkblatt (2013) zu § 323.
[29] Merkblatt (2013) zu § 323 unter V.2.
[30] Merkblatt (2013) zu § 323 unter V.2.

31 Darüber hinausgehend sind Angaben über die Vorkehrungen zum Vertrieb des angezeigten AIF anzugeben. Die BaFin hat auch insofern in ihrem Merkblatt (2013) zu § 323 ausgeführt, welche Angaben enthalten sein müssen.[31] Auch diese Ausführungen können für das Anzeigeschreiben nach § 324 Abs. 2 herangezogen werden. Die BaFin führt aus, dass die EU-AIF-Verwaltungsgesellschaft anzugeben hat, ob sie interne Vorkehrungen getroffen hat, um sicherzustellen, dass die in den §§ 307 und 308 genannten Informationspflichten eingehalten werden (z.B. durch entsprechende Anweisungen und Schulungen der Mitarbeiter), und ob sie mit allen Vertriebspartnern, die in ihrem Auftrag handeln, Vereinbarungen getroffen hat, nach denen diese ihrerseits verpflichtet sind, die in § 307 genannten Informationspflichten einzuhalten.

32 Ergänzend ist noch die Bundesrepublik Deutschland als Staat zu nennen, in dem Anteile oder Aktien des angezeigten AIF an professionelle Anleger vertrieben werden sollen.

33 Die BaFin prüft, ob die zuständige Stelle des Herkunftslandes das Anzeigeschreiben und die Bescheinigung in einer in der internationalen Finanzwelt gebräuchlichen Sprache übermittelt haben. Eine in der internationalen Finanzwelt gebräuchliche Sprache ist gegenwärtig jedenfalls Englisch.

G. Entsprechende Geltung von § 323 Abs. 2 Satz 1 und 3 sowie Abs. 3

34 § 324 Abs. 3 erklärt § 323 Abs. 2 Satz 1 und 3 sowie Abs. 3 für entsprechend anwendbar. Nach § 323 Abs. 2 Satz 1 kann der Vertrieb aufgenommen werden, wenn die EU-AIF-Verwaltungsgesellschaft von der zuständigen Stelle ihres Herkunftsmitgliedstaates über die Übermittlung der entsprechenden Bescheinigung und des Anzeigeschreibens unterrichtet wurde. Gem. § 323 Abs. 2 Satz 3 prüft die BaFin, ob die Vorkehrungen nach § 321 Abs. 1 Satz 2 Nr. 7 geeignet sind, um einen Vertrieb an Privatanleger wirksam zu verhindern und ob die Vorkehrungen nach § 323 Abs. 1 Satz 2 gegen dieses Gesetz verstoßen. Die BaFin hat insofern bezüglich der Vorkehrungen zum Vertrieb eine Restprüfungskompetenz, die ausnahmsweise nicht beim Herkunftsmitgliedstaat liegt. Dies entspricht Art. 35 Abs. 8 der AIFM-Richtlinie.

35 Laut § 323 Abs. 3 prüft die BaFin, wenn sie von den zuständigen Stellen im Herkunftsmitgliedstaat der EU-AIF-Verwaltungsgesellschaft über eine Änderung der Vorkehrungen nach § 321 Abs. 1 Satz 2 Nr. 7 und § 323 Abs. 1 Satz 2 unterrichtet wird, ob die Vorkehrungen nach § 321 Abs. 1 Satz 2 Nr. 7 weiterhin geeignet sind, um einen Vertrieb an Privatanleger wirksam zu verhindern und ob die Vorkehrungen nach § 323 Abs. 1 Satz 2 weiterhin nicht gegen dieses Gesetz verstoßen.

§ 325
Anzeigepflicht einer ausländischen AIF-Verwaltungsgesellschaft, deren Referenzmitgliedstaat die Bundesrepublik Deutschland ist, beim beabsichtigten Vertrieb von EU-AIF oder von inländischen Spezial-AIF an semiprofessionelle und professionelle Anleger im Inland

(1) Beabsichtigt eine ausländische AIF-Verwaltungsgesellschaft, deren Referenzmitgliedstaat gemäß § 56 die Bundesrepublik Deutschland ist und die von der

---

[31] Merkblatt (2013) zu § 323 unter V.1.

Bundesanstalt eine Erlaubnis nach § 58 erhalten hat, Anteile oder Aktien an einem von ihr verwalteten EU-AIF oder inländischen Spezial-AIF an semiprofessionelle oder professionelle Anleger im Geltungsbereich dieses Gesetzes zu vertreiben, hat sie dies der Bundesanstalt anzuzeigen. § 321 Absatz 1 Satz 2 gilt entsprechend mit der Maßgabe, dass es statt „AIF-Kapitalverwaltungsgesellschaft" „ausländische AIF-Verwaltungsgesellschaft" heißen muss.

(2) § 321 Absatz 2 bis 4 ist mit der Maßgabe entsprechend anzuwenden, dass
1. es statt „AIF-Kapitalverwaltungsgesellschaft" „ausländische AIF-Verwaltungsgesellschaft" heißen muss,
2. im Rahmen von § 321 Absatz 3 die Bundesanstalt zusätzlich der Europäischen Wertpapier- und Marktaufsichtsbehörde mitteilt, dass die ausländische AIF-Verwaltungsgesellschaft mit dem Vertrieb von Anteilen oder Aktien des angezeigten AIF an professionelle Anleger im Inland beginnen kann und
3. bei zulässigen Änderungen nach § 321 Absatz 4 die Bundesanstalt unverzüglich die Europäische Wertpapier- und Marktaufsichtsbehörde unterrichtet, soweit die Änderungen die Beendigung des Vertriebs von bestimmten AIF oder zusätzlich vertriebenen AIF betreffen.

Schrifttum

Bußalb Auswirkungen der AIFM-Richtlinie auf geschlossene Fonds, BKR **2012** 309; *Emde/Dreibus* Der Regierungsentwurf für ein Kapitalanlagegesetzbuch, BKR **2013** 89; *Klebeck/Meyer* Drittstaatenregulierung der AIFM-Richtlinie, RdF **2012** 95; *Spindler/Tancredi* Die Richtlinie über Alternative Investmentfonds (AIFM-Richtlinie) Teil I, WM **2011** 1393; *Spindler/Tancredi* Die Richtlinie über Alternative Investmentfonds (AIFM-Richtlinie) Teil II, WM **2011** 1441; *van Kann/Redeker/Keiluweit* Überblick über das Kapitalanlagegesetzbuch, DStR **2013** 1483; Verband der Auslandsbanken in Deutschland e.V., Investment Business in Germany, 2014; *Volhard/Jang* Der Vertrieb alternativer Investmentfonds – Regelungsrahmen für den Vertrieb an professionelle und semi-professionelle Anleger in Deutschland nach dem RegE zur Umsetzung der AIFM-RL, DB **2013** 273; *Wallach* Umsetzung der AIFM-Richtlinie in deutsches Recht – erste umfassende Regulierung des deutschen Investmentrechts, RdF **2013** 92.

Gesetzesmaterialien

BTDrucks. 791/2012; Durchführungsverordnung (EU) Nr. 448/2013 der Kommission vom 15. Mai 2013 zur Festlegung eines Verfahrens für die Bestimmung des Referenzmitgliedstaats eines Nicht-EU-AIFM gemäß der Richtlinie 2011/61/EU des Europäischen Parlaments und des Rates; „Häufige Fragen zum Vertrieb und Erwerb von Investmentvermögen nach dem KAGB" der Bundesanstalt für Finanzdienstleistungsaufsicht vom 4. Juli 2013, zuletzt geändert am 22. Januar 2014, Geschäftszeichen WA-Wp 2137-2013/0293; „Merkblatt zu Vereinbarungen über die Zusammenarbeit zwischen der Bundesanstalt und zuständigen Stellen eines Drittstaats im Rahmen der AIFM-Richtlinie 2011/61/EU" der Bundesanstalt für Finanzdienstleistungsaufsicht vom 22. Juli 2013, zuletzt geändert am 10. Februar 2014.

Systematische Übersicht

A. Allgemeines —— 1
   I. Überblick und zeitliche Anwendbarkeit (In-Kraft-Treten) —— 2
   II. Normentstehung und Grundlagen —— 6
B. Tatbestand —— 11
   I. Voraussetzungen für den Vertrieb (Abs. 1) —— 12

1. Ausländische AIF-Verwaltungsgesellschaft —— 13
2. Referenzmitgliedstaat Bundesrepublik Deutschland gemäß § 56 —— 16
3. Erlaubnis der Bundesanstalt gemäß § 58 —— 20
4. Vertrieb eines EU-AIF oder inländischen Spezial-AIF —— 24

5. Vertrieb an semiprofessionelle oder professionelle Anleger —— 25
6. Vertrieb im Inland —— 31
7. Anzeigeschreiben gemäß § 321 Abs. 1 —— 38
II. Vertriebsanzeigeprüfung (Abs. 2) —— 39

A. Allgemeines

1 Die Regelung des § 325 stellt die Voraussetzungen und Pflichten beim Vertrieb von Anteilen oder Aktien an EU-AIF oder von inländischen Spezial-AIF an semiprofessionelle oder professionelle Anleger im Inland durch eine ausländische AIF-Verwaltungsgesellschaft, deren Referenzmitgliedstaat die Bundesrepublik Deutschland ist, dar.

I. Überblick und zeitliche Anwendbarkeit (In-Kraft-Treten)

2 Im Rahmen der Vertriebsregelungen der §§ 293 ff. im Kapitel 4 des KAGB beschäftigen sich die §§ 321 ff. mit dem Anzeigeverfahren für den Vertrieb von AIF an semiprofessionelle und professionelle Anleger im Inland (Deutschland). Die verschiedenen Vertriebsanzeigen der §§ 321 bis 330a werden danach differenziert, ob der Vertrieb durch eine (deutsche) AIF-Kapitalverwaltungsgesellschaft, eine EU-AIF-Verwaltungsgesellschaft oder eine ausländische AIF-Verwaltungsgesellschaft durchgeführt werden soll. Innerhalb der Vorschriften der §§ 325 bis 328 und 330, die die ausländischen AIF-Verwaltungsgesellschaften regulieren, ist weiter danach zu differenzieren, ob (1) die ausländische AIF-Verwaltungsgesellschaft die Bundesrepublik Deutschland als Referenzmitgliedstaat hat oder nicht und (2) ob inländische und/oder EU-AIF oder ausländische AIF vertrieben werden sollen.

3 In zeitlicher Hinsicht sieht das KAGB teilweise eine sofortige und teilweise eine spätere Anwendbarkeit der Vertriebsanzeige-Vorschriften bei Vorliegen eines Drittstaatenbezuges vor. Ein solcher Drittstaatenbezug liegt vor, wenn entweder eine inländische EU-AIF-Verwaltungsgesellschaft durch sie verwaltete ausländische/Drittstaaten-AIF vertreibt oder eine ausländische/Drittstaaten AIF-Verwaltungsgesellschaft von ihr verwaltete inländische, EU-AIF oder ausländische/Drittstaaten-AIF vertreibt.

4 Für den Vertrieb mit Drittstaatenbezug[1] sehen die maßgeblichen Vorschriften des KAGB (§ 295 Abs. 2 für den Vertrieb an professionelle Anleger und § 295 Abs. 3 für den Vertrieb an semiprofessionelle Anleger) ein Übergangsregime bis zum Zeitpunkt des Erlasses eines delegierten Rechtsaktes der Europäischen Kommission mit Art. 67 Abs. 6 der Richtlinie 2011/69/EU und ein endgültiges Regime nach Erlass dieses Rechtsaktes vor. Die Voraussetzungen des Vertriebs mit Drittstaatenbezug sind mithin in der Übergangsphase in den §§ 321, 323, 330 oder 330a geregelt; das endgültige EU Passporting-Regime auch für den Vertrieb mit Drittstaatenbezug richtet sich nach den §§ 321 bis 328 oder 330a. Der Erlass des delegierten Rechtsaktes der EU Kommission wird für das Jahr 2015 erwartet. Die zeitverzögerte Einführung des EU-Passes für ausländische AIF-Verwaltungsgesellschaften wird in erster Linie damit begründet, dass während der zweijährigen Übergangsphase zunächst die innereuropäische Funktionsweise des EU-Passes geprüft werden soll.

5 Nach der oben dargelegten Systematik ist der § 325 Teil des endgültigen Regulierungsregimes und damit vorerst nicht anwendbar. Entsprechend gibt die Bundesanstalt in ihrer Veröffentlichung „Häufige Fragen zum Vertrieb und Erwerb von Investmentver-

---

[1] Zum Vertrieb mit Drittstaatenbezug allgemein s. *Wallach* RdF **2013** 92, 101; *Klebeck/Meyer* RdF **2012** 95, 96; *Emde/Dreibus* BKR **2013** 89, 99.

mögen nach dem KAGB" vom 4. Juli 2013, zuletzt geändert am 22. Januar 2014² auch keine weiteren Hinweise zur Anzeigepflicht nach dieser Norm.

II. Normentstehung und Grundlagen

§ 325 dient der Umsetzung des Art. 39 der Richtlinie 2011/61/EU. Danach unterliegt die ausländische AIF-Verwaltungsgesellschaft, deren Referenzmitgliedstaat Deutschland ist, beim beabsichtigten Vertrieb von EU-AIF oder von inländischen Spezial-AIF an semiprofessionelle oder professionelle Anleger im Inland einer Anzeigepflicht. Im Einzelnen setzt § 325 Abs. 1 Satz 1 den Art. 39 Abs. 1 und Abs. 2 Unterabsatz 1 Richtlinie 2011/61/EU um und § 325 Abs. 1 Satz 2 den Art. 39 Abs. 2 Unterabsatz und Anhang III der Richtlinie. **6**

Ebenso wie bei den §§ 322 und 324 werden die semiprofessionellen Anleger i.S.d. § 1 Abs. 19 Nr. 33 den professionellen Anlegern und damit die Zulässigkeitsvoraussetzungen für beide Anlegergruppen gleichgestellt. Dies ist nach Ansicht des deutschen Gesetzgebers richtlinienkonform, da eine Voraussetzung für den Vertrieb nach § 325 ist, dass die ausländische AIF-Verwaltungsgesellschaft und die Verwaltung des angezeigten AIF durch diese der Richtlinie 2011/61/EU entsprechen.³ **7**

Nicht anders als die sonstigen Vorschriften zur Drittstaatenregulierung im Unterabschnitt 2 erweisen sich die Kontrolle und Aufsicht über den Vertrieb von EU-AIF durch Nicht-EU-AIFM in erster Linie als eine Frage der Aufsichtszuständigkeit.⁴ Auf der Basis der Richtlinie 2011/61/EU lehnt sich das KAGB an die in der OGAW-Richtlinie normierten Prinzipien der Herkunftslandkontrolle⁵ und der gegenseitigen Anerkennung an. Sie modifiziert dieses jedoch für Nicht-EU-AIFM dadurch, dass zuständige Aufsichtsbehörde die Aufsichtsbehörde des Referenzmitgliedstaates des Nicht-EU-AIFM sein soll. Abzuwarten bleibt, wie die exakte Grenzlinie in der Praxis verlaufen wird zwischen der Kontrolle durch den Referenzmitgliedstaat und der Restzuständigkeit des Aufnahmemitgliedstaates, z.B. bei der Produktregulierung.⁶ **8**

Rechtstechnisch handelt es sich bei § 325 weniger um ein „echtes" Zulassungsverfahren, sondern um ein bloßes Anzeigeverfahren, das sich an die bereits praktizierten Vertriebskonzepte der OGAW-Richtlinie und des bis zum 21. Juli 2013 geltenden Investmentgesetzes anlehnt. Der Nicht-EU-AIFM hat den beabsichtigten Vertrieb bei der Aufsichtsbehörde seines Referenzmitgliedstaates Bundesrepublik Deutschland anzuzeigen, die den Vertrieb nur dann nach § 321 Abs. 3 untersagen kann, wenn die Verwaltung des EU-AIF durch den Nicht-EU-AIFM gegen die Richtlinie 2011/61/EU oder das KAGB verstößt. **9**

Mit den §§ 325 ff. und dem hier geregelten EU-Pass auch für Fonds mit Drittstaatenbezug setzt der deutsche Gesetzgeber die von der AIFM-Richtlinie vorgegebene und politisch geforderte Harmonisierung einer grenzüberschreitenden Platzierung von Anteilen an AIF um. Diese Regelung soll nicht zuletzt Anreize schaffen, die bisherige Offshore-Praxis durch die EU-Ansiedelung von Fonds zu ersetzen. **10**

---

2 S. Bundesanstalt für Finanzdienstleistungsaufsicht „Häufige Fragen zum Vertrieb und Erwerb von Investmentvermögen nach dem KAGB" vom 4. Juli 2013, zuletzt geändert am 22. Januar 2014, Geschäftszeichen WA-Wp 2137-2013/0293.
3 Vgl. Gesetzesbegründung zu § 325.
4 S. Dornseifer/Jesch/Klebeck/Tollmann/*Klebeck*/*Frick* Art. 39 Rn. 3.
5 S. *Spindler*/*Tancredi* WM **2011** 1446.
6 Hierzu auch kritisch Dornseifer/Jesch/Klebeck/Tollmann/*Klebeck*/*Frick* Art. 39 Rn. 5.

B. Tatbestand

11 Die Regelung des § 325 sieht für den Vertrieb von EU-AIF oder inländischen Spezial-AIF durch ausländische AIF-Verwaltungsgesellschaften, deren Referenzmitgliedstaat die Bundesrepublik Deutschland ist, eine Vertriebsanzeige in entsprechender Anwendung des § 321 Abs. 1 Satz 2 vor. Ferner bestehen Meldepflichten gegenüber der Europäischen Wertpapier- und Marktaufsichtsbehörde bei Beginn, Änderungen oder Beendigung des Vertriebs.

I. Voraussetzungen für den Vertrieb (Abs. 1)

12 Der Vertrieb durch eine ausländische AIF-Verwaltungsgesellschaft (s. Rn. 14–16) ist zulässig, wenn sie
– gemäß § 56 Referenzmitgliedstaat der Bundesrepublik Deutschland ist (s. Rn. 17–20),
– die Bundesanstalt für Finanzdienstleistungen ihr gemäß § 58 eine Erlaubnis erteilt hat (s. Rn. 21–24),
– sie eine EU-AIF oder inländischen Spezial-AIF verwaltet (s. Rn. 25),
– diesen an semiprofessionelle oder professionelle Anleger (s. Rn. 26–31)
– im Inland vertreibt (s. Rn. 32–38),
– sie ihre Vertriebsabsicht gemäß den Voraussetzungen des § 321 Abs. 1 Satz 2 angezeigt hat (s. Rn. 39) und
– die Bundesanstalt nach Prüfung gemäß § 321 Abs. 2 bis Abs. 4 mitgeteilt hat, dass der Vertrieb beginnen kann (Rn. 40–42).

13 **1. Ausländische AIF-Verwaltungsgesellschaft.** Bei der vertreibenden Verwaltungsgesellschaft muss es sich um eine ausländische AIF-Verwaltungsgesellschaft handeln. Nach § 1 Abs. 18 sind ausländische AIF-Verwaltungsgesellschaften Unternehmen mit Sitz in einem Drittstaat, die den Anforderungen an einen Verwalter alternativer Investmentfonds im Sinne der Richtlinie 2011/61/EU entsprechen. Nach der Gesetzesbegründung sind ausländische Verwaltungsgesellschaften der Oberbegriff für externe als auch interne Verwaltungsgesellschaften, die AIF verwalten und ihren Sitz in einem Drittstaat haben.[7] Nach § 1 Abs. 19 Nr. 5 sind Drittstaaten alle Staaten, die nicht Mitgliedstaat der Europäischen Union oder anderer Vertragsstaat des Abkommens über den Europäischen Wirtschaftsraum sind.[8]

14 Im Hinblick auf die Anforderungen an eine (ausländische) AIF-Verwaltungsgesellschaft im Sinne der Richtlinie 2011/61/EU ist wiederum auf Art. 40 Abs. 1 der Richtlinie zu blicken. Diese Vorschrift adressiert eine ordnungsgemäß nach Art. 37 der Richtlinie zugelassene ausländische AIF-Verwaltungsgesellschaft, welche Anteile eines ausländischen AIF, den sie verwaltet, an professionelle Anleger in der Europäischen Union mit einem Europäischen Pass vertreiben möchte.[9] Nach Art. 37 Abs. 1 der Richtlinie müssen ausländische AIF-Verwaltungsgesellschaften, die beabsichtigen EU-AIF oder von ihnen verwaltete ausländische AIF gemäß Art. 39 oder Art. 40 der Richtlinie in der EU zu vertreiben, eine vorherige Genehmigung der zuständigen Behörden ihres Referenzmitgliedstaates einholen.[10]

---

[7] Vgl. Gesetzesbegründung zu § 1 Abs. 18 S. 370.
[8] Diese Definition entspricht der Definition im aufgehobenen § 2 Abs. 12 InvG; vgl. auch Gesetzesbegründung zu § 1 Abs. 19 Nr. 5 S. 370.
[9] Dornseifer/Jesch/Klebeck/Tollmann/*Klebeck/Frick* Art. 40 Rn. 9.
[10] Vgl. auch Rn. 21 ff.

Nach der Definition des Art. 4 Abs. 1 lit. aa ist ein Nicht-EU-AIFM (– in den Begriff- 15
lichkeiten des KAGB eine ausländische AIF-Verwaltungsgesellschaft –) ein AIFM, der
kein EU-AIFM ist (– in den Begrifflichkeiten des KAGB eine EU-AIF-Verwaltungsgesellschaft –). Damit erfolgt die Definition im Umkehrschluss zur EU-AIF-Verwaltungsgesellschaft. Nach Art. 4 Abs. 1 lit. l ist eine EU-AIF-Verwaltungsgesellschaft eine AIF-Verwaltungsgesellschaft mit satzungsmäßigem Sitz[11] in einem Mitgliedstaat.

2. Referenzmitgliedstaat Bundesrepublik Deutschland gemäß § 56. Referenz- 16
mitgliedstaat der ausländischen AIF-Verwaltungsgesellschaft muss die Bundesrepublik
Deutschland sein. Dies ist nach § 56 Abs. 1 der Fall, wenn sie gemäß dem in Art. 37 Abs. 4
lit. a) der Richtlinie 2011/61/EU genannten Kriterien Referenzmitgliedstaat sein kann und
kein anderer Mitgliedstaat der Europäischen Union bzw. Vertragsstaat des Abkommens
über den Europäischen Wirtschaftsraum als Referenzstaat in Betracht kommt oder wenn
sie nach den kollisionsrechtlichen Bestimmungen des Art. 37 Abs. 4b–h) als Referenzmitgliedstaat festgelegt worden ist.

§ 56 soll in Verbindung mit Art. 37 Abs. 4 der Richtlinie 2011/61/EU die effektive Auf- 17
sicht über ausländische AIF-Verwaltungsgesellschaften sicherstellen, in dem diese der
zuständigen Behörde des Referenzmitgliedstaates übertragen wird. Die Bestimmung des
Referenzmitgliedstaates ist einfach, wenn der AIF, den die ausländische AIF-Verwaltungsgesellschaft verwaltet, seinen Sitz in der Bundesrepublik Deutschland hat und diesen nicht innerhalb der EU, sondern nur im Sitzstaat vertreibt. Hingegen sind die kollisionsrechtlichen Bestimmungen des Art. 37 Abs. 4 heranzuziehen, wenn die ausländische
AIF-Verwaltungsgesellschaft beabsichtigt, eine oder mehrere EU-AIF mit Sitz in verschiedenen Mitgliedstaaten zu verwalten oder einen oder mehreren EU-AIF bzw. Nicht-EU-AIF
in verschiedenen Mitgliedstaaten zu vertreiben.[12]

Die kollisionsrechtlichen Bestimmungen sollen sowohl einen positiven wie einen 18
negativen Kompetenzkonflikt vermeiden, d.h. verhindern, dass entweder kein Mitgliedstaat für die Beaufsichtigung der ausländischen AIF-Verwaltungsgesellschaft zuständig
ist oder mehrere Mitgliedstaaten um die Beaufsichtigung konkurrieren. § 56 i.V.m. Art. 37
Abs. 4 der Richtlinie 2011/61/EDU stellt dabei sicher, dass der Referenzmitgliedstaat ausschließlich nach objektiven Kriterien bestimmt wird. Maßstab ist der engste sachliche
Zusammenhang zwischen einer ausländischen AIF-Verwaltungsgesellschaft und einem
Mitgliedstaat.[13] Anknüpfungspunkte für den sachlichen Zusammenhang können sich
zum Beispiel aus dem Sitz eines von einer ausländischen AIF-Verwaltungsgesellschaft
verwalteten EU-AIF in einem bestimmten Mitgliedstaat oder dem Vertrieb eines EU-AIF
oder Nicht-EU-AIF in einem bestimmten Mitgliedstaat ergeben.[14]

Trotz des Versuchs, durch die umfangreiche Einzelfallaufzählung in Art. 37 Abs. 4 19
der Richtlinie 2011/61/EU den Referenzmitgliedstaat zu identifizieren, wird dieser nicht
immer eindeutig bestimmbar sein. Für derartige Fälle sieht Art. 37 Abs. 4 Unterabsatz 2
vor, dass die ausländische AIF-Verwaltungsgesellschaft bei den zuständigen Aufsichtsbehörden sämtlicher möglicher Referenzmitgliedstaaten beantragen muss, sich untereinander über die Festlegung eines Referenzmitgliedstaates zu einigen.

---

11 Zur Frage der Relevanz der Hauptverwaltung bzw. Hauptniederlassung vgl. Dornseifer/Jesch/
Klebeck/ Tollmann/ *Klebeck/Frick* Art. 37 Rn. 14 ff. mit weiteren Nachweisen.
12 Ausführlich zu den einzelnen Konstellationen: Dornseifer/Jesch/Klebeck/Tollmann/*Klebeck*/*Frick*
Art. 37 Rn. 189 ff.
13 Vgl. zum sachlichen Zusammenhang Dornseifer/Jesch/Klebeck/Tollmann/*Klebeck*/*Frick* Art. 37
Rn. 188.
14 S. *Spindler/Tancredi* WM **2011** 1441, 1448; ebenso Dornseifer/Jesch/Klebeck/Tollmann/*Klebeck*/*Frick*
Art. 37 Rn. 201.

20 **3. Erlaubnis der Bundesanstalt gemäß § 58.** Nicht anders als für die EU-AIFM gilt auch für die ausländische AIF-Verwaltungsgesellschaft ein Tätigkeitsverbot mit Erlaubnisvorbehalt. Sofern sie beabsichtigt, inländische Spezial-AIF oder EU-AIF zu verwalten oder von ihr verwaltete AIF gemäß Art. 39 und 40 der Richtlinie 2011/61/EU zu vertreiben, und sie die Bundesrepublik Deutschland als Referenzmitgliedstaat angibt, hat sie bei der Bundesanstalt einen Antrag auf Erteilung einer Erlaubnis zu stellen.

21 Das in § 58 vorgesehene Erlaubnisverfahren der Bundesanstalt setzt die europäischen Vorgaben des Art. 37 Abs. 5, Abs. 7, Abs. 8, Abs. 15 und Abs. 16 der Richtlinie 2011/61/EU vollständig, in ganzen Passagen wortgleich, um. § 58 enthält ergänzend für den Geltungsbereich des KAGB einige Klarstellungen.

22 Die Erlaubnis wird erteilt bei Vorliegen aller Verwalter-bezogenen Voraussetzungen, insbesondere der Ernennung eines gesetzlichen Vertreters mit Sitz in der Bundesrepublik Deutschland,[15] und bei Erfüllung aller Drittstaaten-bezogenen Voraussetzungen, insbesondere Kooperationsverträgen zwischen den zuständigen Aufsichtsbehörden des Drittstaates und denen des Referenzmitgliedstaats sowie des Herkunftsmitgliedstaates des von der ausländischen AIF-Verwaltungsgesellschaft verwalteten EU-AIF.[16] Hervorzuheben ist, dass der Drittstaat, in dem die ausländische AIF-Verwaltungsgesellschaft ihren Sitz hat, nicht auf der Liste der nicht kooperativen Länder und Gebiete stehen darf, die von der Arbeitsgruppe „Financial Action Task Force on Money Laundering" (FATF) aufgestellt ist.

23 Nach § 58 Abs. 9 erteilt die Bundesanstalt die Erlaubnis für die ausländische AIF-Verwaltungsgesellschaft in Einklang mit der für die Erlaubnis von AIF-Kapitalverwaltungsgesellschaften, also deutschen Kapitalverwaltungsgesellschaften nach KAGB geltenden Vorschriften. Diese werden durch einige enumerativ in diesem Absatz aufgezählte Besonderheiten ergänzt. Hervorzuheben ist die Klarstellung in § 58 Abs. 9 Nr. 5, wonach ausländische AIF Verwaltungsgesellschaften im Inland nur Spezial-AIF und keine Publikums-AIF verwalten dürfen.

24 **4. Vertrieb eines EU-AIF oder inländischen Spezial-AIF.** Bei dem zu vertreibenden Investmentvermögen muss es sich um einen EU-AIF oder einen inländischen Spezial-AIF handeln. Die Definition des EU-AIF findet sich in § 1 Abs. 8, wonach dies Investmentvermögen sind, die dem Recht eines anderen Mitgliedstaates der Europäischen Union oder eines anderen Vertragsstaates des Abkommens über den Europäischen Wirtschaftsraum unterliegen. Bei Spezial-AIF handelt es sich um AIF, deren Anteile aufgrund von schriftlichen Vereinbarungen mit der Verwaltungsgesellschaft oder aufgrund der konstituierenden Dokumente des AIF nur erworben werden dürfen von professionellen Anlegern im Sinne des § 1 Abs. 19 Nr. 32 (s. Rn. 29) oder von semiprofessionellen Anlegern im Sinne des § 1 Abs. 19 Nr. 33 (s. Rn. 28). Inländisch sind solche Investmentvermögen nach § 1 Abs. 7, wenn sie dem inländischen Recht unterliegen.

25 **5. Vertrieb an semiprofessionelle oder professionelle Anleger.** § 325 setzt den Vertrieb an semiprofessionelle oder professionelle Anleger voraus.

26 Der dem § 325 Abs. 1 zugrundeliegende Art. 40 der Richtlinie 2011/61/EU regelt den Vertrieb von Anteilen an ausländischen AIF an professionelle Anleger. Der Vertrieb von ausländischen AIF an Kleinanleger wird von der Richtlinie gar nicht reguliert. Die Regu-

---

15 Vgl. zu den Verwalter-bezogenen Voraussetzungen Dornseifer/Jesch/Klebeck/Tollmann/*Klebeck/Frick* Art. 37 Rn. 76 ff.
16 Vgl. zu den Drittstaaten-bezogenen Voraussetzungen Dornseifer/Jesch/Klebeck/Tollmann/*Klebeck/Frick* Art. 37 Rn. 164 ff.

lierung der Kleinanleger obliegt vielmehr auch unter dem Regime der Richtlinie den einzelnen Mitgliedstaaten und ihren jeweiligen Aufsichtsbehörden. So präzisiert (einzig) Art. 43 der Richtlinie, dass es dem jeweiligen nationalen Gesetzgeber freisteht, den Vertrieb von AIF an Kleinanleger in ihrem Hoheitsgebiet zu gestatten und einen solchen Vertrieb entsprechend Auflagen zu unterwerfen, die strenger sind als die Auflagen für AIF, die in ihrem Hoheitsgebiet an professionelle Anleger vertrieben werden. Der deutsche Gesetzgeber hat hieraus den Schluss gezogen, dass es sich bei den Vorgaben der Richtlinie an den Vertrieb an professionelle Anleger um eine Art Mindeststandard handelt.[17]

Die Kategorie des **semiprofessionellen Anlegers** wurde erst mit dem Regierungsentwurf in das Gesetzgebungsverfahren zum KAGB eingeführt und war Folge entsprechender Stimmen aus der Fondsbranche, welche befürchteten, dass vermögende Privatpersonen und auch Stiftungen künftig nicht mehr als Investoren eines Spezial-AIF qualifizieren könnten, da die Hürden als sog. erkorene professionelle Kunden unter MiFID zu hoch sind.[18] **27**

Professionelle Anleger sind nach der Definition von § 1 Abs. 19 Nr. 32 Anleger, die im Sinne von Anhang II der Richtlinie 2004/39/EG (MiFID-Richtlinie) als professioneller Kunde angesehen werden oder auf Antrag als professionelle Kunden behandelt werden können. **28**

Ein semiprofessioneller Anleger hingegen ist nach der Definition von § 1 Abs. 19 Nr. 33 jeder Anleger, der (1) sich verpflichtet, mindestens € 200.000 zu investieren, (2) schriftlich in einem vom Vertrag über die Investitionsverpflichtung getrennten Dokument angibt, dass er sich der Risiken im Zusammenhang mit der beabsichtigten Verpflichtung oder Investition bewusst ist, (3) dessen Sachverstand, Erfahrungen und Kenntnisse die AIF-Verwaltungsgesellschaft oder die von ihr beauftragte Vertriebsgesellschaft bewertet, ohne von der Annahme auszugehen, dass der Anleger über die Marktkenntnisse und -erfahrungen der in Anhang II Abschnitt I der Richtlinie 2004/39/EG genannten Anleger verfügt, (4) bei dem die AIF-Verwaltungsgesellschaft oder die von ihr beauftragte Vertriebsgesellschaft unter Berücksichtigung der Art der beabsichtigten Verpflichtung oder Investition hinreichend davon überzeugt ist, dass er in der Lage ist, seine Anlageentscheidungen selbst zu treffen und die damit einhergehenden Risiken versteht und dass eine solche Verpflichtung für den betreffenden Anleger angemessen ist, und (5) dem die AIF-Verwaltungsgesellschaft oder die von ihr beauftragte Vertriebsgesellschaft schriftlich bestätigt, dass sie die oben genannte Bewertung vorgenommen hat und die weiteren genannten Voraussetzungen gegeben sind. Ebenfalls qualifiziert als semiprofessioneller Anleger ein in § 37 Abs. 1 genannter Geschäftsleiter oder Mitarbeiter der AIF-Verwaltungsgesellschaft, sofern er in von der AIF-Verwaltungsgesellschaft verwaltete AIF investiert, oder ein Mitglied der Geschäftsführung oder des Vorstands einer extern verwalteten Investmentgesellschaft, sofern es in die extern verwaltete Investmentgesellschaft investiert. Erst durch den Finanzausschuss des Bundestages wurde in der letzten Phase des Gesetzgebungsverfahrens schließlich die weitere Alternative ergänzt, dass als semiprofessioneller Anleger auch jeder Anleger qualifiziert, der sich verpflichtet, mindestens € 10 Millionen in ein Investmentvermögen zu investieren. **29**

---

17 Vgl. Gesetzesbegründung Allgemeiner Teil, Abschnitt A. I. Ziffer 8 S. 357 – „*Für die Anzeigeverfahren beim Vertrieb von AIF an Privatanleger wird als Mindeststandard auf die Vorschriften der AIFM-RL zurückgegriffen. Aus Anlegerschutzgesichtspunkten werden für den Vertrieb jedoch strengere Regeln aufgestellt.*" Diesem Ansatz scheinen jedoch diverse andere Mitgliedstaaten, wie beispielsweise Großbritannien nicht zu folgen.
18 Siehe auch *Volhard/Jang* DB **2013** 273, 274; bzw. Kommentierung zu § 1 Abs. 19 Nr. 33.

30 Insgesamt stellt das KAGB in weiten Teilen den semiprofessionellen Anleger dem professionellen Anleger gleich, insbesondere im Zusammenhang mit dem Vertrieb von Spezial-AIF und EU-AIF.[19]

31 **6. Vertrieb im Inland.** § 325 setzt den Vertrieb der AIF-Anteile im Inland voraus. Nach der Definition in § 293 Abs. 1 qualifiziert als Vertrieb grundsätzlich jedes direkte oder indirekte Anbieten oder Platzieren von Anteilen oder Aktien eines Investmentvermögens.[20] Diese Definition des Vertriebsbegriffs enthielt bis zur Konsultation im Finanzausschuss des Bundestages noch die ergänzende Aufzählung „oder das Werben für ein Investmentvermögen." Dieser Passus wurde jedoch durch den Finanzausschuss gestrichen. Ausweislich der Begründung handelt es sich hierbei nach Ansicht des Finanzausschusses lediglich um eine „redaktionelle Änderung", da der Begriff des Anbietens in § 293 Abs. 1 Satz 1 nicht nur Angebote im Sinne des BGB, sondern auch Angebote im weiteren Sinne, wie etwa die invitatio ad offerendum umfasse. Der Begriff der Werbung sei daher im Wesentlichen redundant und könne entsprechend gestrichen werden.[21]

32 Ausdrücklich ausgenommen vom Begriff des Vertriebes sind nach Satz 2 des § 293 Abs. 1 z.B. die namentliche Nennung des Investmentvermögens, die Nennung und Veröffentlichung der Nettoinventarwerte und die an einem organisierten Markt ermittelten Kurse, die Nennung der Ausgabe- und Rücknahmepreise von Anteilen oder Aktien eines Investmentvermögens, die Nennung bzw. Bekanntmachung der Besteuerungsgrundlagen nach § 5 des InvG, die Erfüllung der gesetzlichen Veröffentlichungspflichten im Bundesanzeiger oder die regelmäßigen Informationspflichten der Verwaltungsgesellschaft gegenüber bereits investierten Anlegern nach dem KAGB. Diese Ausnahmen gelten jedenfalls solange nicht noch weitere Vertriebsaktivitäten nach § 293 ausgeübt werden.

33 Für **semiprofessionelle und professionelle Anleger** sieht § 293 Abs. 1 Satz 3 der Vorschrift eine weitere Einschränkung vor: Hiernach soll ein Vertrieb gegenüber dieser Anlegergruppe nur dann gegeben sein, wenn dieser auf Initiative der Verwaltungsgesellschaft oder in deren Auftrag erfolgt und sich an semiprofessionelle oder professionelle Anleger mit Wohnsitz oder Sitz im Inland oder in einem anderen Europäischen Mitgliedstaat oder Vertragsstaat des Abkommens über den Europäischen Wirtschaftsraum richtet. Diese Einschränkung für die Anlegergruppe der semiprofessionellen und professionellen Anleger orientiert sich am Vertriebsbegriff der Richtlinie 2011/61/EU. Nach der Richtlinien-Definition in Art. 4 Abs. 1 lit. x ist Vertrieb das „direkte oder indirekte, auf Initiative des AIFM oder in dessen Auftrag erfolgende Anbieten oder Platzieren von Anteilen an einem vom AIFM verwalteten AIF an Anleger oder bei Anlegern mit Wohnsitz oder Sitz in der Union". Hieraus („oder in dessen Auftrag") lässt sich ableiten, dass das Einschalten von Dritten, wie z.B. von freien Vermittlern oder von Finanzdienstleistungsinstituten nicht dazu führt, dass der Vertrieb zu verneinen ist.

34 Die Bundesanstalt hat mit der Veröffentlichung „Häufige Fragen zum Vertrieb und Erwerb von Investmentvermögen nach dem KAGB" vom 4. Juli 2013, zuletzt geändert am 22. Januar 2014, ebenfalls zum Vertriebsbegriff Stellung genommen. Hierin stellt die Bundesanstalt klar, dass unter den Begriff des „Anbietens" auch Angebote im weiteren Sinne, wie die invitatio ad offerendum, fallen. Für das „Platzieren" fordert die Bundesanstalt einen aktiven Absatz von Anteilen oder Aktien eines Investmentvermögens. Das

---

19 Siehe *Volhard/Jang* DB **2013** 273, 274; bzw. Kommentierung zu Art. § 1 Abs. 19 Nr. 33. Siehe ebenfalls die Begründung des Finanzausschusses zu § 1 Abs. 19 Nr. 33 lit. c.
20 Vgl. auch die Kommentierung zum § 293.
21 Vgl. Gesetzesbegründung des Finanzausschusses zu § 293 S. 656.

Wort „Vertrieb" impliziere einen auf den Absatz von Anteilen oder Aktien gerichtete Aktivität des Vertreibenden. Das bloße Reagieren auf die Order eines Anlegers stelle somit keinen Vertrieb dar. Ferner müsse das Anbieten oder Platzieren auf ein Investmentvermögen bezogen sein. Dieses läge insbesondere vor bei Investmentvermögen, die bereits aufgelegt sind, die angebotsreif sind (Musteranlagebedingungen, die noch zu verhandelnde Lücken aufweisen, reichen nicht) oder Investmentvermögen, die bereits unter einem bestimmten Namen firmieren (z.B. Fonds „XY Aktien Chance Plus").

Im Hinblick auf den Vertrieb an semiprofessionelle und professionelle Anleger legt **35** die Bundesanstalt anhand eines Beispiels dar, dass die Vorlage von Musteranlagebedingungen und Musterprospekten zum Zwecke der Darlegung der eigenen Fähigkeiten der Verwaltungsgesellschaft (noch) keinen Vertrieb darstelle, jedenfalls solange die Unterlagen bzw. das Investment nicht angebotsreif ist. Schließlich sei es nicht Sinn und Zweck des Vertriebs-Anzeigeverfahrens, dass der Bundesanstalt jeder Verhandlungsstand anzuzeigen ist.

Die Bundesanstalt versteht unter Vertrieb auch nicht die Veräußerung eigener An- **36** teile oder Aktien an einem Investmentvermögen durch einen Anleger. Anderes gelte jedoch, wenn diese Veräußerung über einen Vermittler erfolgt, der die Anteile zunächst auf die eigenen Bücher nimmt.

Schließlich stellt die Bundesanstalt in ihrem Schreiben klar, dass ein Vertrieb von **37** Anteilen eines Investmentvermögens auch dann vorliegt, wenn einem Anleger der Erwerb von weiteren Anteilen desselben Investmentvermögens direkt oder indirekt (etwa durch die Zusendung eines Verkaufsprospekts oder anderer Informationen) angeboten wird. Allerdings verweist die Bundesanstalt in diesem Kontext auf die Ausnahmen nach § 293 Abs. 2 Nr. 6 (= gesetzliche Veröffentlichungspflichten im Bundesanzeiger und ausschließliche Erfüllung der regelmäßigen Informationspflichten gegenüber bereits investierten Anlegern).

7. Anzeigeschreiben gemäß § 321 Abs. 1. § 325 verlangt schließlich ein Anzeige- **38** schreiben, das alle in § 321 Abs. 1 Satz 2 aufgelisteten Unterlagen und Angaben enthält. Im Einzelnen muss die ausländische AIF-Verwaltungsgesellschaft vorlegen[22] (1) den Geschäftsplan, (2) die Anlagebedingungen, die Satzung oder den Gesellschaftsvertrag der angezeigten AIF, (3) den Namen der Verwahrstelle, (4) eine Beschreibung des angezeigten AIF, (5) ggf. Angaben zum Sitz des Master-AIF und seiner Verwaltungsgesellschaft, (6) alle in § 307 Abs. 1 genannten weiteren Informationen für jeden angezeigten AIF sowie (7) Angaben zu den Vorkehrungen, die getroffen werden, um zu verhindern, dass Anteile oder Aktien des angezeigten AIF an Privatanleger vertrieben werden.

II. Vertriebsanzeigeprüfung (Abs. 2)

§ 325 Abs. 2 setzt Art. 39 Abs. 3 und Abs. 9 der Richtlinie 2011/61/EU um. Er verweist **39** für das durch die Bundesanstalt durchzuführende Prüfungsverfahren und dessen Fristen grundsätzlich auf den § 321 Abs. 2 bis Abs. 4 und stellt zunächst klar, dass hierbei ausländische AIF-Verwaltungsgesellschaften wie AIF-Kapitalverwaltungsgesellschaften, also Kapitalverwaltungsgesellschaften nach § 17, die ihren satzungsmäßigen Sitz im Inland haben, zu behandeln sind.

Die Mitteilungspflichten des § 321 Abs. 3 werden darüber hinaus in § 325 Abs. 2 Nr. 2 **40** ergänzt. Die Bundesanstalt hat nicht nur der ausländischen AIF-Verwaltungsgesellschaft

---

22 Vgl. hierzu die ausführliche Kommentierung zu § 321.

innerhalb von 20 Arbeitstagen nach Eingang des vollständigen Anzeigenunterlagen mitzuteilen, dass sie mit dem Vertrieb des im Anzeigeschreiben genannten AIF beginnen kann, sondern auch zusätzlich der Europäischen Wertpapier- und Marktaufsichtsbehörde. Gesetzessystematisch ist nicht verständlich, warum § 325 Abs. 1 vom Vertrieb an „semiprofessionelle und professionelle Anleger im Geltungsbereich dieses Gesetzes" spricht, während Absatz 2 nur den Beginn des Vertriebs „an professionelle Anleger im Inland" erwähnt. Da auch die Gesetzesbegründung[23] die Gleichstellung von semiprofessionellen und professionellen Anlegern ausdrücklich hervorhebt, ist davon auszugehen, dass es sich bei der Nichterwähnung der semiprofessionellen Anleger in § 325 Abs. 2 Nr. 2 um ein redaktionelles Versehen des Gesetzgebers handelt.

41 § 325 Abs. 2 Nr. 3 ergänzt weiter die Unterrichtungspflichten der Bundesanstalt an die Europäische Wertpapier- und Marktaufsichtsbehörde. Letztere ist auch bei zulässigen Änderungen der schriftlichen Angaben nach § 321 Abs. 1 und 2 zu informieren, soweit die Änderungen die Beendigung des Vertriebs von bestimmten AIF oder zusätzlich vertriebenen AIF betreffen.

§ 326
Anzeigepflicht einer ausländischen AIF-Verwaltungsgesellschaft, deren Referenzmitgliedstaat die Bundesrepublik Deutschland ist, beim beabsichtigten Vertrieb von ausländischen AIF an semiprofessionelle und professionelle Anleger im Inland

(1) Der Vertrieb von Anteilen oder Aktien an ausländischen AIF an semiprofessionelle oder professionelle Anleger im Geltungsbereich dieses Gesetzes durch eine ausländische AIF-Verwaltungsgesellschaft, deren Referenzmitgliedstaat gemäß Artikel 37 Absatz 4 der Richtlinie 2011/61/EU die Bundesrepublik Deutschland ist, ist nur zulässig, wenn die in § 322 Absatz 1 genannten Voraussetzungen gegeben sind.

(2) Beabsichtigt eine ausländische AIF-Verwaltungsgesellschaft, deren Referenzmitgliedstaat gemäß § 56 die Bundesrepublik Deutschland ist und die von der Bundesanstalt eine Erlaubnis nach § 58 erhalten hat, Anteile oder Aktien an einem von ihr verwalteten ausländischen AIF im Geltungsbereich dieses Gesetzes an semiprofessionelle oder professionelle Anleger zu vertreiben, hat sie dies der Bundesanstalt anzuzeigen. § 321 Absatz 1 Satz 2 gilt entsprechend mit der Maßgabe, dass es statt „AIF-Kapitalverwaltungsgesellschaft" „ausländische AIF-Verwaltungsgesellschaft" heißen muss.

(3) § 322 Absatz 3, Absatz 4 Satz 1 und 2 und Absatz 5 gilt entsprechend mit der Maßgabe, dass es statt „AIF-Kapitalverwaltungsgesellschaft" „ausländische AIF-Verwaltungsgesellschaft" heißen muss.

Schrifttum

Klebeck/Meyer Drittstaatenregulierung der AIFM-Richtlinie, RdF **2012** 95; *Spindler/Tancredi* Die Richtlinie über Alternative Investmentfonds (AIFM-Richtlinie) Teil I, WM **2011** 1393; *dies.* Die Richtlinie über Alternative Investmentfonds (AIFM-Richtlinie) Teil II, WM **2011** 1441; *van Kann/Redeker/Keiluweit* Überblick über das Kapitalanlagegesetzbuch, DStR **2013** 1483; Verband der Auslandsbanken in Deutschland e.V., Investment Business in Germany, 2014; *Volhard/Jang* Der Vertrieb alternativer Investmentfonds

---

23 Vgl. Gesetzesbegründung zu § 325 Abs. 1 S. 528.

– Regelungsrahmen für den Vertrieb an professionelle und semi-professionelle Anleger in Deutschland nach dem RegE zur Umsetzung der AIFM-RL, DB **2013** 273; *Wallach* Umsetzung der AIFM-Richtlinie in deutsches Recht – erste umfassende Regulierung des deutschen Investmentrechts, RdF **2013** 92.

Gesetzesmaterialien

Durchführungsverordnung (EU) Nr. 448/2013 der Kommission vom 15. Mai 2013 zur Festlegung eines Verfahrens für die Bestimmung des Referenzmitgliedstaats eines Nicht-EU-AIFM gemäß der Richtlinie 2011/61/EU des Europäischen Parlaments und des Rates; „Häufige Fragen zum Vertrieb und Erwerb von Investmentvermögen nach dem KAGB" der Bundesanstalt für Finanzdienstleistungsaufsicht vom 4. Juli 2013, zuletzt geändert am 22. Januar 2014, Geschäftszeichen WA-Wp 2137-2013/0293; „Merkblatt zu Vereinbarungen über die Zusammenarbeit zwischen der Bundesanstalt und zuständigen Stellen eines Drittstaats im Rahmen der AIFM-Richtlinie 2011/61/EU" der Bundesanstalt für Finanzdienstleistungsaufsicht vom 22. Juli 2013, zuletzt geändert am 10. Februar 2014.

Systematische Übersicht

A. Allgemeines —— 1
  I. Überblick und zeitliche Anwendbarkeit (In-Kraft-Treten) —— 2
  II. Normentstehung und Grundlagen —— 6
B. Tatbestand —— 10
  I. Voraussetzungen für den Vertrieb (Abs. 1) —— 11
    1. Ausländischer AIF —— 12
    2. Vertrieb an semiprofessionelle oder professionelle Anleger —— 13
    3. Vertrieb im Inland —— 19
    4. Ausländische AIF-Verwaltungsgesellschaft —— 26
    5. Referenzmitgliedstaat Bundesrepublik Deutschland gemäß Art. 37 Abs. 4 der Richtlinie 2011/61/EU —— 29
    6. Voraussetzungen des § 322 Abs. 1 —— 33
  II. Vertriebsanzeigeprüfung (Abs. 2) —— 40
  III. Vertriebsbeginn (Abs. 3) —— 42

A. Allgemeines

Die Regelung des § 326 stellt die Voraussetzungen und Pflichten einer ausländischen **1** AIF-Verwaltungsgesellschaft, deren Referenzmitgliedstaat die Bundesrepublik Deutschland ist, beim beabsichtigten Vertrieb von ausländischen AIF an semiprofessionelle und professionelle Anleger im Inland dar.

I. Überblick und zeitliche Anwendbarkeit (In-Kraft-Treten)

Im Rahmen der Vertriebsregelungen der §§ 293 ff. im Kapitel 4 des KAGB beschäftigen **2** sich die §§ 321 ff. mit dem Anzeigeverfahren für den Vertrieb von AIF an semiprofessionelle und professionelle Anleger im Inland (Deutschland). Die verschiedenen Vertriebsanzeigen der §§ 321 bis 330a werden danach differenziert, ob der Vertrieb durch eine (deutsche) AIF-Kapitalverwaltungsgesellschaft, eine EU-AIF-Verwaltungsgesellschaft oder eine ausländische AIF-Verwaltungsgesellschaft durchgeführt werden soll. Innerhalb der Vorschriften der §§ 325 bis 328 und 330, die die ausländischen AIF-Verwaltungsgesellschaften regulieren, ist weiter danach zu differenzieren, ob (1) die ausländische AIF-Verwaltungsgesellschaft die Bundesrepublik Deutschland als Referenzmitgliedstaat hat oder nicht und (2) ob inländische und/oder EU-AIF oder ausländische AIF vertrieben werden sollen.

In zeitlicher Hinsicht sieht das KAGB teilweise eine sofortige und teilweise eine spä- **3** tere Anwendbarkeit der Vertriebsanzeige-Vorschriften bei Vorliegen eines Drittstaatbezuges vor. Ein solcher Drittstaatbezug liegt vor, wenn entweder eine inländische EU-AIF-Verwaltungsgesellschaft durch sie verwaltete ausländische/Drittstaaten-AIF vertreibt oder eine ausländische/Drittstaaten AIF-Verwaltungsgesellschaft von ihr verwaltete inländische, EU-AIF oder ausländische/Drittstaaten-AIF vertreibt.

4 Für den Vertrieb mit Drittstaatenbezug[1] sehen die maßgeblichen Vorschriften des KAGB (§ 295 Abs. 2 für den Vertrieb an professionelle Anleger und § 295 Abs. 3 für den Vertrieb an semiprofessionelle Anleger) ein Übergangsregime bis zum Zeitpunkt des Erlasses eines delegierten Rechtsaktes der Europäischen Kommission mit Art. 67 Abs. 6 der Richtlinie 2011/69/EU und ein endgültiges Regime nach Erlass dieses Rechtsaktes vor. Die Voraussetzungen des Vertriebs mit Drittstaatenbezug sind mithin in der Übergangsphase in den §§ 321, 323, 330 oder 330a geregelt; das endgültige EU Passporting-Regime auch für den Vertrieb mit Drittstaatenbezug richtet sich nach den §§ 321 bis 328 oder 330 a. Der Erlass des delegierten Rechtsaktes der EU-Kommission wird für das Jahr 2015 erwartet. Die zeitverzögerte Einführung des EU-Passes für ausländische AIF-Verwaltungsgesellschaften wird in erster Linie damit begründet, dass während der zweijährigen Übergangsphase zunächst die innereuropäische Funktionsweise des EU-Passes geprüft werden soll.

5 Nach der oben dargelegten Systematik ist der § 326 Teil des endgültigen Regulierungsregimes und damit vorerst nicht anwendbar.

II. Normentstehung und Grundlagen

6 Nach der Begründung des Regierungsentwurfs zum KAGB geht die Vorschrift des § 326 im Wesentlichen auf Art. 40 der Richtlinie 2011/61/EU zurück, der grundsätzlich die Bedingungen regelt für den in der EU mit einem Pass erfolgenden Vertrieb von Nicht-EU-AIF, die von einem Nicht-EU-AIFM vertrieben werden.

7 § 326 Abs. 1 setzt Art. 40 Abs. 1 und Abs. 2, Untersatz 1 der Richtlinie 2011/61/EU, um.[2] Ebenso wie in den §§ 322, 324 und 325 werden die semiprofessionellen Anleger[3] durch diese Regelung den professionellen Anlegern gleichgestellt, so dass für beide Anlegergruppen die gleichen Zuverlässigkeitsvoraussetzungen gelten.

8 Art. 40 Abs. 1 und Abs. 2 waren eine der umstrittensten Regelungen des europäischen Gesetzgebungsverfahrens zum Vertrieb von AIF.[4] Insbesondere das Europäische Parlament wollte die Möglichkeit der Kapitalanlage von EU-Anlegern in Nicht-EU-AIF Strukturen weitgehend beschränken bzw. verbieten. Es nahm dabei die wirtschaftlichen Folgen einer solchen Investitionsbeschränkung, also die Gefahr einer Spaltung der Finanzmärkte in einen EU- und einen Nicht-EU-Markt in Kauf.[5] Nicht zuletzt aufgrund des politischen Drucks von US-amerikanischer Seite ist diese Beschränkung jedoch nicht in die finale Fassung der AIFM-Richtlinie aufgenommen worden, sondern der Grundsatz der Gleichbehandlung von EU-AIF-Verwaltungsgesellschaft und ausländischer AIF-Verwaltungsgesellschaft verankert worden.

9 Der Gedanke der Vertriebsbeschränkung von Nicht-EU-AIF ist jedoch nicht ganz fallen gelassen worden. So heißt es im Erwägungsgrund 92 der AIFM-Richtlinie: „Die Kommission ist aufgefordert, die einschlägigen Bestimmungen in Bezug auf professionelle Anleger zu überprüfen, um über die Notwendigkeit strengerer Anforderungen für die

---

[1] Zum Vertrieb mit Drittstaatenbezug allgemein s. *Wallach* RdF **2013** 92, 101; *Klebeck/Meyer* RdF **2012** 95; *Emde/Dreibus* BKR **2013** 89, 99.
[2] Vgl. Gesetzesbegründung zu § 326.
[3] Bei den semiprofessionellen Anlegern handelt es sich um Kleinanleger im Sinne von Art. 43 Abs. 1 der Richtlinie 2011/61/EU, an die nur gemäß dieser Richtlinie verwaltete AIF vertrieben werden dürfen.
[4] So auch *Wallach* RdF **2011** 80, 86; *Klebeck/Meyer* RdF **2012** 95, 96; Dornseifer/Jesch/Klebeck/Tollmann/*Klebeck/Frick* Art. 40 Rn. 1.
[5] Siehe Dornseifer/Jesch/Klebeck/Tollmann/*Klebeck/Frick* Art. 40 Rn. 5.

Sorgfaltsprüfung (Due-Diligence-Verfahren) zu befinden, die von professionellen Anlegern der Union eingehalten werden müssen, die aus eigener Initiative in Finanzprodukte von außerhalb der EU, wie beispielsweise Nicht-EU-AIF, investieren." Einzelne Definitionsmerkmale des § 326 sind daher im Lichte dieser Erwägung auszulegen.

B. Tatbestand

Die Regelung des § 326 sieht für den Vertrieb von ausländischen AIF durch ausländische AIF-Verwaltungsgesellschaften, deren Referenzmitgliedstaat die Bundesrepublik Deutschland ist, eine Vertriebsanzeige in entsprechender Anwendung des § 321 Abs. 1 Satz 2 vor. Ferner bestehen Meldepflichten gegenüber der Europäischen Wertpapier- und Marktaufsichtsbehörde bei Beginn, Änderungen oder Beendigung des Vertriebs. **10**

I. Voraussetzungen für den Vertrieb (Abs. 1)

Der Vertrieb von Anteilen oder Aktien **11**
– von ausländischen AIF (s. Rn. 12)
– an semiprofessionelle oder professionelle Anleger (s. Rn. 13–18)
– im Inland (s. Rn. 19–25)
– durch eine ausländische AIF-Verwaltungsgesellschaft (s. Rn. 26–28),
– deren Referenzmitgliedstaat die Bundesrepublik Deutschland gemäß Art. 37 Abs. 4 der Richtlinie 2011/61/EU ist (s. Rn. 29–32) ist,
ist nur zulässig, wenn
– die in § 322 Abs. 1 genannten Voraussetzungen gegeben sind (s. Rn. 33–39).

1. Ausländischer AIF. Bei dem zu vertreibenden Investmentvermögen muss es sich **12** um einen ausländischen AIF handeln. Nach der Legaldefinition in § 1 Abs. 9 ist ein ausländischer AIF ein AIF, der dem Recht eines Drittstaates unterliegt. Drittstaaten sind wiederum nach der Definition des § 1 Abs. 19 Nr. 5 alle Staaten, die nicht Mitgliedstaat der Europäischen Union oder anderer Vertragsstaat des Abkommens über den Europäischen Wirtschaftsraum sind. Diese Definition entspricht dem inzwischen aufgehobenen § 2 Absatz 12 InvG.

2. Vertrieb an semiprofessionelle oder professionelle Anleger. § 325 setzt den **13** Vertrieb an semiprofessionelle oder professionelle Anleger voraus.

Der dem § 325 Abs. 1 zugrundeliegende Art. 40 der Richtlinie 2011/61/EU regelt den **14** Vertrieb von Anteilen an ausländischen AIF an professionelle Anleger. Der Vertrieb von ausländischen AIF an Kleinanleger wird von der Richtlinie gar nicht reguliert. Die Regulierung der Kleinanleger obliegt vielmehr auch unter dem Regime der Richtlinie den einzelnen Mitgliedstaaten und ihren jeweiligen Aufsichtsbehörden. So präzisiert (einzig) Art. 43 der Richtlinie, dass es dem jeweiligen nationalen Gesetzgeber freisteht, den Vertrieb von AIF an Kleinanleger in ihrem Hoheitsgebiet zu gestatten und einen solchen Vertrieb entsprechend Auflagen zu unterwerfen, die strenger sind als die Auflagen für AIF, die in ihrem Hoheitsgebiet an professionelle Anleger vertrieben werden. Der deutsche Gesetzgeber hat hieraus den Schluss gezogen, dass es sich bei den Vorgaben der Richtlinie an den Vertrieb an professionelle Anleger um eine Art Mindeststandard handelt.[6]

---

6 Vgl. Gesetzesbegründung Allgemeiner Teil, Abschnitt A. I. Ziffer 8. S. 357 – „Für die Anzeigeverfahren beim Vertrieb von AIF an Privatanleger wird als Mindeststandard auf die Vorschriften der AIFM-RL zurückgegriffen. Aus Anlegerschutzgesichtspunkten werden für den Vertrieb jedoch strengere Regeln

15 Die Kategorie des **semiprofessionellen Anlegers** wurde erst mit dem Regierungsentwurf in das Gesetzgebungsverfahren zum KAGB eingeführt und war Folge entsprechender Stimmen aus der Fondsbranche, welche befürchteten, dass vermögende Privatpersonen und auch Stiftungen künftig nicht mehr als Investoren eines Spezial-AIF qualifizieren könnten, da die Hürden als sog. erkorene professionelle Kunden unter MiFID zu hoch seien.[7]

16 Professionelle Anleger sind nach der Definition von § 1 Abs. 19 Nr. 32 Anleger, die im Sinne von Anhang II der Richtlinie 2004/39/EG (MiFID-Richtlinie) als professioneller Kunde angesehen werden oder auf Antrag als professionelle Kunden behandelt werden können.

17 Ein semiprofessioneller Anleger hingegen ist nach der Definition von § 1 Abs. 19 Nr. 33 jeder Anleger, der (1) sich verpflichtet, mindestens € 200.000 zu investieren, (2) schriftlich in einem vom Vertrag über die Investitionsverpflichtung getrennten Dokument angibt, dass er sich der Risiken im Zusammenhang mit der beabsichtigten Verpflichtung oder Investition bewusst ist, (3) dessen Sachverstand, Erfahrungen und Kenntnisse die AIF-Verwaltungsgesellschaft oder die von ihr beauftragte Vertriebsgesellschaft bewertet, ohne von der Annahme auszugehen, dass der Anleger über die Marktkenntnisse und -erfahrungen der in Anhang II Abschnitt I der Richtlinie 2004/39/EG genannten Anleger verfügt, (4) bei dem die AIF-Verwaltungsgesellschaft oder die von ihr beauftragte Vertriebsgesellschaft unter Berücksichtigung der Art der beabsichtigten Verpflichtung oder Investition hinreichend davon überzeugt ist, dass er in der Lage ist, seine Anlageentscheidungen selbst zu treffen und die damit einhergehenden Risiken versteht und dass eine solche Verpflichtung für den betreffenden Anleger angemessen ist, und (5) dem die AIF-Verwaltungsgesellschaft oder die von ihr beauftragte Vertriebsgesellschaft schriftlich bestätigt, dass sie die oben genannte Bewertung vorgenommen hat und die weiteren genannten Voraussetzungen gegeben sind. Ebenfalls qualifiziert als semiprofessioneller Anleger ein in § 37 Abs. 1 genannter Geschäftsleiter oder Mitarbeiter der AIF-Verwaltungsgesellschaft, sofern er in von der AIF-Verwaltungsgesellschaft verwaltete AIF investiert, oder ein Mitglied der Geschäftsführung oder des Vorstands einer extern verwalteten Investmentgesellschaft, sofern es in die extern verwaltete Investmentgesellschaft investiert. Erst durch den Finanzausschuss des Bundestages wurde in der letzten Phase des Gesetzgebungsverfahrens schließlich die weitere Alternative ergänzt, dass als semiprofessioneller Anleger auch jeder Anleger qualifiziert, der sich verpflichtet, mindestens € 10 Millionen in ein Investmentvermögen zu investieren.

18 Insgesamt stellt das KAGB in weiten Teilen den semiprofessionellen Anleger dem professionellen Anleger gleich.[8]

19 **3. Vertrieb im Inland.** § 326 setzt den Vertrieb der AIF-Anteile im Inland voraus. Nach der Definition in § 293 Abs. 1 qualifiziert als Vertrieb grundsätzlich jedes direkte oder indirekte Anbieten oder Platzieren von Anteilen oder Aktien eines Investmentvermögens.[9] Diese Definition des Vertriebsbegriffs enthielt bis zur Konsultation im Finanzausschuss des Bundestages noch die ergänzende Aufzählung „oder das Werben für ein Investmentvermögen". Dieser Passus wurde jedoch durch den Finanzausschuss gestri-

---

aufgestellt". Diesem Ansatz scheinen jedoch diverse andere Mitgliedstaaten, wie beispielsweise Großbritannien, nicht zu folgen.

7 S. auch *Volhard/Jang* DB **2013** 273, 274; bzw. Kommentierung zu § 1 Abs. 19 Nr. 33.
8 S. *Volhard/Jang* DB **2013** 273, 274; Kommentierung zu Art. § 1 Abs. 19 Nr. 33. Siehe ebenfalls die Begründung des Finanzausschusses zu § 1 Abs. 19 Nr. 33 lit. c.
9 Vgl. auch Kommentierung zum § 293.

chen. Ausweislich der Begründung handelt es sich hierbei nach Ansicht des Finanzausschusses lediglich um eine „redaktionelle Änderung", da der Begriff des Anbietens in § 293 Abs. 1 Satz 1 nicht nur Angebote im Sinne des BGB, sondern auch Angebote im weiteren Sinne, wie etwa die invitatio ad offerendum umfasse. Der Begriff der Werbung sei daher im Wesentlichen redundant und könne entsprechend gestrichen werden.[10]

20 Ausdrücklich ausgenommen vom Begriff des Vertriebes sind nach Satz 2 des § 293 Abs. 1 z.B. die namentliche Nennung des Investmentvermögens, die Nennung und Veröffentlichung der Nettoinventarwerte und die an einem organisierten Markt ermittelten Kurse, die Nennung der Ausgabe- und Rücknahmepreise von Anteilen oder Aktien eines Investmentvermögens, die Nennung bzw. Bekanntmachung der Besteuerungsgrundlagen nach § 5 des InvG, die Erfüllung der gesetzlichen Veröffentlichungspflichten im Bundesanzeiger oder die regelmäßigen Informationspflichten der Verwaltungsgesellschaft gegenüber bereits investierten Anlegern nach dem KAGB. Diese Ausnahmen gelten jedenfalls solange nicht noch weitere Vertriebsaktivitäten nach § 293 ausgeübt werden.

21 Für **semiprofessionelle und professionelle Anleger** sieht § 293 Abs. 1 Satz 3 der Vorschrift eine weitere Einschränkung vor: Hiernach soll ein Vertrieb gegenüber dieser Anlegergruppe nur dann gegeben sein, wenn dieser auf Initiative der Verwaltungsgesellschaft oder in deren Auftrag erfolgt und sich an semiprofessionelle oder professionelle Anleger mit Wohnsitz oder Sitz im Inland oder in einem anderen Europäischen Mitgliedstaat oder Vertragsstaat des Abkommens über den Europäischen Wirtschaftsraum richtet. Diese Einschränkung für die Anlegergruppe der semiprofessionellen und professionellen Anleger orientiert sich am Vertriebsbegriff der Richtlinie 2011/61/EU. Nach der Richtlinien-Definition in Art. 4 Abs. 1 lit. x ist Vertrieb das „direkte oder indirekte, auf Initiative des AIFM oder in dessen Auftrag erfolgende Anbieten oder Platzieren von Anteilen an einem vom AIFM verwalteten AIF an Anleger oder bei Anlegern mit Wohnsitz oder Sitz in der Union". Hieraus („oder in dessen Auftrag") lässt sich ableiten, dass das Einschalten von Dritten, wie z.B. von freien Vermittlern oder von Finanzdienstleistungsinstituten nicht dazu führt, dass der Vertrieb zu verneinen ist.

22 Die Bundesanstalt hat mit der Veröffentlichung „Häufige Fragen zum Vertrieb und Erwerb von Investmentvermögen nach dem KAGB" vom 4. Juli 2013, zuletzt geändert am 22. Januar 2014, ebenfalls zum Vertriebsbegriff Stellung genommen. Hierin stellt die Bundesanstalt klar, dass unter den Begriff des „Anbietens" auch Angebote im weiteren Sinne, wie die invitatio ad offerendum, fallen. Für das „Platzieren" fordert die Bundesanstalt einen aktiven Absatz von Anteilen oder Aktien eines Investmentvermögens. Das Wort „Vertrieb" impliziere einen auf den Absatz von Anteilen oder Aktien gerichtete Aktivität des Vertreibenden. Das bloße Reagieren auf die Order eines Anlegers stelle somit keinen Vertrieb dar. Ferner müsse das Anbieten oder Platzieren auf ein Investmentvermögen bezogen sein. Dieses läge insbesondere vor bei Investmentvermögen, die bereits aufgelegt sind, die angebotsreif sind (Musteranlagebedingungen, die noch zu verhandelnde Lücken aufweisen, reichen nicht) oder Investmentvermögen, die bereits unter einem bestimmten Namen firmieren (z.B. Fonds „XY Aktien Chance Plus").

23 Im Hinblick auf den Vertrieb an semiprofessionelle und professionelle Anleger legt die Bundesanstalt anhand eines Beispiels dar, dass die Vorlage von Musteranlagebedingungen und Musterprospekten zum Zwecke der Darlegung der eigenen Fähigkeiten der Verwaltungsgesellschaft (noch) keinen Vertrieb darstelle, jedenfalls solange die Unterlagen bzw. das Investment nicht angebotsreif ist. Schließlich sei es nicht Sinn und Zweck

---

10 Vgl. Gesetzesbegründung des Finanzausschusses zu § 293 S. 656.

des Vertriebs-Anzeigeverfahrens, dass der Bundesanstalt jeder Verhandlungsstand anzuzeigen ist.

24 Die Bundesanstalt versteht unter Vertrieb auch nicht die Veräußerung eigener Anteile oder Aktien an einem Investmentvermögen durch einen Anleger. Anderes gelte jedoch, wenn diese Veräußerung über einen Vermittler erfolgt, der die Anteile zunächst auf die eigenen Bücher nimmt.

25 Schließlich stellt die Bundesanstalt in ihrem Schreiben klar, dass ein Vertrieb von Anteilen eines Investmentvermögens auch dann vorliegt, wenn einem Anleger der Erwerb von weiteren Anteilen desselben Investmentvermögens direkt oder indirekt (etwa durch die Zusendung eines Verkaufsprospekts oder anderer Informationen) angeboten wird. Allerdings verweist die Bundesanstalt in diesem Kontext auf die Ausnahmen nach § 293 Abs. 1 Nr. 6 (= nach denen kein Vertrieb vorliegt, wenn gesetzliche Veröffentlichungspflichten im Bundesanzeiger oder regelmäßige Informationspflichten gegenüber bereits investierten Anlegern erfüllt werden).

26 **4. Ausländische AIF-Verwaltungsgesellschaft.** Bei der vertreibenden Verwaltungsgesellschaft muss es sich um eine ausländische AIF-Verwaltungsgesellschaft handeln. Nach § 1 Abs. 18 sind ausländische AIF-Verwaltungsgesellschaften Unternehmen mit Sitz in einem Drittstaat, die den Anforderungen an einen Verwalter alternativer Investmentfonds im Sinne der Richtlinie 2011/61/EU entsprechen. Nach der Gesetzesbegründung sind ausländische Verwaltungsgesellschaften der Oberbegriff für externe als auch interne Verwaltungsgesellschaften, die AIF verwalten und ihren Sitz in einem Drittstaat haben.[11] Nach § 1 Abs. 19 Nr. 5 sind Drittstaaten alle Staaten, die nicht Mitgliedstaat der Europäischen Union oder anderer Vertragsstaat des Abkommens über den Europäischen Wirtschaftsraum sind.[12]

27 Im Hinblick auf die Anforderungen an eine (ausländische) AIF-Verwaltungsgesellschaft im Sinne der Richtlinie 2011/61/EU ist wiederum auf Art. 40 Abs. 1 der Richtlinie zu blicken. Diese Vorschrift adressiert eine ordnungsgemäß nach Art. 37 der Richtlinie zugelassene ausländische AIF-Verwaltungsgesellschaft, welche Anteile eines ausländischen AIF, den sie verwaltet, an professionelle Anleger in der Europäischen Union mit einem Europäischen Pass vertreiben möchte.[13] Nach Art. 37 Abs. 1 der Richtlinie müssen ausländische AIF-Verwaltungsgesellschaften, die beabsichtigen EU-AIF oder von ihnen verwaltete ausländische AIF gemäß Art. 39 oder Art. 40 der Richtlinie in der EU zu vertreiben, eine vorherige Genehmigung der zuständigen Behörden ihres Referenzmitgliedstaates einholen.[14]

28 Nach der Definition des Art. 4 Abs. 1 lit. aa ist ein Nicht-EU-AIFM (– in den Begrifflichkeiten des KAGB eine ausländische AIF-Verwaltungsgesellschaft –) ein AIFM, der kein EU-AIFM ist (– in den Begrifflichkeiten des KAGB eine EU-AIF-Verwaltungsgesellschaft –). Damit erfolgt die Definition im Umkehrschluss zur EU-AIF-Verwaltungsgesellschaft. Nach Art. 4 Abs. 1 lit. l ist eine EU-AIF-Verwaltungsgesellschaft eine AIF-Verwaltungsgesellschaft mit satzungsmäßigem Sitz[15] in einem Mitgliedstaat.

---

11 Vgl. Gesetzesbegründung zu § 1 Abs. 18 S. 370.
12 Diese Definition entspricht der Definition im aufgehobenen § 2 Abs. 12 InvG; vgl. auch Gesetzesbegründung zu § 1 Abs. 19 Nr. 5 S. 370.
13 Dornseifer/Jesch/Klebeck/Tollmann/*Klebeck/Frick* Art. 40 Rn. 9.
14 Vgl. auch Dornseifer/Jesch/Klebeck/Tollmann/*Klebeck/Frick* Art. 40 Rn. 49.
15 Zur Frage der Relevanz der Hauptverwaltung bzw. Hauptniederlassung vgl. Dornseifer/Jesch/Klebeck/Tollmann/*Klebeck/Frick* Art. 37 Rn. 14 ff. mit weiteren Nachweisen.

5. Referenzmitgliedstaat Bundesrepublik Deutschland gemäß Art. 37 Abs. 4 der Richtlinie 2011/61/EU. Referenzmitgliedstaat der ausländischen AIF-Verwaltungsgesellschaft muss die Bundesrepublik Deutschland sein. Dies ist der Fall, wenn sie gemäß dem in Art. 37 Abs. 4 lit. a der Richtlinie 2011/61/EU genannten Kriterien Referenzmitgliedstaat sein kann und kein anderer Mitgliedstaat der Europäischen Union bzw. Vertragsstaat des Abkommens über den Europäischen Wirtschaftsraum als Referenzstaat in Betracht kommt oder wenn sie nach den kollisionsrechtlichen Bestimmungen des Art. 37 Abs. 4b–h als Referenzmitgliedstaat festgelegt worden ist. 29

Nach Art. 37 Abs. 4 der Richtlinie 2011/61/EU soll die effektive Aufsicht über ausländische AIF-Verwaltungsgesellschaften sichergestellt werden, in dem diese der zuständigen Behörde des Referenzmitgliedstaates übertragen wird. Die Bestimmung des Referenzmitgliedstaates ist einfach, wenn der AIF, den die ausländische AIF-Verwaltungsgesellschaft verwaltet, seinen Sitz in der Bundesrepublik Deutschland hat und diesen nicht innerhalb der EU, sondern nur im Sitzstaat vertreibt. Hingegen sind die kollisionsrechtlichen Bestimmungen des Art. 37 Abs. 4 lit. b bis h heranzuziehen, wenn die ausländische AIF-Verwaltungsgesellschaft beabsichtigt, eine oder mehrere EU-AIF mit Sitz in verschiedenen Mitgliedstaaten zu verwalten oder einen oder mehrere EU-AIF bzw. Nicht-EU-AIF in verschiedenen Mitgliedstaaten zu vertreiben.[16] 30

Die kollisionsrechtlichen Bestimmungen sollen sowohl einen positiven wie einen negativen Kompetenzkonflikt vermeiden, d.h. verhindern, dass entweder kein Mitgliedstaat für die Beaufsichtigung der ausländischen AIF-Verwaltungsgesellschaft zuständig ist oder mehrere Mitgliedstaaten um die Beaufsichtigung konkurrieren. Art. 37 Abs. 4 der Richtlinie 2011/61/EU stellt dabei sicher, dass der Referenzmitgliedstaat ausschließlich nach objektiven Kriterien bestimmt wird. Maßstab ist der engste sachliche Zusammenhang zwischen einer ausländischen AIF-Verwaltungsgesellschaft und einem Mitgliedstaat.[17] Anknüpfungspunkte für den sachlichen Zusammenhang können sich zum Beispiel aus dem Sitz eines von einer ausländischen AIF-Verwaltungsgesellschaft verwalteten EU-AIF in einem bestimmten Mitgliedstaat oder dem Vertrieb eines EU-AIF oder Nicht-EU-AIF in einem bestimmten Mitgliedstaat ergeben.[18] Trotz des Versuchs, durch die umfangreiche Einzelfallaufzählung in Art. 37 Abs. 4 der Richtlinie 2011/61/EU den Referenzmitgliedstaat zu identifizieren, wird dieser nicht immer eindeutig bestimmbar sein. Für derartige Fälle sieht Art. 37 Abs. 4 Unterabsatz 2 vor, dass die ausländische AIF-Verwaltungsgesellschaft bei den zuständigen Aufsichtsbehörden sämtlicher möglicher Referenzmitgliedstaaten beantragen muss, sich untereinander über die Festlegung eines Referenzmitgliedstaates zu einigen. 31

Anders als § 325 Abs. 1 und § 326 Abs. 2 nimmt § 326 Abs. 1 für die Bestimmung der Bundesrepublik Deutschland als Referenzmitgliedstaat nur Bezug auf die europäische Norm des Art. 37 der Richtlinie 2011/61/EU, nicht aber auf deren Umsetzung in deutsches Recht in §§ 56 ff. Dies erscheint umso erstaunlicher, als der deutsche Gesetzgeber um eine 1:1-Umsetzung der AIFM Richtlinie bemüht ist und der Regelungsgehalt der §§ 56, 58 weitestgehend dem des Art. 37 Abs. 4 entspricht. 32

---

[16] Ausführlich zu den einzelnen Konstellationen: Dornseifer/Jesch/Klebeck/Tollmann/*Klebeck*/*Frick* Art. 37 Rn. 189 ff.
[17] Vgl. zum sachlichen Zusammenhang Dornseifer/Jesch/Klebeck/Tollmann/*Klebeck*/*Frick* Art. 37 Rn. 188.
[18] Siehe *Spindler*/*Tancredi* WM **2011** 1441, 1448; ebenso Dornseifer/Jesch/Klebeck/Tollmann/*Klebeck*/ *Frick* Art. 37 Rn. 201.

33 **6. Voraussetzungen des § 322 Abs. 1.** Zulässig ist der Vertrieb nach § 326 nur, wenn auch die Voraussetzungen des § 322 Abs. 1 erfüllt sind. Die Prüfung der Voraussetzungen des § 322 Abs. 1 obliegt wiederum der zuständigen Stelle des europäischen Referenzmitgliedstaates der ausländischen Verwaltungsgesellschaft. Sollte die Bundesanstalt jedoch mit dem Prüfungsergebnis der zuständigen Stelle des Referenzmitgliedstaates in Bezug auf die Voraussetzungen des § 322 Abs. 1 Nr. 1 und 2 nicht einverstanden sein, kann die Bundesanstalt (nach Maßgabe des Art. 19 der Verordnung (EU) Nr. 1095/2010) die ESMA um Hilfe ersuchen.

34 § 322 Abs. 1 regelt die Anzeigepflicht einer AIF-Kapitalverwaltungsgesellschaft beim beabsichtigten Vertrieb von Anteilen oder Aktien an ausländischen AIF und von Anteilen oder Aktien an EU-Feeder-AIF oder inländischen Spezial-Feeder-AIF, deren jeweiliger Master-AIF kein EU-AIF oder inländischer AIF ist, der von einer EU-AIF-Verwaltungsgesellschaft oder einer AIF-Kapitalverwaltungsgesellschaft verwaltet wird, an semiprofessionelle und professionelle Anleger.

35 Ausweislich der Gesetzesbegründung setzt § 322 Abs. 1 Art. 35 Abs. 1 und Abs. 2 Unterabsatz 1 der Richtlinie 2011/61/EU um. Der Gesetzgeber versteht die Richtlinie so, dass auch der Vertrieb von Anteilen an EU-Feeder-AIF bzw. inländischen Spezial-Feeder-AIF, deren jeweiliger Master-AIF kein EU-AIF oder inländischer AIF ist, der von einer EU-AIF-Verwaltungsgesellschaft oder einer AIF-Kapitalverwaltungsgesellschaft verwaltet wird, an professionelle Anleger im Inland nur zulässig sein soll, wenn die Voraussetzungen von Absatz 1 in Bezug auf den Master-AIF erfüllt sind. Wenn in dieser Vorschrift auf einen „ausländischen AIF" Bezug genommen wird, falle darunter auch ein etwaiger ausländischer Master-AIF.[19]

36 Wenngleich es sich bei der Vorschrift des § 322 um einen Vertrieb durch eine AIF-Kapitalverwaltungsgesellschaft handelt, ist dieser Paragraph ebenfalls nicht unmittelbar mit Inkrafttreten des KAGB anwendbar, sondern Bestandteil des künftigen endgültigen Vertriebs-Regimes nach Erlass des erforderlichen europäischen delegierten Rechtsaktes.

37 Die in § 322 Abs. 1 aufgeführten Voraussetzungen[20] 1. bis 3. finden sich dem Grunde nach sowohl in der Regelung des Art. 40 als auch des Art. 35 der Richtlinie wieder. Diese Voraussetzungen sind namentlich: (1) Das Vorliegen einer geeigneten Vereinbarung über die Zusammenarbeit zwischen der Bundesanstalt und den Aufsichtsbehörden des Drittstaates, in dem der ausländische AIF seinen Sitz hat, um so einen effizienten Informationsaustausch zu gewährleisten, welcher wiederum der Bundesanstalt die Wahrnehmung ihrer Pflichten unter der Richtlinie ermöglicht;[21] (2) das Fehlen des maßgeblichen Drittstaates auf der Liste der nicht kooperierenden Länder und Gebiete, die von der Arbeitsgruppe „Finanzielle Maßnahmen gegen Geldwäsche und Terrorismusfinanzierung" aufgestellt wurde; (3) die Unterzeichnung einer Vereinbarung durch den maßgeblichen Drittstaat mit der Bundesrepublik Deutschland, die den Normen des Art. 26 des OECD-Musterabkommens zur Vermeidung der Doppelbesteuerung von Einkommen und Vermögen vollständig entspricht und einen wirksamen Informationsaustausch in Steuerangelegenheiten gewährleistet. Die Regelung in Nummer 4 von § 322 Abs. 1 trägt ausweislich der Gesetzesbegründung dem Umstand Rechnung, dass § 55 Abs. 1 Nr. 1 AIF-Kapitalverwaltungsgesellschaften in Bezug auf die Verwaltung von ausländischen AIF, die in den Mitgliedstaaten der Europäischen Union oder den Vertragsstaaten des Abkommens über

---

19 Vgl. Gesetzesbegründung zu § 322 Abs. 1 S. 528 f.
20 Siehe im Einzelnen die Kommentierung zu § 322 Abs. 1.
21 Siehe auch „Merkblatt zu Vereinbarungen über die Zusammenarbeit zwischen der Bundesanstalt und zuständigen Stellen eines Drittstaats im Rahmen der AIFM-Richtlinie 2011/61/EU" der Bundesanstalt für Finanzdienstleistungsaufsicht vom 22. Juli 2013, zuletzt geändert am 10. Februar 2014.

den Europäischen Wirtschaftsraum nicht vertrieben werden, von der Einhaltung der §§ 67 und 80 bis 90 befreit. Hiernach stelle Nummer 4 klar, dass diese Ausnahme dann nicht mehr greift, wenn der AIF in den Mitgliedstaaten der Europäischen Union oder den Vertragsstaaten des Abkommens über den Europäischen Wirtschaftsraum vertrieben werden soll.

Bei den oben genannten Voraussetzungen handelt es sich somit um weitere dritt- 38 staatenbezogene Bedingungen. Ist der ausländische AIF in einem anderen Drittstaat als die ausländische AIF-Verwaltungsgesellschaft ansässig, muss auch dieser Drittstaat die oben genannten drittstaatenbezogenen Voraussetzungen erfüllen.[22]

Ist die Bundesanstalt mit der Bewertung der drittstaatenbezogenen Voraussetzun- 39 gen nach Nummer 1 und 2 durch die zuständige Stelle des Referenzmitgliedstaates nicht einverstanden, kann die Bundesanstalt die ESMA nach Art. 19 der Verordnung (EU) Nr. 1095/2010 um Hilfe ersuchen. Diese kann sodann ein entsprechendes Schlichtungsverfahren durchführen.[23]

II. Vertriebsanzeigeprüfung (Abs. 2)

Ist der Vertrieb nach Absatz 1 grundsätzlich zulässig, hat die ausländische AIF-Ver- 40 waltungsgesellschaft dies der Bundesanstalt anzuzeigen. Voraussetzung ist dabei, dass die Bundesrepublik Deutschland Referenzmitglied der ausländischen AIF-Verwaltungsgesellschaft gemäß § 56 ist und sie von der Bundesanstalt eine Erlaubnis nach § 58 erhalten hat.[24] Anders als in Absatz 1 ist dieser Verweis auf den Referenzstaat und dessen Erlaubnis rechtssystematisch überzeugend, da hierdurch Art. 37 Abs. 4 der Richtlinie 2011/61/EU konsequent umgesetzt wird.

Absatz 2 Satz 2 verweist für das Anzeigeschreiben auf § 321 Abs. 1 Satz 1, der die An- 41 gaben und Unterlagen, die das Anzeigeschreiben an die Bundesanstalt enthalten muss, aufzählt.[25] Satz 2 stellt darüber hinaus klar, dass in § 321 für die AIF-Kapitalverwaltungsgesellschaften getroffenen Regelungen auch für ausländische AIF-Verwaltungsgesellschaften gelten.

III. Vertriebsbeginn (Abs. 3)

§ 326 Abs. 3 verweist für das Prüfverfahren der Bundesanstalt und die Fristen bis 42 zum Vertriebsbeginn auf § 322 Abs. 3, Abs. 4 Satz 1 und 2 und Abs. 5 und stellt zudem auch für den Vertriebsbeginn klar, dass die dort für AIF-Kapitalverwaltungsgesellschaften getroffenen Regelungen auch für ausländische AIF-Verwaltungsgesellschaften gelten.

§ 322 Abs. 3 verweist wiederum auf § 321 Abs. 2, der die vollständige Prüfung der 43 übermittelten Angaben und Unterlagen durch die Bundesanstalt regelt. Dieser basiert auf § 129 Abs. 2 des aufgehobenen Investmentgesetzes, da die Richtlinie 2011/61/EU ebenso wie die Richtlinie 2009/65/EG keine Regelungen enthält, wie mit unvollständigen Anzeigen umgegangen werden soll. Dabei soll die Ausschlussfrist von sechs Monaten ebenso wie in § 129 Abs. 2 des aufgehobenen Investmentgesetzes verhindern, dass eine unvollständige Anzeige nach Ablauf von sechs Monaten noch vervollständigt werden

---

[22] So auch Dornseifer/Jesch/Klebeck/Tollmann/*Klebeck/Frick* Art. 40 Rn. 27 f.; *Klebeck/Meyer* RdF **2012** 95, 97 ff.
[23] Dornseifer/Jesch/Klebeck/Tollmann/*Klebeck/Frick* Art. 40 Rn. 29 mit weiteren Nachweisen.
[24] Siehe zu §§ 56, 58 ausführlich § 325 Rn. 17 ff. bzw. 21 ff.
[25] Siehe hierzu im Einzelnen § 321.

kann, da dann regelmäßig die Gefahr besteht, dass die bereits eingereichten Unterlagen veraltet sind.

44 § 322 Abs. 4 Satz 1 und 2 verweisen auf § 321 Abs. 3 Satz 1 bis 4 und 6 und legen damit fest, dass nach Ablauf der Frist von 20 Arbeitstagen nach Eingang der vollständigen Unterlagen die Bundesanstalt sowohl der ausländischen AIF-Verwaltungsgesellschaft als auch der Europäischen Wertpapier- und Marktaufsichtsbehörde mitteilt, dass diese mit dem Vertrieb beginnen kann.[26]

45 § 322 Abs. 5 Satz 1 betrifft das Verfahren bei wesentlichen Änderungen der übermittelten Unterlagen. Der weiterführende Verweis auf § 321 Abs. 4 Satz 2 bis 5 enthält Details zum Verfahren, wenn die Änderungen gegen die Vorschriften dieses Gesetzes oder die Richtlinie 2011/61/EU verstoßen und die daran geknüpften Sanktionsmöglichkeiten der Bundesanstalt.

46 In § 322 Abs. 5 Satz 2 sind die Unterrichtungspflichten bei zulässigen Änderungen dargestellt.

§ 327
Anzeigepflicht einer ausländischen AIF-Verwaltungsgesellschaft, deren Referenzmitgliedstaat nicht die Bundesrepublik Deutschland ist, beim beabsichtigten Vertrieb von EU-AIF oder von inländischen Spezial-AIF an semiprofessionelle und professionelle Anleger im Inland

(1) Beabsichtigt eine ausländische AIF-Verwaltungsgesellschaft, deren Referenzmitgliedstaat gemäß Artikel 37 Absatz 4 der Richtlinie 2011/61/EU ein anderer Mitgliedstaat der Europäischen Union oder ein anderer Vertragsstaat des Abkommens über den Europäischen Wirtschaftsraum als die Bundesrepublik Deutschland ist, im Geltungsbereich dieses Gesetzes Anteile oder Aktien an EU-AIF oder inländische Spezial-AIF an semiprofessionelle oder professionelle Anleger im Geltungsbereich dieses Gesetzes zu vertreiben, so prüft die Bundesanstalt, ob die zuständige Stelle des Referenzmitgliedstaates der ausländischen AIF-Verwaltungsgesellschaft Folgendes übermittelt hat:
1. eine von ihr ausgestellte Bescheinigung über die Erlaubnis der betreffenden ausländischen AIF-Verwaltungsgesellschaft zur Verwaltung von AIF mit einer bestimmten Anlagestrategie und
2. ein Anzeigeschreiben für jeden angezeigten AIF

jeweils in einer in der internationalen Finanzwelt gebräuchlichen Sprache. Für den Inhalt des Anzeigeschreibens einschließlich der erforderlichen Dokumentation und Angaben gilt § 321 Absatz 1 Satz 2 entsprechend mit der Maßgabe, dass es statt „AIF-Kapitalverwaltungsgesellschaft" „ausländische AIF-Verwaltungsgesellschaft" heißen muss, die Vorkehrungen zum Vertrieb des angezeigten AIF angegeben sein müssen und die Bundesrepublik Deutschland als Staat genannt sein muss, in dem Anteile oder Aktien des angezeigten AIF an professionelle Anleger vertrieben werden sollen.

(2) Der Vertrieb kann aufgenommen werden, wenn die ausländische AIF-Verwaltungsgesellschaft von der zuständigen Stelle ihres Referenzmitgliedstaates

---

26 Siehe § 325 Rn. 41.

über die Übermittlung nach Absatz 1 unterrichtet wurde. § 323 Absatz 2 Satz 3 und Absatz 3 ist entsprechend anzuwenden.

Schrifttum

Klebeck/Meyer Drittstaatenregulierung der AIFM-Richtlinie, RdF **2012** 95; S*pindler/Tancredi* Die Richtlinie über Alternative Investmentfonds (AIFM-Richtlinie) Teil I, WM **2011** 1393; *dies.* Die Richtlinie über Alternative Investmentfonds (AIFM-Richtlinie) Teil II, WM **2011** 1441; *van Kann/Redeker/Keiluweit* Überblick über das Kapitalanlagegesetzbuch, DStR **2013** 1483; Verband der Auslandsbanken in Deutschland e.V., Investment Business in Germany, 2014; *Volhard/Jang* Der Vertrieb alternativer Investmentfonds – Regelungsrahmen für den Vertrieb an professionelle und semi-professionelle Anleger in Deutschland nach dem RegE zur Umsetzung der AIFM-RL, DB **2013** 273; *Wallach* Umsetzung der AIFM-Richtlinie in deutsches Recht – erste umfassende Regulierung des deutschen Investmentrechts, RdF **2013** 92.

Gesetzesmaterialien

Durchführungsverordnung (EU) Nr. 448/2013 der Kommission vom 15. Mai 2013 zur Festlegung eines Verfahrens für die Bestimmung des Referenzmitgliedstaats eines Nicht-EU-AIFM gemäß der Richtlinie 2011/61/EU des Europäischen Parlaments und des Rates; „Häufige Fragen zum Vertrieb und Erwerb von Investmentvermögen nach dem KAGB" der Bundesanstalt für Finanzdienstleistungsaufsicht vom 4. Juli 2013, zuletzt geändert am 22. Januar 2014, Geschäftszeichen WA-Wp 2137-2013/0293; „Merkblatt zu Vereinbarungen über die Zusammenarbeit zwischen der Bundesanstalt und zuständigen Stellen eines Drittstaats im Rahmen der AIFM-Richtlinie 2011/61/EU" der Bundesanstalt für Finanzdienstleistungsaufsicht vom 22. Juli 2013, zuletzt geändert am 10. Februar 2014.

Systematische Übersicht

A. Allgemeines —— 1
   I. Überblick und zeitliche Anwendbarkeit (In-Kraft-Treten) —— 2
   II. Normentstehung und Grundlagen —— 6
B. Tatbestand —— 10
   I. Voraussetzungen für den Vertrieb (Abs. 1) —— 11
     1. Ausländische AIF- Verwaltungsgesellschaft —— 12
     2. Referenzmitgliedstaat, der nicht die Bundesrepublik Deutschland ist —— 15
     3. EU-AIF oder inländischer Spezial-AIF —— 18
     4. Vertrieb an semiprofessionelle oder professionelle Anleger —— 19
     5. Vertrieb im Inland —— 25
     6. Vertriebsanzeigeprüfung —— 32
   II. Vertriebsbeginn (Abs. 2) —— 35

A. Allgemeines

Die Regelung des § 327 stellt die Voraussetzungen und Pflichten einer ausländi- **1** schen AIF-Verwaltungsgesellschaft, deren Referenzmitgliedstaat nicht die Bundesrepublik Deutschland ist, beim beabsichtigten Vertrieb von EU-AIF oder von inländischen Spezial-AIF an semiprofessionelle und professionelle Anleger im Inland dar.

I. Überblick und zeitliche Anwendbarkeit (In-Kraft-Treten)

Im Rahmen der Vertriebsregelungen der §§ 293 ff. im Kapitel 4 des KAGB beschäftigen **2** sich die §§ 321 ff. mit dem Anzeigeverfahren für den Vertrieb von AIF an semiprofessionelle und professionelle Anleger im Inland (Deutschland). Die verschiedenen Vertriebsanzeigen der §§ 321 bis 330a werden danach differenziert, ob der Vertrieb durch eine (deutsche)

AIF-Kapitalverwaltungsgesellschaft, eine EU-AIF-Verwaltungsgesellschaft oder eine AIF-Verwaltungsgesellschaft durchgeführt werden soll. Innerhalb der Vorschriften der §§ 325 bis 328 und 330, die die ausländischen AIF-Verwaltungsgesellschaften regulieren, ist weiter danach zu differenzieren, ob (1) die ausländische AIF-Verwaltungsgesellschaft die Bundesrepublik Deutschland als Referenzmitgliedstaat hat oder nicht und (2) ob inländische und/oder EU-AIF oder ausländische AIF vertrieben werden sollen.

3   In zeitlicher Hinsicht sieht das KAGB teilweise eine sofortige und teilweise eine spätere Anwendbarkeit der Vertriebsanzeige-Vorschriften bei Vorliegen eines Drittstaatenbezuges vor. Ein solcher Drittstaatenbezug liegt vor, wenn entweder eine inländische EU-AIF-Verwaltungsgesellschaft durch sie verwaltete ausländische/Drittstaaten-AIF vertreibt oder eine ausländische/Drittstaaten-AIF-Verwaltungsgesellschaft von ihr verwaltete inländische, EU-AIF oder ausländische/Drittstaaten-AIF vertreibt.

4   Für den Vertrieb mit Drittstaatenbezug[1] sehen die maßgeblichen Vorschriften des KAGB (§ 295 Abs. 2 für den Vertrieb an professionelle Anleger und § 295 Abs. 3 für den Vertrieb an semiprofessionelle Anleger) ein Übergangsregime bis zum Zeitpunkt des Erlasses eines delegierten Rechtsaktes der Europäischen Kommission mit Art. 67 Abs. 6 der Richtlinie 2011/69/EU und ein endgültiges Regime nach Erlass dieses Rechtsaktes vor. Die Voraussetzungen des Vertriebs mit Drittstaatenbezug sind mithin in der Übergangsphase in den §§ 321, 323, 330 oder 330a geregelt; das endgültige EU Passporting-Regime auch für den Vertrieb mit Drittstaatenbezug richtet sich nach den §§ 321 bis 328 oder 330a. Der Erlass des delegierten Rechtsaktes der EU Kommission wird für das Jahr 2015 erwartet. Die zeitverzögerte Einführung des EU-Passes für ausländische AIF-Verwaltungsgesellschaften wird in erster Linie damit begründet, dass während der zweijährigen Übergangsphase zunächst die innereuropäische Funktionsweise des EU-Passes geprüft werden soll.

5   Nach der oben dargelegten Systematik ist der § 327 Teil des endgültigen Regulierungsregimes und damit vorerst nicht anwendbar.

II. Normentstehung und Grundlagen

6   Nach der Begründung des Regierungsentwurfs dient § 327 Abs. 1 Satz 1 der Umsetzung von Art. 39 Abs. 1, Abs. 5 und Abs. 8 der Richtlinie 2011/61/EU. Art. 39 der Richtlinie 2011/61/EU schreibt ein Anzeigeverfahren für alle EU-AIF vor, die von einem Nicht-EU-AIFM in einem anderen Staat als seinem Referenzmitgliedstaat an professionelle Anleger vertrieben werden sollen. Da Art. 39 der Richtlinie 2011/61/EU keine Ausnahme für EU-AIF vorsieht, die im Aufnahmestaat des Nicht-EU-AIFM aufgelegt wurden, besteht eine Anzeigepflicht von ausländischen AIF-Verwaltungsgesellschaften auch beim beabsichtigten Vertrieb von inländischen Spezial-AIF an professionelle Anleger im Inland.[2]

7   Absatz 1 Satz 2 setzt Art. 39 Abs. 4 Unterabsatz 2 und Anhang IV der Richtlinie 2011/61/EU um. Zudem werden die semiprofessionellen Anleger durch diese Regelung den professionellen Anlegern gleichgestellt.[3]

8   Absatz 2 Satz 1 setzt Art. 39 Abs. 6 Satz 2 der Richtlinie 2011/61/EU um.[4]

9   Absatz 2 Satz 2 setzt Art. 39 Abs. 7 der Richtlinie 2011/61/EU über den Verweis auf § 323 Abs. 2 Satz 3 und Abs. 3 um. Ist die ausländische AIF-Verwaltungsgesellschaft von

---

1   Zum Vertrieb mit Drittstaatenbezug allgemein s. *Wallach* RdF **2013** 92, 101; *Klebeck/Meyer* RdF **2012** 95; *Emde/Dreibus* BKR **2013** 89, 99.
2   Vgl. Gesetzesbegründung § 327 Abs. 1 Satz 1.
3   Vgl. Gesetzesbegründung § 327 Abs. 1 Satz 2.
4   Vgl. Gesetzesbegründung § 327 Abs. 2 Satz 1.

der zuständigen Stelle ihres Referenzmitgliedstaats über die Übermittlung ihrer Anzeige für den beabsichtigten Vertrieb eines EU-AIF oder inländischen Spezial-AIF zum Vertrieb an professionelle Anleger unterrichtet worden, darf die ausländische AIF-Verwaltungsgesellschaft die betreffenden AIF auch an semiprofessionelle Anleger vertreiben. Die semiprofessionellen Anleger werden im Inland somit den professionellen Anlegern gleichgestellt. Dies ist richtlinienkonform, da eine Voraussetzung für den Vertrieb nach § 327 ist, dass die ausländische AIF-Verwaltungsgesellschaft und die Verwaltung des angezeigten AIF durch diese der Richtlinie 2011/61/EU entsprechen. Bei den semiprofessionellen Anlegern handelt es sich um Kleinanleger im Sinne von Art. 43 Abs. 1 der Richtlinie 2011/61/EU, an die nur gemäß der Richtlinie 2011/61/EU verwaltete AIF vertrieben werden dürfen.[5]

B. Tatbestand

Die Regelung des § 327 sieht für den Vertrieb von EU-AIF oder inländischen Spezial-AIF an semiprofessionelle oder professionelle Anleger im Inland durch eine ausländische AIF-Verwaltungsgesellschaft, deren Referenzmitgliedstaat nicht die Bundesrepublik ist, eine Anzeigepflicht bei der zuständigen Stelle des Referenzmitgliedstaats sowie Anzeigeschreiben für jeden angezeigten AIF in analoger Anwendung des § 321 Abs. 1 Satz 2 vor. **10**

I. Voraussetzungen für den Vertrieb (Abs. 1)

Der Vertrieb von Anteilen oder Aktien **11**
- eines EU-AIF oder inländischen Spezial-AIF (s. Rn. 18),
- durch eine ausländische AIF-Verwaltungsgesellschaft (s. Rn. 12–14),
- deren Referenzmitgliedstaat nicht die Bundesrepublik Deutschland ist (s. Rn. 15–17),
- an semiprofessionelle oder professionelle Anleger (s. Rn. 19–24),
- im Inland (s. Rn. 25–31),

ist nur zulässig, wenn
- die Bundesanstalt die von der zuständigen Stelle des Referenzmitgliedstaates übermittelten Unterlagen geprüft hat und für jeden AIF ein Anzeigeschreiben in entsprechender Anwendung des § 321 Abs. 1 Satz 2 vorliegt (s. Rn. 32–34).

1. Ausländische AIF-Verwaltungsgesellschaft. Bei der vertreibenden Verwaltungsgesellschaft muss es sich um eine ausländische AIF-Verwaltungsgesellschaft handeln. Nach § 1 Abs. 18 sind ausländische AIF-Verwaltungsgesellschaften Unternehmen mit Sitz in einem Drittstaat, die den Anforderungen an einen Verwalter alternativer Investmentfonds im Sinne der Richtlinie 2011/61/EU entsprechen. Nach der Gesetzesbegründung sind ausländische Verwaltungsgesellschaften der Oberbegriff für externe als auch interne Verwaltungsgesellschaften, die AIF verwalten und ihren Sitz in einem Drittstaat haben.[6] Nach § 1 Abs. 19 Nr. 5 sind Drittstaaten alle Staaten, die nicht Mitgliedstaat der Europäischen Union oder anderer Vertragsstaat des Abkommens über den Europäischen Wirtschaftsraum sind.[7] **12**

---
5 Vgl. Gesetzesbegründung § 327 Abs. 2 Satz 2.
6 Vgl. Gesetzesbegründung zu § 1 Abs. 18 S. 370.
7 Diese Definition entspricht der Definition im aufzuhebenden § 2 Abs. 12 InvG; vgl. auch Gesetzesbegründung zu § 1 Abs. 19 Nr. 5 S. 370.

13 Im Hinblick auf die Anforderungen an eine (ausländische) AIF-Verwaltungsgesellschaft im Sinne der Richtlinie 2011/61/EU ist wiederum auf Art. 40 Abs. 1 der Richtlinie zu blicken. Diese Vorschrift adressiert eine ordnungsgemäß nach Art. 37 der Richtlinie zugelassene ausländische AIF-Verwaltungsgesellschaft, welche Anteile eines ausländischen AIF, den sie verwaltet, an professionelle Anleger in der Europäischen Union mit einem Europäischen Pass vertreiben möchte.[8] Nach Art. 37 Abs. 1 der Richtlinie müssen ausländische AIF-Verwaltungsgesellschaften, die beabsichtigen EU-AIF oder von ihnen verwaltete ausländische AIF gemäß Art. 39 oder Art. 40 der Richtlinie in der EU zu vertreiben, eine vorherige Genehmigung der zuständigen Behörden ihres Referenzmitgliedstaates einholen.[9]

14 Nach der Definition des Art. 4 Abs. 1 lit. aa ist ein Nicht-EU-AIFM (– in den Begrifflichkeiten des KAGB eine ausländische AIF-Verwaltungsgesellschaft –) ein AIFM, der kein EU-AIFM ist (– in den Begrifflichkeiten des KAGB eine EU-AIF-Verwaltungsgesellschaft –). Damit erfolgt die Definition im Umkehrschluss zur EU-AIF-Verwaltungsgesellschaft. Nach Art. 4 Abs. 1 lit. l ist eine EU-AIF-Verwaltungsgesellschaft eine AIF-Verwaltungsgesellschaft mit satzungsmäßigem Sitz[10] in einem Mitgliedstaat.

15 **2. Referenzmitgliedstaat, der nicht die Bundesrepublik Deutschland ist.** § 327 Abs. 1 Satz 1 setzt voraus, dass der Referenzmitgliedstaat der ausländischen AIF-Verwaltungsgesellschaft gemäß Art. 37 Abs. 4 der Richtlinie 2011/61/EU ein anderer Mitgliedstaat der Europäischen Union oder Vertragsstaat des Abkommens über den Europäischen Wirtschaftsraum und nicht die Bundesrepublik Deutschland ist.

16 Verfahrensrechtlich verbirgt sich hinter der Bestimmung des Referenzmitgliedstaates eine Zulassung als ausländische AIF-Verwaltungsgesellschaft. Der Zulassungsantrag ist bei der zuständigen Aufsichtsbehörde des Referenzmitgliedstaates zu stellen. Im Kern handelt es sich hierbei um eine EU-weit geltende Zulassung, die allerdings von einer nationalen Zulassung oder einer Bewilligung im Drittstaat zu unterscheiden ist.[11] Nach der Absicht des europäischen Gesetzgebers soll die Benennung eines Referenzmitgliedstaates in der EU eine effektive Aufsicht über die ausländische AIF-Verwaltungsgesellschaft und ihrer Aktivitäten in der Europäischen Union gewährleisten.[12] Der Referenzmitgliedstaat ist in der Folge auch der Staat, in welchem die ausländische Verwaltungsgesellschaft alle Anforderungen der Richtlinie erfüllen muss; allerdings mit Ausnahme des Kapitels VI.[13]

17 Art. 37 Abs. 4 der Richtlinie enthält auch eine kollisionsrechtliche Bestimmung, welche einem bestimmten EU-Mitgliedstaat die Aufsichtskompetenz zuweist. Hierdurch soll sowohl ein negativer als auch ein positiver Kompetenzkonflikt vermieden werden, mithin dass sich entweder kein Mitgliedstaat oder mehrere Mitgliedstaaten als kompetent in Bezug auf die Beaufsichtigung der ausländischen AIF-Verwaltungsgesellschaft ansehen. Die Bestimmung des Referenzmitgliedstaates erfolgt im Grundsatz nach objektiven Kriterien, und die ausländische AIF-Verwaltungsgesellschaft hat diesbezüglich kein Wahlrecht. Entscheidendes Kriterium dieser Bestimmung soll der engste sachliche Zusammenhang zwischen der Verwaltungsgesellschaft und einem Mitgliedstaat sein. Ein

---

8 Dornseifer/Jesch/Klebeck/Tollmann/*Klebeck*/*Frick* Art. 40 Rn. 9.
9 Vgl. auch Rn. 9.
10 Zur Frage der Relevanz der Hauptverwaltung bzw. Hauptniederlassung vgl. Dornseifer/Jesch/Klebeck/Tollmann/*Klebeck*/*Frick* Art. 37 Rn. 14 ff. mit weiteren Nachweisen.
11 Vgl. auch Dornseifer/Jesch/Klebeck/Tollmann/*Klebeck*/*Frick* Art. 37 Rn. 184.
12 Vgl. auch Dornseifer/Jesch/Klebeck/Tollmann/*Klebeck*/*Frick* Art. 37 Rn. 185; *Klebeck*/*Meyer* RdF **2012** 95, 96 ff.; *Spindler*/*Tancredi* WM **2011** 1441, 1447.
13 Vgl. auch *Spindler*/*Tancredi* WM **2011** 1441, 1447; Dornseifer/Jesch/Klebeck/Tollmann/*Klebeck*/*Frick* Art. 37 Rn. 186.

solcher engster Zusammenhang kann wiederum z.B. durch den Sitz der ausländischen AIF-Verwaltungsgesellschaft oder durch den von ihr in einem bestimmten Mitgliedstaat erfolgenden Vertrieb hergestellt werden.[14] Sollten aufgrund der in Art. 37 Abs. 4 der Richtlinie genannten Kriterien und der tatsächlichen Vertriebsstruktur und Ansässigkeit mehrere Referenzmitgliedstaaten in Betracht kommen, sieht Unterabsatz 2 der Regelung vor, dass die Verwaltungsgesellschaft bei sämtlichen in Betracht kommenden Referenzmitgliedstaaten einen Antrag auf Einigung zur Festlegung eines Referenzmitgliedstaates stellen muss. Der auf diesem Wege festgelegte Referenzmitgliedstaat informiert sodann die Verwaltungsgesellschaft unverzüglich über diese Festlegung.[15]

3. EU-AIF oder inländischer Spezial-AIF. Bei dem zu vertreibenden Investmentvermögen muss es sich um einen EU-AIF oder einen inländischen Spezial-AIF handeln. Die Definition des EU-AIF findet sich in § 1 Abs. 8, wonach dies Investmentvermögen sind, die dem Recht eines anderen Mitgliedstaats der Europäischen Union oder eines anderen Vertragsstaats des Abkommens über den Europäischen Wirtschaftsraum unterliegen. Bei Spezial-AIF handelt es sich um AIF, deren Anteile aufgrund von schriftlichen Vereinbarungen mit der Verwaltungsgesellschaft oder aufgrund der konstituierenden Dokumente des AIF nur erworben werden dürfen von professionellen Anlegern im Sinne des § 1 Abs. 19 Nr. 32[16] oder von semiprofessionellen Anlegern im Sinne des § 1 Abs. 19 Nr. 33.[17] Inländisch sind solche Investmentvermögen nach § 1 Abs. 7, wenn sie dem inländischen Recht unterliegen. 18

4. Vertrieb an semiprofessionelle oder professionelle Anleger. § 327 setzt den Vertrieb an semiprofessionelle oder professionelle Anleger voraus. 19

Der dem § 327 Abs. 1 zugrundeliegende Art. 40 der Richtlinie 2011/61/EU regelt den Vertrieb von Anteilen an ausländischen AIF an professionelle Anleger. Der Vertrieb von ausländischen AIF an Kleinanleger wird von der Richtlinie gar nicht reguliert. Die Regulierung der Kleinanleger obliegt vielmehr auch unter dem Regime der Richtlinie den einzelnen Mitgliedstaaten und ihren jeweiligen Aufsichtsbehörden. So präzisiert (einzig) Art. 43 der Richtlinie, dass es dem jeweiligen nationalen Gesetzgeber freisteht, den Vertrieb von AIF an Kleinanleger in ihrem Hoheitsgebiet zu gestatten und einen solchen Vertrieb entsprechend Auflagen zu unterwerfen, die strenger sind als die Auflagen für AIF, die in ihrem Hoheitsgebiet an professionelle Anleger vertrieben werden. Der deutsche Gesetzgeber hat hieraus den Schluss gezogen, dass es sich bei den Vorgaben der Richtlinie an den Vertrieb an professionelle Anleger um eine Art Mindeststandard handelt.[18] 20

---

[14] Vgl. auch Dornseifer/Jesch/Klebeck/Tollmann/*Klebeck*/*Frick* Art. 37 Rn. 187 f.; bzw. siehe auch die in Art. 37 Abs. 4 der Richtlinie aufgeführten Kriterien und Einzelfälle.
[15] Vgl. hierzu auch die Konkretisierungen in der „Durchführungsverordnung (EU) Nr. 448/2013 der Kommission vom 15. Mai 2013 zur Festlegung eines Verfahrens für die Bestimmung des Referenzmitgliedstaats eines Nicht-EU-AIFM gemäß der Richtlinie 2011/61/EU des Europäischen Parlaments und des Rates."
[16] Vgl. Rn. 22.
[17] Vgl. Rn. 21.
[18] Vgl. Gesetzesbegründung Allgemeiner Teil, Abschnitt A. I. Ziffer 8. S. 357 – *„Für die Anzeigeverfahren beim Vertrieb von AIF an Privatanleger wird als Mindeststandard auf die Vorschriften der AIFM-RL zurückgegriffen. Aus Anlegerschutzgesichtspunkten werden für den Vertrieb jedoch strengere Regeln aufgestellt."* Diesem Ansatz scheinen jedoch diverse andere Mitgliedstaaten, wie beispielsweise Großbritannien nicht zu folgen.

21 Die Kategorie des **semiprofessionellen Anlegers** wurde erst mit dem Regierungsentwurf in das Gesetzgebungsverfahren zum KAGB eingeführt und war Folge entsprechender Stimmen aus der Fondsbranche, welche befürchteten, dass vermögende Privatpersonen und auch Stiftungen künftig nicht mehr als Investoren eines Spezial-AIF qualifizieren könnten, da die Hürden als sog. erkorene professionelle Kunden unter MiFID zu hoch seien.[19]

22 **Professionelle Anleger** sind nach der Definition von § 1 Abs. 19 Nr. 32 Anleger, die im Sinne von Anhang II der Richtlinie 2004/39/EG (MiFID-Richtlinie) als professioneller Kunde angesehen werden oder auf Antrag als professionelle Kunden behandelt werden können.

23 Ein semiprofessioneller Anleger hingegen ist nach der Definition von § 1 Abs. 19 Nr. 33 jeder Anleger, der (1) sich verpflichtet, mindestens € 200.000 zu investieren, (2) schriftlich in einem vom Vertrag über die Investitionsverpflichtung getrennten Dokument angibt, dass er sich der Risiken im Zusammenhang mit der beabsichtigten Verpflichtung oder Investition bewusst ist, (3) dessen Sachverstand, Erfahrungen und Kenntnisse die AIF-Verwaltungsgesellschaft oder die von ihr beauftragte Vertriebsgesellschaft bewertet, ohne von der Annahme auszugehen, dass der Anleger über die Marktkenntnisse und -erfahrungen der in Anhang II Abschnitt I der Richtlinie 2004/39/EG genannten Anleger verfügt, (4) bei dem die AIF-Verwaltungsgesellschaft oder die von ihr beauftragte Vertriebsgesellschaft unter Berücksichtigung der Art der beabsichtigten Verpflichtung oder Investition hinreichend davon überzeugt ist, dass er in der Lage ist, seine Anlageentscheidungen selbst zu treffen und die damit einhergehenden Risiken versteht und dass eine solche Verpflichtung für den betreffenden Anleger angemessen ist, und (5) dem die AIF-Verwaltungsgesellschaft oder die von ihr beauftragte Vertriebsgesellschaft schriftlich bestätigt, dass sie die oben genannte Bewertung vorgenommen hat und die weiteren genannten Voraussetzungen gegeben sind. Ebenfalls qualifiziert als semiprofessioneller Anleger ein in § 37 Abs. 1 genannter Geschäftsleiter oder Mitarbeiter der AIF-Verwaltungsgesellschaft, sofern er in von der AIF-Verwaltungsgesellschaft verwaltete AIF investiert, oder ein Mitglied der Geschäftsführung oder des Vorstands einer extern verwalteten Investmentgesellschaft, sofern es in die extern verwaltete Investmentgesellschaft investiert. Erst durch den Finanzausschuss des Bundestages wurde in der letzten Phase des Gesetzgebungsverfahrens schließlich die weitere Alternative ergänzt, dass als semiprofessioneller Anleger auch jeder Anleger qualifiziert, der sich verpflichtet, mindestens € 10 Millionen in ein Investmentvermögen zu investieren.

24 Insgesamt stellt das KAGB in weiten Teilen den semiprofessionellen Anleger dem professionellen Anleger gleich, insbesondere im Zusammenhang mit dem Vertrieb von Spezial-AIF und EU-AIF.[20]

25 **5. Vertrieb im Inland.** § 327 setzt den Vertrieb der AIF-Anteile im Inland voraus. Nach der Definition in § 293 Abs. 1 qualifiziert als Vertrieb grundsätzlich jedes direkte oder indirekte Anbieten oder Platzieren von Anteilen oder Aktien eines Investmentvermögens.[21] Diese Definition des Vertriebsbegriffs enthielt bis zur Konsultation im Finanzausschuss des Bundestages noch die ergänzende Aufzählung „oder das Werben für ein Investmentvermögen." Dieser Passus wurde jedoch durch den Finanzausschuss gestrichen. Ausweislich der Begründung handelt es sich hierbei nach Ansicht des Finanzaus-

---

[19] S. auch *Volhard/Jang* DB **2013** 273, 274; bzw. Kommentierung zu § 1 Abs. 19 Nr. 33.
[20] S. *Volhard/Jang* DB **2013** 273, 274; siehe auch Kommentierung zu § 1 Abs. 19 Nr. 33; s. ebenfalls die Begründung des Finanzausschusses zu § 1 Abs. 19 Nr. 33 lit. c.
[21] Vgl. auch Kommentierung zu § 293.

schusses lediglich um eine „redaktionelle Änderung", da der Begriff des Anbietens in § 293 Abs. 1 Satz 1 nicht nur Angebote im Sinne des BGB, sondern auch Angebote im weiteren Sinne, wie etwa die invitatio ad offerendum umfasse. Der Begriff der Werbung sei daher im Wesentlichen redundant und könne entsprechend gestrichen werden.[22]

Ausdrücklich ausgenommen vom Begriff des Vertriebes sind nach Satz 2 des § 293 Abs. 1 z.B. die namentliche Nennung des Investmentvermögens, die Nennung und Veröffentlichung der Nettoinventarwerte und die an einem organisierten Markt ermittelten Kurse, die Nennung der Ausgabe- und Rücknahmepreise von Anteilen oder Aktien eines Investmentvermögens, die Nennung bzw. Bekanntmachung der Besteuerungsgrundlagen nach § 5 des InvG, die Erfüllung der gesetzlichen Veröffentlichungspflichten im Bundesanzeiger oder die regelmäßigen Informationspflichten der Verwaltungsgesellschaft gegenüber bereits investierten Anlegern nach dem KAGB. Diese Ausnahmen gelten jedenfalls solange nicht noch weitere Vertriebsaktivitäten nach § 293 ausgeübt werden. **26**

Für **semiprofessionelle und professionelle Anleger** sieht § 293 Abs. 1 Satz 3 der Vorschrift eine weitere Einschränkung vor: Hiernach soll ein Vertrieb gegenüber dieser Anlegergruppe nur dann gegeben sein, wenn dieser auf Initiative der Verwaltungsgesellschaft oder in deren Auftrag erfolgt und sich an semiprofessionelle oder professionelle Anleger mit Wohnsitz oder Sitz im Inland oder in einem anderen Europäischen Mitgliedstaat oder Vertragsstaat des Abkommens über den Europäischen Wirtschaftsraum richtet. Diese Einschränkung für die Anlegergruppe der semiprofessionellen und professionellen Anleger orientiert sich am Vertriebsbegriff der Richtlinie 2011/61/EU. Nach der Richtlinien-Definition in Art. 4 Abs. 1 lit. x ist Vertrieb das „direkte oder indirekte, auf Initiative des AIFM oder in dessen Auftrag erfolgende Anbieten oder Platzieren von Anteilen an einem vom AIFM verwalteten AIF an Anleger oder bei Anlegern mit Wohnsitz oder Sitz in der Union." Hieraus („oder in dessen Auftrag") lässt sich ableiten, dass das Einschalten von Dritten, wie z.B. von freien Vermittlern oder von Finanzdienstleistungsinstituten nicht dazu führt, dass der Vertrieb zu verneinen ist. **27**

Die Bundesanstalt hat mit der Veröffentlichung der „Häufige Fragen zum Vertrieb und Erwerb von Investmentvermögen nach dem KAGB" vom 4. Juli 2013, zuletzt geändert am 22. Januar 2014, ebenfalls zum Vertriebsbegriff Stellung genommen. Hierin stellt die Bundesanstalt klar, dass unter den Begriff des „Anbietens" auch Angebote im weiteren Sinne, wie die invitatio ad offerendum, fallen. Für das „Platzieren" fordert die Bundesanstalt einen aktiven Absatz von Anteilen oder Aktien eines Investmentvermögens. Das Wort „Vertrieb" impliziere eine auf den Absatz von Anteilen oder Aktien gerichtete Aktivität des Vertreibenden. Das bloße Reagieren auf die Order eines Anlegers stelle somit keinen Vertrieb dar. Ferner müsse das Anbieten oder Platzieren auf ein Investmentvermögen bezogen sein. Dieses läge insbesondere vor bei Investmentvermögen, die bereits aufgelegt sind, die angebotsreif sind (Musteranlagebedingungen, die noch zu verhandelnde Lücken aufweisen, reichen nicht) oder Investmentvermögen, die bereits unter einem bestimmten Namen firmieren (z.B. Fonds „XY Aktien Chance Plus"). **28**

Im Hinblick auf den Vertrieb an semiprofessionelle und professionelle Anleger legt die Bundesanstalt anhand eines Beispiels dar, dass die Vorlage von Musteranlagebedingungen und Musterprospekten zum Zwecke der Darlegung der eigenen Fähigkeiten der Verwaltungsgesellschaft (noch) keinen Vertrieb darstelle, jedenfalls solange die Unterlagen bzw. das Investment nicht angebotsreif ist. Schließlich sei es nicht Sinn und Zweck des Vertriebs-Anzeigeverfahrens, dass der Bundesanstalt jeder Verhandlungsstand anzuzeigen ist. **29**

---

[22] Vgl. Gesetzesbegründung des Finanzausschusses zu § 293 S. 656.

30 Die Bundesanstalt versteht unter Vertrieb auch nicht die Veräußerung eigener Anteile oder Aktien an einem Investmentvermögen durch einen Anleger. Anderes gelte jedoch, wenn diese Veräußerung über einen Vermittler erfolgt, der die Anteile zunächst auf die eigenen Bücher nimmt.

31 Schließlich stellt die Bundesanstalt in ihrem Schreiben klar, dass ein Vertrieb von Anteilen eines Investmentvermögens auch dann vorliegt, wenn einem Anleger der Erwerb von weiteren Anteilen desselben Investmentvermögens direkt oder indirekt (etwa durch die Zusendung eines Verkaufsprospekts oder anderer Informationen) angeboten wird. Allerdings verweist die Bundesanstalt in diesem Kontext auf die Ausnahmen nach § 293 Abs. 2 Nr. 6 (wonach nicht als Vertrieb anzusehen sind: gesetzliche Veröffentlichungspflichten im Bundesanzeiger und die ausschließliche Erfüllung der regelmäßigen Informationspflichten gegenüber bereits investierten Anlegern).

32 **6. Vertriebsanzeigeprüfung.** Bei der Einreichung der Vertriebsanzeige der ausländischen AIF-Verwaltungsgesellschaft prüft die Bundesanstalt, ob die zuständige Stelle des Referenzmitgliedstaats (1) eine von ihr ausgestellte Bescheinigung über die Erlaubnis der betreffenden ausländischen AIF-Verwaltungsgesellschaft zur Verwaltung von AIF mit einer bestimmten Anlagestrategie sowie (2) ein Anzeigeschreiben für jeden angezeigten AIF übermittelt hat. Die Unterlagen sind in einer in der internationalen Finanzwelt gebräuchlichen Sprache zu übermitteln.

33 Für den Inhalt des Anzeigeschreibens ist § 321 Abs. 1 Satz 2 entsprechend anzuwenden mit der Maßgabe, dass ausländische AIF-Verwaltungsgesellschaften wie AIF-Kapitalverwaltungsgesellschaften, also bei Kapitalverwaltungsgesellschaften nach § 17 KAGB, die ihren satzungsmäßigen Sitz im Inland haben, zu behandeln sind.

34 Im Einzelnen muss die ausländische AIF-Verwaltungsgesellschaft damit vorlegen (1) den Geschäftsplan, (2) die Anlagebedingungen, die Satzung oder den Gesellschaftsvertrag des angezeigten AIF, (3) den Namen der Verwahrstelle, (4) eine Beschreibung des angezeigten AIF, (5) ggf. Angaben zum Sitz des Master-AIF und seiner Verwaltungsgesellschaft, (6) alle in § 307 Abs. 1 genannten weiteren Informationen für jeden angezeigten AIF sowie (7) Vorkehrungen zur Verhinderung des Vertriebs an Privatanleger.

II. Vertriebsbeginn (Abs. 2)

35 Sobald die ausländische AIF-Verwaltungsgesellschaft von der zuständigen Stelle ihres Referenzmitgliedstaats über die Übermittlung der Unterlagen nach Absatz 2 unterrichtet wurde, kann sie mit dem Vertrieb beginnen.

36 § 327 Abs. 2 Satz 2 verweist auf die entsprechende Anwendung des § 323 Abs. 2 Satz 3 und Abs. 3. § 323 Abs. 2 Satz 3 regelt die Prüfung der Bundesanstalt, ob geeignete oder zulässige Vorkehrungen zur Verhinderung eines Vertriebs an Privatanleger getroffen wurden.[23] § 323 Abs. 3 regelt wiederum den Umgang der Bundesanstalt mit möglichen Änderungen dieser getroffenen Vorkehrungen.

---

23 S. hierzu auch die Ausführungen der Bundesanstalt unter Ziffer 1.5 in „Häufige Fragen zum Vertrieb und Erwerb von Investmentvermögen nach dem KAGB" der Bundesanstalt für Finanzdienstleistungsaufsicht vom 4. Juli 2013, zuletzt geändert am 22. Januar 2014, bzw. unter Ziffer V. des „Merkblatts zum Vertrieb von Anteilen oder Aktien an EU-AIF oder inländischen Spezial-AIF, die von einer EU-AIF-Verwaltungsgesellschaft verwaltet werden, an semiprofessionelle und professionelle Anleger in der Bundesrepublik Deutschland gemäß § 323 Kapitalanlagegesetzbuch (KAGB)" der Bundesanstalt vom 17. Juli 2013.

**§ 328
Anzeigepflicht einer ausländischen AIF-Verwaltungsgesellschaft, deren Referenzmitgliedstaat nicht die Bundesrepublik Deutschland ist, beim beabsichtigten Vertrieb von ausländischen AIF an semiprofessionelle und professionelle Anleger im Inland**

(1) Ein Vertrieb von Anteilen oder Aktien an ausländischen AIF an semiprofessionelle oder professionelle Anleger im Geltungsbereich dieses Gesetzes durch eine ausländische AIF-Verwaltungsgesellschaft, deren Referenzmitgliedstaat gemäß Artikel 37 Absatz 4 der Richtlinie 2011/61/EU ein anderer Mitgliedstaat der Europäischen Union oder Vertragsstaat des Abkommens über den Europäischen Wirtschaftsraum ist, ist nur zulässig, wenn die in § 322 Absatz 1 genannten Voraussetzungen gegeben sind. Ist die Bundesanstalt nicht mit der Beurteilung der in § 322 Absatz 1 Nummer 1 und 2 genannten Voraussetzungen durch die zuständige Stelle des Referenzmitgliedstaates der ausländischen AIF-Verwaltungsgesellschaft einverstanden, kann die Bundesanstalt die Europäische Wertpapier- und Marktaufsichtsbehörde nach Maßgabe des Artikels 19 der Verordnung (EU) Nr. 1095/2010 um Hilfe ersuchen.

(2) Beabsichtigt eine ausländische AIF-Verwaltungsgesellschaft, im Geltungsbereich dieses Gesetzes Anteile oder Aktien an ausländischen AIF an semiprofessionelle oder professionelle Anleger zu vertreiben, prüft die Bundesanstalt, ob die zuständige Stelle des Referenzmitgliedstaates der ausländischen AIF-Verwaltungsgesellschaft Folgendes übermittelt hat:
1. eine von ihr ausgestellte Bescheinigung über die Erlaubnis der betreffenden ausländischen AIF-Verwaltungsgesellschaft zur Verwaltung von AIF mit einer bestimmten Anlagestrategie sowie
2. ein Anzeigeschreiben für jeden angezeigten AIF

jeweils in einer in der internationalen Finanzwelt gebräuchlichen Sprache. § 327 Absatz 1 Satz 2 gilt entsprechend.

(3) § 327 Absatz 2 ist entsprechend anzuwenden.

Schrifttum

Bußalb Auswirkungen der AIFM-Richtlinie auf geschlossene Fonds, BKR **2012** 309; *Emde/Dreibus* Der Regierungsentwurf für ein Kapitalanlagegesetzbuch, BKR **2013** 89; *Klebeck/Meyer* Drittstaatenregulierung der AIFM-Richtlinie, RdF **2012** 95; *Spindler/Tancredi* Die Richtlinie über Alternative Investmentfonds (AIFM-Richtlinie) Teil I, WM **2011** 1393; *dies.* Die Richtlinie über Alternative Investmentfonds (AIFM-Richtlinie) Teil II, WM **2011** 1441; *van Kann/Redeker/Keiluweit* Überblick über das Kapitalanlagegesetzbuch, DStR **2013** 1483; Verband der Auslandsbanken in Deutschland e.V., Investment Business in Germany, 2014; *Volhard/Jang* Der Vertrieb alternativer Investmentfonds – Regelungsrahmen für den Vertrieb an professionelle und semi-professionelle Anleger in Deutschland nach dem RegE zur Umsetzung der AIFM-RL, DB **2013** 273; *Wallach* Umsetzung der AIFM-Richtlinie in deutsches Recht – erste umfassende Regulierung des deutschen Investmentrechts, RdF **2013** 92.

Gesetzesmaterialien

Durchführungsverordnung (EU) Nr. 448/2013 der Kommission vom 15. Mai 2013 zur Festlegung eines Verfahrens für die Bestimmung des Referenzmitgliedstaats eines Nicht-EU-AIFM gemäß der Richtlinie 2011/61/EU des Europäischen Parlaments und des Rates; „Häufige Fragen zum Vertrieb und Erwerb von Investmentvermögen nach dem KAGB" der Bundesanstalt für Finanzdienstleistungsaufsicht vom 4. Juli 2013, zuletzt geändert am 22. Januar 2014, Geschäftszeichen WA-Wp 2137-2013/0293; „Merkblatt zu

§ 328 — Anzeigepflicht einer ausländischen AIF-Verwaltungsgesellschaft

Vereinbarungen über die Zusammenarbeit zwischen der Bundesanstalt und zuständigen Stellen eines Drittstaats im Rahmen der AIFM-Richtlinie 2011/61/EU" der Bundesanstalt für Finanzdienstleistungsaufsicht vom 22. Juli 2013, zuletzt geändert am 10. Februar 2014.

Systematische Übersicht

A. Allgemeines — 1
   I. Überblick und zeitliche Anwendbarkeit — 2
   II. Normentstehung und Grundlagen — 7
B. Tatbestand — 13
   I. Anwendungsbereich (Abs. 1) — 16
      1. Ausländische AIF-Verwaltungsgesellschaft — 18
      2. Referenzmitgliedstaat, der nicht die Bundesrepublik Deutschland ist — 21
      3. Ausländischer AIF — 24
      4. Vertrieb an semiprofessionelle und professionelle Anleger — 26
      5. Vertrieb im Inland — 32
      6. Voraussetzungen des § 322 Abs. 1 — 39
   II. Vertriebsanzeigeprüfung (Abs. 2) — 47
   III. Vertriebsbeginn (Abs. 3) — 51

A. Allgemeines

1 Die Vorschrift des § 328 stellt die Voraussetzungen und Pflichten beim *Vertrieb* von Anteilen oder Aktien an ausländischen *AIF* an semiprofessionelle oder professionelle Anleger durch eine ausländische AIF-Verwaltungsgesellschaft, deren Referenzmitgliedstaat nicht die Bundesrepublik Deutschland ist, im Inland (= Deutschland) dar.

I. Überblick und zeitliche Anwendbarkeit

2 Die Vorschrift des § 328 ist Bestandteil des Kapitel 4 des KAGB, welches die allgemeinen Bestimmungen betreffend den Vertrieb von Fondsanteilen regelt. Der Abschnitt 3 Unterabschnitt 2, in welchem § 328 genau angesiedelt ist, beschäftigt sich wiederum mit den Anzeigeverfahren für den Vertrieb von AIF an semiprofessionelle und professionelle Anleger im Inland (Deutschland). Innerhalb dieses Unterabschnitts 2 (§§ 321 bis 330a) sind die verschiedenen Vertriebsanzeigen für den Vertrieb an semiprofessionelle und professionelle Anleger danach zu differenzieren, ob der Vertrieb durch eine (deutsche) AIF-Kapitalverwaltungsgesellschaft, eine EU-AIF-Verwaltungsgesellschaft oder eine ausländische AIF-Verwaltungsgesellschaft erfolgen soll. Innerhalb der die ausländischen AIF-Verwaltungsgesellschaften regulierenden Vorschriften der §§ 325, 326, 327, 328 und 330 ist weiter danach zu differenzieren, ob (1) die ausländische AIF-Verwaltungsgesellschaft die Bundesrepublik Deutschland als Referenzmitgliedstaat hat oder nicht und (2) inländische und/oder EU-AIF oder ausländische AIF vertrieben werden sollen.

3 Dieser Differenzierung (teilweise) folgend sieht das KAGB auch im Hinblick auf die zeitliche Anwendbarkeit ab Inkrafttreten des KAGB teilweise eine sofortige und teilweise eine in zeitlicher Hinsicht gestreckte Anwendbarkeit der Vertriebsanzeige-Vorschriften bei Vorliegen eines Drittstaatenbezuges vor. Ein solcher Drittstaatenbezug liegt vor, wenn entweder eine inländische AIF-Kapitalverwaltungsgesellschaft oder eine EU-AIF-Verwaltungsgesellschaft durch sie verwaltete ausländische/Drittstaaten-AIF vertreibt oder eine ausländische/Drittstaaten-AIF-Verwaltungsgesellschaft von ihr verwaltete inländische, EU-AIF oder ausländische/Drittstaaten-AIF vertreibt.

4 Für den Vertrieb mit Drittstaatenbezug (an professionelle und semiprofessionelle Anleger in Deutschland) sehen die maßgeblichen Vorschriften des KAGB nunmehr ein Übergangsregime bis zum Zeitpunkt des Erlasses eines delegierten Rechtsaktes der Europäischen Kommission auf Grundlage des Art. 66 Abs. 3 in Verbindung mit Art. 67 Abs. 6 der Richtlinie 2011/61/EU und ein endgültiges Regime nach Erlass dieses Rechtsaktes vor (vgl. § 295 Abs. 2 und 3 KAGB i.V.m. Art. 66 Abs. 3, Art. 67 Abs. 6 der Richtlinie 2011/61/EU). Das Regime, welches nach diesem Rechtsakt für einen Vertrieb mit Drittstaatenbezug gelten wird, wird dann das zwingende Regime des EU-Passportes sein.[1] Der Rechtsakt der Europäischen Kommission wird für das Jahr 2015 erwartet.[2]

Der deutsche Gesetzgeber ist damit über die Vorgaben der Richtlinie 2011/61/EU hinaus gegangen, welche die Möglichkeit vorsieht, dass nationale Vertriebsregeln bis 2018 neben dem EU-Passport-Regime parallel bestehen bleiben.[3] 5

Nach der oben dargelegten Systematik bzw. der Regelung des § 295 Abs. 2 und 3 unterfällt die Vorschrift des § 328 dem künftigen endgültigen Regime und ist damit vorerst nicht anwendbar.[4] 6

II. Normentstehung und Grundlagen

Nach der Begründung des Regierungsentwurfs des KAGB geht die Vorschrift des § 328 im Wesentlichen auf die diesbezüglich maßgeblichen Regelungen des Art. 40 der Richtlinie 2011/61/EU zurück. 7

§ 328 Abs. 1 Satz 1 setzt Art. 40 Abs. 1 und Abs. 2 Unterabsatz 1 der Richtlinie 2011/61/EU um.[5] § 328 Abs. 1 Satz 2 setzt wiederum Art. 40 Abs. 2 Unterabsatz 2 der Richtlinie 2011/61/EU um.[6] Zudem werden die semiprofessionellen Anleger[7] durch diese Regelung den professionellen Anlegern gleichgestellt, so dass die Zulässigkeitsvoraussetzungen für beide Anlegergruppen die gleichen sind. 8

§ 328 Abs. 2 setzt Art. 40 Abs. 5, Abs. 6 und Abs. 9 Unterabsatz 1 der Richtlinie 2011/61/EU um.[8] Auch hier werden die semiprofessionellen Anleger den professionellen Anlegern und damit die Zulässigkeitsvoraussetzungen für beide Anlegergruppen gleichgestellt. Ist die ausländische AIF-Verwaltungsgesellschaft von der zuständigen Stelle ihres Referenzmitgliedstaates über die Übermittlung ihrer Anzeige für den beabsichtigten Vertrieb eines ausländischen AIF zum Vertrieb an professionelle Anleger unterrichtet worden, darf die ausländische AIF-Verwaltungsgesellschaft die betreffenden AIF auch an semiprofessionelle Anleger vertreiben. Die semiprofessionellen Anleger werden im Inland somit den professionellen Anlegern gleichgestellt. Nach der Gesetzesbegründung ist dies richtlinienkonform, da eine Voraussetzung für den Vertrieb nach § 328 sei, dass die ausländische AIF-Verwaltungsgesellschaft und die Verwaltung des angezeigten AIF durch diese der Richtlinie 2011/61/EU entsprechen.[9] 9

---

1 Es ist beabsichtigt, dass nach einer zweijährigen Übergangszeit nach Inkrafttreten des KAGB am 22. Juli 2013 das europaweit geltende Management- und Vertriebspass-System für ausländische AIF-Verwaltungsgesellschaften angewendet werden soll; vgl. Dornseifer/Jesch/Klebeck/Tollmann/*Klebeck/Frick* Art. 40 Rn. 17.
2 *Volhard/Jang* DB **2013** 273, 274.
3 Vgl. Gesetzesbegründung zu § 295 Abs. 2 S. 511: „*Von der in der Richtlinie vorgesehenen Möglichkeit, während einer zwischen diesen Zeitpunkten liegenden Übergangsfrist alle Verfahren parallel zuzulassen, wird kein Gebraucht gemacht.*"
4 Vgl. auch „Häufige Fragen zum Vertrieb und Erwerb von Investmentvermögen nach dem KAGB" der Bundesanstalt für Finanzdienstleistungsaufsicht vom 4. Juli 2013, zuletzt geändert am 22. Januar 2014.
5 Vgl. Gesetzesbegründung zu § 295 Abs. 1 Satz 1 S. 511.
6 Vgl. Gesetzesbegründung zu § 295 Abs. 1 Satz 2 S. 511.
7 Bei den semiprofessionellen Anlegern handelt es sich um Kleinanleger im Sinne von Art. 43 Abs. 1 der Richtlinie 2011/61/EU, an die nur gemäß der Richtlinie 2011/61/EU verwaltete AIF vertrieben werden dürfen.
8 Vgl. Gesetzesbegründung zu § 295 Abs. 2 S. 511.
9 Vgl. Gesetzesbegründung zu § 295 Abs. 2 S. 511.

10 § 328 Abs. 3 setzt durch Verweis auf § 327 Abs. 2 Art. 40 Abs. 7 Unterabsatz 1 Satz 2 und Art. 40 Abs. 8 der Richtlinie 2011/61/EU für den Fall um, dass die Bundesanstalt von den zuständigen Stellen des Referenzmitgliedstaates der ausländischen AIF-Verwaltungsgesellschaft über eine Änderung der entsprechenden Angaben unterrichtet wird.[10]

11 Art. 40 der Richtlinie 2011/61/EU, auf welchen § 328 in weiten Teilen zurückzuführen ist, geht vom *Grundsatz der Gleichbehandlung* von EU-Verwaltungsgesellschaften und ausländischen Verwaltungsgesellschaften aus. Auch eine zugelassene ausländische Verwaltungsgesellschaft soll berechtigt sein, ausländische AIF innerhalb der EU an professionelle Anleger zu vertreiben. Dabei stellt Art. 40 weitergehende Anforderungen an diese Vertriebs-Konstellation.[11]

12 Aufgrund der fehlenden sofortigen Anwendbarkeit der Vorschrift bei erstmaligem Inkrafttreten des KAGB am 22. Juli 2013, führt die Bundesanstalt in ihrer Veröffentlichung „Häufige Fragen zum Vertrieb und Erwerb von Investmentvermögen nach dem KAGB" vom 4. Juli 2013, zuletzt geändert am 22. Januar 2014, entsprechend auch nicht weiter konkretisierend zur Anzeige nach § 328 aus.[12]

B. Tatbestand

13 Da die Vorschrift des § 328 den Fall des Vertriebs von ausländischen AIF vorsieht, bei welchem die Bundesrepublik Deutschland nicht Referenzmitgliedstaat ist, müssen nach § 328 gleichfalls die in § 322 Abs. 1 genannten Voraussetzungen eingehalten werden. Die Prüfung dieser Voraussetzungen obliegt jedoch ausschließlich der zuständigen Stelle des europäischen Referenzmitgliedstaates. Sofern die Bundesanstalt aber mit dem Prüfungsergebnis nicht einverstanden ist, kann sie nach Maßgabe des Art. 19 der Verordnung (EU) Nr. 1095/2010 die ESMA um Hilfe ersuchen, vgl. § 328 Abs. 1 Satz 2.

14 Damit prüft die Bundesanstalt in erster Linie, ob ihr die zuständige Stelle des Referenzmitgliedstaates der ausländischen Verwaltungsgesellschaft eine Bescheinigung über die Erlaubnis sowie ein Anzeigeschreiben für jeden Drittstaaten-AIF übermittelt hat (§ 328 Abs. 2).[13]

15 Der Vertrieb kann aufgenommen werden, wenn die ausländische Verwaltungsgesellschaft von der zuständigen Stelle ihres Referenzmitgliedstaates über diese Übermittlung unterrichtet wurde (§ 328 Abs. 3 i.V.m. § 327 Abs. 2).[14]

I. Anwendungsbereich (Abs. 1)

16 Der Anwendungsbereich des § 328 ist eröffnet, wenn ein Vertrieb von Anteilen oder Aktien an ausländischen AIF an semiprofessionelle oder professionelle Anleger im Geltungsbereich des KAGB durch eine ausländische AIF-Verwaltungsgesellschaft, deren Referenzmitgliedstaat gemäß Art. 37 Abs. 4 der Richtlinie 2011/61/EU ein anderer Mit-

---

10 Vgl. Gesetzesbegründung zu § 295 Abs. 3 S. 511 f.
11 Dornseifer/Jesch/Klebeck/Tollmann/*Klebeck*/*Frick* Art. 40 Rn. 6; sowie Rn. 1 ff. mit weiteren Nachweisen zu der (umstrittenen) Entwicklungs- und Entstehungsgeschichte der Möglichkeit des europaweiten Vertriebs von ausländischen AIF, die von einer ausländischen Verwaltungsgesellschaft verwaltet werden.
12 Zur grundsätzlichen Systematik der Vertriebsanzeigeverfahren siehe jedoch die Merkblätter zu den Vertriebsanzeigen nach §§ 323, 331, 320 der Bundesanstalt vom 17. Juli 2013 bzw. 19. Juli 2013; herunterladbar auf www.bafin.de.
13 Siehe auch Rn. 47.
14 Siehe auch Rn. 51.

gliedstaat der Europäischen Union oder Vertragsstaat des Abkommens über den Europäischen Wirtschaftsraum ist.

Zulässig ist ein solcher Vertrieb wiederum, wenn die in § 322 Abs. 1 genannten Voraussetzungen gegeben sind. **17**

1. Ausländische AIF-Verwaltungsgesellschaft. Bei der vertreibenden Verwaltungsgesellschaft muss es sich um eine ausländische AIF-Verwaltungsgesellschaft handeln. Nach § 1 Abs. 18 sind ausländische AIF-Verwaltungsgesellschaften Unternehmen mit Sitz in einem Drittstaat, die den Anforderungen an einen Verwalter alternativer Investmentfonds im Sinne der Richtlinie 2011/61/EU entsprechen. Nach der Gesetzesbegründung sind ausländische Verwaltungsgesellschaften der Oberbegriff für externe als auch interne Verwaltungsgesellschaften, die AIF verwalten und ihren Sitz in einem Drittstaat haben.[15] Nach § 1 Abs. 19 Nr. 5 sind Drittstaaten alle Staaten, die nicht Mitgliedstaat der Europäischen Union oder anderer Vertragsstaat des Abkommens über den Europäischen Wirtschaftsraum sind.[16] **18**

Im Hinblick auf die Anforderungen an eine (ausländische) AIF-Verwaltungsgesellschaft im Sinne der Richtlinie 2011/61/EU ist wiederum auf Art. 40 Abs. 1 der Richtlinie zu blicken. Diese Vorschrift adressiert eine ordnungsgemäß nach Art. 37 der Richtlinie zugelassene ausländische AIF-Verwaltungsgesellschaft, welche Anteile eines ausländischen AIF, den sie verwaltet, an professionelle Anleger in der Europäischen Union mit einem Europäischen Pass vertreiben möchte.[17] Nach Art. 37 Abs. 1 der Richtlinie müssen ausländische AIF-Verwaltungsgesellschaften, die beabsichtigen (EU-AIF oder) von ihnen verwaltete ausländische AIF gemäß (Art. 39 oder) Art. 40 der Richtlinie in der EU zu vertreiben, eine vorherige Genehmigung der zuständigen Behörden ihres Referenzmitgliedstaates einholen.[18] **19**

Nach der Definition des Art. 4 Abs. 1 lit. aa ist ein Nicht-EU-AIFM (in den Begrifflichkeiten des KAGB eine ausländische AIF-Verwaltungsgesellschaft) ein AIFM, der kein EU-AIFM ist (in den Begrifflichkeiten des KAGB eine EU-AIF-Verwaltungsgesellschaft). Damit erfolgt die Definition im Umkehrschluss zur EU-AIF-Verwaltungsgesellschaft. Nach Art. 4 Abs. 1 lit. l ist eine EU-AIF-Verwaltungsgesellschaft eine AIF-Verwaltungsgesellschaft mit satzungsmäßigem Sitz[19] in einem Mitgliedstaat. **20**

2. Referenzmitgliedstaat, der nicht die Bundesrepublik Deutschland ist. § 328 Abs. 1 Satz 1 setzt voraus, dass der Referenzmitgliedstaat der ausländischen AIF-Verwaltungsgesellschaft gemäß Art. 37 Abs. 4 der Richtlinie 2011/61/EU ein anderer Mitgliedstaat der Europäischen Union oder Vertragsstaat des Abkommens über den Europäischen Wirtschaftsraum und nicht die Bundesrepublik Deutschland ist. **21**

Verfahrensrechtlich verbirgt sich hinter der Bestimmung des Referenzmitgliedstaates eine Zulassung als ausländische AIF-Verwaltungsgesellschaft. Der Zulassungsantrag ist bei der zuständigen Aufsichtsbehörde des Referenzmitgliedstaates zu stellen. Im Kern handelt es sich hierbei um eine EU-weit geltende Zulassung, die allerdings von einer nationalen Zulassung oder einer Bewilligung im Drittstaat zu unterscheiden ist.[20] Nach der **22**

---

15 Vgl. Gesetzesbegründung zu § 1 Abs. 18 S. 370.
16 Diese Definition entspricht der Definition im aufgehobenen § 2 Abs. 12 InvG; vgl. auch Gesetzesbegründung zu § 1 Abs. 19 Nr. 5 S. 370.
17 Dornseifer/Jesch/Klebeck/Tollmann/*Klebeck*/*Frick* Art. 40 Rn. 9.
18 Vgl. auch Rn. 49.
19 Zur Frage der Relevanz der Hauptverwaltung bzw. Hauptniederlassung vgl. Dornseifer/Jesch/Klebeck/Tollmann/*Klebeck*/*Frick* Art. 37 Rn. 14 ff. mit weiteren Nachweisen.
20 Vgl. auch Dornseifer/Jesch/Klebeck/Tollmann/*Klebeck*/*Frick* Art. 37 Rn. 184.

Absicht des europäischen Gesetzgebers soll die Benennung eines Referenzmitgliedstaates in der EU eine effektive Aufsicht über die ausländische AIF-Verwaltungsgesellschaft und ihrer Aktivitäten in der Europäischen Union gewährleisten.[21] Der Referenzmitgliedstaat ist in der Folge auch der Staat, in welchem die ausländische Verwaltungsgesellschaft alle Anforderungen der AIFM-Richtlinie mit Ausnahme des Kapitels VI erfüllen muss.[22]

23 Art. 37 Abs. 4 der Richtlinie enthält auch eine kollisionsrechtliche Bestimmung, welche einem bestimmten EU-Mitgliedstaat die Aufsichtskompetenz zuweist. Hierdurch soll sowohl ein negativer als auch ein positiver Kompetenzkonflikt vermieden werden, mithin dass sich entweder kein Mitgliedstaat oder mehrere Mitgliedstaaten als kompetent für die Beaufsichtigung der ausländischen AIF-Verwaltungsgesellschaft ansehen. Die Bestimmung des Referenzmitgliedstaates erfolgt im Grundsatz nach objektiven Kriterien, und die ausländische AIF-Verwaltungsgesellschaft hat diesbezüglich kein Wahlrecht. Entscheidendes Kriterium dieser Bestimmung soll der engste sachliche Zusammenhang zwischen der Verwaltungsgesellschaft und einem Mitgliedstaat sein. Ein solcher engster Zusammenhang kann wiederum z.B. durch den Sitz der ausländischen AIF-Verwaltungsgesellschaft oder durch den durch sie in einem bestimmten Mitgliedstaat erfolgenden Vertrieb hergestellt werden.[23] Sollten aufgrund der in Art. 37 Abs. 4 der Richtlinie genannten Kriterien und der tatsächlichen Vertriebsstruktur und Ansässigkeit mehrere Referenzmitgliedstaaten in Betracht kommen, sieht Unterabsatz 2 der Regelung vor, dass die Verwaltungsgesellschaft bei sämtlichen in Betracht kommenden Referenzmitgliedstaaten einen Antrag auf Einigung zur Festlegung eines Referenzmitgliedstaates stellen muss. Der auf diesem Wege festgelegte Referenzmitgliedstaat informiert sodann die Verwaltungsgesellschaft unverzüglich über diese Festlegung.[24]

24 **3. Ausländischer AIF.** Bei den zu vertreibenden Anteilen muss es sich um Anteile oder Aktien an ausländischen AIF handeln. Nach der Definition des § 1 Abs. 9 handelt es sich hierbei um AIF, die dem Recht eines Drittstaates unterliegen. Hierbei entspricht die Definition von ausländischen AIF den Definitionen von inländischem Investmentvermögen und EU-Investmentvermögen.[25]

25 Nach der Definition der Richtlinie 2011/61/EU in Art. 4 Abs. 1 lit. aa ist ein Nicht-EU-AIF (– in den Begrifflichkeiten des KAGB ein ausländischer AIF –) ein AIF, der kein EU-AIF ist. Die eigentliche Definition erfolgt damit auch hier über einen Umkehrschluss. Der EU-AIF wird in Art. 4 Abs. 1 lit. k (i) definiert als ein AIF, der nach nationalem Recht in einem Mitgliedstaat zugelassen oder registriert ist. Sollte der AIF in einem Drittstaat und gleichzeitig auch in einem Mitgliedstaat zugelassen oder registriert sein, so gilt ein solcher AIF als EU-AIF.[26] Ist der AIF in keinem Mitgliedstaat zugelassen oder registriert, ist

---

[21] Vgl. auch Dornseifer/Jesch/Klebeck/Tollmann/*Klebeck/Frick* Art. 37 Rn. 185; *Klebeck/Meyer* RdF **2012** 95, 96 ff.; *Spindler/Tancredi* WM **2011** 1441, 1447.
[22] Vgl. *Spindler/Tancredi* WM **2011** 1441, 1447; Dornseifer/Jesch/Klebeck/Tollmann/*Klebeck/Frick* Art. 37 Rn. 186.
[23] Vgl. auch Dornseifer/Jesch/Klebeck/Tollmann/*Klebeck/Frick* Art. 37 Rn. 187 f.; siehe auch die in Art. 37 Abs. 4 der Richtlinie aufgeführten Kriterien und Einzelfälle.
[24] Vgl. hierzu auch die Konkretisierungen in der „Durchführungsverordnung (EU) Nr. 448/2013 der Kommission vom 15. Mai 2013 zur Festlegung eines Verfahrens für die Bestimmung des Referenzmitgliedstaats eines Nicht-EU-AIFM gemäß der Richtlinie 2011/61/EU des Europäischen Parlaments und des Rates".
[25] Vgl. Gesetzesbegründung zu § 1 Abs. 9 S. 369.
[26] Dornseifer/Jesch/Klebeck/Tollmann/*Klebeck/Frick* Art. 40 Rn. 15 bzw. Dornseifer/Jesch/Klebeck/Tollmann/*Tollmann* Art. 4 Abs. 1 lit. k Rn. 22 ff.

gemäß Art. 4 Abs. 1 lit. k (ii) ein EU-AIF gegeben, wenn sein satzungsmäßiger Sitz oder dessen Hauptverwaltung in einem Mitgliedstaat liegt. Die Hauptverwaltung wird wiederum unter Anlehnung an Anhang 1 Nr. 1 lit. a und b der Richtlinie dort anzunehmen sein, wo die Portfolioverwaltung und das Risikomanagement des AIF hauptsächlich getätigt wird.[27] Vor diesem Verständnis der Richtlinie scheint es unbeachtlich zu sein, wenn ein solcher AIF in einem Drittstaat zugelassen oder registriert ist.[28]

4. Vertrieb an semiprofessionelle und professionelle Anleger. § 328 fordert, dass der Vertrieb von Anteilen oder Aktien an ausländischen AIF (ausschließlich) an **semiprofessionelle und professionelle Anleger** erfolgt. 26

Der dem § 328 Abs. 1 zugrundeliegende Art. 40 der Richtlinie 2011/61/EU regelt den Vertrieb von Anteilen an ausländischen AIF an professionelle Anleger. Der Vertrieb von ausländischen AIF an Kleinanleger wird von der Richtlinie gar nicht reguliert. Die Regulierung der Kleinanleger obliegt vielmehr auch unter dem Regime der Richtlinie den einzelnen Mitgliedstaaten und ihren jeweiligen Aufsichtsbehörden. So präzisiert (einzig) Art. 43 der Richtlinie, dass es dem jeweiligen nationalen Gesetzgeber freisteht, den Vertrieb von AIF an Kleinanleger in ihrem Hoheitsgebiet zu gestatten und einen solchen Vertrieb entsprechend Auflagen zu unterwerfen, die strenger sind als die Auflagen für AIF, die in ihrem Hoheitsgebiet an professionelle Anleger vertrieben werden. Der deutsche Gesetzgeber hat hieraus den Schluss gezogen, dass es sich bei den Vorgaben der Richtlinie an den Vertrieb an professionelle Anleger entsprechend um eine Art Mindeststandard handelt.[29] 27

Die Kategorie des **semiprofessionellen Anlegers** wurde erst mit dem Regierungsentwurf zum KAGB eingeführt und war Folge entsprechender Stimmen aus der Fondsbranche, welche befürchteten, dass gewisse vermögende Privatpersonen und auch Stiftungen künftig nicht mehr als Investoren eines Spezial-AIF qualifizieren könnten, da die Hürden als sog. erkorene professionelle Kunden unter MiFID zu hoch seien.[30] 28

Professionelle Anleger sind nach der Definition von § 1 Abs. 19 Nr. 32 Anleger, die im Sinne von Anhang II der Richtlinie 2004/39/EG (MiFID-Richtlinie) als professioneller Kunde angesehen werden oder auf Antrag als professionelle Kunden behandelt werden können. 29

Ein semiprofessioneller Anleger hingegen ist nach der Definition von § 1 Abs. 19 Nr. 33 jeder Anleger, der (1) sich verpflichtet, mindestens € 200.000 zu investieren, (2) schriftlich in einem vom Vertrag über die Investitionsverpflichtung getrennten Dokument angibt, dass er sich der Risiken im Zusammenhang mit der beabsichtigten Verpflichtung oder Investition bewusst ist, (3) dessen Sachverstand, Erfahrungen und Kenntnisse die AIF-Verwaltungsgesellschaft oder die von ihr beauftragte Vertriebsgesellschaft bewertet, ohne von der Annahme auszugehen, dass der Anleger über die Marktkenntnisse und -erfahrungen der in Anhang II Abschnitt I der Richtlinie 2004/39/EG genannten Anleger verfügt, (4) bei dem die AIF-Verwaltungsgesellschaft oder die von ihr beauftragte Vertriebsgesellschaft unter Berücksichtigung der Art der beabsichtigten Verpflichtung oder Investition hinreichend davon überzeugt ist, dass er in der Lage ist, seine 30

---
27 Vgl. auch Dornseifer/Jesch/Klebeck/Tollmann/*Klebeck/Frick* Art. 40 Rn. 17.
28 Vgl. auch Dornseifer/Jesch/Klebeck/Tollmann/*Klebeck/Frick* Art. 40 Rn. 17.
29 Vgl. Gesetzesbegründung Allgemeiner Teil, Abschnitt A. I. Ziffer 8. S. 357 – „*Für die Anzeigeverfahren beim Vertrieb von AIF an Privatanleger wird als Mindeststandard auf die Vorschriften der AIFM-RL zurückgegriffen. Aus Anlegerschutzgesichtspunkten werden für den Vertrieb jedoch strengere Regeln aufgestellt.*". Diesem Ansatz scheinen jedoch diverse andere Mitgliedstaaten, wie beispielsweise Großbritannien, nicht zu folgen.
30 S. auch *Volhard/Jang* DB **2013** 273, 274; bzw. Kommentierung zu § 1 Abs. 19 Nr. 33.

Anlageentscheidungen selbst zu treffen und die damit einhergehenden Risiken versteht und dass eine solche Verpflichtung für den betreffenden Anleger angemessen ist, und (5) dem die AIF-Verwaltungsgesellschaft oder die von ihr beauftragte Vertriebsgesellschaft schriftlich bestätigt, dass sie die oben genannte Bewertung vorgenommen hat und die weiteren genannten Voraussetzungen gegeben sind. Ebenfalls qualifiziert als semiprofessioneller Anleger ein in § 37 Abs. 1 genannter Geschäftsleiter oder Mitarbeiter der AIF-Verwaltungsgesellschaft, sofern er in von der AIF-Verwaltungsgesellschaft verwaltete AIF investiert, oder ein Mitglied der Geschäftsführung oder des Vorstands einer extern verwalteten Investmentgesellschaft, sofern es in die extern verwaltete Investmentgesellschaft investiert. Erst durch den Finanzausschuss des Bundestages wurde schließlich die weitere Alternative ergänzt, dass als semiprofessioneller Anleger auch jeder Anleger qualifiziert, der sich verpflichtet, mindestens € 10 Millionen in ein Investmentvermögen zu investieren.

31 Insgesamt stellt das KAGB in weiten Teilen den semiprofessionellen Anleger dem professionellen Anleger gleich, insbesondere im Zusammenhang mit dem Vertrieb von Spezial-AIF und EU-AIF.[31]

32 **5. Vertrieb im Inland.** § 328 setzt den Vertrieb der AIF-Anteile im Inland voraus. Nach der Definition des Vertriebs in § 293 Abs. 1 qualifiziert als Vertrieb grundsätzlich jedes direkte oder indirekte Anbieten oder Platzieren von Anteilen oder Aktien eines Investmentvermögens.[32] Diese Definition des Vertriebsbegriffs enthielt bis zur Konsultation im Finanzausschuss des Bundestages noch die ergänzende Aufzählung „*oder das Werben für ein Investmentvermögen*". Dieser Passus wurde jedoch durch den Finanzausschuss gestrichen. Ausweislich der Begründung handelt es sich hierbei nach Wunsch bzw. Ansicht des Finanzausschusses lediglich um eine „redaktionelle Änderung", da der Begriff des Anbietens in § 293 Abs. 1 Satz 1 nicht nur Angebote im Sinne des BGB, sondern auch Angebote im weiteren Sinne, wie etwa die invitatio ad offerendum umfasse. Der Begriff der Werbung sei daher im Wesentlichen redundant und könne entsprechend gestrichen werden.[33]

33 Ausdrücklich ausgenommen vom Begriff des Vertriebs sind nach Satz 2 des § 293 Abs. 1 z.B. die namentliche Nennung des Investmentvermögens, die Nennung und Veröffentlichung der Nettoinventarwerte und die an einem organisierten Markt ermittelten Kurse oder die Ausgabe- und Rücknahmepreise von Anteilen oder Aktien eines Investmentvermögens, Nennung bzw. Bekanntmachung der Besteuerungsgrundlagen nach § 5 des InvG, die Erfüllung der gesetzlichen Veröffentlichungspflichten im Bundesanzeiger oder ausschließlich Informationen der regelmäßigen Informationspflichten der Verwaltungsgesellschaft gegenüber bereits investierten Anlegern nach dem KAGB. Diese Ausnahmen gelten jedenfalls solange nicht noch weitere Vertriebsaktivitäten nach § 293 ausgeübt werden.

34 Für **semiprofessionelle und professionelle Anleger** sieht Satz 3 der Vorschrift eine weitere Einschränkung vor: Hiernach soll ein Vertrieb gegenüber dieser Anlegergruppe nur dann gegeben sein, wenn dieser auf Initiative der Verwaltungsgesellschaft oder in deren Auftrag erfolgt und sich an semiprofessionelle oder professionelle Anleger mit Wohnsitz oder Sitz im Inland oder in einem anderen Europäischen Mitgliedstaat oder Vertragsstaat des Abkommens über den Europäischen Wirtschaftsraum richtet. Diese

---
31 *Volhard/Jang* DB **2013** 273, 274; bzw. Kommentierung zu § 1 Abs. 19 Nr. 33; s. ebenfalls die Begründung des Finanzausschusses zu § 1 Abs. 19 Nr. 33c.
32 Vgl. auch Kommentierung zu § 293.
33 Vgl. Gesetzesbegründung des Finanzausschusses zu § 293 S. 656.

Einschränkung für die Anlegergruppe der semiprofessionellen und professionellen Anleger orientiert sich am Vertriebsbegriff der Richtlinie 2011/61/EU. Nach der Richtlinien-Definition in Art. 4 Abs. 1x ist Vertrieb das „*direkte oder indirekte, auf Initiative des AIFM oder in dessen Auftrag erfolgende Anbieten oder Platzieren von Anteilen an einem vom AIFM verwalteten AIF an Anleger oder bei Anlegern mit Wohnsitz oder Sitz in der Union*". Hieraus („*oder in dessen Auftrag*") lässt sich ableiten, dass das Einschalten von Dritten, wie z.B. von freien Vermittlern oder von Finanzdienstleistungsinstituten nicht dazu führt, dass der Vertrieb zu verneinen ist.

35 Die Bundesanstalt hat mit der Veröffentlichung „Häufige Fragen zum Vertrieb und Erwerb von Investmentvermögen nach dem KAGB" vom 4. Juli 2013, zuletzt geändert am 22. Januar 2014, ebenfalls zum Vertriebsbegriff Stellung genommen. Hierin stellt auch die Bundesanstalt klar, dass unter den Begriff des „Anbietens" auch Angebote im weiteren Sinne, wie die invitatio ad offerendum fallen. Für das „Platzieren" fordert die Bundesanstalt einen aktiven Absatz von Anteilen oder Aktien eines Investmentvermögens. Das Wort „Vertrieb" impliziere einen auf den Absatz von Anteilen oder Aktien gerichtete Aktivität des Vertreibenden. Das bloße Reagieren auf die Order eines Anlegers stelle somit keinen Vertrieb dar. Ferner müsse das Anbieten oder Platzieren auf ein Investmentvermögen bezogen sein. Dieses läge insbesondere vor bei Investmentvermögen, die bereits aufgelegt sind, die angebotsreif sind (Musteranlagebedingungen, die noch zu verhandelnde Lücken aufweisen, reichen nicht) oder Investmentvermögen, die bereits unter einem bestimmten Namen firmieren (z.B. Fonds „XY Aktien Chance Plus").

36 Im Hinblick auf den Vertrieb an semiprofessionelle und professionelle Anleger legt die Bundesanstalt anhand eines Beispiels dar, dass die Vorlage von Musteranlagebedingungen und Musterprospekten zum Zwecke der Darlegung der eigenen Fähigkeiten der Verwaltungsgesellschaft (noch) keinen Vertrieb darstelle, jedenfalls solange die Unterlagen bzw. das Investmentvermögen nicht angebotsreif ist. Schließlich sei es nicht Sinn und Zweck des Vertriebs-Anzeigeverfahrens, dass der Bundesanstalt jeder Verhandlungsstand anzuzeigen ist.

37 Die Bundesanstalt versteht unter Vertrieb nicht die Veräußerung eigener Anteile oder Aktien an einem Investmentvermögen durch einen Anleger. Anderes gelte jedoch, wenn diese Veräußerung über einen Vermittler erfolge, der die Anteile zunächst auf die eigenen Bücher nimmt.

38 Schließlich stellt die Bundesanstalt in ihrem Schreiben klar, dass ein Vertrieb von Anteilen eines Investmentvermögens auch dann vorliegt, wenn einem Anleger der Erwerb von weiteren Anteilen desselben Investmentvermögens direkt oder indirekt (etwa durch die Zusendung eines Verkaufsprospekts oder anderer Informationen) angeboten wird. Allerdings verweist die Bundesanstalt in diesem Kontext auf die Ausnahmen nach § 293 Abs. 2 Nr. 6 (= gesetzliche Veröffentlichungspflichten im Bundesanzeiger und ausschließliche Erfüllung der regelmäßigen Informationspflichten gegenüber bereits investierten Anlegern).

6. Voraussetzungen des § 322 Abs. 1. Eine weitere Zulässigkeitsvoraussetzung für 39 einen Vertrieb unter § 328 ist, dass auch die Voraussetzungen des § 322 Abs. 1 erfüllt sind.

40 Die Prüfung der Voraussetzungen des § 322 Abs. 1 obliegt wiederum der zuständigen Stelle des europäischen Referenzmitgliedstaates der ausländischen Verwaltungsgesellschaft. Sollte die Bundesanstalt jedoch mit dem Prüfungsergebnis der zuständigen Stelle des Referenzmitgliedstaates in Bezug auf die Voraussetzungen des § 322 Abs. 1 Nr. 1 und 2 nicht einverstanden sein, kann die Bundesanstalt (nach Maßgabe des Art. 19 der Verordnung (EU) Nr. 1095/2010) die ESMA um Hilfe ersuchen.

41 § 322 Abs. 1 regelt die Anzeigepflicht einer AIF-Kapitalverwaltungsgesellschaft beim beabsichtigten Vertrieb von Anteilen oder Aktien an ausländischen AIF und von Anteilen oder Aktien an EU-Feeder-AIF oder inländischen Spezial-Feeder-AIF, deren jeweiliger Master-AIF kein EU-AIF oder inländischer AIF ist, der von einer EU-AIF-Verwaltungsgesellschaft oder einer AIF-Kapitalverwaltungsgesellschaft verwaltet wird, an semiprofessionelle und professionelle Anleger.

42 Ausweislich der Gesetzesbegründung setzt § 322 Abs. 1 Art. 35 Abs. 1 und Abs. 2 Unterabsatz 1 der Richtlinie 2011/61/EU um. Der Gesetzgeber versteht die Richtlinie so, dass auch der Vertrieb von Anteilen an EU-Feeder-AIF bzw. inländischen Spezial-Feeder-AIF, deren jeweiliger Master-AIF kein EU-AIF oder inländischer AIF ist, der von einer EU-AIF-Verwaltungsgesellschaft oder einer AIF-Kapitalverwaltungsgesellschaft verwaltet wird, an professionelle Anleger im Inland nur zulässig sein soll, wenn die Voraussetzungen von Absatz 1 in Bezug auf den Master-AIF erfüllt sind. Wenn in dieser Vorschrift auf einen „ausländischen AIF" Bezug genommen wird, falle darunter auch ein etwaiger ausländischer Master-AIF.[34]

43 Wenngleich es sich bei der Vorschrift des § 322 um einen Vertrieb durch eine AIF-Kapitalverwaltungsgesellschaft handelt, ist dieser Paragraph ebenfalls nicht unmittelbar mit Inkrafttreten des KAGB anwendbar, sondern Bestandteil des künftigen endgültigen Vertriebs-Regimes nach Erlass des erforderlichen europäischen delegierten Rechtsaktes.

44 Die in § 322 Abs. 1 aufgeführten Voraussetzungen[35] 1. bis 3. finden sich dem Grunde nach sowohl in der Regelung des Art. 40 als auch des Art. 35 der Richtlinie wieder. Diese Voraussetzungen sind namentlich: (1) Das Vorliegen einer geeigneten Vereinbarung über die Zusammenarbeit zwischen der Bundesanstalt und den Aufsichtsbehörden des Drittstaates, in dem der ausländische AIF seinen Sitz hat, um so einen effizienten Informationsaustausch zu gewährleisten, welcher wiederum der Bundesanstalt die Wahrnehmung ihrer Pflichten unter der Richtlinie ermöglicht;[36] (2) das Fehlen des maßgeblichen Drittstaates auf der Liste der nicht kooperierenden Länder und Gebiete, die von der Arbeitsgruppe „Finanzielle Maßnahmen gegen Geldwäsche und Terrorismusfinanzierung" aufgestellt wurde; (3) die Unterzeichnung einer Vereinbarung durch den maßgeblichen Drittstaat mit der Bundesrepublik Deutschland, die den Normen des Art. 26 des OECD-Musterabkommens zur Vermeidung der Doppelbesteuerung von Einkommen und Vermögen vollständig entspricht und einen wirksamen Informationsaustausch in Steuerangelegenheiten gewährleistet. Die Regelung in Nummer 4 von § 322 Abs. 1 trägt ausweislich der Gesetzesbegründung dem Umstand Rechnung, dass § 55 Abs. 1 Nr. 1 AIF-Kapitalverwaltungsgesellschaften in Bezug auf die Verwaltung von ausländischen AIF, die in den Mitgliedstaaten der Europäischen Union oder den Vertragsstaaten des Abkommens über den Europäischen Wirtschaftsraum nicht vertrieben werden, von der Einhaltung der §§ 67 und 80 bis 90 befreit. Hiernach stelle Nummer 4 klar, dass diese Ausnahme dann nicht mehr greift, wenn der AIF in den Mitgliedstaaten der Europäischen Union oder den Vertragsstaaten des Abkommens über den Europäischen Wirtschaftsraum vertrieben werden soll.

45 Bei den oben genannten Voraussetzungen handelt es sich somit um weitere drittstaatenbezogene Bedingungen. Ist der ausländische AIF in einem anderen Drittstaat als

---

34 Vgl. Gesetzesbegründung zu § 322 Abs. 1 S. 528 f.
35 S. hierzu im Einzelnen die Kommentierung zu § 322 Abs. 1.
36 S. hierzu auch „Merkblatt zu Vereinbarungen über die Zusammenarbeit zwischen der Bundesanstalt und zuständigen Stellen eines Drittstaats im Rahmen der AIFM-Richtlinie 2011/61/EU" der Bundesanstalt für Finanzdienstleistungsaufsicht vom 22. Juli 2013, zuletzt geändert am 10. Februar 2014.

die ausländische AIF-Verwaltungsgesellschaft ansässig, muss auch dieser Drittstaat die oben genannten drittstaatenbezogenen Voraussetzungen erfüllen.[37]

Ist die Bundesanstalt mit der Bewertung der drittstaatenbezogenen Voraussetzungen nach Nummer 1 und 2 durch die zuständige Stelle des Referenzmitgliedstaates nicht einverstanden, kann die Bundesanstalt ESMA nach Art. 19 der Verordnung (EU) Nr. 1095/2010 um Hilfe ersuchen. ESMA kann nach dieser Inkenntnisnahme ein entsprechendes Schlichtungsverfahren durchführen.[38] 46

II. Vertriebsanzeigeprüfung (Abs. 2)

Bei Einreichung der Vertriebsanzeige der ausländischen AIF-Verwaltungsgesellschaft, prüft die Bundesanstalt, ob die zuständige Stelle des Referenzmitgliedstaates (1) eine von ihr ausgestellte Bescheinigung über die Erlaubnis der betreffenden ausländischen AIF-Verwaltungsgesellschaft zur Verwaltung von AIF mit einer bestimmten Anlagestrategie sowie (2) ein Anzeigeschreiben für jeden angezeigten AIF übermittelt hat. Die Unterlagen sind in einer in der internationalen Finanzwelt gebräuchlichen Sprache zu übermitteln. 47

Hierbei ist **§ 327 Abs. 1 Satz 2** entsprechend anzuwenden, welcher (wiederum durch leicht modifizierenden und ergänzenden Verweis auf § 321 Abs. 1 Satz 2) den **Inhalt des Anzeigeschreibens** (einschließlich der erforderlichen Dokumentation und Angaben) vorgibt. Dem Anzeigeschreiben ist entsprechend beizufügen: (1) ein Geschäftsplan mit Angaben zum AIF sowie zu seinem Sitz, (2) die Anlagebedingungen, die Satzung oder den Gesellschaftsvertrag des angezeigten AIF, (3) der Namen der Verwahrstelle, (4) eine Beschreibung des angezeigten AIF und alle verfügbaren Informationen, (5) ggf. Angaben zum Sitz des Master-AIF, (6) die in § 307 Abs. 1 genannten Informationen, (7) Angaben zu den Vorkehrungen zur Verhinderung des Vertriebs an Privatanleger.[39] Ergänzend ist die Bundesrepublik Deutschland als Staat zu nennen, in dem die Anteile an dem AIF an semiprofessionelle und professionelle Anleger vertrieben werden sollen und die Vorkehrungen zum Vertrieb des angezeigten AIF. 48

Art. 40 Abs. 5 der Richtlinie, auf welchen die Vorschrift des § 328 Abs. 2 im Wesentlichen zurückgeht, sieht zum Prozedere im Referenzmitgliedstaat vor, dass eine ausländische AIF-Verwaltungsgesellschaft, die beabsichtigt, Anteile an einem ausländischen AIF nicht nur im Referenzmitgliedstaat, sondern auch in weiteren Mitgliedstaaten zu vertreiben, der zuständigen Behörde seines Referenzmitgliedstaates für jeden ausländischen AIF, den er zu vertreiben beabsichtigt, eine Meldung vorzulegen hat, welche die in Anhang IV der Richtlinie aufgestellten Anforderungen erfüllen muss.[40] 49

Zusammen mit dieser Meldung sind der Behörde folgende Dokumente und Unterlagen zu übermitteln: (1) Geschäftsplan, der Angaben zum ausländischen AIF enthält, den 50

---

37 So auch Dornseifer/Jesch/Klebeck/Tollmann/*Klebeck*/*Frick* Art. 40 Rn. 27 f.; *Klebeck*/*Meyer* RdF **2012** 95, 97 ff.
38 Dornseifer/Jesch/Klebeck/Tollmann/*Klebeck*/*Frick* Art. 40 Rn. 29 mit weiteren Nachweisen.
39 S. hierzu auch die Ausführungen der Bundesanstalt unter Ziffer 1.5 in „Häufige Fragen zum Vertrieb und Erwerb von Investmentvermögen nach dem KAGB" der Bundesanstalt für Finanzdienstleistungsaufsicht vom 4. Juli 2013, zuletzt geändert am 22. Januar 2014 sowie unter Ziffer V. des „Merkblatts zum Vertrieb von Anteilen oder Aktien an EU-AIF oder inländischen Spezial-AIF, die von einer EU-AIF-Verwaltungsgesellschaft verwaltet werden, an semiprofessionelle und professionelle Anleger in der Bundesrepublik Deutschland gemäß § 323 Kapitalanlagegesetzbuch (KAGB)" der Bundesanstalt vom 17. Juli 2013.
40 Vgl. auch Dornseifer/Jesch/Klebeck/Tollmann/*Klebeck*/*Frick* Art. 40 Rn. 46; *Klebeck*/*Meyer* RdF **2012** 95, 96 ff.; *Spindler*/*Tancredi* WM **2011** 1441, 1450.

die ausländische AIF-Verwaltungsgesellschaft in einem weiteren Mitgliedstaat vertreiben möchte, (2) die Vertragsbedingungen oder die Satzung des ausländischen AIF, oder (3) eine Beschreibung des ausländischen AIF bzw. alle für die Anleger verfügbaren Informationen über den ausländischen AIF.[41]

Spätestens 20 Arbeitstage nach Eingang der vollständigen Anzeigeunterlagen leitet die zuständige Behörde des Referenzmitgliedstaates dieses an die zuständigen Behörden der Mitgliedstaaten weiter, in denen die Anteile der AIF vertrieben werden sollen. Eine solche Weiterleitung wird nur erfolgen, wenn die Verwaltung des AIF durch die Verwaltungsgesellschaft den Vorgaben der Richtlinie entspricht und auch weiterhin entsprechen wird. Die zuständige Behörde fügt weiter eine Bescheinigung über die Zulassung der betreffenden ausländischen AIF-Verwaltungsgesellschaft zur Verwaltung von AIF mit einer bestimmten Anlagestrategie bei (Art. 40 Abs. 6 AIFM-Richtlinie).

III. Vertriebsbeginn (Abs. 3)

51   Absatz 3 von § 328 verweist auf § 327 Abs. 2,[42] welcher entsprechend anzuwenden ist. § 327 Abs. 2 wiederum besagt, dass der Vertrieb durch die AIF-Verwaltungsgesellschaft erst dann aufgenommen werden kann, wenn die ausländische AIF-Verwaltungsgesellschaft von der zuständigen Stelle ihres Referenzmitgliedstaates über die Übermittlung der oben genannten Unterlagen unterrichtet wurde.[43]

52   § 327 Abs. 2 Satz 2 verweist seinerseits auf die entsprechende Anwendung von § 323 Abs. 2 Satz 3 und Abs. 3. § 323 Abs. 2 Satz 3 regelt die Prüfung der Bundesanstalt, ob geeignete und zulässige Vorkehrungen zur Verhinderung eines Vertriebs an Privatanleger getroffen wurden.[44] § 323 Abs. 3 regelt wiederum den Umgang der Bundesanstalt mit möglichen Änderungen dieser getroffenen Vorkehrungen.

§ 329
Anzeigepflicht einer EU-AIF-Verwaltungsgesellschaft oder einer AIF-Kapitalverwaltungsgesellschaft beim beabsichtigten Vertrieb von von ihr verwalteten inländischen Spezial-Feeder-AIF oder EU-Feeder-AIF, deren jeweiliger Master-AIF kein EU-AIF oder inländischer AIF ist, der von einer EU-AIF-Verwaltungsgesellschaft

---

41 Vgl. auch Dornseifer/Jesch/Klebeck/Tollmann/*Klebeck/Frick* Art. 40 Rn. 47.
42 Absatz 3 von § 328 setzt durch Verweis auf § 327 Abs. 2 Art. 40 Abs. 7 Unterabsatz 1 Satz 2 und Art. 40 Abs. 8 der Richtlinie 2011/61/EU, für den Fall um, dass die Bundesanstalt von den zuständigen Stellen des Referenzmitgliedstaates der ausländischen AIF-Verwaltungsgesellschaft über eine Änderung der entsprechenden Angaben unterrichtet wird. § 327 Abs. 2 Satz 1 setzt wiederum Art. 39 Abs. 6 Satz 2 der Richtlinie 2011/61/EU um.
43 Maßgeblich dürfte jenes Datum sein, an welchem die ausländische AIF-Verwaltungsgesellschaft über die Weiterleitung unterrichtet wurde. Die zuständigen Behörden des Referenzmitgliedstaates sind nach Art. 40 Abs. 7 der Richtlinie verpflichtet, die ausländische AIF-Verwaltungsgesellschaft unverzüglich über diese Weiterleitung in Kenntnis zu setzen; vgl. Dornseifer/Jesch/Klebeck/Tollmann/*Klebeck/Frick* Art. 40 Rn. 50.
44 S. hierzu auch die Ausführungen der Bundesanstalt unter Ziffer 1.5 in „Häufige Fragen zum Vertrieb und Erwerb von Investmentvermögen nach dem KAGB" der Bundesanstalt für Finanzdienstleistungsaufsicht vom 4. Juli 2013, zuletzt geändert am 22. Januar 2014 sowie unter Ziffer V. des „Merkblatts zum Vertrieb von Anteilen oder Aktien an EU-AIF oder inländischen Spezial-AIF, die von einer EU-AIF-Verwaltungsgesellschaft verwaltet werden, an semiprofessionelle und professionelle Anleger in der Bundesrepublik Deutschland gemäß § 323 Kapitalanlagegesetzbuch (KAGB)" der Bundesanstalt vom 17. Juli 2013.

oder einer AIF-Kapitalverwaltungsgesellschaft verwaltet wird, oder ausländischen AIF an semiprofessionelle und professionelle Anleger im Inland

(1) ¹Der Vertrieb von Anteilen oder Aktien an von einer EU-AIF-Verwaltungsgesellschaft oder einer AIF-Kapitalverwaltungsgesellschaft verwalteten inländischen Spezial-Feeder-AIF oder EU-Feeder-AIF, deren jeweiliger Master-AIF kein EU-AIF oder inländischer AIF ist, der von einer EU-AIF-Verwaltungsgesellschaft oder einer AIF-Kapitalverwaltungsgesellschaft verwaltet wird, oder ausländischen AIF an semiprofessionelle oder professionelle Anleger im Geltungsbereich dieses Gesetzes ist zulässig, wenn
1. bei einem Vertrieb an professionelle Anleger
   a) die AIF-Kapitalverwaltungsgesellschaft und die Verwaltung des AIF durch die AIF-Kapitalverwaltungsgesellschaft die Anforderungen dieses Gesetzes mit Ausnahme der §§ 80 bis 90 und die EU-AIF-Verwaltungsgesellschaft und die Verwaltung des AIF durch diese die Anforderungen der von ihrem Herkunftsmitgliedstaat zur Umsetzung der Richtlinie 2011/61/EU erlassenen Vorschriften mit Ausnahme der in Artikel 21 der Richtlinie 2011/61/EU genannten Voraussetzungen erfüllen und
   b) die AIF-Kapitalverwaltungsgesellschaft oder die EU-AIF-Verwaltungsgesellschaft eine oder mehrere Stellen benannt hat, die sie nicht selbst ist und die die Aufgaben nach Artikel 21 Absatz 7, 8 und 9 der Richtlinie 2011/61/EU wahrnehmen, und sie diese Stelle oder Stellen der Bundesanstalt oder der in ihrem Herkunftsmitgliedstaat zuständigen Stelle angezeigt hat;
2. bei einem Vertrieb an semiprofessionelle Anleger die AIF-Kapitalverwaltungsgesellschaft oder die EU-AIF-Verwaltungsgesellschaft und die Verwaltung des AIF durch diese den Anforderungen dieses Gesetzes oder den von ihrem Herkunftsmitgliedstaat zur Umsetzung der Richtlinie 2011/61/EU erlassenen Vorschriften entsprechen;
3. bei einem Vertrieb an semiprofessionelle Anleger oder professionelle Anleger
   a) bei einem ausländischen AIF geeignete, der Überwachung der Systemrisiken dienende und im Einklang mit den internationalen Standards und den Artikeln 113 bis 115 der Delegierten Verordnung (EU) Nr. 213/2013 stehende Vereinbarungen über die Zusammenarbeit zwischen der Bundesanstalt oder den zuständigen Stellen im Herkunftsmitgliedstaat der EU-AIF-Verwaltungsgesellschaft und den zuständigen Stellen des Drittstaates, in dem der ausländische AIF seinen Sitz hat, bestehen, sodass ein effizienter Informationsaustausch gewährleistet ist, der es der Bundesanstalt oder den zuständigen Stellen im Herkunftsmitgliedstaat der EU-AIF-Verwaltungsgesellschaft ermöglicht, ihre in der Richtlinie 2011/61/EU festgelegten Aufgaben zu erfüllen;
   b) der Drittstaat, in dem der ausländische AIF seinen Sitz hat, nicht auf der Liste der nicht kooperativen Länder und Gebiete steht, die von der Arbeitsgruppe „Finanzielle Maßnahmen gegen die Geldwäsche und die Terrorismusfinanzierung" aufgestellt wurde;
   c) die Vorkehrungen nach § 321 Absatz 1 Satz 2 Nummer 7 geeignet sind, einen Vertrieb an Privatanleger zu verhindern. ²Ist der angezeigte AIF ein Feeder-AIF, sind zusätzlich die Anforderungen des Absatzes 1 Satz 1 Num-

mer 1 oder 2 und 3 von dem Master-AIF und dessen Verwaltungsgesellschaft entsprechend einzuhalten.

(2) ¹Beabsichtigt eine EU-AIF-Verwaltungsgesellschaft oder eine AIF-Kapitalverwaltungsgesellschaft, Anteile oder Aktien an von ihr verwalteten AIF im Sinne von Absatz 1 Satz 1 im Geltungsbereich dieses Gesetzes an semiprofessionelle oder professionelle Anleger zu vertreiben, so hat sie dies der Bundesanstalt anzuzeigen. ²§ 321 Absatz 1 Satz 2 gilt entsprechend. ³Darüber hinaus sind der Anzeige folgende Angaben und Dokumente beizufügen:

1. bei der Anzeige durch eine EU-AIF-Verwaltungsgesellschaft eine Bescheinigung der zuständigen Stelle ihres Herkunftsmitgliedstaates in einer in der internationalen Finanzwelt gebräuchlichen Sprache, dass die EU-AIF-Verwaltungsgesellschaft und die Verwaltung des AIF durch diese der Richtlinie 2011/61/EU entsprechen, dass die AIF-Verwaltungsgesellschaft über eine Erlaubnis zur Verwaltung von AIF mit einer bestimmten Anlagestrategie verfügt und gegebenenfalls, dass geeignete Vereinbarungen im Sinne von Absatz 1 Satz 1 Nummer 3 Buchstabe a über die Zusammenarbeit zwischen den zuständigen Stellen im Herkunftsmitgliedstaat der EU-AIF-Verwaltungsgesellschaft und den zuständigen Stellen des Drittstaates, in dem der ausländische AIF seinen Sitz hat, bestehen; ist nur ein Vertrieb an professionelle Anleger beabsichtigt, muss sich die Bescheinigung nicht auf die gesamten in Artikel 21 der Richtlinie 2011/61/EU genannten Anforderungen erstrecken, sondern nur auf die in Artikel 21 Absatz 7, 8 und 9 genannten Voraussetzungen;
2. eine Erklärung der EU-AIF-Verwaltungsgesellschaft darüber, dass sie sich verpflichtet,
   a) der Bundesanstalt den Jahresbericht des AIF, der den Anforderungen des Artikels 22 und gegebenenfalls des Artikels 29 der Richtlinie 2011/61/EU entsprechen muss, spätestens sechs Monate nach Ende eines jeden Geschäftsjahres einzureichen; der Jahresbericht muss mit dem Bestätigungsvermerk eines Wirtschaftsprüfers versehen sein;
   b) die Bundesanstalt über alle wesentlichen Änderungen von Umständen, die bei der Vertriebsanzeige angegeben worden sind oder die der Bescheinigung der zuständigen Stelle nach Nummer 1 zugrunde liegen, zu unterrichten und die Änderungsangaben nachzuweisen;
   c) der Bundesanstalt auf Verlangen über ihre Geschäftstätigkeit Auskunft zu erteilen und Unterlagen vorzulegen;
3. eine Erklärung der AIF-Kapitalverwaltungsgesellschaft, dass sie sich entsprechend Nummer 2 Buchstabe b verpflichtet;
4. ein Nachweis über die Zahlung der Gebühr für die Anzeige.

(3) Ist der angezeigte AIF ein Feeder-AIF,
1. sind der Anzeige zusätzlich in Bezug auf den Master-AIF und seine Verwaltungsgesellschaft Angaben und Dokumente entsprechend
   a) Absatz 2 Satz 3 Nummer 1 oder, sofern es sich bei der Verwaltungsgesellschaft des Master-AIF um eine ausländische AIF-Verwaltungsgesellschaft handelt, Angaben und Dokumente entsprechend § 22 Absatz 1 Nummer 1 bis 9 und 13, und alle weiteren wesentlichen Angaben über die Verwahrstelle oder die Stellen nach Absatz 1 Satz 1 Nummer 1 Buchstabe b sowie
   b) § 321 Absatz 1 Satz 2
   beizufügen und
2. muss sich die Erklärung nach Absatz 2 Satz 3 Nummer 2 oder 3 auch auf den Master-AIF und seine Verwaltungsgesellschaft erstrecken.

(4) ¹Fremdsprachige Unterlagen sind in deutscher Übersetzung oder in englischer Sprache vorzulegen. ²§ 321 Absatz 2 und 3 Satz 1 bis 4 gilt entsprechend mit der Maßgabe, dass es statt „AIF-Kapitalverwaltungsgesellschaft" „AIF-Kapitalverwaltungsgesellschaft oder EU-AIF-Verwaltungsgesellschaft" heißen muss und dass die in § 321 Absatz 3 Satz 1 genannte Frist 30 Arbeitstage und für den Fall, dass der angezeigte AIF ein Feeder-AIF ist,
1 dessen Master-AIF nicht von einer ausländischen AIF-Verwaltungsgesellschaft verwaltet wird, zwei Monate,
2 dessen Master-AIF von einer ausländischen AIF-Verwaltungsgesellschaft verwaltet wird, fünf Monate
beträgt.

Schrifttum

Emde/Dreibus Der Regierungsentwurf für ein Kapitalanlagegesetzbuch, BKR **2013** 89; *Jesch/Geyer* Die Übergangsbestimmungen der AIFM-Richtlinie, BKR **2012** 359; *Klebeck/Meyer* Drittstaatenregulierung der AIFM-Richtlinie, RdF **2012** 95; *Spindler/Tancredi* Die Richtlinie über Alternative Investmentfonds (AIFM-Richtlinie), WM **2011** 1393 (Teil I) und WM **2011** 1441 (Teil II); *Loff/Klebeck* Fundraising nach der AIFM-Richtlinie und Umsetzung in Deutschland durch das KAGB, BKR **2012** 353; *Volhard/Jang* Der Vertrieb alternativer Investmentfonds, DB **2013** 273; *Wallach* Alternative Investment Funds Managers Directive – ein neues Kapitel des europäischen Investmentrechts, RdF **2011** 80.

Systematische Übersicht

I. Überblick —— 1
II. Entstehungsgeschichte —— 2
III. Anwendungsbereich der Norm
    1. Zeitlicher Anwendungsbereich der Norm —— 3
    2. Persönlicher Anwendungsbereich der Norm —— 6
    3. Sachlicher Anwendungsbereich der Norm —— 8
IV. Vertriebsvoraussetzungen —— 11
    1. Vertrieb an professionelle Anleger (Abs. 1 Satz 1 Nr. 1) —— 12
    2. Vertrieb an semiprofessionelle Anleger (Abs. 1 Satz 1 Nr. 2) —— 18
    3. Vertrieb an professionelle und semiprofessionelle Anleger (Abs. 1 Satz 1 Nr. 3) —— 21
       a) Vereinbarungen über die Zusammenarbeit —— 22
       b) Keine Listung durch die FATF —— 25
       c) Ausreichende Vorkehrungen —— 32
    4. Zusätzlich bei Feeder-AIF (Abs. 1 Satz 2) —— 33
V. Anzeige (Abs. 2) —— 34
    1. Inhalt entsprechend § 321 Abs. 1 Satz 2 (Abs. 2 Satz 2) —— 35
    2. Bescheinigung der zuständigen Stelle des Herkunftsmitgliedstaates —— 36
    3. Erklärung der EU-AIF-Verwaltungsgesellschaft —— 37
    4. Erklärung der AIF-Kapitalverwaltungsgesellschaft —— 41
    5. Nachweis über die Zahlung der Gebühr für die Anzeige —— 42
    6. Zusätzlich bei Feeder-AIF —— 43
VI. Prüfung und Entscheidung der BaFin (Abs. 4) —— 47

I. Überblick

Wie alle im Abschnitt 3, Unterabschnitt 2 des 4. Kapitels des KAGB enthaltenen Vorschriften regelt § 329 den Vertrieb von AIF an semiprofessionelle und professionelle Anleger im Inland. § 329 betrifft hierbei den Vertrieb von ausländischen AIF und von Master-Feeder-Konstruktionen mit Drittstaatenbezug durch eine AIF-Kapitalverwaltungsgesellschaft oder eine EU-AIF-Verwaltungsgesellschaft. 1

II. Entstehungsgeschichte

2   Mit der Norm des § 329 macht der Gesetzgeber von der in Art. 36 der AIFM-Richtlinie eingeräumten Möglichkeit Gebrauch, für einen Übergangszeitraum den nationalen Vertrieb von AIF mit Drittstaatenbezug ohne EU-Pass bei Beachtung bestimmter Mindeststandards zu ermöglichen. Hintergrund ist, dass der EU-Pass für Fälle mit Drittstaatenbezug erst für 2015 avisiert ist (siehe Erwägungsgrund 62 der AIFM-Richtlinie).

III. Anwendungsbereich der Norm

3   **1. Zeitlicher Anwendungsbereich der Norm.** Hinsichtlich der Anwendbarkeit des § 329 ist zu beachten, dass § 295 Abs. 2 und 3 für die Zulässigkeit des Vertriebs von Anteilen oder Aktien an inländischen Spezial-AIF, EU-AIF und ausländischen AIF an professionelle und semiprofessionelle Anleger im Inland zwei unterschiedliche Regelungsregime vorsehen. Für den Zeitraum vom 22.7.2013 bis zu dem in dem auf Grundlage des Art. 66 Abs. 3 i.V.m. Art. 67 Abs. 6 der AIFM-Richtlinie erlassenen delegierten Rechtsakt der Europäischen Kommission genannten Zeitpunkt gelten die §§ 321, 323, 329, 330 und 330a. Ab dem in dem vorbezeichneten delegierten Rechtsakt genannten Zeitpunkt gelten dann die §§ 321 bis 328 und § 330a.[1] Daneben ist in beiden Regelungsregime an semiprofessionelle Anleger auch ein Vertrieb nach den §§ 317 bis 320 möglich.

4   § 329 gehört ausweislich des § 295 Abs. 2 und 3 zu den Vorschriften, die ab Inkrafttreten des KAGB bis zu dem auf Grundlage des Artikels 66 Abs. 3 i.V.m. Art. 67 Abs. 6 der AIFM-Richtlinie erlassenen delegierten Rechtsakt der Europäischen Kommission genannten Zeitpunkt gelten. Hintergrund ist, dass mit dem im zu erlassenden delegierten Rechtsakt genannten Zeitpunkt der EU-Pass für Fälle mit Drittstaatenbezug eingeführt wird.

5   Von der in der AIFM-Richtlinie eröffneten Möglichkeit, das nationale Platzierungsregime für den Vertrieb von AIF mit Drittstaatenbezug für einen Übergangszeitraum von voraussichtlich drei Jahren nach Einführung des EU-Passes für Drittstaaten-AIF neben dem EU-Pass beizubehalten, hat der deutsche Gesetzgeber insofern keinen Gebrauch gemacht.

6   **2. Persönlicher Anwendungsbereich der Norm.** Die Norm erfasst den Vertrieb durch eine EU-AIF-Verwaltungsgesellschaft oder eine AIF-Kapitalverwaltungsgesellschaft.

7   EU-AIF-Verwaltungsgesellschaften sind gem. § 1 Abs. 17 Unternehmen mit Sitz in einem anderen Mitgliedstaat der Europäischen Union oder einem anderen Vertragsstaat des Abkommens über den Europäischen Wirtschaftsraum, die den Anforderungen an einen Verwalter alternativer Investmentfonds im Sinne der AIFM-Richtlinie entsprechen. AIF-Kapitalverwaltungsgesellschaften sind gemäß § 1 Abs. 16 Kapitalverwaltungsgesellschaften gemäß § 17, die mindestens einen AIF verwalten oder zu verwalten beabsichtigen.

8   **3. Sachlicher Anwendungsbereich der Norm.** § 329 erfasst zum einen den Vertrieb von Anteilen oder Aktien an EU-Feeder-AIF oder inländischen Spezial-Feeder-AIF, deren jeweiliger Master-AIF kein EU-AIF oder inländischer AIF ist, der von einer EU-AIF-Ver-

---

[1] *Emde/Dreibus* BKR **2013** 89, 97 sprechen einprägsam vom Drittstaatenstichtag.

waltungsgesellschaft oder einer AIF-Kapitalverwaltungsgesellschaft verwaltet wird. Hintergrund für die Erfassung der entsprechenden Drittstaaten-Master-Feeder-Konstruktionen ist, dass hiermit eine Umgehung der für ausländische AIF strengeren Vertriebsvoraussetzungen durch Zwischenschaltung eines inländischen Spezial-Feeder-AIF oder EU-Feeder-AIF verhindert werden soll.[2] Ein Feeder-AIF ist gem. § 1 Abs. 19 Nr. 13 ein AIF, der a) mindestens 85 Prozent seines Wertes in Anteilen eines Master-AIF anlegt, oder b) mindestens 85 Prozent seines Wertes in mehr als einem Master-AIF anlegt, die jeweils identische Anlagestrategien verfolgen, oder c) anderweitig ein Engagement von mindestens 85 Prozent seines Wertes in einem Master-AIF hat. Master-AIF sind gem. § 1 Abs. 19 Nr. 14 AIF, an dem ein Feeder-AIF Anteile hält. Die Frage, ob es sich um einen Feeder-Fonds handelt, kann insbesondere in den Fällen des § 1 Abs. 19 Nr. 13b) mit schwierigen Abgrenzungsproblemen verbunden sein.[3] Je abstrakter man die identischen Anlagestrategien fasst, umso größer ist die Wahrscheinlichkeit, dass auch Dachfonds als Feeder-Fonds beurteilt werden.[4]

Des Weiteren erfasst § 329 den Vertrieb von Anteilen oder Aktien an ausländischen **9** AIF. Ausländische AIF sind laut § 1 Abs. 9 AIF, die dem Recht eines Drittstaates unterliegen. Nach § 1 Abs. 19 Nr. 5 wiederum sind Drittstaaten alle Staaten, die nicht Mitgliedstaat der Europäischen Union oder anderer Vertragsstaat des Abkommens über den Europäischen Wirtschaftsraum sind. Die Frage, welchem Recht ein AIF unterliegt, bestimmt sich nach der rechtlichen Ausgestaltung des Vermögens und der Vertragsbedingungen, der Satzung, der Anlagebedingungen oder vergleichbaren Bestimmungen, nach denen sich das Rechtsverhältnis der Anleger zu dem AIF bestimmt.[5]

Bemerkenswert ist, dass der deutsche Gesetzgeber den ausländischen AIF anders **10** definiert, als der europäische Gesetzgeber dessen Pendant in der AIFM-Richtlinie, den dortigen Nicht-EU-AIF. Denn gemäß Art. 4 Abs. 1z) aa) der AIFM-Richtlinie ist ein Nicht-EU-AIF ein AIF, der kein EU-AIF ist. Dementsprechend ist ein Nicht-EU-AIF ein AIF, der weder nach einschlägigem nationalem Recht in einem Mitgliedstaat zugelassen oder registriert ist, noch seinen satzungsmäßiger Sitz und/oder Hauptverwaltung in einem Mitgliedstaat hat.[6] Aufgrund dieser unterschiedlichen Definitionen in KAGB und AIFM-Richtlinie ist es möglich, dass die Frage, ob ein ausländischer AIF vorliegt, im Einzelfall durch das KAGB anders beantwortet wird, als von der AIFM-Richtlinie vorgesehen. Dies erscheint deswegen problematisch, weil an den Vertrieb von Nicht-EU-AIF nach der AIFM-Richtlinie andere Voraussetzungen geknüpft sind, was das KAGB im Prinzip auch nachzeichnet.[7] Im Übrigen können sich hier auch Divergenzen zu den Beurteilungen anderer Mitgliedstaaten ergeben.

IV. Vertriebsvoraussetzungen

Die Vorschrift differenziert bei den Anforderungen an den Vertrieb danach, ob es **11** sich um einen solchen an semiprofessionelle oder professionelle Anleger handelt. Für professionelle Anleger gelten die Voraussetzungen des § 329 Abs. 1 Satz 1 Nr. 1 und Nr. 3.

---

2 RegBegr BTDrucks. 17/12294 S. 291.
3 Vgl. insofern ausführlich Dornseifer/Jesch/Klebeck/Tollmann/*Klebeck/Brocker* Art. 35 Rn. 20.
4 Dornseifer/Jesch/Klebeck/Tollmann/*Klebeck/Brocker* Art. 35 Rn. 21.
5 Siehe insofern zur Frage welchem Recht ein Investmentvermögen untersteht, das BaFin Rundschreiben 14/2008 (WA) zum Anwendungsbereich des Investmentgesetzes nach § 1 Satz 1 Nr. 3 InvG, Geschäftszeichen WA 41-Wp 2136-2008/0001 unter I.1.e).
6 Umkehrschluss aus Art. 4 Abs. 1k) der AIFM-Richtlinie.
7 Auf die erhebliche Bedeutung der Abgrenzung zwischen EU-AIF und nicht EU-AIF weisen zu Recht Dornseifer/Jesch/Klebeck/Tollmann/*Klebeck/Brocker* Art. 35 Rn. 12 hin.

Für den Vertrieb an semiprofessionelle Anleger gelten die strengeren Voraussetzungen des § 329 Abs. 1 Satz 1 Nr. 2 und wiederum Nr. 3.

12 **1. Vertrieb an professionelle Anleger (Abs. 1 Satz 1 Nr. 1).** § 329 Abs. 1 Satz 1 Nr. 1 normiert Anforderungen ausschließlich für den Vertrieb an professionelle Anleger. Hierbei ist ein professioneller Anleger gem. § 1 Abs. 19 Nr. 32 jeder Anleger, der im Sinne von Anhang II der Richtlinie 2004/39/EG (MiFID) als professioneller Kunde angesehen wird oder auf Antrag als ein professioneller Kunde behandelt werden kann. Diese Definition des professionellen Anlegers im KAGB entspricht wörtlich derjenigen der AIFM-Richtlinie. Nach dem Wortlaut des § 1 Abs. 19 Nr. 32 könnte hinsichtlich der zweiten Alternative eines professionellen Anlegers „*oder auf Antrag als ein professioneller Kunde behandelt werden kann*" zunächst anzunehmen sein, dass nur die Kriterien gem. II. 1. des Anhangs II der Richtlinie 2004/39/EG für eine Behandlung als professioneller Kunde vorliegen müssen, dass der Kunde aber nicht tatsächlich einen entsprechenden Antrag gestellt haben muss. Da nach dem Wortlaut in II. 1., 2. Abs. des Anhangs II der MiFID-Richtlinie ein Kunde aber nur dann als professioneller Kunde behandelt werden kann, wenn sowohl die Kriterien als auch „die nachstehend genannten einschlägigen [...]Verfahren eingehalten werden", ist ebenfalls erforderlich, dass der Kunde schriftlich mitgeteilt hat, dass er als professioneller Kunde behandelt werden kann, da dies zum einschlägigen Verfahren gehört.

13 § 329 Abs. 1 Satz 1 Nr. 1a) verlangt, dass die AIF-Kapitalverwaltungsgesellschaft und die Verwaltung des AIF durch die AIF-Kapitalverwaltungsgesellschaft die Anforderungen des KAGB mit Ausnahme der §§ 80 bis 90 und die EU-AIF-Verwaltungsgesellschaft und die Verwaltung des AIF durch diese die Anforderungen der von ihrem Herkunftsmitgliedstaat zur Umsetzung der AIFM-Richtlinie erlassenen Vorschriften mit Ausnahme der in Art. 21 der AIFM-Richtlinie genannten Voraussetzungen erfüllt. Die Vorschriften der §§ 80 bis 90 bzw. Art. 21 der AIFM-Richtlinie sind die Regelungen betreffend der Verwahrstellen.

14 Wie § 329 Abs. 1 Satz 1 Nr. 1b) normiert, muss die AIF-Kapitalverwaltungsgesellschaft oder die EU-AIF-Verwaltungsgesellschaft jedoch zumindest eine oder mehrere Stellen benannt haben, die sie nicht selbst ist und die die Aufgaben nach Art. 21 Abs. 7, 8 und 9 der AIFM-Richtlinie wahrnehmen, und diese Stelle oder Stellen der BaFin oder der in ihrem Herkunftsmitgliedstaat zuständigen Stelle angezeigt haben.

15 Art. 21 Abs. 7, 8 und 9 der AIFM-Richtlinie betreffen die Überwachung des Cashflows (Abs. 7), die Aufbewahrung von Vermögensgegenständen (Abs. 8) und ergänzende Aufgaben der Verwahrstelle (Abs. 9). Es muss also im Rahmen des Vertriebs an professionelle Anleger gewährleistet sein, dass eine Stelle, die nicht die Verwaltungsgesellschaft ist, die Aufgaben wahrnimmt, die normalerweise einer Verwahrstelle zukommen.

16 Nicht erforderlich ist nach dem klaren Wortlaut des § 329 Abs. 1 Satz 1 Nr. 1b), dass die Stelle, die Aufgaben nach Art. 21 Abs. 7, 8 und 9 der AIFM-Richtlinie wahrnimmt, ihren Sitz im Herkunftsstaat des AIF oder der AIF-Verwaltungsgesellschaft hat.[8]

17 Die BaFin hat in ihrem FAQ zum Vertrieb unter 2.4.3. klargestellt, dass soweit das KAGB (z.B. §§ 80ff. auch in Verbindung mit § 54 Abs. 5 für die *Verwaltung* von inländischen Spezial-AIF) oder die Gesetze zur Umsetzung der AIFM-Richtlinie in anderen EU-Mitgliedstaaten oder EWR-Vertragsstaaten weitergehende Vorgaben in Bezug auf die zu benennende Verwahrstelle enthalten, diese Vorgaben nicht durch die Mindestvoraussetzungen für den Vertrieb nach § 329 Abs. 1 Satz 1 Nr. 1 Buchst. b) abbedungen werden.

---

[8] So auch die BaFin unter 2.4.3. im Schreiben der BaFin vom 4.7.2013, Geschäftszeichen WA 41-Wp 2137-2013/0293, das regelmäßig aktualisiert und ggf. ergänzt werden soll (im Folgenden: BaFin FAQ zum Vertrieb).

2. Vertrieb an semiprofessionelle Anleger (Abs. 1 Satz 1 Nr. 2). Die Kategorie des 18 semiprofessionellen Anlegers wurde erst im Regierungsentwurf des AIFM-Umsetzungsgesetzes eingeführt. Im Diskussionsentwurf des Bundesministeriums für Finanzen fehlte diese Anlegergruppe.[9] Insofern wurde nach der Kritik an der Einengung des potentiellen Investorenkreises für Spezialfonds nachgebessert.[10]

Semiprofessioneller Anleger ist gem. § 1 Abs. 19 Nr. 33 a) jeder Anleger, aa) der sich 19 verpflichtet, mindestens 200.000 Euro zu investieren, bb) der schriftlich in einem vom Vertrag über die Investitionsverpflichtung getrennten Dokument angibt, dass er sich der Risiken im Zusammenhang mit der beabsichtigten Verpflichtung oder Investition bewusst ist, cc) dessen Sachverstand, Erfahrungen und Kenntnisse die AIF-Verwaltungsgesellschaft oder die von ihr beauftragte Vertriebsgesellschaft bewertet, ohne von der Annahme auszugehen, dass der Anleger über die Marktkenntnisse und -erfahrungen der in Anhang II Abschnitt I der Richtlinie 2004/39/EG genannten Anleger verfügt, dd) bei dem die AIF-Verwaltungsgesellschaft oder die von ihr beauftragte Vertriebsgesellschaft unter Berücksichtigung der Art der beabsichtigten Verpflichtung oder Investition hinreichend davon überzeugt ist, dass er in der Lage ist, seine Anlageentscheidungen selbst zu treffen und die damit einhergehenden Risiken versteht und dass eine solche Verpflichtung für den betreffenden Anleger angemessen ist, und ee) dem die AIF-Verwaltungsgesellschaft oder die von ihr beauftragte Vertriebsgesellschaft schriftlich bestätigt, dass sie die unter Doppelbuchstabe cc genannte Bewertung vorgenommen hat und die unter Doppelbuchstabe dd genannten Voraussetzungen gegeben sind, b) ein in § 37 Abs. 1 genannter Geschäftsleiter oder Mitarbeiter der AIF-Verwaltungsgesellschaft, sofern er in von der AIF-Verwaltungsgesellschaft verwaltete AIF investiert, oder ein Mitglied der Geschäftsführung oder des Vorstands einer extern verwalteten Investmentgesellschaft, sofern es in die extern verwaltete Investmentgesellschaft investiert, c) jeder Anleger, der sich verpflichtet, mindestens 10 Millionen Euro in ein Investmentvermögen zu investieren.

An den Vertrieb an semiprofessionelle Anleger im Anwendungsbereich dieser Norm 20 werden im Vergleich zum Vertrieb an professionelle Anleger insofern strengere Anforderungen aufgestellt, als dass die Verwaltung des AIF durch die AIF-Kapitalverwaltungsgesellschaft allen Anforderungen dieses Gesetzes, bzw. die Verwaltung des AIF durch die EU-Verwaltungsgesellschaft allen von ihrem Herkunftsmitgliedstaat zur Umsetzung der Richtlinie 2011/61/EU erlassenen Vorschriften, entsprechen muss. Dementsprechend müssen -anders als beim Vertrieb an professionelle Anleger- auch die Regelungen betreffend der Verwahrstellen eingehalten werden.

3. Vertrieb an professionelle und semiprofessionelle Anleger (Abs. 1 Satz 1 21 **Nr. 3).** § 329 Abs. 1 Satz 1 Nr. 3 enthält Anforderungen, die sowohl für den Vertrieb an professionelle Anleger als auch an semiprofessionelle Anleger gelten. Ausweislich der Gesetzesbegründung setzen dabei Buchstabe a und b Art. 36 Abs. 1 Unterabs. 1 Buchstabe b und c um und Buchstabe c wiederholt die Anforderung aus § 295 Abs. 1 Satz 3 und ist von Art. 36 Abs. 2 der Richtlinie gedeckt.[11]

a) Vereinbarungen über die Zusammenarbeit. Gem. § 329 Abs. 1 Satz 1 Nr. 3a) müs- 22 sen bei einem ausländischen AIF geeignete, der Überwachung der Systemrisiken dienende und im Einklang mit den internationalen Standards und Art. 113–115 der Delegier-

---

9   *Emde/Dreibus* BKR **2013** 89, 94.
10 Siehe zur Kritik etwa die Stellungnahme des Gesamtverbandes der Deutschen Versicherungswirtschaft zum Diskussionsentwurf des Bundesministeriums der Finanzen unter 12.
11 RegBegr BTDrucks. 17/12294 S. 291.

ten Verordnung (EU) Nr. 213/2013 stehende Vereinbarungen über die Zusammenarbeit zwischen der BaFin oder den zuständigen Stellen im Herkunftsmitgliedstaat der EU-AIF-Verwaltungsgesellschaft und den zuständigen Stellen des Drittstaates, in dem der ausländische AIF seinen Sitz hat, bestehen, so dass ein effizienter Informationsaustausch gewährleistet ist, der es der BaFin oder den zuständigen Stellen im Herkunftsmitgliedstaat der EU-AIF-Verwaltungsgesellschaft ermöglicht, ihre in der AIFM-Richtlinie festgelegten Aufgaben zu erfüllen. Bei dem Verweis auf die Delegierte Verordnung (EU) Nr. 213/2013 handelt es sich um einen redaktionellen Fehler. Tatsächlich ist die Delegierte Verordnung (EU) Nr. 231/2013 gemeint.

23 § 329 Abs. 1 Satz 1 Nr. 3a) verlangt, basierend auf der AIFM-Richtlinie, der Überwachung der Systemrisiken dienende Vereinbarungen über die Zusammenarbeit. Die Vorschriften betreffend des Vertriebs mit Drittstaatenbezug mit EU-Pass sehen dagegen Vereinbarungen über die Zusammenarbeit, ohne die Beschränkung, dass diese der Überwachung der Systemrisiken dienen müssten, vor. Die Delegierte Verordnung (EU) Nr. 231/2013 differenziert diesbezüglich allerdings genauso wenig wie die von der ESMA mit Datum vom 29.11.2013 zur Konkretisierung veröffentlichten „Leitlinien für das Muster-MoU über Konsultation und Kooperation sowie den Austausch von Informationen im Zusammenhang mit der Beaufsichtigung von AIFMD-Unternehmen".[12] Die fehlende Differenzierung wird vielfach kritisiert, da sie für den Vertrieb ohne Pass die gleichen Voraussetzungen wie für den Vertrieb mit Pass aufstellt, ohne aber den Vorteil des Passes zu gewähren.[13]

24 Die Leitlinien über das Muster-MoU der ESMA enthalten ein Muster Memorandum of Understanding (MoU). Auf der Seite der ESMA sind auch bereits von der ESMA verhandelte MoU abrufbar.[14] Ebenfalls steht hier eine Liste darüber bereit, welche Mitgliedstaaten mit welchen Ländern MoU unterzeichnet haben.[15] Die BaFin teilt in ihrem „Merkblatt zu Vereinbarungen über die Zusammenarbeit zwischen der Bundesanstalt und zuständigen Stellen eines Drittstaats im Rahmen der AIFM Richtlinie 2011/61/EU" ebenfalls mit, mit welchen Ländern sie bereits entsprechende Kooperationsvereinbarungen geschlossen hat.

25 **b) Keine Listung durch die FATF.** Der Drittstaat, in dem der ausländische AIF seinen Sitz hat, darf gem. § 329 Abs. 1 Satz 1 Nr. 3 b) nicht auf der Liste der nicht kooperativen Länder und Gebiete stehen, die von der Arbeitsgruppe „Finanzielle Maßnahmen gegen die Geldwäsche und die Terrorismusfinanzierung" aufgestellt wurde.

26 Der Verweis auf die Liste der nicht kooperativen Länder und Gebiete die von der Arbeitsgruppe FATF aufgestellt wurde, ist nicht eindeutig. Die ursprüngliche, von der FATF aufgestellte, Liste der nicht kooperativen Länder und Gebiete wird, nachdem 2007 Myanmar als letztes Land von der Liste genommen wurde, nicht mehr aktualisiert. Stattdessen werden von der FATF nunmehr dreimal jährlich zwei Dokumente veröffentlicht, die Länder mit strategischen Defiziten in den Maßnahmen zur Verhinderung von Geldwäsche und die Terrorismusfinanzierung identifizieren.[16] Zum einen gibt es das Dokument „FATF Public Statement". Dieses Dokument ist wiederum zweigeteilt. In Teil 1 werden die Jurisdiktionen, die strategische Defizite in der Verhinderung von Geldwäsche und/oder Terrorismusfinanzierung haben und bezüglich derer die FATF ihre Mitglieds-

---

12 Abrufbar unter http://www.esma.europa.eu/de/system/files/esma_2013_998_de.pdf.
13 Dornseifer/Jesch/Klebeck/Tollmann/*Pauls/Schatz* Art. 36 Rn. 23.
14 http://www.esma.europa.eu/de/node/66691.
15 http://www.esma.europa.eu/content/AIFMD-MoUs-signed-EU-authorities.
16 http://www.fatf-gafi.org/topics/high-riskandnon-cooperativejurisdictions/.

länder und alle anderen Länder zum Schutz des internationalen Finanzsystems zu Gegenmaßnahmen aufruft, genannt. Mit Stand vom 27. Juni 2014 sind dies lediglich der Iran und die Demokratische Volksrepublik Korea („Nordkorea").[17] In Teil 2 des FATF Public Statement werden die Jurisdiktionen genannt, die strategische Defizite in der Verhinderung von Geldwäsche und/oder Terrorismusfinanzierung haben und die keinen ausreichenden Fortschritt in der Beseitigung der Defizite gemacht haben und sich nicht zu einem mit der FATF entwickelten Aktionsplan verpflichtet haben, um die Defizite zu beseitigen und bezüglich derer die FATF ihre Mitgliedsländer zu einer Berücksichtigung der Risiken aufruft, die aus den Defiziten resultieren. Mit Stand vom 27. Juni 2014 sind dies Algerien, Ecuador, Indonesien und Myanmar.[18] Zum anderen wird das Dokument „Improving Global AML/CFT Compliance: On-going Process" von der FATF veröffentlicht. Hier werden die Jurisdiktionen mit Defiziten in der Verhinderung von Geldwäsche und Terrorismusfinanzierung genannt, die mit der FATF jeweils einen Aktionsplan entwickelt haben und die schriftliche Selbstverpflichtungen auf hoher politischer Ebene abgegeben haben, die Defizite zu beseitigen. Bezüglich dieser ermutigt die FATF ihre Mitglieder lediglich, die von ihr im Dokument mitgeteilten Informationen zu berücksichtigen. Auf dieser Liste gibt es im Übrigen wiederum einen Teil, in dem Jurisdiktionen genannt sind, die bisher keinen ausreichenden Fortschritt machen.

27 Art. 36 Abs. 1c) der AIFM-Richtlinie, auf dem § 329 Abs. 1 Satz 1 Nr. 3b) basiert, hilft bei der Frage der referenzierten Liste nicht weiter, da auch dort keine Klarstellung erfolgt.

28 Bei der Frage, auf welche Liste richtigerweise referenziert werden sollte, geht es letztlich darum, wie hoch man den Maßstab der Mindestanforderungen setzen will, die der Drittstaat in Bezug auf die Verhinderung von Geldwäsche und Terrorismusfinanzierung erfüllen muss, damit ein Vertrieb nach § 329 möglich ist.

29 Dafür, dass auch die Länder im Dokument „Improving Global AML/CFT Compliance: On-going Process" als referenzierte Länder gelten, spricht, dass die FATF selbst die Liste genau wie ihr Dokument „Public Statement" mit „Hochrisiko und nicht-kooperative Jurisdiktionen" überschreibt und einem Großteil dieser Jurisdiktionen weiterhin ausdrücklich strategische Defizite in der Verhinderung von Geldwäsche und Terrorfinanzierung bescheinigt. Dagegen spricht aber, dass die FATF es hinsichtlich dieser Jurisdiktionen nicht für erforderlich hält, ihre Mitgliedsländer zu erhöhten Sorgfaltspflichten aufzurufen. Dass durch die Regelungen in der AIFM-Richtlinie und in der Umsetzung durch das KAGB insoweit stärkere Repressionen gewollt sein sollten, ist weder wahrscheinlich noch erkennbar.

30 Nicht wahrscheinlich dürfte auch sein, dass auf die ursprüngliche Liste der nicht-kooperativen Länder und Gebiete referenziert wird.[19] Diese ist seit 2007 leer und wurde inhaltlich durch das jetzige Verfahren der beiden Listen ersetzt.[20]

31 Zutreffend ist wohl auf die FATF Public Statement Liste abzustellen. Insofern dürften auch sowohl Teil 1 als auch Teil 2 der Liste gemeint sein.[21] Zwar wird nur bezüglich

---

17 http://www.fatf-gafi.org/topics/high-riskandnon-cooperativejurisdictions/documents/public-statement-june-2014.html.
18 http://www.fatf-gafi.org/topics/high-riskandnon-cooperativejurisdictions/documents/public-statement-june-2014.html.
19 So aber Dornseifer/Jesch/Klebeck/Tollmann/*Pauls*/*Schatz* Art. 36 Rn. 24 Fußnote 16.
20 Dies ergibt sich aus der Darstellung der FATF unter http://www.fatf-gafi.org/topics/high-riskandnon-cooperativejurisdictions/more/moreabouttheinternationalco-operationreviewgroupicrg.html.
21 So ausdrücklich auch die FCA http://www.fca.org.uk/firms/markets/international-markets/aifmd/nppr; sowie die ESMA in einer Anmerkung zur Liste der bisher gezeichneten MoUs, abrufbar unter http://www.esma.europa.eu/content/AIFMD-MoUs-signed-EU-authorities.

der Jurisdiktionen in Teil 1 zu Gegenmaßnahmen aufgerufen. Allerdings werden die Mitglieder der FATF bezüglich der in Teil 2 enthaltenen Liste jedenfalls zur Berücksichtigung der Risiken angehalten. Hierfür spricht auch, dass die ursprüngliche, nach dem Wortlaut des § 329 Abs. 1 Satz 1 Nr. 3b) referenzierte Liste der FATF ebenfalls nicht für alle als nichtkooperative Jurisdiktionen gelistete Jurisdiktionen zu Gegenmaßnahmen aufrief.

32 c) **Ausreichende Vorkehrungen.** Des Weiteren müssen die Vorkehrungen nach § 329 Abs. 1 Satz 1 Nr. 3c) i.V.m. § 321 Abs. 1 Satz 2 Nr. 7 geeignet sein, einen Vertrieb an Privatanleger zu verhindern. Die BaFin hat in ihrem FAQ zum Vertrieb ausgeführt, welche Vorkehrungen insbesondere erforderlich sind.[22] So ist in den Prospekt und alle weiteren Informationsmaterialien einschließlich Werbung ein drucktechnisch herausgestellter Hinweis entsprechend § 293 Abs. 1 Satz 2 Nr. 3 aufzunehmen. Es ist unter Berücksichtigung des Vertriebswegs auch darauf zu achten, dass die betreffenden AIF nicht an Privatanleger vertrieben werden können. Beim Online-Vertrieb sind etwa getrennte und zugangsgesicherte Verkaufsportale für die jeweiligen Anlegergruppen erforderlich. Ein Hinweis gegenüber den Vertriebspartnern reicht nicht aus, erforderlich ist vielmehr eine vertragliche Verpflichtung im Vertriebsvertrag. Denn die Verwaltungsgesellschaft hat immer auch die Pflicht, sicherzustellen, dass auch ihre Vertriebspartner die Anforderungen des Gesetzes einhalten.

33 **4. Zusätzlich bei Feeder-AIF (Abs. 1 Satz 2).** Ist der angezeigte AIF ein Feeder-AIF, sind zusätzlich die Anforderungen des Abs. 1 Satz 1 Nr. 1 oder 2 und 3 von dem Master-AIF und dessen Verwaltungsgesellschaft entsprechend einzuhalten.

V. Anzeige (Abs. 2)

34 Eine EU-AIF-Verwaltungsgesellschaft oder eine AIF-Kapitalverwaltungsgesellschaft, die beabsichtigt, Anteile oder Aktien an von ihr verwalteten AIF im Sinne von Abs. 1 Satz 1 im Geltungsbereich des KAGB an semiprofessionelle oder professionelle Anleger zu vertreiben, hat dies der BaFin anzuzeigen. Das Anzeigeverfahren soll der BaFin die Prüfung ermöglichen, ob die in Abs. 1 genannten Voraussetzungen vorliegen.[23]

35 **1. Inhalt entsprechend § 321 Abs. 1 Satz 2 (Abs. 2 Satz 2).** § 329 Abs. 2 Satz 2 erklärt, dass § 321 Abs. 1 Satz 2 entsprechend gilt. Somit müssen folgende Angaben und Unterlagen in jeweils geltender Fassung enthalten sein: 1. ein Geschäftsplan, der Angaben zum angezeigten AIF sowie zu seinem Sitz enthält; 2. die Gründungsdokumente des angezeigten AIF; 3. der Name der Verwahrstelle des angezeigten AIF bzw. der Stelle oder Stellen, welche die Aufgaben nach Artikel 21 Absatz 7, 8 und 9 der AIFM-Richtlinie für den angezeigten AIF wahrnehmen; 4. eine Beschreibung des angezeigten AIF und alle für die Anleger verfügbaren Informationen über den angezeigten AIF; 5. Angaben zum Sitz des Master-AIF und seiner Verwaltungsgesellschaft, falls es sich bei dem angezeigten AIF um einen Feeder-AIF handelt; 6. alle in § 307 Abs. 1 genannten weiteren Informationen für jeden angezeigten AIF; 7. Angaben zu den Vorkehrungen, die getroffen wurden, um zu verhindern, dass Anteile oder Aktien des angezeigten AIF an Privatanleger vertrieben werden, insbesondere wenn die EU-AIF-Verwaltungsgesellschaft oder die

---

22 BaFin FAQ zum Vertrieb 1.5.
23 RegBegr in BTDrucks. 17/12294 S. 291.

AIF-Kapitalverwaltungsgesellschaft für die Erbringung von Wertpapierdienstleistungen für den angezeigten AIF auf unabhängige Unternehmen zurückgreift.

2. Bescheinigung der zuständigen Stelle des Herkunftsmitgliedstaates. Gem. 36
Abs. 2 Satz 3 Nr. 1 ist darüber hinaus der Anzeige einer EU-AIF-Verwaltungsgesellschaft eine Bescheinigung der zuständigen Stelle ihres Herkunftsmitgliedstaates in einer in der internationalen Finanzwelt gebräuchlichen Sprache darüber beizufügen, dass die EU-AIF-Verwaltungsgesellschaft und die Verwaltung des AIF durch diese der AIFM-Richtlinie entsprechen, dass die AIF-Verwaltungsgesellschaft über eine Erlaubnis zur Verwaltung von AIF mit einer bestimmten Anlagestrategie verfügt und gegebenenfalls, dass geeignete Vereinbarungen im Sinne von Abs. 1 Satz 1 Nr. 3 Buchstabe a über die Zusammenarbeit zwischen den zuständigen Stellen im Herkunftsmitgliedstaat der EU-AIF-Verwaltungsgesellschaft und den zuständigen Stellen des Drittstaates, in dem der ausländische AIF seinen Sitz hat bestehen; ist nur ein Vertrieb an professionelle Anleger beabsichtigt, muss sich die Bescheinigung nicht auf die gesamten in Art. 21 der AIFM-Richtlinie genannten Anforderungen erstrecken, sondern nur auf die in Art. 21 Abs. 7, 8 und 9 genannten Voraussetzungen. Eine in der internationalen Finanzwelt gebräuchliche Sprache ist derzeit Englisch.

3. Erklärung der EU-AIF-Verwaltungsgesellschaft. Dem Anzeigeschreiben ist zudem eine Erklärung der EU-AIF-Verwaltungsgesellschaft beizufügen. 37

Die EU-AIF-Verwaltungsgesellschaft muss sich zum einen in der Erklärung verpflichten, der BaFin den Jahresbericht des AIF, der den Anforderungen des Artikels 22 und gegebenenfalls des Artikels 29 der AIFM-Richtlinie entsprechen muss, spätestens sechs Monate nach Ende eines jeden Geschäftsjahres einzureichen. Der Jahresbericht muss hierbei mit dem Bestätigungsvermerk eines Wirtschaftsprüfers versehen sein. 38

Des Weiteren muss die EU-AIF-Verwaltungsgesellschaft sich in der Erklärung verpflichten, die BaFin über alle wesentlichen Änderungen von Umständen, die bei der Vertriebsanzeige angegeben worden sind oder die der Bescheinigung der zuständigen Stelle nach Nr. 1 zugrunde liegen, zu unterrichten und die Änderungsangaben nachzuweisen. 39

Drittens muss sich die Verpflichtung der EU-AIF-Verwaltungsgesellschaft darauf erstrecken, der BaFin auf Verlangen über ihre Geschäftstätigkeit Auskunft zu erteilen und Unterlagen vorzulegen. 40

4. Erklärung der AIF-Kapitalverwaltungsgesellschaft. Der Anzeige durch eine AIF-Kapitalverwaltungsgesellschaft muss diese eine Erklärung dahingehend beifügen, dass sie sich entsprechend Nr. 2 Buchstabe b verpflichtet. Die Erklärung der AIF-Kapitalverwaltungsgesellschaft muss also darauf gerichtet sein, dass sie sich verpflichtet, die BaFin über alle wesentlichen Änderungen von Umständen, die bei der Vertriebsanzeige angegeben worden sind oder die der Bescheinigung der zuständigen Stelle nach Nr. 1 zugrunde liegen, zu unterrichten und die Änderungsangaben nachzuweisen. 41

5. Nachweis über die Zahlung der Gebühr für die Anzeige. Ein Nachweis über die Zahlung der Gebühr für die Anzeige ist selbiger beizufügen. Dies kann z.B. ein Scan des Überweisungsträgers sein.[24] 42

---

24 Vgl. BaFin Merkblatt (2013) zu § 323 VI.

43 **6. Zusätzlich bei Feeder-AIF.** Abs. 3 statuiert weitere erforderliche Inhalte der Anzeige, wenn der angezeigte AIF ein Feeder-AIF ist.

44 Der Anzeige sind in diesem Fall zusätzlich in Bezug auf den Master-AIF und seine Verwaltungsgesellschaft Angaben und Dokumente entsprechend Absatz 2 Satz 3 Nr. 1 oder, sofern es sich bei der Verwaltungsgesellschaft des Master-AIF um eine ausländische AIF-Verwaltungsgesellschaft handelt, Angaben und Dokumente entsprechend § 22 Absatz 1 Nr. 1 bis 9 und 13 beizufügen. Zudem sind alle weiteren wesentlichen Angaben über die Verwahrstelle oder die Stellen nach Absatz 1 Satz 1 Nummer 1 Buchstabe b beizufügen.

45 Die Angaben entsprechend § 321 Abs. 1 Satz 2 sind auf den Master-AIF zu erstrecken.

46 Die Erklärung nach Abs. 2 Satz 3 Nr. 2 oder 3 hat sich auch auf den Master-AIF und seine Verwaltungsgesellschaft zu beziehen.

VI. Prüfung und Entscheidung der BaFin (Abs. 4)

47 Fremdsprachige Unterlagen sind in deutscher Übersetzung oder in englischer Sprache vorzulegen. Ausweislich der Gesetzesbegründung soll dies die Prüfung der eingereichten Unterlagen in den in Abs. 4 Satz 2 genannten Fristen ermöglichen.[25]

48 Hinsichtlich des Verfahrens verweist Satz 2 auf § 321 Abs. 2 und 3 Satz 1 bis 4. Hierbei trägt die auf 30 Arbeitstage verlängerte Frist dem Umstand Rechnung, dass bei ausländischen AIF geprüft werden muss, ob geeignete Vereinbarungen im Sinne von Abs. 1 Nr. 3a vorliegen.[26] Um dies feststellen zu können müsste die BaFin mit der zuständigen Stelle im Drittstaat Kontakt aufnehmen und die Frage klären, welche Informationen die BaFin von der zuständigen Stelle über den angezeigten AIF und seine Verwaltungsgesellschaft erhalten kann.[27] Eine Fristverlängerung ist auch dann erforderlich, wenn es sich bei dem angezeigten AIF um einen Feeder-AIF handelt, da in diesem Fall sowohl Feeder-AIF als auch Master-AIF Gegenstand der Prüfung sind.[28] Ist die den Master-AIF verwaltende Verwaltungsgesellschaft eine ausländische AIF-Verwaltungsgesellschaft, beträgt die Frist fünf Monate, sonst zwei Monate.

§ 330
Anzeigepflicht einer ausländischen AIF-Verwaltungsgesellschaft beim beabsichtigten Vertrieb von ihr verwalteten ausländischen AIF oder EU-AIF an semiprofessionelle und professionelle Anleger im Inland

(1) Der Vertrieb von Anteilen oder Aktien an von einer ausländischen AIF-Verwaltungsgesellschaft verwalteten ausländischen AIF oder EU-AIF an professionelle oder semiprofessionelle Anleger im Geltungsbereich dieses Gesetzes ist zulässig, wenn
1. bei einem Vertrieb an professionelle Anleger
    a) die ausländische AIF-Verwaltungsgesellschaft und die Verwaltung des AIF durch die ausländische AIF-Verwaltungsgesellschaft den Anforderungen des § 35 und gegebenenfalls der §§ 287 bis 292 entsprechen,

---

25 RegBegr BTDrucks. 17/12294 S. 292.
26 RegBegr BTDrucks. 17/12294 S. 291.
27 RegBegr BTDrucks. 17/12294 S. 291.
28 RegBegr BTDrucks. 17/12294 S. 291.

b) die ausländische AIF-Verwaltungsgesellschaft eine oder mehrere Stellen benannt hat, die die Aufgaben nach Artikel 21 Absatz 7 bis 9 der Richtlinie 2011/61/EU wahrnehmen, die ausländische AIF-Verwaltungsgesellschaft diese Aufgaben nicht selbst wahrnimmt und sie diese Stelle oder Stellen der Bundesanstalt angezeigt hat und
c) die in § 307 Absatz 1 und Absatz 2 erste Alternative in Verbindung mit § 297 Absatz 4 sowie § 308 vorgesehenen Pflichten zur Unterrichtung der am Erwerb eines Anteils oder einer Aktie Interessierten oder des Anlegers ordnungsgemäß erfüllt werden;
2. bei einem Vertrieb an semiprofessionelle Anleger die ausländische AIF-Verwaltungsgesellschaft und die Verwaltung des AIF durch diese den in diesem Gesetz umgesetzten Anforderungen der Richtlinie 2011/61/EU entsprechen;
3. bei einem Vertrieb an semiprofessionelle Anleger oder professionelle Anleger
   a) geeignete Vereinbarungen über die Zusammenarbeit zwischen der Bundesanstalt und den zuständigen Stellen des Drittstaates, in dem die ausländische AIF-Verwaltungsgesellschaft ihren Sitz hat, und gegebenenfalls den zuständigen Stellen des Drittstaates, in dem der ausländische AIF seinen Sitz hat, und den zuständigen Stellen des Herkunftsmitgliedstaates des EU-AIF bestehen; die Vereinbarungen müssen
      aa) der Überwachung der Systemrisiken dienen,
      bb) im Einklang mit den internationalen Standards und den Artikeln 113 bis 115 der Verordnung (EU) Nr. 231/2013 [Level-2-Verordnung gemäß Artikel 42 Absatz 3 der Richtlinie 2011/61/EU] stehen und
      cc) einen effizienten Informationsaustausch gewährleisten, der es der Bundesanstalt ermöglicht, ihre in der Richtlinie 2011/61/EU festgelegten Aufgaben zu erfüllen;
   b) weder der Drittstaat, in dem die ausländische AIF-Verwaltungsgesellschaft ihren Sitz hat noch der Drittstaat, in dem der ausländische AIF seinen Sitz hat, auf der Liste der nicht kooperativen Länder und Gebiete steht, die von der Arbeitsgruppe „Finanzielle Maßnahmen gegen die Geldwäsche und die Terrorismusfinanzierung" aufgestellt wurde;
   c) die Vorkehrungen nach § 321 Absatz 1 Satz 2 Nummer 7 geeignet sind, einen Vertrieb an Privatanleger zu verhindern.

Ist der angezeigte AIF ein Feeder-AIF, sind zusätzlich die Anforderungen des Absatzes 1 Satz 1 Nummer 1 oder 2 und 3 von dem Master-AIF und dessen Verwaltungsgesellschaft entsprechend einzuhalten.

(2) Beabsichtigt eine ausländische AIF-Verwaltungsgesellschaft, Anteile oder Aktien an von ihr verwalteten ausländischen AIF oder EU-AIF im Geltungsbereich dieses Gesetzes an semiprofessionelle oder professionelle Anleger zu vertreiben, so hat sie dies der Bundesanstalt anzuzeigen. § 321 Absatz 1 Satz 2 gilt entsprechend. Darüber hinaus sind der Anzeige folgende Dokumente und Angaben beizufügen:
1. alle wesentlichen Angaben über
   a) die Verwaltungsgesellschaft des angezeigten AIF und ihre Organe sowie
   b) die Verwahrstelle oder die Stellen nach Absatz 1 Satz 1 Nummer 1 Buchstabe b, einschließlich der Angaben entsprechend § 22 Absatz 1 Nummer 13;
2. eine Erklärung der ausländischen AIF-Verwaltungsgesellschaft darüber, dass sie sich verpflichtet,

a) der Bundesanstalt den Jahresbericht des AIF, der den Anforderungen des Artikels 22 und gegebenenfalls des Artikels 29 der Richtlinie 2011/61/EU entsprechen muss, spätestens sechs Monate nach Ende jedes Geschäftsjahres einzureichen; der Jahresbericht muss mit dem Bestätigungsvermerk eines Wirtschaftsprüfers versehen sein;
b) die Bundesanstalt über alle wesentlichen Änderungen von Umständen, die bei der Vertriebsanzeige angegeben worden sind, zu unterrichten und die Änderungsangaben nachzuweisen;
c) der Bundesanstalt auf Verlangen über ihre Geschäftstätigkeit Auskunft zu erteilen und Unterlagen vorzulegen und gegenüber der Bundesanstalt die sich aus Absatz 1 Satz 1 Nummer 1 oder 2 ergebenden Melde- und Informationspflichten zu erfüllen;
3. bei einem Vertrieb an semiprofessionelle Anleger zusätzlich die Angaben und Unterlagen entsprechend § 22 Absatz 1 Nummer 1 bis 9 in Bezug auf die ausländische AIF-Verwaltungsgesellschaft;
4. der Nachweis über die Zahlung der Gebühr für die Anzeige.

(3) Ist der angezeigte AIF ein Feeder-AIF,
1. sind der Anzeige zusätzlich in Bezug auf den Master-AIF und seine Verwaltungsgesellschaft Angaben und Dokumente
   a) entsprechend Absatz 2 Satz 3 Nummer 1 sowie entsprechend § 321 Absatz 1 Satz 2 und
   b) bei einem Vertrieb an semiprofessionelle Anleger
      aa) entsprechend Absatz 2 Satz 3 Nummer 3 in Bezug auf die ausländische AIF-Verwaltungsgesellschaft, sofern der Master-AIF von einer ausländischen AIF-Verwaltungsgesellschaft verwaltet wird, oder
      bb) eine Bescheinigung der zuständigen Stelle ihres Herkunftsmitgliedstaates in einer in der internationalen Finanzwelt gebräuchlichen Sprache, dass die EU-AIF-Verwaltungsgesellschaft und die Verwaltung des Master-AIF durch diese der Richtlinie 2011/61/EU entsprechen, sofern der Master-AIF von einer EU-AIF-Verwaltungsgesellschaft verwaltet wird,

beizufügen und
2. muss sich die Erklärung nach Absatz 2 Satz 3 Nummer 2 auch auf den Master AIF und seine Verwaltungsgesellschaft erstrecken.

(4) Fremdsprachige Unterlagen sind in deutscher Übersetzung oder in englischer Sprache vorzulegen. § 316 Absatz 2 und 3 gilt entsprechend mit der Maßgabe, dass es statt „AIF-Kapitalverwaltungsgesellschaft" „ausländische AIF-Verwaltungsgesellschaft" heißen muss und dass die in § 316 Absatz 3 Satz 1 genannte Frist
1. bei einem Vertrieb an professionelle Anleger,
   a) für den Fall, dass der angezeigte AIF kein Feeder-AIF ist, zwei Monate,
   b) für den Fall, dass der angezeigte AIF ein Feeder-AIF ist,
      aa) dessen Master-AIF nicht von einer ausländischen AIF-Verwaltungsgesellschaft verwaltet wird, drei Monate,
      bb) dessen Master-AIF von einer ausländischen AIF-Verwaltungsgesellschaft verwaltet wird, vier Monate,
2. bei einem Vertrieb an semiprofessionelle Anleger
   a) für den Fall, dass der angezeigte AIF kein Feeder-AIF ist, vier Monate,
   b) für den Fall, dass der angezeigte AIF ein Feeder-AIF ist,
      aa) dessen Master-AIF nicht von einer ausländischen AIF-Verwaltungsgesellschaft verwaltet wird, fünf Monate,

bb) dessen Master-AIF von einer ausländischen AIF-Verwaltungsgesellschaft verwaltet wird, acht Monate

beträgt.

(5) Hat die anzeigende ausländische AIF-Verwaltungsgesellschaft bereits einen AIF zum Vertrieb an semiprofessionelle Anleger im Geltungsbereich dieses Gesetzes nach Absatz 2 Satz 1 angezeigt, so prüft die Bundesanstalt bei der Anzeige eines weiteren AIF der gleichen Art nicht erneut das Vorliegen der Voraussetzungen nach Absatz 1 Satz 1 Nummer 2 mit Ausnahme der Artikel 22 und 23 der Richtlinie 2011/61/EU, wenn die anzeigende AIF-Verwaltungsgesellschaft im Anzeigeschreiben versichert, dass in Bezug auf die gemäß Absatz 2 Satz 3 Nummer 1 und 3 gemachten Angaben seit der letzten Anzeige keine Änderungen erfolgt sind. In diesem Fall sind die in Absatz 2 Satz 3 Nummer 1 und 3 genannten Angaben nicht erforderlich und die in Absatz 4 Nummer 2 genannten Fristen für den Vertrieb an semiprofessionelle Anleger verkürzen sich jeweils um zwei Monate.

Schrifttum

Emde/Dreibus Der Regierungsentwurf für ein Kapitalanlagegesetzbuch, BKR **2013** 89; *Klebeck/Meyer* Drittstaatenregulierung der AIFM-Richtlinie, RdF **2012** 95; *Spindler/Tancredi* Die Richtlinie über Alternative Investmentfonds (AIFM-Richtlinie) Teil I, WM **2011** 1393; *dies.* Die Richtlinie über Alternative Investmentfonds (AIFM-Richtlinie) Teil II, WM **2011** 1441; *van Kann/Redeker/Keiluweit* Überblick über das Kapitalanlagegesetzbuch, DStR **2013** 1483; Verband der Auslandsbanken in Deutschland e.V.; Investmentbusiness in Germany, 2014; *Volhard/Jang* Der Vertrieb alternativer Investmentfonds – Regelungsrahmen für den Vertrieb an professionelle und semiprofessionelle Anleger in Deutschland nach dem RegE zur Umsetzung der AIFM-RL –, DB **2013** 273.

Gesetzesmaterialien

Delegierte Verordnung (EU) Nr. 231/2013 der Kommission vom 19. Dezember 2012 zur Ergänzung der Richtlinie 2011/61/EU des Europäischen Parlaments und des Rates im Hinblick auf Ausnahmen, die Bedingungen für die Ausübung der Tätigkeit, Verwahrstellen, Hebelfinanzierung, Transparenz und Beaufsichtigung; „Häufige Fragen zum Vertrieb und Erwerb von Investmentvermögen nach dem KAGB" der Bundesanstalt für Finanzdienstleistungsaufsicht vom 4. Juli 2013, zuletzt geändert am 22. Januar 2014, Geschäftszeichen WA-Wp 2137-2013/0293; „Merkblatt zu Vereinbarungen über die Zusammenarbeit zwischen der Bundesanstalt und zuständigen Stellen eines Drittstaats im Rahmen der AIFM-Richtlinie 2011/61/EU" der Bundesanstalt für Finanzdienstleistungsaufsicht vom 22. Juli 2013, zuletzt geändert am 10. Februar 2014; Verordnung (EU) Nr. 1095/2010 des Europäischen Parlaments und des Rates vom 24. November 2010 zur Einrichtung einer Europäischen Aufsichtsbehörde (Europäische Wertpapier- und Marktaufsichtsbehörde), zur Änderung des Beschlusses Nr. 716/2009/EG und zur Aufhebung des Beschlusses 2009/77/EG der Kommission.

Systematische Übersicht

A. Allgemeines —— 1
   I. Überblick und zeitliche Anwendbarkeit —— 2
   II. Normentstehung und Grundlagen —— 7
B. Tatbestand —— 11
   I. Anwendungsbereich (Abs. 1) —— 15
      1. Ausländische AIF-Verwaltungsgesellschaft —— 17
      2. Vertrieb ausländischer AIF oder EU-AIF im Inland —— 18

      3. Vertrieb an professionelle Anleger (Abs. 1 Nr. 1) —— 29
         a) Anforderungen nach § 35 und §§ 287 bis 292 (Nr. 1 lit. a) —— 34
         b) Stelle nach Art. 21 Abs. 7 bis 9 der Richtlinie 2011/61/EU (Nr. 1 lit. b) —— 36
         c) Pflichten zur Unterrichtung (Nr. 1 lit. c) —— 38

4.	Vertrieb an semiprofessionelle Anleger (Abs. 1 Nr. 2) —— 40	2.	Wesentliche Angaben (Abs. 2 Nr. 1) —— 56
5.	Vertrieb an semiprofessionelle Anleger oder professionelle Anleger (Abs. 1 Nr. 3) —— 45	3.	Erklärung der ausländischen Verwaltungsgesellschaft (Abs. 2 Nr. 2) —— 57
	a) Vereinbarungen über die Zusammenarbeit (Nr. 3 lit. a) —— 47	4.	Zusätzliche Angaben (Abs. 2 Nr. 3) —— 59
	b) Liste der nicht kooperativen Länder und Gebiete (Nr. 3 lit. b) —— 50	5.	Nachweis über Zahlung der Anzeige-Gebühr (Abs. 2 Nr. 4) —— 62
	c) Vorkehrungen zur Verhinderung des Vertriebs an Privatanleger (Nr. 3 lit. c) —— 51	III.	Feeder-AIF (Abs. 3) —— 63
		IV.	Fremdsprachige Unterlagen und Bearbeitungsfristen (Abs. 4) —— 66
II.	Vertriebsanzeige (Abs. 2) —— 53	V.	Anmeldung eines weiteren AIF zum Vertrieb an semiprofessionelle Anleger (Abs. 5) —— 69
	1. Anzeigeschreiben (§ 321 Abs. 1 Satz 2) —— 55		

A. Allgemeines

1 Die Vorschrift des § 330 stellt die Voraussetzungen und Pflichten beim Vertrieb von Anteilen oder Aktien an ausländischen AIF oder EU-AIF an semiprofessionelle oder professionelle Anleger durch eine ausländische AIF-Verwaltungsgesellschaft im Inland (= Deutschland) dar.

I. Überblick und zeitliche Anwendbarkeit

2 Die Vorschrift des § 330 befindet sich allgemein in Kapitel 4 des KAGB, welcher die allgemeinen Bestimmungen betreffend den Vertrieb von Fondsanteilen regelt. Der Abschnitt 3 Unterabschnitt 2, in welchem § 330 genau angesiedelt ist, beschäftigt sich wiederum mit den Anzeigeverfahren für den Vertrieb von AIF an semiprofessionelle und professionelle Anleger im Inland (Deutschland). Innerhalb dieses Unterabschnittes 2 (§§ 321 bis 330a) sind die verschiedenen Vertriebsanzeigen für den Vertrieb an semiprofessionelle und professionelle Anleger danach zu differenzieren, ob der Vertrieb durch eine (deutsche) AIF-Kapitalverwaltungsgesellschaft, eine EU-AIF-Verwaltungsgesellschaft oder eine ausländische AIF-Verwaltungsgesellschaft erfolgen soll.

3 Dieser Differenzierung folgend sieht das KAGB auch im Hinblick auf die zeitliche Anwendbarkeit ab Inkrafttreten des KAGB teilweise eine sofortige und teilweise eine in zeitlicher Hinsicht gestreckte Anwendbarkeit der Vertriebsanzeige-Vorschriften bei Vorliegen eines Drittstaatenbezuges vor. Ein solcher Drittstaatenbezug liegt vor, wenn entweder eine inländische AIF-Kapitalverwaltungsgesellschaft oder eine EU-AIF-Verwaltungsgesellschaft durch sie verwaltete ausländische/Drittstaaten-AIF vertreibt oder eine ausländische/Drittstaaten-AIF-Verwaltungsgesellschaft von ihr verwaltete inländische, EU-AIF oder ausländische/Drittstaaten-AIF vertreibt.

4 Für den Vertrieb mit Drittstaatenbezug (an professionelle und semiprofessionelle Anleger in Deutschland) sehen die maßgeblichen Vorschriften des KAGB nunmehr ein Übergangsregime bis zum Zeitpunkt des Erlasses eines delegierten Rechtsaktes der Europäischen Kommission auf Grundlage des Art. 66 Abs. 3 in Verbindung mit Art. 67 Abs. 6 der Richtlinie 2011/61/EU und ein endgültiges Regime nach Erlass dieses Rechtsaktes vor (vgl. § 295 Abs. 2 und 3 KAGB i.V.m. Art. 66 Abs. 3, Art. 67 Abs. 6 der Richtlinie

2011/61/EU). Das Regime, welches nach diesem Rechtsakt für einen Vertrieb mit Drittstaatenbezug gelten wird, wird das dann zwingende Regime des EU-Passportes sein.[1] Der Rechtsakt der Europäischen Kommission wird für circa 2015 erwartet.[2]

Der deutsche Gesetzgeber ist damit über die Vorgaben der Richtlinie 2011/61/EU hinaus gegangen, welche die Möglichkeit vorsieht, dass nationale Vertriebsregeln bis 2018 neben dem EU-Passport-Regime parallel bestehen bleiben.[3] 5

Nach der oben dargelegten Systematik bzw. der Regelung des § 295 Abs. 2 und 3 unterfällt die Vorschrift des § 330 dem unmittelbar anwendbaren Regime und ist damit die in der Übergangszeit anwendbare Norm für den inländischen Vertrieb (von ausländischen AIF bzw. EU-AIF) an semiprofessionelle und professionelle Anleger durch eine ausländische AIF-Verwaltungsgesellschaft.[4] Nach dieser Übergangszeit bis zum Erlass des erforderlichen delegierten Rechtsaktes wird § 330 keine Anwendung mehr erfahren und für den Vertrieb an semiprofessionelle und professionelle Anleger durch ausländische AIF-Verwaltungsgesellschaften werden stattdessen die Vorschriften der §§ 325, 326, 327 und 328 gelten. 6

II. Normentstehung und Grundlagen

Nach der Begründung des Regierungsentwurfs des KAGB dient die Vorschrift des § 330 der **fakultativen Umsetzung** von Art. 42 der Richtlinie 2011/61/EU.[5] Art. 42 Abs. 1 der Richtlinie 2011/61/EU stellt es den Mitgliedstaaten frei, ob sie den Vertrieb von AIF, die von einer ausländischen AIF-Verwaltungsgesellschaft verwaltet werden, an professionelle Anleger in ihrem Staatsgebiet zulassen oder nicht. Dementsprechend ermöglicht diese Regelung grundsätzlich einen Vertrieb von EU-AIF und ausländischen AIF, die von einer ausländischen AIF-Verwaltungsgesellschaft verwaltet werden, an professionelle Anleger. Art. 42 Abs. 2 sieht weiter vor, dass die in Absatz 1 aufgezählten Anforderungen lediglich Mindestanforderungen sind und die Mitgliedstaaten bei Anwendung von Art. 42 entsprechend die Möglichkeit haben, zusätzliche weitergehende Anforderungen zu stellen.[6] 7

Zudem werden die semiprofessionellen Anleger durch diese Regelung den professionellen Anlegern im Wesentlichen gleichgestellt.[7] 8

§ 330 Abs. 1 enthält entsprechend Voraussetzungen für die Zulässigkeit des Vertriebs der genannten AIF und differenziert dabei zwischen einem Vertrieb an professionelle Anleger und einem Vertrieb an semiprofessionelle Anleger. In Satz 2 enthält § 330 Abs. 1 zusätzliche Anforderungen an Feeder-AIF. Hintergrund dessen ist wiederum, dass aus Art. 31 Abs. 1 Unterabsatz 2, Art. 32 Abs. 1 Unterabsatz 2, Art. 35 Abs. 1 und 2 und Art. 36 9

---

1 Es ist beabsichtigt, dass nach einer zweijährigen Übergangszeit nach Inkrafttreten des KAGB am 22. Juli 2013 das europaweit geltende Management- und Vertriebspass-System für ausländische AIF-Verwaltungsgesellschaften angewendet werden soll; vgl. Dornseifer/Jesch/Klebeck/Tollmann/*Klebeck/Frick* Art. 40 Rn. 17.
2 *Volhard/Jang* DB **2013** 273, 274.
3 Vgl. Gesetzesbegründung zu § 295 Abs. 2 S. 511: „*Von der in der Richtlinie vorgesehenen Möglichkeit, während einer zwischen diesen Zeitpunkten liegenden Übergangsfrist alle Verfahren parallel zuzulassen, wird kein Gebrauch gemacht.*"
4 Vgl. auch „Häufige Fragen zum Vertrieb und Erwerb von Investmentvermögen nach dem KAGB" der Bundesanstalt für Finanzdienstleistungsaufsicht vom 4. Juli 2013, zuletzt geändert am 22. Januar 2014.
5 Vgl. Gesetzesbegründung zu § 330 S. 535 ff.
6 Vgl. auch Dornseifer/Jesch/Klebeck/Tollmann/*Zeller* Art. 42 Rn. 6.
7 Wobei berücksichtigt werden musste, dass es sich bei den semiprofessionellen Anlegern um Kleinanleger im Sinne von Art. 43 Abs. 1 der Richtlinie 2011/61/EU handelt, an die nur gemäß der Richtlinie 2011/61/EU verwaltete AIF vertrieben werden dürfen.

der Richtlinie 2011/61/EU folgt, dass bestimmte Anforderungen der Richtlinie 2011/61/EU, insbesondere an ausländische AIF und ausländische AIF-Verwaltungsgesellschaften, nicht über eine Master-Feeder-Konstruktion umgangen werden sollen.[8]

10 Da Art. 42 es Mitgliedstaaten gerade ermöglicht, für die Übergangszeit ein nationales Platzierungsregime zu führen, sind die Bestimmungen des Art. 42 gemäß Art. 66 Abs. 2 auch ab dem 22. Juli 2013 anzuwenden. Die Anwendbarkeit endet als Interimsregelung spätestens zum im delegierten europäischen Rechtsakt bezeichneten Zeitpunkt. Spiegelbildlich erfährt auch die Vorschrift des § 330 Abs. 1 mit Inkrafttreten des KAGB unmittelbar Anwendung.[9] Entsprechend führt die Bundesanstalt in ihrer Veröffentlichung „Häufige Fragen zum Vertrieb und Erwerb von Investmentvermögen nach dem KAGB" vom 4. Juli 2013, zuletzt geändert am 22. Januar 2014, bereits weiter konkretisierend zur Anzeige nach § 330 aus.[10] Ein eigenes Merkblatt zur Vertriebsanzeige nach § 330 war mit Inkrafttreten des KAGB allerdings nicht vorgesehen.[11]

B. Tatbestand

11 Aufgrund der Regelung des Vertriebs von ausländischen und EU-AIF an semiprofessionelle und professionelle Anleger im Inland durch ausländische AIF-Verwaltungsgesellschaften in § 330 hat die ausländische AIF-Verwaltungsgesellschaft in entsprechender Anwendung des § 321 Abs. 1 Satz 2 KAGB die Absicht, Anteile oder Aktien an von ihr verwalteten ausländischen oder EU-AIF im Inland zu vertreiben, der Bundesanstalt anzuzeigen. Ferner bestehen gemäß § 330 Abs. 2 Satz 2 Informationspflichten der ausländischen AIF-Verwaltungsgesellschaft gegenüber der Bundesanstalt.

12 Im Ergebnis ist ein Vertrieb unter der Vorschrift des § 330 nur möglich, wenn (1) entsprechende Vereinbarungen über die Zusammenarbeit zwischen der Bundesanstalt und der Aufsichtsbehörde des Drittstaates bestehen, die einen effizienten Informationsaustausch gewährleisten,[12] (2) weder der Drittstaat, in dem die ausländische AIF-Verwaltungsgesellschaft ihren Sitz hat, noch der Drittstaat, in dem der ausländische AIF seinen Sitz hat, auf der Liste der nicht kooperativen Länder und Gebiete steht, die von der Arbeitsgruppe „Finanzielle Maßnahmen gegen Geldwäsche und Terrorismusfinanzierung" aufgestellt wurde[13] und (3) geeignete Vorkehrungen bestehen, einen Vertrieb an Privatanleger zu verhindern.[14]

13 Bezüglich des Vertriebs an die Anlegergruppe der professionellen Anleger hat sich die ausländische AIF-Verwaltungsgesellschaft zu verpflichten, eine Verwahrstelle zu benennen, der Bundesanstalt gegenüber die Meldepflichten aus § 35 zu erfüllen und die Informationspflichten aus § 307 zur Verfügung zu stellen. Beim Vertrieb an semiprofes-

---

8 Vgl. Gesetzesbegründung zu § 330 S. 535 ff.
9 Es kommt damit zu einer gewissen Harmonisierung der nationalen Platzierungsregimes auch bei Drittlandbezug ab dem 22. Juli 2013; vgl. auch Dornseifer/Jesch/Klebeck/Tollmann/*Zeller* Art. 42 Rn. 2 und *Klebeck/Meyer* RdF **2012** 95, 100 f.
10 „Häufige Fragen zum Vertrieb und Erwerb von Investmentvermögen nach dem KAGB" der Bundesanstalt für Finanzdienstleistungsaufsicht vom 4. Juli 2013, zuletzt geändert am 22. Januar 2014, Geschäftszeichen WA-Wp 2137-2013/0293, unter 2.4.
11 „Häufige Fragen zum Vertrieb und Erwerb von Investmentvermögen nach dem KAGB" der Bundesanstalt für Finanzdienstleistungsaufsicht vom 4. Juli 2013, zuletzt geändert am 22. Januar 2014, Geschäftszeichen WA-Wp 2137-2013/0293, unter 2.1.1. Zur grundsätzlichen Systematik der Vertriebsanzeigeverfahren siehe jedoch die Merkblätter zu den Vertriebsanzeigen nach §§ 323, 331, 320 der Bundesanstalt vom 17. Juli 2013 bzw. 19. Juli 2013; herunterladbar auf www.bafin.de.
12 S. auch Rn. 47 ff.
13 S. auch Rn. 50.
14 S. auch Rn. 51 f.

sionelle Anleger hat die ausländische AIF-Verwaltungsgesellschaft entsprechend § 329 Abs. 1 Satz 2 den im KAGB umgesetzten Anforderungen der Richtlinie 2011/61/EU zu entsprechen (§ 296 Abs. 1 Nr. 2).

Der Beginn des Vertriebs kann nach entsprechender Mitteilung der Bundesanstalt **14** an die ausländische AIF-Verwaltungsgesellschaft erfolgen. Die Mitteilungsfrist beträgt, je nach Vertriebskonstellation zwischen zwei und acht Monaten (§ 330 Abs. 4 Satz 2).

I. Anwendungsbereich (Abs. 1)

Der Anwendungsbereich des § 330 ist eröffnet, wenn ein Vertrieb von Anteilen oder **15** Aktien an ausländischen AIF oder an EU-AIF an semiprofessionelle oder professionelle Anleger im Geltungsbereich des KAGB durch eine ausländische AIF-Verwaltungsgesellschaft beabsichtigt ist.

Im Grundsatz ist ein solcher Vertrieb zulässig, wenn die in § 330 Abs. 1 genannten **16** Voraussetzungen gegeben sind.

1. Ausländische AIF-Verwaltungsgesellschaft. Bei der vertreibenden Verwaltungs- **17** gesellschaft muss es sich um eine ausländische AIF-Verwaltungsgesellschaft handeln. Nach § 1 Abs. 18 sind ausländische AIF-Verwaltungsgesellschaften Unternehmen mit Sitz in einem Drittstaat, die den Anforderungen an einen Verwalter alternativer Investmentfonds im Sinne der Richtlinie 2011/61/EU entsprechen. Nach der Gesetzesbegründung sind ausländische Verwaltungsgesellschaften der Oberbegriff für externe und interne Verwaltungsgesellschaften, die AIF verwalten und ihren Sitz in einem Drittstaat haben.[15] Nach § 1 Abs. 19 Nr. 5 sind Drittstaaten alle Staaten, die nicht Mitgliedstaat der Europäischen Union oder anderer Vertragsstaat des Abkommens über den Europäischen Wirtschaftsraum sind.[16]

2. Vertrieb ausländischer AIF oder EU-AIF im Inland. Bei den zu vertreibenden **18** Anteilen muss es sich entweder um Anteile oder Aktien an ausländischen AIF oder Anteile oder Aktien an EU-AIF handeln.

Nach der Definition des § 1 Abs. 9 handelt es sich bei ausländischen AIF um AIF, die **19** dem Recht eines Drittstaates unterliegen. Hierbei entspricht die Definition von ausländischen AIF den Definitionen von inländischem Investmentvermögen und EU-Investmentvermögen.[17]

Die Definition von EU-Investmentvermögen findet sich wiederum in § 1 Abs. 8, wo- **20** nach dies Investmentvermögen sind, die dem Recht eines anderen Mitgliedstaates der Europäischen Union oder eines anderen Vertragsstaates des Abkommens über den Europäischen Wirtschaftsraum unterliegen.[18]

Nach der Definition der Richtlinie 2011/61/EU in Art. 4 Abs. 1 lit. aa ist ein Nicht-EU- **21** AIF (– in den Begrifflichkeiten des KAGB ein ausländischer AIF –) ein AIF, der kein EU-AIF ist. Die eigentliche Definition erfolgt damit über einen Umkehrschluss. Der EU-AIF wird in Art. 4 Abs. 1 lit. k (i) definiert als ein AIF, der nach nationalem Recht in einem Mitgliedstaat zugelassen oder registriert ist. Sollte der AIF in einem Drittstaat und gleich-

---

[15] Vgl. Gesetzesbegründung zu § 1 Abs. 18 S. 370.
[16] Diese Definition entspricht der Definition im aufzuhebenden § 2 Abs. 12 InvG; vgl. auch Gesetzesbegründung zu § 1 Abs. 19 Nr. 5 S. 370.
[17] Vgl. Gesetzesbegründung zu § 1 Abs. 9 S. 369.
[18] Spiegelbildliche Definition zur Definition von inländischen Investmentvermögen; vgl. auch Gesetzesbegründung zu § 1 Abs. 8 S. 369.

zeitig auch in einem Mitgliedstaat zugelassen oder registriert sein, so gilt ein solcher AIF als EU-AIF.[19] Ist der AIF in keinem Mitgliedstaat zugelassen oder registriert, ist gemäß Art. 4 Abs. 1 lit. k (ii) ein EU-AIF gegeben, wenn sein satzungsmäßiger Sitz oder dessen Hauptverwaltung in einem Mitgliedstaat liegt. Die Hauptverwaltung wird wiederum unter Anlehnung an Anhang 1 Nr. 1 lit. a und b der Richtlinie dort anzunehmen sein, wo die Portfolioverwaltung und das Risikomanagement des AIF hauptsächlich getätigt wird.[20] Vor diesem Verständnis der Richtlinie scheint es unbeachtlich zu sein, wenn ein solcher AIF in einem Drittstaat zugelassen oder registriert ist.[21]

22 § 330 setzt schließlich den **Vertrieb** der oben genannten AIF-Anteile im Inland voraus. Nach der Definition des Vertriebs in § 293 Abs. 1 qualifiziert als Vertrieb grundsätzlich jedes direkte oder indirekte Anbieten oder Platzieren von Anteilen oder Aktien eines Investmentvermögens.[22] Diese Definition des Vertriebsbegriffs enthielt bis zur Konsultation im Finanzausschuss des Bundestages noch die ergänzende Aufzählung „*oder das Werben für ein Investmentvermögen*". Dieser Passus wurde jedoch durch den Finanzausschuss gestrichen. Ausweislich der Begründung handelt es sich hierbei nach Wunsch bzw. Ansicht des Finanzausschusses lediglich um eine „redaktionelle Änderung", da der Begriff des Anbietens in § 293 Abs. 1 Satz 1 nicht nur Angebote im Sinne des BGB, sondern auch Angebote im weiteren Sinne, wie etwa die invitatio ad offerendum umfasse. Der Begriff der Werbung sei daher im Wesentlichen redundant und könne entsprechend gestrichen werden.[23]

23 Ausdrücklich ausgenommen vom Begriff des Vertriebes sind nach Satz 2 des § 293 Abs. 1 z.B. die namentliche Nennung des Investmentvermögens, die Nennung und Veröffentlichung der Nettoinventarwerte und die an einem organisierten Markt ermittelten Kurse oder die Ausgabe- und Rücknahmepreise von Anteilen oder Aktien eines Investmentvermögens, Nennung bzw. Bekanntmachung der Besteuerungsgrundlagen nach § 5 des InvStG, die Erfüllung der gesetzlichen Veröffentlichungspflichten im Bundesanzeiger oder ausschließlich Informationen der regelmäßigen Informationspflichten der Verwaltungsgesellschaft gegenüber bereits investierten Anlegern nach dem KAGB. Diese Ausnahmen gelten jedenfalls solange nicht noch weitere Vertriebsaktivitäten nach § 293 ausgeübt werden.

24 Für **semiprofessionelle und professionelle Anleger** sieht Satz 3 der Vorschrift eine weitere Einschränkung vor: Hiernach soll ein Vertrieb gegenüber dieser Anlegergruppe nur dann gegeben sein, wenn dieser auf Initiative der Verwaltungsgesellschaft oder in deren Auftrag erfolgt und sich an semiprofessionelle oder professionelle Anleger mit Wohnsitz oder Sitz im Inland oder in einem anderen Europäischen Mitgliedstaat oder Vertragsstaat des Abkommens über den Europäischen Wirtschaftsraum richtet. Diese Einschränkung für die Anlegergruppen der semiprofessionellen und professionellen Anleger orientiert sich am Vertriebsbegriff der Richtlinie 2011/61/EU. Nach der Richtlinien-Definition in Art. 4 Abs. 1x ist Vertrieb das „*direkte oder indirekte, auf Initiative des AIFM oder in dessen Auftrag erfolgende Anbieten oder Platzieren von Anteilen an einem vom AIFM verwalteten AIF an Anleger oder bei Anlegern mit Wohnsitz oder Sitz in der Union*". Hieraus (= „*oder in dessen Auftrag*") lässt sich ableiten, dass das Einschalten von

---

[19] Dornseifer/Jesch/Klebeck/Tollmann/*Klebeck/Frick* Art. 40 Rn. 15 bzw. Dornseifer/Jesch/Klebeck/Tollmann/*Tollmann* Art. 4 Abs. 1 lit. k Rn. 22ff.
[20] Vgl. auch Dornseifer/Jesch/Klebeck/Tollmann/*Klebeck/Frick* Art. 40 Rn. 17.
[21] Vgl. auch Dornseifer/Jesch/Klebeck/Tollmann/*Klebeck/Frick* Art. 40 Rn. 17.
[22] Vgl. auch Kommentierung zum § 293.
[23] Vgl. Gesetzesbegründung des Finanzausschusses zu § 293 S. 656.

Dritten, wie z.B. von freien Vermittlern oder von Finanzdienstleistungsinstituten nicht dazu führt, dass der Vertrieb zu verneinen ist.

Die Bundesanstalt hat mit der Veröffentlichung „Häufige Fragen zum Vertrieb und Erwerb von Investmentvermögen nach dem KAGB" vom 4. Juli 2013, zuletzt geändert am 22. Januar 2014, ebenfalls zum Vertriebsbegriff Stellung genommen. Hierin stellt auch die Bundesanstalt klar, dass unter den Begriff des „Anbietens" auch Angebote im weiteren Sinne, wie die invitatio ad offerendum fallen. Für das „Platzieren" erfordert die Bundesanstalt einen aktiven Absatz von Anteilen oder Aktien eines Investmentvermögens. Das Wort „Vertrieb" impliziere eine auf den Absatz von Anteilen oder Aktien gerichtete Aktivität des Vertreibenden. Das bloße Reagieren auf die Order eines Anlegers stelle somit keinen Vertrieb dar. Ferner müsse das Anbieten oder Platzieren auf ein Investmentvermögen bezogen sein. Dieses läge insbesondere vor bei Investmentvermögen, die bereits aufgelegt sind, die angebotsreif sind (Musteranlagebedingungen, die noch zu verhandelnde Lücken aufweisen, reichen nicht) oder Investmentvermögen, die bereits unter einem bestimmten Namen firmieren (z.B. Fonds „XY Aktien Chance Plus"). 25

Im Hinblick auf den Vertrieb an semiprofessionelle und professionelle Anleger legt die Bundesanstalt anhand eines Beispiels dar, dass die Vorlage von Musteranlagebedingungen und Musterprospekten zum Zwecke der Darlegung der eigenen Fähigkeiten der Verwaltungsgesellschaft (noch) keinen Vertrieb darstelle, jedenfalls solange die Unterlagen bzw. das Investment nicht angebotsreif sind. Schließlich sei es nicht Sinn und Zweck des Vertriebs-Anzeigeverfahrens, dass der Bundesanstalt jeder Verhandlungsstand anzuzeigen ist. 26

Die Bundesanstalt versteht unter Vertrieb nicht die Veräußerung eigener Anteile oder Aktien an einem Investmentvermögen durch einen Anleger. Anderes gelte jedoch, wenn diese Veräußerung über einen Vermittler erfolge, der die Anteile zunächst auf die eigenen Bücher nimmt. 27

Schließlich stellt die Bundesanstalt in ihrem Schreiben klar, dass ein Vertrieb von Anteilen eines Investmentvermögens auch dann vorliege, wenn einem Anleger der Erwerb von weiteren Anteilen desselben Investmentvermögens direkt oder indirekt (etwa durch die Zusendung eines Verkaufsprospekts oder anderer Informationen) angeboten wird. Allerdings verweist die Bundesanstalt in diesem Kontext auf die Ausnahmen nach § 293 Abs. 2 Nr. 6 (= gesetzliche Veröffentlichungspflichten im Bundesanzeiger und ausschließliche Erfüllung der regelmäßigen Informationspflichten gegenüber bereits investierten Anlegern). 28

3. Vertrieb an professionelle Anleger (Abs. 1 Nr. 1). Die unter Nummer 1 von § 330 Abs. 1 Satz 1 aufgeführten Voraussetzungen dienen der Umsetzung von Art. 42 Abs. 1 lit. a der Richtlinie 2011/61/EU und gilt nur für den Vertrieb an professionelle Anleger, wobei entsprechend Art. 36 Abs. 1 Unterabsatz 1 lit. a der Richtlinie 2011/61/EU zusätzlich Stellen gefordert werden, die die Aufgaben nach Art. 21 Abs. 7, 8 und 9 der Richtlinie 2011/61/EU wahrnehmen.[24] 29

Aufgrund der Differenzierung in § 330 zwischen dem Vertrieb an semiprofessionelle und professionelle Anleger regelt Nummer 1 von § 330 Abs. 1 Satz 1 zunächst auch nur den Vertrieb von Anteilen oder Aktien an ausländischen AIF (ausschließlich) an **professionelle Anleger**. 30

Der dem § 330 zugrundeliegende Art. 42 der Richtlinie 2011/61/EU geht ebenfalls vom Vertrieb durch ausländische AIF-Verwaltungsgesellschaften an professionelle An- 31

---

[24] Vgl. Gesetzesbegründung zu § 330 S. 535 ff. bzw. s. auch Rn. 35.

leger aus. Der Vertrieb von ausländischen AIF an Kleinanleger wird von der Richtlinie gar nicht reguliert. Die Regulierung der Kleinanleger obliegt vielmehr auch unter dem Regime der Richtlinie den einzelnen Mitgliedstaaten und ihren jeweiligen Aufsichtsbehörden. So präzisiert (einzig) Art. 43 der Richtlinie, dass es dem jeweiligen nationalen Gesetzgeber freisteht, den Vertrieb von AIF an Kleinanleger in ihrem Hoheitsgebiet zu gestatten und einen solchen Vertrieb entsprechend Auflagen zu unterwerfen, die strenger sind als die Auflagen für AIF, die in ihrem Hoheitsgebiet an professionelle Anleger vertrieben werden. Der deutsche Gesetzgeber hat hieraus den Schluss gezogen, dass es sich bei den Vorgaben der Richtlinie an den Vertrieb an professionelle Anleger entsprechend um eine Art Mindeststandard handelt.[25]

32   Die Kategorie des **semiprofessionellen Anlegers**[26] wurde erst mit dem Regierungsentwurf zum KAGB eingeführt und war Folge entsprechender Stimmen aus der Fondsbranche, welche befürchteten, dass gewisse vermögende Privatpersonen und auch Stiftungen künftig nicht mehr als Investoren eines Spezial-AIF qualifizieren könnten, da die Hürden als sog. erkorene professionelle Kunden unter MiFID zu hoch sind.[27]

33   Professionelle Anleger sind nach der Definition von § 1 Abs. 19 Nr. 32 Anleger, die im Sinne von Anhang II der Richtlinie 2004/39/EG (MiFID-Richtlinie) als professioneller Kunde angesehen werden oder auf Antrag als professionelle Kunden behandelt werden können.

34   **a) Anforderungen nach § 35 und §§ 287 bis 292 (Nr. 1 lit. a).** Im Hinblick auf die konkreten Voraussetzungen für den Vertrieb an professionelle Kunden unter Absatz 1 des § 330 ist unter lit. a zunächst verlangt, dass die ausländische AIF-Verwaltungsgesellschaft und die Verwaltung des AIF durch die ausländische AIF-Verwaltungsgesellschaft den Anforderungen des § 35 und gegebenenfalls den Anforderungen der §§ 287 bis 292 entsprechen. Bei § 35 handelt es sich um die Meldepflichten von AIF-Verwaltungsgesellschaften, welche wiederum im Wesentlichen die Vorgaben aus Art. 24 der Richtlinie 2011/61/EU umsetzen. Diese Meldepflichten gegenüber der Bundesanstalt umfassen beispielsweise die Unterrichtung über die wichtigsten Märkte und Instrumente, auf bzw. mit denen die Verwaltungsgesellschaft handelt.[28] Die §§ 287 bis 292 stellen wiederum die besonderen Vorschriften für AIF dar, die die Kontrolle über nicht börsennotierte Unternehmen und Emittenten erlangen.[29]

35   Der den unter Nummer 1 aufgeführten Voraussetzungen zugrundeliegende Art. 42 Abs. 1 Unterabsatz 1 lit. a der Richtlinie 2011/61/EU sieht entsprechend vor, dass die Transparenzanforderungen des Kapitels IV der Richtlinie zu erfüllen sind. Diese sind unter anderem Art. 22 zum Jahresbericht, Art. 23 zu den Informationspflichten gegenüber Anlegern und Art. 24 zu den Informationspflichten gegenüber den zuständigen Behörden.[30] Ist der verwaltete AIF wiederum ein hebelfinanzierter AIF oder ein AIF, der die

---

25   Vgl. Gesetzesbegründung Allgemeiner Teil, Abschnitt I. A. Ziffer 8 S. 357 – *„Für die Anzeigeverfahren beim Vertrieb von AIF an Privatanleger wird als Mindeststandard auf die Vorschriften der AIFM-RL zurückgegriffen. Aus Anlegerschutzgesichtspunkten werden für den Vertrieb jedoch strengere Regeln aufgestellt."* Diesem Ansatz scheinen jedoch diverse andere Mitgliedstaaten, wie beispielsweise Großbritannien nicht zu folgen.
26   Vgl. auch Rn. 41.
27   S. auch *Volhard/Jang* DB **2013** 273, 274; bzw. Kommentierung zu § 1 Abs. 19 Nr. 33.
28   Vgl. auch Kommentierung zu § 35.
29   S. auch Kommentierung zu den entsprechenden Paragraphen.
30   Vgl. auch Dornseifer/Jesch/Klebeck/Tollmann/*Zeller* Art. 42 Rn. 2.

Kontrolle über nicht börsennotierte Unternehmen oder Emittenten erlangt, müssen auch die Vorschriften des Kapitels V der Richtlinie (Art. 26 bis 30) erfüllt werden.[31]

b) Stelle nach Art. 21 Abs. 7 bis 9 der Richtlinie 2011/61/EU (Nr. 1 lit. b). Nach Unterziffer 1 lit. b von § 330 Abs. 1 Satz muss die ausländische AIF-Verwaltungsgesellschaft eine oder mehrere Stellen benannt haben, die die Aufgaben nach Art. 21 Abs. 7 bis 9 der Richtlinie 2011/61/EU wahrnehmen, wenn die ausländische AIF-Verwaltungsgesellschaft diese Aufgaben nicht selbst wahrnimmt. Diese Stellen sind der Bundesanstalt anzuzeigen. Art. 21 Abs. 7 bis 9 der Richtlinie sind zentrale Pflichten bzw. Funktionen der Verwahrstelle, welche wiederum ihren Niederschlag in § 83 Abs. 6 und § 81 Abs. 1 KAGB gefunden haben.[32] 36

In ihrer Veröffentlichung „Häufige Fragen zum Vertrieb und Erwerb von Investmentvermögen nach dem KAGB" vom 4. Juli 2013 nimmt die Bundesanstalt unter Ziffer 2.4.3. auch Stellung zu der Frage, inwieweit die Stelle, die die Aufgaben nach Art. 21 Abs. 7 bis 9 der Richtlinie im Sinne des § 330 (und des § 329) auch ihren Sitz in dem Herkunftsstaat des AIF oder der AIF-Verwaltungsgesellschaft haben muss. Nach Auffassung der Bundesanstalt muss diese Stelle ihren Sitz **nicht** in dem Herkunftsstaat des AIF oder der AIF-Verwaltungsgesellschaft haben. Die Vorschriften forderten die Benennung einer Stelle, die die Aufgaben nach Art. 21 Abs. 7 bis 9 wahrnimmt. Die Bestimmung über den Sitz der Verwahrstelle sei hingegen in Art. 21 Abs. 5 der Richtlinie geregelt (Herkunftsstaat des AIF oder der AIF-Verwaltungsgesellschaft). Auf letzteren verweisen die Vorschriften der §§ 330 und 329 allerdings nicht. Die Bundesanstalt führt weiter aus, dass soweit das KAGB (z.B. in §§ 80 ff. (auch in Verbindung mit § 54 Abs. 5 für die Verwaltung von inländischen Spezial-AIF)) oder die Gesetze zur Umsetzung der Richtlinie in anderen EU-Mitgliedstaaten oder EWR-Vertragsstaaten weitergehende Vorgaben in Bezug auf die zu benennende Verwahrstelle enthielten, diese Vorgaben nicht durch die Mindestvoraussetzungen für den Vertrieb nach § 330 (oder § 329) abbedungen würden. 37

c) Pflichten zur Unterrichtung (Nr. 1 lit. c). Nummer 1 lit. c sieht wiederum vor, dass die in § 307 Abs. 1 und 2 erste Alternative in Verbindung mit § 297 Abs. 4 sowie § 308 vorgesehenen Pflichten zur Unterrichtung der am Erwerb eines Anteils oder einer Aktie Interessierten ordnungsgemäß erfüllt werden. 38

Die Vorschrift des § 307 enthält in Absatz 1 einen umfassenden Katalog an Informationspflichten, welche durch die vertreibende Stelle gegenüber professionellen (und semiprofessionellen) Anlegern zu erfüllen sind. Dieser Absatz setzt Art. 23 Abs. 1 der Richtlinie 2011/61/EU um und sieht entsprechend das zur Verfügung Stellen von Unterlagen und Informationen wie den Jahresbericht, eine Beschreibung der Anlagestrategie und der Ziele des AIF, eine Beschreibung der Art der Vermögenswerte etc. vor.[33] § 308 sieht weitere sonstige Informationspflichten vor und setzt hierbei Art. 22 der Richtlinie um. § 297 Abs. 4 verlangt in Umsetzung von Art. 23 Abs. 2 Satz 1 der Richtlinie, dass der am Erwerb Interessierte auf eine bestehende Vereinbarung hinzuweisen ist, die die Verwahrstelle zu einer Haftungsfreistellung nach § 77 Abs. 4 oder § 88 Abs. 4 ermächtigt. 39

4. Vertrieb an semiprofessionelle Anleger (Abs. 1 Nr. 2). Nummer 2 von § 330 Abs. 1 Satz 1 enthält abweichend von Nummer 1 zusätzliche Anforderungen für den Vertrieb an semiprofessionelle Anleger. 40

---

31 Vgl. auch Dornseifer/Jesch/Klebeck/Tollmann/*Zeller* Art. 42 Rn. 3.
32 S. entsprechend Kommentierung zu §§ 83 und 81.
33 S. auch Kommentierung zu § 307.

41 Ein semiprofessioneller Anleger ist nach der Definition von § 1 Abs. 19 Nr. 33 jeder Anleger, der (1) sich verpflichtet, mindestens € 200.000 zu investieren, (2) schriftlich in einem vom Vertrag über die Investitionsverpflichtung getrennten Dokument angibt, dass er sich der Risiken im Zusammenhang mit der beabsichtigten Verpflichtung oder Investition bewusst ist, (3) dessen Sachverstand, Erfahrungen und Kenntnisse die AIF-Verwaltungsgesellschaft oder die von ihr beauftragte Vertriebsgesellschaft bewertet, ohne von der Annahme auszugehen, dass der Anleger über die Marktkenntnisse und -erfahrungen der in Anhang II Abschnitt I der Richtlinie 2004/39/EG genannten Anleger verfügt, (4) bei dem die AIF-Verwaltungsgesellschaft oder die von ihr beauftragte Vertriebsgesellschaft unter Berücksichtigung der Art der beabsichtigten Verpflichtung oder Investition hinreichend davon überzeugt ist, dass er in der Lage ist, seine Anlageentscheidungen selbst zu treffen und die damit einhergehenden Risiken versteht und dass eine solche Verpflichtung für den betreffenden Anleger angemessen ist, und (5) dem die AIF-Verwaltungsgesellschaft oder die von ihr beauftragte Vertriebsgesellschaft schriftlich bestätigt, dass sie die oben genannte Bewertung vorgenommen hat und die weiteren genannten Voraussetzungen gegeben sind. Ebenfalls qualifiziert als semiprofessioneller Anleger ein in § 37 Abs. 1 genannter Geschäftsleiter oder Mitarbeiter der AIF-Verwaltungsgesellschaft, sofern er in von der AIF-Verwaltungsgesellschaft verwaltete AIF investiert, oder ein Mitglied der Geschäftsführung oder des Vorstands einer extern verwalteten Investmentgesellschaft ist, sofern er in die extern verwaltete Investmentgesellschaft investiert. Erst durch den Finanzausschuss des Bundestages wurde schließlich die weitere Alternative ergänzt, dass als semiprofessioneller Anleger auch jeder Anleger qualifiziert, der sich verpflichtet, mindestens € 10 Millionen in ein Investmentvermögen zu investieren.

42 Insgesamt stellt das KAGB in weiten Teilen den semiprofessionellen Anleger dem professionellen Anleger gleich, insbesondere im Zusammenhang mit dem Vertrieb von Spezial-AIF und EU-AIF.[34]

43 Nummer 2 von § 330 Abs. 1 Satz 1 bringt zum Ausdruck, dass es sich bei den semiprofessionellen Anlegern um Kleinanleger im Sinne von Art. 43 Abs. 1 der Richtlinie 2011/61/EU handelt, und daher an diese nur gemäß der Richtlinie 2011/61/EU verwaltete AIF vertrieben werden dürfen.[35]

44 Dieser Grundsatz wird auch von der Bundesanstalt in ihrer Veröffentlichung „Häufige Fragen zum Vertrieb und Erwerb von Investmentvermögen nach dem KAGB" vom 4. Juli 2013, zuletzt geändert am 22. Januar 2014, unter Ziffer 2.4.1. klargestellt. Die Bundesanstalt stellt fest, dass nach § 330 Abs. 1 Satz 1 Nr. 2 (und § 329 Abs. 1 Satz 1 Nr. 2) bei einem Vertrieb an semiprofessionelle Anleger die ausländische AIF-Verwaltungsgesellschaft und die Verwaltung des AIF durch diese den im KAGB umgesetzten Anforderungen der Richtlinie 2011/61/EU entsprechen muss und demnach alle Anforderungen der Richtlinie 2011/61/EU eingehalten werden müssen.

45 **5. Vertrieb an semiprofessionelle Anleger oder professionelle Anleger (Abs. 1 Nr. 3).** Nummer 3 enthält wiederum Anforderungen, die für den Vertrieb **sowohl an professionelle Anleger als auch an semiprofessionelle Anleger** gelten.

46 Lit. a und b setzen dabei Art. 42 Abs. 1 Unterabsatz 1 lit. b und c um. Lit. c wiederholt die Anforderung aus § 295 Abs. 1 Satz 3.[36]

---

34 *Volhard/Jang* DB **2013** 273, 274; bzw. Kommentierung zu § 1 Abs. 19 Nr. 33. S. ebenfalls die Begründung des Finanzausschusses zu § 1 Abs. 19 Nr. 33 lit. c.
35 Vgl. Gesetzesbegründung zu § 330 S. 535 ff.
36 Vgl. Gesetzesbegründung zu § 330 S. 535 ff.

a) Vereinbarungen über die Zusammenarbeit (Nr. 3 lit. a). Der Vertrieb unter der 47
Vorschrift des § 330 erfordert eine geeignete Vereinbarung über die Zusammenarbeit zwischen der Bundesanstalt und den zuständigen Stellen des Drittstaates, in dem die ausländische AIF-Verwaltungsgesellschaft ihren Sitz hat. Gegebenenfalls ist eine solche Vereinbarung auch mit den zuständigen Stellen des Drittstaates erforderlich, in dem der ausländische AIF seinen Sitz hat und den zuständigen Stellen des Herkunftsmitgliedstaates des EU-AIF. Diese Art der Vereinbarungen müssen der Überwachung der Systemrisiken dienen, im Einklang mit den internationalen Standards und den Art. 113 bis 115 der Verordnung (EU) Nr. 231/2013[37] [Level 2 Verordnung gemäß Art. 42 Abs. 3 der Richtlinie 2011/61/EU] stehen und einen effizienten Informationsaustausch gewährleisten, der es der Bundesanstalt ermöglicht, ihre in der Richtlinie 2011/61/EU festgelegten Aufgaben zu erfüllen.

Der der Vorschrift zugrunde liegende Art. 42 sieht in seinem Absatz 1 Unterabsatz 2 48
vor, dass für den Fall, dass eine für einen EU-AIF zuständige Behörde die gemäß Unterabsatz 1 lit. b von Art. 42 geforderte Vereinbarung über die Zusammenarbeit nicht innerhalb eines angemessenen Zeitraums abschließt, sich die für die Beaufsichtigung des Vertriebs zuständigen Behörden an die ESMA wenden können. ESMA kommen gemäß Art. 19 der Verordnung (EU) Nr. 1095/2010[38] zum Zweck der Beilegung von Meinungsverschiedenheiten zwischen zuständigen Behörden in grenzüberschreitenden Fällen besondere Befugnisse zu, die eine Schlichtung ermöglichen sollen.[39]

Mit Datum vom 22. Juli 2013 hat die Bundesanstalt ein erstes „Merkblatt zu Vereinba- 49
rungen über die Zusammenarbeit zwischen der Bundesanstalt und zuständigen Stellen eines Drittstaats im Rahmen der AIFM Richtlinie 2011/61/EU" veröffentlicht. Mit Stand zum 22. Juli 2013, zuletzt geändert am 10. Februar 2014, führt die Bundesanstalt hierin diejenigen Drittstaaten-Länder auf, mit denen sie bereits bilaterale Kooperationsvereinbarungen (Memorandum of Understanding) abgeschlossen hat. Im Weiteren gibt die Bundesanstalt im Merkblatt Empfehlungen für ein Vorgehen vor, für den Fall, dass bestimmte Geschäfte ((1) Auslagerung von Risk oder Portfoliomanagement in einem Drittstaat, (2) Verwaltung von ausländischen AIF durch eine inländische AIF-Kapitalverwaltungsgesellschaft, (3) Vertrieb von AIF in einem Drittstaat) mit einen Drittstaat geplant sind, die sich (noch) nicht auf der Liste befinden.

b) Liste der nicht kooperativen Länder und Gebiete (Nr. 3 lit. b). Nach Nummer 3 50
lit. b von § 330 Abs. 1 darf weder der Drittstaat, in dem die ausländische AIF-Verwaltungsgesellschaft ihren Sitz hat, noch der Drittstaat, in dem der ausländische AIF seinen Sitz hat, auf der Liste der nicht kooperativen Länder und Gebiete stehen, die von der Arbeitsgruppe „Finanzielle Maßnahme gegen Geldwäsche und Terrorismusfinanzierung" aufgestellt wurde.

---

[37] Delegierte Verordnung (EU) Nr. 231/2013 der Kommission vom 19. Dezember 2012 zur Ergänzung der Richtlinie 2011/61/EU des Europäischen Parlaments und des Rates im Hinblick auf Ausnahmen, die Bedingungen für die Ausübung der Tätigkeit, Verwahrstellen, Hebelfinanzierung, Transparenz und Beaufsichtigung.
[38] Verordnung (EU) Nr. 1095/2010 des Europäischen Parlaments und des Rates vom 24. November 2010 zur Einrichtung einer Europäischen Aufsichtsbehörde (Europäische Wertpapier- und Marktaufsichtsbehörde), zur Änderung des Beschlusses Nr. 716/2009/EG und zur Aufhebung des Beschlusses 2009/77/EG der Kommission.
[39] Vgl. auch Dornseifer/Jesch/Klebeck/Tollmann/*Zeller* Art. 42 Rn. 6.

51 c) Vorkehrungen zur Verhinderung des Vertriebs an Privatanleger (Nr. 3 lit. c). Nummer 3 lit. c fordert über einen Verweis auf § 321 Abs. 1 Satz 2 Nr. 7 geeignete Vorkehrungen zur Verhinderung eines Vertriebes an Privatanleger.

52 Zu diesem Erfordernis führt die Bundesanstalt unter Ziffer 1.5. in ihrer Veröffentlichung „Häufige Fragen zum Vertrieb und Erwerb von Investmentvermögen nach dem KAGB" vom 4. Juli 2013, zuletzt geändert am 22. Januar 2014, aus, dass insbesondere folgende Vorkehrungen erforderlich sind: (1) In den Prospekt und alle weiteren Informationsmaterialien einschließlich Werbung ist ein drucktechnisch herausgestellter Hinweis entsprechend § 293 Abs. 1 Satz 2 Nr. 3 aufzunehmen. (2) Es ist unter Berücksichtigung des Vertriebswegs auch darauf zu achten, dass die betreffenden AIF nicht an Privatanleger vertrieben werden können. Beim Online-Vertrieb sind etwa getrennte und zugangsgesicherte Verkaufsportale für die jeweiligen Anlegergruppen erforderlich. (3) Ein Hinweis gegenüber den Vertriebspartnern reicht nicht aus, erforderlich ist vielmehr eine vertragliche Verpflichtung im Vertriebsvertrag. Denn die Verwaltungsgesellschaft hat immer auch die Pflicht, sicherzustellen, dass auch ihre Vertriebspartner die Anforderungen des Gesetzes einhalten.[40]

II. Vertriebsanzeige (Abs. 2)

53 Wie bei allen anderen Vertriebskonstellationen nach dem KAGB wird in Absatz 2 von § 330 für den Vertrieb der in Absatz 1 Satz 1 genannten AIF ein Anzeigeverfahren erforderlich, um der Bundesanstalt die Prüfung zu ermöglichen, ob die in Absatz 1 genannten Voraussetzungen vorliegen.[41] Hierbei gilt § 321 Abs. 1 Satz 2 entsprechend und gibt damit vor, welche Angaben und Unterlagen in jeweils geltender Fassung in dem Anzeigeschreiben enthalten sein müssen.

54 Die gemäß Absatz 2 Satz 3 Nummer 1 und gegebenenfalls 3 dem Anzeigeschreiben zusätzlich beizufügenden Angaben und Dokumente sind erforderlich, um der Bundesanstalt eine wirksame Prüfung der Anforderungen nach Absatz 1 zu ermöglichen.[42]

55 **1. Anzeigeschreiben (§ 321 Abs. 1 Satz 2).** Durch den Verweis auf die entsprechende Anwendung von § 321 Abs. 1 Satz 2 sind dem Anzeigeschreiben gegenüber der Bundesanstalt folgende Angaben und Unterlagen beizufügen: (1) Geschäftsplan mit Angaben zum angezeigten AIF sowie zu seinem Sitz, (2) Anlagebedingungen, die Satzung oder der Gesellschaftsvertrag des angezeigten AIF, (3) Name der Verwahrstelle des angezeigten AIF, (4) Beschreibung des angezeigten AIF und alle für die Anleger verfügbaren Informationen über den angezeigten AIF, (5) Angaben zum Sitz des Master-AIF und seiner Verwaltungsgesellschaft, falls es sich bei dem angezeigten AIF um einen Feeder-AIF handelt, (6) alle in § 307 Abs. 1 genannten weiteren Informationen jeden angezeigten AIF; (7) Angaben zu den Vorkehrungen zur Verhinderung eines Vertriebs an Privatanleger.[43]

56 **2. Wesentliche Angaben (Abs. 2 Nr. 1).** Die in Abs. 2 Nr. 1 weiter verlangten zusätzlichen Angaben betreffen (1) die Verwaltungsgesellschaft des angezeigten AIF und ihre

---

[40] S. auch Ausführungen unter Ziffer V. des „Merkblatts zum Vertrieb von Anteilen oder Aktien an EU-AIF oder inländischen Spezial-AIF, die von einer EU-AIF-Verwaltungsgesellschaft verwaltet werden, an semiprofessionelle und professionelle Anleger in der Bundesrepublik Deutschland gemäß § 323 Kapitalanlagegesetzbuch (KAGB)" der Bundesanstalt vom 17. Juli 2013; s. im Übrigen auch die diesbezüglichen Ausführungen in der Kommentierung zu § 321.
[41] Vgl. auch Gesetzesbegründung S. 536.
[42] Vgl. auch Gesetzesbegründung S. 536.
[43] S. auch Rn. 51f. und Kommentierung zu § 321 Abs. 1 Satz 2.

Organe und (2) die Verwahrstelle oder die Stellen nach Absatz 1 Satz 1 Nummer 1 lit. b, einschließlich der Angaben entsprechend § 22 Abs. 1 Nr. 13. § 22 Abs. 1 Nr. 13 fordert (im Zuge des Erlaubnisantrags einer AIF-Kapitalverwaltungsgesellschaft) Angaben zu den Vereinbarungen zur Beauftragung der Verwahrstelle nach § 80 für jeden AIF, den die AIF-Kapitalverwaltungsgesellschaft zu verwalten beabsichtigt.

3. Erklärung der ausländischen Verwaltungsgesellschaft (Abs. 2 Nr. 2). Die Erklärungen nach Absatz 2 Satz 3 Nummer 2 müssen abgegeben werden, damit die Bundesanstalt auf der Grundlage der von der AIF-Verwaltungsgesellschaft eingereichten Angaben und Unterlagen prüfen kann, ob die Anforderungen nach Absatz 1 weiterhin gegeben sind, und damit die Bundesanstalt bei Bedarf weitere Informationen erhält.[44] 57

Bei den Erklärungen handelt es sich um Erklärungen der ausländischen AIF-Verwaltungsgesellschaft darüber, dass sie sich verpflichtet (1) der Bundesanstalt den Jahresbericht des AIF spätestens sechs Monate nach Ende jeden Geschäftsjahres einzureichen, (2) die Bundesanstalt über alle wesentlichen Änderungen von Umständen zu unterrichten, die bei der Vertriebsanzeige angegeben wurden, (3) der Bundesanstalt auf Verlangen über ihre Geschäftstätigkeit Auskunft zu erteilen. 58

4. Zusätzliche Angaben (Abs. 2 Nr. 3). Ist ein Vertrieb an semiprofessionelle Anleger beabsichtigt, sind gemäß Nummer 3 der Anzeige zusätzlich die Angaben und Unterlagen nach § 22 Abs. 1 Nr. 1 bis 9 beizufügen, damit die Bundesanstalt prüfen kann, ob die ausländische AIF-Verwaltungsgesellschaft und die Verwaltung des angezeigten AIF durch die ausländische AIF-Verwaltungsgesellschaft der Richtlinie 2011/61/EU entsprechen.[45] 59

Diese Angaben sind: (1) geeigneter Nachweis der zum Geschäftsbetrieb erforderlichen Mittel nach § 25, (2) Angabe der Geschäftsleiter, (3) Angaben zur Beurteilung der Zuverlässigkeit der Geschäftsleiter, (4) Angaben zu fachlichen Eignung der Geschäftsleiter, (5) Namen der bedeutend beteiligten Inhaber (und zu ihrer Zuverlässigkeit) an der AIF-Kapitalverwaltungsgesellschaft, (6) Tatsachen, die auf eine enge Verbindungen zwischen der AIF-Kapitalverwaltungsgesellschaft und anderen natürlichen oder juristischen Personen hinweisen, (7) Geschäftsplan mit Angaben darüber, wie die ausländische AIF-Verwaltungsgesellschaft ihren Pflichten nach dem KAGB nachkommen will, (8) Angaben über die Geschäftspolitik, (9) Angaben zu Auslagerungsvereinbarungen nach § 36. 60

In der Veröffentlichung „Häufige Fragen zum Vertrieb und Erwerb von Investmentvermögen nach dem KAGB" vom 4. Juli 2013, zuletzt geändert am 22. Januar 2014, führt die Bundesanstalt unter Ziffer 2.4.2. insbesondere zum Inhalt des Geschäftsplans näher aus. Hiernach hat der Geschäftsplan unter anderem die folgenden Angaben und Dokumente zu enthalten: Plan-Bilanzen und Plan-GuV der nächsten drei Jahre, Darstellung der internen Kontrollverfahren, Art der geplanten oder getätigten Geschäfte, Organigramm der Gesellschaft, Beschreibung der Interessenkonflikte und Darstellung der Maßnahmen zu deren Vermeidung, Beschreibung des Risikomanagementprozesses (ggf. Nachforderung des Risikohandbuchs), Auflistung der aktuellen und zukünftigen Arten von AIF.[46] 61

---

[44] Vgl. auch Gesetzesbegründung, S. 536.
[45] Vgl. auch Gesetzesbegründung, S. 536.
[46] S. Ziffer 2.4.2. „Häufige Fragen zum Vertrieb und Erwerb von Investmentvermögen nach dem KAGB" der Bundesanstalt für Finanzdienstleistungsaufsicht vom 4. Juli 2013, zuletzt geändert am 22. Januar 2014.

62 **5. Nachweis über Zahlung der Anzeige-Gebühr (Abs. 2 Nr. 4).** Schließlich hat die ausländische AIF-Verwaltungsgesellschaft nachzuweisen, dass sie die Gebühr für die Anzeige gezahlt hat. Die Bundesanstalt erhebt für die Bearbeitung der Anzeige eine Gebühr nach der Verordnung über die Erhebung von Gebühren und die Umlegung von Kosten nach dem Finanzdienstleistungsaufsichtsgesetz (FinDAGKostV) und dem Gebührenverzeichnis dieser Verordnung. Als Nachweis der Zahlung der Gebühr kann z.B. der Scan des Überweisungsträgers fungieren.

III. Feeder-AIF (Abs. 3)

63 Absatz 3 von § 330 regelt, welche Angaben und Dokumente der Anzeige in Bezug auf den etwaigen Master-AIF und dessen AIF-Verwaltungsgesellschaft zusätzlich beizufügen sind. Diese sind die Angaben und Dokumente nach Absatz 2 Satz 3 Nummer 1 sowie § 321 Abs. 1 Satz 2.[47]

64 Sofern es sich bei der Verwaltungsgesellschaft des Master-AIF um eine ausländische AIF-Verwaltungsgesellschaft handelt und ein Vertrieb an semiprofessionelle Anleger beabsichtigt ist, sind darüber hinaus die Angaben und Unterlagen beizufügen, die die Bundesanstalt benötigt, um die Konformität der ausländischen AIF-Verwaltungsgesellschaft mit der Richtlinie 2011/61/EU gemäß Absatz 1 Nummer 2 zu prüfen.

65 Wird der Master-AIF von einer EU-AIF-Verwaltungsgesellschaft verwaltet und ist ein Vertrieb an semiprofessionelle Anleger beabsichtigt, muss eine Bescheinigung der zuständigen Stelle ihres Herkunftsmitgliedstaats über die Konformität mit der Richtlinie 2011/61/EU vorgelegt werden. Zudem bestimmt Nummer 2, dass sich die Erklärung nach Absatz 2 Satz 3 Nummer 2 auch auf den Master AIF und seine Verwaltungsgesellschaft erstrecken muss.[48]

IV. Fremdsprachige Unterlagen und Bearbeitungsfristen (Abs. 4)

66 Um eine Prüfung der eingereichten Unterlagen in den in Satz 2 genannten Fristen zu ermöglichen, schreibt Satz 1 von § 330 Abs. 4 vor, dass fremdsprachige Unterlagen entweder in deutscher Übersetzung oder in englischer Sprache vorzulegen sind. Satz 2 verweist hinsichtlich des Verfahrens auf § 316 Abs. 2 und 3.

67 Die gestaffelten, verlängerten Fristen in Nummer 1 und 2 tragen dem unterschiedlichen Prüfungsaufwand der Bundesanstalt Rechnung.[49] Nummer 1 und 2 unterscheiden zwischen dem Vertrieb an professionelle und semiprofessionelle Anleger. Die Fristen für den Vertrieb an semiprofessionelle Anleger tragen dem Umstand Rechnung, dass in Anlehnung an die Frist in § 22 Abs. 2 die Bundesanstalt umfangreich die ausländische AIF-Verwaltungsgesellschaft zu prüfen hat. Denn bei den semiprofessionellen Anlegern handelt es sich um Kleinanleger im Sinne von Art. 43 Abs. 1 der Richtlinie 2011/61/EU, an die nur gemäß der Richtlinie 2011/61/EU verwaltete AIF vertrieben werden dürfen. Bei dem Vertrieb an professionelle Anleger müssen hingegen „nur" die in Absatz 1 Satz 1 Nummer 1 und 3 genannten Voraussetzungen geprüft werden.[50]

68 Darüber hinaus ist für die Länge der Frist entscheidend, ob es sich bei dem angezeigten AIF um einen Feeder-AIF handelt, da in diesem Fall sowohl der Feeder-AIF als auch der Master-AIF Gegenstand der Prüfung sind. Ferner wird in diesem Fall eine Unter-

---

47 S. hierzu auch Rn. 56.
48 Vgl. Gesetzesbegründung S. 536.
49 Vgl. Gesetzesbegründung S. 536 f.
50 Vgl. Gesetzesbegründung S. 536 f.

scheidung danach getroffen, ob die den Master-AIF verwaltende Verwaltungsgesellschaft eine ausländische AIF-Verwaltungsgesellschaft ist oder nicht. Ist auch die Verwaltungsgesellschaft des Master-AIF eine ausländische AIF-Verwaltungsgesellschaft, ist der Prüfungsaufwand höher.[51]

V. Anmeldung eines weiteren AIF zum Vertrieb an semiprofessionelle Anleger (Abs. 5)

Ausweislich der Gesetzesbegründung zu § 330 Abs. 5 reduziert sich der Prüfungsumfang der Bundesanstalt, wenn die anzeigende ausländische AIF-Verwaltungsgesellschaft bereits einen AIF zum Vertrieb an semiprofessionelle Anleger im Geltungsbereich dieses Gesetzes nach Absatz 2 Satz 1 angezeigt hat und im Anzeigeschreiben versichert, dass in Bezug auf die Anforderungen nach Absatz 1 Satz 1 Nummer 1 lit. b und Nummer 4 seit der letzten Anzeige keine Änderungen erfolgt sind. Satz 2 regelt, dass in diesem Fall die Angaben nach Absatz 2 Satz 3 Nummer 1 lit. b und Nummer 4 nicht eingereicht werden müssen und sich die in Absatz 4 Nummer 2 genannten Fristen jeweils um zwei Monate verkürzen.[52]

69

§ 330a
Anzeigepflicht von EU-AIF-Verwaltungsgesellschaften, die die Bedingungen nach Artikel 3 Absatz 2 der Richtlinie 2011/61/EU erfüllen, beim beabsichtigten Vertrieb von AIF an professionelle und semiprofessionelle Anleger im Inland

(1) Der Vertrieb von Anteilen oder Aktien an AIF, die von einer EU-AIF-Verwaltungsgesellschaft verwaltet werden, die die Bedingungen nach Artikel 3 Absatz 2 der Richtlinie 2011/61/EU erfüllt, an semiprofessionelle oder professionelle Anleger im Geltungsbereich dieses Gesetzes ist zulässig, wenn
1. die EU-AIF-Verwaltungsgesellschaft in ihrem Herkunftsmitgliedstaat gemäß den im Herkunftsmitgliedstaat anzuwendenden Vorschriften, die Artikel 3 der Richtlinie 2011/61/EU umsetzen, registriert ist und
2. der Herkunftsmitgliedstaat der EU-AIF-Verwaltungsgesellschaft einen Vertrieb von AIF, die von einer AIF-Kapitalverwaltungsgesellschaft verwaltet werden, die die Bedingungen nach § 2 Absatz 4 erfüllt und gemäß § 44 Absatz 1 Nummer 1 registriert ist, ebenfalls gestattet und den Vertrieb dieser AIF nicht an höhere Voraussetzungen knüpft als dieses Gesetz.

(2) Beabsichtigt eine EU-AIF-Verwaltungsgesellschaft, die die Bedingungen nach Artikel 3 Absatz 2 der Richtlinie 2011/61/EU erfüllt, Anteile oder Aktien an von ihr verwalteten AIF im Geltungsbereich dieses Gesetzes an semiprofessionelle oder professionelle Anleger zu vertreiben, so hat sie dies der Bundesanstalt anzuzeigen. Der Anzeige sind folgende Angaben und Dokumente beizufügen:
1. eine Bescheinigung der zuständigen Stelle ihres Herkunftsmitgliedstaats in einer in der internationalen Finanzwelt gebräuchlichen Sprache, dass die EU-AIF-Verwaltungsgesellschaft in ihrem Herkunftsmitgliedstaat gemäß den im

---
51 Vgl. Gesetzesbegründung S. 536 f.
52 Vgl. Gesetzesbegründung S. 537.

Herkunftsmitgliedstaat anzuwendenden Vorschriften, die Artikel 3 der Richtlinie 2011/61/EU umsetzen, registriert ist,
2. eine Erklärung der EU-AIF-Verwaltungsgesellschaft darüber, dass sie sich verpflichtet, die Bundesanstalt über alle wesentlichen Änderungen ihre Registrierung betreffend zu unterrichten und die Änderungsangaben nachzuweisen,
3. der Bundesanstalt auf Verlangen über ihre Geschäftätigkeit Auskunft zu erteilen und Unterlagen vorzulegen,
4. ein Nachweis über die Zahlung der Gebühr für die Anzeige.

Fremdsprachige Unterlagen sind in deutscher Übersetzung oder in englischer Sprache vorzulegen.

(3) Der Vertrieb kann aufgenommen werden, wenn die Zulässigkeitsvoraussetzungen nach Absatz 1 gegeben sind und eine vollständige Anzeige nach Absatz 2 bei der Bundesanstalt eingegangen ist. Auf Antrag der EU-AIF-Verwaltungsgesellschaft hat die Bundesanstalt das Vorliegen der Zulässigkeitsvoraussetzungen nach Absatz 1 und den Eingang der vollständigen Anzeige nach Absatz 2 zu bestätigen.

(4) § 295 Absatz 5 findet keine Anwendung für den Vertrieb und den Erwerb von AIF, die von einer EU-AIF-Verwaltungsgesellschaft verwaltet werden, die die Bedingungen nach Artikel 3 Absatz 2 der Richtlinie 2011/61/EU erfüllt, und die im Inland gemäß § 330a vertrieben werden dürfen.

Schrifttum

Emde/Dreibus Der Regierungsentwurf für ein Kapitalanlagegesetzbuch, BKR **2013** 89; *Klebeck/Meyer* Drittstaatenregulierung der AIFM-Richtlinie, RdF **2012** 95; *Spindler/Tancredi* Die Richtlinie über Alternative Investmentfonds (AIFM-Richtlinie) Teil I, WM **2011** 1393; *dies.* Die Richtlinie über Alternative Investmentfonds (AIFM-Richtlinie) Teil II, WM **2011** 1441; *van Kann/Redeker/Keiluweit* Überblick über das Kapitalanlagegesetzbuch, DStR **2013** 1483; Verband der Auslandsbanken in Deutschland e.V.; Investmentbusiness in Germany, 2014; *Volhard/Jang* Der Vertrieb alternativer Investmentfonds – Regelungsrahmen für den Vertrieb an professionelle und semiprofessionelle Anleger in Deutschland nach dem RegE zur Umsetzung der AIFM-RL –, DB **2013** 273.

Gesetzesmaterialien

Delegierte Verordnung (EU) Nr. 231/2013 der Kommission vom 19. Dezember 2012 zur Ergänzung der Richtlinie 2011/61/EU des Europäischen Parlaments und des Rates im Hinblick auf Ausnahmen, die Bedingungen für die Ausübung der Tätigkeit, Verwahrstellen, Hebelfinanzierung, Transparenz und Beaufsichtigung; Durchführungsverordnung (EU) Nr. 447/2013 der Kommission vom 15. Mai 2013 zur Festlegung des Verfahrens für AIFM, die beschließen, sich der Richtlinie 2011/61/EU des Europäischen Parlaments und des Rates zu unterwerfen; „Häufige Fragen zum Vertrieb und Erwerb von Investmentvermögen nach dem KAGB" der Bundesanstalt für Finanzdienstleistungsaufsicht vom 4. Juli 2013, zuletzt geändert am 22. Januar 2014, Geschäftszeichen WA-Wp 2137-2013/0293; „Merkblatt zu Vereinbarungen über die Zusammenarbeit zwischen der Bundesanstalt und zuständigen Stellen eines Drittstaats im Rahmen der AIFM-Richtlinie 2011/61/EU" der Bundesanstalt für Finanzdienstleistungsaufsicht vom 22. Juli 2013, zuletzt geändert am 10. Februar 2014; Verordnung (EU) Nr. 1095/2010 des Europäischen Parlaments und des Rates vom 24. November 2010 zur Einrichtung einer Europäischen Aufsichtsbehörde (Europäische Wertpapier- und Marktaufsichtsbehörde), zur Änderung des Beschlusses Nr. 716/2009/EG und zur Aufhebung des Beschlusses 2009/77/EG der Kommission].

Systematische Übersicht

A. Allgemeines —— 1
  I. Überblick und zeitliche Anwendbarkeit —— 2
  II. Normentstehung und Grundlagen —— 6
B. Tatbestand —— 11
  I. Anwendungsbereich (Abs. 1) —— 12
    1. EU-AIF-Verwaltungsgesellschaft —— 13
    2. Bedingungen nach Art. 3 Abs. 2 der Richtlinie 2011/61/EU —— 16
    3. Vertrieb von AIF im Inland —— 25
    4. Vertrieb an semiprofessionelle und professionelle Anleger —— 32
    5. Registrierung im Herkunftsmitgliedstaat (Abs. 1 Nr. 1) —— 37
    6. Gestattung des Vertriebs eines kleinen AIFM nach § 2 Abs. 4 auch im Herkunftsstaat (Abs. 1 Nr. 2) —— 39
  II. Vertriebsanzeige (Abs. 2) —— 41
    1. Bescheinigung der zuständigen Stelle des Herkunftsmitgliedstaats (Abs. 2 Nr. 1) —— 42
    2. Erklärung der EU-AIF-Verwaltungsgesellschaft (Abs. 2 Nr. 2) —— 43
    3. Auskunftserteilung (Abs. 2 Nr. 3) —— 45
    4. Nachweis über Zahlung (Abs. 2 Nr. 4) —— 46
    5. Fremdsprachige Unterlagen —— 47
  III. Aufnahme des Vertriebs (Abs. 3) —— 48
  IV. Keine Anwendung von § 295 Abs. 5 (Abs. 4) —— 50

A. Allgemeines

Die Vorschrift des § 330a stellt die Voraussetzungen und Pflichten beim *Vertrieb* von **1** Anteilen oder Aktien an *AIF*, die von einer *EU-AIF-Verwaltungsgesellschaft* verwaltet werden, die die Bedingungen nach Art. 3 Abs. 2 der Richtlinie 2011/61/EU erfüllt, an semiprofessionelle und professionelle Anleger im Inland (Deutschland) dar.

I. Überblick und zeitliche Anwendbarkeit

Die Vorschrift des § 330a befindet sich in Kapitel 4 des KAGB, welches die allgemeinen Bestimmungen betreffend den Vertrieb von Fondsanteilen regelt. Der Abschnitt 3 Unterabschnitt 2, in welchem § 330a genau angesiedelt ist, beschäftigt sich wiederum mit den Anzeigeverfahren für den Vertrieb von AIF an semiprofessionelle und professionelle Anleger im Inland (Deutschland). Innerhalb dieses Unterabschnitts 2 (§§ 321 bis 330a) sind die verschiedenen Vertriebsanzeigen für den Vertrieb an semiprofessionelle und professionelle Anleger danach zu differenzieren, ob der Vertrieb durch eine (deutsche) AIF-Kapitalverwaltungsgesellschaft, eine EU-AIF-Verwaltungsgesellschaft oder eine ausländische AIF-Verwaltungsgesellschaft erfolgen soll. **2**

Unter anderem dieser Differenzierung folgend sieht das KAGB auch im Hinblick auf die zeitliche Anwendbarkeit ab Inkrafttreten des KAGB teilweise eine sofortige und teilweise eine in zeitlicher Hinsicht gestreckte Anwendbarkeit der Vertriebsanzeige-Vorschriften bei Vorliegen eines Drittstaatenbezuges vor. Ein solcher Drittstaatenbezug liegt vor, wenn entweder eine inländische AIF-Kapitalverwaltungsgesellschaft oder eine EU-AIF-Verwaltungsgesellschaft durch sie verwaltete ausländische/Drittstaaten-AIF vertreibt oder eine ausländische/Drittstaaten-AIF-Verwaltungsgesellschaft von ihr verwaltete inländische, EU-AIF oder ausländische/Drittstaaten-AIF vertreibt. **3**

Für den Vertrieb mit Drittstaatenbezug (an professionelle und semiprofessionelle Anleger in Deutschland) sehen die maßgeblichen Vorschriften des KAGB nunmehr ein Übergangsregime bis zum Zeitpunkt des Erlasses eines delegierten Rechtsaktes der Europäischen Kommission auf Grundlage des Art. 66 Abs. 3 in Verbindung mit Art. 67 **4**

Abs. 6 der Richtlinie 2011/61/EU und ein endgültiges Regime nach Erlass dieses Rechtsaktes vor (vgl. § 295 Abs. 2 und 3 KAGB i.V.m. Art. 66 Abs. 3, Art. 67 Abs. 6 der Richtlinie 2011/61/EU). Das Regime, welches nach diesem Rechtsakt für einen Vertrieb mit Drittstaatenbezug gelten wird, wird das dann zwingende Regime des EU-Passportes sein.[1] Der Rechtsakt der Europäischen Kommission wird für das Jahr 2015 erwartet.[2]

5 Nach der Regelung des § 295 Abs. 2 und 3 unterfällt die Vorschrift des § 330a dem unmittelbar anwendbaren Regime und ist damit auch in der Übergangszeit die anwendbare Norm für den inländischen Vertrieb von Anteilen oder Aktien an AIF, die von einer EU-AIF-Verwaltungsgesellschaft verwaltet werden, die die Bedingungen nach Art. 3 Abs. 2 der Richtlinie 2011/61/EU erfüllt, an semiprofessionelle und professionelle Anleger im Inland. Nach der Übergangszeit bis zum Erlass des erforderlichen delegierten Rechtsaktes wird § 330a weiterhin Anwendung erfahren.

II. Normentstehung und Grundlagen

6 Die Vorschrift des § 330a ist erst durch den Finanzausschuss des Bundestages in einer späteren Phase des Gesetzgebungsverfahrens neu in das KAGB aufgenommen worden.

7 Ausweislich der Begründung des Finanzausschusses wurde § 330a eingefügt, um einen grenzüberschreitenden Vertrieb von EU-AIF und ausländischen AIF durch EU-AIF-Verwaltungsgesellschaften, die die Bedingungen nach Art. 3 Abs. 2 der Richtlinie 2011/61/EU erfüllen, an professionelle und semiprofessionelle Anleger im Inland (Deutschland) bei Einhaltung der genannten Anforderungen zu ermöglichen.

8 Art. 3 Abs. 2 der Richtlinie stellt eine De-minimis-Regelung zur Wahrung des Verhältnismäßigkeitsgrundsatzes dar für Verwaltungsgesellschaften, die ein Portfolio unterhalb gewisser Schwellenwerte verwalten. Für diese sog. „kleinen AIFM" wäre es mit einem unverhältnismäßigen Aufwand verbunden, die Anforderungen der gesamten Richtlinie zu erfüllen. Nach dem Kommissionsvorschlag für die Richtlinie stünde dies außer Verhältnis zu den Vorteilen einer Anwendung der Richtlinie, weil es unwahrscheinlich sei, dass von solchen Verwaltungsgesellschaften Risiken für die Finanzmarktstabilität und die Markteffizienz ausgingen.[3]

9 Im Regierungsentwurf des KAGB vom 12. Dezember 2012 war für solche kleinen AIFM mit Sitz in der EU, die entsprechend nur über eine Registrierung in ihrem Herkunftsmitgliedstaat verfügen, ein Vertrieb nicht vorgesehen. Gemäß § 295 Abs. 1 bis 3 des Regierungsentwurfes war ein Vertrieb von AIF-Anteilen im Inland nur nach den dort genannten Vertriebsregeln zulässig, was wiederum eine (volle) Erlaubnis als EU-Verwaltungsgesellschaft im Herkunftsmitgliedstaat voraussetzte. Damit konnte der grenzüberschreitende Vertrieb mittels eines europäischen Passports nur über ein „Opt-In" erfolgen. Dies bedeutete praktisch, dass sich ein kleiner AIFM sämtlichen Anforderungen der Richtlinie unterwerfen und eine entsprechende Erlaubnis einholen musste. Diese faktische Untersagung eines nach Deutschland hinein grenzüberschreitenden Vertriebes durch kleine AIFM konnte als europarechtlich durchaus problematisch angesehen wer-

---

1 Es ist beabsichtigt, dass nach einer zweijährigen Übergangszeit nach Inkrafttreten des KAGB am 22. Juli 2013 das europaweit geltende Management- und Vertriebspass-System für ausländische AIF-Verwaltungsgesellschaften angewendet werden soll; vgl. Dornseifer/Jesch/Klebeck/Tollmann/*Klebeck*/*Frick* Art. 40 Rn. 17.
2 *Volhard*/*Jang* DB **2013** 273, 274; vgl. hierzu die Kommentierung zu § 1 Abs. 19 Nr. 33.
3 Vgl. auch Dornseifer/Jesch/Klebeck/Tollmann/*Tollmann* Art. 3 Rn. 19 sowie Kommissionsvorschlag für eine AIFM-Richtlinie, Begründung S. 5 f.

den, da kleine EU-AIFM gegenüber inländischen kleinen AIFM als diskriminiert angesehen werden konnten.[4] Dem könnte allerdings die Ratio von Art. 3 Abs. 4 entgegengehalten werden, welcher gerade die Rechtsstellung kleiner AIFM nach Maßgabe der Richtlinie regelt, wenn der kleine AIFM nicht von dem Opt-In Gebrauch gemacht hat. Hiernach kommen kleine AIFM nicht in den Genuss der in der Richtlinie genannten Rechte. Nicht genau benannt ist, welche Rechte hiermit im Konkreten gemeint sind. In der Literatur wird vertreten, dass nach Sinn und Zweck der Regelung und dem historischen Willen des Richtliniengebers kleine AIFM jedenfalls nicht der EU-Vertriebs- und Verwaltungspass zustehen solle.[5]

Wenngleich die Vorschrift des § 330a mit Inkrafttreten des KAGB sofortige Wirkung 10 entfaltete, war ein eigenes Merkblatt zur Vertriebsanzeige nach § 330a nicht vorgesehen.[6]

B. Tatbestand

Die Systematik der Vorschrift des § 330a setzt ganz zentral voraus, dass die EU-AIF- 11 Verwaltungsgesellschaft als sog. kleiner AIFM unter der Richtlinie 2011/61/EU qualifiziert.

I. Anwendungsbereich (Abs. 1)

Der Anwendungsbereich des § 330a ist eröffnet, wenn ein Vertrieb von Anteilen oder 12 Aktien an AIF an semiprofessionelle oder professionelle Anleger im Geltungsbereich des KAGB durch eine EU-AIF-Verwaltungsgesellschaft beabsichtigt ist, die die Bedingungen nach Art. 3 Abs. 2 der Richtlinie 2011/61/EU erfüllen.

1. EU-AIF-Verwaltungsgesellschaft. § 330a erfordert den Vertrieb durch eine EU- 13 AIF-Verwaltungsgesellschaft.

Nach der Definition des § 1 Abs. 17 sind EU-Verwaltungsgesellschaften Unternehmen 14 mit Sitz in einem anderen Mitgliedstaat der Europäischen Union oder einem anderen Vertragsstaat des Abkommens über den Europäischen Wirtschaftsraum, die den Anforderungen an eine Verwaltungsgesellschaft oder an eine intern verwaltete Investmentgesellschaft im Sinne der Richtlinie 2009/65/EG oder an einen Verwalter alternativer Investmentfonds im Sinne der Richtlinie 2011/61/EU entsprechen.

Damit ist EU-Verwaltungsgesellschaft der Oberbegriff für externe als auch interne 15 Verwaltungsgesellschaften mit Sitz in der EU oder in einem EWR-Staat, die OGAW oder AIF verwalten.[7]

2. Bedingungen nach Art. 3 Abs. 2 der Richtlinie 2011/61/EU. Art. 3 Abs. 2 der 16 Richtlinie 2011/61/EU spricht zunächst nur einheitlich von „AIFM" und differenziert hierbei nicht zwischen einer EU-AIF-Verwaltungsgesellschaft und einer ausländischen AIF-Verwaltungsgesellschaft. Nach Sinn und Zweck der Richtlinie kann die Ausnahmeregelung in dieser Vorschrift nur für EU-AIF-Verwaltungsgesellschaften gelten, da sich auch

---

4 *Volhard/Jang* DB **2013** 273, 274f.
5 Dornseifer/Jesch/Klebeck/Tollmann/*Tollmann* Art. 3 Rn. 60.
6 „Häufige Fragen zum Vertrieb und Erwerb von Investmentvermögen nach dem KAGB" der Bundesanstalt für Finanzdienstleistungsaufsicht vom 4. Juli 2013, zuletzt geändert am 22. Januar 2013, Geschäftszeichen WA-Wp 2137-2013/0293, unter 2.1.1. Zur grundsätzlichen Systematik der Vertriebsanzeigeverfahren siehe jedoch die Merkblätter zu den Vertriebsanzeigen nach §§ 323, 331, 320 der Bundesanstalt vom 17. Juli 2013 bzw. 19. Juli 2013; herunterladbar auf www.bafin.de.
7 Vgl. auch Gesetzesbegründung zu § 1 Abs. 17 S. 370.

nur für diese Verwaltungsgesellschaften die Frage stellt, ob sie außerhalb oder innerhalb des Regimes der Richtlinie tätig sein möchten.[8] Mit Ausnahme von Art. 3 Abs. 3 müssen kleine AIFM keine Anforderungen der Richtlinie erfüllen. Die Frage, ob und in welchem Umfang kleine AIFM von den jeweiligen Mitgliedstaaten weitergehend reguliert werden, ist den Mitgliedstaaten entsprechend frei überlassen.

17 Absatz 2 von Art. 3 enthält zwei verschiedene Schwellenwerte, welche für kleine AIFM in Betracht kommen, wobei gemäß der Regelung bei beiden Alternativen auf den Konzern des AIFM abzustellen ist, um eine Umgehung der Schwellenwerte zu verhindern.[9]

18 (1) Der allgemeine Schwellenwert in Art. 3 Abs. 2 lit. a liegt bei € 100 Millionen für die verwalteten Vermögenswerte der verwalteten Portfolios von AIF, einschließlich der durch den Einsatz von Hebelfinanzierungen erworbenen Vermögenswerte. Hierbei ist es nicht erheblich, wie viele AIF eine Verwaltungsgesellschaft verwaltet. In die Kalkulation sind alle Vermögensgegenstände einzubeziehen, ungeachtet dessen ob sie mit Eigen- oder Fremdkapital erworben wurden. Unberücksichtigt bleiben entsprechend AIF, die von der Verwaltungsgesellschaft nicht originär (sondern nur als Insourcer) verwaltet werden oder Portfolien, die sich aus OGAW zusammensetzen oder nur einer individuellen Vermögensverwaltung unterliegen.[10]

19 (2) Der besondere Schwellenwert des Art. 3 Abs. 2 lit. b lautet auf € 500 Millionen für die verwalteten Vermögenswerte der verwalteten Portfolios von AIF, wenn (a) diese Portfolios aus nicht hebelfinanzierten AIF bestehen, die (b) für einen Zeitraum von fünf Jahren nach der Tätigung der ersten Anlage keine Rücknahmerechte ausüben dürfen (geschlossene AIF). Diese zwei wesentlichen Kriterien dienen insbesondere dazu, Venture Capital Fonds und kleinere Private Equity Fonds eine Herausnahme aus der umfänglichen Regulierungswelt der Richtlinie zu ermöglichen.

20 Nach Absatz 2 lit. b dürfen die AIF also zunächst keine Hebelfinanzierung aufweisen. Der Begriff der Hebelfinanzierung ist wiederum in Art. 4 Abs. 1 lit. v der Richtlinie definiert. Hebelfinanzierung ist hiernach jede Methode, mit der ein AIFM das Risiko eines von ihm verwalteten AIF durch Kreditaufnahme, Wertpapierleihe, in Derivate eingebettete Hebelfinanzierungen oder auf andere Weise erhöht. Private Equity und Venture Capital Fonds setzen typischerweise keine Hebelfinanzierung ein, sondern setzen Fremdkapital außerhalb des Fonds ein.[11]

21 Im Hinblick auf das Erfordernis der fehlenden Rückgaberechte[12] für einen Zeitraum von mindestens fünf Jahren ist ebenfalls zu berücksichtigen, dass Private Equity und Venture Capital Fonds regelmäßig einen längeren Lebenszyklus aufweisen bzw. das Rückgaberecht erst bei Liquidation des Fonds besteht.[13] Der maßgebliche Zeitpunkt für die Berechnung der Fünfjahresfrist ist die Tätigung der ersten Anlage.[14] Dies wiederum

---

8 Vgl. hierzu vor allem Dornseifer/Jesch/Klebeck/Tollmann/*Klebeck/Frick* Art. 3 Rn. 18. Zur freiwilligen Unterwerfung einer kleinen AIFM unter das Regime der Richtlinie vgl. auch die „Durchführungsverordnung (EU) Nr. 447/2013 der Kommission vom 15. Mai 2013 zur Festlegung des Verfahrens für AIFM, die beschließen, sich der Richtlinie 2011/61/EU des Europäischen Parlaments und des Rates zu unterwerfen."
9 Vgl. Dornseifer/Jesch/Klebeck/Tollmann/*Tollmann* Art. 3 Rn. 25.
10 Vgl. Dornseifer/Jesch/Klebeck/Tollmann/*Tollmann* Art. 3 Rn. 24.
11 Vgl. Dornseifer/Jesch/Klebeck/Tollmann/*Tollmann* Art. 3 Rn. 28 mit diversen Beispielen und weiterführenden Hinweisen.
12 Vgl. ausführlich zum Begriff des Rückgaberechtes, insbesondere in Bezug zur Differenzierung zwischen offenen und geschlossenen Fonds in Deutschland bzw. zu Kündigungs- und Widerrufsrechten Dornseifer/Jesch/Klebeck/Tollmann/*Tollmann* Art. 3 Rn. 30 f.
13 Vgl. auch Dornseifer/Jesch/Klebeck/Tollmann/*Tollmann* Art. 13 Rn. 29.
14 Der Kommissionsvorschlag der Richtlinie stellte ursprünglich auf den Zeitpunkt der Auflegung des AIF ab.

trägt dem Umstand Rechnung, dass zwischen Auflegung und der ersten Investition in einen Private Equity bzw. Venture Capital Fonds erfahrungsgemäß wegen Kaufverhandlungen und Auswahl der Zielgesellschaft ein längerer Zeitraum liegt.

Sollte eine Verwaltungsgesellschaft sowohl die Voraussetzungen nach lit. a als auch nach lit. b des Absatzes 2 erfüllen, darf sie frei wählen, auf welche Regelung bzw. auf welchen Schwellenwert sie sich berufen möchte. Erfüllt eine Verwaltungsgesellschaft zunächst die Voraussetzungen beider Alternativen, überschreitet mit der Zeit z.B. jedoch den niedrigeren allgemeinen Schwellenwert, kann sich die Verwaltungsgesellschaft dann, soweit die entsprechenden Bedingungen noch erfüllt sind, auf den höheren besonderen Schwellenwert berufen. Schließlich ist auch ein Wechsel zwischen den beiden Schwellenwerten möglich, wenn zunächst z.B. anfänglich nur der höhere besondere Schwellenwert erfüllt wurde, zeitlich später jedoch verwaltete AIF mit Fremdkapital liquidiert werden; dann kann sich die Verwaltungsgesellschaft durch einen Wechsel auf den allgemeinen Schwellenwert berufen.[15] **22**

Im Hinblick auf die Berechnung der Schwellenwerte sind auf Grundlage von Art. 3 Abs. 6a in der delegierten „Verordnung (EU) Nr. 231/2013 der Kommission vom 19. Dezember 2012 zur Ergänzung der Richtlinie 2011/61/EU des Europäischen Parlaments und des Rates im Hinblick auf Ausnahmen, die Bedingungen für die Ausübung der Tätigkeit, Verwahrstellen, Hebelfinanzierung, Transparenz und Beaufsichtigung" nähere Festlegungen erfolgt, wie die Schwellenwerte in der Richtlinie zu berechnen sind. Die diesbezüglichen maßgeblichen Regelungen finden sich in Art. 2 der Verordnung. **23**

Gemäß Art. 2 Abs. 5 der Verordnung muss jeder kleine AIFM, der sich auf die Schwellenwerte nach Art. 3 der Richtlinie beruft, mindestens einmal pro Jahr den Wert der von ihm verwalteten Vermögensgegenstände berechnen. Hierzu ist entsprechend ein Stichtag für die Berechnung auch für die Folgejahre zu wählen. Auch muss nach Art. 3 der Verordnung fortlaufend der aktuelle Wert beobachtet und berechnet werden. Art. 4 der Verordnung regelt wiederum die gelegentliche Überschreitung des Schwellenwerts. Hiernach gelten als dauerhafte, und damit nicht nur kurzfristige und vorübergehende, Überschreitungen, jedenfalls diejenigen, die länger als drei Monate dauern. In diesem Fall ist dies durch die Verwaltungsgesellschaft der Heimatbehörde anzuzeigen und innerhalb von 30 Tagen ein Antrag auf Zulassung als voll regulierte Verwaltungsgesellschaft gemäß Art. 7 der Richtlinie zu stellen.[16] Weder die Richtlinie noch die Verordnung regeln die Konstellation, dass eine nach der Richtlinie voll zugelassene Verwaltungsgesellschaft unter die Schwellenwerte fällt.[17] **24**

3. Vertrieb von AIF im Inland. § 330a setzt den Vertrieb der oben genannten AIF-Anteile im Inland voraus. Nach der Definition des Vertriebs in § 293 Abs. 1 qualifiziert als Vertrieb grundsätzlich jedes direkte oder indirekte Anbieten oder Platzieren von Anteilen oder Aktien eines Investmentvermögens.[18] Diese Definition des Vertriebsbegriffs enthielt bis zur Konsultation im Finanzausschuss des Bundestages noch die ergänzende Aufzählung „oder das Werben für ein Investmentvermögen". Dieser Passus wurde jedoch durch den Finanzausschuss gestrichen. Ausweislich der Begründung handelt es sich hierbei nach Wunsch bzw. Ansicht des Finanzausschusses lediglich um eine „redaktionelle Änderung", da der Begriff des Anbietens in § 293 Abs. 1 Satz 1 nicht nur Angebote im Sinne des BGB, sondern auch Angebote im weiteren Sinne, wie etwa die invitatio ad offeren- **25**

---

15 Dornseifer/Jesch/Klebeck/Tollmann/*Tollmann* Art. 3 Rn. 23 f.
16 Siehe näher zu diesem Verfahren auch Dornseifer/Jesch/Klebeck/Tollmann/*Tollmann* Art. 3 Rn. 41 ff.
17 Vgl. hierzu auch Dornseifer/Jesch/Klebeck/Tollmann/*Tollmann* Art. 3 Rn. 48.
18 Vgl. Kommentierung zu § 293.

dum umfasse. Der Begriff der Werbung sei daher im Wesentlichen redundant und könne entsprechend gestrichen werden.[19]

26 Ausdrücklich ausgenommen vom Begriff des Vertriebes sind nach Satz 2 des § 293 Abs. 1 z.B. die namentliche Nennung des Investmentvermögens, die Nennung und Veröffentlichung der Nettoinventarwerte und die an einem organisierten Markt ermittelten Kurse oder die Ausgabe- und Rücknahmepreise von Anteilen oder Aktien eines Investmentvermögens, Nennung bzw. Bekanntmachung der Besteuerungsgrundlagen nach § 5 des InvStG, die Erfüllung der gesetzlichen Veröffentlichungspflichten im Bundesanzeiger oder ausschließlich Informationen der regelmäßigen Informationspflichten der Verwaltungsgesellschaft gegenüber bereits investierten Anlegern nach dem KAGB. Diese Ausnahmen gelten jedenfalls solange nicht noch weitere Vertriebsaktivitäten nach § 293 ausgeübt werden.

27 Für **semiprofessionelle und professionelle Anleger** sieht Satz 3 der Vorschrift eine weitere Einschränkung vor: Hiernach soll ein Vertrieb gegenüber diesen Anlegergruppen nur dann gegeben sein, wenn dieser auf Initiative der Verwaltungsgesellschaft oder in deren Auftrag erfolgt und sich an semiprofessionelle oder professionelle Anleger mit Wohnsitz oder Sitz im Inland oder in einem anderen Europäischen Mitgliedstaat oder Vertragsstaat des Abkommens über den Europäischen Wirtschaftsraum richtet. Diese Einschränkung für die Anlegergruppe der semiprofessionellen und professionellen Anleger orientiert sich am Vertriebsbegriff der Richtlinie 2011/61/EU. Nach der Richtlinien-Definition in Art. 4 Abs. 1 lit. x ist Vertrieb das „*direkte oder indirekte, auf Initiative des AIFM oder in dessen Auftrag erfolgende Anbieten oder Platzieren von Anteilen an einem vom AIFM verwalteten AIF an Anleger oder bei Anlegern mit Wohnsitz oder Sitz in der Union*". Hieraus (= „*oder in dessen Auftrag*") lässt sich ableiten, dass das Einschalten von Dritten, wie z.B. von freien Vermittlern oder von Finanzdienstleistungsinstituten nicht dazu führt, dass der Vertrieb zu verneinen ist.

28 Die Bundesanstalt hat mit der Veröffentlichung „Häufige Fragen zum Vertrieb und Erwerb von Investmentvermögen nach dem KAGB" vom 4. Juli 2013, zuletzt geändert am 22. Januar 2014, ebenfalls zum Vertriebsbegriff Stellung genommen. Hierin stellt auch die Bundesanstalt klar, dass unter den Begriff des „Anbietens" auch Angebote im weiteren Sinne, wie die invitatio ad offerendum fallen. Für das „Platzieren" erfordert die Bundesanstalt einen aktiven Absatz von Anteilen oder Aktien eines Investmentvermögens. Das Wort „Vertrieb" impliziere einen auf den Absatz von Anteilen oder Aktien gerichtete Aktivität des Vertreibenden. Das bloße Reagieren auf die Order eines Anlegers stelle somit keinen Vertrieb dar. Ferner müsse das Anbieten oder Platzieren auf ein Investmentvermögen bezogen sein. Dieses läge insbesondere vor bei Investmentvermögen, die bereits aufgelegt sind, die angebotsreif sind (Musteranlagebedingungen, die noch zu verhandelnde Lücken aufweisen, reichen nicht) oder Investmentvermögen, die bereits unter einem bestimmten Namen firmieren (z.B. Fonds „XY Aktien Chance Plus").

29 Im Hinblick auf den Vertrieb an semiprofessionelle und professionelle Anleger legt die Bundesanstalt anhand eines Beispiels dar, dass die Vorlage von Musteranlagebedingungen und Musterprospekten zum Zwecke der Darlegung der eigenen Fähigkeiten der Verwaltungsgesellschaft (noch) keinen Vertrieb darstelle, jedenfalls solange die Unterlagen bzw. das Investment nicht angebotsreif sind. Schließlich sei es nicht Sinn und Zweck des Vertriebs-Anzeigeverfahrens, dass der Bundesanstalt jeder Verhandlungsstand anzuzeigen ist.

---

[19] Vgl. Gesetzesbegründung des Finanzausschusses zu § 293 S. 656.

Die Bundesanstalt versteht unter Vertrieb nicht die Veräußerung eigener Anteile 30
oder Aktien an einem Investmentvermögen durch einen Anleger. Anderes gelte jedoch,
wenn diese Veräußerung über einen Vermittler erfolge, der die Anteile zunächst auf die
eigenen Bücher nimmt.

Schließlich stellt die Bundesanstalt in ihrem Schreiben klar, dass ein Vertrieb von 31
Anteilen eines Investmentvermögens auch dann vorliege, wenn einem Anleger der Erwerb von weiteren Anteilen desselben Investmentvermögens direkt oder indirekt (etwa durch die Zusendung eines Verkaufsprospekts oder anderer Informationen) angeboten wird. Allerdings verweist die Bundesanstalt in diesem Kontext auf die Ausnahmen nach § 293 Abs. 2 Nr. 6 (gesetzliche Veröffentlichungspflichten im Bundesanzeiger und ausschließliche Erfüllung der regelmäßigen Informationspflichten gegenüber bereits investierten Anlegern).

4. Vertrieb an semiprofessionelle und professionelle Anleger. § 330a fordert, 32
dass der Vertrieb von Anteilen oder Aktien an AIF (ausschließlich) an **semiprofessionelle und professionelle Anleger** erfolgt.

Die Kategorie des **semiprofessionellen Anlegers** wurde erst mit dem Regierungs- 33
entwurf zum KAGB eingeführt und war Folge entsprechender Stimmen aus der Fondsbranche, welche befürchteten, dass sich gewisse vermögende Privatpersonen und auch Stiftungen künftig nicht mehr als Investoren eines Spezial-AIF qualifizieren könnten, da die Hürden als sog. erkorene professionelle Kunden unter MiFID zu hoch sind.[20]

Professionelle Anleger sind nach der Definition von § 1 Abs. 19 Nr. 32 Anleger, die 34
im Sinne von Anhang II der Richtlinie 2004/39/EG (MiFID-Richtlinie) als professioneller Kunde angesehen werden oder auf Antrag als professionelle Kunden behandelt werden können.

Ein semiprofessioneller Anleger hingegen ist nach der Definition von § 1 Abs. 19 35
Nr. 33 jeder Anleger, der (1) sich verpflichtet, mindestens € 200.000 zu investieren, (2) schriftlich in einem vom Vertrag über die Investitionsverpflichtung getrennten Dokument angibt, dass er sich der Risiken im Zusammenhang mit der beabsichtigten Verpflichtung oder Investition bewusst ist, (3) dessen Sachverstand, Erfahrungen und Kenntnisse die AIF-Verwaltungsgesellschaft oder die von ihr beauftragte Vertriebsgesellschaft bewertet, ohne von der Annahme auszugehen, dass der Anleger über die Marktkenntnisse und -erfahrungen der in Anhang II Abschnitt I der Richtlinie 2004/39/EG genannten Anleger verfügt, (4) bei dem die AIF-Verwaltungsgesellschaft oder die von ihr beauftragte Vertriebsgesellschaft unter Berücksichtigung der Art der beabsichtigten Verpflichtung oder Investition hinreichend davon überzeugt ist, dass er in der Lage ist, seine Anlageentscheidungen selbst zu treffen und die damit einhergehenden Risiken versteht und dass eine solche Verpflichtung für den betreffenden Anleger angemessen ist, und (5) dem die AIF-Verwaltungsgesellschaft oder die von ihr beauftragte Vertriebsgesellschaft schriftlich bestätigt, dass sie die oben genannte Bewertung vorgenommen hat und die weiteren genannten Voraussetzungen gegeben sind. Ebenfalls qualifiziert als semiprofessioneller Anleger ein in § 37 Abs. 1 genannter Geschäftsleiter oder Mitarbeiter der AIF-Verwaltungsgesellschaft, sofern er in von der AIF-Verwaltungsgesellschaft verwaltete AIF investiert, oder ein Mitglied der Geschäftsführung oder des Vorstands einer extern verwalteten Investmentgesellschaft ist, sofern er in die extern verwaltete Investmentgesellschaft investiert. Erst durch den Finanzausschuss des Bundestages wurde schließlich die weitere Alternative ergänzt, dass als semiprofessioneller Anleger auch jeder Anleger

---

[20] S. auch *Volhard/Jang* DB **2013** 273, 274; siehe auch Kommentierung zu § 1 Abs. 19 Nr. 33.

qualifiziert, der sich verpflichtet, mindestens € 10 Millionen in ein Investmentvermögen zu investieren.

36   Insgesamt stellt das KAGB in weiten Teilen den semiprofessionellen Anleger dem professionellen Anleger gleich, insbesondere im Zusammenhang mit dem Vertrieb von Spezial-AIF und EU-AIF.[21]

37   **5. Registrierung im Herkunftsmitgliedstaat (Abs. 1 Nr. 1).** Nach § 330a Abs. 1 Nr. 1 muss die EU-AIF-Verwaltungsgesellschaft in ihrem Herkunftsmitgliedstaat gemäß den im jeweiligen Herkunftsmitgliedstaat anzuwendenden Vorschriften, die Art. 3 der Richtlinie 2011/61/EU umsetzen, registriert sein.

38   Damit ist das Pendant zu der deutschen Regelung des § 2 Abs. 4 KAGB im jeweiligen Herkunftsmitgliedstaat gesucht. Mit § 2 Abs. 4 hat der deutsche Gesetzgeber Art. 3 Abs. 2 der Richtlinie praktisch inhaltlich unverändert übernommen. Die in Art. 3 Abs. 3 und 4 der Richtlinie für kleine AIFM aufgeführten geltenden Bestimmungen, haben ihren Niederschlag wiederum in § 44 gefunden. Trotz der bestehenden Möglichkeit für einen Mitgliedstaat, für kleine AIFM strengere nationale Vorschriften einzuführen, scheint Deutschland hiervon keinen Gebraucht machen zu wollen. Von Interesse sind jedoch die deutschen Regelungen in § 44 Abs. 1 Nr. 6 und 7, welche vorsehen, dass es sich bei dem kleinen AIFM um eine juristische Person oder um eine Personenhandelsgesellschaft handeln muss, bzw. dass ein kleiner AIFM nur AIF in der Rechtsform einer juristischen Person oder einer Personenhandelsgesellschaft mit einer GmbH als Komplementärin und Ausschluss einer Nachschusspflicht der Anleger, verwalten darf.

39   **6. Gestattung des Vertriebs eines kleinen AIFM nach § 2 Abs. 4 auch im Herkunftsstaat (Abs. 1 Nr. 2).** Nummer 2 von § 330a Abs. 1 setzt wiederum eine Art wechselseitige Anerkennung des Vertriebs von kleinen AIFM im jeweiligen Mitgliedstaat voraus. Hiernach verlangt die Vorschrift, dass der Herkunftsmitgliedsaat der EU-AIF-Verwaltungsgesellschaft einen Vertrieb von AIF, die von einer (deutschen) AIF-Kapitalverwaltungsgesellschaft verwaltet werden, die die Bedingungen nach § 2 Abs. 4 erfüllt und gemäß § 44 Abs. 1 Nr. 1 registriert ist, ebenfalls gestatten muss und den Vertrieb dieser AIF nicht an höhere Voraussetzungen knüpfen darf als das KAGB.

40   Dieses Erfordernis ist zum Zeitpunkt des Inkrafttretens des KAGB, welcher zeitlich zusammenfällt mit der allgemeinen Umsetzungsfrist der Richtlinie für alle Mitgliedstaaten, noch nicht hinreichend konkretisiert. In bereits etablierten aufsichtsrechtlichen, grenzüberschreitenden Sachverhalten bzw. Verfahren, sind mit der Zeit typischerweise Länderlisten entstanden, auf welchen die kooperierenden bzw. die für das jeweilige Verfahren benötigten Erfordernisse erfüllenden Länder aufgeführt sind. Bis zur Entwicklung einer solchen Länderliste für das § 330a-Verfahren wird der Bundesanstalt voraussichtlich nur der Weg verbleiben, im Zuge einer konkreten Vertriebsanzeige einer EU-AIF-Verwaltungsgesellschaft nach § 330a eine eingehende Prüfung dieses Erfordernisses in Bezug auf die jeweilige nationale Regelung des Herkunftsmitgliedstaates der anzeigenden EU-AIF-Verwaltungsgesellschaft vorzunehmen. So kann sich die Bundesanstalt die entsprechende Vorschrift des Herkunftsmitgliedstaates vorlegen und durch die nationale Aufsicht erläutern lassen. Entsprechend wird das Vertriebsanzeigeverfahren nach § 330a hierdurch zeitlich faktisch verlängert.

---

21 *Volhard/Jang* DB **2013** 273, 274; siehe auch Kommentierung zu § 1 Abs. 19 Nr. 33. Siehe ebenfalls die Begründung des Finanzausschusses zu § 1 Abs. 19 Nr. 33 lit. c.

II. Vertriebsanzeige (Abs. 2)

Wie bei allen anderen Vertriebskonstellationen nach dem KAGB wird auch für den Vertrieb nach § 330a ein Anzeigeverfahren erforderlich, um der Bundesanstalt die Prüfung zu ermöglichen, ob die in Absatz 1 genannten Voraussetzungen vorliegen.[22] Der Anzeige sind folgende Angaben und Dokumente beizufügen: 41

1. Bescheinigung der zuständigen Stelle des Herkunftsmitgliedstaats (Abs. 2 Nr. 1). § 330a Abs. 2 Satz 2 Nr. 1 verlangt eine **Bescheinigung der zuständigen Stelle des Herkunftsmitgliedstaates** in einer in der internationalen Finanzwelt gebräuchlichen Sprache, dass die EU-AIF-Verwaltungsgesellschaft in ihrem Herkunftsmitgliedstaat gemäß den im Herkunftsmitgliedstaat anzuwendenden Vorschriften, die Art. 3 der Richtlinie umsetzen, registriert ist.[23] 42

2. Erklärung der EU-AIF-Verwaltungsgesellschaft (Abs. 2 Nr. 2). Nach Nummer 2 ist ferner eine Erklärung der EU-AIF-Verwaltungsgesellschaft darüber gefordert, dass sie sich verpflichtet, die Bundesanstalt über alle wesentlichen Änderungen ihre Registrierung betreffend zu unterrichten und die Änderungsangaben nachzuweisen. 43

Hierzu dürften insbesondere Änderungen zählen, die Art. 3 Abs. 3 lit. e der Richtlinie unterfallen. Hiernach ist der AIFM verpflichtet, seiner Heimatbehörde unverzüglich mitzuteilen, wenn die Voraussetzungen für eine Ausnahme als kleiner AIFM nach Art. 3 Abs. 2 nicht länger vorliegen. Die Rechtsfolgen des Entfallens der Voraussetzungen nach Art. 3 Abs. 2 der Richtlinie sind wiederum in Absatz 3 Unterabsatz 3 von Art. 3 geregelt. 44

3. Auskunftserteilung (Abs. 2 Nr. 3). Nummer 3 stellt sicher, dass der Bundesanstalt auf Verlangen Auskunft erteilt und Unterlagen zur Geschäftstätigkeit der EU-AIF-Verwaltungsgesellschaft vorgelegt werden. 45

4. Nachweis über Zahlung (Abs. 2 Nr. 4). Nach Nummer 4 hat die EU-AIF-Verwaltungsgesellschaft schließlich nachzuweisen, dass sie die Gebühr für die Anzeige gezahlt hat. Die Bundesanstalt erhebt für die Bearbeitung der Anzeige eine Gebühr nach der Verordnung über die Erhebung von Gebühren und die Umlegung von Kosten nach dem Finanzdienstleistungsaufsichtsgesetz (FinDAGKostV) und dem Gebührenverzeichnis dieser Verordnung. Als Nachweis der Zahlung der Gebühr kann z.B. der Scan des Überweisungsträgers fungieren. 46

5. Fremdsprachige Unterlagen. Um eine Prüfung der nach Absatz 2 eingereichten Unterlagen zu ermöglichen, schreibt § 330a Abs. 1 letzter Satz vor, dass fremdsprachige Unterlagen entweder in deutscher Übersetzung oder in englischer Sprache vorzulegen sind. 47

III. Aufnahme des Vertriebs (Abs. 3)

Nach Absatz 3 kann der Vertrieb durch die EU-AIF-Verwaltungsgesellschaft aufgenommen werden, wenn die Zulässigkeitsvoraussetzungen nach Absatz 1 erfüllt sind und eine vollständige Anzeige nach Absatz 2 bei der Bundesanstalt eingegangen ist. 48

---

22 Vgl. auch Gesetzesbegründung S. 534.
23 Zur Registrierung s. auch Rn. 37.

49 Auf Antrag der EU-AIF-Verwaltungsgesellschaft hat die Bundesanstalt das Vorliegen der Zulässigkeitsvoraussetzungen nach Absatz 1 und den Eingang der vollständigen Anzeige nach Absatz 2 auch zu bestätigen.

IV. Keine Anwendung von § 295 Abs. 5 (Abs. 4)

50 Erfüllt eine EU-AIF-Verwaltungsgesellschaft die Bedingungen nach Art. 3 Abs. 2 der Richtlinie 2011/61/EU und darf sie in Deutschland gemäß § 330a vertreiben, findet für den Vertrieb und den Erwerb von von ihr verwalteten AIF **§ 295 Abs. 5 keine Anwendung.**

51 Die Vorschrift des § 295 Abs. 5 definiert den Anwendungsbereich des Unterabschnitts 3[24] des Abschnitts 1 des Kapitels 4 des KAGB und damit die Vorschriften für den Vertrieb und den Erwerb von AIF in Bezug auf semiprofessionelle und professionelle Anleger. § 295 Abs. 5 trägt ausweislich der Gesetzesbegründung dem Umstand Rechnung, dass Art. 23 der Richtlinie 2011/61/EU Informationen vor jeder Anlage in einen EU-AIF oder in der Europäischen Union vertriebenen AIF fordert. Allerdings wird bei EU-AIF, die nicht von einer (deutschen) AIF-Kapitalverwaltungsgesellschaft verwaltet werden, auf die Berechtigung zum Vertrieb an professionelle Anleger abgestellt, damit der Anwendungsbereich des KAGB nicht auf EU-AIF ausgedehnt wird, die weder von einer (deutschen) AIF-Kapitalverwaltungsgesellschaft oder einer ausländischen AIF-Verwaltungsgesellschaft mit einer Erlaubnis nach § 58 verwaltet, noch im Geltungsbereich des KAGB vertrieben werden.

§ 331
Anzeigepflicht einer AIF-Kapitalverwaltungsgesellschaft beim Vertrieb von EU-AIF oder inländischen AIF an professionelle Anleger in anderen Mitgliedstaaten der Europäischen Union oder in anderen Vertragsstaaten des Abkommens über den Europäischen Wirtschaftsraum; Verordnungsermächtigung

(1) Beabsichtigt eine AIF-Kapitalverwaltungsgesellschaft, Anteile oder Aktien an einem von ihr verwalteten EU-AIF oder an einem von ihr verwalteten inländischen AIF in anderen Mitgliedstaaten der Europäischen Union oder in anderen Vertragsstaaten des Abkommens über den Europäischen Wirtschaftsraum an professionelle Anleger zu vertreiben, so hat sie dies der Bundesanstalt in einer in internationalen Finanzkreisen gebräuchlichen Sprache anzuzeigen. Das Anzeigeschreiben muss die in § 321 Absatz 1 Satz 2 geforderten Angaben und Unterlagen in jeweils geltender Fassung enthalten. Zusätzlich müssen in dem Schreiben Angaben zu den Vorkehrungen für den Vertrieb des angezeigten AIF gemacht und der Mitgliedstaat der Europäischen Union oder der Vertragsstaat des Abkommens über den Europäischen Wirtschaftsraum, in dem Anteile oder Aktien des angezeigten AIF an professionelle Anleger vertrieben werden sollen, angegeben werden. Ist der AIF im Sinne von Satz 1 ein Feeder-AIF, so ist eine Anzeige nach Satz 1 nur zulässig, wenn der Master-AIF ebenfalls ein EU-AIF oder ein inländi-

---

24 Bei dem Verweis auf Unterabschnitt 2 im Wortlaut des § 295 Abs. 5 kann es sich nur um ein redaktionelles Versehen handeln. Im Zuge der Anpassungen der Abschnittsnummerierung in Kapitel 4 des KAGB im Gesetzgebungsverfahrens wurde offensichtlich versäumt, auch den nunmehr auf Unterabschnitt 3 gerichteten Verweis in § 295 Abs. 5 entsprechend anzupassen.

scher AIF ist, der von einer EU-AIF-Verwaltungsgesellschaft oder einer AIF-Kapitalverwaltungsgesellschaft verwaltet wird. Ist dies nicht der Fall, so richtet sich das Anzeigeverfahren ab dem Zeitpunkt, auf den in § 295 Absatz 2 Nummer 1 verwiesen wird, nach § 332.

(2) Die AIF-Kapitalverwaltungsgesellschaft hat das Anzeigeschreiben nach Absatz 1 einschließlich der erforderlichen Angaben und Unterlagen über das Melde- und Veröffentlichungssystem der Bundesanstalt zu übermitteln. Das Bundesministerium der Finanzen kann durch Rechtsverordnung, die nicht der Zustimmung des Bundesrates bedarf, nähere Bestimmungen über Art, Umfang und Form der einzureichenden Unterlagen nach Satz 1 und über die zulässigen Datenträger und Übertragungswege erlassen. Das Bundesministerium der Finanzen kann die Ermächtigung durch Rechtsverordnung auf die Bundesanstalt übertragen.

(3) § 321 Absatz 2 ist entsprechend anzuwenden mit der Maßgabe, dass nach Ablauf der in § 321 Absatz 2 Satz 4 genannten Frist eine Übermittlung der Anzeige nach Absatz 4 ausgeschlossen ist.

(4) Liegen keine Anhaltspunkte dafür vor, dass die AIF-Kapitalverwaltungsgesellschaft oder die Verwaltung des angezeigten AIF durch die AIF-Kapitalverwaltungsgesellschaft den Vorschriften dieses Gesetzes oder der Richtlinie 2011/61/EU nicht entspricht oder künftig nicht entsprechen wird, übermittelt die Bundesanstalt spätestens 20 Arbeitstage nach dem Eingang der vollständigen Anzeigeunterlagen nach Absatz 1 die vollständigen Anzeigeunterlagen an die zuständigen Stellen der anderen Mitgliedstaaten der Europäischen Union oder der anderen Vertragsstaaten des Abkommens über den Europäischen Wirtschaftsraum, in denen der angezeigte AIF an professionelle Anleger vertrieben werden soll. Die Bundesanstalt fügt eine in einer in internationalen Finanzkreisen gebräuchlichen Sprache erstellte Bescheinigung über die Erlaubnis der AIF-Kapitalverwaltungsgesellschaft zur Verwaltung von AIF mit einer bestimmten Anlagestrategie bei. Die Vorkehrungen nach § 321 Absatz 1 Satz 2 Nummer 7 und § 331 Absatz 1 Satz 3 sind von der Bundesanstalt nicht zu überprüfen.

(5) Die Bundesanstalt unterrichtet die AIF-Kapitalverwaltungsgesellschaft unverzüglich über den Versand der Anzeigeunterlagen. Die AIF-Kapitalverwaltungsgesellschaft kann ab dem Datum dieser Mitteilung mit dem Vertrieb des angezeigten AIF an professionelle Anleger in dem betreffenden Mitgliedstaat der Europäischen Union oder im Vertragsstaat des Abkommens über den Europäischen Wirtschaftsraum beginnen. Falls es sich bei dem angezeigten AIF um einen EU-AIF handelt, für den eine andere Stelle als die Stelle des Mitgliedstaates der Europäischen Union oder des Vertragsstaates des Abkommens über den Europäischen Wirtschaftsraum, in dem der angezeigte AIF an professionelle Anleger vertrieben werden soll, zuständig ist, teilt die Bundesanstalt zudem der für den EU-AIF zuständigen Stelle mit, dass die AIF-Kapitalverwaltungsgesellschaft mit dem Vertrieb von Anteilen oder Aktien des EU-AIF an professionelle Anleger im Aufnahmestaat der AIF-Kapitalverwaltungsgesellschaft beginnen kann.

(6) Können die Anzeigeunterlagen nicht nach Absatz 4 Satz 1 an die zuständigen Stellen der anderen Mitgliedstaaten der Europäischen Union oder Vertragsstaaten des Abkommens über den Europäischen Wirtschaftsraum übermittelt werden, teilt die Bundesanstalt dies der AIF-Kapitalverwaltungsgesellschaft unter Angabe der Gründe innerhalb der Frist von Absatz 4 Satz 1 mit. Hierdurch wird die in Satz 1 genannte Frist unterbrochen und beginnt mit der Einreichung der geänderten Angaben und Unterlagen erneut.

(7) § 321 Absatz 4 ist entsprechend anzuwenden. Bei zulässigen Änderungen unterrichtet die Bundesanstalt unverzüglich die zuständigen Stellen des Aufnahmemitgliedstaates der AIF-Kapitalverwaltungsgesellschaft über diese Änderungen. Die Vorkehrungen nach § 321 Absatz 1 Satz 2 Nummer 7 und § 331 Absatz 1 Satz 3 sind von der Bundesanstalt nicht zu überprüfen.

Schrifttum

Emde/Dreibus „Der Regierungsentwurf für ein Kapitalanlagegesetzbuch", BKR **2013** 89–102; *Klebeck/Boxberger* „Vertrieb von Alternativen Investmentfonds unter dem KAGB", Absolutreport 4/2013, 64; *Klebeck/Meyer* „Drittstaatenregulierung der AIFM-Richtlinie", RdF **2012** 95–102; *Kramer/Recknagel* „Die AIFM-Richtlinie – Neuer Rechtsrahmen für die Verwaltung alternativer Investmentfonds", DB **2011** 2077 ff.; *Kurz* „Vertrieb von Finanzprodukten in Deutschland", DB **2013** 501 ff.; *von Livonius* „Aktuelle Rechtsfragen des Vertriebs von Finanzprodukten", BKR **2005** 12 ff.; *Spindler/Tancredi* „Die Richtlinie über Alternative Investmentfonds (AIFM-Richtlinie) Teil I", WM **2011** 1393–1405; *diess.* „Die Richtlinie über Alternative Investmentfonds (AIFM-Richtlinie) Teil II", WM **2011** 1441–1451; *Volhard/Jang* „Der Vertrieb alternativer Investmentfonds – Regelungsrahmen für den Vertrieb an professionelle und semi-professionelle Anleger in Deutschland nach dem RegE zur Umsetzung der AIFM-RL", DB **2013** 273–278; *Schimansky/Bunte/Lwowski* (Hrsg.), Bankrechts-Handbuch, 4. Auflage (2011); *Weiser/Jang* „Die nationale Umsetzung der AIFM-Richtlinie und ihre Auswirkungen auf die Fondsbranche in Deutschland", BB **2011** 1219 ff.; *Weiser/Hüwel* „Verwaltung alternativer Investmentfonds und Auslagerung nach dem KAGB-E", BB **2013** 1091 ff.; *Weisner/Friedrichsen/Heimberg* „Neue Anforderungen an Erlaubnis und Tätigkeit der „freien" Anlageberater und -vermittler", DStR **2012** 1034 ff.; *Weitnauer* „Die AIFM-Richtlinie und ihre Umsetzung", BKR **2011** 143 ff.

Systematische Übersicht

A. Allgemeines
    I. Regelungsgegenstand —— 1
    II. Zeitliche Anwendbarkeit —— 5
    III. Europarechtliche Vorgaben —— 11
B. Anwendungsbereich —— 14
    I. AIF-Kapitalverwaltungsgesellschaft —— 15
    II. Vertrieb von EU-AIF oder inländischen AIF in anderen EU-Mitgliedstaat oder in einem anderen EWR-Vertragsstaat —— 16
    III. Vertrieb an professionelle Anleger —— 18
C. Vertriebsanzeige —— 19
    I. Prüfungsmaßstab und Verfahrensablauf —— 22
    II. Anzeigeschreiben —— 28
    III. Sprache —— 32
    IV. Unterschrift/Bestätigung —— 34
    V. Beizufügende Unterlagen —— 35
    VI. Übermittlung —— 36
    VII. Besonderheiten bei Feeder-AIF (Abs. 1 Satz 5 und 6) —— 37
    VIII. Gebühren —— 39
D. Änderungsanzeige —— 40

A. Allgemeines

I. Regelungsgegenstand

1 Die §§ 331 bis 335 dienen der Errichtung des europaweit geltenden Systems des Europäischen Passes, der es EU-AIF und ausländischen AIF ermöglichen soll, AIF in den EU-Mitgliedstaaten und EWR-Vertragsstaaten zu vertreiben, ohne dass es jeweils einer gesonderten Zulassung im jeweiligen Aufnahmestaat bedarf. Damit wird das System des Europäischen Passes, dessen Einrichtung die EU-Kommission für OGAW u.a. in ihrem Weißbuch[1] empfohlen hat, auch auf den Bereich der AIF ausgedehnt.

---

[1] Weißbuch für den Ausbau des Binnenmarktrahmens für Investmentfonds, 15.11.2006, KOM (2006) 686 endgültig.

Die §§ 331 bis 335 regeln die verschiedenen Anzeigeverfahren für den grenzüberschreitenden Vertrieb von Anteilen oder Aktien an AIF. Welches Anzeigeverfahren jeweils Anwendung findet, richtet sich danach, ob es sich um eine AIF-Kapitalverwaltungsgesellschaft oder einen ausländischen AIF, dessen Referenzstaat die Bundesrepublik Deutschland ist, handelt und danach, um was für einen AIF es sich handelt. 2

§ 331 regelt das Anzeigeverfahren für den Fall, dass eine AIF-Kapitalverwaltungsgesellschaft EU-AIF oder inländische AIF an professionelle Anleger in anderen EU-Mitgliedstaaten oder EWR-Vertragsstaaten vertreiben will. Damit regelt § 331 sozusagen den innereuropäischen Grundfall des Europäischen Passes ohne weiteren Drittstaatenbezug. 3

Die Anzeige gemäß § 331 ermöglicht es der AIF-Kapitalverwaltungsgesellschaft, Aktien und Anteile an einem EU-AIF oder an einem von ihr verwalteten inländischen AIF in anderen EU-Mitgliedstaaten oder EWR-Vertragsstaaten unter einem Europäischen Pass zu vertreiben. Die Meldeunterlagen werden von der BaFin an die zuständige Behörde im Aufnahmemitgliedstaat weitergeleitet. Der Vorteil besteht darin, dass eine gesonderte Prüfung und Bewilligung durch die Aufsichtsbehörde des Aufnahmemitgliedstaates nicht erfolgt. 4

II. Zeitliche Anwendbarkeit

Gemäß § 295 Absatz 6 findet § 331 seit dem Tag des Inkrafttretens des KAGB Anwendung. 5

Das KAGB sieht gleichwohl eine Übergangsregelung vor. Maßgebliche Übergangsvorschrift ist § 345 Absatz 10 KAGB. Danach darf eine AIF-Kapitalverwaltungsgesellschaft, die bei Inkrafttreten des KAGB in einem anderen EU-Mitgliedstaat oder in einem EWR-Vertragsstaat zum Vertrieb eines ab 22. Juli 2013 der Anzeigepflicht nach § 331 unterfallenden AIF an professionelle Anleger berechtigt ist, diesen dort bis zum 21. Juli 2014 weitervertreiben. 6

Ab dem 22. Juli 2014 ist der Vertrieb nicht mehr erlaubt, es sei denn, die AIF-Kapitalverwaltungsgesellschaft hat ein neues Vertriebsrecht nach § 331 Absatz 5 Satz 2 erhalten. Es gilt also eine einjährige Übergangszeit innerhalb derer eine neue Erlaubnis eingeholt werden muss. 7

Davon unberührt bleiben jedoch abweichende Fristen in dem EU-Mitgliedstaat oder in dem EWR-Vertragsstaat, in dem der AIF bisher zum Vertrieb an professionelle Anleger zugelassen war. 8

Die Fristen nach § 331 Absatz 3 und 4 beginnen erst zu laufen, sobald die BaFin der AIF-Kapitalverwaltungsgesellschaft eine Erlaubnis gemäß § 22 erteilt hat und die Änderungen der Anlagebedingungen in Kraft getreten sind. 9

Gemäß § 353 Absatz 8 KAGB ist § 331 nicht anzuwenden auf den Vertrieb von Anteilen oder Aktien an inländischen AIF oder EU-AIF, die Gegenstand eines laufenden öffentlichen Angebots unter Verwendung eines Prospektes sind, der vor dem 22. Juli 2013 gemäß dem Wertpapierprospektgesetz oder der Richtlinie 2003/71/EG erstellt und veröffentlicht wurde, solange dieser Prospekt Gültigkeit hat. 10

III. Europarechtliche Vorgaben

Ebenso wie § 323 findet § 331 seine europarechtliche Grundlage in Artikel 32 der Richtlinie 2011/61/EU. Artikel 32 der Richtlinie 2011/61/EU sieht ein Anzeigeverfahren für alle EU-AIF vor, die von einem EU-AIFM in einem anderen Staat als seinem Herkunftsland an professionelle Anleger vertrieben werden sollen. Während § 323 die Anzeigepflicht im Falle des Vertriebs von EU-AIF und inländischen Spezial-AIF durch EU-AIF- 11

Verwaltungsgesellschaften im Inland regelt, legt § 331 spiegelbildlich eine Anzeigepflicht für den Fall fest, dass eine inländische AIF-Kapitalverwaltungsgesellschaft EU-AIF oder inländische AIF in anderen EU-Mitgliedstaaten oder EWR-Vertragsstaaten vertreiben will.

12   Artikel 32 Absatz 8 der Richtlinie 2011/61/EU sieht die Möglichkeit vor, dass die ESMA technische Durchführungsstandards erarbeitet, um einheitliche Bedingungen für die Anwendung des Artikels 32 der Richtlinie 2011/61/EU zu gewährleisten. Zur Zeit dieser Kommentierung hatte die ESMA noch keine entsprechenden Durchführungsstandards erarbeitet.

13   Im Einzelnen setzt Absatz 1 Satz 1 Artikel 32 Absatz 1 Unterabsatz 1 und Absatz 6 Unterabsatz 1 der Richtlinie 2011/61/EU um. Absatz 1 Satz 2 setzt Artikel 32 Absatz 2 und Anhang IV der Richtlinie 2011/61/EU um. Absatz 1 Satz 3 setzt Artikel 32 Absatz 1 Unterabsatz 2 der Richtlinie 2011/61/EU um. Absatz 2 Satz 1 setzt Artikel 32 Absatz 6 Unterabsatz 2 der Richtlinie 2011/61/EU um. Absatz 4 setzt Artikel 32 Absatz 3, 5 und Absatz 6 Unterabsatz 1 der Richtlinie 2011/61/EU um. Absatz 5 setzt Artikel 32 Absatz 4 der Richtlinie 2011/61/EU um. Absatz 5 setzt Artikel 32 Absatz 4 der Richtlinie 2011/61/EU um.

B. Anwendungsbereich

14   AIF-Kapitalverwaltungsgesellschaften haben ihre Absicht des Vertriebs von Anteilen oder Aktien an von ihr verwalteten EU-AIF oder inländischen AIF an professionelle Anleger in entsprechender Anwendung des § 321 Absatz 1 Satz 2 KAGB anzuzeigen. Die Anzeigepflicht betrifft also Kapitalverwaltungsgesellschaften, die ihren satzungsmäßigen Sitz und ihre Hauptverwaltung im Inland, das heißt Deutschland, haben. § 331 regelt daher die so genannte „Outgoing-AIF-Notification". Denn die Anzeige gegenüber der BaFin dient als Grundlage für die sich anschließende Notifizierung durch die BaFin an die entsprechenden Aufsichtsbehörden in den betreffenden EU-Mitgliedstaaten oder den betreffenden EWR-Vertragsstaaten.

I. AIF-Kapitalverwaltungsgesellschaft

15   Zunächst muss es sich um eine AIF-Kapitalverwaltungsgesellschaft im Sinne des § 1 Absatz 16 handeln. Die Anzeigepflicht betrifft also nach § 17 Absatz 1 Unternehmen, die ihren satzungsmäßigen Sitz und ihre Hauptverwaltung im Inland, das heißt Deutschland, haben und deren Geschäftsbetrieb darauf gerichtet ist, inländische Investmentvermögen, EU-Investmentvermögen oder ausländische AIF zu verwalten.

II. Vertrieb von EU-AIF oder inländischen AIF in anderen EU-Mitgliedstaat oder in einem anderen EWR-Vertragsstaat

16   Es muss der Vertrieb von EU-AIF oder inländischen AIF in anderen EU-Mitgliedstaat oder in einem anderen EWR-Vertragsstaat beabsichtigt sein. Vom Anwendungsbereich der Vorschrift ausgenommen ist daher der Vertrieb von ausländischen AIF. Die Vertriebsanzeige erfolgt für diese nach Maßgabe des § 332.

17   Hinsichtlich der Definition des Vertriebsbegriffs kann auf die ausführliche Kommentierung zu § 293 verweisen werden.

III. Vertrieb an professionelle Anleger

§ 331 erfasst nur den Vertrieb an professionelle Anleger. Solche sind gemäß § 1 Absatz 19 Nr. 32 Anleger, die im Sinne von Anhang II der Richtlinie 2004/39/EG (MiFID-Richtlinie) als professionelle Kunden angesehen werden oder auf Antrag als professionelle Kunden behandelt werden.

C. Vertriebsanzeige

Das in § 331 vorgesehene elektronische Anzeigeverfahren für den Vertrieb von EU-AIF oder inländischen AIF an professionelle Anleger in anderen EU-Mitgliedstaaten oder EWR-Vertragsstaaten („Outgoing-AIF-Notification" bzw. das „Outgoing-AIF-Update") ist zwischenbehördlich ausgestaltet.

Absatz 2 enthält eine Ermächtigung des Bundesministeriums der Finanzen, durch Rechtsverordnung nähere Bestimmungen über Art, Umfang und Form der einzureichenden Unterlagen nach Satz 1 und über die zulässigen Datenträger und Übertragungswege zu erlassen. Die Vorschrift entspricht der ehemaligen Vorschrift des § 128 Absatz 6 des InvG.[2] Das Bundesministerium der Finanzen hat die Ermächtigung durch Rechtsverordnung auf die BaFin übertragen.

Am 22. Juli 2013 hat die BaFin ein entsprechendes Merkblatt veröffentlicht.[3] Das Merkblatt enthält detaillierte Bestimmungen über Art, Umfang und Form der im Anzeigeverfahren einzureichenden Unterlagen und über die zulässigen Datenträger und Übertragungswege.

I. Prüfungsmaßstab und Verfahrensablauf

Die Durchführung des Anzeigeverfahrens soll der BaFin die Prüfung ermöglichen, ob Anhaltspunkte dafür vorliegen, dass die AIF-Kapitalverwaltungsgesellschaft oder die Verwaltung des angezeigten AIF durch die AIF-Kapitalverwaltungsgesellschaft den Vorschriften des KAGB oder der Richtlinie 2011/61/EU nicht entspricht oder künftig nicht entsprechen wird. Es handelt sich damit also auch um eine Prognoseentscheidung der BaFin.

Die BaFin überprüft zunächst, ob die übermittelten Angaben und Unterlagen vollständig sind (Absatz 3 i.V.m. § 321 Absatz 2). Fehlende Angaben und Unterlagen fordert die BaFin innerhalb von 20 Arbeitstagen als Ergänzungsanzeige an. Mit Eingang der Ergänzungsanzeige beginnt die Frist von 20 Arbeitstagen erneut. Die Ergänzungsanzeige ist der BaFin innerhalb von sechs Monaten nach der Erstattung der Anzeige oder der letzten Ergänzungsanzeige einzureichen. Geschieht das nicht, ist die Übermittlung der Anzeige gemäß Absatz 4 an die zuständigen Stellen der anderen EU-Mitgliedstaaten oder der anderen EWR-Vertragsstaaten ausgeschlossen. Die sechsmonatige Frist ist eine Ausschlussfrist. Eine erneute Anzeige ist jedoch jederzeit möglich.

---

[2] Regierungsbegründung zum KAGB-Entwurf, BTDrucks. 17/12294, S. 293.
[3] Merkblatt (2013) für den Vertrieb von Anteilen oder Aktien an EU-AIF oder inländischen AIF, die durch eine AIF-Kapitalverwaltungsgesellschaft verwaltet werden, an professionelle Anleger in anderen Mitgliedstaaten der Europäischen Union oder in Vertragsstaaten des Abkommens über den Europäischen Wirtschaftsraum gemäß § 331 Kapitalanlagegesetzbuch (KAGB) „Outgoing AIF-Notification" bzw. „Outgoing-AIF-Update" vom 17. Juli 2013, abrufbar auf der Internetseite der BaFin unter: http://www.bafin.de/SharedDocs/Downloads/DE/Merkblatt/WA/dl_130722_merkbl_331KAGB_wa.html.

24 Liegen keine Anhaltspunkte dafür vor, dass die AIF-Kapitalverwaltungsgesellschaft oder die Verwaltung des angezeigten AIF durch die AIF-Kapitalverwaltungsgesellschaft den Vorschriften des KAGB oder der Richtlinie 2011/61/EU nicht entsprechen oder künftig nicht entsprechen werden, übermittelt die BaFin spätestens 20 Arbeitstage nach dem Eingang der vollständigen Anzeigeunterlagen diese an die zuständigen Stellen der anderen EU-Mitgliedstaaten oder der anderen EWR-Vertragsstaaten, in denen der angezeigte AIF an professionelle Anleger vertrieben werden soll (§ 331 Absatz 4). Die BaFin fügt dem Übermittlungsschreiben eine Bescheinigung über die Erlaubnis der AIF-Kapitalverwaltungsgesellschaft zur Verwaltung von AIF mit einer bestimmten Anlagestrategie bei. Die Vorkehrungen nach § 321 Absatz 1 Satz 2 Nummer 7 und § 331 Absatz 1 Satz 3 sind von der BaFin nicht zu überprüfen

25 Unverzüglich nach dem Versand der Anzeigeunterlagen an die zuständige Stelle des Aufnahmestaates unterrichtet die BaFin die AIF-Kapitalverwaltungsgesellschaft von der Übermittlung (§ 331 Absatz 5). Die AIF-Kapitalverwaltungsgesellschaft ist ab dem Datum dieser Mitteilung der BaFin berechtigt, mit dem Vertrieb des angezeigten AIF an professionelle Anleger in dem betreffenden EU-Mitgliedstaat oder EWR-Vertragsstaat zu beginnen (§ 331 Absatz 5).

26 Falls es sich bei dem angezeigten AIF um einen EU-AIF handelt, für den eine andere Stelle als die Stelle des Mitgliedstaates der Europäischen Union oder des Vertragsstaates des Abkommens über den Europäischen Wirtschaftsraum, in dem der angezeigte AIF an professionelle Anleger vertrieben werden soll, zuständig ist, teilt die BaFin zudem der für den EU-AIF zuständigen Stelle mit, dass die AIF-Kapitalverwaltungsgesellschaft mit dem Vertrieb von Anteilen oder Aktien des EU-AIF an professionelle Anleger im Aufnahmestaat der AIF-Kapitalverwaltungsgesellschaft beginnen kann (Absatz 5 Satz 3).

27 Eine Lücke, die in der Richtlinie 2011/61/EU enthalten ist, soll Absatz 6 schließen.[4] Denn die Richtlinie 2011/61/EU sieht kein Verfahren für den Fall vor, dass die Anzeigeunterlagen nicht übermittlungsfähig sind. Sollte das der Fall sein, teilt die BaFin der AIF-Kapitalverwaltungsgesellschaft dies unter Angabe der genauen Gründe innerhalb von 20 Arbeitstagen nach Eingang der vollständigen Anzeigeunterlagen mit. Hierdurch erhält die AIF-Kapitalverwaltungsgesellschaft die Möglichkeit einer Nachbesserung in ein und demselben Anzeigeverfahren, wodurch vermieden wird, dass die AIF-Kapitalverwaltungsgesellschaft ein neues Anzeigeverfahren anstrengen muss. Allerdings beginnt die Entscheidungsfrist von 20 Arbeitstagen nach Einreichung der dann geänderten Angaben und Unterlagen von neuem zu laufen.

II. Anzeigeschreiben

28 Das Anzeigeschreiben muss die in § 321 Absatz 1 Satz 2 geforderten Angaben und Unterlagen in jeweils geltender Fassung enthalten. Auf die dortige Kommentierung wird insoweit verwiesen.[5]

29 Ein Muster des Anzeigeschreibens hat die BaFin am 22. Juli 2013 auf ihrer Internetseite veröffentlicht.[6] Laut dem Merkblatt 2013 zu § 331 der BaFin ist dieses Anzeigeschrei-

---

4 Regierungsbegründung zum KAGB-Entwurf, BTDrucks. 17/12294, S. 294.
5 Siehe § 321 Rn. 20.
6 Anzeigeschreiben auf der Grundlage von § 331 Kapitalanlagegesetzbuch (KAGB) vom 22. Juli 2013, abrufbar auf der Internetseite der BaFin unter: http://www.bafin.de/SharedDocs/Downloads/DE/Formular/WA/fo_kagb_331_anzeigeschreiben__wa.html.

ben-Muster zu verwenden.⁷ Das Anzeigeschreiben muss insbesondere Angaben zum Geschäftsplan und zur Verwahrstelle des angezeigten AIF sowie eine Beschreibung des angezeigten AIF enthalten.

Ferner sind solche Informationen in das Anzeigeschreiben aufzunehmen, die von den zuständigen Behörden des Aufnahmemitgliedstaates ggfs. auf Basis der dortigen nationalen Gesetzgebung gefordert werden, wie beispielsweise der Nachweis der Zahlung von anfallenden Gebühren. 30

Zusätzlich müssen in dem Schreiben neben der Nennung der EU-Mitgliedstaaten oder der EWR-Vertragsstaaten, in denen Anteile oder Aktien des angezeigten AIF an professionelle Anleger vertrieben werden sollen, Angaben zu den Vorkehrungen für den Vertrieb des angezeigten AIF gemacht werden, die getroffen wurden, um zu verhindern, dass Anteile oder Aktien des angezeigten AIF an Privatanleger vertrieben werden. Das bedeutet, dass Angaben darüber zu machen sind, durch wen Anteile oder Aktien des angezeigten AIF vertrieben werden sollen. Allerdings stellt Absatz 4 Satz 3 klar, dass diese Vorkehrungen von der BaFin nicht geprüft werden. 31

III. Sprache

Das Anzeigeschreiben einschließlich der erforderlichen Angaben und Unterlagen für die Notifizierung des beabsichtigten Vertriebes werden von der inländischen AIF-Kapitalverwaltungsgesellschaft in einer in internationalen Finanzkreisen gebräuchlichen Sprache bei der BaFin über deren Melde- und Veröffentlichungssystem („MVP") eingereicht. 32

Das von der BaFin veröffentlichte Merkblatt enthält genaue Angaben zu den technischen Spezifikationen, die der anzeigenden AIF-Kapitalverwaltungsgesellschaft als Orientierung dienen sollen.⁸ 33

IV. Unterschrift/Bestätigung

Das Anzeigeschreiben muss von einem/einer Unterzeichnungsberechtigten des AIFM oder des selbstverwalteten AIF oder einer dritten Person unterzeichnet werden, die durch ein schriftliches Mandat bevollmächtigt wurde, im Namen des angezeigten AIF so zu handeln, dass seine/ihre Handlung von den zuständigen Behörden des Aufnahmemitgliedstaats im Hinblick auf die Zertifizierung von Dokumenten akzeptiert wird.⁹ 34

V. Beizufügende Unterlagen

Das Anzeigeschreiben muss unter anderem die in § 331 Absatz 1 Satz 2 KAGB i.V.m. § 321 Absatz 1 Satz 2 aufgeführten Angaben und Unterlagen in der jeweils geltenden Fassung enthalten. Es sind also mindestens die aktuelle Fassung der Anlagebedingungen, der Satzung oder des Gesellschaftsvertrages des angezeigten AIF sowie ein Dokument, das die Angaben gemäß § 307 Absatz 1 Satz 2 enthält, beizufügen. 35

---

7 Siehe Merkblatt (2013) zu § 331 vom 17. Juli 2013, Ziffer VII. Nr. 1.
8 Siehe Merkblatt (2013) zu § 331 vom 17. Juli 2013, Ziffer VI. Nr. 2.
9 Siehe Merkblatt (2013) zu § 331 vom 17. Juli 2013, Ziffer VII. Nr. 5.

VI. Übermittlung

36 § 331 Absatz 2 KAGB sieht vor, dass das Anzeigeschreiben durch die AIF-Kapitalverwaltungsgesellschaft einschließlich der im Anzeigeschreiben enthaltenen Angaben und Unterlagen über das Melde- und Veröffentlichungssystem der BaFin zu übermitteln ist. Die Vorschrift orientiert sich an der bisher im OGAW-Bereich geltenden Vorschrift des § 128 Absatz 5 des InvG.[10] Zusätzlich sind die Vorgaben der von der BaFin erlassenen „Verordnung zum elektronischen Anzeigeverfahren für inländische Investmentvermögen und EU-Investmentvermögen nach dem Kapitalanlagegesetzbuch (EAKAV)" zu beachten, die weiterhin Geltung hat.

VII. Besonderheiten bei Feeder-AIF (Abs. 1 Satz 5 und 6)

37 Sofern der AIF ein Feeder-AIF ist, so ist eine Anzeige für den Vertrieb nach § 331 Absatz 1 Satz 1 KAGB nur zulässig, wenn der Master-AIF ebenfalls ein EU-AIF oder inländischer AIF ist, der von einer EU-AIF-Verwaltungsgesellschaft oder einer AIF-Kapitalverwaltungsgesellschaft verwaltet wird.

38 Ist das nicht der Fall, so richtet sich das Anzeigeverfahren ab dem Zeitpunkt, auf den in § 295 Absatz 2 Nummer 1 verwiesen wird, nach § 332.

VIII. Gebühren

39 Im Anschluss an das Verwaltungsverfahren erlässt die BaFin einen Gebührenbescheid über die jeweilige Bearbeitungsgebühr nach § 331 KAGB an die AIF-Kapitalverwaltungsgesellschaft. Aktuell beträgt die Gebühr für die Prüfung der Anzeige gemäß § 331 Absatz 1 € 1.532. Der Gebührenbescheid soll entsprechende Zahlungsdetails enthalten.

D. Änderungsanzeige

40 Für die Anzeige wesentlicher Änderungen der im Anzeigeschreiben enthaltenen Angaben und Unterlagen („Outgoing-AIF-Update") sieht § 331 Absatz 7 i.V.m. § 321 Absatz 4 ebenfalls ein zwischenbehördliches Verfahren vor.

41 Die AIF-Kapitalverwaltungsgesellschaft hat diese Änderungen gemäß § 331 Absatz 7 i.V.m. § 321 Absatz 4 der BaFin schriftlich in einer Änderungsanzeige zu übermitteln. Unter schriftlich versteht die BaFin, dass die Mitteilung der Änderung per normaler Post oder per E-Mail erfolgen kann.[11]

42 Wird die Meldung per E-Mail abgegeben, so ist dies an das E-Mail Postfach „AIFupdate@bafin.de" zu senden. Gemäß des Merkblatts 2013 der BaFin[12] gelten ferner folgende technische Rahmenbedingungen: Die E-Mail darf nicht größer sein als 30 MB, wobei es aber zulässig ist, die Anhänge in eine Zip-Datei zu packen. Bei Bedarf ist der Inhalt auf mehrere E-Mails aufzuteilen, was im Betreff kenntlich zu machen ist. Zulässige Dateiformate für Anhänge sind pdf, doc und docx. Im Betreff der E-Mail sind die achtstellige BaFin-ID, der Name der AIF-Kapitalverwaltungsgesellschaft, sowie eine laufende Nummer, wenn die Mitteilung mit mehreren E-Mails versendet wird, anzugeben.

43 Zudem müssen der vollständige Name des Absenders/der Absenderin und dessen/deren Funktion innerhalb der AIF-Kapitalverwaltungsgesellschaft aus der Änderungs-

---

10 Siehe Regierungsbegründung zum KAGB-Entwurf, BTDrucks. 17/12249, S. 293.
11 Siehe Merkblatt (2013) zu § 331 vom 17. Juli 2013, Ziffer VI. Nr. 2.
12 Merkblatt (2013) zu § 331 vom 17. Juli 2013, Ziffer VI. Nr. 2.

mitteilung eindeutig hervorgehen. Wird die Mitteilung durch einen Bevollmächtigten/ eine Bevollmächtigte abgegeben, so gelten die obigen Ausführungen entsprechend. Der Mitteilung ist zum Nachweis der Vollmacht die entsprechende Vollmacht beizufügen, sofern nicht auf eine bereits vorgelegte Vollmacht Bezug genommen wird. Insbesondere ist in der Vollmacht anzugeben, ob und ggf. in welchem Umfang der/die Bevollmächtigte, dessen/deren Name und Funktion kenntlich zu machen ist, zu Bestätigungen für den AIF ermächtigt ist. Die Vollmacht ist von der vertretungsberechtigten Leitung der AIF-Kapitalverwaltungsgesellschaft oder des selbstverwaltenden AIF zu unterzeichnen, wobei die Namen und Funktionsbezeichnungen der Unterzeichner/der Unterzeichnerinnen kenntlich zu machen sind.

In zeitlicher Hinsicht ist vorgeschrieben, dass geplante Änderungen der BaFin mindestens einen Monat vor Durchführung der Änderung, ungeplante Änderungen unverzüglich nach ihrem Eintreten mitzuteilen sind. Liegen keine Anhaltspunkte dafür vor, dass die AIF-Kapitalverwaltungsgesellschaft oder die Verwaltung des angezeigten AIF durch die AIF-Kapitalverwaltungsgesellschaft den Vorschriften des KAGB oder der Richtlinie 2011/61/EU nicht entsprechen oder künftig nicht entsprechen werden, unterrichtet die BaFin unverzüglich die zuständigen Behörden des Aufnahmemitgliedstaats des AIF über diese Änderungen. **44**

Sofern die BaFin nach der Prüfung zu dem Ergebnis kommt, dass die Zulässigkeit der Änderung nicht gegeben ist, ist sie dazu berechtigt, alle gebotenen Maßnahmen gemäß § 5 einschließlich der ausdrücklichen Untersagung des Vertriebs vorzunehmen.[13] **45**

§ 332
Anzeigepflicht einer AIF-Kapitalverwaltungsgesellschaft beim Vertrieb von ausländischen AIF oder von inländischen Feeder-AIF oder EU-Feeder-AIF, deren jeweiliger Master-AIF kein EU-AIF oder inländischer AIF ist, der von einer EU-AIF-Verwaltungsgesellschaft oder einer AIF-Kapitalverwaltungsgesellschaft verwaltet wird, an professionelle Anleger in anderen Mitgliedstaaten der Europäischen Union oder in anderen Vertragsstaaten des Abkommens über den Europäischen Wirtschaftsraum

(1) Der Vertrieb von Anteilen oder Aktien an ausländischen AIF und von Anteilen oder Aktien an inländischen Feeder-AIF oder EU-Feeder-AIF, deren jeweiliger Master-AIF kein EU-AIF oder inländischer AIF ist, der von einer EU-AIF-Verwaltungsgesellschaft oder einer AIF-Kapitalverwaltungsgesellschaft verwaltet wird, an professionelle Anleger in anderen Mitgliedstaaten der Europäischen Union oder in anderen Vertragsstaaten des Abkommens über den Europäischen Wirtschaftsraum durch eine AIF-Kapitalverwaltungsgesellschaft ist nur zulässig, wenn die in § 322 Absatz 1 genannten Voraussetzungen gegeben sind.

(2) Beabsichtigt eine AIF-Kapitalverwaltungsgesellschaft, Anteile oder Aktien an einem von ihr verwalteten AIF im Sinne von Absatz 1 Satz 1 in einem anderen Mitgliedstaat der Europäischen Union oder in einem anderen Vertragsstaat des Abkommens über den Europäischen Wirtschaftsraum an professionelle Anleger zu vertreiben, so hat sie dies der Bundesanstalt in einer in internationalen Finanzkreisen gebräuchlichen Sprache anzuzeigen. Das Anzeigeschreiben muss die in

---

13 Vgl. § 331 Absatz 7 i.V.m. § 321 Absatz 4.

§ 322 Absatz 2 Satz 2 geforderten Angaben und Unterlagen in jeweils geltender Fassung enthalten.

(3) § 331 Absatz 2 bis 7 ist mit der Maßgabe entsprechend anzuwenden,
1. dass die Bundesanstalt im Rahmen von § 331 Absatz 5 zusätzlich der Europäischen Wertpapier- und Marktaufsichtsbehörde mitteilt, dass die AIF-Kapitalverwaltungsgesellschaft mit dem Vertrieb von Anteilen oder Aktien des angezeigten AIF an professionelle Anleger im Aufnahmemitgliedstaat der AIF-Kapitalverwaltungsgesellschaft beginnen kann,
2. dass die Bundesanstalt bei einer zulässigen Änderung nach § 331 Absatz 7 zusätzlich unverzüglich die Europäische Wertpapier- und Marktaufsichtsbehörde zu benachrichtigen hat, soweit die Änderungen die Beendigung des Vertriebs von bestimmten AIF oder zusätzlich vertriebenen AIF betreffen.

(4) § 321 Absatz 4 ist entsprechend anzuwenden. Bei zulässigen Änderungen unterrichtet die Bundesanstalt unverzüglich die zuständigen Stellen des Aufnahmemitgliedstaates der AIF-Kapitalverwaltungsgesellschaft über diese Änderungen. Die Vorkehrungen nach § 321 Absatz 1 Satz 2 Nummer 7 und § 331 Absatz 1 Satz 3 sind von der Bundesanstalt nicht zu überprüfen.

Schrifttum

Siehe § 331.

Systematische Übersicht

A. Allgemeines
    I. Regelungsgegenstand —— 1
    II. Zeitliche Anwendbarkeit —— 4
    III. Europarechtliche Vorgaben/ Entstehung der Norm —— 5
B. Anwendungsbereich —— 8
    I. AIF-Kapitalverwaltungsgesellschaft —— 9
    II. Vertrieb von ausländischen AIF und bestimmten EU-Feeder-AIF in anderen EU-Mitgliedstaaten oder EWR-Vertragsstaaten —— 10
    III. Vertrieb an professionelle Anleger —— 12
C. Vertriebsanzeige und Notifizierungsverfahren —— 13
D. Folgen eines Verstoßes gegen die Vertriebsanzeige —— 18

A. Allgemeines

I. Regelungsgegenstand

1   § 332 legt die Bedingungen für einen Vertrieb von Nicht-EU-AIF durch eine AIF-Kapitalverwaltungsgesellschaft fest. Während die §§ 321 bis 320 jeweils den Vertrieb von Anteilen an AIF in Deutschland regeln, betrifft § 332 den Fall, dass eine AIF-Kapitalverwaltungsgesellschaft
– Anteile oder Aktien an ausländischen AIF oder
– Anteile oder Aktien an inländischen Feeder-AIF oder EU-Feeder-AIF, deren jeweiliger Master-AIF kein EU-AIF oder inländischer AIF ist, der von einer EU-AIF-Verwaltungsgesellschaft oder einer AIF-Kapitalverwaltungsgesellschaft verwaltet wird,

an professionelle Anleger in anderen EU-Mitgliedstaaten oder EWR-Vertragsstaaten durch eine AIF-Kapitalverwaltungsgesellschaft vertreiben will. Dieser Vertrieb ist nur unter besonderen Voraussetzungen zulässig. § 332 regelt also die Voraussetzungen für einen Vertrieb von Drittstaaten-AIF und Drittstaaten-Master-Feeder-Strukturen durch eine inländische AIF-Kapitalveraltungsgesellschaft in anderen EU-Mitgliedstaaten und EWR-Vertragsstaaten.

§ 332 sieht die Möglichkeit vor, dass eine AIF-Kapitalverwaltungsgesellschaft Anteile **2** von Nicht-EU-AIF unter einem so genannten Europäischen Pass europaweit vertreiben darf. Das gilt auch für EU-Feeder-AIF, die nicht die Anforderungen gemäß Artikel 31 Absatz 1 Unterabsatz 2 der Richtlinie 2011/61/EU erfüllen. Zuständige Aufsichtsbehörde ist die BaFin als Behörde des Herkunftsmitgliedstaates der AIF-Kapitalverwaltungsgesellschaft. Der beabsichtigte Vertrieb von Nicht-EU-AIF in anderen EU-Mitgliedstaaten oder EWR-Vertragsstaaten ist der BaFin anzuzeigen. Den jeweiligen Aufsichtsbehörden in den Mitgliedstaaten und EWR-Vertragsstaaten, in denen der Vertrieb erfolgen soll, teilt die BaFin die Vertriebsabsicht mit.

Unverzüglich nach dem Versand der Anzeigeunterlagen an die zuständige Stelle des **3** Aufnahmestaates unterrichtet die BaFin die AIF-Kapitalverwaltungsgesellschaft von der Übermittlung. Die AIF-Kapitalverwaltungsgesellschaft ist ab dem Datum dieser Mitteilung der BaFin berechtigt, mit dem Vertrieb an professionelle Anleger in dem betreffenden EU-Mitgliedstaat oder EWR-Vertragsstaat zu beginnen. Eine gesonderte Prüfung und Bewilligung durch die Aufsichtsbehörde des Aufnahmemitgliedstaates erfolgt nicht.

II. Zeitliche Anwendbarkeit

Das Anzeigeverfahren nach § 332 (und somit die Möglichkeit des europaweiten Ver- **4** triebs) findet noch keine Anwendung. Das Anzeigeverfahren im Zusammenhang mit dem Vertrieb mit Drittstaatenbezug an professionale Anleger erfolgt gemäß § 295 Absatz 6 Satz 1 i.V.m. Absatz 2 Nr. 1 erst ab dem Zeitpunkt des Erlasses eines delegierten Rechtsaktes der Europäischen Kommission auf Grundlage des Artikels 66 Absatz 3 in Verbindung mit Artikel 67 Absatz 6 der Richtlinie 2011/61/EU. Erst dann wird ein endgültiges Regime für den Vertrieb mit Drittstaatenbezug errichtet. Dieses Regime wird dann zwingend der Vertrieb unter dem Europäischen Pass sein. Eine gleichzeitige Anwendung von nationalen Vertriebsvorschriften zusätzlich zum Europäischen Pass, wie es die Richtlinie 2011/61/EU bis 2018 vorsieht, wurde vom deutschen Gesetzgeber nicht umgesetzt. Wann genau der Rechtsakt der Europäischen Kommission erlassen werden wird, steht noch nicht fest, er wird jedoch für 2015 erwartet.

III. Europarechtliche Vorgaben/Entstehung der Norm

Seine europarechtliche Grundlage findet § 332 in Artikel 35 der Richtlinie 2011/61/ **5** EU.

Artikel 35 Absatz 1 der Richtlinie 2011/61/EU legt fest, dass die Mitgliedstaaten si- **6** cherzustellen haben, dass ein zugelassener EU-AIFM Anteile der von ihm verwalteten Nicht-EU-AIF und von EU-Feeder-AIF, die nicht die Anforderungen gemäß Artikel 31 Absatz 1 Unterabsatz 2 erfüllen, an professionelle Anleger in der Europäischen Union vertreiben kann, sobald die in diesem Artikel festgelegten Bedingungen eingehalten sind.

Im Einzelnen setzt Absatz 1 Satz 1 Artikel 35 Absatz 1 und Absatz 2 Unterabsatz 1 der **7** Richtlinie 2011/61/EU um. Absatz 2 Satz 1 setzt Artikel 35 Absatz 1, Absatz 5 Unterabsatz 1 und Absatz 9 Unterabsatz 1 der Richtlinie 2011/61/EU um. Und Absatz 3 setzt Artikel 35 Absatz 6 bis 8, 9 Unterabsatz 2 und Absatz 10 der Richtlinie 2011/61/EU um.

B. Anwendungsbereich

8   AIF-Kapitalverwaltungsgesellschaften haben ihre Absicht des Vertriebs von Anteilen oder Aktien an von ihr verwalteten Nicht-EU-AIF an professionelle Anleger in entsprechender Anwendung des § 321 Absatz 1 Satz 2 KAGB anzuzeigen. Die Anzeigepflicht betrifft also Kapitalverwaltungsgesellschaften, die ihren satzungsmäßigen Sitz und ihre Hauptverwaltung im Inland, das heißt Deutschland, haben. § 332 regelt daher, ebenso wie § 331, die so genannte „Outgoing-AIF-Notification" bzw. das „Outgoing-AIF-Update". Denn die Anzeige gegenüber der BaFin dient als Grundlage für die sich anschließende Notifizierung durch die BaFin an die entsprechenden Aufsichtsbehörden in den betreffenden EU-Mitgliedstaaten oder den betreffenden EWR-Vertragsstaaten.

I. AIF-Kapitalverwaltungsgesellschaft

9   Es muss sich um eine AIF-Kapitalverwaltungsgesellschaft im Sinne des § 1 Absatz 16 handeln. Die Anzeigepflicht betrifft demnach gemäß § 17 Absatz 1 Unternehmen, die ihren satzungsmäßigen Sitz und ihre Hauptverwaltung im Inland, das heißt Deutschland, haben und deren Geschäftsbetrieb darauf gerichtet ist, inländische Investmentvermögen, EU-Investmentvermögen oder ausländische AIF zu verwalten.

II. Vertrieb von ausländischen AIF und bestimmten EU-Feeder-AIF in anderen EU-Mitgliedstaaten oder EWR-Vertragsstaaten

10   Es muss der Vertrieb von Aktien oder Anteilen an ausländischen AIF oder an inländischen Feeder-AIF oder EU-Feeder-AIF, deren jeweiliger Master-AIF kein EU-AIF oder inländischer AIF ist, der von einer EU-AIF-Verwaltungsgesellschaft oder einer AIF-Kapitalverwaltungsgesellschaft verwaltet wird, beabsichtigt sein. Hinsichtlich der Definition des Vertriebsbegriffs kann auf die ausführliche Kommentierung zu § 293 verweisen werden.

11   Für die Frage, unter welchen Voraussetzungen ein AIF als ausländischer AIF zu qualifizieren ist, kann auf die entsprechende Kommentierung zu § 322 verweisen werden.[1] Das Gleiche gilt für die Gleichstellung bestimmter EU-Feeder-AIF mit Nicht-EU-AIF. Von dem Anwendungsbereich des § 332 ausdrücklich ausgenommen sind solche EU-Feeder-AIF, bei denen in Bezug auf deren Master-AIF die Voraussetzungen des § 322 Absatz 1 nicht erfüllt sind. Der Vertrieb solcher Anteile ist gemäß § 332 Absatz 1 nicht zulässig.

III. Vertrieb an professionelle Anleger

12   § 332 erfasst nur den Vertrieb an professionelle Anleger. Solche sind gemäß § 1 Absatz 19 Nr. 32 Anleger, die im Sinne von Anhang II der Richtlinie 2004/39/EG (MiFID-Richtlinie) als professionelle Kunden angesehen werden oder auf Antrag als professionelle Kunden behandelt werden.

---

[1] Siehe dort Rn. 7; siehe dazu auch Dornseifer/Jesch/Klebeck/Tollmann/*Klebeck/Borcker* Art. 35 Rn. 11 ff.

C. Vertriebsanzeige und Notifizierungsverfahren

Das in § 332 Absatz 2 vorgesehene elektronische Anzeigeverfahren für den Vertrieb 13
von AIF im Sinne des Absatzes 1 Satz 2 an professionelle Anleger in anderen EU-Mitgliedstaaten oder in anderen EWR-Vertragsstaaten ist zwischenbehördlich ausgestaltet.

Die AIF-Kapitalverwaltungsgesellschaft hat den beabsichtigten Vertrieb der BaFin in 14
einer in internationalen Finanzkreisen gebräuchlichen Sprache anzuzeigen. Das Anzeigeschreiben muss die in § 322 Absatz 2 Satz 2, der seinerseits lediglich auf § 321 Absatz 1 Satz 2 verweist, geforderten Angaben und Unterlagen in jeweils geltender Fassung enthalten. Auf die dortige Kommentierung wird verwiesen.[2]

Hinsichtlich des genauen Ablaufs, des Inhalts der Vertriebsanzeige und des genau- 15
en Notifizierungsverfahrens verweist § 332 Absatz 3 insgesamt auf § 331 Absatz 2 bis 7.[3]

Abweichungen zur Vertriebsmitteilung nach § 331 ergeben sich lediglich in Bezug 16
auf die durch die BaFin zu informierenden Behörden. Denn § 332 Absatz 3 Nr. 1 sieht vor, dass die BaFin im Rahmen von § 331 Absatz 5 zusätzlich eine Mitteilung an die Europäische Wertpapier- und Marktaufsichtsbehörde sendet und mitteilt, dass die AIF-Kapitalverwaltungsgesellschaft mit dem Vertrieb von Anteilen oder Aktien des angezeigten AIF an professionelle Anleger im Aufnahmemitgliedstaat der AIF-Kapitalverwaltungsgesellschaft beginnen kann. Diese Meldepflicht folgt für die BaFin bereits aus § 12 Absatz 6 Nr. 8 lit. b). Danach hat die BaFin die Europäische Wertpapier- und Marktaufsichtsbehörde über den möglichen Beginn des Vertriebs von AIF gemäß § 322 Absatz 1 Satz 1 durch AIF-Kapitalverwaltungsgesellschaften in anderen Mitgliedstaaten der Europäischen Union und Vertragsstaaten des Abkommens über den Europäischen Wirtschaftsraum nach § 332 Absatz 3 Nr. 1 zu informieren.

Darüber hinaus wird die Mitteilungspflicht im Zusammenhang mit einem Outgoing- 17
AIF-Update im Sinne des § 331 Absatz 7 durch § 332 Absatz 3 Nr. 2 um eine zusätzliche Mitteilung an die Europäischen Wertpapier- und Marktaufsichtsbehörde durch die BaFin erweitert. Auch hier ergibt sich die eigentliche Verpflichtung der BaFin aus § 12 Absatz 4 Nr. 4 lit. b). Eine solche Mitteilung ist aber nur dann erforderlich, wenn die zulässige Änderung nach § 331 Absatz 7 die Beendigung des Vertriebs von bestimmten AIF oder zusätzlich vertriebene AIF betrifft.

D. Folgen eines Verstoßes gegen die Vertriebsanzeige

Die Rechtsfolgen bei einem Verstoß gegen die Vertriebsvorschriften richten sich 18
nach § 11, der besondere Vorschriften für die Zusammenarbeit bei grenzüberschreitender Verwaltung und grenzüberschreitendem Vertrieb von AIF festlegt. Erfolgt ein Vertrieb, ohne dass die entsprechende Anzeige nach § 332 Absatz 2 erfolgt ist, untersagt die BaFin gemäß § 11 Absatz 9 Nr. 1 lit. b) auf Verlangen der Europäischen Wertpapier- und Marktaufsichtsbehörde gemäß Artikel 46 Absatz 4 der Richtlinie 2011/61/EU nach Maßgabe von § 11 Absatz 10 den Vertrieb.

---

[2] Siehe Kommentierung zu § 321 Rn. 20.
[3] Siehe die dortige Kommentierung Rn. 19 ff.

§ 333
Anzeigepflicht einer ausländischen AIF-Verwaltungsgesellschaft, deren Referenzmitgliedstaat die Bundesrepublik Deutschland ist, beim Vertrieb von EU-AIF oder von inländischen AIF an professionelle Anleger in anderen Mitgliedstaaten der Europäischen Union oder in anderen Vertragsstaaten des Abkommens über den Europäischen Wirtschaftsraum

(1) Beabsichtigt eine ausländische AIF-Verwaltungsgesellschaft, deren Referenzmitgliedstaat gemäß § 56 die Bundesrepublik Deutschland ist und die von der Bundesanstalt eine Erlaubnis nach § 58 erhalten hat, Anteile oder Aktien an einem von ihr verwalteten EU-AIF oder inländischen AIF in anderen Mitgliedstaaten der Europäischen Union oder in anderen Vertragsstaaten des Abkommens über den Europäischen Wirtschaftsraum an professionelle Anleger zu vertreiben, so hat sie dies der Bundesanstalt in einer in internationalen Finanzkreisen gebräuchlichen Sprache anzuzeigen. Das Anzeigeschreiben muss die in § 331 Absatz 1 Satz 2 geforderten Angaben und Unterlagen in jeweils geltender Fassung enthalten, wobei es statt „AIF-Kapitalverwaltungsgesellschaft" „ausländische AIF-Verwaltungsgesellschaft" heißen muss.

(2) § 331 Absatz 2 bis 7 ist mit den Maßgaben entsprechend anzuwenden, dass,
1. es statt „AIF-Kapitalverwaltungsgesellschaft" „ausländische AIF-Verwaltungsgesellschaft" heißen muss,
2. die Bundesanstalt im Rahmen von § 331 Absatz 5 zusätzlich der Europäischen Wertpapier-und Marktaufsichtsbehörde mitteilt, dass die ausländische AIF-Verwaltungsgesellschaft mit dem Vertrieb von Anteilen oder Aktien des angezeigten AIF an professionelle Anleger im Aufnahmemitgliedstaat der ausländischen AIF-Verwaltungsgesellschaft beginnen kann und
3. die Bundesanstalt bei einer zulässigen Änderung nach § 331 Absatz 7 zusätzlich unverzüglich die Europäische Wertpapier-und Marktaufsichtsbehörde zu benachrichtigen hat, soweit die Änderungen die Beendigung des Vertriebs von bestimmten AIF oder zusätzlich vertriebenen AIF betreffen.

Schrifttum
Siehe § 331.

Systematische Übersicht

A. Allgemeines
   I. Regelungsgegenstand —— 1
   II. Zeitliche Anwendbarkeit —— 5
   III. Europarechtliche Vorgaben —— 6
B. Anwendungsbereich —— 9
   I. Ausländische AIF-Verwaltungsgesellschaft —— 10
   II. Vertrieb von durch die ausländische AIF-Verwaltungsgesellschaft verwalteten EU-AIF oder inländischen AIF —— 11
   III. Vertrieb an professionelle Anleger —— 12
C. Vertriebsanzeige und Notifizierungsverfahren —— 13
D. Folgen eines Verstoßes gegen die Vertriebsanzeige —— 20

A. Allgemeines

I. Regelungsgegenstand

Ein EU-AIF oder inländischer AIF darf in anderen EU-Mitgliedstaaten oder EWR-Vertragsstaaten nur dann vertrieben werden, wenn die ausländische AIF-Verwaltungsgesellschaft für den von ihr verwalteten AIF das einschlägige Anzeigeverfahren erfolgreich durchlaufen hat. § 333 legt dabei die Einzelheiten des Anzeigeverfahrens fest. 1

§ 333 sieht die Möglichkeit vor, dass eine ausländische AIF-Verwaltungsgesellschaft Anteile von ihr verwalteten EU-AIF und inländischen AIF unter einem so genannten Europäischen Pass europaweit vertreiben darf. Die Bestimmung ist also Teil des neuen EU-Passport-Regimes. Eine ausländische AIF-Verwaltungsgesellschaft, deren Referenzmitgliedstaat gemäß § 56 die Bundesrepublik Deutschland ist und die von der BaFin eine Erlaubnis nach § 58 erhalten hat, unterliegt nur dem in § 333 geregelten Anzeigeverfahren. 2

Die zuständige Aufsichtsbehörde ist gemäß § 57 Absatz 2 Satz 3 die BaFin als Behörde des Referenzmitgliedstaates der ausländischen AIF-Verwaltungsgesellschaft. Den jeweiligen Aufsichtsbehörden in den Mitgliedstaaten und EWR-Vertragsstaaten, in denen der Vertrieb erfolgen soll, teilt die BaFin die Vertriebsabsicht mit. 3

Unverzüglich nach dem Versand der Anzeigeunterlagen an die zuständige Stelle des Aufnahmestaates unterrichtet die BaFin die ausländische AIF-Kapitalverwaltungsgesellschaft von der Übermittlung. Die ausländische AIF-Kapitalverwaltungsgesellschaft ist ab dem Datum dieser Mitteilung der BaFin berechtigt, mit dem Vertrieb an professionelle Anleger in dem betreffenden EU-Mitgliedstaat oder EWR-Vertragsstaat zu beginnen. Eine gesonderte Prüfung und Bewilligung durch die Aufsichtsbehörde des Aufnahmemitgliedstaates erfolgt nicht. 4

II. Zeitliche Anwendbarkeit

Das Anzeigeverfahren nach § 333 (und somit die Möglichkeit des europaweiten Vertriebs) findet noch keine Anwendung. Das Anzeigeverfahren im Zusammenhang mit dem Vertrieb mit Drittstaatenbezug an professionelle Anleger erfolgt gemäß § 295 Absatz 7 Satz 1 i.V.m. Absatz 2 Nr. 1 erst ab dem Zeitpunkt des Erlasses eines delegierten Rechtsaktes der Europäischen Kommission auf Grundlage des Artikels 66 Absatz 3 in Verbindung mit Artikel 67 Absatz 6 der Richtlinie 2011/61/EU. Erst dann wird ein endgültiges Regime für den Vertrieb mit Drittstaatenbezug errichtet. Dieses Regime wird dann zwingend den Vertrieb unter dem Europäischen Pass sein. Eine gleichzeitige Anwendung von nationalen Vertriebsvorschriften zusätzlich zum Europäischen Pass, wie es die Richtlinie 2011/61/EU bis 2018 vorsieht, wurde vom deutschen Gesetzgeber nicht umgesetzt. Wann genau der Rechtsakt der Europäischen Kommission erlassen werden wird, steht noch nicht fest, er wird jedoch für 2015 erwartet. 5

III. Europarechtliche Vorgaben

Seine europarechtliche Grundlage findet § 333 in Artikel 39 der Richtlinie 2011/61/EU. 6

Artikel 39 Absatz 1 der Richtlinie 2011/61/EU legt fest, dass die Mitgliedstaaten sicherzustellen haben, dass ein ordnungsgemäß zugelassener Nicht-EU-AIFM Anteile eines EU-AIF, den er verwaltet, an professionelle Anleger in der Union mit einem Pass vertreiben kann, sobald die in diesem Artikel festgelegten Bedingungen eingehalten sind. 7

Absatz 2 setzt Artikel 39 Absatz 5 bis 9 der Richtlinie 2011/61/EU um. 8

B. Anwendungsbereich

9   § 333 regelt daher, ebenso wie § 331, die so genannte „Outgoing-AIF-Notification". Denn die Anzeige gegenüber der BaFin dient als Grundlage für die sich anschließende Notifizierung durch die BaFin an die entsprechenden Aufsichtsbehörden in den betreffenden EU-Mitgliedstaaten oder den betreffenden EWR-Vertragsstaaten.

I. Ausländische AIF-Verwaltungsgesellschaft

10   § 333 findet auf ausländische AIF-Verwaltungsgesellschaften Anwendung, deren Referenzmitgliedstaat gemäß § 56 die Bundesrepublik Deutschland ist und die von der BaFin eine Erlaubnis nach § 58 erhalten haben. Die ausländische AIF-Verwaltungsgesellschaft muss also über die Erlaubnis verfügen, von ihr verwaltete EU-AIF oder inländischen AIF gemäß Artikel 39 oder 40 der Richtlinie 2011/61/EU in anderen EU-Mitgliedstaaten oder EWR-Vertragsstaaten zu vertreiben.

II. Vertrieb von durch die ausländische AIF-Verwaltungsgesellschaft verwalteten EU-AIF oder inländischen AIF

11   Es muss der Vertrieb von Aktien oder Anteilen an EU-AIF oder inländischen AIF beabsichtigt sein. Hinsichtlich der Definition des Vertriebsbegriffs kann auf die ausführliche Kommentierung zu § 293 verweisen werden.

III. Vertrieb an professionelle Anleger

12   § 333 erfasst nur den Vertrieb an professionelle Anleger. Solche sind gemäß § 1 Absatz 19 Nr. 32 Anleger, die im Sinne von Anhang II der Richtlinie 2004/39/EG (MiFID-Richtlinie) als professionelle Kunden angesehen werden oder auf Antrag als professionelle Kunden behandelt werden.

C. Vertriebsanzeige und Notifizierungsverfahren

13   Das in § 333 vorgesehene elektronische Anzeigeverfahren für ausländische AIF-Verwaltungsgesellschaften in Bezug auf den Vertrieb von EU-AIF und inländischen AIF an professionelle Anleger in anderen EU-Mitgliedstaaten oder in anderen EWR-Vertragsstaaten („Outgoing-AIF-Notification" bzw. das „Outgoing-AIF-Update") ist zwischenbehördlich ausgestaltet.

14   Das Anzeigeverfahren unterscheidet sich inhaltlich kaum von demjenigen für AIF-Kapitalverwaltungsgesellschaften nach § 331. Dementsprechend verweist § 333 Absatz 1 Satz 2 auch in Bezug auf die einzureichenden Unterlagen und Angaben auf § 331 Absatz 1 Satz 2.

15   Die AIF-Kapitalverwaltungsgesellschaft hat den beabsichtigten Vertrieb der BaFin in einer in internationalen Finanzkreisen gebräuchlichen Sprache anzuzeigen. Das Anzeigeschreiben muss die in § 321 Absatz 1 Satz 2 geforderten Angaben und Unterlagen in jeweils geltender Fassung enthalten. Auf die dortige Kommentierung wird verwiesen.[1]

---

[1] Siehe Kommentierung zu § 321 Rn. 20.

Hinsichtlich des genauen Ablaufs, des Inhalts der Vertriebsanzeige und des genauen 16
Notifizierungsverfahrens verweist § 332 Absatz 3 insgesamt auf § 331 Absatz 2 bis 7.[2]

Absatz 2 Nr. 1 stellt insoweit klar, dass es statt „AIF-Kapitalverwaltungsgesellschaft" 17
„ausländische AIF" heißen muss, da es sich hier um einen anderen Normadressaten handelt.

Inhaltliche Abweichungen zur Vertriebsmitteilung nach § 331 ergeben sich lediglich 18
in Bezug auf die durch die BaFin zu informierenden Behörden. Denn § 333 Absatz 2 Nr. 2 sieht vor, dass die BaFin im Rahmen von § 331 Absatz 5 zusätzlich eine Mitteilung an die Europäische Wertpapier- und Marktaufsichtsbehörde (ESMA) sendet und mitteilt, dass die AIF-Kapitalverwaltungsgesellschaft mit dem Vertrieb von Anteilen oder Aktien des angezeigten AIF an professionelle Anleger im Aufnahmemitgliedstaat der AIF-Kapitalverwaltungsgesellschaft beginnen kann. Diese Meldepflicht folgt für die BaFin bereits aus § 12 Absatz 6 Nr. 9 lit. b). Danach hat die BaFin die Europäische Wertpapier- und Marktaufsichtsbehörde über den möglichen Beginn des Vertriebs von EU-AIF oder inländischen AIF durch eine ausländische AIF-Verwaltungsgesellschaft, deren Referenzmitgliedstaat die Bundesrepublik Deutschland ist, in anderen Mitgliedstaaten der Europäischen Union und Vertragsstaaten des Abkommens über den Europäischen Wirtschaftsraum nach § 333 Absatz 2 Nr. 2 zu informieren.

Darüber hinaus wird die Mitteilungspflicht im Zusammenhang mit einem Outgoing- 19
AIF-Update im Sinne des § 331 Absatz 7 durch § 332 Absatz 2 Nr. 3 um eine zusätzliche Mitteilung an die Europäischen Wertpapier- und Marktaufsichtsbehörde durch die BaFin erweitert. Auch hier ergibt sich die eigentliche Verpflichtung der BaFin aus § 12 Absatz 4 Nr. 5 lit. b). Eine solche Mitteilung ist aber nur dann erforderlich, wenn die zulässige Änderung nach § 331 Absatz 7 die Beendigung des Vertriebs von bestimmten AIF oder zusätzlich vertriebene AIF betrifft.

D. Folgen eines Verstoßes gegen die Vertriebsanzeige

Die Rechtsfolgen bei einem Verstoß gegen die Vertriebsvorschriften richten sich 20
nach § 11, der besondere Vorschriften für die Zusammenarbeit bei grenzüberschreitender Verwaltung und grenzüberschreitendem Vertrieb von AIF festlegt. Erfolgt ein Vertrieb, ohne dass die entsprechende Anzeige nach § 333 Absatz 1 erfolgt ist, untersagt die BaFin gemäß § 11 Absatz 9 Nr. 1 lit. b) auf Verlangen der Europäischen Wertpapier- und Marktaufsichtsbehörde gemäß Artikel 46 Absatz 4 der Richtlinie 2011/61/EU nach Maßgabe von § 11 Absatz 10 den Vertrieb.

§ 334
Anzeigepflicht einer ausländischen AIF-Verwaltungsgesellschaft, deren Referenzmitgliedstaat die Bundesrepublik Deutschland ist, beim Vertrieb von ausländischen AIF an professionelle Anleger in anderen Mitgliedstaaten der Europäischen Union oder in anderen Vertragsstaaten des Abkommens über den Europäischen Wirtschaftsraum

(1) Der Vertrieb von Anteilen oder Aktien an ausländischen AIF durch eine ausländische AIF-Verwaltungsgesellschaft an professionelle Anleger in anderen Mit-

---

[2] Siehe die dortige Kommentierung Rn. 19 ff.

gliedstaaten der Europäischen Union oder in anderen Vertragsstaaten des Abkommens über den Europäischen Wirtschaftsraum ist nur zulässig, wenn die in § 322 Absatz 1 genannten Anforderungen erfüllt sind. Ist die zuständige Stelle des Aufnahmestaates der ausländischen AIF-Verwaltungsgesellschaft nicht mit der Beurteilung der in § 322 Absatz 1 Nummer 1 und 2 genannten Voraussetzungen durch die Bundesanstalt einverstanden, kann sie die Europäische Wertpapier- und Marktaufsichtsbehörde nach Maßgabe des Artikels 19 der Verordnung (EU) Nr. 1095/2010 um Hilfe ersuchen.

(2) Beabsichtigt eine ausländische AIF-Verwaltungsgesellschaft, deren Referenzmitgliedstaat gemäß § 56 die Bundesrepublik Deutschland ist und die von der Bundesanstalt eine Erlaubnis nach § 58 erhalten hat, Anteile oder Aktien an einem von ihr verwalteten AIF im Sinne von Absatz 1 Satz 1 in einem anderen Mitgliedstaat der Europäischen Union oder in einem anderen Vertragsstaat des Abkommens über den Europäischen Wirtschaftsraum an professionelle Anleger zu vertreiben, so hat sie dies der Bundesanstalt in einer in internationalen Finanzkreisen gebräuchlichen Sprache anzuzeigen. Das Anzeigeschreiben muss die in § 331 Absatz 2 Satz 1 geforderten Angaben und Unterlagen in jeweils geltender Fassung enthalten, wobei es statt „AIF-Kapitalverwaltungsgesellschaft" „ausländische AIF-Verwaltungsgesellschaft" heißen muss

(3) § 331 Absatz 2 bis 5 Satz 1 und 2, Absatz 6 und Absatz 7 ist mit der Maßgabe entsprechend anzuwenden, dass
1. es statt „AIF-Kapitalverwaltungsgesellschaft" „ausländische AIF-Verwaltungsgesellschaft" heißen muss,
2. im Rahmen von § 331 Absatz 5 die Bundesanstalt zusätzlich der Europäischen Wertpapier- und Marktaufsichtsbehörde mitteilt, dass die ausländische AIF-Verwaltungsgesellschaft mit dem Vertrieb von Anteilen oder Aktien des angezeigten AIF an professionelle Anleger im Aufnahmemitgliedstaat der ausländischen AIF-Verwaltungsgesellschaft beginnen kann und
3. die Bundesanstalt bei einer zulässigen Änderung nach § 331 Absatz 7 zusätzlich unverzüglich die Europäische Wertpapier- und Marktaufsichtsbehörde zu benachrichtigen hat, soweit die Änderungen die Beendigung des Vertriebs von bestimmten AIF oder zusätzlich vertriebenen AIF betreffen.

Schrifttum

Siehe § 331.

Systematische Übersicht

A. Allgemeines
   I. Regelungsgegenstand —— 1
   II. Zeitliche Anwendbarkeit —— 6
   III. Europarechtliche Vorgaben —— 7
B. Anwendungsbereich —— 11
   I. Ausländische AIF-Verwaltungsgesellschaft —— 12
   II. Vertrieb von durch die ausländische AIF-Verwaltungsgesellschaft verwaltete AIF —— 13
   III. Vertrieb an professionelle Anleger —— 14
C. Voraussetzungen für den Vertrieb gemäß Absatz 1 —— 15
D. Vertriebsanzeige und Notifizierungsverfahren —— 18
E. Folgen eines Verstoßes gegen die Vertriebsanzeige —— 28

A. Allgemeines

I. Regelungsgegenstand

Während die §§ 326 und 328 jeweils den Vertrieb von Anteilen an ausländischen AIF in Deutschland regeln, legt § 334 die Bedingungen für einen Vertrieb von Nicht-EU-AIF durch eine ausländische AIF-Verwaltungsgesellschaft, deren Referenzmitgliedstaat die Bundesrepublik Deutschland gemäß § 56 ist, an professionelle Anleger in anderen EU-Mitgliedstaaten oder in anderen EWR-Vertragsstaaten fest. 1

Eine ausländische AIF-Verwaltungsgesellschaft, deren Referenzmitgliedstaat gemäß § 56 die Bundesrepublik Deutschland ist und die von der BaFin eine Erlaubnis nach § 58 erhalten hat, unterliegt dem in § 334 geregelten Anzeigeverfahren. 2

§ 334 regelt, wann eine ausländische AIF-Verwaltungsgesellschaft Anteile an von ihr verwalteten ausländischer AIF unter einem so genannten Europäischen Pass europaweit vertreiben darf. Die Bestimmung ist also Teil des neuen EU-Passport-Regimes. 3

Die zuständige Aufsichtsbehörde ist gemäß § 57 Absatz 2 Satz 3 die BaFin als Behörde des Referenzmitgliedstaates der ausländischen AIF-Verwaltungsgesellschaft. Den jeweiligen Aufsichtsbehörden in den EU-Mitgliedstaaten und EWR-Vertragsstaaten, in denen der Vertrieb erfolgen soll, teilt die BaFin die Vertriebsabsicht mit. 4

Die ausländische AIF-Verwaltungsgesellschaft darf mit dem Vertrieb in einem weiteren EU-Mitgliedstaat oder EWR-Vertragsstaat beginnen, sobald die BaFin der AIF-Verwaltungsgesellschaft mitgeteilt hat, dass sie die zuständige Behörde im Aufnahmestaat von der Vertriebsabsicht unterrichtet hat. 5

II. Zeitliche Anwendbarkeit

Das Anzeigeverfahren nach § 334 (und somit die Möglichkeit des europaweiten Vertriebs) finden noch keine Anwendung. Das Anzeigeverfahren im Zusammenhang mit dem Vertrieb mit Drittstaatenbezug an professionelle Anleger erfolgt gemäß § 295 Absatz 7 Satz 1 i.V.m. Absatz 2 Nr. 1 erst ab dem Zeitpunkt des Erlasses eines delegierten Rechtsaktes der Europäischen Kommission auf Grundlage des Artikels 66 Absatz 3 in Verbindung mit Artikel 67 Absatz 6 der Richtlinie 2011/61/EU. Erst dann wird ein endgültiges Regime für den Vertrieb mit Drittstaatenbezug errichtet. Dieses Regime wird dann zwingend der Vertrieb unter dem Europäischen Pass sein. Eine gleichzeitige Anwendung von nationalen Vertriebsvorschriften zusätzlich zum Europäischen Pass, wie es die Richtlinie 2011/61/EU bis 2018 vorsieht, wurde vom deutschen Gesetzgeber nicht umgesetzt. Wann genau der Rechtsakt der Europäischen Kommission erlassen werden wird, steht noch nicht fest, er wird jedoch für 2015 erwartet. 6

III. Europarechtliche Vorgaben

Seine europarechtliche Grundlage findet § 334 in Artikel 40 der Richtlinie 2011/61/EU. 7

Absatz 1 Satz 1 setzt Artikel 40 Absatz 1 und Absatz 2 Unterabsatz 1 der Richtlinie 2011/61/EU um. Absatz 1 Satz 2 setzt Artikel 40 Absatz 2 Unterabsatz 2 der Richtlinie 2011/61/EU um. 8

Absatz 2 Satz 1 setzt Artikel 40 Absatz 5 Unterabsatz 1 und Absatz 9 Unterabsatz 1 der Richtlinie 2011/61/EU um. Absatz 2 Satz 2 setzt Artikel 40 Absatz 5 Unterabsatz 2 und Anhang IV der Richtlinie 2011/61/EU um. 9

Absatz 3 setzt Artikel 40 Absatz 6 bis 10 der Richtlinie 2011/61/EU um. 10

B. Anwendungsbereich

11 § 334 regelt, ebenso wie § 331, die so genannte „Outgoing-AIF-Notification" bzw. das „Outgoing-AIF-Update". Denn die Anzeige gegenüber der BaFin dient als Grundlage für die sich anschließende Notifizierung durch die BaFin an die entsprechenden Aufsichtsbehörden in den betreffenden EU-Mitgliedstaaten oder den betreffenden EWR-Vertragsstaaten.

I. Ausländische AIF-Verwaltungsgesellschaft

12 § 334 findet auf ausländische AIF-Verwaltungsgesellschaften Anwendung, deren Referenzmitgliedstaat gemäß § 56 die Bundesrepublik Deutschland ist und die von der BaFin eine Erlaubnis nach § 58 erhalten haben. Die ausländische AIF-Verwaltungsgesellschaft muss also über die Erlaubnis verfügen, von ihr verwaltete AIF gemäß Artikel 39 oder 40 der Richtlinie 2011/61/EU in anderen EU-Mitgliedstaaten oder EWR-Vertragsstaaten zu vertreiben.

II. Vertrieb von durch die ausländische AIF-Verwaltungsgesellschaft verwaltete AIF

13 Es muss der Vertrieb von Aktien oder Anteilen an ausländischen AIF beabsichtigt sein. Hinsichtlich der Definition des Vertriebsbegriffs kann auf die ausführliche Kommentierung zu § 293 verweisen werden.

III. Vertrieb an professionelle Anleger

14 § 334 erfasst nur den Vertrieb an professionelle Anleger. Solche sind gemäß § 1 Absatz 19 Nr. 32 Anleger, die im Sinne von Anhang II der Richtlinie 2004/39/EG (MiFID-Richtlinie) als professionelle Kunden angesehen werden oder auf Antrag als professionelle Kunden behandelt werden.

C. Voraussetzungen für den Vertrieb gemäß Absatz 1

15 Der Vertrieb im Sinne des § 334 Absatz 1 Satz 1 ist nur zulässig, wenn die in § 322 Absatz 1 Nr. 1 und Nr. 2 genannten Voraussetzungen erfüllt sind.

16 Für die Frage, unter welchen Voraussetzungen ein AIF als ausländischer AIF zu qualifizieren ist, kann auf die entsprechende Kommentierung zu § 322 verweisen werden.[1]

17 Eine gesonderte Prüfung und Bewilligung durch die Aufsichtsbehörde des Aufnahmemitgliedstaates erfolgt hinsichtlich der Erteilung des Europäischen Passes nicht. Allerdings kann die Behörde des Aufnahmestaates in Umsetzung von Artikel 40 Absatz 2 Unterabsatz 2 der Richtlinie 2011/61/EU eine eigene Prüfung der Voraussetzungen des § 322 Absatz 1 Nr. 1 und 1 vornehmen. Ist die zuständige Stelle des Aufnahmestaates der ausländischen AIF-Verwaltungsgesellschaft nicht mit der Beurteilung der in § 322 Absatz 1 Nummer 1 und 2 genannten Voraussetzungen durch die BaFin einverstanden, kann sie, also die BaFin, die Europäische Wertpapier- und Marktaufsichtsbehörde nach Maßgabe des Artikels 19 der Verordnung (EU) Nr. 1095/2010 um Hilfe ersuchen (§ 334 Absatz 1 Satz 2). Dasselbe Recht steht der zuständigen Behörde im Aufnahmestaat gemäß

---

[1] Siehe § 322 Rn. 7.

Artikel 40 Absatz 2 Unterabsatz 2 der Richtlinie Richtlinie 2011/61/EU i.V.m. Artikel 19 der Verordnung (EU) Nr. 1095/2010 zu.

D. Vertriebsanzeige und Notifizierungsverfahren

Anteile oder Aktien an ausländischen AIF dürfen in anderen EU-Mitgliedstaaten oder EWR-Vertragsstaaten nur dann vertrieben werden, wenn die ausländische AIF-Verwaltungsgesellschaft, deren Referenzmitgliedstaat die Bundesrepublik Deutschland ist, für den von ihr verwalteten AIF das einschlägige Anzeigeverfahren erfolgreich durchlaufen hat. § 334 legt dabei die Einzelheiten des Anzeigeverfahrens fest. **18**

Das in § 334 vorgesehene elektronische Anzeigeverfahren für ausländische AIF-Verwaltungsgesellschaften in Bezug auf den Vertrieb von ausländischen AIF an professionelle Anleger in anderen EU-Mitgliedstaaten oder in EWR-Vertragsstaaten ist zwischenbehördlich ausgestaltet. **19**

Das Anzeigeverfahren unterscheidet sich inhaltlich kaum von demjenigen für AIF-Kapitalverwaltungsgesellschaften nach § 331. Der Gesetzestext scheint hier jedoch ein redaktionelles Versehen aufzuweisen. Denn anders als bei § 333 Absatz 1 Satz 2, der auf die Unterlagen und Angaben gemäß § 331 Absatz 1 Satz 2 verweist, verweist § 334 Absatz 2 Satz 2 auf die Unterlagen und Angaben gemäß § 331 Absatz 2 Satz 1. Diese Bestimmung enthält jedoch keine Beschreibung von Unterlagen oder Angaben, sondern regelt lediglich, dass das Anzeigeschreiben nebst Anhängen über das Melde- und Veröffentlichungssystem der BaFin zu übermitteln ist. Inhaltlich geht der Verweis damit ins Leere, es sei denn der Gesetzgeber wollte auf die Unterlagen „nach Absatz 1" verweisen, was inhaltlich wieder identisch mit einem direkten Verweis auf § 331 Absatz 1 Satz 2 wäre. **20**

Für ein redaktionelles Versehen spricht zudem die wortgleiche Ausgestaltung der Vorschrift, die sich mit § 333 Absatz 1 Satz 2 deckt. Insoweit wäre auch nicht nachvollziehbar, weshalb hier eine Abweichung beabsichtigt gewesen sein sollte, zumal sowohl Artikel 39 Absatz 4 Unterabsatz 2 als auch Artikel 40 Absatz 5 Unterabsatz 2 jeweils auf die Dokumentation und die Angaben gemäß Anhang IV der Richtlinie 2011/61/EU Bezug nehmen. Eine inhaltliche Abweichung zwischen den gemäß § 333 und § 334 einzureichen Unterlagen und Angaben ist daher offensichtlich nicht gewollt. Das entspricht auch der Gesetzesbegründung, die hinsichtlich der Umsetzung nur auf Anhang IV verweist.[2] **21**

Dementsprechend muss der Verweis in § 334 Absatz 2 Satz 2 als ein Verweis auf die mit dem Anzeigeschreiben gemäß § 331 Absatz 1 Satz 2 einzureichenden Unterlagen und Angaben gelesen werden. **22**

Die AIF-Kapitalverwaltungsgesellschaft hat den beabsichtigten Vertrieb der BaFin in einer in internationalen Finanzkreisen gebräuchlichen Sprache anzuzeigen. Das Anzeigeschreiben muss die in § 321 Absatz 1 Satz 2 geforderten Angaben und Unterlagen in jeweils geltender Fassung enthalten. Auf die dortige Kommentierung wird verwiesen.[3] **23**

Hinsichtlich des genauen Ablaufs, des Inhalts der Vertriebsanzeige und des genauen Notifizierungsverfahrens verweist § 334 Absatz 3 insgesamt auf § 331 Absatz 2 bis 5 Satz 1 und 2, Absatz 6 und Absatz 7, allerdings mit leichten Modifikationen. Lediglich § 331 Absatz 5 Satz 3 findet insgesamt keine Anwendung, weil diese Bestimmung den Vertrieb eines EU-AIF voraussetzt, was bei § 334 schon vom Anwendungsbereich her nicht der Fall sein kann. **24**

---

2 Gesetzesbegründung zum KAGB-Entwurf, BR 79112, zu § 334, Seite 536.
3 Siehe Kommentierung zu § 321 Rn. 20.

25 Absatz 3 Nr. 1 stellt insoweit klar, dass es statt „AIF-Kapitalverwaltungsgesellschaft" „ausländische AIF" heißen muss, da es sich hier um einen anderen Normadressaten handelt.

26 Inhaltliche Abweichungen zur Vertriebsmitteilung nach § 331 ergeben sich lediglich in Bezug auf die durch die BaFin zu informierenden Behörden. Denn § 334 Absatz 3 Nr. 2 sieht vor, dass die BaFin im Rahmen von § 331 Absatz 5 zusätzlich eine Mitteilung an die Europäische Wertpapier- und Marktaufsichtsbehörde sendet und mitteilt, dass die AIF-Kapitalverwaltungsgesellschaft mit dem Vertrieb von Anteilen oder Aktien des angezeigten AIF an professionelle Anleger im Aufnahmemitgliedstaat der AIF-Kapitalverwaltungsgesellschaft beginnen kann. Diese Meldepflicht folgt für die BaFin bereits aus § 12 Absatz 6 Nr. 10 lit. b). Danach hat die BaFin die Europäische Wertpapier- und Marktaufsichtsbehörde über den möglichen Beginn des Vertriebs von ausländischen AIF durch eine ausländische AIF-Verwaltungsgesellschaft, deren Referenzmitgliedstaat die Bundesrepublik Deutschland ist, in anderen Mitgliedstaaten der Europäischen Union und Vertragsstaaten des Abkommens über den Europäischen Wirtschaftsraum nach § 334 Absatz 3 Nr. 2 zu informieren.

27 Darüber hinaus wird die Mitteilungspflicht im Zusammenhang mit einem Outgoing-AIF-Update im Sinne des § 331 Absatz 7 durch § 334 Absatz 3 Nr. 3 um eine zusätzliche Mitteilung an die Europäischen Wertpapier- und Marktaufsichtsbehörde durch die BaFin erweitert. Auch hier ergibt sich die eigentliche Verpflichtung der BaFin aus § 12 Absatz 4 Nr. 6 lit. b). Eine solche Mitteilung ist aber nur dann erforderlich, wenn die zulässige Änderung nach § 331 Absatz 7 die Beendigung des Vertriebs von bestimmten AIF oder zusätzlich vertriebene AIF betrifft.

E. Folgen eines Verstoßes gegen die Vertriebsanzeige

28 Die Rechtsfolgen bei einem Verstoß gegen die Vertriebsvorschriften richten sich nach § 11, der besondere Vorschriften für die Zusammenarbeit bei grenzüberschreitender Verwaltung und grenzüberschreitendem Vertrieb von AIF festlegt. Erfolgt ein Vertrieb, ohne dass die entsprechende Anzeige nach § 334 Absatz 2 erfolgt ist, untersagt die BaFin gemäß § 11 Absatz 9 Nr. 1 lit. b) auf Verlangen der Europäischen Wertpapier- und Marktaufsichtsbehörde gemäß Artikel 46 Absatz 4 der Richtlinie 2011/61/EU nach Maßgabe von § 11 Absatz 10 den Vertrieb.

§ 335
Bescheinigung der Bundesanstalt

(1) Unbeschadet der Anzeigen nach den §§ 331 bis 334 stellt die Bundesanstalt auf Antrag der AIF-Kapitalverwaltungsgesellschaft eine Bescheinigung darüber aus, dass die Vorschriften der Richtlinie 2011/61/EU erfüllt sind.

(2) Die Bundesanstalt stellt auf Antrag der AIF-Kapitalverwaltungsgesellschaft, die gemäß § 44 registriert ist, eine Bescheinigung über die Registrierung aus.

Schrifttum

Siehe § 331.

1 **1. Regelungsgegenstand.** Unabhängig davon, ob eine AIF-Kapitalverwaltungsgesellschaft im Sinne des § 1 Absatz 16 eine Anzeige nach den §§ 331 bis 334 vorgenommen

hat, kann sie bei der BaFin eine Bescheinigung darüber beantragen, dass die Vorschriften der Richtlinie 2011/61/EU erfüllt sind. Dasselbe gilt für eine Bescheinigung über die Registrierung gemäß § 44 die die BaFin ebenfalls auf Antrag der AIF-Kapitalverwaltungsgesellschaft ausstellen muss.

2. Begründung. Angelehnt an § 128 Absatz 4 des aufgehobenen Investmentgesetzes soll diese Vorschrift dem bestehenden praktischen Bedürfnis für die gebührenpflichtige Erteilung eines AIF-Passes für den Vertrieb außerhalb des EU/EWR-Raumes Rechnung tragen.[1]

§ 336
Verweise und Ersuchen nach Artikel 19 der Verordnung (EU) Nr. 1095/2010

(1) Die näheren Bestimmungen zu den in § 322 Absatz 1 Nummer 1, § 324 Absatz 1 Satz 1, § 326 Absatz 1, § 328 Absatz 1 Satz 1, § 330 Absatz 1 Satz 1 Nummer 3, § 332 Absatz 1 Satz 1 und § 334 Absatz 1 Satz 1 genannten Vereinbarungen über die Zusammenarbeit richten sich nach den Artikeln 113 bis 115 der Delegierten Verordnung (EU) Nr. 231/2013.

(2) Lehnt eine zuständige Stelle einen Antrag auf Informationsaustausch im Sinne der §§ 324, 328, 332 und 334 zwischen den zuständigen Stellen des Herkunftsmitgliedstaates oder des Referenzmitgliedstaates und den zuständigen Stellen der Aufnahmemitgliedstaaten der AIF-Kapitalverwaltungsgesellschaft, der EU-AIF-Verwaltungsgesellschaft oder der ausländischen AIF-Verwaltungsgesellschaft ab, so können die Bundesanstalt und die zuständigen Stellen des Herkunftsmitgliedstaates oder des Referenzmitgliedstaates und des Aufnahmemitgliedstaates der AIF-Verwaltungsgesellschaft die Europäische Wertpapier- und Marktaufsichtsbehörde nach Maßgabe des Artikels 19 der Verordnung (EU) Nr. 1095/2010 um Hilfe ersuchen.

(3) Schließt eine für einen EU-AIF zuständige Stelle die gemäß § 330 Absatz 1 Satz 1 Nummer 3 Buchstabe a geforderte Vereinbarung über Zusammenarbeit nicht innerhalb eines angemessenen Zeitraums ab, kann die Bundesanstalt die Europäische Wertpapier- und Marktaufsichtsbehörde nach Maßgabe des Artikels 19 der Verordnung (EU) Nr. 1095/2010 um Hilfe ersuchen.

Schrifttum

Siehe § 331.

Systematische Übersicht

A. Allgemeines
   I. Regelungsgegenstand —— 1
   II. Zeitliche Anwendbarkeit —— 3
   III. Europarechtliche Vorgaben —— 4

B. Absatz 1
   I. Kooperationsvereinbarungen —— 7
   II. Delegierte Verordnung —— 10
C. Absatz 2 —— 14
D. Absatz 3 —— 16

---

[1] Siehe Regierungsbegründung zum KAGB-Entwurf, BTDrucks. 791/12, zu § 335 S. 536.

A. Allgemeines

I. Regelungsgegenstand

1   Um EU-AIF-Verwaltungsgesellschaften die Möglichkeit zur Verwaltung und Vermarktung von ausländischen AIF und ausländischen AIF-Verwaltungsgesellschaften die Möglichkeit zur Verwaltung und Vermarktung von EU-AIF in der EU zu geben, schreibt die Richtlinie 2011/61/EU den Abschluss angemessener Kooperationsvereinbarungen mit den zuständigen Aufsichtsbehörden des Drittlands vor, in dem der ausländische AIF und/oder die ausländische AIF-Verwaltungsgesellschaft ihren Sitz haben.[1] Diese Kooperationsvereinbarungen sollen einen wirksamen Informationsaustausch zwischen den betreffenden Aufsichtsbehörden sicherstellen.

2   § 336 enthält im Einklang mit den Vorgaben der Richtlinie 2011/61/EU nähere Bestimmungen zu den Kooperationsvereinbarungen und das Verfahren, das bei Meinungsverschiedenheiten zwischen den zuständigen Aufsichtsbehörden anzuwenden ist.

II. Zeitliche Anwendbarkeit

3   Die Vorschrift gilt seit Inkrafttreten des KAGB.

III. Europarechtliche Vorgaben

4   Absatz 1 dient der Umsetzung von Artikel 35 Absatz 11, Artikel 40 Absatz 11 und Artikel 42 Absatz 3 der Richtlinie 2011/61/EU.

5   Absatz 2 dient der Umsetzung von Artikel 35 Absatz 15 und Artikel 40 Absatz 15 der Richtlinie 2011/61/EU.

6   Absatz 3 setzt Artikel 42 Absatz 1 Unterabsatz 2 der Richtlinie 2011/61/EU um.

B. Absatz 1

I. Kooperationsvereinbarungen

7   § 336 verweist hinsichtlich der näheren Bestimmungen zu den in § 322 Absatz 1 Nummer 1, § 324 Absatz 1 Satz 1, § 326 Absatz 1, § 328 Absatz 1 Satz 1, § 330 Absatz 1 Satz 1 Nummer 3, § 332 Absatz 1 Satz 1 und § 334 Absatz 1 Satz 1 genannten Vereinbarungen über die Zusammenarbeit auf die Artikel 113 bis 115 der delegierten Verordnung (EU) Nr. 231/2013.[2]

8   Bei diesen Vereinbarungen handelt es sich um Vereinbarungen über die Zusammenarbeit zwischen der zuständigen Behörde des EU-Mitgliedstaates, sei es die BaFin oder die Behörde des Herkunftsstaates einer EU-AIF-Verwaltungsgesellschaft, und der jeweiligen Aufsichtsbehörde des Drittstaates, in dem der ausländische AIF oder die ausländische AIF-Verwaltungsgesellschaft seinen bzw. ihren Sitz hat. Zweck dieser Verein-

---

[1] Vgl. Delegierte Verordnung (EU) Nr. 231/2013 der Kommission vom 19. Dezember 2012 zur Ergänzung der Richtlinie 2011/61/EU des Europäischen Parlaments und des Rates im Hinblick auf Ausnahmen, die Bedingungen für die Ausübung der Tätigkeit, Verwahrstellen, Hebelfinanzierung, Transparenz und Beaufsichtigung, ABl. EU Nr. L, 2013/1, Erwägungsgrund 134.

[2] Delegierte Verordnung (EU) Nr. 231/2013 der Kommission vom 19. Dezember 2012 zur Ergänzung der Richtlinie 2011/61/EU des Europäischen Parlaments und des Rates im Hinblick auf Ausnahmen, die Bedingungen für die Ausübung der Tätigkeit, Verwahrstellen, Hebelfinanzierung, Transparenz und Beaufsichtigung, ABl. EU Nr. L, 2013/1.

barungen ist es, einen effizienter Informationsaustausch zwischen den zuständigen Behörden zu gewährleisten. Eine Liste der Stellen eines Drittstaates, mit denen die BaFin bereits entsprechende Vereinbarungen (ein so genanntes Memorandum of Understanding) geschlossen hat, hat die BaFin in einem Merkblatt vom 22. Juli 2013 veröffentlicht.[3]

Der Abschluss dieser Vereinbarungen ermöglicht es der BaFin, ihre Aufgaben gemäß der Richtlinie 2011/61/EU wahrzunehmen. 9

II. Delegierte Verordnung

Die delegierte Verordnung (EU) Nr. 231/2013 ist Voraussetzung für die Anwendung der Richtlinie 2011/61/EU in den EU-Ländern und wurde zur Ergänzung bestimmter darin enthaltener Vorschriften erlassen. Die Artikel 113 bis 115 der delegierten Verordnung (EU) Nr. 231/2013 enthalten inhaltliche Anforderungen an die Vereinbarungen über Zusammenarbeit, um einen einheitlichen Rahmen zu gewährleisten, der den Abschluss solcher Vereinbarungen zwischen den Behörden vereinfacht. 10

Gemäß Artikel 113 Absatz 3 der delegierten Verordnung (EU) Nr. 231/2013 legen die Vereinbarungen über die Zusammenarbeit den besonderen Rahmen für die Konsultation, Kooperation und den Informationsaustausch für Aufsichts- und Durchsetzungszwecke zwischen den zuständigen Behörden der EU und Drittland-Aufsichtsbehörden fest. Die Vereinbarungen müssen schriftlich geschlossen werden. 11

Insbesondere müssen die Vereinbarungen eine besondere Bestimmung enthalten, die die Übermittlung von Informationen regelt, die eine zuständige Behörde der Union von einer Aufsichtsbehörde eines Drittlands erhalten hat, an andere zuständige Behörden der Union, die Europäische Wertpapier- und Marktaufsichtsbehörde und den ESRB im Einklang mit der Richtlinie 2011/61/EU (Artikel 113 Absatz 4 der delegierten Verordnung (EU) Nr. 231/2013). 12

Darüber hinaus müssen die Vereinbarungen Mechanismen, Instrumente und Verfahren festlegen, 13
a) die gewährleisten, dass den zuständigen Behörden der Union alle zur Wahrnehmung ihrer Aufgaben erforderlichen Informationen zugänglich sind,
b) die die Durchführung von Ermittlungen vor Ort gewährleisten, wenn diese zur Wahrnehmung der Aufgaben der zuständigen Behörde der Union gemäß der Richtlinie 2011/61/EU erforderlich sind. Ermittlungen vor Ort werden unmittelbar von der zuständigen Behörde der Union oder von der zuständigen Behörde des Drittlands mit Hilfe der zuständigen Behörde der Union durchgeführt, und
c) die gewährleisten, dass die zuständige Behörde des Drittlands im Einklang mit den für diese Behörde geltenden nationalen und internationalen Rechtsvorschriften die zuständigen Behörden der Union unterstützt, wenn die Rechtsvorschriften der Union und die nationalen Durchführungsvorschriften, die von einer in dem Drittland niedergelassenen Einrichtung verletzt wurden, durchgesetzt werden müssen.

C. Absatz 2

Für den Fall, dass eine zuständige Stelle einen Antrag auf Informationsaustausch im Sinne der §§ 324, 328, 332 und 334 zwischen den zuständigen Stellen des Herkunftsmit- 14

---

[3] Merkblatt vom 22. Juli 2013 zu Vereinbarungen über die Zusammenarbeit zwischen der BaFin und zuständigen Stellen eines Drittstaats im Rahmen der AIFM Richtlinie 2011/61/EU, abrufbar auf der Internetseite der BaFin unter: http://www.bafin.de/SharedDocs/Veroeffentlichungen/DE/Merkblatt/WA/mb_130722_internat_koopvereinbarungen_kagb.html.

gliedstaates oder des Referenzmitgliedstaates und den zuständigen Stellen der Aufnahmemitgliedstaaten der AIF-Kapitalverwaltungsgesellschaft, der EU-AIF-Verwaltungsgesellschaft oder der ausländischen AIF-Verwaltungsgesellschaft ablehnt, können die BaFin und die zuständigen Stellen des Herkunftsmitgliedstaates oder des Referenzmitgliedstaates und des Aufnahmemitgliedstaates der AIF-Verwaltungsgesellschaft die Europäische Wertpapier- und Marktaufsichtsbehörde nach Maßgabe des Artikels 19 der Verordnung (EU) Nr. 1095/2010 um Hilfe ersuchen.

15 Nach Artikel 19 Absatz 1 der Verordnung (EU) Nr. 1095/2010 kann die Europäische Wertpapier- und Marktaufsichtsbehörde nach dem in den Absätzen 2 bis 4 des Artikels 19 der Verordnung (EU) Nr. 1095/2010 festgelegten Verfahren dabei helfen, eine Einigung zwischen den Behörden zu erzielen.

D. Absatz 3

16 Der Vertrieb von Anteilen oder Aktien an von einer ausländischen AIF-Verwaltungsgesellschaft verwalteten ausländischen AIF oder EU-AIF an semiprofessionelle oder professionelle Anleger im Geltungsbereich des KAGB setzt gemäß § 330 Absatz 1 Satz 1 Nummer 3 Buchstabe a unter anderem voraus, dass geeignete Vereinbarungen über die Zusammenarbeit zwischen der BaFin und den zuständigen Stellen des Drittstaates, in dem die ausländische AIF-Verwaltungsgesellschaft ihren Sitz hat, und gegebenenfalls den zuständigen Stellen des Drittstaates, in dem der ausländische AIF seinen Sitz hat, und den zuständigen Stellen des Herkunftsmitgliedstaates des EU-AIF bestehen.

17 Um sicherzustellen, dass entsprechende Kooperationsvereinbarungen tatsächlich geschlossen werden, kann die BaFin die Europäische Wertpapier- und Marktaufsichtsbehörde nach Maßgabe des Artikels 19 der Verordnung (EU) Nr. 1095/2010 um Hilfe ersuchen, wenn eine für einen EU-AIF zuständige Stelle eine solche Vereinbarung nicht innerhalb eines angemessenen Zeitraums abschließt.

KAPITEL 5
Europäische Risikokapitalfonds

§ 337
Europäische Risikokapitalfonds

(1) Für AIF-Kapitalverwaltungsgesellschaften, die die Voraussetzungen nach § 2 Absatz 6 erfüllen, gelten
1. die §§ 1, 2, 5 Absatz 1 und §§ 6, 7, 13 bis 16, 44 Absatz 1 Nummer 1, 2, 5 bis 7 und Absatz 4 bis 7 entsprechend sowie
2. die Vorschriften der Verordnung (EU) Nr. 345/2013.

(2) AIF-Kapitalverwaltungsgesellschaften, die die Voraussetzungen des Artikels 2 Absatz 2 der Verordnung (EU) Nr. 345/2013 erfüllen und die Bezeichnung „EuVECA" weiter führen, haben neben den Vorschriften dieses Gesetzes die in Artikel 2 Absatz 2 Buchstabe b der Verordnung (EU) Nr. 345/2013 zu erfüllen.

Schrifttum

Jesch/Aldinger EU-Verordnungsvorschlag über Europäische Risikokapitalfonds (EuVECA) – Wer wagt, gewinnt? RdF **2012** 217; *Nelle/Klebeck* Der „kleine" AIFM – Chancen und Risiken der neuen Regulierung für deutsche Fondsmanager BB **2013** 2499; *Schertler/Tykvová* What lures cross-border venture capital inflows? Journal of International Money and Finance, Vol. 31 (**2012**) 1777; *Siering/Izzo-Wagner* „Praktische Hürden" der EuVECA-Verordnung BKR **2014** 242; *Volhard/Euhus* Neue Regeln für Venture-Capital-Fonds in Europa, Absolutreport 02/**2013** 58; *Volhard/Kruschke* Die Regulierung von Private Equity Fonds-Manager durch den Europäischen Gesetzgeber: ausgewählte Aspekte der AIFM-Richtlinie und der VC-Verordnung im Überblick, EWS **2012** 21.

Die Einzelnorm des § 337 KAGB betrifft die „Opt-In"-Regelung des Europäischen Risikokapitalfonds. Absatz 1 regelt die Anwendbarkeit selektiver KAGB-Normen (Nr. 1) sowie der EuVECA-VO selbst. Absatz 2 regelt den Sonderfall des Weiterführens der Bezeichnung „EuVECA" bei Überschreiten von Schwellenwerten. **1**

I. Allgemeines

Die Europäische Kommission hat am 7.12.2011 einen Verordnungsvorschlag veröffentlicht und damit ihren Vorschlag vom 15.6.2011 umgesetzt und konkretisiert.[1] Nach der Beschlussfassung des Europäischen Parlaments am 12.3.2013 hat auch der Rat am 21.3.2013 dem Text der Verordnung über Europäische Risikokapitalfonds („EuVECA-VO") zugestimmt. Die endgültige Fassung entspricht dem Kompromissvorschlag der zypriotischen Ratspräsidentschaft aus dem Dezember 2012. **2**

Hintergrund des ursprünglichen Kommissionsvorschlags vom Dezember 2011 war die Befürchtung, dass Manager relativ kleiner Venture-Capital-Fonds gezwungen sein könnten, sich den sehr weitreichenden Regelungen der AIFM-RL zu unterwerfen.[2] **3**

Die EuVECA-VO steht der AIFM-RL gegenüber. Während die AIFM-RL jeweils vom nationalen Gesetzgeber unter Nutzung (oder expliziter Nichtnutzung) eines Spielraums umgesetzt wurde, ist die EuVECA-VO unmittelbar anwendbar und eröffnet auf europäi- **4**

---
1 *Volhard/Kruschke* Die Regulierung von Private Equity Fonds-Manager durch den Europäischen Gesetzgeber: ausgewählte Aspekte der AIFM-Richtlinie und der VC-Verordnung im Überblick, EWS **2012** 21 (23 f.).
2 *Volhard/Euhus* Neue Regeln für Venture-Capital-Fonds in Europa, Absolut.report 02/**2013** 58 (59).

scher Ebene gleichermaßen z.B. den EU-Vertriebspass. Umso bemerkenswerter ist, dass die EuVECA-VO eine Vielzahl offener Fragestellungen aufweist.[3]

5   Eine freiwillige Unterwerfung unter die EuVECA-VO statt der „vollen" KAGB-Regulierung kommt – anders als es der Name andeutet – nicht nur Venture-Capital-Strategien i.e.S. zugute. Voraussetzung hinsichtlich der Investmentstrategie ist, dass nach Art. 3(d) und (e) EuVECA-VO qualifizierte Anlagen in qualifizierte Portfolio-Unternehmen getätigt werden, welche durchaus auch gewisse Small-Cap- und sogar Mid-Cap-Strategien aus dem Private-Equity-Bereich zulassen.[4] Dem Gesichtspunkt der Förderung innovativer kleinerer Unternehmen ist damit gleichermaßen Rechnung getragen.

6   Interessant dürfte in der weiteren Entwicklung sein, ob z.B. der Europäische Investmentfonds (EIF) es für seine Co-Investments bei europäischen Venture-Capital-Fonds zur Voraussetzung macht, dass diese als „Europäischer Risikokapitalfonds" qualifizieren. Dieser Gedanke ist einerseits naheliegend.[5] Andererseits bringt die EuVECA Compliance einen Aufwand mit sich, der im Vergleich zur KAGB Compliance geringfügiger, gleichwohl aber gewichtig ist. Wenn der EIF (weiterhin) auch kleinere Branchen-/Nischenfonds unterstützen will, sollte das Gütesiegel „Europäischer Risikokapitalfonds" insoweit nicht zur conditio sine qua non werden. Es gibt Fondsgrößenordnungen, die selbst mit den erleichterten Anforderungen der EuVECA-VO ihre organisatorischen und/oder finanziellen Schwierigkeiten haben dürften.[6]

7   Letztlich bleibt abzuwarten, inwieweit es jedenfalls im Bereich der Venture-Capital-Fonds üblich ist/wird, einen paneuropäischen Investitionsansatz zu verfolgen. Im Bereich der relativ wenigen Venture-Capital-Dachfonds dürfte dies kein Problem sein, bei anderen institutionellen Investoren dürfte ein gewisser home bias vorherrschen.[7]

II. Geltung bestimmter KAGB-Normen für EuVECA (Abs. 1 Nr. 1)

8   Für EuVECA-Verwaltungsgesellschaften gelten in Ergänzung zur EuVECA-VO folgende KAGB-Normen entsprechend:
   –   § 1 KAGB: Dies betrifft die umfangreichen Begriffsbestimmungen des KAGB.
   –   § 2 KAGB: Dies betrifft die Ausnahmebestimmungen des KAGB, wobei vorliegend § 2 Abs. 6 KAGB von besonderer Relevanz ist.
   –   § 5 Abs. 1 KAGB: Dies betrifft die Festlegung der BaFin als zuständige Aufsichtsbehörde.

---

[3] Genannt seien hier nur die Existenz von Alt-Investoren außerhalb von Art. 6 Abs. 1 lit. a) und b), die Höhe der „ausreichenden finanziellen Mittel" für Verwalter eines Risikokapitalfonds und die Anforderungen an externe Verwaltungsgesellschaften, vgl. *Siering/Izzo-Wagner* „Praktische Hürden" der EuVECA-Verordnung BKR **2014** 242 ff.

[4] *Nelle/Klebeck* Der „kleine" AIFM – Chancen und Risiken der neuen Regulierung für deutsche Fondsmanager BB **2013** 2499 (2505); dies ist von der EuVECA-VO explizit gewünscht, vgl. z.B. Erwägungsgrund (13) EuVECA-VO.

[5] Und findet sich nicht nur andeutungsweise auch in Erwägungsgrund (52) EuVECA-VO.

[6] Vgl. *Jesch/Aldinger* EU-Verordnungsvorschlag über Europäische Risikokapitalfonds (EuVECA) – Wer wagt, gewinnt? RdF **2012** 217 (223 f.).

[7] Ein wenig Hoffnung machen die Erkenntnisse von *Schertler/Tykvová* What lures cross-border venture capital inflows? Journal of International Money and Finance, Vol. 31 (**2012**) 1777 (1785). Danach konnten 2000–2008 zumindest Portfolio-Unternehmen aus Großbritannien signifikant Gelder aus anderen (europäischen) Staaten einwerben. Deutsche Portfolio-Unternehmen erhielten umgekehrt aus Großbritannien noch relativen Zuspruch (hier ist man Frankreich und Italien aber eher zugeneigt), weit mehr aus den USA, was allerdings in Relation zur Größe der dortigen Venture-Capital-Industrie bewertet werden muss.

- § 6 KAGB: Dies betrifft eine Sonderregelung für den Fall des Verdachts der Finanzierung einer terroristischen Vereinigung nach § 129a StGB.
- § 7 KAGB: Dies betrifft die sofortige Vollziehbarkeit von BaFin-Maßnahmen.
- §§ 13 und 14 KAGB: Dies betrifft den Informationsaustausch mit der Deutschen Bundesbank sowie Auskünfte und Prüfungen.
- § 44 Absatz 1 Nummer 1, 2, 5 bis 7 und Absatz 4 bis 7 KAGB: Dies betrifft schließlich Registrierung und Berichtspflichten von AIF-KVG.

Insgesamt gelten also für EuVECA-Verwaltungsgesellschaften jene KAGB-Normen, welche die Registrierung bei der Aufsichtsbehörde, die laufende Aufsicht und den Informationsaustausch mit der Aufsichtsbehörde sowie deren Einschreiten auf Basis der KAGB-Terminologie regeln. 9

III. Geltung der Verordnung (EU) Nr. 345/2013 für EuVECA (Abs. 1 Nr. 2)

Kleine Manager alternativer Investmentfonds mit nicht mehr als 500 Mio. Euro Assets under Management, welche grundsätzlich nur dem Registrierungserfordernis der AIFM-RL unterliegen, können sich freiwillig der EuVECA-VO unterwerfen. Die Kommission geht davon aus, dass dieser Schwellenwert von 98% aller europäischen VC-Manager nicht überschritten wird.[8] Kleine Manager, die (auch) hebelfinanzierte AIF verwalten, sollen wohl nicht in den Anwendungsbereich der EuVECA-VO fallen, was ggf. für Manager relevant sein könnte, welche KfW-Mittel als Darlehen in ihren Bestandsfonds aufgenommen haben.[9] 10

Die EuVECA-Verwalter unterliegen nach der obligatorischen Registrierung bestimmten operativen Anforderungen, Mindestkapital- und Ausstattungsvorschriften, Bewertungsvorschriften hinsichtlich der qualifizierenden Fonds[10] sowie Transparenzanforderungen gegenüber den Investoren[11] und der zuständigen Aufsichtsbehörde.[12] Die Bewertungsmaßstäbe für die Anlagen sind in der Fondsdokumentation niederzulegen und müssen ein ordnungsgemäßes und transparentes Bewertungsverfahren sicherstellen.[13] 11

Qualifizierende Fonds registrierter Manager dürfen mittels EU-Vertriebspass unter dem Label „EuVECA" an die zulässigen Anlegergruppen vertrieben werden,[14] allerdings müssen sie das Label nicht verwenden, was z.B. im Small-oder Mid-Cap-Segment wünschenswert sein kann. 12

Zulässige Anleger sind zum einen professionelle Anleger nach MiFID und zum anderen vermögende und qualifizierende Privatpersonen, die mindestens 100.000 Euro investieren und schriftlich bestätigen, dass sie sich des Risikos der Investition bewusst sind.[15] Zulässige Anleger sind ebenfalls und uneingeschränkt die Teammitglieder des EuVECA-Managers. 13

Ein Fonds qualifiziert dann als EuVECA, wenn (i) beabsichtigt ist, dass der Fonds mindestens 70% des Anteils der Kapitalzusagen, der für Investitionen zur Verfügung 14

---

[8] Vgl. *Volhard/Kruschke* Die Regulierung von Private Equity Fonds-Manager durch den Europäischen Gesetzgeber: ausgewählte Aspekte der AIFM-Richtlinie und der VC-Verordnung im Überblick, EWS **2012** 21 (24) unter Verweis auf Ziffer 1 der einführenden Erläuterungen zum damaligen EU-Verordnungsvorschlag.
[9] *Volhard/Euhus* Neue Regeln für Venture-Capital-Fonds in Europa, Absolut.report 02/**2013** 58 (59).
[10] Vgl. z.B. Erwägungsgrund (29) EuVECA-VO.
[11] Vgl. Art. 13 EuVECA-VO. Hier sind u.a. Angaben zu einer Deckelung der Fondskosten zu machen.
[12] Vgl. Art. 14 EuVECA-VO.
[13] Vgl. Art. 11 EuVECA-VO.
[14] Vgl. Art. 14 Abs. 3 EuVECA-VO.
[15] Vgl. Art. 6 Abs. 1 lit. a) und b) EuVECA-VO.

steht, in qualifizierende Anlagen investiert und (ii) zu keinem Zeitpunkt mehr als 30% der investierbaren Kapitalzusagen in nichtqualifizierende Anlagen investiert werden.

15 Qualifizierende Anlagen, d.h. Finanzinstrumente,[16] sind (i) Eigenkapital- und Quasieigenkapitalanlagen in bestimmte KMU, (ii) durch Anteilstausch erworbene andere Eigenkapital- und Quasieigenkapitaleinlagen, (iii) in gewissem Umfang Darlehen an bestehende qualifizierende Portfolio-Unternehmen sowie (iv) Anteile an direkt investierenden qualifizierenden Fonds. Danach kann auch ein Venture-Capital-Dachfonds als EuVECA registriert und vertrieben werden.[17] „Bestimmte KMU" sind solche mit weniger als 250 Angestellten sowie entweder weniger als 50 Mio. Euro Jahresumsatz oder weniger als 43 Mio. Euro Bilanzsumme. Es darf sich nicht um AIF, Kreditinstitute, Wertpapierfirmen, Versicherungsunternehmen oder Finanzholdings handeln.[18]

16 Die ESMA führt eine zentrale, im Internet öffentlich zugängliche EuVECA-Datenbank mit sämtlichen Verwaltern und deren Fonds.[19]

IV. Weiteres Führen der Bezeichnung „EuVECA" bei Überschreiten von Schwellenwerten (Abs. 2)

17 Die Bezeichnung „EuVECA" bleibt grundsätzlich verfügbar für AIF, wenn das verwaltete Vermögen des AIFM erst nach der Registrierung gem. EuVECA-VO die Schwelle von 500 Mio. Euro übersteigt.

18 Allerdings muss der sodann zum AIFM gewordene Verwalter eine Zulassung beantragen, die von ihm verwalteten qualifizierten Risikokapitalfonds müssen die Anforderungen der AIFM-Richtlinie einhalten und zusätzlich jene der Art. 3 und 5 sowie Art. 13 Abs. 1 lit. c) und lit. i) EuVECA-VO.

---

16 *Volhard/Euhus* Neue Regeln für Venture-Capital-Fonds in Europa, Absolut.report 02/**2013** 58 (59).
17 *Volhard/Euhus* Neue Regeln für Venture-Capital-Fonds in Europa, Absolut.report 02/**2013** 58 (60).
18 Erwägungsgrund (18) EuVECA-VO.
19 Art. 17 EuVECA-VO. Zum Stichtag 22.7.2014 waren dort folgende Manager (Fonds) erfasst: Advent Life Sciences LLP (Advent Life Sciences Fund I LP, Advent Life & Sciences Fund II LP) aus Großbritannien, Amadeus Capital Partners Limited (Amadeus IV Early Stage Fund A LP, Amadeus IV Early Stage Fund B LP, Amadeus IV Digital Prosperity LP) aus Großbritannien, Azini Capital Partners LLP (Azini 3a LP) aus Großbritannien, Chrysalix Set Management B.V. (SET Fund II C.V.) aus den Niederlanden, Frog Capital Ltd (Frog Capital Fund II LP) aus Großbritannien und NCP-IVS III GP (ApSNCP-IVS Fund III K/S) aus Dänemark.

KAPITEL 6
Europäische Fonds für soziales Unternehmertum

§ 338
Europäische Fonds für soziales Unternehmertum

(1) Für AIF-Kapitalverwaltungsgesellschaften, die die Voraussetzungen nach § 2 Absatz 7 erfüllen, gelten
1. die §§ 1, 2, 5 Absatz 1 und die §§ 6, 7, 13, 14, 44 Absatz 1 Nummer 1, 2, 5 bis 7 und Absatz 4 bis 7 entsprechend sowie
2. die Vorschriften der Verordnung (EU) Nr. 346/2013.

(2) AIF-Kapitalverwaltungsgesellschaften, die die Voraussetzungen des Artikels 2 Absatz 2 der Verordnung (EU) Nr. 346/2013 erfüllen und die Bezeichnung „EuSEF" weiter führen, haben neben den Vorschriften dieses Gesetzes die in Artikel 2 Absatz 2 Buchstabe b der Verordnung (EU) Nr. 346/2013 genannten Artikel der Verordnung (EU) Nr. 346/2013 zu erfüllen.

Schrifttum

Boxberger/Herdrich Mehr Transparenz bei der gemeinwohlorientierten Geldanlage, Die Stiftung 5/**2013** 20; *Chen* Creating Sustainable International Social Ventures, Thunderbird International Business Review, Vol. 54 (**2012**) 131; *Evans* Meeting the challenge of impact investing: how can contracting practices secure social impact without sacrificing performance? Journal of Sustainable Finance & Investment, Vol. 3 (**2013**) 138; *Forstinger* „EuSEF's" (Europäischer Fonds für Soziales Unternehmertum), ÖBA 7/**2013** 498.

Die Einzelnorm des § 338 KAGB betrifft die „Opt-In"-Regelung des Europäischen Fonds für soziales Unternehmertum. Absatz 1 regelt die Anwendbarkeit selektiver KAGB-Normen (Nr. 1) sowie der EuSEF-VO selbst. Absatz 2 regelt den Sonderfall des Weiterführens der Bezeichnung „EuSEF" bei Überschreiten von Schwellenwerten. 1

I. Allgemeines

Die EuSEF-VO ist am 17.4.2013 in Kraft getreten. Sie gilt seit dem 22.7.2013 unmittelbar in den EU-Mitgliedstaaten und sieht europaweit einheitliche regulatorische Rahmenbedingungen und Qualitätsstandards für Fonds für soziales Unternehmertum sowie deren Administratoren vor.[1] 2

Die EuSEF-VO gilt für AIFM, deren verwaltete Vermögenswerte insgesamt 500 Mio. Euro nicht überschreiten. Die AIFM müssen in der EU niedergelassen sein und in ihrem Herkunftsstaat lediglich einer aufsichtsrechtlichen Registrierung unterliegen. 3

Die EuSEF-VO ist unmittelbar anwendbar und eröffnet den Weg zum EU-Vertriebspass. Das grenzüberschreitende Etablieren von *Social Ventures* hat aber seine Herausforderungen,[2] dies dürfte auch auf das Etablieren entsprechender Fondsvehikel abfärben. 4

Der Social Impact, die messbare positive soziale Wirkung, ist Herzstück der EuSEF-VO. Die AIFM sind verpflichtet, transparente Verfahren zur Messung der positiven sozialen Wirkung zu etablieren. Die Verfahren müssen Indikatoren sozialer Wirkung einbinden, 5

---

[1] *Boxberger/Herdrich* Mehr Transparenz bei der gemeinwohlorientierten Geldanlage, Die Stiftung 5/**2013** 20.
[2] Vgl. *Chen* Creating Sustainable International Social Ventures, Thunderbird International Business Review, Vol. 54 (**2012**) 131.

von denen die EuSEF-VO exemplarisch nennt Beschäftigung und Arbeitsmärkte, Standards und Rechte im Zusammenhang mit der Arbeitsplatzqualität, soziale Eingliederung und Schutz bestimmter Gruppen, Gleichbehandlung, Chancengleichheit und Nichtdiskriminierung, öffentliche Gesundheit und Sicherheit, Zugang zu Sozialschutz-, Gesundheits- und Bildungssystemen sowie Auswirkungen auf diese Systeme. Weitere Einzelheiten sollen in einer noch zu erlassenden EU-Durchführungsverordnung festgelegt werden.

6   Die EuSEF-VO bietet eine gewisse Sicherheit dafür, dass die Finanzmittel tatsächlich in echte Sozialunternehmen, welche ihre soziale Wirkung auch darstellen können, investiert werden.[3] Sie kann keine Gewähr dafür bieten, dass diese Investition gleichzeitig auch eine gewisse Rendite abwirft.[4]

II. Geltung bestimmter KAGB-Normen für EuSEF (Abs. 1 Nr. 1)

7   Für EuSEF-Verwaltungsgesellschaften gelten in Ergänzung zur EuVECA-VO folgende KAGB-Normen entsprechend:
– § 1 KAGB: Dies betrifft die umfangreichen Begriffsbestimmungen des KAGB.
– § 2 KAGB: Dies betrifft die Ausnahmebestimmungen des KAGB, wobei vorliegend § 2 Abs. 7 KAGB von besonderer Relevanz ist.
– § 5 Abs. 1 KAGB: Dies betrifft die Festlegung der BaFin als zuständige Aufsichtsbehörde.
– § 6 KAGB: Dies betrifft eine Sonderregelung für den Fall des Verdachts der Finanzierung einer terroristischen Vereinigung nach § 129a StGB.
– § 7 KAGB: Dies betrifft die sofortige Vollziehbarkeit von BaFin-Maßnahmen.
– §§ 13 und 14 KAGB: Dies betrifft den Informationsaustausch mit der Deutschen Bundesbank sowie Auskünfte und Prüfungen.
– § 44 Absatz 1 Nummer 1, 2, 5 bis 7 und Absatz 4 bis 7 KAGB: Dies betrifft schließlich Registrierung und Berichtspflichten von AIF-KVG.

8   Insgesamt gelten also auch für EuSEF-Verwaltungsgesellschaften jene KAGB-Normen, welche die Registrierung bei der Aufsichtsbehörde, die laufende Aufsicht und den Informationsaustausch mit der Aufsichtsbehörde sowie deren Einschreiten auf Basis der KAGB-Terminologie regeln.

III. Geltung der Verordnung (EU) Nr. 346/2013 (Abs. 1 Nr. 2)

9   Ein Fonds qualifiziert als EuSEF, wenn er mindestens 70% des aggregierten, eingebrachten Kapitals für Investitionen (qualifizierte Anlagen) in Sozialunternehmen (qualifizierte Portfolio-Unternehmen) aufzuwenden plant.[5] Dieser Anteil ist über die gesamte Laufzeit des EuSEF einzuhalten.

10 Qualifizierte Anlagen sind Eigenkapital- oder eigenkapitalähnliche Instrumente an qualifizierten Portfolio-Unternehmen. Eigenkapitalähnliche Instrumente sind u.a. Nachrangdarlehen, stille Beteiligungen, Genussrechte und Wandelschuldverschreibungen.[6]

---

3 *Boxberger/Herdrich* Mehr Transparenz bei der gemeinwohlorientierten Geldanlage, Die Stiftung 5/**2013** 20.
4 Zu Ansätzen, wie sich beides verbinden lässt, vgl. *Evans* Meeting the challenge of impact investing: how can contracting practices secure social impact without sacrificing performance? Journal of Sustainable Finance & Investment, Vol. 3 (**2013**) 138.
5 *Forstinger* „EuSEF's" (Europäischer Fonds für Soziales Unternehmertum), ÖBA 7/**2013** 498 (501).
6 *Boxberger/Herdrich* Mehr Transparenz bei der gemeinwohlorientierten Geldanlage, Die Stiftung 5/**2013** 20.

Qualifizierte Portfolio-Unternehmen sind nicht börsengehandelte Unternehmen, die in der EU oder einem kooperativen Drittstaat niedergelassen sind und die die Erzielung messbarer positiver sozialer oder ökologischer Wirkungen (*Social Impact*) im Einklang mit Gesellschaftsvertrag oder Satzung als vorrangiges Ziel ansehen und etwaige Gewinne primär zur Erreichung ihrer sozialen Zwecke einsetzen.[7] Sozialunternehmen sollen insoweit schutzbedürftigen, benachteiligten oder ausgegrenzten Personen Dienstleistungen oder Güter bereitstellen, bei der Produktion von Gütern oder der Erbringung von Dienstleistungen ein soziales Ziel verfolgen oder ausschließlich den beschriebenen Sozialunternehmen Finanzmittel gewähren. Nicht ausdrücklich erwähnt ist eine Produkt oder Dienstleistung, welche (gemeinsam) mit schutzbedürftigen, benachteiligten oder ausgegrenzten Personen erbracht wird. Weiterhin können ökologische Probleme adressiert werden. Die Ausweitung auf Sozialunternehmen aus Drittstaaten ermöglicht z.B. die Förderung des Fairen Handels mit Entwicklungsländern. 11

Zulässige Anleger sind zum einen professionelle MiFID-Anleger und zum anderen solche mit einer Mindesteinlage von 100.000 Euro, wenn letztere bestätigen, dass sie sich der Risiken im Zusammenhang mit dem Investment bewusst sind.[8] Diese Beschränkung erscheint vollends unverständlich und wird hoffentlich schnellstmöglich aufgehoben.[9] Würde man einer gemeinnützigen Einrichtung – auch ohne Gewinnaussichten – 100.000 Euro spenden wollen, bestehen diese Dokumentationserfordernisse nicht. 12

Die EuSEF-VO verpflichtet den EuSEF-Verwalter, die erforderlichen Verfahren einzurichten, mit denen er messen und überwachen kann, inwieweit die qualifizierten Portfolio-Unternehmen die positiven sozialen Ergebnisse, zu deren Erreichung sie sich verpflichtet haben, tatsächlich auch erreichen.[10] Delegierte Rechtsakte sollen den EuSEF-Verwaltern, den Sozialunternehmern und den zuständigen Aufsichtsbehörden zu mehr Klarheit verhelfen.[11] 13

Die ESMA führt eine zentrale, im Internet öffentlich zugängliche EuSEF-Datenbank mit sämtlichen Verwaltern und deren Fonds.[12]

IV. Weiteres Führen der Bezeichnung „EuSEF" bei Überschreiten von Schwellenwerten (Abs. 2)

Die Bezeichnung „EuSEF" bleibt grundsätzlich verfügbar für AIF, wenn das verwaltete Vermögen des AIFM erst nach der Registrierung gem. EuSEF-VO die Schwelle von 500 Mio. Euro übersteigt. 14

Allerdings muss der sodann zum AIFM gewordene Verwalter eine Zulassung beantragen, die von ihm verwalteten qualifizierten Fonds müssen die Anforderungen der AIFM-Richtlinie einhalten und zusätzlich jene der Art. 3, 5, 10 sowie Art. 13 Abs. 2 und 14 Abs. 1 lit. d), e) und f) EuSEF-VO. 15

---

7 *Boxberger/Herdrich* Mehr Transparenz bei der gemeinwohlorientierten Geldanlage, Die Stiftung 5/**2013** 20.
8 Vgl. Art. 6 lit. a) und b) EuSEF-VO.
9 Im Ergebnis ähnlich *Boxberger/Herdrich* Mehr Transparenz bei der gemeinwohlorientierten Geldanlage, Die Stiftung 5/**2013** 20 (21).
10 Vgl. Art. 9 EuSEF-VO.
11 *Forstinger* „EuSEF's" (Europäischer Fonds für Soziales Unternehmertum), ÖBA 7/**2013** 498 (502).
12 Zum Stichtag 22.7.2014 waren dort folgende Manager (Fonds) erfasst: BonVenture Management GmbH (BonVenture Management GmbH & Co. KG) aus Deutschland.

KAPITEL 7
Straf-, Bußgeld- und Übergangsvorschriften

ABSCHNITT 1
Straf- und Bußgeldvorschriften

§ 339
Strafvorschriften

(1) Mit Freiheitsstrafe bis zu drei Jahren oder mit Geldstrafe wird bestraft, wer
1. ohne Erlaubnis nach § 20 Absatz 1 Satz 1 das Geschäft einer Kapitalverwaltungsgesellschaft betreibt,
2. entgegen § 43 Absatz 1 in Verbindung mit § 46b Absatz 1 Satz 1 des Kreditwesengesetzes eine Anzeige nicht, nicht richtig, nicht vollständig oder nicht rechtzeitig erstattet oder
3. ohne Registrierung nach § 44 Absatz 1 Nummer 1, auch in Verbindung mit Absatz 2 Satz 1, das Geschäft einer dort genannten AIF-Kapitalverwaltungsgesellschaft betreibt.

(2) Handelt der Täter in den Fällen des Absatzes 1 Nummer 2 fahrlässig, so ist die Strafe Freiheitsstrafe bis zu einem Jahr oder Geldstrafe.

Schrifttum

Brand Legitimität des Insolvenzstrafrechts – Zur Strafwürdigkeit der Insolvenzdelikte angesichts der Finanzkrise, KTS **2012** 195; *Emde/Dreibus* Der Regierungsentwurf für ein Kapitalanlagegesetzbuch, BKR **2013** 89; *Freitag* Die „Investmentkommanditgesellschaft" nach dem Regierungsentwurf für ein Kapitalanlagegesetzbuch NZG **2013** 329; *Jesch/Alten* Erlaubnisantrag für Kapitalverwaltungsgesellschaften nach §§ 21 ff. KAGB – bisherige Erkenntnisse und offene Fragen, RdF **2013** 191; *Krause/Klebeck* Fonds(anteils-)begriff nach der AIFM-Richtlinie und dem Entwurf des KAGB, RdF **2013** 4; *Nelle/Klebeck* Der „kleine" AIFM – Chancen und Risiken der neuen Regulierung für deutsche Fondsmanager, BB **2013** 2499; *Wegner* Insolvenzstrafrechtliche Besonderheiten für Akteure auf dem Finanz- und Kapitalmarkt, HRRS **2012** 68.

Systematische Übersicht

A. Allgemeines —— 1
   I. Entstehungsgeschichte —— 3
   II. Rechtsgut und Normzweck —— 5
   III. Deliktscharakter —— 9
B. Betreiben des Investmentgeschäfts ohne die erforderliche Erlaubnis oder die erforderliche Registrierung (Abs. 1 Nr. 1 und 3)
   I. Tatbestand des Betreibens des Investmentgeschäfts ohne die erforderliche Erlaubnis (Abs. 1 Nr. 1) —— 13
      1. Geschäft einer Kapitalverwaltungsgesellschaft —— 14
      2. Betreiben —— 18
      3. Ohne Erlaubnis nach § 20 Abs. 1 S. 1 —— 19
   II. Tatbestand des Betreibens des Investmentgeschäfts ohne die erforderliche Registrierung (Abs. 1 Nr. 3) —— 22
      1. Geschäft einer nach § 2 Abs. 4, 4a, 4b und 5 privilegierten AIF-Kapitalverwaltungsgesellschaft —— 23
      2. Betreiben —— 24
      3. Ohne Registrierung nach § 44 Abs. 1 Nr. 1 —— 25
   III. Subjektiver Tatbestand —— 27
   IV. Täterschaft und Teilnahme —— 30
   V. Konkurrenzen —— 32
C. Verletzung der Pflicht zur Anzeige eines Insolvenzeröffnungsgrundes (Abs. 1 Nr. 2, Abs. 2) —— 34
   I. Objektiver Tatbestand
      1. Entgegen § 43 Abs. 1 i.V.m. § 46b Abs. 1 S. 1 KWG —— 35
      2. Erstattung der Anzeige nicht, nicht richtig, nicht vollständig oder nicht rechtzeitig —— 39
   II. Subjektiver Tatbestand —— 42

III.	Täterschaft und Teilnahme —— 43	D.	Rechtsfolgen und Verjährung —— 45
IV.	Konkurrenzen —— 44	E.	Strafverfahren —— 50

A. Allgemeines

§ 339 enthält die Strafvorschriften[1] des KAGB. Strafrecht wird als „ultima ratio" des Rechtsgüterschutzes eingesetzt und sanktioniert ein sozialethisch besonders unwertes Verhalten.[2] Demgemäß werden besonders schwere Verstöße im KAGB als strafwürdiges Unrecht mit Freiheits- oder Geldstrafe geahndet; Zuwiderhandlungen mit vermindertem Unrechtsgehalt als Ordnungswidrigkeiten[3] mit Geldbußen bis zu € 100.000. 1

Strafbewehrt sind das **Betreiben des Investmentgeschäfts** ohne die gem. § 20 Abs. 1 S. 1 erforderliche Erlaubnis (§ 339 Abs. 1 Nr. 1) oder ohne die gem. § 44 Abs. 1 Nr. 1 erforderliche Registrierung (§ 339 Abs. 1 Nr. 3) sowie die **Verletzung der** nach § 43 Abs. 1 i.V.m. § 46b Abs. 1 KWG bestehenden **Anzeigepflicht bei Bestehen eines Insolvenzeröffnungsgrundes** (§ 339 Abs. 1 Nr. 2, Abs. 2). Bei den Strafvorschriften des § 339 handelt es sich um Nebenstrafrecht.[4] Hierfür gelten gem. Art. 1 Abs. 1 EGStGB die Vorschriften des Allgemeinen Teils des StGB. 2

I. Entstehungsgeschichte

§ 339 Abs. 1 Nr. 1 entspricht ausweislich der Gesetzesbegründung der Regelung des § 143a InvG. Die Vorschrift stellte in Anlehnung an § 54 KWG das unerlaubte Betreiben des Investmentgeschäfts unter Strafe.[5] § 143a erhielt Eingang in das vormalige InvG durch das InvÄndG.[6] Hintergrund war, dass das Betreiben des Investmentgeschäfts aus dem Katalog der Bankgeschäfte in § 1 Abs. 1 S. 2 KWG gestrichen und die Kreditinstitutseigenschaft von KAG aufgehoben wurde, so dass die Strafvorschrift des § 54 Abs. 1 Nr. 2 KWG (Betreiben von Bankgeschäften ohne Erlaubnis gem. § 32 Abs. 1 KWG) insoweit nicht mehr zur Anwendung gelangte. Da der Gesetzgeber das Betreiben des Investmentgeschäfts ohne die erforderliche Erlaubnis nach wie vor als strafwürdig und strafbedürftig ansah,[7] wurde § 143a als erste Strafvorschrift in das vormalige InvG eingefügt.[8] Diese Regelung wurde durch das AIFM-UmsG in **§ 339 Abs. 1 Nr. 3** auf den Tatbestand der fehlenden Registrierung nach § 44 Abs. 1 Nr. 1 erweitert.[9] Infolge der Anlehnung von § 339 Abs. 1 Nr. 1 und 3 an die Strafvorschrift des § 54 Abs. 1 Nr. 2 KWG kann diese zur Auslegung entsprechend herangezogen werden. 3

Ebenfalls durch das AIFM-UmsG eingefügt, stellt **§ 339 Abs. 1 Nr. 2** die Verletzung der nach § 43 Abs. 1 i.V.m. § 46b Abs. 1 S. 1 KWG bestehenden Plicht zur Anzeige der Insolvenzeröffnungsgründe der Überschuldung und (drohenden) Zahlungsunfähigkeit unter Strafe. Nachdem der Verstoß der Geschäftsleiter einer KAG oder einer InvAG gegen 4

---

1 Zur wachsenden Bedeutung des Kapitalmarktstrafrechts in der Praxis Park/*Sorgenfrei* KapitalmarktstrafR, Rn. 7 ff.
2 BVerfG 26.2.2008 BVerfGE **120** 224, 240.
3 Senge/*Rogall* OWiG, Vor § 1 Rn. 1.
4 Kritisch zum Begriff *Otto* § 1 Rn. 4 ff.
5 BTDrucks. 16/5576 S. 99.
6 InvÄndG vom 21.12.2007 BGBl. 2007 Teil 1 Nr. 68 3089.
7 Berger/Steck/Lübbehüsen/*Campell* § 143a Rn. 1; zu den Begriffen Strafwürdigkeit und Strafbedürftigkeit *Otto* § 1 Rn. 49.
8 Kritisch zur Entwicklung des Wirtschaftsstrafrechts *Prittwitz* Sonderstrafrecht Wirtschaftsstrafrecht? ZIS **2012** 217 ff.
9 BTDrucks. 17/12294 S. 295.

die Insolvenzanzeigepflicht bislang lediglich als Ordnungswidrigkeit sanktioniert war,[10] wurde § 143 Abs. 3 Nr. 5 InvG anlässlich des AIFM-UmsG zu einem Straftatbestand heraufgestuft. Damit beendete der Gesetzgeber die bisher (ohne einen ersichtlich rechtfertigenden Grund)[11] bestehende Ungleichbehandlung der Sanktionierung der Insolvenzanzeigepflichtverletzung im KWG bzw. ZAG als Straftat einerseits und im InvG als Ordnungswidrigkeit andererseits.[12] Entsprechend § 55 Abs. 2 KWG stellt **§ 339 Abs. 2** die fahrlässige Verletzung der Insolvenzanzeigepflicht unter Strafe. Dadurch, dass § 339 Abs. 1 Nr. 2, Abs. 2 an die Strafvorschrift des § 55 KWG angelehnt ist, kann letztere zur Auslegung entsprechend herangezogen werden.

II. Rechtsgut und Normzweck

5   Das von **§ 339 Abs. 1 Nr. 1 und 3** geschützte **Rechtsgut** ist neben der Effektivität der staatlichen Aufsicht die Funktionsfähigkeit des Finanzmarktes.[13] Dessen Gefährdung etwa durch potentiell unzuverlässige oder fachlich ungeeignete Geschäftsleiter sowie unzulänglich fundierte Unternehmen zu verhindern, gewährleistet der Erlaubnisvorbehalt in § 20 Abs. 1 S. 1.[14] Den Erlaubniszwang und die staatliche Aufsicht über das Investmentgeschäft sichert **§ 339 Abs. 1 Nr. 1** strafrechtlich ab.

6   **§ 339 Abs. 1 Nr. 3** dient der Durchsetzung der Registrierungspflicht, die für „kleine" AIF-KVG, die unterhalb der im KAGB vorgesehenen Schwellenwerte tätig werden, gilt. Die Registrierung, die im Vergleich zur Erlaubnis nebst laufender Aufsicht zwar eine deutlich weniger intensive Form der Aufsicht darstellt,[15] gewährleistet i.S.e. präventiven Zulassungskontrolle, dass die von der Erlaubnispflicht ausgenommenen AIF-KVG die dafür vorgesehenen Bedingungen und bestimmte Vorschriften erfüllen.

7   In Anbetracht der gesetzgeberischen Intention, einen hohen Anlegerschutzstandard zu schaffen,[16] handelt es sich bei **§ 339 Abs. 1 Nr. 1** um ein **Schutzgesetz i.S.d. § 823 Abs. 2 BGB**.[17] Das strafbewehrte Verbot mit Erlaubnisvorbehalt in § 20 hat drittschützende Wirkung. Gleiches wird man für die strafbewehrte Registrierungspflicht, die richtigerweise auch als präventives Verbot mit Erlaubnis- bzw. Registrierungsvorbehalt zu verstehen ist,[18] annehmen können. Das kommt darin zum Ausdruck, dass die Registrierung u.a. dann zu versagen ist (bzw. wieder aufgehoben werden kann), wenn ausdrücklich im Interesse der Anleger vorgeschriebene Anforderungen nicht (bzw. nicht mehr) erfüllt sind.[19] Normzweck ist daher auch der unmittelbare Schutz von Individualinteres-

---

10 Dazu Emde/Dornseifer/Dreibus/Hölscher/*Möhlenbeck* InvG 2013 § 143 Rn. 36.
11 *Brand* KTS **2012** 195, 213 f. verweist darauf, dass bei KAG bzw. InvAG ein gegenüber Kreditinstituten herabgesetztes Gläubigerschädigungspotential kaum auszumachen sei.
12 Dazu auch *Wegner*, HRRS **2012** 68, 70.
13 Graf/Jäger/Wittig/*Ibold* SteuerStrR, § 143a InvG Rn. 2 m.w.N.
14 Zum Erlaubnisvorbehalt im InvG Beckmann/Scholtz/Vollmer/*Beckmann* Investment, § 17c Rn. 1; zum KWG Boos/Fischer/Schulte-Mattler/*Lindemann* § 54 Rn. 5.
15 Dornseifer/Jesch/Klebeck/Tollmann/*Tollmann* AIFM Art. 3 Rn. 50.
16 BTDrucks. 17/12294 S. 187; vgl. Richtlinie 2011/61/EU (AIFM-RL), Erwägungsgrund 94 und Richtlinie 2009/65/EG (OGAW IV-RL), Erwägungsgrund 8.
17 Zur Schutzgesetzeigenschaft von § 143a InvG Emde/Dornseifer/Dreibus/Hölscher/*Möhlenbeck* InvG 2013 § 143a Rn. 2. In st. Rpr. wird der Schutzgesetzcharakter von §§ 54, 32 KWG angenommen, statt vieler BGH NZG **2013** 582; BGH WM **2006** 1896; NJW **2005** 2703; **a.A.** noch LG Essen NJW-RR **1992** 303.
18 Vgl. hierzu unten Rn. 25.
19 Dem Anlegerschutz dient insbes. die Prüfung der fachlichen und persönlichen Eignung der Geschäftsleiter von AIF-KVG, die entweder „kleine" genossenschaftlich verfasste Publikums-AIF i.S.v. § 2 Abs. 4b oder „kleine" geschlossene Publikums-AIF i.S.v. § 2 Abs. 5 verwalten, sowie die für (von AIF-KVG i.S.v. § 2 Abs. 4, 4a und 5 verwaltete) AIF geltenden Rechtsformanforderungen, die ausschließen sollen, dass Anleger persönlich unbegrenzt haften, vgl. BTDrucks. 17/13395 S. 403.

sen, so dass viel dafür spricht, dass § 339 Abs. 1 Nr. 3, gemeinsam mit § 44 Abs. 1 Nr. 1, **Schutzgesetz i.S.d. § 823 Abs. 2 BGB** ist. Werden Geschäfte ohne Erlaubnis bzw. ohne Registrierung abgeschlossen, so wird deren zivilrechtliche Wirksamkeit davon nicht i.S.v. § 134 BGB berührt.[20]

Geschütztes **Rechtsgut** von **§ 339 Abs. 1 Nr. 2 und Abs. 2** ist die Effektivität der auf ein mögliches Insolvenzverfahren hinwirkenden Aufsicht und ergibt sich unter Berücksichtigung der gesetzgeberischen Entscheidung, die Insolvenzantragsbefugnis bei Instituten und KVG bei der BaFin zu konzentrieren. Um die Ermessenentscheidung, ob und wann ein Insolvenzantrag gestellt wird, treffen zu können, bedarf es der rechtzeitigen Kenntnis über das Bestehen der Überschuldung oder (drohenden) Zahlungsunfähigkeit einer KVG.[21] Normzweck der Strafvorschrift ist somit die Sicherstellung des Prüfungsverfahrens für die Ausübung der Insolvenzantragsbefugnis, nicht jedoch der unmittelbare Schutz der Insolvenzgläubiger.[22] § 339 Abs. 1 Nr. 2, Abs. 2 ist daher **kein Schutzgesetz i.S.d. § 823 Abs. 2 BGB**. 8

III. Deliktscharakter

Die Strafvorschriften des § 339 verweisen hinsichtlich der konkreten Beschreibung des strafbewehrten Verhaltens auf außerstrafrechtliche Normen des KAGB und KWG und nehmen diese dadurch in Bezug. Es handelt sich bei diesen Straftatbeständen um **unechte Blankettstraftatbestände**.[23] Der vollständige Straftatbestand ergibt sich durch Zusammenlesen von Sanktionsnorm und Ausfüllungsnorm. 9

Bei den Strafvorschriften des **§ 339 Abs. 1 Nr. 1 und Nr. 3** handelt es sich um **schlichte Tätigkeitsdelikte**,[24] da die Geschäftstätigkeit ohne die erforderliche Erlaubnis bzw. Registrierung sanktioniert ist, mithin keinen Erfolgseintritt erfordert. Gleichzeitig handelt es sich um **Dauerdelikte**,[25] da mit dem Betreiben der Geschäfte der Deliktstatbestand verwirklicht, aber das Delikt nicht abgeschlossen ist, sondern so lange aufrecht erhalten bleibt, wie der herbeigeführte rechtswidrige Zustand fortdauert. 10

Bei **§ 339 Abs. 1 Nr. 2** handelt es sich um ein **echtes Unterlassungsdelikt**,[26] das im Gegensatz zu § 339 Abs. 1 Nr. 1 und Nr. 3 **vorsätzlich und fahrlässig (Abs. 2)** begangen werden kann. 11

Der **Versuch** der Straftatbestände in § 339 ist **nicht strafbar**, da es sich jeweils nur um **Vergehen** handelt und der Versuch eines Vergehens nur dann strafbar ist, wenn das Gesetz es ausdrücklich bestimmt (§§ 23 Abs. 1, 12 Abs. 2 StGB). 12

---

20 Zu § 54 KWG Boos/Fischer/Schulte-Mattler/*Lindemann* § 54 Rn. 5.
21 BTDrucks. 17/12294 S. 296 f.
22 So die **h.M.** zu § 55 KWG, statt vieler Park/*Janssen* KapitalmarktstrafR, §§ 55, 46b KWG Rn. 53; **a.A.** *Szagunn*/Haug/Ergenzinger/*Haug* KWG, § 55 Rn. 2.
23 Zu diesem Begriff *Otto* § 2 Rn. 5 ff.; vgl. auch BGH 9.3.1954 BGHSt. **6** 30, 41 = NJW **1954** 972 f.: „gesetzestechnische Vereinfachung"; **a.A.** Senge/*Rogall* OWiG, Vor § 1 Rn. 16. Emde/Dornseifer/Dreibus/Hölscher/*Möhlenbeck* InvG 2013 § 143a Rn. 3.
24 Zum Begriff *Otto* § 4 Rn. 10.
25 Zum Begriff *Otto* § 4 Rn. 16.
26 Park/*Janssen* KapitalmarktstrafR, §§ 55, 46b Rn. 56.

B. Betreiben des Investmentgeschäfts ohne die erforderliche Erlaubnis oder die erforderliche Registrierung (Abs. 1 Nr. 1 und 3)

I. Tatbestand des Betreibens des Investmentgeschäfts ohne die erforderliche Erlaubnis (Abs. 1 Nr. 1)

13 Strafbar macht sich nach § 339 Abs. 1 Nr. 1, wer ohne die erforderliche Erlaubnis nach § 20 Abs. 1 S. 1 das Geschäft einer KVG betreibt.

14 **1. Geschäft einer Kapitalverwaltungsgesellschaft.** Gegenstand der Tathandlung ist das **Geschäft einer KVG**. KVG ist nach § 17 Abs. 1 S. 1 jedes Unternehmen mit satzungsmäßigem Sitz und Hauptverwaltung im Inland, dessen Geschäftsbetrieb darauf gerichtet ist, inländische Investmentvermögen, EU-Investmentvermögen oder ausländische AIF zu verwalten. Die Verwaltung von Investmentvermögen, worin das Geschäft einer KVG besteht, liegt nach § 17 Abs. 1 S. 2 vor, wenn mindestens die Portfolioverwaltung oder das Risikomanagement für ein oder mehrere Investmentvermögen in eigener Verantwortung erbracht wird. Neben der kollektiven Vermögensverwaltung besteht das Geschäft von externen OGAW-KVG und externen AIF-KVG auch im Erbringen der in § 20 Abs. 2 und 3 genannten (Neben-)Dienstleistungen. Der Geschäftsbetrieb von (externen wie intern verwalteten[27] OGAW- wie AIF-)KVG bedarf, sofern es sich nicht um eine nach § 2 Abs. 3 bis 7 privilegierte AIF-KVG handelt, nach § 20 Abs. 1 S. 1 **der schriftlichen Erlaubnis** der BaFin.

15 Straftatbestandsmäßig kann jedes Geschäft sein, gleich in welcher Rechtsform es betrieben wird.[28] Die Rechtsform ist kein Tatbestandsmerkmal einer KVG,[29] weshalb es für die vorgelagerte Frage der Erlaubnispflicht auf die Rechtsform des Unternehmens nicht ankommt.[30] Gleichzeitig dürfte dem Begriff des Unternehmens in § 17 Abs. 1 S. 1 keine funktionale Bedeutung zukommen, sondern ist davon auszugehen, dass er lediglich eine mit tatsächlichen und personellen Mitteln ausgestattete Einrichtung bezeichnet, die auch natürliche Personen umfasst.[31] Entscheidend ist für die Frage der strafbewehrten Erlaubnispflicht die Feststellung, ob das Unternehmen **Investmentvermögen** verwaltet.[32]

---

[27] Nur angemerkt sei, dass § 143a InvG auf selbstverwaltete Investmentaktiengesellschaften keine Anwendung fand, was überwiegend als gesetzgeberisches Versehen interpretiert wurde, vgl. Berger/Steck/Lübbehüsen/*Campell* § 143a Rn. 2.

[28] *Emde/Dreibus* BKR **2013** 89, 90. Wenn zu § 143a InvG vertreten wurde, dass nur ein den formellen Anforderungen einer KAG entsprechendes, also von einer AG oder GmbH betriebenes, Geschäft tatbestandsmäßig sein konnte, und diese Ansicht mit dem formellen Investmentfondsbegriff begründet wurde (Berger/Steck/Lübbehüsen/*Campell* § 143a Rn. 2), dann steht dem jedenfalls nun die Einführung des materiellen Investmentfondsbegriffes entgegen.

[29] Baur/Tappen/*Bentele* § 18 Rn. 2; so bereits zu § 1 Abs. 3 S. 1 KAGG *Baur* § 1 Rn. 41; zu § 6 Abs. 1 S. 2 InvG Beckmann/Scholtz/Vollmer/*Beckmann* Investment, § 6 Rn. 10; Emde/Dornseifer/Dreibus/Hölscher/*Thole* InvG 2013 § 6 Rn. 10.

[30] Von der Frage der Erlaubnispflicht zu unterscheiden ist die Frage, ob eine entsprechende Erlaubnis erteilt würde, da das KAGB grds. für die Erlaubnisfähigkeit bestimmte Rechtsformen voraussetzt.

[31] § 17 Abs. 1 S. 1 verlangt (im Gegensatz zu § 1 Abs. 1 S. 1 KWG) weder, dass das Unternehmen über einen kaufmännisch eingerichteten Geschäftsbetrieb verfügt, noch dass das Investmentgeschäft gewerbsmäßig betrieben wird, vgl. Baur/Tappen/*Bentele* § 17 Rn. 11; Beckmann/Scholtz/Vollmer/*Beckmann* Investment, § 6 Rn. 8. **A.A.** ausgehend von einem institutionellen Unternehmensbegriff Emde/Dornseifer/Dreibus/Hölscher/*Thole* InvG 2013 § 6 Rn. 10; *Jesch/Alten* RdF **2013** 191, 195; vgl. zum früheren § 1 Abs. 1 KAGG *Baur* § 1 Rn. 11.

[32] BTDrucks. 17/12294 S. 211.

Deutlich wird, dass § 339 Abs. 1 Nr. 1 gegenüber dem früheren § 143a InvG einen erheblich weiteren Anwendungsbereich hat. Die Definition von **Investmentvermögen** und der zugrundeliegende **materielle Investmentfondsbegriff** wirken unmittelbar auf den Straftatbestand, was im Lichte der sehr weit und teils ungenau[33] gefassten Tatbestandsmerkmale des § 1 Abs. 1 S. 1 unter Bestimmtheitsgesichtspunkten rechtsstaatlich nicht unbedenklich ist.[34] In einem Strafverfahren jedenfalls hat die Auslegung der Tatbestandsmerkmale des § 1 Abs. 1 S. 1, auf die § 339 Abs. 1 Nr. 1 über den in Bezug genommenen Erlaubnisvorbehalt (§ 20) mittelbar verweist, innerhalb der restriktiven Auslegungsgrenzen des **Art. 103 Abs. 2 GG** zu erfolgen.[35] Dessen Maßstäbe und damit auch das **Analogieverbot** gelten bei (unechten) Blankettstraftatbeständen nach **h.M.** sowohl für die verweisende Strafvorschrift als auch für die Ausfüllungsnormen.[36] 16

Daran knüpft die Frage, ob sich hieraus eine Einschränkung des Aufsichtsrechts ergibt, d.h. Art. 103 Abs. 2 GG bereits bei der Feststellung der Erlaubnispflicht nach §§ 1, 20 gilt.[37] Das BVerfG[38] verneint dies und akzeptiert insoweit divergierende Auslegungsergebnisse i.S. einer „Normspaltung".[39] So soll ein verwaltungsrechtlicher Erlaubnistatbestand, auf den eine Strafvorschrift verweist und damit in Bezug nimmt, **nicht generell den Beschränkungen des Art. 103 Abs. 2 GG** unterliegen, sondern nur, soweit er zur Ausfüllung der strafrechtlichen Blankettnorm herangezogen und damit selbst zum Teil der Strafrechtsnorm wird.[40] 17

2. Betreiben. Tathandlung ist das **Betreiben** des Geschäfts einer KVG. Hinsichtlich der Erlaubnispflicht verlangt § 20 Abs. 1 S. 1 im Gegensatz zur parallelen Vorschrift im KWG, § 32 KWG, weder eine gewerbsmäßige noch eine einen gewissen Umfang erreichende Tätigkeit und spricht lediglich vom *Geschäftsbetrieb*. Gleichwohl wird man, um von einem Betreiben des Geschäfts ausgehen zu können, in Anlehnung an § 54 KWG eine auf eine gewisse Dauer angelegte Tätigkeit zu fordern haben. Davon ist aber bereits dann auszugehen, wenn eine Tätigkeit entfaltet wird, die darauf abzielt, die Verwaltung von Investmentvermögen und die in § 20 Abs. 2 und 3 aufgeführten (Neben-)Dienstleistungen mit Wiederholungsabsicht auszuführen.[41] Die umstr. Frage, ob das Betreiben auf ein unmittelbar rechtsgeschäftliches Handeln beschränkt ist oder alle für die Vorbereitung, das Zustandekommen und die Abwicklung konkreter Geschäfte wesentlichen Schritte 18

---

33 Vgl. nur die Ausführungen der Koalitionsfraktionen im Rahmen der Beschlussfassung des Finanzausschusses zum AIFM-UmsG, BTDrucks. 17/13395 S. 391.
34 Vgl. *Freitag* NZG **2013** 329, 330.
35 Zum Gewährleistungsgehalt und den einzelnen Ausprägungen des Gesetzlichkeitsprinzips (Art. 103 Abs. 2 GG; § 1 StGB) Laufhütte/Rissing-van Saan/Tiedemann/*Dannecker* StGB, § 1 Rn. 108 ff.
36 BVerfG 15.3.1978 BVerfGE **48** 48, 60 f.; BVerfG 6.5.1987 BVerfGE **75** 329, 342; Laufhütte/Rissing-van Saan/Tiedemann/*Dannecker* StGB, § 1 Rn. 257 m.w.N.
37 In diesem Sinne wohl Beckmann/Scholtz/Vollmer/*Krause* Investment, vor 405 Rn. 11, der aus verfassungsrechtlichen Gründen eine enge Auslegung des Fondbegriffes ableitet und das generell, also nicht nur für das Strafrecht, sondern auch für das Verwaltungsverfahren, anzunehmen scheint. Dazu auch *Krause/Klebeck* RdF **2013** 4, 12.
38 BVerfG 5.4.2006 NJW **2006** 3340, 3341 (zu §§ 54 Abs. 1 Nr. 2, 32 Abs. 1 i.V.m. § 1 Abs. 1a S. 2 Nr. 3 KWG); vgl. auch BVerwG 22.4.2009 BVerwGE **133** 358, 375.
39 Grds. *Tiedemann*, Wirtschaftsstrafrecht Allgemeiner Teil Rn. 111 ff.
40 Dazu *Schröder* Rn. 954a ff.; *ders.*, Europäische Richtlinien und deutsches Strafrecht, 390 ff.; *Wilke*, Grenzen einheitlicher Rechtsanwendung von Ver- und Geboten des Wertpapierhandelsgesetzes (WpHG), 299 ff.; grds. *Schürnbrand* Wider den Verzicht auf die gespaltene Auslegung im Kapitalmarktrecht, NZG **2011** 1213 m.w.N.
41 Ebenso Emde/Dornseifer/Dreibus/Hölscher/*Möhlenbeck* InvG 2013 § 143 Rn. 7; vgl. zum gleichlautenden Tatbestandsmerkmal in § 54 KWG *Schröder* Rn. 888.

erfasst, dürfte vorliegend wie folgt zu beantworten sein:[42] Während eine extensive Auslegung des Betreibens, die den Anwendungsbereich von § 339 Abs. 1 Nr. 1 auf bloße Vorbereitungshandlungen wie Planungstätigkeiten oder organisatorische Vorbereitungen ausdehnt, angesichts der Straflosigkeit der versuchten Tat abzulehnen ist,[43] ist bei der Frage nach der Tatbestandsmäßigkeit von Anbahnungstätigkeiten (z.B. Werbung)[44] zu berücksichtigen, dass der Vertrieb eigener Vermögensanteile eine Tätigkeit i.S.v. § 20 Abs. 1 S. 1 darstellt (vgl. § 1 Abs. 19 Nr. 24) und darunter bereits das Anbieten eines Investmentvermögens in Form einer *invitatio ad offerendum* fällt.[45]

19 **3. Ohne Erlaubnis nach § 20 Abs. 1 S. 1.** Der Täter muss **ohne Erlaubnis i.S.d. § 20 Abs. 1 S. 1** handeln. Maßgeblich ist die zum Zeitpunkt der Tathandlung bestehende Rechtslage (vgl. § 8 StGB). Entscheidend für die Erfüllung des verwaltungsakzessorischen Tatbestandes ist nicht die materielle Rechtmäßigkeit, sondern die **formale Wirksamkeit** einer erteilten Erlaubnis. Unwesentlich ist daher, ob im Zeitpunkt der Tathandlung ein Anspruch auf Erteilung der Erlaubnis zum Geschäftsbetrieb besteht (Erlaubnis wird trotz Erlaubnisfähigkeit versagt oder zu Unrecht aufgehoben) oder, ob eine Erlaubnis nachträglich im Widerspruchs- oder verwaltungsgerichtlichen Verfahren erteilt wird.[46] Allerdings ist ein solcher Umstand auf der Rechtsfolgenseite zu berücksichtigen.[47]

20 **Ohne Erlaubnis** handelt der Täter, wenn:[48]
- er eine Erlaubnis entgegen §§ 21, 22 überhaupt **nicht beantragt** hat,
- die Geschäfte beginnen, obwohl die Erlaubnis **nicht oder noch nicht erteilt** ist,
- er **lediglich mit einer Registrierung** das Geschäft einer AIF-KVG betreibt, obwohl eine Erlaubnis nach § 20 Abs. 1 S. 1 erforderlich ist,[49] jedoch nicht, wenn im Fall des nachträglichen Wegfalls der Privilegierungsvoraussetzungen – insbes. im Fall der nicht nur vorübergehenden Überschreitung der Schwellenwerte – gem. § 44 Abs. 6 S. 1 (bzw. S. 2 Nr. 2) innerhalb von 30 Kalendertagen eine Erlaubnis nach §§ 20, 22 beantragt und der Geschäftsbetrieb der registrierten AIF-KVG bis zur Erteilung oder endgültigen Versagung der Erlaubnis fortgesetzt wird,[50]
- die Erlaubnis **versagt** wurde (§ 23),
- er Geschäfte **außerhalb des erlaubten Bereichs** betreibt (bspw. kann die Erlaubnis gem. § 20 Abs. 1 S. 2 auf die Verwaltung bestimmter Arten von Investmentvermögen beschränkt werden; vgl. auch die Beschränkungen betr. das Erbringen von (Neben-)

---

42 Zu dieser Frage im Rahmen des § 54 KWG mit ausführlicher Begründung BVerwG 22.4.2009 BVerwGE 133 358, 362 f. Während das BVerwG das Betreiben i.S.d. § 32 Abs. 1 S. KWG extensiv auslegt, lehnt der überwiegende Teil des Schrifttums das ab, statt vieler Graf/Jäger/Wittig/*Bock* SteuerStrR, § 54 KWG Rn. 9 (vgl. hingegen Erbs/Koolhaas/*Häberle* § 54 KWG Rn. 3).
43 Ebenso Schork/Groß/*Wegner* Rn. 810.
44 Deren Tatbestandsmäßigkeit verneinen im Rahmen des § 143a InvG Schork/Groß/*Wegner* Rn. 810; Graf/Jäger/Wittig/*Ibold* SteuerStrR, § 143a InvG Rn. 2; Emde/Dornseifer/Dreibus/Hölscher/*Möhlenbeck* InvG 2013 § 143 Rn. 7.
45 BaFin-Auslegungsschreiben „Häufige Fragen zum Vertrieb und Erwerb von Investmentvermögen nach dem KAGB" vom 4.7.2013, Geschäftszeichen: WA 41-Wp 2137-2013/0293 – dort unter 1.1.
46 Berger/Steck/Lübbehüsen/*Campell* § 143a Rn. 4; Graf/Jäger/Wittig/*Ibold* SteuerStrR, § 143a InvG Rn. 6; Erbs/Koolhaas/*Häberle* § 54 KWG Rn. 10.
47 Schork/Groß/*Wegner* Rn. 811, 651; Emde/Dornseifer/Dreibus/Hölscher/*Möhlenbeck* InvG 2013 § 143a Rn. 10; Erbs/Koolhaas/*Häberle* § 54 KWG Rn. 10.
48 Dazu im Rahmen von § 54 KWG Graf/Jäger/Wittig/*Bock* § 54 KWG Rn. 63.
49 Vgl. den Hinweis in der BaFin-Mitteilung „Einzelne Hinweise zur Registrierung nach § 44 KAGB i.V.m. Art. 2 bis 5 der Delegierten Verordnung 231/2013" vom 30.8.2013, Geschäftszeichen: WA 41-Wp 2137-2013/ 0044 – dort unter 3.
50 Dornseifer/Jesch/Klebeck/Tollmann/*Tollmann* AIFM Art. 3 Rn. 42. Unschädlich ist es, wenn der fristgerecht gestellte Erlaubnisantrag unvollständig ist, vgl. Baur/Tappen/*Tusch* § 44 Rn. 58.

Dienstleistungen[51] in § 20 Abs. 2, 3 und 7), jedoch nicht bei einem **Verstoß gegen** die mit einer Erlaubnis verbundenen **Nebenbestimmungen** (§ 20 Abs. 1 S. 3),[52]
- die Erlaubnis **nichtig** ist (regelmäßig wird es dann aber am Vorsatz des Täters fehlen),[53]
- die Erlaubnis **erloschen** ist (§ 39 Abs. 1),
- die Erlaubnis unanfechtbar oder sofort vollziehbar (vgl. § 80 VwGO i.V.m. § 7 Abs. 1) **aufgehoben** wurde (§ 39 Abs. 3).

Aus der verwaltungsakzessorischen Ausgestaltung folgt, dass die Übergangsvorschriften der §§ 343ff. zu beachten sind. Einer erteilten Erlaubnis steht eine gesetzlich fingierte Erlaubnis gleich. Zu berücksichtigen sind auch die Ausnahmebestimmungen nach § 2, in deren Rahmen § 20 und auch § 339 Abs. 1 Nr. 1 nicht zur Anwendung gelangen. Für die nach den Ausnahmebestimmungen in § 2 Abs. 4, 4a, 4b und 5 KAGB privilegierten AIF-KVG gelten jedoch die §§ 44 Abs. 1 Nr. 1 und 339 Abs. 1 Nr. 3. Von § 339 Abs. 1 Nr. 1 erfasst sind nur das Geschäft und die Erlaubnis von (OGAW- und AIF-)KVG. Dies verdeutlicht der mittelbare Verweis auf § 17 (*Kapitalverwaltungsgesellschaft*) i.V.m. § 1 Abs. 15 und 16. Nicht in den Anwendungsbereich des Straftatbestandes fällt hingegen die nach § 58 erlaubnispflichtige Verwaltung durch ausländische AIF-Verwaltungsgesellschaften, für die die Bundesrepublik Deutschland Referenzmitgliedsstaat ist. 21

II. Tatbestand des Betreibens des Investmentgeschäfts ohne die erforderliche Registrierung (Abs. 1 Nr. 3)

Strafbar macht sich nach § 339 Abs. 1 Nr. 3, wer ohne die erforderliche Registrierung nach § 44 Abs. 1 Nr. 1 das Geschäft einer nach § 2 Abs. 4, 4a, 4b und 5 privilegierten AIF-KVG betreibt. 22

1. Geschäft einer nach § 2 Abs. 4, 4a, 4b und 5 privilegierten AIF-Kapitalverwaltungsgesellschaft. Gegenstand der Tathandlung ist das Geschäft der in § 44 Abs. 1 und Abs. 2 S. 1 genannten AIF-KVG, d.h. solcher AIF-KVG, die nach den Ausnahmebestimmungen in § 2 Abs. 4, 4a, 4b und Abs. 5 von der Erlaubnispflicht in § 20 Abs. 1 S. 1 ausgenommen sind. Das Geschäft dieser „kleinen" AIF-KVG besteht in der kollektiven Vermögensverwaltung. Nach § 44 Abs. 1 Nr. 1 bedürfen sie einer Registrierung bei der BaFin. Wenngleich diese Registrierungspflicht gem. § 337 Abs. 1 Nr. 1 und § 338 Abs. 1 Nr. 1 auch für die nach § 2 Abs. 6 und 7 privilegierten AIF-KVG[54] entsprechend gilt, greift § 339 Abs. 1 Nr. 3 ausweislich seines klaren Wortlautes („das Geschäft einer dort genannten AIF-KVG") nicht bei AIF-KVG i.S.v. § 2 Abs. 6 und 7. Natürlich gelten für die Auslegung der von § 339 Abs. 1 Nr. 3 (über § 44 Abs. 1 Nr. 1 auch i.V.m. Abs. 2 S. 1) in Bezug genommenen Vorschriften auch die oben bei Rn. 16 dargestellten Maßstäbe. 23

2. Betreiben. Tathandlung ist das **Betreiben**.[55] 24

---

51 Graf/Jäger/Wittig/*Ibold* SteuerStrR, § 143a InvG Rn. 6.
52 Berger/Steck/Lübbehüsen/*Campell* § 143a Rn. 4; Graf/Jäger/Wittig/*Ibold* SteuerStrR, § 143a InvG Rn. 6.
53 Berger/Steck/Lübbehüsen/*Campell* § 143a Rn. 4; vgl. hierzu unten Rn. 29.
54 Bestimmte Europäische Risikokapitalfonds i.S.v. § 2 Abs. 6 bzw. der Verordnung (EU) Nr. 345/2013 (EuVECA-Verordnung) und bestimmte Europäische Fonds für soziales Unternehmertum i.S.v. § 2 Abs. 7 bzw. der Verordnung (EU) Nr. 346/2013 (EuSEF-Verordnung).
55 Vgl. hierzu oben Rn. 18.

25 **3. Ohne Registrierung nach § 44 Abs. 1 Nr. 1.** Das Betreiben des Geschäfts muss **ohne Registrierung nach § 44 Abs. 1 Nr. 1** erfolgen. Entsprechend dem in § 44 Abs. 4 geregelten Registrierungsverfahren bestätigt die BaFin die Registrierung nach Eingang des vollständigen Registrierungsantrages innerhalb von zwei Wochen, wenn die Voraussetzungen für die Registrierung erfüllt sind. Bei Vorliegen eines der in § 44 Abs. 4 S. 4 Nr. 1 bis 6 enumerativ aufgezählten Gründe kann die BaFin die Registrierung versagen. Wird über den Registrierungsantrag nicht innerhalb der Zwei-Wochen-Frist entschieden, gilt die Registrierung als bestätigt. Vor diesem Hintergrund und im Hinblick auf das Zusammenspiel mit § 15 ist richtigerweise davon auszugehen, dass es sich bei der Registrierungspflicht um ein **präventives Verbot mit Erlaubnis- bzw. Registrierungsvorbehalt** handelt.[56] Ohne eine Registrierung ist der Geschäftsbetrieb einer nach § 2 Abs. 4, 4a, 4b und 5 privilegierten AIF-KVG verboten. Zur Aufhebung des Verbots bedarf es der Bestätigung der Registrierung durch die BaFin oder der Registrierungsfiktion. Die Pflicht zur Registrierung nach § 44 Abs. 1 Nr. 1 ist demnach nicht bereits durch eine bloße „Registrierungsanzeige" oder den Eingang des vollständigen Registrierungsantrages als erfüllt anzusehen.

26 **Ohne Registrierung** handelt der Täter angesichts der verwaltungsakzessorischen Ausgestaltung des Tatbestandes folglich nicht nur, wenn er die Registrierung überhaupt **nicht beantragt** hat, sondern auch dann, wenn:
- die Geschäfte beginnen, **bevor die Registrierung bestätigt** wurde (§ 44 Abs. 4 S. 1 und 2) oder als **bestätigt gilt** (§ 44 Abs. 4 S. 3), jedoch nicht, wenn bei einer registrierten AIF-KVG, die bisher die Voraussetzung von § 2 Abs. 4a erfüllte und nun nicht mehr erfüllt, eine „andere" Registrierung gem. § 44 Abs. 6 S. 2 Nr. 1 innerhalb von 30 Kalendertagen beantragt und der Geschäftsbetrieb bis zur Bestätigung oder endgültigen Versagung der Registrierung fortgesetzt wird,
- die Registrierung **versagt** wurde (§ 44 Abs. 4 S. 4),
- die Registrierung unanfechtbar oder sofort vollziehbar (vgl. § 80 VwGO i.V.m. § 7 Abs. 1) **aufgehoben** wurde (§ 44 Abs. 5).

III. Subjektiver Tatbestand

27 Der subjektive Tatbestand erfordert zumindest bedingt **vorsätzliches Handeln** bezüglich der Tatumstände, die eine Tätigkeit zum erlaubnis- bzw. registrierungspflichtigen Geschäft werden lassen. Fahrlässiges Handeln genügt bei § 339 Abs. 1 Nr. 1 und 3 mangels ausdrücklicher Anordnung nicht (§ 15 StGB). Vorsatz wird herkömmlicherweise als Wissen und Wollen der Tatbestandsverwirklichung definiert.[57] Für bedingten Vorsatz genügt, dass der Täter die Verwirklichung des Tatbestands für möglich hält und sich damit abfindet, d.h. sie „billigend in Kauf nimmt".[58]

28 **Umstr.** war im Rahmen des § 143a InvG, ob der **Irrtum** des Täters über die Erlaubnispflichtigkeit des Geschäfts als Tatbestandsirrtum nach § 16 StGB[59] oder als Verbotsirrtum nach § 17 StGB[60] zu behandeln ist.[61] Beim Irrtum über das Bestehen eines Erforder-

---

56 *Nelle/Klebeck* BB **2013** 2499, 2502; ausführlich zum Registrierungsverfahren und zum Rechtscharakter der Registrierung Baur/Tappen/*Tusch* § 44 Rn. 34 ff.
57 BGH 4.11.1988 BGHSt. **36** 1, 9 f.
58 BGH 4.11.1988 BGHSt. **36** 1, 9; dazu *Fischer* § 15 Rn. 9 ff.
59 Emde/Dornseifer/Dreibus/Hölscher/*Möhlenbeck* InvG 2013 § 143a Rn. 14.
60 Berger/Steck/Lübbehüsen/*Campell* § 143a Rn. 4; Hohnel/*Grube* KPM-StR, 6. Teil G. Rn. 12.
61 Str. ist dies auch im Rahmen des § 54 Abs. Nr. 2 KWG. Für die Annahme eines Tatbestandsirrtums: Erbs/Koolhaas/*Häberle* § 54 KWG Rn. 11; Park/*Janssen* Kapitalmarktstrafr, § 54 KWG Rn. 41; Graf/Jäger/Wittig/*Bock* SteuerStrR, § 54 KWG Rn. 73. Für die Einordnung als Verbotsirrtum BGH 15.5.2012 NJW **2012**

nisses einer Genehmigung oder Erlaubnis differenziert die Rspr. anhand der Zweckrichtung der Genehmigungspflicht. Ein Tatbestandsirrtum liegt nach der Rspr. des BGH[62] vor, wenn die Genehmigung nur der Kontrolle eines im Allgemeinen sozialadäquaten Verhaltens dient und die Tat ihren Unwert erst aus dem Fehlen der Genehmigung herleitet (präventives Verbot mit Erlaubnisvorbehalt), während ein Verbotsirrtum gegeben ist, wenn es sich um ein grds. wertwidriges Verhalten handelt, das im Einzelfall erlaubt wird (repressives Verbot mit Erlaubnisvorbehalt). Insofern könnte das präventive Tätigkeitsverbot mit Erlaubnis- bzw. Registrierungsvorbehalt (§§ 20, 44) die Einordnung der entsprechenden Unkenntnis des Handelnden als Tatbestandsirrtum nahe legen. Die Übertragung der genannten Grds. auf das KAGB überzeugt indes nicht. Zu Recht weist *Schröder*[63] darauf hin, dass der Gedanke des an sich sozialadäquaten, volkswirtschaftlich grds. erwünschten Verhaltens gerade nicht trägt, wenn die Ausübung der Geschäftstätigkeit von bestimmten Bedingungen abhängig gemacht wird. Beim Investmentgeschäft wird man von einer wirtschaftlich erwünschten, sozialadäquaten Geschäftstätigkeit vielmehr erst dann ausgehen können, wenn die Erlaubnis- bzw. Registrierungsvoraussetzungen erfüllt sind. Daher dürfte die Unkenntnis von der Erlaubnis- bzw. Registrierungspflicht als **Verbotsirrtum nach § 17 S. 1 StGB** zu behandeln sein, so dass der Täter schuldlos handelt, wenn der Irrtum für ihn unvermeidbar war. Unvermeidbarkeit ist anzunehmen, wenn der Täter genügende Erkundigungen über eine Erlaubnis- bzw. Registrierungspflicht angestellt hat.[64] Davon ist etwa auszugehen, wenn die BaFin in einer Entscheidung i.S.v. § 5 Abs. 3 das Vorliegen eines Investmentvermögens verneint hat. Denn obwohl die Entscheidung der BaFin nicht die Gerichte bindet (§ 5 Abs. 3 S. 2), muss eine Privatperson hierauf i.S.d. Unvermeidbarkeit ihres Irrtums vertrauen können.[65] Bei der Einholung rechtsanwaltlichen Rates scheiden sog. „Gefälligkeitsgutachten", die eher zur Absicherung als zur Klärung bestellt werden, als Grundlage unvermeidbarer Verbotsirrtümer aus.[66] Konnte der Täter den Irrtum vermeiden, kommt nur eine Strafmilderung nach § 49 Abs. 1 StGB in Betracht (§ 17 S. 2).

Ein vorsatzausschließender **Tatbestandsirrtum nach § 16 Abs. 1 S. 1 StGB** ist hingegen anzunehmen, wenn der Täter Umstände falsch würdigt, z.B. irrtümlich annimmt, dass eine Erlaubnis erteilt wurde,[67] oder irrig von einem Ausnahmetatbestand z.B. nach § 2 Abs. 3 ausgeht.[68] Einen Tatbestandsirrtum wird man auch im Fall des nachträglichen Wegfalls von Privilegierungsvoraussetzungen (z.B. § 2 Abs. 5) anzunehmen haben, wenn der Täter ein nach § 20 Abs. 1 S. 1 erlaubnispflichtiges Geschäft einer AIF-KVG auch nach Ablauf der 30 Tage-Frist (§ 44 Abs. 6) nur mit einer Registrierung betreibt, weil er irrig von einem niedrigeren Gesamtwert der verwalteten Vermögensgegenstände ausgeht, der die zulässigen Schwellenwerte tatsächlich aber überschreitet. Allerdings dürften an eine entsprechende Unkenntnis i.S.v. § 16 Abs. 1 S. 1 StGB angesichts der nach Art. 3 Abs. 1 AIFM-VO[69] verpflichtend einzurichtenden Verfahren zur laufenden Überwachung des Gesamtwerts der verwalteten Vermögensgegenstände hohe Hürden zu stellen sein.

29

3177, 3180; Boos/Fischer/Schulte-Mattler/*Lindemann* § 54 Rn. 12 f.; *Schröder* Rn. 965 ff.; Achenbach/Ransiek/*Schröder* 10. Teil 3. Kap. Rn. 88.
62 Zuletzt BGH 11.9.2002 NStZ-RR **2003** 55, 56. Zusammenfassend *Fischer* § 16 Rn. 16; § 17 Rn. 11a m.w.N.
63 *Schröder* Rn. 966 f. im Rahmen von § 54 KWG.
64 BGH 15.5.2012 NJW **2012** 3177, 3180: „vorzugsweise durch Einholung einer Auskunft der Erlaubnisbehörde."
65 Boos/Fischer/Schulte-Mattler/*Lindemann* § 54 Rn. 13.
66 BGH 4.4.2013 StV **2014** 13, 14 m. Anm. *Dahs*.
67 Graf/Jäger/Wittig/*Ibold* SteuerstrR, § 143a InvG Rn. 7.
68 *Schröder* Rn. 967; Park/*Janssen* KapitalmarktstrafR, § 54 KWG Rn. 41.
69 Delegierte Verordnung (EU) Nr. 231/2013.

IV. Täterschaft und Teilnahme

30 **Täter** kann grds. jeder sein, der die Geschäfte ohne die erforderliche Erlaubnis oder Registrierung betreibt.[70] § 339 Abs. 1 Nr. 1 und 3 verlangen keine besondere Täterqualifikation. Ist Betreiber nicht eine natürliche Person, erfolgt die strafrechtliche Zurechnung i.S.d. § 14 StGB.[71] Bei juristischen Personen trifft die strafrechtliche Verantwortlichkeit in erster Linie die **vertretungsberechtigten Organe** (Vorstand oder Geschäftsführung) **bzw. einzelne Mitglieder solcher Organe**, vgl. § 14 Abs. 1 Nr. 1 StGB,[72] bei rechtsfähigen Personengesellschaften die **vertretungsberechtigten Gesellschafter**, vgl. § 14 Abs. 1 Nr. 2 StGB.[73] In Betracht kommen als mögliche Täter gem. § 14 Abs. 1 Nr. 3 StGB auch sonstige **gesetzliche Vertreter** (z.B. Insolvenzverwalter[74] oder ein nach § 15 Abs. 2 Nr. 3 bestellter Abwickler, der entgegen seinem Auftrag die Geschäfte nicht zu Ende führt, sondern weiter betreibt),[75] ferner gem. § 14 Abs. 2 Nr. 1 StGB **Betriebsleiter** (auch solche, die den Betrieb zum Teil leiten,[76] darunter ggf. ein Prokurist)[77] sowie gem. § 14 Abs. 2 Nr. 2 StGB diejenigen, die **ausdrücklich beauftragt** sind, in eigener Verantwortung Aufgaben wahrzunehmen, die dem Inhaber des Betriebs obliegen (ggf. ein Fondsmanager, der in einem ihm vorgegebenen Rahmen selbstständig Anlageentscheidungen trifft).[78] Auf die Rechtswirksamkeit der Beauftragung kommt es gem. § 14 Abs. 3 StGB nicht an.

31 Soweit keine Umstände i.S.d. § 14 Abs. 2 StGB hinzutreten, kommen **Angestellte oder sonstige Mitarbeiter** eines Unternehmens allenfalls als Teilnehmer einer Straftat nach § 339 Abs. 1 und 3, d.h. als Anstifter (§ 26 StGB) oder Gehilfen (§ 27 StGB), in Betracht, da sie das Geschäft nicht selbst betreiben.[79] An der Verwirklichung des Tatbestandes beteiligte Anleger sind weder Anstifter noch Gehilfen, wenn es sich um einen Fall der „notwendigen Teilnahme" handelt.[80]

V. Konkurrenzen

32 Die Teilakte, in denen sich das Betreiben der Investmentgeschäfte i.d.R. vollzieht, sind ein Fall der rechtlichen Handlungseinheit und damit nur eine Tat i.S.v. § 52 StGB.

33 Tateinheit gem. § 52 StGB ist denkbar etwa mit §§ 263, 264a StGB und § 266 StGB. Trotz des geringen Strafrahmens werden § 339 Abs. 1 Nr. 1 und Nr. 3 wegen ihrer besonderen Schutzrichtung grds. nicht verdrängt.[81]

---

[70] Ebenso Graf/Jäger/Wittig/*Ibold* SteuerstrR, § 143a InvG Rn. 3; Schork/Groß/*Wegner* Rn. 812; im Rahmen des § 54 KWG *Schröder* Rn. 969.
[71] Berger/Steck/Lübbehüsen/*Campell* § 143a Rn. 3.
[72] BGH 15.5.2012 NJW **2012** 3177, 3179.
[73] Bei der GmbH & Co. KG erfolgt die Zurechnung (teils in doppelter Anwendung des § 14 Abs. 1 StGB) über die persönlich haftende Gesellschafterin (GmbH) auf deren Organ bzw. Organmitglieder (GmbH-Geschäftsführer), vgl. im Einzelnen Graf/Jäger/Wittig/*Merz* SteuerstrR, § 14 StGB Rn. 36.
[74] Berger/Steck/Lübbehüsen/*Campell* § 143a Rn. 3; *Fischer* § 14 Rn. 3.
[75] Boos/Fischer/Schulte-Mattler/*Lindemann* § 54 Rn. 10.
[76] Im Einzelnen Graf/Jäger/Wittig/*Merz* SteuerstrR, § 14 StGB Rn. 45.
[77] Göhler/*Gürtler* OWiG § 9 Rn. 21.
[78] *Baur* § 50a Rn. 27.
[79] Ebenso Graf/Jäger/Wittig/*Ibold* SteuerstrR, § 143a InvG Rn. 8; Emde/Dornseifer/Dreibus/Hölscher/*Möhlenbeck* InvG 2013, § 143a Rn. 15.
[80] LG Essen NJW-RR **1992** 303, 304.
[81] Achenbach/Ransiek/*Schröder* 10. Teil 3. Kap. Rn. 95.

C. Verletzung der Pflicht zur Anzeige eines Insolvenzeröffnungsgrundes (Abs. 1 Nr. 2, Abs. 2)

Strafbar ist, wer vorsätzlich oder fahrlässig entgegen § 43 Abs. 1 i.V.m. § 46b Abs. 1 S. 1 KWG eine Anzeige bei Überschuldung, Zahlungsunfähigkeit oder drohender Zahlungsunfähigkeit der KVG nicht, nicht richtig, nicht vollständig oder nicht rechtzeitig erstattet. **34**

I. Objektiver Tatbestand

1. Entgegen § 43 Abs. 1 i.V.m. § 46b Abs. 1 S. 1 KWG. Nach § 43 Abs. 1 wird die in § 46 Abs. 1 S. 1 KWG statuierte Pflicht, die Insolvenzeröffnungsgründe unter **Beifügung aussagekräftiger Unterlagen** gegenüber der BaFin **unverzüglich** anzuzeigen, auf die Fälle der **Zahlungsunfähigkeit**, der **Überschuldung** und der **drohenden Zahlungsunfähigkeit einer KVG** entsprechend anwendbar erklärt. **35**

Zahlungsunfähigkeit ist das nach außen in Erscheinung tretende, auf dem Mangel an Zahlungsmitteln beruhende voraussichtlich dauernde Unvermögen des Unternehmens, seine sofort zu erfüllenden Geldschulden noch im Wesentlichen zu befriedigen, vgl. auch § 17 Abs. 2 S. 1 InsO.[82] **36**

Überschuldung liegt nach § 19 Abs. 2 S. 1 InsO vor, wenn das Vermögen des Schuldners die bestehenden Verbindlichkeiten nicht mehr deckt, es sei denn, die Fortführung des Unternehmens ist nach den Umständen überwiegend wahrscheinlich. **37**

Entsprechend der vollständigen Verweisung auf § 46b Abs. 1 S. 1 (2. Hs.!) und dem klaren Wortlaut von § 43 Abs. 1 ist eine Handlungspflicht in Gestalt der Anzeigepflicht bereits dann begründet, wenn die KVG voraussichtlich nicht in der Lage sein wird, die bestehenden Zahlungspflichten im Zeitpunkt der Fälligkeit zu erfüllen (**drohende Zahlungsunfähigkeit**, § 18 Abs. 2 InsO).[83] **38**

2. Erstattung der Anzeige nicht, nicht richtig, nicht vollständig oder nicht rechtzeitig. Als Tathandlung setzt § 339 Abs. 1 Nr. 2 voraus, dass der Täter der aus § 43 Abs. 1 i.V.m. § 46b Abs. 1 S. 1 folgenden **Anzeigepflicht** nicht, nicht rechtzeitig, nicht richtig bzw. nicht vollständig nachgekommen ist. **Nicht erstattet** ist die Anzeige, wenn sie gänzlich unterlassen wurde. **Nicht rechtzeitig** ist die Anzeige, wenn sie nicht innerhalb des gesetzlich vorgegebenen Zeitrahmens erstattet wurde. Gem. § 46b Abs. 1 S. 1 hat die Anzeige unverzüglich zu erfolgen, d.h. nach der Legaldefinition in § 121 Abs. 1 S. 1 BGB[84] nach Kenntnis der Umstände ohne schuldhaftes Zögern.[85] In Ermangelung einer näheren Spezifizierung der Frist[86] richtet sich die Bestimmung der Schuldhaftigkeit des Zögerns nach den Grundsätzen des § 121 Abs. 1 S. 1 BGB. Die Anzeige hat folglich innerhalb einer nach den Umständen des Einzelfalls zu bemessenden Prüfungs- und Überle- **39**

---

82 Park/*Janssen* KapitalmarktstrafR, §§ 55, 46b KWG Rn. 62.
83 Im Gegensatz dazu verweist etwa der Straftatbestand der Anzeigepflichtverletzung im ZAG (§ 31 Abs. 1 Nr. 3) explizit nicht auf § 16 Abs. 4 S. 1 2. Hs., so dass die Verletzung der Anzeigepflicht bei drohender Zahlungsunfähigkeit eines Instituts nicht strafbewehrt ist.
84 Die Legaldefinition des § 121 Abs. 1 S. 1 BGB gilt auch für § 339 Abs. 1 Nr. 2, Abs. 2; vgl. Palandt/*Ellenberger* § 121 Rn. 3.
85 Park/*Janssen* KapitalmarktstrafR, §§ 55, 46b KWG Rn. 63.
86 Vgl. z.B. die Drei-Wochen-Frist in § 15a Abs. 1 InsO („ohne schuldhaftes Zögern, spätestens aber drei Wochen nach Eintritt der Zahlungsunfähigkeit oder Überschuldung").

gungsfrist zu erfolgen.[87] Eine verspätete Anzeige beseitigt die einmal eingetretene Strafbarkeit nicht.[88]

40 Ferner werden **nicht richtige** Anzeigen erfasst. Davon ist auszugehen, wenn inhaltlich unzutreffende Angaben gemacht werden, sofern diese für die Bewertung durch die BaFin relevant sind.[89] Zu formellen und materiellen Anforderungen einer Anzeige schweigt sowohl das KWG als auch das KAGB, so dass man an den Inhalt der Anzeige keine hohen Anforderungen stellen kann. Eine Strafbarkeit entfällt deshalb bereits dann, wenn der Anzeigepflichtige die BaFin bittet, zu prüfen, ob diese den Antrag auf Eröffnung des Insolvenzverfahrens stellen will.[90] Ob die **nicht vollständige** Anzeige eine Sanktion nach sich ziehen kann, erscheint angesichts der Unbestimmtheit des Begriffs „aussagekräftige Unterlagen" (§ 46b Abs. 1 S. 1) im Hinblick auf die Bestimmtheitsanforderungen des Art. 103 Abs. 2 GG zweifelhaft.[91] Dementsprechend wäre eine gesetzliche Konkretisierung, was unter „aussagekräftigen Unterlagen" zu verstehen ist, de lege ferenda wünschenswert.

41 Im Fall der Bestellung eines Abwicklers nach § 15 Abs. 2 Nr. 3, wird man annehmen müssen, dass die Anzeigepflicht nach § 43 Abs. 1 i.V.m. § 46b Abs. 1 S. 1 KWG jedenfalls dann endet, wenn der Abwickler seine Tätigkeit aufgenommen hat.[92] Gem. § 15 Abs. 4 hat der Abwickler ein eigenes Antragsrecht. Eine erst während der Abwicklung der Geschäfte auftretende (drohende) Zahlungsunfähigkeit oder Überschuldung begründet keine strafbewehrte Anzeigepflicht mehr.

II. Subjektiver Tatbestand

42 Nach § 339 Abs. 1 Nr. ist die **vorsätzliche** Tat strafbewehrt, wobei bedingter Vorsatz genügt; nach § 339 Abs. 2 auch die **fahrlässige** Tatbegehung. Für ein bedingt vorsätzliches Handeln reicht aus, dass der Täter erkennt, dass die Voraussetzungen der Anzeigepflicht möglicherweise vorliegen und deren Verletzung billigend in Kauf nimmt.[93] Fahrlässig handelt der Täter, wenn er die wirtschaftliche Krise der KVG oder die Voraussetzungen der Anzeigepflicht sorgfaltswidrig verkennt.[94] Im Rahmen der Frage, ob die Verkennung der wirtschaftlichen Krise dem Täter vorwerfbar ist, kann die geschäftsplanmäßige Aufteilung von Verantwortungsbereichen bedeutsam sein.[95]

III. Täterschaft und Teilnahme

43 Tauglicher Täter kann nur sein, wem die Anzeigepflicht nach § 43 Abs. 1 i.V.m. § 46b Abs. 1 S. 1 auferlegt ist. Das sind die Geschäftsleiter der KVG (vgl. § 1 Abs. 19 Nr. 15). Anstifter (§ 26 StGB) oder Gehilfe (§ 27 StGB) einer Straftat nach § 339 Abs. 1 Nr. 2 kann jedermann sein.[96]

---

87 Vgl. Palandt/*Ellenberger* § 121 Rn. 3; ebenso Graf/Jäger/Wittig/*Bock* SteuerStrR, § 55 KWG Rn. 21. Nach Erbs/Koolhaas/*Häberle* § 55 Rn. 12 ist zu fordern, dass die Anzeige sofort nach Eintritt der Insolvenzlage gestellt wird.
88 Achenbach/Ransiek/*Schröder* 10. Teil 3. Kap. Rn. 107.
89 Erbs/Koolhaas/*Häberle* § 55 Rn. 10.
90 Park/*Janssen* KapitalmarktstrafR, §§ 55, 46b KWG Rn. 63.
91 *Wegner*, HRRS **2012** 68, 72; **a.A.** Graf/Jäger/Wittig/*Bock* SteuerStrR, § 55 KWG Rn. 19.
92 Achenbach/Ransiek/*Schröder* 10. Teil 3. Kap. Rn. 108.
93 Achenbach/Ransiek/*Schröder* 10. Teil 3. Kap. Rn. 111.
94 Achenbach/Ransiek/*Schröder* 10. Teil 3. Kap. Rn. 111.
95 Park/*Janssen* KapitalmarktstrafR, §§ 55, 46b KWG Rn. 64.
96 Achenbach/Ransiek/*Schröder* 10. Teil 3. Kap. Rn. 110.

IV. Konkurrenzen

§ 339 Abs. 1 Nr. 2, Abs. 2 steht zu den Insolvenzstraftaten in §§ 283 ff. StGB sowie zu **44** § 266 StGB im Verhältnis der Tatmehrheit.[97] Da § 46b Abs. 1 S. 2 KWG die Antragspflicht nach § 15a Abs. 1 InsO suspendiert,[98] wird § 15a Abs. 4, 5 InsO durch § 339 Abs. 1 Nr. 2, Abs. 2 verdrängt. Tatmehrheitlich möglich ist die Verletzung der Verlustanzeigepflicht gem. § 84 GmbHG, § 401 AktG[99] und § 148 GenG.

D. Rechtsfolgen und Verjährung

Der **Strafrahmen** für die Vorsatzdelikte in § 339 Abs. 1 beträgt Freiheitsstrafe bis zu **45** drei Jahre oder Geldstrafe.[100] Im Falle der fahrlässigen Begehung der Insolvenzanzeigepflichtverletzung nach § 339 Abs. 2 beträgt die Freiheitsstrafe bis zu einem Jahr oder Geldstrafe.

Neben oder anstelle der Strafe gegen die natürliche Person kann auch gegen die juristische Person oder die Personenvereinigung selbst nach **§ 30 OWiG** eine Geldbuße **46** i.H.v. bis zu € 10 Mio. verhängt werden.

Die **Verjährungsfrist** für die mit einem Strafmaß bis zu einem Jahr Freiheitsstrafe **47** bedrohte fahrlässige Begehung der Insolvenzanzeigepflichtverletzung nach § 339 Abs. 2 beträgt 3 Jahre (§ 78 Abs. 3 Nr. 5 StGB). Die Taten nach § 339 Abs. 1 Nr. 1 bis 3 verjähren gem. § 78 Abs. 3 Nr. 4 StGB infolge der Strafdrohung bis zu drei Jahren in fünf Jahren. Die Vollstreckungsverjährung bestimmt sich nach § 79 StGB.

Der **Beginn der Verjährung** richtet sich nach § 78a StGB. Die Beendigung der Tat **48** tritt bei Straftaten nach § 339 Abs. 1 Nr. 2, Abs. 2 nicht schon nach der letzten Möglichkeit der unverzüglichen Anzeige ein,[101] sondern erst dann, wenn die Pflicht zum Handeln entfällt. Das ist der Fall, wenn die unterbliebene Anzeige nachgeholt wird oder wenn der Tatbestand aus sonstigen Gründen nicht mehr (weiter) verwirklicht werden kann, etwa wenn die Überschuldung oder Zahlungsunfähigkeit überwunden ist.[102]

Die Verjährung ist ein Prozesshindernis. Sie ist von Amts wegen zu prüfen und bei **49** Vorliegen das Verfahren einzustellen.

E. Strafverfahren

Die Straftaten nach § 339 sind gem. § 152 StPO **von Amts wegen zu verfolgen**. Ein **50** Strafantragserfordernis nach § 77 StGB besteht nicht. § 339 ist ein **Offizialdelikt**. Liegen zureichende tatsächliche Anhaltspunkte für eine Tatbegehung vor, hat die Staatsanwaltschaft gem. § 152 Abs. 2 StPO zu ermitteln. Bei hinreichendem Tatverdacht erhebt sie gem. § 170 Abs. 1 StPO öffentliche Klage beim zuständigen Gericht (§ 24 GVG); anderenfalls hat sie das Verfahren gem. § 170 Abs. 2 StPO einzustellen. Hinzuweisen ist auf die Einstel-

---

97 Statt vieler Park/*Janssen* KapitalmarktstrafR, §§ 55, 46b KWG Rn. 66.
98 *Wegner*, HRRS **2012** 68, 69.
99 Statt vieler Park/*Janssen* KapitalmarktstrafR, §§ 55, 46b KWG Rn. 66.
100 Bemerkenswert ist, dass der Strafrahmen für das Betreiben der im KWG und ZAG unter Erlaubnisvorbehalt stehenden Geschäfte (§ 54 Abs. 1 Nr. 2 KWG und § 31 Abs. 1 Nr. 2, 2a ZAG) ein Höchstmaß von 5 Jahren Freiheitsstrafe vorsieht. Dass der Gesetzgeber § 143a InvG bei der Anhebung der Strafrahmen der §§ 54 Abs. 1 KWG, 31 Abs. 1 ZAG (BTDrucks. 17/3023 S. 65) im Jahr 2010 übersehen hat, ist indes unwahrscheinlich. Immerhin hätte sich anlässlich des AIFM-UmsG insofern Gelegenheit zur Korrektur geboten.
101 So jedoch Park/*Janssen* KapitalmarktstrafR, §§ 55, 46b KWG Rn. 65.
102 Erbs/Koolhaas/*Häberle* § 55 Rn. 14, 17 bezugnehmend auf BGH 4.4.1979 BGHSt. **28** 371, 380.

lungsmöglichkeiten nach Maßgabe der §§ 153 ff. StPO. Bemerkenswert ist, dass eine Zuständigkeit der Wirtschaftsstrafkammer beim Landgericht de lege lata nicht besteht. Im Gegensatz zu den Straftaten nach dem KWG (§§ 54 bis 55b) und ZAG (§ 31) sind Straftaten nach dem KAGB nicht im Zuständigkeitskatalog des § 74c Abs. 1 GVG aufgeführt.

§ 340
Bußgeldvorschriften

(1) Ordnungswidrig handelt, wer
1. einer vollziehbaren Anordnung nach § 40 Absatz 1, § 113 Absatz 3, § 119 Absatz 5, § 128 Absatz 4, § 147 Absatz 5 oder § 153 Absatz 5 zuwiderhandelt,
2. entgegen § 93 Absatz 4 ein Gelddarlehen gewährt oder eine dort genannte Verpflichtung eingeht,
3. entgegen § 112 Absatz 2 Satz 3, den §§ 199, 221 Absatz 6, § 263 Absatz 1, § 284 Absatz 4 Satz 1 einen Kredit aufnimmt,
4. entgegen § 205 Satz 1, auch in Verbindung mit § 218 Satz 2, § 220 oder § 284 Absatz 1, entgegen § 265 Satz 1 oder § 276 Absatz 1 Satz 1 einen dort genannten Vermögensgegenstand verkauft,
5. einer vollziehbaren Anordnung nach § 215 Absatz 2 Satz 1 zweiter Halbsatz oder Satz 2, jeweils auch in Verbindung mit § 263 Absatz 2 oder § 274 Satz 1, zuwiderhandelt,
6. entgegen § 225 Absatz 1 Satz 3 einen Leerverkauf durchführt oder
7. einer vollziehbaren Anordnung nach § 276 Absatz 2 Satz 2 zuwiderhandelt.

(2) Ordnungswidrig handelt, wer vorsätzlich oder leichtfertig
1. einer vollziehbaren Anordnung nach § 19 Absatz 2 Satz 2 oder Absatz 3 Satz 1, jeweils auch in Verbindung mit § 108 Absatz 3, zuwiderhandelt,
2. entgegen § 34 Absatz 3, 4 oder Absatz 5 Satz 1 eine Anzeige nicht, nicht richtig, nicht vollständig oder nicht rechtzeitig erstattet,
3. entgegen § 35 Absatz 3, auch in Verbindung mit Absatz 6, oder entgegen § 35 Absatz 7 eine dort genannte Unterlage oder einen Jahresbericht nicht, nicht richtig, nicht vollständig oder nicht rechtzeitig vorlegt,
4. entgegen
    a) § 49 Absatz 1 Satz 1, auch in Verbindung mit Absatz 5 oder einer Rechtsverordnung nach Absatz 8,
    b) § 49 Absatz 4 Satz 1, auch in Verbindung mit einer Rechtsverordnung nach Absatz 8, oder
    c) § 49 Absatz 6 Satz 4 eine Anzeige nicht, nicht richtig, nicht vollständig, nicht in der vorgeschriebenen Weise oder nicht rechtzeitig erstattet,
5. entgegen § 53 Absatz 1, auch in Verbindung mit Absatz 2, eine dort genannte Angabe nicht, nicht richtig, nicht vollständig, nicht in der vorgeschriebenen Weise oder nicht rechtzeitig übermittelt,
6. entgegen § 53 Absatz 4 Satz 2 mit der Verwaltung von EU-AIF beginnt,
7. entgegen § 53 Absatz 5 eine Anzeige nicht, nicht richtig, nicht vollständig, nicht in der vorgeschriebenen Weise oder nicht rechtzeitig erstattet,
8. entgegen § 65 Absatz 1 einen EU-AIF verwaltet,
9. entgegen § 65 Absatz 2 eine Zweigniederlassung errichtet,
10. entgegen § 65 Absatz 4 Satz 2 mit der Verwaltung von EU-AIF beginnt,
11. entgegen § 65 Absatz 5 eine Anzeige nicht, nicht richtig, nicht vollständig, nicht in der vorgeschriebenen Weise oder nicht rechtzeitig erstattet,

12. entgegen
    a) § 67 Absatz 1 Satz 1 einen Jahresbericht,
    b) § 101 Absatz 1 Satz 1, den §§ 103, 104 Absatz 1 Satz 1 oder § 105 Absatz 1 oder Absatz 2, jeweils auch in Verbindung mit einer Rechtsverordnung nach § 106 Satz 1, einen Jahresbericht, einen Halbjahresbericht, einen Zwischenbericht, einen Auflösungsbericht oder einen Abwicklungsbericht,
    c) § 120 Absatz 1 Satz 2, in Verbindung mit einer Rechtsverordnung nach Absatz 8, jeweils auch in Verbindung mit § 122 Absatz 1 Satz 1 oder Absatz 2 oder § 148 Absatz 1 oder Absatz 2 Satz 1, jeweils auch in Verbindung mit § 291 Absatz 1 Nummer 2, einen Jahresabschluss, einen Lagebericht, einen Halbjahresfinanzbericht, einen Auflösungsbericht oder einen Abwicklungsbericht oder
    d) § 135 Absatz 1, auch in Verbindung mit einer Rechtsverordnung nach Absatz 11 Satz 1, jeweils auch in Verbindung mit § 158, auch in Verbindung mit § 291 Absatz 1 Nummer 2, einen Jahresbericht nicht, nicht richtig, nicht vollständig, nicht in der vorgeschriebenen Weise oder nicht rechtzeitig erstellt oder nicht, nicht richtig, nicht vollständig, nicht in der vorgeschriebenen Weise oder nicht rechtzeitig aufstellt,
13. entgegen § 107 Absatz 1 oder 2 den Jahresbericht, den Halbjahresbericht, den Auflösungsbericht oder den Abwicklungsbericht nicht, nicht richtig, nicht vollständig, nicht in der vorgeschriebenen Weise oder nicht rechtzeitig bekannt macht,
14. entgegen § 107 Absatz 3, § 123 Absatz 5, auch in Verbindung mit § 148 Absatz 1, oder entgegen § 160 Absatz 4 einen dort genannten Bericht nicht, nicht richtig, nicht vollständig oder nicht rechtzeitig bei der Bundesanstalt einreicht oder nicht, nicht richtig, nicht vollständig oder nicht rechtzeitig der Bundesanstalt zur Verfügung stellt,
15. entgegen § 114 Satz 1, § 130 Satz 1, § 145 Satz 1 oder entgegen § 155 Satz 1 eine Anzeige nicht, nicht richtig, nicht vollständig oder nicht rechtzeitig erstattet,
16. entgegen § 163 Absatz 2 Satz 9, auch in Verbindung mit § 267 Absatz 2 Satz 2, die Anlagebedingungen dem Verkaufsprospekt beifügt,
17. entgegen § 163 Absatz 2 Satz 10 die Anlagebedingungen dem Publikum nicht, nicht richtig oder nicht vollständig zugänglich macht,
18. entgegen § 164 Absatz 1 Satz 1 einen dort genannten Verkaufsprospekt oder die wesentlichen Anlegerinformationen dem Publikum nicht, nicht richtig oder nicht vollständig zugänglich macht,
19. entgegen § 164 Absatz 1 Satz 2 einen dort genannten Verkaufsprospekt oder die wesentlichen Anlegerinformationen dem Publikum zugänglich macht,
20. entgegen § 178 Absatz 1 eine Abwicklung beginnt,
21. entgegen § 178 Absatz 5 Satz 1 oder § 179 Absatz 6 Satz 1 eine Mitteilung nicht, nicht richtig, nicht vollständig oder nicht rechtzeitig macht oder die Anleger nicht, nicht richtig, nicht vollständig, nicht in der vorgesehenen Weise oder nicht rechtzeitig unterrichtet,
22. entgegen § 180 Absatz 1 Satz 1 oder Satz 2 oder Absatz 2 Satz 1 eine dort genannte Information nicht, nicht richtig, nicht vollständig, nicht in der vorgeschriebenen Weise oder nicht rechtzeitig zur Verfügung stellt,
23. entgegen § 186 Absatz 2 Satz 1, auch in Verbindung mit § 191 Absatz 1 oder Absatz 2, eine Verschmelzungsinformation übermittelt,
24. entgegen § 186 Absatz 4 Satz 1, auch in Verbindung mit § 191 Absatz 1 oder Absatz 2, eine Verschmelzungsinformation der Bundesanstalt nicht, nicht richtig,

nicht vollständig, nicht in der vorgeschriebenen Weise oder nicht rechtzeitig einreicht,
25. entgegen § 268 Absatz 1 Satz 2 einen dort genannten Verkaufsprospekt oder die wesentlichen Anlegerinformationen dem Publikum nicht, nicht richtig oder nicht vollständig zugänglich macht,
26. entgegen § 289 Absatz 1, 2 oder Absatz 5 eine Unterrichtung, Information oder Mitteilung nicht, nicht richtig, nicht vollständig oder nicht rechtzeitig vornimmt oder
27. entgegen § 290 Absatz 1 oder Absatz 5 eine dort genannte Information oder Angabe nicht, nicht richtig, nicht vollständig oder nicht rechtzeitig vorlegt.
(3) Ordnungswidrig handelt, wer vorsätzlich oder fahrlässig
1. einer vollziehbaren Anordnung nach § 5 Absatz 6 Satz 2 oder Satz 8, § 11 Absatz 4 Satz 1 oder Satz 2 oder Absatz 6, § 311 Absatz 1 oder Absatz 3 Satz 1 Nummer 1 oder § 314 Absatz 1 oder Absatz 2 zuwiderhandelt,
2. entgegen § 14 Satz 1 in Verbindung mit § 44 Absatz 1 Satz 1 des Kreditwesengesetzes, auch in Verbindung mit § 44b Absatz 1 Satz 1 des Kreditwesengesetzes, eine Auskunft nicht, nicht richtig, nicht vollständig oder nicht rechtzeitig erteilt oder eine Unterlage nicht, nicht richtig, nicht vollständig oder nicht rechtzeitig vorlegt,
3. entgegen § 14 Satz 2 in Verbindung mit § 44 Absatz 1 Satz 4 oder § 44b Absatz 2 Satz 2 des Kreditwesengesetzes eine Maßnahme nicht duldet,
4. entgegen § 28 Absatz 1 Satz 4, § 51 Absatz 8, § 54 Absatz 4 Satz 1 in Verbindung mit § 28 Absatz 1 Satz 4 oder § 66 Absatz 4 Satz 1 in Verbindung mit § 28 Absatz 1 Satz 4 jeweils in Verbindung mit § 24c Absatz 1 Satz 1 oder Satz 5 des Kreditwesengesetzes eine Datei nicht, nicht richtig oder nicht vollständig führt oder nicht gewährleistet, dass die Bundesanstalt jederzeit Daten automatisiert abrufen kann,
5. einer vollziehbaren Anordnung nach § 41 Satz 1 oder Satz 2 oder § 42 zuwiderhandelt,
6. entgegen § 70 Absatz 5 oder § 85 Absatz 3 einen dort genannten Vermögensgegenstand wiederverwendet,
7. entgegen § 174 Absatz 1 Satz 1 weniger als 85 Prozent des Wertes des Feederfonds in Anteile eines Masterfonds anlegt,
8. entgegen § 174 Absatz 1 Satz 2 in einen Masterfonds anlegt,
9. entgegen
   a) den §§ 192, 193 Absatz 1, § 194 Absatz 1, § 210 Absatz 1 Satz 1 oder Satz 4, Absatz 2 oder Absatz 3, § 219 Absatz 1 oder Absatz 2, § 221 Absatz 1 oder § 225 Absatz 2 Satz 2 oder
   b) § 231 Absatz 1, § 234 Satz 1, § 239 oder § 261 Absatz 1 einen Vermögensgegenstand erwirbt oder in einen dort genannten Vermögensgegenstand investiert,
10. entgegen § 195 Satz 1, § 234 Satz 1 oder § 253 Absatz 1 Satz 1 einen dort genannten Vermögensgegenstand oder Betrag hält,
11. entgegen § 197 Absatz 1 Satz 1 oder § 261 Absatz 3 in Derivate investiert oder ein dort genanntes Geschäft tätigt,
12. entgegen § 197 Absatz 2, auch in Verbindung mit einer Rechtsverordnung nach Absatz 3 Satz 1 Nummer 1, nicht sicherstellt, dass sich das Marktrisikopotenzial höchstens verdoppelt,
13. entgegen den §§ 198, 206 Absatz 1 Satz 1 erster Halbsatz, Absatz 2, 3 Satz 1 oder Absatz 4, den §§ 207, 219 Absatz 5, § 221 Absatz 3 oder Absatz 4, § 222 Absatz 2

Satz 2 oder § 225 Absatz 2 Satz 1 oder Absatz 4 Satz 1 mehr als einen dort genannten Prozentsatz des Wertes in einen dort genannten Vermögensgegenstand anlegt,
14. entgegen § 200 Absatz 1 Satz 1 oder Absatz 2 Satz 1 Wertpapiere überträgt,
15. entgegen § 200 Absatz 1 Satz 2 erster Halbsatz oder § 240 Absatz 1 ein Darlehen gewährt,
16. entgegen § 200 Absatz 4 eine Anzeige nicht, nicht richtig, nicht vollständig oder nicht rechtzeitig erstattet,
17. entgegen § 203 Satz 1 ein Pensionsgeschäft abschließt,
18. entgegen § 206 Absatz 3 Satz 2 nicht sicherstellt, dass der Gesamtwert der Schuldverschreibungen 80 Prozent des Wertes des inländischen OGAW nicht übersteigt,
19. einer Vorschrift des § 206 Absatz 5 Satz 1, auch in Verbindung mit § 206 Absatz 5 Satz 2, oder § 221 Absatz 5 Satz 1 über eine dort genannte Sicherstellungspflicht zuwiderhandelt,
20. entgegen § 222 Absatz 1 Satz 4 einen dort genannten Vermögensgegenstand erwirbt,
21. entgegen § 225 Absatz 1 Satz 3 Leverage durchführt,
22. entgegen § 225 Absatz 2 Satz 2 einen Devisenterminkontrakt verkauft,
23. entgegen § 225 Absatz 4 Satz 2 oder Satz 3, jeweils auch in Verbindung mit § 221 Absatz 2, in dort genannte Zielfonds anlegt,
24. entgegen § 225 Absatz 5 nicht sicherstellt, dass die dort genannten Informationen vorliegen,
25. entgegen § 233 Absatz 2 oder § 261 Absatz 4 nicht sicherstellt, dass die Vermögensgegenstände nur in dem dort genannten Umfang einem Währungsrisiko unterliegen,
26. entgegen § 239 Absatz 2 Nummer 2 einen Vermögensgegenstand veräußert,
27. entgegen § 240 Absatz 2 nicht sicherstellt, dass die Summe der Darlehen einen dort genannten Prozentsatz nicht übersteigt,
28. entgegen § 264 Absatz 1 Satz 1 nicht dafür sorgt, dass die genannte Verfügungsbeschränkung in das Grundbuch oder ein dort genanntes Register eingetragen wird,
29. entgegen § 282 Absatz 2 Satz 1 in einen dort genannten Vermögensgegenstand investiert oder
30. entgegen § 285 in einen dort genannten Vermögensgegenstand investiert.

(4) Ordnungswidrig handelt, wer vorsätzlich oder fahrlässig einer unmittelbar geltenden Vorschrift in Rechtsakten der Europäischen Union über Europäische Risikokapitalfonds oder Europäische Fonds für soziales Unternehmertum zuwiderhandelt, soweit eine Rechtsverordnung nach Absatz 7 für einen bestimmten Tatbestand auf diese Bußgeldvorschrift verweist.

(5) Die Ordnungswidrigkeit kann in den Fällen des Absatzes 3 Nummer 4, 6 und 8 bis 20 mit einer Geldbuße bis zu fünfzigtausend Euro, in den übrigen Fällen mit einer Geldbuße bis zu hunderttausend Euro geahndet werden.

(6) Verwaltungsbehörde im Sinne des § 36 Absatz 1 Nummer 1 des Gesetzes über Ordnungswidrigkeiten ist die Bundesanstalt.

(7) Das Bundesministerium der Finanzen wird ermächtigt, soweit dies zur Durchsetzung der Rechtsakte der Europäischen Union erforderlich ist, durch Rechtsverordnung ohne Zustimmung des Bundesrates die Tatbestände zu bezeichnen, die als Ordnungswidrigkeit nach Absatz 4 geahndet werden können.

Schrifttum

Canzler/Hammermaier Die Verfolgung und Ahndung wertpapierrechtlicher Delinquenz durch die Wertpapieraufsicht der BaFin: Das kapitalmarktrechtliche Bußgeldverfahren, AG **2014** 57.

Systematische Übersicht

A. Allgemeines —— 1
   I. Entstehungsgeschichte —— 2
   II. Systematik —— 4
B. Ordnungswidrigkeitenkatalog —— 8
C. Täterschaft —— 11
D. Vorsatz, Leichtfertigkeit, Fahrlässigkeit —— 16
E. Ordnungswidrigkeitenverfahren und Verjährung —— 19

A. Allgemeines

1 § 340 enthält die **Bußgeldvorschriften** mit dem für die Verwaltung von Investmentvermögen relevanten **Ordnungswidrigkeitenkatalog**. Ordnungswidrigkeiten sind Zuwiderhandlungen mit erheblich vermindertem Unrechtsgehalt.[1] Im Gegensatz zu den in § 339 sanktionierten Gesetzesverstößen erreichen die durch § 340 geahndeten Verstöße gegen das KAGB nicht den Grad strafwürdigen Unrechts (sog. **Verwaltungsunrecht**).[2]

I. Entstehungsgeschichte

2 Der Ordnungswidrigkeitenkatalog entspricht in weiten Teilen dem des § 143 InvG, der jedoch durch das AIFM-UmsG redaktionell angepasst und erweitert wurde.

3 Eine spezielle Bußgeldvorschrift für KAG wurde erstmals im Jahre 1990 durch das 1. FMFG in das KAGG (§ 50a) eingefügt. Bis zum InvModG enthielten § 68 KAGG und § 21 AuslInvG entsprechende Bußgeldvorschriften. Mit dem InvModG wurde der Katalog der Bußgeldtatbestände in § 143 InvG erheblich erweitert. Das Bedürfnis für die Einführung einer speziellen Bußgeldvorschrift für KAG sah der Gesetzgeber darin, dass die der Aufsicht bei einem Verstoß gegen die wesentlichen Anlegerschutzvorschriften des KAGG zur Verfügung stehenden allgemeinen Maßnahmen des KWG, insbesondere die Bußgeldtatbestände des § 56 KWG, nicht ausreichend waren.[3] Nachdem KAG im Zuge des InvÄndG nicht mehr als Kreditinstitute i.S. des KWG qualifizierten, gelangte § 56 KWG ohnehin nicht mehr zur Anwendung. Allerdings lehnt sich § 340 in seiner Struktur und teils auch inhaltlich nach wie vor an § 56 KWG an.

II. Systematik

4 Für die Bußgeldtatbestände des § 340 ist kennzeichnend, dass sie das bußgeldbewehrte Verhalten nicht konkret beschreiben, sondern auf anderenorts (im KAGB und KWG) geregelte außerstrafrechtliche Ge- und Verbotsnormen verweisen und diese dadurch in Bezug nehmen. Insoweit handelt es sich um **unechte Blanketttatbestände**.[4]

---

[1] Senge/*Rogall* OWiG, Vor § 1 Rn. 1.
[2] Berger/Steck/Lübbehüsen/*Campell* § 143 Rn. 1; zu § 56 KWG Boos/Fischer/Schulte-Mattler/*Lindemann* § 56 KWG Rn. 1.
[3] BTDrucks. 11/5411, S. 36; *Baur* § 50a Rn. 2.
[4] Emde/Dornseifer/Dreibus/Hölscher/*Möhlenbeck* InvG 2013 § 143 Rn. 5 („gesetzestechnische Vereinfachung"); zu § 56 KWG Erbs/Koolhaas/*Häberle* § 56 KWG Rn. 2 m.w.N; **a.A.** Senge/*Rogall* OWiG, Vor § 1 Rn. 16.

Infolge der dadurch erschwerten Lesbarkeit und Komplexität wurde bereits § 143 InvG bisweilen attestiert, an die Grenzen des strafrechtlichen Bestimmtheitsgebotes zu stoßen.[5] Für die Auslegung der Ausfüllungsnormen gelten auch im Ordnungswidrigkeitenrecht die oben bei § 339 dargestellten Maßstäbe (§ 3 OWiG, Art. 103 Abs. 2 GG).[6]

Die Bußgeldtatbestände des § 340 sanktionieren sowohl unmittelbare Verstöße gegen Ge- und Verbotsnormen (wobei sich die konkrete Pflicht auch aus einer Rechtsverordnung ergeben kann), als auch Zuwiderhandlungen gegen vollziehbare Anordnungen der BaFin. Eine Anordnung ist **vollziehbar**, wenn sie bestandskräftig ist oder wenn sie kraft Gesetzes oder besonderer Anordnung nach § 80 Abs. 2 S. 1 Nr. 4 VwGO für sofort vollziehbar erklärt worden ist. Die Anordnung der sofortigen Vollziehung im Einzelfall ist bei Maßnahmen nach dem KAGB regelmäßig nicht erforderlich, da Widerspruch und Anfechtungsklage gegen Maßnahmen der BaFin im Regelfall keine aufschiebende Wirkung zukommt (§ 7 Abs. 1 und 2). Die **sofortige Vollziehbarkeit** nach § 7 entfällt, wenn die aufschiebende Wirkung im Einzelfall wiederhergestellt wird. So kann die BaFin die sofortige Vollziehung gem. § 80 Abs. 4 S. 1 VwGO aussetzen oder das Gericht der Hauptsache die aufschiebende Wirkung nach § 80 Abs. 5 VwGO anordnen.

Neben der **Zuwiderhandlung** gegen vollziehbare Anordnungen betreffen mehrere Bußgeldtatbestände die Verletzung einer Pflicht zur **Erstattung einer Anzeige**. Die Anzeige ist **nicht erstattet**, wenn sie gänzlich unterlassen wurde. **Nicht richtig** ist die Anzeige, wenn sie inhaltlich unzutreffend ist; **nicht vollständig** ist sie, wenn sie inhaltlich nicht ausreichend ist, d.h. die in der jeweils in Bezug genommenen Vorschrift aufgeführten Informationen, Angaben oder Unterlagen nicht enthält.[7] **Nicht in der vorgeschriebenen Weise** erstattet ist eine Anzeige, wenn sie den konkreten Anforderungen (z.B. Schriftform) nicht entspricht. **Nicht rechtzeitig** ist eine Anzeige, wenn sie nicht innerhalb des jeweils vorgegebenen Zeitrahmens erstattet wurde. Bspw. hat die Anzeige nach § 49 Abs. 1 S. 1 (§ 340 Abs. 2 Nr. 4a) unverzüglich zu erfolgen, d.h. nach der Legaldefinition in § 121 Abs. 1 S. 1 BGB nach Kenntnis der Umstände ohne schuldhaftes Zögern.[8] An diese Tatbestandsmodalitäten knüpfen zahlreiche Bußgeldtatbestände mit ihren jeweils unterschiedlichen Tathandlungen an.

Die Normenstruktur von § 340 erschließt sich vor allem über die subjektive Tatseite. § 340 differenziert zwischen den Bußgeldtatbeständen in Abs. 1, die gem. § 10 OWiG nur **vorsätzlich** begangen werden können,[9] den Ordnungswidrigkeiten nach Abs. 2, bei denen außer der **vorsätzlichen** nur die **leichtfertige** Begehung erfasst wird, und schließlich den Tatbeständen in Abs. 3 und 4, bei denen neben der **vorsätzlichen** auch die **fahrlässige** Begehung tatbestandsmäßig ist.

B. Ordnungswidrigkeitenkatalog

Den Bußgeldrahmen bestimmt § 340 Abs. 5 mit der Höchstgrenze von € 100.000 Euro. Ausgenommen sind die Ordnungswidrigkeiten in § 340 Abs. 3 Nr. 4, 6 und 8 bis 20, die nur mit Geldbuße bis zu € 50.000 geahndet werden können. Da § 340 Abs. 5 den Bußgeldrahmen ohne Unterscheidung für vorsätzliches, leichtfertiges oder fahrlässiges

---

5 Schork/Groß/*Wegner* Rn. 815.
6 Vgl. § 339 Rn. 16f.
7 Emde/Dornseifer/Dreibus/Hölscher/*Möhlenbeck* InvG 2013 § 143 Rn. 7; zu § 56 KWG Erbs/Koolhaas/*Häberle* § 56 Rn. 12.
8 Vgl. hierzu oben bei § 339 Rn. 39.
9 Insoweit unzutreffend zu § 143 Abs. 1 InvG Berger/Steck/Lübbehüsen/*Campell* § 143 Rn. 6, wonach die Erfüllung des objektiven Bußgeldtatbestandes genügen soll.

Handeln festlegt, gilt gem. § 17 Abs. 2 OWiG für fahrlässig begangene Taten ein um die Hälfte reduzierter Bußgeldrahmen. Als fahrlässiges Handeln i.S.v. § 17 Abs. 2 OWiG gilt auch leichtfertiges Handeln, da es sich hierbei nur um einen gesteigerten Grad der Fahrlässigkeit handelt.[10] Nach § 17 Abs. 4 OWiG soll die Geldbuße den wirtschaftlichen Vorteil, den der Täter aus der Ordnungswidrigkeit gezogen hat, übersteigen. Reicht das gesetzliche Höchstmaß hierzu nicht aus, kann es überschritten werden.[11]

9   Nach § 340 Abs. 5 können mit einer Geldbuße bis zu € 100.000 folgende Verstöße geahndet werden:

§ 340 Abs. 1 Nr. 1 Zuwiderhandlung gegen eine vollziehbare Anordnung nach	§ 40 Abs. 1, § 113 Abs. 3, § 119 Abs. 5, § 128 Abs. 4, § 147 Abs. 5 oder § 153 Abs. 5 Die BaFin kann die Abberufung der verantwortlichen Geschäftsleiter (bzw. des Vorstandes oder von Mitgliedern des Vorstandes; der Geschäftsführung oder von Mitgliedern der Geschäftsführung) verlangen und ihnen die Ausübung ihrer Tätigkeit untersagen.
§ 340 Abs. 1 Nr. 2 Gewährung eines Gelddarlehens oder Eingehen einer Verpflichtung aus einem Bürgschafts- oder einem Garantievertrag entgegen	§ 93 Abs. 4 Die KVG darf bei der Verwaltung von Sondervermögen für gemeinschaftliche Rechnung der Anleger weder Gelddarlehen gewähren noch Verpflichtungen aus einem Bürgschafts- oder einem Garantievertrag eingehen.
§ 340 Abs. 1 Nr. 3 Aufnahme eines Kredits entgegen	§§ 112 Abs. 2 S. 3, den §§ 199, 221 Abs. 6, § 263 Abs. 1, § 284 Abs. 4 S. 1 Die in Bezug genommenen Vorschriften enthalten Vorgaben für die Kreditaufnahme von Publikumsinvestmentaktiengesellschaften mit veränderlichem Kapital, OGAW-KVG bei der Verwaltung von inländischen OGAW, AIF-KVG bei der Verwaltung von Sonstigen Investmentvermögen, geschlossenen inländischen Publikums-AIF und AIF-KVG bei der Verwaltung offener inländischer Spezial-AIF mit festen Anlagebedingungen.
§ 340 Abs. 1 Nr. 4 Verkauf eines Vermögensgegenstandes entgegen	§ 205 S. 1 auch i.V.m. § 218 S. 2, § 220 oder 284 Abs. 1 , § 265 S. 1 oder § 276 Abs. 1 S. 1 Nach § 205 S. 1 darf die KVG bei der Verwaltung inländischer OGAW für gemeinschaftliche Rechnung der Anleger keine Vermögensgegenstände nach Maßgabe der §§ 193, 194 und 196 verkaufen, wenn die jeweiligen Vermögensgegenstände im Zeitpunkt des Geschäftsabschlusses nicht zum inländischen OGAW gehören (*Leerverkäufe*). § 205 S. 1 gilt gem. § 218 S. 2 auch für die Verwaltung von Gemischten Sondervermögen, gem. § 220 für die Verwaltung von Sonstigen Investmentvermögen nach Maßgabe der §§ 220 bis 224 und gem. § 284 Abs. 1 für offene inländische Spezial-AIF mit festen Anlagebedingungen. Das Leerverkaufsverbot gilt inhaltsgleich gem. § 265 S. 1 für die Verwaltung von geschlossenen inländischen Publikums-AIF und gem. § 276 Abs. 1 S. 1 für die Verwaltung inländischer Spezial-AIF.
§ 340 Abs. 1 Nr. 5 Zuwiderhandlung gegen eine vollziehbare Anordnung nach	§ 215 Abs. 2 S. 1 Hs. 2 oder S. 2, jeweils auch i.V.m. § 263 Abs. 2 oder 274 S. 1 Die BaFin ist befugt, den Umfang des Leverage, den die AIF-KVG bei der Verwaltung von offenen inländischen Publikums-AIF einsetzen darf, zu beschränken, wenn sie dies zur Gewährleistung der Stabilität und Integrität des Finanzsystems als nötig erachtet. Alternativ ist die BaFin berechtigt,

---

10   Göhler/*Gürtler* OWiG § 17 Rn. 13.
11   Zur Bußgeldzumessung der Wertpapieraufsicht *Canzler/Hammermaier* AG **2014** 57, 67 ff.

sonstige Beschränkungen in Bezug auf die Verwaltung des AIF anzuordnen, sodass das Ausmaß begrenzt wird, in dem der Einsatz von Leverage zur Entstehung von Systemrisiken im Finanzsystem oder des Risikos von Marktstörungen beiträgt.

Die Befugnis der BaFin gilt gem. § 263 Abs. 2 in Bezug auf geschlossene inländische Publikums-AIF und gem. § 274 S. 1 in Bezug auf inländische Spezial-AIF entsprechend.

§ 340 Abs. 1 Nr. 6 Durchführung eines Leerverkaufs entgegen	§ 225 Abs. 1 S. 3 Leerverkäufe dürfen für Dach-Hedgefonds nicht durchgeführt werden.
§ 340 Abs. 1 Nr. 7 Zuwiderhandlung gegen eine vollziehbare Anordnung nach	§ 276 Abs. 2 S. 2 Die BaFin kann Leerverkäufe von Hedgefonds beschränken, wenn sie dies zum Schutz der Anleger oder zur Gewährleistung der Stabilität und Integrität des Finanzsystems als nötig erachtet.
§ 340 Abs. 2 Nr. 1 Zuwiderhandlung gegen eine vollziehbare Anordnung nach	§ 19 Abs. 2 S. 2 oder Abs. 3 S. 1, jeweils auch i.V.m. mit § 108 Abs. 3 Die BaFin kann OGAW-KVG und OGAW-Investmentaktiengesellschaften den beabsichtigten Erwerb einer bedeutenden Beteiligung oder deren Erhöhung bei Vorliegen bestimmter Gründe untersagen. Darüber hinaus kann die BaFin in den in § 2c Abs. 2 S. 1 Nr. 1 bis 3 KWG genannten Fällen dem Inhaber bedeutender Beteiligungen und den von ihm kontrollierten Unternehmen die Ausübung des Stimmrechts untersagen und anordnen, dass über die Anteile nur mit ihrer Zustimmung verfügt werden darf.
§ 340 Abs. 2 Nr. 2 Nicht, nicht richtige, nicht vollständige oder nicht rechtzeitige Erstattung einer Anzeige entgegen	§ 34 Abs. 3 Eine KVG hat der BaFin die in § 34 Abs. 3 Nr. 1 bis 11 genannten Sachverhalte (z.B. den Vollzug der Bestellung einer Person zum Geschäftsleiter) unverzüglich anzuzeigen. § 34 Abs. 4 Die KVG hat der BaFin die in § 34 Abs. 4 Nr. 1 bis 3 genannten Sachverhalte (z.B. den Namen und die Anschrift der an der KVG bedeutend beteiligten Inhaber sowie die Höhe ihrer Beteiligung) jährlich anzuzeigen. § 34 Abs. 5 S. 1 Die Geschäftsleiter der KVG haben der BaFin die § 34 Abs. 5 Nr. 1 und 2 genannten Sachverhalte (z.B. die Aufnahme und die Beendigung einer Tätigkeit als Geschäftsleiter oder als Aufsichtsrats- oder Verwaltungsratsmitglied eines anderen Unternehmens) unverzüglich anzuzeigen.
§ 340 Abs. 2 Nr. 3 Nicht, nicht richtige, nicht vollständige oder nicht rechtzeitige Vorlage einer Unterlage entgegen	§ 35 Abs. 3 auch i.V.m. Abs. 6 Eine AIF-KVG hat der BaFin auf Verlangen die in § 35 Abs. 3 Nr. 1 und 2 genannten Unterlagen (z.B. zum Ende jedes Quartals eine detaillierte Aufstellung sämtlicher von der AIF-KVG verwalteten AIF) vorzulegen. Entsprechend gilt das gem. § 35 Abs. 6 für eine ausländische AIF-Verwaltungsgesellschaft i.S.v. § 35 Abs. 6 S. 1 Nr. 1 und 2. § 35 Abs. 7 EU-AIF-Verwaltungsgesellschaften und ausländische AIF-Verwaltungsgesellschaften haben der BaFin auf Verlangen einen Jahresbericht über jeden von ihr verwalteten inländischen Spezial-AIF für jedes Geschäftsjahr entsprechend den gesetzlichen Vorgaben vorzulegen.

§ 340 Abs. 2 Nr. 4a Nicht, nicht richtige, nicht vollständige, nicht in der vorgeschriebenen Weise oder nicht rechtzeitige Erstattung einer Anzeige entgegen	**§ 49 Abs. 1 S. 1 auch i.V.m. Abs. 5 S. 1 oder einer Rechtsverordnung nach Abs. 8** Eine OGAW-KVG hat der BaFin die Absicht, eine Zweigniederlassung in einem anderen Mitgliedstaat der EU oder in einem anderen Vertragsstaat des EWR (bzw. in einem Drittstaat, sofern eine Rechtsverordnung nach Abs. 8 erlassen ist) zu errichten, um die kollektive Vermögensverwaltung oder Tätigkeiten nach § 20 Abs. 2 Nr. 1, 2, 3 oder 4 auszuüben, unverzüglich anzuzeigen. Ebenso hat eine OGAW-KVG der BaFin die Absicht, im Wege des grenzüberschreitenden Dienstleistungsverkehrs in einem anderen Mitgliedstaat der EU oder einem anderen Vertragsstaat des EWR (bzw. in einem Drittstaat, sofern eine Rechtsverordnung nach Abs. 8 erlassen ist) die kollektive Vermögensverwaltung oder Tätigkeiten nach § 20 Abs. 2 Nr. 1, 2, 3 oder 4 auszuüben, unverzüglich anzuzeigen.
§ 340 Abs. 2 Nr. 4b Nicht, nicht richtige, nicht vollständige, nicht in der vorgeschriebenen Weise oder nicht rechtzeitige Erstattung einer Anzeige entgegen	**§ 49 Abs. 4 S. 1 auch i.V.m. einer Rechtsverordnung nach Abs. 8** Die OGAW-KVG hat der BaFin und den zuständigen Stellen des Aufnahmemitgliedstaates der OGAW-KVG Änderungen der Verhältnisse, die nach § 49 Abs. 1 S. 2 Nr. 2 bis 4 angezeigt wurden, mindestens einen Monat vor dem Wirksamwerden der Änderungen schriftlich anzuzeigen.
§ 340 Abs. 2 Nr. 4c Nicht, nicht richtige, nicht vollständige, nicht in der vorgeschriebenen Weise oder nicht rechtzeitige Erstattung einer Anzeige entgegen	**§ 49 Abs. 6 S. 4** Die OGAW-KVG hat der BaFin und den zuständigen Stellen des Aufnahmemitgliedstaates der OGAW-KVG Änderungen der Verhältnisse, die nach § 49 Abs. 5 S. 2 Nr. 2 angezeigt wurden, vor dem Wirksamwerden der Änderungen schriftlich anzuzeigen.
§ 340 Abs. 2 Nr. 5 Nicht, nicht richtige, nicht vollständige, nicht in der vorgeschriebenen Weise oder nicht rechtzeitige Übermittlung einer Angabe entgegen	**§ 53 Abs. 1 auch i.V.m. Abs. 2** Beabsichtigt eine AIF-KVG, erstmals im Wege des grenzüberschreitenden Dienstleistungsverkehrs oder über eine Zweigniederlassung EU-AIF zu verwalten oder Dienst- und Nebendienstleistungen nach § 20 Abs. 3 Nr. 2 bis 5 zu erbringen, hat sie der BaFin die in § 53 Abs. 1 Nr. 1 und 2 genannten Angaben zu übermitteln. Beabsichtigt eine AIF-KVG, eine Zweigniederlassung in einem anderen Mitgliedstaat der EU oder in einem anderen Vertragsstaat des EWR zu errichten, hat die AIF-KVG der BaFin zusätzlich zu den Angaben nach § 53 Abs. 1 die in § 53 Abs. 2 Nr. 1 bis 3 genannten Angaben zu übermitteln.
§ 340 Abs. 2 Nr. 6 Beginn der Verwaltung von EU-AIF entgegen	**§ 53 Abs. 4 S. 2** Die BaFin übermittelt die Angaben und Unterlagen nach § 53 Abs. 1 (bzw. § 53 Abs. 2) binnen eines Monats (bzw. zwei Monaten) an die zuständigen Behörden des Aufnahmemitgliedstaates der AIF-KVG, wenn kein Grund zur Annahme eines Verstoßes gegen Vorschriften des KAGB gegeben ist. Über die Übermittlung der Unterlagen wird die AIF-KVG sodann gem. § 53 Abs. 4 S. 1 unterrichtet. Die AIF-KVG darf erst unmittelbar nach dem Eingang der Übermittlungsmeldung in dem jeweiligen Aufnahmemitgliedstaat mit der Verwaltung von EU-AIF oder der Erbringung von Dienst- und Nebendienstleistungen beginnen.

§ 340 Abs. 2 Nr. 7 Nicht, nicht richtige, nicht vollständige, nicht in der vorgeschriebenen Weise oder nicht rechtzeitige Erstattung einer Anzeige entgegen	**§ 53 Abs. 5** Die AIF-KVG hat der BaFin eine Änderung der nach § 53 Abs. 1 oder Abs. 2 übermittelten Angaben mindestens einen Monat vor der Durchführung der geplanten Änderungen schriftlich anzuzeigen.
§ 340 Abs. 2 Nr. 8 Verwaltung eines EU-AIF entgegen	**§ 65 Abs. 1**[12] Die Verwaltung eines EU-AIF durch eine ausländische AIF-Verwaltungsgesellschaft, für die die Bundesrepublik Deutschland gem. § 56 Referenzmitgliedsstaat ist und die über eine Erlaubnis nach § 58 verfügt, im Wege des grenzüberschreitenden Dienstleistungsverkehrs oder über eine Zweigniederlassung setzt voraus, dass die ausländische AIF-Verwaltungsgesellschaft der BaFin die in § 65 Abs. 1 Nr. 1 und 2 genannten Angaben übermittelt. Im Gegensatz zu dem für AIF-KVG parallelen Bußgeldtatbestand in § 340 Abs. 2 Nr. 5, dessen Tathandlung die fehlerhafte „Übermittlung von Angaben" ist, wird die Tathandlung hier als „Verwaltung des EU-AIF" beschrieben. Angesichts des vergleichbaren Normzwecks wird man die Inkongruenz des Wortlautes so auszulegen haben, dass § 340 Abs. 2 Nr. 8 auch den Fall der fehlenden Erlaubnis gem. § 58 erfasst.
§ 340 Abs. 2 Nr. 9 Errichten einer Zweigniederlassung entgegen	**§ 65 Abs. 2** Die Errichtung einer Zweigniederlassung durch eine ausländische AIF-Verwaltungsgesellschaft in einem anderen Mitgliedstaat der EU oder in einem anderen Vertragsstaat des EWR setzt voraus, dass die ausländische AIF-Verwaltungsgesellschaft der BaFin zusätzlich zu den Angaben nach § 65 Abs. 1 die in § 65 Abs. 2 Nr. 1 bis 3 genannten Informationen übermittelt. Wie bei § 340 Abs. 2 Nr. 8 wird auch hier das Fehlen einer Erlaubnis nach § 58 erfasst sein.
§ 340 Abs. 2 Nr. 10 Beginn der Verwaltung von EU-AIF entgegen	**§ 65 Abs. 4 S. 2** Die BaFin übermittelt die Angaben und Unterlagen nach § 65 Abs. 1 (bzw. § 65 Abs. 2) binnen eines Monats (bzw. zwei Monaten) an die zuständigen Stellen des Aufnahmemitgliedstaates der ausländischen AIF-Verwaltungsgesellschaft, wenn kein Grund zur Annahme eines Verstoßes gegen Vorschriften des KAGB gegeben ist. Über die Übermittlung der Unterlagen wird die ausländische AIF-Verwaltungsgesellschaft sodann gem. § 65 Abs. 4 S. 1 unterrichtet. Erst nach Eingang der Übermittlungsmeldung darf die ausländische AIF-Verwaltungsgesellschaft mit der Verwaltung von EU-AIF im jeweiligen Aufnahmemitgliedstaat beginnen.
§ 340 Abs. 2 Nr. 11 Nicht, nicht richtige, nicht vollständige, nicht in der vorgeschriebenen Weise oder nicht rechtzeitige Erstattung einer Anzeige entgegen	**§ 65 Abs. 5** Die ausländische AIF-Verwaltungsgesellschaft hat der BaFin eine Änderung der nach § 65 Abs. 1 oder Abs. 2 übermittelten Angaben mindestens einen Monat vor der Durchführung der Änderung, oder, bei ungeplanten Änderungen, unverzüglich nach Eintreten der Änderung, schriftlich anzuzeigen.
§ 340 Abs. 2 Nr. 12a Nicht, nicht richtige, nicht vollständige, nicht in der vorgeschriebenen Weise	**§ 67 Abs. 1 S. 1** Die AIF-KVG ist verpflichtet, für jeden verwalteten EU-AIF und für jeden in der EU oder in einem anderen Vertragsstaat des EWR vertriebenen EU-AIF oder ausländischen AIF für jedes Geschäftsjahr spätestens sechs Monate

---

[12] Zum Anwendbarkeitszeitpunkt der §§ 56 bis 66 siehe die Kommentierung zu § 344 Rn. 4.

oder nicht rechtzeitige Erstellung eines Jahresberichts entgegen	nach Ende des Geschäftsjahres einen Jahresbericht gem. § 67 Absatz 3 zu erstellen.
§ 340 Abs. 2 Nr. 12b Nicht, nicht richtige, nicht vollständige, nicht in der vorgeschriebenen Weise oder nicht rechtzeitige Erstellung eines Jahres-, Halbjahres-, Zwischen-, Auflösungs- oder Abwicklungsberichts entgegen	§ 101 Abs. 1 S. 1, den §§ 103, 104 Abs. 1 S. 1 oder § 105 Abs. 1 oder 2, jeweils auch i.V.m. einer Rechtsverordnung nach § 106 S. 1[13] Die in Bezug genommenen Vorschriften enthalten Bestimmungen zur Finanzpublizität von Sondervermögen.
§ 340 Abs. 2 Nr. 12c Nicht, nicht richtige, nicht vollständige, nicht in der vorgeschriebenen Weise oder nicht rechtzeitige Aufstellung eines Jahresabschlusses, Lage-, Halbjahresfinanz-, Auflösungs- oder Abwicklungsberichts entgegen	§ 120 Abs. 1 S. 2 i.V.m. einer Rechtsverordnung nach Abs. 8,[14] jeweils auch i.V.m. § 122 Abs. 1 S. 1 oder § 148 Abs. 1 oder Abs. 2 S. 1, jeweils auch i.V.m. § 291 Abs. 1 Nr. 2 Die in Bezug genommenen Vorschriften enthalten Spezialvorschriften zur Finanzpublizität von Investmentaktiengesellschaften mit veränderlichem Kapital, die gem. § 148 für Investmentaktiengesellschaften mit fixem Kapital entsprechend gelten (ggf. i.V.m. § 291 Abs. 1 Nr. 2).
§ 340 Abs. 2 Nr. 12d Nicht, nicht richtige, nicht vollständige, nicht in der vorgeschriebenen Weise oder nicht rechtzeitige Erstellung eines Jahresberichts entgegen	§ 135 Abs. 1, auch i.V.m. einer Rechtsverordnung nach Abs. 11 S. 1,[15] jeweils auch i.V.m. § 158, auch i.V.m. § 291 Abs. 1 Nr. 2 § 135 enthält eine Spezialvorschrift zum Jahresbericht offener Investmentkommanditgesellschaften, die gem. § 158 für geschlossene Investmentkommanditgesellschaften entsprechend gilt (ggf. i.V.m. § 291 Abs. 1 Nr. 2).
§ 340 Abs. 2 Nr. 13 Nicht, nicht richtige, nicht vollständige, nicht in der vorgeschriebenen Weise oder nicht rechtzeitige Bekanntmachung eines Jahres-, Halbjahres-, Auflösungs- oder Abwicklungsberichts entgegen	§ 107 Abs. 1 oder 2 Der Jahresbericht eines OGAW-Sondervermögens ist spätestens vier Monate nach Ablauf des Geschäftsjahres, der Jahresbericht eines AIF-Publikumssondervermögens spätestens sechs Monate nach Ablauf des Geschäftsjahres im Bundesanzeiger bekannt zu machen. Der Halbjahresbericht eines Publikumssondervermögens ist spätestens zwei Monate nach dem Stichtag im Bundesanzeiger bekannt zu machen. Der Auflösungs- und Abwicklungsbericht eines Publikumssondervermögens ist spätestens drei Monate nach dem Stichtag im Bundesanzeiger bekannt zu machen.
§ 340 Abs. 2 Nr. 14 Nicht, nicht richtige, nicht vollständige oder nicht rechtzeitige Zurverfügungstellung eines Berichts entgegen	§ 107 Abs. 3 Für die Publikumssondervermögen sind der BaFin jeweils der nach den §§ 101, 103, 104 und 105 zu erstellende Jahres-, Halbjahres-, Zwischen-, Auflösungs- sowie Abwicklungsbericht unverzüglich nach erstmaliger Verwendung einzureichen. Auf Anfrage der BaFin sind ihr auch für die EU-OGAW, die von einer OGAW-KVG nach den §§ 51 und 52 verwaltet werden, die vorstehend genannten Berichte zur Verfügung zu stellen.

---

13 Vgl. die relevanten Vorschriften in der KARBV, der KAPrüfbV und der DerivateV.
14 KARBV.
15 KARBV.

	§ 123 Abs. 5 auch i.V.m. § 148 Abs. 1 Die Publikumsinvestmentaktiengesellschaft mit veränderlichem Kapital hat der BaFin den Jahresabschluss und den Lagebericht unverzüglich nach Feststellung und den Halbjahresbericht unverzüglich nach dessen Erstellung einzureichen. Entsprechendes gilt für den Jahresabschluss und den Lagebericht einer Investmentaktiengesellschaft mit fixem Kapital.
	§ 160 Abs. 4 Die geschlossene Publikumsinvestmentkommanditgesellschaft hat der BaFin den Jahresbericht unverzüglich nach der Erstellung einzureichen.
§ 340 Abs. 2 Nr. 15 Nicht, nicht richtige, nicht vollständige oder nicht rechtzeitige Erstattung einer Anzeige entgegen	**§ 114 S. 1, § 130 S. 1, § 145 S. 1, § 155 S. 1** Intern verwaltete Investmentaktiengesellschaften mit veränderlichem Kapital und intern verwaltete Investmentaktiengesellschaften mit fixem Kapital haben der BaFin und den Aktionären unverzüglich anzuzeigen, wenn das Gesellschaftsvermögen den Wert des Anfangskapitals oder den Wert der zusätzlich erforderlichen Eigenmittel gem. § 25 unterschreitet. Unverzüglich anzuzeigen haben dies der BaFin und den Anlegern auch die intern verwaltete offene Investmentkommanditgesellschaft und die intern verwaltete geschlossene Investmentkommanditgesellschaft.
§ 340 Abs. 2 Nr. 16 Beifügen der Anlagebedingungen dem Verkaufsprospekt entgegen	**§ 163 Abs. 2 S. 9 auch i.V.m. § 267 Abs. 2 S. 2** Nach § 163 Abs. 1 S. 1 bedürfen die für offene Publikumsinvestmentvermögen zu erstellenden Anlagebedingungen sowie deren Änderungen der Genehmigung der BaFin. Daher darf die Verwaltungsgesellschaft die Anlagebedingungen dem Verkaufsprospekt nur beifügen, wenn die Genehmigung nach § 163 Abs. 1 S. 1 erteilt worden ist. Nach § 267 Abs. 2 S. 2 gilt dies entsprechend auch für geschlossene inländische Publikums-AIF.
§ 340 Abs. 2 Nr. 17 Nicht, nicht richtiges oder nicht vollständiges Zugänglichmachen der Anlagebedingungen entgegen	**§ 163 Abs. 2 S. 10** Bei offenen Publikumsinvestmentvermögen sind die von der BaFin genehmigten Anlagebedingungen dem Publikum in der jeweils geltenden Fassung auf der Internetseite der KVG oder der EU-OGAW-Verwaltungsgesellschaft zugänglich zu machen.
§ 340 Abs. 2 Nr. 18 Nicht, nicht richtiges oder nicht vollständiges Zugänglichmachen eines Verkaufsprospektes und der wesentlichen Anlegerinformationen entgegen	**§ 164 Abs. 1 S. 1** Die KVG bzw. die EU-OGAW-Verwaltungsgesellschaft hat den für die von ihr verwalteten offenen Publikumsinvestmentvermögen zu erstellenden Verkaufsprospekt und die wesentlichen Anlegerinformationen dem Publikum in der jeweils aktuellen Fassung auf der Internetseite zugänglich zu machen.
§ 340 Abs. 2 Nr. 19 Zugänglichmachen eines Verkaufsprospektes oder der wesentlichen Anlegerinformationen entgegen	**§ 164 Abs. 1 S. 2** Bei offenen AIF-Publikumsinvestmentvermögen dürfen Verkaufsprospekt und wesentliche Anlegerinformationen dem Publikum erst zugänglich gemacht werden, wenn das Vertriebsanzeigeverfahren gem. § 316 abgeschlossen ist.
§ 340 Abs. 2 Nr. 20 Beginn einer Abwicklung entgegen	**§ 178 Abs. 1** Die Abwicklung eines inländischen Masterfonds darf frühestens drei Monate nach dem Zeitpunkt beginnen, zu dem alle Anleger und im Fall von inländischen Feederfonds und EU-Feeder-OGAW, die zuständige Behörde über die verbindliche Entscheidung der Abwicklung informiert worden sind.

§ 340 Abs. 2 Nr. 21 Nicht, nicht richtige, nicht vollständige oder nicht rechtzeitige Mitteilung oder nicht, nicht richtige, nicht vollständige, nicht in der vorgesehenen Weise oder nicht rechtzeitige Unterrichtung der Anleger entgegen	**§ 178 Abs. 5 S. 1** Die KVG des Feederfonds hat eine beabsichtigte Abwicklung des Feederfonds der BaFin spätestens zwei Monate nach Kenntnisnahme der geplanten Abwicklung des Masterfonds mitzuteilen. Die Anleger des Feederfonds sind hiervon unverzüglich durch eine Bekanntmachung im Bundesanzeiger und mittels eines dauerhaften Datenträgers zu unterrichten. **§ 179 Abs. 6 S. 1** Die KVG des Feederfonds hat der BaFin eine beabsichtigte Abwicklung des Feederfonds spätestens einen Monat nach Kenntnis der geplanten Verschmelzung oder Spaltung des Masterfonds mitzuteilen. Die Anleger des Feederfonds sind hiervon unverzüglich durch eine Bekanntmachung im Bundesanzeiger und mittels eines dauerhaften Datenträgers zu unterrichten.	
§ 340 Abs. 2 Nr. 22 Nicht, nicht richtige, nicht vollständige, nicht in der vorgeschriebenen Weise oder nicht rechtzeitige Zurverfügungstellung einer Information entgegen	**§ 180 Abs. 1 S. 1 oder S. 2** Im Fall einer Umwandlung eines inländischen OGAW oder eines Sonstigen Investmentvermögens in einen Feederfonds oder bei einem beabsichtigten Wechsel des Masterfonds hat die KVG den Anlegern die in § 180 Abs. 1 S. 1 Nr. 1 bis 4 genannten Informationen zur Verfügung zu stellen. Diese Informationen müssen spätestens 30 Tage vor dem Datum der ersten Anlage des Feederfonds in dem Masterfonds oder, wenn er bereits in dem Masterfonds angelegt hat, dem Datum des Tages, an dem seine Anlagen die bisher für ihn geltenden Anlagegrenzen übersteigen werden, auf einem dauerhaften Datenträger zur Verfügung gestellt werden. **§ 180 Abs. 2 S. 1** Im Fall einer Umwandlung eines EU-OGAW in einen EU-Feeder-OGAW oder, wenn ein EU-OGAW als Feederfonds seinen Masterfonds ändert und der EU-OGAW oder der EU-Feeder-OGAW bereits gem. § 310 zum Vertrieb angezeigt wurde, sind die in Art. 64 Abs. 1 der OGAW IV-RL genannten Informationen den Anlegern in deutscher Sprache auf einem dauerhaften Datenträger zur Verfügung zu stellen.	
§ 340 Abs. 2 Nr. 23 Übermitteln einer Verschmelzungsinformation entgegen	**§ 186 Abs. 2 S. 1 auch i.V.m. § 191 Abs. 1 oder Abs. 2** Nach § 186 Abs. 1 S. 1 sind im Fall einer geplanten Verschmelzung den Anlegern des übertragenden Sondervermögens und des übernehmenden Sondervermögens oder EU-OGAW von der KVG geeignete und präzise Informationen zu übermitteln. Die Verschmelzungsinformationen sind den Anlegern erst zu übermitteln, nachdem die BaFin oder, bei der Verschmelzung eines EU-OGAW auf ein OGAW-Sondervermögen, die zuständigen Stellen des Herkunftsstaates die geplante Verschmelzung genehmigt haben. Bußgeldbewehrt ist die zu frühe Übermittlung, nicht das Unterlassen derselben. § 186 Abs. 2 S. 1 ist gem. § 191 Abs. 1 und 2 auf die dort genannten Fälle der Verschmelzung mit Investmentaktiengesellschaften mit veränderlichem Kapital entsprechend anzuwenden.	
§ 340 Abs. 2 Nr. 24 Nicht, nicht richtiges, nicht vollständiges, nicht in der vorgeschriebenen Weise oder nicht rechtzeitiges Einreichen einer Verschmelzungsinformation entgegen	**§ 186 Abs. 4 S. 1 auch i.V.m. § 191 Abs. 1 oder Abs. 2** Wurde die Absicht, EU-OGAW-Investmentanteile am übertragenden oder übernehmenden EU-OGAW im Geltungsbereich des KAGB zu vertreiben, gem. § 310 angezeigt, müssen die Verschmelzungsinformationen der BaFin unverzüglich in deutscher Sprache eingereicht werden. § 186 Abs. 4 S. 1 ist gem. § 191 Abs. 1 und 2 auf die dort genannten Fälle der Verschmelzung mit Investmentaktiengesellschaften mit veränderlichem Kapital entsprechend anzuwenden.	

§ 340 Abs. 2 Nr. 25 Nicht, nicht richtiges oder nicht vollständiges Zugänglichmachen eines Verkaufsprospektes oder der wesentlichen Anlegerinformationen entgegen	**§ 268 Abs. 1 S. 2** Sobald die AIF-KVG mit dem Vertrieb des geschlossenen Publikums-AIF gem. § 316 nach Abschluss des Vertriebsanzeigeverfahrens beginnen darf, hat sie dem Publikum die aktuelle Fassung des Verkaufsprospekts und der wesentlichen Anlegerinformationen auf der Internetseite der AIF-KVG zugänglich zu machen.
§ 340 Abs. 2 Nr. 26 Nicht, nicht richtige, nicht vollständige oder nicht rechtzeitige Vornahme einer Unterrichtung, Information oder Mitteilung entgegen	**§ 289 Abs. 1** Wenn der Anteil der Stimmrechte des nicht börsennotierten Unternehmens, der von dem AIF gehalten wird, durch Erwerb, Verkauf oder Halten von Anteilen an dem nicht börsennotierten Unternehmen die Schwellenwerte von 10%, 20%, 30%, 50% und 75% erreicht, überschreitet oder unterschreitet, hat die AIF-KVG die BaFin zu unterrichten. **§ 289 Abs. 2** Erlangt ein AIF allein oder gemeinsam mit anderen AIF die Kontrolle über ein nicht börsennotiertes Unternehmen gem. § 287 Abs. 1 i.V.m. § 288 Abs. 1, hat die AIF-KVG die in § 289 Abs. 2 genannten Stellen über den Kontrollerwerb zu informieren. **§ 289 Abs. 5** Die Mitteilungen gem. § 289 Abs. 1 und haben so rasch wie möglich, aber nicht später als zehn Arbeitstage nach dem Tag, an dem der AIF die entsprechende Schwelle erreicht, über- oder unterschritten hat oder die Kontrolle über das nicht börsennotierte Unternehmen erlangt hat, zu erfolgen.
§ 340 Abs. 2 Nr. 27 Nicht, nicht richtige, nicht vollständige oder nicht rechtzeitige Vorlage einer Information entgegen	**§ 290 Abs. 1** Erlangt ein AIF allein oder gemeinsam mit anderen AIF die Kontrolle über ein nicht börsennotiertes Unternehmen oder einen Emittenten gem. § 287 Abs. 1 i.V.m. § 288 Abs. 1, hat die AIF-KVG den in § 290 Abs. 1 genannten Stellen die in § 290 Abs. 2 genannten Informationen vorzulegen. **§ 290 Abs. 5** Sobald ein AIF die Kontrolle über ein nicht börsennotiertes Unternehmen gem. § 287 Abs. 1 i.V.m. § 288 Abs. 1 erlangt, hat die AIF-KVG, die den betr. AIF verwaltet, der BaFin und den Anlegern des AIF Angaben zur Finanzierung des Erwerbs vorzulegen.
§ 340 Abs. 3 Nr. 1 Zuwiderhandlung gegen eine vollziehbare Anordnung nach	**§ 5 Abs. 6 S. 2** Die BaFin ist befugt, im Rahmen der Aufsicht alle Anordnungen zu treffen, die erforderlich und geeignet sind, um die Einhaltung der in den Anlagebedingungen, der Satzung oder dem Gesellschaftsvertrag vorgesehenen Regelungen sicherzustellen. **§ 5 Abs. 6 S. 8** Die BaFin kann Anordnungen treffen, die geeignet und erforderlich sind, Missstände, welche die ordnungsgemäße Verwaltung und den Vertrieb von Investmentvermögen, die ordnungsgemäße Erbringung von Dienstleistungen oder Nebendienstleistungen nach § 20 Abs. 2 und 3 oder die Tätigkeit einer Verwahrstelle nach diesem Gesetz beeinträchtigen oder erhebliche Nachteile für den Finanzmarkt oder den Markt für ein Finanzinstrument bewirken können, zu beseitigen oder zu verhindern.

§ 11 Abs. 4 S. 1

Nach § 5 Abs. 9 S. 1 kann die BaFin von EU-AIF-Verwaltungsgesellschaften und ausländischen AIF-Verwaltungsgesellschaften, die im Inland AIF verwalten oder vertreiben, die Vorlage von Informationen verlangen, die erforderlich sind, um zu überprüfen, ob die maßgeblichen Bestimmungen des KAGB in Deutschland eingehalten werden. Bei Informationsverweigerung und fortdauernden Verstößen ist die BaFin befugt, trotz Tätigwerdens der zuständigen Stellen des Herkunfts- oder Referenzmitgliedstaates, bzw. wenn sich dies als unzureichend erweist oder wenn eine erforderliche Maßnahme im jeweiligen Herkunfts- oder Referenzmitgliedstaat nicht verfügbar ist, ggü. der EU-AIF-Verwaltungsgesellschaft oder ausländischen AIF-Verwaltungsgesellschaft geeignete Maßnahmen, einschließlich der Maßnahmen nach den §§ 5, 40 bis 42, 339 und 340 zu ergreifen.

Ergeht zur Durchsetzung der Maßnahmen eine vollziehbare Anordnung, dann stellt eine Zuwiderhandlung gegen die Anordnung eine Ordnungswidrigkeit dar. Soweit der Bußgeldtatbestand dadurch aber auf die Strafvorschrift des § 339 und eigens auf die Bußgeldvorschrift des § 340 verweist, dürfte es sich um ein gesetzgeberisches Versehen handeln. Die Rechtsfolgen von §§ 339, 340 können a priori nicht als vollziehbare Anordnungen ergehen. Die Verfolgung und Ahndung von Straftaten und Ordnungswidrigkeiten ist keine materielle Verwaltungstätigkeit (§ 2 Abs. 2 Nr. 2 VwVfG). Gemeint haben könnte der Gesetzgeber mit der in § 11 Abs. 4 S. 1 enthaltenen Formulierung „Maßnahmen nach den §§ 339 und 340" bestimmte Hilfsfunktionen der BaFin bei der Rechtspflege. Ergeht nun zur Durchsetzung einer solchen Hilfsmaßnahme eine vollziehbare Anordnung, dürfte die Zuwiderhandlung der EU-AIF-Verwaltungsgesellschaft oder der ausländischen AIF-Verwaltungsgesellschaft mangels Bestimmtheit des Tatbestandes insofern aber keine Ordnungswidrigkeit i.S.v. § 340 Abs. 3 Nr. 1 darstellen.

§ 11 Abs. 4 S. 2

Die BaFin kann diesen EU-AIF-Verwaltungsgesellschaften oder ausländischen AIF-Verwaltungsgesellschaft auch neue Geschäfte im Inland untersagen.

§ 11 Abs. 6

Die BaFin kann bei Vorliegen der Voraussetzungen ggü. EU-AIF-Verwaltungsgesellschaften oder ausländischen AIF-Verwaltungsgesellschaften alle erforderlichen Maßnahmen bis hin zur Betriebsuntersagung ergreifen, um die Anleger eines betreffenden AIF, die Finanzstabilität und die Integrität des Marktes in der Bundesrepublik Deutschland zu schützen.

§ 311 Abs. 1

Die BaFin ist im Rahmen ihrer Restbefugnisse[16] ermächtigt, alle erforderlichen und geeigneten Maßnahmen zum Schutz der Anleger zu ergreifen, einschließlich einer Untersagung des Vertriebs von Anteilen oder Aktien an EU-OGAW, wenn die Art und Weise des Vertriebs gegen sonstige Vorschriften des deutschen Rechts verstoßen, oder die Pflichten nach § 309 nicht oder nicht mehr erfüllt sind.

§ 311 Abs. 3 S. 1 Nr. 1

Die BaFin ist im Rahmen ihrer subsidiären Eingriffskompetenz[17] befugt, nach Unterrichtung der zuständigen Stellen des Herkunftsmitgliedstaates des EU-

---

16 Baur/Tappen/*Klebeck* § 311 Rn. 7.
17 Baur/Tappen/*Klebeck* § 311 Rn. 7.

OGAW alle erforderlichen und geeigneten Maßnahmen zum Schutz der Anleger zu ergreifen, einschließlich einer Untersagung des weiteren Vertriebs von Anteilen oder Aktien an EU-OGAW.

§ 314 Abs. 1
Die BaFin ist befugt, alle zum Schutz der Anleger geeigneten und erforderlichen Maßnahmen zu ergreifen, einschließlich einer Untersagung des Vertriebs von Anteilen oder Aktien eines AIF, wenn eine der in § 314 Abs. 1 Nr. 1 bis 10 genannten Voraussetzungen einschlägig ist.

§ 314 Abs. 2
Die BaFin kann unter den dort genannten Voraussetzungen auch den Vertrieb von Anteilen oder Aktien an Teilinvestmentvermögen von AIF untersagen.

§ 340 Abs. 3 Nr. 2 Nicht, nicht richtige, nicht vollständige oder nicht rechtzeitige Erteilung einer Auskunft oder nicht, nicht richtige, nicht vollständige oder nicht rechtzeitige Vorlage einer Unterlage entgegen	**§ 14 S. 1 i.V.m. § 44 Abs. 1 S. 1 KWG, auch i.V.m. § 44b Abs. 1 S. 1 KWG** Nach § 14 S. 1 haben KVG und extern verwaltete Investmentgesellschaften, die an ihnen jeweils bedeutend beteiligten Inhaber sowie Verwahrstellen der BaFin Auskünfte entsprechend § 44 Abs. 1 und 6 sowie § 44b KWG zu erteilen. § 44 Abs. 1 S. 1 KWG begründet die Pflicht, der BaFin, den Personen und Einrichtungen, deren sich die BaFin bei der Durchführung ihrer Aufgaben bedient, sowie der Deutschen Bundesbank auf Verlangen Auskünfte über alle Geschäftsangelegenheiten zu erteilen, Unterlagen vorzulegen und erforderlichenfalls Kopien anzufertigen. Diese Pflicht zur Auskunft und Vorlage von Unterlagen erstreckt § 44b Abs. 1 S. 1 auf die dort genannten Inhaber bedeutender Beteiligungen.
§ 340 Abs. 3 Nr. 3 Nichtduldung einer Maßnahme entgegen	**§ 14 S. 2 i.V.m. § 44 Abs. 1 S. 4 oder § 44b Abs. 2 S. 2 KWG** Nach § 14 S. 2 stehen der BaFin die in § 44 Abs. 1 und § 44b KWG genannten Prüfungsbefugnisse entsprechend zu. Gem. § 44 Abs. 1 S. 2 KWG kann die BaFin, auch ohne besonderen Anlass, Prüfungen vornehmen. Gem. § 44 Abs. 1 S. 3 KWG können zur Vornahme von Prüfungen Geschäftsräume innerhalb der üblichen Betriebs- und Geschäftszeiten betreten und besichtigt werden. Diese Maßnahmen können nach § 44b Abs. 2 S. 1 KWG auch ggü. den dort genannten Inhabern bedeutender Beteiligungen ergriffen werden. Gem. § 44 Abs. 1 S. 4 KWG bzw. § 44b Abs. 2 S. 2 KWG haben die Betroffenen diese Maßnahmen zu dulden.
§ 340 Abs. 3 Nr. 5 Zuwiderhandlung gegen eine vollziehbare Anordnung nach	**§ 41 S. 1 oder S. 2** Entsprechen die Eigenmittel einer KVG nicht den Anforderungen des § 25, kann die BaFin Anordnungen treffen, die geeignet und erforderlich sind, um Verstöße gegen § 25 zu unterbinden. Insbesondere kann die BaFin Entnahmen durch Gesellschafter und die Ausschüttung von Gewinnen untersagen oder beschränken. **§ 42** Die BaFin kann in den Fällen einer Gefahr für die Erfüllung der Verpflichtungen einer KVG ggü. ihren Gläubigern, bei einer Gefahr für die Sicherheit der Vermögensgegenstände, die der KVG anvertraut sind, oder beim begründeten Verdacht, dass eine wirksame Aufsicht über die KVG nach den Bestimmungen des KAGB nicht möglich ist, zur Abwendung einer Gefahr geeignete und erforderliche Maßnahmen ergreifen.

§ 340 Abs. 3 Nr. 7 Anlage in Anteile eines Masterfonds entgegen	§ 174 Abs. 1 S. 1 Die KVG hat für einen Feederfonds mindestens 85% des Wertes des Feederfonds in Anteile eines Masterfonds anzulegen.
§ 340 Abs. 3 Nr. 21 Durchführung von Leverage entgegen	§ 225 Abs. 1 S. 3 Für Dach-Hedgefonds darf Leverage mit Ausnahme von Kreditaufnahmen nach Maßgabe des § 199 nicht durchgeführt werden.
§ 340 Abs. 3 Nr. 22 Verkauf eines Devisenterminkontraktes entgegen	§ 225 Abs. 2 S. 2 Für Dach-Hedgefonds dürfen nur zur Währungskurssicherung von in Fremdwährung gehaltenen Vermögensgegenständen Devisenterminkontrakte verkauft sowie Verkaufsoptionsrechte auf Devisen oder auf Devisenterminkontrakte erworben werden, die auf dieselbe Fremdwährung lauten.
§ 340 Abs. 3 Nr. 23 Anlage in Zielfonds entgegen	§ 225 Abs. 4 S. 2 Bei Dach-Hedgefonds darf die AIF-KVG nicht in mehr als zwei Zielfonds vom gleichen Emittenten oder Fondsmanager und nicht in Zielfonds anlegen, die ihre Mittel selbst in anderen Zielfonds anlegen. § 225 Abs. 4 S. 3 Bei Dach-Hedgefonds darf die AIF-KVG nicht in ausländische Zielfonds aus Staaten anlegen, die bei der Bekämpfung der Geldwäsche nicht i.S. internationaler Vereinbarungen kooperieren. § 225 Abs. 4 S. 2 und 3 gelten gem. § 221 Abs. 2 entsprechend für Sonstige Investmentvermögen, wenn es der AIF-KVG nach den Anlagebedingungen gestattet ist, für Rechnung des Sonstigen Investmentvermögens Anteile oder Aktien an anderen Sonstigen Investmentvermögen sowie an entsprechenden EU-AIF oder ausländischen AIF zu erwerben.
§ 340 Abs. 3 Nr. 24 Nichtsicherstellen, dass Informationen vorliegen entgegen	§ 225 Abs. 5 AIF-KVG, die Dach-Hedgefonds verwalten, müssen sicherstellen, dass ihnen sämtliche für die Anlageentscheidung notwendigen Informationen über die Zielfonds, in die sie anlegen wollen, vorliegen, mindestens jedoch die in § 225 Abs. 5 Nr. 1 bis 4 genannten Berichte, Dokumente, Informationen sowie Angaben.
§ 340 Abs. 3 Nr. 25 Nichtsicherstellen, dass Vermögensgegenstände nur in bestimmtem Umfang einem Währungsrisiko unterliegen, entgegen	§ 233 Abs. 2 Die AIF-KVG hat sicherzustellen, dass die für Rechnung eines Immobilien-Sondervermögens gehaltenen Vermögensgegenstände nur insoweit einem Währungsrisiko unterliegen, als der Wert der einem Währungsrisiko unterliegenden Vermögensgegenstände 30% des Wertes des Sondervermögens nicht übersteigt. Gem. § 261 Abs. 4 gilt dies auch für Vermögensgegenstände eines geschlossenen inländischen Publikums-AIF.
§ 340 Abs. 3 Nr. 26 Veräußern eines Vermögensgegenstandes entgegen	§ 239 Abs. 2 Nr. 2 Eine AIF-KVG darf die für Rechnung eines Immobilien-Sondervermögens gehaltenen Immobilien und Anteile an Immobilien-Gesellschaften an ein Mutter-, Schwester- oder Tochterunternehmen oder an eine andere Gesellschaft, an der die AIF-KVG eine bedeutende Beteiligung hat, nur mit Zustimmung der BaFin veräußern.
§ 340 Abs. 3 Nr. 27 Nichtsicherstellen, dass die Summe der Darlehen einen	§ 240 Abs. 2 AIF-KVG haben sicherzustellen, dass die Summe der Darlehen, die einer Immobilien-Gesellschaft für Rechnung des Immobilien-Sondervermögens

bestimmten Prozentsatz übersteigt, entgegen	insgesamt gewährt werden, 50% des Wertes der von der Immobilien-Gesellschaft gehaltenen Grundstücke nicht übersteigt. AIF-KVG haben zudem sicherzustellen, dass die Summe der Darlehen, die den Immobilien-Gesellschaften insgesamt für Rechnung des Immobilien-Sondervermögens gewährt werden, 25% des Wertes des Immobilien-Sondervermögens nicht übersteigt.
§ 340 Abs. 3 Nr. 28 Nicht Sorge tragen, dass Verfügungsbeschränkung eingetragen wird, entgegen	§ 264 Abs. 1 S. 1 Nach § 84 Abs. 1 Nr. 3 darf die AIF-KVG im Hinblick auf Publikums-AIF die Verfügung über die zu einem Immobilien-Sondervermögen gehörenden Immobilien und die zu einem geschlossenen Publikums-AIF gehörenden Sachwerte nur mit Zustimmung der Verwahrstelle durchführen. Die AIF-KVG hat dafür zu sorgen, dass die Verfügungsbeschränkung nach § 84 Abs. 1 Nr. 3 bei Immobilien in das Grundbuch und bei Sachwerten, sofern ein Register für den jeweiligen Sachwert besteht, in das entsprechende eingetragen wird.
§ 340 Abs. 3 Nr. 29 Investieren in einen Vermögensgegenstand entgegen	§ 282 Abs. 2 S. 1 Die AIF-KVG darf für den allgemein offenen inländischen Spezial-AIF nur in Vermögensgegenstände investieren, deren Verkehrswert ermittelt werden kann.
§ 340 Abs. 3 Nr. 30 Investieren in einen Vermögensgegenstand entgegen	§ 285 Die AIF-KVG darf für einen geschlossenen inländischen Spezial-AIF nur in Vermögensgegenstände investieren, deren Verkehrswert ermittelt werden kann.
§ 340 Abs. 4 Zuwiderhandeln gegen	**eine unmittelbar geltende Vorschrift in der Verordnung (EU) Nr. 345/2013 über europäische Risikokapitalfonds (EuVECA-Verordnung) und der Verordnung (EU) Nr. 346/2013 über Europäische Fonds für soziales Unternehmertum (EuSEF-Verordnung)** Das gilt jedoch nur, soweit eine Rechtsverordnung, die nach § 340 Abs. 7 vom Bundesministerium für Finanzen erlassen werden kann, für einen bestimmten Tatbestand auf § 340 Abs. 4 verweist, was de lege lata nicht der Fall ist. Gem. Art. 20 Abs. 1 EuVECA-Verordnung und Art. 21 Abs. 1 EuSEF-Verordnung haben die Mitgliedstaaten Vorschriften für Verwaltungssanktionen und andere Maßnahmen festzulegen, die bei Verstößen gegen die Bestimmungen dieser Verordnungen verhängt werden.

Nach § 340 Abs. 5 können mit einer Geldbuße bis zu € 50.000 folgende Verstöße geahndet werden: **10**

§ 340 Abs. 3 Nr. 4 Nicht, nicht richtiges oder nicht vollständiges Führen einer Datei oder Nichtgewährleistung, dass BaFin jederzeit Daten automatisiert abrufen kann, entgegen	**§ 28 Abs. 1 S. 4, § 51 Abs. 8, § 54 Abs. 4 S. 1 i.V.m. § 28 Abs. 1 S. 4 oder § 66 Abs. 4 S. 1 i.V.m. § 28 Abs. 1 S. 4 jeweils i.V.m. § 24c Abs. 1 S. 1 oder S. 5 KWG** Für die KVG, die inländische Zweigniederlassung einer EU-OGAW-Verwaltungsgesellschaft, die inländische Zweigniederlassung einer EU-AIF-Verwaltungsgesellschaft sowie die inländische Zweigniederlassung einer ausländischen AIF-Verwaltungsgesellschaft, deren Referenzmitgliedstaat nicht die Bundesrepublik Deutschland ist, gilt § 24c KWG entsprechend. § 24c Abs. 1 S. 1 KWG begründet die Pflicht, eine Datei zu führen, in der unverzüglich die in § 24c Abs. 1 S. 1 Nr. 1 und 2 genannten Daten zu speichern sind (z.B. die Nummer eines Kontos, das der Verpflichtung zur Legitimationsprüfung i.S.d. § 154 Abs. 2 S. 1 AO unterliegt).

	Nach § 24c Abs. 1 S. 5 KWG ist zu gewährleisten, dass die BaFin jederzeit Daten aus der Datei nach § 24c Abs. 1 S. 1 KWG in einem von ihr bestimmten Verfahren automatisiert abrufen kann.
§ 340 Abs. 3 Nr. 6 Wiederverwenden eines Vermögensgegenstandes entgegen	**§ 70 Abs. 5** Die OGAW-Verwahrstelle darf die zum inländischen OGAW gehörenden Vermögensgegenstände nicht wiederverwenden. Unklar ist, was unter dem Begriff „Wiederverwenden", der auf Art. 21 Abs. 10 Unterabs. 3 AIFM-RiLi zurückgeht, zu verstehen ist. Dies erscheint im Hinblick auf die Bußgeldbewehrung unter Bestimmtheitsgesichtspunkten bedenklich. **§ 85 Abs. 3** Im Hinblick auf Spezial-AIF darf die AIF-Verwahrstelle die in § 81 genannten Vermögensgegenstände nicht ohne vorherige Zustimmung des inländischen Spezial-AIF oder der für Rechnung des inländischen Spezial-AIF tätigen AIF-Verwaltungsgesellschaft wiederverwenden; bei Publikums-AIF ist eine Wiederverwendung unabhängig von der Zustimmung ausgeschlossen.
§ 340 Abs. 3 Nr. 8 Anlage in einen Masterfonds entgegen	**§ 174 Abs. 1 S. 2** Der Feederfonds darf erst dann über die für ihn geltenden Anlagegrenzen hinaus in Anteile eines Masterfonds anlegen, wenn die Genehmigung nach § 71 erteilt worden ist und die Master-Feeder-Vereinbarung nach § 175 Abs. 1 und, falls erforderlich, die Verwahrstellenvereinbarung nach § 175 Abs. 2 und die Abschlussprüfervereinbarung nach § 175 Abs. 3 wirksam geworden sind.
§ 340 Abs. 3 Nr. 9a und b Erwerben eines Vermögensgegenstandes oder Investieren in einen Vermögensgegenstand entgegen	**§§ 192, 193 Abs. 1, § 194 Abs. 1, § 210 Abs. 1 S. 1 oder S. 4, Abs. 2 oder Abs. 3, § 219 Abs. 1 oder Abs. 2, § 221 Abs. 1 oder § 225 Abs. 2 S. 2** Die in Bezug genommenen Vorschriften enthalten Regelungen über zulässige Vermögensgegenstände.
§ 340 Abs. 3 Nr. 10 Halten eines Vermögensgegenstandes oder Betrages entgegen	**§ 195 S. 1** Die OGAW-KVG darf für Rechnung eines inländischen OGAW nur Bankguthaben halten, die eine Laufzeit von höchstens zwölf Monaten haben. **§ 234 S. 1** Die AIF-KVG darf für Rechnung des Immobilien-Sondervermögens Beteiligungen an Immobilien-Gesellschaften nur erwerben und halten, wenn die in § 234 S. 1 genannten Voraussetzungen erfüllt sind. **§ 253 Abs. 1 S. 1** Die AIF-KVG darf für Rechnung eines Immobilien-Sondervermögens einen Betrag, der insgesamt 49% des Wertes des Sondervermögens entspricht, nur in den in § 253 Abs. 1 S. 1 Nr. 1 bis 6 genannten Vermögensgegenständen halten.
§ 340 Abs. 3 Nr. 11 Investieren in ein Derivat oder Tätigen eines Geschäfts entgegen	**§ 197 Abs. 1 S. 1** Der inländische OGAW darf zu Investmentzwecken nur in Derivate, die von den dort genannten Basiswerten, abgeleitet sind, investieren. **§ 261 Abs. 3** Für geschlossene inländische Publikums-AIF dürfen Geschäfte, die Derivate zum Gegenstand haben, nur zur Absicherung von gehaltenen Vermögensgegenständen gegen einen Wertverlust getätigt werden.

§ 340 Abs. 3 Nr. 12 Nichtsicherstellen, dass sich das Marktrisiko- potenzial höchstens ver- doppelt, entgegen	**§ 197 Abs. 2 auch i.V.m. einer Rechtsverordnung nach Abs. 3 S. 1 Nr. 1**[18] Die OGAW-Verwaltungsgesellschaft muss sicherstellen, dass sich das Marktrisikopotenzial eines inländischen OGAW durch den Einsatz von Derivaten und Finanzinstrumenten mit derivativer Komponente gem. § 197 Abs. 1 höchstens verdoppelt.
§ 340 Abs. 3 Nr. 13 Anlegen in einen Vermögensgegenstand entgegen	**§§ 198, 206 Abs. 1 S. 1 Hs. 1, Abs. 2, 3 S. 1 oder Abs. 4, den §§ 207, 219 Abs. 5, § 221 Abs. 3 oder Abs. 4, § 222 Abs. 2 S. 2 oder § 225 Abs. 2 S. 1 oder Abs. 4 S. 1** Die in Bezug genommenen Vorschriften enthalten die im KAGB maßgeblichen Anlagegrenzen.
§ 340 Abs. 3 Nr. 14 Übertragung von Wertpapieren entgegen	**§ 200 Abs. 1 S. 1** OGAW-KVG dürfen für Rechnung des inländischen OGAW Wertpapiere an einen Dritten (Wertpapierdarlehensnehmer) nur gegen ein marktgerechtes Entgelt und nur mit der Maßgabe übertragen, dass der Wertpapierdarlehensnehmer der OGAW-KVG für Rechnung des inländischen OGAW Wertpapiere von gleicher Art, Güte und Menge zurückzuerstatten hat (Wertpapierdarlehen) und wenn dies in den Anlagebedingungen vorgesehen ist. **§ 200 Abs. 2 S. 1** OGAW-KVG dürfen Wertpapiere im Rahmen eines Wertpapierdarlehens nur übertragen, wenn sie sich vor Übertragung oder Zug um Zug gegen Übertragung der Wertpapiere für Rechnung des inländischen OGAW Sicherheiten in ausreichendem Umfang (§ 200 Abs. 2 S. 2, 3 und § 200 Abs. 3) haben gewähren lassen.
§ 340 Abs. 3 Nr. 15 Gewährung eines Darlehens entgegen	**§ 200 Abs. 1 S. 2 Hs. 1** Wertpapierdarlehen dürfen einem Wertpapierdarlehensnehmer nur insoweit gewährt werden, als der Kurswert der zu übertragenden Wertpapiere zusammen mit dem Kurswert der für Rechnung des inländischen OGAW dem Wertpapierdarlehensnehmer bereits als Wertpapierdarlehen übertragenen Wertpapiere 10% des Wertes des inländischen OGAW nicht übersteigt. **§ 240 Abs. 1** Die AIF-KVG darf einer Immobilien-Gesellschaft für Rechnung des Immobilien-Sondervermögens ein Darlehen nur gewähren, wenn die § 240 Abs. 1 Nr. 1 bis 4 genannten Voraussetzungen erfüllt sind.
§ 340 Abs. 3 Nr. 16 Nicht, nicht richtige, nicht vollständige oder nicht rechtzeitige Erstattung einer Anzeige entgegen	**§ 200 Abs. 4** Die OGAW-KVG hat der BaFin im Zusammenhang mit der Gewährung von Wertpapierdarlehen unverzüglich die Unterschreitung des Wertes der Sicherheitsleistung unter den Sicherungswert unter Darlegung des Sachverhalts anzuzeigen.
§ 340 Abs. 3 Nr. 17 Abschließen eines Pensionsgeschäfts entgegen	**§ 203 S. 1** OGAW-KVG dürfen für Rechnung eines inländischen OGAW Pensionsgeschäfte im Sinne des § 340b Abs. 2 HGB mit Kreditinstituten oder Finanzdienstleistungsinstituten auf der Grundlage standardisierter Rahmenverträge nur abschließen, wenn dies in den Anlagebedingungen vorgesehen ist.
§ 340 Abs. 3 Nr. 18 Nichtsicherstellen, dass der Gesamtwert der	**§ 206 Abs. 3 S. 2** Legt die OGAW-KVG mehr als 5% des Wertes des inländischen OGAW in Schuldverschreibungen desselben Emittenten nach § 206 Abs. 3 S. 1 an, hat

---

[18] DerivateV.

Schuldverschreibungen einen Wert des inländischen OGAW nicht übersteigt, entgegen	sie sicherzustellen, dass der Gesamtwert dieser Schuldverschreibungen 80% des Wertes des inländischen OGAW nicht übersteigt.
§ 340 Abs. 3 Nr. 19 Zuwiderhandlung gegen eine Sicherstellungspflicht entgegen	**§ 206 Abs. 5 S. 1 auch i.V.m. § 206 Abs. 5 S. 2** Die OGAW-KVG hat sicherzustellen, dass eine Kombination aus Wertpapieren oder Geldmarktinstrumenten, die von ein und derselben Einrichtung begeben werden, Einlagen bei dieser Einrichtung und Anrechnungsbeträgen für das Kontrahentenrisiko der mit dieser Einrichtung eingegangenen Geschäfte 20% des Wertes des jeweiligen inländischen OGAW nicht übersteigt. Für die in § 206 Abs. 2 und 3 genannten Emittenten und Garantiegeber gilt eine erweiterte Kombinationsgrenze von 35% des Wertes des inländischen OGAW.[19] **§ 221 Abs. 5 S. 1** Die AIF-KVG muss sicherstellen, dass der Anteil der für Rechnung des Sonstigen Investmentvermögens gehaltenen Edelmetalle, Derivate, unverbrieften Darlehensforderungen einschließlich solcher, die als sonstige Anlageinstrumente im Sinne des § 198 erwerbbar sind, 30% des Wertes des Sonstigen Investmentvermögens nicht übersteigt.
§ 340 Abs. 3 Nr. 20 Erwerb eines Vermögensgegenstandes entgegen	**§ 222 Abs. 1 S. 4** Die AIF-KVG darf Vermögensgegenstände desselben Mikrofinanzinstituts nur i.H.v. bis zu 10% und von mehreren Mikrofinanzinstituten desselben Staates nur i.H.v. bis zu 15% des Wertes des Sonstigen Investmentvermögens erwerben.

C. Täterschaft

11 Als **Täter** einer Ordnungswidrigkeit kommt, ebenso wie im Strafrecht, lediglich eine natürliche Person in Betracht.[20] Wer Normadressat und daher möglicher Täter einer Ordnungswidrigkeit nach § 340 ist, bestimmt sich jeweils anhand des konkreten Gebots oder Verbots.[21] Die gesetzlichen oder durch Verwaltungsakt konkretisierten Pflichten des KAGB bestehen sowohl gegenüber natürlichen als auch juristischen Personen bzw. rechtsfähigen Personengesellschaften. Sind Normadressaten juristische Personen oder rechtsfähige Personengesellschaften, wird der Anwendungsbereich des § 340 durch **§ 9 OWiG**, der § 14 StGB entspricht, auf diejenigen Personen erweitert, die für den eigentlichen Normadressaten handeln.[22]

12 Bei juristischen Personen handeln die **Mitglieder des vertretungsberechtigten Organs** ordnungswidrig (§ 9 Abs. 1 Nr. 1 OWiG), bei rechtsfähigen Personengesellschaften die **vertretungsberechtigten Gesellschafter** (§ 9 Abs. 1 Nr. 2 OWiG). Ferner gilt das gem. § 9 Abs. 1 Nr. 3 OWiG auch für gesetzliche Vertreter, z.B. Insolvenzverwalter, und gem. § 9 Abs. 2 OWiG für bestimmte **gewillkürte Vertreter**.[23] Die Verantwortlichkeit des

---

[19] Baur/Tappen/*Glander/Mayr/Josek* § 206 Rn. 28.
[20] Göhler/*Gürtler* OWiG Vor § 1 Rn. 31.
[21] Zu § 143 InvG Berger/Steck/Lübbehüsen/*Campell* § 143 Rn. 3; zu § 56 KWG Erbs/Koolhaas/*Häberle* § 56 KWG Rn. 3.
[22] Göhler/*Gürtler* OWiG § 9 Rn. 2.
[23] Für Einzelheiten vgl. Göhler/*Gürtler* OWiG § 9 Rn. 16 und oben § 339 Rn. 30.

Inhabers des Betriebs entfällt durch die Bestellung von Beauftragten nach § 9 Abs. 2 Nr. 1 und 2 OWiG nicht, wird aber gemindert.[24]

Unter den Voraussetzungen des **§ 30 OWiG** kann eine **Geldbuße** gegen die juristische Person oder Personenvereinigung selbst verhängt werden.[25] Gem. § 30 Abs. 4 S. 1 OWiG kann die Geldbuße selbstständig festgesetzt werden.[26] 13

Gem. **§ 130 OWiG** handelt ordnungswidrig, wer als Organmitglied, vertretungsberechtigter Gesellschafter, Vertreter oder Beauftragter[27] vorsätzlich oder fahrlässig die zur Vermeidung von Ordnungswidrigkeiten nach § 340 erforderlichen **Aufsichtsmaßnahmen unterlässt**, wenn die Ordnungswidrigkeit durch gehörige Aufsicht hätte verhindert oder wesentlich erschwert werden können. Gem. § 130 Abs. 3 S. 3 OWiG bestimmt sich das Höchstmaß der Geldbuße wegen der Aufsichtspflichtverletzung nach dem für die Pflichtverletzung angedrohten Höchstmaß der Geldbuße. Fälle der genannten Art können darin liegen, dass z.B. die Geschäftsleiter einer KVG nicht hinreichend (etwa durch Stichproben oder durch eine Innenrevision) die Einhaltung der Vorschriften über die zulässigen Vermögensgegenstände oder die Anlagegrenzen überwachen.[28] 14

Anders als im Strafrecht, wo zwischen Täterschafts- und Teilnahmeformen (§§ 25 StGB) unterschieden wird, regelt § 14 OWiG für das Ordnungswidrigkeitenrecht, dass die Ahndung eines jeden Beteiligten unabhängig von seinem Tatbeitrag vorgenommen wird (sog. **Einheitstäterbegriff**). In Betracht kommt als Beteiligung i.S.v. § 14 Abs. 1 S. 1 aber nur eine vorsätzliche Mitwirkung an einer Vorsatztat eines anderen (doppelte Vorsatzstellung).[29] Eine Geldbuße kann gegen alle an einer Ordnungswidrigkeit beteiligten Personen festgesetzt werden, selbst wenn ein besonderes persönliches Merkmal i.S.v. § 9 Abs. 1 OWiG nur bei einem Beteiligten vorliegt. Damit kommen auch sonstige Angestellte von KVG, die an einem Verstoß mitwirken, als Täter einer Ordnungswidrigkeit in Betracht.[30] 15

D. Vorsatz, Leichtfertigkeit, Fahrlässigkeit

Der Begriff des **Vorsatzes** im OWiG entspricht dem des § 15 StGB.[31] Wer sich als Handelnder in einem **Irrtum** über einen Umstand befindet, der zum gesetzlichen Tatbestand gehört, handelt nicht vorsätzlich (§ 11 Abs. 1 S. 1 OWiG). Denkbar ist das z.B. in dem Fall, dass ein Fondsmanager fälschlich annimmt, dass ein Wertpapier an einer Börse in einem Mitgliedstaat der EU oder in einem anderen Vertragsstaat des EWR zum Handel oder an einem anderen organisierten Markt zugelassen oder in diesen einbezogen ist. Ist wie bei den Tatbeständen des § 340 Abs. 1 nur ein vorsätzliches Handeln ordnungswidrig, entfällt die Möglichkeit, eine Geldbuße festzusetzen. 16

Leichtfertigkeit ist ein gesteigerter Grad der Fahrlässigkeit. Diese liegt vor, wenn der Täter grob achtlos handelt und nicht beachtet, was sich unter den Voraussetzungen seiner Erkenntnisse und Fähigkeiten aufdrängen muss.[32] 17

---

24 Göhler/*Gürtler* OWiG § 9 Rn. 37.
25 Zu den Voraussetzungen der Verbandsgeldbuße vgl. Senge/*Rogall* OWiG, Vor § 30 Rn. 71 ff.
26 Als den Regelfall kapitalmarktdeliktischer Ahndung beschreiben die selbstständige Verbandsgeldbuße *Canzler/Hammermaier* AG **2014** 57, 64.
27 Vgl. hierzu oben Rn. 12.
28 *Baur* § 50a Rn. 30.
29 Senge/*Rengier* OWiG, § 14 Rn. 8a.
30 Emde/Dornseifer/Dreibus/Hölscher/*Möhlenbeck* InvG 2013 § 143 Rn. 65.
31 Senge/*Rengier* OWiG, § 10 Rn. 1. Siehe hierzu die Kommentierung zu § 339 Rn. 27.
32 *Fischer* § 15 Rn. 20.

18 **Fahrlässig** handelt, wer die Sorgfalt außer Acht lässt, zu der er nach den Umständen und seinen persönlichen Fähigkeiten verpflichtet und imstande ist und deshalb die Tatbestandsverwirklichung nicht erkennt, aber hätte erkennen können (**unbewusste Fahrlässigkeit**) oder die Möglichkeit der Tatbestandsverwirklichung zwar erkennt, aber auf deren Nichteintritt vertraut (**bewusste Fahrlässigkeit**).[33]

E. Ordnungswidrigkeitenverfahren und Verjährung

19 Nach § 340 Abs. 6 ist die **BaFin** als **sachlich zuständige Verwaltungsbehörde** i.S.v. § 36 Abs. 1 Nr. 1 OWiG für die Verfolgung und Ahndung von Ordnungswidrigkeiten nach § 340 Abs. 1 bis 4 zuständig.[34] Als einzig sachlich zuständige Verwaltungsbehörde ist die BaFin zugleich auch örtlich zuständig.[35]

20 Anders als im Strafverfahren, wo das Legalitätsprinzip gilt (§ 152 Abs. 2 StPO), ist die BaFin nicht grds. zur Verfolgung oder Ahndung eines Verstoßes verpflichtet. Die Verfolgung von Ordnungswidrigkeiten liegt gem. § 47 Abs. 1 S. 1 OWiG im **pflichtgemäßen Ermessen** der BaFin (Opportunitätsprinzip).[36] Folglich kann sie das Verfahren gem. § 47 Abs. 1 S. 2 OWiG **einstellen**, solange es bei ihr anhängig ist. Bei geringfügigen Ordnungswidrigkeiten kann die BaFin das Verfahren gem. § 56 OWiG mit einer Verwarnung ohne oder zuzüglich eines Verwarnungsgeldes i.H.v. bis zu € 55 **beenden**. Die Ahndung von Ordnungswidrigkeiten erfolgt gem. § 65 OWiG durch **Bußgeldbescheid**. Dagegen kann der Betroffene gem. § 67 Abs. 1 OWiG binnen zwei Wochen nach Zustellung schriftlich oder zur Niederschrift bei der BaFin **Einspruch** einlegen. Bei zulässigem Einspruch prüft die BaFin, ob sie den Bußgeldbescheid zurücknimmt oder aufrechterhält (§ 69 Abs. 2 OWiG). Hält sie an dem Bußgeldbescheid fest, übersendet sie die Akten über die Staatsanwaltschaft an das AG (§ 69 Abs. 3 OWiG). Über den Einspruch gegen den Bußgeldbescheid entscheidet gem. § 68 Abs. 1 OWiG das **AG – Einzelrichter –**, in dessen Bezirk die BaFin ihren Sitz hat, d.h. gem. § 1 Abs. 3 S. 2 FinDAG das Amtsgericht Frankfurt a.M. Sind die Vorschriften über die Einlegung des Einspruchs nicht beachtet, so verwirft das Gericht den Einspruch gem. § 70 OWiG als unzulässig. Anderenfalls entscheidet das Gericht nach Hauptverhandlung durch **Urteil** (§ 71 OWiG) oder ohne Hauptverhandlung durch **Beschluss** (§ 72 OWiG). Gegen diese Entscheidungen steht dem Betroffenen gem. § 79 OWiG, § 121 Abs. 1 Nr. 2 GVG das Rechtsmittel der **Rechtsbeschwerde** zum OLG zu. Allerdings ist die Rechtsbeschwerde für sog. Bagatellsachen (insbes. wenn die Geldbuße unter € 250 beträgt) nur zulässig, wenn sie zugelassen wird (§§ 79 Abs. 1 S. 2, 80 OWiG). Rechtskräftige Bußgeldentscheidungen sind in das **Gewerbezentralregister** einzutragen (§ 149 Abs. 2 Nr. 3 GewO), wenn die Geldbuße mehr als € 200 beträgt.[37]

21 Die **Verjährung** der Verfolgung sämtlicher Ordnungswidrigkeiten nach § 340 tritt nach drei Jahren ab Beendigung der Handlung ein (§ 31 Abs. 1, Abs. 2 Nr. 1, Abs. 3 OWiG). Die Verfolgung des **Versuchs** der Begehung einer Ordnungswidrigkeit nach § 340 Abs. 1 bis 4 kommt wegen § 13 Abs. 2 OWiG mangels ausdrücklicher Bestimmung nicht in Betracht.

---

[33] Göhler/Gürtler OWiG § 10 Rn. 6.
[34] Bei der BaFin ist ein spezialisiertes Bußgeldreferat der Wertpapieraufsicht als unabhängige Organisationseinheit eingerichtet, vgl. dazu Canzler/Hammermaier AG **2014** 57, 59 f.
[35] Göhler/Gürtler OWiG § 37 Rn. 1.
[36] Zur Reichweite der Opportunität vgl. Senge/Bohnert OWiG, § 47 Rn. 3.
[37] Näheres, auch über das Auskunftsrecht und die Tilgung, vgl. §§ 150 ff. GewO.

§ 341
Beteiligung der Bundesanstalt und Mitteilungen in Strafsachen

(1) Das Gericht, die Strafverfolgungs- oder die Strafvollstreckungsbehörde hat in Strafverfahren gegen bedeutend beteiligte Inhaber, Geschäftsleiter oder Mitglieder der Verwaltungs- oder Aufsichtsorgane von Verwaltungsgesellschaften, extern verwalteten Investmentgesellschaften oder Verwahrstellen oder deren jeweilige gesetzliche Vertreter oder persönlich haftende Gesellschafter wegen Verletzung ihrer Berufspflichten oder anderer Straftaten bei oder im Zusammenhang mit der Ausübung eines Gewerbes oder dem Betrieb einer sonstigen wirtschaftlichen Unternehmung, ferner in Strafverfahren, die Straftaten nach § 339 zum Gegenstand haben, im Fall der Erhebung der öffentlichen Klage der Bundesanstalt
1. die Anklageschrift oder eine an ihre Stelle tretende Antragsschrift,
2. den Antrag auf Erlass eines Strafbefehls und
3. die das Verfahren abschließende Entscheidung mit Begründung

zu übermitteln; ist gegen die Entscheidung ein Rechtsmittel eingelegt worden, ist die Entscheidung unter Hinweis auf das eingelegte Rechtsmittel zu übermitteln. In Verfahren wegen fahrlässig begangener Straftaten werden die in den Nummern 1 und 2 bestimmten Übermittlungen nur vorgenommen, wenn aus der Sicht der übermittelnden Stelle unverzüglich Entscheidungen oder andere Maßnahmen der Bundesanstalt geboten sind.

(2) In Strafverfahren, die Straftaten nach § 339 zum Gegenstand haben, hat die Staatsanwaltschaft die Bundesanstalt bereits über die Einleitung des Ermittlungsverfahrens zu unterrichten, soweit dadurch eine Gefährdung des Ermittlungszwecks nicht zu erwarten ist. Erwägt die Staatsanwaltschaft, das Verfahren einzustellen, so hat sie die Bundesanstalt zu hören.

(3) Werden sonst in einem Strafverfahren Tatsachen bekannt, die auf Missstände in dem Geschäftsbetrieb einer Verwaltungsgesellschaft, extern verwalteten Investmentgesellschaft oder Verwahrstelle hindeuten und ist deren Kenntnis aus der Sicht der übermittelnden Stelle für Maßnahmen der Bundesanstalt nach diesem Gesetz erforderlich, soll das Gericht, die Strafverfolgungs- oder die Strafvollstreckungsbehörde diese Tatsachen ebenfalls mitteilen, soweit nicht für die übermittelnde Stelle erkennbar ist, dass schutzwürdige Interessen des Betroffenen überwiegen. Dabei ist zu berücksichtigen, wie gesichert die zu übermittelnden Erkenntnisse sind.

(4) Der Bundesanstalt ist auf Antrag Akteneinsicht zu gewähren, soweit nicht für die Akteneinsicht gewährende Stelle erkennbar ist, dass schutzwürdige Interessen des Betroffenen überwiegen. Absatz 3 Satz 2 gilt entsprechend.

Systematische Übersicht

A. Allgemein —— 1   B. Mitteilungsverfahren —— 4

A. Allgemein

§ 341 regelt parallel zu § 60a KWG, der bisher gem. § 143b InvG entsprechend Anwendung fand, die Beteiligung der BaFin an bestimmten Strafverfahren und sieht Mitteilungen der Gerichte der ordentlichen Gerichtsbarkeit, der Strafverfolgungs- und der Strafvollstreckungsbehörden ggü. der BaFin vor. Ausweislich der Gesetzesbegründung sollen die Beteiligung und der Informationsaustausch dazu dienen, dass die BaFin zeitnah und aus erster Hand wichtige Erkenntnisse über die Zuverlässigkeit der wichtigsten **Verantwortungsträger im Investmentgeschäft** sowie sonstige aufsichtsrelevante Vorgänge erhält.[1] Es überrascht, dass § 341 anders als § 60a KWG bisher keinen Eingang in die Anordnung über Mitteilungen in Strafsachen (MiStra) fand.

2 § 341 tritt wie § 60a KWG als Spezialregelung neben die allgemeinen Grundsätze für die Mitteilungen in Strafsachen in §§ 12ff. EGGVG.[2] Nach § 18 Abs. 2 S. 1 EGGVG bestimmt die übermittelnde Stelle die Form der Übermittlung nach **pflichtgemäßem Ermessen**. Für die übermittelten Daten gilt nach § 19 Abs. 1 S. 1 EGGVG **Zweckbindung**, der zufolge die Daten nur zu dem Zweck verwendet werden dürfen, zu dessen Erfüllung sie übermittelt worden sind. Eine Verwendung für andere Zwecke ist nach § 19 Abs. 1 S. 2 EGGVG lediglich zulässig, soweit die Daten auch dafür hätten übermittelt werden dürfen. Hinzuweisen ist insbesondere auf § 21 Abs. 1 S. 1 EGGVG, wonach dem Betroffenen auf schriftlichen Antrag **Auskunft** über die übermittelten Daten und deren Empfänger zu erteilen ist.

3 Nicht geregelt von § 341 ist der umgekehrte Fall, d.h. Mitteilungen der BaFin an die Gerichte der ordentlichen Gerichtsbarkeit, die Strafverfolgungs- und die Strafvollstreckungsbehörden. Diese fallen unter § 9 Abs. 1 S. 4 Nr. 1 KWG als Ausnahme von der Verschwiegenheitspflicht, die gem. § 8 entsprechende Anwendung findet. Damit ist klargestellt, dass Tatsachen an die Strafverfolgungsbehörden und Gerichte weitergegeben werden können.

B. Mitteilungsverfahren

4 Nach § 341 Abs. 1 sind die Gerichte der ordentlichen Gerichtsbarkeit, die Strafverfolgungs- und die Strafvollstreckungsbehörden ermächtigt und verpflichtet, der BaFin die wesentlichen Unterlagen, namentlich die Anklageschrift, den Antrag auf Erlass eines Strafbefehls sowie die verfahrensabschließende Entscheidung (mit Begründung) zu Strafverfahren zu übermitteln, die sich gegen **bedeutend beteiligte Inhaber** (vgl. § 1 Abs. 19 Nr. 6, § 19), **Geschäftsleiter** (§ 1 Abs. 19 Nr. 15) oder **Mitglieder von Aufsichts- und Verwaltungsorganen** von Verwaltungsgesellschaften, extern verwalteten Investmentgesellschaften und Verwahrstellen richten. Ist der bedeutend beteiligte Inhaber selbst eine juristische Person oder Personengesellschaft, so betrifft das auch Strafverfahren gegen dessen **gesetzliche Vertreter** oder **persönlich haftende Gesellschafter**.[3]

5 Die umfassende Mitteilungspflicht gilt für Straftaten wegen Verletzung **beruflicher Pflichten** oder **bei oder im Zusammenhang mit der Ausübung einer gewerblichen oder sonstigen wirtschaftlichen Betätigung** einschließlich den Straftaten nach § 339. Ausgenommen sind rein private Verfehlungen. Hier kann aber § 341 Abs. 3 in Betracht kommen.[4]

6 Bei **fahrlässig begangenen Straftaten** gilt nach § 341 Abs. 1 S. 2 aus Gründen der Verhältnismäßigkeit des Eingriffs in das Recht des Betroffenen auf informationelle Selbstbestimmung eine abgeschwächte Mitteilungspflicht. Hier wird nur die das Strafverfahren abschließende begründete Entscheidung übermittelt, es sei denn, aus Sicht der übermit-

---

[1] BTDrucks. 17/12294 S. 299.
[2] Zu § 60a KWG Boos/Fischer/Schulte-Mattler/*Lindemann* § 60a Rn. 2.
[3] BTDrucks. 17/12294 S. 299.
[4] BTDrucks. 17/12294 S. 299.

telnden Stelle sind unverzüglich Entscheidungen oder Maßnahmen der BaFin geboten. In diesem Fall ist die BaFin bereits über die Anklageerhebung in Kenntnis zu setzen.[5]

In Strafverfahren, die Straftaten nach § 339 zum Gegenstand haben, ist die BaFin nach **§ 341 Abs. 2 S. 1** bereits über die **Eröffnung des Ermittlungsverfahrens** zu unterrichten. Dadurch erhält die BaFin bereits bei Vorliegen eines Anfangsverdachtes einer Straftat nach § 339 Gelegenheit, die Einleitung von Verwaltungsmaßnahmen zu prüfen.[6] Die Entscheidung über die Erteilung von Auskünften steht im Ermittlungsverfahren allein der Staatsanwaltschaft zu (Grundsatz des § 478 Abs. 1 S. 1 StPO). Die Unterrichtung kann unterbleiben, wenn durch sie der Ermittlungszweck gefährdet werden könnte.[7] Gem. § 341 Abs. 2 S. 2 ist die BaFin im Falle einer möglichen Verfahrenseinstellung vorher anzuhören. Ein Abgleich der Ermittlungsergebnisse der Staatsanwaltschaft mit den Feststellungen der BaFin ist deshalb geboten,[8] da die Strafvorschrift des § 339 Abs. 1 Nr. 1 bzw. 3 akzessorisch auf die Erlaubnispflicht in § 20 Abs. 1 S. 1 bzw. die Registrierungspflicht in § 44 Abs. 1 Nr. 1 verweist. Die von der BaFin aufsichtsrechtlich gewonnenen Ergebnisse können bspw. Aufschluss über das Wissen des Beschuldigten geben, welches für die subjektive Tatseite der Strafvorschrift relevant ist. **7**

§ 341 Abs. 3 betrifft Strafverfahren aller Art, in deren Verlauf Tatsachen bekannt werden, die auf Missstände in den nach dem KAGB überwachten Unternehmen hinweisen. Insofern sind die Gerichte, Strafverfolgungs- und Strafvollstreckungsbehörden angehalten, gleichwohl nicht verpflichtet, auch in nicht von § 341 Abs. 1 und 2 erfassten Strafverfahren gewonnene Erkenntnisse an die BaFin zu übermitteln. Zuvor ist eine Abwägung der Aufsichtsinteressen mit den schutzwürdigen Interessen des Betroffenen vorzunehmen.[9] Für die Abwägung kommt es auf die Perspektive und Kenntnis der übermittelnden Stelle an.[10] Dabei ist zu berücksichtigen, wie gesichert die zu übermittelnden Erkenntnisse sind (§ 341 Abs. 3 S. 2). Soweit vertreten wird, § 341 Abs. 3 beträfe lediglich Strafverfahren, die sich gegen sonstige – nicht von § 341 Abs. 1 erfasste – Personen richten,[11] ist dem der Wortlaut der Norm entgegenzuhalten. Vielmehr stellt § 341 Abs. 3 eine Art Generalklausel dar, die die Befugnis enthält, Tatsachen zu übermitteln, deren Kenntnis für Maßnahmen der BaFin erforderlich ist.[12] Diese Tatsachen können sich auf sonstige Personen, z.B. Angestellte einer KVG, aber eben auch auf die in § 341 Abs. 1 genannten Personen beziehen. Davon geht auch die Gesetzesbegründung aus.[13] **8**

Nach **§ 341 Abs. 4** ist der BaFin auf Antrag grundsätzlich **Akteneinsicht** zu gewähren. Der Antrag auf Akteneinsicht kann jedoch abgelehnt werden, soweit schutzwürdige Interessen des vom Ermittlungsverfahren Betroffenen unter Berücksichtigung der Zuverlässigkeit der vorliegenden Anhaltspunkte überwiegen.[14] Auch hier soll es auf die Erkennbarkeit für die übermittelnde Stelle ankommen. **9**

---

5   Zu § 60a KWG Boos/Fischer/Schulte-Mattler/*Lindemann* § 60a Rn. 3.
6   BTDrucks. 17/12294 S. 299.
7   Vgl. die Gesetzesbegründung zu § 60a Abs. 1a KWG, dem § 341 Abs. 2 entspricht, BRDrucks. 482/10 S. 111.
8   Vgl. die Gesetzesbegründung zu § 60a Abs. 1a KWG, dem § 341 Abs. 2 entspricht, BRDrucks. 482/10 S. 111.
9   BTDrucks. 17/12294 S. 299.
10 BTDrucks. 17/12294 S. 299.
11 Zu § 60a KWG Boos/Fischer/Schulte-Mattler/*Lindemann* § 60a Rn. 5; zu § 143b InvG Emde/Dornseifer/Dreibus/Hölscher/*Möhlenbeck* § 143b Rn. 6.
12 Zu § 60a KWG Erbs/Koolhaas/*Häberle* § 60a KWG Rn. 5.
13 Siehe hierzu oben Fn. 5. Nach der Gesetzesbegründung zu Abs. 1 gilt bei privaten Verfehlungen der dort genannten Personen keine Mitteilungspflicht nach Abs. 1, sondern soll Abs. 3 in Betracht kommen können.
14 Zu § 60a KWG Boos/Fischer/Schulte-Mattler/*Lindemann* § 60a Rn. 6.

§ 342
Beschwerde- und Schlichtungsverfahren; Verordnungsermächtigung

(1) Anleger und Kunden können jederzeit wegen behaupteter Verstöße gegen dieses Gesetz Beschwerde bei der Bundesanstalt einlegen.

(2) Beschwerden sind schriftlich oder zur Niederschrift bei der Bundesanstalt einzulegen und sollen den Sachverhalt sowie den Beschwerdegrund angeben.

(3) Verbraucher können bei Streitigkeiten im Zusammenhang mit Vorschriften nach diesem Gesetz die Schlichtungsstelle anrufen, die für die außergerichtliche Beilegung von Verbraucherrechtsstreitigkeiten bei der Bundesanstalt einzurichten ist. Hiervon unberührt bleibt das Recht, den Rechtsweg zu beschreiten.

(4) Soweit behauptete Verstöße nach Absatz 1 oder Streitigkeiten nach Absatz 3 grenzüberschreitende Sachverhalte betreffen, arbeitet die Bundesanstalt mit den zuständigen Stellen der anderen Mitgliedstaaten der Europäischen Union oder der anderen Vertragsstaaten des Abkommens über den Europäischen Wirtschaftsraum zusammen; die §§ 8, 9 und 19[1] gelten entsprechend.

(5) Das Bundesministerium der Finanzen wird ermächtigt, durch Rechtsverordnung ohne Zustimmung des Bundesrates im Einvernehmen mit dem Bundesministerium der Justiz und für Verbraucherschutz die näheren Einzelheiten des Verfahrens der Schlichtungsstelle nach Absatz 3 und die Zusammenarbeit mit vergleichbaren Stellen zur außergerichtlichen Streitbeilegung in anderen Mitgliedstaaten der Europäischen Union und Vertragsstaaten des Abkommens über den Europäischen Wirtschaftsraum zu regeln. Das Verfahren ist auf die Verwirklichung des Rechts auszurichten und muss insbesondere gewährleisten, dass

1. die Schlichtungsstelle unabhängig und unparteiisch handelt,
2. die Verfahrensregeln für Interessierte zugänglich sind,
3. die Beteiligten des Schlichtungsverfahrens rechtliches Gehör erhalten, insbesondere Tatsachen und Bewertungen vorbringen können, und
4. die Schlichter und ihre Hilfspersonen die Vertraulichkeit der Informationen gewährleisten, von denen sie im Schlichtungsverfahren Kenntnis erhalten.

Die Rechtsverordnung kann auch die Pflicht der Unternehmen, sich nach Maßgabe eines geeigneten Verteilungsschlüssels an den Kosten des Verfahrens zu beteiligen, und Einzelheiten zur Ermittlung des Verteilungsschlüssels enthalten. Das Bundesministerium der Finanzen kann die Ermächtigung durch Rechtsverordnung auf die Bundesanstalt übertragen.

(6) Das Bundesministerium der Finanzen wird ermächtigt, durch Rechtsverordnung ohne Zustimmung des Bundesrates im Einvernehmen mit dem Bundesministerium der Justiz und für Verbraucherschutz die Streitschlichtungsaufgaben nach Absatz 3 auf eine oder mehrere geeignete private Stellen zu übertragen, wenn die Aufgaben dort zweckmäßiger erledigt werden können. Das Bundesministerium der Finanzen kann die Ermächtigung durch Rechtsverordnung auf die Bundesanstalt übertragen.

---

1 Es handelt sich um ein Redaktionsversehen des Gesetzgebers. Richtigerweise muss es heißen: „die §§ 8 und 9 gelten entsprechend." Der Verweis auf § 19 ist ersatzlos zu streichen. Der Gesetzgeber hat § 19 versehentlich aus der Vorgängervorschrift § 143c InvG übernommen. § 19 InvG entsprach vom Regelungsgehalt dem jetzigen § 9 KAGB (Zusammenarbeit mit anderen Stellen).

Schrifttum

Benöhr Alternative Dispute Resolution for Consumers in the Financial Service Sector, European Policy Analysis, Ausgabe 6 **2013**; *Bertelmann* Die Schlichtungsstelle bei der Deutschen Bundesbank, Festschrift Schönwitz (2006), 345; *Bewarder* 20 Jahre Ombudsmannverfahren der privaten Banken, Die Bank **2012** 48; *Brömmelmeyer* Der Ombudsmann im Finanzsektor, WM **2012** 337; *Bundschuh* Erfahrungen mit dem Ombudsmannverfahren der Banken, ZBB **1998** 2; Derleder/Knops/Bamberger/*Brödermann* Handbuch zum deutschen und europäischen Bankrecht, 2. Aufl. 2009, § 66 Institutionelle Schlichtungsverfahren; *Eidenmüller/Engel* Die Schlichtungsfalle: Verbraucherrechtsdurchsetzung nach der ADR-Richtlinie und der ODR-Verordnung der EU, ZIP **2013** 1704; Gottwald/Strempel/*Hoeren* Streitschlichtung 1995, 149 ff.; *Gude* Der Ombudsmann der privaten Banken in Deutschland, Großbritannien und der Schweiz, Diss. Bonn 1998; *Hirsch* Außergerichtliche Beilegung von Verbraucherstreitigkeiten, NJW **2013** 2088; *Hoeren* Das neue Verfahren für die Schlichtung von Kundenbeschwerden im deutschen Bankgewerbe, NJW **1992** 2727; *ders.* Der Bankenombudsmann in der Praxis, NJW **1994** 362; *Jordans* Der rechtliche Charakter von Ombudsmann-Systemen und ihren Entscheidungen, VuR **2003** 253; *Kreft* Paralipomena zum Ombudsmann der privaten Banken, Festschrift Krämer (2009), 287; *Laars* Finanzdienstleistungsaufsichtsgesetz, 2. Aufl. 2013; *Lücke* Die Schlichtung in der deutschen Kreditwirtschaft als Form außergerichtlicher Streitbeilegung, WM **2009** 102; *ders.* Die Schlichtung in der deutschen Kreditwirtschaft – eine Form der Mediation? BKR **2009** 324; *Maunz/Dürig* Grundgesetz, 64. Ergänzungslieferung 2012; *Roth* Bedeutungsverlust der Zivilgerichtsbarkeit durch Verbrauchermediation, JZ **2013** 637; *Rüssel* Schlichtungs-, Schieds- und andere Verfahren außergerichtlicher Streitbeilegung JuS **2003** 380; *Scherpe* Der Bankenombudsmann, WM **2001** 2321; *ders.* Außergerichtliche Streitbeilegung in Verbrauchersachen, Diss. Hamburg 2002; *von Hippel* Der Ombudsmann im Bank- und Versicherungswesen, Diss. Göttingen 2000; Hellner/Steuer/*Zawal-Pfeil*, Bankrecht und Bankpraxis, Loseblattsammlung, 109. Ergänzungslieferung 2014, Rn. 2/1070.

Systematische Übersicht

A. Allgemeines
    I. Entstehungsgeschichte —— 1
    II. Inhalt der Regelung —— 3
    III. Zweck der Regelung —— 4

B. Beschwerdeverfahren
(Absätze 1 und 2)
    I. Rechtsnatur der Beschwerde —— 7
    II. Zulässigkeit der Beschwerde
        1. Sachlicher Anwendungsbereich (Absatz 1) —— 9
        2. Personeller Anwendungsbereich (Absatz 1) —— 11
        3. Formerfordernis der Beschwerde (Absatz 2) —— 14
        4. Begründungserfordernis der Beschwerde (Absatz 2) —— 17
    III. Ablauf des Beschwerdeverfahrens
        1. Sachverhaltsermittlung der BaFin —— 18
        2. Prüfungsmaßstab der BaFin —— 20
    IV. Folgewirkungen der Beschwerde
        1. Verpflichtung der BaFin zur Bescheidung —— 22
        2. Parallele (Zivilrechts-)Streitbeilegungsverfahren —— 25
        3. Rechtsschutz gegen Beschwerdebescheide —— 27

C. Schlichtungsverfahren
(Absätze 3, 5 und 6)
    I. Rechtssystematische Einordnung des Schlichtungsverfahrens —— 28
    II. Konzeption der Schlichtungsstelle
(Abs. 3 Satz 1 und Abs. 6)
        1. Duale Konzeption —— 30
        2. Öffentlich-rechtliche Schlichtungsstelle (Absatz 3 Satz 1)
            a) Rechtsgrundlage —— 33
            b) Organisationsstruktur der Schlichtungsstelle —— 35
            c) Eignung der Schlichter —— 39
            d) Bestellung der Schlichter —— 40
            e) Rechtsstellung der Schlichter —— 41
        3. Privatrechtliche Schlichtungsstelle (Absatz 6)
            a) Rechtsgrundlage – wirksame Übertragung —— 42
            b) Rechtsnatur der Ombudsstellen —— 49
            c) Organisationsstruktur der Ombudsstellen —— 57
            d) Eignung der Ombudspersonen —— 58

- e) Bestellung der Ombudspersonen —— 59
- f) Rechtsstellung der Ombudspersonen —— 60
- III. Zulässigkeit des Schlichtungsverfahrens (Absatz 3 Satz 1)
  1. Personeller Anwendungsbereich (Antragsbefugnis) —— 62
  2. Sachlicher Anwendungsbereich
     - a) Hinreichend bestimmte Streitigkeit —— 64
     - b) Zusammenhang zum Kapitalanlagegesetzbuch —— 66
     - c) Zusammenhang zu Rechtsnormen vor Inkrafttreten des KAGB —— 68
  3. Kein Verfahrenshindernis —— 70
     - a) Anderweitige Anhängigkeit bei Gericht —— 71
     - b) Außergerichtlicher Vergleich —— 74
     - c) Abgewiesener Antrag auf Prozesskostenhilfe —— 75
     - d) Anderweitige Anhängigkeit bei Schlichtungsstelle —— 76
     - e) Verjährung —— 77
  4. Prüfungskompetenz der Zulässigkeitskriterien —— 79
- IV. Der Verfahrensablauf
  1. Antragstellung und Prüfung der Schlichtungsreife —— 80
  2. Entwurf des Schlichtungsvorschlags —— 84
  3. Bindungswirkung des Schlichtungsvorschlags
     - a) Öffentlich-rechtliche Schlichtungsstelle (bei der BaFin) —— 89
     - b) Private Schlichtungsstellen (Ombudsstellen) —— 92
     - c) Ausnahmen von der Bindungswirkung —— 95
- V. Folgewirkung des Schlichtungsverfahrens: Verjährungshemmung —— 97
- VI. Kosten des Schlichtungsverfahrens
  1. Antragsteller —— 99
  2. Antragsgegner —— 101
- D. Grenzüberschreitende Sachverhalte (Absatz 4) —— 103
  - I. Im Zuständigkeitsbereich der BaFin —— 104
  - II. Im Zuständigkeitsbereich der privaten Ombudsstellen —— 108

A. Allgemeines

I. Entstehungsgeschichte

1 Die Norm fand anlässlich der Umsetzung[2] der OGAW-IV-Richtlinie[3] Eingang in § 143c des Investmentgesetzes. Sie wurde – mit Ausnahme einiger redaktionellen Anpassungen – unverändert in das Kapitalanlagegesetzbuch (KAGB) übernommen und hat auch durch das Finanzmarktanpassungsgesetz[4] keine wesentlichen Änderungen erfahren.[5] Die Norm dient der Umsetzung der europäischen Vorgabe aus Art. 100 OGAW-IV-Richtlinie, wonach die Mitgliedstaaten sicherzustellen haben, dass effiziente und wirksame Beschwerde- und Schlichtungsverfahren für die Verbraucher zur Verfügung stehen. Die EU verstärkt mangels Kompetenzen bei der Rechtsweggestaltung seit vielen Jahren ihre Bemühungen beim Ausbau von Verfahren zur außergerichtlichen Streitbeilegung. Diese Entwicklung ist insbesondere in der Regulierung von Finanzdienstleistungen zu beobachten.[6]

---

2 Gesetz zur Umsetzung der RL 2009/65/EG zur Koordinierung der Rechts- und Verwaltungsvorschriften betr. bestimmte Organismen für gemeinsame Anlagen in Wertpapieren, BGBl. I v. 22.6.2011, S. 1126.
3 Richtlinie 2009/65/EG, ABl. L 302 v. 17.11.2009, S. 32.
4 Gesetz zur Anpassung von Gesetzen auf dem Gebiet des Finanzmarktes, BGBl. I v. 18.7.2014, S. 934.
5 Allein die Kompetenz des BMELV bei der Ausgestaltung der Verfahrensordnung und der Übertragung der Schlichtungsaufgabe auf Private ist entfallen, weil die entsprechende Ministerialabteilung in der 18. Legislaturperiode im BMJ angesiedelt wurde; Gesetzesbegründung zu § 342 KAGB, FinMarktAnpG, BTDrucks. 18/1305, S. 52.
6 Zu dieser Entwicklung Schimansky/Bunte/Lwowski/*Höche* § 3 Rn. 6 ff.

Während die Einführung einer Schlichtungsstelle in § 143c Abs. 3 bis Abs. 6 InvG für Streitigkeiten im Zusammenhang mit dem Investmentgesetz 2011 ein Novum darstellte, hatte die Regelung der Beschwerde in Abs. 1 und Abs. 2 der Vorschrift lediglich deklaratorischen Charakter. Es entspricht seit jeher verfassungsrechtlichen Vorgaben und gelebter Praxis, dass die BaFin Beschwerden von Anlegern annimmt und bescheidet.

II. Inhalt der Regelung

Die Norm regelt zwei Verfahren der außergerichtlichen Streitbeilegung, die Anlegern bei Konflikten mit Unternehmen im Anwendungsbereich des Kapitalanlagegesetzbuches zur Verfügung stehen. Sowohl die Beschwerde als auch der Antrag auf Schlichtung sind sog. nichtförmliche Rechtsbehelfe. Sie richten sich weder gegen eine behördliche oder gerichtliche Entscheidung noch sind sie obligatorischer Vorschaltrechtsbehelf im Zusammenhang mit einer etwaigen Rechtswegbeschreitung.[7]

III. Zweck der Regelung

Die Regelung bezweckt, die **außergerichtliche Streitbeilegung zu stärken**. Zweck der außergerichtlichen Streitbeilegung wiederum ist es, im Gegensatz zum Rechtsweg eine kostengünstige und schnelle Lösung des schwelenden Konflikts zu erreichen.

Obgleich beide Rechtsbehelfe laut europäischem Verständnis der außergerichtlichen Streitbeilegung dienen, divergiert ihre diesbezügliche Zwecktauglichkeit im deutschen Recht, was insbesondere an der Ausgestaltung der Aufsichtsbefugnisse der BaFin liegt.[8] Während die außergerichtliche Streitbeilegung nach der Konzeption des deutschen Gesetzgebers idealiter durch das Schlichtungsverfahren bewerkstelligt wird, dient die Beschwerde primär als Erkenntnisquelle der BaFin, um aufsichtsrechtliche Fehlentwicklungen zu erkennen und abstellen zu können. Die schlichtende Einwirkung auf den Zivilrechtsstreit ist allenfalls mittelbare Nebenwirkung der Beschwerde.

B. Beschwerdeverfahren (Absätze 1 und 2)

Das Beschwerdeverfahren hat entgegen dem Schlichtungsverfahren keine detaillierte Regelung erfahren. Ein Minimum an Verfahrensvoraussetzungen sind § 342 Abs. 1 und Abs. 2 KAGB sowie der allgemeinen Regelung in § 4b FinDAG[9] zu entnehmen. Weitere Verfahrenskonturen lassen sich aus der Rechtsnatur der Beschwerde als Petition sowie aus der Reichweite aufsichtsrechtlicher Befugnisse der BaFin im (Individual-)Anlegerschutz ableiten.

I. Rechtsnatur der Beschwerde

Das Beschwerdeverfahren bei der BaFin ist eine **Konkretisierung des Petitionsgrundrechts aus Art. 17 GG**.[10] Die Beschwerde gibt die Möglichkeit, außerhalb des förm-

---

7 Zur Bedeutung im Zusammenhang mit § 15a EGZPO siehe Rn. 90.
8 Zum Prüfungsmaßstab der BaFin ausführlich unter Rn. 20.
9 Finanzdienstleistungsaufsichtsgesetz, BGBl. I v. 22.4.2002, S. 1310 (in der geltenden Fassung).
10 Diese Ansicht vertritt zunächst die BaFin selbst: http://www.bafin.de/DE/Verbraucher/Beschwerden Ansprechpartner/BaFin/bafin_node.html; ferner VG Frankfurt a.M. NJW **2011** 2747; VG Frankfurt a.M. VersR **2004** 1397; Emde/Dornseifer/Dreibus/Hölscher/*Machhausen* InvG 2013 § 143c Rn. 2; *Lorenz* VersR **2004** 541.

lichen Rechtsschutzes mit einem Anliegen, das Bezug zur Finanzdienstleistungsaufsicht aufweist, an eine staatliche Stelle heranzutreten. Der Beschwerdeführer trägt zwar meist eine Beanstandung vor, die ihren Ursprung im behaupteten Fehlverhalten eines privaten Rechtssubjektes hat. Dies impliziert aber zugleich das Anliegen, es gebe aufsichtsrechtlichen Handlungsbedarf und stellt folglich das Petitum an die BaFin dar, das Fehlverhalten abzustellen. Die BaFin ist als bundesunmittelbare Anstalt des öffentlichen Rechts eine staatliche Stelle und damit zulässiger Petitionsadressat. Sie ist ferner zuständige Stelle im Sinne von Art. 17 GG, soweit sie zur Gewähr des vom Beschwerdeführer Geforderten nach der staatlichen Kompetenzzuordnung berechtigt ist (sog. Erledigungskompetenz).

8   Die Beschwerde ist von einem Auskunftsersuchen zu unterscheiden, wenngleich die Grenzen fließend sind. Beide Begehren können als Petition eingeordnet werden.[11] Meist umfasst die Beschwerde eines Anlegers auch das Bedürfnis, (für seinen Zivilprozess erforderliche) Auskunft über Informationen der BaFin zu erhalten. Zwar ist dieses Petitum legitim und kann nicht als unzulässig abgewiesen werden. Ihm kann aber nur entsprochen werden, wenn die spezialgesetzlichen Voraussetzungen nach dem Informationsfreiheitsgesetz vorliegen.[12]

II. Zulässigkeit der Beschwerde

9   **1. Sachlicher Anwendungsbereich (Absatz 1).** Die Beschwerde muss einen behaupteten Verstoß gegen das KAGB zum Inhalt haben. Dabei genügt es, wenn sich aus dem Sachvortrag des Beschwerdeführers schließen lässt, dass ein Rechtsverstoß gegen das KAGB oder auf ihm basierende Verordnungen vorliegen könnte. Der Beschwerdeführer wird zumeist zivilrechtliche Streitigkeiten mit einem beaufsichtigten Unternehmen vortragen. Da dem zivilrechtlichen Pflichtenumfang der Unternehmen im Kapitalanlagebereich weitestgehend deckungsgleiche Verhaltenspflichten im Aufsichtsrecht gegenüberstehen,[13] lässt sich aus dem Sachvortrag regelmäßig eine Verknüpfung zum KAGB herstellen.

10 Selbst wenn die Beschwerde aber nicht im Zusammenhang mit Normen des KAGB steht, ist sie zulässig, soweit der behauptete Verstoß eine Norm betrifft, deren Einhaltung die BaFin zu überwachen hat.[14] Dies folgt aus dem Grundrecht aus Art. 17 GG sowie dessen Prinzip der Erledigungskompetenz und wird nunmehr[15] durch § 4b Abs. 1, Abs. 3 Satz 1 FinDAG klargestellt.

11 **2. Personeller Anwendungsbereich (Absatz 1).** Laut KAGB sind **Anleger und Kunden** berechtigt, eine Beschwerde bei der BaFin einzulegen. Anleger ist im KAGB der Oberbegriff aller in Investmentvermögen Investierenden; ganz gleich ob sie als natür-

---

11   Maunz/Dürig/*Klein* Grundgesetz-Kommentar, Art. 17 Rn. 45.
12   Zu dieser Problematik ausführlich Schwennicke/Auerbach/*Brocker* KWG-Kommentar, 2. Aufl. 2013, § 9 Rn. 16; *Brocker/Andrzejewski* GWR **2011** 378; *Spindler* ZGR **2011** 719.
13   Zu den Rechtsbeziehungen zwischen Anleger, KVG und Depotbank ausführlich Schimansky/Bunte/Lwowski/*Köndgen/Schmies* § 113 Rn. 113 ff.; zum Verhältnis von Zivil- und Aufsichtsrecht im Kapitalmarktrecht *Assmann* FS Schneider (2011) 37 ff.
14   Typisches Beispiel ist das Rügen fehlerhafter Beratung beim Erwerb des Investmentvermögens, wenn der Vertrieb nicht von der KVG selbst, sondern einem externen Vertriebsbeauftragten durchgeführt wurde. Hier ist regelmäßig nicht das KAGB, aber das ebenfalls in die Zuständigkeit der BaFin fallende WpHG einschlägig.
15   Die Festschreibung dieser bereits gelebten Praxis erfolgte durch das Gesetz zur Stärkung der deutschen Finanzaufsicht zum 1.1.2013, BGBl. I v. 3.12.2012, S. 2369.

liche Person oder als Gesellschaft tätig werden. Daneben wurde die Kategorie des Kunden aufgenommen, um einen Gleichlauf der Begrifflichkeiten mit dem Wertpapierhandelsgesetz herzustellen.[16] Dies betrifft etwa Fälle, in denen der Beschwerdeführer solche Nebendienstleistungen einer KVG rügt,[17] für die partiell das WpHG für anwendbar erklärt wird.[18]

Der Statuierung eines personellen Anwendungsbereichs kommt indes keine Bedeutung zu, da er keine einschränkende Funktion bewirkt. Aus der behaupteten Vorschriftsverletzung des KAGB ergibt sich zwangsläufig die Kategorisierung des Beschwerdeführers entweder als Kunde oder jedenfalls als Anleger.[19] **12**

Aus der Definition eines personellen Anwendungsbereichs folgt auch **kein Verbot einer Popularbeschwerde**. Zwar suggeriert die Voraussetzung, Anleger oder Kunde zu sein, dass zumindest eine (vor-)[20]vertragliche Beziehung zu einem beaufsichtigten Unternehmen und eine daraus resultierende eigene Betroffenheit vorliegen muss. Der Wortlaut spricht somit gegen eine Beschwerdebefugnis Dritter. Das widerspricht allerdings der herrschenden Auffassung zur Reichweite des Petitionsrechts aus Art. 17 GG, wonach es keiner eigenen Beschwer bedarf.[21] Die im KAGB vorgenommene Eingrenzung des personellen Anwendungsbereichs überschreitet die Grenze der Grundrechtsausgestaltung und stellt eine Schutzbereichsbeeinträchtigung dar. Unter verfassungskonformer Auslegung von § 342 Abs. 1 darf jeder, der Grundrechtsträger von Art. 17 GG ist, eine Beschwerde einlegen. Dies gilt insbesondere für sog. qualifizierte Einrichtungen[22] im Sinne von §§ 3 Abs. 1 Satz 1 Nr. 1, 4 UKlaG, was auch in § 4b Abs. 1 FinDAG Berücksichtigung findet. **13**

3. Formerfordernis der Beschwerde (Absatz 2). Entgegen dem Wortlaut von § 342 Abs. 2 Hs. 1, der Schriftlichkeit vorsieht, ist das Einlegen einer Beschwerde in **Textform** im Sinne von § 126b BGB ausreichend und wirksam. **14**

Dies folgt aus einer verfassungskonformen Auslegung im Hinblick auf Art. 17 GG.[23] Es ist auch rein tatsächlich möglich, denn die BaFin lässt eine solche Form der Beschwerde explizit zu. Einerseits wird eine E-Mail Adresse zur Verfügung gestellt.[24] Andererseits werden Beschwerdeformulare in Portalen angeboten.[25] Damit ergibt sich die Möglichkeit der Beschwerde mittels E-Mail auch aus § 3a Abs. 1 VwVfG des Bundes. **15**

Der Gesetzgeber sollte hier eine Klarstellung vornehmen und den § 342 Abs. 2 an den § 4b Abs. 2 FinDAG angleichen, der bereits die Schriftform ausreichen lässt, dessen Anwendung auf das KAGB allerdings als lex generalis wegen § 4b Abs. 1 letzter Hs. FinDAG gesperrt ist. **16**

---

16 Gesetzesbegründung zu § 9 Abs. 3 InvG, OGAW-IV-Umsetzungsgesetz, BTDrucks. 17/4510, S. 61.
17 Beispielsweise die Anlageberatung; vgl. § 20 Abs. 2 Nr. 2, Abs. 3 Nr. 1 KAGB.
18 § 5 Abs. 2 KAGB; § 2 Abs. 2 InvVerOV.
19 Auch der Aktionär einer Investmentaktiengesellschaft (siehe § 142 Satz 2 KAGB) oder der Kommanditist einer Investmentkommanditgesellschaft (siehe § 127 Abs. 1 Satz 2 KAGB) qualifiziert als Anleger.
20 Die Kundeneigenschaft umfasst (im Gegensatz zur Anlegereigenschaft) auch den Status *vor* Vertragsschluss, was wegen der vorvertraglichen Informationspflichten von großer Bedeutung ist; Schwark/Zimmer/*Koch* Kapitalmarktrechtskommentar § 31a WpHG Rn. 5.
21 Maunz/Dürig/*Klein* Grundgesetz-Kommentar, Art. 17 Rn. 60 m.w.N.
22 Insbesondere Verbraucher- und Anlegerschutzverbände wie der Verbraucherzentrale Bundesverband e.V. (vzbv).
23 Maunz/Dürig/*Klein* Grundgesetz-Kommentar, Art. 17 Rn. 61 ff.
24 poststelle@bafin.de unter http://www.bafin.de/DE/Verbraucher/BeschwerdenAnsprechpartner/BaFin/bafin_node.html.
25 https://www.bafin.buergerservice-bund.de/formulare/f_bank_de.php.

17 **4. Begründungserfordernis der Beschwerde (Absatz 2).** Das Begründungserfordernis folgt aus dem Sinn der Beschwerde, wonach der Adressat wissen muss, welchen Sachverhalt er aus welchen Gründen zu überprüfen hat. Die Ausgestaltung als Soll-Vorschrift macht deutlich, dass eine unzureichende Sachverhaltsdarstellung oder ein fehlender Beschwerdegrund nicht zur Unwirksamkeit der Beschwerde führen kann. Denn die BaFin ist bereits verfassungsrechtlich aus Art. 17 GG sowie einfachgesetzlich in entsprechender Anwendung der §§ 24 f. VwVfG zum entsprechenden Hinweis an den Beschwerdeführer beziehungsweise zur Verständnisnachfrage verpflichtet.

III. Ablauf des Beschwerdeverfahrens

18 **1. Sachverhaltsermittlung der BaFin.** Der Ablauf des Beschwerdeverfahrens ist im KAGB nicht geregelt. Allerdings existiert eine Verfahrenspraxis bei der BaFin, die sich deren Homepage sowie einem im Versicherungsbereich ergangenen Rundschreiben[26] entnehmen lässt und zwischenzeitlich[27] auch in § 4b Abs. 3 und 4 FinDAG gesetzlich verankert wurde.

19 Demnach ermittelt die BaFin nach Eingang der Beschwerde zunächst den Sachverhalt und kann dazu das betroffene Unternehmen im Rahmen ihrer aufsichtsrechtlichen Auskunftsansprüche zur Stellungnahme auffordern.[28] Soweit das Unternehmen mit der Weiterleitung seiner Stellungnahme einverstanden ist, wird diese an den Beschwerdeführer versandt. Diese Einschränkung ergibt sich aus der Verschwiegenheitsverpflichtung der BaFin gemäß § 8 KAGB, § 9 KWG und § 11 FinDAG.

20 **2. Prüfungsmaßstab der BaFin.** Die materielle Prüfung der Beschwerde richtet sich nach den Befugnissen der BaFin, welche die Reichweite der Petitionserledigungskompetenz bestimmen. Prüfungsmaßstab ist **das öffentliche Aufsichtsrecht**, nicht die zivilrechtliche Verbindung zwischen dem Beschwerdeführer und dem beaufsichtigten Unternehmen. Die BaFin wird auch im Anwendungsbereich des KAGB gemäß § 4 Abs. 4 FinDAG allein im öffentlichen Interesse tätig.[29] Ihr kommt nach gegenwärtiger Konzeption nicht die Aufgabe zu, dem individuellen Anleger zur Durchsetzung seiner (zivilrechtlichen) Ansprüche zu verhelfen.[30] Ein solcher Schutz kann sich allenfalls als Rechtsreflex daraus ergeben, dass die BaFin nach Eingang einer Beschwerde einen Missstand abstellt. Das nützt dem in der Vergangenheit betroffenen Beschwerdeführer kaum, zumal die BaFin ihm aufgrund ihrer Verschwiegenheitsverpflichtung in der Regel den konkreten Ausgang der Missstandsprüfung nicht mitteilt. Somit hat der Beschwerdeführer weder Dokumente, die er als Urkunden in einem Zivilprozess zum Nachweis einer Pflichtverletzung einführen könnte, noch wird wenigstens eine Genugtuungsfunktion erreicht, indem der Anleger davon erfährt, dass beispielsweise gegen das Unternehmen aufsichtsrechtliche Maßnahmen ergriffen wurden. Die BaFin informiert lediglich im Jahresbericht in aggregierter Form über die Ergebnisse der Beschwerden.[31] Befriedigung erfährt allein

---

26 Rundschreiben 1/2006 (VA) vom 23.3.2006, Geschäftszeichen Q 24 – O 1416 – 2006/1.
27 Durch das Gesetz zur Stärkung der deutschen Finanzaufsicht; siehe Fußnote 15.
28 Vgl. auch Kleine Anfrage der Fraktion Bündnis90/Die Grünen, BTDrucks. 17/8889, S. 3.
29 Emde/Dornseifer/Dreibus/Hölscher/*Emde* InvG 2013 Einleitung Rn. 13 in Bezug auf das InvG; zu daraus folgenden Einschränkungen ausführlich *Giesberts* in: Kölner Kommentar zum WpHG § 4 Rn. 64 ff.
30 Jüngst vom Gesetzgeber bekräftigt im Gesetz zur Stärkung der deutschen Finanzaufsicht, BTDrucks. 17/10040 S. 13. Zur Kritik daran *Reifner* VuR **2011** 410 sowie *Metz* FS Nobbe (2009) 883 ff.
31 Vgl. auch die Übersicht bearbeiteter Beschwerden der letzten 10 Jahre im Anschluss an die Kleine Anfrage der Fraktion Bündnis90/Die Grünen v. 6.3.2012 BTDrucks. 17/8889.

der altruistische Beschwerdeführer, denn er bewahrt gegebenenfalls nach Tätigwerden der BaFin künftige Anleger desselben Unternehmens vor vergleichbaren Nachteilen.[32]

Durch den zunehmenden gesellschaftlichen Stellenwert des Verbraucher- und Anlegerschutzes ist zu beobachten, dass die BaFin bisweilen faktisch über ihre Erledigungskompetenz hinausgeht. Es wurde mehrfach konstatiert[33] und zeigt sich insbesondere in den Verlaufsberichten einzelner Beschwerdeverfahren,[34] dass die BaFin gelegentlich als Vermittler auftritt und Kulanzregelungen anstößt oder anderweitig auf den Zivilrechtskonflikt Einfluss nimmt. Diese Entwicklung ist grundsätzlich zu begrüßen, sollte aber auf tragfähigen gesetzlichen Kompetenzregelungen fußen. 21

IV. Folgewirkungen der Beschwerde

1. Verpflichtung der BaFin zur Bescheidung. Aus der Natur der Beschwerde als Petition folgt die Verpflichtung der BaFin, die Beschwerde entgegenzunehmen, in eine Sachprüfung einzutreten und einen „Bescheid" zu erlassen.[35] Nach § 4b Abs. 3 Satz 1 FinDAG hat dies in angemessener Frist zu erfolgen. 22

Aufgrund der aufsichtsrechtlichen Konzeption der BaFin und einhergehender Beschränkung der Erledigungskompetenz ist der Informationsgehalt des ergehenden Beschwerdebescheids für den Beschwerdeführer regelmäßig gering. Die BaFin hat den Beschwerdeführer gemäß § 4b Abs. 3 Satz 2 FinDAG in geeigneten Fällen jedoch auf die Möglichkeit des einschlägigen Schlichtungsverfahrens hinzuweisen. 23

Die Involvierung der BaFin steigert gleichwohl die Bereitschaft der Unternehmen, sich kulant zu zeigen.[36] Dies ist letztlich auf die einflussreiche Position der BaFin gegenüber den beaufsichtigten Unternehmen zurückzuführen, die jeden Anlass zu aufsichtsrechtlichen Maßnahmen vermeiden wollen. Daher hat die Beschwerde faktisch streitschlichtende (Neben-)Wirkung. 24

2. Parallele (Zivilrechts-)Streitbeilegungsverfahren. Die Beschwerde gegenüber der BaFin tangiert in keiner Weise anderweitig ergriffene Maßnahmen (außer-)gerichtlicher Streitbeilegung, denn die jeweilige Zwecksetzung der Verfahren divergiert. Weder ist es einem Unternehmen erlaubt, die im Rahmen der Compliance vorzuhaltende interne Beschwerdebearbeitung[37] gemäß § 28 Abs. 2 Satz 1 Nr. 1, Satz 2, Abs. 4 i.V.m. § 4 Abs. 3 KAVerOV[38] ruhen zu lassen, solange die Beschwerde bei der BaFin nicht beschieden ist;[39] noch hindert es das Einreichen eines Antrags bei der zuständigen Schlichtungsstelle. Auch wird die Beschwerde nicht mit Beschreiten des Zivilrechtswegs obsolet. 25

Aus dieser fehlenden Konnexität zwischen Beschwerde- und Streitbeilegungsverfahren folgt, dass das Erheben der Beschwerde **keine Verjährungshemmung** bewirkt. Die Beschwerde ist auch kein notwendiger Vorschaltrechtsbehelf (weder vor Klageerhebung noch vor Antragstellung bei einer als Gütestelle anerkannten Schlichtungsstelle) im Sinne von § 204 Abs. 1 Nr. 12 BGB. 26

---

32 Ähnlich Assmann/Schneider/*Dreyling* WpHG, 4. Aufl. 2006, § 4 Rn. 23.
33 Fischer/Klanten/*Fischer* Bankrecht, 4. Aufl. 2010, Rn. 2.15.
34 Nachweise bei *Fischer* (Fn. 33) sowie im Jahresbericht 2011 der BaFin – Querschnittsaufgaben, S. 260.
35 Zu diesen Pflichten des Petitionsadressaten: BVerfGE 2 230; 13 90.
36 Schimansky/Bunte/Lwowski/*Fischer* § 125 Rn. 28.
37 Hierzu ausführlich Ellenberger/Schäfer/Clouth/Lang/*Rothenhöfer* Praktikerhandbuch Wertpapier- und Derivategeschäft, 4. Aufl. 2011, Rn. 2087 ff.
38 Bei externem Vertrieb ggf. über § 33 Abs. 1 Nr. 4 WpHG.
39 *Schäfer* Beschwerde, Beschwerdebearbeitung und Beschwerdeanzeigen, WM **2012** 1163.

27   **3. Rechtsschutz gegen Beschwerdebescheide.** Der durch die BaFin erlassene Beschwerdebescheid hat **keine Verwaltungsaktqualität**. Der Bescheid trifft keine Regelung, denn er bestimmt nicht, was für den Beschwerdeführer rechtens sein soll, sondern informiert lediglich über den Ausgang des Verfahrens.[40] Bei unterlassener oder unsachgemäßer Antwort durch die BaFin wäre wegen des schlicht-hoheitlichen Charakters daher die allgemeine Leistungsklage statthaft.

C. Schlichtungsverfahren (Absätze 3, 5 und 6)

I. Rechtssystematische Einordnung des Schlichtungsverfahrens

28   Das Schlichtungsverfahren zählt neben dem Schiedsverfahren und der Mediation zu den alternativen Streitbeilegungsverfahren.[41] Diese Verfahren teilen die Zielsetzung, einen Gerichtsprozess zu vermeiden. Während das **schiedsrichterliche Verfahren** jedoch an die Stelle des ordentlichen Zivilprozesses tritt, ist das Schlichtungsverfahren optional und verhindert nicht, dass nachfolgend prozessiert wird.[42] Dies wird durch § 342 Abs. 3 Satz 2 ausdrücklich klargestellt. Von der **Mediation** grenzt sich das Schlichtungsverfahren insoweit ab, als der Schlichter kraft Autorität und Fachkompetenz in der Streitmaterie einen Schlichtungsspruch zur Annahme vorschlägt, während sich der Mediator darauf beschränkt, den selbständigen Einigungsprozess zwischen den Parteien zu strukturieren und zu moderieren.[43]

29   Die Aufwertung, die alternative Streitbeilegungsverfahren durch das neue Mediationsgesetz erfahren, lässt eine verstärkte Inanspruchnahme des Schlichtungsverfahrens erwarten.[44] Dies folgt einerseits aus der nach § 253 Abs. 2 Nr. 1 ZPO obligatorischen Angabe in der Klageschrift, ob eine alternative Streitbeilegung versucht wurde sowie aus den haftungsrechtlichen Konsequenzen bei unterlassener Beratung des Mandanten über diese Alternativen;[45] ferner aus der stärkeren Verzahnung des Gerichtsverfahrens und des Schlichtungsverfahrens gemäß § 278a ZPO.

II. Konzeption der Schlichtungsstelle (Abs. 3 Satz 1 und Abs. 6)

30   **1. Duale Konzeption.** Art. 100 OGAW-IV-Richtlinie schreibt lediglich vor, Deutschland habe als Regelungsadressat sicherzustellen, dass ein Schlichtungsverfahren vorhanden ist. Dass die Schlichtungsstelle beim Staat – etwa bei der jeweiligen Aufsichtsbehörde – anzusiedeln ist, wird nicht verlangt. Im OGAW-IV-Umsetzungsgesetz entschied sich der deutsche Gesetzgeber, an der tradierten Zweiteilung[46] des Schlichtungssystems im Finanzdienstleistungsbereich festzuhalten. Es wurde daher in § 143c Abs. 6 InvG eine gesetzliche Ermächtigungsgrundlage geschaffen und die Schlichtungsaufgabe auf den im Jahre 2011 allein zuständigen Branchenverband **Bundesverband Investment und Asset Mana-**

---

40   Maunz/Dürig/*Klein* Grundgesetz-Kommentar, Art. 17 Rn. 129.
41   Zur nachfolgenden Abgrenzung der Verfahren siehe *Musielak* ZPO, 11. Aufl. 2014, Einleitung Rn. 21 ff.; *Rüssel* JuS **2003** 380.
42   Vgl. zur potentiellen Bindungswirkung Rn. 89 ff.
43   Zur Abgrenzung von Mediation und Schlichtung ausführlich *Lücke* BKR **2009** 324.
44   Zum maßgeblichen Beweggrund der Verjährungshemmung und der Kritik hieran siehe unten Rn. 97 f.
45   *Ewig* Mediationsgesetz 2012: Aufgabe und Rolle des beratenden Anwalts, ZKM **2012** 5; *Ahrens* Mediationsgesetz und Güterichter, NJW **2012** 2469.
46   Dazu sogleich unter Rn. 32.

*gement e.V.*⁴⁷ übertragen. Nachdem die Vorschrift des § 143c InvG in das KAGB übernommen wurde, erstreckt sich der Anwendungsbereich nunmehr auch auf geschlossene Fonds, so dass neben die Schlichtungsstelle beim BVI fortan diejenige des Branchenverbandes *Bundesverband Sachwerte und Investmentvermögen e.V.*⁴⁸ tritt. Da die Schlichtungsstelle des bsi als eingetragener Verein (anders als die lediglich inkorporierte Schlichtungsstelle beim BVI) eine eigene Rechtspersönlichkeit besitzt, ist die *Ombudsstelle Geschlossene Fonds e.V.*⁴⁹ selbst Adressat der übertragenen Rechte und Pflichten.

Allerdings können die privaten Stellen die Schlichtung lediglich für ihre Mitgliedsunternehmen und solche Gesellschaften durchführen, die sich dem Verfahren freiwillig angeschlossen haben. In der Folge ergab sich die Notwendigkeit, für alle übrigen Gesellschaften eine **separate Schlichtungsstelle bei der BaFin** einzurichten. **31**

Diese duale Konzeption findet ihren Ursprung im Jahr 2001, als die bis dahin bei der Bundesbank angesiedelte Schlichtungsstelle für den Bereich der Zahlungsdienste durch die Einfügung von § 7 SchlichtVerfV auf diverse Bankenverbände (rück-)übertragen wurde.⁵⁰ Auch dort ist die Bundesbank nach wie vor als Auffangstelle für Schlichtungsanträge zuständig, die sich gegen Institute wenden, welche sich dem Verfahren nicht freiwillig angeschlossen haben. Die duale Konzeption ist letztlich denknotwendige Folge der Schlichtungsprivatisierung,⁵¹ weil der Staat nur so seiner umfassenden Gewährleistungsverantwortung gerecht werden kann. **32**

2. Öffentlich-rechtliche Schlichtungsstelle (Absatz 3 Satz 1)

a) Rechtsgrundlage. Zur näheren Ausgestaltung der gemäß § 143c Abs. 3 Satz 1 InvG bei der BaFin einzurichtenden Schlichtungsstelle wurde von der Verordnungsermächtigung nach § 143c Abs. 5 InvG in Verbindung mit § 1 Nr. 3 BaFinBefugV⁵² Gebrauch gemacht und die Investmentschlichtungsstellenverordnung erlassen.⁵³ Im Zuge der Überführung des § 143c InvG in das KAGB fand ein Konsultationsverfahren zur Überarbeitung dieser Verordnung durch die BaFin statt.⁵⁴ Maßgebliche Grundlage des Schlichtungsverfahrens bei der BaFin ist nunmehr⁵⁵ die zum 22.7.2013 in Kraft getretene **Kapitalanlageschlichtungsstellenverordnung**.⁵⁶ **33**

Die KASchlichtV hat sich als Verordnung nach rechtsstaatlichen Grundsätzen am Zweck ihrer Ermächtigung auszurichten, welcher in § 342 Abs. 5 Satz 2 Nr. 1–4 konkretisiert wird. Diese Konkretisierung orientiert sich ihrerseits an einer Empfehlung der Europäischen Kommission betr. der außergerichtlichen Beilegung von Verbraucherrechtsstreitigkeiten.⁵⁷ **34**

---

47 Im Folgenden: BVI.
48 Im Folgenden: bsi. Der Verband firmierte bis zum 21.7.2013 als Verband Geschlossene Fonds e.V. (VGF).
49 Im Folgenden: OGF.
50 Zu dieser Entwicklung *Lücke* WM **2009** 103 f.; *Bertelmann* FS Schönwitz (2006), 345.
51 Zur Privatisierung der Schlichtungsstelle sogleich unter Rn. 42 ff.
52 Verordnung zur Übertragung von Befugnissen zum Erlass von Rechtsverordnungen auf die Bundesanstalt für Finanzdienstleistungsaufsicht – BaFinBefugV, BGBl. I v. 30.1.2014, S. 322.
53 Verordnung über die Schlichtungsstelle nach § 143c des Investmentgesetzes, BGBl. I v. 28.6.2011, S. 1299. Im Folgenden: InvSchlichtV.
54 Konsultation 11/2013 der BaFin v. 27.5.2013 zum Entwurf der Kapitalanlageschlichtungsstellenverordnung, Geschäftszeichen WA 41-Wp 2169-2013/0003.
55 Zum Umfang der Fortgeltung der Investmentschlichtungsstellenverordnung siehe § 14 KASchlichtV.
56 BGBl. I v. 16.7.2013, S. 2479. Im Folgenden: KASchlichtV.
57 Empfehlung 98/257/EG v. 30.3.1998 betr. die Grundsätze für Einrichtungen, die für die außergerichtliche Beilegung von Verbraucherrechtsstreitigkeiten zuständig sind, ABl. L 115 v. 17.4.1998, S. 31.

35 **b) Organisationsstruktur der Schlichtungsstelle.** Die Schlichtungsstelle wurde 2011 gemäß § 143c Abs. 3 Satz 1 InvG in Verbindung mit § 1 Satz 1 InvSchlichtV bei der BaFin eingerichtet. Dort ist sie in der Organisationseinheit Querschnittsaufgaben, Abteilung Q2 für Verbraucher- und Anlegerschutz, Referat Q21 angesiedelt.[58] Diese organisatorische Trennung von der für Unternehmen nach KAGB zuständigen Aufsichtsabteilung soll die Unabhängigkeit und Akzeptanz der Schlichtungsstelle stärken.[59] Hinzu kommt eine örtliche Trennung, denn die Schlichtungsstelle sitzt in Bonn während die Aufsicht, Abteilung WA4, in Frankfurt am Main beheimatet ist.

36 Die Schlichtungsstelle besteht aus **mindestens zwei Schlichtern**, die jeweils über einen Stellvertreter verfügen, § 1 Abs. 1 Satz 1 und 4 KASchlichtV. Entschieden wird jedoch nicht im Gremium sondern als Einzelschlichter, § 1 Abs. 2 Satz 1 KASchlichtV.[60] Dies folgt der Ausrichtung der Schlichtung als schnelles und effektives Verfahren. In Anlehnung an das Recht auf einen gesetzlichen Richter aus Art. 101 Abs. 1 Satz 2 GG wird vor jedem Geschäftsjahr ein Geschäftsverteilungsplan erstellt, § 1 Abs. 2 Satz 2 KASchlichtV.

37 Den Schlichtern wird eine **Geschäftsstelle** zur Seite gestellt, § 1 Abs. 3 KASchlichtV. Diese erledigt den Verwaltungsaufwand[61] und fungiert als Filter, indem sie die eingehenden Anträge auf Zuständigkeit, Zulässigkeit sowie Entscheidungsreife durchsieht, §§ 3, 5, 12 KASchlichtV.[62]

38 Die Schlichtungsstelle hat einen jährlichen **Tätigkeitsbericht** zu veröffentlichen, § 1 Abs. 4 KASchlichtV. Für dessen inhaltliche Ausgestaltung gibt es keine Vorgaben. Dadurch fehlt auch eine normative Vorgabe bei der Übertragung der Schlichtungsaufgabe auf Private im Rahmen von § 11 Abs. 2 Satz 2 KASchlichtV. Das bietet den Spielraum und Anreiz, diese Berichte stärker an Marketinggesichtspunkten denn an der objektiven Berichterstattung auszurichten.[63] Es sollten zumindest Standards vorgegeben werden, in welchem Detaillierungsgrad die Inhalte der Anträge sowie deren Erledigung zu präsentieren sind, um nichtssagenden Aggregierungen („Sonstiges") mit hohen Fallzuweisungen vorzubeugen. Dies ist schon deshalb bedeutsam, um die Tätigkeitsberichte als empirische Grundlage für eine Bewertung der Schlichtung nutzen zu können. Zusätzlich sollte eine anonymisierte Veröffentlichung ausgewählter Schlichtungsvorschläge erfolgen, wie dies bei einigen Schlichtungsstellen bereits der Fall ist.[64] Die zu publizierenden Schlichtungsvorschläge sollten – auch in Bezug auf die privatrechtlichen Schlichtungsstellen – durch die BaFin ausgewählt werden.

39 **c) Eignung der Schlichter.** Die Schlichter müssen Bedienstete der BaFin sein, die Befähigung zum Richteramt haben und über mindestens drei Jahre juristische Berufserfahrung verfügen, § 1 Abs. 1 Satz 1 und 2 KASchlichtV. Neben der Schlichtungstätigkeit dürfen sie nicht zugleich der KAGB-Fachaufsicht über Unternehmen nachgehen, § 1 Abs. 1 Satz 3 KASchlichtV. Allerdings schließt die KASchlichtV anders als bei den priva-

---

[58] Aktuelles Organigramm der BaFin, abrufbar unter http://www.bafin.de/SharedDocs/Downloads/DE/Liste/dl_organigramm.html.
[59] Begründung zu § 1 Abs. 1 InvSchlichtV.
[60] Zum Für und Wider ausführlich Schimansky/Bunte/Lwowski/*Höche* § 3 Rn. 32 ff.
[61] Etwa die Kostenerhebung nach § 8 KASchlichtV.
[62] Die materielle Entscheidung über die Zulässigkeit obliegt hingegen allein dem Schlichter.
[63] Zu diesbezüglichen Erfahrungen *Brömmelmeyer* WM **2012** 342.
[64] Beispielsweise seitens der Schlichtungsstelle Energie e.V. Ebenso hat die Ombudsstelle für Investmentfonds des BVI im Tätigkeitsbericht 2012 ausgewählte Schlichtungssprüche als sog. Fallsammlung veröffentlicht.

ten Schlichtungsstellen[65] nicht aus, dass sie sich diese drei Jahre Berufserfahrung zunächst im Rahmen der Aufsicht über Unternehmen nach dem KAGB bzw. dem InvG angeeignet haben.[66] Das darf folglich auch nicht als Grund gelten, der die Unparteilichkeit eines potentiellen Schlichters in Frage stellt.

d) Bestellung der Schlichter. Die Bestellung der Schlichter erfolgt gemäß § 2 KASchlichtV durch die BaFin unter Einbindung der involvierten Verbände. Der BVI, die OGF, die Deutsche Kreditwirtschaft sowie der Verbraucherzentrale Bundesverband e.V. sind zwei Monate zuvor zu informieren und können schriftlich Tatsachen vortragen, welche die Qualifikation oder Unparteilichkeit der vorgesehenen Person in Frage stellen. Hier wird man in puncto Unparteilichkeit den Maßstab aus der richterlichen Befangenheitsbesorgnis übertragen können. Die Bestellung erfolgt auf drei Jahre und kann in unbegrenzter Anzahl wiederholt werden. 40

e) Rechtsstellung der Schlichter. In Bezug auf ihre Schlichtungstätigkeit sind die Bediensteten der BaFin gemäß § 2 Abs. 3 Satz 1 KASchlichtV an Weisungen nicht gebunden. Ihre Unabhängigkeit wird dadurch flankiert, dass sie nur unter engen Voraussetzungen abberufen werden können, § 2 Abs. 3 Satz 2 KASchlichtV. Ihre Freiheit wird durch die statuierte Verschwiegenheitsverpflichtung und die Grenze der Parteilichkeitsbesorgnis in § 2 Abs. 4 und 5 KASchlichtV eingeschränkt. 41

3. Privatrechtliche Schlichtungsstelle (Absatz 6)

a) Rechtsgrundlage – wirksame Übertragung. § 342 Abs. 6 Satz 1 eröffnet die Möglichkeit, die Schlichtungsaufgabe durch Rechtsverordnung auf private Stellen zu übertragen. Die BaFin hat im Zuge der Ausgestaltung ihrer Verfahrensordnung im Jahr 2011 zugleich in § 10 InvSchlichtV den Verfahrensrahmen für eine private Schlichtungsstelle festgelegt. Dazu war sie durch § 342 Abs. 6 Satz 2 in Verbindung mit § 1 Nr. 3 BaFin-BefugV ermächtigt. § 10 InvSchlichtV wurde zum 22.7.2013 im Wesentlichen unter Ergänzung der **Ombudsstelle Geschlossene Fonds e.V.** in § 11 KASchlichtV überführt. 42

Nachdem der BVI eine Verfahrensordnung ausgearbeitet hatte, diese von den zuständigen Ministerien genehmigt sowie am 1.9.2011 im elektronischen Bundesanzeiger veröffentlicht wurde, ist die Übertragung der Schlichtungsaufgaben nach § 10 Abs. 2 InvSchlichtV rechtswirksam geworden. Die Schlichtungsstelle des BVI nennt sich in Anlehnung an die üblichen Bezeichnungen vergleichbarer Stellen der Finanzdienstleistungsbranche **Ombudsstelle**[67] **(für Investmentfonds)**. 43

Neben diesen formellen Voraussetzungen statuierte § 143c InvG wie auch dessen Nachfolger § 342 Abs. 6 Satz 1 letzter Hs. den **materiellen Vorbehalt**, dass die Übertragung nur dann zu genehmigen ist, wenn die Aufgaben von der privaten Stelle *zweckmäßiger* (als durch die BaFin) erledigt werden können. Was damit gemeint ist, erschließt sich weder aus der Gesetzesbegründung zu § 143c InvG noch aus derjenigen zu § 342. Aufklärung bringt ein Blick in die Gesetzgebungsmaterialien zur gleich lautenden For- 44

---

65 Siehe § 11 Abs. 2 Satz 2 Nr. 2 KASchlichtV sowie die Umsetzung in § 4 Satz 2 VerfO BVI und § 1 Abs. 4 Satz 5, 6 VerfO OGF.
66 Die gegenwärtig bestellten Schlichter der BaFin kommen gleichwohl aus dem Bereich Kranken- und Pflegeversicherung; Tätigkeitsbericht der BaFin Schlichtungsstelle nach dem Investmentgesetz für das Jahr 2011, S. 6.
67 Zur Begriffsherkunft und Kritik seiner Verwendung durch Verbände siehe *Gude* 3 ff.

45 mulierung in § 29 Abs. 3 AGBG,[68] der die Übertragung der Schlichtung von der Bundesbank auf die Bankenverbände regelte. Das Kriterium der Zweckmäßigkeit umfasst demnach die Elemente der Gleichwertigkeit des Schlichtungsverfahrens sowie der Entlastung des Staates und des Staatshaushalts.[69]

45 Bedenkt man, dass die Verfahrensordnungen des BVI sowie der OGF durch § 11 Abs. 2 Satz 2 KASchlichtV im Wesentlichen prädeterminiert und daher zwangsläufig gleichwertig sind, käme es allein auf das **fiskalische Element** an, um die Zweckmäßigkeit einer Übertragung der Schlichtungsaufgabe auf Private zu beurteilen.[70] Diese Auslegungsweise des unbestimmten Rechtsbegriffs ist problematisch. Denn ließ sich bei der mit öffentlichen Mitteln finanzierten Bundesbank noch argumentieren, sie werde durch die Übertragung der Schlichtung auf Private finanziell entlastet, trägt diese Argumentation bei der durch die Finanzinstitute via Umlage gemäß § 16 FinDAG finanzierten BaFin nicht.

46 Zwei weitere Argumente, die dereinst die zweckmäßigere Aufgabenerledigung begründeten, fehlten im vorliegenden Fall zumindest in Bezug auf die eingerichtete Schlichtungsstelle beim BVI im Jahr 2011. Erstens existierten bei der (Rück-)Übertragung der Schlichtung auf die Bankenverbände dort bereits Schlichtungsstellen, deren Zuständigkeit weit über die gesetzlich vorgeschriebenen Fälle hinaus reichte. Zweitens führte zumindest die Ombudsstelle der privaten Banken eine einseitige Bindungswirkung der Schlichtungssprüche bis 5.000 Euro zugunsten der Antragsteller ein.[71] Eine solche obligatorische Bindungswirkung funktioniert nur im Rahmen einer privatrechtlichen Ausgestaltung der Schlichtung, also bei freiwilliger Partizipation der Verbandsmitglieder, und hätte vom Gesetzgeber für das Verfahren bei der Bundesbank aus verfassungsrechtlichen Gründen nicht eingeführt werden können.[72] Diese beiden Punkte machten das Schlichtungsverfahren beim privaten Bankenverband aus Sicht der Verbraucher effektiver, so dass für diesen Fall eine Übertragung wegen zweckmäßiger Aufgabenerledigung gerechtfertigt erschien.

47 An der Rechtmäßigkeit der ursprünglichen Übertragung auf die Ombudsstelle für Investmentfonds des BVI im Jahr 2011 bestehen daher mangels vorliegender Tatbestandsvoraussetzungen des § 342 Abs. 6 Satz 1 Zweifel. Gleichzeitig ist es verfassungsrechtlich nicht geboten, dass sich der Gesetzgeber bei der **Privatisierung der Schlichtungsaufgabe** derart einschränkt. Denn die Privatisierung ist eine rechtspolitische Entscheidung, die im Ermessen von Legislative und Exekutive steht.[73] Soweit die Übertragung der staatlichen Aufgabe auf Private nicht im Widerspruch zur Verfassung steht, was beim Schlichtungsverfahren offenkundig nicht der Fall ist, kommt es für die Rechtmäßigkeit vor allem auf folgende drei Aspekte an:[74]

Erstens ist eine gesetzliche Grundlage zur Übertragung notwendig. Diese liegt mit § 342 Abs. 6 vor. Zweitens ist auf die funktionale Äquivalenz privater Aufgabenerfüllung zu achten, also ob der Private geeignet ist, die Aufgabe gleichwertig zu erledigen. An dieser Stelle wird bereits deutlich, dass die in § 342 Abs. 6 Satz 1 formulierte *zweckmäßi-*

---

68 Aufgegangen in § 14 Abs. 3 UKlaG im Rahmen der Schuldrechtsmodernisierung 2002.
69 BTDrucks. 14/1301 v. 29.6.1999, S. 14.
70 Ebenso in Bezug auf die Regelung in § 14 Abs. 3 UKlaG *Bertelmann* FS Schönwitz (2006), 357 und *Lücke* WM **2009** 103 f.
71 Der BVI hat diese Bindungswirkung erst jüngst anlässlich der Anpassung der Verfahrensordnung an die KASchlichtV im Januar 2014 eingeführt.
72 Andernfalls wäre der Justizgewährleistungsanspruch der Antragsgegner aus Art. 19 Abs. 4 GG verletzt worden; siehe *von Hippel* 22 ff.
73 *Stober* Privatisierung öffentlicher Aufgaben, NJW **2008** 2308.
74 *Stober* NJW **2008** 2307 f.

gere Erledigung eine unnötige Erhöhung der Privatisierungsschwelle darstellt. Im Übrigen wird die Äquivalenz der Aufgabenerledigung im Wesentlichen durch die Vorgabe des Verfahrensrahmens nach § 11 Abs. 2 Satz 2 KASchlichtV gegenüber dem privaten Verband erreicht und durch den ministeriellen Genehmigungsvorbehalt abgesichert. Schließlich ist drittens ein Privatisierungsfolgenrecht zu installieren, weil der Staat nach wie vor eine Gewährleistungsverantwortung für die übertragene Aufgabe beibehält.[75] Dieses Privatisierungsfolgenrecht umfasst typischerweise Instrumente, mit denen die Einhaltung der übertragenen Aufgaben kontrolliert wird. Dazu gehören die in § 11 Abs. 6 KASchlichtV statuierte Auskunfts- und Unterlagenvorlageverpflichtung der privaten Stelle gegenüber der BaFin sowie die Pflicht aus §§ 1 Abs. 4, 10 Abs. 2 Satz 2 KASchlichtV, einen jährlichen Tätigkeitsbericht vorzulegen. Auch die teilweise geforderte effektive staatliche Rückholoption[76] der übertragenen Aufgabe ist wegen der verbleibenden Auffangzuständigkeit der BaFin gesichert (sog. Reservefunktion des Staates).

48 Die Regelung in § 342 Abs. 6 Satz 1 letzter Hs. sollte daher gestrichen werden.[77] Der normative Rahmen für eine Privatisierung samt Privatisierungsfolgenrecht existieren bereits. Anknüpfungspunkt für die Prüfung der Ministerien im Rahmen des Genehmigungsvorbehalts kann neben dem Entwurf der Verfahrensverordnung des jeweiligen Verbandes die bereits jetzt in § 342 Abs. 6 Satz 1 gewählte Formulierung der *geeigneten* privaten Stelle sein.

49 **b) Rechtsnatur der Ombudsstellen.** Fraglich ist, welche Rechtsnatur der Ombudsstelle für Investmentfonds und der Ombudsstelle für Geschlossene Fonds in Folge der Privatisierung zukommt. Die präzise juristische Einordnung der Schlichtungsstellen berührt die Frage des Rechtsschutzes gegen ihre Maßnahmen sowie die Frage einer etwaigen Amtshaftung.

50 Die Ombudsstelle für Investmentfonds soll laut Begründung zur InvSchlichtV **keine Beliehene** sein.[78] Das irritiert, denn die auf nahezu identische Weise vorgenommene Übertragung der Schlichtungstätigkeit von der Bundesbank auf die Bankenverbände wird seit jeher als Beleihung angesehen.[79] Gleichwohl ist dem Verordnungsgeber der InvSchlichtV bei dieser Feststellung beizupflichten.

51 Zunächst handelt es sich bei der Gewährleistung des Schlichtungsverfahrens um eine **staatliche Aufgabe**.[80] Zwar ist das Schlichtungsverfahren nicht unmittelbarer Bestandteil der vom Grundgesetz verbürgten und dem Staat überantworteten Justizgewährleistung.[81] Spätestens seit die Europäische Union die außergerichtliche Schlichtung für bestimmte Bereiche zwingend vorschreibt,[82] ist aber von einer staatlichen Aufgabe aus-

---

75 Zum Gewährleistungsverwaltungsrecht ausführlich *Voßkuhle* VVDStRL 62 (**2003**) 307 ff.; *Schoch* Gewährleistungsverwaltung: Stärkung der Privatrechtsgesellschaft? NVwZ **2008** 245 ff.
76 *Voßkuhle* VVDStRL 62 (**2003**) 326; Schoch NVwZ **2008** 247.
77 Ähnlich im Hinblick auf § 14 Abs. 3 UKlaG bereits *Bertelmann* FS Schönwitz (2006), 357, der eine teleologische Reduktion vorschlägt.
78 Vgl. Satz 2 der Begründung zu § 10 Abs. 1 InvSchlichtV. Die Begründung zur KASchlichtV äußert sich zu diesem Punkt überhaupt nicht.
79 Schimansky/Bunte/Lwowski/*Höche* § 3 Rn. 16; *Lücke* WM **2009** 103 f.; *Bertelmann* FS Schönwitz (2006), 357; Auffassung der Bundesregierung in ihrer Antwort auf eine kleine Anfrage der FDP-Fraktion, BTDrucks. 15/5561 v. 30.5.2005, S. 5.
80 Zur Konturlosigkeit dieses Begriffs im Rahmen der Privatisierungsdiskussion *Di Fabio* Privatisierung und Staatsvorbehalt, JZ **1999** 585 ff.
81 Zur Reichweite der staatlichen Justizgewährleistungspflicht Maunz/Dürig/*Schmidt-Aßmann*, Grundgesetz-Kommentar, Art. 19 Abs. 4 Rn. 16 f.
82 Die EU hat zwecks flächendeckender Einführung von Schlichtungsverfahren im Verbraucherrecht die Richtlinie 2013/11/EU v. 21.5.2013 über die alternative Beilegung verbraucherrechtlicher Streitigkeiten und

zugehen. Das verdeutlicht auch die Auffangzuständigkeit der BaFin für das Schlichtungsverfahren im Anwendungsbereich des KAGB.

52 Entscheidend für die Einordnung als Beleihung ist, ob mit der Schlichtung die **Befugnis zu obrigkeitlichem Handeln** übertragen wird. Dabei genügt es, wenn zwar nicht die Befugnis zum Erlass von Verwaltungsakten, aber diejenige zum schlicht-hoheitlichen Handeln übertragen wird.[83] Die Schlichtungsstelle der BaFin handelt bei der Gebührenerhebung gemäß § 8 Abs. 2 KASchlichtV in Form von Verwaltungsakten. Diese Berechtigung wurde aber nicht auf die privaten Schlichtungsstellen übertragen, was sich aus der einschränkenden Formulierung des § 11 Abs. 2 Satz 2 Hs. 1 KASchlichtV ergibt, der lediglich auf § 8 Abs. 1 KASchlichtV verweist. Die übrigen Handlungen der Schlichtungsstelle der BaFin – insbesondere die Unterbreitung des Schlichtungsvorschlags – haben keinen Regelungscharakter. Ihnen fehlt die Verwaltungsaktqualität. Es handelt sich um sog. Wissenserklärungen, die eine Unterform schlicht-hoheitlichen Handelns darstellen.[84] Diese umfassen beispielsweise auch die Handlungsform der Empfehlung, die am ehesten der Natur des von staatlicher Stelle unterbreiteten, unverbindlichen Schlichtungsvorschlags entspricht. Aus dem Umstand, dass eine mittels öffentlich-rechtlicher Handlungsformen verübte staatliche Aufgabe nunmehr auf Private übertragen wird, lässt sich aber nicht automatisch schließen, dass die Privaten sich ebenfalls dieser Handlungsformen bei der Ausübung der Aufgaben bedienen (können sollen) und daher nicht auf ihre Beleihung schlussfolgern.

53 Ob eine Beleihung tatsächlich vorliegt ist im Wege der **Auslegung im Einzelfall** zu ermitteln, wobei die Auslegung das gesamte normative Umfeld in den Blick zu nehmen hat.[85] Es ist daher nicht allein auf die Ermächtigungsnorm des § 342 Abs. 6 abzustellen, sondern sowohl die KASchlichtV als auch die Verfahrensordnungen des BVI sowie der OGF zu berücksichtigen. Dabei ist es ohne Belang, dass die Ermächtigungsnorm eine Beleihung nicht explizit erwähnt. Maßgeblich ist, ob sich aus der normativen Ausgestaltung der Handlungsbefugnisse der privaten Schlichtungsstellen ergibt, dass sie ihre Aufgaben öffentlich-rechtlich ausführen (können) sollen. Dies wird vor allem dann der Fall sein, wenn der Private nur mit öffentlich-rechtlichem Handlungsinstrumentarium in der Lage ist, die übertragene Aufgabe effektiv auszuüben. Die privaten Schlichtungsstellen sind aber in der Lage, allein aufgrund privatrechtlicher Gestaltungsmacht das Schlichtungsverfahren zu organisieren und durchzuführen. Dafür spricht bereits, dass es funktionierende private Schlichtungsstellen gab, bevor die Europäische Union diese Aufgabe per Richtlinie den Mitgliedsstaaten als hoheitliche Aufgabe zuwies beziehungsweise Deutschland die Aufgabe durch Schaffung der Schlichtungsstelle bei der Bundesbank und der BaFin als staatliche Aufgabe interpretierte.[86] Die zivilrechtliche Teilnahmeverpflichtung der Antragsgegner wird über eine freiwillige Zustimmungserklärung zur Verfahrensordnung des Verbandes erreicht. Der Antragsteller erklärt zumindest konkludent durch Einreichung des Beschwerdeantrags, dass er die Verfahrensordnung akzeptiert. Aus diesen Willenserklärungen speist sich das Recht zur Verfahrenslenkung entsprechend der Verfahrensordnungen der Ombudsstelle für Investmentfonds und der Om-

---

zur Änderung der Verordnung (EG) Nr. 2006/2004 und der Richtlinie 2009/22/EG erlassen. Im Folgenden in Anlehnung an die englische Bezeichnung als „alternative dispute resolution": ADR-Richtlinie. Siehe hierzu *Hirsch* NJW **2013** 2088; *Isermann/Berlin* VuR **2012** 47.

83 Zu den Voraussetzungen der Beleihung ausführlich *Stadler* Beleihung in der Bundesgesetzgebung, Diss. Regensburg 2002; *Burgi* FS Maurer (2001), 585 ff.
84 Stelkens/Bonk/Sachs/*Schmitz* VwVfG, 7. Aufl. 2008, § 1 Rn. 148.
85 BVerwG NJW **1970** 2077; Voßkuhle VVDStRL 62 (**2003**) 299 Fn. 137 m.w.N.; *Schmidt am Busch* DÖV **2007** 535; *Burgi* FS Maurer (2001), 582 Fn. 13; *Stadler* 28 f.
86 Ebenso *Stadler* Beleihung in der Bundesgesetzgebung S. 178 in Bezug auf § 14 Abs. 3 UKlaG.

budsstelle für Geschlossene Fonds. Der Schlichtungsvorschlag der Ombudsperson[87] ist schlicht die unverbindliche Empfehlung eines Privatrechtssubjektes.

Folglich besteht weder ein Bedürfnis zur Übertragung hoheitlicher Befugnisse, noch ergibt sich aus dem normativen Umfeld ein Anknüpfungspunkt für eine intendierte öffentlich-rechtliche Aufgabenzuweisung durch den Gesetz- oder Verordnungsgeber. Weder die Ombudsstelle für Investmentfonds noch die Ombudsstelle für Geschlossene Fonds ist daher eine Beliehene. Da die Schlichtungsstelle also ohne hoheitliche Befugnisse ausgestattet ist, die übertragene Aufgabe im Gegensatz zu Verwaltungshelfern jedoch selbständig und eigenverantwortlich wahrnimmt, ist ihre Tätigkeit dem Bereich der sog. **Verwaltungssubstitution** zuzuordnen.[88] 54

Dass es zu Klagen gegen (unterlassene) Handlungen der Ombudsperson kommt, ist eher unwahrscheinlich.[89] Jedenfalls würden Zweifel über die Rechtsnatur der Ombudsstelle und dadurch bedingte Unwägbarkeiten hinsichtlich des **einschlägigen Rechtsweges** insoweit gelöst, als das angerufene Gericht bei angenommener Unzuständigkeit nach § 17a Abs. 2 GVG (i.V.m. § 173 Satz 1 VwGO) entsprechend verweist. 55

Amtshaftungsansprüche gegen die Bundesrepublik Deutschland sind ebenfalls schwer vorstellbar, denn wie sollte bei der Durchführung eines Schlichtungsverfahrens mit unverbindlichem Ausgang und gleichzeitiger Verjährungshemmung ein Schaden entstehen?[90] Darüber hinaus liegen die Voraussetzungen des Amtshaftungsanspruchs bereits dem Grunde nach nicht vor. Denn die private Schlichtungsstelle handelt nicht in Ausübung eines öffentlichen Amtes. Zwar kommt es nicht auf den beamtenrechtlichen Status oder die Organisationsform des Handelnden an. Der BGH hat bei der Involvierung Privater in ständiger Rechtsprechung entschieden, dass die funktionale Zurechnung zur hoheitlichen Tätigkeit je eher anzunehmen ist, desto stärker der hoheitliche Charakter der Aufgabe in den Vordergrund tritt, desto enger die Verbindung zwischen der übertragenen Tätigkeit und der von der Behörde zu erfüllenden hoheitlichen Aufgabe ist und desto begrenzter sich der Entscheidungsspielraum des Handelnden darstellt.[91] Die Schlichtungsstelle handelt jedoch, von den Vorgaben für die Verfahrensordnung in § 11 Abs. 2 Satz 2 KASchlichtV abgesehen, vollkommen eigenständig. Die BaFin kann nicht etwa im Wege der Fachaufsicht Weisungen erteilen und auf die Schlichtung Einfluss nehmen. Die **Schlichtungsstelle** ist damit **kein Beamter im haftungsrechtlichen Sinne**. Diese haftungsrechtliche Einordnung spiegelt auch die oben festgestellte Einordnung hinsichtlich der Privatisierungsart der staatlichen Aufgabe. Während Beliehene und Verwaltungshelfer typischerweise als Beamte im haftungsrechtlichen Sinne angesehen werden, ist dieses Ergebnis auf die Verwaltungssubstitution nicht übertragbar, die eine größere Eigenständigkeit und fehlende Ausübung hoheitlicher Befugnisse kennzeichnet. 56

---

87 In diesem Beitrag wird anstelle der geläufigen Bezeichnung „Ombudsmann" die Bezeichnung „Ombudsperson" gewählt.
88 Ähnlich für den Fall des Mediators im Aufgabenbereich der öffentlichen Verwaltung *Pitschas* NVwZ **2004** 400. Zur Verwaltungssubstitution siehe Wolff/Bachof/Stober/Kluth, Verwaltungsrecht Bd. 2, 7. Aufl. 2010, § 91 Rn. 25; *Brüning* SächsVBl. **1998** 202 f.; *Stadler* 18.
89 Vgl. aber die Klage gegen öffentliche Äußerungen der Ombudsperson der Deutschen Forschungsgemeinschaft, LG Bonn NJW **2002** 3260.
90 A.A. *Brönneke* VuR **2000** 459, dessen Einschätzung aber eine Verfahrensordnung ohne Verjährungshemmung zu Grunde liegt. Tendenziell auch Hellner/Steuer/*Zawal-Pfeil* BuB Rn. 2/1123g Fn. 6.
91 BGH NVwZ **2012** 382 m.w.N.; MüKo-BGB/*Papier* § 839 Rn. 132 ff.

57   **c) Organisationsstruktur der Ombudsstellen.** Die Ombudsstelle für Investmentfonds ist nicht gesellschaftsrechtlich verselbstständigt, sondern in die Verbandsstruktur des BVI eingebunden. Die Ombudsstelle für Geschlossene Fonds hingegen ist als eingetragener Verein organisiert. Die Gliederung der Ombudsstellen in Geschäftsstelle und Ombudspersonen nebst jeweiliger Kompetenzaufteilung gleicht dem Aufbau der Schlichtungsstelle der BaFin, was durch § 11 KASchlichtV vorgegeben ist. Die behördenübliche Bezeichnung *Geschäftsstelle* wird beim BVI durch den Begriff *Büro der Ombudsstelle* ersetzt.

58   **d) Eignung der Ombudspersonen.** Die qualifikatorischen Anforderungen an die Schlichter sind aufgrund § 11 KASchlichtV ebenfalls mit jenen bei der BaFin identisch. Aus der Natur des Anstellungsverhältnisses folgt, dass die Ombudsperson nicht Bediensteter der BaFin sein muss. Um Interessenkonflikten vorzubeugen und die Unabhängigkeit zu wahren, soll die Ombudsperson in den drei Jahren vor ihrer Bestellung weder beim BVI beziehungsweise beim bsi noch einer verbandsangehörigen oder sonst dem Schlichtungsverfahren angeschlossenen Gesellschaft tätig gewesen sein.[92] Die Verfahrensordnung der OGF sieht sogar eine cooling-off-period von fünf Jahren vor. Da die Glaubwürdigkeit des Verfahrens mit der Personalie des Schlichters eng verknüpft ist, besteht ohnehin der faktische Druck, Schlichter auszuwählen, die zu keinem Zeitpunkt auf Branchenseite tätig waren. Auch aus diesem Grund werden primär ehemalige Richterinnen und Richter von Oberlandesgerichten oder dem Bundesgerichtshof als Ombudspersonen bestellt.

59   **e) Bestellung der Ombudspersonen.** Das Verfahren gleicht im Wesentlichen dem der BaFin. Einzubeziehen ist jedoch als Vertreter der Marktgegenseite allein der vzbv, nicht aber die Deutsche Kreditwirtschaft.[93]

60   **f) Rechtsstellung der Ombudspersonen.** Die Unabhängigkeit der Ombudspersonen wird durch die gleichen Regelungen wie bei der BaFin gewährleistet (keine Bindung an Weisungen, Abberufung nur bei wichtigem Grund)[94] und eingegrenzt (Möglichkeit des Befangenheitsantrags, Verschwiegenheitsverpflichtung).[95] Bedenklich erscheint es, wenn die Verfahrensordnung der OGF in ihrer Präambel von einer *richterlichen Unabhängigkeit* spricht. Ombudspersonen mögen oftmals pensionierte Richterinnen und Richter sein. Durch die Begründung eines Vertragsverhältnisses mit dem Branchenverband der Antragsgegner und einhergehender Vergütung ist ihre Position mit jener in der Justiz allerdings nicht vergleichbar.

61   Ein Problem, das sich bei den Schlichtern der BaFin nicht stellt, ist die **Bezahlung der Ombudspersonen** durch den Verband und damit letztlich durch die betroffene Branche.[96] Das stellt einen Interessenkonflikt dar. Interessenkonflikte lassen sich durch

---

92 § 11 Abs. 2 Satz 2 Nr. 4 KASchlichtV umgesetzt in § 4 Satz 2 VerfO BVI sowie in § 1 Abs. 4 Satz 4 VerfO OGF. Die VerfO OGF wurde in der Fassung v. 30.10.2013 berücksichtigt.
93 § 11 Abs. 2 Satz 2 Nr. 2 KASchlichtV umgesetzt in § 2 Satz 1 VerfO BVI sowie in § 1 Abs. 4 Satz 4 VerfO OGF.
94 § 11 Abs. 2 Satz 2 KASchlichtV umgesetzt in §§ 4 Satz 1, 7 VerfO BVI sowie § 1 Abs. 3, Abs. 4 Satz 1 VerfO OGF.
95 § 11 Abs. 2 Satz 2 KASchlichtV umgesetzt in §§ 6, 20 VerfO BVI sowie §§ 1 Abs. 6, 10 VerfO OGF.
96 Genau genommen werden auch die BaFin Schlichter über das Umlageverfahren durch die Branche bezahlt. Diese gesetzliche Verpflichtung zur Zahlung und die Transparenz der Beamtenbezüge bergen jedoch geringeres Interessenkonfliktpotential; ähnlich mit rechtsvergleichender Bezugnahme zu Großbritannien *Benöhr* European Policy Analysis **2013** Ausgabe 6, S. 9.

Transparenz abschwächen. Es scheint daher angezeigt, dass die privatrechtlichen Verträge mit den Ombudspersonen, jedenfalls aber ihre Gehälter auf der Homepage der jeweiligen Ombudsstelle veröffentlicht werden. Einen ähnlichen Ansatz enthielt auch Art. 7 Nr. 1 lit. b des ADR-Richtlinienentwurfs.[97]

III. Zulässigkeit des Schlichtungsverfahrens (Absatz 3 Satz 1)

1. Personeller Anwendungsbereich (Antragsbefugnis). Antragsbefugt sind nach dem Gesetzeswortlaut **ausschließlich Verbraucher**. Die Verbrauchereigenschaft bestimmt sich nach der Legaldefinition in § 13 BGB, wobei die europäischen Vorgaben im jeweiligen Regelungskontext, vorliegend also der OGAW-IV-RL und der AIFM-RL, zu berücksichtigen sind.[98] Ob der Verbraucher darüber hinaus (Privat-)Kunde, Anleger oder Aktionär ist, spielt keine Rolle.[99] Eine weitere Eingrenzung ergibt sich automatisch aus der Notwendigkeit, einen Streit im Zusammenhang mit Vorschriften des Kapitalanlagegesetzbuches behaupten zu müssen. Daraus werden sich eine (vor-)vertragliche Beziehung zum Antragsgegner sowie die entsprechende Bezeichnung dieser Stellung ergeben.[100] **62**

Die Einschränkung auf Verbraucher resultiert einerseits aus den europäischen Vorgaben und der Begrenzung europäischer Rechtsetzungskompetenzen, die zwar den Verbraucherschutz, nicht aber das Prozessrecht umfassen.[101] Andererseits ist die Einschränkung Spezifikum des Schlichtungsverfahrens, das die Asymmetrien ausgleichen soll, die gerade zwischen Unternehmen und Verbrauchern im Bereich des Waren- und Dienstleistungsverkehrs vorherrschen. Denn im Massengeschäft mit seinen relativ geringen Beträgen[102] im Einzelfall scheuen schlechter informierte Verbraucher den Gang vor die staatlichen Gerichte. Hier kann ein kostenloses Schlichtungsverfahren die Hemmschwelle zur materiellen Rechtsdurchsetzung senken, was gleichzeitig nicht im diametralen Widerspruch zu Anbieterinteressen steht.[103] **63**

2. Sachlicher Anwendungsbereich

a) Hinreichend bestimmte Streitigkeit. Eine besondere Qualität muss die Streitigkeit[104] nicht aufweisen. Gleichzeitig dient das Schlichtungsverfahren weder der Klärung abstrakter Rechtsfragen[105] noch der Überprüfung außerrechtlicher Zweckmäßigkeitsfragen (beispielsweise bezüglich der Geschäftspolitik der Antragsgegner).[106] Der Antragsteller hat daher einen Beschwerdegegenstand vorzutragen. **64**

Dieser Beschwerdegegenstand sollte ferner **hinreichend bestimmt** sein. Insbesondere sollte der Antragsteller alle Umstände (Pflichtverletzungen) konkret benennen, wel- **65**

---

97 Vorschlag der Europäischen Kommission für eine Richtlinie über Formen der alternativen Beilegung verbraucherrechtlicher Streitigkeiten vom 29.11.2011, KOM (2011) 793.
98 Zu diesem doppelten Verbraucherbegriff siehe MüKo-BGB/*Micklitz* § 13 Rn. 1 und 7.
99 Anders im Schlichtungsverfahren der Banken, vgl. Schimansky/Bunte/Lwowski/*Höche* § 3 Rn. 64 ff.
100 Insoweit ist § 13 BGB, der von einem abgeschlossenen Rechtsgeschäft ausgeht, im Lichte der europäischen Vorgaben der OGAW-IV-Richtlinie sowie des Kundenbegriffs nach § 31a Abs. 1 WpHG auf vorvertragliche Rechtsgeschäftsanbahnung auszudehnen.
101 Schimansky/Bunte/Lwowski/*Höche* § 3 Rn. 8.
102 Im Bereich der Kapitalanlage werden diese Beträge freilich deutlich höher sein.
103 Ausführlich zur Interessenlage der Beteiligten *Scherpe* Außergerichtliche Streitbeilegung 7 ff.
104 Die Präambel der VerfO BVI spricht von *Meinungsverschiedenheiten*.
105 *Bewarder* Die Bank **2012** 48; *Hoeren* NJW **1994** 363.
106 Hellner/Steuer/*Zawal-Pfeil* BuB Rn. 2/1110; Gottwald/Strempel/*Hoeren* 151 f.; dies spiegelt sich auch in § 5 Abs. 5 Satz 7 Nr. 2 VerfO OGF.

che die Grundlage seiner Beschwerde bilden. Hiervon hängt zwar nicht die Zulässigkeit seines Schlichtungsantrags ab, zumal der Antragsteller bei verbliebenen Unklarheiten zu einer weiteren Stellungnahme seitens der Schlichtungsstelle aufgefordert werden kann. Gleichwohl ist die hinreichende Bestimmtheit für eine etwaige Verjährungshemmung gemäß § 204 Abs. 1 Nr. 4 BGB unabdinglich. Denn aus der ständigen Rechtsprechung des BGH, die Verjährungsfrist sei (trotz desselben Schadens) für jede Pflichtverletzung gesondert zu berücksichtigen,[107] wird konsequenterweise der Schluss gezogen, das Schlichtungsverfahren könne nur insofern eine Verjährungshemmung bewirken, als die jeweilige Pflichtverletzung auch zum Streitgegenstand der Schlichtung seitens des Antragstellers gemacht wurde.[108] Vor diesem Hintergrund erscheint es nicht unbedenklich, dass die KASchlichtV wie auch die Verfahrensordnungen der privaten Ombudsstellen explizit zur *kurzen* Schilderung des Sachverhalts auffordern.[109] Es ist streitig und bislang vom BGH nicht entschieden, wie ausdifferenziert und detailliert der Beschwerdegegenstand im Einzelnen vorzutragen ist, um eine (umfassende) Verjährungshemmung zu bewirken.[110] Gegenteilig hat der BGH hier mit einer jüngeren Entscheidung[111] zur Rechtskraftwirkung/entgegenstehenden Rechtskraft bei der späteren Geltendmachung weiterer Beratungsfehler aus einem Kapitalanlageberatungsgespräch, das bereits Gegenstand eines rechtskräftigen Urteils war, für zusätzliche Verwirrung gesorgt.[112]

66 **b) Zusammenhang zum Kapitalanlagegesetzbuch.** Die streitentscheidende Norm für das Schlichtungsbegehren muss im Zusammenhang mit Vorschriften des Kapitalanlagegesetzbuches stehen. Relevanz haben ferner auf dem KAGB basierende Verordnungen (beispielsweise die KAVerOV) oder norminterpretierende Verwaltungsvorschriften der BaFin mit Bezug zum KAGB.

67 Betrifft die Streitigkeit andere Normen, die das Rechtsverhältnis zwischen dem Finanzdienstleister und dem Verbraucher betreffen, führt dies nicht zur generellen Unzulässigkeit des Schlichtungsverfahrens. Die angerufene Schlichtungsstelle zeigt lediglich ihre Unzuständigkeit an und verweist den Antrag an die zuständige Stelle.[113] Diese Verpflichtung folgt direkt aus den entsprechenden Verfahrensordnungen.[114]

68 **c) Zusammenhang zu Rechtsnormen vor Inkrafttreten des KAGB.** Die streitentscheidenden Normen können auch den **Vorschriften des Investmentgesetzes** entstammen, wenn sich beispielsweise der Sachverhalt vor dem 22.7.2013 ereignete oder das Investmentgesetz wegen der Anwendbarkeit von Übergangsvorschriften gemäß §§ 343 ff. noch über den 21.7.2013 hinaus gilt.[115]

69 Für die Ombudsstelle Geschlossene Fonds e.V. existiert die Besonderheit, dass das von ihr künftig angebotene Schlichtungsverfahren, soweit es auf der KASchlichtV beruht und ministeriell genehmigt wurde, ausschließlich für Sachverhalte gelten wird, die sich bereits im gesetzlichen Rahmen des KAGB abgespielt haben. Die Verfahrensordnung der

---

107 BGH NJW **2008** 507; BGH NJW-RR **2010** 1624; BGH NJW **2011** 843; BGH NJW-RR **2012** 112.
108 OLG München WM **2008** 733; OLG Brandenburg BeckRS **2010** 07659; *Duchstein* NJW **2014** 345.
109 § 3 Abs. 1 Satz 1 KASchlichtV und § 9 Abs. 1 Satz 1 VerfO BVI sowie § 3 Abs. 3 Satz 1 VerfO OGF.
110 Ausführlich hierzu *Duchstein* NJW **2014** 342; ferner *Wagner* BKR **2013** 108; kritisch bezüglich zu hoher Anforderungen und formeller Hürden *Schwintowski* BKR **2009** 96 ff.
111 BGH NJW **2014** 314.
112 *Podewils/Fuxman* EWiR **2014** 163.
113 Im Bereich der Finanzdienstleistung(sprodukte) existieren flächendeckend Schlichtungsstellen. Ein Überblick findet sich bei *Bewarder* Die Bank **2012** 49 ff.
114 Siehe § 12 KASchlichtV und § 10 Abs. 1 Satz 2 VerfO BVI sowie § 3 Abs. 4 Satz 2, 3 VerfO OGF.
115 § 14 Abs. 3 KASchlichtV.

Ombudsstelle Geschlossene Fonds enthält daher einen separaten Abschnitt, der Regelungen aus der alten Verfahrensordnung enthält, welche auf Sachverhalte Anwendung finden, die sich noch zu Zeiten von **Vermögensanlagengesetz** und **Verkaufsprospektgesetz** ereignet haben.

3. Kein Verfahrenshindernis. Aufgezeigter Zweck des Schlichtungsverfahrens ist es, einen Gerichtsprozess zu vermeiden und die Beteiligten im Vorfeld zu befrieden. Dementsprechend ist ein Schlichtungsverfahren dann unzulässig, wenn sein Zweck nicht mehr erfüllt werden kann. Diese Fälle sind enumerativ in § 4 Abs. 1 KASchlichtV, § 12 VerfO BVI sowie in § 4 Abs. 3 VerfO OGF verankert. **70**

a) Anderweitige Anhängigkeit bei Gericht. Eine Schlichtung ist unzulässig, wenn der Antragsgegenstand parallel bei einem Gericht anhängig gemacht wird. Denn die Entlastungsfunktion kann dann nicht mehr erreicht werden und es drohen überdies divergierende Entscheidungen. Laut Verfahrensordnung gilt die Unzulässigkeit jedoch auch, wenn der Antragsgegenstand in der Vergangenheit bei einem Gericht anhängig war. Diese Vorgabe schränkt den Anwendungsbereich möglicher Schlichtungen unnötig ein und ist teleologisch zu reduzieren beziehungsweise in den Verfahrensordnungen zu korrigieren.[116] **71**

Das muss jedenfalls für den Fall gelten, dass der Antragsgegner die einstige Anhängigkeit verursacht hat und anschließend durch einseitige Klagerücknahme gemäß § 269 Abs. 1 ZPO eine gerichtliche Entscheidung verhindert. Die Fiktion einer nie anhängig gewordenen Klage aus § 269 Abs. 3 Satz 1 Hs. 1 ZPO ist auf die Prüfung der Zulässigkeit des Schlichtungsverfahrens zu übertragen. Diese Lösung sollte auch bei Klagerücknahme des späteren Antragstellers gelten, denn es erscheint nicht rechtsmissbräuchlich – etwa bei Kenntniserlangung der Schlichtungsmöglichkeit nach Klageerhebung – zunächst eine Schlichtung zu versuchen. Außerdem ist Missbrauch wegen der Kostentragungsregel aus § 269 Abs. 3 Satz 2 ZPO nicht zu befürchten. **72**

Zudem sollte eine Ausnahme für jene Fälle gelten, in denen sich die Beteiligten *einvernehmlich* während des Prozesses für die Durchführung des Schlichtungsverfahrens entscheiden. Diese Auslegung steht im Einklang mit dem durch das Mediationsgesetz eingeführten § 278a ZPO.[117] Divergierende Entscheidungen sind nicht zu befürchten, da das Gerichtsverfahren ausgesetzt wird, § 278a Abs. 2 ZPO. Ist das Schlichtungsverfahren von Erfolg gekrönt, könnte der angenommene Schlichtungsvorschlag in der wieder aufgenommenen Gerichtsverhandlung als Grundlage für einen (dann vollstreckbaren) Prozessvergleich fungieren. **73**

b) Außergerichtlicher Vergleich. Ist ein außergerichtlicher Vergleich geschlossen, liegt auch keine Streitigkeit mehr vor, die durch ein Schlichtungsverfahren behoben werden könnte. Wenn aber der Antragsteller gerade die Unwirksamkeit des Vergleichs proklamiert, muss die Schlichtungsstelle Wirksamkeit und Reichweite des Vergleichs prüfen, um über die Zulässigkeit des Schlichtungsverfahrens entscheiden zu können. **74**

c) Abgewiesener Antrag auf Prozesskostenhilfe. Prozesskostenhilfe wird bei finanzieller Bedürftigkeit gewährt, wenn die Klage hinreichende Aussicht auf Erfolg bietet **75**

---

116 Ebenfalls kritisch *Kreft* 294; *Scherpe* 236 f.; *Hoeren* NJW **1992** 2730; Hellner/Steuer/*Zawal-Pfeil* BuB Rn. 2/1094.
117 Ebenso Schimansky/Bunte/Lwowski/*Höche* § 3 Rn. 9h, der sich für eine Abänderung der Verfahrensordnung ausspricht.

und nicht mutwillig erscheint, § 114 ZPO. Dieser Prüfungsmaßstab ist aus Verfassungsgründen niedrigschwellig,[118] umfasst bereits eine Schlüssigkeitsprüfung und bietet in § 118 ZPO umfassendere Beweiserhebungsmöglichkeiten als das Schlichtungsverfahren.

76 **d) Anderweitige Anhängigkeit bei Schlichtungsstelle.** Das flächendeckende Angebot von Schlichtungsstellen im Finanzdienstleistungsbereich und die teilweisen Kompetenzüberschneidungen machen es notwendig, ein Verfahrenshindernis ähnlich der entgegenstehenden Rechtskraft und der anderweitigen Rechtshängigkeit im Zivilprozess zu statuieren. Anhängigkeit liegt aber nicht bereits dann vor, wenn eine Schlichtungsstelle angerufen, sich aber mangels Zuständigkeit der Sache nicht angenommen hat. Hier darf dem Antragsteller nicht verwehrt sein, einen weiteren Antragsversuch bei der dann einschlägigen Schlichtungsstelle zu unternehmen, weil ihn andernfalls die disparate Schlichtungsstellenlandschaft der Finanzdienstleistungsbranche benachteiligen würde.

77 **e) Verjährung.** Ist der Anspruch des Antragstellers bereits verjährt und beruft sich der Antragsgegner darauf, soll sich der Schlichter nicht mehr mit der Anspruchsprüfung befassen müssen. Zwar ist die Einordnung der materiell-rechtlichen Verjährungsfrage als formelles Verfahrenshindernis unstimmig.[119] Damit ist aber keine Benachteiligung der Antragsteller verbunden, da die Letztentscheidungskompetenz über die Unzulässigkeit beim Schlichter liegt. Allerdings scheint es dem Zweck der Schlichtung eher gerecht zu werden, die Regelung zu streichen.[120] Denn dann könnte sich der Antragsgegner im Wege seiner Stellungnahme immer noch auf die Verjährung berufen. Der Schlichter hätte aber die Möglichkeit, eine Kulanzregelung vorzuschlagen, die bei Annahme beider Seiten gegebenenfalls zur Befriedung und Fortführung der Geschäftsbeziehung führt.

78 Ob man die **Streichung der Verjährung als Verfahrenshindernis** befürwortet, hängt eng mit der Frage zusammen, wie man den Entscheidungsspielraum des Schlichters interpretiert.[121] Wer dem Schlichter nicht die Befugnis zugesteht, Schlichtungsvorschläge basierend auf reiner Kulanz zu unterbreiten, muss denknotwendig an der Verjährung als Verfahrenshindernis festhalten. Hier gibt es zwischen den einzelnen Schlichtungsstellen eine unterschiedliche Praxis. Bemerkenswert ist beispielsweise, dass die Ombudsperson der Ombudsstelle für Investmentfonds vereinzelt die KASchlichtV sowie die auf ihr beruhende Verfahrensordnung des BVI bewusst ignoriert und trotz vorliegender Verjährung eine reine Kulanzlösung vorschlägt.[122] Diese Entscheidungen werden dann als *Vergleichs*vorschlag und nicht als *Schlichtungs*vorschlag bezeichnet, was anscheinend suggerieren soll, solche Fälle liefen quasi außerhalb des Schlichtungsverfahrens und der dafür vorgesehenen Verfahrensordnung. Obgleich diese Vorgehensweise im Kern Zustimmung verdient, sollte sie in der Verfahrensordnung des BVI transparent gemacht werden. Man könnte sich diesbezüglich an der Differenzierung der Ombudsstelle für Geschlossene Fonds zwischen dem Schlichtungsspruch und dem Schlichtungsversuch orientieren, welche auch in der Verfahrensordnung abgebildet wird.[123]

---

118 BVerfG NJW **2008** 1060 f.
119 *Kreft* 294.
120 So auch Hellner/Steuer/*Zawal-Pfeil* BuB Rn. 2/1099; *Gude* 104 f.
121 Hierzu sogleich unter Rn. 86.
122 Tätigkeitsbericht der Ombudsstelle für Investmentfonds 2011, S. 33; Tätigkeitsbericht der Ombudsstelle für Investmentfonds 2012, anonymisierter Vergleichsvorschlag auf S. 31 f.
123 § 5 Abs. 5 VerfO OGF zum Schlichtungsspruch und § 5 Abs. 6 VerfO OGF zum Schlichtungsversuch.

4. Prüfungskompetenz der Zulässigkeitskriterien. Die Überprüfung der Zulässig- 79
keit liegt grundsätzlich aus Entlastungszwecken bei der Geschäftsstelle.[124] Entscheidet
sie sich allerdings dafür, den Antrag als unzulässig einzustufen, hat sie dem Schlichter
die Unterlagen zur abschließenden Entscheidung darüber vorzulegen. Diese Konzeption
soll verhindern, dass die stärker an den Branchenverband angebundene und damit eher
dem Vorwurf der Nähe zum Antragsgegner ausgesetzte Geschäftsstelle materielle Ent-
scheidungskompetenz über den Antrag erlangt.[125]

IV. Der Verfahrensablauf

1. Antragstellung und Prüfung der Schlichtungsreife. Zunächst hat der Antrag- 80
steller einen hinreichend bestimmten[126] Antrag bei der Geschäftsstelle einzureichen und
die zum Verständnis erforderlichen Unterlagen beizufügen.[127] Textform ist hierfür (mittlerweile)[128] ausreichend. Der Antragsteller hat in dem Antrag zudem zu versichern, dass
er die Streitigkeit nicht bereits anderweitig anhängig gemacht oder sich mit dem Antragsgegner verglichen hat.[129] Die Webseiten der BaFin sowie der privaten Ombudsstellen
machen diesbezügliche Antragsformulare verfügbar.

Die Geschäftsstelle bestätigt dem Antragsteller den Antragseingang. Fehlt es dem 81
Antrag an einer der vorgenannten Voraussetzungen, fordert die Geschäftsstelle den Antragsteller zur Nachbesserung auf. Sie setzt ihm diesbezüglich eine Monatsfrist.[130] Zwar
ist die Fristsetzung zur Verfahrensbeschleunigung sinnvoll. Ein Verstreichen der Frist
führt aber entgegen dem missverständlichen Wortlaut von § 3 Abs. 2 Satz 3 KASchlichtV
sowie § 3 Abs. 4 Satz 4 VerfO OGF nicht zur Verwirkung des Anspruchs auf Verfahrens-
durchführung. Der Antragsteller kann mit den vervollständigten Unterlagen jederzeit
einen neuen Antrag stellen, wie es richtigerweise § 10 Abs. 2 Satz 6 VerfO BVI explizit
statuiert.

Der zulässige und ordnungsgemäße Antrag wird dem Antragsgegner zwecks Stel- 82
lungnahme zugeleitet. Reagiert dieser innerhalb einer Monatsfrist kann der Antragsteller
darauf abermals replizieren. Unterbleibt eine fristgemäße Stellungnahme des Antragsgegners entscheidet der Schlichter nach Lage der Akten,[131] also ähnlich einem Versäum-
nisurteil basierend auf dem schlüssigen Vortrag des Antragstellers.

Hat sich der Streit nicht bereits durch den Schriftwechsel der Beteiligten erledigt, 83
etwa weil der Antragsgegner dem Anliegen des Antragstellers entspricht, so legt die Geschäftsstelle die Unterlagen dem Schlichter bzw. der Ombudsperson vor.

2. Entwurf des Schlichtungsvorschlags. Der Schlichter kann weitere Sachaufklä- 84
rung betreiben, wenn er es für geboten hält. Dazu kann er die Beteiligten zu Stellungnahmen auffordern oder Auskünfte von Schlichtungsstellen der EU/EWR einholen.[132]
Nach der Verfahrensordnung des BVI kann die Ombudsperson die Beteiligten auch (fern-)

---

[124] § 13 Satz 1 VerfO BVI; § 5 Abs. 1 Satz 9 VerfO OGF; hingegen erweckt § 4 KASchlichtV den Eindruck, als erfolge die Prüfung komplett durch den Schlichter, was zulässig aber sicherlich nicht effizient wäre.
[125] Zur Historie dieser Regelung *Scherpe* WM **2001** 2322; *Hoeren* NJW **1994** 364.
[126] Zur Bedeutung der Bestimmtheit im Zusammenhang mit der Verjährungshemmung siehe oben unter Rn. 65.
[127] § 3 Abs. 1 KASchlichtV, § 9 Abs. 1 Satz 1 VerfO BVI sowie § 3 Abs. 3 VerfO OGF.
[128] § 3 Abs. 1 Satz 1 InvSchlichtV sah noch das Schriftformerfordernis vor.
[129] Vgl. oben unter Rn. 70 ff. die zur Unzulässigkeit führenden Verfahrenshindernisse.
[130] § 3 Abs. 2 Satz 2 KASchlichtV, § 10 Abs. 2 Satz 3 VerfO BVI sowie § 3 Abs. 4 Satz 4 VerfO OGF.
[131] § 5 Abs. 2 KASchlichtV, § 14 Abs. 2 Satz 4 VerfO BVI sowie § 5 Abs. 1 Satz 6 VerfO OGF.
[132] Zu letzterem Informationsaustausch ausführlich unter Rn. 103 ff.

mündlich anhören.[133] Aus Gründen der Transparenz und Waffengleichheit regeln alle Verfahrensordnungen, dass erlangte Informationen den Beteiligten durch die Geschäftsstelle schriftlich zur Kenntnis zu geben sind.

85 Der Schlichter führt **keine Beweisaufnahme** durch, es sei denn, Beweis kann durch Vorlage von Urkunden angetreten werden.[134]

86 Der Schlichter entwirft sodann auf der Grundlage des Vortrags der Beteiligten und eingeholter Auskünfte einen schriftlichen Schlichtungsvorschlag. Die Verfahrensordnungen formulieren die **Richtschnur** für den Schlichter einheitlich wie folgt: Der Schlichtungsvorschlag soll geeignet sein, den Streit der Beteiligten unter **Berücksichtigung der Rechtslage und der Gebote von Treu und Glauben** angemessen beizulegen.[135] Die ergänzende Erwähnung von Treu und Glauben neben der Berücksichtigung der Rechtslage, die ja ihrerseits den Grundsatz von Treu und Glauben etwa in § 242 BGB beinhaltet, bringt einen Kulanzgedanken zum Ausdruck.[136] Dem Schlichter kommt demnach ein Ermessensspielraum zu Gute.[137] Der Schlichter ist zwar verpflichtet, den rechtlichen Rahmen einzuhalten, den das KAGB vorgibt. Wo sich jedoch etwa aufgrund unklarer Rechtslage[138] oder unterschiedlicher Auslegungsvarianten (Wertungs-)Spielräume bieten, sollte der Schlichter Lösungsvorschläge ähnlich einem Vergleichsvorschlag unterbreiten, die von den Maximalforderungen der Parteien abrücken und eine gütliche Einigung ermöglichen. In besonders gelagerten Einzelfällen sollten auch soziale Aspekte eine Rolle spielen.[139] Diese Auslegung des Entscheidungsmaßstabs deckt sich auch mit den künftig zu berücksichtigenden Vorgaben der ADR-Richtlinie. Denn die ADR-Richtlinie enthält die Regelung, der Verbraucher sei darauf hinzuweisen, dass die vom Schlichter vorgeschlagene Lösung anders sein könne als das Ergebnis eines Gerichtsverfahrens, in dem Rechtsvorschriften angewandt werden.[140] Dies impliziert, dass der Schlichter sich zumindest auch (neben den Rechtsvorschriften) an Prinzipien wie Fairness oder Kulanz orientieren darf.[141]

87 Der Schlichtungsvorschlag ist **kurz und verständlich zu begründen**.[142] Er wird den Beteiligten durch die Geschäftsstelle zugeleitet und enthält eine Belehrung über die nachfolgend beschriebenen Handlungsoptionen und deren Folgewirkungen.

88 Die Ombudsstelle für Geschlossene Fonds differenziert bei den Entscheidungen der Ombudsperson zwischen dem Schlichtungs*vorschlag* und dem Schlichtungs*spruch*. Nur letzterem kommt die besondere einseitige Bindungswirkung des Antragsgegners zu.

---

133 § 16 Abs. 2 Satz 2 VerfO BVI. Auch die KASchlichtV scheint eine solche Vorgehensweise nicht auszuschließen, wie sich aus Satz 3 der Begründung zu § 6 Abs. 1 InvSchlichtV ergibt.
134 § 7 Abs. 1 Satz 3 KASchlichtV, § 16 Abs. 3 Satz 1 VerfO BVI sowie § 5 Abs. 3 Satz 5 VerfO OGF.
135 § 7 Abs. 2 Satz 1 KASchlichtV, § 17 Abs. 1 Satz 1 VerfO BVI sowie § 5 Abs. 6 Satz 1 VerfO OGF.
136 Andeutungsweise für die Ombudsperson der privaten Banken auch Schimansky/Bunte/Lwowski/ *Höche* § 3 Rn. 72. Die Formulierung in der Verfahrensordnung der Ombudsstelle der privaten Banken ist deutlicher und lautet: „*auf der Grundlage der gesetzlichen Bestimmung unter Berücksichtigung von Billigkeitserwägungen*".
137 Ebenso *Lücke* WM **2009** 108.
138 In diesem Sinne Emde/Dornseifer/Dreibus/Hölscher/*Machhausen* InvG 2013 § 143c Rn. 27. Dies könnte jedoch mit der Vorgabe der Verfahrensordnungen kollidieren, Anträge abzulehnen, wenn die Rechtsfrage höchstrichterlich noch nicht entschieden ist.
139 Dieses Verständnis seines Entscheidungsspielraums bringt die Ombudsperson der Ombudsstelle für Investmentfonds explizit zum Ausdruck: Tätigkeitsbericht der Ombudsstelle für Investmentfonds 2011, S. 33; Tätigkeitsbericht der Ombudsstelle für Investmentfonds 2012, anonymisierter Vergleichsvorschlag auf S. 31 f.
140 Art. 9 Abs. 2 lit. b iii) ADR-Richtlinie.
141 Kritisch hierzu *Roth* JZ **2013** 639 m.w.N. sowie *Eidenmüller/Engel* ZIP **2013** 1707.
142 § 7 Abs. 2 Satz 2 KASchlichtV, § 17 Abs. 1 Satz 2 VerfO BVI sowie § 5 Abs. 6 Satz 2 VerfO OGF.

3. Bindungswirkung des Schlichtungsvorschlags

a) Öffentlich-rechtliche Schlichtungsstelle (bei der BaFin). Die Beteiligten können der Geschäftsstelle innerhalb von sechs Wochen ab Zugang des Schlichtungsvorschlags schriftlich mitteilen, ob sie den Vorschlag annehmen. 89

Die Beteiligten sind nicht verpflichtet, den Schlichtungsvorschlag anzunehmen. Erfolgt eine ablehnende oder gar keine Rückmeldung ist das Verfahren erfolglos beendet. Hierüber ergeht eine Mitteilung durch die Geschäftsstelle an die Beteiligten, welche als Bescheinigung über einen erfolglosen Einigungsversuch im Sinne von § 15a Abs. 3 Satz 3 EGZPO qualifiziert.[143] Es steht den Beteiligten frei, hiernach den Rechtsweg zu beschreiten, was bereits in der Ausgangsvorschrift des § 342 Abs. 3 Satz 2 klargestellt wird und abermals in den jeweiligen Verfahrensordnungen statuiert wurde. 90

Nehmen beide Seiten den Schlichtungsvorschlag an, so ist zwischen ihnen eine vertragliche Vereinbarung zustande gekommen, welche die Rechtslage neu regelt. Je nachdem, ob der Schlichterspruch die Maximalforderung des Antragstellers enthält oder ein wechselseitiges Entgegenkommen vorschlägt, ist der Vertrag als **Schuldanerkenntnis oder Vergleich** einzuordnen. Es handelt sich jedoch nicht um einen vollstreckbaren Titel.[144] Der Antragsteller müsste bei Leistungsverweigerung des Antragsgegners den Rechtsweg beschreiten. Gegenstand des Prozesses wäre allein der Anspruch aus dem angenommenen Schlichtungsvorschlag. Dem Antragsgegner wären die Einwendungen aus dem ursprünglich zugrunde liegenden Schuldverhältnis abgeschnitten.[145] Er könnte sich allenfalls darauf berufen, dass das Schlichtungsverfahren mangelhaft durchgeführt wurde. 91

b) Private Schlichtungsstellen (Ombudsstellen). § 11 Abs. 2 Satz 2 Nr. 3 KASchlichtV enthält die Ermächtigung für die privaten Schlichtungsstellen, eine Regelung in ihre Verfahrensordnungen aufzunehmen, wonach der Schlichtungsvorschlag eine **einseitige Bindungswirkung für den Antragsgegner** entfaltet. Diese Ermächtigung ist deklaratorisch und muss als politische Aufforderung begriffen werden. Denn die Verbände hatten bereits zuvor jederzeit die Möglichkeit, mit den betroffenen Unternehmen, die sich dem Verfahren angeschlossen haben, eine solche Bindungswirkung zivilrechtlich zu vereinbaren. 92

Der BVI hatte von der Möglichkeit, eine einseitige Bindungswirkung zulasten der Antragsgegner einzuführen, zunächst keinen Gebrauch gemacht. Die Ombudsstelle für Geschlossene Fonds hingegen sah eine solche Bindungswirkung schon vor Erlass des KAGB in ihrer Verfahrensordnung sowie der Satzung des Vereins vor.[146] Im Zuge der Anpassung der Verfahrensordnung an die Vorgaben gemäß § 11 Abs. 2 Satz 2 KASchlichtV beschloss der BVI, die einseitige Bindungswirkung der Antragsgegner auf alle Beschwerdegegenstände bis zu € 10.000 einzuführen.[147] Die abgeänderte Verfahrensordnung des BVI wurde ministeriell genehmigt und gilt seit 17.1.2014. 93

---

143 § 7 Abs. 4 Satz 2 KASchlichtV, § 17 Abs. 4 Satz 2 VerfO BVI sowie § 5 Abs. 6 Satz 7 VerfO OGF.
144 Wegen des Typenzwangs des Vollstreckungstitel und weil die Rechtskraft als öffentlich-rechtliches Institut der Parteivereinbarung entzogen ist, *von Hippel* 31 f.
145 Venire contra factum proprium, § 242 BGB.
146 Die Bindungswirkung trat zunächst bei Beschwerdegegenständen bis zu € 5.000 ein und wurde durch Änderungsbeschluss der Mitgliederversammlung des e.V. am 6.2.2012 auf € 10.000 angehoben; siehe § 7 VerfO OGF.
147 § 17 Abs. 3 VerfO BVI.

94 Mithin genügt bei den privaten Ombudsstellen bei Beschwerdegegenständen bis € 10.000[148] eine Annahme des Schlichtungsvorschlags allein durch den Antragsteller, um die unter Rn. 91 dargestellten Rechtsfolgen herbeizuführen. Die **dogmatische Einordnung dieser Bindungswirkung** wird unterschiedlich beurteilt.[149] Es überzeugt die Ansicht, die von einem Vertrag zwischen den Unternehmen und dem Verband/Verein[150] zugunsten bestimmbarer Dritter (Antragsteller) ausgeht, in welchem sich die Unternehmen einem Schuldanerkenntnis unterwerfen, das unter der Bedingung der Durchführung des Schlichtungsverfahrens mit (teilweise) anerkennendem Schlichtungsspruch zugunsten des Antragstellers steht.[151]

95 **c) Ausnahmen von der Bindungswirkung.** Die Verfahrensordnungen der privaten Ombudsstellen sehen vor, dass die Bindungswirkung trotz Beschwerdegegenstand bis € 10.000 dann nicht eintritt, wenn es um die **Klärung einer grundsätzlichen Rechtsfrage** geht.[152] Diese Einschränkung ist aus der Verfahrensordnung der Schlichtungsstelle der privaten Banken beim Bundesverband deutscher Banken e.V. übernommen worden, wo sie bereits seit 20 Jahren verankert ist. Die Einschränkung sieht sich der berechtigten Kritik ausgesetzt, dass es unklar ist, in welchen Fällen eine grundsätzliche Rechtsfrage tangiert ist und dies letztlich im unüberprüfbaren Ermessen der Schlichter steht.[153] Um die Klärung einer grundsätzlichen Rechtsfrage soll es sich jedenfalls dann handeln, wenn die betr. Frage höchstrichterlich vom BGH noch nicht entschieden wurde.[154]

96 Die Verfahrensordnung der Ombudsstelle für Geschlossene Fonds enthält darüber hinaus weitere Ausnahmen, bei deren Vorliegen keine Bindungswirkung eintreten kann. Ausgenommen sind demnach Streitigkeiten, die Gesellschafterbeschlüsse eines Emittenten, kaufmännische Entscheidungen eines Emittenten sowie Musterverfahren betreffen. Um ein **Musterverfahren** handelt es sich dann, wenn zu erwarten ist, dass wegen einer Vielzahl gleichgelagerter Fälle in Bezug auf einen Emittenten Schlichtungsanträge eingereicht werden.[155] Dies sei insbesondere bei geltend gemachten Prospektfehlern der Fall.[156] Die Berechtigung dieser Ausnahme für Musterverfahren und der hierfür angeführten Gründe[157] erscheinen fraglich. Handelt es sich um Prospektfehler, über die höchstrichterlich noch nicht entschieden wurde, greift bereits die Ausnahme der „grundsätzlichen Rechtsfrage". Überdies führte allein diese Ausnahme in der Vergangenheit zur Abweisung eines Großteils der Schlichtungsanträge als unzulässig und hinterlässt die Frage, welche Schlichtungsanträge dann eigentlich überhaupt noch Gegenstand einer (bindenden) Entscheidung der Ombudspersonen sein können. Im Zuge der Anpassung der Verfahrensordnung an die Vorgaben der KASchlichtV wurde jedoch die Wirkung der angeführten Ausnahmegründe von der Abweisung als unzulässig[158] auf das Fehlen lediglich der Bindungswirkung entschärft. Es bleibt abzuwarten, ob die Schlichter der Om-

---

148 Zur Berechnung des Schlichtungsstreitwerts siehe Schimansky/Bunte/Lwowski/*Höche* § 3 Rn. 61 ff.
149 Überblick m.w.N. bei Schimansky/Bunte/Lwowski/*Höche* § 3 Rn. 54 ff.
150 Siehe die Regelungen in § 7 Abs. 2 bis 4 sowie § 24 der Satzung des Ombudsstelle Geschlossene Fonds e.V.
151 *Von Hippel* 112 f.
152 § 17 Abs. 3 Satz 1 VerfO BVI (Wortlaut: „*Rechtssache keine grundsätzliche Bedeutung*") sowie § 5 Abs. 5 Satz 7 Nr. 3 VerfO OGF.
153 Kritisch bereits *Hoeren* NJW **1992** 2730; ausführlich hierzu *Scherpe* WM **2001** 2323 m.w.N.
154 Jüngst in diesem Sinne auch BVerfG, Beschluss v. 19.12.2013 – 1 BvR 859/13 (Rn. 26) = WM **2014** 252.
155 § 5 Abs. 5 Satz 9 VerfO OGF.
156 Tätigkeitsbericht der Ombudsstelle für Geschlossene Fonds 2012, S. 33; Tätigkeitsbericht 2011, S. 19.
157 Tätigkeitsbericht der Ombudsstelle für Geschlossene Fonds 2012, S. 32.
158 So noch § 5 Abs. 4 der vormaligen Verfahrensordnung der Ombudsstelle Geschlossene Fonds.

budsstelle für Geschlossene Fonds künftig bei Prospektfehlern in Schlichtungsvorschlägen dezidiert Stellung beziehen werden und ob die betroffenen Emittenten einzelne dieser Schlichtungsvorschläge (sofern zu ihren Lasten) auch ohne Bindungswirkung akzeptieren.

V. Folgewirkung des Schlichtungsverfahrens: Verjährungshemmung

Im Gegensatz zur Beschwerde nach § 342 Abs. 1 *kann* die Initiierung des Schlichtungsverfahrens die Verjährung zivilrechtlicher Ansprüche des Antragstellers gemäß **§ 204 Abs. 1 Nr. 4 BGB** hemmen. Hierauf weisen die privaten Ombudsstellen in ihrer Präambel jeweils hin. Der Entwurf der KASchlichtV sah ebenfalls eine diesbezügliche Regelung als deklaratorische Klarstellung vor.[159] Die Regelung wurde jedoch nicht in die endgültige Fassung übernommen. Ein Hinweis auf die verjährungshemmende Wirkung findet sich auch nicht auf der Homepage der Schlichtungsstelle der BaFin. Dies könnte den rechtsunkundigen Verbraucher beim Vergleich der Schlichtungsstellen verwirren, ist im Ergebnis jedoch sinnvoller als der undifferenzierte und damit zweischneidige Hinweis, das Schlichtungsverfahren hemme die Verjährung. Denn die Anforderungen, die in der Rechtsprechung an die Tatbestandsmäßigkeit von § 204 Abs. 1 Nr. 4 BGB gestellt werden, divergieren stark und sind teils (zu) hoch. So wurde bereits darauf hingewiesen, dass streitig ist, in welcher Bestimmtheit der Schlichtungsantrag verfasst sein muss, um die Verjährungshemmung (umfassend) zu bewirken.[160] Problematisch ist ferner, dass die Ombudsstellen „sonstige Gütestellen" im Sinne von § 204 Abs. 1 Nr. 4 Var. 3 BGB sind und der Wortlaut der Norm daher die *Einvernehmlichkeit* des Schlichtungsversuchs zur Voraussetzung erhebt.[161] Dies hat dazu geführt, dass Gerichte die Hemmungswirkung verneinten, wenn der Antragsgegner in seiner Stellungnahme explizit einen einvernehmlichen Schlichtungsversuch ablehnte.[162] Die Einvernehmlichkeit sollte jedoch bei Einleitung eines branchenseitig zur Verfügung gestellten Schlichtungsverfahrens im Sinne von § 15a Abs. 3 Satz 2 EGZPO vermutet werden.[163] Zwar ist die Einrichtung des Schlichtungsverfahrens durch die Finanzdienstleistungsbranche nicht gänzlich freiwillig, sondern mittlerweile per Gesetz aufoktroyiert. Insbesondere bei den privaten Schlichtungsstellen, deren Mitglieder sich zivilrechtlich einer Bindungswirkung bis € 10.000 verschrieben haben und dies auch in puncto Kundenvertrauen werbend einsetzen, käme es jedoch einem *venire contra factum proprium* (§ 242 BGB) gleich, wenn sie für den Verbraucher zunächst Anreize zum Schlichtungsantrag setzen und dann einseitig durch Teilnahmeverweigerung die Verjährung herbeiführen. Aufgrund der zersplitterten Rechtsprechung und unterschiedlichen Ansichten im Schrifttum, die für Rechtsunsicherheit gesorgt haben, sollte der Gesetzgeber anlässlich der Umsetzung von Art. 12 ADR-Richtlinie eine klarstellende Regelung in § 204 Abs. 1 Nr. 4 BGB aufnehmen.

97

Kritisch ist gleichzeitig anzumerken, dass das Schlichtungsverfahren zunehmend mit der **primären Intention der Verjährungshemmung** eingeleitet wird. Dies wird bisweilen gar freimütig als einziges Motiv in der Begründung des Schlichtungsantrags eingeräumt. In diesen Fällen verwenden die meist anwaltlich vertretenen Verbraucher natur-

98

---

159 Begründung zu § 8 KASchlichtV-Entwurf in der Fassung der BaFin Konsultation 11/2013.
160 Siehe hierzu oben unter Rn. 64 f.
161 So auch die konkrete Formulierung in den jeweiligen Präambeln der privaten Ombudsstellen: „*Das einvernehmliche Ombudsverfahren (...) hemmt die Verjährung (...).*"
162 LG Köln, Urteil v. 9.4.2013 – 21 O 271/12 Rn. 47 ff. (zitiert nach juris).
163 Die Präambeln der privaten Ombudsstellen enthalten zudem die Verpflichtung der teilnehmenden Unternehmen, an den sie betr. Schlichtungsverfahren mitzuwirken.

gemäß keine besondere Sorgfalt auf die Bestimmtheit der Antragstellung, was die Chancen einer erfolgreichen Schlichtung mindert und gleichzeitig die Gefahr einer Verjährung mangels Konkretisierung des Streitgegenstands erhöht. Zudem schütten sich die spezialisierten Anwaltskanzleien und die Rechtsabteilungen der Unternehmen wechselseitig mit vorformulierten Textbausteinen zu und präparieren sich insgeheim schon für die eigentliche Streitbeilegung vor Gericht. Diese Entwicklung ist bedauerlich und gefährlich. Das Schlichtungsverfahren droht damit im Finanzdienstleistungsbereich gleich beide gesetzten Ziele zu verfehlen, da weder den Verbrauchern ein in nennenswertem Umfang zur Befriedung führendes Verfahren geboten wird, noch die Gerichte entlastet werden. Gegenteilig erfolgt durch die Hinauszögerung der Verjährung eine stärkere Belastung der Gerichtsbarkeit.

VI. Kosten des Schlichtungsverfahrens

99 **1. Antragsteller.** Das Schlichtungsverfahren ist für den Antragsteller sowohl bei der BaFin als auch bei den privaten Ombudsstellen **kostenfrei**.[164] Das beruht auf der Empfehlung der Europäischen Kommission,[165] die allenfalls eine moderate Gebühr zugelassen hätte, etwa um eine Hemmschwelle für querulatorische Anträge zu schaffen.[166]

100 **Auslagen** wie Portokosten werden **nicht ersetzt**. Lässt sich der Antragsteller anwaltlich vertreten, was möglich ist und wegen der neuen Beratungspflicht zur Streitschlichtung zunehmen könnte, sind auch diese nach Nr. 2303 VV RVG abzurechnenden Anwaltskosten[167] nicht erstattungsfähig. Bei wirtschaftlicher Mittellosigkeit kann dem Antragsteller ein Anspruch aus § 1 Abs. 1 Beratungshilfegesetz zustehen.[168]

101 **2. Antragsgegner.** § 342 Abs. 5 Satz 3 und 4 ermächtigt die BaFin, bei Erlass der Verfahrensordnung die Beteiligung der Antragsgegner an den Kosten zu regeln. Davon hat sie in § 8 Abs. 2 KASchlichtV Gebrauch gemacht, wonach von Antragsgegnern im Regelfall eine öffentlich-rechtliche Gebühr von bis zu 200 Euro erhoben wird.

102 Findet das Verfahren vor den privaten Ombudsstellen statt, findet die Gebührenregelung gemäß § 8 Abs. 3 KASchlichtV keine Geltung. Eine Kostenregelung enthalten die Verfahrensordnungen der Ombudsstellen nicht. Die Ombudsstellen werden per Umlage der beteiligten (Verbands-)Unternehmen bzw. Vereinsmitglieder finanziert. Die Höhe der Umlage oder der Zuschnitt des Kostenschlüssels lassen sich bei der Ombudsstelle des BVI nicht öffentlich einsehen. Aufgrund der Ausgestaltung der Ombudsstelle Geschlossene Fonds als eingetragener Verein lässt sich hier hingegen aus § 19 der Satzung entnehmen, dass eine Teilnahmegebührenordnung existiert und Mitgliedsunternehmen, die überdurchschnittlich viele Anträge beim Ombudsverfahren verursachen, eine Zuschusspflicht auferlegt bekommen können.

D. Grenzüberschreitende Sachverhalte (Absatz 4)

103 § 342 Abs. 4 enthält eine Regelung zur Zusammenarbeit der für die OGAW- und AIFM-Richtlinie zuständigen Stellen bei grenzüberschreitenden Sachverhalten. Eine solche Ver-

---

164 § 8 Abs. 1 Satz 1 KASchlichtV, § 19 Satz 1 VerfO BVI sowie § 9 Satz 1 VerfO OGF.
165 Empfehlung 98/257/EG, Ziffer IV. Grundsatz der Effizienz 2. Spiegelstrich.
166 Vgl. etwa § 214 Abs. 4 Satz 2 VVG, der jedoch keinen Eingang in die Verfahrensordnung der Versicherungsombudsstelle gefunden hat; anders § 111b Abs. 6 Satz 2 EnWG, umgesetzt in § 11 Abs. 2 Verfahrensordnung der Schlichtungsstelle Energie e.V. (in der Fassung v. 1.7.2013).
167 Zur Berechnung im Einzelnen Derleder/Knops/Bamberger/*Brödermann* § 66 Rn. 45 f.
168 Ausführlich Gottwald/Strempel/*Hoeren* 157 f.; *Gude* 134 ff.

pflichtung zum wechselseitigen Informationsaustausch ist das unabdingbare aufsichtsrechtliche Gegenstück zu dem System des sog. Europäischen Passes und der weit reichenden Bewegungsfreiheit der Anbieter nebst ihrer Fonds im Europäischen Binnenmarkt.

I. Im Zuständigkeitsbereich der BaFin

Betrifft eine Beschwerde oder ein Schlichtungsbegehren einen grenzüberschreitenden Sachverhalt, so hat die BaFin mit den Aufsichtsbehörden und den Schlichtungsstellen jeweils betroffener Mitgliedstaaten zusammenzuarbeiten. Diese Regelung ist auf die spezifische Vorgabe aus Art. 100 OGAW-IV-Richtlinie zurückzuführen. **104**

Im Prinzip folgt diese Verpflichtung zur Zusammenarbeit innerhalb der EU und dem EWR bereits aus § 9, der die Amtshilfe und den Informationsaustausch unter den zuständigen (Aufsichts-)Stellen detailliert regelt und damit die Vorgaben aus Art. 101 OGAW-IV-Richtlinie sowie Art. 50 AIFM-Richtlinie umsetzt. Das verdeutlicht auch der Verweis in § 342 Abs. 4 Hs. 2. Insofern kommt § 342 Abs. 4 genau besehen kein eigener Regelungsgehalt zu. **105**

Bei dem Verweis in § 342 Abs. 4 Hs. 2 auf § 19 KAGB dürfte es sich um ein Redaktionsversehen handeln. Der Verweis ist fälschlicher Weise aus dem alten § 143c InvG übernommen worden. Der alte § 19 InvG entsprach dem jetzigen § 9 KAGB. Der Verweis auf § 19 KAGB ist daher überflüssig und kann ersatzlos gestrichen werden. **106**

Eine Konkretisierung dieser Pflicht zur Zusammenarbeit hat sich in § 9 KASchlichtV niedergeschlagen.[169] Allerdings kann es sich bei der dort statuierten Pflicht, Auskunft über die geltende deutsche Rechtslage zu erteilen, allenfalls um den exemplarisch häufigsten Fall der Zusammenarbeit im Schlichtungsbereich handeln. Denn maßgeblich ist der in § 9 KAGB festgelegte Auskunftsumfang, der wesentlich weiter reicht. **107**

II. Im Zuständigkeitsbereich der privaten Ombudsstellen

Für die privaten Ombudsstellen folgt die Verpflichtung zum Informationsaustausch weder aus § 342 Abs. 4 noch aus § 9. Regelungsadressat ist ausschließlich die BaFin. Allerdings ist die jeweilige Ombudsstelle gegenüber der BaFin gemäß § 22 VerfO BVI beziehungsweise § 11 Satz 3 VerfO OGF zur Auskunft verpflichtet und daher mittelbar in die Zusammenarbeit einbezogen. Hat die Ombudsstelle ihrerseits ein Auskunftsverlangen, so kann sie (jedenfalls mittelbar über die BaFin) an Aufsichtsbehörden im EU-Ausland/EWR mit Anfragen herantreten, da die Ombudsstellen als *zuständige Stelle eines EU-Mitgliedstaates*[170] qualifizieren dürften und die Mitgliedstaaten entsprechende Zusammenarbeitsverpflichtungen auf Grundlage der Artt. 100 f. OGAW-IV-Richtlinie sowie Artt. 50 f. AIFM-Richtlinie ebenfalls in ihre Gesetze inkorporieren mussten. **108**

Da die Ombudsstelle des BVI seit dem 27.2.2012 anerkanntes Mitglied des europäischen Zusammenschlusses von Schlichtungsstellen im Bereich Finanzdienstleistungen ist, sog. FIN-NET,[171] kann sie sich zusätzlich mit Anfragen an eine andere partizipierende Schlichtungsstelle im Ausland wenden. Gemäß 8.3 des Memorandum[172] zum FIN-NET sind die Mitglieder zum unverzüglichen Informationsaustausch angehalten. **109**

---

169 Beruhend auf der Verordnungsermächtigung gemäß § 342 Abs. 5 Satz 1 letzter Hs.
170 Vgl. die Formulierung in § 9 KAGB.
171 Weitere Informationen zu FIN-NET (Financial Dispute Resolution Network) unter: http://ec.europa.eu/internal_market/fin-net/.
172 Abrufbar unter: http://ec.europa.eu/internal_market/fin-net/docs/mou/en.pdf.

ABSCHNITT 2
Übergangsvorschriften

Vorbemerkung vor §§ 343–355 KAGB

Schrifttum

Burgard/Heimann Das neue Kapitalanlagegesetzbuch, WM **2014** 821; *Bußalb/Unzicker* Auswirkungen der AIFM-Richtlinie auf geschlossene Fonds, BKR **2012** 309; *Emde/Dreibus* Der Regierungsentwurf für ein Kapitalanlagegesetzbuch, BKR **2013** 89; *Jesch/Geyer* Die Übergangsbestimmung der AIFM-Richtlinie, BKR **2012** 359; *Maunz/Dürig* Grundgesetz-Kommentar, 69. Ergänzungslieferung 2013; *Meixner* ZAP Fach 8, 489; *Niewerth/Rybarz* Änderung der Rahmenbedingungen für Immobilienfonds, WM **2013** 1154; *Schnauder* Regimewechsel im Prospekthaftungsrecht bei geschlossenen Publikumsfonds, NJW **2013** 3207; *Voigt/Busse* Die Übergangsvorschriften für geschlossene Fonds nach dem Regierungsentwurf zum AIFM-Umsetzungsgesetz, BKR **2013** 184; *Volhard/Kruschke* Die Regulierung von Private Equity Fonds-Manager durch den Europäischen Gesetzgeber, EWS **2012** 21; *Wallach* Umsetzung der AIFM-Richtlinie in deutsches Recht, RdF **2013** 92; *Weitnauer* Die AIFM-Richtlinie und ihre Umsetzung, BKR **2011** 143.

Systematische Übersicht

A. Verfassungsrechtlicher Hintergrund der Übergangsvorschriften —— 1
B. Zu den Übergangsvorschriften des KAGB
    I. Stellenwert der Übergangsvorschriften —— 6
    II. Entstehungsgeschichte der Übergangsvorschriften
        1. Ursprung und Regelungsmotivation —— 8
        2. FAQ der BaFin —— 9
        3. Nachträgliche Definitionsabänderung geschlossener AIF —— 11
    III. Systematik der Übergangsvorschriften
        1. Regelungsadressat —— 12
        2. Regelungssystematik —— 14
        3. Regelungstechnik —— 16

A. Verfassungsrechtlicher Hintergrund der Übergangsvorschriften

1 Aus dem Rechtsstaatsprinzip des Art. 20 Abs. 3 GG werden die Gebote der **Rechtssicherheit** und des **Vertrauensschutzes** abgeleitet.[1] Demnach darf der Bürger auch in dem an Dynamik kaum zu überbietenden[2] Kapitalmarktrecht auf die Beständigkeit gesetzlicher Vorgaben vertrauen und folglich annehmen, dass seine Investitionen nicht durch Rechtsänderungen rückwirkend entwertet werden.

2 Gleichwohl ist es dem Gesetzgeber unbenommen, Lebensbereiche unter ein neues Regelungsregime zu stellen und bestehende Rechtspositionen signifikant zu modifizieren. Beim KAGB werden größtenteils Sachverhalte geregelt, die zwar vor Gesetzesverkündung begonnen haben, die aber noch nicht vollständig abgeschlossen waren. Es handelt sich folglich bei vielen Regelungen des KAGB um Fälle sog. **unechter Rückwirkung** (tatbestandlicher Rückanknüpfung), die verfassungsrechtlich grundsätzlich zulässig ist.[3]

3 Um die grundrechtlich geschützten Interessen der Betroffenen angemessen zu berücksichtigen, ist der Gesetzgeber gleichwohl – nicht zuletzt zur Wahrung des Grundsatzes

---
[1] Maunz/Dürig/*Grzeszick* Grundgesetz-Kommentar, Art. 20 und die allgemeine Rechtsstaatlichkeit, Rn. 69 m.w.N. zur Rspr. des BVerfG.
[2] Längst ist das geflügelte Wort der „Reform in Permanenz" auch im Kapitalmarktrecht gebräuchlich: *Hopt* 50 Jahre Anlegerschutz und Kapitalmarktrecht: Rückblick und Ausblick, WM **2009** 1881; *Casper* Ad Legendum **2010** 1.
[3] *BVerfG* NJW **2010** 3630 m.w.N.

der **Verhältnismäßigkeit** – gehalten, die Eingriffsintensität abzumildern. Zur Herstellung eines angemessenen Interessenausgleichs zwischen der angestrebten Regulierung (hier: zum Schutze der Anleger und der Funktionsfähigkeit der Kapitalmärkte) sowie den berechtigten Erwartungen der Betroffenen (hier: der Investmentbranche sowie ggf. der investierten Anleger) an der Amortisation getätigter Investitionen, kann der Gesetzgeber u.a. auf adäquate Übergangsregelungen zurückgreifen. Dabei kommt dem Gesetzgeber eine weite Einschätzungsprärogative zu, ob und in welchem Umfang er Übergangsvorschriften erlässt.[4]

Obgleich die Begriffe bisweilen synonym verwendet werden, unterscheidet der Gesetzgeber in Übergangsvorschriften üblicherweise zwischen den **Bestandsschutzregelungen** und den **Übergangsregelungen**. Als Bestandsschutzregelungen sind solche Normen einzuordnen, die dem Adressaten (hier: Verwaltungsgesellschaft/Investmentvermögen/Anleger) den Schutz seiner bestehenden Rechtsposition gewähren, indem die Fortgeltung der vormaligen Rechtslage (hier: vor Inkrafttreten des KAGB) zeitlich unbeschränkt angeordnet wird. Die Übergangsregelungen hingegen gewähren diese Fortgeltung der alten Rechtslage lediglich beschränkt auf einen bestimmten Zeitraum (hier: meist ein Jahr), um dem Adressaten den nötigen Spielraum zur Implementierung der neuen gesetzlichen Vorgaben (hier: das KAGB) zu geben. 4

Damit ergibt sich für die Übergangsvorschriften des KAGB die folgende Unterscheidung: 5

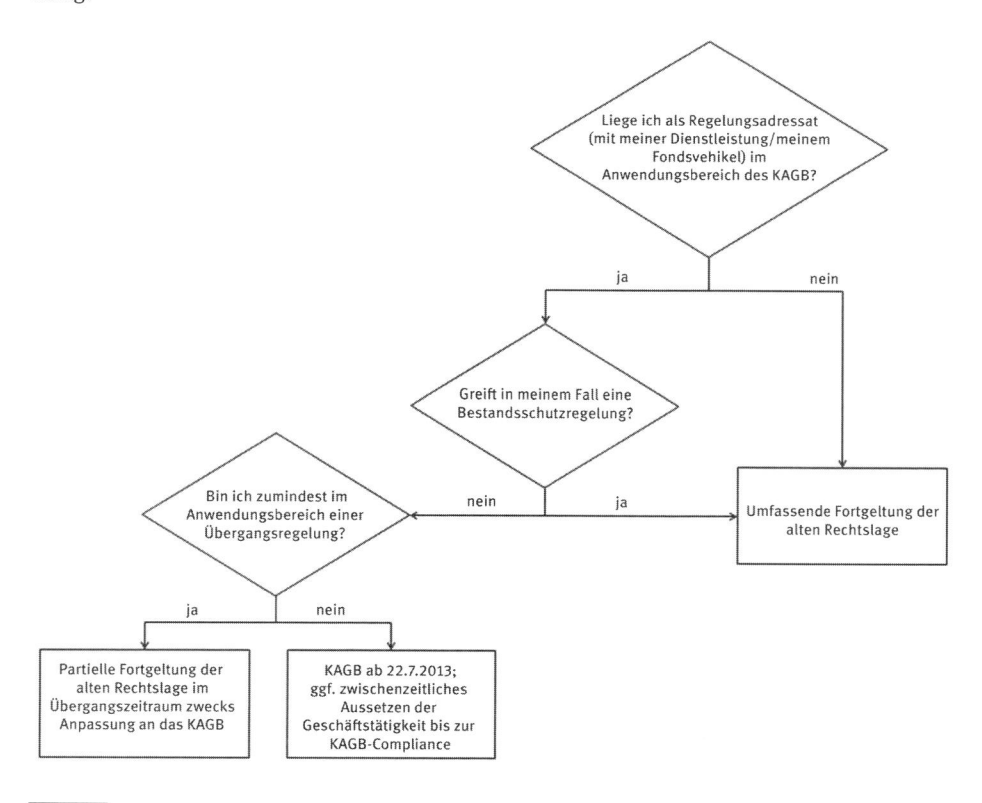

```
                    ┌─────────────────────────┐
                    │ Liege ich als           │
                    │ Regelungsadressat       │
                    │ (mit meiner             │
                    │ Dienstleistung/meinem   │
                    │ Fondsvehikel) im        │
                    │ Anwendungsbereich       │
                    │ des KAGB?               │
                    └─────────────────────────┘
                       ja            nein
                        │              │
                        ▼              │
              ┌──────────────────┐     │
              │ Greift in meinem │     │
              │ Fall eine        │     │
              │ Bestandsschutz-  │     │
              │ regelung?        │     │
              └──────────────────┘     │
                  nein    ja           │
                   │      └────────────┤
                   ▼                   ▼
          ┌──────────────────┐   ┌─────────────────┐
          │ Bin ich zumindest│   │ Umfassende      │
          │ im Anwendungs-   │   │ Fortgeltung der │
          │ bereich einer    │   │ alten Rechtslage│
          │ Übergangs-       │   └─────────────────┘
          │ regelung?        │
          └──────────────────┘
             ja        nein
              │          │
              ▼          ▼
   ┌──────────────────┐  ┌──────────────────┐
   │ Partielle Fort-  │  │ KAGB ab 22.7.2013;│
   │ geltung der      │  │ ggf. zwischen-   │
   │ alten Rechtslage │  │ zeitliches       │
   │ im Übergangs-    │  │ Aussetzen der    │
   │ zeitraum zwecks  │  │ Geschäftstätig-  │
   │ Anpassung an das │  │ keit bis zur     │
   │ KAGB             │  │ KAGB-Compliance  │
   └──────────────────┘  └──────────────────┘
```

---

[4] Maunz/Dürig/*Grzeszick* Grundgesetz-Kommentar, Art. 20 und die allgemeine Rechtsstaatlichkeit, Rn. 93 m.w.N. zur Rspr. des BVerfG.

B. Zu den Übergangsvorschriften des KAGB

I. Stellenwert der Übergangsvorschriften

6 Beim KAGB handelt es sich letztlich um die öffentlich-rechtliche Regulierungsausweitung in Bezug auf einen privaten Wirtschaftsbereich. Gerade in diesem Bereich sind der verfassungsrechtlich verbürgte Investitionsbestandsschutz und die Frage angemessener Übergangsregelungen von herausragender Bedeutung.[5] Es liegt auf der Hand, dass dies insbesondere für einen Regelungssachverhalt wie das Investmentvermögen gilt, bei dem Fonds auf der Grundlage bestimmter gesetzlicher Rahmenbedingungen für eine jahrzehntelange Laufzeit oder gar ohne Laufzeitbegrenzung aufgelegt werden, umfangreiches Kapital einsammeln und dieses verwalten.

7 Die Bedeutung der Übergangsvorschriften eines Gesetzes korreliert mit der Ausweitung seines Anwendungsbereiches in der Breite und der Verstärkung seiner Regulierungsintensität in der Tiefe im Vergleich zum Status quo ante. Daher verwundert es nicht, dass den Übergangsregelungen bei einem Gesetz wie dem KAGB, das u.a. als Quantensprung[6] bezeichnet wird, eine wesentliche Bedeutung zukommt.[7] Während die Implementierung des KAGB für die Investmentbranche (offener Fonds) ein weiterer Schritt auf dem linearen Weg steter Regulierungsvorgaben darstellt, steht die Branche der geschlossenen Fonds vor einer radikalen Umwälzung. Daher dominiert das Thema Bestandsschutz vor allem die Debatte bezüglich geschlossener Fonds innerhalb des Anwendungsbereichs der §§ 352a, 353.

II. Entstehungsgeschichte der Übergangsvorschriften

8 **1. Ursprung und Regelungsmotivation.** Die Übergangsregelungen des KAGB haben einen vielfältigen Ursprung. Auf ihre verfassungsrechtliche Notwendigkeit wurde bereits hingewiesen. Ein Großteil der Übergangsregelungen dient ferner dazu, eine reibungslose Transformation vom Investmentgesetz zum KAGB zu realisieren. Darüber hinaus enthielt die im KAGB umgesetzte AIFM-Richtlinie ihrerseits in Art. 61 Vorgaben für bestimmte Übergangsregelungen,[8] welche durch Art. 1 Abs. 5 der Delegierten Verordnung Nr. 694/2014[9] – bedauerlicherweise nach Inkrafttreten des KAGB – durch eine spezifische Definition eines geschlossenen AIF, die allein für den Anwendungsbereich der Übergangsvorschriften gilt, erweitert wurden. Diese grob gefassten europäischen Vorgaben, hat der deutsche Gesetzgeber (vor allem in §§ 352a, 353 KAGB) durch ein fein verästeltes in sich geschlossenes System von Übergangsvorschriften umgesetzt. Weitere Übergangsregelungen, die einen Bezug zum KAGB aufweisen, finden sich in § 32 Vermögensanlagengesetz.

9 **2. FAQ der BaFin.** Es ist bereits zahlreich festgestellt worden, dass das KAGB beim Betrachter einen ambivalenten Eindruck hinterlässt. Einerseits war es rechtspolitisch

---

[5] Hierzu ausführlich im Hinblick auf Übergangsvorschriften zu den Neuerungen beim Atomgesetz sowie den Spielhallengesetzen der Länder: *Jahndorf/Pichler* GewArch **2012** 377.
[6] *Burgard/Heimann* WM **2014** 830; *Hübner* WM **2014** 115 stellt die Frage: Opus Magnum oder Monstrum?
[7] *Emde/Dreibus* BKR **2013** 100; *Voigt/Busse* BKR **2013** 184.
[8] Dornseifer/Jesch/Klebeck/Tollmann/*Jesch* AIFM Art. 61; *Jesch/Geyer* BKR **2012** 359.
[9] Delegierte Verordnung (EU) Nr. 694/2014 der Kommission v. 17.12.2013 zur Ergänzung der Richtlinie 2011/61/EU des Europäischen Parlaments und des Rates im Hinblick auf technische Regulierungsstandards zur Bestimmung der Arten von Verwaltern alternativer Investmentfonds; EU-ABl. L 183 v. 24.6.2014, S. 18.

richtig und überfällig, die kontinuierliche Zerstückelung und einhergehende Unübersichtlichkeit des Kapitalmarktrechts einzudämmen und ein einheitliches Gesetzeswerk für die Kapitalanlage in Investmentvermögen zu schaffen. Andererseits ist ein solch umfassendes Gesetzeswerk notgedrungen mit Geburtsfehlern behaftet, was **Rechtsunsicherheit** bei den Regelungsadressaten und Anwendern zeitigt. Dies offenbarte sich im Vorfeld des Inkrafttretens vor allem hinsichtlich des Anwendungsbereichs des KAGB sowie hinsichtlich (des Anwendungsbereichs) der Übergangsvorschriften.

Vor diesem Hintergrund leitete die BaFin eine Konsultation zu den Übergangsvorschriften ein und bat betroffene Marktteilnehmer um Übermittlung aufgeworfener Fragen. Diese Fragen wurden in drei Sitzungen zwischen dem Grundsatzreferat Investmentrecht der BaFin und den Verbänden diskutiert. Die Ergebnisse mündeten in einem am 18.6.2013 veröffentlichten **Rundschreiben**, das sich zu häufigen Fragen im Zusammenhang mit den **Übergangsvorschriften** der §§ 343ff. äußert.[10] Wenngleich diese Auslegungshilfe denkbar knapp vor Inkrafttreten des KAGB erschienen ist, zeichnen sich die dortigen Ausführungen durch das Bemühen um praxistaugliche Anwendungsbeispiele aus. Es bleibt zu hoffen, dass die BaFin darüber hinaus mit einer Prise Pragmatismus und im wohlverstandenen Interesse aller Betroffenen (Anleger wie auch Anbieter) anfängliche Unsicherheiten durch eine nachsichtige Aufsichtspraxis austariert. 10

3. Nachträgliche Definitionsabänderung geschlossener AIF. Als wären das KAGB und die Systematik der Übergangsvorschriften nicht schon ausreichend komplex, wurden aufgrund divergierender Ansichten zwischen der Europäischen Kommission und der Finanzaufsichtsagentur ESMA nach Inkrafttreten des KAGB durch das Finanzmarktanpassungsgesetz[11] zum 19.7.2014 zwei **neue Definitionen eines geschlossenen AIF** eingeführt.[12] Eine (sehr enge) Definition ersetzt die vormalige Definition eines geschlossenen AIF in § 1 Abs. 4 Nr. 2 in Verbindung mit § 1 Abs. 5. Neben diese Definition eines geschlossenen AIF tritt eine weiter gefasste Definition in § 352a, welche gesondert allein für den Anwendungsbereich der Übergangsvorschriften gilt. Ohne dass man hierbei dem nationalen Umsetzungsgesetzgeber einen Vorwurf machen könnte, da er lediglich auf die europäischen Vorgaben reagiert, führt dies gleichwohl zu einem nahezu absurden und unüberschaubaren Abstufungssystem an Bestandsschutz innerhalb der §§ 352a, 353. Denn der Umsetzungsgesetzgeber sah sich nicht nur genötigt, die beiden neuen Definitionen eines geschlossenen AIF zu integrieren; er hatte vielmehr darüber hinaus Regelungen zu schaffen, um die seitens der AIF-KVG zwischenzeitlich im Vertrauen auf die temporär geltende Rechtslage vorgenommenen Investitionen und eingereichten Anträge bezüglich nach Inkrafttreten des KAGB und vor Inkrafttreten des FinMarktAnpG aufgelegter geschlossener AIF nicht zu entwerten.[13] 11

III. Systematik der Übergangsvorschriften

1. Regelungsadressat. Zwar ist die (Kapital-)**Verwaltungsgesellschaft** Regelungsadressat der Übergangsvorschriften. Sie trifft ggf. die Pflicht, sich sowie die von ihr verwalteten und vertriebenen Fonds KAGB-konform aufzustellen. Gleichwohl betreffen die 12

---

10 BaFin-Rundschreiben v. 18.6.2013 „Häufige Fragen zu den Übergangsvorschriften nach den §§ 343ff. des KAGB", Geschäftszeichen WA 41-Wp 2137-2013/0343; im Folgenden: BaFin FAQ Übergangsbestimmungen.
11 Gesetz zur Anpassung von Gesetzen auf dem Gebiet des Finanzmarktes, BGBl. I v. 18.7.2014, S. 934.
12 Basierend auf Art. 1 Abs. 2, 3 und 5 der Delegierten Verordnung Nr. 694/2014.
13 Siehe hierzu die Kommentierung zu § 352a sowie insbesondere zu § 353 Abs. 9 bis 13.

Folgen einiger Regelungen, insbesondere soweit es um Bestandsschutz geht, primär den jeweiligen Fonds als die KVG.[14] Dieser Umstand spiegelte sich insbesondere in der unter dem Stichwort „Infizierung" intensiv geführten Debatte im Rahmen von § 353 wieder. In der nachfolgenden Kommentierung werden daher teilweise neben der KVG auch ihre **Fonds als Regelungsadressaten** des KAGB behandelt.

13 Adressat von Bestandsschutzregelungen kann daneben (mittelbar) auch der einzelne **Anleger** sein. So ordnet etwa § 346 Abs. 1 zugunsten von Anlegern, die zum Inkrafttreten des KAGB Anteile an offenen Immobilienfonds hielten, eine Fortgeltung der erleichterten Anteilsrückgaberegelungen des Investmentgesetzes über den 21.7.2013 hinaus an. Ferner dürfen beispielsweise Privatanleger, die zum Stichtag des 21.7.2013 in Fonds investiert waren, welche mittlerweile nach KAGB als Spezial-AIF qualifizieren und ihnen daher nicht mehr zur Investition offen stehen, gleichwohl nach § 350 Abs. 2 zeitlich unbegrenzt im betr. Fonds verbleiben.

14 **2. Regelungssystematik.** Die Übergangsvorschriften des KAGB gliedern sich in einen Allgemeinen Teil (AT) und einen Besonderen Teil (BT). Im AT – insbesondere in § 343 – werden dabei grundlegende Regelungen statuiert,[15] auf die im BT durch Verweise Bezug genommen wird. Der BT wiederum differenziert zwischen Übergangsvorschriften für offene AIF, geschlossene AIF sowie OGAW und deren jeweilige Verwaltungsgesellschaften. Bei den Übergangsvorschriften zu offenen AIF, die bereits nach dem Investmentgesetz reguliert waren, finden sich weitere spezifische Regelungen zu einzelnen Arten von Sondervermögen. Soweit dort Regelungen zu bestimmten Arten wie beispielsweise den Infrastruktur-Sondervermögen fehlen, liegt dies schlicht daran, dass bezüglich dieser Gattung kein einziger aktiver Fonds existiert, den es durch eine Übergangsvorschrift zu schützen gilt.

15 Die Systematik der Übergangsvorschriften stellt sich übersichtsartig wie folgt dar:

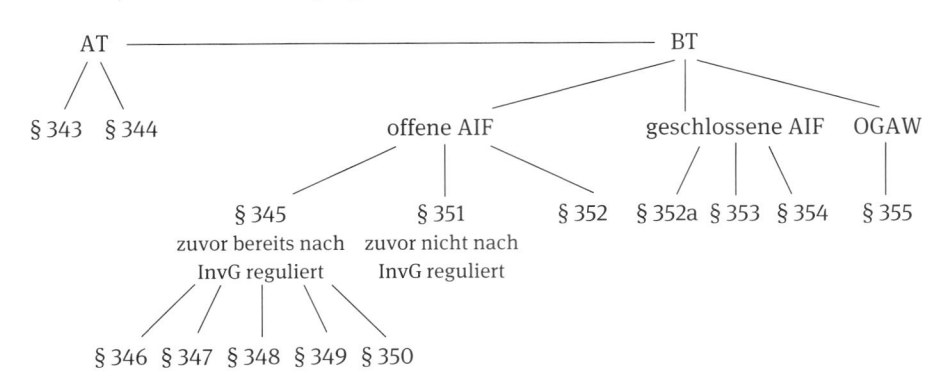

```
AT ─────────────────────────────────────── BT
 / \                                    / | \
§ 343 § 344              offene AIF  geschlossene AIF  OGAW
                        /    |    \      / | \
                     § 345 § 351 § 352 § 352a § 353 § 354  § 355
                  zuvor bereits nach  zuvor nicht nach
                     InvG reguliert   InvG reguliert
                    / / | \ \
              § 346 § 347 § 348 § 349 § 350
```

16 **3. Regelungstechnik.** Was die Regelungstechnik anbelangt, so stellen die Übergangsvorschriften den Leser vor Herausforderungen. Die **exzessiven Verweisungsketten** mögen zwar zwecks Entschlackung des überbordenden Gesetzbuches gut gemeint oder gar notwendig gewesen sein. Sie treiben jedoch mitunter skurrile Blüten. So verweist etwa § 347 Abs. 1 Satz 2 auf *„die in § 345 Abs. 1 Satz 11 genannten Vorschriften dieses*

---

14 Ebenso Gesetzesbegründung zu § 353 Abs. 6, AIFM-UmsG, BTDrucks. 17/12294, S. 306 sowie Beckmann/Scholtz/Vollmer/*Busse/Voigt* Investment, 405 § 353 Rn. 12.
15 Etwa die Legaldefinition der Auflage eines AIF in § 343 Abs. 4.

Gesetzes, die sich auf Publikums-AIF beziehen". In § 345 Abs. 1 Satz 11 findet sich jedoch keine weitere Eingrenzung auf bestimmte Vorschriften, so dass es des Verweises nicht bedurft hätte. Ein andermal werden bei § 355 Abs. 2 Satz 5 beispielsweise 90% des Regelungsgehalts einer anderen Vorschrift per umständlicher Verweisungskette für unanwendbar erklärt, anstatt die maßgeblichen 10% für anwendbar zu erklären. Dies verwundert umso mehr, wenn eine verständliche Variante desselben Regelungsgehalts in § 345 Abs. 1 Satz 5 Hs. 1 existiert. Überdies wird der Umfang der Übergangsvorschriften durch einige überflüssige Klarstellungen, die besser in der Gesetzesbegründung aufgehoben wären, zusätzlich aufgebläht.[16] Das FinMarktAnpG hat die Unübersichtlichkeit und Unverständlichkeit nochmals verstärkt.[17]

§ 343
Übergangsvorschriften für inländische und EU-AIF-Verwaltungsgesellschaften

(1) AIF-Kapitalverwaltungsgesellschaften, die vor dem 22. Juli 2013 Tätigkeiten im Sinne des § 20 ausüben, haben alle erforderlichen Maßnahmen zu ergreifen, um den Rechtsvorschriften dieses Gesetzes nachzukommen. Sie haben vor Ablauf des 21. Juli 2014 die Erlaubnis nach den §§ 20 und 22 oder, wenn sie die Voraussetzungen des § 2 Absatz 4 Satz 1, Absatz 4a Satz 1, Absatz 4b Satz 1 oder Absatz 5 Satz 1 erfüllen, die Registrierung nach § 44 zu beantragen.

(2) EU-AIF-Verwaltungsgesellschaften, die vor dem 22. Juli 2013 inländische Spezial-AIF im Sinne des § 54 verwalten, haben alle erforderlichen Maßnahmen zu ergreifen, um den entsprechenden Rechtsvorschriften dieses Gesetzes nachzukommen. Die Angaben gemäß § 54 sind unmittelbar nach Erteilung der Erlaubnis im Herkunftsmitgliedstaat, spätestens bis zum 31. Dezember 2014 der Bundesanstalt zu übermitteln.

(3) Eine AIF-Kapitalverwaltungsgesellschaften, die vor dem 22. Juli 2013 Tätigkeiten im Sinne des § 20 ausübt, darf bis zum 21. Januar 2015 bereits vor Erteilung der Erlaubnis nach den §§ 20 und 22 neue AIF nach den Vorschriften dieses Gesetzes, mit Ausnahme des Erfordernisses der Erlaubnis, verwalten und im Geltungsbereich dieses Gesetzes vertreiben, wenn sie bei Publikums-AIF zusammen mit dem Antrag auf Genehmigung der Anlagebedingungen nach § 163 oder § 267 und bei Spezial-AIF zusammen mit der Vertriebsanzeige nach § 321
1. im Zeitraum vom 22. Juli 2013 bis 21. Juli 2014 den Antrag auf Erlaubnis nach §§ 20 und 22 einreicht, auf den bereits eingereichten, noch nicht beschiedenen Antrag auf Erlaubnis nach §§ 20 und 22 verweist oder die verbindliche Erklärung gegenüber der Bundesanstalt abgibt, innerhalb der in Absatz 1 Satz 2 genannten Frist einen Antrag auf Erlaubnis nach den §§ 20 und 22 zu stellen,
2. im Zeitraum vom 22. Juli 2014 bis 21. Januar 2015 auf den eingereichten, noch nicht beschiedenen Antrag auf Erlaubnis nach §§ 20 und 22 verweist.

Auf die Genehmigung der Anlagebedingungen findet § 163 Absatz 2 Satz 5 keine Anwendung. In dem Verkaufsprospekt und den wesentlichen Anlegerinformationen gemäß den §§ 164 oder 268 sind die Anleger drucktechnisch herausgestellt an

---

16 Vgl. beispielsweise § 345 Abs. 1 S. 11.
17 Symptomatisch hierfür stehen die Formulierungen in § 353 Abs. 4 Satz 2; § 353 Abs. 5 Satz 2 sowie § 353 Abs. 6 Satz 2.

hervorgehobener Stelle über die fehlende Erlaubnis der AIF-Kapitalverwaltungsgesellschaft und die Folgen einer unterlassenen Antragsstellung oder Erlaubnisversagung hinzuweisen. Bei Spezial-AIF muss dieser Hinweis im Rahmen der Informationen gemäß § 307 erfolgen. Als neuer AIF im Sinne von Satz 1 gilt ein AIF, der nach dem 21. Juli 2013 aufgelegt wird.

(4) Ein AIF gilt mit dem Zeitpunkt als aufgelegt im Sinne dieses Abschnittes, in dem mindestens ein Anleger durch den unbedingten und unbefristeten Abschluss des auf die Ausgabe eines Anteils oder einer Aktie gerichteten schuldrechtlichen Verpflichtungsgeschäfts einen Anteil oder eine Aktie des AIF gezeichnet hat.

(5) AIF-Kapitalverwaltungsgesellschaften im Sinne des Absatzes 1, die weder die Voraussetzungen des § 2 Absatz 4, 4a, 4b oder Absatz 5 erfüllen noch binnen der in Absatz 1 Satz 2 vorgesehenen Frist einen Erlaubnisantrag stellen oder denen die Erlaubnis gemäß § 23 versagt wurde, können mit Zustimmung von Anlegern, die mehr als 50 Prozent der Anteile des AIF halten, die Abwicklung des inländischen AIF binnen drei Monaten nach Ablauf der in Absatz 1 Satz 2 genannten Frist oder nach Versagung der Erlaubnis dadurch abwenden, dass sie die Verwaltung auf eine AIF-Kapitalverwaltungsgesellschaft übertragen, die über eine Erlaubnis nach den §§ 20 und 22 verfügt und sich zur Übernahme der Verwaltung bereit erklärt. Die Bundesanstalt kann im öffentlichen Interesse bestimmen, dass die Verwaltung des AIF auf eine AIF-Kapitalverwaltungsgesellschaft, die über eine Erlaubnis nach den §§ 20 und 22 verfügt und sich zur Übernahme der Verwaltung bereit erklärt, übergeht. Die Verwaltung von inländischen Spezial-AIF kann auch auf EU-AIF-Verwaltungsgesellschaften übertragen werden, für welche die erforderlichen Angaben gemäß § 54 übermittelt wurden.

(6) Für EU-AIF-Kapitalverwaltungsgesellschaften im Sinne des Absatzes 2, für die nicht binnen der in Absatz 2 Satz 2 vorgesehenen Frist die Angaben gemäß § 54 übermittelt wurden, gilt Absatz 5 entsprechend mit der Maßgabe, dass die Übertragung binnen drei Monaten nach Ablauf der in Absatz 2 Satz 2 genannten Frist erfolgen kann. Für EU-AIF-Verwaltungsgesellschaften, die vor dem 22. Juli 2013 inländische Publikums-AIF verwalten, und für ausländische AIF-Verwaltungsgesellschaften, die vor dem 22. Juli 2013 inländische AIF verwalten, gilt Absatz 5 entsprechend mit der Maßgabe, dass die Übertragung innerhalb von 15 Monaten nach dem 21. Juli 2013 erfolgen kann.

Schrifttum

Siehe Vorbemerkung §§ 343–355.

Systematische Übersicht

A. Hintergrund der Vorschrift —— 1
B. Die Regelungen der Vorschrift im Einzelnen
   I. Übergangsregelung für inländische AIF-KVG (Absatz 1) —— 4
     1. Tatbestandsvoraussetzung: Tätigkeit im Sinne von § 20 KAGB —— 5
       a) Erbringen der kollektiven Vermögensverwaltung —— 6
       b) Tätigkeiten im Vorfeld zur Verwaltung eines AIF —— 7
         aa) Stadium der Auflage eines AIF —— 8
         bb) Aufnahme von Vertriebsaktivitäten —— 9
         cc) Hinreichend fortgeschrittene Projektierung eines AIF —— 10
     2. Rechtsfolge: einjähriges Zeitfenster zwecks Implementierung des KAGB —— 12
       a) Ergreifen aller erforderlichen Maßnahmen —— 13

- aa) Zeitpunkt vollständiger Compliance —— 14
- bb) Umfang der Compliance —— 16
  - (1) Einbeziehung der AIFM-Verordnung Nr. 231/2013 —— 17
  - (2) Einbeziehung der Verwahrstelle —— 18
  - (3) Einholung der Kompetenzerklärung semi-professioneller Anleger —— 19
- b) Beantragung der Erlaubnis oder Registrierung binnen Jahresfrist —— 21
II. Grenzüberschreitende Verwaltung inländischer Spezial-AIF (Absatz 2) —— 22
III. Auflage neuer AIF vor Erlaubniserteilung (Absatz 3) —— 24
  1. Geltungsumfang des KAGB bei Auflage neuer AIF —— 25
  2. Einschränkungen hinsichtlich zulässiger AIF-Kategorie —— 26
  3. Voraussetzungen der Auflage eines neuen AIF
     a) Genehmigung der Anlagebedingungen —— 27
     b) Bezugnahme auf den Erlaubnisantrag —— 28
     c) Besondere Hinweispflicht gegenüber Anlegern —— 30
        - aa) Hinweis im Vertriebsdokument —— 31
        - bb) Platzierung des Hinweises an hervorgehobener Stelle —— 32
        - cc) Drucktechnische Ausgestaltung des Hinweises —— 34
IV. Legaldefinition der Auflage eines Fonds (Absatz 4) —— 35
V. Konsequenzen bei fehlender KAGB-Erlaubnis der KVG (Absatz 5) —— 40
  1. Abwicklung des AIF —— 41
  2. Übertragung des AIF auf eine AIF-KVG mit Erlaubnis —— 42
     a) Durch Mehrheitsbeschluss der Anleger —— 43
     b) Durch Anordnung der BaFin —— 46
  3. Konsequenzen für ausländische und EU-AIF-Verwaltungsgesellschaften (Absatz 6) —— 49

A. Hintergrund der Vorschrift

§ 343 stellt eine vor die Klammer gezogene AT-Regelung für die AIF-KVG im Rahmen des in sich geschlossenen Systems der Übergangsvorschriften dar. Die Regelung greift als Auffangtatbestand, wenn der jeweilige BT-Abschnitt der Übergangsvorschriften keine besondere Regelung enthält, die beispielsweise auf die Spezifika der betr. Verwaltungsgesellschaft oder des betr. Fondstypus zugeschnitten ist. **1**

Kernstück der gesamten Übergangsvorschriften des KAGB bildet § 343 Abs. 1, der im Wesentlichen die **europäische Vorgabe aus Art. 61 Abs. 1 AIFM-Richtlinie** umsetzt. Die Vorschrift enthält die zentrale Aussage, dass den Kapitalverwaltungsgesellschaften als primär betroffenen Regelungsadressaten des Gesetzes ein Zeitfenster von einem Jahr eingeräumt wird, um sich (und die von ihnen verwalteten Fonds) an die Vorgaben des KAGB anzupassen. Während dieser Übergangsphase der Anpassung findet auf die KVG und ihre Fonds weiterhin die alte Rechtslage Anwendung. Aus dieser europäisch prädeterminierten Richtschnur hat der nationale Gesetzgeber ein fein verästeltes und durch etliche Querverweise gekennzeichnetes Übergangsrecht geschaffen. **2**

Darüber hinaus enthält § 343 weitere vor die Klammer gezogene Regelungen, die für die nachfolgenden Übergangsvorschriften Bedeutung entfalten. Hierzu zählt beispielsweise die Legaldefinition der *Auflage eines Fonds* in § 343 Abs. 4, auf die in §§ 347 Abs. 1 Satz 1, 348 Satz 1, 349 Satz 1, 350 Abs. 1 Satz 1 Nr. 2, 351 Abs. 1 Satz 1 Nr. 2, 353 Abs. 6 Satz 1 sowie in § 355 Abs. 2 Satz 1 Bezug genommen wird. **3**

B. Die Regelungen der Vorschrift im Einzelnen

I. Übergangsregelung für inländische AIF-KVG (Absatz 1)

4 § 343 Abs. 1 richtet sich an alle Verwalter von Kapitalanlagen (insbesondere vormalige Kapitalanlagegesellschaften und Anbieter geschlossener Fonds), die ab dem 22.7.2013 als AIF-Kapitalverwaltungsgesellschaften qualifizieren und die bereits vor Inkrafttreten des KAGB Tätigkeiten ausübten, die nunmehr im Sinne von § 20 erlaubnispflichtig sind (hiernach auch „Alt-KVG"). Aufgrund der umfangreichen regulatorischen Neuerungen, die das KAGB beinhaltet, wird der Alt-KVG eine Übergangsfrist von einem Jahr eingeräumt, innerhalb derer sie eine Anpassung an das neue Rechtsregime vornehmen kann. Andernfalls müsste die Alt-KVG bis zur KAGB Implementierung vorübergehend ihre laufende Geschäftstätigkeit einstellen und wäre auch an der parallelen Auflage neuer Fonds gehindert.

5 **1. Tatbestandsvoraussetzung: Tätigkeit im Sinne von § 20 KAGB.** Nach dem Wortlaut der Norm qualifizieren nur solche Kapitalverwaltungsgesellschaften als Alt-KVG, die zum Stichtag des 21.7.2013 bereits Tätigkeiten im Sinne von § 20 ausübten. Um Rechtsunsicherheit zu vermeiden und klarzustellen, wann der Anwendungsbereich von § 343 Abs. 1 eröffnet ist, hat die BaFin das Tatbestandsmerkmal einer *Tätigkeit im Sinne von § 20 KAGB* in den sog. „FAQ Übergangsbestimmungen"[1] aufgegriffen und näher konkretisiert.

6 **a) Erbringen der kollektiven Vermögensverwaltung.** Die Bezugnahme auf Tätigkeiten im Sinne von § 20 ist laut BaFin nicht umfassend zu verstehen. Der für die AIF-KVG einschlägige § 20 Abs. 3 führt eine Vielzahl erlaubnispflichtiger Tätigkeiten auf. Eine Gesellschaft liegt jedoch nicht im Anwendungsbereich von § 343 Abs. 1, wenn sie zum Stichtag des 21.7.2013 lediglich die in § 20 Abs. 3 angeführten (Neben-)Dienstleistungen erbracht hat. Vielmehr bezieht sich das Tatbestandsmerkmal *Tätigkeit im Sinne von § 20 KAGB* laut BaFin primär auf das Erbringen der **kollektiven Vermögensverwaltung**.[2] Dies folgt letztlich auch aus einer teleologischen Auslegung von § 343 Abs. 1, dem es um den Vertrauensschutz bereits tätiger Kapitalverwaltungsgesellschaften im Zusammenhang mit ihrem Kerngeschäft, nämlich der Auflage und Verwaltung von Investmentvermögen, geht. Nur diese Gesellschaften stehen vor der Schwierigkeit, die laufende Verwaltung weiterzuführen und gleichzeitig die neuen regulatorischen Anforderungen des KAGB zu implementieren.

7 **b) Tätigkeiten im Vorfeld zur Verwaltung eines AIF.** Übersicht zu Tätigkeiten im Vorfeld der Verwaltung des Fonds:

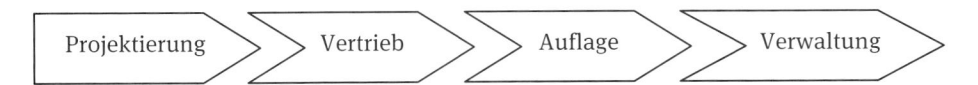

Projektierung 〉 Vertrieb 〉 Auflage 〉 Verwaltung

8 **aa) Stadium der Auflage eines AIF.** Aus der Bezugnahme auf die kollektive Vermögensverwaltung ist nicht der Rückschluss zu ziehen, dass die KVG bei Inkrafttreten

---

[1] BaFin-Rundschreiben v. 18.6.2013 „Häufige Fragen zu den Übergangsvorschriften nach den §§ 343 ff. des KAGB", Geschäftszeichen WA 41-Wp 2137-2013/0343.
[2] BaFin FAQ Übergangsbestimmungen, Ziffer I. Nr. 9.

des KAGB bereits in das Stadium der Verwaltung des AIF eingetreten sein muss. Die BaFin stellt klar, dass auch jene KVG im Anwendungsbereich des § 343 Abs. 1 liegen kann, deren Fondsprojekte sich noch in Entwicklungsstadien befinden, die der Verwaltung vorgelagert sind.[3] So handelt es sich jedenfalls dann um eine Alt-KVG, wenn sie bereits einen AIF vor dem 22.7.2013 im Sinne von § 343 Abs. 4 aufgelegt hat. Da die Definition der Auflage des AIF nach § 343 Abs. 4 bereits mit der ersten Zeichnung durch einen Anleger erfüllt ist, weisen die Stadien des Vertriebs und der Auflage des AIF eine große Schnittmenge auf.

bb) Aufnahme von Vertriebsaktivitäten. Bereits aus der Begriffsdefinition der kollektiven Vermögensverwaltung in § 1 Abs. 19 Nr. 24 folgt zudem, dass auch der Vertrieb von eigenen Investmentanteilen eine Tätigkeit im Sinne von § 20 darstellt und den Anwendungsbereich von § 343 Abs. 1 eröffnet. Der Begriff des Vertriebs wird wiederum in § 293 Abs. 1 Satz 1 legaldefiniert und durch die BaFin im Rahmen der sog. „FAQ Vertrieb und Erwerb von Investmentvermögen"[4] konkretisiert. Demnach gelten auch solche Gesellschaften als Alt-KVG, die vor dem 22.7.2013 angebotsreife Anteile oder Aktien eines Investmentvermögens angeboten haben, wobei das Angebot in Form einer *invitatio ad offerendum* genügt.[5] 9

cc) Hinreichend fortgeschrittene Projektierung des AIF. Das frühestmögliche Stadium, in welchem die Tätigkeit einer AIF-KVG noch im Anwendungsbereich von § 343 Abs. 1 liegen kann, ist laut BaFin der Zeitpunkt der abgeschlossenen Projektierung eines AIF.[6] 10

Die BaFin führt indes nicht aus, wie weit die Projektierung gediehen sein muss, um als zeitlich vorgelagerter, jedoch auf Wertungsebene integraler Bestandteil der kollektiven Vermögensverwaltung Anerkennung zu finden.[7] Hier wird die KVG anhand fundierter Unterlagen nachweisen müssen, dass das wirtschaftliche Fondskonzept vor dem 22.7.2013 erstellt wurde. Weitere Indizien für eine hinreichend fortgeschrittene Projektierung können die gesellschaftsrechtliche Gründung des AIF, die Vorbereitung der Prospektunterlagen sowie weitere in die Wege geleitete Gründungsakte darstellen. Aus dem Telos von § 343 Abs. 1 sowie der Rückführung der Übergangsvorschriften auf den Vertrauensschutz als Ausfluss aus dem Rechtsstaatsprinzip[8] ist umso eher von einer Eröffnung des Anwendungsbereichs auszugehen, je umfangreicher die bereits getätigten Investitionen ausfallen, in denen sich das Vertrauen auf die bestehende Rechtslage manifestiert hat. 11

2. Rechtsfolge: einjähriges Zeitfenster zwecks Implementierung des KAGB. Fällt eine Kapitalverwaltungsgesellschaft in den vorstehend skizzierten Anwendungsbereich von § 343 Abs. 1, so hat sie alle erforderlichen Maßnahmen zu ergreifen, um die neuen Vorgaben des KAGB zu erfüllen und sodann binnen Jahresfrist einen Antrag auf Erlaubnis oder Registrierung zu stellen. 12

---

3 BaFin FAQ Übergangsbestimmungen, Ziffer I. Nr. 9.
4 BaFin-Rundschreiben v. 4.7.2013 „Häufige Fragen zum Vertrieb und Erwerb von Investmentvermögen nach dem KAGB", Geschäftszeichen WA 41-Wp 2137-2013/0293.
5 BaFin FAQ Vertrieb und Erwerb von Investmentvermögen, Ziffer 1.1; die Angebotsreife hängt davon ab, ob die Anlagebedingungen bereits feststehen.
6 BaFin FAQ Übergangsbestimmungen, Ziffer I. Nr. 9.
7 In einem Beispiel wird lediglich erwähnt, dass das Projekt vor dem 22.7.2013 *entwickelt* sein müsse; BaFin FAQ Übergangsbestimmungen, Ziffer I. Nr. 10 Konstellation 4.
8 Zum verfassungsrechtlichen Hintergrund der Übergangsvorschriften siehe die Vorbemerkung zu §§ 343–355 Rn. 1 ff.

13 **a) Ergreifen aller erforderlichen Maßnahmen.** Die BaFin hat in den FAQ Übergangsbestimmungen den unbestimmten Rechtsbegriff der „erforderlichen Maßnahmen" konkretisiert und dargelegt, welche Maßnahmen bis zu welchem Zeitpunkt zu ergreifen sind.

14 **aa) Zeitpunkt vollständiger Compliance.** Die Alt-KVG muss alle sich aus dem KAGB ergebenden Anforderungen (mit Ausnahme des Erhalts der KAGB-Erlaubnis) zu dem Zeitpunkt erfüllt haben, in dem sie den Erlaubnisantrag oder den Antrag auf Registrierung stellt. Bis zu diesem Zeitpunkt, **spätestens bis zum 22.7.2014**, hat die Alt-KVG sich sukzessive um die Einhaltung der Vorgaben des KAGB zu bemühen und die dazu erforderlichen Maßnahmen in die Wege zu leiten.[9]

15 Das einjährige Zeitfenster zur Anpassung an das KAGB kann die Alt-KVG nicht ausschöpfen, wenn sie vor dem 22.7.2014 einen neuen AIF auflegen will. In diesem Fall muss die vollständige Compliance (mit Ausnahme der Erlaubnis/Registrierung) bereits im Zeitpunkt der Auflage des neuen AIF gewährleistet sein.[10]

16 **bb) Umfang der Compliance.** Der Umfang der von der AIF-KVG einzuhaltenden Vorschriften lässt sich im Wesentlichen dem enumerativen Katalog in § 22 Abs. 1 entnehmen. Darüber hinaus müssen alle weiteren Vorschriften des KAGB eingehalten werden, die Pflichten der AIF-KVG und von ihr verwalteter Investmentvermögen betreffen. Die BaFin hat einige ausgewählte Fragen zum Umfang der notwendigen Compliance in den FAQ Übergangsbestimmungen thematisiert:

17 **(1) Einbeziehung der AIFM-Verordnung Nr. 231/2013.** Die einzuhaltenden Vorgaben der AIF-KVG ergeben sich nicht nur aus dem KAGB (und darauf basierender Verordnungen der BaFin), sondern umfassen auch Vorgaben aus der unmittelbar anwendbaren AIFM-Verordnung,[11] die ebenfalls am 22.7.2013 in Kraft getreten ist. Zwar sind in der europäischen Verordnung keine Übergangsfristen vorgesehen. Die BaFin stellt jedoch klar, dass § 343 Abs. 1 für die Anforderungen aus der AIFM-Verordnung entsprechend zugunsten der AIF-KVG anzuwenden ist.[12]

18 **(2) Einbeziehung der Verwahrstelle.** Die BaFin hat ferner klargestellt, dass im Zeitpunkt des Erlaubnisantrags der AIF-KVG noch nicht die Genehmigung der BaFin nach §§ 87, 69 Abs. 1 Satz 1 für die jeweilige Verwahrstelle von verwalteten Publikums-AIF[13] vorliegen muss.[14] Vielmehr genügt es, wenn der Antrag auf Genehmigung der Verwahrstelle zusammen mit dem Erlaubnisantrag gestellt wird. In puncto Verwahrstelle hat die AIF-KVG im Übrigen auf § 22 Abs. 1 Nr. 13 sowie diesbezügliche Konkretisierungen in dem Merkblatt der BaFin zum Erlaubnisverfahren[15] zu achten. Die Verwahrstelle selbst muss ab demjenigen Zeitpunkt den Anforderungen des KAGB genügen, ab dem

---

9   BaFin FAQ Übergangsbestimmungen, Ziffer I. Nr. 1.
10 Hierzu sogleich ausführlich unter Rn. 24 ff.
11 Verordnung (EU) Nr. 231/2013 der Kommission v. 19.12.2012 zur Ergänzung der Richtlinie 2011/61/EU des Europäischen Parlaments und des Rates im Hinblick auf Ausnahmen, die Bedingungen für die Ausübung der Tätigkeit, Verwahrstellen, Hebelfinanzierung, Transparenz und Beaufsichtigung.
12 BaFin FAQ Übergangsbestimmungen, Ziffer I. Nr. 4.
13 Für die Verwahrung von Spezial-AIF bedarf es keiner Genehmigung der Verwahrstelle durch die BaFin.
14 BaFin FAQ Übergangsbestimmungen, Ziffer I. Nr. 2.
15 BaFin Merkblatt zum Erlaubnisverfahren für eine AIF-Kapitalverwaltungsgesellschaft nach § 22 KAGB-E v. 22.3.2013.

die geänderten Anlagebedingungen des AIF gelten, den sie verwahrt.[16] Die Verwahrstelle muss daher spätestens zum 22.7.2014 KAGB-konform aufgestellt sein.

(3) Einholung der Kompetenzerklärung semi-professioneller Anleger. Sofern die AIF-KVG auch kollektive Vermögensverwaltung in Bezug auf Fonds erbracht hat, die nunmehr als Spezial-AIF qualifizieren, liegt eine weitere erforderliche Maßnahme zur Anpassung an die Vorgaben des KAGB darin, Kompetenzerklärungen semi-professioneller Anleger im Sinne von § 1 Abs. 19 Nr. 33a einzuholen.[17] Denn der semi-professionelle Anleger wird durch das KAGB als neue Kundenkategorie eingeführt und ist neben dem professionellen Anleger gemäß § 1 Abs. 6 künftig allein berechtigt, in inländische offene Spezial-AIF zu investieren. Nur so kann die BaFin bei der Prüfung der abgeänderten Anlagebedingungen des betr. Fonds feststellen, ob es sich bei dem AIF um einen Spezial-AIF handelt, da dies beispielsweise auch für die Genehmigungsbedürftigkeit der Anlagebedingungen relevant ist. 19

Es ist jedoch zu beachten, dass für Anleger, die vor dem 22.7.2013 Anteile an einem inländischen offenen Spezial-AIF erworben haben, keine Kompetenzerklärungen nachzuholen sind.[18] Denn § 350 Abs. 2 gewährt inländischen offenen Spezial-AIF Bestandsschutz, wenn diese hinsichtlich der zulässigen Anlegerschaft den Anforderungen des Investmentgesetzes genügten. Für diese Spezial-AIF macht es daher keinen Unterschied, ob deren Anlegerschaft vor dem 22.7.2013 vollständig aus professionellen und semi-professionellen Anlegen bestanden oder ob auch Privatanleger beteiligt waren. Folglich ist es obsolet, in Bezug auf diese Anlegerschaft eine Kompetenzerklärung nachzuholen. 20

b) Beantragung der Erlaubnis oder Registrierung binnen Jahresfrist. Den Kapitalverwaltungsgesellschaften, die im Anwendungsbereich von § 343 Abs. 1 Satz 1 liegen, wird ein Zeitfenster von maximal einem Jahr zugestanden, um die Anpassungen an das KAGB vorzunehmen. Bis zum Ablauf des 21.7.2014 muss die Alt-KVG einen Erlaubnisantrag nach §§ 20, 22 stellen, selbst wenn sie zuvor eine Erlaubnis nach dem InvG besaß. Sofern die KVG als sog. kleine KVG[19] bestimmte Schwellenwerte hinsichtlich der verwalteten Vermögensgegenstände nicht überschreitet und entsprechende Ausnahmevorschriften nach § 2 Abs. 4 Satz 1, Abs. 4a Satz 1, Abs. 4b Satz 1 oder Absatz 5 Satz 1 greifen, ist es ausreichend, wenn die AIF-KVG lediglich die Registrierung nach § 44 KAGB beantragt.[20] 21

II. Grenzüberschreitende Verwaltung inländischer Spezial-AIF (Absatz 2)

§ 343 Abs. 2 richtet sich an Kapitalverwaltungsgesellschaften aus Mitgliedstaaten der EU, die vor dem 22.7.2013 außerhalb des Anwendungsbereichs des Investmentgesetzes Fondsstrukturen im Inland verwaltet haben, die nun als inländische Spezial-AIF qualifizieren.[21] Da diese grenzüberschreitende Verwaltung – anders als für Publikums-AIF[22] – unter den Voraussetzungen des § 54 zulässig bleibt, wird den betr. EU-AIF-Verwaltungs- 22

---

16 BaFin FAQ Übergangsbestimmungen, Ziffer I. Nr. 3.
17 BaFin FAQ Übergangsbestimmungen, Ziffer I. Nr. 6.
18 BaFin FAQ Übergangsbestimmungen, Ziffer I. Nr. 6 Fn. 2.
19 *Wallach* RdF **2013** 95.
20 Zur kleinen AIF-KVG ausführlich *Boxberger* Regulierung „light" unter dem KAGB-Regime, GWR **2013** 415; *Nelle/Klebeck* Der „kleine" AIFM, BB **2013** 2499.
21 Gesetzesbegründung zu § 343 Abs. 2, AIFM-UmsG, BTDrucks. 17/12294, S. 300.
22 Siehe BaFin FAQ Übergangsbestimmungen, Ziffer I. Nr. 7 sowie Gesetzesbegründung zu § 343 Abs. 2 und Abs. 5, AIFM-UmsG, BTDrucks. 17/12294, S. 300; *Emde/Dreibus* BKR **2013** 100 stellen die Europarechtskonformität dieser Einschränkung in Bezug auf die Niederlassungsfreiheit in Frage.

gesellschaften eine Übergangsfrist von anderthalb Jahren eingeräumt. In dieser Zeit haben sie alle erforderlichen Maßnahmen zu ergreifen, um die für sie geltenden Regelungen des KAGB zu erfüllen. Insbesondere müssen die EU-AIF-Verwaltungsgesellschaften eine Erlaubnis in ihrem Herkunftsmitgliedstaat erlangen und den Nachweis darüber nebst weiterer nach § 54 erforderlicher Angaben unmittelbar der BaFin zuleiten.

23   Sofern die EU-AIF-Verwaltungsgesellschaft nicht bis zum Ablauf des 31.12.2014 den vorgenannten Voraussetzungen nachkommt, muss der inländische Spezial-AIF auf eine zugelassene (EU-)AIF-KVG übertragen oder abgewickelt werden, § 343 Abs. 6.[23]

III. Auflage neuer AIF vor Erlaubniserteilung (Absatz 3)

24   § 343 Abs. 3 eröffnet der AIF-KVG die Möglichkeit, innerhalb der einjährigen Übergangsphase neue AIF aufzulegen. Nach dieser Vorschrift kann eine AIF-KVG sowohl neue Publikums- als auch neue Spezial-AIF in bestimmtem Umfang nach Inkrafttreten des KAGB auflegen, ohne bereits über eine Erlaubnis oder eine Registrierung[24] nach KAGB zu verfügen. Ein neuer AIF ist ein solcher Fonds, der nach dem 21.7.2013 aufgelegt wird, § 343 Abs. 3 Satz 5. Die Auflage eines AIF wird in § 343 Abs. 4 legaldefiniert.

25   **1. Geltungsumfang des KAGB bei Auflage neuer AIF.** Die Auflage neuer AIF hat nach den fondsbezogenen Vorschriften des KAGB zu erfolgen. Wenngleich die AIF-KVG noch nicht lizensiert sein muss, hat sie im Zeitpunkt der Auflage des AIF bereits die gesellschaftsbezogenen Vorschriften wie beispielsweise die Eigenmittel- und Organisationsanforderungen zu erfüllen.[25] Durch die Auflage eines neuen und vollständig nach KAGB strukturierten AIF findet jedoch **keine Infizierung der übrigen** von der AIF-KVG ggf. **verwalteten AIF** statt.[26] Bezüglich dieser übrigen „Alt-AIF" kann die AIF-KVG die Übergangsfrist zwecks Anpassung an das KAGB bis zum Ablauf des 21.7.2014 beziehungsweise bis zum Stellen des Antrags auf Erlaubnis vollständig ausnutzen. Insoweit verkürzt sich die Übergangsfrist aus § 343 Abs. 1 bei Auflage eines neuen AIF nur in Bezug auf diesen AIF und die AIF-KVG.

26   **2. Einschränkungen hinsichtlich zulässiger AIF-Kategorie.** Der Wortlaut von § 343 Abs. 3 lässt nicht erkennen, dass die AIF-KVG in ihrer Wahl beschränkt sein könnte, welche Kategorie eines AIF (offen/geschlossen/Art des Vermögensgegenstandes) sie in der Übergangszeit auflegen darf. Dieser Auslegungsvariante ist die BaFin im Wege einer **teleologischen Reduktion des Wortlautes** in den FAQ Übergangsbestimmungen entgegengetreten. Die BaFin beruft sich dazu auf den Charakter der Übergangsvorschrift als Bestandsschutznorm.[27] Dieser Sinn und Zweck gebiete es, die Auflage neuer AIF im Übergangszeitraum auf solche Fondskategorien zu beschränken, die bereits von der bisherigen Geschäftstätigkeit der AIF-KVG umfasst waren.[28] Zur Bestimmung der bisherigen Geschäftstätigkeit der AIF-KVG ist auf den Unternehmensgegenstand in der Satzung oder im Gesellschaftsvertrag sowie die Kategorisierung der Arten bisher aufgelegter AIF

---

23   Vgl. hierzu die Kommentierung zu § 343 Abs. 5 unter Rn. 40 ff.
24   Die Norm enthält zwar keinen Hinweis darauf, dass auch die sog. kleine AIF-KVG vor der Registrierung neue AIF auflegen darf. Dies dürfte aber als redaktionelles Versehen einzustufen sein; ebenso *Emde/Dreibus* BKR **2013** 100 Fn. 58.
25   BaFin FAQ Übergangsbestimmungen, Ziffer I. Nr. 10.
26   BaFin FAQ Übergangsbestimmungen, Ziffer I. Nr. 10.
27   BaFin FAQ Übergangsbestimmungen, Ziffer I. Nr. 10.
28   BaFin FAQ Übergangsbestimmungen, Ziffer I. Nr. 10.

(offen/geschlossen/Art des Vermögensgegenstandes) vor Inkrafttreten des KAGB abzustellen.[29]

3. Voraussetzungen der Auflage eines neuen AIF

a) Genehmigung der Anlagebedingungen. Zunächst hat die AIF-KVG für den betreffenden neuen AIF einen Antrag auf Genehmigung der Anlagebedingungen nach § 163 (offener Fonds) oder § 267 (geschlossener Fonds) bei der BaFin zu stellen, sofern es sich um einen Publikums-AIF handelt. Gemäß § 343 Abs. 3 Satz 2 findet die Genehmigungsfiktion des § 163 Abs. 2 Satz 5 für die Anlagebedingungen bei Auflage neuer AIF in der Übergangszeit keine Anwendung. Bei der Auflage eines neuen Spezial-AIF während der Übergangsphase ist eine Vertriebsanzeige gemäß § 321 bei der BaFin einzureichen. 27

b) Bezugnahme auf den Erlaubnisantrag. Weiterhin hat die AIF-KVG auf ihren eigenen Erlaubnisantrag nach §§ 20, 22 Bezug zu nehmen und gegenüber der BaFin zu erklären, in welchem Stadium sich der Erlaubnisantrag befindet. Hierbei sind gemäß § 343 Abs. 3 Satz 1 **drei Konstellationen** denkbar: 28

Die AIF-KVG reicht den Erlaubnisantrag gleichzeitig mit den Anlagebedingungen des neuen AIF im Zeitraum zwischen dem 22.7.2013 und dem 21.7.2014 ein **(1)**. Die AIF-KVG gibt beim Einreichen der Anlagebedingungen des neuen AIF gleichzeitig die verbindliche Erklärung gegenüber der BaFin ab, bis zum 21.7.2014 einen Erlaubnisantrag zu stellen **(2)**. Die AIF-KVG weist beim Einreichen der Anlagebedingungen des neuen AIF auf einen zuvor (innerhalb der Jahresfrist) gestellten, aber noch nicht beschiedenen Erlaubnisantrag hin **(3)**. Im letztgenannten Fall ist die Auflage neuer AIF nach § 343 Abs. 3 Satz 1 Nr. 2 ohne eine Erlaubnis bis zum 21.1.2015 möglich. Diese verlängerte Übergangsfrist ergibt sich für den theoretischen Fall, dass die AIF-KVG den Erlaubnisantrag am 21.7.2014 stellt und die BaFin die dreimonatige Bearbeitungsfrist gemäß § 22 Abs. 2 Satz 2 um weitere drei Monate verlängert. 29

c) Besondere Hinweispflicht gegenüber Anlegern. Für Anleger eines neuen AIF, der in der Übergangszeit aufgelegt wird, ergibt sich das produktunabhängige zusätzliche **Risiko**, dass der Erlaubnisantrag der AIF-KVG entweder – entgegen der verbindlichen Ankündigung[30] – gar nicht erst gestellt wird oder von der BaFin abschlägig beschieden wird. In diesem Fall droht dem AIF die Abwicklung, wenn er nicht auf eine andere lizensierte AIF-KVG übertragen wird, § 343 Abs. 5. Eine frühzeitige Liquidation kann für den Anleger mit hohen Werteinbußen seiner Einlage verbunden sein. 30

aa) Hinweis im Vertriebsdokument. Das vorstehend skizzierte Risiko stellt für die Anleger eine wesentliche Information für ihre Anlageentscheidung dar. Der Gesetzgeber hat der AIF-KVG daher die Pflicht auferlegt, die Anleger auf die drohenden Konsequenzen einer ausbleibenden Erlaubnis in der maßgeblichen Vertriebsdokumentation hinzuweisen. Der Hinweis hat gemäß § 343 Abs. 3 Satz 3 bei Publikums-AIF im **Verkaufsprospekt sowie den wesentlichen Anlegerinformationen** zu erfolgen. Bei Spezial-AIF ist der Hinweis in dem von der AIF-KVG bestimmten Vertriebsdokument zu platzieren, das die Pflichtinformationen nach § 307 enthält. 31

---

29 Vgl. die konkreten Fallbeispiele in den BaFin FAQ Übergangsbestimmungen, Ziffer I. Nr. 10.
30 Zur Bedeutung der „Verbindlichkeit" siehe die Kommentierung bei § 345 unter Rn. 13.

32 **bb) Platzierung des Hinweises an hervorgehobener Stelle.** Der Hinweis hat an hervorgehobener Stelle des Vertriebsdokumentes zu erfolgen. Das bringt die besondere Bedeutung dieser Information für den Anleger zum Ausdruck. Diese Vorgabe findet sich im KAGB auch in anderen Vorschriften bei besonders wesentlichen Anlegerschutzinformationen, wie etwa hinsichtlich des Warnhinweises im Verkaufsprospekt bei Dach-Hedgefonds gemäß § 228 Abs. 2.[31]

33 Von einer Platzierung an hervorgehobener Stelle wird man jedenfalls ausgehen können, wenn der Hinweis auf dem **Deckblatt des Verkaufsprospektes** abgebildet ist.[32] Ob ein solches Voranstellen des Hinweises im Falle des insgesamt lediglich zwei DIN-A4-Seiten[33] umfassenden Dokumentes der wesentlichen Anlegerinformationen notwendig ist, erscheint fraglich. Hier bietet sich stattdessen eine Umsetzung an, wie sie der Gesetzgeber im vergleichbaren Fall des Warnhinweises bei Dach-Hedgefonds angeordnet hat. Dort soll der Warnhinweis **im Abschnitt „Risiko- und Ertragsprofil" der wesentlichen Anlegerinformationen** abgebildet werden, § 166 Abs. 4 Satz 2, Abs. 7 Satz 5 Nr. 2. Folglich dürfte die AIF-KVG den gesetzlichen Vorgaben genügen, wenn der Hinweis nach § 343 Abs. 3 Satz 3 im Rahmen des „Risiko- und Ertragsprofils" der wesentlichen Anlegerinformationen des betreffenden Publikums-AIF erfolgt und dort deutlich erkennbar als besonderes, von den eigentlichen Produktrisiken separates Risiko ausgewiesen und drucktechnisch herausgestellt wird.

34 **cc) Drucktechnische Ausgestaltung des Hinweises.** Der Hinweis auf die (bisher) fehlende Erlaubnis der AIF-KVG und die drohenden Konsequenzen etwa einer Abwicklung des AIF müssen **drucktechnisch herausgestellt** werden. Zur Auslegung dieses Tatbestandsmerkmals kann auf die umfassende Rechtsprechung des Bundesgerichtshofs zur Ausgestaltung von Widerrufsbelehrungen zurückgegriffen werden. Die Schutzrichtung und die materielle Bedeutung sind vergleichbar, da es sich bei § 343 Abs. 3 Satz 3 um eine Schutznorm für Privatanleger handelt und diese Anlegerkategorie dem Leitbild des Verbrauchers ähnelt.[34] Nach der Rechtsprechung des Bundesgerichtshofs bedarf es zur optischen Absetzung des betreffenden Hinweises eines auffälligen Druckbildes, was beispielsweise durch Fett- und/oder Farbdruck, die Benutzung von Großbuchstaben oder einer größeren Schriftart, durch Unterstreichung, graue Unterlegung und/oder Einrahmung sowie einer besonderen, untypischen Anordnung auf dem Dokument erreicht werden kann.[35]

IV. Legaldefinition der Auflage eines Fonds (Absatz 4)

35 Die Übergangsvorschriften stellen für die Frage, ob beziehungsweise ab wann ihr Anwendungsbereich eröffnet ist, verschiedentlich auf den Zeitpunkt der Auflage eines

---

[31] Dort wird die Platzierung an einer „auffälligen Stelle" gefordert, was in der Sache keinen Unterschied macht.
[32] In diesem Sinne Emde/Dornseifer/Dreibus/Hölscher/*Stabenow* InvG 2013 § 117 Rn. 15 zu der vergleichbaren Formulierung in der Vorgängernorm des § 228 Abs. 2 KAGB bzgl. des Vertriebs von Dach-Hedgefonds; ebenso Berger/Steck/Lübbehüsen/*Stingel* § 117 Rn. 13.
[33] § 166 Abs. 4 Satz 2 KAGB in Verbindung mit Art. 6 der Verordnung (EU) Nr. 583/2010 der Kommission vom 1.7.2010 zur Durchführung der Richtlinie 2009/65/EG des Europäischen Parlaments und des Rates im Hinblick auf die wesentlichen Informationen für den Anleger (ABl. L 176 vom 10.7.2010, S. 1).
[34] Zu den Überschneidungen zwischen der Figur des Privatanlegers und des Verbrauchers *Riesenhuber* Anleger und Verbraucher, ZBB **2014** 134.
[35] MüKo-BGB/*Masuch* § 360 Rn. 27 f. m.w.N. zur Rspr.

AIF ab.³⁶ Um diesen Zeitpunkt exakt ermitteln zu können, nimmt § 343 Abs. 4 eine Legaldefinition der Auflage eines AIF vor. Eine korrespondierende Regelung findet sich in § 32 Abs. 8 Satz 2 VermAnlG.

Allerdings ist die **Formulierung der Vorschrift missverständlich**, weil sie nicht 36 klar erkennen lässt, ob auf den schuldrechtlichen Vertragsschluss oder auf das bloße Angebot zum Vertragsschluss seitens des interessierten Anlegers abzustellen ist. Einerseits spricht die Norm davon, dass „*der Abschluss des (...) schuldrechtlichen Verpflichtungsgeschäfts*" maßgeblich sei. Das spräche dafür, dass der AIF erst in dem Moment als aufgelegt gilt, in welchem die AIF-KVG das Angebot des ersten interessierten Anlegers auf Abschluss eines Investmentvertrages annimmt. Das Gesetz geht in § 297 Abs. 9 davon aus, dass die Vertriebsformulare und Zeichnungsunterlagen der AIF-KVG lediglich eine *invitatio ad offerendum* darstellen und erst der interessierte Anleger das Angebot auf Vertragsabschluss abgibt. Eine Annahme dieses Angebots kann sich in verschiedenen Handlungen der AIF-KVG (konkludent) manifestieren³⁷ und ist auch davon abhängig, ob der Vertragsschluss direkt mit der AIF-KVG oder über einen Dritten (Vertriebsstelle) erfolgt.

Andererseits spricht die Norm unjuristisch davon, dass es auf den Zeitpunkt ankomme, 37 in dem der Anleger den Anteil „*gezeichnet*" habe. Der Begriff der Zeichnung suggeriert wiederum, es käme allein auf die unterschriebene Beitrittserklärung durch den Anleger an, so dass das Angebot zum Vertragsschluss genügen würde.

Im Ergebnis ist auf den **Zeitpunkt** abzustellen, in dem der **Vertragsschluss** erfolgt 38 ist. Hierfür spricht insbesondere der eindeutige Wortlaut der korrespondierenden Regelung in § 32 Abs. 8 Satz 2 VermAnlG, der die Zeichnung als Vertragsschluss definiert. Folglich gilt ein AIF in dem Zeitpunkt als aufgelegt im Sinne von § 343 Abs. 4, in dem der Abschluss des schuldrechtlichen Verpflichtungsgeschäfts zwischen dem ersten Anleger und der AIF-KVG (oder deren Vertreter/Vertriebsdienstleister) erfolgt.

Das häufig in Verträgen mit (Privat-)Anlegern zu findende **Widerrufsrecht** erfüllt 39 nicht die Voraussetzungen einer Bedingung im Sinne von § 158 BGB. Trotz eingeräumten Widerrufsrechts liegt daher ein *unbedingter* Abschluss eines schuldrechtlichen Verpflichtungsgeschäfts im Sinne von § 343 Abs. 4 vor. Das Widerrufsrecht ist daher irrelevant für die Beurteilung, zu welchem Zeitpunkt ein AIF aufgelegt wurde.

V. Konsequenzen bei fehlender KAGB-Erlaubnis der KVG (Absatz 5)

Sofern die AIF-KVG im Übergangszeitraum keinen (rechtzeitigen) Erlaubnisantrag 40 stellt oder der Erlaubnisantrag gemäß § 23 versagt wurde, hat die AIF-KVG ihre Tätigkeit grundsätzlich einzustellen. Andernfalls betreibe sie unerlaubtes Investmentgeschäft nach § 15 Abs. 1, was die BaFin zum Einschreiten ermächtigt und im Übrigen nach § 339 Abs. 1 Nr. 1 bei vorsätzlicher Begehung unter Strafe gestellt ist.

1. Abwicklung des AIF. Hat die AIF-KVG mangels Erlaubnis die kollektive Vermö- 41 gensverwaltung einzustellen, ordnet das Gesetz in § 343 Abs. 5 Satz 1 als Ultima Ratio an, die bis dato verwalteten AIF abzuwickeln. Die Abwicklung ist nach der einschlägigen Zentralnorm für Sondervermögen gemäß § 100 zu vollziehen, auf die verschiedentlich unter Zuschnitt auf die Besonderheiten des betreffenden Investmentvermögens Bezug

---
36 Siehe § 347 Abs. 1 Satz 1; § 348 Satz 1; § 349 Satz 1; § 350 Abs. 1 Satz 1 Nr. 2; § 351 Abs. 1 Satz 1 Nr. 2; § 353 Abs. 6 Satz 1; § 355 Abs. 2 Satz 1.
37 Vgl. die Beispiele bei Emde/Dornseifer/Dreibus/Hölscher/*Rozok* InvG 2013 § 43 Rn. 23.

genommen wird.[38] Kommt die AIF-KVG der Abwicklung nicht nach, kann die BaFin die Abwicklung gemäß § 15 Abs. 2 verfügen. Widerspruch und Anfechtungsklage hiergegen haben gemäß § 7 Abs. 1 keine aufschiebende Wirkung.

42 **2. Übertragung des AIF auf eine AIF-KVG mit Erlaubnis.** Aus dem Verhältnismäßigkeitsgrundsatz leitet sich ab, dass mildere Maßnahmen als die Abwicklung erlaubt sein müssen, soweit diese gleich geeignet sind, die Verwaltung des AIF durch die betreffende AIF-KVG zu beenden. Hier führt das Gesetz in § 343 Abs. 5 Satz 1 beispielhaft die Übertragung des AIF auf eine solche AIF-KVG an, die über eine Erlaubnis verfügt.[39] Darüber hinaus sind weitere Gestaltungen zulässig, wie etwa die Verschmelzung des AIF mit dem Fonds einer lizensierten KVG.

43 **a) Durch Mehrheitsbeschluss der Anleger.** Die Übertragung des AIF kann auf eine andere lizensierte AIF-KVG vorgenommen werden, wenn eine Anlegermehrheit von über 50% ihre Zustimmung erteilt. Das **Quorum von mehr als 50%** bemisst sich nach dem Anlagevolumen der gehaltenen Anteile oder Aktien.[40] Durch die Wahl des Oberbegriffes „Zustimmung" stellt der Gesetzgeber klar, dass die Anleger vor dem Vertragsschluss zwischen übertragender und übernehmender AIF-KVG oder im Anschluss ihre Zustimmung erteilen können. Da die Zustimmung der Anleger aber konstitutives Wirksamkeitserfordernis ist, sollte eine Einwilligung (vorherige Zustimmung) erfolgen.

44 Die Zustimmung der Anleger ist **binnen drei Monaten** ab Versagung der Erlaubnis oder Ablauf der Erlaubnisantragsfrist einzuholen. Nach dem Gesetzeswortlaut muss auch die Übertragung auf die neue AIF-KVG innerhalb der Dreimonatsfrist erfolgen. Nach Sinn und Zweck der Vorschrift muss es jedoch ausreichen, wenn jedenfalls der Mehrheitsbeschluss rechtzeitig erfolgt und die Übernahme durch die neue AIF-KVG vertraglich vereinbart wurde.[41] Wenn sich die technische Durchführung der Übertragung über die Dreimonatsfrist hinaus verzögert, so kann dies allenfalls zu allgemeinen aufsichtsrechtlichen Maßnahmen gegen die verursachende AIF-KVG führen, jedoch nicht die Wirksamkeit der Übertragung beeinflussen. Eine Abwicklungsanordnung der BaFin unter Verweis auf die überschrittene Frist wäre unverhältnismäßig.

45 Das Gesetz enthält keinen Hinweis nach welchem **Verfahren** der Mehrheitsbeschluss zustande zukommen hat. Es bietet sich jedoch an, auf die **Regelungen zur Gläubigerorganisation des Schuldverschreibungsgesetzes** zurückzugreifen, wie es der Gesetzgeber auch in der Krise eines Immobilien-Sondervermögens nach § 259 Abs. 2 Satz 2, Abs. 3 angeordnet hat.[42] Von besonderer Bedeutung ist die im reformierten Schuldverschreibungsgesetz vorgesehene Möglichkeit, die Abstimmung ohne physische Versammlung abzuhalten.[43] Die damaligen Erwägungen des Gesetzgebers zur Einführung des § 81b Abs. 3 InvG (nunmehr § 259 Abs. 3 KAGB) gelten entsprechend für den vorliegenden

---

38 Beispielsweise in § 112 Abs. 1 Satz 5 für die Investmentaktiengesellschaft mit veränderlichem Kapital sowie in § 144 Satz 5 für die Investmentaktiengesellschaft mit fixem Kapital.
39 Oder – im Falle von inländischen Spezial-AIF – die Übertragung auf eine EU-AIF-Verwaltungsgesellschaft nach § 343 Abs. 5 Satz 3.
40 Gesetzesbegründung zu § 343 Abs. 5, AIFM-UmsG, BTDrucks. 17/12294, S. 300.
41 Das suggeriert auch die Gesetzesbegründung, wenn sie von einer Übertragung des Verwaltungs*rechts* binnen drei Monaten spricht; Gesetzesbegründung zu § 343 Abs. 5, AIFM-UmsG, BTDrucks. 17/12294, S. 300.
42 Zur Gläubigerorganisation gemäß §§ 5–21 Schuldverschreibungsgesetz weiterführend *Horn* Das neue Schuldverschreibungsgesetz und der Anleihemarkt, BKR **2009** 450.
43 Hierzu ausführlich *Bertelmann/Schönen* Gläubigerrechte und Emittentenpflichten bei der Abstimmung ohne Versammlung nach dem Schuldverschreibungsgesetz, ZIP **2014** 353.

Fall der Übertragung des AIF im Rahmen von § 343 Abs. 5. Zum einen sollen Kleinanleger durch den Aufwand einer Reise zur Versammlung nicht abgeschreckt werden. Des Weiteren eignet sich gerade der eingeschränkte Beschlussgegenstand (Übertragung oder Abwicklung) dafür, eine informierte Abstimmung unter Abwesenden zu erreichen.[44]

b) Durch Anordnung der BaFin. Erfolgt keine Initiative der Anleger oder scheitert diese am notwendigen Quorum, kann die BaFin alternativ gemäß § 343 Abs. 5 Satz 2 die Übertragung des AIF auf eine andere AIF-KVG im öffentlichen Interesse anordnen. Dies stellt gegenüber der betroffenen Gesellschaft einen **Verwaltungsakt** dar. Da § 343 Abs. 5 Satz 2 nicht in die Aufzählung bei § 7 aufgenommen wurde, ist davon auszugehen, dass der Verwaltungsakt nicht von Gesetzes wegen sofort vollziehbar ist, so dass dem Widerspruch grundsätzlich aufschiebende Wirkung nach § 80 Abs. 1 VwGO zukommt. Gleichzeitig ist anzunehmen, dass in den Fällen des § 343 Abs. 5 auch die Voraussetzungen von § 80 Abs. 2 Satz 1 Nr. 4 VwGO vorliegen werden, so dass die BaFin die sofortige Vollziehung anordnen könnte. 46

Unklar bleibt, wie der **unbestimmte Rechtsbegriff des „öffentlichen Interesses"** einzustufen ist.[45] Es könnte sich hierbei um eine Eingriffsvoraussetzung für die BaFin handeln. Die BaFin hat bei ihrer Aufsicht im Investmentrecht sowohl den Schutz der Anleger als auch die Funktionsfähigkeit des Kapitalmarkts in den Blick zu nehmen.[46] Durch die Umsetzung der AIFM-Richtlinie, die maßgeblich von den Erfahrungen der Finanzmarktkrise geprägt war,[47] ist ferner das Regulierungsziel der Finanzmarktstabilität als Bestandteil der Funktionsfähigkeit des Kapitalmarktes in den Fokus geraten.[48] Vor dem Hintergrund dieser Ausrichtung des KAGB lässt sich vertreten, dass die BaFin den Willen (der Mehrheit) der Anleger zur Abwicklung des AIF dann ignorieren darf, wenn diese Abwicklung zur Liquidation von Vermögenswerten eines **„systemrelevanten" Fonds** führt und dadurch die Stabilität des betr. (Kapital-)Marktsegments gefährdet wird. In diesem Fall handelt die BaFin im öffentlichen Interesse, wenn sie durch die Übertragungsanordnung des AIF auf eine lizenzierte AIF-KVG liquidationsbedingte Marktverwerfungen verhindert. Für diese Auslegung des Begriffs spricht der Vergleich mit § 48a Abs. 2 KWG, der der BaFin ohne Rücksichtnahme auf die Gläubigerinteressen die Anordnung gestattet, das Vermögen eines bestandsgefährdeten Kreditinstituts auf ein anderes Institut zu übertragen, wenn andernfalls die Systemstabilität gefährdet würde. 47

Der unbestimmte Rechtsbegriff des „öffentlichen Interesses" könnte auch eine Hervorhebung des zahlreich vom Gesetzgeber betonten Grundsatzes sein, dass die BaFin stets und ausschließlich im öffentlichen Interesse tätig wird.[49] Dies wird in Aufsichtsgesetzen wiederholt explizit statuiert, um den **Drittschutzcharakter** der betr. Norm per Wortlaut auszuschalten und einer etwaigen Staatshaftung den Boden zu entziehen.[50] 48

3. Konsequenzen für ausländische und EU-AIF-Verwaltungsgesellschaften (Absatz 6). § 343 Abs. 6 ordnet die entsprechende Anwendbarkeit von § 343 Abs. 5 für EU- 49

---

44 Gesetzesbegründung zu § 81b Abs. 3 InvG, Anlegerschutz- und Funktionsverbesserungsgesetz, BTDrucks. 17/3628, S. 30.
45 Auf die fehlenden Verfahrensregelungen zu dem Eingriffsrecht der BaFin aus § 343 Abs. 5 Satz 2 verweisen auch Beckmann/Scholtz/Vollmer/*Weitzel/Kittner/Verfürth* Investment, vor 405 Rn. 271.
46 Zu dieser allgegenwärtigen Dichotomie im Kapitalmarktrecht Schimansky/Bunte/Lwowski/*Seiler/Kniehase* Vor § 104 Rn. 85 m.w.N.
47 Hierzu ausführlich *Spindler/Tancredi* Die Richtlinie über Alternative Investmentfonds, WM **2011** 1393.
48 Siehe die Erwähnung in Erwägungsgrund 17 der AIFM-Richtlinie sowie in § 9 Abs. 3 Nr. 2 KAGB.
49 Zur berechtigten Kritik hieran Emde/Dornseifer/Dreibus/Hölscher/*Emde* InvG 2013 § 5 Rn. 10 Fn. 10.
50 Vgl. den Wortlaut des vom Regelungsgehalt vergleichbaren § 48a Abs. 2 Satz 3 KWG.

AIF-Verwaltungsgesellschaften von inländischen Spezial-AIF bei Versäumnis ihrer Pflichten aus § 343 Abs. 2 i.V.m. § 54 an. EU-AIF-Verwaltungsgesellschaften, die inländische Publikums-AIF verwalten und ausländische AIF-Verwaltungsgesellschaften, die inländische AIF verwalten, dürfen die grenzüberschreitende Verwaltung nach dem 21.7.2013 nicht fortführen. Sie müssen daher innerhalb von 15 Monaten obligatorisch eine Übertragung auf eine unter dem KAGB lizensierte AIF-KVG vornehmen oder den AIF abwickeln.[51]

§ 344
Übergangsvorschriften für ausländische AIF-Verwaltungsgesellschaften und für andere Vertragsstaaten des Abkommens über den Europäischen Wirtschaftsraum

(1) Die §§ 56 bis 66 sind erst ab dem Zeitpunkt anzuwenden, auf den in § 295 Absatz 2 Nummer 1 verwiesen wird.

(2) Bezieht sich dieses Gesetz auf andere Vertragsstaaten des Abkommens über den Europäischen Wirtschaftsraum oder das Abkommen über den Europäischen Wirtschaftsraum, so gilt diese Bezugnahme jeweils erst ab dem Zeitpunkt, ab dem die für die entsprechende Vorschrift dieses Gesetzes maßgeblichen Rechtsakte der Europäischen Union gemäß Artikel 7 des Abkommens über den Europäischen Wirtschaftsraum für die Vertragsparteien verbindlich sind und in dem betreffenden anderen Vertragsstaat des Abkommens über den Europäischen Wirtschaftsraum Teil des innerstaatlichen Rechts oder in innerstaatliches Recht umgesetzt sind.

(3) Unmittelbar geltende Rechtsakte der Europäischen Union gelten im Geltungsbereich dieses Gesetzes entsprechend auch für die Vertragsstaaten des Abkommens über den Europäischen Wirtschaftsraum, die keine Mitgliedstaaten der Europäischen Union sind, soweit diese Rechtsakte gemäß Artikel 7 des Abkommens über den Europäischen Wirtschaftsraum für die Vertragsparteien verbindlich sind und in dem betreffenden anderen Vertragsstaat des Abkommens über den Europäischen Wirtschaftsraum Teil des innerstaatlichen Rechts oder in innerstaatliches Recht umgesetzt sind.

Schrifttum
Siehe Vorbemerkung §§ 343–355.

A. Hintergrund der Vorschrift

1   Die Vorschrift dient im Wesentlichen der Umsetzung von Art. 66 Abs. 3 sowie Art. 67 Abs. 6 der AIFM-Richtlinie.

2   § 344 Abs. 1 regelt den Zeitpunkt, ab welchem die Vorschriften zur Ausweitung des EU-Passes für den grenzüberschreitenden Vertrieb und die Verwaltung von AIF auf ausländische AIF-Verwaltungsgesellschaften zur Anwendung gelangen. Die Absätze 2 und 3 wurden der Klarstellung halber durch das Finanzmarktanpassungsgesetz[1] mit Wirkung zum 19.7.2014 in § 344 eingefügt.

---

51 Gesetzesbegründung zu § 343 Abs. 5, AIFM-UmsG, BTDrucks. 17/12294, S. 300.

1   Gesetz zur Anpassung von Gesetzen auf dem Gebiet des Finanzmarktes, BGBl. I v. 18.7.2014, S. 934; hiernach: FinMarktAnpG.

Die Vorschrift ist Bestandteil der ausführlichen Drittstaatenregulierung, die im Zuge 3
der AIFM-Richtlinienumsetzung eingeführt wurde und die ein Novum gegenüber bisherigen Drittstaaten-Regelungen im Kapitalmarktrecht darstellt.[2] Ausländischen AIF-Verwaltungsgesellschaften soll es künftig möglich sein, ebenfalls den EU-Pass für den grenzüberschreitenden Vertrieb und die Verwaltung von AIF unter bestimmten Voraussetzungen zu nutzen.[3] Zu diesen Voraussetzungen gehören die in Bezug genommenen §§ 56 bis 66, die beispielsweise die Wahl der Bundesrepublik Deutschland als Referenzmitgliedstaat, die Erlaubniserteilung für ausländische AIF-Verwaltungsgesellschaften sowie die Errichtung von Zweigniederlassungen regeln.

B. Drittstaatenstichtag (Absatz 1)

Wenngleich die §§ 56 bis 66 bereits in das KAGB aufgenommen wurden und am 4
22.7.2013 in Kraft traten, wird ihr Anwendbarkeitszeitpunkt durch § 344 hinausgezögert. Denn es obliegt nach Art. 67 der AIFM-Richtlinie zunächst der Europäischen Kommission, einen Stichtag festzulegen, ab dem die Regelungen anwendbar sind.

Die Kommission trifft ihre Entscheidung auf Grundlage einer Empfehlung von ESMA, 5
die bis zum 22.7.2015 zu erfolgen hat. ESMA evaluiert bis dahin sowohl die Funktionsweise des EU-Passes als auch die zwischenzeitlichen Erfahrungen mit dem Vertrieb von ausländischen AIF durch EU-AIF-Verwaltungsgesellschaften sowie der Verwaltung und/oder dem Vertrieb von AIF durch ausländische AIF-Verwaltungsgesellschaften gemäß den Interimsregelungen. Binnen drei Monaten ab Eingang einer positiven Stellungnahme von ESMA erlässt die Kommission den delegierten Rechtsakt, in dem der Drittstaatenstichtag benannt ist. Der delegierte Rechtsakt der Kommission wird demnach **spätestens am 22.10.2015** erlassen.

Ab dem festgelegten Drittstaatenstichtag werden die Regelungen des EU-Passes auf 6
die Verwaltung und den Vertrieb von AIF durch ausländische AIF-Verwaltungsgesellschaften beziehungsweise den Vertrieb ausländischer AIF durch EU-AIF-Verwaltungsgesellschaften ausgedehnt.

C. Anwendbarkeit auf EWR-Vertragsstaaten (Absätze 2 und 3)

Im KAGB erfolgen diverse Gleichstellungen von EWR-Vertragsstaaten und Mitglied- 7
staaten der EU. Gleichwohl wurde die AIFM-RL bislang nicht in das Abkommen über den Europäischen Wirtschaftsraum übernommen. § 344 Abs. 2 und 3 stellen daher klar, dass die Regelungen des KAGB sowie die unmittelbar geltenden Rechtsakte der Europäischen Union bezüglich der EWR-Vertragsstaaten erst dann Geltung erlangen, wenn die AIFM-RL und die entsprechenden Verordnungen der EU in das EWR-Abkommen übernommen wurden.[4]

---

2 Ausführlich Dornseifer/Jesch/Klebeck/Tollmann/*Klebeck* AIFM vor Kap. VII Rn. 32 ff.
3 Vielfach auch als sog. Drittstaaten-Pass bezeichnet, vgl. etwa *Wallach* RdF **2013** 101.
4 Gesetzesbegründung zu § 344, FinMarktAnpG, BTDrucks. 18/1305, S. 52.

§ 345
Übergangsvorschriften für offene AIF und AIF-Verwaltungsgesellschaften, die offene AIF verwalten, die bereits nach dem Investmentgesetz reguliert waren

(1) Eine AIF-Kapitalverwaltungsgesellschaft, die bei Inkrafttreten dieses Gesetzes
1. über eine Erlaubnis als Kapitalanlagegesellschaft nach § 7 Absatz 1 des Investmentgesetzes in der bis zum 21. Juli 2013 geltenden Fassung oder als Investmentaktiengesellschaft nach § 97 Absatz 1 des Investmentgesetzes in der bis zum 21. Juli 2013 geltenden Fassung verfügt und
2. inländische offene Publikums-AIF verwaltet, die vor dem 22. Juli 2013 im Sinne des § 343 Absatz 4 aufgelegt und deren Anlagebedingungen gemäß den §§ 43, 43a des Investmentgesetzes in der bis zum 21. Juli 2013 geltenden Fassung genehmigt wurden,

hat die Anlagebedingungen und gegebenenfalls die Satzung dieser inländischen offenen Publikums-AIF an die Vorschriften dieses Gesetzes anzupassen; die geänderten Anlagebedingungen müssen spätestens am 21. Juli 2014 in Kraft treten. Die für die Anpassung erforderlichen Änderungen der Anlagebedingungen müssen nur dann von der Bundesanstalt genehmigt werden, wenn es sich bei diesen Änderungen nicht um rein redaktionelle Änderungen aufgrund der Anpassungen an die Begrifflichkeiten nach diesem Gesetz handelt. Andere als die zur Anpassung der Anlagebedingungen an die Vorschriften dieses Gesetzes notwendigen Änderungen dürfen in den Anlagebedingungen nicht vorgenommen werden. Für die Genehmigung der Anlagebedingungen gilt nur § 163 Absatz 2 Satz 1 bis 4, 7 bis 11 und Absatz 4 Satz 1, 6 und 7 mit der Maßgabe, dass die in § 163 Absatz 2 Satz 1 genannte Frist zwei Monate ab Einreichung des Antrags auf Genehmigung der Anlagebedingungen beträgt. Auf rein redaktionelle Änderungen von Anlagebedingungen im Sinne des Satzes 2 ist § 163 nicht anzuwenden, jedoch gilt für die Bekanntmachung der Änderungen und deren Inkrafttreten § 163 Absatz 4 Satz 1 und 6 erster Halbsatz entsprechend; die redaktionell angepassten Anlagebedingungen sind bei der Bundesanstalt einzureichen. Der Antrag auf Genehmigung der Änderungen der Anlagebedingungen oder, falls ein solcher nach Satz 2 nicht erforderlich ist, die redaktionell angepassten Anlagebedingungen dürfen nicht nach dem Erlaubnisantrag gemäß § 22 bei der Bundesanstalt eingereicht werden. Wird der Antrag auf Genehmigung der Änderungen der Anlagebedingungen, oder werden, falls ein solcher nach Satz 2 nicht erforderlich ist, die redaktionell angepassten Anlagebedingungen vor dem Erlaubnisantrag gemäß § 22 eingereicht, muss die AIF-Kapitalverwaltungsgesellschaft bei der Einreichung verbindlich gegenüber der Bundesanstalt erklären, spätestens bis zum 21. Juli 2014 einen Antrag auf Erlaubnis nach den §§ 20 und 22 zu stellen. Die Bundesanstalt ist unverzüglich über den Zeitpunkt des Inkrafttretens der Änderungen der Anlagebedingungen zu informieren. Bis zum Inkrafttreten der Änderungen der Anlagebedingungen der verwalteten inländischen offenen Publikums-AIF im Sinne des Satz 1 Nummer 2, spätestens jedoch bis zum 21. Juli 2014, sind für diese AIF die für entsprechende Publikums-AIF geltenden Vorschriften des Investmentgesetzes in der bis zum 21. Juli 2013 geltenden Fassung weiter anzuwenden. Die §§ 1 und 2 sowie die Vorschriften dieses Gesetzes betreffend die für Umstellung auf das neue Recht erforderlichen Anträge, Verwaltungsverfahren und Bescheide sowie die Übergangsvorschriften nach diesem Gesetz bleiben unberührt. Ab Inkrafttreten der geänderten Anlagebedingungen, spätestens jedoch ab dem 22. Juli 2014, sind auf die inländischen offenen Publikums-AIF die Vorschriften dieses Gesetzes anzuwenden.

(2) Bis zum Eingang des Erlaubnisantrags nach § 22 bei der Bundesanstalt, spätestens jedoch bis zum Ablauf des 21. Juli 2014, gelten für eine AIF-Kapitalverwaltungsgesellschaft im Sinne des Absatzes 1 Satz 1 die Vorschriften des Investmentgesetzes in der bis zum 21. Juli 2013 geltenden Fassung weiter. Absatz 1 Satz 10 gilt entsprechend. Soweit sich aus Absatz 1 Satz 9 nichts anderes ergibt, ist ab Eingang des Erlaubnisantrags nach § 22, spätestens jedoch ab dem 22. Juli 2014, dieses Gesetz vollständig auf die AIF-Kapitalverwaltungsgesellschaft im Sinne des Absatzes 1 Satz 1 anzuwenden mit der Maßgabe, dass im Hinblick auf die Verwaltung und den Vertrieb von Publikums-AIF im Sinne des Absatzes 1 Satz 1 Nummer 2 im Geltungsbereich dieses Gesetzes und solange der Erlaubnisantrag, der bis zum 21. Juli 2014 einzureichen ist, noch nicht beschieden wurde, das Erfordernis der Erlaubnis durch den noch nicht beschiedenen vollständigen Erlaubnisantrag ersetzt wird. Haben die in Absatz 1 Satz 1 genannten AIF-Kapitalverwaltungsgesellschaften bis zum Ablauf des 21. Juli 2014 keinen Antrag auf Erlaubnis gemäß § 22 gestellt, ist § 343 Absatz 5 anzuwenden.

(3) Eine AIF-Kapitalverwaltungsgesellschaft, die bei Inkrafttreten dieses Gesetzes
1. über eine Erlaubnis als Kapitalanlagegesellschaft nach § 7 Absatz 1 des Investmentgesetzes in der bis zum 21. Juli 2013 geltenden Fassung oder über eine Erlaubnis als Investmentaktiengesellschaft nach § 97 Absatz 1 des Investmentgesetzes in der bis zum 21. Juli 2013 geltenden Fassung verfügt und
2. inländische offene Spezial-AIF verwaltet, die vor dem 22. Juli 2013 im Sinne des § 343 Absatz 4 aufgelegt wurden,

hat die Anlagebedingungen und gegebenenfalls die Satzung dieser inländischen offenen Spezial-AIF spätestens bis zum 21. Juli 2014 an die Vorschriften dieses Gesetzes anzupassen und zusammen mit dem Erlaubnisantrag gemäß § 22 einzureichen. Absatz 1 Satz 8 und 9 und Absatz 2 gelten entsprechend.

(4) Erfüllt eine AIF-Kapitalverwaltungsgesellschaft im Sinne des Absatzes 3 Satz 1 die Voraussetzungen des § 2 Absatz 4, gelten für sie und die von ihr verwalteten inländischen offenen Spezial-AIF im Sinne des Absatzes 3 Satz 1 bis zum Eingang des Antrags auf Registrierung nach § 44 bei der Bundesanstalt, spätestens jedoch bis zum 21. Juli 2014, die Vorschriften des Investmentgesetzes in der bis zum 21. Juli 2013 geltenden Fassung weiter. Die Übergangsvorschriften, die Vorschriften zur Registrierung sowie die Befugnisse der Bundesanstalt nach diesem Gesetz bleiben unberührt. Ab dem Eingang des Antrags auf Registrierung bei der Bundesanstalt, spätestens ab 22. Juli 2014, sind die für diese AIF-Kapitalverwaltungsgesellschaft geltenden Vorschriften dieses Gesetzes anzuwenden.

(5) Beantragt eine AIF-Kapitalverwaltungsgesellschaft im Sinne des Absatzes 1 Satz 1 oder des Absatzes 3 Satz 1 gemäß § 22 die Erlaubnis zur Verwaltung von AIF, muss sie diejenigen Angaben und Unterlagen, die sie bereits bei dem Erlaubnisantrag nach § 7 Absatz 1 oder § 97 Absatz 1 des Investmentgesetzes in der bis zum 21. Juli 2013 geltenden Fassung oder im Rahmen der Umstellung ihrer Investmentvermögen auf dieses Gesetz vorgelegt hat, nicht erneut vorlegen, sofern diese Angaben und Unterlagen weiterhin aktuell sind.

(6) Eine AIF-Kapitalverwaltungsgesellschaft im Sinne des Absatzes 1 Satz 1 darf von ihr verwaltete inländische offene Publikums-AIF im Sinne des Absatzes 1 Satz 1 Nummer 2 nach dem 21. Juli 2013 im Geltungsbereich dieses Gesetzes nach

den Vorschriften des Investmentgesetzes in der bis zum 21. Juli 2013 geltenden Fassung weiter vertreiben. Das Vertriebsrecht nach Satz 1 endet,
1. wenn die Bundesanstalt den Vertrieb untersagt hat,
2. wenn die Bundesanstalt die Erlaubnis nach § 23 versagt hat,
3. mit dem Inkrafttreten der Änderungen der Anlagebedingungen gemäß Absatz 1,
4. spätestens jedoch mit Ablauf des 21. Juli 2014.

Ein Vertrieb der in Satz 1 genannten inländischen offenen Publikums-AIF nach dem 21. Juli 2014 oder, sofern die Änderungen der Anlagebedingungen nach Absatz 2[1] früher in Kraft treten, nach dem Inkrafttreten der Änderungen der Anlagebedingungen gemäß Absatz 2[2] ist nur zulässig, wenn die AIF-Kapitalverwaltungsgesellschaft bis zu dem früheren der beiden Zeitpunkte das Anzeigeverfahren nach § 316 erfolgreich durchlaufen hat. § 316 Absatz 1 bis 3 ist für das Anzeigeverfahren im Sinne des Satzes 3 mit den Maßgaben anzuwenden, dass
1. die Frist nach § 316 Absatz 3 zwei Monate beträgt,
2. die Vertriebsanzeige zusammen mit dem Erlaubnisantrag gemäß § 22 eingereicht werden muss,
3. solange der bei der Bundesanstalt eingereichte Erlaubnisantrag gemäß § 22 noch nicht beschieden ist, das Erfordernis der Erlaubnis nach § 22 durch den bei der Bundesanstalt eingereichten, aber noch nicht beschiedenen vollständigen Erlaubnisantrag ersetzt wird.

Der Vertrieb nach den Vorschriften dieses Gesetzes darf erst nach der Mitteilung nach § 316 Absatz 3 und nach Inkrafttreten der Änderungen der Anlagebedingungen fortgesetzt werden. In dem Zeitraum, in dem das Erfordernis der Erlaubnis nach § 22 durch den bei der Bundesanstalt eingereichten, aber noch nicht beschiedenen Erlaubnisantrag ersetzt wird, sind in dem Verkaufsprospekt und den wesentlichen Anlegerinformationen die Anleger drucktechnisch herausgestellt an hervorgehobener Stelle über die fehlende Erlaubnis der AIF-Kapitalverwaltungsgesellschaft und die Folgen einer Erlaubnisversagung hinzuweisen. Das Vertriebsrecht erlischt, wenn die Erlaubnis gemäß § 23 versagt wird.

(7) Für eine AIF-Kapitalverwaltungsgesellschaft im Sinne des Absatzes 3 Satz 1 und den Vertrieb der von ihr verwalteten inländischen offenen Spezial-AIF im Sinne des Absatzes 3 Satz 1 Nummer 2 nach dem 21. Juli 2013 im Geltungsbereich dieses Gesetzes an professionelle oder semiprofessionelle Anleger gilt Absatz 6 entsprechend mit der Maßgabe, dass jeweils an die Stelle des § 316 der § 321 und an die Stelle von inländischen offenen Publikums-AIF inländische offene Spezial-AIF treten.

(8) AIF-Verwaltungsgesellschaften, die bei Inkrafttreten dieses Gesetzes eine Anzeige nach § 139 Absatz 1 des Investmentgesetzes in der bis zum 21. Juli 2013 geltenden Fassung oder nach § 7 Absatz 1 des Auslandsinvestmentgesetzes in der bis zum 31. Dezember 2003 geltenden Fassung erstattet haben und zum öffentlichen Vertrieb von Anteilen oder Aktien eines von ihr verwalteten AIF berechtigt sind und diese auch nach dem 21. Juli 2014 im Geltungsbereich dieses Gesetzes zu vertreiben beabsichtigen, müssen

---

1 Es handelt sich um ein Redaktionsversehen des Gesetzgebers. Richtigerweise muss der Verweis auf Absatz 1 erfolgen, der die Regelung zur Änderung der Anlagebedingungen und deren Inkrafttreten enthält. Während der Finanzausschuss des Bundestages den fehlerhaften Verweis in § 345 Abs. 6 Satz 2 Nr. 3 korrigierte, übersah man offensichtlich die weiteren fehlerhaften Verweise in § 345 Abs. 6 Satz 3.
2 Siehe Ausführungen zu Fn. 1.

1. in Bezug auf
   a) EU-AIF und
   b) ausländische AIF,
   die im Geltungsbereich dieses Gesetzes an Privatanleger vertrieben werden, eine Anzeige nach § 320 an die Bundesanstalt übermitteln,
2. in Bezug auf
   a) ausländische AIF und
   b) EU-Feeder-AIF, deren Master-AIF keine EU-AIF oder inländischen AIF sind, die von einer EU-AIF-Verwaltungsgesellschaft oder einer AIF-Kapitalverwaltungsgesellschaft verwaltet werden,
   und die im Geltungsbereich dieses Gesetzes von einer AIF-Kapitalverwaltungsgesellschaft oder einer EU-AIF-Verwaltungsgesellschaft an professionelle oder semiprofessionelle Anleger vertrieben werden, eine Anzeige nach § 329 an die Bundesanstalt übermitteln,
3. in Bezug auf
   a) EU-AIF und
   b) EU-Feeder-AIF, deren Master-AIF ein EU-AIF oder inländischer AIF ist, der von einer EU-AIF-Verwaltungsgesellschaft oder einer AIF-Kapitalverwaltungsgesellschaft verwaltet wird,
   und die im Geltungsbereich dieses Gesetzes von einer EU-AIF-Verwaltungsgesellschaft an professionelle oder semiprofessionelle Anleger vertrieben werden, über die zuständigen Stellen des Herkunftsmitgliedstaates der EU-AIF-Verwaltungsgesellschaft eine Anzeige nach § 323 übermitteln,
4. in Bezug auf
   a) ausländische AIF und
   b) EU-AIF,
   die im Geltungsbereich dieses Gesetzes von einer ausländischen AIF-Verwaltungsgesellschaft an professionelle oder semiprofessionelle Anleger vertrieben werden, eine Anzeige nach § 330 an die Bundesanstalt übermitteln,
5. in Bezug auf AIF, die im Geltungsbereich dieses Gesetzes von einer EU-AIF-Verwaltungsgesellschaft, die die Bedingungen nach Artikel 3 Absatz 2 der Richtlinie 2011/61/EU erfüllt, an professionelle oder semiprofessionelle Anleger vertrieben werden, eine Anzeige nach § 330a an die Bundesanstalt übermitteln.

Die AIF-Verwaltungsgesellschaft darf den AIF im Sinne von Satz 1 noch bis zum Abschluss des Anzeigeverfahrens im Geltungsbereich dieses Gesetzes nach den Vertriebsvorschriften des Investmentgesetzes in der bis zum 21. Juli 2013 geltenden Fassung vertreiben. Das Vertriebsrecht nach Satz 2 endet spätestens am 21. Juli 2014. Wird kein weiterer Vertrieb des AIF im Sinne von Satz 1 beabsichtigt, gilt § 315 entsprechend. Eine neue Vertriebsanzeige nach Satz 1 ist jederzeit möglich.

(9) AIF-Verwaltungsgesellschaften, die in Bezug auf ihre EU-AIF oder ausländischen AIF nach dem 21. Juli 2014 Tätigkeiten ausüben oder ausüben lassen, die zwar nach dem Investmentgesetz in der bis zum 21. Juli 2013 geltenden Fassung nicht als öffentlicher Vertrieb galten, nach diesem Gesetz aber als Vertrieb anzusehen sind, haben, gegebenenfalls über die zuständigen Stellen des Herkunftsmitgliedstaates, eine Anzeige nach den §§ 320, 323, 329, 330 oder 330a zu übermitteln. Absatz 8 Satz 2, 3 und 5 gilt entsprechend.

(10) AIF-Kapitalverwaltungsgesellschaften, die bei Inkrafttreten dieses Gesetzes in einem anderen Mitgliedstaat der Europäischen Union oder in einem anderen Vertragsstaat des Abkommens über den Europäischen Wirtschaftsraum zum Vertrieb eines ab 22. Juli 2013 der Anzeigepflicht nach § 331 unterfallenden AIF an

professionelle Anleger berechtigt sind, dürfen diesen nach dem 21. Juli 2014 dort nicht mehr vertreiben, es sei denn, sie haben ein neues Vertriebsrecht nach § 331 Absatz 5 Satz 2 erhalten. Abweichende Fristen in dem Mitgliedstaat der Europäischen Union oder in dem anderen Vertragsstaat des Abkommens über den Europäischen Wirtschaftsraum, in dem der AIF bisher zum Vertrieb an professionelle Anleger zugelassen war, bleiben unberührt. Die Fristen nach § 331 Absatz 3 und 4 beginnen zu laufen, sobald die Bundesanstalt der AIF-Kapitalverwaltungsgesellschaft eine Erlaubnis gemäß § 22 erteilt hat und die Änderungen der Anlagebedingungen in Kraft getreten sind.

(11) Für Verwahrstellen von inländischen offenen Publikums-AIF ist keine erneute Genehmigung nach § 69 Absatz 1 Satz 1, auch in Verbindung mit § 87, erforderlich, wenn deren Auswahl bereits nach § 21 Absatz 1 des Investmentgesetzes in der bis zum 21. Juli 2013 geltenden Fassung genehmigt worden ist.

(12) Der Antrag einer AIF-Kapitalverwaltungsgesellschaft, der auf eine Genehmigung der Anlagebedingungen eines AIF durch die Bundesanstalt nach dem Investmentgesetz gerichtet ist und der vor dem 21. Juli 2013 bei der Bundesanstalt eingegangen ist, jedoch bis zum Ablauf des 21. Juli 2013 noch nicht genehmigt war, gilt als am 22. Juli 2013 gestellter Antrag auf Genehmigung der Anlagebedingungen nach diesem Gesetz. Sofern nach diesem Gesetz erforderliche Angaben oder Dokumente fehlen, hat die Bundesanstalt diese nachzufordern.

Schrifttum

Siehe Vorbemerkung §§ 343–355.

Systematische Übersicht

A. Hintergrund der Vorschrift —— 1
B. Die Regelungen der Vorschrift im Einzelnen
   I. Übergangsregelung „regulierter" offener Publikums-AIF (Absatz 1) —— 3
     1. Erforderliche Anpassungsmaßnahmen auf Fondsebene —— 6
       a) Materielle Änderungen (inhaltliche Anpassung an das KAGB) —— 7
         aa) Genehmigungsbedürftigkeit —— 8
         bb) Veröffentlichungspflicht (Inkrafttreten) —— 10
         cc) Verknüpfung mit Erlaubnisantrag der KVG —— 11
       b) Redaktionelle Änderungen (begriffliche Anpassung an das KAGB) —— 14
         aa) Keine Genehmigungsbedürftigkeit —— 15
         bb) Veröffentlichungspflicht (Inkrafttreten) —— 16
         cc) Verknüpfung mit Erlaubnisantrag der KVG —— 17
       c) Weitergehende Änderungen der Anlagebedingungen —— 18
     2. Anwendungszeitraum der Übergangsregelung —— 19
     3. Konsequenz verspäteten Inkrafttretens der Anlagebedingungen —— 20
  II. Übergangsregelung „regulierter" AIF-KVG (Absatz 2) —— 21
     1. Erforderliche Anpassungsmaßnahmen auf VG-Ebene —— 22
     2. Anwendungszeitraum der Übergangsregelung —— 23
     3. Konsequenz nicht (rechtzeitig) beantragter Erlaubnis —— 25
  III. Übergangsregelung „regulierter" offener Spezial-AIF und deren KVG (Absatz 3) —— 26
  IV. Übergangsregelung für kleine AIF-KVG (Absatz 4) —— 27
  V. Erleichterungen bei Antragsverfahren (Absatz 5) —— 28
  VI. Übergangsregelung für Vertrieb „regulierter" offener Publikums-AIF (Absatz 6)
     1. Anwendungszeitraum der Übergangsregelung —— 29
     2. Vertriebsanzeigeverfahren als erforderliche

Anpassungsmaß-
nahme —— 30
VII. Übergangsregelung für Vertrieb „regulierter" offner Spezial-AIF (Absatz 7) —— 34
VIII. Übergangsregelung für öffentlichen Vertrieb ausländischer AIF/EU-AIF (Absatz 8) —— 35
IX. Übergangsregelung für Privatplatzierung ausländischer AIF/EU-AIF (Absatz 9) —— 40
X. Übergangsregelung für Vertrieb inländischer AIF/EU-AIF innerhalb des EWR (Absatz 10) —— 43
XI. Bestandsschutz für Depotbankgenehmigungen (Absatz 11) —— 47
XII. Bei Inkrafttreten des KAGB anhängige Genehmigungsverfahren von Anlagebedingungen (Absatz 12) —— 49

A. Hintergrund der Vorschrift

§ 345 dient nicht unmittelbar der Umsetzung einer bestimmten Regelung der AIFM-Richtlinie. Vielmehr ergibt sich die Regelungsnotwendigkeit daraus, dass das Investmentgesetz bereits die Regulierung bestimmter Fonds vorsah, die nicht den Vorgaben der OGAW-Richtlinien entsprachen und die nunmehr als AIF einzustufen sind. Für diese Fonds (und ihre Verwaltungsgesellschaften) musste der Gesetzgeber festlegen, ob und wie lange sie sich auf die alten Vorschriften nach dem Investmentgesetz berufen dürfen, bevor die neuen Vorgaben des KAGB umfassend greifen. **1**

§ 345 bildet das **Gegenstück zu § 351**, der vergleichbare Regelungen für jene Fonds (und deren Verwaltungsgesellschaften) enthält, die vor dem Inkrafttreten des KAGB *nicht* bereits nach dem Investmentgesetz reguliert waren. Daher wird zur Verdeutlichung nachfolgend auch vom „regulierten" AIF und der „regulierten" AIF-KVG gesprochen. Die Übergangsvorschrift für die ebenfalls bereits regulierten richtlinien-konformen Fonds (OGAW) findet sich in § 355. **2**

B. Die Regelungen der Vorschrift im Einzelnen

I. Übergangsregelung „regulierter" offener Publikums-AIF (Absatz 1)

§ 345 Abs. 1 gewährt denjenigen Fonds Bestandsschutz, die bereits unter dem Regime des Investmentgesetzes von einer nach § 7 InvG lizensierten KAG oder nach § 97 InvG lizensierten InvAG aufgelegt wurden und nunmehr nach Inkrafttreten des KAGB als inländische offene Publikums-AIF qualifizieren. **3**

Dies betrifft beispielsweise ins KAGB übernommene Fondstypen wie die Immobilien-Sondervermögen nach §§ 66 ff. InvG, gemischte Sondervermögen im Sinne von §§ 83–86 InvG sowie Sondervermögen mit zusätzlichen Risiken (Hedgefonds) nach §§ 112 ff. InvG.[3] **4**

Um in den Genuss der Übergangsregelung zu gelangen, müssen die offenen Publikums-AIF vor dem 22.7.2013 aufgelegt und deren Anlagebedingungen nach altem Recht genehmigt worden sein. Das heißt konkret, dass bereits vor dem 22.7.2013 zumindest ein Anleger den Fonds im Sinne von § 343 Abs. 4 gezeichnet haben muss.[4] Für diese Alt-Fonds gelten in der Folge bis zum Ende des Übergangszeitraumes weiterhin die entsprechenden Vorschriften des Investmentgesetzes. **5**

---

[3] Zu dem nicht übernommenen Fondstyp der Altersvorsorge-Sondervermögen siehe die Übergangsvorschrift § 347.
[4] Zur exakten Bestimmung des Zeitpunkts siehe die Kommentierung bei § 343 Rn. 38.

6 **1. Erforderliche Anpassungsmaßnahmen auf Fondsebene.** Innerhalb des zugestandenen Übergangszeitraumes hat die AIF-KVG eine Anpassung der Alt-Fonds an das KAGB vorzunehmen. Die erforderlichen Anpassungsmaßnahmen auf Fondsebene betreffen die Abänderung der Anlagebedingungen (der Sondervermögen) beziehungsweise der Satzung (der Investmentaktiengesellschaft).

7 **a) Materielle Änderungen (inhaltliche Anpassung an das KAGB).** Diese notwendigen Änderungen von Anlagebedingungen im Zuge der Umstellung auf das KAGB können zunächst inhaltlicher Natur sein; etwa wenn für einen bestimmten Typus eines inländischen offenen Publikums-AIF durch das KAGB neue Vorgaben statuiert werden.[5]

8 **aa) Genehmigungsbedürftigkeit.** Die an die Vorschriften des KAGB inhaltlich angepassten Anlagebedingungen beziehungsweise Satzungen der offen Publikums-AIF müssen von der BaFin genehmigt werden, § 345 Abs. 1 Satz 2. Für das Genehmigungsverfahren verweist § 345 Abs. 1 Satz 4 teilweise auf die allgemeine Vorschrift zur Genehmigung von Anlagebedingungen in § 163. Als Abweichung von § 163 Abs. 2 statuiert § 345 Abs. 1 Satz 4, dass die BaFin den Antrag innerhalb von zwei Monaten (anstelle von vier Wochen) ab Einreichung zu bescheiden hat und dass die Genehmigungsfiktion nach Ablauf der Bearbeitungsfrist der BaFin nicht gilt.

9 Dies ist dem Umstand geschuldet, dass der Gesetzgeber für den Übergangszeitraum mit einem erhöhten Aufkommen von Änderungsanträgen bei der BaFin rechnet und es entsprechend zu längeren Bearbeitungszeiten kommen kann.[6] Vor diesem Hintergrund ist es ferner konsequent, die **Genehmigungsfiktion außer Kraft** zu setzen. Die Fiktion wurde zur Verfahrensbeschleunigung im aufsichtsrechtlichen Regelbetrieb eingeführt. Sie passt nicht zu der vorliegenden Sondersituation, in der die BaFin erstmalig und umfassend die ordnungsgemäße Implementierung des KAGB überprüft.

10 **bb) Veröffentlichungspflicht (Inkrafttreten).** Die angepassten Anlagebedingungen sind im (elektronischen) Bundesanzeiger sowie ggf. über weitere Informationskanäle bekanntzumachen, um ordnungsgemäß in Kraft zu treten, § 345 Abs. 1 Satz 4. Die KVG hat ferner die BaFin unverzüglich über den Zeitpunkt des Inkrafttretens zu informieren, § 345 Abs. 1 Satz 8. Auf die besondere Informationspflicht gegenüber Anlegern mittels eines dauerhaften Datenträgers im Sinne von § 163 Abs. 4 Satz 2 nimmt die Übergangsvorschrift hingegen nicht Bezug. Aus Kostengründen für die Anbieter sei dies nicht erforderlich, zumal ohnehin „nur" Anpassungen an das KAGB zulässig sind.[7] Diese Anpassungen können allerdings erhebliche Änderungen beinhalten, wie beispielsweise die weitergehende Einschränkung bei der Rückgabe von Anteilen an Immobilien-Sondervermögen gemäß § 255 Abs. 3 und 4 zeigt. Die fehlende Informationspflicht ist in diesem Fall lediglich deshalb gerechtfertigt, weil die Altanleger, die vor dem 22.7.2013 in dem Fonds investiert waren, Bestandsschutz genießen und zeitlich unbegrenzt eine Rückgabe nach den Vorschriften des Investmentgesetzes vornehmen dürfen.[8]

11 **cc) Verknüpfung mit Erlaubnisantrag der KVG.** Die KVG hat den Antrag auf Genehmigung der angepassten Anlagebedingungen entweder vor dem Erlaubnisantrag der

---
5 Beispielsweise die neuen Einschränkungen für die Anteilsrückgabemöglichkeit bei Immobilien-Sondervermögen nach § 255.
6 Gesetzesbegründung zu § 345 Abs. 1, AIFM-UmsG, BTDrucks. 17/12294, S. 301.
7 Gesetzesbegründung zu § 345 Abs. 1, AIFM-UmsG, BTDrucks. 17/12294, S. 301.
8 Siehe § 346 Abs. 1 Satz 2 und Abs. 5 Satz 1.

KVG auf eine KAGB-Lizenz oder gleichzeitig mit diesem Erlaubnisantrag einzureichen, arg. e. contr. aus § 345 Abs. 1 Satz 7. Soweit die KVG zunächst nur die Genehmigung der Anlagebedingungen beantragt, hat sie gleichzeitig verbindlich gegenüber der BaFin zu erklären, bis spätestens zum Ablauf der Übergangszeit am 21.7.2014 einen Erlaubnisantrag zu stellen.

Hintergrund dieser Verknüpfung mit dem Erlaubnisantrag ist Folgender: § 345 Abs. 1 Satz 10 stellt klar, dass in der Übergangszeit trotz (partieller) Fortgeltung des InvG bereits diejenigen Vorschriften des KAGB Anwendung finden, die Anträge und Verfahren zur Umstellung auf das KAGB regeln. Damit fände für die Genehmigung der angepassten Anlagebedingungen bereits § 163 Abs. 1 Satz 2 Anwendung, der solche Genehmigungsanträge nur einer bereits lizensierten KVG gestattet. Gleichzeitig ist die Voraussetzung für eine Lizenz nach KAGB, dass die KVG alle an das KAGB angepassten Anlagebedingungen ihrer AIF mit dem Erlaubnisantrag zusammen einreicht, § 22 Abs. 1 Nr. 12. Es ist offenkundig, dass dieses Regelungsgefüge nicht mit den Besonderheiten der Übergangszeit in Einklang zu bringen ist. Die Verknüpfung mit dem Erlaubnisantrag – sei es durch Gleichzeitigkeit der Anträge oder durch verbindliche Erklärung einer rechtzeitigen späteren Antragstellung auf Erlaubnis innerhalb der Übergangszeit – stellt folglich den Kompromiss des Gesetzgebers dar, das neue Regelungsregime nach KAGB bereits so umfassend als möglich zur Geltung zu bringen und gleichzeitig die faktischen Gegebenheiten der Übergangsphase zu berücksichtigen. 12

Was mit der **verbindlichen Erklärung** einer **späteren Antragstellung** auf Erlaubnis gegenüber der BaFin bezweckt werden soll, erschließt sich nicht. Dies könnte allenfalls eine Warn- und Ermahnungsfunktion der KVG gegenüber sich selbst darstellen. Denn die KVG kann nicht zur späteren Antragstellung gezwungen werden. Die Rechtsfolge eines entgegen der Erklärung nicht (rechtzeitig) gestellten Erlaubnisantrags ergibt sich aus § 345 Abs. 2 Satz 4, der auf § 343 Abs. 5 verweist: Die AIF der betr. KVG müssen übertragen oder abgewickelt werden.⁹ 13

b) Redaktionelle Änderungen (begriffliche Anpassung an das KAGB). Neben den Vorgaben für inhaltliche Änderungen der Anlagebedingungen stellt § 345 Abs. 1 abgemilderte Anforderungen bei rein redaktionellen Änderungen. 14

aa) Keine Genehmigungsbedürftigkeit. Rein redaktionelle Änderungen bedürfen keiner Genehmigung durch die BaFin. Der Gesetzgeber sieht in rein redaktionellen Änderungen solche Änderungen, die eine Anpassung der Anlagebedingungen an die Terminologie des KAGB betreffen.¹⁰ Dies betrifft beispielsweise die begriffliche Umwandlung der Kapitalanlagegesellschaft (KAG) zur Kapitalverwaltungsgesellschaft (KVG). 15

bb) Veröffentlichungspflicht (Inkrafttreten). Die redaktionell angepassten Anlagebedingungen sind im (elektronischen) Bundesanzeiger sowie ggf. über weitere Informationskanäle bekanntzumachen, um ordnungsgemäß in Kraft zu treten, § 345 Abs. 1 Satz 5 Hs. 1. Die KVG hat die redaktionell angepassten Anlagebedingungen ferner gemäß § 345 Abs. 1 Satz 5 Hs. 2 bei der BaFin einzureichen und die BaFin unverzüglich über den Zeitpunkt des Inkrafttretens zu informieren, § 345 Abs. 1 Satz 8. 16

---

9 Zu diesen Konsequenzen siehe im Einzelnen die Kommentierung bei § 343 Rn. 40 ff.
10 Formulierung in § 345 Abs. 1 Satz 2 sowie in der Gesetzesbegründung zu dieser Vorschrift, AIFM-UmsG, BTDrucks. 17/12294, S. 301.

17 **cc) Verknüpfung mit Erlaubnisantrag der KVG.** Die KVG hat auch die redaktionell angepassten Anlagebedingungen entweder vor dem Erlaubnisantrag der KVG auf eine KAGB-Lizenz oder gleichzeitig mit diesem Erlaubnisantrag einzureichen. Soweit die KVG zunächst nur die angepassten Anlagebedingungen einreicht, hat sie gleichzeitig verbindlich gegenüber der BaFin zu erklären, bis spätestens zum Ablauf der Übergangszeit am 21.7.2014 einen Erlaubnisantrag zu stellen, § 345 Abs. 1 Satz 7.

18 **c) Weitergehende Änderungen der Anlagebedingungen.** Änderungen, die nicht notwendig sind, um eine Anpassung an die Vorschriften des KAGB vorzunehmen, sind im Übergangszeitraum **unzulässig**, § 345 Abs. 1 Satz 3. Solche Änderungen sind erst in einem zweiten Schritt nach vorheriger Umstellung der Anlagebedingungen auf das KAGB und entsprechender Genehmigung durch die BaFin möglich.[11] Diese weitergehenden Änderungsbegehren unterliegen dann uneingeschränkt der Regelung des § 163.

19 **2. Anwendungszeitraum der Übergangsregelung.** Auf die Fortwirkung einschlägiger Vorschriften des Investmentgesetzes kann sich die AIF-KVG bis zum Inkrafttreten der angepassten Anlagebedingungen, **längstens bis zum Ablauf**[12] **des 21.7.2014** berufen, § 345 Abs. 1 Satz 9. Die korrespondierende Klarstellung in § 345 Abs. 1 Satz 11, dass ab dem Inkrafttreten der geänderten Anlagebedingungen beziehungsweise spätestens ab dem 22.7.2014 allein die Vorschriften des KAGB Anwendung finden, ist redundant und hätte in Anbetracht des ohnehin überbordenden Umfangs von § 345 Abs. 1 und einhergehender Unübersichtlichkeit weggelassen werden können.

20 **3. Konsequenzen verspäteten Inkrafttretens der Anlagebedingungen.** § 345 Abs. 1 Satz 1 Hs. 2 legt fest, dass die geänderten Anlagebedingungen spätestens am 21.7.2014 in Kraft treten müssen. Welche Konsequenzen andernfalls drohen, regeln die Übergangsvorschriften nicht. Fest steht, dass für die offenen Publikums-AIF ab dem 22.7.2014 jedenfalls das KAGB gilt und die Fortgeltung des Investmentgesetzes endet. Zudem wäre ein **fortgeführter Vertrieb** mit den nicht genehmigten beziehungsweise unveränderten Anlagebedingungen mit bis zu einhunderttausend Euro **bußgeldbewehrt**. Denn nach § 340 Abs. 2 Nr. 16 handelt ordnungswidrig, wer vorsätzlich oder leichtfertig entgegen § 163 Abs. 2 Satz 9 (also ohne vorherige Genehmigung durch die BaFin) die Anlagebedingungen dem Verkaufsprospekt beifügt. Konsequenter Weise müsste die AIF-KVG daher vorübergehend den Vertrieb der betr. inländischen offenen Publikums-AIF aussetzen.

II. Übergangsregelung „regulierter" AIF-KVG (Absatz 2)

21 Während § 345 Abs. 1 neben der Festlegung des Übergangszeitraums für offene Publikums-AIF auch fondsbezogene Anpassungsregeln enthält, legt Absatz 2 als gesellschaftsbezogene Regelung lediglich fest, wie sich die Übergangszeit für die AIF-KVG inländischer offener Publikums-AIF bemisst.

22 **1. Erforderliche Anpassungsmaßnahmen auf KVG-Ebene.** Hinsichtlich der notwendigen Anpassungsmaßnahmen für die AIF-KVG gilt die allgemeine Vorgabe aus § 343 Abs. 1, nämlich alle erforderlichen Maßnahmen zu ergreifen, um die Vorgaben des KAGB zu implementieren.

---

11 BaFin FAQ Übergangsbestimmungen, Ziffer II. Nr. 2.
12 Die im Gesetz zu findende Formulierung „*bis zum 21. Juli 2014*" (ebenso in § 345 Abs. 1 Satz 7) ist missverständlich und lässt die Interpretation zu, das KAGB gelte ab dem 21. Juli 2014.

2. Anwendungszeitraum der Übergangsregelung. Bis zum Eingang des Erlaub- 23
nisantrags bei der BaFin, längstens jedoch bis zum Ablauf des 21.7.2014, finden die gesellschaftsbezogenen Vorschriften des Investmentgesetzes weiterhin Anwendung, § 345 Abs. 2 Satz 1. Dabei wird durch die Bezugnahme auf § 345 Abs. 1 Satz 10 in § 345 Abs. 2 Satz 2 abermals klargestellt, dass das KAGB bereits bezüglich derjenigen Vorschriften gilt, die zur Umstellung auf das neue Recht erforderlich sind. Dies betrifft für die AIF-KVG vor allem die Vorschrift zum Erlaubnisantrag nach § 22.

Ab dem Eingang des Erlaubnisantrags nach § 22 bei der BaFin gilt für die AIF-KVG 24
vollumfänglich das KAGB, § 345 Abs. 2 Satz 3. Soweit die Anwendbarkeit bestimmter Vorschriften des KAGB eine KVG-Erlaubnis zur Voraussetzung haben, wird die fehlende Erlaubnis für den Zeitraum der Bearbeitung durch die BaFin, welcher nach § 22 Abs. 2 sechs Monate betragen kann, durch den vollständigen Erlaubnisantrag substituiert, § 345 Abs. 2 Satz 3. Es wird durch die Bezugnahme auf § 345 Abs. 1 Satz 9 ferner klargestellt, dass das KAGB ggf. bereits vor dem Eingang des Erlaubnisantrags gilt, soweit die geänderten Anlagebedingungen der von der AIF-KVG verwalteten AIF zuvor in Kraft getreten sind.

3. Konsequenz nicht (rechtzeitig) beantragter Erlaubnis. Hat die AIF-KVG bis 25
zum Ablauf des 21.7.2014 keinen Erlaubnisantrag bei der BaFin eingereicht, so müssen die bis dato von der AIF-KVG verwalteten Fonds auf eine lizensierte AIF-KVG übertragen oder abgewickelt werden, § 345 Abs. 2 Satz 4 in Verbindung mit § 343 Abs. 5.

III. Übergangsregelung „regulierter" offener Spezial-AIF und deren KVG (Absatz 3)

§ 345 Abs. 3 enthält die Übergangsvorschrift für inländische AIF-KVG, die bereits 26
nach Investmentgesetz lizensiert waren und die von ihnen ebenfalls noch unter dem Investmentgesetz aufgelegten Spezial-AIF. Durch die umfassende Verweisung auf die Absätze 1 und 2 findet im Wesentlichen ein Gleichlauf mit den Regelungen zu offenen Publikums-AIF statt. Allerdings wird den Besonderheiten der Spezial-AIF insoweit Rechnung getragen, als deren Anlagebedingungen grundsätzlich keiner Genehmigung bedürfen. Daher sind die angepassten Anlagebedingungen gleichzeitig mit dem Erlaubnisantrag der AIF-KVG einzureichen. § 345 Abs. 3 Satz 2 stellt klar, dass die Fortgeltung des Investmentgesetzes für die offenen Spezial-AIF bei Inkrafttreten ihrer angepassten Anlagebedingungen endet.

IV. Übergangsregelung für kleine AIF-KVG (Absatz 4)

§ 345 Abs. 4 enthält die Übergangsvorschrift für die kleine AIF-KVG, die unter die 27
Schwellenwerte von § 2 Abs. 4 fällt, soweit diese bereits nach Investmentgesetz eine Lizenz besaß. Da die kleine AIF-KVG keinen Erlaubnisantrag stellen muss, endet die Fortwirkung des Investmentgesetzes mit dem Eingang des Antrags auf Registrierung bei der BaFin gemäß § 44, spätestens mit Ablauf des 21.7.2014.

V. Erleichterungen bei Antragsverfahren (Absatz 5)

Um unnötige Bürokratie zu vermeiden, regelt § 345 Abs. 5, dass die AIF-KVG beim 28
Erlaubnisantrag gemäß § 22 diejenigen Unterlagen nicht erneut vorzulegen braucht, die sie anlässlich der Erlaubniserlangung unter dem Investmentgesetz bereits eingereicht hatte, soweit diese noch aktuell sind. Gleiches gilt für Unterlagen, die bereits anlässlich der Anpassung der Investmentvermögen an das KAGB bei der BaFin eingereicht wurden.

VI. Übergangsregelung für Vertrieb „regulierter" offener Publikums-AIF (Absatz 6)

29 **1. Anwendungszeitraum der Übergangsregelung.** § 345 Abs. 6 enthält eine Übergangsvorschrift für den Vertrieb von bestehenden inländischen offenen Publikums-AIF, die von einer bereits nach Investmentgesetz lizensierten AIF-KVG verwaltet werden. Diese offenen Publikums-AIF können bis zum Ablauf des 21.7.2014 weiter nach den Vorschriften des Investmentgesetzes vertrieben werden, wenn nicht zuvor ein Erlöschensgrund des Vertriebsrechts gemäß § 345 Abs. 6 Satz 2 eintritt. Demnach endet das Vertriebsrecht mit der Vertriebsuntersagung durch die BaFin, mit einer Erlaubnisversagung der KVG durch die BaFin oder mit einem vorherigen Inkrafttreten der angepassten Anlagebedingungen der AIF.

30 **2. Vertriebsanzeigeverfahren als erforderliche Anpassungsmaßnahme.** Will die AIF-KVG nach Inkrafttreten der angepassten Anlagebedingungen ihrer offenen Publikums-AIF oder spätestens ab dem 22.7.2014 den Vertrieb unter dem Regime des KAGB nahtlos fortsetzen, muss sie zuvor erfolgreich das Vertriebsanzeigeverfahren nach § 316 durchlaufen haben, § 345 Abs. 6 Satz 3.

31 Dieses Vertriebsanzeigeverfahren nach § 316 wird durch § 345 Abs. 6 Satz 4 abgewandelt, um die besonderen Umstände der Übergangsphase zu berücksichtigen. Ähnlich wie bereits bei den Genehmigungsverfahren der Anlagebedingungen nach § 345 Abs. 1 Satz 4 wird auch beim Anzeigeverfahren die Bearbeitungsfrist der BaFin vor dem Hintergrund einer anzunehmenden Antragsflut in der Übergangsphase von 20 Tagen auf zwei Monate verlängert, § 345 Abs. 6 Satz 4 Nr. 1. Daraus ergibt sich ein **faktischer Zwang** der AIF-KVG, den **Übergangszeitraum nicht bis zum Ablauf des 21.7.2014 auszureizen**, wenn sie nicht den Vertrieb des offenen Publikums-AIF zwischenzeitlich aussetzen will. Da § 345 Abs. 6 Satz 4 Nr. 1 umfassend auf § 316 Abs. 3 verweist, gilt auch die Fristverlängerung bei Beanstandungen nach § 316 Abs. 3 Satz 3, so dass die AIF-KVG ggf. deutlich länger als zwei Monate auf die Vertriebsfreigabemitteilung warten muss. Ferner muss die Vertriebsanzeige nach § 316 Abs. 1 zusammen mit dem Erlaubnisantrag nach § 22 eingereicht werden, § 345 Abs. 6 Satz 4 Nr. 2.

32 Der Vertrieb der offenen Publikums-AIF kann nach Ablauf der Übergangszeit erst dann unter dem KAGB fortgesetzt werden, wenn die Vertriebsfreigabe durch Mitteilung der BaFin gemäß § 316 Abs. 3 Satz 1 erfolgt ist und die angepassten Anlagebedingungen in Kraft getreten sind, § 345 Abs. 6 Satz 5.

33 Wie bereits für den Vertrieb neu aufgelegter AIF im Übergangszeitraum gemäß § 343 Abs. 3 Satz 3 wird auch durch § 345 Abs. 6 Satz 6 angeordnet, dass die AIF-KVG den **Vertrieb bis zur erteilten Erlaubnis** nach § 22 nur unter dem drucktechnisch herausgestellten Hinweis[13] auf die (noch) fehlende Lizenz der AIF-KVG sowie etwaige Konsequenzen[14] einer Erlaubnisversagung für die Anleger an hervorgehobener Stelle im Verkaufsprospekt sowie in den wesentlichen Anlegerinformationen fortsetzen darf, § 345 Abs. 6 Satz 6.

VII. Übergangsregelung für Vertrieb „regulierter" offener Spezial-AIF (Absatz 7)

34 § 345 Abs. 7 enthält einen umfassenden Verweis auf § 345 Abs. 6, so dass die Übergangsregelung für den Vertrieb offener Spezial-AIF derjenigen für die offenen Publi-

---

13 Vgl. zu diesen Anforderungen die Kommentierung bei § 343 Rn. 30 ff.
14 Siehe zu diesen Konsequenzen im Einzelnen die Kommentierung bei § 343 Rn. 40 ff.

kums-AIF gleicht. Das Anzeigeverfahren richtet sich jedoch nach der speziellen Regelung des § 321, der abermals über § 345 Abs. 7 in Verbindung mit § 345 Abs. 6 Satz 4 an die Besonderheiten der Übergangsphase angepasst wird.

VIII. Übergangsregelung für öffentlichen Vertrieb ausländischer AIF/EU-AIF (Absatz 8)

§ 345 Abs. 8 enthält Übergangsregelungen für AIF-Verwaltungsgesellschaften, die zum Stichtag am 21.7.2013 gemäß § 139 i.V.m. § 140 InvG oder nach § 7 Abs. 1 Auslandsinvestmentgesetz zum öffentlichen Vertrieb sog. ausländischer Investmentanteile[15] berechtigt waren. **35**

§ 345 Abs. 8 räumt den AIF-Verwaltungsgesellschaften, die in den Anwendungsbereich der Übergangsvorschrift fallen, **zwei Optionen** ein: **36**

Entweder die AIF-Verwaltungsgesellschaft beabsichtigt, den **Vertrieb unter dem Regime des KAGB fortzuführen**. Dann hat sie – je nachdem als welcher AIF ihr vormals ausländischer Investmentanteil nunmehr unter dem KAGB qualifiziert, als welche AIF-Verwaltungsgesellschaft sie einzustufen ist und an wen sich der Vertrieb richtet – gemäß § 345 Abs. 8 Satz 1 Nr. 1 bis Nr. 5 das jeweilige Vertriebsanzeigeverfahren erfolgreich zu durchlaufen. Bis zum Abschluss des Vertriebsanzeigeverfahrens, längstens bis zum Ablauf des 21.7.2014, kann die AIF-Verwaltungsgesellschaft den AIF weiterhin nach den Vorschriften des Investmentgesetzes vertreiben, § 345 Abs. 8 Satz 2 und 3. **37**

Die zweite Option der AIF-Verwaltungsgesellschaft besteht darin, die **Vertriebsaktivität einzustellen**. Dies hat die AIF-Verwaltungsgesellschaft aus Anlegerschutzgründen[16] unverzüglich im (elektronischen) Bundesanzeiger zu veröffentlichen und der BaFin zur Kenntnis zu geben, § 345 Abs. 8 Satz 4 i.V.m. § 315 Abs. 1 Satz 1. **38**

§ 345 Abs. 8 Satz 5 stellt klar, dass die AIF-Verwaltungsgesellschaft selbst bei vorübergehender Einstellung der Vertriebsaktivität jederzeit eine neue Vertriebsanzeige vornehmen kann. **39**

IX. Übergangsregelung für Privatplatzierung ausländischer AIF/EU-AIF (Absatz 9)

Der Vertrieb von ausländischen Investmentanteilen wurde bis zum 22.7.2013 nur dann von der Vertriebsregulierung nach Investmentgesetz erfasst, wenn es sich dabei um einen *öffentlichen* Vertrieb handelte, §§ 2 Abs. 11, 135 Satz 1 InvG. Fanden die Absatzbemühungen bzgl. der Investmentanteile hingegen als sog. **Privatplatzierung** statt,[17] entfiel die Anzeigepflicht aus § 139 Abs. 1 InvG. § 345 Abs. 9 stellt klar, dass die AIF-Verwaltungsgesellschaft die betr. AIF längstens bis zum Ablauf des 21.7.2014 weiterhin im Wege der Privatplatzierung vertreiben kann.[18] **40**

Beabsichtigt die AIF-Verwaltungsgesellschaft, den **Vertrieb nach dem 21.7.2014** fortzusetzen und ist die Vertriebstätigkeit nach den Vorschriften des KAGB anzeigepflichtig,[19] so hat sie das – je nach Art des AIF und Vertriebsadressat – einschlägige Ver- **41**

---

15 Legaldefiniert in § 2 Abs. 9 InvG, siehe hierzu Emde/Dornseifer/Dreibus/Hölscher/*Verfürth*/*Emde* InvG 2013 § 2 Rn. 130 ff.
16 Zu den Gefahren einer Vertriebseinstellung für Bestandsanleger des AIF siehe Emde/Dornseifer/Dreibus/Hölscher/*Baum* InvG 2013 § 140 Rn. 56.
17 Zur Abgrenzung siehe Bunte/Schimansky/Lwowski/*Schmies*/*Köndgen* § 113 Rn. 75; Emde/Dornseifer/Dreibus/Hölscher/*Verfürth*/*Emde* InvG 2013 § 2 Rn. 163 ff.; *Kugler*/*Lochmann* BKR **2006** 41.
18 *Emde*/*Dreibus* BKR **2013** 100; *Wallach* RdF **2013** 103.
19 Was wegen des weiten Vertriebsbegriffs regelmäßig der Fall sein wird.

triebsanzeigeverfahren zu durchlaufen oder eine entsprechende Anzeige über die zuständige Stelle des Herkunftsmitgliedstaates an die BaFin zu übermitteln, § 345 Abs. 9 Satz 1. Durchläuft die AIF-Verwaltungsgesellschaft das Vertriebsanzeigeverfahren vor dem 22.7.2014, so endet der Übergangszeitraum und die einhergehende Anwendbarkeit des InvG[20] mit Abschluss des jeweiligen Anzeigeverfahrens.

42   Entscheidet sich die AIF-Verwaltungsgesellschaft, den **Vertrieb einzustellen**, so hat sie dies nicht im (elektronischen) Bundesanzeiger zu veröffentlichen. § 345 Abs. 9 Satz 2 verweist nicht auf § 345 Abs. 8 Satz 4. Dies ist konsequent, denn der bisherige Vertrieb richtete sich gerade nicht an die Öffentlichkeit, so dass es mangels schutzbedürftiger Anleger sinnentleerter Formalismus wäre, eine Veröffentlichungspflicht im Bundesanzeiger vorzuschreiben.

X. Übergangsregelung für Vertrieb inländischer AIF/EU-AIF innerhalb des EWR (Absatz 10)

43   Inländische Kapitalverwaltungsgesellschaften, die vor dem 22.7.2013 Anteile an nicht-richtlinienkonformen Investmentvermögen in der EU/dem EWR vertrieben, hatten sich ausschließlich nach den Gesetzen des betr. Aufnahmemitgliedstaates zu richten.[21] Das Vertriebsanzeigeverfahren gemäß § 128 InvG galt lediglich für OGAW.

44   Nunmehr wird über § 331 ein solches Vertriebsanzeigeverfahren auch für den beabsichtigten grenzüberschreitenden Vertrieb inländischer AIF und EU-AIF an professionelle Anleger innerhalb der EU/des EWR eingeführt. § 345 Abs. 10 Satz 1 stellt klar, dass das vormalige Vertriebsrecht für den AIF im Aufnahmestaat der EU oder des EWR mit Ablauf des 21.7.2014 erlischt, wenn nicht zuvor erfolgreich das Vertriebsanzeigeverfahren nach § 331 bei der BaFin durchlaufen wurde.

45   Da der deutsche Gesetzgeber nicht die Kompetenz hat, in die Regelungen anderer EU-/EWR-Staaten einzugreifen, stellt § 345 Abs. 10 Satz 2 klar, dass das Vertriebsrecht ausnahmsweise dann über den 21.7.2014 hinaus bestehen bleibt, wenn der Aufnahmestaat eine entsprechende Bestandsschutzregelung getroffen hat.

46   Der Gesetzgeber stellt ferner durch § 345 Abs. 10 Satz 3 klar, dass das grenzüberschreitende Vertriebsrecht nach § 331 Abs. 5 Satz 2 erst eingeräumt wird, wenn sich die AIF-KVG KAGB-konform aufgestellt hat, was somit die vorherige Erlaubniserteilung nach § 22 sowie das Inkrafttreten der angepassten Anlagebedingungen erfordert.

XI. Bestandsschutz für Depotbankgenehmigungen (Absatz 11)

47   Eine seitens der BaFin bereits nach § 21 Abs. 1 InvG zur Verwahrung von Investmentvermögen genehmigte Depotbank muss nicht nach Inkrafttreten des KAGB erneut als sog. Verwahrstelle für inländische offene Publikums-AIF gemäß § 69 Abs. 1 Satz 1 in Verbindung mit § 87 genehmigt werden.

48   Die Regelung dient – ähnlich wie die Regelung in § 345 Abs. 5 – der Vermeidung unnötiger Bürokratie und führt auch nicht zu Qualitätsunterschieden bei Verwahrstellen, zumal die Voraussetzungen einer Genehmigung nach § 68 weitestgehend mit jenen aus § 20 InvG übereinstimmen.

---

20 Genau genommen ist es bei Privatplatzierungen die Nicht-Anwendbarkeit von Vertriebsregulierung nach Maßgabe des Investmentgesetzes.
21 Emde/Dornseifer/Dreibus/Hölscher/*Baum* InvG 2013 § 128 Rn. 8.

XII. Bei Inkrafttreten des KAGB anhängige Genehmigungsverfahren von Anlagebedingungen (Absatz 12)

49 Systematisch etwas unstimmig[22] findet sich in § 345 Abs. 12 nochmals eine Regelung, die auf die Genehmigung von Anlagebedingungen Bezug nimmt.

50 Demnach gelten Anträge auf Genehmigung von Anlagebedingungen, die noch vor dem Inkrafttreten des KAGB gestellt, jedoch zum Stichtag des 22.7.2013 noch nicht nach § 43 InvG – fiktiv mittels Zeitablauf oder durch Bescheid – genehmigt waren, als am 22.7.2013 gestellte Anträge nach den Voraussetzungen des KAGB.

51 Der Gesetzgeber lässt offen, nach welcher Vorschrift des KAGB sich die Genehmigung dieses umgestellten Antrages vollzieht. Zwar ist § 163 die zentrale Norm für die Genehmigung von Anlagebedingungen. Die direkte Anwendung von § 163 macht jedoch für die in § 345 Abs. 12 geregelten Fälle keinen Sinn, da nicht berücksichtigt würde, dass die AIF-KVG zum Zeitpunkt der Antragstellung am 22.7.2013 noch keine Erlaubnis nach § 20 haben kann. Da es bei § 345 Abs. 12 um die erstmalige Genehmigung der Anlagebedingungen und damit um die Auflage eines neuen AIF geht, bietet sich ein Rückgriff auf die allgemeine Vorschrift des § 343 Abs. 3 an.

52 Die **Bedeutung von § 345 Abs. 12 dürfte gering sein**, da sich durch die in § 43 Abs. 2 Satz 2 InvG vorgegebene Bearbeitungsfrist der BaFin von vier Wochen absehen ließ, ob Anträge rechtzeitig vor Inkrafttreten des KAGB genehmigt würden. Sollte es dennoch – etwa wegen nachgeforderter Unterlagen gemäß § 43 Abs. 2 Satz 3 und 4 – zu Verzögerungen der Genehmigung über den 21.7.2013 hinaus kommen, hat die AIF-KVG jederzeit die Möglichkeit, den Antrag zurückzunehmen[23] und nach erlangter KAGB-Lizenz erneut zu stellen. Dies hätte den (Vertriebs-)Vorteil, dass die AIF-KVG die abschreckenden Hinweise nach § 343 Abs. 3 Satz 3 nicht in den Verkaufsprospekt und die wesentlichen Anlegerinformationen für den betr. AIF aufnehmen muss.

§ 346
Besondere Übergangsvorschriften für Immobilien-Sondervermögen

(1) Für Anleger, die am 21. Juli 2013 Anteile an Immobilien-Sondervermögen in einem Wertpapierdepot auf ihren Namen hinterlegt haben, gelten im Hinblick auf diese Anteile nicht die Mindesthaltefrist gemäß § 255 Absatz 3 und die Rückgabefrist für Anteilsrückgaben gemäß § 255 Absatz 4, soweit die Anteilsrückgaben 30.000 Euro pro Kalenderhalbjahr für einen Anleger nicht übersteigen. Anleger können verlangen, dass die Rücknahme von Anteilen gemäß Satz 1 weiterhin entsprechend den am 21. Juli 2013 geltenden Vertragsbedingungen erfolgt.

(2) Für Anleger, die nach dem 21. Juli 2013 Anteile eines Immobilien-Sondervermögens erworben haben, gilt § 255 Absatz 3 und 4 ungeachtet dessen, ob die AIF-Kapitalverwaltungsgesellschaft die Anlagebedingungen des Immobilien-Sondervermögens bereits nach § 345 an die Vorschriften dieses Gesetzes angepasst hat. Der Verkaufsprospekt muss einen ausdrücklichen, drucktechnisch hervorgehobenen Hinweis darauf enthalten, dass § 255 Absatz 3 und 4 abweichend von den am 21. Juli 2013 geltenden Vertragsbedingen für Anteile, die nach dem 21. Juli 2013 erworben werden, gilt.

---

22 Es hätte sich wegen des engen Sachbezuges zu § 345 Abs. 1 ein Vorziehen der Regelung als Abs. 2 angeboten.
23 Dies ergibt sich aus dem verwaltungsverfahrensrechtlichen Prinzip der Dispositionsmaxime.

(3) Für Anteile gemäß Absatz 1 Satz 1 ist in den Anlagebedingungen des Immobilien-Sondervermögens festzulegen, dass die Rücknahme dieser Anteile weiterhin entsprechend der Regelung der am 21. Juli 2013 geltenden Vertragsbedingungen erfolgt.

(4) Für Anteile gemäß Absatz 1 Satz 1 müssen die Angaben im Verkaufsprospekt nach § 256 Absatz 1 Nummer 1 einen ausdrücklichen, drucktechnisch hervorgehobenen Hinweis darauf enthalten, dass der Anleger die Rücknahme dieser Anteile und die Auszahlung des Anteilswertes entsprechend der Regelung der am 21. Juli 2013 geltenden Vertragsbedingungen verlangen kann.

(5) Soweit Anleger Anteile vor Änderung der Vertragsbedingungen zum Zwecke der Anpassung an das Investmentgesetz in der ab dem 8. April 2011 geltenden Fassung erworben haben, gilt die Frist des § 255 Absatz 3 als eingehalten. Aussetzungen, nach denen die Kapitalverwaltungsgesellschaft am ersten Börsentag nach dem 1. Januar 2013 oder früher die Anteilrücknahme wieder aufnimmt, gelten für die Zwecke des § 257 Absatz 4 Satz 1 nicht als Aussetzungen. Auf die am 8. April 2011 bestehenden Immobilien-Sondervermögen, bei denen am 31. Dezember 2012 die Rücknahme von Anteilen gemäß § 37 Absatz 2 oder § 81 des Investmentgesetzes in der bis zum 21. Juli 2013 geltenden Fassung ausgesetzt ist, dürfen die §§ 37, 78, 80, 80c, 80d und 81 des Investmentgesetzes in der bis zum 7. April 2011 geltenden Fassung noch bis zu dem Tag, der sechs Monate nach der Wiederaufnahme der Rücknahme der Anteile liegt, und müssen die §§ 258, 259 erst ab dem Tag, der auf den Tag sechs Monate nach der Wiederaufnahme der Anteile folgt, angewendet werden.

(6) Auf die am 8. April 2011 bestehenden Immobilien-Sondervermögen dürfen die §§ 80a, 91 Absatz 3 Nummer 3 und Absatz 4 Satz 4 des Investmentgesetzes in der bis zum 7. April 2011 geltenden Fassung noch bis zum 31. Dezember 2014 weiter angewendet werden. Auf die am 1. Juli 2011 bestehenden Immobilien-Sondervermögen dürfen § 82 Absatz 3 Satz 2 und § 91 Absatz 3 Nummer 3 des Investmentgesetzes in der vor dem 1. Juli 2011 geltenden Fassung noch bis zum 31. Dezember 2014 weiter angewendet werden.

Schrifttum

BaFin, Häufige Fragen zu den Übergangsvorschriften nach den §§ 343 ff. des KAGB, Geschäftszeichen: WA41-Wp 2137-2013/0343, Ziffer 5; abzurufen unter www.bafin.de; *Görke/Ruhl* Neuregelung der offenen Immobilienfonds nach dem Regierungsentwurf des Kapitalanlagegesetzbuches: Bestandsaufnahme und erste Bewertung, BKR **2013** 142.

Systematische Übersicht

A. Allgemeines —— 1
B. Die Regelungen im Einzelnen
    I. Anleger, die am 21.7.2013 investiert hatten (§ 346 Abs. 1) —— 3
    II. Anleger, die ab 22.7.2013 investiert haben (§ 346 Abs. 2 S. 1) —— 4
    III. Dokumentationspflichten (§ 346 Abs. 2 S. 2, Abs. 3 und 4) —— 5
    IV. Anleger, die vor Änderung der Bedingungen zur Anpassung an das InvG i.d.F. ab 8.4.2011 investiert hatten (§ 346 Abs. 5 S. 1) —— 7
    V. Aussetzungen, die spätestens am Börsentag nach dem 1.1.2013 beendet waren (§ 346 Abs. 5 S. 2) —— 8
    VI. Immobilien-Sondervermögen, die am 8. April 2011 bestanden haben (§ 346 Abs. 5 S. 3 und Abs. 6 S. 1) —— 9
    VII. Immobilien-Sondervermögen, die am 1. Juli 2011 bestanden haben (§ 346 Abs. 6 Satz 2) —— 11

A. Allgemeines

§ 346 enthält besondere Übergangsvorschriften für Immobilien-Sondervermögen. Insbesondere werden Übergangsregelungen für die Einschränkungen bezüglich der Rückgabe von Anteilen an Immobilien-Sondervermögen nach § 255 Abs. 3 und 4 KAGB getroffen und weiterhin relevante Übergangsvorschriften aus dem Investmentgesetz übernommen.

Darüber hinaus gilt im Grundsatz auch § 345 Abs. 1 als Übergangsregelung für bei Inkrafttreten des KAGB bestehende Immobilien-Sondervermögen. Die geänderten Anlagebedingungen für solche Immobilien-Sondervermögen mussten also spätestens am 21. Juli 2014 in Kraft treten (siehe hierzu § 345 Rn. 6 ff.). Eine Anpassung bereits zum 22. Juli 2013 war nicht notwendig.[1] Zu beachten ist daneben § 345 Abs. 2. Dieser macht Vorgaben bezüglich der AIF-Kapitalverwaltungsgesellschaft inländischer offener Publikums-AIF[2] (siehe hierzu § 345 Rn. 21 ff.).

B. Die Regelungen im Einzelnen

I. Anleger, die am 21.7.2013 investiert hatten (§ 346 Abs. 1)

Einen gewissen Bestandsschutz genießen Anleger, die am 21. Juli 2013 in einem bestehenden Immobilien-Sondervermögen investiert waren. Der Wortlaut der Vorschrift stellt für den Beginn des Bestandsschutzes darauf ab, dass die Anteile am Stichtag in einem Wertpapierdepot auf den Namen des Anlegers hinterlegt waren. Würde man tatsächlich auf diesen Zeitpunkt abstellen, könnte es zu einer Ungleichbehandlung von Anlegern kommen, die die Order zwar alle vor dem Stichtag abgegeben haben, die Anteile aber zu unterschiedlichen Zeitpunkten ins Depot gebucht wurden. Hierauf hat der Anleger keinen Einfluss. Dieser Aspekt der fehlenden Beeinflussbarkeit spricht dafür, nicht auf den Zeitpunkt der Buchung ins Depot, sondern auf den der Ordererteilung abzustellen. Der Bestandsschutz sollte also den Anlegern gewährt werden, die am 21. Juli 2013 eine Order abgegeben hatten.

Anlegern, denen der Bestandsschutz zugute kommt, haben die Möglichkeit, 30.000 Euro pro Kalenderhalbjahr im Hinblick auf diese Anteile zurückzugeben, ohne die Mindesthaltefrist von 24 Monaten und die Kündigungsfrist von 12 Monaten einhalten zu müssen, wie sie in § 255 Abs. 3 und 4 vorgesehen sind (§ 346 Abs. 1 S. 1). Vielmehr gelten insoweit die in den am 21. Juli 2013 geltenden Vertragsbedingungen festgelegten Regeln für die Rücknahme von Anteilen (§ 346 Abs. 1 S. 2). Für Rückgabebeträge, die diese 30.000 Euro je Kalenderhalbjahr überschreiten, müssen aber auch diese Altanleger die genannten Fristen einhalten.[3] Insoweit stehen sie nicht besser als Neuanleger.

II. Anleger, die ab 22.7.2013 investiert haben (§ 346 Abs. 2 S. 1)

Neuanleger, die ab dem 22. Juli 2013 Anteile eines Immobilien-Sondervermögens erworben haben, kommen nicht in den Genuss eines Bestandsschutzes (zur Bestimmung des maßgeblichen Zeitpunkts vgl. § 346 Rn. 3). Sie haben die Mindesthaltefrist und die Kündigungsfrist nach § 255 Abs. 3 und 4 einzuhalten – unabhängig davon, ob die AIF-

---

1 So auch BaFin, Häufige Fragen zu den Übergangsvorschriften nach den §§ 343 ff. des KAGB, Geschäftszeichen: WA 41-Wp 2137-2013/0343, Ziffer II. 5, abzurufen unter www.bafin.de.
2 Vgl. BaFin, a.a.O.
3 BTDrucks. 17/12294 S. 303; *Görke/Ruhl* BKR **2013** 142, 145.

Kapitalverwaltungsgesellschaft die Anlagebedingungen schon nach § 345 an die Vorschriften des KAGB angepasst hat oder nicht, § 346 Abs. 2 S. 1. Hintergrund dieser Regelung ist, dass der Gesetzgeber die AIF-Kapitalverwaltungsgesellschaft nicht dazu motivieren wollte, die Anlagebedingungen so spät wie möglich zu ändern und bis dahin Anleger zu akquirieren, denen der Bestandsschutz nach Abs. 1 bezüglich der 30.000 Euro halbjährlich zu Gute kommt.[4] Hinsichtlich dieses Betrages kommt es somit zu einer Ungleichbehandlung von Neu- und Altanlegern.[5]

III. Dokumentationspflichten (§ 346 Abs. 2 S. 2, Abs. 3 und 4)

5   Dementsprechend muss der Verkaufsprospekt mit Blick auf die genannten Neuanleger einen ausdrücklichen, drucktechnisch hervorgehobenen Hinweis darauf enthalten, dass die neuen Regelungen zu Mindesthalte- und die Kündigungsfrist (§ 255 Abs. 3 und 4) abweichend von den am 21. Juli 2013 geltenden Vertragsbedingungen für Anteile gelten, die nach diesem Tage erworben werden, § 346 Abs. 2 S. 2. Umkehr muss der Prospekt auch auf die Rückgaberegeln für die Altanleger gemäß § 346 Abs. 1 S. 1 ausdrücklich hinweisen, § 346 Abs. 4.

6   Im Übrigen ist in den Anlagebedingungen festzulegen, dass Anteile, die § 346 Abs. 1 S. 1 unterfallen, weiterhin entsprechend der Regelungen der am 21. Juli 2013 geltenden Vertragsbedingungen zurückgenommen werden, § 346 Abs. 3.

IV. Anleger, die vor Änderung der Bedingungen zur Anpassung an das InvG i.d.F. ab 8.4.2011 investiert hatten (§ 346 Abs. 5 S. 1)

7   § 346 Abs. 5 S. 1 beinhaltet eine weitere Übergangsregelung zur 24 monatigen Haltefrist des § 255 Abs. 3. Die Regelung übernimmt § 145 Abs. 4 des InvG.[6] Sie dient dem Schutz von Anlegern, die Anteile an einem Immobilien-Sondervermögen noch vor Änderung der Vertragsbedingungen zum Zwecke der Anpassung an das Investmentgesetz in der ab dem 8. April 2011 geltenden Fassung erworben haben. Für sie gelten die Restriktionen des § 255 Abs. 3 nicht. Es wird fingiert, dass die Frist eingehalten sei.[7]

V. Aussetzungen, die spätestens am Börsentag nach dem 1.1.2013 beendet waren (§ 346 Abs. 5 S. 2)

8   Aussetzungen von Anteilsrücknahmen, die die Kapitalverwaltungsgesellschaft am ersten Börsentag nach dem 1. Januar 2013 oder früher beendet hat, gelten nach der Übergangsvorschrift des § 346 Abs. 5 S. 2 nicht als Aussetzungen nach § 257 Abs. 4 S. 1, die beim dritten Mal innerhalb von fünf Jahren zur Abwicklung des Fonds führen. Damit zählen erst Aussetzungen, die nach den durch das AnsFuG eingeführten Vorschriften vorgenommen wurden, zu den „kritischen" Aussetzungen.[8] Die Vorschrift übernimmt den alten § 145 Abs. 4 S. 3 InvG.[9]

---

4   BTDrucks. 17/13395 S. 410.
5   Kritisch *Görke/Ruhl* BKR **2013** 142, 145.
6   BTDrucks. 17/12294 S. 303.
7   BTDrucks. 17/3628, S. 30 zu den Vorgängervorschriften §§ 145 Abs. 4 i.V.m. 80c InvG.
8   BTDrucks. 17/4739, S. 24 zu den Vorgängervorschriften § 145 i.V.m. § 81 Abs. 4 InvG; Emde/Dornseifer/Dreibus/Hölscher/*Frey* § 145 Rn. 13.
9   BTDrucks. 17/12294 S. 303.

VI. Immobilien-Sondervermögen, die am 8. April 2011 bestanden haben (§ 346 Abs. 5 S. 3 und Abs. 6 S. 1)

Nach § 346 Abs. 5 S. 3 und Abs. 6 S. 1 dürfen bestimmte Vorschriften des Investmentgesetzes in der bis zum 7. April 2011 geltenden Fassung auf die am 8. April 2011 bestehenden Immobilien-Sondervermögen weiter angewendet werden. Zum einen betrifft das Fälle, bei denen am 31. Dezember 2012 die Rücknahme von Anteilen gemäß § 37 Abs. 2 oder § 81 des Investmentgesetzes in der bis zum 21. Juli 2013 geltenden Fassung ausgesetzt gewesen ist. Bei diesen Fonds dürfen gewisse Vorschriften in der bis zum 7. April 2011 geltenden Fassung des Investmentgesetzes noch bis zu dem Tag angewendet werden, der 6 Monate nach der Wiederaufnahme der Rücknahme der Anteile liegt. Das betrifft die Vorschriften der § 37 (Rücknahme von Anteilen, Aussetzung), § 78 (Ertragsverwendung), § 80 (Liquiditätsvorschriften), § 80c (Sonderregelungen für die Ausgabe und Rücknahme von Anteilen), § 80d (Angaben im Verkaufsprospekt und in den Vertragsbedingungen) und § 81 (Aussetzung der Rücknahme) des Investmentgesetzes in der bis zum 7. April 2011 geltenden Fassung. Entsprechend müssen die Vorschriften des § 258, der Vorschriften über die Aussetzung nach Kündigung der Verwaltung des Immobilien-Sondervermögens durch die AIF-Kapitalverwaltungsgesellschaft enthält und § 259, der Vorgaben zu Beschlüssen der Anleger im Fall der Aussetzung der Rücknahme von Anteilen macht, in solchen Fällen erst ab dem Tag angewendet werden, der auf den Tag sechs Monate nach der Wiederaufnahme der Anteile folgt. Diese Übergangsregelung des § 346 Abs. 5 S. 3 übernimmt den alten § 145 Abs. 4 S. 4 InvG.[10] Damit wollte der Gesetzgeber den Fällen gerecht werden, in denen wegen einer Aussetzung der Anteilsrücknahme am 31. Dezember 2012 die Vertragsbedingungen nicht geändert werden konnten.[11] Hier ist eine längere Geltung der alten Regeln gerechtfertigt.

Bis zum 31. Dezember 2014 darf außerdem nach § 346 Abs. 6 S. 1 auf die am 8. April 2011 bestehenden Immobilien-Sondervermögen § 80a (Kreditaufnahme) des Investmentgesetzes in der bis zum 7. April 2011 geltenden Fassung weiter angewendet werden. Die Vorschrift übernimmt den § 145 Abs. 5 S. 1 InvG.[12] § 80a des Investmentgesetzes vor Inkrafttreten des AnsFuG sah noch die 50%-Grenze für Kreditaufnahmen vor. Diese Grenze ist durch das AnsFuG auf 30% abgesenkt worden.[13] Auf diese Weise sollte die Eigenkapitalquote dieser Fonds gestärkt werden. Die Übergangsregelung sollte ein ausreichendes Zeitfenster schaffen, um Maßnahmen zur Reduzierung von Kreditlinien ergreifen zu können.[14]

Gleichfalls bis Ende 2014 weiter auf die am 8. April 2011 bestehenden Immobilien-Sondervermögen soll § 91 Abs. 3 Nr. 3 und Abs. 4 S. 4 (Vorschriften zu Spezial-Sondervermögen) des Investmentgesetzes in der bis zum 7. April 2011 geltenden Fassung bleiben. Einen § 91 Abs. 4 S. 4 gab es in der betreffenden Gesetzesfassung des InvG jedoch nicht, dieser Absatz enthält nur zwei Sätze. Die Vorgängernorm zu § 346 Abs. 6 S. 1, der § 145 Abs. 5 S. 1 InvG, enthielt an dieser Stelle einen uneingeschränkten Verweis auf § 91 InvG (Fassung bis zum 7. April 2011). Schon aus Rechtsschutzgesichtspunkten muss die fehlerhafte Verweisung in § 346 Abs. 6 S. 1 auf einen nicht existenten § 91 Abs. 4 S. 4 als Verweis auf § 91 Abs. 4 (ohne jede Einschränkung) verstanden werden.

---

10 BTDrucks. 17/12294 S. 303.
11 BTDrucks. 17/4739 S. 24 zur Vorgängervorschrift § 145 InvG; Emde/Dornseifer/Dreibus/Hölscher/*Frey* InvG 2013 § 145 Rn. 14.
12 BTDrucks. 17/12294 S. 303.
13 BGBl. 2011 I 544.
14 Emde/Dornseifer/Dreibus/Hölscher/*Frey* InvG 2013 § 145 Rn. 15.

VII. Immobilien-Sondervermögen, die am 1. Juli 2011 bestanden haben (§ 346 Abs. 6 Satz 2)

11 § 346 Abs. 6 S. 2 sieht vor, dass auf die am 1. Juli 2011 bestehenden Immobilien-Sondervermögen die Regelungen über die maximale Belastung der im Sondervermögen befindlichen Immobilien des Investmentgesetzes in der vor dem 1. Juli 2011 geltenden Fassung (§ 82 Abs. 3 S. 2 und 91 Abs. 3 Nr. 3) noch bis zum 31. Dezember 2014 weiter angewendet werden. Die Regelung schafft eine Parallele mit den Regelungen über die Kreditaufnahme und ist als redaktionelle Anpassung in das Investmentgesetz eingeführt worden.[15] Von dort (§ 145 Abs. 6 S. 2 InvG) wurde sie ins KAGB übernommen.[16]

§ 347
Besondere Übergangsvorschriften für Altersvorsorge-Sondervermögen

(1) Für Altersvorsorge-Sondervermögen im Sinne des § 87 des Investmentgesetzes in der bis zum 21. Juli 2013 geltenden Fassung, die vor dem 22. Juli 2013 im Sinne des § 343 Absatz 4 aufgelegt wurden, gelten nach Inkrafttreten der Änderungen der Anlagebedingungen zusätzlich zu den in § 345 Absatz 1 Satz 11 genannten Vorschriften § 87 Absatz 2 sowie die §§ 88 bis 90 und 143 Absatz 3 Nummer 6 Buchstabe b des Investmentgesetzes in der bis zum 21. Juli 2013 geltenden Fassung entsprechend. Die in § 345 Absatz 1 Satz 11 genannten Vorschriften dieses Gesetzes, die sich auf Publikums-AIF beziehen, gelten jedoch nur, soweit sich aus § 87 Absatz 2 sowie den §§ 88 bis 90 und 99 Absatz 3 des Investmentgesetzes in der bis zum 21. Juli 2013 geltenden Fassung nichts anderes ergibt.

(2) Nach dem 21. Juli 2013 dürfen Altersvorsorge-Sondervermögen im Sinne des § 87 des Investmentgesetzes in der bis zum 21. Juli 2013 geltenden Fassung nicht mehr aufgelegt im Sinne des § 343 Absatz 4 werden.

Schrifttum
Siehe Vorbemerkung §§ 343–355.

Systematische Übersicht

A. Allgemeines
   I. Hintergrund der Vorschrift —— 1
   II. Inhalt der Vorschrift —— 5
B. Die Regelungen der Vorschrift im Einzelnen
   I. Bestandsschutz für aufgelegte Altersvorsorge-Sondervermögen (Absatz 1) —— 6
     1. Übergangsvorschriften in der Anpassungsphase an das KAGB —— 8
     2. Notwendige Anpassungsmaßnahmen auf Fondsebene —— 10
     3. Fortgeltung des InvG während der KAGB-Implementierung —— 11
     4. Parallele Geltung von InvG und KAGB nach der KAGB-Implementierung —— 12
   II. Verbot der Neuauflage von Altersvorsorge-Sondervermögen (Absatz 2) —— 17

---

15 Emde/Dornseifer/Dreibus/Hölscher/*Frey* InvG 2013 § 145 Rn. 16.
16 BTDrucks. 17/12294 S. 303.

A. Allgemeines

I. Hintergrund der Vorschrift

§ 347 steht in keinem Zusammenhang mit der Umsetzung der AIFM-Richtlinie. Der nationale Gesetzgeber zieht vielmehr den Schlussstrich unter eine Fondsgattung, die sich seit ihrer Einführung durch das 3. FMFG[1] im Jahr 1998 am Markt nicht durchzusetzen vermochte.[2]

Die **Abschaffung der Altersvorsorge-Sondervermögen** spielte – im Gegensatz zur ursprünglich geplanten Abschaffung der offenen Immobilienfonds – im Gesetzgebungsverfahren des KAGB keine nennenswerte Rolle. Allein der Bundesrat sprach sich für den Erhalt der Fondsgattung aus.[3] In ihrer Erwiderung auf die Stellungnahme des Bundesrates wies die Bundesregierung jedoch darauf hin, dass die Altersvorsorge-Sondervermögen in der Praxis nicht nachgefragt würden.[4] Dies wird durch den signifikanten Bedeutungsverlust belegt, den die Altersvorsorge-Sondervermögen seit ihrer Einführung erlitten haben. Waren im Jahr 1999 noch 43 Altersvorsorge-Sondervermögen beim BVI registriert, existieren mittlerweile nur noch 9 Altersvorsorge-Sondervermögen, die ein Volumen von € 901 Mio. an Assets under Management verwalten.[5]

Nachdem der Gesetzgeber die Novellierungen des InvG 2007[6] und 2011[7] nicht nutzte, um die Fondsgattung durch regulatorische Modifikationen attraktiver zu machen,[8] ist es nur konsequent, das überbordende KAGB nicht um weitere Regelungen für einen kaum verwendeten Fondstyp zu überfrachten.

Der wesentliche Punkt, welcher die Altersvorsorge-Sondervermögen im Verhältnis zu anderen Instrumenten der Altersvorsorge strukturell benachteiligte, war ohnehin die fehlende „staatliche Förderung" durch steuerliche Begünstigungen. Diese Rahmenbedingungen könnten jedoch bei entsprechendem politischen Willen unabhängig von der Fondsgattung Altersvorsorge-Sondervermögen auch künftig gesetzt werden; beispielsweise angeknüpft an eine bestimmte Haltedauer anderer förderungswürdiger Fonds(-Sparpläne).

II. Inhalt der Vorschrift

Die Vorschrift gewährt einerseits denjenigen Altersvorsorge-Sondervermögen Bestandsschutz, die bei Inkrafttreten des KAGB bereits aufgelegt waren. Andererseits wird in Absatz 2 das Verbot statuiert, nach dem Inkrafttreten des KAGB neue Altersvorsorge-Sondervermögen aufzulegen.

---

1 3. Finanzmarktförderungsgesetz, BGBl. I v. 27.3.1998, S. 525.
2 Bereits 2004 wurde von einem geordneten Rückzug des Gesetzgebers aus diesem Fondssegment gesprochen, *Köndgen/Schmies* Die Neuordnung des deutschen Investmentrechts, WM **2004** Sonderbeilage 1, 11.
3 Empfehlung des Wirtschaftsausschusses des Bundesrates zu § 247 KAGB-E, BRDrucks. 791/1/12 vom 21.1.2013, S. 18.
4 Gegenäußerung der Bundesregierung zur Stellungnahme des Bundesrates, BTDrucks. 17/12294 vom 6.2.2013, S. 334; ebenso *Emde/Dreibus* BKR **2013** 94 sowie *Wallach* RdF **2013** 99.
5 Auskunft des BVI. Die Zahlen beziehen sich auf den Stichtag 31.3.2014.
6 Investmentänderungsgesetz, BGBl. I v. 21.12.2007, S. 3089.
7 Gesetz zur Umsetzung der RL 2009/65/EG zur Koordinierung der Rechts- und Verwaltungsvorschriften betreffend bestimmte Organismen für gemeinsame Anlagen in Wertpapieren, BGBl. I v. 22.6.2011, S. 1126.
8 Vorschläge hierzu finden sich bei Emde/Dornseifer/Dreibus/Hölscher/*Glander*/*Mayr* InvG, Vor §§ 87–90 Rn. 23 ff.

B. Die Regelungen der Vorschrift im Einzelnen

I. Bestandsschutz für aufgelegte Altersvorsorge-Sondervermögen (Absatz 1)

6 § 347 Abs. 1 gewährt denjenigen Altersvorsorge-Sondervermögen Bestandsschutz, die beim Inkrafttreten des KAGB bereits im Sinne von § 343 Abs. 4 aufgelegt waren, bei denen also mindestens ein Anleger vor dem 22.7.2013 einen Fondsanteil gezeichnet hat.

7 Der nach § 347 gewährte Bestandsschutz hat die Besonderheit, dass er nicht nur temporär für die einjährige Anpassungsphase an die Vorschriften des KAGB gilt. Vielmehr gilt der Bestandsschutz in Form einer fortwährenden Anwendbarkeit einschlägiger Vorschriften des InvG (neben denjenigen des KAGB), bis es zur Auflösung des Altersvorsorge-Sondervermögens kommt.

8 **1. Übergangsvorschriften in der Anpassungsphase an das KAGB.** Da § 347 lediglich einige spezielle Regelungen für Altersvorsorge-Sondervermögen trifft, ist im Übrigen auf § 345 zurückzugreifen, da es sich bei den Altersvorsorge-Sondervermögen ebenfalls um offene AIF handelt, die bereits nach dem InvG reguliert waren. Das Altersvorsorge-Sondervermögen qualifiziert im KAGB als offener Publikums-AIF, so dass § 345 Abs. 1 zur Anwendung gelangt.

9 Die Qualifizierung als *offener* Publikums-AIF könnte auf den ersten Blick fraglich sein. Denn es war Definitionsbestandteil gemäß § 87 Abs. 2 InvG, dass das Altersvorsorge-Sondervermögen Erträge thesauriert und der Anleger aus dem Altersvorsorge-Sparplan nach § 90 InvG vertraglich zum fortwährenden Erwerb von Anteilen am Altersvorsorge-Sondervermögen verpflichtet ist. Die Regelungen der §§ 87–90 InvG ähneln daher insbesondere mit Blick auf die langen Sparplan-Laufzeiten dem Typ des geschlossenen AIF. Allerdings ist anerkannt, dass die vertragliche Verpflichtung aus dem Altersvorsorge Sparplan gemäß § 90 InvG den Anleger nicht daran hindert, seine Anteile jederzeit an die KVG zurückzugeben.[9] Folglich ist die Rückgabemöglichkeit der Fondsanteile vor Beginn der Liquidationsphase aus § 1 Abs. 4 Nr. 2, welche das Wesensmerkmal offener AIF darstellt, bei Altersvorsorge-Sondervermögen erfüllt.

10 **2. Notwendige Anpassungsmaßnahmen auf Fondsebene.** Die KVG hat die Anlagebedingungen der Altersvorsorge-Sondervermögen gemäß den Vorgaben aus § 345 Abs. 1 an das KAGB anzupassen. Die angepassten Anlagebedingungen müssen bis zum Ablauf des 21.7.2014 in Kraft getreten sein.

11 **3. Fortgeltung des InvG während der KAGB-Implementierung.** Während der Übergangsphase – bis zum Inkrafttreten der abgeänderten Anlagebedingungen oder längstens bis zum 22.7.2014 – gelten weiterhin die Vorschriften des InvG für Altersvorsorge-Sondervermögen. Dies wird zwar in § 347 nicht explizit angeordnet, ergibt sich jedoch aus einem Umkehrschluss aus § 347 Abs. 1 Satz 1 sowie aus dem ebenfalls anwendbaren § 345 Abs. 1 Satz 9.

12 **4. Parallele Geltung von InvG und KAGB nach der KAGB-Implementierung.** Der Anwendungszeitraum der Übergangsregelung endet gemäß § 347 Abs. 1 Satz 1 in Anlehnung an die Vorschrift des § 345 Abs. 1 mit dem Inkrafttreten der geänderten Anlagebedingungen des Altersvorsorge-Sondervermögens oder spätestens mit Ablauf des 21.7.2014.

---

9 Emde/Dornseifer/Dreibus/Hölscher/*Glander*/*Mayr* InvG, § 90 Rn. 12.

Da die Altersvorsorge-Sondervermögen als Fondsgattung nicht in das KAGB übernommen wurden, die bei Inkrafttreten des KAGB bereits aufgelegten Altersvorsorge-Sondervermögen jedoch Bestandsschutz genießen, ergibt sich zwangsläufig die notwendige Fortgeltung der alten Vorschriften des InvG für diese Bestandsfonds über die einjährige Anpassungsphase hinaus, da die Fonds andernfalls ohne einschlägiges Regelungsregime dastünden. 13

Der Gesetzgeber ordnet daher in § 347 Abs. 1 die parallele Geltung der §§ 87 Abs. 2 bis 90 sowie § 143 Abs. 3 Nr. 6 lit. b InvG und denjenigen Vorschriften des KAGB an, die auf inländische offene Publikums-AIF Anwendung finden. 14

Die Vorschriften des KAGB zu offenen Publikums-AIF sollen gemäß § 347 Abs. 1 Satz 2 subsidiär als Auffangtatbestand gelten, soweit sich aus den spezielleren Vorschriften des InvG nichts Anderweitiges ergibt.[10] 15

Vor diesem Hintergrund erscheint indes die explizite Anordnung etwa der fortgeltenden Anwendbarkeit des Bußgeldtatbestandes aus § 143 Abs. 3 Nr. 6 lit. b InvG überflüssig. Man wäre im Wege der Auslegung zur Anwendbarkeit des inhaltsgleichen § 340 Abs. 3 Nr. 9 gelangt. Ggf. sollte die Klarstellung aber den auch bei Ordnungswidrigkeiten geltenden Bestimmtheitsgrundsatz wahren. 16

II. Verbot der Neuauflage von Altersvorsorge-Sondervermögen (Absatz 2)

§ 347 Abs. 2 statuiert das Verbot, nach dem Inkrafttreten des KAGB neue Altersvorsorge-Sondervermögen im Sinne des § 87 InvG aufzulegen. 17

Dies ist sowohl aus Sicht der Anleger als auch aus Sicht der Branche zu verkraften. Denn die Altersvorsorge-Sondervermögen in ihrer vormaligen Ausgestaltung im InvG lassen sich problemlos durch anderweitige Fondssparpläne abbilden, so dass sich für den Anleger keine Angebotslücke auftut. Aus demselben Grund wurde mit der Aufhebung dieser Fondsgattung auch den Anbietern keine innovative Gestaltungsmöglichkeit genommen. Schmerzhaft ist für die Branche allenfalls die Signalwirkung, die der Gesetzgeber mit der Abschaffung der Altersvorsorge-Sondervermögen zum Ausdruck bringt. Denn der Gesetzgeber erteilt damit (vorerst) dem Anliegen der Branche eine Absage, Investmentfonds-Sparpläne als anerkanntes Altersvorsorgeinstrument steuerlich zu begünstigen und beispielsweise die „AS-Investmentrente" als sechsten Durchführungsweg der betrieblichen Altersversorgung zu etablieren.[11] 18

§ 348
Besondere Übergangsvorschriften für Gemischte Sondervermögen und Gemischte Investmentaktiengesellschaften

Gemischte Sondervermögen oder Gemischte Investmentaktiengesellschaften, die vor dem 22. Juli 2013 gemäß den §§ 83 bis 86 des Investmentgesetzes in der bis zum 21. Juli 2013 geltenden Fassung aufgelegt wurden und die zu diesem Zeitpunkt
1. Anteile an Immobilien-Sondervermögen nach den §§ 66 bis 82 des Investmentgesetzes in der bis zum 21. Juli 2013 geltenden Fassung,

---

10 Warum der Gesetzgeber für diese Regelung abermals die umständliche Verweisungstechnik über § 345 Abs. 1 Satz 11 gewählt hat, erschließt sich nicht. Ein Erkenntnismehrwert entsteht dadurch nicht.
11 Gegenäußerung der Bundesregierung zur Stellungnahme des Bundesrates, BTDrucks. 17/12294 vom 6.2.2013, S. 334.

2. Anteile an Sondervermögen mit zusätzlichen Risiken nach § 112 des Investmentgesetzes in der bis zum 21. Juli 2013 geltenden Fassung,
3. Aktien an Investmentaktiengesellschaften, deren Satzung eine dem § 112 des Investmentgesetzes in der bis zum 21. Juli 2013 geltenden Fassung vergleichbare Anlageform vorsieht oder
4. Anteile oder Aktien an mit Nummer[1] 2 oder 3 vergleichbaren EU-AIF oder ausländischen AIF

unter Einhaltung der Anlagegrenzen, der zusätzlichen Angaben im Verkaufsprospekt und in den Vertragsbedingungen gemäß § 84 Absatz 2, 3 in Verbindung mit § 113 Absatz 3 und 4 Satz 2 und 3, in Verbindung mit § 117 Absatz 1 Satz 2, in Verbindung mit § 118 Satz 2 sowie § 85 des Investmentgesetzes in der bis zum 21. Juli 2013 geltenden Fassung erworben haben, dürfen diese gehaltenen Anteile oder Aktien abweichend von § 219 auch nach dem 21. Juli 2013 weiter halten. Auf die Verwaltung von Gemischten Investmentvermögen im Sinne des Satzes 1 Nummer 1 oder 4, deren Vertragsbedingungen es erlauben, die Mittel zu mehr als 50 Prozent des Wertes des Vermögens des Gemischten Investmentvermögens in Anteile an Immobilien-Sondervermögen in Form von Publikumsinvestmentvermögen sowie in Anteile an vergleichbaren EU-AIF oder ausländischen AIF anzulegen, ist § 255 Absatz 3 und 4 anzuwenden, solange die Anteile nach Satz 1 Nummer 1 oder Nummer 4 weiter gehalten werden. Im Übrigen gelten für diese Gemischten Investmentvermögen im Sinne des Satzes 1 die Vorschriften dieses Gesetzes einschließlich der Übergangsvorschriften.

Schrifttum
Siehe Vorbemerkung §§ 343–355.

Systematische Übersicht
A. Hintergrund der Vorschrift —— 1
B. Die Regelungen der Vorschrift im Einzelnen
   I. Bestandsschutz für bestimmte Vermögensgegenstände (Satz 1) —— 4
   II. Spezialregelung bei Immobilien-Sondervermögen über 50% (Satz 2)
      1. Restriktionen bei Anteilsrückgabe an die KVG —— 9
      2. Übertragung der Bestandsschutzregelung für Alt-Anleger aus § 346 —— 12
   III. Erforderliche Anpassungsmaßnahmen an das KAGB (Satz 3) —— 16

A. Hintergrund der Vorschrift

1   Die Vorschrift weist keinen Bezug zur AIFM-Richtlinie auf. Die Regelung in § 348 wurde notwendig, nachdem sich der nationale Gesetzgeber entschieden hatte, den Katalog zulässiger Vermögensgegenstände im KAGB für Gemischte Sondervermögen und Gemischte Investmentaktiengesellschaften im Verhältnis zum InvG zu beschränken.[2] Dadurch sah sich der Gesetzgeber mit der Frage konfrontiert, wie er mit Fonds verfährt, deren Vermögensgegenstände noch nach dem alten Katalog gewählt wurden und die

---

[1] Es handelt sich um ein Redaktionsversehen des Gesetzgebers. Richtigerweise muss der Verweis auch auf Nummer 1 erfolgen, da andernfalls die Bezugnahme auf Nummer 4 in § 348 Satz 2 keinen Sinn ergibt. Dass es sich um ein Redaktionsversehen handelt, zeigt auch der Vergleich mit dem identisch konzipierten § 349 Satz 1 Nummer 4.
[2] Gesetzesbegründung zu § 219 Abs. 1, AIFM-UmsG, BTDrucks. 17/12294, S. 264.

mithin nach dem Inkrafttreten des KAGB weiterhin Anteile an Immobilien-Sondervermögen und/oder Hedgefonds halten.

Der Gesetzgeber hat sich dagegen entschieden, diese Fonds zu verpflichten, ihre gehaltenen und nach KAGB unzulässigen Vermögensgegenstände innerhalb einer bestimmten Zeitspanne zu veräußern. Stattdessen genießen die Fonds zeitlich unbeschränkten Bestandsschutz, solange sie die mittlerweile nach KAGB unzulässigen Vermögensgegenstände lediglich passiv weiter verwalten. 2

Die Einschränkung des Kataloges in Form einer kompletten Streichung bestimmter Vermögensgegenstände ist auf harsche Kritik gestoßen.[3] Den Kritikern ist darin zuzustimmen, dass statt eines Verbotes bestimmter Vermögensgegenstände die Reduzierung der zulässigen Anlagegrenzen in diese Vermögensgegenstände eine ausgewogene Lösung dargestellt hätte. Denn die dadurch erzielbare Portfoliodiversifizierung des Gemischten Sondervermögens stellt letztlich auch eine Risikostreuung dar und dient damit ebenfalls dem Anlegerschutz. 3

B. Die Regelungen der Vorschrift im Einzelnen

I. Bestandsschutz für bestimmte Vermögensgegenstände (Satz 1)

§ 348 Satz 1 regelt, dass Gemischte Sondervermögen (und Gemischte Investmentaktiengesellschaften) bestimmte Vermögensgegenstände über den 21.7.2013 hinaus weiter halten dürfen, obwohl diese Anlagen im Anwendungsbereich des KAGB nicht mehr zu den gemäß § 219 zulässigen Vermögensgegenständen eines dann als Gemischtes Investmentvermögen qualifizierenden offenen inländischen Publikums-AIF gehören. 4

§ 348 Satz 1 enthält einen Katalog, der diejenigen Vermögensgegenstände auflistet, welche nach dem InvG noch als zulässige Investition eines Gemischten Sondervermögens erachtet wurden und die nunmehr für Gemischte Investmentvermögen nach KAGB nicht mehr zur Verfügung stehen. Der in § 348 gewährte Bestandsschutz erfasst das zulässige Festhalten an diesen Vermögensgegenständen für einen unbegrenzten Zeitraum. 5

Bei dem Katalog bestandsgeschützter Anlagen handelt es sich um die vormals nach § 84 InvG zulässigen Vermögensgegenstände der Immobilien-Sondervermögen nach §§ 66 bis 82 InvG, der Sondervermögen mit zusätzlichen Risiken (Hedgefonds) gemäß § 112 InvG oder diesen Hedgefonds vergleichbar konzipierten Investmentaktiengesellschaften. Ferner erfasst der Katalog in § 348 Satz 1 Nr. 4 auch Anteile oder Aktien solcher EU-AIF oder ausländischer AIF, die mit den vorgenannten drei[4] Kategorien an Vermögensgegenständen vergleichbar sind. 6

Voraussetzung für die Anwendbarkeit der Bestandsschutzregelung ist wie in allen anderen Fällen, dass das betreffende Gemischte Sondervermögen spätestens am 21.7.2013 bereits im Sinne von § 343 Abs. 4 aufgelegt war. 7

Der nach KAGB unzulässige Vermögensgegenstand muss vor dem 22.7.2013 *erworben* worden sein, um weiterhin von dem Gemischten Investmentvermögen gehalten werden zu dürfen. Ob unter dem Erwerb lediglich das schuldrechtliche Verpflichtungsgeschäft zu verstehen ist oder ob bereits am 21.7.2013 auch das dingliche Verfügungsgeschäft erfolgt sein muss, lässt sich weder dem Gesetz noch der Gesetzesbegründung entnehmen. Im Ergebnis ist **auf das schuldrechtliche Verpflichtungsgeschäft abzustellen**. Dies ergibt sich aus dem Telos der Vorschrift. Maßgeblich ist die Investitionsentscheidung, 8

---

3 *Wallach* RdF **2013** 99; *Emde/Dreibus* BKR **2013** 95.
4 Es wurde bereits darauf hingewiesen, dass die fehlende Bezugnahme auf die Kategorie der Immobilien-Sondervermögen in § 348 Satz 1 Nr. 1 ein redaktionelles Versehen des Gesetzgebers darstellt.

die der Fondsmanager im Rahmen seines Ermessensspielraumes bei der Portfolioverwaltung trifft.[5] Hierbei handelt es sich zivilrechtlich um die Willenserklärung zur Eingehung des schuldrechtlichen Verpflichtungsgeschäfts. Das dingliche Verfügungsgeschäft stellt sich in der Folge nicht mehr als Ermessensentscheidung des Fondsmanagers sondern als bindender Vollzug der eingegangenen Verpflichtung dar. Darüber hinaus würde die Gewähr des Bestandsschutzes andernfalls von den für den jeweiligen Investitionsgegenstand geltenden Eigentumsübertragungsvorschriften abhängen. Das führte zu einer ungerechtfertigten Ungleichbehandlung vergleichbarer Sachverhalte, weil beispielsweise der Erwerb einer Immobilie aufgrund des langwierigeren Eigentumsübertragungsvorganges faktisch diskriminiert würde. Zudem ist der Zeitpunkt des Verpflichtungsgeschäfts durch Niederlegung im Vertrag regelmäßig leicht nachvollziehbar, so dass ein Abstellen auf das schuldrechtliche Verpflichtungsgeschäft auch der Rechtssicherheit dient.

II. Spezialregelung bei Immobilien-Sondervermögen über 50% (Satz 2)

9 **1. Restriktionen bei Anteilsrückgabe an die KVG.** § 348 Satz 2 erklärt die besonderen Rückgaberegelungen für Immobilien-Sondervermögen aus § 255 Abs. 3 und Abs. 4 auf die Gemischten Investmentvermögen für anwendbar, wenn die Vertragsbedingungen der Investmentvermögen es ermöglichen, zu mehr als 50% in Immobilien-Sondervermögen investiert zu sein. Diese Möglichkeit, in Höhe von bis zu 100% in die Gattung Immobilien-Sondervermögen investiert zu sein, ergab sich für Gemischte Sondervermögen aus der Regelung zu den Anlagegrenzen in § 85 Satz 2 Hs. 2 InvG.[6]

10 Anleger, die ihre Anteile an einem bestandsgeschützten Gemischten Investmentvermögen (mit Investitionsmöglichkeit von über 50% in Immobilien-Sondervermögen) nach dem 21.7.2013 an die KVG zurückgeben wollen, müssen daher sowohl die Mindesthaltefrist von 24 Monaten gemäß § 255 Abs. 3 als auch die 12-monatige Kündigungsfrist nach § 255 Abs. 4 einhalten.

11 Die Restriktionen gelten nur bei der Rückgabe der Anteile an die KVG. Veräußert der Anleger seine Anteile über den Sekundärmarkt oder im OTC-Bereich (wenn beispielsweise sein Wertpapierdienstleister dem Anleger/Kunden die Anteile abkauft), so greifen die Vorgaben aus § 255 Abs. 3 und 4 nicht. Das folgt bereits aus dem Wortlaut der Norm, die von *Rückgabe* spricht und damit auf das besondere Verfahren gegenüber der KVG in § 98 Bezug nimmt. Überdies spricht auch eine teleologische Auslegung für dieses Ergebnis. Denn § 255 dient primär der Liquiditätssteuerung der jeweiligen KVG sowie mittelbar auch dem Anlegerschutz. Die KVG soll vor einer unvorhergesehenen massenhaften Rückgabe von Anteilen geschützt werden, die eine überhastete Veräußerung von Immobilien oder gar die Aussetzung der Anteilsrücknahme zur Folge haben könnte.

12 **2. Übertragung der Bestandsschutzregelung für Alt-Anleger aus § 346.** § 348 Satz 2 ordnet letztlich wegen der hohen Immobilienfondsquote eine Gleichstellung zwischen Gemischten Sondervermögen und Immobilien-Sondervermögen im Hinblick auf die Rückgaberegelungen gegenüber der KVG an. Dies ist die konsequente Fortführung des Regelungsgedankens aus § 83 Abs. 2 InvG.

13 Allerdings hat der Gesetzgeber die Rückgaberegelungen für Immobilien-Sondervermögen im KAGB gegenüber dem InvG abermals verschärft, da die Möglichkeit aus

---

[5] *Voigt/Busse* BKR **2013** 187 zur ähnlich gelagerten Problematik bei § 353 Abs. 1.
[6] Gleichzeitig durften gemäß § 85 Satz 2 Hs. 1 InvG nur bis zu 20% des Portfoliowertes des Gemischten Sondervermögens in dasselbe Immobilien-Sondervermögen investiert sein.

§ 80c Abs. 3 Satz 1 sowie § 80c Abs. 4 Satz 1 InvG entfallen ist, einen Freibetrag von EUR 30.000 halbjährlich zurückzugeben, ohne an die Mindesthaltefrist und die Kündigungsfrist gebunden zu sein. Diesbezüglich hat der Gesetzgeber in § 346 Abs. 1 eine Bestandsschutzregelung für Alt-Anleger getroffen, die vor dem Inkrafttreten des KAGB Anteile an Immobilien-Sondervermögen erworben haben. Diese Anleger dürfen auch nach Inkrafttreten des KAGB und damit abweichend von § 255 Abs. 3 und Abs. 4 die Freibetragsregelung des § 80c InvG weiterhin beanspruchen.

Eine § 346 Abs. 1 vergleichbare Bestandsschutzregelung fehlt für Anleger, die vor dem 22.7.2013 Anteile an Gemischten Sondervermögen erworben haben, die zu über 50% in Immobilien-Sondervermögen investieren dürfen. Diese Ungleichbehandlung der vergleichbaren Sachverhalte ist nicht zu rechtfertigen und ist vom Gesetzgeber mutmaßlich übersehen worden. Die **planwidrige Regelungslücke** ist wegen der Vergleichbarkeit der Sachverhalte im Wege der Analogie zu füllen. 14

Für eine analoge Anwendung von § 346 Abs. 5 Satz 1 ist hingegen kein Raum. Diese Vorschrift gewährt Alt-Anlegern erweiterten Vertrauensschutz, soweit sie ihre Anteile an Immobilien-Sondervermögen noch vor der Umstellung der Vertragsbedingungen des Sondervermögens auf die Vorgaben durch das Anlegerschutz- und Funktionsverbesserungsgesetz[7] (und damit vor Einführung der Rückgaberestriktionen aus § 80c InvG) erworben haben. Allerdings hat der Gesetzgeber in § 145 Abs. 6 InvG anlässlich der Umsetzung des AnsFuG geregelt, dass der Vertrauensschutz der Anleger auf die alte Rückgabemöglichkeit ohne Einschränkungen am 31.12.2012 endet. Eine Bezugnahme auf § 145 Abs. 4 Satz 2 InvG oder eine vergleichbare Regelung findet sich für Gemischte Sondervermögen in § 145 Abs. 6 InvG nicht. 15

III. Erforderliche Anpassungsmaßnahmen an das KAGB (Satz 3)

§ 348 Satz 3 stellt klar, dass sich die spezielle und zeitlich unbeschränkte Bestandsschutzregelung allein auf das Halten der vormals zulässigen Vermögensgegenstände bezieht. Im Übrigen gelten sowohl für die KVG als auch auf Fonds-Ebene zunächst die Übergangsvorschriften zwecks Anpassung an das KAGB binnen Jahresfrist und im Anschluss an den gewährten Übergangszeitraum (mit Einreichen des Erlaubnisantrags beziehungsweise Inkrafttreten der geänderten Anlagebedingungen) umfassend die Vorschriften des KAGB.[8] 16

§ 349
Besondere Übergangsvorschriften für Sonstige Sondervermögen und Sonstige Investmentaktiengesellschaften

Sonstige Sondervermögen oder Sonstige Investmentaktiengesellschaften, die vor dem 22. Juli 2013 gemäß den §§ 90g bis 90k des Investmentgesetzes in der bis zum 21. Juli 2013 geltenden Fassung aufgelegt wurden und die zu diesem Zeitpunkt
1. Anteile an Immobilien-Sondervermögen nach § 66 des Investmentgesetzes in der bis zum 21. Juli 2013 geltenden Fassung,
2. Anteile an Sondervermögen mit zusätzlichen Risiken nach § 112 des Investmentgesetzes in der bis zum 21. Juli 2013 geltenden Fassung,

---

[7] Anlegerschutz- und Funktionsverbesserungsgesetz, BGBl. I v. 7.4.2011, S. 538. Im Folgenden: AnsFuG.
[8] Vgl. zu den notwendigen Anpassungsmaßnahmen auf Fonds-Ebene die Kommentierung bei § 345 Rn. 6.

3. Aktien an Investmentaktiengesellschaften, deren Satzung eine dem § 112 des Investmentgesetzes in der bis zum 21. Juli 2013 geltenden Fassung vergleichbare Anlageform vorsieht,
4. Anteile oder Aktien an mit Nummer 1, 2 oder 3 vergleichbaren EU-AIF oder ausländischen AIF oder
5. Beteiligungen an Unternehmen, sofern der Verkehrswert der Beteiligungen ermittelt werden kann,

unter Einhaltung der Anlagegrenzen, der zusätzlichen Angaben im Verkaufsprospekt und in den Vertragsbedingungen gemäß § 90h Absatz 2 in Verbindung mit § 113 Absatz 3 und 4 Satz 2 und 3, § 90h Absatz 3 und 4, § 90j Absatz 2 Nummer 1, § 117 Absatz 1 Satz 2 sowie § 118 Satz 2 des Investmentgesetzes in der bis zum 21. Juli 2013 geltenden Fassung erworben haben, dürfen diese gehaltenen Anteile, Aktien oder Beteiligungen abweichend von § 221 auch nach dem 21. Juli 2013 weiter halten. Im Übrigen gelten für die Sonstigen Investmentvermögen im Sinne des Satzes 1 die Vorschriften dieses Gesetzes einschließlich der Übergangsvorschriften.

Schrifttum

Siehe Vorbemerkung §§ 343–355.

A. Hintergrund der Vorschrift

1   Die Vorschrift weist keinen Bezug zur AIFM-Richtlinie auf. Die Regelung in § 349 wurde notwendig, nachdem sich der nationale Gesetzgeber entschieden hatte, den Katalog zulässiger Vermögensgegenstände im KAGB für Sonstige Sondervermögen und Sonstige Investmentaktiengesellschaften im Verhältnis zum InvG zu beschränken.[1] Dadurch sah sich der Gesetzgeber mit der Frage konfrontiert, wie er mit Fonds verfährt, deren Vermögensgegenstände noch nach dem alten Katalog gewählt wurden und die mithin nach dem Inkrafttreten des KAGB weiterhin Anteile an Immobilien-Sondervermögen und/oder Hedgefonds halten.

2   Der Gesetzgeber hat sich dagegen entschieden, diese Fonds zu verpflichten, ihre gehaltenen und nach KAGB unzulässigen Vermögensgegenstände innerhalb einer bestimmten Zeitspanne zu veräußern. Stattdessen genießen die Fonds zeitlich unbeschränkten Bestandsschutz, solange sie die mittlerweile nach KAGB unzulässigen Vermögensgegenstände lediglich passiv weiter verwalten.

3   Die Einschränkung des Kataloges in Form einer kompletten Streichung bestimmter Vermögensgegenstände ist auf harsche Kritik gestoßen.[2] Den Kritikern ist darin zuzustimmen, dass statt eines Verbotes bestimmter Vermögensgegenstände die Reduzierung der zulässigen Anlagegrenzen in diese Vermögensgegenstände eine ausgewogenere Lösung dargestellt hätte. Denn die dadurch erzielbare Portfoliodiversifizierung des Gemischten Sondervermögens stellt letztlich auch eine Risikostreuung dar und dient damit ebenfalls dem Anlegerschutz. Gleichwohl ist dem Gesetzgeber darin beizupflichten, die Unternehmensbeteiligungen als Investitionsgegenstand allein für geschlossene (Publikums-)AIF vorzusehen, da dieser Vermögensgegenstand neben der Illiquidität weitere Besonderheiten (wie Schwierigkeiten einer laufenden Verkehrswertermittlung) aufweist, die im Konstrukt des geschlossenen AIF besser berücksichtigt werden können.

---
1 Gesetzesbegründung zu § 221 Abs. 1, AIFM-UmsG, BTDrucks. 17/12294, S. 265.
2 *Wallach* RdF **2013** 99; *Emde/Dreibus* BKR **2013** 95.

B. Die Regelungen der Vorschrift im Einzelnen

I. Bestandsschutz für bestimmte Vermögensgegenstände (Satz 1)

§ 349 Satz 1 regelt, dass Sonstige Sondervermögen (und Sonstige Investmentaktien- **4** gesellschaften) bestimmte Vermögensgegenstände über den 21. Juli 2013 hinaus weiter halten dürfen, obwohl diese Anlagen im Anwendungsbereich des KAGB nicht mehr zu den gemäß § 221 zulässigen Vermögensgegenständen eines dann als Sonstiges Investmentvermögen qualifizierenden offenen inländischen Publikums-AIF gehören.

§ 349 Satz 1 enthält einen Katalog, der diejenigen Vermögensgegenstände auflistet, **5** welche nach dem InvG noch als zulässige Investition eines Sonstigen Sondervermögens erachtet wurden und die nunmehr für Sonstige Investmentvermögen nach KAGB nicht mehr zur Verfügung stehen. Der in § 349 gewährte Bestandsschutz erfasst das zulässige Festhalten an diesen Vermögensgegenständen für einen unbegrenzten Zeitraum.

Bei dem Katalog bestandsgeschützter Anlagen handelt es sich um die vormals nach **6** § 90h InvG zulässigen Vermögensgegenstände der Immobilien-Sondervermögen gemäß § 66 InvG, der Sondervermögen mit zusätzlichen Risiken (Hedgefonds) gemäß § 112 InvG oder diesen Hedgefonds vergleichbar konzipierten Investmentaktiengesellschaften. Ferner erfasst der Katalog in § 349 Satz 1 Nr. 4 auch Anteile oder Aktien solcher EU-AIF oder ausländischer AIF, die mit den vorgenannten drei Kategorien an Vermögensgegenständen vergleichbar sind. Überdies enthält der Katalog in § 349 Satz 1 Nr. 5 Unternehmensbeteiligungen als bestandsgeschützten Vermögensgegenstand.

Voraussetzung für die Anwendbarkeit der Bestandsschutzregelung ist wie in allen **7** anderen Fällen, dass das betreffende Sonstige Sondervermögen spätestens am 21.7.2013 bereits im Sinne von § 343 Abs. 4 aufgelegt war.

Der nach KAGB unzulässige Vermögensgegenstand muss vor dem 22.7.2013 *er-* **8** *worben* worden sein, um weiterhin von dem Sonstigen Investmentvermögen gehalten werden zu dürfen. Ob unter dem Erwerb lediglich das schuldrechtliche Verpflichtungsgeschäft zu verstehen ist oder ob bereits am 21.7.2013 auch das dingliche Verfügungsgeschäft erfolgt sein muss, lässt sich weder dem Gesetz noch der Gesetzesbegründung entnehmen. Im Ergebnis ist **auf das schuldrechtliche Verpflichtungsgeschäft abzustellen**. Dies ergibt sich aus dem Telos der Vorschrift. Maßgeblich ist die Investitionsentscheidung, die der Fondsmanager im Rahmen seines Ermessensspielraumes bei der Portfolioverwaltung trifft.[3] Hierbei handelt es sich zivilrechtlich um die Willenserklärung zur Eingehung des schuldrechtlichen Verpflichtungsgeschäfts. Das dingliche Verfügungsgeschäft stellt sich in der Folge nicht mehr als Ermessensentscheidung des Fondsmanagers sondern als bindender Vollzug der eingegangenen Verpflichtung dar. Darüber hinaus würde die Gewähr des Bestandsschutzes andernfalls von den für den jeweiligen Investitionsgegenstand geltenden Eigentumsübertragungsvorschriften abhängen. Das führte zu einer ungerechtfertigten Ungleichbehandlung vergleichbarer Sachverhalte, weil beispielsweise der Erwerb einer Immobilie aufgrund des langwierigeren Eigentumsübertragungsvorganges faktisch diskriminiert würde. Zudem ist der Zeitpunkt des Verpflichtungsgeschäfts durch Niederlegung im Vertrag regelmäßig leicht nachvollziehbar, so dass ein Abstellen auf das schuldrechtliche Verpflichtungsgeschäft auch der Rechtssicherheit dient.

---

[3] *Voigt/Busse* BKR **2013** 187 zur ähnlich gelagerten Problematik bei § 353 Abs. 1.

II. Erforderliche Anpassungsmaßnahmen an das KAGB (Satz 2)

9 § 349 Satz 2 stellt klar, dass sich die spezielle und zeitlich unbeschränkte Bestandsschutzregelung allein auf das Halten der vormals zulässigen Vermögensgegenstände bezieht. Im Übrigen gelten sowohl für die KVG als auch auf Fonds-Ebene zunächst die Übergangsvorschriften zwecks Anpassung an das KAGB binnen Jahresfrist und im Anschluss an den gewährten Übergangszeitraum (ab Einreichen des Erlaubnisantrags beziehungsweise Inkrafttreten der geänderten Anlagebedingungen) umfassend die Vorschriften des KAGB.[4]

§ 350
Besondere Übergangsvorschriften für Hedgefonds und offene Spezial-AIF

(1) Für eine AIF-Kapitalverwaltungsgesellschaft, die bei Inkrafttreten dieses Gesetzes
1. über eine Erlaubnis als Kapitalanlagegesellschaft nach § 7 Absatz 1 des Investmentgesetzes in der bis zum 21. Juli 2013 geltenden Fassung oder über eine Erlaubnis als Investmentaktiengesellschaft nach § 97 Absatz 1 des Investmentgesetzes in der bis zum 21. Juli 2013 geltenden Fassung verfügt und
2. Sondervermögen oder Investmentaktiengesellschaften mit zusätzlichen Risiken im Sinne des § 112 Investmentgesetzes in der bis zum 21. Juli 2013 geltenden Fassung verwaltet, die vor dem 22. Juli 2013 aufgelegt im Sinne des § 343 Absatz 4 wurden, an Privatanleger vertrieben werden durften und deren Anlagebedingungen gemäß den §§ 43, 43a des Investmentgesetzes in der bis zum 21. Juli 2013 geltenden Fassung genehmigt wurden,

gilt § 345 Absatz 1 und 2 entsprechend mit der Maßgabe, dass in § 345 Absatz 1 Satz 11 an die Stelle des Begriffs „Publikums-AIF" der Begriff „Spezial-AIF" tritt und ein Vertrieb an Privatanleger oder ein Erwerb der Anteile oder Aktien durch Privatanleger ab dem 22. Juli 2013 nicht mehr zulässig ist, soweit sich aus Satz 2 nicht ein anderes ergibt. Solange Anteile oder Aktien von Privatanlegern gehalten werden, gelten abweichend von § 345 Absatz 1 Satz 11 ab Inkrafttreten der Änderungen der Anlagebedingungen die §§ 112, 116 und 118 des Investmentgesetzes in der bis zum 21. Juli 2013 geltenden Fassung entsprechend, sofern sie Sondervermögen oder Investmentaktiengesellschaften mit zusätzlichen Risiken im Sinne des § 112 des Investmentgesetzes in der bis zum 21. Juli 2013 geltenden Fassung betreffen; ein Vertrieb an oder ein Erwerb durch Privatanleger ist ausgeschlossen. Solange Anteile oder Aktien von Privatanlegern gehalten werden, gelten ferner §§ 162, 163 und 297, soweit sich diese Vorschriften auf Anleger beziehen, und die §§ 300, 301, 305 und 306 im Hinblick auf diejenigen Privatanleger, die noch Anteile oder Aktien halten.

(2) Werden Anteile oder Aktien von inländischen offenen Spezial-AIF im Sinne des § 345 Absatz 3 Satz 1 Nummer 2, die von einer AIF-Kapitalverwaltungsgesellschaft im Sinne von § 345 Absatz 3 Satz 1 Nummer 1 verwaltet werden, von Privatanlegern gehalten, die diese Anteile oder Aktien vor dem 22. Juli 2013 erworben

---

[4] Vgl. zu den notwendigen Anpassungsmaßnahmen auf Fonds-Ebene die Kommentierung bei § 345 Rn. 6.

haben, so dürfen diese Privatanleger diese vor dem 22. Juli 2013 erworbenen Anteile oder Aktien auch nach dem 22. Juli 2013 weiter halten, bis sie diese Anteile oder Aktien zurückgeben, ohne dass sich die Qualifikation des Investmentvermögens als inländischer Spezial-AIF nach § 1 Absatz 6 ändert.

Schrifttum

Siehe Vorbemerkung §§ 343–355.

Systematische Übersicht

A. Allgemeines
    I. Hintergrund der Vorschrift
        1. In Bezug auf Single-Hedgefonds (Absatz 1) —— 1
        2. In Bezug auf den Anlegerkreis von Spezial-AIF (Absatz 2) —— 3
    II. Inhalt der Vorschrift —— 6
B. Die Regelungen der Vorschrift im Einzelnen
    I. Übergangsregelungen für Single-Hedgefonds (Absatz 1)
        1. Erforderliche Anpassungsmaßnahmen an das KAGB —— 7
            a) Auf Ebene des AIF —— 8
            b) Auf Ebene der KVG —— 11
        2. Umfassendes Erwerbsverbot für Privatanleger —— 12
        3. Bestandsschutz für bereits investierte Privatanleger —— 14
        4. Partielle Fortgeltung von Anlegerschutzregelungen des InvG (Absatz 1 Satz 2) —— 16
        5. Partielle Geltung von Vorschriften für Publikums-AIF (Absatz 1 Satz 3) —— 19
    II. Übergangsvorschrift für Spezial-AIF mit Privatanlegerbestand (Absatz 2) —— 21

A. Allgemeines

I. Hintergrund der Vorschrift

1. In Bezug auf Single-Hedgefonds (Absatz 1). Der Gesetzgeber tat sich bereits bei Einführung der Regelungen zu Hedgefonds im Zuge des Investmentmodernisierungsgesetzes 2003 schwer damit, auch Privatanlegern die Investition in Single-Hedgefonds zu ermöglichen.[1] Zehn Jahre später hat sich der Gesetzgeber nun im KAGB dazu entschlossen, seine einstige Entscheidung zu revidieren und Privatanlegern den Erwerb von Single-Hedgefonds zu untersagen. Zur Begründung wird die Risikoträchtigkeit der Anlageklasse angeführt.[2] Privatanleger dürfen ihr Geld fortan nur noch in Dach-Hedgefonds gemäß § 283 anlegen, in denen die Risiken über die verschiedenen Zielfonds stärker gestreut sind. In § 350 Abs. 1 bestimmt der Gesetzgeber, wie mit Privatanlegern zu verfahren ist, die beim Inkrafttreten des KAGB bereits in einem Single-Hedgefonds investiert waren.

Wie die besonderen Übergangsvorschriften zu einzelnen Typen von Sondervermögen gemäß §§ 347–349 stellt sich auch § 350 als notwendige Folge einer rechtspolitischen Entscheidung des nationalen Gesetzgebers dar und steht in keinem Zusammenhang mit der Umsetzung der AIFM-Richtlinie.

2. In Bezug auf den Anlegerkreis von Spezial-AIF (Absatz 2). § 350 Abs. 2 trifft ebenfalls Regelungen für Fälle, in denen sich die zulässige Zusammensetzung des Anle-

---

[1] Verbot der Investitionsmöglichkeit durch Privatanleger im Gesetzesentwurf der Bundesregierung, Gesetzesbegründung zu § 112 Abs. 2, Investmentmodernisierungsgesetz, BTDrucks. 15/12294, S. 191; letztlich revidiert im Finanzausschuss des Deutschen Bundestages, BTDrucks. 15/1944, S. 15.
[2] Allgemeiner Teil der Gesetzesbegründung, AIFM-UmsG, BTDrucks. 17/12294, S. 191.

gerkreises einer Fondsgattung durch das KAGB geändert hat und es also einer Entscheidung bedurfte, ob und wie lange den bereits investierten Anlegern Bestandsschutz gewährt wird.

4   Die Regelung betrifft die Fondsgattung der Spezial-Sondervermögen, die unter der Bezeichnung Spezial-AIF in das KAGB übernommen wurden. Der Gesetzgeber hat im KAGB den Kreis der Anleger geändert, die in einen inländischen Spezial-AIF investiert sein dürfen. Gemäß § 2 Abs. 3 Satz 1 InvG durften vormals Anleger eines Spezial-Sondervermögens ausschließlich nicht natürliche Personen sein. Man bemühte im InvG also eine formale Abgrenzung und fingierte für Anleger, die als juristische Person oder sonstige Personenmehrheiten[3] investierten, eine hinreichende Qualifizierung zur eigenständigen Geldanlage. Im KAGB wird nunmehr ein materieller Abgrenzungsmaßstab verwendet, der Anlegerkategorien nach bestimmten Kriterien wie Kenntnissen, Erfahrenheit und der finanziellen Risikotragfähigkeit bestimmt. Eine Investition in Spezial-AIF ist künftig im KAGB nur semi-professionellen und professionellen Anlegern gestattet, wobei ihre Rechtsform unerheblich ist.[4]

5   Das kann dazu führen, dass in den vor dem 22.7.2013 aufgelegten Spezial-Sondervermögen Anleger qua Rechtsform zulässiger Weise investiert waren, die nunmehr jedoch anhand der materiellen Kriterien den Status eines Privatanlegers zugewiesen bekommen und nicht mehr in Spezial-AIF anlegen dürfen. § 350 Abs. 2 regelt diese Fälle.

II. Inhalt der Vorschrift

6   Die Vorschrift des § 350 gliedert sich in zwei Absätze unterschiedlichen Regelungsgehalts. Absatz 1 beschäftigt sich mit dem Bestandsschutz für in Hedgefonds investierte Privatanleger sowie daraus resultierender Abweichungen von den üblichen Übergangsvorschriften gemäß §§ 343, 345. Absatz 2 betrifft den Bestandsschutz für in Spezial-AIF investierte nicht natürliche Anleger, die nunmehr gemäß der Anlegerkategorien des KAGB als Privatanleger qualifizieren und nicht mehr in Spezial-AIF anlegen dürfen.

B. Die Regelungen der Vorschrift im Einzelnen

I. Übergangsregelungen für Single-Hedgefonds (Absatz 1)

7   **1. Erforderliche Anpassungsmaßnahmen an das KAGB.** § 350 Abs. 1 Satz 1 stellt klar, dass für die AIF-KVG sowie die von ihr gemäß Investmentgesetz vor dem 22.7.2013 aufgelegten Single-Hedgefonds grundsätzlich die üblichen Übergangsvorschriften gemäß §§ 343, 345 gelten.[5]

8   **a) Auf Ebene des AIF.** Für die Anpassungsmaßnahmen auf Fonds-Ebene ergeben sich Besonderheiten. Grundsätzlich wechselt der betreffende Single-Hedgefonds wegen des nunmehr im KAGB beschränkten Anlegerkreises auf semi-professionelle und professionelle Anleger in das Regelungsregime für Spezial-AIF. Gleichwohl hat der Gesetzgeber wegen des potentiellen Verbleibes von Privatanlegern im betreffenden Single-Hedge-

---

[3] Ausführlich zum zulässigen Anlegerkreis bezüglich Spezial-Sondervermögen Emde/Dornseifer/Dreibus/Hölscher/*Emde/Verfürth* InvG, § 2 Rn. 25.
[4] Die Definition der Anlegerkategorien ergibt sich aus § 1 Abs. 19 Nr. 32 sowie § 1 Abs. 19 Nr. 33.
[5] Vgl. zu den allgemein notwendigen Anpassungsmaßnahmen auf Fonds-Ebene die Kommentierung bei § 345 Rn. 6 in Ergänzung zu den nachfolgend dargestellten Besonderheiten.

fonds nicht die entsprechende Anwendbarkeit von § 345 Abs. 3 erklärt, sondern einen Verweis auf § 345 Abs. 1 vorgenommen.

Daraus folgt zunächst, dass die Anlagebedingungen des nunmehr als Spezial-AIF geltenden Single-Hedgefonds nicht lediglich bei der BaFin einzureichen sind, sondern gemäß § 345 Abs. 1 der **Genehmigungspflicht** unterfallen – soweit es sich nicht lediglich um redaktionelle Änderungen der Anlagebedingungen handelt. Dies steht im Einklang mit § 93 Abs. 1 Hs. 2 InvG, der bereits bisher ausnahmsweise die Genehmigungspflicht für Spezial-Sondervermögen mit zusätzlichen Risiken nach § 112 InvG anordnete. 9

Darüber hinaus hat die AIF-KVG bei der Anpassung der Anlagebedingungen zu beachten, welche inhaltlichen Vorgaben für die Änderung der Anlagebedingungen des Single-Hedgefonds gelten. Sind in dem Single-Hedgefonds noch Privatanleger investiert, so kann die AIF-KVG nicht die Vertragsgestaltungsräume nutzen, die sich für die Anlagebedingungen von Spezial-AIF im Sinne des § 273 ergeben. Vielmehr hat der Gesetzgeber über den Verweis in § 350 Abs. 1 Satz 3 festgelegt, dass die Anlagebedingungen die Mindestangaben des für Publikums-AIF geltenden § 162 Abs. 2 enthalten müssen, soweit diese Angaben aus dem Katalog des § 162 Abs. 2 einen Bezug zum Anleger aufweisen. 10

b) Auf Ebene der KVG. Auf Ebene der AIF-KVG gelten die allgemeinen Vorgaben für die Anpassung an das KAGB aus §§ 343 Abs. 1, 345 Abs. 2 entsprechend. 11

2. Umfassendes Erwerbsverbot für Privatanleger. Single-Hedgefonds durften gemäß § 112 Abs. 2 Satz 1 InvG bereits vor Inkrafttreten des KAGB nicht öffentlich vertrieben werden. Allerdings war dadurch nur das Werben gegenüber einem unbestimmten Personenkreis verboten. Gezieltes Anbieten (sog. Private Placement) von Single-Hedgefonds gegenüber Privatanlegern, die sowohl das erforderliche Wissen als auch die finanzielle Risikotragfähigkeit aufwiesen, war zulässig; ebenso der Verkauf auf Nachfrage durch solche qualifizierten Privatanleger.[6] 12

§ 350 Abs. 1 Satz 1 sowie § 350 Abs. 1 Satz 2 Hs. 2 ordnen ein umfassendes Erwerbsverbot von Anteilen oder Aktien an Single-Hedgefonds durch Privatanleger an, das ohne Rücksicht auf eine Übergangsphase ab dem 22.7.2013 mit Inkrafttreten des KAGB gilt. Verboten ist nicht nur jeglicher Vertrieb durch die KVG oder anderweitige Vertriebsdienstleister. Der Gesetzgeber ordnet darüber hinaus ein umfassendes Erwerbsverbot an, so dass auch die Veräußerung über den Sekundärmarkt oder im OTC-Bereich verwehrt ist, soweit sie gegenüber einem Privatanleger stattfindet. 13

3. Bestandsschutz für bereits investierte Privatanleger. Single-Hedgefonds qualifizieren im KAGB als Spezial-AIF, so dass ihre Anteile oder Aktien ausschließlich von professionellen Anlegern im Sinne von § 1 Abs. 19 Nr. 32 oder semi-professionellen Anlegern im Sinne von § 1 Abs. 19 Nr. 33 erworben und gehalten werden dürfen. Diejenigen Privatanleger, die Anteile an Single-Hedgefonds vor dem 22.7.2013 erworben haben, genießen jedoch Bestandsschutz und dürfen ihre Anteile **zeitlich unbegrenzt** weiter halten. Dieser Bestandsschutz wird zwar in § 350 Abs. 1 nicht explizit angeordnet; er ergibt sich aber implizit aus § 350 Abs. 1 Satz 2 und Satz 3 sowie der Gesetzesbegründung.[7] 14

Der Bestandsschutz endet, wenn der Privatanleger seine Anteile am Single-Hedgefonds an die KVG zurückgibt oder an einen professionellen oder semi-professionellen Anleger veräußert. 15

---

[6] So bereits der Finanzausschuss des Deutschen Bundestages anlässlich der Einführung von § 112 InvG durch das Investmentmodernisierungsgesetz im Jahr 2003, BTDrucks. 15/1944, S. 14.
[7] Gesetzesbegründung zu § 350 Abs. 1, AIFM-UmsG, BTDrucks. 17/12294, S. 304.

16   **4. Partielle Fortgeltung von Anlegerschutzregelungen des InvG (Absatz 1 Satz 2).** Zwar wird den vor dem 22.7.2013 investierten Privatanlegern zeitlich unbegrenzt Bestandsschutz gewährt. Gleichzeitig gilt für den Single-Hedgefonds nach Durchführung der erforderlichen Anpassungsmaßnahmen im Sinne von § 345 Abs. 1 aber das Regelungsregime der Spezial-AIF des KAGB, das auf professionelle und semi-professionelle Anleger zugeschnitten ist und ein entsprechend abgesenktes Anlegerschutzniveau bietet.

17   Um den verbliebenen Privatanlegern das vormalige Schutzniveau zu erhalten, ordnet der Gesetzgeber in § 350 Abs. 1 Satz 2 die Fortgeltung der anlegerschützenden Regelungen aus §§ 112, 116 und 118 InvG neben der Anwendbarkeit des KAGB an.

18   Die parallele Anwendbarkeit der Vorschriften aus dem InvG und ihre notwendige Berücksichtigung durch die KVG endet, wenn der letzte Privatanleger aus dem Single-Hedgefonds ausgeschieden ist.

19   **5. Partielle Geltung von Vorschriften für Publikums-AIF (Absatz 1 Satz 3).** Neben der fortwährenden Geltung der Anlegerschutzvorschriften des InvG für in Single-Hedgefonds investierte Privatanleger ordnet der Gesetzgeber in § 350 Abs. 1 Satz 3 darüber hinaus die Geltung bestimmter Vorschriften für Publikums-AIF an, obwohl der betreffende Single-Hedgefonds gemäß KAGB dann bereits als Spezial-AIF qualifiziert und sich grundsätzlich nach den Vorschriften für Spezial-AIF zu richten hat.

20   Der Gesetzgeber bezweckt offenkundig, den im Single-Hedgefonds verbliebenen Privatanlegern auch nach Inkrafttreten des KAGB bestimmte Schutzvorschriften aus dem auf Privatanleger zugeschnittenen Regelungsregime für Publikums-AIF zu Gute kommen zu lassen. Während dies in Bezug auf laufende Informationspflichten wie §§ 300, 301 sinnvoll und nachvollziehbar erscheint, erschließen sich die Verweise auf Vertriebsvorschriften zum Schutz bereits investierter Bestandsanleger nicht; zumal der Gesetzgeber gleichzeitig in der Begründung anführt, der Vertrieb von Single-Hedgefonds an Privatanleger sei künftig ausgeschlossen.[8] Überdies ist der Verweis auf die Widerrufsvorschrift des § 305 überflüssig, da ihre Anwendbarkeit auch im Rahmen des Regelungsregimes für Spezial-AIF über § 307 Abs. 2 angeordnet wird.

II. Übergangsvorschrift für Spezial-AIF mit Privatanlegerbestand (Absatz 2)

21   § 350 Abs. 2 gewährt denjenigen Anlegern Bestandsschutz, die vor dem 22.7.2013 als nicht natürliche Personen und damit als zulässiger Investor im Sinne von § 2 Abs. 3 Satz 1 InvG Anteile oder Aktien an Spezial-Sondervermögen erworben haben und nunmehr im KAGB mangels Erfüllung der Kriterien aus § 1 Abs. 19 Nr. 32 oder Nr. 33 als Privatanleger qualifizieren. Diesen Anlegern wäre eine Investition in Spezial-AIF grundsätzlich ab dem 22.7.2013 verwehrt.

22   Diese nunmehr im KAGB als Privatanleger qualifizierenden Investoren dürfen ihre Anteile an dem Spezial-AIF auch nach dem 21.7.2013 und auch nach einer Umstellung des AIF und der KVG auf die Anforderungen des KAGB zeitlich unbegrenzt weiter halten.

23   Der Bestandsschutz endet mit der Rückgabe der Anteile an die AIF-KVG beziehungsweise mit der Veräußerung der Bestandteile an einen semi-professionellen oder professionellen Anleger. Letztgenannte Variante der Veräußerung wird zwar in der Vorschrift

---

[8] Gesetzesbegründung zu § 350 Abs. 1, AIFM-UmsG, BTDrucks. 17/12294, S. 304.

nicht explizit genannt; sie ergibt sich jedoch bei teleologischer Auslegung und wird auch in der Gesetzesbegründung angeführt.[9]

§ 350 Abs. 2 stellt überdies klar, dass der Verbleib von Investoren, die mittlerweile im Anwendungsbereich des KAGB als Privatanleger einzustufen sind, nichts an der Qualifizierung des Investmentvermögens als inländischer Spezial-AIF entsprechend der Legaldefinition in § 1 Abs. 6 ändert.

Anders als bei der Regelung zu den Single-Hedgefonds in § 350 Abs. 1 Satz 3 ordnet der Gesetzgeber nicht zusätzlich die parallele Geltung bestimmter Vorschriften aus dem Regelungsregime für Publikums-AIF an, um die nunmehr im Spezial-AIF als Privatanleger zu qualifizierenden Investoren stärker zu schützen. Dies folgt aus dem fehlenden Vertrauenstatbestand zugunsten vormaliger Investoren in Spezial-Sondervermögen. Während den Privatanlegern bei der Investition in Single-Hedgefonds bestimmte Anlegerschutzvorschriften zur Seite standen, auf deren Fortwirkung sie bis zum Verkauf ihrer Anteile vertrauen dürfen, entschieden sich nunmehr als Privatanleger qualifizierende Investoren dereinst bewusst zur Investition in eine Anlageklasse geringeren Schutzniveaus und genossen zu keinem Zeitpunkt Schutzvorschriften für Publikums-Fonds, so dass auch kein dahingehender Vertrauenstatbestand entstehen konnte.

§ 351
Übergangsvorschriften für offene AIF und AIF-Verwaltungsgesellschaften, die offene AIF verwalten, die nicht bereits nach dem Investmentgesetz reguliert waren

(1) Eine AIF-Kapitalverwaltungsgesellschaft, die bei Inkrafttreten dieses Gesetzes
1. nicht über eine Erlaubnis als Kapitalanlagegesellschaft nach § 7 Absatz 1 des Investmentgesetzes in der bis zum 21. Juli 2013 geltenden Fassung oder eine Erlaubnis als Investmentaktiengesellschaft nach § 97 Absatz 1 des Investmentgesetzes in der bis zum 21. Juli 2013 geltenden Fassung verfügt und
2. inländische offene Publikums-AIF verwaltet, die vor dem 22. Juli 2013 aufgelegt im Sinne des § 343 Absatz 4 wurden,

hat die Anlagebedingungen, Satzungen oder Gesellschaftsverträge dieser inländischen offenen Publikums-AIF an die Vorschriften dieses Gesetzes anzupassen; die geänderten Anlagebedingungen müssen spätestens am 21. Juli 2014 in Kraft treten. Für die Genehmigung der Anlagebedingungen gilt nur § 163 Absatz 2 Satz 1 bis 4, 7 bis 11 und Absatz 4. Der Antrag auf Genehmigung der Anlagebedingungen darf nicht nach dem Erlaubnisantrag gemäß § 22 bei der Bundesanstalt eingereicht werden. Wird der Antrag auf Genehmigung der Änderungen der Anlagebedingungen vor dem Erlaubnisantrag gemäß § 22 eingereicht, muss die AIF-Kapitalverwaltungsgesellschaft bei der Einreichung verbindlich gegenüber der Bundesanstalt erklären, spätestens bis zum 21. Juli 2014 einen Antrag auf Erlaubnis nach den §§ 20 und 22 zu stellen. Ab Inkrafttreten der Anlagebedingungen, spätestens jedoch ab dem 22. Juli 2014 finden auf diese inländischen offenen Publikums-AIF die für sie nach diesem Gesetz geltenden Vorschriften Anwendung. Die §§ 1 und 2 sowie die Vorschriften dieses Gesetzes betreffend die für Umstellung auf das neue Recht erforderlichen Anträge, Verwaltungsverfahren und Bescheide sowie die

---

[9] Gesetzesbegründung zu § 350 Abs. 2, AIFM-UmsG, BTDrucks. 17/12294, S. 304.

Übergangsvorschriften nach diesem Gesetz bleiben bis zu dem in Satz 5 genannten Zeitpunkt unberührt.

(2) Soweit sich aus Absatz 1 Satz 5 nichts anderes ergibt, ist ab Eingang des Erlaubnisantrags nach § 22 bei der Bundesanstalt dieses Gesetz vollständig auf die AIF-Kapitalverwaltungsgesellschaft mit der Maßgabe anzuwenden, dass im Hinblick auf die Verwaltung und den Vertrieb von Publikums-AIF im Sinne des[1] Satzes 1 Nummer 2 im Geltungsbereich dieses Gesetzes und solange der Erlaubnisantrag, der bis zum 21. Juli 2014 einzureichen ist, noch nicht beschieden wurde, das Erfordernis der Erlaubnis durch den noch nicht beschiedenen vollständigen Erlaubnisantrag ersetzt wird. Absatz 1 Satz 6 gilt entsprechend.

(3) Eine AIF-Kapitalverwaltungsgesellschaft im Sinne des Absatzes 1 Satz 1 Nummer 1 darf von ihr verwaltete inländische offene Publikums-AIF im Sinne des Absatzes 1 Satz 1 Nummer 2 nach dem 21. Juli 2013 weiter im Geltungsbereich dieses Gesetzes ohne die nach § 316 erforderliche Anzeige vertreiben. Für das Ende des Vertriebsrechts nach Satz 1 und die Voraussetzungen für einen Vertrieb nach dem Inkrafttreten der Änderungen der Anlagebedingungen, jedenfalls spätestens nach dem 21. Juli 2014, gilt § 345 Absatz 6 Satz 2 bis 7 entsprechend.

(4) Die Absätze 1 bis 3 gelten für inländische offene Spezial-AIF entsprechend mit der Maßgabe, dass an die Stelle des Antrags auf Genehmigung der Anlagebedingungen die Anlagebedingungen, an die Stelle des Verweises auf § 316 der Verweis auf § 321 und an die Stelle von Publikums-AIF Spezial-AIF treten.

(5) AIF-Verwaltungsgesellschaften, die
1. offene EU-AIF oder offene ausländische AIF verwalten, die keine ausländischen Investmentvermögen im Sinne des Investmentgesetzes in der bis zum 21. Juli 2013 geltenden Fassung sind und im Inland vor dem 22. Juli 2013 vertrieben werden durften, und
2. ab dem 22. Juli 2013 Tätigkeiten ausüben oder ausüben lassen, die nach diesem Gesetz als Vertrieb eines Investmentvermögens anzusehen sind,

übermitteln, gegebenenfalls über die zuständigen Stellen des Herkunftsmitgliedstaates, eine Anzeige nach den §§ 320, 323, 329, 330 oder 330a. § 345 Absatz 8 Satz 2, 3 und 5 gilt entsprechend mit der Maßgabe, dass an die Stelle der Wörter „nach den Vertriebsvorschriften des Investmentgesetzes in der bis zum 21. Juli 2013 geltenden Fassung" die Wörter „nach den Vertriebsvorschriften, die für diese Investmentvermögen vor dem 22. Juli 2013 anwendbar waren" treten.

Schrifttum

Siehe Vorbemerkung §§ 343–355.

Systematische Übersicht

A. Hintergrund der Vorschrift —— 1
B. Die Regelungen der Vorschrift im Einzelnen
    I. Übergangsregelung „unregulierter" offener Publikums-AIF (Absatz 1) —— 3
       1. Erforderliche Anpassungsmaßnahmen auf Fondsebene —— 4
       2. Anwendungszeitraum der Übergangsregelung —— 8
       3. Konsequenz verspäteten Inkrafttretens der Anlagebedingungen —— 9
    II. Übergangsregelung „unregulierter" AIF-KVG (Absatz 2) —— 10
       1. Erforderliche Anpassungsmaßnahmen auf KVG-Ebene —— 11

---

[1] Es handelt sich um ein Redaktionsversehen des Gesetzgebers. Richtigerweise muss der Verweis wie folgt lauten: „im Sinne des Absatzes 1 Satz 1 Nummer 2".

2. Anwendungszeitraum der Übergangsregelung —— 12
3. Konsequenz nicht (rechtzeitig) beantragter KVG-Erlaubnis —— 15
III. Übergangsregelung für Vertrieb „unregulierter" offener Publikums-AIF (Absatz 3) —— 16
    1. Anwendungszeitraum der Übergangsregelung —— 17

2. Vertriebsanzeigeverfahren als erforderliche Anpassungsmaßnahme —— 18
IV. Übergangsregelung „unregulierter" offener Spezial-AIF und deren KVG (Absatz 4) —— 20
V. Übergangsregelung für öffentlichen Vertrieb ausländischer/EU-AIF (Absatz 5) —— 21

A. Hintergrund der Vorschrift

§ 351 ist die korrespondierende Vorschrift zu § 345. Während § 345 die Übergangsregelungen für jene offenen AIF und deren AIF-KVG beinhaltet, die zuvor bereits nach dem Investmentgesetz reguliert waren, ist § 351 die Auffangnorm für alle übrigen „unregulierten" Investmentvermögen, die bereits vor dem 22.7.2013 aufgelegt wurden und die nunmehr im Anwendungsbereich des KAGB einem offenen AIF entsprechen. Aufgrund dieser Ähnlichkeit der beiden Vorschriften in Bezug auf den Regelungsadressaten deckt sich auch ihr Regelungsgehalt in wesentlichen Teilen. 1

Obgleich die Vorschrift originär auf offene AIF zugeschnitten ist, kommt ihr im Bereich der offenen AIF neben § 345 geringe Bedeutung zu. Relevanz erlangt die Vorschrift des § 351 hingegen aufgrund des umfassenden Verweises in der Übergangsvorschrift für geschlossene AIF in § 353 Abs. 6. 2

B. Die Regelungen der Vorschrift im Einzelnen

I. Übergangsregelung „unregulierter" offener Publikums-AIF (Absatz 1)

§ 351 Abs. 1 ist eine Übergangsregelung für diejenigen Fonds, die vor dem 22.7.2013 aufgelegt wurden, aber nicht unter den (formellen) Investmentbegriff fielen und daher nicht von der Regulierung des Investmentgesetzes erfasst waren. Soweit diese Fonds nunmehr nach Inkrafttreten des KAGB als offene inländische Publikums-AIF qualifizieren, hat die AIF-KVG innerhalb einer einjährigen Übergangszeit eine Anpassung der Alt-Fonds an die Vorgaben des KAGB vorzunehmen. Bis zum Ende des Übergangszeitraumes finden auf die Alt-Fonds weiterhin diejenigen Vorschriften Anwendung, denen der AIF vor dem 22.7.2013 unterlag. 3

1. Erforderliche Anpassungsmaßnahmen auf Fondsebene. Die erforderlichen Anpassungsmaßnahmen auf Fondsebene betreffen die Abänderung der maßgeblichen Vertragswerke, also je nach Fondsstruktur entweder der Anlagebedingungen, der Satzung oder der Gesellschaftsverträge. Aus dem Umstand, dass der Fonds vormals nicht dem Investmentgesetz unterfiel und folglich auch das maßgebliche Vertragswerk des Fonds keine Genehmigung durch die BaFin erfahren hat, differenziert § 351 anders als § 345 nicht zwischen redaktionellen und inhaltlichen Änderungen. Vielmehr sind alle angepassten Vertragswerke der Alt-Fonds zu genehmigen, § 351 Abs. 1 Satz 2.[2] 4

---
[2] Genau besehen ist der Gesetzestext unpräzise formuliert. So spricht § 351 Abs. 1 Satz 4 von der Genehmigung *der Änderungen* der Anlagebedingungen. Anders als bei § 345 sind im Rahmen von § 351 jedoch die gesamten Anlagebedingungen und nicht nur die Änderungen zu genehmigen, da es sich um die erstmalige Genehmigung des Vertragswerks durch die BaFin handelt.

5 Die Vorgaben für die Anpassungen und die Genehmigung der Anlagebedingungen entsprechen weitestgehend denjenigen zur inhaltlichen Änderung von Anlagebedingungen nach § 345 Abs. 1.[3]

6 Allerdings fehlt im Rahmen des § 351 Abs. 1 die in § 345 Abs. 1 Satz 4 statuierte Ausweitung der Bearbeitungszeit der BaFin für Genehmigungsanträge auf zwei Monate. Der Gesetzgeber erwartet offenbar hinsichtlich dieser Fondskategorie geringere Antragsvolumina als bezüglich der Alt-Fonds, die zuvor bereits dem Investmentgesetz unterfielen. Andererseits ist dieser Gedanke nicht stichhaltig, da die Kapazitäten der BaFin wegen vorbenannter Anträge gleichermaßen ausgelastet sein dürften. Ferner steht zu erwarten, dass gerade die Anträge auf erstmalige Genehmigung von Anlagebedingungen bisher unregulierter Fonds die BaFin in besonderem Maße beanspruchen werden.

7 Nicht ersichtlich ist, warum § 351 Abs. 1 Satz 2 umfassend auf § 163 Abs. 4 verweist. Letztgenannter Absatz enthält Regelungen, die sich auf die nachträgliche *Änderung* bereits genehmigter Anlagebedingungen beziehen. Bei den im Anwendungsbereich von § 351 Abs. 1 zu genehmigenden Vertragswerken der AIF handelt es sich jedoch um die erstmalige Genehmigung.

8 **2. Anwendungszeitraum der Übergangsregelung.** Auf die Fortwirkung der vor dem 22.7.2013 anwendbaren Rechtsvorschriften – soweit überhaupt aufsichtsrechtliche Vorschriften existierten – kann sich die AIF-KVG bis zum Inkrafttreten der angepassten Anlagebedingungen des AIF, längstens bis zum Ablauf des 21.7.2014 berufen, argumentum e contrario aus § 351 Abs. 1 Satz 5.

9 **3. Konsequenz verspäteten Inkrafttretens der Anlagebedingungen.** § 351 Abs. 1 Satz 1 Hs. 2 legt fest, dass die geänderten Anlagebedingungen spätestens am 21.7.2014 in Kraft treten müssen. Welche Konsequenzen andernfalls drohen, regeln die Übergangsvorschriften nicht. Fest steht, dass für die offenen Publikums-AIF ab dem 22.7.2014 jedenfalls das KAGB gilt und die Fortgeltung des vorherig einschlägigen Regulierungsregimes endet. Zudem wäre ein fortgeführter Vertrieb mit den nicht genehmigten beziehungsweise unveränderten Anlagebedingungen mit bis zu einhunderttausend Euro bußgeldbewehrt. Denn § 340 Abs. 2 Nr. 16 statuiert, dass ordnungswidrig handelt, wer vorsätzlich oder leichtfertig entgegen § 163 Abs. 2 Satz 9 (ohne vorherige Genehmigung durch die BaFin) die Anlagebedingungen dem Verkaufsprospekt beifügt. Konsequenter Weise müsste die AIF-KVG daher vorübergehend den Vertrieb der betreffenden inländischen offenen Publikums-AIF aussetzen.

II. Übergangsregelung „unregulierter" AIF-KVG (Absatz 2)

10 Während § 351 Abs. 1 fondsbezogene Anpassungsregeln enthält, legt Absatz 2 als gesellschaftsbezogene Regelung lediglich fest, ab welchem Zeitpunkt das KAGB über die Übergangsvorschriften hinaus in Gänze Anwendung findet und folglich der bisherige „unregulierte Zustand" (jedenfalls außerhalb des InvG und des KAGB) endet.

11 **1. Erforderliche Anpassungsmaßnahmen auf KVG-Ebene.** Hinsichtlich der notwendigen Anpassungsmaßnahmen für die AIF-KVG gilt die allgemeine Vorgabe aus § 343 Abs. 1, nämlich innerhalb des Übergangszeitraumes alle erforderlichen Maßnahmen zur Implementierung des KAGB zu ergreifen.

---

[3] Hierzu ausführlich die Kommentierung bei § 345 Rn. 6 ff.

2. Anwendungszeitraum der Übergangsregelung. Bis zum Eingang des Erlaub- 12
nisantrags bei der BaFin, längstens jedoch bis zum Ablauf des 21.7.2014, darf sich die
AIF-KVG auf die Fortgeltung derjenigen regulatorischen Rahmenbedingungen berufen,
die vor Inkrafttreten des KAGB für sie galten, § 345 Abs. 2 Satz 1. Es wird durch die Bezugnahme auf § 351 Abs. 1 Satz 5 klargestellt, dass das KAGB bereits vor dem Eingang des
Erlaubnisantrags gilt, sofern die geänderten Anlagebedingungen der von der AIF-KVG
verwalteten AIF zuvor in Kraft getreten sind.

§ 351 Abs. 2 Satz 2 in Verbindung mit § 351 Abs. 1 Satz 6 enthält die selbstverständli- 13
che Klarstellung, dass das KAGB bereits insoweit gilt, als es diejenigen Vorschriften betrifft, die zur Umstellung auf das neue Recht erforderlich sind. Dies betrifft für die AIF-KVG vor allem die Vorschrift zum Erlaubnisantrag nach § 22.

Ab dem Eingang des Erlaubnisantrags bei der BaFin gilt vollumfänglich das KAGB 14
für die AIF-KVG, § 351 Abs. 2 Satz 1. Soweit die Anwendbarkeit bestimmter Vorschriften
des KAGB eine KVG-Erlaubnis zur Voraussetzung hat, wird die fehlende Erlaubnis für
den Zeitraum der Bearbeitung durch die BaFin, welcher nach § 22 Abs. 2 KAGB sechs Monate betragen kann, durch den vollständigen Erlaubnisantrag substituiert, § 351 Abs. 2
Satz 1.

3. Konsequenz nicht (rechtzeitig) beantragter KVG-Erlaubnis. Hat die AIF-KVG 15
bis zum Ablauf des 21.7.2014 keinen Erlaubnisantrag bei der BaFin eingereicht, so müssen die bis dato von der AIF-KVG verwalteten Fonds auf eine lizensierte AIF-KVG übertragen oder abgewickelt werden. Zwar fehlt in § 351 im Gegensatz zu § 345 Abs. 2 Satz 4
der diesbezügliche Verweis auf § 343 Abs. 5. Eine systematische Auslegung der Übergangsvorschriften führt jedoch zur direkten Anwendbarkeit des § 343 Abs. 5, denn § 343
stellt die allgemeine Übergangsvorschrift für AIF-Verwaltungsgesellschaften dar und
greift somit als Auffangtatbestand, soweit die besonderen Vorschriften des Unterabschnitts 2 (§ 345 bis § 352) keine speziellere Regelung enthalten. Hält man diese Auslegung für unzulässig, liegt jedenfalls eine planwidrige Regelungslücke vor, die wegen der
vergleichbaren Interessenlage im Wege der analogen Anwendung des § 343 Abs. 5 auszufüllen ist.

III. Übergangsregelung für Vertrieb „unregulierter" offener Publikums-AIF (Absatz 3)

§ 351 Abs. 3 enthält eine Übergangsvorschrift für den Vertrieb von bestehenden 16
Fonds, die nach Inkrafttreten des KAGB als inländische offene Publikums-AIF qualifizieren und die von einer Fondsgesellschaft verwaltet werden, die vor dem 22.7.2013 über
keine Erlaubnis nach dem Investmentgesetz verfügte.

1. Anwendungszeitraum der Übergangsregelung. Diese offenen Publikums-AIF 17
können bis zum Ablauf des 21.7.2014 weiter nach den für sie vor dem 22.7.2013 geltenden
Vertriebsvorschriften vertrieben werden, wenn nicht zuvor ein Erlöschensgrund des Vertriebsrechts gemäß § 351 Abs. 3 Satz 1 in Verbindung mit § 345 Abs. 6 Satz 2 eintritt. Demnach endet das Vertriebsrecht mit der Vertriebsuntersagung durch die BaFin, mit einer
Erlaubnisversagung der KVG durch die BaFin oder mit einem vorherigen Inkrafttreten
der angepassten Anlagebedingungen der AIF.

2. Vertriebsanzeigeverfahren als erforderliche Anpassungsmaßnahme. Will die 18
AIF-KVG nach Inkrafttreten der angepassten Anlagebedingungen ihrer offenen Publikums-AIF oder nach Ablauf des 21.7.2014 den Vertrieb unter dem Regime des KAGB naht-

los fortsetzen, muss sie zuvor erfolgreich das Vertriebsanzeigeverfahren nach § 316 durchlaufen haben, § 351 Abs. 3 Satz 2 in Verbindung mit § 345 Abs. 6 Satz 3.

19   Dieses Vertriebsanzeigeverfahren nach § 316 wird durch § 351 Abs. 3 Satz 2 in Verbindung mit § 345 Abs. 6 Satz 4 abgewandelt, um die besonderen Umstände der Übergangsphase zu berücksichtigen.[4]

IV. Übergangsregelung „unregulierter" offener Spezial-AIF und deren KVG (Absatz 4)

20   § 351 Abs. 4 enthält einen umfassenden Verweis auf die Übergangsregelungen bei Publikums-AIF bezüglich der notwendigen Anpassungsmaßnahmen für die AIF nach Absatz 1 sowie die AIF-KVG nach Absatz 2 und die Übergangsvorschrift für den Vertrieb nach Absatz 3. Durch die umfassende Verweisung findet im Wesentlichen ein Gleichlauf mit den Regelungen zu offenen Publikums-AIF statt. Allerdings wird den Besonderheiten der Spezial-AIF insoweit Rechnung getragen, als deren Anlagebedingungen grundsätzlich keiner Genehmigung bedürfen. Auch wird klargestellt, dass sich das Anzeigeverfahren nach der speziellen Regelung des § 321 richtet, der ebenfalls über die Verweisungskette nach § 351 Abs. 3 Satz 2 in Verbindung mit § 345 Abs. 6 Satz 4 an die Besonderheiten der Übergangsphase angepasst wird.

V. Übergangsregelung für öffentlichen Vertrieb ausländischer/EU-AIF (Absatz 5)

21   § 351 Abs. 5 enthält Übergangsregelungen für AIF-Verwaltungsgesellschaften, die solche AIF vertreiben, die nunmehr im Anwendungsbereich des KAGB als ausländischer oder EU-AIF qualifizieren und vormals bis zum 22.7.2013 außerhalb des Anwendungsbereichs des InvG vertrieben werden durften.

22   Die AIF-Verwaltungsgesellschaft kann den Vertrieb dieser als ausländischer oder EU-AIF qualifizierender Fonds nach den vor dem 22.7.2013 anwendbaren Vertriebsvorschriften fortführen. Beabsichtigt die AIF-Verwaltungsgesellschaft, den Vertrieb über den 21.7.2014 hinaus fortzuführen, so hat sie – je nachdem als welcher AIF ihr Fonds nunmehr unter dem KAGB qualifiziert, als welche AIF-Verwaltungsgesellschaft sie einzustufen ist und an wen sich der Vertrieb richtet – das jeweilige Vertriebsanzeigeverfahren nach den §§ 320, 323, 329, 330 oder 330a erfolgreich zu durchlaufen, § 351 Abs. 5 Satz 1. Der temporäre Bestandsschutz, namentlich das Vertriebsrecht nach alter Rechtslage, endet gemäß § 351 Abs. 5 Satz 2 in Verbindung mit § 345 Abs. 8 Satz 2 mit erfolgreichem Abschluss des Vertriebsanzeigeverfahrens, spätestens jedoch gemäß § 351 Abs. 5 Satz 2 in Verbindung mit § 345 Abs. 8 Satz 3 mit Ablauf des 21.7.2014.

23   Entschließt sich die AIF-Verwaltungsgesellschaft, die Vertriebsaktivität zunächst einzustellen, kann sie jederzeit zu einem späteren Zeitpunkt das Vertriebsanzeigeverfahren durchlaufen und dadurch ihr Vertriebsrecht reaktivieren, § 351 Abs. 5 Satz 2 in Verbindung mit § 345 Abs. 8 Satz 5.

---

4   Zu diesen Abwandlungen von § 316 und weiteren Voraussetzungen der in Bezug genommenen Norm siehe die Ausführungen bei § 345 Rn. 31.

§ 352
Übergangsvorschrift zu § 127 des Investmentgesetzes

Auf Ansprüche nach § 127 des Investmentgesetzes in der Fassung vom 30. Juni 2011, die vor dem 1. Juli 2011 entstanden sind, ist § 127 Absatz 5 des Investmentgesetzes in der bis zum 30. Juni 2011 geltenden Fassung weiter anzuwenden. Sind dem Käufer die wesentlichen Anlegerinformationen oder der Verkaufsprospekt nach dem Investmentgesetz zur Verfügung gestellt worden, ist auf diese Dokumente § 127 des Investmentgesetzes in der bis zum 21. Juli 2013 geltenden Fassung weiter anzuwenden.

Schrifttum

Siehe Vorbemerkung §§ 343–355 sowie *Kindermann/Scharfenberg/Koller* Zivilrechtliches Haftungsregime der einzelnen Kurzinformationsblätter, RdF **2013** 214; *Müchler* Die neuen Kurzinformationsblätter – Haftungsrisiken im Rahmen der Anlageberatung, WM **2012** 974; *Neumann* Die Verschuldensvermutung nach § 280 Abs. 1 Satz 2 BGB und ihre Auswirkungen auf die Verjährung des § 37a WpHG in Altfällen, WM **2014** 346; *Schnauder* Regimewechsel im Prospekthaftungsrecht bei geschlossenen Publikumsfonds, NJW **2013** 32.

Systematische Übersicht

A. Hintergrund der Vorschrift —— 1
B. Die Regelungen der Vorschrift im Einzelnen
  I. Fortgeltung der Sonderverjährungsregelung aus § 127 Abs. 5 InvG a.F. (Satz 1) —— 3
    1. Normtext des § 127 Abs. 5 InvG a.F. —— 4
    2. Gründe für die Aufhebung der Sonderverjährungsregelung —— 5
    3. Keine Anwendbarkeit bei vorsätzlichem Handeln —— 6
  II. Fortgeltung der Prospekthaftung aus § 127 InvG auf Altfälle (Satz 2)
    1. Anwendungsbereich —— 9
    2. Unterschiede jeweiliger Anspruchsgrundlagen
      a) In Bezug auf die ursprüngliche Version von § 306 —— 11
      b) § 306 nach Änderungen durch das FinMarktAnpG —— 13

A. Hintergrund der Vorschrift

Die Übergangsvorschrift des § 352 trifft Regelungen für **Prospekthaftungsansprüche**, die auf dem spezialgesetzlichen Haftungstatbestand gemäß § 127 InvG fußen. Durch § 352 Satz 1 ordnet der Gesetzgeber die fortwährende Geltung der mittlerweile aufgehobenen **Sonderverjährungsregelung** des § 127 Abs. 5 InvG a.F. an, wie es bereits durch die inhaltsgleiche Übergangsvorschrift des § 148 InvG der Fall gewesen war.[1]

§ 352 Satz 2 wurde erst auf Empfehlung des Finanzausschuss des Deutschen Bundestages im laufenden Gesetzgebungsverfahren angefügt.[2] Der Finanzausschuss sah die Notwendigkeit, die Anwendungsbereiche der alten Prospekthaftungsnorm nach § 127 InvG von jener nach § 306 klarstellend abzugrenzen.

1

2

---

1 Gesetzesbegründung zu § 352, AIFM-UmsG, BTDrucks. 17/12294, S. 305.
2 Bericht des Finanzausschuss des Deutschen Bundestages zum AIFM-UmsG, BTDrucks. 17/13395, S. 411.

B. Die Regelungen der Vorschrift im Einzelnen

I. Fortgeltung der Sonderverjährungsregelung aus § 127 Abs. 5 InvG a.F. (Satz 1)

3   § 352 Satz 1 ordnet die Fortwirkung der Sonderverjährungsnorm aus § 127 Abs. 5 InvG a.F. für alle Verkaufsprospekthaftungsfälle an, die vor Aufhebung der Vorschrift und somit bis zum 30.6.2011 entstanden sind.

4   **1. Normtext des § 127 Abs. 5 InvG a.F.** Die durch die Novellierung des KAGG im Jahre 1969 in § 20 Abs. 5 KAGG eingeführte und im Jahr 2003 in § 127 Abs. 5 Investmentgesetz übernommene Regelung lautete:

> „Der Anspruch verjährt in einem Jahr seit dem Zeitpunkt, in dem der Käufer von der Unrichtigkeit oder Unvollständigkeit der Verkaufsprospekte Kenntnis erlangt hat, spätestens jedoch in drei Jahren seit dem Abschluss des Kaufvertrages."

5   **2. Gründe für die Aufhebung der Sonderverjährungsregelung.** Die Aufhebung von § 127 Abs. 5 InvG diente laut Gesetzgeber der Bereinigung der Sonderverjährungsvorschriften außerhalb des BGB und der Angleichung an die allgemeinen zivilrechtlichen Verjährungsvorschriften.[3] Die Aufhebung zeichnete sich ab, nachdem der Gesetzgeber zuvor bereits die kapitalmarktrechtliche Sonderverjährungsvorschrift des § 37a WpHG aufgehoben hatte,[4] die ursprünglich aus denselben Gründen wie der damalige § 20 Abs. 5 KAGG eingeführt wurde. Kurz darauf wurden ferner anlässlich der Verabschiedung des Vermögensanlagengesetzes die vergleichbaren Regelungen des § 13a Abs. 5 VerkProspG sowie § 46 BörsG aufgehoben.[5]

6   **3. Keine Anwendbarkeit bei vorsätzlichem Handeln.** Weil der Beginn der absoluten Verjährungsfrist auf den objektiven Anknüpfungszeitpunkt des Vertragsschlusses abstellt, sind vor dem 1.7.2011 entstandene Prospekthaftungsansprüche mit Ablauf des 30.6.2014 grundsätzlich gemäß § 127 Abs. 5 InvG a.F. i.V.m. § 352 Satz 1 verjährt.

7   Ausnahmsweise kann sich der in Anspruch Genommene jedoch nicht auf die Fortgeltung der kurzen Sonderverjährung berufen, wenn die Pflichtverletzung auf vorsätzlichem Handeln beruht. In diesem Fall gelten die Vorschriften zur kenntnisabhängigen Regelverjährung nach §§ 195, 199 BGB. Dies ist für die vergleichbare Sonderverjährungsvorschrift des mittlerweile ebenfalls aufgehobenen § 37a WpHG anerkannt.[6] Auf die (vormalige) Privilegierung der kurzen Verjährungsfrist aus §§ 37a, 43[7] WpHG kann sich der in Anspruch genommene Wertpapierdienstleister nur dann berufen, wenn er nicht (bedingt) vorsätzlich agierte. Diese Wertung wird man auf die Anwendbarkeit von § 127 Abs. 5 InvG a.F. übertragen müssen.

---

[3] Gesetzesbegründung zur Aufhebung von § 127 Abs. 5 InvG, OGAW-IV-UmsG, BTDrucks. 17/4510, S. 84.
[4] Gesetzesbegründung zur Aufhebung von § 37a WpHG, Gesetz zur Neuregelung der Rechtsverhältnisse bei Schuldverschreibungen aus Gesamtemissionen und zur verbesserten Durchsetzbarkeit von Ansprüchen von Anlegern aus Falschberatung, BTDrucks. 16/12814, S. 14 f., wo interessanterweise noch die Beibehaltung von § 127 Abs. 5 InvG propagiert wird. Kritisch hierzu Sethe ZBB **2010** 275.
[5] Allgemeiner Teil der Gesetzesbegründung, Gesetz zur Novellierung des Finanzanlagenvermittler- und Vermögensanlagenrechts, BTDrucks. 17/6051, S. 30.
[6] BGH v. 8.3.2005 – XI ZR 170/04, NJW **2005** 1579; BGH v. 24.9.2013 – XI ZR 204/12, NZG **2013** 1266; Kritter BKR **2004** 263; Ruland/Wetzig BKR **2013**, 66.
[7] § 43 WpHG ist die Übergangsvorschrift, welche die Fortgeltung des § 37a WpHG für Altfälle anordnet.

Zur Frage, wann eine vorsätzlich unrichtige Prospektgestaltung vorliegt, kann auf **8** die zu (§ 823 Abs. 2 BGB i.V.m.) § 264a StGB ergangene Rechtsprechung zurückgegriffen werden.[8] Wer die Darlegungs- und Beweislast dafür trägt, ob ein die Verjährungsnorm des § 127 Abs. 5 InvG a.F. i.V.m. § 352 Satz 1 ausschließender Vorsatz vorliegt, kann anhand der Rechtsprechung zu §§ 37a, 43 WpHG beantwortet werden. Laut BGH obliegt dem Wertpapierdienstleister, der sich auf die Verjährung nach §§ 37a, 43 WpHG beruft, der Beweis, nicht vorsätzlich gehandelt zu haben. Dies gelte zumindest dann, wenn der zu Grunde liegende Anspruch auf § 280 BGB basiert, weil dann die Beweislastumkehr aus § 280 Abs. 1 Satz 2 BGB greife.[9] Eine Beweislastumkehr findet sich auch in § 127 Abs. 3 Satz 1, Abs. 4 Satz 1 InvG.[10] Gleichwohl fordern diverse Oberlandesgerichte, dass der Anleger als Anspruchsteller im Rahmen der Pflichtverletzung zumindest Tatsachen vortragen muss, die einen Rückschluss auf vorsätzliches (und nicht bloß grob fahrlässiges) Verhalten erlauben.[11] Ein Indiz ließe sich beispielsweise aus einer gravierenden Unrichtigkeit des Verkaufsprospekts ableiten. Dann obliegt es im Rahmen der sekundären Darlegungslast dem in Anspruch Genommenen, sich vom Vorwurf des vorsätzlichen Handelns zu exkulpieren.

II. Fortgeltung der Prospekthaftung aus § 127 InvG auf Altfälle (Satz 2)

1. Anwendungsbereich. § 352 Satz 2 stellt klar, dass der Anleger sich auch nach **9** dem 21.7.2013 auf die Prospekthaftungssondernorm des § 127 InvG berufen kann, wenn ihm die der Haftung zu Grunde liegenden Materialien (die wesentlichen Anlegerinformationen oder der Verkaufsprospekt) nach den Regelungen des Investmentgesetzes zur Verfügung gestellt worden sind. Die Regelung des § 306 greift in Abgrenzung hierzu nur für Fälle, bei denen die Vertriebsmaterialien bereits unter der Ägide des KAGB eingesetzt wurden.

Konsequenter Weise muss dies jedoch bedeuten, dass § 127 InvG auch dann greift, **10** wenn die wesentlichen Anlegerinformationen oder der Verkaufsprospekt zwar nach dem 21.7.2013 zur Verfügung gestellt wurden, dies aber gleichwohl auf Grundlage des Investmentgesetzes geschah, weil für den betreffenden Fonds beziehungsweise die vertreibende Gesellschaft eine Übergangsvorschrift die Fortgeltung des Investmentgesetzes anordnete.

2. Unterschiede jeweiliger Anspruchsgrundlagen

a) In Bezug auf die ursprüngliche Version von § 306. Die Unterscheidung, ob sich **11** der Anspruch des Anlegers noch nach § 127 InvG oder schon nach § 306 richtet, spielt keine gesteigerte Rolle. § 306 nimmt im Wesentlichen den Regelungsgehalt von § 127 InvG in sich auf.

Anders liegt der Fall, wenn der Anleger ursprünglich einen Anspruch nach § 20 **12** VermAnlG hatte und nunmehr auf § 306 zurückgreifen muss. Hier ergibt sich für den Anleger ein maßgeblicher Unterschied bei der prozessualen Geltendmachung seines Prospekthaftungsanspruchs. Während § 20 Abs. 4 Nr. 1 VermAnlG eine Beweislastumkehr zugunsten der Anleger für die Kausalität zwischen der Unrichtigkeit des Prospekts und der Anlageentscheidung enthielt,[12] trägt der Anleger hierfür im Rahmen von § 306 künf-

---

8 BGH v. 8.1.2013 – VI ZR 386/11, WM **2013** 503; BGH v. 20.12.2011 – VI ZR 309/10, WM **2012** 260.
9 BGH v. 12.5.2009 – XI ZR 586/07, WM **2009** 1274; ausführlich hierzu *Neumann* WM **2014** 346.
10 Emde/Dornseifer/Dreibus/Hölscher/*Heisterhagen* InvG, § 127 Rn. 42; *Baur* § 20 KAGG Rn. 26.
11 OLG Hamm, Urteil v. 17.6.2013 – 31 U 49/13 Rn. 36 (juris); OLG Stuttgart WM **2013** 377.
12 Baumbach/Hopt/*Kumpan* HGB, § 20 VermAnlG Rn. 1.

tig die Beweislast.[13] Bereits zu § 127 InvG wurde konstatiert, dass diese Hürde des Kausalitätsnachweises schwer zu nehmen sei.[14]

13 **b) § 306 nach Änderungen durch das FinMarktAnpG.** Im Zuge des jüngst verabschiedeten Finanzmarktanpassungsgesetzes[15] wurde die Beweislastumkehr in puncto Kausalität aus den Anspruchsgrundlagen für Prospekthaftung des Wertpapierprospektgesetzes und des Vermögensanlagengesetzes in § 306 übernommen.[16] Nunmehr muss der in Anspruch Genommene beweisen, dass die Kaufentscheidung des Anlegers für die Anteile am Investmentvermögen nicht auf Grundlage des Verkaufsprospektes oder der Wesentlichen Anlegerinformationen erfolgte.

14 Damit wandeln sich die ursprünglichen Feststellungen unter Randnummer 11 und 12 in ihr jeweiliges Gegenteil: Für den Anleger ist es nun von Vorteil, wenn er schon auf Grundlage des § 306 Ansprüche geltend machen könnte und nicht mehr auf § 127 InvG zurückgreifen müsste. Im Verhältnis zum Vermögensanlagengesetz ergibt sich sogar eine zusätzliche Stärkung des Anlegerschutzes. Denn die Beweislastverteilung in § 306 erstreckt sich auch auf die Haftung für unrichtige Kurzinformationsblätter. Die Anspruchsgrundlage für Schadensersatz aufgrund unrichtiger Vermögensanlagen-Informationsblätter in § 22 VermAnlG enthält hingegen keine gesetzliche Kausalitätsvermutung zugunsten der Anleger.[17] Da diese Regelung ursprünglich beim Erlass des Vermögensanlagengesetzes im Jahr 2011 mit einer Angleichung an § 127 Abs. 2 InvG begründet wurde, hätte der Gesetzgeber allen Grund gehabt, die Kausalitätsvermutung im Zuge des FinMarktAnpG auch in § 22 VermAnlG zu verankern.

§ 352a
Definition von geschlossenen AIF im Sinne von § 353

Abweichend von § 1 Absatz 4 Nummer 2 und Absatz 5 sind geschlossene AIF im Sinne von § 353 auch solche AIF, die die Voraussetzungen von Artikel 1 Absatz 5 der Delegierten Verordnung (EU) Nr. 694/2014 erfüllen.

Schrifttum

Siehe Vorbemerkung §§ 343–355.

A. Hintergrund der Vorschrift

1 Dass die Vorschrift eines neuen, kaum ein Jahr alten Gesetzes auf „a" lautet, verrät bereits ihren legislatorischen Hintergrund. § 352a wurde im Rahmen des dem KAGB nachfolgenden Finanzmarktanpassungsgesetzes[1] eingefügt. Bei dem FinMarktAnpG handelt es

---

13 *Schnauder* NJW **2013** 3209 hält dies für ein Versehen des Gesetzgebers, da es im Widerspruch zum erklärten Ziel des KAGB stünde, den Anlegerschutz zu stärken.
14 *Müchler* WM **2012** 978.
15 Gesetz zur Anpassung von Gesetzen auf dem Gebiet des Finanzmarktes, BGBl. I v. 18.7.2014, S. 934; hiernach: FinMarktAnpG-E.
16 Gesetzesbegründung zum FinMarktAnpG v. 5.5.2014, BTDrucks. 18/1305, S. 45.
17 *Müchler* WM **2012** 979.

1 Gesetz zur Anpassung von Gesetzen auf dem Gebiet des Finanzmarktes, BGBl. I v. 18.7.2014, S. 934.

sich um ein Artikelgesetz, das im Wesentlichen der Bereinigung redaktioneller Ungenauigkeiten dient, die sich aufgrund der Umsetzung von komplexen EU-Vorgaben in zahlreichen Finanzmarktaufsichtsgesetzen eingeschlichen hatten.[2] Indes handelt es sich bei § 352a nicht um eine redaktionelle Änderung. Vielmehr ist die Vorschrift eine von mehreren materiellen Anpassungen,[3] deren Notwendigkeit sich aus der **Abänderung der Definition des geschlossenen AIF**[4] **auf europäischer Ebene** durch die Delegierte Verordnung (EU) Nr. 694/2014[5] nach Inkrafttreten des KAGB ergab.

Zuvor war es zu Meinungsverschiedenheiten zwischen der Europäischen Kommission und der europäischen Finanzaufsichtsagentur ESMA hinsichtlich der Definition eines geschlossenen AIF gekommen. Die ursprünglichen Definitionsvorschläge von ESMA vom 2.4.2013,[6] die zudem die Grundlage für die Umsetzung der AIFM-RL in Deutschland waren, wies die Kommission zurück und bat ESMA mit Schreiben vom 4.7.2013[7] um Überarbeitung. Die überarbeitete Version, die ESMA am 13.8.2013 vorlegte,[8] wurde von der Europäischen Kommission im Wesentlichen übernommen und am 17.12.2013 als Delegierte Verordnung Nr. 694/2014 verabschiedet. Die dort in Art. 1 Abs. 2 und Abs. 3 der Verordnung vorgenommene **neue Definition eines geschlossenen AIF ist äußerst eng**. Nur solche AIF, die erstmalig zum Liquidationszeitpunkt oder der Auslaufphase Fondsanteile der Anleger zurücknehmen, gelten fortan als geschlossene AIF. Würde man diese enge Definition auch für den Anwendungsbereich der Übergangsvorschriften zu Grunde legen, kämen nahezu keine geschlossenen Fonds in den Genuss des Bestandsschutzes. Denn geschlossene Fonds in Deutschland (und anderen Mitgliedstaaten der EU) sahen vor Umsetzung der AIFM-RL regelmäßig gesetzliche oder gesellschaftsrechtlich verbriefte Kündigungsrechte oder besondere Andienungsrechte vor, von denen Anleger bereits vor dem Zeitpunkt der Liquidation des betreffenden Fonds Gebrauch machen konnten. Die Europäische Kommission hat diese **Gefahr einer Entwertung der Übergangsvorschriften** durch die enge Definition eines geschlossenen AIF erkannt.[9] Zwar schloss sie sich nicht dem Vorschlag von ESMA an, für die Übergangsvorschriften die jeweilige nationale Definition eines geschlossenen Fonds für maßgeblich zu erachten.[10] Zumindest wurde die Definition des geschlossenen AIF durch die Stillhaltephase von lediglich 5 Jahren aber so weit gefasst, dass die meisten geschlossenen Fonds deutscher Verwaltungsgesellschaften hierunter fallen. Diese Sonderdefinition eines geschlossenen AIF aus Art. 1 Abs. 5 der Delegierten Verordnung Nr. 694/2014 für Zwecke der Übergangsvorschriften setzt § 352a in deutsches Recht um.

Die für die Verständlichkeit des Normtextes nicht gerade förderliche Verweisungstechnik auf die europäische Delegierte Verordnung nahm der Deutsche Bundestag deshalb vor, weil zum Zeitpunkt der abschließenden Beratung über das FinMarktAnpG noch

---

2   Allgemeiner Teil der Gesetzesbegründung, FinMarktAnpG, BTDrucks. 18/1305, S. 29.
3   Vgl. ferner § 1 Abs. 4 Nr. 2 sowie die zahlreichen Anpassungen in § 353.
4   Genau genommen wurde die Definition des offenen AIF geändert. Da nach der Negativdefinition in § 1 Abs. 5 jedoch jeder AIF, der nicht offener AIF ist, als geschlossener AIF gilt, wurde uno actu auch die Definition des geschlossenen AIF verändert.
5   Delegierte Verordnung (EU) Nr. 694/2014 der Kommission v. 17.12.2013 zur Ergänzung der Richtlinie 2011/61/EU des Europäischen Parlaments und des Rates im Hinblick auf technische Regulierungsstandards zur Bestimmung der Arten von Verwaltern alternativer Investmentfonds; EU-ABl. L 183 v. 24.6.2014, S. 18.
6   ESMA/2013/413: Final report on draft regulatory technical standards on types of AIFMs.
7   Abrufbar unter: http://www.esma.europa.eu/system/files/ec_letter_to_esma_re_draft_rts_on_types_of_aifmd_4_july_2013.pdf.
8   ESMA/2013/1119: Opinion on draft regulatory technical standards on types of AIFMs.
9   Erwägungsgrund 7 der Delegierten Verordnung (EU) Nr. 694/2014.
10 ESMA/2013/1119: Opinion on draft regulatory technical standards on types of AIFMs, S. 10.

die Zustimmung des Europäischen Parlaments zu der Delegierten Verordnung ausstand. Man befürchtete, dass hierdurch erneut Änderungen an dem Wortlaut auf europäischer Ebene vorgenommen werden könnten, die eine abermalige Anpassung des KAGB nach sich gezogen hätten.

B. Regelung der Vorschrift

I. Definition geschlossener AIF im Anwendungsbereich der Übergangsvorschriften

4   § 352a führt allein für den Geltungsbereich der Übergangsbestimmungen eine **separate Definition des geschlossenen AIF** gemäß der europäischen Vorgabe in Art. 1 Abs. 5 in Verbindung mit Art. 1 Abs. 2 der Delegierten Verordnung Nr. 694/2014 ein. Während nach der neuen Definition in § 1 Abs. 4 Nr. 2, Abs. 5 nur solche AIF als geschlossene AIF qualifizieren, bei denen eine Rücknahme der Anteile vor Beginn der Liquidationsphase nicht möglich ist, ist die Definition des geschlossenen AIF für die Übergangsbestimmungen nach Art. 1 Abs. 5 der Delegierten Verordnung Nr. 694/2014 weiter gefasst und sieht lediglich einen Ausschluss der **Rückgabemöglichkeit binnen der ersten fünf Jahre nach Auflage** vor.

II. „Rückgaberechte" im Sinne der europäischen Definition

5   Welche Rechte der Anleger im Einzelnen als Rückgabemöglichkeit eines Fondsanteils qualifizieren und damit das Vorliegen der Tatbestandsvoraussetzungen von Art. 1 Abs. 5 der Delegierten Verordnung Nr. 694/2014 ggf. ausschließen, bedarf noch der Konkretisierung. Jedenfalls hat der Gesetzgeber weder im FinMarktAnpG selbst noch in der Begründung (Auslegungs-)Hinweise erkennen lassen. Es würde sich anbieten, dass die BaFin hierzu die FAQ Übergangsvorschriften erweitert.

6   In der Öffentlichen Anhörung zum FinMarktAnpG hatte es gleichwohl den Anschein, alle Beteiligten gingen davon aus, dass beispielsweise Härtefallklauseln, die **Sonderkündigungsrechte** gewähren, nicht unter ein derartiges Rückgaberecht fallen und folglich Anlagebedingungen und Gesellschaftsverträge nicht anzupassen wären, um als geschlossener AIF im Sinne der §§ 352a, 353 zu gelten.[11] Diese Auslegung ist vor dem Hintergrund des Anlegerschutzgedankens der AIFM-RL konsequent und stünde überdies nicht im Widerspruch zu den überarbeiteten Ausführungen von ESMA zur Definition geschlossener AIF. Anders als ordentliche Kündigungsrechte, die keiner gesonderten Begründung bedürfen, ist für die Ausübung des Sonderkündigungsrechtes der Nachweis der Voraussetzungen (etwa einer wirtschaftlichen Notlage) notwendig. Auch das grenzt sie von einem Rückgaberecht im Sinne von Art. 1 Abs. 2 der Delegierten Verordnung Nr. 694/2014 ab.

7   **Ordentliche Kündigungsrechte** sowie besondere Andienungsrechte, die gesellschaftsvertraglich eingeräumt werden, sind als Rückgaberechte im Sinne von Art. 1 Abs. 2 der Delegierten Verordnung Nr. 694/2014 einzustufen. Sie führen dazu, dass der AIF dem offenen Typ zuzuordnen ist. Rechtsunsicherheit besteht bei der Frage, wie es sich mit den ordentlichen Kündigungsrechten verhält, die gesetzlich normiert sind. Der Gesetzgeber hat zwar im Zuge des FinMarktAnpG in § 161 Abs. 1 die klarstellende Regelung auf-

---

11 Protokoll Nr. 18/9 des Finanzausschusses des Deutschen Bundestages v. 19.5.2014 zur Öffentlichen Anhörung von Sachverständigen zum FinMarktAnpG, S. 28 f.

genommen, dass bei der geschlossenen Investmentkommanditgesellschaft das ordentliche Kündigungsrecht ausgeschlossen ist. Unklar bleibt jedoch, ob der Gesetzgeber damit auch **§ 132 HGB** erfassen wollte. Dafür spricht die systematische Auslegung. Denn § 161 Abs. 2 Satz 2 geht implizit davon aus, dass die geschlossene Investmentkommanditgesellschaft auch auf unbestimmte Zeit ausgestaltet sein kann. Bei **AIF ohne Laufzeitbegrenzung** würde den Anlegern jedoch von Gesetzes wegen das ordentliche Kündigungsrecht gemäß § 149 Abs. 1 Satz 2 i.V.m. §§ 161 Abs. 2, 132 HGB zustehen und der AIF damit – entgegen der Intention der AIF-KVG – als offener AIF qualifizieren. Dieses widersprüchliche Resultat dürfte vom Gesetzgeber nicht beabsichtigt gewesen sein, zumal § 132 HGB sich auch nicht vollständig im Gesellschaftsvertrag abbedingen lässt.[12] Andernfalls müssten geschlossene Kommanditgesellschaften stets eine Laufzeitbegrenzung aufweisen. Dies ist jedoch oftmals weder im Sinne der KVG noch der Anleger, wenn diese Gestaltung beispielsweise bei Sachwertanlagen die Nutzung günstiger Marktzyklen für eine Veräußerung des Investitionsobjekts erschweren würde.[13] Allerdings könnte die Anwendbarkeit von § 132 HGB vermieden werden, wenn Gesellschaftsverträge von geschlossenen AIF mit Laufzeitbegrenzung künftig eine Regelung vorsehen, wonach die Laufzeit der Gesellschaft durch mehrheitlich gefassten (Fortsetzungs-)[14]Beschluss der Anleger verlängert werden kann.[15]

Es wird sich zeigen, welche Anforderungen die BaFin in der Praxis an die Ausgestaltung der Gesellschaftsverträge in Bezug auf die Laufzeit stellen wird. Problematisch ist dieser **Zustand der Rechtsunsicherheit** jedoch insbesondere für geschlossene AIF, die sich – auch mangels eines ordentlichen Kündigungsrechtes binnen der ersten fünf Jahre – im Anwendungsbereich des Bestandsschutzes wegen Erfüllung der Definition aus § 352a wähnen. Sind diese AIF auf unbestimmte Zeit ausgestaltet, ergibt sich für die KVG die Frage, ob sie sicherheitshalber den Gesellschaftsvertrag und die Anlagebedingungen der betreffenden AIF gemäß § 353 Abs. 11 bis zum 19.1.2015 anpassen sollte. Dabei stellt sich dann u.a. die Frage, ob es zu einer Abänderung des Gesellschaftsvertrages nach der Kernbereichslehre des BGH eines einstimmigen Beschlusses der Anleger bedarf oder ob sich im Wege der Auslegung des Gesellschaftsvertrages auch begründen lässt, dass eine mehrheitliche Beschlussfassung ausreicht.[16] 8

§ 353
Besondere Übergangsvorschriften für AIF-Verwaltungsgesellschaften, die geschlossene AIF verwalten, und für geschlossene AIF

(1) Sofern AIF-Kapitalverwaltungsgesellschaften vor dem 22. Juli 2013 geschlossene AIF verwalten, die nach dem 21. Juli 2013 keine zusätzlichen Anlagen tätigen, können sie weiterhin solche AIF verwalten, ohne eine Erlaubnis oder Registrierung nach diesem Gesetz zu haben.

---

12 Baumbach/Hopt/*Roth*, HGB, 36. Aufl. 2014, § 132 Rn. 12.
13 Stellungnahme des Bundesverband Sachwerte und Investmentvermögen (bsi) vom 11.3.2014 zum Referentenentwurf des FinMarktAnpG, Seite 5.
14 Wird dieser Beschluss nach dem Laufzeitende und vor der Beendigung der Gesellschaft gefasst, handelt es sich um einen sog. Fortsetzungsbeschluss.
15 MüKo-HGB/*Schmidt* § 131 Rn. 14. Zu den Anforderungen an die Bestimmtheit der gesellschaftsvertraglichen Regelung siehe Baumbach/Hopt/*Roth*, HGB, 36. Aufl. 2014, § 131 Rn. 31.
16 Baumbach/Hopt/*Roth*, HGB, 36. Aufl. 2014, § 119 Rn. 35ff. Für die Konstellation des Fortsetzungsbeschlusses BGH WM **2007** 2016.

§ 353 —— Besondere Übergangsvorschriften für AIF-Verwaltungsgesellschaften

(2) Sofern EU-AIF-Verwaltungsgesellschaften oder ausländische AIF-Verwaltungsgesellschaften keine Erlaubnis oder Registrierung nach den zur Umsetzung der Richtlinie 2011/61/EU erlassenen Rechtsvorschriften der anderen Mitgliedstaaten der Europäischen Union oder der anderen Vertragsstaaten des Abkommens über den Europäischen Wirtschaftsraum benötigen und im Inland ausschließlich geschlossene inländische AIF verwalten, die nach dem 21. Juli 2013 keine zusätzlichen Anlagen tätigen, können sie diese weiterhin verwalten, ohne die Vorschriften dieses Gesetzes einhalten zu müssen.

(3) Sofern AIF-Kapitalverwaltungsgesellschaften ausschließlich geschlossene AIF verwalten, deren Zeichnungsfrist für Anleger vor Inkrafttreten der Richtlinie 2011/61/EU ablief und die für einen Zeitraum aufgelegt wurden, der spätestens am 21. Juli 2016 abläuft, können sie weiterhin solche AIF verwalten, ohne dass sie die Vorschriften dieses Gesetzes mit Ausnahme der §§ 67, 148 oder 158 und gegebenenfalls des § 261 Absatz 7 und der §§ 287 bis 292 einhalten oder eine Erlaubnis oder Registrierung gemäß diesem Gesetz benötigen. Satz 1 findet auf die Verwaltung von inländischen geschlossenen AIF, deren Zeichnungsfrist vor Inkrafttreten der Richtlinie 2011/61/EU ablief und die für einen Zeitraum aufgelegt wurden, der spätestens am 21. Juli 2016 abläuft, durch EU-AIF-Verwaltungsgesellschaften oder ausländische AIF-Verwaltungsgesellschaften entsprechend Anwendung.

(4) Für AIF-Kapitalverwaltungsgesellschaften, die nicht die Voraussetzungen des § 2 Absatz 4 Satz 1, Absatz 4a Satz 1, Absatz 4b Satz 1 oder Absatz 5 Satz 1 erfüllen und die geschlossene inländische AIF verwalten, deren Zeichnungsfrist vor dem 22. Juli 2013 abgelaufen ist und die nach dem 21. Juli 2013 Anlagen tätigen, gelten ab Eingang des Erlaubnisantrags gemäß § 22 bei der Bundesanstalt für die Verwaltung dieser geschlossenen inländischen AIF nur die §§ 1 bis 43, 53 bis 67, 80 bis 90, 158 Satz 1 in Verbindung mit § 135 Absatz 7 und 8, § 158 Satz 2, § 160 Absatz 4, § 261 Absatz 7, § 263 Absatz 2, die §§ 271, 272, 274, 286 bis 292, 300, 303, 308 und 339 bis 344, 352 bis 354 entsprechend. Treffen Vorschriften, die nach Satz 1 entsprechend anzuwenden sind, Regelungen für geschlossene AIF, sind geschlossene AIF nach Satz 1 auch geschlossene AIF im Sinne dieser Vorschriften. Abweichend von Satz 2 sind sie jedoch nur dann geschlossene AIF im Sinne der §§ 30, 272 und 286 Absatz 2, wenn sie die Voraussetzungen von Artikel 1 Absatz 3 der Delegierten Verordnung (EU) Nr. 694/2014 erfüllen. Erfüllen geschlossene AIF im Sinne von Satz 1 nicht zugleich die Voraussetzungen von Artikel 1 Absatz 3 der Delegierten Verordnung (EU) Nr. 694/2014, gilt für die Häufigkeit der Bewertung der Vermögensgegenstände und die Berechnung des Nettoinventarwertes je Anteil oder Aktie § 217 Absatz 1 und 2 entsprechend. Die Sätze 1 bis 4 sind auf die Verwaltung von inländischen geschlossenen Spezial-AIF, deren Zeichnungsfrist vor dem 22. Juli 2013 abgelaufen ist und die nach dem 21. Juli 2013 Anlagen tätigen, durch EU-AIF-Verwaltungsgesellschaften entsprechend anzuwenden.

(5) Für AIF-Kapitalverwaltungsgesellschaften, die die Voraussetzungen des § 2 Absatz 5 Satz 1[1] erfüllen und die geschlossene inländische AIF verwalten, deren

---

[1] Es handelt sich um ein Redaktionsversehen des Gesetzgebers. Richtigerweise muss der Verweis auf § 2 Abs. 5 Satz 2 erfolgen, da dieser Satz die Voraussetzungen formuliert, während Satz 1 die Rechtsfolge bestimmt. Es verwundert, dass dieser Fehler nicht im Rahmen des Finanzmarktanpassungsgesetzes behoben wurde, zumal das Gesetz eben jenen Zweck der Korrektur von formellen Fehlern verfolgte und die

Zeichnungsfrist vor dem 22. Juli 2013 abgelaufen ist und die nach dem 21. Juli 2013 Anlagen tätigen, sind ab Eingang des Registrierungsantrags gemäß § 44 bei der Bundesanstalt für die Verwaltung dieser geschlossenen inländischen AIF abweichend von § 2 Absatz 5 Satz 1 nur die §§ 1 bis 17, 26 bis 28, 42, 44 bis 48, 80 bis 90, 261 Absatz 7, § 263 Absatz 2, §§ 271, 272, 339 bis 343, 353 und 354 entsprechend anzuwenden; dabei richtet sich die Ausgestaltung der in §§ 26 bis 28 geforderten Verhaltens- und Organisationspflichten nach dem Prinzip der Verhältnismäßigkeit, indem die Art, der Umfang und die Komplexität der Geschäfte der AIF-Kapitalverwaltungsgesellschaft und der von AIF-Kapitalverwaltungsgesellschaft verwalteten AIF berücksichtigt werden. Treffen Vorschriften, die nach Satz 1 entsprechend anzuwenden sind, Regelungen für geschlossene AIF, sind geschlossene AIF nach Satz 1 auch geschlossene AIF im Sinne dieser Vorschriften. Abweichend von Satz 2 sind sie jedoch nur dann geschlossene AIF im Sinne von § 272, wenn sie die Voraussetzungen von Artikel 1 Absatz 3 der Delegierten Verordnung (EU) Nr. 694/2014 erfüllen. Erfüllen geschlossene AIF im Sinne von Satz 1 nicht zugleich die Voraussetzungen von Artikel 1 Absatz 3 der Delegierten Verordnung (EU) Nr. 694/2014, gilt für die Häufigkeit der Bewertung der Vermögensgegenstände und die Berechnung des Nettoinventarwertes je Anteil oder Aktie § 217 Absatz 1 und 2 entsprechend.

(6) Für AIF-Kapitalverwaltungsgesellschaften, die geschlossene inländische AIF verwalten, die vor dem 22. Juli 2013 aufgelegt wurden, deren Zeichnungsfrist nicht vor dem 22. Juli 2013 abgelaufen ist und die nach dem 21. Juli 2013 Anlagen tätigen, gilt für die Verwaltung dieser geschlossenen AIF § 351 Absatz 1 bis 4 entsprechend. Für AIF-Verwaltungsgesellschaften, die geschlossene EU-AIF oder geschlossene ausländische AIF verwalten, die im Inland vor dem 22. Juli 2013 vertrieben werden durften und deren Zeichnungsfrist nicht vor dem 22. Juli 2013 abgelaufen ist, gilt § 351 Absatz 5 entsprechend. Geschlossene AIF im Sinne von Satz 1 gelten auch in den übrigen Vorschriften dieses Gesetzes, die Regelungen für geschlossene AIF treffen, als geschlossene AIF. Abweichend von Satz 3 sind sie jedoch nur geschlossene AIF im Sinne der §§ 30, 272 und 286 Absatz 2, wenn sie die Voraussetzungen von Artikel 1 Absatz 3 der Delegierten Verordnung (EU) Nr. 694/2014 erfüllen. Erfüllen geschlossene AIF im Sinne von Satz 1 nicht zugleich die Voraussetzungen von Artikel 1 Absatz 3 der Delegierten Verordnung (EU) Nr. 694/2014, gilt für die Häufigkeit der Bewertung der Vermögensgegenstände und die Berechnung des Nettoinventarwertes je Anteil oder Aktie § 217 Absatz 1 und 2 entsprechend.

(7) Soweit sich aus Absatz 1 bis 3 nichts anderes ergibt, ist für AIF-Kapitalverwaltungsgesellschaften, die geschlossene AIF verwalten, § 343 anzuwenden.

(8) Die §§ 53, 54, 316, 320, 321, 323 und 329 bis 331 sind nicht anzuwenden auf den Vertrieb von Anteilen oder Aktien an inländischen AIF oder EU-AIF, die Gegenstand eines laufenden öffentlichen Angebots unter Verwendung eines Prospektes sind, der vor dem 22. Juli 2013 gemäß dem Wertpapierprospektgesetz oder der Richtlinie 2003/71/EG erstellt und veröffentlicht wurde, solange dieser Prospekt Gültigkeit hat.

(9) Inländische geschlossene AIF gelten auch in den übrigen Vorschriften dieses Gesetzes als geschlossene AIF, wenn sie

---

Stellungnahme des Bundesverbands Sachwerte und Investmentvermögen (bsi) auf diesen Fehler hingewiesen hatte.

§ 353 —— Besondere Übergangsvorschriften für AIF-Verwaltungsgesellschaften

1. nicht die Voraussetzungen von Artikel 1 Absatz 3 der Delegierten Verordnung (EU) Nr. 694/2014 erfüllen und
2. zwischen dem 22. Juli 2013 und dem 19. Juli 2014 nach den Vorschriften dieses Gesetzes im Sinne von § 343 Absatz 4 aufgelegt wurden. Abweichend von Satz 1 gelten sie als offene Investmentvermögen im Sinne von § 30, anstelle der §§ 272 und 286 Absatz 2 gilt für die Häufigkeit der Bewertung der Vermögensgegenstände und die Berechnung des Nettoinventarwertes je Anteil oder Aktie § 217 Absatz 1 und 2 entsprechend und § 161 Absatz 1 ist nicht anzuwenden.

(10) Die einem inländischen AIF, der

1. nicht die Voraussetzungen von Artikel 1 Absatz 3 der Delegierten Verordnung (EU) Nr. 694/2014 erfüllt und
2. die Voraussetzungen von § 1 Absatz 5 dieses Gesetzes in seiner bis zum 18. Juli 2014 geltenden Fassung erfüllt, vor dem 19. Juli 2014 erteilte Genehmigung von Anlagebedingungen gemäß § 268 oder mitgeteilte Vertriebsfreigabe gemäß § 316 Absatz 3 oder § 321 Absatz 3 erlöschen am 19. Juli 2014, wenn der inländische AIF nicht vor dem 19. Juli 2014 im Sinne von § 343 Absatz 4 aufgelegt wurde. Entsprechendes gilt für die Registrierung einer AIF-Kapitalverwaltungsgesellschaft nach § 2 Absatz 4a in Verbindung mit § 44, die beabsichtigt, einen AIF im Sinne des Satzes 1 zu verwalten. Der Antrag einer AIF-Kapitalverwaltungsgesellschaft, der auf eine Genehmigung der Anlagebedingungen eines inländischen AIF im Sinne von Satz 1 durch die Bundesanstalt nach diesem Gesetz in der bis zum 18. Juli 2014 geltenden Fassung gerichtet ist und der vor dem 19. Juli 2014 bei der Bundesanstalt eingegangen ist, jedoch bis zum Ablauf des 18. Juli 2014 noch nicht genehmigt war, gilt als am 19. Juli 2014 gestellter Antrag auf Genehmigung der Anlagebedingungen nach diesem Gesetz in der ab 19. Juli 2014 geltenden Fassung. Sofern erforderliche Angaben oder Dokumente fehlen, hat die Bundesanstalt diese nachzufordern.

(11) Inländische AIF, die

1. die Voraussetzungen von § 1 Absatz 5 dieses Gesetzes in seiner bis zum 18. Juli 2014 geltenden Fassung erfüllen,
2. nicht die Voraussetzungen von Artikel 1 Absatz 3 und 5 der Delegierten Verordnung (EU) Nr. 694/2014 erfüllen und
3. vor dem 19. Juli 2014 im Sinne von § 343 Absatz 4 aufgelegt wurden, gelten auch in den übrigen Vorschriften dieses Gesetzes als geschlossene AIF, wenn ihre Anlagebedingungen und gegebenenfalls die Satzung oder der Gesellschaftsvertrag der AIF an die Voraussetzungen nach Artikel 1 Absatz 5 der Delegierten Verordnung (EU) Nr. 694/2014 angepasst werden und die Anpassungen spätestens am 19. Januar 2015 in Kraft treten. Abweichend von Satz 1 gelten sie als offene Investmentvermögen im Sinne von § 30, anstelle der §§ 272 und 286 Absatz 2 gilt für die Häufigkeit der Bewertung der Vermögensgegenstände und die Berechnung des Nettoinventarwertes je Anteil oder Aktie § 217 Absatz 1 und 2 entsprechend und § 161 Absatz 1 ist nicht anzuwenden. Die vor dem 19. Juli 2015 erteilte Genehmigung von Anlagebedingungen nach § 268 oder mitgeteilte Vertriebsfreigabe gemäß § 316 Absatz 3 oder § 321 Absatz 3 erlöschen am 19. Januar 2015, wenn die nach Satz 1 geänderten Anlagebedingungen und gegebenenfalls die Satzung oder der Gesellschaftsvertrag der AIF nicht bis zum 19. Januar 2015 in Kraft getreten sind. Entsprechendes gilt für die Registrierung einer AIF-Kapitalverwaltungsgesellschaft nach § 2 Absatz 4a in Verbindung mit § 44, die einen AIF im Sinne des Satzes 1 verwaltet. Bis zum 19. Januar 2015

sind die Anleger in dem Verkaufsprospekt und den wesentlichen Anlegerinformationen drucktechnisch herausgestellt an hervorgehobener Stelle auf die notwendige Anpassung der Rückgaberechte an die Anforderungen in Artikel 1 Absatz 5 der der Delegierten Verordnung (EU) Nr. 694/2014 und die Folgen einer unterbliebenen Anpassung hinzuweisen. Bei Spezial-AIF muss dieser Hinweis im Rahmen der Informationen gemäß § 307 erfolgen.

(12) Für den Vertrieb von geschlossenen EU-AIF und ausländischen geschlossenen AIF, die
1. nicht die Voraussetzungen von Artikel 1 Absatz 3 der Delegierten Verordnung (EU) Nr. 694/2014 erfüllen und
2. zwischen dem 22. Juli 2013 und dem 19. Juli 2014 eine Vertriebsberechtigung nach den Vorschriften dieses Gesetzes erhalten haben, an Privatanleger im Inland gelten die Vorschriften für den Vertrieb von geschlossenen AIF nach diesem Gesetz.

(13) Für den Vertrieb von EU-AIF und ausländischen AIF, die
1. nicht die Voraussetzungen von Artikel 1 Absatz 3 und 5 der Delegierten Verordnung (EU) Nr. 694/2014 erfüllen,
2. die Voraussetzungen von § 1 Absatz 5 dieses Gesetzes in seiner bis zum 18. Juli 2014 geltenden Fassung erfüllen und
3. zwischen dem 22. Juli 2013 und dem 19. Juli 2014 eine Vertriebsberechtigung nach den Vorschriften dieses Gesetzes erhalten haben,an Privatanleger im Inland gelten die Vorschriften für den Vertrieb von geschlossenen AIF nach diesem Gesetz, wenn die Anlagebedingungen und gegebenenfalls die Satzung oder der Gesellschaftsvertrag der AIF an die Voraussetzungen nach Artikel 1 Absatz 5 der Delegierten Verordnung (EU) Nr. 694/2014 angepasst werden und die in Kraft getretene Anpassung der Bundesanstalt bis spätestens 19. Januar 2015 angezeigt wird; andernfalls erlischt die Vertriebsberechtigung für diese AIF am 19. Januar 2015. Absatz 11 Satz 5 gilt entsprechend.

Schrifttum

Siehe Vorbemerkung §§ 343–355 sowie *Bußalb/Unzicker* Auswirkungen der AIFM-Richtlinie auf geschlossene Fonds, BKR **2012** 309; *Escher* Die Regulierung der geschlossenen Fonds im Kapitalanlagegesetzbuch, Bankrechtstag 2013, S. 123; *Jesch/Geyer* Die Übergangsbestimmung der AIFM-Richtlinie, BKR **2012** 359; *Kobabe* Geschlossene Fonds in Deutschland nach den Regelungen des KAGB, in: Möllers/Kloyer, Das neue Kapitalanlagegesetzbuch, 2013; *Lüdicke/Arndt* Geschlossene Fonds, 6. Aufl. 2013; *Niewerth/Rybarz* Änderung der Rahmenbedingungen für Immobilienfonds, WM **2013** 1154; *Voigt/Busse* Die Übergangsvorschriften für geschlossene Fonds nach dem Regierungsentwurf zum AIFM-Umsetzungsgesetz, BKR **2013** 184.

Systematische Übersicht

A. Hintergrund der Vorschrift —— 1
B. Die Regelungen der Vorschriften im Einzelnen
   I. Bestandsschutz für „passive" Alt-Fonds und deren AIF-KVG (Absatz 1) —— 5
     1. Bestandsschutz für „passive" Alt-Fonds —— 6
      a) Qualifizierung als geschlossener Alt-Fonds
        aa) Gesetzeslage bei Inkrafttreten des KAGB zum 22.7.2013 —— 7
        bb) Abänderung der Definition eines geschlossenen AIF —— 8
      b) Kein Tätigen zusätzlicher Anlagen —— 10
        aa) Zivilrechtliche Einordnung des Tätigens (zusätzlicher Anlagen) —— 11
        bb) Das Tatbestandsmerkmal der zusätzlichen Anlagen —— 13

§ 353 — Besondere Übergangsvorschriften für AIF-Verwaltungsgesellschaften

(1) Allgemeine Begriffsdefinition —— 14
(2) Einzelne Abgrenzungsfragen —— 18
2. Keine Infizierung übriger geschlossener AIF der KVG —— 32
II. Bestandsschutz für ausländische EU-AIF-Verwaltungsgesellschaften (Absatz 2) —— 37
III. Bestandsschutz bei 2016 auslaufenden geschlossenen AIF (Absatz 3)
1. AIF-Kapitalverwaltungsgesellschaften (Satz 1)
a) Voraussetzungen des Bestandsschutzes —— 38
b) Tätigen zusätzlicher Anlagen —— 40
c) Umfang des Bestandsschutzes —— 42
2. Ausländische/EU-AIF Verwaltungsgesellschaften (Satz 2) —— 46
IV. Partieller Bestandsschutz für platzierte „aktive" Alt-Fonds (Absätze 4 und 5) —— 47
1. Bei geschlossenen AIF erlaubnispflichtiger KVG —— 48
a) Voraussetzungen des Bestandsschutzes —— 49
b) Umfang des Bestandsschutzes —— 50
c) Inländische Spezial-AIF von EU-AIF-Verwaltungsgesellschaften —— 51
2. Bei geschlossenen AIF registrierungspflichtiger KVG —— 52

a) Voraussetzungen des Bestandsschutzes —— 53
b) Umfang des Bestandsschutzes —— 54
3. Änderungen durch das FinMarktAnpG —— 56
V. Übergangsregelung für geschlossene AIF in der Vertriebsphase (Absatz 6) —— 59
1. Tatbestandsvoraussetzung: geschlossener AIF in Vertriebsphase —— 61
2. Rechtsfolge: entsprechende Anwendung von § 351 —— 62
3. Änderungen durch das FinMarktAnpG —— 65
VI. Übergangsregelung der AIF-KVG (Absatz 7) —— 66
VII. Partieller Bestandsschutz bei Vertrieb gemäß Prospektrichtlinie (Absatz 8) —— 67
VIII. Bestandsschutz für geschlossene AIF alter KAGB-Definition (Absatz 9) —— 69
IX. Auflage vor dem 19.7.2014 als Grenze des Vertrauensschutzes (Absatz 10) —— 73
X. Umwandlungsmöglichkeit in einen AIF i.S.v. § 352a (Absatz 11) —— 77
1. Voraussetzungen —— 78
2. Umfang des partiellen Bestandsschutzes —— 80
3. Hinweispflichten in der Vertriebsphase —— 82
4. Konsequenzen bei fehlender Umwandlung —— 84
XI. Bestandsschutz für Vertriebsrecht geschlossener EU-AIF und ausländischer AIF (Absätze 12 und 13) —— 85

A. Hintergrund der Vorschrift

1 § 353 stellt neben § 352a die zentrale Übergangsvorschrift für geschlossene AIF und deren Verwaltungsgesellschaften dar. Die Vorschrift beruht größtenteils auf europäischen Vorgaben. So basieren § 353 Abs. 1 und Abs. 2 auf Art. 61 Abs. 3 AIFM-Richtlinie, § 353 Abs. 3 auf Art. 61 Abs. 4 AIFM-Richtlinie und § 353 Abs. 8 auf Art. 61 Abs. 2 AIFM-Richtlinie.

2 Das Kapitalanlageprodukt des geschlossenen Fonds und seine Anbieter sind seit Jahren Gegenstand andauernder rechtspolitischer Diskussion. Zuletzt hatte die Branche im Jahr 2011 die Implementierung des Vermögensanlagegesetzes (VermAnlG) zu be-

werkstelligen.² Gleichwohl stellt die Anpassung an die Regulierung durch das KAGB eine ungleich höhere Hürde dar,³ so dass auch mit einer Konsolidierung des Anbietermarktes gerechnet wird. Entsprechend hohe Bedeutung wurde den Übergangsvorschriften beigemessen, weil Anbieter geschlossener Fonds hofften, zumindest bereits aufgelegte Fonds unter der Ägide der alten Rechtslage auslaufen lassen zu können. Zwar bemühte sich der Gesetzgeber, durch ausdifferenzierte Regelungen in § 353 den Bedürfnissen der Branche Rechnung zu tragen und abgestufte Anpassungsvorgaben je nach Entwicklungsstadium des betreffenden Fonds einzuführen. Früh kristallisierte sich indes heraus, dass der Anwendungsbereich der Übergangsvorschrift im Einzelfall wegen diverser auslegungsbedürftiger unbestimmter Rechtsbegriffe unklar bleiben würde.⁴

Die BaFin bemühte sich im Vorfeld zum Inkrafttreten des KAGB verbliebene Rechtsunsicherheit auszuräumen. Hierzu veröffentlichte die BaFin am 18.6.2013 ein Rundschreiben, das sich zu häufigen Fragen im Zusammenhang mit den Übergangsvorschriften der §§ 343 ff. äußert.⁵ Diese Auslegungshilfe enthält u.a. umfangreiche Ausführungen zu § 353.

3

Als wäre das KAGB insgesamt und der Anwendungsbereich der Übergangsvorschriften bei geschlossenen Fonds im Besonderen nicht schon ausreichend komplex, wurde aufgrund divergierender Ansichten zwischen der Europäischen Kommission und der Finanzaufsichtsagentur ESMA bereits ein Jahr nach Inkrafttreten des KAGB eine neue Definition des geschlossenen AIF durch das Finanzmarktanpassungsgesetz⁶ mit Wirkung zum 19.7.2014 eingeführt.⁷ Ohne dass man hierbei dem nationalen Umsetzungsgesetzgeber einen Vorwurf machen könnte, da er lediglich auf die europäischen Vorgaben durch die Delegierte Verordnung Nr. 694/2014⁸ reagiert, führt dies gleichwohl zu einem mittlerweile fast absurden und unüberschaubaren Abstufungssystem an Bestandsschutz innerhalb des § 353. Hiervon zeugen u.a. die Einführung von § 352a sowie die dem § 353 angefügten Absätze 9 bis 13.

4

B. Die Regelungen der Vorschrift im Einzelnen

I. Bestandsschutz für „passive"⁹ Alt-Fonds und deren AIF-KVG (Absatz 1)

§ 353 Abs. 1 gewährt bestimmten Kapitalverwaltungsgesellschaften und deren Alt-Fonds, die gemäß KAGB als geschlossener AIF qualifizieren, umfassenden Bestands-

5

---

2 Einen Überblick bieten *Hanten/Reinholz* ZBB **2012** 36; *Zingel/Varadinek* BKR **2012** 177; *Bußalb/Vogel* WM **2012** 1416.
3 Siehe beispielsweise zu den erheblichen Auswirkungen des KAGB auf die Rechnungslegung geschlossener AIF *Bielenberg/Schmuhl* DB **2014** 1089.
4 *Voigt/Busse* BKR **2013** 184; *Schnauder* NJW **2013** 3211; *Niewerth/Rybarz* WM **2013** 1166. Dies betrifft vor allem das Tatbestandsmerkmal des *Tätigens zusätzlicher Anlagen* in § 353 Abs. 1. Hierzu sogleich unter Rn. 10 ff.
5 BaFin-Rundschreiben vom 18.6.2013 „Häufige Fragen zu den Übergangsvorschriften nach den §§ 343 ff. des KAGB", Geschäftszeichen WA 41-Wp 2137-2013/0343; im Folgenden: BaFin FAQ Übergangsbestimmungen.
6 Gesetz zur Anpassung von Gesetzen auf dem Gebiet des Finanzmarktes, BGBl. I v. 18.7.2014, S. 934; hiernach: FinMarktAnpG.
7 Hierzu sogleich unter Rn. 8 sowie die Kommentierung zu § 352a.
8 Delegierte Verordnung (EU) Nr. 694/2014 der Kommission v. 17.12.2013 zur Ergänzung der Richtlinie 2011/61/EU des Europäischen Parlaments und des Rates im Hinblick auf technische Regulierungsstandards zur Bestimmung der Arten von Verwaltern alternativer Investmentfonds; EU-ABl. L 183 v. 24.6.2014, S. 18.
9 Um die Abgrenzung der einzelnen Tatbestände von § 353 plastisch zu gestalten, soll nachfolgend zwischen „passiven" Fonds, die keine weiteren Anlagen tätigen, und „aktiven" Fonds, die sich noch in der Investitionsphase befinden, unterschieden werden.

schutz. Die betreffenden Alt-Fonds und ihre KVG müssen die regulatorischen Vorgaben des KAGB nicht umsetzen und können sich weiterhin auf die vor dem 22.7.2013 geltende Rechtslage berufen.

1. Bestandsschutz für „passive" Alt-Fonds. Als Alt-Fonds im Sinne von § 353 Abs. 1 qualifiziert jeder geschlossene AIF, der nach dem 21.7.2013 keine zusätzlichen Anlagen tätigt.

a) Qualifizierung als geschlossener Alt-Fonds

aa) Gesetzeslage bei Inkrafttreten des KAGB zum 22.7.2013. Der betreffende Fonds muss zunächst ein solcher des geschlossenen Typs sein. Eine Legaldefinition findet sich in § 1 Abs. 5 i.V.m. § 1 Abs. 4 Nr. 2. Nach der ursprünglichen Fassung des KAGB handelte es sich bis zum 19.7.2014 dann um einen geschlossenen AIF, wenn Anleger nicht mindestens einmal pro Jahr das Recht zur Rückgabe gegen Auszahlung ihrer Anteile hatten. Diese Definition beruhte auf der Ausarbeitung sog. technischer Regulierungsstandards, welche die Finanzaufsichtsagentur ESMA für die Europäische Kommission auf Grundlage von Art. 4 Abs. 4 der AIFM-Richtlinie erstellt hatte.[10] Bevor diese Ausarbeitung von der Europäischen Kommission ihrem Inhalt nach bestätigt und als Delegierte Verordnung rechtskräftig erlassen wurde, trat bereits das KAGB in Kraft.[11] Überraschenderweise forderte die Europäische Kommission ESMA auf, die technischen Regulierungsstandards zu überarbeiten. Die letztlich verabschiedete Version der Delegierten Verordnung Nr. 694/2014 enthielt daraufhin eine andere Definition eines geschlossenen AIF, so dass es zu einer Inkongruenz zwischen dem KAGB und den europäischen Vorgaben kam. Eine Bereinigung dieser europarechtswidrigen Lage erfolgte durch das FinMarktAnpG.

bb) Abänderung der Definition eines geschlossenen AIF. Nach Art. 1 Abs. 3 i.V.m. Art. 1 Abs. 2 der Delegierten Verordnung Nr. 694/2014 ist ein AIF künftig nur dann dem geschlossenen Typ zuzuordnen, wenn den Anlegern erst mit Eintritt in die Liquidationsphase oder Auslaufphase Rückgaberechte eingeräumt werden. Diese wesentlich engere Definition eines geschlossenen AIF erfüllen viele geschlossenen Alt-Fonds nicht, die in Deutschland vor dem 22.7.2013 aufgelegt wurden. Denn diese Fonds sehen häufig – unabhängig von gesetzlichen Kündigungsrechten aus § 132 HGB oder § 723 BGB – vertraglich eingeräumte ordentliche Kündigungsrechte nach einer ersten Investitionsphase oder Andienungsrechte gegenüber der Fondsgesellschaft vor. Dass hierdurch der in Art. 61 AIFM-Richtlinie gewährte **Bestandsschutz rückwirkend entwertet** würde, hat auch der Europäische Gesetzgeber gesehen.[12] Er hat daher in Art. 1 Abs. 5 der Delegierten Verordnung eine den Art. 61 AIFM-Richtlinie ergänzende Übergangsregelung geschaffen, die eine weniger enge Definition eines geschlossenen AIF enthält, um einer größeren Anzahl betroffener Fonds den Anwendungsbereich des Bestandsschutzes zu eröffnen bzw. eröffnet zu lassen. Nach dieser Definition ist ein AIF bereits dann dem geschlossenen Typ zuzuordnen, wenn Anleger lediglich während einer anfänglichen Stillhalteperiode

---

10 Final Report: Draft regulatory technical standards on types of AIFMs v. 2.4.2013, ESMA/2013/413.
11 Auf diese zeitliche Inkongruenz weist auch der Finanzausschuss des Bundestages hin; Bericht des Finanzausschuss des Deutschen Bundestages zum AIFM-Umsetzungsgesetz, BTDrucks. 17/13395, S. 401.
12 Erwägungsgrund 7 der Delegierten Verordnung Nr. 694/2014.

von mindestens fünf Jahren kein Rückgaberecht[13] ausüben können, welches direkt oder indirekt aus den Vermögenswerten des AIF befriedigt wird. Nachfolgende ordentliche Kündigungsrechte vor der Liquidationsphase nehmen dem AIF im Anwendungsbereich der Übergangsvorschriften ausnahmsweise – entgegen der Definition in Art. 1 Abs. 3 der Delegierten Verordnung – nicht die Prägung als geschlossener AIF.

Der deutsche Gesetzgeber hat diese zusätzliche separate Definition eines geschlossenen AIF, die lediglich für den Anwendungsbereich der Übergangsvorschriften gilt, **in § 352a umgesetzt,**[14] der den Anwendungsbereich des § 353 im Einklang mit Art. 1 Abs. 5 der Delegierten Verordnung und in Abweichung von § 1 Abs. 5 i.V.m. § 1 Abs. 4 Nr. 2 neu definiert. Folglich können sich nur diejenigen Alt-Fonds anhaltend und umfassend auf den Bestandsschutz von § 353 Abs. 1 berufen, deren Gesellschaftsvertrag Anlegern binnen der ersten fünf Jahre keine Rückgabemöglichkeit ihrer Anteile einräumt. Alt-Fonds mit Rückgaberechten der Anleger innerhalb der ersten fünf Jahre nach Auflage, die nach der früheren Definition ursprünglich als geschlossene AIF galten und sich ab dem 22.7.2013 unter Bestandsschutz wähnten, würden bei strikter Umsetzung der neuen europäischen Definitionen nunmehr ab dem 19.7.2014 als offene AIF gelten. Sie wären mangels Erfüllung der Anforderungen des KAGB an offene AIF ggf. abzuwickeln. Es ist evident, dass dies eine massive Verletzung berechtigten Vertrauens auf die durch das KAGB am 22.7.2013 geschaffene Rechtslage wäre. Entsprechend hat der deutsche Gesetzgeber die Umsetzung der neuen Definitionen des geschlossenen AIF durch weitere nationale Bestandsschutztatbestände flankiert, soweit ihm dies im Rahmen seines Umsetzungsermessens möglich war. Demnach können betroffene AIF, die ab dem 19.7.2014 weder die Voraussetzungen von § 352a noch diejenigen von § 1 Abs. 5 erfüllen, gemäß § 353 Abs. 11 zumindest durch Anpassungen ihrer Anlagebedingungen und Gesellschaftsverträge die Voraussetzungen von § 352a nachträglich herstellen.[15]

b) Kein Tätigen zusätzlicher Anlagen. § 353 Abs. 1 knüpft den Anwendungsbereich entgegen anderen Übergangsvorschriften[16] nicht an den Zeitpunkt der *Auflage* des Fonds. Aus der Voraussetzung, ab dem 21.7.2013 keine zusätzlichen Anlagen tätigen zu dürfen, ergibt sich im Umkehrschluss, dass rein faktisch nur solche geschlossenen AIF als Alt-Fonds qualifizieren, die zu diesem Zeitpunkt die Investitionsphase beendet haben (sog. ausinvestierte Fonds). Nach dem üblichen Fondszyklus wird zu diesem Zeitpunkt auch die Platzierungsphase bereits abgeschlossen sein. Gleichwohl ist das Ende der Zeichnungsfrist nach dem Wortlaut der Vorschrift keine notwendige Tatbestandsvoraussetzung für den Bestandsschutz.[17]

---

13 Die Verordnung spricht missverständlich von einem „Rück*nahme*recht". Eigentlich müsste das Rückgaberecht (des Anlegers) mit der Rücknahmepflicht (des Fonds) korrespondieren. Ob in diesem Wortlaut eine Eingrenzung des Anwendungsbereichs zu sehen ist, etwa eine Abgrenzung zwischen gesetzlichen Kündigungsrechten und vertraglichen „Rechten auf Anteilsrücknahme durch die Fondsgesellschaft", bleibt unklar.
14 Gesetzesbegründung zu § 352a, FinMarktAnpG, BTDrucks. 18/1305, S. 52.
15 Siehe zu den Voraussetzungen im Einzelnen Rn. 78 f.
16 Vielfach wird auf den Zeitpunkt der Auflage des Fonds im Sinne von § 343 Abs. 4 abgestellt. So etwa bei § 347 Abs. 1 Satz 1; § 348 Satz 1; § 349 Satz 1; § 350 Abs. 1 Satz 1 Nr. 2; § 351 Abs. 1 Satz 1 Nr. 2; § 353 Abs. 6 Satz 1; § 355 Abs. 2 Satz 1.
17 BaFin FAQ Übergangsbestimmungen, Ziffer III. Nr. 4. Dies war als Tatbestandsvoraussetzung im Referentenentwurf noch enthalten; siehe hierzu Beckmann/Scholtz/Vollmer/*Busse/Voigt* Investment, 405 § 353 Rn. 16.

11 **aa) Zivilrechtliche Einordnung des *Tätigens* (zusätzlicher Anlagen).** Der unjuristische Begriff des *Tätigens* einer zusätzlichen Anlage lässt nicht erkennen, ob zivilrechtlich auf das schuldrechtliche Verpflichtungsgeschäft oder auf das dingliche Verfügungsgeschäft beziehungsweise den Eigentumsübergang abzustellen ist. Diese Differenzierung ist bedeutsam, da die Rechtsgeschäfte zeitlich auseinander fallen können. Liegt der 21.7.2013 zwischen dem schuldrechtlichen Rechtsgeschäft und dem dinglichen Eigentumsübergang, so hängt die Gewährung des Bestandsschutzes davon ab, welches Rechtsgeschäft als maßgeblich zu erachten ist.

12 Im Ergebnis ist **auf das schuldrechtliche Verpflichtungsgeschäft abzustellen**.[18] Dies ergibt sich aus dem Telos der Vorschrift. Maßgeblich ist die Investitionsentscheidung, die der Fondsmanager im Rahmen seines Ermessensspielraumes bei der Portfolioverwaltung trifft.[19] Hierbei handelt es sich zivilrechtlich um die Willenserklärung zur Eingehung des schuldrechtlichen Verpflichtungsgeschäfts. Das dingliche Verfügungsgeschäft stellt sich in der Folge nicht mehr als Ermessensentscheidung des Fondsmanagers sondern als bindender Vollzug der eingegangenen Verpflichtung dar. Darüber hinaus würde die Gewähr des Bestandsschutzes andernfalls von den für den jeweiligen Investitionsgegenstand geltenden Eigentumsübertragungsvorschriften abhängen. Das führte zu einer ungerechtfertigten Ungleichbehandlung vergleichbarer Sachverhalte, weil bestimmte Fonds, die beispielsweise primär in Immobilien investieren, faktisch aufgrund des langwierigeren Eigentumsübertragungsvorganges diskriminiert würden. Zudem ist der Zeitpunkt des Verpflichtungsgeschäfts durch Niederlegung im Vertrag regelmäßig leicht nachvollziehbar, so dass ein Abstellen auf das schuldrechtliche Verpflichtungsgeschäft auch der Rechtssicherheit dient.

13 **bb) Das Tatbestandsmerkmal der zusätzlichen Anlagen.** Der geschlossene AIF genießt nur dann Bestandsschutz, wenn er nach dem 21.7.2013 keine *zusätzlichen Anlagen* mehr tätigt. Folglich steht und fällt die Gewährung von Bestandsschutz mit der Frage, welche Sachverhalte unter den unbestimmten Rechtsbegriff der zusätzlichen Anlagen zu subsumieren sind. Da die geschlossenen Fonds durch das KAGB erstmals einer Produktregulierung zugeführt werden und es einen immensen organisatorischen sowie finanziellen Aufwand zeitigt, sich KAGB-compliant aufzustellen, kommt der Auslegung dieses Tatbestandsmerkmals **überragende Bedeutung** zu.[20] Umso verwunderter zeigten sich die Marktteilnehmer während des Gesetzgebungsverfahrens, dass die Gesetzesbegründung keine weiteren Anhaltspunkte für die Auslegung des Tatbestandsmerkmals bot. Um der Rechtsunsicherheit zu begegnen, veröffentlichte die BaFin nach vorheriger Konsultation mit den betroffenen Verbänden am 18.6.2013 ein Auslegungsrundschreiben,[21] das sich ausführlich u.a. mit dem unbestimmten Begriff der zusätzlichen Anlagen auseinandersetzt.

14 **(1) Allgemeine Begriffsdefinition.** Die BaFin nimmt in den FAQ Übergangsbestimmungen eine allgemeine Definition des Begriffs der zusätzlichen Anlagen vor. Dies geschieht in enger Anlehnung an die Interpretation des Begriffs durch die EU-Kommission, wie es im Rahmen der Beantwortung der Frage ID 1188 zu Art. 61 Abs. 3 der AIFM-Richt-

---

[18] Ebenso BaFin FAQ Übergangsbestimmungen, Ziffer III. Nr. 5 lit. c); *Voigt/Busse* BKR **2013** 187; *Niewerth/Rybarz* WM **2013** 1166.
[19] *Voigt/Busse* BKR **2013** 187.
[20] *Voigt/Busse* BKR **2013** 191 sprechen von einem „weichenstellenden Kriterium".
[21] Auslegungsschreiben der BaFin vom 18.6.2013 namens „Häufige Fragen zu den Übergangsvorschriften nach den §§ 343 ff. des KAGB", Geschäftszeichen WA 41-Wp 2137-2013/0343.

linie in dem Segment „*Questions in Single Market Regulation*" am 25.3.2013 zum Ausdruck kommt.[22] Obwohl diese Antwort rechtsunverbindlich ist, zeigt sich durch das Aufgreifen seitens der BaFin abermals – wie auch bei den Empfehlungen der europäischen Finanzaufsichtsagenturen[23] – die faktische Bindungswirkung solcher europäischen Stellungnahmen.

Laut **Begriffsdefinition der BaFin** ist von der Tätigkeit einer zusätzlichen Anlage 15 auszugehen, wenn ein neuer Vertrag abgeschlossen wird, der eine Investition von Kapital zu Ertragszwecken zum Gegenstand hat.[24] Dem Tatbestand der zusätzlichen Anlage, dessen Erfüllung die KVG zur Implementierung des KAGB zwingt, wird der Begriff der werterhaltenden Maßnahme als *safe harbor*[25] gegenübergestellt. Nimmt das Fondsmanagement ab dem 21.7.2013 ausschließlich werterhaltende Maßnahmen vor, wird der Bestandsschutz umfassend gewährt.

Eine **werterhaltende Maßnahme** soll nach BaFin dann vorliegen, wenn die Investi- 16 tion nur einen geringfügigen Anteil am AIF-Portfolio ausmacht (a), ausschließlich der Werterhaltung dient (b) und sich die Anleger allgemein – nicht notwendigerweise auf das konkrete Investment bezogen – zu solchen Werterhaltungsmaßnahmen verpflichtet haben oder aufgrund gesellschaftsrechtlicher Regelungen verpflichtet sind (c).[26] Die BaFin geht in der Regel von einer geringfügigen Investition aus, wenn der Umfang der Werterhaltungsmaßnahme 20% des Wertes des AIF-Portfolios nicht überschreitet.[27] Diese Grenze gelte auch dann, wenn sich die Werterhaltungsmaßnahme über einen längeren Zeitraum erstreckt.

Stellungnahme: Die EU-Kommission stellt ihrer Antwort auf die Frage ID 1188 den 17 Hinweis voran, die Auslegung des Begriffes müsse sich an dem Telos der Norm orientieren. Es gelte, die konkrete Investitionsstrategie des betreffenden AIF zu berücksichtigen sowie den Zweck der Vorschrift im Blick zu haben, eine Ausnahmeregelung für ausinvestierte Fonds zu schaffen. Daher sei der Begriff der zusätzlichen Anlagen weit zu verstehen.[28] Korrespondierend ist der **Anwendungsbereich der Ausnahmeregelung eng auszulegen**. Vor diesem Hintergrund muss es bereits als großzügige Auslegung gelten, dass die BaFin bei der werterhaltenden Maßnahme eine Investition in der Größenordnung von 20% eines Portfolios als geringfügig einstuft. Die englische Fassung „*negligible*" ließe sich auch mit „*vernachlässigbar*" übersetzen. Gleichzeitig stellt sich die Frage, ob das Kriterium einer bestimmten Höhe der Investition für die fortlaufende Gewährung des Bestandsschutzes überhaupt eine Rolle spielen kann. Wenn sich die Investition eindeutig als ausschließlich werterhaltend identifizieren lässt, spricht – bei vorliegender Abdeckung durch den Gesellschaftsvertrag – weder die Eigenschaft als Übergangsvorschrift noch der Aspekt des Anlegerschutzes gegen eine höhere Investitionssumme. Denn eine solche Investition stünde nach wie vor im Einklang mit der Intention des (europäischen) Gesetzgebers, ausinvestierten Fonds ein unbehelligtes Auslaufen ohne unnötigen Regulierungsaufwand zu ermöglichen. Im Übrigen dürfte auch die BaFin durch den **Grundsatz der Verhältnismäßigkeit** angehalten sein, im Einzelfall deutlich höhere Investitionssummen unbeanstandet zu lassen, wenn der AIF alternativ zwangsweise mit Verlust

---

22 Abrufbar unter: http://ec.europa.eu/yqol/index.cfm?fuseaction=question.show&questionId=1188.
23 Hierzu *Sonder* BKR **2012** 9 m.w.N. in Fn. 13.
24 BaFin FAQ Übergangsbestimmungen, Ziffer III. Nr. 5 lit. a).
25 Darunter versteht man die Spezifizierung von Tatbestandsvoraussetzungen, bei deren Erfüllung für den Normadressaten keine Rechtsnachteile auftreten. Näher zu dieser Regelungstechnik *Fleischer* ZHR **2004** 700.
26 BaFin FAQ Übergangsbestimmungen, Ziffer III. Nr. 5 lit. a).
27 BaFin FAQ Übergangsbestimmungen, Ziffer III. Nr. 5 lit. a).
28 Abrufbar unter: http://ec.europa.eu/yqol/index.cfm?fuseaction=question.show&questionId=1188.

für die Anleger abgewickelt werden müsste[29] oder die geplanten Investitionen von den ausgelösten Anpassungskosten an das KAGB deutlich übertroffen würden.

18 **(2) Einzelne Abgrenzungsfragen.** Die BaFin bleibt in ihrem Auslegungsschreiben nicht bei einer allgemeinen Begriffsdefinition stehen. Vielmehr greift sie – wiederum in Anlehnung an die angerissenen Fallgruppen in der Frage ID 1188[30] der „*Questions in Single Market Regulation*" – einige übliche Fallkonstellationen der Praxis und sich daraus ableitende Fragestellungen auf und deutet ihre künftige Aufsichtspraxis an.

19 **Planmäßige Erstinvestitionen**, die in den Verkaufsunterlagen eines vor dem 22.7.2013 aufgelegten geschlossenen AIF angekündigt und nach diesem Stichtag realisiert werden, sind als zusätzliche Anlagen im Sinne von § 353 Abs. 1 einzustufen.[31] Dies gilt unabhängig davon, wie konkret die Investitionen vorab definiert werden und wie stark folglich eine spätere Ermessensentscheidung des Fondsmanagements eingegrenzt wird. Maßgeblich ist allein, ob das schuldrechtliche Verpflichtungsgeschäft bereits vor dem 22.7.2013 abgeschlossen wurde.[32] Diese Auffassung der BaFin ist zwingend. Andernfalls wären Umgehungen durch entsprechende Fondsgründungen vor dem 22.7.2013 vorprogrammiert gewesen. Es stünde auch im diametralen Widerspruch zum Zweck der Norm, ausinvestierten Fonds umfangreiche Anpassungen zu ersparen, wenn man dieselben Privilegien neu aufgelegten Fonds bei Vornahme von Erstinvestitionen gewährte.

20 Eine nach dem 21.7.2013 getätigte Investition ist unabhängig davon, auf wen die Anlageentscheidung zurückzuführen ist, als zusätzliche Anlage im Sinne von § 353 Abs. 1 einzustufen. Die Einordnung als zusätzliche Anlage ändert sich nicht dadurch, dass die **Investitionsentscheidung** auf einem (durch bestimmtes Quorum erfolgten) **Gesellschafterbeschluss** beruht.[33]

21 Ferner befasst sich die BaFin mit der Frage, welche **Instandhaltungsmaßnahmen** bezüglich der Vermögensgegenstände des Fonds noch als werterhaltende Maßnahme qualifizieren und folglich den Bestandsschutz nicht gefährden. Laut BaFin gelten Sanierungs- und Instandhaltungsmaßnahmen, die zur Aufrechterhaltung und Bewirtschaftung von bereits vor dem 22.7.2013 erschlossenen Ertragsquellen notwendig sind, nicht als zusätzliche Anlagen, sofern die Investition die 20% Schwelle nicht überschreitet.[34]

22 Anders stellt sich laut BaFin die Sachlage dar, wenn die getätigte Investition zur **Umgestaltung eines** zuvor erworbenen **Vermögensgegenstandes** führt. Weicht der Vermögensgegenstand in der Folge wesentlich von seiner vor dem 22.7.2013 liegenden wirtschaftlichen Nutzbarkeit ab und können dadurch wesentliche zusätzliche Erträge erzielt werden, so soll die Investition als zusätzliche Anlage qualifizieren.[35] Dies könne zum Beispiel der Fall sein, wenn eine Gewerbeimmobilie mit Büroräumen zu Eigentumswohnungen umgestaltet wird.

---

29 Beispielsweise weil mangels Prolongation oder Refinanzierungsmöglichkeit Investitionsgegenstände des Fonds kurzfristig und daher deutlich unter Wert veräußert werden müssten, um eine Fremdfinanzierung zurückzuführen.
30 Abrufbar unter: http://ec.europa.eu/yqol/index.cfm?fuseaction=question.show&questionId=1188.
31 BaFin FAQ Übergangsbestimmungen, Ziffer III. Nr. 5 lit. b).
32 Siehe hierzu obige Ausführungen zur zivilrechtlichen Einordnung des Tätigens zusätzlicher Anlagen unter Rn. 11 f.
33 BaFin FAQ Übergangsbestimmungen, Ziffer III. Nr. 5 lit. d).
34 BaFin FAQ Übergangsbestimmungen, Ziffer III. Nr. 5 lit. e).
35 BaFin FAQ Übergangsbestimmungen, Ziffer III. Nr. 5 lit. e).

Der bloße Abschluss von **Verträgen mit Dritten über** die **Nutzung vorhandener** 23
Vermögensgegenstände des Fonds gelte hingegen nicht als zusätzliche Anlage, so dass etwa eine Anschlussvermietung zulässig ist, ohne den Bestandsschutz zu verlieren.[36]

Da der *safe harbor* der werterhaltenden Maßnahme aus drei Voraussetzungen be- 24
steht, die kumulativ vorliegen müssen, verlieren Fonds den Bestandsschutz auch dann, wenn zwar eine **unwesentliche Investition** unterhalb der 20% Schwelle vorliegt, diese jedoch nicht der Werterhaltung dient.[37]

In diesem Zusammenhang führt die BaFin ein Beispiel an, bei welchem die Erschlie- 25
ßung neuer Parkflächen für ein vom Fonds gehaltenes Einkaufszentrum eine werterhaltende Maßnahme sein könne, sofern das Einkaufszentrum wegen ausbleibender Kunden nicht oder nur unter erschwerten Bedingungen vermietet werden kann.[38] Ob sich die BaFin mit diesem Beispiel einen Gefallen getan hat, mag man bezweifeln. Die Trennlinie zwischen Werterhaltung und Wertsteigerung lässt sich im gewählten Beispiel durch entsprechende Argumentation beliebig in die eine oder die andere Richtung verschieben. Denn die Mieteinnahmen betreffen letztlich die Rendite(prognose) und gehen über den Werterhalt (den Marktwert des errichteten oder gekauften Einkaufszentrums) hinaus. Das eröffnet in der Praxis Gestaltungsspielräume für Investitionen unterhalb von 20%, bei denen argumentiert werden kann, sie seien nötig, um die ursprünglich prognostizierte Rendite zu erreichen. Im Ergebnis ist es – trotz der einhergehenden Rechtsunsicherheit – gleichwohl begrüßenswert, dass die BaFin hier im Einzelfall eine gewisse Flexibilität andeutet.

Die vom AIF gehaltene **Liquiditätsreserve** kann zumindest in Bankguthaben inves- 26
tiert werden, ohne dass dies als zusätzliche Anlage im Sinne von § 353 Abs. 1 einzustufen ist und der Alt-Fonds seinen Bestandsschutz einbüßt.[39]

Bei **mehrstufigen Strukturen** (Doppelstockmodell) kommt es laut BaFin darauf an, 27
wem das Tätigen der zusätzlichen Anlagen zuzurechnen ist. Maßgeblich sei, wer die Möglichkeit zur diskretionären Entscheidung über die Anlagetätigkeit hat. Von einer solchen Möglichkeit der Einflussnahme auf die Anlageentscheidung sei in der Regel auszugehen, wenn die Obergesellschaft (der AIF oder die AIF-KVG) mehr als 50% der sprechenden Stimmrechte (ggf. auch mittelbar) an der Untergesellschaft (Zweck- oder Zielgesellschaft) hält.[40] Eine rein stille Beteiligung ohne Mitspracherechte führt folglich nicht zu einer Zurechnung.

Die BaFin überträgt diese Maßstäbe auf die ebenfalls mehrstufig strukturierten 28
Dachfonds sowie **Master-Feeder-Konstruktionen**. Zutreffend betrachtet die BaFin in diesen Fällen allein den Anteilserwerb am Zielfonds als die maßgebliche Anlageentscheidung, da die Obergesellschaft (der Dachfonds/Feeder-Fonds) hiernach regelmäßig keinen Einfluss auf die Investitionsstrategie und einhergehende Anlageentscheidungen bei der Untergesellschaft (den Zielfonds/Master-Fonds) nehmen kann.[41]

Auch bezüglich der Doppelstockmodelle bleibt zu hoffen, dass die BaFin die skiz- 29
zierten Voraussetzungen nicht schematisch zur Anwendung bringt, sondern im Einzelfall eine Abwägung unter Berücksichtigung des jeweiligen Geschäftsmodells des AIF vornehmen wird. Denn es ist zwar aus Gründen der Rechtssicherheit und zur Wahrung einer einheitlichen Verwaltungspraxis sowie zur Vorbeugung von Missbrauch konse-

---

36 BaFin FAQ Übergangsbestimmungen, Ziffer III. Nr. 5 lit. e).
37 BaFin FAQ Übergangsbestimmungen, Ziffer III. Nr. 5 lit. g).
38 BaFin FAQ Übergangsbestimmungen, Ziffer III. Nr. 5 lit. g).
39 BaFin FAQ Übergangsbestimmungen, Ziffer III. Nr. 5 lit. h).
40 BaFin FAQ Übergangsbestimmungen, Ziffer III. Nr. 5 lit. i).
41 BaFin FAQ Übergangsbestimmungen, Ziffer III. Nr. 5 lit. j).

quent, die bloße gesellschaftsrechtliche Einflussnahme*möglichkeit* ausreichen zu lassen, um eine getätigte Anlage auf unterer Ebene dem (mittelbar) mehrheitlich beteiligten AIF zuzurechnen.

30 Dies sollte aber nicht den Blick darauf verstellen, dass in vielen Fällen die zentrale Investitionsentscheidung auf der oberen Ebene des AIF bereits lange vor dem 22.7.2013 getroffen wurde, nämlich in Form des Kapitalzuflusses in die gegründete Zweckgesellschaft und deren Inbetriebnahme einer durch den Gesellschaftsvertrag und/oder anderweitige Verträge eng eingegrenzten Geschäftstätigkeit.[42] Hier **sollte nicht die bloße gesellschaftsrechtliche Einflussnahme*möglichkeit* entscheidend sein,** sondern im Einzelfall geprüft werden, inwieweit spätere Anlageentscheidungen auf Ebene der Zweck- oder Zielgesellschaft die eigenständige Ausführung eines ursprünglich eingeräumten und nach dem 22.7.2013 nicht mehr abgeänderten Ermessensspielraumes darstellen. Nur wenn der AIF *tatsächlich* von der Einflussnahmemöglichkeit Gebrauch macht und etwa konkret durch einen Gesellschafterbeschluss auf Ebene der Zweck- oder Zielgesellschaft die Anlageentscheidung (mit-)bestimmt, sollte eine Zurechnung erfolgen. Das Gleiche müsste natürlich bei Personenidentität zwischen den Geschäftsführern beispielsweise der Komplementär-GmbH des AIF und denjenigen der Zweck- oder Zielgesellschaft gelten.[43]

31 Die von der BaFin angeführten Beispiele orientieren sich stark an Fonds, die in Sachwerte – insbesondere in Immobilien – investiert sind. Das ist in Anbetracht der Bedeutung dieser Produktgruppe nachvollziehbar. Es erschwert aber die Übertragung der Abgrenzungskriterien auf andere Fondsmodelle wie beispielsweise Kapitallebensversicherungszweitmarktfonds. Die betroffenen Fonds sind gezwungen, auf der Wertungsebene Vergleiche zu den Fallgruppen der BaFin anzustellen, um Investitionen ab dem 22.7.2013 als werterhaltende Maßnahmen zu klassifizieren. Es ist zu hoffen, dass die BaFin hier mit Nachsicht agiert und die FAQ Übergangsbestimmungen im Laufe der Zeit um weitere Anwendungsbeispiele ergänzt.

32 **2. Keine Infizierung übriger geschlossener AIF der KVG.** Der Gesetzgeber hatte ursprünglich im Entwurf des KAGB vorgesehen, dass der Bestandsschutz nur dann greift, wenn die KVG *ausschließlich* geschlossene AIF verwaltet, die die Voraussetzungen von § 353 Abs. 1 erfüllen.[44] Dies hätte dazu geführt, dass bereits ein einziger anderweitig von der KVG verwalteter geschlossener AIF, der keinen Bestandsschutz genießt, die übrigen geschlossenen AIF infiziert und das KAGB zur vollen Anwendung gebracht hätte. Insbesondere unter Hinweis auf die europäische Vorgabe aus Art. 61 Abs. 3 AIFM-Richtlinie, der ein solches einschränkendes Tatbestandsmerkmal nicht kennt, hat der Gesetzgeber diesen Gedanken wieder verworfen.

33 Die BaFin hat in den FAQ Übergangsbestimmungen erläutert, inwieweit Wechselwirkungen zu beachten sind, wenn die KVG sowohl bestandsgeschützte geschlossene AIF als auch sonstige Alt-Fonds verwaltet.[45]

34 Grundsätzlich infiziert demnach ein geschlossener AIF, der nicht tatbestandsmäßig im Sinne von § 353 Abs. 1 ist, zumindest die verwaltende KVG. Diese hat eine Erlaubnis zu beantragen oder sich zu registrieren und in Bezug auf den betreffenden AIF die Vorschriften des KAGB zu beachten. Bei der Frage, ob sich die KVG registrieren darf, weil sie sich auf

---

[42] Ähnlich *Voigt/Busse* BKR **2013** 188, die ebenfalls darauf abzustellen scheinen, wer rein tatsächlich die Anlageentscheidung im Rahmen der Portfolioverwaltung trifft.
[43] *Voigt/Busse* BKR **2013** 188.
[44] Hierzu ausführlich Beckmann/Scholtz/Vollmer/*Busse/Voigt* Investment, 405 § 353 Rn. 43.
[45] BaFin FAQ Übergangsbestimmungen, Ziffer III. Nr. 2.

die Ausnahmevorschriften nach § 2 Abs. 4 bis 5 berufen kann, sind die Bestandsschutz genießenden AIF nicht in die Berechnung der Schwellenwerte einzubeziehen.[46]

Der geschlossene AIF, der nicht tatbestandsmäßig im Sinne von § 353 Abs. 1 ist, infiziert jedoch nicht diejenigen Fonds seiner KVG, welche Bestandsschutz genießen. Diese bestandsgeschützten Fonds müssen nicht die Produktvorschriften des KAGB beachten. Sie bedürfen beispielsweise keiner Verwahrstelle. Weiterhin muss auch die KVG in Bezug auf diese bestandsgeschützten Fonds nicht ihren Pflichten nach KAGB entsprechen. Weder hat die KVG ein AIF-spezifisches Risikomanagement zu installieren, noch muss sie etwa Vorschriften zur Auslagerung nach § 36 beachten oder Veröffentlichungspflichten nachkommen. 35

Einschränkend führt die BaFin jedoch an, dass die KVG auf Ebene der Verwaltungsgesellschaft ein umfassendes Risikomanagement durchzuführen hat. Ein solches ist aber nur belastbar, wenn zur Messung und Steuerung der Gesamtrisiken der KVG auch die Bestandsschutz genießenden Alt-Fonds berücksichtigt werden. Gleiches gilt laut BaFin für die Berechnung der Eigenmittel der Gesellschaft.[47] 36

II. Bestandsschutz für ausländische/EU-AIF-Verwaltungsgesellschaften (Absatz 2)

§ 353 Abs. 2 enthält die zu Absatz 1 korrelierende Regelung in Bezug auf solche inländischen geschlossenen AIF, die durch ausländische oder EU-AIF-Verwaltungsgesellschaften im Inland verwaltet werden. Sofern diese Verwaltungsgesellschaften in ihrem Herkunftsstaat – etwa wegen dort ebenfalls greifendem Bestandsschutz – keiner Erlaubnis oder Registrierung im Zuge der Umsetzung der AIFM-Richtlinie bedürfen und im Inland ausschließlich solche geschlossenen AIF verwalten, die die Voraussetzungen des § 353 Abs. 1 wahren, müssen die betreffenden Verwaltungsgesellschaften keine Anpassung an die Vorgaben des KAGB vornehmen. Für die betreffende Verwaltungsgesellschaft und ihre Alt-Fonds gilt dann weiterhin die Rechtslage vor Inkrafttreten des KAGB. Eine entsprechende Übergangsvorschrift findet sich in § 32 Abs. 5 VermAnlG. 37

III. Bestandsschutz bei 2016 auslaufenden geschlossenen AIF (Absatz 3)

1. AIF-Kapitalverwaltungsgesellschaften (Satz 1)

a) Voraussetzungen des Bestandsschutzes. Um in den Anwendungsbereich der Bestandsschutzregelung des § 353 Abs. 3 zu gelangen, darf eine KVG ausschließlich geschlossene AIF verwalten, deren Zeichnungsfrist für Anleger vor Inkrafttreten der AIFM-Richtlinie, also vor dem 21.7.2011, ablief und die für einen Zeitraum aufgelegt wurden, der spätestens am 21.7.2016 endet. 38

Der Wortlaut der Vorschrift legt nahe, dass für die Bestimmung der Restlaufzeit von drei Jahren das Datum maßgeblich ist, das bei der Auflage des Fonds prognostiziert und prospektiert wurde. Etwaige Verzögerungen, die beispielsweise anlässlich des geplanten Liquidationsszenarios eines AIF entstehen, können den Bestandsschutz nicht beeinträchtigen, selbst wenn die Restlaufzeit faktisch über den 22.7.2016 hinausreicht.[48] 39

---

46 BaFin FAQ Übergangsbestimmungen, Ziffer III. Nr. 2.
47 BaFin FAQ Übergangsbestimmungen, Ziffer III. Nr. 2.
48 Ebenso Dornseifer/Jesch/Klebeck/Tollmann/*Jesch* AIFM-Richtlinie, Art. 61 Rn. 24; Beckmann/Scholtz/Vollmer/*Busse/Voigt* Investment, 405 § 353 Rn. 53.

Die Liquidation des AIF muss jedoch spätestens zum 22.7.2016 eingeleitet worden sein.[49]

40 **b) Tätigen zusätzlicher Anlagen.** Es stellt sich die Frage, ob hierunter auch Fonds fallen, die nach dem 21.7.2013 zusätzliche Anlagen tätigen. Dafür spricht einerseits der Wortlaut, der eine Verwaltung zulässt und keine weiteren Einschränkungen formuliert. Hierfür spricht ferner auch der Telos der Norm. Denn die Gewähr des Bestandsschutzes wird in § 353 Abs. 3 an den Umstand geknüpft, dass der AIF sich bereits kurz vor dem Ende seiner Laufzeit befindet. Es wäre unverhältnismäßig, dem AIF bzw. der AIF-KVG für das verbleibende Zeitfenster von 3 Jahren eine Umstellung auf die Vorgaben des KAGB aufzuerlegen. Überdies ist zu berücksichtigen, dass geschlossene AIF, die typischerweise Laufzeiten von weit über 10 Jahren haben, sich zwischen 2013 und 2016 bereits im ausinvestierten Zustand befinden werden und es auch vor diesem Hintergrund keinen Sinn macht, die umfassende Geltung des KAGB anzuordnen.

41 Auch eine systematische Auslegung spricht für dieses Ergebnis. Denn dürften die unter § 353 Abs. 3 fallenden Fonds keine zusätzlichen Anlagen tätigen, wäre § 353 Abs. 2 beziehungsweise der ihr zu Grunde liegende Art. 61 Abs. 4 AIFM-RiLi ohne eigenen Anwendungsbereich. Der Bestandsschutz würde dann bereits – und zwar in noch umfassenderem Maße – durch § 353 Abs. 1 respektive Art. 61 Abs. 3 AIFM-RiLi gewährt.

42 **c) Umfang des Bestandsschutzes.** Sofern die geschlossenen AIF die vorgenannten Voraussetzungen erfüllen, gilt für sie größtenteils weiterhin die Rechtslage, wie sie sich vor Inkrafttreten des KAGB darstellte. Hierbei wird es sich bei geschlossenen AIF regelmäßig um die fortwährende Geltung des Vermögensanlagegesetzes handeln. Entsprechend findet sich zur Klarstellung eine korrespondiere Übergangsvorschrift in § 32 Abs. 6 VermAnlG.

43 Trotz des Bestandsschutzes ordnet der Gesetzgeber in § 353 Abs. 3 die partielle Anwendung von Vorschriften des KAGB an, die die fortgeltende alte Rechtslage an der entsprechenden Stelle verdrängen. Bei diesen Vorschriften des KAGB handelt es sich um solche zur Rechnungslegung (§§ 67, 148, 158) sowie zur Ausübung der Kontrolle über nicht börsennotierte Unternehmen (§§ 287–292). Der Gesetzgeber war wegen der europäischen Vorgabe in Art. 61 Abs. 4 AIFM-Richtlinie angehalten, diese Vorschriften trotz Bestandsschutzes für anwendbar zu erklären.

44 Es findet **keine Infizierung** der übrigen geschlossenen AIF einer KVG statt, wenn einzelne geschlossene Fonds die Bestandsschutzvoraussetzungen nicht erfüllen. Dies bringen der Wortlaut der europäischen Ausgangsnorm in Art. 61 Abs. 4 AIFM-Richtlinie sowie derjenige von § 32 Abs. 6 VermAnlG eindeutig zum Ausdruck. Diese Auslegung steht auch im Einklang mit der Auffassung der BaFin zur gleichgelagerten Problematik bei § 353 Abs. 1.[50]

45 Entgegen dem Wortlaut der Norm wird auch die KVG nicht infiziert, wenn sie nicht ausschließlich AIF verwaltet, die Bestandsschutz nach § 353 genießen. In Bezug auf einen AIF, der die Voraussetzungen von § 353 Abs. 3 erfüllt, bleibt es folglich für die KVG bei der eingeschränkten Anwendung des KAGB, selbst wenn sie bezüglich anderer Fonds weitergehende Pflichten zu berücksichtigen hat.

---

49 BaFin FAQ Übergangsbestimmungen, Ziffer III. Nr. 6.
50 BaFin FAQ Übergangsbestimmungen, Ziffer III. Nr. 2; Beckmann/Scholtz/Vollmer/*Busse/Voigt* Investment, 405 § 353 Rn. 50.

2. Ausländische/EU-AIF-Verwaltungsgesellschaften (Satz 2). Nach § 353 Abs. 3 **46** Satz 2 greift der Bestandsschutz in selbem Maße bei solchen inländischen geschlossenen AIF, die durch ausländische oder durch EU-AIF-Verwaltungsgesellschaften verwaltet werden, sofern diese AIF ebenfalls die Voraussetzungen von 353 Abs. 3 Satz 1 erfüllen.

IV. Partieller Bestandsschutz für platzierte „aktive" Alt-Fonds (Absätze 4 und 5)

Ergänzend zu den europäisch vorgegebenen Übergangsregelungen für geschlossene **47** AIF, die sich im Wesentlichen in § 353 Abs. 1, 2 und 3 niederschlagen, hat der Gesetzgeber bei der Umsetzung zusätzlich in § 353 Abs. 4 und 5 Bestandsschutzregelungen auf Fonds-Ebene[51] geschaffen, die einzelne „aktive", sich noch in der Investitionsphase befindende AIF von bestimmten nationalen Produktregulationen ausnehmen. Hintergrund ist, dass diese geschlossenen AIF andernfalls beispielsweise wegen des nunmehr herrschenden Rechtsformzwangs[52] ggf. ihre Rechtsform sowie wegen neuer Vorgaben zur zulässigen Risikomischung auch ihre Anlagestrategie ändern müssten. Da eine solch tiefgreifende Produktumstrukturierung in der fortgeschrittenen Phase eines Fondslebenszyklus unverhältnismäßig sein kann, hat der nationale Gesetzgeber von seinem Umsetzungsspielraum Gebrauch gemacht und nur die zwingenden Vorgaben der AIFM-Richtlinie für anwendbar erklärt.[53]

1. Bei geschlossenen AIF erlaubnispflichtiger KVG. § 353 Abs. 4 gilt für jene ge- **48** schlossenen inländischen AIF, die von einer erlaubnispflichtigen KVG verwaltet werden.

a) Voraussetzungen des Bestandsschutzes. Um in den Genuss des partiellen Be- **49** standsschutzes nach § 353 Abs. 4 zu gelangen, muss die Zeichnungsfrist des betreffenden geschlossenen AIF vor dem 22.7.2013 abgelaufen sein, so dass der AIF bereits beim Anlegerpublikum platziert wurde. Weiterhin fordert § 353 Abs. 4 Satz 1, dass der betreffende AIF ab dem 21.7.2013 weiterhin Anlagen tätigt, was jedoch weniger eine konstitutive Tatbestandsvoraussetzung als vielmehr eine Frage des einschlägigen Bestandsschutzumfangs ist und der Abgrenzung der einzelnen Absätze von § 353 dient.

b) Umfang des Bestandsschutzes. Ab Eingang des Erlaubnisantrags gemäß § 22, **50** welchen die KVG binnen Jahresfrist bis zum 21.7.2014 gemäß §§ 353 Abs. 7, 343 Abs. 1 zu stellen hat, findet auf die platzierten geschlossenen AIF, die weitere Anlagen tätigen, nur der reduzierte Pflichtenkatalog Anwendung, wie er in § 353 Abs. 4 Satz 1 abgebildet ist.[54] So hat der betreffende AIF der KVG beispielsweise weder den Rechtsformzwang aus § 139 noch die Vorgabe der Risikomischung aus § 262 zu berücksichtigen. Die KVG hat ferner für die betreffenden Alt-Fonds eine Verwahrstelle zu beauftragen und ein Risikomanagement einzurichten. Für jene geschlossenen AIF, die vor dem 22.7.2013 als Vermögens-

---

51 Regelungsadressat der Vorschrift ist zwar die KVG. Die von der KVG einzuhaltenden Vorschriften betreffen jedoch insbesondere die Gestaltung des AIF, so dass die Regelung von ihrer Zielrichtung die Fonds im Blick hat. Ebenso Gesetzesbegründung zu § 353 Abs. 6, AIFM-UmsG, BTDrucks. 17/12294, S. 306.
52 Während vor dem 22.7.2013 keine gesetzlichen Vorgaben zur Rechtsform geschlossener Fonds existierten, sind künftig gemäß § 139 nur noch die Investmentkommanditgesellschaft sowie die Investmentaktiengesellschaft mit fixem Kapital zulässig.
53 Gesetzesbegründung zu § 353 Abs. 4, AIFM-UmsG, BTDrucks. 17/12294, S. 305.
54 Ausführlich hierzu Beckmann/Scholtz/Vollmer/*Busse/Voigt* Investment, 405 § 353 Rn. 67 ff.

anlage im Sinne des VermAnlG qualifizierten, enthält § 32 Abs. 7 VermAnlG die korrelierende Bestandsschutzregelung.

51 **c) Inländische Spezial-AIF von EU-AIF-Verwaltungsgesellschaften.** Gemäß § 353 Abs. 4 Satz 5 ist die Regelung entsprechend auf solche geschlossenen inländischen Spezial-AIF anzuwenden, die von EU-AIF-Verwaltungsgesellschaften verwaltet werden.

52 **2. Bei geschlossenen AIF registrierungspflichtiger KVG.** § 353 Abs. 5 bildet das Pendant zu § 353 Abs. 4 für jene geschlossenen inländischen AIF, die von einer registrierungspflichtigen KVG im Sinne von § 2 Abs. 5 verwaltet werden. Die übrigen Ausnahmetatbestände nach § 2 Abs. 4, Abs. 4a und Abs. 4b, die lediglich einer Registrierung bedürfen, werden in § 353 Abs. 4 explizit vom Bestandsschutz ausgenommen. Da für diese ohnehin keine fonds- oder vertriebsbezogenen Pflichten des KAGB für anwendbar erklärt werden, bedarf es auch keiner Übergangsregelungen.

53 **a) Voraussetzungen des Bestandsschutzes.** Um in den Genuss des partiellen Bestandsschutzes nach § 353 Abs. 5 zu gelangen, muss die Zeichnungsfrist des betreffenden geschlossenen AIF vor dem 22.7.2013 abgelaufen sein, so dass der AIF bereits beim Anlegerpublikum platziert wurde. Weiterhin fordert § 353 Abs. 5 Hs. 1, dass der betreffende AIF ab dem 21.7.2013 weiterhin Anlagen tätigt, was jedoch weniger eine konstitutive Tatbestandsvoraussetzung als vielmehr eine Frage des einschlägigen Bestandsschutzumfangs ist und der Abgrenzung der einzelnen Absätze von § 353 dient.

54 **b) Umfang des Bestandsschutzes.** Ab Eingang des Registrierungsantrags gemäß § 44, welchen die KVG binnen Jahresfrist bis zum 21.7.2014 gemäß §§ 353 Abs. 7, 343 Abs. 1 zu stellen hat, findet auf die platzierten geschlossenen AIF, die weitere Anlagen tätigen, nur der reduzierte Pflichtenkatalog Anwendung, wie er in § 353 Abs. 5 abgebildet ist. So hat der betreffende AIF der KVG beispielsweise nicht die §§ 261–270, die §§ 293, 295, 297, die §§ 300–306 sowie die §§ 314, 316 zu beachten.[55]

55 In Abweichung zum Bestandsschutzumfang für geschlossene AIF erlaubnispflichtiger KVG werden geschlossene AIF einer registrierungspflichtigen KVG jedoch nicht ausnahmslos in ihrer bestehenden Rechtsform geschützt. Denn der Pflichtenkatalog in § 353 Abs. 5 Hs. 1 verweist auf die Vorschrift des § 44 in Gänze, so dass auch der Rechtsformzwang aus § 44 Abs. 1 Nr. 7 Anwendung findet. Demnach dürfen AIF nur in der Rechtsform einer juristischen Person oder einer Personenhandelsgesellschaft aufgelegt werden, bei der persönlich haftender Gesellschafter ausschließlich eine Gesellschaft mit beschränkter Haftung ist, und bei der die Nachschusspflicht der Anleger ausgeschlossen ist. War der bereits platzierte geschlossene inländische AIF folglich als Gesellschaft bürgerlichen Rechts (GbR) ausgestaltet, muss eine Rechtsformänderung vorgenommen werden.

56 **3. Änderungen durch das FinMarktAnpG.** Durch die nachträgliche Abänderung der Definition des geschlossenen AIF durch die Delegierte Verordnung Nr. 694/2014 sah sich der nationale Gesetzgeber gezwungen, den Umfang des partiellen Bestandsschutzes im Rahmen von § 353 Abs. 4 und Abs. 5 abzuändern. Dies hat er im FinMarktAnpG umgesetzt.

---

55 Ausführlich hierzu Beckmann/Scholtz/Vollmer/*Busse*/*Voigt* Investment, 405 § 353 Rn. 85 ff.

Zunächst hat der Gesetzgeber durch den kryptischen[56] Einschub in § 353 Abs. 4 **57** Satz 2 sowie in § 353 Abs. 5 Satz 2 klarzustellen versucht, dass die Definition eines geschlossenen AIF in § 352a grundsätzlich auch für die Vorschriften gilt, die gemäß § 353 Abs. 4 Satz 1 und § 353 Abs. 5 Satz 1 entsprechende Anwendung finden sollen.[57] Denn prinzipiell erstreckt sich der Anwendungsbereich der speziellen Definition des geschlossenen AIF in § 352a nur auf § 353.

Der Gesetzgeber grenzt die Anwendbarkeit der Definition eines geschlossenen AIF **58** im Sinne von § 352a auf die angeführten Vorschriften in § 353 Abs. 4 Satz 1 und § 353 Abs. 5 Satz 1 in einem zweiten Schritt jedoch wieder ein. Demnach hat sich der geschlossene AIF trotz des partiellen Bestandsschutzes zumindest in Bezug auf die Vorschriften zum **Liquiditätsmanagement** sowie zur **Häufigkeit der Bewertung der Vermögensgegenstände** abweichend von §§ 30, 272, 286 Abs. 2 wie ein offener AIF behandeln zu lassen, wenn er lediglich die Voraussetzungen von § 352a und nicht diejenigen der neuen Definition in § 1 Abs. 5 erfüllt. Hintergrund dieser Einschränkung ist, dass der nationale Gesetzgeber in puncto Liquiditätsmanagement und Bewertungsfrequenz die zwingenden Vorgaben der AIFM-RL unter Einbeziehung der neuen Definition für geschlossene AIF berücksichtigen musste und ihm kein weiterer Ermessensspielraum verblieb.[58]

V. Übergangsregelung für geschlossene AIF in der Vertriebsphase (Absatz 6)

§ 353 Abs. 6 enthält keine Bestandsschutzregelung sondern lediglich eine Über- **59** gangsregelung für all jene geschlossenen AIF, die nicht von den Ausnahmeregelungen der Absätze 1 bis 5 Gebrauch machen können. Die KVG hat binnen Jahresfrist dafür Sorge zu tragen, dass die betreffenden Fonds auf die Anforderungen des KAGB umgestellt werden.

1. Tatbestandsvoraussetzung: geschlossener AIF in Vertriebsphase. Die Rege- **60** lung betrifft jene geschlossenen Fonds, die zwar vor dem 22.7.2013 aufgelegt wurden, deren Zeichnungsfrist jedoch über den Stichtag hinaus andauert und die naturgemäß in der darauf folgenden Investitionsphase aktiv Anlagen tätigen.

Regelungsadressat der Vorschrift ist eigentlich die KVG, die geschlossene AIF des **61** betreffenden Typs verwaltet. Die KVG muss sich jedoch ohnehin umfassend an die Vorgaben des KAGB anpassen, soweit sie nicht ausschließlich Fonds verwaltet, die von den Bestandsschutzregelungen Gebrauch machen können. § 353 Abs. 6 ist daher fondsbezogen zu lesen, da die Regelung primär der Abgrenzung zu § 353 Abs. 4 dient, der bei Auslaufen der Zeichnungsfrist vor dem 22.7.2013 den betreffenden AIF partiellen Bestandsschutz gewährt.

2. Rechtsfolge: entsprechende Anwendung von § 351. Als Rechtsfolge verweist **62** § 353 Abs. 6 Satz 1 auf § 351, der die Übergangsregelung für solche offenen AIF und deren KVG enthält, die nicht bereits durch das Investmentgesetz erfasst waren. Die entsprechende Anwendung der originär für offene AIF konzipierten Vorschrift, wirft diverse Auslegungsfragen auf.[59] Diesen Bedenken ist teilweise durch eine Abänderung der

---

56 Die Formulierung ist unverständlich. Die Bezugnahme auf „diese Vorschriften" hätte konkretisiert werden sollen. Gemeint sind wohl die Übergangsvorschriften bzw. diejenigen Vorschriften, für welche die Definition eines geschlossenen AIF im Sinne von § 352a gilt.
57 Gesetzesbegründung zu § 353 Abs. 4, FinMarktAnpG, BTDrucks. 18/1305, S. 53.
58 Gesetzesbegründung zu § 353 Abs. 4, FinMarktAnpG, BTDrucks. 18/1305, S. 53.
59 Siehe *Voigt/Busse* BKR **2013** 188 ff.

korrespondierenden Übergangsvorschrift in § 32 Abs. 8 VermAnlG im laufenden Gesetzgebungsverfahren[60] sowie durch eine klärende Erläuterung der BaFin in den FAQ Übergangsvorschriften[61] Rechnung getragen worden. Gleichwohl verbleiben Unstimmigkeiten. So berücksichtigt § 351 beispielsweise nicht die (terminologischen) Besonderheiten, um sog. kleine KVG tatbestandsmäßig zu erfassen, die lediglich eine Registrierung nach den § 2 Abs. 4 bis 5 anstreben. Denn diese Registrierungsvorschriften betreffen die Verwaltung geschlossener AIF, während § 351 als Vorschrift für offene AIF konzipiert wurde. Wenn daher in § 351 an einzelnen Stellen maßgeblich auf den Erlaubnisantrag abgestellt wird, ist die Regelung für die kleine KVG entsprechend anwendbar und alternativ auf den Registrierungsantrag abzustellen.[62]

63 Die KVG, die geschlossene AIF verwaltet, welche nicht dem Bestandsschutz unterfallen, muss daher die Anlagebedingungen der AIF an den Inhalt und die Terminologie des KAGB anpassen, beziehungsweise solche Anlagebedingungen erstmals entwerfen, sowie von der BaFin genehmigen lassen und diese zwecks Inkrafttretens veröffentlichen, § 351 Abs. 1 i.V.m. § 353 Abs. 6 Satz 1. Hierbei ist die Jahresfrist zu wahren, § 351 Abs. 1 Satz 1 HS 2.

64 Die bereits aufgelegten geschlossenen AIF müssen überdies an die Produktvorschriften gemäß §§ 261 ff. (für geschlossene Publikums-AIF) angepasst werden, so dass es beispielsweise einer Änderung der Rechtsform oder der Veräußerung bereits erworbener Vermögensgegenstände bedarf, wenn diese nicht Investitionsgegenstand sein dürfen oder der Grundsatz der Risikomischung verletzt würde. Auch diese Umstellung hat binnen Jahresfrist zum 21.7.2014 zu erfolgen. Gleichwohl deutet die BaFin in den FAQ Übergangsvorschriften an, Fristüberschreitungen im Einzelfall (bis maximal zum 21.1.2015) zu tolerieren, wenn dies im Interesse der Anleger geboten erscheint. Dies könne beispielsweise der Fall sein, wenn die fristgemäße Veräußerung von Vermögensgegenständen, in die der AIF gemäß KAGB nicht mehr investieren darf, nicht oder nur mit hohen Abschlägen zu realisieren wäre.[63] Die BaFin stellt jedoch auch klar, dass der geschlossene AIF abzuwickeln ist, wenn die (fristgemäße) Anpassung an die Vorgaben des KAGB nicht möglich ist.[64]

65 **3. Änderungen durch das FinMarktAnpG.** Durch die nachträgliche Abänderung der Definition des geschlossenen AIF durch die Delegierte Verordnung Nr. 694/2014 sah sich der nationale Gesetzgeber gezwungen, die Übergangsregelung in § 353 Abs. 6 anzupassen. Diese Ergänzung wurde durch das FinMarktAnpG zum 19.7.2014 umgesetzt. Die inhaltlichen Änderungen entsprechen im Wesentlichen denjenigen bei § 353 Abs. 4 und Abs. 5.[65]

VI. Übergangsregelung der AIF-KVG (Absatz 7)

66 Soweit nicht *alle* von einer AIF-KVG verwalteten geschlossenen AIF unter die Bestandsschutzregelungen der Absätze 1 bis 3 fallen, hat sich die KVG binnen einen Jahres KAGB konform aufzustellen. Dies ergibt sich bereits aus der Systematik der Übergangs-

---

60 Beschluss des Finanzausschusses zum AIFM-UmsG vom 10.5.2013, BTDrucks. 17/13395, S. 357 f. und 411 f.
61 BaFin FAQ Übergangsbestimmungen, Ziffer III. Nr. 7.
62 Beckmann/Scholtz/Vollmer/*Busse*/*Voigt* Investment, 405 § 353 Rn. 110, 121 und 130.
63 BaFin FAQ Übergangsbestimmungen, Ziffer III. Nr. 8.
64 BaFin FAQ Übergangsbestimmungen, Ziffer III. Nr. 8.
65 Siehe die Ausführungen bei Rn. 56.

vorschriften, denen § 343 als AT-Regelung vorangestellt wurde, so dass § 343 Abs. 1 auch auf die AIF-KVG Anwendung findet, die geschlossene AIF verwaltet. Der Gesetzgeber hat dies jedoch durch 353 Abs. 7 klarstellend statuiert.[66]

VII. Partieller Bestandsschutz bei Vertrieb gemäß Prospektrichtlinie (Absatz 8)

Durch § 353 Abs. 8 setzt der Gesetzgeber den Regelungsgehalt aus Art. 61 Abs. 2 AIFM-Richtlinie um. Im Gesetzentwurf fand sich anfänglich eine zu weit geratene Formulierung,[67] die selbst den laufenden Vertrieb mittels Prospekt nach Vermögensanlagengesetz privilegiert hätte. Dies führte zu systematischen Unstimmigkeiten mit anderen Vorschriften des Gesetzentwurfes.[68] Nach der Abänderung durch den Finanzausschuss[69] stellt die Regelung nunmehr eine 1:1-Umsetzung der europäischen Vorgabe dar. 67

Nach § 353 Abs. 8 gelten bestimmte Vertriebsvorgaben des KAGB, wie etwa die Durchführung eines Vertriebsanzeigeverfahrens, dann nicht, wenn der betreffende AIF bereits vor dem 22.7.2013 Gegenstand eines laufenden öffentlichen Angebots unter Verwendung eines Prospektes gemäß der Prospektrichtlinie[70] war. Da die Prospektrichtlinie in Deutschland im Wertpapierprospektgesetz umgesetzt wurde, gilt dies vor allem für dort erfasste prospektpflichtige Anlagen, welche nunmehr als Investmentvermögen im Sinne des KAGB qualifizieren. Die KVG kann die betreffenden AIF folglich durchgängig nach altem Vertriebsregime anbieten, ohne etwa das zwangsläufig eine Vertriebsunterbrechung[71] verursachende Anzeigeverfahren durchlaufen zu müssen. 68

VIII. Bestandsschutz für geschlossene AIF alter KAGB-Definition (Absatz 9)

Der durch das FinMarktAnpG neu angefügte § 353 Abs. 9 gewährt solchen geschlossenen AIF partiellen Bestandsschutz, die im Vertrauen auf die alte Definition des geschlossenen AIF nach Inkrafttreten des KAGB am 22.7.2013 und vor Inkrafttreten des das Vertrauen beseitigende FinMarktAnpG am 19.7.2014 aufgelegt wurden und zumindest die Voraussetzungen von § 352a erfüllen. Zeitlich genügt es, wenn spätestens am 18.7.2014 ein Anleger dem AIF beigetreten ist, um noch in den Genuss des Bestandsschutzes zu gelangen.[72] 69

Liegen die Tatbestandsvoraussetzungen eines solchen AIF vor, wird er gemäß § 353 Abs. 9 Satz 1 auch neben dem Anwendungsbereich der Übergangsregelungen in den übrigen Vorschriften des KAGB als ein solcher des geschlossenen Typs behandelt, obwohl seine Gesellschaftsverträge ggf. ein ordentliches Kündigungsrechte vor der Liquidationsphase einräumen und der Fonds dadurch eigentlich gemäß neuer Definition als offener AIF einzuordnen wäre. 70

---

66 Gesetzesbegründung zu § 353 Abs. 7, AIFM-UmsG, BTDrucks. 17/12294, S. 306.
67 Jedes öffentliche Angebot unter Verwendung eines Prospektes *nach geltendem Prospektrecht* sollte Bestandsschutz genießen.
68 Hierzu *Voigt/Busse* BKR **2013** 190f.
69 Beschluss des Finanzausschusses zum AIFM-UmsG vom 10.5.2013, BTDrucks. 17/13395, S. 349 und 411.
70 Richtlinie 2003/71/EG des Europäischen Parlaments und des Rates vom 4. November 2003 betreffend den Prospekt, der beim öffentlichen Angebot von Wertpapieren oder bei deren Zulassung zum Handel zu veröffentlichen ist.
71 Zu dieser Problematik *Voigt/Busse* BKR **2013** 189f.
72 Siehe zu den Voraussetzungen der Auflage im Sinne von § 343 Abs. 4 die dortige Kommentierung bei Rn. 35ff.

71 § 353 Abs. 9 Satz 2 enthält eine Rückausnahme von dieser Bestandsschutzregelung. Demnach hat sich der geschlossene Fonds zumindest in Bezug auf die Vorschriften zum Liquiditätsmanagement sowie zur Häufigkeit der Bewertung der Vermögensgegenstände abweichend von §§ 30, 272, 286 Abs. 2 wie ein offener AIF behandeln zu lassen. Hintergrund dieser Rückausnahme ist, dass der nationale Gesetzgeber diesbezüglich die zwingenden Vorgaben der AIFM-RL unter Einbeziehung der neuen Definition für geschlossene AIF berücksichtigen musste und ihm kein weiterer Ermessensspielraum verblieb.[73]

72 Ferner wird in § 353 Abs. 9 Satz 2 zwangsläufig § 161 Abs. 1 für unanwendbar erklärt, da das dort geregelte Verbot der ordentlichen Kündigung durch einen Anleger nicht zu der Definition der geschlossenen AIF nach Art. 1 Abs. 5 der Delegierten Verordnung Nr. 694/2014 passt. Bei diesen Fonds ist die ordentliche Kündigung lediglich in den ersten fünf Jahren nach Auflage des AIF ausgeschlossen.

IX. Auflage vor dem 19.7.2014 als Grenze des Vertrauensschutzes (Absatz 10)

73 § 353 Abs. 10 nimmt eine Abgrenzung vor, ab welchem Zeitpunkt ein inländischer geschlossener AIF in den Genuss von Bestandsschutz kommt und wie mit Genehmigungs- und Registrierungsbemühungen zu verfahren ist, die zwar nach Inkrafttreten des KAGB eingeleitet, dann aber nicht vor Inkrafttreten des FinMarktAnpG am 19.7.2014 zum Abschluss gebracht wurden. Letztlich wird hier eine Wertung des Gesetzgebers vorgenommen. Schützenswertes Vertrauen ergibt sich nicht bereits durch das Einreichen der Anträge und Veranlassung aller in der Sphäre der KVG liegenden notwendigen Voraussetzungen, sondern erst wenn die BaFin die Anträge beschieden hat und der erste Anleger im Sinne von § 343 Abs. 4 einen Fondsanteil zeichnet. Diese Trennungslinie ist nachvollziehbar, weil eine Abänderung der Fondsstruktur oder eine Rückabwicklung erheblich erschwert wird, sobald Vertragsbeziehungen zu Anlegern eingegangen wurden. Die Abgrenzung erscheint jedoch nicht unbedenklich, zumal die BaFin faktisch mit dem Bearbeiten von Anträgen offenbar in starkem Verzug ist[74] und der KVG dadurch unverschuldet Regulierungserleichterungen in Bezug auf die betreffenden AIF entgehen. Es stellt sich in diesem Zusammenhang auch die Frage, ob und in welchem Umfang die KVG die Verwaltungsgebühren für ihre ggf. frustrierten Bemühungen zu tragen hat.

74 Nach § 353 Abs. 10 Satz 1 erlöschen Vertriebsfreigaben sowie erteilte Genehmigungen von Anlagebedingungen solcher inländischer AIF, die lediglich nach ursprünglicher Definition des KAGB („keine jährliche Rückgabemöglichkeit") dem geschlossenen Typ zuzuordnen waren, wenn die betreffenden AIF nicht vor dem 19.7.2014 von einem Anleger gezeichnet wurden. Denn in diesem Fall fehlt es an einer Auflage des AIF im Sinne von § 343 Abs. 4 vor Inkrafttreten der neuen Definition eines geschlossenen AIF und damit an einem hinreichend schützenswerten Vertrauenstatbestand. Je nachdem ob die rechtzeitig aufgelegten AIF zumindest die Voraussetzungen nach § 352a erfüllen, liegen sie im Anwendungsbereich von § 353 Abs. 9 oder – sofern sie bereits innerhalb der ersten 5 Jahre Rückgaberechte vorsehen – im Anwendungsbereich von § 353 Abs. 11.

75 Nach § 353 Abs. 10 Satz 2 gilt Entsprechendes für die kleine interne AIF-KVG gemäß §§ 2 Abs. 4a, 44.

76 Nach § 353 Abs. 10 Satz 3 und 4 gelten Anträge, die zwar vor dem Inkrafttreten des FinMarktAnpG eingereicht, jedoch zum Ablauf des 18.7.2014 noch nicht beschieden wa-

---

[73] Gesetzesbegründung zu § 353 Abs. 9, FinMarktAnpG, BTDrucks. 18/1305, S. 53.
[74] Protokoll Nr. 18/9 des Finanzausschusses des Deutschen Bundestages v. 19.5.2014 zur Öffentlichen Anhörung von Sachverständigen zum FinMarktAnpG, S. 27 und S. 66; jeweils Stellungnahmen des Bundesverbands Sachwerte und Investmentvermögen (bsi).

ren, als am 19.7.2014 gestellte Anträge nach den neuen Voraussetzungen des angepassten KAGB. Die Regelung gleicht derjenigen in § 345 Abs. 12.

X. Umwandlungsmöglichkeit in einen AIF i.S.v. § 352a (Absatz 11)

§ 353 Abs. 11 bietet allen geschlossenen AIF alter KAGB-Definition, die vor dem 19.7.2014 aufgelegt wurden, die Möglichkeit, sich in den Anwendungsbereich des partiellen Bestandsschutzes zu begeben. **77**

1. Voraussetzungen. Um in den Genuss des partiellen Bestandsschutzes zu gelangen, muss die KVG nach § 353 Abs. 11 Satz 1 die Anlagebedingungen sowie ggf. den Gesellschaftsvertrag der betreffenden AIF an die Voraussetzungen von § 352a und damit letztlich an diejenigen von Art. 1 Abs. 5 der Delegierten Verordnung Nr. 694/2014 anpassen. Hierzu müssen etwaige Rückgaberechte, die eine Anteilsrückgabe der Anleger binnen der ersten fünf Jahre nach Auflage des Fonds ermöglichen, an die fünfjährige Stillhalteperiode des Art. 1 Abs. 5 der Verordnung angeglichen werden. Die Anpassungen müssen **spätestens bis zum 19.1.2015** in Kraft treten. Die KVG sollte frühzeitig den Antrag bei der BaFin stellen, um die Genehmigung(sfiktion) nach §§ 267, 163 rechtzeitig zu erlangen und noch vor dem 19.1.2015 die notwendige Veröffentlichung im Bundesanzeiger vornehmen zu können. **78**

Bei der **Anpassung der Gesellschaftsverträge und Anlagebedingungen** an die Vorgaben von Art. 1 Abs. 5 der Delegierten Verordnung Nr. 694/2014 wird abermals die Frage virulent, welche Rechte der Anleger unter die Rückgaberechte im Sinne der europäischen Verordnung zu subsumieren sind. Die BaFin wird hier im Genehmigungsverfahren bezüglich der abgeänderten Anlagebedingungen die Deutungshoheit erlangen, da der Gesetzgeber weder im Gesetz selbst noch in der Begründung Hinweise diesbezüglich erkennen lässt.[75] In der Öffentlichen Anhörung zum FinMarktAnpG hatte es gleichwohl den Anschein, alle Beteiligten gingen davon aus, dass beispielsweise Härtefallklauseln, die **Sonderkündigungsrechte** gewähren, nicht unter ein derartiges Rückgaberecht fallen und folglich Anlagebedingungen und Gesellschaftsverträge diesbezüglich nicht anzupassen wären.[76] Diese Auslegung ist vor dem Hintergrund des Anlegerschutzgedankens der AIFM-RL konsequent und stünde überdies nicht im Widerspruch zu den überarbeiteten Ausführungen von ESMA zur Definition geschlossener AIF. **79**

2. Umfang des partiellen Bestandsschutzes. Wenn die KVG die Anlagebedingungen und Gesellschaftsverträge der betreffenden AIF rechtzeitig angepasst hat, gelten die inländischen AIF auch über den Anwendungsbereich der Übergangsvorschriften hinaus als AIF des geschlossenen Typs in Bezug auf die übrigen Vorschriften des KAGB. **80**

§ 353 Abs. 11 Satz 2 enthält abermals die Rückausnahme zum Bestandsschutz in Bezug auf Vorschriften zum Liquiditätsmanagement sowie zur Häufigkeit der Bewertung der Vermögensgegenstände.[77] Auch die Regelung des § 161 Abs. 1 wird für unanwendbar erklärt, da die Anleger nach Anpassung der Gesellschaftsverträge nach den ersten fünf Jahren ggf. ein ordentliches Kündigungsrecht vor der Liquidationsphase des Fonds ausüben können. **81**

---

75 Siehe Kommentierung zu § 352a Rn. 5 ff.
76 Protokoll Nr. 18/9 des Finanzausschusses des Deutschen Bundestages v. 19.5.2014 zur Öffentlichen Anhörung von Sachverständigen zum FinMarktAnpG, S. 28 f.
77 Siehe hierzu bereits oben Rn. 58.

82 **3. Hinweispflichten in der Vertriebsphase.** Befindet sich der betreffende geschlossene AIF alter KAGB-Definition, der weder die Voraussetzungen von Art. 1 Abs. 3 noch von Art. 1 Abs. 5 der Delegierten Verordnung Nr. 694/2014 erfüllt, noch in der Vertriebsphase, müssen Anleger gemäß § 353 Abs. 11 Satz 5 in der Vertriebsdokumentation auf die notwendigen Anpassungsmaßnahmen und die Folgen einer unterbliebenen Anpassung hingewiesen werden. Gemäß § 353 Abs. 11 Satz 6 hat ein entsprechender Hinweis auch bei Spezial-AIF im Rahmen der Information nach § 307 zu erfolgen. Die Regelung gleicht – auch in Bezug auf die notwendige Ausgestaltung und Platzierung des Hinweises – derjenigen in § 343 Abs. 3 Satz 3 und 4.[78]

83 Unterlässt es die KVG, den entsprechenden Hinweis aufzunehmen, läuft sie Gefahr, Anlegern später selbst bei erfolgreicher Anpassung an die Vorgaben von Art. 1 Abs. 5 der Delegierten Verordnung Nr. 694/2014 ggf. auf Rückabwicklung ihrer Fondsbeteiligung zu haften.

84 **4. Konsequenzen bei fehlender Umwandlung.** Nimmt die AIF-KVG die erforderlichen Anpassungen im Sinne von § 353 Abs. 11 Satz 1 nicht bis zum 19.1.2015 vor, erlöschen erteilte Genehmigungen der Anlagebedingungen oder Vertriebsfreigaben für den betreffenden AIF gemäß § 353 Abs. 11 Satz 3. Da der AIF dann ab dem 19.1.2015 weder die Definition aus Art. 1 Abs. 3 noch diejenige aus Art. 1 Abs. 5 der Delegierten Verordnung Nr. 694/2014 erfüllt, wäre er eigentlich als offener AIF gemäß § 1 Abs. 4 Nr. 2 einzustufen. Da aber gleichzeitig die Übergangsvorschriften für offene AIF gemäß § 351 am 21.7.2014 abgelaufen sind und eine Umwandlung des ehemals geschlossenen Fonds deutscher Prägung in eine offene Struktur ohnehin regelmäßig weder wirtschaftlich sinnvoll noch rechtlich praktikabel sein wird, **müsste der betreffende AIF ggf. abgewickelt werden**. Es genügt vor diesem Hintergrund nicht, wenn die KVG als „Folge" einer unterlassenen Anpassung im Sinne von § 353 Abs. 11 Satz 5 lediglich darauf hinweisen würde, dass der Fonds fortan als offener AIF einzustufen wäre. Vielmehr müsste zumindest ein mögliches Abwicklungsszenario erwähnt werden.

XI. Bestandsschutz für Vertriebsrecht geschlossener EU-AIF und ausländischer AIF (Absätze 12 und 13)

85 § 353 Abs. 12 und 13 enthalten die korrespondierenden Regelungen zu § 353 Abs. 9 und 11 in Bezug auf das Vertriebsrecht von geschlossenen EU-AIF und geschlossenen ausländischen AIF an Privatanleger im Inland.

86 In § 353 Abs. 12 wird klargestellt, dass die Vertriebsvorschriften des KAGB für geschlossene Fonds auch für den Vertrieb jener geschlossener AIF gelten, die lediglich die Voraussetzungen des Art. 1 Abs. 5 der Delegierten Verordnung Nr. 694/2014 erfüllen und zwischen dem Inkrafttreten des KAGB und dem Inkrafttreten des FinMarktAnpG eine Vertriebsberechtigung erhalten haben.

87 § 353 Abs. 13 ermöglicht der KVG die Anpassung der Anlagebedingungen und Gesellschaftsverträge von geschlossenen AIF an die Voraussetzungen von Art. 1 Abs. 5 der Delegierten Verordnung Nr. 694/2014 bis spätestens 19.1.2015. Andernfalls erlischt die Vertriebsberechtigung für den betreffenden AIF. Wird der Vertrieb während der Phase der Anpassung fortgeführt, sind Anleger gemäß § 353 Abs. 13 Satz 2 auf die notwendigen Anpassungen und die Folgen bei deren Ausbleiben hinzuweisen.

---

[78] Siehe die Kommentierung bei § 343 Rn. 30 ff.

§ 354
Übergangsvorschrift zu § 342 Absatz 3

§ 342 Absatz 3 gilt für Streitigkeiten im Zusammenhang mit geschlossenen Publikums-AIF erst ab dem 22. Juli 2014.

Schrifttum

Siehe zu § 342.

Die Vorschrift ergänzt die Regelung zu den **Schlichtungsstellen** in § 342. § 354 beinhaltet eine Übergangsregelung für die bereits nach dem Investmentgesetz errichteten Schlichtungsstellen bei der BaFin und beim Bundesverband Investment und Asset Management e.V.[1] sowie für die „neue" Schlichtungsstelle beim Bundesverband Sachwerte und Investmentvermögen e.V.,[2] soweit die Schlichtungssachverhalte geschlossene Publikums-AIF betreffen. **1**

Der in Bezug genommene § 342 Abs. 3 regelt, dass Verbraucher bei Streitigkeiten im Zusammenhang mit Vorschriften des KAGB die Schlichtungsstelle anrufen können, die für die außergerichtliche Beilegung von Verbraucherrechtsstreitigkeiten bei der BaFin einzurichten ist. Diese Schlichtungsstelle bei der BaFin existiert bereits seit dem 1.7.2011, da die Verpflichtung zur Einrichtung einer solchen Schlichtungsstelle im Zuge des OGAW-IV-Umsetzungsgesetzes in § 143c Abs. 3 InvG installiert wurde. Gleichwohl umfasste die Zuständigkeit der Schlichtungsstelle bis zum 22.7.2013 lediglich Sachverhalte, die sich nach Investmentgesetz beurteilten, so dass sich Verbraucher nicht bezüglich geschlossener Fonds an die Schlichtungsstelle der BaFin wenden konnten. **2**

Die **Notwendigkeit einer Übergangsvorschrift** wäre wahrscheinlich entfallen, wenn die Schlichtungsstelle der BaFin (und jene des BVI) künftig alleiniger Adressat von Anliegen der Verbraucher im Zusammenhang mit geschlossenen AIF hätten sein sollen.[3] Denn diese Schlichtungsstellen sind bereits seit 2011 eingerichtet und es bedurfte lediglich einer Anpassung ihrer Verfahrensordnungen an den Anwendungsbereich des KAGB. **3**

Die Übergangsvorschrift des § 354 ist jedoch erforderlich, weil primärer[4] Adressat von Schlichtungsanträgen der Verbraucher bei geschlossenen AIF künftig die Ombudsstelle Geschlossene Fonds e.V. des Branchenverbandes bsi sein wird. Die staatliche Schlichtungsaufgabe wird hierzu im Einklang mit der Ermächtigungsgrundlage in § 342 Abs. 6 auf die private Schlichtungsstelle des bsi übertragen. Der BaFin bleibt lediglich eine Auffangzuständigkeit für alle Streitigkeiten mit Bezug zu jenen geschlossenen Publikums-AIF, deren KVG nicht Vereinsmitglied der Ombudsstelle Geschlossene Fonds e.V. ist.[5] Zwar ist auch die Ombudsstelle Geschlossene Fonds e.V. bereits seit 1.3.2008 eingerichtet und **4**

---

[1] Hiernach: BVI. Der Name der dort angesiedelten Schlichtungsstelle ist „Ombudsstelle für Investmentfonds".
[2] Hiernach: bsi. Der Verband firmierte bis zum 21.7.2013 als Verband Geschlossene Fonds e.V. (VGF).
[3] Anders anscheinend die Gesetzesbegründung zu § 354, AIFM-UmsG, BTDrucks. 17/12294, S. 306, was aber aufgrund der intendierten Aufgabenverteilung zwischen BaFin und privater Ombudsstelle nicht nachvollziehbar erscheint.
[4] Auch die Ombudsstelle für Investmentfonds hat sich durch die Anpassung ihrer Verfahrensordnung an den Anwendungsbereich des KAGB für Schlichtungssachverhalte mit Bezug zu geschlossenen Fonds geöffnet. Gleichwohl ist dies zunächst nur eine Öffnung auf dem Papier, solange dem Schlichtungsverfahren nur solche Mitglieder beigetreten sind, die offene AIF und OGAW auflegen.
[5] Zu dieser dualen Konzeption der Schlichtungsaufgabe siehe die Kommentierung bei § 342 Rn. 30 ff.

funktionstüchtig;[6] die Umstellung auf die umfangreichen neuen Aufgaben und Vorgaben des KAGB lassen die einjährige Vorbereitungszeit jedoch angezeigt erscheinen. Zudem ist allein der **Übertragungsakt der Schlichtungsaufgabe** als solcher, welcher eine Abänderung der Verfahrensordnung der Ombudsstelle Geschlossene Fonds e.V. und die Genehmigung dieser Verfahrensordnung durch die in § 342 Abs. 6 genannten Ministerien beinhaltet, mit einem beachtlichen Zeitvorlauf verbunden. Da die Ministerien zunächst mit der Genehmigung der angepassten Verfahrensordnung der Ombudsstelle für Investmentfonds beschäftigt waren, zog sich das Genehmigungsverfahren für die Ombudsstelle Geschlossene Fonds e.V. bis kurz vor Ablauf der Übergangsfrist im Juli 2014 hin. Nachdem die Verfahrensordnung schließlich am 19.6.2014 von den zuständigen Ministerien genehmigt sowie gemäß § 11 Abs. 3 Satz 2 und 3 KASchlichtV im Bundesanzeiger veröffentlicht wurde, ist die Übertragung der Schlichtungsaufgabe auf die Ombudsstelle Geschlossene Fonds des bsi zum 4.7.2014 rechtswirksam geworden.

§ 355
Übergangsvorschriften für OGAW-Verwaltungsgesellschaften und OGAW

(1) OGAW-Kapitalverwaltungsgesellschaften oder extern verwaltete OGAW-Investmentaktiengesellschaften, die bei Inkrafttreten dieses Gesetzes die in § 17 Absatz 1 und § 20 Absatz 2 aufgeführten Geschäfte betreiben und die eine Erlaubnis nach § 7 des Investmentgesetzes in der bis zum 21. Juli 2013 geltenden Fassung oder eine Erlaubnis als Investmentaktiengesellschaft nach § 97 Absatz 1 des Investmentgesetzes in der bis zum 21. Juli 2013 geltenden Fassung erhalten haben, bedürfen keiner erneuten Erlaubnis zum Geschäftsbetrieb; die Erlaubnis nach den §§ 20, 21 oder § 113 gilt insoweit als erteilt.

(2) Die Anlagebedingungen für inländische OGAW, die vor dem 22. Juli 2013 aufgelegt im Sinne des § 343 Absatz 4 wurden, sind an die Vorschriften dieses Gesetzes anzupassen. Andere als die zur Anpassung der Anlagebedingungen an die Vorschriften dieses Gesetzes notwendigen Änderungen dürfen in den Anlagebedingungen nicht vorgenommen werden. Die Änderungen müssen nicht genehmigt werden, sofern diese Anlagebedingungen bereits nach § 43 Absatz 2 und § 43a des Investmentgesetzes in der bis zum 21. Juli 2013 geltenden Fassung genehmigt wurden und Anpassungen lediglich aufgrund von Anpassungen an die Begrifflichkeiten nach diesem Gesetz redaktioneller Natur sind. Sofern eine Genehmigung der Anlagebedingungen nach Satz 3 nicht erforderlich ist, haben die OGAW-Kapitalverwaltungsgesellschaften und EU-OGAW-Verwaltungsgesellschaften die Anlagebedingungen redaktionell bis zum 31. Dezember 2014 an die Rechtsvorschriften dieses Gesetzes anzupassen. § 163 Absatz 1 bis 3 und 4 Satz 2 bis 5, 6 Halbsatz 2 und 7 gilt für diese Änderungen nicht. Müssen die Anlagebedingungen an die Anforderungen nach den §§ 200 bis 203 angepasst werden, bedürfen diese Änderungen der Genehmigung; die Anpassungen sind innerhalb von sechs Monaten ab dem 22. Juli 2013 vorzunehmen. Für die Genehmigung der Anlagebedingungen gilt § 163 mit der Maßgabe, dass die in Absatz 2 Satz 1 genannte Frist drei Monate beträgt und dass Absatz 2 Satz 5, 6 und 10, Absatz 3 sowie Absatz 4 Satz 2 bis 5 keine Anwendung finden. Zudem haben die OGAW-Kapitalverwaltungsgesellschaften

---

6 Tätigkeitsbericht der Ombudsstelle Geschlossene Fonds e.V. für das Jahr 2008/2009, S. 3.

und EU-OGAW-Verwaltungsgesellschaften zeitgleich mit den Anlagebedingungen jeweils die wesentlichen Anlegerinformationen und den Verkaufsprospekt an die Vorschriften dieses Gesetzes anzupassen und diese Unterlagen jeweils gemeinsam unverzüglich nach erstmaliger Verwendung bei der Bundesanstalt einzureichen. Bedürfen die Änderungen der Anlagebedingungen keiner Genehmigung durch die Bundesanstalt, haben die OGAW-Kapitalverwaltungsgesellschaften und die EU-OGAW-Verwaltungsgesellschaften zeitgleich die redaktionell angepassten Anlagebedingungen bei der Bundesanstalt einzureichen. Bis zum Inkrafttreten der Änderungen der Anlagebedingungen der inländischen OGAW, die von einer OGAW-Verwaltungsgesellschaft im Sinne des Absatzes 1 verwaltet werden, gelten für diese inländischen OGAW die auf inländische OGAW anwendbaren Vorschriften des Investmentgesetzes in der bis zum 21. Juli 2013 geltenden Fassung weiter. Ab Inkrafttreten der geänderten Anlagebedingungen finden auf diese inländischen OGAW die auf inländische OGAW nach diesem Gesetz anwendbaren Vorschriften Anwendung.

(3) Die Verwahrstelle von bereits aufgelegten inländischen OGAW bedarf keiner Genehmigung, sofern sie bereits nach § 21 Absatz 1 des Investmentgesetzes in der bis zum 21. Juli 2013 geltenden Fassung genehmigt wurde.

(4) OGAW-Verwaltungsgesellschaften, die bei Inkrafttreten dieses Gesetzes über die zuständigen Stellen des Herkunftsstaates des EU-OGAW eine Anzeige nach § 132 Absatz 1 des Investmentgesetzes in der bis zum 21. Juli 2013 geltenden Fassung oder nach § 15c Absatz 1 des Auslandsinvestmentgesetzes in der bis zum 31. Dezember 2003 geltenden Fassung erstattet haben und zum öffentlichen Vertrieb berechtigt sind, müssen keine neue Anzeige nach § 310 übermitteln; ein bereits erlangtes Vertriebsrecht besteht fort. OGAW-Verwaltungsgesellschaften, die in Bezug auf ihre EU-OGAW nach dem 21. Juli 2013 Tätigkeiten ausüben oder ausüben lassen, die nach dem Investmentgesetz in der bis zum 21. Juli 2013 geltenden Fassung nicht als öffentlicher Vertrieb galten, nach diesem Gesetz aber als Vertrieb anzusehen sind, übermitteln bis zum 21. Juli 2014 über die zuständigen Stellen des Herkunftsmitgliedstaates des EU-OGAW eine Anzeige nach § 310.

Schrifttum

Siehe Vorbemerkung §§ 343–355.

Systematische Übersicht

A. Hintergrund der Vorschrift —— 1
B. Die Regelungen der Vorschrift im Einzelnen
   I. Bestandsschutz durch Erlaubnisfiktion für OGAW-KVG (Absatz 1) —— 5
   II. Übergangsregelungen für inländische OGAW (Absatz 2) —— 9
     1. Erforderliche Anpassungsmaßnahmen auf Fondsebene —— 11
       a) Materielle Änderungen (inhaltliche Anpassung an das KAGB) —— 12
         aa) Genehmigungsbedürftigkeit —— 13
         bb) Veröffentlichungspflicht (Inkrafttreten) —— 15
       b) Redaktionelle Änderungen (begriffliche Anpassung an das KAGB) —— 17
         aa) Keine Genehmigungsbedürftigkeit —— 18
         bb) Veröffentlichungspflicht (Inkrafttreten) —— 19
       c) Weitergehende Änderungen der Anlagebedingungen —— 20
     2. Erforderliche Anpassung der Vertriebsunterlagen —— 21

3. Anwendungszeitraum der Übergangsregelung —— 24
4. Konsequenz verspäteten Inkrafttretens der Anlagebedingungen —— 28
III. Bestandsschutz für Depotbankgenehmigungen (Absatz 3) —— 29
IV. Übergangsregelungen zum Vertrieb von Anteilen an EU-OGAW (Absatz 4) —— 31
1. Bestandsschutz für öffentliches Vertriebsrecht von EU-OGAW (Satz 1) —— 32
2. Übergangsregelung für Privatplatzierungen von EU-OGAW (Satz 2) —— 33

A. Hintergrund der Vorschrift

1 Während das KAGB für bestimmte Fondstypen wie beispielsweise die geschlossenen AIF nebst ihrer Verwaltungsgesellschaften umfassende regulatorische Neuerungen zeitigt, fällt der **Anpassungsbedarf für richtlinienkonforme Sondervermögen** (sog. OGAW) sowie für die (reine) OGAW-KVG **moderat** aus.

2 Weder tangiert die Umsetzung der AIFM-Richtlinie den Fondstyp OGAW und seine Verwaltungsgesellschaft noch entschloss sich der Gesetzgeber in vorauseilendem Gehorsam, sich abzeichnende Regelungen der OGAW-V-Richtlinie zu berücksichtigen. Lediglich partiell hat der Gesetzgeber einige Regelungen der AIFM-Richtlinie aus Gründen eines einheitlichen Anlegerschutzniveaus etwa auf die OGAW-Verwahrstelle ausgedehnt.[1] Im Übrigen wurden die Regelungen zu den OGAW und ihren Verwaltungsgesellschaften im Wesentlichen unverändert aus dem Investmentgesetz übernommen.[2]

3 Eingang in das KAGB fanden jedoch Regelungen aus den „Leitlinien zu börsengehandelten Indexfonds (Exchange-Traded Funds, ETF) und anderen OGAW-Themen"[3] der Finanzaufsichtsagentur ESMA,[4] die am 18.12.2012 veröffentlicht wurden und daher im AIFM-UmsG berücksichtigt werden konnten. Diese Regelungen wurden teilweise in der Fondskategorien-Richtlinie[5] der BaFin aufgenommen und führten überdies zu Änderungen der Vorgaben für Wertpapierdarlehen in § 200.

4 Korrespondierend zu den überschaubaren materiellen Änderungen, die sich für richtlinienkonforme Sondervermögen und ihre Verwaltungsgesellschaften durch das KAGB ergeben, ist auch die Übergangsvorschrift des § 355 deutlich schlanker als etwa die vergleichbaren Vorschriften für offene AIF und deren AIF-KVG in §§ 345, 351 oder für geschlossene AIF in §§ 352a, 353. Wegen der geringfügigen inhaltlichen Änderungen **gewährt § 355 in großem Umfang Bestandsschutz**. Da die OGAW-KVG gleichwohl eine umfassende (redaktionelle) Anpassung der Anlagebedingungen ihrer richtlinienkonformen Sondervermögen vorzunehmen hat, ermöglicht die gewährte Übergangszeit eine geordnete Implementierung des KAGB.

---

1 Allgemeiner Teil der Gesetzesbegründung, AIFM-UmsG, BTDrucks. 17/12294, S. 189.
2 *Wallach* RdF **2013** 99; *Emde/Dreibus* BKR **2013** 94.
3 Reference ESMA/2012/832 DE; abrufbar unter: http://www.esma.europa.eu/node/62544.
4 Zur Errichtung von ESMA siehe *Walla* Die Europäische Wertpapier- und Marktaufsichtsbehörde (ESMA) als Akteur bei der Regulierung der Kapitalmärkte Europas, BKR **2012** 265 sowie *Lehmann/Manger-Nestle* Das neue Europäische Finanzaufsichtssystem, ZBB **2011** 2.
5 BaFin-Richtlinie vom 22.7.2013 zur Festlegung von Fondskategorien gemäß § 4 Absatz 2 Kapitalanlagegesetzbuch und weitere Transparenzanforderungen an bestimmte Fondskategorien.

B. Die Regelungen der Vorschrift im Einzelnen

I. Bestandsschutz durch Erlaubnisfiktion für OGAW-KVG (Absatz 1)

Eine OGAW-KVG, die zum 21.7.2013 bereits eine Erlaubnis zum Geschäftsbetrieb nach 5 § 7 InvG besaß, muss nicht erneut das entsprechende Erlaubnisverfahren nach KAGB durchlaufen. § 355 Abs. 1 Hs. 2 ordnet die Fiktion einer grundsätzlich gemäß §§ 20, 21 erforderlichen Erlaubnis für die OGAW-KVG an. Die Erlaubnisfiktion umfasst neben der kollektiven Vermögensverwaltung auch das Betreiben der Dienstleistungen und Nebendienstleistungen im Sinne von § 20 Abs. 2.[6]

Die Erlaubnisfiktion ist vor dem Hintergrund gerechtfertigt, dass das KAGB in Bezug 6 auf das Zulassungsverfahren vormaliger OGAW-Kapitalanlagegesellschaften außer einer Begriffsänderung zur Kapital*verwaltungs*gesellschaft keine wesentlichen Neuerungen beinhaltet. Ein erneutes Erlaubnisverfahren käme daher unnötiger Förmelei gleich.

Der Gesetzgeber weist klarstellend darauf hin, dass die KVG trotz der Erlaubnisfik- 7 tion ggf. (innerhalb der gewährten Übergangszeit) eine Erlaubnis als AIF-KVG beantragen muss, wenn sie neben den OGAW auch Fonds verwaltet, die nunmehr nach KAGB als AIF qualifizieren.[7]

Ebenso wie die OGAW-KVG bedürfen auch extern verwaltete OGAW-InvAG, die zum 8 21.7.2013 bereits eine Erlaubnis zum Geschäftsbetrieb nach § 97 Abs. 1 InvG besaßen, keiner erneuten Erlaubnis gemäß § 113 nach Inkrafttreten des KAGB. Auch hier greift die Erlaubnisfiktion aus § 355 Abs. 1 Hs. 2.

II. Übergangsregelungen für inländische OGAW (Absatz 2)

§ 355 Abs. 2 gewährt denjenigen Fonds Bestandsschutz, die bereits unter dem Re- 9 gime des Investmentgesetzes als richtlinienkonformes Sondervermögen, sog. inländischer OGAW, gemäß §§ 46 ff. InvG aufgelegt wurden.

Um in den Genuss des Bestandsschutzes zu gelangen, müssen die inländischen 10 OGAW vor dem 22.7.2013 aufgelegt und deren Anlagebedingungen nach altem Recht genehmigt worden sein. Das heißt konkret, dass bereits vor dem 22.7.2013 zumindest ein Anleger den Fonds im Sinne von § 343 Abs. 4 gezeichnet haben muss.[8] Für diese Alt-Fonds gelten in der Folge bis zum Ende des Übergangszeitraumes[9] weiterhin die entsprechenden Vorschriften des Investmentgesetzes fort.

1. Erforderliche Anpassungsmaßnahmen auf Fondsebene. Innerhalb des zuge- 11 standenen Übergangszeitraumes hat die OGAW-KVG eine Anpassung der Alt-Fonds an das KAGB vorzunehmen. Die erforderlichen Anpassungsmaßnahmen auf Fondsebene betreffen nach § 355 Abs. 2 Satz 1 die Abänderung der Anlagebedingungen der Sondervermögen beziehungsweise der Satzung der Investmentaktiengesellschaft.

a) Materielle Änderungen (inhaltliche Anpassung an das KAGB). Obgleich die 12 Regelungen zu den OGAW im Wesentlichen 1:1 aus dem InvG übernommen wurden und inhaltliche Anpassungen der Anlagebedingungen an das KAGB daher die Ausnahme darstellen dürften, sind sie dennoch denkbar. Denn die Vorschriften bezüglich Wertpa-

---

[6] Gesetzesbegründung zu § 355 Abs. 1, AIFM-UmsG, BTDrucks. 17/12294, S. 306.
[7] Gesetzesbegründung zu § 355 Abs. 1, AIFM-UmsG, BTDrucks. 17/12294, S. 306.
[8] Zur exakten Bestimmung des Zeitpunkts der Auflage siehe die Kommentierung bei § 343 Rn. 38.
[9] Siehe hierzu die Ausführungen unter Rn. 24 ff.

pier-Darlehen (vormals §§ 54 ff. InvG) und Pensionsgeschäfte (vormals § 57 InvG) wurden durch die §§ 200 bis 203 inhaltlich abgeändert. An diese neuen Vorgaben sind die Anlagebedingungen anzupassen.[10]

13 **aa) Genehmigungsbedürftigkeit.** Die an die Vorschriften des KAGB inhaltlich angepassten Anlagebedingungen beziehungsweise Satzungen der OGAW müssen von der BaFin genehmigt werden, § 355 Abs. 2 Satz 6 Hs. 1. Für das Genehmigungsverfahren verweist § 355 Abs. 2 Satz 7 teilweise auf die allgemeine Vorschrift zur Genehmigung von Anlagebedingungen in § 163. Als Abweichung von § 163 Abs. 2 statuiert § 355 Abs. 2 Satz 7, dass die BaFin den Antrag innerhalb von drei Monaten (anstelle von vier Wochen) ab Einreichung zu bescheiden hat und dass die Genehmigungsfiktion nach Ablauf der Bearbeitungsfrist der BaFin nicht gilt.

14 Dies ist grundsätzlich dem Umstand geschuldet, dass der Gesetzgeber für den Übergangszeitraum mit einem erhöhten Aufkommen von Änderungsanträgen bei der BaFin rechnet und es entsprechend zu längeren Bearbeitungszeiten kommen kann.[11] Gleichwohl irritiert, dass der Gesetzgeber der BaFin eine Frist von drei Monaten einräumt, während die BaFin für erstmalig zu genehmigende Anlagebedingungen in § 351 Abs. 1 Satz 2 lediglich vier Wochen und für die teils beachtlich zu verändernden Anlagebedingungen von AIF nach § 345 Abs. 1 Satz 4 nur 2 Monate erhält.

15 **bb) Veröffentlichungspflicht (Inkrafttreten).** Die angepassten Anlagebedingungen sind im (elektronischen) Bundesanzeiger sowie ggf. über weitere Informationskanäle bekanntzumachen, um ordnungsgemäß in Kraft zu treten, § 355 Abs. 2 Satz 7 i.V.m. § 163 Abs. 4 Satz 1.

16 Auf die besondere Informationspflicht gegenüber Anlegern mittels eines dauerhaften Datenträgers im Sinne von § 163 Abs. 4 Satz 2 nimmt die Übergangsvorschrift hingegen nicht Bezug. Aus Kostengründen für die Anbieter sei dies nicht erforderlich, zumal ohnehin „nur" Anpassungen an das KAGB zulässig sind.[12] Darüber hinaus betreffen die Regelungen in den §§ 200 bis 203 Änderungen, die das Liquiditätsrisiko sowie bestimmte Marktrisiken begrenzen sollen,[13] so dass die Anpassungen der Anlagebedingungen letztlich dem Anlegerschutz dienen und die fehlende Zurkenntnisgabe gegenüber den Bestandsanlegern kein Schutzdefizit darstellt.

17 **b) Redaktionelle Änderungen (begriffliche Anpassung an das KAGB).** Neben den Vorgaben für inhaltliche Änderungen der Anlagebedingungen erhebt § 355 Abs. 2 abgemilderte Anforderungen bei rein redaktionellen Änderungen. Diese rein terminologischen Anpassungen werden den Regelfall bei den Änderungen der Anlagebedingungen von OGAW darstellen, da das KAGB für richtlinienkonforme Sondervermögen keine wesentlichen Neuerungen birgt.

18 **aa) Keine Genehmigungsbedürftigkeit.** Rein redaktionelle Änderungen bedürfen gemäß § 355 Abs. 2 Satz 3 keiner Genehmigung durch die BaFin. Der Gesetzgeber sieht in rein redaktionellen Änderungen solche Änderungen, die eine Anpassung der Anlagebe-

---

10 *Emde/Dreibus* BKR **2013** 101.
11 Gesetzesbegründung zur vergleichbaren Regelung in § 345 Abs. 1, AIFM-UmsG, BTDrucks. 17/12294, S. 301.
12 Gesetzesbegründung zur vergleichbaren Regelung in § 345 Abs. 1, AIFM-UmsG, BTDrucks. 17/12294, S. 301.
13 Gesetzesbegründung zu §§ 200–203, AIFM-UmsG, BTDrucks. 17/12294, S. 262.

dingungen an die Terminologie des KAGB betreffen.[14] Dies betrifft beispielsweise die begriffliche Umwandlung der Kapitalanlagegesellschaft (KAG) zur Kapitalverwaltungsgesellschaft (KVG).

bb) Veröffentlichungspflicht (Inkrafttreten). Die redaktionell angepassten Anlagebedingungen sind im (elektronischen) Bundesanzeiger sowie ggf. über weitere Informationskanäle bekanntzumachen, um ordnungsgemäß in Kraft zu treten, § 355 Abs. 2 Satz 5[15] i.V.m. § 163 Abs. 4 Satz 1. Die OGAW-KVG hat die redaktionell angepassten Anlagebedingungen ferner zeitgleich bei der BaFin einzureichen, § 355 Abs. 2 Satz 9. 19

c) Weitergehende Änderungen der Anlagebedingungen. Änderungen, die nicht notwendig sind, um eine Anpassung an die Vorschriften des KAGB vorzunehmen, sind im Übergangszeitraum unzulässig, § 355 Abs. 2 Satz 2. Solche Änderungen sind erst in einem zweiten Schritt nach vorheriger Umstellung der Anlagebedingungen auf das KAGB und entsprechender Genehmigung durch die BaFin möglich.[16] Diese weitergehenden Änderungsbegehren unterliegen dann uneingeschränkt der Regelung des § 163. 20

2. Erforderliche Anpassung der Vertriebsunterlagen. Darüber hinaus sind gemäß § 355 Abs. 2 Satz 8 die Verkaufsprospekte und die wesentlichen Anlegerinformationen des inländischen OGAW binnen des gewährten Übergangszeitraums an das KAGB anzupassen. 21

Die Notwendigkeit dieser Regelung ergibt sich aus dem Umstand, dass eine am 21.7.2013 bereits zum öffentlichen Vertrieb berechtigte OGAW-KVG (anders als eine bereits nach InvG vertriebsberechtigte AIF-KVG) hinsichtlich inländischer OGAW kein Vertriebsanzeigeverfahren durchlaufen muss, in dessen Zusammenhang aktuelle Fassungen der Vertriebsunterlagen einzureichen wären.[17] 22

Die angepassten Vertriebsunterlagen sind gemäß § 355 Abs. 2 Satz 8 jeweils in Bezug auf den betreffenden OGAW gemeinsam unverzüglich nach erstmaliger Verwendung einzureichen. Die (EU-)OGAW-KVG hat folglich den angepassten Verkaufsprospekt und die angepassten wesentlichen Anlegerinformationen gemeinsam bei der BaFin einzureichen. Die Einreichung muss (spätestens) unverzüglich nach erstmaliger Verwendung erfolgen. Dies folgt aus dem Umstand, dass die Vertriebsunterlagen keiner (vorherigen) Genehmigung durch die BaFin bedürfen und steht im Einklang sowohl mit der vormaligen Regelung in § 42 Abs. 6 Satz 1 InvG als auch der Neufassung in § 164 Abs. 4 Satz 1. 23

3. Anwendungszeitraum der Übergangsregelung. Auf die Fortwirkung einschlägiger Vorschriften des Investmentgesetzes kann sich die OGAW-KVG gemäß § 355 Abs. 2 Satz 10 bis zum Inkrafttreten der angepassten Anlagebedingungen des OGAW berufen. 24

Die Übergangsregelung unterscheidet zwischen den inhaltlich und den redaktionell geänderten Anlagebedingungen bei der Frage, bis wann die Anpassungen spätestens erfolgt sein müssen. Während die KVG für die redaktionellen Anpassungen gemäß § 355 25

---

14 Wortlaut des § 345 Abs. 1 Satz 2 sowie dessen Gesetzesbegründung, AIFM-UmsG, BTDrucks. 17/12294, S. 301.
15 Die Formulierung in § 355 Abs. 2 Satz 5 ist misslungen, da die exzessiven Verweise auf *nicht* anwendbare Regelungen des § 163 den Regelungsinhalt vernebeln. Hier hätte sich die Übernahme des inhaltsgleichen § 345 Abs. 1 Satz 5 Hs. 1 angeboten.
16 Hierauf verweist auch die BaFin in den BaFin FAQ Übergangsbestimmungen, Ziffer II. Nr. 2.
17 Ein solches Vertriebsanzeigeverfahren betrifft lediglich EU-OGAW gemäß §§ 294 Abs. 1 Satz 3, 310. Zum Bestandsschutz für den öffentlichen Vertrieb von EU-OGAW sogleich unter Rn. 32.

Abs. 2 Satz 4 bis zum 31.12.2014 Zeit hat, müssen die inhaltlichen Anpassungen nach § 355 Abs. 2 Satz 6 Hs. 2 bis zum 22.12.2013 erfolgt sein.

26 Die verkürzte Übergangsfrist von einem halben Jahr, die den OGAW-KVG für die inhaltliche Anpassung der Anlagebedingungen inländischer OGAW zur Verfügung steht, wurde laut Gesetzgeber in Anlehnung an die europäischen Regelungen der Finanzaufsichtsagentur ESMA in den „Leitlinien zu börsengehandelten Indexfonds (Exchange-Traded Funds, ETF) und anderen OGAW-Themen"[18] gewählt.[19] In vorbenanntem Dokument finden sich u.a. Vorgaben, welche zu den materiellen Änderungen für OGAW in §§ 200 bis 203 geführt haben,[20] so dass es grundsätzlich als sinnvoller Ansatz des Gesetzgebers erschien, einen Gleichlauf zwischen den Übergangsbestimmungen der ESMA Leitlinien 2012/832 und den maßgeblichen Übergangsbestimmungen im KAGB herstellen zu wollen.

27 Allerdings hat sich der Gesetzgeber anscheinend bei der Bestimmung des Übergangszeitraumes, den die ESMA Leitlinien 2012/832 gewähren, verrechnet. Jedenfalls hat der Gesetzgeber diesen **Übergangszeitraum im KAGB unnötig verkürzt**. Die ESMA Leitlinien 2012/832 legen unter Ziffer I.2. ihren zeitlichen Geltungsbereich fest. Demnach beanspruchen die Leitlinien zwei Monate nach ihrer Veröffentlichung auf der ESMA-Webseite Geltung. Die Veröffentlichung der Leitlinien erfolgte am 18.12.2012. Berücksichtigt man ferner, dass die Übergangsbestimmungen der ESMA Leitlinien 2012/832 unter Ziffer XII. insbesondere bezüglich des hier einschlägigen Punkt 69 einen Umsetzungszeitraum von 1 Monaten ab Anwendbarkeit vorsehen, ergibt sich eine Anpassungsfrist bis zum 18.2.2014. Davon geht anscheinend auch die BaFin aus. Sie hat die ESMA Leitlinien 2012/832 u.a. in der Fondskategorien-Richtlinie umgesetzt, was aus der Präambel der Richtlinie hervorgeht. Nach Art. 6 Satz 1 der Fondskategorien-Richtlinie erstreckt sich der Übergangszeitraum bis zum 18.2.2014.

28 **4. Konsequenzen verspäteten Inkrafttretens der Anlagebedingungen.** § 355 Abs. 2 Satz 4 und Satz 6 Hs. 2 legen fest, wann die geänderten Anlagebedingungen spätestens in Kraft treten müssen. Welche Konsequenzen andernfalls drohen, regeln die Übergangsvorschriften nicht. Fest steht, dass für die inländischen OGAW ab dem 31.12.2014 respektive dem 22.12.2013 jedenfalls das KAGB gilt und die Fortgeltung des Investmentgesetzes endet. Zudem wäre ein fortgeführter Vertrieb mit den nicht genehmigten beziehungsweise unveränderten Anlagebedingungen mit bis zu einhunderttausend Euro **bußgeldbewehrt**. Denn § 340 Abs. 2 Nr. 16 statuiert, dass ordnungswidrig handelt, wer vorsätzlich oder leichtfertig entgegen § 163 Abs. 2 Satz 9[21] die Anlagebedingungen dem Verkaufsprospekt beifügt. Konsequenter Weise müsste die OGAW-KVG daher vorübergehend den Vertrieb der betreffenden inländischen OGAW aussetzen.

III. Bestandsschutz für Depotbankgenehmigungen (Absatz 3)

29 Eine seitens der BaFin bereits nach § 21 Abs. 1 InvG zur Verwahrung von richtlinienkonformen Investmentvermögen genehmigte Depotbank muss nach Inkrafttreten des KAGB nicht erneut als sog. Verwahrstelle für inländische offene Publikums-AIF gemäß § 69 Abs. 1 Satz 1 in Verbindung mit § 87 genehmigt werden.

---

18 Reference ESMA/2012/832 DE; abrufbar unter: http://www.esma.europa.eu/node/62544.
19 Gesetzesbegründung zu § 355 Abs. 2, AIFM-UmsG, BTDrucks. 17/12294, S. 306.
20 Gesetzesbegründung zu §§ 200–203, AIFM-UmsG, BTDrucks. 17/12294, S. 262; wobei der Gesetzgeber fälschlicherweise Nr. 40 und nicht die eigentlich einschlägige Nr. 43 der ESMA Leitlinien zitiert.
21 Die Norm ordnet die vorherige Genehmigung der Anlagebedingungen durch die BaFin an.

Die Regelung gleicht derjenigen in § 345 Abs. 11 für Depotbanken, die bereits nach 30
InvG regulierte offene AIF verwahren und dient der **Vermeidung unnötiger Bürokratie**. Die Regelung führt auch nicht zu Qualitätsunterschieden bei Verwahrstellen, zumal die Voraussetzungen einer Genehmigung nach § 68 weitestgehend mit jenen aus § 20 InvG übereinstimmen.

IV. Übergangsregelungen zum Vertrieb von Anteilen an EU-OGAW (Absatz 4)

§ 355 Abs. 4 regelt, was die OGAW-Verwaltungsgesellschaft ab dem 22.7.2013 zu beachten hat, wenn sie vormals Anteile an EU-OGAW öffentlich vertrieben (Satz 1) oder im Wege der Privatplatzierung vertrieben hat (Satz 2). 31

1. Bestandsschutz für öffentliches Vertriebsrecht von EU-OGAW (Satz 1). § 355 32
Abs. 4 Satz 1 gewährt OGAW-Verwaltungsgesellschaften, die bereits vor dem 22.7.2013 das Anzeigeverfahren für den öffentlichen Vertrieb von EU-OGAW nach den Vorschriften des Investmentgesetzes oder des bis 2003 geltenden Auslandsinvestmentgesetzes erfolgreich durchgeführt haben, Bestandsschutz bezüglich ihres erlangten Vertriebsrechts. Die OGAW-Verwaltungsgesellschaften müssen nicht erneut das nunmehr in § 310 geregelte Anzeigeverfahren absolvieren.

2. Übergangsregelung für Privatplatzierungen von EU-OGAW (Satz 2). Der Vertrieb von EU-Investmentanteilen wurde bis zum 22.7.2013 nur dann von der Vertriebsregulierung nach InvG erfasst, wenn es sich dabei um einen *öffentlichen* Vertrieb handelte, §§ 2 Abs. 11, 130 Abs. 1 InvG. Fanden die Absatzbemühungen bzgl. der EU-Investmentanteile hingegen als sog. Privatplatzierung statt,[22] entfiel die Anzeigepflicht aus § 132 Abs. 1 InvG. § 355 Abs. 4 Satz 2 stellt klar, dass die OGAW-Verwaltungsgesellschaft die betreffenden EU-OGAW längstens bis zum Ablauf des 21.7.2014 weiterhin im Wege der Privatplatzierung vertreiben darf. Beabsichtigt die OGAW-Verwaltungsgesellschaft, den Vertrieb nach dem 21.7.2014 fortzusetzen und ist die Vertriebstätigkeit nach den Vorschriften des KAGB anzeigepflichtig,[23] so hat sie über die zuständige Stelle des Herkunftsmitgliedstaates eine Vertriebsanzeige gemäß § 310 an die BaFin zu übermitteln, § 355 Abs. 4 Satz 2. 33

Die Vorschrift regelt nicht explizit, ob der Bestandsschutz bereits vor dem Ablauf des 34
21.7.2014 in dem Zeitpunkt endet, in dem die OGAW-Verwaltungsgesellschaft die Vertriebsanpassung an das KAGB vorgenommen hat. Gleichwohl ist in Anlehnung an die vergleichbare Regelung in § 345 Abs. 9 Satz 2 in Verbindung mit § 345 Abs. 8 Satz 2 davon auszugehen, dass mit dem Abschluss des Vertriebsanzeigeverfahrens die Übergangsregelung aus § 355 Abs. 4 endet. Gemünzt auf das Anzeigeverfahren nach § 310 bedeutet dies, dass der Bestandsschutz für die Privatplatzierung in dem Moment endet, in welchem die Verwaltungsgesellschaft gemäß § 310 Abs. 1 Satz 2 von der zuständigen Stelle des Herkunftsmitgliedstaates des EU-OGAW über die Übermittlung der relevanten Dokumente im Sinne von § 310 Abs. 1 Satz 1 an die BaFin informiert wird.

Entscheidet sich die OGAW-Verwaltungsgesellschaft, den als Privatplatzierung betriebenen Vertrieb einzustellen, so hat sie dies nicht im (elektronischen) Bundesanzeiger zu veröffentlichen. Dies entspricht der vergleichbaren Regelung in § 345 Abs. 9.[24] 35

---

22 Zur Abgrenzung Bunte/Schimansky/Lwowski/*Schmies*/*Köndgen* § 113 Rn. 75; Emde/Dornseifer/Dreibus/Hölscher/*Verfürth*/*Emde* InvG, § 2 Rn. 163 ff.; *Kugler*/*Lochmann* Ausgewählte Rechtsfragen zum öffentlichen Vertrieb von Hedgefonds in Deutschland, BKR **2006** 41.
23 Was wegen des weiten Vertriebsbegriffs regelmäßig der Fall sein wird.
24 Siehe hierzu die Kommentierung bei § 345 Rn. 42.

Investmentsteuergesetz

ABSCHNITT 1
Gemeinsame Regelungen für inländische und ausländische Investment*fonds*[1]

§ 1 Abs. 1–2a
Anwendungsbereich und Begriffsbestimmungen

(1) Dieses Gesetz ist anzuwenden auf Organismen für gemeinsame Anlagen in Wertpapieren (OGAW) im Sine des § 1 Absatz 2 des Kapitalanlagegesetzbuchs und Alternative Investmentfonds (AIF) im Sinne des § 1 Absatz 3 des Kapitalanlagegesetzbuchs sowie auf Anteile an OGAW oder AIF. Teilsondervermögen im Sinne des § 96 Absatz 2 Satz 1 des Kapitalanlagegesetzbuchs, Teilgesellschaftsvermögen im Sinne des § 117 oder des § 132 des Kapitalanlagegesetzbuchs oder vergleichbare rechtlich getrennte Einheiten eines ausländischen OGAW oder AIF (Teilfonds) gelten für die Zwecke dieses Gesetzes selbst als OGAW oder AIF.

(1a) Dieses Gesetz ist nicht anzuwenden auf
1. Gesellschaften, Einrichtungen oder Organisationen, für die nach § 2 Absatz 1 und 2 des Kapitalanlagegesetzbuchs das Kapitalanlagegesetzbuch nicht anwendbar ist,
2. Unternehmensbeteiligungsgesellschaften im Sinne des § 1a Abs. 1 des Gesetzes über Unternehmensbeteiligungsgesellschaften und
3. Kapitalbeteiligungsgesellschaften, die im öffentlichen Interesse mit Eigenmitteln oder mit staatlicher Hilfe Beteiligungen erwerben.

(1b) Die Abschnitte 1 bis 3 und 5 sind auf Investmentfonds und Anteile an Investmentfonds anzuwenden. Ein Investmentfonds ist ein OGAW oder ein AIF, der die folgenden Anlagebestimmungen erfüllt:
1. Der OGAW, der AIF oder der Verwalter des AIF ist in seinem Sitzstaat einer Aufsicht über Vermögen zur gemeinschaftlichen Kapitalanlage unterstellt. Diese Bestimmung gilt in den Fällen des § 2 Absatz 3 des Kapitalanlagegesetzbuchs als erfüllt.
2. Die Anleger können mindestens einmal pro Jahr das Recht zur Rückgabe oder Kündigung ihrer Anteile, Aktien oder Beteiligung ausüben. Dies gilt als erfüllt, wenn der OGAW oder der AIF an einer Börse im Sinne des § 2 Absatz 1 des Börsengesetzes oder einer vergleichbaren ausländischen Börse gehandelt wird.
3. Der objektive Geschäftszweck ist auf die Anlage und Verwaltung seiner Mittel für gemeinschaftliche Rechnung der Anteils- oder Aktieninhaber beschränkt und eine aktive unternehmerische Bewirtschaftung der Vermögensgegenstände ist ausgeschlossen. Eine aktive unternehmerische Bewirtschaftung ist bei Beteiligungen an Immobilien-Gesellschaften im Sinne des § 1 Absatz 19 Nummer 22 des Kapitalanlagegesetzbuchs nicht schädlich.
4. Das Vermögen wir nach dem Grundsatz der Risikomischung angelegt. Eine Risikomischung liegt regelmäßig vor, wenn das Vermögen in mehr als drei

---

[1] Die amtliche Fassung der Abschnittsüberschrift lautet derzeit weiterhin „Regelungen nur für ausländische Investment*anteile*". Hier dürfte es sich um ein Redaktionsversehen des Gesetzgebers handeln; auch die amtliche Inhaltsübersicht (geändert durch Art. 1 AIFM-StAnpG) spricht in der Abschnittsüberschrift von „Investmentfonds".

Vermögensgegenstände mit unterschiedlichen Anlagerisiken angelegt ist. Der Grundsatz der Risikomischung gilt als gewahrt, wenn der OGAW oder der AIF in nicht nur unerheblichem Umfang Anteile an einem oder mehreren anderen Vermögen hält und diese anderen Vermögen unmittelbar oder mittelbar nach dem Grundsatz der Risikomischung angelegt sind.

5. Die Vermögensanlage erfolgt zu mindestens 90 Prozent des Wertes des OGAW oder des AIF in die folgenden Vermögensgegenstände:
   a) Wertpapiere
   b) Geldmarktinstrumente,
   c) Derivate,
   d) Bankguthaben,
   e) Grundstücke, grundstücksgleiche Rechte und vergleichbare Rechte nach dem Recht anderer Staaten,
   f) Beteiligungen an Immobilien-Gesellschaften im Sinne des § 1 Absatz 19 Nummer 22 des Kapitalanlagegesetzbuchs,
   g) Betriebsvorrichtungen und andere Bewirtschaftungsgegenstände im Sinne des § 231 Absatz 3 des Kapitalanlagegesetzbuch,
   h) Anteile oder Aktien an inländischen und ausländischen Investmentfonds,
   i) Beteiligungen an ÖPP-Projektgesellschaften im Sinne des § 1 Absatz 19 Nummer 28 des Kapitalanlagegesetzbuchs, wenn der Verkehrswert dieser Beteiligungen ermittelt werden kann und
   j) Edelmetalle, verbriefte Darlehensforderungen und Beteiligungen an Kapitalgesellschaften, wenn der Verkehrswert dieser Beteiligungen ermittelt werden kann.

6. Höchstens 20 Prozent seines Wertes werden in Beteiligungen an Kapitalgesellschaften investiert, die weder zum Handel an einer Börse zugelassen noch in einem anderen organisierten Markt zugelassen oder in diesen einbezogen sind. OGAW oder AIF, die nach ihren Anlagebedingungen das bei ihnen eingelegte Geld in Immobilien anlegen, dürfen bis zu 100 Prozent ihres Wertes in Immobilien-Gesellschaften investieren. Innerhalb der Grenzen des Satzes 1 dürfen auch Unternehmensbeteiligungen gehalten werden, die vor dem 28. November 2013 erworben wurden.

7. Die Höhe der Beteiligung an einer Kapitalgesellschaft liegt unter 10 Prozent des Kapitals der Kapitalgesellschaft. Dies gilt nicht für Beteiligungen eines OGAW oder eines AIF an
   a) Immobilien-Gesellschaften,
   b) ÖPP-Projektgesellschaften und
   c) Gesellschaften, deren Unternehmensgegenstand auf die Erzeugung erneuerbarer Energien im Sine des § 3 Nummer 3 des Gesetzes über den Vorrang erneuerbarer Energien gerichtet ist.

8. Ein Kredit darf nur kurzfristig und nur bis zur Höhe von 30 Prozent des Wertes des OGAW oder des AIF aufgenommen werden. AIF, die nach den Anlagebedingungen das bei ihnen eingelegte Geld in Immobilien anlegen, dürfen kurzfristige Kredite bis zu einer Höhe von 30 Prozent des Wertes des Investmentfonds und im Übrigen Kredite bis zu einer Höhe von 50 Prozent des Verkehrswertes der im AIF unmittelbar oder mittelbar gehaltenen Immobilien aufnehmen.

9. Die vorstehenden Anlagebestimmungen oder die für OGAW geltenden Anlagebestimmungen des Kapitalanlagegesetzbuchs gehen aus seinen Anlagebedingungen hervor.

(1c) OGAW und AIF, die nicht die Voraussetzungen der Absätze 1b und 1f erfüllen, sind Investitionsgesellschaften. Auf Investitionsgesellschaften sind die Absätze 1, 1a und 2 sowie die Abschnitte 4 und 5 anzuwenden.

(1d) Ändert ein Investmentfonds seine Anlagebedingungen in der Weise ab, dass die Anlagebestimmungen des Absatzes 1b nicht mehr erfüllt sind, oder liegt in der Anlagepraxis ein wesentlicher Verstoß gegen die Anlagebestimmungen des Absatzes 1b vor, so hat bei inländischen Investmentfonds das nach § 13 Absatz 5 zuständige Finanzamt und bei ausländischen Investmentfonds das Bundeszentralamt für Steuern das Fehlen der Anlagebestimmungen festzustellen. Die §§ 164, 165 und 172 bis 175a der Abgabenordnung sind auf die Feststellung nicht anzuwenden. 3 Nach Ablauf des Geschäftsjahres des Investmentfonds, in dem der Feststellungsbescheid unanfechtbar geworden ist, gilt der Investmentfonds für einen Zeitraum von mindestens drei Jahren als Investitionsgesellschaft. Unanfechtbare Feststellungsbescheide sind vom zuständigen Finanzamt dem Bundeszentralamt für Steuern mitzuteilen. Das Bundeszentralamt für Steuern hat die Bezeichnung des Investmentfonds, die Wertpapieridentifikationsnummer ISIN, soweit sie erteilt wurde, und den Zeitpunkt, ab dem der Investmentfonds als Investitionsgesellschaft gilt, im Bundesanzeiger zu veröffentlichen.

(1e) Bei einer Überschreitung der zulässigen Beteiligungshöhe an Kapitalgesellschaften nach Absatz 1b Nummer 7 sind für den Investmentfonds oder für dessen Anleger keine Besteuerungsregelungen anzuwenden, die eine über dieser Grenze liegende Beteiligungshöhe voraussetzen.

(1f) Inländische Investmentfonds können gebildet werden
1. in Form eines Sondervermögens im Sinne des § 1 Absatz 10 des Kapitalanlagegesetzbuchs, das von einer
   a) Externen Kapitalverwaltungsgesellschaft im Sinne des § 17 Absatz 2 Nummer 1 des Kapitalanlagegesetzbuchs verwaltet wird,
   b) Inländischen Zweigniederlassung einer EU-Verwaltungsgesellschaft im Sinne des § 1 Absatz 17 des Kapitalanlagegesetzbuchs verwaltet wird oder
   c) EU-Verwaltungsgesellschaft im Sinne des § 1 Absatz 17 Nummer 1 des Kapitalanlagegesetzbuchs mittels der grenzüberschreitenden Dienstleistung verwaltet wird,
2. in Form einer Investmentaktiengesellschaft mit veränderlichem Kapital im Sine des Kapitels 1 Abschnitt 4 Unterabschnitt 3 des Kapitalanlagegesetzbuchs oder
3. in Form einer offenen Investmentkommanditgesellschaft im Sinne des Kapitels 1 Abschnitt 4 Unterabschnitt 4 des Kapitalanlagegesetzbuchs, die nach ihrem Gesellschaftsvertrag nicht mehr als 100 Anleger hat, die nicht natürliche Personen sind und deren Gesellschaftszweck unmittelbar und ausschließlich der Abdeckung von betrieblichen Altersvorsorgeverpflichtungen dient. Die Voraussetzungen des Satzes 1 gelten nicht als erfüllt, wenn der Wert der Anteile, die ein Anleger erwirbt, den Wert der betrieblichen Altersvorsorgeverpflichtung übersteigt. Die Anleger haben schriftlich nach amtlichem Muster gegenüber der offenen Investmentkommanditgesellschaft zu bestätigen, dass sie ihren Anteil unmittelbar und ausschließlich zur Abdeckung von betrieblichen Altersvorsorgeverpflichtungen halten.

(1g) Für die Anwendung der Abschnitte 1 bis 3 und 5 zählt ein EU-Investmentfonds der Vertragsform, der von einer externen Kapitalverwaltungsgesellschaft im Sinne des § 17 Absatz 2 Nummer 1 des Kapitalanlagegesetzbuchs oder einer inländischen Zweigniederlassung einer EU-Verwaltungsgesellschaft im Sinne des § 1

Absatz 17 des Kapitalanlagegesetzbuchs verwaltet wird, zu den ausländischen Investmentfonds. Ist nach dem Recht des Herkunftsstaates eines Investmentfonds nach Satz 1 auf Grund des Sitzes der Kapitalverwaltungsgesellschaft im Inland oder der inländischen Zweigniederlassung der EU-Verwaltungsgesellschaft die Bundesrepublik Deutschland dazu berufen, die Besteuerung des Investmentfonds umfassend zu regeln, so gilt dieser Investmentfonds für die Anwendung dieses Gesetzes abweichend von Satz 1 als inländischer Investmentfonds. Anteile an einem Investmentfonds nach Satz 2 gelten als Anteile an einem inländischen Investmentfonds. Anteile an einem Investmentfonds nach Satz 1 zählen zu den ausländischen Anteilen.

(2) Die Begriffsbestimmungen des Kapitalanlagegesetzbuchs gelten entsprechend, soweit sich keine abweichende Begriffsbestimmung aus diesem Gesetz ergibt. Anleger sind die Inhaber von Anteilen an Investmentfonds und Investitionsgesellschaften, unabhängig von deren rechtlicher Ausgestaltung. Inländische Investmentfonds oder inländische Investitionsgesellschaften sind OGAW oder AIF, die dem inländischen Aufsichtsrecht unterliegen. EU-Investmentfonds und EU-Investitionsgesellschaften sind OGAW oder AIF, die dem Aufsichtsrecht eines anderen Mitgliedstaates der Europäischen Union oder eines anderen Vertragsstaates des Abkommens über den Europäischen Wirtschaftsraum unterliegen. Ausländische Investmentfonds und ausländische Investitionsgesellschaften sind EU-Investmentfonds oder EU-Investitionsgesellschaft oder AIF, die dem Recht eines Drittstaats unterliegen. Als Anlagebedingungen im Sinne dieses Gesetzes gelten auch die Satzung, der Gesellschaftsvertrag oder vergleichbare konstituierende Dokumente eines OGAW oder eines AIF.

(2a) Inländische Investmentfonds sind zugleich inländische Investmentgesellschaften im Sinne dieses Gesetzes. Ausländische Investmentfonds sind zugleich ausländische Investmentgesellschaften im Sinne dieses Gesetzes. Inländische Investmentfonds werden bei der Geltendmachung von Rechten und der Erfüllung von Pflichten wie folgt vertreten:
1. bei Sondervermögen nach Absatz 1f Nummer 1
    a) Buchstabe a durch die Kapitalverwaltungsgesellschaft,
    b) Buchstabe b durch die inländische Zweigniederlassung der EU-Verwaltungsgesellschaft,
    c) Buchstabe c durch die inländische Verwahrstelle im Sinne des § 68 Absatz 3 des Kapitalanlagegesetzbuchs, wenn es sich um inländische OGAW handelt, oder durch die inländische Verwahrstelle im Sinne des § 80 Absatz 6 des Kapitalanlagegesetzbuchs, wenn es sich um inländische AIF handelt, und
2. bei Gesellschaften nach Absatz 1g durch die Kapitalverwaltungsgesellschaft.

Während der Abwicklung eines inländischen Investmentfonds tritt die inländische Verwahrstelle für die Anwendung des Satzes 2 an die Stelle der Kapitalverwaltungsgesellschaft.

Schrifttum

Angsten Aktuelle Problemstellungen bei Auslandsfonds IWR **2014** 16; *Behrens/Faller* Anzuwendender Spezial-Investmentfonds-Aktiengewinn für dem Teileinkünftverfahren unterliegende Anleger BB **2014** 219; *Bordewin/Brandt* Einkommensteuergesetz, Kommentar, 365. Ergänzungslieferung Juni 2014; *Brinkmann/Kempf* Die Neuregelung der Verschmelzung von Auslandsfonds BB 2009 2067; *Dyckmans* Die Novellierung des Investmentsteuergesetzes durch das AIFM-Steuer-Anpassungsgesetz Ubg **2014** 217; *Ebner* Wiedereinführung des Zwischengewinns bei Investmentanteilen: Geplante Änderungen des InvStG durch das

Richtlinien-Umsetzungsgesetz DB **2004** 2495; *Elser/Stadler* Einschneidende Änderungen der Investmentbesteuerung DStR **2014** 233; *Feyerabend/Vollmer* Investmentfondsbesteuerung und Abgeltungssteuer BB **2008** 1088; *Geurts* Erneut auf dem europa- und verfassungsrechtlichen Prüfstand: Die Pauschalbesteuerung sog. intransparenter Investmentvermögen IStR **2012** 953; *Geurts/Faller* Reform oder Status Quo bei der Fondsbesteuerung? DB **2012** 2898; *Gottschling/Schatz* Investmentbesteuerung: Praktische Auswirkungen des AIFM-StAnpG insbesondere hinsichtlich ausländischer geschlossener Private Equity-, Immobilien- und Infrastrukturfonds ISR **2014** 30; *Grotherr* Handbuch der Internationalen Steuerplanung, 3. Auflage 2011; *Haase* Investmentsteuergesetz, Kommentar, 1. Auflage 2010; *Haisch/Helios* Investmentsteuerreform aufgrund AIFMD und KAGB BB **2013** 23; *dies.* Investmentsteuerreform aufgrund KAGB und AIFM-StAnpG – Änderungen noch möglich BB **2013** 1687; *Jacob/Geese/Ebner* Handbuch für die Besteuerung von Fondsvermögen, 3. Auflage 2007; *Jansen/Lübbehüsen* Grundlegende Änderungen des Investmentsteuergesetzes geplant – Ausweitung der Strafbesteuerung RdF **2013** 41; *dies.* Neues Investmentsteuergesetz doch noch im Jahr 2013 – auch der Steuergesetzgeber bescherte uns zu Weihnachten RdF **2014** 28; *Lindemann* Anmerkungen zum Diskussionsentwurf eines modernen Investmentsteuergesetzes FR **2003** 895; *Lübbehüsen/Schmitt* Geplante Änderungen zum Diskussionsentwurf eines modernen Investmentsteuergesetzes DB **2003** 1696; *dies.* Zweifelsfragen der Einordnung und Besteuerung ausgewählter Gold-Anlageformen bei Privatanlegern RdF **2011** 32; *Schmitt* Strafbesteuerung „schwarzer" Fonds – gemäß § 18 Abs. 3 AIG verfassungs- und europarechtswidrig? DStR **2002** 2193; *Schmitt/Hagen* Definitive Besteuerung des Zinsabschlags auf akkumulierte ausschüttungsgleiche Erträge bei ausländischen Fonds? – doch kein Schlussstrich durch das StraBEG? – Anmerkungen zur Verfügung der OFD München vom 27.4.2005 DStR **2005** 1804; *Simonis/Grabbe/Faller* Neuregelung der Fondsbesteuerung durch das AIFM-StAnpG BB **2014** 16; *Vogel/Lehner* Doppelbesteuerungsabkommen Kommentar 5. Auflage 2008; *Zinkeisen/Walter* Seminar F: Abkommensberechtigung von Investmentfonds IStR **2007** 583.

BAKred v. 16.11.1999 „Risikomischung durch mittelbare Anlage in Grundstücken" – V 2 – X – 3496/1999; BAKred v. 7.12.2001 „Anwendbarkeit des Auslandinvestmentgesetzes (§ 1 Abs. 1 AuslInvestmG) im Zusammenhang mit Private-Equity-Fonds und Venture-Capital-Fonds" – V 2 – X – 3818/2001; BMF v. 16.12.2003 „Einkommensteuerliche Behandlung von Venture Capital und Private Equity Fonds; Abgrenzung der privaten Vermögensverwaltung vom Gewerbebetrieb" – IV A 6 – S 2240 – 153/03 BStBl. I **2004** 40; BMF Schr. v. 2.6.2005 „Investmentsteuergesetz: Zweifels- und Auslegungsfragen" – IV C1 – S 1980 – 1 87/05, BStBl. I **2005** 728; BMF Schr. v. 18.8.2009 „Investmentsteuergesetz: Zweifels- und Auslegungsfragen, Aktualisierung des BMF Schr. v. 2.6.2005 (BStBl. I 2005, S. 278)" IV C1 – S1980 – 1/08/00019, BStBl. I **2009** 931; BMF Schr. v. 18.7.2013 „Steuerrechtliches Anpassungsgesetz zum AIFM-Umsetzungsgesetz; Fortgeltung des bisherigen Rechts" – IV C 1 – S 1980-1/12/10011IV D 3 – S 7160 h/12/10001, BStBl. I **2013** 899; BMF Schr. v. 1.10.2013 – IV A 3 – S 0062/08/10007-17 „Änderung des Anwendungserlasses zur Abgabenordnung (AEAO)" BStBl. **2013** I 1251; BMF-Schreiben v. 23.4.2014 „Investmentsteuergesetz in der Fassung des AIFM-Steuer-Anpassungsgesetzes; Auslegungsfragen" IV C 1 – S 1980-1/13/10007 : 002; BaFin-Merkblatt vom 14.5.2014 zur Erlaubnispflicht gemäß KWG und KAGB von Family Offices (Stand Mai 2014); BMF Schr. v. 22.5.2014 „Investmentsteuergesetz: Verlängerung der Übergangsregelung nach Rz. 297 des BMF-Schreibens vom 18. August 2009" IV C 1 – S 1980 – 1/08/10019; BMF Schr. v. 4.6.2014 „Investmentsteuergesetz in der Fassung des AIFM-Steueranpassungsgesetzes; Auslegungsfragen" IV C 1 – S 1980-1/13/1007:002; Entwurf BMF-Verbändeschreiben v. 19.6.2014 „Auslegungsfragen zum Investmentsteuergesetz: Anlagebestimmungen, REIT-Anteile, Hinzurechnungsbesteuerung u.a."; Entwurf BMF-Verbändeschreiben v. 21.7.2014 „Auslegungsfragen zu § 1 Absatz 1b Nummer 3 InvStG".

Systematische Übersicht

A. Chronologischer Ablauf der Entstehung der Vorschrift —— 1
B. Grundvoraussetzungen für die Anwendung des Investmentsteuergesetzes
    I. OGAW und AIF i.S.d. KAGB (§ 1 Abs. 1 S. 1 InvStG) —— 8
    II. Teilfonds und Anteilklassen eines OGAW oder AIF (§ 1 Abs. 1 S. 2 InvStG) —— 20
    III. Anteile am OGAW/AIF (§ 1 Abs. 1 S. 1 InvStG) —— 21
    IV. Ausnahmen vom Anwendungsbereich (§ 1 Abs. 1a InvStG)
        1. Holdinggesellschaften, Einrichtungen der betrieblichen Altersversorgung, Arbeitnehmerbeteiligungssysteme, Verbriefungszweckgesellschaften und

§ 1 Abs. 1–2a — Anwendungsbereich und Begriffsbestimmungen

       weitere in § 2 Abs. 1 und 2 KAGB genannte Investmentvermögen (§ 1 Abs. 1a Nr. 1 InvStG) —— 28
2. Unternehmensbeteiligungsgesellschaften (§ 1 Abs. 1a Nr. 2 InvStG) —— 30
3. Mittelständische Beteiligungsgesellschaften (§ 1 Abs. 1a Nr. 3 InvStG) —— 31

C. Unterschiedliche Besteuerungsregime für Investmentfonds und Investitionsgesellschaften —— 34
  I. Investmentfonds (§ 1 Abs. 1b InvStG) —— 38
    1. Investmentaufsicht („Aufsicht über Vermögen zur gemeinschaftlichen Anlage") (§ 1 Abs. 1b S. 2 Nr. 1 InvStG) —— 40
    2. Rückgaberecht (§ 1 Abs. 1b S. 2 Nr. 2 InvStG) —— 54
    3. Gemeinschaftliche passive Anlage (§ 1 Abs. 1b S. 2 Nr. 3 InvStG) —— 63
    4. Merkmal der Risikomischung (§ 1 Abs. 1b S. 2 Nr. 4 InvStG) —— 70
    5. Zulässige Vermögensgegenstände (§ 1 Abs. 1b S. 2 Nr. 5 InvStG) —— 83
    6. Anlagegrenze für Beteiligungen an nicht-börsennotierten Kapitalgesellschaften (§ 1 Abs. 1b S. 2 Nr. 6 InvStG) —— 99
    7. Beschränkung der Beteiligung in einzelne Kapitalgesellschaften (§ 1 Abs. 1b S. 2 Nr. 7 InvStG) —— 104
    8. Beschränkung der Kreditaufnahme (§ 1 Abs. 1b S. 2 Nr. 8 InvStG) —— 111
    9. Formelle Voraussetzung: Anlagebestimmungen müssen aus den Anlagebedingungen hervorgehen (§ 1 Abs. 1b S. 2 Nr. 9 InvStG) —— 117
  II. Investitionsgesellschaften (§ 1 Abs. 1c InvStG) —— 127
  III. Regimewechsel von einem Investmentfonds zu einer Investitionsgesellschaft (§ 1 Abs. 1d InvStG)
    1. Grundsatz und Einordnung in das System der Besteuerungsregime des InvStG —— 131
    2. Verstoß gegen § 1 Abs. 1b InvStG —— 135
    3. Feststellung des Verstoßes durch die Finanzverwaltung —— 143

D. Folgen bei Überschreiten der < 10%-Grenze am Nominalkapital einer Kapitalgesellschaft, die von Investmentfonds gehalten werden (§ 1 Abs. 1e InvStG) —— 148

E. Rechtsformenbeschränkung für inländische Investmentfonds (§ 1 Abs. 1f InvStG)
  I. Grundsatz —— 151
  II. Einzelne mögliche inländische Rechtsformen —— 154
    1. Inländische Sondervermögen —— 155
    2. Inländische Investmentaktiengesellschaften mit veränderlichem Kapital —— 159
    3. Offene Investmentkommanditgesellschaften —— 160

F. Bestimmung der Ansässigkeit eines aus Deutschland heraus verwalteten EU-Investmentfonds der Vertragsform (§ 1 Abs. 1g InvStG)
  I. Historie —— 167
  II. Regelung des § 1 Abs. 1g InvStG —— 169
  III. Abkommensrechtliche Behandlung —— 175

G. Übernahme der Begriffsbestimmungen des KAGB und eigene investmentsteuerrechtliche Begriffsbestimmungen (§ 1 Abs. 2 InvStG) —— 177

H. Gesetzliche Vertretung von Investmentfonds (§ 1 Abs. 2a InvStG) —— 179

A. Chronologischer Ablauf der Entstehung der Vorschrift

1   **§ 1 Abs. 1 InvStG** wurde mit dem Investmentmodernisierungsgesetz vom 15.12.2003 (InvModG)[2] eingeführt. Davor unterlagen inländische Investmentfonds bis zum 31.12.2003 den steuerrechtlichen Vorschriften des Gesetzes über Kapitalanlagegesellschaften (KAGG), während ausländische Investmentfonds dem Auslandinvestmentgesetz (AuslInvestmG) unterlagen. Durch die unterschiedlichen Vorschriften existierten erhebliche Abgren-

---

2 BGBl. I 2003, S. 2676, 2724 ff.

zungsschwierigkeiten. So galt im KAGG ein formeller Fondsbegriff, d.h. nur solche Investmentvermögen unterlagen den deutschen steuerrechtlichen Bestimmungen über Investmentfonds, welche die Voraussetzungen des KAGG erfüllten. Im AuslInvestmG hingegen herrschte ein „weiter materieller Fondsbegriff" vor, d.h. einzig die wirtschaftliche Betrachtungsweise war ausschlaggebend, auf die rechtliche Ausgestaltung der Anlage kam es nicht an.[3] Diese unterschiedliche Behandlungen von in- und ausländischen Vermögensanlagen, die rechtlich gleich ausgestaltet waren, sowie spezielle nur für Beteiligungen an ausländischen Investmentvermögen vorgesehene Steuervorschriften (insbesondere die Strafbesteuerung des § 18 Abs. 3 AuslInvestmG) wurden als ein Verstoß gegen die Niederlassungs- und Kapitalverkehrsfreiheit angesehen.[4]

Zum 1.1.2004 wurden das KAGG und das AuslInvestmG aufgehoben. Durch das InvModG eingeführt, gab es nun aufsichtsrechtlich für die Auflage und den Vertrieb inländischer Investmentvermögen bzw. den öffentlichen Vertrieb ausländischer Investmentvermögen in Deutschland das Investmentgesetz (InvG). Steuerrechtlich wurde für in- und ausländische Investmentvermögen das Investmentsteuergesetz (InvStG) eingeführt. Die durch das InvModG eingeführten Gesetze waren erstmals für ein Investmentvermögen, dessen Geschäftsjahr nach dem 31.12.2003 begann, anwendbar. Danach galt für inländische Investmentvermögen unverändert der formelle Fondsbegriff. Für ausländische Investmentvermögen war ebenfalls – wie bisher – ein materieller Fondsbegriff nach § 2 Abs. 8 bis 10 InvG anwendbar. Im Regierungsentwurf zum InvModG war zwar ein formeller Investmentbegriff zunächst auch für ausländische Investmentvermögen vorgesehen. Abgrenzungskriterien sollten eine Investmentaufsicht im Ausland sowie eine Zulassung zum öffentlichen Vertrieb oder zur Börse im Inland sein.[5] Die Beseitigung von Rechtsunsicherheiten bei der Zugrundelegung des materiellen Investmentbegriffs und eine zügige Abwicklung für ausländische Investmentanlagen sollten hierdurch erreicht werden. Das InvModG beließ es dann im weiteren Gesetzgebungsverfahren aber schließlich doch weitgehend bei dem bisherigen materiellen Investmentfondsbegriff für ausländische Investmentanlagen. Die Finanzverwaltung sah dennoch bestimmte, an gewissen formellen Kriterien orientierte Bereichsausnahmen vor. Insbesondere ausländische Personengesellschaften waren grundsätzlich vom Anwendungsbereich des InvStG ausgenommen, soweit es sich bei diesen nicht um Hedgefonds handelte. Daneben galten generelle Bereichsausnahmen für gelistete Immobilien-Kapitalgesellschaften, CDOs sowie Zertifikate.[6] Mit dem Investmentänderungsgesetz vom 21.12.2007[7] erfuhr der Investmentfondsbegriff für ausländische Investmentvermögen durch eine Änderung des § 2 Abs. 9 InvG erstmals eine Ergänzung um eine formelle Komponente. Zum Vorliegen ausländischer Investmentfondsanteile war seitdem entweder ein regelmäßiges Rückgaberecht oder eine ausländische Investmentaufsicht notwendig.[8] Dadurch wurde für ausländische Investmentvermögen der materielle Investmentfondsbegriff zu einem „materiellen In-

---

3 *Baur* § 1 Rn. 261.
4 Haase/*Bauderer/Coenenberg* InvStG § 1 Rn. 5; Lübbehüsen/*Schmitt* DB **2003** 1696; *Lindemann* FR **2003** 895; *Schmitt* DStR **2002** 2193.
5 Berger/Steck/Lübbehüsen/*Berger* InvStG § 1 Rn. 3; Bordewin/Brand/*Geurts* § 1 InvStG Rn. 4; *Haase* § 1 InvStG Rn. 6.
6 BMF Schr. v. 2.6.2005 BStBl. I 2005, S. 728 Rn. 6 ff.; Jacob/Geese/*Ebner* S. 24; Berger/Steck/Lübbehüsen/*Berger* InvStG § 1 Rn. 3.
7 BGBl. I 2007, S. 3089, 3091 ff.
8 Bspw. dass ein ausländischer Investmentanteil nach § 2 Abs. 9 InvG nur vorliegt, wenn der Anleger ein Recht zur Rückgabe der Anteile hat oder die ausländische Investmentgesellschaft in ihrem Sitzstaat einer Investmentaufsicht unterliegt.

§ 1 Abs. 1–2a ▬▬ Anwendungsbereich und Begriffsbestimmungen

vestmentfondsbegriff mit formellen Zusatzkriterien".[9] Weitgehende Klarheit[10] bezüglich der Interpretation der einzelnen Merkmale verschaffte eine Stellungnahme der BaFin vom 22.12.2008.[11] Diese interpretierte die neuen formellen (Alternativ-)Kriterien, fasste die bisherige Auslegung der materiellen Kriterien durch BaFin und Finanzverwaltung zusammen bzw. interpretierte diese Kriterien teilweise neu. Zudem wurden die Bereichsausnahmen neu gefasst. Diese Auslegungen und (neuen) Bereichsausnahmen wurden von der Finanzverwaltung in der Folge grundsätzlich akzeptiert und übernommen.[12] Für Investmentvermögen, die den bis 2008 geltenden materiellen ausländischen Investmentfondsbegriff erfüllten, aber nicht den formeller gefassten Begriff ab 2008, wurden durch die Finanzverwaltung für Geschäftsjahre, die vor dem 31.5.2014 beginnen, Übergangsvorschriften bzw. ein Bestandsschutz geschaffen. Dieser Bestandsschutz wurde nochmal mit BMF Schreiben vom 22.5.2014 bis zum Ende des Geschäftsjahres, das nach dem 22.7.2016 endet, verlängert.[13] Für inländische Investmentvermögen galt dagegen weiter unverändert der formelle Investmentfondsbegriff einschließlich des Rechtstypenzwangs, d.h. inländische Investmentvermögen konnten weiterhin nur als Sondervermögen oder Investmentaktiengesellschaften nach den Vorschriften des InvG aufgesetzt werden.

3   Eine weitere Anpassung erfuhr § 1 Abs. 1 InvStG durch das Gesetz zur Umsetzung der Richtlinie 2009/65/EG zur Koordinierung der Rechts- und Verwaltungsvorschriften betreffend bestimmte Organismen für gemeinsame Anlagen in Wertpapieren (OGAW-IV-Umsetzungsgesetz (OGAW-IV-UmsG)) vom 22.6.2011.[14] Dadurch wurden im Wesentlichen Anpassungen an aufsichtsrechtliche Neuerungen aufgrund der OGAW-IV Richtlinie vorgenommen ohne den Investmentfondsbegriff inhaltlich zu verändern.

4   Der steuerliche Investmentfondsbegriff wurde mit dem AIFM-Steuer-Anpassungsgesetz (AIFM-StAnpG) vom 24.12.2013[15] im neu eingeführten § 1 Abs. 1b InvStG neu geregelt. Nur für in- und ausländische Investmentvermögen, die die dort genannten Voraussetzungen erfüllen, ist das Fondsreportingregime der §§ 5 und 6 InvStG anwendbar. Zusätzlich wurde der Anwendungsbereich des InvStG auf alle anderen Investmentvermögen i.S.d. Kapitalanlagegesetzbuch (KAGB) ausgedehnt, die dann als sog. Investitionsgesellschaften i.S.d. § 1 Abs. 1c InvStG gelten. Diese unterliegen einem eigenen, sich vom Fondsreportingregime unterscheidenden und im InvStG festgelegten Besteuerungsregime. Das AIFM-StAnpG ist Teil der Umsetzung der EU-Richtlinie über die Verwaltung Alternativer Investmentfonds (Alternative Investment Fund Manager Directive – AIFMD). Diese wurde in Deutschland aufsichtsrechtlich durch das AIFM-Umsetzungsgesetz vom 22.7.2013 um-

---

9 Berger/Steck/Lübbehüsen/*Berger* InvStG § 1 Rn. 3; *Feyerabend/Vollmer* BB **2008** 1088; *Brinkmann/Kempf* BB **2009**, 2067.
10 Es verblieben in der Praxis dennoch viele ungelöste Abgrenzungsfragen, die auch durch anschließende BaFin-Schreiben und BMF-Schreiben zum ausländischen Investmentvermögensanteilsbegriff nicht vollständig geklärt wurden.
11 BaFin Rundschreiben 14/2008 (WA) vom 22.12.2008, WA 41-Wp 2136-2008/0001, InvStE Anhang 7. Die Erfüllung der BaFin Kriterien ist insbesondere zum Erreichen des dreijährigen Bestandsschutzes nach § 22 Abs. 2 InvStG entscheidend (siehe dort zu den Voraussetzungen und einzelnen Merkmalen des bis 23.12.2013 gültigen Fondsbegriffs nach bis zum 21.7.2013 geltenden Bedingungen unter dem InvG).
12 BMF Schr. v. 18.8.2009 BStBl. I 2009 Rn. 6.
13 BMF Schr. v. 18.8.2009 BStBl. I 2009 Rn. 297; zuletzt BMF Schr. v. 21.5.2013; nach BMF v. 22.5.2014 wurde eine parallele Verlängerung dieses Bestandsschutzes bis zum Ablauf des Bestandsschutzes nach § 22 Abs. 2 InvStG eingeführt. Dies bedeutet, dass bis zum Ablauf von Geschäftsjahren, die nach dem 22.7.2016 enden, somit, je nach Auflagedatum des betreffenden Investmentvermögens drei verschiedene ausländische Investmentfondsbegriffe anwendbar und zu prüfen sein können.
14 BGBl. I 2011, S. 1126.
15 BGBl. I 2013, S. 4318.

gesetzt.¹⁶ Als Folge wurde das InvG durch das KAGB ersetzt. Steuerrechtlich wurde das InvStG durch das AIFM-StAnpG an die durch das KAGB erfolgten Änderungen angepasst.¹⁷ Dies war notwendig, da im bisherigen InvStG zur Bestimmung des Anwendungsbereichs durch eine dynamische Verweistechnik auf das InvG verwiesen wurde. Da das InvG zum 22.7.2013 aufgehoben wurde, bestand die Gefahr, dass das InvStG danach ins Leere verweisen oder es zumindest zu einem rein statischen Verweis kommen könnte. Daher sollte das InvStG parallel zum AIFM-Umsetzungsgesetz ebenfalls geändert werden. Dieses Vorhaben scheiterte aber zunächst, da im Vermittlungsausschuss Ende Juni 2013 keine Einigung über das entsprechende steuerliche Anpassungsgesetz erzielt werden konnte.¹⁸ Die Finanzverwaltung reagierte mit zwei BMF-Schreiben, die die Weiteranwendung des bisherigen Rechts sicherstellen sollten.¹⁹ Das Gesetzgebungsverfahren wurde durch die Bundestagswahl 2013 unterbrochen und wurde nach der Wahl im Eilverfahren neu aufgenommen. Hintergrund der Eile war die Befürchtung der Finanzverwaltung, dass während des Zeitraums vom 22.7.2013 bis zum Jahresende und damit effektiv für den Veranlagungszeitraum 2013, kein Anwendungsbereich für das InvStG existieren könnte.²⁰

Die Absätze 1a–1g des § 1 InvStG wurden mit dem AIFM-StAnpG neu eingeführt. **5** Erstmalig Anwendung finden diese Absätze ab dem 24.12.2013, sofern keine besonderen Übergangsregelungen greifen (vgl. § 22 Abs. 1 InvStG).²¹

In der durch das AIFM-StAnpG gefundenen Fassung des InvStG regelt der § 1 Abs. 1 **6** InvStG, wie bisher auch, den Anwendungsbereich des Gesetzes und verweist dafür auf das KAGB. In § 1 Abs. 1a InvStG sind die Ausnahmen von diesem Anwendungsbereich geregelt. § 1 Abs. 1b InvStG definiert den Investmentfondbegriff neu, die Absätze 1c und 1d beschäftigen sich mit dem neuen Begriff der Investitionsgesellschaft und dem Regimewechsel von einem Investmentfonds zu einer Investitionsgesellschaft. In § 1 Abs. 1e InvStG sind die steuerliche Folgen von bestimmten in § 1 Abs. 1b InvStG vorgesehenen Anlagegrenzen durch einen Investmentfonds normiert. § 1 Abs. 1f InvStG erweitert für inländische Investmentvermögen die Voraussetzungen für das Vorliegen eines inländische Investmentfonds. § 1 Abs. 1f InvStG sieht für inländische Investmentfonds weiter einen Rechtstypenzwang vor, in dessen Rahmen der neue Rechtstypus der offenen Investmentkommanditgesellschaft eingeführt wird. § 1 Abs. 1g InvStG entspricht dem bisherigen § 1 Abs. 1a InvStG a.F. und bestimmt die Ansässigkeit eines EU-Investmentfonds der Vertragsform.

Der **§ 1 Abs. 2 InvStG** besteht seit dem InvModG vom 15.12.2003.²² Er wurde erstmals **7** durch das OGAW-IV-UmsG vom 22.6.2011 geändert.²³ Dadurch wurden im Wesentlichen Anpassungen an aufsichtsrechtliche Neuerungen aufgrund der OGAW-IV Richtlinie vorgenommen. Durch das AIFM-StAnpG vom 24.12.2013 wurden § 1 Abs. 2 S. 1 und 2 InvStG a.F. zu § 1 Abs. 2 InvStG in seiner heutigen Form, indem die neuen Begrifflichkeiten übernommen und entsprechend an die Begrifflichkeiten des KAGB angepasst wurden.

---

16 BGBl. I 2013, S. 1981.
17 *Gottschling/Schatz* ISR **2014** 30.
18 *Gottschling/Schatz* ISR **2014** 30; dabei waren (mit Ausnahme der Einführung der Investmentkommanditgesellschaft) weniger die neuen Regelungen des InvStG umstritten, sondern die Regelungen bzgl. der steuerlichen Behandlung von Schuldübernahmen, die nach dem Wunsch des Bundesrates, obwohl inhaltlich nicht dazugehörig, in das Anpassungsgesetz zum InvStG mit aufgenommen werden sollten, um auch diese Änderungen noch vor der Bundestagswahl beschließen zu können.
19 BMF Schr. v. 18.7.2013 BStBl. I 2013, S. 899 und BMF Schr. v. 1.10.2013 BStBl. I 2013, S. 1251.
20 *Gottschling/Schatz* ISR **2014** 30.
21 Vgl. im Einzelnen die Kommentierung zu § 22.
22 BGBl. I 2003, S. 2676, 2724 ff.
23 BGBl. I 2011, S. 1126.

Die Vertretungsregelungen für insbesondere inländische Investmentfonds (bisher in § 1 Abs. 2 S. 3 und 4 InvStG a.F. geregelt) sind nunmehr im durch das AIFM-StAnpG vom 24.12.2013 neu geschaffenen **§ 1 Abs. 2a InvStG** geregelt.

B. Grundvoraussetzungen für die Anwendung des Investmentsteuergesetzes

I. OGAW und AIF i.S.d. KAGB (§ 1 Abs. 1 S. 1 InvStG)

8   Hinsichtlich des Anwendungsbereichs des Investmentsteuergesetzes (InvStG) verweist § 1 Abs. 1 InvStG i.d.F. des AIFM-Steuer-Anpassungsgesetzes (AIFM-StAnpG)[24] auf den Anwendungsbereich des neu geschaffenen Kapitalanlagegesetzbuches (KAGB). Dieses enthält (von einer Übergangszeit abgesehen) die aufsichtsrechtlichen Vorschriften hinsichtlich der Verwaltung, der Auflage und des Vertriebs von Investmentvermögen. Das KAGB trat (überwiegend) mit Wirkung zum 22.7.2013 an die Stelle des Investmentgesetzes (InvG) und ersetzte dieses umfassend.

9   Nach § 1 Abs. 1 InvStG sind die Regelungen des InvStG auf Organismen für gemeinsame Anlagen in Wertpapiere (OGAW) i.S.d. § 1 Abs. 2 KAGB und auf Alternative Investmentfonds (AIF) i.S.d. § 1 Abs. 3 KAGB sowie auf Anteile an OGAWs und AIFs anwendbar. Das betreffende in- oder ausländische Vermögen (bzw. die Anteile an diesem) muss also unter die aufsichtsrechtliche Definition eines OGAW oder AIF fallen, damit der Anwendungsbereich des InvStG überhaupt eröffnet ist.

10 Während das InvStG (und damit das „transparente" Fondsreportingregime der §§ 5 und 6 InvStG) auch vor der Erweiterung des Anwendungsbereichs mit Wirkung zum 24.12.2013 auf OGAWs (sowie bestimmte andere nicht regulierte Investmentvermögen, z.B. Spezial-Investmentvermögen der §§ 15, 16 InvStG, Immobilieninvestmentvermögen oder Investmentvermögen mit zusätzlichen Risiken) Anwendung fand,[25] ist der Anwendungsbereich des InvStG durch die allgemeine Aufnahme von AIFs (insbesondere z.B. auch Private-Equity-Fonds) massiv erweitert worden.

11 Der Anknüpfungspunkt für die Anwendung der Vorschriften des Investmentsteuerrechts bleibt dabei weiterhin das aufsichtsrechtlich definierte Investmentvermögen, das in § 1 Abs. 1 KAGB die gemeinsamen Mindestanforderungen für OGAWs und AIFs enthält. Dessen Merkmale werden in § 1 Abs. 1 S. 1 KAGB zunächst definiert. In der Folge unterscheiden dann § 1 Abs. 2 KAGB und § 1 Abs. 3 KAGB zwischen OGAWs und AIFs. AIFs sind alle Investmentvermögen, die keine OGAWs i.S.d. § 1 Abs. 2 KAGB sind, mithin Investmentvermögen i.S.d. § 1 Abs. 1 KAGB, die nicht die Anforderungen der Richtlinie 2009/65/EG des Europäischen Parlaments und des Rates vom 13.7.2009[26] zur Koordinierung der Rechts- und Verwaltungsvorschriften betreffend bestimmte Organismen für gemeinsame Anlagen in Wertpapieren (OGAW) erfüllen.

12 Durch den inzidenten Verweis des InvStG auf den Begriff des Investmentvermögens des § 1 Abs. 1 KAGB umfasst der Anwendungsbereich des InvStG nun jeden
   – Organismus
   – für gemeinsame Anlagen,
   – der von einer Anzahl von Anlegern[27] Kapital einsammelt,

---

24 BGBl. I 2013, S. 4318.
25 Vgl. hierzu die Kommentierung im Rahmen des § 22 Abs. 2 InvStG.
26 ABl. L 302 vom 17.11.2009, S. 1.
27 Nach § 1 Abs. 1 S. 2 KAGB ist eine Anzahl von Anlegern im Sinne des Satzes 1 gegeben, wenn die Anlagebedingungen, die Satzung oder der Gesellschaftsvertrag des Organismus für gemeinsame Anlagen die Anzahl möglicher Anleger nicht auf einen Anleger begrenzen.

- um es gemäß einer festgelegten Anlagestrategie
- zum Nutzen dieser Anleger zu investieren
- und der kein operativ tätiges Unternehmen außerhalb des Finanzsektors ist.[28]

Der Begriff des Investmentvermögens verlangt somit nicht, dass das Investmentvermögen eine risikodiversifizierte Anlage vornimmt. Auch eine Investmentaufsicht oder ein Rückgaberecht werden nicht vorausgesetzt.[29] Diesen Merkmalen kommt im Rahmen des Anwendungsbereich des KAGB und (diesem folgend) des InvStG keine Relevanz zu.[30] **13**

Aus der definitorischen Anknüpfung des InvStG an das KAGB folgt zudem, dass, wie bisher auch, grundsätzlich den Interpretationen und Auslegungen der einzelnen Begriffe des KAGB durch die Bundesanstalt für Finanzdienstleistungsaufsicht (BaFin) auch für die steuerliche Auslegung der Begriffe des InvStG und der Verweise auf das KAGB grundsätzlich zu folgen ist, soweit sich aus dem InvStG keine abweichende Begriffsbestimmung ergibt.[31] Dies galt bereits bisher, auch wenn für die bisherige Auslegung und die Frage des Vorliegens eines Investmentvermögens keine formelle Bindung des Steuerrechts an das Aufsichtsrecht bestanden haben soll.[32] **14**

Die BaFin hat zum Anwendungsbereich des KAGB und zum Begriff des Investmentvermögens im Schreiben vom 14.6.2013[33] Stellung genommen. Das dort zum Ausdruck kommende Verständnis der BaFin hinsichtlich der Auslegung der einzelnen, oben aufgeführten Merkmale eines Investmentvermögen dürfte daher auch grundsätzlich steuerlich gelten, auch wenn sich in einigen Bereichen Unklarheiten ergeben. **15**

So sollen nach Ansicht der BaFin Family-Office-Vehikel, die das Privatvermögen von Familienangehörigen investieren, ohne Kapital von Dritten (z.B. Freunden) zu beschaffen, nicht als AIF gelten. Begründet wird dies damit, dass bei solchen Vehikeln die Initiative zur Auflegung innerhalb einer Familie stattfindet, und das Merkmal des „Einsammelns von Kapital" mangels externer Anleger nicht erfüllt ist.[34] Dadurch, dass aufsichtsrechtlich kein Investmentvermögen vorliegt, würde die Anlage in derartige Investmentvehikel komplett aus dem Anwendungsbereich des InvStG herausfallen. U.E. darf bezweifelt werden, dass ein solches Ergebnis steuerlich gewünscht ist. Sinnvoll wäre es u.E. ebenfalls nicht. Auch wenn es auf Grund der Besonderheiten solcher „geschlossenen Anlagen" an der Notwendigkeit einer aufsichtsrechtlichen Regulierung fehlen sollte, ist nicht ersichtlich, warum sie steuerlich anders als Vehikel der externen Kapitalanlage behandelt werden sollten.[35] Insofern sind die von Family-Offices aufgelegten und verwalteten Vehikel vergleichbar mit konzerninternen Vehikeln, für die der Gesetzgeber bewusst die Anwendbarkeit des InvStG angeordnet hat, auch wenn aufsichtsrechtlich gem. § 2 Abs. 3 KAGB keine Regulierung erfolgen soll.[36] **16**

---

28 Bzgl. aufsichtsrechtlichen Definitionen vgl. Kommentierung zu § 1 KAGB.
29 *Dyckmans* Ubg **2014** 217.
30 Diese Merkmale gewinnen allerdings Bedeutung für die Frage, ob das betreffende Investmentvermögen steuerlich als Investmentfonds i.S.d. § 1 Abs. 1b (und ggf. Abs. 1f) InvStG oder als Investitionsgesellschaften i.S.d. § 1 Abs. 1c InvStG anzusehen ist, vgl. hierzu die entsprechenden Kommentierungen.
31 Vgl. auch § 1 Abs. 2 InvStG und die entsprechende Kommentierung.
32 BMF Schr. v. 18.8.2009 BStBl. I 2009 Rn. 5.
33 BaFin v. 14.6.2013 WA 41-Wp 2137-2013/0001.
34 BaFin v. 14.6.2013 a.a.O., Abschnitt 3. a. „Family Office"; BaFin-Merkblatt v. 14.5.2014 zur Erlaubnispflicht gemäß KWG und KAGB von Familiy Offices (Stand Mai 2014), Abschnitt 2.b.
35 Daher scheint in anderen Ländern der Weg gewählt zu werden, dass derartige Vehikel in den Anwendungsbereich der steuerlichen Vorschriften für AIFs fallen sollen, auch wenn der Fondsmanager selbst nicht den regulatorischen Vorschriften der AIFMD (bzw. der nationalen Umsetzung) unterliegen sollte.
36 Vgl. unten zu § 1 Abs. 1a Nr. 1 InvStG.

17 Andererseits eröffnet diese Ansicht der BaFin den Family-Offices die Möglichkeit, durch die Hinzunahme oder den Ausschluss von externen Investoren („Freunden") die Anwendbarkeit des KAGB selbst nach dem Kriterium der wirtschaftlichen Vorteilhaftigkeit herbeizuführen. Ob diese Ansicht der BaFin von der Finanzverwaltung für steuerliche Zwecke geteilt werden wird, mit der Folge, dass auf die entsprechenden Vehikel die Regelungen des InvStG keine Anwendung finden würden, bleibt abzuwarten.

18 Ähnliches gilt für Investmentclubs, die je nachdem, ob die Mitglieder gewerbsmäßig angeworben wurden, nach Ansicht der BaFin als AIF qualifizieren sollen oder nicht.[37]

19 Ferner ist nach der Ansicht der BaFin die Frage, ob eine nach dem Gesetz über deutsche Immobilien-Aktiengesellschaften mit börsennotierten Anteilen (REITG)[38] aufgelegte REIT-AG (REIT) regulatorisch als AIF qualifizieren soll, nicht allgemein, sondern nur anhand der konkreten Umstände des Einzelfalls zu beurteilen. Unseres Erachtens ist jedoch steuerlich davon auszugehen, dass, soweit eine Gesellschaft als REIT im Sinne des REITG qualifiziert, die Anwendung von InvStG – unabhängig von der aufsichtsrechtlichen Beurteilung – ausgeschlossen ist. U.E. ist das REITG insofern steuerlich als lex specialis zum InvStG anzusehen. In dieser Hinsicht sind REITs unseres Erachtens mit Unternehmensbeteiligungsgesellschaften vergleichbar, die aus dem Anwendungsbereich des InvStG ausgenommen wurden (vgl. § 1 Abs. 1a Nr. 2 InvStG), da das UBGG[39] als lex specialis angesehen wird. Eine gesetzliche Klarstellung auch für REITs wäre allerdings wünschenswert und würde der Rechtssicherheit dienen.[40]

II. Teilfonds und Anteilklassen eines OGAW oder AIF (§ 1 Abs. 1 S. 2 InvStG)

20 § 1 Abs. 1 S. 2 InvStG regelt nun ausdrücklich, dass jedes Teilsondervermögen gem. § 96 Abs. 2 Satz 1 KAGB und jedes Teilgesellschafvermögen i.S.d. §§ 117 bzw. 132 KAGB (bei als Investmentaktiengesellschaft mit veränderlichem Kapital oder als offener Investmentkommanditgesellschaft aufgelegten Umbrella-Investmentvermögen), sowie vergleichbare rechtlich getrennte Einheiten eines ausländischen OGAW oder AIFs investmentsteuerrechtlich als separater OGAW oder AIF gelten. Damit wird ausweislich der Gesetzesbegründung[41] lediglich die bisherige steuerrechtliche Verwaltungspraxis gesetzlich geregelt. Im Gegensatz zur Behandlung von Anteilklassen als separate Investmentfonds für die Zwecke des Fondsreportings nach § 5 InvStG ist, nach u.E. zutreffender Auffassung der Finanzverwaltung,[42] für die Frage der Anwendbarkeit des InvStG bzw. der Qualifikation als Investmentfonds i.S.d. § 1 Abs. 1b InvStG (bzw. als Investitionsgesellschaft i.S.d. § 1 Abs. 1c InvStG) auf das (Teil-)Investmentvermögen und nicht auf die einzelnen Anteilklassen eines (Teil-)Investmentvermögens abzustellen. Dies macht neben dem Wortlaut des InvStG auch im Hinblick darauf Sinn, dass Anteilklassen im Gegensatz zu (Teil-)Investmentvermögen an dem gleichen Portfolio partizipieren.

---

37 BaFin v. 14.6.2013 a.a.O. Abschnitt 3. b. „Investmentclubs".
38 REITG vom 28.5.2007 BGBl. I 2007, S. 914.
39 Gesetz über Unternehmensbeteiligungsgesellschaften in der Fassung der Bekanntmachung vom 9.9.1998 (BGBl. I 2765).
40 Die Finanzverwaltung scheint erfreulicherweise ebenfalls davon auszugehen, dass auf einen REIT i.S.d. REITG oder auf eine andere REIT-Körperschaft, -Personenvereinigung oder -Vermögensmasse i.S.d. § 19 Abs. 5 REITG das Investmentsteuergesetz nicht anwendbar ist, vgl. Entwurfsschreiben v. 19.6.2014 Nr. 10.
41 BRDrucks. 740/13 S. 37.
42 BMF Schr. v. 23.4.2014 bzw. BMF-Schr. v. 4.6.2014, Abschnitt 1; gleiches sollte auf Grund des Wortlauts des § 22 Abs. 2 S. 3 InvStG auch für die Frage des Bestandsschutzes nach § 22 Abs. 2 InvStG unabhängig vom Auflagezeitpunkt der betreffenden Anteile bzw. Anteilklassen gelten.

III. Anteile am OGAW/AIF (§ 1 Abs. 1 S. 1 InvStG)

Der Anwendungsbereich des InvStG ist nur dann eröffnet, wenn der Anleger die Anteile an einem OGAW/AIF hält.[43] **21**

Der Begriff des Investmentanteils war bereits nach der bisherigen Verwaltungspraxis weit zu verstehen, und umfasste jegliche Beteiligung, die eine direkte Teilhabe am Gewinn bzw. Verlust (sowie an eventuellen Liquidationserlösen) des Investmentvermögens gewährte. Die Beteiligung musste jedoch nicht mitgliedschaftsrechtlicher Natur sein. Es genügte, wenn ein Anleger wirtschaftlich an den Chancen und Risiken der gemeinschaftlichen Kapitalanlage beteiligt war. Allerdings wurde eine unmittelbare Rechtsbeziehung vorausgesetzt, so dass Zertifikate, die von einem Dritten begeben wurden, und CDOs grundsätzlich ausgenommen waren.[44] Dementsprechend sieht auch § 1 Abs. 2 S. 2 InvStG vor, dass die Anlegereigenschaft an einem Investmentfonds oder einer Investitionsgesellschaft nicht von der rechtlichen Ausgestaltung der Anteile abhängig sein soll. **22**

An dieser Ansicht hält die BaFin in ihrem Schreiben vom 14.6.2013 für die Frage des Anwendungsbereichs des KAGB und somit für die Frage des Vorliegens von Anteilen an einem Investmentvermögen i.S.d. § 1 Abs. 1 KAGB fest. Insofern sind insbesondere die Auslegung der Merkmale „für gemeinsame Anlage" und „Investition zum Nutzen der Anleger" bei der Beantwortung der Frage, ob ein Anteil an einem Investmentvermögen vorliegt, von entscheidender Bedeutung. **23**

Auf der einen Seite kommen unter dem Aspekt des Merkmals „für gemeinsame Anlagen" nach wie vor auch schuldrechtliche Instrumente, wie insbesondere eine stille Beteiligung, Namensschuldverschreibungen oder Genussrechte, als Anteile an einem Investmentvermögen in Betracht. Voraussetzung ist jedoch eine Beteiligung an den Gewinnen und den Verlusten des betreffenden Vehikels.[45] In diesem Zusammenhang stellt die BaFin zu Recht klar, dass ein Anteil an einem Investmentvermögen z.B. dann nicht vorliegt, wenn nach § 230 Abs. 2 HGB die Verlustbeteiligung ausgeschlossen ist. Begründet wird dies mit dem Fehlen des Merkmals „für gemeinsame Anlage".[46] U.E. bedeutet dies bei Genussrechten und ähnlichen schuldrechtlichen Instrumenten, dass für das Vorliegen einer Beteiligung an den Gewinnen und Verlusten des Investmentvermögens das betreffende, von dem Investmentvermögen ausgegebene schuldrechtliche Instrument eine Beteiligung an den Liquidationserlösen vorsehen muss, d.h. auch eine Beteiligung an den (un)realisierten Wertentwicklungen der Vermögensgegenstände des Investmentvermögens. Dies erfordert die wirtschaftliche Vergleichbarkeit mit einem als solchen ausgegebenen Investmentfondsanteil, der eine Beteiligung an der kompletten Wertentwicklung des Net Asset Value des Investmentvermögens vermittelt. Mithin soll- **24**

---

43 An anderer Stelle des InvStG wird teilweise auf die rechtliche Ausgestaltung der Anteile abgestellt, so werden z.B. in § 1 Abs. 1b S. 2 Nr. 2 InvStG neben Anteilen auch „Aktien" und „Beteiligungen" erwähnt und in § 1 Abs. 1 S. 2 Nr. 3 InvStG „Aktieninhaber". Trotz dieser unterschiedlichen Bezeichnungen sollte es sich auch bei diesen Aktien oder Beteiligungen um Anteile i.S.d. § 1 Abs. 1 S. 1 InvStG handeln. Dies kommt auch in § 1 Abs. 2 S. InvStG zum Ausdruck, der Anleger als Inhaber von Anteilen an Investmentfonds und Investitionsgesellschaften unabhängig von der rechtlichen Ausgestaltung der Anteile definiert.
44 BaFin v. 22.12.2008 WA 41-Wp 2136-2008/0001 Abschn. I. 1. a), I 4b), c); BMF 18.8.2009 BStBl. I 2009 Rn. 9.
45 BaFin v. 14.6.2013 a.a.O. Abschn. I. 2. b. „Stille Beteiligungen, Genussrechte und Namensschuldverschreibungen".
46 BaFin v. 14.6.2013 a.a.O. Abschn. I. 2. b. „Stille Beteiligungen, Genussrechte und Namensschuldverschreibungen".

ten u.E. nur Genussrechte, die steuerlich als eigenkapitalähnliche Genussrechte anzusehen sind, als Anteile an einem Investmentvermögen in Betracht kommen können.

25 Die gleichen Grundsätze gelten u.E. auch für andere Finanzinstrumente, die zum Teil an die Performance eines Investmentvermögens gekoppelt sein können, wie z.B. Wandelschuldverschreibungen. Fehlt es also insbesondere an einer Beteiligung an den Verlusten des Investmentvermögens oder an eventuellen Liquidationserlösen, d.h. liegt steuerrechtlich ein schuldrechtsähnliches Genussrecht oder ein diesem vergleichbares anderes schuldrechtsähnliches Instrument vor, fehlt es u.E. an dem Merkmal „für gemeinsame Anlage". Dies hat zur Folge, dass für derartige Beteiligungen der Anwendungsbereich des KAGB (und damit des InvStG) schon aus diesem Grund nicht eröffnet sein sollte.

26 Auf der anderen Seite schließt das Fehlen des Merkmals „Investition zum Nutzen der Anleger" den Anwendungsbereich des KAGB und des InvStG aus. Die Grenzen findet der weite wirtschaftliche Anteilbegriffs u.E. damit weiterhin dort, wo keine direkte Rechtbeziehung zwischen dem Rechteinhaber und dem Investmentvermögen besteht, sondern der Emittent des jeweiligen schuldrechtlichen Instruments zu seinem eigenen Nutzen investiert. Insofern gilt unseres Erachtens die bisherige Auffassung der Finanzverwaltung[47] und der BaFin[48] zu Zertifikaten uneingeschränkt weiter, wonach ein Wertpapier, das von einem Dritten (z.B. einer Bank oder einem Verbriefungsvehikel) ausgegeben wird und das die Ergebnisse eines Investmentvermögens oder mehrerer solcher Vermögen nur nachvollzieht, keinen Anteil an einem Investmentvermögen darstellt, sofern der Emittent nicht dazu verpflichtet ist, in diese Wirtschaftsgüter (d.h. das dem Zertifikat zu Grunde liegende Referenzportfolio) zu investieren.[49] Dies sollte u.E. nach wie vor unabhängig davon gelten, ob der Emittent tatsächlich zu Absicherungszwecken direkt oder indirekt in das Referenzportfolio investiert, solange aus steuerlicher Sicht keine Zurechnung der vom Emittenten gehaltenen Wirtschaftsgüter im Rahmen eines Treuhandverhältnisses nach § 39 Abs. 2 AO zu erfolgen hat. Im Ergebnis spiegeln sich diese Aussagen zu Zertifikaten auch im Schreiben der BaFin vom 14.6.2013 wider.[50]

27 Die gleichen Grundsätze gelten u.E. erst recht für Derivate, wie z.B. Total Return Swaps. Dies sollte auch dann gelten, wenn derartige Derivate unmittelbar mit dem Investmentvermögen (statt einem Dritten) abgeschlossen werden. Denn insofern handelt es sich um eine Spekulation der Kontraktparteien über die künftige Entwicklung der auszutauschenden Zahlungsströme, da auf beiden Seiten eine Performance von Wirtschaftsgütern „auf das Spiel" gesetzt wird. Dies unterscheidet derartige Derivate u.E. von einer Anlage in die Vermögensgegenstände des Investmentvermögens. Im Fall der Anlage in die Wirtschaftsgüter eines Investmentvermögen stellt ein Anleger dem Investmentvermögen Kapital zur Verfügung, im Falle eines Total Return Swaps dagegen die Performance anderer, von ihm gehaltener Wirtschaftsgüter.

IV. Ausnahmen vom Anwendungsbereich (§ 1 Abs. 1a InvStG)

28 **1. Holdinggesellschaften, Einrichtungen der betrieblichen Altersversorgung, Arbeitnehmerbeteiligungssysteme, Verbriefungszweckgesellschaften und weitere in § 2 Abs. 1 und 2 KAGB genannte Investmentvermögen (§ 1 Abs. 1a Nr. 1 InvStG).** Nach § 1 Abs. 1a Nr. 1 InvStG gelten die in § 2 Abs. 1 und 2 des KAGB genannten Aus-

---

47 BMF Schr. v. 18.8.2009 BStBl. I 2009 Rn. 9.
48 BaFin v. 22.12.2008 WA 41-Wp 2136-2008/0001 Abschn. I. 1. a), I 4b), c).
49 BMF Schr. v. 18.8.2009 BStBl. I 2009; so auch *Haisch/Helios* BB **2013** 1687 und *Angsten* IWR **2014** 16.
50 BaFin v. 14.6.2013 a.a.O. Abschnitt 6. „Investition zum Nutzen der Anleger".

nahmen vom aufsichtsrechtlichen Anwendungsbereich auch für das Investmentsteuerrecht.[51] Somit unterliegen insbesondere die dort genannten Holdinggesellschaften, Einrichtungen der betrieblichen Altersversorgung, Arbeitnehmerbeteiligungssysteme und Verbriefungszweckgesellschaften nicht den Vorschriften des InvStG.[52]

Die Regelung verweist jedoch nicht auf die Ausnahme vom aufsichtsrechtlichen Anwendungsbereich für konzerninterne AIFs gem. § 2 Abs. 3 KAGB. Ausweislich der Gesetzesbegründung fielen solche konzerninternen AIFs auch bisher unter das InvStG. Daher hat der Gesetzgeber keinen steuerrechtlichen Grund gesehen, diese nunmehr von dem Anwendungsbereich des InvStG auszunehmen.[53] 29

2. Unternehmensbeteiligungsgesellschaften (§ 1 Abs. 1a Nr. 2 InvStG). Ferner findet nach § 1 Abs. 1a Nr. 2 InvStG das InvStG auf Unternehmensbeteiligungsgesellschaften i.S.d. § 1a Abs. 1 des UBGG keine Anwendung. Damit wird eine Kollision der Besteuerungsregeln von InvStG mit dem insofern als lex specialis anzusehenden UBGG vermieden.[54] 30

3. Mittelständische Beteiligungsgesellschaften (§ 1 Abs. 1a Nr. 3 InvStG). Schließlich findet nach § 1 Abs. 1a Nr. 3 InvStG das InvStG auf Kapitalbeteiligungsgesellschaften, die im öffentlichen Interesse mit Eigenmitteln oder mit staatlicher Hilfe Beteiligungen erwerben, keine Anwendung. Ausweislich der Gesetzesbegründung werden im Wesentlichen die sog. mittelständischen Beteiligungsgesellschaften ausgenommen, die von der öffentlichen Hand getragen werden und deren eigentlicher Zweck nicht auf die kollektive Vermögensanlage ausgerichtet ist.[55] 31

Insofern dürfte es sich lediglich um eine Klarstellung des Steuergesetzgebers handeln, da derartige Vehikel bereits aus dem Anwendungsbereich fallen sollten. Nach zutreffender Ansicht der BaFin stellen diese Vehikel bereits keine AIFs dar.[56] 32

Zu beachten ist jedoch, dass es sich dabei um keine generelle Ausnahme von Beteiligungsgesellschaften handelt, die sich auf die Eigenkapitalversorgung von mittelständischen Unternehmen spezialisiert haben. Soweit diese Gesellschaften nicht im öffentlichen Interesse, sondern im Interesse von Anlegern handeln und die übrigen Voraussetzungen für die Annahme eines Investmentvermögen i.S.d. § 1 Abs. 1 S. 1 KAGB vorliegen, ist auch der Anwendungsbereich des InvStG eröffnet.[57] 33

C. Unterschiedliche Besteuerungsregime für Investmentfonds und Investitionsgesellschaften

Wie oben beschrieben, wurde die aufsichtsrechtliche Definition eines Investmentvermögens wesentlich erweitert. Durch die Verknüpfung des Anwendungsbereichs des InvStG mit dem dem KAGB zu Grunde liegenden Begriff des Investmentvermögens wurde auch der Anwendungsbereich des InvStG massiv erweitert. So fallen nunmehr seit dem 24.12.2013 auch die bisher nicht regulierten AIFs, wie insbesondere Private Equity Fonds in den Anwendungsbereich des InvStG. 34

---

51 BRDrucks. 740/13 S. 38.
52 Vgl. Kommentierung zu § 2 Abs. 1 und 2 KAGB.
53 BRDrucks. 704/13 S. 38.
54 BRDrucks. 704/13 S. 38.
55 BRDrucks. 704/13 S. 38.
56 BaFin v. 14.6.2013 a.a.O. Abschn. II 6.
57 BaFin v. 14.6.2013 a.a.O. Abschn. II 6.

35 Der Gesetzgeber hielt es daher zu Recht für nicht sachgerecht, weiterhin alle Investmentvermögen den gleichen Besteuerungsregelungen zu unterwerfen.[58] Um den grundlegenden Strukturunterschieden der verschiedenen Formen von Investmentvermögen steuerrechtlich Rechnung zu tragen, unterscheidet das InvStG nunmehr zwischen Investmentfonds i.S.d. § 1 Abs. 1b und Abs. 1f InvStG und den Investitionsgesellschaften i.S.d. § 1 Abs. 1c InvStG.

36 Je nach Einordnung eines Investmentvermögens kommen in der Folge unterschiedliche Besteuerungssysteme für das Investmentvermögen selbst sowie für seine Anleger zur Anwendung:
– Für die Investmentfonds i.S.d. § 1 Abs. 1b (und Abs. 1f) InvStG und die Anteile an derartigen Investmentfonds gilt weiterhin die „transparente" Besteuerung nach dem Fondsreportingregime (vgl. §§ 5 und 6 InvStG). Für inländische Investmentfonds gilt weiterhin die gesetzliche Fiktion als Zweckvermögen. Inländische Sondervermögen und Investmentaktiengesellschaften mit veränderlichem Kapital sind zudem nach wie vor von der Körperschaftsteuer und der Gewerbesteuer befreit. Die neu eingeführte offene Investmentkommanditgesellschaft ist von der Gewerbesteuer befreit.
– Für Investitionsgesellschaften beinhalten die §§ 18 und 19 InvStG separate Besteuerungsregeln. Bei Personen-Investitionsgesellschaften verweist § 18 InvStG auf die allgemeinen Besteuerungsregeln für Anleger in- und ausländischer Personengesellschaften. Bei Kapital-Investitionsgesellschaften i.S.d. § 19 InvStG kommen im Wesentlichen punktuelle Modifizierungen der allgemeinen Besteuerungsregeln für deren Anleger zum Tragen. Inländische Investitionsgesellschaften sind selbst nicht von der Körperschaftsteuer und/oder Gewerbesteuer befreit.

37 Das nachfolgende Schaubild verdeutlicht schematisch den Anwendungsbereich und die Besteuerungsregime.

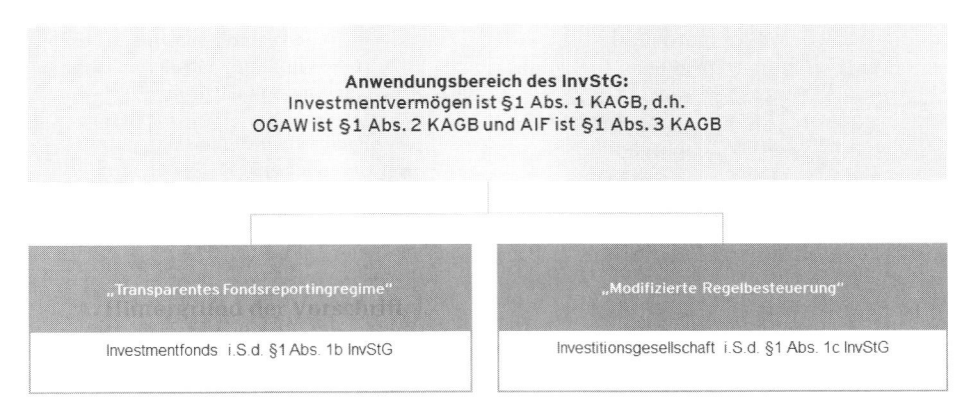

```
            Anwendungsbereich des InvStG:
         Investmentvermögen ist § 1 Abs. 1 KAGB, d.h.
      OGAW ist § 1 Abs. 2 KAGB und AIF ist § 1 Abs. 3 KAGB
                              │
                ┌─────────────┴─────────────┐
   „Transparentes Fondsreportingregime"   „Modifizierte Regelbesteuerung"
   Investmentfonds i.S.d. § 1 Abs. 1b InvStG   Investitionsgesellschaft i.S.d. § 1 Abs. 1c InvStG
```

I. Investmentfonds (1 Abs. 1b InvStG)

38 § 1 Abs. 1b InvStG nennt die Vorrausetzungen (Anlagebestimmungen) für das Vorliegen eines Investmentfonds, d.h. für die Anwendung der „transparenten" Besteuerung unter dem Fondsreportingregimes der §§ 5 und 6 InvStG für die Inhaber von Investmentfondsanteilen.[59]

---
[58] BRDrucks. 740/13 S. 29.
[59] Zum Anteilbegriff siehe oben Rn. 21 ff.

Nach § 1 Abs. 1b InvStG ist ein Investmentfonds ein OGAW oder ein AIF, der jeweils 39
die folgenden Anlagebestimmungen erfüllt:[60]

1. Investmentaufsicht („Aufsicht über Vermögen zur gemeinschaftlichen An- 40
lage") (§ 1 Abs. 1b S. 2 Nr. 1 InvStG). Nach dem bisherigen Recht (§ 1 Nr. 2 InvStG i.V.m.
§ 2 Abs. 9 InvG)[61] war es ausreichend, dass nur eines der beiden formellen Merkmale
„Investmentaufsicht" bzw. „Rückgaberecht" vorlag, um den Anwendungsbereich des
InvStG zu eröffnen. Da in den meisten Fällen das Rückgaberecht gegeben war bzw. vorgesehen werden konnte, konnte das formelle Merkmal der Investmentaufsicht häufig
unbeachtet bleiben, sofern nicht ausdrücklich eine Nichtanwendung des InvStG gewünscht war und dies nicht bereits aus anderen Gründen (z.B. Nichterfüllung der Anlagebegrenzungen) ausgeschlossen werden konnte.

Nunmehr muss eine Aufsicht über Vermögen zur gemeinschaftlichen Kapitalanlage 41
zwingend gegeben sein, damit ein Investmentvermögen als Investmentfonds qualifiziert.
Damit das formelle Merkmal der Investmentaufsicht erfüllt ist, muss entweder (wie bisher) der OGAW bzw. der AIF selbst oder zumindest der Verwalter des AIF in seinem Sitzstaat beaufsichtigt sein.

Nach bisheriger Ansicht der BaFin unter dem InvG (und dieser folgend der Finanz- 42
verwaltung für die bisherige Anwendung des InvStG)[62] war eine Investmentaufsicht eine
staatliche Aufsicht, die gerade (auch) dem Schutz der Investmentanleger dienen soll.
Dagegen sollte bisher nach Ansicht der BaFin und der Finanzverwaltung eine Investmentaufsicht dann nicht vorliegen, wenn im jeweiligen Staat aufsichtsrechtliches Handeln **nur** der Integrität und Funktionsfähigkeit des Marktes bzw. der Überprüfung steuerlicher Voraussetzungen dienen soll oder sich die Aufsicht in einer Registrierungspflicht
des ausländischen Vermögens erschöpft. Damit war eine „Aufsicht zum Zweck des Anlegerschutzes" das zentrale Element des formellen Merkmals „Investmentaufsicht", auch
wenn diese in dem jeweiligen Land sehr unterschiedlich konzipiert und akzentuiert sein
konnte.

Diese Ansicht setzt § 317 Abs. 1 Nr. 1 KAGB fort, der für den Vertrieb von AIFs an Pri- 43
vatanleger in Deutschland eine „wirksame öffentliche Aufsicht zum Schutz der Anleger"
im Staat des Sitzes des AIF und seiner Verwaltungsgesellschaft voraussetzt.

Für steuerliche Zwecke kann u.E. auch im Rahmen des § 1 Abs. 1b S. 2 Nr. 1 InvStG 44
nichts anderes gelten, auch wenn sich zur Auslegung des Begriffs der „Aufsicht über
Vermögen zur gemeinschaftlichen Kapitalanlage" selbst keine Hinweise in der Gesetzesbegründung finden lassen, d.h. auch kein Verweis auf die bisherige Auslegung.

Die Weitergeltung des schon bisherigen Fokus auf den Anlegerschutz im Rahmen 45
der Investmentaufsicht folgt u.E. zum einen daraus, dass eine Investmentaufsicht (alternativ zu einem Rückgaberecht) bereits bisher eine der Voraussetzungen war, damit für
die deutschen Anleger in ein (ausländisches) Vermögen das Fondsreportingregime des
§ 5 InvStG zur Anwendung kam. Hätte sich nach dem Willen des Gesetzgebers an der
bisherigen Auslegung dieses Merkmals irgendetwas ändern sollen, hätte es u.E. eines
klaren Hinweises in der Gesetzesbegründung zum AIFM-Steuer-Anpassungsgesetz be-

---

60 Bei inländischen Investmentvermögen ist zudem in § 1 Abs. 1f InvStG ein Rechtstypenzwang
vorgesehen, d.h. ein inländischer Investmentfonds muss entweder als Sondervermögen i.S.d. § 1 Abs. 10
KAGB, als Investmentaktiengesellschaft mit veränderlichem Kapital oder als offenen
Investmentkommanditgesellschaft nach dem KAGB aufgelegt sein, vgl. hierzu die Kommentierung zu § 1
Abs. 1f InvStG.
61 In der Fassung des Investmentänderungsgesetzes vom 21.12.2007 BGBl. I 2007, S. 3089.
62 BaFin v. 22.12.2008 WA 41-Wp 2136-2008/0001 Abschn. I. 3.; BMF Schr. v. 18.8.2009 BStBl. I 2009
Rn. 5.

durft. Zudem muss u.E. bei der Auslegung auch § 317 Abs. 1 Nr. 1 KAGB herangezogen werden, obwohl dieser leicht anders formuliert ist und zudem (im Gegensatz zu § 1 Abs. 1b S. 2 Nr. 1 InvStG) von einem gemeinsamen Sitzstaat von AIF und dessen Verwaltungsgesellschaft ausgeht. Dies gebietet der in § 317 Abs. 1 Nr. 1 KAGB ebenfalls zum Ausdruck kommende Anlegerschutz und der generelle Verweis des § 1 Abs. 2 KAGB. Dieser sieht eine Geltung der Begriffsbestimmungen des KAGB und u.E. damit eben auch eine Auslegung der Begriffe des InvStG im Lichte der vergleichbaren Begriffe bzw. Regelungen des KAGB vor.[63]

46 Ohne Zweifel wird das Merkmal der Investmentaufsicht bei OGAWs immer erfüllt sein.

47 Darüber hinaus ist das Merkmal u.E. auch bei allen AIFs als erfüllt anzusehen, die einer staatlichen Aufsicht unterliegen, die nach dem einschlägigen ausländischen Vorschriften auch dem Anlegerschutz dient.

48 Dies ist u.E. z.B. bei der Aufsicht der Luxemburger CSSF über als Spezialfonds (Spezialisierter Investmentfonds, SIFs) aufgelegte Luxemburger Investmentvermögen sowie alle anderen nicht als OGAW aufgelegten Luxemburger Investmentvermögen (z.B. in Form von FCP, SICAV oder SICAR) der Fall und zwar unabhängig von der konkreten Rechtsform.

49 Die bei SIFs gegebene „leichtere Regulierung" ist grundsätzlich mit der Aufsicht der BaFin über inländische Spezial-Investmentfonds vergleichbar. Eine Investmentaufsicht im oben genannten Sinne ist u.E. auch die Aufsicht der SEC über US RICs. Gleiches gilt für Schweizer Effektenfonds, die für Zwecke des öffentlichen Vertriebs in Deutschland den OGAWs gleichgestellt wurden.[64]

50 Aber auch z.B. die Cayman Islands, Bermuda, die Bahamas, Jersey oder Guernsey sehen aufsichtsrechtliche Regime vor, die (neben anderen Aspekten auch) dem Schutz der Anleger der in diesen Ländern aufgelegten Investmentvermögen dienen. In der Vergangenheit wurden immer wieder Zweifel geäußert, ob eine vermeintlich „leichte" Regulierung in manchen Offshore-Zentren für die Annahme des formalen Merkmals der Investmentaufsicht ausreichend sein kann bzw. ist, ohne dass diese Zweifel von der BaFin jemals aufgegriffen wurden. Daher verblieb es bei Unsicherheiten, ob bestimmte geschlossene Vermögen als Investmentvermögen in den Anwendungsbereich des InvStG fielen oder nicht, mit den jeweiligen unterschiedlichen steuerlichen Konsequenzen, bzw. für geschlossene Vermögen mit der Unklarheit, ob eine Pauschalbesteuerung nach § 6 InvStG zur Anwendung kommen könnte. Auf eine in dieser Hinsicht hilfreiche Liste mit der Nennung der Länder, in der nach der BaFin eine Investmentaufsicht (zumindest für bestimmte Kategorien von Vermögen) gegeben ist, wartete die Praxis vergebens.[65]

51 Unseres Erachtens ist (im Lichte des § 317 Abs. 1 Nr. 1 KAGB) für die Auslegung des § 1 Abs. 1b S. 2 Nr. 1 InvStG jede sich (auch) am Anlegerschutz orientierende Aufsicht als ausreichend anzusehen, da es u.E. in den hochentwickelten und wesentlichen Teilen des globalen Finanzsystem, zu dem die bekannten Offshore-Zentren gehören, keinen Grund zur Annahme gibt, dass die dortige Aufsicht ihren Anlegerschutzauftrag nicht im ausreichenden Maße erfüllt.[66] Dies gilt u.E. umso mehr, als auch in diesen Offshore-Zentren in den letzten Jahren eine Tendenz hin zur Entwicklung von aufsichtsrechtlichen Regimen, die sich insbesondere dem Anlegerschutz verschreiben, zu erkennen war.

---

63 Vgl. hierzu die Kommentierung zu § 1 Abs. 2 KAGB.
64 Vgl. Vereinbarung zwischen FINMA und der BaFin v. 20.12.2013.
65 Dem Vernehmen nach ist eine derartige Liste auch unter Geltung des § 1 Abs. 1b S. 2 Nr. 1 InvStG nicht von der Finanzverwaltung geplant.
66 I.E. so wohl auch *Jansen/Lübbehüsen* RdF **2014** 28.

Wesentlich für die Frage des Vorliegens einer Investmentaufsicht über einen AIFs ist **52** zudem die Erweiterung der Definition des für die Annahme eines Investmentfonds notwendigen formellen Merkmals der Investmentaufsicht, die nun neben der oben diskutierten Aufsicht über das Investmentvermögen selbst, alternativ auch die Beaufsichtigung des Verwalters eines AIFs in seinem Sitzstaat ausreichen lässt. Damit wird unter diesem Aspekt auch der Weg für viele AIFs, wie insbesondere Hedge-Fonds, zur Qualifikation als Investmentfonds weiterhin eröffnet sein, da diese Investmentvermögen möglicherweise nicht selbst einer Investmentaufsicht unterliegen (bzw. für die oben genannten Offshore-Zentren die genannte Unsicherheit besteht), jedoch typischerweise von einem Fondsmanager[67] verwaltet werden, der selbst in seinem Sitzstaat beaufsichtigt wird, so z.B. US Manger von Hedge-Fonds, die der Aufsicht der SEC unterliegen. In diesem Zusammenhang setzt der Wortlaut des § 1 Abs. 1b S. 2 Nr. 1 InvStG nicht voraus, dass der Sitzstaat des Verwalters des AIFs dem Sitzstaat des AIF selbst entspricht.[68]

Schließlich gilt bei konzerneigenen AIFs nach § 1 Abs. 1b S. 2 Nr. 1 S. 2 InvStG das **53** formale Merkmal der Investmentaufsicht kraft gesetzlicher Fiktion als erfüllt, auch wenn solche Investmentvermögen gerade keiner Investmentaufsicht unterliegen. Der Hintergrund ist der Wunsch des Gesetzgebers, diese Investmentvermögen weiterhin steuerlich als dem „transparenten" Fondsreportingregime zugängliche Investmentfonds qualifizieren zu lassen und somit den „Status Quo" zu erhalten, vgl. § 1 Abs. 1a Nr. 3 InvStG.[69]

2. Rückgaberecht (§ 1 Abs. 1b S. 2 Nr. 2 InvStG). § 1 Abs. 1b S. 2 Nr. 2 InvStG ver- **54** langt zum Vorliegen eines Investmentfonds, dass die Anleger mindestens einmal pro Jahr das Recht zur Rückgabe oder Kündigung ihrer Anteile (bzw. Aktien oder Beteiligung) haben müssen. Mithin ist ein jährliches Rückgaberecht nötig. Weitere Voraussetzungen oder Angaben, wann von einem regelmäßigen Rückgaberecht ausgegangen werden bzw. ob dieses gegebenenfalls mit Bedingungen versehen werden kann, enthält das InvStG selbst nicht. Aus der Tatsache, dass neben der Rückgabe auch die Möglichkeit der jährlichen Kündigung ausreichen soll, könnte geschlossen werden, dass eine Auszahlung des Wertes des Anteils auch zeitlich verzögert erfolgen kann. Dies entspräche der bisherigen Verwaltungsauffassung.[70] Allerdings könnte das Wort „Kündigung" auch lediglich als semantische Ergänzung zur „Rückgabe" gemeint sein, eindeutig ist der Wortlaut nicht.

Die Gesetzesbegründung hebt die Notwendigkeit des „offenen Charakters" als We- **55** sensmerkmal eines Investmentfonds hervor, d.h. dass für die Anleger die Möglichkeit gegeben sein muss, die Anteile gegen Rückzahlung des aktuellen Wertes zurückzugeben. Dieses Merkmal soll als klare Abgrenzung zu geschlossenen Investmentvermögen dienen. Nach der Gesetzesbegründung sollen in diesem Zusammenhang zudem gesetzliche Mindesthaltefristen unschädlich sein.[71] U.E. sollte darüber hinaus auch eine vertragliche oder gesellschaftsrechtliche Einschränkung des Rückgaberechts möglich sein, solange diese vor allem dem Anlegerschutz dienen und nicht dem offenen Charakter des Investmentvermögens entgegenstehen. Als Leitlinie sollten hier die Handhabung nach dem KAGB sowie die bisherige Auslegung des Merkmals des Rückgaberechts durch die Verwaltungsauffassung dienen.

---

67 Unter dem Begriff „Verwalter" ist u.E. der Fondsmanager und nicht etwa der Fondsadministrator zu verstehen.
68 Vgl. auch die Gesetzesbegründung (BRDrucks. 740/13 S. 38), die lediglich verlangt, dass der Verwalter einer Investmentaufsicht unterliegt.
69 Vgl. Gesetzesbegründung BRDrucks. 740/13 S. 38, 59.
70 BaFin Schr. v. 22.12.2008 WA 41-Wp 2136-2008/0001 Abschn. I. 2.
71 Vgl. Gesetzesbegründung BRDrucks. 740/13 S. 38.

56 Das Merkmal des Rückgaberechts ist nicht neu, sondern war bereits (wie das Merkmal der Investmentaufsicht) als Voraussetzung für das Vorliegen eines Investmentanteils in § 2 Abs. 9 InvG enthalten.[72] Über § 1 Nr. 2 InvStG a.F. galt das Rückgaberecht auch für die Frage der Anwendung des InvStG (sofern keine Investmentaufsicht vorlag). Insofern sollte u.E. für die Frage, ob ein Rückgaberecht i.S.d. § 1 Abs. 1b S. 2 Nr. 2 InvStG vorliegt, neben den oben genannten Anknüpfungspunkten auch weiterhin auf die bisherige Auslegung der BaFin und (ihr folgend) der Finanzverwaltung[73] zurückgegriffen werden können, sofern sich aus dem InvStG nichts anderes ergibt. Zwar erwähnt die Gesetzesbegründung zum AIFM-StAnpG (genau wie bei der Investmentaufsicht) nicht die bisherige Auslegung durch die Verwaltung.[74] Wie bei der Frage der Auslegung der „Investmentaufsicht" gilt u.E. aber auch hier, dass der Gesetzgeber in der Gesetzesbegründung klar zum Ausdruck hätte bringen müssen, dass er von der bisherigen Rechtslage abweichen wollte, hätte er dies vorgehabt. Zudem folgt u.E. auch hier aus § 1 Abs. 2 Satz 6 InvStG, dass für die Frage, was ein offenes Investmentvermögen ist, die Wertungen des KAGB zur Auslegung mit herangezogen werden müssen. Auch das KAGB kennt den Begriff des „offenen Investmentvermögens" und grenzt dieses somit gegen ein „geschlossenes Investmentvermögen" ab.

57 Nach § 1 Abs. 4 Nr. 1 KAGB sind dabei alle OGAWs offene Investmentvermögen. Nach § 1 Abs. 4 Nr. 2 KAGB in der Fassung vom 15.7.2014 sind AIFs „offen", die die Voraussetzungen von Artikel 1 Absatz 2 der Delegierten Verordnung (EU) Nr. 694/2014 der Kommission vom 17.12.2013 zur Ergänzung der Richtlinie 2011/61/EU des Europäischen Parlaments und des Rates im Hinblick auf technische Regulierungsstandards zur Bestimmung der Arten von Verwaltern alternativer Investmentfonds (ABl. L 183 vom 24.6.2014, S. 18) erfüllen. Nach Artikel 1 Abs. 2 der Delegierten Verordnung ist dies ein AIF, „dessen Anteile vor Beginn der Liquidations- oder Auslaufphase auf Ersuchen eines Anteilseigners direkt oder indirekt aus den Vermögenswerten des AIF und nach den Verfahren und mit der Häufigkeit, die in den Vertragsbedingungen oder der Satzung, der Prospekt oder den Emissionsunterlagen festgelegt sind, zurückgekauft oder zurückgenommen werden." Dies zeigt, dass das KAGB offenen AIFs eine weite Vertragsautonomie zur Ausgestaltung des Rückgaberechts zugesteht. Auch nach der ursprünglichen Fassung des § 1 Abs. 4 Nr. 2 KAGB, der zum Zeitpunkt der Änderungen des AIFM-StAnpG galt, war der Begriff des offenen AIF weit gefasst. Ein offener AIF lag vor, wenn dessen Anleger mindestens einmal pro Jahr das Recht zur Rückgabe gegen Auszahlung ihrer Anteile oder Aktien aus dem AIF hatten, vgl. § 1 Abs. 4 Nr. 2 KAGB a.F. In diesem Punkt, d.h. der zeitlichen Regelmäßigkeit, stimmen das KAGB und das InvStG also überein.[75] § 1 Abs. 4 Nr. 2 KAGB a.F. sah allerdings bereits im Gesetzeswortlaut in einem weiteren Halbsatz vor, dass Mindesthaltefristen und die Möglichkeit der Aussetzung und Beschränkung der Rücknahme der Anteile oder Aktien für die Frage des Vorliegens eines jährlichen Rückgaberechts nicht berücksichtigt werden. Diese Möglichkeiten sollte § 1 Abs. 4 Nr. 2 KAGB n.F. weiter beinhalten, da auf das in der Satzung oder den Emissions-

---

[72] In der Fassung des Investmentänderungsgesetzes vom 21.12.2007 BGBl. I 2007, S. 3089. § 2 Abs. 9 InvG enthielt allerdings keine Angabe hinsichtlich der Häufigkeit der Rückgabe. Die BaFin ging von einem Rückgaberecht der Anleger aus, wenn eine Rückgabe mindestens einmal innerhalb von 2 Jahren möglich war, vgl. BaFin Schr. v. 22.12.2008 WA 41-Wp 2136-2008/0001 Abschn. I. 2.
[73] BaFin v. 22.12.2008 WA 41-Wp 2136-2008/0001 Abschn. I. 2.; BMF Schr. v. 18.8.2009 BStBl. I 2009, S. 931 Rn. 5.
[74] Vgl. Gesetzesbegründung BRDrucks. 740/13 S. 38, die keinen Hinweis auf das BaFin-Schreiben vom 22.12.2008 WA 41-Wp 2136-2008/0001 enthält.
[75] Insofern grenzen sich beide Gesetze von der bisherigen Verwaltungsauffassung ab, die eine Rückgabe von „mindestens einmal in 2 Jahren" vorsah.

unterlagen festgelegte Verfahren verwiesen wird und im Gegensatz zu § 1 Abs. 4 Nr. 2 KAGB a.F. lediglich die Häufigkeit nicht quantifiziert wird.

58 Im Punkt der Mindesthaltefristen griff zudem § 1 Abs. 4 Nr. 2 KAGB a.F. die bisherige Verwaltungsauffassung wieder auf, nach der sog. „Lock-Up"-Perioden unschädlich sein sollten, wenn nach deren Ablauf ein regelmäßiges Rückgaberecht gegeben war. Dies galt auch dann, wenn die Lock-Up Periode länger als 2 Jahre dauerte.[76] In die gleiche Richtung geht zwar auch die Gesetzesbegründung zum AIFM-StAnpG, die – wie erwähnt – gesetzliche Mindesthaltefristen als unschädlich ansehen will.[77] Allerdings greift u.E. eine Begrenzung auf lediglich gesetzliche Mindesthaltefristen zu kurz und entspricht auch nicht der Wertung des § 1 Abs. 4 Nr. 2 KAGB a.F. und n.F., der nach seinem jeweiligen Wortlaut neben gesetzlichen auch vertragliche Mindesthaltefristen zulassen sollte. Zudem lassen u.E. beide Versionen des § 1 Abs. 4 Nr. 2 KAGB auch weitere Einschränkungen zum Anlegerschutz zu, wie z.B. die Möglichkeit der Aussetzung der Rückgabe. U.E. sollten diese Möglichkeiten auch für das Rückgaberecht nach dem InvStG gelten ohne das Vorliegen eines Investmentfonds zu gefährden.

59 Der Gesetzgeber hat allerdings in § 1 Abs. 1b S. 2 Nr. 2 InvStG nicht „einfach" auf § 1 Abs. 4 KAGB verwiesen. Zudem erwähnt auch § 1 Abs. 4 KAGB in beiden Wortlauten nicht eindeutig, welche weiteren der bisherigen im Sinne des Schutzes der (anderen) Anleger von der Verwaltung gewährten Möglichkeiten zur Ein- bzw. Beschränkung des Rückgaberecht weiter gelten sollen (z.B. die bisherige Möglichkeit von Rückgabeabschlägen bis zu 15% des NAV, der Begrenzung des Rückgaberechts auf einen bestimmten Auszahlungshöchstbetrag, usw.).[78]

60 Daher wäre es bezüglich der Auslegung des Merkmals „Rückgaberecht" wünschenswert, dass die Finanzverwaltung ausdrücklich klarstellen würde, dass die bisherige Verwaltungspraxis (mit der Ausnahme der Reduktion der Regelmäßigkeit von zwei auf ein Jahr) weiter Anwendung finden soll, d.h. dass im bisherigen Rahmen auch vertragliche Beschränkungen möglich sind, sofern sie mit der Mehrheit der Anleger vereinbart wurden. Bisher hat die Finanzverwaltung im Rahmen des BMF-Schreibens vom 23.4.2014 bzw. 4.6.2014[79] lediglich bestätigt, dass es nicht beanstandet wird, wenn die Aussetzung der Rücknahme- oder Kündigungsmöglichkeit auf einem außergewöhnlichen Umstand im Sinne des § 98 Absatz 2 KAGB beruht und die Aussetzung nicht mehr als 36 Monate andauert. Das Gleiche soll auch während einer auf höchstens 60 Monate begrenzten Abwicklungsphase eines Investmentfonds gelten.[80] Sieht das Aufsichtsrecht längere Fristen vor, werden diese nach dem BMF Schreiben vom 4.6.2014 im Einzelfall und auf Nachweis auch für steuerliche Zwecke berücksichtigt. Die Finanzverwaltung scheint dies aber auf durch das Aufischtsrecht gewährte längere Fristen begrenzen zu wollen. Nach einem im Entwurf befindlichen Schreiben an die Verbände scheint die Finanzverwaltung bei Fehlen einer längeren aufsichtsrechlichen Frist bei der Abwicklung eines Investmentfonds strikt eine Grenze von 60 Monaten anwenden zu wollen.[81] Unseres Erachtens kann eine starre Höchstgrenze im Einzelfall zu kurz greifen, insbesondere wenn es um die Abwicklung von Investmentfonds geht, deren Wirtschaftsgüter mit Sorgfalt verkauft

---

76 Vgl. BaFin v. 22.12.2008 WA 41-Wp 2136-2008/0001 Abschn. I 2.
77 *Dyckmans* Ubg **2014** 217.
78 Vgl. BaFin v. 22.12.2008 WA 41-Wp 2136-2008/0001 Abschn. I 2.; auch die Möglichkeit von Rückkaufgesellschaften wird nicht erwähnt.
79 BMF Schr. v. 23.4.2014 bzw. 4.6.2014 Abschnitt 2.1.
80 Nach dem Entwurfsschreiben vom 19.6.2014 soll die Abwicklungsphase dabei mit der Kündigung der Verwaltung des Investmentfonds durch die Kapitalverwaltungsgesellschaft oder durch die Verwaltungsgesellschaft beginnen, Entwurf BMF Schr. v. 19.6.2014 Nr. 1.
81 Entwurf BMF Schr. v. 19.6.2014 Nr. 1.

werden müssen, um finanzielle Nachteile für die Anleger auf Grund eines „Notverkaufs" zu vermeiden. Zu denken ist hier insbesondere (aber nicht nur) an Immoblien-Investmentfonds.

61 Aufgrund des oben dargestellten kann Investmentvermögen und Anlegern, die in den Anwendungsbereich des Fondsreportingregimes für Investmentfonds fallen wollen, nur geraten werden, darauf zu achten, dass das Rückgaberecht in den Anlagebedingungen möglichst klar zum Ausdruck kommt und höchstens von gesetzlichen Mindesthaltefristen (und gegebenenfalls weiteren gesetzlichen Vorgaben) eingeschränkt wird. Auf der anderen Seite sollte umgekehrt auch ein Rückgaberecht klar ausgeschlossen werden (bzw. andere Anlagebedingungen des § 1 Abs. 1b InvStG ausgeschlossen werden), sollte das Vorliegen eines Investmentfonds nicht gewünscht sein, da u.E. die besseren Argumente für eine Weitergeltung der bisherigen Verwaltungsauffassung sprechen.

62 Aufnahme in den Gesetzestext hat dagegen erfreulicherweise die Regelung zu dem Rückgaberecht bei börsengehandelten Fonds nach § 1 Abs. 1b S. 2 Nr. 2 InvStG gefunden. Danach gilt das Rückgaberecht per gesetzlicher Fiktion als erfüllt, wenn der OGAW oder AIF an einer Börse i.S.d. § 2 Abs. 1 Börsengesetzes oder einer vergleichbaren ausländischen Börse gehandelt wird. Diese Fiktion ermöglicht es sog. Exchange Traded Funds (ETFs) als Investmentfonds ihren Anlegern eine transparente Besteuerung zu vermitteln, da bei diesen unter Umständen neben dem Kauf und Verkauf an einer Börse kein regelmäßiges Rückgaberecht vorhanden sein kann.[82]

63 **3. Gemeinschaftliche passive Anlage (§ 1 Abs. 1b S. 2 Nr. 3 InvStG).** Zum Vorliegen eines Investmentfonds muss nach § 1 Abs. 1b S. 2 Nr. 3 InvStG der objektive Geschäftszweck des Investmentvermögens auf die Anlage und Verwaltung seiner Mittel für die gemeinschaftliche Rechnung der Anteils- oder Aktieninhaber beschränkt sein. Eine aktive unternehmerische Bewirtschaftung der Vermögensgegenstände muss ausgeschlossen sein. Laut Gesetzesbegründung zum AIFM-StAnpG soll durch diese Anlagebedingung der Ansatz des Investmentgesetzes fortgeführt werden, dass ein Investmentfonds der gemeinschaftlichen Kapitalanlage dient und dem Grundsatz der passiven Vermögensverwaltung folgt.[83] Insofern wiederholt sich hier auch teilweise die Definition eines Investmentvermögens, die Voraussetzung für die Anwendung des KAGB und in der Folge des InvStG ist. Die Gesetzesbegründung zu § 1 Abs. 1b S. 2 Nr. 3 InvStG verlangt eine gemeinschaftliche Kapitalanlage. Dieses Merkmal findet sich bereits in § 1 Abs. 1 KAGB, der eine „Investition zum Nutzen der Anleger" voraussetzt.[84] Das Merkmal der gemeinschaftlichen Kapitalanlage soll nach zutreffender Auffassung der Finanzverwaltung[85] unabhängig von der tatsächlichen Anzahl der Anleger vorliegen, wenn die Anlagebedingungen, die Satzung oder der Gesellschaftsvertrag die Anzahl möglicher Anleger nicht auf einen Anleger begrenzt.

64 Zudem folgt aus der Definition des Begriffs „Investmentvermögen" in § 1 Abs. 1 S. 1 KAGB, dass das Merkmal der „gemeinschaftlichen passiven Anlage" steuerrechtlich nur bei Vermögen innerhalb des Finanzsektors als Abgrenzung dienen kann, da § 1 Abs. 1 S. 1 KAGB bereits ausschließt, dass „operativ tätige Unternehmen außerhalb des Finanzsektors" Investmentvermögen sein können.

---

[82] BRDrucks. 740/13 S. 39, 59.
[83] Vgl. Gesetzesbegründung BRDrucks. 740/13 S. 39.
[84] Vgl. hierzu BaFin v. 14.6.2013 WA 41-Wp 2137-2013/0001 Abschn. I. 6. „Investition zum Nutzen der Anleger".
[85] BMF Schr. v. 23.4.2014 bzw. BMF-Schr. v. 4.6.2014 Abschnitt 2.2.

64a Folgerichtig will die Finanzverwaltung nach einem Entwurfsschreiben an die Verbände vom 21.7.2014 für die Frage des Vorliegens einer „aktiven unternehmerischen Bewirtschaftung der Vermögensgegenstände von Investmentfonds" die allgemeinen, von der Rechtsprechung und der Finanzverwaltung entwickelten Grundsätze zur Abgrenzung einer gewerblichen von einer vermögensverwaltenden Tätigkeit voraussichtlich nicht unmittelbar, sondern nur modifiziert, anwenden. Eine nach diesen allgemeinen Grundsätzen vermögensverwaltende Tätigkeit soll jedoch keine aktive unternehmerische Tätigkeit darstellen. Dagegen sollen bei einer nach allgemeinen steuerrechtlichen Grundsätzen gewerblichen Tätigkeit die Besonderheiten der Investmentanlage geprüft werden, ob eine derartige gewerbliche Tätigkeit auch zu einer aktiven unternehmerischen Bewirtschaftung nach § 1 Abs. 1b S. 2 Nr. 3 S. 1 InvStG führt. Als Folge sollen z.B. alle Tätigkeiten, die einem OGAW im Rahmen der OGAW-Richtlinie erlaubt sind, nicht zu einer aktiven unternehmerischen Bewirtschaftung führen können. Auch die professionelle, standardisierte, kollektive Verwaltung eines Vermögens für die Anleger und die hierfür erforderliche berufliche Expertise des Verwalters stellen diesbezüglich immanente Bestandteile der Vermögensverwaltung und keine schädliche aktive unternehmerische Bewirtschaftung dar.[86] Diesen Grundsätzen ist u.E. uneingeschränkt zu folgen und es bleibt zu hoffen, dass auch das finale BMF-Schreiben diese Grundsätze enthalten wird. Allerdings enthält das BMF Entwurfsschreiben vom 21.7.2014 auch einige Aussagen, insbesondere zu Abgrenzungsfragen bei Immobilienanlagen, die u.E. nicht zielführend sind und dringend abgeändert werden sollten.

65 Eine passive Vermögensverwaltung schließt danach nicht den „aktiven Handel" mit den gehaltenen Vermögensgegenständen aus, d.h. z.B. die Umschichtung von Wertpapieren, wie Aktien, Schuldverschreibungen oder Derivaten, auch in regelmäßigem und erheblichem Umfang. Auch ein nur kurzfristiges Halten und ein regelmäßiger und häufiger Umschlag der gehaltenen Wirtschaftsgüter sind als passive Vermögensverwaltung zu werten. Die Häufigkeit der Umschichtung kann daher kein Merkmal für eine aktive unternehmerische Bewirtschaftung darstellen.[87] U.E. muss dies dann auch für einen „Hochfrequenzhandel" im Rahmen einer Anlage und Verwaltung der Mittel für die gemeinschaftliche Rechnung der Anteils- oder Aktieninhaber eines Investmentvermögens gelten, so dass die Grenze erst überschritten sein sollte, wenn diese Art der Tätigkeit auch für fremde Dritte vorgenommen wird. Auch insofern sollte die Häufigkeit der Umschichtung eine Unterform der passiven Verwaltung der Mittel der Anleger sein.[88]

65a Die Grenze zu einer aktiven unternehmerischen Bewirtschaftung sollte grundsätzlich erst überschritten sein, wenn es tatsächlich zu einer aktiven Bewirtschaftung der gehaltenen Vermögensgegenstände selbst oder zu einer unternehmerischen Einflussnahme auf gehaltene Portfoliounternehmen kommt. Dies kann bei reinen Wertpapiergeschäften u.E. grundsätzlich nicht der Fall sein.

66 Diese Unterscheidung hat eine lange Entwicklung und Tradition zur Abgrenzung von unter die Regelungen für Kapitalanlagen fallenden Vermögen (nach dem KAGG, dem InvG i.V.m. InvStG und nunmehr dem InvStG) zu aktiven Unternehmen bzw. Private Equity Fonds. Dabei waren auch in der Vergangenheit zwei Bereiche von besonderer

---

86 Vgl. Entwurf BMF Schr. v. 21.7.2014 Nr. 1.
87 Ebenso Entwurf BMF Schr. v. 21.7.2014 Nr. 2.
88 Weitergehend aber der Entwurf BMF Schr. v. 21.7.2014: Hiernach soll bei einem Hochfrequenzhandel die Umschichtung zum prägenden Geschäftsinhalt werden, der die Schwelle zur aktiven unternehmerischen Bewirtschaftung überschreitet. Unklar scheint, wo genau die Finanzverwaltung hier die Grenze ziehen möchte, da sie andererseits das Ausnutzen des Marktes unter Einsatz beruflicher Erfahrungen und einen Handel mit institutionellen Partnern nicht als schädlich ansehen will.

Bedeutung. Insbesondere entsprach es schon nach der Ansicht der BaKred nicht dem Wesen und dem Charakter einer Kapitalanlage über ein Investmentvermögen, wenn dieses aktive Einflussnahme auf gehaltenen Zielgesellschaften ausgeübt hat.[89] Für Private Equity Fonds sollte in der Vergangenheit der Anwendungsbereich der Investmentaufsicht und des Fondsreportingregimes nicht eröffnet sein. Dementsprechend sah auch die BaFin eine Bereichsausnahme für Private Equity Fonds vor, auch wenn diese ansonsten alle Voraussetzungen eines Investmentvermögens nach dem InvG erfüllt haben. Ein Investmentvermögen nach § 1 S. 2 InvG lag nicht vor, wenn das Vermögen in beachtlichem Umfang auf die Anlage der Mittel in Unternehmensbeteiligungen oder anderen Vermögensgegenständen (z.B. Aktien) gerichtet war, deren Wert durch eine aktive unternehmerische Tätigkeit gesteigert werden sollte.[90] Diese Tradition setzt sich in § 1 Abs. 1b S. 2 Nr. 3 InvStG fort, so dass bei Unternehmensbeteiligungen eine aktive unternehmerische Bewirtschaftung dann vorliegen sollte, wenn eine aktive Einflussnahme zur Wertsteigerung der Zielgesellschaft gegeben ist. Eine derartige aktive Einflussnahme sollte regelmäßig dann vorliegen, wenn sich der Inestmentfonds selbst am aktiven Management von Zielgesellschaften beteiligt oder er eine Weisungsbefugnis gegenüber den Zielunternehmen besitzt. Dagegen sollten die Wahrnehmung von Aufsichtsratsfunktionen in den Zielgesellschaften und die Wahrnehmung von Gesellschafterrechten regelmäßig nicht schädlich sein.[91]

67 Der andere Bereich der in der Vergangenheit immer wieder zu Abgrenzungsfragen geführt hat, ist der Bereich der Immobilienvermögen. Während die BaKred anfangs teilweise auch noch das Betreiben eines Hotels oder von Restaurants in diesem Bereich als passive Vermögensanlage zulassen wollte,[92] wurde dies in späteren Jahren durch das Aufsichtsrecht und durch die Auslegung in der Praxis immer stärker auf das Halten und Verwalten (d.h. Vermieten) von Immobilen eingeschränkt.[93] In gewissem Umfang ist allerdings aufsichtsrechtlich nach wie vor eine aktive unternehmerische Bewirtschaftung möglich. Daher enthält auch § 1 Abs. 1b S. 2 Nr. 3 S. 2 InvStG eine ausdrückliche gesetzliche Erlaubnis für eine aktive unternehmerische Bewirtschaftung im Falle der Beteiligung an einer Immobilien-Gesellschaft i.S.d. § 1 Abs. 19 Nr. 22 KAGB, die nach dem Gesellschaftsvertrag auch zur Bewirtschaftung der Immobilien erforderliche Gegenstände erwerben dürfen.[94] Zudem stellt die Finanzverwaltung klar,[95] dass ein offener Investmentfonds, der in die nach §§ 230 ff. KAGB zulässigen Vermögensgegenstände mit der Absicht investiert, regelmäßig Mieterträge aus direkt und indirekt gehaltenen Immobilien – auch in Form von Dividenden und Zinsen – zu erzielen, sowie einen Wertzuwachs der Immobilien anstrebt, die Anforderungen an eine passive Vermögensanlage nach § 1 Absatz 1b Satz 2 Nummer 3 Satz 1 InvStG erfüllt.

---

89 Vgl. BAKred v. 7.12.2001 – V 2 – X – 3818/2001.
90 Vgl. BaFin v. 22.12.2008 WA 41-Wp 2136-2008/0001 Abschn. I. 4. A9.
91 Vgl. auch Entwurf BMF Schr. v. 21.7.2014 Nr. 3: Allerdings soll hier auch ein aktives Management über verbundene Dritte und eine faktische Weisungsbefugnis ausreichen. Das BMF legt allerdings nicht dar, wo genau die Grenze verlaufen soll. Im Sinne der Rechtsanwendung wäre eine klarere Aussage begrüßenswert.
92 Vgl. BAKred v. 16.11.1999 – V 2 – X – 3496/1999.
93 Vgl. §§ 66 ff. InvG; vgl. zur Führung eines Gastronomiezentrums auch Entwurf BMF Schr. v. 21.7.2014 Nr. 4.
94 In diesem Zusammenhang sieht § 1 Abs. 1b S. 2 Nr. 5 Buchst. g) InvStG auch Betriebsvorrichtungen und andere Bewirtschaftungsgegenstände i.S.d. § 231 Abs. 3 KAGB als „zulässige Vermögensgegenstände" an.
95 BMF v. 23.4.2014 bzw. 4.6.2014 Abschnitt 2.2.

67a Begrüßenswert ist es in diesem Zusammenhang, dass sich die Finanzverwaltung nach dem Entwurf eines BMF Schreibens vom 21.7.2014 bemüht, erstmals in einem Schreiben die Grundsätze der Abgrenzung der Vermögensverwaltung von der aktiven unternehmerischen Bewirtschaftung auch bei Immobilienanlagen für steuerrechtliche Zwecke festzuhalten, um damit im Rahmen des § 1 Abs. 1b S. 2 Nr. 3 InvStG eine verlässliche Grundlage zu schaffen. Allerdings sind die derzeit geplanten Grundsätze u.E. im Hinblick auf den Charakter von Immobilien-Investmentfonds teilweise zu eng gezogen. Unklar erscheint z.B. wo die Grenze zwischen der Durchführung von substanzerhaltenden Maßnahmen (z.B. durch Renovierung) der „schädlichen" Tätigkeit der Projektentwicklung gezogen werden sollen, da eine Projektentwicklung nach Ansicht der Finanzverwaltung auch bei Sanierungsaktivitäten für im Bestand gehaltene Immobilien vorliegen kann. Auch die Abgrenzung zu einem nach Ansicht der Finanzverwaltung „schädlichen" Grundstückshandel überzeugt u.E. nicht. Grundsätzlich will die Finanzverwaltung nach den Aussagen im Entwurfsschreiben vom 21.7.2014 die allgemeinen Grundsätze der Abgrenzung zwischen Vermögensverwaltung und gewerblicher Tätigkeit nur modifiziert anwenden. Im Gegensatz zu Wertpapiergeschäften scheint die Finanzverwaltung mögliche Abweichungen bei Immobilienanlagen aber sehr eng ziehen zu wollen, da sie grundsätzlich die 3-Objekt-Grenze anwenden will. Nur bei Verkäufen auf Grund des Rückgabeverlangens von Anlegern und im Rahmen der Liquidation eines Immobilien-Investmentfonds sollen scheinbar Ausnahmen möglich sein.[96] Dies wird vor allem großen Immobilien-Investmentfonds nicht gerecht. Insbesondere bei hohem Grundstücksbestand (und entsprechender großer Risikodiversifizierung) muss es Immobilien-Investmentfonds möglich sein, mehrere Umschichtungen von langfristig gehaltenem Immobilienbestand auch innerhalb kurzer Zeit vornehmen zu können, ohne dass dadurch der Status „Investmentfonds" gefährdet sein kann. Ein Statuswechsel hat auf Anlegerebene steuerrechtlich erhebliche Folgen, die nicht damit gerechtfertigt werden können, dass vier (ggf. langjährig gehaltene) Objekte innerhalb kürzerer Zeit veräußert werden. Eine derartige Einschränkung der Verwaltungstätigkeit von Immobilien-Investmentfonds ist auch unter Anlegerschutzgesichtspunkten nicht zu rechtfertigen, da auch ein Immobilien-Investmentfonds auf geänderte Gegebenheiten reagieren muss. Zudem ist auch kein Grund ersichtlich, wieso auch bei Immobilienanlagen – im Gegensatz zu Wertpapiergeschäften – der Erwerb von Immobilien mit dem Ziel der kurzfristigen Weiterveräußerung per se eine schädliche unternehmerische Bewirtschaftung sein sollte. Weder der Gesetzeswortlaut noch die Ratio der passiven Vermögensanlage scheinen eine derartige Interpretation zu rechtfertigen.

68 Außerhalb der dargestellten gesetzlich ausdrücklich zugelassenen (und von der Finanzverwaltung und der Praxis interpretierten bzw. noch zu interpretierenden) Ausnahmen sollte grundsätzlich jede nach dem objektiven Geschäftszweck mögliche (oder tatsächlich vorgenommene) aktive unternehmerische Bewirtschaftung für das Vorliegen eines Investmentfonds grundsätzlich schädlich sein. Daher überrascht es, dass der Gesetzgeber einerseits für die Frage der Einhaltung der Begrenzung der Beteiligungshöhe auf weniger als 10% am Kapital einer Kapitalgesellschaft im Rahmen des § 1 Abs. 1b S. 2 Nr. 7 InvStG[97] auch Ausnahmen für ÖPP-Projektgesellschaften und Gesellschaften, deren Unternehmensgegenstand auf die Erzeugung erneuerbarer Energien gerichtet ist, zugelassen hat. Denn andererseits, erwähnt der Wortlaut § 1 Abs. 1b S. 2 Nr. 3 InvStG die Möglichkeit einer aktiven unternehmerische Bewirtschaftung bei diesen Vermögensgegen-

---

[96] Vgl. Entwurf BMF Schr. v. 21.7.2014 Nr. 4.
[97] Neben der Ausnahme für Immobilien-Gesellschaften, die auch – wie oben dargestellt – bei der aktiven unternehmerischen Bewirtschaftung gesetzlich aufgegriffen wird.

ständen nicht, d.h. eine Einflussnahme auf diese Vermögensgegenstände ist unter Umständen nicht möglich. Hier sollte dringend im Wege der Gesetzesänderung oder zumindest im Wege von Verwaltungsanweisungen, nachgebessert werden.

69 Dass es dem Gesetzgeber für die Frage des Vorliegens eines Investmentfonds mit diesem Kriterium ernst ist, kommt u.E. auch in der Tatsache zum Ausdruck, dass die bisherige, vom InvG gewährte Möglichkeit im Rahmen der Beteiligung an Unternehmensbeteiligungen auch gewerbliche Personengesellschaften zu halten, nunmehr nicht mehr gegeben ist.[98]

70 **4. Merkmal der Risikomischung (§ 1 Abs. 1b S. 2 Nr. 4 InvStG).** Das Merkmal der Risikomischung war bisher auch bereits integraler Bestandteil der Voraussetzungen zur Anwendung des InvG und in der Folge des InvStG. Nur bei Erfüllung einer risikogemischten Anlage lag ein Investmentvermögen i.S.d. § 1 Nr. 2 InvStG i.V.m. §§ 2 Abs. 8 und § 1 S. 2 InvG vor. Wann genau der Grundsatz der Risikomischung erfüllt war, definierte § 1 S. 2 InvG allerdings nicht. Die Auslegung erfolgte durch die BaFin in zahlreichen Anwendungsschreiben.[99] Nach der BaFin musste die Ausgestaltung des (ausländischen) Vermögens nach seinem objektiven Geschäftszweck auf die Risikomischung gerichtet sein. Eine Risikomischung wurde dabei regelmäßig angenommen, wenn das Vermögen zum Zwecke der Risikomischung in mehr als drei Vermögensgegenstände (quantitatives Merkmal) mit unterschiedlichen Anlagegenrisiken (qualitatives Merkmal) angelegt ist, deren Halten Anlagezwecken und nicht etwa der Unterhaltung von Liquidität diente. Eine zufällige Herbeiführung einer Risikomischung genügte nicht.[100] Diese Grundsätze sind nunmehr in das InvStG aufgenommen worden.

71 Laut Gesetzesbegründung zum AIFM-StAnpG soll insbesondere die bisherige Verwaltungspraxis der BaFin weitergelten.[101] § 1 Abs. 1b S. 2 Nr. 4 InvStG trifft allerdings keine Aussage zu einer eventuellen Gewichtung der gehaltenen Vermögensgegenstände, sondern erwähnt lediglich, dass diese unterschiedliche Anlagerisiken aufweisen müssen. Für die Auslegung dieses qualitativen Merkmals ist u.E. trotz fehlender Erwähnung in der Gesetzesbegründung auf die weiteren Schreiben der BaFin zur Risikomischung zurückzugreifen, in denen diese in Zusammenhang mit der Frage der Risikomischung bei sog. „Goldfonds" das Merkmal der qualitativen Risikomischung weiter konkretisiert hat. Demnach ist davon auszugehen, dass kein einzelner Vermögensgegenstand ein überragendes Gewicht im Investmentvermögen haben darf und dass, je weniger Vermögensgegenstände gehalten werden, diese umso mehr gleichgewichtet sein müssen. Auch sollte weiterhin gelten, dass ein direkt gehaltener Vermögensgegenstand und ein Vermögensgegenstand, dessen Wertentwicklung sich auf diesen bezieht, für die Frage der qualitativen Risikomischung als eine Einheit anzusehen sind, auch wenn sie für die Frage der quantitativen Risikomischung als zwei Vermögensgegenstände gelten sollten. Im Konkreten hatte die BaFin festgehalten, dass Goldzertifikate verschiedener Emittenten keine Risikomischung vermitteln, soweit diese sich auf das gleiche Underlying beziehen. Reine Goldfonds sollten daher nach wie vor nicht als Investmentfonds einzustufen sein.[102] Im Gegensatz dazu waren bisher bereits Investmentfonds möglich, die als Gold-

---

[98] Siehe hierzu § 1 Abs. 1b S. 2 Nr. 5 und 6 InvStG sowie den Bestandsschutz für vor dem 28.11.2013 erworbenen Unternehmensbeteiligungen abgesehen nach § 1 Abs. 1b Satz 2 Nr. 6 Satz 3 InvStG.
[99] BaFin v. 22.12.2008 WA 41-Wp 2136-2008/0001 Abschn. I 1, Buchst. b; BaFin v. 28.7.2009 WA 41-Wp 2136-2008/0001.
[100] BaFin v. 22.12.2008 WA 41-Wp 2136-2008/0001 Abschn. I. 1. b).
[101] Vgl. Gesetzesbegründung BRDrucks. 740/13 S. 39 mit Verweis auf Schreiben vom 22.12.2008. Ein Verweis auf das BaFin-Schreiben vom 28.7.2009 fehlt in der Gesetzesbegründung allerdings.
[102] Zur Behandlung nach altem Recht, vgl. Grotherr/*Weber*/*Hagen* S. 1483 ff.

fonds (neben u.U. der physischen Anlage in bis zu 30% des Wert des Fondsvermögens in Gold selbst) auch Aktien von Goldminen, etc. im Bestand hatten, da hier das unternehmerische Risiko hinzukam.[103] Unter Geltung des neuen InvStG sollten nunmehr auch „Edelmetallfonds" als Investmentfonds möglich sein, da es unter Geltung des § 1 Abs. 1b InvStG keine Begrenzung des Haltens von Edelmetallen auf 30% des Wert des Fondsvermögens mehr gibt. Daher sind u.E. nunmehr Investmentfonds möglich, die die quantitative Risikomischung durch Investition in Gold, Silber, Platin und Palladium erfüllen, wobei es unter Anwendung des BaFin-Schreibens vom 28.7.2009 möglich sein sollte, dass ein Edelmetall bis zu 60% des Wert des Fondsvermögens einnimmt. Nach den in diesem Schreiben genannten Grundsätzen sollte die Anlage in einen Vermögensgegenstand oder ein Anlagerisiko zwischen 50% und 60% liegen können.[104]

Eine Risikomischung sollte unter diesen Aspekten auch gegeben sein, wenn das Investmentvermögen mehr als drei Zertifikate unterschiedlicher Emittenten hält, die sich auf ein Underlying beziehen, das selbst aus mehreren Vermögensgegenständen zusammengesetzt ist. Insofern ist kein Unterschied erkenntlich, ob z.B. ein ETF den DAX durch physisches Halten der einzelnen Aktien abbildet oder synthetisch die Performance des DAX durch das Halten mehrerer Zertifikate oder Derivate. **72**

Unklar erscheint, ob weiterhin von einer Risikomischung ausgegangen werden kann, wenn ein Investmentvermögen lediglich in Staatsanleihen eines Emittenten investiert. Nach § 62 InvG i.V.m. § 60 Abs. 2 S. 1 InvG lag bisher trotz des Vorhandenseins nur eines Emittenten eine Risikomischung vor, wenn mindestens 6 verschiedene Tranchen von Staatsanleihen eines Emittenten gehalten wurden und bestimmte Begrenzungen pro Tranche eingehalten wurden.[105] Ob diese Ausnahme weitergelten wird, bleibt noch abzuwarten. **73**

§ 1 Abs. 1b S. 2 Nr. 4 Satz 3 InvStG lässt eine indirekte Risikomischung zu, wenn das Investmentvermögen zwar nicht selbst risikogemischt ist, aber „in nicht nur unerheblichem Umfang" in Vermögen investiert ist, die selbst unmittelbar oder mittelbar risikogemischt sind. Diese „Durchschau" war bereits bisher möglich.[106] Die Finanzverwaltung[107] wird davon ausgehen, dass ein „nicht nur unerheblicher Umfang" im Sinne des § 1 Absatz 1b Satz 2 Nummer 4 Satz 3 InvStG jedenfalls dann vorliegt, wenn (i) bei weniger als vier Vermögensgegenständen oder (ii) bei Nichterfüllung der quantitativen Risikomischung (d.h. im Falle des deutlichen Überwiegens des Wertes eines Vermögensgegenstandes innerhalb des Fondsvermögens, der keinen Anteil am Vermögen eines anderen Vermögens darstellt) das Vermögen eines Investmentfonds wenigstens zu 50% in einem oder mehreren anderen risikodiversifizierten Vermögen investiert ist. **74**

Das InvStG enthält keine Definition, was unter einem „Vermögen" zu verstehen ist.[108] Auch eine Auflistung, wie sie § 1 Abs. 1b S. 2 Nr. 7 InvStG für die Ausnahmen von der Begrenzung der Beteiligung am Kapital einer Kapitalgesellschaft vorsieht, enthält § 1 Abs. 1b S. 2 Nr. 4 InvStG nicht. Laut Gesetzesbegründung zum AIFM-StAnpG soll allerdings auch hier die alte Rechtslage weitergelten. Neben Investmentvermögen i.S.d. InvG sollen u.a. auch Immobilien-Gesellschaften oder ÖPP-Projektgesellschaften als Vermögen gelten. **75**

---

103 BaFin v. 28.7.2009 WA 41-Wp 2136-2008/0001 Abschn. II. 2. b); *Meinhardt/Fischler* RdF **2011** 32.
104 BaFin v. 28.7.2009 WA 41-Wp 2136-2008/0001 Abschn. IV.
105 BaFin v. 28.7.2009 WA 41-Wp 2136-2008/0001 Abschn. II. 1.
106 Vgl. § 2 Abs. 8 S. 2 InvG BaFin v. 22.12.2008 Abschn. I. 1. b).
107 BMF Schr. v. 23.4.2014 bzw. vom 4.6.2014 Abschnitt 2.3.
108 § 1 KAGB enthält ebenfalls keine Definition für den Begriff „Vermögen", so dass auch § 1 Abs. 2 InvStG nicht weiterhilft.

76 Der Wortlaut der Gesetzesbegründung ist allerdings etwas missverständlich und kann nur bedingt für die Auslegung herangezogen werden. So ist u.E. der Verweis auf „Investmentvermögen i.S.d. InvG" nicht wörtlich zu nehmen. Ansonsten könnten Investmentfonds i.S.d. § 1 Abs. 1b S. 2 InvStG, die keine Investmentvermögen nach dem InvG gewesen wären, nicht eine Risikomischung vermitteln und es wäre stets der alte Investmentvermögensbegriff des InvG zu prüfen. Vielmehr ist u.E. dieser Verweis so zu verstehen, dass als Vermögen i.S.d. § 1 Abs. 1b S. 2 Nr. 4 S. 3 InvStG alle von einem Investmentvermögen gehaltene Investmentfonds i.S.d. § 1 Abs. 1b S. 2 InvStG gelten. Dies bedeutet, dass nur derartige Investmentfonds sowie bestandsgeschützte nach den Voraussetzungen des InvG bis zum 23.12.2013 aufgelegte Investmentvermögen (die nach § 22 Abs. 2 InvStG als Investmentfonds nach § 1 Abs. 1b S. 2 InvStG gelten) eine Risikomischung im Wege der Durchschau vermitteln können, nicht jedoch Investitionsgesellschaften. Weiter kommen für eine Durchschau Immobiliengesellschaften und ÖPP-Projektgesellschaften in Betracht. Diese Auflistung sollte trotz der Verwendung von „u.a." abschließend sein, da dies auch die bisherige Rechtslage widerspiegelt[109] und diese aufsichtsrechtliche Sichtweise steuerrechtlich weitergelten soll.

77 Dies sollte aber auch bedeuten, dass nach wie vor für steuerliche Zwecke eine Durchschau durch ein Zertifikat oder einen Swap nicht möglich ist, da diese keine „Vermögen" darstellen.[110]

78 Die Finanzverwalutng will (wie auch bisher schon) in der Regel davon ausgehen, dass bei OGAWs der Grundsatz der Risikomischung erfüllt ist. Von der Finanzverwaltung soll es zudem grundsätzlich nicht beanstandet werden, wenn in tatsächlicher Hinsicht in der Anfangsphase und in der Liquidationsphase eines AIF (und wohl auch eines OGAW) die Risikomischung nicht eingehalten wird.[111] Dies bedeutet, dass das Nichteinhalten grundsätzlich nicht beanstandet wird, soweit die Risikomischung grundsätzlich in den Anlagebedingungen verankert ist. Mithin will die Finanzverwaltung bei Einhaltung der formellen Verankerung keinen „Verstoß der tatsächlichen Einhaltung" nach § 1 Abs. 1d InvStG annehmen. Nach dem Entwurf eines weiteren BMF Schreibens vom 19.6.2014[112] will die Finanzverwaltung gleiches gelten lassen, wenn für eine Übergangsphase der Grundsatz der Risikomischung nicht eingehalten werden kann, weil
– ein Anleger mehr als die Hälfte der Anteile an einem Spezial-Investmentfonds gekündigt hat,
– ein Investmentfonds verschmolzen wird und zur einfacheren Abwicklung die Vermögensgegenstände des übertragenden Investmentfonds verkauft werden oder
– ein Investmentfonds seine Anlagestrategie so grundlegend ändert, dass es zu einer weitgehenden Umschichtung der Anlagegegenstände (z.B. von Schuldverschreibungen zu Aktien) kommt.

79 Zudem will es die Finanzverwaltung im Sinne des § 1 Absatz 1b Satz 2 Nummer 4 InvStG als ausreichend betrachten, wenn bei Immobilien-Investmentfonds innerhalb der vierjährigen Frist des § 244 KAGB und bei anderen Investmentfonds innerhalb von sechs Monaten nach der Auflage der Grundsatz der Risikomischung eingehalten wird. Sollte

---

[109] Vgl. BaFin v. 22.12.2008 WA 41-Wp 2136-2008/0001 Abschn. I. 1. b); BMF-Schreiben v. 18.8.2009 BStBl. I **2009** Rn. 8.
[110] Vgl. hierzu auch die Ausführungen unter Rn. 21 ff. zur tatsächlichen Erfüllung der Anlagebedingungen bei OGAWs.
[111] Vgl. Gesetzesbegründung BRDrucks. 740/13 S. 39, 60; BMF Schr. v. 23.4.2014 bzw. vom 4.6.2014 Abschnitt 2.3; *Dyckmans* Ubg **2014** 217.
[112] Entwurf BMF Schr. v. 19.6.2014 Nr. 2. Auch diese Beispiele zeigen u.E., dass die Finanzverwaltung bisher nur auf punktuelle Anfragen und Problemfälle geantwortet hat bzw. antwortet.

die Risikomischung nicht innerhalb dieser Zeiträume erreicht sein, kann in Ausnahmefällen auch eine substantiiert dargelegte Absicht zur Einhaltung des Grundsatzes der Risikomischung als ausreichend erachtet werden, wenn die Investmentgesellschaft nachweist, dass sie aus nicht von ihr zu vertretenden Gründen an der Einhaltung des Grundsatzes der Risikomischung gehindert war.[113]

Die Gesetzesbegründung selbst erwähnt zu dem obigen Themenkomplex nichts Weiteres. Auch die BMF-Schreiben vom 23.4.2014 bzw. vom 4.6.2014 erwähnen nicht, wie lange die Anfangsphase (in Ausnahmefällen) darüber hinaus dauern kann, wann diese Ausnahmefälle genau vorliegen sollen und wie lange die Liquidationsphase dauern kann. U.E. kann es hier keine starren Grenzen und Anforderungen geben, sondern die Anfangsphase und die Liquidationsphase sind im Einzelfall zu bestimmen. Insofern erscheint auch die genannte Regelfrist von sechs Monaten bei Auflage (die Liquidation erwähnen die BMF-Schreiben vom 23.4.2014 bzw. vom 4.6.2014 nicht näher) als zu starr und kurz. Diese doch recht kurze Frist geht u.E. darauf zurück, dass es sich hierbei um eine Antwort der Finanzverwaltung auf eine konkret mit diesen sechs Monaten als Frist gestellte Anfrage handelt, die naturgemäß bestimmte Sachverhalte als Grundlage hat, aber nicht jeden (insbesondere im Ausland vorkommenden) Sachverhalt abdecken kann. So sieht die Finanzverwaltung selbst bereits eine Ausnahme bei Immobilien-Investmentfonds vor. **80**

Daher sollte u.E. bei Auflage grundsätzlich eher eine Frist von einem Jahr als von sechs Monaten als Richtschnur für eine angemessene Anfangsphase dienen. Auch die durch die Finanzverwaltung bereits vorgesehene Regelung für (neben Immobilien-Investmentfonds weitere) Ausnahmefälle sollte eher als Regelfall und ohne strenge Voraussetzungen anzuwenden sein. Die Anfangsphase kann im konkreten Fall – abhängig von der Anlagestrategie des betreffenden Investmentfonds – u.E. auch wesentlich länger oder gegebenenfalls auch kürzer sein. So ist sicher von einem Investmentfonds mit der Strategie der Anlage in bestimme Blue Chips zu erwarten, dass er dieses Anlageziel zeitnah erreichen kann. Im Gegensatz dazu sollte bei einem Investmentfonds mit dem Ziel der Anlage in exotischere Vermögensgegenstände die Anfangsphase auch mehr als sechs Monate bzw. ein Jahr betragen können. Dies sollte insbesondere auch für Dach-Investmentfonds gelten, die in Ziel-Investmentfonds investieren wollen, die nicht speziell für den deutschen Markt aufgelegt wurden. Bei diesen umfasst die Investitionsphase auch eine sorgfältige Prüfung, ob das entsprechende Ziel-Investmentvermögen als Investmentfonds nach § 1 Abs. 1b S. 2 InvStG fungieren kann und gegebenenfalls werden vor einer Investition auch Anpassungen der Anlagebedingungen bei dem Ziel-Investmentvermögen notwendig. **81**

Starre Zeitgrenzen kann es u.E. auch nicht in der Liquidationsphase geben. Zum einen hängt die Dauer einer Liquidation bereits von den jeweiligen Rechtsvorschriften ab, nach der sie zu erfolgen hat. Zudem kann es während der Liquidation auch Verzögerungen geben, sollten einzelne Vermögensgegenstände nicht leicht liquidierbar sein. Eine zu starre Regelung könnte hier, genau wie in der Anfangsphase, konträr zu den Anlegerinteressen und deren Schutz sein. **82**

5. Zulässige Vermögensgegenstände (§ 1 Abs. 1b S. 2 Nr. 5 InvStG). Die Qualifikation als Investmentfonds setzt voraus, dass mindestens 90% des Vermögens eines OGAW oder AIF in die in § 1 Abs. 1b S. 2 Nr. 5 Buchst. a bis Buchst. j InvStG enumerativ gelisteten Vermögensgegenstände investiert werden. **83**

---

113 BMF Schr. v. 23.4.2014 bzw. vom 4.6.2014 Abschnitt 2.3.

84 Die Zulässigkeit einer „Schmutzgrenze" bzw. „Öffnungsgrenze" von 10%, in dessen Rahmen auch Anlagen in andere, als die im Katalog des § 1 Abs. 1b S. 2 Nr. 5 Buchst. a bis Buchst. j InvStG aufgeführten Vermögensgegenstände zulässig sind, entspricht auch der bisher gültigen Verwaltungsauffassung,[114] auf die auch die Gesetzesbegründung zum AIFM-StAnpG verweist.[115] Diese Schmutzgrenze soll ausweislich der Gesetzesbegründung zum AIFM-StAnpG dazu dienen, dass nicht jedwede geringfügige Abweichung von den Anlagebestimmungen die Qualifikation als Investmentfonds gefährdet.[116]

85 Auch wenn die bisherige Verwaltungspraxis nunmehr lediglich gesetzlich kodifiziert wurde, sind einige Besonderheiten zu beachten. Zum einen verlangt der Wortlaut des Gesetzes, dass mindestens 90% des Fondsvermögens in zulässige Vermögensgegenstände investiert werden, wohingegen die bisherige Verwaltungspraxis von „mehr als"[117] 90% des Fondsvermögens ausging. Zum anderen ist es durch die gesetzliche Kodifizierung erforderlich, dass die 90%-Grenze nicht nur faktisch eingehalten wird, sondern dies auch als eine der Anlagebestimmungen in den Anlagebedingungen des Investmentfonds auch formal festgehalten wird (siehe unten § 1 Abs. 1b S. 2 Nr. 9 InvStG).[118]

86 Der Katalog der zulässigen Vermögensgegenstände orientiert sich ausweislich der Gesetzesbegründung zum AIFM-StAnpG an den bisherigen Vorgaben des InvG für Spezialfonds[119] und entspricht grundsätzlich im Wesentlichen dem Katalog der zulässigen Vermögensgegenstände eines offenen inländischen Spezial-AIF i.S.d. § 284 KAGB.[120] Somit ist u.E., soweit möglich, im Zweifel bzgl. der Beurteilung, inwiefern ein bestimmtes Finanzinstrumente bzw. eine bestimmter Vermögensgegenstand einen zulässigen Vermögensgegenstand des Katalogs des § 1 Abs. 1b S. 2 Nr. 5 InvStG darstellt, auf die aufsichtsrechtlichen Interpretationen zurückzugreifen.[121]

87 Besonderes Augenmerk ist in diesem Zusammenhang auf den Begriff „Wertpapier" zu legen. Das InvStG sieht keinen eigenständigen steuerlichen Wertpapierbegriff vor. Auch das KAGB enthält keine Legaldefinition, sondern setzt diesen Begriff in §§ 193 und 284 KAGB erkennbar voraus. Nach der in den BMF-Schreiben vom 23.4.2014 bzw. vom 4.6.2014 geäußerten Ansicht der Finanzverwaltung sollen im Rahmen des § 1 Abs. 1b S. 2 Nr. 5 InvStG offenbar nur die in § 193 KAGB oder dem inhaltsgleichen Artikel 2 der OGAW-Richtlinie[122] genannten Wertpapiere als „Wertpapiere" erworben werden kön-

---

[114] BaFin v. 22.12.2008 WA 41-Wp 2136-2008/0001 Abschn. I. 1. c); BMF Schr. v. 18.8.2009 BStBl. I 2009 Rn. 5, 7; bis zur Änderung des InvG durch das Investmentänderungsgesetz v. 21.12.2007 und der Neuinterpretation durch das BaFin-Schreiben v. 22.12.2008 wurde eine Schmutzgrenze von 50% für zulässig erachtet, vgl. BaFin Schr. v. 22.12.2008 WA 41-WP 2136/2008-0001; *Dyckmans* Ubg **2014** 217.
[115] BRDrucks. 740/13 S. 39, 58 ff.
[116] BRDrucks. 740/13 S. 39, 58 ff.
[117] BaFin v. 22.12.2008 WA 41-Wp 2136-2008/0001 Abschn. I. 1. c).
[118] Unter dem bis 23.12.2013 geltenden Investmentfondsbegriff war auch eine reine faktische Erfüllung ausreichend, vgl. BaFin v. 22.12.2008 WA 41-Wp 2136-2008/0001 Abschn. I. 1. c).
[119] BRDrucks. 740/13 S. 39, 58 ff.
[120] Vgl. aber Entwurf BMF Schr. v. 19.6.2014 Nr. 3, wonach der Wertpapierbegriff für alle Publikums- und Spezial-Investmentfonds einheitlich ausgelegt werden und sich an § 193 KAGB und nicht an dem wohl weitergehenden § 284 Abs. 2 Nr. 2 Buchst. a KAGB orientieren soll.
[121] *Simonis/Grabbe/Faller* BB **2014** 16; Die Autoren weisen zu Recht darauf hin, dass neben den Grundsätzen des § 284 KAGB auch die bisherigen Auslegungsgrundsätze der BaFin, SESR; ESMA und die einschlägigen EU-Richtlinien heranzuziehen sind. So auch die Finanzverwaltung, siehe BMF-Schreiben v. 23.4.2014 Abschnitt 2.4.
[122] Richtlinie 2007/16/EG der Kommission vom 19.3.2007 zur Durchführung der Richtlinie 85/611/EWG des Rates zur Koordinierung der Rechts- und Verwaltungsvorschriften betreffend bestimmte Organismen für gemeinsame Anlagen in Wertpapieren (OGAW).

nen.[123] Auch nach dem Entwurfsschreiben vom v. 19.6.2014 scheint die Finanzverwaltung den Wertpapierbegriff für alle Publikums- und Spezial-Investmentfonds einheitlich und eher eng auslegen zu wollen, d.h. sich grundsätzlich an § 193 KAGB, und nicht an dem wohl weitergehenden § 284 Abs. 2 Nr. 2 Buchst. a KAGB, orientieren zu wollen. U.E. besteht allerdings auf Grund des Wortlauts des § 1 Abs. 1b S. 2 Nr. 5 Buchst. a InvStG kein Ansatzpunkt, den Begriff des „Wertpapiers" auf die in § 193 KAGB genannten Bedingungen zu reduzieren, zumal auch die Finanzverwaltung zugesteht, dass es an einer Legaldefinition im KAGB fehlt, an der sich das InvStG orientieren könnte. Aktien eines inländischen REIT und eines ausländischen REIT, der zum Handel an einer ausländischen Börse oder an einem anderen organisierten Markt i.S.d. § 193 Abs. 1 S. 1 Nr. 1 bis 4 KAGB zugelassen ist, wird die Finanzverwaltung aber voraussichtlich in diesem Zusammenhang im Rahmen des § 193 KAGB als Wertpapier ansehen wollen.[124] Zudem schließt der Wertpapierbegriff nach Ansicht der Finanzverwaltung (u.E. in zutreffender Weise) Anteile an Investitionsgesellschaften i.S.d. § 1 Abs. 1c InvStG ein, die die Voraussetzungen an ein Wertpapier im Sinne der genannten aufsichtsrechtlichen Vorschriften erfüllen.[125] GmbH-Anteile sollten für die Frage der „zulässigen Vermögensgegenstände" keine „Wertpapiere" i.S.d. § 1 Abs. 1b S. 2 Nr. 5 Buchst. a InvStG darstellen, sondern „Beteiligungen an Kapitalgesellschaften, deren Verkehrswert ermittelt werden kann" i.S.d. § 1 Abs. 1b S. 2 Nr. 5 Buchst. j InvStG.

Ein Vermögensgegenstand kann u.E. zudem auch nach mehreren Kategorien ein zulässiger Vermögensgegenstand sein. Daher können Anteile an Investitionsgesellschaften auch (zusätzlich) im Rahmen des § 1 Abs. 1b S. 2 Nr. 5 Buchst. f oder j InvStG erwerbbar sein, sofern es sich um Immobilien-Gesellschaften oder um Anteile an (nicht-gelisteten) Kapitalgesellschaften handelt.[126] Gleiches gilt für einen nicht börsengehandelten ausländischen REIT, der, wenn schon nicht als Wertpapier, so zumindest als Beteiligung an einer nicht-gelisteten Kapitalgesellschaft nach § 1 Abs. 1b S. 2 Nr. 5 Buchst. j InvStG erwerbbar sein sollte.[127] **88**

Hinsichtlich der Einordnung eines Vermögensgegenstands in die einzelnen Kategorien des § 1 Abs. 1b S. 2 Nr. 5 InvStG sollte zudem u.E. grundsätzlich gelten, dass eine Einordnung in die jeweils speziellere Kategorie vorrangig ist, insbesondere im Hinblick auf die daraus resultierenden weiteren unterschiedlichen Anlagegrenzen. So sollte z.B. davon auszugehen sein, dass durch die eigene Erwähnung von „Beteiligungen an Kapitalgesellschaften, deren Verkehrswert ermittelt werden kann" (und die Begrenzung derartiger Beteiligungen auf 20% des Vermögens des Investmentfonds in § 1 Abs. 1b S. 2 Nr. 6 InvStG), diese Kategorie für Aktien und andere Beteiligungen an nicht-börsennotierten Kapitalgesellschaften gegenüber z.B. einer möglichen Einordnung als „Wertpapiere" vorrangig ist. Dies gilt, sofern diese speziellere Kategorie einschlägig ist. **88a**

Anteile und Aktien an inländischen und ausländischen Investmentfonds nach § 1 Abs. 1b S. 2 Nr. 5 Buchst. h InvStG sollten ebenfalls als eigenständige Kategorie gegenüber z.B. der Kategorie „Beteiligungen an Kapitalgesellschaften" oder „Wertpapiere" anzusehen sein, egal ob der entsprechende Investmentfonds börsennotiert ist oder nicht. Diese Unterscheidung sollte dann auch für die weiteren Anlagebedingungen gelten, so **89**

---

123 Da der Begriff des Wertpapiers nicht im KAGB legal definiert ist (sondern lediglich z.B. in §§ 193 und 284 KAGB vorausgesetzt bzw. erwähnt wird), läuft allerdings der Verweis in § 1 Abs. 2 S. 1 InvStG auf die Begriffsbestimmungen des KAGB ins Leere.
124 Entwurf BMF Schr. v. 19.6.2014 Nr. 3.
125 BMF Schr. v. 23.4.2014 bzw. v. 4.6.2014 Abschnitt 2.4.
126 BMF Schr. v. 23.4.2013 Abschnitt 2.4.
127 Insofern würde eine Begrenzung des Begriffs „Wertpapier" auf die in § 193 KAGB genannten Wertpapiere nichts an der Eigenschaft als „zulässiger Vermögensgegenstand" ändern.

dass die Beteiligung an Anteilen und Aktien anderer Investmentfonds nicht der Beschränkung des § 1 Abs. 1b S. 2 Nr. 7 InvStG unterliegt. Dies dürfte auch der Ansicht der Finanzverwaltung entsprechen, die Master-Feeder-Konstruktionen unabhängig von der rechtlichen Ausgestaltung und dem Vorliegen einer Börsennotierung des Master-Fonds ausdrücklich als steuerlich für einen Feeder-Investmentfonds möglich ansieht, sofern es sich bei dem Master-Fonds ebenfalls um einen Investmentfonds handelt, d.h. weder die 20%-Unternehmensbeteiligungsgrenze noch die 10%-Begrenzung für Kapitalgesellschaften anwenden will.[128]

90 Das InvStG kennt bzgl. der zulässigen Vermögensgegenstände seit dem 24.12.2013 keinen Unterschied zwischen Spezial- und Publikums-Investmentfonds mehr. Auch eine Unterscheidung nach bestimmten Fondstypen, wie z.B. Fonds mit zusätzlichen Risiken (Hedge-Fonds) und sog. sonstigen Sondervermögen, sieht § 1 Abs. 1b S. 2 Nr. 5 InvStG nicht mehr vor. Dadurch ist das Universum der zulässigen Vermögensgegenstände, insbesondere für Publikums-Investmentfonds aber auch für Hedge-Fonds, deutlich erweitert worden. Unverbriefte Darlehensforderungen, Derivate und Edelmetalle gehören nunmehr ohne weitere Einschränkungen für alle Fondstypen zu den zulässigen Vermögensgegenständen. Auch Beschränkungen hinsichtlich der Höhe der Anlage in diese Vermögensgegenstände sieht § 1 Abs. 1b S. 2 InvStG im Gegensatz zur Rechtslage bis zum 23.12.2013 nicht mehr vor. Damit ist es möglich, z.B. einen sich auf die Anlage in Edelmetalle oder notleidende Darlehen spezialisierten Publikums-Investmentfonds aufzulegen, der seinen Anlegern die Vorteile des „transparenten" Fondsreportingregimes eröffnet.[129]

91 Hinsichtlich der Erwerbbarkeit von Immobilien-Gesellschaften sollte es bei der bisherigen Rechtslage verbleiben. Zwar verweist § 1 Abs. 1b S. 2 Nr. 5 Buchst. f InvStG lediglich auf § 1 Abs. 19 Nr. 22 InvStG. Dieser definiert, wie bisher § 2 Abs. 4 Nr. 6 InvG, Immobilien-Gesellschaften als Gesellschaften, die nach dem Gesellschaftsvertrag oder der Satzung nur Immobilien sowie die zur Bewirtschaftung der Immobilien erforderlichen Gegenstände erwerben dürfen. Allerdings wurde der Begriff der Immobilien-Gesellschaft schon bisher, trotz gleicher Verweistechnik, nach der Verwaltungsauffassung weitgefasst, so dass auch im Rahmen der §§ 66 ff. InvG (insbesondere § 68 Abs. 1 S. 2 InvG) mögliche Beteiligungen von Immobilien-Gesellschaften an anderen Immobilien-Gesellschaften einer Einstufung als zulässiger Vermögensgegenstand nach § 2 Abs. 4 Nr. 6 InvG nicht entgegenstand.[130] Zudem war es bisher auch möglich, dass eine Immobilien-Gesellschaft Darlehen an andere Immobilien-Gesellschaften gewähren durfte, wenn sie an dieser anderen Immobilien-Gesellschaft unmittelbar oder mittelbar beteiligt ist.[131] An dieser Auslegung des Begriffs „Immobilien-Gesellschaft" sollte sich u.E. nichts ändern, da sich die aufsichtsrechtliche Rechtslage nicht geändert hat, vgl. §§ 230 ff. KAGB. Insbesondere entsprechen die §§ 234 und 235 KAGB dem bisherigen § 68 InvG. Zudem lässt die Gesetzesbegründung des AIFM-StAnpG nicht erkennen, dass eine Abkehr von der bisherigen Verwaltungsauffassung und Rechtslage geplant ist.[132] Auch die Finanzverwaltung will die Anforderungen des § 235 KAGB zusätzlich anwenden.[133] Zudem gilt auch hier die

---

128 BMF Schr. v. 23.4.2014 bzw. vom 4.6.2014 Abschnitt 2.5 und Abschnitt 2.6.
129 Zu beachten ist jedoch, dass die Qualifikation als Investmentfonds darüber hinaus die Einhaltung sämtlicher in § 1 Abs. 1b S. 2 InvStG genannter Merkmale erfordert. So wird es für Edelmetallinvestmentfonds ceteris paribus entscheidend darauf ankommen, dass die Risikomischung, d.h. eine ausgewogene Anlage in mindestens 4 unterschiedliche Edelmetalle, gegeben ist, vgl. Rn. 71.
130 BaFin, Fragenkatalog vom 21.1.2010 WA 41-Wp 2136-2008/0001, Nr. 8.
131 BaFin, Fragenkatalog vom 21.1.2010 WA 41-Wp 2136-2008/0001, Nr. 9.
132 Die Gesetzesbegründung erwähnt als wesentliche Abweichung vom bisherigen Anlagekatalog nur bei Unternehmensbeteiligungen, vgl. Drucks. 740/13 S. 40.
133 BMF Schr. v. 23.4.2014 bzw. vom 4.6.2014 Abschnitt 2.4.

Regelung des § 1 Abs. 2 S. 1 InvStG, dass grundsätzlich die Begriffsbestimmungen des KAGB entsprechend gelten sollen. Ausdrücklich erwähnt wird in § 1 Abs. 1b S. 2 Nr. 5 Buchst. g InvStG nunmehr, dass es sich bei Betriebsvorrichtungen und anderen Bewirtschaftungsgegenständen i.S.d. § 231 Abs. 3 KAGB um zulässige Vermögensgegenstände handelt. Dies ist u.E. aber lediglich eine Klarstellung der bisher bereits gelebten Praxis.

Eine wesentliche Einschränkung besteht hinsichtlich des bisher (im Rahmen bestimmter Anlagegrenzen) möglichen Erwerbs (nicht börsennotierter) Unternehmensbeteiligungen. Gem. § 1 Abs. 1b S. 2 Nr. 5 Buchst. j InvStG ist – im Gegensatz zur Rechtslage bis zum 23.12.2013 – nur noch der Erwerb einer Beteiligung an einer (nicht börsennotierten) Kapitalgesellschaft, deren Verkehrswert ermittelt werden kann, möglich. Eine Beteiligung an einer (nicht börsennotierten) Unternehmensbeteiligung ist somit kein zulässiger Anlagegegenstand, d.h. eine rechtsformunabhängige Beteiligung ist nicht mehr möglich.[134] Dies wird mit der Abgrenzung zu Private Equity Fonds begründet. Es soll mit dem Wesen eines auf passive Vermögensverwaltung abzielenden Investmentfonds unvereinbar sein, dass sich dieser als Gesellschafter an einer Personengesellschaft, d.h. als Mitunternehmer des Gewerbebetriebs einer Personengesellschaft, mitunter aktiv unternehmerisch betätigt.[135] Ferner wird die Beschränkung auf Kapitalgesellschaften mit der Verhinderung eines angenommenen steuerlichen Gestaltungsmissbrauchs begründet.[136] **92**

Somit sind (mit Ausnahme der Beteiligung an nicht börsennotierten Kapitalgesellschaften, deren Verkehrswert ermittelt werden kann) keine Beteiligungen an nicht-gelisteten Unternehmen mehr möglich, sofern es sich nicht um Wertpapiere handeln sollte. Diesbezüglich wird auch die bisher schon diskutierte Frage weiter spannend bleiben, inwiefern eine Beteiligung an einem geschlossenen Fonds gegebenenfalls als Wertpapier i.S.d. § 1 Abs. 1b S. 2 Nr. 5 Buchst. a InvStG angesehen werden kann.[137] **93**

Beteiligungen an gewerblichen Personengesellschaften sind somit grundsätzlich nur noch im Rahmen der 10% Schmutzgrenze möglich.[138] Das Gleiche gilt unseres Erachtens auch für die Beteiligungen an einer gewerblich infizierten Personengesellschaft i.S.d. § 15 Abs. 3 Nr. 1 EStG, sowie an einer gewerblich geprägten Personengesellschaften i.S.d. § 15 Abs. 3 Nr. 2 EStG.[139] Diese Sichtweise wird auch von der Finanzverwaltung angewendet, die gewerbliche und gewerblich geprägte Personengesellschaften nicht als zulässige Vermögensgegenstände, aber als im Rahmen der 10% Schmutzgrenze erwerbbar ansehen will.[140] **94**

Ausweislich der Gesetzgebegründung des AIFM-StAnpG, sowie nach der in den BMF-Schreiben v. 23.4.2014 bzw. 4.6.2014 zum Ausdruck kommenden Ansicht der Finanzverwaltung[141] ist dagegen eine Beteiligung an einer rein vermögensverwaltenden Personengesellschaft nicht schädlich.[142] Insofern findet eine „Durchschau" statt, d.h. die Beteiligung an der Personengesellschaft wird ignoriert und es wird auf die von der Per- **95**

---

134 *Simonis/Grabbe/Faller* BB **2014** 16.
135 BRDrucks. 740/13 40.
136 BRDrucks. 740/13 S. 40.
137 Zur aufsichtsrechtlichen Einordnung geschlossener Fonds als Wertpapiere vgl. BaFin v. 22.7.2013 WA 41-Wp 2137-2013/0001 Teil 1 Nr. 13 und 14.
138 So wohl auch *Jansen/Lübbehüsen* RdF **2014** 28.
139 Bzgl. der Übergangsregelung für die Beteiligungen, die bereits vor 28.11.2013 erworben wurden, vgl. § 1 Abs. 1b S. 2 Nr. 6 InvStG.
140 BMF v. 4.6.2014 Abschnitt 2.4. Umso erstaunlicher ist daher die Aussage im Entwurfsschreiben vom 19.6.2014, nach der die 90%-Grenze nicht für den bewussten Erwerb von dauerhaft unzulässigen Vermögensgegenständen dienen soll.
141 BMF Schr. v. 23.4.2014 bzw. vom 4.6.2014 Abschnitt 2.4.
142 BRDrucks. 740/13 S. 40.

sonengesellschaft gehaltenen Vermögensgegenstände abgestellt. Bzgl. der Frage, wann eine rein vermögensverwaltende Personengesellschaft vorliegt, wird sich die Finanzverwaltung wohl weiterhin an den Grundsätzen des BMF-Schreibens vom 16.12.2003[143] orientieren, auch wenn diesbezüglich durch das BFH-Urteil vom 24.8.2011[144] erhebliche Unsicherheiten entstanden sind.[145] Jedenfalls ist ungeachtet dieser Unsicherheit künftig verstärkt darauf zu achten, dass die im Ausland typische Regelung zur alleinigen Geschäftsführung des General Partners von Personengesellschaften durch gezielte Ermächtigung eines Kommanditisten zur Geschäftsführung („gewerbliche Entprägung") ergänzt und somit die schädliche gewerbliche Prägung vermieden wird.

96   Das Gleiche gilt unseres Erachtens für alle Formen von Personengesellschaften, d.h. auch für reine Innengesellschaften, wie z.B. stille Beteiligungen. Da diese im Gegensatz zum bisherigen Recht nicht mehr im Katalog der zulässigen Vermögensgegenstände separat ausgewiesen werden, können stille Beteiligungen, soweit sie Mitunternehmerschaften begründen (d.h. Beteiligung am Gewinn- und Verlust sowie an den Liquidationserlösen), nur noch im Rahmen der 10% Schmutzgrenze erworben werden (bzw. gegebenenfalls als AIF-Anteile i.S.d. § 1 Abs. 1b S. 2 Nr. 5 Buchst. h InvStG selbst).[146] Ansonsten sind stille Beteiligungen u.E. als unverbriefte Darlehensforderungen i.S.d. § 1 Abs. 1b S. 2 Nr. 5 Buchst. j InvStG anzusehen und sollten von einem Investmentfonds ohne Einschränkungen erworben werden können.

97   Ob die gesellschaftsrechtliche Beteiligung an einem (ausländischen) Vermögen eine Beteiligung an einer Personengesellschaft oder an einer Kapitalgesellschaft darstellt, richtet sich u.E. nach deutschem Recht. In vielen typischen Fällen (ausl. Kommanditgesellschaft, z.B. Cayman Islands Limited Partnership) wird die Qualifikation unstrittig sein. In Zweifelsfällen sind die von der Finanzverwaltung für die Klassifikation einer US LLC entwickelten Grundsätze zur Abgrenzung heranzuziehen.[147]

98   Bei Beteiligungen an Investitionsgesellschaften i.S.d. § 1 Abs. 1c InvStG ist u.E. ebenfalls nach der Rechtform zu unterscheiden. Die Beteiligungen an Personen-Investitionsgesellschaften sind wohl nur im Rahmen der 10%-Schmutzgrenze des § 1 Abs. 1b S. 2 Nr. 5 InvStG möglich,[148] zumindest sofern keine ausschließlich vermögensverwaltenden Personengesellschaften angenommen werden können. Bei den nicht-börsennotierten Kapital-Investitionsgesellschaften sind u.E. dagegen andere Anlagebegrenzungen zu beachten, nämlich die 20%-Grenze des § 1 Abs. 1b S. 2 Nr. 6 InvStG, sowie die „weniger als 10% am Kapital der Kapitalgesellschaft"-Grenze des § 1 Abs. 1b S. 2 Nr. 7 InvStG.

99   **6. Anlagegrenze für Beteiligungen an nicht-börsennotierten Kapitalgesellschaften (§ 1 Abs. 1b S. 2 Nr. 6 InvStG).** Die unter die zulässigen Vermögensgegenstände nach § 1 Abs. 1b S. 2 Nr. 5 Buchst. j InvStG fallenden Beteiligungen an nicht-börsennotierten Kapitalgesellschaften, deren Verkehrswert ermittelt werden kann, können gem. § 1 Abs. 1b S. 2 Nr. 6 InvStG höchstens 20% des Werts des Fondsvermögens ausmachen.

100 Diese Begrenzung ersetzt die bisherige 20%-Grenze für nicht-börsennotierte Unternehmensbeteiligungen bei Publikums- und Spezial-Investmentfonds nach § 90h Abs. 4

---

[143] BMF Schr. v. 16.12.2003 BStBl. I **2004** 40.
[144] BFH vom 24.8.2011, I R 46/10.
[145] Bei einer als Personengesellschaft aufgelegt Immobilien-Gesellschaft sollte diese Kategorisierung jedoch vorrangig sein, so dass es diesbezüglich nicht auf die Frage einer originären Gewerblichkeit ankommen sollte.
[146] Vgl. hierzu die Diskussion unter Rn. 83 ff.
[147] BMF Schr. v. 19.3.2004 IV B 4-S 1301 USA-22/04; bestätigt durch BFH Urt. v. 20.8.2008 I R 34/08.
[148] So wohl auch *Jansen/Lübbehüsen* RdF **2014** 28.

S. 1 InvG sowie die 30%-Grenze nach § 112 Abs. 1 S. 3 InvG für Hedge-Fonds.[149] Diese 20%-Grenze entspricht nun der Beteiligungsgrenze für inländische Spezial AIF nach § 284 Abs. 3 KAGB. Sie soll ausweislich der Gesetzesbegründung zum AIFM-StAnpG[150] der Abgrenzung zu Private Equity Fonds und sonstigen geschlossenen Fonds dienen. Zudem wurde die Möglichkeit der Beteiligung vom Erwerb an nicht-börsennotierten Unternehmensbeteiligungen auf den Erwerb von nicht-börsennotierten Kapitalgesellschaften reduziert.[151]

101 Nicht anwendbar ist die Beschränkung auf Immobilien-Investmentfonds, d.h. OGAW und AIF, die nach ihren Anlagebedingungen die bei Ihnen eingelegten Gelder in Immobilien investieren. Solche Immobilien-Investmentfonds dürfen gem. § 1 Abs. 1b S. 2 Nr. 6 S. 2 InvStG bis zu 100% des Werts Ihres Fondsvermögens in Immobiliengesellschaften investieren.

102 Da nach dem bisherigen Recht die Anlage in Unternehmensbeteiligungen rechtsformunabhängig zulässig war, d.h. auch z.B. Beteiligungen an gewerblichen Personengesellschaften zulässige Vermögensgegenstände darstellten, sieht § 1 Abs. 1b S. 2 Nr. 6 S. 3 InvStG eine spezielle Übergangsregelung vor. Nach dieser dürfen im Rahmen der 20%-Beteiligungsgrenze des § 1 Abs. 1b S. 2 Nr. 6 S. 1 InvStG auch Unternehmensbeteiligungen nach bisherigem Verständnis, d.h. andere Unternehmensbeteiligungen als Beteiligungen an nicht-börsennotierten Kapitalgesellschaften gehalten werden, wenn die entsprechende Beteiligung vor dem 28.11.2013 erworben wurde. Bezüglich derartiger bestandsgeschützter (und damit durch Bestandsschutz weiterhin zulässiger) Vermögensgegenstände gilt die 20%-Grenze, d.h. die entsprechende bestandsgeschützte Beteiligung darf zusammen mit anderen (bestandsgeschützten) Unternehmensbeteiligungen und allen Beteiligungen an nicht-börsennotierten Kapitalgesellschaften nicht mehr als 20% des Fondsvermögens betragen. Für bestimmte alternative Investmentfonds (Hedge-Fonds), die den neuen Investmentfondsbegriff erfüllen wollen, bleibt dennoch zu prüfen, ob ein teilweiser Verkauf notwendig ist, sobald der Bestandsschutz des § 22 Abs. 2 InvStG ausläuft. Dies liegt daran, dass auch für diesen Fondstyp nach den neuen Anlagebedingungen des § 1 Abs. 1b S. 2 InvStG die zulässige Höchstgrenze 20% des Fondsvermögens beträgt, d.h. eine Absenkung von 30% auf 20% erfolgt ist. Dies gilt auch dann, wenn es sich bei den gehaltenen Unternehmensbeteiligungen und nicht-börsennotierten Kapitalgesellschaften sämtlich um bestandsgeschützte, weil vor dem 28.11.2013 erworbene Unternehmensbeteiligungen handelt.

103 Nach Ansicht der Finanzverwaltung soll zudem die 20%-Grenze des § 1 Abs. 1b S. 2 Nr. 6 InvStG absolut bezogen auf den gesamten Wert des Investmentfonds gelten. Eine Kumulation dergestalt, dass neben dieser 20%-Grenze zusätzlich noch – im Rahmen der 10%-Schmutzgrenze des § 1 Abs. 1b S. 2 Nr. 5 InvStG – Anteile an gewerblichen oder gewerblich geprägten Personengesellschaften (außer es handelt sich um Immobilien-Gesellschaften im Sinne des § 1 Abs. 1b S. 2 Nr. 5 Buchst. f InvStG) gehalten werden können, soll nicht zulässig sein.[152] Diese Ansicht der Finanzverwaltung kann mit dem Wortlaut des Gesetzes höchstens insoweit gerechtfertigt werden, als § 1 Abs. 1b S. 2 Nr. 6 S. 3 InvStG die Anwendung der 20%-Grenze für vor dem 28.11.2013 erworbene Unterneh-

---

[149] BaFin v. 22.12.2008 Abschn. I. 1d).
[150] BRDrucks. 740/13 S. 40.
[151] Vgl. zu dieser Einschränkung auch BMF Schr. v. 4.6.2014 Abschnitt 2.5.
[152] BMF Schr. v. 23.4.2014 bzw. v. 4.6.2014 Abschnitt 2.4; hierzu scheint die Aussage im Entwurfsschreiben vom 19.6.2014 unter Nr. 4 im Widerspruch zu stehen, da nach dieser offenbar überhaupt kein derartiges Halten möglich sein soll.

mensbeteiligungen vorsieht, da für diese ein Bestandsschutz zusätzlich gewährt wird.[153] Ansonsten spricht § 1 Abs. 1b S. 2 Nr. 6 InvStG u.E. eindeutig von einer Begrenzung für nicht-börsennotierte Kapitalgesellschaften, nicht von grundsätzlich nicht zulässigen, aber im Rahmen der 10%-Schmutzgrenze erwerbbaren Vermögensgegenständen.

104 **7. Beschränkung der Beteiligung in einzelne Kapitalgesellschaften (§ 1 Abs. 1b S. 2 Nr. 7 InvStG).** Eine im Vergleich zu dem unter den Regelungen des InvG geltenden Anforderungen an ein (ausländisches) Investmentvermögen i.S.d. InvStG neue Anlagebedingung ist die Beschränkung der Beteiligung am Kapital einer Kapitalgesellschaft auf „unter 10 Prozent".

105 Die Gesetzesbegründung[154] nennt als Grund für die Einführung dieser Anlagebedingung u.a. den weitegehenden Ausschluss von unternehmerischer Einflussnahme, der durch die Beschränkung auf Streubesitzbeteiligungen erreicht werden soll. Da das Vorhandensein einer unternehmerischen Beteiligung aber bereits durch die Definition des Begriffs „Investmentvermögen" in § 1 Abs. 1 S. 1 KAGB, die Interpretation dieses Begriffs durch die BaFin („Investition zum Nutzen der Anleger")[155] und durch die Anlagebedingung des § 1 Abs. 1b S. 2 Nr. 3 InvStG „gemeinschaftliche passive Anlage" ausgeschlossen sein sollte, dürfte eher der weitere, in der Gesetzesbegründung genannte Aspekt im Vordergrund stehen. Durch die Begrenzung der Höhe auf unter 10% werden grundsätzlich die im KStG und GewStG vorgesehenen Beteiligungsprivilegien sowie eventuelle Schachtelprivilegien nach einem Doppelbesteuerungsabkommen sowie die Anwendung der Mutter-Tochter-Richtlinie ausgeschlossen.[156]

106 Angesichts des klaren Wortlautes des § 1 Abs. 1b S. 2 Nr. 7 InvStG und der genannten Gründe für die Einführung dieser Anlagebedingung sollte diese auch für Beteiligungen an dem Kapital jeder in- oder ausländischen Kapitalgesellschaft gelten, unabhängig davon, ob es sich bei der Beteiligung für Zwecke des Katalogs der zulässigen Vermögensgegenstände um ein Wertpapier i.S.d. § 1 Abs. 1b S. 2 Nr. 5 Buchst. a InvStG oder um eine Beteiligung an einer Kapitalgesellschaft, deren Verkehrswert ermittelt werden kann, nach § 1 Abs. 1b S. 2 Nr. 5 Buchst j InvStG handelt. Entgegen den Ausführungen in der Gesetzesbegründung sollte diese Anlagebedingung auch nicht auf Beteiligungen an nicht-börsennotierten Kapitalgesellschaften beschränkt sein, sondern auch börsennotierte Kapitalgesellschaften erfassen.[157] Neben dem insoweit eindeutigen Wortlaut der Vorschrift selbst würde sonst auch der vom Gesetzgeber gewollte Ausschluss der Begünstigungen durch Schachtelbeteiligungen nicht erreicht werden. Zugegebenermaßen dürfte sich die Frage einer Beteiligung von 10% oder mehr vor allem bei nicht börsennotierten Kapitalgesellschaften stellen, kann aber u.E. auch in Einzelfällen bei börsennotierten Kapitalgesellschaften relevant werden.

107 Nicht anwendbar ist diese Anlagebedingung u.E. bei einer nach § 1 Abs. 1b S. 2 Nr. 6 S. 3 InvStG bestandsgeschützten Unternehmensbeteiligung in Form einer Personengesellschaft. Bezüglich dieser sollte es – angesichts des klaren Wortlauts des Gesetzes –

---

[153] Maßgeblich soll der Zeitpunkt des sachenrechtlichen Erwerbs sein, wobei es ausreichen soll, wenn vor dem 28.11.2013 ein Vertrag abgeschlossen wurde, in dem sich die Investmentgesellschaft unwiderruflich zum Erwerb verpflichtet hat und vor dem 28.11.2013 zumindest eine vertraglich vereinbarte Teilzahlung erbracht wurde, vgl. BMF Schr. v. 4.6.2014 Abschnitt 7.
[154] BRDrucks. 740/13 S. 40.
[155] BaFin v. 14.6.2013 Abschn. I. 6.
[156] Hinsichtlich des Widerspruchs dieser Begrenzung zu den Möglichkeiten der Beteiligung unter der OGAW-Richtlinie wird auf die Kommentierung unter Rn. 81 ff. verwiesen.
[157] So auch BMF Schr. v. 4.6.2014 Abschnitt 2.6.

z.B. möglich sein, dass der betreffende Investmentfonds als Kommanditist eine kapitalmäßige Beteiligung von 10% oder mehr hält.

Die Begrenzung auf unter 10% des Kapitals einer Kapitalgesellschaft ist u.E. zudem **108** nicht anwendbar, soweit es sich bei der entsprechenden Kapitalgesellschaft selbst um einen als Kapitalgesellschaft aufgelegten in- oder ausländischen Investmentfonds handelt, z.B. eine InvAG mit veränderlichem Kapital oder eine als S.A., S.a.r.l. oder SCA aufgelegte Luxemburger SICAV. Diese gelten für die Frage der zulässigen Vermögensgegenstände gerade nicht als Wertpapiere oder Beteiligungen an Kapitalgesellschaften, sondern sind zusätzlich als eigene Kategorie unter § 1 Abs. 1b S. 2 Nr. 5 Buchst. h InvStG aufgeführt. Eine Begrenzung der Höhe der Beteiligung eines Dach-Investmentfonds an einem ziel-Investmentfonds würde auch dem Sinn und Zweck des InvStG widersprechen und im Widerspruch zur Möglichkeit der mittelbaren Risikomischung durch Investition in Zielfonds stehen. Auch wären bei einer derartigen Auslegung keine durch die OGAW-Richtlinie gerade zugelassene Master-Feeder-Strukturen möglich. Weiterhin ist eine Begrenzung nicht notwendig, da für Zwecke des Fondsreportings nach §§ 5 und 10 InvStG ein Ziel-Investmentfonds auf Ebene des Dach-Investmentfonds unabhängig von seiner Rechtsform behandelt wird, d.h. gerade nicht als Kapitalgesellschaft. Der vom Gesetzgeber proklamierte Grund für diese Anlagebedingung („Ausschluss von Schachtelbeteiligungsbegünstigungen") kann im Verhältnis von Dach-Investmentfonds zu Ziel-Investmentfonds nicht auftreten. Anderes gilt, wenn das entsprechende Investmentvermögen nicht als Investmentfonds, sondern als Investitions-Kapitalgesellschaft nach § 19 InvStG anzusehen ist. In diesem Fall sollte das Dach-Investmentvermögen nicht 10% oder mehr des Kapitals der Kapital-Investitionsgesellschaft halten dürfen, um seinen eigenen Status als Investmentfonds nicht zu gefährden.

Vor allem letzteres Argument unterscheidet die Anlage in einen Ziel-Investmentfonds auch von der Anlage in bestimmte Kapitalgesellschaften, für die der Gesetzgeber eine ausdrückliche Herausnahme für notwendig erachtet hat.

Es ist sehr zu begrüßen, dass sich die Finanzverwaltung im Schreiben vom 23.4.2014 **109** bzw. das dieses ersetzende Schreiben vom 4.6.2014 der obigen Argumentation offensichtlich angeschlossen hat. Denn in Rahmen einer Anfrage zur Beurteilung der Zulässigkeit von Beteiligungen an Master-Investmentfonds in der Rechtsform einer Kapitalgesellschaft im Rahmen einer Master-Feeder-Struktur hat die Finanzverwaltung ausdrücklich die Auffassung vertreten, dass das Halten der Anteile oder Aktien nach § 1 Abs. 1b S. 2 Nr. 5 Buchst. h InvStG grundsätzlich in unbegrenzter Höhe zulässig ist, sofern es sich beim Master-Fonds um einen Investmentfonds i.S.d. § 1 Abs. 1b InvStG handelt. Wenn es sich jedoch bei dem Master-Fonds nicht um einen Investmentfonds handelt, soll die Beteiligungsgrenze des § 1 Abs. 1b S. 2 Nr. 7 S. 1 InvStG einzuhalten sein.[158]

Nach § 1 Abs. 1b S. 2 Nr. 7 S. 2 InvStG sind die folgenden Kapitalgesellschaftsbeteili- **110** gungen ausgenommen, d.h. an diesen kann ein Investmentfonds bis zu 100% des Kapital der entsprechenden Gesellschaft halten:
- Immobiliengesellschaften
- ÖPP-Projektgesellschaften und
- Gesellschaften, deren Unternehmensgegenstand auf die Erzeugung erneuerbarer Energien im Sinne des § 3 Nummer 3 des Gesetzes über den Vorrang erneuerbarer Energien gerichtet ist.

---

158 BMF Schr. v. 23.4.2014 bzw. v. 4.6.2014 Abschnitt 2.6.

111 **8. Beschränkung der Kreditaufnahme (§ 1 Abs. 1b S. 2 Nr. 8 InvStG).** Die Kreditaufnahme muss sowohl in qualitativer als auch in quantitativer Hinsicht begrenzt sein, damit ein OGAW oder AIF als Investmentfonds qualifizieren kann. Eine Kreditaufnahme ist grundsätzlich nur noch kurzfristig und nur bis zu 30% des Werts des Fondsvermögens möglich. U.E. sollte trotz des etwas zweideutigen Wortlauts („Wertes des OGAW oder AIF") bezüglich dieser 30%-Grenze für die Höhe der möglichen Kreditaufnahme auf den Wert der Vermögensgegenstände des Investmentvermögens abzustellen sein, da ansonsten die Kreditaufnahme selbst wiederum Einfluss auf die Höhe der möglichen Kreditaufnahme hätte.[159]

112 Die Beschränkung ist laut der Gesetzesbegründung zum AIFM-StAnpG eingeführt worden, um sicherzustellen, dass ein OGAW oder AIF nur eine langfristige passive Vermögensverwaltung betreibt, wenn er als Investmentfonds qualifizieren will. Die Fremdfinanzierung der erworbenen Vermögensgegenstände soll dagegen ein Indiz für eine gewerbliche Tätigkeit darstellen.[160]

113 Diese Begrenzung ist insofern ein Novum, als der Umfang der Fremdfinanzierung im Rahmen des bisherigen InvStG, zumindest für ausländische Investmentvermögen, keine Rolle spielte. Die Qualifikation als Hedge-Fonds i.S.d. § 112 InvG (bzw. als vergleichbares ausländisches Investmentvermögen) war unter Umständen gerade von der Möglichkeit einer unbeschränkten Kreditaufnahme (Leverage durch Kreditaufnahme) abhängig.

114 Da es neben der Aufnahme von Krediten wirtschaftlich auch zahlreiche weitere Möglichkeiten zur Steigerung des Investitionsgrades gibt, z.B. durch in Derivate eingebettete Hebelfinanzierungen, Wertpapier-Darlehensgeschäfte, Wertpapierpensionsgeschäfte, Leerverkäufe usw., stellt sich die Frage, ob die Beschränkung der „Kreditaufnahme" i.S.d. § 1 Abs. 1b S. 2 Nr. 8 InvStG über eine reine Fremdfinanzierung hinaus alle andere Formen von Leverage erfasst. Da sowohl der klare Gesetzeswortlaut als auch die Gesetzesbegründung des AIFM-StAnpG gegen eine weite Auslegung sprechen, betrifft die Beschränkung u.E. nur eine Form der Steigerung des Investitionsgrades der Anlagen eines Investmentvermögens, nämlich die Kreditaufnahme, d.h. die Fremdfinanzierung durch Aufnahme von Gelddarlehen. Andere Formen von Leverage sollten somit weiterhin möglich sein.[161] Dafür spricht auch § 1 Abs. 19 Nr. 25 KAGB, der Leverage als jede Methode definiert, mit der eine Verwaltungsgesellschaft den Investitionsgrad eines von ihr verwalteten Investmentvermögens durch Kreditaufnahme, Wertpapier-Darlehen, in Derivate eingebettete Hebelfinanzierungen oder auf andere Weise erhöht. Mithin unterscheidet das KAGB zwischen Leverage und Kreditaufnahme bzw. sieht die Kreditaufnahme lediglich als eine Form des Leverage an. Da über § 1 Abs. 2 S. 1 InvStG die Begriffsbestimmungen des KAGB auch für das InvStG entsprechend gelten, soweit sich aus dem InvStG keine abweichende Begriffsbestimmung ergibt, sollte diese Unterscheidung auch im Rahmen des § 1 Abs. 1b S. 2 Nr. 8 InvStG gelten, der eindeutig nur von der Kreditaufnahme spricht.

115 Zulässig ist nur eine kurzfristige Kreditaufnahme. Eine langfristige Kreditaufnahme ist für die Qualifikation als Investmentfonds dagegen grundsätzlich schädlich. Das Gesetz definiert nicht was unter kurzfristig zu verstehen ist. In Anlehnung zur bisherigen Verwaltungspraxis ist davon auszugehen, dass jedenfalls Darlehenslaufzeiten von bis zu einem Jahr unschädlich sind.[162]

---

159 Diese Auslegung würde auch einen Gleichlauf mit der aufsichtsrechtlichen Auslegung der Berechnung der Begrenzung des Leverage des § 263 Abs. 1 KAGB bei einem geschlossenen Publikums-AIF bedeuten.
160 BRDrucks. 740/13 S. 41.
161 *Simonis/Grabbe/Faller* BB **2014** 16.
162 BRDrucks. 740/13 S. 41; BaFin v. 22.7.2013 WA 41-Wp 2137-2013/0001; *Simonis/Grabbe/Faller* BB **2014** 16.

Eine Ausnahme gilt für Immobilien-Investmentfonds nach § 1 Abs. 1b S. 2 Nr. 8 S. 2 **116**
InvStG. Immobilien-Investmentfonds dürfen kurzfristige Kredite bis zu 30% des Werts des Fondsvermögens aufnehmen (siehe hierzu oben) und im Übrigen (d.h. zusätzlich) Kredite bis zu 50% des Verkehrswerts der vom Investmentfonds unmittelbar oder mittelbar gehaltenen Immobilien. Diese erweiterte Möglichkeit der Kreditaufnahme soll dem Umstand Rechnung tragen, dass es sich bei Immobilien um langfristige Investitionen handelt, bei denen eine gewisse Fremdfinanzierungsquote üblich ist.[163]

9. Formelle Voraussetzung: Anlagebestimmungen müssen aus den Anlagebedingungen hervorgehen (§ 1 Abs. 1b S. 2 Nr. 9 InvStG).

Die Anlagebestimmungen für **117**
die Qualifikation als Investmentfonds oder die für OGAW geltenden Anlagebestimmungen müssen gem. § 1 Abs. 1b S. 2 Nr. 9 InvStG aus den Anlagebedingungen des Investmentfonds hervorgehen.

Dabei gelten nach § 1 Abs. 2 S. 6 InvStG als Anlagebedingungen die Satzung, der **118**
Gesellschaftsvertrag oder vergleichbare konstituierende Dokumente eines OGAW oder eines AIF. Damit wird grundsätzlich die bisherige Ansicht der Verwaltung gesetzlich verankert, nach der die Anlagebestimmungen in den Anlagebedingungen eines (ausländischen) Investmentfonds festgehalten sein müssen.[164]

Allerdings war es nach der bisherigen Verwaltungsauffassung bisher auch ausrei- **119**
chend, dass sich die von der Verwaltung geforderten Anlagebestimmungen aus einem Side Letter, also einer zusätzlichen Vereinbarung zwischen dem (ausländischem) Investmentvermögen und einem oder mehreren (deutschen) Anlegern bzw. zwischen dem Fondsmanager und dem (ausländischem) Investmentvermögen, und nicht unbedingt aus den konstituierenden Dokumenten des Investmentvermögens ergaben.[165]

Es wäre aus unserer Sicht wünschenswert, dass diese in der Praxis bewährte, bishe- **120**
rige Vorgehensweise (d.h. den Abschluss eines Side Letters als ausreichend anzusehen) von der Finanzverwaltung ausdrücklich als weiterhin geltend anerkannt wird. Diese Verwaltungspraxis trug bisher dem Umstand Rechnung, dass viele ausländische Investmentvermögen, die sich nicht primär an deutsche Anleger richteten (z.B. US Hedge-Fonds), die für die Qualifikation als Investmentvermögen i.S.d. InvStG erforderlichen Anlagebestimmungen ohne weiteres tatsächlich erfüllt haben bzw. erfüllen konnten, ohne dies allerdings zuvor in den Anlagebedingungen ausdrücklich fixiert zu haben. Die Side Letter Vereinbarungen führten die diesbezüglich von der Verwaltung gewollte verbindliche Verpflichtung des ausländischen Investmentvermögens im Wege einer einfachen praktischen Umsetzung herbei, passten somit die Formalien an die schon vorhandenen Gegebenheiten an. Aus unserer Sicht ist kein Grund ersichtlich, dass (ausländischen) Investmentvermögen und ihren (deutschen) Anlegern diese Möglichkeit nunmehr nicht mehr offenstehen sollte, wenn das betreffende Investmentvermögen die Voraussetzungen des § 1 Abs. 1b InvStG erfüllen kann. An den praktischen Gegebenheiten hat sich diesbezüglich nichts geändert, lediglich die Anforderungen, die ein Investmentvermögen erfüllen muss, um als Investmentfonds zu qualifizieren, haben sich geändert. Dennoch ist es deutschen Investoren angesichts des Wortlauts des § 1 Abs. 1b S. 2 Nr. 9 InvStG i.V.m. § 1 Abs. 2 S. 6 InvStG derzeit zu Raten, bei angedachten Investitionen in

---

[163] BRDrucks. 740/13. S. 41; Für aufsichtsrechtliche Zwecke sieht § 254 KAGB allerdings eine Beschränkung auf bis zu 30% des Verkehrswertes der Immobilien für offene inländische Publikums-AIF vor.
[164] Vgl. BaFin-Schreiben vom 22.12.2008.
[165] Vgl. BaFin v. 21.1.2010 Fragenkatalog zum Anwendungsbereich des Investmentgesetzes nach § 1 Satz 1 Nr. 3 InvG und zum Rundschreiben 14/2008 (WA), WA 41-Wp2136-2008/0001.

(ausländische) Investmentvermögen nur auf die konstituierenden Dokumente abzustellen, solange diesbezüglich keine klare Äußerung der Finanzverwaltung vorliegt.[166]

121 Als Erfüllung des § 1 Abs. 1b S. 2 Nr. 9 InvStG muss u.E. aber bereits das Festhalten der Anlagebedingungen in einem Gesellschafterbeschluss gelten, auch wenn dieser erst noch in die eigentliche Satzung, Gesellschaftsvertrag oder den Prospekt selbst eingearbeitet werden muss.

122 Auch erscheint eine teleologische Reduktion insofern geboten, als die Voraussetzung einer Investmentaufsicht (§ 1 Abs. 1b S. 2 Nr. 1 InvStG) nicht aus den Anlagebedingungen des Investmentfonds hervorgeht, sondern sich aus den einschlägigen aufsichtsrechtlichen Bestimmungen ergibt und insofern keiner Erwähnung in den Anlagebedingungen bedarf. Umgekehrt kann eine Investmentaufsicht durch die Anlagebedingungen alleine nicht „erzwungen" werden, wenn diese durch die für das betreffende (ausländische) Investmentvermögen einschlägigen aufsichtsrechtlichen Bedingungen nicht vorgesehen ist.

123 Bei einem OGAW ist es ausreichend, wenn aus den Anlagebedingungen hervorgeht, dass es sich um ein OGAW i.S.d. §§ 193 ff. KAGB bzw. der OGAW-Richtlinie[167] handelt.[168] Ausweislich der Gesetzesbegründung wird aus Vereinfachungsgründen in den Anlagebedingungen kein expliziter Hinweis auf die Einhaltung der in § 1 Abs. 1b S. 2 InvStG beschriebenen Bedingungen verlangt.[169] Insofern ist es u.E. auch sowohl für inländische als auch ausländische OGAWs unbeachtlich, dass die in § 1 Abs. 1 S. 1 Nr. 7 InvStG vorgesehene Beteiligungsgrenze von „unter 10% des Kapitals der Kapitalgesellschaft" nicht exakt der OGAW-Richtlinie entspricht, nach der gegebenenfalls eine Beteiligung von bis zu 10% an dem Kapital einer Kapitalgesellschaft möglich ist, sofern die Grenze des § 1 Abs. 1b S. 2 Nr. 7 InvStG tatsächlich eingehalten wird.

124 In der Praxis dürfte sich die Qualifikation wie bereits nach der bisherigen Praxis der BaFin[170] und der Finanzverwaltung[171] an die Zulassung des OGAWs durch die zuständige Behörde des Herkunftsmitgliedslandes richten. Daher sollte auch ein Verweis der Anlagebedingungen auf die nationalen Umsetzungsvorschriften der OGAW-Richtlinie als ausreichend zur Erfüllung des § 1 Abs. 1b S. 2 Nr. 9 InvStG anzusehen sein.

125 Auf der anderen Seite ist sowohl dem Wortlaut des § 1 Abs. 1b S. 2 InvStG („... ein OGAW oder ein AIF, der die folgenden Anlagebestimmungen erfüllt ...") als auch der Gesetzesbegründung zu entnehmen, dass der Verweis auf §§ 193 ff. KAGB bzw. auf die OGAW-Richtlinie impliziert, dass der OGAW die oben genannten Voraussetzungen nicht nur nach seinen Anlagebedingungen, sondern auch tatsächlich erfüllen muss. Damit sollte im Gegensatz zur bisherigen Verwaltungspraxis ein in einem anderen Mitgliedstaat als OGAW zugelassener Investmentvermögen nicht als Investmentfonds i.S.d. § 1 Abs. 1b InvStG zu qualifizieren sein, wenn dieser zwar formell (durch Verweis auf die OGAW-Richtlinie bzw. die betreffenden nationalen Umsetzungsvorschriften) die Voraussetzung des § 1 Abs. 1b S. 2 Nr. 9 InvStG erfüllt, aber mit Erlaubnis der ausländischen Aufsichtsbehörde tatsächlich nur in einen Swap (mit verschiedenen Underlyings) investiert. Dies mag im Sitzstaat aufsichtsrechtlich genügen, sollte jedoch nicht als Risikomischung

---

[166] Für die sich gegebenenfalls in diesem Zusammenhang ergebenden weiteren Fragestellungen im Hinblick auf § 20 InvStG wird auf die dortige entsprechende Kommentierung verwiesen.
[167] Richtlinie 2009/65/EG des Europäischen Parlaments und des Rates vom 13.7.2009 zur Koordinierung der Rechts- und Verwaltungsvorschriften betreffend bestimmte Organismen für gemeinsame Anlagen in Wertpapiere (OGAW-Richtlinie bzw. UCITS-Richtlinie).
[168] BRDrucks. 740/13 S. 41.
[169] BRDrucks. 740/13 S. 41.
[170] BaFin v. 22.12.2008 WA 41-Wp 2136-2008/0001.
[171] BMF Schr. v. 18.8.2009 BStBl. I 2009, S. 931.

i.S.d. § 1 Abs. 1b S. 2 Nr. 4 InvStG gelten. Diese verlangt steuerrechtlich ausdrücklich mehr als 3 Vermögensgegenstände. Ein Swap vermittelt zwar gegebenenfalls wirtschaftlich eine Risikomischung, stellt (steuer-)rechtlich aber nur einen Vermögensgegenstand dar. Insofern sollte ein Verstoß gegen die formell erfüllten Anlagebedingungen des § 1 Abs. 1b InvStG vorliegen mit der Folge, dass der betreffende OGAW von vorneherein als Investitionsgesellschaft zu qualifizieren sein könnte oder zumindest die Folgen des § 1 Abs. 1d InvStG auslösen könnte.

Schließlich stellt sich die Frage, ob auch bei den nach Schweizer Recht aufgelegten Investmentvermögen, die einem OGAW vergleichbaren Anlagebedingungen unterliegen, analog der Behandlung von OGAWs ein Hinweis auf die Einhaltung der einschlägigen Schweizer Regelung ausreichen sollte. U.E. müsste dies so sein, denn diese Investmentvermögen dürfen nach der Vereinbarung der BaFin mit der Schweizer Finanzaufsicht wie OGAWs in Deutschland vertrieben werden.[172] Somit besteht kein Grund, an diese Investmentvermögen für die Zwecke der investmentsteuerrechtliche Qualifikation als Investmentfonds andere Bedingungen zu stellen als an OGAWs/UCITS.

II. Investitionsgesellschaften (§ 1 Abs. 1c InvStG)

Investmentvermögen, die die im § 1 Abs. 1b InvStG aufgeführten Anforderungen und/oder bei inländischen Investmentvermögen zusätzlich den Rechtstypenzwang des § 1 Abs. 1f InvStG nicht erfüllen, fallen in die neu geschaffene Kategorie der Investitionsgesellschaften. Auf Grund des weiten Anwendungsbereich des InvStG einerseits und der detaillierten und teilweise restriktiven Anforderungen für die Qualifikation als Investmentfonds i.S.d. § 1 Abs. 1b InvStG andererseits, werden die meisten (geschlossenen) AIFs (z.B. mangels jährlichem Rückgaberecht) wohl als Investitionsgesellschaften i.S.d. § 1 Abs. 1c InvStG zu qualifizieren sein.[173] In der Abhängigkeit von der Rechtsform sind als Folge des in § 1 Abs. 1c S. 2 InvStG enthaltenen Verweises auf Abschnitt 4 des InvStG die Regelungen für Personen-Investitionsgesellschaften oder Kapital-Investitionsgesellschaften anwendbar.

Die Besteuerung der Anleger bei Beteiligung an einer Person-Investitionsgesellschaft regelt § 18 InvStG. Die Besteuerungsfolgen für Anleger im Falle der Beteiligung an einer Kapital-Investitionsgesellschaft beinhaltet § 19 InvStG. Im Gegensatz zu inländischen Investmentfonds sind inländische Investitionsgesellschaften nicht von der Körperschaftsteuer und/oder Gewerbesteuer befreit. § 1 Abs. 1c S. 2 InvStG erklärt die allgemeinen Regelungen des § 1 Abs. 1, Abs. 1a, Abs. 2 InvStG sowie die Abschnitte 4 und 5 für anwendbar. Die Steuerfreiheit für inländische Investmentfonds befindet sich dagegen in den §§ 11 Abs. 1 bzw. 15a Abs. 3 InvStG, die im Abschnitt 2 des InvStG verankert sind.

Der Erwerb von Aktien und Anteilen an einer Investitionsgesellschaft i.S.d. § 1 Abs. 1c InvStG ist für einen Investmentfonds nach § 1 Abs. 1b InvStG ohne Einschränkung möglich, soweit es sich um Immobilien-Gesellschaften i.S.d. § 1 Abs. 1b S. 2 Nr. 5 Buchst. f InvStG handelt.[174] Ansonsten kann das Halten einer Kapital-Investitionsgesellschaft entweder als Wertpapier i.S.d. § 1 Abs. 1b S. 2 Nr. 5 Buchst. a InvStG oder als Anlage in eine nicht-börsennotierte Kapitalgesellschaft i.S.d. § 1 Abs. 1b S. 2 Nr. 5 Buchst. j InvStG möglich sein.[175] Dies hat zur Folge, dass die Anlagebeschränkung des § 1 Abs. 1b S. 2 Nr. 6 InvStG (20%-Grenze für alle Anlagen in nicht-börsennotierte Kapitalgesellschaften) ein-

---

172 Vgl. Vereinbarung zwischen FINMA und der BaFin v. 20.12.2013.
173 *Elser/Stadler* DStR **2014** 233.
174 BMF Schr. v. 23.4.2014 bzw. v. 4.6.2014 Abschnitt 2.4.
175 BMF Schr. v. 23.4.2014 bzw. v. 4.6.2014 Abschnitt 2.4.

greifen kann. Zudem ist dann nach § 1 Abs. 1b S. 2 Nr. 7 InvStG die 10%-Grenze hinsichtlich des Kapitals an der einzelnen Investitions-Kapitalgesellschaft zu beachten.

130 Anlagen von Investmentfonds in Person-Investitionsgesellschaften sollten, soweit diese nicht lediglich vermögensverwaltend tätig sind und insofern als „nicht-existent" zu betrachten sind, nur im Rahmen der 10%-Schmutzgrenze nach § 1 Abs. 1b S. 2 Nr. 5 InvStG möglich sein.

III. Regimewechsel von einem Investmentfonds zu einer Investitionsgesellschaft (§ 1 Abs. 1d InvStG)

131 **1. Grundsatz und Einordnung in das System der Besteuerungsregime des InvStG.** § 1 Abs. 1d InvStG regelt bei Publikums-Investmentfonds das steuerliche Prozedere, wenn ein Publikums-Investmentvermögen, das die Voraussetzungen des § 1 Abs. 1b InvStG für einen Investmentfonds erfüllt hat, gegen die Voraussetzungen des § 1 Abs. 1b InvStG in formaler oder tatsächlicher Hinsicht verstößt. In diesem Fall hat nach § 1 Abs. 1d InvStG ein Feststellungsbescheid über diese Tatsache zu ergehen. In der Folge gilt ein Anteil an einem Publikums-Investmentfonds mit Ablauf des Geschäftsjahres des Investmentfonds, in dem der Feststellungsbescheid unanfechtbar geworden ist, für einen Zeitraum von mindestens drei Jahren als Investitionsgesellschaft.

132 Die steuerlichen Folgen einer Änderung des Status „Publikums-Investmentfonds" zu „Investitionsgesellschaft" für die Anleger regelt § 8 Abs. 8 InvStG. Nach dieser Vorschrift gilt der Anteil an dem (bisherigen) Investmentfonds mit Ablauf des Geschäftsjahres des Investmentvermögens, in dem der Feststellungsbescheid nach § 1 Abs. 1d InvStG unanfechtbar geworden ist, als veräußert und zum selben Zeitpunkt ein Anteil an einer Investitionsgesellschaft als angeschafft.[176]

133 § 1 Abs. 1d InvStG ist zudem im Zusammenhang mit § 20 InvStG zu sehen, der den umgekehrten Fall regelt, d.h. den Fall, dass eine Investitionsgesellschaft nach §§ 18 oder 19 InvStG ihre Anlagebedingungen und ihr tatsächliches Anlageverhalten ändert, um zukünftig als Investmentfonds zu gelten.[177] Schließlich enthält § 22 Abs. 2 S. 4 InvStG eine sinngemäße Anwendung des § 1 Abs. 1d InvStG für bestandsgeschützte Publikums-Investmentvermögen, die vor dem 24.12.2013 aufgelegt wurden und die Voraussetzungen des Investmentgesetzes in der am 21.7.2013 geltenden Fassung erfüllt haben, gegen diese aber wesentlich verstoßen.[178]

134 Spezielle Regelungen für in- und ausländische Spezial-Investmentfonds sind in § 15 Abs. 3 InvStG und § 16 S. 8 i.V.m. § 15 Abs. 3 InvStG enthalten. Für diese wird gemäß § 15 Abs. 1 S. 1 InvStG bzw. § 16 S. 1 InvStG eine Anwendung von § 1 Abs. 1d InvStG ausgeschlossen. In Abweichung zu §§ 1 Abs. 1d, 8 Abs. 8 InvStG kommt es bei einer schädlichen Abänderung der Anlagebedingungen oder bei einem wesentlichen Verstoß ohne Feststellungsbescheid bereits zum Ablauf des dem Verstoß vorangegangen Geschäftsjahres zu einer steuerlichen Veräußerung des Anteils an dem betreffenden Spezial-Investmentfonds und zur Anschaffung eines Anteils an einer Investitionsgesellschaft. Somit gelten auch bereits im Jahr des Verstoßes für die Anleger die Besteuerungsfolgen für Investitionsgesellschaften nach § 18 InvStG oder § 19 InvStG. Diese Abweichung von

---

[176] Zu den weiteren Folgen, vgl. die Kommentierung zu § 8 InvStG.
[177] Hinsichtlich § 20 InvStG wird auf die entsprechende Kommentierung verwiesen.
[178] Als wesentlicher Verstoß gilt es auch, wenn ein bestandsgeschütztes Investmentvermögen nach dem 23.12.2013 erstmals seine Anlagebedingungen in der Weise abändert, dass die für Hedge-Fonds geltenden Vorschriften des § 283 KAGB oder des § 112 InvG erstmals anzuwenden sind.

§ 1 Abs. 1d InvStG wird mit der Nähe zwischen Anleger(n) und Spezial-Investmentvermögen begründet.[179]

2. Verstoß gegen § 1 Abs. 1b InvStG. Ein Verstoß gegen § 1 Abs. 1b InvStG, der die 135 Folgen des § 1 Abs. 1d InvStG auslöst, kann entweder auf Grund einer Änderung der Anlagebedingungen des Investmentvermögens in formaler Hinsicht oder auf Grund eines wesentlichen Verstoßes gegen die weiter geltenden und mit § 1 Abs. 1b InvStG im Einklang stehenden Anlagebedingungen des Investmentvermögens eintreten.

Ein Verstoß gegen die formalen Voraussetzungen des § 1 Abs. 1b InvStG, der die 136 Rechtsfolgen des § 1 Abs. 1d InvStG auslöst, sollte leicht festzustellen sein, da dies einer willentlichen Abänderung der Anlagebedingungen voraussetzt. Diese Abänderung muss zu einem Verstoß gegen die in § 1 Abs. 1b InvStG enumerativ aufgelisteten Anlagebedingungen führen. Da die Anforderungen des § 1 Abs. 1b InvStG teilweise aber gegenwärtig noch Gegenstand von Diskussionen hinsichtlich ihrer konkreten Auslegung sind, bleibt Fondsmanagern und Verwaltungsgesellschaften zu raten, möglichst die Anlagebedingungen wortgetreu am Wortlaut des § 1 Abs. 1b InvStG zu orientieren.[180] Als eine mögliche bewusste Abkehr von den Anlagebedingungen des § 1 Abs. 1b InvStG käme z.B. die Änderung des Anlagehorizonts hin zu einem Private Equity Fonds oder der Ausschluss eines Rückgaberecht, d.h. die Umwandlung eines offenen in ein geschlossenes Investmentvermögen in Betracht.

Wesentlich schwieriger erscheint die Frage, wann ein wesentlicher Verstoß in tat- 137 sächlicher Hinsicht gegen die Anlagebestimmungen des § 1 Abs. 1b InvStG vorliegt. Der Begriff des „wesentlichen Verstoßes" ist wie alle Rechtsbegriffe, für die in dem betreffenden Gesetz keine Legaldefinition vorgesehen ist, der Interpretation und Auslegung zugängig und somit Gegenstand der für Rechtsbegriffe vorgesehenen Auslegungsmethoden, d.h. insbesondere der wörtlichen, historischen, systematischen und teleologischen Auslegung.[181] Sowohl die wörtliche auch die systematische (d.h. unter Einbezug der Stellung im Gesetz) Auslegung helfen vorliegend nicht weiter. Erfolgsversprechender erscheint insbesondere die historische Auslegung, d.h. der Einbezug der Gesetzesbegründung zum AIFM-StAnpG, die Leitlinien vorgeben sollte.[182] Diese Leitlinien sind dann im konkreten Einzelfall auch unter dem Sinn und Zweck der Vorschrift des § 1 Abs. 1d InvStG, d.h. im Rahmen einer teleologischen Auslegung, anzuwenden.

Nach der Gesetzesbegründung soll es für die Frage, ob ein Verstoß gegen die Anla- 138 gebestimmungen „wesentlich" ist, auf die Gesamtumstände des Einzelfalles ankommen.

Im Rahmen dieser Gesamtumstände sind insbesondere die folgenden Faktoren ein- 139 zubeziehen:
- Der Grad des Verschuldens des Verwalters bei der Entstehung des Verstoßes
- Die Zeitdauer des Verstoßes
- Der wertmäßige Umfang des Verstoßes im Verhältnis zum Gesamtwert des Vermögens des OGAW oder des AIF und
- Der Umfang der Bemühungen des Verwalters, die auf eine Beseitigung des Verstoßes gerichtet sind.

---

[179] Allerdings gilt auch bei Spezial-Investmentvermögen eine 3-jährige Sperrfrist für die Rückkehr zur Besteuerung als (Spezial-)Investmentfonds.
[180] Zu den derzeit bestehenden Auslegungsfragen vgl. die Kommentierung zu § 1 Abs. 1b InvStG.
[181] Vgl. *Larenz/Canaris* Methodenlehre in der Rechtswissenschaft, 3. Auflage 1995.
[182] BRDrucks. 740/13 S. 41.

140 Für die Einordnung von Verstößen als „wesentlich" oder „unwesentlich" im Rahmen des § 1 Abs. 1d InvStG (sowie für alle mit dieser Vorschrift zusammenhängenden Regelungen, d.h. auch den speziellen Regelungen bei Spezial-Investmentfonds, die ebenfalls auf einen „wesentlichen Verstoß" abstellen, vgl. § 15 Abs. 3 InvStG) sollte für die Würdigung der Gesamtumstände und der genannten Aspekte entscheidend sein, dass es nach dem Willen des Gesetzgebers nur in besonderen Ausnahmefällen zum Entzug des Rechtsstatus als Investmentfonds kommen soll. Bei Anwendung der genannten Leitlinien ist also zu bedenken, dass ein „wesentlicher Verstoß" nur als Ultima Ratio angenommen werden darf. Der Gesetzgeber selbst setzt die Hürde für einen derartigen besonderen Ausnahmefall sehr hoch, da in der Gesetzesbegründung als Beispiele für einen derartigen besonderen Ausnahmefall ein Verstoß genannt wird, der bewusst und zielgerichtet vorgenommen wird, um eine missbräuchliche Steuergestaltung herbeizuführen. Damit wird ein wesentlicher Verstoß (zumindest semantisch) in die Nähe eines Versagens von Steuerfolgen im Rahmen eines Missbrauchs von rechtlichen Gestaltungsmöglichkeiten nach § 42 AO gerückt. Zwar kommt es über die Reichweite des § 42 AO in der Praxis zwischen Steuerpflichtigem und der Finanzverwaltung immer wieder zu Diskussionen. Allerdings bleibt festzuhalten, dass insbesondere von den Finanzgerichten die Hürde für eine Annahme eines Missbrauchs einer rechtlichen Gestaltungsmöglichkeit grundsätzlich sehr hoch gesetzt wird.[183] Im Zusammenhang mit dem in der Gesetzesbegründung angeführten Beispiel bleibt insbesondere festzuhalten, dass es sich bei einem wesentlichen Verstoß grundsätzlich um einen „bewussten und zielgerichteten Verstoß" handeln muss. Dies impliziert, dass bei Eingehen eines Verstoßes dem Investmentfonds oder dem Verwalter bewusst gewesen sein muss, dass es sich um einen Verstoß handelt oder zumindest, dass dies dem Handelnden offensichtlich hätte sein müssen. Mithin setzt ein wesentlicher Verstoß grundsätzlich voraus, dass ein Geschäftsabschluss zum Erwerb eines Vermögensgegenstandes vorliegt. Laut Gesetzesbegründung soll ein Geschäftsabschluss gegeben sein, wenn eine aktive Transaktion vorliegt, d.h. die Zusammensetzung des Investmentvermögens aktiv verändert wird. Eine einzelne aktive Überschreitung soll jedoch grundsätzlich noch nicht zu den Folgen des § 1 Abs. 1d InvStG führen, sondern als unwesentlich angesehen werden, wenn diese aktive Überschreitung kurzfristig zurückgeführt wird. Im Rahmen der Beantwortung der Frage, was im konkreten Einzelfall als kurzfristig anzusehen ist, muss u.E. die Art des aktiven Überschreitens, d.h. die Natur des durch den Geschäftsabschluss erworbenen Vermögensgegenstandes, einfließen. In jedem Fall sollte eine Beseitigung einer aktiven Überschreitung derart erfolgen, dass für die Anleger des Investmentfonds kein Schaden entsteht, z.B. durch einen übereilten Verkauf eines Vermögensgegenstandes zu einem unter dem Marktwert liegenden Preis wegen grundsätzlicher Illiquidität dieses Vermögensgegenstandes oder weil im Markt bekannt wird, dass „verkauft werden muss". In dieser Hinsicht sollte der Anlegerschutz Vorrang genießen. Daher muss auch ein Abschmelzen einer „schädlichen Position" über einen längeren Zeitraum mit gegebenenfalls ausgeführten Teilverkäufen möglich sein, ohne dass die Folgen eines „wesentlichen Verstoßes" wegen zu langer Dauer des Verstoßes und wegen Verneinung einer „kurzfristigen Beseitigung" ausgelöst werden.

141 Trotz aktiven Handelns sollte u.E. auch dann zunächst kein wesentlicher Verstoß vorliegen, wenn das aktive Handeln unbewusst zu einem Verstoß gegen die Anlagebestimmungen des § 1 Abs. 1b InvStG geführt hat. Welche Darlegungspflichten an den In-

---

[183] Zu einer Anwendung des § 42 AO durch die Finanzgerichte kommt es z.B. dann, wenn bei einem Investment von vornherein eine negative Vorsteuerrendite feststeht, vgl. BFH Urt. v. 27.7.1999 BFHE 189, 408.

vestmentfonds oder dessen Verwalter zu stellen sind, um nachzuweisen, dass der Verstoß nicht bewusst und zielgerichtet war, sollte u.E. davon abhängen, wie offensichtlich der Verstoß gegen die Anlagebestimmungen für einen objektiven Dritten bei Vornahme des Geschäftsabschlusses war. Bei einem Entdecken eines nicht offensichtlichen Verstoßes „im Nachhinein", d.h. nach Geschäftsabschluss, muss dem Investmentfonds bzw. dessen Verwalter unter den oben genannten Aspekten u.E. auf jeden Fall ausreichend Zeit gegeben werden, aktiv für eine Beseitigung des Verstoßes sorgen zu können.

Nicht bewusst und zielgeführt herbeigeführte Verstöße sollten dagegen grundsätzlich nicht als „wesentlicher Verstoß" anzusehen sein. Folgerichtig soll nach der Gesetzesbegründung zum AIFM-StAnpG in der Regel kein wesentlicher Verstoß vorliegen, wenn das Überschreiten von Anlagegrenzen nicht durch einen Geschäftsabschluss, d.h. einer willentlichen Handlung, verursacht wurde, sondern durch bloße Wertveränderungen der Vermögensgegenstände. Sollte sich der nicht willentliche Verstoß aber dauerhaft manifestieren, z.B. weil bei einem Dach-Investmentfonds ein Ziel-Investmentvermögen gehalten wird, dass seinen (ursprünglichen) Steuerstatus als Investmentfonds verliert und daher den weiteren Restriktionen des § 1 Abs. 1b S. 2 InvStG für gehaltene Kapital-(Investitions-)Gesellschaften unterliegt, so muss dem Dach-Investmentfonds auch hier eine für die Anleger verträgliche Abschmelzung dieser Position zugestanden werden. Dies gilt umso mehr, als der Verstoß gegen die Anlagebedingungen nicht durch einen Geschäftsabschluss des Dach-Investmentfonds oder dessen Verwalter verursacht wurde, sondern die Ursachen bei dem Ziel-Investmentvermögen selbst liegen. Dies würde nun erfreulicherweise von der Finanzverwaltung ausdrücklich bestätigt.[184]

3. Feststellung des Verstoßes durch die Finanzverwaltung. Um bei Publikums-Investmentvermögen Rechtssicherheit für deren Anleger zu schaffen, ist ein wesentlicher Verstoß zwingend von der zuständigen Finanzbehörde festzustellen. Bei inländischen Investmentvermögen ist dies das nach § 13 Abs. 5 InvStG zuständige Finanzamt, bei ausländischen Investmentfonds ist das Bundeszentralamt für Steuern zuständig.

Es bedarf eines Feststellungsbescheids der zuständigen Behörde, der die Rechtsfolgen des § 8 Abs. 8 InvStG und eine zukünftige Besteuerung der Anleger im Rahmen der Besteuerungsregelungen für Anteile an Investitionsgesellschaften nach §§ 18, 19 InvStG erst dann auslöst, wenn das Geschäftsjahr des Investmentfonds abgelaufen ist, in dem der Feststellungsbescheid unanfechtbar geworden ist. Um die Rechtssicherheit für die Anleger zu erhöhen, schließt § 1 Abs. 1d S. 2 InvStG einen Erlass des Feststellungsbescheids unter dem Vorbehalt der Nachprüfung oder eine vorläufige Festsetzung nach §§ 164, 165 AO aus. Auch eine Änderung nach Eintreten der Unanfechtbarkeit des Feststellungsbescheids nach den §§ 172 bis 175a AO z.B. wegen neuer Tatsachen, usw. schließ § 1 Abs. 1d S. 2 InvStG ausdrücklich aus.

Bei inländischen Investmentfonds hat das zuständige Finanzamt die Unanfechtbarkeit dem Bundeszentralamt für Steuern mitzuteilen. Die Unanfechtbarkeit eines entsprechenden für einen in- oder ausländisches Investmentfonds, der zur Investitionsgesellschaft geworden ist, ist vom Bundeszentralamt für Steuern unter Angabe der Bezeichnung des (bisherigen) Investmentfonds, der Wertpapierkennnummer ISIN (soweit eine ISIN erteilt wurde) und dem Zeitpunkt, ab dem das Investmentvermögen als Investitionsgesellschaft gilt, im Bundesanzeiger zu veröffentlichen.

Der Status als „Investitionsgesellschaft" gilt für den (ehemaligen) Investmentfonds für einen Zeitraum von mindestens drei Jahren, d.h. eine Rückkehr in den Status „In-

---

[184] BMF Schr. v. 23.4.2014 bzw. v. 4.6.2014 Abschnitt 3.

vestmentfonds" ist zwar nach § 20 InvStG möglich, allerdings erst nach Ablauf dieser Mindestfrist.

147 Diese Regelungen sollen im für Publikums-Investmentvermögen typischen anonymen Massenverfahren für Rechtssicherheit sorgen und insbesondere auch eine rückwirkende Änderung bzw. Aberkennung des Steuerstatus eines Investmentvermögens sowie auch ein kurzfristiges Wechseln des Systems verhindern. Gerade die Mindestfrist von drei Jahren macht aber auch nochmals deutlich, dass eine Aberkennung des bisherigen Status als „Investmentfonds" im Rahmen eines Feststellungsbescheids wegen der gravierenden Folgen für die Anleger und das Investmentvermögen die „Ultima Ratio" sein muss und unter Einbezug der Vorgaben des Gesetzgebers in der Gesetzesbegründung von der Finanzverwaltung eine restriktive Anwendung dieses Mittels im Rahmen einer Auslegung der Vorschrift nach Sinn und Zweck geboten ist.

D. Folgen bei Überschreiten der <10%-Grenze am Nominalkapital einer Kapitalgesellschaft, die von Investmentfonds gehalten werden (§ 1 Abs. 1e InvStG)

148 Die Regelung soll die Anwendung der Dividendenfreistellung nach § 8b Abs. 1 KStG bzw. nach einem einschlägigen Doppelbesteuerungsabkommen auf der Anlegerebene verhindern, da hier nach § 8b Abs. 4 KStG eine Mindestbeteiligung von 10% an der ausschüttenden Gesellschaft erforderlich ist. Auch sehen manche deutsche Doppelbesteuerungsabkommen die Anwendung der Freistellungsmethode bereits bei einer Schachtelbeteiligung von 10% vor.[185] Sie führt dazu, dass die entsprechenden Erträge einer vollen Körperschaftsteuer- und Gewerbesteuerpflicht unterliegen, da auch die Kürzungsvorschriften der § 9 Nr. 2a und 7 GewStG eine Mindestbeteiligung von 10% bzw. 15% voraussetzen.

149 Die Regelung kann u.E. grundsätzlich nur bei kurzfristigen, unvermeidbaren Überschreitungen der „weniger als 10% Grenze" des § 1 Abs. 1b S. 2 Nr. 7 InvStG zur Anwendung kommen. Andernfalls dürfte bei dauerhaftem Halten einer derartigen Beteiligung regelmäßig ein „wesentlicher" Verstoß gegen die Anlagebestimmungen i.S.d. § 1 Abs. 1d InvStG vorliegen, der zur Feststellung des Statuswechsels von einem Investmentfonds zu einer Investitionsgesellschaft nach § 1 Abs. 1d InvStG führt.

150 Die Regelung findet u.E. Anwendung, unabhängig davon, ob die Beteiligung an einer Kapitalgesellschaft börsennotiert ist oder nicht.[186] Sie ist allerdings in den Fällen nicht anzuwenden, in denen die Grenze des § 1 Abs. 1b S. 2 Nr. 7 InvStG keine Anwendung findet. Dies betrifft die in § 1 Abs. 1b S. 2 Nr. 7 InvStG geregelten Ausnahmen, d.h. Beteiligungen an Immobiliengesellschaften (§ 1 Abs. 1b S. 2 Nr. 7 S. 2 Buchst. a InvStG), ÖPP-Projektgesellschaften (§ 1 Abs. 1b S. 2 Nr. 7 S. 2 Buchst. b InvStG) und EEG-Erzeugungsgesellschaften (§ 1 Abs. 1b S. 2 Nr. 7 S. 2 Buchst. c InvStG). Insofern kann es bei Spezial-Investmentfonds noch zur Anwendung von begünstigenden Schachtelprivilegien kommen, vgl. auch *Behrens/Faller* BB **2014** 221.

---

[185] Vogel/Lehner/*Vogel* OECD MA Art. 23B Rn. 90.
[186] *Elser/Stadler* DStR **2014** 233.

E. Rechtsformenbeschränkung für inländische Investmentfonds (§ 1 Abs. 1f InvStG)

I. Grundsatz

Nach § 1 Abs. 1 Nr. 1 Buchst. a. bis d. und Abs. 1 Nr. 2 InvStG a.F. war bisher für inländische Investmentvermögen ein Typenzwang vorgesehen, damit diese bzw. die inländischen Investmentanteile in den Anwendungsbereich des InvStG a.F. fielen. Für diesen Typenzwang verwies § 1 Abs. 1 Nr. 1 InvStG a.F. auf die entsprechenden Begriffsbestimmungen des § 2 InvG für inländische Sondervermögen (§ 2 Abs. 2 InvG) bzw. für inländische Investmentaktiengesellschaften (§ 2 Abs. 5 InvG). Für ausländische Investmentvermögen sah § 1 Abs. 1 Nr. 3 InvStG a.F. i.V.m. § 2 Abs. 8 bis 10 InvG dagegen keinen Typenzwang vor. Zwar wurde der weite materielle ausländische Investmentvermögensbegriff mit dem Investmentänderungsgesetz[187] durch die Einführung des Merkmals der Investmentaufsicht bzw. (alternativ) des Merkmals des regulären Rückgaberechts in gewissem Maße zu einem formellen ausländischen Investmentbegriff reduziert.[188] Es blieb aber dabei, dass es für ausländische Investmentvermögen keinen Typenzwang gab, d.h. ausländische Investmentanteile konnten z.B. auch bei einer Beteiligung als Kommanditist an einer ausländischen Personengesellschaft vorliegen, sofern die weiteren Voraussetzungen der § 2 Abs. 8 und 9 InvG erfüllt waren. 151

Diese Systematik greift § 1 Abs. 1f InvStG auf und führt diese unverändert fort. Durch die Erweiterung des Anwendungsbereichs des InvStG fallen nunmehr zwar auch alle in Deutschland aufgelegten AIFs in dessen Anwendungsbereich. Allerdings können nur die in § 1 Abs. 1f InvStG genannten inländischen Rechtsformen Investmentfonds sein, für die die Abschnitte 1 bis 3 und 5 des InvStG Anwendung finden, d.h. das Fondsreportingregime für die Anleger und insbesondere die im Abschnitt 2 enthaltenen Steuerbefreiungen für die Investmentfonds selbst. Diese Bedingung gilt für inländische Investmentvermögen zusätzlich zu der Erfüllung der Voraussetzungen nach § 1 Abs. 1b InvStG, d.h. ein AIF, der zwar die Anlagebedingungen des § 1 Abs. 1b InvStG erfüllt, aber als „normale" Aktiengesellschaft oder GmbH (und nicht als Investmentaktiengesellschaft) oder als eine Personengesellschaft (mit Ausnahme bestimmter offener Investmentkommanditgesellschaften) aufgelegt ist, ist zwangsläufig eine Investitionsgesellschaft nach §§ 18 oder 19 InvStG. D.h. die inländischen Investmentvermögen haben weiterhin das faktische Wahlrecht, durch die Wahl der Rechtsform sich einer im Falle der Nichterfüllung der Anforderungen für die „transparente" Besteuerung gem. § 5 InvStG anzuwendenden pauschalen Besteuerung gem. § 6 InvStG zu entziehen. Ein solches faktisches Wahlrecht steht ausländischen Investmentfonds nicht zu. In Falle von ausländischen Investmentvermögen ist lediglich, d.h. rechtformunabhängig, zu prüfen, ob die Merkmale für die Qualifikation als Investmentfonds nach § 1 Abs. 1b InvStG erfüllt sind. 152

Neben einem Sondervermögen und einer Investmentaktiengesellschaft mit veränderlichem Kapital ist die inländische offene Investmentkommanditgesellschaft im Sinne des Kapital 1 Abschnitt 4 des KAGB als mögliche Rechtsform neu hinzugekommen, wenn diese die weiteren in § 1 Abs. 1f Nr. 3 InvStG genannten Voraussetzungen erfüllt. Dann gelten für diese und ihre Anleger die Besteuerungsfolgen des § 15a InvStG, der im Wesentlichen für die Anleger die Vorschriften für einen inländischen Spezial-Investmentfonds des § 15 InvStG für anwendbar erklärt. Zusätzlich regelt § 15a InvStG Besonderhei- 153

---

187 Investmentänderungsgesetz v. 21.12.2007.
188 Vgl. hierzu die Kommentierung unter Rn. 2ff.

ten, die sich aus der Rechtsnatur als Kommanditgesellschaft ergeben, wie z.B. die Frage der Bewertung der Anteile, den Ausschluss der Gewerblichkeit bzw. den Ausschluss des Vorliegens einer Betriebsstätte sowie die Frage der steuerlichen Behandlung der Einbringung von Vermögensgegenständen durch einen Anleger.[189]

II. Einzelne mögliche inländische Rechtsformen

154 Wie geschildert, setzt § 1 Abs. 1f InvStG den Rechtstypenzwang der § 1 Abs. 1 Nr. 1 und 2 InvStG a.F. fort. Gemeinsam ist allen zulässigen Rechtsformen, dass es sich um offene Investmentvermögen handeln muss. Dies wäre allerdings bereits grundsätzlich wegen § 1 Abs. 1b S. 2 Nr. 2 InvStG notwendig. Dies zeigt ebenfalls, dass das Merkmal des „Rückgaberechts" nach § 1 Abs. 1 S. 2 Nr. 2 InvStG in Übereinstimmung mit § 1 Abs. 4 KAGB auszulegen ist.[190] Um inländische Investmentvermögen (OGAW oder AIF) handelt es sich dann, wenn diese dem inländischen Aufsichtsrecht unterliegen, vgl. § 1 Abs. 2 S. 3 InvStG.

155 **1. Inländische Sondervermögen.** Inländische Investmentfonds, die gleichzeitig die Voraussetzungen des § 1 Abs. 1b InvStG erfüllen müssen, können als ein inländisches Sondervermögen i.S.d. § 1 Abs. 10 KAGB gebildet werden, das von
- einer externen[191] Kapitalverwaltungsgesellschaft i.S.d. § 17 Abs. 2 Nr. 1 KAGB verwaltet wird,
- einer inländischen Zweigniederlassung einer EU-Verwaltungsgesellschaft i.S.d. § 1 Abs. 17 KAGB verwaltet wird, oder
- einer EU-Verwaltungsgesellschaft i.S.d. § 1 Abs. 17 Nr. 1 KAGB mittels grenzüberschreitender Dienstleistung verwaltet wird.

156 Inhaltlich entsprechen diese Möglichkeiten den bisherigen § 1 Abs. 1 Nr. 1 Buchst. a bis c InvStG a.F.

157 Durch die Fortsetzung der Regelung des § 1 Abs. 1 Nr. 1 Buchst. c InvStG a.F. durch § 1 Abs. 1f Nr. 1 Buchst. c InvStG gilt weiterhin, dass ein nach dem Recht der Bundesrepublik Deutschland aufgelegtes und dessen Aufsichtsrecht unterliegendes Sondervermögen (vgl. § 1 Abs. 2 S. 3 InvStG), das die Voraussetzungen des § 1 Abs. 1b InvStG erfüllt, auch im Falle der grenzüberschreitenden Verwaltung aus dem EU-Ausland für deutsche steuerliche Zwecke als inländischer Investmentfonds anzusehen ist und somit nach § 11 Abs. 1 InvStG von der Körperschaftsteuer und der Gewerbesteuer befreit ist.[192] Durch den Verweis auf § 1 Abs. 17 Nr. 1 KAGB und die Definition des „inländischen Investmentfonds" in § 1 Abs. 2 S. 3 InvStG werden von dieser Regelung auch die grenzüberschreitende Verwaltung von als Sondervermögen aufgelegte AIFs in der Form eines Investmentfonds nach § 1 Abs. 1b InvStG erfasst. Dies trägt der Tatsache Rechnung, dass durch die Einführung des KAGB im Rahmen der Umsetzung der AIFMD-Richtlinie neben einer grenzüberschreitenden Verwaltung von OGAWs nunmehr auch eine grenzüberschreitende Verwaltung von AIFs möglich ist.

---

189 Vgl. hierzu die Kommentierung zu § 15a InvStG.
190 Es wird auf die Kommentierung zu § 1 Abs. 1b S. 2 Nr. 2 InvStG verwiesen.
191 Das Wort „extern" erscheint als neue Voraussetzung, spiegelt aber nur die Regelung des § 17 Abs. 2 KAGB wieder. Dieser meint eine „externen Kapitalverwaltungsgesellschaft", wenn auf Grund der Rechtsform eine interne Verwaltung nicht möglich ist. Dies ist bei Sondervermögen im Gegensatz zu Investmentaktiengesellschaften stets der Fall.
192 Vgl. zur spiegelbildlichen Regelung für EU-Investmentfonds die Kommentierung zu § 1 Abs. 1g InvStG.

Die inhaltlich übernommene Regelung des § 1 Abs. 1 Buchst. c InvStG a.F. wurde **158** durch das Gesetz zur Umsetzung der Richtlinie 2009/65/EG zur Koordinierung der Rechts- und Verwaltungsvorschriften betreffend bestimmte Organismen für gemeinsame Anlagen in Wertpapieren (OGAW-IV-Umsetzungsgesetz, OGAW-IV-UmsG)[193] eingeführt. Es definierte ein nach deutschem Aufsichtsrecht aufgelegtes und von einer EU-Verwaltungsgesellschaft aus deren Sitzstaat heraus verwaltetes Sondervermögen als inländisch und löste sich insoweit von der bis dahin proklamierten Auffassung, dass es vornehmlich auf den Ort ankomme, von dem aus das Sondervermögen verwaltet werde. Er behandelte die Zulassung des Sondervermögens im Inland durch die Bundesanstalt für Finanzdienstleistungsaufsicht als inländischen „Satzungssitz" des Sondervermögens, der auch bei der Verwaltung von einem anderen Ort aus beibehalten wird und die unbeschränkte Steuerpflicht begründet.[194]

2. Inländische Investmentaktiengesellschaften mit veränderlichem Kapital. **159**
Als weiteren Rechtstyp sieht § 1 Abs. 1f Nr. 2 InvStG (wie bisher) die Form einer Investmentaktiengesellschaft mit veränderlichem Kapital i.S.d. Kapitels 1 Abschnitt 4 Unterabschnitt 3 des KAGB vor. Dies entspricht dem § 1 Abs. 1 Nr. 1 Buchst. d InvStG a.F. Dass es sich um eine Investmentaktiengesellschaft mit veränderlichem Kapital handeln muss, folgt aus dem notwendigen offenen Charakter des Investmentvermögens und kam bisher in § 2 Abs. 5 InvG durch das Merkmal der Möglichkeit der Rückgabe der Anteile für die Anleger zum Ausdruck.

3. Offene Investmentkommanditgesellschaften. Neu hinzugekommen als weitere **160** mögliche inländische Rechtsform ist die offene Investmentkommanditgesellschaft. Diese wurde ebenfalls neu in das KAGB eingeführt.[195]

Damit eine offene Investmentkommanditgesellschaft nach § 124 KAGB auch als zulässige Rechtsform für einen inländischen Investmentfonds fungieren kann, bedarf es aber weiterer Einschränkungen in deren Gesellschaftsvertrag.

Nach § 1 Abs. 1f Nr. 3 S. 1 InvStG dürfen als Investmentfonds zulässige offene In- **161** vestmentkommanditgesellschaften i.S.d. § 15a InvStG nach ihrem Gesellschaftsvertrag nicht mehr als 100 Anleger haben, die alle nicht natürliche Personen sein müssen. Dies entspricht den Vorgaben für inländische Spezial-Investmentfonds nach § 15 Abs. 1 S. 1 InvStG und ist Ausdruck des geforderten Näheverhältnisses zwischen Anlegern und Investmentkommanditgesellschaft.

Als weitere Voraussetzung kommt hinzu, dass die steuerlichen Vorschriften für In- **162** vestmentfonds bei einer offenen Investmentkommanditgesellschaft nur dann Anwendung finden, wenn deren Gesellschaftszweck unmittelbar und ausschließlich der Abdeckung von Altersvorsorgeverpflichtungen dient. Daher muss es sich bei den Anlegern um inländische Einrichtungen der betrieblichen Altersversorgung, d.h. insbesondere Pensionsfonds i.S.d. § 112 VAG, Pensionskassen i.S.d. § 118a VAG, Unterstützungskassen und Treuhänder bei Contractual Trust Arrangements (CTA) oder vergleichbare ausländische Einrichtungen handeln, die die offene Investmentkommanditgesellschaft zum Zwecke der Verwaltung von Pensionsvermögenswerten nutzen. Dies soll diesen Einrichtungen ermöglichen, ihre Anlage zu bündeln, ohne steuerliche Nachteile in Kauf nehmen zu müssen, die der Gesetzgeber laut Begründung bei einer vergleichbaren Anlage in einen

---

[193] BGBl. I 2011, S. 1126.
[194] BRDrucks. 850/10 S. 158.
[195] Vgl. §§ 124 ff. KAGB.

Spezial-Investmentfonds in der Form eines Sondervermögens oder einer Investmentaktiengesellschaft sieht.

163 Welche steuerlichen Nachteile dies bei diesen beiden anderen Rechtsformen im Vergleich zu einer offenen Investmentkommanditgesellschaft i.S.d. § 1 Abs. 1f Nr. 3 InvStG i.V.m. § 15a InvStG genau sein sollen, lässt die Gesetzesbegründung allerdings offen.[196] U.E. zielt der Gesetzgeber insbesondere auf Nachteile hinsichtlich der Erstattung ausländischer Quellensteuern auf Portfoliodividenden unter einem Doppelbesteuerungsabkommen ab, da von ausländischen Staaten häufig ein Schutz unter einem Doppelbesteuerungsabkommen für inländische Investmentfonds i.d.F. von Sondervermögen oder Investmentaktiengesellschaften auf Grund spezieller Regelungen in dem betreffenden Doppelbesteuerungsabkommen, auf Grund des Bezweifelns der Subjekteigenschaft (insbesondere bei Sondervermögen) bzw. auf Grund der Steuerbefreiung des § 11 InvStG in Frage gestellt wird.[197] Häufig ist es in diesen Fällen dann auch schwierig, eine (teilweise) Erstattung ausländischer Quellensteuern für die Anleger des Investmentfonds zu erreichen. Aber auch in den Fällen, in denen der ausländische Quellenstaat die abkommensrechtliche Berechtigung deutscher Investmentfonds bejaht, können steuerliche Nachteile bestehen, wenn der ausländische Quellenstaat auf die an die Investmentfonds ausgeschütteten Dividenden den „normalen" Quellensteuersatz von typischerweise 15% anwendet, und nicht den, je nach dem Abkommen, für die Pensionsfonds günstigeren Quellensteuersatz. So behandelt z.B. das DBA USA[198] deutsche Investmentfonds als abkommensberechtigte wirtschaftliche Eigentümer bzgl. der dem Fonds zufließenden Kapitalerträge aus US-Quellen.[199] Auf die US-Dividenden sieht das DBA nach Art. 10 Abs. 2 Buchst. b die Anwendung eines Quellensteuersatzes von 15% vor. Durch die Verständigungsvereinbarung vom 19.3.2012 haben sich jedoch die zuständigen Behörden der Abkommensstaaten geeinigt, auch einen deutschen (Spezial-)Investmentfonds, an dem nur deutsche Pensionsfonds (einschl. CTAs) beteiligt sind, als Pensionsfonds im Sinne vom Art. 10 Abs. 11 DBA USA anzusehen und somit solchen Investmentfonds die Möglichkeit eröffnet, ceteris paribus den für Pensionsfonds vorgesehenen Dividendenquellensteuersatz von 0% gem. Art. 10 Abs. 3 Buchstabe b zu begehren.

164 Da eine eventuell nach einem DBA mögliche Quellensteuerreduzierung primär die Frage des jeweils anwendenden Quellenstaates und nicht Deutschlands ist, bleibt abzuwarten, ob der Gesetzgeber eine erleichterte Erstattungsmöglichkeit für die Anleger in eine offene Investmentkommanditgesellschaft auf Grund einer Behandlung als Personengesellschaft für Zwecke der Doppelbesteuerungsabkommen in jedem Fall allerdings wirklich erreicht hat. Die Bedenken bestehen insbesondere dann, wenn der ausländische Staat eine „Durchschau" durch das Investmentvehikel und das Abstellen auf die dahinter stehenden Investoren davon abhängig macht, dass diese in ihrem Ansässigkeitsstaat in Bezug auf die einschlägigen Einkünfte genauso behandelt werden, als hätten sie die entsprechende Investition nicht über das Investmentvehikel, sondern direkt getätigt. Für deutsche Anleger besteht in diesem Fall aber das Problem, dass das Fondsreportingregime zwar eine „transparente Besteuerung" vorsieht, die Transparenz aber nur soweit gilt, wie sie in den entsprechenden Regelungen des InvStG zum Ausdruck

---

[196] BRDrucks. 740/13 S. 43.
[197] *Zinkeisen/Walter* IStR **2007** 583.
[198] Doppelbesteuerungsabkommen in der Fassung des Protokolls vom 18.8.1989, geändert durch den Protokoll vom 1.6.2006.
[199] Vorausgesetzt der Fonds erfüllt die weiteren Voraussetzungen von Art. 28 über die Schranken der Abkommensbegünstigung.

kommt.²⁰⁰ Da es unter dem Fondsreportingregime aber z.B. zu Verschiebungen bei der Besteuerung von Veräußerungsgewinnen kommt (diese sind nur bei tatsächlicher Ausschüttung steuerpflichtig und somit für die Anleger grundsätzlich nicht im Zeitpunkt der Realisierung), sehen z.B. die USA die Besteuerung unter dem Fondsreportingregime wohl nicht als ausreichende transparente Besteuerung an.²⁰¹ Da § 15a InvStG für offene Investmentkommanditgesellschaften i.S.d. § 1 Abs. 1f Nr. 3 InvStG aber gerade eine Anwendung des Fondsreportingregimes vorsieht, bleibt hier abzuwarten, ob das vom Gesetzgeber gewollte Ziel auch wirklich erreicht werden wird.

Für die Dokumentation der Beschränkung der Anleger auf die Bündelung von Altersversorgungsvermögen müssen die Anleger nach § 1 Abs. 1f Nr. 3 S. 3 InvStG im eigenen Namen eine schriftliche Erklärung gegenüber der offenen Investmentkommanditgesellschaft abzugeben, dass sie ihren Anteil an der Investmentkommanditgesellschaft zur Abdeckung der betrieblichen Altersversorgungsverhalten. In dieser schriftlichen Erklärung haben die Anleger zu erläutern, um welche Art von betrieblicher Altersversorgungseinrichtung es sich bei ihnen handelt, sowie bei welcher Finanzbehörde und unter welcher Steuer- und Steueridentifikationsnummer sie steuerlich geführt werden.²⁰² **165**

Schließlich setzt § 1 Abs. 1f Nr. 3 S. 2 InvStG als weitere Bedingung voraus, dass der Wert der Anteile, die der jeweilige Anleger erwirbt, nicht den Wert der betrieblichen Altersversorgungsverpflichtung übersteigt. Diese Regelung kommt sowohl zum Zeitpunkt der erstmaligen Anschaffung einer Kommanditbeteiligung an der betreffenden Investmentkommanditgesellschaft zur Anwendung als auch bei späteren Erhöhungen der Beteiligungen auf Grund neuer Pensionsverpflichtungen. Bezugsmaßstab ist der Wert der Anteile zum Erwerbszeitpunkt. Ändert sich nach dem Erwerb der entsprechenden Anteile der Wert der Beteiligung, weil der Wert der von der Investmentkommanditgesellschaft gehaltenen Vermögensgegenstände sich erhöht oder sinkt, soll dies keine weiteren Folgen auslösen, da es sich um reine Wertschwankungen handelt.²⁰³ Für neu hinzugekommene Pensionsverpflichtungen soll daher ein weiterer Erwerb in entsprechender Höhe möglich sein, unabhängig davon wie sich die bisherige(n) Beteiligung(en) im Verhältnis zu den bisherigen Altersvorsorgeverpflichtungen entwickelt haben. **166**

F. Bestimmung der Ansässigkeit eines aus Deutschland heraus verwalteten EU-Investmentfonds der Vertragsform (§ 1 Abs. 1g InvStG)

I. Historie

§ 1 Abs. 1g InvStG übernimmt inhaltlich unverändert die Regelung des § 1 Abs. 1a InvStG a.F. Die Vorschrift des § 1 Abs. 1a InvStG a.F. wurde mit dem Gesetz zur Umsetzung der Richtlinie 2009/65/EG zur Koordinierung der Rechts- und Verwaltungsvorschriften betreffend bestimmte Organismen für gemeinsame Anlagen in Wertpapieren (OGAW-IV-Umsetzungsgesetz, OGAW-IV-UmsG)²⁰⁴ eingeführt. Damit sollte der Tatsache Rechnung getragen werden, dass im Rahmen der Änderungen durch die Umsetzung der Richtlinie 2009/65/EG des Europäischen Parlaments und Rates vom 13.7.2009 aufsichts- **167**

---

200 BFH v. 4.3.1980, VIII R 48/76 (noch zum KAGG); BFH v. 11.10.2000, I R 99/96 und BFH v. 27.3.2001, I R 120/98 (noch zum AuslInvestmG); Niedersächsisches FG v. 9.9.2010, 6 K 165/09 (zum InvStG), Rev. BFH v. 14.12.2011, I R 92/10.
201 *Zinkeisen/Walter* IStR **2007** 583.
202 Hinsichtlich des amtlichen Musters ist eine gesonderte Verwaltungsanweisung geplant, vgl. BRDrucks. 740/13 S. 43.
203 BRDrucks. 740/13 S. 43 mit Beispiel auf S. 44.
204 Gesetz v. 22.6.2011 BGBl. I 2011, S. 1126.

rechtlich die Möglichkeit der grenzüberschreitenden kollektiven Portfolioverwaltung durch Ausweitung des Europäischen Passes für Verwaltungsgesellschaften eingeführt wurde.

168 Als Grundregel wurde – spiegelbildlich zur grundsätzlichen Behandlung eines inländischen richtlinienkonformen Sondervermögens, das durch eine EU-Verwaltungsgesellschaft aus deren Heimatstaat heraus mittels grenzüberschreitender Dienstleistung verwaltet wird, als ein inländisches Investmentvermögen[205] – eingeführt, dass ein von einer inländischen Kapitalanlagegesellschaft oder einer inländischen Zweigniederlassung einer EU-Verwaltungsgesellschaft verwaltetes EU-Investmentvermögen der Vertragsform zu den ausländischen Investmentvermögen gehört, vgl. § 1 Abs. 1a InvStG a.F.[206] Nur für den Ausnahmefall, dass der Heimatstaat des Investmentvermögens dieser Betrachtung nicht folgen sollte und stattdessen steuerrechtlich auf den Sitz der EU-Verwaltungsgesellschaft in Deutschland abstellen sollte, behandelte Deutschland das betreffende Investmentvermögen als inländisches Investmentvermögen. Dieser Ausnahmefall kam also nur zum Tragen, wenn aus Sicht des Herkunftsstaates das betreffende Investmentvermögens nach dessen nationalen steuerrechtlichen Regelungen nicht als ein inländisches Investmentvermögen des Herkunftsstaates angesehen wurde, sondern als Investmentvermögen, für das die Bundesrepublik Deutschland zur umfassenden Besteuerung berufen ist.

II. Regelung des § 1 Abs. 1g InvStG

169 Die Vorschrift des § 1 Abs. 1g InvStG übernimmt diesen Regelungshintergrund und diese Sichtweise uneingeschränkt. Allerdings werden die in der bisherigen Vorschrift des § 1 Abs. 1a InvStG a.F. enthaltenen Begriffsdefinition und Verweise auf das InvG an die veränderten Vorschriften des InvStG und des KAGB angepasst.[207] § 1 Abs. 1g S. 1 InvStG bestimmt daher als Grundregel, dass ein EU-Investmentfonds der Vertragsform, der von einer externen Kapitalverwaltungsgesellschaft im Sinne des § 17 Absatz 2 Nummer 1 des Kapitalanlagegesetzbuchs oder einer inländischen Zweigniederlassung einer EU-Verwaltungsgesellschaft im Sinne des § 1 Absatz 17 des Kapitalanlagegesetzbuchs verwaltet wird, für die Anwendung der Abschnitte 1 bis 3 und 5 zu den ausländischen Investmentfonds gehört.

170 Somit kommt es trotz Beibehaltung des Grundgedankens durch die „redaktionelle Überarbeitung" zu einer zwangsläufigen Ausweitung des Anwendungsbereichs, da durch die AIFMD-Richtlinie bzw. deren Umsetzung durch das KAGB nunmehr auch die grenzüberschreitende Verwaltung von AIFs möglich ist. Insofern umfassen die Verweise auf § 1 Abs. 17 KAGB (inländische Zweigniederlassung einer EU-Verwaltungsgesellschaft) und § 17 Abs. 2 Nr. 1 KAGB (externe Kapitalverwaltungsgesellschaft) die grenzüberschreitende Portfolioverwaltung eines OGAW und eines AIF.

171 Gleichzeitig wird klargestellt, dass diese Vorschrift – die bisher nur für Investmentvermögen, auf die das Fondsreportingregime der §§ 5, 6 InvStG anwendbar war, weiterhin nur für Investmentfonds i.S.d. § 1 Abs. 1b InvStG gelten soll, die unter das Fondsreportingregime fallen. Auf Grund der Verweistechnik des § 22 Abs. 2 InvStG gilt diese Vorschrift zudem für bestandsgeschützte Investmentvermögen, solange deren Bestands-

---

205 Vgl. § 1 Abs. 1 Nr. 1 Buchst. c InvStG a.F. (nunmehr: § 1 Abs. 1f Nr. 1 Buchst. c InvStG).
206 Die Grundregel ist bei grenzüberschreitender Portfolioverwaltung also, dass es für die steuerliche Zuordnung auf die Frage ankommt, nach dem Recht welchen Staates das Investmentrecht zugelassen ist und nicht auf den Sitzstaat der EU-Verwaltungsgesellschaft.
207 BRDrucks. 740/13 S. 44.

schutz nach § 22 Abs. 2 InvStG greift. Für Investitionsgesellschaften nach §§ 18, 19 InvStG bleibt es dagegen, wie bisher, bei den allgemeinen Regelungen, d.h. deren Ansässigkeit ist in einer Gesamtschau der Merkmale „Sitz" und „Geschäftsleitung" zu bestimmen.

172 Wie bisher ist Ausgangspunkt der Einordnung die aufsichtsrechtliche Verankerung des Investmentfonds. Dies ergibt sich durch den Begriff „EU-Investmentfonds". Dieser wird in § 1 Abs. 2 S. 4 InvStG definiert. Danach handelt es sich bei einem EU-Investmentfonds um einen OGAW oder AIF, der dem Aufsichtsrecht eines anderen Mitgliedstaates der Europäischen Union oder eines anderen Vertragsstaates des Abkommens über den Europäischen Wirtschaftsraum (d.h. Norwegen, Island und Liechtenstein) unterliegt.

173 Wie bisher bestimmt § 1 Abs. 1g S. 2 InvStG, dass ein (eigentlich ausländischer) EU-Investmentfonds im Rahmen des InvStG als inländischer Investmentfonds gilt, wenn nach dem Recht des Herkunftsstaates auf Grund des Sitzes der Kapitalverwaltungsgesellschaft oder des Sitzes der Zweigniederlassung der EU-Verwaltungsgesellschaft in der Bundesrepublik Deutschland diese dazu berufen ist, die Besteuerung des Investmentfonds umfassend zu regeln. Dies dürfte allerdings nach wie vor nur in absoluten Ausnahmefällen eintreten, da durch die Änderung der OGAW-Richtlinie und durch die Einführung der AIFMD-Richtlinie gerade auch eine grenzüberschreitende Portfolioverwaltung durch Kapitalverwaltungsgesellschaften oder deren EU-Zweigniederlassungen eingeführt werden sollte. Eine unterschiedliche steuerliche Behandlung für in dem gleichen Staat nach dem gleichen Aufsichtsrecht aufgelegte Investmentfonds auf Grund unterschiedlicher Verwaltung mit gegebenenfalls gravierenden anderen Steuerfolgen für den Investmentfonds oder dessen Anleger, würde u.E. diesem Gedanken zuwiderlaufen. Dies zeigt sich auch in der vom deutschen Gesetzgeber eingeführten bzw. beibehaltenen Grundregel, dass eine grenzüberschreitende Portfolioverwaltung grundsätzlich nichts an der steuerlichen Zuordnung eines Investmentfonds ändern soll. Dennoch sind im Einzelfall die steuerlichen Regelungen des Herkunftsstaates des EU-Investmentfonds und dessen Auswirkungen auf die Zuordnung des Investmentfonds zu prüfen.

174 § 1 Abs. 1g S. 3 und 4 InvStG vollziehen diese Zuordnungsregelungen für die Anteile an einem EU-Investmentfonds entsprechend dessen Zuordnung nach § 1 Abs. 1g S. 1 und 2 InvStG entsprechend nach.

III. Abkommensrechtliche Behandlung

175 Ausweislich des Wortlautes gilt § 1 Abs. 1g InvStG nur für die Anwendung der Abschnitte 1 bis 3 und 5 des InvStG. Es kann aber davon ausgegangen werden, dass die steuerrechtliche Zuordnung für Zwecke des InvStG, d.h. Einordnung als ausländischer Investmentfonds oder inländischer Investmentfonds (mit der Folge z.B. des § 11 Abs. 1 InvStG), auch für die Frage der Anwendung eines Doppelbesteuerungsabkommens zwischen der Bundesrepublik Deutschland und dem Herkunftsstaat des EU-Investmentfonds gelten sollte, wenn es z.B. um die Frage des Besteuerungsrechts der Bundesrepublik Deutschland für Investitionen des EU-Investmentfonds in Deutschland oder um die Frage der (teilweisen) Erstattung von deutschen Quellensteuern geht. Insofern sollte es auch keine unterschiedliche Behandlung der Ansässigkeitsfrage zwischen der Bundesrepublik Deutschland und dem Herkunftsstaat des EU-Investmentfonds geben, da dies gerade durch die Ausnahmeklausel des § 1 Abs. 1g S. 2 InvStG auch verhindert werden sollte.

176 Allerdings erscheint fraglich, ob die in § 1 Abs. 1g InvStG zum Ausdruck kommende Sichtweise, dass es grundsätzlich auf die aufsichtsrechtliche Zuordnung und damit auf den Sitz bzw. den Herkunftsstaat und nicht auf die Verwaltung des EU-Investmentfonds ankommen sollte, auch bei Investitionen in Drittstaaten (insbesondere außerhalb der EU/EWR) immer Anwendung finden wird. Für die Frage der Ansässigkeit unter einem bestimmten Doppelbesteuerungsabkommen, dessen Anwendung und dem damit verbundenen (teilweisen) DBA-Schutz kommt es auch entscheidend auf den jeweiligen Quellenstaat an. Sollte dieser für die Frage der Anwendbarkeit des betreffenden Doppelbesteuerungsabkommens auf den betreffenden EU-Investmentfonds nicht auf dessen Sitz, sondern dessen Geschäftsführung bzw. Verwaltung abstellen, könnte es hier zu Verwerfungen kommen.

G. Übernahme der Begriffsbestimmungen des KAGB und eigene investmentsteuerrechtliche Begriffsbestimmungen (§ 1 Abs. 2 InvStG)

177 § 1 Abs. 2 S. 1 InvStG bestimmt zunächst, dass die Begriffsbestimmungen des KAGB auch für das InvStG gelten, soweit sich aus dem InvStG selbst nichts anderes ergibt. Die Abweichungen von den aufsichtsrechtlichen Begriffsbestimmungen können sich dabei sowohl ausdrücklich als auch konkludent ergeben.[208] Die Verweisregelung ist auf Grund der Aufteilung des Investmentrechts in einen aufsichtsrechtlichen Teil (InvG, jetzt KAGB) und einen steuerrechtlichen Teil (InvStG) erforderlich[209] und ist bereits im InvStG i.d.F. InvModG[210] durch den Verweis auf das InvG enthalten gewesen. Durch das AIFM-StAnpG erfolgte lediglich eine redaktionelle Anpassung, da die aufsichtsrechtlichen Begriffsbestimmungen nun im KAGB enthalten sind. Da es sich insoweit lediglich um eine redaktionelle Anpassung handelt, gilt weiterhin die bisherige Verwaltungspraxis, wonach grundsätzlich auch die Auslegungen der BaFin für das Steuerrecht zu übernehmen sind.[211] Dies bedeutet jedoch unseres Erachtens nicht, dass dort, wo die aufsichtsrechtlichen und steuerrechtlichen Interpretationen von einem anderen Telos getragen werden, Abweichungen nicht möglich sind bzw. dass dort Abweichungen möglich sein müssen, siehe zum Beispiel oben unter Rn. 16 die Diskussion über die investmentsteuerrechtliche Behandlung von durch ein Family Office aufgelegte AIFs.

178 Die Sätze 2 bis 6 beinhalten solche eigenständigen bzw. vom Aufsichtsrecht abweichende (bzw. teilweise nochmals klarstellende) Begriffsbestimmungen:
- § 1 Abs. 2 S. 2 InvStG bestimmt, dass Anleger Inhaber von Anteilen an Investmentfonds und Investitionsgesellschaften sind, unabhängig von deren rechtlicher Gestaltung. Die Regelung trägt der wirtschaftlichen Betrachtungsweise Rechnung, wonach sowohl eigen- als auch schuldrechtliche Finanzinstrumente als Anteile an einem OGAW oder AIF qualifizieren können. Insofern sollte es sich steuerrechtlich u.E. allerdings lediglich um eine Klarstellung handeln, da auch die BaFin eine wirtschaftliche Sichtweise anwenden will.[212]
- § 1 Abs. 2 S. 3 und S. 4 InvStG definieren jeweils den Begriff eines inländischen Investmentfonds und einer inländischen Investmentgesellschaft sowie eines EU-Investmentfonds und einer EU-Investmentgesellschaft. Deren Einordnung wird von der Aufsicht abhängig gemacht, der sie unterstehen. So sind inländische Investmentfonds und Investitionsgesellschaften solche, die der inländischen Aufsicht unterliegen. EU-Investmentfonds und EU-Investitionsgesellschaften sind dagegen Investmentfonds und Investitionsgesellschaften, die der Aufsicht eines anderen EU- oder

---
208 BRDrucks. 740/13 S. 67.
209 Berger/Steck/Lübbehüsen/*Berger* InvStG § 1 Rn. 222.
210 BGBl. I 2003, S. 2676.
211 BMF Schr. v. 18.8.2009 BStBl. I 2009, S. 235.
212 Zur aufsichtsrechtlichen Diskussion siehe bereits oben unter Abschnitt B.3.

EWR-Staates unterliegen. Schließlich bestimmt § 1 Abs. 2 S. 5 InvStG, dass EU-Investmentfonds und EU-Investitionsgesellschaften, sowie AIFs, die dem Recht eines Drittstaates unterliegen, ausländische Investmentfonds bzw. ausländische Investitionsgesellschaften darstellen. Die Ansässigkeit bzw. der Aufsichtsstaat des Fondsmanagers ist dagegen grundsätzlich nicht relevant. Damit kann unseres Erachtens im Staat des Fondsmanagers keine steuerlich zu beachtende Geschäftsführungsbetriebstätte entstehen. U.E. unterliegt ein AIF dem Recht eines Drittstaates, wenn seine gesellschaftsrechtliche Grundlage (Satzung, Gesellschaftsvertrag) dem Recht dieses jeweiligen Drittstaates unterliegt. Diese Unterscheidung macht u.E. Sinn, wenn man bedenkt, dass § 317 Abs. 1 Nr. 1 KAGB grundsätzlich von einem gemeinsamen Sitzstaat von AIF und dessen Verwaltungsgesellschaft auszugehen scheint.[213]

– § 1 Abs. 2 S. 6 InvStG bestimmt, was unter Anlagebedingungen i.S.d. InvStG gilt.[214]

H. Gesetzliche Vertretung von Investmentfonds (§ 1 Abs. 2a InvStG)

Die Regelung bestimmt zunächst in § 1 Abs. 2a S. 1 und S. 2 InvStG, dass inländische **179** Investmentfonds zugleich Inländische Investmentgesellschaften und ausländische Investmentfonds zugleich ausländische Investmentgesellschaften i.S.d. InvStG sind. Damit wird erreicht, dass, entsprechend der Steuersubjektqualifikation von (inländischen) Investmentfonds, unabhängig von ihrer Rechtsform, der Investmentfonds selbst, und nicht die jeweilige Kapitalverwaltungsgesellschaft, der Träger von investmentsteuerlichen Rechten und Pflichten ist.

Gleichzeitig wird in § 1 Abs. 2a S. 3 Nr. 1 Buchst. a bis Buchst. c InvStG eine umfangreiche **180** Vertreterregelung für die verschiedenen Konstellationen der Verwaltung von inländischen Sondervermögen gem. § 1 Abs. 1f Nr. 1 Buchst. a bis Buchst. c InvStG getroffen. Spiegelbildlich dazu regelt § 1 Abs. 2a S. 3 Nr. 2 InvStG die Frage der gesetzlichen Vertretung von EU-Investmentfonds der Vertragsform, die gemäß § 1 Abs. 1g InvStG von inländischen Kapitalverwaltungsgesellschaften verwaltet werden. Damit wird eine klare Regelung über die gesetzliche Vertretung auch für zivilrechtlich nicht rechtfähige Investmentfonds getroffen. Ob die Regelung insofern nur klarstellend ist,[215] kann unseres Erachtens dahingestellt bleiben. Der Pflichtenumfang eines gesetzlichen Vertreters richtet sich nach § 34 AO. Da die Kapitalverwaltungsgesellschaft lediglich gesetzlicher Vertreter der Investmentfonds ist, stellt die Übertragung der Verwaltung eines Investmentfonds auf eine andere Kapitalverwaltungsgesellschaft lediglich den Wechsel eines gesetzlichen Vertreters nach § 34 AO dar, ohne weitere steuerrechtliche Konsequenzen. Insbesondere liegt keine Liquidation und Neu-Auflegung des „übertragenen" Investmentfonds[216] bei Wechsel der Kapitalverwaltungsgesellschaft vor.

Über die oben genannten Regelungen, die im Rahmen des AIFM-StAnpG lediglich **181** redaktionell angepasst wurden, hinaus wurde mit dem AIFM-StAnpG in einem neuen § 1 Abs. 2a S. 4 InvStG auch die ausdrückliche Regelung für die steuerliche Vertretung eines sich in Abwicklung befindlichen inländischen Investmentfonds aufgenommen. Eine entsprechende Regelung war bisher im InvStG nicht enthalten. Erlischt danach zum Beispiel auf Grund einer Kündigung das Recht der Kapitalverwaltungsgesellschaft, den inländischen Investmentfonds zu verwalten, so geht nach § 100 Abs. 1 KAGB (das Verfügungsrecht über) das Sondervermögen auf die Verwahrstelle über und die inländische Ver-

---

213 Vgl. die Diskussion zum Merkmal der Investmentaufsicht unter Rn. 40 ff.
214 Vgl. hierzu Rn. 117 ff.
215 Berger/Steck/Lübbehüsen/*Berger* InvStG § 1 Rn. 251.
216 Berger/Steck/Lübbehüsen/*Berger* InvStG § 1 Rn. 251.

wahrstelle wird während der Abwicklung des Investmentfonds dessen gesetzliche Vertreter i.S.d. § 34 AO.[217] In Übereinstimmung mit der gesetzlichen Begründung zum AIFM-StAnpG[218] ist u.E. der Regelung auch zu entnehmen, dass, wenn die Verwahrstelle mit Genehmigung der BaFin nach § 100 Abs. 2 KAGB von einer Abwicklung absieht, und die Verwaltung stattdessen einer anderen Kapitalverwaltungsgesellschaft nach den Maßgaben der bisherigen Anlagebedingungen überträgt, insofern wiederum lediglich steuerrechtlich lediglich von einem Wechsel des gesetzlichen Vertreters i.S.d. § 34 AO und keine Liquidation und Neu-Auflage des betreffenden Investmentfonds auszugehen.

§ 1 Abs. 3
Definition der Ausschüttung, ausgeschütteten Erträge und ausschüttungsgleichen Erträge

Ausschüttungen sind die dem Anleger tatsächlich gezahlten oder gutgeschriebenen Beträge einschließlich der einbehaltenen Kapitalertragsteuer. Ausgeschüttete Erträge sind die von einem Investmentfonds zur Ausschüttung verwendeten Kapitalerträge, Erträge aus der Vermietung und Verpachtung von Grundstücken und grundstücksgleichen Rechten, sonstige Erträge und Gewinne aus Veräußerungsgeschäften. Ausschüttungsgleiche Erträge sind die von einem Investmentfonds nach Abzug der abziehbaren Werbungskosten nicht zur Ausschüttung verwendeten

1. Kapitalerträge mit Ausnahme der Erträge aus Stillhalterprämien im Sinne des § 20 Abs. 1 Nr. 11 des Einkommensteuergesetzes, der Gewinne im Sinne des § 20 Abs. 2 Satz 1 Nr. 1 des Einkommensteuergesetzes, der Gewinne im Sinne des § 20 Abs. 2 Satz 1 Nr. 3 des Einkommensteuergesetzes und der Gewinne im Sinne des § 20 Abs. 2 Satz 1 Nr. 7 des Einkommensteuergesetzes, soweit sie nicht auf vereinnahmte Stückzinsen entfallen und wenn es sich um sonstige Kapitalforderungen handelt,
   a) die eine Emissionsrendite haben,
   b) bei denen das Entgelt für die Kapitalüberlassung ausschließlich nach einem festen oder variablen Bruchteil des Kapitals bemessen und die Rückzahlung des Kapitals in derselben Höhe zugesagt oder gewährt wird, in der es überlassen wurde. Ein Emissionsdisagio oder Emissionsdiskont zur Feinabstimmung des Zinses bleibt dabei unberücksichtigt,
   c) bei denen weder eine auch nur teilweise Rückzahlung des Kapitalvermögens noch ein gesondertes Entgelt für die Überlassung des Kapitalvermögens zur Nutzung zugesagt oder gewährt wird und die Rückzahlung des Kapitals sich nach der Wertentwicklung einer einzelnen Aktie oder eines veröffentlichten Index für eine Mehrzahl von Aktien richtet und diese Wertentwicklung in gleichem Umfang nachgebildet wird,
   d) die solche im Sinne des Buchstaben b sind, bei denen der Inhaber neben der festen Verzinsung ein Recht auf Umtausch in Gesellschaftsanteile hat, oder bei denen der Inhaber zusätzlich bei Endfälligkeit das Wahlrecht besitzt, vom Emittenten entweder die Kapitalrückzahlung oder die Lieferung einer vorher festgelegten Anzahl von Aktien eines Unternehmens zu ver-

---

217 BRDrucks. 740/13 S. 68.
218 BRDrucks. 740/13 S. 68.

langen, oder bei denen der Emittent zusätzlich das Recht besitzt, bei Fälligkeit dem Inhaber an Stelle der Rückzahlung des Nominalbetrags eine vorher festgelegte Anzahl von Aktien anzudienen,
e) die Gewinnobligationen oder Genussrechte im Sinne des § 43 Abs. 1 Satz 1 Nr. 2 des Einkommensteuergesetzes sind,
f) bei denen die Anschaffungskosten teilweise auf abtrennbare Optionsscheine und eine separat handelbare Anleihe entfallen,
g) Erträge aus der Vermietung und Verpachtung von Grundstücken und grundstücksgleichen Rechten, sonstige Erträge und Gewinne aus privaten Veräußerungsgeschäften im Sinne des § 23 Abs. 1 Satz 1 Nr. 1, Abs. 2 und 3 des Einkommensteuergesetzes.

Zu den ausgeschütteten und ausschüttungsgleichen Erträgen im Sinne der Sätze 2 und 3 gehören auch nach § 3 Abs. 2 Satz 1 Nr. 2 abgegrenzte Erträge. Fasst die Investmentgesellschaft nicht spätestens vier Monate nach Ablauf des Geschäftsjahres einen Beschluss über die Verwendung der Erträge des abgelaufenen Geschäftsjahres, gelten diese als nicht zur Ausschüttung verwendet.

Schrifttum

Dahm/Hamacher Termingeschäfte im EStG – Eine Besteuerungsruine DStR **2014** 455; *Hagen* Steuerliche Behandlung und Problemfelder bei Fondsanlage durch institutionelle Anleger Ubg **2008** 337; *Schmitt/Hagen* Steuerliche Aspekte von Hedgefonds DStR **2004** 837.

Finanzverwaltung: BMF Schr. v. 24.11.1986 „Einkommensteuerrechtliche Behandlung von a) Emissionsdisagio, Emissionsdiskont und umlaufbedingtem Unterschiedsbetrag zwischen Marktpreis und höherem Nennwert bei festverzinslichen Wertpapieren, b) unverzinslichen Schatzanweisungen, die zu einem Privatvermögen gehören" – IV B 4 – S 2252 – 180/86 BStBl. I **1986** 539; BMF Schr. v. 2.6.2005 „Investmentsteuergesetz: Zweifels- und Auslegungsfragen" IV C1 – S1980 – 1 87/05 BStBl. I **2005** 728; BMF Schr. v. 18.8.2009, „Investmentsteuergesetz: Zweifels- und Auslegungsfragen, Aktualisierung des BMF Schr. v. 2.6.2005 (BStBl. I 2005 S. 278)" IV C1 – S1980 – 1/08/00019 BStBl. I **2009** 931; BMF Schr. v. 9.10.2012 „Einzelfragen zur Abgeltungsteuer; Ergänzung des BMF-Schreibens vom 22.12.2009 (BStBl. 2010 I S. 94) unter Berücksichtigung der Änderungen durch das BMF-Schreiben vom 16.11.2010 (BStBl. 2010 I S. 1305)" IV C 1 – S 2252/10/10013 BStBl. I **2012** S. 953; BMF Schr. v. 27.3.2013 „Prämien wertlos gewordener Optionen als Werbungskosten bei einem Termingeschäft; Anwendung des BFH-Urteils vom 26.9.2012, BFH Aktenzeichen IXR5009 IX R 50/09" – IV C 1 – S 2256/07/10005 – 013 DStR **2013** 706; BMF Schr. v. 4.6.2014 „Investmentsteuergesetz in der Fassung des AIFM-Steuer-Anpassungsgesetzes; Auslegungsfragen" IV C 1 – S 1980-1/13/10007:002; Entwurf BMF-Verbändeschreiben v. 19.6.2014 „Auslegungsfragen zum Investmentsteuergesetz; Anlagebestimmungen, REIT-Anteile, Hinzurechnungsbesteuerung u.a.".

Systematische Übersicht

A. Regelungszweck —— 182
B. Ausschüttungen (§ 1 Abs. 3 Satz 1 InvStG)
    I. Chronologischer Ablauf der Entstehung der Vorschrift —— 183
    II. Definition der Ausschüttungen —— 184
    III. Bedeutung in der Besteuerungspraxis —— 187
C. Ausgeschüttete Erträge (§ 1 Abs. 3 Satz 2 InvStG)
    I. Entstehungsgeschichte —— 189
    II. Bestandteile der ausgeschütteten Erträge —— 191
        1. Kapitalerträge —— 194
        2. Erträge aus der Vermietung und Verpachtung —— 198
        3. Erträge aus Veräußerungsgeschäften —— 199
        4. Sonstige Erträge —— 201
        5. Abgegrenzte Erträge —— 204
    III. Keine Bestandteile der ausgeschütteten Erträge: Substanzausschüttungen und ausschüttungsgleiche Erträge der Vorjahre —— 207
        1. Substanzausschüttungen —— 208

§ 1 Abs. 3 —— Definition der Ausschüttung

IV. Besonderheiten bei Erträgen aus Termingeschäften —— 211
V. Ausschüttungsvolumen —— 214
VI. Ausschüttungszeitpunkt/Thesaurierungsfiktion —— 216
D. Ausschüttungsgleiche Erträge (§ 1 Abs. 3 Satz 3 InvStG)
   I. Entstehungsgeschichte —— 217
   II. Zweck der Regelung —— 220
   III. Definition der ausschüttungsgleichen Erträge
      1. Allgemein —— 221
      2. Einzelne Bestandteile der ausschüttungsgleichen Erträge —— 224
         a) Kapitalerträge i.S.d. § 20 EStG nach § 1 Abs. 3 S. 3 Nr. 1 InvStG —— 225
            aa) Erhaltene Stillhalterprämien nach § 20 Abs. 1 Nr. 11 EStG —— 229
            bb) Gewinne aus der Veräußerung von Anteilen an Körperschaften gem. § 20 Abs. 2 Satz 1 Nr. 1 EStG —— 228
      2. Ausschüttungsgleiche Erträge der Vorjahre —— 210
            cc) Gewinne aus Termingeschäften gem. § 20 Abs. 2 Satz 1 Nr. 3 EStG —— 230
            dd) Gewinne aus der Veräußerung von sonstigen Kapitalforderungen jeder Art nach § 20 Abs. 2 Satz 1 Nr. 7 EStG —— 231
               (1) Rückausnahme für Stückzinsen —— 232
               (2) Voraussetzung: „Privilegierte Kapitalforderungen" —— 234
               (3) Nicht-privilegierte Kapitalforderungen („G-Bonds") —— 245
         b) § 1 Abs. 3 S. 3 Nr. 2 InvStG —— 247
            aa) Erträge aus der Vermietung und Verpachtung von Grundstücken und grundstücksgleichen Rechten —— 248
            bb) Sonstige Erträge —— 249
            cc) Gewinne aus der Veräußerung von Grundstücken und grundstücksgleichen Rechten —— 250
E. Besonderheiten bei Hedgefonds —— 252

A. Regelungszweck

182 § 1 Abs. 3 S. 1 bis 3 InvStG regeln den Inhalt und Umfang der ausgeschütteten Erträge (bei ausschüttenden Investmentfonds) sowie der ausschüttungsgleichen Erträge (bei thesaurierenden Investmentfonds). Damit wird der Umfang der jährlichen Besteuerung der Anleger mit den auf Ebene des betreffenden Investmentfonds im laufenden Geschäftsjahr erwirtschafteten laufenden (ordentlichen) und außerordentlichen Erträgen durch ausgeschüttete bzw. ausschüttungsgleiche (thesaurierte) Erträge festgelegt. Dabei kommt durch den (teilweise inzidenten) Verweis auf die Vorschriften des EStG und der damit verbundenen Behandlung eines Investmentfonds als „Privatanleger"[219] das sog. „Transparenzprinzip" zur Anwendung, soweit es in den Regelungen des InvStG verankert ist. Im Rahmen des Transparenzprinzips bestimmt § 1 Abs. 3 S. 4 InvStG als Abweichung zur Behandlung bei Privatanlegern und dem Zufluss-Abfluss-Prinzip des § 3 InvStG, dass nach § 3 Abs. 2 S. 1 Nr. 2 InvStG abgegrenzte Erträge (insbesondere Zinsen und Mieten) als ordentliche Erträge Bestandteil der ausgeschütteten bzw. ausschüttungsgleichen Erträge sind. Schließlich bestimmt § 1 Abs. 3 S. 5 InvStG, dass die im abgelaufenen Geschäftsjahr erwirtschafteten Erträge nicht als zur Ausschüttung verwendet gelten, wenn die Investmentgesellschaft nicht spätestens vier Monate nach Ablauf des

---
[219] BMF Schr. v. 18.8.2009 BStBl. I 2009, S. 1 Rn. 44.

betreffenden Geschäftsjahres einen Ausschüttungsbeschluss fasst. Damit soll die jährliche Besteuerung der ordentlichen Erträge als ausschüttungsgleiche Erträge unabhängig vom Ausschüttungsverhalten des Investmentfonds sichergestellt werden.[220]

B. Ausschüttungen (§ 1 Abs. 3 Satz 1 InvStG)

I. Chronologischer Ablauf der Entstehung der Vorschrift

Der Begriff der „Ausschüttungen" i.S.d § 1 Abs. 3 S. 1 InvStG wurde erstmals mit dem InvStG zum 1.1.2004 eingeführt.[221] Das Investmentsteuergesetz unterscheidet in § 1 Abs. 3 S. 1 und S. 2 InvStG begrifflich erstmals zwischen „Ausschüttungen" und „ausgeschütteten Erträgen", wobei entsprechend der Systematik des EStG grundsätzlich nur die Erträge der Besteuerung unterliegen sollen.[222] **183**

II. Definition der Ausschüttungen

Ausschüttungen i.S.d. § 1 Abs. 3 S. 1 InvStG sind laut Gesetz die dem Anleger tatsächlich gezahlten oder gutgeschriebenen Beträge einschließlich der (eventuell) einbehaltenen Kapitalertragsteuer. **184**

Nach Ansicht des Finanzverwaltung sind neben gezahlter deutscher Kapitalertragsteuer (einschließlich des Solidaritätszuschlags) auch im Geschäftsjahr des Investmentfonds gezahlte ausländische Quellensteuern hinzuzuziehen sowie erstattete ausländische Quellensteuern abzuziehen, sofern die gezahlten ausländischen Quellensteuern nicht bereits gem. § 4 Abs. 4 InvStG als Werbungskosten abgezogen wurden (für ein Beispiel vgl. BMF-Schreiben vom 18.8.2009).[223] **185**

Bereits versteuerte ausschüttungsgleiche Erträge der Vorjahre sind, sofern diese später zur Ausschüttung verwendet werden, Teil der Ausschüttung i.S.d. § 1 Abs. 3 S. 1 InvStG. Sie stellen aber keinen Bestandteil der ausgeschütteten Erträge i.S.d. § 1 Abs. 3 S. 2 InvStG dar. Ausschüttungsgleiche Erträge der Vorjahre sind somit bei Ausschüttung nicht (nochmals) steuerpflichtig.[224] Voraussetzung hierfür ist allerdings, dass die ausschüttungsgleichen Erträge der Vorjahre als Teil der Ausschüttung nach § 5 Abs. 1 S. 1 Nr. 1 Buchst. a Doppelbuchst. aa InvStG ordnungsgemäß bekannt gemacht und veröffentlicht werden.[225] Das Gleiche gilt für Substanzbeträge i.S.d. § 5 Abs. 1 S. 1 Nr. 1 Buchst. a Doppelbuchst. bb InvStG.[226] Substanzbeträge sind zwar als Teil der Ausschüttung i.S.d. § 1 Abs. 3 S. 1 InvStG gesondert auszuweisen, aber sind kein Bestandteil der ausgeschütteten Erträge und somit nicht steuerpflichtig, sondern reduzieren im Endeffekt die Anschaffungskosten des Anlegers.[227] **186**

---

220 Zu den Auswirkungen eines innerhalb von vier Monaten nach Geschäftsjahresende erfolgten Ausschüttungsbeschlusses auf die Veröffentlichungsfristen des § 5 InvStG siehe die dortige Kommentierung.
221 BTDrucks. 15/1553 S. 123.
222 BTDrucks. 15/1553 S. 123.
223 BMF Schr. v. 18.8.2009 BStBl. I 2009, S. 931 Rn. 12.
224 BMF Schr. v. 18.8.2009 BStBl. I 2009, S. 931 Rn. 12a.
225 BMF Schr. v. 18.8.2009 BStBl. I 2009, S. 931 Rn. 12a.
226 BMF Schr. v. 18.8.2009 BStBl. I 2009, S. 931 Rn. 16.
227 Hinsichtlich der Frage, wann Substanzerträge ausgeschüttet werden können, ist die Regelung zur Ausschüttungsreihenfolge des § 3a InvStG zu beachten.

§ 1 Abs. 3 —— Definition der Ausschüttung

III. Bedeutung in der Besteuerungspraxis

187 Der Begriff der Ausschüttungen hat bei nach § 5 Abs. 1 InvStG transparenten Investmentfonds eine geringe praktische Relevanz. Es handelt sich um eine rein steuerliche Größe, die nicht den steuerpflichtigen Ertrag des Anlegers widerspiegelt. Steuerpflichtig sind die ausgeschütteten Erträge i.S.d. § 1 Abs. 3 S. 2 InvStG.

188 Von praktischer Bedeutung sind Ausschüttungen hingegen bei intransparenten Investmentfonds, da Ausschüttungen i.S.d. § 1 Abs. 3 S. 1 InvStG zu den Beträgen gehören, die im Rahmen der Pauschalbesteuerung nach § 6 S. 1 InvStG anzusetzen sind.[228] Bei intransparenten Investmentfonds gibt es allerdings streng genommen keine Unterscheidung zwischen Ausschüttung und ausgeschütteten Erträgen, da dem Anleger (und seiner Depotbank) nur die Höhe der tatsächlichen Ausschüttung bekannt ist.

C. Ausgeschüttete Erträge (§ 1 Abs. 3 Satz 2 InvStG)

I. Entstehungsgeschichte

189 Der Begriff der „ausgeschütteten Erträge" i.S.d § 1 Abs. 3 S. 2 InvStG wurde ebenfalls erstmals mit dem InvStG zum 1.1.2004 eingeführt.[229] Gemäß der Begründung zum InvModG vom 15.12.2003 entspricht der Begriff inhaltlich dem (bisherigen) Begriff der Ausschüttungen nach § 39 Abs. 1 S. 1 und § 45 Abs. 1 KAGG bzw. § 17 Abs. 1 S. 1 AuslInvestmG.[230]

190 Die Definition der ausgeschütteten Erträge hat hinsichtlich ihrer Verweistechnik und auch bzgl. ihres Umfangs durch die Einführung der Abgeltungsteuer ab dem 1.1.2009 Änderungen erfahren. Der Gesetzgeber hat insbesondere die Definition der ausgeschütteten Erträge an die Neufassung des § 20 EStG angepasst.[231] Dies wurde durch den generellen Einbezug von Veräußerungsgewinnen aus Kapitalforderungen sowie von Erträgen aus Termingeschäfte in die Einkünfte aus Kapitalvermögen nach § 20 EStG anstelle der (bisherigen) Behandlung im Rahmen der privaten Veräußerungsgeschäfte nach § 23 EStG erforderlich.[232]

II. Bestandteile der ausgeschütteten Erträge

191 Die ausgeschütteten Erträge sind insofern ein allumfassender Begriff, als dass grundsätzlich alle Erträge eines Investmentfonds umfasst sein sollen, die auch bei der Direktanlage der Besteuerung unterfallen würden.[233]

192 § 1 Abs. 3 S. 2 InvStG selbst nennt als Bestandteile der ausgeschütteten Erträge „Kapitalerträge, Erträge aus der Vermietung und Verpachtung von Grundstücken und grundstücksgleichen Rechten, sonstige Erträge und Gewinne aus Veräußerungsgeschäften." Damit bezieht sich § 1 Abs. 3 S. 2 InvStG auf die Art der Erträge ohne selbst auf die entsprechenden Vorschriften des EStG zu verweisen. Dennoch sind diese Begriffe im Rahmen der Vorschriften des EStG zu interpretieren, soweit sich aus der Verweistechnik des InvStG nichts anderes ergibt. Dies folgt schon alleine daraus, dass ein Investment-

---

[228] BMF Schr. v. 18.8.2009 BStBl. I 2009, S. 931 Rn. 124.
[229] BTDrucks. 15/1553 S. 123.
[230] BTDrucks. 15/1553 S. 123.
[231] BRDrucks 220/07 S. 147.
[232] BMF Schr. v. 18.8.2009 BStBl. I 2009, S. 931 Rn. 15a. hinsichtlich Termingeschäften.
[233] Gesetzesbegründung zum InvModG; BTDrucks. 15/1553 S. 123.

fonds zur Ermittlung der Erträge als Privatanleger behandelt werden soll[234] und aus dem Grundgedanken des Transparenzprinzips.

Ausgeschüttete Erträge sind die zur Ausschüttung verwendeten: 193

1. Kapitalerträge. Dies umfasst die in § 20 Abs. 1 und Abs. 2 EStG genannten Einkünfte aus Kapitalvermögen. Zwar könnten Teile dieser Kapitalerträge auch „Gewinne aus Veräußerungsgeschäften" sein, da § 20 Abs. 2 EStG seit der Einführung der Abgeltungsteuer zum 1.1.2009 gerade auch Veräußerungsgewinne aus Schuldverschreibungen und Aktien umfasst. Allerdings zeigt schon der semantische Vergleich mit der Definition der ausschüttungsgleichen Erträge nach § 1 Abs. 3 S. 3 InvStG, dass der Begriff der „Kapitalerträge" sich nach § 20 Abs. 1 und Abs. 2 EStG bestimmt.[235] 194

Auf Grund der für Investmentfonds nach § 1 Abs. 1b InvStG geltenden Anlagerestriktionen für Vermögensgegenstände kommen als laufende Kapitalerträge nach § 20 Abs. 1 EStG insbesondere Zinsen, Dividenden und Stillhalterprämien in Betracht. Zinsen sind nach § 3 Abs. 2 S. 1 Nr. 2 InvStG periodengerecht abzugrenzen und als solche Bestandteil der ausgeschütteten Kapitalerträge, vgl. § 1 Abs. 3 S. 4 InvStG. 195

Als Veräußerungsgewinne nach § 20 Abs. 2 EStG kommen vor allem Veräußerungsgewinne aus Aktien, Termingeschäften und anderen Wertpapieren in Betracht. Dies umfasst insbesondere vollumfänglich Veräußerungsgewinne aus Schuldverschreibungen nach § 20 Abs. 2 S. 1 Nr. 7 EStG, z.B. auch Gewinne aus der Veräußerung oder Einlösung von Vollrisikozertifikaten. Angewachsene Ansprüche z.B. aus einem Emissions-Disagio, die nach § 3 Abs. 2 S. 1 Nr. 2 InvStG abzugrenzen sind, sind dabei bereits im Jahr der Abgrenzung Bestandteil der ausgeschütteten Erträge. 196

Enthalten sein können aber z.B. auch steuerpflichtige Erträge aus Lebensversicherungen nach § 20 Abs. 1 Nr. 6 oder Abs. 2 S. 1 Nr. 6 EStG, wenn der Investmentfonds derartige Policen z.B. im Rahmen der „Schmutzgrenze" des § 1 Abs. 1b S. 2 Nr. 5 InvStG hält. 197

2. Erträge aus der Vermietung und Verpachtung. Erträge aus der Vermietung und Verpachtung von Grundstücken und grundstücksgleichen Rechten, d.h. Mieten und Pachten nach § 21 EStG, sind Bestandteil der ausgeschütteten Erträge. Diese Erträge sind nach § 3 Abs. 2 S. 1 Nr. 2 InvStG periodengerecht abzugrenzen und als solche Bestandteil der ausgeschütteten Erträge, vgl. § 1 Abs. 3 S. 4 InvStG. 198

3. Erträge aus Veräußerungsgeschäften. § 1 Abs. 3 S. 2 InvStG nennt als weitere (mögliche) Bestandteile der ausgeschütteten Erträge Gewinne aus Veräußerungsgeschäften. In Abgrenzung zu den bereits in den Kapitalerträgen enthaltenen Veräußerungsgewinnen nach § 20 Abs. 2 EStG handelt es sich hier um Veräußerungsgewinne aus allen anderen Wirtschaftsgütern, deren Veräußerung Bestandteil eines privaten Veräußerungsgeschäftes nach i.S.d. § 22 Nr. 2 EStG i.V.m. § 23 Abs. 1 Satz 1 EStG sein kann. Damit kommen auf Grund des Anlagespektrums von Investmentfonds insbesondere Gewinne aus der Veräußerung von Grundstücken und grundstücksgleichen Rechten (nach § 23 Abs. 1 S. 1 Nr. EStG) in Betracht. Auf Grund der für Investmentfonds geltenden Anlagevorschriften des § 1 Abs. 1b InvStG sollte es sich bei Gewinnen aus Veräußerungsgeschäften aus dem Verkauf von „anderen Wirtschaftsgütern" (nach § 23 Abs. 1 S. 1 Nr. 2 EStG) insbesondere um Gewinne aus der Veräußerung von physisch gehaltenen Edelmetallen und Währungen[236] handeln. Daneben kommen im Rahmen der 10%igen-Schmutzgrenze 199

---

234 BMF Schr. v. 18.8.2009 BStBl. I 2009 Rn. 44 S. 1.
235 So auch BMF Schr. v. 18.8.2009 BStBl. I 2009 Rn. 14.
236 Berger/Steck/Lübbehüsen/*Berger* InvStG § 1 Rn. 289.

des § 1 Abs. 1b S. 2 Nr. 5 InvStG allerdings auch weitere physisch gehaltene Vermögensgegenstände in Betracht.

200   Auf Grund des Wortlautes des § 1 Abs. 3 S. 2 InvStG, der nur von „Gewinnen aus Veräußerungsgeschäften" spricht (im Gegensatz zum wesentlich engeren Verweis in § 1 Abs. 3 InvStG),[237] sind alle Veräußerungsgewinne aus dem Verkauf von Grundstücken und auch aus anderen Wirtschaftsgütern nach § 23 EStG unabhängig von Haltefristen umfasst.[238] Daher sind auch Gewinne aus der Veräußerung von Grundstücken durch einen Investmentfonds außerhalb der 10jährigen Haltefrist des § 23 Abs. 1 S. 1 Nr. 1 EStG bei Ausschüttung ein Bestandteil der ausgeschütteten Erträge. Bei Privatanlegern erfolgt aber in Umsetzung des Transparenzprinzips eine „Korrektur" in dem Sinne, dass die Veräußerungsgewinne aus Grundstücken und grundstücksgleichen Rechten außerhalb der 10jährigen Haltefrist nach § 2 Abs. 3 InvStG steuerfrei gestellt werden.[239] Eine Steuerfreiheit für Gewinne aus der Veräußerung von anderen Wirtschaftsgütern bei Ablauf der 1jährigen Haltefrist nach § 23 Abs. 1 S. 1 Nr. 2 EStG sieht § 2 Abs. 3 InvStG dagegen nicht vor. Diese Gewinne sind bei Ausschüttung auch für Privatanleger voll steuerpflichtig.

201   **4. Sonstige Erträge.** Bei dem Begriff der „sonstigen Erträge" handelt es sich nicht um einen allgemeinen Auffangtatbestand, der alle erzielten Einkünfte abdecken soll, die nicht unter die übrigen in § 1 Abs. 1 S. 2 InvStG genannten Kategorien fallen. Bereits bei Einführung des InvStG mit dem InvModG hat der Gesetzgeber in der Gesetzesbegründung ausgeführt, dass grds. diejenigen Erträge eines Investmentfonds, soweit sie (beim Direktanleger) der Einkommensteuer unterliegen, von den ausgeschütteten Erträgen umfasst sein sollen.[240]

202   Der Begriff „sonstige Erträge" ist somit zunächst in Anlehnung an § 22 EStG auszulegen und sollte insbesondere unter § 22 Nr. 3 EStG zu fassende Erträge umfassen. Damit ist grundsätzlich erforderlich, dass eine Erzielung von Erträgen durch ein willentliches Tun, Dulden oder Unterlassen seitens des Investmentfonds vorliegt. Allerdings kommen auf Grund der Besonderheiten von Investmentfonds weitere Einkünfte als „sonstige Erträge" in Betracht, soweit sie nicht bereits von den anderen Kategorien der ausgeschütteten Erträge umfasst sind, aber bei Direktanlage (z.B. nach § 15 EStG) steuerpflichtig wären. Insofern ist der Begriff der „sonstigen Erträge" weiter zu verstehen als in einer reinen Anlehnung an § 22 EStG.

203   Folgerichtig zählt auch die Finanzverwaltung insbesondere die folgenden Erträge zu den sonstigen Erträgen:[241]
- **Kompensationszahlungen nach § 22 Nr. 3 EStG** (d.h. unter einem Wertpapierdarlehen erhaltene Dividendenausgleichszahlungen für über den Dividendenstichtag verliehene Aktien; dies sollte auch entsprechende unter einem Wertpapierdarlehen erhaltene Leihgebühren umfassen, da diese ebenfalls nach § 22 Nr. 3 EStG steuerpflichtig sind);
- **Gewinne aus gewerblichen (bzw. gewerblich geprägten) Personengesellschaften** (einschließlich der Veräußerungsgewinne aus der Veräußerung von Personengesellschaftsanteilen). Diese gelten als gewerbliche Einkünfte.[242] Allerdings ist zu be-

---
[237] Vgl. Kommentierung unter Rn. 42.
[238] BMF Schr. v. 18.8.2009 BStBl. I 2009, S. 931 Rn. 14 3. Spiegelstrich.
[239] Dementsprechend hat ein entsprechender Ausweis in den Besteuerungsgrundlagen gem. § 5 Abs. 1 S. 1 Nr. 1 Buchst. c Doppelbuchst. ff InvStG zu erfolgen.
[240] BTDrucks. 15/1553 S. 123.
[241] BMF Schr. v. 18.8.2009 BStBl. I 2009, S. 931 Rn. 14.
[242] BMF Schr. v. 18.8.2009 BStBl. I 2009, S. 931 Rn. 14. Rn. 46. Rn. 74. sowie Anhang 1 (zu Rn. 39) unter Nr. 12.

rücksichtigen, dass ab dem In-Kraft-Treten des InvStG i.d.F. des AIFM-StAnpG am 24.12.2013 grundsätzlich im Rahmen des § 1 Abs. 1b S. 2 Nr. 6 InvStG eine Beteiligungen an (gewerblichen und gewerblich geprägten) Personengesellschaften (innerhalb der 20%-Grenze für nicht-börsennotierte Kapitalgesellschaften) nur noch möglich ist,[243] sofern diese als bestandsgeschützte Personengesellschafts-Beteiligungen vor dem Tag des Bundestagsbeschlusses (28.11.2013) erworben wurden[244] oder im Rahmen der 10%-Schmutzgrenze[245] gehalten werden. Dies folgt daraus, dass Anteile an (gewerblichen/gewerblich geprägten) Personengesellschaften ansonsten nicht mehr zum Katalog der zulässigen Vermögensgegenstände gehören.[246] Die Beteiligung an vermögensverwaltenden Personengesellschaften ist aufgrund der Durchschau auf die gehaltenen Vermögensgegenstände weiterhin zulässig, sofern die vermögensverwaltende Personengesellschaft nur gemäß § 1 Abs. 1 S. 2 Nr. 5. InvStG zulässige Vermögensgegenstände hält (oder die 10%-Schmutzgrenze eingehalten wird).[247] Bei vermögensverwaltenden Personengesellschaften erfolgt hinsichtlich der Einkunftsarten eine Durchschau auf die gehaltenen Vermögensgegenstände, d.h. der Investmentfonds erzielt diejenigen Einkünfte, die auf Ebene der vermögensverwaltenden Personengesellschaft erzielt werden, d.h. eine Behandlung wie Zinsen, Mieten, etc.;[248]
– **Vereinnahmte Zwischengewinne** aus Ziel-Investmentfonds (bei Veräußerung oder Rückgabe);[249]
– **„Vereinnahmter" pauschalierter Zwischengewinn** (Ersatzwert nach § 5 Abs. 3 S. 2 InvStG) bei Veräußerung/Rückgabe von Ziel-Investmentfonds, die den Ermittlungs- und Veröffentlichungspflichten gem. § 5 Abs. 3 InvStG nicht nachkommen;[250]
– **Ausschüttungen und pauschale Erträge bei intransparenten Investmentfonds** nach § 6 InvStG.

Nach dem Entwurfsschreiben vom 19.6.2014 soll im Fall der Beteiligung des Investmentfonds an einer ausländischen Kapital-Investitionsgesellschaft i.S.d. § 19 InvStG der (gegebenenfalls steuerpflichtige) Hinzurechnungsbetrag nach § 10 AStG auf Ebene des Investmentfonds als sonstiger Ertrag zu erfassen sein.[251] Diesbezüglich stellen sich viele Fragen.

Zunächst müssten die Voraussetzungen des AStG vorliegen. Während eine niedrige Besteuerung und Einkünfte aus passiver Tätigkeit leichter feststellbar sein sollten, dürfte es insbesondere hinsichtlich der Anwendungsvoraussetzungen der §§ 7 Abs. 1 und Abs. 6 AStG in der Praxis noch viele Diskussionen geben. § 19 Abs. 4 InvStG, der eine Anwendung der AStG abweichend von § 7 Abs. 7 AStG anordnet, geht u.E. erkennbar von einer direkten Beteiligung deutscher Anleger an der Kapital-Investitionsgesellschaft aus und wurde eingeführt, weil auch Kapital-Investitionsgesellschaften, die AIFs sein müssen,

---

243 Vgl. den Katalog der zulässigen Vermögensgegenstände („Eligible Assets") gem. § 1 Abs. 1b S. 2 Nr. 5 InvStG sowie § 1 Abs. 1b S. 2 Nr. 6 InvStG (mit der dort genannten Ausnahme für Immobilien-Gesellschaften).
244 § 1 Abs. 1b S. 2 Nr. 6 S. 1 i.V.m. S. 3 InvStG.
245 § 1 Abs. 1b S. 2 Nr. 5 InvStG. Vgl. BMF Schr. v. 4.6.2014 Abschnitt 2.4, allerdings auch die weitere Aussage im Entwurfsschreiben v. 19.6.2014 unter Nr. 4.
246 § 1 Abs. 1b S. 2 Nr. 5 InvStG, BRDrucks. 740/13, S. 60f.
247 BRDrucks. 740/13 S. 61.
248 BMF Schr. v. 18.8.2009 BStBl. I 2009, S. 931 Anhang 1 (zu Rn. 39.) unter Nr. 12.
249 BMF Schr. v. 18.8.2009 BStBl. I 2009, S. 931 Rn. 14.
250 BMF Schr. v. 18.8.2009 BStBl. I 2009, S. 931 Rn. 14.
251 Entwurf BMF Schr. v. 19.6.2014 Nr. 9.

§ 1 Abs. 3 — Definition der Ausschüttung

dem InvStG unterliegen und deutsche Anleger an einer Kapital-Investitionsgesellschaft, die ein AIF ist, ansonsten gegenüber einer Anlage in „normale Kapitalgesellschaften" diesbezüglich begünstigt gewesen wären. Ob § 19 Abs. 4 InvStG auch zu einer Anwendung des AStG bei Halten durch einen Investmentfonds führt, wie es das BMF offenbar annimmt, darf zumindest bezweifelt werden.

Zudem erwähnt der Entwurf des BMF-Schreibens als sonstige Erträge die „gesondert festzustellenden Hinzurechnungsbeträge" (vermutlich nach § 18 AStG). Insofern bleibt auch abzuwarten, wie eine derartige „gesonderte Feststellung" in der Praxis erfolgen soll. Bei inländischen Investmentfonds mag man den Investmentfonds noch als Anteilseigner an der Kapital-Investitionsgesellschaft ansehen, wobei auch dies für die Anwendung von § 7 Abs. 1 bzw. Abs. 6 AStG bezweifelt werden darf. Wie und bei welchem Finanzamt eine gesonderte Feststellung bei einer (nur) von einem ausländischen Investmentfonds gehaltenen Kapital-Investitionsgesellschaft erfolgen soll, erscheint dagegen schon aus praktischen Erwägungen her unklar. Insofern wird man sich u.E., sollte man sich in einem derartigen Fall für den Ansatz von sonstigen Erträgen entscheiden, nur für eine „inzidente Feststellung" im Rahmen der Berechnung und Veröffentlichung der Besteuerungsgrundlagen nach § 5 InvStG entscheiden können.

204 **5. Abgegrenzte Erträge.** Nach § 1 Abs. 3 S. 4 InvStG sind auch die nach § 3 Abs. 2 S. 1 Nr. 2 InvStG periodengerecht abzugrenzenden Erträge Bestandteile der ausgeschütteten Erträge.

205 Hierunter fallen
– periodengerecht abgegrenzte Zinsen;
– angewachsene Ansprüche aus einem Emissions-Agio oder -Disagio mit Ausnahme des Feinabstimmungsabschlags[252] einer sonstigen Kapitalforderung im Sinne des § 20 Abs. 1 Nr. 7 des Einkommensteuergesetzes, die eine Emissionsrendite hat (z.B. Zerobonds). Die angewachsenen Ansprüche sind grds. mit der Emissionsrendite anzusetzen, sofern diese leicht und eindeutig ermittelbar ist. Ansonsten kommt die in § 3 Abs. 2 S. 1. Nr. 2 InvStG definierte Marktrendite zur Anwendung;
– Mieterträge.

206 Die abgegrenzten Zinsen einschließlich der angewachsenen Ansprüche und Mieten gelten im Jahr der Abgrenzung als zugeflossen und als Bestandteil der ausgeschütteten Erträge (bzw. ausschüttungsgleichen Erträge).

III. Keine Bestandteile der ausgeschütteten Erträge: Substanzausschüttungen und ausschüttungsgleiche Erträge der Vorjahre

207 Keine Bestandteile der ausgeschütteten Erträge i.S.d. § 1 Abs. 3 S. 2 InvStG sind dagegen Substanzausschüttungen und ausschüttungsgleiche Erträge der Vorjahre.

208 **1. Substanzausschüttungen.** Eine Substanzausschüttung ist nur insoweit möglich, als dass investmentsteuerlich keinerlei (bzw. nicht in ausreichender Höhe) ausschüttbare Erträge des laufenden oder früherer Geschäftsjahre, d.h. auch keine Gewinnvorträge aus Vorjahren, zur Ausschüttung zur Verfügung stehen.[253]

---

[252] § 1 Abs. 3 Satz 3 Nr. 1 Buchstabe b Satz 2 InvStG.
[253] BMF Schr. v. 18.8.2009 BStBl. I 2009, S. 931 Rn. 16.

209 Die Ansicht der Finanzverwaltung[254] hinsichtlich Substanzausschüttungen wurde mit dem AIFM-StAnpG[255] in das InvStG (§ 3a InvStG) aufgenommen. Voraussetzung ist weiterhin, dass die Beträge der Substanzausschüttung entsprechend § 5 Abs. 1 InvStG[256] veröffentlicht werden bzw. in die Feststellungserklärungen nach § 13 InvStG i.V.m. § 15 Abs. 1 InvStG aufgenommen werden.[257] Auf Anlegerebene stellen Substanzausschüttungen eine Minderung der Anschaffungskosten bzw. der fortgeführten Anschaffungskosten dar.[258] Dementsprechend erhöht sich ein späterer Veräußerungsgewinn bei Rückgabe bzw. Veräußerung der Investmentfondsanteile entsprechend. Betriebliche Anleger können stattdessen einen passiven Ausgleichsposten bilden.[259] Bei Privatanlagern kann bei der Ermittlung des Gewinns aus der Rückgabe bzw. Veräußerung der Investmentfondsanteile die Minderung der Anschaffungskosten durch eine Hinzurechnung der Substanzausschüttungen ersetzt werden. Ein Wechsel der Methode der Berücksichtigung der Substandausschüttung ist nur mit Zustimmung der für den Anleger zuständigen Finanzbehörde möglich.[260]

210 **2. Ausschüttungsgleiche Erträge der Vorjahre.** Diese Erträge wurden dem Grunde nach auf Anlegerebene bereits versteuert und fließen deshalb steuerfrei zu.[261] Die Steuerfreiheit gilt für alle Anleger unabhängig vom jeweiligen Zeitpunkt des Anteilserwerbs, d.h. auch für diejenigen Anleger, die die Anteile erst nach dem maßgeblichen Thesaurierungszeitpunkt erworben und somit die ausschüttungsgleichen Erträge der Vorjahre selbst nicht bereits versteuert haben.[262] Allerdings steht der Steuerfreiheit – entsprechend der Behandlung bei Substanzausschüttungen – eine Reduktion der Anschaffungskosten gegenüber,[263] so dass sich der Gewinn aus einer späteren Rückgabe bzw. Veräußerung der Investmentfondsanteile entsprechend erhöht. Voraussetzung für die Steuerfreiheit ist die entsprechende Bekanntmachung bzw. Veröffentlichung nach § 5 Abs. 1 InvStG.[264] Nach Ansicht der Finanzverwaltung stehen ausschüttungsgleiche Erträge, soweit diese aus nichtabzugsfähigen Werbungskosten bestehen, in späteren Jahren nicht zur Ausschüttung als ausschüttungsgleiche Erträge der Vorjahre zur Verfügung.[265]

IV. Besonderheiten bei Erträgen aus Termingeschäften

211 Zu den ausgeschütteten Erträgen gehören als Teil der „Kapitalerträge" i.S.d. § 1 Abs. 3 S. 2 InvStG auch die Erträge aus Termingeschäften. Die Definition der Termingeschäftserträge richtet sich seit Einführung der Abgeltungsteuer nach § 20 Abs. 2 Satz 1 Nr. 3 EStG. Damit ist zunächst das ursprünglich „weite Verständnis" der Termingeschäftserträge wie noch in Rn. 15 des BMF-Schreibens vom 2.6.2005[266] dargelegt,[267]

---

[254] BMF Schr. v. 18.8.2009 BStBl. I 2009, S. 931 Rn. 16.
[255] Gesetz v. 18.12.2013 BGBl. I 2013, S. 4318 ff.
[256] Vgl. § 5 Abs. 1 S. 1 Nr. 1 Buchst. a Doppelbuchst. aa. InvStG.
[257] BMF Schr. v. 18.8.2009 BStBl. I 2009, S. 931 Rn. 16.
[258] *Hagen* Ubg **2008** 337; BMF 18.8.2009 BStBl. I 2009, S. 931 Rn. 16.
[259] BMF Schr. v. 18.8.2009 BStBl. I 2009, S. 931 Rn. 16.
[260] BMF Schr. v. 18.8.2009 BStBl. I 2009, S. 931 Rn. 16.
[261] BMF Schr. v. 18.8.2009 BStBl. I 2009, S. 931 Rn. 12a.
[262] BMF Schr. v. 18.8.2009 BStBl. I 2009, S. 931 Rn. 196a, Punkt 5.
[263] BMF Schr. v. 18.8.2009 BStBl. I 2009, S. 931 Rn. 196a, Punkt 5.
[264] § 5 Abs. 1 S. 1 Nr. 1 Buchst. a Doppelbuchst. bb. InvStG.
[265] BMF Schr. v. 18.8.2009 BStBl. I 2009, S. 931 Rn. 60, S. 5.
[266] BMF Schr. v. 2.6.2005 – IV C 1 – S 1980-1-87/05 BStBl. I 2005, S. 728 Rn. 15.
[267] Siehe auch Schmitt/Hagen DStR **2004**, 837, 839 f.

nicht mehr zu Grunde zu legen.[268] Vielmehr knüpft das InvStG nunmehr an das EStG an.[269]

212 Hinsichtlich der Auslegung des Begriffs „Termingeschäft" und der aus Termingeschäften resultierenden Erträge durch die Finanzverwaltung zu § 20 EStG kann auf das BMF-Schreiben vom 9.10.2012[270] zurückgegriffen werden. Hierbei ist zu beachten, dass auch § 20 Abs. 2 Satz 1 Nr. 3 EStG grundsätzlich weit auszulegen ist und daher alle im BMF-Schreiben vom 2.6.2005 unter Rz. 15 genannten Arten der Termingeschäfte umfassen sollte.[271] Allerdings ist zwischen Rechtsprechung, Finanzverwaltung und Literatur umstritten, inwieweit z.B. verfallene Optionsprämien, verfallene Knock-Out-Optionen und Ausgleichszahlungen unter Differenzgeschäften bei den Termingeschäftserträgen (als negative Einkünfte oder direkte Kosten) zu berücksichtigen sind. So sieht die Finanzverwaltung zum Beispiel den Verfall einer gehaltenen Kauf- oder Verkaufsoption bei der Direktanlage auch unter Geltung des Abgeltungsteuerregimes als einkommensteuerlich unbeachtlich an.[272] Demgegenüber hat sich in der Rechtsprechung bereits hinsichtlich der Rechtslage vor Einführung der Abgeltungsteuer teilweise ein Wandel vollzogen. So sind nach Ansicht des BFH vor Einführung der Abgeltungsteuer gezahlte Prämien wertlos gewordener Optionen als Werbungskosten bei Termingeschäften nach § 23 Abs. 1 S. 1 Nr. 4 EStG a.F. zu berücksichtigen.[273] Dagegen hat der BFH in einem anderen Fall entschieden, dass der Verfall eines Knock-Out-Terminkontrakts nicht als privates Veräußerungsgeschäft i.S.d. § 23 Abs. 1 S. 1 Nr. 4 EStG a.F. steuerbar sein soll. Der BFH hat in diesem Beschluss aber in einem *obiter dictum* ausdrücklich festgestellt, dass die zu § 23 Abs. 1 S. 1 Nr. 4 EStG entwickelten Maßstäbe nicht für die Besteuerung von Einkünften aus Kapitalvermögen i.S.d. § 20 EStG nach Einführung der Abgeltungsteurer gelten.[274] Dies ist folgerichtig, da es unter dem Abgeltungsteuerregime keine Vermögensebene mehr gibt. Diese wurde von der Finanzverwaltung (und teilweise auch von der Rechtsprechung) aber bisher als Begründung für eine Nichtanerkennung entsprechender steuerlicher Verluste genannt.

213 Die Tendenzen in der jüngeren Rechtsprechung sind u.E. zu begrüßen und es bleibt abzuwarten, bis der BFH entsprechende Fälle unter der Abgeltungsteuer zur Entscheidung vorgelegt bekommt. Leider hat die Finanzverwaltung die neuen Tendenzen in der Rechtsprechung bisher weder für die Zeit vor noch für die Zeit seit Einführung der Abgeltungsteuer aufgegriffen bzw. will diese nicht anwenden. Auf das erstgenannte Urteil zu wertlos verfallenen gezahlten Optionsprämien[275] hat die Finanzverwaltung mit einem Schreiben reagiert, dass besagtes Urteil nicht auf Fälle des § 20 Abs. 2 S. 1 Nr. 3 Buchst. a EStG unter der Abgeltungsteuer anwendbar sein soll.[276]

V. Ausschüttungsvolumen

214 Ausgeschüttet werden können nur positive Erträge, d.h. die nach Verlustverrechnung im Rahmen der Verlustverrechnungskategorien des § 3 Abs. 4 InvStG verbleiben-

---

268 BMF Schr. v. 18.8.2009 BStBl. I 2009, S. 931 Rn. 15a.
269 BMF Schr. v. 18.8.2009 BStBl. I 2009, S. 931 Rn. 15a.
270 BMF Schr. v. 9.10.2012 – IV C 1 – S 2252/10/10013 BStBl. I 2012, S. 953 Rn. 9 ff.
271 BMF Schr. v. 2.6.2005 BStBl. I 2005, S. 728 Rn. 15; zu Fragen hinsichtlich der Reichweite des § 20 Abs. 2 S. 1 Nr. 3 Buchst. b EStG vgl. *Dahm/Hamacher* DStR 2014, 455 ff.
272 BMF Schr. v. 9.10.2012 BStBl. I 2012, S. 953 Rn. 27 und Rn. 32.
273 BFH, Urteil vom 26.9.2012 – IX R 50/09 DStR **2012** 2222.
274 BFH, Beschluss vom 24.4.2012 – IX B 154/10 Rn. 28.
275 BFH-Urteil vom 26.9.2012 – IX R 50/09, DStR **2012** 2222.
276 BMF Schr. v. 27.3.2013 – IV C 1 – S 2256/07/10005 : 013, DStR **2013** 706.

den Erträge.[277] Nur bei einer positiven Differenz von Gewinnen und Verlusten ist eine Ausschüttung aus der jeweiligen Ertragsart möglich. In diese Berechnung sind auch Verlustvorträge aus vorangegangen Jahren mit einzubeziehen.[278]

Bei Immobilienfonds kann der Liquiditätsüberhang, der durch die Absetzung für Abnutzung entstanden ist, ausgeschüttet werden (negative Thesaurierung).[279] Hierfür ist aber bei betrieblichen Anlegern ein passiver Ausgleichsposten in der Steuerbilanz zu bilden.[280] Bei Privatanlegern erfolgt eine Erhöhung des Veräußerungsgewinns gemäß § 8 Abs. 5 S. 6 InvStG. **215**

VI. Ausschüttungszeitpunkt/Thesaurierungsfiktion

Die Investmentgesellschaft muss innerhalb von 4 Monaten nach dem Geschäftsjahresende einen Beschluss über die Verwendung der Erträge des abgelaufenen Geschäftsjahres fassen, ansonsten gelten diese Erträge als nicht zur Ausschüttung verwendet.[281] Bei einem nicht (rechtzeitig) gefassten Ausschüttungsbeschluss fingiert das InvStG die Thesaurierung der Erträge des abgelaufenen Geschäftsjahres. Die Erträge fließen somit den Anteilseignern am Geschäftsjahresende des Investmentfonds als ausschüttungsgleiche Erträge zu, soweit die Erträge von den ausschüttungsgleichen Erträgen nach § 1 Abs. 3 S. 3 InvStG erfasst werden.[282] Eine auf Grund eines später, d.h. nach Ablauf der 4-Monatsfrist, gefassten Ausschüttungsbeschluss erfolgende Ausschüttung stellt somit steuerlich keine End-Ausschüttung für das abgelaufene Geschäftsjahr dar, sondern eine Zwischenausschüttung des laufenden Geschäftsjahres. Die steuerlich thesaurierten Erträge stehen aber dem Grunde nach im Rahmen der Zwischenausschüttung als ausschüttungsgleiche Erträge der Vorjahre für die Ausschüttung zur Verfügung. **216**

D. Ausschüttungsgleiche Erträge (§ 1 Abs. 3 Satz 3 InvStG)

I. Entstehungsgeschichte

Bereits das KAGG (bei inländischen Investmentfonds) sowie das AuslInvestmG (bei ausländischen Investmentfonds) sahen die jährliche Besteuerung der Anleger mit thesaurierten Erträgen vor. Im KAGG wurde die Besteuerung von thesaurierten Zinsen und Dividenden erstmals mit Gesetz v. 9.8.1960[283] eingeführt,[284] durch das Steuerreformgesetz 1990[285] auf „Einnahmen i.S.d. § 20 EStG erweitert"[286] und mit dem Steuerentlastungsgesetz 1999/2000/2002[287] schließlich um die Besteuerung von thesaurierten Gewinnen aus Termingeschäften i.S.v. § 23 Abs. 1 S. 1 Nr. 4 EStG a.F. ergänzt. Das AuslInvestmG hat bei der Besteuerung der Anleger zwischen „weißen", „grauen" und „schwarzen" Fonds – abhängig von der Erfüllung der Voraussetzungen nach §§ 17 Abs. 3 und 18 Abs. 2 **217**

---

277 BMF Schr. v. 18.8.2009 BStBl. I 2009, S. 931 Rn. 15.
278 Für einen Überblick über die Ertragsarten und Verlustverrechnungskategorien vgl. BMF Schr. v. 18.8.2009 BStBl. I 2009, S. 931 Rn. 69–72 sowie Anhang 3 (zu Rn. 70).
279 BMF Schr. v. 18.8.2009 BStBl. I 2009, S. 931 Rn. 16b.
280 BMF Schr. v. 18.8.2009 BStBl. I 2009, S. 931 Rn. 16b.
281 § 1 Abs. 3 S. 5 InvStG.
282 BMF Schr. v. 18.8.2009 BStBl. I 2009, S. 931 Rn. 17.
283 BGBl. I 1960, S. 682.
284 Brinkhaus/Scherer/*Lübbehüsen* KAGG/AuslInvestmG § 39 KAGG, Rn. 1.
285 BGBl. I 1988, S. 1093–1123.
286 Brinkhaus/Scherer/*Lübbehüsen* KAGG/AuslInvestmG § 39 KAGG, Rn. 1.
287 BGBl. I 1999, S. 402–492.

§ 1 Abs. 3 —— Definition der Ausschüttung

AuslInvestmG – unterschieden.[288] Bei sog. „weißen" Fonds gehörten Zinsen, Dividenden, Erträge aus Vermietung und Verpachtung, sonstige Erträge und Gewinne aus privaten Veräußerungsgeschäften i.S.d. § 23 Abs. 1 S. 1 Nr. 1,[289] 3[290] und 4[291] EStG a.F. (d.h. Grundstücksveräußerungsgewinne innerhalb der 10jährigen Haltefrist, bestimmte Leergeschäfte und Termingeschäfte) zu den ausschüttungsgleichen Erträgen,[292] nicht jedoch sonstige thesaurierte Veräußerungsgewinne[293] (z.B. Gewinne aus der Veräußerung von Wertpapieren). Bei sog. „grauen" Fonds unterlagen alle Veräußerungsgewinne des ausländischen Fonds der jährlichen Besteuerung beim Anleger (bei sog. „schwarzen" Fonds erfolgte eine Pauschalbesteuerung nach § 18 Abs. 3 AuslInvestmG).[294]

218 Mit Einführung des InvStG durch das InvModG zum 1.1.2004[295] hat der Gesetzgeber die Definition der thesaurierten (bzw. ausschüttungsgleichen) Erträge im KAGG bzw. AuslInvestmG aufgegriffen.[296] Die Regelung in § 1 Abs. 3 S. 3 InvStG a.F. entsprach mit Ausnahme der Termingeschäfte und Leerverkäufe inhaltlich der Regelung in § 39 Abs. 1 S. 1 KAGG und § 17 Abs. 1 S. 1 AuslInvestmG.[297] Infolge der Übernahme der redaktionellen Fassung des § 17 Abs. 1 S. 1 AuslInvestmG gehören auch sonstige Erträge zu den ausschüttungsgleichen Erträgen unter dem InvStG.[298] Seit Einführung des InvStG waren bei in- und ausländischen Investmentfonds die folgenden Erträge einheitlich bei Thesaurierung steuerpflichtig: Zinsen, Dividenden, Erträge aus Vermietung und Verpachtung von Grundstücken, sonstige Erträge und Gewinne aus privaten Veräußerungsgeschäften mit Grundstücken innerhalb der 10jährigen Haltefrist, sowie Gewinne aus Leerverkäufen mit Ausnahme von Leerverkäufen von Wertpapieren (vgl. § 1 Abs. 3 S. 3 InvStG i.d.F. des InvModG). Bei den sonstigen Erträgen waren die Erträge aus der Veräußerung oder Abtretung von Finanzinnovationen nach § 20 Abs. 2 EStG a.F.[299] von besonderer praktischer Bedeutung.

219 Mit Einführung der Abgeltungsteuer durch das Unternehmensteuerreformgesetz 2008[300] wurde die Definition der ausschüttungsgleichen Erträge an die Neufassung der §§ 20 und 23 EStG angepasst.[301] Dabei hatte der Gesetzgeber ursprünglich vorgesehen (und mit dem Unternehmensteuerreformgesetz 2008 auch umgesetzt), alle Gewinne aus Wertpapierveräußerungsgeschäften aus dem Anwendungsbereich der ausschüttungsgleichen Erträge auszunehmen.[302] Noch vor In-Kraft-Treten der Reform wurde die Definition der ausschüttungsgleichen Erträge Ende 2008 mit dem Jahressteuergesetz 2009[303] wieder ausgeweitet. Anlass war die Befürchtung von Steuerausfällen und der Wunsch

---

288 Brinkhaus/Scherer/*Brinkhaus/Schmitt* KAGG/AuslInvestmG Vor §§ 16–20 AuslInvestmG, Rn. 8.
289 Seit dem StBereinG vom 22.12.1999 BGBl. I 1999, S. 2601; vgl. Brinkhaus/Scherer/*Brinkhaus* KAGG/AuslInvestmG § 17 AuslInvestmG Rn. 27 Buchst. b.
290 Seit dem StBereinG vom 22.12.1999 BGBl. I 1999, S. 2601; vgl. Brinkhaus/Scherer/*Brinkhaus* KAGG/AuslInvestmG § 17 AuslInvestmG Rn. 27 Buchst. b.
291 Seit dem StEntlG 1999/2000/2002 BGBl. I 1999, S. 402 vgl. Brinkhaus/Scherer/*Brinkhaus* KAGG/AuslInvestmG.
§ 17 AuslInvestmG Rn. 27 Buchst. b.
292 Brinkhaus/Scherer/*Brinkhaus* KAGG/AuslInvestmG § 17 AuslInvestmG Rn. 27 Buchst. b.
293 Brinkhaus/Scherer/*Brinkhaus* KAGG/AuslInvestmG § 17 AuslInvestmG Rn. 27 Buchst. b.
294 Brinkhaus/Scherer/*Brinkhaus/Schmitt* KAGG/AuslInvestmG Vor §§ 16–20 AuslInvestmG Rn. 11.
295 BGBl. I 2003, S. 2676.
296 BTDrucks. 15/1553 S. 123.
297 BTDrucks. 15/1553 S. 123.
298 BTDrucks. 15/1553 S. 123.
299 BMF Schr. v. 2.6.2005 – IV C 1 – S 1980-1-87/05 BStBl. I 2005, S. 728 Rn. 14. 3. Spiegelstrich.
300 Gesetz vom 14.8.2007, BGBl. II 2007, S. 1912.
301 BRDrucks. 220/07 30.3.2007 S. 147.
302 Vgl. Unternehmensteuerreformgesetz 2008 BGBl. I 2007, S. 1912.
303 Jahressteuergesetz 2009 19.12.2008 BGBl. I 2008, S. 2794.

nach einer Verbreiterung der Bemessungsgrundlage.[304] Auf Grund des weitreichenden Thesaurierungsprivilegs und den Änderungen bei der Direktanlage durch die Abgeltungsteuer wären ansonsten z.B. Veräußerungsgewinne aus bestimmten Kapitalforderungen (vor Einführung der Abgeltungsteuer als sog. „Finanzinnovationen" i.S.d. § 20 Abs. 2 EStG a.F. bezeichnet) aus dem Bereich der ausschüttungsgleichen Erträge gefallen. Zudem war das Bestreben vorhanden, entgegen der Rechtslage vor Einführung der Abgeltungsteuer, zukünftig auch Gewinne aus Risikozertifikaten der jährlichen Besteuerung zu unterwerfen.[305] Herausgekommen ist eine sprachlich komplizierte Regelung zu Veräußerungsgewinnen aus Kapitalforderungen, die einerseits Steuergestaltungen vermeiden und das Steueraufkommen sichern, aber andererseits noch einen Kern des Thesaurierungsprivilegs bei Gewinnen aus Kapitalforderungen erhalten soll. Die jetzige Definition der ausschüttungsgleichen Erträge gilt gem. § 21 Abs. 12 S. 1 InvStG für alle Erträge, die dem Investmentfonds nach dem 31.12.2008 zufließen oder als zugeflossen gelten. Bei Veräußerungsgewinnen kommt es damit darauf an, wann der Investmentfonds die Gewinne realisiert. Es gibt jedoch einen Bestandsschutz für sonstige Kapitalforderungen i.S.d. § 20 Abs. 1 Nr. 7 EStG (in der nach dem 31.12.2008 anzuwendenden Fassung), die der Investmentfonds vor dem 1.1.2009 angeschafft hat und die nicht als sonstige Kapitalforderungen i.S.d. vor dem 1.1.2009 anzuwendenden Fassung des § 20 Abs. 1 Nr. 7 EStG qualifiziert haben. Unter diesen Bestandsschutz fallen die sog. Vollrisikozertifikate i.S.d. § 23 Abs. 1 S. 1 Nr. 2 EStG a.F., d.h. Gewinne aus Vollrisikozertifikaten, die ein Investmentfonds vor dem 1.1.2009 erworben hat, können auf Ebene des Investmentfonds zeitlich unbegrenzt steuerfrei thesauriert werden.[306] Auf Fondsebene gelten somit teilweise andere Übergangsregelungen als bei der Direktanlage. Bei Vollrisikozertifikaten gibt es einen zeitlich unbegrenzten Bestandsschutz bei der Direktanlage nur, wenn der Privatanleger die Kapitalforderung vor dem 15.3.2007 angeschafft hat (§ 52a Abs. 10 S. 8 EStG).[307]

II. Zweck der Regelung

Die Besteuerung der ausschüttungsgleichen (d.h. thesaurierten) Erträge dient der Sicherstellung einer jährlichen Besteuerung der laufenden Erträge auf der Ebene der Anleger eines Investmentfonds, wenn dieser seine Erträge nicht ausschüttet. Dadurch wird zum Einen erreicht, dass die laufenden Erträge bei Anlegern, bei denen die Rückgabe bzw. Veräußerung der Investmentfondsanteile nicht der Veräußerungsgewinnbesteuerung unterliegt (z.B. bei Steuerausländern oder bei Privatanlegern mit vor der Abgeltungsteuer erworbenen, bestandsgeschützten Alt-Investmentfondsanteilen), nicht unversteuert bleiben. Zudem wird eine Verstetigung des Steueraufkommens erreicht, da hinsichtlich der jährlich zu versteuernden laufenden Erträge kein Steuerstundungseffekt bis zur steuerpflichtigen Rückgabe bzw. Veräußerung der Anteile an dem thesaurierenden Investmentfonds eintritt.

220

---

304 Vgl. bspw. BRDrucks. 545/08 19.9.2008 S. 89 f.
305 BRDrucks. 545/08 19.9.2008 S. 89 f.
306 Eine ähnliche Bestandsschutzregelung gibt es auch für ausgeschüttete Erträge gem. § 21 Abs. 1 S. 2 InvStG. Wertpapier-Veräußerungsgewinne aus Altanlagen und Termingeschäften (Erwerb durch den Investmentfonds vor dem 1.1.2009) können bei Realisation weiterhin an Privatanleger steuerfrei ausgeschüttet werden.
307 Ansonsten unterliegt eine Veräußerung nach dem 30.6.2009 entweder der Abgeltungsteuer oder (bei Erwerb vor dem 1.1.2009 und Veräußerung vor dem 1.7.2009 innerhalb einer 1-jährigen Haltedauer) der Veräußerungsgewinnbesteuerung nach § 23 Abs. 1 S. 1 Nr. 2 EStG a.F.

III. Definition der ausschüttungsgleichen Erträge

221 **1. Allgemein.** Im Gegensatz zu den ausgeschütteten Erträgen, die sowohl laufende Erträge als auch zur Ausschüttung verwendete Veräußerungsgewinne enthalten können, unterliegen bei einem thesaurierenden Investmentfonds grundsätzlich nur die laufenden Erträge (z.B. Zinsen, Dividenden und sonstige Erträge) sowie bestimmte Veräußerungsgewinne der jährlichen Besteuerung als ausschüttungsgleiche Erträge. Dieses „Thesaurierungsprivileg" gilt insbesondere für Gewinne aus der Veräußerung von Aktien, „Standard-Anleihen" und Gewinnen aus Derivategeschäften. Gewinne aus der Veräußerung von bestimmten Kapitalforderungen („G-Bonds")[308] und bestimmte Gewinne aus der Veräußerung von Immobilien sind dagegen Bestandteil der ausschüttungsgleichen Erträge.

222 Die gesetzliche Definition der ausschüttungsgleichen Erträge erfolgt bei den in § 1 Abs. 3 S. 3 Nr. 1 InvStG genannten „Kapitalerträgen" des § 20 EStG in der Weise, dass zunächst alle Kapitalerträge des § 20 EStG umfasst sind, um dann diejenigen Ertragskategorien, die vom Thesaurierungsprivileg erfasst sind, wieder explizit auszunehmen.

223 Nach § 1 Abs. 3 S. 3 Nr. 2 InvStG sind zudem Erträge aus der Vermietung und Verpachtung von Grundstücken und grundstücksgleichen Rechten, sonstige Erträge und Gewinne aus der Veräußerung von Immobilien innerhalb der 10jährigen Haltefrist des § 23 Abs. 1 S. 1 Nr. 1 EStG nach § 1 Abs. 3 S. 3 Nr. 2 InvStG auch bei Thesaurierung durch den Investmentfonds auf Anlegerebene steuerpflichtig. Im Gegensatz zu den ausgeschütteten Erträgen sind allerdings Gewinne aus (privaten) Veräußerungsgeschäften mit „anderen Wirtschaftsgütern" (i.S.d. § 23 Abs. 1 S. 1 Nr. 2 EStG) keine Bestandteile der ausschüttungsgleichen Erträge des § 1 Abs. 3 S. 3 InvStG.

224 **2. Einzelne Bestandteile der ausschüttungsgleichen Erträge.** Ausschüttungsgleiche Erträge sind die folgenden, von einem Investmentfonds (nach Abzug der nach § 3 Abs. 3 InvStG abziehbaren Werbungskosten)[309] nicht zur Ausschüttung verwendeten Erträge:

225 **a) Kapitalerträge i.S.d. § 20 EStG nach § 1 Abs. 3 S. 3 Nr. 1 InvStG.** § 1 Abs. 3 S. 3 Nr. 1 InvStG umfasst zunächst – wie die Definition der ausgeschütteten Erträge – pauschal alle Kapitalerträge i.S.d. § 20 Abs. 1 und Abs. 2 EStG.[310] Auch bei den ausschüttungsgleichen Erträgen ist nach § 1 Abs. 3 S. 4 InvStG zudem eine periodengerechte Abgrenzung von Zinsen und angewachsenen Ansprüchen aus einem Emissions-Agio oder -Disagio bei sonstigen Kapitalforderungen mit Emissionsrendite nach § 3 Abs. 2 S. 1 Nr. 2 InvStG zu beachten

226 Im Gegensatz zu den ausgeschütteten Erträgen nach § 1 Abs. 3 S. 2 InvStG sind allerdings wichtige Bereiche der Einkünfte aus Kapitalvermögen nach § 20 EStG aus der Definition der ausschüttungsgleichen Erträge ausgenommen und führen zu einer Steuerpause, dem sog. Thesaurierungsprivileg.

227 Nach § 1 Abs. 3 S. 3 Nr. 1 sind die folgenden Kapitalerträge von den ausschüttungsgleichen Erträgen ausgenommen:

---

[308] In Anlehnung an die Klassifizierung von Kapitalforderungen für Zwecke des § 1 Abs. 3 S. 3 Nr. 1a)–f) InvStG gemäß WM Datenservice Feld GD424.
[309] Die ausschüttungsgleichen Erträge sind (ebenso wie die ausgeschütteten Erträge) eine Nettogröße, d.h. nach Abzug von Kosten, vgl. § 3 Abs. 1 InvStG i.V.m. § 2 Abs. 2 S. 1 Nr. 1 EStG und § 3 Abs. 3 InvStG.
[310] Vgl. hierzu die Kommentierung unter Rn. 13.

D. Ausschüttungsgleiche Erträge (§ 1 Abs. 3 Satz 3 InvStG) — § 1 Abs. 3

aa) Erhaltene Stillhalterprämien nach § 20 Abs. 1 Nr. 11 EStG. Diese sind nur bei tatsächlicher Ausschüttung als Teil der ausgeschütteten Erträge steuerbar. Die Herausnahme von Stillhalterprämien aus den ausschüttungsgleichen Erträgen ist u.E. der Tatsache geschuldet, dass die Vereinnahmung von Optionsprämien bei Einräumung einer Option auf Fondsebene zunächst gegen eine Rückstellung bzw. Verbindlichkeit gebucht wird. Dies stellt eine Abweichung vom eigentlich anzuwendenden Zufluss-Abfluss-Prinzip des § 3 Abs. 2 InvStG dar, da nach der Systematik des § 20 EStG vereinnahmte Optionsprämien eigentlich zu den „laufenden Erträgen" i.S.d. § 20 Abs. 1 EStG gehören. 228

bb) Gewinne aus der Veräußerung von Anteilen an Körperschaften gem. § 20 Abs. 2 Satz 1 Nr. 1 EStG. Nicht zu den ausschüttungsgleicher Erträgen gehören somit z.B. Gewinne aus der Veräußerung von Aktien, GmbH-Anteilen und eigenkapitalähnlichen Genussrechten. Bei GmbH-Anteilen (wie auch bei Anteilen an nicht börsennotierten Aktiengesellschaften) sind allerdings die Einschränkungen hinsichtlich der für Investmentfonds zulässigen Vermögensgegenstände zu beachten.[311] 229

cc) Gewinne aus Termingeschäften gem. § 20 Abs. 2 Satz 1 Nr. 3 EStG. Zur Ablösung des „weiten Verständnisses" der Termingeschäftserträge unter dem InvStG durch die Anknüpfung an das EStG mit Einführung der Abgeltungsteuer siehe oben die Ausführungen zu Termingeschäftserträgen bei der Definition der ausgeschütteten Erträge (Rz. 30). Auch hinsichtlich der ausschüttungsgleichen Erträge ist die Auslegung des Termingeschäftsbegriffs durch die Finanzverwaltung im BMF-Schreiben vom 9.10.2012[312] – sowie die im Wandel begriffene und der Ansicht der Finanzverwaltung teilweise entgegenstehende Rechtsprechung – relevant.[313] Gewinne aus Termingeschäften gehören nicht zu den ausschüttungsgleichen Erträgen. 230

dd) Gewinne aus der Veräußerung von sonstigen Kapitalforderungen jeder Art nach § 20 Abs. 2 Satz 1 Nr. 7 EStG.[314] § 1 Abs. 3 S. 3 Nr. 1 InvStG nimmt zunächst pauschal die Gewinne und Verluste nach § 20 Abs. 2 S. 1 Nr. 7 EStG aus der Veräußerung, Rückgabe oder Einlösung von sonstigen Kapitalforderungen i.S.d. § 20 Abs. 1 Nr. 7 EStG aus den ausschüttungsgleichen Erträgen heraus. Allerdings sieht das Gesetz in der Folge Rückausnahmen und Voraussetzungen für einen Nichtansatz dieser Gewinne vor. 231

(1) Rückausnahme für Stückzinsen. Diese Ausnahme gilt aber zum einen nur, soweit die Veräußerungsgewinne **nicht** auf **vereinnahmte Stückzinsen** entfallen. Mit der Einführung der Abgeltungsteuer wurde die gesonderte Besteuerung von vereinnahmten Stückzinsen[315] bei der Direktanlage obsolet, da die Veräußerung der Kapitalforderung selbst (und damit auch der vereinnahmten Stückzinsen) bei einem Privatanleger grundsätzlich der Besteuerung nach § 20 Abs. 2 S. 1 Nr. 7 EStG unterliegt. Aufgrund des Thesaurierungsprivilegs, d.h. der Herausnahme des aus der Veräußerung bestimmter Kapitalforderungen resultierenden Gewinns i.S.d. § 20 Abs. 2 S. 1 Nr. 7 EStG aus den ausschüttungsgleichen Erträgen, war es daher erforderlich, das „Stückzinskonzept" bei 232

---

311 § 1 Abs. 1b S. 2 Nr. 6 InvStG.
312 BMF Schr. v. 9.10.2012 IV C 1 – S 2252/10/10013 BStBl. I 2012, S. 953 Rn. 9 ff.
313 Vgl. oben Rn. 31 f.
314 Sonstige Kapitalforderungen jeder Art i.S.v. § 20 Abs. 1 Nr. 7 EStG.
315 Vgl. § 20 Abs. 2 S. 1 Nr. 3 EStG a.F. (vor der Unternehmensteuerreform 2008 – Gesetz vom 14.8.2007, BGBl. II 2007, S. 1912).

der Fondsbesteuerung beizubehalten.[316] Vereinnahmte Stückzinsen unterliegen somit als ausschüttungsgleiche Erträge der jährlichen Thesaurierungsbesteuerung. Bei Erwerb einer sonstigen Kapitalforderung gezahlte Stückzinsen sind im Gegenzug im Rahmen der periodengerechten Zinsabgrenzung[317] als negativer Kapitalertrag im Rahmen der ausschüttungsgleichen Erträge zu berücksichtigen.

233 Zudem muss es sich bei den veräußerten Kapitalforderungen um **bestimmte, in § 1 Abs. 3 S. 3 Nr. 1 InvStG enumerativ aufgezählte Kapitalforderungen** handeln. Die Gewinne aus der Einlösung oder Veräußerung aller dort nicht genannten Kapitalforderungen sind als „Kapitalerträge" Bestandteil der ausschüttungsgleichen Erträge. Die „privilegierten" Kapitalforderungen, d.h. die Kapitalforderungen, deren Gewinne aus den ausgeschütteten Erträgen ausgenommenen sind, sind in dem Katalog des § 1 Abs. 3 S. 3 Nr. 1 Buchst. a bis Buchst. f InvStG abschließend aufgezählt.

234 **(2) Voraussetzung: „Privilegierte Kapitalforderungen".** Die Gewinne aus der Veräußerung, Rückgabe bzw. Einlösung der folgenden sonstigen Kapitalforderungen sind somit aus den ausschüttungsgleichen Erträgen ausgenommen:

– **Kapitalforderungen i.S.d. § 1 Abs. 3 S. 3 Nr. 1 Buchst. a InvStG, die eine Emissionsrendite haben („Emissionsrendite-Papier"/„A-Bonds")**[318]

235 Grund für die Ausnahme ist, dass angewachsene Ansprüche aus einem Emissionsagio bzw. Emissionsdisagio bei Kapitalforderungen mit Emissionsrendite bereits nach § 3 Abs. 2 S. 1 Nr. 2 InvStG abzugrenzen und bei der Ermittlung der ausschüttungsgleichen Erträge (wie auch der ausgeschütteten Erträge) zu berücksichtigen sind.[319] Marktbedingte Kursgewinne bzw. -verluste sind hingegen bei einer Abgrenzung nach der Emissionsrendite grundsätzlich nicht Teil der ausschüttungsgleichen Erträge,[320] gehören aber im Fall der Ausschüttung (bei Realisation) zu den ausgeschütteten Erträgen als Teil der in den ausgeschütteten Erträgen enthaltenen Kapitalerträge nach § 20 Abs. 2 EStG. Laufzeitverlängerungsoptionen und Kündigungsrechte des Emittenten („Callable Bond") sind für die Einordnung als Emissionsrendite-Papier (A-Bond) unschädlich.[321] Voraussetzung ist aber, dass ein Emissionskurs festgestellt werden kann.[322] Eine derartige Bestimmung kann bei bestimmten Geldmarktpapieren, sog. „Commercial Papers", auf Grund der Besonderheiten bei der Emission gegebenenfalls nicht möglich sein. In der Praxis zählen vor allem Nullkupon-Anleihen („Zerobonds") zu den A-Bonds.

---

316 Ansonsten würden Stückzinsen nicht der jährlichen Thesaurierungsbesteuerung unterliegen. Die Stückzinsen könnten dann (über die Wertsteigerung der Investmentfondsanteile) von Privatanlegern mit vor der Abgeltungsteuer erworbenen, bestandsgeschützten Alt-Investmentfondsanteilen im Falle der Thesaurierung dauerhaft steuerfrei vereinnahmt werden.
317 § 1 Abs. 3 S. 4 InvStG i.V.m. § 3 Abs. 2 S. 1 Nr. 2 InvStG.
318 Kapitalforderung gem. Buchstabe „a)" des § 1 Abs. 3 S. 3 Nr. 1 InvStG und Klassifizierung in WM Datenservice Feld GD424 mit Buchstabe „A".
319 § 1 Abs. 3 S. 4 InvStG i.V.m § 3 Abs. 2 S. 1 Nr. 2 S. 1 InvStG; BMF Schr. v. 18.8.2009 BStBl. I 2009, S. 931 Rn. 18 Buchst. a.
320 BMF Schr. v. 18.8.2009 BStBl. I 2009, S. 931 Rn. 18 Buchst. a.; Erfolgt die Abgrenzung nicht nach der sog. Emissionsrendite (weil diese nicht leicht und eindeutig ermittelbar ist), ist die sog. Marktrendite zu berücksichtigen, d.h. (auch unrealisierte) Kursgewinne/-verluste sind dann ggf. Bestandteil der ausschüttungsgleichen Erträge, vgl. § 3 Abs. 2 S. 1 Nr. 2 S. 1 InvStG.
321 BMF Schr. v. 18.8.2009 BStBl. I 2009, S. 931 Rn. 18b.
322 BMF Schr. v. 18.8.2009 BStBl. I 2009, S. 931 Rn. 18c Abs. 1.

D. Ausschüttungsgleiche Erträge (§ 1 Abs. 3 Satz 3 InvStG) —— **§ 1 Abs. 3**

- **Kapitalforderungen i.S.d. § 1 Abs. 3 S. 3 Nr. 1 Buchst. b InvStG („B-Bonds";[323] i.d.R. z.B. „Standard-Anleihen" und „Floater")**

Dies sind Kapitalforderungen, die eine feste oder variable Verzinsung vorsehen, die **236** als Bruchteil des Kapitals bemessen ist, und die eine Rückzahlung des Kapitals in derselben Höhe vorsehen, in der es überlassen wurde. Bei einer variablen Verzinsung („Floater") hat die Kapitalforderung keine Emissionsrendite i.S.d. Buchst. a des § 1 Abs. 3 S. 3 Nr. 1 InvStG. Eine Emissionsrendite ist für eine Klassifikation als „B-Bonds" nach Buchst. b auch nicht erforderlich ist. Allerdings muss die Rückzahlung des Kapitals in derselben Höhe zugesagt bzw. gewährt werden, in der es überlassen wurde (d.h. Emissionskurs = Nennwert). Ein Emissionsdisagio oder Emissionsdiskont innerhalb der Staffel des BMF-Schreibens vom 24.11.1986[324] ist dabei unschädlich, da dieses lediglich der Feinabstimmung des Zinses dient und daher unberücksichtigt bleiben kann.[325] Liegt das Emissionsdisagio dagegen außerhalb der Disagio-Staffel,[326] kann u.U. noch ein Emissionsrendite-Papier (A-Bond) gem. § 1 Abs. 3 S. 3 Nr. 1 Buchst. a InvStG vorliegen.[327]

Laufzeitverlängerungsoptionen und Kündigungsrechte des Emittenten („Callable **237** Bond") sind bei B-Bonds (wie bei A-Bonds) ebenfalls unschädlich.[328] Voraussetzung für das Vorliegen eines „B-Bond" ist dagegen, dass ein Emissionskurs bestimmbar sein muss.[329] Als „B-Bond" qualifizieren regelmäßig „normale" Anleihen[330]/Plain-Vanilla Bonds, unverbriefte Forderungen mit festem Kupon, Down-Rating-Anleihen, Floater und Reverse-Floater.[331] Credit Linked Notes fallen ebenfalls unter § 1 Abs. 3 S. 3 Nr. 1 Buchst. b InvStG, sofern der Emissionskurs, die Höhe des Kupons und der Einlösungskurs bekannt sind und neben der festen oder variablen Verzinsung sowie der Kapitalrückzahlung keine weiteren Ansprüche bestehen.[332] Dass die Kapitalrückzahlung von dem Nichteintritt eines Kreditereignisses abhängt, ist bei Credit Linked Notes für die Einordung als „B-Bond" unerheblich.[333] Indexbonds, deren variable Verzinsung (teilweise) von der Entwicklung eines Underlyings (Index) abhängt,[334] fallen nur dann nicht unter § 1 Abs. 3 S. 3 Nr. 1 Buchst. b InvStG, wenn auch der Rückzahlungsbetrag von einem Index abhängt. Die Finanzverwaltung nennt im BMF-Schreiben vom 18.8.2009 als Beispiel für eine variable Verzinsung lediglich die Abhängigkeit von einem Index.[335] U.E. sollten diese Grundsätze, d.h. Einordnung als B-Bonds, auch bei der Abhängigkeit der variablen Verzinsung von einem anderen Underlying als einem Index (z.B. von einem anderen Wertpapier, einem Edelmetall oder einer Währung) gelten. Insoweit sind in § 1 Abs. 3 S. 3 Nr. 1 Buchst. b InvStG keinerlei Einschränkungen hinsichtlich der Ausgestaltung der variablen Verzinsung

---

323 Kapitalforderung gem. Buchstabe „b)" des § 1 Abs. 3 S. 3 Nr. 1 InvStG und Klassifizierung in WM Datenservice Feld GD424 mit Buchstabe „B".
324 BMF Schr. v. 24.11.1986 – IV B 4 – S 2252-180/86 BStBl. I 1986, S. 539.
325 BMF Schr. v. 18.8.2009 BStBl. I 2009, S. 931 Rn. 18 Buchst. b.
326 Vgl. BMF Schr. v. 24.11.1986 – IV B 4 – S 2252-180/86, BStBl. I 1986, S. 539.
327 Dann muss jedoch eine feste Verzinsung vorliegen, da ansonsten eine Emissionsrendite nicht bestimmbar ist.
328 BMF Schr. v. 18.8.2009 BStBl. I 2009, S. 931 Rn. 18b.
329 BMF Schr. v. 18.8.2009 BStBl. I 2009, S. 931 Rn. 18c Abs. 1.
330 BMF Schr. v. 18.8.2009 BStBl. I 2009, S. 931 Rn. 18b.
331 BMF Schr. v. 18.8.2009 BStBl. I 2009, S. 931 Rn. 18b.
332 BMF Schr. v. 18.8.2009 BStBl. I 2009, S. 931 Rn. 18c Abs. 2.
333 BMF Schr. v. 18.8.2009 BStBl. I 2009, S. 931 Rn. 18c Abs. 2.
334 BMF Schr. v. 18.8.2009 BStBl. I 2009, S. 931 Rn. 18a.
335 BMF Schr. v. 18.8.2009 BStBl. I 2009, S. 931 Rn. 18a; im Beispiel der Finanzverwaltung ist die Höhe der Verzinsung von der Entwicklung eines Index (EuroStoxx50) abhängig.

enthalten.[336] Inflationsindexierte Anleihen („Inflation Linked Bonds") klassifizieren als „B-Bonds", wenn der Emissionskurs, die Höhe des Kupons und der Einlösungskurs bekannt sind und neben der festen oder variablen Verzinsung[337] sowie dem Anspruch auf Kapitalrückzahlung keine weiteren Ansprüche bestehen.[338] Dabei ist die konkrete Ausgestaltung der Anleihe maßgeblich. So qualifizieren inflationsindexierte Anleihen mit einem festen Rückzahlungskurs und einer variablen, inflationsabhängigen Verzinsung als „B-Bonds". Ein an die Inflationsrate gekoppelter Rückzahlungsbetrag sollte hingegen die Qualifikation als „B-Bond" ausschließen.[339]

– **„Vollrisikozertifikate auf eine Aktie oder einen veröffentlichten Aktienindex" i.S.d. § 1 Abs. 3 S. 3 Nr. 1 Buchst. c InvStG („C-Bonds")**[340]

238 Dabei handelt es sich um Kapitalforderungen, bei denen (i) weder eine auch nur teilweise Rückzahlung des Kapitals noch ein gesondertes Entgelt für die Kapitalüberlassung zugesagt oder gewährt wird (d.h. Vollrisikozertifikate) und (ii) sich die Rückzahlung nach der Wertentwicklung einer einzelnen Aktie oder eines veröffentlichten Index für eine Mehrzahl von Aktien richtet.[341] Bei Abbildung der Wertentwicklung einer Mehrzahl von Aktien muss es sich um einen veröffentlichten Aktienindex handeln. Ein Bezug auf Aktienkörbe (Baskets) soll gem. BMF-Schreiben vom 18.8.2009 nicht ausreichend sein.[342] Gleiches gilt für einen selbst erstellten, aber nicht veröffentlichten Aktienindex. Erfasst sind somit Aktienzertifikate, die die Wertentwicklung einer einzelnen Aktie oder eines veröffentlichten Aktienindex 1:1 abbilden. Die Voraussetzungen nach § 1 Abs. 3 S. 3 Nr. 1 Buchst. c InvStG sind nicht erfüllt, wenn neben der Abbildung der Wertentwicklung eine zusätzliche Verzinsung zugesagt oder gewährt wird oder im Falle einer (teilweisen) Kapitalgarantie (z.B. bei einem Mindestrückzahlungsbetrag). Nach dem Gesetzeswortlaut bestehen für eine Aktie keine besonderen Voraussetzungen, damit diese als einzelne Aktie das Underlying einer Kapitalforderung i.S.v. § 1 Abs. 3 S. 3 Nr. 1 Buchst. c InvStG sein kann. So ist es beispielsweise nach dem Wortlaut keine Voraussetzung, dass ein öffentlicher Handel mit der Aktie stattfindet oder dass die Aktie Teil eines veröffentlichten Aktienindex ist. Nach der Gesetzesbegründung soll durch die Herausnahme derartiger Kapitalforderungen aus den ausschüttungsgleichen Erträgen die Auflage von Investmentfonds erleichtert werden, die eine Investition in Ländern vornehmen, bei denen üblicherweise eine indirekte Investition über Zertifikate erfolgt (Schwellenländer).[343] In diesen Ländern gibt es häufig rechtliche oder praktische Beschränkungen (kein liquider Markt) für den direkten Zutritt von ausländischen Investoren zum Kapitalmarkt.[344] Da die Investition nicht direkt erfolgen kann, soll den Anlegern in diese Investmentfonds kein Nachteil entstehen, da bei einer Direktinvestition in die entsprechenden Aktien (sofern

---

336 Allerdings sollte eine Anleihe mit einer variablen Verzinsung, die die Gewinnentwicklung des Emittenten widerspiegelt, vorrangig unter § 1 Abs. 3 S. 3 Nr. 1 Buchst. e InvStG fallen.
337 Vgl. BMF Schr. v. 18.8.2009 BStBl. I 2009, S. 931 Rn. 18c Abs. 3; es kommt aber u.E. nur eine variable Verzinsung zur Inflationsabsicherung in Betracht, da bei einer festen Verzinsung der inflationsindexierten Anleihe ansonsten der Rückzahlungsbetrag variabel ausgestalten sein müsste, so dass es sich in diesem Fall nicht mehr um einen „B-Bond" i.S.v. § 1 Abs. 3 S. 3 Nr. 1 Buchst. b. InvStG handeln sollte.
338 BMF Schr. v. 18.8.2009 BStBl. I 2009, S. 931 Rn. 18c Abs. 3.
339 BMF Schr. v. 18.8.2009 BStBl. I 2009, S. 931 Rn. 18c Abs. 3.
340 Kapitalforderung gem. Buchstabe „c)" des § 1 Abs. 3 S. 3 Nr. 1 InvStG und Klassifizierung in WM Datenservice Feld GD424 mit Buchstabe „C".
341 § 1 Abs. 3 S. 3 Nr. 1 Buchst. c InvStG.
342 BMF Schr. v. 18.8.2009 BStBl. I 2009, S. 931 Rn. 18 Buchst. c.
343 BTDrucks. 16/11108 S. 48 f.
344 Vgl. Bundesverband Investment und Asset Management e.V., Stellungnahme zum Referentenentwurf des Jahressteuergesetzes 2009 Schreiben vom 16.5.2008 S. 3 f.

diese praktisch möglich wäre) die Gewinne ebenfalls nicht zu den ausschüttungsgleichen Erträgen zählen würden.[345]

Fraglich erscheint daher, ob von der Regelung des § 1 Abs. 3 S. 3 Nr. 1 Buchst. c InvStG auch Aktienzertifikate begünstigt sein sollen, die die Wertentwicklung von Anteilen an einem Investmentfonds oder einer Kapital-Investitionsgesellschaft abbilden, sofern der Investmentfonds bzw. die Kapital-Investitionsgesellschaft in der Rechtsform einer Aktiengesellschaft aufgelegt sind.[346] Dafür könnte sprechen, dass Gewinne aus der Veräußerung von direkt gehaltenen Investmentanteilen ebenfalls nicht zu den ausschüttungsgleichen Erträgen gehören. Gem. § 8 Abs. 5 S. 1 InvStG gehören Gewinne aus der Rückgabe bzw. Veräußerung von Investmentanteilen zu den Kapitalerträgen i.S.d. § 20 Abs. 2 S. 1 Nr. 1 EStG. Diese sind aus dem Anwendungsbereich der ausschüttungsgleichen Erträge ausgenommen.[347] Somit gilt das, was die Gesetzesbegründung zu Aktienzertifikaten ausführt, dem Grunde nach auch für Zertifikate, die die Wertentwicklung von Investmentfonds bzw. Kapital-Investitionsgesellschaften abbilden. Allerdings hatten wohl weder der Gesetzgeber noch die Verbände, die das Gesetzgebungsverfahren begleitet haben, Zertifikate, die Investmentfondsanteile in der Form von Aktien verbriefen, bei der Einführung der Regelung im Blick.[348] Vielmehr sollte das Thesaurierungsprivileg für ADRs (American Depository Receipts) bzw. GDR (Global Depository Receipts) und 1:1 Zertifikate auf Aktien erhalten bzw. klargestellt werden.[349] Dass ADRs und GDRs in der Gesetzesbegründung nicht ausdrücklich erwähnt werden,[350] ist u.E. lediglich der Tatsache geschuldet, dass diese grundsätzlich bereits als dem § 20 Abs. 2 S. 1 Nr. 1 EStG (und damit der Thesaurierungsbegünstigung) unterfallend angesehen werden.[351] Insofern scheint der Wortlaut des § 1 Abs. 3 S. 3 Nr. 1 Buchst. c InvStG, der hinsichtlich der Abbildung der Wertentwicklung einer einzelnen Aktie unterschiedslos alle „Aktien" erfasst, sehr weit geraten. Die Einordnung von Zertifikaten, die die Wertentwicklung eines Investmentfonds oder einer Kapital-Investitionsgesellschaft in der Rechtsform einer Aktiengesellschaft 1:1 nachbilden, als „C-Bond", wäre für die Anleger vorteilhaft. Gewinne aus der Veräußerung derartiger Zertifikate unterlägen bis zur Ausschüttung durch den Investmentfonds oder bis zur Rückgabe/Veräußerung der Fondsanteile durch den Anleger einer Steuerpause bzw. wären für Privatanleger komplett steuerfrei, sofern die thesaurierenden Fondsanteile bestandsgeschützte Alt-Investmentfondsanteile (d.h. grds. bei Erwerb vor 1.1.2009)[352] sind. Es ist davon auszugehen, dass die Finanzverwaltung basierend auf der Gesetzesbegründung den Wortlaut eng interpretieren will und z.B. auf Aktien von Unternehmen beschränken will, die gewerblich tätig sind, auch wenn diese nicht öffentlich gelistet sind. Vom Wortlaut des § 1 Abs. 3 S. 3 Nr. 1 Buchst. c InvStG scheint eine derartige einschränkende Auslegung allerdings zunächst nicht gedeckt zu sein.

---

345 BTDrucks. 16/11108 S. 49.
346 Zur Abgrenzung von Zertifikaten zu direkten Anteilen an einem AIF vgl. die Diskussion unter § 1 Abs. 2 Rn. 26.
347 § 1 Abs. 3 S. 3 Nr. 1 InvStG i.V.m. § 20 Abs. 2 S. 1 Nr. 1 EStG.
348 Vgl. Bundesverband Investment und Asset Management e.V., Stellungnahme zum Referentenentwurf des Jahressteuergesetzes 2009, Schreiben vom 16.5.2008, S. 3f. sowie Eingabe zum Regierungsentwurf für ein Jahressteuergesetz 2009, Schreiben vom 14.8.2008, S. 3f.
349 Vgl. Bundesverband Investment und Asset Management e.V., Stellungnahme zum Referentenentwurf des Jahressteuergesetzes 2009, Schreiben vom 16.5.2008, S. 3f. sowie Eingabe zum Regierungsentwurf für ein Jahressteuergesetz 2009, Schreiben vom 14.8.2008, S. 3f.
350 BTDrucks. 16/11108 S. 48f.; ADRs und GDRs sind grundsätzlich steuerrechtlich bereits als ein direktes Halten der Aktie nach § 39 Abs. 2 AO einzustufen.
351 Berger/Steck/Lübbehüsen/*Berger* InvStG § 1 Rn. 340.
352 Vgl. § 21 Abs. 2 S. 2 InvStG sowie § 21 Abs. 2a und Abs. 2b InvStG.

§ 1 Abs. 3 ——— Definition der Ausschüttung

- **Aktien-, Umtausch und Wandelanleihen i.S.d. § 1 Abs. 3 S. 3 Nr. 1 Buchst. d InvStG („D-Bonds")**[353]

240 Dies sind Kapitalforderungen bei denen die Rückzahlung des Kapitals in derselben Höhe zugesagt bzw. gewährt wird, in der es überlassen wurde, d.h. wie bei B-bonds muss der Emissionskurs dem Nennwert entsprechen („solche im Sinne des Buchstabens b"). Lediglich ein Emissionsdisagio oder Emissionsdiskont zur Feinabstimmung des Zinses ist ebenso wie bei B-Bonds zulässig. Bei einer Diskontierung außerhalb der Disagiostaffel[354] liegt ein „G-Bond" vor, d.h. realisierte Gewinne bzw. Verluste sind dann Bestandteil der ausschüttungsgleichen Erträge. Eine Kapitalforderung i.S.d. Buchstaben § 1 Abs. 3 S. 3 Nr. 1 Buchst. d InvStG liegt – im Gegensatz zu einer Kapitalforderung i.S.d. Buchstaben b – allerdings nur vor, wenn eine feste Verzinsung vorgesehen ist. Der Wortlaut des Buchstaben d ist insofern eindeutig („neben der festen Verzinsung"). Bei einer variablen Verzinsung scheidet daher trotz vorheriger Bezugnahme des § 1 Abs. 3 S. 3 Nr. 1 Buchst. d InvStG auf den Buchstaben b (und damit auf B-Bonds) die Klassifikation als „D-Bond" aus. Vielmehr handelt es sich dann um einen „G-Bond", d.h. realisierte Gewinne bzw. Verluste sind Bestandteil der ausschüttungsgleichen Erträge.

241 Die Kapitalforderung muss zusätzlich zu den oben genannten Voraussetzungen ein Recht des Inhabers auf Umtausch in Gesellschaftsanteile (Wandelanleihe) oder ein Wahlrecht des Inhabers (Umtauschanleihe) bzw. ein Andienungsrecht des Emittenten (Aktienanleihe) auf Lieferung einer vorher festgelegten Anzahl von Aktien anstelle der Rückzahlung des Nominalbetrages vorsehen. Die Anzahl der Aktien muss vorher feststehen. Ein Spitzenausgleich (d.h. Barausgleich von Bruchteilen einer Aktie), wie bei derartigen Instrumenten üblich, sollte dabei für die Einordnung als „D-Bond" unschädlich sein.[355]

242 Die Vorschrift des § 1 Abs. 3 S. 3 Nr. 1 Buchst. d InvStG ist hinsichtlich der erfassten Kapitalforderungen (bei denen realisierte Veräußerungsgewinne bzw. Verluste nicht in die ausschüttungsgleichen Erträge eingehen), somit enger gefasst als der Anwendungsbereich des (später eingeführten) § 20 Abs. 4a S. 3 EStG.[356] Dieser sieht bei sonstigen Kapitalforderungen i.S.d. § 20 Abs. 1 Nr. 7 EStG mit einem Wahlrecht des Inhabers bzw. einem Andienungsrecht des Emittenten zur Lieferung von Wertpapieren vor, dass bei einer Lieferung von Wertpapieren das Entgelt für den Erwerb der Kapitalforderung als Veräußerungspreis der Forderung und als Anschaffungskosten der erhaltenen Wertpapiere gilt. Nach § 20 Abs. 4a S. 3 EStG wird aus einem an sich steuerbaren (Tausch-)Vorgang ein steuerneutraler Tauch. Die Aufdeckung der stillen Reserven bzw. stillen Verluste wird vermieden. Stattdessen gehen diese auf die gelieferten Wertpapiere über. § 20 Abs. 4a S. 3 EStG ist auch für die Ertragsermittlung auf Investmentfonds-Ebene anwendbar, da die Ertragsermittlung gem. InvStG (für alle Anlegertypen) grundsätzlich nach den Regelungen für die Überschusseinkünfte bei natürlichen Personen erfolgt.[357] Daraus folgt z.B., dass auch bei sonstigen Kapitalforderungen, die nicht die engen Voraussetzungen des § 1 Abs. 3 S. 3 Nr. 1 Buchst. d InvStG erfüllen, bei Lieferung von anderen Wertpapieren ein steuerneutraler Tausch nach § 20 Abs. 4a S. 3 EStG gegeben sein kann. Wird also ein „G-Bond", d.h. eine Kapitalforderung, bei der Gewinne bzw. Verluste Bestandteil der

---

353 Kapitalforderung gem. Buchstabe „d)" des § 1 Abs. 3 S. 3 Nr. 1 InvStG und Klassifizierung in WM Datenservice Feld GD424 mit Buchstabe „D".
354 BMF Schr. v. 24.11.1986 – IV B 4 – S 2252-180/86 BStBl. I 1986, S. 539.
355 Vgl. für die Behandlung bei der Direktanlage BMF Schr. v. 9.10.2012 IV C 1 – S 2252/10/10013 BStBl. I 2012 S. 953 Rn. 106.
356 Weder ist § 20 Abs. 4a S. 3 EStG auf Aktien beschränkt, noch verlangt er, dass die Anzahl der zu liefernden Wertpapiere vorher festgelegt wird. Auch eine feste Verzinsung wird nicht vorausgesetzt.
357 BMF Schr. v. 18.8.2009 BStBl. I 2009, S. 931 Rn. 44 S. 1.

ausschüttungsgleichen Erträge sind, nicht veräußert oder bei Fälligkeit eingelöst,[358] sondern werden an Stelle des Rückzahlungsbetrags andere Wertpapiere nach § 20 Abs. 4a S. 3 EStG geliefert bzw. bezogen, so löst dies keinen Gewinn oder Verlust aus, der in die ausschüttungsgleichen Erträge eingeht. Die Gewinne aus der Veräußerung der bezogenen Wertpapiere (und damit der von den „G-Bonds" auf die bezogenen Wertpapiere übergegangene stille Reserven) sind jedoch dann Bestandteil der ausschüttungsgleichen Erträge, wenn die bezogenen Wertpapiere selbst wiederum „G-Bonds" darstellen. Ansonsten sind diese Gewinne bei Thesaurierung nicht steuerpflichtig.

- **Gewinnobligationen und schuldrechtsähnliche Genussrechte i.S.d. § 1 Abs. 3 S. 3 Nr. 1 Buchst. e InvStG („E-Bond")**[359]

Dabei handelt es sich um Kapitalforderungen i.S.d. § 43 Abs. 1 S. 1 Nr. 2 EStG. Die Finanzverwaltung nennt im BMF-Schreiben vom 18.8.2009 in Anlehnung an die Gesetzesbegründung zum JStG 2009[360] lediglich „flat", d.h. ohne gesonderten Stückzinsausweis, gehandelte Gewinnobligationen und schuldrechtsähnliche Genussrechte.[361] Der Gesetzeswortlaut des § 1 Abs. 3 S. 3 Nr. 1 Buchst. e InvStG erfasst über den Verweis auf § 43 Abs. 1 S. 1 Nr. 2 EStG aber alle Gewinnobligationen und schuldrechtsähnliche Genussrechte im Sinne der Vorschrift und nicht nur diejenigen ohne gesonderten Stückzinsausweis.[362, 363] Auch die Gesetzesbegründung ist u.E. nicht einschränkend zu verstehen. Ziel des Gesetzgebers war es lediglich, bei der Neu-Definition der ausschüttungsgleichen Erträge mit dem JStG 2009, diejenigen Gewinne in die ausschüttungsgleichen Erträge einzubeziehen, die nach der Rechtslage bis Ende 2008 als sog. „Finanzinnovationen" der Besteuerung unterlagen.[364] (Insbesondere auch „flat" gehandelte) Gewinnobligationen und schuldrechtsähnliche Genussrechte waren aber aus dem Bereich der Besteuerung der Gewinne aus Finanzinnovationen gem. § 20 Abs. 2 S. 1 Nr. 4 EStG a.F. vor 2009 auf Grund ausdrücklicher gesetzlicher Regelung ausgenommen.[365] Der Gesetzgeber wollte u.E. mit der Gesetzesbegründung lediglich zum Ausdruck bringen, dass er dies bei der Definition der ausschüttungsgleichen Erträge nachvollzogen hat und nicht, dass nur „flat" gehandelte Gewinnobligationen und schuldrechtsähnliche Genussrechte von § 1 Abs. 3 S. 3 Nr. 1 Buchst. e InvStG umfasst sei sollen. Zudem sind (Stück-)Zinsen bereits nach § 3 Abs. 2 S. 1 Nr. 2 InvStG i.V.m. § 1 Abs. 3 S. 4 InvStG abzugrenzen und in die ausschüttungsgleichen Erträge einzubeziehen. Die Beibehaltung dieser Ausnahmen zu den ausschüttungsgleichen Erträgen zeigt u.E. zudem, dass der Gesetzgeber nach wie vor

243

---

[358] Bei Einlösung, Rückgabe oder Veräußerung kommt es – im Gegensatz zu einem „D-Bond" – zu einem Gewinn oder Verlust, der Bestandteil der ausschüttungsgleichen Erträge ist.
[359] Kapitalforderung gem. Buchstabe „e)" des § 1 Abs. 3 S. 3 Nr. 1 InvStG und Klassifizierung in WM Datenservice Feld GD424 mit Buchstabe „E".
[360] BTDrucks. 16/11108 S. 49.
[361] BMF Schr. v. 18.8.2009 BStBl. I 2009, S. 931 Rn. 18 Buchst. e.
[362] Sofern in der Praxis ein gesonderter Stückzinsausweis möglich und gängig ist. Zumindest bei Gewinnobligationen (d.h. Obligationen, bei denen neben der festen Verzinsung eine Zusatzverzinsung gewährt wird, die sich nach der Höhe der Gewinnausschüttung des Schuldners richtet,) kann eine Stückzinsberechnung zumindest hinsichtlich des festen Teils der Verzinsung erfolgen.
[363] Die Literatur gibt i.d.R. nur das BMF-Schreiben v. 18.8.2009 (BStBl. I 2009, S. 931 Rn. 18 Buchst. e) bzw. die Gesetzesbegründung wieder; anders Berger/Steck/Lübbehüsen/*Berger* InvStG § 1 Rn. 350, der durch die Formulierung „insbesondere ohne gesonderten Stückzinsausweis" deutlich macht, dass auch Gewinnobligationen und schuldrechtsähnliche Genussrechte mit Stückzinsausweis umfasst ein können.
[364] BTDrucks. 16/11108 S. 48 und S. 49 unter Buchst. e) S. 2.
[365] Vgl. § 20 Abs. 2 S. 1 Nr. 4 S. 5 EStG a.F. i.V.m. § 43 Abs. 1 S. 1 Nr. 2 EStG a.F.; Schmidt/*Weber-Grellet* Kommentar zum EStG 26. Auflage 2007 § 20 Rn. 182.

schuldrechtsähnliche Genussrechte (und vergleichbare Kapitalforderungen) grundsätzlich als Schuldinstrumente nach § 20 Abs. 2 S. 1 Nr. 7 EStG ansehen will.[366]

- **Optionsanleihen i.S.d. § 1 Abs. 3 S. 3 Nr. 1 Buchst. f InvStG („F-Bond")**[367]

244 Dies sind Kapitalforderungen, bei denen die Anschaffungskosten teilweise auf abtrennbare Optionsscheine und eine separat handelbare Anleihe entfallen und bei denen der Optionsschein von der Anleihe (noch nicht) abgetrennt ist, die vom Investmentfonds also „cum" erworben werden.[368] Wichtig ist, dass die Kapitalforderung und die Optionsscheine abtrennbar sein müssen. Die jeweiligen Bestandteile müssen nach deren Trennung weiter existieren und handelbar sein.

245 **(3) Nicht-privilegierte Kapitalforderungen („G-Bonds").** Alle anderen sonstigen Kapitalforderungen i.S.d. § 20 Abs. 1 Nr. 7 EStG, die nicht unter den Katalog des § 1 Abs. 3 S. 3 Nr. 1 Buchst. a bis Buchst. f InvStG fallen, sind sog. „G-Bonds"[369] (oder „DDI-Bonds").[370] Realisierte Veräußerungsgewinne und -verluste aus G-Bonds (einschließlich Währungsgewinnen und -verlusten)[371] sind in der Folge Bestandteil der ausschüttungsgleichen Erträge.

246 Für die Klassifikation von Kapitalforderungen nach § 1 Abs. 3 S. 3 Nr. 1 InvStG wird in der Praxis i.d.R. auf die Klassifikation gemäß WM Datenservice (Feld GD424) zurückgegriffen. Dies ist für die Praxis von großer Bedeutung, da die Ermittlung der Besteuerungsgrundlagen im Rahmen des § 5 InvStG ein Massenverfahren ist und die Einordnung von Kapitalforderungen im Einzelfall einen unverhältnismäßig hohen Aufwand erfordern würde, der in der Praxis nicht darstellbar ist. Die Übernahme der WM-Klassifikation wird von der Finanzverwaltung gestattet, soweit keine Anzeichen für eine falsche Einordnung ersichtlich sind (jedoch ohne Bindungswirkung im Falle einer späteren Überprüfung der Klassifikation durch die Finanzbehörden).[372]

247 **b) § 1 Abs. 3 S. 3 Nr. 2 InvStG.** Neben den Kapitalerträgen nach § 1 Abs. 3 S. 3 Nr. 1 InvStG gehören nach § 1 Abs. 3 S. 3 Nr. 2 InvStG die folgenden Kategorien von Erträgen zu den ausschüttungsgleichen Erträgen:

248 **aa) Erträge aus der Vermietung und Verpachtung von Grundstücken und grundstücksgleichen Rechten.** Diese Erträge unterliegen nicht dem Thesaurierungsprivileg und sind sowohl bei Ausschüttung (als Teil der ausgeschütteten Erträge)[373] als

---

366 Zur Abgrenzung zu Anteilen an einem AIF vgl. die Diskussion unter § 1 Abs. 2 Rn. 8 ff.
367 Kapitalforderung gem. Buchstabe „f)" des § 1 Abs. 3 S. 3 Nr. 1 InvStG und Klassifizierung in WM Datenservice Feld GD424 mit Buchstabe „F".
368 BMF Schr. v. 18.8.2009 BStBl. I 2009, S. 931 Rn. 18 Buchst. f.
369 Kapitalforderungen, die nicht unter den Katalog des § 1 Abs. 3 S. 3 Nr. 1 Buchst. a–Buchst. „f" InvStG fallen, sind in der Datenbank vom WM Datenservice in Feld GD424 mit dem Buchstaben „G" gekennzeichnet; liegt bereits gar keine sonstige Kapitalforderung i.s.v. § 20 Abs. 1 Nr. 7 EStG vor, so wird das Wertpapier/Derivat in Feld GD424 mit dem Buchstaben „H" geschlüsselt.
370 Das Kürzel „DDI" steht für die engl. Übersetzung der „ausschüttungsgleiche Erträge" (*„deemed distributed income"*).
371 Vgl. § 20 Abs. 4 S. 1 letzter Hs. EStG i.V.m § 20 Abs. 2 S. 1 Nr. 7 EStG und § 1 Abs. 3 S. 3 Nr. 1 InvStG. Veräußerungsgewinne i.S.v. § 20 Abs. 2 EStG sind in der Weise zu ermitteln, dass bei nicht in Euro getätigten Geschäften die Einnahmen im Zeitpunkt der Veräußerung und die Anschaffungskosten im Zeitpunkt der Anschaffung in Euro umzurechnen sind, mithin gehören die Währungsgewinne/-verluste zum Veräußerungsgewinn/-verlust.
372 BMF Schr. v. 18.8.2009 BStBl. I 2009, S. 931 Rn. 18d.
373 Vgl. die Ausführungen zu den ausgeschütteten Erträgen unter Rn. 17.

auch bei Thesaurierung steuerpflichtig. Auch bei den ausschüttungsgleichen Erträgen ist eine periodengerechte Abgrenzung von Mieterträgen nach § 3 Abs. 2 S. 1 Nr. 2 InvStG zu beachten.[374]

bb) Sonstige Erträge. Sonstige Erträge[375] unterliegen ebenfalls nicht dem Thesaurierungsprivileg und sind sowohl bei Ausschüttung (als Teil der ausgeschütteten Erträge) als auch bei Thesaurierung steuerpflichtig.

249

cc) Gewinne aus der Veräußerung von Grundstücken und grundstücksgleichen Rechten. Im Gegensatz zur Definition der ausgeschütteten Erträge[376] ist im Rahmen der ausschüttungsgleichen Erträge nur die Veräußerung innerhalb der 10-jährigen Haltefrist des § 23 Abs. 1 Satz 1 Nr. 1 EStG durch den Investmentfonds erfasst. Dies ist ein wesentlicher Unterschied zu den ausgeschütteten Erträgen, da Gewinne aus der Veräußerung von Grundstücken bei Ausschüttung unabhängig von Haltefristen zu den ausgeschütteten Erträgen gehören.[377] Bei Veräußerung durch den Investmentfonds außerhalb der 10-jährigen Haltefrist des § 23 Abs. 1 Satz 1 Nr. 1 EStG greift dagegen für alle Anlegergruppen das Thesaurierungsprivileg.

250

Gewinne aus anderen privaten Veräußerungsgeschäften mit anderen Wirtschaftsgütern (z.B. Edelmetalle, Währungen, etc.) unterliegen – im Gegensatz zur Behandlung im Falle der Ausschüttung – bei Thesaurierung ebenfalls nicht der Besteuerung als ausschüttungsgleiche Erträge.

251

E. Besonderheiten bei Hedgefonds

Die Finanzverwaltung hat im Rahmen ihres Schreibens vom 18.8.2009[378] zusätzlich zu den allgemeinen Regelungen zur Ermittlung der ausgeschütteten Erträge nach § 1 Abs. 3 S. 2 InvStG bzw. der ausschüttungsgleichen Erträge nach § 1 Abs. 3 S. 3 InvStG zusätzliche Aussagen hinsichtlich der Ermittlung der Erträge von Sondervermögen mit zusätzlichen Risiken nach § 112 InvG getroffen.[379] Soweit diese „bestandsgeschützt" nach § 22 Abs. 2 InvStG sind, gelten diese Aussagen auch nach dem AIFM-StAnpG, das am 24.12.2013 in Kraft getreten ist, weiter.

252

Nach der Finanzverwaltung können die Ergebnisse aus Wertpapierleihgeschäften (Wertpapierdarlehensgeschäften) oder Repurchase Agreements (Repos) den zu Kapitalerträgen i.S.d. § 20 Abs. 2 EStG führenden Geschäften zugeordnet werden, wenn die Leihe oder die Repos zur Eindeckung oder Finanzierung einzelner Short- oder Long-Positionen abgeschlossen wurden. In der Folge ist grundsätzlich eine Steuerpause von aus diesen Geschäften erzielten Erträgen gegeben, soweit die erzielten Erträge nach § 20 Abs. 2 EStG nicht selbst Bestandteile der ausschüttungsgleichen Erträge sind.

253

Nach dieser Aussage der Finanzverwaltung scheint es grundsätzlich vertretbar, Erträge aus Repos als Erträge nach § 20 Abs. 2 Satz 1 Nr. 7 EStG zu behandeln, da Repos

254

---

374 Vgl. die Ausführungen zu den ausgeschütteten Erträgen unter Rn. 17.
375 Vgl. hinsichtlich der Definition der sonstigen Erträge die Ausführungen unter Rz. 20–22 im Rahmen der Kommentierung zu den ausgeschütteten Erträgen.
376 Vgl. die Ausführungen zu den ausgeschütteten Erträgen unter Rn. 19.
377 Für Privatanleger sind diese in der Folge allerdings wieder gem. § 2 Abs. 3 InvStG bei Ausschüttung steuerfrei.
378 BMF Schr. v. 18.8.2009 BStBl. I 2009, S. 931 Rn. 19b.
379 Nunmehr mit anderen Voraussetzungen geregelt als Hedgefonds in § 283 KAGB. Nach § 283 KAGB ist nunmehr nicht mehr z.B. eine unbeschränkte Kreditaufnahme erforderlich, sondern der „Einsatz von Leverage in beträchtlichem Umfang".

regelmäßig mit Standard-Schuldverschreibungen durchgeführt werden und rechtlich Veräußerungsgeschäfte darstellen. Bei einem als Entleiher eingegangenem Wertpapierdarlehen über eine Aktie sollte grundsätzlich bereits nach den allgemeinen Grundsätzen ein eventuell aus der „Short-Position" erzielter Veräußerungsgewinn durch zwischenzeitlichen Verkauf der entliehenen Aktie (und späterer Rückeindeckung) einen Veräußerungsgewinn nach § 20 Abs. 2 S. 1 Nr. 1 EStG darstellen.

§ 1 Abs. 4
Zwischengewinn

Zwischengewinn ist das Entgelt für die dem Anleger noch nicht zugeflossenen oder als zugeflossen geltenden
1. Einnahmen des Investmentfonds im Sinne des § 20 Abs. 1 Nr. 7 und des Abs. 2 Satz 1 Nr. 2 Buchstabe b sowie des § 20 Abs. 2 Satz 1 Nr. 7 des Einkommensteuergesetzes, soweit sie zu den ausschüttungsgleichen Erträgen im Sinne des Absatzes 3 Satz 3 gehören, sowie für die angewachsenen Ansprüche des Investmentfonds auf derartige Einnahmen; die Ansprüche sind auf der Grundlage des § 20 Abs. 2 des Einkommensteuergesetzes zu bewerten;
2. Einnahmen aus Anteilen an anderen Investmentfonds, soweit darin Erträge des anderen Investmentfonds im Sinne des § 20 Abs. 1 Nr. 7 und des Abs. 2 Satz 1 Nr. 2 Buchstabe b sowie des § 20 Abs. 2 Satz 1 Nr. 7 des Einkommensteuergesetzes, soweit sie zu den ausschüttungsgleichen Erträgen im Sinne des Absatzes 3 Satz 3 gehören, enthalten sind;
3. Zwischengewinne des Investmentfonds;
4. Zum Zeitpunkt der Rückgabe oder Veräußerung des Investmentanteils veröffentlichte Zwischengewinne oder stattdessen anzusetzende Werte für Anteile an anderen Investmentfonds, die der Investmentfonds hält.

Schrifttum

Ebner Wiedereinführung des Zwischengewinns bei Investmentanteilen: Geplante Änderungen des InvStG durch das Richtlinien-Umsetzungsgesetz DB **2004** 2495; *Mensching/Strobl* Zur Wiedereinführung des Zwischengewinns unter besonderer Berücksichtigung von Dach-/Zielfondskonstellationen BB **2005** 635; *Schmitt* Ertragsausgleich bei Investmentfonds – Ende der Diskussion in Sicht? DStR **2010** 1610.

Finanzverwaltung: BMF Schr. v. 2.6.2005 „Investmentsteuergesetz: Zweifels- und Auslegungsfragen", IV C1 – S 1980 – 1 87/05, BStBl. I **2005** 728; BMF Schr. v. 22.10.2008 „Investmentvermögen im Sinne des § 18 Abs. 2a InvStG" IV C1 – S 1980-1/08/10011, BStBl. I **2008** 960; BMF Schr. v. 18.8.2009, „Investmentsteuergesetz; Zweifels- und Auslegungsfragen, Aktualisierung des BMF Schr. v. 2.6.2005 (BStBl. I 2005, S. 278)" IV C1 – S 1980 – 1/08/00019, BStBl. I **2009** 931; BMF Schr. v. 9.3.2010, „Investmentsteuergesetz; Zweifelsfragen zu Ertragsausgleich und Zwischengewinn", IV C 1 – S 1980-1/09/10001, DStR **2010** 553; BMF Schr. v. 10.2.2011, „Investmentsteuergesetz: Übergangserleichterungen bei der Umsetzung des Jahressteuergesetzes 2010" IV C 1 – S 1980-1/10/10002 004, DStR **2011** 367; BMF Schr. vom 12.6.2012 „Investmentsteuerrecht; Ermittlung, Ausweis und steuerliche Behandlung der nicht abzugfähigen Werbungskosten i.S.d. § 3 Abs. 3 S. 2 Nr. 2 InvStG und deren Bekanntmachung nach § 5 Abs. 1 S. 1 Nr. 1 Buchst.i InvStG; Ausweis von Quellensteuer-Erstattungsüberhängen nach § 5 Abs. 1 S. 1 Nr. 1 Buchst. h InvStG; Bekanntmachung des Zwischengewinns bei Dach-Investmentvermögen nach § 55 Abs. 1 Nr. 1 und 2 InvStG", IV C 1 – S 1980-1/10/10012:003, DStR **2012** 1278; Entwurf BMF Schr. v. 5.6.2014 „Aufteilung der allgemeinen Werbungskosten nach § 3 Absatz 3 InvStG i.d.F. des AIFM-Steueranpassungsgesetzes", IV C 1 – S 1980-1/13/10007:004.

Systematische Übersicht

A. Chronologischer Ablauf der Entstehung der Vorschrift —— 255
B. Zweck und Bedeutung der Vorschrift —— 257
C. Pflicht zur Berechnung und Bekanntmachung des Zwischengewinns —— 265
D. Bestandteile des Zwischengewinns —— 268
  I. § 1 Abs. 4 Nr. 1 („originärer Zwischengewinn") —— 269
  II. § 1 Abs. 4 Nr. 2 („derivativer" Zwischengewinn aus Ausschüttungen und Thesaurierungen aus Anteilen an Ziel-Investmentfonds) —— 273
  III. § 1 Abs. 4 Nr. 3 („derivativer" Zwischengewinn aus Erwerb und Veräußerung von Anteilen an Ziel-Investmentfonds) —— 276
  IV. § 1 Abs. 4 Nr. 4 („derivativer" Zwischengewinn aus gehaltenen Anteilen an Ziel-Investmentfonds) —— 280
E. Berechnungsmethodik —— 283
F. Besonderheit der Notwendigkeit eines Ertragsausgleichs —— 289

A. Chronologischer Ablauf der Entstehung der Vorschrift

Eingeführt wurde die Besteuerung des Zwischengewinns bereits in § 39 Abs. 2 S. 2 **255** KAGG und § 17 Abs. 2a AuslInvestmG durch das Gesetz zur Bekämpfung des Missbrauchs und zur Bereinigung des Steuerrechts (StMBG) mit Wirkung ab dem 21.12.1993 mit dem Ziel, eine Besteuerungslücke zu schließen und Steuergestaltungen zu verhindern.[380] Vor Einführung der Zwischengewinnbesteuerung konnte der im Veräußerungsgewinn enthaltene Anteil an den seit der letzten Ausschüttung oder Thesaurierung eingenommenen Zinserträgen oder Zinssurrogaten aufgrund der fehlenden Steuerbarkeit der Gewinne aus Anteilsveräußerungen nach Ablauf der damals maßgeblichen Spekulationsfrist von 6 Monaten vom Privatanleger steuerfrei vereinnahmt werden. Durch die Zwischengewinnbesteuerung wurden die laufenden Zinserträge bzw. Zinssurrogate steuerlich erfasst und so ein Gleichlauf mit der Direktanlage hergestellt.[381] Zwischen dem 21.12.1993 und der Einführung des Investmentmodernisierungsgesetz am 1.1.2004 wurde mit dem 3. Finanzmarktförderungsgesetz, dem Steuerentlassungsgesetz 1999/2000/2002 und dem Steuerbereinigungsgesetz der Umfang des Zwischengewinns erweitert bzw. verändert.[382] Als im Jahr 2003 dann das InvModG verabschiedet wurde, war die Zwischengewinnbesteuerung darin nicht mehr enthalten.[383] Die damit erzielte beträchtliche Vereinfachung sei gewichtiger als die damit verbundene Einbuße als Einzelfallgerechtigkeit.[384] Mit dem EURLUmsG im Jahr 2004 wurde die Zwischengewinnbesteuerung wegen der Vorteilhaftigkeit gegenüber der Direktanlage zum 1.1.2005 wieder eingeführt.[385] Nach § 18 InvStG waren die Bestimmungen über den Zwischengewinn erstmals wieder auf Rückgaben, Veräußerungen oder Erwerbe anzuwenden, die nach dem 31.12.2004 stattfanden.[386] Als mit dem UnStRefG 2008 die Steuerpflicht von Anteilsveräußerungsgewinnen für ab dem 1.1.2009 erworbene Anteile an Investmentvermögen eingeführt wurde, wurde die Zwischengewinnbesteuerung dennoch auch für diese Anteilserwerbe beibehalten. Zudem

---

[380] BGBl. I **1993** 2330.
[381] Beckmann/Scholtz/Vollmer/*Elser/Jetter* § 1 InvStG Rn. 215; Berger/Steck/Lübbehüsen/*Berger* InvStG § 1 Rn. 6; Brinkhaus/Scherer/*Lübbehüsen* § 39 KAGG Rn. 75 ff.; Brinkhaus/*Scherer* § 17 AuslInvestmG Rn. 95 ff.; *Baur* § 39 KAGG Rn. 53 und § 17 Rn. 62 ff.
[382] Steuerentlastungsgesetz 1999/2002/2002 BGBl. I 1999, S. 492; Steuerbereinigungsgesetz BGBl. I 1999, S. 2617.
[383] BTDrucks. 15/1553 S. 121 Nr. 2.
[384] BTDrucks. 15/1553 S. 121 Nr. 2.
[385] BTDrucks. 15/3677 S. 22, 48.
[386] BTDrucks. 15/3677 S. 22.

§ 1 Abs. 4 — Zwischengewinn

wurde die Ermittlung der Ertragsbestandteile an den geänderten Katalog der Einnahmen des § 20 EStG angepasst, da zunächst nur laufende Zinserträge und Gewinne aus der Veräußerung von Zinsscheinen vom Zwischengewinn erfasst sein sollten.[387] Ein weitere Anpassung des § 1 Abs. 4 InvStG erfolgte durch das Jahressteuergesetz 2009 und der damit verbundenen Neuregelung und Erweiterung der ausschüttungsgleichen Erträge des § 1 Abs. 3 InvStG.[388] Die Bestandteile des Zwischengewinns wurden ebenfalls um die Veräußerungsgewinne nach § 20 Abs. 2 S. 1 Nr. 7 EStG erweitert, soweit diese zu den ausschüttungsgleichen Erträgen des § 1 Abs. 3 InvStG gehören.[389] Diese Änderungen des Jahressteuergesetz 2009 waren erstmals für Erträge, die dem Investmentvermögen nach dem 31.12.2008 zufließen oder als zugeflossen gelten, wirksam.[390]

256 Durch das AIFM-Steueranpassungsgesetz (AIFM-StAnpG) vom 18.12.2013[391] erfuhr der Absatz 4 inhaltlich keine Änderungen, lediglich redaktionell wurde der Begriff „Investmentvermögen" durch den Begriff „Investmentfonds" ersetzt. Diese Änderung wurde dadurch bedingt, dass das InvStG nunmehr seit dem 24.12.2013 zwischen dem Besteuerungsregime für Investmentfonds (den bisherigen Investmentvermögen) und dem Besteuerungsregime für Investitionsgesellschaften unterscheidet.

B. Zweck und Bedeutung der Vorschrift

257 § 1 Abs. 4 InvStG definiert den Begriff des Zwischengewinns.

258 Ziel der Zwischengewinnbesteuerung ist es, eine Gleichbehandlung des Fondsanlegers mit dem Direktanleger zu erreichen (Transparenzprinzip), indem insbesondere die Zinserträge und Zinssurrogate, die während des Geschäftsjahres des Fonds erwirtschaftet werden oder als angewachsen gelten (aber dem Anleger selbst noch nicht zugeflossen sind bzw. als zugeflossen gelten), im Fall einer unterjährigen Rückgabe oder Veräußerung des Investmentanteils der Besteuerung unterworfen werden (vgl. §§ 1 Abs. 4, 2 Abs. 2 InvStG).

259 Grundsätzlich ist die Systematik des Zwischengewinns vergleichbar mit der des Stückzinses bei einer Direktanlage (Schuldverschreibungen), weshalb er auch als Stückzins bei einer Fondsanlage bezeichnet wird.[392] Allerdings ist der Zwischengewinn im Anteilspreis des Fondsanteils enthalten, wohingegen Stückzinsen zusätzlich zu dem Wert einer Schuldverschreibung notiert werden.

260 Der Zwischengewinn entsteht bei unterjährigem Verkauf oder Rückgabe der Anteile an dem Investmentfonds durch einen Privatanleger. Er besteuert die während des laufenden Geschäftsjahres aufgelaufenen bzw. erzielten und noch nicht beim Anleger versteuerten Zinserträge, Zinssurrogate und Veräußerungsgewinne aus bestimmten Schuldverschreibungen. Gleichzeitig stellt der bei unterjährigem Erwerb gezahlte Zwischengewinn beim Privatanleger eine negative Einnahme aus Kapitalvermögen dar, um eine Überbesteuerung bei späterem Ertragszufluss der „bei Erwerb mitgekauften Erträge" zu vermeiden.[393]

261 Wie bei Stückzinsen im Falle von Direktanlage verhindert der Zwischengewinn seit Einführung der Abgeltungsteuer bei Privatanlegern vor allem noch eine Überbesteue-

---

[387] BTDrucks. 220/07 S. 147, BGBl. I 2007, S. 1934.
[388] JStG 2009 BGBl. I 2008, S. 2794.
[389] BT Drucks. 16/10189 S. 83.
[390] § 18 Abs. 12 S. 1 InvStG.
[391] BGBl. I **2013** 4318.
[392] Haase/*Bauderer/Coenenberg* § 1 Rn. 401; *Ebner* DB **2004** 2495; BTDrucks. 15/3677 S. 48.
[393] BMF Schr. v. 18.8.2009 BStBl. I 2009, S. 931 Rn. 21a.

rung im Jahre des Erwerbs mit den kompletten „Zinserträgen" des Investmentfonds. Bei Veräußerung unterliegt der vom Investmentfonds ausgewiesene Zwischengewinn selbständig der Abgeltungsteuer, vgl. § 2 Abs. 1 InvStG, reduziert aber gleichzeitig den ebenfalls der Abgeltungsteuer unterliegenden Veräußerungsgewinn nach § 8 Abs. 5 InvStG. Im Rahmen dieser Veräußerungsgewinnberechnung werden zudem die Anschaffungskosten des Privatanlegers um den gezahlten und im Jahr des Erwerbs als negative Einnahme des Erwerbs behandelten Zwischengewinn reduziert. Im Endeffekt verhindert der Zwischengewinn für Privatanleger, deren Erwerb des Fondsanteils unter das Abgeltungsteuerregime fällt, lediglich eine phasenverschobene Besteuerung.

Bei betrieblichen und institutionellen Anlegern ist der Zwischengewinn weder beim Kauf noch beim Verkauf anzusetzen, da er für diese lediglich ein unselbständiger Teil der Anschaffungskosten bzw. des Veräußerungserlöses darstellt.[394] **262**

Im Ergebnis lässt sich festhalten, dass der Zwischengewinn heute vor allem noch bei Privatanlegern von Bedeutung ist, die bestandsgeschützte (d.h. vor der Einführung der Abgeltungsteuer erworbene) Fondsanteile halten: der berechnete und den Anlegern bekanntgemachte Zwischengewinn stellt bei Veräußerung der Fondsanteile steuerpflichtige Erträge unter der Abgeltungsteuer dar, wohingegen der Veräußerungsgewinn oder -verlust selbst (da außerhalb der Jahresfrist des § 23 EStG a.F.) nicht steuerbar ist. **263**

Auswirkungen ergeben sich zudem bei (thesaurierenden) Dach-Investmentfonds, die als Anleger Zielfonds halten und veräußern. Der bei der Veräußerung vereinnahmte Zwischengewinn (bzw. der erzielte Ersatzwert nach § 5 Abs. 3 InvStG) gehört im Rahmen der Ermittlung der jährlichen Besteuerung der Anleger des Dach-Investmentfonds zu den sonstigen Erträgen und ist damit Bestandteil der ausschüttungsgleichen Erträge nach § 1 Abs. 3 S. 3 InvStG. Dies führt auch bei einer Thesaurierung zu steuerpflichtigen Erträgen für die Anleger des Dach-Investmentfonds für das Geschäftsjahr, in dem der jeweilige Ziel-Investmentfonds verkauft wurde.[395] Der reduzierte Veräußerungsgewinn aus den Zielfondsanteilen ist dagegen nur bei Ausschüttung durch den Dach-Investmentfonds für dessen Anleger gegebenenfalls steuerpflichtig. **264**

C. Pflicht zur Berechnung und Bekanntmachung des Zwischengewinns

Die Pflicht zur Berechnung und Bekanntmachung des Zwischengewinns gilt grundsätzlich für alle Publikums-Investmentfonds mit Ausnahme von Investmentfonds i.S.d. § 5 Abs. 3 S. 4 InvStG (bisher Single- und Dach-Hedgefonds nach §§ 112, 113 InvG und vergleichbare ausländische Hedgefonds; nunmehr ab 24.12.2013 nur noch Dach-Hedgefonds nach § 225 KAGB; die bisherige Ausnahme für Single- und Dach-Hedgefonds nach §§ 112, 113 InvG gilt nach § 22 Abs. 5 InvStG aber weiter, sofern das Investmentvermögen selbst nach § 22 Abs. 2 S. 1 InvStG bestandsgeschützt ist und daher bis 2016 als Investmentfonds gilt). **265**

Im Falle der nicht ordnungsgemäßen Veröffentlichung des Zwischengewinns kommt es zum Ansatz eines pauschalen Zwischengewinns in Höhe von 6% des Entgelts für die Rückgabe oder Veräußerung des Investmentanteils; bzgl. der Einzelheiten zu den Veröffentlichungspflichten, den Rechtsfolgen bei Nichtveröffentlichung bzw. der Korrektur bei Veröffentlichung fehlerhafter Zwischengewinne vgl. § 5 Abs. 3 InvStG. **266**

In- und ausländische Spezial-Investmentfonds haben keine Pflicht zur Berechnung und Bekanntmachung des Zwischengewinns, solange nur betriebliche Anleger an ihnen **267**

---

394 BMF Schr. v. 18.8.2009 BStBl. I 2009, S. 931 Rn. 21a.
395 BMF Schr. v. 18.8.2009 BStBl. I 2009, S. 931 Rn. 14.

beteiligt sind; dasselbe gilt für Publikums-Investmentfonds, wenn keine Privatanleger in der betreffenden Anteilsklasse vorhanden sein können.[396]

D. Bestandteile des Zwischengewinns

268   Der § 1 Abs. 4 InvStG ist in vier Nummern gegliedert und nennt in diesen die folgenden vier Bestandteile:

I. § 1 Abs. 4 Nr. 1 („originärer Zwischengewinn")

269   Zu den unmittelbar erzielten Einnahmen und Ansprüchen gehören gem. § 1 Abs. 4 Nr. 1 InvStG die Einnahmen des Investmentfonds nach § 20 Abs. 1 Nr. 7 EStG, d.h. die Zinsen. Außerdem zählen dazu Gewinne aus der Veräußerung von Zinsscheinen gem. § 20 Abs. 2 S. 1 Nr. 2 Buchstabe b EStG sowie (seit der Erweiterung durch das Jahressteuergesetz 2009) Veräußerungsgewinne aus Kapitalforderungen des § 20 Abs. 2 S. 1 Nr. 7 EStG, soweit diese gem. § 1 Abs. 3 S. 3 InvStG zu den ausschüttungsgleichen Erträgen gehören. Letztere sind die Gewinne aus der Veräußerung von Kapitalforderungen des § 20 Abs. 1 Nr. 7 EStG, die nicht ausdrücklich nach den Buchstaben a) bis f) des § 1 Abs. 3 S. 3 Nr. 1 InvStG aus den ausschüttungsgleichen Erträgen ausgenommen wurden. Im Endeffekt handelt es sich um Veräußerungsgewinne aus sog. „DDI (ausschüttungsgleiche Erträge) -Bonds" oder „G-Bonds" („G" bezieht sich auf die Schlüsselung in WM-Datenservice die in der Praxis zur Einordnung der Schuldverschreibungen bzw. Kapitalforderungen verwendet wird.)

270   Darüber hinaus gehören auch die angewachsenen Ansprüche auf die oben genannten Einnahmen zu dieser Kategorie des Zwischengewinns. Diese angewachsenen Ansprüche, gehören somit ebenfalls zu den unmittelbar erzielten Einnahmen und Ansprüchen. Sie sollen laut dem Gesetzeswortlaut nach § 20 Abs. 2 EStG zu bewerten sein, vgl. § 1 Abs. 4 S. 1 Nr. 1 2. Hs. InvStG. Diese Bewertungsvorschrift war bereits in § 1 Abs. 4 Nr. 1 InvStG enthalten, bevor diese durch das Jahressteuergesetz 2009 um bestimmte in den ausschüttungsgleichen Erträgen enthaltene Veräußerungsgewinne nach § 20 Abs. 2 S. 1 Nr. 7 EStG aus „DDI-Bonds" erweitert wurde. Allerdings war diese Bewertungsvorschrift ebenfalls bereits Bestandteil der Definition des Zwischengewinns, die vor der Einführung des Abgeltungsteuerregimes galt und in der auch (unrealisierte) Erträge aus Finanzinnovationen nach § 20 Abs. 2 EStG a.F. enthalten waren. Insofern ist nicht ganz klar wie genau diese Bewertungsvorschrift anzuwenden ist.

271   Bei den angewachsenen laufenden Zinsansprüchen sollte es sich – trotz des Verweises für die Bewertung auf § 20 Abs. 2 EStG- um die nach § 3 Abs. 2 Nr. 2 InvStG periodengerecht abgegrenzten Zinsen handeln, d.h. separat ausgewiesene Stückzinsen sowie andere (abzugrenzende) aufgelaufene Zinserträge aus gehaltenen Kapitalforderungen und Schuldverschreibungen, die dem Investmentfonds noch nicht tatsächlich zugeflossen sind. Zudem sollten – um einen Gleichlauf mit der Berechnung der Erträge nach § 3 Abs. 2 InvStG zu erreichen – neben diesen (abgegrenzten) Zinserträgen aus Zinscoupons auch die periodengerecht abzugrenzenden „Zinsansprüche" aus gehaltenen Kapitalforderungen mit Emissions-Agio oder Emissions-Disagio (insbesondere aus Zerobonds) in diese Kategorie der angewachsenen Ansprüche gehören. Letztere sind regelmäßig anhand der Emissionsrendite abzugrenzen. Sollte diese nicht leicht und eindeutig ermittelbar sein bzw. dem Investmentfonds nicht bekannt sein, sollte u.E. die Vereinfachungs-

---

[396] BMF Schr. v. 18.8.2009 BStBl. I 2009, S. 931 Rn. 118, 119.

regel des § 3 Abs. 2 Nr. 2 InvStG angewendet werden können. Nach dieser stellt der Marktwert zu Beginn des Geschäftsjahres (bzw. ab Erwerb innerhalb des Geschäftsjahres) und dem Ende des Geschäftsjahres, d.h. die Marktrendite, den periodengerecht abgegrenzten Zins (die Marktrendite) dar. Eine derartige Bewertung hat den Vorteil eines Gleichlaufs zwischen Ermittlung des Zwischengewinns und der Ermittlung der jährlich per Ausschüttung oder Thesaurierung zu versteuernden Erträge.

Hinsichtlich einer Abgrenzung der DDI-Bonds hilft die Regelung des § 3 Abs. 2 InvStG u.E. dagegen nicht weiter, da § 3 Abs. 2 InvStG nur angewachsene Ansprüche aus Kapitalforderungen und Schuldverschreibungen mit Emissions-Agio oder Emissions-Disagio erfasst, jedoch nicht realisierte und unrealisierte Veräußerungsgewinne aus für die ausschüttungsgleichen Erträge nach § 1 Abs. 3 S. 3 InvStG relevanten Schuldverschreibungen bzw. Kapitalforderungen. Hier könnte daher tatsächlich die Bewertung nach § 20 Abs. 2 EStG herangezogen werden, d.h. ein Einbezug des Unterschieds zwischen dem aktuellen Marktwert und den Anschaffungskosten der relevanten Schuldverschreibung bzw. Kapitalforderung, auch wenn diese Vorschrift ursprünglich wohl gar nicht für derartige Bestandteile gedacht war (siehe zur Entwicklungsgeschichte oben). Insofern ist der Umfang des Zwischengewinns dann weiter, da er auch diese unrealisierten Erträge mit einbezieht, sofern man unrealisierte Kursentwicklungen aus derartigen Kapitalforderungen als „angewachsene Ansprüche" mit einzubeziehen hat. Dies kann durchaus kritisch gesehen werden, da im Gegensatz zu den oben genannten periodengerecht abgegrenzten Zinsen diese Ansprüche im eigentlichen nicht „angewachsen" sind, wenn man „angewachsen" als dem Investmentfonds mit Sicherheit zustehend betrachten will. Im Gegenteil kann es insbesondere hier zu erheblichen Kursschwankungen der jeweiligen Schuldverschreibung bzw. Kapitalforderung kommen. Auf der anderen Seite wird durch einen Einbezug auch der unrealisierten Komponenten ein „Sprung" bei der Ermittlung des Zwischengewinns vermieden, der ansonsten bei Veräußerung oder Einlösung der betreffenden Schuldverschreibung bzw. Kapitalforderung (und dem Einbezug des realisierten Veräußerungsergebnisses „auf einen Schlag") auftreten würde. Ein Einbezug auch unrealisierter Ergebnisse führt somit zu einer Verstetigung der Entwicklung des Zwischengewinns. Die Problematik des Auseinanderfallens von ausgeschütteten/ausschüttungsgleichen Erträgen und Höhe des Zwischengewinns entspricht insoweit auch weitestgehend der Diskussion hinsichtlich des Einbezugs von sog. Finanzinnovationen nach § 20 Abs. 2 EStG a.F. vor Einführung des Abgeltungsteuerregimes.[397]

II. § 1 Abs. 4 Nr. 2 („derivativer" Zwischengewinn aus Ausschüttungen und Thesaurierungen aus Anteilen an Ziel-Investmentfonds)

§ 1 Abs. 4 Nr. 2 InvStG weitet den Anwendungsbereich des Zwischengewinns auf vereinnahmte ausgeschüttete und ausschüttungsgleiche Erträge eines Dach-Investmentfonds aus gehaltenen Anteilen an Ziel-Investmentfonds aus, soweit diese ausgeschütteten und ausschüttungsgleichen Erträge des Ziel-Investmentfonds solche i.S.d. Nr. 1 enthalten.

Bei inländischen Investmentfonds soll dabei nach der Verwaltungsauffassung nicht an den Kapitalertragsteuerabzug des anderen (Ziel-)Investmentfonds angeknüpft werden, sondern an die materiellen steuerlichen Regelungen.[398]

Sowohl der Gesetzeswortlaut als auch die Verwaltungsauffassung stellen die Praxis vor Probleme. Da die Bestandteile nach § 1 Abs. 4 Nr. 1 InvStG regelmäßig nicht nur

---
397 Zum Einbezug von Finanzinnovationen in den Zwischengewinn vgl. BMF v. 18.8.2009 Rn. 21.
398 BMF Schr. v. 18.8.2009 BStBl. I 2009, S. 931 Rn. 22.

nach § 5 InvStG gesondert als Zinsschrankenerträge ausgewiesene Zinserträge nach § 2 Abs. 2a InvStG enthalten sollten, sondern möglicherweise (insbesondere) bei DDI-Bonds auch sonstige Erträge (vgl. Reichweite des § 2 Abs. 2a InvStG), stellt sich diesbezüglich die Frage der praktischen Umsetzungsfähigkeit der Verwaltungsauffassung. Ein Dach-Investmentfonds erhält von seinen Ziel-Investmentfonds regelmäßig lediglich die gleichen Angaben wie ein Privatanleger, so dass eine Aufteilung z.B. der sonstigen Erträge in zwischengewinnrelevante und nicht-zwischengewinnrelevante Erträge regelmäßig nur schwer darstellbar sein sollte. Die Finanzverwaltung hat mit Schreiben vom 12.6.2012[399] bestätigt, dass die zwischengewinnrelevanten Erträge eines Dach-Investmentfonds hinsichtlich der ausgeschütteten und ausschüttungsgleichen Erträge aus Ziel-Investmentfonds „Teilgrößen" der nach § 5 Abs. 1 S. 1 Nr. 1 und Nr. 2 InvStG durch die Ziel-Investmentfonds bekannt zu machenden Beträge darstellen. Das BMF lässt aber offen, wie man diese „Teilgrößen" in der Praxis aus den veröffentlichten Beträgen ermitteln kann bzw. soll. Eine entsprechende Information wird in der Meldung der steuerlichen Kennziffern an WM Datenservice zur Verfügung gestellt. Da es sich hierbei jedoch um keine Pflichtangabe handelt, wird dieses Feld nicht regelmäßig befüllt.

III. § 1 Abs. 4 Nr. 3 („derivativer" Zwischengewinn aus Erwerb und Veräußerung von Anteilen an Ziel-Investmentfonds)

276 Gem. § 1 Abs. 4 Nr. 3 InvStG gehören auch Zwischengewinne aus gehaltenen Ziel-Investmentfonds, d.h. Zwischengewinne, die der Investmentfonds (Dach-Investmentfonds) aus anderen, gehaltenen Investmentfonds durch Kauf oder Verkauf realisiert, zu den Bestandteilen des Zwischengewinns des Dach-Investmentfonds.

277 Zwischengewinne erzielt ein Investmentfonds bei Veräußerung oder Rückgabe von inländischen und ausländischen Anteilen an anderen Investmentfonds. Daher erfasst Nr. 3 die Zwischengewinnbestandteile aus Anteilen an (Ziel-)Investmentfonds, die im Zeitpunkt der (möglichen) Veräußerung oder Rückgabe der Anteile am Dach-Investmentfonds durch den Anleger (d.h. an einem Bewertungsstichtag) nicht mehr von diesem gehalten werden.[400]

278 Im Jahr des Erwerbs eines Ziel-Investmentfonds ist der vom Dach-Investmentfonds gezahlte Zwischengewinn, solange dieser noch nicht (reduzierend) in den ausgeschütteten/ausschüttungsgleichen Erträgen (bzw. den ermittelten Verlustvorträgen nach § 3 Abs. 4 InvStG) des Dach-Investmentfonds enthalten ist, bei der Ermittlung des Zwischengewinns des Dach-Investmentfonds abzuziehen.[401] Der laufende Zwischengewinn des Ziel-Investmentfonds ist zudem gemäß § 1 Abs. 4 Nr. 4 InvStG zu berücksichtigen.[402]

279 Wird vom Ziel-Investmentfonds kein Zwischengewinn veröffentlicht, ist in § 1 Abs. 4 Nr. 3 InvStG der Ansatz eines Ersatzwertes bei Veräußerung bzw. Rückgabe durch den Dach-Investmentfonds nicht ausdrücklich gesetzlich geregelt. U.E. ist dennoch der Ersatzwert gem. § 5 Abs. 3 InvStG anzusetzen.[403] Dies sollte bereits daraus folgen, dass § 1 Abs. 4 Nr. 4 InvStG dies bei dem täglichen Einbezug des Zwischengewinns aus gehalte-

---

[399] BMF Schr. v. 12.6.2012 DStR 2012, S. 1278.
[400] Berger/Steck/Lübbehüsen/*Berger* InvStG § 1 Rn. 444; Jacob/Geese/Ebner S. 159.
[401] Berger/Steck/Lübbehüsen/*Berger* InvStG § 1 Rn. 444; Jacob/Geese/Ebner S. 160; *Mensching/Strobl* BB **2005** 635.
[402] Berger/Steck/Lübbehüsen/*Berger* InvStG § 1 Rn. 444; Jacob/Geese/Ebner S. 162.
[403] Ebenso: Berger/Steck/Lübbehüsen/*Berger* InvStG § 1 Rn. 438, 446; Jacob/Geese/Ebner S. 70, 161; *Assmann/Schütze* Rn. 450; **a.A.** *Mensching/Strobl* BB **2005** 635; vgl. zudem BMF Schr. v. 18.8.2009 BStBl. I 2009, S. 931 Rn. 22.

nen Ziel-Investmentfonds vorsieht und es ansonsten zu einem starken Absinken des Zwischengewinns des Dach-Investmentfonds bei Veräußerung der Ziel-Investmentfondsanteile käme. Zudem wird ein Dach-Investmentfonds grundsätzlich wie ein Privatanleger des jeweiligen Ziel-Investmentfonds behandelt und ein Nichtansatz stünde auch im Widerspruch zur Behandlung des Ersatzwertes nach § 5 Abs. 3 InvStG als sonstiger Ertrag im Rahmen der Ermittlung der jährlichen Besteuerungsgrundlagen.[404]

IV. § 1 Abs. 4 Nr. 4 („derivativer" Zwischengewinn aus gehaltenen Anteilen an Ziel-Investmentfonds)

§ 1 Abs. 4 Nr. 4 InvStG erfasst gegenüber Nr. 3 die Fälle, bei denen im Zeitpunkt der Veräußerung oder Rückgabe der Investmentanteile am Dach-Investmentfonds (bzw. im Zeitpunkt der Berechnung des Zwischengewinns für den Dach-Investmentfonds an einem Bewertungsstichtag) dieser seine Anteile am Ziel-Investmentfonds noch nicht veräußert oder zurückgegeben hat.[405] 280

Dabei werden die Ziel-Investmentfondsanteile berücksichtigt, die sich zum Bewertungsstichtag, d.h. dem Tag der (möglichen) Rückgabe bzw. Veräußerung des Dach-Investmentfondsanteils durch einen Anleger im Vermögen des Dach-Investmentfonds befinden. Zum Zwischengewinn zählen hiernach die an dem Tag der Ermittlung des Zwischengewinns durch den Dach-Investmentfonds ausgewiesenen Zwischengewinne des jeweiligen Ziel-Investmentfonds.[406] Deshalb ist es erforderlich, dass die nachgelagerten Ziel-Investmentfonds ihre Zwischengewinne ebenfalls bewertungstäglich ermitteln und veröffentlichen. 281

Soweit der nachgelagerte Ziel-Investmentfonds keinen Zwischengewinn veröffentlicht, ist bereits laut Gesetz („... oder stattdessen anzusetzende Werte ...") auf den Ersatzwert gem. § 5 Abs. 3 InvStG zurückzugreifen.[407] 282

E. Berechnungsmethodik

Die Ermittlung des Zwischengewinns erfolgt für in- und ausländische Investmentfonds gleich.[408] 283

Die Berechnung des Zwischengewinns erfolgt als absolute Zahl (im Vergleich zum Aktiengewinn, der als Prozentsatz ausgewiesen wird). Das Gesetz spricht von Einnahmen und Ansprüchen. Die dazu gehörigen abzugsfähigen Werbungskosten werden nach der Logik des § 3 Abs. 3 InvStG i.V.m. § 2 Abs. 2 Nr. 2 EStG in Abzug gebracht, d.h. neben einem Abzug der direkten Kosten erfolgt eine Aufteilung der indirekten Werbungskosten nach § 3 Abs. 3 InvStG. 284

Hier stellt sich in der Praxis bisher die Frage, wie die indirekten Werbungskosten – nach partieller Verteilung auf Grund der Aktienquote auf die laufenden Dividendenerträge des Investmentfonds – für Zwecke des Zwischengewinns auf die weiteren laufenden Erträge des Investmentfonds aufzuteilen sind. Vor Änderung des § 3 Abs. 3 InvStG 285

---

404 BMF Schr. v. 18.8.2009 BStBl. I 2009, S. 931 Rn. 14.
405 Berger/Steck/Lübbehüsen/*Berger* InvStG § 1 Rn. 447; Beckmann/Scholtz/Vollmer/*Elser/Jetter* 420 § 1 Rn. 237; Haase/*Bauderer/Coenenberg* § 1 Rn. 418.
406 Beckmann/Scholtz/Vollmer/*Elser/Jetter* 420 § 1 Rn. 237; Haase/*Bauderer/Coenenberg* § 1 Rn. 418.
407 BMF Schr. v. 18.8.2009 BStBl. I 2009, S. 931 Rn. 22 d; Berger/Steck/Lübbehüsen/*Berger* InvStG § 1 Rn. 448; *Mensching/Strobl* BB **2005**, 635; *Jacob/Geese/Ebner* S. 162; Bordewin/Brandt/*Geurts* § 1 InvStG Rn. 94.
408 BMF Schr. v. 18.8.2009 BStBl. I 2009, S. 931 Rn. 21a, 118.

durch das AIFM-Steueranpassungsgesetz vom 18.12.2013 konnte u.E. eine Aufteilung sowohl nach einer „Zwischengewinnquote" (analog der gesetzlich geregelten Aktienquote), d.h. Zuteilung auf Grund der Quote für die Berechnung des Zwischengewinns relevanten Wirtschaftsgüter des Investmentfonds als auch eine verhältnismäßige Aufteilung auf Grund der laufenden Erträge als vertretbar angesehen werden. Inwiefern es im Rahmen der Änderungen des § 3 Abs. 3 InvStG und des Einbezugs von Veräußerungsgewinnen in den Aufteilungsmaßstab hier zu einer weiteren Klärung der praktischen Handhabung kommen wird, bleibt derzeit noch abzuwarten. Das Entwurfsschreiben des BMF vom 5.6.2014 enthält für die Besonderheiten der Berechnung der täglichen Kennziffern bisher keine Aussagen.[409]

286 Bei der Berechnung kann es vorkommen, dass der Zwischengewinn negativ werden kann (beispielsweise durch höhere zuordenbare (in-)direkte Werbungskosten).[410] Nach Ansicht der Finanzverwaltung ist der Zwischengewinn in einem solchen Fall mit „Null" anzusetzen, da ein negativer Wert nicht ausgewiesen werden darf.[411] Diese Ansicht der Finanzverwaltung kann u.E. mit der Wertung des § 3 Abs. 4 InvStG begründet werden, nach der im Rahmen der Berechnung der jährlichen Besteuerungsgrundlagen ermittelte Verlustvorträge nicht an die Anleger weitergegeben werden dürfen, sondern auf Ebene des Investmentfonds vorzutragen sind.

287 Daher muss der Investmentfonds auch diesen negativen Wert in einer Schattenbuchhaltung fortführen und bei der fortgeführten Zwischengewinnberechnung fortlaufend mindernd berücksichtigen.

288 Bei Ausschüttung und bei Thesaurierung am Geschäftsjahresende sind die dem Anleger per ausgeschüttete Erträge/ausschüttungsgleiche Erträge zugerechneten Bestandteile des Zwischengewinns aus dem Zwischengewinn herauszunehmen, so dass der Zwischengewinn nach jeder Ausschüttung und Thesaurierung absinkt.

F. Besonderheit der Notwendigkeit eines Ertragsausgleichs

289 Eine gesetzliche Pflicht zur Berechnung des Ertragsausgleiches beim Zwischengewinn gibt es weder für inländische noch für ausländische Investmentfonds.[412]

290 Die Durchführung oder Rechnung eines tatsächlichen Ertragsausgleichs nach § 9 InvStG war nach Ansicht der Finanzverwaltung jedoch erforderlich, wenn der Anteilerwerber den gezahlten Zwischengewinn als negative Einnahme (§ 2 Abs. 5 InvStG) berücksichtigen will. Geschieht dies nicht, war laut Finanzverwaltung eine Berücksichtigung nicht möglich, da der Anleger dann keine „Vorauszahlung" auf die ihm zuzurechnenden späteren Erträge leistete.[413] Verschärft wurde diese Regelung durch das BMF-Schreiben zum Ertragsausgleichsverfahren, da sie nicht nur Direktanleger, sondern auch Dach-Investmentfonds treffen soll.[414] Durch diese Einschränkung sollen fiskalisch unerwünschte Gestaltungen vermieden werden.

---

409 Vgl. BMF Entwurfsschreiben v. 5.6.2014.
410 Beckmann/Scholtz/Vollmer/*Elser/Jetter* 420 § 1 Rn. 239, 240; Berger/Steck/Lübbehüsen/*Berger* InvStG § 1 Rn. 404, 406; Haase/*Bauderer/Coenenberg* § 1 Rn. 411, 412.
411 BMF Schr. v. 18.8.2009 BStBl. I 2009, S. 931 Rn. 21a; BMF Schr. v. 9.3.2010 DStR **2010** 553; **a.A.:** Beckmann/Scholtz/Vollmer/*Elser/Jetter* 420 § 1 Rn. 240 mit dem Argument die Auffassung der Finanzverwaltung entbehre der gesetzlichen Grundlage.
412 *Schmitt* DStR **2010** 1610.
413 BMF Schr. v. 18.8.2009 BStBl. I 2009, S. 931 Rn. 21a, zustimmend offenbar Bordewin/Brandt/*Geurts* § 1 Rn. 92.
414 BMF Schr. v. 9.3.2010 DStR **2010** 553, Rn. 2.

Durch den 2010 eingefügten § 5 Abs. 3 S. 2. Hs. 2 InvStG wurde diese Verwaltungsauffassung gesetzlich kodifiziert.[414] Korrespondierend dazu wurde in § 9 S. 2 InvStG geregelt, dass Einnahmen und der Zwischengewinn i.S.d. § 1 Abs. 4 InvStG bei Anwendung des Ertragsausgleichsverfahrens um die hierauf entfallenden Teile des Ausgabepreises zu erhöhen sind. Gemäß § 5 Abs. 3 i.V.m. § 9 S. 2 InvStG muss bei Veröffentlichung des Zwischengewinns kenntlich gemacht werden, ob ein Ertragsausgleich berücksichtigt wurde. 291

Demgegenüber werden bei Veräußerung oder Rückgabe vereinnahmte (positive) Zwischengewinne auch ohne Ertragsausgleich anerkannt, d.h. es kommt bei Nichtrechnung eines Ertragsausgleichs bzw. bei fehlender Kenntlichmachung, ob ein Ertragsausgleich berücksichtigt wurde, (im Gegensatz zu einer Nichtveröffentlichung des Zwischengewinns) trotz des etwas missverständlichen Wortlauts des § 5 Abs. 3 S. 2 InvStG nicht zum Ansatz eines Pauschalwertes. Dies ergibt sich bereits im Umkehrschluss aus Rn. 21a des BMF Schreibens vom 18.8.2009[415] sowie im Umkehrschluss aus den BMF-Schreiben vom 10.2.2010[416] und vom 9.3.3010,[417] da diese BMF-Schreiben durch die Änderungen des InvStG in den §§ 2 Abs. 5, 5 Abs. 3. S. 1 und S. 2 sowie § 9 S. 2 InvStG mit dem Jahressteuergesetz 2010[418] durch den Gesetzgeber in das InvStG aufgenommen wurden und der Gesetzeswortlaut daher unter Berücksichtigung dieser Schreiben zu interpretieren ist. Dass (positive) Zwischengewinne bei Veräußerung oder Rückgabe ohne Rücksicht auf einen Ertragsausgleich weiterhin anzuerkennen sind, wurde durch die Finanzverwaltung auf Betreiben verschiedener Verbände zudem nochmals klargestellt.[419] 292

§ 2
Erträge aus Investmentanteilen

(1) Die auf Investmentanteile ausgeschütteten sowie die ausschüttungsgleichen Erträge und der Zwischengewinn gehören zu den Einkünften aus Kapitalvermögen im Sinne des § 20 Abs. 1 Nr. 1 des Einkommensteuergesetzes, wenn sie nicht Betriebseinnahmen des Anlegers, Leistungen nach § 22 Nr. 1 Satz 3 Buchstabe a Doppelbuchstabe aa des Einkommensteuergesetzes in Verbindung mit § 10 Abs. 1 Nr. 2 Buchstabe b des Einkommensteuergesetzes oder Leistungen im Sinne des § 22 Nr. 5 des Einkommensteuergesetzes sind; § 3 Nr. 40 des Einkommensteuergesetzes und § 8b Abs. 1 des Körperschaftsteuergesetzes sind außer in den Fällen des Absatzes 2 nicht anzuwenden. Die ausschüttungsgleichen Erträge gelten außer in den Fällen des § 22 Nr. 1 Satz 3 Buchstabe a Doppelbuchstabe aa des Einkommensteuergesetzes in Verbindung mit § 10 Abs. 1 Nr. 2 Buchstabe b des Einkommensteuergesetzes oder des § 22 Nr. 5 des Einkommensteuergesetzes mit dem Ablauf des Geschäftsjahres, in dem sie vereinnahmt worden sind, als zugeflossen. Bei Teilausschüttung der in § 1 Abs. 3 genannten Erträge sind die ausschüttungsgleichen Erträge dem Anleger im Zeitpunkt der Teilausschüttung zuzurechnen. Reicht im Falle der Teilausschüttung die Ausschüttung nicht aus, um die Kapitalertragsteuer gemäß § 7 Absatz 1 bis 3 einschließlich der bundes- oder landesgesetzlich

---

414 Beckmann/Scholtz/Vollmer/*Elser/Jetter* 420 § 1 Rn. 224.
415 BMF Schr. v. 18.8.2009 BStBl. I 2009, S. 931 Rn. 21a.
416 BMF Schr. v. 10.2.2010 IV C 1 – S 1980-1/09/10001, DZ 2010/0096890.
417 BMF Schr. v. 9.3.2010 DStR **2010** 553.
418 JStG 2010 vom 8.12.2010 BGBl. I 2010, S. 1768 ff.
419 BMF Schr. v. 10.2.2011 DStR **2011** 367.

geregelten Zuschlagsteuern zur Kapitalertragsteuer (Steuerabzugsbeträge) einzubehalten, gilt auch die Teilausschüttung dem Anleger mit dem Ablauf des Geschäftsjahres, in dem die Erträge gemäß § 3 Absatz 1 vom Investmentfonds erzielt worden sind, als zugeflossen und für den Steuerabzug als ausschüttungsgleicher Ertrag. Der Zwischengewinn gilt als in den Einnahmen aus der Rückgabe oder Veräußerung des Investmentanteils enthalten.

(1a) Erwirbt ein Anleger einen Anteil an einem ausschüttenden Investmentfonds unter Einschluss des Rechts zum Bezug der Ausschüttung, erhält er ihn aber ohne dieses Recht, so gelten die Einnahmen anstelle der Ausschüttung als vom Investmentfonds an den Anleger ausgeschüttet. Hat der Investmentfonds auf den erworbenen Anteil eine Teilausschüttung im Sinne des Absatzes 1 Satz 3 geleistet, sind dem Anleger neben den Einnahmen anstelle der Ausschüttung auch Beträge in Höhe der ausschüttungsgleichen Erträge zuzurechnen. Die Bekanntmachungen nach § 5 gelten auch für diese Einnahmen und Beträge. Für die Anwendung dieses Gesetzes stehen die Einnahmen anstelle der Ausschüttung auf den Investmentanteil und die Beträge nach Satz 2 den ausschüttungsgleichen Erträgen gleich. Die auszahlende Stelle nach § 7 Absatz 1 oder der Entrichtungspflichtige nach § 7 Absatz 3a und 3c hat die Einnahmen nach Satz 1 vom Veräußerer des Anteils einzuziehen.

(1b) Erwirbt ein Anleger einen Anteil an einem inländischen thesaurierenden Investmentfonds im Laufe des Geschäftsjahres, erhält er ihn aber nach Ablauf des Geschäftsjahres, so gilt dem Anleger ein Betrag zum Ende des Geschäftsjahres als zugeflossen, der in Höhe und Zusammensetzung den ausschüttungsgleichen Erträgen entspricht. Leistet der Investmentfonds auf den erworbenen Anteil eine Teilausschüttung im Sinne des Absatzes 1 Satz 4, ist der Betrag nach Satz 1 um diese Teilausschüttung zu erhöhen. Die Bekanntmachungen nach § 5 gelten auch für den Betrag nach Satz 1 und Teilausschüttungen. Für die Anwendung dieses Gesetzes stehen die Beträge nach Satz 1 den ausschüttungsgleichen Erträgen und etwaige Einnahmen anstelle der Teilausschüttung nach Satz 2 der Ausschüttung auf den Investmentanteil gleich. Der Entrichtungspflichtige nach § 7 Absatz 3b, 3d und 4 hat die Steuerabzugsbeträge und eine etwaige Erhöhung nach Satz 2 vom Veräußerer des Anteils einzuziehen.

(1c) Die Investmentgesellschaft hat in Abstimmung mit der Verwahrstelle dafür Sorge zu tragen, dass durch Anteilsrückgaben, die vor dem Tag verlangt oder vereinbart werden, an dem der Nettoinventarwert des Investmentfonds um die von der auszahlenden Stelle oder dem Entrichtungspflichtigen zu erhebenden Steuerabzugsbeträge vermindert wird, und die nach diesem Tag erfüllt werden, nicht von einem zu niedrigen Umfang des Investmentfonds ausgegangen wird und Ausschüttungen an die Anleger oder als Steuerabzugsbeträge zur Verfügung zu stellende Beträge nur in dem Umfang den Investmentfonds belasten, der den Berechnungen der Investmentgesellschaft entspricht.

(2) Soweit ausgeschüttete und ausschüttungsgleiche inländische und ausländische Erträge solche im Sinne des § 43 Absatz 1 Satz 1 Nummer 1, 1a und 6 sowie Satz 2 des Einkommensteuergesetzes enthalten, sind § 3 Nummer 40 des Einkommensteuergesetzes sowie § 19 des REIT-Gesetzes vom 28. Mai 2007 (BGBl. I S. 914) anzuwenden. Soweit ausgeschüttete inländische und ausländische Erträge solche im Sinne des § 43 Absatz 1 Satz 1 Nummer 9 sowie Satz 2 des Einkommensteuergesetzes enthalten, sind § 3 Nummer 40 des Einkommensteuergesetzes, § 8b des Körperschaftsteuergesetzes sowie § 19 des REIT-Gesetzes anzuwenden. § 15 Absatz 1a und § 16 Satz 3 bleiben unberührt.

(2a) Ausgeschüttete oder ausschüttungsgleiche Erträge des Investmentfonds, die aus Zinserträgen im Sinne des § 4h Abs. 3 Satz 3 des Einkommensteuergesetzes stammen, sind beim Anleger im Rahmen des § 4h Abs. 1 des Einkommensteuergesetzes als Zinserträge zu berücksichtigen.

(3) Die ausgeschütteten Erträge auf Investmentanteile sind insoweit steuerfrei, als sie Gewinne aus der Veräußerung von Grundstücken und grundstücksgleichen Rechten enthalten, es sei denn, dass es sich um Gewinne aus privaten Veräußerungsgeschäften im Sinne des § 23 Abs. 1 Satz 1 Nr. 1, Abs. 2 und 3 des Einkommensteuergesetzes handelt oder dass die Ausschüttungen Betriebseinnahmen des Steuerpflichtigen sind.

(4) § 3 Nr. 41 Buchstabe a des Einkommensteuergesetzes ist sinngemäß anzuwenden.

(5) Negative Kapitalerträge aus Zwischengewinnen auf Grund des Erwerbs von während des laufenden Geschäftsjahres des Investmentfonds ausgegebenen Anteilen werden nur berücksichtigt, wenn der Investmentfonds einen Ertragsausgleich nach § 9 durchführt.

Schrifttum

Angsten Aktuelle Problemstellungen bei Auslandsfonds, IWB 2/**2014** 48; *Angsten* Investmentbesteuerung im Schwebezustand, IWB 15/**2013** 512; *Bacmeister* Erfahrungen rund um die Besteuerung von Investmentfonds, IStR **2007** 169; *Benz/Jetter* Die Neuregelung zur Steuerpflicht von Streubesitzdividenden, DStR **2013** 489; *Blümich* EStG KStG GewStG Ertragsteuerliche Nebengesetze, Stand November 2011; *Bordewin/Brandt* EStG Kommentar zum Einkommensteuergesetz, Stand Januar 2013; *Bruns* Leerverkäufe und missbräuchliche Gestaltungen, DStR **2010** 2061; *Bujotzek* Offene Immobilienfonds im Investmentsteuerrecht, Diss. 2007; *Ebner* JStG 2010: Folgen für die Kapitalanlage – mit Anmerkungen von Arnold Ramackers Recht der Finanzinstrumente, 1.**2011** 22; *Ebner/Helios* Zur Anwendung von § 8b Abs. 7 KStG bei Publikums- und Spezialfonds, FR **2009** 977; *Ebner/Helios* Kritische Kommentierung ausgewählter Aspekte des aktualisierten BMF-Schreibens zum InvStG vom 18.8.2009 (BStBl. I 2009 931) unter Berücksichtigung des Regierungsentwurfs für ein JStG 2010, BB **2010** 1565 (Teil 1) 1631 (Teil 2); *Elser/Stadler* Entschärfter Kabinettsentwurf zur Anpassung des Investmentsteuergesetzes an das AIFM-Umsetzungsgesetz verabschiedet, DStR **2013** 225; *Elser/Stadler* Der Referentenentwurf zum AIFM-Steuer-Anpassungsgesetz – Ausweitung und Verschärfung der Besteuerung nach dem InvStG, DStR **2012** 2561; *Ernst & Young* (Hrsg.) Körperschaftsteuergesetz mit Nebengesetzen, Stand Juni 2010; *Feyerabend/Vollmer* Investmentfondsbesteuerung und Abgeltungsteuer, BB **2008** 1088; *Flick/Wassermeyer/Baumhoff/Schönfeld* Außensteuerrecht, Stand August 2012; *Fock* Die Besteuerung von Veräußerungsgewinnen eines Grundstücks-Sondervermögens mit in- und ausländischen Anteilscheininhabern, DStR **2000** 855; *Frotscher/Maas* KStG/ GewSt/UnwStG, Stand 2012; *Haase* Investmentsteuergesetz, 2010; *Haase* Wichtige investmentsteuerrechtliche Änderungen durch das JStG 2010, DStR **2010** 1608; *Haisch/Helios* Investmentsteuerreform aufgrund des KAGB und AIFM-StAnpG – Änderungen möglich, BB **2013** 1687; *Haisch/Helios* Steuerpflicht von Streubesitzdividenden in der Direkt- und Fondsanlage, Der Betrieb **2013** 724; *Hagen* Steuerliche Behandlung und Problemfelder bei Fondsanlagen durch institutionelle Anleger, Ubg **2008** 337; *Häuselmann* Das Ende des „Steuerschlupflochs" Wertpapierleihe. Die Erfassung von Aktienleihgeschäften nach § 8b Abs. 10 KStG in der Fassung des Unternehmensteuerreformgesetzes 2008, DStR **2007** 1379; *Häuselmann/Ludemann* Die Besteuerung des Zwischengewinns bei im Betriebsvermögen gehaltenen Investmentanteilen, FR **2005** 415; *Häuselmann* Zur Bilanzierung von Investmentanteilen, insbesondere von Anteilen an Spezialfonds, BB **1992** 312; *Häuselmann* Die Einordnung von Kapitalüberlassungsverhältnissen für Zwecke der Zinsschranke, FR **2009** 506; *Häuselmann* Zum Zinsbegriff der Zinsschranke als Steueroptimierungsfaktor (§ 4h Abs. 3 EStG), FR **2009** 401; *Häuselmann* Möglichkeiten und Grenzen des Zinsschrankenmanagements beim Einsatz von Wertpapieren, Ubg **2009** 225; *Hechtner/Wenzel* Gescheitertes AIFM-StAnpG – Praktische Auswirkungen auf die Besteuerung von Investmentvermögen und deren Anleger? DStR **2013** 2370; *Herrmann/Heuer/Raupach* Einkommensteuer- und Körperschaftsteuergesetz, Stand November 2013; *Hillebrand/Klamt/Migirov* Auswirkungen der Steuerpflicht von Streubesitzdividenden bei Beteiligungen über Investmentvermögen, DStR

2013 1646; *Hils* Fragen zu § 8b KStG bei betrieblichen Fondsanlegern, Der Betrieb **2009** 1151; *Höring* Die Besteuerung von Investmentvermögen – Eine aktuelle Bestandsaufnahme, DStZ **2011** 472; *Höring* Das Ertragsausgleichverfahren bei ausländischen Investmentvermögen – kritische Würdigung des BMF-Schreibens vom 18.8.2009, DStZ **2010** 84; *Jacob/Geese/Ebner* Handbuch für die Besteuerung von Fondsvermögen, 3. Auflage 2007; *Kretzschmann* JStG 2009 – Änderungen der Besteuerung der Investmentanlagen, FR **2009** 416; *Kayser/Bujotzek* Die steuerlichen Behandlung offener Immobilienfonds und ihrer Anleger, FR **2006** 49; *Kempf/Lauterfeld* Die Wiedereinführung des Zwischengewinns, BB **2005** 631; *Korn/Carlé/Stahl/ Strahl* Einkommensteuergesetz, Stand Oktober 2011; *Kretzschmann* JStG 2010 – Änderungen des Investmentsteuergesetztes, FR **2011** 62; *Lindemann* Gewerbesteuerliche Fragen bei inländischen Investmentfonds einschließlich Hedgefonds, DStZ **2003** 559; *Littmann/Bitz/Pust* Das Einkommensteuerrecht, Stand Mai 2004; *Neumann/Lübbehüsen* Totgesagte leben länger – trotz Scheitern des AIFM-StAnpG kein Ende der Investmentbesteuerung, Der Betrieb **2013** 2053; *Müller* Steuerliche Behandlung von Gewinnen eines Grundstücks-Sondervermögens aus der Veräußerung von Anteilen an Grundstücks-Gesellschaften, DStR **2001** 1284; *Pätsch/Fischer* Anmerkungen zum Ertragsausgleich nach dem neuen BMF-Schreiben zum Investmentsteuergesetz Replik zu Sradj/Schmitt und Krause, DStR **2009** 2283 und DStR **2009** 2646; *Patzner* Neuordnung der Investmentbesteuerung bei der Umsetzung der AIFM-Richtlinie durch das AIFM-Steueranpassungsgesetz, IStR **2013** 73; *Patzner/Döser/Kempf* Investmentrecht Aufsicht/Besteuerung, 2012; *Rockel/Patzner* Behandlung von Erträgen aus Investmentfonds in der Steuerbilanz betrieblicher Anleger am Beispiel des investmentrechtlichen Werbungskostenabzugsverbots, DStZ **2007** 1546; *Schmidt* EStG Einkommensteuergesetz, 32. Auflage 2013; *Schmitt* Ertragsausgleich bei Investmentfonds – Ende der Diskussion in Sicht, DStR **2010** 1610; *Schmittmann/Gerdes* Besteuerung von in- und ausländischen Grundstücksgesellschaften auf Ebene des Anteilscheininhabers eines deutschen Grundstücks-Sondervermögens, IStR **2003** 541; *Schnittger/Bildstein* Wertpapierpensionsgeschäfte und Wertpapierleihe – Wirtschaftliches Eigentum, IStR **2008** 202; *Schönbach/Welzel* Zwischengewinn und Ertragsausgleich – systematisch notwendige Einschränkung oder Glücksspiel der Fondsanleger, IStR **2009** 675; *Seip/Füllbier* Kapitalertragsteuer bei Leerverkäufen über den Dividendenstichtag, BB **2007** 477; *Simonis/Grabbe/Faller* Neuregelung der Fondsbesteuerung durch das AIFM-StAnpG, Der Betrieb **2014** 16; *Sorgenfrei* Steuerliche Transparenz und DBA-Berechtigung deutscher offener Investmentfonds, IStR **1994** 465; *Steinmüller* Die gewerbesteuerliche Hinzurechnung von Streubesitzdividenden aus einem Investmentvermögen, DStR **2009** 1564; *Sradj/Mertes* Steuerliche Aspekte des Investmentmodernisierungsgesetzes, DStR **2003** 1681; *Sradj/Schmitt/Krause* Ausgewählte Aspekte des neuen BMF-Schreibens zum Investmentsteuergesetz, DStR **2009** 2283; *Tappen/ Mehrkhah* Die geplanten Änderungen des Investmentsteuergesetzes, IWB 7/**2013** 239; *Tappen* Steuerrechtsänderungen durch das geplante OGAW-IV-Umsetzungsgesetz, DStR **2011** 246; *Wacker* Vermögensverwaltende Gesamthand und Bruchteilsbetrachtung – eine Zwischenbilanz, DStR **2005** 2014; *Wassermeyer* Ausländische Investmentfonds im internationalen Steuerrecht, IStR **2001** 193; *Wassermeyer* Verhältnis des InvStG zu Vorschriften des AStG und des EStG, Recht der Finanzinstrumente 4.**2012** 263; *Wellich/Quast/ Lenz* Besonderheiten bei der Besteuerung und Bilanzierung inländischer und ausländischer Investmentvermögen, BB **2008** 490.

Systematische Übersicht

A. Allgemeines
    I. Rechtsentwicklung —— 1
    II. Regelungsgegenstand —— 8
B. Steuerbare Erträge
    I. Qualifikation der Erträge; Abs. 1 Satz 1 —— 15
      1. Anteile im Privatvermögen —— 22
        a) Laufende Erträge —— 23
        b) Zwischengewinn —— 25
      2. Anteile im Betriebsvermögen —— 27
      3. Grundsätzlicher Ausschluss des Teileinkünfte- bzw. Freistellungsverfahrens —— 30
      4. Altersvorsorgeverträge —— 33
    II. Zeitliche Zuordnung; Abs. 1 Satz 2–4 sowie Abs. 1a–Abs. 1c —— 34
      1. Vollausschüttung —— 35
        a) Privatanleger —— 36
        b) Betriebsvermögen —— 39
      2. Thesaurierung —— 40
      3. Teilausschüttungen —— 46
      4. Missbrauchstatbestände; Abs. 1a–Abs. 1c —— 51
    III. Partielle Anwendung von Teileinkünfte- bzw. Freistellungsverfahren; Abs. 2 —— 53

1. Sachliche Voraussetzungen auf Ebene des Investmentfonds
   a) Abs. 2 Satz 1 laufende Erträge —— 57
   b) Abs. 2 Satz 2 Veräußerungsgewinne —— 58
   c) Abgrenzungsfragen hinsichtlich der begünstigten Erträge —— 59
2. Persönliche Voraussetzungen und Rechtsfolgen auf Anlegerebene —— 67
   a) Anwendung des § 3 Nr. 40 EStG auf betriebliche Anleger, die nicht Körperschaftsteuersubjekt sind —— 68
   b) Anwendung des § 8b KStG auf betriebliche Anleger = Körperschaftsteuersubjekte (alte Fassung bis 2013) —— 73
   c) Anwendung des § 8b KStG auf betriebliche Anleger = Körperschaftsteuersubjekte (neue Fassung ab 2013) —— 76
3. Gewerbesteuerrechtliche Hinzurechnung —— 83
IV. Steuerbefreiungen; Abs. 3
1. Eingeschränkter Regelungszweck seit Einführung der Abgeltungsteuer 2009 —— 90
2. Besonderheiten bei Grundstücksgesellschaften —— 97
   a) Grundstückskapitalgesellschaften —— 98
   b) Grundstückspersonengesellschaften —— 100
3. Hinweise zum Befreiungstatbestand (Fondsprivileg); § 2 Abs. 3 Nr. 1 alter Fassung —— 104
V. Steuerbefreiung nach Hinzurechnungsbesteuerung § 3 Nr. 41 Buchstabe a) EStG; Abs. 4
1. Regelungszweck —— 106
2. Verhältnis zum AStG —— 108
3. Sinngemäße Anwendung von § 3 Nr. 41 Buchstabe a) EStG —— 112
VI. Zinsschranke; Abs. 2a —— 114
1. Regelungszweck —— 115
2. Ermittlung des Zinsertrages —— 116
3. Verlustverrechnung —— 119
4. Zwischengewinn —— 120
VII. Negative Kapitalerträge aus Zwischengewinnen; Abs. 5 —— 122
1. Hintergrund: Funktion des Zwischengewinns und Ertragsausgleich —— 123
2. Die gesetzliche Regelung —— 124

A. Allgemeines

I. Rechtsentwicklung

§ 2 „Erträge aus Investmentanteilen" wurde in dieser Form durch das Investmentmodernisierungsgesetz 2004 (InvModG v. 15.12.2003 BGBl. I 2003 2676) eingeführt. Das InvModG trat zum 1.1.2004 in Kraft. Seitdem wurde § 2 mehrfach geändert bzw. ergänzt. Zur älteren Rechtsentwicklung bis zum Jahressteuergesetz 2008 siehe die ausführliche Darstellung in Berger/Steck/Lübbehüsen[1] sowie in Korn.[2] **1**

Mit dem Jahressteuergesetz 2008 (JStG 2008 v. 20.12.2007 BGBl. I 2007 3150) wurde die Ergänzung zur Zinsschranke in Abs. 2a eingefügt. **2**

Das Unternehmenssteuerreformgesetz 2008 (UntStRefG 2008 v. 14.8.2007 BGBl. I 2007 1912) brachte die Einführung der Abgeltungsteuer und damit einhergehend den Wegfall des Halbeinkünfteverfahrens mit entsprechenden Folgeänderungen in Abs. 2 und Abs. 3. **3**

---

[1] Berger/Steck/Lübbehüsen/*Lübbehüsen* § 2 InStG Rn. 1.
[2] Korn/*Carlé*/*Hamacher* Fußnotenapparat zu § 2 InvStG.

4   Durch das Jahressteuergesetz 2010 (JStG 2010 v. 8.12.2010 BGBl. I 2010 1768) wurde Abs. 5 eingefügt, der die Berücksichtigung von negativen Kapitalerträgen aus bezahlten Zwischengewinnen einschränkend regelt.

5   Durch das OGAW-IV-Umsetzungsgesetz (OGAW-IV-UmsG v. 22.6.2011 BGBl. I 2011 1126) wurde Abs. 1 Satz 3 redaktionell modifiziert zur Anpassung an aufsichtsrechtliche Begriffsänderungen (Anleger statt Anteilscheininhaber). Mit der Neufassung von Abs. 1 Satz 4 wurde klargestellt, dass die Thesaurierungsfiktion für den Steuerabzug keine materielle Um-Definition der ausgeschütteten Erträge beinhaltet. In Abs. 2 Satz 1 wurde der Verweis auf § 43 Abs. 1 Satz 1 Nr. 1 EStG erweitert um den Verweis auf Nr. 1a der EStG Vorschrift, um der Verlagerung des Kapitalertragsteuereinbehalts auf die Zahlstelle Rechnung zu tragen. Ferner wurden die Absätze 1a–1c neu eingefügt zur Vermeidung unerwünschter Gestaltungen bei sog. cum ex Geschäften mit Investmentanteilen um den Tag der Ausschüttung bzw. des Geschäftsjahresendes (BTDrucksache 17/4510 55).

6   Durch das Gesetz zur Umsetzung des EuGH-Urteils vom 20.10.2011 in der Rechtssache C-284/09 v. 21.3.2013 BGBl. I 2013 561 ergeben sich wesentliche Änderungen für die partielle Anwendung des Freistellungsverfahrens nach Abs. 2 i.V.m. § 8b KStG für Erträge (Dividenden und gleichgestellte Fälle) aus Streubesitz-Beteiligungen. Ferner wurde im Zuge dieser Gesetzgebung der Verweis in Abs. 1 Satz 1 auf die Vorschriften zum Kapitalertragsteuerabzug nach § 43 Abs. 1 EStG redaktionell bereinigt (Bezugnahme auf Nr. 6 ausländische Dividende).

7   Durch das Gesetz zur Anpassung des Investmentsteuergesetzes und anderer Gesetze an das AIFM-Umsetzungsgesetz (AIFM-StAnpG v. 28/29.11.2013 BGBl. I 2013 4318) wurde der Anwendungsbereich des InvStG gemäß § 1 InvStG i.V.m. dem KAGB einerseits an die neuen aufsichtsrechtlichen Definitionen des KAGB angepasst, zugleich aber hinsichtlich der Anwendung des InvStG stark modifiziert. Das hat Folgeauswirkungen für die Hinzurechnungsregel in Abs. 4 i.V.m. § 3 Nr. 41 Buchstabe a) EStG und § 7 Abs. 7 AStG, insbesondere für die sog. Kapital-Investitionsgesellschaften, die im neu geschaffenen § 19 Abs. 4 bereinigt werden.

II. Regelungsgegenstand

8   § 2 regelt die materielle Steuerpflicht von Erträgen aus Investmentanteilen auf der Ebene des Anlegers. Die ihm nach § 2 zufließenden oder zugerechneten Ertragskategorien der Fondsausgangsseite (ausgeschüttete Erträge, ausschüttungsgleiche Erträge sowie Zwischengewinn) werden in § 1 Abs. 3 und 4 definiert. Die Begriffsbestimmungen des § 1 Abs. 3 und 4 sind hinsichtlich der Besteuerungsfolgen stets im Zusammenhang mit § 2 zu lesen, der in Bezug auf diese Definitionen weitere Vorgaben zur Einkünftequalifizierung, Zurechnung, Steuerbarkeit und Steuerbefreiung auf Anlegerebene enthält.[3] Auf Anlegerebene ist weiter danach zu unterscheiden, ob er die Investmentanteile im Privatvermögen oder im Betriebsvermögen hält.

9   Davon zu trennen ist die Ebene des Investmentvermögens selbst. Das AIFM-StAnpG brachte neue Begrifflichkeiten: Der neue Oberbegriff lautet Investmentfonds statt Investmentvermögen. Der Begriff Investmentvermögen bzw. Sondervermögen wurde gleichwohl nicht obsolet und wird auch im Gesetz selbst weiter verwendet für Investmentfonds in Vertragsform. An dieser Stelle wird bewusst am Begriff Investmentvermögen festgehalten, soweit es zur Verdeutlichung der Gesetzessystematik angezeigt erscheint: Das

---
3   Beckmann/Scholtz/Vollmer/*Elser* § 3 InvStG Rn. 4; Haase/*Steinmüller* § 3 InvStG Rn. 8; Haase/*Bauderer/Coenenberg* § 1 InvStG Rn. 290; Korn/*Carlé/Hamacher* § 1 InvStG Rn. 29.

inländische Sondervermögen gilt gemäß § 11 als Zweckvermögen i.S.d. Körperschaftsteuergesetzes. Damit gilt das Investmentvermögen zwar grundsätzlich als Steuersubjekt, ist aber zugleich von der Körperschaftsteuer und Gewerbesteuer befreit. Die eingeschränkte Steuersubjektqualität verdeutlicht das dieser Gesetzessystematik zugrunde liegende *Trennungsprinzip*: Die Ertragsermittlung erfolgt auf Ebene des Investmentvermögens nach den Regeln des § 3. Die so in einer ersten Stufe auf Fondsebene ermittelten Erträge werden in einer zweiten Stufe als Ertrag aus dem Anteil am Investmentvermögen gemäß § 2 dem Anleger zugerechnet und auf Ebene des Anlegers besteuert.[4]

Diese Gesetzessystematik (Trennungsprinzip) dient der Umsetzung des *Transparenzprinzips*, das Leitgedanke der steuerlichen Regelungen des InvStG ist. Das Transparenzprinzip soll zu einer weitestgehend steuerlichen Gleichstellung von Investmentanlage und Direktanlage beitragen.[5] So sollen die auf der Eingangsseite vom Investmentvermögen erwirtschaftete Erträge grundsätzlich nicht anders behandelt werden, als hätte der Anleger sie ohne Zwischenschaltung des Investmentvermögens erzielt, also als hätte er die Investition direkt getätigt. Das Transparenzprinzip gilt aber nicht umfassend im Sinne einer allgemeingültigen Anwendungs- und Auslegungsmaxime. Es gilt nur, soweit das Gesetz die Gleichstellung mit der Direktanlage positiv gesetzlich regelt.[6] Andererseits hat der Gesetzgeber das Transparenzprinzip durch Sonderregeln auch bewusst durchbrochen, sowohl zum Vorteil als auch zum Nachteil des Anlegers im Vergleich zum Direktanleger. So ist etwa die Freistellung von bestimmten Veräußerungsgewinnen im Ausschüttungsfall bei Privatanlegern gemäß § 2 Abs. 3 InvStG eine den Fondsanleger begünstigende Durchbrechung. 10

§ 11 trifft insoweit nur Aussagen zum inländischen Investmentvermögen. Eine entsprechende Regelung für ausländische Investmentvermögen wurde offenbar für nicht notwendig erachtet, weil diese nach der Konzeption des ausländischen Rechts regelmäßig dort ansässig sein müssen und damit regelmäßig nicht der (unbeschränkten) Steuerpflicht in Deutschland bzw. dem Steuerabzug auf der Eingangsseite unterliegen.[7] 11

§ 2 (in Verbindung mit den Regelungen in § 3 und § 4) regelt die Besteuerung der sogenannten *transparenten* Investmentfonds. Die in § 2 vorgesehenen steuerlichen Qualifikationen und die steuerlichen Folgen auf Eben des Anlegers treten nur ein, wenn der Investmentfonds den Veröffentlichungspflichten nach § 5 Abs. 1 Satz 1 in der vorgeschriebenen Tiefe und Form nachkommt.[8] Die Anwendung des materiellen Besteuerungsrecht auf die Erträge aus *transparenten* Investmentfonds ist also an die Erfüllung von formellen Pflichten geknüpft,[9] deren Umfang für inländische und ausländische Investmentfonds prinzipiell gleich ist, wegen der beschränkten Gesetzes- und Verwaltungshoheit für ausländische Investmentfonds im Detail aber doch abweichend in § 5 Abs. 1 geregelt ist. 12

Bei nur teilweiser Erfüllung der Publikationspflichten werden bestimmte Privilegien mangels Nachweis nicht gewährt; sogenannte *semitransparente* Investmentfonds nach § 5 Abs. 1 Satz 2, bei denen beispielsweise das Halbeinkünfteverfahren, die Berücksichtigung der Zinserträge für die Zinsschranke oder die Anrechenbarkeit der ausländischen Steuern nicht gewährt wird. 13

---

4 *Sorgenfrei* IStR **1994** 465 ff.; *Jacob/Geese/Ebner* 85 f.; Haase/*Reiche/Frotscher* § 2 InvStG Rn. 2.
5 Berger/Steck/Lübbehüsen/*Englisch* § 11 InvStG Rn. 4.
6 BFH v. 4.3.1980 VIII R 48/76 BStBl. II 1980, S. 453; FG Düsseldorf v. 23.10.2008, 14 K 1079/05 G m.w.N., Revision eingelegt BFH I R 109/08; *Ebner/Helios* FR **2009** 977.
7 Haase/*Reiche/Frotscher* § 11 InvStG Rn. 2; Haase/*Steinmüller* § 3 InvStG Rn. 8; Beckmann/Scholtz/Vollmer/*Elser* § 3 InvStG Rn. 3.
8 Blümich/*Wenzel* § 2 InvStG Rn. 1.
9 *Jacob/Geese/Ebner* 86.

14   Bei gänzlicher Nichterfüllung der Nachweispflichten greift die Pauschalbesteuerung für *intransparente* Investmentfonds nach § 6.

B. Steuerbare Erträge

I. Qualifikation der Erträge; Abs. 1 Satz 1

15   § 2 regelt die Besteuerung der Erträge aus Investmentanteilen, die gemäß § 1 dem Anwendungsbereich des InvStG unterliegen, auf Anlegerebene.

16   Dazu werden auf Ebene des Investmentfonds die Erträge der Eingangsseite nach den Definitionen des § 1 Abs. 3 Satz 2 in ausgeschüttete Erträge bzw. des § 1 Abs. 3 Satz 2 in ausschüttungsgleiche Erträge zusammengefasst und für die Ausgangsseite nach § 2 Abs. 1 Satz 1 einheitlich in Einkünfte aus Kapitalvermögen oder in Betriebseinnahmen umqualifiziert, je nachdem, ob der Anleger die Anteile im Privatvermögen oder im Betriebsvermögen hält. § 1 Abs. 3 und § 2 bilden gemeinsam das Gerüst, an dem sich die Besteuerung der Erträge auf Ebene des Anlegers ausrichtet.[10]

17   Die Methode der Ertragsermittlung auf Fondsebene ist in § 3 geregelt. Dazu verweist § 3 einerseits auf Vorschriften der *Einkunftsarten i.S.d. § 2 Abs. 2 Satz 1 Nr. 2 EStG*. Andererseits werden die zu ermittelnden *investmentrechtlichen Erträge (ausgeschüttete Erträge und ausschüttungsgleiche Erträge)* in § 1 Abs. 3 teilweise losgelöst von den Einkunftsarten des § 2 EStG definiert. (Vgl. hierzu ausführlich die Kommentierung zu § 3.)

18   Auf der Eingangsseite des Investmentfonds können grundsätzlich alle Einkunftsarten gemäß § 2 Abs. 1 EStG erzielt werden (insbesondere Einkünfte aus Kapitalvermögen, Einkünfte aus Vermietung und Verpachtung, sonstige Einkünfte und gewerbliche Einkünfte). Allerdings verfolgt die gesetzestechnisch über mehrere Vorschriften verteilte Ertragsermittlung den Zweck, die Erträge (gleichviel welcher Einkunftsart sie originär angehörten)
- auf Ebene des Investmentfonds dem Grunde nach zu erfassen,
- nach den Regeln des § 3 unter Berücksichtigung der Kosten als Nettogröße zu ermitteln,
- und sie dann dem Anleger im Wege einer einheitlichen Einkunftsart i.S.d. § 2 InvStG zuzurechnen.[11]

Die Ertragsermittlung auf Ebene des Investmentfonds folgt dabei gemäß § 3 weitestgehend dem Muster der Einnahmen-Überschussrechnung für nicht gewerbliche Einkünfte und dem Zuflussprinzip nach § 11 EStG.[12] Die Erträge des Investmentfonds sind also für Ermittlungszwecke stets Nicht-Betriebsvermögen und werden insoweit auch nicht gewerblich infiziert, unabhängig davon, ob die Investmentanteile auf Anlegerebene dem Privatvermögen oder einem Betriebsvermögen zugehören. Gleichviel welcher Einkunftsart die vom Investmentfonds erzielten Erträge auf der Eingangsseite angehören, auf der Ausgangsseite, beim einzelnen Anleger, gehören die Erträge aus dem Investmentanteil immer einheitlich zu einer Einkunftsart i.S.d. § 2 Abs. 1 InvStG: Einkünfte aus Kapitalvermögen oder Betriebseinnahmen.[13] Gleichwohl können unterschiedliche Anleger dessel-

---

[10]   So prägnant Korn/*Carlé/Hamacher* § 1 InvStG Rn. 5.
[11]   Korn/*Carlé* § 2 InvStG Rn. 6.
[12]   Berger/Steck/Lübbehüsen/*Lübbehüsen* § 2 InvStG Rn. 23; *Jacob/Geese/Ebner* 87.
[13]   Littmann/Bitz/Pust/*Ramackers* § 2 InvStG Rn. 6, 7; Korn/*Carlé* § 2 InvStG Rn. 6.

ben Investmentfonds einerseits Einkünfte aus Kapitalvermögen oder andererseits Betriebseinnahmen erzielen.[14]

Die investmentsteuerrechtlichen Normen des InvStG zur Ermittlung, Qualifikation und Zurechnung der Erträge aus dem Investmentanteil gehen als lex specialis den allgemeinen ertragsteuerlichen Vorschriften des EStG, KStG und GewStG vor. Die allgemeinen Regeln gelten nur, soweit im InvStG ausdrücklich darauf Bezug genommen wird.[15] 19

Die Einkünftequalifikation nach § 2 Abs. 1 gilt auch für Investmentvermögen, die als Investmentaktiengesellschaft i.S.d. § 108 KAGB organisiert sind. Auch insoweit ist § 2 lex specialis gegenüber den Vorschriften des KStG.[16] 20

Eine Besonderheit gilt gemäß § 2 Abs. 1 Satz 1 Hs. 1 a.E. für die Altersvorsorgeerträge hinsichtlich der zeitlichen Zuordnung beim Privatanleger, um die sogenannte nachgelagerte Versteuerung zu gewährleisten; siehe Rn. 32. 21

1. Anteile im Privatvermögen. In Abs. 1 Satz 1 ist zu unterscheiden zwischen laufenden Erträgen und dem Zwischengewinn anlässlich des Anteilskaufs bzw. der Anteilsrückgabe. 22

a) Laufende Erträge. Für den Privatanleger gehören die ausgeschütteten Erträge bzw. die ausschüttungsgleichen Erträge gemäß der Umqualifikation in § 2 Abs. 1 Satz 1 Hs. 1 zu den Einkünften aus Kapitalvermögen i.S.d. § 20 Abs. 1 Nr. 1 EStG; sie werden zur „Quasidividende" des Anlegers eines Investmentfonds.[17] Die Qualifikation der Erträge gemäß § 2 Abs. 1 Satz 1 InvStG betrifft die ausgeschütteten Erträge bzw. die ausschüttungsgleichen Erträge i.S.d. § 1 Abs. 3 InvStG, die dem Anleger aus dem Investmentanteil zufließen bzw. die als zugeflossen gelten, beschränkt sich insoweit also grundsätzlich auf laufende Erträge des Investmentfonds.[18] 23

Bei den nach § 3 InvStG ermittelten ausgeschütteten bzw. ausschüttungsgleichen Erträgen handelt es sich insoweit um Nettoerträge, als sie um die nach dieser Regel abziehbaren Werbungskosten gemindert sind. Andererseits handelt es sich insoweit um Bruttoerträge, als einbehaltene Kapitalertragsteuer bzw. ausländische Quellensteuer der Eingangsseite zwar das investmentrechtliche Ergebnis, nicht aber das steuerliche Ergebnis mindern.[19] 24

b) Zwischengewinn. Beim Privatanleger wird ferner der Zwischengewinn i.S.d. § 1 Abs. 4 InvStG zu Einkünften aus Kapitalvermögen i.S.d. § 20 Abs. 1 Nr. 1 EStG erklärt; zur Definition siehe Kommentierung zu § 1 Abs. 4. Der Zwischengewinn umfasst die vom Investmentfonds während des Geschäftsjahres erzielten Zinsen, Zinsersatztatbestände, Abgrenzungen, die dem Anleger nicht bereits per Ausschüttung zugeflossen sind bzw. per ausschüttungsgleichen Ertrag als zugeflossen gelten. Gemäß § 1 Abs. 1 Satz 5 gilt der Zwischengewinn als in den Einnahmen aus der Rückgabe oder Veräußerung des Investmentanteils enthalten und fließt dem Anleger mit dem Veräußerungs- bzw. Rückgabeentgelt zu.[20] Die Zwischengewinnbesteuerung ist demnach ein Auffangtatbestand an- 25

---

14 Haase/*Reiche*/Frotscher § 2 InvStG Rn. 37.
15 Berger/Steck/Lübbehüsen/*Lübbehüsen* § 2 InvStG Rn. 3.
16 Littmann/Bitz/Pust/*Ramackers* § 2 InvStG Rn. 8.
17 *Jacob*/*Geese*/*Ebner* 87; Beckmann/Scholtz/Vollmer/*Elser* § 3 InvStG Rn. 5.
18 Haase/*Reiche*/Frotscher § 2 InvStG Rn. 13.
19 *Jacob*/*Geese*/*Ebner* 110; Berger/Steck/Lübbehüsen/*Lübbehüsen* § 2 InvStG Rn. 23.
20 *Kempf*/*Lauterfeld* BB **2005** 631.

lässlich eines Schlussaktes (Rückgabe oder Veräußerung des Investmentanteils) zur unterjährigen Erfassung des Zinsertrags des laufenden Geschäftsjahres.[21]

26 Nicht erfasst werden dagegen die Veräußerungsergebnisse (Gewinn oder Verlust) anlässlich der Veräußerung oder Rückgabe der Investmentanteile selbst. Die Besteuerung dieses Geschäftsvorfalls wird für die Anlegerebene in § 8 InvStG geregelt (Abs. 1–4 für den betrieblichen Anleger bzw. Abs. 5 für den Privatanleger); siehe Kommentierung zu § 8. Für sogenannte Altanteile, die vom Privatanleger vor dem 1.1.2009 erworben wurden, verbleibt insoweit ein Anwendungsbereich des § 23 Abs. 1 Nr. 1 EStG a.F.;[22] vgl. Rn. 98.

27 **2. Anteile im Betriebsvermögen.** Für betriebliche Anleger werden aufgrund der Umqualifikation in § 2 Abs. 1 Satz 1 Hs. 1 InvStG sämtliche Erträge aus dem Investmentanteil zu Betriebseinnahmen. Insoweit werden hier – anders als beim Privatanleger – nur die laufenden Erträge erfasst. Die Schlussbesteuerung anlässlich der Anteilsrückgabe wird ausschließlich in § 8 InvStG erfasst.

28 Das gilt auch für den Ergänzungstatbestand Zwischengewinn. Die Zwischengewinnbesteuerung spielt nach h.M. im Schrifttum[23] wie auch nach Ansicht der FinVerw[24] für den betrieblichen Anleger in der praktischen Anwendung letztlich keine Rolle. Der Zwischengewinn gilt als unselbständiger Bestandteil der Anschaffungskosten bzw. des Veräußerungsentgelts und wird somit ohnehin im Zuge der Besteuerung des Veräußerungsvorgangs erfasst. Der Zwischengewinn ist somit nicht neben dem Ergebnis der Rückgabe oder Veräußerung des Investmentanteils anzusetzen, sondern in diesem enthalten.[25]

29 Betriebseinnahmen liegen bei den Anlegern vor, bei denen der Investmentanteil zum Zeitpunkt der Zurechnung der Erträge zum inländischen Betriebsvermögen einschließlich des Sonderbetriebsvermögens gehört.[26] Die Frage, ob die Investmentanteile des Anlegers dem Privatvermögen oder dem Betriebsvermögen zuzuordnen sind, kann insbesondere dann problematisch werden, wenn der Anleger natürliche Person ist und diese auch Betriebsvermögen hat. Dann ist nach den ertragsteuerlichen Kategorien zu untersuchen, ob die Anteile zum Zeitpunkt der zeitlichen Zuordnung der Erträge *notwendiges, gewillkürtes Betriebsvermögen* bzw. *Sonderbetriebsvermögen* darstellen.[27] Auf die Anteile am Investmentfonds kommen die Zuordnungskriterien zur Anwendung, wie sie für andere Wirtschaftsgüter vergleichbarer Natur, also Wertpapiere und Kapitalanlagen, gelten.[28] Soweit der Anleger selbst Kapitalgesellschaft ist, sind die Anteile nach allgemeinen ertragsteuerlichen Regeln zwangsläufig der betrieblichen Sphäre zuzuordnen.[29]

---

21 Berger/Steck/Lübbehüsen/*Lübbehüsen* § 2 InvStG Rn. 10; insoweit zutreffend *Jacobe/Geese/Ebner* 152.
22 Berger/Steck/Lübbehüsen/*Lübbehüsen* § 2 InvStG Rn. 15 sowie vor § 1 InvStG Rn. 81.
23 Berger/Steck/Lübbehüsen/*Berger* § 1 InvStG Rn. 394; *Häuselmann/Ludemann* FR **2005** 415; *Blümich/Wenzel* § 1 InvStG Rn. 63; *Wassermeyer* IStR **2001** 193 *Kempf/Lauterfeld* BB **2005** 631; Der abweichende auslegungstechnische Diskurs in *Jacob/Geese/Ebner* 152 zum steuerbegründenden Charakter des Zwischengewinns auf der Ermittlungsebene entbehrt der Relevanz, wenn im Ergebnis auch dort die Lösung auf der „nachfolgenden" Ebene des betrieblichen Anleger über aktive und passive Ausgleichsposten gesucht wird.
24 BMF Schr. v. 18.8.2009 Rn. 21a.
25 BMF Schr. v. 18.8.2009 Rn. 26.
26 BMF Schr. v. 18.8.2009 Rn. 26.
27 hierzu näher *Lindemann* DStZ **2003** 559 m.w.N. sowie die Kommentare zum EStG, etwa Herrmann/Heuer/Raupach/*Musil* EStG § 4 EStG Rn. 52 m.w.N., Schmidt/*Heinicke* § 4 Rn. 100 ff.
28 Haase/*Reiche/Frotscher* § 2 InvStG Rn. 33.
29 Frotscher/Maas/*Frotscher* § 8 KStG Rn. 22.

Die zeitliche Zuordnung der Erträge und damit der Zuordnung der Anteile kann für thesaurierende bzw. ausschüttende Anteile durchaus unterschiedlich ausfallen; siehe hierzu die Kommentierung zu den Sätzen 2–4 Rn. 33.

3. Grundsätzlicher Ausschluss des Teileinkünfte- bzw. Freistellungsverfahrens. 30

Ungeachtet der einheitlichen Umqualifikation der Erträge aus Investmentanteilen zur „Quasi-Dividende" gemäß Halbsatz 1 bestimmt Halbsatz 2, dass die § 3 Nr. 40 EStG bzw. § 8b Abs. 1 KStG grundsätzlich nicht anzuwenden sind, außer Absatz 2 bestimmt etwas anderes. Diese Formulierung stammt noch aus der Zeit des sogenannten Halbeinkünfteverfahrens vor Einführung der Abgeltungsteuer durch das UntStRefG 2008 per 1.1.2009. Danach unterlagen auch die Einkünfte aus Kapitalvermögen i.S.d. § 20 Abs. 1 Nr. 1 EStG beim Privatanleger dem normalen Steuertarif nach dem EStG. Damit die Begünstigung nach § 3 Nr. 40 EStG auf Einkünfte aus Kapitalvermögen i.S.d. § 20 Abs. 1 Nr. 1 EStG im Fall der einheitlich umqualifizierten Erträge des Investmentfonds (im Vergleich zur Direktanlage) nicht zu weit greift, musste das Halbeinkünfteverfahren gesetzestechnisch zunächst ausgeschlossen und durch Rückausnahme in Absatz 2 auf den zutreffenden Anwendungsbereich (Dividenden und vergleichbare Fälle) reduziert werden. Mit Einführung der Abgeltungsteuer ist das Halbeinkünfteverfahren für Privatanleger weggefallen und die Besteuerung der Einkünfte aus Kapitalvermögen folgt den abschließenden Sonderregeln nach § 32d EStG. Insoweit kommt das Teileinkünfteverfahren nach § 3 Nr. 40 EStG in der aktuellen Form aufgrund der Subsidiaritätsklausel in § 20 Abs. 8 EStG ohnehin nur noch für betriebliche Anleger in Frage.[30] Das ist schon aufgrund der Gesetzesentstehung eindeutig und systematisch richtig und bedarf nicht der unzutreffenden Begründung der Finanzverwaltung in Rn. 32 des Einführungsschreibens zum InvStG,[31] wonach die Zuordnung der Erträge aus Investmentanteilen beim Privatanleger zu den Einkünften i.S.d. § 20 Abs. 1 Nr. 1 EStG nicht für sich schon zur Anwendung des Halb-, bzw. jetzt Teileinkünfteverfahrens nach § 3 Nr. 40 EStG führt. Wäre dieses Verständnis richtig, hätte es der Ausnahme in Halbsatz 2 und der Rückausnahme in Abs. 2 gar nicht bedurft; dann hätte der Gesetzgeber (nur) eine positive Ausnahme in Abs. 2 und nicht eine Rückausnahmetechnik einfügen müssen.[32] Zur Ergänzung des nur eingeschränkten Durchreichens der Halb-, bzw. Teileinkünfte-Begünstigungen nach Abs. 2 hat der Gesetzgeber ergänzende Publikationspflichten in § 5 Abs. 1 Satz 1 Nr. 1 Buchstabe c) aa) bb) normiert.

Der Hinweis nur auf die Rück-Ausnahmen in Abs. 2 ist insoweit unvollständig, als **31** die alte Regel des § 2 Abs. 3 Nr. 1 in der am 31. Dezember 2008 anzuwendenden Fassung gemäß § 18 Abs. 1 Satz 2 weiterhin relevant bleibt, soweit bestimmte Erträge aus sogenannten Altanteilen, die vor dem 1.1.2009 angeschafft wurden, im Ausschüttungsfall weiterhin nach altem Regime begünstigt bleiben.[33]

Das Teileinkünfteverfahren nach § 3 Nr. 40 EStG wie auch die Begünstigung nach **32** § 8b KStG soll die wirtschaftliche Doppelbelastung des betrieblichen Anlegers infolge der ansonsten drohenden zweiten Besteuerung der „Beteiligungserträge" auf Anlegerebene vermindern.[34]

---

30 BMF Schr. v. 18.8.2009 Rn. 32a.
31 BMF Schr. v. 18.8.2009 Rn. 32.
32 So zutreffend Haase/*Reiche*/*Frotscher* § 2 InvStG Rn. 59, **a.A.** insoweit Berger/Steck/Lübbehüsen/*Lübbehüsen* § 2 InvStG Rn. 57.
33 Insoweit zutreffend Berger/Steck/Lübbehüsen/*Lübbehüsen* § 2 InvStG Rn. 59 sowie Rn. 173.
34 Haase/*Reiche*/*Frotscher* § 2 InvStG Rn. 57.

33 **4. Altersvorsorgeerträge.** Die einheitliche Qualifikation nach HS 1 der durch den Investmentanteil erzielten Erträge als Einkünfte aus Kapitalvermögen i.S.d. § 20 Abs. 1 Nr. 1 EStG für den Privatanleger greift nicht ein, wenn es sich um Einkünfte handelt, die der Altersvorsorge des Anlegers dienen. Korrespondierend dazu bestimmt Abs. 1 Satz 2 InvStG, dass in diesen Fällen die Zuflussfiktion für ausschüttungsgleiche Erträge nicht gilt. Ausgenommen von der investmentsteuerrechtlichen Zuordnung sind die Erträge nach § 22 Nr. 1 Satz 3 Buchstabe a) aa) EStG i.V.m. § 10 Abs. 1 Nr. 2 Buchstabe b) EStG, also Renten aus privater kapitalgedeckte Altersversorgung (Riester-Renten) sowie Erträge (Betriebsrenten) i.S.d. § 22 Nr. 5 EStG, also aus kapitalgedeckter betrieblicher Altersversorgung durch Pensionsfonds, Pensionskassen und Direktversicherungen bei Vorliegen der entsprechenden Voraussetzungen und Nachweise nach dem AltZertG.[35]

Damit soll (statt der sonst eingreifenden investmentrechtlichen Zurechnung der Erträge) sichergestellt werden, dass die vorrangigen Sonderregeln für die steuerlich geförderten Altersvorsorgeverträge (nachgelagerte Besteuerung) anwendbar bleiben, wie sie für Leistungen nach § 22 Nr. 1 Satz 3 Buchstabe a) aa) EStG bzw. nach § 22 Nr. 5 EStG gesetzlich vorgesehen sind.[36] In der Ansparphase findet kein Zufluss statt. Auch ausgeschüttete Erträge gelten als nicht zugeflossen, wenn die Erträge umgehend auf den jeweiligen Vertrag wieder eingezahlt werden.[37] Somit kommt auch die Abgeltungsteuer nicht zur Anwendung.[38]

II. Zeitliche Zuordnung; Abs. 1 Satz 2–4 sowie Abs. 1a–Abs. 1c

34 Gemäß § 2 Abs. 1 Satz 1 InvStG können dem Anleger Ausschüttungen, ausschüttungsgleiche Erträge sowie Zwischengewinn zufließen. Hinsichtlich der steuerlichen Qualifikation der Erträge gilt zwar die Einheitlichkeit unabhängig von den zugrundeliegenden Ertragsarten; siehe Rn. 18. Hinsichtlich der zeitlichen Zuordnung können allerdings Unterschiede entstehen, schon deshalb weil für Privatanleger und betriebliche Anleger unterschiedliche Zuordnungsregeln gelten. Für bilanzierende Anleger gelten die allgemeinen steuerbilanzrechtlichen Grundsätze. Für andere betriebliche Anleger und für Privatanleger ist auf das Zuflussprinzip des § 11 EStG zurückzugreifen.[39] Ferner ist danach zu unterscheiden, ob die Erträge tatsächlich ausgeschüttet werden oder nur kraft gesetzlicher Fiktion als ausgeschüttet gelten (ausschüttungsgleiche Erträge). Schließlich zergliedert sich der Ausschüttungsfall in Endausschüttungen für das abgelaufene Geschäftsjahr, unterjährige Zwischen- bzw. Vorabausschüttungen, wobei beides als Voll- oder Teilausschüttung auftreten kann.[40]

Für die Erträge aus zertifizierten Altersversorgungsverträgen gelten die Ausführungen dieses Abschnittes nicht; insoweit greifen die vorrangigen Vorschriften nach § 22 Nummer 1 Satz 3 Buchstabe a) aa) und § 22 Nr. 5 EStG, siehe Rn. 32.

35 **1. Vollausschüttung.** Für ausgeschüttete Erträge enthält § 2 Abs. 1 Satz 2 keine Sonderregelung zur zeitlichen Erfassung. Es gelten insofern die allgemeinen Regeln.

---

35 Dazu BMF Schr. v. 20.1.2009 BStBl. I 2009, S. 273 bzw. überarbeitete Fassung v. 31.3.2010 BStBl. I 2010, S. 270.
36 Haase/*Reiche*/Frotscher § 2 InvStG Rn. 47 sowie 120.
37 BMF Schr. v. 18.8.2009 Rn. 28 unter Hinweis auf das BMF Schr. v. 20.1.2009 BStBl. I 2009, S. 273 Rn. 94.
38 Schmidt/*Weber-Grellet* § 22 Rn. 125; BMF Schr. v. 31.3.2010 BStBl. I 2010, S. 270 Rn. 114.
39 BMF Schr. v. 18.8.2009 Rn. 28.
40 Berger/Steck/Lübbehüsen/*Lübbehüsen* § 2 InvStG Rn. 63; BMF Schr. v. 18.8.2009 Rn. 28, 30, 30a.

B. Steuerbare Erträge — § 2

a) Privatanleger. Für den privaten Anleger wie auch für den nicht bilanzierenden 36
betrieblichen Anleger gelten die Regeln zum Zufluss nach § 11 EStG. Die Einkünfte aus
Kapitalvermögen i.S.d. § 20 Abs. 1 Nr. 1 EStG gehören zu den sogenannten Überschuss-
einkünften i.S.d. § 2 Abs. 2 Satz 1 Nr. 2 EStG. Als Einkünfte bestimmt diese Norm die
Überschüsse der Einnahmen über die Werbungskosten. Die Einnahmen sind gemäß § 11
Abs. 1 Satz 1 EStG innerhalb des Kalenderjahres bezogen, in dem sie dem Steuerpflichtigen zugeflossen sind. Maßgebend ist die wirtschaftliche Verfügungsmacht nach dem sogenannten Zahlungsprinzip; auf Fälligkeiten und Zeitraum, für den gezahlt wird, kommt
es nicht an.[41] Bei Depotverwahrung der Investmentanteile erfolgt der Zufluss im Zeitpunkt der Gutschrift durch das depotführende Institut.[42]

Die persönliche Zuordnung, wem die Einkünfte aus Kapitalvermögen als Anteilseig- 37
ner und Steuerpflichtiger zuzurechnen sind, folgt den Prinzipien des § 20 Abs. 5 EStG.[43]
Anteilseigner ist derjenige, dem nach § 39 AO die Anteile am Kapitalvermögen (hier
dem Investmentfonds) im Zeitpunkt des Gewinnverwendungsbeschlusses zuzurechnen
sind.[44]

Für den nicht bilanzierenden betrieblichen Anleger gilt entsprechendes. Seine ge- 38
werblichen Einkünfte werden nach § 4 Abs. 3 EStG, abweichend von Abs. 1 nicht durch
Betriebsvermögensvergleich, sondern durch Einnahme-Überschuss-Rechnung der Betriebseinnahmen über die Betriebsausgaben ermittelt, für die wieder § 11 EStG zur Anwendung kommt.[45]

b) Betriebsvermögen. Für den bilanzierenden betrieblichen Anleger gelten die 39
steuerrechtlichen Bilanzierungsregeln nach § 4 Abs. 1 und § 5 Abs. 1 EStG, soweit nicht
investmentsteuerliche Sonderregeln mit Bezug auf die Anlegerebene greifen.[46] Die ausgeschütteten Erträge sind bereits zum Zeitpunkt der Entstehung des Anspruchs zu erfassen.[47] Auch wenn in den Vertragsbedingungen ausgeführt wird, dass ordentliche Erträge
oder Veräußerungsgewinne grundsätzlich ausgeschüttet werden, führt dies alleine noch
nicht zur Entstehung eines Ausschüttungsanspruchs. Ein solcher Anspruch entsteht nach
inzwischen übereinstimmenden Ansätzen für die Handelsbilanz und die Steuerbilanz
erst mit der Konkretisierung der Ausschüttungsbestandteile mit der Fassung des Ausschüttungsbeschlusses durch die zuständigen Gremien.[48] Der Zeitpunkt der Beschlussfassung hat somit Auswirkungen auf die Erfassung beim bilanzierenden Anleger, je
nachdem, ob der Beschluss vor oder nach Ablauf seines Wirtschaftsjahres gefasst wird.[49]
Allerdings liegt das nicht in der Entscheidungsgewalt des Anlegers,[50] sondern in der Zuständigkeit der verwaltenden Investmentgesellschaft. Das gilt auch für das Spezialinvestmentvermögen, wenngleich hier der Anleger Einfluss auf die Ausschüttungspolitik
nehmen kann und wird.

---

41 Schmidt/*Drenseck* § 11 Rn. 12 sowie Schmidt/*Weber-Grellet* § 20 Rn. 31 ff. m.w.N. zu
Gewinnausschüttungen.
42 Berger/Steck/Lübbehüsen/*Lübbehüsen* § 2 InvStG Rn. 67.
43 Berger/Steck/Lübbehüsen/*Lübbehüsen* § 2 InvStG Rn. 64; Littmann/Bitz/Pust/*Ramackers* § 2 InvStG
Rn. 23 noch zu § 20 Abs. 2a EStG aF.
44 Schmidt/*Weber-Grellet* zu 20 Abs. 5 EStG Rn. 166 ff.
45 Blümich/*Wenzel* § 2 InvStG Rn. 10.
46 *Rockel/Patzner* DStZ **2007** 1546.
47 Haase/Reiche/*Frotscher* § 2 InvStG Rn. 113.
48 *Hagen* Ubg **2008** 337 338; BMF Schr. v. 18.8.2009 Rn. 28; Bordewin/Brandt/*Guerts* § 2 InvStG Rn. 40;
zur älteren abweichenden Ansicht des IDW unter Wertaufhellungsgesichtspunkten vgl. *Jacob/Geese/Ebner*
88 unter Hinweis auf FN IDW **2005** 581.
49 Insoweit zutreffend Beckmann/Scholtz/Vollmer/*Isensee* § 2 InvStG Rn. 30.
50 Insoweit ungenau *Isensee* a.a.O.

Entscheidend ist also der Zeitpunkt der Beschlussfassung (§ 12). Allerdings ist dieser für den Anleger, insbesondere eines Publikumsfonds, nicht ohne weiteres erkennbar. Einem praktischen Bedürfnis entsprechen wollend, ist es nach Ansicht der Finanzverwaltung – für den Fall, dass die Ausschüttung für das abgelaufene Geschäftsjahr erfolgt und innerhalb der vier Monate nach Ablauf des Geschäftsjahres ein Ausschüttungsbeschluss gefasst wird – zur richtigen Bestimmung der Fristen und zeitlichen Zuordnung der Erträge beim bilanzierende Anleger erforderlich, dass jeweils auch das Datum des Ausschüttungsbeschlusses gemeinsam mit den Besteuerungsgrundlagen nach § 5 veröffentlicht wird.[51] Dem folgend hat WM Datenservice ein entsprechendes Feld ED 318 eingerichtet.[52] Das mag alles hilfreich sein, aber eine gesetzliche Regelung zur Veröffentlichung dieses Datums gibt es nicht. Aus § 12, der sich ohnehin nur an inländische Investmentgesellschaften wendet, ergibt sich das nicht. Dieses Erfordernis kann dann auch insbesondere bei ausländischen Investmentfonds zu Problemen beim Steuer-Reporting für die Anleger führen. Hier ergeben sich zum einen zwar die gleichen praktischen Schwierigkeiten für den Anleger, so dass diese zusätzliche Information durchaus nützlich wäre. Aber die Anforderungen an die Beschlussfassung über die Verwendung der Erträge nach ausländischem Investmentrecht müssen nicht zwingend den nationalen, deutschen Anforderungen entsprechen. Ein Ausschüttungsbeschluss mit Datum kann also nicht in jedem Fall geliefert werden. Diese zusätzliche Anforderung kann nach den Grundsätzen der Eingriffsverwaltung (Vorbehalt des Gesetzes) nicht per Verwaltungsanweisung festgesetzt werden. Aus dem Fehlen dieser Angabe kann jedenfalls nicht auf die Intransparenz des Investmentvermögens geschlossen werden. Der gesetzliche Katalog der zwingend zu veröffentlichenden Daten zur Erlangung der Transparenz oder auch nur der Semitransparenz in § 5 sieht eine solche Anforderung nicht vor. So ergibt sich beispielsweise nach österreichischem Recht eine Zwangsausschüttung im Thesaurierungsfall in Höhe der Kapitalertragsteuer, damit der Anleger diese auch bezahlen kann, ganz ohne Ausschüttungsbeschluss.[53] Dieser Fall der gesetzlich angeordneten Teilausschüttung, der zu einem tatsächlichen Zufluss beim Anleger führt, kann nicht nach den weiteren Ausführungen im BMF Schr. v. 18.8.2009 Rn. 86 zum Vollthesaurierungsfall i.S.d. § 1 Abs. 3 Satz 5 erklärt werden. Diese teilweise Ergebnisverwendung wird in unmittelbarer Umsetzung des österreichischen Rechts ausgeschüttet. Ein Fall des fehlenden Ausschüttungsbeschlusses ist nicht gegeben. Diesem Tun liegt gewissermaßen ein stillschweigend gefasster Beschluss zur Durchführung der gesetzlich verlangten Ausschüttung zugrunde, der aber nicht formell gefasst und mit Datum versehen protokolliert wird. Insoweit bleibt das WM Feld leer, ohne dass dies negative Folgen für den Steuerstatus des Investmentanteils bzw. den Anleger haben darf. In der Literatur wird vorgeschlagen, dass in insofern aus Vereinfachungsgründen unterstellt werden könne, dass der Tag der Beschlussfassung dem Ex-Tag entspricht.[54]

40 **2. Thesaurierung.** Für die ausschüttungsgleichen Erträge bedarf es einer ausdrücklichen Regel zur zeitlichen Zuordnung; es findet ja kein tatsächlicher Zufluss statt, auf den die allgemeine Regel des § 11 EStG anzuwenden wäre, sondern nur ein fiktiver Zufluss. Nach Abs. 1 Satz 2 gelten die ausschüttungsgleichen Erträge – außer in den Sonderfällen der Altersvorsoge – mit dem Ablauf des Geschäftsjahres, in dem sie vereinnahmt worden sind, als zugeflossen. Abzustellen ist dabei auf das Geschäftsjahr des

---

51 BMF Schr. v. 18.8.2009 Rn. 86.
52 WM Datenservice Emitteninformation E 03 – 14.10.2009.
53 Siehe § 58 Bundesgesetz über Investmentfonds (InvFG 2011) i.d.F. v. 17.10.2011.
54 *Jacob/Geese/Ebner* 88.

Investmentfonds. Hat der Dach-Fonds in einen Ziel-Fonds investiert, ist das Geschäftsjahr des Dach-Investmentfonds entscheidend.[55]

Für die persönliche Zuordnung gilt das unter Rn. 35 Gesagte entsprechend, mit der Maßgabe, dass hier an die Stelle des Ausschüttungsbeschlusses das maßgebende Geschäftsjahresende des Investmentfonds tritt. Die ausschüttungsgleichen Erträge sind also von dem privaten oder betrieblichen Anleger zu versteuern, dem die Investmentanteil zum Geschäftsjahresende des Investmentvermögens steuerrechtlich zuzurechnen sind.[56] **41**

Auf Ebene des Anleger erfolgt zu diesem Zeitpunkt eine Erfassung und Besteuerung, ohne dass er tatsächlich über die Erträge verfügen kann. Mit dieser Zuflussfiktion soll dem Transparenzprinzip Geltung verschafft werden. Ohne Zwischenschaltung des Investmentvermögens wären diese Erträge auch steuerpflichtig. Die Umsetzung des Transparenzprinzips erfolgt indessen nur teilweise. Der Umfang der ausschüttungsgleichen Erträge ist zum einen nicht deckungsgleich mit dem Umfang der steuerpflichtigen Ausschüttung aufgrund der unterschiedlich Bestandteile gemäß Definition in § 1 Abs. 3 und zum anderen nicht deckungsgleich mit dem Umfang der Erträge, wie sie im Falle des Direktbesitzes steuerpflichtig wären. Insofern bedingt der Thesaurierungsfall eine Steuerstundung bis zur Anteilsrückgabe. **42**

Ohne die Zuflussfiktion hätte sich vor Einführung der Abgeltungssteuer für thesaurierte Erträge beim Privatanleger die Möglichkeit der steuerfreien Vereinnahmung ergeben; es hätte lediglich die einjährige Haltefrist des § 23 Abs. 1 Nr. 2 EStG a.F. abgewartet werden müssen. Für die sogenannten Altanteile, die vor dem 1.1.2009 erworben wurden, ergäbe sich dieses Schlupfloch immer noch. Auch die fortgeltende Zwischengewinnbesteuerung erfasst die thesaurierten Erträge nicht vollständig.[57]

Die Zuflussfiktion gilt für Anteile im Privatvermögen wie für Anteile im Betriebsvermögen gleichermaßen.[58]

Das führt insbesondere für Anteile im Betriebsvermögen zu Abweichung der Steuerbilanz von der Handelsbilanz. Handelsbilanziell kommt es ungeachtet der steuerlich Zuordnung eben nicht zu einem Zufluss; eine ergebniswirksame Vereinnahmung erfolgt zunächst nicht. Handelsrechtlich werden die Erträge erst bei tatsächlicher Realisierung – durch nachfolgende Ausschüttung oder durch Anteilsrückgabe – vereinnahmt; bis dahin erhöht der Thesaurierungsbetrag lediglich den Wert des Investmentanteils. Eine Zuschreibung in Höhe der ausschüttungsgleichen Erträge kommt wegen Verstoßes gegen das Realisations- und Anschaffungsprinzips gleichwohl nicht in Betracht.[59] **43**

Zur Vermeidung der drohenden Doppelversteuerung im Fall der Anteilsrückgabe bzw. -veräußerung wird korrespondierend zum steuerlichen Ergebnis in der Steuerbilanz ein aktiver Ausgleichsposten gebildet, der bei Veräußerung ergebnismindernd aufgelöst wird. Der Ausgleichsposten darf nur in Höhe des Betrages gebildet werden, um den sich der Wert des Anteils tatsächlich erhöht; also nur in der Höhe, wie handelsrechtlich ein ergebniswirksame Berücksichtigung nicht erfolgt; d.h. die anrechenbare Steuer (insoweit beinhaltet der ausschüttungsgleiche Ertrag eine Bruttoertragskomponente), die schon handelsrechtlich als Forderung gegenüber dem Finanzamt angesetzt wurde,[60] darf in den steuerlichen Ausgleichsposten nicht einfließen.[61]

---

55 Haase/*Reiche*/Frotscher InvStG Rn. 116.
56 Berger/Steck/Lübbehüsen/*Lübbehüsen* § 2 InvStG Rn. 72.
57 Berger/Steck/Lübbehüsen/*Lübbehüsen* § 2 InvStG Rn. 70, 71.
58 Blümich/*Wenzel* § 2 InvStG Rn. 11.
59 *Häuselmann* BB **1992** 312.
60 *Wellich/Quast/Lenz* BB **2008** 490; *Hagen* Ubg **2008** 337.
61 *Rockel/Patzner* DStR **2008** 2122.

Steuerlich begünstigte Dividenden sind Bestandteil des ausschüttungsgleichen Ertrages und deshalb im Ausgleichsposten abzubilden; die Kürzung um den nach § 3 Nr. 40 EStG bzw. nach § 8b KStG begünstigten Teil erfolgt außer-steuerbilanziell.[62]

44 Für nicht bilanzierende betriebliche Anleger mit Einnahmen-Überschuss-Rechnung nach § 4 Abs. 3 EStG ist nach Auffassung Finanzverwaltung der Ausgleich zur Vermeidung nochmaliger Besteuerung in geeigneter Weise zu vermeiden,[63] wobei sie offen lässt wie das zu geschehen hat. Die Praxis behilft sich mit Merkosten die entsprechend fortgeschrieben werden.[64]

45 Für den Fall, dass innerhalb von vier Monaten nach Ablauf des Geschäftsjahres kein Beschluss über die Verwendung des Erträge des abgelaufenen Geschäftsjahres gefasst wird, gelten diese als nicht zur Ausschüttung verwendet. Diese in § 1 Abs. 3 Satz 5 mit dem JStG 2009 eingeführte Regelung bestätig die auch schon bis dahin in der Praxis angewandte Thesaurierungsfiktion für den Fall, dass nicht innerhalbe von vier Monaten nach Ablauf des Geschäftsjahres ein Ausschüttungsbeschluss gefasst wurde. Mit anderen Worten: Mit Hilfe eines absichtlich verzögerten Ausschüttungsbeschlusses konnte die spätestens nach Ablauf der vier Monate greifende Thesaurierungsfiktion nicht vermieden werden. Mit dieser „Technik" hätte man sonst die Regelung zu den ausschüttungsgleichen Erträgen mitsamt der Zuflussfiktion in § 2 Abs. 1 Satz 2 gänzlich unterlaufen können. Insoweit hat diese gesetzliche Ergänzung nur klarstellende Bedeutung. Das ergibt sich auch aus dem Zusammenhang mit dem ebenfalls durch das JStG 2009 eingefügten § 5 Abs. 1 Satz 1 Nr. 3 Satz 2: Wird innerhalb von vier Monaten nach Ablauf des Geschäftsjahres ein Ausschüttungsbeschluss für dieses abgelaufene Geschäftsjahr gefasst, verlängert sich die vier monatige Frist zur Veröffentlichung der Besteuerungsgrundlagen nach Satz 1 um weiter vier Monate, gerechnet ab Beschlussfassung. Ein Erfordernis, dass auch über den Thesaurierungsfall ein eigenständiger Ergebnisverwendungsbeschluss herbeigeführt werden muss, ist aus § 1 Abs. 3 Satz 5 nicht abzuleiten.[65] Es ist auch nicht erkennbar, das sich der Ausschüttungsbeschluss auf die gesamten Erträge des abgelaufenen Geschäftsjahres beziehen muss. Wird nur für einen Teil der Erträge eine Ausschüttung beschlossen, ist damit inzident die Thesaurierung der übrigen Erträge beschlossen. Das reicht aus, um die Anwendung der Thesaurierungsfiktion nach § 1 Abs. 3 Satz 5 auf sämtliche Erträge zu vermeiden. Diese greift nur dann und nur soweit, wie keinerlei Beschluss über die Ergebnisverwendung gefasst wird. Der Beschluss über eine Teilausschüttung ist nichts anderes als ein Unterfall der Beschlussfassung über die Ergebnisverwendung. Das gilt auch für ein vor Ablauf des Geschäftsjahres beschlossene Vorabausschüttung. Insoweit liegt begrifflich immer noch ein Ergebnisverwendungsbeschluss vor Ablauf von vier Monaten nach Ablauf des Geschäftsjahres vor. Es ist nicht erkennbar, dass dieser Beschluss nicht schon in Teilen vor Ablauf des Geschäftsjahres gefasst werden könnte. Mit anderen Worten: Auch eine Vorabausschüttung verhindert die Thesaurierungsfiktion nach § 1 Abs. 3 Satz 5 für die bereits ausgeschütteten Erträge. Wird für die übrigen Erträge keine weitere Ausschüttung beschlossen, greift die Thesaurierungsfiktion nur noch insoweit. Für eine Rückgängigmachung von Vorabausschüttungen besteht keinerlei Anlass.[66]

---

[62] *Hagen* Ubg **2008** 337.
[63] BMF Schr. v. 18.8.2009 Rn. 29.
[64] Haase/*Reiche*/Frotscher § 2 InvStG Rn. 119; Blümich/*Wenzel* § 2 InvStG Rn. 11.
[65] So wohl Berger/Steck/Lübbehüsen/*Berger* § 1 InvStG Rn. 379.
[66] So aber Berger/Steck/Lübbehüsen/*Berger* § 2 InvStG Rn. 381.

3. Teilausschüttungen. Die oben dargestellten Grundsätze gelten für die Ausschüt- 46
tung bzw. Thesaurierung in Reinform. In der Praxis ist aber finden sich häufig Mischfälle, weil die Ausschüttungspolitik eher selten eine vollständige Ausschüttung oder Thesaurierung vorsieht. Die Varianten sind vielfältig; häufig wird ein Teil der Erträge ausgeschüttet und ein Teil reinvestiert oder es ist vorgesehen, dass nur die Veräußerungserlöse oder nur ordentliche Erträge zur Ausschüttung gelangen sollen.

Wenn man die Verwaltungsauffassung zu der 10% Nichtabzugsfähigkeit der allgemeinen Verwaltungskosten gemäß § 3 Abs. 3 Nr. 2 in der Fassung vor dem AIFM-StAnpG, wonach dieser Betrag stets als schüttungsgleicher Ertrag auszuweisen sein soll,[67] zu Ende denkt, wäre eine Vollausschüttung gar nicht möglich.

Diese Mischfälle werden als Teilausschüttung bezeichnet und es käme zu zwei unterschiedlichen Zuflusszeitpunkten nach den oben dargestellten Grundsätzen.[68] Diese aufwendige Unterteilung wollte der Gesetzgeber vermeiden und hat in Abs. 1 Satz 3 und 4 für Teilausschüttungen eine Sonderregel geschaffen, welche die Grundregeln nach Satz 1 und 2 verdrängt.[69] Dabei ist danach zu unterscheiden, ob die Ausschüttung ausreicht, um die Kapitalertragsteuer gemäß § 7 Abs. 1–3 einschließlich der Zuschlagsteuern (Solidaritätszuschlag) auf die ausgeschütteten und die ausschüttungsgleichen Erträge einzubehalten oder nicht. Nach Ansicht der Finanzverwaltung soll bei Publikums-Investmentfonds auch eine Kirchensteuer von 9% unter Berücksichtigung der Steuerermäßigung nach § 32d EStG in diese Vergleichsrechnung einbezogen werden.[70] Dem ist unter dem Gesichtspunkt der Vereinfachung für das Abgeltungsteuerverfahren zuzustimmen. Ansonsten wäre allein wegen nicht einbehaltener Kirchensteuer ein Veranlagungsfall gegeben. Ob der ausgeschüttete Teil ausreicht, diese Beträge abzudecken, ist abstrakt aus Sicht des Investmentvermögens zu entscheiden. Bei Publikums-Investmentfonds bleiben Minderungen der Kapitalertragsteuer für den einzelnen Anleger durch Freistellungsaufträge oder NV-Bescheinigungen oder Freistellungen für Körperschaften oder betriebliche Anleger unberücksichtigt; jedoch ist die Anrechnung ausländischer Steuer bis zur Höhe der unterstellten Kirchensteuer zu berücksichtigen.[71]

Satz 3 geht als Grundsatz von dem Fall aus, dass die Ausschüttung ausreicht, diese 47
Beträge abzudecken. In diesem Fall der Teilausschüttung sind die ausschüttungsgleichen Erträge dem Anleger im Zeitpunkt der Teilausschüttung zuzurechnen; der Fall folgt also bezüglich sämtlicher Erträge i.S.d. § 1 Abs. 3 dem Vollausschüttungsschema; diese Teilausschüttung ist ein Unterfall der Ausschüttung:[72]

Für Privatanleger und nicht bilanzierende betriebliche Anleger gilt das Zuflussprinzip nach § 11 EStG. Für bilanzierende betriebliche Anleger ist auf den Zeitpunkt des Ausschüttungsbeschlusses abzustellen. In beiden Fällen wird der Zurechnungszeitpunkt für die ausschüttungsgleichen Erträge zeitlich hinaus geschoben.[73]

Reicht der ausgeschüttete Betrag nicht aus, die Kapitalertragsteuer (nebst Solidari- 48
tätszuschlag und Kirchensteuer) einzubehalten, gilt auch die Teilausschüttung dem Anleger mit dem Ablauf des Geschäftsjahres, in dem die Erträge vom Investmentvermögen erzielt worden sind, als zugeflossen; der Fall folgt also bezüglicher sämtlicher Erträge

---

67 BMF Schr. v. 18.8.2008 Rn. 60.
68 Blümich/*Wenzel* § 2 InStG Rn. 12.
69 Haase/*Reiche*/*Frotscher* § 2 InvStG Rn. 131.
70 BMF Schr. v. 18.8.2009 Rn. 30.
71 BMF Schr. a.a.O.
72 *Jacob/Geese/Ebner* 90.
73 Haase/*Reiche*/*Frotscher* § 2 InvStG Rn. 132.

i.S.d. § 1 Abs. 3 dem Thesaurierungsschema; diese Teilausschüttung ist ein Unterfall der ausschüttungsgleichen Erträge:

Für Privatanleger wie für betriebliche Anleger gilt das gleichermaßen; es kommt nicht auf den tatsächlichen Zufluss oder den Ausschüttungsbeschluss an, sondern darauf, wem die Anteile am Ende des Geschäftsjahres gehörten; dem sind zu diesem Zeitpunkt die Erträge steuerlich zuzurechnen. Der Zurechnungszeitpunkt für den ausgeschütteten Teil wird zeitlich nach vorn verlegt.[74]

49 Im Zuge des OGAW-IV-UmsG wurde Satz 4 neu formuliert um klarzustellen, was bei neutraler Lesart nach dem Regelungszweck unter Beachtung der Gesetzessystematik auch schon vorher klar war.[75] Die Begriffsbestimmungen des § 1 Abs. 3 sind hinsichtlich der Besteuerungsfolgen stets im Zusammenhang mit § 2 zu lesen, der in Bezug auf diese Definitionen weitere Vorgaben zur Einkünftequalifikation, Zurechnung, Steuerbarkeit und Steuerbefreiung auf Anlegerebene enthält.[76] Die Anwendung der Thesaurierungsregeln für die zeitliche Zuordnung der Erträge bzw. für den Steuerabzug[77] auf diese Teilausschüttung ändert nichts daran, dass es sich materiell um ausgeschüttete Erträge handelt, deren Ermittlung der Definition nach § 1 Abs. 3 Satz 2 folgt und schon deshalb hinsichtlich Umfang und Steuerbarkeit von den ausschüttungsgleichen Erträge nach § 1 Abs. 3 Satz 3 abweichen. Dies gilt etwa für die Korrekturen des Veräußerungsgewinns im Fall der Anteilsrückgabe nach § 8 Abs. 5 und für die Steuerbarkeit von Veräußerungsgewinnen, die auf Ebene des Investmentfonds erzielt wurden: Zunächst thesaurierte Veräußerungsgewinne (die solange eben nicht zu den steuerbaren ausschüttungsgleichen Erträgen zählen) bleiben materiell latent steuerbar und werden im Fall der nachfolgenden Ausschüttung dann auch Bestandteil der steuerbaren ausgeschütteten Erträge – und mutieren nicht allein wegen der Formulierung in der Vereinfachungsregel nach Satz 4 zu nicht mehr steuerbaren ausschüttungsgleichen Erträgen.[78]

50 Keine Teilausschüttungen in diesem Sinne sind unterjährige Zwischenausschüttungen bzw. Vorabausschüttungen, wie sie insbesondere, ggf. mehrfach unterjährig, bei Geldmarktfonds vorkommen. Hierzu zählen Ausschüttungen von Erträgen aus dem noch nicht abgeschlossenen Geschäftsjahr. Teilausschüttungen beziehen sich dagegen auf Erträge des abgelaufenen Geschäftsjahres. Die Teilausschüttung wird ggf. nach Ablauf des Geschäftsjahres beschlossen, die Zwischenausschüttung dagegen unterjährig vor Ablauf des Geschäftsjahres. Für diesen Fall greifen die Grundsätze zur Ausschüttung: Zuflussprinzip bei Privatanlegern und Bilanzierungsregeln für bilanzierende betriebliche Anleger. Zur Vermeidung unverhältnismäßigen Publikationsaufwandes lässt die Finanzverwaltung in diesen Fällen von mehrfachen unterjährigen Zwischenausschüttungen eine gebündelte Einmal-Veröffentlichung nach § 5 Abs. 1 Satz 1 Nr. 3 zu, wobei die Besteuerungsgrundlagen für jede Zwischenausschüttung ersichtlich sein müssen.[79] Für eventuell verbleibende Restbeträge, die nicht vorab ausgeschüttet wurden, greifen die Grundsätze zu den ausschüttungsgleichen Erträgen, soweit nicht nach Ablauf des Geschäftsjahres auch insoweit noch ein Ausschüttungsbeschluss gefasst wird.[80]

74　Haase/*Reiche*/*Frotscher* § 2 InvStG Rn. 133.
75　*Tappen* DStR **2011** 246; Korn/*Carlé* § 2 InvStG Rn. 13.
76　Haase/*Bauderer*/*Coenenberg* § 1 InvStG Rn. 290; Korn/*Carlé*/*Hamacher* § 1 InvStG Rn. 29.
77　Schon das BMF Schr. v. 18.8.2009 Rn. 106 in der Fassung vom 2.6.2005 spricht von nur „verfahrensmäßiger" Behandlung wie ausschüttungsgleiche Erträge.
78　So schon Littmann/Bitz/Pust/*Ramackers* § 2 InvStG Rn. 44 (Stand 61. Lfg. 2004); Berger/Steck/Lübbehüsen/*Lübbehüsen* § 2 InvStG Rn. 77; **a.A.** ohne systematische Herleitung *Bacmeister* IStR **2007** 169.
79　BMF Schr. v. 18.8.2009 Rn. 30a.
80　Littmann/Bitz/Pust/*Ramackers* § 2 InvStG Rn. 45.

4. Missbrauchstatbestände; Abs. 1a–Abs. 1c. Abs. 1a–1c wurden eingefügt durch **51** das OGAW-IV-UmsG v. 22.6.2011. Ausgangspunkt hierfür waren dem Gesetzgeber missbräuchlich erscheinende Gestaltungen im Zusammenhang mit Leerverkäufen von Aktien um den Dividendenstichtag bei Direktanlage. Bei diesen sog. „Cum-Ex-Trades" bestand die Gefahr der mehrfachen Bescheinigung der auf der Dividende lastenden Kapitalertragsteuer durch die depotführenden Kreditinstitute nach § 45a Abs. 3 EStG, obwohl tatsächlich nur einmal Kapitalertragsteuer einbehalten wurde: Die Aktien werden vom Leerverkäufer unmittelbar vor dem Dividendenstichtag mit Dividendenanspruch „cum" verkauft. Beschafft und an den Käufer geliefert werden die Aktien aber erst nach dem Dividendenstichtag ohne Dividendenanspruch „ex". Die Kapitalertragsteuer wird am Tag der Dividendenausschüttung von der ausschüttenden Gesellschaft an das Finanzamt abgeführt und für den ursprünglichen Inhaber der Aktien wird von dessen depotführender Stelle eine Steuerbescheinigung generiert. Weil aber auch der Käufer einen Anspruch auf die Aktie „cum" hat, wird im Zuge der Kaufabwicklung eine Ausgleichszahlung zulasten des Leerverkäufers generiert, die aber bei der depotführenden Stelle des Käufers nicht als solche erkennbar ist. Im Zuge der Abwicklung wird er ebenfalls wie ein Dividendenberechtigter behandelt hat und ihm wird ebenfalls eine Steuerbescheinigung über die nur einmal abgeführte Kapitalertragsteuer ausgestellt.[81]

Um dem zu begegnen, wurde mit dem JStG 2007 in § 20 Abs. 1 Nr. 1 Satz 4 EStG die sog. Kompensationszahlung als neuer Einkünftetatbestand eingefügt, der ebenfalls dem Kapitalertragsteuerabzug nach § 43 Abs. 1 Satz 1 Nr. 1 EStG unterlag – allerdings nur dann, wenn ein inländisches Kreditinstitut die den Verkaufsauftrag (für den Leerverkäufer der Aktien) ausführende Stelle war.

Um diese Lücke zu schließen, wurde mit dem OGAW-IV-UmsG der Kapitalertragsteuerabzug auf Dividenden in §§ 43 ff. EStG von der ausschüttenden Gesellschaft weg und insgesamt auf die depotführenden Kreditinstitute verlagert. Somit ist gewährleistet, dass die vom depotführenden Kreditinstitut bescheinigte Kapitalertragsteuer auch tatsächlich von der Bruttodividende (bzw. Kompensationszahlung) abgeführt wird.[82]

Entsprechend dieser Systemumstellung beim Kapitalertragsteuerabzug auf Dividenden nach § 43 EStG wurde auch der Kapitalertragsteuerabzug auf ausgeschüttete bzw. ausschüttungsgleiche Erträge in § 7 InvStG neu geregelt und auf die depotführenden Kreditinstitute (auszahlende Stellen) verlagert.[83]

Bei dieser Gelegenheit wurden im letzten Stadium des Gesetzgebungsverfahrens **52** zum OGAW-IV-UmsG weitere missbräuchliche Gestaltungen mit Leerrückgaben von Investmentanteilen erkannt, die mit den neu eingefügten Abs. 1a–1c bekämpft werden sollen: In dem Bericht des Finanzausschusses[84] heißt es zur Begründung der Beschlussempfehlung des Finanzausschusses[85] zu Absatz 1a bis 1c:

Die Verlagerung der Kapitalertragsteuererhebung auf die auszahlenden Stellen hat zum Ziel, missbräuchliche steuerliche Gestaltungen bei Leerverkäufen von Anteilen zu verhindern. Die Umsetzung der einkommensteuerlichen Regelungen auf Leerverkäufe bzw. Leerrückgaben von sammelverwahrten Anteilen an inländischen Investmentvermögen erfolgt durch die neuen Absätze 1a bis 1c im § 2 InvStG.

---

81 Zu den Leerverkaufsgeschäften i.E. siehe etwa *Seip/Füllbier* BB **2007** 477; *Bruns* DStR **2010** 2061.
82 *Tappen* DStR **2011** 246.
83 *Höring* DStZ **2011** 472; BMF Schr. v. 3.11.2011 – IV C 1 – S 1980-1/11/10001 DStZ **2011** 885 sowie die Kommentierung zu § 7.
84 BTDrucks. 17/5417.
85 BTDrucks. 17/5403.

Ähnlich den Geschäften mit Aktien ist es auch bei Investmentanteilen möglich, dass ein Veräußerer sich zu einer Lieferung eines Anteils mit Berechtigung zum Bezug der Ausschüttung zum nächsten Ausschüttungsstichtag („cum") verpflichtet, tatsächlich aber nur einen Anteil ohne diesen Ausschüttungsanspruch („ex") liefert. Der Erwerber hat dann einen Anspruch auf einen Ausgleich, üblicherweise als Kompensationszahlung bezeichnet. Diese ist nach geltendem Recht als von dritter Seite geleisteter Vorteil neben den vom Investmentvermögen stammenden Erträgen aus dem Investmentanteil nach § 20 Absatz 3 EStG steuerpflichtig. In der Praxis kann das den Investmentanteil für den Erwerber verwahrende Kreditinstitut oft nicht feststellen, ob der Kunde die Ausschüttung selbst oder eine Kompensationszahlung, in Absatz 1a als Einnahmen an Stelle der Ausschüttung bezeichnet, erhält. Wie bei der Direktanlage sollen für diese Kompensationszahlungen die Regeln für die Ausschüttung gelten, sodass die Abwicklung nach einheitlichen Regeln erfolgen kann.

Eine vergleichbare Problematik besteht bei den ausschüttungsgleichen Erträgen. Für diese Fälle muss die Gleichstellung besonders angeordnet werden, weil der Veräußerer hier keine Kompensationszahlung an den Erwerber in voller Höhe der Ausschüttung zu leisten hat, sondern nur in Höhe der auf die ausschüttungsgleichen Erträge entfallenden Steuer.

Zu Absatz 1a

Die Vorschrift enthält die Neuregelung für ausschüttende Investmentvermögen einschließlich der teilweise ausschüttenden Investmentvermögen mit hohem Ausschüttungsanteil (§ 2 Absatz 1 Satz 3 InvStG). Diese betrifft alle ausschüttenden Investmentvermögen, da auch bei ausschüttenden ausländischen Investmentvermögen, die an einen unbeschränkt Steuerpflichtigen ausschütten, entsprechende Geschäfte und Kompensationszahlungen möglich sind und aus systematischer Sicht eine unterschiedslose Behandlung aus dem Inland und aus dem Ausland stammender Zahlungen geboten ist.

Die Kompensationszahlung wird der Ausschüttung gleichgestellt und zur einheitlichen Abwicklung als Leistung des Investmentvermögens behandelt, auch wenn sie vom Veräußerer erbracht wird. Die Gleichstellung erstreckt sich auch auf den Kapitalertragsteuerabzug nach § 7 Absatz 1 InvStG, wobei der Steuerabzug von Ausschüttungen ausländischer Investmentvermögen nach § 7 Absatz 1 InvStG erfolgt und daher, anders als bei inländischen Investmentvermögen, keiner Neuregelung bedarf.

Wegen der Gleichstellung mit der Ausschüttung gelten die Bekanntmachungen nach § 5 auch für die Kompensationszahlung.

Zu Absatz 1b

Die Vorschrift enthält die parallele Regelung für inländische thesaurierende Investmentvermögen einschließlich der teilweise ausschüttenden Investmentvermögen mit geringem Ausschüttungsanteil. Die Regelung ist auf inländische Investmentvermögen beschränkt, da ausländische thesaurierende Investmentvermögen keinen Kapitalertragsteuerabzug vornehmen.

Eine Kompensationszahlung an den Erwerber kommt zukünftig in Höhe der vom inländischen Investmentvermögen zur Verfügung zu stellenden Abzugsteuer in Betracht. Um die Gleichstellung mit den ausschüttungsgleichen Erträgen zu erreichen, wird beim Erwerber der Zufluss einer gleich hohen und artgleichen Leistung des Investmentvermögens fingiert.

Aufgrund der Generalverweisung gelten u.a. die Bekanntmachungen nach § 5 und die Vorschriften über den Steuerabzug nach § 7 InvStG auch für die Beträge nach Satz 1 und Teilausschüttungen nach Satz 2.

Zu Absatz 1c

Eine mit den Problemen bei Leerverkäufen von Investmentanteilen vergleichbare Problematik kann sich auch bei der – investmentrechtlich als unzulässig zu qualifizierenden – Rückgabe von Investmentanteilen an das Investmentvermögen über den Thesaurierungsstichtag ergeben (oftmals als „Leerückgabe" bezeichnet). Solche „Leerrückgaben", d.h. die Ausübung des Rückgaberechts in Bezug auf Anteile an einem Sondervermögen gegenüber der Kapitalanlagegesellschaft oder Aktien an einer Investmentaktiengesellschaft gegenüber der Investmentaktiengesellschaft, ohne dass sich die Investmentanteile im Bestand des das Rückgaberecht Ausübenden befinden, sind investmentrechtlich unzulässig und damit als rechtsmissbräuchlich zu qualifizieren. Das Recht zur Rückgabe eines Investmentanteils ist ein besonderes mit dem Wertpapier eines Investmentanteils untrennbar verbundenes Recht. Es kann daher nicht isoliert ohne Innehaben eines Investmentanteils ausgeübt werden.

Berücksichtigen ungeachtet dessen Investmentvermögen und Depotbank bereits die Rückgabeverpflichtung bei der Bestimmung der Anzahl der im Umlauf befindlichen Anteile und nicht erst die tatsächliche Rückgabe der Anteile, werden die Erträge des Investmentvermögens und die Kapitalertragsteuer für eine zu geringe Anzahl von Investmentanteilen ermittelt. Die Anleger haben aber Anspruch auf Auszahlung der ausgeschütteten Erträge oder auf zur Verfügungstellung der Kapitalertragsteuer nach dem höheren tatsächlichen Fondsvolumen. Dies soll nicht zu Lasten der Anleger gehen, sondern muss den Beteiligten treffen, der leer zurückgibt. Es bleibt der Investmentgesellschaft in Abstimmung mit der Depotbank überlassen, wie sie dieses Ergebnis sicherstellt (zum Beispiel durch Absehen von Rücknahmen in zeitlicher Nähe zum Stichtag, Einbehalt einer Sicherheitsleistung vom Rückgabepreis für etwaige Kompensationsleistungen oder Anforderung eines Nachweises, dass es sich nicht um eine Leerrückgabe handelt).

III. Partielle Anwendung von Teileinkünfte- bzw. Freistellungsverfahren; Abs. 2

Der grundsätzliche Ausschluss des Teileinkünfte- bzw. Freistellungsverfahrens nach Abs. 1 Satz 1 HS 2 steht unter dem Vorbehalt, dass die begünstigenden Vorschriften § 3 Nr. 40 EStG bzw. § 8b KStG nicht doch Geltung finden durch die Rückausnahme in Abs. 2 für bestimmte Ertragsteile der ausgeschütteten bzw. ausschüttungsgleichen Erträge zur Gleichstellung mit dem Direktinvestor, bei dem diese Vorschriften auch zur Anwendung kämen. Soweit ausgeschüttete bzw. ausschüttungsgleiche Erträge solche i.S.d. § 43 Abs. 1 Satz 1 Nr. 1, 1a und 6 sowie Satz 2 EStG enthalten, ist auf Anlegerebene das Teileinkünfteverfahren nach § 3 Nr. 40 EStG bzw. das Freistellungsverfahren nach 8b KStG anzuwenden. Diese partielle Anwendung der Begünstigungsregeln dient der Umsetzung des Transparenzprinzips.

53

Zur Bestimmung der begünstigten Ertragsteile arbeitet der Gesetzgeber in Abs. 2 mit einer, bedingt durch die historische Fortentwicklung, etwas unübersichtlich geratenen Mischung aus Rechtsfolgeverweisung (hinsichtlich der begünstigten Ertragsarten auf Ebene des Investmentfonds) und Rechtsgrundverweisung (hinsichtlich des persönlichen Anwendungsbereichs und der Rechtsfolgen auf Ebene des Anlegers)[86] unter Bezugnahme auf die Kapitalertragsteuervorschrift § 43 Abs. 1 Satz 1 Nr. 1, 1a und 6 sowie Satz 2 EStG.

---

[86] Beckmann/Scholtz/Vollmer/*Isensee* § 2 InvStG Rn. 52.

54 Voraussetzung für die Anwendung der Begünstigungsvorschriften ist auf der Eingangsseite der Bezug von Kapitalerträgen i.S.d. § 43 Abs. 1 Satz 1 Nr. 1, 1a und 6 sowie Satz 2 EStG. Die Besteuerung auf der Ausgangsseite ist also abhängig von der Art der erzielten Erträge auf der Eingangsseite des Investmentfonds.[87] Korn *Carlé* spricht insoweit anschaulich von den sachlichen Tatbestandsvoraussetzungen auf Ebene des Investmentfonds und den persönlichen Voraussetzungen und Rechtsfolgen auf Ebene des Anlegers.[88]

55 Da Abs. 2 Satz 1 ausgeschüttete und ausschüttungsgleiche Erträge in Bezug nimmt, wird die partielle Anwendbarkeit des Teileinkünfte- bzw. Freistellungsverfahrens für den Ausschüttungsfall und den Thesaurierungsfall geregelt.[89]

Teilausschüttungen stellen lediglich einen Unterfall der Ausschüttungen dar, und keine eigene Ertragskategorie,[90] so dass auch insofern ausgeschüttete Erträge vorliegen, auf die die Begünstigung Anwendung findet, sofern sie Erträge mit entsprechender sachlicher Qualifikation enthalten.

56 Die Begünstigungen greifen nur, soweit in formeller Hinsicht auch den dazugehörigen Bekanntmachungspflichten nach § 5 Abs. 1 Satz 1 Nr. 1c) aa) und bb) sowie Satz 2 Rechnung getragen wird.[91]

1. Sachliche Voraussetzungen auf Ebene des Investmentfonds

57 **a) Abs. 2 Satz 1 laufende Erträge.** Abs. 2 *Satz 1* zielt auf die Regelung zum Kapitalertragsteuerabzug in § 43 Abs. 1 Satz 1 Nr. 1, 1a und 6, die wiederum auf die Erträge aus Kapitalvermögen i.S.v. § 20 Abs. 1 Nr. 1 und 2 EStG verweisen. Erfasst werden also die Gewinnanteile (Dividenden) Ausbeuten und sonstige Bezüge aus Aktien, Genussrechten mit Eigenkapitalcharakter, Anteilen an Gesellsaften mit beschränkter Haftung und gleichgestellten juristischen Personen.

§ 43 Abs. 1 Satz 1 Nr. 1 Satz 2 EStG bezieht die Erträge i.S.d. § 20 Abs. 2 Satz 1 Nr. 2a) und Nr. 2 Satz 2 EStG mit ein; damit wird der Gewinn aus der Veräußerung oder Abtretung von Dividendenscheinen ohne Stammrecht erfasst und wie laufender Ertrag behandelt.

Die Separierung der Dividenden aus Aktien in § 43 Abs. 1 Satz 1 Nr. 1a EStG erfolgte als redaktionelle Folgeänderung im Zuge des OGAW-IV-UmsG, mit dem die Verlagerung des Kapitalertragsteuerabzugs auf die depotführenden Institute eingeführt wurden. Mit der ebenfalls durch das OGAW-IV-UmsG eingefügten redaktionellen Folgeänderung in Abs. 2 Satz 1 (Ergänzung um Nr. 1a) wurde diese Verweislogik angepasst und mit der nunmehr nachgereichten[92] Bezugnahme auf Nr. 6 endgültig stimmig gemacht.

Vereinfachend zusammengefasst: *Laufende Erträge* wie Dividenden und gleichgestellte Fälle.

58 **b) Abs. 2 Satz 2 Veräußerungsgewinne.** Abs. 2 *Satz 2* ergänzt den Anwendungsbereich um Erträge i.S.d. § 43 Abs. 1 Satz 1 Nr. 9 EStG in der Fassung durch das UntStRefG 2008. Die Neufassung steht in Zusammenhang mit der Einführung der Abgeltungsteuer

---

[87] Haase/*Reiche*/Frotscher § 2 InvStG Rn. 73.
[88] Korn/*Carlé* § 2 InvStG Rn. 14.
[89] Berger/Steck/Lübbehüsen/*Lübbehüsen* § 2 InvStG Rn. 120.
[90] Beckmann/Scholtz/Vollmer/*Isensee* § 2 InvStG Rn. 47.
[91] Berger/Steck/Lübbehüsen/*Lübbehüsen* § 2 InvStG Rn. 119.
[92] Gesetz zur Umsetzung des EuGH-Urteils vom 20.10.2011 in der Rechtssache C-284/09 v. 21.3.2013 BGBl. I 2013 561.

und der Neukonzeption von § 20 EStG und 43 EStG. Der Katalog des § 43 Abs. 1 Satz 1 EStG wurde um die Nr. 9–12 ergänzt zur Abstimmung mit dem ebenfalls neu gefassten Katalog der Veräußerungstatbestände i.S.d. § 20 Abs. 2 EStG. § 43 Abs. 1 Satz 1 Nr. 9 zielt auf die Veräußerungserträge i.S.d. § 20 Abs. 2 Satz 1 Nr. 1 Satz 1 und 2. Erfasst werden also der Gewinn aus der Veräußerung von Anteilen an Körperschaften i.S.d. Abs. 1 Nr. 1, also solche, die Gewinnanteile (Dividenden) Ausbeuten und sonstige Bezüge aus Aktien, Genussrechten mit Eigenkapitalcharakter, Anteilen an Gesellsaften mit beschränkter Haftung und gleichgestellten juristischen Personen generieren.

Nach inzwischen geklärter Gesetzeslage gehören auch Anteile an Grundstücks-Kapitalgesellschaften zum Kreis der begünstigten Anlagen.[93]

Vereinfachend zusammengefasst: *Veräußerungsgewinne* aus Aktien, GmbH-Anteilen, Genussrechten und ähnlichen Beteiligungen und Anwartschaften auf Anteile/Beteiligungen.

c) Abgrenzungsfragen hinsichtlich der begünstigten Erträge. Abs. 2 verweist bezüglich Satz 1 und Satz 2 auch auf § 43 Abs. 1 Satz 2 i.V.m. § 20 Abs. 3 EStG. Damit werden *auch besondere Entgelte oder Vorteile, die neben oder anstelle* der begünstigten Einnahmen gewährt werden, erfasst. Diese Verweiskette begründet keinen selbständigen Besteuerungstatbestand, sie stellt nur den Umfang der bereits in den konkreten Tatbeständen des § 20 Abs. 1 und Abs. 2 EStG definierten steuerpflichtigen Erträge für die weitere Behandlung beim KESt-Abzugsverfahren bzw. beim Teileinkünfteverfahren klar.[94] 59

Abs. 2 Satz 1 bezieht sich ausdrücklich auf *inländische wie ausländische Erträge* i.S.d. § 43 Abs. 1 Satz 1 Nr. 1, 1a und 6 EStG. Mit dieser Bezugnahme sollten EU-rechtlich bedenkliche Einschränkungen des Halbeinkünfteverfahrens wie noch zu Zeiten des AuslInvG ausgeräumt werden.[95] An dieser Zielsetzung hat sich nichts geändert, auch wenn die Verweistechnik seit dem UntStRefG 2008 nicht ganz vollständig war. Die ausländischen Dividenden und gleichgestellten Fälle sind für Kapitalertragsteuerzwecke erstmals in § 43 Abs. 1 Satz 1 Nr. 6 EStG in der Fassung des UntStRefG 2008 erwähnt. Ob tatsächlich ein Kapitalertragsteuerabzug nach § 43 Abs. 1 EStG auf der Eingangsseite des Investmentfonds erfolgt, ist für die Anwendung des Abs. 2 Satz 1 bedeutungslos.[96] Am Inhalt des klarstellenden Abs. 2 Satz 1 InvStG sollte sich dadurch nichts ändern, auch wenn sowohl bei Einführung des § 43 Abs. 1 Satz 1 Nr. 6 EStG durch das UntStRrefG 2008 wie auch erneut bei der Ergänzung von Abs. 2 Satz 1 um die Nr. 1a im Zuge des OGAW-IV-UmsG die redaktionelle Schleife zu § 43 Abs. 1 Satz 1 Nr. 6 EStG vergessen wurde. Dieser redaktionelle Fehler wurde zwischenzeitlich behoben.[97] 60

Erzielt das Investmentvermögen neben diesen qualifizierten „Beteiligungserträgen" weitere andere Erträge (*Zinserträge, Mieterträge oder sonstige Erträge*), beschränkt sich die Anwendung der begünstigenden Regeln auf die qualifizierten Kapitalerträge; eine Abfärbung auf andere Erträge kommt nicht in Betracht.[98] 61

Die *Einlagenrückgewähr* aus dem Einlagenkonto nach § 27 KStG gehört nicht zu den begünstigten Erträgen; diese Erträge gehören schon nicht zur Ausgangsgröße (ausgeschüttete bzw. ausschüttungsgleiche Erträge i.S.d. § 1 Abs. 3).[99] 62

---

[93] So schon *Sradj/Mertes* DStR **2003** 1681.
[94] Berger/Steck/Lübbehüsen/*Lübbehüsen* § 2 InvStG Rn. 125.
[95] Vgl. den Exkurs zum alten Recht nach AuslInvG bei Korn/*Carlé* § 2 InvStG Rn. 15.
[96] Berger/Steck/Lübbehüsen/*Lübbehüsen* § 2 InvStG Rn. 122.
[97] Gesetz zur Umsetzung des EuGH-Urteils vom 20.10.2011 in der Rechtssache C-284/09 v. 21.3.2013 BGBl. I 2013, S. 561.
[98] Beckmann/Scholtz/Vollmer/*Isensee* § 2 InvStG Rn. 46.
[99] Berger/Steck/Lübbehüsen/*Lübbehüsen* § 2 InvStG Rn. 126.

63 Auf Kompensationszahlungen (*manufactured dividends*) bei Wertpapierleihgeschäften oder Wertpapierpensionsgeschäften sind die Begünstigungen nicht anzuwenden, weil nicht originär Gewinnanteil des Beteiligungsberechtigten. Dies gilt auch für den Teil der Zahlungen, der aus der Weiterleitung von Dividenden oder anderen Gewinnanteilen an den Verleiher oder Pensionsgeber besteht.[100]

64 Ebenso wenig werden die *Erträge aus anderen Investmentanteilen*, obgleich sie nach Abs. 1 als Erträge i.S.d. § 20 Abs. 1 Nr. 1 EStG gelten (aber nur im Privatvermögen), pauschal den Begünstigungen unterworfen. Der Verweis in Abs. 2 Satz 1 knüpft bezeichnenderweise nicht an Abs. 1 an, sondern an den Katalog der Kapitalertragsteuervorschrift des § 43 Abs. 1 Satz 1 Nr. 1, 1a und 6 EStG, um auf diese Weise die Erträge der Eingangsseite aufgrund ihrer originären Ertragsart/Qualität für die Begünstigung vorzusehen oder eben nicht. Das gilt auch für die Zielfonds-Dachfonds-Konstellation. Der Dachfonds kann aus den publizierten Daten des Zielfonds die begünstigten Erträge des Zielfonds von den nichtbegünstigten unterscheiden und sie für seine Ertragsermittlung entsprechend einlesen. Nur Dividenden-/Beteiligungserträge und gleichgestellt Fälle der Eingangsseite des Ziel-Investmentvermögens kommen auch als solche auf der Eingangsseite das Dach-Investmentvermögens an.[101] Eine andere Lesart führte zu einer nicht gerechtfertigten Besserstellung des Dachfonds gegenüber dem Einzelfonds bzw. der Direktanlage.[102] Die Vorschrift soll aber erkennbar das Teileinkünfteverfahren dem Transparenzprinzip folgend nur insoweit umsetzen, wie es auch im Fall der Direktanlage greift.

65 Nicht erfasst vom Anwendungsbereich der Norm wird der *Zwischengewinn*. Dieser zählt nicht zu den ausgeschütteten bzw. ausschüttungsgleichen (laufenden) Erträgen i.S.d. „Soweit-Satzes" in Abs. 2 Satz 1. Es handelt sich der Sache nach um (abgrenzte) Zinserträge, die anlässlich der Anteilsrückgabe vereinnahmt werden und bei vergleichbarer Direktanlage ebenfalls nicht begünstigt wären.[103] Die Anwendbarkeit des Teileinkünfte- bzw. Freistellungsverfahrens auf den Fall der Veräußerung bzw. Rückgabe des Investmentanteils wird in § 8 geregelt.[104]

66 In diesem Regelungszusammenhang trifft Abs. 2 Satz 1 a.E. ferner eine Aussage zur Anwendung des *REIT-Gesetzes* auf die so identifizierten „Beteiligungserträge". Danach ist § 19 REIT-G in seiner Gesamtheit anzuwenden, soweit in den ausgeschütteten bzw. ausschüttungsgleichen Erträgen solche „Beteiligungserträge" enthalten sind. Es handelt sich um eine Rechtsgrundverweisung.[105] Gemäß § 19 Abs. 3 REIT-G bleiben die Begünstigungen nach § 3 Nr. 40 EStG bzw. § 8b KStG ausgeschlossen wegen des besonderen Steuerregimes dieser Gesellschaften. REITS sind grundsätzlich von der KöSt und GewSt befreit, unterliegen aber einer Ausschüttungsverpflichtung. Soweit also ein Anleger über die Fondsanlage auch REIT-Erträge bezieht, greift die Begünstigung nicht. Im Wege der Rückausnahme greifen die Begünstigungen doch, wenn die Erträge des Investmentfonds auf der Eingangsseite aus einer steuerlich vorbelasteten REIT-Gesellschaft i.S.d. § 19a REIT-G stammen; die also mit mindesten 15% KStG oder vergleichbarer Steuer belegt wurden.[106]

---

[100] BMF Schr. v. 18.8.2009 Rn. 34; Zu Wertpapierpensionsgeschäft und Wertpapierleihe siehe *Schnitger/Bildstein* IStR **2009** 202 m.w.N.; *Häuselmann* DStR **2007** 1379.
[101] Berger/Steck/Lübbehüsen/*Lübbehüsen* § 2 InvStG Rn. 127.
[102] Littmann/Bitz/Pust/*Ramackers* § 2 InvStG Rn. 54; *Korn/Carlé* § 2 InvStG Rn. 17.
[103] *Kempf/Lauterfeld* BB **2005** 631.
[104] Berger/Steck/Lübbehüsen/*Lübbehüsen* § 2 InvStG Rn. 117.
[105] Beckmann/Scholtz/Vollmer/*Isensee* § 2 InvStG Rn. 52; *Ebner/Helios* FR **2009** 977; Haase/Reiche/*Frotscher* § 2 InvStG Rn. 91.
[106] Ausführlich hierzu Beckmann/Scholtz/Vollmer/*Isensee* § 2 InvStG Rn. 58 m.w.N.

2. Persönliche Voraussetzungen und Rechtsfolgen auf Anlegerebene. Beim An- 67
leger kommt entweder § 3 Nr. 40 EStG oder § 8b KStG für körperschaftsteuerpflichtige
Anleger zur Anwendung, je nach persönlichem Anwendungsbereich.[107]

a) Anwendung des § 3 Nr. 40 EStG auf betriebliche Anleger, die nicht Kör- 68
perschaftsteuersubjekt sind. Mit Umstellung des Halbeinkünfteverfahrens auf das
Teileinkünfteverfahren durch das UntStRefG 2008 ist § 3 Nr. 40 EStG für Privatanleger
obsolet geworden. Bei dieser Anlegergruppe wäre auch im Falle der Direktanlag das Abgeltungssteuerverfahren anzuwenden; für sie gilt exklusiv das Abgeltungssteuerregime
nach § 32d EStG. Die Regelungen des § 3 Nr. 40 Buchstabe d)–h) EStG gelten nach Satz 2
dieser Vorschrift i.V.m. § 20 Abs. 8 EStG nur für betriebliche Anleger mit gewerblichen
Einkünften. Die Rechtsfolgen des § 3 Nr. 40 EStG treten (nur) bei Anlegern ein, bei denen
die Kapitalerträge (hier die Einkünfte aus dem Investmentfonds) zu den Betriebseinnahmen gehören; also deren Einkünfteermittlung den §§ 13, 15, 18 EStG folgt.[108]

Eine Option zur Anwendung des Teileinkünfteverfahrens könnte allerdings über
§ 32d Abs. 3 Nr. 3 Buchstabe a) und b) EStG für den qualifizierten Privatanleger eines
Investmentfonds in Form der Kapitalgesellschaft (etwa SICAV) in Betracht kommen,[109]
wenn er
- zu mindestens 25% an der Kapitalgesellschaft beteiligt ist oder
- zu mindestens 1% an der Kapitalgesellschaft beteiligt und beruflich für diese tätig
  ist.

§ 3 Nr. 40 Satz 1 Buchstabe a) EStG greift laut Satz 1 nur für Betriebsvermögensmeh- 69
rungen aus der Veräußerung der begünstigten Beteiligungen, soweit sie zu den Einkünften aus Land- und Forstwirtschaft, aus Gewerbebetrieb oder aus selbständiger Arbeit
gehören.

§ 3 Nr. 40 Satz 1 Buchstabe d)–h) EStG gelten gemäß Satz 2 nur in Verbindung mit
§ 20 Abs. 8 EStG, also nur soweit die Einkünfte zu den Einkünften aus Land- und Forstwirtschaft, aus Gewerbebetrieb oder aus selbständiger Arbeit gehören. Die ebenfalls in
§ 20 Abs. 8 EStG erwähnte Alternative „oder aus Vermietung und Verpachtung" ist für
Erträge aus Investmentfonds nicht relevant, da laut Qualifikationsnorm § 2 Abs. 1 Satz 1
InvStG die Erträge aus den Investmentanteilen zwingend entweder Einkünfte aus Kapitalvermögen oder Betriebseinnahmen sind[110] (eine Sonderbehandlung gilt nur für die
Altersvorsorgeerträge).

Abs. 2 Satz 1 verweist für die *laufenden Erträge* auf § 3 Nr. 40 EStG insgesamt. Diese 70
Formulierung ist insoweit zu weit gegriffen, als letztlich nur Buchstabe d)–h) für laufende Erträge zur Anwendung kommen können. Buchstabe a)–c) befassen sich mit Veräußerungsvorgängen, die in den laufenden Erträgen per Definition nicht enthalten sind.[111]
Weil diese Veräußerungserträge auch nicht Bestandteil der ausschüttungsgleichen Erträge werden, also in der Steuerpause bis zur Ausschüttung verharren, stellt sich auch
auf Anlegerebene die Frage nach der Anwendbarkeit der Buchstaben a)–c) insoweit
nicht.[112]

---

107 Berger/Steck/Lübbehüsen/*Lübbehüsen* § 2 InvStG Rn. 156.
108 So im Ergebnis auch, wenngleich mit unzutreffendem systematischen Einstieg, BMF Schr. v.
18.8.2009 Rn. 32a; Haase/*Reiche/Frotscher* § 2 InvStG Rn. 59.
109 Beckmann/Scholtz/Vollmer/*Isensee* § 2 InvStG Rn. 53; Berger/Steck/Lübbehüsen/*Lübbehüsen* § 2
InvStG Rn. 113 und 131.
110 Berger/Steck/Lübbehüsen/*Lübbehüsen* § 2 InvStG Rn. 42, 57, 130.
111 Berger/Steck/Lübbehüsen/*Lübbehüsen* § 2 InvStG Rn. 134.
112 Haase/*Reiche/Frotscher* § 2 InvStG Rn. 97.

Neben Buchstabe d), also die „Dividenden-Bezüge" i.S.d. § 20 Abs. 1 Nr. 1 EStG, kommen die in § 3 Nr. 40 EStG besonders geregelten Surrogate der folgenden Buchstaben in Betracht:
e) Auflösung Kapitalgesellschaft,
f) besondere Entgelte,
g) Veräußerung Dividendenschein und
h) Abtretung Dividendenschein.[113]

Soweit Buchstabe d) weitere Ertragsarten (hier Einnahmen i.S.d. § 20 Abs. 1 Nr. 9 EStG) aufzählt, bleibt dies für die nach § 2 Abs. 1 InvStG besonders definierten Erträge aus dem Investmentanteil bedeutungslos; Abs. 2 Satz 1 beinhaltet hinsichtlich der begünstigten Ertragsarten nur einen *Rechtsfolgeverweis*, keinen Rechtsgrundverweis.[114] Bei anderer Lesart hätte sich das Ausgangsproblem nur perpetuiert: Die Erträge aus dem Investmentanteil gelten als Erträge i.S.d. § 20 Abs. 1 Nr. 1 EStG und fielen per Verweis über § 43 Abs. 1 Satz 1 Nr. 1, 1a und 6 i.V.m. § 20 Abs. 1 Nr. 1 EStG doch uneingeschränkt in den Anwendungsbereich der Bezüge i.S.d. § 3 Nr. 40 EStG bzw. § 8b Abs. 1 und 2 KStG. Die Erträge aus dem Investmentanteil wären insgesamt begünstigt.

Strenggenommen braucht es dann auch den Rückgriff auf die Buchstaben e)–h) nicht; sie sind bereits alle Bestandteil von Buchstabe d) aufgrund der besonderen Ertragsdefinition in § 2 Abs. 1 InvStG i.V.m. der Rechtsfolge-Verweistechnik in § 2 Abs. 2 InvStG. Schon die Bezugnahme in Abs. 2 auf § 43 Abs. 1 Satz 1 Nr. 1, 1a und 6 nebst Satz 2 EStG legt die Anwendbarkeit der begünstigten Teile der in Abs. 1 besonders definierten Investmenterträge fest und unterwirft sie (nur) hinsichtlich der weiteren Behandlung (Rechtsfolge) im Teileinkünfteverfahren dem § 3 Nr. 40 Buchstabe d) EStG – sowie ergänzend für die Veräußerungsgewinne im Ausschüttungsfall dem Buchstabe a); dazu sogleich.

71 *Abs. 2 Satz 2* erweitert die Verweiskette über die Bezugnahme auf § 43 Abs. 1 Satz 1 Nr. 9 EStG auf die *Veräußerungsfälle* i.S.d. § 20 Abs. 2 Satz 1 Nr. 1 Satz 1 und 2 EStG und eröffnet damit die Anwendung von § 3 Nr. 40 Buchstabe a) EStG. Relevant wird das (nur) im Ausschüttungsfall, denn Veräußerungsergebnisse sind in der Ausgangsgröße „ausschüttungsgleiche Erträge" kraft Definition nicht enthalten.[115] Die Reichweite des Verweises in Satz 2 beschränkt sich daher notwendiger Weise auf die Veräußerungsgewinne im Ausschüttungsfall. Soweit in § 3 Nr. 40a) EStG weitere Ertragsarten (hier Einnahmen i.S.d. § 20 Abs. 1 Nr. 9 EStG) dem Halbeinkünfteverfahren unterworfen werden, bleibt dies für die Erträge, welche ein Investmentanteil nach § 2 InvStG vermittelt, bedeutungslos; Abs. 2 Satz 2 beinhaltet insoweit nur einen *Rechtsfolgeverweis*.[116]

72 *Rechtsfolgen*: Betriebliche Anleger, die nicht Körperschaftsteuersubjekt sind, kommen in den Genuss der 40% Freistellung. Andererseits gilt die anteilig gekürzte Abzugsfähigkeit i.S.d. § 3c Abs. 2 EStG auf Anlegerebene für damit in Zusammenhang stehender Betriebsausgaben, so dass nur 60% der Betriebsausgaben abzugsfähig sind, was im Zuge der Ertragsermittlung die besondere Zuordnung der Werbungskosten nach § 3 Abs. 3 erfordert (siehe Kommentierung zu § 3).

---

[113] Haase/*Reiche*/Frotscher § 2 InvStG Rn. 87; Beckmann/Scholtz/Vollmer/*Isensee* § 2 InvStG Rn. 53.
[114] Berger/Steck/Lübbehüsen/*Lübbehüsen* § 2 InvStG Rn. 160; dieser zutreffende Gedanke gilt nicht nur für § 3 Nr. 40a) EStG.
[115] So auch Beckmann/Scholtz/Vollmer/*Isensee* § 2 InvStG Rn. 63.
[116] Berger/Steck/Lübbehüsen/*Lübbehüsen* § 2 InvStG Rn. 160.

b) Anwendung des § 8b KStG auf betriebliche Anleger = Körperschaftsteuer- 73
subjekte (*alte Fassung bis 2013*). Abs. 2 verweist in Satz 1 für die laufenden Erträge auf § 8b KStG insgesamt.[117] Nichts anderes gilt für den zusätzlich notwendigen Verweis in Satz 2 bezüglich der Veräußerungsgewinne, demzufolge Satz 1 für diese Erträge entsprechend gilt. Es greift die schon bekannte Verweistechnik: Die relevante Ausgangsgröße wird durch § 2 Abs. 1 bestimmt: ausgeschüttete bzw. ausschüttungsgleiche Erträge laut Definition in § 1 Abs. 3. Soweit darin, dem Transparenzprinzip folgend, zu begünstigende Erträge enthalten sind, bestimmt Abs. 2 deren Umfang für die weitere Behandlung im Zuge des Freistellungsverfahrens
– in Satz 1 für die laufenden Erträge über die Bezugnahme auf § 3 Abs. 1 Satz 1 Nr. 1, 1a und 6 sowie Satz 2
– in Satz 2 für die Veräußerungsgewinne über die Bezugnahme auf § 43 Abs. 1 Satz 1 Nr. 9 sowie Satz 2 EStG. Diese werden dem Anleger aber solang nicht zugerechnet, wie sie auf Fondsebene thesauriert bleiben. Steuerlich relevant werden sie beim Anleger erst im Ausschüttungsfall.

Hinsichtlich der begünstigten Ertragsarten beinhalten Satz 1 und Satz 2 jeweils nur einen *Rechtsfolgeverweis*. Der genaue Vergleich zeigt im Übrigen, dass sich gegenüber der Bestimmung der begünstigten Ertragsarten in § 8b KStG keine Abweichung ergibt.[118] Insoweit ist der umfassende Verweis auf § 8b KStG – anders als der Verweis auf § 3 Nr. 40 EStG – nicht zu weit gefasst.

Hinsichtlich des persönlichen Anwendungsbereichs beinhaltet der Komplettverweis 74 auf § 8b KStG einen *Rechtsgrundverweis* insoweit, als die durch den Investmentanteil vermittelten Erträge nur bei den durch § 8b KStG begünstigten Anlegern ein Freistellung begründen; die Anwendung des § 8b KStG setzt gemäß Abs. 1 Satz 1 voraus, dass eine Einkommensermittlung (in Form der Veranlagung) durchgeführt wird.[119] Wird die Körperschaftsteuer nur im Wege des Steuerabzugs erhoben (beschränkt Steuerpflichtige i.S.v. § 2 Nr. 2 KStG; steuerbefreite Körperschaftsteuersubjekte für die § 5 Abs. 2 Nr. 1 KStG anzuwenden ist), so ist § 8b KStG nicht anwendbar.[120]

Rechtsfolgen: Der Verweis auf § 8b KStG ist vollständig,[121] so dass auch die Ein- 75 schränkungen/Besonderheiten des § 8b KStG gelten, vor allem Abs. 3, 5, 7, 8:
– Für die laufenden Bezüge i.S.d. Abs. 1 gelten 5% der freigestellten Betrages als nicht abziehbare Betriebsausgaben; Abs. 5.
– Für Veräußerungsgewinne i.S.d. Abs. 2 gelten ebenfalls 5% des freizustellenden Betrages als nicht abziehbare Betriebsausgen; Abs. 3.
– Ferner gelten die Besonderheiten nach Abs. 7, 8 für Kreditinstitute bzw. Versicherungsunternehmen. Hinsichtlich der Einzelheiten wird auf die Spezialliteratur zum KStG verwiesen.

c) Anwendung des § 8b KStG auf betriebliche Anleger = Körperschaftsteuer- 76
subjekte (*neue Fassung ab 2013*). Durch das Gesetz zur Umsetzung des EuGH-Urteils

---

[117] Beckmann/Scholtz/Vollmer/*Isensee* § 2 InvStG Rn. 57; *Helios/Ebner* FR **2009** 977.
[118] Haase/Reiche/*Frotscher* § 2 InvStG Rn. 88.
[119] BFH v. 22.4.2009 I R 53/07, DStR **2009** 1469; Ernst&Young KStG *Kröner* § 8b Rn. 48.
[120] Beckmann/Scholtz/Vollmer/*Isensee* § 2 InvStG Rn. 56.
[121] Berger/Steck/Lübbehüsen/*Lübbehüsen* § 2 InvStG Rn. 141; *Ebner/Helios* FR **2009** 977 mit weiteren Ausführungen zur Anwendung von § 8b Abs. 7 KStG.

vom 20.10.2011 in der Rechtssache C-284/09[122] vom 21.3.2013 [123] wurde für den Fall des Direktbesitzes das Freistellungsverfahren nach § 8b KStG durch die Neufassung des § 8b Abs. 4 KStG erheblich eingeschränkt: Die grundsätzliche Steuerfreiheit für Bezüge im Sinne des § 8b Absatzes 1 KStG (= laufende Erträge wie Dividenden und gleichgestellte Fälle) greift dann nicht, wenn die Beteiligung zu Beginn des Kalenderjahres unmittelbar weniger als 10 Prozent des Grund- oder Stammkapitals betragen hat. Für die Anwendung der Beteiligungsgrenze werden zu den unmittelbaren Beteiligungen auch Beteiligungen gezählt, die über eine Personengesellschaft zugerechnet werden. Die Sonderregeln für Streubesitz-Beteiligungen werden also auf Ebene des Gesellschafters (= Körperschaftsteuersubjekt) angewendet.

77 Die Anwendung der Streubesitz-Regelung bei Beteiligungserträgen auf Ebene der betrieblichen Anleger = Körperschaftsteuersubjekte, die über Investmentanteile erzielt werden, wird durch die Neugestaltung der *Rechtsgrundverweisung* auf § 3 Nr. 40 EStG bzw. § 8b KStG hinsichtlich des persönlichen Anwendungsbereichs in § 2 Abs. 2 Satz 1 und Satz 2 InvStG neuer Fassung dupliziert und im Vergleich zur Direktanlage sogar verschärft:

78 In Satz 1 wird bezüglich der *laufenden Erträge (Dividende und gleichgestellte Fälle)* der Verweis auf § 8b KStG generell gestrichen. Im Ergebnis findet § 8b KStG infolge der Streichung in Satz 1 für Dividendenerträge aus Publikums-Investmentvermögen zukünftig keine Anwendung mehr auf Ebene der betrieblichen Anleger, die Körperschafsteuersubjekt sind.

Für die sonstigen betrieblichen Anleger bleibt es bei der Anwendung von § 3 Nr. 40 EStG wie unter a) dargestellt.

Die Neu-Regelung/Streichung der entsprechenden Anwendung von § 8b KStG geht typisierend davon aus, dass Publikums-Investmentvermögen selbst regelmäßig Streubesitzbeteiligungen halten und durchgerechnet auf den einzelnen Anleger = Körperschaftsteuersubjekt dieser regelmäßig ebenfalls nicht eine Beteiligungshöhe von mindestens 10 Prozent erreicht. Die Dividenden sind also künftig grundsätzlich voll steuerpflichtig, selbst dann, wenn es sich um einen sog. „Ein-Anleger-Fonds" handelt bzw. ein einzelner Anleger tatsächlich durchgerechnet die 10 Prozent Quote erreicht.

79 Lediglich für den Fall der Spezial-Investmentvermögen ist eine weitergehende Anwendung der Befreiung nach § 8b KStG vorgesehen, weil § 15 Abs. 1a im Wege einer Rückausnahme zu § 2 Abs. 2 Satz 1 die Anwendung der Freistellung nach § 8b KStG für Dividenden aus Beteiligungen des Investmentvermögens wieder zulässt, sofern die Beteiligung des Investmentvermögens mindestens 10 Prozent beträgt und die Quote auf den einzelnen Anleger durchgerechnet ebenfalls mindestens 10 Prozent beträgt.[124]

Allerdings wird diese Rückausnahme für neu aufgelegte Spezialinvestmentvermögen, die unter den Anwendungsbereich des § 1 InvStG i.V.m. dem KAGB in der Fassung des AIFM-StAnpG fallen, letztlich nicht weiterhelfen, weil nach der neuen Anlagegrenze in § 1 Abs. 1b Satz 2 Nr. 7 InvStG die Höhe der Beteiligung an einer Kapitalgesellschaft die

---

[122] Hintergrund des Verfahrens war die Ungleichbehandlung von Streubesitzdividenden und darauf einbehaltener Kapitalertragsteuer: Steuerfreiheit und Anrechnung bei inländischen Empfängergesellschaften versus Abgeltungswirkung mit eingeschränkte Erstattung bei ausländischen Empfängergesellschaften.
[123] Gesetz zur Umsetzung des EuGH-Urteils vom 20.10.2011 in der Rechtssache C-284/09 v. 21.3.2013 BGBl. I 2013 561; vgl. auch BT-Beschlussfassung vom 28.2.2013, BR Drucksache 146/13 unter Bezugnahme auf BT Drucksache 17/12465; Laut Verkündung ist das Gesetz vom 21.3.2013; allerdings erfolgte die Verkündung im BGBl. I 2013 561 erst per 28.3.2013.
[124] *Haisch/Helios* Der Betrieb **2013** 724.

10 Prozent gerade nicht erreichen darf (Ausnahme nur für Immobilien-Gesellschaften).[125] Bestandsschutz gibt es also nur für „Alt-Spezialinvestmentvermögen", die nach dem „Grandfathering" dem neuen InvStG unterliegen, obgleich sie die strengen Voraussetzungen des § 1 Abs. 1b (hier die 10 Prozent Beteiligungsgrenze) nicht erfüllen.[126]

80 Durch die Streichung von § 8b KStG in Satz 1 war auch eine Neufassung von Satz 2 dahingehend notwendig, dass für die *Veräußerungsgewinne* die entsprechende Anwendung von § 3 Nr. 40 EStG bzw. § 8b KStG nun ausdrücklich in Satz 2 aufgenommen werden musste, statt wie bisher auf Satz 1 zu verweisen. Für Veräußerungsgewinne ändert sich im Ergebnis auch für die Gruppe der betrieblichen Anleger = Körperschaftsteuersubjekte nichts. Für diese verweist nunmehr Satz 2 selbst auf die Freistellung nach § 8b KStG unter den dort genannten Voraussetzungen, wie unter b) dargestellt.

81 Die Neufassung von § 2 Abs. 2 (Neuregelung für Dividenden und gleichgestellt Fälle) soll gemäß § 18 Abs. 22 Satz 1 ab dem 1.3.2013 anzuwenden sein. Soweit allerdings ausgeschüttete Erträge oder ausschüttungsgleiche Erträge, die dem Anleger nach dem 28.2.2013 zufließen, Dividenden und gleichgestellte Erträge enthalten, die dem Investmentvermögen vor dem 1.3.2013 zugeflossen sind, ist gemäß § 18 Abs. 22 Satz 4 § 8b KStG in der alten Form anzuwenden – es gilt also insoweit Bestandsschutz für Streubesitzdividenden, die das Investmentvermögen vor dem Stichtag bezogen hat.

Man fragt sich allerdings erneut nach dem Rechtsstaatverständnis des Gesetzgebers, wenn er die hier relevante Neufassung des InvStG in Kraft setzen will, noch bevor das Gesetz verkündet ist, und damit von den angesprochenen Investmentgesellschaften objektiv Unmögliches verlangt. Ohne Übergangsregel wird es nicht gehen, weil die zusätzlichen Ausweiserfordernisse für die Begünstigung oder Nichtbegünstigung nach Abs. 2 nach dem ebenfalls neu gefassten § 5 Abs. 1 Satz 1 Nr. 1 Buchstabe c) Doppelbuchstabe aa), bb), jj), ll), mm) sowie Buchstabe f) Doppelbuchstabe bb), dd), ff) schon systemseitig nicht von einem Tag (28.2.2013 Beschlussfassung des Bundestages) auf den anderen Tag (1.3.2013 Zustimmung des Bundesrates und Inkrafttreten der relevanten Normen) umgesetzt werden können. Das gilt erst recht für die Konsequenzen für die Aktiengewinnberechnung nach § 8. Das müssen die betroffenen Gesellschaften auch nicht, wenn das Gesetz an dem Tag, ab dem es anzuwenden sein soll, davon keine Kenntnis haben können, weil es weder verabschiedet noch verkündet ist! Und die diversen Beschlussempfehlungen, die zwischen den Gesetzgebungsorganen im Zuge des Vermittlungsverfahrens hin und her getauscht werden, muss der Bürger/Steuerpflichtige auch nicht kennen. Bezeichnender Weise spricht die Verkündung im BGBl., welche erst zum 28.3.2013 erfolgte, von dem Gesetz vom 23.3.2013. Hier wird vom Gesetzgeber durch nicht umsetzbare Anwendungsregeln eine schädliche Rechtsunsicherheit geschaffen, die dann im Nachgang von der Finanzverwaltung per Übergangs- und Nichtbeanstandungsregelungen geheilt werden muss.[127]

82 *Rechtsfolgen*: Betriebliche Anleger, die Körperschaftsteuersubjekt sind, kommen nicht länger in den Genuss der Freistellung für Dividenden und gleichgestellte Fällen nach § 8b Abs. 1 KStG. Veräußerungsgewinne bleiben nach § 8b Abs. 2 KStG begünstigt. 5% des freizustellenden Betrages gelten als nicht abziehbare Betriebsausgaben nach § 8b Abs. 5 KStG.

3. Gewerbesteuerrechtliche Hinzurechnung. Beim Thema Gewerbesteuer geht es **83** darum, ob die Begünstigungen der betrieblichen Anleger aufgrund der partiellen An-

---

[125] *Haisch/Helios* BB F 1687.
[126] *Benz/Jetter* DStR **2013** 489.
[127] Siehe dann auch BMF v. 9.7.2013 an die Verbände IV C 1 – S 1980-1/12/10014.

wendung von Teileinkünfte- bzw. Freistellungsverfahren nach Abs. 2 i.V.m § 3 Nr. 40 EStG bzw. § 8b KStG für Gewerbesteuerzwecke wieder hinzuzurechnen sind gemäß § 8 Nr. 5 GewStG.

84 Als Einstieg in das Thema dient regelmäßig die Einkünftequalifikation auf der Fonds-Ausgangsseite nach Abs. 1 Satz, wonach die Erträge aus Investmentanteilen zu den Einkünften aus Kapitalvermögen i.S.d. 20 Abs. 1 Nr. 1 EStG fingiert werden (Quasidividende) in der Hand des privaten Anlegers bzw. zu Betriebseinnahmen erklärt werden in der Hand des betrieblichen Anlegers.

Für betriebliche Anleger, die Einkünfte aus Gewerbebetrieb i.S.d. § 15 EStG erzielen und der Gewerbesteuer unterliegen, sind die auf Investmentanteile ausgeschütteten sowie die ausschüttungsgleichen Erträge oder die Beträge nach § 6 Betriebseinnahmen. Ausgangsgröße für die Ermittlung des Gewerbesteuermessbetrages ist der nach dem EStG oder KStG zu ermittelnde Gewinn aus dem Gewerbebetrieb, vermehrt oder vermindert um die in §§ 8 und 9 GewStG bezeichneten Hinzurechnungen und Kürzungen. Bei der Ermittlung der Ausgangsgröße sind § 3 Nr. 40 und § 3c Abs. 2 EStG sowie § 8b KStG entsprechend den allgemeinen Grundsätzen (einschließlich § 7 Satz 4 GewStG) anzuwenden. Nach § 8 Nr. 5 GewStG sind bei der der Ermittlung des Gewinns nach § 3 Nr. 40 EStG oder § 8b Abs. 1 KStG außer Ansatz bleibende Gewinnanteile und diesen gleichgestellte Bezüge und erhaltene Leistungen aus Anteilen an einer Körperschaft, Personenvereinigung oder Vermögensmasse i.S.d. KStG hinzuzurechnen, soweit sie nicht die Voraussetzungen des § 9 Nr. 2a oder 7 GewStG erfüllen. Insoweit uneingeschränkt zutreffend die Ausführungen in BMF v. 18.8.2009 Rn. 41, 42. Die weitere Aussage „Die Erträge aus Anteilen an (inländischen) Investmentvermögen erfüllen die in § 9 Nr. 2a oder 7 GewStG genannten Voraussetzungen nicht; die Hinzurechnung nach § 8 Nr. 5 GewStG ist insoweit anzuwenden" wird spätestens durch die Neugestaltung von § 8b Abs. 4 KStG für Streubesitzdividenden und die Folgeänderung in Abs. 2 Satz 1 und Satz 2 n.F. durch das Gesetz zur Umsetzung des EuGH-Urteils vom 20.10.2011 in der Rechtssache C-284/09 vom 21.3.2013 bestätigt.

85 Die entscheidende Frage ist, um welche „Gewinnanteile" es hier geht: Um die „Quasidividende" des ausschüttenden Investmentvermögens auf der Ausgangsseite oder um die in der Ausschüttung enthaltenen echten Dividenden aus Beteiligungen des Investmentvermögens der Eingangsseite, die im Zuge der Ausschüttung/Ertragszurechnung auf der Ausgangsseite auch explizit als begünstigte Erträge ausgewiesen, um der partiellen Anwendung von § 3 Nr. 40 bzw. § 8b KStG auf Ebene des betrieblichen Anleger überhaupt erst Geltung zu verschaffen; siehe oben sachliche Voraussetzungen auf Ebene des Investmentvermögens und persönliche Voraussetzungen auf Ebene des Anlegers.

86 Um die „Quasidividende" des Investmentvermögens kann es schon deshalb nicht gehen, weil die fiktive Qualifizierung „Einkünfte aus Kapitalvermögen i.S.d. 20 Abs. 1 Nr. 1 EStG" nur für den privaten Anleger gilt. Für den betrieblichen Anleger werden die verschiedenen Ertragsarten der Eingangsseite über § 2 Abs. 1 auf der Ausgangsseite einheitlich als Betriebseinnahmen zugeleitet.

Das folgt auch aus der unter II und III beschriebenen Gesetzestechnik in Abs. 1 und Abs. 2:
– Grundsätzlicher Ausschluss von § 3 Nr. 40 EStG bzw. § 8b Abs. 1 KStG gemäß § 2 Abs. 1 Satz 1 Halbsatz 2 für die „Quasidividende"
– Partielle Rückausnahme/Anwendung dieser Vorschriften auf Anlegerebene nach Abs. 2, soweit die Erträge aus dem Investmentanteil sachlich begünstigte Dividenden und gleichgestellte Fälle auf der Fonds-Eingangsseite sind.

87 Soweit ausgeschüttete bzw. ausschüttungsgleiche Erträge solche i.S.d. § 43 Abs. 1 Nr. 1, 1a und 6 sowie Satz 2 EStG enthalten, ist auf Anlegerebene das Teileinkünftever-

fahren nach § 3 Nr. 40 EStG bzw. das Freistellungsverfahren nach 8b KStG anzuwenden. Diese partielle Anwendung der Begünstigungsregeln dient der Umsetzung des Transparenzprinzips.

Zur Ergänzung des nur eingeschränkten Durchreichens der Begünstigungen nach Abs. 2 hat der Gesetzgeber ergänzende Publikationspflichten in § 5 Abs. 1 Satz 1 Nr. 1 Buchstabe c) aa) bb) normiert, damit die begünstigten Ertragsteile aus der Ausschüttung bzw. dem ausschüttungsgleichen Ertrag herausgefiltert werden können – unabhängig davon, ob nun nach Abs. 1 die Quasidividende-Fiktion für den privaten Anleger oder die Betriebseinnahmen-Fiktion für den betrieblichen Anleger greift.

Nur die so auf der Ausgangsseite etikettierten Bestandteile der Erträge aus dem Investmentanteil werden nach § 3 Nr. 40 EStG oder § 8b Abs. 1 KStG begünstigt und nur insoweit stellt sich dann auch die Frage nach der Hinzurechnung nach § 8 Nr. 5 GewStG, der genau von diesen Gewinnanteilen (Dividenden und gleichgestellten Bezügen) spricht.

88 Diese am Transparenzprinzip ausgerichtete Lesart, die im Fall der entsprechenden Anwendung von § 3 Nr. 40 EStG bzw. § 8b Abs. 1 KStG gesetzlich explizit durchnormiert ist, lässt sich mühelos mit dem Wortlaut des § 8 Nr. 5 GewStG in Einklang bringen, ebenso mit der Herleitung der begünstigten Erträge auf der Fondseingangsseite durch bloße Rechtsfolgeverweisung und der eingeschränkten Rechtsgrundverweisung nur bezüglich der persönlichen Voraussetzungen auf Anlegerebene und letztlich mit Sinn und Zweck der Regelung.[128] So auch die Einzelausführungen in der Urteilsbegründung in BFH Urt. v. 3.3.2010 zu einem Fall, der nach den inhaltsgleichen Regeln des KAGG zu beurteilen war.[129] Unverständlich dann aber, warum der BFH sich bezüglich der „Gewinnanteile" i.S.d. § 8 Nr. 5 GewStG doch auf die Fiktion nach § 11 InvStG (bzw. Vorgängernorm des KAGG) beruft, wonach das Investmentvermögen als Zweckvermögen i.S.d. KStG gilt, wenn er einen Absatz später zutreffend feststellt, dass § 8 Nr. 5 GewStG nicht danach unterscheidet, auf welche Weise die begünstigten Bezüge (Eingangsseite!) den Anlegern zugerechnet werden; Investmentanleger und Direktanleger werden vielmehr gleichbehandelt.

Dies Ableitung greift unnötigerweise zu weit und führt zu unauflösbaren Widersprüchen im Fall von ausländischen Investmentanteilen: Es geht innerhalb des § 8 Nr. 5 GewStG nicht darum, ob das Investmentvermögen selbst derartige Leistungen als Körperschaft, Personenvereinigung oder Vermögensmasse generiert kraft seiner fiktiven Steuersubjektqualität (Zweckvermögen) nach § 11. Es geht allein darum, ob dem Anleger dem Grunde nach begünstigt Beteiligungserträge der Eingangsseite des Investmentvermögens weitergereicht und entsprechend etikettiert auf der Ausgangsseite zugerechnet werden – sei es als „Quasidividende" oder als Betriebseinnahme. So ausdrücklich auch der BFH in Ziffer 22. Es muss sich bei dem die Erträge vermittelnden Investmentvermögen eben nicht originär um ein Körperschaftsteuersubjekt handeln.[130] Der Einstieg in § 8

---

[128] Ähnlich Berger/Steck/Lübbehüsen/*Lübbehüsen* § 2 InvStG Rn. 180; *Teichert* Die Besteuerung in- und ausländischer Investmentfonds nach dem InvStG, Diss. 2009, 257 f.; Bordewein/Brandt/*Guerts* § 2 InvStG Rn. 70; *Wagner* StBG 2005 301; so auch Haase/*Reiche/Frotscher* § 2 InvStG Rn. 102 gegen *Steinmüller* im gleichen Kommentar § 3 InvStG Rn. 12.
[129] BFH Urt. v. 3.3.2010 DStR **2010** 1130.
[130] A.A. *Steinmüller* DStR **2009** 1564; derselbe in Haase/§ 3 InvStG Rn. 11, der bezüglich der Herleitung der begünstigten Erträge auf der Fondseingangsseite einerseits dem hier vorgestellten Gedankengang folgt, aber dann darauf abstellt, dass auf Ebene des Investmentvermögens § 8b KStG nicht anzuwenden und deshalb der Tatbestand des § 8 Nr. 5 GewStG nicht erfüllt sei. Auf der Ausgangsseite differenziert er dann bezüglich der möglichen Begünstigung nach § 8b Abs. 1 KStG auf Anlegerebene weiter danach, ob das Investmentvermögen selbst kraft Körperschaftsteuersubjektqualität „Gewinnanteile" an den Anleger

Nr. 5 GewStG über § 11 ist schon deshalb verfehlt, weil er die Frage nach der Hinzurechnung nicht im Sinne einer rechtsformunabhängigen Besteuerung lösen kann, sondern zwangsläufig zur unterschiedlichen Behandlung/Besteuerung der Anleger von inländischen und ausländischen Investmentanteilen führt – und das ist das genaue Gegenteil von dem, was die §§ 1–10 (nämlich die gemeinsamen Regelungen für inländische und ausländische Investmentanteile) zum Gegenstand haben. Für ausländische Investmentvermögen gilt § 11 nicht; damit wären insbesondere Sondervermögen in Form eines FCP oder einer Personengesellschaft von der Hinzurechnung, wie auch von der Rückausnahme nach § 9 Nr. 2a bzw. Nr. 7 GewStG ausgeschlossen. Dies widerspricht dem explizit durchdeklinierten Transparenzprinzip, wie auch dem Prinzip der rechtsformunabhängigen Besteuerung von Investmentanteilen, die in §§ 1–10 gerade angestrebt wird.[131]

89 Die Hinzurechnung der „Gewinnanteile" nach § 8 Nr. 5 GewStG greift, soweit sie nicht die Voraussetzungen für die Kürzung nach § 9 Nr. 2a oder 7 GewStG erfüllen; wenn also auf Ebene des Anlegers (!) durchgerechnet keine Schachtelbeteiligung (mindestens 15%) vorliegt.[132] Diese Voraussetzung dürfte beim einzelnen Anleger regelmäßig nicht vorliegen. Das schließt aber nicht aus, dass, wenn dem ausnahmsweise doch so sein sollte, die Kürzung auch gewährt wird. Das ist/war (jedenfalls vor § 1 Abs. 1b Nr. 7 in der Fassung des AIFM-StAnpG) insbesondere beim Anleger eines Spezial-Investmentvermögens denkbar. Davon geht auch die Finanzverwaltung im Einführungsschreiben zum InvStG aus.[133]

Die Frage, ob die Hinzurechnung/bzw. die Kürzung im konkreten Fall greift, dürfte sich mit der Verschärfung der Freistellung nach § 8b Abs. 4 KStG für den Streubesitzfall (sieh oben unter c) jedenfalls für den Publikumsfonds überholt haben. Der Gesetzgeber geht typisierend davon aus, dass schon auf Fondsebene die 10% Beteiligungsquote i.S.d. § 8b Abs. 4 KStG nicht erreicht wird, die durchgerechnete 15% Quote auf Anlegerebene nach § 9 Nr. 2a oder 7 GewStG also erst Recht nicht. Entsprechende Nachweise zur Erlangung der Begünstigung erübrigen sich. Für verbleibende Anwendungsfälle im Spezialinvestmentvermögensbereich gilt nun § 15 Abs. 1a mit neuen Ausweiserfordernissen.

IV. Steuerbefreiungen; Abs. 3

90 **1. Eingeschränkter Regelungszweck seit Einführung der Abgeltungsteuer 2009.**
Abs. 3 regelt die Steuerbefreiung auf der Ausgangsseite des Investmentfonds für den Fall der Ausschüttung. Seit Einführung der Abgeltungsteuer per 2009 durch das UntStRefG 2008 enthält Abs. 2 nur noch eine eigenständige Steuerbefreiung für Veräußerungsgewinne mit Grundstücksbezug.[134] Mit der Neukonzeption der steuerpflichtigen Kapitalerträge, inklusive der Veräußerungsgeschäfte, in § 20 EStG ist der Grund für die Befreiung für Gewinne aus der Veräußerung von Wertpapieren, Termingeschäften, Bezugsrechten i.S.d. Abs. 3 Satze 1 Nr. 1 alter Fassung entfallen.

Nach Abs. 3 Nr. 1 neuer Fassung (entspricht Abs. 3 Nr. 2 alter Fassung) sind ausgeschüttete Erträge insoweit steuerfrei, als sie Gewinne aus der Veräußerung von Grund-

---

generieren kann und ob Gewinnanteile tatsächlich ausgeschüttet oder lediglich als ausschüttungsgleiche Erträge fiktiv zugerechnet werden; ähnlich auch *Patzner/Döser/Kempf* Investmentrecht § 3 InvStG Rn. 12; *Hils* Der Betrieb **2009** 1151; *Bujotzek* Offene Immobilienfonds im Investmentsteuerrecht, Diss. 2007, 264 f.; *Lindemann* DStZ **2003** 559.
131 Berger/Steck/Lübbehüsen/*Lübbehüsen* § 2 InvStG Rn. 180; Bordewin/Brandt *Guerts* § 2 InvStG Rn. 70.
132 Haase/*Reiche/Frotscher* § 2 InvStG Rn. 104.
133 BMF Schr. v. 18.8.2009 Rn. 42.
134 BMF Schr. v. 18.8.2009 Rn. 37.

stücken und grundstücksgleichen Rechten enthalten, soweit diese außerhalb der zehnjährigen Haltefrist des § 23 Abs. 1 Nr. 1 EStG erzielt werden; soweit also kein „spekulatives" privates Veräußerungsgeschäft in diesem Sinne vorliegt. Anders formuliert: Wird ein Gewinn aus einem „spekulativen" privaten Veräußerungsgeschäft i.S.d. § 23 Abs. 1 Nr. 1 EStG ausgeschüttet, greift die Steuerbefreiung nicht.

Für den Thesaurierungsfall braucht es keine Steuerbefreiung, weil der Gewinn aus der „nicht spekulativen Veräußerung" erst gar nicht Bestandteil der ausschüttungsgleichen Erträge i.S.d. § 1 Abs. 3 Satz 3 wird.[135] Wird dieser Betrag später für eine Ausschüttung verwendet, greift die Befreiung bei Ausschüttung. 91

Die Befreiung gilt nur für Privatanleger, nicht bei betrieblichen Anlegern, bei denen diese Ausschüttungsteile Bestandteil der steuerpflichtigen Betriebseinnahmen werden. 92

Die Regelung ist Ausfluss des Transparenzprinzips und stellt sicher, dass der Anleger nicht schlechter gestellt wird, als hätte er das Investment (hier: Grundstück) direkt gehalten.[136] In diesem Fall würde der Verkauf des Grundstückes beim Privatanleger ebenfalls an § 23 Abs. 1 Nr. 1 EStG gemessen und wäre ebenfalls steuerfrei bei Beachtung der zehnjährigen Haltefrist, oder eben steuerpflichtig bei Verkauf innerhalb des zehnjährigen „Spekulationszeitraums". Beim betrieblichen Anleger wird das Veräußerungsergebnis unabhängig von der Haltedauer steuerlich erfasst;[137] allerdings kann bei im Ausland belegenen Immobilien eine DBA-Befreiung nach § 4 Abs. 1 greifen.[138] 93

Für die Besteuerung der Ergebnisse aus der „spekulativen" Veräußerung von Grundstücken und grundstückgleichen Rechten nimmt das Gesetz Bezug auf die Regelung in § 23 Abs. 1 Nr. 1 EStG und nicht auf die investmentrechtlichen Immobilienbegriffe des KAGB bzw. der Vorgängervorschrift § 2 Abs. 4 Nr. 5 InvG, die auch keine Begriffsbestimmung im eigentlichen Sinne, sondern nur eine Aufzählungen der erwerbbaren Gegenstände enthalten. Deshalb steht § 1 Abs. 2 Satz 2 InvStG der eigenständigen Auslegung des Grundstücksbegriffs i.S.d. § 23 Abs. 1 Nr. 1 EStG nicht entgegen.[139] 94

Wegen des umfänglichen Verweises auf § 23 Abs. 1 Satz 1 Nr. 1, Abs. 2 und 3 folgt die gesamte Prüfung, ob ein privates Veräußerungsgeschäft vorliegt, den ertragsteuerlichen Regeln dieser Vorschrift. Insoweit kann auf die Fachkommentierungen zu § 23 EStG verwiesen werden.

Erfasst werden nicht nur inländische Grundstücke und grundstücksgleiche Rechte, sondern auch solche nach dem Recht anderer Staaten.[140] Bei Auslandssachverhalten greift in der Mehrzahl der Fälle die DBA-Befreiung nach Belegenheitsprinzip über § 4 Abs. 1; ansonsten greift die Anrechnungsregel nach § 4 Abs. 2. 95

Überhaupt wird der Veräußerungstatbestand nicht von den Anlegern verwirklicht, sondern vom Investmentfonds, bzw. von dem für den Investmentfonds handelnden Organ (z.B. die Verwaltungsgesellschaft bei nicht körperschaftlich strukturierten Investmentfonds, etwa ein inländisches Immobilien-Sondervermögen oder ein FCP Luxemburger Rechts). 96

---

135 Beckmann/Scholtz/Vollmer/*Isensee* § 2 Rn. 77.
136 Haase/*Reiche/Frotscher* § 2 InvStG Rn. 173.
137 Berger/Steck/Lübbehüsen/*Lübbehüsen* § 2 InvStG Rn. 259.
138 *Jacob/Geese/Ebner* 287.
139 Korn/*Carlé* § 2 InvStG Rn. 30; Berger/Steck/Lübbehüsen/*Lübbehüsen* § 2 InvStG Rn. 265.
140 Berger/Steck/Lübbehüsen/*Lübbehüsen* § 2 InvStG Rn. 265; Littmann/Bitz/Pust/*Ramackers* § 2 InvStG Rn. 66.

97 **2. Besonderheiten bei Grundstücksgesellschaften.** Besonderheiten ergeben sich im Fall der mittelbaren Veräußerung, wenn der Investmentfonds das Grundstück über eine Gesellschaft hält.

98 **a) Grundstückskapitalgesellschaften.** Veräußert eine Grundstückskapitalgesellschaft ihre Immobilie, so schlägt das nicht auf die Ebene des Investmentfonds durch. Eine Befreiung nach Abs. 3 für den privaten Anleger kommt nicht in Betracht. Wird der Veräußerungsgewinn an den Investmentfonds weitergeleitet, so geschieht das in Form einer Dividende.[141] Der Investmentfonds erzielt also auf der Eingangsseite Erträge aus Kapitalvermögen i.S.d. § 20 Abs. 1 Nr. 1 EStG, die auf der Ausgangsseite nach den bekannten Regeln grds. steuerpflichtig sind. Über Abs. 2 i.V.m. § 3 Nr. 4 EStG bzw. § 8b KStG gilt die partielle Anwendung des Teileinkünfteverfahrens bzw. des Freistellungsverfahrens, allerdings nur bei den danach begünstigten betrieblichen Anlegern.[142]

99 Veräußert der Investmentfonds seine Beteiligung an der Kapitalgesellschaft liegt ebenfalls keine (mittelbare) Veräußerung einer Immobilie vor. Eine Befreiung nach Abs. 3 für den privaten Anleger kommt nicht in Betracht.[143] Die Beteiligungsveräußerung qualifiziert als Veräußerung von Anteilen an einer Körperschaft i.S.d. § 20 Abs. 2 Nr. 1 EStG und zählt damit auf der Eingangsseite zu den Einkünften aus Kapitalerträgen. Mit dem Wegfall des Befreiungstatbestands für Gewinne aus der Veräußerung von Wertpapieren, Termingeschäften und Bezugsrechten auf Anteile an Kapitalgesellschaften laut § 2 Abs. 3 Nr. 1 in der am 31. Dezember 2008 anzuwendenden Fassung (Wegfall des Fondsprivilegs mit dem Veranlagungszeitraum 2009) unterliegt der Veräußerungsgewinn grundsätzlich der Steuerpflicht und ist nur unter den Voraussetzung des Abs. 2 i.V.m. § 3 Nr. 40 EStG bzw. § 8b KStG von der partiellen Anwendung des Halbeinkünfteverfahrens bzw. des Freistellungsverfahrens begünstigt, allerdings nur bei den danach begünstigten betrieblichen Anlegern.

100 **b) Grundstückspersonengesellschaften.** Bei *vermögensverwaltenden Personengesellschaften* wird den beteiligten Gesellschaftern, hier dem Investmentfonds, das Grundstück anteilig zugerechnet und der Gewinn wird beim Investmentvermögen anteilig Gewinn aus Veräußerungsgeschäften i.S.d. § 1 Abs. 3 Satz 2 (ausgeschüttete Erträge) bzw. Satz 3 (ausschüttungsgleiche Erträge, soweit „spekulativ").

Das ergibt sich für den Fall der Grundstücksveräußerung durch die Personengesellschaft selbst aus der ertragsteuerlichen Dogmatik der transparenten Personengesellschaft und der Zurechnungsnorm des § 39 Abs. 2 Nr. 2 AO.[144] Für die Zehnjahresfrist i.S.d. § 23 Abs. 1 Nr. 1 EStG ist in diesem Fall auf die Personengesellschaft abzustellen.[145]

101 Für den Fall der mittelbaren Veräußerung durch Verkauf der Beteiligung an der Personengesellschaft folgt diese Zurechnung aus dem Kontext der investmentsteuerlichen Regelung im Investmentsteuergesetz im Verbund mit den dort geregelten Verweisen auf

---

141 *Jacob/Geese/Ebner* 288; vgl. auch BMF Schr. v. 8.8.2009 Rn. 36 unter Anknüpfung an die Rechtsform der Beteiligungsgesellschaft.
142 Beckmann/Scholtz/Vollmer/*Elser/Jetter* § 1 Rn. 170; BMF Schr. v. 8.8.2009 Rn. 38.
143 Beckmann/Scholtz/Vollmer/*Isensee* § 2 Rn. 78.
144 Berger/Steck/Lübbehüsen/ *Berger* § 1 InvStG Rn. 370 mit umfassenden Nachweisen; sowie Berger/Steck/Lübbehüsen/*Lübbehüsen* § 2 InvStG Rn. 274; Beckmann/Scholtz/Vollmer/*Elser/Jetter* § 1 InvStG Rn. 172.
145 *Jacob/Geese/Ebner* 104.

§ 23 Abs. 1 Satz 4 bzw. § 20 Abs. 2 Satz 3 § EStG selbst.[146] In der Legaldefinition für die ausschüttungsgleichen Erträge in § 1 Abs. 3 Satz 3 ist die einschränkende Bezugnahme auf § 23 Abs. 1 Nr. 1 EStG ausdrücklich angeordnet,[147] ebenso in der Befreiungsvorschrift für Ausschüttungen nach Abs. 3. Über den umfänglichen Verweis in der Befreiungsnorm § 2 Abs. 3 auf § 23 Abs. 1 Nr. 1, Abs. 2 und 3 EStG ergibt sich die Anwendung der mittelbaren Zurechnung gemäß § 23 Abs. 1 Satz 4 EStG: Die Anschaffung oder Veräußerung einer Beteiligung an einer Personengesellschaft gilt als Anschaffung oder Veräußerung der anteiligen Wirtschaftsgüter. § 20 Abs. 2 Satz 3 EStG trifft die gleiche Aussage für Veräußerungsgeschäfte, die Bestandteil der ausgeschütteten Erträge i.S.d. § 1 Abs. 3 Satz 2 werden.

Soweit also der Investmentfonds über diese Zurechnung ein „spekulatives" privates Veräußerungsgeschäft innerhalb des Zehnjahres-Zeitraumes vornimmt, ist damit zum einen festgeschrieben, dass der Gewinn aus der (mittelbaren) Veräußerung der Immobilie Bestandteil der steuerpflichtigen ausschüttungsgleichen Erträge wird; zum anderen ist festgeschrieben, dass dieser Gewinn im Ausschüttungsfall nicht von der Befreiung nach Abs. 3 begünstigt ist.

Gewinne aus der (mittelbaren) Veräußerung der Immobile außerhalb des „spekulativen" Zehnjahreszeitraumes des § 23 Abs. 1 Nr. 1 EStG werden zum einen erst gar nicht von den steuerpflichtigen ausschüttungsgleichen Erträgen i.S.d. § 1 Abs. 3 Satz 3 erfass (Steuerpause) und zum anderen im Ausschüttungsfall als Gewinn aus Veräußerungsgeschäften i.S.d. § 1 Abs. 3 Satz 2 ausgeschüttet und über Abs. 3 steuerbefreit (beim Privatanleger).[148]

Im Fall der *gewerblichen Personengesellschaft* (Investmentfonds als Mitunternehmer) ist diese Einordnung nicht unbestritten. Obgleich die Zurechnung der mittelbar über die Personengesellschaft gehaltenen Grundstücke zum Investmentfonds denselben dogmatischen Grundsätzen folgt, soll nach Ansicht der Finanzverwaltung die Veräußerung der Immobilie durch die Personengesellschaft bzw. die Veräußerung der Beteiligung an der gewerblichen Personengesellschaft Bestandteil gewerblicher Einkünfte werden (insoweit zutreffend) und deshalb pauschal zu sonstigen Erträgen zählen,[149] – und nicht zu den Gewinnen aus Veräußerungsgeschäften i.S.d. § 1 Abs. 3 Satz 2 bzw. i.S.d. § 1 Abs. 3 Satz 3 (soweit die Veräußerung innerhalb der zehnjährigen Spekulationsfrist des § 23 Abs. 1 Satz 1 Nr. 1 EStG erfolgt). **102**

Bei Behandlung als sonstige Erträge fiele dann diese mittelbare Grundstücksveräußerung per gewerbliche Personengesellschaft nicht in den Anwendungsbereich der Befreiung für Gewinne aus der Veräußerung von Grundstücken nach Abs. 3. Diese Schlechterstellung sei lediglich Ausdruck der partiellen Steuersubjektqualität von Personengesellschaften für Zwecke der Einkommensermittlung und insoweit sachgerecht.[150] Dabei liegt doch für den Anleger wirtschaftlich genau dasselbe Ereignis vor wie im Fall der vermögensverwaltenden Personengesellschaft.

---

146 Berger/Steck/Lübbehüsen/ *Berger* § 1 InvStG Rn. 371; *Schmittmann/Gerdes* IStR **2003** 541; *Kayser/Bujotzek* FR **2006** 49; *Jacob/Geese/Ebner* 104; a.A. *Wacker* DStR **2005** 2014, der auch hier § 39 Abs. 2 Nr. 2 AO anwendet unter Hinweis auf BFH v. 20.4.2004 BStBl. II 2004, S. 98.
147 Beckmann/Scholtz/Vollmer/*Elser/Jetter* § 1 InvStG Rn. 170.
148 So auch Berger/Steck/Lübbehüsen/*Lübbehüsen* § 2 InvStG Rn. 274.
149 BMF Schr. v. 18.8.2009 Rn. 14 und Rn. 46; so auch Teile der älteren Literatur: *Jacob/Geese/Ebner* 288.
150 So *Kayser/Bujotzek* FR **2006** 49 für den Fall der Veräußerung der Immobilie durch die Personengesellschaft, wobei anschließend der Fall der Veräußerung der Beteiligung als ungeklärt bezeichnet, aber dennoch dieselbe Lösung aus der „geschichtlichen" Auslegung abgeleitet wird; ähnlich *Schmittmann/Gerdes* IStR **2003** 542 zu §§ 45, 46 KAGG.

103 Diese Lösung widerspricht sowohl dem Transparenzgedanken der Personengesellschaft also auch dem Transparenzprinzip nach dem InvStG. Es ist kein Grund für diese Ungleichbehandlung erkennbar. Sie widerspricht auch den Ertragsermittlungsgrundsätzen in § 3: Die Form der Ertragsermittlung (bloß sinngemäße Anwendung der Überschussrechnung nach § 2 Abs. 2 Satz 1 Nr. 2 EStG) hat keinen Einfluss auf die Art der erzielten Erträge,[151] so dass ein Investmentfonds Einnahmen aus verschiedenen Einkunftsarten haben kann. Damit kommen zwar auch gewerbliche Einkünfte in Betracht, etwa aus Beteiligung/Anteilsveräußerung bei Mitunternehmerschaft. Aber die ertragsteuerliche Gewerblichkeitsfiktion nach § 15 EStG findet keine absolute Entsprechung in der Ertragsermittlung auf der Eingangsseite des Investmentvermögens nach § 3 InvStG, so dass eine pauschale Einordnung als sonstiger Ertrag nicht zwingend ist.[152] Ähnlich wie bei der Ermittlung der gewerblichen Einkünfte nach § 8 Abs. 1 und 2 KStG bleiben bei der Ertragsermittlung nach § 3 InvStG sämtliche erzielten Einnahmen/Einkünfte auf der Eingangsseite dem Grunde nach Kapitalerträge, Erträge aus Vermietung, sonstige Erträge oder eben Gewinne aus Veräußerungsgeschäften – das gilt auch für die fiktiv-gewerblichen Einkünfte aus Mitunternehmerschaft. Das InvStG löst sich insoweit in begrenztem Umfang von den sieben Einkunftsarten des EStG,[153] sowohl auf der Eingangsseite, wie auch auf Ausgangsseite: Die Begünstigungen nach Abs. 2 bzw. die Befreiungen nach Abs. 3 auf der Ausgangsseite werden dem Anleger in Anknüpfung an die Natur der Erträge dem Grunde nach, bei isolierender Betrachtungsweise, auf der Eingangsseite gewährt[154] – unabhängig von der fiktiven Einkünftequalifikation auf der Ausgangsseite nach § 1 Abs. 1 Satz 1 (Einkünfte aus Kapitalvermögen oder Betriebseinnahmen). Anders wäre eine differenzierte und adäquate Anwendung der begünstigenden Normen auch nicht möglich, weil die diese Begünstigung konstituierenden Formulierungen von Abs. 2 und Abs. 3 auf die ursprünglichen Einkunftsarten der Eingangsseite zurückgreifen. Nicht zuletzt deshalb ist die Inanspruchnahme der Begünstigungen/Befreiungen an die Erfüllung der dezidierten Publikationserfordernisse des § 5 Abs. 1 Satz 1 Nr. 1c) aa)–ff) geknüpft; wieder unter Bezugnahme auf die ursprüngliche Natur der Erträge.

104 **3. Hinweise zum Befreiungstatbestand (Fondsprivileg); § 2 Abs. 3 Nr. 1 alter Fassung.** Der Befreiungstatbestand für Gewinne aus der Veräußerung von Wertpapieren, Termingeschäften und Bezugsrechten auf Anteile an Kapitalgesellschaften laut § 2 Abs. 3 Nr. 1 in der am 31. Dezember 2008 anzuwendenden Fassung gilt mit dem Veranlagungszeitraum 2009 grundsätzlich nicht mehr. Mit Einführung der Abgeltungssteuer ist der Grund für diese Steuerbefreiung entfallen.[155] Damit ist das sog. (große) Fondsprivileg für Veräußerungsgewinne abgeschafft. Das Fondsprivileg stellte eine den Privatanleger begünstigende Durchbrechung des Transparenzprinzips dar, weil es via Investmentfonds möglich war, Kursgewinne auch innerhalb der „Spekulationsfrist" steuerfrei zu

---

151 Beckmann/Scholtz/Vollmer/*Elser* § 3 InvStG Rn. 18.
152 Berger/Steck/Lübbehüsen/ *Berger* § 1 InvStG Rn. 364 und 375; Berger/Steck/Lübbehüsen/ *Lübbehüsen* § 2 InvStG Rn. 274; *Fock* DStR 2000 855 noch zu §§ 45, 46 KAGG; *Müller* DStR **2001** 1284 noch zu §§ 45, 46 KAGG; unentschieden insoweit offenbar Beckmann/Scholtz/Vollmer/*Elser* in der älteren Kommentierung § 3 InvStG Rn. 18 gegenüber der kritischeren Sichtweise durch Beckmann/Scholtz/Vollmer/*Elser/Jetter* in der jüngeren Kommentierung § 1 InvStG Rn. 172.
153 Berger/Steck/Lübbehüsen/ *Berger* § 1 InvStG Rn. 365; ähnlich differenziert auch Beckmann/Scholtz/Vollmer/*Elser* § 3 InvStG Rn. 16, aber dennoch der FinVerw folgend in Rn. 18, kritischer dann Beckmann/Scholtz/Vollmer/*Elser/Jetter* § 1 InvStG Rn. 172.
154 Haase/Reiche/*Frotscher* § 2 InvStG Rn. 172,173; insoweit übereinstimmend Beckmann/Scholtz/Vollmer/*Elser* § 3 InvStG Rn. 8 und 18; so im Übrigen auch BMF Schr. v. 18.8.2009 Rn. 46.
155 Beckmann/Scholtz/Vollmer/*Isensee* § 2 InvStG Rn. 81.

realisieren und an den Anleger steuerfrei auszuschütten.[156] Die alte Regel bleibt aber gemäß § 18 Abs. 1 Satz 2 weiterhin insofern relevant, als Veräußerungsgewinne aus sogenannten Altbeständen an Wertpapieren, Termingeschäften und Bezugsrechten auf Anteile an Kapitalgesellschaften, die vor dem 1.1.2009 angeschafft wurden, im Ausschüttungsfall weiterhin nach altem Regime begünstigt sind. Für diese Altbestände gewährt die Fortgeltung der alten Regel Bestandsschutz.[157] Das betrifft sowohl auf Fondsebene bereits realisierte, thesaurierte Kursgewinne als auch die erst noch zu realisierende Kursgewinne aus Altbeständen; entscheidend ist allein die Anschaffung der Bestände durch den Investmentfonds vor dem 1.1.2009. Es kommt insoweit nicht darauf an, dass der Investmentanteil durch den Anleger vor dem 1.1.2009 angeschafft wurde.[158] In diesem Zusammenhang ist auf folgende Besonderheit zur Ertragsermittlung nach § 3 auf Ebene des Investmentfonds hinzuweisen:

In Bezug auf die Ermittlung des Veräußerungsgewinns aus dem Verkauf der vom Investmentfonds gehaltenen Wertpapiere ist hinsichtlich der *Verbrauchsfolge* folgendes zu beachten. Steuerrechtlich gilt nach § 20 Abs. 4 Satz 7 EStG, dass die zuerst angeschafften Wertpapiere zuerst veräußert werden (FiFo-Methode). Gemäß § 3 Abs. 1 i.V.m. § 2 Abs. 2 Satz 1 Nr. 2 EStG gilt das auch für die Einkommensermittlung auf Ebenen des Investmentfonds. Aufsichtsrechtlich, insbesondere in ausländischen Rechtskreisen ist das nicht zwingend so. Vielmehr war und ist hier die Durchschnittsmethode verbreitet, so dass es hier zu divergierenden Ergebnissen kommen kann, die sich über die Gesamthaltedauer rein rechnerisch nicht, wohl aber auf das steuerliche Ergebnis, auswirkt. Mit Blick auf die dem Bestandsschutz i.S.v. § 23 Abs. 1 Nr. 1 EStG a.F. unterfallenden Altbestände an Wertpapieren (Erwerb vor dem 1.1.2009) galt es, eine praxistaugliche Regelung zu finden, sowohl hinsichtlich der anzusetzenden Anschaffungskosten also auch hinsichtlich der Bestimmung der verwendeten Bestände. Laut Finanzverwaltung ist die Anwendung der Durchschnittsmethode bei der Ermittlung der Veräußerungsgewinne weiterhin zulässig im Interesse eines Gleichlaufs mit der aufsichtsrechtlichen Rechnungslegung. Dabei ist es sowohl zulässig, die durchschnittlichen Anschaffungskosten über den Gesamtbestand als auch die Durchschnittswerte getrennt für Alt- und Neuanschaffungen (vor und nach dem Jahreswechsel 2008/09) zu ermitteln. Unabhängig davon gelten in jedem Fall die zuerst angeschafften Wertpapiere als zuerst veräußert (FiFo).[159]

V. Steuerbefreiung nach Hinzurechnungsbesteuerung § 3 Nr. 41 Buchstabe a) EStG; Abs. 4

1. Regelungszweck. Laut Abs. 4 ist § 3 Nr. 41 Buchstabe a) EStG sinngemäß anzuwenden. Nach § 3 Nr. 41 Buchstabe a) EStG sind – für den Fall einer Beteiligung einer unbeschränkt steuerpflichtigen Person an einer ausländischen Gesellschaft – Gewinnausschüttungen aus dieser Beteiligung steuerfrei, wenn bereits Hinzurechnungsbeträge i.S.d. AStG aus dieser Beteiligung in einem bestimmten vorangegangen Zeitraum der Einkommensteuer unterlegen haben. Damit soll eine doppelte Besteuerung dieser nunmehr ausgeschütteten Erträge vermieden werden.

---

156 Korn/*Carlé* § 2 InvStG Rn. 19.1.
157 BMF Schr. v. 18.8.2009 Rn. 37; Berger/Steck/Lübbehüsen/*Lübbehüsen* § 2 InvStG Rn. 59 und Rn. 173; Haase/*Reiche*/Frotscher § 2 InvStG Rn. 185.
158 Haase/*Reiche*/Frotscher § 2 InvStG Rn. 186.
159 BMF Schr. v. 18.8.2008 Rn. 44 nebst Anhang 1a = BMF Schr. an die Verbände v. 15.8.2008 – IV C 1 – S 2000/07/0009 DOK 2008/0447535.

Die Hinzurechnungsbesteuerung nach §§ 7 ff. AStG setzt verkürzt formuliert voraus, dass eine ausländische Zwischen-Gesellschaft niedrig besteuerte passive Einkünfte erzielt und ein deutscher Anleger qualifiziert beteiligt ist.

Die durch Abs. 4 angeordnete sinngemäße Anwendung der Befreiungsvorschrift § 3 Nr. 41 Buchstabe a) EStG hat (nur) den Fall im Auge, dass ein ausländischer Investmentfonds zugleich als Zwischengesellschaft in diesem Sinne qualifiziert.[160] Unter den genannten Voraussetzungen können auch die ausgeschütteten Erträge aus dem ausländischen Investmentfonds beim deutschen Anleger bereits der Hinzurechnungsbesteuerung nach §§ 7 ff. AStG unterlegen haben. Für diesen Fall soll die sinngemäß anzuwendende Befreiung nach § 3 Nr. 41 Buchstabe a) EStG eine Doppelbesteuerung sowohl nach dem AStG als auch nach dem InvStG vermeiden.[161]

107 Abs. 4 verweist nicht auf § 3 Nr. 41 Buchstabe b) EStG, der für den Fall des Direktbesitzes eine entsprechende Regelung für Gewinne aus der Veräußerung der Anteile an einer ausländischen Zwischen-Gesellschaft statuiert. Das ist auch konsequent, weil § 2 InvStG die Besteuerung der Gewinne aus der Veräußerung/Rückgabe des Investmentanteils nicht regelt. Der Veräußerungsfall und seine steuerlichen Folgen sind Gegenstand von § 8 InvStG.

108 **2. Verhältnis zum AStG.** Die Konkurrenzsituation InvStG versus AStG stellt sich nur ein, wenn sämtliche hier kurz skizzierten Voraussetzungen der Hinzurechnungsbesteuerung nach §§ 7 ff. AStG vorliegen, von denen hier nur die Frage, inwieweit ein ausländisches Investmentvermögen als Zwischengesellschaft in Frage kommt, näher beleuchtet werden soll. Ansonsten sei auf die Fachkommentare zum AStG verwiesen.

- Ein unbeschränkt Steuerpflichtiger ist zu mehr als der Hälfte an der ausländischen Gesellschaft beteiligt; § 7 Abs. 1 AStG. Im Sonderfall von Einkünften mit Kapitalanlagecharakter i.S.d. § 7 Abs. 6 AStG genügt eine 1% Beteiligungsquote.
- Die Einkünfte der ausländischen Gesellschaft unterliegen einer niedrigen Besteuerung i.S.d. § 8 Abs. 3 AStG.
- Die ausländische Gesellschaft erzielt passive Einkünfte i.S.d. § 8 Abs. 1 AStG.
- Die ausländische Gesellschaft ist eine Körperschaft, Personenvereinigung oder Vermögensmasse i.S.d. KöStG; § 7 Abs. 1 AStG. Nur Letzteres soll hier näher betrachtet werden, weil nach § 7 Abs. 1 AStG nur ein Körperschaftsteuersubjekt Zwischengesellschaft sein kann, ausländische Fondsvehikel häufig gerade nicht körperschaftlich strukturiert sind – analog dem deutschen Verständnis eines Sondervermögens ohne eigene Rechtspersönlichkeit. Alle nicht körperschaftlich strukturierten Fondsvehikel kommen somit für die Hinzurechnungsbesteuerung nach dem AStG nicht in Betracht, die Konkurrenzsituation stellt sich nicht.[162] Das trifft aber nicht zwingend auf alle „Sondervermögen" ausländischen Rechts zu; hier sind je Einzelfall die Körperschaftsteuersubjektmerkmale im Rahmen eines Typenvergleichs zu prüfen.

---

[160] Flick/Wassermeyer/Baumhoff/Schönfeld/*Wassermeyer* AStR § 7 AStG Rn. 235; *Wassermeyer* Recht der Finanzinstrumente 4.2012 263 mit weiteren Hinweisen zu den abzugrenzenden Fällen, dass eine Zwischengesellschaft an einem Fonds beteiligt ist, bzw. dass ein Fonds an einer Zwischengesellschaft beteiligt ist; zu dieser Abgrenzung auch Haase/*Reiche/Frotscher* § 2 InvStG Rn. 195.
[161] Haase/*Reiche/Frotscher* § 2 InvStG Rn. 191.
[162] Haase/*Reiche/Frotscher* § 2 InvStG Rn. 212; Berger/Steck/Lübbehüsen/*Lübbehüsen* § 2 InvStG Rn. 285; *dies.* a.a.O. vor § 1 InvStG Rn. 90.

Das Verhältnis InvStG zu AStG war lange Zeit gesetzlich nicht geregelt und entsprechend problematisch.[163] Erst mit Einfügung von § 7 Abs. 7 AStG durch das UntStFG 2001[164] wurde der Vorrang des InvStG gegenüber dem AStG gesetzlich normiert; durch Neufassung ab Veranlagungszeitraum 2004[165] und Einfügung der Rückausnahme für DBA-Befreiungsfälle wieder einschränkend modifiziert.

109

Nach § 7 Abs. 7 AStG ist die Hinzurechnungsbesteuerung nicht anzuwenden, wenn auf die Einkünfte für die der Investmentfonds Zwischengesellschaft ist, die Vorschriften des InvStG anzuwenden sind. Mit anderen Worten: Auch wenn die oben skizzierten Voraussetzungen (niedrig besteuerte Zwischengesellschaft mit passiven Einkünften und beherrschendem deutschen Anleger) beim ausländischen Investmentfonds und dessen deutschen Anlegern ausnahmsweise vorliegen, kommt die Hinzurechnungsbesteuerung nach dem AStG dennoch nicht zum Zuge, wenn auf die Einkünfte aus der Zwischengesellschaft (ausländischer Investmentfonds) auf Ebene des deutschen Anlegers bereits die Vorschriften des InvStG anzuwenden sind. Insoweit hat das InvStG Vorrang vor dem AStG. Das InvStG ist lex specialis gegenüber der Hinzurechnungsbesteuerung nach dem AStG. Anders formuliert: Wenn auf die Einkünfte aus der Zwischengesellschaft bereits das InvStG Anwendung findet, ist das AStG subsidiär. Daraus folgt weiter: Wenn bereits gemäß § 7 Abs. 7 AStG die Hinzurechnungsbesteuerung ausscheidet, verbleibt für Abs. 4 i.V.m. § 3 Nr. 41a EStG kein Anwendungsbereich.[166]

Andererseits sieht § 7 Abs. 7 2. HS AStG ab dem Veranlagungszeitraum 2004 eine Rückausnahme vor für den Fall, dass „die Ausschüttungen bzw. die ausschüttungsgleichen Erträge" des Investmentfonds nach einem DBA von der inländischen Besteuerung auszunehmen wären; insbesondere nach einem DBA-Schachtelprivileg für Dividenden aus qualifizierter Beteiligung. Auch bei dieser DBA-Befreiung genügt die abstrakte Anwendbarkeit eines DBA-Methodenartikels, die tatsächliche Gewährung ist irrelevant. Das folgt aus dem Wortlaut: „.... wären ... auszunehmen."[167] Es ist abstrakt danach zu fragen, ob bei Wegdenken des Investmentfonds auf Ebene des Anlegers eine Steuerbefreiung für die fraglichen Einkünfte (Eingangsseite!) nach dem DBA möglich wäre.[168] Deshalb erscheint es inkonsequent, wenn Wassermeyer weiter ausführt, mit der bewussten Missachtung des Publizitätserfordernisses nach § 5 Abs. 1 Satz 1 Nr. 1 Buchstabe c) gg) sei ein Unterlaufen von § 7 Abs. 7 AStG möglich.[169] Zwar ist die Anwendung der DBA-Übertragungsnorm des § 4 Abs. 1 an die Veröffentlichung der nach dem DBA potenziell steuerbefreiten Erträge geknüpft. Aber das ist eine notwendige, aber lediglich innerstaatliche, Übertragungsnorm, um auch insoweit den DBA-Vorteil gemäß dem Transparenzgrundsatz an den Anleger durchzureichen. Die Befreiung nach dem DBA-Methodenartikel steht unabhängig von dieser investmentrechtlichen Spezialität zur Verfügung – wenn es auf die tatsächliche Gewährung der DBA-Freistellung nicht ankommen soll, kann es auch nicht auf die bewusste Vermeidung durch Verstoß gegen dieses Publikationserfordernisses ankommen.

Für den Vorrang des InvStG kommt es nach der aktuellen Fassung des § 7 Abs. 7 AStG darauf an, dass auf die Einkünfte, für die die ausländische Gesellschaft bzw. das

---

163 Vgl. *Baur* InvG II vor § 16 Rn. 39 noch zum KAGG und AuslInvG; Flick/Wassermeyer/Baumhoff/Schönfeld/*Wassermeyer* AStR § 7 AStG Rn. 228.
164 Unternehmenssteuerfortentwicklungsgesetz v. 20.12.2001 BGBl. I 2001 3858 (UntStFG).
165 Artikel 5 Nr. 1 Gesetz zur Umsetzung der Protokollerklärung der Bundesregierung zur Vermittlungsempfehlung zum Steuervergünstigungsabbaugesetz v. 22.12.2003 BGBl. I 2003, S. 2840.
166 Haase/*Reiche*/Frotscher § 2 InvStG Rn. 193, 194.
167 Flick/Wassermeyer/Baumhoff/Schönfeld/*Wassermeyer* AStR § 7 AStG Rn. 236.
168 Beckmann/Scholtz/Vollmer/*Isensee* § 2 InvStG Rn. 87.
169 Flick/Wassermeyer/Baumhoff/Schönfeld/*Wassermeyer* AStR § 7 AStG Rn. 236.

Fondsvehikel Zwischengesellschaft ist, die Vorschriften des InvStG anzuwenden sind: entscheidend ist also die abstrakte Anwendbarkeit, nicht eine tatsächliche Steuerpflicht/Besteuerung der Einkünfte.[170] Eventuelle auf Anlegerebene greifende investmentsteuerrechtliche Befreiungen sind kein Unsicherheitsfaktor für die Gewährung des Vorrangs.[171] Verkürzt formuliert: Die ausländische Gesellschaft muss unter den Anwendungsbereich des InvStG fallen. Allerdings befindet sich nicht jedes „Fondsvehikel" im Anwendungsbereich des InvStG, so dass das AStG keineswegs immer ausgeschlossen ist.

110 Der Anwendungsbereich des InvStG wurde bislang in § 1 Abs. 1 Nr. 1–3 InvStG in der Fassung vor dem AIFM-StAnpG definiert. Ausländische Investmentvermögen und ausländische Investmentanteile wurden über Nr. 3 unter Rückgriff auf die investmentrechtlichen Begriffsbestimmungen eines ausländischen Investmentvermögens nach § 2 Abs. 8–10 InvG einbezogen. Nach § 2 Abs. 2 InvStG galten diese Begriffsbestimmen des InvG für das InvStG entsprechend. Für die investmentrechtliche Bestimmung eines ausländischen Investmentvermögens galt der sogenannte formelle Fondsbegriff, der gekennzeichnet war durch die Merkmale: Risikomischung und Rückgaberecht und/oder Investmentaufsicht. Weitere Abgrenzungsfragen wurden in einem aufsichtsrechtlichen Rundschreiben der BaFin erläutert.[172] Daran knüpfte auch die investmentsteuerrechtliche Begriffsbestimmung für ausländische Investmentvermögen nach § 2 Abs. 1 Nr. 3 InvStG an. Es galt also eine weitgehend deckungsgleiche Verzahnung zwischen dem steuerrechtlichen und dem aufsichtsrechtlichen Fondsbegriff.[173]

Durch das AIFM-StAnpG wird der Anwendungsbereich des InvStG neu definiert.[174] Das ist notwendig, weil die aufsichtsrechtlichen Begriffsbestimmungen nach dem AIFM UmsG im nunmehr gelten KAGB völlig neu gestaltet werden. Das KAGB tritt an die Stelle des InvG. Der formelle Fondsbegriff gilt nicht länger. Es gelten die Begriffe OGAW Fonds und Alternative Investmentfonds (AIF). Also muss auch die Verweiskette im InvStG auf die investmentrechtliche Definition neu formuliert werden. Wegen der massiven Ausweitung des aufsichtsrechtlichen Fondsbegriffs wird der Anwendungsbereich in § 1 InvStG in weitestgehender Abkehr vom Aufsichtsrecht stark modifiziert. Nach § 1 Abs. 2 InvStG in der Neufassung gelten die Bestimmungen das KAGB entsprechend, (nur) soweit sich keine abweichende Begriffsbestimmung aus dem InvStG ergibt. An die Stelle des Investmentvermögens treten die steuerrechtlichen Begriff des Investmentfonds bzw. der Investmentgesellschaft. Zum Anwendungsbereich nach § 1 InvStG siehe die Kommentierung dort.

Investmentfonds, dazu gehören insbesondere die OGAW Wertpapierfonds, und AIF erlangen gemäß § 1 Abs. 1b InvStG unter den Voraussetzungen der §§ 1–17a = Abschnitt 1–3 des InvStG den Status des steuertransparenten Investmentfonds, der im Wesentlichen dem bisherigen Status entspricht.

OGAW und insbesondere AIF qualifizieren nur dann für den Status des transparent Investmentfonds, wenn sie den Anforderungskatalog des § 1 Abs. 1b) Ziffer 1–9 erfüllen; insbesondere werden wieder die Kriterien Risikomischung und Rückgaberecht gefordert sowie die Einhaltung bestimmter Anlageformen/-grenzen. Zur Erlangung des privilegier-

---

[170] Flick/Wassermeyer/Baumhoff/Schönfeld/*Wassermeyer* AStR § 7 AStG Rn. 225; Korn/*Carlé* § 2 InvStG Rn. 38; Berger/Steck/Lübbehüsen/*Lübbehüsen* § 2 InvStG Rn. 282.
[171] So noch Schmitt/Hagen DStR **2004** 837.
[172] BaFin Rundschr. v. 22.12.2008 AZ WA 41-Wp 2136-2008/0001.
[173] BMF Schr. v. 18.8.2009 Rn. 5 unter ausdrücklicher Bezugnahme auf das BaFin Rundschreiben.
[174] Tappen/Mehrkhah IWB 7/**2013** 239; Angsten IWB 2/**2014** 48; Angsten IWB 15/**2013** 512; Gottschling/*Schatz* IStR **2014** 30; Simonis/Grabbe/Faller Der Betrieb **2014** 16; Haisch/Helios BB **2013** 1687; Elser/Stadler DStR **2013** 225; Patzner IStR **2013** 73; Neumann/Lübbehüsen Der Betrieb **2013** 2053; Hechtner/Wenzel DStR **2013** 2370.

ten steuerlichen Status als transparenter Investmentfonds gilt für Nicht OGAW-Fonds also der formelle Fondsbegriff durch die Hintertür fort.

AIF, die diese Anforderungen nicht erfüllten, gelten nach § 1 Abs. 1c als Investitionsgesellschaften, für die der privilegiert Status des transparenten Investmentfonds nicht eröffnet ist. Es gelten die Sondervorschriften für Personen-Investitionsgesellschaften nach § 18 bzw. für Kapital-Investitionsgesellschaften § 19, die wiederum auf allgemeine ertragsteuerliche Regeln nach dem EStG bzw. KStG, GewStG zurückgreifen. Gleichwohl unterliegen sie infolge der Neugestaltung zunächst dem Anwendungsbereich des InvStG.

Zur Abklärung der Konkurrenz zwischen InvStG und § 7 AStG stehen hier die körperschaftlich strukturierten Kapital-Investitionsgesellschaften i.S.d. § 19 InvStG im Vordergrund. Nach der neuen Lesart unterliegen auch diese Vehikel dem neugestalteten Anwendungsbereich des InvStG. Es sind also die Vorschriften des InvStG anzuwenden, wie es im insoweit unveränderten § 7 Abs. 7 AStG heißt; demnach scheint auf den ersten Blick der Vorrang des InvStG für all dies Investitionsvehikel zu gelten. Dem ist aber nicht so. Der Gesetzgeber hat diese Lücke erkannt und einer entsprechenden Auslegung einen Riegel vorgeschoben durch eine gesetzestechnisch bemerkenswerte Konstruktion in § 19 Abs. 4 InvStG. Danach bleibt die Hinzurechnungsbesteuerung nach § 7 Abs. 1–6a AStG im Bereich von Kapital-Investitionsgesellschaften anwendbar.[175] Der Vorrang des InvStG nach § 7 Abs. 7 AStG wird über diese Rückausnahme im InvStG wieder aufgehoben. Anders formuliert: Die lex specialis verzichtet auf den ihr in § 7 Abs. 7 AStG eingeräumten Status als lex specialis und verweist zurück an das AStG!

111

Für Personen-Investitionsgesellschaften braucht es keine entsprechende Regel, weil diese mangels körperschaftlicher Struktur nicht als Zwischengesellschaft i.S.d. § 7 AStG qualifizieren.

Die aufsichtsrechtlichen Änderungen infolge des AIFM UmsG treten nach dessen Artikel 28 zum 22. Juli 2013 in Kraft.[176] Entsprechend ordnet § 22 Abs. 1 InvStG in der Fassung des AIFM StAnpG an, dass die neuen Regeln zum Anwendungsbereich in § 1 InvStG ebenfalls ab dem 22. Juli 2013 anzuwenden sind.

Ausländische Investmentvermögen, auf die das InvStG nach bisherigem Recht, also dem bis zum 21. Juli 2013 geltende Recht auf Basis des formellen Fondsbegriff, anzuwenden ist,[177] genießen nach § 22 Abs. 2 InvStG neuer Fassung Bestandsschutz. Diese Investmentvermögen gelten als Investmentfonds im Sinne der Neuregelung auf die das InvStG anzuwenden ist. Das gilt dann auch für die Lesart/Anwendung des insoweit unveränderten § 7 Abs. 7 AStG.

3. Sinngemäße Anwendung von § 3 Nr. 41 Buchstabe a) EStG. Abs. 4 ordnet die sinngemäße Anwendung von § 3 Nr. 41 Buchstabe a)EStG. Es handelt sich wieder um eine investmentrechtliche Übertragungsnorm, um dem Transparenzgrundsatz Geltung zu verschaffen. Die herrschende Ansicht legt die Norm als Rechtsfolgeverweisung aus.[178] Das folgt schon aus dem nicht exakt passenden Wortlaut des § 3 Nr. 41 Buchstabe a) EStG, der den Direktbesitz einer Beteiligung zum Gegenstand hat: Danach sind „Gewinnausschüttungen ... aus einer Beteiligung ...", die der Hinzurechnung nach dem AStG unterlegen haben, steuerfrei zu stellen. Ein Investmentfonds gewährt aber keine Gewinn-

112

---
175 *Angsten* IWB 2/**2014** 48.
176 Artikel 28 AIFM UmsG und § 22.
177 Zur Lesart von § 7 Abs. 7 AStG nach bisheriger Definition des Anwendungsbereich des InvStG nach dem formellen Fondsbegriff vgl. Haase/*Reiche/Frotscher* § 2 InvStG Rn. 203.
178 Littmann/Bitz/Pust/*Ramackers* § 2 InvStG Rn. 96; Berger/Steck/Lübbehüsen/*Lübbehüsen* § 2 InvStG Rn. 287.

ausschüttungen in diesem Sinne, sondern ausgeschüttete Erträge bzw. ausschüttungsgleiche Erträge. Bezeichnender Weise benutzt die den Vorrang begründende Norm, § 7 Abs. 7 AStG, die investmentrechtlich treffenden Begriffe, wenn es um die Rückausnahme für DBA-befreite Erträge nach HS 2 geht. Dann kann auch der HS 1 nichts anderes meinen. Auf die nicht passende Formulierung „Gewinnausschüttungen" in § 3 Nr. 41 Buchstabe a) kann es nach Sinn und Zweck der gesamten Verweiskette nicht ankommen. Deshalb ist *Reiche/Frotscher*[179] und *Lübbehüsen*[180] zuzustimmen, wenn sie die Freistellung nach § 3 Nr. 41 Buchstabe a) EStG in *sinngemäßer* Anwendung nicht nur auf ausgeschüttete Erträge anwenden, sondern entgegen der Ansicht der Finanzverwaltung[181] auch auf ausschüttungsgleiche Erträge ausdehnen wollen. Auch wenn diese noch nicht tatsächlich ausgeschüttet sind, werden sie dennoch steuerlich als zugeflossen fingiert mit allen steuerbegründenden Folgen auf Anlegerebene. Die Versteuerung ist damit abgeschlossen, die an sich zu vermeidende Doppelbesteuerung ist eingetreten. Wenn die tatsächliche Ausschüttung nachfolgt, ist nichts mehr im Sinne des § 3 Nr. 41 Buchstabe a) EStG zu korrigieren, weil die Ausschüttung, soweit sie aus vorversteuerten ausschüttungsgleichen Erträgen der Vorjahre besteht, ohnehin nicht steuerpflichtig ist. Zu diesem Zeitpunkt ist eine die Steuerlast reduzierende Berücksichtigung der Steuer aus der Hinzurechnung nach dem AStG nicht mehr möglich.

Die Anwendung von § 3 Nr. 41 Buchstabe a) EStG nach Sinn und Zweck des Rechtsfolgeverweises in Abs. 4 verlangt und rechtfertigt es ferner, dass nicht nur die dem EStG unterliegenden natürlichen Personen, sondern auch betriebliche Anleger und Körperschaftsteuersubjekte in den Genuss der Vorschrift kommen.[182]

Die Gewinnausschüttungen müssen schon bei direkter Anwendung von § 3 Nr. 41 Buchstabe a) EStG nicht auf die passiven Einkünfte zurückführbar sein, die seinerzeit der Hinzurechnungsbesteuerung unterlegen haben.[183] Das gilt bei sinngemäßer Anwendung dann auch für die ausgeschütteten bzw. ausschüttungsgleichen Erträge.

Hinsichtlich des Meinungsstandes, wie die Formulierung des Siebenjahreszeitraums in § 3 Nr. 41 Buchstabe a) EStG im Hinblick auf die zeitliche Abfolge der Hinzurechnungsbesteuerung nach § 10 Abs. 2 AStG auszulegen ist (Gewinnausschüttungen „für das" Kalenderjahr ... oder Gewinnausschüttungen „in dem" Kalenderjahr ...), wird auf die Fachkommentierungen verweisen. In jedem Fall ist bei sinngemäßer Anwendung gemäß Abs. 4 auf Investmentfonds auf die genaue zeitliche Zuordnung der ausgeschütteten Erträge bzw. der ausschüttungsgleichen Erträge nach Abs. 1 Satz 2–4 InvStG zu achten; siehe oben Rn. 33 ff.

113 Über die Steuerbefreiung nach § 3 Nr. 41 Buchstabe a) EStG wird letztlich im Rahmen der EStG- bzw. KStG-Veranlagung entschieden und nicht im Rahmen eines Feststellungsverfahrens nach § 18 AStG.[184]

VI. Zinsschranke; Abs. 2a

114 Abs. 2a wurde eingeführt mit dem JStG 2008 parallel zur Einführung der Zinsschranke in § 4h EStG. Durch Abs. 2a soll sichergestellt werden, dass die von dem Investment-

---

[179] Haase/*Reiche/Frotscher* § 2 InvStG Rn. 227.
[180] Berger/Steck/Lübbehüsen/*Lübbehüsen* § 2 InvStG Rn. 288.
[181] BMF Schr. v. 18.8.2009 Rn. 40.
[182] Littmann/Bitz/Pust/*Ramackers* § 2 InvStG Rn. 96; Beckmann/Scholtz/Vollmer/*Isensee* § 2 InvStG Rn. 84; Berger/Steck/Lübbehüsen/*Lübbehüsen* § 2 InvStG Rn. 287.
[183] Flick/Wassermeyer/Baumhoff/Schönfeld/*Schönfeld* AStR § 3 Nr. 41 EStG Rn. 34.
[184] BMF Schr. v. 18.8.2009 Rn. 40; so auch schon Littmann/Bitz/Pust/*Ramackers* § 2 InvStG Rn. 97.

vermögen erzielten Zinsen beim Anleger im Rahmen der Zinsschrankenregelung des § 4h EStG berücksichtigt werden können. Der Gesetzgeber will eine Benachteiligung betrieblicher Anleger vermeiden, die sich statt Direktanlage für ein indirektes Investment unter Zwischenschaltung eins Investmentvermögens entschieden haben.[185] Für den privaten Anleger ist Abs. 2a, wie auch die Grundvorschrift des § 4h EStG unerheblich.[186]

1. Regelungszweck. Die Vorschrift dient der Umsetzung des Transparenzprinzips zu Gunsten des betrieblichen Anlegers allein zum Zweck der Ermittlung des im Rahmen des § 4h EStG abzugsfähigen Zinsaufwands.[187] Ohne diese ausdrückliche Anordnung in Abs. 2a wäre ein Berücksichtigung der auf Ebene des Investmentfonds erzielten Zinserträge wegen der sonst durchgreifenden Einkünftequalifikation nach Abs. 1 nicht möglich.[188] Die Einstufung der Betriebseinnahmen als Kapitaleinkünfte i.S.d. § 20 Abs. 1 Nr. 1. EStG (so *Lübbehüsen*: „die Erträge aus dem Investmentanteil zählen zu den Kapitaleinkünften i.S.d. § 20 Abs. 1 Nr. 1. EStG";[189] was so aber nur für den hier nicht relevanten Privatanleger zutrifft), führt nicht zum Ziel. Auch die Einstufung nach § 20 Abs. 1 Nr. 9 EStG (vgl. *Reiche/Frotscher*: „das Investmentvermögen gilt gemäß § 11 Abs. 1 als steuerbefreites Körperschaftsteuersubjekt")[190] führt nicht zum Ziel. In beiden Fällen lägen keine Zinserträge i.S.d. § 4h EStG vor.[191] Die ausgeschütteten bzw. ausschüttungsgleichen Erträge aus dem Investmentanteil sind keinen Zinserträge i.S.d. § 20 Abs. 1 Nr. 7 EStG.[192] Sie sind lediglich Bestandteil dieser Erträge aus dem Fondsanteil. Nur aufgrund des zusätzlich in das Gesetz aufgenommen Abs. 2a werden die per Investmentfonds inzident erzielten Zinserträge im Sinne der Gleichbehandlung für Zwecke der Zinsschranke so behandelt, als hätte sie der Anleger direkt erzielt.[193] Anwendungsvoraussetzung ist dann auch in formeller Hinsicht die Erfüllung der Publikationspflicht des in den Erträgen enthaltenen Zinsertrages nach § 5 Abs. 1 Satz 1 Nr. 1c) cc). Für Spezial-Investmentvermögens hat der Gesetzgeber in § 15 Abs. 1 Satz 1 diese Anforderung ausgesetzt, wobei sich aber die Frage stellt, wie der Anleger die notwendigen Informationen erhalten soll, ohne diese detaillierten Ausweise.

2. Ermittlung des Zinsertrages. Die Ermittlung der zu berücksichtigenden Zinserträge folgt dem bereits bekannten zweistufigen Schema gemäß Trennungsprinzip (vgl. Rn. 9): Zunächst werden auf der Eingangsseite des Investmentvermögens die Bruttoerträge ermittelt und um die anteiligen Werbungskosten reduziert. Sodann werden sie zum Zwecke der steuerlichen Behandlung auf Anlegerebene auf der Ausgangsseite den ausgeschütteten bzw. ausschüttungsgleichen Erträgen zugewiesen und einheitlich als Kapitaleinkünfte oder Betriebseinnahmen qualifiziert.[194]

Auf Anlegerebene finden die in den Erträgen enthaltenen, gemäß Abs. 2a gekennzeichneten Zinserträge dann ggf. Berücksichtigung im Zuge der Anwendung von § 4h EStG. Abs. 2a trifft keine Regelung dazu, ob die Zinsschranke auf Ebene des Anlegers

---

185 Korn/*Carlé* § 2 InvStG Rn. 18.1 unter Hinweis auf BRDrucksache 544/1/07 v. 11.9.2007, 90.
186 Haase/*Reiche/Frotscher* § 2 InvStG Rn. 141 und 144.
187 Beckmann/Scholtz/Vollmer/*Isensee* § 2 InvStG Rn. 71; Haase/*Reiche/Frotscher* § 2 InvStG Rn. 149.
188 *Feyerabend/Vollmer* BB **2008** 1088.
189 Berger/Steck/Lübbehüsen/*Lübbehüsen* § 2 InvStG Rn. 185.
190 Haase/*Reiche/Frotscher* § 2 InvStG Rn. 146.
191 Insoweit im Ergebnis übereinstimmen auch *Lübbehüsen* a.a.O. und *Reiche/Frotscher* a.a.O.
192 Haase/*Reiche/Frotscher* § 2 InvStG Rn. 149.
193 BMF Schr. v. 18.8.2009 Rn. 36a.
194 Berger/Steck/Lübbehüsen/*Lübbehüsen* § 2 InvStG Rn. 195.

Anwendung findet. Das bestimmt sich nach den Voraussetzungen des § 4h EStG und ggf. nach § 8a KStG.[195]

Hinsichtlich der Frage, welche Bestandteile der ausgeschütteten bzw. ausschüttungsgleichen Erträge auf Anlegerebene zu berücksichtigen sind, verweist Abs. 2a auf die für den Direktanleger geltenden Zinserträge der Grundvorschrift § 4h Abs. 3 Satz 3 EStG.[196] Das sind Erträge aus Kapitalforderungen jeder Art, die den maßgeblichen Gewinn (des betrieblichen Anlegers) erhöht haben. Schon in der ertragsteuerlichen Grundnorm fehlt es an einer klaren Definition und Bezugnahme auf andere steuerlichen Vorschriften, insbesondere auf § 20 EStG. Dennoch kann wegen der konzeptionellen Nähe zum Zinsbegriff des § 20 Abs. 1 Nr. 7 EStG auch der Zinsbegriff des § 4h EStG in Anlehnung an diese Norm ausgefüllt werden.[197] Erfasst werden nur Zinsen aus der Überlassung von Geldkapital, nicht solche aus der Überlassung von Sachkapital, wie etwa Erbbauzinsen oder Wertpapierleiherträge.[198] Die Zinserträge i.S.d. § 2a i.V.m. § 5 Abs. 1 Satz 1 Nr. 1c) cc) sind nicht deckungsgleich mit dem Ausweis der Bemessungsgrundlage für den Kapitalertragsteuerabzug nach § 7 Abs. 1 i.V.m. § 5 Abs. 1 Satz 1 Nr. 1d), sondern nur eine Teilausschnitt davon.[199]

Auf Ebene des Investmentfonds kommen insbesondere in Betracht:
– Zinsen aus Kapitalforderungen mit festem und variablem Zinssatz[200]
– gezahlte und erhaltene Stückzinsen
– abgegrenzte Zinsen i.S.d. § 3 Abs. 2 Nr. 2 (Emissionsrendite)
– ausgeschüttete bzw. ausschüttungsgleiche Erträge aus Ziel-Investmentvermögen mit entsprechendem Ausweis i.S.d. § 5 Abs. 1 Satz 1 Nr. 1c) cc).

Ergebnisse aus Tatbeständen des § 20 Abs. 2 EStG gelten nur kraft Fiktion als Zinserträge und sind nicht einbezogen, insbesondere nicht Marktrenditeergebnisse.[201]

118 Berücksichtigung finden nur die Zinserträge i.S.d. § 4h Abs. 3 Satz 3 EStG, die Bestandteil der ausgeschütteten bzw. ausschüttungsgleichen Erträge geworden sind. Der Zinsbetrag ist demnach ein Davon-Größe dieser in § 1 Abs. 3 definierten investmentsteuerrechtlichen Größen, die dem Anleger gemäß der Umqualifikation in § 2 Abs. 1 einheitlich als Kapitaleinkünfte oder hier als Betriebseinnahmen zufließen.[202] Bei deren Ermittlung ist von den Bruttoeinnahmen der Eingangsseite noch ein anteiliger Werbungskostenabzug nach § 3 Abs. 3 abzuziehen. Der auszuweisende Zinsbetrag kann also nur eine Nettogröße sein.[203]

Dem Grunde nach (Art der betroffenen Zinserträge) herrscht Gleichbehandlung mit dem Direktanleger. Der Höhe nach sind indessen wegen der unterschiedlichen Ermittlungsmethoden beim bilanzierenden Direktanleger im Vergleich zur Ertragsermittlung durch Einnahme-Überschuss-Rechnung auf Ebene des Investmentfonds Abweichungen

---

[195] Haase/*Reiche*/*Frotscher* § 2 InvStG Rn. 148.
[196] Blümich/*Wenzel* § 2 InvStG Rn. 23.
[197] *Häuselmann* FR 2009 506; *ders.* Ubg **2009** 225; Schmidt/*Loschelder* § 4h Rn. 25 sowie das Spezialschrifttum zu § 4h EStG.
[198] Berger/Steck/Lübbehüsen/*Lübbehüsen* § 2 InvStG Rn. 190.
[199] Beckmann/Scholtz/Vollmer/*Petzschke* § 5 InvStG Rn. 73.
[200] BMF Schr. v. 4.7.2008 BStBl. I 2008 718 Rn. 11 und 15.
[201] *Häuselmann* FR **2009** 506; Beckmann/Scholtz/Vollmer/*Isensee* § 2 InvStG Rn. 74; Blümich/*Wenzel* § 2 InvStG Rn. 23.
[202] *Häuselmann* Ubg **2009** 225; Berger/Steck/Lübbehüsen/*Lübbehüsen* § 2 InvStG Rn. 193, BMF Schr. 18.8.2009 Rn. 36a.
[203] Beckmann/Scholtz/Vollmer/*Isensee* § 2 InvStG Rn. 75 sowie Beckmann/Scholtz/Vollmer/*Petschke* § 5 InvStG Rn. 71; sowie BMF Schr. v. 18.8.2009 Rn. 36b.

trotz angestrebter Gleichbehandlung (Transparenzprinzip) denkbar, insbesondere wegen divergierender Abgrenzungsregeln in § 3 Abs. 2 bzw. wegen des Werbungskostenabzugs nach § 3 Abs. 3 und vor allem wegen der Verlustverrechnung nach § 3 Abs. 4.[204]

3. Verlustverrechnung. Das Bild der Davon-Größe lässt sich nicht ohne Durchbrechung aufrechterhalten, wenn Zinserträge gemäß § 3 Abs. 4 mit sonstigen Erträgen „gleicher Art" verrechnet werden. Nach § 3 Abs. 4 Satz 1 sind negative Erträge bis zur Höhe der positiven Erträge „gleicher Art" zu verrechnen. Nicht ausgeglichene negative Erträge sind auf Ebene des Investmentvermögens vorzutragen nach § 3 Abs. 4 Satz 2. Es gibt also keinen negativen ausgeschütteten bzw. ausschüttungsgleichen Ertrag. Ein sich ergebender Negativbetrag ist auf Ebene des Investmentvermögens zwingend als Verlustvortrag fortzuführen.[205] 119

Die „Gleichartigkeit" soll nach Ansicht der Finanzverwaltung gegeben sein, wenn hinsichtlich Steuerbarkeit, zeitlicher Zurechnung und Steuerabzug beim Anleger die gleichen materiellen Auswirkungen eintreten.[206] So sollen etwa Zinsen und Mieterträge sowie sonstige Erträge „Erträge gleicher Art" i.S.d. § 3 Abs. 4 Satz 1 sein.[207] Diese Überlegung stand so schon im BMF-Schreiben in der Fassung des Einführungserlasses vom 2.6.2005 – also vor Einführung der Zinsschrankenregelung in § 4h EStG und des Abs. 2a durch das UntStRefG 2008.

Zinserträge und sonstige Erträge mögen insoweit ausgleichsfähig sein, als sie für die ausgeschütteten und ausschüttungsgleichen Erträge die gleichen steuerlichen Folgen auf Anlegerebene haben. Für Zinsschrankenzwecke gilt das aber nicht zwingend; das zeigen folgende Überlegungen/Beispiele:

Beispiel 1: Soweit sich positive Brutto-Zinserträge 10 nach Abzug überschießender Werbungskosten – 11 zu negativen Netto-Zinserträgen – 1 entwickeln, kann dies nicht zu einem negativen ausschüttungsgleichen Ertrag und auch nicht zu einem negativen Zinsschrankenausweis führen. Negativer Zinsertrag ist vorzutragen.[208] Ausschüttungsgleicher Ertrag und Zinsschrankenausweis lauten auf 0. Es bleibt insoweit eine Davon-Größe des ausgeschütteten bzw. ausschüttungsgleichen Ertrages in Höhe von 0.

Beispiel 2: Werden negative Netto-Zinserträge – 7 mit positiven sonstigen Erträgen 5 verrechnet („verbraucht"), verbleibt ein Negativsaldo – 2, der als Verlust auf Ebene des Investmentfonds vorgetragen wird; der ausschüttungsgleiche Ertrag wird mit 0 ausgewiesen; der Zinsschrankenausweis beläuft sich ebenfalls auf 0. Ein negativer (Davon-)Zinsschrankenausweis kommt nicht in Betracht.[209] Die negativen Zinserträge wurden auf Ebene des Investmentfonds im Zuge der Ermittlung des ausschüttungsgleichen Ertrages in Höhe von – 5 „verbraucht" und haben den Verlustvortrag – 2 mitgebildet; sie können nicht ein zweites Mal auf Anlegerebene berücksichtigt werden. Soweit stimmt das Bild des Davon-Ausweises noch.

Beispiel 3: Werden positive Netto-Zinserträge 5 mit anderen negativen sonstigen Erträgen – 7 zu einem negativen Gesamtsaldo – 2 verrechnet, werden wieder – 2 als Verlust vorgetragen, der ausschüttungsgleiche Ertrag wird wieder mit 0 ausgewiesen. Demnach

---

204 Berger/Steck/Lübbehüsen/*Lübbehüsen* § 2 InvStG Rn. 189.
205 *Sradj/Schmitt/Krause* DStR **2009** 2283; Blümich/*Wenzel* § 2 InvStG Rn. 22, BMF Schr. v. 18.8.2009 Rn. 70a.
206 BMF Schr. v. 18.8.2009 Rn. 69.
207 Näheres hierzu in der Kommentierung zu § 3 Abs. 4.
208 B/V/S/*Petzschke* § 5 InvStG Rn. 75; **a.A.** insoweit Berger/Steck/Lübbehüsen/*Lübbehüsen* § 2 InvStG Rn. 189.
209 **A.A.** insoweit Berger/Steck/Lübbehüsen/*Lübbehüsen* § 2 InvStG Rn. 189, der in diesem Beispiel ein Zinsschranke von −2 ausweisen würde.

wäre ein Zinsschrankenausweis in Höhe von 0 (weil die Davon-Größe den ausschüttungsgleichen Ertrag nicht übersteigen kann) naheliegend. Die positiven Zinserträge haben sich bei der Ermittlung des ausschüttungsgleichen Ertrages für den Anleger so ausgewirkt, als hätte er sie direkt bezogen; sie haben den Verlustvortrag von – 7 um 5 auf – 2 reduziert, sich also wie Zinsertrag ausgewirkt. Eine Begrenzung des Zinsschrankenausweise auf den 0 hält die Finanzverwaltung in diesem Fall gleichwohl nicht für sachgerecht mit dem Argument, im Fall des Direktinvestments wären die Zinserträge für Zwecke des § 4h Abs. 3 EStG unmittelbar auf Anlegerebene berücksichtigungsfähig, eine Verrechnung mit bzw. ein „Verbrauch" für sonstige negative Erträgen für Zinsschrankenzwecke – wie auf Fondsebene – gäbe es beim Direktanleger nicht – und dürfe es auch bei Zwischenschaltung des Fonds nicht geben. Diese Interpretation wird von der Praxis dem Passus 2.d) eines BMF-Schreibens an die Verbände der Kreditwirtschaft[210] beigemessen, das an sich Aussagen zu Verlustverrechnungsmöglichkeiten für die Höchstbetragsrechnung im Zuge der Steueranrechnung ausländischer Quellensteuer nach § 32d Abs. 5 EStG enthält. Dort heißt es, es könne auch für Zinsen im Sinne der Zinsschranke eine ergänzende Aufteilung der allgemeinen Verlustverrechnungskategorien – nur für Zwecke der Zinsschranke – im Wege einer Schattenrechnung vorgenommen werden.

Im Beispiel 3 beliefe sich – dieser Auslegung (Schattenrechnung) folgend – der ausschüttungsgleiche Ertrag auf 0, der Zinsschrankenausweis aber auf 5. Der allgemeine Verlustvortrag beliefe sich auf – 2; ein Verlustvortrag für Zinsschrankenzwecke gäbe es nicht.

Im Beispiel 2 wäre der ausschüttungsgleiche Ertrag und der Zinsschrankenausweis weiterhin 0, allerdings gäbe es neben dem allgemeinen Verlustvortrag – 2 einen weiteren Zinsschrankenvortrag – 7 im Wege der Schattenrechnung.

Im Beispiel 1 wäre der ausschüttungsgleiche Ertrag und der Zinsschrankenausweis 0 und der Verlustvortrag für den ausschüttungsgleichen Ertrag wie für Zinsschrankenzwecke laut Schattenrechnung wäre gleich hoch – 1.

Überzeugen in der Ableitung kann dieser Ansatz nur bedingt. Der „Verbrauch" des positiven wie des negativen Zinsertrages im Zuge der Ermittlung des ausschüttungsgleichen Ertrages findet auf Fondsebene statt, wirkt sich dennoch auf Anlegerebene aus – bei Verlustvorträgen allerdings erst mit zeitlicher Verzögerung. Bei negativen Zinserträgen belässt man es auch für Zinsschrankenzwecke dabei, bei positiven Zinserträgen soll der Effekt für Zinsschrankenzwecke dagegen mit Hilfe der Schattenrechnung sogleich auf die Anlegerebene getragen werden können.

120 **4. Zwischengewinn.** Der Zwischengewinn i.S.d. § 1 Abs. 4 Nr. 1–4 wird in Abs. 1 Satz 1 als Auffangtatbestand für unterjährige Ereignisse eigenständig aufgeführt. Er wird nicht Bestandteil der ausgeschütteten bzw. ausschüttungsgleichen Erträge i.S.v. § 1 Abs. 3. Somit wird er auch nicht Bestandteil der in den laufenden Erträgen enthaltenen Zinskomponenten i.S.d. Abs. 2a i.V.m. § 4h EStG. Das geschieht nur wenn und insoweit, als (abgegrenzte) Zinsen in diese Kategorien einfließen und damit dem Anleger per Ausschüttung oder ausschüttungsgleicher Ertrag zugerechnet werden (zu diesem Zeitpunkt fällt der Zwischengewinn entsprechend).

Der vom (betrieblichen) Anleger anlässlich der Anteilsrückgabe erzielte Zwischengewinn fällt aus nämlichem Grunde nicht in den Anwendungsbereich des Abs. 2a. Der Zwischengewinn zählt auf Ebene des betrieblichen Anlegers als unselbständiger Teil der Anschaffungskosten der Beteiligung/des Investmentanteils bzw. zum Veräußerungser-

---

[210] BMF-Schr. v. 1. November 2010 an die Verbände IV C 1 – S 1980 – 1/09/1001.

lös. Soweit also der Anleger den Investmentanteil vor Geschäftsjahresende/Ergebniszuweisung, Ausschüttung veräußert, begibt er sich der Möglichkeit, die im Zwischengewinn enthaltenen (abgrenzten) Zinsen im Rahmen der Zinsschranke zu berücksichtigen. Andererseits kann er sich bei Erwerb des Anteils in den Zwischengewinn/Zinsertrag einkaufen.[211]

Für die Ebene eines Dach-Investmentfonds als Anleger gilt entsprechendes. Der Zwischengewinn aus dem Zielfonds wird erst dann zum Zinsertrag i.S.d. Abs. 2a i.V.m. § 4h EStG, wenn er dem Dachfonds via Ausschüttung zufließt bzw. via ausschüttungsgleicher Ertrag zugerechnet wird (der Zwischengewinn des Zielfonds fällt zu diesem Zeitpunkt entsprechend). Der bloß gespiegelte Zwischengewinn aus dem Ziel-Investmentfonds bzw. der realisierte Zwischengewinn des Dach-Investmentvermögens aus der Rückgabe des Ziel-Investmentvermögens gilt ebenfalls nicht als Zins in diesem Sinne. Insofern erzielt das Dach-Investmentvermögen Erlöse aus dem Verkauf der Beteiligung/des Investmentanteils, der dem Grunde nach wie der Verkauf eines Wertpapieres i.S.d. § 20 Abs. 2 Nr. 1 EStG zu behandeln ist, wenngleich in § 8 einer spezialgesetzlichen Regelung unterworfen wird – jedenfalls aber nicht zu Zinserträgen führt. Das ist im Sinne der Transparenz nur konsequent, weil insoweit auch der Anleger im Ziel-Investmentvermögen nicht anders behandelt wird.[212] **121**

VII. Negative Kapitalerträge aus Zwischengewinn; Abs. 5

Absatz 5 wurde durch das Jahressteuergesetz 2010 (JStG 2010 v. 8.12.2010 BGBl. I 2010 1768) eingefügt und brachte, im Verbund mit ergänzenden Änderungen von § 5 Abs. 1 und 3 sowie § 9, eine gesetzliche Regelung zu der Frage, wann negative Kapitalerträgen aus bezahltem Zwischengewinnen zu berücksichtigen sind. **122**

1. Hintergrund: Funktion des Zwischengewinns und Ertragsausgleich. Mit dem **123** Zwischengewinn werden die Zinserträge und Zinssurrogate, die bereits während des Geschäftsjahres vom Investmentfonds erzielt werden, im Falle von unterjähriger Rückgabe des Investmentanteils der Besteuerung unterworfen. Die Zinserträge werden abgeschichtet. Beim Erwerb gezahlter Zwischengewinn ist beim Privatanleger dann folgerichtig als negative Einnahme aus Kapitalvermögen zu berücksichtigen zur Vermeidung der Doppelbesteuerung beim späteren Ertragszufluss. Dieser Grundsatz deckt sich mit der Ansicht der Finanzverwaltung.[213]

Höchst umstritten ist allerdings die Frage, ob und inwieweit ein Zusammenhang besteht zwischen der Abschichtungsfunktion des Zwischengewinns und der Durchführung eines Ertragsausgleichverfahrens i.S.d. § 9. Der Ertragsausgleich ist eine Besonderheit der inländischen Investmentbranche mit dem Ziel das Ertrags-/Ausschüttungsvolumen ungeachtet von Anteilskäufen und Rückgaben konstant zu halten.[214] Es besteht keine gesetzliche Verpflichtung, einen Ertragsausgleich zu rechnen. Gleichwohl führen jedenfalls inländische Publikums-Investmentfonds regelmäßig einen steuerlichen Ertragsausgleich durch, der auch in der Rechnungslegung ausgewiesen wird. Im Ausland hat

---

211 *Häuselmann* Ubg **2009** 225; *derselbe* FR **2009** 506; *derselbe* FR **2009** 401 sowie das Spezialschrifttum zu § 4h EStG.
212 Berger/Steck/Lübbehüsen/*Lübbehüsen* § 2 InvStG Rn. 196.
213 BMF Schr. v. 8.8.2009 Rn. 21a.
214 Zum Ertragsausgleich allgemein vgl. Haase/*Schönbach* § 9 InvStG Rn. 77 m.w.N., zum steuerlichen Ertragsausgleich vgl. insbesondere *Pätsch/Fischer* DStR **2009** 2646; *Höring* DStZ **2010** 84; *Sradj/Schmitt/Krause* DStR **2009** 2283; *Ebner/Helios* BB **2010** 1565.

sich diese Methode dagegen nicht durchgesetzt, ja teilweise ist ein investmentrechtlicher Ertragsausgleich nicht zulässig.[215]

Ausgehend vom Wortlaut des § 9, der in seiner ursprünglichen Fassung keine Verknüpfung von Ertragsausgleich und Zwischengewinn enthielt, wurde davon ausgegangen, dass der Ansatz eines negativen Zwischengewinns nicht davon abhängig ist, ob und in welchem Umfang ein Ertragsausgleich durchgeführt wird.[216] Andererseits eröffnete die selektive Anwendung des Ertragsausgleich auch Gestaltungsmöglichkeiten, negative Erträge aus gezahltem Zwischengewinn zu generieren, ohne dass dem Zinserträge in gleicher Höhe bei Ertragszufluss (als ausgeschütteter bzw. ausschüttungsgleicher Ertrag) gegenüber stünden.[217]

Diese Gestaltungen hatte die Finanzverwaltung im Visier bei der Überarbeitung des BMF Schr. v. 18.8.2009 Rn. 21a: Negative Einnahme sind beim Erwerb von während des laufenden Geschäftsjahres ausgegebenen Anteilen nicht anzunehmen, wenn das Investmentvermögen keinen Ertragsausgleich durchführt. Denn in diesem Fall leistet der Anleger keine „Vorauszahlung" auf die ihm zuzurechnenden späteren Erträge. Dass diese Aussage – ungeachtet der Verzerrungen, die ohne Ertragsausgleich auftreten – in dieser Absolutheit nicht haltbar ist, wurde in der Literatur zum Ertragsausgleich deutlich herausgearbeitet.[218]

Diese Passage ist im Zusammenhang mit BMF Schr. v. 18.8.2009 Rn. 197 zu sehen: Im Zweifel ist im Falle ausländischer Investmentvermögen ausschließlich darauf abzustellen, ob das Ertragsausgleichsverfahren – nicht nur für steuerliche Zwecke – tatsächlich durchgeführt wurde.

Diese Textziffer wurde so verstanden, dass nach Ansicht der Finanzverwaltung der Ertragsausgleich nur dann steuerlich anzuerkennen sei, wenn er auch aufsichtsrechtlich tatsächlich durchgeführt wurde – ungeachtet der Frage, ob er aufsichtsrechtlich im Ausland Einschränkungen unterliegt oder gar unzulässig ist. Letzteres wurde insbesondere unter europarechtlichen Gesichtspunkten kritisiert;[219] aber auch im Übrigen findet die Verknüpfung von Ertragsausgleich und Zwischengewinn im InvStG in der Fassung vor dem JStG 2010 nach Ansicht der Literatur keine hinreichenden Grundlage.[220]

Gleichwohl hatte das Bundeszentralamt, gestützt auf diese Passagen, zahlreiche Beanstandungsschreiben an Investmentgesellschaften verschickt mit der Kernaussage: Ohne tatsächliche Durchführung eines (investmentrechtlichen) Ertragsausgleiches, könne gezahlter Zwischengewinn nicht als negativer Ertrag angesetzt werden; der nur steuerlich gerechnete Ertragsausgleich reiche nicht.

Ergänzend hatte die Finanzverwaltung Anfang 2010 Stellung bezogen in hinsichtlich Inhalt und Form rechtsstaatlich fragwürdigen Verlautbarungen:[221]

Mit Schreiben vom 9.3.2010 an die Verbände der Kreditwirtschaft und der Investmentbranche[222] hat das BMF einerseits auf die Kritik an Rn. 21a und Rn. 196 reagiert, andererseits aber ergänzende Thesen aufgestellt: Auch ein nur für steuerliche Zwecke gerechneter Ertragsausgleich sei ausreichend, wenn er kontinuierlich und für alle Ertragskennzahlen gerechnet werde. Ein rückwirkend nach Ablauf des Geschäftsjahres

---

215 Haase/*Schönbach* § 9 InvStG Rn. 4 sowie 77.
216 *Kretzschmann* FR **2011** 62.
217 Haase/*Schönbach* § 9 InvStG Rn. 94, *Ebner*/*Helios* BB **2010** 1565, 1574.
218 *Schönbach*/*Welzel* StR **2009** 675; Haase/*Schönbach* § 9 InvStG Rn. 99; *Ebner*/*Helios* BB **2010** 1565; *Ebner* Recht der Finanzinstrumente 1. 2011 mit Anmerkungen von *Ramackers*.
219 *Sradj*/*Schmitt*/*Krause* DStR **2009** 2283; *Ebner*/*Helios* BB **2010** 1565.
220 *Pätsch*/*Fischer* DStR **2009** 2646; *Höring* DStZ **2010** 84.
221 *Schmitt* DStR **2010** 1610.
222 BMF IV C 1 – S 1980-1/09/1001.

gerechneter steuerlicher Ertragsausgleich sei nicht zulässig. Formelle Voraussetzung für die Anerkennung des nur für steuerliche Zwecke gerechneten Ertragsausgleichs sei
- der gesonderte Ausweis des berücksichtigten Ertragsausgleichs im Rahmen der Bekanntmachung nach § 5 Abs. 1 Satz 1 Nr. 3 (gemeint war wohl Nr. 1!) InvStG
- die Aufnahme einer Aussage in der Berufsträgerbescheinigung nach § 5 Abs. 1 Satz 1 Nr. 3 InvStG, dass ein steuerlicher Ertragsausgleich gerechnet worden ist.

Mit weiterer Korrespondenz vom 28.4.2010 allein an den Verband der luxemburgischen Investmentbranche (ALFI), die später in der Branche informell kursierte, wird ferner erläutert:
- Zur Erfüllung der formellen Voraussetzung laut Schreiben vom 9. März 2010 reiche ein Hinweis des Berufsträgers in der Bescheinigung nach § 5 Abs. 1 Satz 1 Nr. 3, dass ein steuerlicher Ertragsausgleich gerechnet worden ist, aus. Ein betragsmäßiger Ausweis des Ertragsausgleiches der Höhe nach sei nicht erforderlich – weder ein einzelner Betrag noch eine Aufteilung auf die ausgewiesenen Teilgrößen nach § 5 Abs. 1 Satz 1 Nr. 1 InvStG.

Diese Schreiben verstanden sich offenbar als Vorgriff auf die in der Diskussion befindlichen Gesetzesvorhaben im Rahmen des Jahressteuergesetzes 2010, das dann ja auch die Einführung des Absatzes 5 brachte. Aber diese Schreiben verlangten materiell wie formell mehr als der Gesetzesentwurf und waren teilweise nicht mal an die betroffenen Adressaten (weil nur Verbandsschreiben) gerichtet. Selbst in der Rückschau irritiert der Umgang des Finanzministeriums mit dem im Bereich der Eingriffsverwaltung geltenden Vorbehalt des Gesetzes.[223]

2. Die gesetzliche Regelung. Mit Einführung von Abs. 5 durch das JStG 2010 wurde endlich eine gesetzliche Grundlage für das nachvollziehbare Anliegen, Zwischengewinngestaltungen mit Hilfe inkonsistenter Ertragsausgleichverfahren zu begegnen, geschaffen. Entgegen der Gesetzesbegründung handelt es sich hierbei allerdings keineswegs um eine nur klarstellende Regelung der bisherigen Verwaltungspraxis,[224] vielmehr wird erstmals eine dem Vorbehalt des Gesetzes gerecht werdende Regelung geschaffen.

124

Die gesetzliche Regelung durch das JStG 2010 findet sich neben dem neu eingefügten § 2 Abs. 5, auch im damit korrespondierend neu eingeführten § 9 Satz 2. Ergänzend wurden Änderungen in § 5 Abs. 1 Satz 1 Nr. 3 Satz 1 sowie in § 5 Abs. 3 Satz 1 vorgenommen:

Nach § 2 Abs. 5 werden negative Kapitalerträge aus Zwischengewinnen auf Grund des Erwerbes von während des laufenden Geschäftsjahres des Investmentfonds ausgegebenen Anteilen nur berücksichtigt, wenn der Investmentfonds einen Ertragsausgleich nach § 9 durchführt.

§ 9 Satz 2 stellt nun erstmals ein Verknüpfung zwischen Ertragsausgleich und Zwischengewinn her, wenn es dort heißt: Die Einnahmen und Zwischengewinne i.S.d. § 1 Abs. 4 sind bei Anwendung eines Ertragsausgleiches um die hierauf entfallenden Anteile des Ausgabepreises für ausgegebene Anteile zu erhöhen. Damit wird klargestellt, dass der Ertragsausgleich auch bei der Ermittlung des Zwischengewinns zu berücksichtigen ist.

Nach § 5 Abs. 1 Satz 1 Nr. 3 Satz 1aE muss die Bescheinigung (des Berufsträgers) nun eine Aussage enthalten, ob in die Ermittlung der steuerlichen Angaben Werte aus einem Ertragsausgleich eingegangen sind. Ein dezidierter, zahlenmäßiger Davon-Ausweis zu

---

[223] *Kretzschmann* FR **2011** 62; *Ebner/Helios* BB **2010** 1565.
[224] *Haase*/DStR **2010** 1608; BTDrucks. 17/2249, 132.

den jeweiligen steuerlichen Angaben laut Katalog der Nr. 1 ist nicht erforderlich. Insoweit bleibt das Gesetz hinter den Anforderungen der genannten BMF-Verlautbarung vom 9.3 2010 zurück. Das wirft ein bezeichnendes Licht auf die Tragfähigkeit dieser Anforderung, so sie denn für offene Fälle weiter verfolgt werden sollte angesichts der unglücklichen Regelung zur zeitlichen Anwendung der neuen Gesetzesfassung.

Nach § 5 Abs. 3 Satz 1 hat die Investmentgesellschaft bewertungstäglich den Zwischengewinn zu ermitteln und mit dem Rücknahmepreis zu veröffentlichen; dabei ist nun anzugeben, ob bei der Ermittlung des Zwischengewinns nach § 9 Satz 2 verfahren wurde, ob also ein Ertragsausgleich durchgeführt wurde. Geschieht dies nicht, ist nach § 5 Abs. 3 Satz 2 der Ersatzwert anzusetzen; insoweit geht das Gesetz über die Anforderungen in der Verlautbarung hinaus.[225]

Beide ergänzenden Publikationserfordernisse sind aus Gründen der Nachvollziehbarkeit und der Rechtssicherheit der Veröffentlichung eingefügt worden und zu begrüßen.

125 § 2 Abs. 5 wie auch die übrigen angesprochenen neuen Regeln treten am Tag nach der Verkündung des Jahressteuergesetzes 2010 in Kraft, also am 14.12.2010 in Kraft – ohne dass in § 18 Abs. 19 abweichende Anwendungsregeln getroffen worden sind. Es gilt also nicht die Grundregel von § 18 Abs. 19, wonach die Neuregelung erstmals für Geschäftsjahre anzuwenden ist, die nach dem 31. Dezember 2010 beginnen. Hier hat der Gesetzgeber es versäumt, für einen sauberen Trennungsstrich zu sorgen. Auf der Grundlage einer vermeintlich nur klarstellenden Regelung wird die Finanzverwaltung für die vor dem Tag des Inkrafttretens liegenden Fälle ihre Ansicht gemäß den Verlautbarung durchsetzen wollen. Bleibt zu hoffen, dass die genannten Verlautbarungen der Finanzverwaltung und die darauf gestützte Maßnahmen/Steuerbescheide einer gerichtlichen Prüfung durch die Finanzgerichte nicht Stand halten werden.

§ 3
Ermittlung der Erträge

(1) Bei der Ermittlung der Erträge des Investmentfonds ist § 2 Absatz 2 Satz 1 Nummer 2 des Einkommensteuergesetzes sinngemäß anzuwenden.

(1a) Wird ein Zinsschein oder eine Zinsforderung vom Stammrecht abgetrennt, gilt dies als Veräußerung der Schuldverschreibung und als Anschaffung der durch die Trennung entstandenen Wirtschaftsgüter. Eine Trennung gilt als vollzogen, wenn dem Inhaber der Schuldverschreibung die Wertpapierkennnummern für die durch die Trennung entstandenen Wirtschaftsgüter zugehen. Als Veräußerungserlös der Schuldverschreibung gilt deren gemeiner Wert zum Zeitpunkt der Trennung. Für die Ermittlung der Anschaffungskosten der neuen Wirtschaftsgüter ist der Wert nach Satz 3 entsprechend dem gemeinen Wert der neuen Wirtschaftsgüter aufzuteilen. Die Erträge des Stammrechts sind in sinngemäßer Anwendung des Absatzes 2 Satz 1 Nummer 2 periodengerecht abzugrenzen.

(2) § 11 des Einkommensteuergesetzes ist mit folgenden Maßgaben anzuwenden:
1. Dividenden gelten bereits am Tag des Dividendenabschlags als zugeflossen;
2. Zinsen, angewachsene Ansprüche aus einem Emissions-Agio oder -Disagio mit Ausnahme des Feinabstimmungsabschlags nach § 1 Abs. 3 Satz 3 Nr. 1 Buchstabe b Satz 2 einer sonstigen Kapitalforderung im Sinne des § 20 Abs. 1 Nr. 7

---

[225] *Kretzschmann* FR **2011** 62.

des Einkommensteuergesetzes, die eine Emissionsrendite hat, und Mieten sind periodengerecht abzugrenzen; die angewachsenen Ansprüche sind mit der Emissionsrendite anzusetzen, sofern diese leicht und eindeutig ermittelbar ist; anderenfalls ist der Unterschiedsbetrag zwischen dem Marktwert zum Ende des Geschäftsjahres und dem Marktwert zu Beginn des Geschäftsjahres oder im Falle des Erwerbs innerhalb des Geschäftsjahres der Unterschiedsbetrag zwischen dem Marktwert zum Ende des Geschäftsjahres und den Anschaffungskosten als Zins (Marktrendite) anzusetzen; die abgegrenzten Zinsen und Mieten gelten als zugeflossen. Bei sonstigen Kapitalforderungen im Sinne des § 1 Absatz 3 Satz 3 Nummer 1 Buchstabe f ist Satz 1 nur auf die Zinsen und nicht auch auf angewachsene Ansprüche anzuwenden;
3. periodengerecht abgegrenzte Werbungskosten gelten als abgeflossen, soweit der tatsächliche Abfluss im folgenden Geschäftsjahr erfolgt.

Soweit die Einnahmen schon vor dem Zufluss erfasst werden, ist ein Abzug der ausländischen Steuern gemäß § 4 Abs. 4 bereits in dem Geschäftsjahr zulässig, in dem die Einnahmen zugerechnet werden.

(3) Werbungskosten des Investmentfonds, die in einem unmittelbaren wirtschaftlichen Zusammenhang mit Einnahmen stehen, sind bei den jeweiligen Einnahmen abzuziehen. Zu den unmittelbaren Werbungskosten gehören auch Absetzungen für Abnutzung oder Substanzverringerung, soweit diese die nach §7 des Einkommensteuergesetzes zulässigen Beträge nicht übersteigen. Die nach Satz 1 verbleibenden, in einem mittelbaren wirtschaftlichen Zusammenhang mit Einnahmen der in § 1 Absatz 3 Satz 3 Nummer 1 und 2 genannten Art (laufende Einnahmen) sowie mit sonstigen Gewinnen und Verlusten aus Veräußerungsgeschäften stehenden Werbungskosten sind ausschließlich nach den nachfolgenden Maßgaben abziehbar:
1. Den ausländischen laufenden Einnahmen oder sonstigen ausländischen Gewinnen und Verlusten aus Veräußerungsgeschäften, für die der Bundesrepublik Deutschland auf Grund eines Abkommens zur Vermeidung der Doppelbesteuerung kein Besteuerungsrecht zusteht, sind Werbungskosten im Verhältnis des durchschnittlichen Vermögens des vorangegangenen Geschäftsjahres, das Quelle dieser laufenden Einnahmen und dieser sonstigen Gewinne und Verluste aus Veräußerungsgeschäften ist, zu dem durchschnittlichen Gesamtvermögen des vorangegangenen Geschäftsjahres zuzuordnen. Zur Berechnung des durchschnittlichen Vermögens sind die monatlichen Endwerte des vorangegangenen Geschäftsjahres zugrunde zu legen.
2. Bei der Ermittlung der Erträge, auf die beim Anleger
   a) § 3 Nummer 40 des Einkommensteuergesetzes anwendbar ist, sind die nach Anwendung der Nummer 1 verbleibenden abziehbaren Werbungskosten den laufenden Einnahmen, die auch § 3 Nummer 40 des Einkommensteuergesetzes unterfallen, sowie den sonstigen Gewinnen im Sinne des § 3 Nummer 40 des Einkommensteuergesetzes und den sonstigen Gewinnminderungen im Sinne des § 3c Absatz 2 des Einkommensteuergesetzes des laufenden Geschäftsjahres im Verhältnis des durchschnittlichen Vermögens des vorangegangenen Geschäftsjahres, das Quelle dieser Einnahmen ist, zu dem durchschnittlichen Gesamtvermögen des vorangegangenen Geschäftsjahres zuzuordnen, das um das Vermögen im Sinne der Nummer 1 vermindert ist. Nummer 1 Satz 2 gilt entsprechend;
   b) § 8b Absatz 1 des Körperschaftsteuergesetzes anwendbar ist oder, ungeachtet des § 8b Absatz 4 des Körperschaftsteuergesetzes in Verbindung mit § 15 Absatz 1a dieses Gesetzes, anwendbar wäre, sind die nach Anwen-

dung der Nummer 1 verbleibenden abziehbaren Werbungskosten den laufenden Einnahmen im Sinne des § 15 Absatz 1a dieses Gesetzes in Verbindung mit § 8b Absatz 1 des Körperschaftsteuergesetzes, den laufenden Einnahmen im Sinne des § 2 Absatz 2 Satz 1 dieses Gesetzes sowie den sonstigen Gewinnen und Verlusten aus Veräußerungsgeschäften im Sinne des § 8b Absatz 2 und 3 des Körperschaftsteuergesetzes des laufenden Geschäftsjahres im Verhältnis des vorangegangenen Geschäftsjahres, das Quelle dieser Einnahmen ist, zu dem durchschnittlichen Gesamtvermögen des vorangegangenen Geschäftsjahres zuzuordnen, das um das Vermögen im Sinne der Nummer 1 vermindert ist. Nummer 1 Satz 2 gilt entsprechend.
3. Die abziehbaren Werbungskosten, die nach Anwendung der Sätze 1 und 3 Nummer 1 und 2 noch nicht zugeordnet wurden, sind von den verbleibenden laufenden Einnahmen sowie den verbleibenden sonstigen Gewinnen und Verlusten aus Veräußerungsgeschäften des laufenden Geschäftsjahres abzuziehen.

Die nach Satz 3 zuzuordnenden Werbungskosten sind innerhalb der jeweiligen Nummern 1 bis 3 den jeweiligen laufenden Einnahmen oder den sonstigen Gewinnen und Verlusten aus Veräußerungsgeschäften nach dem Verhältnis der positiven Salden der laufenden Einnahmen des vorangegangenen Geschäftsjahres einerseits und der positiven Salden der sonstigen Gewinne und Verluste aus Veräußerungsgeschäften des vorangegangenen Geschäftsjahres andererseits zuzuordnen. Hierbei bleiben Gewinn- und Verlustvorträge unberücksichtigt. Nach Zuordnung der Werbungskosten nach den Sätzen 1 bis 5 erfolgt eine weitere Zuordnung der Werbungskosten in dem Verhältnis der positiven laufenden Einnahmen des vorangegangenen Geschäftsjahres zueinander auf die jeweiligen laufenden Einnahmen. Den laufenden Einnahmen nach Satz 3 Nummer 2 Buchstabe b sind die Werbungskosten nach dem Verhältnis des positiven Saldos der laufenden Einnahmen im Sinne des § 15 Absatz 1a dieses Gesetzes in Verbindung mit § 8b Absatz 1 des Körperschaftsteuergesetzes des vorangegangenen Geschäftsjahres einerseits und des positiven Saldos der laufenden Einnahmen im Sinne des § 2 Absatz 2 Satz 1 dieses Gesetzes des vorangegangenen Geschäftsjahres andererseits zuzuordnen; Satz 6 gilt entsprechend. Satz 6 ist auf die sonstigen Gewinne und Verluste aus Veräußerungsgeschäften entsprechend anzuwenden. Bei Fehlen positiver Salden auf beiden Seiten erfolgt die Zuordnung der Werbungskosten jeweils hälftig zu den laufenden Einnahmen sowie zu den sonstigen Gewinnen und Verlusten aus Veräußerungsgeschäften.

(4) Negative Erträge des Investmentfonds sind bis zur Höhe der positiven Erträge gleicher Art mit diesen zu verrechnen. Nicht ausgeglichene negative Erträge sind in den folgenden Geschäftsjahren auszugleichen.

(5) Erträge aus Gewinnanteilen des Investmentfonds an einer Personengesellschaft gehören zu den Erträgen des Geschäftsjahres, in dem das Wirtschaftsjahr der Personengesellschaft endet.

Schrifttum

Ebner Änderungen für Investmentfonds JStG 2009 beseitigt Lücken bei der Abgeltungsteuer und im Fondsbereich, NWB Nr. 4 v. 19.1.**2009** 203; *Ebner/Jensch* Investmentsteuerliche Werbungskostenzuordnung: Umsetzungsfragen der geplanten Neuordnung, Recht der Finanzinstrumente **2014** 311; *Elser/Stadler* Der Referentenentwurf zum AIFM-Steueranpassungsgesetz – Ausweitung und Verschärfung der Besteuerung nach dem InvStG DStR **2012** 2561; *Feyerabend/Vollmer* Investmentfondsbesteuerung und Abgeltungsteuer, BB **2008** 1088; *Grabbe/Behrens* Investmentsteuerrecht: Einführung der Abgeltungsteuer und andere aktuelle Änderungen, DStR **2008** 950; *Grabbe/Lübbehüsen* Halbeinkünfteverfahren im Investmentsteuerrecht – Korrektur tut not! DStR **2004** 981; *Haisch/Helios* Steuerpflicht von Streubesitzdividenden in der Direkt- und Fondsanlage, Der Betrieb **2013** 724; *Häuselmann* Möglichkeiten und Grenzen des Zinsschrankenmanagements beim Einsatz von Wertpapieren, Ubg **2009** 225; *Hillebrand/Klamt/Migirov* Auswirkungen der Steuerpflicht von Streubesitzdividenden bei Beteiligungen über Investmentvermögen, DStR **2013** 1646; *Hils* Fragen zu § 8b KStG bei betrieblichen Fondsanlegern, Der Betrieb **2009** 1151; *Jachmann* Besteuerung von Erträgen aus Finanzinnovationen, DStR 2007 877; *Kammeter/Szameitat* Neue Werbungskostenzuordnung bei Investmentfonds – § 3 Abs. 3 InvStG i.d.F. des AIFM-StAnpG, Recht der Finanzinstrumente 2 **2014** 130; *Kretzschmann* JStG 2009 – Änderungen der Besteuerung der Investmentanlagen, FR **2009** 416; *Kayser/Bujotzek* Die steuerlichen Behandlung offener Immobilienfonds und ihrer Anleger, FR **2006** 49; *Müller* Steuerliche Behandlung von Gewinnen eines Grundstücks-Sondervermögens aus der Veräußerung von Anteilen an Grundstücks-Gesellschaften, DStR **2001** 1284; *Schmittmann/Gerdes* Besteuerung von in- und ausländischen Grundstücksgesellschaften auf Ebene des Anteilscheininhabers eines deutschen Grundstücks-Sondervermögens, IStR **2003** 541; *Schulz/Petersen* Passive Ausgleichsposten aufgrund der Beteiligung an offenen Immobilienfonds – Auswirkungen der aktuellen Rechtsprechung, DStR **2008** 335; *Sorgenfrei* Steuerliche Transparenz und DBA-Berechtigung deutscher offener Investmentfonds, IStR **1994** 465; *Sradj/Mertes* Steuerliche Aspekte des Investmentmodernisierungsgesetzes, DStR **2003** 1681; *Sradj/Mertes* Neuregelungen bei der Besteuerung von Investmentvermögen, DStR **2004** 201; *Wolf/Brielmaier* Die neue Werbungskostenverteilung nach § 3 Abs. 3 InvStG: Fragestellungen bei offenen Immobilienfonds, DStR **2014** 1040.

Systematische Übersicht

I. Rechtsentwicklung —— 1
II. Regelungsgegenstand; Abs. 1 —— 6
   1. Trennung der Ebenen: Investmentvermögen – Anleger —— 7
   2. Getrennte Ermittlung für jede Ertragsart —— 12
   3. Grundsatz nach § 3 Abs. 1: Einnahme-Überschuss-Rechnung und Zuflussprinzip —— 14
   4. Umfang der zu ermittelnden Erträge —— 25
   5. Exkurs: Veräußerungsgewinnermittlung nach Durchschnittsmethode bei „Altbeständen" —— 27
III. Abweichungen vom Zufluss-, Abflussprinzip; Abs. 1a und Abs. 2 —— 28
   1. Abgetrennte Zinsscheine; Abs. 1a —— 30
   2. Modifikationen des Zufluss-, Abflussprinzips; Abs. 2 —— 33
     a) Dividenden —— 34
     b) Zinsen —— 35
     c) Angewachsene Ansprüche aus Emissionsrendite —— 36
     d) Leichte und eindeutige Ermittlung der Emissionsrendite —— 37
     e) Feinabstimmungsabschlag —— 38
     f) Abtrennbare Optionsscheine und separat handelbare Anleihe —— 39
     g) Mieten —— 40
     h) Werbungskosten —— 41
     i) Abzug ausländischer Steuern —— 42
     j) Umsatzsteuer —— 43
IV. Werbungskostenzuordnung; Abs. 3 —— 44
   1. Ermittlung der Nettogröße auf Fondsebene —— 47
   2. Zuordnung der unmittelbaren Werbungskosten (Einzelkosten) —— 50
     a) Unmittelbarer wirtschaftlicher Zusammenhang —— 52
     b) Absetzungen für Abnutzung und Substanzverringerung —— 53
   3. Zuordnung der mittelbaren Werbungskosten (Allgemeinkosten)
     a) Begriff der Allgemeinkosten —— 55
     b) Die Stufenregelung nach Abs. 3 Satz 3 —— 57
     c) Die Teilschritte innerhalb der Stufenregelung nach Abs. 3 Satz 4–9 —— 60
     d) Stufe 1: Zuordnung der Allgemeinkosten zu den DBA-befreiten Erträgen; Abs. 3 Satz 3 Nr. 1 —— 77
     e) Stufe 2a: Zuordnung der Allgemeinkosten zu den Erträgen, die dem Teileinkünfteverfahren unterliegen; Abs. 3 Satz 3 Nr. 2a) —— 83

f) Stufe 2b: Zuordnung der Allgemeinkosten zu den Erträgen, die dem Beteiligungsprivileg unterliegen; Abs. 3 Satz 3 Nr. 2b) —— 93
g) Stufe 3: Zuordnung der Rest-Allgemeinkosten zu den verbleibenden laufenden Einnahmen und sonstigen Gewinnen/Verlusten aus Veräußerungsgeschäften; Abs. 3 Satz 3 Nr. 3 —— 101
h) Zeitliche Anwendung – Übergangsregelung —— 105
V. Verlustverrechnung; Abs. 4 —— 106
VI. Gewinnanteile an Personengesellschaften; Abs. 5
1. Zeitliche Zuordnung —— 115
2. Methode und Umfang der zu ermittelnden Erträge —— 117
    a) Vermögensverwaltende Personengesellschaft —— 118
    b) Gewerbliche Personengesellschaft —— 120

I. Rechtsentwicklung

1 Mit dem Investmentmodernisierungsgesetz (InvModG v. 15.12.2003 BGBl. I 2003 2676) wurde die Ermittlung der Erträge auf Ebene des Investmentvermögens erstmals gesetzlich geregelt durch den neu eingeführten § 3, zu dem es keine Vorgängervorschrift im KAGG und AuslInvestmG gab.

Seitdem gab es mehrfache Änderungen (rein redaktionelle Korrekturen und Folgeanpassungen sind nicht aufgelistet):

2 Durch das EU-Richtlinien-Umsetzungsgesetz (EURLUmsG v. 9.12.2004 BGBl. I 2004 3310) wurde die Werbungskostenzuordnung für DBA-befreite Erträge in Abs. 3 Satz 1 Nr. 1 auf ausländische Investmentvermögen erstreckt.

Mit gleichem Gesetz wurde die pauschale 10%-Nicht-Abzugsregel nach Abs. 3 Satz 1 Nr. 2 durch Streichung von Satz 2 auf Anteile im Betriebsvermögen erweitert.

Ferner wurde die Verrechnung negativer Erträge auf Fondsebene gemäß dem neu eingefügten Abs. 4 beschränkt auf die Verrechnung mit positiven Erträgen gleicher Art.

3 Durch das Unternehmensteuerreformgesetz 2008 (UntStRefG 2008 v. 14.8.2007 BGBl. I 2007 1912) wurde der Verweis in Abs. 1 auf § 2 Abs. 2 Satz 1 EStG neu gefasst und dahingehend präzisiert, dass die den Werbungskostenabzug einschränkende Regel für Kapitaleinkünfte nach Satz 2 i.V.m. § 20 Abs. 9 EStG auf Ebene des Investmentvermögens nicht gilt.

4 Durch das Jahressteuergesetz 2009 (JStG 2009 v. 19.12.2008 BGBl. I 2008 2794) wurde Abs. 2 Satz 1 Nr. 2 redaktionell und inhaltlich angepasst an die mit Einführung der Abgeltungssteuer neu definierten ausgeschütteten bzw. ausschüttungsgleichen Erträge i.S.d. § 1 Abs. 3.

5 Durch das Gesetz zur Anpassung des Investmentsteuergesetzes und anderer Gesetze an das AIFM-Umsetzungsgesetz (AIFM-StAnpG v. 28./29.11.2013 BGBl. I 2013 4318) wurde der Werbungskostenabzug in Abs. 3 neu gestaltet und mit Abs. 1a eine Regelung zur Verhinderung von Bond-Stripping-Strukturen zur Verlustnutzung auf Anlegerebene (durch Verkauf abgetrennter Zinsscheine) neu eingefügt.

II. Regelungsgegenstand; Abs. 1

6 Zur Umsetzung des Transparenzkonzepts im InvStG bedient sich der Gesetzgeber des Trennungsprinzips:[1] Strikte Trennung der Ebenen des Investmentvermögens einer-

---

[1] Zum ertragsteuerlichen und investmentrechtlichen Trennungsprinzip und seinen Wurzeln in der Besteuerung von Gesellschaften und deren Gesellschaftern vgl. Berger/Steck/Lübbehüsen/*Lübbehüsen* Vor § 1 InvStG Rn. 18 ff.

seits und der Anlegerebene andererseits. Das zeigt sich an verschiedenen Ausprägungen, die auch schon im Zuge der Kommentierung zu § 2 angesprochen wurden.

1. Trennung der Ebenen: Investmentvermögen – Anleger. Einerseits gilt für in- 7 ländische Sondervermögen/Investmentvermögen (= Investmentfonds nach neuer Begrifflichkeit)[2] eine fiktive Steuersubjektqualität gemäß § 11, die aber in ihrer Tragweite sogleich wieder eingeschränkt wird durch die Befreiung von der Ertragsteuer nach EStG und GewStG. Das Trennungsprinzip ist aber nicht allein an der fiktiven Steuersubjektqualität nach § 11 festzumachen. Diese Fiktion ist für ausländische Investmentfonds mit Sitz und Geschäftsleitung außerhalb Deutschlands ohnehin nicht einschlägig; diese sind in Deutschland nicht unbeschränkt steuerpflichtig.[3] Das Trennungsprinzip gilt unabhängig von der Rechtsform im Heimatland des Investmentfonds.[4] Denn das InvStG verfolgt in seinem ersten Abschnitt (§§ 1–10) die steuerrechtliche Ergebniszuweisung für inländische und ausländische Investmentfonds gleichermaßen. Daraus folgt, dass ausländische Investmentfonds zusätzlich zu der ggf. nach Heimatrecht erforderlichen Rechnungslegung eine am deutschen Steuerrecht orientierte Parallelrechnung erstellen müssen, wenn sie denn ihren Anlegern den transparenten Steuerstatus vermitteln wollen.[5] Nichts anderes gilt letztlich für inländischen Investmentfonds. Das steuerliche Ergebnis ist aus der investmentrechtlichen Rechnungslegung nach §§ 45 ff. KAGB nicht unmittelbar ablesbar. Für die eigentliche Besteuerung der Erträge aus inländischen und ausländischen Investmentfonds (nämlich auf Anlegerebene) ist § 11 ohne jeden Erkenntniswert; das ergibt sich schon aus seiner Stellung außerhalb des ersten Abschnittes des InvStG.

Die Fiktion in § 11 Abs. 1 Satz 1 macht das *inländische* Sondervermögen, obgleich 8 selbst nicht steuerpflichtig, nur insoweit zum „Steuerpflichtigen" i.S.d. § 33 AO, als es auf der Eingangsseite (Geltendmachung von Erstattungs- bzw. Anrechnungsguthaben aus erlittener Zufluss-/Quellensteuer) wie auch auf der Ausgangsseite in den Steuererhebungsprozess eingebunden ist (Ermittlung und Bekanntgabe der Besteuerungsgrundlagen und Mitwirkung beim Abzug der Kapitalertragsteuer/Abgeltungssteuer – und unter Geltung des 2001 abgeschafften körperschaftsteuerlichen Anrechnungsverfahrens die Herstellung der sog. Ausgleichsbelastung).

Entsprechend folgt die Eigenschaft als „Steuerpflichtiger" i.S.d. § 33 AO für einen 9 ausländischen Investmentfonds, obgleich von § 11 nicht betroffen, aus den „anderen ihm durch die Steuergesetze auferlegte Verpflichtungen"; hier die Mitwirkung nach §§ 1–10 InvStG bei der Ermittlung und Bekanntgabe der Besteuerungsgrundlagen für den Anleger eines steuerlich „transparenten" Fonds.

Das InvStG verfolgt nicht das Konzept der unmittelbaren Zurechnung der Besteue- 10 rungsgrundlagen, wie es im Ertragsteuerrecht im Fall der ebenfalls „transparenten" Per-

---

2 Durch das AIFM-StAnpG wird der Anwendungsbereich des InvStG in § 1 neu definiert. Das ist notwendig, weil die aufsichtsrechtlichen Begriffsbestimmungen nach dem AIFM UmsG im nunmehr gelten KAGB völlig neu gestaltet werden. Es gelten die Begriffe OGAW Fonds und Alternative Investmentfonds (AIF). Im InvStG treten an die Stelle des *Investmentvermögens* die steuerrechtlichen Begriff des *Investmentfonds* bzw. der Investmentgesellschaft. Siehe hierzu näher unter § 1 sowie *Haisch/Helios* BB **2013** 1687; *Patzner* IStR **2013** 73; *Angsten* IWB Nr. 2 v. 22.1.2014 48; *Gottschling/Schatz* IStR **2014** 30; *Simonis//Grabbe/Faller* Der Betrieb **2014** 16; *Neumann/Lübbehüsen* Der Betrieb **2013** 2053.
3 Patzner/Döser/Kempf/*Patzner/Kempf* § 3 InvStG Rn. 2.
4 Haase/*Steinmüller* § 3 InvStG Rn. 8; Berger/Steck/Lübbehüsen/*Lübbehüsen* Vor § 1 InvStG Rn. 24.
5 Berger/Steck/Lübbehüsen/*Lübbehüsen* § 3 InvStG Rn. 4; Darin in Anlehnung an EuGH v. 9.8.1994 Rs C-43/93, Vander Elst/OMI IStR **1994** 448 eine europarechtswidrige Benachteiligung zu sehen, ist m.E. verfehlt, weil insoweit nicht mehr verlangt wird, als von inländischen Investmentfonds.

sonengesellschaft angewendet wird.⁶ So werden die Vermögensgegenstände „des Investmentvermögens" und die Ergebnisse ungeachtet der zivilrechtlichen Ausgestaltung im Verhältnis zum Anleger nach § 92 KAGB (Miteigentumslösung bzw. Treuhandlösung im Fall des Immobilien-Sondervermögens) dem Anleger nicht in entsprechender Anwendung der Grundsätze des § 39 Abs. 2 AO bzw. der einheitlichen und gesonderten Gewinnfeststellung zugerechnet. Es gibt auch keine Maßgeblichkeit der investmentrechtlichen Rechnungslegung nach §§ 45 ff. KAGB (Vermögensaufstellung und Ertrags- und Aufwandsrechnung) für das investmentsteuerrechtliche Ergebnis nach dem InvStG.⁷ Die besonderen Vorschriften des ersten Abschnitts des InvStG (§§ 1–10) regeln die steuerliche Ergebniszurechnung auf einem anderen, von den allgemeinen ertragsteuerlichen Vorschriften gezielt abweichenden, Wege. Diese Sonderregelungen gehen den allgemeinen ertragsteuerlichen Vorschriften des EStG bzw. KStG als lex specialis vor.⁸ Das Zusammenspiel von § 1 Abs. 3 und § 2 bildet dabei das Gerüst, an dem sich die Besteuerung der Erträge auf Ebene des Anlegers ausrichtet. Steuerbar auf Ebene des Anlegers sind nur jene Erträge der Fonds-Eingangsseite, die auf der Ausgangsseite zu Bestandteilen der *ausgeschütteten Erträge* bzw. *ausschüttungsgleichen Erträge* werden.⁹ Die abweichende Konzeption nach dem Trennungsprinzip drückt sich gerade darin aus, dass die Erträge der Eingangsseite des Investmentfonds für die Ausgangsseite in eine andere Einkunftsart umqualifiziert werden.

11 Dazu bedient sich das InvStG der *zweistufigen Ertragsermittlung*:

In einer *ersten Stufe* werden auf Ebene des Investmentfonds die Erträge der Eingangsseite nach den Definitionen des § 1 Abs. 3 Satz 2 als ausgeschüttete Erträge bzw. des § 1 Abs. 3 Satz 3 als ausschüttungsgleiche Erträge ermittelt. Die Ermittlung im Einzelnen geschieht nach den Regeln des § 3.

In einer *zweiten Stufe* werden die so auf Fondsebene ermittelten Erträge für die Ausgangsseite nach § 2 Abs. 1 Satz 1 zusammengefasst und einheitlich in Einkünfte aus Kapitalvermögen oder in Betriebseinnahmen umqualifiziert, je nachdem, ob der Anleger die Anteile im Privatvermögen oder im Betriebsvermögen hält. Diese Einkünfte/Betriebseinnahmen werden dem Anleger als Ertrag aus dem Anteil am Investmentfonds gemäß § 2 zugerechnet und auf seiner Ebene besteuert.¹⁰ Dort entscheidet sich, je nach Art und Zusammensetzung der Erträge, die Frage der Steuerbarkeit, Steuerbefreiung, Steuerpflicht nach den individuellen Verhältnissen der Anleger.¹¹

12   **2. Getrennte Ermittlung für jede Ertragsart.** Wegen der zu berücksichtigenden Unterschiede je nach Vermögensgegenstand, Ertragsart und Anlegertypus betreffend die Steuerbarkeit, zeitliche Zurechnung, Steuerbefreiung muss die *Ermittlung für jede Ertragsart getrennt* erfolgen.¹²

Das Erfordernis der getrennten Ermittlung ergibt sich ferner aus den einschränkenden Regelungen in Abs. 3 und Abs. 4 zu Werbungskostenabzug/-zuordnung und Verlustverrechnung je nach Ertragstopf.¹³

---

6   Beckmann/Scholtz/Vollmer/*Elser* § 3 InvStG Rn. 3.
7   Beckmann/Scholtz/Vollmer/*Elser* § 3 InvStG Rn. 14; Patzner/Döser/Kempf/*Patzner/Kempf* § 3 InvStG Rn. 4.
8   Beckmann/Scholtz/Vollmer/*Elser* § 3 InvStG Rn. 5 mit Hinweis auf BFH v. 27.3.2001 BFH/NV **2001** 1539; ferner BFH v. 11.10.2000 I R 99/96 BStBl. II **2001** 22.
9   Siehe hierzu die Kommentierung zu § 2 Rn. 8 ff.
10 *Sorgenfrei* IStR **1994** 465 ff.; *Jacob/Geese/Ebner* 85 f.; Haase/Reiche/*Frotscher* § 2 InvStG Rn. 2.
11 BMF v. 18.8.2009 Rn. 45.
12 Beckmann/Scholtz/Vollmer/*Elser* § 3 InvStG Rn. 8 und 10; Berger/Steck/Lübbehüsen/*Köhler* § 3 InvStG Rn. 85.
13 *Blümich/Wenzel* § 3 InvStG Rn. 2 sowie dem folgend Patzner/Döser/Kempf *Patzner/Kempf* § 3 InvStG Rn. 2 sprechen statt getrennter Ertragsermittlung von einer Ertragsermittlung in drei Stufen:

Auch jene Erträge, die letztlich nie auf Ebene des Anleger steuerbar und auch nicht steuerpflichtig werden, sind getrennt zu ermitteln, damit sie in den einzelnen Ermittlungsschritten nicht mit Ertragstöpfen vermischt werden, in die sie nicht gehören, weil sie nicht die gleiche steuerliche Behandlung erfahren, und damit sie im Ausschüttungsfall entsprechend erkannt werden können. Einige thesaurierte Erträge sind nur vorläufig nicht steuerbar, nämlich nur bis zur Ausschüttung (etwa die Veräußerungstatbestände der Negativliste i.S.d. § 1 Abs. 3 Satz 3), andere dagegen bleiben auch im Ausschüttungsfall nicht steuerbar (etwa die Gewinne aus der Veräußerung von Immobilien nach Ablauf der zehnjährigen Haltefrist).

Die getrennte Ermittlung ist schließlich auch deshalb erforderlich, damit die Ertragsausgleichskomponenten i.S.d. § 9 das Schicksal der ihnen zugrundeliegenden Erträge teilen können.[14]

Das von der Finanzverwaltung dargestellte Ermittlungsschema (Subtraktion der ausgeschütteten Erträge von den Gesamterträgen = ausschüttungsgleiche Erträge) beschreibt den komplexen Ermittlungsvorgang nur unzureichend.[15]

In jedem Fall geht der Zurechnung zum Anleger gemäß § 2 die erste Stufe, die *Ertragsermittlung auf Fondsebene*, voraus. Das geschieht nach den in § 3 niedergelegten Grundsätzen mit all ihren Verästelungen und Ausnahmen: 13

3. Grundsatz nach § 3 Abs. 1: Einnahme-Überschuss-Rechnung und Zuflussprinzip. Gemäß § 3 Abs. 1 ist bei der Ermittlung der Erträge des Investmentvermögens § 2 Abs. 2 Satz 1 Nr. 2 des EStG sinngemäß anzuwenden. Diese Regelung wurde mit Einführung des Investmentmodernisierungsgesetzes[16] erstmals positiv gesetzlich formuliert. Davor galt in der Praxis ein ermittlungstechnischer Graubereich aus Elementen der Überschussrechnung und Bilanzierungsgrundsätzen ohne gefestigten Rechtsgrund.[17] Schon deshalb war die gesetzliche Klarstellung (so die Begründung im Regierungsentwurf des InvModG)[18] hilfreich, weil damit jedenfalls für Geschäftsjahre, die nach dem 31.12.2003 beginnen und für Erträge, die dem Investmentvermögen nach dem 31.12.2003 zufließen,[19] die Ertragsermittlung auf Ebene des Investmentfonds dem Muster der Einnahmen-Überschussrechnung für nicht gewerbliche Einkünfte nach § 2 Abs. 2 Satz 1 Nr. 2 i.V.m. §§ 8 und 9 EStG und damit dem Zuflussprinzip nach § 11 EStG folgt.[20] 14

Einerseits nimmt § 3 Bezug auf die *Einkunftsarten* i.S.d. § 2 Abs. 2 Satz 1 Nr. 2 EStG; andererseits werden die zu ermittelnden *investmentrechtlichen Erträge (ausgeschüttete Erträge und ausschüttungsgleiche Erträge)* in § 1 Abs. 3 teilweise losgelöst von den Einkunftsarten des § 2 EStG definiert. Daraus wird ersichtlich, dass Abs. 1 mit dem Verweis 15

(1. Klassifizierung der Vermögensgegenstände und der daraus generierten Ertragsarten, 2. Ermittlung der Erträge, Veräußerungsgewinne und -verluste sowie der Werbungskosten, 3. Zuordnung der Werbungskosten zu den jeweiligen Ertragsgruppen und Ausweis der so ermittelten Besteuerungsgrundlagen geordnet nach Anlegergruppen im Format des § 5). Das meint letztlich dasselbe. Die Unterteilung nach Stufen wird (m.E. zu Recht) vom übrigen Schrifttum für die Unterscheidung der zwei Ebenen benutzt: 1. Stufe: Ertragsermittlung auf Ebene des Investmentfonds und 2. Stufe: Zurechnung zum Anleger, so im Übrigen auch die genannten Autoren selbst.

14 Berger/Steck/Lübbehüsen/*Lübbehüsen* § 3 InvStG Rn. 5.
15 Vgl. BMF Schr. v. 18.8.2009 Rn. 20.
16 InvModG v. 15.12.2003 BGBl. I 2003, S. 2676; dazu *Sradj/Mertes* DStR **2003** 1681.
17 Vgl. etwa *Baur* InvG II vor § 37a KAGG Rn. 57 f.; Berger/Steck/Lübbehüsen/*Lübbehüsen* § 39 KAGG Rn. 7.
18 BTDrucks. 15/1553, 121 und 125; *Wagner* Stbg **2005** 298.
19 Vgl. § 18 Abs. 1 in der Fassung des InvModG.
20 BMF v. 18.8.2009 Rn. 44; Berger/Steck/Lübbehüsen/*Lübbehüsen* § 2 InvStG Rn. 23 sowie § 3 InvStG Rn. 15; *Jacob/Geese/Ebner* 87.

auf die sinngemäße Anwendung von § 2 Abs. 2 Satz 1 Nr. 2 EStG keinen Rechtsgrundverweis statuiert, sondern lediglich einen *Rechtsfolgeverweis*.[21]

16 Die Erträge des Investmentfonds sind *für Ermittlungszwecke* stets Nicht-Betriebsvermögen – wie bei einer natürliche Person. Sie werden auch nicht gewerblich infiziert, unabhängig davon, ob die Investmentanteile auf Anlegerebene dem Privatvermögen oder einem Betriebsvermögen zugehören. Für die Anwendung der Regeln über den Betriebsvermögensvergleich nach § 4 Abs. 1 und 3, § 5 EStG oder anderer Bilanzierungsgrundsätze (etwa bilanzielle Periodenabgrenzung, Teilwertabschreibung oder Rückstellungsbildung) auf Fondsebene ist grundsätzlich kein Raum.[22] Zu den Durchbrechungen nach Abs. 2 und 3 siehe dort.

17 Das Gebot der Einkommensermittlung nach den Regeln der Überschusseinkünfte führt keineswegs dazu, dass das Investmentvermögen selbst keine gewerblichen Einkünfte erzielen könnte.[23] Grundsätzlich kommen sämtliche Einkunftsarten i.S.d. § 2 EStG in Betracht, soweit nicht aufgrund der Aufgabenzuweisung und Anlagebeschränkungen für Investmentvehikel laut InvG/KAGB (bzw. der entsprechenden Normen ausländischen Rechts) bestimmte Arten wohl per se ausscheiden dürften, wie etwa selbständige und unselbständige Arbeit und Land und Forstwirtschaft). Aber dennoch gilt:

Auch bei gewerblichen Erträgen auf der Eingangsseite, etwa bei einer Beteiligung des Investmentfonds an einer gewerblichen Personengesellschaft, wird der auf Ebene der Personengesellschaft nach Bilanzierungsgrundsätzen/Gewinnermittlungsvorschriften ermittelte Gewinnanteil dem Investmentfonds im Wege der gesonderten Feststellung zugerechnet, wird dort selbst aber nicht (nochmal) nach Bilanzierungs-/Gewinnermittlungsvorschriften ermittelt, sondern als Einnahme nach Grundsätzen für die Überschusseinkünfte erfasst und Bestandteil der ausgeschütteten bzw. ausschüttungsgleichen Erträge i.S.d. § 1 Abs. 3 Satz 2 bzw. Satz 3.[24] Zur umstrittenen Erfassung des Gewinns aus der Veräußerung des Mitunternehmeranteils als „sonstiger Ertrag" laut BMF v. 18.8.2009 Rn. 14 siehe Kommentierung zu Abs. 5 unter Rn. 121.

Auch in den Fällen eigener, originär gewerblicher Tätigkeit des Investmentfonds, etwa beim gewerblichen Grundstücks- oder Wertpapierhandel, sind die Erträge auf Ebene des Investmentfonds durch Gegenüberstellung von Einnahmen und Werbungskosten zu ermitteln.[25]

18 Der Verweis in § 3 Abs. 1 auf § 2 Abs. 2 Satz 1 Nr. 2 EStG bezieht sich nur auf die *Methode, das Wie*, der Einbeziehung der Erträge auf der Eingangsseite des Investmentfonds, ändert aber nicht die *Einkunftsart* der Ertragsquelle.[26] Die Form der Ertragsermittlung hat keinen Einfluss auf die Art der erzielten Erträge.[27]

---

[21] Berger/Steck/Lübbehüsen/*Lübbehüsen* § 3 InvStG Rn. 15.
[22] Korn/*Hammacher* § 3 InvStG Rn. 4; Blümich/*Wenzel* § 3 InvStG Rn. 7; Beckmann/Scholtz/Vollmer/ *Elser* § 3 InvStG Rn. 19; Haase/*Steinmüller* § 3 InvStG Rn. 73 sowie 81, 82.
[23] BMF Schr. v. 18.8.2009 Rn. 46; *Jacob/Geese/Ebner* 87.
[24] BMF v. 18.8.2009 Rn. 46 und 74; **a.A.** offenbar *Wagner* StBG **2005** 298, allerdings ohne nähere Begründung und ohne alternativen Lösungsansatz.
[25] BMF v. 18.8.2009 Rn. 46.
[26] Beckmann/Scholtz/Vollmer/*Elser* § 3 InvStG Rn. 8, 16, 18 und 19; Berger/Steck/Lübbehüsen/ *Lübbehüsen* § 3 InvStG Rn. 15; Blümich/*Wenzel* § 3 InvStG Rn. 35; Korn/*Hammacher* § 3 InvStG Rn. 5, der diese Betrachtung als „eigentümliche Gemengelage" bezeichnet, aber dennoch teilt und zu Recht darauf hinweist, dass jede andere Betrachtung auf eine Rechtsgrundverweisung hinaus liefe, mit der inkonsequenten Folgen, dass dann gewerbliche Einkünfte vom Investmentfonds als nicht steuerbare Erträge vereinnahmt und dem Anleger zugewiesen werden könnten, weil im Katalog der steuerbaren Erträge i.S.d. § 1 Abs. 3 nicht enthalten; bei dieser Rechtsgrund-Betrachtung würden die gewerblichen Erträge gerade nicht als *sonstige Erträge* erfasst.
[27] Berger/Steck/Lübbehüsen/*Lübbehüsen* § 3 InvStG Rn. 27.

Es geht bei § 3 Abs. 1 (nur) darum, die auf Ebene des Investmentfonds erzielten *steuerbaren Erträge* i.S.d. § 1 Abs. 3 nach einer einheitlichen Methode zu erfassen, die dann Bestandteil der ausgeschütteten bzw. ausschüttungsgleichen Erträge aus dem Investmentanteil werden,[28] und nicht darum, Einkunftsarten i.S.d. § 2 EStG nach den jeweiligen Ermittlungsvorschriften des EStG zu ermitteln.

Ertragsermittlung auf Fondsebene unter sinngemäßer Anwendung des Überschussrechnung nach § 2 Abs. 2 Satz 1 Nr. 2 EStG heißt Erfassung der Erträge nach dem *Zufluss- und Abflussprinzip* wie bei der natürlichen Person nach § 11 EStG.[29] Das Zuflussprinzip beruht auf dem Zahlungsprinzip und stellt auf das Zufließen von *Einnahmen* und die Leistung von *Ausgaben* ab. Maßgeblich ist im Zweifel der Zeitpunkt zu dem die wirtschaftliche Verfügungsmacht erlangt oder verloren wird.[30] **19**

Ertragsermittlung auf Fondsebene unter sinngemäßer Anwendung des Überschussrechnung nach § 2 Abs. 2 Satz 1 Nr. 2 EStG heißt ferner, dass auf Fondsebene dem objektiven Nettoprinzip zu folgen ist;[31] d.h. auf Fondsebene sind Nettoerträge zu ermitteln: *Einnahmen* (§ 8 EStG) abzüglich der *Ausgaben*, insbesondere der *Werbungskosten* (§ 9 EStG). Dass diese Erträge aus Sicht des Anlegers zugleich eine Bruttogröße darstellen (die anrechenbare ausländische Steuer hat das investmentrechtliche, nicht aber das steuerliche Ergebnis gemindert),[32] ändert daran nichts.[33] Der Anleger hat seinerseits einen weiteren, beim Privatanleger allerdings pauschalierten, Werbungskostenabzug auf Anlegerebene. **20**

Aus dieser Ableitung folgt dann auch, dass hinsichtlich der Berücksichtigung der Absetzung für Abnutzung als Werbungskosten nach § 3 Abs. 3 Satz 1 i.V.m. § 7 EStG nur die AfA-Sätze für Wirtschaftsgüter des Privatvermögens zur Anwendung kommen können.[34]

Die sinngemäße Anwendung von § 2 Abs. 2 Satz 1 Nr. 2 EStG bedingt weiter die entsprechende Anwendung von § 3c Abs. 1 EStG.[35] Für Werbungskosten, die mit steuerfreien Einnahmen in *unmittelbarem* wirtschaftlichen Zusammenhang stehen (direkte Kosten) gilt demnach ein Abzugsverbot, wobei sich die Steuerfreiheit hier nicht nach dem von der Ertragsteuer befreite Investmentvermögen, sondern nach der steuerlichen Behandlung der jeweiligen Erträge beim Anleger richtet – gemäß den Vorgaben des § 2 Abs. 2–4 (vgl. hierzu Kommentierung zu § 2). Der Verweis auf § 3c Abs. 1 EStG ist daher – wie die besondere Werbungskostenregelung nach Abs. 3 insgesamt – im Sinne einer Werbungskostenzuordnung zu verstehen: *Direkte Werbungskosten*, die mit steuerfreien Einnahmen in einem unmittelbaren wirtschaftlichen Zusammenhang stehen, sind diesen steuerfreien Einnahmen zuzuordnen. Sie können nicht bei anderen Einnahmen ergebniswirksam abgezogen werden. Mit der Zuordnung zu den steuerfreien Einnahmen teilen sie deren steuerliches Schicksal.[36] Das ergibt sich nunmehr eindeutig aus dem durch das AIFM-StAnpG neugefassten Wortlaut von Abs. 3 Satz 1. Entsprechendes gilt für *indirekte Wer-* **21**

---

28 Haase/*Steinmüller* § 3 InvStG Rn. 7.
29 BMF v. 18.8.2009 Rn. 47.
30 *Jacob/Geese/Ebner* 91; Haase/*Steinmüller* § 3 InvStG Rn. 104; Schmidt/*Drenseck* § 11 Rn. 12; sowie die weiteren Fachkommentierungen zu § 11 EStG.
31 Beckmann/Scholtz/Vollmer/*Elser* § 3 InvStG Rn. 15; Berger/Steck/Lübbehüsen/*Lübbehüsen* § 3 InvStG Rn. 16.
32 Vgl. Kommentierung zu § 2 Rn. 23.
33 Haase/*Steinmüller* § 3 InvStG Rn. 29; Beckmann/Scholtz/Vollmer/*Elser* § 3 InvStG Rn. 9.
34 Korn/*Carlé* § 2 InvStG Rn. 7; BMF v. 18.8.2009 Rn. 56.
35 BMF v. 18.8.2009 Rn. 45 und 57; Beckmann/Scholtz/Vollmer/*Elser* § 3 InvStG Rn. 17.
36 So treffend Berger/Steck/Lübbehüsen/*Köhler* § 3 InvStG Rn. 88.

bungskosten nach den besonderen Vorgaben des ebenfalls neu gefassten Abs. 3 Satz 3 (siehe hierzu i.E. die Kommentierung zu Abs. 3).

22   Die sinngemäße Anwendung von § 2 Abs. 2 Satz 1 Nr. 2 EStG bedingt die entsprechende Anwendung von § 20 Abs. 4 EStG zur Ermittlung des Veräußerungsgewinns bei Verkäufen von Kapitalforderungen i.S.v. § 20 Abs. 2 EStG. Durch das Euro-Umrechnungsgebot anlässlich Anschaffung und Veräußerung gemäß § 20 Abs. 4 Satz 1 Hs. 2 EStG werden Währungseffekte Bestandteil des Veräußerungsgewinns.[37]

23   Der Verweis in Abs. 1 beschränkt sich in der Neufassung durch das UntStRefG 2008 (ausdrücklich) auf § 2 Abs. 2 *Satz 1* EStG. Damit ist klargestellt, dass auf Ebene des Investmentfonds für Einkünfte aus Kapitalvermögen die tatsächlichen Werbungskosten weiterhin abgezogen werden können.[38] Diese Privilegierung des Fondsanlegers ist eine klare, aber vom Gesetzgeber gewollte[39] Durchbrechung des Transparenzgrundsatzes. Der Direktanleger darf nach § 2 Abs. 2 *Satz 2* i.V.m. § 20 Abs. 9 EStG die tatsächlichen Werbungskosten (§ 9 EStG) nicht von den Kapitaleinkünften abziehen; er hat nur den Sparer Pauschbetrag in Höhe von 801 € gemäß § 20 Abs. 9 EStG. Andererseits muss der Fondsanleger mit der pauschalierenden Regelung für den Abzug der allgemeinen Werbungskosten auf Fondsebne gemäß Abs. 3 leben.[40]

24   Hinsichtlich des Werbungskostenabzugs auf Ebene des Anlegers selbst, insbesondere hinsichtlich der mit der Verwahrung des Investmentanteils zusammenhängenden Werbungskosten bei seiner Depotbank, trifft § 3 keine Regelungen.[41] Hier gelten die allgemeinen steuerrechtlichen Regeln des EStG/KStG. Der Privat-Anleger hat (nur) den Sparer Pauschbetrag nach § 2 Abs. 2 Satz 2 i.V.m. § 20 Abs. 9 EStG.

25   **4. Umfang der zu ermittelnden Erträge.** Der Umfang der zu ermittelnden Erträge ergibt sich, wie zuvor gezeigt, aus dem Zusammenspiel von § 1 Abs. 3 und § 2. Steuerbar auf Ebene des Anleger sind nur jene Erträge der Eingangsseite, die zu Bestandteilen der *ausgeschütteten Erträge* bzw. *ausschüttungsgleichen Erträge* werden.[42]

Daraus folgt, dass die *laufenden Erträge* nach § 3 als Nettogröße ermittelt werden.

Daraus folgt ferner, dass *Gewinne oder Verluste aus der Anteilsrückgabe* nicht nach § 3 ermittelt werden. Dafür gelten die besonderen Regeln der „Schlussbesteuerung" nach § 8 (Abs. 1–4 im Fall des betrieblichen Anlegers, sowie Abs. 5 im Fall des Privatanlegers).

26   Eine Sonderstellung nimmt der *Zwischengewinn* i.S.d. § 1 Abs. 4 ein, für den § 2 Abs. 1 Satz 1 und 5 eine zeitlich vorrangige Ergebniszurechnung bestimmt im Vergleich zum (übrigen) Veräußerungsergebnis nach § 8 Abs. 5 anlässlich der Anteilsrückgabe.[43] Die unterjährig aufgelaufenen Zinserträge und Zinssurrogate sind für den Privatanleger eigenständig zu ermitteln und bekanntzumachen. Eine besondere Ermittlungsvorschrift existiert dafür nicht – braucht es auch nicht. Es kann ohne Widerspruch auf § 3 zurückgegriffen werden, um auch diese Nettogröße im Gleichklang mit der Ermittlung der (Netto-)Zinserträge zu ermitteln.[44]

---

37 Schmidt/*Weber-Grellet* § 20 Rn. 195.
38 Beckmann/Scholtz/Vollmer/*Elser* § 3 InvStG Rn. 20.
39 Gesetzesbegründung zum UntStRefG BTDrucks. 16/4841 88.
40 Haase/*Steinmüller* § 3 InvStG Rn. 83.
41 Beckmann/Scholtz/Vollmer/*Elser* § 3 InvStG Rn. 9; Berger/Steck/Lübbehüsen/*Lübbehüsen* § 3 InvStG Rn. 9.
42 Siehe hierzu die Kommentierung zu § 2 Rn. 8 ff.
43 Bordewin/Brandt *Geurts* § 1 InvStG Rn. 97.
44 Jacob/*Geese/Ebner* 153; Haase/*Bauderer/Coenenberg* § 1 InvStG Rn. 411; Beckmann/Scholtz/Vollmer/ *Elser/Jetter* § 1 InvStG Rn. 239; BMF v. 18.8.2009 Rn. 23; offenbar ähnlich Bordewin/Brandt *Geurts* § 1 InvStG Rn. 92.

§ 1 Abs. 4 definiert den Zwischengewinn als Einnahmen i.S.d. § 20 Abs. 1 Nr. 7 bzw. i.S.d. Abs. 2 Satz 1 Nr. 7 EStG, soweit sie zu den ausschüttungsgleichen Erträgen i.S.d. Abs. 3 Satz 3 gehören. Damit ist der Bogen zu den nach § 3 zu bestimmenden Erträgen i.S.d. § 1 Abs. 3 gespannt. Der Bezug zu § 3 wird zudem in § 1 Abs. 3 Satz 4 ausdrücklich hergestellt, wenn es dort heißt: Zu den ausgeschütteten und ausschüttungsgleichen Erträgen gehören auch die nach § 3 Abs. 2 Satz 1 Nr. 2 abgegrenzten Erträge – das sind die abgegrenzten Zinserträge i.S.d. § 1 Abs. 4! Das JStG 2009 passte den Anwendungsbereich von § 1 Abs. 4 (nochmals) an die (durch Einführung der Abgeltungsteuer geänderte) Definition der ausschüttungsgleichen Erträge i.S.d. § 1 Abs. 3 Satz 3 an. Durch den mit dem JStG 2010[45] gesetzlich vorgegebenen Gleichklang von Ertragsermittlung und Ertragsausgleich bezüglich Zinseinnahmen und Zwischengewinn in der Vorschriftenkette § 9 Satz 2; § 5 Abs. 3 Satz 1 sowie § 2 Abs. 5 dürfte der Regelungszusammenhang mit § 3 hinreichend deutlich sein. Es ist kein Grund erkennbar, aus den redaktionellen Unzulänglichkeiten bei der Wiedereinführung des Zwischengewinns durch das EURLUmsG zum 1.1.2005 eine theoretische Nichtanwendbarkeit des § 3 für die Ermittlung des Zwischengewinns herzuleiten, um dann mangels praxistauglicher Alternative die freiwillige Ermittlung nach § 3 „unbeanstandet" zu lassen.[46]

5. Exkurs: Veräußerungsgewinnermittlung nach Durchschnittsmethode bei „Altbeständen". Hinsichtlich des Befreiungstatbestandes § 2 Abs. 3 Nr. 1 in der alten Fassung vor Einführung der Abgeltungssteuer per 1.1.2009 ist auf Ebene des Investmentfonds bei der Ermittlung des Veräußerungsgewinns aus dem Verkauf der vom Investmentfonds gehaltenen Wertpapiere hinsichtlich der Verbrauchsfolge folgendes zu beachten: 27

Steuerrechtlich gilt nach § 20 Abs. 4 Satz 7 EStG, dass die zuerst angeschafften Wertpapiere zuerst veräußert wurden (*FiFo-Methode*). Gemäß § 3 Abs. 1 i.V.m. § 2 Abs. 2 Satz 1 Nr. 2 EStG gilt das auch für die Einkommensermittlung auf Ebenen des Investmentfonds. Aufsichtsrechtlich, insbesondere in ausländischen Rechtskreisen, ist das nicht zwingend so. Vielmehr war und ist hier die *Durchschnittsmethode* verbreitet, so dass es hier zu divergierenden Ergebnissen kommen kann, was sich über die Gesamthaltedauer betrachtet rein rechnerisch nicht auswirkt, wohl aber für das steuerliche Ergebnis, das je nach Veranlagungszeitraum unterschiedlich ausfallen kann.

Mit Blick auf die dem Bestandsschutz i.S.v. § 23 Abs. 1 Nr. 1 EStG a.F. unterfallenden Altbestände an Wertpapieren (Erwerb vor dem 1.1.2009) galt es, eine praxistaugliche Regelung zu finden, sowohl hinsichtlich der anzusetzenden Anschaffungskosten also auch hinsichtlich der Bestimmung der verwendeten Bestände. Laut Finanzverwaltung ist die Anwendung der *Durchschnittsmethode* bei der Ermittlung der Veräußerungsgewinne weiterhin zulässig im Interesse eines Gleichlaufs mit der aufsichtsrechtlichen Rechnungslegung. Dabei ist es sowohl zulässig, die durchschnittlichen Anschaffungskosten über den Gesamtbestand als auch die Durchschnittswerte getrennt für Alt- und Neuanschaffungen (vor und nach dem Jahreswechsel 2008/09) zu ermitteln. Unabhängig davon gelten in jedem Fall die zuerst angeschafften Wertpapiere als zuerst veräußert (*FiFo-Methode*).[47]

---

45 Siehe hierzu die Kommentierung zu § 2 Abs. 5.
46 So aber /Beckmann/Scholtz/Vollmer/*Lübbehüsen* § 3 InvStG Rn. 10.
47 BMF Schr. v. 18.8.2008 Rn. 44 nebst Anhang 1a = BMF Schr. an die Verbände v. 15.8.2008 – IV C 1 – S 2000/07/0009 DOK 2008/0447535.

III. Abweichungen vom Zufluss-, Abflussprinzip; Abs. 1a und Abs. 2

28 Das Zuflussprinzip nach § 11 EStG beruht auf dem Zahlungsprinzip und stellt grundsätzlich auf das Zufließen von *Einnahmen* und die Leistung von *Ausgaben* ab. Geldbeträge fließen dadurch zu, dass diese bar bezahlt oder einem Konto gutgeschrieben werden.[48] Maßgeblich ist im Zweifel der Zeitpunkt, zu dem die wirtschaftliche Verfügungsmacht erlangt oder verloren wird.[49]

Nach § 11 Abs. 1 Satz 1 EStG sind Einnahmen innerhalb des Kalenderjahres bezogen, in dem sie dem Steuerpflichtigen zugeflossen sind. Nach § 11 Abs. 2 Satz 1 EStG sind Ausgaben für das Kalenderjahr abzusetzen, in dem sie geleistet worden sind.

29 Auf die Ebene des Investmentvermögens übertragen (in sinngemäßer Anwendung gemäß § 1 Abs. 1) ist das Kalenderjahr durch das Wirtschaftsjahr des Investmentfonds zu ersetzen.[50] „Steuerpflichtiger" (§ 33 AO) ist insoweit der Investmentfonds kraft seiner Mitwirkungspflichten nach §§ 1–10 InvStG. Diesen „anderen ihm durch die Steuergesetze auferlegten Verpflichtungen" unterliegt jegliches inländische und ausländische Investmentvermögen jedenfalls dann, wenn es den Steuerstatus eines „transparenten" Investmentfonds im Sinne dieser Vorschriften erlangen will.[51]

30 **1. Abgetrennte Zinsscheine; Abs. 1a.** Mit dem AIFM-StAnpG wurde Abs. 1a eingefügt. Mit der Regelung soll eine Umgehung der Verlustabzugsbeschränkung nach § 8c KStG durch sog. „Bond-Stripping-Strukturen" vermittels Investmentfonds verhindert werden.

31 Die Neuregelung fingiert bei Trennung von Zinsschein und Anleihe (Kuponveräußerung) eine Veräußerung der Anleihe zum gemeinen Wert und als Neuanschaffung der getrennten Wirtschaftsgüter. Die Anschaffungskosten werden aufgeteilt auf das Stammrechts und den Zinsschein. Dem Veräußerungserlös aus dem Zinsschein stehen nunmehr Anschaffungskosten gegenüber. Der Verkauf ist weitgehend ergebnisneutral; Vorab-Zinserträge fallen nicht mehr an. Das verbleibende Stammrecht ist wie ein „Quasi Zerobonds" abzugrenzen.[52]

32 Nach Ansicht des Gesetzgebers[53] dienen diese Gestaltungen dazu, bestehende Verluste auf Ebene der Körperschaft zu nutzen für den Ausgleich mit (auf Ebene des Investmentfonds) künstlich generierten Erträgen. Nachdem mit Hilfe eines künstlich erzeugten Ertrags eine Verlustverrechnung erfolgt ist, werden in späteren Veranlagungszeiträumen die Fondsanteile veräußert und dabei die dem künstlich erzeugten Ertrag gegenüber stehenden künstlich erzeugten Verluste realisiert.

Die bisher bekannten Gestaltungsmodelle spielen sich alle im Bereich des Bond-Strippings ab. Bei diesem Modell investieren Investmentfonds in Anleihen. Nach Erwerb dieser Anleihen werden die Zinsscheine bzw. die Zinsforderungen vom Anleihemantel abgetrennt und die Anschaffungskosten für die Anleihe vollständig dem Anleihemantel

---

48 Korn/*Hammacher* § 3 InvStG Rn. 8 unter Hinweis auf BMF v. 16.11.1993 BStBl. I 1993, S. 632.
49 *Jacob/Geese/Ebner* 91; Berger/Steck/Lübbehüsen/*Lübbehüsen* § 3 InvStG Rn. 35; Haase/*Steinmüller* § 3 InvStG Rn. 104; Schmidt/*Drenseck* EStG § 11 Rn. 12; sowie die weiteren Fachkommentierungen zu § 11 EStG.
50 Berger/Steck/Lübbehüsen/*Lübbehüsen* § 3 InvStG Rn. 35, 55; Haase/Steinmüller § 3 InvStG Rn. 103.
51 Zu eng insoweit Haase/*Steinmüller* § 3 InvStG, der bei Hedgefonds i.S.v. §§ 112 und 113 InvG a.F. (jetzt §§ 225 und 283 KAGB) keine Eigenschaft als „Steuerpflichtiger" ausmachen kann, weil sie gesetzlich nicht verpflichtet seien, die Bekanntmachungen nach § 5 zu erbringen.
52 *Patzner/Wiese* IStR **2013** 73; *Elser/Stadler* DStR **2012** 2561.
53 Begründung zum Gesetzesantrag vom 24.10.2013 BR Drucksache 740/13, 46.

zugeordnet. Eine Aufteilung der Anschaffungskosten für die Anleihe auf die Zinsscheine bzw. die Zinsforderungen und auf den Anleihemantel erfolgt dementsprechend nicht.

Durch Veräußerung der Zinsscheine bzw. der Zinsforderungen generiert der Investmentfonds (künstlich) Erträge, die ausschüttungsgleiche Erträge im Sinne von § 1 Absatz 3 Satz 3 InvStG darstellen. Diese gelten dem Anleger mit Ablauf des Geschäftsjahres des Investmentfonds als zugeflossen. Bestehen beim Anleger Verluste, können diese mit den dem Anleger fiktiv zugerechneten (ausschüttungsgleichen) Erträgen ausgeglichen werden. Durch die Verrechnung wird eine Nutzung von Verlusten möglich, deren Berücksichtigung ggf. nach § 8c KStG ausgeschlossen wäre. So kann bei körperschaftsteuerpflichtigen Anlegern unter Einsatz von Investmentfonds der Wegfall der Verlustvorträge nach § 8c KStG bzw. bei einkommensteuerpflichtigen Anlegern die Mindestbesteuerung nach § 10d EStG im Jahr der Veräußerung der Zinsscheine bzw. der Zinsforderungen entgegen den gesetzgeberischen Bestrebungen verhindert werden. Veräußert der Anleger seinen Investmentanteil in einem späteren Veranlagungszeitraum oder gibt er diesen später zurück, mindern die in dem Jahr der Veräußerung der Zinsscheine bzw. der Zinsforderungen versteuerten ausschüttungsgleichen Erträge den Gewinn aus der Veräußerung oder Rückgabe des Investmentanteils. Im Regelfall realisiert der körperschaftsteuerpflichtige Anleger einen Veräußerungs- bzw. Rückgabeverlust, den er in einem Veranlagungszeitraum anfallen lässt, für den § 8c KStG nicht eingreift.

Derartige Gestaltungsmodelle sollen durch eine Neuregelung vermieden werden, nach der bei einer Abtrennung der Zinsscheine bzw. der Zinsforderungen von dem dazugehörigen Stammrecht eine Veräußerung des einheitlichen Wirtschaftsguts vor der Abtrennung (bestehend aus Anleihemantel und Zinsscheinen bzw. Zinsforderungen) fingiert und in demselben Zeitpunkt eine Anschaffung der nach der Abtrennung selbständigen Wirtschaftsgüter (Anleihemantel einerseits und Zinsscheine oder Zinsforderungen andererseits) unterstellt wird. Die Bestimmung über die Abtrennung des Zinsscheins bzw. der Zinsforderung von dem Stammrecht sowie die Veräußerungs- und Anschaffungsfiktion findet nur gegenüber demjenigen Investmentfonds Anwendung, durch welchen das „Bond-Stripping" initiiert worden ist.

Als Veräußerungserlös gilt der gemeine Wert (§ 9 des Bewertungsgesetzes) des einheitlichen Wirtschaftsguts zum Zeitpunkt der Trennung. Als gemeiner Wert ist bei börsennotierten Schuldverschreibungen in der Regel der niedrigste im regulierten Markt notierte Kurs am Tag der Trennung anzusetzen. Der gemeine Wert der Schuldverschreibung gilt gleichzeitig als Anschaffungskosten der neuen Wirtschaftsgüter. Um die Anschaffungskosten auf den Zinsschein bzw. die Zinsforderung und das Stammrecht aufteilen zu können, ist wiederum deren gemeiner Wert zu ermitteln. Da für diese Papiere im Zeitpunkt der Trennung typischerweise noch kein Börsenkurs existiert, ist deren gemeiner Wert grundsätzlich der unter Berücksichtigung des aktuellen Marktzinses nach finanzmathematischen Methoden ermittelte Barwert. Die Summe der Barwerte der neuen Wirtschaftsgüter dürfte in der Regel dem gemeinen Wert der Schuldverschreibung entsprechen. Sofern eine Abweichung auftritt, ist eine Verhältnisrechnung vorzunehmen.

Beispiel:
Ein Investmentfonds hat eine Schuldverschreibung zum Nennwert von 100 Euro erworben. Bei der Abtrennung des Zinskupons beträgt der Kurswert der Schuldverschreibung 110 Euro. Durch die Trennung erzielt der Investmentfonds auf Grund der Neuregelung einen Kursgewinn von 10 Euro. Für das Stammrecht wird ein Barwert von 70 Euro und für den Zinskupon ein Barwert von 39 Euro ermittelt. Daher entfallen auf das Stammrecht 70*110/109 = 70,64 Euro und auf den Zinskupon 39*110/109 = 39,36 Euro als Anschaffungskosten.

Damit stellt die Regelung sicher, dass die Anschaffungskosten der Schuldverschreibung nicht vollständig dem Stammrecht (Anleihemantel), sondern entsprechend des beschriebenen Verhältnisses auch den Zinsscheinen bzw. den Zinsforderungen zugeordnet werden.

Für die Abgrenzung der Erträge aus dem neuen Wirtschaftsgut „Stammrecht" ist § 3 Absatz 2 Nummer 2 InvStG sinngemäß anzuwenden. Grundsätzlich gelten Einnahmen vom Investmentfonds als innerhalb des Geschäftsjahres bezogen, in dem sie dem Investmentfonds zugeflossen sind (Grundprinzip des § 11 Absatz 1 EStG). Für bestimmte Einnahmen des Investmentfonds, wie u.a. Zinsen und angewachsene Ansprüche aus einem Emissions-Agio oder -disagio einer sonstigen Kapitalforderung, gilt die Zuflussfiktion des § 3 Absatz 2 Nummer 2 InvStG. Danach werden die genannten Einnahmen beim Investmentfonds nicht zu ihrem tatsächlichen Zuflusszeitpunkt erfasst, sondern entsprechend Bilanzierungsgrundsätzen periodengerecht abgegrenzt. Das heißt, die Einnahmen sind unabhängig von ihrem tatsächlichen Zahlungszeitpunkt – im Zeitpunkt der bilanziellen Erfassung nach dem Realisationsprinzip auf Ebene des Investmentfonds zu berücksichtigen. Die Erträge aus dem neuen Wirtschaftsgut „Stammrecht" sind demzufolge nach bilanziellen Realisierungsgrundsätzen zu ermitteln und dem Investmentfonds zu dem jeweiligen sich danach ergebenden Teil zuzurechnen.

Anders als § 3 Absatz 2 Nummer 2 InvStG erfasst diese Regelung auch sonstige Kapitalforderungen i.S.d. § 20 Absatz 1 Nummer 7 EStG, die keine Emissionsrendite haben. Vielmehr ist bei den durch die Trennung künstlich entstandenen Nullkuponanleihen grundsätzlich der im Rahmen der Barwertermittlung zu Grunde gelegte Rechnungszins wie eine Emissionsrendite zu behandeln.

33 **2. Modifikationen des Zufluss-, Abflussprinzips; Abs. 2.** Die durch Abs. 1 angeordnete Anwendung des Zufluss- Abflussprinzips nach § 11 EStG wird durch Abs. 2 in vielerlei Hinsicht gleich wieder eingeschränkt bzw. durchbrochen; es gilt also auf Ebene des Investmentfonds ein modifiziertes Zufluss- Abflussprinzip.[54] Durch das zeitliche Vorziehen der Einnahmen bzw. der Werbungskosten vor Zufluss bzw. Abfluss soll sich die materielle Behandlung insgesamt nicht ändern.[55] Die Vorschrift ist durch die verschachtelte Darstellung von Satz 1, insbesondere Nr. 2, ausgesprochen unzugänglich und wird zum besseren Verständnis nachfolgend in Einzelsätze zerlegt und kommentiert.

Abs. 2 *Satz 1* modifiziert, abweichend vom grundsätzlich gelten Prinzip nach § 11 EStG, die zeitliche Erfassung von in den **Nr. 1–Nr. 3** bestimmten Einnahmen und Werbungskosten.[56]

34 **a) Dividenden. Nach Nr. 1** gelten *Dividenden* bereits am Tag des Dividendenabschlages als zugeflossen.

Der Begriff Dividenden wird nicht explizit definiert. Aus dem Regelungszusammenhang mit § 2 Abs. 2 Satz 1 und der dort hinterlegten Verweiskette über § 43 Abs. 1 Satz 1 Nr. 1, 1a und 6 EStG ergibt sich, dass die Gewinnanteile (Dividenden) und gleichgestellte Fälle i.S.d. § 20 Abs. 1 Nr. 1 EStG gemeint sind. Erfasst werden somit begrifflich alle offenen und verdeckt oder vorab ausgeschütteten Gewinnanteile der dort genannten Körperschaften und Vereinigungen.[57]

---

54 *Häuselmann* Ubg **2009** 225.
55 BMF v. 18.8.2009 Rn. 55.
56 Haase/*Steinmüller* § 3 InvStG Rn. 101.
57 Berger/Steck/Lübbehüsen/*Lübbehüsen* § 3 InvStG Rn. 38.

Bereits nach den allgemeinen Regeln des EStG wird § 11 EStG für den Fall der Dividenden durch § 44 Abs. 2 EStG modifiziert. Danach fließen Dividenden dem Gläubiger (Anteilseigner i.S.d. § 20 Abs. 5 Satz 2 EStG) an dem Tag, der im Ausschüttungsbeschluss als Auszahlungstag bestimmt ist, oder am Tag nach der Beschlussfassung zu.

Davon wiederum abweichend gelten nach Nr. 1 Dividenden beim Investmentfonds als Gläubiger bereits am Tag des Dividendenabschlages als zugeflossen. Dies ist ein börsentechnischer Begriff. Bei börsengehandelten Aktien erfolgt nach der Beschlussfassung über die Dividende ein solcher Abschlag bei der Notierung.[58] Insoweit sind das Gesetz und die Ausführungen im BMF-Einführungsschreiben zum InvStG schlüssig: Dies ist der Tag, an dem die Aktien ex-Dividenden gehandelt werden. Beim Investmentvermögen stehen die Bildung/Einstellung des Dividendenanspruchs und der Bewertungskurs der Aktien in einem untrennbaren Verhältnis. Der Anspruch auf die Dividende ist daher erstmals zu dem Bewertungstag des Fonds einzustellen, an dem die Aktien erstmals mit dem Kurs-ex Dividende bewertet werden. Maßgebend ist dabei der Tag, *für* den der Fonds bewertet (Bewertungstag) und nicht der Tag, *an* dem die Fondsbewertung durchgeführt wird.[59]

Auf nicht börsennotierten Aktien und sonstigen Beteiligungen ist die Sonderregel der Nr. 1 unmittelbar nicht anwendbar und läuft mangels ablesbarem Kurs ex-Dividende ins Leere. Weil die Zweckrichtung der Sonderregel nicht erreicht werden kann, ist in diesen Fall der Rückgriff auf die Grundregel des § 44 Abs. 2 EStG sachgerecht.[60]

Bei Dividenden in von der Fondswährung abweichender Fremdwährung kann die Erfassung bereits am ex-Tag und bei davon abweichendem Zahltag zu einem Währungseffekt führen; es erscheint sachgerecht, dieses Währungsergebnis dem gleichen steuerlichen Schicksal zu unterstellen wie die Dividende selbst.[61] Durch die zeitliche Vorziehung der Einnahmen bzw. Werbungskosten vor Zufluss bzw. Abfluss soll sich die materielle Behandlung insgesamt nicht ändern.[62]

b) Zinsen. Nach Nr. 2 Satz 1 sind *Zinsen* periodengerecht abzugrenzen; die abgegrenzten Zinsen gelten als zugeflossen. 35

Die gesamte Nr. 2 wurde durch das JStG 2009 präzisiert und mit dem Wortlaut der ebenfalls neu definierten ausgeschütteten und ausschüttungsgleichen Erträge i.S.d. § 1 Abs. 3 abgestimmt,[63] die ihrerseits an die im Zuge der Einführung der Abgeltungssteuer neu definierten Kapitaleinkünfte i.S.d. § 20 EStG in der Fassung des UntStRefG 2008 angepasst wurden. Zuvor war lediglich von „Zinsen" die Rede und der Zinsbegriff war umstritten. Dabei ging es vorrangig um die Reichweite des (kleinen) Fondsprivilegs für Veräußerungsgewinne, also der Steuerpause im Thesaurierungsfall, und somit um die Erfassung oder Nichterfassung der Ergebnisse aus Finanzinnovationen i.S.d. § 20 Abs. 2 Nr. 2–4 EStG in der Fassung bis zum UntStRefG 2008 als Zins oder sonstiger Ertrag.[64]

---

58 Korn/*Hammacher* § 3 InvStG Rn. 11.
59 BMF v. 18.8.2009 Rn. 48.
60 *Jacob/Geese/Ebner* 92; Haase/*Steinmüller* § 3 InvStG Rn. 114; Korn/*Hammacher* § 3 InvStG Rn. 11; Beckmann/Scholtz/Vollmer/*Elser* § 3 InvStG Rn. 24; **a.A.** insoweit Berger/Steck/Lübbehüsen/*Lübbehüsen* § 3 InvStG Rn. 43, der § 11 Abs. 1 anwenden will.
61 Blümich/*Wenzel* § 3 InvStG Rn. 10 mit Zahlenbeispiel; Berger/Steck/Lübbehüsen/*Lübbehüsen* § 3 InvStG Rn. 42.
62 BMF v. 18.8.2009 Rn. 55.
63 *Ebner* NWB Nr. 4 v. 19.1.**2009** 203; *Wagner* Stbg **2009** 307.
64 Ausführlich zur „Korrektur des Fondsprivilegs" für Finanzinnovationen durch das JStG 2009 *Kretzschmer* FR **2009** 416; Haase/*Steinmüller* § 3 InvStG Rn. 119 ff.

Mit diesem begrifflichen Gleichlauf dürfte sich der Streit um den engen (zivilrechtlichen) Zinsbegriff[65] bzw. weiten Zinsbegriff[66] erledigt haben.[67] Das gilt namentlich für die neu in § 3 Abs. 2 Satz 1 Nr. 2 aufgenommen angewachsenen Ansprüche aus einem Emissions-Agio oder -Disagio in Anknüpfung an die Formulierung der Negativliste in § 1 Abs. 3 Satz 3.[68] Diese sind nun ausdrücklich abzugrenzen und gehören gemäß § 1 Abs. 3 Satz 4 sowohl zu den ausgeschütteten als auch zu den ausschüttungsgleichen (Zins-) Erträgen.[69]

Bereits § 11 Abs. 1 Satz 2 wie auch § 11 Abs. 2 Satz 2 EStG enthalten Durchbrechungen vom Zahlungsprinzip im Fall wiederkehrender Einnahmen/Ausgaben kurz vor oder nach dem Jahreswechsel. Das Gebot der periodengerechten Abgrenzung in Nr. 2 weicht davon insofern im erweiternden Sinne ab, als es keine zeitliche Begrenzung (kurzer Zeitraum) zwischen Zufluss und Zugehörigkeitsjahr kennt.[70]

36 **c) Angewachsene Ansprüche aus Emissionsrendite. Nach Nr. 2 Satz 1** sind ferner *angewachsene Ansprüche aus einem Emissions-Agio oder -Disagio* periodengerecht abzugrenzen; die abgegrenzten Ansprüche (= Zinsen) gelten als zugeflossen (obgleich redaktionell nicht ausdrücklich von HS 4 erfasst, der ausdrücklich nur Zinsen und Mieten erwähnt).[71]

Warum der Gesetzgeber, die üblich Begriffswelt bei der unglücklichen Formulierung dieser Norm verlässt, bleibt unerfindlich.

Ein Anwendungsbereich für „angewachsene Ansprüche aus einem *Emissions-Agio*" im Sinne von Einnahmen ist auf Fondsebene schwer vorstellbar.[72] Eine Überpari Emission (Aufgeld) oder sonstiges Agio führt zu zusätzlichen Anschaffungskosten, die der bilanzierende Anleger ggf. wertberichtigt und damit einen gegenläufigen Effekt zum Zinsanspruch/-ertrag generiert. Beim nicht-bilanzierenden Investmentvermögen ist für Teilwertabschreibungen kein Raum.[73] Das gilt nicht für Aufzinsungspapiere: Ausgabe zum Nennwert und Einlösung zu einem höheren Betrag. Diese gehören zur Gruppe der Instrumente mit Emissionsrendite.

Mit der Formulierung „angewachsene Ansprüche aus einem *Emissions-Disagio*" sind offenkundig Instrumente mit Emissionsrendite gemeint. Die angewachsenen Ansprüche sind mit der *Emissionsrendite* anzusetzen, sofern diese leicht und eindeutig ermittelbar ist.

Emissionsrendite ist die Rendite, die bereits im Zeitpunkt der Emission eines Wertpapiers versprochen wird, bei Einlösung mit Sicherheit erzielt werden kann und sich im

---

65 *Feyerabend/Vollmer* BB **2008** 1088 (auch bei bestehender Emissionsrendite kein Zins); ähnlich auch *Kretzschmann* FR **2009** 416; So auch noch Beckmann/Scholtz/Vollmer/*Elser* § 3 InvStG Rn. 25 in Erg.Lfg 12/09; siehe auch die zusammenfassend Darstellung des überholten Meinungsstandes bei Berger/Steck/Lübbehüsen/*Lübbehüsen* § 3 Rn. 45, 46.
66 BMF in der Fassung v. 2.6.2005 Rn. 14, 18 (Zins bei bestehender Emissionsrendite, sonstiger Ertrag bei fehlender bzw. nicht nachweisbarer Emissionsrendite); zustimmend Bordewin/Brandt/*Geurts* § 3 InvStG Rn. 13, der zu Recht ausführt, dass es angesichts des klaren Regelungskontextes für die enge Auslegung keine sinnvolle *systematische* Ableitung gibt, trotz der Verwerfungen im Wortlaut bei der Bezugnahme der Vorschriften untereinander.
67 So jetzt auch Korn/*Hammacher* § 3 InvStG Rn. 12 in der 50. Erg.Lfg. Stand Januar 2010.
68 Vgl. ausführlich Haase/*Steinmüller* § 3 InvStG Rn. 129 ff.
69 BMF v. 18.8.2009 Rn. 15b und 18.
70 Haase/*Steinmüller* § 3 InvStG Rn. 133.
71 Berger/Steck/Lübbehüsen/*Lübbehüsen* § 3 InvStG Rn. 62.
72 Berger/Steck/Lübbehüsen/*Lübbehüsen* § 3 InvStG Rn. 49.
73 *Häuselmann* Ubg **2009** 225.

Preis der Kapitalforderung niederschlägt.[74] Eine Emissionsrendite ist immer nur dann vorhanden, wenn die Ausstattungsmerkmale einer Forderung von Anfang an feststehen. Zu den Abgrenzungsfragen im Zuge der Definition der Kapitalforderungen mit Emissionsrendite siehe die Kommentierung zu § 1 Abs. 3 Satz 3 Nr. 1 Buchstabe a).[75] Die auf den ersten Blick irritierende Aufnahme in den Negativkatalog des § 1 Abs. 3 Satz 3 Nr. 1 ist rein gesetzestechnisch begründet, weil die Erträge aus Kapitalforderungen mit Emissionsrendite ja bereits im Abgrenzungswege nach Abs. 2 Satz 1 Nr. 2 erfasst werden. Beide Vorschriften sind untrennbar miteinander verbunden; nach § 1 Abs. 3 Satz 4 zählen die nach § 3 Abs. 2 Nr. 2 abgegrenzten Erträge zu den ausgeschütteten bzw. ausschüttungsgleichen Erträgen.

Zu den Anlagen mit von Beginn an feststehender Emissionsrendite zählen beispielsweise
- Festverzinsliche Anleihen
- Gleitzins Schuldverschreibungen
- Zerobonds/Null Kupon Anleihen
- Step up-, Step down Anleihen, Stufenanleihen

Eine Emissionsrendite liegt nicht vor, wenn die Ausstattung variable Parameter enthält;[76] so beispielsweise
- Floater
- Reverse Floater
- Indexzertifikate
- Aktienanleihen/Hochzinsanleihen
- Umtauschanleihen
- Wandelanleihen

Für die Frage, ob eine Emissionsrendite im Sinne der Rechtsprechung vorliegt, ist die Zusatzfrage der leichten und eindeutigen Nachweisbarkeit dem Grunde nach unerheblich. Davon soll lediglich abhängen, ob statt der Emissionsrendite die zeitanteilige Marktrendite zur Abgrenzung herangezogen wird.[77]

d) Leichte und eindeutige Ermittlung der Emissionsrendite. Die Emissionsrendite kommt nach dem Wortlaut des Gesetzes zur Anwendung, sofern diese *leicht und eindeutig ermittelbar ist*, andernfalls greift die Markrendite. Das besagt alles und nichts zugleich. Wohlgemerkt: Kennzeichen der Emissionsrendite ist, dass sie vom Emittenten von vornherein, bei der Begebung der Anlage, bestimmt wird.[78] Das ist nicht Aufgabe des Anlegers oder hier der Investmentgesellschaft. Diese hat „nur" die notwendigen Angaben aus den ihr zugänglichen Unterlagern (term sheet, Zeichnungsschein, Prospekt, Kaufabrechnung etc.) zu ermitteln. 37

Die schwierige Abgrenzung, ob ein Produkt eine vom Emittenten von vornherein fixierte Rendite aufweist, lebt damit auf der Fondseben wieder auf.[79] Der Gesetzgeber hätte es ohne Not bei der Erfassung anlässlich der tatsächlichen Realisation der Erträge wie im

---

74 BFH v. 24.10.2000 VIII R 28/99 BStBl. II 2001 97; *Jachmann* DStR **2007** 877.
75 Vgl. auch *Ebner* NWB Nr. 4 v. 19.1.2009 203; *Ebner/Helios* BB **2010** 1565.
76 Korn/*Hammacher* § 3 InvStG Rn. 12.
77 Haase/*Steinmüller* § 3 InvStG Rn. 136.
78 BFH v. 4.12.2007 VIII R 53/05 BStBl. II 2008 56 3 = DStR **2008** 342.
79 *Feyerabend/Vollmer* BB **2008** 1088; *Grabbe/Behrens* DStR **2008** 950.

Direktbesitzfall belassen können.[80] Stattdessen wird die Klassifizierung anhand der Emissionsrendite auf Fondseben wieder erforderlich und wird erschwert um die Frage der leichten und eindeutigen Ermittelbarkeit. Wäre dies leicht, hätte es dieser unsinnigen Formel nicht bedurft. Die Ratlosigkeit angesichts dieses selbst geschaffenen Problems zeigte sich schon im BMF-Schreiben vom 18.7.2009 zur alten Rechtslage (Wahlrecht zwischen Emissionsrendite und Marktrendite?).[81] Danach könne bei der Ertragsermittlung aus verwaltungsökonomischen Gründen den Angaben des Steuerpflichtigen zur Höhe der Erträge aus den Finanzinnovationen gefolgt werden.

Zur Anwendung des neuen Rechts greift dann die Praxis auf die Klassifizierung (A-Schlüssel in Feld GD424) zurück, die vom privatrechtlich organisierten WM Datenservice angeboten wird.[82] Die angedachten WM Felder (ohne Emissionsrendite/mit Emissionsrendite, leicht und eindeutig ermittelbar/mit Emissionsrendite, nicht leicht und eindeutig ermittelbar) können de facto nicht zuverlässig gelistet werden. Und der Finanzverwaltung bleibt erneut nichts übrig als zu formulieren: Generell können die Voraussetzungen des § 1 Abs. 3 Satz 3 Nr. 1 Buchstabe a und b als nicht erfüllt angesehen werden, wenn eine Emissionsrendite nicht festgestellt werden kann.[83] Bei der Prüfung der Voraussetzungen des § 1 Abs. 3 Satz 3 Nr. 1 ist es nicht zu beanstanden, wenn die WM Klassifikation übernommen wird, soweit keine Anzeichen für eine falsche Einordnung bestehen. Eine spätere Überprüfung dieser Voraussetzungen durch die Finanzbehörden wird dadurch nicht ausgeschlossen.[84]

Die Finanzverwaltung trägt die Beweislast für die steuerbegründende (vorzeitige Realisation) Emissionsrendite.[85] Das hilft dem Rechtsanwender in der Praxis so wenig, wie ggf. vom Emittenten in Auftrag gegebene, dogmatisch ausgefeilte Gutachten. Erstens sind diese nicht allgemein zugänglich und zweitens sind sie für die Klassifizierung (mit oder ohne Emissionsrendite) im Fall der wirklich strittigen Produkte nicht entscheidend. Die Entscheidungen treffen nach jahrelanger Verfahrensdauer die Finanzgerichte. Bis dahin werden die Rechtsanwender allein gelassen mit den überzogenen dogmatischen Anforderungen und grenzen entweder gar nicht ab (weil eine Emissionsrendite nicht festgestellt ist), oder wenden im Zweifel die Marktrendite an, mit der Folge, dass auf Ebene des Investmentfonds entgegen dem Realisationsprinzip fiktive Erträge zeitanteilig abgegrenzt werden.[86] Eine weitere Benachteiligung im Vergleich zum Direktanleger ergibt sich daraus, dass der Kapitalertragsteuer-Abzug auf den fiktiven Zufluss aus anderen liquide Mittel finanziert werden muss.[87] Das ausgelobte Ziel (Glättung der Ergebnisse und Erfassung im Thesaurierungsfall) der gesetzgeberischen Operation am § 3 Abs. 2 Satz 1 Nr. 2 InvStG durch das JStG 2009[88] hätte man einfacher haben können.

Zur Abgrenzung, wann noch altes Recht und wann neues Recht anzuwenden ist (grundsätzlich auf Erträge, die dem Investmentfonds nach dem 31.12.2008 zufließen; § 18 Abs. 12 Satz 3 Hs. 1), sei auf die Darstellung bei Berger/Steck/Lübbehüsen/*Lübbehüsen* verwiesen.[89]

---

80 *Kretzschmann* FR **2009** 416.
81 BMF v. 18.7.2007 BStBl. I 2007, S. 548.
82 *Grabbe/Simonis* DStR **2009** 837.
83 BMF v. 18.8.2009 Rn. 18c.
84 BMF v. 18.8.2009 Rn. 18d.
85 Ebenso Berger/Steck/Lübbehüsen/§ 3 InvStG Rn. 61.
86 Kritisch zu dieser „fiktiven ratierlichen Ertragszurechnung zwecks Ertragsglättung" Korn/*Hammacher* § 3 InvStG Rn. 12; sowie *Feyerabend/Vollmer* BB **2008** 1088.
87 Berger/Steck/Lübbehüsen/*Lübbehüsen* § 3 InvStG Rn. 55; *Kretzschmann* FR **2009** 416.
88 BTDrucks. 16/11108, 49.
89 Berger/Steck/Lübbehüsen/*Lübbehüsen* § 3 InvStG Rn. 65.

Ist die Emissionsrendite nicht leicht und eindeutig zu ermitteln, ist der Unterschiedsbetrag zwischen dem Marktwert zum Ende des Geschäftsjahres und dem Marktwert zu Beginn des Geschäftsjahres als Zins (*Marktrendite*) anzusetzen. Dieser sog. Differenzmethode liegt die Vorstellung zu Grunde, dass der Investmentfonds die betreffende Kapitalforderung das ganze Geschäftsjahr über im Bestand hatte.

Im Falle des Erwerbs innerhalb des Geschäftsjahres ist der Unterschiedsbetrag zwischen dem Marktwert zum Ende des Geschäftsjahres und den Anschaffungskosten als Zins (*Marktrendite*) anzusetzen.

Analog zur Ermittlung des Veräußerungsgewinns unter Rückgriff auf § 20 Abs. 4 Satz 1 HS 2 EStG nach dem Euro-Umrechnungsgebot bei Anschaffung und Veräußerung werden Fremdwährungseffekte Bestandteil der Marktrendite und können demnach wie Zinsen behandelt werden.[90]

e) Feinabstimmungsabschlag. Über die Emissionsrendite hinaus gehende Veräußerungserlöse sollen nach der Konzeption des Gesetzgebers marktbedingter Wertpapierveräußerungsgewinn sein, und im Fall der Thesaurierung weiterhin privilegiert bleiben.[91] **38**

Nach Nr. 2 Satz 1 gilt diesem Gedanken folgend eine Ausnahme von der Abgrenzung für den *Feinabstimmungsabschlag* nach § 1 Abs. 3 Satz 3 Nr. 1 Buchstabe b Satz 2 einer sonstigen Kapitalforderung i.S.d. § 20 Abs. 1 Nr. 7 EStG, die eine Emissionsrendite hat.[92] Dieser bei der Emission eines festverzinslichen Wertpapiers gewährte Abschlag vom Nennwert dient der Anpassung an ggf. erhöhte Kapitalmarktzinsen in der Zeit zwischen Antrag auf Genehmigung und tatsächlicher Ausgabe der Emission. Der Feinabstimmungsabschlag bemisst sich nach der sog. Disagio Staffel,[93] die den maximalen Abschlag (Prozentwert) in Abhängigkeit von der Laufzeit (bis unter 2 Jahre–ab 10 Jahre) in einer Staffel von 1–6 v.H. festlegt. Solang der fragliche Abschlag innerhalb der jeweils einschlägigen Spanne bleibt, kommt es auf die weitere Unterscheidung im Disagio Schreiben zwischen Emissions-Disagio (Feinabstimmung) und Emissions-Diskont (Abzinsungs-Papier) nicht an.[94]

f) Abtrennbare Optionsscheine und separat handelbare Anleihe. Nach Nr. 2 Satz 2 ist bei sonstigen Kapitalforderungen i.S.d. § 1 Abs. 3 Satz 3 Nr. 1 Buchstabe f (*abtrennbare Optionsscheine und separat handelbare Anleihe*) Satz 1 nur auf die Zinsen und nicht auch auf angewachsenen Ansprüche anzuwenden. **39**

Bei einer cum-erworbenen Optionsanleihe, die sich aus Anleihe und Optionsschein zusammensetzt, aber als ein Vermögensgegenstand auf der Aktivseite abgebildet wird,[95] ist nur der zur Optionsanleihe gehörende Kupon abzugrenzen. Eine Trennung in die Bestandteile Anleihe und Optionsschein nur für Zwecke der Zinsabgrenzung ist nicht erforderlich. Damit wollte der Gesetzgeber ermittlungstechnische Schwierigkeiten bei der Berechnung des Wertes der Optionsanleihe ex Optionsschein vermeiden.[96] Ohne die Re-

---

90 *Kretzschmann* FR **2009** 416 sowie *Ebner/Helios* BB **2010** 1565 beide jeweils mit Verweis auf BTDrucks. 16/11108 61; Haase/*Steinmüller* § 3 InvStG Rn. 151.
91 *Kretzschmer* FR **2009** 416 mit Verweis auf BTDrucks. 16/11108 S. 59.
92 Haase/*Steinmüller* § 3 InvStG Rn. 146 mit Verweis auf BTDrucks. 16/11108 S. 48.
93 BMF v. 24.11.1986 – IV B 4 – S 2252-180/86 BStBl. I 1986, 539; die Bezugnahme in Rn. 50 des BMF Schr. v. 2.6.2005 ist bei der Überarbeitung per 18.8.2009 wohl versehentlich weggefallen; so auch Berger/Steck/Lübbehüsen/*Lübbehüsen* § 3 InvStG Rn. 55; *Blümich/Wenzel* § 3 InvStG Rn. 10.
94 So im Ergebnis bei aller Kritik auch Haase/*Steinmüller* § 3 InvStG Rn. 144.
95 Berger/Steck/Lübbehüsen/*Lübbehüsen* § 3 InvStG Rn. 64.
96 Korn/*Hammacher* § 3 InvStG Rn. 12.

gelung müsste die Optionsanleihe getrennt werden, um ein Disagio der separierten Anleihe abgrenzen zu können.[97]

40 **g) Mieten.** Nach **Nr. 2 Satz 1** sind auch *Mieten* periodengerecht abzugrenzen; die abgegrenzten Mieten gelten als zugeflossen.

Diese Regelung verdrängt bzw. modifiziert die bereits in § 11 Abs. 1 Satz 2 EStG geregelte Ausnahme vom Zahlungsprinzip bei regelmäßig wiederkehrenden Zahlungen kurz vor oder nach dem Jahreswechsel.[98] Auf die dort genannten Zeiträume kommt es nicht an. Die Abgrenzung ist in jedem Fall vorzunehmen. Damit zielt die Vorschrift primär auf die Einkünfte aus Vermietung und Verpachtung von Grundstücken i.S.v. § 1 Abs. 3. Der Wortlaut würde auch die Vermietung unbeweglicher Gegenstände i.S.v. § 22 Abs. 1 Nr. 3 EStG abdecken, die dort aber als Auffangtatbestand zu den sonstigen Erträgen gehören und damit neben den Einkünften aus Vermietung und Verpachtung i.S.d. § 21 EStG stehen. Auch § 1 Abs. 3 Satz 2 bzw. 3 sprechen offensichtlich nur von Mieteinnahmen aus unbeweglichem Vermögen. „Sonstige Mieterträge" sind daher im Rahmen des § 3 Abs. 2 Satz 1 Nr. 2 nicht gemeint.[99] Praktisch relevant dürfte diese Diskussion wohl kaum sein.

41 **h) Werbungskosten.** Nach **Nr. 3** gelten periodengerecht abgegrenzte *Werbungskosten* als abgeflossen, soweit der tatsächliche Abfluss im folgenden Geschäftsjahr erfolgt.

Werbungskosten können ebenfalls auch für Steuerzwecke analog zum Vorgehen in der Vermögensaufstellung periodengerecht abgegrenzt werden. Sie müssen dann aber im folgenden Geschäftsjahr tatsächlich abfließen.[100] Die zeitlich vorgezogene Zurechnung ist hier Folge der investmentrechtlich vollzogenen Abgrenzung nach Bilanzierungsgrundsätzen (vgl. § 252 Abs. 1 Nr. 5 HGB) und der tatsächlichen Leistung der Ausgabe im Folgejahr, weshalb die Finanzverwaltung zu Recht von „können" im Sinne eines steuerrechtlichen Wahlrechts spricht.[101] Eine Verknüpfung an Einnahmen (wie im Fall der Nr. 2 Zinsen/angewachsen Ansprüche aus Emissionsrendite/Mieten) als Bedingung für die vorgezogene zeitliche Zurechnung besteht nicht. Es ist also zulässig, die Ausgaben entsprechend § 11 Abs. 2 Satz 1 EStG erst im Jahr des Abflusses abzuziehen;[102] sie können aber davon abweichend durch Abgrenzung nach Rechnungslegungsgrundsätzen vorgezogen werden, vorausgesetzt, sie werden im Folgejahr tatsächlich geleistet. Eine Abgrenzung von vorausbezahlten Werbungskosten auf spätere Geschäftsjahre erlaubt Nr. 3 nicht.[103]

Sind abgegrenzte Werbungskosten vorzeitig abgezogen worden, ohne dass die Ausgaben im Folgejahr tatsächlich fließen, sind die nach § 5 bekanntgemachten bzw. die nach § 13 gesondert festgestellten Besteuerungsgrundlagen für das Geschäftsjahr, in dem die abgegrenzten Werbungskosten zu Unrecht abgezogen worden sind, zu korrigieren. Aufgrund der eigentümlichen Tatbestandsvoraussetzungen des Abs. 2 Satz 1 Nr. 3 ist der materielle Fehler (vorgezogene Berücksichtigung der Werbungskosten) im Jahr x erst im

---

97 *Blümich/Wenzel* § 3 InvStG Rn. 10; Haase/*Steinmüller* § 3 InvStG Rn. 166.
98 So auch Beckmann/Scholtz/Vollmer/*Lübbehüsen* § 3 InvStG Rn. 36 „... soweit nicht die Ausnahmeregelungen in § 3 Abs. 2 entgegenstehen."
99 So auch Berger/Steck/Lübbehüsen/*Lübbehüsen* § 3 InvStG Rn. 47; **a.A.**: Haase/*Steinmüller* § 3 InvStG Rn. 162.
100 BMF v. 18.8.2009 Rn. 52.
101 So auch die hM in der Literatur: Beckmann/Scholtz/Vollmer/*Elser* § 3 InvStG Rn. 27; Haase/*Steinmüller* § 3 InvStG Rn. 173.
102 *Blümich/Wenzel* § 3 InvStG Rn. 10; Berger/Steck/Lübbehüsen/*Lübbehüsen* § 3 InvStG Rn. 66.
103 Berger/Steck/Lübbehüsen/*Lübbehüsen* § 3 InvStG Rn. 69.

Folgejahr (x + 1) erkennbar, wenn der tatsächliche Abfluss eben nicht erfolgt. Weil der tatsächliche Abfluss aber auch im Folgejahr x + 1 bis zum letzten Tag (z.B. 31. Dezember × + 1) hinausgeschoben werden kann, wird im Fall der Nichtleistung der Fehler sogar erst im Jahr x + 2 erkannt und dann korrigiert.

Für ausländische Investmentfonds gilt das besondere Korrekturverfahren nach § 5 Abs. 1 Satz 1 Nr. 5. Der erkannte Unterschiedsbetrag infolge des Fehlers in der Bekanntmachung nach § 5 Abs. 1 für das Jahr x ist im laufenden Jahr der Entdeckung (also im Folgejahr x + 1), in dem eben kein tatsächlicher Abfluss erfolgte, zu berücksichtigen.

Für inländische Investmentfonds gilt das Korrekturverfahren nach § 13 Abs. 4. Wieder ist der materielle Fehler (vorgezogene Berücksichtigung der Werbungskosten im Jahr x) in der Feststellungserklärung nach § 13 Abs. 3 für das Jahr x erst im Folgejahr (x + 1) erkennbar, wenn der tatsächliche Abfluss eben nicht erfolgt. Der materielle Fehler/Unterschiedsbetrag ist seinerseits nach § 13 Abs. 4 vom Finanzamt gesondert festzustellen. Zu korrigieren wäre der Fehler erst dann, wenn diese Fehler-Feststellung unanfechtbar geworden ist. Allerdings soll laut Finanzverwaltung hinsichtlich der Wahl des Korrekturzeitpunktes vorrangig der Eigenkorrektur des Investmentvermögens für das Geschäftsjahr des tatsächlichen Abflusses der zu Unrecht abgegrenzten Werbungskosten zu folgen sein.[104]

Angesichts dieser ausdrücklich angeordneten Korrekturmöglichkeiten, ist evident, dass der materielle Fehler eben nur zu Korrektur nach diesen Vorschriften und nicht zur Anwendung des § 6 führt.

Bei in- und ausländische Spezial-Investmentfonds sowie für Spezial Aktiengesellschaften erfolgt die Korrektur für das Fehlerjahr, weil die Korrekturvorschriften gemäß § 15 Abs. 1 bzw. § 16 gerade nicht gelten.

i) Abzug ausländischer Steuern. Abs. 2 *Satz 2* besagt: Soweit die Einnahmen 42 schon vor dem Zufluss erfasst werden, ist ein *Abzug der ausländischen Steuern gemäß § 4 Abs. 4* bereits in dem Geschäftsjahr zulässig, in dem die Einnahmen zugerechnet werden.

Nach § 4 Abs. 4 kann der Investmentfonds, statt die auf Anlegerebene nach § 4 Abs. 2 anrechenbare oder abziehbare ausländische Steuer (der Eingangsseite) auszuweisen, als Werbungskosten auf Fondsebene abziehen. Für diesen Fall bestimmt Abs. 2 Satz 2, dass die anrechenbare Steuer auf Fondsebene entsprechend der *zeitlich vorgezogenen Zurechnung* der Einnahmen ebenfalls zeitlich vorgezogen wird. Dasselbe gilt nach Auffassung der Finanzverwaltung über den Wortlaut des Gesetzes hinaus auch im Fall des bloßen Ausweises der nach § 4 Abs. 2 auf Anlegerebne anrechenbaren oder abziehbaren Steuer gemäß § 5 Abs. 1 Satz 1 Nr. 1 Buchstabe f).[105]

Gemäß § 15 Abs. 1 bzw. § 16 Abs. 1 ist § 4 Abs. 4 auf inländische und ausländische Spezial-Investmentfonds nicht anzuwenden. Damit entfällt für diese auch die vorgezogene zeitliche Zurechnung der anrechenbaren Steuer nach § 3 Abs. 2 Satz 2.[106]

j) Umsatzsteuer. Im Zusammenhang mit den Erläuterungen zu Abs. 2 gewährt die 43 Finanzverwaltung eine weitere Ausnahme vom Zufluss- Abflussprinzip, die in Abs. 2 nicht vorgesehen ist: Die von (Immobilen-)Investmentfonds bezahlte bzw. vereinnahmte Umsatzsteuer wäre an sich nach Zufluss-Abfluss-Regeln zu behandeln. Zahlungsvorgang laut Rechnung und USt-Erklärung erfolgen nicht zeitgleich. Das Auseinanderfallen von Zahlungszeitunkt und wirtschaftlich zugehörigem Geschäftsjahr kann am Jahresende zu

---

[104] BMF v. 18.8.2009 Rn. 52.
[105] BMF v. 18.8.2009 Rn. 54; Haase/*Steinmüller* § 3 InvStG Rn. 186.
[106] BMF v. 18.8.2009 Rn. 53; Beckmann/Scholtz/Vollmer/*Elser* § 3 InvStG Rn. 28.

Ertragsverlagerungen führen.[107] Um insoweit einen Gleichlauf herzustellen soll aus Vereinfachungsgründen nach den Regeln des Betriebsvermögensvergleichs vorgegangen werden können. Ertrag/Ausgabe und Umsatzsteuer laufen gleich, die USt bleibt erfolgsneutral.[108]

IV. Werbungskostenzuordnung; Abs. 3

44   Abs. 3 wurde durch das AIFM-StAnpG v. 28.11.2013 neu gefasst.[109] Der bisherige Wortlaut behandelte ausdrücklich lediglich einzelne Aspekte des Abzugs,[110] oder besser, der Zuordnung von Werbungskosten im Zuge der Ertragsermittlung. So ergab sich aus dem bisherigen Satz 1, dass auch Absetzungen für Abnutzung oder Substanzverringerung, soweit sie die nach § 7 EStG zulässigen Beträge nicht übersteigen, zu den Werbungskosten gehören. Im Umkehrschluss zu der besonderen Zuordnungsregel im bisherigen Satz 2 für die nicht in unmittelbarem wirtschaftlichen Zusammenhang mit Einnahmen stehenden Allgemeinkosten ergab sich, dass die Absetzungen für Abnutzung, aber auch generell Werbungskosten, die mit Einnahmen in einem unmittelbaren Zusammenhang stehen, vorrangig zu ermitteln und den jeweiligen Einnahmen zuzuordnen sind.[111]

Die Abziehbarkeit von Werbungskosten dem Grunde nach ergibt sich nicht erst aus Abs. 3, sondern bereits aus § 3 Abs. 1, der die sinngemäße Anwendung von § 2 Abs. 2 Satz 1 Nr. 2 EStG anordnet.[112] Auf Fondsebene sind Nettoerträge zu ermitteln: Einnahmen (§ 8 EStG) abzüglich der Ausgaben, insbesondere der Werbungskosten (§ 9 EStG).

Der durch das AIFM-StAnpG neu eingefügte Satz 1 regelt nunmehr ausdrücklich auch die Abzugsfähigkeit der in einem *unmittelbaren wirtschaftlichen Zusammenhang* mit bestimmten laufenden Einnahmen oder Veräußerungsgewinnen stehenden Werbungskosten (*Einzelkosten*). Damit verlangt Satz 1 zugleich eine Zuteilung der gesamten Werbungskosten des Investmentfonds in unmittelbare Werbungskosten und Allgemeinkosten. Das entspricht der bislang geltenden Rechtslage und wird lediglich im Gesetz klargestellt. Wie bisher müssen die Investmentfonds die aus einer Einnahmequelle resultierenden Netto-Erträge durch Abzug der jeweiligen Aufwendungen von den Einnahmen ermitteln.[113]

Der bisherige Satz 1 wird zu Satz 2 und stellt nunmehr ausdrücklich klar, dass die Absetzungen für Abnutzung zu den unmittelbaren Werbungskosten zählen.

45   Die eigentliche Neuerung liegt in Satz 3, der die bereits bislang komplexe Zuordnungsregel für die *nicht in einem unmittelbaren wirtschaftlichen Zusammenhang* mit Einnahmen stehenden Werbungskosten (*Allgemeinkosten*) neu regelt und verschärft. Die bisherige Regelung erschien dem Gesetzgeber als gestaltungsanfällig: Die Allgemeinkosten wurden weitgehend den steuerpflichtigen, laufenden Erträgen, nicht aber den Veräußerungsgewinnen, zugeordnet, um damit die Steuerbelastung auf die laufenden Einnahmen/ordentlichen Erträge zu reduzieren. Die Neuregelung verlangt nunmehr eine Zuordnung sowohl zu den laufenden Einnahmen als auch zu den Gewinnen und Verlusten aus Veräußerungsgeschäften nach einem mehrstufigen Verfahren gemäß den neuen Sätzen 3–9.

---

107   BMF v. 18.8.2009 Rn. 51.
108   Berger/Steck/Lübbehüsen/*Lübbehüsen* § 3 InvStG Rn. 76; *Ebner/Jensch* Recht der Finanzinstrumente 2013 311; *Ebner/Stadler* DStR **2012** 2561.
109   *Patzner/Wiese* IStR **2013** 73.
110   Haase/*Steinmüller* § 3 InvStG Rn. 200.
111   BMF v. 18.8.2009 Rn. 57.
112   Beckmann/Scholtz/Vollmer/*Elser* § 3 InvStG Rn. 29; *Wolf/Brielmaier* DStR **2014** 1040.
113   Begründung zum AIFM-StAnpG Gesetzesantrag vom 24.10.2013 BRDrucks. 740/13 S. 48.

Abs. 3 regelt nicht den Werbungskostenabzug auf Anlegerebene für bei ihm selbst **46** entstehende Werbungskosten bei den Einkünften aus Kapitalvermögen,[114] etwa die ihm in Rechnung gestellten Depotgebühren für die Verwahrung seiner Fondsanteile bei seiner Bank. Unter Umständen ergeben sich hier Zuordnungsprobleme hinsichtlich der Ausgaben insoweit als der Anleger neben den begünstigten auch voll steuerpflichtige Erträge aus dem Investmentanteil bezieht.[115] In der Praxis ist eine pro rata Aufteilung angezeigt.

1. Ermittlung der Nettogröße auf Fondsebene. Nach § 3 Abs. 1 i.V.m. § 2 Abs. 2 **47** Satz 1 Nr. 2 EStG ist der auf Anlegerebene zu berücksichtigende Ertrag aus dem Investmentfonds unter sinngemäßer Anwendung der ertragsteuerlichen Grundsätze zur Einnahmen-Überschuss-Rechnung zu ermitteln. Das bedingte schon bislang, dass neben der spezifischen Regelung zum Werbungskostenabzug nach Abs. 3 auch § 3c Abs. 1 EStG sinngemäß zur Anwendung kam.[116] Für Werbungskosten, die mit steuerfreien Einnahmen in *unmittelbarem* wirtschaftlichen Zusammenhang stehen (direkte Kosten) gilt also ein Abzugsverbot, wobei sich die Steuerfreiheit hier nicht nach dem von der Ertragsteuer befreiten Investmentvermögen, sondern nach der steuerlichen Behandlung der jeweiligen Erträge beim Anleger richtet, gemäß den Vorgaben des § 2 Abs. 2–4 (vgl. hierzu Kommentierung zu § 2).[117] Der Bezug zu § 3c Abs. 1 EStG ist daher – wie die besondere Werbungskostenregelung nach Abs. 3 für Werbungskosten insgesamt (für Einzelkosten und Allgemeinkosten) – im Sinne einer Werbungskostenzuordnung zu verstehen: Direkte Werbungskosten, die mit steuerfreien Einnahmen in einem unmittelbaren wirtschaftlichen Zusammenhang stehen, sind diesen steuerfreien Einnahmen zuzuordnen. Sie können nicht bei anderen Einnahmen ergebniswirksam abgezogen werden. Mit der Zuordnung zu den steuerfreien Einnahmen teilen sie deren steuerliches Schicksal.[118] Soweit die Ertragsarten auf Anlegerebene das gleiche steuerliche Schicksal teilen, kann die Ermittlung auf Fondsebene einheitlich erfolgen.[119]

Dieses Verständnis der Werbungskostenregel als Zuordnungsregel im Zuge der Ermittlung einer Nettogröße ergibt sich nunmehr eindeutig aus dem aktuellen Gesetzeswortlaut von Abs. 3 Satz 3 in der Fassung des AIFM-StAnpG.[120] So heißt es in Nr. 2 nunmehr: „Bei der Ermittlung der Erträge, *auf die beim Anleger § 3 Nr. 40 EStG 2 bzw. § 8b Abs. 1 KStG anwendbar ist*, sind ... die verbleibenden abziehbaren Werbungskosten
– den Einnahmen, Gewinnen, Gewinnminderungen im Sinne von § 3 Nr. 40 bzw. § 3c Abs. 2 EStG
– den Einnahmen, Gewinnen im Sinne des § 8b Abs. 1 KStG
im Verhältnis ... *zuzuordnen*".

Die so zugeordneten Werbungskosten werden von den entsprechenden Einnahmen **48** bei der Ertragsermittlung auf Ebene des Investmentfonds in voller Höhe abgezogen und

---

114 Berger/Steck/Lübbehüsen/*Lübbehüsen* § 3 InvStG Rn. 9; *Rockel/Patzner* DStR **2007** 1546.
115 Berger/Steck/Lübbehüsen/*Lübbehüsen* § 2 InvStG Rn. 135.
116 BMF v. 18.8.2009 Rn. 45 und 57; Beckmann/Scholtz/Vollmer/*Elser* § 3 InvStG Rn. 17.
117 Insoweit gleicher Ansicht Beckmann/Scholtz/Vollmer/*Elser* § 3 InvStG Rn. 35 sowie Haase/*Steinmüller* § 3 InvStG Rn. 226, die aber bei der konkreten Ermittlung auf Fondsebene zur Vermeidung asymmetrischer Berücksichtigung von Einnahmen und Werbungskosten einen anderen, nicht praxistauglichen Weg beschreiten.
118 So treffend Berger/Steck/Lübbehüsen/*Köhler* § 3 InvStG Rn. 88.
119 Berger/Steck/Lübbehüsen/*Köhler* § 3 InvStG Rn. 85.
120 So ausdrücklich in der Begründung zum AIFM-StAnpG Gesetzesantrag vom 24.10.2013 BRDrucks. 740/13 S. 48.

als Nettogröße unter den Kategorien des § 5 Abs. 1 Nr. 1 Buchstabe c) aa) und bb) ausgewiesen.[121] Auf Anlegerebene kommt es dann durch Anwendung des Teileinkünfteverfahrens nach § 3 Nr. 40 EStG bzw. des Beteiligungsprivilegs nach § 8b Abs. 1 KStG bezogen auf die Nettogröße zur zutreffenden Besteuerung.

Im Ergebnis werden sowohl die Einnahmen wie auch die Werbungskosten auf Anlegerebene jeweils zu gleichen Teilen, d.h. zu 40% bzw. in voller Höhe für die Steuerbefreiung berücksichtigt – oder umgekehrt formuliert zu 60% für die Steuerpflicht im Fall des Teileinkünfteverfahrens.

Die 5% Nichtabzugsfähigkeit nach § 8b Abs. 5 KStG lässt sich nach dem gleichen Schema auf Anlegerebene, bezogen auf die ihm mitgeteilte Nettogröße, berücksichtigen.

Zu einer asymmetrischen Berücksichtigung[122] von Einnahmen und Werbungskosten kommt es bei dieser Vorgehensweise nicht. Dieses „Nettogrößen-Ermittlungsschema" liegt auch den Beispielen der Finanzverwaltung im Anhang 2 zu BMF v. 18.8.2009 Rn. 65 zu Grunde.

49 Es besteht keine Notwendigkeit, die ggf. eingeschränkte Abzugsfähigkeit von Werbungskoten im Zusammenhang mit Einnahmen, die dem Halbeinkünfteverfahren bzw. dem Beteiligungsprivileg unterliegen (je nach Anlegertyp) auf Fondsebene in unterschiedlichen Ermittlungsverfahren darzustellen – mit der daraus folgenden weiteren Notwendigkeit eines Ausweises von Bruttogrößen. Darauf zielen die Veröffentlichungspflichten des § 5 Abs. 1 nicht ab. Die abweichende Ansicht, wonach die eingeschränkte Abzugsfähigkeit, bereits auf Fondsebene unmittelbar in unterschiedlichen Ermittlungsergebnissen (Bruttogrößen) dargestellt werden müsse,[123] ist deshalb zu Recht von der Praxis nicht berücksichtigt worden. Spätestens seit der Neufassung durch das AIFM-StAnpG bleibt für eine zweigleisige Ertragsermittlung auf Fondsebene mit dem Ziel einer Bruttogröße, (nur) um die Steuereffekte von § 3c Abs. 2 EStG bzw. § 8b KStG auf Anlegerebene „vermeintlich systematisch richtiger" zu bewirken, angesichts der speziellen Werbungskosten-Zuordnungs-Regelung in Abs. 3 Satz 3 Nr. 2a und b (vormals Satz 2 Nr. 3 und Nr. 4) kein Raum.[124]

50 **2. Zuordnung der unmittelbarer Werbungskosten (Einzelkosten).** Mit Einfügung von Satz 1 wird der schon bislang vorrangige Schritt der Zuordnung der direkten Werbungskosten bestätigt.

51 Die sinngemäße Anwendung von § 2 Abs. 2 Satz 1 Nr. 2 EStG bedingt unverändert die entsprechende Anwendung von § 3c Abs. 1 auf die Einzelkosten, die mit steuerfeien Einnahmen in einem unmittelbaren wirtschaftlichen Zusammenhang stehen (siehe einleitend unter 1.) Direkte Werbungskosten (Einzelkosten), die mit steuerfreien Einnahmen in einem unmittelbaren wirtschaftlichen Zusammenhang stehen, sind diesen steuerfreien Einnahmen zuzuordnen. Das trifft beispielsweis auf nach § 4 Abs. 1 DBA-befreite Immobilienerträge zu. Werbungskosten des Fonds, die mit derart steuerbefreiten DBA-Einnahmen in unmittelbarem Zusammenhang stehen, sind von anderen Einnahmen nicht abzugsfähig.[125]

---

121 Berger/Steck/Lübbehüsen/*Köhler* § 3 InvStG Rn. 117.
122 *Bacmeister* IStR **2004** 176; *Grabbe/Lübbehüsen* DStR **2004** 981; *Zeller* DStR **2005** 899.
123 Beckmann/Scholtz/Vollmer/*Elser* § 3 InvStG Rn. 43 sowie Rn. 54; Haase/*Steinmüller* § 3 InvStG Rn. 233 sowie 242.
124 Berger/Steck/Lübbehüsen/*Köhler* § 3 InvStG Rn. 117; unklar, und offensichtlich an dem überholten Gesetzestext in der Fassung vor dem EURLUmsG ausgerichtet, insoweit BMF v. 18.8.2009 in Rn. 63.
125 Haase/*Steinmüller* § 3 InvStG Rn. 227 mit Hinweis auf den besonderen Fall der Immobilienveräußerung außerhalb der 10-jährigen Spekulationsfrist: Hier wären die Werbungskosten für den Privatanleger nicht abzugsfähig, weil der Gewinn steuerfrei ist, für den betriebliche Anleger dagegen

a) Unmittelbarer wirtschaftlicher Zusammenhang. Für die Frage, ob ein unmit- 52
telbarer wirtschaftlicher Zusammenhang mit bestimmten Einnahmen vorliegt, ist zu prüfen, ob die Ausgabe nach Entstehung und Zweckbestimmung so eng mit der Einnahme verbunden ist, dass die Ausgabe ursächlich und unmittelbar auf Vorgänge zurückzuführen ist, die diese Einnahme betreffen. Zur im Einzelfall schwierigen Abgrenzung sei auf das ertragsteuerliche Schrifttum verwiesen.[126]

Direkte Werbungskosten in diesem Sinne können beispielsweise sein: Refinanzierungsaufwendungen beim Erwerb von Wertpapieren oder Anteilen an Kapitalgesellschaften (jedenfalls bei Hedge-Fonds)[127] oder Immobilien oder die ausländische Quellensteuer, wenn diese gemäß § 4 Abs. 4 bereits auf Fondsebene als Werbungskosten abgezogen werden.[128]

b) Absetzungen für Abnutzung oder Substanzverringerung. Zu den unmittel- 53
baren Werbungskosten zählen insbesondere die Absetzungen für Abnutzungen oder Substanzverringerungen, soweit diese die nach § 7 EStG zulässigen Beträge nicht übersteigen; nunmehr in Satz 2 geregelt. Die Begrenzung auf die Abschreibungssätze für „Nicht-Betriebsvermögen" folgt aus der sinngemäßen Anwendung der Grundsätze zur Einnahmen-Überschussrechnung.[129] Erhöhte Absetzungen nach §§ 7a ff. EStG scheiden aus diesem Grunde aus. In der Literatur wird ferner angeführt, dass es sonst im Fall des Anlegerwechsels zu nicht zu rechtfertigenden interpersonellen Abschreibungsverschiebungen käme.[130] Der Abzug ist auf Ebene des Investmentfonds vorzunehmen; eine Berücksichtigung (Nachholung) auf Anlegerebene kommt nicht in Betracht.[131] Die Vorschrift ist insbesondere für Immobilien-Sondervermögen, hier für die Gebäude AfA, relevant. Insoweit kommt neben der linearen AfA nach § 7 Abs. 1 EStG auch die Anwendung von § 7 Abs. 4 und 5 EStG in Betracht.[132]

Die Absetzungen für Abnutzung sind eine rein steuerliche Kalkulationsgröße; ein 54
tatsächlicher Aufwand fließt nicht ab. Insoweit weichen steuerrechtliche und investmentrechtliche Ergebnisrechnung voneinander ab.[133] Der ertragsteuerlichen Ergebnisminderung steht nicht zwingend ein Wertverlust im Sondervermögen und damit im Anteil gegenüber. Der somit entstehende Liquiditätsüberhang kann ausgeschüttet werden (sog. Negative Thesaurierung). Beim betrieblichen Anleger ist nach Ansicht der Finanzverwaltung insoweit ein *passiver Ausgleichsposten* zu bilden, der im Fall der Anteilsveräußerung gewinnerhöhend aufzulösen ist. Damit soll der steuerlich ertragsmindernde AfA-Effekt rückgängig gemacht werden.[134]

Die Ansicht der Finanzverwaltung ist nur dann folgerichtig, wenn die AfA auf Ebene des Investmentfonds nicht zu reduzierten Anschaffungskosten der Immobile in der steuerrechtlichen Ergebnisrechnung führen würde. Das ist aber regelmäßig der Fall. Beim

---

abziehbar, weil der Gewinn unabhängig von der Haltedauer steuerpflichtig ist. Inwieweit die Praxis der somit an sich erforderlichen getrennten Ertragsermittlung/Buchführung Rechnung trägt, oder vereinfachend analog BMF v. 18.8.2009 Rn. 61 verfährt, ist eine andere Frage.

126 Vgl. etwa Schmidt/*Drenseck* § 3c Rn. 2.
127 *Ebner/Jensch* Recht der Finanzinstrumente **2013** 311.
128 BMF v. 18.8.2009 Rn. 57; Berger/Steck/Lübbehüsen/*Köhler* § 3 InvStG Rn. 90; *Grabbe/Lübbehüsen* DStR **2004** 981.
129 Korn/*Carlé* § 2 InvStG Rn. 7; Beckmann/Scholtz/Vollmer/*Elser* § 3 InvStG Rn. 31.
130 Vgl. Haase/*Steinmüller* § 3 InvStG Rn. 206 unter Hinweis auf *Bujotzek* Offene Immobilienfonds im Investmentsteuerrecht 164 und Littmann/Bitz/Pust/*Ramackers* § 3 InvStG Rn. 20.
131 BMF v. 18.8.2009 Rn. 56.
132 Haase/*Steinmüller* § 3 InvStG Rn. 209.
133 Berger/Steck/Lübbehüsen/*Köhler* § 3 InvStG Rn. 93.
134 BMF v. 18.8.2009 Rn. 16b; vgl. auch Beckmann/Scholtz/Vollmer/*Isensee* § 2 InvStG Rn. 37.

Verkauf der Immobilie durch das Sondervermögen kommt es dann zum „re-capture" des steuermindernden AfA-Effektes und zu einem entsprechend höheren Veräußerungsgewinn, der im Ausschüttungsfall auf Ebene des betrieblichen Anlegers voll steuerpflichtig ist.[135] Eine erneute Erhöhung des Veräußerungsgewinns durch die Auflösung des Ausgleichspostens würde also für diesen Fall eine doppelte und damit nicht gerechtfertigte Besteuerung auslösen. Zumindest für diesen Fall ist die Ansicht der Finanzverwaltung abzulehnen,[136] bzw. die Doppelerfassung „ist auf geeignete Weise zu vermeiden", etwa durch einen Merkposten auf Anlegerebene analog zu den Ausführungen in BMF v. 18.8.2009 Rn. 29.

Nur soweit es nicht zur zwischenzeitlichen Ausschüttung eines auf Fondsebene realisierten Gewinns aus der Veräußerung der Immobilie (mit re-capture der AfA) vor der Anteilsveräußerung durch den Anleger gekommen ist, erscheint die gewinnerhöhende Auflösung des zu bildenden passiven Ausgleichspostens laut Finanzverwaltung konsequent und sachgerecht.

Bei inländischen Immobilien-Sondervermögen, die mit ihren im Ausland belegenen Immobilien dort regelmäßig der beschränkten Steuerpflicht unterliegen, begegnet die Praxis dem Problem des re-capture der AfA anlässlich der Veräußerung der Immobilie häufig dadurch, dass der AfA-Effekt bzw. der Liquiditätsüberhang so lange nicht an die Anleger weitergegeben wird, solange die Veräußerung der Immobilie durch das Sondervermögen steuerpflichtig wäre. Zu diesem Zweck wird eine Rückstellung für die latent drohende Besteuerung eines Veräußerungsgewinns im Belegenheitsstaat in Höhe des Steuerminderungseffektes der AfA gebildet. Erst wenn die jeweiligen Haltefristen abgelaufen und die Veräußerung steuerfrei erfolgen könnte, wird der Passivposten aufgelöst und an die Anleger weitergegeben. Abgesehen von wenigen Ausnahmen greift für die meisten Ländern in diesen Fällen die DBA-Freistellung nach § 4 Abs. 1 mit der Folge, dass die Erträge in Deutschland steuerfrei und die Werbungskosten nicht abzugsfähig sind gemäß § 3c Abs. 1 EStG.

3. Zuordnung der mittelbaren Werbungskosten (Allgemeinkosten)

55 **a) Begriff der Allgemeinkosten.** Abs. 3 Satz 3 betrifft nur noch die Werbungskosten, die nicht in einem unmittelbaren wirtschaftlichen Zusammenhang mit Einnahmen stehen und somit noch nicht als Einzelkosten diesen Einnahmen direkt zugeordnet wurden. Erst mit dem Investmentmodernisierungsgesetz 2004 wurde die bisherige Stufenregelung für Allgemeinkosten eingeführt. Damit sollte zum einen ein Vereinfachung der Ertragsermittlung, aber auch eine Vereinheitlichung der Behandlung der Allgemeinkosten herbeigeführt werden. Bis dahin gab es keine gesetzliche Vorgabe für die Zuordnung der Allgemeinkosten. Entsprechend vielgestaltig war die Handhabung in der Praxis. Abs. 3 bestimmt einen gesetzlichen Aufteilungsmaßstab, ausgehend von der Zusammensetzung des Gesamtportfolios des Sondervermögens des Vorjahres (so die Grundregel).[137]

Typische Allgemeinosten sind beispielsweise Verwaltungs-, Management-, Beratungs-, Depotbankgebühren, Prüfungs-, Veröffentlichungs-, Personalkosten, Mietaufwendungen.[138]

56 Hinsichtlich der Verwaltungskosten vertritt die Finanzverwaltung schon seit längerem die Auffassung, dass die *sog. performance fee* nicht allein den laufenden Einnahmen

---

135 Vgl. *Haase/Steinmüller* § 3 InvStG Rn. 217 ff. mit Beispiel.
136 Beckmann/Scholtz/Vollmer/*Elser* § 3 InvStG Rn. 33; *Schulz/Petersen* DStR **2008** 335.
137 Haase/*Steinmüller* § 3 InvStG Rn. 254.
138 Berger/Steck/Lübbehüsen/*Köhler* § 3 InvStG Rn. 99.

zugerechnet werden könne, sondern anteilig auch den Veräußerungsgewinnen. Die performance fee basiere auf der Wertsteigerung der Wirtschaftsgüter und sei damit direkt den Wertsteigerungen in Form von Veräußerungserträgen zuordenbar. Basiere die performance fee nach den vertraglichen Vereinbarungen auf einer Anlagestrategie, die auf ein ausschließliche oder weit überwiegende Wertsteigerung von Vermögensteilen gerichtet ist, die bei Realisierung zu außerordentlichen Erträgen führen, seien die Aufwendungen diesen in vollem Umfang zuzuordnen. Ansonsten sei ein sachgerechte Aufteilung auf ordentliche und außerordentliche Erträge nach deren Verhältnis zueinander anzuwenden.[139] Die Literatur ist teilweise anderer Auffassung, weil die performance fee regelmäßig nur dann bezahlt werde, wenn sich das Fondsvermögen im Verhältnis zu einer Benchmark positiv entwickelt habe – unabhängig von der konkreten Ursache der Wertsteigerung. Einzelkosten im Zusammenhang mit Veräußerungsgewinnen können daher nicht zwingend unterstellt werden.[140]

Eine offizielle Verlautbarung in Form eines BMF-Schreibens steht bislang aus. In besagter BMF-Mitteilung an die ALFI wird dann auch weiter ausgeführt, dass es nicht beanstandet wird, wenn eine eigenverantwortliche Änderung der Kostenzuordnung für vor dem 1. Juli 2013 veröffentlichte Besteuerungsgrundlagen unterbleibt. Klärung für die Altfälle wird wohl erst durch die Finanzgerichte herbeigeführt.[141] Mit Inkrafttreten des AIFM-StAnpG dürfte sich der Streit erledigt haben. Die performance fee ist wie die allgemeinen Kosten insgesamt auch den außerordentlichen Erträgen nach den Vorgaben der Sätze 4–9 zuzuordnen.

b) Die Stufenregelung nach Abs. 3 Satz 3. Die nach Anwendung von Satz 1 und 2 verbleibenden, in einem bloß mittelbaren wirtschaftlichen Zusammenhang mit Einnahmen stehenden Werbungskosten (*Allgemeinkosten*) sind nunmehr in einem aufwendigen Verfahren nach den Sätzen 3–9 zuzuordnen, wobei anders als nach bisheriger Praxis ein Zuordnung nicht nur zu den laufenden Einnahmen, sondern auch zu den Gewinnen/Verlusten aus Veräußerungsgeschäften zu erfolgen hat. Vorab zur Verdeutlichung die alte und neue Stufenregelung in Kurzfassung zum Vergleich: 57

Die bisherige Stufenregelung:
Auf der *ersten Stufe* werden den sog. DBA-befreiten Immobilienerträgen die dazugehörigen Allgemeinkosten nach der sog. Immobilienquote zugeordnet.
Auf der *zweiten Stufe* gelten 10% der allgemeinen Werbungskosten pauschal als nicht abzugsfähig, salopp formuliert, als fiskalischer Ausgleich für die steuerfreien Veräußerungsgewinne.[142]
Auf der *dritten Stufe* werden den Einkünften, die dem Teileinkünfteverfahren nach § 3 Nr. 40 EStG bzw. dem Beteiligungsprivileg nach § 8b Abs. 1 KStG unterliegen, die dazugehörigen Allgemeinkosten nach der sog. Aktienquote zugeordnet.
Nach Anwendung von Stufe 1–3 verbleibende Allgemeinkosten werden (nur) den laufenden, steuerpflichtigen Einnahmen zugeordnet. Für die weitere Aufteilung auf die einzelnen Ertragsarten machte das Gesetz bislang keine Vorgaben.

---

139 BMF Mitteilung an die Association Luxembourgoise des Fonds d'Investiissment (ALFI) vom 3.4.2013 IV C 1 – S 1980-1/12/10002 : 001 n.v.
140 Berger/Steck/Lübbehüsen/*Köhler* § 3 InvStG Rn. 99.
141 *Ebner/Jensch* Recht der Finanzinstrumente **2014** 311 unter Hinweis auf ein Klageverfahren beim Hessischen Finanzgericht Az. 4 K 456/ 12 001 (007).
142 L/B/P *Ramackers* § 3 InvStG Rn. 26; Berger/Steck/Lübbehüsen/*Köhler* § 3 InvStG Rn. 109; *Ebner/Jensch* Recht der Finanzinstrument **2014** 311.

Die neue Stufenregelung:
Auf *Stufe 1* hat sich wenig geändert: Den DBA-befreiten Immobilienerträgen werden die dazugehören Allgemeinkosten nach der sog. Immobilienquote zugeordnet; **Abs. 3 Satz 3 Nr. 1.**

Die pauschale Nichtabzugsfähigkeit von 10% der allgemeinen Werbungkosten auf der bisherigen Stufe 2 entfällt ersatzlos, weil nunmehr für die Zuordnung der Allgemeinkosten nicht allein die laufenden Erträgen, sondern auch die Gewinne/Verluste aus Veräußerungsgeschäften herangezogen werden. Der Ausweis des Betrages der nicht abziehbaren Werbungskosten nach dem bisherigen § 5 Abs. 1 Satz 1 Nr. 1i) ist grundsätzlich per 24. Dezember 2013 weggefallen, obgleich er für eine Übergangsphase noch gebraucht wird; vgl. Kommentierung zu § 5.

Die neue *Stufe 2* besteht aus zwei Teilstufen und regelt die Zuordnung der Allgemeinkosten anhand der sog. Aktienquote zu den Einnahmen,
- die dem Teileinkünfteverfahren nach § 3 Nr. 40 EStG unterliegen; **Abs. 3 Satz 3 Nr. 2a**
- die dem Beteiligungsprivileg nach § 8b Abs. 1 KStG unterliegen; **Abs. 3 Satz 3 Nr. 2b.**

Auf *Stufe 3* sind die nach Anwendung von Stufe 1–2 noch nicht zugeordneten Allgemeinkosten den verbleibenden laufenden Einnahmen sowie von sonstigen Gewinnen und Verlusten aus Veräußerungsgeschäften zuzuordnen; **Abs. 3 Satz 3 Nr. 3.**

Jede der Stufen besteht ihrerseits aus mehreren *Teilschritten*; **Abs. 3 Satz 4–9**:
- *In Teilschritt 1* ist bei der weiteren Zuordnung der nach Satz 3 zuzuordnenden Werbungskosten innerhalb der jeweiligen Stufen/Nummern 1–3 auf das Verhältnis der positiven Vorjahres-Salden von laufenden Einnahmen einerseits zu sonstigen Gewinnen/Verlusten aus Veräußerungsgeschäften andererseits abzustellen. Damit werden erstmals auch den Gewinnen/Verlusten aus Veräußerungsgeschäften Werbungskosten zugeordnet; **Satz 4–5.**
- *In Teilschritt 2* sind die Werbungskosten, die auf die laufenden Einnahmen entfallen, den einzelnen Ertragsarten im Verhältnis zueinander auf Basis der Vorjahres-Salden zuzuordnen; **Satz 6–7.**
- *In Teilschritt 3* gilt Entsprechendes für die Zuordnung innerhalb der Gewinn/Verluste aus Veräußerungsgeschäften; **Satz 8.**
- *Innerhalb der Teilschritte* erfolgt bei Fehlen positiver Salden die Zuordnung vereinfachend je hälftig zu den laufenden Einnahmen und den Gewinnen/Verlusten aus Veräußerungsgeschäften; **Satz 9.**

Bevor diese komplexe Regelung in der praktischen Umsetzung künftig mehr Klarheit bringen wird,[143] sind noch einige Auslegungsfragen zu klären:

Allgemeine Vorbemerkung zur Anwendung/Auslegung

58   Bei Auslegungsfragen in der Anwendung von Abs. 3 ist nach der hier vertretenen Auffassung der mit der Neuregelung verfolgte Vereinfachungs- und Typisierungsgedanke als Leitfaden heranzuziehen. Abs. 3 (auch schon die alte Fassung) zieht für die

---

[143] *Patzner* IStR **2013** 73.

Bestimmung der Aktienquote (wie auch der Immobilienquote) typisierend und das Verfahren in der praktischen Umsetzung wesentlich vereinfachend die Vorjahresvermögenswerte heran. Das führte im Einzelfall zu praxisfremden Ergebnissen, etwa wenn sich die Anlagestrategie gegenüber dem Vorjahr grundlegend geändert hat. Das Abstellen auf die Vorjahreswerte ist gar nicht erst möglich, wenn solche nicht vorliegen, wie im Fall der Neuauflage von Sondervermögen. In derartigen Ausnahmefällen, die von der Sonderregel in Abs. 3 a.F. nicht explizit abgedeckt waren, erschien es zulässig, praxisfremde Ergebnisse durch einen anderen, sachgerechten, Aufteilungsmaßstab zu vermeiden, etwa durch Abstellung auf Erträge des Vorjahres oder des laufenden Jahres oder durch Schätzungen bezogen auf das zu erwartende Ergebnis im ersten Jahr eines neuen Sondervermögens.[144] Hier waren weitere Aufteilungsmaßstäbe denkbar, die solange nicht zu beanstanden sind, solange sie zu angemessenen Ergebnissen führen. Entsprechende Abweichungen lässt die Finanzverwaltung an unterschiedlicher Stelle auch zu.[145]

Andererseits sollte ein an sich zu begrüßender Vereinfachungsmaßstab nicht für jede wünschenswerte Nettobetrachtung verwässert werden,[146] mit dem Ergebnis, dass niemand mehr eine verlässliche Lösung anbieten, geschweige denn in der Buchhaltung umsetzen kann und sich weder Anleger noch depotführende Banken bei der weiteren Abwicklung darauf verlassen können, dass die von der Investmentgesellschaft veröffentlichten Zahlen Bestand haben. Insoweit ist die *Vereinfachungsregel in Satz 9* der Neufassung zu begrüßen: Fehl es jeweils an positiven Salden, so insbesondere bei der Neuauflage von Fonds oder Anteilsklassen oder bei Fonds-Verschmelzungen,[147] ordnet Satz 9 mangels Referenzgröße (Vorjahreswerte) jeweils die hälftige Zuordnung der verbleibenden Allgemeinkosten auf die laufenden Einnahmen bzw. die Gewinne/Verluste aus Veräußerungsgeschäften an. Zum alten Recht konnte aus Vereinfachungsgründen in diesen Fällen auf die Vermögensstruktur des aktuellen Geschäftsjahres abgestellt werden.[148] Angesichts der klaren Neuregelung in Satz 9 braucht es diese Vereinfachung nicht mehr, so dass eine Nicht-Beanstandungsregel für deren weitere Anwendung über Abs. 3 Satz 9 hinaus nicht geboten erscheint.

Besonderheiten bei Dachfonds

Bei *Dachfonds-Zielfonds-Konstellationen* ergeben sich besondere Probleme bei der Ermittlung von Quellvermögen und Gesamtvermögen. Die Beteiligung am Zielfonds stellt nicht per se eine begünstigte Körperschaft-Beteiligung im Sinne der Aktienquote dar. Die vom Zielfonds bezogenen Erträge gelten aufgrund der Umqualifikation gemäß § 2 Abs. 1 lediglich als Kapitaleinkünfte i.S.d. § 20 Abs. 1 EStG. Dem Transparenzgrundsatz folgend, ist die Vermögensstruktur des Zielfonds zu berücksichtigen. Das genaue Spiegelbild der Zielfondsstruktur anhand der dazu an sich erforderlichen Monatswerte ist aber in der Praxis regelmäßig nicht abzubilden. Deshalb wird bei Dachfonds aus Vereinfachungsgründen unterstellt, dass das Gesamtvermögen des Zielfonds je nach Fondstyp nach bestimmten Relation zusammengesetzt ist, woraus sich dann auch die Struktur von Ge- **59**

---

[144] Berger/Steck/Lübbehüsen/*Köhler* § 3 InvStG Rn. 81.
[145] BMF v. 9.7.2013 IV C 1 – S 1980-1/12/10014 unter Verweis auf BMF v. 18.8.2009 Rn. 61, 65 mit Anhang 2, 70, 149.
[146] Das gilt m.E. für die in der Praxis zu beobachtende Verrechnung von Kostenverbindlichkeiten mit sonstigen Vermögensgenständen und laufendem Bankkonto; vgl. *Ebner/Jensch* DStR **2014** 311.
[147] Berger/Steck/Lübbehüsen/*Köhler* § 3 InvStG Rn. 102.
[148] BMF v. 18.8.2009 Rn. 68.

samt- und Quellvermögen des Dachfonds ergibt. Bei der Einstufung der Zielfonds kann auf die in WM Datenservice hinterlegte Einstufung zurückgegriffen werden.[149]

Die Vereinfachungsregel unterscheidet die Ziel-Fondstypen Aktienfonds, Geldmarkt-/Rentenfonds, Derivatefonds, Immobilienfonds mit Schwerpunkt Deutschland, Immobilienfonds mit Schwerpunkt Ausland, gemischte Fonds mit mehr als 70% Aktienanteil, sonstige.

Für jeden Fondstyp werden bestimmte Relationen für die Vermögenszusammensetzung als Prozentsätze unterstellt, die sodann gewichtet mit der Zahl der Anteile an den Zielfonds je Monatsende auf die Ebene des Dachfonds hochgerechnet werden.

Nicht erwähnte Zielfondstypen, etwa Fonds, die einen Index abbilden, sind je nach Schwerpunkt als Aktien oder Rentenfonds abzubilden. Generell gilt: Eine Vereinfachungsregel schließt es naturgemäß nicht aus, dass bei besserer Erkenntnis der tatsächlichen Portfoliostruktur auf die genaue Vermögenszusammensetzung der Zielfonds abgestellt wird und diese dann gewichtet nach Monatsendbeständen auf die Dachfondsebene hochgeschleust werden.[150]

60   **c) Die Teilschritte innerhalb der Stufenregelung nach Abs. 3 Satz 4–9.** Nachfolgend wird der Versuch unternommen, eine Orientierung zu den Teilschritten nach Satz 4–9 zu geben, die innerhalb jeder der *3 Stufen* nach Satz 3 Nr. 1–Nr. 3 zu durchlaufen sind.

Teilschritt 1: Grobzuordnung anhand der positiven Salden; Satz 4

61   In Teilschritt 1 ist bei der weiteren Zuordnung der nach Satz 3 zuzuordnenden Werbungskosten innerhalb der jeweiligen Stufen/Nummern 1–3 auf das Verhältnis der positiven Vorjahres-Salden von laufenden Einnahmen einerseits zu sonstigen Gewinnen/Verlusten aus Veräußerungsgeschäften andererseits abzustellen. Damit werden erstmals auch den Gewinnen/Verlusten aus Veräußerungsgeschäften Werbungskosten zugeordnet.

Aufteilungsmaßstab ist der positive Vorjahres-Saldo von laufenden Einnahmen einerseits im Verhältnis zum positiven Vorjahres-Saldo aus Gewinnen und Verlusten aus Veräußerungsgeschäften andererseits.

Hierbei ist auf die Ertragskategorien der ersten Stufe der investmentrechtlichen Ertragsermittlung auf der Fondseingangsseite abzustellen unter Berücksichtigung der Umstände, ob und inwieweit sie Bestandteile der ausgeschütteten bzw. ausschüttungsgleichen Erträge i.S.d. § 1 Abs. 3 werden.[151] Das stellt der neu gefasste Wortlaut der Kostenregelung in Abs. 3 Satz 3 klar, wenn er nunmehr auf die Definition der ausschüttungsgleichen Erträge in § 1 Abs. 3 Satz 3 Nr. 1 und 2 verweist:

Als *laufende Einnahmen* definiert Satz 3 die Einnahmen der in § 1 Abs. 3 Satz 3 Nr. 1 und Nr. 2 *genannten Art*, auch wenn sie vorerst nicht Bestandteil der ausschüttungsgleichen Erträge werden, sondern erst als ausgeschüttete Erträge konkret steuerbar werden.[152] Dazu zählen also:
- Kapitalerträge (auch soweit sie nicht konkret Bestanteil der ausschüttungsgleichen Erträge werden, wegen der Negativ-Definition mit expliziter Herausnahme aus der Erfassung dem Grunde nach in § 1 Abs. 3 Satz 3 (Aktienveräußerungen, Stillhal-

---
149 BMF v. 18.8.2009 Rn. 66.
150 Ausführlich dazu *Jacob/Geese/Ebner* 270.
151 Insoweit übereinstimmend *Ebner/Jensch* Recht der Finanzinstrument **2014** 311.
152 *Wolf/Brielmaier* DStR **2014** 1040.

terprämien, Termingeschäfte und die Kapitalerträge laut Negativliste in Buchstabe a)–f))
- Erträge aus Vermietung und Verpachtung von Grundstücken
- sonstige Erträge
- Gewinne aus privaten Grundstücks-Veräußerungsgeschäften i.S.d. § 23 Abs. 1 Satz 1 Nr. 1 EStG (= innerhalb der 10-jährigen Haltefrist).

Zu den laufenden Einnahmen in diesem Sinne zählen dann auch die *Gewinne und Verluste aus Veräußerungsgeschäften*; insbesondere die
- Gewinne aus Auslandsimmobilien (Stufe 1)
- Gewinne aus Kapitalerträgen i.S.v. § 3 Nr. 40 EStG (Stufe 2a)
- Gewinne aus Kapitalerträgen i.S.v. § 8b KStG (Stufe 2b)
- Gewinne aus Kapitalerträgen laut Negativ-Definition in § 1 Abs. 3 Satz 3, die erst im Ausschüttungsfall steuerbar/steuerpflichtig werden;
- Gewinne aus privaten Grundstücks-Veräußerungsgeschäften i.S.d. § 23 Abs. 1 Satz 1 Nr. 1 EStG (= innerhalb der 10-jährigen Haltefrist)

Als *sonstige Gewinne und Verluste aus Veräußerungsgeschäfte* verbleibt ein Restgröße von Veräußerungsgewinnen, die per se nicht zu ausschüttungsgleichen Erträgen führen können, z.B. die Gewinne aus privaten Grundstücksveräußerungsgeschäften i.S.d. § 23 Abs. 1 Nr. 1 EStG nach Ablauf der 10-jährigen Haltedauer.[153]

Dem Wortlaut des Klammerzusatzes im Verweis auf die Definition der ausschüttungsgleichen Erträge i.S.d. § 1 Abs. 3 Satz 3 folgend, könnte man auch die *Gewinne und Verluste aus Veräußerungsgeschäften* als laufende Einnahmen im Sinne von ordentlichen Erträgen auffassen. Das ist sprachlich/redaktionell offensichtlich verunglückt: Es geht ja gerade darum, die (außerordentlichen) Gewinne und Verluste aus Veräußerungsgeschäften, die im Falle der Thesaurierung von einer vorläufigen Steuerstundung profitieren, bei der Kostenzuordnung anteilig zu berücksichtigen – und nicht länger allein die ordentlichen (laufenden) Erträge.[154]

Der Wortlaut von Abs. 3 Satz 3–9 greift in weiterer Hinsicht zu kurz, wenn
- einerseits von drei Zuordnungsstufen die Rede ist:
  - von DBA befreiten Erträgen in Stufe 1,
  - von Dividenden und Gewinnen aus Aktienveräußerungen in Stufe 2a und 2b und
  - von sonstigen laufenden Einnahmen und Veräußerungsgeschäften als Restgröße in Stufe 3;
- andererseits dem Anwender für die weitere Zuordnung nach den Teilschritten gemäß Satz 4–9 lediglich die Begriffe „laufende Einnahmen" und „Gewinne und Verluste aus Veräußerungsgeschäften" an die Hand gegeben werden.

62

Die Ausweiserfordernisse nach § 5 Abs. 1 für die ausgeschütteten bzw. ausschüttungsgleichen Erträge erfordern eine viel feingliedrigere Aufteilung der Ertragsarten mit Blick auf die Unterschiede in Anlegertyp, Steuerbarkeit, Steuerbefreiung, Steuerpflicht. Darüber hinaus sind weitere Davongrößen bekanntzumachen, wie z.B.

---

[153] Begründung zum AIFM-StAnpG Gesetzesantrag vom 24.10.2013 BRDrucks. 740/13 S. 48.
[154] So auch *Kammeter/Szameitat* Recht der Finanzinstrumente 2.**2014** 130.

- Bemessungsgrundlage für die Kapitalertragsteuer,
- Bemessungsgrundlage für die anrechenbaren ausländische Quellensteuer (anrechenbar, nicht anrechenbar, fiktiv anrechenbar)
- dabei Unterscheidung inländische, ausländische Dividenden
- Ermittlung der Zinsschranke und ähnliches mehr.[155]

Alle diese Davongrößen sind von der Kostenzuordnung abhängig und deshalb umgekehrt bereits dort zu berücksichtigen. Deswegen ist ja je Ertragsart eine gesonderte Ermittlung erforderlich. Innerhalb jeder Ertragsart sind weitere Untergliederungen notwendig, um die entsprechende Nettogröße für den Ausweis nach § 5 Abs. 1 zu ermitteln.[156] Mitunter ist es auch erforderlich, einzelne Ertragsarten zu Gruppen zusammenzufassen, so insbesondere die artgleichen Erträge i.S.d. der Verlustverrechnung nach Abs. 4. Das Gesetz stellte in der bisherigen Fassung für diese weiteren Untergliederungen keinen Aufteilungsmaßstab zur Verfügung. Es erschien jeder sachgerechte Aufteilungsmaßstab angemessen,[157] insbesondere die Ertragsverhältnisse des laufenden Geschäftsjahres. Das wurde von der Finanzverwaltung für die unterschiedlichsten Fälle bestätigt.[158]

Das sieht offenbar auch der Gesetzgeber, wenn es in der Begründung, vorletzter Absatz,[159] heißt: „Die nach den Sätzen 3 bis 5 den laufenden Einnahmen bzw. den sonstigen Gewinnen und Verlusten aus Veräußerungsgeschäften zugeordneten Werbungskosten werden zur Ermittlung der weiteren Besteuerungsgrundlage nach § 5 InvStG bzw. der Bemessungsgrundlagen für den Steuerabzug nach § 7 bzw. § 15 im Verhältnis der erzielten laufenden Einnahmen zu den jeweiligen Gesamteinnahmen der jeweiligen Stufe berechnet." Allein, er liefert den notwendigen Verteilungsschlüssel nicht:

Der Wortlaut der Neufassung in Abs. 3 Satz 3 Nr. 1, 2a, 2b und 3 für die Stufen 1–3, und insbesondere für die Teilschritte in Satz 4–9 trifft dazu keine eindeutigen Aussagen, weshalb wieder mehrere Zuordnungsmöglichkeiten vertretbar, ja notwendig sind.

63 Ausgangsgröße für die Saldenermittlung nach Teilschritt 1 sind die Bruttoeinnahmen, die erst durch den Werbungskostenabzug auf Fondsebene zur Nettogröße werden. Hier kann es in der Praxis indessen zu Problemen kommen, weil vielfach in der Buchhaltung manche Kosten (insbesondere Transaktionskosten) direkt mit den Einnahmen verrechnet werden. Hier wird man ggf. die bisherige Praxis umstellen müssen im Lichte des neuen Erfordernisses, auch den Veräußerungsgewinnen einen Kostenanteil zuzuordnen. Es bleibt abzuwarten, ob eine von den Verbänden angestrebte Verlautbarung, wonach es nicht beanstandet wird, wenn für die Verhältnisbildung auf die laufenden Einnahmen des Vorjahres nach Berücksichtigung direkt zuordenbarer Werbungskosten abgestellt wird, von der Finanzverwaltung offiziell bestätigt wird.

Keine Verlustverrechnung

64 Berücksichtigt werden nur positive Salden je Kategorie. Insoweit ist der Wortlaut von Satz 4 eindeutig. Anders formuliert:

---

155 Berger/Steck/Lübbehüsen/*Köhler* § 3 InvStG Rn. 126.
156 Siehe Kommentierung zu Abs. 1 Rn. 11 ff.
157 Berger/Steck/Lübbehüsen/*Köhler* § 3 InvStg Rn. 126.
158 BMF v. 9.7.2013 IV C 1 – S 1980-1/12/10014 unter Verweis auf BMF v. 18.8.2009 Rn. 61, 65 mit Anhang 2, 70, 149.
159 Begründung zum AIFM-StAnpG Gesetzesantrag vom 24.10.2013 BRDrucks. 740/13 S. 50.

Ertragskategorien mit negativem Vorjahres-Saldo ziehen keine Allgemeinkosten im laufenden Geschäftsjahr auf sich – auch dann nicht, wenn im laufenden Geschäftsjahr positive Erträge innerhalb der jeweiligen Ertragskategorie angefallen sind.

Ertragskategorien mit positiven Vorjahres-Salden ziehen anteilig Allgemeinkosten im laufenden Geschäftsjahr auf sich – auch dann, wenn im laufenden Geschäftsjahr keine positiven Erträge innerhalb der jeweiligen Ertragskategorie angefallen sind.

Das ist die Kehrseite der Vereinfachungsregeln von Satz 3 und Satz 4. *Die Ertragsverhältnisse des laufenden Geschäftsjahres spielen für die Kostenzuordnung dem Grunde nach keine Rolle.*

Keine Gewinn-/Verlustvorträge; Satz 5

Bei der Ermittlung der positiven Salden für die Kostenzuordnung dem Grunde nach werden je Kategorie keine Gewinn- oder Verlustvorträge berücksichtigt. Der Abzug der Allgemeinkosten von den im laufenden Geschäftsjahr erzielten Erträgen soll das tatsächliche wirtschaftliche Geschehen des jeweiligen Geschäftsjahres abbilden. Bei Berücksichtigung von Vorjahresvorträgen für die Saldenermittlung würden die wirtschaftlichen Verhältnisse des laufenden Geschäftsjahres verzerrt.[160] Das war schon die Intention von Satz 4 in der Fassung des Gesetzesentwurfs vom 13.11.2012 für das Jahressteuergesetzes 2013, der als Aufteilungsmaßstab noch die Erträge des laufenden Geschäftsjahres heranziehen wollte, gerade damit nicht allein für die Werbungskostenzuordnung Verlusttöpfe geschaffen werden müssen[161] – dabei aber zugleich einen nicht auflösbaren Zirkelschluss formulierte: Die Suchgröße sollte anhand der Suchgrößenverhältnisse bestimmt werden. Stattdessen bezieht sich die Neufassung von Satz 4 nach dem AIFM-StAnpG auf die leicht verfügbaren Vorjahressalden – allerdings immer noch ohne Verlustvortragsrechnung über die Jahre hinweg.

Das ist nicht zu verwechseln mit der Ermittlung der steuerlichen Erträge des laufenden Geschäftsjahres selbst – hier werden selbstverständlich die Gewinn- und Verlustvorträge nach Abs. 4 berücksichtigt.

Teilschritt 2: Verteilung innerhalb der laufenden Erträge; Satz 6

In Teilschritt 2 sind die Werbungskosten, die auf die laufenden Einnahmen entfallen, den einzelnen Ertragsarten im Verhältnis zueinander auf Basis der Vorjahres-Salden zuzuordnen; Satz 6–7. Es sind also die für die jeweilige Stufe in Frage kommenden Einnahmekategorien (z.B. Stufe 3: Zinsen, Mieterträge, sonstige Erträge bei den laufenden Einnahmen ins Verhältnis zueinander zu setzen.

(Entsprechendes gilt in *Teilschritt 3* für die weitere Untergliederung für die Gewinne/Verluste aus Veräußerungsgeschäften; z.B. Stufe 3: Verkäufen von sonstigen Wertpapieren; inländische Immobilienverkäufe innerhalb der 10-Jahresfrist.)[162]

Bei dieser weiteren Verteilung der Allgemeinkosten des aktuellen Geschäftsjahres auf die Einnahmen des aktuellen Geschäftsjahres je nach Ertragskategorien werden wiederum nur Ertragskategorien mit positivem Vorjahres-Saldo berücksichtigt. Insoweit ist der Wortlaut von Satz 4 und Satz 6 eindeutig (siehe oben). Nicht aber hinsichtlich der Frage, ob einzelne Ertragskategorien zu Ertragsgruppen in Zusammenschau mit den Ver-

---

160 Begründung zum AIFM-StAnpG Gesetzesantrag vom 24.10.2013 BRDrucks. 740/13 S. 50.
161 BRDrucks. 632/1/12 S. 51.
162 Begründung zum AIFM-StAnpG Gesetzesantrag vom 24.10.2013 BRDrucks. 740/13 S. 50.

lustkategorien i.S.d. Abs. 4 zusammengefasst werden können – oder ob dies gar geboten ist.

67 Zu der Frage, ob und inwieweit bei der Verteilung innerhalb der Ertragskategorien auf die weiteren Kategorien der Verlustverrechnung i.S.d. § 3 Abs. 4 geachtet werden darf oder ggf. muss – mit Blick auf die nach § 5 Abs. 1 Nr. 1 zu veröffentlichenden Teilkategoiren der ausgeschütteten bzw. ausschüttungsgleichen Erträge – sind mehrere Auslegungsmöglichkeiten denkbar:

68 Nach dem hier präferierten Ansatz scheint es geboten, jedenfalls vertretbar, für die weitere Kostenzuordnung nach Satz 6 auf die Ertrags-/Verlustkategorien, die für die Verlustverrechnung i.S.d. Absatz 4 zusammengefasst werden dürfen, abzustellen und zu Ertragsgruppen/Verlustkategorien zusammenzufassen. Mit anderen Worten:

Die weitere Kostenzuordnung nach Satz 6 erfolgt auf Basis der Verlustverrechnungskategorien nach Anhang 3 zu Rn. 71 zum BMF-Schreiben vom 18.8.2009.

69 Wenn man diesen Schritt geht, erscheint es weiterhin geboten, jedenfalls vertretbar und mit dem Wortlaut von Satz 6 vereinbar, bei der weiteren Aufteilung innerhalb der positiven Ertragsgruppe/Verlustkategorie die weitere Untergliederung nach den Verlustverrechnungskategorien vorzunehmen und dabei auf die Verhältnisse der Erträge zueinander nach dem laufenden Geschäftsjahr abzustellen. Mit anderen Worten: Innerhalb der einzelnen Verlustverrechnungskategorien (z.B. innerhalb der Ertragskategorie ausländische Dividenden: Dividenden mit; ohne anrechenbare Quellensteuer; mit fiktiver Quellensteuer) sollte eine Aufteilung der Werbungskosten auf Basis der Verhältnisse des laufenden Jahres möglich sein. Andernfalls ergäben sich mit Blick auf die auszuweisenden Netto-Davon-Kategorien der ausgeschütteten bzw. ausschüttungsgleichen Erträge im Sinne des § 5 Abs. 1 fragwürdige Ergebnisse. Dieser Ansatz wird durch die Finanzverwaltung ausdrücklich zugestanden im Zuge der erweiterten Aufgliederung der Verlustverrechnungskategorien zur korrekten Ermittlung der Bemessungsrundlage für die Höchstbetragsrechnung der anrechenbaren ausländischen Steuer nach dem sog. einfachen Verfahren nach Ziffer 2.a) im BMF-Schreibens vom 1.11.2010.[163] Danach kann auf die Ertragsverhältnisse des laufenden Geschäftsjahres, vor Verlustvortrag, abgestellt werden. Nur so ist auch eine verlässliche Relation zur Ermittlung der bewertungstäglich zu veröffentlichenden Steuerkennzahlen (Aktiengewinn/Zwischengewinn) gewährleistet.

---

163 Vgl. BMF v. 1.11.2010 an die Verbände IV C 1 – S 1980-1/09/10001.

IV. Werbungskostenzuordnung; Abs. 3 — § 3

Beispiel:

Beispiel zu Teilschritt 2: Verteilung innerhalb der Ertragskategorien; Abs. 3 Satz 6

Vorjahreswerte:			Quote		Laufendes Geschäftsjahr:	
Dividenden					Dividenden	
inländ.	40		4/10		50	
ausländ.	60		6/10		40	
mit anr. QuSt.		30	3/6			5
ohne anr. QuStr.		30	3/6			35
Summe	100	60			90	40
					Allgemein-WK:	40

Verteilung innerhalb der Ertragskategorien nach Vorjahres Saldo:

	Brutto Ertrag		Quote VJ	WK	Netto Ertrag § 5 Abs.	
Dividenden						
inländ.	50		4/10	-16	34	
ausländ.	40		6/10	-24	16	
mit anr. QuSt.	5		3/6	-12		-7
ohne anr. QuStr.	35		3/6	-12		23
		40		-24		16
Summe	90			-40	50	

Alternative:
Verteilung innerhalb der Ertragskategorien nach Verlustkategorien lfd. Geschäftsjahr:

	Brutto Ertrag		Quote VJ	Quote lfd J.	WK	Netto Ertrag § 5 Abs.	
Dividenden							
inländ.	50		4/10		-16	34	
ausländ.	40		6/10		-24	16	
mit anr. QuSt.	5			5/40	-3		2
ohne anr. QuStr.	35			35/40	-21		14
		40			-24		16
Summe	90				-40	50	

Nur wenn man innerhalb der Verlustkategorien (hier: ausländische Dividenden und daraus resultierende anrechenbare Quellensteuer) auf die Ertragsverhältnisse des laufenden Jahres abstellt, ergibt sich für den Anleger ein sinnvoller Ausweis nach § 5 Abs. 1: Nettoertrag von 50, davon 16 „ausländische Dividenden" mit Davonausweis „mit anrechenbarere Steuer" in Höhe von 2 und Davonausweis „ohne anrechenbare Steuer" in Höhe von 14.

Stellt man auf die Vorjahreswerte ab, liest sich der Ausweis nach § 5 Abs. 1: Nettoertrag von 50, davon 16 „ausländische Dividenden" mit Davonausweis „mit anrechenbarer Steuer" 0 und Davonausweis „ohne anrechenbare Steuer" in Höhe von 23. Dieser Ansatz führt dazu, dass auf Fondsebene allein für die Vorermittlung der Kostenzuordnung ein Verlustvortrag in Höhe von ./. 7 für die Verlustverrechnungskategorie „mit anrechenbarer Steuer" zu bilden wäre, der allein für die Vorermittlung der Kostenzuordnung im nächsten Jahr zu berücksichtigen wäre – dem Anleger aber wohl kaum verständlich gemacht werden kann.

Der hier präferierte Ansatz bedingt, dass eine positive Ertragskategoire auch dann keine Allgemeinkosten auf sich zieht, wenn die Gesamtsumme der Vorjahres-Salden der Ertragsgruppe/Verlustkategorie nach der Zuordnung gemäß Satz 4 negativ ist. Dieser Ertragsgruppe/Verlustkategorie kann mangels Positivsaldo insgesamt kein Anteil an den Allgemeinkosten zugeordnet werden.

Soweit man der Zusammenschau über die Verlustkategorien hinweg für die Frage **70** nach dem positiven Saldo der Ertragsgruppe in Summe nicht folgt,[164] zieht eine positive

---

[164] So wohl *Ebner/Jensch* Recht der Finanzinstrumente **2014** 311.

Ertragskategorie auch dann Allgemeinkosten, wenn die Ertragsgruppe/Verlustkategorie in Summe negativ ist. Das verhindert zwar, dass bei der Werbungskostenzuordnung einzelne positive Ertragskategorien unberücksichtigt bleiben, also die Bindung in Verlustvorträgen, die erst in künftigen Jahren genutzt werden können. Andererseits verschwimmen damit die Grenzen klarer Zuordnungsregeln zum beliebigen „cherry picking". Die typisierende Regelung erzielt die angestrebte Vereinfachung/Standardisierung eben in Grenzfälle auf Kosten eines „Alles oder Nichts". Das gilt auch mit Blick auf Ausnahmen für scheinbar sachfremde Ergebnisse bei nur „geringfügig positivem" Saldo.[165] Auch dieser Ansatz verhindert nicht, dass ein (letztlich beliebiger) Grenzwert über Berücksichtigung im laufenden Jahre oder Vortrag entscheidet. Die Verschiebung der Grenze wegen Geringfügigkeit verschiebt nur das Problem: Ab einem bestimmten Grenzwert ist die Geringfügigkeit überschritten, und die resultierende Nichtberücksichtigung erscheint immer noch sachfremd.

Welcher Lösungsweg mit Blick auf die auszuweisenden Besteuerungsgrundlagen mit allen Davongrößen i.S.d. § 5 Abs. 1 für die Anwender des Gesetzes sachgerecht, vertretbar erscheint, bedarf trotz des komplexen Neuansatzes – oder gerade deswegen – eingehender Diskussion und Klärung durch Literatur, Praxis und ggf. Streifverfahren.[166]

71 Das nachfolgende Schema gibt einen Überblick über den hier präferierten Ansatz anhand der häufig in Betracht kommenden Ertragskategorien/Ertragsgruppen und Verlustverrechnungskategorien ohne Anspruch auf Vollständigkeit. Das volle Bild, an denkbaren, sachgerechten Kategorien wird sich wohl erst im Zuge der praktischen Umsetzung zeigen.

---

[165] Wie hier gegen *Eber/Jensch* a.a.O. auch *Kammeter/Szameitat* Recht der Finanzinstrumente 2.**2014** 130 sowie *Wolf/Brielmaier* DStR **2014** 1040.
[166] Das BMF hat per Juni 2014 ein Entwurf-Schreiben zur Aufteilung der allgemeinen Werbungskosten nach § 3 Abs. 3 InvStG i.d.F. des AIFM-StAnpG an die Fachverbände mit der Bitte um Stellungnahmen versand IV C – 1 S 1980-1/13/10007 :004. Die Entwicklung bleibt abzuwarten.

IV. Werbungskostenzuordnung; Abs. 3 — § 3

Schaubild:

Stufen nach Satz 3	Verteilung auf Ertragskategorien - Ertragsgruppen - Verlustverrechnungskategorien innerhalb der Stufen 1 - 3 nach Satz 4 - 9		
	Satz 4 Teilschritt 1 Grobzuordnung auf die Ertragskategorien (Lfd. Einnahmen - Veräußerungsgesch.)	Satz 6; 8 Teilschritt 2, 3 Verteilung innerh. der Ertraskategorien (Ertragsgruppen gem. Verlustkategorien)	Satz 6; 8 Teilschritt 2, 3 Verteilung innerh. der Verlustkategorien
	Maßstab: Positiv Saldo Vorjahr	Maßsab: Positiv Saldo Vorjahr	Maßstab: Ertägsverh. lfd. Geschäftsj.
Stufe 1: DBA befreite Erträge			
	Laufende Einnahmen Ausländische Mieterträge	Freistellung mit Progr./Drittstaaten Freistellung ohne Progr./Nicht Drittstaaten	
	Veräußerunggewinne Veräußerungsgewinne ausländ. Immob.	Freistellung mit Progr./Drittstaaten Freistellung ohne Progr./Nicht Drittstaaten	
Stufe 2a und 2b: Beteiligungserträge			

	Laufende Einnahmen
	  Dividenden
		Dividenden Inland
		  mm Dividende vor 28.2.2013
		  Dividende nach 28.2.2013
		Dividenden Ausland
		  mm Dividende vor 28.2.2013
		
		  Dividende nach 28.2.2013
			
			ohne anr. QuSt
			mit anr. QuSt
			mit fikt. QuSt
			ohne anr. QuSt
			mit anr. QuSt
			mit fikt. QuSt

	Veräußerungsgeweinne Aktienverkäufe	Akteineverkäufe vor 1.1.1999 Aktienverkäufe nach 1.1. 1999	
Stufe 3: Verbleibende laufende Einnahmen - Veräußerungsgeschäfte			
	Laufende Einnahmen		
	(Inländische) Mieterträge ... ...und sonstige Erträge	Zinsen ...	ohne anr. QuSt mit anr. QuSt mit fikt. QuSt
		...und sonstige (Ohne REIT)	Gebühr WP Leihe manufactured dividends Immob. Veräußerung < 10J. G-Papiere???
		REIT Inland REIT Ausland	ohne anr. QuSt mit anr. QuSt
	Veräußerungsgewinne Sonstige WP	Sonstige WP Verkäufe vor 1.1.1999 Sonstige WP Verkäufe nach 1.1.1999 G-Papiere???	

Sonderfall: G-Papiere

Offen und entsprechend uneinheitlich in der Praxis ist bislang die Behandlung der 72 Ergebnisse aus dem Verkauf der sog. G-Papiere i.S.d. § 1 Abs. 3 Satz 3 Nr. 1 (also jene Kapitalforderungen, die gerade nicht vom Negativkatalog Buchstabe a)–f) erfasst werden und damit voll steuerpflichtig sind, wie Zinsen und sonstige Erträge. Vordergründig scheint es naheliegend, sie dieser Ertragsgruppe/Verlustverrechnungskategorie zuzuordnen. Sieht man allerdings die in der Praxis damit verbundenen Konsequenzen bei Verrechnung der ggf. großvolumigen negativen Werten dieser Teilgröße mit den Zinsen und sonstigen Erträgen, erscheint es nicht von vornherein sachfremd, die G-Papiere als eigene Ertragskategorie/-gruppe anzusehen und sie damit für Zwecke der Verlustverrechnung und Kostenzuordnung als eigenständige Gruppe zu behandeln.[167] Allerdings lässt die verschärfte Neuregelung in Abs. 3 Satz 3 nicht länger jeden anderen vermeintlich sachgerechten Aufteilungsmaßstab (hier das quantitative Element der zugrundeliegenden Geschäftsart) für die weitere Aufteilung auf die Erträge in Teilschritt 2 zu. Andererseits sollte nicht übersehen werden, dass die gesamte Neuregelung eine Kostenzuordnung zu den Veräußerungsergebnisses ausdrücklich verfolgt, so dass man doch zu der wünschenswerten Separierung kommen könnte, wenn und soweit man es als zulässig ansieht, die Ergebnisse aus G-Papieren in Teilschritt 2 nicht länger den laufenden Zinsen und sonstigen Erträgen gleichzusetzen, sondern als eigene Ertragskategorie anerkennt. Letztlich ist die Ertragsart „G-Papiere" nicht im Gesetz geregelt, sondern ein von der Praxis entwickelter Ergänzungstatbestand über den Negativ-Katalog von § 1 Abs. 3 Satz 3 Nr. 1 Buchst. a)–f) hinaus. Für den Ertragsausweis i.S.v. § 5 Abs. 1 könnte/müsste die Teilkategorie wieder zusammengeführt werden mit den „sonstigen Erträgen". Eine echte eigenständige Teilgröße der ausschüttungsgleichen Erträge bilden diese „Veräußerungsergebnisse aus G-Papieren" ja gerade nicht; ohne die Erfassung bei den „sonstigen Erträgen" wären sie nicht Teil des ausschüttungsgleichen Ertrages und somit nicht zugeflossen und nicht steuerbar. Ohne systematische Verwerfung ist dieser Ansatz also nicht darstellbar. Die Zuordnung zu den „sonstigen Erträgen" erscheint dagegen konsequent.[168]

Teilschritt 3: Verteilung innerhalb der Gewinne/Verluste aus Veräußerungsgeschäften; Satz 8

73   Nach Satz 8 ist auf die Gewinne und Verluste aus Veräußerungsgeschäften Satz 6 sinngemäß. Es gilt das zu *Teilschritt 2* Gesagte sinngemäß.

Innerhalb der Teilschritte: Hälftige Zuordnung bei Fehlen positiver Salden; Satz 9

74   Bei Fehlen positiver Salden für die einzelnen Teilschritte 1–3 erfolgt die Zuordnung vereinfachend je hälftig zu den laufenden Einnahmen und den Gewinnen/Verlusten aus Veräußerungsgeschäften.

75   Diese Typisierung des Gesetzes bedingt, dass die (negativen) Ertragskategorien bei der Zuordnung der Werbungskosten unberücksichtigt bleiben. Es erfolgt eine je hälftige Zuordnung – unabhängig von den Relationen der Ertragskategoiren zueinander und damit unabhängig vom konkreten Geschäftsverlauf. Auch das mag vordergründig im Einzelfall sachfremd erscheinen, gemessen an den wirtschaftlichen Verhältnissen. Jedwede Aufweichung wäre aber gegen die Intention des Gesetzes und auch gegen den klaren Wortlaut in Satz 9, soweit es um die Zuordnung nach Satz 4 auf laufende Erträge einerseits bzw. Veräußerungsgewinne andererseits (= *Teilschritt 2*) geht. Nach dem hier präferierten Ansatz entscheidet über die Zuordnung nach Satz 4 der positive Saldo der

---

[167] *Ebner/Jensch* Recht der Finanzinstrumente **2014** 311.
[168] So auch *Kammeter/Szameitat* Recht der Finanzinstrumente 2.**2014** 130.

Ertragsgruppe/Verlustkategorien in toto, also die Summe aller laufenden Einnahmen bzw. die Summe der Veräußerungsergebnisse.

Das ergibt sich für die Bezugnahme auf Satz 6, und damit für die weitere Verteilung **76** innerhalb der Ertragskategorien, weniger stringent insoweit, als Satz 9 von fehlenden positiven Salden „auf beiden Seiten" der geforderten Aufteilung spricht – das kann man auch allein im Sinne der „beiden Seiten" nach Satz 4, sprich laufende Erträge versus Veräußerungsgewinne, lesen. Mit anderen Worten: Auch wenn die Zuordnung nach Satz 4 (mangels positiver Gesamt-Salden) eine je hälftige Zuordnung auf „beiden Seiten" bedingt, ist für die weitere sachgerechte Aufteilung je Hälfte damit kein Schlüssel zwingend vorgegeben. Dann kann nach dem hier präferierten Ansatz auf die Zusammensetzung der Negativ-Salden auf beiden Seiten abgestellt werden: etwa auf die Verhältnisse des laufenden Geschäftsjahres oder auf andere „operationale" Aufteilungsmaßstäbe zur Vermeidung wirtschaftlich unerwünschter Ergebnisse. Insbesondere kann die Verteilung auf solche Ertragskategorien vermieden werden, die nach der Anlagestrategie des Fonds weder im Vorjahr noch im aktuellen Jahr nicht vorkommen. So kann vermieden werden, dass Werbungskosten in Verlustvorträgen gebunden werden, die für den Fonds nie relevant werden.[169] Hält man insoweit andere Aufteilungskriterien für sachgerecht, wären diese im Sinne einer konstanten Relation zu den bewertungstäglich zu ermittelnden Kennzahlen (Aktiengewinn und Zwischengewinn) auch deren Ermittlung zugrunde zu legen.

d) Stufe 1: Zuordnung der Allgemeinkosten zu den DBA-befreiten Erträgen; **77**
Abs. 3 Satz 3 Nr. 1. Die erste Stufe entspricht weitgehend der bisherigen Regelung in Abs. 3 Satz 2 Nr. 1. Sie bestimmt die Zuordnung von Werbungskosten, die in einem mittelbaren wirtschaftlichen Zusammenhang mit solchen ausländischen Einkünften stehen, die im Inland auf Grund eines Doppelbesteuerungsabkommens von der Besteuerung ausgenommen sind nach der sog. DBA-Freistellungsregel in § 4 Abs. 1. Diese Regelung setzt den Rechtsgedanken des § 3c Abs. 1 EStG, der für die Einzelkosten gilt, auf die Allgemeinkosten um und trägt damit dem Transparenzprinzip Rechnung.[170]

Aufteilungsmaßstab ist das Verhältnis des entsprechenden Quellvermögens zu dem Gesamtvermögen des vorangegangen Geschäftsjahres; vereinfachend auch sog. Immobilienquote genannt in Anlehnung an den in der Praxis relevantesten Fall: Inländisches Immobiliensondervermögen mit Immobilien im Ausland, auf deren Erträge die DBA-Freistellung anzuwenden ist. Allerdings fallen hierunter auch sog. DBA-Schachtelbeteiligungen an Grundstücksgesellschaften im Ausland, deren Erträge nach § 4 Abs. 1 von der Inlandsbesteuerung freizustellen sind.[171]

Zur Ermittlung der Immobilienquote wird das durchschnittliche Auslandsvermögen, **78** das zu den DBA-befreiten Erträgen führt; sog. Quellvermögen, zum durchschnittlichen Gesamtvermögen ins Verhältnis gesetzt. Die Ermittlung der Immobilienquote ist auf Basis der Monatsendwerte des vorangegangen Geschäftsjahres zu ermitteln; Abs. 3 Satz 3 Nr. 1 Satz 2. Der Durchschnitt wir dabei durch Addition der Monatsendwerte und Teilung der Anzahl der Monate (i.d.R. 12) ermittelt.

Nicht eindeutig geregelt ist unverändert, ob Quellvermögen bzw. Gesamtvermögen als Nettovermögen oder als Bruttovermögen (Aktivseite) zu verstehen sind. Nach Ansicht der Finanzverwaltung ist das Gesamtvermögen als Nettovermögen zu verstehen, wenn

---
169 *Ebner/Jensch* Recht der Finanzinstrumente **2014** 311.
170 Haase/*Steinmüller* § 3 InvStG Rn. 257.
171 Zu den besonderen Zuordnungsproblemen bei Immobilienfonds bereits auf Stufe 1 vgl. *Wolf/ Brielmaier* DStR **2014** 1040.

die Vertragsbedingungen vorsehen, dass die Verwaltungsvergütung nach dem Nettovermögen berechnet wird (Regelfall); ansonsten ist es das Bruttovermögen.[172] Nettovermögen bedeutet, dass die dem ausländischen Immobilienvermögen (Quellvermögen) direkt zuzuordnenden Finanzierungsverbindlichkeiten abzuziehen sind.[173]

79 Die so ermittelten Allgemeinkosten sind den laufenden Einnahmen und den Gewinnen aus Veräußerungsgeschäften zuzuordnen und somit von den übrigen Einnahmen nicht abzugsfähig. Sie sind aber bei der Ermittlung des besonderen Steuersatzes im Rahmen des Progressionsvorbehalts nach § 4 Abs. 1 Satz 2 (nur bei betrieblichen Anlegern) steuermindernd zu berücksichtigen.[174]

Auch für die Stufe 1 ergibt sich also eine Neuerung im Zuge der Neufassung von Abs. 3 Satz 3. Die anhand der Immobilienquote ermittelten anteiligen Allgemeinkosten sind nunmehr kurz gesprochen wie folgt zuzuordnen:
– den ausländischen laufen Einnahmen (insbes. Mieten, aber ggf. auch Dividenden aus DBA-Schachtelbeteiligung) einerseits und
– den Gewinnen und Verlusten aus Veräußerungsgeschäften (insbes. aus Immobilienveräußerungen aber auch aus Beteiligungsveräußerungen) andererseits.

Das wiederum geschieht innerhalb der Nr. 2a nach den in Abs. 3 Satz 4–9 niedergelegten Teilschritten:

Teilschritt 1: Grobzuordnung anhand der positiven Salden; Satz 4

80 Es sind jeweils die in Frage kommenden Einnahmekategorien bei den laufenden Einnahmen einerseits (z.B. ausländischen Mieten, Dividenden aus Schachtelbeteiligungen) und Gewinne aus Veräußerungsgeschäften andererseits (z.B. ausländische Immobilien, Schachtel-Beteiligungen an Grundstücksgesellschaften) für diesen Vergleich zu ermitteln.

Aufteilungsmaßstab ist der positive Saldo von laufenden Einnahmen einerseits (hier ausländische Mietern, ausländischen Dividenden aus Schachteldividenden) im Verhältnis zum positiven Saldo aus Gewinnen und Verlusten aus Veräußerungsgeschäften andererseits (hier Gewinne aus der Veräußerung von ausländischen Immobilien, ausländischen Beteiligungen an Grundstücksgesellschaften).

Berücksichtigt dem Grunde nach werden dabei nur positive Salden je Kategorie.

Als Ausgangsgröße sind die Bruttoeinnahmen heranzuziehen, die erst durch den Werbungskostenabzug auf Fondsebene zur Nettogröße werden. Hier kann es in der Praxis indessen zu Problemen kommen, weil vielfach in der Buchhaltung manche Kosten (insbesondere Transaktionskosten) direkt mit den Einnahmen verrechnet werden. Hier wird man ggf. die bisherige Praxis umstellen müssen im Lichte des neuen Erfordernisses, auch den Veräußerungsgewinnen ein Kostenanteil zuzuordnen.

Nach Satz 5 bleiben Verlustvorträge für die Ermittlung der Salden unberücksichtigt.

Fehlt es insgesamt an positiven Salden, ist eine hälftige Zuordnung zwischen laufenden Einnahmen und Veräußerungsgewinnen vorzunehmen (Satz 9).

---

[172] BMF v. 18.8.2009 Rn. 59.
[173] *Ebner/Jensch* Recht der Finanzinstrumente 2014 311 mit Zahlenbeispiel.
[174] BMF v. 18.8.2009 Rn. 59.

Teilschritt 2: Verteilung innerhalb der laufenden Erträge; Satz 6

Bei der Verteilung auf die einzelnen Ertragskategorien innerhalb der jeweiligen Ertragsgruppe (Verlustverrechnungskategorie) werden nur positive Salden berücksichtigt. Anders formuliert: Ertragskategorien mit negativem Saldo ziehen keine Allgemeinkosten auf sich. **81**

Teilschritt 3: Verteilung innerhalb der Gewinne/Verluste aus Veräußerungsgeschäften; Satz 8

Es gilt das zu Teilschritt 2 Gesagte sinngemäß. **82**

e) Stufe 2a: Zuordnung der Allgemeinkosten zu den Erträgen, die dem Teileinkünfteverfahren unterliegen; Abs. 3 Satz 3 Nr. 2a). Die zweite Stufe verfolgt das nachvollziehbare Ziel, einen bestimmten Teil der Allgemeinkosten den vom Halbeinkünfteverfahren begünstigten „Dividendenerträgen" (nunmehr auch den Gewinnen aus Veräußerungsgeschäften) zuzuordnen.[175] Sinn der Vorschrift (Stufe 2 insgesamt) war und ist es, Einnahmen, die beim Anleger eine volle oder teilweise Steuerbefreiung genießen, Allgemeinkosten zuzuordnen, die dann das steuerliche Schicksal der Steuerbefreiung teilen. Das bedingt ein korrespondierendes Abzugsverbot dieses Werbungskostenanteils von steuerpflichtigen Einnahmen.[176] **83**

Nr. 2a in der Neufassung des AIFM-StAnpG präzisiert den Anwendungsbereich auf „die Erträge, auf die beim Anleger § 3 Nr. 40 EStG anwendbar ist." Bei deren Ermittlung sind die nach Anwendung von Nr. 1 verbleibenden Allgemeinkosten nunmehr
- den laufenden Einnahmen, die (auch) § 3 Nr. 40 EStG unterfallen, sowie
- den sonstigen Gewinnen i.S.d. § 3 Nr. 40 EStG und den sonstigen Gewinnminderungen i.S.d. § 3c Abs. 2 EStG zuzuordnen.

Die „gesetzliche Unschärfe" der alten Fassung Stufe/Nummer 3 hinsichtlich der Frage, ob eine Zuordnung (neben den laufenden Einnahmen) auch zu den Veräußerungsgewinnen zu erfolgen habe, ist damit obsolet.[177]

Präzisiert wird durch die Neufassung die Einbeziehung der Einnahmen, die § 3 Nr. 40 EStG unterfallen. Damit sollen insbesondere die laufenden Einnahmen gemäß Buchstabe d und f (soweit es sich um besondere Entgelte oder Vorteile i.S.d. § 20 Abs. 3 EStG handelt) sowie Gewinne gemäß Buchstabe a, b, c, und f (soweit es sich um besondere Entgelte oder Vorteile i.S.d. § 20 Abs. 3 EStG handelt) und g und h erfasst werden.[178]

Die Zuordnung geschieht unverändert anhand der sogenannten Aktienquote, die das Quellvermögen dieser Erträge im Verhältnis zum Gesamtvermögen des Investmentfonds widerspiegelt. Abgestellt wird auf das Verhältnis des durchschnittlichen Quellvermögens zum durchschnittlichen Gesamtvermögen des vorangegangen Geschäftsjahres. Zur Berechnung des durchschnittlichen Vermögens sind die monatlichen Endwerte des vorangegangen Geschäftsjahres zugrunde zu legen; Abs. 3 Satz 3 Nr. 2a a.E., der wiederum auf Abs. 3 Satz 3 Nr. 1 Satz 2 verweist. **84**

---

175 BMF v. 18.8.2009 Rn. 61.
176 Statt aller nach wie vor Berger/Steck/Lübbehüsen/*Köhler* § 3 InvStG Rn. 112.
177 Berger/Steck/Lübbehüsen/*Köhler* § 3 InvStG Rn. 116, die zu Recht darauf hinweist, dass dies eine nicht zu begründende Differenzierung gegenüber Nr. 4 a.F. bedeuten würde, die vom Gesetzgeber wohl nicht gewollt war.
178 Begründung zum AIFM-StAnpG Gesetzesantrag vom 24.10.2013 BRDrucks. 740/13 S. 48.

85 Anders als bei der Ermittlung der Immobilienquote auf Stufe 1 soll zur Ermittlung der Aktienquote auf Stufe 2 nach Ansicht der Finanzverwaltung nicht das Nettovermögen, sondern das Bruttovermögen der Regelfall sein, weil im Fall von Wertpapiersondervermögen die Finanzierungsverbindlichkeiten typischerweise nicht direkt zuordenbar sind.[179] Es wird also auf die Zusammensetzung der Aktivseite, ohne Abzug von Verbindlichkeiten, abgestellt. Ob das immer sachgerecht ist, wird in der Literatur angezweifelt, jedenfalls, wenn im Einzelfall eine direkte Veranlassung der Verbindlichkeit plausibel oder gar nicht untypisch erscheint, wie etwa bei Hedgefonds. Das Gesetz schließt eine Netto-Betrachtung nicht aus, so dass ein Teil der Literatur von einem Wahlrecht ausgeht.[180]

Das Gesamtvermögen versteht sich dabei als „Restvermögen", nachdem das Immobilienvermögen gemäß Stufe 1 abgetrennt wurde. Abzuziehen ist auch das Quellvermögen, dass neben den Grundstücken bereits unter Stufe 1 fällt, nämlich Beteiligungen, die zu Schachteldividenden führen, die nach der Freistellungsregel des § 4 Abs. 1 von der Besteuerung auszunehmen sind.[181]

86 Anteile an ausländischen *REIT-Körperschaften, -Personenvereinigungen und -Vermögensmassen* gehören regelmäßig nicht zum begünstigten Quellvermögen, weil deren Ausschüttung/Dividenden gemäß § 19 Abs. 3 i.V.m. § 19a REIT-G nur dann zur Begünstigung nach § 3 Nr. 40 EStG bzw. § 8b KStG führen, wenn im Ausland eine der Körperschaftsteuer vergleichbaren steuerliche Vorbelastung erhoben wurde.

87 Wertpapiere/Aktien, die im Rahmen von Wertpapierleihgeschäften verliehen werden, sind ebenfalls aus dem Quellvermögen auszuscheiden.[182] Die daraus erzielten Kompensationszahlungen (manufactured dividends) sind keine begünstigten Dividenden, sondern zählen zu den sonstigen Erträgen i.S.d. § 1 Abs. 3.[183]

88 Die Anwendung der Aktienquote in Stufe 2a auf den Privatanleger erscheint unter folgendem Aspekt fragwürdig: Mit Einführung der Abgeltungssteuer für Privatpersonen, wurde § 3 Nr. 40 EStG insoweit geändert, dass das Halbeinkünfteverfahren (jetzt Teileinkünfteverfahren) für Anleger, die ihre Anteile im Privatvermögen halten, nicht mehr anwendbar ist. Die Bezugnahme in Abs. 3 Satz 3 Nr. 2a erfolgt aber unmittelbar auf § 3 Nr. 40, mit der Folge, dass auch die einschränkende Kostenzuordnung für Privatanleger nicht länger zur Anwendung kommen sollte, mit der weiteren Konsequenz, dass die Investmentgesellschaften ein weitere Variante/Anlegerkategorie in der Ertragsermittlung darstellen müssten. Die Finanzverwaltung „hilft", indem es nicht beanstandet wird, wenn insoweit die Aufteilung der Werbungskosten auch bei Privatanlegern nach Abs. 3 Satz 2 Nr. 3 a.F. (= Abs. 3 Satz 3 Nr. 2a n.F.) zur Anwendung kommt.[184] Und weiter: Bei Publikumsfonds gelten im Zuge der Verlustverrechnung nach Absatz 4 für alle privaten und betrieblichen Anlegerkategorien dieselben Ertragskategorien.[185] Das impliziert, dass auch für Privatanleger – unabhängig davon, ob § 3 Nr. 40 EStG konkret anwendbar ist – Dividenden als eigene Ertragskategorie zu führen sind, der folglich Werbungskosten entsprechend der Stufenregelung zuzuordnen sind.[186] In dieser Vereinfachung liegt aber zugleich eine gesetzlich nicht gerechtfertigte Beschränkung der Verlustverrechnungs-

---

[179] BMF v. 18.8.2009 Rn. 61.
[180] Berger/Steck/Lübbehüsen/*Köhler* § 3 InvStG Rn. 120, Haase/*Steinmüller* § 3 InvStG Rn. 295; *Ebner/Jensch* Recht der Finanzinstrument **2014** 311.
[181] Berger/Steck/Lübbehüsen/*Köhler* § 3 InvStG Rn. 120.
[182] *Blümich/Wenzel* § 3 InvStG Rn. 19.
[183] BMF v. 18.8.2009 Rn. 14.
[184] BMF v. 18.8.2009 Rn. 61.
[185] BMF v. 18.8.2009 Rn. 70.
[186] *Ebner/Jensch* Recht der Finanzinstrument **2014** 311.

möglichkeiten für den Privatanleger.[187] Das Problem wurde durch das AIFM-StAnpG nicht beseitigt, vielmehr muss weiterhin auf die zitierte Nichtbeanstandungsregel des BMF zurückgegriffen werden, soll eine weitere Berechnungsvariante vermieden werden.[188]

Die eigentliche Neuerung im Zuge der Neufassung von Abs. 3 Satz 3 Nr. 2a liegt darin, dass die Anhand der Aktienquote ermittelten anteiligen Allgemeinkosten nunmehr kurz gesprochenen wie folgt zuzuordnen sind: **89**
– den laufen Einnahmen i.S.d. § 3 Nr. 40 EStG (insbes. Dividenden) einerseits und
– den Gewinnen und Verlusten aus Veräußerungsgeschäften (insbes. aus Aktienveräußerungen) andererseits.

Das wiederum geschieht innerhalb der Nr. 2a nach den in Abs. 3 Satz 4–9 niedergelegten Teilschritten:

Teilschritt 1: Grobzuordnung anhand der positiven Salden; Satz 4

Es sind jeweils die in Frage kommenden Einnahmekategorien bei den laufenden Einnahmen einerseits (z.B. Dividenden) und Gewinne aus Veräußerungsgeschäften andererseits (z.B. Aktienveräußerungen) für diesen Vergleich zu ermitteln. **90**

Aufteilungsmaßstab ist der positive Saldo von laufenden Einnahmen einerseits (hier Dividenden und gleichgestellte Fälle) im Verhältnis zum positiven Saldo aus Gewinnen und Verlusten aus Veräußerungsgeschäften (hier Aktienveräußerungen und gleichgestellte Fälle).

Als Ausgangsgröße sind die Bruttoeinnahmen heranzuziehen, die erst durch den Werbungskostenabzug auf Fondsebene zur Nettogröße werden. Hier kann es in der Praxis indessen zu Problemen kommen, weil vielfach in der Buchhaltung manche Kosten (insbesondere Transaktionskosten) direkt mit den Einnahmen verrechnet werden. Hier wird man ggf. die bisherige Praxis umstellen müssen im Lichte des neuen Erfordernisses, auch den Veräußerungsgewinnen ein Kostenanteil zuzuordnen.

Berücksichtigt werden dabei dem Grunde nach nur positive Salden je Kategorie.

Nach Satz 5 bleiben Verlustvorträge für die Ermittlung der Salden unberücksichtigt.

Fehlt es insgesamt an positiven Salden ist eine hälftige Zuordnung zwischen laufenden Einnahmen und Veräußerungsgewinnen vorzunehmen.

Teilschritt 2: Verteilung innerhalb der laufenden Erträge; Satz 6

Bei der Verteilung auf die einzelnen Ertragskategorien innerhalb der jeweiligen Ertragsgruppe (Verlustverrechnungskategorie) werden nur positive Salden berücksichtigt. Anders formuliert: Ertragskategorien mit negativem Saldo ziehen keine Allgemeinkosten auf sich. **91**

---

187 Berger/Steck/Lübbehüsen/*Köhler* vertritt folgerichtig die Ansicht, dass für Privatanleger die Allgemeinkosten dann bei den Dividenden ungekürzt abzugsfähig sein müssten – verweist dann aber auch auf den von der Finanzverwaltung angebotenen Ausweg zur Vermeidung einer weiteren Berechnungs- und Veröffentlichungsvariante.
188 Hillebrand/Klamt/*Migirov* DStR **2013** 1646; BMF v. 9.7.2013 IV C 1 – S 1980-1/12/10014 an die Verbände unter Hinweis auf BMF v. 18.8.2009 Rn. 70.

Teilschritt 3: Verteilung innerhalb der Gewinne/Verluste aus Veräußerungsgeschäften; Satz 8

92 Es gilt das zu Teilschritt 2 Gesagte sinngemäß.

93 **f) Stufe 2b: Zuordnung der Allgemeinkosten zu den Erträgen, die dem Beteiligungsprivileg unterliegen; Abs. 3 Satz 3 Nr. 2b).** Die zweite Stufe verfolgt das nachvollziehbare Ziel, einen bestimmten Teil der Allgemeinkosten den vom Beteiligungsprivileg begünstigten „Dividendenerträgen" (nunmehr auch den Gewinnen aus Veräußerungsgeschäften) zuzuordnen.[189] Sinn der Vorschrift (Stufe 2 insgesamt) war und ist es, Einnahmen, die beim Anleger eine volle oder teilweise Steuerbefreiung genießen, Allgemeinkosten zuzuordnen, die dann das steuerliche Schicksal der Steuerbefreiung teilen. Das bedingt ein korrespondierendes Abzugsverbot dieses Werbungskostenanteils von steuerpflichtigen Einnahmen.[190]

Nr. 2b in der Neufassung des AIFM-StAnpG präzisiert den Anwendungsbereich auf „die Erträge, auf die beim Anleger § 8b Abs. 1 KStG anwendbar ist, oder ungeachtet des § 8b Abs. 4 KStG i.V.m. § 15 Abs. 1a InvStG, anwendbar wäre." Bei deren Ermittlung sind die nach Anwendung von Nr. 1 verbleibenden Allgemeinkosten nunmehr
- den laufenden Einnahmen i.S.d. § 15 Abs. 1a InvStG i.V.m. § 8b Abs. 1 KStG, den laufenden Einnahmen i.S.d. § 2 Abs. 2 Satz 1 InvStG sowie
- den sonstigen Gewinnen und Verlusten aus Veräußerungsgeschäften i.S.d. § 8b Abs. 2 und 3 KStG zuzuordnen.

94 Die Zuordnung geschieht unverändert anhand der sogenannten Aktienquote, die das Quellvermögen dieser Erträge im Verhältnis zum Gesamtvermögen des Investmentfonds widerspiegelt. Insoweit kann nach oben auf Abschnitt e) zu den Ausführungen zu Nr. 2a verwiesen werden. Davon abgesehen ist Nr. 2b ein von Nr. 2a unabhängige, selbständige Zuordnungsvorschrift.

95 Auf Stufe 2b (auch schon nach Stufe 4 a.F.) ergibt sich seit Einführung der Steuerpflicht auf *sog. Streubesitzdividenden* gemäß § 8 Abs. 4 KStG folgendes Problem: Streubesitzdividenden sind bei körperschaftlichen Anlegern nicht länger nach § 8b Abs. 1 KStG begünstigt. Die Bezugnahme in Abs. 3 Satz 2 Nr. 4 a.F. war insoweit zu weit geworden und die Kostenregelung für diese Anlegergruppe dem Grunde nach nicht anwendbar.[191] In einem Schreiben an die Fachverbände hat das BMF[192] dahingehend „geholfen," dass es für Zwecke der Ermittlung der Bemessungsgrundlage der Kapitalertragsteuer nicht beanstandet wird, wenn analog zu BMF v. 18.8.2009 Rn. 149 einheitlich auf Privatanleger abgestellt wird. Es wird ferner nicht beanstandet, wenn analog zu Rn. 70 bei Publikumssondervermögen für private und betriebliche Anleger dieselben Verlustverrechnungskategorien gelten. Dieser Lösungsvorschlag der Finanzverwaltung wurde vom AIFM-StAnpG aufgegriffen und im neu gefassten Abs. 3 Satz 3 Nr. 2b dahingehend gesetzlich bestätigt, dass die Kostenregelung für die von der Bezugnahme auf § 8b Abs. 1 KStG erfassten Einnahmen – ungeachtet des § 8 Abs. 4 KStG – gilt, also auch für die körperschaftlichen Anleger, bei denen die Dividenden wegen Nichterreichung der 10%-Beteiligungsquote nicht steuerlich begünstigt sind. Die Aktienquote wird (wie auch der

---

[189] BMF v. 18.8.2009 Rn. 61.
[190] Statt aller nach wie vor Berger/Steck/Lübbehüsen/*Köhler* § 3 InvStG Rn. 112.
[191] *Hillebrand/Klamt/Migirov* DStR **2013** 1646; zur Streubesitzdividende auch *Haisch/Helios* Der Betrieb **2013** 724.
[192] BMF v. 9.7.2013 IV C 1 – S 1980-1/12/10014 BeckVerw 274282.

Aktiengewinn[193] i.S.d. § 8) damit bei Publikumsfonds für alle Anlegertypen einheitlich, auf Basis von teilweise nicht begünstigten Teilmengen, ermittelt. Diese vereinfachte Ertragsermittlung gilt allerdings nur für Publikumsfonds. Für Spezialfonds, die gemäß § 15 Abs. 1a nicht der verschärfenden Streubesitzregelung unterliegen, ist es weiterhin erforderlich, hinsichtlich der Zuordnung der allgemeinen Kosten zu den laufenden Einnahmen zwischen steuerbegünstigten Dividenden und steuerpflichtigen Streubesitzdividenden zu trennen und eine neue Verlustkategorie zu begründen. Das ist der spezielle Regelungsgegenstand in der Variante von Teilschritt 2 gemäß Abs. 3 Satz 7, der nur für Spezialfonds innerhalb der Stufe 2b zur Anwendung kommt (siehe sogleich unter Rn. 99).

Die eigentliche Neuerung im Zuge der Neufassung von Abs. 3 Satz 3 Nr. 2b liegt darin, dass die anhand der Aktienquote ermittelten anteiligen Allgemeinkosten nunmehr kurz gesprochen wie folgt zuzuordnen sind: **96**
– den laufenden Einnahmen i.S.d. § 8b Abs. 1 KStG (insbes. Dividenden) einerseits und
– den Veräußerungsgewinnen und Verlusten i.S.v. § 8b Abs. 2 KStG (insbes. aus Aktienveräußerungen) andererseits.[194]

Das wiederum geschieht innerhalb der Nr. 2b nach den in Abs. 3 Satz 4–9 niedergelegten Teilschritten:

Teilschritt 1: Grobzuordnung anhand der positiven Salden; Satz 4

Es sind jeweils die in Frage kommenden Einnahmekategorien bei den laufenden Einnahmen einerseits (z.B. Dividenden) und Gewinne aus Veräußerungsgeschäften andererseits (z.B. Aktienveräußerungen) für diesen Vergleich zu ermitteln. **97**

Aufteilungsmaßstab ist der positive Saldo von laufenden Einnahmen einerseits (hier Dividenden und gleichgestellte Fälle) im Verhältnis zum positiven Saldo aus Gewinnen und Verlusten aus Veräußerungsgeschäften (hier Aktienveräußerungen und gleichgestellte Fälle).

Als Ausgangsgröße sind die Bruttoeinnahmen heranzuziehen, die erst durch den Werbungskostenabzug auf Fondsebene zur Nettogröße werden. Hier kann es in der Praxis indessen zu Problemen kommen, weil vielfach in der Buchhaltung manche Kosten (insbesondere Transaktionskosten) direkt mit den Einnahmen verrechnet werden. Hier wird man ggf. die bisherige Praxis umstellen müssen im Lichte des neuen Erfordernisses, auch den Veräußerungsgewinnen ein Kostenanteil zuzuordnen.

Berücksichtigt werden dabei dem Grunde nach nur positive Salden je Kategorie.

Nach Satz 5 bleiben Verlustvorträge für die Ermittlung der Salden unberücksichtigt.

Fehlt es insgesamt an positiven Salden ist eine hälftige Zuordnung zwischen laufenden Einnahmen und Veräußerungsgewinnen vorzunehmen.

Teilschritt 2: Verteilung innerhalb der laufenden Erträge; Satz 6

Bei der Verteilung auf die einzelnen Ertragskategorien innerhalb der jeweiligen Ertragsgruppe (Verlustverrechnungskategorie) werden nur positive Salden berücksichtigt. **98**

---
193 BMF v. 9.7.2013 IV C 1 – S 1980-1/12/10014 BeckVerw 274282.
194 Begründung zum AIFM-StAnpG Gesetzesantrag vom 24.10.2013 BRDrucks. 740/13 S. 49.

Anders formuliert: Ertragskategorien mit negativem Saldo ziehen keine Allgemeinkosten auf sich.

Variante Teilschritt 2: Verteilung gemäß Rückausnahme für Streubesitzdividenden bei Spezialfonds; Satz 7

99 Satz 7 statuiert eine Sonderregelung für die laufenden Einnahmen im Sinne der Stufe 2b. Nach Satz 7 sind den laufenden Einnahmen i.S.d. Stufe 2b die Werbungskosten im Verhältnis des positiven Vorjahres-Saldos der laufenden Einnahmen i.S.d. § 15 Abs. 1a i.V.m. § 8b Abs. 1 KStG einerseits und des positiven Vorjahres-Saldos der laufenden Einnahmen i.S.d. § 2 Abs. 2 Satz 1 andererseits zuzuordnen. Satz 7 zielt auf die Rückausnahme für Streubesitzdividenden gemäß § 15 Abs. 1a und gilt damit nur für Spezialfonds.

Der Ausschluss der Begünstigung für Streubesitzdividenden nach § 8b Abs. 1 und 4 KStG wird durch § 2 Abs. 2 Satz 1 auf Fondsebene übertragen, allerdings für Spezialfonds in § 15 Abs. 1a wieder rückgängig gemacht. Dividenden sind also danach zu unterscheiden, ob Streubesitzdividenden dem Privileg nach § 8b Abs. 1 unterfallen (so nur noch bei Spezialfonds) oder nicht mehr (so bei Publikumsfonds nach dem typisierenden Ausschluss nach § 2 Abs. 2 Satz 1). Das gilt, obwohl in Abs. 3 Satz 3 Nr. 2b ausdrücklich geregelt ist, dass die Kostenzuordnung nach Stufe 2b ungeachtet der konkreten Anwendung von § 8 Abs. 4 i.V.m. § 15 Abs. 1a erfolgt. Diese gesetzlich bestätigte Vereinfachung in der Ertragsermittlung auf Stufe 2b gilt aber nur für Publikumsfonds, nicht für Spezialfonds. Somit ist eine weitere Ertragskategorie und eine weitere Aufgliederung der Werbungskosten für Spezialfonds notwendig. Diese Aufteilung erfolgt laut Gesetzesbegründung zeitlich, nachdem die Werbungskosten innerhalb der Ertragsart den laufenden Erträgen und den Veräußerungsgewinnen zugeordnet wurden.[195]

Weitere Zuordnungsanforderungen oder -möglichkeiten für Publikumsfonds ergeben sich daraus nicht.

Teilschritt 3: Verteilung innerhalb der Gewinne/Verluste aus Veräußerungsgeschäften; Satz 8

100 Es gilt das zu Teilschritt 2 Gesagte sinngemäß.

101 **g) Stufe 3: Zuordnung der Rest-Allgemeinkosten zu den verbleibende laufenden Einnahmen und sonstigen Gewinnen/Verlusten aus Veräußerungsgeschäften; Abs. 3 Satz 3 Nr. 3.** Ein nach Anwendung von Stufe 1, Stufe 2a und Stufe 2b verbleibender Rest an Allgemeinkosten ist nunmehr ebenfalls
- den verbleibenden laufenden Einnahmen einerseits sowie
- den verbleibenden sonstigen Gewinnen und Verlusten aus Veräußerungsgeschäften andererseits

zuzuordnen.

Als laufende Einnahmen der Stufe 3 kommen insbesondere in Betracht:
- Kapitalerträge i.S.v. § 20 Abs. 1, soweit sie nicht schon Stufe 2a und Stufe 2b unterfallen, also insbesondere Nr. 7 = Zinsen
- inländische Mieterträge und

---

[195] Begründung zum AIFM-StAnpG Gesetzesantrag vom 24.10.2013 BRDrucks. 740/13 S. 49.

- sonstige Erträge (einschließlich der „Rest-Kapitalerträge" laut Negativ-Definition in § 1 Abs. 3 Satz 3 Nr. 1 i.V.m. § 20 Abs. 1 Nr. 11 EStG = Stillhalterprämien, und der Ergebnisse aus G-Papieren; str.)

Als Gewinne und Verluste aus Veräußerungsgeschäften kommen in Betracht:
- Gewinne aus Kapitalerträgen i.S.v. § 20 Abs. 2 EStG laut Negativ-Definition in § 1 Abs. 3 Satz 3, soweit sie nicht schon Stufe 2a und Stufe 2b unterfallen.
- Gewinne aus privaten Grundstücks-Veräußerungsgeschäften i.S.d. § 23 Abs. 1 Satz 1 Nr. 1 EStG (= innerhalb der 10-jährigen Haltefrist) und schließlich
- als *sonstige* Gewinne und Verluste aus Veräußerungsgeschäfte die Gewinne aus privaten Grundstücksveräußerungsgeschäften nach Ablauf der 10-jährigen Haltedauer.[196]

Die Zuordnung i.e. wiederum geschieht innerhalb der Nr. 3 nach den in Abs. 3 Satz 4–9 niedergelegten Teilschritten:

Teilschritt 1: Grobzuordnung anhand der positiven Salden; Satz 4

Aufteilungsmaßstab ist der positive Saldo von laufenden Einnahmen im Verhältnis zum positiven Saldo aus Gewinnen und Verlusten aus Veräußerungsgeschäften. **102**

Es sind also jeweils die in Frage kommenden Einnahmekategorien bei den laufenden Einnahmen einerseits (z.B. Zinsen, sonstige Erträge, Mieterträge) und Gewinne aus Veräußerungsgeschäften andererseits für diesen Vergleich zu ermitteln.

Als Ausgangsgröße sind die Bruttoeinnahmen heranzuziehen, die erst durch den Werbungskostenabzug auf Fondsebene zur Nettogröße werden.

Berücksichtigt werden dabei dem Grunde nach nur positive Salden je Kategorie.

Nach Satz 5 bleiben Verlustvorträge für die Ermittlung der Salden unberücksichtigt.

Fehlt es insgesamt an positiven Salden ist eine hälftige Zuordnung zwischen laufenden Einnahmen und Veräußerungsgewinnen vorzunehmen.

Teilschritt 2: Verteilung innerhalb der laufenden Erträge; Satz 6

Bei der Verteilung auf die einzelnen Ertragskategorien innerhalb der jeweiligen Ertragsgruppe (Verlustverrechnungskategorie) werden nur positive Salden berücksichtigt. **103**
Anders formuliert: Ertragskategorien mit negativem Saldo ziehen keine Allgemeinkosten auf sich.

Teilschritt 3: Verteilung innerhalb der Gewinne/Verluste aus Veräußerungsgeschäften; Satz 8

Es gilt das zu Teilschritt 2 Gesagte sinngemäß. **104**

h) Zeitliche Anwendung – Übergangsregelung. Nach § 22 Absatz 3 Satz 2 ist die **105** Neufassung des Absatz 3 erstmals auf Geschäftsjahre anzuwenden, die nach dem 31. Dezember 2013 beginnen. Verabschiedet wurde das Gesetz am 29.11.2013. In Kraft getreten ist das Gesetz am Tag nach der Verkündung im Bundesgesetzblatt, also per 24.12.2013.[197] Der Ruf nach einer Übergangsregelung war (wieder mal) unvermeidlich.

---

196 Begründung zum AIFM-StAnpG Gesetzesantrag vom 24.10.2013 BRDrucks. 740/13 S. 48.
197 AIFM-StAnpG v. 28./29.11.2013 BGBl. I 2013 S. 4318.

Dem Bundesministerium der Finanzen sind dann auch von Seiten der Verbände Stellungnahmen eingereicht worden, in denen um eine Übergangsregelung zu der Werbungskostenaufteilung nach § 3 Absatz 3 InvStG i.d.F. des AIFM-StAnpG in Form einer Verwaltungsregelung gebeten wird. Es wurde zu Recht darauf hingewiesen, dass die Neuordnung des Werbungskostenabzugs umfangreiche Programmierarbeiten erforderlich mache und um eine Übergangsregelung erbeten.

Aus einer per 13.12.2013 an die Verbände übermittelten E-Mail des Bundesministeriums der Finanzen an die Verbänden ergibt sich, dass den obersten Finanzbehörden folgende Übergangsregelung zur Abstimmung vorgeschlagen wurde:

Die Finanzverwaltung wird es bei Publikums-Investmentfonds nicht beanstanden, wenn die Werbungskostenaufteilung nach § 3 Abs. 3 InvStG i.d.F. des AIFM-StAnpG erstmals auf Geschäftsjahre angewendet wird, die nach dem 31.3.2014 beginnen bzw. begonnen haben.[198] Bei Spezialfonds ist eine Übergangsregelung nicht geboten. Zwar hat die Neuregelung Bedeutung auch für den Zwischengewinn und den Aktiengewinn. Bei Spezialfonds muss jedoch keine tägliche Ermittlung und Veröffentlichung dieser Werte erfolgen, daher ist auch eine rückwirkende Korrektur dieser Größen möglich.

Mit offiziellem Schreiben vom 23.4.2014 bzw. vom 4.6.2014 an die Verbände[199] führt das Bundesfinanzministerium ferner aus:

Die Finanzverwaltung wird es nicht beanstanden, wenn die für die Aufteilung der Werbungskosten heranzuziehenden positiven Salden von Einnahmen des vorangegangenen Geschäftsjahres spätestens erst nach Ablauf von vier Monaten im neuen Geschäftsjahr angewendet werden und davor übergansweise der im vorangegangenen Geschäftsjahr bereits angewendete Aufteilungsschlüssel fortgeführt wird. Die Finanzverwaltung wird es zudem nicht beanstanden, wenn rückwirkende Korrekturen des unter Zugrundelegung der Werte des weiter zurückliegenden Jahres ermittelten Zwischen-, Aktien- und Immobiliengewinns bei Publikums-Investmentfonds unterbleiben. Bei Spezial-Investmentfonds ist jedoch eine rückwirkende Korrektur des Zwischen-, Aktien- und Immobiliengewinns vorzunehmen, wenn die vorläufig verwendeten Werte eines weiter zurückliegenden Jahres von den Vorjahreswerten abweichen.

V. Verlustverrechnung; Abs. 4

106 Gemäß Abs. 4 sind negative Erträge des Investmentfonds bis zur Höhe der positiven Erträge gleicher Art mit diesen zu verrechnen. Nicht ausgeglichene negative Erträge sind in den folgenden Geschäftsjahren auszugleichen.

Die mit dem InvModG 2004 eingeführte Regelung hat konstitutiven Charakter und geht als lex specialis den ertragsteuerlichen Verlustausgleichsvorschriften (§§ 10d; 15a EStG) vor.[200] Die bis dahin gängige Ansicht, dass Verluste auf Anlegerebene Berücksichtigung finden können, sollte mit der Neuregelung gerade unterbunden werden.[201] In den Besteuerungsgrundlagen nach § 5 Abs. 1 dürfen den Anlegern keine negativen Erträge ausgewiesen/zugewiesen werden.[202]

---

[198] Dieser Teil wurde zwischenzeitlich offiziell bestätigt durch BMF v. 3.6.2014 IV C 1 – S 1980-1/13/1007:002 Dok 2014/0498740.
[199] BMF v. 23.4.2014 IV C 1 – S 1980-1/13/10007:002 Dok 2014/0363858; zwischenzeitlich ersetzt durch BMF v. 4.6.2014 IV C 1 – S 1980-1/13/10007:002 Dok 2014/0500897.
[200] Haase/*Steinmüller* § 3 InvStG Rn. 318; Littmann/Btz/Pust/*Ramackers* § 3 InvStG Rn. 40; Beckmann/Scholtz/Vollmer/*Elser* § 3 InvStG Rn. 65; Berger/Steck/Lübbehüsen/*Köhler* § 3 InvStG Rn. 143.
[201] Begründung zum InvModG 2004 BTDrucks. 15/1553 S. 125.
[202] Berger/Steck/Lübbehüsen/*Köhler* § 3 InvStG Rn. 141.

Nicht ausgeglichene Erträge sind also zwingend auf Fondsebene in das nächste Geschäftsjahr vorzutragen. Eine Verlustverrechnung mit anderen Einkünften auf Anlegerebene scheidet aus.[203] Das kann zu Verschiebungen in der Nutzung der Verlustvorträge führen. Die während der Besitzzeit nicht ausgeglichenen Verluste gehen dem Anleger, der den Anteil zurück gibt, verloren; während sich das Verlustpotential für den Neueinsteiger günstig auswirkt, soweit es auf Fondsebene künftige, positive Erträge reduziert.[204]

Aus dem Wortlaut ergibt sich eine weitere Einschränkung insoweit, als die Verrechenbarkeit an die *Gleichartigkeit der Erträge* geknüpft ist. „Gleichartige Erträge" bezieht sich hier auf die Ertragskategorien der Eingangsseite gemäß der ersten Stufe der Einkommensermittlung auf Fondsebene, so wie sie gemäß Definition in § 1 Abs. 3 Bestandteil der ausgeschütteten bzw. ausschüttungsgleichen Erträge werden – und nicht etwa (allein) auf die ertragsteuerlichen Ertragsarten.[205] **107**

Die Gleichartigkeit ist gegeben, wenn für die ausgeschütteten und ausschüttungsgleichen Erträge die materiellen steuerlichen Folgen, einschließlich des Steuerabzugs, auf Anlegereben gleich sind hinsichtlich:[206]
– Steuerbarkeit
– Umfang der Steuerpflicht/Steuerbefreiung
– Zeitpunkt der steuerlichen Erfassung
– Steuerabzug.

Das setzt voraus, dass die steuerlichen Folgen im Ausschüttungsfall und im Thesaurierungsfall vergleichbar sind – und nicht etwa nur im Fall der ausschüttungsgleichen Erträge.[207] Ausschüttungsgleiche Erträge sind somit nicht mit Erträgen zu verrechnen, die nur im Ausschüttungsfall zu steuerbaren Einnahmen beim Anleger führen. Die materielle steuerliche Erfassung ist in diesem Fall nicht gleich hinsichtlich Steuerbarkeit und zeitlicher Erfassung.[208] Nicht ausgleichsfähig sind aus diesem Grunde etwa positive Zinsen (steuerbar ausschüttungsunabhängig) und Verluste aus Termingeschäften (steuerbar nur im Ausschüttungsfall).[209]

Konnten am Ende des Geschäftsjahres nicht alle negativen Erträge mit positiven Erträgen gleicher Art verrechnet werden, sind diese in das nächste Geschäftsjahr vorzutragen und dann nach denselben Grundsätzen auszugleichen.

Das Erfordernis der Gleichartigkeit in den materillen steuerlichen Folgen auf Anlegerebene erfordert dem Grunde nach, dass die Investmentgesellschaft für alle denkbaren Konstellationen/Anlegertypen separate Verlustverrechnungskreise zu bilden und dabei jeweils unterschiedliche Verlustverrechnungskategorien zu beachten hat. **108**

---

203 BMF v. 18.8.2009 Rn. 71.
204 *Sradj/Mertes* DStR **2003** 1681.
205 So auch Haase/*Steinmüller* § 3 InvStG Rn. 327; nicht konsequent insoweit Beckmann/Scholtz/Vollmer/*Elser* § 3 InvStG Rn. 59, als er in Rn. 59 auf die einkommensteuerliche Systematik abstellt, in Rn. 61–63 aber gleicher Ansicht ist wie hier und in Rn. 65 ebenfalls den lex specialis Charakter herausstellt.
206 So (erst) in der Begründung zum EURLUmsG BTDrucks. 15/3677 49; *Sradj/Mertes* DStR **2004** 201.
207 Missverständlich insoweit BMF v. 18.8.2009 Rn. 69 Satz 2, der im Widerspruch zu Satz 1 steht.
208 So auch Berger/Steck/Lübbehüsen/*Köhler* § 3 InvStG Rn. 145; **a.A.** insoweit Haase/*Steinmüller* § 3 InvStG Rn. 327, der hinsichtlich der zeitlichen Erfassung entgegen der Unterschiede im Zufluss gemäß § 2 Abs. 1 Satz 2–4 und entgegen der Unterschiede im Steuerabzug einheitlich auf das Geschäftsjahresende abstellen will.
209 In der Sache gleicher Ansicht Beckmann/Scholtz/Vollmer/*Elser* § 3 InvStG Rn. 63.

Bildung von Verlustverrechnungskategorien

Die sich aus alledem ergebenden Kategorien, bei denen jeweils eine Verrechnung negativer Erträge mit positiven Erträgen gleicher Art möglich ist, versucht die Finanzverwaltung in Anhang 3 zum Einführungsschreiben in sog. Verlustkategorien aufzulisten:[210]

Für Publikums-Investmentvermögen

Bei Publikums-Investmentvermögen gelten für private und betriebliche Anleger dieselben Kategorien.

Es sind 10 Kategorien zu bilden, bei denen jeweils eine Verrechnung negativer Erträge mit positiven Erträgen des Investmentvermögens zulässig ist:

Kategorie 1 Bei Thesaurierung und Ausschüttung steuerpflichtige in- und ausländische Erträge ohne in- und ausländische Dividenden bzw. REIT-Dividenden
- Zinsen
- sonstige Erträge einschließlich Erträge aus Wertpapierleihe
- Mieterträge, sofern nicht DBA steuerfrei
- Ergebnisse aus der Veräußerung von nach dem 31. Dezember 2008 erworbenen Kapitalforderungen, die nicht unter § 1 Abs. 3 Nummer 1 Buchstabe a) bis f) InvStG n.F. (= G-Papiere) fallen (Nichtsteuerbarkeit bei Thesaurierung), bei Erwerb vor dem 1. Januar jedoch nur, wenn es sich um Finanzinnovationen i.S.d. § 20 Abs. 2 Satz 1 Nr. 4 EStG in der bis zum 31. Dezember 2008 anzuwenden Fassung handelt.
- Ergebnisse aus der Veräußerung von Immobilien bei einer Haltedauer von nicht mehr als 10 Jahren, sofern nicht nach DBA steuerfrei.

Kategorie 2 inländischen Dividenden ohne Dividenden von REIT-AGs
Kategorie 3 ausländischen Dividenden ohne REIT Dividenden
Kategorie 4 Dividenden (inländischer REIT-Aktiengesellschaften
Kategorie 5 Dividenden anderer (ausländischer) REITs
Kategorie 6 Alt-Veräußerungsgewinne, die nicht dem Halb-/Teileinkünfteverfahren bzw. § 8b KStG unterliegen
- Ergebnisse aus der Veräußerung von vor dem 1. Januar 2009 angeschafften Wertpapieren mit Ausnahme von Finanzinnovationen i.S.d. § 20 Abs. 2 Satz 1 Nr. 4 EStG in der am 31. Dezember 2008 anzuwendenden Fassung.
- Ergebnisse aus vor dem 1. Januar 2009 eingegangenen Termingeschäften (vor Anwendbarkeit des InvStG realisierte Verluste aus Termingeschäften sind weiterhin nur mit Gewinnen aus Termingeschäften verrechenbar)
- Gewinne aus dem Verkauf von Immobilien mit einer Haltedauer von mehr als zehn Jahren

Kategorie 7 Alt-Veräußerungsgewinne, die dem Halb-/Teileinkünfteverfahren bzw. § 8b KStG unterliegen
Kategorie 8 Neu-Veräußerungsgewinne, die nicht dem Teileinkünfteverfahren unterliegen
- nach § 1 Abs. 3 Nr. 1 InvStG n.F. bei Thesaurierung nicht steuerbare Kapitalerträge und Gewinn mit Ausnahme der Gewinne i.S.d. § 20 Abs. 2 Satz 1 Nr. 1 EStG

---

[210] BMF v. 18.8.2009 Rn. 70 i.V.m. Anhang 3.

Kategorie 9 Neu-Veräußerungsgewinne, die dem Teileinkünfteverfahren unterliegen
– Gewinne i.S.d. § 20 Abs. 2 Satz 1 Nr. 1 EStG
Kategorie 10 nach § 4 Abs. 1 InvStG nach DBA steuerfrei Erträge
– Mieterträge, die nach DBA steuerfrei sind
– Gewinn aus dem Verkauf von Immobilien bei einer Haltedauer von nicht mehr als zehn Jahren, die nach DBA steuerfrei sind.

Für Spezial-Investmentvermögen

Es gelten dieselben Kategorien wie für Publikums-Investmentvermögen. Zusätzlich sind folgende Kategorien zu bilden:
Kategorie 11 Erträge aus Wertpapierleihgeschäften (§ 15 Abs. 1 Satz 7 InvStG)
Kategoire 12 Erträge i.S.d. § 15 Abs. 2 InvStG (Immobilien-Spezialfonds)

Bei Spezialinvestmentvermögen ist es nicht zu beanstanden, wenn einzelne der vorstehend genannten Kategorien zusammengefasst werden, soweit die in den Kategorien enthaltenen Erträge beim Anleger denselben Rechtsfolgen unterliegen und sich hinsichtlich dieser zusammengefassten Erträge dieselben steuerlichen Auswirkungen bei allen Anleger des Fonds ergeben.

Die Finanzverwaltung erlaubt es den Gesellschaften, die Ermittlung auf die drei Grund-Anlegertypen zu beschränken:[211]
– natürliche Personen Privatvermögen
– natürliche Personen Betriebsvermögen mit § 3 Nr. 40 EStG Begünstigung
– Körperschaftliche Anleger Betriebsvermögen mit § 8b KStG Begünstigung.

Bei *Publikumsfonds* sollen zur Vereinfachung darüber hinaus für private und betriebliche Anleger dieselben Kategorien gelten.[212] Damit soll die Fortführung unterschiedlicher Verlustvorträge vermieden werden.

Bei *Spezialfonds* sind nach Ansicht der Finanzverwaltung anlegerspezifische Verlustverrechnungen durchzuführen, ggf. unter Zusammenfassung oder Erweiterung der Verrechnungskreise.[213]

Kritische Anmerkungen

Diese Verlustkategorien spiegeln den Gesetzesstand des UntStRefG 2008 wieder, mit dem per 1.1.2009 die Abgeltungssteuer eingeführt wurde. Das zeigt sich rein redaktionell an der überholten Terminologie (Investmentvermögen statt neu Investmentfonds). **109**

Die „Vereinfachung" durch die Kategorien beinhaltet einerseits vom Gesetz nicht gedeckte Beschränkungen in den Verlustverrechnungsmöglichkeiten des Anlegertyps natürliche Person Privatanleger – ist andererseits für eine praktikable Umsetzung der komplexen Regelung zwingend erforderlich: **110**

Mit der Einführung der Abgeltungssteuer für Privatanleger per 1.1.2009 durch das UntStReformG 2008 ist das Halbeinkünfteverfahren weggefallen. Die Dividende ist für den Privatanleger voll steuerpflichtig und sollte daher dem Grunde nach auch mit Zinsen oder inländischen Mieterträgen verrechenbar sein. Insoweit wäre also dem Grunde nach eine weiterer Differenzierung bei dieser Verlustverrechnungskategorie nach Anlegertyp

---
211 BMF v. 18.8.2009 Rn. 70.
212 BMF v. 18.8.2009 Rn. 70.
213 BMF v. 18.8.2009 Rn. 70.

geboten. Die Verrechnung ist nur für den betrieblichen Anleger ausgeschlossen.[214] Die Finanzverwaltung „hilft" indem es nicht beanstandet wird, wenn insoweit die Aufteilung der Werbungskosten auch bei Privatanlegern nach Abs. 3 Satz 2 Nr. 3 a.F. (= Abs. 3 Satz 3 Nr. 2a n.F.) zur Anwendung kommt.[215] Und weiter: Bei Publikumsfonds gelten im Zuge der Verlustverrechnung nach Absatz 4 für alle privaten und betrieblichen Anlegerkategorien dieselben Ertragskategorien.[216] Das impliziert, dass auch für Privatanleger – unabhängig davon, ob § 3 Nr. 40 konkret anwendbar ist – Dividenden als eigene Ertragskategorie zu führen sind, der folglich Werbungskosten entsprechend der Stufenregelung zuzuordnen sind.[217] Das Problem wurde durch das AIFM-StAnpG nicht beseitigt, vielmehr muss weiterhin auf die zitierte Nichtbeanstandungsregel – bestätig durch BMF v. 9.7.2013[218] – zurückgegriffen werden, soll eine weitere Berechnungsvariante vermieden werden.[219] Das Thema korrespondiert mit der Problemstellung bei der Kostenzuordnung nach der Aktienquote gemäß Abs. 3 Satz 3 Nr. 2a (vgl. Rn. 88).

111 Auch soweit Verlustkategoiren mit Blick auf Unterschiede im Steuerabzugsverfahren gebildet wurden (Unterscheidung zwischen inländischer und ausländischer Dividende in Kategorie 2–5), ergeben sich Bedenken insoweit, als die Vereinfachung zugleich eine Beschränkung beinhaltet. Materiell ergeben sich für den Privatanleger steuerlich keine Unterschiede in der Behandlung von in- bzw. ausländischen Dividenden – ob ausgeschüttet oder nicht. Dass im Abzugsverfahren nach § 7 in der Fassung des UntStRefG zwischen Zahlstelle und Investmentgesellschaft als Abzugsverpflichteter zu unterscheiden war, ist für den privaten Anleger (natürliche Person) unerheblich.[220] Das gilt umso mehr als diese Unterscheidung zwischenzeitlich mit Einführung der Zahlstellenregelung für in- und ausländische Dividenden, im Thesaurierungs- wie im Ausschüttungsfall, durch das OGAW-IVUmsG weggefallen ist.[221] Materielle Unterschied ergeben sich aus dem Steuerabzugsverfahren bestenfalls für betriebliche Anleger mit Blick auf mögliche Abstandnahmen vom Steuerabzug nach § 43 Abs. 2 bzw. § 44a Abs. 1 und 10 EStG. Insoweit spräche seit Wegfall des Halbeinkünfteverfahrens nichts dagegen, die Kategorien 1–5 für den Privatanleger zusammenzufassen. Dass die weitere Untergliederung mit Blick auf Unterschiede im Steuerabzugsverfahren für die Praxis durchaus positive Effekte hat, ist keine dogmatisch saubere Begründung für die geforderte Unterscheidung (= Beschränkung der Verlustverrechnungsmöglichkeiten für den Anleger natürliche Person Privatvermögen). Dann wäre es konsequenter, die „Gleichartigkeit" nicht so eng zu definieren, wenn im Ergebnis doch mit Blick auf praktische Notwendigkeiten im Abzugsverfahren willkommene Ausnahmen unvermeidlich sind.

Weiterer Anpassungsbedarf ergibt sich durch die geänderte materielle Gesetzeslage des InvStG in Gestalt des AIFM-StAnpG.

---

214 Berger/Steck/Lübbehüsen/*Köhler* vertritt folgerichtig die Ansicht, dass für Privatanleger die Allgemeinkosten dann bei den Dividenden ungekürzt abzugsfähig sein müssten – verweist dann aber auch auf den von der Finanzverwaltung angebotenen Ausweg zur Vermeidung einer weiteren Berechnungs- und Veröffentlichungsvariante. So auch Haase/*Steinmüller* § 3 InvStG Rn. 330. Blümich/*Wenzel* § 3 InvStG Rn. 27 erklärt die Vereinfachungsregel für obsolet, lässt die Frage, wie die Praxis mit dem Ermittlungsproblem umgehen soll, aber offen.
215 BMF v. 18.8.2009 Rn. 61.
216 BMF v. 18.8.2009 Rn. 70.
217 *Ebner/Jensch* Recht der Finanzinstrument **2014** 311.
218 BMF v. 9.7.2013 IV C 1 – S 1980-1/12/10014 an die Verbände unter Hinweis auf BMF v. 18.8.2009 Rn. 70.
219 *Hillebrand/Klamt/Migirov* DStR **2013** 1646.
220 Berger/Steck/Lübbehüsen/*Köhler* § 3 InvStG Rn. 145 und 156.
221 OGAW-IV-Umsetzungsgesetz v. 22.6.2011 BGBl. I 1126.

Das zeigt sich nachdrücklich im Hinblick auf die neue, mehrstufige Regelung zum Werbungskostenabzug gemäß Abs. 3 in der Neufassung des AIFM-StAnpG. Nach dem hier präferierten Ansatz ist eine Zusammenschau mit den Verlustkategorien unvermeidlich für die Ausgestaltung der Teilschritte nach Satz 4–9, die jeweils innerhalb der drei Stufen nach Satz 3 zu durchlaufen sind. Hier sind unterschiedliche Lösungsansätze denkbar, die von Literatur und Praxis in Abstimmung mit der Finanzverwaltung noch zu diskutieren sind (vgl. Rn. 64 ff.). 112

Für Schachteldividenden i.S.d. § 15 Abs. 1a i.V.m. § 8b Abs. 1 und 4 KStG wäre an sich eine weitere Verlustkategorie einzufügen. Streubesitzdividenden sind bei körperschaftlichen Anlegern nicht länger nach § 8b Abs. 1 KStG begünstigt. Die Bezugnahme in Abs. 3 Satz 2 Nr. 4 a.F. war insoweit zu weit geworden und die Kostenregelung für diese Anlegergruppe dem Grunde nach nicht anwendbar.[222] Die Streubesitzdividende dürfte nicht länger in die Dividenden-Kategorien 2 und 3 eingehen. In einem Schreiben v. 9.7.2013 an die Fachverbände hat das BMF dahingehend „geholfen," dass es nicht beanstandet wird, wenn analog zu BMF-Schr. v. 18.8.2009 Rn. 70 bei Publikumssondervermögen für private und betriebliche Anleger dieselben Verlustverrechnungskategorien gelten. Es wird nicht beanstandet, wenn die Streubesitzdividenden, die einem Investmentvermögen ab dem 1.3.2013 zufließen, für vor dem 1.1.2014 beginnende Geschäftsjahre weiterhin den bisherigen Verlustverrechnungskategorien zugeordnet werden.[223] Dieser Lösungsvorschlag der Finanzverwaltung wurde vom AIFM-StAnpG aufgegriffen und im neu gefassten Abs. 3 Satz 3 Nr. 2b dahingehend gesetzlich bestätigt, dass die Kostenregelung für die von der Bezugnahme auf § 8b Abs. 1 KStG erfassten Einnahmen – ungeachtet des § 8 Abs. 4 KStG – gilt, also auch für die körperschaftlichen Anleger, bei denen die Dividenden wegen Nichterreichung der 10%-Beteiligungsquote nicht steuerlich begünstigt sind. Das Thema korrespondiert mit der Problemstellung bei der Kostenzuordnung nach der Aktienquote gemäß Abs. 3 Satz 3 Nr. 2b (vgl. Rn. 95). 113

Für Spezialfonds ist dagegen eine bisher nicht existente Verlustkategorie anzulegen für körperschaftliche Anleger, die danach unterscheidet, ob begünstigte Schachteldividenden vorliegen oder nicht. Das ist Folge der besonderen Variante in der Kostenregelung für Schachteldividenden bei Spezialfonds nach Abs. 3 Satz 7 (vgl. Rn. 99).

Für ausländische Investmentfonds ist die Untergliederung nach den Verlustkategorien inländischen Dividenden, inländische REIT-Dividenden und inländische Mieterträge nicht geboten. 114

VI. Gewinnanteile an Personengesellschaften; Abs. 5

1. Zeitliche Zuordnung. Abs. 5 regelt (nur) *die zeitliche Zuordnung* der Erträge aus Gewinnanteilen an einer Personengesellschaft. Diese Erträge gehören zu den Erträgen des Geschäftsjahres des Investmentfonds in denen das Wirtschaftsjahr der Personengesellschaft endet. Beispiel: Das Geschäftsjahr des Investmentfonds entspricht dem Kalenderjahr und endet am 31.12.X. Die Personengesellschaft hat ein abweichendes Wirtschaftsjahr, das per 30.6.X endet. Der Gewinnanteil per 30.6.X wird Ertrag des Geschäftsjahres des Investmentvermögens, das am 31.12.X endet. Entsprechendes gilt bei einem aus steuerlichen Gründen geschaffenen abweichendem Wirtschaftsjahr der Personengesellschaft.[224] 115

---

222 *Hillebrand/Klamt/Migirov* DStR **2013** 1646; zur Streubesitzdividende auch *Haisch/Helios* Der Betrieb **2013** 724.
223 BMF v. 9.7.2013 IV C 1 – S 1980-1/12/10014 BeckVerw 274282.
224 So klarstellend BMF v. 18.8.2009 Rn. 73 aE.

Verluste aus der Beteiligung an einer Personengesellschaft sind ebenfalls zum Ende des Wirtschaftsjahres der Personengesellschaft zu berücksichtigen, soweit nicht in direkter oder entsprechender Anwendung des § 15a EStG ihre Berücksichtigung ausgeschlossen ist.[225]

116 Abs. 5 spricht nur von *Gewinnanteilen* einer Personengesellschaft und zielt damit dem Wortlaut nach (nur) auf Gewinnanteile an einer *gewerblichen* Personengesellschaft. Finanzverwaltung und herrschender Meinung im Schrifttum wenden Abs. 5 zu recht auch auf *Überschüsse* aus der Beteiligung an einer *vermögensverwaltenden* Personengesellschaft an. Die Erträge des Investmentfonds aus dem Gewinnanteil der Personengesellschaft sind, wie unter II. 3. Rn. 14 ff. ausführlich dargestellt *für Ermittlungszwecke* stets Nicht-Betriebsvermögen – wie bei einer natürliche Person. Die Erfassung der Erträge erfolgt nach dem *Zufluss- und Abflussprinzip* nach § 11 EStG[226] und stellt auf das Zufließen von *Einnahmen* und die Leistung von *Ausgaben* ab, unabhängig davon, ob sie aus gewerblicher oder vermögensverwaltender Personengesellschaft stammen.

117 **2. Methode und Umfang der zu ermittelnden Erträge.** Abs. 5 bezieht sich nur auf die zeitliche Zuordnung. Auch hier gilt, wie in Abs. 3, dass durch das zeitliche Zuordnen sich die materielle Behandlung insgesamt nicht ändern soll.[227] Methode und Umfang der zu ermittelnden Erträge richten sich nach § 3 Abs. 1 und nicht nach Abs. 5. Dabei geht es darum, die auf Ebene des Investmentfonds erzielten *steuerbaren Erträge* i.S.d. § 1 Abs. 3 nach einer einheitlichen Methode zu erfassen, die dann Bestandteil der ausgeschütteten bzw. ausschüttungsgleichen Erträge aus dem Investmentanteil werden.[228] Siehe hierzu näher die Kommentierung unter II. 3. Rn. 14 ff.

Bei der Erfassung der Einnahmen aus der Beteiligung an einer Personengesellschaft auf Ebene des Investmentfonds ergeben sich bei „mittelbaren" Dividenden und Veräußerungsgewinnen Besonderheiten, mit Blick auf die Anwendung der steuerlichen Privilegierungen nach § 2 Abs. 2 (partielle Anwendung von Teileinkünfte- bzw. Halbeinkünfteverfahren)[229] und § 2 Abs. 3 (Steuerbefreiung von Grundstücksveräußerungsgewinnen):

118 **a) Vermögensverwaltende Personengesellschaft.** Bei *vermögensverwaltenden Personengesellschaften* werden den beteiligten Gesellschaftern, hier dem Investmentfonds, die Wirtschaftsgüter anteilig zugerechnet. Daraus generierte Überschüsse der Einnahmen über die Werbungkosten (laufende Erträge) werden dem Gesellschafter entsprechend ihrer Ertragsart (Kapitalertrag, Vermietung und Verpachtung oder sonstiger Ertrag) zugewiesen.

Der Gewinn aus der (unmittelbaren) Veräußerung des Wirtschaftsgutes wird beim Investmentfonds anteilig Gewinn aus Veräußerungsgeschäften i.S.d. § 1 Abs. 3 Satz 2, soweit nicht vorrangig schon Kapitalertrag i.S.d. § 1 Abs. 3 Satz 2 und 3 i.V.m. 20 Abs. 2 EStG vorliegt.

Das ergibt sich für den Fall der Ertragserzielung aus dem Wirtschaftsgut bzw. aus der Veräußerung des Wirtschaftsgutes durch die Personengesellschaft selbst aus der er-

---

[225] BMF v. 18.8.2009 Rn. 73; **a.A.** hinsichtlich der Anwendung des § 15a EStG zu recht Beckmann/Scholtz/Vollmer/*Elser* § 3 InvStG Rn. 65; Haase/*Steinmüller* § 3 InvStG Rn. 358: § 3 Abs. 4 InvStG enthalte bezüglich der (ohnehin eingeschränkten) Verlustverrechnung eine abschließende spezialgesetzliche Regelung, die § 15a EStG verdränge.
[226] BMF v. 18.8.2009 Rn. 47.
[227] BMF v. 18.8.2009 Rn. 55.
[228] Haase/*Steinmüller* § 3 InvStG Rn. 7.
[229] Hierzu siehe *Hils* BB **2009** 1151.

tragsteuerlichen Dogmatik der transparenten Personengesellschaft und der Zurechnungsnorm des § 39 Abs. 2 Nr. 2 AO.[230]

Für den Fall der mittelbaren Veräußerung der Wirtschaftsgüter durch Verkauf der Beteiligung an der Personengesellschaft folgt diese Zurechnung aus dem Kontext der investmentsteuerlichen Regelung im Investmentsteuergesetz im Verbund mit den dort geregelten Verweisen auf § 23 Abs. 1 Satz 4 bzw. § 20 Abs. 2 Satz 3 § EStG selbst.[231] Die Anschaffung oder Veräußerung einer Beteiligung an einer Personengesellschaft gilt als Anschaffung oder Veräußerung der anteiligen Wirtschaftsgüter. Ergänzend trifft § 20 Abs. 2 Satz 3 EStG zur Bestimmung der ausgeschütteten Erträge in Form der Veräußerungsgeschäfte i.S.d. § 1 Abs. 3 Satz 2 die gleiche Aussage.

Damit ist der Weg zur Anwendung der steuerlichen Privilegien, insbesondere der partiellen Anwendung des Halbeinkünfteverfahrens bzw. des Teileinkünfteverfahrens nach § 2 Abs. 2 auf Erträge aus der „doppelt transparenten" Beteiligung eines Investmentfonds an einer vermögensverwaltenden Personengesellschaft geebnet.[232]

b) Gewerbliche Personengesellschaft. Bei einer Beteiligung des Investmentfonds **120** an einer gewerblichen Personengesellschaft, wird der auf Ebene der Personengesellschaft nach Bilanzierungsgrundsätzen/Gewinnermittlungsvorschriften ermittelte Gewinnanteil dem Investmentfonds im Wege der gesonderten Feststellung zugerechnet, wird dort selbst aber nicht (nochmal) nach Bilanzierungs-/Gewinnermittlungsvorschriften ermittelt, sondern als Einnahme nach Überschusseinkünfte-Grundsätzen erfasst und Bestandteil der ausgeschütteten bzw. ausschüttungsgleichen Erträge i.S.d. § 1 Abs. 3 Satz 2 bzw. 3.[233]

Die zitierten Randnummern 46 und 47 besagen nur, und insoweit zutreffend, dass der Gewinn aus Beteiligung an der gewerblichen Personengesellschaft als *Einnahme* zu behandeln ist.

Nach der wenig präzise formulierten Ansicht der Finanzverwaltung in Randnummer **121** 14 soll jedenfalls der Gewinn aus der Veräußerung des Anteils an der Personengesellschaft Bestandteil der *sonstigen Erträge* i.S.d. § 1 Abs. 3 werden.[234] Diese Formulierung hat offenbar den Fall des § 16 Abs. 1 Nr. 2 EStG zum Hintergrund.[235]

Ob das auch für die unmittelbar von der Personengesellschaft erzielten laufenden Erträge und Veräußerungsgewinne, die dem Investmentfonds als Gewinnanteil i.S.d. § 15 Abs. 1 Nr. 2 EStG zugewiesen werden,[236] gelten soll, wird nicht klar erkennbar.

Dieser wohl als Vereinfachungsregel[237] gedachten Aussage ist – wie schon im Fall der Grundstückspersonengesellschaft – insoweit entschieden zu widersprechen, als damit die Anwendung der Begünstigungen nach § 3 Nr. 40 bzw. § 8b KStG i.V.m. § 2 Abs. 2

---

230 Berger/Steck/Lübbehüsen/*Berger* § 1 InvStG Rn. 370 mit umfassenden Nachweisen; sowie Berger/Steck/Lübbehüsen/*Lübbehüsen* § 2 InvStG Rn. 274; Beckmann/Scholtz/Vollmer/*Elser*/*Jetter* § 1 InvStG Rn. 172.
231 Berger/Steck/Lübbehüsen/*Berger* § 1 InvStG Rn. 371; *Schmittmann*/*Gerdes* IStR **2003** 541; *Kayser*/*Bujotzek* FR **2006** 49; *Jacob*/*Geese*/*Ebner* 104; **a.A.** *Wacker* DStR **2005** 2014, der auch hier § 39 Abs. 2 Nr. 2 AO anwendet unter Hinweis auf BFH v. 20.4.2004 BStBl. II 2004 98.
232 So auch Haase/*Steinmüller* § 3 Rn. 355.
233 BMF v. 18.8.2009 Rn. 46 und 74.
234 BMF v. 18.8.2009 Rn. 14; **a.A.** L/B/P *Ramackers* § 1 InvStG Rn. 68, der jedenfalls den Gewinn aus der Veräußerung eines Mitunternehmeranteils den Gewinnen aus Veräußerungsgeschäften i.S.d. § 1 Abs. 3 Satz 2 zuschlagen will, damit aber das Problem teilweise verkennt, denn das führt letztlich bei Ausschüttung zu steuerbaren, nicht begünstigten Erträgen.
235 *Hils* BB **2009** 1151.
236 BMF Schr. v. 18.8.2009 Rn. 74.
237 Beckmann/Scholtz/Vollmer/*Elser* § 3 InvStG Rn. 72.

auf in dem Gewinnanteil enthaltene „Dividendenerträge", Veräußerungsgewinne und gleichgestellte Fälle im Sinne dieser Normen ausgeschlossen wäre. Dabei liegt für den Anleger wirtschaftlich genau dasselbe Ereignis vor wie beim Fall der vermögensverwaltenden Personengesellschaft.

Diese Lösung widerspricht sowohl dem Transparenzgedanken der Personengesellschaft also auch dem Transparenzprinzip nach dem InvStG. Es ist kein Grund für diese Ungleichbehandlung erkennbar. Sie widerspricht auch den Ertragsermittlungsgrundsätzen des Abs. 3: Die Form der Ertragsermittlung (bloß sinngemäße Anwendung der Überschussrechnung nach § 2 Abs. 2 Satz 1 Nr. 2 EStG) hat keinen Einfluss auf die Art der erzielten Erträge,[238] so dass ein Investmentfonds Einnahmen aus verschiedenen Einkunftsarten haben kann. Damit kommen zwar auch gewerbliche Einkünfte in Betracht, etwa aus Beteiligung/Anteilsveräußerung bei Mitunternehmerschaft. Aber diese ertragsteuerliche Gewerblichkeitsfiktion nach § 15 Abs. 1 Nr. 2 EStG findet keine absolute Entsprechung in den Vorschriften zu Ertragsermittlung auf der Eingangsseite des Investmentfonds nach dem InvStG, so dass eine pauschale Einordnung als sonstiger Ertrag nicht zwingend ist.[239] Ähnlich wie bei der Ermittlung der gewerblichen Einkünfte nach § 8 Abs. 1 und 2 KStG bleiben beim InvStG sämtliche erzielten Einkünfte auf der Eingangsseite dem Grunde nach Kapitalerträge, Erträge aus Vermietung, sonstige Erträge oder eben Gewinne aus Veräußerungsgeschäften – das gilt auch für die fiktiven gewerblichen Einkünfte aus Mitunternehmerschaft. Das InvStG löst sich insoweit in begrenztem Umfang von den sieben Einkunftsarten des EStG,[240] sowohl auf der Eingangsseite, wie auch auf Ausgangsseite: Die Begünstigungen nach Abs. 2 bzw. die Befreiungen nach Abs. 3 auf der Ausgangsseite werden dem Anleger in Anknüpfung an die Zusammensetzung der Erträge dem Grunde nach, bei isolierender Betrachtungsweise, auf der Eingangsseite gewährt[241] – unabhängig von der fiktiven Einkünftequalifikation auf der Ausgangsseite nach dem InvStG laut Abs. 1 Satz 1 (Einkünfte aus Kapitalvermögen) und auch unabhängig von Subsidiaritätsklauseln und Gewerblichkeitsqualifikationen des EStG auf der Eingangsseite. Anders wäre eine differenzierte und adäquate Anwendung der begünstigenden Normen auch nicht möglich, weil auch die diese Begünstigung konstituierenden Formulierungen von Abs. 2 und Abs. 3 auf die Einkunftsarten bei doppelt transparenter Betrachtungsweise zurückgreifen. Nicht zuletzt deshalb ist die Inanspruchnahme der Begünstigungen/Befreiungen an die Erfüllung der dezidierten Publikationserfordernisse des § 5 Abs. 1 Satz 1 Nr. 1c) aa)–ff) geknüpft.[242]

Hils[243] und diesem folgend *Steinmüller*[244] leiten dieses Ergebnis aus § 8b Abs. 6 KStG ab, der von der Verweisung in § 2 Abs. 2 mit umfasst sei. Dazu müsste § 2 Abs. 2 umfassend als Rechtsgrundverweis gestaltet sein, was aber nur hinsichtlich der persönlichen Anwendungsbereichs auf Anlegerebene der Fall ist, nicht aber hinsichtlich der sachlich

---

238 Beckmann/Scholtz/Vollmer/*Elser* § 3 InvStG Rn. 18.
239 Berger/Steck/Lübbehüsen/*Berger* § 1 InvStG Rn. 364 und 375; Berger/Steck/Lübbehüsen/ *Lübbehüsen* § 2 InvStG Rn. 274; *Fock* DStR **2000** 855 noch zu §§ 45, 46 KAGG; *Müller* DStR **2001** 1284 noch zu §§ 45, 46 KAGG; unentschieden insoweit offenbar Beckmann/Scholtz/Vollmer/*Elser* in der älteren Kommentierung § 3 InvStG Rn. 18 gegenüber der kritischeren Sichtweise durch Beckmann/Scholtz/ Vollmer/*Elser/Jetter* in der jüngeren Kommentierung § 1 InvStG Rn. 172.
240 Berger/Steck/Lübbehüsen/*Berger* § 1 InvStG Rn. 365; ähnlich differenziert auch Beckmann/Scholtz/ Vollmer/*Elser* § 3 InvStG Rn. 16, aber dennoch der FinVerw folgend in Rn. 18, kritischer dann Beckmann/ Scholtz/Vollmer/*Elser/Jetter* § 1 InvStG Rn. 172.
241 Haase/Reiche/*Frotscher* § 2 InvStG Rn. 172, 173; insoweit übereinstimmend Beckmann/Scholtz/ Vollmer/*Elser* § 3 InvStG Rn. 8 und 18; so im Übrigen auch BMF Schr. v. 18.8.2009 Rn. 46.
242 So offenbar auch Blümich/*Wenzel* § 3 InStG Rn. 35 ohne eingehende Begründung.
243 *Hils* BB **2009** 1151.
244 Haase/*Steinmüller* § 3 InvStG Rn. 354.

begünstigten Ertragsarten auf Fondsebene, insoweit enthält § 2 Abs. 2 (nur) einen Rechtsfolgeverweis (siehe die Kommentierung zu § 2 Abs. 2 unter III. Rn. 53 ff.). § 8b Abs. 6 KStG verhilft also nur dem Beteiligten an einer Personengesellschaft zur Anwendung der Begünstigungen nach § 3 Nr. 40 EStG bzw. § 8b KStG. Dagegen hilft er dem Fondsanleger in der zweistufen Konstellation (Investmentvermögen ist an der Personengesellschaft beteiligt) nur weiter, soweit der Gewinnanteil auf Fondsebene eben nicht einheitlich als „sonstiger Erträgen" erfasst wird, sondern aufgrund „doppelter Durchschau" in seine Bestanteile zerlegt wird, damit die sachlich begünstigten „Dividendenerträge" im Sinne des Rechtsfolgeverweise herausgelesen werden können.[245]

Für den *Sonderfall der Grundstückspersonengesellschaft* siehe die Kommentierung zu § 2 Abs. 3 unter Rn. 100 ff.

§ 3a
Ausschüttungsreihenfolge

Für eine Ausschüttung gelten die Substanzbeträge erst nach Ausschüttung sämtlicher Erträge des laufenden und aller vorherigen Geschäftsjahre als verwendet.

Schrifttum

Ebner/Helios Kritische Kommentierung ausgewählter Aspekte des aktualisierten BMF-Schreibens zum InvStG vom 18.8.2009 (BStBl. I 2009, 931) unter Berücksichtigung des Regierungsentwurfs für ein JStG 2010, BB **2010** 1565; *Elser/Stadler* Der Referentenentwurf zum AIFM-Steuer-Anpassungsgesetz – Ausweitung und Verschärfung der Besteuerung nach dem InvStG, DStR **2012** 2561; *Hammer* Spezialfonds im Steuerrecht aus Investorensicht, 2007; *Höring* Die Neukonzeption der Investmentbesteuerung, DStZ **2012** 367; *Kammeter* Neukonzeption der Investmentbesteuerung, NWB **2012** 1970; *Maier/Wengenroth* Einführungsschreiben zum InvStG – Neue Verwaltungsauffassung zur Auslegung des Investmentsteuergesetzes, ErbStB **2009** 350; *Patzner/Wiese* Neuordnung der Investmentbesteuerung bei der Umsetzung der AIFM-Richtlinie durch das AIFM-Steueranpassungsgesetz, IStR **2013** 73; *Petersen* Ausschüttungsgleiche Erträge nach Investmentsteuergesetz, FR **2006** 1065.

Finanzverwaltung: BMF-Scheiben vom 2. Juni 2005 Investmentsteuergesetz (InvStG), Zweifels- und Auslegungsfragen; BMF-Scheiben vom 18. August 2009 BMF-Schreiben Investmentsteuergesetz (InvStG), Zweifels- und Auslegungsfragen; Aktualisierung des BMF-Schreibens vom 2. Juni 2005; Entwurf Bericht der Arbeitsgruppe „Neukonzeption der Investmentbesteuerung" Stand: 24. Februar 2012.

Gesetzesmaterialien

BTDrucks 17/10000 Gesetzentwurf der Bundesregierung, Entwurf eines Jahressteuergesetzes 2013; BTDrucks. 17/10604 Stellungnahme des Bundesrates und Gegenäußerung der Bundesregierung zum Entwurf eines Jahressteuergesetzes 2013; BTDrucks. 17/11190 Beschlussempfehlung des Finanzausschusses zu dem Gesetzentwurf der Bundesregierung – Drucksachen 17/10000, 17/10604 –; BRDrucks. 302/12 (B) Stellungnahme des Bundesrates zum Entwurf eines Jahressteuergesetzes 2013; Referentenentwurf des Bundesministeriums der Finanzen – Entwurf eines Gesetzes zur Anpassung des Investmentsteuergesetzes und anderer Gesetze an das AIFM-Umsetzungsgesetz (AIFM-Steuer-Anpassungsgesetz – AIFM-StAnpG); BTDrucks. 17/12603 Gesetzentwurf der Bundesregierung, Entwurf eines Gesetzes zur Anpassung des Investmentsteuergesetzes und anderer Gesetze an das AIFM-Umsetzungsgesetz (AIFM-Steuer-Anpassungs-

---

[245] So letztlich auch *Hils* BB **2009** 115, der dazu auf die Gesetzesbegründung zum InvModG verweist BTDrucks. 15/1553 S. 121.

§ 3a — Ausschüttungsreihenfolge

gesetz – AIFM-StAnpG); BTDrucks. 17/13036 Stellungnahme des Bundesrates und Gegenäußerung der Bundesregierung zum Entwurf eines Gesetzes zur Anpassung des Investmentsteuergesetzes und anderer Gesetze an das AIFM-Umsetzungsgesetz (AIFM-Steuer-Anpassungsgesetz – AIFM-StAnpG); BTDrucks. 17/13522 Beschlussempfehlung des Finanzausschusses (7. Ausschuss) zu dem Gesetzentwurf der Bundesregierung – Drucksachen 17/12603, 17/13036 – Entwurf eines Gesetzes zur Anpassung des Investmentsteuergesetzes und anderer Gesetze an das AIFM-Umsetzungsgesetz (AIFM-Steuer-Anpassungsgesetz – AIFM-StAnpG); BTDrucks. 17/13562 Bericht des Finanzausschusses (7. Ausschuss) zu dem Gesetzentwurf der Bundesregierung – Drucksachen 17/12603, 17/13036 – Entwurf eines Gesetzes zur Anpassung des Investmentsteuergesetzes und anderer Gesetze an das AIFM-Umsetzungsgesetz (AIFM-Steuer-Anpassungsgesetz – AIFM-StAnpG); BRDrucks. 95/1/13 Empfehlung Finanzausschuss Entwurf eines Gesetzes zur Anpassung des Investmentsteuergesetzes und anderer Gesetze an das AIFM-Umsetzungsgesetz (AIFM-Steuer-Anpassungsgesetz – AIFM-StAnpG); BRDrucks. 95/13 Stellungnahme des Bundesrates Entwurf eines Gesetzes zur Anpassung des Investmentsteuergesetzes und anderer Gesetze an das AIFM-Umsetzungsgesetz (AIFM-Steuer-Anpassungsgesetz – AIFM-StAnpG); BRDrucks. 376/13 Gesetzesbeschluss des Deutschen Bundestages Gesetz zur Anpassung des Investmentsteuergesetzes und anderer Gesetze an das AIFM-Umsetzungsgesetz (AIFM-Steuer-Anpassungsgesetz – AIFM-StAnpG); BRDrucks. 740/13 Entwurf eines Gesetzes zur Anpassung des Investmentsteuergesetzes und anderer Gesetze an das AIFM-Umsetzungsgesetz (AIFM-Steuer-Anpassungsgesetz – AIFM-StAnpG); BTDrucks. 18/68 Gesetzentwurf des Bundesrates: Entwurf eines Gesetzes zur Anpassung des Investmentsteuergesetzes und anderer Gesetze an das AIFM-Umsetzungsgesetz (AIFM-Steuer-Anpassungsgesetz – AIFM-StAnpG).

Systematische Übersicht

A. Allgemeines —— 1
   I. Entstehungsgeschichte der Norm —— 4
   II. Vorgängernorm —— 9
   III. Inhalt und Zweck der Regelung —— 11
   IV. Anwendungsbereich
      1. Persönlicher Anwendungsbereich der Norm —— 12
      2. Sachlicher Anwendungsbereich der Norm —— 13
      3. Zeitlicher Anwendungsbereich der Norm —— 14

B. Tatbestand
   I. Ausschüttung —— 15
   II. Erträge —— 16
   III. Substanz —— 17
   IV. Liquiditätsüberhänge —— 18

A. Allgemeines

1 Durch § 3a wurde die bisher im BMF-Schreiben zum InvStG vorgeschriebene Verwendungsreihenfolge,[1] nach der Substanzbeträge erst nach Auskehr sämtlicher ordentlicher und außerordentlicher Erträge des laufenden und der vorangegangenen Jahre ausgeschüttet werden dürfen (**Subsidiarität**), als verbindliche Regelung zur Ausschüttungsreihenfolge in das Normengefüge des InvStG aufgenommen. Hierdurch wurde gesetzlich klargestellt, dass **Substanzbeträge steuerlich erst nachrangig ausgeschüttet werden dürfen**, wenn keine anderen Erträge mehr zur Ausschüttung zur Verfügung stehen. Die zuvor bestehende Rechtsunsicherheit, die letztendlich in einem Musterverfahren vor den Finanzgerichten mündete,[2] wurde hiermit durch die Legislative beseitigt.

2 Bis zum Inkrafttreten des AIFM-StAnpG[3] vom 18.12.2013 war im Gesetzeswortlaut des InvStG keine Verwendungsreihenfolge vorgesehen. In der Literatur wurde aus diesem Grund fast einhellig die Auffassung vertreten, dass bei der Ausschüttung von Erträgen aus einem Investmentvermögen an die Anleger keine Verwendungsreihenfolge einzuhal-

---

[1] BMF-Scheiben vom 18. August 2009 BMF-Schreiben Investmentsteuergesetz (InvStG), Zweifels- und Auslegungsfragen; Aktualisierung des BMF-Schreibens vom 2. Juni 2005, Tz. 16.
[2] Hessisches FG, Az. 4 K 982/12 (anhängiges Verfahren).
[3] BGBl. 2013 I S. 4318 ff.

ten sei. Es wurde die Ansicht vertreten, dass Investmentgesellschaften bei der Verwendung ihrer steuerlichen Erträge frei seien und insoweit auch Ausschüttungspolitik betreiben könnten.[4] Mithin wurde in der Literatur auch konkret von einem „Wahlrecht" gesprochen, welches aufgrund einer fehlenden gesetzlichen Verwendungsfiktion bestehe.[5]

Die FinVerw. hat in Abweichung zur in der Literatur vorherrschenden Auffassung bei der Aktualisierung ihres BMF-Schreibens zum Investmentsteuergesetz aus dem Jahre 2005,[6] Zweifels- und Auslegungsfragen am 18.8.2009[7] aber eine Verwendungsreihenfolge für Substanzausschüttungen im Wege einer Verwaltungsanweisung festgelegt. **3**

> *„Nicht zu den ausgeschütteten Erträgen gehören Substanzausschüttungen. Steuerrechtlich liegt eine Substanzausschüttung nur dann vor, wenn die Investmentgesellschaft nachweist, dass beim Investmentvermögen keinerlei ausschüttbare Erträge i.S.d. Investmentsteuerrechts (KAGG, AuslInvestmG und InvStG) aus dem laufenden oder einem früheren Geschäftsjahr vorliegen, und die Beträge der Substanzausschüttung entsprechend § 5 Absatz 1 InvStG veröffentlicht, in die Feststellungserklärungen nach § 13 und § 15 Absatz 1 InvStG aufnimmt oder bei ausländischen Spezial-Investmentvermögen wie die sonstigen Besteuerungsgrundlagen behandelt. Zu den ausschüttbaren Erträgen i.S.d. vorstehenden Satzes gehören nicht die ausschüttungsgleichen Erträge nach Rz. 60."*[8]

Die FinVerw. hatte somit deklaratorisch festgestellt und verfügt, dass Substanzausschüttungen nicht zu den ausgeschütteten Erträgen gehören.[9] Steuerrechtlich soll eine Substanzausschüttung erst subsidiär und nur dann vorliegen können, wenn die Investmentgesellschaft nachweist, dass beim Investmentvermögen keinerlei ausschüttbare Erträge i.S.d. Investmentsteuerrechts (KAGG, AuslInvestmG und InvStG) aus dem laufenden oder einem früheren Geschäftsjahr vorliegen, und die Beträge der Substanzausschüttung veröffentlicht bzw. in die Feststellungserklärungen mit aufgenommen werden.[10] Bei einer extrem engen Auslegung wäre das BMF-Schreiben vom 18.8.2009 dahingehend zu verstehen, dass eine Substanzausschüttung überhaupt nur dann zulässig ist, wenn keine einzige der Ertragskategorien[11] eines Investmentfonds einen positiven Bestand aufweist. Selbst wenn ein Investmentfonds insgesamt Verluste erwirtschaftet hat, wäre eine Substanzausschüttung dann unzulässig.[12] Eine solche Auslegung ginge jedoch zu weit, sodass die Vorschrift in der Praxis richtigerweise in dem Sinne interpretiert wird, dass eine Gesamtbetrachtung über sämtliche Ertragskategorien unter Berücksichtigung etwaiger Verluste und Vorträge vorzunehmen ist. Wurde von einem Investmentfonds tatsächlich kein Ertrag erzielt, dann kann er Substanz ausschütten. Sind Ausschüttungen aber von

---

4 Vgl. Berger/Steck/Lübbehüsen/*Bäuml* § 12 Rn. 36; Haase/*Führlein* § 12 Rn. 9; Blümich/*Hammer* § 12 Rn. 16; *Hammer* 67; *Petersen* FR 2006 1065, 1070; Littmann/Bitz/Pust/*Ramackers* § 12 Rn. 6.
5 *Petersen* FR 2006 1065, 1070.
6 BMF-Schreibens vom 2. Juni 2005, BStBl. I 2005, 728.
7 BMF-Schreibens vom 18. August 2009, Az. IV C 1 – S 1980-1/08/10019; BStBl. 2009 I, 931 = BMF-Scheiben vom 18. August 2009 BMF-Schreiben Investmentsteuergesetz (InvStG), Zweifels- und Auslegungsfragen; Aktualisierung des BMF-Schreibens vom 2. Juni 2005.
8 BMF-Scheiben vom 18. August 2009 BMF-Schreiben Investmentsteuergesetz (InvStG), Zweifels- und Auslegungsfragen; Aktualisierung des BMF-Schreibens vom 2. Juni 2005, Tz. 16.
9 *Ebner/Helios* BB **2010** 1565, 1568.
10 BMF-Scheiben vom 18. August 2009 BMF-Schreiben Investmentsteuergesetz (InvStG), Zweifels- und Auslegungsfragen; Aktualisierung des BMF-Schreibens vom 2. Juni 2005, Tz. 16.
11 Siehe grundlegend hierzu Anhang 3 zu Rz. 70 des BMF-Scheiben vom 18. August 2009 BMF-Schreiben Investmentsteuergesetz (InvStG), Zweifels- und Auslegungsfragen; Aktualisierung des BMF-Schreibens vom 2. Juni 2005.
12 *Ebner/Helios* BB **2010** 1565, 1568 f.

tatsächlichen Gewinnen gedeckt, so ist eine Substanzausschüttung insoweit jedoch ausgeschlossen.[13]

Die von der FinVerw. im Jahre 2009 festgelegte Ausschüttungsreihenfolge für Substanzausschüttungen war bzw. ist auf alle noch offenen Fälle anzuwenden.[14] In der Praxis führte die quasi „rückwirkende" Einführung zu Irritationen. Sie wurde heftig kritisiert und abgelehnt. Letztendlich mündete dies sogar in einer Klage vor dem Finanzgericht.[15]

I. Entstehungsgeschichte der Norm

4   § 3a wurde durch Artikel 1 des AIFM-StAnpG vom 18.12.2013[16] neu in das InvStG eingefügt. Er regelt erstmalig und verbindlich eine gesetzliche Ausschüttungsreihenfolge für Investmentfonds. Eine Ausschüttungsreihenfolge, auch beschränkt auf Substanzausschüttungen, war bisher nur im BMF-Schreiben zum InvStG in seiner Fassung vom 18.8.2009[17] geregelt. Dieses war aufgrund der allgemeinen Anwendungsregelungen jedoch grundsätzlich auf alle noch offenen Fälle anzuwenden[18] (siehe Rn. 9). Nach der Anwendungsregelung des § 22 Abs. 4 findet § 3a erstmals auf Ausschüttungen Anwendung, die nach dem 23.8.2014 abfließen (siehe hierzu § 22 Rn. 14).

5   Die von der Finanzministerkonferenz (FMK) am 3.3.2011 eingesetzte offene **Bund-Länder-Arbeitsgruppe**, die Vorschläge für eine Neukonzeption der Investmentbesteuerung erarbeiten soll, hatte in ihrem Zwischenbericht (Stand: 24.2.2012) auch die Einführung einer gesetzlich definierten Ausschüttungsreihenfolge vorgeschlagen, um zukünftig die Ausschüttung von Substanz in solchen Fällen wirksam unterbinden zu können, bei denen zuvor noch nicht alle realisierten Erträge ausgekehrt wurden.[19] Hintergrund für die Forderung der Bund-Länder-Arbeitsgruppe war die Analyse des status quo der Fondsbesteuerung. Das InvStG sah bisher keine gesetzliche Verwendungsreihenfolge betreffend die auf Fondsebene erzielten Erträge vor. Die steuerrechtliche Bindung an die Qualifizierung im Ausschüttungsbeschluss wurde in Literatur und Praxis deshalb weithin als Wahlrecht der Investmentgesellschaft interpretiert, aus welchen steuerlichen Erträgen diese eine Ausschüttung speisen wolle. Teilweise wurde von Investmentgesellschaften sogar die Auffassung vertreten, dass selbst in Fällen, in denen aufsichtsrechtlich Erträge ausgeschüttet werden, völlig losgelöst von den vorhandenen steuerlichen „Vortragstöpfen" eine steuerfreie Substanzauskehr in Frage komme.[20]

Konkret schlug die Bund-Länder-Arbeitsgruppe in ihrem Zwischenbericht (Stand: 24.2.2012) folgende Ausschüttungsreihenfolge vor:

„1. Die laufenden Erträge des Geschäftsjahres,
2. die ausschüttungsgleichen Erträge der Vorjahre, die bereits – zwecks Besteuerung – den Anlegern zugerechnet wurden,

---

13   *Ebner/Helios* BB **2010** 1565, 1569.
14   BMF-Scheiben vom 18. August 2009 BMF-Schreiben Investmentsteuergesetz (InvStG), Zweifels- und Auslegungsfragen; Aktualisierung des BMF-Schreibens vom 2. Juni 2005, Tz. 0.
15   Hessisches FG, Az. 4 K 982/12 (anhängiges Verfahren).
16   BGBl. 2013 I S. 4318 ff.
17   BMF-Scheiben vom 18. August 2009 BMF-Schreiben Investmentsteuergesetz (InvStG), Zweifels- und Auslegungsfragen; Aktualisierung des BMF-Schreibens vom 2. Juni 2005, Tz. 16.
18   BMF-Scheiben vom 18. August 2009 BMF-Schreiben Investmentsteuergesetz (InvStG), Zweifels- und Auslegungsfragen; Aktualisierung des BMF-Schreibens vom 2. Juni 2005, Tz. 0.
19   Entwurf Bericht der Arbeitsgruppe „Neukonzeption der Investmentbesteuerung" Stand: 24. Februar 2012 S. 45.
20   Entwurf Bericht der Arbeitsgruppe „Neukonzeption der Investmentbesteuerung" Stand: 24. Februar 2012 S. 15; *Kammeter* NWB **2012** 1970, 1976; *Höring* DStZ **2012** 367, 370.

3. Erträge aus dem Geschäftsjahr und aus Vorjahren, die keine ausschüttungsgleichen Erträge sind oder waren,
4. Substanz." [21]

Ursprünglich war bereits im **Gesetzgebungsverfahren zum JStG 2013** im Jahr 2012 6 geplant, die neuen gesetzlichen Bestimmungen zur Ausschüttungsreihenfolge in einem gesonderten Absatz 2 zu § 12, der den gesetzlichen Rahmen für Ausschüttungsbeschlüsse von Investmentfonds bildet, zu normieren. Der bisherige § 12 sollte hierbei ersatzlos entfallen und in einem neuen § 9a in Anschluss an die Regelungen zum Ertragsausgleich in § 9 aufgehen.[22] Letztendlich wurden die Regelungen zur Ausschüttungsreihenfolge vom Gesetzgeber dann aber erst im AIFM-StAnpG[23] systematisch im Anschluss an die Ertragsermittlungsregelungen des § 3 in einem eigenständigen § 3a geregelt. Der den Ausschüttungsbeschluss regelnde § 12 wurde dabei bis auf eine redaktionelle Verweisanpassung unverändert beibehalten.

Der **Entwurf** des **§ 9a im JStG 2013** i.d.F. der Stellungnahme des Bundesrates vom 6.7.2012 zum Entwurf eines JStG 2013 sah in seinem Absatz 2 eine feststehende Verwendungsreihenfolge bei allen Ausschüttungen vor.

„(2) Bei einer Ausschüttung gilt für die Anwendung dieses Gesetzes folgende Verwendungsreihenfolge:
1. Ausschüttung der in § 1 Absatz 3 Satz 1 aufgeführten Erträge des Geschäftsjahres oder des abgelaufenen Geschäftsjahres, wenn der Beschluss über die Ausschüttung der Erträge binnen vier Monaten nach Ablauf des Geschäftsjahres erfolgt;
2. Ausschüttung der ausschüttungsgleichen Erträge der vorherigen Geschäftsjahre, die den Anlegern nach Maßgabe dieses Gesetzes zugerechnet wurden;
3. Ausschüttung der nicht in § 1 Absatz 3 Satz 1 aufgeführten Erträge des Geschäftsjahres und der Vorjahre;
4. Substanzauskehrung und sonstige von den Nummern 1 bis 3 nicht erfasste Erträge." [24]

Danach hätten Investmentfonds zunächst die laufenden Erträge des Geschäftsjahres vollständig ausschütten müssen. Erst dann hätten ausschüttungsgleiche Erträge der Vorjahre, die den Anlegern steuerlich bereits in der Vergangenheit zugerechnet wurden, an diese ausgeschüttet werden dürfen. Erst wenn die laufenden Erträge vollständig an die Anleger ausgeschüttet gewesen wären, hätte das Investmentvermögen Erträge des laufenden Geschäftsjahres sowie der Vorjahre, die nicht der Definition der ausschüttungsgleichen Erträge (§ 1 Absatz 3 Satz 3) unterfallen oder unterfielen, ausschütten dürfen. Erst zuletzt sollte dann eine Substanzauskehrung möglich und zulässig sein.[25] Die Reihenfolge in § 9a sollte abschließend sein. Abweichende Bestimmungen zur Zusammensetzung der Ausschüttung durch die Investmentgesellschaft sollten nicht zulässig sein und waren im Gesetzentwurf nicht vorgesehen.[26]

Im Kern beinhaltete die als erstes vorgesehene Regelung das Gebot, zunächst alle laufenden Erträge (Zins- und Dividendeneinnahmen zuzüglich der Steuergutschriften) bzw. die tatsächlich gezahlten oder gutgeschriebenen Beträge zuzüglich gezahlter deutscher Kapitalertragsteuer einschließlich des Solidaritätszuschlags sowie gezahlter aus-

---

21 Entwurf Bericht der Arbeitsgruppe „Neukonzeption der Investmentbesteuerung" Stand: 24. Februar 2012 S. 45.
22 BTDrucks. 17/10604 S. 30 f.; BRDrucks. 302/12 (B) S. 89 ff.
23 BGBl. 2013 I S. 4318 ff.
24 BTDrucks. 17/10604 S. 30; BRDrucks. 302/12 (B) S. 89.
25 BTDrucks. 17/10604 S. 31; BRDrucks. 302/12 (B) S. 90.
26 BTDrucks. 17/10604 S. 31; BRDrucks. 302/12 (B) S. 91.

ländischer Quellensteuer abzüglich erstatteter ausländischer Quellensteuer, sofern diese nicht bereits gem. § 4 Abs. 4 auf Ebene des Investmentvermögens als Werbungskosten abgezogen wurde,[27] dann die außerordentlichen Erträge (Kursgewinne aus Umschichtungen und Erlöse aus dem Verkauf von Bezugsrechten), danach die bisher unversteuerten Thesaurierungen auf Ebene des Investmentfonds und zuletzt erst Substanz auszuschütten.

Der vorgesehene Wortlaut der Norm beinhaltete keine Einschränkungen, sodass auch bei Zwischenausschüttungen die Verwendungsreihenfolge strikt einzuhalten gewesen wäre. Folge hiervon wären für die Praxis gravierende Einschränkungen bei der Gestaltung der Ausschüttungspolitik gewesen. Denn bei Ausschüttungen hätten immer erst vollständig die laufenden Erträge eines Jahres ausgeschüttet werden müssen, bevor steuerfreie ausschüttungsgleiche Erträge aus Vorjahren zur Ausschüttung gelangt wären.

Beispiel: Ein Fonds erzielte im laufenden Geschäftsjahr bisher ordentliche Erträge aus Zinsen und Dividenden in Höhe von € 50, aus Veräußerungsgeschäften und Termingeschäften erzielte er zudem Gewinne in Höhe von € 75. Der steuerliche Vortrag der ausschüttungsgleichen Erträge aus Vorjahren beträgt € 200. Im Rahmen einer Zwischenausschüttung sollen € 100 an den Anleger ausgeschüttet werden.

Die ausschüttungsgleichen Erträge aus Vorjahren sind aufgrund der Zuflussfiktion in § 2 Abs. 1 Satz 2 bereits mit Ablauf des Geschäftsjahres des Investmentfonds, in dem sie von diesem vereinnahmt wurden, steuerpflichtig gewesen. Grundsätzlich können diese deshalb später steuerfrei an die Anleger ausgeschüttet werden. Eine Ausschüttungsreihenfolge, wie sie im Gesetzgebungsverfahren zum JStG 2013 vorgesehen war, hätte bewirkt, dass bei der Zwischenausschüttung zwingend zunächst die Erträge aus Zinsen und Dividenden in Höhe von € 50 hätten ausgeschüttet werden müssen. Nur die noch fehlenden € 50 hätten den ausschüttungsgleichen Erträgen aus Vorjahren entnommen werden können. Steuerlich hätte die vorgesehene Ausschüttungsreihenfolge im Beispielsfall somit zur Konsequenz gehabt, dass die Anleger zwingend zur Hälfte steuerpflichtige Erträge ausgeschüttet bekommen hätten. Eine in vollem Umfang steuerfreie Ausschüttung – nur gespeist aus ausschüttungsgleichen Erträgen aus Vorjahren – wäre nicht möglich gewesen. Hätten Anleger im Zuge einer Zwischenausschüttung unbedingt in vollem Umfang auf steuerfreie ausschüttungsgleiche Erträge aus Vorjahren zurückgreifen wollen, so hätten sie dies in der Praxis nur durch eine entsprechende Wahl des Zeitpunkts für die Zwischenausschüttung – i.d.R. zu Beginn des jeweiligen Fondsgeschäftsjahres – erreichen können. Denn zu diesem Zeitpunkt sind noch keine laufenden Erträge vorhanden.

7 Im **Referentenentwurf** des BMF zum Entwurf des **AIFM-StAnpG**, welches letztendlich zum Ende der 17. Legislaturperiode des Bundestages im Vermittlungsausschuss von Bundesrat und Bundestag scheiterte, fand sich dann im Entwurf zu einem eigenständigen § 3a neben einem leicht geänderten Wortlaut im Vergleich zu § 9a Abs. 2 i.d.F. JStG 2013 erstmals eine Regelung zur quotalen Zusammensetzung einer Ausschüttung im Gesetzestext wieder. Zudem war erstmals eine klarstellende Regelung zur Zulässigkeit der Ausschüttung von Liquiditätsüberhängen (bei negativen Thesaurierungen) im Wortlaut des Gesetzes vorgesehen.

---

27 BMF-Scheiben vom 18. August 2009 BMF-Schreiben Investmentsteuergesetz (InvStG), Zweifels- und Auslegungsfragen; Aktualisierung des BMF-Schreibens vom 2. Juni 2005, Tz. 12.

"§ 3a Ausschüttungsreihenfolge
Für eine Ausschüttung gelten die Erträge und Beträge in folgender Reihenfolge als verwendet:
1. *Ausgeschüttete Erträge nach § 1 Absatz 3 Satz 2 des laufenden oder des abgelaufenen Geschäftsjahres, sofern innerhalb von vier Monaten nach Ablauf des Geschäftsjahres ein Beschluss über die Verwendung der Erträge des abgelaufenen Geschäftsjahres gefasst worden ist,*
2. *Ausschüttungsgleiche Erträge nach § 1 Absatz 3 Satz 3 und 5 aus früheren Geschäftsjahren,*
3. *andere als die in den Nummern 1 und 2 genannten Erträge und*
4. *Substanzbeträge.*
Teilbeträge der in den Nummern 1 bis 3 genannten Erträge gelten entsprechend ihrem Anteil an dem jeweiligen Gesamtbetrag als verwendet, es sei denn, im Ausschüttungsbeschluss wird eine davon abweichende Verwendung festgelegt. Ein auf Grund der Beträge für die Absetzung für Abnutzung oder Substanzverringerung entstehender Liquiditätsüberhang kann zusammen mit den jeweiligen Erträgen nach Satz 1 Nummer 1 bis 3 ausgeschüttet werden."[28]

Die Regelungen sollten sowohl für Zwischen- als auch für Endausschüttungen gelten. Für eine Ausschüttung sollten zunächst die ausgeschütteten Erträge (§ 1 Absatz 3 Satz 2), dann die ausschüttungsgleichen Erträge (§ 1 Absatz 3 Satz 3), anschließend erst die übrigen Erträge und zum Schluss die Substanzbeträge als verwendet gelten.[29]

Vom Grundprinzip her sollten vier Ausschüttungstöpfe fingiert werden, die nach einem Vorrangigkeitsprinzip zur Ausschüttung gelangen sollten. Erträge aus einem nachrangigen Topf sollten erst dann als ausgeschüttet gelten dürfen, wenn zuvor sämtliche Erträge des vorrangigen Topfes verwendet wurden.[30] Insoweit sollte die Rechtsauffassung der FinVerw., systematisch angelehnt an die Verwendungsreihenfolge bei der Ausschüttung von Eigenkapital durch Körperschaften nach dem Körperschaftsteueranrechnungsverfahren, im InvStG verankert werden.[31]

Erst nachdem die Erträge einer vorrangigen Nummer vollständig verwendet wurden, sollten grundsätzlich die Erträge der nachfolgenden Nummer verwendet werden dürfen. In Satz 2 sah der Referentenentwurf dabei ein **Wahlrecht** bei der Zuordnung von Teilbeträgen vor. Grundsätzlich sollten die Teilbeträge der einzelnen Erträge im Sinne der Nummern 1 bis 3 entsprechend ihrem jeweiligen Anteil zu den insgesamt für eine Ausschüttung verfügbaren Erträgen derselben Nummer zugeordnet werden. Eine andere Zuordnung bzw. Aufteilung innerhalb der zu derselben Nummer gehörenden Teilbeträge wäre jedoch durch die Fassung eines entsprechenden Ausschüttungsbeschlusses möglich gewesen.[32]

Beispiel:[33] Ein im Jahre 1995 aufgelegtes Investment-Sondervermögen beschließt im Jahre 2013 eine Ausschüttung über € 100.000.

---

[28] Referentenentwurf des Bundesministeriums der Finanzen – Entwurf eines Gesetzes zur Anpassung des Investmentsteuergesetzes und anderer Gesetze an das AIFM-Umsetzungsgesetz (AIFM-Steuer-Anpassungsgesetz – AIFM-StAnpG) S. 11.
[29] Referentenentwurf des Bundesministeriums der Finanzen – Entwurf eines Gesetzes zur Anpassung des Investmentsteuergesetzes und anderer Gesetze an das AIFM-Umsetzungsgesetz (AIFM-Steuer-Anpassungsgesetz – AIFM-StAnpG) S. 37 f.
[30] *Elser/Stadler* DStR **2012** 2561, 2568.
[31] *Patzner/Wiese* IStR **2013** 73, 76 zum Kabinettentwurf vom 21.1.2013, der inhaltlich dem Gesetzentwurf der Bundesregierung zum AIFM-StAnpG vom 4.3.2013 entsprach.
[32] Referentenentwurf des Bundesministeriums der Finanzen – Entwurf eines Gesetzes zur Anpassung des Investmentsteuergesetzes und anderer Gesetze an das AIFM-Umsetzungsgesetz (AIFM-Steuer-Anpassungsgesetz – AIFM-StAnpG) S. 37 f.
[33] Aus dem Referentenentwurf des Bundesministeriums der Finanzen – Entwurf eines Gesetzes zur Anpassung des Investmentsteuergesetzes und anderer Gesetze an das AIFM-Umsetzungsgesetz (AIFM-Steuer-Anpassungsgesetz – AIFM-StAnpG) S. 38.

Beim Investmentvermögen liegen folgende Bestände vor:
- auszuschüttende Erträge 2012: € 20.000 (Nr. 1)
- ausschüttungsgleiche Erträge aus Geschäftsjahren vor 2012: € 40.000 (Nr. 2)
- Aktienveräußerungsgewinne aus dem Jahr 1996: € 100.000 (Nr. 3)
- Aktienveräußerungsgewinne aus dem Jahr 2005: € 80.000 (Nr. 3)

Für eine Ausschüttung in Höhe von € 100.000 hätten als verwendet gegolten:
- auszuschüttende Erträge 2012: € 20.000 (Nr. 1)
- ausschüttungsgleiche Erträge aus Geschäftsjahren vor 2012: € 40.000 (Nr. 2)
- Aktienveräußerungsgewinne aus dem Jahr 1996: € 22.223 (Nr. 3)
- Aktienveräußerungsgewinne aus dem Jahr 2005: € 17.777 (Nr. 3)

Die Aktienveräußerungsgewinne der Jahre 1996 und 2005 hätten quotal als Teilbeträge der Nr. 3 entsprechend ihrem jeweiligen Anteil an der Gesamtsumme (Nr. 3: € 180.000) als für die Ausschüttung verwendet gegolten.

Eine andere Zuordnung wäre möglich gewesen, wenn die Investmentgesellschaft von ihrem im Referentenentwurf vorgesehenen Wahlrecht Gebrauch gemacht und eine andere Zuordnung der Teilbeträge durch einen Ausschüttungsbeschluss bestimmt hätte. Dann wäre diese von der vorgesehenen Grundregel abweichende Aufteilung Grundlage für die Ausschüttungsreihenfolge gewesen.

Abwandlung:[34] Im voranstehenden Beispiel beschließt die Investmentgesellschaft durch Ausschüttungsbeschluss, dass € 40.000 der Aktienveräußerungsgewinne aus dem Jahr 1996 im Rahmen der Ausschüttung als verwendet gelten sollen.

Dann hätten für eine Ausschüttung in Höhe von € 100.000 als verwendet gegolten:
- auszuschüttende Erträge 2012: € 20.000 (Nr. 1)
- ausschüttungsgleiche Erträge aus Geschäftsjahren vor 2012: € 40.000 (Nr. 2)
- Aktienveräußerungsgewinne aus dem Jahr 1996: € 40.000 (Nr. 3)
- Aktienveräußerungsgewinne aus dem Jahr 2005: € 0 (Nr. 3)

Aufgrund der Festlegung im Ausschüttungsbeschluss hätten nur Aktienveräußerungsgewinne aus dem Jahre 1996 in Höhe von € 40.000 als für die Ausschüttung verwendet gegolten. Wahlweise hätte man sich im Ausschüttungsbeschluss auch für eine Bestückung der Ausschüttung mit Aktienveräußerungsgewinnen aus dem Jahr 2005 entscheiden können.

8 Im Zuge des **Gesetzgebungsverfahrens zum AIFM-StAnpG** wurden der Wortlaut der von einer Ausschüttungsreihenfolge erfassten Erträge und der möglicherweise anzuwendende Aufteilungsmaßstab durch die Legislative mehrfach geändert.

Im **Gesetzentwurf** der **Bundesregierung** zum **AIFM-StAnpG** vom 4.3.2013 hatte § 3a folgenden Wortlaut:

„*§ 3a*
Ausschüttungsreihenfolge
Für eine Ausschüttung gelten die Erträge und Substanzbeträge in folgender Reihenfolge als verwendet:

---

34 Abwandlung zum Beispiel aus dem Referentenentwurf des Bundesministeriums der Finanzen – Entwurf eines Gesetzes zur Anpassung des Investmentsteuergesetzes und anderer Gesetze an das AIFM-Umsetzungsgesetz (AIFM-Steuer-Anpassungsgesetz – AIFM-StAnpG) S. 38.

1. *Erträge nach*
   a) *§ 1 Absatz 3 Satz 2 des laufenden Geschäftsjahres, sofern für diese bereits im Laufe des Geschäftsjahres ein Ausschüttungsbeschluss gefasst wird und die Erträge ausgeschüttet werden,*
   b) *§ 1 Absatz 3 Satz 2 des abgelaufenen Geschäftsjahres, sofern innerhalb von vier Monaten nach Ablauf des Geschäftsjahres ein Beschluss über die Verwendung der Erträge des abgelaufenen Geschäftsjahres gefasst worden ist und die Erträge ausgeschüttet werden, oder*
   c) *§ 1 Absatz 3 Satz 3 und 5 aus früheren Geschäftsjahren,*
2. *andere als die in Nummer 1 genannten Erträge,*
3. *Substanzbeträge.*

Werden für eine Ausschüttung nicht der Gesamtbetrag der Erträge der einzelnen Nummern nach Satz 1 verwendet, gilt für die Ausschüttung ein gleich hoher Prozentsatz der einzelnen Teilbeträge der jeweiligen Gesamtbeträge je Nummer als verwendet, es sei denn, im Ausschüttungsbeschluss wird eine davon abweichende Verwendung festgelegt. Abweichend von den Sätzen 1 und 2 kann der Investmentfonds bei Zwischenausschüttungen beschließen, dass ausschüttungsgleiche Erträge vorangegangener Geschäftsjahre nach § 1 Absatz 3 Satz 3 und 5 zuerst vor den in Satz 1 genannten Erträgen für die Zwischenausschüttung als verwendet gelten. Ein auf Grund der Absetzungen für Abnutzung oder Substanzverringerung entstehender Liquiditätsüberhang kann zusammen mit den jeweiligen Erträgen nach Satz 1 Nummer 1 bis 3 ausgeschüttet werden."[35]

Im Wortlaut des Gesetzes fand sich nun in Satz 3 erstmalig eine spezielle **Ausnahmeregelung für Zwischenausschüttungen**. Im Rahmen eines **Wahlrecht**s sollten vorrangig sog. Ausschüttungsgleiche Erträge aus Vorjahren durch die Fassung eines entsprechenden Ausschüttungsbeschlusses ausgeschüttet werden können.[36] Es wäre somit im Falle einer Zwischenausschüttung möglich gewesen, diese vollständig aus bereits vom Anleger versteuerten Erträgen zu speisen. Die ansonsten anzuwendende allgemeine Ausschüttungsreihenfolge und die Berücksichtigung der allgemeinen Quotierungsregelung wären insoweit nicht zur Anwendung gelangt. Die Regelungen zur Ausschüttung von Liquiditätsüberhängen fanden sich nun in Satz 4 wieder.

Als zuerst ausgeschüttet hätten für steuerrechtliche Zwecke die tatsächlich zur Ausschüttung verwendeten Erträge i.S.d. § 1 Absatz 3 Satz 2 des laufenden Geschäftsjahres gegolten, wenn diese im laufenden Geschäftsjahr für das laufende Geschäftsjahr ausgeschüttet worden wären (Nr. 1a). Gleichrangig zu behandeln gewesen wären ausgeschüttete Erträge des abgelaufenen Geschäftsjahres, sofern der Beschluss über die Ausschüttung der Erträge des abgelaufenen Geschäftsjahres innerhalb von vier Monaten nach dem Geschäftsjahresende gefasst worden wäre und die Bekanntmachung dieser Erträge im Bundesanzeiger innerhalb von vier Monaten nach dem Tag des Ausschüttungsbeschlusses erfolgt wäre (Nr. 1b). Gleichrangig wären zudem die ausschüttungsgleichen Erträge aus früheren Geschäftsjahren gewesen, die in den Vorjahren vom Anleger bereits zu versteuern waren (Nr. 1c). Nachrangig zu den zuvor bezeichneten Erträgen, die zunächst vollständig verwendet werden sollten, sollten die übrigen Erträge des Investmentfonds, wie zum Beispiel Veräußerungsgewinne, die noch unter dem Geltungsbereich des Gesetzes über Kapitalanlagegesellschaften (KAGG) oder des Auslandinvestment-Gesetzes (AuslInvestmG) erzielt wurden, als ausgeschüttet gelten (Nr. 2). Zuletzt sollten die Substanzbeträge als für eine Ausschüttung verwendet gelten (Nr. 3). In Satz 2 war eine grundsätzliche Zuordnung der einzelnen, gleichrangig nebeneinander stehenden Teilbeträge der Gesamterträge derselben Nummer vorgesehen. Die Zuordnung hätte sich dabei nach dem jeweiligen Teilbetrag am Gesamtbetrag derselben Nummer gerichtet. Durch die Fas-

---

[35] BTDrucks. 17/12603 S. 11.
[36] BTDrucks. 17/12603 S. 32.

sung eines entsprechend präzise gefassten Ausschüttungsbeschlusses wäre jedoch auch eine andere Verwendung bei Zwischenausschüttungen möglich gewesen.[37]

Der **Bundesrat** hat in seiner **Stellungnahme** zum **Regierungsentwurf** des **AIFM-StAnpG** vom 22.3.2013 die Sonderregelung für Zwischenausschüttungen wieder gestrichen und den Wortlaut wiederholt geändert. Der Bundesrat lehnte die Schaffung einer Sonderregelung für Zwischenausschüttungen mit der Begründung ab, dass die vorgesehene Durchbrechung der gesetzlich vorgegebenen Verwendungsreihenfolge durch Ausschüttungsbeschluss die Möglichkeit einer abweichenden Zuordnung innerhalb der zur selben Nummer gehörenden Teilbeträge ermöglichen würde. Hierdurch würde unerwünschtes Gestaltungspotential geschaffen. Die Streichung der Ausnahme für Zwischenausschüttungen sah er deshalb als geboten an, um die Norm gestaltungssicher zu formulieren.[38]

Der Gesetzesentwurf sah nunmehr folgenden Wortlaut vor:

„*§ 3a*
Ausschüttungsreihenfolge
Für eine Ausschüttung gelten die Erträge und Beträge in folgender Reihenfolge als verwendet:
1. *Ausgeschüttete Erträge nach § 1 Absatz 3 Satz 2 des laufenden oder des abgelaufenen Geschäftsjahrs, sofern innerhalb von vier Monaten nach Ablauf des Geschäftsjahrs ein Beschluss über die Verwendung der Erträge des abgelaufenen Geschäftsjahres gefasst worden ist,*
2. *Ausschüttungsgleiche Erträge nach § 1 Absatz 3 Satz 3 und 5 aus früheren Geschäftsjahren,*
3. *andere als die in den Nummern 1 und 2 genannten Erträge und*
4. *Substanzbeträge.*
Teilbeträge der in den Nummern 1 bis 3 genannten Erträge gelten entsprechend ihrem Anteil an dem jeweiligen Gesamtbetrag als verwendet. Ein auf Grund der Beträge für die Absetzung für Abnutzung oder Substanzverringerung entstehender Liquiditätsüberhang kann zusammen mit den jeweiligen Erträgen nach Satz 1 Nummer 1 bis 3 ausgeschüttet werden."[39]

Im Gegensatz zum Bundesrat vertrat die **Bundesregierung** in ihrer **Gegenäußerung** vom 10.4.2013 **zur Stellungnahme des Bundesrats** die Auffassung, dass es bei unterjährigen Zwischenausschüttungen zulässig sein sollte, für diese vorrangig bereits versteuerte ausschüttungsgleiche Erträge abgelaufener Geschäftsjahre zur Ausschüttung zu verwenden.[40]

Der **Finanzausschuss des Bundestages** gelangte in seiner **Beschlussempfehlung zum AIFM-StAnpG** vom 15.5.2013 im laufenden Gesetzgebungsverfahren dann zu der zutreffenden Erkenntnis, dass der bisherige Gesetzesentwurf eine viel zu detaillierte Regelung der Ausschüttungsreihenfolge beinhalte. Diese habe sich im bisherigen Gesetzgebungsverfahren aber als nicht erforderlich herausgestellt. Er führte den Wortlaut der beabsichtigten Regelung deshalb folgerichtig auf ihren Kern zurück und schlug eine „schlanke" Fassung des § 3a vor:[41]

---

37 BTDrucks. 17/12603 S. 32.
38 BRDrucks. 95/13 S. 8.
39 BRDrucks. 95/13 S. 7.
40 BTDrucks. 17/13036 S. 7 Gegenäußerung der Bundesregierung: Zu der Stellungnahme des Bundesrates vom 22. März 2013 (BRDrucks. 95/13 – Beschluss) zum Entwurf eines Gesetzes zur Anpassung des Investmentsteuergesetzes und anderer Gesetze an das AIFM-Umsetzungsgesetz (AIFM-Steuer-Anpassungsgesetz – AIFM-StAnpG).
41 BTDrucks. 17/13562 S. 12.

"Für eine Ausschüttung gelten die Substanzbeträge erst nach Ausschüttung sämtlicher Erträge des laufenden und aller vorherigen Geschäftsjahre als verwendet."[42]

Diese auf ihren ursprünglichen Kern reduzierte Fassung des § 3a wurde auch bei der Neuaufnahme des Gesetzgebungsverfahrens zum AIFM-StAnpG in der 18. Legislaturperiode des Bundestages durch den Bundesrat beibehalten.[43]

II. Vorgängernorm

§ 3a hatte **keine Vorgängernorm** im alten Investmentsteuerrecht. Weder im seit dem Jahre 2004 anzuwendenden InvStG noch zu Zeiten des zuvor geltenden KAGG und AuslInvestmG kannten die einschlägigen Normen eine entsprechende Subsidiaritätsregelung.

Zuvor war zwischen FinVerw. und Praxis sowie der Literatur **streitig**, ob bei Ausschüttungen von Investmentfonds eine bestimmte Verwendungsreihenfolge einzuhalten war. Der Wortlaut des InvStG sah formell keine bestimmte Reihenfolge bei Ausschüttungen vor. Die FinVerw. hatte bei der Neufassung des BMF-Schreibens zum Investmentsteuergesetz am 18.8.2009 durch Verwaltungsanweisung jedoch eine Ausschüttungsreihenfolge hinsichtlich der Rangfolge von Substanzausschüttungen eingeführt.

Danach gilt für die steuerliche Zulässigkeit von Substanzausschüttungen Folgendes:

"Nicht zu den ausgeschütteten Erträgen gehören Substanzausschüttungen. Steuerrechtlich liegt eine Substanzausschüttung nur dann vor, wenn die Investmentgesellschaft nachweist, dass beim Investmentvermögen keinerlei ausschüttbare Erträge i.S.d. Investmentsteuerrechts (KAGG, AuslInvestmG und InvStG) aus dem laufenden oder einem früheren Geschäftsjahr vorliegen, und die Beträge der Substanzausschüttung entsprechend § 5 Absatz 1 InvStG veröffentlicht, in die Feststellungserklärungen nach § 13 und § 15 Absatz 1 InvStG aufnimmt oder bei ausländischen Spezial-Investmentvermögen wie die sonstigen Besteuerungsgrundlagen behandelt."[44]

Die voranstehende Neuregelung war entsprechend der allgemeinen Anwendungsregelungen auf alle noch offenen Fälle anzuwenden.[45]

Die FinVerw. wollte durch die aus ihrer Sicht normkonkretisierende Klarstellung im BMF-Schreiben Gestaltungen unterbinden, bei denen im Rahmen von Ausschüttungen steuerpflichtige Altveräußerungsgewinne, d.h. Gewinne aus Aktienverkäufen vor dem StSenkG, auf Ebene der Sondervermögen zwar vorhanden sind, diese aber nicht ausgeschüttet werden. An Stelle dieser Erträge, die bei einer Ausschüttung steuerpflichtig sind, wurde bei entsprechenden Gestaltungen in der Praxis eine steuerfreie Substanzausschüttung vorgenommen.[46]

---

[42] BTDrucks. 17/13522 S. 21.
[43] BRDrs 740/13 (B) S. 13.
[44] BMF-Scheiben vom 18. August 2009 BMF-Schreiben Investmentsteuergesetz (InvStG), Zweifels- und Auslegungsfragen; Aktualisierung des BMF-Schreibens vom 2. Juni 2005, Tz. 16.
[45] BMF-Scheiben vom 18. August 2009 BMF-Schreiben Investmentsteuergesetz (InvStG), Zweifels- und Auslegungsfragen; Aktualisierung des BMF-Schreibens vom 2. Juni 2005, Tz. 0.
[46] *Maier/Wengenroth* ErbStB 2009 350, 351.

III. Inhalt und Zweck der Regelung

11   Mit § 3a verfolgt der Gesetzgeber primär zwei Intentionen. Zum einen verfolgt er das allgemeine gesetzgeberische Ziel der **Vereinfachung**. Er will konkret das Recht der Besteuerung von Investmentfonds vereinfachen. Zudem will er den steuerlichen **Gestaltungsmissbrauch einschränken**. Zukünftig sollen Gestaltungsmöglichkeiten hinsichtlich des Zeitpunkts der Besteuerung von Fondserträgen durch die gezielte Wahl einer bestimmten Ausschüttungsreihenfolge nicht mehr möglich sein.[47]

IV. Anwendungsbereich

12   **1. Persönlicher Anwendungsbereich der Norm.** Der persönliche Anwendungsbereich des § 3a erstreckt sich neben **inländischen** auch auf **ausländische Investmentgesellschaften**. Dies ergibt sich einerseits aus den historischen Gesetzgebungsmaterialien,[48] folgt aber auch ganz allgemein aus der systematischen Stellung der Norm im InvStG. Denn die Norm findet sich im ersten Abschn. des Gesetzes, der ganz allgemein „Gemeinsame Regelungen für inländische und ausländische Investmentfonds" beinhaltet.

13   **2. Sachlicher Anwendungsbereich der Norm.** Sachlich findet § 3a mangels durch den Gesetzgeber vorgenommener Differenzierung auf **alle Ausschüttungen** Anwendung. Umfasst werden vom sachlichen Anwendungsbereich deshalb sowohl Zwischenausschüttungen, d.h. unterjährige Ausschüttungen, als auch End- bzw. Jahresausschüttungen.

14   **3. Zeitlicher Anwendungsbereich der Norm.** Die Regelungen zum zeitlichen Anwendungsbereich des § 3a finden sich in § 22 Abs. 4. Die Norm findet auf **Ausschüttungen** Anwendung, die nach Ablauf von acht Monaten nach dem Tag der Verkündung des AIFM-StAnpG im Bundesgesetzblatt am 23.12.2013 **abfließen**, d.h. konkret **nach dem 23.8.2014**. Hierdurch wurde den Investmentfonds eine angemessene Übergangsfrist zur Anpassung ihrer Ausschüttungspolitik und ihrer Ausschüttungsbeschlüsse (§ 12) an die Neuregelung des § 3a gewährt.[49]

Das Tatbestandsmerkmal „abfließen" ist nach den allgemeinen steuerlichen Zurechnungsregelungen auszulegen (§ 2 Abs. 1 InvStG; § 11 Abs. 1 EStG). D.h. von der Neuregelung des § 3a sind **alle Ausschüttungen ab dem 24.8.2014 betroffen**. Der Tag der Beschlussfassung über die Ausschüttung ist hierbei unerheblich bzw. nicht von Bedeutung. Denn der Wortlaut des Gesetzes stellt klar auf den Terminus „abfließen" ab und nicht auf die etwaige Fassung eines Ausschüttungsbeschlusses (§ 12) durch die Investmentgesellschaft. Zudem würde dies in der Praxis auch wieder Spielräume für unerwünschte Gestaltungen eröffnen.

Beispiel: Ein im Jahre 1995 aufgelegtes Investment-Sondervermögen (Investmentfonds) beschließt am 30.6.2014 eine Ausschüttung über € 120.000 aus der Substanz. Zahlungstag soll der 30.9.2014 sein.

---

[47] Vgl. BTDrucks. 18/68 S. 52; BRDrucks. 740/13 S. 53; BTDrucks. 17/10604 S. 30; BRDrucks. 302/12 (B) S. 90.
[48] Zuerst JStG 2013 BTDrucks. 17/10604 S. 30; BRDrucks. 302/12 (B) S. 90.
[49] BTDrucks. 18/68 S. 69; BRDrucks. 740/13 S. 71.

Beim Investmentvermögen liegen folgende Bestände vor:
- auszuschüttende Erträge 2013: € 20.000
- ausschüttungsgleiche Erträge aus Geschäftsjahren vor 2013: € 40.000
- Aktienveräußerungsgewinne aus dem Jahr 1996: € 100.000
- Aktienveräußerungsgewinne aus dem Jahr 2005: € 80.000

Für die Ausschüttung in Höhe von € 120.000 gelten aufgrund der Subsidiarität von Substanzausschüttungen und unter der Annahme einer gleichrangigen quotalen Verwendung der vorhandenen Töpfe folgende Beträge als verwendet:
- auszuschüttende Erträge 2013: € 10.000
- ausschüttungsgleiche Erträge aus Geschäftsjahren vor 2013: € 20.000
- Aktienveräußerungsgewinne aus dem Jahr 1996: € 50.000
- Aktienveräußerungsgewinne aus dem Jahr 1996: € 40.000

Abwandlung: Das Investment-Sondervermögen (Investmentfonds) beschließt am 30.6.2014 eine Ausschüttung über € 120.000 aus der Substanz. Zahlungstag soll der 31.7.2014 sein.

Für die Ausschüttung gelten Substanzbeträge in Höhe von € 120.000 als verwendet. Die Ausschüttungsreihenfolge gem. § 3a kommt hier aufgrund des zeitlichen Anwendungsbereichs der Norm (§ 22 Abs. 4) für diesen Zahlungstag nicht zum Tragen.

B. Tatbestand

I. Ausschüttung

Voraussetzung für eine Ausschüttung und damit relevant für die Anwendung des § 3a ist der **Ausschüttungsbeschluss** gem. § 12. Denn in diesem ist zwingend die Zusammensetzung der Ausschüttung anzugeben (§ 12 Satz 2). Eine steuerfreie Substanzauskehr ist im Rahmen der gesetzlich vorgeschriebenen Verwendungs- bzw. Ausschüttungsreihenfolge erst nach Ausschüttung aller Erträge möglich.[50] Der Wortlaut des Gesetzes konkretisiert dies durch die explizite Benennung „*sämtlicher Erträge des laufenden und aller vorherigen Geschäftsjahre*". 15

II. Erträge

Als **zuerst ausgeschüttet** gelten für steuerliche Zwecke nunmehr verbindlich die **tatsächlich zur Ausschüttung verwendeten Erträge** i.S.d. § 1 Abs. 3 Satz 2 des laufenden Geschäftsjahres, wenn diese im laufenden Geschäftsjahr für selbiges ausgeschüttet werden, sowie insoweit gleichrangig die ausgeschütteten Erträge des abgelaufenen Geschäftsjahres des Investmentfonds innerhalb der 4-Monatsfrist zur Beschlussfassung nach § 1 Abs. 3 Satz 5. 16

Als weiterer **gleichrangig** für die Ausschüttung als zuerst verwendet geltender Teilbetrag kommen zudem die **ausschüttungsgleichen Erträge aus früheren Geschäftsjahren** in Betracht, die in den Vorjahren vom Anleger bereits versteuert worden sind. Ausschüttungsgleiche Erträge sind insbesondere Zinsen, Dividenden und Mieterträge, die nicht nach Ablauf des Geschäftsjahres an den Anleger ausgeschüttet werden, sondern zunächst im Investmentfonds zurückbleiben (thesauriert werden) und im Invest-

---

[50] Vgl. auch *Kammeter* NWB **2012** 1970, 1976.

mentfonds reinvestiert werden. Zu diesen Erträgen gehören gem. § 1 Abs. 3 Satz 5 auch die Erträge eines abgelaufenen Geschäftsjahres, wenn die KVG nicht innerhalb von 4 Monaten nach Ablauf des jeweiligen Geschäftsjahres bereits einen Beschluss über die Verwendung der betreffenden Erträge zum Zwecke der Ausschüttung gefasst hatte.

Als letzter **gleichrangig** für die Ausschüttung als zuerst verwendet geltender Teilbetrag kommen zudem die **übrigen Erträge** des Investmentfonds in Betracht. Hierzu zählen insbesondere Veräußerungsgewinne, u.a. solche die der Investmentfonds noch unter Geltung des KAGG oder des AuslInvestmG erzielt hat.

III. Substanz

17   **Substanzbeträge** gelten nunmehr ausnahmslos als zuletzt (**subsidiär**) für die Ausschüttung verwendet. Bei den Substanzbeträgen handelt es sich im Wesentlichen um die Rückzahlung des vom Anleger investierten Kapitals.

Im Falle der Ausschüttung von Substanzbeträgen sind die Anschaffungskosten bzw. fortgeführten Anschaffungskosten des Anlegers für den Investmentanteil um dessen Anteil an der Substanzausschüttung zu mindern. Privatanleger können alternativ im Rahmen des § 8 Abs. 5 die Ausschüttung von Substanzbeträgen anstelle der Kürzung ihrer Anschaffungskosten oder fortgeführten Anschaffungskosten erst im Falle der Rückgabe oder der Veräußerung des Investmentanteils dem Veräußerungserlös hinzurechnen. Beide Methoden führen letztendlich zum gleichen Ergebnis, denn der Veräußerungsgewinn ist in beiden Fällen um die erhaltenen Substanzausschüttungen höher. Ein Wechsel in der Methode der Berücksichtigung von Ausschüttungen aus Substanzbeträgen ist nur mit Zustimmung des für den Anleger zuständigen Wohnsitzfinanzamtes zulässig. Bilanzierende Anleger können wahlweise auch einen passiven Ausgleichsposten in der Steuerbilanz bilden, der erst bei Veräußerung des Investmentanteils aufgelöst wird.[51]

IV. Liquiditätsüberhänge

18   Dem Wortlaut der Norm lässt sich nicht entnehmen, welchen **Rang** in der Ausschüttungsreihenfolge **Liquiditätsüberhänge** einnehmen. Im Gesetzgebungsverfahren war ursprünglich geplant, die Ausschüttung von Liquiditätsüberhängen explizit zu regeln. Dies hat jedoch im Gesetzestext letztendlich keinen Niederschlag gefunden (siehe hierzu Rn. 7).

Liquiditätsüberhänge aufgrund von Absetzungen für Abnutzung (AfA) und Absetzungen für Substanzverringerung (AfS)[52] sowie vereinnahmte Ausschüttungen aus dem steuerlichen Einlagekonto[53] können jedoch von Investmentfonds aber weiterhin wie bisher durchgeschüttet werden[54] (sog. negative Thesaurierungen). Dies ergibt sich aus der Gesetzesbegründung zum AIFM-StAnpG[55] und wurde zudem von der FinVerw.[56] auch gesondert bestätigt.

---

51   BMF-Scheiben vom 18. August 2009 BMF-Schreiben Investmentsteuergesetz (InvStG), Zweifels- und Auslegungsfragen; Aktualisierung des BMF-Schreibens vom 2. Juni 2005, Tz. 16a.
52   Siehe hierzu BMF-Scheiben vom 18. August 2009 BMF-Schreiben Investmentsteuergesetz (InvStG), Zweifels- und Auslegungsfragen; Aktualisierung des BMF-Schreibens vom 2. Juni 2005, Tz. 16b.
53   Siehe hierzu BMF-Scheiben vom 18. August 2009 BMF-Schreiben Investmentsteuergesetz (InvStG), Zweifels- und Auslegungsfragen; Aktualisierung des BMF-Schreibens vom 2. Juni 2005, Tz. 93.
54   Vgl. BTDrucks. 18/68 S. 53; BRDrucks. 740/13 S. 53.
55   BTDrucks. 18/68 S. 53; BRDrucks. 740/13 S. 53.
56   BMF-Schreiben vom 4. Juni 2014 Investmentsteuergesetz in der Fassung des AIFM-Steuer-Anpassungsgesetzes; Auslegungsfragen, Ziffer 6 zu § 3a – Ausschüttungsreihenfolge.

Durchschüttungsfähige Liquiditätsüberhänge entstehen dadurch, dass AfA und AfS steuerlich als Werbungskosten des Investmentvermögens qualifizieren, bei dessen aufsichtsrechtlicher Ertragsermittlung aber keine Berücksichtigung finden. Folge ist, dass die steuerlichen AfA- und AfS-Beträge im Fondsvermögen zwar noch enthalten sind, steuerrechtlich jedoch keine Erträge darstellen, sondern lediglich für Ausschüttungen zur Verfügung stehende Liquidität.[57]

Von vereinnahmten Ausschüttungen aus dem steuerlichen Einlagekonto sind im Inland die Fälle der Einlagenrückgewähr gem. § 27 Abs. 1 und 8 KStG umfasst, d.h. die Weiterschüttung von Ausschüttungen einer unbeschränkt steuerpflichtigen Kapitalgesellschaft oder einer in einem EU-Staat unbeschränkt steuerpflichtigen Körperschaft, für die das Einlagekonto als verwendet gilt. Denn hierbei handelt es sich dem Wesen nach nicht um Erträge des Investmentfonds, sondern um die Rückgewähr von Einlagen an das Investmentvermögen als Anteilseigner von Kapitalgesellschaften.[58] Nichts anderes kann sinngemäß gelten, wenn die Einlagenrückgewähr von einer unbeschränkt steuerpflichtigen Nicht-EU-Kapitalgesellschaft empfangen wird, wenngleich der Anwendungsbereich des § 27 Abs. 8 KStG dies nicht mit umfasst.[59] Denn insoweit könnte ein Verstoß gegen die nach Art. 63 Abs. 1 AEUV zu gewährende Kapitalverkehrsfreiheit, die auch im Verhältnis gegenüber Drittstaaten zu gewährleisten ist, vorliegen. Zumindest echte Nennkapitalrückzahlungen sollten auf jeden Fall immer als durchschüttbare Einlagenrückgewähr behandelt werden, sofern die entsprechenden Nachweise erbracht werden.

§ 4
Ausländische Einkünfte

(1) Die auf Investmentanteile ausgeschütteten sowie die ausschüttungsgleichen Erträge sind bei der Veranlagung der Einkommensteuer oder Körperschaftsteuer insoweit außer Betracht zu lassen, als sie aus einem ausländischen Staat stammende Einkünfte enthalten, für die die Bundesrepublik Deutschland auf Grund eines Abkommens zur Vermeidung der Doppelbesteuerung auf die Ausübung des Besteuerungsrechts verzichtet hat. Gehören die ausgeschütteten oder ausschüttungsgleichen Erträge aus einem Investmentanteil nicht zu den Einkünften aus Kapitalvermögen, so ist bei den nach Satz 1 befreiten Einkünften der Steuersatz anzuwenden, der sich ergibt, wenn bei der Berechnung der Einkommensteuer das nach § 32a des Einkommensteuergesetzes zu versteuernde Einkommen um die in Satz 1 genannten Einkünfte vermehrt oder vermindert wird, wobei die darin enthaltenen außerordentlichen Einkünfte mit einem Fünftel zu berücksichtigen sind. § 32b Absatz 1 Satz 2 des Einkommensteuergesetzes gilt entsprechend. § 32b Abs. 1a des Einkommensteuergesetzes ist anzuwenden.

(2) Sind in den auf Investmentanteile ausgeschütteten sowie den ausschüttungsgleichen Erträgen aus einem ausländischen Staat stammende Einkünfte enthalten, die in diesem Staat zu einer nach § 34c Abs. 1 des Einkommensteuergesetzes oder § 26 Abs. 1 des Körperschaftsteuergesetzes oder nach einem Abkommen zur Vermeidung der Doppelbesteuerung auf die Einkommensteuer oder Körper-

---

[57] BTDrucks. 17/12603 S. 32.
[58] BTDrucks. 17/12603 S. 32.
[59] Siehe hierzu Blümich/*Werning* § 27 Rn. 80 f.; Dötsch/Pung/Möhlenbrock/*Dötsch* § 27 KStG Rn. 260 ff.; Gosch/*Heger* § 27 Rn. 61; Streck/*Binnewies* § 27 Rn. 83 m.w.N./Hinw.

schaftsteuer anrechenbaren Steuer herangezogen werden, so ist bei unbeschränkt steuerpflichtigen Anlegern die festgesetzte und gezahlte und keinem Ermäßigungsanspruch unterliegende ausländische Steuer auf den Teil der Einkommensteuer oder Körperschaftsteuer anzurechnen, der auf diese ausländischen um die anteilige ausländische Steuer erhöhten Einkünfte entfällt. Dieser Teil ist in der Weise zu ermitteln, dass die sich bei der Veranlagung des zu versteuernden Einkommens – einschließlich der ausländischen Einkünfte – nach den §§ 32a, 32b, 34 und 34b des Einkommensteuergesetzes ergebende Einkommensteuer oder nach § 23 des Körperschaftsteuergesetzes ergebende Körperschaftsteuer im Verhältnis dieser ausländischen Einkünfte zur Summe der Einkünfte aufgeteilt wird. Der Höchstbetrag der anrechenbaren ausländischen Steuern ist für die ausgeschütteten sowie ausschüttungsgleichen Erträge aus jedem einzelnen Investmentfonds zusammengefasst zu berechnen. § 34c Abs. 1 Satz 3 und 4, Abs. 2, 3, 6 und 7 des Einkommensteuergesetzes ist sinngemäß anzuwenden. Wird von auf ausländische Investmentanteile ausgeschütteten Erträgen in dem Staat, in dem der ausschüttende ausländische Investmentfonds ansässig ist, eine Abzugsteuer erhoben, gelten die Sätze 1 bis 4 mit der Maßgabe, dass für die Ermittlung des Höchstbetrags der anrechenbaren ausländischen Steuern Satz 3 entsprechend gilt. Der Anrechnung der ausländischen Steuer nach § 34c Abs. 1 des Einkommensteuergesetzes steht bei ausländischen Investmentanteilen § 34c Abs. 6 Satz 1 des Einkommensteuergesetzes nicht entgegen. Sind in den auf ausländische Investmentanteile ausgeschütteten sowie den ausschüttungsgleichen Erträgen Einkünfte enthalten, die mit deutscher Ertragsteuer belastet sind, so gelten diese Einkünfte und die darauf entfallende deutsche Steuer für Zwecke der Anrechnung und bei der Anwendung des § 7 Abs. 1 als ausländische Einkünfte und ausländische Steuer im Sinne des Satzes 1. Abweichend von den Sätzen 1 bis 6 sind bei Erträgen, die Einkünfte im Sinne des § 20 Abs. 1 Satz 1 Nr. 1 des Einkommensteuergesetzes sind, § 32d Abs. 5 und § 43a Abs. 3 Satz 1 des Einkommensteuergesetzes sinngemäß anzuwenden.

(3) Ausländische Steuern, die auf ausgeschüttete sowie ausschüttungsgleiche Erträge entfallen, die nach Absatz 1 oder § 2 Abs. 2 und 3 steuerfrei sind, sind bei der Anrechnung oder dem Abzug nach Absatz 2 oder beim Abzug nach Absatz 4 nicht zu berücksichtigen.

(4) Der Investmentfonds kann die nach Absatz 2 beim Anleger anrechenbaren oder abziehbaren ausländischen Steuern bei der Ermittlung der Erträge (§ 3) als Werbungskosten abziehen. In diesem Fall hat der Anleger keinen Anspruch auf Anrechnung oder Abzug dieser Steuern nach Absatz 2.

Systematische Übersicht

A. Allgemeines
   I. Rechtsentwicklung der Vorschrift —— 1
   II. Zwecksetzung, Inhalt und Bedeutung der Vorschrift —— 2
B. Steuerbefreiung, Steueranrechnung und Steuerabzug
   I. Freistellungsmethode (§ 4 Abs. 1) —— 3
     1. Steuerfreistellung (§ 4 Abs. 1 Satz 1) —— 4
       a) Investmentanteile —— 5
       b) Konstitutive Wirkung —— 6
       c) Mindestbesteuerung erforderlich? —— 7
       d) „aus einem ausländischen Staat stammende Einkünfte" —— 8
       e) Einkunftsarten —— 9
         aa) Immobilienerträge —— 10
         bb) Dividenden —— 11
         cc) Unternehmensgewinne —— 12
     2. Progressionsvorbehalt (§ 4 Abs. 1 Satz 2–4) —— 13

II. Anrechnungsmethode (§ 4 Abs. 2) —— 14	2. Abfluss- bzw. Abzugsteuer (§ 4 Abs. 2 Satz 5 und Satz 6) —— 22
1. Steueranrechnung (§ 4 Abs. 2 Satz 1–4) —— 15	3. Fiktion ausländischer Zuflusssteuer (§ 4 Abs. 2 Satz 7) —— 23
a) Steuerbare Investmenterträge —— 16	4. Sinngemäße Anwendung von § 32d Abs. 5, § 43a Abs. 3 S. 1 EStG bei Einkünften im Sinne des § 20 Abs. 1 Satz 1 Nr. 1 EStG (§ 4 Abs. 2 Satz 8) —— 24
b) Aus einem ausländischen Staat stammende Einkünfte —— 17	
c) Anrechenbarkeit nach DBA bzw. (sekundär) nach § 34c Abs. 1 EStG, § 26 Abs. 1 KStG —— 18	
d) Anrechnungsvolumen —— 19	III. Versagung der Steueranrechnung bzw. des Steuerabzugs bei steuerfreien Erträgen (§ 4 Abs. 3) —— 25
e) Höchstbetragsberechnung (§ 4 Abs. 2 Satz 2 und Satz 3) —— 20	IV. Steuerabzug auf Ebene des Investmentvermögens (§ 4 Abs. 4) —— 26
f) Verweis auf anzuwendende Regelungen des EStG (§ 4 Abs. 2 Satz 4) —— 21	

A. Allgemeines

I. Rechtsentwicklung der Vorschrift

Der in den Grundzügen auf § 40 Abs. 3, Abs. 4 KAGG und § 19 AuslInvestmG basierende § 4 wurde durch das Investmentmodernisierungsgesetz (InvModG, BGBl. I 2003, 2676, 2726 = BStBl. I **2004** 5, 7) eingeführt und seitdem mehrfach geändert: 1

– Aufgrund der Nichtvereinbarkeit mit EU-Recht wurde § 4 Abs. 2 Satz 1 durch das EU-Richtlinien-Umsetzungsgesetz vom 9.12.2004 (EURLUmsG, BGBl. I 2004, 3310, 3326 = BStBl. I **2004** 1158, 1173) geändert. Bis dahin bestand eine Ungleichbehandlung ausländischer Investmentanteile gegenüber inländischen Investmentanteilen, da für erstere die Anrechnung fiktiver ausländischer Quellensteuern nicht möglich war, sondern lediglich die Anrechnung nach § 34c Abs. 1 EStG bzw. § 26 Abs. 1 KStG.

– Aufgrund der Einführung der Abgeltungsteuer nach § 32d EStG wurde § 4 Abs. 1 Satz 2 durch das Unternehmensteuerreformgesetz 2008 vom 14.8.2007 (UntStRefG 2008, BGBl. I 2007, 1912, 1934 = BStBl. I **2007** 630, 652) neu gefasst.

– Ebenfalls durch das UntStRefG 2008 wurde in § 4 Abs. 2 Satz 7 um einen Verweis auf § 7 Abs. 1 erweitert.

– § 4 Abs. 2 Satz 8 wurde durch das Jahressteuergesetz 2009 vom 19.12.2008 (JStG 2009, BGBl. I 2008, 2794, 2832 = BStBl. I **2009** 74, 111) hinzugefügt. § 32d V EStG, auf den § 4 Abs. 2 Satz 8 Bezug nimmt, wurde gleichzeitig geändert.

– Während der Referentenentwurf des Jahressteuergesetzes 2010 in § 4 Abs. 5 noch eine Erweiterung der Steueranrechnung für inländische Anleger, welche mittels eines ausländischen Investmentvermögens in deutsche Aktien investieren, vorsah,[1] wurde diese Regelung im endgültigen JStG 2010 (BGBl. I 2010, 1768, 1788 = BStBl. I **2010** 1394, 1413) nicht umgesetzt.[2] Hintergrund für die Streichung der Regelung in

---

[1] Gesetzentwurf der Bundesregierung vom 21.6.2010, BTDrucks. 17/2249 S. 21, 79.
[2] *Möhrle/Gerber* DB **2010** 32; Bericht des Finanzausschusses vom 28.10.2010, BTDrucks. 17/3549 S. 28.

dem finalen Gesetzeswortlaut war das damals vor dem Europäischen Gerichtshof anhängige, die Quellenbesteuerung von Dividenden betreffende, Vertragsverletzungsverfahren.[3] Daher wurde von einer Umsetzung im JStG 2010 abgesehen.[4]
- Den Weg in das JStG 2010 gefunden hat jedoch die Neufassung des jetzigen § 4 Abs. 1 Satz 3, welcher die entsprechende Anwendung von § 32b Abs. 1 Satz 2 EStG regelt.[5] Danach können für Zwecke des Progressionsvorbehalts nach einem DBA steuerbefreite Einkünfte aus Drittstaaten (d.h. im Sinne von § 2a Abs. 2 EStG) zur inländischen Besteuerung herangezogen werden, nicht hingegen derartige Einkünfte aus Mitgliedstaaten der Europäischen Union bzw. des Europäischen Wirtschaftsraums.[6] Dies entspricht der Regelung für direkte Investitionen, die mit dem JStG 2009 (BGBl. I 2008, 2794, 2799 = BStBl. I **2009** 74, 79) in § 32b Abs. 1 EStG eingeführt wurde.[7]
- Neben rein redaktionellen Änderungen (Änderung des Begriffs „das Investmentvermögen" in „der Investmentfonds") wurde in § 4 Abs. 1 ein neuer Satz 2 durch das Gesetz zur Anpassung des Investmentsteuergesetzes und anderer Gesetze an das AIFM-Umsetzungsgesetz (AIFM-StAnpG, BGBl. I 2013, 4318, 4323 = BStBl. I **2014** 2, 7) eingefügt. Dieser regelt, dass durch die mit dem JStG 2010 eingeführte Neufassung des § 4 Abs. 2 Satz 1 der Progressionsvorbehalt nur bei betrieblichen, nicht aber bei Privatanlegern anwendbar ist.

II. Zwecksetzung, Inhalt und Bedeutung der Vorschrift

2   § 4 regelt die Besteuerung eines unbeschränkt (oder beschränkt) steuerpflichtigen Anlegers eines in- oder ausländischen Investmentfonds im Hinblick auf ausländische Einkünfte eines solchen Investmentfonds. Während die Regelungen im KAGG und AuslInvestmG noch die unterschiedliche Behandlung von in- und ausländischen Investmentvermögen vorsahen, war es Ziel des Gesetzgebers, mit Einführung des InvStG a.F. durch das InvModG diese gleich zu behandeln und somit EU-rechtlichen Bedenken entgegenzutreten sowie grundsätzlich in der praktischen Anwendung handhabbarere Regelungen zu treffen.[8] Während im InvStG a.F. (d.h. vor dem AIFM-StAnpG) noch zwischen in- und ausländischen (und EU-)Investmentvermögen und -Anteilen unterschieden wurde (§ 1 Abs. 1 Nr. 1, Nr. 2 und Nr. 3 InvStG a.F. i.V.m. § 2 Abs. 8–10 InvG) und infolge dessen weiterhin für inländische Investmentvermögen ein formeller Investmentbegriff und für ausländische Investmentvermögen zunächst ein materieller, später aufgrund der Neuregelung in § 2 Abs. 9 InvG durch das Investmentänderungsgesetz (InvÄndG, BGBl. I 2007, 3089, 3092) dann ein um formelle Kriterien erweiterter materieller Investmentbegriff galt, soll durch die nun erfolgte Neuregelung des Anwendungsbereichs des InvStG die Gelegenheit genutzt werden, sich von den aufsichtsrechtlichen Bestimmungen zu lösen.[9] Die im InvStG a.F. noch enthaltene Unterscheidung zwischen inländischen Investmentvermögen (rechtsformaler Fondsbegriff) und ausländischen Investmentvermögen (for-

---

[3] Az. der EU-Kommission 2006/4098.
[4] Beschlussempfehlung des Finanzausschusses vom 27.10.2010, BTDrucks. 17/3449 S. 49; Bericht des Finanzausschusses vom 28.10.2010, BTDrucks. 17/3549 S. 28.
[5] Gesetzentwurf der Bundesregierung vom 21.6.2010, BTDrucks. 17/2249 S. 21, 79.
[6] Gesetzentwurf der Bundesregierung vom 21.6.2010, BTDrucks. 17/2249 S. 79.
[7] Gesetzentwurf der Bundesregierung vom 21.6.2010, BTDrucks. 17/2249 S. 79.
[8] Gesetzesbegründung BTDrucks 16/5377; *Wassermeyer* DB **2003** 2085; auch Berger/Steck/Lübbehüsen/ Stock/Oberhofer § 4 InvStG Rn. 2; auch Haase/*Haase* § 4 Rn. 2.
[9] Stellungnahme des Bundesrates zum AIFM-StAnpG in der Form des Regierungsentwurfs vom 4.3.2013, BTDrucks. 17/12603 vom 22.3.2013 (BRDrucks. 95/13) S. 4.

mell-materieller Fondsbegriff) wurde durch die Neuregelung im AIFM-StAnpG nunmehr aufgegeben.[10]

Gemäß § 1 Abs. 1 S. 1 ist das neue InvStG anzuwenden auf Organismen für gemeinsame Anlagen in Wertpapieren („**OGAW**") im Sinne des § 1 Abs. 2 KAGB und Alternative Investmentfonds („**AIF**") im Sinne des § 1 Abs. 3 KAGB, auf Anteile an OGAW oder AIF sowie auf vergleichbare rechtlich getrennte Einheiten eins ausländischen OGAW oder AIF (Teilfonds). § 1 Abs. 1b definiert den zentralen Begriff „Investmentfonds" für Zwecke des InvStG als OGAW oder AIF, welche jeweils bestimmte formell-materielle Kriterien erfüllen (einheitlich formell-materieller Fondsbegriff) („qualifizierte" Investmentfonds). Es gilt somit nur noch ein eigener steuerlich relevanter formell-materieller Fondsbegriff.[11] § 1 Abs. 1c definiert Investitionsgesellschaften wiederum als diejenigen OGAW oder AIF, die die Voraussetzungen in § 1 Abs. 1b (und 1f) nicht erfüllen, d.h. diese Definition umfasst alle OGAW und AIF, die die formell-materiellen Kriterien nicht erfüllen.

§ 4 ist daher auf alle „Investmentfonds" i.S.v. § 1 Abs. 1b (d.h. inländische, ausländische und EU-Investmentfonds, solange diese die Kriterien des formell-materiellen Fondsbegriff erfüllen) anwendbar, nicht hingegen auf Investitionsgesellschaften.[12]

Zweck von § 4 ist einerseits die Vermeidung der (wirtschaftlichen) Doppelbesteuerung der ausländischen Einkünfte, die mittels eines in- oder ausländischen Investmentfonds erzielt werden, sowie die Vereinfachung der Besteuerung des Anlegers.[13] Oft unterliegen Einkünfte bereits auf Ebene des Investmentfonds der (Quellen-)Besteuerung im Ausland. § 4 regelt die Berücksichtigung solcher bereits auf Ebene des Fonds angefallenen Steuern durch die Freistellung (§ 4 Abs. 1) und die Anrechnung (§ 4 Abs. 2) solcher ausländischer Steuern. Somit ist § 4 Ausfluss des Transparenzprinzips, wonach der Anleger eines (in- oder ausländischen) Investmentfonds, welcher ausländische Einkünfte erzielt, gegenüber dem Direktanleger, welcher seinerseits ebenfalls ausländische Einkünfte erzielt, gleichgestellt werden soll.[14] Der Gesetzgeber folgt hier der Anwendung der international etablierten Freistellungsmethode und Anrechnungsmethode. Voraussetzung für die Anwendung von Absatz 1 ist aber, dass die ausländischen Einkünfte aufgrund eines DBA dem Grunde nach nicht der deutschen Besteuerung unterliegen. Voraussetzung für die Anwendung des Absatzes 2 ist, dass ausländische Einkünfte vorliegen, die mit einer der deutschen Einkommensteuer (oder Körperschaftsteuer) vergleichbaren Steuer vorbelastet sind. Dann erfolgt die Anrechnung entweder auf Grundlage eines bestehenden DBA oder – in Nicht-DBA-Fällen – auf Grundlage von § 32d Abs. 5 EStG bzw. § 34c Abs. 1 EStG/§ 26 Abs. 1 KStG. In DBA-Fällen ist gegebenenfalls abhängig von der Konstellation im Einzelfall eine Anrechnung fiktiver Quellensteuer möglich.[15]

Steuersubjekt ist aufgrund des Transparenzprinzips der (unbeschränkt oder beschränkt steuerpflichtige) Anleger, es sei denn, es existiert eine von diesem Grundsatz abweichende Regelung.[16] Hinsichtlich des Grundsatzes, wonach der Anleger das Steuersubjekt ist, ist es unbeachtlich, dass die Erträge des Investmentfonds auf dessen Ebene zunächst gemäß § 3 ermittelt werden und dass die Besteuerungsgrundlagen nach § 5 Abs. 1 gemäß § 13 Abs. 1 gegenüber der Investmentgesellschaft gesondert festzustellen

---
10 Auch *Simonis/Grabbe/Faller* DB **2014** 16, 17.
11 Auch *Simonis/Grabbe/Faller* DB **2014** 16, 17.
12 Wobei für die übrigen Vorschriften des InvStG teilweise zwischen inländischen Investmentfonds, ausländischen Investmentfonds und EU-Investmentfonds differenziert wird, § 2.
13 Bordewin/Brandt/*Geurts* InvStG, § 4 Rn. 1; auch Gesetzesbegründung in BTDrucks 16/5377 zu § 4 Abs. 4. InvStG; auch Haase/*Haase* § 4 Rn. 1.
14 Bordewin/Brandt/*Geurts* InvStG, § 4 Rn. 1; auch Haase/*Haase* § 4 Rn. 4.
15 So auch Berger/Steck/Lübbehüsen/*Stock/Oberhofer* § 4 InvStG Rn. 6.
16 Haase/*Haase* § 4 Rn. 7 f., 12.

sind.[17] Es kommt für die Anwendung der Steuerbefreiung oder -anrechnung sowie für die Qualifikation der Einkünfte als betriebliche oder solche aus Privatvermögen allein auf die Merkmale auf Ebene des Anlegers an.[18]

Hauptanwendungsfälle sind die Erzielung von ausländischen Immobilienerträgen (z.B. durch Immobilienfonds) sowie ausländischer Quellensteuer auf Dividenden oder Genussscheine[19] oder sonstige Kapitaleinkünfte (z.B. Investmentfonds mit unternehmerischen Beteiligungen), jeweils in Form von laufenden Einkünften und in Form von Veräußerungsgewinnen.[20]

§ 4 enthält folgende Regelungen:

§ 4 Abs. 1 ermöglicht die Anwendung der Freistellungsmethode auf die ausgeschütteten und ausschüttungsgleichen Erträge auf Ebene des Anlegers, sofern in diesen ausländische Einkünfte enthalten sind. Die Regelung galt unter dem InvStG a.F. sowohl für Erträge unbeschränkt als auch beschränkt steuerpflichtiger Anleger in inländische Investmentanteile (§ 1 Abs. 1 Nr. 1 InvStG a.F.) sowie in ausländische (und EU-)Investmentanteile (§ 1 Abs. 1 Nr. 2 InvStG a.F.).[21] Durch den nunmehr geltenden formell-materiellen Fondsbegriff in § 1 Abs. 1b gilt § 4 Abs. 1 auch weiterhin für in- und ausländische Investmentanteile.

§ 4 Abs. 2 ermöglicht hingegen unbeschränkt steuerpflichtigen Anlegern, eine steuerliche Entlastung durch Steueranrechnung oder Steuerabzug herbeizuführen. Im Gegensatz zu Absatz 1 ist Absatz 2 nur auf unbeschränkt steuerpflichtige Anleger anwendbar. § 4 Abs. 2 ist die Nachfolgevorschrift von § 40 IV KAGG bzw. § 19 AuslInvestmG. § 4 ist auf inländische und ausländische Investmentfonds anwendbar.[22]

§ 4 Abs. 3 verneint die Anrechnung oder den Abzug ausländischer Steuern auf Ebene des Anlegers auf ausgeschüttete sowie ausschüttungsgleiche Erträge, die nach dem InvStG steuerbefreit sind.

§ 4 Abs. 4 ermöglicht die Berücksichtigung ausländischer Steuern als Werbungskosten im Rahmen der Ermittlung der Erträge auf Ebene eines Publikums-Investmentfonds[23] nach § 3. Eine Berücksichtigung auf Ebene des Anlegers scheidet in diesem Fall gem. § 4 Abs. 4 Satz 2 aus, d.h. es entfaltet sich eine Sperrwirkung aufgrund des Steuerabzugs.

Anders wie es der allgemein gehaltene Wortlaut der Vorschrift vermuten lässt, ist § 4 nicht in jeder erdenklichen Fallkonstellation anwendbar. Vielmehr ist zunächst in einem ersten Schritt zu prüfen, ob die Anwendung durch weitere Vorschriften des InvStG (insbesondere §§ 5 und 8) **ausgeschlossen** ist.[24] In einem zweiten Schritt ist dann zu prüfen, ob § 4 durch weitere Vorschriften des InvStG **eingeschränkt** wird (z.B. ist § 4 Abs. 4 gemäß § 15 Abs. 1 S. 1, § 16 S. 1 bei in- und ausländischen Spezial-Investmentfonds nicht anwendbar).[25]

---

17 Haase/*Haase* § 4 Rn. 7.
18 Haase/*Haase* § 4 Rn. 8.
19 Bei Genussrechten sehen neuere Doppelbesteuerungsabkommen eine Aufteilung zwischen Quellenstaat und Wohnsitzstaat (Deutschland) nur vor, wenn die Zahlungen auf die Genussrechte beim Schuldner nicht abzugsfähig sind, z.B. Protokoll zum DBA Luxemburg vom 23.4.2012 unter 2. (1); Protokoll zum DBA Irland vom 30.3.2011 unter 3.
20 Blümich/*Hammer* InvStG, § 4 Rn. 1; auch Haase/*Haase* § 4 Rn. 1; *Jacob/Geese/Ebner* Besteuerung von Fondsvermögen S. 43.
21 Haase/*Haase* § 4 Rn. 20; Berger/Steck/Lübbehüsen/*Stock/Oberhofer* § 4 InvStG Rn. 2.
22 *Jacob/Geese/Ebner* Besteuerung von Fondsvermögen S. 43.
23 § 4 Abs. 4 findet gemäß §§ 15 Abs. 1 S. 1, § 16 S. 1 bei Spezialinvestmentfonds keine Anwendung.
24 Haase/*Haase* § 4 Rn. 27.
25 Haase/*Haase* § 4 Rn. 27.

Die Prüfreihenfolge ist wie folgt:
(1) Zunächst ist festzustellen, ob ausgeschüttete oder ausschüttungsgleiche Erträge vorliegen, vgl. § 1 Abs. 3. Erträge, die keine ausgeschütteten oder ausschüttungsgleichen Erträge darstellen (z.B. thesaurierte Erträge aus Stillhalterprämien, Veräußerungsgewinne von Anteilen an Kapitalgesellschaften, (Ziel-)Fondsanteilen und eigenkapitalähnlichen Genussrechten, Gewinne aus Termingeschäften sowie bestimmte Gewinne aus Finanzinnovationen) sind somit nicht steuerbar.
(2) Im Anschluss ist zu prüfen, ob eine Steuerbefreiung nach Vorschriften des InvStG, z.B. aus § 4 Abs. 1 besteht.
Ergibt sich aus der Prüfung dieser beiden Schritte, dass auf Ebene des Anlegers keine steuerpflichtigen Kapitalerträge i.S.v. § 20 Abs. 1 Nr. 1 EStG bzw. Betriebseinnahmen (vgl. § 2 Abs. 1 Satz 1) vorliegen, folgt keine Steuerpflicht durch Rückgriff auf die allgemeinen Vorschriften des EStG. Denn das InvStG ist gegenüber dem EStG für die laufende Besteuerung der Erträge des Anlegers lex specialis,[26] d.h. eine Besteuerung der Erträge ist ausgeschlossen, wenn die Prüfung der Schritte 1 und 2 ergibt, dass aus Sicht des InvStG keine steuerpflichtigen Erträge vorliegen.[27]
Ergibt sich dies nicht aus der Prüfung der beiden Schritte, ist die Prüfung fortzusetzen.
(3) Die Besteuerung der laufenden Erträge des Anlegers sind dann nach den Grundsätzen des EStG bzw. KStG zu prüfen. Unbeschränkt steuerpflichtige Anleger sind in der Regel mit ihrem Welteinkommen steuerpflichtig, bei beschränkt steuerpflichtigen Anlegern ist aufgrund des begrenzten Einkünftekatalogs des § 49 Abs. 1 EStG möglich, dass eine deutsche Besteuerung ausscheidet.
(4) Ist eine Steuerpflicht nach inländischen Vorschriften gegeben, ist ferner zu prüfen, ob wiederum Befreiungsvorschriften nach EStG bzw. KStG greifen.
(5) Liegt demnach eine Steuerpflicht nach InvStG und EStG bzw. KStG vor, ist in einem letzten Schritt zu prüfen, ob die Regelungen eines im Einzelfall anwendbaren DBA das deutsche Besteuerungsrecht vollumfänglich verneinen oder einschränken.

Auf § 4 wird Bezug genommen in folgenden Regelungen:
§ 3 Abs. 2 S. 2; § 3 Abs. 3 S. 3 Nr. 1 (ohne ausdrückliche Nennung von § 4 Abs. 1); § 5 Abs. 1 S. 1 Nr. 1 lit. c gg–ll; § 5 Abs. 1 S. 1 Nr. 1 lit. f aa–ff; § 5 Abs. 2 S. 4; § 7 Abs. 1 S. 1 Nr. 1 lit. b; § 7 Abs. 1 S. 3; § 8 Abs. 1 S. 1; § 8 Abs. 2 S. 1; § 8 Abs. 5 S. 3; § 8 Abs. 5 S. 7; § 9 Abs. 1 S. 1; § 15 Abs. 1 S. 1; § 16 S. 1; § 21 Abs. 13; § 21 Abs. 19; § 21 Abs. 24 S. 1 Nr. 1 lit. c gg, ii und kk sowie § 21 Abs. 24 S. 1 Nr. 1 lit. f aa, cc und ee.

B. Steuerbefreiung, Steueranrechnung und Steuerabzug

I. Freistellungsmethode (§ 4 Abs. 1)

§ 4 Abs. 1 regelt die Anwendung der Freistellungsmethode auf ausländische Erträge **3** eines in- oder ausländischen Investmentfonds auf Ebene des Anlegers.

---

[26] BFH v. 11.10.2000, BStBl. II **2001** 22; BFH v. 27.3.2001, BFH/NV 2001, 1539; BFH v. 24.11.2009 DB **2010** 251; auch Blümich/*Hammer* InvStG, § 4 Rn. 4.
[27] So auch Berger/Steck/Lübbehüsen/*Stock/Oberhofer* § 4 InvStG Rn. 8; *Jacob/Klein* FR **2000** 918, 921.

1. Steuerfreistellung (§ 4 Abs. 1 Satz 1)

4 „Die auf Investmentanteile ausgeschütteten sowie die ausschüttungsgleichen Erträge sind bei der Veranlagung der Einkommensteuer oder Körperschaftsteuer insoweit außer Betracht zu lassen, als sie aus einem ausländischen Staat stammende Einkünfte enthalten, für die die Bundesrepublik Deutschland auf Grund eines Abkommens zur Vermeidung der Doppelbesteuerung auf die Ausübung des Besteuerungsrechts verzichtet hat."

5 **a) Investmentanteile.** Aufgrund des nun in § 1 Abs. 1b geregelten formell-materiellen Fondsbegriffs gilt § 4 Abs. 1 weiterhin für ausgeschüttete und ausschüttungsgleiche Erträge aus inländischen und ausländischen Investmentanteilen. Neben diesem grundsätzlichen Erfordernis müssen ferner die gemäß § 5 zu erfüllenden Bekanntmachungspflichten eingehalten werden (§ 5 Abs. 1 S. 1 Nr. 1 lit. c gg–ll; § 5 Abs. 1 S. 1 Nr. 1 lit. f aa–ff; § 5 Abs. 2 S. 4).

6 **b) Konstitutive Wirkung.** Die Vorschrift ermöglicht die Anwendung einer der Freistellungsmethode entsprechenden Regelung auf Ebene des in Deutschland (beschränkt oder unbeschränkt) steuerpflichtigen Anlegers. Dies wäre dem Anleger ohne Befreiungsvorschrift in der Regel nicht möglich, da hinsichtlich der Erträge auf Ebene des Investmentfonds die Befreiungsvorschriften nach dem jeweiligen DBA für den Anleger in einen solchen Investmentfonds keine unmittelbare Wirkung entfalten.[28] Eine Ausnahme von diesem Grundsatz kann in Fällen greifen, in der Anleger in einen steuerlich transparenten Investmentfonds investiert, z.B. in der Rechtsform einer (in- oder ausländischen) Personengesellschaft. Statt des Investmentfonds wäre der Anleger als Gesellschafter der Personengesellschaft selbst abkommensberechtigte Person i.S.d. DBA.[29] Ist der Anleger hingegen nicht selbst abkommensberechtigte Person, z.B. wenn es sich bei dem Investmentfonds um eine in- oder ausländische Kapitalgesellschaft handelt, wird erst durch § 4 Abs. 1 dem Anleger eine entsprechende Befreiung von der ausländischen Steuer auf die Erträge des Fonds gewährt (konstitutive Wirkung).[30] Auch wenn der Anleger selbst als abkommensberechtigte Person qualifiziert, erfolgt die Befreiung von ausländischer Steuer rechtssystematisch nach der nationalen Befreiungsvorschrift in § 4 Abs. 1, d.h. diese hat insoweit Vorrang vor einer Freistellung nach DBA.[31] Diese konstitutive Wirkung der Befreiung nach § 4 Abs. 1 hat v.a. Bedeutung in den Fällen, in denen Ausnahmen von einer DBA-Steuerfreistellung greifen: Die in § 7 Abs. 7 2. HS AStG enthaltenen Rückausnahmeregelung von § 7 Abs. 7 1. HS AStG, wonach § 7 Abs. 1 bis 6a AStG anwendbar bleiben, soweit Ausschüttungen oder ausschüttungsgleiche Erträge nach einem DBA von der inländischen Bemessungsgrundlage auszunehmen sind, gilt daher nicht für solche Erträge des Investmentfonds, die gemäß § 4 Abs. 1 steuerbefreit sind, da insoweit die Erträge nach Vorschriften des InvStG und nicht nach einem DBA freigestellt sind.[32]

---

28 Beckmann/Scholtz/Vollmer/*Elser* Investment § 4 InvStG Rn. 10; auch Berger/Steck/Lübbehüsen/ Stock/*Oberhofer* § 4 InvStG Rn. 12.
29 FG BaWü vom 17.3.2008, IStR **2008** 668 zur Abkommensberechtigung von Gesellschaftern einer als Personengesellschaft qualifizierenden US-LLP.
30 Berger/Steck/Lübbehüsen/Stock/*Oberhofer* § 4 InvStG Rn. 12.
31 Berger/Steck/Lübbehüsen/Stock/*Oberhofer* § 4 InvStG Rn. 13.
32 Schnitger/*Schachinger* BB **2007** 801, 804; auch Fock IStR **2006** 734, 736; auch Berger/Steck/ Lübbehüsen/Stock/*Oberhofer* § 4 InvStG Rn. 12; **a.A.** Streck/Kaminski/Köhler/*Köhler* Stand 1. Dezember 2013, § 7 AStG Rn. 208. Die in § 19 Abs. 4 neu aufgenommene Regelung wonach abweichend von § 7 Abs. 7 AStG die §§ 7–14 AStG anwendbar bleiben, gilt nur für Kapital-Investitionsgesellschaften, auf die § 4 keine Anwendung findet.

Nach dem gleichen Grundsatz findet auch § 50d Abs. 9 EStG keine Anwendung bei Erträgen des Investmentfonds, die nach § 4 Abs. 1 und nicht nach DBA freigestellt sind.[33] Letzteres gilt auch hinsichtlich der Vorschrift des § 50d Abs. 11 EStG (sog. „KgaA-Strukturen").

c) Mindestbesteuerung erforderlich? Das BMF hat in seinem Schreiben vom 18.8. 2009[34] eine einschränkende Auslegung der Tatbestandsvoraussetzungen von § 4 Abs. 1 aufgenommen, die mit der gesetzlichen Grundlage nicht vereinbar sind. Demnach soll in Fällen, in denen der Quellenstaat und der Sitzstaat des Investmentfonds identisch sind, eine Steuerbefreiung nach § 4 Abs. 1 nur in Betracht kommen, wenn das ausländische Investmentvermögen einer Besteuerung von mindestens 15% (§ 23 Abs. 1 KStG) unterliegt.[35] Solch eine einschränkende Auslegung ist vom Gesetzeswortlaut nicht gedeckt und daher abzulehnen.[36]

d) „aus einem ausländischen Staat stammende Einkünfte". Ferner müssen „aus einem ausländischen Staat stammende Einkünfte" vorliegen. Diese müssen Teil der ausgeschütteten oder ausschüttungsgleichen Erträge des Investmentfonds (i.S.v. § 1 Abs. 3 S. 2–4) sein.[37] Der Begriff „ausländische Einkünfte" ist im InvStG nicht definiert. Der Begriff könnte im Sinne von § 34d EStG auszulegen sein.[38] Dies ist aber aufgrund des Wortlauts der Norm und der Systematik des Gesetzes abzulehnen. Zum einen behandelt § 34d EStG „ausländische Einkünfte". Dieser Begriff deckt sich zwar mit der Überschrift von § 4, nicht jedoch mit dem Wortlaut in Absatz 1 „aus einem ausländischen Staat stammende Einkünfte". Zum anderen enthält das § 4 Abs. 1 keinen Verweis auf § 34d EStG (anders als beispielsweise der Verweis auf § 34c in § 4 Abs. 2). Eine analoge Anwendung ist nur zulässig, wenn dies nicht zu Nachteilen des Anlegers führt. Da dies aber z.B. im Falle einer analogen Anwendung von § 34d EStG für Gewinne aus der Veräußerung von Immobilien im Ausland der Fall sein kann,[39] ist eine analoge Anwendung von § 34d EStG ausgeschlossen.[40] Stattdessen ist aufgrund des Bezugs des § 4 Abs. 1 auf die DBA-Steuerbefreiung und des im Rahmen des InvStG geltenden Transparenzprinzips der Begriff „aus einem ausländischen Staat stammende Einkünfte" vor dem Hintergrund des jeweils relevanten DBA auszulegen.[41]

Das zugrunde zu legende DBA ist stets das DBA zwischen der Bundesrepublik Deutschland und dem jeweiligen Quellenstaat. Das gilt (i) im Falle eines inländischen Investmentfonds, (ii) im Falle eines ausländischen Investmentfonds, wenn der Sitzstaat des Investmentfonds und der Staat, aus dem die Erträge stammen (Betriebstätten-, Quel-

---

33 Berger/Steck/Lübbehüsen/*Stock*/*Oberhofer* § 4 InvStG Rn. 12.
34 BMF-Schreiben vom 18.8.2009, Investmentsteuergesetz, Zweifels- und Auslegungsfragen; BStBl. I **2009** 931.
35 BMF-Schreiben vom 18.8.2009 Rz. 75.
36 Bödecker/Braun/Ernst/Franz/Kahn/*Vahldiek* Handbuch InvR S. 633; auch Beckmann/Scholtz/Vollmer/*Elser* § 4 InvStG Rn. 15 m.w.N.; auch Berger/Steck/Lübbehüsen/*Stock*/*Oberhofer* § 4 InvStG Rn. 14.
37 Blümich/*Hammer* InvStG, § 4 Rn. 2; auch Berger/Steck/Lübbehüsen/*Stock*/*Oberhofer* § 4 InvStG Rn. 17.
38 Berger/Steck/Lübbehüsen/*Stock*/*Oberhofer* § 4 InvStG Rn. 17.
39 Littmann/Bitz/Pust/*Ramackers* § 4 InvStG Rn. 5 ff.; auch Berger/Steck/Lübbehüsen/*Stock*/*Oberhofer* § 4 InvStG Rn. 17.
40 Berger/Steck/Lübbehüsen/*Stock*/*Oberhofer* § 4 InvStG Rn. 17.
41 So auch BMF-Schreiben vom 18.8.2009 Rz. 75; auch Beckmann/Scholtz/Vollmer/*Elser* § 4 InvStG Rn. 20; auch Korn/Carlé/Stahl/Strahl/*Hamacher* § 4 InvStG Rn. 4; auch Bödecker/Braun/Ernst/Franz/Kahn/*Vahldiek* Handbuch InvR S. 633; auch Haase IStR **2010** 170; auch Berger/Steck/Lübbehüsen/*Stock*/*Oberhofer* § 4 InvStG Rn. 17; unklar Littmann/Bitz/Pust/*Ramackers* § 4 InvStG Rn. 5 ff.

len- oder Belegenheitsstaat – „Quellenstaat") identisch sind und (iii) im Falle eines ausländischen Investmentfonds, wenn Sitzstaat und Quellenstaat auseinanderfallen. Während der Rückgriff auf das jeweilige DBA mit der Bundesrepublik Deutschland und dem Quellenstaat in den Fällen i und ii unbestritten sind, wäre es denkbar, dies im Fall iii anders zu sehen. Da aber auch gerade die Konstellation ausländische Einkünfte eines ausländischen Investmentfonds von § 4 Abs. 1 erfasst werden soll,[42] ist, um die Gleichstellung mit inländischen Investmentfonds zu erreichen und um das Transparenzprinzip umzusetzen, das DBA zwischen der Bundesrepublik Deutschland und dem Quellenstaat als das maßgebliche DBA zu erachten.[43] Erforderlich ist lediglich eine abstrakte Prüfung der Befreiungsvoraussetzungen, d.h. ob zwischen der Bundesrepublik und dem Quellenstaat ein DBA besteht, welches eine Freistellung der vom Investmentfonds erzielten Erträge vorsieht.[44] Eine Prüfung der Abkommensberechtigung des Investmentfonds selbst ist für die Anwendung von § 4 Abs. 1 nicht erforderlich.[45]

9   **e) Einkunftsarten.** Ausländische Erträge des Investmentfonds, die nach DBA freigestellt werden, können sein:
- Einkünfte aus unbeweglichem Vermögen (Art. 6 OECD-MA 2010)
- Veräußerungsgewinne (Art. 13 OECD-MA)
- Dividenden (Art. 10 OECD-MA 2010)
- Unternehmensgewinne (Art. 7 i.V.m. Art. 5 OECD-MA 2010)

10   **aa) Immobilienerträge.** Laufende Einkünfte aus Immobilien sind der Hauptanwendungsfall für § 4 Abs. 1. Die meisten DBA befolgen das Belegenheitsprinzip, d.h. die Einkünfte sind dort zu besteuern, wo sich die Immobilen befinden (Art. 6 OECD-MA 2010). Im Sitzstaat (Deutschland) sind diese Einkünfte in der Regel freigestellt (Art. 23A Abs. 10 ECD-MA 2010). Gemäß § 4 Abs. 1 sind solche Einkünfte somit freizustellen, sofern das jeweilige DBA dem OECD-MA 2010 insoweit folgt.

Ebenso sind Veräußerungsgewinne aus der Veräußerung von Immobilien nach dem Belegenheitsprinzip dort zu besteuern, wo sich die Immobilie befindet (Art. 13 Abs. 1 OECD-MA 2010). Deutschland stellt diese Einkünfte ebenfalls frei (Art. 23A Abs. 1 OECD-MA). Auch hier erfolgt somit eine Freistellung nach § 4 Abs. 1 auf Ebene des Anlegers, sofern das jeweilige DBA die Freistellung vorsieht.[46] Dies gilt sowohl für den Fall, dass die Erträge des Anlegers Veräußerungsgewinne innerhalb der Spekulationsfrist von 10 Jahren für private Veräußerungsgeschäfte gemäß § 23 Abs. 1 S. 1 Nr. 1 EStG darstellen, als auch für den Fall, dass die Veräußerungsgewinne auf Ebene des Anlegers Betriebseinnahmen darstellen. Eine Besonderheit besteht, wenn Privatanleger ausgeschüttete Erträge erhalten, in denen Veräußerungsgewinne aus der Veräußerung ausländischer Im-

---

42   *Wassermeyer* DB **2003** 2085.
43   BMF-Schreiben vom 18.8.2009 Rz. 75; auch *Jacob/Geese/Ebner* 44; auch Littmann/Bitz/Pust/ *Ramackers* § 4 InvStG Rn. 15 ff.; auch Bödecker/Braun/Ernst/Franz/Kahn/*Vahldiek* Handbuch InvR S. 632; auch Beckmann/Scholtz/Vollmer/*Elser* § 4 InvStG Rn. 14; mit Bedenken: Korn/Carlé/Stahl/Strahl/ *Hamacher* § 4 InvStG Rn. 5; auch Herrmann/Heuer/Raupach/*Harenberg/Intemann* Jb 2004 § 4 InvStG Anm. J023-14; auch *Sradj/Mertes* DStR **2004** 201; auch *Wassermeyer* DB **2003** 2085.
44   *Jacob/Geese/Ebner* Besteuerung von Fondsvermögen S. 45; Littmann/Bitz/Pust/*Ramackers* § 4 InvStG Rn. 15; auch Berger/Steck/Lübbehüsen/*Stock/Oberhofer* § 4 InvStG Rn. 19.
45   Beckmann/Scholtz/Vollmer/*Elser* § 4 InvStG Rn. 16; auch Blümich/*Hammer* § 4 InvStG Rn. 2, auch Berger/Steck/Lübbehüsen/*Stock/Oberhofer* § 4 InvStG Rn. 19; **a.A.** *Bacmeister* IStR **2007** 169, 172.
46   Einige DBA qualifizieren Einkünfte von Kapitalgesellschaften aus Immobilien oder aus der Veräußerung von Anteilen an solchen Gesellschaften als Einkünfte aus unbeweglichem Vermögen statt als Dividenden bzw. Veräußerungsgewinne aus Anteilen, *Dörrfuß/Weidlich* IStR **2005** 518, 520; auch Berger/ Steck/Lübbehüsen/*Stock/Oberhofer* § 4 InvStG Rn. 23.

mobilen nach Ablauf der zehnjährigen Spekulationsfrist enthalten sind.[47] Diese sind bereits nach § 2 Abs. 3 steuerbefreit. Die Befreiung nach § 2 Abs. 3 hat Vorrang vor § 4 Abs. 1, d.h. es erfolgt keine Steuerbefreiung nach § 4 Abs. 1 und somit auch keine Anwendung des Progressionsvorbehalts gemäß § 4 Abs. 1 Satz 2–4.[48] Thesaurierte Veräußerungsgewinne aus der Veräußerung ausländischer Immobilien nach Ablauf der Spekulationsfrist sind schon aufgrund von § 1 Abs. 3 S. 3 Nr. 2 nicht steuerbar und somit in diesem Zusammenhang nicht relevant.[49]

bb) Dividenden. Dividenden unterliegen nach Art. 10 OECD-MA 2010 der Besteuerung im Wohnsitzstaat des Gesellschafters, mit einer Quellenbesteuerung i.H.v. 5–15% im Quellenstaat. Der Wohnsitzstaat rechnet dann gemäß Art. 23A Abs. 2 OECD-MA die ausländische Quellensteuer an. In der Regel sehen deutsche DBA jedoch eine Steuerbefreiung von Schachteldividenden vor (bei einer Mindestbeteiligung von 10–25%). Die Freistellung erfolgt dann nach dem Wortlaut nur, wenn der Empfänger der Dividende eine „Gesellschaft" i.S.d. DBA ist (mache DBA erfordern eine „Kapitalgesellschaft").[50] Für Zwecke des § 4 Abs. 1 kommt es allerdings nur darauf an, ob ein DBA zwischen der Bundesrepublik Deutschland und dem Quellenstaat besteht, welches grundsätzlich eine Freistellung für Schachteldividenden vorsieht (abstrakte Prüfung im Rahmen des § 4 Abs. 1). **11**

Ebenfalls aufgrund der abstrakten Sichtweise kommt es für die Frage, ob die Steuerbefreiung einer Schachteldividende aufgrund von Absatz 1 greift, auf die konkrete Beteiligungshöhe des Investmentfondsanlegers nicht an. Vielmehr muss auf Ebene des Investmentfonds insgesamt die erforderliche Beteiligung für die Freistellung der Schachteldividende nach DBA erreicht sein.[51] Die u.a. vom BMF vertretene Gegenmeinung, wonach es auf die Beteiligung des einzelnen Anlegers ankommen soll (d.h. die Beteiligung des Investmentfonds soll auf diesen „durchgerechnet" werden) und dieser einzelne Anleger eine (Kapital-)Gesellschaft i.S.d. jeweiligen DBA sein soll,[52] ist abzulehnen. In der Praxis ist es dem Investmentfonds oftmals nicht möglich, die Beteiligung seiner Anleger „durchzurechnen", da ihm die erforderlichen Daten gar nicht vorliegen.[53] Eine solche Auffassung würde ferner dazu führen, dass regelmäßig lediglich Anleger in Spezial-Investmentfonds von der Regelung Gebrauch machen würden, da Anleger in Publikums-Investmentfonds in der Regel die Mindest-Schachtelbeteiligung nicht erreichen.[54] Eine solche Beschränkung des Adressatenkreises ist § 4 Abs. 1 aber nicht zu entnehmen.

Einige DBA erfordern für die Gewährung des Schachtelprivilegs die Erfüllung gewisser Aktivitätsvoraussetzungen durch die ausschüttende Gesellschaft.[55] Dies gilt auch für die Anwendung von § 4 Abs. 1. Sollten die jeweiligen Aktivitätsvoraussetzungen von der

---

47   Berger/Steck/Lübbehüsen/*Stock/Oberhofer* § 4 InvStG Rn. 22.
48   BMF-Schreiben vom 18.8.2009 Anhang 1 zu Rz. 39 Sachverhalte 10 und 11; auch Berger/Steck/Lübbehüsen/*Stock/Oberhofer* § 4 InvStG Rn. 22.
49   So auch Berger/Steck/Lübbehüsen/*Stock/Oberhofer* § 4 InvStG Rn. 22.
50   Z.B. Art. 22 Abs. 2 DBA Irland.
51   *Bacmeister* IStR **2007** 169, 173; vgl. auch Berger/Steck/Lübbehüsen/*Stock/Oberhofer* § 4 InvStG Rn. 25; unklar *Jacob/Geese/Ebner* Besteuerung von Fondsvermögen S. 45; ebenso *Schmittmann/Gerdes* IStR **2003** 541, 545; ebenso Bödecker/Braun/Ernst/Franz/Kahn/*Vahldiek* Handbuch InvR S. 631 ff.
52   BMF-Schreiben vom 18.8.2009 Rz. 75a; auch Beckmann/Scholtz/Vollmer/*Elser* § 4 InvStG Rn. 13; Haase/*Haase* § 4 Rn. 10.
53   auch Berger/Steck/Lübbehüsen/*Stock/Oberhofer* § 4 InvStG Rn. 25.
54   *Maier/Wengenroth* ErbStB **2009** 350, 353; auch Berger/Steck/Lübbehüsen/*Stock/Oberhofer* § 4 InvStG Rn. 25.
55   Z.B. Art. 23 Abs. 1 lit. c DBA Lettland.

ausschüttenden Gesellschaft nicht erfüllt werden, kommt statt einer Freistellung nach § 4 Abs. 1 nur die Steueranrechnung nach § 4 Abs. 2 in Betracht.[56]

12 **cc) Unternehmensgewinne.** Unternehmensgewinne sind grundsätzlich im Sitzstaat zu besteuern, aber nur insoweit, als sie nicht einer ausländischen Betriebsstätte zugerechnet werden können (Art. 7 Abs. 1 S. 2 i.V.m. Art. 5 Abs. 1 OECD-MA 2010). Gehören zu den Unternehmensgewinnen Einkünfte, die in anderen Artikeln des DBA behandelt werden, so werden die Bestimmungen jener Artikel durch diesen Grundsatz nicht berührt (Art. 7 Abs. 4 OECD-MA).[57] Ist ein Investmentfonds an einer gewerblichen Personengesellschaft beteiligt, die wiederum eine ausländische Betriebsstätte hat und sind dieser die Gewinne zuzurechnen, sind diese vom Investmentfonds an den Anleger ausgeschütteten Gewinne nach § 4 Abs. 1 freizustellen.[58]

2. Progressionsvorbehalt (§ 4 Abs. 1 Satz 2–4)

13 *„Gehören die ausgeschütteten oder ausschüttungsgleichen Erträge aus einem Investmentanteil nicht zu den Einkünften aus Kapitalvermögen, so ist bei den nach Satz 1 befreiten Einkünften der Steuersatz anzuwenden, der sich ergibt, wenn bei der Berechnung der Einkommensteuer das nach § 32a des Einkommensteuergesetzes zu versteuernde Einkommen um die in Satz 1 genannten Einkünfte vermehrt oder vermindert wird, wobei die darin enthaltenen außerordentlichen Einkünfte mit einem Fünftel zu berücksichtigen sind. § 32b Absatz 1 Satz 2 des Einkommensteuergesetzes gilt entsprechend. § 32b Abs. 1a des Einkommensteuergesetzes ist anzuwenden."*

DBA sehen in der Regel im Rahmen der Freistellung eine Berücksichtigung dieser Einkünfte unter dem Progressionsvorbehalt vor (Art. 23A Abs. 3 OECD-MA 2010), d.h. die befreiten Einkünfte können gleichwohl im Sitzstaat bei der Ermittlung des Steuersatzes berücksichtigt werden. § 4 Abs. 1 S. 2–4 enthält hingegen eine eigene Regelung des Progressionsvorbehalts, die unabhängig von jeweiligen DBA-Regelungen zu berücksichtigen sind. Ist in einem konkreten DBA kein Progressionsvorbehalt enthalten, gilt dennoch der Progressionsvorbehalt nach § 4 Abs. 1 S. 2–4.[59]

Betroffen von der Regelung sind natürliche Personen, die in Deutschland unbeschränkt oder beschränkt steuerpflichtig sind, und ihre Investmentanteile im Betriebsvermögen halten.[60]

Der Gesetzgeber hatte durch die mit dem JStG 2010 erfolgten Änderung des § 4 Abs. 1 S. 2 (nunmehr § 4 Abs. 1 S. 3) dessen Anwendungsbereich durch Verweis auf § 32b Abs. 1 S. 2 EStG eingeschränkt, mit der Folge, dass der Progressionsvorbehalt nur noch für Einkünfte aus Drittstaaten und nicht mehr für Einkünfte aus EU- bzw. EWR Mitgliedstaaten anzuwenden ist. Diese Einschränkung war aus europarechtlicher Sicht geboten.[61] Dies

---

[56] Schmittmann/Gerdes IStR **2003** 541, 545; auch Berger/Steck/Lübbehüsen/*Stock*/*Oberhofer* § 4 InvStG Rn. 25.
[57] Ein Beispiel für eine solche, dem Grundsatz in Art. 7 Abs. 1 S. 2 OECD-MA vorgehende Regelung ist Art. 6 Abs. 4 OECD-MA, wonach Einkünfte aus unbeweglichem Vermögen eines Unternehmens nach Art. 6 Abs. 1 und 3 OECD-MA und somit dem Belegenheitsprinzip unterliegen.
[58] Berger/Steck/Lübbehüsen/*Stock*/*Oberhofer* § 4 InvStG Rn. 26.
[59] BMF-Schreiben vom 18.8.2009 Rz. 76; auch Berger/Steck/Lübbehüsen/*Stock*/*Oberhofer* § 4 InvStG Rn. 29.
[60] BMF-Schreiben vom 18.8.2009 Rz. 76; auch Berger/Steck/Lübbehüsen/*Stock*/*Oberhofer* § 4 InvStG Rn. 30.
[61] Regierungsentwurf des JStG 2010 vom 21.6.2010, BTDrucks 17/2249 S. 79.

führte zu einer kompletten Änderung des bis dahin geltenden Satz 2. Satz 2 i.d.F. des UntStRefG 2008 hatte noch den identischen Wortlaut wie der nun durch das AIFM-StAnpG wieder aufgenommene Satz 2.[62] Durch das JStG 2010 wurde dieser Satz 2 durch den jetzigen Satz 3 ersetzt.[63] Nach der Gesetzesbegründung zum AIFM-StAnpG erfolgte nun die Wiederaufnahme des Wortlauts des früheren Satz 2 aufgrund von infolge der Änderung durch das JStG 2010 aufgekommen Zweifeln in der Praxis, ob der Progressionsvorbehalt nunmehr auch bei Privatanlegern anzuwenden sei. Die Wiederaufnahme des Satz 2 stelle klar, dass der Progressionsvorbehalt nur bei betrieblichen und nicht bei Privatanlegern anzuwenden ist.[64]

Zwar hat die Wiederaufnahme von Satz 2 auch diesen (Neben)Effekt. Privatanleger unterliegen gemäß § 32d Abs. 1 EStG bezüglich ihrer Einkünfte aus Kapitalvermögen der Abgeltungsteuer mit einem Steuersatz i.H.v. 25%.[65] Hauptzweck der nun erfolgten Wiederaufnahme von Satz 2 ist jedoch die Korrektur eines gesetzestechnischen Fehlers. § 4 Abs. 1 i.d.F. des JStG 2010 enthält keine ausdrückliche Regelung zur Anwendung des Progressionsvorbehalts. Die Progressionsvorbehaltsregelung in § 4 Abs. 1 S. 2 i.d.F. des UntStRefG 2008 wurde ersatzlos gestrichen und es wurde lediglich der Verweis auf § 32b Abs. 1 S. 2 EStG aufgenommen. Dieser sollte laut Gesetzesbegründung aber gerade dafür sorgen, dass der Progressionsvorbehalt nur noch für Einkünfte aus Drittstaaten gilt. Eine Anwendung des Progressionsvorbehalts selbst sieht § 32b Abs. 1 S. 2 EStG nicht vor. Der unveränderte Verweis auf § 32b Abs. 1a EStG in § 4 Abs. 1 S. 3 i.d.F. des UntStRefG 2008 bzw. des JStG 2010 regelt auch nicht die Anwendung des Progressionsvorbehalts an sich, sondern lediglich die Erweiterung des Progressionsvorbehalts auf ausländische Einkünfte einer Organgesellschaft i.S.v. §§ 14, 17 KStG, die einem unbeschränkt steuerpflichtigen, der Einkommensteuer unterliegenden Person zuzurechnen sind.[66] Beim nun durch das AIFM-StAnpG aufgenommenen Satz 2 handelt es sich daher nicht um eine „Klarstellung", sondern um die Korrektur eines zuvor durch das JStG 2010 erfolgten gesetzestechnischen Fehlers.

Die Beschränkung des Progressionsvorbehalts auf Einkünfte aus Drittstaaten (§ 32b Abs. 1 S. 2 EStG) sowie die Erweiterung des Progressionsvorbehalts auf ausländische Einkünfte einer Organgesellschaft (§ 32 Abs. 1a EStG) gelten nicht für Kapitalgesellschaften.[67] Für Anleger, die der Körperschaftsteuer unterliegen, ist der Steuersatz gemäß § 23 KStG maßgebend (d.h. i.H.v. 15%).[68]

Der Progressionsvorbehalt (einschließlich der Fünftelregelung) ist somit lediglich auf den einkommensteuerpflichtigen betrieblichen Anleger im Rahmen der Veranlagung anwendbar.[69] Bei der Ermittlung des Steuersatzes wird das zu versteuernde Einkommen des Anlegers um den Saldo der betroffenen Ertragsanteile aus den ausländischen Ein-

---

62 „Gehören die ausgeschütteten oder ausschüttungsgleichen Erträge aus einem Investmentanteil nicht zu den Einkünften aus Kapitalvermögen, so ist bei den nach Satz 1 befreiten Einkünften der Steuersatz anzuwenden, der sich ergibt, wenn bei der Berechnung der Einkommensteuer das nach § 32a des Einkommensteuergesetzes zu versteuernde Einkommen um die in Satz 1 genannten Einkünfte vermehrt oder vermindert wird, wobei die darin enthaltenen außerordentlichen Einkünfte mit einem Fünftel zu berücksichtigen sind."
63 „§ 32b Abs. 1 S. 2 EStG gilt entsprechend."
64 Gesetzentwurf des AIFM-StAnpG vom 20.11.2013, BTDrucks 18/68 S. 53.
65 Beckmann/Scholtz/Vollmer/*Elser* § 4 InvStG Rn. 18a; auch *Grabbe/Behrens* DStR **2008** 950, 951; auch Berger/Steck/Lübbehüsen/*Stock/Oberhofer* § 4 InvStG Rn. 30.
66 Schmidt/*Heinicke* EStG § 32b Rn. 40; auch Berger/Steck/Lübbehüsen/*Stock/Oberhofer* § 4 InvStG Rn. 35.
67 KStR 32 Abs. 1; so auch Berger/Steck/Lübbehüsen/*Stock/Oberhofer* § 4 InvStG Rn. 30.
68 Berger/Steck/Lübbehüsen/*Stock/Oberhofer* § 4 InvStG Rn. 30.
69 Berger/Steck/Lübbehüsen/*Stock/Oberhofer* § 4 InvStG Rn. 32.

künften vermehrt oder vermindert.[70] Die nach § 4 Abs. 1 freigestellten Erträge werden aus dem zu versteuernden Einkommen heraus gerechnet. Auf die resultierende Summe ist ein unter Berücksichtigung der nach § 4 Abs. 1 freigestellten Erträge ein besonderer Steuersatz anzuwenden (Tarifprogression). Dabei sind außerordentliche Einkünfte zu einem Fünftel zu berücksichtigen. Nach Ansicht der Finanzverwaltung sind bei den außerordentlichen Einkünften nicht nur die Einkünfte i.S.d. § 34 Abs. 2 EStG zu berücksichtigen, sondern zusätzlich steuerbare, aber durch das DBA befreite Gewinne aus der Veräußerung anderer Wirtschaftsgüter.[71]

Ferner ist die Saldierung negativer und positiver Ertragsanteile zulässig, da es sich bei § 4 Abs. 1 S. 1 um artgleiche Erträge handelt.[72] Dies wird bestätigt durch den Wortlaut des § 4 Abs. 1 S. 2, der von „vermehrt oder vermindert" spricht.[73] Der Progressionsvorbehalt ist allerdings auf Erträge i.H.v. € 0 begrenzt, d.h. eine Saldierung kann nicht zu einem negativen Progressionsvorbehalt führen.[74] Entsprechend der Regelung in § 3 Abs. 4 S. 2, die für sämtliche Ertragskategorien des InvStG gilt, sind auch bei § 4 Abs. 1 S. 2 nicht ausgeglichene negative Erträge in folgenden Geschäftsjahren auszugleichen.

II. Anrechnungsmethode (§ 4 Abs. 2)

14 § 4 Abs. 2 regelt die Anwendung der Anrechnungsmethode
(i) auf Ebene des Anlegers eines in- oder ausländischen Investmentfonds bezüglich der ausländischen Erträge des Investmentfonds, die im Ausland einer Quellenbesteuerung unterliegen (Zufluss auf Ebene des Investmentfonds, = Zuflusssteuer), sowie
(ii) auf Ebene des Anlegers in einen ausländischen Investmentfonds bezüglich der an den Anleger ausgeschütteten Erträge, die im Ausland einer Quellenbesteuerung unterliegen (Abfluss auf Ebene des Investmentfonds, = Abflusssteuer bzw. Abzugsteuer).

§ 4 Abs. 2 dient ebenso wie Absatz 1 der Vermeidung der (wirtschaftlichen) Doppelbesteuerung. Der Anleger soll die Quellensteuer, die entweder auf Ebene des Investmentfonds im Rahmen dessen Einkünfteerzielung entsteht (Zuflusssteuer), oder die (in einem zweiten Schritt) bei der Ausschüttung an den Anleger entsteht (Abflusssteuer bzw. Abzugsteuer), auf seine deutsche Steuer anrechnen können.

Abs. 2 hat zwei persönliche Anwendungsbereiche: § 4 Abs. 2 S. 1–7 regelt die Anrechnung bzw. den Steuerabzug für Zu- und Abflusssteuern in allen Fällen, in denen die Erträge des Investmentvermögens beim Anleger **keine** Einkünfte nach § 20 Abs. 1 Nr. 1 EStG darstellen. Sind die Erträge beim Anleger Einkünfte nach § 20 Abs. 1 Nr. 1 EStG (d.h. insbes. im Falle des einkommensteuerpflichtigen Privatanlegers), erfolgt die Anrechnung bzw. der Steuerabzug gemäß § 4 Abs. 2 S. 8 (und S. 7). Dem Wortlaut nach fallen auch körperschaftsteuerpflichtige Anleger mit Einkünften gemäß § 20 Abs. 1 Nr. 1 EStG wie z.B. Stiftungen oder Vereine unter die Regelung. Da der Verweis in § 4 Abs. 2 S. 8 auf §§ 32d Abs. 5 und 43a Abs. 3 S. 1 EStG im Zusammenhang mit körperschaftsteuerpflichti-

---

[70] Littmann/Bitz/Pust/*Ramackers* § 4 InvStG Rn. 25; Berger/Steck/Lübbehüsen/*Stock/Oberhofer* § 4 InvStG Rn. 32.
[71] BMF-Schreiben vom 18.8.2009 Rz. 76.
[72] BMF-Schreiben vom 18.8.2009 Anhang 3 Kategorie 10; Jacob/Geese/Ebner Besteuerung von Fondsvermögen S. 46; auch Berger/Steck/Lübbehüsen/*Stock/Oberhofer* § 4 InvStG Rn. 34.
[73] Littmann/Bitz/Pust/*Ramackers* § 4 InvStG Rn. 26; auch Jacob/Geese/Ebner Besteuerung von Fondsvermögen S. 46; auch Berger/Steck/Lübbehüsen/*Stock/Oberhofer* § 4 InvStG Rn. 34.
[74] Berger/Steck/Lübbehüsen/*Stock/Oberhofer* § 4 InvStG Rn. 34; **a.A.** Jacob/Geese/Ebner Besteuerung von Fondsvermögen S. 46, die im Wortlaut des § 4 Abs. 1 S. 2 eine Verdrängung von § 3 Abs. 4 sehen; **a.A.** Littmann/Bitz/Pust/*Ramackers* § 4 InvStG Rn. 26, der eine uneingeschränkte Saldoziehung annimmt.

gen Anlegern keinen Sinn macht, soll aufgrund dieses „offensichtlichen Fehlers" des Gesetzgebers der persönliche Anwendungsbereich entgegen dem Wortlaut einzuschränken sein.[75] Zwar deckt sich diese Ansicht mit den Ausführungen des BMF,[76] allerdings ist fraglich, warum der Gesetzgeber einen solch offensichtlichen Fehler in dem nun erfolgten langwierigen Gesetzgebungsverfahren zum AIFM-StAnpG nicht korrigiert hat.

Anders als § 4 Abs. 1 ist § 4 Abs. 2 nur auf unbeschränkt steuerpflichtige Anleger anzuwenden, d.h. ausländische Anleger kommen nicht in den Genuss der Anrechnungsmethode.[77] Dieser Umstand wird richtigerweise als Verstoß gegen Gemeinschaftsrecht gewertet.[78]

§ 4 Abs. 2 ist in vier Teile aufgeteilt:
1. S. 1–4 behandeln die Anrechnung bzw. den Steuerabzug der ausländischen Steuer auf Erträge des Investmentfonds (Zuflusssteuer) beim unbeschränkt steuerpflichtigen Anleger, inklusive der Anrechnung fiktiver Steuern nach DBA.[79]
2. S. 5–6 behandeln die Anrechnung bzw. den Steuerabzug ausländischer Quellensteuer auf durch den ausländischen Investmentfonds ausgeschüttete Erträge (Abflusssteuer bzw. Abzugsteuer) beim unbeschränkt steuerpflichtigen Anleger.[80]
3. S. 7 behandelt den Fall, dass ein ausländischer Investmentfonds aus Deutschland stammende Erträge erhält, die in Deutschland besteuert wurden. In diesem Fall gelten für Zwecke des § 4 Abs. 2 (und des § 7 Abs. 1) die deutschen Erträge fiktiv als ausländische Erträge und die deutsche Steuer fiktiv als ausländische Steuer.
4. S. 8 behandelt die Fälle, in denen beim Anleger Einkünfte nach § 20 Abs. 1 Nr. 1 EStG vorliegen.

Gleichartige ausländische negative (d.h. nicht steuerbefreite) Erträge können mit positiven inländischen Erträgen verrechnet werden.[81] Die Verrechnung richtet sich somit nach allgemeinen Grundsätzen, d.h. § 3 Abs. 4. Eine Verrechnung ist grundsätzlich nur zwischen Ertragsarten des Investmentfonds zulässig, die beim Anleger hinsichtlich Steuerbarkeit, Umfang der Steuerpflicht und Erfassungszeitpunkt gleichbehandelt werden.[82]

Die Anrechnung nach § 4 Abs. 2 S. 1–7 entspricht den allgemeinen Anrechnungsvorschriften des EStG und KStG.[83] Hinsichtlich der Anrechnung von Zuflusssteuer nach S. 1–4 und S. 7 haben diese Vorschriften konstitutive Wirkung, da hier keine Personenidentität zwischen Steuerschuldner (= Investmentfonds) und Anrechnungsberechtigtem (= Anleger) herrscht.[84] Etwas anderes kann für nach allgemeinen Grundsätzen als steuerlich transparent zu behandelnden Investmentfonds gelten.[85] S. 5–6 gehen als spezialgesetzli-

---

75 Berger/Steck/Lübbehüsen/*Stock/Oberhofer* § 4 InvStG Rn. 40; auch Beckmann/Scholtz/Vollmer/*Elser* § 4 InvStG Rn. 2 und 32a.
76 BMF-Schreiben vom 18.8.2009 Rz. 77a.
77 Beckmann/Scholtz/Vollmer/*Elser* § 4 InvStG Rn. 24; *Jacob/Geese/Ebner* Besteuerung von Fondsvermögen S. 47.
78 Berger/Steck/Lübbehüsen/*Stock/Oberhofer* § 4 InvStG Rn. 44 m.w.N.
79 Berger/Steck/Lübbehüsen/*Stock/Oberhofer* § 4 InvStG Rn. 41.
80 Korn/Carlé/Stahl/Strahl/*Hamacher* § 4 InvStG Rn. 10; auch Berger/Steck/Lübbehüsen/*Stock/Oberhofer* § 4 InvStG Rn. 40.
81 Berger/Steck/Lübbehüsen/*Stock/Oberhofer* § 4 InvStG Rn. 43.
82 Gesetzentwurf zum EURLUmsG vom 6.9.2004, BTDrucks 15/3677 S. 49.
83 Berger/Steck/Lübbehüsen/*Stock/Oberhofer* § 4 InvStG Rn. 44.
84 Berger/Steck/Lübbehüsen/*Stock/Oberhofer* § 4 InvStG Rn. 44.
85 Berger/Steck/Lübbehüsen/*Stock/Oberhofer* § 4 InvStG Rn. 44; unklar BMF-Schreiben vom 18.8.2009 Rz. 77b und 77c.

che Regelung für die Abflusssteuer bzw. Abzugsteuer einer Anwendung von § 34c EStG und § 26 KStG vor.[86]

1. Steueranrechnung (§ 4 Abs. 2 Satz 1–4)

15 *„Sind in den auf Investmentanteile ausgeschütteten sowie den ausschüttungsgleichen Erträgen aus einem ausländischen Staat stammende Einkünfte enthalten, die in diesem Staat zu einer nach § 34c Abs. 1 des Einkommensteuergesetzes oder § 26 Abs. 1 des Körperschaftsteuergesetzes oder nach einem Abkommen zur Vermeidung der Doppelbesteuerung auf die Einkommensteuer oder Körperschaftsteuer anrechenbaren Steuer herangezogen werden, so ist bei unbeschränkt steuerpflichtigen Anlegern die festgesetzte und gezahlte und keinem Ermäßigungsanspruch unterliegende ausländische Steuer auf den Teil der Einkommensteuer oder Körperschaftsteuer anzurechnen, der auf diese ausländischen um die anteilige ausländische Steuer erhöhten Einkünfte entfällt. Dieser Teil ist in der Weise zu ermitteln, dass die sich bei der Veranlagung des zu versteuernden Einkommens – einschließlich der ausländischen Einkünfte – nach den §§ 32a, 32b, 34 und 34b des Einkommensteuergesetzes ergebende Einkommensteuer oder nach § 23 des Körperschaftsteuergesetzes ergebende Körperschaftsteuer im Verhältnis dieser ausländischen Einkünfte zur Summe der Einkünfte aufgeteilt wird. Der Höchstbetrag der anrechenbaren ausländischen Steuern ist für die ausgeschütteten sowie ausschüttungsgleichen Erträge aus jedem einzelnen Investmentfonds zusammengefasst zu berechnen. § 34c Abs. 1 Satz 3 und 4, Abs. 2, 3, 6 und 7 des Einkommensteuergesetzes ist sinngemäß anzuwenden."*

§ 4 Abs. 2 S. 1–4 entspricht im Grundsatz § 40 Abs. 4 KAGG,[87] allerdings werden ausländische Investmentanteile mit umfasst.[88] Ist eine Freistellung nach § 4 Abs. 1 nicht möglich, z.B. weil kein DBA besteht oder ein bestehendes DBA keine Freistellung im Einzelfall vorsieht, kann die (wirtschaftliche) Doppelbesteuerung des Anlegers durch Steueranrechnung nach § 4 Abs. 2 im Wege der sog. „all country limitation" vermieden werden.

16 **a) Steuerbare Investmenterträge.** Eine Anrechnung oder ein Steuerabzug von Zuflusssteuer ist nur möglich, wenn steuerbare Erträge (d.h. ausgeschüttete oder ausschüttungsgleiche Erträge) nach § 1 Abs. 3 S. 2–4 vorliegen. Handelt es sich um einen thesaurierenden Investmentfonds, kommt eine Anrechnung ausländischer Steuer (z.B. aufgrund der Veräußerung von Aktien) somit nur dann in Betracht, wenn im jeweiligen Fall ausschüttungsgleiche Erträge vorliegen (d.h. keine Anrechnung im Aktienveräußerungsfall, vgl. § 1 Abs. 3 Satz 3 Nr. 1).[89] Liegen im Thesaurierungsfall keine ausschüttungsgleichen Erträge vor und gibt der Anleger die Investmentfondsanteile zurück oder veräußert sie, ist eine Anrechnung oder ein Steuerabzug nicht möglich.[90]

Folgende Erträge des Investmentfonds kommen für eine Anrechnung oder einen Steuerabzug von Zuflusssteuer in Betracht:

---

[86] Berger/Steck/Lübbehüsen/*Stock/Oberhofer* § 4 InvStG Rn. 44.
[87] Gesetzentwurf zum InvModG vom 19.9.2003, BTDrucks 15/1553 S. 125.
[88] Beckmann/Scholtz/Vollmer/*Elser* § 4 InvStG Rn. 22; auch Bödecker/Braun/Ernst/Franz/Kahn/*Vahldiek* Handbuch InvR S. 634; auch *Jacob/Geese/Ebner* Besteuerung von Fondsvermögen S. 47; auch Berger/Steck/Lübbehüsen/*Stock/Oberhofer* § 4 InvStG Rn. 49.
[89] auch Berger/Steck/Lübbehüsen/*Stock/Oberhofer* § 4 InvStG Rn. 50.
[90] auch Berger/Steck/Lübbehüsen/*Stock/Oberhofer* § 4 InvStG Rn. 50.

- Dividenden, die nicht der Schachtelbefreiung unterliegen (Quellensteuer i.H.v. 5% bzw. 15% gemäß Art. 10 Abs. 2 OECD-MA 2010),
- Zinsen (Quellensteuer i.H.v. 10% gemäß Art. 11 Abs. 2 OECD-MA 2010),
- Immobilienerträge aus Staaten, in denen das jeweilige DBA die Anrechnungsmethode anstatt der Freistellung vorsieht,
- Unternehmensgewinne, falls das jeweilige DBA für die Freistellung der Einkünfte einer Betriebsstätte eine Aktivitätsklausel, bei Nichterfüllung der entsprechenden Aktivitätsvoraussetzungen aber lediglich die Anrechnung vorsieht.[91]

b) Aus einem ausländischen Staat stammende Einkünfte. Gemäß § 4 Abs. 2 S. 1 17 müssen „aus einem ausländischen Staat stammende Einkünfte" vorliegen. Ebenso wie bei § 4 Abs. 1 kann für Zwecke des Absatzes 2 hinsichtlich des Begriffs „aus einem ausländischen Staat stammende Einkünfte" nicht auf § 34c EStG zurückgegriffen werden.[92] Aus deutscher Sicht sind ausländische Erträge eines inländischen Investmentfonds alle Erträge, die nicht aus der Bundesrepublik Deutschland stammen. Da § 4 Abs. 2 S. 1 (anders als noch § 40 Abs. 4 KAGG) nun auch für ausländische Investmentanteile gilt, sind diese unter Einhaltung des Transparenzprinzips mit inländischen Investmentanteilen gleich zu behandeln. Somit sind auch ausländische Erträge ausländischer Investmentfonds alle Erträge, die nicht aus der Bundesrepublik Deutschland stammen, d.h. solche aus dem Sitzstaat des ausländischen Investmentfonds sowie aus Drittstaaten.[93] Aufgrund der Fiktion in § 4 Abs. 2 S. 7 gelten Erträge aus der Bundesrepublik Deutschland jedoch für ausländische Investmentfonds als ausländische Erträge.

Somit sind „aus einem ausländischen Staat stammende Einkünfte" bei inländischen Investmentfonds die Erträge, die in einem ausländischen Staat der Besteuerung unterliegen.[94] Bei einem im Ansässigkeitsstaat steuerbefreiten ausländischen Investmentfonds sind „aus einem ausländischen Staat stammende Einkünfte" diejenigen Erträge, die (i) im Ansässigkeitsstaat des Investmentfonds, (ii) im Drittstaat oder (iii) in der Bundesrepublik Deutschland (§ 4 Abs. 2 S. 7) der Besteuerung unterliegen. Ist der Investmentfonds hingegen im Ansässigkeitsstaat nicht steuerbefreit und erhält Einkünfte, die einer ausländischen (Drittstaaten-)Quellensteuer unterliegen, werden diese Quellensteuern in der Regel im Ansässigkeitsstaat des Investmentfonds im Rahmen dessen Veranlagung angerechnet. Der Wortlaut des § 4 Abs. 2 S. 1 („[...] aus einem ausländischen Staat stammende Einkünfte enthalten, die in **diesem Staat** zu einer [...] anrechenbaren Steuer herangezogen werden, [...]") ist in dieser Konstellation nicht erfüllt, da die Besteuerung im Ansässigkeitsstaat erfolgte, nicht im Quellenstaat.[95] Denkbar wäre nur ein Steuerabzug gemäß § 4 Abs. 2 S. 4 i.V.m. § 34c Abs. 3 Alt. 2 EStG.[96] Richtigerweise muss dieses vom Gesetzgeber nicht gewollte Ergebnis dadurch vermieden werden, dass eine Steueranrechnung auch in diesem Fall zu gewähren ist.[97]

c) Anrechenbarkeit nach DBA bzw. (sekundär) nach § 34c Abs. 1 EStG, § 26 18 **Abs. 1 KStG.** Nach § 4 Abs. 2 S. 1 ist (von Amts wegen) die ausländische Steuer anzurechnen, wenn sie nach § 34c Abs. 1 EStG, § 26 Abs. 1 KStG oder nach einem DBA auf die

---

91 auch Berger/Steck/Lübbehüsen/*Stock/Oberhofer* § 4 InvStG Rn. 50.
92 Berger/Steck/Lübbehüsen/*Stock/Oberhofer* § 4 InvStG Rn. 51.
93 Berger/Steck/Lübbehüsen/*Stock/Oberhofer* § 4 InvStG Rn. 52.
94 Berger/Steck/Lübbehüsen/*Stock/Oberhofer* § 4 InvStG Rn. 53.
95 Berger/Steck/Lübbehüsen/*Stock/Oberhofer* § 4 InvStG Rn. 54.
96 Berger/Steck/Lübbehüsen/*Stock/Oberhofer* § 4 InvStG Rn. 54.
97 Berger/Steck/Lübbehüsen/*Stock/Oberhofer* § 4 InvStG Rn. 54.

deutsche Einkommensteuer oder Körperschaftsteuer[98] anrechenbar ist.[99] Besteht allerdings ein DBA zwischen der Bundesrepublik Deutschland und dem Quellenstaat, richtet sich die Anrechnung der ausländischen Steuern allein nach diesem DBA, d.h. eine Anrechnung erfolgt nur dann nach § 34c EStG bzw. § 26 KStG, wenn (i) kein DBA besteht, (ii) eine (wirtschaftliche) Doppelbesteuerung durch ein bestehendes DBA nicht beseitigt wird oder (iii) die jeweilige Steuer nicht von dem jeweiligen DBA erfasst wird.[100]

Auch für Zwecke des § 4 Abs. 2 ist das jeweilige DBA zwischen der Bundesrepublik Deutschland und dem Quellenstaat, Betriebsstättenstaat oder Belegenheitsstaat anzuwenden.[101] Da es nur auf eine abstrakte Prüfung ankommt, ob ein DBA vorliegt, kommt es nicht darauf an, ob der Investmentfonds abkommensberechtigt ist oder nicht.[102]

19 **d) Anrechnungsvolumen.** Gemäß § 4 Abs. 2 S. 1 kann nur die festgesetzte, gezahlte und keinem Ermäßigungsanspruch unterliegende Steuer angerechnet werden. Eine Ausnahme besteht für die Anrechnung fiktiver Steuern nach DBA nach § 4 Abs. 2 S. 4. Das Kriterium „festgesetzt" erfordert, dass die ausländische Steuer im Ausland formell veranlagt (vergleichbar mit §§ 155 ff. AO) oder angemeldet (vergleichbar mit § 168 AO) wird.[103] Ein Ermäßigungsanspruch kann sich z.B. ergeben, wenn ein ausländischer Quellenstaat zunächst Quellensteuer erhebt, die den nach dem jeweils anwendbaren DBA (d.h. das DBA zwischen dem Ansässigkeitsstaat des Investmentfonds und dem Quellenstaat) anzuwenden Höchstsatz übersteigt. Der Investmentfonds kann dann die Reduzierung dieser zu viel erhobenen Steuer im Quellenstaat beantragen.[104] Nur die nach einer solchen Ermäßigung verbleibende Steuer kann auf Ebene des unbeschränkt steuerpflichtigen Anlegers angerechnet werden.[105] Grundsätzlich kann somit ein noch erstattungsfähiger Teil der ausländischen Quellensteuer in Deutschland auf Ebene des Anlegers nicht angerechnet werden, da die Nichtausübung eines Erstattungsanspruchs im Ausland nicht zu Lasten des deutschen Steuerfiskus gehen kann.[106] Falls jedoch ein ausländischer Staat zu viel gezahlte Quellensteuer zu Unrecht nicht erstattet, ist eine Anrechnung in Deutschland aus Billigkeitsgründen dennoch zuzulassen, da der Investmentfonds alternativ lediglich gegen den ausländischen Staat klagen könnte.[107]

---

98 Aufgrund des insoweit eindeutigen Wortlauts nicht auf die deutsche Gewerbesteuer, auch *Hild* DB **2009** 1151, 1154; auch Berger/Steck/Lübbehüsen/*Stock*/*Oberhofer* § 4 InvStG Rn. 55.
99 Für eine nicht abschließende Übersicht über ausländische Steuern, die der deutschen Einkommensteuer und Körperschaftssteuer entsprechen, siehe EStH 2007 Anlage 6; auf die Erhebungsart und Bezeichnung der Steuer kommt es nicht an, Schmidt/*Heinicke* EStG § 34c Rn. 7; auch Herrmann/Heuer/Raupach/*Kahn* EStG/KStG § 34c Rn. 62; auch Berger/Steck/Lübbehüsen/*Stock*/*Oberhofer* § 4 InvStG Rn. 55.
100 BFH vom 15.3.1995, BStBl. II **1995** 580; Dornseifer/Jesch/Klebeck/Tollmann/*Siegers* AIFM § 26 KStG Rn. 24 ff.; auch zur Bewertung nach ausländischem Steuerrecht FG Hamburg vom 13.9.2009, EFG **2007** 301; auch Berger/Steck/Lübbehüsen/*Stock*/*Oberhofer* § 4 InvStG Rn. 55, 57.
101 BMF-Schreiben vom 18.8.2009 Rz. 77d.
102 Beckmann/Scholtz/Vollmer/*Elser* § 4 InvStG Rn. 8, 16; auch Berger/Steck/Lübbehüsen/*Stock*/*Oberhofer* § 4 InvStG Rn. 56.
103 Littmann/Bitz/Pust/*Handzik* § 34c EStG Rn. 147; auch Dornseifer/Jesch/Klebeck/Tollmann/*Siegers* AIFM § 26 KStG Rn. 82 ff.; auch Berger/Steck/Lübbehüsen/*Stock*/*Oberhofer* § 4 InvStG Rn. 58.
104 Für weitere Hinweise zum Erstattungsverfahren *Jacob*/*Geese*/*Ebner* Besteuerung von Fondsvermögen S. 47.
105 BMF-Schreiben vom 18.8.2009 Rz. 77d; auch Beckmann/Scholtz/Vollmer/*Elser* § 4 InvStG Rn. 16; auch Berger/Steck/Lübbehüsen/*Stock*/*Oberhofer* § 4 InvStG Rn. 58.
106 *Baur* § 40 KAGG Rn. 47.
107 *Baur* § 40 KAGG Rn. 47; auch Beckmann/Scholtz/Vollmer/*Elser* § 4 InvStG Rn. 30; auch Littmann/Bitz/Pust/*Ramackers* § 4 InvStG Rn. 61; auch *Hoffmann* BB **1971** 609, 612; auch

e) Höchstbetragsberechnung (§ 4 Abs. 2 Satz 2 und Satz 3). § 4 Abs. 2 S. 2 sieht 20
eine Höchstbetragsberechnung vor, d.h. auf Ebene des unbeschränkt steuerpflichtigen
Anlegers ist die anrechenbare ausländische Steuer nach der Formel

$$\text{Anrechenbare ausländische Steuer} = \frac{\text{deutsche Steuer} \times \text{ausländische Einkünfte}}{\text{Summe der Einkünfte}}$$

berechnet.[108] Somit werden im Ergebnis die ausländischen Einkünfte dem jeweils höheren Steuerniveau im In- oder Ausland (d.h. dem Staat, aus dem sie stammen) unterworfen.[109] Die Formel der Höchstbetragsberechnung entspricht der Regelung in § 34c Abs. 1 S. 2 EStG[110] und verstößt nicht gegen Gemeinschaftsrecht.[111] Die Höchstbetragsberechnung erfolgt stets im Rahmen der Veranlagung (nach §§ 32a, 32b, 34, 34a und 34b EStG bzw. § 23 KStG).[112]

Im Unterschied zu § 34c Abs. 1 S. 1 EStG stellt § 4 Abs. 2 S. 3 auf den jeweiligen Investmentfonds („all country limitation" oder „per fund limitation") anstatt auf das einzelne Herkunftsland der ausländischen Erträge („per country limitation") ab.[113] Die „per fund limitation" hat zur Folge, dass Anrechnungsüberhänge aus ausländischen Einkünften, die aus demselben Staat stammen, aber auf Ebene eines anderen Investmentfonds oder im Falle einer Direktanlage des Anlegers entstehen, nicht berücksichtigt werden können.[114]

f) Verweis auf anzuwendende Regelungen des EStG (§ 4 Abs. 2 Satz 4). § 4 Abs. 2 21
S. 4 enthält nur selektive Verweise auf § 34c EStG, so dass es zu unterschiedlichen Regelungen für Direktanleger und Anleger in Investmentfonds kommen kann. Bereits mit dem JStG 2007 wurde die Änderung des Wortlauts[115] in § 34c Abs. 1 S. 1 EStG nicht übernommen. Dies hatte zur Folge, dass nach § 4 Abs. 2 S. 1 eine Anrechnung ausländischer Steuern weiterhin möglich ist, obwohl im Ausland ein Ermäßigungsanspruch wegen Verjährung ausscheidet, während dies aufgrund des geänderten Wortlauts in § 34c Abs. 1 S. 1 EStG für den Direktanleger nicht mehr möglich ist. Diese Günstigerstellung des Anlegers in einen Investmentfonds gegenüber dem Direktanleger ist offenbar vom Gesetzgeber so gewollt, da trotz des langwierigen Gesetzgebungsverfahrens zum AIFM-StAnpG § 4 Abs. 2 S. 1 unverändert blieb.

Ferner ist für Anleger in Investmentfonds § 34c Abs. 1 S. 5 EStG nicht anwendbar, wonach ausländische Quellensteuer nur insoweit anzurechnen sind, als sie auf die im

---

Berger/Steck/Lübbehüsen/*Stock*/*Oberhofer* § 4 InvStG Rn. 60; so auch ähnlich BMF-Schreiben vom 18.8.2009 Rz. 77d, für den Fall, dass der Investmentfonds ansonsten die Belastung nicht reduzieren kann.
108 BFH vom 31.5.2005, BStBl. II **2006** 380; zur Formel Beckmann/Scholtz/Vollmer/*Elser* § 4 InvStG Rn. 27.
109 Berger/Steck/Lübbehüsen/*Stock*/*Oberhofer* § 4 InvStG Rn. 63.
110 Somit kann auf die entsprechende Kommentierung zu § 34c EStG zurückgegriffen werden.
111 Dornseifer/Jesch/Klebeck/Tollmann/*Siegers* AIFM § 26 KStG Rn. 56 ff.; auch Berger/Steck/Lübbehüsen/*Stock*/*Oberhofer* § 4 InvStG Rn. 63.
112 *Jacob/Geese/Ebner* Besteuerung von Fondsvermögen S. 47; auch Berger/Steck/Lübbehüsen/*Stock*/*Oberhofer* § 4 InvStG Rn. 64.
113 BMF-Schreiben vom 18.8.2009 Rz. 80.
114 BMF-Schreiben vom 18.8.2009 Rz. 80.
115 § 4 Abs. 2 S. 1. a.F. lautete „[...] und keinem Ermäßigungsanspruch unterliegende ausländische Steuer [...]", wohingegen § 34c Abs. 1S. 1 EStG lautet „[...] um einen entstandenen Ermäßigungsanspruch gekürzte ausländische Steuer [...]"; Gesetzentwurf vom 1.9.2006, BRDrucks 622/06 S. 90; auch FG Münster vom 22.6.2006, 15 K 857/03; auch BFH vom 15.3.1995, BStBl. II **1995** 580; auch Berger/Steck/Lübbehüsen/*Stock*/*Oberhofer* § 4 InvStG Rn. 67.

Veranlagungszeitraum bezogenen Einkünfte entfallen. Investmentfondsanleger können hingegen für Zwecke der Steueranrechnung ausländischer Steuern eine zeitliche Vorziehung dieser Steuern nutzen.[116]

§ 34c Abs. 5 EStG (Pauschalierung der deutschen Einkommensteuer) ist ebenfalls nicht anwendbar.

Sinngemäß anwendbar sind hingegen § 34c Abs. 1 S. 3 und 4, Abs. 2, 3, 6 und 7 EStG:
– Die sinngemäße Anwendung von § 34c Abs. 1 S. 3 2. HS EStG erlaubt die Berücksichtigung von ausländischer Steuer im Rahmen der Höchstbetragsberechnung nur, falls die Einkünfte im Ausland tatsächlich der dortigen Besteuerung unterlagen, d.h. deren Besteuerung nicht nach nationalem Steuerrecht oder aufgrund von DBA ausgeschlossen ist.[117] Eine Ausnahme besteht für die Anrechnung fiktiver Quellensteuer.
– Die sinngemäße Anwendung von § 34c Abs. 1 S. 4 EStG regelt den Betriebsausgabenabzug für betriebliche Anleger bei der Ermittlung der ausländischen Einkünfte i.S.v. § 4 Abs. 2 S. 1. Stehen Betriebsausgaben mit den ausländischen Einkünften (in zumindest mittelbarem) Zusammenhang, sind diese (die ausländischen Einkünfte mindernd) zu berücksichtigen.
– Der Verweis auf § 34c Abs. 2 und 3 EStG regelt den wahlweisen (§ 34c Abs. 2 EStG) bzw. zwingenden (§ 34c Abs. 3 EStG) Steuerabzug für ausländische Einkünfte, die im Inland nicht steuerfrei sind. Durch den Verweis auf § 34c Abs. 1 muss es sich um eine „festgesetzte und gezahlte und um einen entstandenen Ermäßigungsanspruch gekürzte ausländische Steuer" handeln.[118] Für den Anleger ist dies dann vorteilhaft, wenn die Gesamtsumme der ausländischen Einkünfte ein potentielles Anrechnungsvolumen ergibt, welches jedoch den relevanten Höchstbetrag gem. § 4 Abs. 2 wesentlich übersteigt oder wenn aufgrund eines nur geringen oder negativen Einkommens keine Einkommensteuer oder Körperschaftsteuer zu zahlen ist.[119] Ein Abzug fiktiver Steuern ist jedoch nicht zulässig. Der Abzug erfolgt stets im Veranlagungsverfahren des Anlegers und nur auf Antrag des Anlegers, der jeweils für alle ausländischen Einkünfte eines Investmentvermögens einheitlich ausgeübt werden muss.[120] Der Steuerabzug gilt auch für Zwecke der Gewerbesteuer.[121] Der Verweis auf § 34c Abs. 3 EStG hat den zwingenden Steuerabzug zur Folge in Fällen, in denen eine Steueranrechnung nicht möglich ist (z.B. wenn die ausländischen Steuern nicht der deutschen ESt/KSt „entsprechen").
– Der Verweis in § 4 Abs. 2 S. 4 auf § 34c Abs. 6 S. 2 Hs. 3 EStG ermöglicht die Anrechnung[122] fiktiver Quellensteuern nach einem DBA für in- und ausländische Investmentanteile. Oftmals gewähren ausländische Staaten steuerliche Vorteile (z.B. keine Erhebung der Quellensteuer auf Zinsen bestimmter Anlageprodukte). Würde Deutschland lediglich die tatsächlich gezahlte ausländische Quellensteuer (= 0) anrechnen, hätte dies zur Folge, dass der Anleger den im Ausland gewährten Steuervorteil nicht nutzen könnte, mit der Folge, dass eine Investition im Ausland an Attraktivität ein-

---

116 BMF-Schreiben vom 18.8.2009 Rz. 54; auch Berger/Steck/Lübbehüsen/*Stock/Oberhofer* § 4 InvStG Rn. 58, 67.
117 Schmidt/*Heinicke* EStG § 34c Rn. 15; auch Berger/Steck/Lübbehüsen/*Stock/Oberhofer* § 4 InvStG Rn. 68.
118 *Baur* § 40 KAGG Rn. 56.
119 Berger/Steck/Lübbehüsen/*Stock/Oberhofer* § 4 InvStG Rn. 71.
120 Berger/Steck/Lübbehüsen/*Stock/Oberhofer* § 4 InvStG Rn. 71.
121 Schmidt/*Heinicke* EStG § 34c Rn. 20; auch Littmann/Bitz/Pust/*Handzig* § 34c EStG Rn. 13; auch Berger/Steck/Lübbehüsen/*Stock/Oberhofer* § 4 InvStG Rn. 71.
122 Ein Steuerabzug ist nicht möglich, § 34c Abs. 2 EStG.

büßt.[123] Die Anrechnung fiktiver ausländischer Quellensteuern hat das Ziel, den im Ausland gewährten Steuervorteil zu bewahren.[124] Die Anrechnung hat keinen Einfluss auf die Höhe der steuerpflichtigen Erträge des Anlegers.[125] In der Regel erfordert eine Anrechnung fiktiver Quellensteuern nach DBA, dass der ausländische Staat die Quellensteuer tatsächlich nicht erhoben hat. Durch den Verweis auf § 34c Abs. 6 S. 2 Hs. 3 EStG wird § 34c Abs. 1 S. 3 EStG (Berücksichtigung nur tatsächlich der Quellensteuer unterliegenden Einkünfte) für Zwecke der Anrechnung fiktiver Quellensteuern für nicht anwendbar erklärt.[126]

– Der Verweis in § 34c Abs. 6 S. 5 EStG auf die entsprechende Anwendung von § 50d Abs. 9 EStG läuft ins Leere, da die Norm weder auf Ebene des (in- oder ausländischen) Investmentfonds oder dessen Anlegers Anwendung findet.[127]

2. Abfluss- bzw. Abzugsteuer (§ 4 Abs. 2 Satz 5 und Satz 6)

„Wird von auf ausländische Investmentanteile ausgeschütteten Erträgen in dem Staat, **22** *in dem der ausschüttende ausländische Investmentfonds ansässig ist, eine Abzugsteuer erhoben, gelten die Sätze 1 bis 4 mit der Maßgabe, dass für die Ermittlung des Höchstbetrags der anrechenbaren ausländischen Steuern Satz 3 entsprechend gilt. Der Anrechnung der ausländischen Steuer nach § 34c Abs. 1 des Einkommensteuergesetzes steht bei ausländischen Investmentanteilen § 34c Abs. 6 Satz 1 des Einkommensteuergesetzes nicht entgegen."*

Die Regelung in § 4 Abs. 2 S. 5 und S. 6 ähnelt § 19 Abs. 1 S. 1 und 2 AuslInvestmG und regelt den Fall der Abfluss- bzw. Abzugsteuer. Dem Wortlaut nach gilt die Regelung nur für ausgeschüttete Erträge. Teilweise wird vertreten, dass diese auch in Fallkonstellationen gilt, wenn ein ausländischer Staat eine Quellensteuer auf thesaurierte Erträge erhebt[128] oder wenn es sich um ausschüttungsgleiche Erträge handelt.[129] Beides ist aufgrund des insofern eindeutigen Wortlauts abzulehnen. Das insoweit angenommene Redaktionsversehen[130] wurde in dem nun erfolgten langwierigen Gesetzgebungsverfahren zum AIFM-StAnpG nicht behoben, was den Schluss zulässt, dass der Gesetzgeber keinen Änderungsbedarf gesehen hat. Für Quellensteuern auf thesaurierte Erträge sowie auf ausschüttungsgleiche Erträge gelten die allgemeinen Anrechnungsvorschriften (d.h. § 34c EStG, § 26 KStG und DBA-Regelungen).[131]

Demnach gilt § 4 Abs. 2 S. 1–4 mit der Maßgabe, dass insoweit eine Höchstbetragsberechnung auf Grundlage einer „per fund limitation" erfolgt (entsprechende Geltung des Satz 3 bzgl. Berechnung des Höchstbetrages). Die danach zur Anrechnung nutzba-

---

123 *Jacob/Geese/Ebner* Besteuerung von Fondsvermögen S. 49 ff.
124 *Vogel* DBA Art. 23 Rn. 192; auch für eine Übersicht über DBA mit fiktiver Quellensteueranrechnung *Vogel* DBA Art. 23 Rn. 190 ff.
125 Beispielsberechnung in BMF-Schreiben vom 12.5.1998, BStBl. I **1998** 554; auch *Kollruss* IStR **2006** 513, 515; auch Berger/Steck/Lübbehüsen/*Stock/Oberhofer* § 4 InvStG Rn. 73.
126 Die Regelung war erforderlich, um Vertragsverletzungsverfahren mit DBA-Staaten abzuwenden, Berger/Steck/Lübbehüsen/*Stock/Oberhofer* § 4 InvStG Rn. 75.
127 Berger/Steck/Lübbehüsen/*Stock/Oberhofer* § 4 InvStG Rn. 77.
128 Littmann/Bitz/Pust/*Ramackers* § 4 InvStG Rn. 48; auch Berger/Steck/Lübbehüsen/*Stock/Oberhofer* § 4 InvStG Rn. 79; auch BMF-Schreiben vom 18.8.2009 Rz. 77c; **a.A.** Beckmann/Scholtz/Vollmer/*Elser* § 4 InvStG Rn. 34.
129 Unklar Littmann/Bitz/Pust/*Ramackers* § 4 InvStG Rn. 48; **a.A.** Berger/Steck/Lübbehüsen/*Stock/ Oberhofer* § 4 InvStG Rn. 79.
130 Haase/*Haase* § 4 Rn. 199.
131 So auch Berger/Steck/Lübbehüsen/*Stock/Oberhofer* § 4 InvStG Rn. 79.

ren Zufluss- und Abflusssteuern werden somit für jeden Investmentfonds gesondert ermittelt.[132] Ausgeschüttete, zur Anrechnung von Abflusssteuer berechtigende Erträge und ausländische Einkünfte des Investmentvermögens, welche einer Zuflusssteuer unterlagen, werden für die Zwecke der Anrechnung addiert, jedoch nur insoweit, als es zu keiner – zu einer für die Zwecke der Ermittlung des Höchstbetrages – überschießenden Doppelberücksichtigung von Einkünften führenden Überlagerung kommt.

§ 4 Abs. 2 S. 6 regelt eine Ausnahme von § 4 Abs. 2 S. 4, d.h. der dort grundsätzlich für anwendbar erklärte § 34c Abs. 6 EStG wird bei der Anrechnung ausländischer (Quellen)Steuer für ausländische Investmentanteile für nicht anwendbar erklärt. Bei der Steueranrechnung haben somit die DBA-Vorschriften keinen Vorrang und es gilt ausschließlich nationales Recht.[133] Im Übrigen gelten die obigen Ausführungen zu § 4 Abs. 2 S. 1.[134]

3. Fiktion ausländischer Zuflusssteuer (§ 4 Abs. 2 Satz 7)

23 *„Sind in den auf ausländische Investmentanteile ausgeschütteten sowie den ausschüttungsgleichen Erträgen Einkünfte enthalten, die mit deutscher Ertragsteuer belastet sind, so gelten diese Einkünfte und die darauf entfallende deutsche Steuer für Zwecke der Anrechnung und bei der Anwendung des § 7 Abs. 1 als ausländische Einkünfte und ausländische Steuer im Sinne des Satzes 1."*

Ein ausländischer Investmentfonds kann auch der deutschen (Quellen)Steuer unterliegen, z.B. wenn Einkünfte aus einer Investition in Deutschland hier der deutschen Besteuerung unterliegen.

§ 4 Abs. 2 S. 7 sieht daher für Anleger in ausländische Investmentfonds, in deren ausgeschütteten und ausschüttungsgleichen Erträgen Einkünfte enthalten sind, die mit inländischen Ertragsteuern belastet sind, vor, dass diese Einkünfte für Zwecke der Steueranrechnung nach § 4 Abs. 2 als ausländische Einkünfte und die deutsche Steuer als ausländische Steuer gelten. Erfasst werden die inländischen Einkünfte, mit denen ein ausländischer Investmentfonds gemäß § 1 Abs. 4, § 49 Abs. 1 EStG der beschränkten Steuerpflicht unterliegt. Der Begriff Ertragsteuern umfasst neben der Einkommensteuer und der Körperschaftsteuer auch die Gewerbesteuer, z.B. wenn ein Fonds eine inländische Betriebsstätte hat.[135] Die Fiktion gilt ebenfalls für den Steuerabzug.[136]

Der Verweis auf § 7 Abs. 1 („und bei der Anwendung des § 7 Abs. 1") bewirkt u.a., dass bei ausländischen Investmentfonds inländische Dividenden nicht als „inländisch" i.S.d. § 7 Abs. 1 Nr. 1a) gelten und somit insoweit eine Steuerabzugsverpflichtung besteht.

---

132 Berger/Steck/Lübbehüsen/*Stock/Oberhofer* § 4 InvStG Rn. 80.
133 Berger/Steck/Lübbehüsen/*Stock/Oberhofer* § 4 InvStG Rn. 81; auch Haase/*Haase* § 4 Rn. 201; auch Korn/Carlé/Stahl/Strahl/*Hamacher* § 4 InvStG Rn. 10; **a.A.** wohl BMF-Schreiben vom 18.8.2009 Rz. 77c.
134 Berger/Steck/Lübbehüsen/*Stock/Oberhofer* § 4 InvStG Rn. 82–84.
135 Littmann/Bitz/Pust/*Ramackers* § 4 InvStG Rn. 49; auch *Hild* DB **2009** 1151, 1155; auch Berger/Steck/Lübbehüsen/*Stock/Oberhofer* § 4 InvStG Rn. 86.
136 Berger/Steck/Lübbehüsen/*Stock/Oberhofer* § 4 InvStG Rn. 87; auch BMF-Schreiben vom 18.8.2009 Rz. 79.

4. Sinngemäße Anwendung von § 32d Abs. 5, § 43a Abs. 3 S. 1 EStG bei Einkünften im Sinne des § 20 Abs. 1 Satz 1 Nr. 1 EStG (§ 4 Abs. 2 Satz 8)

„Abweichend von den Sätzen 1 bis 6 sind bei Erträgen, die Einkünfte im Sinne des § 20 Abs. 1 Satz 1 Nr. 1 des Einkommensteuergesetzes sind, § 32d Abs. 5 und § 43a Abs. 3 Satz 1 des Einkommensteuergesetzes sinngemäß anzuwenden." 24

§ 4 Abs. 2 S. 8 regelt selbständig die Anrechnung ausländischer (Quellen)Steuern für Erträge aus Investmentanteilen, soweit diese auf Ebene des unbeschränkt steuerpflichtigen Anlegers zu dessen Einkünften aus Kapitalvermögen (§ 20 Abs. 1 S. 1 Nr. 1 EStG) gehören. Der einkommensteuerpflichtige Privatanleger kann somit Zuflusssteuer, Abflussbzw. Abzugsteuer und fiktive DBA-Quellensteuer (begrenzt auf 25% ausländische Steuer) anrechnen.[137] Ein Steuerabzug ist – anders als bei einer Anrechnung gemäß § 4 Abs. 2 S. 1–7 – nicht möglich.[138]

Eine Anrechnung erfolgt nicht unter Anwendung von § 4 Abs. 2 S. 1–6, sondern nach entsprechender Anwendung von §§ 32d Abs. 5, 43a Abs. 3 S. 1 EStG,[139] d.h. wie bei der Direktanlage im Rahmen der Abgeltungsteuer.[140] Der Wortlaut des § 4 Abs. 2 S. 8 umfasst nur ausgeschüttete und ausschüttungsgleiche Erträge, d.h. nicht den Zwischengewinn, der ausdrücklich gemäß § 2 Abs. 1 S. 1 als davon separater Ertrag qualifiziert wird. Die Umqualifikation inländischer Erträge in ausländische Erträge gemäß § 4 Abs. 2 S. 7 gilt auch für die Anrechnung gemäß § 4 Abs. 2 S. 8.[141]

Gemäß § 43 Abs. 3 S. 1 EStG muss die (inländische) auszahlende Stelle ausländische Quellensteuer nach Maßgabe des § 32d Abs. 5 EStG berücksichtigen, d.h. auch bei Nichtveranlagungsfällen erfolgt eine Anrechnung bereits bei Einbehalt der Kapitalertragsteuer.[142] Eine Anrechnung ist stets auf 25% ausländische Steuer begrenzt, d.h. eine darüber hinaus angefallene ausländische Steuer bleibt unberücksichtigt.[143]

Die Anrechnung nach § 4 Abs. 2 S. 8 i.V.m. § 32d Abs. 5 S. 1 EStG erfordert ebenso wie die nach § 4 Abs. 2 S. 1–7, dass die ausländische Steuer festgesetzt und gezahlt wurde. Gemäß § 32d Abs. 5 S. 2 EStG ist eine Anrechnung fiktiver ausländischer Steuern nach DBA ebenfalls möglich (Vorrang der DBA-Regelung). Der Wortlaut des § 32d Abs. 5 S. 1 EStG erfordert jedoch – ebenso wie § 34c Abs. 1 S. 1 EStG – eine „um einen entstandenen Ermäßigungsanspruch gekürzte" ausländische Steuer, wohingegen § 4 Abs. 2 S. 1 erfordert, dass die ausländische Steuer keinem Ermäßigungsanspruch unterliegt. Diesen (geringfügigen) Vorteil für den Anleger, der gemäß § 4 Abs. 2 S. 1–7 anrechnen kann und der z.B. dann relevant wird, wenn der Ermäßigungsanspruch verjährt ist, wurde auch durch das AIFM-StAnpG nicht aufgehoben.

Mit Rücksicht auf die Werbungskostenzuordnung soll nach richtiger Ansicht der Finanzverwaltung die Zuordnung zu jedem „einzelnen Kapitalertrag" (§ 32d Abs. 5 S. 1 EStG, *per item limitation*") des Investmentfonds unterbleiben und stattdessen wird die anrechenbare Steuer auf 25% der Summe der nach Verlustverrechnung verbleibenden ausländischen Einkünfte (eines Investmentfonds) mit einer auch nach dem einschlä-

---

137 *Hechtner* BB **2009** 76, 83; auch Berger/Steck/Lübbehüsen/*Stock/Oberhofer* § 4 InvStG Rn. 94.
138 *Hechtner* BB **2009** 76, 80, 83; auch Berger/Steck/Lübbehüsen/*Stock/Oberhofer* § 4 InvStG Rn. 94.
139 BMF-Schreiben vom 18.8.2009 Rz. 77a.
140 Gesetzentwurf vom 2.9.2008 BTDrucks 16/10189 S. 84.
141 Gesetzentwurf vom 2.9.2008 BTDrucks 16/10189 S. 84.
142 *Hahne/Krause* DStR **2008** 1724, 1727; auch *Hechtner* BB **2009** 76; auch Berger/Steck/Lübbehüsen/ *Stock/Oberhofer* § 4 InvStG Rn. 100.
143 *Hechtner* BB **2009** 76, 78; *Haisch/Danz* DStZ **2008** 392, 398; auch *Hahne/Krause* DStR **2008** 1724, 1727; auch Berger/Steck/Lübbehüsen/*Stock/Oberhofer* § 4 InvStG Rn. 106.

gigen DBA bestehen bleibenden Quellensteuerbelastung limitiert („per fund limitation").[144] Der einzelne Kapitalertrag i.S.v. § 4 Abs. 2 S. 8 ist somit die Summe der anrechnungsberechtigten ausländischen Einkünfte zum Geschäftsjahresende.[145]

Gemäß § 32d Abs. 5 S. 3 EStG ist eine Anrechnung ausländischer Steuern nur bis zu der Höhe der deutschen Steuer möglich, die die auf die im selben Veranlagungszeitraum bezogenen Erträge i.S.d. § 32d Abs. 5 S. 1 EStG entfällt (Anrechnungshöchstbetrag).[146] Der Anrechnungshöchstbetrag ist zeitlich bei Veranlagung oder Steuerabzug des Anlegers anzuwenden und setzt voraus, dass überhaupt Einkommensteuer auf Kapitalerträge in dem relevanten Veranlagungszeitraum anfällt.[147] Maßgebender Veranlagungszeitraum ist der, in dem die relevanten Kapitalerträge zufließen oder gemäß § 2 Abs. 1 S. 2 als zugeflossen gelten.[148]

III. Versagung der Steueranrechnung bzw. des Steuerabzugs bei steuerfreien Erträgen (§ 4 Abs. 3)

25 *„Ausländische Steuern, die auf ausgeschüttete sowie ausschüttungsgleiche Erträge entfallen, die nach Absatz 1 oder § 2 Abs. 2 und 3 steuerfrei sind, sind bei der Anrechnung oder dem Abzug nach Absatz 2 oder beim Abzug nach Absatz 4 nicht zu berücksichtigen."*

§ 4 Abs. 3 versagt die Anrechnung oder den Steuerabzug ausländischer Steuern auf ausgeschüttete und ausschüttungsgleiche Erträge, falls diese nach § 2 Abs. 2, § 2 Abs. 3 oder nach § 4 Abs. 1 steuerbefreit oder gemäß § 4 Abs. 4 als Werbungskosten abziehbar sind, da eine (wirtschaftliche) Doppelbesteuerung dann nicht (mehr) vorliegt.

Sowohl im Falle der Anrechnung nach § 4 Abs. 2 S. 1–7 als auch im Falle der Anrechnung nach § 4 Abs. 2 S. 8 sind ausländische Steuern i.S.d. § 4 Abs. 3 (i) Zuflusssteuern[149] (§ 4 Abs. 2 S. 1–4, S. 7), (ii) Abfluss- bzw. Abzugsteuern (§ 4 Abs. 2 S. 5 und 6) sowie (iii) fiktive Quellensteuern nach DBA.[150]

Eine Steuerbefreiung nach § 2 Abs. 2 liegt vor, falls Erträge, die im Ausland besteuert werden, im Inland gemäß § 8b KStG (vollständige Steuerbefreiung, wobei 5% als nichtabziehbare Betriebsausgaben gelten – sog. „95%-Befreiung") oder nach § 3 Nr. 40 EStG (teilweise Befreiung i.H.v. 40% – sog. „Teileinkünfteverfahren") steuerbefreit sind. Darunter fallen insbesondere laufende Beteiligungserträge an Kapitalgesellschaften (§ 3 Nr. 40 lit. d) EStG (nur, soweit diese Bezüge das Einkommen der leistenden Körperschaft nicht gemindert haben)) und Veräußerungsgewinne aus der Veräußerung solcher Beteiligungen (§ 8b Abs. 2, 3 KStG bzw. § 3 Nr. 40 lit. a)). Dies gilt jedoch nicht, falls die Ausnahmeregelungen der §§ 8b Abs. 7, Abs. 8 KStG bzw. § 3 Nr. 40 S. 3 EStG (für Kredit- und Finanzdienstleistungsinstitute, Finanzunternehmen, Lebensversicherungs- und Krankenversicherungsunternehmen und Pensionsfonds) Anwendung finden. Bei Anwendung

---

[144] BMF-Schreiben vom 18.8.2009 Rz. 77a.
[145] So auch Berger/Steck/Lübbehüsen/*Stock/Oberhofer* § 4 InvStG Rn. 107; auch *Hechtner* BB **2009** 76, 83.
[146] *Haisch/Danz* DStZ **2008** 392, 398; auch *Melchior* DStR **2009** 4, 7; auch Berger/Steck/Lübbehüsen/*Stock/Oberhofer* § 4 InvStG Rn. 109 für einige Beispiele.
[147] Berger/Steck/Lübbehüsen/*Stock/Oberhofer* § 4 InvStG Rn. 113.
[148] Berger/Steck/Lübbehüsen/*Stock/Oberhofer* § 4 InvStG Rn. 114.
[149] Für den Fall der Anrechnung nach § 4 Abs. 2 S. 1–7 **a.A.** Beckmann/Scholtz/Vollmer/*Elser* § 4 InvStG Rn. 37.
[150] So auch Berger/Steck/Lübbehüsen/*Stock/Oberhofer* § 4 InvStG Rn. 118.

des Teileinkünfteverfahrens ist für den steuerbefreiten Teil (40%) der Einkünfte keine Anrechnung ausländischer Steuer möglich.[151]

Steuerbefreite Erträge gemäß § 2 Abs. 3 sind an Privatanleger ausgeschüttete Erträge, die Gewinne aus der Veräußerung von Immobilien nach Ablauf der Zehnjahresfrist enthalten.

Steuerbefreite Erträge nach § 4 Abs. 1 sind solche, die nach DBA freigestellt werden, d.h. insbesondere laufende Einkünfte aus Immobilien.

IV. Steuerabzug auf Ebene des Investmentvermögens (§ 4 Abs. 4)

„Der Investmentfonds kann die nach Absatz 2 beim Anleger anrechenbaren oder abziehbaren ausländischen Steuern bei der Ermittlung der Erträge (§ 3) als Werbungskosten abziehen. In diesem Fall hat der Anleger keinen Anspruch auf Anrechnung oder Abzug dieser Steuern nach Absatz 2." 26

§ 4 Abs. 4 eröffnet dem in- oder ausländischen Investmentfonds das Wahlrecht, bereits bei der Ermittlung der Erträge auf Fondsebene nach § 3 die sonst auf Ebene des Anlegers anrechenbaren oder abziehbaren ausländischen Steuern als Werbungskosten abzuziehen, d.h. diese also gewinnmindernd zu berücksichtigen. Dieses Wahlrecht besteht aufgrund des allgemeinen Verweises auf § 4 Abs. 2 sowohl für eine Anrechnung bzw. einen Steuerabzug nach § 4 Abs. 2 S. 1–7 als auch für eine Anrechnung nach § 4 Abs. 2 S. 8.[152] Das Wahlrecht umfasst auch fiktive Quellensteuern nach DBA[153] und kann für jedes Geschäftsjahr neu ausgeübt werden.[154]

Der Abzug nach § 4 Abs. 4 entfällt, wenn und soweit steuerbefreite Erträge betroffen sind. Letzteres impliziert eine nach Anlegergruppen spezifizierte Ermittlung der Erträge für Zwecke des § 4 Abs. 4.[155]

Das Wahlrecht ist richtigerweise einheitlich je Investmentvermögen auszuüben (aufgrund des Wortlauts in §§ 4 Abs. 4, 5 Abs. 1 S. 1 Nr. 1 lit. f) aa) „wenn" anstatt „soweit" sowie aufgrund der damit intendierten Verwaltungsvereinfachung) und gilt nur für Zuflusssteuern, nicht hingegen für Abfluss- bzw. Abzugsteuern, da letztere den jeweiligen Anleger bei der an ihn erfolgenden Ausschüttung betreffen und somit dem Investmentfonds in der Regel nicht bekannt sind.[156]

---

[151] BMF-Schreiben vom 18.8.2009 Rz. 82; auch OFD Koblenz vom 14.8.2006, DB **2006** 2604; auch OFD Münster vom 13.9.2006, DStR **2006** 2216; auch *Roser* EStB **2007** 227, 229; auch Beckmann/Scholtz/Vollmer/*Elser* § 4 InvStG Rn. 40; auch Berger/Steck/Lübbehüsen/*Stock/Oberhofer* § 4 InvStG Rn. 119; **a.A.** Herrmann/Heuer/Raupach/*Intemann* Jb 2004 § 4 InvStG Rn. J03–16; *Jacob/Geeser/Ebner* Besteuerung von Fondsvermögen S. 52.
[152] BMF-Schreiben vom 18.8.2009 Rz. 81.
[153] Berger/Steck/Lübbehüsen/*Stock/Oberhofer* § 4 InvStG Rn. 125.
[154] Blümich/*Hammer* § 4 InvStG Rn. 12.
[155] Beckmann/Scholtz/Vollmer/*Elser* § 4 InvStG Rn. 44; Berger/Steck/Lübbehüsen/*Stock/Oberhofer* § 4 InvStG Rn. 125.
[156] Vgl. Berger/Steck/Lübbehüsen/*Stock/Oberhofer* § 4 InvStG Rn. 125; vgl. auch Korn/Carlé/Stahl/Strahl/*Hamacher* § 4 InvStG Rn. 13; **a.A.** *Jacob/Geese/Ebner* Besteuerung von Fondsvermögen S. 53; *Teichert* Die Besteuerung in- und ausländischer Investmentfonds, Diss. 2009, 137.

§ 5
Besteuerungsgrundlagen

(1) Die §§ 2 und 4 sind nur anzuwenden, wenn
1. die Investmentgesellschaft den Anlegern bei jeder Ausschüttung bezogen auf einen Investmentanteil unter Angabe der Wertpapieridentifikationsnummer ISIN des Investmentfonds und des Zeitraums, auf den sich die Angaben beziehen, folgende Besteuerungsgrundlagen in deutscher Sprache bekannt macht:
   a) den Betrag der Ausschüttung (mit mindestens vier Nachkommastellen) sowie
      aa) in der Ausschüttung enthaltene ausschüttungsgleiche Erträge der Vorjahre,
      bb) in der Ausschüttung enthaltene Substanzbeträge,
   b) den Betrag der ausgeschütteten Erträge (mit mindestens vier Nachkommastellen),
   c) die in den ausgeschütteten Erträgen enthaltenen
      aa) Erträge im Sinne des § 2 Absatz 2 Satz 1 dieses Gesetzes in Verbindung mit § 3 Nummer 40 des Einkommensteuergesetzes oder im Fall des § 16 dieses Gesetzes in Verbindung mit § 8b Absatz 1 des Körperschaftsteuergesetzes,
      bb) Veräußerungsgewinne im Sinne des § 2 Absatz 2 Satz 2 dieses Gesetzes in Verbindung mit § 8b Absatz 2 des Körperschaftsteuergesetzes oder § 3 Nummer 40 des Einkommensteuergesetzes,
      cc) Erträge im Sinne des § 2 Absatz 2a,
      dd) steuerfreie Veräußerungsgewinne im Sinne des § 2 Absatz 3 Nummer 1 Satz 1 in der am 31. Dezember 2008 anzuwendenden Fassung,
      ee) Erträge im Sinne des § 2 Absatz 3 Nummer 1 Satz 2 in der am 31. Dezember 2008 anzuwendenden Fassung, soweit die Erträge nicht Kapitalerträge im Sinne des § 20 des Einkommensteuergesetzes sind,
      ff) steuerfreie Veräußerungsgewinne im Sinne des § 2 Absatz 3 in der ab 1. Januar 2009 anzuwendenden Fassung,
      gg) Einkünfte im Sinne des § 4 Absatz 1,
      hh) in Doppelbuchstabe gg enthaltene Einkünfte, die nicht dem Progressionsvorbehalt unterliegen,
      ii) Einkünfte im Sinne des § 4 Absatz 2, für die kein Abzug nach Absatz 4 vorgenommen wurde,
      jj) in Doppelbuchstabe ii enthaltene Einkünfte, auf die § 2 Absatz 2 dieses Gesetzes in Verbindung mit § 8b Absatz 2 des Körperschaftsteuergesetzes oder § 3 Nummer 40 des Einkommensteuergesetzes oder im Fall des § 16 dieses Gesetzes in Verbindung mit § 8b Absatz 1 des Körperschaftsteuergesetzes anzuwenden ist,
      kk) in Doppelbuchstabe ii enthaltene Einkünfte im Sinne des § 4 Absatz 2, die nach einem Abkommen zur Vermeidung der Doppelbesteuerung zur Anrechnung einer als gezahlt geltenden Steuer auf die Einkommensteuer oder Körperschaftsteuer berechtigen,
      ll) in Doppelbuchstabe kk enthaltene Einkünfte, auf die § 2 Absatz 2 dieses Gesetzes in Verbindung mit § 8b Absatz 2 des Körperschaftsteuergesetzes oder § 3 Nummer 40 des Einkommensteuergesetzes oder im Fall des § 16 dieses Gesetzes in Verbindung mit § 8b Absatz 1 des Körperschaftsteuergesetzes anzuwenden ist,

d) den zur Anrechnung von Kapitalertragsteuer berechtigenden Teil der Ausschüttung
    aa) im Sinne des § 7 Absatz 1 und 2,
    bb) im Sinne des § 7 Absatz 3,
    cc) im Sinne des § 7 Absatz 1 Satz 4, soweit in Doppelbuchstabe aa enthalten,
e) (weggefallen)
f) den Betrag der ausländischen Steuer, der auf die in den ausgeschütteten Erträgen enthaltenen Einkünfte im Sinne des § 4 Absatz 2 entfällt und
    aa) der nach § 4 Absatz 2 dieses Gesetzes in Verbindung mit § 32d Absatz 5 oder § 34c Absatz 1 des Einkommensteuergesetzes oder einem Abkommen zur Vermeidung der Doppelbesteuerung anrechenbar ist, wenn kein Abzug nach § 4 Absatz 4 vorgenommen wurde,
    bb) in Doppelbuchstabe aa enthalten ist und auf Einkünfte entfällt, auf die § 2 Absatz 2 dieses Gesetzes in Verbindung mit § 8b Absatz 2 des Körperschaftsteuergesetzes oder § 3 Nummer 40 des Einkommensteuergesetzes oder im Fall des § 16 dieses Gesetzes in Verbindung mit § 8b Absatz 1 des Körperschaftsteuergesetzes anzuwenden ist,
    cc) der nach § 4 Absatz 2 dieses Gesetzes in Verbindung mit § 34c Absatz 3 des Einkommensteuergesetzes abziehbar ist, wenn kein Abzug nach § 4 Absatz 4 dieses Gesetzes vorgenommen wurde,
    dd) in Doppelbuchstabe cc enthalten ist und auf Einkünfte entfällt, auf die § 2 Absatz 2 dieses Gesetzes in Verbindung mit § 8b Absatz 2 des Körperschaftsteuergesetzes oder § 3 Nummer 40 des Einkommensteuergesetzes oder im Fall des § 16 dieses Gesetzes in Verbindung mit § 8b Absatz 1 des Körperschaftsteuergesetzes anzuwenden ist,
    ee) der nach einem Abkommen zur Vermeidung der Doppelbesteuerung als gezahlt gilt und nach § 4 Absatz 2 in Verbindung mit diesem Abkommen anrechenbar ist,
    ff) in Doppelbuchstabe ee enthalten ist und auf Einkünfte entfällt, auf die § 2 Absatz 2 dieses Gesetzes in Verbindung mit § 8b Absatz 2 des Körperschaftsteuergesetzes oder § 3 Nummer 40 des Einkommensteuergesetzes oder im Fall des § 16 dieses Gesetzes in Verbindung mit § 8b Absatz 1 des Körperschaftsteuergesetzes anzuwenden ist,
g) den Betrag der Absetzungen für Abnutzung oder Substanzverringerung,
h) die im Geschäftsjahr gezahlte Quellensteuer, vermindert um die erstattete Quellensteuer des Geschäftsjahres oder früherer Geschäftsjahre;

2. die Investmentgesellschaft den Anlegern bei ausschüttungsgleichen Erträgen spätestens vier Monate nach Ablauf des Geschäftsjahres, in dem sie als zugeflossen gelten, die Angaben entsprechend der Nummer 1 mit Ausnahme des Buchstaben a bezogen auf einen Investmentanteil in deutscher Sprache bekannt macht;

3. die Investmentgesellschaft die in den Nummern 1 und 2 genannten Angaben in Verbindung mit dem Jahresbericht im Sinne der §§ 101, 120, 135, 298 Absatz 1 Satz 1 Nummer 1 sowie § 299 Absatz 1 Nummer 3 des Kapitalanlagegesetzbuchs spätestens vier Monate nach Ablauf des Geschäftsjahres im Bundesanzeiger bekannt macht; die Angaben sind mit der Bescheinigung eines zur geschäftsmäßigen Hilfeleistung befugten Berufsträgers im Sinne des § 3 des Steuerberatungsgesetzes, einer behördlich anerkannten Wirtschaftsprüfungsstelle oder einer vergleichbaren Stelle zu versehen, dass die Angaben nach den Regeln

des deutschen Steuerrechts ermittelt wurden; die Bescheinigung muss eine Aussage enthalten, ob in die Ermittlung der Angaben Werte aus einem Ertragsausgleich eingegangen sind; § 323 des Handelsgesetzbuchs ist sinngemäß anzuwenden. Wird innerhalb von vier Monaten nach Ablauf des Geschäftsjahres ein Ausschüttungsbeschluss für dieses abgelaufene Geschäftsjahr gefasst, sind abweichend von Satz 1 die in den Nummern 1 und 2 genannten Angaben spätestens vier Monate nach dem Tag des Beschlusses bekannt zu machen. Wird der Jahresbericht nach den Bestimmungen des Kapitalanlagegesetzbuchs nicht im Bundesanzeiger veröffentlicht, ist auch die Fundstelle bekannt zu machen, in der der Rechenschaftsbericht in deutscher Sprache bekannt gemacht ist;

4. die ausländische Investmentgesellschaft oder die ein EU-Investmentfonds der Vertragsform verwaltende Kapitalverwaltungsgesellschaft die Summe der nach dem 31. Dezember 1993 dem Inhaber der ausländischen Investmentanteile als zugeflossen geltenden, noch nicht dem Steuerabzug unterworfenen Erträge ermittelt und mit dem Rücknahmepreis bekannt macht;

5. die ausländische Investmentgesellschaft oder die einen EU-Investmentfonds der Vertragsform verwaltende Kapitalverwaltungsgesellschaft auf Anforderung gegenüber dem Bundeszentralamt für Steuern innerhalb von drei Monaten die Richtigkeit der in den Nummern 1, 2 und 4 genannten Angaben vollständig nachweist. Sind die Urkunden in einer fremden Sprache abgefasst, so kann eine beglaubigte Übersetzung in die deutsche Sprache verlangt werden. Hat die ausländische Investmentgesellschaft oder die einen EU-Investmentfonds der Vertragsform verwaltende Kapitalverwaltungsgesellschaft Angaben in unzutreffender Höhe bekannt gemacht, so hat sie die Unterschiedsbeträge eigenverantwortlich oder auf Verlangen des Bundeszentralamtes für Steuern in der Bekanntmachung für das laufende Geschäftsjahr zu berücksichtigen.

Liegen die in Satz 1 Nummer 1 Buchstabe c oder f genannten Angaben nicht vor, werden die Erträge insoweit nach § 2 Abs. 1 Satz 1 besteuert und § 4 findet insoweit keine Anwendung. Eine Bekanntmachung zu Satz 1 Nummer 1 Buchstabe c Doppelbuchstabe aa und gg ist nur zulässig, wenn die Veröffentlichung nach § 5 Absatz 2 Satz 4 erfolgt ist.

(2) § 8 Absatz 1 bis 4 ist nur anzuwenden, wenn die Investmentgesellschaft bewertungstäglich den positiven oder negativen Prozentsatz des Wertes des Investmentanteils, getrennt für natürliche Personen und für Körperschaften, Personenvereinigungen oder Vermögensmassen, ermittelt, der auf die in den Einnahmen aus der Veräußerung enthaltenen Bestandteile im Sinne des § 8 entfällt (Aktiengewinn) und mit dem Rücknahmepreis veröffentlicht. Der Aktiengewinn pro Investmentanteil darf sich durch den An- und Verkauf von Investmentanteilen nicht ändern. Die Investmentgesellschaft ist an ihre bei der erstmaligen Ausgabe der Anteile getroffene Entscheidung, ob sie den Aktiengewinn ermittelt oder davon absieht, gebunden. § 2 Absatz 2 und § 4 Absatz 1 sind jeweils nur anzuwenden, wenn die Investmentgesellschaft die entsprechenden Teile des Aktiengewinns bewertungstäglich veröffentlicht. Absatz 1 Satz 1 Nr. 5 gilt entsprechend.

(3) Die Investmentgesellschaft hat bewertungstäglich den Zwischengewinn zu ermitteln und mit dem Rücknahmepreis zu veröffentlichen; dabei ist anzugeben, ob bei der Ermittlung des Zwischengewinns nach § 9 Satz 2 verfahren wurde. Sind die Voraussetzungen des Satzes 1 nicht erfüllt, sind 6 Prozent des Entgelts für die Rückgabe oder Veräußerung des Investmentanteils anzusetzen; negative Kapitalerträge aus Zwischengewinnen auf Grund des Erwerbs von während des laufenden

Geschäftsjahres des Investmentfonds ausgegebenen Anteilen werden nicht berücksichtigt. Absatz 1 Satz 1 Nr. 5 gilt entsprechend. Die Sätze 1 und 2 finden bei inländischen Investmentfonds im Sinne des § 225 des Kapitalanlagegesetzbuchs und bei ausländischen Investmentfonds, die hinsichtlich ihrer Anlagepolitik vergleichbaren Anforderungen unterliegen, keine Anwendung.

Schrifttum

Bacmeister Komplexität der Ertragsrechnung – Simplizität des Aktiengewinns – Eine Analyse des neuen Investmentsteuerrechts am Beispiel eines Dach-Hedgefonds, IStR **2004** 176; *ders.* Erfahrungen rund um die Besteuerung von Investmentfonds, IStR **2007** 169; *Grabbe/Lübbehüsen* Halbeinkünfteverfahren im Investmentsteuerrecht – Korrektur tut not! DStR **2004** 981; *Hillebrand/Klamt/Migirov* Auswirkung der Steuerpflicht von Streubesitzdividenden bei Beteiligungen über Investmentvermögen, DStR **2013** 1646; *Sradj/Mertes* Neuregelungen bei der Besteuerung von Investmentvermögen, DStR **2004** 201; *Sradj/Schmitt/Krause* Ausgewählte Aspekte des neuen BMF-Schreibens zum Investmentsteuergesetz, DStR **2009** 2283.

Finanzverwaltung

BMF Schr. v. 2.6.2005 „Investmentsteuergesetz: Zweifels- und Auslegungsfragen", IV C 1 – S 1980 – 1 87/05, BStBl. I 2005, S. 728; BMF Schr. v. 9.9.2005, Anwendung des Investmentsteuergesetzes (InvStG)" – IV C 1 – S 1980 – 1 – 122/05; BMF Schr. v. 20.12.2005 BStBl I 2005, S. 278; OFD Rheinland v. 11.1.2008 „Ausgleichsposten für nicht abzugsfähige Werbungskosten nach § 3 Abs. 3 Nr. 2 InvStG" – S 1980 – 1030 – St 222; BMF Schr. v. 18.8.2009, „Investmentsteuergesetz: Zweifels- und Auslegungsfragen, Aktualisierung des BMF Schr. v. 2.6.2005 (BStBl. I 2005, S.278)" IV C1 – S 1980 – 1/08/00019, BStBl. I 2009, S. 93; BMF Schr. v. 9.3.2010, „Investmentsteuergesetz; Zweifelsfragen zu Ertragsausgleich und Zwischengewinn", IV C 1 – S 1980-1/09/10001, DStR 2010, S. 553; BMF Schr. v. 1.11.2010 „Investmentsteuergesetz; Anrechnung und Abzug ausländischer Steuern" – IV C 1 – S 1980 – 1/09/10001; BMF Schr. v. 10.2.2011 „Investmentsteuergesetz; Übergangserleichterungen bei der Umsetzung des Jahressteuergesetzes 2010", – IV C 1 – S 1980 – 1/10/10002:004, DStR **2011** 367; BMF Schr. v. 12.6.2012, „Investmentsteuerrecht; Ermittlung, Ausweis und steuerliche Behandlung der nicht abzugsfähigen Werbungskosten i.S.d. § 3 Absatz 3 Satz 2 Nummer 2 InvStG und deren Bekanntmachung nach § 5 Abs. 1 Satz 1 Nummer 1 Buchstabe i InvStG", – IV C 1 – S 1980 – 1/10/10012:003; BMF v. 9.7.2013 „Gesetz zur Umsetzung des EuGH-Urteils vom 20. Oktober 2011 in der Rechtssache C-284/09; Praktische Umsetzungsfragen im Bereich des Investmentsteuerrechts" – IV C 1 – S 1980 – 1/12/10014; BMF Schr. v. 25.10.2013 an die Verbände, Investmentsteuerrecht; Veröffentlichung von Besteuerungsgrundlagen im Bundesanzeiger (§ 5 InvStG), IV C 1 – S 1980 – 1/11/10007:013; BMF Schr. v. 17.12.2013 „Investmentsteuergesetz; Verspätete Veröffentlichung der Besteuerungsgrundlagen im elektronischen Bundesanzeiger (§ 5 Absatz 1 Satz 1 Nummer 3 InvStG)", IV C 1 – S 1980 – 1/08/10007; BMF Schr. an die Verbände v. 3.6.2014, „Investmentsteuergesetz in der Fassung AIFM-Steueranpassungsgesetz; Übergangsregelung zur Werbungskostenaufteilung nach § 3 Absatz 3 InvStG", IV C 1 – S 1980 – 1/13/10007:002; BMF Schr. an die Verbände v. 4.6.2014, „Investmentsteuergesetz in der Fassung AIFM-Steueranpassungsgesetz; Auslegungsfragen", IV C 1 – S 1980 – 1/13/10007:002.

Systematische Übersicht

A. Einführung —— 1
   I. Veröffentlichungspflichten von Besteuerungsgrundlagen mit Relevanz für die laufende Anlegerbesteuerung – § 5 Abs. 1 InvStG —— 4
   II. Veröffentlichungspflichten von bewertungstäglichen Steuergrößen mit Relevanz für die Schlussbesteuerung – § 5 Abs. 2 sowie 3 InvStG —— 28
   III. Rechtsentwicklung —— 32

B. Pflichten des § 5 Abs. 1 InvStG —— 37
   I. Bekanntmachung an die Anleger —— 38
   II. Bekanntzumachende Angaben —— 39
     1. § 5 Abs. 1 S. 1 Nr. 1a) InvStG: Betrag der Ausschüttung —— 39
     2. § 5 Abs. 1 S. 1 Nr. 1b) InvStG: Betrag der ausgeschütteten Erträge —— 43

3. § 5 Abs. 1 S. 1 Nr. 1b) InvStG: Betrag der ausschüttungsgleichen Erträge —— 45
4. § 5 Abs. 1 S. 1 Nr. 1c) InvStG: In den ausgeschütteten/ausschüttungsgleichen Erträgen enthaltenen: —— 47
   a) § 5 Abs. 1 S. 1 Nr. 1c) aa) InvStG: Erträge i.S.d. § 3 Nr. 40 EStG bzw. § 16 InvStG i.V.m. § 8b Abs. 1 KStG —— 47
   b) § 5 Abs. 1 S. 1 Nr. 1c) bb) InvStG: Veräußerungsgewinne i.S.d. § 8b KStG bzw. § 3 Nr. 40 EStG —— 53
   c) § 5 Abs. 1 S. 1 Nr. 1c) cc) InvStG: Zinsschranke —— 58
   d) § 5 Abs. 1 S. 1 Nr. 1c) dd) InvStG: Altveräußerungsgewinne —— 59
   e) § 5 Abs. 1 S. 1 Nr. 1c) ee) InvStG —— 63
   f) § 5 Abs. 1 S. 1 Nr. 1c) ff) InvStG: Steuerfreie Veräußerungsgewinne —— 65
   g) § 5 Abs. 1 S. 1 Nr. 1c) gg) InvStG: Steuerfreie DBA-Erträge —— 67
   h) § 5 Abs. 1 S. 1 Nr. 1c) hh) InvStG: Steuerfreie DBA-Erträge ohne Progressionsvorbehalt —— 70
   i) § 5 Abs. 1 Nr. 1c) ii) InvStG: Bemessungsgrundlage anrechenbarer Quellensteuern —— 73
   j) § 5 Abs. 1 S. 1 Nr. 1c) jj) InvStG: Bemessungsgrundlage anrechenbarer Quellensteuern aus Erträgen i.S.d. § 8b Abs. 2 KStG, § 16 i.V.m. § 8b Abs. 1 KStG bzw. § 3 Nr. 40 EStG —— 77
   k) § 5 Abs. 1 S. Nr. 1c) kk) InvStG: Bemessungsgrundlage fiktiver Quellensteuern —— 82
   l) § 5 Abs. 1 S. 1 Nr. 1c) ll) InvStG: Bemessungsgrundlage fiktiver Quellensteuern aus Erträgen i.S.d. § 8b KStG bzw. § 3 Nr. 40 EStG —— 83
   m) § 5 Abs. 1 S. 1 Nr. 1d) aa) bzw. bb) InvStG: Kapitalertragsteuerbemessungsgrundlage für Erträge i.S.d. § 7 Abs. 1 und 2 InvStG bzw. § 7 Abs. 3 InvStG —— 86
   n) § 5 Abs. 1 S. 1 Nr. 1d) cc) InvStG: Kapitalertragsteuerbemessungsgrundlage für Erträge i.S.d. § 7 Abs. 1 Satz 4 InvStG soweit in d) aa) enthalten —— 91
   o) § 5 Abs. 1 S. 1 Nr. 1e) InvStG: weggefallen —— 94
   p) § 5 Abs. 1 S. 1 Nr. 1f) aa) InvStG: Anrechenbare Quellensteuern —— 95
   q) § 5 Abs. 1 S. 1 Nr. 1f) bb) InvStG: Anrechenbare Quellensteuern auf Erträge i.S.d. § 8b Abs. 2 KStG, § 16 i.V.m. § 8b Abs. 1 KStG bzw. § 3 Nr. 40 EStG —— 99
   r) § 5 Abs. 1 S. 1 Nr. 1f) cc) InvStG: Abziehbare Quellensteuern —— 103
   s) § 5 Abs. 1 S. 1 Nr. 1f) dd) InvStG: Abziehbare Quellensteuern auf Erträge i.S.d. § 8b Abs. 2 KStG, § 16 i.V.m. § 8b Abs. 1 KStG bzw. § 3 Nr. 40 EStG —— 105
   t) § 5 Abs. 1 S. 1 Nr. 1f) ee) InvStG: Fiktive Quellensteuern —— 107
   u) § 5 Abs. 1 S. 1 Nr. 1f) ff) InvStG: Fiktive Quellensteuern auf Erträge i.S.d. § 8b Abs. 2 KStG, § 16 i.V.m. § 8b Abs. 1 KStG bzw. § 3 Nr. 40 EStG —— 109
   v) § 5 Abs. 1 S. 1 Nr. 1g) InvStG —— 113
   w) § 5 Abs. 1 S. 1 Nr. 1h) InvStG —— 116
   x) § 5 Abs. 1 S. 1 Nr. 1i) InvStG —— 120
5. Erweiterte Besteuerungsgrundlagen gemäß § 21 Abs. 24 InvStG für den Fall des Vorliegens von Dividenden mit Zuflussdatum vor dem 1. März 2013 (sogenannte mm-Dividenden) —— 121
III. Pflichten des § 5 Abs. 1 Nr. 3 InvStG —— 125

1. Bekanntmachung im Bundesanzeiger — 125
2. Bekanntmachungsfristen — 131
3. Korrekturmöglichkeit — 136
4. Berufsträgerbescheinigung — 138

IV. § 5 Abs. 1 Nr. 4 InvStG: Erweiterte Bekanntmachungspflicht für ausländische Fonds (akkumulierte ausschüttungsgleiche Erträge) — 139
1. Allgemeines — 139
2. Besonderheiten — 157
   a) Verschmelzung/Serien/ inaktive Anteilklassen — 157
   b) Erstmalige Transparenz bestehender Fonds (Startwert bei intransparenten Fonds: Unterscheidung Spezialfonds und Publikumsfonds) — 160
   c) Europarechtskonformität — 163

V. § 5 Abs. 1 Nr. 5 InvStG: Erweiterte Pflichten für ausländische Fonds — 164
1. Allgemeines — 164
2. Nachweispflichten — 167
3. Korrekturverfahren — 169

VI. § 5 Abs. 1 Satz 2 InvStG: Semitransparenz — 172
1. Allgemeines — 172
2. Mindest-Pflichtangaben — 174

VII. § 5 Abs. 1 Satz 3 InvStG – Abhängigkeit des Inhalts der Besteuerungsgrundlagen von der Veröffentlichung des Aktien- bzw. DBA-Gewinns — 176

C. Ermittlung und Veröffentlichung des Fonds-Aktiengewinns — 178
I. Allgemeines — 178
   1. Aktiengewinn im engeren Sinne — 182
   2. Der DBA-Gewinn — 186
   3. Fonds-Aktiengewinn v. Anleger Aktiengewinn — 188
   4. Berechnungswahlrecht — 190
   5. Ermittlungs- und Veröffentlichungspflicht — 193
II. Berechnungssystematik — 199
   1. Grundsystematik — 199
   2. Besonderheiten — 200
      a) Dachfonds — 201
      b) Verschmelzung — 202
      c) Zeitpunkt und Höhe der Anpassung bei Ausschüttung/Thesaurierung — 205
   3. Korrekturposten — 207
III. Nachweis- und Korrekturpflicht für ausl. Investmentfonds (§ 5 Abs. 2 S. 5 InvStG) — 208

D. Ermittlungs-, Veröffentlichungs- und Nachweispflichten des Zwischengewinns — 213
I. Allgemeines — 213
II. Kreis der ermittlungs- und veröffentlichungspflichtigen Investmentfonds — 219
III. Ermittlungs- und Veröffentlichungspflicht (§ 5 Abs. 3 S. 1 InvStG) — 223
IV. Ersatzwert bei fehlender Veröffentlichung (§ 5 Abs. 3 S. 2 InvStG) — 230
V. Nachweis- und Korrekturpflicht für ausl. Investmentfonds (§ 5 Abs. 3 S. 3 InvStG) — 233

A. Einführung

§ 5 InvStG ist eine formalrechtliche Norm, die die materiellen Regelungen des InvStG **1** (§§ 2–4 InvStG) durch Festlegung von bestimmten Veröffentlichungspflichten für das Publikum – hier die Anleger der Investmentfonds – in für das Veranlagungsverfahren relevante Informationen übersetzt. Mit dem EuGH-Urteil vom 9. Oktober 2014, van Caster (C-326/12) zur Europarechtswidrigkeit des § 6 InvStG (vgl. § 6 InvStG Rn. 89) ist die formelle Bindungswirkung des § 5 InvStG in Frage zu stellen. Es ist davon auszugehen, dass die Finanzverwaltung bis zur erforderlichen Anpassung der gesetzlichen Regelung des § 6 InvStG, bei ausländischen Investmentfonds, einen von § 5 InvStG abweichenden Nachweis der nach §§ 2–4 InvStG ermittelten Besteuerungsgrundlagen zulassen müsste.

Dabei ist das Ergebnis der Regelungen des § 5 Abs. 1 InvStG die Bereitstellung von **2** Besteuerungsgrundlagen, die für die laufende Anlagebesteuerung und somit für die jährliche Veranlagung relevant sind. Wohingegen die Regelungen des § 5 Abs. 2 sowie 3

InvStG die Bereitstellung von bewertungstäglichen Steuerdaten (Aktien-, DBA- bzw. Zwischengewinn), die generell für die Schlussbesteuerung – also bei Verkauf von Investmentfonds – relevant sind, umfasst.

3 Durch das AIFM-Steuer-Anpassungsgesetz ist seit dem 24.12.2013 eine kodifizierte Verknüpfung zwischen § 5 Abs. 1 und Abs. 2 InvStG geschaffen worden, so dass die Regelungen der Absätze 1 und 2 mit ihren Rechtsfolgen nicht isoliert betrachtet werden können.

I. Veröffentlichungspflichten von Besteuerungsgrundlagen mit Relevanz für die laufende Anlegerbesteuerung – § 5 Abs. 1 InvStG

4 Die Vorschrift des § 5 Abs. 1 Satz 1 InvStG regelt im Wesentlichen den Inhalt, die Form und die Fristen der zu publizierenden jährlichen Besteuerungsgrundlagen für in- bzw. ausländische Investmentfonds (im Folgenden auch Publikumsfonds). Die bekannt zu machenden Besteuerungsgrundlagen sind somit die Basis der Besteuerung von Erträgen aus in- bzw. ausländischen Publikumsfonds für investierte deutsche Anleger, um auf diese Weise die Besteuerung nach dem sogenannten eingeschränkten Transparenzprinzip auf Anlegerebene durchzuführen.[1] Dabei hat die Veröffentlichung der Besteuerungsgrundlagen immer für die Einheit zu erfolgen, die ein Fondsanleger erwerben kann. Dies ist insbesondere für ausländische Investmentfonds spezifisch, da bei Vorliegen sogenannter Umbrella-Konstruktionen, bei denen beispielsweise für einen Teilfonds mehrere Anteilklassen aufgelegt werden, der Anleger nur eine bestimmte Anteilklasse aber nicht den Teilfonds selbst erwerben kann.[2]

5 Der Gesetzgeber hat sich aufgrund der im § 5 InvStG kodifizierten Regelungen für ein notwendigerweise „besonderes" Veranlagungsverfahren entschieden, das sich vom sogenannten gesondert und einheitlichen Feststellungsverfahren gemäß § 180 Abs. 1 Nr. 2a AO unterscheidet. Da den Investmentgesellschaften im Fall von Publikumsfonds meist nicht bekannt ist, welche Anleger derzeit konkret investiert sind und der Anlegerkreis sich auch täglich verändern kann, müssen die Besteuerungsgrundlagen gemäß § 5 Abs. 1 InvStG dem „anonymen" Anlegerkreis durch Publikation entsprechend fristwahrend bekanntgegeben werden.[3]

6 Das **sogenannte eingeschränkte Transparenzprinzip** wird durch die Ertrag- und Gewerbesteuerbefreiung auf Fondsebene bei inländischen Investmentfonds gemäß § 11 Abs. 1 Satz 2 InvStG und der eigentlichen Besteuerung auf Anlegerebene umgesetzt, sodass eine weitgehende steuerliche Gleichstellung der Investmentfondsanlage mit einer Direktanlage in ein gleichartiges Portfolio erreicht werden soll. Dabei wird das sogenannte eingeschränkte Transparenzprinzip durch den Gesetzgeber nur insoweit umgesetzt, als das InvStG auch diesbezügliche Regelungen/Verweise vorsieht/zulässt.

7 So durchbricht für bestimmte Sachverhalte der Gesetzgeber durch Regelungen des InvStG den Transparenzgedanken für die Besteuerung auf Anlegerebene. Diese können für die Besteuerung auf Anlegerebene von Vorteil (bspw. die sogenannte Steuerpause von bestimmten nicht ausgeschütteten Veräußerungsgewinnen) oder von Nachteil (bspw. die fehlende umfassende Regelung der DBA-Berechtigung von Investmentfonds im Zusammenhang mit Quellensteuererstattungsansprüchen) im Vergleich zur Direktanlage sein.

---

1 Vgl. zu den Begriffen Bekanntmachung bzw. Veröffentlichung Berger/Steck/Lübbehüsen/*Lübbehüsen* § 5 InvStG Rn. 5.
2 Vgl. Beckmann/Scholtz/Vollmer/*Petzschke* § 5 InvStG Rn. 2.
3 Vgl. Berger/Steck/Lübbehüsen/*Lübbehüsen* § 5 InvStG Rn. 18.

Ferner ist für die Besteuerung von Erträgen aus in- bzw. ausländischen Publikumsfonds zwischen den einzelnen **Anlegertypen** zu unterscheiden, dies hängt von der Zuordnung der Investmentfondsanteile durch den Anleger ab. Je nachdem, inwieweit die Investmentfondsanteile dem Privat- oder dem Betriebsvermögen zugeordnet werden, hat dies eine unmittelbare Auswirkung auf die steuerliche Zuordnung von Erträgen aus in- bzw. ausländischen Publikumsfonds.

Somit liegen gemäß § 2 Abs. 1 Satz 1 InvStG in der Regel entweder Einkünfte aus Kapitalvermögen, wenn der Anleger die Investmentfondsanteile dem Privatvermögen zuordnet, oder Betriebseinnahmen vor, wenn die Investmentfondsanteile durch den Anleger dem Betriebsvermögen zugeordnet wurden; mit der weiteren Konsequenz, dass die Besteuerungsgrundlagen gemäß § 5 Abs. 1 Satz 1 Nr. 1 i.V.m. Nr. 2 InvStG anlegerspezifisch veröffentlicht werden müssen. Die Investmentgesellschaft hat somit die Besteuerungsgrundlagen für folgende Anlegergruppen: „Natürliche Personen mit Anteilen im Privatvermögen" (Anleger PV EStG) bzw. „Natürliche Personen mit Anteilen im Betriebsvermögen" (Anleger BV EStG) oder „Körperschaften" (Anleger KStG) zu veröffentlichen.[4]

Dabei wird von der Finanzverwaltung kein Muster für die Veröffentlichung der Besteuerungsgrundlagen gemäß § 5 Abs. 1 Satz 1 Nr. 1 i.V.m. Nr. 2 InvStG vorgegeben. Dies wird in der Praxis durch ein anlegerspezifisches Format der Veröffentlichung von Besteuerungsgrundlagen gelöst, in dem meist zeilenweise sinngemäß der Gesetzeswortlaut des § 5 Abs. 1 S. 1 Nr. 1 i.V.m. Nr. 2 InvStG aufgeführt wird und spaltenweise die anlegerspezifischen Besteuerungsgrundlagen angegeben werden.[5]

Werden steuerbegünstigte Komponenten gemäß § 5 Abs. 1 S. 1 Nr. 1c) sowie f) InvStG nicht publiziert, spricht die Literatur von semitransparenten Investmentfonds. Bei den sogenannten **semitransparenten Investmentfonds** gemäß § 5 Abs. 1 S. 2 InvStG werden beispielsweise das Teileinkünfteverfahren, relevante Zinserträge für die Zinsschranke oder Angaben zur Anrechenbarkeit von ausländischen Quellensteuern nicht publiziert.[6] Jedoch spielt die Kategorie der sogenannten semitransparenten Investmentfonds in der Praxis keine Rolle. Denn meist werden entweder sämtliche Komponenten der relevanten Besteuerungsgrundlagen oder gar keine Besteuerungsgrundlagen veröffentlicht.

Werden jedoch die von der Finanzverwaltung festgelegten Mindest-Voraussetzungen der Veröffentlichungspflichten des § 5 Abs. 1 S. 1 Nr. 1 bzw. Nr. 2 InvStG nicht erfüllt, so ist für die Besteuerung auf Anlegerebene § 6 InvStG anzuwenden, mit der Folge der sogenannten Pauschalbesteuerung für **intransparente Investmentfonds**. Somit sind zur Vermeidung der Pauschalbesteuerung gemäß § 6 InvStG zumindest die folgenden Angaben zu veröffentlichen: Betrag der Ausschüttung, ausgeschüttete ausschüttungsgleiche Erträge der Vorjahre (bereits in Vorjahren auf Anlegerebene besteuerte Erträge, die in den Vorjahren nicht ausgeschüttet wurden), der Betrag der steuerlich ausgeschütteten bzw. ausschüttungsgleichen Erträge, die relevante Bemessungsgrundlage zum Einbehalt von Kapitalertragsteuer sowie die Beträge der in den Erträgen berücksichtigten Absetzungen für Abnutzung oder Substanzverringerung. Sollten bestimmte Beträge nicht relevant sein, ist dies dennoch durch einen expliziten Nullausweis im Rahmen der Publikation entsprechend zu publizieren.[7]

Im Folgenden sei einleitend zur Orientierung eine für die Besteuerung und somit für die Zusammensetzung der Besteuerungsgrundlagen wichtige relevante Unterscheidung erwähnt. Hinsichtlich der Besteuerung von Investmentfonds auf Anlegerebene spielt es

---
4 Vgl. BMF Schr. v. 18.8.2009 BStBl. I 2009 931, Rn. 86.
5 Vgl. Rn. 38.
6 Vgl. BMF Schr. v. 18.8.2009 BStBl. I 2009 931, Rn. 90, 94, 98 sowie 103.
7 Vgl. BMF Schr. v. 18.8.2009 BStBl. I 2009 931, Rn. 90, 91, 92, 98, 100 sowie 101.

eine wesentliche Rolle, inwieweit es sich um einen **ausschüttenden bzw. thesaurierenden** (nicht ausschüttenden) Investmentfonds handelt. Bei Annahme, dass die Anlagen bzw. Portfolios beider Investmentfonds identisch sind, ist – durch Regelungen im InvStG – eine identische Besteuerung auf Anlegerebene nicht automatisch gegeben. Ohne sämtliche Unterschiede darzulegen, wird bei thesaurierenden Investmentfonds hinsichtlich der meisten Veräußerungsgewinne eine Steuerpause gewährt (das sogenannte kleine Fondsprivileg), da diese von der Definition der ausschüttungsgleichen (thesaurierten) Erträge explizit ausgenommen wurden. Sofern die Veräußerungsgewinne bei ausschüttenden Investmentvermögen zur Ausschüttung verwendet werden, sind diese in den Besteuerungsgrundlagen entsprechend auszuweisen.

14 Die zuvor beschriebenen Ausführungen haben zur Folge, dass hinsichtlich des Inhalts und somit der Formate der zu publizierenden Besteuerungsgrundlagen ebenfalls zu unterscheiden ist, ob es sich um eine Publikation für einen ausschüttenden bzw. thesaurierenden Investmentfonds handelt. Dabei sind durch Regelungen im InvStG Publikationen der Besteuerungsgrundlagen für ausschüttende Investmentfonds – bei Ausschüttung diverser Arten von Veräußerungsgewinnen – deutlich umfangreicher im Vergleich zu einem ähnlich strukturierten thesaurierenden Investmentfonds.[8]

15 Es sei ebenfalls kurz erwähnt, dass in der Praxis Investmentfonds oftmals sogenannte Teilausschüttungen (nicht alle ausschüttbaren Ertragskomponenten kommen zur Ausschüttung) oder Zwischenausschüttungen (mehrere Ausschüttungen während des Geschäftsjahres) vornehmen.

16 **Transparente Investmentfonds** müssen dem Anleger die für die Besteuerung relevanten Angaben bei jeder Ausschüttung bzw. für die ausschüttungsgleichen (thesaurierten) Erträge spätestens vier Monate nach Ablauf des Geschäftsjahres bekannt machen. Wird innerhalb von vier Monaten nach Ablauf des Geschäftsjahres ein Ausschüttungsbeschluss gefasst, kann in Abhängigkeit des Zeitpunktes des Ausschüttungsbeschlusses die Veröffentlichungsfrist auf bis zu 8 Monate ausgedehnt werden. Wird innerhalb von vier Monaten nach Ablauf des Geschäftsjahres kein Ausschüttungsbeschluss gefasst, gelten die Erträge mit Ablauf des Geschäftsjahres als thesauriert.[9]

17 Die Besteuerungsgrundlagen von Publikumsfonds sind den Anlegern gemäß § 5 Abs. 1 Satz 1 Nr. 1 i.V.m. Nr. 2 InvStG pro Investmentanteil in deutscher Sprache bekannt zu machen. Die Angabe der Besteuerungsgrundlagen erfolgt bei Publikumsfonds pro Anteil, da – wie bereits zuvor erläutert – der Investmentgesellschaft der Anlegerkreis des Investmentfonds meist nicht bekannt ist. Um die Einhaltung der zuvor beschriebenen Veröffentlichungsfristen nachzuweisen, sieht die Finanzverwaltung als Publikationsmedium den Bundesanzeiger vor.

18 Dabei ist es der Investmentgesellschaft unbenommen, ihre Anleger auch anderweitig hinsichtlich der Besteuerungsgrundlagen zu informieren. So kann laut Finanzverwaltung die Bekanntgabe an die Anleger bspw. auch im Jahresbericht, über die Internetseite der Investmentgesellschaft, per E-Mail oder per Rundschreiben erfolgen. Im Regelfall werden die publizierten Besteuerungsgrundlagen für Zwecke der Veranlagung auf Anlegerebene herangezogen. Jedoch sieht die Literatur die Bindungswirkung der publizierten Besteuerungsgrundlagen kritisch, da sie nicht die Bindungswirkung von Feststellungen nach §§ 179 ff. AO entfalten.[10] Im folgenden Abschnitt soll kurz skizziert werden, dass diese berechtigte Feststellung für die meisten Fondsanleger ein theoretischer Hinweis ist.

---

8 Vgl. BMF Schr. v. 18.8.2009 BStBl. I 2009 931, Rn. 99.
9 Vgl. BMF Schr. v. 18.8.2009 BStBl. I 2009 931, Rn. 86.
10 Vgl. Berger/Steck/Lübbehüsen/*Lübbehüsen* § 5 InvStG Rn. 17.

19 In der Praxis werden die jährlichen als auch die bewertungstäglichen Besteuerungsgrundlagen gemäß § 5 InvStG zudem an den Informationsdatenanbieter WM-Datenservice (im Folgenden auch „WM") zur weiteren Verarbeitung weitergegeben. Die Weiterleitung der Besteuerungsgrundlagen an WM erachtet die Finanzverwaltung allerdings nicht als hinreichende Bekanntgabe an die Anleger.[11] Dies ist auch zutreffend, da die Anleger die WM-Daten meist auch nicht abrufen können.

20 Das deutsche Bankensystem nutzt diesen Datenprovider, u.a. um die Steuerdaten der Investmentfonds für ihre Kunden für Zwecke des Einbehalts der Kapitalertragsteuer gemäß § 44 EStG bzw. der Ausstellung von Steuerbescheinigungen für Kapitalerträge gemäß § 45a EStG entsprechend zu verarbeiten. Dies bedeutet somit, dass bei Publikumsfonds, die im Inland verwahrt werden, in der Praxis ein Großteil der veröffentlichten Besteuerungsgrundlagen über WM-Datenservice dem deutschen Bankensystem zur Verfügung gestellt werden, um im Anschluss in einem automatisierten Verfahren durch die inländischen Kreditinstitute entsprechend für den Steuerabzug oder zur Ausstellung von Steuerbescheinigungen weiterverarbeitet zu werden. Es lässt sich im Rahmen dieser Einleitung nur schwer schätzen, wie hoch die Anzahl der inländischen Fondsanleger (dies gilt insbesondere für die Anleger PV) ist, die das Veranlagungsverfahren hinsichtlich der Kapitaleinkünfte durchführen oder der Prozess der Besteuerung der Erträge aus in- bzw. ausländischen Investmentfonds vielmehr durch den Einbehalt der sogenannten Abgeltungsteuer durch inländische Kreditinstitute seit 2009 seinen Abschluss findet.

21 Die Bekanntmachung muss gemäß § 5 Abs. 1 Satz 1 Nr. 3 Satz 1 InvStG mit einer **Bescheinigung** eines zur geschäftsmäßigen Hilfeleistung befugten Berufsträgers im Sinne des Steuerberatungsgesetzes, einer behördlich anerkannten Wirtschaftsprüfungsgesellschaft oder einer vergleichbaren Stelle versehen werden, dass die Angaben nach den Regeln des deutschen Steuerrechts ermittelt wurden. Ein amtliches Muster für die Bescheinigung ist ebenfalls nicht vorgesehen.

22 Laut Finanzverwaltung sind Korrekturen von bereits veröffentlichten Besteuerungsgrundlagen nicht zulässig.[12] Inländische Publikumsfonds haben zusätzlich zur Publikation im Bundesanzeiger gesonderte Feststellungserklärungen hinsichtlich der Besteuerungsgrundlagen gemäß § 13 InvStG abzugeben.

23 Ausländische Publikumsfonds haben um die Transparenzvoraussetzungen zu erfüllen, die Besteuerungsgrundlagen gegenüber den Anlegern bekanntzugeben und ggfs. auf Anforderung die Richtigkeit der Besteuerungsgrundlagen gemäß § 5 Abs. 1 Satz 1 Nr. 5 InvStG nachzuweisen. Eine Erklärung zur gesonderten Feststellung von Besteuerungsgrundlagen ist nicht abzugeben. Zudem haben ausländische Investmentfonds gemäß § 5 Abs. 1 Satz 1 Nr. 4 InvStG – für Zwecke des Kapitalertragsteuerabzugs bei Verkauf von ausländischen Investmentfonds über inländische Zahlstellen – die Summe der seit 1994 kumulierten thesaurierten und somit noch nicht dem Steuerabzug unterworfenen Erträge mit dem Rücknahmepreis bekanntzugeben.

24 Inländische Spezial-Investmentfonds haben gemäß § 15 Abs. 1 Satz 1 InvStG die Regelungen des § 5 Abs. 1 InvStG nicht anzuwenden. Ausländische Spezialfonds können gemäß § 16 Satz 2 InvStG von der Bekanntmachung der Besteuerungsgrundlagen im Bundesanzeiger absehen, wenn deutsche Anleger anderweitig informiert werden.

25 **Dachfonds** sind Investmentfonds, die zum größten Teil in andere Investmentfonds (im Folgenden Zielfonds) investiert sind. Zur Ermittlung der Besteuerungsgrundlagen eines Dachfonds werden die Zielfonds gemäß §§ 10 i.V.m. 5 Abs. 1 InvStG dahingehend

---

[11] Vgl. BMF Schr. v. 18.8.2009 BStBl. I 2009 931, Rn. 85.
[12] Vgl. BMF Schr. v. 18.8.2009 BStBl. I 2009 931, Rn. 86b.

überprüft, inwieweit der jeweilige Zielfonds die Publikationsvorschriften gemäß § 5 Abs. 1 InvStG erfüllt und somit als transparenter Investmentfonds in die Ermittlung der Besteuerungsgrundlagen auf Dachfondsebene eingeht oder – wenn dies nicht der Fall sein sollte – entsprechend mit den Besteuerungsgrundlagen für einen intransparenten Zielfonds gemäß § 6 InvStG berücksichtigt werden muss. Im Übrigen hat diese Vorgehensweise auch zu erfolgen, wenn ein Investmentfonds bspw. in nur einen Zielfonds investiert ist.[13] Sollte ein Zielfonds einen intransparenten Steuerstatus haben, so führt dies gemäß § 10 Satz 1 und 2 InvStG nicht zu einer Pauschalbesteuerung des Dachfonds insgesamt, wenn der Dachfonds alle Voraussetzungen des § 5 Abs. 1 InvStG erfüllt.

26 Andererseits lässt die Finanzverwaltung bei Dachfonds auch die Ermittlung der Besteuerungsgrundlagen der Zielfondsinvestments auf Basis der geprüften Jahresberichte zu, wenn der für die Zertifizierung der Besteuerungsgrundlagen des Dachfonds verantwortliche Berufsträger entsprechend bescheinigt, dass die Erträge der Zielfonds nach den Regeln des deutschen Steuerrechts berücksichtigt wurden.[14] Diese Art der Ermittlung der Besteuerungsgrundlagen auf Dachfondsebene ist zumindest bei Publikums-Dachfonds mit einer hohen Anzahl an Zielfonds in der Praxis nicht üblich, eröffnet aber insbesondere bei ausländischen Zielfonds eine Möglichkeit, die Pauschalbesteuerung gemäß § 6 InvStG für den jeweiligen Zielfonds zu vermeiden.

27 Zusammenfassend lässt sich festhalten, dass durch die Bekanntgabe der Besteuerungsgrundlagen gemäß § 5 Abs. 1 InvStG Folgendes erreicht wird: die Ausschüttung bzw. Thesaurierung eines Publikums-Investmentfonds wird hinsichtlich ihrer Steuerbarkeit bzw. Steuerpflicht gemäß InvStG analysiert und für die Fondsanleger entsprechend aufbereitet publiziert. Inwieweit in der Praxis die tatsächliche Verarbeitung der formalrechtlichen Veröffentlichung in erster Linie durch das deutsche Bankensystem stattfindet, sei dahingestellt. Auf jeden Fall wird über diese Konstellation bei im Inland verwahrten Investmentfondsanteilen der Einbehalt der Kapitalertragsteuer für den deutschen Fiskus gewährleistet.[15]

II. Veröffentlichungspflichten von bewertungstäglichen Steuergrößen mit Relevanz für die Schlussbesteuerung – § 5 Abs. 2 sowie 3 InvStG

28 Für die korrekte Besteuerung des Veräußerungsgewinns bzw. -verlusts einer Investmentfondsanlage gemäß § 8 Abs. 5 InvStG sind u.U. folgende bewertungstäglichen Steuergrößen zu berücksichtigen: der **Aktien- bzw. der DBA-Gewinn** gemäß § 8 Abs. 1–4 InvStG bzw. der in § 1 Abs. 4 InvStG normierte **Zwischengewinn**.

29 Die oben aufgeführten bewertungstäglichen Steuergrößen tragen ebenfalls zur Umsetzung des sogenannten eingeschränkten Transparenzprinzips im Veräußerungsfall bei. Da ein transparenter Investmentfonds per Definition durch die mögliche Anlage in verschiedene Kapitalprodukte auch im Veräußerungsfall verschiedene Besteuerungsfolgen auslösen kann, wenn die Zusammensetzung des Veräußerungsgewinns bzw. -verlusts dem Anleger entsprechend transparent dargelegt wird. Für diese Zwecke sind die bewertungstäglichen Steuergrößen zu ermitteln und zu veröffentlichen. Werden diese bewertungstäglichen Steuergrößen nicht berücksichtigt oder nicht veröffentlicht, kann

---

13 Vgl. BMF Schr. v. 18.8.2009 BStBl. I 2009 931, Rn. 201 sowie 203.
14 Vgl. BMF Schr. v. 18.8.2009 BStBl. I 2009 931, Rn. 87.
15 Diese Aussage gilt nicht bei Auslandsverwahrung und für im Inland verwahrte thesaurierende ausländische Investmentfonds, da mangels Ausschüttung keine Kapitalertragsteuer abgeführt werden kann, so dass hier auch für Anleger PV eine Verpflichtung zur Abgabe einer Erklärung hinsichtlich dieser Kapitaleinkünfte besteht.

die Zusammensetzung des Veräußerungsgewinns einer Investmentfondsanlage steuerlich nicht korrekt abgebildet und somit entsprechend nicht gewürdigt werden.

§ 5 Abs. 2 InvStG enthält formal- als auch materiell-rechtliche Regelungen zum Aktien- bzw. DBA-Gewinn bzw. Abs. 3 InvStG zum Zwischengewinn, die hier – mit Verweis auf die folgenden Kommentierungen – nicht näher erläutert werden sollen. 30

Es sei zum Abschluss erwähnt, dass abhängig von der Erfüllung der Regelungen des § 5 Abs. 2 InvStG zum Aktiengewinn Folgeeffekte für die Ermittlung der Besteuerungsgrundlagen gemäß § 5 Abs. 1 InvStG zu berücksichtigen sind bzw. Konstellationen bei der Ermittlung der Besteuerungsgrundlagen gemäß § 5 Abs. 1 InvStG Auswirkungen auf die Ermittlung des Zwischengewinns gemäß § 5 Abs. 3 InvStG haben können. Somit ergeben sich hinsichtlich der Absätze 1–3 Interdependenzen für die Besteuerung der Investmentfondsanlage, so dass sie voneinander nicht losgelöst betrachtet werden sollten. 31

III. Rechtsentwicklung

Auf die Rechtsentwicklung seit Einführung des InvStG 2004 bis 2009 wird auf die Ausführungen bei Berger/Steck/Lübbehüsen/*Lübbehüsen* § 5 InvStG Rn. 1 verwiesen. 32

Das Format der Besteuerungsgrundlagen gemäß § 5 Abs. 1 InvStG wurde maßgeblich durch das JStG 2010 reformiert. 33

Ferner kam es zu Modifikationen des § 5 Abs. 1 InvStG durch das OGAW-IV-UmsG v. 22.6.2011 und durch das Gesetz v. 22.12.2011.[16] 34

Durch die Änderungen der Besteuerung der sogenannten Streubesitzdividenden durch das EUGHDivUmsG vom 21.3.2013 wurden wiederum Änderungen des § 5 Abs. 1 sowie 2 InvStG notwendig. 35

Bedingt durch die Reform des Aufsichtsrechts (Einführung des Kapitalanlagegesetzbuches) in 2013 wurde § 5 InvStG an die nunmehr geänderten Bezeichnungen des neuen Aufsichtsrechts redaktionell angepasst. Ferner wurde die Bedingung, dass bestimmte steuerbegünstige Komponenten der Besteuerungsgrundlagen gemäß § 5 Abs. 1 InvStG nur dann ausgewiesen werden dürfen, wenn der Aktien- bzw. DBA-Gewinn entsprechend bewertungstäglich ermittelt und mit dem Rücknahmepreis veröffentlicht wird, nunmehr kodifiziert. Dies wurde durch eine entsprechende Ergänzung des § 5 Abs. 1 Satz 3 InvStG erreicht. 36

B. Pflichten des § 5 Abs. 1 InvStG

Damit die Rechtsfolgen des § 6 InvStG (Pauschalbesteuerung) bei einem in Deutschland steuerpflichtigen Anleger nicht eintreten, müssen die nachfolgenden Voraussetzungen des § 5 Abs. 1 InvStG kumulativ erfüllt sein. 37

I. Bekanntmachung an die Anleger

Die Investmentgesellschaft hat gemäß § 5 Abs. 1 S. 1 bzw. S. 2 InvStG den Anlegern bei jeder Ausschüttung (Zwischenausschüttung) bzw. Thesaurierung unter Angabe der Wertpapieridentifizierungsnummer ISIN[17] des Investmentfonds sowie des entsprechen- 38

---

16 Vgl. hierzu ausführlicher Blümich/*Wenzel* § 5 InvStG Rn. 12.
17 Eine fehlende Angabe der ISIN kann unseres Erachtens nicht zu einer Versagung der steuerrechtlichen Transparenz führen. Zum einen hat nicht jeder (ausländische) Fonds eine ISIN, zum anderen sollte die ISIN den Fonds identifizierbar machen (vgl. Gesetzesbegründung zum JStG 2010, DB-Drucksache 17/2249, S. 80). Dies kann unseres Erachtens anhand anderer üblicher Wertpapieridentifizierungsnummern z.B. in Form einer CUSIP ebenfalls gewährleistet werden.

den Zeitraumes die Besteuerungsgrundlagen bezogen auf einen Investmentanteil in deutscher Sprache bekannt zu machen. Da die Währung nicht im Investmentsteuergesetz festgelegt ist,[18] erfolgt in der Praxis der Ausweis unter der Angabe der entsprechenden Währung des Investmentfonds bzw. der Anteilklasse.[19] Die Bekanntmachung ist nicht zu verwechseln mit der Veröffentlichungspflicht der Besteuerungsgrundlagen im Bundesanzeiger gemäß § 5 Abs. 1 S. 1 Nr. 3 InvStG.[20] Die Bekanntmachung der Ausschüttung ist entgegen der Bekanntmachung der Thesaurierung nicht an eine gesetzliche Frist gebunden.[21] Laut Finanzverwaltung kann die Bekanntmachung an die Anleger in Form eines Ausweises im Jahresbericht, durch Einstellen auf der Internetseite der Investmentgesellschaft, per E-Mail oder durch ein Rundschreiben geschehen.[22] Für nicht ausreichend sieht die Finanzverwaltung die Bekanntgabe in WM, da diese dem Zwecke diene, dass die auszahlende Stelle die Kapitalertragsteuer zutreffend einbehalten kann.[23] Zur Bindungswirkung der Besteuerungsgrundlagen für die Anleger siehe Rn. 18.

Beispiel 1: Ausweis gemäß § 5 Abs. 1 S. 1 Nr. 1 und 2 InvStG (Ohne „mm"-Dividenen):[24]

Veröffentlichung der Besteuerungsgrundlagen gemäß § 5 InvStG für Muster Fonds Beispiel 1 (ISIN: XXX)
für den Zeitraum vom 1.7.2012 bis 30.6.2013

(alle Angaben je 1 Anteil und in XXX)		Privatanleger	Sonstiger betrieblicher Anleger	Kapitalgesellschaft
Nachrichtlich: Die Ausschüttung bezieht sich auf folgende Barausschüttung:		0,0000	0,0000	0,0000
Ausschüttung vom … (Ex-Tag)				
mit Zahltag vom … gemäß				
Ausschüttungsbeschluss vom …				
§ 5 Abs. 1 Satz 1 Nr. 1 i.V.m. Nr. 2 InvStG				
a)	Betrag der Ausschüttung	0,0000	0,0000	0,0000
aa)	In der Ausschüttung enthaltene ausschüttungsgleiche Erträge der Vorjahre	0,0000	0,0000	0,0000
bb)	In der Ausschüttung enthaltene Substanzbeträge	0,0000	0,0000	0,0000
b)	Betrag der ausgeschütteten Erträge	0,0000	0,0000	0,0000
b)	Ausschüttungsgleiche Erträge	0,0000	0,0000	0,0000
c)	In den ausgeschütteten/ausschüttungsgleichen Erträgen enthaltene			

---

18 Vgl. Beckmann/Scholtz/Vollmer/*Petzschke* 420 § 5 InvStG Rn. 95.
19 Bei unterschiedlicher Anteilklassenwährung erfolgt der Ausweis in Währung der jeweiligen Anteilkasse.
20 Vgl. Rn. 125 ff.; Berger/Steck/Lübbehüsen/*Lübbehüsen* § 5 InvStG Rn. 26, sieht – unseres Erachtens – richtigerweise, die Voraussetzung der Bekanntmachung als erfüllt an, wenn die Besteuerungsgrundlagen im Bundesanzeiger veröffentlicht werden, so dass im Ergebnis keine zusätzliche für die Investmentgesellschaft durchzuführende Maßnahme für die Bekanntmachung an die Anleger erforderlich ist.
21 § 5 Abs. 1 S. 1 Nr. 2 bezieht sich auf eine explizite Frist von 4 Monaten nach Geschäftsjahresende; § 5 Abs. 1 S. 1 Nr. 1 hingegen enthält keine Angabe zu einer Frist. Ebenso Berger/Steck/Lübbehüsen/*Lübbehüsen* § 5 InvStG Rn. 24.
22 Vgl. BMF Schr. v. 18.8.2009 BStBl. I 2009 931, Rn. 85; Berger/Steck/Lübbehüsen/*Lübbehüsen* § 5 InvStG Rn. 26, sieht – unseres Erachtens – richtigerweise, die Voraussetzung der Bekanntmachung als erfüllt an, wenn die Besteuerungsgrundlagen im Bundesanzeiger (fristgerecht) veröffentlicht werden.
23 Vgl. BMF Schr. v. 18.8.2009 BStBl. I 2009 931, Rn. 85; zur Bedeutung von WM in der Praxis siehe Rn. 19 f., 76, 90, 93, 95, 129, 156, 159, 221.
24 Zur Bezeichnung „mm"-Dividenden siehe Rn. 121.

(alle Angaben je 1 Anteil und in XXX)			Privat-anleger	Sonstiger betrieblicher Anleger	Kapital-gesellschaft
	aa)	Erträge i.S.d. § 2 Abs. 2 Satz 1 InvStG i.V.m. § 3 Nr. 40 EStG oder im Fall des § 16 InvStG i.V.m. § 8b Abs. 1 KStG; 100%	–	0,0000	0,0000
	bb)	Veräußerungsgewinne i.S.d. § 2 Abs. 2 Satz 2 InvStG i.V.m. § 8b Abs. 2 KStG oder § 3 Nr. 40 EStG; 100%	–	0,0000	0,0000
	cc)	Erträge i.S.d. § 2 Abs. 2a InvStG (Zinsschranke)	–	0,0000	0,0000
	dd)	steuerfreie (Alt-)Veräußerungsgewinne i.S.d. § 2 Abs. 3 Nr. 1 Satz 1 InvStG in der am 31. Dezember 2008 anzuwendenden Fassung	0,0000	–	–
	ee)	Erträge i.S.d. § 2 Abs. 3 Nr.1 S. 2 InvStG in der am 31. Dezember 2008 anzuwendenden Fassung, soweit die Erträge nicht Kapitalerträge im Sinne des § 20 EStG sind (steuerfreie Veräußerungsgewinne aus Bezugsrechten auf Freianteile)	0,0000	–	–
	ff)	steuerfreie Veräußerungsgewinne aus Immobilien i.S.d. § 2 Abs. 3 InvStG in der ab 1. Januar 2009 anzuwendenden Fassung	0,0000	–	–
	gg)	Einkünfte i.S.d. § 4 Abs. 1 InvStG (DBA-befreite ausländische Einkünfte)	0,0000	0,0000	0,0000
	hh)	in gg) enthaltene Einkünfte, die nicht dem Progressionsvorbehalt unterliegen	0,0000	0,0000	0,0000
	ii)	Einkünfte i.S.d. § 4 Abs. 2 InvStG, für die kein Abzug nach Absatz 4 vorgenommen wurde	0,0000	0,0000	0,0000
	jj)	in ii) enthaltene Einkünfte, auf die § 2 Abs. 2 InvStG i.V.m. § 8b Abs. 2 KStG oder § 3 Nr. 40 EStG oder im Fall des § 16 InvStG i.V.m. § 8b Abs. 1 KStG anzuwenden ist; 100%	–	0,0000	0,0000
	kk)	in ii) enthaltene Einkünfte i.S.d. § 4 Abs. 2 InvStG, die nach einem Abkommen zur Vermeidung der Doppelbesteuerung zur Anrechnung einer als gezahlt geltenden Steuer auf die Einkommensteuer oder Körperschaftsteuer berechtigen	0,0000	0,0000	0,0000
	ll)	in kk) enthaltene Einkünfte, auf die § 2 Abs. 2 InvStG i.V.m. § 8b Abs. 2 KStG oder § 3 Nr. 40 EStG oder im Fall des § 16 InvStG i.V.m. § 8b Abs. 1 KStG anzuwenden ist; 100%	–	0,0000	0,0000
d)		den zur Anrechnung von Kapitalertragsteuer berechtigende Teil der Ausschüttung			
	aa)	i.S.d. § 7 Abs. 1 und 2 InvStG	0,0000	0,0000	0,0000
	bb)	i.S.d. § 7 Abs. 3 InvStG	0,0000	0,0000	0,0000
	cc)	i.S.d. § 7 Abs. 1 Satz 4 InvStG, soweit in Doppelbuchstabe aa enthalten	0,0000	0,0000	0,0000
e)		(weggefallen)	–	–	–
f)		ausländische Steuern, die auf die in den ausgeschütteten/ausschüttungsgleichen Erträgen enthaltenen Einkünfte im Sinne des § 4 Abs. 2 InvStG entfallen und			
	aa)	die gemäß § 4 Abs. 2 InvStG i.V.m. § 32d Abs. 5 oder § 34c Abs. 1 des EStG oder einem Abkommen zur Vermeidung der Doppelbesteuerung anrechenbar ist, wenn kein Abzug nach § 4 Abs. 4 InvStG vorgenommen wurde (ohne die unter ee) ausgewiesene fiktive Quellensteuer)	0,0000	0,0000	0,0000
	bb)	die in aa) enthalten ist und auf Einkünfte entfällt, auf die § 2 Abs. 2 InvStG i.V.m. § 8b Abs. 2 KStG oder § 3 Nr. 40 EStG oder im Fall des § 16 InvStG i.V.m. § 8b Abs. 1 KStG	–	0,0000	0,0000

(alle Angaben je 1 Anteil und in XXX)		Privatanleger	Sonstiger betrieblicher Anleger	Kapitalgesellschaft
	anzuwenden ist (ohne die unter ff) ausgewiesene fiktive Quellensteuer)			
cc)	die gemäß § 4 Abs. 2 InvStG i.V.m. § 34c Abs. 3 EStG abziehbar ist, wenn kein Abzug nach § 4 Abs. 4 InvStG vorgenommen wurde	0,0000	0,0000	0,0000
dd)	die in cc) enthalten ist und auf Einkünfte entfällt, auf die § 2 Abs. 2 InvStG i.V.m. § 8b Abs. 2 KStG oder § 3 Nr. 40 EStG oder im Fall des § 16 InvStG i.V.m. § 8b Abs. 1 KStG anzuwenden ist	–	0,0000	0,0000
ee)	die nach einem Abkommen zur Vermeidung der Doppelbesteuerung als gezahlt gilt und nach § 4 Abs. 2 InvStG i.V.m. diesem Abkommen anrechenbar ist (fiktive ausländische Quellensteuer)	0,0000	0,0000	0,0000
ff)	die in ee) enthalten ist und auf Einkünfte entfällt, auf die § 2 Abs. 2 InvStG i.V.m. § 8b Abs. 2 KStG oder § 3 Nr. 40 EStG oder im Fall des § 16 InvStG i.V.m. § 8b Abs. 1 KStG anzuwenden ist	–	0,0000	0,0000
g)	Betrag der Absetzung für Abnutzung oder Substanzverringerung	0,0000	0,0000	0,0000
h)	die im Geschäftsjahr gezahlte Quellensteuer, vermindert um die erstattete Quellensteuer des Geschäftsjahres oder früherer Geschäftsjahre	0,0000	0,0000	0,0000
	Nachrichtlich: im Betrag der ausgeschütteten und ausschüttungsgleichen Erträge enthaltene gezahlte Quellensteuer, vermindert um die erstattete Quellensteuer des Geschäftsjahres oder früherer Geschäftsjahre	0,0000	0,0000	0,0000
	Nachrichtlich: den Betrag der nach § 3 Abs. 3 Satz 2 Nr. 2 InvStG in der am 23. Dezember 2013 anzuwendenden Fassung nichtabziehbaren Werbungskosten (in den ausschüttungsgleichen Erträgen enthalten)	0,0000	0,0000	0,0000

Beispiel 2: Ausweis gemäß § 21 Abs. 4 InvStG InvStG (mit „mm"-Dividenden) in Verbindung mit § 5 Abs. 1 InvStG:[25]

Veröffentlichung der Besteuerungsgrundlagen gemäß § 5 InvStG für Muster Fonds Beispiel 2 (ISIN: XXX)
für den Zeitraum vom 1.7.2013 bis 30.6.2014

(alle Angaben je 1 Anteil und in XXX)	Privatanleger	Sonstiger betrieblicher Anleger	Kapitalgesellschaft
Nachrichtlich: Die Ausschüttung bezieht sich auf folgende Barausschüttung: Ausschüttung vom ... (Ex-Tag) mit Zahltag vom ... gemäß Ausschüttungsbeschluss vom ...	0,0000	0,0000	0,0000
§ 5 Abs. 1 Satz 1 Nr. 1 i.V.m. Nr. 2 InvStG			
a) Betrag der Ausschüttung	0,0000	0,0000	0,0000

---

25 Zur Bezeichnung „mm"-Dividenden siehe Rn. 121.

		(alle Angaben je 1 Anteil und in XXX)	Privat-anleger	Sonstiger betrieblicher Anleger	Kapital-gesell-schaft
	aa)	In der Ausschüttung enthaltene ausschüttungsgleiche Erträge der Vorjahre	0,0000	0,0000	0,0000
	bb)	In der Ausschüttung enthaltene Substanzbeträge	0,0000	0,0000	0,0000
b)		Betrag der ausgeschütteten Erträge	0,0000	0,0000	0,0000
b)		Ausschüttungsgleiche Erträge	0,0000	0,0000	0,0000
c)		In den ausgeschütteten/ausschüttungsgleichen Erträgen enthaltene			
	aa)	Erträge i.S.d. § 2 Abs. 2 Satz 1 InvStG i.V.m. § 3 Nr. 40 EStG oder im Fall des § 16 InvStG i.V.m. § 8b Abs. 1 KStG; 100%	–	0,0000	0,0000
	bb)	Veräußerungsgewinne i.S.d. § 2 Abs. 2 Satz 2 InvStG i.V.m. § 8b Abs. 2 KStG oder § 3 Nr. 40 EStG; 100%	–	0,0000	0,0000
	cc)	Erträge i.S.d. § 2 Abs. 2a InvStG (Zinsschranke)	–	0,0000	0,0000
	dd)	steuerfreie (Alt-)Veräußerungsgewinne i.S.d. § 2 Abs. 3 Nr. 1 Satz 1 InvStG in der am 31. Dezember 2008 anzuwendenden Fassung	0,0000	–	–
	ee)	Erträge i.S.d. § 2 Abs. 3 Nr. 1 S. 2 InvStG in der am 31. Dezember 2008 anzuwendenden Fassung, soweit die Erträge nicht Kapitalerträge im Sinne des § 20 EStG sind (steuerfreie Veräußerungsgewinne aus Bezugsrechten auf Freianteile)	0,0000	–	–
	ff)	steuerfreie Veräußerungsgewinne aus Immobilien i.S.d. § 2 Abs. 3 InvStG in der ab 1. Januar 2009 anzuwendenden Fassung	0,0000	–	–
	gg)	Einkünfte i.S.d. § 4 Abs. 1 InvStG (DBA-befreite ausländische Einkünfte)	0,0000	0,0000	0,0000
	hh)	in gg) enthaltene Einkünfte, die nicht dem Progressionsvorbehalt unterliegen	0,0000	0,0000	0,0000
	ii)	Einkünfte i.S.d. § 4 Abs. 2 InvStG, für die kein Abzug nach Absatz 4 vorgenommen wurde	0,0000	0,0000	0,0000
	jj)	in ii) enthaltene Einkünfte, auf die § 2 Abs. 2 InvStG i.V.m. § 8b Abs. 2 KStG oder § 3 Nr. 40 EStG oder im Fall des § 16 InvStG i.V.m. § 8b Abs. 1 KStG anzuwenden ist; 100%	–	0,0000	0,0000
	kk)	in ii) enthaltene Einkünfte i.S.d. § 4 Abs. 2 InvStG, die nach einem Abkommen zur Vermeidung der Doppelbesteuerung zur Anrechnung einer als gezahlt geltenden Steuer auf die Einkommensteuer oder Körperschaftsteuer berechtigen	0,0000	0,0000	0,0000
	ll)	in kk) enthaltene Einkünfte, auf die § 2 Abs. 2 InvStG i.V.m. § 8b Abs. 2 KStG oder § 3 Nr. 40 EStG oder im Fall des § 16 InvStG i.V.m. § 8b Abs. 1 KStG anzuwenden ist; 100%	–	0,0000	0,0000
	mm)	Erträge i.S.d. § 21 Abs. 22 Satz 4 InvStG i.V.m. § 8b Abs. 1 KStG; 100%	–	–	0,0000
	nn)	in ii) enthaltene Einkünfte i.S.d. § 21 Abs. 22 Satz 4 InvStG, auf die § 2 Abs. 2 InvStG in der am 20. März 2013 geltenden Fassung i.V.m. § 8b Abs. 1 KStG anzuwenden ist; 100%	–	–	0,0000
	oo)	in kk) enthaltene Einkünfte i.S.d. § 21 Abs. 22 Satz 4 InvStG, auf die § 2 Abs. 2 InvStG in der am 20. März 2013 geltenden Fassung i.V.m. § 8b Abs. 1 KStG anzuwenden ist; 100%	–	–	0,0000

§ 5 — Besteuerungsgrundlagen

(alle Angaben je 1 Anteil und in XXX)			Privatanleger	Sonstiger betrieblicher Anleger	Kapitalgesellschaft
d)		den zur Anrechnung von Kapitalertragsteuer berechtigenden Teil der Ausschüttung			
	aa)	i.S.d. § 7 Abs. 1 und 2 InvStG	0,0000	0,0000	0,0000
	bb)	i.S.d. § 7 Abs. 3 InvStG	0,0000	0,0000	0,0000
	cc)	i.S.d. § 7 Abs. 1 Satz 4 InvStG, soweit in Doppelbuchstabe aa enthalten	0,0000	0,0000	0,0000
e)		(weggefallen)	–	–	–
f)		ausländische Steuern, die auf die in den ausgeschütteten/ausschüttungsgleichen Erträgen enthaltenen Einkünfte im Sinne des § 4 Abs. 2 InvStG entfallen und			
	aa)	die gemäß § 4 Abs. 2 InvStG i.V.m. § 32d Abs. 5 oder § 34c Abs. 1 des EStG oder einem Abkommen zur Vermeidung der Doppelbesteuerung anrechenbar ist, wenn kein Abzug nach § 4 Abs. 4 InvStG vorgenommen wurde (ohne die unter ee) ausgewiesene fiktive Quellensteuer)	0,0000	0,0000	0,0000
	bb)	die in aa) enthalten ist und auf Einkünfte entfällt, auf die § 2 Abs. 2 InvStG i.V.m. § 8b Abs. 2 KStG oder § 3 Nr. 40 EStG oder im Fall des § 16 InvStG i.V.m. § 8b Abs. 1 KStG anzuwenden ist (ohne die unter ff) ausgewiesene fiktive Quellensteuer)	–	0,0000	0,0000
	cc)	die gemäß § 4 Abs. 2 InvStG i.V.m. § 34c Abs. 3 EStG abziehbar ist, wenn kein Abzug nach § 4 Abs. 4 InvStG vorgenommen wurde	0,0000	0,0000	0,0000
	dd)	die in cc) enthalten ist und auf Einkünfte entfällt, auf die § 2 Abs. 2 InvStG i.V.m. § 8b Abs. 2 KStG oder § 3 Nr. 40 EStG oder im Fall des § 16 InvStG i.V.m. § 8b Abs. 1 KStG anzuwenden ist	–	0,0000	0,0000
	ee)	die nach einem Abkommen zur Vermeidung der Doppelbesteuerung als gezahlt gilt und nach § 4 Abs. 2 InvStG i.V.m. diesem Abkommen anrechenbar ist (fiktive ausländische Quellensteuer)	0,0000	0,0000	0,0000
	ff)	die in ee) enthalten ist und auf Einkünfte entfällt, auf die § 2 Abs. 2 InvStG i.V.m. § 8b Abs. 2 KStG oder § 3 Nr. 40 EStG oder im Fall des § 16 InvStG i.V.m. § 8b Abs. 1 KStG anzuwenden ist	–	0,0000	0,0000
	gg)	in aa) enthalten ist und auf Einkünfte gemäß § 21 Abs. 22 Satz 4 InvStG entfällt, auf die § 2 Abs. 2 InvStG in der am 20. März 2013 geltenden Fassung i.V.m. § 8b Abs. 1 KStG anzuwenden ist	–	–	0,0000
	hh)	in cc) enthalten ist und auf Einkünfte gemäß § 21 Abs. 22 Satz 4 InvStG entfällt, auf die § 2 Abs. 2 InvStG in der am 20. März 2013 geltenden Fassung i.V.m. § 8b Abs. 1 KStG anzuwenden ist	–	–	0,0000
	ii)	in ee) enthalten ist und auf Einkünfte gemäß § 21 Abs. 22 Satz 4 InvStG entfällt, auf die § 2 Abs. 2 InvStG in der am 20. März 2013 geltenden Fassung i.V.m. § 8b Abs. 1 KStG anzuwenden ist	–	–	0,0000
g)		Betrag der Absetzung für Abnutzung oder Substanzverringerung	0,0000	0,0000	0,0000
h)		die im Geschäftsjahr gezahlte Quellensteuer, vermindert um die erstattete Quellensteuer des Geschäftsjahres oder früherer Geschäftsjahre	0,0000	0,0000	0,0000

(alle Angaben je 1 Anteil und in XXX)	Privatanleger	Sonstiger betrieblicher Anleger	Kapitalgesellschaft
Nachrichtlich: im Betrag der ausgeschütteten und ausschüttungsgleichen Erträge enthaltene gezahlte Quellensteuer, vermindert um die erstattete Quellensteuer des Geschäftsjahres oder früherer Geschäftsjahre	0,0000	0,0000	0,0000
Nachrichtlich: den Betrag der nach § 3 Abs. 3 Satz 2 Nr. 2 InvStG in der am 23. Dezember 2013 anzuwendenden Fassung nichtabziehbaren Werbungskosten (in den ausschüttungsgleichen Erträgen enthalten)	0,0000	0,0000	0,0000

II. Bekanntzumachende Angaben

1. § 5 Abs. 1 S. 1 Nr. 1a) InvStG: Betrag der Ausschüttung. Der Betrag der Ausschüttung ist mit mindestens vier Nachkommastellen bekannt zu machen. Eine gesetzliche Regelung zur Rundung findet sich weder im Investmentgesetz noch hat sich die Finanzverwaltung hierzu geäußert. Ohne entsprechende Regelung hat die Rundung unseres Erachtens kaufmännisch zu erfolgen.[26] Ferner sind die in der Ausschüttung enthaltenen ausschüttungsgleichen Erträge der Vorjahre sowie die in der Ausschüttung enthaltenen (steuerrechtlichen) Substanzbeträge auszuweisen. Diese beiden zusätzlichen Angaben sind notwendig, damit eine Verprobung zum Betrag der ausgeschütteten Erträge möglich ist.[27] 39

Bei den ausschüttungsgleichen Erträgen der Vorjahre handelt es sich um bereits in den Vorjahren von den Anlegern versteuerte auf Investmentfondsebene thesaurierte Erträge, die in den Folgejahren zur (steuerfreien) Ausschüttung zur Verfügung stehen.[28] 40

Gemäß § 3a InvStG können Substanzbeträge erst nach Ausschüttung sämtlicher Erträge des laufenden und der vorherigen Geschäftsjahre ausgeschüttet werden. Die Regelung wurde durch das AIFM-Steuer-Anpassungsgesetz neu aufgenommen und entspricht der Auffassung der Finanzverwaltung.[29] 41

Gemäß der Legaldefinition in § 1 Abs. 3 S. 1 InvStG umfasst der Begriff der Ausschüttungen die dem Anleger tatsächlich gezahlten oder gutgeschriebenen Beträge einschließlich der einbehaltenen Kapitalertragsteuer.[30] Die Finanzverwaltung stellt klar, dass auch der Solidaritätszuschlag sowie die gezahlte Quellensteuer abzüglich erstatteter ausländischer Quellensteuer, sofern diese nicht bereits auf Investmentfondsebene gemäß § 4 Abs. 4 InvStG abgezogen wurde, mit in den Betrag der Ausschüttung einzubeziehen sind.[31] Da die investmentsteuerrechtliche Ausschüttung durch die Hinzurechnung der (anteiligen) gezahlten Quellensteuer nicht mit der investmentrechtlichen Ausschüttung identisch ist, ist der Ausweis einer nachrichtlichen Zeile hinsichtlich der investmentrechtlichen Ausschüttungshöhe in der Praxis üblich. Hierbei ist zu beachten, dass nur der Anteil an gezahlter ausländischer Quellensteuer die Ausschüttung insoweit erhöht, 42

---

26 Ebenso Beckmann/Scholtz/Vollmer/*Petzschke* 420 § 5 InvStG Rn. 98.
27 Vgl. Rn. 44.
28 Vgl. Beckmann/Scholtz/Vollmer/*Petzschke* 420 § 5 InvStG Rn. 15; BMF Schr. v. 18.8.2009 BStBl. I 2009 931, Rn. 12a.
29 Ausführlich siehe § 3a Rn. 1 ff.; BMF Schr. v. 18.8.2009 BStBl. I 2009 931, Rn. 16.
30 Vgl. Kotzbacher in Haase/*Kotzbacher* Investmentsteuergesetz, § 5 Rn. 46.
31 Vgl. BMF Schr. v. 18.8.2009 BStBl. I 2009 931, Rn. 12.

als in der Ausschüttung Erträge enthalten sind, die mit Quellensteuer belastet sind. Sollte ein Ertrag, der mit Quellensteuer belastet ist aufgrund der Werbungskostenzuteilung oder aufgrund von Verlustvorträgen negativ werden, steht dieser Betrag für die Ausschüttung nicht zur Verfügung. Der entstandene steuerrechtliche Verlust ist entsprechend vorzutragen und die darin enthaltene Quellensteuer darf nicht der Ausschüttung hinzugerechnet werden. Sobald der Verlustvortrag in den Folgejahren aufgebraucht wird, ist es unseres Erachtens systematisch korrekt, die noch nicht im Betrag der Ausschüttung gezeigte gezahlte Quellensteuer nun der Ausschüttung hinzurechnen. Hierdurch wird der Gleichklang zwischen investmentrechtlicher möglicher Ausschüttung und investmentsteuerrechtlich möglicher Ausschüttung sichergestellt. Der korrekte Ausweis des Betrags der Ausschüttung soll anhand der nachfolgenden Beispiele dargestellt werden.

Beispiel 1 – anteilige Hinzurechnung: Ein Fonds erhält 100 Euro ausländische Dividendenerträge (Brutto). Die Quellensteuer hierauf beträgt 20 Euro → Nettoertrag 80 Euro. Des Weiteren erzielt der Fonds 50 Zinserträge.
1. Alternative: Fonds schüttet 40 Euro aus den Dividenden aus.[32] Da die Ausschüttung zu 50% aus den mit ausländischen Quellensteuern belasteten Erträgen stammt, sind der Ausschüttung 50% der gezahlten Quellensteuer hinzurechen. Der Betrag der Ausschüttung beträgt in diesem Fall 50 Euro.
2. Alternative: Fonds schüttet 40 Euro aus den Zinserträgen aus.[33] Da die Ausschüttung aus den Zinserträgen erfolgt und diese nicht mit einer Quellensteuer belastet sind, wird die Ausschüttung nicht um die gezahlte Quellensteuer erhöht. Der Betrag der Ausschüttung beträgt in diesem Fall 40 Euro.

Beispiel 2 – Kapitalertragsteuer: Ein deutscher Investmentfonds beschließt eine Ausschüttung (Barausschüttung) in Höhe von 10 Euro je Anteil. Die deutsche Kapitalertragsteuer inklusive Solidaritätszuschlag beträgt 3 Euro je Anteil → Nachrichtliche investmentrechtliche Ausschüttung in Höhe von 13 Euro. Auf Fondsebene sind gezahlte Quellensteuern in Höhe von 1 Euro je Anteil auf den Ausschüttungsbetrag angefallen.
Danach beträgt der Betrag der Ausschüttung:

Barausschüttung	10
zzgl. Kapitalertragsteuer inkl. Solidaritätszuschlag	3
Nachrichtlich: Investmentrechtliche Ausschüttung	13
zzgl. gezahlte ausländische Quellensteuer	1
Betrag der Ausschüttung	**14**

Beispiel 3 – Verlustvorträge: Ein Investmentfonds erzielt in 01 einen ausländischen Dividendenertrag in Höhe von 100 Euro. Die ausländische Quellensteuer hierauf beträgt 20 Euro. Aufgrund der Werbungskostenverteilung in Höhe von 110 Euro entsteht ein steuerrechtlicher Verlustvortrag in Höhe von – 10 Euro.[34] In 02 erzielt dieser Investmentfonds nach Kosten steuerrechtlich 200 Euro Dividendenerträge. Die hierauf entfallene jedoch nicht in Abzug gebrachte ausländische Quellensteuer beträgt 30 Euro. Nach Verlustverrechnung beträgt der Steuertopf „Dividendenerträge mit ausländischer Quellensteuer" 190 Euro (200 Euro abzüglich Verlustvortrag in Höhe von 10). Der Fonds schüttet 200 Euro aus. Dabei sollen vorrangig die Dividenden mit Quellensteuerbelastung ausgeschüttet werden. Der Betrag der Ausschüttung beträgt 250 (Ausschüttung zzgl. Quellensteuer aus 01 in Höhe von 20 Euro sowie Quellensteuer aus 02 in Höhe von 30 Euro).

---

32 Aus Vereinfachungsgründen soll hier die Mindestausschüttung gemäß § 2 Abs. 1 S. 4 InvStG nicht berücksichtigt werden.
33 Siehe Fußnote 32.
34 Dividendenertrag 100 Euro abzüglich Werbungskosten 110 Euro; da die Quellensteuer nicht abziehbar ist, bleibt sie steuerrechtlich außer Ansatz.

2. § 5 Abs. 1 S. 1 Nr. 1b) InvStG: Betrag der ausgeschütteten Erträge. Der Betrag 43
der ausgeschütteten Erträge ist in § 1 Abs. 3 S. 2 InvStG legal definiert. Danach versteht
man unter ausgeschütteten Erträgen:[35]
- Kapitalerträge im Sinne des § 20 Abs. 1 und 2 EStG inklusive Erträge aus Stillhalter- und Termingeschäften
- Miet- und Pachterträge
- Veräußerungsgewinne unabhängig von der Haltedauer
- Sonstige Erträge in Form von
    - Kompensationszahlungen
    - Gewinne einschließlich der Veräußerungsgewinne aus gewerblichen Personengesellschaften
    - Vereinnahmte Zwischengewinne
    - Ersatzwert gemäß § 5 Abs. 3 InvStG, aus der Rückgabe/Veräußerung eines Zielinvestmentfonds
    - Hinzurechnungsbetrag nach § 10 Außensteuergesetz

Nicht zu den ausgeschütteten Erträgen gehören demnach Substanzausschüttungen[36] 44
und ausgeschüttete Erträge der Vorjahre.

Somit entwickelt sich der Betrag der ausgeschütteten Erträge wie folgt:

Barausschüttung
zzgl. Kapitalertragsteuer inkl. Solidaritätszuschlag
= Nachrichtlich: Investmentrechtliche Ausschüttung
zzgl. gezahlte ausländische Quellensteuer
= Betrag der Ausschüttung
abzügl. ausgeschüttete ausschüttungsgleiche Erträge
abzügl. in der Ausschüttung enthaltene Substanzbeträge
= Betrag der ausgeschütteten Erträge

3. § 5 Abs. 1 S. 1 Nr. 1b) InvStG: Betrag der ausschüttungsgleichen Erträge. 45
Sofern die Investmentgesellschaft nicht innerhalb von vier Monaten nach Geschäftsjahresende eine Ausschüttung beschließt, erzielt der Anleger, soweit auf Investmentfondsebene Erträge im Sinne des § 1 Abs. 1 Satz 3 InvStG erzielt worden sind, steuerbare ausschüttungsgleiche Erträge.[37] Die gleiche Rechtsfolge, jedoch mit abweichendem Zuflusszeitpunkt,[38] tritt ein, sofern eine Ausschüttung beschlossen wird, diese jedoch nicht alle Erträge im Sinne des § 1 Abs. 1 Satz 3 InvStG beinhaltet. Auch hier gelten die teilthesaurierten Erträge als ausschüttungsgleiche Erträge und unterliegen der Besteuerung auf Anlegerebene.

---

[35] Vgl. hierzu ausführlich § 1 Abs. 3 InvStG Rn. 8 ff.; BMF Schr. v. 18.8.2009 BStBl. I 2009 931, Rn. 14 ff.
[36] In der hier vertretenen Auffassung zur Substanzausschüttung beinhaltet diese auch die Ausschüttung aus investmentrechtlichen Liquiditätsüberhängen aufgrund von steuerrechtlich zu berücksichtigenden AfA sowie die Ausschüttung aus dem steuerrechtlichen Einlagekonto gemäß §§ 27 Abs. 1 KStG, 27 Abs. 8 KStG. Entsprechend sind diese Beträge in den Besteuerungsgrundlagen unter § 5 Abs. 1 S. 1 Nr. 1 Buchstabe a) bb) auszuweisen.
[37] Vgl. BMF Schr. v. 18.8.2009 BStBl. I 2009 931, Rn. 17.
[38] In diesem Fall mit Ablauf des Geschäftsjahres gemäß § 2 Abs. 1 S. 4 i.V.m. S. 2 InvStG.

Beispiel: Ein Investmentfonds erzielt im abgelaufenen Geschäftsjahr 100 Dividendenerträge sowie 50 Zinserträge. Die Ausschüttungshöhe beträgt 80 Euro. Der Betrag der ausschüttungsgleichen Erträge beträgt somit 70 (100 Dividendenerträge + 50 Zinserträge abzüglich Ausschüttung 80).

46 Im Gegensatz zu den ausgeschütteten Erträgen, die sowohl laufende Erträge als auch Veräußerungsgewinne enthalten können, unterliegen bei einem thesaurierenden Investmentfonds grundsätzlich nur die laufenden Erträge (z.B. Zinsen, Dividenden und sonstige Erträge) der jährlichen Besteuerung. Jedoch sind bestimmte Veräußerungsgewinne gemäß § 1 Abs. 3 S. 3 Nr. 1 und Nr. 2 InvStG der jährlichen Besteuerung als ausschüttungsgleiche Erträge zuzurechnen.[39]

4. § 5 Abs. 1 S. 1 Nr. 1c) InvStG: In den ausgeschütteten/ausschüttungsgleichen Erträgen enthaltenen:

47 **a) § 5 Abs. 1 S. 1 Nr. 1c) aa) InvStG: Erträge i.S.d. § 3 Nr. 40 EStG bzw. § 16 InvStG i.V.m. § 8b Abs. 1 KStG.** Mit Verabschiedung des Gesetzes zur Umsetzung des EuGH-Urteils vom 20. Oktober 2011 in der Rechtssache C-284/09[40] zur Abschaffung der Steuerfreiheit gemäß § 8b Abs. 1 KStG für von Körperschaften gehaltenen Streubesitzdividenden sowie der entsprechenden Anpassung des Wortlautes des § 5 Abs. 1 Nr. 1c) aa) InvStG durch das AIFM-StAnpG[41] sind im Falle eines Publikums-Investmentfonds an dieser Stelle nur noch für den ESt-pflichtigen Anleger, welcher seine Investmentanteile im Betriebsvermögen hält, Erträge im Sinne des § 43 Abs. 1 Satz 1 Nr. 1, 1a und 6 sowie Satz 2 EStG auszuweisen; für Kapitalgesellschaften als Anleger eines Publikums-Investmentfonds hat an dieser Stelle ein Null-Ausweis zu erfolgen,[42] da Publikums-Investmentfonds mit der Einführung der Steuerpflicht von Streubesitzdividenden keine nach § 8b Abs. 1 KStG steuerfreien Dividendenerträge mehr vermitteln können.[43] Für die vor dem 1. März 2013 zugeflossenen Dividendenerträge (aufgrund der Ausweisposition im Rahmen der Besteuerungsgrundlagen auch „mm"-Dividenden genannt), auf welche gemäß der Übergangsvorschrift des § 21 Abs. 2 Satz 4 InvStG noch der § 8b InvStG anwendbar ist, erfolgt der Ausweis gemäß § 21 Abs. 24 unter der Position § 5 Abs. 1 Nr. 1c) mm) InvStG.[44] Da über Ziel-Investmentfonds vermittelte mm-Dividenden auf Ebene des Dach-Investmentfonds unabhängig von dem Zuflusszeitpunkt ebenfalls als vor dem 1.3.2013 als zugeflossen gelten,[45] kann es noch über einen längeren Zeitraum zu einem Ausweis unter dieser Position kommen.

48 Für Privatanleger besaß diese Position bereits mit Einführung der Abgeltungsteuer zum 1.1.2009 keine Bedeutung mehr.

49 Da ausländische Spezialfonds ebenfalls verpflichtet sind, die Besteuerungsgrundlagen gemäß § 5 Abs. 1 Satz 1 Nr. 1 InvStG zu ermitteln,[46] sehen die Besteuerungsgrundlagen unter dieser Position ebenfalls den Ausweis der steuerfreien Dividenden gemäß § 16

---

39 Vgl. im Einzelnen § 1 Abs. 3 InvStG Rn. 36ff.
40 Gesetzes zur Umsetzung des EuGH-Urteils vom 20. Oktober 2011 in der Rechtssache C-284/09 BGBl. I **2013** 561.
41 AIFM-StAnpG v. 18. Dezember 2013 BGBl. I 4318.
42 Vgl. *Hillebrand/Klamt/Migirov* DStR **2013** 1650.
43 Neben der Anpassung des Wortlauts der entsprechenden Positionen des § 5 Abs. 1 Nr. 1 InvStG wurde ebenfalls der Verweis des § 2 Abs. 2 Satz 1 InvStG auf die Anwendbarkeit des § 8b KStG entfernt, so dass selbst im Fall der Investition in mindestens 10 Prozent des Grund- oder Stammkapitals einer Körperschaft – die ausl. Investmentfonds, die unter die Übergangsregelung des § 22 Abs. 2 InvStG fallen, weiterhin erlaubt ist – die Anwendung des § 8b KStG versagt wird, sofern es sich um ein Publikumsfonds handelt.
44 Vgl. Rn. 123.
45 Vgl. BMF Schr. v. 9.7.2013 GZ IV C1-S 1980-1/12/10014 DOC 2013/0654702, Punkt 10.
46 Vgl. § 16 S. 2 InvStG sowie § 16 InvStG Rn. 7.

InvStG i.V.m. § 8b Abs. 1 InvStG vor. Anders als Publikumsfonds sind Spezialfonds[47] bei Vorliegen der Voraussetzungen des § 15 Abs. 1a InvStG weiterhin berechtigt, ihren Anlegern steuerfreie Dividendenerträge i.S.d. § 8b Abs. 1 KStG zu vermitteln, wenn der dem einzelnen Anleger aus dem Investmentfonds zuzurechnende Anteil aus der Beteiligung am Grundkapital mit oder ohne Berücksichtigung eines möglichen Direktbesitzes des Anlegers an selbiger Gesellschaft mindestens 10 Prozent des Grund- oder Stammkapitals der Körperschaft, Personenvereinigung oder Vermögensmasse beträgt.[48] Mit Inkrafttreten des AIFM-StAnpG darf ein nach dem 23. Dezember 2013 aufgelegter Investmentfonds selbst nur eine Beteiligung am Grundkapital einer Kapitalgesellschaft von unter 10% erwerben, so dass es insoweit nur noch bei gleichzeitigem durch den Anleger nachgewiesenen Direktbesitz zu einem entsprechenden Ausweis von § 8b Abs. 1 KStG begünstigten Dividendenerträgen kommen kann. Sollte der Investmentfonds gegen diese Grenze verstoßen und ausschließlich aufgrund dieses Verstoßes (also ohne Zurechnung des nachgewiesenen Direktbesitzes des Anlegers) über 10% am Grundkapital einer Kapitalgesellschaft halten, darf dieser selbst bzw. für dessen Anleger keine Besteuerungsregelungen anwenden, die eine über dieser Grenze liegende Beteiligungshöhe voraussetzen.[49] Für vor dem 24. Dezember 2013 aufgelegte Investmentfonds, auf welche das InvStG in der Fassung vom 21. Juli 2013 anwendbar war, gilt diese Investitionsbeschränkung erst nach Ablauf des Geschäftsjahres, welches nach dem 22. Juli 2016 endet.[50]

50 REIT-Dividenden würden grundsätzlich auch unter diese Position fallen, sofern diese die Bestimmungen zur Vorbelastung gemäß § 19a REITG erfüllen.[51] Da im Rahmen des Massengeschäfts eine Überprüfung des Vorliegens einer entsprechenden Vorbelastung in regelmäßigen Abständen nicht praktikabel ist, erfolgt grundsätzlich unter dieser Position kein entsprechender Ausweis von REIT-Dividenden. Ausschüttungen aus durch das AIFM-StAnpG[52] eingeführten Investitionsgesellschaften sind ebenfalls unter dieser Position zu erfassen, sofern die Voraussetzungen des § 19 Abs. 2 InvStG erfüllt sind.[53] Der Ausweis erfolgt losgelöst von der (anteiligen) Steuerbefreiung.

51 Nicht unter dieser Position ausgewiesen werden gemäß eines Abkommens zur Vermeidung von Doppelbesteuerungen steuerfrei gestellte Schachteldividenden des Investmentfonds; diese sind vielmehr unter § 5 Abs. 1 Satz 1 Nr. 1c) gg) InvStG auszuweisen.[54] Die kontrovers geführte Diskussion, inwieweit auf den Investmentfonds selbst oder aber auf den Anleger für die Gewährung der Freistellungsmethode für Schachtelbeteiligungen abzustellen ist,[55] verliert mit der Einführung der Beteiligungsgrenze von un-

---

47 Vgl. *Hillebrand/Klamt/Migirov* DStR **2013** 1647 f.
48 Vgl. § 15 Abs. 1a Satz 2 InvStG. Im Detail siehe § 15 Rn. 92.
49 § 1 Abs. 1e InvStG.
50 Vgl. § 22 Abs. 2 InvStG.
51 Dies ergibt sich aus der Verweiskette des § 2 Abs. 2 Satz 1 2. Halbsatz InvStG auf § 19 Abs. 3 REITG, welcher wiederum auf § 19a REITG verweist. Demzufolge ist § 8b KStG bzw. § 3 Nr. 40 EStG anzuwenden, sofern der der Dividende zugrundeliegende Gewinn mit mindestens 15% deutscher Kapitalertragsteuer oder einer mit dieser vergleichbaren ausländischen Steuer für den jeweiligen Veranlagungszeitraum belastet ist. Vgl. hierzu § 2 InvStG Rn. 66 sowie ausführlich Berger/Steck/Lübbehüsen/*Lübbehüsen*/ *Lübbehüsen* § 2 InvStG Rn. 143 ff.; **a.A.** Berger/Steck/Lübbehüsen/*Ramackers* § 7 InvStG Rn. 29.
52 AIFM-StAnpG v. vom 18. Dezember 2013 BGBl. I 4318.
53 Vgl. ausführlich § 19 InvStG Rn. 17 ff.
54 Ebenso Berger/Steck/Lübbehüsen/*Lübbehüsen* § 5 InvStG Rn. 40, Beckmann/Scholtz/Vollmer/ *Petzschke* § 5 InvStG Rn. 61.
55 Vgl. BMF Schr. v. 18.8.2009 BStBl. I 2009 931, Rn. 75a, danach wird die Auffassung vertreten, dass die Anwendung der Freistellungsmethode für Schachtelbeteiligungen nur dann gewährt wird, wenn 1. der Anleger selbst eine (Kapital-)Gesellschaft ist und 2. der aus dem Investmentvermögen zuzurechnende Anteil aus der Beteiligung über 10% des Grund- bzw. Stammkapitals liegt. In der Fachliteratur wird hingegen die vollständige Steuerfreiheit sowohl für den einkommensteuerpflichtigen Anleger als auch

ter 10%, der Versagung der Anwendung der Besteuerungsregelungen, die eine über dieser Grenze liegende Beteiligungshöhe voraussetzen, durch den § 1 Abs. 1e InvStG im Falle der Überschreitung der 10% Grenze sowie der auslaufenden Übergangsregelungen für vor dem 24. Dezember 2013 aufgelegte Investmentfonds ihre Praxisrelevanz.

52 Da die Investmentgesellschaft die steuerlichen Verhältnisse des Anlegers nicht kennt, ist die Zuordnung zu den Positionen innerhalb der Besteuerungsgrundlagen abstrakt nach Art der Erträge vorzunehmen. Inwieweit im Einzelfall das Teileinkünfteverfahren oder die Beteiligungsbefreiung beim Anleger durch Sonderregelungen (z.B. § 8b Abs. 7 und 8 KStG; § 3 Nr. 40 Satz 2ff. EStG) ausgeschlossen ist, bleibt dem Veranlagungsverfahren des Anlegers vorbehalten.[56] Entsprechend spricht der Gesetzeswortlaut auch von „Erträgen im Sinne des § 2 Abs. 2 Satz 1 InvStG" und nicht von steuerfreien Erträgen, so dass die Erträge zu 100%, also der steuerbare Ertrag, welcher die gegebenenfalls steuerfreien sowie die steuerpflichtigen Ertragsbestandteile umfasst, ausgewiesen werden.[57]

53 **b) § 5 Abs. 1 S. 1 Nr. 1c) bb) InvStG: Veräußerungsgewinne i.S.d. § 8b KStG bzw. § 3 Nr. 40 EStG.** Unter dieser Position werden die in den ausgeschütteten Erträgen[58] enthaltenen Veräußerungsgewinne aus Aktien und aktienähnlichen Genussrechten sowie sonstigen Körperschaften i.S.d. § 20 Abs. 1 Nr. 1 EStG[59] ausgewiesen, welche bei körperschaftsteuerpflichtigen Anlegern steuerfrei (mit Ausnahme der 5% nicht abzugsfähigen Werbungskosten gemäß § 8b Abs. 3 KStG) bzw. bei einkommensteuerpflichtigen (im folgenden ESt-pflichtigen) betrieblichen Anlegern zu 40% steuerbefreit sind. Auch wenn sich für den ESt-pflichtigen betrieblichen Anleger mit dem Unternehmenssteuerreformgesetz 2008[60] der steuerfreigestellte Anteil von 50% auf 40% reduziert hat, ist eine Unterscheidung in Veräußerungsgewinne aus Wertpapieren erworben nach dem 31.12.2008, diese fallen unter § 2 Abs. 2 Satz 2 InvStG, und vor dem 1.1.2009, auf dieses Veräußerungsergebnis ist weiterhin § 2 Abs. 3 Nr. 1 Satz 1 2. Halbsatz InvStG aF anwendbar, nicht erforderlich, da sich dem Veranlagungszeitraum 2009 der steuerfreie Anteil einheitlich auf 40% beläuft.[61]

54 Ebenfalls unter dieser Position mit auszuweisen ist ein zur Ausschüttung verwendetes realisiertes Ergebnis aus der Veräußerung einer durch das AIFM-StAnpG[62] eingeführten Investitionsgesellschaft, sofern die Voraussetzungen des § 19 Abs. 3 InvStG erfüllt sind.[63] Ein erzieltes und zur Ausschüttung verwendetes Veräußerungsergebnis aus REIT-Anteilen hingegen ist unter dieser Position nicht zu erfassen, da sich die Ausnahmerege-

---

körperschaftsteuerpflichtigen Anleger gemäß § 4 Abs. 1 EStG gewährt. Berger/Steck/Lübbehüsen/*Oberhofer* § 4 InvStG Rn. 25; Berger/Steck/Lübbehüsen/*Lübbehüsen* § 5 InvStG Rn. 40/41.

56 BMF Schr. v. 18.8.2009 BStBl. I 2009 931, Rn. 103.1, Rn. 94.3 und 94.4.
57 Ebenso Berger/Steck/Lübbehüsen/*Lübbehüsen* § 5 InvStG Rn. 45; Beckmann/Scholtz/Vollmer/*Petzschke* § 5 InvStG Rn. 43 und 45, Littmann/Bitz/Pust/*Ramackers* § 5 InvStG Rn. 16f.; Carlé/Korn/Stahl/Strahl/*Carlé* § 5 InvStG Rn. 12f.
58 Bei Thesaurierung sind die Veräußerungsgewinne nicht steuerbar und damit nicht als Teil der ausschüttungsgleichen Erträge auszuweisen. Berger/Steck/Lübbehüsen/*Lübbehüsen* § 5 InvStG Rn. 78.
59 § 20 Abs. 2 Satz 1 Nr. 1 EStG i.V.m. § 2 Abs. 2 Satz 2 InvStG § 43 Abs. 1 Satz 1 Nr. 9 sowie Satz 2 EStG.
60 Unternehmenssteuerreformgesetz 2008 v. 14.8.2007 BGBl. I 2007 1912.
61 Gemäß § 21 Abs. 1 Satz 2 InvStG ist § 2 Abs. 3 Nr. 1 InvStG in der am 31.12.2008 anzuwendenden Fassung weiter anzuwenden. Der in § 2 Abs. 3 Nr. 1 InvStGaF enthaltene Verweis auf § 3 Nr. 40 EStG ist jedoch insoweit dynamisch zu verstehen. Gemäß § 52 Abs. 3 EStG ist die Neufassung des § 3 Nr. 40 EStG ab dem Veranlagungszeitraum 2009 anzuwenden; das InvStG verweist nicht auf die in § 52 Abs. 3 Satz 2 EStG enthaltene Übergangsvorschrift, so dass diese unseres Erachtens nicht greift. Ebenso Berger/Steck/Lübbehüsen/*Lübbehüsen* § 5 InvStG Rn. 42; **a.A.** Beckmann/Scholtz/Vollmer/*Petzschke* § 5 InvStG Rn. 50f.
62 AIFM-StAnpG v. vom 18. Dezember 2013 BGBl. I 4318.
63 Vgl. ausführlich § 19 InvStG Rn. 26.

lung in § 19a i.V.m. § 19 Abs. 3 REITG lediglich auf die laufenden Erträge bezieht; Gewinne aus der Veräußerung von REIT-Anteilen sollen ausdrücklich nicht erfasst werden.[64]

Dach-Investmentfonds weisen unter dieser Position ebenfalls – soweit zur Ausschüttung verwendet – den Teil des Veräußerungsergebnisses aus Ziel-Investmentfonds aus, welcher anhand des besitzzeitanteiligen Aktiengewinns dem realisierten Ergebnis aus Aktien zugeordnet wurde.[65] In der Literatur wird die Auffassung vertreten, dass die Aufteilung des aus einen Ziel-Investmentfonds realisierten Veräußerungsergebnisses anhand des besitzzeitanteiligen Aktiengewinns nur für betriebliche Anleger zulässig ist und es insoweit zu einem Auseinanderfallen der außerordentlichen Steuertöpfe von Privat- und betrieblichen Anleger kommen kann, so dass gegebenenfalls die Besteuerungsgrundlagen für Privat- und betriebliche Anleger voneinander abweichen.[66] Unseres Erachtens ist es nicht zu beanstanden, wenn die Aufteilung des Veräußerungsergebnisses für alle drei Anlegergruppen anhand des besitzzeitanteiligen Aktiengewinns II erfolgt.[67] Dies ist nur systematisch, da ein Dach-Investmentfonds ebenfalls für alle Anlegergruppen den Zwischengewinn aus Ziel-Investmentfonds ertragswirksam berücksichtigt,[68] obwohl dieser für betriebliche Anleger grundsätzlich einen unselbständigen Anteil der Anschaffungskosten darstellt.[69] 55

Ebenfalls unter dieser Position auszuweisen sind **Ausschüttungen aus dem steuerlichen Einlagenkonto** einer unbeschränkt steuerpflichtigen Kapitalgesellschaft bzw. einer in einem EU-Staat unbeschränkt steuerpflichtigen Körperschaft,[70] soweit diese die auf Ebene des Investmentfonds gebuchten Anschaffungskosten übersteigt. Bis zur Höhe der gebuchten Anschaffungskosten erfolgt eine erfolgsneutrale Verrechnung (Reduzierung der Anschaffungskosten, die sich zum Zeitpunkt der Veräußerung der Beteiligung veräußerungsergebniserhöhend auswirkt).[71] 56

Wie in Rn. 52 ausgeführt, ist die Zuordnung zu dieser Position abstrakt nach Art der Erträge vorzunehmen und entsprechend die Erträge zu 100% auszuweisen, da die Investmentgesellschaft die steuerlichen Verhältnisse des Anlegers nicht kennt.[72] 57

c) § 5 Abs. 1 S. 1 Nr. 1c) cc) InvStG: Zinsschranke. Unter dieser durch das Jahressteuergesetz 2008 eingeführten Position sind die Erträge i.S.d. § 2 Abs. 2a InvStG auszuweisen. Diese beinhalten die in den ausgeschütteten und ausschüttungsgleichen Erträgen enthaltenen Zinserträge im Sinne des § 4h Abs. 3 Satz 3 EStG, die beim Anleger im Rahmen des § 4h Abs. 1 EStG (Zinsschranke) zu berücksichtigen sind. Da es sich bei dem 58

---

64 Berger/Steck/Lübbehüsen/*Lübbehüsen* § 2 InvStG Rn. 171.
65 Ebenso Berger/Steck/Lübbehüsen/*Lübbehüsen* § 5 InvStG Rn. 43.
66 Vgl. Berger/Steck/Lübbehüsen/*Lübbehüsen* § 5 InvStG Rn. 43 sowie Berger/Steck/Lübbehüsen/ *Lübbehüsen*/Jansen § 5 InvStG Rn. 85.
67 Mit BMF-Schreiben vom 9.7.2013 IV C 1 – S 1980 – 1/12/10014 DOC 2013/0654702 hat die Finanzverwaltung zur Vereinfachung und Wahrung des Gleichlaufs der Steuertöpfe zugestimmt, dass bei Dach-Investmentvermögen sowohl für den ESt-pflichtigen betrieblichen Anleger als auch den KSt-pflichtigen Anleger einheitlich auf den Aktiengewinn II abgestellt wird. Für den Privatanleger hat die Aufteilung auch nur insoweit eine materielle Auswirkung, wie die Zuordnung zu den Steuertöpfen für das sonstige außerordentliche Ergebnis sowie dem außerordentlichen Ergebnis aus Aktien eine Auswirkung hat, ob und in welcher Höhe ein ausschüttungsfähiges außerordentliches Ergebnis vorhanden ist.
68 Vgl. BMF Schr. v. 18.8.2009 BStBl. I 2009 931, Rn. 201b.
69 Vgl. § 1 Abs. 4 InvStG Rn. 8.
70 § 28 Abs. 1 Satz 3 KStG bzw. § 28 Abs. 8 i.V.m. Abs. 1 Satz 3 KStG.
71 Vgl. BMF Schr. v. 18.8.2009 BStBl. I 2009 931, Rn. 94 Nr. 4.
72 BMF Schr. v. 18.8.2009 BStBl. I 2009 931, Rn. 103.1, Rn. 94.3 und 94.4; ebenso Berger/Steck/ Lübbehüsen/*Lübbehüsen* § 5 InvStG Rn. 45; Beckmann/Scholtz/Vollmer/*Petzschke* § 5 InvStG Rn. 51 und 53; Littmann/Bitz/Pust/*Ramackers* § 5 InvStG Rn. 18f.; Carlé/Korn/Stahl/Strahl/*Carlé* § 5 InvStG Rn. 14.

auszuweisenden Zinsertrag gemäß § 2 Abs. 2a InvStG um eine Davon-Größe der ausgeschütteten und ausschüttungsgleichen Erträge handelt, ist hier der Netto-Zinsertrag nach Kosten auszuweisen.[73] Ungeachtet dessen kann es zu einem den die ausgeschütteten und ausschüttungsgleichen Erträge übersteigenden Ausweis kommen.[74] Ursächlich hierfür ist die im BMF-Schreiben vom 1. November 2010 enthaltene Regelung, welches für Zwecke der Ermittlung des Zinsschrankenausweises eine separate Verlustverrechnung (Schattenrechnung) zulässt.[75] Im Rahmen einer solchen Schattenrechnung würden entsprechend negative Erträge der gleichen Art, welche den Betrag der ausgeschütteten/ausschüttungsgleichen Erträge gemindert haben, aber kein Zinsertrag bzw. Zinsaufwand im Sinne des § 4h Abs. 3 Satz 3 EStG darstellen (beispielswiese ein negatives Veräußerungsergebnis aus sonstigen Kapitalforderungen im Sinne des § 1 Abs. 3 Satz 3 Nr. 1 InvStG oder ein negativer Zwischengewinn aus Zielfonds), nicht bei der Ermittlung des unter dieser Position auszuweisenden Betrages berücksichtigt werden. Sollte der Zinsertrag im Sinne des § 4h Abs. 3 Satz 3 EStG im Rahmen der Schattenrechnung selbst aufgrund der Schlüsselung von Werbungskosten bzw. aufgrund von Verlustvorträgen negativ sein, ist dieser analog § 3 Abs. 4 Satz 2 InvStG auf Fondsebene vorzutragen.[76] Eine abweichende Beurteilung ist möglich, wenn auf eine Schattenrechnung verzichtet wird – also negative Erträge der gleichen Art, welche die ausgeschütteten/ausschüttungsgleichen Erträge gemindert haben – ebenfalls den Zinsschrankenausweis mindern und umgekehrt. Im Falle der Verrechnung negativer Zinsen mit Erträgen gleicher Art wäre es gegebenenfalls systematisch, in entsprechender Höhe einen negativen Ausweis vorzunehmen.[77] Andererseits wurde der Ausweis der positiven Zinsen im umgekehrten Verlustverrechnungsfall gemindert, so dass vieles dafür sprechen würde, bei verrechneten negativen Zinsen mit Einkünften gleicher Art unter dieser Position eine Null auszuweisen.

59   **d) § 5 Abs. 1 S. 1 Nr. 1c) dd) InvStG: Altveräußerungsgewinne.** Soweit zur Ausschüttung[78] verwendet, werden unter dieser Position die Gewinne aus der Veräußerung von auf Investmentfondsebene vor dem 1.1.2009 erworbenen Wertpapieren, Bezugsrechten von Anteilen an Kapitalgesellschaften sowie vor dem 1.1.2009 abgeschlossenen Termingeschäften ausgewiesen.[79] Bezugsrechte gelten insoweit als vor dem 1.1.2009 angeschafft, wie sie auf entsprechend vor diesem Zeitpunkt angeschafften Anteilen entfallen.[80] Diese Veräußerungsgewinne sind auch nach Einführung der Abgeltungsteuer für Anleger, die ihre Investmentfondsanteile im Privatvermögen halten, weiterhin vollständig steuerbefreit und bedürfen entsprechend eines separaten Ausweises in den Besteuerungsgrundlagen.[81] Grundsätzlich sind nur die Privatanleger berechtigt, diese Veräuße-

---

73 Vgl. ebenso Berger/Steck/Lübbehüsen/*Lübbehüsen* § 5 InvStG Rn. 54, *Haase* § 5 Rn. 78 sowie Beckmann/Scholtz/Vollmer/*Petzschke* 420 § 5 InvStG Rn. 71.
74 Der gleichen Ansicht Berger/Steck/Lübbehüsen/*Lübbehüsen* § 5 InvStG Rn. 54.
75 BMF Schr. v. 1.11.2010, 2.d. Sonstiges, dritter Spiegelstrich.
76 Ebenso Beckmann/Scholtz/Vollmer/*Petzschke* § 5 InvStG Rn. 75; **a.A.** Berger/Steck/Lübbehüsen/*Lübbehüsen* § 5 InvStG Rn. 54, welcher sich auch im Falle einer Schattenrechnung für den Ausweis eines negativen Betrages ausspricht.
77 Beckmann/Scholtz/Vollmer/*Petzschke* § 5 InvStG Rn. 75 spricht sich hingegen grundsätzlich gegen einen Ausweis negativer Zinsen unter dieser Position aus.
78 Bei Thesaurierung sind die Veräußerungsgewinne nicht steuerbar und damit nicht als Teil der ausschüttungsgleichen Erträge auszuweisen. Berger/Steck/Lübbehüsen/*Lübbehüsen* § 5 InvStG Rn. 77.
79 Vgl. BMF Schr. v. 18.8.2009 BStBl. I 2009 931, Rn. 94 Nr. 2.
80 Vgl. BMF-Schreiben v. 20.12.2005 BStBl. I 2006 8.
81 § 21 Abs. 1 Satz 2 InvStG i.V.m. § 2 Abs. 3 Nr. 1 Satz 1 InvStG in der am 31.12.2008 geltenden Fassung. Veräußerungsgewinne aus Wertpapieren erworben nach dem 31.12.2008 unterliegen auch beim Privatanleger der vollen Steuerpflicht, so dass es insoweit keines besonderen Ausweises bedarf.

rungsgewinne steuerfrei zu vereinnahmen, die ihre Investmentfondsanteile ebenfalls vor dem 1.1.2009 erworben haben. In den Besteuerungsgrundlagen selbst wurde in der Beschreibung der Position jedoch keine entsprechende Einschränkung vorgenommen. Entsprechend können die unter dieser Position ausgewiesenen Erträge von allen Privatanlegern unabhängig vom Erwerbszeitpunkt der Investmentfondsanteile steuerfrei vereinnahmt werden. Sofern der Privatanleger seine Anteile jedoch nach dem 31.12.2008 erworben hat, erfolgt im Rahmen der Ermittlung des Ergebnisses aus der Rückgabe/Veräußerung nach § 8 Abs. 5 i.V.m. § 21 Abs. 2 Satz 2 InvStG eine entsprechende Nachversteuerung.

Ebenfalls unter dieser Position zu erfassen sind zur Ausschüttung verwendete **Ausschüttungen aus dem steuerlichen Einlagenkonto** einer unbeschränkt steuerpflichtigen Kapitalgesellschaft bzw. einer in einem EU-Staat unbeschränkt steuerpflichtigen Körperschaft,[82] soweit die Anteile vor dem 1.1.2009 erworben wurden und die Ausschüttung die auf Ebene des Investmentfonds gebuchten Anschaffungskosten übersteigt. Bis zur Höhe der gebuchten Anschaffungskosten erfolgt eine erfolgsneutrale Verrechnung (Reduzierung der Anschaffungskosten, die sich zum Zeitpunkt der Veräußerung der Beteiligung veräußerungsergebniserhöhend auswirkt).[83] 60

Wegen der ausdrücklichen Anknüpfung nur an Satz 1 der Vorschrift des § 2 Abs. 3 Nr. 1 InvStG umfasst diese Angabe nicht die Erträge aus der Veräußerung von **Bezugsrechten auf Freianteile** an Kapitalgesellschaften.[84] U.E. ist diese Argumentation nicht zwingend, da Satz 2 der Vorschrift lediglich die Steuerfreiheit der Erträge aus der Veräußerung von Bezugsrechten auf Freianteile einschränkt. Da die steuerfeien Erträge aus der Veräußerung von **Bezugsrechten auf Freianteile** jedoch unter § 5 Abs. 1 Satz 1 Nr. 1c) ee) InvStG gesondert bekannt gemacht werden[85] und es sich bei der Position ee) um keine Davon-Größe dieser Position handelt, ist hier von einem Ausweis dieser Erträge abzusehen. 61

Für den betrieblichen Anleger (ESt- und KSt-pflichtig) besitzt diese Position keine Relevanz, da die Erträge aus Investmentfondsanteilen zu den betrieblichen Einnahmen gehören und den allgemeinen Regelungen der Besteuerung unterliegen. Sofern die ausgeschütteten Veräußerungsergebnisse über § 8b KStG bzw. § 3 Nr. 40 EStG steuerbegünstigt sind, erfolgt ein separater Ausweis unter § 5 Abs. 1 Satz 1 Nr. 1c) bb) InvStG. Dementsprechend ist für diese beiden Anlegertypen unter dieser Position kein Ausweis vorzunehmen.[86] 62

e) § 5 Abs. 1 S. 1 Nr. 1c) ee) InvStG. Soweit zur Ausschüttung verwendet,[87] werden unter dieser Position die Gewinne aus der Veräußerung von vor dem 1.1.2009 erworbenen Bezugsrechten auf Freianteile an Kapitalgesellschaften ausgewiesen, soweit diese keine Kapitalerträge im Sinne des § 20 EStG sind. Nur soweit die Voraussetzungen der 63

---

82 § 28 Abs. 1 Satz 3 KStG bzw. §§ 28 Abs. 8 i.V.m. Abs. 1 Satz 3 KStG.
83 Vgl. BMF Schr. v. 18.8.2009 BStBl. I 2009 931, Rn. 94 Nr. 2.
84 Vgl. BMF Schr. v. 18.8.2009 BStBl. I 2009 931, Rn. 94 Nr. 2; Berger/Steck/Lübbehüsen/*Lübbehüsen* § 5 InvStG Rn. 38; Beckmann/Scholtz/Vollmer/*Petzschke* § 5 InvStG Rn. 37; Littmann/Bitz/Pust/*Ramackers* § 5 InvStG Rn. 18 f.; **a.A.** *Bacmeister* IStR **2007** 171.
85 Vgl. § 5 InvStG Rn. 63.
86 Vgl. Berger/Steck/Lübbehüsen/*Lübbehüsen* § 5 Rn. 39; Jacob/Geese/Ebner Handbuch für die Besteuerung von Fondsvermögen 3. Aufl 2007 **S.** 115; **a.A.** Berger/Steck/Lübbehüsen/*Ramackers* § 5 InvStG Rn. 15.
87 Bei Thesaurierung sind die Veräußerungsgewinne nicht steuerbar und damit nicht als Teil der ausschüttungsgleichen Erträge auszuweisen. Berger/Steck/Lübbehüsen/*Lübbehüsen* § 5 InvStG Rn. 77.

§§ 1 ff. KapErhStG vorliegen, sind die Erträge auf Ebene des Privatanlegers steuerfrei.[88] Die Bezugsrechte gelten insoweit als vor dem 1.1.2009 angeschafft, wie sie auf entsprechend vor diesem Zeitpunkt angeschafften Anteilen entfallen.[89] Grundsätzlich sind nur die Privatanleger berechtigt, diese Veräußerungsgewinne steuerfrei zu vereinnahmen, die ihre Investmentfondsanteile ebenfalls vor dem 1.1.2009 erworben haben. In den Besteuerungsgrundlagen selbst wurde in der Beschreibung der Position jedoch keine entsprechende Einschränkung vorgenommen. Entsprechend können die unter dieser Position ausgewiesenen Erträge von allen Privatanlegern unabhängig vom Erwerbszeitpunkt der Investmentfondsanteile steuerfrei vereinnahmt werden. Sofern der Privatanleger seine Anteile jedoch nach dem 31.12.2008 erworben hat, erfolgt im Rahmen der Ermittlung des Ergebnisses aus der Rückgabe/Veräußerung nach § 8 Abs. 5 i.V.m. § 21 Abs. 2 Satz 2 InvStG eine entsprechende Nachversteuerung.

64 In der Literatur wird kontrovers diskutiert, inwieweit diese Angabe für **den betrieblichen Anleger** (ESt- und KSt-pflichtig) eine Relevanz besitzt.[90] Diese Diskussion ist jedoch eher theoretischer Natur: In der Praxis erfolgt für diese beiden Anlegertypen unter dieser Position kein Ausweis; selbst für den Privatanleger erfolgt in der Regel ein Nullausweis,[91] so dass die Position insgesamt nur eine sehr untergeordnete Bedeutung besitzt.

65 f) § 5 Abs. 1 S. 1 Nr. 1c) ff) InvStG: Steuerfreie Veräußerungsgewinne. Soweit zur Ausschüttung verwendet, werden unter dieser Position die Gewinne aus der Veräußerung von auf Ebene des Privatanlegers steuerfreien[92] Veräußerungsgewinnen aus Grundstücken und grundstücksgleichen Rechten ausgewiesen, sofern diese nicht aus (beim Anleger grundsätzlich) steuerpflichtigen Gewinnen aus Veräußerungen innerhalb der zehnjährigen Spekulationspflicht oder aus Leerverkäufen von Grundstücken und grundstücksgleichen Rechten stammen.[93] Für die letztgenannten Immobiliengewinne besteht mangels Steuerbefreiung keine gesonderte Bekanntmachungsverpflichtung; gegebenenfalls erfolgt jedoch ein separater Ausweis unter § 5 Abs. 1 Nr. 1c) gg) InvStG soweit es sich um DBA-befreite Erträge handelt.

66 **Für den betrieblichen Anleger** (ESt- und KSt-pflichtig) besitzt diese Position keine Relevanz,[94] da die Erträge aus Investmentfondsanteilen zu den betrieblichen Einnahmen gehören und den allgemeinen Regelungen der Besteuerung unterliegen. Dementsprechend ist für diese beiden Anlegertypen unter dieser Position kein Ausweis vorzunehmen.

67 g) § 5 Abs. 1 S. 1 Nr. 1c) gg) InvStG: Steuerfreie DBA-Erträge. Unter dieser Position sind alle Einkünfte auszuweisen, die aufgrund der Anwendung eines Doppelbesteuerungsabkommens in der Bundesrepublik freigestellt werden (DBA-Freistellungsmethode).

---

88 Vgl. BMF Schr. v. 18.8.2009 BStBl. I 2009 931, Rn. 94 Nr. 5. Sind die Voraussetzungen nicht erfüllt, so handelt es sich um eine Ausschüttung der Kapitalgesellschaft, die in die Angabe gemäß § 5 Abs. 1 S. 1 Nr. 1c) bb) InvStG mit einfließt. Vgl. BMF Schr. v. 18.8.2009 BStBl. I 2009 931, Rn. 94 Nr. 5.
89 Vgl. BMF-Schreiben v. 20.12.2005 BStBl. I 2006 8.
90 Vgl. hierzu die in Berger/Steck/Lübbehüsen/*Lübbehüsen* § 5 InvStG Rn. 46 dargestellten gegenläufigen Meinungen.
91 Auf Basis der Buchhaltungsunterlagen wird es regelmäßig nicht möglich sein, diese Erträge zu separieren und entsprechend gesondert auszuweisen.
92 Vgl. § 2 Abs. 3 InvStG.
93 Vgl. BMF Schr. v. 18.8.2009 BStBl. I 2009 931, Rn. 94 Nr. 6.
94 Vgl. Berger/Steck/Lübbehüsen/*Lübbehüsen* § 5 InvStG Rn. 48.

Darunter fallen Einkünfte aus unbeweglichen Vermögen (Art. 6 OECD-MA), Schachteldividenden (Art. 10 OECD-MA), Unternehmensgewinne (Art. 7 i.V.m. Art. 5 OECD-MA) sowie Gewinne aus der Veräußerung von Vermögen (Art. 13 OECD-MA).[95] In der Praxis wird es sich im überwiegenden Fall um Einkünfte aus unbeweglichen Vermögen handeln. Hierbei ist fraglich, ob der Ausweis für alle Anlegergruppen[96] identisch ist, da in der Literatur vertreten wird, dass der Ausweis von § 5 Abs. 1 S. 1 Nr. 1c) ff) „Steuerfreie" Veräußerungsgewinne aus Grundstücken außerhalb der zehnjährigen Spekulationsfrist, vorrangig dem Ausweis in § 5 Abs. 1 S. 1 Nr. 1c) gg) InvStG ist.[97] Demnach müssten Veräußerungsgewinne, die außerhalb der zehnjährigen Spekulationsfrist erzielt werden und gemäß der DBA freigestellt sind, bei Privatanlegern grundsätzlich unter der Position § 5 Abs. 1 S. 1 Nr. 1c) ff) InvStG ausgewiesen werden. Dies hätte ein Auseinanderfallen der Besteuerungsgrundlagen innerhalb der verschiedenen Anlegergruppen zur Folge, da für betriebliche Anleger die Gewährung der Steuerfreiheit ausschließlich über den Ausweis unter § 5 Abs. 1 S. 1 Nr. 1c) gg) InvStG erfolgt. In der Praxis hat sich unseres Erachtens jedoch ein einheitlicher Ausweis unter der Position § 5 Abs. 1 S. 1 Nr. 1c) gg) InvStG etabliert. **68**

Sofern kein DBA-Gewinn bewertungstäglich ermittelt und veröffentlicht wird, dürfen gemäß § 5 Abs. 1 S.3 InvStG unter der Position keine Einkünfte ausgewiesen werden.[98] **69**

h) § 5 Abs. 1 S. 1 Nr. 1c) hh) InvStG: Steuerfreie DBA-Erträge ohne Progressionsvorbehalt. § 5 Abs. 1 S. 1 Nr. 1c) hh) InvStG stellt eine „Davon-Angabe" von § 5 Abs. 1 S. 1 Nr. 1c) gg) InvStG dar. Hier sollen die Einkünfte angegeben werden, die **nicht** dem Progressionsvorbehalt unterliegen. **70**

Durch das Jahressteuergesetz 2010[99] wurde § 4 Abs. 1 S. 2 dahingehend eingeschränkt, dass der Progressionsvorbehalt nur noch für Einkünfte aus Drittstaaten gilt. Somit nicht mehr für Einkünfte aus Mitgliedsstaaten der Europäischen Union sowie der EWR Staaten. Diese Regelung hat in der Praxis Bedenken aufkommen lassen, ob der Progressionsvorbehalt auch bei Privatanlegern – nunmehr – anzuwenden sei.[100] Die Neuregelung[101] durch das AIFM-Steueranpassungsgesetz stellt nun eindeutig klar, dass der Progressionsvorbehalt nur bei betrieblichen Anlegern und nicht bei Privatanlegern anzuwenden ist. **71**

Folgt man nun dem reinen Wortlaut des Gesetzes „**nicht** dem Progressionsvorbehalt unterliegende" Einkünfte, müsste folgerichtig beim Privatanleger und beim betrieblichen Anleger KStG der vollständige Betrag aus § 5 Abs. 1 S. 1 Nr. 1c) gg) InvStG wiedergegeben werden, da diese Erträge sowohl beim Privatanleger als auch beim betrieblichen Anleger KStG, vollständig **nicht** dem Progressionsvorbehalt unterliegen. Lediglich bei betrieblichen Anlegern EStG kann es zu einem anderen Ausweis kommen. In der Praxis lässt sich jedoch aus den veröffentlichten Besteuerungsgrundlagen entnehmen, dass der Ausweisbetrag des betrieblichen Anlegers EStG in der Regel einheitlich für die anderen **72**

---

95 Vgl. Berger/Steck/Lübbehüsen/*Stock/Oberhofer* § 4 InvStG Rn. 20.
96 Vgl. Muster Besteuerungsgrundlagen Rn. 38, Anlegergruppe: „Privatanleger"; „Sonstiger betrieblicher Anleger", „Kapitalgesellschaft".
97 Vgl. Beckmann/Scholtz/Vollmer/*Petzschke* 420 § 5 InvStG Rn. 58; vgl. Berger/Steck/Lübbehüsen/ *Stock/Oberhofer* § 4 InvStG Rn. 22.
98 Vgl. BRDrucks. 740/13, S. 84f.
99 Zur Begründung siehe BTDrucks. 17/2249, S. 79.
100 Vgl. BRDrucks. 740/13, S. 82.
101 Vgl. § 4 Abs. 2 S. 2 InvStG.

(beiden) Anlegergruppen verwendet wird. Ebenfalls lässt sich ein „Strich-Ausweis" beim KSt-pflichtigen Anleger beobachten.

73 **i) § 5 Abs. 1 Nr. 1c) ii) InvStG: Bemessungsgrundlage anrechenbarer Quellensteuern.** Gemäß Gesetzesbezeichnung sind unter § 5 Abs. 1 Nr. 1c) ii) InvStG die in den ausgeschütteten und ausschüttungsgleichen Erträgen enthaltenen Einkünfte im Sinne des § 4 Abs. 2 InvStG auszuweisen, für die kein Abzug nach Absatz 4 vorgenommen wurde. Hierbei handelt es sich um ausländische Einkünfte, auf die in ihrem Quellstaat eine in Deutschland anrechenbare ausländische Steuer erhoben wurde. Eine ausländische Quellensteuer ist dann anrechenbar, wenn sie mit der Einkommen- oder Körperschaftsteuer vergleichbar ist und für diese kein Ermäßigungsanspruch besteht oder es sich um eine Steuer handelt, die gemäß dem zwischen Deutschland und dem entsprechenden Land abgeschlossenen DBA auf die deutsche Steuer anrechenbar ist.[102] Ebenfalls unter dieser Position zu erfassen sind die mit einer finalen deutschen Ertragsteuer belasteten Einkünfte, die gemäß der Fiktion des § 4 Abs. 2 Satz 7 InvStG zu ausländischen Erträgen umqualifiziert werden. Durch Anpassung des Gesetzeswortlauts wurde vom Gesetzgeber klargestellt, dass unter dieser Position des Weiteren die Einkünfte mit auszuweisen sind, die zur Anrechnung einer als gezahlt geltenden Steuer (= fiktive Quellensteuer) berechtigen.[103]

74 Ausgewiesen werden die Erträge vor Abzug ausländischer Quellensteuer aber nach Werbungskostenabzug im Sinne des § 3 InvStG auf Ebene des Investmentfonds.[104] Sofern auf Ebene des Investmentfonds ein Verlustvortrag bestand, der im relevanten Berichtszeitraum mit den Einkünften des laufenden Jahres ausgeglichen wurde, reduziert der verrechnete Verlustvortrag die unter dieser Position ausgewiesene Bemessungsgrundlage analog.

> Beispiel: Der Investmentfonds wendet in Bezug auf die Verlustverrechnung für Erträge mit und ohne Quellensteuerbelastung das vereinfachte Verfahren an.[105] Es besteht ein Verlustvortrag der Kategorie 3 „ausl. Dividenden ohne REIT-Erträge"[106] von –20. Im laufenden Jahr erzielt der Investmentfonds 100 ausl. Erträge, davon 60 mit Quellensteuerbelastung, 40 ohne Quellensteuerbelastung. Die unter Position § 5 Abs. 1 Nr. 1c) ii) InvStG auszuweisende Bemessungsgrundlage bemisst sich auf 60 ./. (6/10*20) = 48.

75 Hat der Investmentfonds bereits von dem Wahlrecht des § 4 Abs. 4 InvStG[107] Gebrauch gemacht und die ausländischen Quellensteuern, für die kein weiterer Ermäßigungsanspruch besteht, im Rahmen der Ermittlung der Besteuerungsgrundlagen bereits als Werbungskosten geltend gemacht, so ist unter dieser Position ein Nullausweis vorzunehmen, um eine Doppelberücksichtigung der Quellensteuern – einmal auf Investmentfondsebene und einmal auf Ebene des Anlegers – zu vermeiden.[108]

76 Durch den uneingeschränkten Verweis auf § 4 Abs. 2 InvStG wird in der Literatur ebenfalls thematisiert, inwieweit unter dieser Position nicht nur die auf Ebene des In-

---

[102] Vgl. hierzu § 4 InvStG Rn. 15 ff.
[103] Dies ergibt sich eindeutig aus dem Gesetzeswortlaut der Position § 5 Abs. 1 S. 1 Nr. 1c) kk) InvStG, der die hier auszuweisenden Einkünfte, die nach einem DBA zur Anrechnung einer als gezahlt geltenden Steuer berechtigen, als Davon-Angabe zum Ausweises unter § 5 Abs. 1 Nr. 1c) ii) InvStG beschreibt.
[104] Ebenso Berger/Steck/Lübbehüsen/*Lübbehüsen* § 5 InvStG Rn. 52.
[105] Vgl. BMF-Schreiben vom 1.11.2010, IV C 1 – S 1980 – 1/09/10001 2010/0849255.
[106] Vgl. BMF Schr. v. 18.8.2009 BStBl. I 2009 931, Anhang 3.
[107] Spezial-Investmentfonds sind gemäß § 16 Satz 1 InvStG vom Wahlrecht ausgeschlossen.
[108] Vgl. Beckmann/Scholtz/Vollmer/*Petzschke* § 5 InvStG Rn. 52.

vestmentfonds vereinnahmten Einkünfte zu berücksichtigen sind, sondern gegebenenfalls zusätzlich bei ausländischen Investmentfonds die Ausschüttung selbst mit in die Bemessungsgrundlage einfließt, sofern auf diese eine Quellensteuer (Abflusssteuer) erhoben wird. Diese Überlegung beruht auf der nach Lübbehüsen nicht eindeutigen Formulierung dieser Position, da auf der einen Seite der Gesetzeswortlaut nur von Einkünften spricht (§ 4 Abs. 2 InvStG unterscheidet zwischen Einkünften auf der Fondseingangsseite und Erträgen auf der Fondsausgangsseite), auf der anderen Seite aber auf den § 4 Abs. 2 InvStG in seiner Gänze verwiesen wird und somit die in Satz 5 behandelte Ausgangsseite eventuell mit erfasst wird. Im Ergebnis spricht sich Lübbehüsen für die Erfassung der mit der Abflusssteuer belasteten Erträge aus, da sich der Anleger anderenfalls die Steuerdaten für Abflusssteuern noch zusätzlich aus anderen Unterlagen beschaffen müsste.[109] Unseres Erachtens ist von einer Erfassung der mit einer Abflusssteuer belasteten Ausschüttung unter dieser Position abzusehen und nur auf die Eingangsseite des Fonds abzustellen, um eine Doppelanrechnung in der Praxis zu vermeiden: WM Daten weist unter dem Feld ED 154, um welches die Erträgnismitteilung automatisch ergänzt wird, sofern eine Abflusssteuer erhoben wird, die angefallene Quellensteuer auf die Ausschüttung aus; die auf die Ausschüttung erhobene Quellensteuer wird bei Abrechnung durch die depotführenden Stellen ebenfalls separat ausgewiesen und fließt entsprechend in die zu erstellenden Steuerbescheinigungen ein. Die Verwendung des Begriffes „Einkünfte" durch den Gesetzgeber ist insoweit als bewusste Wortwahl anzunehmen.

j) § 5 Abs. 1 S. 1 Nr. 1c) jj) InvStG: Bemessungsgrundlage anrechenbarer Quellensteuern aus Erträgen i.S.d. § 8b Abs. 2 KStG, § 16 i.V.m. § 8b Abs. 1 KStG bzw. § 3 Nr. 40 EStG. Bei dieser Position handelt es sich um eine Teilgröße zu ii). Hier sind ausschließlich die mit fiktiv anrechenbaren sowie anrechenbaren tatsächlich gezahlten Quellensteuern führenden in- und ausländischen Dividendenerträge i.S.d. § 3 Nr. 40 EStG bzw. § 8b Abs. 1 KStG auszuweisen. Soweit Veräußerungsgewinne mit einem anrechenbaren Quellensteuerausweis ausgewiesen werden, sind diese ebenfalls hier mit einzubeziehen. Anrechenbare fiktive sowie anrechenbare tatsächlich gezahlte Quellensteuer führende REIT-Dividenden würden grundsätzlich auch unter diese Position fallen, sofern diese die Bestimmungen zur Vorbelastung gemäß § 19a REITG erfüllen.[110] Da im Rahmen des Massengeschäfts eine Überprüfung des Vorliegens einer entsprechenden Vorbelastung regelmäßig nicht praktikabel ist, erfolgt in der Regel unter diese Position kein entsprechender Ausweis von REIT-Dividenden. 77

Gleiches gilt für anrechenbare fiktive sowie anrechenbare tatsächlich gezahlte Quellensteuer führende in- und ausländische Dividendenerträge aus durch das AIFM-StAnpG[111] eingeführten Investitionsgesellschaften, sofern die Voraussetzungen des § 19 Abs. 2 InvStG erfüllt sind.[112] 78

---

[109] So Berger/Steck/Lübbehüsen/*Lübbehüsen* § 5 InvStG Rn. 51. Als Beispiel sei die bei Schweizer Investmentfonds erhobene Verrechnungssteuer in Höhe von 35% genannt, sofern der Investmentfonds nicht unter die Affidavit-Regelung fällt.
[110] Dies ergibt sich aus der Verweiskette des § 2 Abs. 2 Satz 1 2. Halbsatz InvStG auf § 19 Abs. 3 REITG, welcher wiederum auf § 19a REITG verweist. Demzufolge ist § 8b KStG bzw. § 3 Nr. 40 EStG anzuwenden, sofern der der Dividende zugrundeliegende Gewinn mit mindestens 15% deutscher Kapitalertragsteuer oder einer mit dieser vergleichbaren ausländischen Steuer für den jeweiligen Veranlagungszeitraum belastet ist. Vgl. hierzu ausführlich Berger/Steck/Lübbehüsen/*Lübbehüsen* § 2 InvStG Rn. 143ff.; **a.A.** Berger/Steck/Lübbehüsen/*Ramackers* § 7 Rn. 29.
[111] AIFM-StAnpG v. vom 18. Dezember 2013 BGBl. I 4318.
[112] Vgl. ausführlich § 19 InvStG Rn. 17ff.

79 Mit Verabschiedung des Gesetzes zur Umsetzung des EuGH-Urteils vom 20. Oktober 2011 in der Rechtssache C-284/09[113] zur Abschaffung der Steuerfreiheit gemäß § 8b Abs. 1 KStG für von Körperschaften gehaltenen Streubesitzdividenden sowie der entsprechenden Anpassung des Wortlautes des § 5 Abs. 1 Satz 1 Nr. 1c) jj) InvStG durch das AIFM-StAnpG[114] sind im Falle eines Publikums-Investmentfonds an dieser Stelle nur noch für den ESt-pflichtigen Anleger, welcher seine Investmentanteile im Betriebsvermögen hält, die anrechenbaren Quellensteuern führenden Dividendenerträge auszuweisen; für Kapitalgesellschaften als Anleger eines Publikums-Investmentfonds hat an dieser Stelle ein Null-Ausweis zu erfolgen, da Publikums-Investmentfonds mit der Einführung der Steuerpflicht von Streubesitzdividenden keine nach § 8b Abs. 1 KStG steuerfreien Dividendenerträge mehr vermitteln können.[115] Für die vor dem 1. März 2013 zugeflossenen Dividendenerträge mit anrechenbaren Quellensteuern, auf welche gemäß der Übergangsvorschrift des § 21 Abs. 22 Satz 4 InvStG noch der § 8b InvStG anwendbar ist, erfolgt der Ausweis gemäß § 21 Abs. 24 unter der Position § 5 Abs. 1 Satz 1 Nr. 1c) nn) InvStG.[116]

80 Für Privatanleger besaß diese Position bereits mit Einführung der Abgeltungsteuer zum 1.1.2009 keine Bedeutung mehr.

81 Da ausländische Spezialfonds ebenfalls verpflichtet sind, die Besteuerungsgrundlagen gemäß § 5 Abs. 1 Satz 1 Nr. 1 InvStG zu ermitteln,[117] sehen die Besteuerungsgrundlagen unter dieser Position ebenfalls den Ausweis der mit anrechenbaren Quellensteuern belasteten steuerfreien Dividenden gemäß § 16 InvStG i.V.m. § 8b Abs. 1 InvStG vor. Anders als Publikumsfonds sind Spezialfonds bei Vorliegen der Voraussetzungen des § 15 Abs. 1a InvStG weiterhin berechtigt, ihren Anlegern steuerfreie Dividendenerträge i.S.d. § 8b Abs. 1 KStG zu vermitteln, wenn der dem einzelnen Anleger aus dem Investmentfonds zuzurechnende Anteil aus der Beteiligung am Grundkapital mit oder ohne Berücksichtigung eines möglichen Direktbesitzes des Anlegers an selbiger Gesellschaft mindestens 10 Prozent des Grund- oder Stammkapitals der Körperschaft, Personenvereinigung oder Vermögensmasse beträgt.[118] Mit Inkrafttreten des AIFM-StAnpG darf ein nach dem 23. Dezember 2013 aufgelegtes Investmentfonds selbst nur eine Beteiligung am Grundkapital einer Kapitalgesellschaft von unter 10% erwerben, so dass es insoweit nur noch bei gleichzeitigem durch den Anleger nachgewiesenen Direktbesitz zu einem entsprechenden Ausweis von § 8b Abs. 1 KStG begünstigten Dividendenerträgen kommen kann. Sollte der Investmentfonds gegen diese Grenze verstoßen und ausschließlich aufgrund dieses Verstoßes (also ohne Zurechnung des nachgewiesenen Direktbesitzes des Anlegers) über 10% am Grundkapital einer Kapitalgesellschaft halten, darf dieser selbst bzw. für dessen Anleger keine Besteuerungsregelungen anwenden, die eine über dieser Grenze liegende Beteiligungshöhe voraussetzen.[119] Für vor dem 24. Dezember 2013 aufgelegte Investmentfonds, auf welche das InvStG in der Fassung vom 21. Juli 2013 anwendbar

---

[113] Gesetz zur Umsetzung des EuGH-Urteils vom 20. Oktober 2011 in der Rechtssache C-284/09 BGBl. I **2013** 561.
[114] AIFM-StAnpG v. vom 18. Dezember 2013 BGBl. I 4318.
[115] Neben der Anpassung des Wortlauts der entsprechenden Positionen des § 5 Abs. 1 S. 1 Nr. 1 InvStG wurde ebenfalls der Verweis des § 2 Abs. 2 Satz 1 InvStG auf die Anwendbarkeit des § 8b KStG entfernt. Selbst im Fall der Investition in mindestens 10 Prozent des Grund- oder Stammkapitals einer Körperschaft wird den Investmentfonds, die unter die Übergangsregelung des § 22 Abs. 2 InvStG fallen und entsprechend mehr als 10% des Grund- oder Stammkapitals erwerben dürfen, die Anwendung des § 8b KStG versagt, sofern es sich um Publikumsfonds handelt.
[116] Vgl. Rn. 123.
[117] Vgl. § 16 Rn. 7.
[118] Vgl. § 15 Abs. 1a Satz 2 InvStG. Im Detail siehe § 15 Rn. 92 ff.
[119] § 1 Abs. 1e InvStG.

war, gilt diese Investitionsbeschränkung erst nach Ablauf des Geschäftsjahres, welches nach dem 22. Juli 2016 endet.[120]

k) § 5 Abs. 1 S. Nr. 1c) kk) InvStG: Bemessungsgrundlage fiktiver Quellensteuern. Diese Position stellt wiederum eine Teilgröße zu ii) dar. Hierunter werden alle Einkünfte – unabhängig von der Art der Einkünfte – im Sinne des § 4 Abs. 2 InvStG erfasst, die gemäß DBA zwischen Deutschland und dem Ursprungsland der Einkünfte zur Anrechnung einer als gezahlt geltenden Quellensteuer berechtigen. Fraglich ist, unter welcher Position Einkünfte auszuweisen sind, die sowohl anrechenbare Quellensteuern auf Basis von fiktiven Quellensteuern als auch auf Basis von tatsächlich gezahlten Quellensteuern transportieren. Um einen Doppelausweis der Bemessungsgrundlage und entsprechend eine mögliche Verfälschung der für den Privatanleger durchzuführenden Höchstbetragsberechnung zu vermeiden, sollte unseres Erachtens der Ausweis nur unter einer Position erfolgen.[121] Entspricht der Anrechnungssatz aus gezahlten Quellensteuern den aus als gezahlt geltenden Quellensteuern und liegt die tatsächlich gezahlte Quellensteuer über diesem Satz oder entspricht dem Anrechnungssatz, so sollte ausschließlich ein Ausweis unter der Position ii) erfolgen. Liegt die tatsächlich gezahlte Quellensteuer unter dem möglichen Anrechnungssatz oder ist gegebenenfalls sogar der Anrechnungssatz für fiktive Quellensteuern höher (so bei Dividendenerträgen aus den Philippinen), so sollte der entsprechende Ertrag insgesamt nur einmalig als mit einer als gezahlt geltenden Quellensteuer belastet behandelt werden. Die gezahlte Quellensteuer ist jedoch auch in diesem Fall im Rahmen der Ermittlung der Besteuerungsgrundlagen als Quellensteueraufwand zu berücksichtigen und unter § 5 Abs. 1 Nr. 1h) InvStG auszuweisen. 82

l) § 5 Abs. 1 S. 1 Nr. 1c) ll) InvStG: Bemessungsgrundlage fiktiver Quellensteuern aus Erträgen i.S.d. § 8b KStG bzw. § 3 Nr. 40 EStG. Bei der unter dieser Position bekanntzumachenden Größe handelt es sich um eine Teilgröße zum Buchstaben kk) und bildet eine Schnittmenge aus den Buchstaben kk) und jj). Es sind die ausländischen Dividendenerträge i.S.d. § 3 Nr. 40 EStG bzw. § 8b Abs. 1 KStG gesondert auszuweisen, die gemäß DBA zwischen Deutschland und dem Ursprungsland der Einkünfte zur Anrechnung einer als gezahlt geltenden Quellensteuer berechtigen. Es gelten die vorangegangenen Ausführungen. 83

Für die vor dem 1. März 2013 zugeflossenen Dividendenerträge mit anrechenbaren Quellensteuern, auf welche gemäß der Übergangsvorschrift des § 21 Abs. 22 Satz 4 InvStG noch der § 8b InvStG anwendbar ist, erfolgt der Ausweis gemäß § 21 Abs. 24 unter der Position § 5 Abs. 1 Nr. 1c) oo) InvStG.[122] 84

Für Privatanleger besaß diese Position bereits mit Einführung der Abgeltungsteuer zum 1.1.2009 keine Bedeutung mehr. 85

m) § 5 Abs. 1 S. 1 Nr. 1d) aa) bzw. bb) InvStG: Kapitalertragsteuerbemessungsgrundlage für Erträge i.S.d. § 7 Abs. 1 und 2 InvStG bzw. § 7 Abs. 3 InvStG. Im Rahmen des JStG 2010 wurde der Ausweis der kapitalertragsteuerpflichtigen Bestandteile der Ausschüttung gemäß § 7 Abs. 1 bis 3 InvStG, welcher zu dem damals geltenden Recht zusammengefasst in einer Position bekannt gemacht wurde, aufgeteilt. Für (teil-)thesau- 86

---

120 Vgl. § 22 Abs. 2 InvStG.
121 A.A. Beckmann/Scholtz/Vollmer/*Petzschke* § 5 InvStG Rn. 68, welche sich für eine Doppelerfassung ausspricht.
122 Vgl. Rn. 123.

rierende Investmentfonds ergibt sich die Ausweispflicht aus § 5 Abs. 1 Nr. 2 InvStG. Unter dieser Position sind jedoch nur die kapitalertragsteuerpflichtigen Bestandteile auszuweisen, die auch tatsächlich einem Kapitalertragsteuerabzug unterlegen haben.[123] Dementsprechend erfolgt für ausländische Investmentfonds unter diesen Positionen nur dann ein Ausweis, sofern es sich bei diesen um (Teil-)Ausschütter mit Vollausschüttungsfiktion handelt, also der ausgeschüttete Betrag ausreicht, die Kapitalertragsteuer einschließlich der bundes- oder landesgesetzlichen Zuschlagsteuern[124] sowohl auf die ausgeschütteten als auch auf die ausschüttungsgleichen Erträge abzuführen. Reicht die Teilausschüttung nicht aus, die Kapitalertragsteuer abzuführen, gelten die Ausschüttung sowie die teilthesaurierten Erträge dem Anleger mit Ablauf des Geschäftsjahres als zugeflossen. Dieser der Kapitalertragsteuer unterliegende Betrag fließt entsprechend in den vom ausländischen Investmentfonds zu ermittelnden und bekanntzumachenden Betrag der kapitalsteuerpflichtigen akkumulierten ausschüttungsgleichen Erträge nach § 5 Abs. 1 Nr. 4 InvStG ein;[125] ein Steuerabzug ist in diesem Fall nicht vorzunehmen.[126] Der Ausweis erfolgt abstrakt und einheitlich für alle Anlegergruppen auf Basis der sich für den Privatanleger ergebenden Beträge.[127]

87   Unter **§ 5 Abs. 1 Nr. 1d) aa) InvStG** sind Erträge im Sinne des § 7 Abs. 1 und 2 InvStG auszuweisen. Da § 7 Abs. 1 Nr. 2 InvStG die Ausschüttungen aus unter § 6 InvStG fallende intransparente Investmentfonds und Nr. 3 die Schlussbesteuerung der noch nicht dem Kapitalertragsteuerabzug unterlegenen akkumulierten ausschüttungsgleichen Erträge ausländischer Investmentfonds behandelt, greift im Zusammenhang mit den ausgeschütteten Erträgen lediglich § 7 Abs. 1 Nr. 1 InvStG. Demzufolge sind unter dieser Position die ausgeschütteten und ausschüttungsgleichen Erträge im Sinne des § 2 Abs. 1 InvStG auszuweisen; ausgenommen sind inländische Dividenden- und Mieterträge, Veräußerungsergebnisse aus im Inland belegenen Grundstücken und grundstücksgleichen Rechten, Veräußerungsergebnisse aus vor dem 1.1.2009 erworbenen Wertpapieren, Veräußerungsergebnisse aus Grundstücken und grundstücksgleichen Rechten bei einer vorangegangenen Haltedauer von über 10 Jahren sowie DBA befreite Erträge im Sinne des § 4 Abs. 1 InvStG.[128]

88   Der Ausweis der in den ausgeschütteten und ausschüttungsgleichen Erträgen enthaltenen inländischen Dividenden- und Mieterträge, Veräußerungsergebnisse aus im Inland belegenen Grundstücken und grundstücksgleichen Rechten erfolgt unter **§ 5 Abs. 1 Nr. 1d) bb) InvStG**.[129]

89   Da bei ausländischen Investmentfonds inl. Dividendenerträge und Erträge aus in Deutschland belegenen Grundstücken und grundstücksgleichen Rechten gemäß § 4 Abs. 2 Satz 7 InvStG in ausl. Erträge umqualifiziert werden, erfolgt bei ausl. Investmentfonds unter dieser Position stets ein Nullausweis.

---

123   Dies ergibt sich aus der Formulierung des § 5 Abs. 1 Nr. 1d) InvStG: Demnach ist „der zur Anrechnung von Kapitalertragsteuer berechtigte Teil der Ausschüttung" auszuweisen. Es kann jedoch nur der Teil berechtigt sein, auf dem auch tatsächlich Kapitalertragsteuer erhoben wurde.
124   Diese umfassen derzeit den Solidaritätszuschlag von 5,5% sowie gegebenenfalls die Kirchensteuer in Höhe von bis zu 9% der Kapitalertragsteuer.
125   Vgl. Rn. 139 ff.
126   Vgl. § 2 Abs. 1 Satz 4 InvStG.
127   Vgl. BMF Schr. v. 18.8.2009 BStBl. I 2009 931, Rn. 149. Ebenso Haase/*Kotzbacher* Investmentsteuergesetz § 5 InvStG Rn. 81, Berger/Steck/Lübbehüsen/*Lübbehüsen* § 5 InvStG Rn. 55 sowie *Jacob/Geese/Ebner* Handbuch für die Besteuerung von Investmentvermögen, 2007, S. 118.
128   Vgl. ausführlich § 7 InvStG Rn. 26 ff.
129   Vgl. ausführlich § 7 InvStG Rn. 169 ff.

Die Trennung des Ausweises der Erträge nach § 7 Absatz 3 InvStG von den übrigen 90
Erträgen im Sinne des § 7 Absatz 1 und 2 InvStG erfolgte vor dem Hintergrund, dass die
Erhebung der Kapitalertragsteuer für inländische Erträge nach § 7 Absatz 3 InvStG auf
Ebene des Investmentfonds erfolgt, für die übrigen Erträge jedoch auf Ebene der depotführenden Stelle des Anlegers.[130] Ebenfalls unterliegen nach § 49 Abs. 1 Nr. 5b EStG gebietsfremde (Privat-)Anleger deutscher Investmentfonds regelmäßig nur mit den unter
§ 7 Abs. 3 InvStG erfassten Erträgen der beschränkten Steuerpflicht, so dass auch aus
diesem Grund der getrennte Ausweis geboten ist. Die Datenblätter von WM Datenservice
sahen jedoch bereits vor dieser gesetzlichen Anpassung stets eine separate Meldung dieser beiden Bemessungsgrundlagen vor, so dass bei entsprechender Datenbereitstellung
durch den Investmentfonds/die Verwaltungsgesellschaft die Zahlstellen in die Lage versetzt wurden, den Kapitalertragsteuerabzug korrekt vorzunehmen.[131]

n) § 5 Abs. 1 S. 1 Nr. 1d) cc) InvStG: Kapitalertragsteuerbemessungsgrundlage 91
für Erträge i.S.d. § 7 Abs. 1 Satz 4 InvStG soweit in d) aa) enthalten. Nach § 5 Abs. 1
S. 1 Nr. 1d) cc) InvStG sind die Erträge i.S.d. § 7 Abs. 1 Satz 4 InvStG soweit in aa) enthalten gesondert bekannt zu machen. Unter dieser Position sind somit die Erträge zu erfassen, für die bei unbeschränkt steuerpflichtigen Körperschaften, Personenvereinigungen
oder Vermögensmassen sowie bei im Betriebsvermögen gehaltenen Investmentfondsanteilen unter den Voraussetzungen des § 43 Abs. 2 Satz 3 bis 8 EStG vom Steuerabzug
Abstand genommen werden kann. Hierunter fallen insbesondere ausländische Dividendenerträge sowie das ausgeschüttete realisierte Ergebnis aus der Veräußerung von Finanzinstrumenten (u.a. aus Beteiligungen, sonstigen Forderungen/Schuldverschreibungen, Termingeschäften und Derivaten).[132]

Geht man streng nach dem Gesetzeswortlaut, wäre das Veräußerungsergebnis aus 92
sogenannten schädlichen Kapitalforderungen,[133] die gemäß § 1 Abs. 3 Satz 3 InvStG ebenfalls zum Geschäftsjahresende (unabhängig von einer Ausschüttung) im Rahmen der
ausschüttungsgleichen Erträge als zugeflossen gelten, ebenfalls unter dieser Position auszuweisen, da es sich hierbei um ein Veräußerungsergebnis i.S.d. § 20 Abs. 2 Nr. 7 EStG
handelt und somit über § 43 Abs. 1 Nr. 10 i.V.m. § 43 Abs. 2 Satz 3 EStG mit in diese Position eingehen müsste.

In der Praxis hat sich jedoch durchgesetzt, das Veräußerungsergebnis aus schädli- 93
chen Kapitalforderungen nicht unter dieser Position auszuweisen und somit entsprechend nicht für betriebliche Anleger vom Steuerabzug freizustellen. Dies wurde nicht
zuletzt durch die inhaltliche Definition der Felder ED400C/EV412 in dem WM-Formular
für Erträgnismitteilungen für Investmentfondserträge vereinheitlicht, welche sich in der
Feldbezeichnung auf die Angabe gemäß § 5 Abs. 1 Nr. 1d) cc) InvStG beziehen, in der
Feldkommentierung wurde zu diesen Feldern der Ausweis der Veräußerungsgewinne
aus „schädlichen" Kapitalforderungen der fiktiven Quellensteuer jedoch explizit ausgenommen.

---

130 BRDrucks. 318/10 v. 28.5.2010, Entwurf eines Jahressteuergesetzes 2010 (JStG 2010), S131.
131 Vgl. Berger/Steck/Lübbehüsen/*Lübbehüsen* § 5 InvStG Rn. 56. Da die Bekanntmachung der
Besteuerungsgrundlagen nach § 5 Abs. 1 InvStG in der Regel nach dem Thesaurierungs- bzw.
Ausschüttungsstichtag erfolgt und die Daten aus dem Bundesanzeiger auch nicht automatisch verarbeitet
werden können, verwendet die Praxis die Daten aus WM.
132 Ausführlich siehe § 7 InvStG Rn. 148 ff.
133 Auch aufgrund der Klassifizierung von WM Daten im Feld „GD424" oftmals als „G-Papiere"
bezeichnet.

94 **o) § 5 Abs. 1 S. 1 Nr. 1e) InvStG: weggefallen.** Die Ausweispflicht des Betrages der anzurechnenden oder zu erstattenden Kapitalertragsteuer im Sinne von § 7 Abs. 1 bis 3 wurde durch das JStG 2010 aufgehoben.[134]

95 **p) § 5 Abs. 1 S. 1 Nr. 1f) aa) InvStG: Anrechenbare Quellensteuern.** Unter § 5 Abs. 1 Nr. 1f) aa) InvStG ist die i.S.d. § 4 Abs. 2 InvStG anrechenbare und keinem weiteren Ermäßigungsanspruch unterliegende Quellensteuer gesondert bekannt zu machen.[135] Voraussetzung hierfür ist, dass diese der deutschen Quellensteuer entspricht und nicht bereits nach § 4 Abs. 4 InvStG auf Fondsebene als Werbungskosten abgezogen wurde. Ausländische Investmentfonds weisen unter dieser Position ebenfalls die gemäß § 4 Abs. 2 Satz 7 InvStG als ausländische anrechenbare Steuer fingierte inländische Kapitalertragsteuer aus.[136] Aus dem Gesetzeswortlaut nicht eindeutig ableitbar ist, inwieweit unter dieser Position nicht neben der tatsächlich gezahlten Quellensteuer auch bereits die als gezahlt geltende Quellensteuer auszuweisen ist, da sich auch für fiktive Quellensteuern die Anrechnung aus § 32d Abs. 5 EStG bzw. § 34c Abs. 1 InvStG ergibt. Wird dies in den verschiedenen Kommentaren kontrovers diskutiert,[137] so hat sich in der Praxis jedoch überwiegend unter dieser Position der Ausweis von ausschließlich der tatsächlich gezahlten Quellensteuer durchgesetzt. Dies ist nicht zuletzt auch begründet durch die entsprechenden WM-Felder ED 107 (betrieblicher Anleger nach EStG), ED 400F (Privatanleger) und ED 446 (Betrieblicher Anleger nach KStG), welche sich in der Feldbezeichnung auf die Angabe gemäß § 5 Abs. 1 S. 1 Nr. 1f) aa) InvStG beziehen, in der Feldkommentierung zu diesen Feldern der Ausweis der fiktiven Quellensteuer jedoch explizit negiert wird.

96 Sieht der Gesetzeswortlaut selbst zwar keine nach Anlegertypen differenzierte Veröffentlichung vor,[138] so ist gemäß BMF Schr. vom 1.11.2010 für Privatanleger im Rahmen der Ermittlung der Besteuerungsgrundlagen gemäß § 5 Abs. 1 Nr. 1f) InvStG die Begrenzung nach § 4 Abs. 2 Satz 8 InvStG i.V.m. § 32d Abs. 5 EStG auf Ebene des Investmentfonds zu beachten und im Rahmen der bekannt zu machenden Besteuerungsgrundlagen zu berücksichtigen.[139] Dementsprechend ist für Privatanleger der Ausweis der anrechenbaren Quellensteuern stets auf 25% der ausgewiesenen Bemessungsgrundlage zu kappen.[140] Für Zwecke dieser Höchstbetragsberechnung sind auf die mit Quellensteuern belasteten ausländischen Erträge nach Werbungskosten und nach Verlustverrechnung abzustellen.[141] Da für Privatpersonen im Rahmen der bekanntzumachenden Besteuerungsgrundlagen keine Differenzierung nach Ertragsarten erfolgt, stellt sich in der Praxis die Frage, ob die Höchstbetragsberechnung für jede Ertragsart separat vorzunehmen ist oder ob es zulässig ist, die Bemessungsgrundlagen sowie die anrechenbaren Quellensteuern über die verschiedenen Ertragsarten hinweg zusammenzurechnen und auf Basis der kumulierten Werte die Kappung vorzunehmen. Letzteres ist steuersystematisch abzulehnen. Die Finanzverwaltung sieht für Zwecke der Höchstbetragsrechnung ebenfalls nur eine Zusammenrechnung über verschiedene Staaten, nicht aber über verschiedene

---

134 JStG v. 8.12.2010, BGBl. I 2010 1768.
135 Zur Ermittlung siehe § 4 InvStG Rn. 15 ff.
136 BMF Schr. v. 18.8.2009 BStBl. I 2009 931, Rn. 94, Littmann/Bitz/Pust/*Ramackers* § 5 InvStG Rn. 30.
137 Für einen Ausweis der als gezahlt geltenden Quellensteuern unter dieser Position Jacob/Geese/Ebner 119, ebenso Littmann/Bitz/Pust/*Ramackers* § 5 InvStG Rn. 30. Gegen einen Ausweis der fiktiven Quellensteuern Berger/Steck/Lübbehüsen/*Lübbehüsen* § 5 InvStG Rn. 60 sowie Beckmann/Scholtz/Vollmer/*Petzschke* § 5 InvStG Rn. 82.
138 Vgl. hierzu ausführlich Berger/Steck/Lübbehüsen/*Lübbehüsen* § 5 InvStG Rn. 58.
139 BMF Schr. v. 1.11.2010, 1. Bemessungsrundlage für die Höchstbetragsberechnung, dritter Absatz.
140 BMF Schr. v. 18.8.2009 BStBl. I 2009 931, Rn. 77a.
141 BMF Schr. v. 1.11.2010, 1. Bemessungsrundlage für die Höchstbetragsberechnung, zweiter Absatz.

Ertragsarten hinweg, vor.[142] Dies steht jedoch dem Wortlaut des Gesetzes entgegen. Demnach ist die „... ausländische Steuer auf den Teil der Einkommensteuer oder Körperschaftsteuer anzurechnen, der auf diese ausländischen um die anteilige ausländische Steuer erhöhten Einkünfte entfällt."[143]

Für natürliche Personen als betriebliche Anleger als auch für Kapitalgesellschaften **97** gilt für die Höchstbetragsberechnung § 34c EStG bzw. § 26 KStG. Da für die Ermittlung des Höchstbetrages auf das einzelne Investmentfonds abzustellen ist, d.h. für die Höchstbetragsrechnung dürfen die ausländischen Steuern aus verschiedenen Staaten – nicht aber aus verschiedenen Ertragsarten – zusammengerechnet werden, geht ein Anrechnungsüberhang verloren und kann nicht mit Erträgen aus anderen Investmentfonds oder aus der Direktanlage verrechnet werden.[144] Insoweit ist ein über die Bemessungsgrundlage hinausgehender Ausweis der anrechenbaren Quellensteuern nicht geboten.

Durch die für den Privatanleger durchzuführende Höchstbetragsberechnung allein **98** scheidet an dieser Stelle der **Ausweis von ausländischen Quellensteuern bei einer negativen Bemessungsgrundlage** aus. Jedoch auch für natürliche Personen als betriebliche Anleger als auch für Körperschaften ist in diesem Fall von einem Ausweis abzusehen. Zwar eröffnet § 4 Abs. 2 S. 4 InvStG i.V.m. § 34c Abs. 2 EStG dem Anleger die hier ausgewiesenen anrechenbaren Quellensteuern alternativ als Werbungskosten oder Betriebsausgaben abzuziehen, jedoch steht dies dem Gesetzeswortlaut entgegen. § 5 Abs. 1 Nr. 1 Buchstabe c InvStG beschränkt die nachfolgenden Ausweise auf die in den ausgeschütteten bzw. ausschüttungsgleichen Erträgen enthaltenen Beträge. Sofern die mit Quellensteuern belasteten Erträge jedoch durch Werbungskosten und/oder Verlustverrechnung negativ werden, verbleiben diese gemäß § 3 Abs. 4 Satz 2 InvStG als Verlustvortrag auf Ebene des Investmentfonds und dürfen dem Anleger nicht zugewiesen werden. Dieses Verlustzuweisungsverbot steht u.E. einem Abzug der Quellensteuern auf Anlegerebene bei negativer Bemessungsgrundlage entgegen, da insoweit ein Durchreichen der Verluste erfolgen würde. Des Weiteren bezieht sich der Gesetzeswortlaut des § 5 Abs. 1 S. 1 Nr. 1f) aa) ausschließlich auf § 34c Abs.1 InvStG; da die Quellensteuern aber aufgrund der negativen Bemessungsgrundlage jedoch nicht anrechenbar sind, scheidet ein Ausweis dementsprechend aus.[145]

q) § 5 Abs. 1 S. 1 Nr. 1f) bb) InvStG: Anrechenbare Quellensteuern auf Erträge **99**
i.S.d. § 8b Abs. 2 KStG, § 16 i.V.m. § 8b Abs. 1 KStG bzw. § 3 Nr. 40 EStG. Diese Position stellt eine Teilgröße der unter § 5 Abs. 1 S. 1 Nr. 1f) aa) InvStG auszuweisenden Quellensteuern dar. Unter dieser Position ist die anrechenbare, tatsächlich gezahlte Quellensteuer auszuweisen, die in Verbindung mit Erträgen i.S.d. § 3 Nr. 40 EStG bzw. § 8b Abs. 1 KStG sowie mit in den ausgeschütteten Erträgen enthaltenen entsprechenden Veräußerungsgewinnen aus Beteiligungen im Sinne des § 8b Abs. 2 KStG stehen.

Mit Verabschiedung des Gesetzes zur Umsetzung des EuGH-Urteils vom 20. Oktober **100** 2011 in der Rechtssache C-284/09[146] zur Abschaffung der Steuerfreiheit gemäß § 8b Abs. 1 KStG für von Körperschaften gehaltenen Streubesitzdividenden sowie der entsprechenden Anpassung des Wortlautes des § 5 Abs. 1 S. 1 Nr. 1c) aa) InvStG durch das AIFM-

---

142 BMF Schr. v. 18.8.2009 BStBl. I 2009 931, Rn. 80.
143 § 4 Abs. 2 Satz 1 letzter Teilsatz InvStG.
144 BMF Schr. v. 18.8.2009 BStBl. I 2009 931, Rn. 80.
145 Hiervon abweichend Berger/Steck/Lübbehüsen/*Lübbehüsen* § 5 InvStG Rn. 60, welcher sich auch im Falle einer negativen Bemessungsgrundlage für einen Ausweis ausspricht.
146 Gesetz zur Umsetzung des EuGH-Urteils vom 20. Oktober 2011 in der Rechtssache C-284/09 BGBl. I **2013** 561.

StAnpG[147] sind im Falle eines Publikums-Investmentfonds an dieser Stelle nur noch für den EStG-pflichtigen Anleger, welcher seine Investmentanteile im Betriebsvermögen hält, anrechenbare Quellensteuern auf Erträge im Sinne des § 43 Abs. 1 Satz 1 Nr. 1, 1a und 6 sowie Satz 2 EStG auszuweisen; für Kapitalgesellschaften als Anleger eines Publikums-Investmentfonds erfolgt an dieser Stelle in der Regel ein Null-Ausweis, da Publikums-Investmentfonds mit der Einführung der Steuerpflicht von Streubesitzdividenden keine nach § 8b Abs. 1 KStG steuerfreien Dividendenerträge mehr vermitteln können.[148] Für die anrechenbare Quellensteuern aus vor dem 1. März 2013 zugeflossenen Dividendenerträgen, auf welche gemäß der Übergangsvorschrift des § 21 Abs. 22 Satz 4 InvStG noch der § 8b InvStG anwendbar ist, erfolgt der Ausweis gemäß § 21 Abs. 24 unter der Position § 5 Abs. 1 Satz 1 Nr. 1f) gg) InvStG.[149] Für Privatanleger besaß diese Position bereits mit Einführung der Abgeltungsteuer zum 1.1.2009 keine Bedeutung mehr.

101 Der Ausweis von anrechenbaren Quellensteuern auf steuerfreie Veräußerungsgewinne im Sinne des § 8b Abs. 2 KStG besitzt in der Praxis kaum eine Relevanz. Da ein Ausweis der Quellensteuer nur insoweit erfolgen darf, wie die Quelleinkünfte Bestandteil der ausgeschütteten bzw. ausschüttungsgleichen Erträge sind,[150] scheidet ein Ausweis von Quellensteuern auf Veräußerungsgewinne regelmäßig aus, da nur in Einzelfällen das Veräußerungsergebnis zur Ausschüttung verwendet wird und Veräußerungsgewinne bei Thesaurierung nicht Bestandteil der ausschüttungsgleichen Erträge sind. Dementsprechend bleibt thesaurierenden Investmentfonds der Ausweis grundsätzlich verwehrt. Insoweit stellt sich die Frage, ob es dem Investmentfonds im Falle des Quellensteuereinbehalts auf Veräußerungsgewinne freisteht, gemäß § 4 Abs. 4 InvStG die einbehaltene Quellensteuer auf Fondsebene als direkte Werbungskosten zum Abzug zu bringen unbeachtlich der Wahl der Anrechnungsmethode für die ordentlichen Erträge (parallele Anwendung der Anrechnungs- sowie der Abzugsmethode auf Ebene des Investmentfonds für unterschiedliche Ertragsarten). Um eine grundsätzliche Schlechterstellung der Anlage über einen Investmentfonds gegenüber der Direktanlage zu vermeiden, ist aus unserer Sicht die Anwendung unterschiedlicher Methoden bei den unterschiedlichen Ertragsarten als zulässig zu erachten.[151]

102 Da ausländische Spezialfonds ebenfalls verpflichtet sind, die Besteuerungsgrundlagen gemäß § 5 Abs. 1 Satz 1 Nr. 1 InvStG zu ermitteln,[152] sehen die Besteuerungsgrundlagen unter dieser Position ebenfalls den Ausweis der anrechenbaren Quellensteuern aus steuerfreien Dividenden gemäß § 16 InvStG i.V.m. § 8b Abs. 1 InvStG vor. Anders als Publikumsfonds sind Spezialfonds bei Vorliegen der Voraussetzungen des § 15 Abs. 1a InvStG weiterhin berechtigt, ihren Anlegern steuerfreie Dividendenerträge i.S.d. § 8b Abs. 1 KStG zu vermitteln, wenn „... die Beteiligung des Investmentfonds mindestens 10 Prozent des Grund- oder Stammkapitals, des Vermögens oder der Summe der Geschäftsguthaben beträgt und der dem einzelnen Anleger zuzurechnende Anteil an dem Invest-

---

[147] AIFM-StAnpG v. vom 18. Dezember 2013 BGBl. I 4318.
[148] Neben der Anpassung des Wortlauts der entsprechenden Positionen des § 5 Abs. 1 S. 1 Nr. 1 InvStG wurde ebenfalls der Verweis des § 2 Abs. 2 Satz 1 InvStG auf die Anwendbarkeit des § 8b KStG entfernt. Selbst im Fall der Investition in mindestens 10 Prozent des Grund- oder Stammkapitals einer Körperschaft wird den Investmentfonds, die unter die Übergangsregelung des § 22 Abs. 2 InvStG fallen und entsprechend mehr als 10% des Grund- oder Stammkapitals erwerben dürfen, die Anwendung des § 8b KStG versagt, sofern es sich um Publikumsfonds handelt.
[149] Vgl. Rn. 123.
[150] Vgl. den Gesetzeswortlaut des § 5 Abs. 1 Nr. 1f) InvStG.
[151] Ebenso *Jacob/Gleese/Ebner* Handbuch für die Besteuerung von Investmentvermögen, S. 53; **a.A.** Berger/Steck/Lübbehüsen/*Stock/Oberhofer* § 4 InvStG Rn. 125.
[152] Vgl. § 16 Satz 1 und 2 InvStG.

mentfonds so hoch ist, dass die auf den einzelnen Anleger anteilig entfallende Beteiligung an der Körperschaft, Personenvereinigung oder Vermögensmasse mindestens 10 Prozent des Grund- oder Stammkapitals, des Vermögens oder der Summe der Geschäftsguthaben beträgt."[153]

r) § 5 Abs. 1 S. 1 Nr. 1f) cc) InvStG: Abziehbare Quellensteuern. Unter dieser Position ist die festgesetzte und keinem Ermäßigungsanspruch mehr unterliegende ausländische Quellensteuer auszuweisen, welche nicht der deutschen Einkommensteuer entspricht und nicht bereits als Werbungskosten gemäß § 4 Abs. 4 InvStG auf Ebene des Investmentfonds zum Abzug gebracht wurde. Da der Ausweis unter dieser Position ebenfalls voraussetzt, dass die abziehbaren Quellensteuern führenden Einkünfte Bestandteil der ausgeschütteten bzw. ausschüttungsgleichen Erträge sind,[154] ist von einem Ausweis abzusehen, sofern die Einkünfte aufgrund von Werbungskosten oder bestehenden Verlustvorträgen aus dem Vorjahr negativ sind und gemäß § 3 Abs. 4 InvStG auf Investmentfondsebene vorgetragen werden. **103**

In der Praxis erfolgt unter dieser Position in der Regel ein Null-Ausweis. **104**

s) § 5 Abs. 1 S. 1 Nr. 1f) dd) InvStG: Abziehbare Quellensteuern auf Erträge i.S.d. § 8b Abs. 2 KStG, § 16 i.V.m. § 8b Abs. 1 KStG bzw. § 3 Nr. 40 EStG. Diese Position stellt eine Teilgröße der unter § 5 Abs. 1 S. 1 Nr. 1f) cc) InvStG auszuweisenden abziehbaren Quellensteuern dar. Mit Verabschiedung des Gesetzes zur Umsetzung des EuGH-Urteils vom 20. Oktober 2011 in der Rechtssache C-284/09 zur Abschaffung der Steuerfreiheit gemäß § 8b Abs. 1 KStG für von Körperschaften gehaltenen Streubesitzdividenden sowie der entsprechenden Anpassung des Wortlautes des § 5 Abs. 1 Nr. 1f) dd) InvStG durch das AIFM-StAnpG kann es im Falle eines Publikums-Investmentfonds an dieser Stelle in der Regel nur noch für den sonstigen betrieblichen Anleger zu einem Ausweis von Erträgen im Sinne des § 3 Nr. 40 EStG kommen. Für Kapitalgesellschaften als Anleger wird an dieser Stelle in der Regel ein Null-Ausweis erfolgen, da Publikums-Investmentfonds aufgrund der Steuerpflicht von Streubesitzdividenden keine nach § 8b Abs. 1 KStG steuerfreien Dividendenerträge mehr vermitteln können. Für abziehbare Quellensteuern aus vor dem 1. März 2013 zugeflossenen Dividendenerträgen, auf welche gemäß der Übergangsvorschrift des § 21 Abs. 22 Satz 4 InvStG noch der § 8b InvStG anwendbar ist, erfolgt der Ausweis gemäß § 21 Abs. 24 unter der Position § 5 Abs. 1 Nr. 1f) hh) InvStG.[155] Die vorangegangenen Ausführungen zu den Spezialsondervermögen unter § 5 Abs. 1 Nr. 1f) bb) InvStG gelten analog. **105**

Für Privatanleger besaß diese Position bereits mit Einführung der Abgeltungsteuer zum 1.1.2009 keine Bedeutung mehr. **106**

t) § 5 Abs. 1 S. 1 Nr. 1f) ee) InvStG: Fiktive Quellensteuern. Unter dieser Position sind die nach einem DBA als gezahlt geltenden, anrechenbaren Quellensteuern (**fiktive Quellensteuern**) gesondert bekannt zu machen, die auf die in den ausgeschütteten bzw. ausschüttungsgleichen Erträgen enthaltenen Einkünfte (unabhängig von der Ertragsart) im Sinne des § 4 Abs. 2 InvStG entfallen. Anders als beim Ausweis der Bemessungsgrundlage stellt diese Position keine Teilgröße der Position § 5 Abs. 1 S. 1 Nr. 1f) aa) InvStG dar.[156] **107**

---
153 § 15 Abs. 1a Satz 2 InvStG. Siehe im Detail § 15 InvStG Rn. 92 ff.
154 Vgl. den Wortlaut des § 5 Abs. 1 Nr. 1f) InvStG.
155 Vgl. Rn. 123.
156 Vgl. die vorangegangenen Ausführungen unter Rn. 82.

108 Da die Anrechnung fiktiver Quellensteuern im Rahmen des DBA an bestimmte Voraussetzungen geknüpft sein kann und es dem Anleger aufgrund des aggregierten Ausweises der fiktiven Quellensteuern regelmäßig nicht möglich sein wird, das Vorliegen dieser Voraussetzungen zu prüfen, schreibt die Finanzverwaltung vor, dass nur solche Beträge im Rahmen der Besteuerungsgrundlagen ausgewiesen werden, für die die Voraussetzungen für die Anrechnung gegeben sind; dies würde mit der Publikation der entsprechenden Werte implizit durch die Fondsgesellschaft oder den Zertifizierer bestätigt.[157] Dies erscheint auch sachgerecht, da anders als für die Anrechnung der inländischen Kapitalertragsteuer, für die die Vorlage einer Steuerbescheinigung erforderlich ist, der Nachweis ausschließlich über den Ausweis in den Besteuerungsgrundlagen erfolgt.[158]

109 **u) § 5 Abs. 1 S. 1 Nr. 1f) ff) InvStG: Fiktive Quellensteuern auf Erträge i.S.d. § 8b Abs. 2 KStG, § 16 i.V.m. § 8b Abs. 1 KStG bzw. § 3 Nr. 40 EStG.** § 5 Abs. 1 S. 1 Nr. 1f) ff) InvStG stellt eine Teilgröße des Ausweises unter § 5 Abs. 1 S. 1 Nr. 1f) ee) InvStG dar. Unter dieser Position sind die fiktiven anrechenbaren Quellensteuern, die in Verbindung mit Erträgen i.S.d. § 3 Nr. 40 EStG bzw. § 8b Abs. 1 KStG sowie mit in den ausgeschütteten Erträgen enthaltenen entsprechenden Veräußerungsgewinnen aus Beteiligungen im Sinne des § 8b Abs. 2 KStG in Verbindung stehen, gesondert bekannt zu machen. Für Privatanleger besitzt diese Position bereits mit Einführung der Abgeltungsteuer zum 1.1.2009 keine Bedeutung mehr.

110 Mit Verabschiedung des Gesetzes zur Umsetzung des EuGH-Urteils vom 20. Oktober 2011 in der Rechtsache C-284/09[159] zur Abschaffung der Steuerfreiheit gemäß § 8b Abs. 1 KStG für von Körperschaften gehaltenen Streubesitzdividenden sowie der entsprechenden Anpassung des Wortlautes des § 5 Abs. 1 S. 1 Nr. 1c) aa) InvStG durch das AIFM-StAnpG[160] sind im Falle eines Publikums-Investmentfonds an dieser Stelle nur noch für den ESt-pflichtigen Anleger, welcher seine Investmentanteile im Betriebsvermögen hält, fiktiv anrechenbare Quellensteuern auf Erträge im Sinne des § 43 Abs. 1 Satz 1 Nr. 1, 1a und 6 sowie Satz 2 EStG auszuweisen; für Kapitalgesellschaften als Anleger eines Publikums-Investmentfonds erfolgt an dieser Stelle in der Regel ein Null-Ausweis, da Publikums-Investmentfonds mit der Einführung der Steuerpflicht von Streubesitzdividenden keine nach § 8b Abs. 1 KStG steuerfreien Dividendenerträge mehr vermitteln können.[161] Für die fiktiv anrechenbaren Quellensteuern aus vor dem 1. März 2013 zugeflossenen Dividendenerträgen, auf welche gemäß der Übergangsvorschrift des § 21 Abs. 22 Satz 4 InvStG noch der § 8b InvStG anwendbar ist, erfolgt der Ausweis gemäß § 21 Abs. 24 unter der Position § 5 Abs. 1 S. 1 Nr. 1f) ii) InvStG.[162]

111 Der Ausweis von fiktiv anrechenbaren Quellensteuern auf steuerfreie Veräußerungsgewinne im Sinne des § 8b Abs. 2 KStG besitzt in der Praxis kaum eine Relevanz. Da

---

157 BMF Schr. v. 18.8.2009 BStBl. I 2009 931, Rn. 77c.
158 Beckmann/Scholtz/Vollmer/*Petzschke* 420 § 5 Rn. 86.
159 Gesetz zur Umsetzung des EuGH-Urteils vom 20. Oktober 2011 in der Rechtsache C-284/09 BGBl. I 2013 561.
160 AIFM-StAnpG v. vom 18. Dezember 2013 BGBl. I 4318.
161 Neben der Anpassung des Wortlauts der entsprechenden Positionen des § 5 Abs. 1 S. 1 Nr. 1 InvStG wurde ebenfalls der Verweis des § 2 Abs. 2 Satz 1 InvStG auf die Anwendbarkeit des § 8b KStG entfernt. Selbst im Fall der Investition in mindestens 10 Prozent des Grund- oder Stammkapitals einer Körperschaft wird den Investmentfonds, die unter die Übergangsregelung des § 22 Abs. 2 InvStG fallen und entsprechend mehr als 10% des Grund- oder Stammkapitals erwerben dürfen, die Anwendung des § 8b KStG versagt, sofern es sich um Publikumsfonds handelt.
162 Vgl. Rn. 123.

ein Ausweis der Quellensteuer nur insoweit erfolgen darf, wie die Quelleinkünfte Bestandteil der ausgeschütteten bzw. ausschüttungsgleichen Erträge sind,[163] scheidet ein Ausweis von Quellensteuern auf Veräußerungsgewinne regelmäßig aus, da nur in Einzelfällen das Veräußerungsergebnis zur Ausschüttung verwendet wird und Veräußerungsgewinne bei Thesaurierung nicht Bestandteil der ausschüttungsgleichen Erträge sind. Dementsprechend bleibt thesaurierenden Investmentfonds der Ausweis grundsätzlich verwehrt.

Da ausländische Spezialfonds ebenfalls verpflichtet sind, die Besteuerungsgrundlagen gemäß § 5 Abs. 1 Nr.1 InvStG zu ermitteln,[164] sehen die Beteuerungsgrundlagen unter dieser Position ebenfalls den Ausweis der fiktiv anrechenbaren Quellensteuern aus steuerfreien Dividenden gemäß § 16 InvStG i.V.m. § 8b Abs. 1 InvStG vor. Anders als Publikumsfonds sind Spezialfonds bei Vorliegen der Voraussetzungen des § 15 Abs. 1a InvStG weiterhin berechtigt, ihren Anlegern steuerfreie Dividendenerträge i.S.d. § 8b Abs. 1 KStG zu vermitteln, wenn „... die Beteiligung des Investmentfonds mindestens 10 Prozent des Grund- oder Stammkapitals, des Vermögens oder der Summe der Geschäftsguthaben beträgt und der dem einzelnen Anleger zuzurechnende Anteil an dem Investmentfonds so hoch ist, dass die auf den einzelnen Anleger anteilig entfallende Beteiligung an der Körperschaft, Personenvereinigung oder Vermögensmasse mindestens 10 Prozent des Grund- oder Stammkapitals, des Vermögens oder der Summe der Geschäftsguthaben beträgt."[165] 112

v) § 5 Abs. 1 S. 1 Nr. 1g) InvStG. Unter dieser Position ist die Absetzung für Abnutzung (AfA) oder Abnutzung für Substanzverringerung (AfS) anzugeben. 113

Gemäß § 3 Abs. 3 S. 2 gehören diese Beträge zu den unmittelbaren Werbungskosten, soweit diese die nach § 7 EStG zulässigen Beträge übersteigen. Sie müssen somit unabhängig von der Steuerpflicht der zugrunde liegenden Erträge davon abgezogen werden.[166] 114

Laut Finanzverwaltung handelt es sich hierbei um eine Pflichtangabe.[167] Ebenso können diese Beträge entgegen § 3a InvStG (Ausschüttungsreihenfolge) vorrangig als Substanzertrag ausgeschüttet werden.[168] 115

w) § 5 Abs. 1 S. 1 Nr. 1h) InvStG. Gemäß § 5 Abs. 1 S. 1 Nr. 1h) soll hier die im Geschäftsjahr gezahlte Quellensteuer abzüglich erstatteter Quellensteuer des Geschäftsjahres oder früherer Geschäftsjahre ausgewiesen werden. Übersteigt die erstattete Quellensteuer die gezahlte Quellensteuer erfolgt ein negativer Ausweis in den Besteuerungsgrundlagen.[169] 116

Der Sinn und Zweck ist es, eine korrekte Rückgabebesteuerung auf Anlegerebene sicherzustellen.[170] 117

Laut Gesetzesbegründung[171] ist, 118
- es ohne diese Angabe nicht möglich, bei thesaurierenden Investmentfonds die vollständige Erfassung der nichtabziehbaren Quellensteuern zu gewährleisten. Ohne

---

163 Vgl. den Gesetzeswortlaut des § 5 Abs. 1 Nr. 1f) InvStG.
164 Vgl. § 16 Satz 1 und 2 InvStG.
165 § 15 Abs. 1a Satz 2 InvStG. Siehe im Detail § 15 InvStG Rn. 92 ff.
166 Vgl. Beckmann/Scholtz/Vollmer/*Petzschke* 420 § 5 InvStG Rn. 88.
167 Vgl. BMF Schr. v. 18.8.2009 BStBl. I 2009 931, Rn. 91, 100; kritisch Blümich/*Wenzel* § 5 InvStG Rn. 39.
168 Vgl. BMF Schr. v. 4.6.2014, Punkt 6; Rn. 44.
169 Vgl. BMF Schr. v. 12.6.2012, Punkt 2.
170 Vgl. Blümich/*Wenzel* § 5 InvStG Rn. 40.
171 Vgl. BTDrucks. 17/2249, S. 81.

diese Angabe besteht die Gefahr, dass ein bilanzieller Anleger den vollständigen Thesaurierungsbetrag in seinen steuerrechtlichen Ausgleichsposten einbezieht und bei Verkauf seiner Investmentfondsanteile, den gebildeten Ausgleichsposten steuermindernd entgegen § 12 Nr. 3 EStG und § 10 Nr. 2 KStG auflöst;
- bei (voll)ausschüttenden Investmentfonds der Betrag der nichtabziehbaren ausländischen Quellensteuern nur durch Differenzrechnung zwischen dem Betrag der Ausschüttung[172] und dem tatsächlichen Geldeingang beim Anleger unter Berücksichtigung der inländischen Steuerabzugsbeträge zu ermitteln; [173]
- bei teilthesaurierenden Investmentfonds ebenfalls die Gefahr gegeben, dass im Thesaurierungsbetrag (ausschüttungsgleicher Ertrag) die nichtabziehbare Quellensteuer enthalten ist und der bilanzielle Anleger dies in seinen Ausgleichsposten mit einbezieht (vgl. oben).

119 Aus der Gesetzesbegründung ist ersichtlich, dass durch die Angabe die korrekte Höhe des steuerrechtlichen Ausgleichspostens bei bilanziellen Anlegern gewährleistet werden soll. Es stellt sich die Frage, ob dies, wenn man streng nach dem Gesetzeswortlaut geht, in allen Fällen sicher gestellt ist.

Anhand des nachfolgenden Beispiels soll dies erläutert werden.

Beispiel:
Fonds mit Geschäftsjahr: 1.1. bis 31.12.

Daten zum Geschäftsjahr 1.1.2012–31.12.2012:
ausl. Dividendenertrag (brutto)	100
anrechenbare (= gezahlte) nichtabziehbare Quellensteuer	15
direkt zuordenbare Kosten	100

Der investmentrechtliche ordentliche Nettoertrag beläuft sich somit auf –15. Das steuerrechtliche Ergebnis ist aufgrund der steuerlichen Nichtabziehbarkeit der gezahlten Quellensteuer 0. Investmentrechtlich ist ein Verlustvortrag von –15 fortzuführen, welcher dem steuerlich fortzuführenden ausschüttungsfähigen Vortrag (Cash-Vortrag) entspricht.
Gemäß dem Gesetzeswortlaut erfolgt unter § 5 Abs. 1 Satz 1 Nr. 1 Buchstabe h) InvStG ein Ausweis von 15 bei einem steuerbaren Ertrag (Summe aus ausgeschütteten und ausschüttungsgleichen Erträgen) von 0. Aufgrund des Fehlens steuerbarer Erträge erfolgt keine Bildung eines steuerrechtlichen Ausgleichspostens auf Anlegerebene. Entsprechend läuft die ausgewiesene gezahlte Quellensteuer mangels Verrechenbarkeit unseres Erachtens ins Leere.
Dementsprechend sollte für Buchstabe h) ein Nullausweis erfolgen, da sich die Quellensteuer im auf Fondsebene verbleibenden Verlustvortrag befindet (§ 3 Abs. 4 Satz 2 InvStG).[174]
In der Praxis lassen sich zum Teil Besteuerungsgrundlagen beobachten, die einen nachrichtlichen Ausweis zu Buchstabe h) angeben, welcher lediglich die in den ausgeschütteten und ausschüttungsgleichen Erträgen enthaltene gezahlte Quellensteuer enthält. Dies spiegelt unseres Erachtens auch den Willen des Gesetzgebers wieder, da es ohne diesen nachrichtlichen Ausweis in den folgenden Jahren zu einer Abzugsfähigkeit der gezahlten Quellensteuer kommen kann. Dies soll anhand der nachfolgenden Fallkonstellationen für das Folgejahr dargestellt werden:

---

172 Vgl. Rn. 42.
173 In der Praxis hat sich aus diesem Grund ein nachrichtlicher Ausweis der investmentrechtlichen Ausschüttung in den Besteuerungsgrundlagen durchgesetzt vgl. Rn. 38.
174 Gemäß Rn. 70a BMF Schr. v. 18.8.2009 BStBl. I 2009 931, scheidet eine Verlustverrechnung auf Anlegerebene aus.

Daten zum Geschäftsjahr 1.1.2013–31.12.2013:

Auf Investmentfondsebene angefallene Erträge im Geschäftsjahr 2013:
ausl. Dividendenertrag (brutto) 100
anrechenbare (= gezahlte) nichtabziehbare Quellensteuer 15

Der handelsrechtliche ordentliche Nettoertrag des laufenden Jahres beläuft sich somit auf 85. Unter Berücksichtigung des investmentrechtlichen Verlustvortrages ergibt sich investmentrechtlich ein ausschüttungsfähiger Betrag von 70. Das steuerbare Ergebnis beläuft sich auf 100 (steuerrechtlicher Vortrag aus 2012 = 0; gezahlte Quellensteuer ist steuerrechtlich nicht abziehbar somit 100 Dividendenerträge). Unter Berücksichtigung des steuerrechtlichen Cash-Vortrages sowie der gezahlten Quellensteuer ergibt sich ebenfalls ein steuerrechtlicher ausschüttungsfähiger Cash-Betrag von 70.

Im Nachfolgenden werden die Folgen für den Ausschüttungs- sowie Thesaurierungsfall dargestellt:

1. Vollausschüttung des investmentrechtlich vorliegenden Betrages mit Führung des steuerlichen Cash-Vortrages:

Gemäß dem Gesetzeswortlaut erfolgt in diesem Jahr unter Buchstabe h) lediglich ein Ausweis von 15. Der Unterschied zwischen dem Anleger zugeflossenen Barbetrag von 70 und dem steuerlich ausgewiesenen Ausschüttungsbetrag von 100 beläuft sich jedoch auf 30 (15 gezahlte Quellensteuer aus Periode 1 und 15 gezahlte Quellensteuer aus Periode 2). Laut Gesetzesbegründung sollte die Angabe unter Buchstabe h) die Differenz zwischen investmentrechtlicher Ausschüttung und steuerrechtlicher Ausschüttung darstellen (im Fallbeispiel 30).[175]

Ohne den nachrichtlichen Ausweis stellt sich dem bilanzierenden Anleger die Frage, wie er mit der verbleibenden Differenz von 15 verfahren soll, da per Definition der Ausschüttung gemäß § 1 Abs. 3 InvStG in Verbindung mit Rn. 12 des BMF Schr. v. 18.8.2009 der Differenzbetrag lediglich aus Quellensteuern resultieren kann.

In dem nachrichtlichen Teil zum Buchstaben h) wird der Gesetzesbegründung sowie der Rn. 12 des BMF-Schr. v. 18.8.2009 unseres Erachtens Rechnung getragen.

2. Thesaurierung

Durch den (gesetzlichen) Ausweis von lediglich 15 gezahlter Quellensteuer des laufenden Geschäftsjahres bildet der bilanzierende Anleger einen Ausgleichsposten in Höhe von 85 (100 ausschüttungsgleiche Erträge abzüglich 15 gezahlter Quellensteuer aus Periode 2). Nur durch einen Ausweis der in den ausgeschütteten und ausschüttungsgleichen Erträgen enthaltenen Quellensteuer (unabhängig vom Jahr der tatsächlichen Zahlung; in diesem Fall 30) ist unseres Erachtens sichergestellt, dass die gezahlten Quellensteuern bei einem späteren Verkauf der Investmentanteile nicht das steuerbare Ergebnis mindern. Aufgrund des nachrichtlichen Ausweises kann ein betrieblicher Anleger seinen steuerlichen Ausgleichsposten in Höhe von 70 bilden. Nur dadurch kann unseres Erachtens gewährleistet werden, dass sich bei einem späteren Verkauf die gezahlte Quellensteuer nicht steuermindernd auswirkt.

x) § 5 Abs. 1 S. 1 Nr. 1i) InvStG. Diese Position beinhaltet den Betrag der 10% nichtabzugsfähigen Werbungskosten gemäß § 3 Abs. 3 Nr. 2 InvStG in der bis zum 23.12.2013 anzuwendenden Fassung.[176] Sinn und Zweck dieser Position ist es, eine korrekte Rückgabenbesteuerung auf Anlegerebene sicherzustellen.[177] Des Weiteren wird die Angabe benö- **120**

---

175 Vgl. BTDrucks. 17/2249 S. 81.
176 Vgl. § 22 Abs. 1 S. 1 und 2 InvStG.
177 OFD Rheinland v. 11.1.2008 – S 1980 – 1030 – St 222.

tigt, um den korrekten ausschüttungsfähigen steuerrechtlichen Ertrag auf Dachfondsebene zu ermitteln.[178] Durch das AIFM-Steueranpassungsgesetz wurde die Werbungskosten Aufteilung neu geregelt und die 10% Beschränkung abgeschafft.[179] Entsprechend wurde der Ausweis in den Besteuerungsgrundlagen abgeschafft. Nicht nachzuvollziehen ist jedoch die Tatsache, dass der Ausweis in den Besteuerungsgrundlagen bereits seit dem 24.12.2013 weggefallen ist;[180] jedoch die neue Kostenverteilung und somit der Wegfall der 10% nichtabzugsfähigen Werbungskosten gemäß § 22 Abs. 3 S. 2 InvStG erst für Investmentfonds gilt, deren Geschäftsjahr nach dem 31.12.2013 beginnt. Diese Frist wurde für Publikumsfonds gemäß BMF Schr. v. 3.6.2014 um drei Monate verlängert; die neue Kostenverteilung gilt somit grundsätzlich erst für Investmentfonds, deren Geschäftsjahr nach dem 31.3.2014 beginnt. Insoweit besteht in der Übergangszeit ein Auseinanderfallen beider Regelungen. Soweit 10% nichtabzugsfähige Werbungskosten auf Investmentfondsebene angefallen sind, ist unseres Erachtens der weitere (nachrichtliche) Ausweis in den Besteuerungsgrundlagen geboten. Dadurch ist gewährleistet, dass der Rückgabegewinn sowie der steuerrechtliche ausschüttungsfähige Ertrag auf Dachfondsebene in korrekter Höhe ermittelt werden kann. Sofern auf Fondsebene noch Verlustvorträge bestehen, ist im Jahr der Verrechnung mit positiven Erträgen gleicher Art gemäß § 3 Abs. 4 InvStG ebenfalls der nachträgliche Ausweis der über die Verlustverrechnung gehobenen nicht abzugsfähigen Werbungskosten geboten, um eine ordnungsgemäße Verarbeitung auf Dachfondsebene zu ermöglichen.

121 **5. Erweiterte Besteuerungsgrundlagen gemäß § 21 Abs. 24 InvStG für den Fall des Vorliegens von Dividenden mit Zuflussdatum vor dem 1. März 2013 (sogenannte mm-Dividenden).** Mit Verabschiedung des Gesetzes zur Umsetzung des EuGH-Urteils vom 20. Oktober 2011 in der Rechtssache C-284/09[181] zur Abschaffung der Steuerfreiheit gemäß § 8b Abs. 1 KStG für von Körperschaften gehaltenen Streubesitzdividenden sowie der entsprechenden Anpassung des Wortlautes der entsprechenden Ausweispositionen in den Besteuerungsgrundlagen des § 5 Abs. 1 InvStG durch das AIFM-StAnpG[182] ist bei Publikums-Investmentfonds für KSt-pflichtige Anleger unter den mit Erträgen i.S.d. § 8b KStG im Zusammenhang stehenden Positionen kein Ausweis mehr vorzunehmen.[183]

122 Für die vor dem 1. März 2013 zugeflossenen Dividendenerträge sowie den mit diesen im Zusammenhang stehenden anrechenbaren oder abzugsfähigen Quellensteuern ist gemäß der Übergangsvorschrift des § 21 Abs. 22 S. 4 InvStG der § 8b KStG mit Ausnahme des Absatzes 4 sowie § 19 REITG weiterhin anzuwenden. Da die Besteuerungsgrundlagen nach § 5 Abs. 1 InvStG bei Publikums-Investmentfonds für KStG-Anleger keine entsprechenden Ausweispositionen mehr vorsehen, sind für den Fall des Vorliegens von vor dem 1. März 2013 zugeflossenen Dividendenerträgen die um sechs Positionen erweiterten

---

178 Vgl. BMF Schr. v. 18.8.2009 BStBl. I 2009 931, Rn. 60, danach dürfen die in den ausschüttungsgleichen Erträgen ausgewiesenen nicht abzugsfähigen Werbungskosten in den Folgejahren nicht ausgeschüttet werden.
179 Vgl. § 3 InvStG Rn. 57.
180 Vgl. § 22 Abs. 1 S. 1 InvStG.
181 Gesetz zur Umsetzung des EuGH-Urteils vom 20. Oktober 2011 in der Rechtssache C-284/09 BGBl. I 2013 561.
182 AIFM-StAnpG v. vom 18. Dezember 2013 BGBl. I 4318.
183 Neben der Anpassung des Wortlauts der entsprechenden Positionen des § 5 Abs. 1 S. 1 Nr. 1 InvStG wurde ebenfalls der Verweis des § 2 Abs. 2 Satz 1 InvStG auf die Anwendbarkeit des § 8b KStG entfernt. Selbst im Fall der Investition in mindestens 10 Prozent des Grund- oder Stammkapitals einer Körperschaft wird den Investmentfonds, die unter die Übergangsregelung des § 22 Abs. 2 InvStG fallen und entsprechend mehr als 10% des Grund- oder Stammkapitals erwerben dürfen, die Anwendung des § 8b KStG versagt, sofern es sich um Publikumsfonds handelt.

Besteuerungsgrundlagen in der Fassung des § 21 Abs. 24 InvStG zu verwenden. Da über Ziel-Investmentfonds vermittelte mm-Dividenden auf Ebene des Dach-Investmentfonds unabhängig von dem Zuflusszeitpunkt ebenfalls als vor dem 1.3.2013 als zugeflossen gelten,[184] kann es noch über einen längeren Zeitraum zum Ausweis entsprechender Beträge in den erweiterten Besteuerungsgrundlagen in der Fassung des § 21 Abs. 24 InvStG kommen.

Im Nachfolgenden wird der Position, unter der vor Einführung der Steuerpflicht der Streubesitzdividenden für Körperschaften durch das Gesetz zur Umsetzung des EuGH-Urteils vom 20. Oktober 2011 in der Rechtssache C-284/09[185] der Ausweis im Rahmen der § 5 Abs. 1 Nr. 1 InvStG erfolgte, die korrespondierende Position in der erweiterten Fassung des § 21 Abs. 24 InvStG gegenübergestellt.[186] **123**

Ausweisposition vor Einführung der Steuerpflicht für Streubesitzdividenden	Ausweisposition nach Einführung der Steuerpflicht für Streubesitzdividenden für vor dem 1.3.2013 vereinnahmte Streubesitzdividenden
§ 5 Abs. 1 Nr. 1c) aa) InvStG	§ 5 Abs. 1 Nr. 1c) mm) InvStG
§ 5 Abs. 1 Nr. 1c) jj) InvStG	§ 5 Abs. 1 Nr. 1c) nn) InvStG
§ 5 Abs. 1 Nr. 1c) ll) InvStG	§ 5 Abs. 1 Nr. 1c) oo) InvStG
§ 5 Abs. 1 Nr. 1f) bb) InvStG	§ 5 Abs. 1 Nr. 1f) gg) InvStG
§ 5 Abs. 1 Nr. 1f) dd) InvStG	§ 5 Abs. 1 Nr. 1f) hh) InvStG
§ 5 Abs. 1 Nr. 1f) ff) InvStG	§ 5 Abs. 1 Nr. 1f) ii) InvStG

Die vorangegangenen Kommentierungen der Positionen des § 5 Abs. 1 Nr. 1 InvStG gelten für die entsprechenden Positionen der erweiterten Fassung analog. **124**

III. Pflichten des § 5 Abs. 1 Nr. 3 InvStG

1. Bekanntmachung im Bundesanzeiger. Die Vorschrift des § 5 Abs. 1 Satz 1 Nr. 3 InvStG regelt die Veröffentlichung der Besteuerungsgrundlagen gemäß § 5 Abs. 1 Satz 1 Nr. 1 sowie 2 InvStG innerhalb einer gesetzlich vorgesehenen Frist im Bundesanzeiger für Publikums-Investmentfonds. Ferner sind die Besteuerungsgrundlagen durch einen hierzu befugten Berufsträger hinsichtlich ihrer richtigen Ermittlung nach dem deutschen Steuerrecht zu bescheinigen. **125**

Somit sieht § 5 Abs. 1 Satz 1 Nr. 3 InvStG neben der Bekanntgabe an die Anleger vor, dass die Besteuerungsgrundlagen gemäß § 5 Abs. 1 Satz 1 Nr. 1 sowie 2 InvStG spätestens vier Monate nach Ablauf des Geschäftsjahres im Bundesanzeiger zu veröffentlichen sind. Mit den Besteuerungsgrundlagen ist ebenfalls der Jahresbericht gemäß Kapitalanlagegesetzbuch (im Folgenden „KAGB") bekannt zu machen. **126**

Ist der Jahresbericht nach KAGB im Bundesanzeiger zu veröffentlichen, so sind die Besteuerungsgrundlagen laut Finanzverwaltung grundsätzlich zeitgleich mit dem Jah- **127**

---

[184] Vgl. BMF Schr. v. 9.7.2013 GZ IV C1 – S 1980 – 1/12/10014 DOC 2013/0654702, Punkt 10.
[185] Gesetz zur Umsetzung des EuGH-Urteils vom 20. Oktober 2011 in der Rechtssache C-284/09 BGBl. I 2013 561.
[186] Vgl. § 21 InvStG Rn. 43f.

resbericht bekannt zu geben.[187] Ist wiederum ein Jahresbericht nach den Vorschriften des KAGB nicht zu erstellen bzw. im Bundesanzeiger nicht zu veröffentlichen, so ist gemäß § 5 Abs. 1 Satz 1 Nr. 3 Satz 3 InvStG im Rahmen der Publikation der Besteuerungsgrundlagen eine Fundstelle anzugeben, wo der Jahresbericht in deutscher Sprache bekannt gemacht wird. Wird es versäumt eine Fundstelle anzugeben, so wird die Pauschalbesteuerung gemäß § 6 InvStG nicht ausgelöst.[188] Die Publikation im Bundesanzeiger, insbesondere bei nicht in Deutschland zum öffentlichen Vertrieb zugelassenen ausländischen Investmentvermögen, wird hierbei nicht als unzulässige Vertriebsmaßnahme angesehen.[189]

128 Der Gesetzgeber wollte durch die Verpflichtung der gleichzeitigen Bekanntgabe der Besteuerungsgrundlagen mit dem Jahresbericht den Anlegern eine umfassende Informationsgrundlage an die Hand geben. In der Praxis hat sich die alleinige Veröffentlichung im Bundesanzeiger etabliert, da den Investmentgesellschaften von Publikums-Investmentfonds der Kreis der jeweiligen Anleger nicht bekannt ist, und so meist eine Bekanntgabe an die Vielzahl der Anleger im Einzelnen nicht möglich ist. Ferner veröffentlichen inländische Investmentgesellschaften meist auf einem separaten Beiblatt die Besteuerungsgrundlagen im Jahresbericht oder es werden die Besteuerungsgrundlagen auf den jeweiligen Internetseiten hinterlegt.

129 Zudem werden die Besteuerungsgrundlagen in der Praxis meist über den in der Einleitung zu § 5 InvStG bereits erwähnten Datenprovider (WM-Datenservice) dem deutschen Bankensystem zur Verfügung gestellt, um als Steuerdaten für ihre Kunden für Zwecke des Einbehalts der Kapitalertragsteuer gemäß § 44 EStG bzw. der Ausstellung von Steuerbescheinigungen für Kapitalerträge gemäß § 45a EStG weiterverarbeitet zu werden. Die Weiterleitung der Besteuerungsgrundlagen an WM erachtet die Finanzverwaltung allerdings nicht als hinreichende Bekanntgabe an die Anleger.[190]

130 Die Besteuerungsgrundlagen sind bei Ausschüttung bzw. bei Thesaurierung im Bundesanzeiger zu veröffentlichen. Die Publikation der Besteuerungsgrundlagen im Bundesanzeiger wird als Nachweis hinsichtlich der Einhaltung der vorgeschriebenen Veröffentlichungsfristen angesehen, um so die Pauschalbesteuerung gemäß § 6 InvStG zu vermeiden.[191]

131 **2. Bekanntmachungsfristen.** Bei Thesaurierungen gilt gemäß § 5 Abs. 1 Satz 1 Nr. 3 Satz 1 1. HS InvStG für die Veröffentlichung im Bundesanzeiger die 4-Monatsfrist nach Geschäftsjahresende des Investmentfonds. Bei Ausschüttungen, die keine Zwischenausschüttungen darstellen (sogenannten Schlussausschüttung nach Ablauf des Geschäftsjahres), verlängert sich die 4-Monatsfrist nach Geschäftsjahresende entsprechend, wenn ein Ausschüttungsbeschluss innerhalb dieser 4-Monatsfrist nach Geschäftsjahresende gefasst wird. So sind bei Schlussausschüttungen, die Besteuerungsgrundlagen gemäß § 5 Abs. 1 Satz 1 Nr. 1 InvStG spätestens vier Monate nach Ausschüttungsbeschluss im Bundesanzeiger zu veröffentlichen.

132 Dabei ist in diesem Zusammenhang auf die Regelung des § 1 Abs. 3 Satz 5 InvStG hinzuweisen, dass ohne die Beschlussfassung zur Ausschüttung innerhalb von 4 Monaten nach Geschäftsjahresende, die Erträge des Investmentfonds als thesauriert und somit als nicht ausgeschüttet gelten. Die Folge hieraus ist, dass die Publikationsfrist nunmehr

---

187 Vgl. hierzu BMF Schr. v. 18.8.2009 BStBl. I 2009 931, Rn. 86a sowie 96.
188 Vgl. hierzu Berger/Steck/Lübbehüsen/*Lübbehüsen* § 5 InvStG Rn. 131.
189 Vgl. hierzu BMF Schr. v. 18.8.2009 BStBl. I 2009 931, Rn. 86.
190 Vgl. BMF Schr. v. 18.8.2009 BStBl. I 2009 931, Rn. 85.
191 Vgl. hierzu ebenfalls BMF Schr. v. 18.8.2009 BStBl. I 2009 931, Rn. 85.

4 Monate nach Geschäftsjahresende beträgt. Wird danach eine Ausschüttung beschlossen, so gilt die Ausschüttung als Zwischenausschüttung.

Ferner bedeutet dies, dass bei sogenannten Schlussausschüttungen die Frist zur Veröffentlichung der Besteuerungsgrundlagen durch die oben beschriebenen Vorschriften auf bis zu 8 Monate ausgedehnt werden kann. Allerdings kann diese längere Publikationsfrist aufgrund von Fristen zur Abführung von inländischer Kapitalertragsteuer gemäß § 7 InvStG, die inländische Investmentgesellschaften einhalten müssen, somit nur von ausländischen Investmentgesellschaften genutzt werden. In der Praxis nehmen ausländische Investmentgesellschaften diese „verlängerte" Publikationsfrist für ausschüttende Investmentfonds i.d.R. nicht wahr, da auch ausländische Investmentgesellschaften darauf achten, inländischen Anlegern bzw. dem deutschen Bankensystem die Besteuerungsgrundlagen möglichst zeitnah zur Verfügung zu stellen. **133**

Bei mehreren Zwischenausschüttungen (Ausschüttungen während des Geschäftsjahres) können diese laut Finanzverwaltung in einer Veröffentlichung innerhalb von vier Monaten nach Geschäftsjahresende im Bundesanzeiger bekannt gemacht werden. In der Praxis werden die Besteuerungsgrundlagen bei Zwischenausschüttungen oft auch zeitnah während des Geschäftsjahres veröffentlicht. Ferner sind laut Finanzverwaltung bei Ausschüttungen die jeweiligen Tage der Beschlussfassungen in den Veröffentlichungen mitanzugeben, da diese Angaben für die korrekte steuerliche Zurechnung bei bilanzierenden Anlegern benötigt werden.[192] **134**

Inländische Investmentgesellschaften haben mit der Einhaltung der Publikationsfrist von 4 Monaten nach Fondsgeschäftsjahresende bzw. 4 Monaten nach Ausschüttungsbeschluss meist keine Schwierigkeit, da sie aufgrund der Regelungen zur inländischen Kapitalertragsteuer die Besteuerungsgrundlagen bereits zu einem früheren Zeitpunkt ermittelt haben müssen. Ausländische Investmentgesellschaften möchten keinen Wettbewerbsnachteil im Vergleich zur inländischen Branche aufgrund von späten Veröffentlichungen haben und versuchen, die Besteuerungsgrundlagen ebenfalls möglichst zeitnah zu ermitteln und entsprechend zu veröffentlichen, so dass in der Konsequenz hinsichtlich der Diskussion zur Fristberechnung in der Literatur mangels Relevanz in der Praxis im Folgenden nicht näher eingegangen wird.[193] **135**

3. Korrekturmöglichkeit. Aufgrund des Gesetzeswortlauts „spätestens vier Monate" handelt es sich um eine nicht verlängerbare Frist. Gemäß BMF-Schreiben vom 17.12.2013 kann eine „kurzfristige" Fristüberschreitung geheilt werden, um die rechtlichen Folgen der verspäteten Veröffentlichung (Pauschalbesteuerung gemäß § 6 InvStG) nicht zulasten der Anleger gehen zu lassen. Dabei kann dies im Rahmen einer Billigkeitsentscheidung durch das für inländische Investmentfonds jeweilig zuständige Finanzamt bzw. das Bundeszentralamt für Steuern im Fall von ausländischen Investmentfonds entschieden werden. Als eine kurzfristige Fristüberschreitung wird eine Überschreitung angesehen, wenn sie nicht mehr als zehn Kalendertage umfasst. **136**

Die Veröffentlichung der Besteuerungsgrundlagen im Bundesanzeiger kann laut Finanzverwaltung grundsätzlich nicht korrigiert werden.[194] Dies gilt gemäß BMF-Schreiben vom 25.10.2013 nicht für Fehler, die durch den Bundeszeiger veranlasst sind. **137**

---

192 Vgl. BMF Schr. v. 18.8.2009 BStBl. I 2009 931, Rn. 86.
193 Vgl. hierzu ausführlicher Beckmann/Scholtz/Vollmer/*Petzschke* § 5 InvStG Rn. 157–170.
194 Vgl. BMF Schr. v. 18.8.2009 BStBl. I 2009 931, Rn. 86.

138 **4. Berufsträgerbescheinigung.** Jede Publikation von Besteuerungsgrundlagen ist gemäß § 5 Abs. 1 Satz 1 Nr. 3 Satz 1 Hs. 1 InvStG mit einer Bescheinigung[195] zu versehen, die bescheinigt, dass die Besteuerungsgrundlagen nach den Regeln des deutschen Steuerrechts ermittelt wurden. Die Bescheinigung kann nur durch befugte Berufsträger erstellt werden. Es gibt in der Praxis sogenannten Erstellungs- bzw. Prüfungsbescheinigungen, je nachdem ob der Berufsträger die Besteuerungsgrundlagen ermittelt und entsprechend zertifiziert oder bereits ermittelte Besteuerungsgrundlagen prüft. Hierbei wird auf die Haftungsnorm des § 323 Handelsgesetzbuch verwiesen. Daraus folgt, dass der Berufsträger nur gegenüber seinen Mandanten haftet und nicht gegenüber den Anlegern oder Dritten.[196] Für die Bescheinigungen gibt der Gesetzgeber oder die Finanzverwaltung keine bestimmten Muster vor. Ferner muss die Bescheinigung gemäß § 5 Abs. 1 Satz 1 Nr. 3 Satz 1 InvStG einen Hinweis enthalten, ob bei Ermittlung der Besteuerungsgrundlagen ein Ertragsausgleich berücksichtigt wurde. Aufgrund der Stellung im Satz 1 wird abgeleitet, dass bei fehlendem Hinweis zum Ertragsausgleich in der Bescheinigung, die Rechtsfolgen der Pauschalbesteuerung gemäß § 6 InvStG eintreten. Bei Auslegung nach Sinn und Zweck für diese Regelung, nämlich eine Bedingung um bei Kauf gezahlten Zwischengewinn als negative Einnahmen berücksichtigen zu können, wird die Rechtsfolge des § 6 InvStG auch kritisch gesehen.

IV. § 5 Abs. 1 Nr. 4 InvStG: Erweiterte Bekanntmachungspflicht für ausländische Fonds (akkumulierte ausschüttungsgleiche Erträge)

139 **1. Allgemeines.** Die Vorschrift des § 5 Abs. 1 Nr. 4 InvStG birgt mit der Ermittlungs- und Bekanntmachungspflicht der Summe der nach dem 31. Dezember 1993 dem Inhaber der ausländischen Investmentfondsanteile zugeflossen geltenden, noch nicht dem Steuerabzug unterworfenen Erträge (in der Praxis als „Accumulated Deemed Distributed Income" bezeichnet, im nachfolgenden mit „ADDI" abgekürzt) eine weitere Voraussetzung für die transparente Besteuerung nach § 5 Abs. 1 InvStG, die jedoch ausschließlich von ausländischen Investmentfonds zu erfüllen ist. Im Falle von intransparenten Investmentfonds liegt die Pflicht zur Ermittlung der Bemessungsgrundlage bei der inl. auszahlenden Stelle selbst.[197]

140 Diese Regelung ist dem Umstand geschuldet, dass ein Kapitalertragsteuerabzug auf die von einem ausl. Investmentfonds zum Geschäftsjahresende thesaurierten ausschüttungsgleichen Erträge, anders als bei einem inl. Investmentfonds, nicht vorgenommen werden kann. Um den Kapitalertragsteuerabzug zum Zeitpunkt der Rückgabe oder Veräußerung nachholen zu können und entsprechend die Besteuerung im Inland zu sichern,[198] bedarf es der Bekanntgabe des entsprechenden Wertes zum Zeitpunkt der Rückgabe/Veräußerung.

141 **Wirkung auf Anlegerebene**: Auf Basis des publizierten ADDI wird im Falle der Verwahrung bei einer inländischen Verwahrstelle bei Veräußerung bzw. Rückgabe gemäß § 7 Abs. 1 Satz 1 Nr. 3 InvStG Kapitalertragsteuer einbehalten. Sofern der abzugsverpflichteten Zahlstelle der ADDI-Wert zum Erwerbszeitpunkt vorliegt, sei es, dass der Investmentfondsanteil seit Erwerb bei ihr verwahrt wurde oder aber der ADDI-Wert bei einem Depotübertrag gemäß § 43a Abs. 2 Satz 2 bis 5 EStG nachgewiesen wurde, ist lediglich auf den besitzzeitanteiligen ADDI ein Steuerabzug vorzunehmen. Mit Einführung

---

[195] Vgl. *Sradj/Mertes* DStR 2004, S. 205.
[196] Vgl. zu Einzelheiten Blümich/*Wenzel* § 5 InvStG Rn. 44.
[197] Vgl. BMF Schr. v. 18.8.2009 BStBl. I 2009 931, Rn. 139.
[198] So die Argumentation der Gesetzesbegründung BTDrucks. 15/1553 S. 126.

der Abgeltungsteuer wirkt der Kapitalertragsteuereinbehalt auf den (besitzzeitanteiligen) ADDI maximal nur noch phasenverschiebend, da sich das realisierte Veräußerungsergebnis um den (besitzzeitanteiligen) ADDI reduziert.

Hat ein Anleger jedoch während der Haltedauer die thesaurierten Erträge aus dem ausl. Investmentfonds ordnungsgemäß im Rahmen seiner Steuererklärung deklariert so führt der Kapitalertragsteuerabzug zum Zeitpunkt der Rückgabe bzw. Veräußerung zu einer Doppelbesteuerung der thesaurierten Erträge und der Anleger ist gezwungen, im Rahmen der Steuererklärung für das Jahr der Rückgabe bzw. Veräußerung nachzuweisen, dass er die Erträge bereits ordnungsgemäß deklariert hat, um die auf den (besitzzeitanteiligen) ADDI einbehaltene Kapitalertragsteuer zurückzuerhalten. **142**

Ein **Verstoß** gegen die Ermittlungs- und Bekanntmachungspflicht führt zur Intransparenz des Investmentfonds mit der Folge der Pauschalbesteuerung gemäß § 6 InvStG.[199] Die Ermittlung als auch die Bekanntmachung ist somit ausnahmslos von allen ausl. Investmentfonds einzuhalten, die eine transparente Besteuerung ihrer Erträge eröffnen wollen. Somit ist auch von vollausschüttenden ausl. Investmentfonds der ADDI zu veröffentlichen, auch wenn dieser mit einer Null auszuweisen ist.[200] **143**

Bekanntmachungspflicht: Die Bekanntmachung hat zusammen mit dem Rücknahmepreis zu erfolgen; eine Veröffentlichung im Bundesanzeiger oder eine Berufsträgerbescheinigung analog der Bescheinigung der Besteuerungsgrundlagen analog § 5 Abs. 1 Satz 1 Nr. 1 InvStG ist nicht erforderlich.[201] Da die Ermittlung und Veröffentlichung pro Anteil erfolgt, stellt sich nicht die Frage nach der Berechnung eines Ertragsausgleichs auf den ADDI selbst. Sofern der Investmentfonds einen (steuerlichen) Ertragsausgleich rechnet, geht dieser im Rahmen der Ermittlung der ausschüttungsgleichen Erträge mit in den ADDI ein.[202] Hierbei gelten die aufsichtsrechtlichen Regelungen zur Form für die Veröffentlichung des Rücknahmepreises.[203] **144**

Gemäß § 298 Abs. 1 Satz 4 KAGB gelten für EU-OGAW für die Häufigkeit der Veröffentlichung der Ausgabe- und Rücknahmepreise die Vorschriften des Herkunftsstaates entsprechend. Gemäß der OGAW-Richtlinie sind der Ausgabe- und Rücknahmepreis bei jeder Möglichkeit zur Ausgabe oder Rücknahme von Anteilen oder Aktien, mindestens jedoch zweimal im Monat, zu ermitteln.[204] Da hinsichtlich der Form nicht auf das Recht des Herkunftsstaates verwiesen wird, gelten hier die inländischen Vorschriften des KAGB. Demnach hat die Veröffentlichung in einer hinreichend verbreiteten Wirtschafts- und Tageszeitung oder der im Verkaufsprospekt oder in den wesentlichen Anlegerinformationen bezeichneten elektronischen Informationsmedien zu erfolgen.[205] **145**

Für alle weiteren ausl. AIF schreibt § 299 Abs. 1 Nr. 5 KAGB die Veröffentlichung des Rücknahmepreises bei jeder Ausgabe oder Rücknahme von Anteilen, mindestens jedoch **146**

---

199 BMF Schr. v. 2.6.2005 BStBl. I 2005 728, Rn. 106.
200 **A.A.** Berger/Steck/Lübbehüsen/*Lübbehüsen* § 5 InvStG. Rn. 145, welcher bei ausschüttenden ausl. Investmentfonds eine Null-Veröffentlichung nicht für erforderlich hält. Da jedoch ausschüttende Investmentfonds jederzeit auch thesaurieren können bzw. es möglich ist, dass die Ausschüttung nicht ausreicht, die auf die ausgeschütteten als auch ausschüttungsgleichen Erträge entfallenden Steuern abzuführen – vgl. Rn. 152 – ist dieser Auffassung unseres Erachtens nicht zu folgen. Auch gilt die Ermittlungs- und Veröffentlichungspflicht nicht für alle ausl. Investmentfonds wie von Haase/*Kotzbacher* § 5 InvStG Rn. 136 ausgeführt, sondern nur für diejenigen, die den transparenten Status anstreben. Dies ergibt sich aus dem gesetzlichen Aufbau des § 5 InvStG.
201 Vgl. *Jacob/Geese/Ebner* 2007, S. 121.
202 Insoweit missverständlich Berger/Steck/Lübbehüsen/*Lübbehüsen* § 5 InvStG Rn. 153.
203 Vgl. BMF Schr. v. 18.8.2009 BStBl. I 2009 931, Rn. 106.
204 Dies entspricht auch der Vorgabe für inl. OGAW gemäß § 212 KAGB.
205 Vgl. § 170 KAGB. Hinsichtlich der Veröffentlichungspflichten nach InvG vgl. Berger/Steck/Lübbehüsen/*Lübbehüsen* § 5 InvStG Rn. 149 ff.

einmal im Jahr, in einer im Verkaufsprospekt anzugebenden hinreichend verbreiteten Wirtschafts- und Tageszeitung mit Verbreitungsort im Geltungsbereich des KAGB oder in den im Verkaufsprospekt bezeichneten elektronischen Informationsmedien vor.

147 Für Spezial-AIF hat die Veröffentlichung entsprechend der Vereinbarung in den Anlagebedingungen gegenüber dem Anleger zu erfolgen.[206]

148 Anders als im Geltungszeitraum des InvG stellt das private Placement unter dem KAGB ebenfalls eine Form des öffentlichen Vertriebs dar, so dass ab dem Auslaufen der Übergangsvorschrift die zuvor genannten Regelungen auch auf im Wege des private placement vertriebenen ausl. Investmentfonds zutreffen.[207] Lediglich die bloße Publikation von Informationen, darunter auch die Veröffentlichung des Ausgabe- und Rücknahmepreises sowie der Besteuerungsgrundlagen gemäß § 5 InvStG, fällt nicht unter die Vertriebsdefinition des KAGB.[208] Liegt ein solcher Fall vor, kann der ADDI zusammen mit dem Rücknahmepreis oder, soweit dieser nicht festgesetzt wird, mit dem Börsen- und Marktpreis, auf der Internetseite veröffentlicht werden.[209] Aufgrund der Formulierung des BMF-Schreibens, es wird von „können" gesprochen, ist nicht eindeutig, inwieweit es sich hierbei tatsächlich um eine „Kann"-Vorschrift handelt und mangels Anwendbarkeit der (deutschen) aufsichtsrechtlichen Regelungen auch von einer Veröffentlichung abgesehen werden kann, ohne dass dies einen Verstoß gegen § 5 Abs. 1 Satz 1 Nr. 4 InvStG darstellt und entsprechend keinen negativen Einfluss auf den Transparenzstatus hat,[210] oder dieses „Kann" als eine Erleichterungsvorschrift anzusehen ist und somit die Mindestanforderung an die Veröffentlichung darstellt. Wir erachten es für geboten, ungeachtet dieser ungenauen Formulierung eine Veröffentlichung vorzunehmen. Durch den erweiterten Vertriebsbegriff dürfte diese Thematik mit Auslaufen der Übergangsregelung jedoch kaum von Bedeutung sein.

149 **Als zugeflossen geltende, noch nicht dem Steuerabzug unterworfene Erträge** sind für den Zeitraum vom 1. Januar 1994 bis zur Anwendbarkeit des InvStG[211] die gemäß den Vorschriften des AuslInvestmG ermittelten ausschüttungsgleichen Erträge (§§ 17 Abs. 1 bzw. 18 Abs. 1 AuslInvestmG) bzw. der bei Nicht-Erfüllung der in den jeweiligen Paragraphen aufgeführten Voraussetzungen und Nachweispflichten nach § 18 Abs. 3 AuslInvestmG zu ermittelnde Pauschalbetrag – entweder 90% des Mehrbetrags zwischen erstem und letztem Rücknahmepreis bzw. Börsen- oder Marktpreis im Kalenderjahr oder die Differenz zwischen 10% des letzten Rücknahmepreises bzw. Börsen- oder Marktpreises im Kalenderjahr und den Ausschüttungen in diesem Kalenderjahr zu berücksichtigen.[212] Hierbei wurden die ausschüttungsgleichen Erträge der einzelnen Geschäftsjahre (unabhängig ob positive oder negative Erträge) addiert und eventuelle spätere Ausschüttungen dieser Erträge abgezogen.[213]

---

206 § 279 Abs. 3 KAGB.
207 Gemäß § 293 Abs. 1 Satz 1 ist Vertrieb das direkte oder indirekte Anbieten oder Platzieren von Anteilen oder Aktien eines Investmentvermögens. Die Privatplatzierung ist noch bis zum 21.7.2014 bzw. bis Inkrafttreten der geänderten Anlagebedingungen oder Einreichung des Erlaubnisantrages zulässig.
208 § 293 Abs. 1 KAGB.
209 BMF Schr. v. 18.8.2009 BStBl. I 2009 931, Rn. 106.
210 So vertreten von Berger/Steck/Lübbehüsen/*Lübbehüsen* § 5 InvStG Rn. 152. In den weiteren Literaturquellen erfolgt keine diesbezügliche Wertung. Vgl. *Jacob/Geese/Ebner* S. 142 f.; Haase/*Kotzbacher* § 5 InvStG Rn. 136.
211 Das InvStG war erstmalig auf Geschäftsjahre beginnend nach dem 31.12.2003 anzuwenden.
212 BMF Schr. v. 2.6.2005 BStBl. I 2005 728, Rn. 106.
213 Beckmann/Scholtz/Vollmer/*Petzschke* 420 § 5 InvStG Rn. 203. Hinsichtlich (Übergangs-)Problemen für graue Fonds im Sinne des AuslInvestmG bei der Ermittlung der Altbeträge vgl. Littmann/Bitz/Pust/ *Ramackers* § 5 InvStG Rn. 81 und 83.

150 Ab Anwendbarkeit des InvStG sind diejenigen Bestandteile der ausschüttungsgleichen Erträge im ADDI zu berücksichtigen, die bei Ausschüttung dem Kapitalertragsteuerabzug gemäß § 7 InvStG unterliegen würden; auf die individuelle Besteuerungssituation – Vorliegen eines Freistellungsauftrages, einer NV-Bescheinigung etc. – kommt es hierbei nicht an.[214] Folglich sind die Erträge, bei denen nach § 7 Abs. 1 Satz 1 Nr. 1a) und b) InvStG vom Kapitalertragsteuerabzug abzusehen ist, nicht Bestandteil des ADDI. Bis zur Einführung der Abgeltungsteuer zum 1.1.2009 durch das UntStRefG 2008[215] waren aufgrund des damaligen Gesetzeswortlautes des § 7 Abs. 1 Satz 1 Nr. 1a) und b) InvStG die in- und ausl. Dividendenerträge nicht Bestandteil des ADDI.[216]

151 Mit Einführung der Abgeltungsteuer unterliegen nunmehr die ausl. Dividendenerträge ebenfalls gemäß § 7 Abs. 1 InvStG der Kapitalertragsteuer und sind entsprechend Bestandteil des ADDI. Da sich die Kapitalertragsteuerpflicht für inländische Dividendenerträge aus § 7 Abs. 3 Satz 1 Nr. 1 InvStG ergibt scheinen diese in einem ersten Schritt bei ausländischen Investmentfonds vom Kapitalertragsteuerabzug ausgenommen.[217] Aufgrund der Umqualifizierung der von einem ausl. Investmentfonds vereinnahmten inl. (Dividenden-)Erträge in ausl. (Dividenden-)Erträge[218] sind diese ebenfalls bei der Ermittlung des ADDI zu berücksichtigen.[219] Spätere Ausschüttungen dieser thesaurierten und in den ADDI eingeflossenen Erträge in den Folgejahren wirken nicht reduzierend auf den ADDI, da diese Erträge nicht Bestandteil der ausgeschütteten Erträge im Sinne des § 5 Abs. 1 Satz 1 Nr. 1b) sind und somit nicht dem Steuerabzug unterliegen. Abweichend vom AuslInvestmG werden durch die Regelung des § 3 Abs. 4 InvStG angefallene Verluste auf Ebene des Investmentfonds vorgetragen und mit den positiven Erträgen gleicher Art in den Folgejahren verrechnet und nicht mehr dem Anleger im Jahr der Entstehung zugewiesen. Somit wirken sich insgesamt negative Erträge im Verlustjahr nicht reduzierend auf den ADDI aus – der Wert des Vorjahres verbleibt unverändert bzw. im Erstjahr ist ein Wert von Null auszuweisen.[220]

152 Da im Falle von Teilthesaurierungen mit Vollausschüttungsfiktion, d.h. die Ausschüttung ist ausreichend um die sowohl auf die Ausschüttung selbst als auch auf den Teilthesaurierungsbetrag entfallende Steuer[221] abzuführen, die Teilthesaurierung bereits dem Steuerabzug unterworfen wurde, fließt diese nicht in den ADDI mit ein. Reicht hingegen die (Teil-)Ausschüttung nicht aus, um die Kapitalertragsteuer einschließlich der Zuschlagsteuern abzuführen, gilt auch die (Teil-)Ausschüttung dem Anleger mit Ablauf des Geschäftsjahres, in dem die entsprechenden Erträge erzielt worden sind, als ausschüttungsgleiche Erträge zugeflossen[222] und sind entsprechend vollständig im ADDI zu berücksichtigen;[223] die Ausschüttung unterliegt insoweit keinem Steuerabzug.

153 **Vorgehensweise bei zwischenzeitlichem Verlust des transparenten Status:** Sofern ein Investmentfonds nicht durchgehend den Berichtspflichten nach § 5 Abs. 1 InvStG

---

214 Littmann/Bitz/Pust/*Ramackers* § 5 InvStG Rn. 83.
215 UntStRefG 2008 BGBl. I 2007 1912, 1934.
216 Beckmann/Scholtz/Vollmer/*Petzschke* 420 § 5 InvStG Rn. 205.
217 So vertreten von Beckmann/Scholtz/Vollmer/*Petzschke* 420 § 5 InvStG Rn. 206.
218 § 4 Abs. 2 S. 7 InvStG.
219 Ebenso Berger/Steck/Lübbehüsen/*Lübbehüsen* § 5 InvStG Rn. 142.
220 Ebenso Berger/Steck/Lübbehüsen/*Lübbehüsen* § 5 InvStG Rn. 143; Beckmann/Scholtz/Vollmer/ *Petzschke* 420 § 5 InvStG Rn. 204.
221 Diese setzt sich zusammen aus der Kapitalertragsteuer sowie den landes- oder bundesgesetzlichen Zuschlagsteuern zur Kapitalertragsteuer (Solidaritätszuschlag sowie Kirchensteuer).
222 § 2 Abs. 1 Satz 4 InvStG. Die (Teil-)Ausschüttung ist in diesem Falle wie eine Ausschüttung aus den ausschüttungsgleichen Erträgen der Vorjahre zu behandeln und unterliegt dementsprechend nicht dem Kapitalertragsteuerabzug.
223 BMF Schr. v. 18.8.2009 BStBl. I 2009 931, Rn. 106.

nachgekommen ist (aber weiterhin als Investmentfonds im Sinne des InvStG qualifiziert) und somit intransparent besteuert wird, können die sich ergebenden Lücken durch den Ansatz von Ersatzwerten geschlossen werden.[224] Hierbei sollte jeweils der Ersatzwert angesetzt werden, der sich nach § 6 InvStG ergibt, da dieser Betrag dem Wert entspricht, den ein zu diesem Zeitpunkt investierter deutscher Anleger als fiktiv zugeflossenen ausschüttungsgleichen Ertrag in seiner Steuererklärung deklarieren musste. Die Ausschüttungen aus intransparenten Fonds sind (mit Ausnahme der Heranziehung für die Ermittlung des Ersatzwertes) nicht zu berücksichtigen, da diese bereits nach § 7 Abs. 1 Satz 1 Nr. 2 InvStG dem Kapitalertragsteuerabzug unterworfen wurden. Bei ausl. Spezial-Investmentfonds sind für Zeiträume, in denen die Anforderungen des § 5 Abs. 1 InvStG i.V.m. § 16 Satz 1 und 2 InvStG nicht erfüllt wurden, die differenzierten Schätzbeträge anzusetzen.[225]

154 Für Besteuerungszeiträume, in denen die Anforderungen für die Anwendbarkeit des InvStG in der bis zum 23.12.2013 gültigen Fassung und/oder des AuslInvestmG nicht erfüllt werden, sind keine Beträge zu akkumulieren.[226] Für den Fall, dass ein Investmentfonds zu einem Zeitpunkt nach Inkrafttreten des InvStG in der Fassung vom 24.12.2013 aus dem Besteuerungssystem des Investmentfonds herausfällt und als Investitionsgesellschaft klassifiziert, ist bei einem erneuten Wechsel in das Besteuerungssystem des Investmentfonds der Startwert des ADDI mit Null anzusetzen, da jeweils mit dem Wechsel des Besteuerungssystems eine Schlussbesteuerung stattfindet.[227]

155 **(Keine) Veröffentlichungsfrist**: Die gesetzliche Regelung selbst sieht keine Frist für die Veröffentlichung des ADDI vor. Gemäß Auffassung der Finanzverwaltung ist der ADDI jedoch in der gleichen Frist wie die Besteuerungsgrundlagen nach § 5 Abs. 1 Satz 1 Nr. 1 und 2 InvStG zu veröffentlichen,[228] also im Falle von thesaurierenden Fonds innerhalb von vier Monaten nach Geschäftsjahresende bzw. bei ausschüttenden Fonds innerhalb von vier Monaten nach Fassung des Ausschüttungsbeschlusses, sofern der Ausschüttungsbeschluss innerhalb von vier Monaten nach Geschäftsjahresende gefasst wird. In der Literatur wird auch die Auffassung vertreten, dass eine im Wege der Verwaltungsvorschrift der Finanzverwaltung erlassene Frist eine von Verfassungswegen gebotene ausdrückliche und eindeutige Festlegung der Frist im Gesetz nicht ersetzen kann.[229] Dies hätte jedoch anders als in dieser Kommentierung dargestellt nicht nur für die erstmalige Veröffentlichung zur Folge, dass diese keiner Veröffentlichungsfrist unterliegt, sondern dies würde insgesamt für die Bekanntgabe des ADDI gelten, so dass auch eine nach Jahren rückwirkende Veröffentlichung als ordnungsgemäß anzusehen wäre.

156 Steht die Anpassung des ADDI-Wertes zum Geschäftsjahresende noch aus und ist die (von der Finanzverwaltung im Rahmen einer Verwaltungsanweisung) vorgegebene Veröffentlichungsfrist noch nicht verstrichen, so sind die im WM-Datenservice hinterlegten Daten anzuwenden: Der ADDI ist für das abgelaufene Geschäftsjahr in gleicher Höhe je Anteil zu erhöhen wie für das davor liegende Geschäftsjahr. Sollte WM-Datenservice keine Daten für den betroffenen Investmentfonds vorhalten, so sind im Schätzwege 6% des zum Ende des Geschäftsjahres festgesetzten Rücknahmepreises bzw. Börsen- oder Marktpreises zum Zeitpunkt der Rückgabe bzw. Veräußerung anzusetzen.[230]

---

[224] Beckmann/Scholtz/Vollmer/*Petzschke* 420 § 5 InvStG Rn. 207.
[225] Berger/Steck/Lübbehüsen/*Lübbehüsen* § 5 InvStG Rn. 143.
[226] Vgl. Littmann/Bitz/Pust/*Ramackers* § 5 InvStG Rn. 83.
[227] Vgl. § 20 InvStG Rn. 23.
[228] Vgl. BMF Schr. v. 18.8.2009 BStBl. I 2009 931, Rn. 106.
[229] Berger/Steck/Lübbehüsen/*Lübbehüsen* § 5 InvStG Rn. 147.
[230] Vgl. BMF Schr. v. 18.8.2009 BStBl. I 2009 931 Rn. 139. Vor Veröffentlichung dieses BMF-Schreibens im BStBl. waren stets 6% des zum Ende des Geschäftsjahres festgesetzten Rücknahmepreises bzw. Börsen- oder Marktpreises zum Zeitpunkt der Rückgabe bzw. Veräußerung anzusetzen.

2. Besonderheiten

a) Verschmelzung/Serien/inaktive Anteilklassen. Im Hinblick auf **Verschmelzungen** ist zwischen steuerpflichtigen und gemäß § 17a InvStG steuerneutralen Verschmelzungen zu unterscheiden. Bei einer steuerpflichtigen Verschmelzung wird der untergehende Investmentfondsanteil zum Verschmelzungsstichtag veräußert und der Anteil an dem aufnehmenden Investmentfonds angeschafft. Dementsprechend wird zum Zeitpunkt der Veräußerung der besitzzeitanteilige ADDI-Wert für den untergehenden Investmentfonds ermittelt und entsprechend Kapitalertragsteuer abgeführt. Im Rahmen einer steuerneutralen Verschmelzung werden die Anteile am untergehenden Investmentfonds steuerneutral in Anteile des aufnehmenden Fonds getauscht, der ADDI-Wert des aufnehmenden Investmentfonds ändert sich durch die Verschmelzung nicht, insbesondere erfolgt keine Addition der beiden ADDI-Werte des untergehenden und des aufnehmenden Investmentfonds. Auch hier wird für die untergehenden Anteile der besitzzeitanteilige ADDI Wert ermittelt. Da in diesem Fall jedoch kein steuerpflichtiger Veräußerungsvorgang vorliegt, ist dieser besitzzeitanteilige ADDI-Wert bis zum Zeitpunkt der tatsächlichen Veräußerung der Anteile am aufnehmenden Investmentfonds vorzuhalten. Zum Zeitpunkt der Veräußerung ist sodann neben dem besitzzeitanteiligen ADDI-Wert der untergegangenen Anteile der besitzzeitanteilige ADDI-Wert für die zum Umtauschzeitpunkt erhaltenen Investmentfondsanteile für den Zeitraum ab Tausch bis Veräußerung bzw. Rückgabe zu ermitteln und die Kapitalertragsteuer auf den kumulierten Wert abzuführen (zweigeteilte Ermittlung des besitzzeitanteiligen ADDI-Wertes).

157

Serien-Anteilklassen werden in der Regel aufgelegt, wenn der Investmentfonds keinen Ertragsausgleich rechnet und bei Neueintritt von Anlegern verhindert werden soll, dass das bis zum Zeitpunkt des Eintritts der neuen Anleger realisierte Ergebnis verwässert wird. Dementsprechend wird bei unterjährigem Eintritt neuer Anleger – in der Regel weisen diese Investmentfonds maximal ein monatliches Ausgabe- und Rücknahmerecht auf – eine neue Serie (Anteilklasse) aufgelegt. Diese wird mit Ablauf des Geschäftsjahres auf die das gesamte Geschäftsjahr bestehende Anteilklasse „verschmolzen". Unseres Erachtens stellt diese „Verschmelzung" keine Verschmelzung im Sinne des § 17a InvStG dar welche entsprechend durch einen befugten Berufsträger zu bescheinigen wäre, da sich die Anteilklassen mit Ausnahme des Zeitpunktes des Eintritts des Anlegers und somit der am Ende des Geschäftsjahres zuzurechnenden Erträge nicht unterscheiden. Ungeachtet dessen sollte unseres Erachtens jedoch auch hier die steuerrechtlichen Folgen einer steuerneutralen Verschmelzung greifen und die Ermittlung des ADDI-Wertes über die gesamte Besitzzeit zweigeteilt wie bei der steuerneutralen Verschmelzung erfolgen.

158

Im Zusammenhang mit Anteilklassen, die nach Lancierung durch eine vollständige Anteilscheinrückgabe zwischenzeitlich **inaktiv** werden, stellt sich die Frage, inwieweit bei Eintritt neuer Anleger der Startwert des ADDI wieder auf Null zu setzen ist oder aber der zum Zeitpunkt der vollständigen Anteilscheinrückgabe bestehende ADDI-Wert fortgeführt werden soll. Für eine Fortführung des ADDI-Wertes spricht die Tatsache, dass die Anteilklasse rechtlich nicht aufgehört hat zu existieren und entsprechend unter der gleichen ISIN weitergeführt wird. Dementsprechend führt WM Datenservice die ADDI-Werte solcher Anteilklassen weiter. Dies ist insofern auch unproblematisch, als für die Zeiten ohne investierte Anleger der Anteilswert mangels Vermögen bei Null liegt und sich entsprechend im Rahmen der Ermittlung eines im Rahmen des ADDI zu berücksichtigen Ersatzwertes gemäß § 6 InvStG[231] ebenfalls ein Wert von Null ergibt. Aufgrund der

159

---

[231] Vgl. § 6 InvStG Rn. 42 ff.

besitzzeitanteiligen Ermittlung des ADDI zum Zeitpunkt der Veräußerung bzw. Rückgabe ergibt sich auch für den neu investierenden Anleger kein Nachteil, sofern der ADDI zum Zeitpunkt des Erwerbs beim inl. depotführenden Institut vorliegt. Gegen eine Fortführung spricht allein, dass es sich bei dem ADDI um einen pro Anteil-Angabe handelt. Da bei einer inaktiven Anteilklasse jedoch keine Anteile mehr im Umlauf sind ist es nur folgerichtig, dass der ADDI-Wert untergeht und bei Neuausgabe von Anteilen der ADDI dieser Anteile wieder bei Null startet. U.E. sind beide Vorgehensweisen vertretbar.

160 **b) Erstmalige Transparenz bestehender Fonds (Startwert bei intransparenten Fonds: Unterscheidung Spezialfonds und Publikumsfonds).** Mit der Gesetzesänderung durch das AIFM-StAnpG[232] sind zwei Fall-Konstellationen zu unterscheiden: Handelt es sich bei dem betreffenden Investmentfonds um einen Fonds, der bereits vor dem 24. Dezember 2013 in den Anwendungsbereich fiel, so fällt dieser unter den Bestandsschutz des § 22 Abs. 2 InvStG. Für diesen Investmentfonds sind die nach dem 31.12.1993 bzw. bei einem späteren Auflagedatum die ab Auflage als zugeflossen geltenden, aber noch keinem Steuerabzug unterworfenen Erträge, zu akkumulieren.[233] Hierbei kann es unseres Erachtens nicht darauf ankommen, ob der Investmentfonds aktiv in Deutschland vertrieben wurde, da auch vor Vertriebsaufnahme in Deutschland ein Steuerinländer Anteile erworben haben kann.[234]

161 Für Besteuerungszeiträume, in denen die Anforderungen für die Anwendbarkeit des InvStG in der bis zum 23.12.2013 gültigen Fassung und/oder des AuslInvestmG nicht erfüllt werden, sind keine Beträge zu akkumulieren.[235]

162 Für den Fall, dass der Investmentfonds nicht in den Anwendungsbereich des InvStG in der Fassung vom 23.12.2013 fiel und vor Umwandlung seiner Vertragsbedingungen als Investitionsgesellschaft qualifizierte, ist der Startwert des ADDI mit Null anzusetzen, da auf eine Investitionsgesellschaft die Regelungen des § 5 InvStG nicht anwendbar sind.[236]

163 **c) Europarechtskonformität.** Da diese Vorschrift nur ausländische Investmentfonds trifft, liegt der Verdacht der EU-Rechtswidrigkeit nahe, da argumentiert werden könnte, dass der ausl. Investmentfonds durch diese zusätzliche Ermittlungs- und Veröffentlichungspflicht diskriminiert wird. Die gemäß Gesetzesbegründung[237] notwendige Sicherstellung der Besteuerung wäre auch mit weniger einschneidenden Regelungen möglich gewesen. So wäre bei fehlender Ermittlung bzw. Bekanntgabe des ADDI der Ansatz eines Ersatzwertes analog der Regelung bei Nichtveröffentlichung des Zwischengewinns denkbar. Die Nicht-Bekanntgabe des ADDI würde so nicht zur Intransparenz des Investmentfonds führen.[238]

V. § 5 Abs. 1 Nr. 5 InvStG: Erweiterte Pflichten für ausländische Fonds

164 **1. Allgemeines.** § 5 Abs. 1 Satz 1 Nr. 5 InvStG ist eine Norm, die ebenfalls wie § 5 Abs. 1 Satz 1 Nr. 4 InvStG nur ausländische Investmentgesellschaften betrifft. Die Vor-

---

232 AIFM-StAnpG v. vom 18. Dezember 2013 (BGBl. I S. 4318).
233 Vgl. Berger/Steck/Lübbehüsen/*Lübbehüsen* § 5 InvStG Rn. 140.
234 Ebenso Berger/Steck/Lübbehüsen/*Ramackers* § 7 InvStG Rn. 36, **a.A.** Berger/Steck/Lübbehüsen/ *Lübbehüsen* § 5 InvStG Rn. 140.
235 Siehe Rn. 154.
236 Auf Investitionsgesellschaften gemäß § 1 Abs. 1c InvStG sind lediglich der § 1 Abs. 1, 1a und 2 sowie die Abschnitte 4 und 5 (§§ 18 ff. InvStG) des InvStG anwendbar.
237 Vgl. BTDrucks. 15/1553 S. 126.
238 Beckmann/Scholtz/Vollmer/*Petzschke* 420 § 5 InvStG Rn. 199 ff.

schrift sieht einerseits Überprüfungsmöglichkeiten durch das Bundeszentralamt für Steuern vor und ermöglicht andererseits Korrekturen für Investmentgesellschaften bei bereits bekannt gemachten Besteuerungsgrundlagen ausländischer Investmentfonds.

165 Im Gegensatz zu inländischen Investmentgesellschaften sind ausländische Investmentgesellschaften mangels Anwendbarkeit der AO nicht zur Abgabe von Feststellungserklärungen verpflichtet. Dementsprechend regelt § 13 InvStG auch nur die Abgabeverpflichtung für inländische Investmentgesellschaften.[239] Die Vorschrift schließt somit diese Kontrolllücke und eröffnet der Finanzbehörde eine Form der Besteuerungsaufsicht.

166 Das Bundeszentralamt für Steuern wirkt gemäß § 5 Abs. 1 Nr. 4 Finanzverwaltungsgesetz bei der Überprüfung der Besteuerungsgrundlagen gemäß InvStG von ausländischen Investmentfonds mit. Die Überprüfungen erfolgen auf Antrag der Landesfinanzbehörden oder im Wege von Stichproben durch das Bundeszentralamt für Steuern.

2. Nachweispflichten. So haben ausländische Investmentgesellschaften gemäß § 5 **167** Abs. 1 Satz 1 Nr. 5 Satz 1 InvStG auf Anforderung gegenüber dem Bundeszentralamt für Steuern die Richtigkeit der bekannt gemachten Besteuerungsgrundlagen gemäß § 5 Abs. 1 Satz 1 Nr. 1 sowie 2 InvStG als auch des zu veröffentlichenden sogenannten ADDI gemäß § 5 Abs. 1 Satz 1 Nr. 4 InvStG innerhalb von drei Monaten nachzuweisen.[240] Inwieweit diese Anforderung als Verwaltungsakt gemäß § 118 AO angesehen werden kann, ist fraglich.[241] Wird der Nachweis durch die ausländische Investmentgesellschaft nicht erbracht, so hat dies die Pauschalbesteuerung gemäß § 6 InvStG für die inländischen Anleger zur Folge.

168 Sollten die Urkunden für den Nachweis in einer fremden Sprache abgefasst sein, so kann gemäß § 5 Abs. 1 Satz 1 Nr. 5 Satz 2 InvStG eine Übersetzung verlangt werden. In der Praxis werden die zahlreichen Unterlagen vom Bundeszentralamt für Steuern meist in deutscher Sprache angefordert. Ferner werden neben den Unterlagen für die Herleitung der veröffentlichten Besteuerungsgrundlagen für die drei Anlegertypen auch Verkaufsprospekte, Jahresberichte sowie Nachweise zur Veröffentlichung und Ermittlung des Aktien- bzw. Zwischengewinns und des ADDI angefordert. Die Form des zu erbringenden Nachweises ist gesetzlich nicht geregelt.

3. Korrekturverfahren. Laut Finanzverwaltung sind Korrekturen von bereits veröf- **169** fentlichten Besteuerungsgrundlagen nicht zulässig.[242] Gemäß § 5 Abs. 1 Satz 1 Nr. 5 Satz 3 InvStG eröffnet der Gesetzgeber eine Korrekturmöglichkeit für ausländische Investmentgesellschaften. So sind Beträge aufgrund von aufgetretenen Fehlern bei bereits veröffentlichten Besteuerungsgrundlagen eigenverantwortlich zu korrigieren bzw. Unterschiedsbeträge aufgrund von Festsetzungen durch das Bundeszentralamt für Steuern im Rahmen der Bekanntmachung für das laufende Geschäftsjahr zu berücksichtigen.[243]

170 Die Diskussion zur Berücksichtigung von Unterschiedsbeträgen, ob in einem absoluten Betrag (ohne Berücksichtigung eines Ertragsausgleichs) oder pro Anteil, ist für die Praxis von Relevanz und stellt sich nur für Publikums-Investmentfonds, da bei Spezialfonds die Korrektur grundsätzlich rückwirkend erfolgt, d.h. immer im Jahr der Fehlerent-

---

[239] Vgl. hierzu Berger/Steck/Lübbehüsen/*Lübbehüsen* § 5 InvStG Rn. 155 bzw. Haase/*Kotzbacher* § 5 InvStG Rn. 139.
[240] Vgl. BMF Schr. v. 18.8.2009 BStBl. I 2009, 931, Rn. 107.
[241] Vgl. Haase/*Kotzbacher* § 5 InvStG Rn. 140 bzw. Blümich/*Wenzel* § 5 InvStG Rn. 55.
[242] Vgl. BMF Schr. v. 18.8.2009 BStBl. I 2009, 931, Rn. 86b sowie 107a.
[243] Vgl. BMF Schr. v. 18.8.2009 BStBl. I 2009, 931, Rn. 107a sowie ausführlich hierzu Berger/Steck/Lübbehüsen/*Lübbehüsen* § 5 InvStG Rn. 154–172.

stehung.[244] Eine Korrektur pro Anteil bewirkt bei einer Änderung der umlaufenden Anteile eine „Ertragsausgleichsberechnung" und somit eine Erhöhung bzw. Minderung des festgesetzten nominalen Korrekturbetrags.[245] In der Praxis lassen sich beide Methoden beobachten.[246]

171 Inwieweit die Nichtbeachtung der festgesetzten Unterschiedsbeträge in den laufenden Besteuerungsgrundlagen zu einer Pauschalbesteuerung gemäß § 6 InvStG führt, ist in der Literatur umstritten.[247]

VI. § 5 Abs. 1 Satz 2 InvStG: Semitransparenz

172 **1. Allgemeines.** Bei den sogenannten **semitransparenten Investmentfonds** gemäß § 5 Abs. 1 Satz 2 InvStG werden beispielsweise die Angaben in den Besteuerungsgrundlagen zu Erträgen/Veräußerungsgewinnen gemäß Teileinkünfteverfahren,[248] relevanten Zinserträgen für die Zinsschranke[249] oder Angaben zur Anrechenbarkeit von ausländischen Quellensteuern[250] nicht publiziert. So sieht die Regelung des § 5 Abs. 1 Satz 2 InvStG bei Nicht-Veröffentlichung von steuerbegünstigten Komponenten gemäß § 5 Abs. 1 Satz 1 Nr. 1c) sowie f) InvStG im Rahmen der Besteuerungsgrundlagen die Besteuerung gemäß § 2 Abs. 1 Satz 1 InvStG und die Nicht-Anwendung von § 4 InvStG vor.

173 Jedoch spielt die Kategorie der sogenannten semitransparenten Investmentfonds in der Praxis keine Rolle. Denn meist werden entweder sämtliche Komponenten der relevanten Besteuerungsgrundlagen oder gar keine Besteuerungsgrundlagen veröffentlicht. Eine Nicht-Veröffentlichung von steuerbegünstigten Komponenten gemäß § 5 Abs. 1 Satz 1 Nr. 1c) sowie f) InvStG im Rahmen der Besteuerungsgrundlagen führt nicht zur Anwendung der sogenannten Pauschalbesteuerung gemäß § 6 InvStG.

174 **2. Mindest-Pflichtangaben.** Werden jedoch die von der Finanzverwaltung festgelegten Mindest-Voraussetzungen der Veröffentlichungspflichten des § 5 Abs. 1 Satz 1 Nr. 1 InvStG ebenfalls nicht erfüllt, so ist für die Besteuerung auf Anlegerebene § 6 InvStG anzuwenden mit der Folge der sogenannten Pauschalbesteuerung für **intransparente Investmentfonds**.[251]

175 Somit sind zur Vermeidung der Pauschalbesteuerung gemäß § 6 InvStG zumindest die folgenden Angaben zu veröffentlichen: Betrag der Ausschüttung, ausgeschüttete ausschüttungsgleiche Erträge der Vorjahre (bereits in Vorjahren besteuerte Erträge), der Betrag der steuerlich ausgeschütteten bzw. ausschüttungsgleichen Erträge, die relevante Bemessungsgrundlage zum Einbehalt von Kapitalertragsteuer sowie die Beträge der in den Erträgen berücksichtigten Absetzungen für Abnutzung oder Substanzverringe-

---

244 Vgl. § 16 S. 1 InvStG.
245 Vgl. Beckmann/Scholtz/Vollmer/*Petzschke*/*Hillebrand* § 9 InvStG Rn. 25.
246 Eine mögliche Lösung wäre zum Beispiel die Korrektur davon abhängig zu machen, ob der Investmentfonds einen Ertragsausgleich rechnet oder nicht. Sofern ein Ertragsausgleich gerechnet wird, wäre somit der Korrekturbetrag pro Anteil anzusetzen, sollte kein Ertragsausgleich gerechnet werden, erfolgt demnach die Korrektur nominal.
247 Vgl. Berger/Steck/Lübbehüsen/*Lübbehüsen* § 5 InvStG Rn. 164 der keine Anwendung von § 6 InvStG vorsieht; **a.A.** Littmann/Bitz/Pust/*Ramackers* § 5 InvStG Rn. 92 sowie § 6 InvStG Rn. 10; *Stradj*/*Schmitt*/*Krause* DStR **2009** 2288.
248 Vgl. Rn. 47 ff.
249 Vgl. Rn. 58.
250 Vgl. Rn. 73 ff.
251 Vgl. BMF Schr. v. 18.8.2009 BStBl. I 2009 931, Rn. 90.

rung.²⁵² Sollten bestimmte Beträge nicht relevant sein, sind diese dennoch durch einen expliziten Nullausweis im Rahmen der Publikation entsprechend zu publizieren.

VII. § 5 Abs. 1 Satz 3 InvStG – Abhängigkeit des Inhalts der Besteuerungsgrundlagen von der Veröffentlichung des Aktien- bzw. DBA-Gewinns

Durch das AIFM-Steuer-Anpassungsgesetz ist seit dem 24.12.2013 durch die Einfügung des Satzes 3 eine explizite Verknüpfung zwischen § 5 Abs. 1 und Abs. 2 InvStG geschaffen worden, so dass die Regelungen der Absätze 1 und 2 mit ihren Rechtsfolgen nicht isoliert betrachtet werden können. Dies bedeutet, dass ohne die Ermittlung und der bewertungstäglichen Veröffentlichung des Aktien- bzw. DBA-Gewinns mit dem Rücknahmepreis gemäß § 5 Abs. 2 Satz 4 InvStG die entsprechenden Besteuerungsgrundlagen gemäß § 5 Abs. 1 Satz 1 Nr. 1c) aa) InvStG (**Dividendenerträge für Anleger BV EStG**) bzw. gemäß § 5 Abs. 1 Satz 1 Nr. 1c) gg) InvStG (**DBA-befreite ausländische Einkünfte**) in Publikationen nicht auszuweisen sind und dem Anleger entsprechend die Nutzung dieser Steuerbegünstigungen versagt wird. 176

Diese Ergänzung ist als eine explizite redaktionelle Ergänzung anzusehen, denn die oben beschriebene Konsequenz ergab sich hinsichtlich der Folgen für die Bekanntgabe der Besteuerungsgrundlagen bereits aus dem Wortlaut des § 5 Abs. 2 Satz 4 InvStG; allerdings auf implizite Weise. Es soll der Vollständigkeit halber erwähnt werden, dass bei dieser redaktionellen Änderung des neuen Satzes 3 ein systematischer Fehler unterlaufen ist, da nicht explizit auch der Ausweis unter § 5 Abs. 1 Satz 1 Nr. 1c) bb) InvStG (**Veräußerungsgewinne Aktien**) bei fehlender Ermittlung und Veröffentlichung des Aktiengewinns untersagt wurde. 177

C. Ermittlung und Veröffentlichung des Fonds-Aktiengewinns

I. Allgemeines

Der Fonds-Aktiengewinn gemäß § 5 Abs. 2 InvStG hat zum einen eine Bedeutung für die Schlussbesteuerung (Privatanleger und betrieblicher Anleger) und Folgebewertung (betrieblicher Anleger)²⁵³ sowie zum anderen für den Ausweis innerhalb der § 5 Abs. 1 InvStG. 178

Die Ermittlung und Veröffentlichung des Fonds-Aktiengewinns als positiver oder negativer Prozentsatz des Wertes des Investmentfondsanteils ist die Grundlage für die Anwendung des § 8 Abs. 1 bis 4 sowie Absatz 5 Satz 7 InvStG. Auf Basis der veröffentlichten Prozentsätze wird der Anleger durch Multiplikation mit dem Ausgabe- bzw. Rücknahmepreis in die Lage versetzt, die im Ausgabe- bzw. Rücknahmepreis enthaltenen absoluten Aktiengewinnbeträge zu ermitteln. 179

Des Weiteren ist mit der Einführung des § 5 Abs. 1 Satz 3 InvStG durch das AIFM-StAnpG die bewertungstägliche Veröffentlichung des Aktiengewinns Voraussetzung für den Ausweis von Dividendenerträgen im Rahmen der Besteuerungsgrundlagen unter § 5 Abs. 1 Satz 1 Nr. 1c) aa) InvStG sowie für die steuerbefreiten DBA-Erträgen im Sinne des § 4 Abs. 1 InvStG unter § 5 Abs. 1 Satz 1 Nr. 1c) gg) InvStG. Die bloße Versagung des Ausweises unter den beiden zuvor genannten Doppelbuchstaben bei Nichterfüllung der Ver- 180

---

252 Vgl. BMF Schr. v. 18.8.2009 BStBl. I 2009 931, Rn. 91 bzw. Rn. 100.
253 Vergleiche ausführlich die Kommentierung zu § 8 InvStG.

öffentlichungspflicht erscheint unplausibel; der Ausweis von Veräußerungsergebnissen im Sinne des § 8b KStG bzw. § 3 Nr. 40 EStG unter § 5 Abs. 1 Satz 1 Nr. 1c) bb) InvStG hätte unseres Erachtens an dieser Stelle ebenfalls von der bewertungstäglichen Veröffentlichung abhängig gemacht werden müssen. Da jedoch die Anwendung des § 2 Abs. 2 InvStG in seiner Gänze und somit die Anwendung des § 8b KStG bzw. des § 3 Nr. 40 EStG auf laufende Erträge sowie auf das erzielte Veräußerungsergebnis aus Aktien von der bewertungstäglichen Veröffentlichung des Aktiengewinns abhängig gemacht wird,[254] dürfte auf Anlegerebene bei ordnungsgemäßer Verarbeitung der Besteuerungsgrundlagen selbst bei einem Ausweis von ausgeschütteten Veräußerungsergebnissen aus Aktien unter § 5 Abs. 1 Satz 1 Nr. 1c) bb) InvStG § 8b KStG bzw. des § 3 Nr. 40 EStG nicht angewendet werden. Die Ergänzung des § 5 Abs. 1 InvStG um diesen neuen Satz 3 hat die Besteuerungssituation auf Anlegerebene insoweit nicht geändert; durch die Versagung des Ausweises sollte vielmehr vermieden werden, dass es aufgrund der Anscheinserweckung im Rahmen der Besteuerungsgrundlagen auf Anlegerebene zu einer fälschlichen Anwendung des § 8b KStG bzw. § 3 Nr. 40 EStG kommt.[255] Ein Ausweis unter § 5 Abs. 1 Satz 1 Nr. 1c) bb) InvStG ist somit auch bei Nichtveröffentlichung des bewertungstäglichen Aktiengewinns weiterhin zulässig, jedoch erscheint es sachgerecht, ebenfalls von einem Auswies abzusehen.

181 Suggeriert die Legaldefinition im Rahmen des § 5 Abs.2 sowie § 8 Abs. 1 bis 4 InvStG die Existenz von nur (einem) Aktiengewinn, so sind in der Praxis jedoch verschiedene Definitionen und Begriffe zu unterscheiden. Der Aktiengewinn setzt sich zusammen aus dem Aktiengewinn im engeren Sinne sowie dem DBA-Gewinn.[256]

182 **1. Aktiengewinn im engeren Sinne.** Der Aktiengewinn im engeren Sinne ist ausschließlich relevant für betriebliche Anleger und umfasst das realisierte und das unrealisierte Ergebnis aus Aktien sowie die laufenden Erträge, soweit auf diese auf Anlegerebene § 8b KStG bzw. § 3 Nr. 40 EStG Anwendung findet.[257] Die Besteuerung des Ergebnisses aus der Veräußerung oder Rückgabe von Investmentfondsanteilen bei betrieblichen Anlegern folgt den allgemeinen Besteuerungsregelungen und ist somit grundsätzlich steuerbar und steuerpflichtig. Soweit die Wertentwicklung während der Haltedauer jedoch auf noch nicht zugeflossene bzw. als zugeflossen geltende Dividendenerträge (soweit gemäß § 8b KStG bzw. § 3 Nr. 40 EStG auf Anlegerebene (teilweise) steuerbefreit) sowie auf das realisierte und unrealisierte Ergebnis aus Aktien entfällt, ist dieses gemäß den Regelungen des § 8 Abs. 1 bis 4 InvStG bei ESt-pflichtigen Anlegern zu 40% sowie bei KSt-pflichtigen Anlegern in der Regel zu 95% steuerbefreit. Auch für Folgebewertungen mit dem Teilwert wird geregelt, inwieweit die Wertveränderungen steuerwirksam sind.

183 **Notwendigkeit der Ermittlung zweier Aktiengewinne im engeren Sinne bei** Publikums-Investmentfonds: Mit Verabschiedung des Gesetzes zur Umsetzung des EuGH-Urteils vom 20. Oktober 2011 in der Rechtsache C-284/09 zur Abschaffung der Steuerfreiheit gemäß § 8b Abs. 1 KStG für von Körperschaften gehaltenen Streubesitzdividenden können Publikums-Investmentfonds mit der Einführung der Steuerpflicht von Streube-

---

254 Die Anbindung an die Veröffentlichung des Aktiengewinns erfolgte mit der Ergänzung des § 5 Abs. 2 Satz 4 InvStG durch das JStG 2010. Die Neuregelung galt gemäß § 21 Abs. 19 Satz 3 InvStG erstmalig für Erträge, die dem Anleger nach dem 19. Mai 2010 zufließen. In diesem Zuge wurden Investmentfonds, die bisher keinen Aktiengewinn berechnet hatten, ein erneutes Wahlrecht zur Berechnung und Veröffentlichung des Aktiengewinns gewährt, welches bis zum 19. Juli 2010 durch entsprechende Veröffentlichung des Aktiengewinns ausgeübt werden konnte. Vgl. § 21 Abs. 19 Satz 4 und 5 InvStG.
255 Vgl. BRDrucks. 740/13 v. 8.11.2013, S. 84 f.
256 Vgl. BMF Schr. v. 18.8.2009 BStBl. I 2009 931 Rn. 111.
257 Zu den Bestandteilen sowie der Ermittlung im Einzelnen siehe ausführlich Rn. 199 ff.

sitzdividenden keine nach § 8b Abs. 1 KStG steuerfreien Dividendenerträge mehr vermitteln; für die vor dem 1. März 2013 zugeflossenen Dividendenerträge (aufgrund der Ausweisposition im Rahmen der Besteuerungsgrundlagen auch „mm"-Dividenden genannt), ist § 8b InvStG weiterhin anwendbar.[258] Somit fließen in den sogenannten Aktiengewinn II für KSt-pflichtige Anleger neben dem unrealisierten und dem realisierten Ergebnis aus Aktien nur noch die Dividendenerträge mit ein, die dem Fonds als vor dem 1.3.2013 als zugeflossen gelten. Da beim ESt-pflichtigen Anleger die Dividendenerträge weiterhin unabhängig vom Zuflusszeitpunkt gemäß § 3 Nr. 40 EStG zu 40% steuerbefreit sind und somit in den Aktiengewinn eingehen, soweit diese dem Anleger noch nicht zugeflossen sind bzw. als zugeflossen gelten, besteht nunmehr seit dem 1.3.2013[259] die Verpflichtung zur Ermittlung und Veröffentlichung von zwei Aktiengewinnen im engeren Sinne.

Vor Verabschiedung des Gesetzes zur Umsetzung des EuGH-Urteils vom 20. Oktober 2011 in der Rechtssache C-284/09 ergab sich keine Notwendigkeit der Berechnung unterschiedlicher Aktiengewinne für den ESt-pflichtigen sowie den KSt-pflichtigen Anleger, da die inhaltlichen Unterschiede hinsichtlich des Anwendungsbereichs des § 3 Nr. 40 EStG und des § 8b KStG Erträge aus Investments betrafen, die keine zulässigen Vermögensgegenstände darstellten bzw. in der Praxis keine Relevanz besaßen;[260] entsprechend gewährte die Finanzverwaltung Publikums-Investmentfonds die Publikation ausschließlich eines auf Basis der Verhältnisse eines KSt-pflichtigen Anlegers ermittelten Aktiengewinns.[261] Die in der Literatur in der Anfangszeit diskutierten möglichen unterschiedlichen Aktiengewinne aufgrund vermeintlich unterschiedlicher Kostenschlüsselungen gemäß § 3 Abs. 3 Nr. 3 und 4 InvStG aF[262] auf Dividendenerträge beim ESt-pflichtigen und beim KSt-pflichtigen Anleger wurde bereits durch das Rechenbeispiel der Finanzverwaltung im Rahmen des BMF-Schreibens vom 2.6.2005[263] klargestellt; der Gleichlauf der Kostenverteilung wurde in der Praxis auch von Anbeginn entsprechend umgesetzt. **184**

Investmentgesellschaften mit **Spezialfonds** stellt die Verabschiedung des Gesetzes zur Umsetzung des EuGH-Urteils vom 20. Oktober 2011 in der Rechtssache C-284/09 vor besondere Herausforderungen. Theoretisch wäre es möglich, dass sich bei mehreren KSt-pflichtigen Anlegern eines Spezialfonds die Notwendigkeit der Ermittlung eines jeweils eigenen Aktiengewinns pro Anleger ergeben würde: Anders als Publikumsfonds sind Spezialfonds bei Vorliegen der Voraussetzungen des § 15 Abs. 1a InvStG weiterhin berechtigt, ihren Anlegern steuerfreie Dividendenerträge i.S.d. § 8b Abs. 1 KStG zu vermitteln, wenn der dem einzelnen Anleger aus dem Investmentfonds zuzurechnende Anteil aus der Beteiligung am Grundkapital mit oder ohne Berücksichtigung eines möglichen Direktbesitzes des Anlegers an selbiger Gesellschaft mindestens 10 Prozent des Grund- oder Stammkapitals der Körperschaft, Personenvereinigung oder Vermögensmasse be- **185**

---

258 Vgl. § 21 Abs. 22 Satz 3 InvStG. Da über Ziel-Investmentvermögen vermittelte mm-Dividenden auf Ebene des Dach-Investmentvermögens unabhängig von dem Zuflusszeitpunkt ebenfalls als vor dem 1.3.2013 als zugeflossen gelten, fließen entsprechend auch bei KSt-pflichtigen Anlegern entsprechende Dividendenerträge weiterhin in den Aktiengewinn im engeren Sinne mit ein.
259 Vor dem Hintergrund der Tatsache, dass das Gesetz erst am 21.3.2013 verabschiedet und am 29.3.2013 in Kraft getreten ist, wurde von der Finanzverwaltung eine Übergangsfrist bis zum 30.6.2013 eingeräumt. Demnach war es ausreichend mit der bewertungstäglichen Veröffentlichung des Aktiengewinns II zum 1.7.2013 zu starten und die Aktiengewinne II für den Zeitraum vom 1.3.2013 bis 30.6.2013 auf der Internetseite der Investmentgesellschaft oder im Bundesanzeiger nachzuveröffentlichen. Vgl. BMF v. 9.7.2013 – IV C 1 – S 1980 – 1/12/10014.
260 Vgl. *Bacmeister* IStR **2007** 170.
261 Vgl. BMF Schr. v. 18.8.2009 BStBl. I 2009 931 Rn. 116.
262 Vgl. *Bacmeister* IStR **2004** 179 sowie *Grabbe/Lübbehüsen* DStR **2004** 983.
263 Vgl. BMF Schr. v. 2.6.2005 BStBl. I 2005 728, Anhang 2.

trägt.²⁶⁴ In der Praxis wird die Berücksichtigung von auf Anlegerebene gehaltenen Beteiligungen wohl eher die Ausnahme bilden und wenn dann nur für den Fall eines Spezialfonds mit nur einem Anleger relevant sein.

186 **2. Der DBA-Gewinn.** Soweit das bei Rückgabe bzw. Veräußerung realisierte Ergebnis auf den besitzzeitanteiligen **DBA-Gewinn**²⁶⁵ entfällt, erfolgt beim betrieblichen KSt-pflichtigen Anleger eine vollständige Steuerbefreiung; beim betrieblichen ESt-pflichtigen Anleger jedoch unter Progressionsvorbehalt. Der DBA-Gewinn beinhaltet analog zum Aktiengewinn im engeren Sinne die noch nicht zugeflossenen bzw. als zugeflossen geltenden laufenden Erträge im Sinne des § 4 Abs. 1 InvStG sowie das realisierte und unrealisierte Ergebnis aus den diesen Erträgen zugrunde liegenden Vermögensgegenständen. Dementsprechend sind für den Aktiengewinn im engeren Sinne sowie dem DBA-Gewinn gemäß § 5 Abs. 2 InvStG zwei voneinander getrennt zu ermittelnde Prozentsätze zu ermitteln und zu veröffentlichen.

187 Abweichend vom Aktiengewinn im engeren Sinne ist der DBA-Gewinn auch für den Privatanleger von Bedeutung. Gemäß § 8 Abs. 5 Satz 7 InvStG bleibt die besitzzeitanteilig entfallende positive oder negative Wertveränderung im Investmentfondsvermögen aus den DBA-gewinnrelevanten Komponenten bei der Ermittlung des Ergebnisses zum Zeitpunkt der Veräußerung bzw. Rückgabe außer Ansatz.

188 **3. Fonds-Aktiengewinn v. Anleger Aktiengewinn.** Ebenfalls zu unterscheiden sind die Begriffe des Fonds-Aktiengewinns sowie des Anleger-Aktiengewinns. Der **Fonds-Aktiengewinn** entspricht hierbei dem nach § 5 Abs. 2 InvStG bewertungstäglich zu ermittelnden und mit dem Rücknahmepreis zu veröffentlichenden prozentualen Wert der aktiengewinnrelevanten Komponenten im Verhältnis zum Wert des Investmentfondsanteils. Der **Anleger-Aktiengewinn** hingegen spiegelt die auf den Anleger besitzzeitanteilig entfallende positive oder negative Wertveränderung im Investmentfondsvermögen aus den aktiengewinnrelevanten Komponenten wieder und ermittelt sich nach den Vorgaben des § 8 Abs. 1 bis 4 InvStG.²⁶⁶

189 Im Gegensatz zum Zwischengewinn, dessen Wert mindestens mit Null zu veröffentlichen ist,²⁶⁷ sieht die Regelung des § 5 abs. 2 InvStG ausdrücklich die Veröffentlichung sowohl positiver wie negativer Prozentsätze vor.²⁶⁸ Dies ist auch zwingend erforderlich,

---

264 Mit Inkrafttreten des AIFM-StAnpG darf ein nach dem 23. Dezember 2013 aufgelegtes Investmentvermögen selbst nur eine Beteiligung am Grundkapital einer Kapitalgesellschaft von unter 10% erwerben, so dass es insoweit nur noch bei gleichzeitigem durch den Anleger nachgewiesenen Direktbesitz zur Vermittlung steuerfreier Dividenden kommen kann. Sollte der Investmentfonds gegen diese Grenze verstoßen und ausschließlich aufgrund dieses Verstoßes (also ohne Zurechnung des nachgewiesenen Direktbesitzes des Anlegers) über 10% am Grundkapital einer Kapitalgesellschaft halten, darf dieser selbst bzw. für dessen Anleger keine Besteuerungsregelungen anwenden, die eine über dieser Grenze liegende Beteiligungshöhe voraussetzen. Für vor dem 24. Dezember 2013 aufgelegte Investmentvermögen, auf welche das InvStG in der Fassung vom 21. Juli 2013 anwendbar war, gilt diese Investitionsbeschränkung erst nach Ablauf des Geschäftsjahrs, welches nach dem 22. Juli 2016 endet.
265 Vgl. § 4 Abs. 1 InvStG. In der Praxis wird vielfach anstelle vom „DBA-Gewinn" vom „Immobiliengewinn" gesprochen. Da § 4 Abs. 1 InvStG jedoch nicht nur ausschließlich steuerbefreite Beträge aus Immobilien erfasst, sondern beispielsweise auch Erträge aus ausl. Betriebsstätten oder auch Schachteldividenden, trägt der Begriff „DBA-Gewinn" dem Regelungsinhalt Rechnung und wäre entsprechend zu bevorzugen. Vgl. Beckmann/Scholtz/Vollmer/*Petzschke* 420 § 5 InvStG Rn. 228.
266 Vgl. BMF Schr. v. 18.8.2009 BStBl. I 2009 931 Rn. 163.
267 Vgl. § 1 Abs. 1 InvStG Rn. 32.
268 Vgl. § 5 Abs. 2 Satz 1 InvStG.

um die besitzzeitanteilige positive wie negative Wertveränderung auf Anlegerebene zum Zeitpunkt der Veräußerung oder aber auch Teilwertermittlung bestimmen zu können.[269]

4. Berechnungswahlrecht. Inländischen Publikums-Investmentfonds steht es bei ihrer erstmaligen Ausgabe von Anteilen im Inland frei zu entscheiden, den Aktiengewinn zu veröffentlichen. Dieses Wahlrecht kann nur einheitlich für den Aktiengewinn im weiteren Sinne ausgeführt werden, das heißt, dass im Falle der Entscheidung für eine Berechnung sowohl der Aktiengewinn im engeren Sinne als auch der DBA-Gewinn zu berechnen und zu veröffentlichen ist.[270] 190

Ausländische Publikums-Investmentfonds können über die Ausübung des Wahlrechts innerhalb von zwei Monaten nach Ablauf der Frist zur Untersagung des Vertriebs durch die Bundesanstalt für Finanzdienstleistungsaufsicht nach vorheriger Anzeige der Absicht des öffentlichen Vertriebes entscheiden; bei im Wege des private placement vertriebenen ausländischen Investmentfondsanteilen ist das Wahlrecht innerhalb von zwei Monaten nach Ausgabe des ersten Investmentanteils an einen im Inland steuerpflichtigen Anleger auszuüben.[271] Da beim Vertrieb im Wege des private placement für den Beginn der Zweimonats-Frist auf das aktive Vertreiben der Investmentfondsanteile abgestellt wird, erscheint es angemessen im ersten Fall nicht auf den Ablauf der Frist zur Untersagung des Vertriebes abzustellen sondern vielmehr den Fristlauf für die Ausübung des Wahlrechts ebenfalls mit dem Beginn des aktiven Vertriebes an in Deutschland steuerpflichtige Anleger starten zu lassen. Anderenfalls wäre für Anteilklassen, für die der öffentliche Vertrieb zwar angezeigt worden ist, jedoch nie tatsächlich aufgenommen wurde und entsprechend auch keine täglichen Steuerkennzahlen bzw. keine Besteuerungsgrundlagen nach § 5 Abs. 1 InvStG veröffentlicht wurden, die Frist zur Aufnahme der Ermittlung und Veröffentlichung des Aktien-/DBA-Gewinns nach dem Wortlaut des BMF-Schreibens verstrichen. Damit wäre für derartige Anteilklassen eine Begünstigung von Dividenden- oder Immobilienerträgen dauerhaft ausgeschlossen und eine nachträgliche „Heilung" nicht möglich, was vor dem Hintergrund der für das private placement geltenden Regelung nicht sachgerecht erscheint. Vor dem Hintergrund der Intention dieser Regelung erscheint es ebenfalls sachgerecht, wenn das Wahlrecht immer dann wieder auflebt, wenn sämtliche Anteile an einer Anteilklasse vollständig zurückgegeben wurden und zu einem späteren Zeitpunkt erstmalig wieder neue Anteile ausgegeben werden. Durch die zwischenzeitliche Rückgabe aller Anteile ist die erstmalige Neuausgabe von Anteilen an Anleger mit einer Neuauflage einer Anteilklasse gleichzusetzen und entsprechend das Wahlrecht neu zu gewähren. 191

---

269 Vgl. das Beispiel von Bordewin/Brand/Geurts § 5 InvStG Rn. 64 f.; ebenfalls enthalten in Berger/Steck/Lübbehüsen/*Lübbehüsen* § 5 InvStG Rn. 192.
270 Vgl. BMF Schr. v. 18.8.2009 BStBl. I 2009 931, Rn. 110. Aufgrund der gewährten erneuten Wahlrechtsausübung im Zusammenhang mit der Ermittlung und Veröffentlichung des DBA-Gewinns (BMF Schr. v. 18.8.2009 BStBl. I 2009 931, Rn. 301) zum nach dem 31. Dezember 2008 beginnenden Geschäftsjahr besteht bei vor diesem Zeitpunkt aufgelegten (Immobilien-)Fonds die Möglichkeit, dass zulässigerweise nur der DBA-Gewinn ermittelt und veröffentlicht wird.
271 Vgl. BMF Schr. v. 18.8.2009 BStBl. I 2009 931, Rn. 110. Anders als im Geltungszeitraum des InvG stellt das private placement unter dem KAGB ebenfalls eine Form des öffentlichen Vertriebs dar, so dass mit Auslauf der Übergangsvorschrift die zuvor genannte Regelung auch auf im Wege des private placement vertriebenen ausl. Investmentfonds zutrifft. Gemäß § 293 Abs. 1 Satz 1 ist Vertrieb das direkte oder indirekte Anbieten oder Platzieren von Anteilen oder Aktien eines Investmentvermögens dar. Die Privatplatzierung ist noch bis zum 21.7.2014 bzw. bis Inkrafttreten der geänderten Anlagebedingungen oder Einreichung des Erlaubnisantrages zulässig.

192 Spezialfonds haben kein Wahlrecht, sie müssen kraft Gesetz den Aktiengewinn ermitteln.[272]

193 **5. Ermittlungs- und Veröffentlichungspflicht.** § 8 Abs. 1 bis 4 InvStG ist nur anzuwenden, wenn die Investmentgesellschaft den Aktiengewinn im engeren Sinne sowie den DBA-Gewinn bewertungstäglich mit dem Rücknahmepreis veröffentlicht.[273] Unter dem KAGB[274] ist für offene inländische Publikums-Investmentfonds gemäß der OGAW-Richtlinie der Ausgabe- und Rücknahmepreis bei jeder Möglichkeit zur Ausgabe oder Rücknahme von Anteilen oder Aktien, mindestens jedoch zweimal im Monat, zu ermitteln[275] und in einer hinreichend verbreiteten Wirtschafts- und Tageszeitung oder der im Verkaufsprospekt oder in den in den wesentlichen Anlegerinformationen bezeichneten elektronischen Informationsmedien zu veröffentlichen.[276]

194 Offene inländische Publikums-AIF und offene inländische Spezial-AIF sind verpflichtet, die Bewertung in einem bezogen auf die Ausgabe- und Rücknahmehäufigkeit angemessenen zeitlichen Abstand durchzuführen, mindestens jedoch einmal jährlich.[277] Für die Veröffentlichung gelten für die offenen inl. Publikums-AIF die Ausführungen zum offenen inländischen Publikums-Investmentfonds analog[278] (Veröffentlichung bei jeder Möglichkeit zur Ausgabe oder Rücknahme); für offene inl. Spezial-AIF gibt es keine entsprechende Veröffentlichungsverpflichtung; die Offenlegung gegenüber den Anlegern hat gemäß der in den Anlagebedingungen vereinbarten Form zu erfolgen.[279]

195 Bei ausländischen Investmentfonds richtet sich die die Häufigkeit der Bewertung und die Form der Veröffentlichung nach den aufsichtsrechtlichen Vorgaben des Sitzstaates.

196 Gemäß der OGAW-Richtlinie sind für EU-OGAW analog der Regelung für offene inländische Publikums-Investmentfonds der Ausgabe- und Rücknahmepreis bei jeder Möglichkeit zur Ausgabe oder Rücknahme von Anteilen oder Aktien, mindestens jedoch zweimal im Monat, zu ermitteln.[280] Hierbei sehen die Vorschriften des KAGB die Veröffentlichung in einer hinreichend verbreiteten Wirtschafts- und Tageszeitung oder der im Verkaufsprospekt oder in den in den wesentlichen Anlegerinformationen bezeichneten elektronischen Informationsmedien vor.[281]

197 Für alle weiteren ausl. AIF schreibt § 299 Abs. 1 Nr. 5 KAGB die Veröffentlichung des Rücknahmepreises bei jeder Ausgabe oder Rücknahme von Anteilen, mindestens jedoch einmal im Jahr, in einer im Verkaufsprospekt anzugebenden hinreichend verbreiteten Wirtschafts- und Tageszeitung mit Verbreitungsort im Geltungsbereich des KAGB oder in den im Verkaufsprospekt bezeichneten elektronischen Informationsmedien vor.

198 Der veröffentlichte Aktiengewinn im engeren Sinne sowie der DBA-Gewinn entfalten hinsichtlich der Höhe keine Bindungswirkung.[282] Dementsprechend steht es dem Anleger

---

272 Vgl. für inländische Spezialfonds § 15 Abs. 1 S. 2 InvStG für ausländische Spezialfonds § 16 Abs. 1 S. 3 InvStG.
273 Vgl. § 5 Abs. 2 Satz 1 InvStG.
274 Betreffend den Bewertungs- und Veröffentlichungspflichten unter dem InvG siehe ausführlich Berger/Steck/Lübbehüsen/*Lübbehüsen* § 5 InvStG Rn. 203 ff.
275 § 212 KAGB.
276 § 170 KAGB.
277 § 217 Abs. 1 KAGB.
278 § 217 Abs. 3 KAGB.
279 § 279 Abs. 3 KAGB.
280 Dies entspricht auch der Vorgabe für inl. OGAW gemäß § 212 KAGB.
281 Vgl. § 170 KAGB.
282 Vgl. BMF Schr. v. 18.8.2009 BStBl. I 2009 931 Rn. 117a.

frei, bei besserer Erkenntnis einen von dem veröffentlichten Wert abweichenden Wert anzusetzen. Dies bedeutet des Weiteren, dass eine Änderung des Steuerbescheids beim Anleger insoweit nicht auf § 175 Abs. 1 Satz 1 Nr. 1 AO gestützt werden kann.[283]

II. Berechnungssystematik

1. Grundsystematik. Der Aktiengewinn beinhaltet diejenigen zum Zeitpunkt der Rückgabe bzw. Veräußerung in Rücknahmepreis enthaltenen Bestandteile, die bei Ausschüttung bzw. Thesaurierung nach § 8b KStG bzw. § 3 Nr. 40 EStG im Betriebsvermögen bzw. nach § 4 Abs. 1 InvStG im Betriebsvermögen und im Privatvermögen steuerfrei bleiben würden.[284] Die Definition der einzelnen im Aktiengewinn berücksichtigenden Bestandteile erfolgt in § 8 Abs. 1 InvStG.[285] Inwieweit ausländische Quellensteuern dabei zu berücksichtigen sind, ist gesetzlich nicht geregelt. Grundsätzlich spricht § 8 Abs. 1 InvStG von „Einnahmen" somit von einem Nettowert. Ebenso stellt sich die Frage der korrekten Berücksichtigung der dazugehörigen Werbungskosten.[286] Da der Aktiengewinn ein prozentualer Anteil des investmentrechtlichen Rücknahmepreises darstellt und investmentrechtlich Quellensteuern und angefallene Kosten vollständig als Aufwand in die Berechnung des Rücknahmepreises einfließen, ist es nach unserer Auffassung sachgerecht, die Ermittlung des Aktiengewinns ebenfalls nach der Netto-Methode durchzuführen und dadurch die Quellensteuer als auch die den Aktiengewinnkomponenten zugeordneten Werbungskosten zu 100% zum Abzug zu bringen.[287]

199

Beispiel für die Berechnung des DBA-Gewinns:

DBA befreite ausländische Erträge	150
Realisierte DBA-Gewinne/Verluste	150
Unrealisierte DBA-Gewinne/Verluste	−50
abzüglich direkte Kosten	−50
abzüglich indirekte Kosten (berechnet anhand der DBA-Quote)	−100
zuzüglich gesetzlicher Korrekturbetrag[288]	50
= Summe der relevanten Erträge des DBA-Gewinns	150
Rücknahmepreis	600

$$\text{DBA-Gewinn} = \frac{\text{Summe der relevanten Erträge des DBA-Gewinns} \times 100}{\text{Rücknahmepreis}}$$

DBA-Gewinn (150/600) × 100   25,00%

2. Besonderheiten. Die nachfolgenden Aussagen gelten grundsätzlich sowohl für den Aktiengewinn im engeren Sinne als auch für den DBA-Gewinn. Aufgrund der besseren Lesbarkeit wird nachfolgend einheitlich immer nur vom Aktiengewinn gesprochen.

200

---

283 Ebenso Berger/Steck/Lübbehüsen/*Lübbehüsen* § 5 InvStG Rn. 205.
284 Vgl. Zu Besonderheiten bei Leerverkäufen, Short bzw. Long Sales, Termingeschäften sowie Wertpapierleihe, Haase/*Bacmeister* § 5 Rn. 200 ff.
285 Siehe hierzu ausführlich die Kommentierung zu § 8 InvStG.
286 Vgl. ausführlich § 8 Rn. 14.
287 Vgl. § 8 Rn. 13 f.; ebenso Beckmann/Scholtz/Vollmer/*Petzschke/Hillebrand* 420 § 8 InvStG Rn. 24 f. mit Beispielen. Haase/*Bacmeister* § 5 Rn. 190 ff.
288 Vgl. Rn. 207.

201 **a) Dachfonds.** Besonderheiten ergeben sich insbesondere bei Dachfonds. Hierbei ist zu berücksichtigen, dass der ermittelte und veröffentlichte Aktiengewinn des Zielfonds in den ermittelten und veröffentlichten Aktiengewinn des Dachfonds einfließen muss (doppelte Transparenz).[289]

Beispiel für die Berechnung des Aktiengewinns im engeren Sinn auf Dachfondsebene:

Dividendenerträge	80
Ausländische gezahlte Quellensteuer	−25
Ausgeschüttete Dividendenerträge aus Zielfonds	10
Realisierte Aktiengewinne/-verluste aus Aktien	150
Unrealisierte Aktiengewinne/-verluste aus Aktien	−50
Realisierte aktiengewinnrelevante Erträge aus Verkauf von Zielfondsanteilen	20
Aktiengewinn aus Zielfondsanteilen	15
abzüglich direkte Kosten auf Dividendenerträge	−50
abzüglich indirekte Kosten auf aktiengewinnrelevante Erträge (berechnet anhand der Aktienquote)	−100
zuzüglich gesetzlicher Korrekturposten[290]	20
= Summe der aktiengewinnrelevanten Erträge auf Dachfondsebene	70
Rücknahmepreis	350

$$\text{Aktiengewinn} = \frac{\text{Summe der aktiengewinnrelevanter Erträge} \times 100}{\text{Rücknahmepreis}}$$

Aktiengewinn (70/350) × 100   20,00%

202 **b) Verschmelzung.** Auswirkungen auf Fondsebene: Wenn beide Investmentfonds den Aktiengewinn ermitteln, ist bei steuerneutraler Verschmelzung gemäß § 14 Abs. 6 Satz 1 InvStG auf Fondsebene des aufnehmenden Fonds sicherzustellen, dass sich der Aktiengewinn pro Anteil durch die Verschmelzung trotz Übernahme stiller Reserven vom übertragenden Investmentfonds nicht verändert. Dies wird durch die Einstellung eines Korrekturpostens bei der Aktiengewinnberechnung des übernehmenden Sondervermögens erreicht. Liegt keine steuerneutrale Verschmelzung vor, darf sich der Aktiengewinn des aufnehmenden Fonds ebenfalls nicht verändern, da in diesem Fall die Wertpapiere des untergehenden Fonds zum Marktwert übertragen werden. Ermittelt nur ein Investmentfonds den Aktiengewinn, so fingiert § 14 Abs. 6 S. 2 InvStG einen Verkauf gemäß § 8 Abs. 4 InvStG bei dem Investmentfonds der bisher einen Aktiengewinn ermittelt und veröffentlicht hat.

203 Auswirkung auf Anleger Ebene: Der besitzzeitanteilige Aktiengewinn des Anlegers, der Anteile an dem übertragenden Investmentfonds hält, wird dabei in zwei Stufen festgestellt:[291]
– Der erste Zeitraum betrifft die Zeit bis zum Ende des letzten GJ des übertragenden Investmentfonds.
– Der zweite Zeitraum betrifft die Zeit ab der Beteiligung am übernehmenden Investmentfonds

---

[289] Vgl. hierzu ausführlich § 8 Rn. 16.
[290] Vgl. Rn. 207.
[291] BMF Schr. v. 18.8.2009 BStBl. I 2009 931, Rn. 241.

Auf die Summe dieser Komponenten ist § 8 InvStG anzuwenden. Das nachfolgende 204
Schema soll die steuerrechtliche Ermittlung des besitzzeitanteiligen Aktiengewinns beim
Anleger verdeutlichen.

	AktGew des Neu-Fonds am Verkaufstag
abzgl.	AktGew des Neu-Fonds am Tag der Übernahme
zzgl.	AktGew des Alt-Fonds am Tag der Übertragung
abzgl.	AktGew des Alt-Fonds am Kauftag
=	besitzzeitanteiliger AktGew des Anlegers

c) Zeitpunkt und Höhe der Anpassung bei Ausschüttung/Thesaurierung. Bei 205
thesaurierenden Investmentfonds ist der Aktiengewinn im engeren Sinne bzw. der DBA-
Gewinn um die Bestandteile zu kürzen, die dem Anleger zum Geschäftsjahresende im
Rahmen der ausschüttungsgleichen Erträge als zugeflossen gelten. Hierbei handelt es
sich beim Aktiengewinn um die laufenden Erträge, beim DBA-Gewinn fallen hierunter
neben den laufenden Erträgen zusätzlich die Veräußerungsergebnisse aus ausländischen Immobilien, sofern diese aus dem Verkauf von Immobilien mit einer Haltedauer
von maximal zehn Jahren stammen. Sollte das laufende Ergebnis aufgrund der Schlüsselung von Werbungskosten negativ sein, verbleibt dieses im Aktiengewinn, da Verluste
gemäß § 3 Abs. 4 InvStG auf Investmentfondsebene verbleiben in den Folgejahren mit
Erträgen gleicher Art ausgeglichen werden.

Bei ausschüttenden Investmentfonds soll unabhängig davon, ob es sich um einen 206
Publikums-Investmentfonds oder aber einen Spezial-Investmentfonds handelt, gemäß
Auffassung der Finanzverwaltung die Anpassung des Aktiengewinns zum Zeitpunkt
des Ausschüttungsbeschlusses erfolgen, sofern der Ausschüttungsbetrag ausreicht, den
Steuerabzug auf die ausgeschütteten sowie gegebenenfalls die ausschüttungsgleichen
Erträge vorzunehmen.[292] Dies ist unseres Erachtens jedoch nicht sachgerecht. Die Ausschüttung ist bis zum Ex-Tag im Rücknahmepreis enthalten, so dass entsprechend auch
die Anpassung des Aktiengewinns erst zum Ex-Tag erfolgen sollte. Ebenfalls ist insbesondere bei ausländischen Investmentanteilen das Datum des Ausschüttungsbeschlusses selbst nicht bekannt, die Ausschüttung erfolgt analog zu Dividendenausschüttungen
an denjenigen Anleger, der am Tag vor dem Ex-Tag die Anteile am Investmentfonds hält.
Zu Problemen in der Praxis führt der Fall, dass die Ausschüttung nicht ausreicht, den
Steuerabzug auf die ausgeschütteten sowie gegebenenfalls die ausschüttungsgleichen
Erträge vorzunehmen und entsprechend eine Ausschüttung mit Vollthesaurierungsfik-
tion im Sinne des § 2 Abs. 1 Satz 4 InvStG vorliegt. In diesem Falle hat die Absetzung der
laufenden Beträge sowie der gegebenenfalls zur Ausschüttung verwendeten realisierten
Veräußerungsgewinne aus Aktien bzw.[293] aus Immobilien (rückwirkend) zum Ende des
Geschäftsjahres zu erfolgen.[294]

---

[292] Vgl. BMF Schr. v. 18.8.2009 BStBl. I 2009 931 Rn. 112 für den Aktiengewinn im engeren Sinne und
Rn. 113. für den DBA-Gewinn; ebenso Berger/Steck/Lübbehüsen/*Lübbehüsen* § 5 InvStG Rn. 196.
[293] Relevant sind in diesem Falle nur Veräußerungsergebnisse aus Immobilien mit einer Haltedauer von
mehr als 10 Jahren. Bei einer kürzeren Haltedauer gehört das realisierte Veräußerungsergebnis zu den zum
Geschäftsjahresende dem Anleger fiktiv zufließenden laufenden Erträgen.
[294] BMF Schr. v. 18.8.2009 BStBl. I 2009 931 Rn. 112 für den Aktiengewinn im engeren Sinne und Rn. 113
für den DBA-Gewinn. Dies ist insbesondere für ausländische Investmentfonds von Bedeutung, da die
Buchhaltung den lokalen Rechnungslegungsvorschriften folgt und somit entsprechend der im
Jahresbericht ausgewiesene ordentliche Ertrag, welcher die Grundlage für die Festlegung der
Ausschüttung ist, regelmäßig nicht dem zum Geschäftsjahresende steuerlich zufließenden
ausschüttungsgleichen Ertrag entspricht, so dass die Folgen des § 2 Abs. 1 Satz 4 InvStG zur Anwendung
kommen.

207 **3. Korrekturposten.** § 5 Abs. 2 Satz 2 InvStG schreibt vor, dass sich der Aktiengewinn pro Investmentfondsanteil nicht durch Ausgabe oder Rücknahme von Anteilen ändern darf. Entsprechend hat der Investmentfonds auf alle aktiengewinnrelevanten Bestandteile einen Korrekturposten zu ermitteln. Die Regelung für den Korrekturposten entspricht im Wesentlichen der Regelung der Ertragsausgleichsberechnung.[295] Soweit ein Investmentfonds auf alle aktiengewinnrelevanten Bestandteile bereits einen Ertragsausgleich berechnet, entfällt somit der Korrekturposten.

Anhand des nachfolgenden Beispiels soll dies verdeutlicht werden:
Am 1. Januar 2014 wurde der Aktienfonds mit einem Fondsvolumen in Höhe von 100 mit insgesamt 8 Anteilen aufgelegt. Es ergibt sich somit ein Rücknahmepreis in Höhe von 12,5 pro Anteil. Der Aktiengewinn beträgt zum Zeitpunkt der Auflegung 0,00%.
Bis zum 31. März 2014 erhöht sich das Fondsvolumen von 100 auf 120 und somit von 12,5 pro Anteil auf 15 pro Anteil. Der Wertzuwachs entfällt ausschließlich auf Aktiengewinn relevante Komponenten.

→ **Szenario A**: Erwerb von drei neuen Anteilen am 1.4.2014
→ **Szenario B**: Verkauf von drei Anteilen am 1.4.2014

Umlaufende Anteile am 1.1.2014	8
Umlaufende Anteile am 31.3.2014	8
Umlaufende Anteile am 1.4.2014 Szenario A	11
Umlaufende Anteile am 1.4.2014 Szenario B	5
Rücknahmepreis pro Anteil am 1.1.2014	12,5
Rücknahmepreis pro Anteil am 31.3.2014	15
Rücknahmepreis pro Anteil am 1.4.2014	15
Fondsvolumen am 1.1.2014	100
Fondsvolumen am 31.3.2014	120
Fondsvolumen am 1.4.2014 Szenario A	165
Fondsvolumen am 1.4.2014 Szenario B	75

Aktiengewinnbestandteile bis zum 31.3.2014

Aktiengewinnrelevante Erträge	Aktiengewinn total	Aktiengewinn pro Anteil 1.1.2014–31.3.2014
Dividendenerträge	5	0,6250
Vereinnahmte ausschüttungsgleiche Dividenden Erträge aus Zielfonds	5	0,6250
Indirekte Kosten auf Dividendenerträge	−5	−0,6250
Realisierte Aktiengewinne/-verluste	5	0,6250
unrealisierte Aktiengewinne/-verluste	10	1,2500
Summe	20	2,5000
Veränderung des Aktiengewinns von 0,00%	auf 16,67%	(20/120)

---

[295] Vgl. § 9 InvStG; Beckmann/Scholtz/Vollmer/*Petzschke* 420 § 5 InvStG Rn. 230.

Im oben genannten Beispiel steigt der Aktiengewinn von 0,00% auf 16,67%.

Rechenweg: (5 + 5 – 5 + 5 + 10)/120 = 16,67%

Szenario A
Am 1.4.2014 erwirbt ein Anleger drei neue Anteile zu einem Rücknahmepreis in Höhe von 15 pro Anteil. Die aktiengewinnrelevanten Erträge bleiben insgesamt und pro Anteil bestehen.

• Mit Korrekturbetrag
Der Korrekturbetrag kann wie folgt berechnet werden:

Korrekturbetrag (7,50) (→ Ertragsausgleich für Aktiengewinn) = (umlaufende Anteile nach dem Handeln (11) ./. umlaufende Anteile vor dem Handel(8)) × Aktiengewinn des Vortages pro Anteil (2,5)

Umlaufende Anteile am 31.3.2014	8
Umlaufende Anteile am 1.4.2014	11
Differenz der umlaufenden Anteile	3
Aktiengewinn in Prozent am 31.3.2014	16,67%
Aktiengewinn pro Anteil 31.3.2014	2,50
Korrekturbetrag für den Aktiengewinn	7,50

	Summe	pro Anteil
Fondsvolumen 1.4.2014	165,00	15,00
Aktiengewinnrelevante Erträge inkl. Korrekturbetrag	27,50	2,50
Aktiengewinn in Prozent am 1.4.2014 (27,5/165)	16,67%	16,67%

Soweit ein Korrekturbetrag für den Aktiengewinn berechnet wird, haben die Bewegungen der umlaufenden Anteile des Fonds keinen Einfluss auf den prozentualen Aktiengewinn.

• Ohne Korrekturbetrag

	Gesamt	pro Anteil
Fondsvolumen 1.4.2014	165,00	15,00
Aktiengewinnrelevante Erträge inkl. Korrekturbetrag	20,00	1,82
Aktiengewinn in Prozent am 1.4.2014 (20/165)	12,12%	12,12%

Soweit kein Korrekturbetrag für den Aktiengewinn berechnet wird, verändert sich der prozentuale Aktiengewinn aufgrund von Anteilscheinbewegungen. In diesem Fall sinkt der prozentuale Aktiengewinn von 16,67% auf 12,12%, dabei ist der Rücknahmepreis pro Anteil gleich geblieben.

Szenario B

Am 1. April 2014 verkauft ein Anleger drei Anteile mit einem Rücknahmepreis in Höhe von 15 pro Anteil. Die aktiengewinnrelevanten Erträge bleiben insgesamt und pro Anteil bestehen.

- Mit Korrekturbetrag

Der Korrekturbetrag kann wie folgt berechnet werden:
Korrekturbetrag (–7,50) (Ertragsausgleich für Aktiengewinn) = (umlaufende Anteile nach dem Handel (5) ./. umlaufende Anteile vor dem Handel(8)) x Aktiengewinn des Vortages pro Anteil (2,5)

Umlaufende Anteile am 31.3.2014	8
Umlaufende Anteile am 1.4.2014	5
Differenz der umlaufenden Anteile	–3
Aktiengewinn in Prozent am 31.3.2014	16,67%
Aktiengewinn pro Anteil 31.3.2014	2,50
Korrekturbetrag für den Aktiengewinn	–7,50

	Summe	pro Anteil
Fondsvolumen 1.4.2014	75,00	15,00
Aktiengewinnrelevante Erträge inkl. Korrekturbetrag	12,5	2,50
Aktiengewinn in Prozent am 1.4.2014 (27,5/165)	16,67%	16,67%

Auch in diesem Beispiel wird der prozentuale Aktiengewinn durch die Anteilscheinbewegung nicht beeinflusst.

- Ohne Korrekturbetrag

	Total	per share
Fondsvolumen 1.4.2014	75,00	15,00
Aktiengewinnrelevante Erträge inkl. Korrekturbetrag	20,00	4,00
Aktiengewinn in Prozent am 1.4.2014 (20/75)	26,60%	26,60%

Soweit kein Korrekturbetrag für den Aktiengewinn berechnet wird, kann sich der prozentuale Aktiengewinn aufgrund von Anteilscheinbewegungen verändern. In diesem Fall steigt der prozentuale Aktiengewinn von 16,67% auf 26,60%, dabei ist der Rücknahmepreis pro Anteil gleich geblieben.

III. Nachweis- und Korrekturpflicht für ausl. Investmentfonds (§ 5 Abs. 2 S. 5 InvStG)

208 § 5 Abs. 2 S. 5 beinhaltet ausschließlich einen Verweis auf § 5 Abs. 1 Satz 1 Nr. 5 InvStG und ist entsprechend nur für ausländische Investmentfonds relevant. Demnach unterliegen diese bestimmten Nachweis- und Berichtigungspflichten. Die Annahme einer analogen Rechtsfolgenverweisung für inländische Investmentfonds ist nicht erforderlich, da diese – im Gegenzug zu ausländischen Investmentfonds – der deutschen Steueraufsicht unterliegen (vgl. z.B. §§ 93 und 328 ff. AO).[296]

---

[296] Vgl. Berger/Steck/Lübbehüsen/*Lübbehüsen* § 5 InvStG Rn. 229.

209 Demnach müssen ausländische Investmentfonds auf Anforderung gegenüber dem Bundeszentralamt für Steuern die Richtigkeit der ermittelten und veröffentlichten Aktiengewinne vollständig nachweisen. Sind die Urkunden in einer fremden Sprache abgefasst, so kann eine beglaubigte Übersetzung in die deutsche Sprache verlangt werden.[297]

210 Des Weiteren beinhaltet § 5 Abs. 1 Nr. 5 Satz 3 InvStG die Korrekturvorschrift bei fehlerhafter Bekanntmachung. Demnach sind die Unterschiedsbeträge eigenverantwortlich oder auf Verlangen des Bundeszentralamts für Steuern (in der Bekanntmachung) im laufenden Jahr zu berücksichtigen. In der Literatur wird kontrovers diskutiert, inwieweit die Verweisvorschrift auch die Korrekturpflicht umfasst. *Lübbehüsen* kommt zu dem Schluss, dass der Verweis in § 5 Abs. 2 S. 5 InvStG teleologisch reduziert dahingehend zu verstehen ist, dass dieser nur die Sätze 1 und 2 des § 5 Abs. 1 Satz 1 Nr. 5 InvStG erfasst; eine Korrektur in laufender Rechnung würde bei Anwendung auf den Aktiengewinn zu zufälligen und irrationalen Steuerfolgen führen und eine rückwirkende Korrekturpflicht ist über den Rechtsfolgenverweis nicht abgedeckt.[298]

211 Zweifelsohne ist die Korrektur von Fehlern durch Anpassung des laufenden Aktiengewinns – um die ermittelten Unterschiedsbeträge – in laufender Rechnung nicht geeignet, um den festgestellten Fehler zu berichtigen, da die aktuell getätigten Anteilscheingeschäfte weder vom Umfang noch mit den dahinterstehenden Anlegern zum Zeitpunkt der fehlerhaft publizierten Werte im Zusammenhang stehen. Dies trifft jedoch analog für die jährlich zu publizierenden Besteuerungsgrundlagen zu, so dass diese Argumentation allein nicht überzeugend erscheint, eine (rückwirkende) Korrekturpflicht zu verneinen.

212 Im Unterschied zu den jährlichen Kennzahlen ist jedoch unklar, wie dies bei einer bewertungstäglich zu ermittelnden Kennzahl erfolgen soll. Dies kann zum einen rückwirkend oder aber ab dem Zeitpunkt der Feststellung der fehlerhaften Berechnung erfolgen. Folgt man der Finanzverwaltung,[299] so erfolgen Korrekturen des Aktiengewinns rückwirkend. Die korrigierten Werte sind demnach auf der Internetseite der Investmentgesellschaft oder im Bundesanzeiger nach zu veröffentlichen. Dabei ist im Jahresbericht oder im Rahmen der Bekanntmachung der Besteuerungsgrundlagen im Bundesanzeiger ein entsprechender Hinweis aufzunehmen, der den Anleger über die Korrektur informiert. Des Weiteren ist die Fundstelle anzugeben wo der Anleger den korrigierten Betrag finden kann.

D. Ermittlungs-, Veröffentlichungs- und Nachweispflichten des Zwischengewinns

I. Allgemeines

213 Seit Wiedereinführung des Zwischengewinns zum 1. Januar 2005 durch das EURLUmsG[300] regelt § 5 Abs. 3 InvStG die den Zwischengewinn betreffenden Ermittlungs-, Veröffentlichungs- und Nachweispflichten.[301] Ergänzt wurde die Regelung durch das

---

297 § 5 Abs. 1 Satz 1 Nr. 5 Satz 1 und 2 InvStG. Siehe hierzu ausführlich Rn. 168 ff.
298 Berger/Steck/Lübbehüsen/*Lübbehüsen* § 5 InvStG Rn. 259; **a.A.** Blümich/*Wenzel* § 5 InvStG Rn. 69 f.; Littmann/Bitz/Pust/*Ramackers* § 5 InvStG Rn. 141.
299 Vgl. BMF v. 9.7.2013, Nr. 4d.
300 EURLUmsG, BGBl. I **2004**, 3310. Nr. 48; BTDrucks. 15/3677 v. 6.9.2004.
301 Zur Rechtsentwicklung vgl. ausführlich Beckmann/Scholtz/Vollmer/*Petzschke* 420 § 5 InvStG Rn. 240 ff.

JStG 2010, im Rahmen dessen § 5 Abs. 3 Satz 1 und Satz 2 jeweils um den zweiten Halbsatz erweitert wurden.[302]

214 **Der Zwischengewinn** beinhaltet die zum Zeitpunkt der Rückgabe bzw. Veräußerung des Investmentanteils im Rücknahmepreis enthaltenen und dem Anleger noch nicht zugeflossenen oder als zugeflossen geltenden, d.h. seit der letzten Ausschüttung bzw. dem letzten Geschäftsjahresende (vgl. § 2 Abs. 1 Satz 2) oder Kalenderjahresende (vgl. § 6 InvStG), angefallenen Zinserträge und Zinssurrogate (zinsähnliche Erträge sowie entsprechende Ansprüche).[303] Die Bestandteile des Zwischengewinns sind in § 1 Abs. 4 InvStG abschließend aufgelistet.[304] Durch die Ergänzung des § 9 InvStG im Rahmen des JStG 2010 wurde gemäß Gesetzesbegründung durch den Gesetzgeber klargestellt, dass – sofern der Investmentfonds einen steuerlichen oder investmentrechtlichen Ertragsausgleich rechnet – der Ertragsausgleich auf die zwischengewinnrelevanten Komponenten ebenfalls Bestandteil des Zwischengewinns ist.[305] Ein rein steuerlich gerechneter Ertragsausgleich ist hierbei immer dann anzuerkennen, wenn dieser kontinuierlich und auf alle steuerlichen Ertragskennzahlen (Zwischengewinn sowie ausgeschüttete und ausschüttungsgleiche Erträge) gerechnet wird.[306] Der am Tag der Rückgabe bzw. Veräußerung gemeldete Zwischengewinn bzw. der anzusetzende Ersatzwert nach § 5 Abs. 3 Satz 2 InvStG bei Nicht-Erfüllung der Ermittlungs- und Veröffentlichungspflichten bildet für die steuerabzugsverpflichtete Stelle die Bemessungsgrundlage für den Steuerabzug gemäß § 7 Abs. 1 Nr. 4 InvStG.

215 Die in Abschnitt 1 des InvStG Zwischengewinnberechnung besitzt ausschließlich für als Investmentfonds qualifizierende Investmentfonds Relevanz. Sofern ein in den Anwendungsbereich des InvStG fallendes Investmentfonds nicht die Voraussetzungen des § 1 Abs. 1b InvStG erfüllt und nicht in die Übergangsvorschrift des § 22 Abs. 2 InvStG fällt (sogenannte Investitionsgesellschaften), richtet sich die Besteuerung ausschließlich nach den Regelungen der Abschnitte 4 und 5 des InvStG.[307]

216 **Materielle Bedeutung des Zwischengewinns:** Mit Einführung der Abgeltungsteuer und der damit verbundenen Steuerpflicht des Veräußerungsergebnisses aus nach dem 31. Dezember 2008 erworbenen Wertpapieren entfaltet der Zwischengewinn nur noch bei Dach-Investmentfonds sowie bei Privatanlegern, die Ihre Anteile vor dem 1. Januar 2009 erworben haben, eine materielle Wirkung; bei Privatanlegern mit Anteilserwerb nach dem 31.12.2008 hat der Zwischengewinn grundsätzlich nur noch eine phasenverschiebende Auswirkung auf die Besteuerung.[308]

217 Die (Nicht-)Erfüllung der Ermittlungs-, Veröffentlichungs- und Nachweispflichten des § 5 Abs. 3 InvStG hat – abweichend zur alten Rechtslage nach dem AuslInvestmG[309] – keine Auswirkung auf das für die laufende Anlegerbesteuerung anzuwendende Besteue-

---

[302] Mit dem JStG 2010 v. 8.12.2010 BGBl. I S. 1768 (Nr. 62) wurde der zweite Halbsatz des § 5 Abs. 3 Satz 1 InvStG eingefügt.
[303] Vgl. Berger/Steck/Lübbehüsen/*Lübbehüsen* § 5 InvStG Rn. 235 sowie BMF Schr. v. 18.8.2009 BStBl. I 2009 931, Rn. 21a.
[304] Vgl. ausführlich § 1 Abs. 4 InvStG Rn. 14 ff.
[305] Vgl. BTDrucks. 17/2249 v. 21.6.2010, S. 83 f. Die überwiegende Literaturmeinung sah den Ertragsausgleich auf die zwischengewinnrelevanten Komponenten ebenfalls bereits vor der Ergänzung durch das JStG 2010 als Bestandteil des Zwischengewinns an. Vgl. *Jacob/Geese/Ebner* S. 56, Blümich/*Wenzel* § 1 InvStG Rn. 67 sowie Beckmann/Scholtz/Vollmer/*Petzschke* 420 § 9 InvStG Rn. 23. Anderer Auffassung: Berger/Steck/Lübbehüsen/*Berger* § 1 InvStG Rn. 390.
[306] Vgl. BMF Schr. v. 9.3.2010 GZ IV C 1 – S 1980 – 1/09/10001 DStR **2010** 553.
[307] Vgl. § 1 Abs. 1c InvStG.
[308] Vgl. ausführlich § 1 Abs. 4 InvStG Rn. 7 ff.
[309] Vgl. Brinkhaus/Scherer/*Brinkhaus* § 17 AuslInvestmG Rn. 143.

rungsregime.³¹⁰ Eine Veröffentlichung des Zwischengewinns wirkt sich weder positiv auf die Pauschalbesteuerung nach § 6 InvStG aus noch wirkt sich eine fehlende Veröffentlichung negativ auf die transparente Besteuerung nach § 5 Abs. 1 InvStG aus.³¹¹ Bei Nicht-Veröffentlichung kommt es jedoch zum Ansatz eines pauschalen Zwischengewinns gemäß § 5 Abs. 3 Satz 2 InvStG.³¹²

Anders als beim Aktiengewinn steht es dem Investmentfonds jederzeit frei, mit der Ermittlung- und Veröffentlichung des Zwischengewinns zu beginnen (und auch aufzuhören). Für den Zeitraum, in dem keine Ermittlung und Veröffentlichung erfolgt, kommt es beim Anleger – sofern es sich nicht um einen betrieblichen oder institutionellen Anleger handelt – zum Ansatz des pauschalen Zwischengewinns gemäß den Vorgaben des § 5 Abs. 3 Satz 2 InvStG. 218

II. Kreis der ermittlungs- und veröffentlichungspflichtigen Investmentfonds

Gesetzliche Ausnahme für Hedgefonds: Das Gesetz sieht seit dem 24.12.2013 hinsichtlich der Ermittlungs- und Veröffentlichungspflicht nur noch eine Ausnahme für inländische Investmentfonds nach § 225 KAGB (Dach-Hedgefonds) bzw. mit inl. Dach-Hedgefonds vergleichbare ausl. Investmentfonds vor.³¹³ Die bis zum 23.12.2013 kodifizierte Ausnahme für Single- und Dach-Hedgefonds nach §§ 112, 113 InvG sowie ihre ausländischen Pendants findet noch bis zum Geschäftsjahresende des jeweiligen Investmentfonds, welches nach dem 22. Juli 2016 endet, weiter Anwendung, sofern das Investmentfonds in den Anwendungsbereich der Übergangsregelung des § 22 Abs. 2 S. 1 InvStG fällt.³¹⁴ Mit Auslaufen der Übergangsregelung dürfte die Ausnahmeregelung für Dach-Hedgefonds in der Praxis kaum Anwendung finden, da die von einen Dach-Hedgefonds gehaltenen Ziel-Hedgefonds in der Regel nicht die Anforderungen des § 1 Abs. 1b InvStG erfüllen und es dem Dach-Hedgefonds somit selbst nicht möglich sein wird, als Investmentfonds zu qualifizieren. 219

Dem (Dach-)Hedgefonds steht es allerdings frei, sich für die Ermittlung und Veröffentlichung des Zwischengewinns und somit für die Anwendung der Zwischengewinnregelung zu entscheiden.³¹⁵ 220

Sofern der (Dach)Hedge-Investmentfonds die Ausnahmeregelung für sich in Anspruch nimmt, empfiehlt es sich jedoch an WM-Daten ungeachtet der Befreiung bewertungstäglich Null-Werte für den Zwischengewinn zu übermitteln, da in der Praxis nicht sichergestellt ist, dass von den depotführenden Stellen bei Nichtvorliegen des Zwischengewinns abgeprüft wird, ob es sich bei dem betroffenen Investmentfonds um einen von der Ermittlungs- und Veröffentlichungspflicht befreiten (Dach-)Hedgefonds handelt und in Folge dessen bei Rückgabe oder Veräußerung der Ersatzwert nach § 5 Abs. 3 Satz 2 InvStG angesetzt wird. 221

Befreiung für bestimmte (Spezial-)Investmentfonds durch die Finanzverwaltung: Die Finanzverwaltung befreit in- und ausländische Spezial-Investmentfonds/In- 222

---

310 Siehe auch Gesetzesbegründung zum EURLUmsG, BTDrucks. 15/3677, S 49.
311 Vgl. Berger/Steck/Lübbehüsen/*Lübbehüsen* § 5 InvStG Rn. 240; Beckmann/Scholtz/Vollmer/ *Petzschke* 420 § 5 InvStG Rn. 250; Jacob/Geese/Ebner S. 167.
312 Vgl. Rn. 230 ff.
313 Vgl. § 5 Abs. 3 S. 4 InvStG.
314 Vgl. § 22 Abs. 5 InvStG.
315 Vgl. Berger/Steck/Lübbehüsen/*Lübbehüsen* § 5 InvStG Rn. 260; Beckmann/Scholtz/Vollmer/ *Petzschke* 420 § 5 InvStG Rn. 256; Blümich/*Wenzel* § 5 InvStG Rn. 74.

vestmentaktiengesellschaften[316] von den Ermittlungs- und Bekanntmachungspflichten, wie sie als in Deutschland steuerpflichtige Anleger nur betriebliche Anleger oder Anleger haben, die von der Körperschaftsteuer befreit sind oder auf die § 2 Nummer 2 KStG anwendbar ist; Dach-Investmentfonds zählen insoweit nicht zu den von der Körperschaftsteuer befreiten Anlegern. Dies gilt entsprechend für Anteilklassen von Publikums-Investmentfonds, die ausschließlich für die zuvor genannten Anleger aufgelegt wurden.[317] Objektiv betrachtet entfaltet diese Befreiungsregelung keine materielle Wirkung, da der Zwischengewinn bei betrieblichen und institutionellen Anlegern lediglich ein unselbstständiger Teil der Anschaffungskosten bzw. des Veräußerungserlöses darstellt und somit weder beim Kauf noch beim Verkauf anzusetzen ist.[318] Insoweit ist es irrelevant, ob und in welcher Höhe ein Zwischengewinn publiziert wird. Sofern ein Dach-Investmentfonds oder aber ein privater Anleger in eine solche Klasse investieren sollte, wird für diesen Anlegerkreis aufgrund der fehlenden Ermittlung und Veröffentlichung der anzusetzende Zwischengewinn bei Veräußerung nach den Vorgaben des § 5 Abs. 3 Satz 2 InvStG ermittelt.[319]

III. Ermittlungs- und Veröffentlichungspflicht (§ 5 Abs. 3 S. 1 InvStG)

223 Der Zwischengewinn ist von der Investmentgesellschaft bewertungstäglich zu ermitteln und – ebenso wie die akkumulierten thesaurierten steuerabzugspflichtigen Erträge gemäß § 5 Abs. 1 Nr. 4 InvStG sowie dem Aktiengewinn gemäß § 5 Abs. 2 InvStG zusammen mit dem Rücknahmepreis sowie der Angabe, inwieweit bei der Ermittlung nach § 9 Satz 2 InvStG verfahren wurde, zu veröffentlichen. Betreffend den Turnus der Bewertung und Veröffentlichung sowie der Form der Veröffentlichung folgt das Steuerrecht dem Aufsichtsrecht.[320]

224 Unter dem KAGB[321] ist für offene inländische Publikums-Investmentfonds gemäß der OGAW-Richtlinie der Ausgabe- und Rücknahmepreis bei jeder Möglichkeit zur Ausgabe oder Rücknahme von Anteilen oder Aktien, mindestens jedoch zweimal im Monat, zu ermitteln[322] und in einer hinreichend verbreiteten Wirtschafts- und Tageszeitung oder der im Verkaufsprospekt oder in den in den wesentlichen Anlegerinformationen bezeichneten elektronischen Informationsmedien zu veröffentlichen.[323]

225 Offene inländische Publikums-AIF und offene inländische Spezial AIF sind verpflichtet, die Bewertung in einem bezogen auf die Ausgabe- und Rücknahmehäufigkeit angemessenen zeitlichen Abstand durchzuführen, mindestens jedoch einmal jährlich.[324] Für die Veröffentlichung gelten für die offenen inl. Publikums-AIF die Ausführungen zum offenen inländischen Publikums-Investmentfonds analog[325] (Veröffentlichung bei jeder Möglichkeit zur Ausgabe oder Rücknahme); für offene inl. Spezial AIF gibt es keine

---

316 Spezial-Investmentfonds/-Investmentaktiengesellschaften im steuerlichen Sinne sind Investmentfonds, deren Anlegerzahl auf 100 Anleger bzw. Aktionäre beschränkt sind, die nicht natürliche Personen sind. § 15 Abs. 1 Satz 1 InvStG.
317 BMF Schr. v. 18.8.2009 BStBl. I 2009 931 Rn. 119.
318 BMF Schr. v. 18.8.2009 BStBl. I 2009 931 Rn. 21a.
319 Vgl. BMF Schr. v. 18.8.2009 BStBl. I 2009 931 Rn. 119.
320 Vgl. BMF Schr. v. 18.8.2009 BStBl. I 2009 931 Rn. 120. Die Ausführungen zur Form der Veröffentlichung aus Rn. 106 zur Veröffentlichung des ADDI sind analog zu sehen.
321 Betreffend den Bewertungs- und Veröffentlichungspflichten unter dem InvG siehe ausführlich Berger/Steck/Lübbehüsen/*Lübbehüsen* § 5 InvStG Rn. 243 ff.
322 § 212 KAGB.
323 § 170 KAGB.
324 § 217 Abs. 1 KAGB.
325 § 217 Abs. 3 KAGB.

D. Ermittlungs-, Veröffentlichungs- und Nachweispflichten des Zwischengewinns — § 5

entsprechende Veröffentlichungsverpflichtung; die Offenlegung gegenüber den Anlegern hat gemäß der in den Anlagebedingungen vereinbarten Form zu erfolgen.[326]

Bei ausländischen Investmentfonds richtet sich die Häufigkeit der Bewertung und die Form der Veröffentlichung nach den aufsichtsrechtlichen Vorgaben des Sitzstaates. **226**

Gemäß der OGAW-Richtlinie sind für EU-OGAW der Ausgabe- und Rücknahmepreis bei jeder Möglichkeit zur Ausgabe oder Rücknahme von Anteilen oder Aktien, mindestens jedoch zweimal im Monat, zu ermitteln.[327] Hinsichtlich der Form sehen die Vorschriften des KAGB die Veröffentlichung in einer hinreichend verbreiteten Wirtschafts- und Tageszeitung oder der im Verkaufsprospekt oder in den in den wesentlichen Anlegerinformationen bezeichneten elektronischen Informationsmedien vor.[328] **227**

Für alle weiteren ausl. AIF schreibt § 299 Abs. 1 Nr. 5 KAGB die Veröffentlichung des Rücknahmepreises bei jeder Ausgabe oder Rücknahme von Anteilen, mindestens jedoch einmal im Jahr, in einer im Verkaufsprospekt anzugebenden hinreichend verbreiteten Wirtschafts- und Tageszeitung mit Verbreitungsort im Geltungsbereich des KAGB oder in den im Verkaufsprospekt bezeichneten elektronischen Informationsmedien vor. **228**

Die Ausweitung der Veröffentlichungspflicht um die **Angabe, inwieweit bei der Ermittlung des Zwischengewinns nach § 9 Abs. 2 InvStG**, d.h. Berechnung eines Ertragsausgleichs auf alle zwischengewinnrelevanten Komponenten, **verfahren wurde**, erfolgte durch das JStG 2010.[329] Diese Angabe ist nunmehr ebenfalls zusammen mit dem Rücknahmepreis und dem ermittelten Zwischengewinn zu veröffentlichen. Eine fehlende Veröffentlichung dieser Zusatzangabe soll abweichend zum (insoweit missverständlichen) Gesetzeswortlaut sowie der Gesetzesbegründung selbst[330] nicht zum Ansatz des nach den Vorgaben des § 5 Abs. 3 Satz 2 InvStG ermittelten Ersatzwertes führen. Die diesbezüglichen Änderungen des InvStG durch das JStG 2010 sollten die im Rahmen des BMF-Schreibens vom 9.3.2010 dargelegten Auslegungen der Finanzverwaltung gesetzlich kodifizieren, wonach die Berücksichtigung des Zwischengewinns bei Erwerb eines Investmentfondsanteils als negative Kapitalerträge nur dann zulässig ist, wenn auf alle steuerlichen Ertragskennzahlen (Zwischengewinn sowie ausgeschüttete und ausschüttungsgleiche Erträge) ein (steuerlicher oder investmentrechtlicher) Ertragsausgleich gerechnet wird; die Aberkennung des veröffentlichten Zwischengewinns zum Zeitpunkt der Rückgabe oder Veräußerung bei fehlender Ertragsausgleichsberechnung – und noch weniger bei einer diesbezüglich fehlenden Angabe – war von der Finanzverwaltung nicht beabsichtigt und erscheint auch systematisch nicht geboten.[331] Mit Schreiben vom 10.2.2011 wurde entsprechend von der Finanzverwaltung klargestellt, dass ein veröffentlichter Zwischengewinn bei Veräußerung oder Rückgabe ohne Rücksicht auf die Durchführung des Ertragsausgleichverfahrens bzw. die Veröffentlichung einer diesbezüglichen Angabe weiterhin anzuerkennen ist.[332] **229**

---

326 § 279 Abs. 3 KAGB.
327 Dies entspricht auch der Vorgabe für inl. OGAW gemäß § 212 KAGB.
328 Vgl. § 170 KAGB.
329 Mit dem JStG 2010 v. 8.12.2010 BGBl. I S. 1768 (Nr. 62) wurde der zweite Halbsatz des § 5 Abs. 3 Satz 1 InvStG eingefügt.
330 Vgl. BTDrucks. 17/2249, S. 82. Die Gesetzesbegründung sieht vor, dass bei Nicht-Veröffentlichung dieser Angabe neben der Versagung des Ansatzes des Zwischengewinns bei Erwerb eines Investmentfondsanteils als negative Kapitalerträge bei Rückgabe oder Veräußerung eines Investmentfondsanteils der Zwischengewinn nach § 5 Absatz 3 Satz 2 InvStG in Höhe von 6 Prozent des Entgelts anzusetzen ist.
331 Vgl. ebenso § 1 Abs. 4 InvStG Rn. 38.
332 BMF Schr. v. 10.2.2011 DStR **2011** 367.

IV. Ersatzwert bei fehlender Veröffentlichung (§ 5 Abs. 3 S.2 InvStG)

230 Verstößt der Investmentfonds gegen die sich aus Satz 1 ergebenden Ermittlungs- und/oder Veröffentlichungspflichten zum Zwischengewinn, regelt Satz 2 die Rechtsfolgen auf Anlegerebene. Wie in Rn. 229 dargestellt, löst die fehlende Angabe, inwieweit bei der Ermittlung des Zwischengewinns nach § 9 Abs. 2 InvStG verfahren wurde, nicht die Rechtsfolgen des Satzes 2 aus.

231 Sofern ein Investmentfonds zum Zeitpunkt des Verkaufs des Investmentfondsanteils den Zwischengewinn nicht ordnungsgemäß ermittelt und/oder bekannt gemacht hat, sind als Ersatzwert 6% des Entgelts für die Rückgabe oder Veräußerung des Investmentanteils anzusetzen. Die Finanzverwaltung sieht entgegen dem Gesetzeswortlaut eine Ermittlung „pro rata temporis" vor. Demnach sind in einem ersten Schritt 6% des Rücknahmepreis zu ermitteln, dieser Wert durch 360 zu teilen und mit der Anzahl der tatsächlichen Haltedauer zu multiplizieren.[333] Inwieweit die zugrunde zulegende Haltedauer für Berechnungszwecke auch über ein Jahr (360 Tage) liegen kann, wird von der Finanzverwaltung unterschiedlich beantwortet: Gemäß dem BMF-Schreiben vom 9.9.2005[334] kann der relevante Zeitraum bei ausschüttenden transparenten Investmentfonds bei einer nach dem Geschäftsjahresende stattfinden Ausschüttung auch über 360 Tage liegen, da der Zwischengewinn erst zum Ex-Tag der Ausschüttung fällt. Dem steht das BMF-Schreiben vom 18.8.2009 gegenüber, welches den Ersatzwert durch Beschränkung des Multiplikators auf höchstens 360 auf maximal 6% festlegt.[335] Die Ermittlung des Ersatzwertes erfolgt hierbei zeitanteilig ausgehend vom letzten Geschäftsjahresende des Investmentfonds bzw. bei intransparenten Investmentfonds, die der Pauschalbesteuerung gemäß § 6 InvStG unterliegen, ausgehend vom letzten Kalenderjahresende.[336] Sofern der Erwerb nach dem letzten Geschäftsjahresende erfolgte, ist vom Zeitpunkt des Erwerbs (Handelstag) auszugehen.

232 Ergänzt wurde die Regelung durch das JStG 2010,[337] im Rahmen dessen die von der Finanzverwaltung vertretene Auffassung, dass eine Berücksichtigung des Ersatzwertes als negative Einnahme nicht zulässig sei,[338] gesetzlich kodifiziert. Insoweit ist die hierzu in der Literatur seit 2005 kontrovers geführte Diskussion durch die entsprechende Ergänzung der gesetzlichen Regelung beendet.[339]

V. Nachweis- und Korrekturpflicht für ausl. Investmentfonds (§ 5 Abs. 3 S. 3 InvStG)

233 Satz 3 beinhaltet ausschließlich einen Verweis auf § 5 Abs. 1 Satz 1 Nr. 5 InvStG und ist entsprechend nur für ausländische Investmentfonds relevant. Demnach unterliegen diese bestimmten Nachweis- und Berichtigungspflichten. Die Annahme einer analogen

---

333 Vgl. BMF Schr. v. 18.8.2009 BStBl. I 2009 931 Rn. 121.
334 BMF v. 9.9.2005 – IV C 1 – S 1980 – 1 – 122/05, NWB DokID: KAAAB-66011.
335 BMF Schr. v. 18.8.2009 BStBl. I 2009 931 Rn. 121.
336 Vgl. *Bödecker/Ernst* S. 645, Berger/Steck/Lübbehüsen/*Lübbehüsen* § 5 InvStG Rn. 256; Beckmann/Scholtz/Vollmer/*Petzschke* 420 § 5 Rn. 252 stellt undifferenziert auf das Geschäftsjahresende des Investmentfonds ab.
337 Mit dem JStG 2010 v. 8.12.2010 BGBl. I S. 1768 (Nr. 62) wurde der zweite Halbsatz des § 5 Abs. 3 Satz 1 InvStG eingefügt.
338 Vgl. BMF Schr. v. 18.8.2009 BStBl. I 2009 931 Rn. 121.
339 Vgl. Berger/Steck/Lübbehüsen/*Lübbehüsen* § 5 InvStG Rn. 253, welcher sich ebenfalls für einen Ansatz des Ersatzwertes als negative Einnahmen bei Erwerb des Investmentfondsanteils aussprach und die dort aufgeführten weiteren Befürworter bzw. Gegner dieser Auffassung.

Rechtsfolgenverweisung für inländische Investmentfonds ist nicht erforderlich, da diese – im Gegenzug zu ausländischen Investmentfonds – der deutschen Besteuerungsaufsicht unterliegen (vgl. z.B. §§ 93 und 328 ff. AO).[340]

234 Demnach müssen ausländische Investmentfonds auf Anforderung gegenüber dem Bundeszentralamt für Steuern die Richtigkeit der ermittelten und veröffentlichten Zwischengewinnwerte vollständig nachweisen. Sind die Urkunden in einer fremden Sprache abgefasst, so kann eine beglaubigte Übersetzung in die deutsche Sprache verlangt werden.[341]

235 Des Weiteren beinhaltet § 5 Abs. 1 Satz 1 Nr. 5 Satz 3 InvStG die Korrekturvorschrift bei fehlerhafter Bekanntmachung. Demnach sind die Unterschiedsbeträge eigenverantwortlich oder auf Verlangen des Bundeszentralamts für Steuern (in der Bekanntmachung) im laufenden Jahr zu berücksichtigen. In der Literatur wird kontrovers diskutiert, inwieweit die Verweisvorschrift auch die Korrekturpflicht umfasst. *Lübbehüsen* kommt zu dem Schluss, dass der Verweis in § 5 Abs. 3 Satz 3 InvStG teleologisch reduziert dahingehend zu verstehen ist, dass er nur die Sätze 1 und 2 des § 5 Abs. 1 Satz 1 Nr. 5 InvStG erfasst; eine Korrektur in laufender Rechnung würde bei Anwendung auf den Zwischengewinn zu zufälligen und irrationalen Steuerfolgen führen und eine rückwirkende Korrekturpflicht ist über den Rechtsfolgenverweis nicht abgedeckt.[342] Andere sehen die Korrekturpflicht in laufender Rechnung gegeben. Allerdings gelangt man nach dieser Sicht nur dann zu einem sinnvollen Ergebnis, wenn die Korrekturbeträge bei inl. Investmentfonds im Jahresbericht bzw. bei ausl. Investmentfonds auf der Internetseite der Investmentgesellschaft separat mit den entsprechenden Erläuterungen bekannt gemacht werden und der Anleger diese Änderungen in seiner persönlichen Steuererklärung – dann auch rückwirkend im jeweiligen Jahr – berücksichtigen kann.[343]

236 Zweifellos ist die Korrektur von Fehlern durch Anpassung des laufenden Zwischengewinns um die ermittelten Unterschiedsbeträge in laufender Rechnung nicht geeignet, den festgestellten Fehler zu berichten, da die aktuell getätigten Anteilscheingeschäfte weder vom Umfang noch mit den dahinterstehenden Anlegern mit denen zum Zeitpunkt der fehlerhaft publizierten Werte im Zusammenhang stehen. Dies trifft jedoch analog für die jährlich zu publizierenden Besteuerungsgrundlagen zu, so dass diese Argumentation allein nicht überzeugend erscheint, eine Korrekturpflicht zu verneinen. Im Unterschied zu den jährlichen Kennzahlen ist jedoch unklar, wie dies bei einer bewertungstäglich zu ermittelnden Kennzahl erfolgen soll. Denkbar wäre die Fortführung des Korrekturbetrages bis zum nächsten (fiktiven) steuerlichen Zufluss an den Anleger am Geschäftsjahresende bzw. zum Zeitpunkt des Ex-Tages der Ausschüttung. Vor dem Hintergrund der willkürlichen materiellen Steuerwirkung ist jedoch die oben beschriebene separate Bekanntmachung von Korrekturbeträgen zu präferieren. Diese Vorgehensweise entspricht auch der von der Finanzverwaltung im Zusammenhang mit der Nachveröffentlichung des Aktiengewinns II für den Zeitraum vom 1. April 2013 bis 30. Juni 2013 akzeptierten Vorgehensweise; auf eine rückwirkende Korrektur der Wertpapierkauf- und -verkaufsabrechnungen zu Gunsten einer reinen Nachveröffentlichungspflicht zu verzichten.[344] Jedoch darf bezweifelt werden, dass die ausschließlich für den Privatanleger (materiellrechtlich)

---

340 Berger/Steck/Lübbehüsen/*Lübbehüsen* § 5 InvStG Rn. 229.
341 § 5 Abs. 1 Satz 1 Nr. 5 Satz 1 und 2 InvStG. Siehe hierzu ausführlich Rn. 168 ff.
342 Berger/Steck/Lübbehüsen/*Lübbehüsen* § 5 InvStG Rn. 259.
343 Haase/*Kotzbacher* Investmentsteuergesetz, § 5 InvStG Rn. 364; ebenso Blümich/*Wenzel* § 5 InvStG Rn. 73.
344 Vgl. BMF v. 9.7.2013, (§ 5 Abs. 2 InvStG) Buchstabe d (2).

relevanten publizierten Korrekturwerte für den Zwischengewinn in der Steuererklärung Berücksichtigung finden werden, da sich der Privatanleger in der Regel dieser Korrekturwerte nicht bewusst sein dürfte.

§ 6
Besteuerung bei fehlender Bekanntmachung

Sind die Voraussetzungen des § 5 Abs. 1 nicht erfüllt, sind beim Anleger die Ausschüttungen auf Investmentanteile, der Zwischengewinn sowie 70 Prozent des Mehrbetrags anzusetzen, der sich zwischen dem ersten im Kalenderjahr festgesetzten Rücknahmepreis und dem letzten im Kalenderjahr festgesetzten Rücknahmepreis eines Investmentanteils ergibt; mindestens sind 6 Prozent des letzten im Kalenderjahr festgesetzten Rücknahmepreises anzusetzen. Wird ein Rücknahmepreis nicht festgesetzt, so tritt an seine Stelle der Börsen- oder Marktpreis. Der nach Satz 1 anzusetzende Teil des Mehrbetrags gilt mit Ablauf des jeweiligen Kalenderjahres als ausgeschüttet und zugeflossen.

Schrifttum

Geurts Erneut auf dem europa- und verfassungsrechtlichen Prüfstand: Die Pauschalbesteuerung sog. Intransparenter Investmentvermögen, IStR **2012** 953; *Lohr* Aktuelles Beratungs- Know-how Besteuerung von Kapitalvermögen, DStR **2004** 442; *Egner/Wölfert* Pauschalbesteuerung von Investmenterträgen i.S. des § 6 InvStG, DStR **2013** 381; *Plewka/Watrin* Die Besteuerung von Auslandsinvestmentfonds auf dem Prüfstand von Verfassungs- und Europarecht, DB **2004** 2264; *Schmitt* Strafbesteuerung „schwarzer" Fonds gemäß § 18 Abs. 3 AuslInvestmG verfassungs- und europarechtswidrig? DStR **2002** 2193; *Sradj/Mertes* Neuregelungen bei der Besteuerung von Investmentvermögen, DStR **2004** 201; *Rockel/Patzner* Behandlung von Erträgen aus Investmentfonds in der Steuerbilanz betrieblicher Anleger am Beispiel des investmentsteuerlichen Werbungskostenabzugsverbots, DStR **2007** 1546; *Rohde/Neumann* Besteuerung von Erträgen aus intransparenten Publikums-Investmentvermögen bei Privatanlegern, FR **2012** 247; *Wassermeyer/Schönfeld* § 18 Abs. 3 Satz 4 AuslInvestmG und EG-Drittstaaten: Überlegungen zur Fortbestandsgarantie des Art. 57 Abs. 1 EG sowie zum Verhältnis der Vorlageverfahren nach Art. 100 GG und Art. 234 EG – Anmerkung zu BFH vom 14.9.2005, VIII B 40/05, IStR 2006, 173 und IStR **2006** 411.

Finanzverwaltung: BMF Schr. v. 18.8.2009, „Investmentsteuergesetz: Zweifels- und Auslegungsfragen, Aktualisierung des BMF Schr. v. 2.6.2005 (BStBl. I 2005, S. 278)" IV C1 – S1980 – 1/08/00019, BStBl. I **2009** 931; BMF Schr. v. 4.12.2007; Schreiben betr. Berücksichtigung von Verlustvorträgen aus Termingeschäften bei Sondervermögen", IV B 8 – S 1980 – 1/0, DStR **2008** 256.

Systematische Übersicht

A. Chronologischer Ablauf der Entstehung der Vorschrift —— 1
B. Anwendungsbereich —— 6
C. Tatbestandsvoraussetzungen
   I. Nicht-Veröffentlichung oder unvollständige Veröffentlichung von Besteuerungsgrundlagen nach § 5 Abs. 1 S. 1 Nr. 1 und Nr. 2 InvStG —— 11
   II. Verspätete Veröffentlichung der Besteuerungsgrundlagen nach § 5 Abs. 1 S. 1 Nr. 1 und Nr. 2 InvStG —— 24
   III. Nicht-Veröffentlichung von akkumulierten ausschüttungsgleichen Erträge der Vorjahre nach § 5 Abs. 1 S. 1 Nr. 4 InvStG —— 26
   IV. Nachweis der Richtigkeit der veröffentlichten Besteuerungsgrundlagen nach § 5 Abs. 1 S. 1 Nr. 5 InvStG —— 30
D. Rechtsfolgen —— 31
   I. Ausschüttungen des Kalenderjahres auf die Investmentanteile —— 36
   II. Anteil am Mehrbetrag —— 42

1. Börsenpreis —— 47
2. Marktpreis —— 48
3. Werte in ausländischer Währung —— 49
III. Mindestbetrag —— 52
IV. Zwischengewinn —— 54
V. „Option" zur Pauschalbesteuerung nach § 6 InvStG —— 56
E. Ausschüttungs- und Zuflusszeitpunkt —— 59
F. Qualifikation der Einkünfte aus der Pauschalbesteuerung —— 64
G. Vermeidung der Doppelversteuerung des Mehr- bzw. Mindestbetrags bei Veräußerung von Anteilen —— 72
H. Vereinbarkeit mit Verfassungs- und Unionsrecht
I. Verfassungsrechtliche Bedenken —— 74
II. Unionsrechtliche Bedenken
1. Literaturauffassung —— 77
2. Rechtsprechung —— 84

A. Chronologischer Ablauf der Entstehung der Vorschrift

Die Vorschrift ist mit dem Investmentmodernisierungsgesetz (InvModG)[1] zum **1** 1.1.2004 in Kraft getreten. Durch die Vorschrift sollen die steuerlichen Folgen bei fehlendem Nachweis der Erträge für inländische und ausländische Investmentanteile einheitlich geregelt werden.[2] Die Regelung ist dem § 18 Abs. 3 AuslInvestmG nachgebildet, der die Besteuerung der Erträge aus schwarzen Auslandsfonds regelte. Wie schon die Vorgängerregelung des § 18 Abs. 3 AuslInvestmG sieht auch § 6 InvStG eine Pauschalbesteuerung vor, allerdings ist die Höhe der Pauschalbesteuerung niedriger. Gem. § 18 Abs. 3 AuslInvestmG waren 90% des Mehrbetrages, mindestens 10% des Rücknahmepreises anzusetzen, wohingegen nach § 6 InvStG 70% des Mehrbetrages und mindestens 6% des Rücknahmepreises anzusetzen sind.[3]

Außerdem war, im Gegensatz zu § 6 InvStG, auch die Rückgabe oder Veräußerung **2** von Investmentanteilen gem. § 18 Abs. 3 S. 4 AuslInvestmG einer Pauschalbesteuerung ausgesetzt. Danach waren bei der Rückgabe oder Veräußerung von Anteilen an einem ausländischen Investmentfonds 20% des Entgeltes für die Rückgabe oder Veräußerung als Einkünfte anzusetzen. Dieser pauschale „fiktive" Zwischengewinn ist nunmehr in § 5 Abs. 3 S. 2 InvStG geregelt und beträgt (besitzzeitanteilig) 6% des Entgeltes für die Rückgabe oder Veräußerung des Investmentanteils.

§ 18 Abs. 3 AuslInvestmG griff außerdem nur bei ausländischen Investmentanteilen ein.[4]

Laut Gesetzesbegründung wurde die Vorgängerregelung des § 18 Abs. 3 AuslIn- **3** vestmG durch den § 6 InvStG entschärft und der Strafcharakter genommen.[5] Dadurch sollte den zum § 18 Abs. 3 AuslInvestmG vorgetragenen verfassungs- und europarechtlichen Bedenken entgegengewirkt werden.[6] Ob dies auch gelungen ist, ist noch nicht abschließend geklärt.[7]

Erste Änderungen der Vorschrift gab es bei der Wiedereinführung des Zwischenge- **4** winns mit dem EU-Richtlinien-Umsetzungsgesetz (EURLUmsG).[8] Dabei wurde § 6 S. 1

---

[1] InvModG BGBl. I 2003, 2676.
[2] BTDrucks. 15/1553 S. 121.
[3] *Sradj/Mertes* DStR **2004** 201.
[4] Beckmann/Scholtz/Vollmer/*Klopfleisch/Niedrig* InvStG § 6 Rn. 2.
[5] BTDrucks. 15/1553 S. 121.
[6] Vgl. *Schmitt* DStR **2002** 2193.
[7] Haase/*Gnutzmann/Welzel* § 6 Rn. 16.
[8] EURLUmsG BGBl. I 2004, 3310.

InvStG um „der Zwischengewinn" ergänzt. Die Ergänzung fand erstmals Anwendung auf nach dem 31.12.2004 stattfindende Rückgaben, Veräußerungen oder Erwerbe.[9]

5   Durch das JStG 2010 war § 6 InvStG nicht betroffen, ebenso wenig durch das OGAW-IV-UmsG.[10] Eine Änderungen des § 6 InvStG sollte es jedoch nach dem Referentenentwurf des Gesetzes zur Anpassung des InvStG an das AIFM-Umsetzungsgesetz vom 4.12.2012 geben.[11] Hierbei sollte „Kalenderjahr" durch „Geschäftsjahr" ersetzt werden, sowie eine Erweiterung des Satzes 3 mit „Lässt sich das Geschäftsjahr nicht feststellen, gilt das Kalenderjahr als Geschäftsjahr" stattfinden. Dies wurde damit begründet, dass die Mehrheit der Regelungen des InvStG auf das Geschäftsjahr abstellen und es durch diese Divergenz (d.h. das Abstellen des § 6 InvStG nur auf das Kalenderjahr) bei einem Wechsel von einem transparenten Fonds zu einem intransparenten Fonds und umgekehrt zu steuerfreien oder zu doppelt besteuerten Einkünften kommen könne.[12] Schlussendlich wurde diese angedachte Änderung jedoch nicht weiter im Regierungsentwurf vom 30.1.2013 berücksichtigt. Daher bleibt der § 6 InvStG durch das AIFM-Steuer-Anpassungsgesetz (AIFM-StAnpG) vom 18.12.2013[13] unberührt.

B. Anwendungsbereich

6   § 6 InvStG kommt zur Anwendung, wenn ein Investmentfonds die Voraussetzungen des § 5 Abs. 1 InvStG nicht erfüllt und daher die vom Gesetz vorgesehene „transparente" Besteuerung der ausgeschütteten und ausschüttungsgleichen Erträge auf Anlegerebene nicht gewährleistet ist.

7   Dabei folgt aus dem Wortlaut der Vorschrift, dass sie der transparenten Besteuerung nachrangig ist, d.h. § 6 InvStG kommt nur dann zur Anwendung, wenn die Voraussetzung einer transparenten Besteuerung (siehe hierzu Rn. 11 ff. sowie § 5 Abs. 1 InvStG) nicht erfüllt sind. In diesem Fall ist nach dem Gesetzeswortlaut die Anwendung der Pauschalbesteuerung grundsätzlich zwingend, d.h. der Anleger hat keine Möglichkeit durch Nachweis der tatsächlichen Besteuerungsgrundlagen die Pauschalbesteuerung zu vermeiden. Auf Grund dieser einschneidenden Folgen und der Ratio des § 6 InvStG, eine pauschalierte „Schätzung" bei Nichtnachweis der Besteuerungsgrundlagen vorzugeben, stellt sich bei einigen Transparenzvoraussetzungen des § 5 Abs. 1 InvStG die Frage nach einer telelogischen Reduktion. Diese wäre u.E. z.B. denkbar bei kurzfristiger Überschreitung der Veröffentlichungsfristen des § 5 Abs. 1 InvStG oder bei zusätzlichen formalen Voraussetzungen, die im Einzelfall für das Verhältnis Investmentfonds zu Anleger irrelevant sind (weil z.B. trotz formalem Vorliegen eines Publikums-Investmentfonds ein „Näheverhältnis" wie bei einem Spezial-Investmentfonds besteht, d.h. bspw. die Anleger sind namentlich bekannt und erhalten alle erforderlichen Informationen direkt von dem Investmentfonds, es sind keine Depotbanken als Verwalter eingesetzt etc.).

8   Hat der Investmentfonds dagegen die Voraussetzungen einer transparenten Besteuerung erfüllt, kann die Pauschalbesteuerung nicht angewandt werden. Insofern steht dem Anleger kein Wahlrecht zu.

---

9   vgl. § 18 Abs. 3 i.d.F. des EURLUmsG BGBl. I 2004, 3310, dies gilt für alle Investmentfonds mit kalendergleichem Wirtschaftsjahr, für Investmentfonds mit abweichendem Wirtschaftsjahr gilt die Regelung ab dem Zeitpunkt, an dem das GJ nach dem 31.12.2004 neu beginnt.
10   JStG 2010 BGBl. I 2011, 1126; OGAW-IV UmsG BGBl. I 2010, 1768.
11   Referentenentwurf AIFM-Steuer-Anpassungsgesetz v. 4.12.2012 IV C 1 – S 1980-1/12/100011:001, S. 40.
12   Referentenentwurf AIFM-Steuer-Anpassungsgesetz v. 4.12.2012 IV C 1 – S 1980-1/12/100011:001, S. 40.
13   AIFM-StAnpG BGBl. I 2013, 4318.

Betroffen von der Regelung sind (im Gegensatz zur Vorgängerregelung des § 18 Abs. 3 AuslInvestmG) sowohl Anlagen in intransparente inländische Investmentfonds als auch in intransparente ausländische Investmentfonds. Dabei ist es unerheblich, ob die Investmentanteile im Privat- oder Betriebsvermögen gehalten werden.[14]

Der Anwendungsbereich des § 6 InvStG ist auf Publikums-Investmentfonds beschränkt. Bei in- und ausländischen Spezial-Investmentfonds ist die Anwendung der Pauschalbesteuerung nach § 6 InvStG gem. § 15 Abs. 1 S. 1 InvStG und § 16 S. 1 InvStG ausdrücklich ausgeschlossen. Stattdessen werden die Besteuerungsgrundlagen bei einem inländischen Spezial-Investmentfonds im Falle der Nichtabgabe der nach § 15 Abs. 1 S. 3 InvStG geforderten Feststellungserklärung im Wege der Schätzung festgestellt.[15] Entsprechend werden die Erträge aus einem ausländischen Spezial-Investmentfonds, der die gem. § 16 Abs. 1 InvStG geforderten Bekanntmachungspflichten nicht erfüllt bzw. einer Aufforderung des Bundeszentralamtes für Steuern (BZSt) zum Einreichen von Prüfungsunterlagen nicht, nicht vollständig, oder nicht fristgerecht nachkommt, bei der Veranlagung seiner inländischen Anleger geschätzt.[16]

§ 6 InvStG regelt nur die Pauschalbesteuerung bei einer nicht ordnungsgemäßen Veröffentlichung von ausgeschütteten und ausschüttungsgleichen Erträgen, also laufender Erträge eines Investmentfonds nach § 5 Abs. 1 InvStG. Die Rechtfolgen einer nicht ordnungsgemäßen Veröffentlichung des Aktiengewinns regelt § 5 Abs. 2 InvStG. Die Rechtfolgen einer nicht ordnungsgemäßen Veröffentlichung des Zwischengewinns regelt § 5 Abs. 3 InvStG.

C. Tatbestandsvoraussetzungen

I. Nicht-Veröffentlichung oder unvollständige Veröffentlichung von Besteuerungsgrundlagen nach § 5 Abs. 1 S. 1 Nr. 1 und Nr. 2 InvStG

Je Investmentanteil müssen gem. § 5 Abs. 1 S. 1 Nr. 1 i.V.m. S. 2 InvStG bei jeder Ausschüttung mindestens die folgenden Daten form- und fristgerecht[17] bekanntmacht werden, damit der Anwendungsbereich von § 6 InvStG nicht eröffnet wird:[18]
- Betrag der Ausschüttung sowie die in der Ausschüttung enthaltenen ausschüttungsgleichen Erträge der Vorjahre bzw. die in der Ausschüttung enthaltenen Substanzbeträge
- Betrag der ausgeschütteten bzw. ausschüttungsgleichen Erträge
- Betrag des zur Anrechnung oder Erstattung von Kapitalertragsteuer berechtigten Teils der ausgeschütteten bzw. ausschüttungsgleichen Erträge (unterteilt nach Einkunftsarten)
- Betrag der bei der Ermittlung der Erträge angesetzten Absetzungen für Abnutzung oder Absetzung für Substanzverringerung
- Die im Geschäftsjahr gezahlte Quellensteuer, vermindert um die erstattete Quellensteuer des Geschäftsjahres oder früherer Geschäftsjahre

---

14 Blümich/*Wenzel* InvStG § 6 Rn. 5; *Egner/Wölfert* DStR **2013** 381.
15 BMF Schr. v. 18.8.2009 BStBl. I **2009** 931 Rn. 245.
16 BMF Schr. v. 18.8.2009 BStBl. I **2009** 931 Rn. 270.
17 Vgl. Kommentierung zu § 5 Rn. 37 ff.
18 Auf Basis des BMF Schr. v. 18.8.2009 BStBl. I **2009** 931 Rn. 90 und 100 unter Berücksichtigung der nach dessen Veröffentlichung ergangenen Gesetzesänderungen; vgl. Beckmann/Scholtz/Vollmer/ *Klopfleisch/Niedrig* InvStG § 6 Rn. 12a; *Egner/Wölfert* DStR **2013** 381.

- Vor Änderung durch das AIFM-StAnpG: Der Betrag der nicht abzugsfähigen Werbungskosten.[19]

12 Das Gleiche gilt gem. § 5 Abs. 1 S. 1 Nr. 2 InvStG in Falle eines thesaurierenden Investmentfonds, mit der Maßgabe, dass die Angabe des Betrags der Ausschüttung gem. § 5 Abs. 1 S. 1 Nr. 1 Buchst. a InvStG entfällt.

13 Über die Schädlichkeit des Fehlens von oben genannten Angaben herrscht in der Literatur Uneinigkeit.

14 Nach Ansicht der Finanzverwaltung und Teilen der Literatur führt bereits das Fehlen einer oben genannten Angaben des § 5 Abs. 1 S. 1 Nr. 1 InvStG auch bei thesaurierenden Investmentfonds ohne weiteres zur Anwendung der Pauschalbesteuerung des § 6 InvStG.[20]

15 Nach anderer Literaturansicht wird die Auffassung vertreten, dass es unverhältnismäßig sei, die Nichtveröffentlichung von Angaben, die für die Besteuerung des Anlegers nicht erforderlich sind, gem. § 6 InvStG zu sanktionieren. Daher will diese Ansicht bei Fehlen bestimmter Angaben die Vorschrift einschränkend auslegen und die Pauschalversteuerung des § 6 InvStG nicht anwenden.[21]

16 Das Fehlen der Angaben zur Bemessungsgrundlage der Kapitalertragsteuer soll zumindest bei ausländischen thesaurierenden Investmentfonds unproblematisch sein, da schon keine Kapitalertragsteuer auf thesaurierte Erträge einbehalten wird.[22] Bei inländischen Investmentfonds könnte das Fehlen dieser Angaben ebenfalls als unschädlich angesehen werden. Nach Meinungen in der Literatur soll in diesem Fall keine Pauschalbesteuerung des § 6 InvStG eingreifen, da zweifelhaft sei, ob die Angaben tatsächlich für die Anlegerbesteuerung benötigt werden. Vielmehr könne der Investmentfonds anderweitig sanktioniert bzw. die Besteuerung sichergestellt werden, so könnten bspw. die gesamten ausgeschütteten Erträge als kapitalertragsteuerpflichtig behandelt werden.[23]

17 Auch die Notwendigkeit der Angabe des Betrages der Absetzung für Abnutzung oder Substanzverringerung wird nach dieser Ansicht für die Besteuerung der Anleger nicht benötigt, da Zweck der Angabe lediglich sei, den Abgleich zwischen Ausschüttung und ausgeschütteten Erträgen zu vereinfachen; ein Fehlen der Angabe ist nach einer in der Literatur vertretenen Ansicht daher unschädlich und führt nicht zur Pauschalbesteuerung gem. § 6 InvStG.[24]

18 Aus denselben Gründen soll nach mancher Meinung die fehlende Angabe zu den nichtabzugsfähigen Werbungskosten unschädlich sein.[25]

19 Jedenfalls muss u.E. gelten, dass die fehlende Angabe einer ISIN oder einer anderen gleichwertigen Wertpapierkennnummer, wie z.B. US CUSIP, nicht zu einer Pauschalbesteuerung führen kann, soweit dem Investmentfonds eines solche Wertpapierkennnum-

---

[19] Beckmann/Scholtz/Vollmer/*Klopfleisch/Niedrig* InvStG § 6 Rn. 12a; BMF Schr. v. 18.8.2009 BStBl. I **2009** 931 Rn. 91, Rn. 100 unter Berücksichtigung des JStG 2010.
[20] BMF Schr. v. 18.8.2009 BStBl. I **2009** 931 Rn. 90 ff. und Rn. 98 ff.; Berger/Steck/Lübbehüsen/*Büttner/Mücke* InvStG § 6 Rn. 15; im Ergebnis wohl auch Beckmann/Scholtz/Vollmer/*Klopfleisch/Niedrig* InvStG § 6 Rn. 18.
[21] Beckmann/Scholtz/Vollmer/*Klopfleisch/Niedrig* InvStG § 6 Rn. 18; Haase/*Gnutzmann/Welzel* InvStG § 6 Rn. 34 ff.
[22] Beckmann/Scholtz/Vollmer/*Klopfleisch/Niedrig* InvStG § 6 Rn. 16.
[23] Beckmann/Scholtz/Vollmer/*Klopfleisch/Niedrig* InvStG § 6 Rn. 16; Haase/*Gnutzmann/Welzel* InvStG § 6 Rn. 37.
[24] Beckmann/Scholtz/Vollmer/*Klopfleisch/Niedrig* InvStG § 6 Rn. 17; Blümich/*Wenzel* InvStG § 6 Rn. 24; Littmann/Bitz/Pust/*Ramackers* InvStG § 5 Rn. 33; Haase/*Gnutzmann/Welzel* § 6 Rn. 39.
[25] Beckmann/Scholtz/Vollmer/*Klopfleisch/Niedrig* InvStG § 6 Rn. 17.

mer nicht zugeteilt worden ist. Letzteres kann gerade bei ausländischen Investmentfondsanteilen, die in Deutschland weder öffentlich noch privat vertrieben werden (dürfen), der Fall sein. In diesen Fällen erfolgt ein Investment durch einen deutschen Anleger auf dessen Initiative hin, so dass eine „Gefahr der Verwechslung" wie bei Publikum-Investmentfonds mit zahlreichen Anteilklassen ausgeschlossen werden kann. Oft kann der ausländische Investmentfonds auch nach dem Recht seines Heimatstaates keine Wertpapierkennnummer erwerben oder zumindest keine ISIN, die von § 5 Abs. 1 InvStG als einzige Wertpapierkennnummer genannt wird. In diesen Fällen wäre die Anwendung einer Pauschalbesteuerung nach § 6 InvStG u.E. jedenfalls nicht als verhältnismäßig anzusehen. Daher muss u.E. auch gelten, dass bei Vorhandensein einer anderen Wertpapierkennnummer als einer ISIN auch deren Veröffentlichung ausreichend ist.

Dagegen ist unstreitig von einer Pauschalbesteuerung nach § 6 InvStG auszugehen, **20** wenn wesentliche Angaben, wie der Betrag der Ausschüttung und die ausgeschütteten bzw. ausschüttungsgleichen Erträge, nicht bekanntgemacht werden.[26]

Dies gilt auch für die Berufsträgerbescheinigung nach § 5 Abs. 1 S. 1 Nr. 3 InvStG, der **21** ein erhöhtes Gewicht zukommt, so dass diese weiterhin innerhalb von vier Monaten nach Geschäftsjahresende vorliegen muss.[27] Erfolgt die Veröffentlichung gänzlich ohne Berufsträgerbescheinigung, führt dies ebenfalls zur Pauschalbesteuerung gem. § 6 InvStG.[28] In der Praxis kommt es vor, dass die Berufsträgerbescheinigung mit einem Hinweis versehen ist, der sich auf die steuerrechtliche Behandlung bestimmter Sachverhalte bezieht. Hier ist wohl auf den jeweiligen Einzelfall abzustellen. Grundsätzlich kann ein solcher Hinweis nicht zur Intransparenz des Investmentfonds führen, weil er oftmals nur dann aufgenommen wird, wenn die steuerrechtliche Behandlung streitig oder unklar ist. Eine Pauschalbesteuerung wäre in diesen Fällen unverhältnismäßig. Allerdings ist denkbar, dass die Hinweise auf der Berufsträgerbescheinigung diese derart einschränken, dass die Anerkennung der ausgefertigten Bescheinigung als Berufsträgerbescheinigung i.S.d. § 5 Abs. 1 InvStG zweifelhaft sein könnte. In diesem Fall gilt es dann zu prüfen, ob die Besteuerungsgrundlagen überhaupt noch – wie vom InvStG gefordert – nach den Regeln des deutschen Steuerrechts ermittelt wurden.[29]

Das Fehlen der Angaben gem. § 5 Abs. 1 S. 1 Nr. 1 Buchst. c und f InvStG führen dagegen nicht zur Pauschalbesteuerung nach § 6 InvStG,[30] sondern lediglich dazu, dass der **22** Anleger die entsprechenden Begünstigungen nicht geltend machen kann, vgl. § 5 Abs. 1 Satz 2 InvStG[31] (sog. „semintransparenten" Besteuerung). Insofern liegt kein Fall einer oben beschriebenen schädlichen „unvollständigen" Veröffentlichung vor.

Von einer unvollständigen Veröffentlichung ist auch eine fehlerhafte Veröffentlichung zu unterscheiden. Eine fehlerhafte Veröffentlichung kann nicht zur Pauschalbesteuerung nach § 6 InvStG führen; dies ergibt sich im Umkehrschluss aus den vorhandenen Korrekturvorschriften des InvStG, die der Investmentgesellschaft die Möglichkeit eröffnen, fehlerhaft veröffentlichte Bemessungsgrundlagen im Rahmen der nächsten **23**

---

26 Haase/*Gnutzmann/Welzel* § 6 Rn. 34.
27 Berger/Steck/Lübbehüsen/*Büttner/Mücke* InvStG § 6 Rn. 18, der sich auf den Billigkeitserlass vom 8.9.2006 bezieht.
28 Blümich/*Wenzel* InvStG § 6 Rn. 22.
29 Blümich/*Wenzel* InvStG § 6 Rn. 22.
30 BMF Schr. v. 18.8.2009 BStBl. I **2009** 931 Rn. 90 ff. und Rn. 98 ff.; Berger/Steck/Lübbehüsen/*Büttner/ Mücke* InvStG § 6 Rn. 15; Haase/*Gnutzmann/Welzel* § 6 Rn. 32; Beckmann/Scholtz/Vollmer/*Klopfleisch/ Niedrig* InvStG § 6 Rn. 16.
31 Beckmann/Scholtz/Vollmer/*Klopfleisch/Niedrig* InvStG § 6 Rn. 11.

Veröffentlichung zu korrigieren (§ 13 Abs. 4, 5 Abs. 1 S. 1 Nr. 5 InvStG).[32] Die Unterscheidung zwischen fehlerhafter und „faktischer" Nicht-Veröffentlichung kann sich im Einzelfall schwierig gestalten, insbesondere wenn z.B. die Besteuerungsgrundlagen durchweg und ohne Anschauung der tatsächlich auf Fondsebene erzielten Erträge mit „Null" veröffentlicht werden.[33]

II. Verspätete Veröffentlichung der Besteuerungsgrundlagen nach § 5 Abs. 1 S. 1 Nr. 1 und Nr. 2 InvStG

24 Auch eine geringe zeitliche Überschreitung der Vier-Monatsfrist nach § 5 Abs. 1 S. 1 Nr. 3 InvStG soll bereits grundsätzlich die Rechtsfolgen von § 6 InvStG auslösen. Bzgl. Einzelheiten der Veröffentlichungsfrist einschl. der Fristberechnung vgl. § 5 Abs. 1 S. 1 Nr. 3 InvStG.

Kommt es zu einer verspäteten Veröffentlichung, griff bis Ende 2013 ggf. die Billigkeitsregelung der Finanzverwaltung. Gemäß BMF-Schreiben vom 4.12.2007 zog ein Verstoß gegen die Veröffentlichungsfrist von vier Monaten nach Geschäftsjahresende grundsätzlich die Anwendung des § 6 InvStG nach sich.[34] Waren in der Praxis allerdings auf Grund neuer Regelungen Übergangsschwierigkeiten aufgetreten, konnte bei Geltendmachung solcher Übergangsschwierigkeiten oder bei einer nur kurzfristigen Fristüberschreitung das nach § 13 InvStG zuständige Finanzamt bzw. bei ausländischen Investmentfonds das BZSt, im Billigkeitswege die Veröffentlichung als noch firstgemäß ansehen, um die Rechtsfolgen der verspäteten Veröffentlichung nicht zu Lasten des einzelnen Anlegers gehen zu lassen. Voraussetzung hierfür war allerdings eine Zahlung i.H.v. EUR 25.000 pro Fonds.[35] Übergangsschwierigkeiten i.S.d. Schreibens waren bspw. auf Grund von Gesetzesänderungen notwendige systemseitige Umstellungsprobleme, ein Organisationsverschulden der jeweiligen Investmentgesellschaft reichte dagegen hierzu wohl nicht aus.[36] Von einer unschädlichen, kurzfristigen Fristüberschreitung i.S.d. Erlasses war nach Ansicht in der Literatur jedenfalls dann auszugehen, wenn die Überschreitung nicht länger als einen Monat betrug.[37] Die Billigkeitsregelung der Finanzverwaltung wurde in der Praxis aber auch weitergehender gehandhabt, so dass zumindest bei einer Fristüberschreitung von bis zu 1 Jahr im Einzelfall eine Möglichkeit bestand, durch Zahlung eines „Verspätungszuschlags" die Rechtsfolgen des § 6 InvStG zu vermeiden.[38]

25 Dieses Schreiben vom 4. Dezember 2007 wurde durch BMF-Schreiben vom 17.12.2013 ersetzt.[39] Die Zahlung von EUR 25.000 ist nicht mehr als Voraussetzung genannt. Stattdessen wird dem zuständigen Finanzamt oder dem BZSt zwar weiterhin die Möglichkeit eingeräumt, im Rahmen einer Billigkeitsentscheidung eine eigentlich verspätete Veröffentlichung als fristgemäß anzusehen. Allerdings wird lediglich eine Überschreitung von bis zu 10 Kalendertagen als in der Regel noch kurzfristig bezeichnet.

---

[32] Beckmann/Scholtz/Vollmer/*Klopfleisch/Niedrig* InvStG § 6 Rn. 21; Blümich/*Wenzel* InvStG § 6 Rn. 21; Berger/Steck/Lübbehüsen/*Büttner/Mücke* InvStG § 6 Rn. 20; Haase/*Gnutzmann/Welzel* § 6 Rn. 54.
[33] Haase/*Gnutzmann/Welzel* § 6 Rn. 55.
[34] BMF Schr. v. 4.12.2007 DStR **2008** 256; ebenso OFD Rhld v. 4.3.2008 DB **2008** 114.
[35] BMF Schr. v. 4.12.2007 DStR **2008** 256; Berger/Steck/Lübbehüsen/*Büttner/Mücke* InvStG § 6 Rn. 18.
[36] Berger/Steck/Lübbehüsen/*Büttner/Mücke* InvStG § 6 Rn. 18.
[37] Berger/Steck/Lübbehüsen/*Büttner/Mücke* InvStG § 6 Rn. 18, der sich dabei auf den Billigkeitserlass vom 8.9.2006 (BMF Schr. v. 8.9.2006 IV C 1 – S 1980-1-33/06, BeckVerw 081119) bezieht, der eine Veröffentlichung bis zum 31.5.2006 als ausreichend ansieht.
[38] Haase/*Guntzmann/Welzel* § 6 Rn. 86.
[39] BMF Schr. v. 17.12.2013 IV C 1 – S 1980-1/08/10007 DStR **2014** 102.

III. Nicht-Veröffentlichung von akkumulierten ausschüttungsgleichen Erträge der Vorjahre nach § 5 Abs. 1 S. 1 Nr. 4 InvStG

Ausländische Investmentfonds haben darüber hinaus die Summe der nach dem 31.12.1993 thesaurierten, noch nicht dem Steuerabzug unterworfenen Erträge in der gleichen Frist wie die Besteuerungsgrundlagen nach § 5 Abs. 1 S. 1 Nr. 1 und Nr. 2 InvStG zusammen mit dem Rücknahmepreis zu veröffentlichen (akkumulierter ausschüttungsgleicher Ertrag oder ADDI [accumulated deemed distributed income]). Bzgl. der Einzelheiten zur Veröffentlichung des ADDI, vgl. § 5 Abs. 1 S. 1 Nr. 4 InvStG. 26

Erfolgt die Veröffentlichung nicht, ist grundsätzlich die Pauschalbesteuerung für die Anleger des ausländischen Investmentfonds anzuwenden.[40] 27

Allerdings gibt es in der Literatur Stimmen, die für ausländische Investmentfonds auf eine Pauschalbesteuerung verzichten wollen.[41] Diesen Literaturstimmen ist u.E. aus den folgenden Gründen und zumindest in den im Folgenden genannten Fällen zuzustimmen, auch wenn der Gesetzeswortlaut eine Pauschalbesteuerung vorgibt: 28

Die Funktion des ADDIs liegt darin, das Risiko einer möglichen über die Haltedauer der Anteile an ausländischen thesaurierenden Investmentfonds nicht erfolgten ordnungsgemäßen Besteuerung ausschüttungsgleicher Erträge durch den (nachholenden) Kapitalertragsteuerabzug auf den ADDI (sollte die Veräußerung/Rückgabe über eine inländische Depotbank erfolgen) zu vermeiden. Dieser Steuersicherungsfunktion könnten die inländischen Depotbanken jedoch im Schätzungswege auch dann nachkommen, wenn der ADDI nicht veröffentlicht wurde, bzw. die Depotbanken können auf z.B. in WM-Datenservice bereitgestellte ADDI-Beträge zugreifen. Ähnliches sollte auch gelten, wenn der ADDI in der § 5 InvStG-Veröffentlichung nachrichtlich mitgeteilt wird. Die Anordnung der Pauschalbesteuerung als zusätzliches Instrument der Sicherung einer ordnungsgemäßer Versteuerung laufender Erträge durch den Anleger erscheint daher nicht zielführend und auch nicht notwendig. Eine teleologische Reduktion sollte aber in jedem Fall in den Fällen erfolgen, in denen auf Grund eines Näheverhältnisses zwischen Anleger und ausländischem Investmentfonds ausgeschlossen ist, dass Anteile des Investmentfonds überhaupt über eine inländische Depotbank gehalten werden (können). Zu denken ist hier z.B. an nicht börsengelistete und nicht in Deutschland vertriebene ausländische Investmentfonds im anglo-amerikanischen Bereich, die ein Register ihrer Anleger führen und die Anteile selbst verwalten. Für diese gestaltet sich das Rechtsverhältnis vergleichbar einem Anleger in einen in- oder ausländischen Spezial-Investmentfonds. 29

IV. Nachweis der Richtigkeit der veröffentlichten Besteuerungsgrundlagen nach § 5 Abs. 1 S. 1 Nr. 5 InvStG

Eine ausländische Investmentgesellschaft oder die einen EU-Investmentfonds der Vertragsform verwaltende Kapitalverwaltungsgesellschaft müssen auf Anforderung die Richtigkeit der veröffentlichten Angaben nach § 5 Abs. 1 S. 1 Nr. 1, 2 und 4 InvStG gegenüber dem BZSt innerhalb von drei Monaten nachweisen (vgl. § 5 Abs. 1 S. 1 Nr. 5 InvStG).[42] 30

---

[40] BMF Schr. v. 18.8.2009 BStBl. I **2009** 931 Rn. 106, Littmann/Bitz/Pust/*Ramackers* InvStG § 6 Rn. 10.
[41] Blümich/*Wenzel* InvStG § 6 Rn. 24; Haase/*Gnutzmann*/*Welzel* § 6 Rn. 42ff. mit weiterer Begründung.
[42] Beckmann/Scholtz/Vollmer/*Klopfleisch*/*Niedrig* InvStG § 6 Rn. 14.

Soweit dies nicht geschieht, findet grundsätzlich ebenfalls die Pauschalbesteuerung des § 6 InvStG Anwendung.[43]

D. Rechtsfolgen

31 Rechtsfolge beim Vorliegen der Tatbestandsvoraussetzungen des § 6 InvStG ist die pauschale Besteuerung des Anlegers. Diese ist grundsätzlich zwingend anzuwenden, d.h. der Anleger hat nicht die Möglichkeit einen Nachweis der günstigeren tatsächlichen Besteuerungsgrundlagen zu führen. Auf Grund dieses Strafcharakters der Vorschrift bzw. auf Grund der Tatsache, dass § 6 InvStG eine Art der pauschalen Schätzung darstellt, sind, wie oben ausgeführt, die Tatbestandsvoraussetzungen, nach denen eine Pauschalbesteuerung des § 6 InvStG eingreift, u.E. teleologisch restriktiv zu handhaben.

32 Bemessungsgrundlage für die Pauschalbesteuerung sind die:
– Im Kalenderjahr erfolgte Ausschüttungen auf die Investmentanteile **zzgl.**
– 70% des Mehrbetrages, der sich als Differenz zwischen dem ersten im Kalenderjahr festgesetzten Rücknahmepreis und dem letzten im Kalenderjahr festgesetzten Rücknahmepreis eines Investmentanteils ergibt („Anteil am Mehrbetrag");
– **mindestens** jedoch 6% des letzten im Kalenderjahr festgesetzten Rücknahmepreises („Mindestbetrag").

33 Damit ist eine vergleichende Berechnung aufzustellen und der höhere Betrag zwischen einerseits Ausschüttungen des Kalenderjahres zzgl. Mehrbetrag und andererseits dem Mindestbetrag ist insgesamt von den Anlegern im betreffenden Kalenderjahr zu versteuern.[44]

34 Wird ein Rücknahmepreis nicht festgesetzt, ist der Börsen- oder Marktpreis zu nehmen.[45]

35 Weiter regelt § 6 InvStG, dass beim Anleger bei Veräußerung der Zwischengewinn steuerpflichtig ist.

I. Ausschüttungen des Kalenderjahres auf die Investmentanteile

36 Zu den Ausschüttungen auf die Investmentanteile zählen alle gem. § 1 Abs. 3 S. 1 InvStG dem jeweilgen Anleger im Kalenderjahr tatsächlich gezahlten oder gutgeschriebenen Beträge inklusive der deutschen Kapitalertragsteuer, des Solidaritätszuschlags und ausländischer Quellensteuern,[46] vgl. § 1 Abs. 3 InvStG.

37 Da der Ausschüttungsbegriff nicht auf vom Investmentfonds im betreffenden Kalenderjahr erwirtschaftete (bzw. noch nicht vom Anleger versteuerte) Erträge beschränkt ist, umfassen Ausschüttungen in diesem Sinne auch die ausgeschütteten ausschüttungsgleichen Erträge der Vorjahre und andere in Vorjahren thesaurierten Erträge sowie Substanzausschüttungen und Ertragsausgleichsbeträge.[47] Somit werden auch diese bei der

---

[43] Beckmann/Scholtz/Vollmer/*Klopfleisch/Niedrig* InvStG § 6 Rn. 14; Berger/Steck/Lübbehüsen/*Büttner/Mücke* InvStG § 6 Rn. 19; **a.A.** im Hinblick auf § 5 Abs. 1 Nr. 4 Haase/*Gnutzmann/Welzel* § 6 Rn. 42 ff.; Littmann/Bitz/Pust/*Ramackers* InvStG § 6 Rn. 10.
[44] BMF Schr. v. 18.8.2009 BStBl. I **2009** 931 Rn. 127.
[45] § 6 S. 2 InvStG.
[46] Beckmann/Scholtz/Vollmer/*Klopfleisch/Niedrig* InvStG § 6 Rn. 24; Berger/Steck/Lübbehüsen/*Büttner/Mücke* InvStG § 6 Rn. 25, 26; Blümich/*Wenzel* InvStG § 6 Rn. 28; Bordewin/Brandt/*Geurts* InvStG § 6 Rn. 8; Littmann/Bitz/Pust/*Ramackers* InvStG § 6 Rn. 16.
[47] Beckmann/Scholtz/Vollmer/*Klopfleisch/Niedrig* InvStG § 6 Rn. 24; Berger/Steck/Lübbehüsen/*Büttner/Mücke* InvStG § 6 Rn. 26; Blümich/*Wenzel* InvStG § 6 Rn. 28.

Regelbesteuerung nicht steuerbaren/nicht steuerpflichtigen Ausschüttungsanteile im Rahmen der Pauschalbesteuerung zu steuerbaren und grundsätzlich steuerpflichtigen Einnahmen.[48]

Nicht zu den Ausschüttungen zählen dagegen die Einnahmen aus der Rückgabe von **38** Investmentanteilen durch den Anleger.[49] Bei diesem fällt bei Veräußerung aber der (ggf. pauschaliert ermittelte) Zwischengewinn als steuerpflichtiger Ertrag (unabhängig von Haltefristen) an.[50]

Die Ausschüttungen sind bei dem Anleger zu erfassen, dem sie zufließen.[51] Wird der **39** Anteil im Laufe des Kalenderjahres übertragen, hat jeder Anteilsinhaber nur die erhaltenen Ausschüttungen zu versteuern.[52]

Ausländische Steuern, die auf Ebene des Investmentfonds angefallen und nach § 5 **40** InvStG bekannt zu machen sind, können nicht angerechnet werden, da auch bei einem semitransparenten Investmentfonds gem. § 5 Abs. 1 S. 2 InvStG die Anwendbarkeit des § 4 InvStG und damit die Anrechnung ausländischer Quellensteuer mangels Veröffentlichung dieser Angabe ausgeschlossen ist; dann muss dies erst recht für einen intransparenten Investmentfonds gelten.[53]

Wurde auf die Ausschüttung selbst eine ausländische Quellensteuer einbehalten, **41** ist fraglich, ob eine Anrechnung gem. § 4 Abs. 2 S. 5 InvStG analog (intransparenter Investmentfonds) erfolgen kann. In der Literatur wird dies überwiegend bejaht.[54] Unseres Erachtens sollte die Anrechnung der auf der Fondsausgangsseite einbehaltenen (ausländischen) Quellensteuer bei Direktanlegern bereits nach den allgemeinen Anrechnungsvorschriften des § 34c EStG bzw. § 32d EStG möglich sein. Eine analoge Anwendung der spezialgesetzlichen Regelung des § 4 Abs. 2 S. 5 InvStG sollte bei Ausschüttungen auf Anteile an intransparenten Investmentfonds unseres Erachtens nicht erforderlich sein.

II. Anteil am Mehrbetrag

Zusätzlich zu der (den) Ausschüttung(en) wird ein fiktiver ausschüttungsgleicher **42** Ertrag („Anteil am Mehrbetrag") erfasst. Damit wollte der Gesetzgeber verhindern, dass die von einem ausländischen intransparenten Investmentfonds thesaurierten Erträge außerhalb der Frist des § 23 Abs. 1 S. 1 Nr. 2 EStG über den Rücknahmepreis steuerfrei vereinnahmt werden (mit Ausnahme des (pauschalierten) Zwischengewinns).[55] Nach Einführung der Abgeltungsteuer dient die Mehrbetragsbesteuerung (im Falle nicht bestandsgeschützter, da vor der Einführung des Abgeltungssteuerregimes erworbener Anteile an Investmentfonds) primär der Abschöpfung eines Liquiditätsvorteils, der entstünde, wenn die nicht veröffentlichten thesaurierten Erträge erst anlässlich der Veräußerung der Anteile versteuert würden.

---

48 Berger/Steck/Lübbehüsen/*Büttner/Mücke* InvStG § 6 Rn. 26.
49 Berger/Steck/Lübbehüsen/*Büttner/Mücke* InvStG § 6 Rn. 26.
50 BFM Schr. v. 18.8.2009 BStBl. I **2009** 931 Bsp. in Rn. 128.
51 BMF Schr. v. 18.8.2009 BStBl. I **2009** 931 Rn. 128; Beckmann/Scholtz/Vollmer/*Klopfleisch/Niedrig* InvStG § 6 Rn. 24; Berger/Steck/Lübbehüsen/*Büttner/Mücke* InvStG § 6 Rn. 27.
52 Berger/Steck/Lübbehüsen/*Büttner/Mücke* InvStG § 6 Rn. 27.
53 Beckmann/Scholtz/Vollmer/*Klopfleisch/Niedrig* InvStG § 6 Rn. 25; Blümich/*Wenzel* InvStG § 6 Rn. 30.
54 Ausführlich dazu Beckmann/Scholtz/Vollmer/*Klopfleisch/Niedrig* InvStG § 6 Rn. 25; Berger/Steck/Lübbehusen/*Büttner/Mücke* InvStG § 6 Rn. 26; **a.A.** aber Blümich/*Wenzel* InvStG § 6 Rn. 31, weil die Anrechnung gem. § 5 Abs. 1 S. 1 i.V.m. § 4 Abs. 2 S. 5 ausschließlich transparenten Investmentfonds vorbehalten sei. Aufgrund der klaren Regelung könne die Vorschrift nicht analog auf semitransparente bzw. intransparente ausländische Investmentfonds angewandt werden.
55 Blümich/*Wenzel* InvStG § 6 Rn. 32; Bordewin/Brandt/*Geurts* InvStG § 6 Rn. 9.

43 Es sind 70% des Mehrbetrages, um den der letzte im Kalenderjahr festgelegte Rücknahmepreis den ersten im Kalenderjahr festgelegten Rücknahmepreis übersteigt, anzusetzen.

44 Der Rücknahmepreis kann sich ergeben auf Grund gesetzlicher Verpflichtung zur Rücknahme der Investmentanteile oder auf Grund freiwillig festgesetzter Beträge, zu denen der Investmentfonds oder eine ihm nahestehende Rücknahmegesellschaft den Investmentanteil zurücknimmt.[56]

45 Für die Ermittlung des Mehrbetrages ist eine Vergleichsrechnung zu erstellen, mindestens zwei unterschiedlich hohe, vom Investmentfonds festgelegte Rücknahmepreise von mindestens zwei verschiedenen Daten im Kalenderjahr werden miteinander verglichen. Wird nur ein Rücknahmepreis festgelegt oder sinkt der letzte Rücknahmepreis unter den ersten oder decken sich die festgelegten Rücknahmepreise, so kommt es nur auf den höheren Wert der Ausschüttung oder des Mindestbetrags an, da ein Mehrbetrag in diesem Fall begrifflich nicht vorliegen kann.[57]

46 Wird ein Rücknahmepreis nicht festgesetzt, tritt an seine Stelle der Börsenpreis, falls dieser nicht existiert, der Marktpreis („Ersatzwerte"), (vgl. § 6 S. 2 InvStG).

47 **1. Börsenpreis.** Börsenpreis ist der an einer amtlich anerkannten Börse amtlich notierte oder im geregelten Markt ermittelte Preis (vgl. § 24 BörsG). In diesem Sinne ist auch der während der Börsenzeit an der Wertpapierbörse präsente oder in einem durch die Börsenordnung geregelten elektronischen Handel gebildete Preis Börsenpreis.[58] Ein derartiger Börsenpreis geht anderen Marktpreisen vor.[59] Wird ein Börsenpreis nicht festgelegt, ist ein Marktpreis anzusetzen.[60]

48 **2. Marktpreis.** Marktpreis ist der Preis am Markt, zu dem der Investmentanteil am jeweiligen Stichtag zu kaufen oder zu verkaufen ist; Entscheidend ist bei unterschiedlichen Verkaufs- und Kaufpreisen der Preis, zu dem der Investmentanteil am Markt abgesetzt werden kann.[61]

49 **3. Werte in ausländischer Währung.** Ist der Rücknahme-, Börsen- oder Marktpreis in ausländischer Währung festgestellt, existieren grundsätzlich zwei Möglichkeiten zur Ermittlung des Mehr- bzw. Mindestbetrages:[62]
   a) Ermittlung des ersten und des letzten im Kalenderjahre festgesetzten Preises und Umrechnung in Euro am jeweiligen Stichtagskurs. Auf dieser Basis wird dann der Mehr- oder Mindestbetrag errechnet.
   b) Ermittlung des Mehrbetrags in ausländischer Währung (analog zu der Ermittlung der Emissions-/Marktrendite bei Finanzinnovationen) und Umrechnung in Euro mit dem Stichtagskurs zum Jahresende.[63]

---

56 Bordewin/Brandt/*Geurts* InvStG § 6 Rn. 15.
57 Berger/Steck/Lübbehüsen/*Büttner*/*Mücke* InvStG § 6 Rn. 31.
58 Beckmann/Scholtz/Vollmer/*Klopfleisch*/*Niedrig* InvStG § 6 Rn. 30; Berger/Steck/Lübbehüsen/ *Büttner*/*Mücke* InvStG § 6 Rn. 39; Bordewin/Brandt/*Geurts* InvStG § 6 Rn. 15; Littmann/Bitz/Pust/ *Ramackers* InvStG § 6 Rn. 21.
59 BMF Schr. v. 18.8.2009 BStBl. I **2009** 931 Rn. 129.
60 Berger/Steck/Lübbehüsen/*Büttner*/*Mücke* InvStG § 6 Rn. 39.
61 BMF Schr. v. 18.8.2009 BStBl. I 2009 931 Rn. 129; Berger/Steck/Lübbehüsen/*Büttner*/*Mücke* InvStG § 6 Rn. 4.
62 Berger/Steck/Lübbehüsen/*Büttner*/*Mücke* InvStG § 6 Rn. 41; Blümich/*Wenzel* InvStG § 6 Rn. 34.
63 Beckmann/Scholtz/Vollmer/*Klopfleisch*/*Niedrig* InvStG § 6 Rn. 31; Berger/Steck/Lübbehüsen/*Büttner*/ *Mücke* InvStG § 6 Rn. 41.

Nach einer Ansicht ist die zweite Alternative nicht anwendbar, weil § 20 Abs. 4 S. 1 **50** 2. Hs. EStG entsprechend anwendbar sein soll und damit jeweils eine Umrechnung in Euro zum jeweiligen Stichtagskurs zu erfolgen hat.[64]

U.E. und (wohl auch) in Übereinstimmung mit der überwiegenden Literaturmei- **51** nung[65] führt die letzte Berechnungsalternative zu sachgerechteren Ergebnissen. Denn die Erfassung von Währungsgewinnen und -verlusten würde einen Veräußerungsvorgang voraussetzen, der hier gerade nicht vorliegt.

III. Mindestbetrag

§ 6 InvStG ordnet an, dass mindestens 6% des letzten im Kalenderjahr festgesetzten **52** Rücknahme-, Börsen oder Marktpreises anzusetzen sind. Ergeben die bereits erfassten Ausschüttungen des Kalenderjahres zzgl. 70% des Mehrbetrages weniger als 6% des letzten im Kalenderjahr festgesetzten Rücknahme-, Börsen- oder Marktpreises, ist dieser anzusetzen, allerdings abzüglich gegebenenfalls von im Kalenderjahr erfolgten Ausschüttungen, sog. (Auffüllungsbetrag zum) Mindestbetrag, vgl. § 6 S. 1 Hs. 2 InvStG.[66] Das InvStG unterstellt eine „Mindestverzinsung" des Investmentanteils in Höhe von 6% des letzten Rücknahmepreises im Kalenderjahr.[67] Der Mindestbetrag soll einem idealtypisch ausgewogenen Verhältnis von Ausschüttungen und thesaurierten Erträgen Rechnung tragen.[68]

Erreichen die Ausschüttungen des Kalenderjahres und der Mehrbetrag nicht diesen **53** Wert, ist dieser Mindestbetrag bzw. der Auffüllungsbetrag zum Mindestbetrag (bei Ausschüttungen im Kalenderjahr) stattdessen bzw. zusätzlich anzusetzen. Der Mindestbetrag von 6% des letzten Rücknahmepreises des Kalenderjahres kommt auch dann zum Ansatz, wenn es keinerlei Ausschüttungen gab und der sich im Rücknahmepreis widerspiegelnde Wert des Investmentanteils zum Ende des Kalenderjahres niedriger liegt als zu seinem Anfang.[69]

IV. Zwischengewinn

Die steuerliche Einordnung des Zwischengewinns ergibt sich grundsätzlich aus § 2 **54** Abs. 1 S. 5 InvStG und § 1 Abs. 4 InvStG, in denen der Zwischengewinn geregelt ist.[70] Relevant ist die Erwähnung des Zwischengewinns in § 6 InvStG jedoch nur für den praktisch kaum anzutreffenden Fall, dass ein intransparenter Investmentfonds den Zwischengewinn rechnet und ordnungsgemäß veröffentlicht. In einem solchen Fall ist bei unterjähriger Rückgabe/Veräußerung der tatsächlich veröffentlichte Zwischengewinn und nicht etwa ein Zwischengewinn-Ersatzwert anzusetzen.[71] Im Gegensatz dazu kann der Privatanleger, der die Anteile am intransparenten Investmentfonds unterjährig erworben hat, den gezahlten Zwischengewinn nicht (mehr) als negativen Ertrag ansetzen. § 5 Abs. 3 S. 1 Hs. 2 und S. 2 Hs. 2 i.V.m. § 9 S. 2 InvStG setzen für die Anerkennung des Zwi-

---

64 Blümich/*Wenzel* InvStG § 6 Rn. 34.
65 Berger/Steck/Lübbehüsen/*Büttner*/*Mücke* InvStG § 6 Rn. 41.
66 BMF Schr. v. 18.8.2009 BStBl. I **2009** 931 Rn. 90; Beckmann/Scholtz/Vollmer/*Klopfleisch*/*Niedrig* InvStG § 6 Rn. 33; Berger/Steck/Lübbehüsen/*Büttner*/*Mücke* InvStG § 6 Rn. 37.
67 Littmann/Bitz/Pust/*Ramackers* InvStG § 6 Rn. 25.
68 Bordewin/Brandt/*Geurts* InvStG § 6 Rn. 9.
69 Littmann/Bitz/Pust/*Ramackers* InvStG § 6 Rn. 25.
70 Beckmann/Scholtz/Vollmer/*Klopfleisch*/*Niedrig* InvStG § 6 Rn. 26; Berger/Steck/Lübbehüsen/*Büttner*/*Mücke* InvStG § 6 Rn. 28; Blümich/*Wenzel* InvStG § 6 Rn. 45.
71 BMF Schr. v. 18.8.2009 BStBl. I **2009** 931 Rn. 123; Haase/*Gnutzmann*/*Welzel* § 6 Rn. 124.

schengewinns als negativen Ertrag bei Erwerb von Fondsanteilen voraus, dass ein Ertragsausgleich (auch) für die Ermittlung der ausgeschütteten und ausschüttungsgleichen Erträge gerechnet wurde. Dies ist bei intransparenten Fonds nicht möglich.

55   Die Zwischengewinnbesteuerung betrifft nur Privatanleger. Bei betrieblichen Anlegern werden Zwischengewinne dagegen nicht besteuert, da das Veräußerungsergebnis der vollständigen Besteuerung unterliegt und die Notwendigkeit eines Zwischengewinns daher nicht besteht.[72]

V. „Option" zur Pauschalbesteuerung nach § 6 InvStG

56   Grundsätzlich besitzt § 6 InvStG den Charakter einer Strafnorm,[73] auch wenn die überhöhte Pauschalbesteuerung seit der Einführung der Abgeltungsteuer durch Abzug von dem ebenfalls steuerpflichtigen Veräußerungsgewinn wieder ausgeglichen wird und die pauschalierten Sätze zudem gesenkt wurden. Die Nachteiligkeit der Pauschalbesteuerung gilt insbesondere für Investmentfonds, deren Marktwert sich während des Kalenderjahrs reduziert, weil hier 6% des letzten Rücknahmepreises als Bemessungsgrundlage anzusetzen sind, obwohl der Anleger einen Wertverlust zu verzeichnen hat.[74]

57   Dennoch sind durchaus wirtschaftliche Konstellationen denkbar, bei denen die Pauschalbesteuerung günstiger ist, als die transparente Besteuerung bzw. in denen der Anleger unter Umständen die höhere Pauschalbesteuerung durch Verrechnung mit Verlusten nutzen kann.

58   Ersteres kann gelegentlich bei z.B. (thesaurierenden) Hedge-Investmentfonds beobachtet werden, deren tatsächliche ausschüttungsgleichen Erträge über den Mehr- bzw. Mindestbetrag liegen würden. Ähnlich kann diese Konstellation auch Eintreten bei Investmentfonds, die keinen Ertragsausgleich rechnen und bei denen es zu hohen Anteilsrückgaben während des Geschäftsjahres gekommen ist. In diesen Fällen hat die Investmentgesellschaft die faktische Wahl, durch Nichterfüllen der Veröffentlichungspflichten nach § 5 Abs. 1 InvStG dem Anleger den Ansatz einer günstigeren Pauschalbemessungsgrundlage zu ermöglichen.[75] Eine solche faktische Wahl kann von der Investmentgesellschaft nach interner Prüfung der Besteuerungsgrundlagen jedes Jahr getroffen werden. Nach dem insoweit eindeutigen Wortlaut von § 6 InvStG („Sind die Voraussetzungen von § 5 Abs. 1 nicht erfüllt (...)"), ist die Finanzverwaltung auch an die „Option" der Investmentgesellschaft gebunden, die daher zumindest für Investmentfonds, bei denen das Geschäftsjahr dem Kalenderjahr entspricht, möglich sein sollte. Wegen Verzerrungen bei einem abweichenden Geschäftsjahr wird auf Rn. 61ff. verwiesen.

E. Ausschüttungs- und Zuflusszeitpunkt

59   Gem. § 6 S. 3 InvStG gilt der nach § 6 S. 1 InvStG anzusetzende Teil des Mehrbetrags mit Ablauf des jeweiligen Kalenderjahres als ausgeschüttet und zugeflossen. Das Gleiche gilt für den (Auffüllungsbetrag zum) Mindestbetrag, soweit dieser den anzusetzenden Mehrbetrag und die im Kalenderjahr erfolgten Ausschüttungen übersteigt.

---

72   Ungenau insoweit: Beckmann/Scholtz/Vollmer/*Klopfleisch*/*Niedrig* InvStG § 6 Rn. 44; Berger/Steck/Lübbehüsen/*Büttner*/*Mücke* InvStG § 6 Rn. 45.
73   Beckmann/Scholtz/Vollmer/*Klopfleisch*/*Niedrig* InvStG § 6 Rn. 8; Berger/Steck/Lübbehüsen/*Büttner*/*Mücke* InvStG § 6 Rn. 2; Blümich/*Wenzel* § 6 InvStG Rn. 1.
74   Blümich/*Wenzel* InvStG § 6 Rn. 1.
75   Haase/*Gnutzmann*/*Welzel* § 6 Rn. 162, 163.

60 Der Mehrbetrag bzw. der (Auffüllungsbetrag zum) Mindestbetrag ist also von demjenigen zu besteuern, der die Anteile am Kalenderjahresende hält. Anleger, die ihren Investmentanteil im Laufe des Kalenderjahres zurückgeben oder veräußern, versteuern allenfalls Ausschüttungen und Zwischengewinne nach § 6 InvStG (bzw. § 5 Abs. 3 S. 2 InvStG) sowie (soweit es sich nicht um vor der Einführung des Abgeltungssteuerregimes erworbene Anteile an Investmentfonds handelt) den entsprechend nach § 8 Abs. 5 InvStG (bei Privatanlegern) bzw. nach den allgemeinen Besteuerungsvorschriften ermittelten (bei betrieblichen Anlegern) Rückgabe- bzw. Veräußerungsgewinn.[76]

61 Dadurch, dass sich die Mehrbetrags- bzw. Mindestbetragsbesteuerung immer auf ein Kalenderjahr beziehen, kann es sowohl zu einer Doppelbesteuerung als auch zu einer Nichtbesteuerung kommen, wenn ein Investmentfonds mit vom Kalenderjahr abweichenden Wirtschaftsjahr zwischen transparenter und intransparenter Besteuerung wechselt.

62 Bei einem Wechsel in die transparente Besteuerung hinein, wird das Kalenderjahresende innerhalb des transparenten Wirtschaftsjahrs liegen, so dass es nach dem insoweit eindeutigen Wortlaut von § 6 InvStG („Sind die Voraussetzungen des § 5 Abs. 1 nicht erfüllt ...") nicht zum Ansatz des Mehr- bzw. Mindestbetrags kommen kann. Denn für das Geschäftsjahr des vormals intransparenten Investmentfonds, das dieses Kalenderjahresende betrifft, werden die Voraussetzungen der transparenten Besteuerung, d.h. § 5 Abs. 1 InvStG, erfüllt. Umgekehrt wird der Mehr- bzw. Mindestbetrag ohne Rücksicht auf die für ein im betreffenden Kalenderjahr veröffentlichten ausschüttungsgleichen Erträge für ein dem Kalenderjahresende vorausgegangenes abweichendes Wirtschaftsjahr am folgenden Kalenderjahresende angesetzt, wenn der Investmentfonds für das Geschäftsjahr, in dem dieses Kalenderjahresende liegt, die Voraussetzungen einer transparenten Besteuerung nicht (mehr) erfüllt.

63 Der Referentenentwurf des AIFM-Steueranpassungsgesetzes sah noch vor, die mangelnde zeitliche Synchronität der transparenten und intransparenten Besteuerung durch ein dann grundsätzliches Abstellen auf das Geschäftsjahresende des intransparenten Investmentfonds zu beseitigen. Letzten Endes ist dies nicht umgesetzt worden, so dass die oben beschriebene Problematik weiterhin besteht.

F. Qualifikation der Einkünfte aus der Pauschalbesteuerung

64 Nach h.M. und nach Ansicht der Finanzverwaltung zählen bei Privatanlegern die Erträge aus dem Investmentanteil i.R.d. Pauschalbesteuerung zu den Einkünften aus § 20 Abs. 1 Nr. 1 EStG.[77] Dies soll gelten, obwohl im Gegensatz zu § 2 Abs. 1 S. 1 InvStG diese Rechtsfolge nicht ausdrücklich in § 6 InvStG angeordnet wird. Dies wird in der Literatur durchaus kritisch gesehen.[78] Die Ansicht der Finanzverwaltung kann damit begründet werden, dass es sich bei den pauschalen Erträgen nach § 6 InvStG um „ausschüttungsgleiche Erträge" im Rahmen einer pauschalierten Schätzung handelt.

65 Ab dem 1. Januar 2009 unterliegen die nach § 6 InvStG zu versteuernden Erträge somit nach h.M. und nach Ansicht der Finanzverwaltung beim Privatanleger der Abgeltungsteuer i.H.v. 25% zzgl. Solidaritätszuschlag und ggf. Kirchensteuer.

---

76 Berger/Steck/Lübbehüsen/*Büttner/Mücke* InvStG § 6 Rn. 43.
77 BMF Schr. v. 18.8.2009 BStBl. I **2009** 931 Rn. 130; Bordewin/Bandt/*Geurts* InvStG § 6 Rn. 20; Korn/*Carlé* InvStG § 6 Rn. 10; Berger/Steck/Lübbehüsen/*Büttner/Mücke* InvStG § 6 Rn. 48; Beckmann/Scholtz/Vollmer/*Klopfleisch/Niedrig* InvStG § 6 Rn. 43a; Littmann/Bitz/Pust/*Ramackers* InvStG § 6 Rn. 15, der aber auch Einkünfte i.S.d. § 22 Nr. 5 EStG für denkbar hält.
78 *Rohde/Neumann* FR **2012** 247 f.; Berger/Steck/Lübbehüsen/*Büttner/Mücke* InvStG § 6 Rn. 24.

66 Bei betrieblichen Anlegern gehören die nach § 6 ermittelten Erträge zu den Betriebseinnahmen; §§ 3 Nr. 40 EStG und 8b Abs. 1 KStG finden auf diese Erträge keine Anwendung.[79]

67 Bei Dach-Investmentfonds gehören die Beträge gem. § 6 InvStG aus Ziel-Investmentfonds zu den sonstigen Erträgen innerhalb der ausgeschütteten bzw. ausschüttungsgleichen Erträge i.S.d. § 1 Abs. 3 S. 2 und S. 3. InvStG.[80]

68 Beschränkt Steuerpflichtige erzielen mit ihren Erträgen aus Investmentfonds nur dann inländische gewerbliche Einkünfte, wenn sie im Inland eine Betriebstätte unterhalten und die Investmentanteile dieser Betriebstätte zugeordnet werden, vgl. § 49 Abs. 1 Nr. 2a EStG.

69 Gehören die Anteile nicht zu einem Betriebsvermögen im Inland, greift die isolierende Betrachtungsweise des § 49 Abs. 2 EStG. Dann kommt eine beschränkte Steuerpflicht allenfalls bei Erträgen aus Anteilen an inländischen Investmentfonds in Betracht. In diesem Rahmen ist zu prüfen, ob inländische Einkünfte aus den privaten Einkunftsarten vorliegen. Folgt man der h.M., nach der die Erträge nach § 6 InvStG zu den Einkünften aus § 20 Abs. 1 Nr. 1 EStG gehören, könnten diese bei beschränkt Steuerpflichtigen nach § 49 Abs. 1 Nr. 5 Buchst. b EStG zu versteuern sein. Die Finanzverwaltung dürfte von der Steuerpflicht ausgehen. Eindeutig ist diese Rechtsfolge jedoch nicht, da eine Subsumtion unter diese Vorschrift schwierig erscheint.[81] § 49 Abs. 1 Nr. 5 Buchst. b EStG setzt die Anwendung der §§ 2 und 7 InvStG voraus. Zudem bezieht sich der Verweis des § 49 Abs. 1 Nr. 5 Buchst. b EStG auf in den ausgeschütteten oder ausschüttungsgleichen Erträgen eines inländischen Investmentfonds enthaltene inländische Dividenden, inländische Mieterträge und bestimmte Veräußerungsgewinne aus inländischem Grundbesitz. Zudem dürfte selbst (im Ausnahmefall) der Intransparenz eines inländischen Investmentfonds eigentlich eine Kapitalertragsteueranmeldung nach § 7 InvStG vorliegen. § 49 Abs. 1 Nr. 5 Buchst. a EStG könnte dem Wortlaut nach mangels Erträgen aus Investmentanteilen i.S.d. § 2 InvStG zwar grundsätzlich eröffnet sein. Auf Grund der weiteren dort genannten inländischen Anknüpfungspunkte könnte auch diese Vorschrift aber nur bei (in der Praxis nur in Ausnahmefällen intransparenten) inländischen Investmentfonds greifen.[82] Allerdings sollte u.E. auf Grund der Systematik des § 49 Abs. 1 Nr. 5 EStG deren Buchst. b gegenüber Buchst. a als insgesamt vorrangig anzusehen sein, d.h. als abschließende Regelung für die Besteuerung von Erträgen aus (transparenten und intransparenten) inländischen Investmentfonds. Die Herausnahme der Erträge aus Investmentanteilen aus Buchst. a sollte u.E. – trotz des etwas missverständlichen Wortlauts – umfassend sein, so dass Erträge aus Investmentanteilen abschließend und einzig in Buchst. b geregelt werden.

70 Schließlich ist aus der Qualifikation der Erträge nach § 6 InvStG als solche im Sinne von § 20 Abs. 1 Nr. 1 EStG zu folgen, dass soweit Deutschland der Quellenstaat ist, diese Erträge, vorbehaltlich der Prüfung der Regelungen im jeweiligen Doppelbesteuerungsabkommen, auch abkommensrechtlich als Dividenden einzustufen sind,[83] mit der Folge eines durch das jeweilige Doppelbesteuerungsabkommen beschränkten deutschen Besteuerungsrechts. Dies entspricht auch der Auffassung der Finanzverwaltung.[84]

---

79 Beckmann/Scholtz/Vollmer/*Klopfleisch/Niedrig* InvStG § 6 Rn. 44; Berger/Steck/Lübbehüsen/*Büttner/Mücke* InvStG § 6 Rn. 44; Blümich/*Wenzel* InvStG § 6 Rn. 29; Bordewin/Bandt/*Geurts* InvStG § 6 Rn. 21; Littmann/Bitz/Pust/*Ramackers* § 6 Rn. 15.
80 Berger/Steck/Lübbehüsen/*Büttner/Mücke* InvStG § 6 Rn. 24; Blümich/*Wenzel* InvStG § 6 Rn. 29.
81 Berger/Steck/Lübbehüsen/*Büttner/Mücke* InvStG § 6 Rn. 50.
82 Berger/Steck/Lübbehüsen/*Büttner/Mücke* InvStG § 6 Rn. 50.
83 Art. 10 Abs. 3 OECD-Musterabkommen 2010.
84 BMF-Schreiben v. 30.3.1998 IV C 7-S 1301 Jap-5/98 BStBl. I **1998** 367.

In den Fällen, in denen Deutschland der Ansässigkeitssaat ist, ist die Lage weniger 71
klar. Denn der Ansässigkeitsstaat ist für die Abkommenszwecke an die Dividendendefinition des Quellenstaates nach den einschlägigen abkommensrechtlichen Regelungen typischerweise gebunden.[85] Damit werden Ausschüttungen aus intransparenten Investmentfonds, soweit diese als Kapitalgesellschaften aufgelegt sind, typischerweise abkommensrechtlich ebenfalls als Dividenden zu qualifizieren sein, da für diese Fälle davon auszugehen ist, dass sie auch nach dem Recht des ausländischen Quellenstaats als Dividenden qualifizieren.[86] Anders scheint dies zunächst im Falle eines ausländischen intransparenten Investmentfonds und einem Mehr- bzw. Mindestbetrag nach § 6 InvStG zu sein. Hier ist wohl davon auszugehen, dass der Quellenstaat diese nicht als Dividenden qualifiziert bzw. gar nicht versteuert (da die Besteuerung inländischer Anleger aus der nationalen Regelung des § 6 InvStG folgt), so dass sie insoweit als in Deutschland voll steuerpflichtige Einkünfte zu qualifizieren sein sollten, die allerdings nach § 6 InvStG aus deutscher Sicht ebenfalls zu den Dividendenerträgen nach § 20 Abs. 1 Nr. 1 EStG gehören, auch wenn sie (bei betrieblichen Anlegern) nicht deren Steuerfolgen auslösen. Zudem hat die Finanzverwaltung in einem älteren Erlass[87] die Auffassung vertreten, dass auf die ausschüttungsgleichen Erträge bei entsprechender Beteiligungshöhe ceteris paribus das abkommensrechtliche Schachtelprivileg anzuwenden sein soll. Da der Anteil am Mehrbetrag bzw. der (Auffüllungsbetrag zum) Mindestbetrag letzten Endes lediglich als ein Surrogat für den nicht veröffentlichten ausschüttungsgleichen Ertrag gilt, müsste hier u.E. das Gleiche gelten.

G. Vermeidung der Doppelversteuerung des Mehr- bzw. Mindestbetrags bei Veräußerung von Anteilen

Bilanzierende betriebliche Anleger dürfen in der Bilanz einen aktiven Ausgleichs- 72
posten für den versteuerten Mehr- bzw. den (Auffüllungsbetrag bis zum) Mindestbetrag bilden, der bei Veräußerung bzw. Rückgabe der Investmentteile erfolgswirksam aufzulösen ist, wodurch sich der zu versteuernde Veräußerungsgewinn reduziert, was am Ende eine Doppelbesteuerung verhindert.[88] Dadurch löst der Mehr- bzw. Mindestbetrag beim betrieblichen Anleger keine definitive Steuerlast aus, sondern führt lediglich zu einem temporären Effekt.[89] Bei nicht bilanzierenden betrieblichen Anlegern kann der zugerechnete Mehrbetrag bzw. der (Auffüllungsbetrag zum) Mindestbetrag bei der Veräußerung der Anteile ebenfalls einkommensmindern berücksichtigt werden. Hierfür ist eine Schattenrechnung notwendig.

Bei Privatanlegern gehören der Mehrbetrag bzw. der (Auffüllungsbetrag zum) Min- 73
destbetrag nach Ansicht der Finanzverwaltung auch bei der Pauschalbesteuerung zu den Einkünften nach § 20 Abs. 1 Nr. 1 EStG.[90] Als Konsequenz hieraus sind diese pauschalierten Erträge dann aber im Rahmen der Ermittlung des Veräußerungsgewinns aus

---

85   Wassermeyer/*Kaeser*/*Wassermeyer* MA Art. 10 Rn. 108.
86   Bzgl. jüngster Überlegungen der Finanzverwaltung den abkommensrechtlichen Dividendenbegriff im Falle von Ausschüttungen aus ausländischen Investmentsfonds, insbesondere Lux SICAV zu versagen vgl. FinMin Hessen Erl. v. 11.12.2013 Az: S 1980 A-033 II 24, IStR **2014** 459.
87   BMF Schreiben v. 21.5.1999 IV D 3-S 1300-34/99 RIW **1999** 984, aufgehoben für Steuertatbestände, die nach dem 31.12.2004 verwirklicht worden sind, durch BMF-Schreiben v. 29.3.2007 IV C 6-O 1000/07/0018 BStBl. I **2007** 369.
88   BMF Schreiben v. 18.8.2009 BStBl. I **2009** 931 Rn. 130.
89   *Rockel*/*Patzner* DStR **2007** 1546; Blümich/*Wenzel* InvStG § 6 Rn. 1.
90   BMF Schr. v. 18.8.2009, BStBl. I **2009** 931 Rn. 130; Bordewin/Bandt/*Geurts* InvStG § 6 Rn. 20; Korn/Carlè InvStG § 6 Rn. 10.

Investmentanteilen gewinnmindernd zu berücksichtigen, vgl. § 8 Abs. 5 S. 3 InvStG. Das Gleiche galt vor der Einführung der Abgeltungsteuer bei Veräußerung intransparenter Investmentfonds im Rahmen der (Jahres-)frist des § 23 Abs. 2 S. 1 Nr. 2 EStG a.F.

H. Vereinbarkeit mit Verfassungs- und Unionsrecht

I. Verfassungsrechtliche Bedenken

74 Verfassungsrechtliche Bedenken gab es schon bezüglich der Vorgängervorschrift des § 18 Abs. 3 AuslInvestmG, die nur für ausländische Investmentfonds galt.[91] Die Bedenken ergaben sich hauptsächlich aus der Ungleichbehandlung von ausländischen und inländischen Investmentanteilen und der Frage, ob die Ausgestaltung des § 18 AuslInvestmG allgemeinen verfassungsrechtlichen Grundsätzen standhält.[92]

75 Die verfassungsrechtlichen Bedenken bezüglich des § 6 InvStG entzünden sich hauptsächlich an der Form und der Höhe der Pauschalbesteuerung bzw. der angelegten Substanzbesteuerung. Denn auch dann, wenn der Rücknahmewert des Anteils an dem in- oder ausländischen intransparenten Investmentfonds im Kalenderjahr gesunken ist, muss er nach § 6 S. 1 2. Hs. InvStG mindestens 6% des letzten im Kalenderjahr festgesetzten Rücknahmepreis als Bemessungsgrundlage versteuert werden. Bei einer Veräußerung oder Rückgabe der Investmentanteile ist zudem auch bei einem Veräußerungsverlust des Anleger zusätzlich ggf. der Ersatzwert gem. § 5 Abs. 2 InvStG der Besteuerung zu unterwerfen. Damit könnte § 6 InvStG gegen das Übermaßverbot verstoßen.[93] Ob die Absenkung des Prozentsatzes von 10% unter der Vorgängerregelung des § 18 Abs. 3 AuslInvestmG auf jetzt 6% (bzw. des pauschalen Zwischengewinns von 20% auf pro anno zeitanteilig 6% des Rücknahmewertes) ausreicht, um die verfassungsrechtlichen Bedenken zu beseitigen, ist insbesondere bei dem aktuellen Zinsniveau fraglich.[94]

76 Zu berücksichtigen ist aber, dass sich die Wirkung der Pauschalbesteuerung durch die Einführung der Abgeltungsteuer und der damit verbundenen Steuerpflicht von Veräußerungsgewinnen entschärft hat. Dabei wird der tatsächliche Veräußerungs- und Rückgabegewinn um die thesaurierten Erträge gekürzt, die bereits während der Haltedauer versteuert wurden. Dies gilt auch für den Mehrbetrag bzw. den (Auffüllungsbetrag zum) Mindestbetrag als „pauschalierte ausschüttungsgleiche Erträge". Somit kommt es zu einer Vorverlagerung der Besteuerung und nicht mehr zu einer steuerrechtlichen Mehrbelastung durch die Pauschalbesteuerung des § 6 InvStG.[95]

II. Unionsrechtliche Bedenken

77 **1. Literaturauffassung.** Das Schrifttum geht überwiegend davon aus, dass die Vorschrift gegen die Kapitalverkehrsfreiheit verstößt und damit unionsrechtswidrig ist.[96]

---

91 Beckmann/Scholtz/Vollmer/*Klopfleisch/Niedrig* InvStG § 6 Rn. 8; *Plewka/Watrin* DB **2004** 2264.
92 Beckmann/Scholtz/Vollmer/*Klopfleisch/Niedrig* InvStG § 6 InvStG Rn. 7a; Schmitt DStR **2002** 2193.
93 Bordewin/Brandt/*Geurts* InvStG § 6 Rn. 2; Berger/Steck/Lübbehüsen/*Büttner/Mücke* InvStG § 6 Rn. 4; Haase/*Gnutzmann/Welzel* § 6 Rn. 10, 17, 149.
94 Vgl. zur Verfassungswidrigkeit FG München 16.12.2008 EFG **2009** 554; BFH 14.9.2005 BFH/NV **2006** 508; *Wassermeyer/Schönfeld* IStR **2006** 411; Korn/*Carlé* § 6 InvStG Rn. 8; Berger/Steck/Lübbehüsen/ *Büttner/Mücke* InvStG § 6 Rn. 4; Haase/*Gnutzmann/Welzel* § 6 Rn. 10 ff.
95 Haase/*Gnutzmann/Welzel* § 6 Rn. 18.
96 Berger/Steck/Lübbehüsen/*Büttner/Mücke* InvStG § 6 Rz. 5; Bordewin/Brandt/*Geurts* InvStG § 6 Rn. 2; Korn/*Carlé* InvStG § 6 Rn. 7 ff.; *Geurts* IStR **2012** 953; Haase/*Gnutzmann/Welzel* § 6 Rn. 16 ff.; Rohde/Neumann FR **2012** 247; Ernst & Young/*Hackemann* UnionsR Rn. 4 m.w.N. zu aktuellen Verfahren vor dem EuGH.

Die Literatur verweist u.a. auf einen Beschluss des österreichischen Verfassungs- 78
gerichtshofs zu einer österreichischen Vorschrift, die im Kern dem § 18 Abs. 3 Ausl-
InvestmG bzw. dem § 6 InvStG entspricht und nach Auffassung des Verfassungsgerichts-
hofs gegen die Kapitalverkehrsfreiheit verstoßen soll.[97]

Obwohl § 6 InvStG im Gegensatz zu § 18 Abs. 3 AuslInvestmG gleichermaßen auf 79
in- und ausländische Investmentfonds Anwendung findet, soll die Regelung deshalb zu
einer unionsrechtlich relevanten Diskriminierung führen, weil die Vorschrift in tatsächlicher Hinsicht doch vor allem nur die Anlage in ausländische Investmentfonds ein-
schränke und nur vereinzelt Anleger inländischer Investmentfonds träfe. Darin wird eine
sog. *verschleierten Diskriminierung* gesehen, d.h. die Regelung soll rein faktisch regelmäßig zu einer Schlechterstellung der Anleger in ausländische Investmentfonds führen.[98]

Für eine verschleierte Diskriminierung des inländischen Anlegers soll sprechen, 80
dass der Anleger bei Anlagen in ausländischen Investmentfonds in tatsächlicher Hinsicht häufiger der Gefahr einer Besteuerung des § 6 InvStG ausgesetzt ist als im Fall der
Anlage in einen inländischen Investmentfonds. Diese greift dann auch ein, ohne dass
ihm die Möglichkeit eingeräumt wird, eine günstigere steuerliche Behandlung der Erträge nachzuweisen.[99]

Daneben kann nach der Literaturmeinung für eine Verletzung der Kapitalverkehrs- 81
freiheit gegenüber dem ausländischen Investmentfonds Folgendes angeführt werden:
- Ausländische Investmentfonds können keine Anleger in Deutschland für sich ge-
  winnen, wenn sie nicht den Anforderungen des § 5 Abs. 1 InvStG nachkommen. Sie
  müssen deshalb im Vergleich zu inländischen Kapitalvermögen einen höheren Auf-
  wand betreiben.[100]
- Ausländische Unternehmen können sich der Anwendung des § 6 InvStG nicht durch
  Rechtsformwahl entziehen.[101]
- In der Praxis ist es nicht unüblich, Investmentanlagen für in Deutschland ansässige
  Investoren nach dem Kriterium der Erfüllung der Berichtspflichten des § 5 InvStG
  auszuwählen.
- In Deutschland ansässige Anleger werden regelmäßig von Investitionen in ausländi-
  sche Investmentfonds Abstand nehmen, weil diese nicht den Anforderungen des § 5
  InvStG nachkommen und sie dadurch höhere Kosten oder bei fehlender Bekanntma-
  chung eine erhebliche Pauschalbesteuerung riskieren. Dies spiegelt sich in einem
  Renditenachteil wider.[102]

Geht man von einer verschleierten Beschränkung der Kapitalverkehrsfreiheit aus, 82
stellt sich die Frage, ob diese unionsrechtlich gerechtfertigt sein kann. Denn eine nationale Regelung darf die Kapitalverkehrsfreiheit nur dann beschränken, wenn diese aus
einem der in Art. 65 AEUV genannten Gründen oder aus einem zwingenden Grund des
Allgemeininteresses i.S.d. Rspr. des EuGH gerechtfertigt ist.[103] Bei den vorliegenden Fall-

---

97 VwGH Österreich 11.12.2003, 99/14/0081-11, Hinweis bei *Lohr* DStR **2004** 442.
98 Zu den verschiedenen Arten der Diskriminierungen s. Ernst & Young/*Hackemann* UnionsR Rn. 2; zur
verschleierten Diskriminierung s. EuGH 30.6.2011 BeckRS 2011, 81040 Rn. 40.
99 Berger/Steck/Lübbehüsen/*Büttner/Mücke* InvStG § 6 Rz. 24; Haase/*Gnutzmann/Welzel* § 6 Rn. 16;
Korn/*Carlé* InvStG § 6 Rn. 8; *Rohde/Neumann* FR **2012** 247.
100 FG Düsseldorf v. 3.5.2012 LSK **2012** 37026; = IStR **2012** 663 m. Anm. *Rohde/Neumann*; *Geurts* IStR
2012 954.
101 Berger/Steck/Lübbehüsen/*Büttner/Mücke* InvStG § 6 Rn. 5; ähnlich Littmann/Bitz/Pust/*Ramackers*
InvStG § 1 Rn. 16; *Bödecker/Binger* IWB **2009** 1121.
102 FG Düsseldorf 3.5.2012 IStR **2012** 663; *Rohde/Neumann* IStR **2012** 663; *Geurts* IStR **2012** 954.
103 Vgl. z.B. EuGH v. 14.2.2008, C-274/06, BeckRS 2010, 91823 Rn. 35.

gestaltungen könnte lediglich die Wirksamkeit der steuerlichen Überwachung in Betracht kommen. Eine Rechtfertigung setzt jedoch stets voraus, dass die beschränkende Maßnahme dem Grundsatz der Verhältnismäßigkeit genügt. Insofern ist auf die Rspr. des EuGH hinzuweisen, wonach es ausreichend ist, dem Stpfl. die Nachweispflicht für die erforderlichen Informationen aufzuerlegen.[104]

83   Da die Kapitalverkehrsfreiheit auch den Kapitalverkehr zwischen Drittstaaten und Mitgliedstaaten schützt, sollen auch Anlagen an in einem Drittland ansässigen Investmentfonds geschützt sein.[105] Für EWR-Staaten ist hierbei notwendig, dass ein Rechtshilfe- oder Auskunftsabkommen besteht.[106] Entsprechendes wird auch bei Investmentfonds in Drittstaaten zu fordern sein.

84   **2. Rechtsprechung.** Der BFH vertritt in seinem Urteil vom 18.11.2008 die Auffassung, dass § 18 Abs. 3 AuslInvestmG offensichtlich gegen die Kapitalverkehrsfreiheit verstößt und bestätigt damit die Vorinstanz.[107] Eine Vorlage der Frage an den EuGH hielt das Gericht für nicht erforderlich.[108] Der BFH begründete seine Auffassung u.a. damit, dass die in § 18 AuslInvestmG angeordnete Schlechterstellung der Inhaber von Anteilen ausländischer Investmentfonds im Vergleich zu den Anteilseignern inländischer Investmentfonds in der Ausgestaltung der Pauschalbesteuerung nicht den Anforderungen des Verhältnismäßigkeitsgrundsatzes entspreche. Die nicht veröffentlichten Erträge des Investmentfonds könnten somit im Wege der Schätzung ermittelt werden.

85   Mit Beschluss v. 6.8.2013 entschied der BFH, dem EuGH die Frage der Vereinbarkeit von § 18 Abs. 3 AuslInvestmG mit der Kapitalverkehrsfreiheit im Anwendungsbereich von Drittstaatensachverhalten vorzulegen. Dabei geht es um die Frage, ob die Stand-still Klausel (Art. 73c Abs. 1 EGV bzw. Art. 57 Abs. 1 EG bzw. Art. 64 Abs. 1 AEUV) einer Anwendung der Kapitalverkehrsfreiheit entgegensteht, weil die seit dem 31.12.1993 im Wesentlichen unveränderte Regelung im Zusammenhang mit der Erbringung von Finanzdienstleistungen steht, und ob es sich bei Beteiligungen an Investmentfonds stets um Direktinvestitionen handelt.[109]

86   Nach dem Urteil des FG Hamburg vom 13.7.2012[110] verstößt § 6 InvStG dagegen nicht gegen das Grundgesetz oder Unionsrecht. Nach Auffassung des FG führen die Regelungen des InvStG nicht zu einer Verletzung der Kapitalverkehrsfreiheit gegenüber ausländischen Investmentfonds. Zwar würden aufgrund der unterschiedlichen Besteuerungsregime für transparente und intransparente Investmentfonds die im Inland ansässigen Investoren davon abgehalten, in intransparente Fonds zu investieren. Allerdings stelle dies dann keine Diskriminierung ausländischer Investmentfonds dar, wenn diese den Publizitätsobliegenheiten im Bundesanzeiger überhaupt nicht nachgekommen seien und die Daten auch nicht wenigstens beim Bundeszentralamt für Steuern (BZSt) eingereicht worden wären. Demnach diskriminiere die Obliegenheit für ausländische Investmentfonds, Daten für die deutsche Besteuerung überhaupt zu ermitteln und zu publizieren, um ihren Anlegern die Regelbesteuerung zu erhalten, diese nicht gegenüber inländi-

---

[104] Vgl. EuGH v. 30.6.2011, C-262/09, BeckRS 2011, 81040, Rn. 43, 44.
[105] *Haase/Gnutzmann/Welzel* § 6 Rn. 10 m.w.N.
[106] BMF Schr. v. 6.7.2009 IV C 1-S 1980-a/07/0001 BStBl. I **2009** 770; Korn/*Carlé* InvStG § 6 Rn. 7; *Bödecker/Binger* IWB **2009** 607.
[107] BFH 18.11.2008 BStBl. II **2009** 518 = NWB **2009** 1324 m. Anm. *Dörr*; FG Köln 19.4.2007 EFG **2007** 1670.
[108] BFH 18.11.2008 BStBl. II **2009** 518 = NWB **2009** 1324 m. Anm. *Dörr* = IWB **2009** 1121 m. Anm. *Bödecker/Binger*; s. dazu BMF Schr. v. 6.7.2009 BStBl. I **2009** 770.
[109] BFH Vorlagebeschluss 6.8.2013 BFH/NV **2013** 1976 (Vorinstanz: FG Baden-Württemberg v. 27.2.2012 BeckRS 2013, 94086), beim EuGH anhängig unter Az C-560-13.
[110] FG Hamburg 13.7.2012 DStRE **2013** 417 (Revision anhängig unter Az. VIII R 36/12).

schen Investmentfonds, die ebenfalls dieser Verpflichtung nachkommen müssen. Die an die Nichterfüllung von Publizitätsobliegenheiten anknüpfende Pauschalbesteuerung sei keine verbotene Beschränkung der Kapitalverkehrsfreiheit. Die Pauschalbesteuerung stelle weder eine verfassungswidrige Übermaßbesteuerung dar, noch verstoße sie gegen den Gleichheitssatz. Einer für Ausnahmefälle denkbaren Unverhältnismäßigkeit könne durch Billigkeitsmaßnahmen begegnet werden, ohne dass dadurch unionsrechtliche oder verfassungsrechtliche Zweifel begründet werden würden. Das Urteil des FG Hamburg steht in Übereinstimmung mit der Entscheidung des FG Berlin-Brandenburg vom 23.5.2012.[111]

Ob die pauschale Besteuerung von Erträgen aus intransparenten Investmentfonds gemäß § 6 InvStG gegen die Kapitalverkehrsfreiheit verstößt, ist derzeit Gegenstand des von dem FG Düsseldorf ausgehenden Vorabentscheidungsersuchens in der Rs. van Caster, C-326/12. Nach den am 21.11.2013 ergangenen Schlussanträgen des Generalanwalts Wathelet sollen die §§ 5 und 6 InvStG gegen die Kapitalverkehrsfreiheit verstoßen, da eine Pauschalbesteuerung gegenüber der Besteuerung auf der Grundlage tatsächlicher oder geschätzter Werte weder mit der Notwendigkeit, eine ausgewogene Aufteilung der Besteuerungsbefugnis zwischen den Mitgliedstaaten zu wahren, noch mit der Notwendigkeit, die Wirksamkeit der steuerlichen Überwachung zu gewährleisten, gerechtfertigt werden könne.[112] **87**

Die Schlussanträge bestätigen die erheblichen Zweifel des FG Düsseldorf, dass § 6 InvStG unionsrechtskonform ist, und dessen Vorlagebeschluss vom 3.5.2012.[113] Das Gericht geht offensichtlich davon aus, dass § 6 InvStG eine verschleierte Diskriminierung ausländischer Investmentfonds darstellt und dadurch gegen die Kapitalverkehrsfreiheit verstößt. § 6 InvStG unterscheide zwar nicht zwischen inländischen und ausländischen Investmentfonds, grundsätzlich sei die Regelung aber auf ausländische Investmentfonds zugeschnitten.[114] Inländische Investmentfonds erfüllten in aller Regel die Voraussetzungen des § 5 InvStG, während ausländische Investmentfonds oftmals auf eine Bekanntmachung bzw. Veröffentlichung der Besteuerungsgrundlagen, z.B. aus Kostengründen oder wegen des erhöhten Aufwands verzichten würden. Verfassungsmäßige Bedenken hat das FG Düsseldorf hingegen nicht. **88**

Als Fazit lässt sich festhalten, dass das demnächst ergehende Urteil des EuGH in der Rs. van Custer wesentlich zur Klärung der Rechtsfrage beitragen dürfte.[115] Hinsichtlich der Drittstaatensachverhalte ist auf den Vorlagebeschluss des BFH v. 6.8.2013 zur Vorgängervorschrift des § 18 Abs. 3 AuslInvestmG zu verweisen. **89**

---

111 FG Berlin-Brandenburg 23.5.2012 DStRE **2013** 21 (Revision anhängig unter Az. VIII R 27/12).
112 Schlussanträge des Generalanwalts v. 21.11.2013 EuGH C-326/12.
113 FG Düsseldorf v. 3.5.2012 IStR **2012** 663, beim EuGH anhängig unter Az. C-326/12.
114 FG Düsseldorf v. 3.5.2012 IStR **2012** 663; Haase/*Gnutzmann/Welzel* § 6 Rn. 16; *Geurts* IStR **2012** 953.
115 In dem am 9.10.2014 in der Rs. von Caster, C-326/12, ergangenen Urteil bestätigt der EuGH die Auffassung des Generalanwalts. Nach dem Tenor des Urteils ist Art. 63 AEUV dahingehend auszulegen, dass es einer nationalen Regelung wie der im Ausgangsverfahren fraglichen entgegensteht, wonach, wenn ein ausländischer Investmentfonds die in dieser Regelung vorgesehenen, unterschiedslos für inländische und ausländische Fonds geltenden Verpflichtungen zur Bekanntmachung und Veröffentlichung externer Angabe nicht erfüllt, die Erträge, die der Steuerpflichtige aus diesem Fond erzielt, pauschal zu besteuern sind, da diese Regelung dem Steuerpflichtigen nicht ermöglicht Unterlagen oder Informationen beizubringen, mit denen sich die tatsächliche Höhe seiner Einkünfte nachweisen lässt.

§ 7
Kapitalertragsteuer

(1) Ein Steuerabzug vom Kapitalertrag wird erhoben von
1. ausgeschütteten Erträgen im Sinne des § 2 Abs. 1, soweit sie nicht enthalten:
    a) inländische Kapitalerträge im Sinne des § 43 Absatz 1 Satz 1 Nummer 1 und 1a sowie Satz 2 des Einkommensteuergesetzes und von inländischen Investmentgesellschaften ausgeschüttete Erträge aus der Vermietung und Verpachtung von im Inland belegenen Grundstücken und grundstücksgleichen Rechten sowie ausgeschüttete Gewinne aus privaten Veräußerungsgeschäften mit im Inland belegenen Grundstücken und grundstücksgleichen Rechten; Absatz 3 bleibt unberührt;
    b) Gewinne aus der Veräußerung von Wertpapieren und Bezugsrechten auf Anteile an Kapitalgesellschaften, aus Termingeschäften im Sinne des § 21 Absatz 1 Satz 2 sowie aus der Veräußerung von Grundstücken und grundstücksgleichen Rechten im Sinne des § 2 Abs. 3 sowie Erträge im Sinne des § 4 Abs. 1,
2. Ausschüttungen im Sinne des § 6,
3. den nach dem 31. Dezember 1993 einem Anleger in ausländische Investmentanteile als zugeflossen geltenden, noch nicht dem Steuerabzug unterworfenen Erträgen einschließlich der ausländischen Erträge im Sinne des § 43 Abs. 1 Satz 1 Nr. 1 des Einkommensteuergesetzes. Hat die die Kapitalerträge auszahlende Stelle den Investmentanteil erworben oder veräußert und seitdem verwahrt oder sind der auszahlenden Stelle im Rahmen eines Depotübertrags die Anschaffungsdaten gemäß § 43a Abs. 2 Satz 2 bis 5 des Einkommensteuergesetzes nachgewiesen worden, hat sie den Steuerabzug nur von den in dem Zeitraum der Verwahrung als zugeflossen geltenden, noch nicht dem Steuerabzug unterworfenen Erträgen vorzunehmen,
4. dem Zwischengewinn.

Die für den Steuerabzug von Kapitalerträgen im Sinne des § 43 Abs. 1 Satz 1 Nr. 7 sowie Satz 2 des Einkommensteuergesetzes geltenden Vorschriften des Einkommensteuergesetzes sind entsprechend anzuwenden. Die Anrechnung ausländischer Steuern richtet sich nach § 4 Abs. 2 Satz 8. Soweit die ausgeschütteten Erträge Kapitalerträge im Sinne des § 43 Absatz 1 Satz 1 Nummer 6 und 8 bis 12 des Einkommensteuergesetzes enthalten, hat die inländische auszahlende Stelle § 43 Absatz 2 Satz 3 bis 8 des Einkommensteuergesetzes anzuwenden.

(2) Im Falle einer Teilausschüttung nach § 2 Absatz 1 Satz 3 sind auf die ausgeschütteten und ausschüttungsgleichen Erträge die Absätze 1, 3, 3a und 3c anzuwenden; die zu erhebende Kapitalertragsteuer ist von dem ausgeschütteten Betrag einzubehalten. Im Falle einer Teilausschüttung nach § 2 Absatz 1 Satz 4 sind auf die ausgeschütteten und ausschüttungsgleichen Erträge die Absätze 3, 3b, 3d und 4 anzuwenden.

(3) Eine Kapitalertragsteuer wird von den Erträgen aus einem Anteil an einem inländischen Investmentfonds erhoben,
1. soweit in den Erträgen aus dem Investmentanteil inländische Erträge im Sinne des § 43 Absatz 1 Satz 1 Nummer 1 und 1a sowie Satz 2 des Einkommensteuergesetzes enthalten sind,
    a) von den ausgeschütteten Erträgen nach Maßgabe des Absatzes 3a und
    b) von den ausschüttungsgleichen Erträgen nach Maßgabe des Absatzes 3b,
2. soweit in den Erträgen aus dem Investmentanteil Erträge aus der Vermietung und Verpachtung von und Gewinne aus Veräußerungsgeschäften mit im In-

land belegenen Grundstücken und grundstücksgleichen Rechten enthalten sind,
a) von den ausgeschütteten Erträgen nach Maßgabe des Absatzes 3c und
b) von den ausschüttungsgleichen Erträgen nach Maßgabe des Absatzes 3d.

Der Steuerabzug obliegt dem Entrichtungspflichtigen. Dieser hat die auszuschüttenden Beträge einschließlich der Steuerabzugsbeträge bei der Verwahrstelle einzuziehen, soweit er sie nicht nach § 2 Absatz 1a und 1b vom Veräußerer des Anteils einzuziehen hat. Der Investmentfonds hat der Verwahrstelle die Beträge für die Ausschüttungen und den Steuerabzug zur Verfügung zu stellen, die sich nach seinen Berechnungen unter Verwendung der von der Depotbank ermittelten Zahl der Investmentanteile ergeben.

(3a) Entrichtungspflichtiger ist bei ausgeschütteten Erträgen im Sinne von Absatz 3 Satz 1 Nummer 1 Buchstabe a als auszahlende Stelle
1. das inländische Kredit- oder Finanzdienstleistungsinstitut im Sinne des § 43 Absatz 1 Satz 1 Nummer 7 Buchstabe b des Einkommensteuergesetzes oder das inländische Wertpapierhandelsunternehmen, welches, oder die inländische Wertpapierhandelsbank, welche
   a) die Anteile an dem Investmentfonds verwahrt oder verwaltet und
      aa) die Erträge im Sinne des Satzes 1 auszahlt oder gutschreibt oder
      bb) die Erträge im Sinne des Satzes 1 an eine ausländische Stelle auszahlt oder
   b) die Anteile an dem Investmentfonds nicht verwahrt oder verwaltet und
      aa) die Erträge im Sinne des Satzes 1 auszahlt oder gutschreibt oder
      bb) die Erträge im Sinne des Satzes 1 an eine ausländische Stelle auszahlt, oder
2. die Wertpapiersammelbank, der die Anteile an dem Investmentfonds zur Sammelverwahrung anvertraut wurden, wenn sie die Erträge im Sinne des Satzes 1 an eine ausländische Stelle auszahlt.

Ergänzend sind die für den Steuerabzug von Kapitalerträgen im Sinne des § 43 Absatz 1 Satz 1 Nummer 1a des Einkommensteuergesetzes geltenden Vorschriften des Einkommensteuergesetzes entsprechend anzuwenden.

(3b) Entrichtungspflichtiger ist bei ausschüttungsgleichen Erträgen im Sinne des Absatzes 3 Satz 1 Nummer 1 Buchstabe b die inländische Stelle, die im Falle einer Ausschüttung auszahlende Stelle nach Absatz 3a Satz 1 wäre. Die Verwahrstelle hat die Steuerabzugsbeträge den inländischen Stellen nach Satz 1 auf deren Anforderung zur Verfügung zu stellen, soweit nicht die inländische Stelle Beträge nach § 2 Absatz 1b einzuziehen hat; nicht angeforderte Steuerabzugsbeträge hat die Verwahrstelle nach Ablauf des zweiten Monats seit dem Ende des Geschäftsjahres des Investmentfonds zum 10. des Folgemonats anzumelden und abzuführen. Der Investmentfonds, die Verwahrstelle und die sonstigen inländischen Stellen haben das zur Verfügungstellen und etwaige Rückforderungen der Steuerabzugsbeträge nach denselben Regeln abzuwickeln, die für ausgeschüttete Beträge nach Absatz 3 Satz 1 Nummer 1 Buchstabe a gelten würden. Die inländische Stelle hat die Kapitalertragsteuer spätestens mit Ablauf des ersten Monats seit dem Ende des Geschäftsjahres des Investmentfonds einzubehalten und zum 10. des Folgemonats anzumelden und abzuführen. Ergänzend sind die für den Steuerabzug von Kapitalerträgen im Sinne des § 43 Absatz 1 Satz 1 Nummer 1a des Einkommensteuergesetzes geltenden Vorschriften des Einkommensteuergesetzes entsprechend anzuwenden.

(3c) Den Steuerabzug hat bei ausgeschütteten Erträgen im Sinne des Absatzes 3 Satz 1 Nummer 2 Buchstabe a als Entrichtungspflichtiger die auszahlende Stelle im

Sinne des Absatzes 3a Satz 1 vorzunehmen. Ergänzend sind die für den Steuerabzug von Kapitalerträgen im Sinne des § 43 Absatz 1 Satz 1 Nummer 7 sowie Satz 2 des Einkommensteuergesetzes geltenden Vorschriften des Einkommensteuergesetzes und § 44a Absatz 10 Satz 4 bis 7 des Einkommensteuergesetzes entsprechend anzuwenden.

(3d) Den Steuerabzug nimmt bei ausschüttungsgleichen Erträgen im Sinne des Absatzes 3 Satz 1 Nummer 2 Buchstabe b als Entrichtungspflichtiger die inländische Stelle vor, die im Falle einer Ausschüttung auszahlende Stelle nach Absatz 3c Satz 1 in Verbindung mit Absatz 3a Satz 1 wäre. Absatz 3b Satz 2 bis 4 ist entsprechend anzuwenden. Ergänzend sind die für den Steuerabzug von Kapitalerträgen im Sinne des § 43 Absatz 1 Satz 1 Nummer 7 sowie Satz 2 des Einkommensteuergesetzes geltenden Vorschriften des Einkommensteuergesetzes und § 44a Absatz 10 Satz 4 bis 7 des Einkommensteuergesetzes entsprechend anzuwenden.

(4) Von den ausschüttungsgleichen Erträgen eines inländischen Investmentfonds mit Ausnahme der in Absatz 3 Satz 1 Nummer 1 Buchstabe b und Nummer 2 Buchstabe b genannten hat als Entrichtungspflichtiger die inländische Stelle einen Steuerabzug vorzunehmen, die bei Erträgen im Sinne des Absatzes 3 Satz 1 Nummer 2 Buchstabe b nach Absatz 3d Satz 1 als auszahlende Stelle hierzu verpflichtet wäre. Im Übrigen gilt Absatz 1 entsprechend. Absatz 3b Satz 2 bis 4 und § 44a Absatz 10 Satz 4 bis 7 des Einkommensteuergesetzes sind entsprechend anzuwenden.

(5) Wird bei ausschüttungsgleichen Erträgen nach Absatz 3 Satz 1 Nummer 1 Buchstabe b und Nummer 2 Buchstabe b sowie nach Absatz 4 von der inländischen Stelle weder vom Steuerabzug abgesehen noch ganz oder teilweise Abstand genommen, wird auf Antrag die einbehaltene Kapitalertragsteuer unter den Voraussetzungen des § 44a Absatz 4 und 10 Satz 1 des Einkommensteuergesetzes in dem dort vorgesehenen Umfang von der inländischen Investmentgesellschaft erstattet. Der Anleger hat der Investmentgesellschaft eine Bescheinigung der inländischen Stelle im Sinne der Absätze 3b, 3d und 4 vorzulegen, aus der hervorgeht, dass diese die Erstattung nicht vorgenommen hat und auch nicht vornehmen wird. Im Übrigen sind die für die Anrechnung und Erstattung der Kapitalertragsteuer geltenden Vorschriften des Einkommensteuergesetzes entsprechend anzuwenden. Die erstattende inländische Investmentgesellschaft haftet in sinngemäßer Anwendung des § 44 Absatz 5 des Einkommensteuergesetzes für zu Unrecht vorgenommene Erstattungen; für die Zahlungsaufforderung gilt § 219 der Abgabenordnung entsprechend. Für die Überprüfung der Erstattungen sowie für die Geltendmachung der Rückforderung von Erstattungen oder der Haftung ist das Finanzamt zuständig, das für die Besteuerung der inländischen Investmentgesellschaft nach dem Einkommen zuständig ist.

(6) Wird bei einem Gläubiger ausschüttungsgleicher Erträge im Sinne des Absatzes 4, der als Körperschaft weder Sitz noch Geschäftsleitung oder als natürliche Person weder Wohnsitz noch gewöhnlichen Aufenthalt im Inland hat, von der inländischen Stelle nicht vom Steuerabzug abgesehen, hat die inländische Investmentgesellschaft auf Antrag die einbehaltene Kapitalertragsteuer zu erstatten. Die inländische Investmentgesellschaft hat sich von dem ausländischen Kreditinstitut oder Finanzdienstleistungsinstitut versichern zu lassen, dass der Gläubiger der Kapitalerträge nach den Depotunterlagen als Körperschaft weder Sitz noch Geschäftsleitung oder als natürliche Person weder Wohnsitz noch gewöhnlichen Aufenthalt im Inland hat. Das Verfahren nach den Sätzen 1 und 2 ist auf den Steuerabzug von Erträgen im Sinne des Absatzes 3 Satz 1 Nummer 2 entsprechend anzuwenden, soweit die Erträge einem Anleger zufließen oder als zugeflossen gelten,

der eine nach den Rechtsvorschriften eines Mitgliedstaates der Europäischen Union oder des Europäischen Wirtschaftsraums gegründete Gesellschaft im Sinne des Artikels 54 des Vertrags über die Arbeitsweise der Europäischen Union oder des Artikels 34 des Abkommens über den Europäischen Wirtschaftsraum mit Sitz und Ort der Geschäftsleitung innerhalb des Hoheitsgebietes eines dieser Staaten ist, und der einer Körperschaft im Sinne des § 5 Absatz 1 Nummer 3 des Körperschaftsteuergesetzes vergleichbar ist; soweit es sich um eine nach den Rechtsvorschriften eines Mitgliedstaates des Europäischen Wirtschaftsraums gegründete Gesellschaft oder eine Gesellschaft mit Ort und Geschäftsleitung in diesem Staat handelt, ist zusätzlich Voraussetzung, dass mit diesem Staat ein Amtshilfeabkommen besteht. Absatz 5 Satz 4 und 5 ist entsprechend anzuwenden.

(7) Für die Anrechnung der einbehaltenen und abgeführten Kapitalertragsteuer nach § 36 Abs. 2 des Einkommensteuergesetzes oder deren Erstattung nach § 50d des Einkommensteuergesetzes gelten die Vorschriften des Einkommensteuergesetzes entsprechend.

(8) Für die ergänzende Anwendung der Vorschriften des Einkommensteuergesetzes zum Kapitalertragsteuerabzug in den Absätzen 3 bis 6 steht die inländische Investmentgesellschaft einem inländischen Kreditinstitut gleich. Ferner steht die inländische Kapitalanlagegesellschaft hinsichtlich der ihr erlaubten Verwahrung und Verwaltung von Investmentanteilen für die Anwendung der Vorschriften des Einkommensteuergesetzes zum Kapitalertragsteuerabzug einem inländischen Kreditinstitut gleich.

Schrifttum

Benz Neuregelung zur Steuerpflicht von Streubesitzdividenden, DStR **2013** 489; *Bindl/Schrade* Kapitalertragsteuer bei inländischen offenen Immobilienfonds, BB **2010** 2855; *Feyerabend/Vollmer* Investmentfondsbesteuerung und Abgeltungsteuer, BB **2008** 1088; *Grabbe/Behrens* Investmentsteuerrecht: Einführung der Abgeltungsteuer und andere aktuelle Rechtsänderungen, DStR **2008** 950; *Haase* Wichtige Änderungen durch das JStG 2010, DStR **2010** 1608; *Patzner/Nagler* Praxisfragen zum Kapitalertragsteuererstattungsverfahren im Zusammenhang mit dem OGAW-IV-Umsetzungsgesetz, IStR **2011** 804; *Rau* Das neue Kapitalertragsteuererhebungsverfahren für inländische, von einer Wertpapiersammelbank verwahrte Aktien, DStR **2011** 2325; *Tappen* Steuerrechtsänderungen durch das geplante OGAW-IV-Umsetzungsgesetz, DStR **2011** 246.

Verwaltungsvorschriften: BMF-Schreiben zu Zweifels- und Auslegungsfragen zum InvStG vom 2.6.2005, BStBl. 2005 I 728; BMF-Schreiben zu Zweifels- und Auslegungsfragen zum InvStG vom 18.8.2009, BStBl. 2009 I 9321; BMF-Schreiben betr. Einzelfragen zur Abgeltungsteuer vom 9.10.2012, BStBl. 2012 I 953; BMF-Schreiben zum OGAW-IV-Umsetzungsgesetz; Doppelte Kapitalertragsteuerbelastung bei im Ausland zwischenverwahrten Aktienbeständen vom 26.10.2011, DStR **2011** 2099.

Systematische Übersicht

A. Allgemeines
   I. Rechtsentwicklung
      1. Rechtsentwicklung unter dem KAGG —— 1
      2. Rechtsentwicklung unter dem InvStG —— 6
  II. Überblick über den Regelungsinhalt —— 12
B. Kommentierung
   I. Allgemeines
      1. Grundprinzipien des Kapitalertragsteuerabzugs —— 16
      2. Historischer Regelungszusammenhang und Gesetzessystematik —— 20
      3. Abgeltungswirkung des Kapitalertragsteuerabzugs —— 22
      4. Kirchensteuereinbehalt —— 24
      5. Anrechnung ausländischer Quellensteuer —— 25

II. Kapitalertragsteuerabzug nach § 7 Abs. 1 —— 26
1. Kapitalertragsteuerabzug bei ausgeschütteten Erträgen i.S.v. § 2 Abs. 1 (§ 7 Abs. 1 Nr. 1) —— 27
2. Ausnahmen vom Kapitalertragsteuerabzug nach Abs. 1 Nr. 1 Buchst. a —— 39
   a) Rechtslage ab 15.12.2010
   aa) Betroffene Erträge —— 40
   bb) Anwendungsregel —— 46
   b) Rechtslage bis 14.12.2010
   aa) Betroffene Erträge —— 47
   bb) Anwendungsregel —— 49
3. Ausnahmen vom Kapitalertragsteuerabzug bei Veräußerungen, Bezugsrechten, Termingeschäften, ausländischen Mieterträgen u.ä. (Abs. 1 Nr. 1 Buchstabe b)
   a) Gewinne nach § 2 Abs. 3 a.F. (sog. Altgewinne) —— 51
   b) Grundstücksveräußerungsgewinne außerhalb der Spekulationsfrist —— 53
   c) Steuerfreie DBA-Einkünfte —— 54
   d) Voraussetzung für die Abstandnahme —— 56
4. Kapitalertragsteuerabzug bei Ausschüttungen i.S.v. § 6 (Abs. 1 Nr. 2) —— 61
5. Kapitalertragsteuerabzug auf den akkumulierten ausschüttungsgleichen Ertrag (Abs. 1 Nr. 3)
   a) Definition und Zweck des akkumulierten ausschüttungsgleichen Ertrags —— 66
   b) Bemessungsgrundlage
   aa) Seit 1.1.1994 thesaurierte Erträge —— 67
   bb) Mehr- und Mindestbeträge —— 70
   cc) Ausländische Dividenden —— 80
   dd) Verschmelzung nach § 17a —— 83
   c) Besitzzeitanteiliger Ertrag —— 87
   d) Pauschalierung vor Veröffentlichung des aaE —— 91
   e) Doppelte Besteuerung und Anrechnung —— 94
   f) Konkurrenz zu § 8 Abs. 6 —— 101
   g) EU Rechtswidrigkeit? —— 102
6. Kapitalertragsteuerabzug auf den Zwischengewinn (Abs. 1 Nr. 4) —— 111
7. Kapitalertragsteuerabzugsverfahren (Abs. 1 Satz 2 bis 4)
   a) Verweis auf die Verfahrensvorschriften des EStG (Abs. 1 Satz 2) —— 119
   b) Auszahlende Stelle bei § 7 Abs. 1 —— 140
   c) Abzug von Kirchensteuer —— 141
   d) Anrechnung ausländischer Steuer nach § 4 Abs. 2 Satz 8 (Abs. 1 Satz 3) —— 146
   e) Ausnahmen vom Kapitalertragsteuerabzug für Kapitalgesellschaften und betriebliche Anleger (Abs. 1 Satz 4) —— 148
III. Kapitalertragsteuerabzug bei Teilausschüttungen (Abs. 2) —— 161
IV. Kapitalertragsteuerabzug auf inländische Erträge i.S.v. § 43 Abs. 1 Satz 1 Nr. 1 und 1a sowie Satz 2 EStG (Abs. 3)
1. Neuregelung durch das OGAW-IV-UmsG
   a) Umstellung auf Zahlstellensteuer —— 169
   aa) Regelungen bei der Direktanlage —— 170
   bb) Regelungen bei der Investmentanlage —— 171
   b) Sonderregelung für Einkünfte aus Vermietung und Verpachtung —— 174
   c) Systematik und Regelungsgegenstand —— 175
   d) Ausgeschüttete Dividendenerträge (Abs. 3 Nr. 1a) —— 179
   e) Ausschüttungsgleiche Dividendenerträge (Abs. 3 Nr. 1b) —— 184
   f) Ausgeschüttete und thesaurierte Immobilienerträge aus inländischen Grundstücken (Abs. 3 Nr. 2) —— 185
   g) Entrichtungsverpflichteter und Verfahren der

Bruttoauszahlung (Abs. 3 Sätze 2 bis 4)
  aa) Entrichtungspflichtiger —— 188
  bb) Auszahlung des Bruttobetrags an den Entrichtungspflichtigen —— 189
  cc) Kapitalertragsteuer bei Erwerben um den Ausschüttungsstichtag (§ 2 Abs. 1a und 1b) —— 193
 2. Kapitalertragsteuerabzug auf Erträge i.S.v. § 43 Abs. 1 Satz 1 Nr. 1 sowie Satz 2 EStG (Abs. 3 nach der Rechtslage bis zum 31.12.2010) —— 197
 3. Kapitalertragsteuerabzug auf inländische Erträge i.S.v. § 43 Abs. 1 Satz 1 Nr. 1 sowie Satz 2 EStG (Abs. 3 Nr. 1 a.F. nach der Rechtslage vom 1.1.2011 bis 31.12.2011)
  a) Allgemeines und Anwendungszeitraum —— 206
  b) Erträge im Sinne von § 43 Abs. 1 Satz 1 Nummer 1 sowie Satz 2 (Abs. 3 Nr. 1) —— 207
  c) Abzugsverfahren —— 208
 4. Kapitalertragsteuerabzug auf Erträge aus Vermietung und Verpachtung u.ä. (Abs. 3 Nr. 2 nach der Rechtslage vom 1.1.2011 bis 31.12.2011)
  a) Regelungszusammenhang und Entstehungsgeschichte —— 211
  b) Betroffene Grundstückserträge —— 214
  c) Abzugsverfahren —— 215
V. Entrichtungspflichtiger bei ausgeschütteten Erträgen nach § 43 Abs. 1 Satz 1 Nr. 1 und 1a und Satz 2 (Abs. 3a)
 1. Regelungszusammenhang —— 218
 2. Abzugsverfahren
  a) Grundsätze —— 222
  b) Ergänzende Anwendung der Regelungen für den Kapitalertragsteuerabzug bei sammel- und streifbandverwahrten Aktien —— 225
 3. Entrichtungspflichtiger bei Inlandszahlungen (Abs. 3a Nr. 1a) aa) oder 1b) aa)) —— 237
  a) Rechtsform des Entrichtungspflichtigen —— 238
  b) Verwahren und Verwalten —— 244
  c) Auszahlen oder Gutschreiben —— 248
  d) Entrichtungspflichtiger in der Verwahrkette —— 249
  e) Entrichtungspflichtiger ohne verwahren oder verwalten der Anteile an dem Investmentvermögen —— 250
 4. Entrichtungspflichtiger bei Zahlungen ins Ausland (Abs. 3a Nr. 1a) bb), 1b) bb) oder Nr. 2)
  a) Grundfälle der Auslandszahlung —— 252
  b) Ausländische Zwischenverwahrung —— 256
VI. Entrichtungspflichtiger bei ausschüttungsgleichen Erträgen nach § 43 Abs. 1 Nummern 1 und 1a sowie Satz 2 EStG (Abs. 3b)
 1. Grundsätze und Anwendungsvorschriften —— 257
 2. Auslandszahlungen —— 269
 3. Ergänzende Verfahrensvorschriften —— 270
VII. Entrichtungspflichtiger bei ausgeschütteten Erträgen aus Vermietung und Verpachtung u.ä. (Abs. 3c)
 1. Grundsätze und Anwendungsregel —— 271
 2. Ergänzende Verfahrensvorschriften —— 274
VIII. Entrichtungspflichtiger bei ausschüttungsgleichen Erträgen aus Vermietung und Verpachtung u.ä. (Abs. 3d)
 1. Grundsätze und Anwendungsregel —— 275
 2. Verfahren zum Ausgleich der Steuerabzugsbeträge —— 278
 3. Ergänzende Verfahrensvorschriften —— 279
IX. Entrichtungspflichtiger bei sonstigen ausschüttungsgleichen Einkünften (Abs. 4)
 1. Aktuelle Rechtslage —— 280
  a) Betroffene Erträge —— 281
  b) Entrichtungspflichtiger —— 282
  c) Ergänzende Verfahrensvorschriften —— 293

d) Verfahren zum Ausgleich der Steuerabzugsbeträge —— 295
2. Entrichtungspflichtiger bei sonstigen ausschüttungsgleichen Einkünften nach der Rechtslage bis 31.12.2011 (Abs. 4 a.F.)
 a) Anwendungszeitraum und Systematik —— 298
 b) Betroffene Erträge —— 301
 c) Abzugsverfahren —— 303
 d) Sonderfall Spezialfonds (Verweis in § 15 Abs. 1) —— 307
X. Erstattung bei ausschüttungsgleichen Erträgen (Abs. 5)
 1. Aktuelle Rechtslage
  a) Regelungsinhalt —— 308
  b) Betroffene Erträge —— 314
  c) Erstattungsverfahren —— 316
  d) Haftung der Investmentgesellschaft —— 322
 2. Erstattung bei ausschüttungsgleichen Erträgen (Abs. 5 a.F.)
  a) Erstattung nach der Rechtslage bis 31.12.2009 —— 323
  b) Erstattung nach der Rechtslage bis 31.12.2011 —— 324
XI. Erstattung an nicht ansässige Personen (Abs. 6)
 1. Aktuelle Rechtslage —— 327
  a) Berechtigte Anleger —— 328
  b) Betroffene Erträge —— 330
  c) Erstattungsverfahren —— 332
 2. Erstattung an nicht ansässige Personen (Abs. 6 nach der Rechtslage bis 14.12.2010) —— 335
 3. Erstattung an nicht ansässige Personen (Abs. 6 nach der Rechtslage bis 31.12.2012) —— 338
XII. Anrechnung der Kapitalertragsteuer nach § 36 Abs. 2 und Erstattung nach § 50d EStG (Abs. 7)
 1. Anrechnung von Kapitalertragsteuer nach § 36 Abs. 2 EStG —— 344
 2. Erstattung der Kapitalertragsteuer nach § 50d EStG —— 345
XIII. Gleichstellung der inländischen Investmentgesellschaft mit einem Kreditinstitut (Abs. 8) —— 349
XIV. Veräußerungstatbestände —— 350
XV. Weitere Vorschriften zum Kapitalertragsteuereinbehalt —— 351

A. Allgemeines

I. Rechtsentwicklung

1 1. Rechtsentwicklung unter dem KAGG. Der Kapitalertragsteuereinbehalt wurde bereits unter Geltung des KAGG und des AuslInvestmG eingeführt. Zunächst regelte das Steuerreformgesetz 1990 (BGBl. 1988 I, 1093) in § 38b KAGG den sog. „kleinen Kapitalertragsteuerabzug" von 10% auf bestimmte Erträge aus Wertpapiersondervermögen und Grundstückssondervermögen eines inländischen Investmentvermögens. Dieser Abzug galt jedoch nur vom 1.1.1989 bis zum 30.6.1989 und wurde durch das Gesetz zur Änderung des StRefG 1990 (BStBl. 1989 I, 251) wieder abgeschafft.[1]

2 Mit dem Zinsabschlaggesetz (BStBl. 1992 I, 682) wurde in § 38b Abs. 2 KAGG ab dem 1.1.1993 erneut ein Zinsabschlag erstmalig auf Ausschüttungen und Thesaurierungen inländischer Investmentvermögen eingeführt. Der Steuersatz betrug 30% und galt mangels Verweis auf die Regelungen des EStG auch bei Tafelgeschäften. Der Steuerabzug wurde durch das StMBG (BStBl. 1994 I, 70) erweitert und auch auf den in § 38b Abs. 2 KAGG neu eigeführten Zwischengewinn erhoben. Durch die Neuregelung mit dem Verweis auf die Vorschriften des Einkommensteuergesetzes wurde der Steuersatz bei Tafelgeschäften auf 35% angehoben.[2]

---

[1] *Baur* § 38b KAGG Rn. 1 m.w.N.
[2] *Baur* § 38b KAGG Rn. 1 ff. m.w.N.; Berger/Steck/Lübbehüsen/*Ramackers* § 7 Rn. 6.

Das Gesetz zur Umsetzung des Föderalen Konsolidierungsprogramms – FKPG – (BGBl. 1993 I, 944) führte mit § 18a AuslInvestmG ab dem 1.7.1993 erstmals einen Kapitalertragsteuerabzug auf Ausschüttungen für ausländische Investmentvermögen ein. Durch das StMBG wurde dieser Steuerabzug ab dem 1.1.1994 auf thesaurierte Erträge ausländischer Investmentvermögen erstreckt (§ 18a Abs. 1 Nr. 3 AuslInvestmG). Zudem wurde auch der Zinsabschlag auf den neu eingeführten Zwischengewinn in Nr. 3 geregelt. 3

Das Steuerentlastungsgesetz 1999/2000/2002 (BGBl. 1999 I, 402) unterwarf erstmals auch den inländischen Dividendenanteil dem Kapitalertragsteuerabzug von 25%. 4

Mit Abschaffung des Anrechnungssystems durch das Steuersenkungsgesetz (BGBl. 2000 I, 1433) wurde auf den Dividendenanteil inländischer Investmentvermögen das Halbeinkünfteverfahren eingeführt (§ 3 Nr. 40 EStG und § 8b Abs. 1 KStG). Die Kapitalertragsteuer musste jedoch – wie bei der Direktanlage – weiterhin auf den vollen Dividendenertrag berechnet werden. Der Steuersatz wurde jedoch auf 20% reduziert.[3] Im AuslInvestmG wurde das Halbeinkünfteverfahren nicht umgesetzt, was zu heftiger Kritik führte, weil diese Differenzierung als Diskriminierung ausländischer Investmentfonds gesehen wurde. Dieser Diskriminierungsvorwurf gab letztlich den Ausschlag für die Neuregelung der Investmentbesteuerung durch das Investmentmodernisierungsgesetz. 5

2. Rechtsentwicklung unter dem InvStG. Durch das **Investmentmodernisierungsgesetz (InvModG)** vom 15. Dezember 2003 (BGBl. 2003 I 2724) wurde die Investmentbesteuerung grundlegend neu gestaltet. Das mit dem InvModG neu eingeführte Investmentsteuergesetz (InvStG) regelte erstmals einheitlich die Investmentbesteuerung für inländische und ausländische Fonds. Auch unter dem InvStG wurden die inländischen Investmentfonds von der Körperschaft- und Gewerbesteuer befreit, da die Erträge dem Transparenzprinzip (§ 2 Rn. 9) entsprechend nicht auf Fondsebene sondern auf der Ebene der Anteilseigner besteuert werden. Daher wurden die im Fonds erzielten Erträge auf der Fondseingangsseite von der Kapitalertragsteuerbelastung befreit (§ 11 Abs. 2 InvStG), die ausgeschütteten und ausschüttungsgleichen Erträge wurden jedoch nach Maßgabe von § 7 InvStG dem Kapitalertragsteuerabzug unterworfen. An dem Prinzip der unterschiedlichen Behandlung von Zinsen und zinsähnlichen Erträgen, die mit einem Steuersatz von 30% belastet wurden, und dem Dividendenanteil, der mit 20% Kapitalertragsteuer belastet wurde, wurde festgehalten. Neben der Kapitalertragsteuer wurde jeweils der SolZ mit 5,5% belastet. 6

Zum Kapitalertragsteuerabzug war bei Thesaurierung und bei den ausgeschütteten und ausschüttungsgleichen Dividendenerträgen die inländische Kapitalanlagegesellschaft verpflichtet (§ 7 Abs. 3 und 4 a.F.). Für die anderen Erträge wurde der Steuereinbehalt von den inländischen Kredit- und Finanzdienstleistungsinstituten vorgenommen.

Mit **Einführung der Abgeltungsteuer durch das Unternehmensteuerreformgesetz 2008** vom 14.8.2007 (BGBl. 2007 I 1912) wurden auch die Kapitalertragsteuerregelungen des Investmentsteuergesetzes angepasst. Der Kapitalertragsteuerabzug nach § 7 hat seither für den Privatanleger abgeltende Wirkung. Der Steuersatz wurde einheitlich auf 25% zzgl. SolZ festgelegt. Wegen der abgeltenden Wirkung werden Freistellungsaufträge, Abstandnahmen vom Steuerabzug, Verlustvorträge und die Anrechnung von Quellensteuern bereits beim Kapitalertragsteuerabzug berücksichtigt. Hinsichtlich des Verfahrens wird weitgehend auf die Regelungen des Einkommensteuergesetzes bei der Direktanlage Bezug genommen. Auf Antrag des Anlegers muss auch ein Kirchensteuerabzug vorgenommen werden. 7

---

3 Vgl. zur Rechtsentwicklung Brinkhaus/Scherer/Lübbehüsen § 38b KAGG Rn. 1 ff.; Berger/Steck/Lübbehüsen/*Ramackers* §§ 71 ff.; *Baur* § 18a AuslInvestmG Rn. 1 ff.

8 Das **JStG 2010** führte zu einer Erweiterung der Verpflichtung inländischer Investmentfonds zum Kapitalertragsteuerabzug auf Erträge aus inländischen Grundstücken, für die Deutschland das uneingeschränkte Besteuerungsrecht hat. Die Regelung, die der Sicherung des deutschen Quellenbesteuerungsrechts dient, wurde rechtstechnisch in § 7 Abs. 3 eingefügt, da für den Steuerabzug sowohl für Ausschüttung als auch für Thesaurierung die inländische Investmentgesellschaft verantwortlich war. Dies führte zu einer Folgeänderung in § 7 Abs. 1, weil die entsprechenden Grundstückserträge aus dem Regelungsbereich des Absatzes 1 herausgenommen werden mussten. Die Neuregelung sollte ab dem 1.1.2011 gelten (§ 21 Abs. 19 Satz 8), vgl. aber überholende Änderung durch das OGAW-IV-UmsG. Weiter behob das JStG 2010 ein gesetzgeberisches Versehen bei Einführung der Abgeltungsteuer und setzte die Gleichstellung von betrieblichen Anlegern bei Fond- und Direktanlage um (§ 7 Abs. 1 Satz 5, anzuwenden ab Zufluss der Kapitalerträge nach dem 14.12.2010 (§ 21 Abs. 19 Satz 7)). Ergänzt wurde diese Regelung durch die Aufnahme der Erstattungspflicht nach Abs. 5 Satz 1.

9 Wegen der Einführung des Zahlstellenverfahrens durch das **OGAW-IV-UmsG**[4] erfuhr § 7 erneut eine erhebliche Umgestaltung. Das Zahlstellenverfahren dient der Verhinderung unerwünschter Gestaltungen bei Geschäften mit Investmentanteilen um den Tag des Ausschüttungsbeschlusses oder des Geschäftsjahresendes.[5] Zukünftig soll der Abzug der Kapitalertragsteuer und der Ausweis anrechenbarer Kapitalertragsteuer von der gleichen Stelle erfolgen. Durch das OGAW-IV-UmsG wurde Absatz 3 erheblich modifiziert und es wurden die Absätze 3a, 3b, 3c und 3d eingefügt. Die Änderungen gelten für Kapitalerträge, die dem Anleger ab dem 1.1.2012 zufließen.

10 Die Einführung der Zahlstellensteuer mit der Verpflichtung der letzten inländischen Zahlstelle zum Steuerabzug bei Zahlungen ins Ausland führte zu Doppelbesteuerungen bei Zwischenverwahrungen im Ausland. Diese Doppelbesteuerung wurde durch das **BeitrRLUmsG** vom 7.12.2011 (BGBl. 2011 I 2592) bei der Direktanlage durch Einfügung von § 44a Abs. 10 Sätze 4 bis 7 EStG behoben. Das InvStG wurde in § 7 durch die entsprechenden Verweise konsequent angepasst.

11 Das **AIFM-StAnpG** vom 18.12.2013 (BGBl. 2013 I 4318) passte § 7 an die Terminologie des KAGB an. Auf Grund des weiten Anwendungsbereichs des KAGB konnte die Definition der dem Investmentsteuerrecht unterliegenden Investmentvermögen nicht mehr durch einen Verweis auf das KAGB erfolgen. Vielmehr definiert das Investmentsteuerrecht in § 1 den Anwendungsbereich eigenständig. Dies machte Folgeänderungen auch in § 7 notwendig.

II. Überblick über den Regelungsinhalt

12 § 7 ist die zentrale Vorschrift für den Kapitalertragsteuereinbehalt auf Erträge, die einem Anleger aus dem Fonds zufließen oder als zugeflossen gelten (Fondsausgangsseite). Der Gesetzgeber hatte sich bei Einführung des Investmentsteuergesetzes entschieden, die vom Fonds realisierten Erträge wie unter Geltung des KAGG nicht auf Fondsebene sondern auf Anlegerebene zu besteuern. Das inländische Investmentvermögen ist daher nach § 11 Abs. 1 von Körperschaftsteuer und Gewerbesteuer befreit. Sind die Erträge, die der Fonds realisiert auf der Fondseingangsseite mit Kapitalertragsteuer belastet, so regelt § 11 Abs. 2 die grundsätzliche Entlastung des Fondsvermögens von der Kapitalertragsteuer durch Abstandnahme oder Erstattung an die Verwahrstelle. Damit wird die

---
4 OGAW-IV-UmsG 22.6.2011 BGBl. 2011 I 1126.
5 BTDrucks. 17/4510 Seiten 94 ff.

steuerliche Entlastung des Investmentvermögens erreicht und eine Besteuerung der im Fonds realisierten Erträge mit Ertragsteuern findet grundsätzlich beim Anleger statt.

§ 7 folgt dem dem gesamten Investmentsteuerrecht zugrunde liegenden Transparenzprinzip. Danach richtet sich die Besteuerung der Erträge aus dem Fonds – und damit auch der Kapitalertragsteuerabzug – grundsätzlich nach dem jeweiligen Ertragsbestandteil. 13

Ein Kapitalertragsteuerabzug wird sowohl von ausgeschütteten als auch von ausschüttungsgleichen Erträgen einbehalten und unabhängig davon, ob es ein inländisches oder ausländisches Investmentvermögen ist. § 7 regelt den Kapitalertragsteuereinbehalt weitgehen unter Verweis auf die Verfahrensvorschriften des Einkommensteuergesetzes, wobei je nach Ertragsbestandteil einerseits auf die für Kapitalerträge nach § 43 Abs. 1 Nr. 7 EStG und anderseits auf die für Kapitalerträge nach § 43 Abs. 1 Satz 1 Nr. 1 EStG geltenden Regelungen verwiesen wird. 14

Absatz 1 regelt, die Kapitalertragsteuerpflicht: 15
– für ausgeschüttete Erträge. Soweit für bestimmte Erträge Steuerbefreiungen gelten, werden sie explizit vom Kapitalertragsteuerabzug ausgenommen (Nr. 1b). Es finden jedoch auch rechtstechnische Ausnahmen vom Grundsatz der Besteuerung nach Absatz 1 Anwendung, wenn für die Erträge nämlich Sonderregelungen in späteren Absätzen gelten (Nr. 1a)
– von Ausschüttungen aus intransparenten Fonds (Nr. 2)
– für den akkumulierten ausschüttungsgleichen Ertrag (aaE) als nachholender Steuerabzug für thesaurierte Erträge ausländischer Investmentfonds (Nr. 3)
– für den Zwischengewinn.

Absatz 2 trifft Regelungen für Teilausschüttungen und verweist insoweit auf die Vorschriften für ausgeschüttete Erträge, wenn die Ausschüttung zum Einbehalt der Steuerabzugsbeträge nach § 2 Abs. 1 Satz 4 ausreicht und für thesaurierte Erträge, wenn die Ausschüttung nicht ausreichend ist.

Absatz 3 regelt die Kapitalertragsteuerpflicht für ausgeschüttete und thesaurierte Dividendenerträge (Nr. 1 Buchstabe a) und b)) und für ausgeschüttete und thesaurierte Erträge aus inländischen Grundstücken (Nr. 2 Buchstabe a) und b)). Das jeweilige Abzugsverfahren wird in den nachfolgenden Absätzen 3a, 3b, 3c und 3d geregelt.

Absatz 3a regelt das Abzugsverfahren für den ausgeschütteten Dividendenanteil.

Absatz 3b regelt das Abzugsverfahren für den ausschüttungsgleichen Dividendenanteil.

Absatz 3c regelt das Abzugsverfahren für den ausgeschütteten Ertrag aus Grundstückserträgen.

Absatz 3d regelt das Abzugsverfahren für den ausschüttungsgleichen Ertrag aus Grundstückserträgen.

In **Absatz 4** werden die Regelungen für ausschüttungsgleiche Erträge getroffen, die nicht in Abs. 3 bis 3d aufgeführt sind.

Absatz 5 regelt eine besondere Erstattungspflicht der inländischen Investmentgesellschaft für Abzugsbeträge, bei denen die auszahlende Stelle nicht vom Kapitalertragsteuerabzug Abstand genommen hat.

In **Absatz 6** wird ein besonderes Erstattungsverfahren der inländischen Investmentgesellschaft für ausländische Anleger geregelt, wenn die inländische auszahlende Stelle nicht vom Kapitalertragsteuerabzug Abstand genommen hat.

Absatz 7 regelt die Anrechnung der einbehaltenen und abgeführten Kapitalertragsteuer nach § 36 Abs. 2 EStG, wenn der Anleger die Veranlagung beantragt oder zur Veranlagung verpflichtet ist. Für ausländische Anleger verweist er auf die Erstattungsmöglichkeit nach § 50d EStG.

Seit dem Investmentänderungsgesetz (InvÄG) vom 21.12.2007 (BGBl. 2007 I 3089) ist die Investmentgesellschaft (früher KAG) kein Kreditinstitut mehr. Da § 7 vielfach auf die Verfahrensregeln des Einkommensteuergesetzes für Kreditinstitute verweist, war es notwendig, die Investmentgesellschaft für die Anwendung dieser Regelungen einem Kreditinstitut gleich zu stellen. **Absatz 8** stellt damit den Rechtszustand vor der Änderung durch das InvÄG wieder her. Das gilt auch für die Fälle in denen die Investmentgesellschaft die Verwahrung eigener oder fremder Investmentanteile betreibt.

B. Kommentierung

I. Allgemeines

16 **1. Grundprinzipien des Kapitalertragsteuerabzugs.** In § 7 hat der Gesetzgeber die Regelungen zum Kapitalertragsteuerabzug für Erträge getroffen, die dem Anleger aus dem Investmentfonds zufließen oder als zugeflossen gelten (Fondsausgangsseite). Der Gesetzgeber hatte sich bei Einführung des Investmentsteuergesetzes[6] entschieden, die vom Fonds realisierten Erträge wie unter Geltung des KAGG nicht auf Fondsebene sondern auf Anlegerebene zu besteuern. Das inländische Investmentvermögen ist daher nach § 11 Abs. 1 von Körperschaftsteuer und Gewerbesteuer befreit.

17 Auf der Fondseingangsseite unterliegen die Erträge, die der Fonds mit den von ihm gehaltenen Wirtschaftsgütern (z.B. Aktien, Rentenpapiere, Metalls usw.) erzielt, im Inland der deutschen Kapitalertragsteuer nach den Regeln der §§ 43 ff. EStG. Im Ausland kann es ebenfalls zu einem Steuerabzug, d.h. zu einer Belastung mit ausländischer Quellensteuer kommen. Sind die Erträge, die der Fonds realisiert, auf der Fondseingangsseite mit Kapitalertragsteuer belastet, so regelt § 11 Abs. 2 die grundsätzliche Entlastung des Fondsvermögens von der Kapitalertragsteuer durch Abstandnahme nach § 44a EStG oder Erstattung an die Verwahrstelle. Damit wird die steuerliche Entlastung des Investmentvermögens erreicht und eine Besteuerung der im Fonds realisierten Erträge mit Ertragsteuern findet grundsätzlich nicht statt.

18 Die Ertragsbesteuerung erfolgt vielmehr beim Anleger und zwar für den Privatanleger durch den Kapitalertragsteuerabzug mit abgeltender Wirkung und beim betrieblichen Anleger durch Aufnahme der Erträge in die Gewinnermittlung und Anrechnung der bezahlten Kapitalertragsteuer. Die Regelungen zum Kapitalertragsteuerabzug werden für die Fondserträge in § 7 getroffen.

19 Ein Kapitalertragsteuerabzug wird sowohl von ausgeschütteten als auch von ausschüttungsgleichen Erträgen einbehalten und unabhängig davon, ob es sich um ein inländisches oder ausländisches Investmentvermögen handelt. § 7 regelt den Kapitalertragsteuereinbehalt weitgehen unter Verweis auf die Verfahrensvorschriften des Einkommensteuergesetzes, wobei – dem Transparenzprinzip der Investmentbesteuerung entsprechend – je nach Ertragsbestandteil einerseits auf die für Kapitalerträge nach § 43 Abs. 1 Nr. 7 EStG und andererseits auf die für Kapitalerträge nach § 43 Abs. 1 Satz 1 Nr. 1 EStG geltenden Regelungen verwiesen wird.

20 **2. Historischer Regelungszusammenhang und Gesetzessystematik.** Bei Einführung des § 7 durch das Investmentmodernisierungsgesetz[7] wurde hinsichtlich des Kapitalertragsteuerabzugsverfahrens danach unterschieden, wer den Steuerabzug vorzunehmen hat und in welcher Höhe dieser vorzunehmen war. Wegen des bis 2008 anzuwendenden

---

6 Investmentmodernisierungsgesetz (InvModG) 15.12.2003 BGBl. 2003 I 2724.
7 Investmentmodernisierungsgesetz (InvModG) 15.12.2003 BGBl. 2003 I 2724.

besonderen Kapitalertragsteuersatzes für inländische Dividenden und dividendenähnliche Erträge von 20% wurden diese – unabhängig davon, ob ausgeschüttet oder ausschüttungsgleich – in Absatz 3 geregelt. Abzugsverpflichtet war die inländische Investmentgesellschaft (ausführlich unter Rn. 6). Für nicht unter Absatz 3 fallende Erträge galt ein Kapitalertragsteuersatz von 30%. Zudem wurde unterschieden, ob die Erträge (teilweise) ausgeschüttet (Absätze 1 und 2) oder voll thesauriert wurden (Absatz 4). Dieses aus dem **historischen Regelungszusammenhang** abgeleitete Gliederungsschema wurde auch nach Einführung der Abgeltungsteuer beibehalten, obwohl es seit 2009 nur noch einen einheitlichen Kapitalertragsteuerabzug von 25% gibt. Auch nach Umstellung des Abzugssystems auf die Zahlstellensteuer einheitlich für alle Erträge aus dem Investmentfonds,[8] wurde die Unterscheidung nach ausgeschütteten und ausschüttungsgleichen Erträgen beibehalten. Dieser auf die historischen Wurzeln zurückgehende Gesetzesaufbau macht die Vorschrift schwierig lesbar und trägt zur Komplexität der Regelung bei. Ein Verständnis des historisch begründeten Gliederungsschemas erleichtert jedoch die Einarbeitung in die Regelung.

Die Regelung zum Kapitalertragsteuerabzug gilt grundsätzlich für **inländische und ausländische Anteile** und unabhängig davon, ob die Anteile im **Privatvermögen oder im Betriebsvermögen** gehalten werden. Für Anteile im Betriebsvermögen gibt es jedoch in § 7 Abs. 1 Satz 4 besondere Ausnahmen vom Kapitalertragsteuereinbehalt, um eine Gleichstellung mit dem Abzugsverfahren bei der Direktanlage zu erreichen (Rn. 148). 21

3. Abgeltungswirkung des Kapitalertragsteuerabzugs. Seit Einführung der Abgeltungsteuer durch das Unternehmensteuerreformgesetz 2008[9] hat die von den inländischen Zahlstellen erhobene Kapitalertragsteuer für Privatanleger grundsätzlich **abgeltende Wirkung**, d.h. der Anleger muss diese Erträge nicht im Rahmen der jährlichen Steuererklärung angeben. Eine Erklärungspflicht besteht jedoch weiterhin, wenn kein Kapitalertragsteuerabzug vorgenommen wurde. Das ist z.B. der Fall, wenn die Anteile nicht im Inlandsdepot gehalten werden, weil ausländische Zahlstellen mangels deutscher Gesetzgebungskompetenz nicht zur Abführung deutscher Kapitalertragsteuer verpflichtet werden können. Auch bei thesaurierenden ausländischen Fonds wird kein jährlicher Kapitalertragsteuerabzug vorgenommen. Werden die Anteile im deutschen Depot gehalten, sind die inländischen Kreditinstitute nach Auffassung der Finanzverwaltung verpflichtet, auf den Jahressteuerbescheinigungen einen Hinweis auf vorhandene ausländische thesaurierende Fonds zu geben.[10] Sind die Erträge aus dem ausländischen thesaurierenden Investmentfonds bereits veröffentlicht, hat das inländische Kreditinstitut diese Erträge nach Auffassung der Finanzverwaltung auch zu bescheinigen.[11] Bei beiden Vorgaben handelt es sich um von der Finanzverwaltung ohne gesetzliche Grundlage geforderte Anforderungen an die Kreditinstitute, denn die Institute können lediglich für die Steuerbeträge bescheinigungspflichtig sein, für die sie einen Abzug vorgenommen haben. Dies ist bei ausländischen thesaurierenden Fonds weder vor noch nach Veröffentlichung der Besteuerungsgrundlagen der Fall. Auf Grund der Haftungsfolgen, die den Institute bei Ausstellung einer nicht ordnungsgemäßen Steuerbescheinigung drohten (§ 45a Abs. 7 EStG), passen sich die Kreditinstitute jedoch den Anforderungen der 22

---

8 OGAW-IV-UmsG 22.6.2011 BGBl. 2011 I 1126.
9 Unternehmensteuerreformgesetz 2008 14.8.2007 BGBl. 2007 I 1912.
10 BMF-Schr. zur Ausstellung von Steuerbescheinigungen für Kapitalerträge nach § 45a Abs. 2 und 3 EStG vom 18.12.2009 IV C 1 – S 2401/08/10001 Rn. 33.
11 BMF-Schr. zur Ausstellung von Steuerbescheinigungen für Kapitalerträge nach § 45a Abs. 2 und 3 EStG vom 18.12.2009 IV C 1 – S 2401/08/10001 Rn. 33.

Finanzverwaltung an. So verständlich das Anliegen der Verwaltung nach einer Sicherung des deutschen Steueranspruchs ist, es wäre dringend anzuraten, die Anforderungen an die Kreditinstitute gesetzlich zu legitimieren, um dem rechtsstaatlichen Grundsatz, dass steuerliche Pflichten auf einer gesetzlichen Anordnung zu beruhen haben, zu entsprechen.

23 Der einheitliche **Kapitalertragsteuersatz** beträgt seit Einführung der Abgeltungsteuer 25% zuzüglich 5,5% Solidaritätszuschlag auf den Kapitalertragsteuerbetrag. Der anwendbare Steuersatz ist dabei nicht im InvStG speziell geregelt, sondern ergibt sich aus dem Verweis auf die Regelungen des Einkommensteuerrechts für die im Fonds erzielten Erträgen. Dabei werden auch Erträge erfasst, die nicht in § 20 EStG als Kapitalerträge definiert sind, wie z.B. die Erträge aus der Vermietung und Verpachtung von Grundstücken. Durch die entsprechende Verweisregelung in § 7 Abs. 3c Satz 2 und 3d Satz 3 auf die Regelungen des § 43 Abs. 1 Satz 1 Nr. 7 und Satz 2 EStG gilt auch für diese Erträge der besondere Steuertarif für Kapitalvermögen gemäß § 32d Abs. 1 EStG.

24 **4. Kirchensteuereinbehalt.** Beim Kapitalertragsteuereinbehalt wird – auf Antrag des Steuerpflichtigen – ein **Kirchensteuereinbehalt** vorgenommen (§ 51a Abs. 2c EStG), wobei sich die Bemessungsgrundlage für die Kapitalertragsteuer um die Kirchensteuer ermäßigt. Dadurch ermäßigt sich die Kapitalertragsteuer gemäß der Berechnungsformel in § 32d Abs. 1 Satz 4 und 5 EStG. Diese Minderung der Bemessungsgrundlage für den Kapitalertragsteuerabzug trägt dem Umstand Rechnung, dass die Kirchensteuer gemäß § 10 Abs. 1 Nr. 4 EStG als Sonderausgabe im Rahmen der Ermittlung der Einkommensteuer abziehbar ist.

Der Kirchensteuersatz wird nach den jeweiligen landesrechtlichen Vorschriften mit 8% (Bayern und Baden Württemberg) bzw. 9% (übrige Bundesländer) erhoben.

Derzeit erfolgt der Kirchensteuerabzug nur auf Antrag des Steuerpflichtigen. Ab dem VZ 2015 wird das Verfahren automatisiert und der Abzugsverpflichtete hat die Informationen über die Zugehörigkeit des Steuerpflichtigen zu einer Religionsgemeinschaft vom BZSt elektronisch abzufragen.

25 **5. Anrechnung ausländischer Quellensteuer.** Die auszahlende Stelle hat bei der Berechnung der Kapitalertragsteuer auch **anrechenbare ausländische Steuer** anzurechnen (§ 4 Abs. 2 Satz 8 i.V.m. § 32d Abs. 5 EStG).

II. Kapitalertragsteuerabzug nach § 7 Abs. 1

26 § 7 Abs. 1 regelt den Grundsatz für den Kapitalertragsteuerabzug. Danach wird auf die in den folgenden Nummern näher beschriebenen Erträge aus dem Fonds ein Steuerabzug vorgenommen, soweit nicht explizit eine Ausnahmeregelung definiert ist.

27 **1. Kapitalertragsteuerabzug bei ausgeschütteten Erträgen i.S.v. § 2 Abs. 1 (§ 7 Abs. 1 Nr. 1).** § 7 Abs. 1 Nr. 1 bestimmt als Grundregel, dass von allen ausgeschütteten Erträgen im Sinne des § 2 Abs. 1 (§ 2 Rn. 17f.) ein Kapitalertragsteuerabzug vorgenommen werden muss. Seit Einführung der Abgeltungsteuer gehören zu den kapitalertragsteuerpflichtigen Erträgen auch die Veräußerungsvorgänge nach § 43 Abs. 1 Nr. 6 und 8 bis 12 sowie Satz 2 EStG. (Zu den Ausnahmen für betriebliche Anleger gemäß § 7 Abs. 1 Satz 4 siehe Rn. 148.)

28 Obwohl § 2 Abs. 1 Satz 1 die ausgeschütteten Erträge als Einkünfte aus Kapitalvermögen i.S.d. § 20 Abs. 1 Nr. 1 EStG definiert, verwendet § 7 bewusst den Begriff der Erträge ohne diese auf Kapitalerträge zu beschränken, weil das Investmentsteuergesetz für

die Ermittlung des Kapitalertragsteuerabzugs und des Entrichtungsverpflichteten nach den im Fonds erzielten Erträgen unterscheidet. Da auf Fondsebene neben den einkommensteuerlichen Kapitalerträgen z.B. auch Einkünfte aus Vermietung und Verpachtung und sonstige Erträge enthalten sein können, wurde in der Gesetzesformulierung des § 7 bewusst auf die Erträge des Fonds abgestellt.

Nettobetrachtung, Ermittlung der Erträge nach § 2 bis 4: § 7 enthält keine eigenständige Vorschrift für die Ermittlung der Bemessungsgrundlage sondern verweist auf die ausgeschütteten Erträge nach § 2 Abs. 1. Damit wird auf das investmentsteuerliche Ermittlungsschema nach den §§ 2 bis 4 für die ausgeschütteten Erträge Bezug genommen. 29

Anders als bei der Direktanlage, bei der – zumindest für die Kapitalerträge – lediglich ein pauschaler Werbungskostenabzug nach § 44a Abs. 1 Satz 2 i.V.m. § 20 Abs. 9 EStG zugelassen ist, können damit bei der Fondsanlage alle Werbungskosten zum Abzug gelangen, die auf Fondsebene als abziehbar anerkannt sind (§ 3 Rn. 44 ff.). Dieses Fondsprivileg wurde auch nach Einführung der Abgeltungsteuer beibehalten und stellt insoweit einen Bruch des dem Investmentsteuerrecht zugrunde liegenden Transparenzprinzips dar (zum Grundsatz des Transparenzprinzips § 2 Rn. 9). 30

Im Rahmen der Ermittlung der Bemessungsgrundlage für den Kapitalertragsteuerabzug ist die **Verlustverrechnung nach § 3 Abs. 4** zu berücksichtigen (zu den Grundsätzen der Verlustverrechnung § 3 Rn. 106). Negative Erträge sind damit mit den positiven Erträgen der gleichen Art zu verrechnen.[12] Hierfür werden bei der Ermittlung der Besteuerungsgrundlagen gemäß § 5 „Verlusttöpfe" gebildet (§ 3 Rn. 108). Führt die Verlustverrechnung des laufenden Wirtschaftsjahres bei den gleichartigen Erträgen nicht zu einem positiven Ertrag, erfolgt ein Verlustvortrag auf Erträge künftiger Geschäftsjahre.[13] Damit wirkt der Verlustvortrag auf spätere Geschäftsjahre auch auf die Ermittlung der Bemessungsgrundlage für den Kapitalertragsteuerabzug. 31

Nach der gesetzgeberischen Konzeption soll sich die Bemessungsgrundlage für den Kapitalertragsteuereinbehalt nach der Veröffentlichung der Besteuerungsgrundlagen nach § 5 richten. Bis zur Erweiterung des Katalogs in § 5 durch das JStG 2010[14] war eine Berechnung des Kapitalertragsteuereinbehalts aus diesen Daten nicht möglich. In der Praxis bezieht die Kreditwirtschaft – auch nach Erweiterung des Veröffentlichungsumfangs – die erforderlichen Daten daher über einen Datenfeed von WM-Datenservice, an den die EDV-Systeme der auszahlenden Stellen überwiegend angeschlossen sind. Die Finanzverwaltung hat diesen technischen Notwendigkeiten Rechnung getragen und in Tz. 137 des BMF-Schreibens zum Investmentsteuergesetz[15] anerkannt, dass sich die auszahlende Stelle nach § 44 Abs. 5 EStG zumindest entlasten kann, wenn sie den Kapitalertragsteuerabzug auf den entsprechenden Datenfeed von WM-Datenservice stützt. Die Exkulpation ist jedoch nicht möglich, wenn das Vorliegen unzutreffender Daten für die Zahlstelle erkennbar gewesen wäre. 32

In der Praxis plausibilisieren daher einige Kreditinstitute und Finanzdienstleister die von WM-Datenservice gelieferten Daten, sofern ihnen andere Informationen zur Verfügung stehen. Dies ist insbesondere den größeren Instituten möglich, die über umfassende eigen Informationssysteme, meist aus dem Konzernverbund verfügen. Kleineren Instituten ist eine derartige technisch gestützte Plausibilisierung nicht möglich. Unter Berücksichtigung der Sorgfaltspflichten für die Institute muss daher wohl mit zweierlei 33

---

12 BMF-Schr. 18.8.2009 BStBl. I 2009 728, Rn. 132a.
13 BMF-Schr. 18.8.2009 BStBl. I 2009 728, Rn. 132a.
14 JStG 2010 8.12.2010 BGBl. 2010 1768.
15 BMF-Schr. 18.8.2009 BStBl. I 2009 728.

Maß gemessen werden. Insoweit, als für Institute die Einrichtung einer entsprechenden Prüfungsdatenbank wirtschaftlich nicht vertretbar ist, muss dies bei der Beurteilung der Erkennbarkeit von Fehlern berücksichtigt werden. Insbesondere kann nicht verlangt werden, dass die Korrektheit des Datenfeeds durch Abgleich mit den im Bundesanzeiger veröffentlichten Daten überprüft wird. Dies kann zumindest so lange nicht verlangt werden, als die Systeme des Bundesanzeigers keinen Datenfeed ermöglichen. Die Finanzverwaltung muss dies daher bei der Beurteilung der Sorgfaltspflichten der Institute berücksichtigen, so dass für die Institute zumindest das Risiko hinsichtlich einer Haftungsinanspruchnahme durch die Finanzverwaltung minimiert ist. Für die Institute bleibt dann immer noch die vertragliche Haftung gegenüber den Anlegern aus den Depot- und Kontoverträgen, für den Fall, dass unberechtigt zu viel Kapitalertragsteuer einbehalten wurde.

34, 35 (einstweilen frei)

36 Grundsätzlich unterliegen lediglich die Nutzungen aus der Vermögenssubstanz der Besteuerung. Rückzahlungen der Vermögenssubstanz, also **Kapitalrückzahlungen**, sind dagegen der nicht steuerbaren Vermögensebene zuzuordnen. Sollen Vorteile aus dem Vermögensbereich der Besteuerung unterliegen, so müssen die Steuergesetze dies ausdrücklich bestimmen, wie z.B. bei Veräußerungsgewinnen nach § 20 Abs. 2 EStG.[16] Dieser steuerliche Grundsatz gilt auch im Investmentsteuerrecht, so dass die sog. Substanzrückzahlung daher nicht der Besteuerung und damit nicht dem Kapitalertragsteuerabzug unterliegt. Eine Rückzahlung der vom Anleger in den Fonds einbezahlten Ausgabepreise darf daher grundsätzlich nicht besteuert werden, außer das Gesetz ordnet die Steuerpflicht an. Eine solche gesetzliche Ausnahmeregelung wird in § 9 getroffen, indem bestimmt wird, dass die Beträge des Ausgabepreises, die über den Ertragsausgleich den Einkünften nach §§ 2 und 4 und den anrechenbaren und abziehbaren ausländischen Quellensteuern zugeordnet werden, das steuerliche Schicksal dieser Erträge teilen. Damit werden Kapitaleinzahlungen in steuerpflichtige Erträge umqualifiziert, die dann entsprechend dem Kapitalertragsteuerabzug unterliegen (§ 9).

37 Ausschüttungsgleiche Erträge der Vorjahre können ohne Abzug von Kapitalertragsteuer ausgeschüttet werden, weil bei diesen der Kapitalertragsteuereinbehalt bereits im Vorjahr vorgenommen wurde. Dies gilt auch für ausländische Fonds, bei denen ein jährlicher Kapitalertragsteuereinbehalt auf ausschüttungsgleiche Erträge nicht erfolgt. Für diese ausländischen Fonds ist aber der nachgelagerte Kapitalertragsteuereinbehalt bei Veräußerung der Anteile vorgesehen, wenn sie in einem deutschen Depot gehalten werden (§ 7 Abs. 1 Nr. 3, vgl. Rn. 66).

38 (einstweilen frei)

39 **2. Ausnahmen vom Kapitalertragsteuerabzug nach Abs. 1 Nr. 1 Buchst. a.** § 7 Abs. 1 Nr. 1 regelt zunächst den Grundsatz, dass ausgeschüttete Erträge dem Kapitalertragsteuerabzug unterliegen. Der Gesetzgeber hat davon Abstand genommen, die Erträge, die dem Steuerabzug unterliegen einzeln aufzuzählen, sondern normiert vielmehr die grundsätzliche Steuerpflicht der Ausschüttung und zählt in den Buchstaben a) und b) die als abschließend zu verstehenden Ausnahmeregelungen auf:

a) Rechtslage ab 15.12.2010

40 **aa) Betroffene Erträge. Inländische Kapitalerträge i.S. des § 43 Abs. 1 Satz 1 Nr. 1 und 1a sowie Satz 2 EStG** werden vom Steuerabzug nach Abs. 1 Nr. 1 zwar zunächst

---

[16] *Schmidt* Einkommensteuerkommentar § 8 EStG Rn. 8.

ausgeschlossen, sie unterfallen jedoch dem Kapitalertragsteuerabzug nach Abs. 3 und 3a. Die Ausnahme dieser Erträge im Rahmen der Nr. 1 hat lediglich rechtstechnische Gründe, die auf der notwendigen Unterscheidung von Dividenden und sonstigen Fondserträgen beruht. Da für die Kapitalerträge nach § 43 Abs. 1 Satz 1 Nr. 1 und 1a sowie Satz 2 EStG vor Einführung der Abgeltungsteuer[17] ein eigener Steuersatz galt (Rn. 6) und vor der Neuregelung der Abzugsverpflichtung durch die Zahlstelle durch das OGAW-IV-UmsG[18] die Investmentgesellschaft zum Abzug verpflichtet war, erfolgte die Regelung des Kapitalertragsteuerabzugs für diese Erträge in der Spezialvorschrift § 7 Abs. 3.

Die Ausnahme vom Kapitalertragsteuerabzug für die Erträge i.S.v. § 43 Abs. 1 Satz 1 Nr. 1 und Satz 2 EStG erfasst die folgenden Erträge: **41**
– Dividendenerträge und dividendenähnliche Erträge i.S. von § 20 Abs. 1 Nr. 1 EStG,
– Bezüge aus der Auflösung von Körperschaften und Personenvereinigungen, soweit sie nicht in der Rückzahlung von Nennkapital bestehen (§ 20 Abs. 1 Nr. 2 EStG),
– Gewinne aus der Veräußerung von Dividendenscheinen durch den Inhaber des Stammrechts, wenn die dazugehörigen Aktien nicht mit veräußert werden (§ 20 Abs. 2 Nr. 2a EStG) oder
– die Abtretung der Dividendenansprüche, wenn diese Rechte nicht in Dividendenscheinen verbrieft sind (§ 20 Abs. 2 Nr. 2 Satz 2 EStG).

Durch das OGAW-IV-UmsG[19] wurde der Katalog der inländischen Kapitalerträge um die in **42**
– **§ 43 Abs. 1 Satz 1 Nr. 1a EStG** aufgeführten Dividenden ergänzt. Es handelt sich dabei um den Kapitalertragsteuerabzug auf Dividenden von girosammel- und streifbandverwahrten Aktien. Mit der Neuregelung des Zahlstellenabzugsverfahrens durch das OGAW-IV-UmsG wurden diese aus der Regelung des § 43 Abs. 1 Satz 1 Nr. 1 EStG herausgenommen und speziell in dessen Nr. 1a geregelt.

Nach **§ 43 Abs. 1 Satz 2 EStG** werden auch **43**
– Einkünfte und besondere Entgelte erfasst, die neben den unter 43 Abs. 1 Satz 1 Nr. 1 und 1a EStG genannten Einnahmen oder an deren Stelle gewährt werden.

Durch das JStG 2010[20] wurde der Ausnahmenkatalog in Absatz 1 Buchstabe a) auf **44**
– **ausgeschüttete Erträge aus Vermietung und Verpachtung von im Inland belegenen Grundstücken und grundstücksgleichen Rechten** und auf die ausgeschütteten Gewinne aus privaten Veräußerungsgeschäften mit im Inland belegenen Grundstücken und grundstücksgleichen Rechten erweitert. Es handelt sich auch hier um eine rechtstechnische Ausnahme in Absatz 1, weil die dort genannten Erträge in den Katalog des Abs. 3 Nr. 2 aufgenommen wurden (§ 7 Abs. 3 Rn. 185).

Ab Einführung der Abgeltungsteuer gilt die Ausnahme lediglich für **inländische** Dividenden und dividendenähnliche Erträge. Als inländisch gelten die Erträge, wenn der Schuldner der Kapitalerträge Wohnsitz, Geschäftsleitung oder Sitz im Inland hat (§ 7 Abs. 1 Satz 1 Nr. 1a letzter Halbsatz mit Abs. 3a Satz 2 i.V.m. § 43 Abs. 3 Satz 1 EStG). Die Ausnahme für die **ausländischen** Dividendenerträge wurde mit Einführung der Abgel- **45**

---
17 Unternehmensteuerreformgesetz 2008 14.8.2007 BGBl. 2007 I 1912.
18 OGAW-UmsG 22.6.2011 BGBl. 2011 I 1126.
19 OGAW-UmsG 22.6.2011 BGBl. 2011 I 1126.
20 JStG 2010 8.12.2010 BGBl. I 2010, 1768.

tungsteuer aufgehoben (§ 21 Abs. 2 Satz 1), da für diese ab 2009 auch bei der Direktanlage der Kapitalertragsteuerabzug vorgesehen war.

46 **bb) Anwendungsregel.** Nach § 21 Abs. 19 Satz 7 gilt § 7 Abs. 1 in der Fassung ab 15.12.2010 erstmals für Kapitalerträge, die dem Anleger nach dem 14.12.2010 zufließen oder als zugeflossen gelten. Für inländische Immobilienerträge ist die Regelung erstmals für Geschäftsjahre des Investmentvermögens anzuwenden, die nach dem 31.12.2010 beginnen (§ 21 Abs. 19 Satz 9).

b) Rechtslage bis 14.12.2010

47 **aa) Betroffene Erträge.** Bis zum 14.12.2010 galt die Ausnahme nach § 7 Abs. 1 Nr. 1 Buchstabe a) a.F. für **inländische und ausländische Kapitalerträge i.S. des § 43 Abs. 1 Satz 1 Nr. 1 sowie Satz 2 EStG**. Im Übrigen verwies Buchstabe a) 2. Halbsatz auf die Anwendung von Abs. 3. Wie unter der aktuellen Rechtslage bedeutet dies, dass die Ausnahme dieser Erträge im Rahmen der Nr. 1 lediglich rechtstechnische Gründe hat (Rn. 40).

48 Zu den von § 43 Abs. 1 Satz 1 Nr. 1 und Satz 2 EStG erfassten Erträgen siehe Rn. 40 ff.

49 **bb) Anwendungsregel.** Ab Einführung der Abgeltungsteuer gilt die Ausnahme lediglich für inländische Dividenden und dividendenähnliche Erträge. Als inländisch gelten die Erträge, wenn der Schuldner der Kapitalerträge Wohnsitz, Geschäftsleitung oder Sitz im Inland hat (§ 7 Abs. 1 Satz 1 Nr. 1 Buchstabe a) zweiter Halbsatz mit Abs. 3 Satz 2 i.V.m. § 43 Abs. 3 Satz 1 EStG). Die Ausnahme für die ausländischen Dividendenerträge wurde mit Einführung der Abgeltungsteuer aufgehoben (§ 21 Abs. 2 Satz 1), da für diese ab 2009 auch bei der Direktanlage der Kapitalertragsteuerabzug vorgesehen war.

50 Nach § 21 Abs. 19 Satz 7 gilt § 7 Abs. 1 a.F. letztmals für Kapitalerträge, die dem Anleger bis zum 14.12.2010 zufließen oder als zugeflossen gelten.

3. Ausnahmen vom Kapitalertragsteuerabzug bei Veräußerungen, Bezugsrechten, Termingeschäften, ausländischen Mieterträgen u.ä. (Abs. 1 Nr. 1 Buchstabe b)

51 **a) Gewinne nach § 2 Abs. 3 a.F. (sog. Altgewinne).** Von dem Grundsatz, dass sämtliche Erträge des Fonds dem Kapitalertragsteuerabzug unterliegen macht Abs. 1 Buchstabe b) eine weitere Ausnahme für **Veräußerungsgewinne** aus der Veräußerung von Wertpapieren, Bezugsrechten auf Anteile von Kapitalgesellschaften sowie für **Termingeschäftsgewinne**, soweit diese Gewinne vor Einführung der Abgeltungsteuer bei Privatanlegern keiner Investmentbesteuerung unterworfen waren. Nach der Übergangsregelung in § 21 Abs. 1 Satz 2 fallen hierunter die Gewinne, die das Investmentvermögen aus Veräußerungen von vor dem 1. Januar 2009 erworben Wertpapieren und Rechten realisiert hat bzw. aus Termingeschäften, die das Investmentvermögen vor dem 1. Januar 2009 abgeschlossen hatte. Auch wenn diese Gewinne schon vor dem 1.1.2009 bei betrieblichen Anlegern der Steuer unterlagen, wurde für die Ermittlung des Kapitalertragsteuerabzugs von der Einbeziehung dieser Erträge abgesehen. Dies ergibt sich daraus, dass Nr. 1 Buchstabe b) lediglich für die Definition der Gewinne, die vom Steuerabzug ausgenommen sind, auf die Übergangsregelung in § 21 Abs. 1 Satz 2 verweisen und nicht auf die in § 2 Abs. 3 a.F. geregelte steuerliche Behandlung dieser Erträge (nämlich der Steuerfreiheit nur insoweit, als die Gewinne nicht Betriebseinnahmen sind). Dies entspricht auch dem grundsätzlichen Verfahren, das die Finanzverwaltung für den Kapitalertragsteuerabzug vorsieht, der sich – wie in Rn. 149 des BMF-Schreibens vom 18.8.2009[21] für Dividendenerträge ausdrücklich geregelt – nach den Verhältnissen beim Privatanleger richtet. Die dort geregelte Ausnahme für Spezialfonds, dürfte hier nicht anzuwenden sein, da bei diesen Anlegern auch bei der Direktanlage in der Regel nach § 43 Abs. 2 Satz 3 EStG vom Steuerabzug Abstand genommen werden kann.[22]

An dieser Ausnahmeregelung für den Kapitalertragsteuerabzug auf Altgewinne wurde auch nach Einführung der Abgeltungsteuer fest gehalten. **52**

b) Grundstücksveräußerungsgewinne außerhalb der Spekulationsfrist. Gewinne aus der **Veräußerung von Grundstücken und grundstücksgleichen Rechten** sind, soweit sie außerhalb der 10-jährigen Spekulationsperiode erzielt werden, vom Kapitalertragsteuereinbehalt ausgenommen. Für den Privatanleger ist dies folgerichtig, da Gewinne außerhalb des Spekulationszeitraumes auch bei der Direktanlage nach § 23 Abs. 1 Nr. 1 EStG nicht der Steuer unterliegen und entsprechend nach § 2 Abs. 3 auch bei der Fondsanlage nicht besteuert werden. Aber auch beim betrieblichen Anleger ist die Ausnahme vom Kapitalertragsteuerabzug konsequent, da für diese Anleger auch bei der Direktanlage vom Kapitalertragsteuerabzug Abstand genommen werden kann (§ 43 Abs. 2 Satz 3 EStG). Durch den Verweis in § 7 Abs. 1 Satz 4 ist diese Ausnahmevorschrift auch bei der Fondsanlage anzuwenden. **53**

c) Steuerfreie DBA-Einkünfte. § 7 Abs. 1 Buchstage b) regelt eine Ausnahme vom Kapitalertragsteuereinbehalt für nach einem Doppelbesteuerungsabkommen gemäß § 4 Abs. 1 ausgenommene Erträge (§ 4 Abs. 1). Dies sind z.B. **54**
– Mieterträge aus im ausländischen Vertragsstaat gelegenen Immobilien
– Gewinne aus der Veräußerung von im ausländischen Vertragsstaat gelegenen Immobilien, die innerhalb der Spekulationsfrist nach § 23 Abs. 1 Nr. 1 EStG veräußert wurden
– laufende Gewinne und Veräußerungsgewinne aus im ausländischen Vertragsstaat belegenen Betriebsstätten

Eine Ausnahme für **Schachtelbeteiligungen** kann es nach richtiger Ansicht nicht geben, weil sich der Kapitalertragsteuerabzug an den Regelungen für Privatanleger orientiert, die die Voraussetzung für eine „Gesellschaft", auf die es nach dem Artikel über die Methoden zur Vermeidung der Doppelbesteuerung in den deutschen DBA ankommt, nicht erfüllen.[23] **55**

d) Voraussetzung für die Abstandnahme. Die Abstandnahme vom Kapitalertragsteuerabzug für die unter Abs. 1 Nr. 1 Buchstabe b genannten Erträge setzt voraus, dass diese **Befreiungen in der Bekanntmachung der Besteuerungsgrundlagen gemäß § 5 entsprechend veröffentlicht** wurden. Es müssen daher neben den sog. Mussangaben (vgl. § 5) auch die Bekanntmachungen nach § 5 Abs. 1 Satz 1 Nummer 1c) dd, ee, ff, gg, erfolgt sein, damit vom Kapitalertragsteuerabzug abgesehen werden kann. Die auszahlende Stelle kann eine Haftung nach § 44 Abs. 5 EStG für fehlerhaft nicht abgeführte Kapitalertragsteuer vermeiden, wenn sie nachweist, dass sie sich bei der Ermittlung der **56**

---

21 BMF-Schr. 18.8.2009 BStBl. I 2009 728, Rn. 149.
22 Beckmann/Scholtz/Vollmer/*Klopfleisch*/*Niedrig* § 7 Rn. 6.
23 Berger/Steck/Lübbehüsen/*Ramackers* § 7 Rn. 30.

Daten an den Mitteilungen für die Besteuerungsgrundlagen im WM-Datenservice orientiert[24] hat.

57–60 (einstweilen frei)

61 **4. Kapitalertragsteuerabzug bei Ausschüttungen i.S.v. § 6 (Abs. 1 Nr. 2).** Fonds, die die nach § 5 Abs. 1 Satz 2 erforderlichen Mussangaben (vgl. § 5) nicht veröffentlichen, gelten als **intransparente Fonds**. Da die nach deutschen Grundsätzen ermittelten steuerlichen Bemessungsgrundlagen nicht zur Verfügung stehen, bestimmt § 6 im Sinne einer Pauschalbesteuerung, dass Investoren in intransparente Fonds sämtliche Ausschüttungen sowie die nach § 6 zu ermittelnde jährliche Wertsteigerung des Fonds (sog. Mehrbetrag) der Besteuerung zu unterwerfen haben (vgl. zum Mehrbetrag § 6). Mindestens sind 6% des letzten Rücknahmepreises im Kalenderjahr zu versteuern (sog. Mindestbetrag, vgl. § 6). Diese Regelungen gelten für inländische und ausländische Fonds gleichermaßen.

62 Für diese Pauschalbesteuerung hat die auszahlende Stelle gemäß § 7 Abs. 1 Nr. 2 einen Kapitalertragsteuerabzug vorzunehmen. Die Kapitalertragsteuer ist dabei von den Ausschüttungen i.S. von § 6 zu erheben. Auf Grund des auf **Ausschüttungen beschränkten** Wortlauts der Vorschrift, unterliegen weder der Mehrbetrag noch der Mindestbetrag dem Kapitalertragsteuereinbehalt.[25] Gleiche Ansicht *Ramackers*[26] sowie die Finanzverwaltung. Der Anleger hat diesen Mehr- oder Mindestbetrag jedoch im Rahmen der Steuerveranlagung zu erklären. *Hammer*[27] schließt zunächst nicht aus, dass der Wortlaut des § 7 Abs. 1 Nr. 2 neben dem tatsächlichen Zuflussbetrag auch den Mehr- bzw. Mindestbetrag erfasst. Auf Grund des in der Praxis äußerst schwierigen Abzugs von Kapitalertragsteuer auf fiktiv ermittelte Steuerbeträge schließt auch Hammer letztlich einen Kapitalertragsteuerabzug auf diese Beträge aus.

63 Der Kapitalertragsteuerabzug berechnet sich auf den ungekürzten Ausschüttungsbetrag. Werden bei ausländischen Fonds Quellensteuern von der Ausschüttung erhoben, kürzen diese nicht den Ausschüttungsbetrag, da § 1 Abs. 3 Satz 1 Ausschüttungen als tatsächlich bezahlte oder gutgeschriebene Beträge einschließlich der einbehaltenen Kapitalertragsteuer (i.E. ausländischen Quellensteuer) definiert.[28]

64, 65 (einstweilen frei)

5. Kapitalertragsteuerabzug auf den akkumulierten ausschüttungsgleichen Ertrag (Abs. 1 Nr. 3)

66 **a) Definition und Zweck des akkumulierten ausschüttungsgleichen Ertrags.** Der sog. **nachholende Kapitalertragsteuerabzug** wird bei ausländischen thesaurierenden Investmentanteilen erhoben, die in einem im Inland belegenen Depot gehalten werden. Während bei inländischen thesaurierenden Investmentfonds jährlich ein Kapitalertragsteuerabzug auf die als zugeflossen geltenden Erträge erhoben wird (§ 7 Abs. 3b, 3d und 4), kann ein Kapitalertragsteuerabzug bei ausländischen thesaurierenden Fonds nicht erfolgen, weil die ausländische Investmentgesellschaft nicht zur Abführung inländischer Kapitalertragsteuer oder zur Erstattung der Kapitalertragsteuer an die inländischen Kredit- und Finanzdienstleistungsinstitute verpflichtet werden kann. Insoweit kann

---

24 BMF-Schr. 18.8.2009 BStBl. I 2009 728, Rn. 137.
25 BMF-Schr. 18.8.2009 BStBl. I 2009 728, Rn. 138.
26 Berger/Steck/Lübbehüsen/*Ramackers* § 7 Rn. 32.
27 Blümich/*Hammer* § 7 Rn. 4.
28 BMF-Schr. 18.8.2009 BStBl. I 2009 728, Rn. 138.

der deutsche Steueranspruch nicht durch den jährlichen Kapitalertragsteuerabzug sichergestellt werden. Daher hat der Gesetzgeber in Abs. 1 Nr. 3 für diese Anteile den oft als „nachgelagerten oder nachholenden Kapitalertragsteuerabzug" bezeichneten Steuerabzug geregelt. Dabei werden die noch nicht dem Steuerabzug unterworfen seit dem 1.1.1994 angefallenen ausschüttungsgleichen Erträge (**akkumulierter ausschüttungsgleicher Ertrag, aaE**) bei der Anteilsveräußerung dem Kapitalertragsteuerabzug unterworfen.

b) Bemessungsgrundlage

aa) Seit 1.1.1994 thesaurierte Erträge. Als Bemessungsgrundlage werden die ab dem 1.1.1994 als zugeflossen geltenden Erträge, die noch nicht dem Kapitalertragsteuerabzug unterlegen haben herangezogen. Der Stichtag entspricht dem Zeitpunkt ab dem für ausländische thesaurierende Investmentanteile unter dem AuslInvestmG erstmals der nachholende Kapitalertragsteuerabzug eingeführt wurde (§ 18a Abs. 1 Nr. 3 AuslInvestmG). 67

Die Bemessungsgrundlage **knüpft grundsätzlich an die Veröffentlichung/Bekanntmachung des aaE nach § 5 Abs. 1 Satz 1 Nr. 4** an, zu der die im Inland als transparent qualifizierten ausländischen Investmentfonds verpflichtet sind. Die auszahlende Stelle kann sich an dieser Veröffentlichung orientieren.[29] Unter Geltung des AuslInvestmG sind die als zugeflossen geltenden Erträge nach **§ 17 Abs. 1 (für weiße Fonds) und 18 Abs. 1 (für graue Fonds)** einzubeziehen. 68

Falls keine Bekanntmachung des aaE zur Verfügung steht (z.B. bei intransparenten Fonds), muss die auszahlende Stelle die Bemessungsgrundlage selbst ermitteln (Rn. 70). 69

bb) Mehr- und Mindestbeträge. Unter § 18a Abs. 1 Nr. 3 AuslInvestmG wurde der Mehrbetrag nach § 18 Abs. 3 Satz 1 AuslInvestmG, der bei schwarzen Fonds der Besteuerung unterlag, auch dem nachholenden Kapitalertragsteuerabzug unterworfen.[30] Nach h.M. ist auch unter Geltung des Investmentsteuergesetzes der nach § 6 zu ermittelnde Mehr- und Mindestbetrag in die Bemessungsgrundlage für den nachholenden Kapitalertragsteuerabzug einzubeziehen.[31] 70

A.A. *Bödecker/Ernst*, die argumentieren, dass unter dem Investmentsteuergesetz der Mehr- und Mindestbetrag nicht in die Bemessungsgrundlage für den nachholenden Kapitalertragsteuereinbehalt einbezogen werden dürfte, weil es sich beim nachholenden Kapitalertragsteuerabzug nur um einen Ersatztatbestand handle und bei einem entsprechenden inländischen intransparenten Fonds nach Abs. 1 Nr. 2 auch nur die Ausschüttungen im Sinne des § 6 zum Kapitalertragsteuerabzug herangezogen würden.[32] *Ramackers*[33] weist demgegenüber zutreffend darauf hin, dass der Gesetzgeber in § 7 Abs. 1 Nr. 3 nicht auf den technischen Begriff des ausschüttungsgleichen Ertrags abstellt, der nur für die Erträge nach § 17 Abs. 1 AuslInvestmG und § 5 Abs. 1 Nr. 2 verwendet wird, sondern auf alle Beträge, die „als zugeflossen gelten", weshalb auch die Erträge aus grauen und schwarzen Fonds gemäß § 18 Abs. 1 und Abs. 3 AuslInvestmG und aus intransparenten Fonds nach § 6 des InvStG heranzuziehen seien. Ebenso ist der Mindestbe- 71

---

29 BMF-Schr. 18.8.2009 BStBl. I 2009 728, Rn. 139.
30 Brinkhaus/Scherer/*Behrens* § 18a Rn. 52 AuslInvestmG; *Bödecker* § 7 C II 2.
31 Berger/Steck/Lübbehüsen/*Ramackers* § 7 Rn. 35; Beckmann/Scholtz/*Klopffleisch/Niedrig* § 7 Rn. 23; Littmann/Bitz/Pust/*Ramackers* § 7 Rn. 20.
32 Bödecker/Braun/Ernst/Franz/Kuhn/Vahldiek/*Bödecker/Ernst* § 7 C II 2.
33 Berger/Steck/Lübbehüsen/*Ramackers* § 7 Rn. 35.

trag einzubeziehen, da dieser lediglich die Mindesthöhe für den Mehrbetrag definiert (siehe § 6). Die von *Bödecker*/*Ernst* angesprochene unterschiedliche Behandlung von inländischen und ausländischen Fondsanteilen kann nur (und sollte) durch eine Gesetzesänderung korrigiert werden.

72 Bei der Ermittlung des aaE ist jedoch zu berücksichtigen, dass der BFH mit Urteil vom 18.11.2008[34] § 18 Abs. 3 AuslInvestmG für eu-rechtswidrig beurteilt und mit Urteil vom 25.8.2009[35] auch im Verhältnis zu Drittstaaten als gegen die Kapitalverkehrsfreiheit verstoßend qualifiziert hat. § 18 Abs. 3 AuslInvestmG darf daher nicht mehr zur Berechnung des aaE herangezogen werden. Die Finanzverwaltung scheint diese Auffassung zu teilen, weil sie die Formulierung, wonach der aaE für die Zeit vor Geltung des InvStG u.a. nach § 18 Abs. 3 AuslInvestmG anzusetzen sei, in der Neuformulierung des BMF-Schreibens vom 18.8.2009[36] nicht mehr übernommen hat. Sie hat andererseits das o.g. Urteil vom 25.8.2009 noch nicht veröffentlicht, sondern will den Ausgang zweier Revisionsverfahren[37] abwarten. Im Revisionsverfahren VIII R 2/09 hat der BFH am 7.2.2013 den Großen Senat angerufen. Im Verfahren VIII R 39/12 wurde mit Beschluss vom 6.8.2013 der EuGH zur Vorabentscheidung angerufen. Für die Praxis bedeutet dies, dass zunächst erhebliche Unsicherheit besteht, wie die Erträge im aaE berechnet werden sollen. Sinnvoll erscheint es hier eine Ertragsschätzung unter Berücksichtigung der Regelung des § 6 vorzunehmen, um eine im Massenverfahren verwertbare Lösung zu finden, bis der Gesetzgeber reagiert.

73–79 (einstweilen frei)

80 **cc) Ausländische Dividenden.** Ausdrücklich werden in Nr. 3 die **ausländischen Erträge i.S. des § 43 Abs. 1 Nr. 1 EStG** zu den als zugeflossen geltenden Erträgen gezählt, d.h. die ausländischen Dividenden und dividendenähnlichen Erträge (Rn. 40). Nach der Anwendungsregelung in § 21 Abs. 2 Satz 2 werden die ausländischen Dividenden und dividendenähnliche Erträge erstmals für die dem Anleger nach dem 31.12.2008 zugeflossenen oder als zugeflossen geltenden Kapitalerträge erfasst. Inländische Dividendenerträge können nicht vorkommen, da die inländischen Dividenden bei den hier betroffenen ausländischen Investmentfonds nach § 4 Abs. 1 in ausländische Dividenden umqualifiziert werden (§ 4).

81 **Missverständlich ist jedoch die gesetzliche Formulierung**, da ausländische Dividendenerträge seit Einführung der Abgeltungsteuer in § 43 Abs. 1 Satz 1 Nr. 6 EStG explizit geregelt sind, während § 43 Abs. 1 Satz 1 Nr. 1 gerade nur die inländischen Dividenden erfasst. Rechtstechnisch wäre daher der **Verweis auf § 43 Abs. 1 Satz 1 Nr. 6 EStG wünschenswert**. Seit dem OGAW-IV-UmsG werden zudem die sammelverwahrten inländischen **Dividenden in § 43 Abs. 1 Satz 1 Nr. 1a EStG** geregelt. Es ist davon auszugehen, dass diese Ergänzung in § 7 Abs. 1 Nr. 3 schlicht vergessen wurde. Hier ist rasches gesetzgeberisches Handeln geboten, weil nach dem Wortlaut derzeit die sammelverwahrten ausländischen Dividendenerträge (auch soweit es sich um inländische Erträge handelt, die nach § 4 Abs. 1 umqualifiziert sind) nicht in die Bemessungsgrundlage für den nachholenden Kapitalertragsteuerabzug einzubeziehen sind.

82 Selbst ohne diese gerade beschriebene gesetzgeberische Unsauberkeit stellt die Einbeziehung der ausländischen Dividenden in die Ermittlung der Bemessungsgrundlage für den nachholenden Steuerabzug eine erhebliche Herausforderung dar, weil diese in

---

34 BFH 18.11.2008 IStR **2009** 209.
35 BFH 25.8.2009 IStR **2009** 895.
36 BMF-Schr. 2.6.2005 BStBl. 2005 I 728, Rn. 106; BMF-Schr. 18.8.2009 BStBl. 2009 I 931.
37 VIII. Senat, VIII R 2/09 sowie VIII R 39/12; OFD Nordrhein-Westfahlen, Kurzinformation vom 2.1.2014.

einigen Jahren in den nachholenden Kapitalertragsteuerabzug einbezogen werden müssen in anderen jedoch nicht:
- Für die Jahre, für die die Beträge nach dem AuslInvestmG ermittelt werden, sind die ausländischen Dividenden in die Bemessungsgrundlage einzubeziehen.
- Unter Geltung des Investmentsteuergesetzes sind sie nicht einzubeziehen, wenn sie vom 1.1.2004 bis zum 31.12.2007 zugeflossen sind. Zwar erlaubt der reine Gesetzeswortlaut von Nr. 3 a.F. auch die Einbeziehung der ausländischen Dividenden. Da jedoch auch im Fall der Ausschüttung bis zur Einführung der Abgeltungsteuer kein Kapitalertragsteuereinbehalt auf ausländische Dividenden vorzunehmen war, sind in teleologischer Reduktion des Gesetzeswortlauts die ausländischen Dividenden nicht in die Bemessungsgrundlage für den nachholenden Kapitalertragsteuereinbehalt einzubeziehen.[38] Dieser Auffassung scheint sich auch der Gesetzgeber angeschlossen zu haben, da die Anwendungsregel in § 21 Abs. 2 Satz 1 die Einbeziehung der ausländischen Erträge erst bei Zufluss ab dem 1.1.2008 vorsieht.
- Bei Zufluss ab dem 1.1.2008 sind ausländische Dividenden wiederum in die Bemessungsgrundlage für den nachholenden Kapitalertragsteuerabzug einzubeziehen.
- Ab dem 1.1.2012 sind die sammelverwahrten ausländischen Dividenden nicht in den Kapitalertragsteuereinbehalt einzubeziehen (Rn. 81).

dd) Verschmelzung nach § 17a. Eine Verschmelzung von Investmentfonds nach § 17a gilt grundsätzlich nicht als Verkauf der Anteile, so dass an sich kein Fall des nachholenden Kapitalertragsteuerabzugs nach § 7 Abs. 1 Nr. 3 vorliegt. Lediglich die als zugeflossen geltenden laufenden Erträge unterliegen dem Kapitalertragsteuerabzug (Rn. 84). Die Finanzverwaltung akzeptiert jedoch, dass die auszahlende Stelle die Verschmelzung nach § 17a wie eine Veräußerung behandelt und den nachholenden Kapitalertragsteuerabzug anwendet.[39] In der Regel wird im Rahmen der Fondsverschmelzung jedoch kein Geldfluss stattfinden, so dass die auszahlende Stelle den Anleger nach § 44 Abs. 1 Satz 7 EStG auffordern müsste, den abzuführenden Kapitalertrag zur Verfügung zu stellen. Kommt der Anleger der Aufforderung nicht nach wird wohl keine Anzeige an das zuständige Finanzamt möglich sein, weil die Fondsverschmelzung nach § 17a keinen Fall des § 7 Abs. 1 Nr. 3 darstellt. Das Finanzamt dürfte daher keinen Nachforderungsbescheid ausstellen, um den Steuerabzug vom Anleger zu erhalten. Insoweit kann sich die auszahlende Stelle auch nicht durch Anzeige an das Finanzamt entlasten. Die vorgezogene Kapitalertragsteuerbelastung ist daher wohl nur mit Zustimmung des Anlegers möglich.[40]

ee) Thesaurierte Erträge bei Verschmelzung (§ 17a Abs. 1). Bei einer Verschmelzung von Investmentfonds gelten die nicht bereits ausgeschütteten **ausschüttungsgleichen Erträge** des letzten Geschäftsjahres des übertragenden Sondervermögens als zugeflossen (§ 14 Abs. 5 Satz 1). Diese **Zuflussfiktion gilt gemäß § 17a Abs. 1** auch für ausländische Fonds und Teilfonds.

Ebenso gelten die nicht bereits zu versteuernden **angewachsenen Erträge gemäß § 14 Abs. 5 Satz 3**, der nach § 17a bei der Verschmelzung von Auslandsfonds entsprechend anzuwenden ist, als ausschüttungsgleiche Erträge und damit als zum Übertragungsstichtag als zugeflossen. Dies galt für ausländische Fonds bereits vor Neufassung

---

38 Littmann/Bitz/Pust/*Ramackers* § 7 Rn. 21; Beckmann/Scholtz/*Klopffleisch/Niedrig* § 7 Rn. 15.
39 Berger/Steck/Lübbehüsen/*Ramackers* § 7 Rn. 40; BMF-Schr. 18.8.2009 BStBl. I 2009 931, Rn. 277.
40 Berger/Steck/Lübbehüsen/*Ramackers* § 7 Rn. 40.

von § 14 Abs. 5 Satz 3 durch das JStG 2010,[41] weil insoweit der Streit, ob die entsprechende Anwendung von § 14 Abs. 1 Satz 1 für die „angewachsenen Erträge" nach Abs. 5 Satz 3 lediglich für die Zuflussfiktion oder auch für die Qualifikation als ausschüttungsgleicher Ertrag gilt, für den Kapitalertragsteuereinbehalt nach § 7 Abs. 1 Nr. 3 unerheblich ist. § 7 Abs. 1 Nr. 3 stellt nach seinem Wortlaut nämlich ausdrücklich nur auf die Zuflussfiktion und nicht auf die Qualifikation als ausschüttungsgleicher Ertrag ab. So wohl auch *Ramackers*[42] zur Zuflussfiktion in § 14 Abs. 5 Satz 3 a.F. und dessen Anwendung unter § 7 Abs. 1 Nr. 3.

86   Damit waren auch diese Beträge bei ausländischen Fonds in die nach § 7 Abs. 1 Nr. 3 zu berechnende Bemessungsgrundlage für den Kapitalertragsteuerabzug einzubeziehen, während sie bei inländischen Fonds nach h.M. nicht dem jährlichen Kapitalertragsteuerabzug unterlagen. Die unterschiedliche Behandlung des Kapitalertragsteuerabzugs bei Verschmelzung von inländischen und ausländischen Fonds nach § 14 Abs. 5 Satz 3 a.F. könnte einen Verstoß gegen das EU-rechtliche Diskriminierungsverbot darstellen. Dem konnte zwar entgegengehalten werden, dass die steuerliche Erfassung bei der Verschmelzung inländischer Fonds bereits im Rahmen der jährlichen Steuerveranlagung zu erfolgen hatte, während der nachholende Steuerabzug erst bei Veräußerung der Anteile, also ggf. wesentlich später, erfolgte. Der Gesetzgeber hat sich jedoch mit dem JStG 2010 zur Neufassung des § 14 Abs. 5 Satz 3 entschlossen und klargestellt, dass die angewachsenen Erträge als ausschüttungsgleiche Erträge gelten und damit auch bei inländischen Verschmelzungen dem Kapitalertragsteuerabzug unterliegen. Eine unterschiedliche Behandlung inländischer und ausländischer Fonds ist seither ausgeschlossen.

87   **c) Besitzzeitanteiliger Ertrag.** Dem nachholenden Kapitalertragsteuerabzug unterliegt grundsätzlich der gesamte nach dem 31.12.1993 als zugeflossen geltende Ertrag. Der Gesetzgeber entschied sich für diese auf einen **klaren Stichtag** abstellende Regelung, um den Steueranspruch zu sichern, da die auszahlenden Stellen dadurch jederzeit und auch im Falle eines Tafelgeschäfts in der Lage sind, die Bemessungsgrundlage für den Steuerabzug zu ermitteln. Da der Anleger den Anteil jedoch oftmals nicht in diesem gesamten Zeitraum gehalten hatte, kam es häufig zu einem **zu hohen Abzugsbetrag**. Bis zur Einführung der Abgeltungsteuer konnte die die Kapitalerträge auszahlende Stelle diese Übermaßbesteuerung nur vermeiden, wenn sie selbst den **Investmentanteil erworben und veräußert und seitdem verwahrt** hatte. Ein **Depotwechsel** führte dagegen dazu, dass der volle ab dem 1.1.1994 ermittelte Betrag dem nachholenden Steuerabzug unterworfen wurde. Da der Anleger die Möglichkeit hatte, die einbehaltene Kapitalertragsteuer im Rahmen seiner Einkommensteuerveranlagung zu verrechnen (Rn. 94 ff.), ist der nachholende Kapitalertragsteuereinbehalt, selbst wenn er auf Zeiträume entfiel, in denen der Anleger die Anteile nicht gehalten hatte, als rechtmäßig anzusehen.

88   Ein weiter Ausnahmefall wurde von der Finanzverwaltung anerkannt, wenn der Investmentanteil erst nach dem 1.1.1994 aufgelegt wurde. In diesem Fall hatte sie es zugelassen, dass der **Abzug erst für Jahre ab Auflage des Fonds** berechnet wurde.[43]

89   Teilweise wurde in der Literatur vertreten, dass der späteren Auflage des Fonds die **spätere Zulassung zum öffentlichen Vertrieb** im Inland gleichzustellen sei.[44] Dem steht jedoch entgegen, dass ein Anteil vom Anleger bereits erworben werden konnte, auch wenn er im Inland nicht zum öffentlichen Vertrieb zugelassen war (z.B. bei Privat-

---

[41] JStG 2010 8.12.2010 BGBl. 2010 1768.
[42] Berger/Steck/Lübbehüsen/*Ramackers* § 7 Rn. 35 und 114.
[43] Berger/Steck/Lübbehüsen/*Ramackers* § 7 Rn. 36.
[44] Berger/Steck/Lübbehüsen/*Lübbehüsen* § 5 Rn. 140.

platzierungen oder Erwerb im Ausland). Der Fall der späteren Zulassung des Fonds ist daher nicht mit der späteren Auflage vergleichbar und eine entsprechende Verkürzung des Berechnungszeitraums für den aaE ist nicht gerechtfertigt.[45]

Seit Einführung der Abgeltungsteuer können die durch den Depotwechsel verursachten Nachteile in den meisten Fällen vermieden werden. Durch das **Datenübermittlungsverfahren** nach § 43a Abs. 2 Satz 3 bis 5 EStG sind die abgebenden Stellen nunmehr verpflichtet den aufnehmenden Kredit- und Finanzdienstleistungsunternehmen die erforderlichen Daten für die Ermittlung des besitzzeitanteiligen Kapitalertragsteuerabzugs mitzuteilen. In diesem Fall darf das übernehmende Kredit- oder Finanzdienstleistungsinstitut den Kapitalertragsteuerabzug auf die besitzzeitanteiligen Erträge beschränken. Entsprechendes gilt, wenn die inländische auszahlende Stelle die Anschaffungsdaten von einer abgebenden auszahlenden Stelle erhält, die ein Kredit- oder Finanzdienstleistungsinstitut mit Sitz in einem anderen Mitgliedstaat der EU, des EWR oder in einem anderen Vertragsstaat nach Art. 17 Abs. 2 Ziff. i ZRL ist. Zu diesen gehören die Schweiz, Liechtenstein, San Marino, Monaco, Andorra, Guernsey, Jersey, Insel Man, sowie die abhängigen und assoziierten Gebiete in der Karibik, Anguilla, Britische Jungferninseln, Cayman Islands, Montserrat, Turks and Caicos Islands, Aruba und die Inseln der früheren Niederländischen Antillen. 90

d) Pauschalierung vor Veröffentlichung des aaE. Grundsätzlich hat der Investmentfonds vier Monate Zeit, um den akkumulierten ausschüttungsgleichen Ertrag (aaE) nach § 5 Abs. 1 Nr. 4 zu veröffentlichen. Werden im Zeitraum zwischen dem Ende des Wirtschaftsjahrs des Fonds und der Veröffentlichung des aaE Veräußerungen vorgenommen, ist der aaE um den Betrag zu niedrig, der dem thesaurierten Ertrag des letzten Jahres entspricht. Die Finanzverwaltung hatte im BMF-Schreiben vom 2.6.2005[46] unter Rn. 139 daher angeordnet, dass die auszahlende Stelle den verfügbaren **aaE pauschal um 6% des zum Ende des Geschäftsjahres festgesetzten Rücknahme- bzw. Börsen- oder Marktpreises zu erhöhen** hat. Die Investmentbranche hat hiergegen vorgebracht, dass der durchschnittliche jährliche thesaurierte Ertrag erheblich unter dieser 6%- Marke liege. Die Finanzverwaltung hat der auszahlenden Stelle in der Neufassung des BMF-Schreibens[47] daher ein **Wahlrecht** gegeben. Danach können entweder die im WM-Datenservice für das vorhergehende Jahr veröffentlichten Werte der thesaurierten Erträge oder die 6%-Pauschalierung zu den zuletzt veröffentlichten aaE hinzugerechnet werden. **A.M.** Geurts,[48] der vorschlägt aus Vereinfachungsgründen auf die Erhöhung zu verzichten. 91

Sobald der aaE von den Investmentfonds veröffentlicht wurde, kann das inländische Kredit- oder Finanzdienstleistungsinstitut die **Abrechnung des Veräußerungsvorgangs korrigieren**. Wird der aaE erst nach Ablauf des Kalenderjahres veröffentlicht, hat die Korrektur nach § 43a Abs. 3 Satz 7 EStG erst in dem neuen Kalenderjahr zu erfolgen. Die Finanzverwaltung gestattet jedoch eine Einbeziehung in das Jahr der Veräußerung, wenn die Veröffentlichung bis zum 31.1. des Folgejahres erfolgt ist.[49] Dies kann dem Anleger nicht unerhebliche Liquiditätsvorteile bringen, da er nicht auf die Anrechnung im Rahmen des Veranlagungsverfahrens warten muss. Die alternativ mögliche Anrechnung der gesamten (um die Steuer auf den 6%igen Pauschalbetrag zu hohen) Kapitalertrag- 92

---

45 So auch Berger/Steck/Lübbehüsen/Ramackers § 7 Rn. 36.
46 BMF-Schr. 2.6.2005 BStBl. I 2005 728, Rn. 139.
47 BStBl. I 2009 931 Rn. 139.
48 Bordewin/Brandt/Bode/Geurts § 7 Rn. 22.
49 BMF-Schr. betreffend Einzelfragen zur Abgeltungsteuer 16.11.2010 BStBl. 2010 I 1305, Rn. 241.

steuerabzug nach § 20 Abs. 3a Satz 2 EStG bringt dem Anleger hingegen keinen Liquiditätsvorteil, weil diese Anrechnung erst im Rahmen der Veranlagung erfolgen kann.

93 Auf Grund der im Einkommensteuergesetz vorgesehenen Möglichkeit, die Veranlagung nach § 20 Abs. 3a Satz 2 i.V.m. § 32d EStG zu beantragen, ist die Korrekturvorschrift wohl als Kannvorschrift auszulegen, so dass die Kreditinstitute nicht zur Korrektur verpflichtet sein dürften. Weigert sich das Institut, die Korrektur vorzunehmen, kann der Anleger wohl nur auf die vertragliche Verpflichtung aus dem Depotvertrag verweisen und darauf, dass das Institut verpflichtet ist, dem Anleger drohende Vermögensschäden abwehren.

94 **e) Doppelte Besteuerung und Anrechnung.** Für den nachholenden Kapitalertragsteuerabzug ist es ohne Bedeutung, ob der Anleger die **ausschüttungsgleichen Erträge in den jeweiligen Veranlagungszeiträumen bereits in seiner Steuererklärung angesetzt** und damit der Steuer unterworfen hatte. Eine doppelte Besteuerung wird bewusst in Kauf genommen, um den staatlichen Steueranspruch bei Investmenterträge zu sichern. Teilweise wurde in der Literatur zum AuslInvestmG vertreten, dass ein nachholender Steuerabzug nicht vorgenommen werden darf, wenn der Anleger der auszahlenden Stelle durch einfache Erklärung mitteilt, dass die Beträge bereits der Steuer unterworfen wurden. Eine Kopie dieses Schreibens sollte die auszahlende Stelle dem Finanzamt des Anlegers zuleiten.[50] Die Finanzverwaltung war dieser Auffassung weder für § 18a AuslInvestmG gefolgt noch schließt sie sich dieser für § 7 Abs. 1 Nr. 3 an.[51] Der Anleger hat gemäß § 7 Abs. 7 lediglich die Möglichkeit die Steuer im Rahmen seiner Veranlagung nach § 36 Abs. 2 EStG anzurechnen oder nach § 50d EStG erstatten zu lassen.

95 Die Anrechnung der Kapitalertragsteuer setzt voraus, dass die entsprechenden als zugeflossen geltenden Beträge vom Anleger (bzw. seinem Rechtsvorgänger) im Jahr des fiktiven Zuflusses tatsächlich versteuert wurden[52] – es sei denn, dass sie auf Jahre vor der Besitzzeit des Anlegers (oder seines Rechtsvorgängers) entfallen. Dies galt ausweislich der Gesetzesbegründung zu § 18a AuslInvestmG,[53] weil es der Zweck des nachholenden Kapitalertragsteuerabzugs sei, die Sicherung des Steueranspruchs für den Fall zu garantieren, dass der Anleger die Steuer nicht im Rahmen der Erklärung angegeben hatte. Zwar enthalten die Gesetzesmaterialien zur Einführung von § 7 Abs. 1 Nr. 3 keinen entsprechenden Hinweis, da jedoch keine entgegenstehenden Äußerungen der gesetzgebenden Organe vorlagen, ist nach zutreffender **Ansicht des BFH** davon auszugehen, dass dieselben Erwägungen auch für § 7 Abs. 1 Nr. 3 gelten.[54]

96 Auch unter dem Regime der Abgeltungsteuer müssen die als zugeflossen geltenden Erträge gemäß § 32d Abs. 3 EStG im Jahr des Zuflusses in der Steuererklärung angegeben werden, weil diese nicht dem abgeltenden Kapitalertragsteuerabzug unterworfen waren, so dass die abgeltende Wirkung nach § 43 Abs. 5 Satz 1 EStG nicht eintritt.[55]

97 Eine Anrechnung der nachholenden Kapitalertragsteuer ist nicht möglich, wenn die Veranlagungszeiträume, in denen der fiktive Zufluss erfolgte, bereits der **Festsetzungsverjährung** unterliegen, ohne dass die Erträge der Besteuerung unterworfen wurden.[56]

---

50 Baur Investmentgesetze § 18a AuslInvestmG Rn. 15.
51 Brinkhaus/Scherer/*Behrens* § 7 Rn. 59 m.w.N.; Berger/Steck/Lübbehüsen/*Ramackers* § 7 Rn. 38 und 39 mit ausführlicher Begründung.
52 BFH 8.9.2010 BStBl. II 2013 11.
53 BTDrucks. 12/5630, S. 79.
54 BFH 8.9.2010 BStBl. II 2013 11.
55 Berger/Steck/Lübbehüsen/*Ramackers* § 7 Rn. 42.
56 BFH 8.9.2010 BStBl. II 2013 11.

Die Anrechnung der einbehaltenen Kapitalertragsteuer ist auch seit der unter der **98**
Abgeltungsteuer eingeführten **Schedulenbesteuerung für Kapitalerträge nicht auf
die Kapitalerträge nach § 20 EStG beschränkt.** Der Anleger kann die Kapitalertragsteuer vielmehr nach dem Wortlaut von § 36 Abs. 2 Nr. 2 EStG auf seine gesamte Einkommensteuerschuld anrechnen, unabhängig davon, ob der Steuer Einkünfte aus Kapitalvermögen oder anderen Einkunftsarten zu Grunde liegen.

Grundsätzlich sind gemäß § 36 Abs. 2 Nr. 2 EStG Abzugsbeträge dem Jahr zuzuord- **99**
nen, für den der Steuerabzug ermittelt wurde. Das führt für den nachholenden Kapitalertragsteuerabzug dazu, dass die Abrechnungen für sämtliche Jahre, für die eine Bemessungsgrundlage ermittelt wurde, geändert und neu bekanntgegeben werden müssen. Da der Anspruch auf Anrechnung erst mit der Bekanntmachung des Anrechnungsbescheids fällig wird (§ 229 AO), kann auch bei weit zurückliegenden Jahren keine Zahlungsverjährung nach § 228 AO eintreten.[57] Abschn. 213 EStR 2004 ließen jedoch eine Vollanrechnung auch im Jahr des Steuerabzugs in voller Höhe zu. Zwar ist diese Regelung in den neuen Einkommensteuervorschriften nicht mehr enthalten, sie wird jedoch aus Vereinfachungsgründen von der Finanzverwaltung weiter zugelassen.

Soweit die Kapitalertragsteuer für Zeiträume berechnet wurde, die vor der Besitzzeit **100**
des Anlegers liegen, darf materiell-rechtlich keine Steuer festgesetzt werden, so dass ein Freistellungsbescheid nach § 155 AO zu ergehen hat,[58] der dann zur Anrechnung der Kapitalertragsteuer führt.

f) Konkurrenz zu § 8 Abs. 6. In Fällen, in denen ein ausländischer Investmentan- **101**
teil veräußert wird, der vor 2008 nicht von der auszahlenden Stelle verwahrt wurde oder bei Veräußerungen im Rahmen von Tafelgeschäften, fällt sowohl der nachholende Steuerabzug nach § 7 Abs. 1 Nr. 3 als auch die Veräußerungsgewinnbesteuerung nach der Ersatzbemessungsgrundlage nach § 8 Abs. 6 i.V.m. § 43a Abs. 2 EStG an. Um eine Übermaßbesteuerung zu vermeiden, anerkennt die Finanzverwaltung, dass in diesem Fall beide Bemessungsgrundlagen nicht nebeneinander anzuwenden sind, sondern dass der Abzug vom jeweils höheren Betrag vorgenommen wird.[59]

g) EU Rechtswidrigkeit? Der nachholende Kapitalertragsteuerabzug führt bei An- **102**
legern, die den ausschüttungsgleichen Ertrag jährlich in der Veranlagung erklärt haben, zu einer Doppelbesteuerung. Diese Doppelbesteuerung kommt nur bei ausländischen Anteilen vor, worin ein Verstoß gegen das EU-rechtliche Diskriminierungsverbot gesehen werden könnte. Als Rechtfertigung kann einerseits herangezogen werden, dass ausländische Anteile den Vorteil genießen, dass hier kein jährlicher Quellensteuerabzug erfolgt, was einen Liquiditätsvorteil im Vergleich zum inländischen Fonds darstellt. Andererseits ist die mögliche Doppelbesteuerung nur vorübergehend, da der Abzug im Rahmen der Steuererklärung zur Anrechnung gebracht werden kann, sobald die jährliche Veranlagung nachgewiesen ist. Zudem ist die unterschiedliche Behandlung erforderlich, um den inländischen Steueranspruch zu sichern, der ursprünglich Auslöser für die Einführung des Kapitalertragsteuerabzugs war. Insoweit dürfte der nachholende Kapitalertragsteuerabzug keinen Verstoß gegen EU-Recht darstellen.

(einstweilen frei) **103–110**

---

57 Berger/Steck/Lübbehüsen/*Ramackers* § 7 Rn. 43.
58 Berger/Steck/Lübbehüsen/*Ramackers* § 7 Rn. 43.
59 BMF-Schr. 18.8.2009 BStBl. I 2009, 931, Rn. 140a.

111 **6. Kapitalertragsteuerabzug auf den Zwischengewinn (Abs. 1 Nr. 4).** Nach § 7 Abs. 1 Nr. 4 unterliegt auch der Zwischengewinn dem Kapitalertragsteuerabzug. Der Zwischengewinn ist in § 1 Abs. 4 definiert (§ 1 Abs. 4 Rn. 1ff.). Darunter sind überwiegend die dem Anleger noch nicht zugeflossenen oder als zugeflossen geltenden Zinsen, zinsähnlichen und sonstigen Erträge des Investmentvermögens zu verstehen, die bei einer Veräußerung des Investmentanteils im Anteilswert enthalten sind und dadurch als Veräußerungsertrag und nicht als ausschüttungsgleicher Ertrag erscheinen (§ 1 Abs. 4 Rn. 3ff.). Die Investmentgesellschaft hat den Zwischengewinn für transparente Fonds gemäß § 5 Abs. 3 Satz 1 bewertungstäglich zu ermitteln und zusammen mit dem Rücknahmepreis zu veröffentlichen.

112 Zu der Ermittlung des Zwischengewinns einschließlich des hierauf entfallenden Ertragsausgleichs vgl. § 5 Abs. 3.

113 Wird der Zwischengewinn nicht veröffentlicht, ist nach § 5 Abs. 3 Satz 2 ein pauschaler Zwischengewinn von 6% des Entgelts für die Rückgabe oder Veräußerung des Investmentanteils anzusetzen, wobei dieser pauschal ermittelte Betrag nach Auffassung der Finanzverwaltung einen Jahreszwischengewinn darstellt, der nach dem Berechnungsschema im BMF-Schreiben zum Investmentsteuerrecht[60] Rn. 121 auf den pro rata temporis Wert umzurechnen ist (§ 5 Abs. 3). **A.A.** *Geurts*, der die Ansicht vertritt, dass auf Grund „praktischer Probleme" vom Ansatz des pauschalierten Zwischengewinns für die Kapitalertragsteuer abzusehen sei. Er führt an, dass die Berechnung kompliziert sein könne und der Fall auftreten könne, dass der tatsächliche Geldfluss nicht ausreiche, um die Kapitalertragsteuer einzubehalten. Dem ist jedoch entgegenzuhalten, dass seit Veröffentlichung des im BMF-Schreiben zum Investmentsteuergesetz[61] anerkannten Berechnungsschemas die Ermittlung des Pauschbetrags einfach erfolgen kann. Die Ermittlung wird zusätzlich noch dadurch erleichtert, dass über den WM-Datenservice der pauschale Zwischengewinn als Datenfeed zur Verfügung gestellt wird. Ein ausreichender Geldfluss sollte grundsätzlich vorhanden sein, da der Pauschbetrag als Prozentanteil des Veräußerungs- oder Rückgabepreises zu ermitteln ist. Lediglich bei einem Anteilstausch, der Verschmelzung oder einem steuerpflichtigen Depotübertrag nach § 43 Abs. 1 Satz 4 EStG könnte der ausreichende Geldfluss fehlen. Dieses Problem tritt jedoch auch bei einem veröffentlichten Zwischengewinn auf. Das Gesetz verweist für diesen Fall auf die entsprechende Anwendung der Regelung zum Kapitalertragsteuerabzug nach § 44 Abs. 1 Satz 7 und 8 EStG. Danach hat die auszahlende Stelle den Anleger zur Begleichung der Kapitalertragsteuerschuld aufzufordern. Kommt der Anleger dieser Aufforderung nicht nach, hat sie das für den Anleger zuständige Finanzamt hiervon zu unterrichten. Insofern ist nicht vom Ansatz des Kapitalertragsteuerabzugs auf den pauschalen Zwischengewinn abzusehen.[62]

114 Ein Sonderproblem ergibt sich bezüglich der Berücksichtigung des Ertragsausgleichs beim Zwischengewinn. Mit dem JStG 2010[63] wurde § 9 um einen Satz 2 ergänzt, der auch für den Zwischengewinn die Gleichstellung der Beträge aus dem Ertragsausgleich mit den erwirtschafteten Zwischengewinnerträgen anordnet. Die Gleichstellung der auf den Zwischengewinn gemäß § 1 Abs. 4 entfallenden Ertragsausgleichsbeträge war bisher nicht in § 9 geregelt. Da es sich beim Ertragsausgleich um eine Umqualifizierung von Kapitaleinzahlungsbeträgen in laufende Erträge handelt, ist hierzu eine aus-

---

[60] BMF-Schr. 18.8.2009 BStBl. I 2009 931.
[61] BMF-Schr. 2.6.2005 BStBl. I 2005, 728, Tz. 121 und 18.8.2009 BStBl. I 2009 931 Tz. 121.
[62] Ebenso Berger/Steck/Lübbehüsen/*Ramackers* § 7 Rn. 44; Beckmann/Scholtz/Vollmer/*Klopfleisch/Niedrig* § 7 Rn. 27; Blümich/*Hammer* § 7 Rn. 7.
[63] JStG 2010 8.12.2010 BGBl. 2010, 1768.

drückliche gesetzlich Regelung erforderlich (§ 9). Mangels anderweitiger Anwendungsregelung sind die auf den Zwischengewinn entfallenden Ertragsausgleichsbeträge damit erst ab dem 9.12.2011, nämlich dem Tag nach Verkündung des JStG 2010, steuerpflichtig. **A.A.** Begründung zum JStG 2010[64] wonach die Einfügung von Satz 2 lediglich der Klarstellung diene.

Die Einbeziehung der Ertragsausgleichsbeträge in den Zwischengewinn hat insbesondere Bedeutung, weil § 2 Abs. 5 in der Fassung des JStG 2010 anordnet, dass der Zwischengewinn nur dann als negativer Ertrag berücksichtigt werden darf, wenn der Fonds auf alle Erträge einen Ertragsausgleich rechnet. **A.M.** auch hier die Gesetzesbegründung, in der die Regelung als „klarstellend" bezeichnet wird, weil diese Vorgabe bereits in Tz. 21a und 197 des BMF Schreibens vom 18.8.2009[65] im Verwaltungsweg angeordnet wurde. Die auszahlenden Stellen hätten den negativen Zwischengewinn nach dieser Verwaltungsauffassung auch vor Geltung des JStG 2010 nur dann in den Verlustverrechnungstopf einstellen dürfen, wenn ein Ertragsausgleich gerechnet wurde. Die Regelung sei in allen noch offenen Fällen anzuwenden. Dieser Gesetzesbegründung kann nicht gefolgt werden. Nach der Gesetzesfassung von § 2 Abs. 5 vor Änderung durch das JStG 2010 war der Zwischengewinn als negativer Ertrag zu berücksichtigen. Eine gesetzliche Anordnung, dass dies nur für den Fall der Durchführung eines Ertragsausgleichs gelte, gab es nicht. Bei der im Verwaltungsweg geregelten Anordnung wird der Rahmen einer Auslegung der bestehenden Gesetze überschritten, die Verwaltungsauffassung entbehrt daher einer gesetzlichen Grundlage. Aus dem gleichen Grunde ist die Neuregelung in § 9 Satz 2 keine Klarstellung sondern eine gesetzliche Neuregelung. 115

(einstweilen frei) 116–118

7. Kapitalertragsteuerabzugsverfahren (Abs. 1 Satz 2 bis 4)

a) Verweis auf die Verfahrensvorschriften des EStG (Abs. 1 Satz 2). Das Investmentsteuerrecht regelt das Verfahren des Kapitalertragsteuerabzugs nicht eigenständig sondern verweist auf die Regelungen des Einkommensteuerrechts. Dabei nimmt es nicht pauschal auf die Regelungen nach §§ 43 ff. EStG Bezug, sondern regelt für jede Ertragsgruppe von § 7 die anzuwendenden Verfahrensvorschriften explizit. Abs. 1 Satz 2 verweist insofern auf die entsprechende Anwendung der für Zinserträge anzuwendenden Vorschriften des § 43 Abs. 1 Satz 1 Nr. 7 EStG. 119

Danach sind die folgenden Vorschriften des Einkommensteuergesetzes anzuwenden:

§ 43 Abs. 2 Satz 1 EStG wenn Gläubiger und Schuldner der Kapitalerträge oder die auszahlende Stelle dieselbe Person sind. Dies gilt jedoch nicht, wenn die Anteile nach § 43 Abs. 1 Satz 1 Nr. 1a EStG sammelverwahrt werden. Da die Investmentfondsanteile ganz überwiegend sammelverwahrt sind,[66] wird eine Abstandnahme vom Steuerabzug nach Satz 1 kaum vorkommen. Denkbar wären allenfalls nicht sammelverwahrte Investmentanteile im Eigenbestand von Kreditinstituten, für die diese auszahlende Stelle sind.[67] Auch *Ramackers* weist darauf hin, dass es bei Investmentfonds und InvAGs kaum vorstellbar ist, dass diese eigene Anteile halten und auf diese Anteile Ausschüttungen tätigen würden.[68] 120

---

64 BTDrucks. 17/2249 Seite 84.
65 BMF-Scheiben 18.8.2009 BStBl. 2009 I 931.
66 § 97 KAGB.
67 Beckmann/Scholtz/Vollmer/*Kopfleisch*/*Niedrig* § 7 Rn. 29.
68 Berger/Steck/Lübbehüsen/*Ramackers* § 7 Rn. 50.

121 § 43 Abs. 2 Satz 2 EStG regelt die Abstandnahme vom Einbehalt im Interbankenverkehr. Nach der ausdrücklichen gesetzlichen Regelung gilt dies auch wenn Gläubiger der Kapitalerträge eine inländische Kapitalverwaltungsgesellschaft ist.

122 Nach § 43 Abs. 4 EStG ist der Kapitalertragsteuerabzug auch vorzunehmen, wenn die Investmenterträge beim Gläubiger Einkünfte aus Land- und Forstwirtschaft, Gewerbebetrieb, selbständiger Arbeit oder Vermietung und Verpachtung sind.

123 Nach § 43 Abs. 5 EStG hat der Kapitalertragsteuerabzug beim Privatanleger abgeltende Wirkung. Dem Anleger steht jedoch die Günstigerprüfung nach § 32d Abs. 6 EStG offen. Vorläufige Einkommensteuerfestsetzungen nach § 165 AO umfassen auch die dem Kapitalertragsteuerabzug unterworfenen Investmenterträge, selbst wenn der Antrag auf Günstigerprüfung für diese nicht gestellt wurde.

124 Nach § 43a Abs. 1 EStG beträgt der Kapitalertragsteuersatz 25%. Dieser ermäßig sich für den Fall, dass der Anleger den Antrag auf Abzug der Kirchensteuer stellt, um 25% der auf die Kirchensteuer entfallenden Kapitalertragsteuer. Insoweit wird berücksichtigt, dass die Kirchensteuer als Sonderausgabe abziehbar ist (§ 32d Abs. 1 EStG).

125 § 43a Abs. 2 Satz 1 EStG regelt, dass der Kapitalertragsteuereinbehalt vom vollen Bruttobetrag erfolgt. Als Bruttobetrag werden dabei die nach § 7 Abs. 1 Nr. 1 bis 4 ermittelten Erträge verstanden. Diese Erträge berücksichtigen die Abzugsfähigkeit der nach § 3 abziehbaren Werbungskosten (§ 3 Rn. 44 ff.) sowie die Verlustverrechnung im Fonds (§ 3 Abs. 4) (§ 3 Rn. 106 ff.) und unterscheiden sich damit von der Regelung für die Direktanlage, die lediglich einen pauschalen Werbungskostenabzug nach § 20 Abs. 9 EStG zulässt.

126 Investmenterträge werden in die Verlustverrechnung im Rahmen des vom Kredit- oder Finanzdienstleistungsinstitut geführten allgemeinen Verlustverrechnungstopfes nach **§ 43 Abs. 3 Satz 2 EStG** einbezogen, d.h. die in § 7 Abs. 1 genannten ausgeschütteten Erträge, der aaE, sowie der Zwischengewinn können mit den Verlusten aus dem allgemeinen Verlustverrechnungstopf verrechnet werden. Der gezahlte Zwischengewinn wird bei Anschaffung von Investmentanteilen als negativer Zwischengewinn (zur Notwendigkeit der Berechnung eines Ertragsausgleichs Rn. 115) in den Verlustverrechnungstopf eingestellt, bei Veräußerung wird der positive Zwischengewinn mit dem Verlusttopf verrechnet. Der pauschale Zwischengewinn nach § 5 Abs. 3 ist nach Auffassung der Finanzverwaltung[69] nicht in den Verlustverrechnungstopf einzustellen, so dass die auszahlende Stelle den Kapitalertragsteuerabzug insoweit nicht reduziert wird. Dieser Auffassung wird man sich anschließen können, da der pauschale Zwischengewinn einen Straftatbestand darstellt, der nicht zu dem Vorteil der Reduzierung des Kapitalertragsteuereinbehalts durch Verlustverrechnung führen soll.

127 Grundsätzlich hat die auszahlende Stelle eine Korrektur vorzunehmen, wenn sie von der Veränderung der Bemessungsgrundlage für den Kapitalertragsteuerabzug erfährt. Sofern die auszahlende Stelle von der Veränderung erst in einem späteren Kalenderjahr erfährt, ist die Korrektur nach **§ 43 Abs. 3 Satz 7 EStG** erst zum Zeitpunkt der Kenntnisnahme vorzunehmen. Die Finanzverwaltung akzeptiert aber die rückwirkende Korrektur, wenn die Kenntnisnahme bis 31.1. des Folgejahres erfolgt,[70] bzw. die freiwillige rückwirkende Korrektur, wenn die Korrektur auf einem von der auszahlenden Stelle zu vertretenden Fehler beruht. Nimmt die auszahlende Stelle die Korrektur nicht vor, hat der Anleger die Möglichkeit, sich dies von der auszahlenden Stelle bestätigen zu lassen und die

---

[69] BMF-Schr. 18.8.2009 BStBl. I 2009 913, Rn. 142.
[70] BMF-Schr. zur Abgeltungsteuer 16.11.2010 BStBl. I 2010 1305, Rn. 241.

Korrektur im Rahmen der Veranlagung nach § 32d EStG zu berücksichtigen (§ 20 Abs. 3a EStG).

§ 44 Abs. 1 Satz 3 und 4 EStG definieren die **auszahlende Stelle** für die Erträge nach § 7 Abs. 1. Hierunter fallen die inländischen Kredit- und Finanzdienstleistungsunternehmen, die die Investmentanteile für die Anleger verwahren und verwalten und die Kapitalerträge auszahlen oder gutschreiben (siehe auch Rn. 237 ff.). Über § 7 Abs. 8 Satz 2 sind hier auch inländischen Kapitalanlagegesellschaften erfasst, die Investmentanteile verwahren und verwalten. **128**

§ 44 Abs. 1 Satz 5 EStG regelt den Zeitpunkt zu dem die Kapitalertragsteuer einzubehalten und abzuführen ist und das für die Zahlung zuständige Finanzamt. Danach ist die innerhalb eines Kalendermonats einbehaltene Steuer bis zum 10. des Folgemonats an das zuständige Finanzamt abzuführen. Wenn die Kapitalerträge ganz oder teilweise nicht in Geld geleistet werden, kann es vorkommen, dass der Kapitalertrag nicht zur Deckung der Kapitalertragsteuer reicht. Da Ausschüttungen aus den Fonds jedoch in der Regel in Geld erfolgen, wird dies nur in Ausnahmefällen und bei Spezialfonds vorkommen. **§ 44 Abs. 1 Satz 7 bis 9 EStG** regeln, dass insoweit die Gläubiger der auszahlenden Stelle den Fehlbetrag zur Verfügung zu stellen haben. Kommt der Anleger dieser Verpflichtung nicht nach zeigt die auszahlende Stelle dies dem für sie zuständigen Finanzamt an, das die Kapitalertragsteuer dann vom Anleger nachfordert. Ein weiterer Fall in dem der Geldfluss nicht zur Deckung der Kapitalertragsteuerschuld reicht, kann bei der Fondsverschmelzung nach § 17a vorkommen, wenn die auszahlende Stelle die sofortige Kapitalertragsteuerbelastung auf den aaE nach § 7 Abs. 1 Nr. 3 vornimmt.[71] Kommt der Anleger in diesem Fall seiner Verpflichtung zur Zahlung der Kapitalertragsteuer nicht nach, dürfte die Anzeige der Zahlstelle an das zuständigen Finanzamt jedoch nicht zur Entlastung der Zahlstelle führen, da bei der Verschmelzung nach § 17a an sich kein Fall des § 7 Abs. 1 Nr. 3 vorliegt, so dass das Finanzamt keinen Nachforderungsbescheid erlassen kann (Rn. 83). **129**

§ 44 Abs. 2 EStG ist nicht anwendbar. Zwar gilt die Ausschüttung aus einem Investmentfonds gemäß § 2 Abs. 1 Satz 1 als Kapitalertrag im Sinne von § 20 Abs. 1 Nr. 1 EStG, auf den § 44 Abs. 2 EStG grundsätzlich abzielt. Für den Kapitalertragsteuerabzug ist die Regelung in § 7 Abs. 1 Satz 2 jedoch als Spezialregelung vorrangig vor der Regelung in § 2 Abs. 1 Satz 1. § 7 Abs. 1 Satz 2 bestimmt für die dort betroffenen Erträge die entsprechende Anwendung der für Kapitalerträge nach § 43 Abs. 1 Satz 1 Nr. 7 EStG vorgesehenen Regelungen. Damit ist die Sonderregelung für den Zeitpunkt des Kapitalertragsteuerabzugs bei Ausschüttungen von Kapitalgesellschaften nicht heranzuziehen. Vielmehr sind die Kapitalertragsteuerbeträge bis zum 10. des auf den Zufluss folgenden Monats zu erklären und abzuführen. **130**

§ 44 Abs. 5 EStG regelt die Haftung der auszahlenden Stelle für die von ihr einzubehaltende und an das Finanzamt abzuführende Steuer. Die Haftung tritt lediglich dann nicht ein, wenn die auszahlende Stelle nachweist, dass sie ihre Pflichten weder vorsätzlich noch grob fahrlässig verletzt hat. **131**

§ 44a EStG regelt wann die auszahlende Stelle vom Steuerabzug Abstand nehmen kann. Ein Kapitalertragsteuereinbehalt kann unterbleiben, wenn der auszahlenden Stelle folgendes vorliegt: **132**
- ein Freistellungsauftrags nach § 44a Abs. 2 Nr. 1 EStG,
- eine NV-Bescheinigung für nicht steuerbefreite Personen nach § 44a Abs. 2 Nr. 2 EStG,

---

71 BMF-Schr. 18.8.2009 BStBl. 2009 I 931, Rn. 277 Satz 2.

- eine NV-Bescheinigung für steuerbefreite Körperschaften, Personenvereinigungen und Vermögensmassen nach § 44a Abs. 4 EStG
- eine NV-Bescheinigung des bis 2009 steuerbefreiten Bundesverband der Ortskrankenkassen nach § 44a Abs. 4a EStG
- eine Bescheinigung für Dauerüberzahler gemäß § 44a Abs. 5 EStG
- eine teilweise Abstandnahme vom Kapitalertragsteuerabzug nach § 44a Abs. 9 EStG für beschränkt steuerpflichtige ausländische Körperschaften, Personenvereinigungen und Vermögensmassen

133 § 44b Abs. 5 EStG regelt das Verfahren zur Korrektur der Kapitalertragsteuer-Anmeldung, wenn Abzugsteuer einbehalten oder abgeführt wurde, obwohl eine Verpflichtung hierzu nicht bestand, bzw. wenn der Anleger Freistellungsbescheinigungen oder NV-Bescheinigungen verspätet eingereicht hat. Das Gesetz regelt die Korrekturvorschrift für ausgeschüttete Gewinne daher durch Verweis auf das Einkommensteuergesetz während bei den ausschüttungsgleichen Erträgen nach Abs. 3b und 3d sowie Abs. 4 jeweils Sonderregelungen aufgenommen wurden.

134 § 45a EStG regelt die Verpflichtung zur Abgabe von Kapitalertragsteuer-Anmeldungen und Ausstellungen von Kapitalertragsteuer-Bescheinigungen

135 Nach § 45d EStG haben die auszahlenden Stellen Mitteilungen an das BZSt über in Anspruch genommene Freistellungsbescheinigungen und NV-Bescheinigungen zu geben.

136–139 (einstweilen frei)

140 **b) Auszahlende Stelle bei § 7 Abs. 1.** § 7 Abs. 1 Satz 2 verweist auf die Verfahrensvorschriften des Einkommensteuerrechts, die für Zinserträge nach § 43 Abs. 1 Satz 1 Nr. 7 EStG anzuwenden sind. In **§ 44 Abs. 1 Satz 3 und 4 EStG wird** die **auszahlende Stelle** für diese Erträge definiert. Danach fallen hierunter die inländischen Kredit- und Finanzdienstleistungsunternehmen, die die Investmentanteile für die Anleger verwahren und verwalten und die Kapitalerträge auszahlen oder gutschreiben. Über § 7 Abs. 8 Satz 2 sind hier auch die inländischen Kapitalanlagegesellschaften erfasst, die die Investmentanteile verwahren und verwalten (Rn. 237 ff. und 349).

141 **c) Abzug von Kirchensteuer.** Nach § 51a Abs. 1 EStG sind auf die Festsetzung und Erhebung von Steuern, die nach der Einkommensteuerbemessen werden (Zuschlagsteuern) die Vorschriften des Einkommensteuergesetzes anzuwenden. Da das Investmentsteuerrecht für das Abzugsverfahren auf das Einkommensteuerrecht verweist, ist bei Erträgen aus Investmentfonds auch § 51 Abs. 2b bis 2e EStG anzuwenden. Daher ist neben der Kapitalertragsteuer auf Antrag des Anlegers auch die Kirchensteuer abzuziehen. Dabei sind die nach den jeweiligen kirchenlandesgesetzlichen Regelungen geltenden Kirchensteuersätze zu berücksichtigen (d.h. 8% für Bayern und Baden-Württemberg und 9% für die übrigen Bundesländer). Da die Kirchensteuer als Sonderausgabe bei der Einkommensteuer berücksichtigt wird, führt der Abzug der Kirchensteuer zu einer Minderung der Bemessungsgrundlage für die Einkommensteuer. Diese Minderung ist auch im Rahmen des Kapitalertragsteuerabzugs zu berücksichtigen (§ 32d Abs. 1 EStG).

Derzeit ist der Kirchensteuerabzug nur möglich, wenn der Anleger einen Antrag auf Berücksichtigung der Kirchensteuer stellt. Wird kein derartiger Antrag gestellt, hat der Anleger die Kapitalerträge in seiner Veranlagung zu erklären, damit sie dem Kirchensteuerabzug unterworfen werden können. Dies konterkariert die an sich mit der Abgeltungsteuer angestrebte Vereinfachung der Kapitalertragsbesteuerung.

Dieses Verfahren soll sich daher ab dem VZ 2015 ändern. Hierfür wird das BZSt die Daten der Steuerpflichtigen hinsichtlich der Zugehörigkeit zu einer Religionsgemeinschaft speichern. Die auszahlende Stelle hat diese Informationen dann vom BZSt abzurufen und für das Kapitalertragsteuerverfahren zu verwerten. Damit können die Veranlagungen, die nur erforderlich waren um die Kapitalerträge dem Kirchensteuerabzug zu unterwerfen, vermieden werden. **142**

(einstweilen frei) **143–145**

d) Anrechnung ausländischer Steuer nach § 4 Abs. 2 Satz 8 (Abs. 1 Satz 3). § 7 Abs. 1 Satz 3 verweist für die Anrechnung ausländischer Steuer auf § 4 Abs. 2 Satz 8, der wiederum auf die §§ 43a Abs. 3 Satz 1 und 32d Abs. 5 EStG verweisen. Die mit dem JStG 2009[72] eingefügte Regelung bewirkt, dass die auf ausländische Erträge entfallenden ausländischen Quellensteuern, die das Investmentvermögen nach § 5 Abs. 1 Nr. 1 Buchstabe f ausweist, bereits von der auszahlenden Stelle bei der Ermittlung des Kapitalertragsteuerabzugs berücksichtigt werden. **146**

Die Anrechnung gilt auch für die ausländischen Quellensteuern, die auf die Auszahlung aus im Ausland verwahrten Fondsanteilen entfällt. In diesem Zusammenhang kann es schwierig sein, die Einhaltung des Höchstbetrag nach § 32d Abs. 5 Satz 1 EStG zu überwachen. Zwar beachtet das Investmentvermögen im Rahmen des Ausweises nach § 5 Abs. 1 Nr. 1 Buchstabe f den Höchstbetrag, die Höhe des in Anspruch genommenen Höchstbetrags wird jedoch nicht mitgeteilt. Eine Mitteilungspflicht der Ausschöpfung des Höchstbetrags für jedes Land würde auch die Veröffentlichungspflicht des Fonds überspannen. **147**

e) Ausnahmen vom Kapitalertragsteuerabzug für Kapitalgesellschaften und betriebliche Anleger (Abs. 1 Satz 4). Die Regelungen der Abgeltungsteuer zielen bei der Direktanlage darauf, Veranlagungsfälle von Privatanlegern möglichst zu vermeiden, so dass die abgeltende Wirkung des Kapitalertragsteuerabzugs möglichst umfassend wirkt. Gehören die Kapitalerträge jedoch zu betrieblichen Einkünften, entfaltet der Kapitalertragsteuerabzug keine abgeltende Wirkung. Die Anleger haben die Erträge vollumfänglich im Rahmen der Gewinnermittlung anzusetzen und der Besteuerung zu unterwerfen. Die im Abzugsverfahren belastete Kapitalertragsteuer kann gemäß § 7 Abs. 7 i.V.m. § 36 Abs. 2 EStG auf die Steuerschuld angerechnet werden. **148**

Um den durch den Steuerabzug bei betrieblichen Anlegern drohenden Liquiditätsnachteil (z.B. weil ein Kapitalertragsteuerabzug vorgenommen wird, obwohl der betriebliche Anleger einen Verlust erwirtschaftet) durch die Einführung der Abgeltungsteuer möglichst nicht zu verschärfen, wurde diesen Anlegern bei der Direktanlage eine besondere Abstandnahmemöglichkeit vom Kapitalertragsteuerabzug zugestanden (43 Abs. 2 Sätze 3 bis 8 EStG). Diese betraf diejenigen Erträge, die durch die Einführung der Abgeltungsteuer neu in den Kapitalertragsteuerabzug einbezogen wurden (§ 43 Abs. 1 Satz 1 Nr. 6 für ausländische Dividenden sowie Nr. 8 bis 12 sowie Satz 2 EStG für die neuen Veräußerungstatbestände einschließlich der Termingeschäftsgewinne).

Die Abstandnahmemöglichkeit für betriebliche Anleger wurde zunächst nur bei der Direktanlage ermöglicht. Für Anleger, die die Kapitalerträge indirekt über ein Investmentvermögen hielten, wurde die Abstandnahmemöglichkeit auf Grund eines gesetzgeberischen Versehens nicht gewährt. Dies hätte zu nicht gerechtfertigten Nachteilen für **149**

---

[72] JStG 2009 19.12.2008 BStBl. 2008 I 2794.

betriebliche Anleger geführt, die die Erträge indirekt über ein Investment in einen Fonds erzielten.

150 Die Finanzverwaltung gestattete jedoch „aus Vereinfachungsgründen" auch bei der indirekten Anlage die Abstandnahmemöglichkeit nach § 43 Abs. 2 Sätze 3 ff. EStG im Erlassweg.[73]

151 Durch das JStG 2009[74] wurde § 7 Abs. 1 Satz 4 entsprechend ergänzt. Danach ist § 43 Abs. 2 Sätze 3 bis 8 entsprechend anzuwenden, soweit die ausgeschütteten Erträge des Investmentfonds solche im Sinne von § 43 Abs. 1 Satz 1 Nr. 6 EStG (ausländische Dividenden) und 8 bis 12 EStG (Veräußerungstatbestände einschließlich der Termingeschäftsgewinne) und an deren Stelle gewährte Erträge (Satz 2) sind.

152 Handelt es sich bei dem Anleger um eine unbeschränkt steuerpflichtige Körperschaft, Personenvereinigung oder Vermögensmasse, hat die auszahlende Stelle vom Steuerabzug abzusehen. Für andere betriebliche Anleger (i.E. Einzelunternehmer und gewerbliche Personengesellschaften) gilt dies nur, wenn die Anleger gegenüber der auszahlenden Stelle nach amtlich vorgeschriebenem Muster erklären, dass die Investmenterträge Betriebseinnahmen eines inländischen Betriebs sind und wenn steuerbefreite Körperschaften im Sinne von § 1 Nr. 4 und 5 KStG die Steuerbefreiung nachweisen.

153–160 (einstweilen frei)

III. Kapitalertragsteuerabzug bei Teilausschüttungen (Abs. 2)

161 § 7 Abs. 2 regelt die Kapitalertragsteuerpflicht bei einer Teilausschüttung. Dabei greift das Gesetz die in § 2 Abs. 1 Sätze 3 und 4 getroffene Unterscheidung bei Teilausschüttungen auf. Nach § 2 Abs. 1 Satz 3 wird eine Teilausschüttung wie eine Ausschüttung behandelt, wenn der Ausschüttungsbetrag ausreicht, um die in § 2 Abs. 1 Satz 4 definierten Steuerabzugsbeträge einzubehalten. Insoweit verweist § 7 Abs. 2 auf die Regelungen in
- Abs. 1 für ausgeschüttete Erträge im Sinne von § 2 Nr. 1, Ausschüttungen nach § 6, den aaE sowie den Zwischengewinn (ab Rn. 27)
- Abs. 3 und 3a für ausgeschüttete Dividendenerträge (Rn. 169 ff. und 218 ff.)
- Abs. 3 und 3c für ausgeschüttete inländische Immobilienerträge (Rn. 174 und 271 ff.).

162 Reicht der Teilausschüttungsbetrag nicht aus, um die Steuerabzugsbeträge einzubehalten, verweist § 7 Abs. 2 auf die Regelungen in
- Abs. 3 und 3b für thesaurierte Dividendenerträge (Rn. 184 und 257 ff.)
- Abs. 3 und 3d für thesaurierte inländische Immobilienerträge (Rn. 185 und 275 ff.)
- Abs. 4 für sonstige thesaurierte Erträge (Rn. 280 ff.).

163 Die in § 2 Abs. 1 Satz 4 definierten **Steuerabzugsbeträge** sind neben der Kapitalertragsteuer auch der Solidaritätszuschlag und die Kirchensteuer, wobei die Kirchensteuer einheitlich mit einem Satz von 9% anzunehmen ist.

164 § 7 Abs. 2 ist in dieser Fassung erstmals auf Erträge anzuwenden, die nach dem 31.12.2011 zufließen.

165–168 (einstweilen frei)

---

[73] BMF-Schr. 18.8.2009 BStBl. 2009 I 931, Tz. 143a.
[74] JStG 2009 8.12.2010 BGBl. 2010 I 1126.

VI. Kapitalertragsteuerabzug auf inländische Erträge i.S.v. § 43 Abs. 1 Satz 1 Nr. 1 und 1a sowie Satz 2 EStG (Abs. 3)

1. Neuregelung durch das OGAW-IV-UmsG

a) Umstellung auf Zahlstellensteuer. § 7 Abs. 3 hat durch das OGAW-IV-UmsG[75] eine umfassende Neugestaltung erhalten. Die für die Direktanlage umgesetzte Zahlstellensteuer für den Einbehalt von Kapitalertragsteuer auf Dividenden inländischer sammel- und streifbandverwahrter Aktien wurde dabei auch für die Anlage in Investmentfonds umgesetzt.

169

aa) Regelungen bei der Direktanlage. Vor Umstellung auf die Zahlstellensteuer wurde der Kapitalertragsteuereinbehalt bei Dividenden und dividendenähnlichen Erträgen durch die ausschüttende Körperschaft vorgenommen und die entsprechende Steuer an das Finanzamt gezahlt. Die Steuerbescheinigung für die bezahlte Kapitalertragsteuer stellte jedoch das inländische Kreditinstitut oder die inländische depotführende Kapitalanlagegesellschaft aus, die die Erträge dem Anleger gutgeschrieben hatte. Der Anleger verwendete diese Steuerbescheinigung, um die von der ausschüttenden Körperschaft abgeführte Kapitalertragsteuer anzurechnen. Dieses Auseinanderfallen von Kapitalertragsteuerzahlung und Ausstellung der Steuerbescheinigung ermöglichte missbräuchliche Steuergestaltungen, insbesondere bei Leerverkäufen von Aktien über den Dividendenstichtag (sog. Cum-/Ex-Transaktionen). Bei diesen Gestaltungen wurde die Steueranrechnung mehrfach vorgenommen, obwohl die Kapitalertragsteuer nur einmal abgeführt worden war. Dies führte zu nicht mehr tolerierbaren Steuerausfällen und zur Umstellung des Kapitalertragsteuerverfahrens für Dividenden und dividendenähnliche Erträge. Eine Steuerbescheinigung darf nun nur noch von dem Institut ausgestellt werden, das die Kapitalertragsteuer einbehalten und an das Finanzamt abgeführt hat.

170

Bei der Direktanlage wurde die Abzugsverpflichtung für Dividenden von sammel- und streifbandverwahrter Aktien daher von der ausschüttenden Körperschaft auf die depotführenden Institute verlagert.[76] Hierfür wurde in § 43 Abs. 1 Satz 1 EStG eine neue Nummer 1a eingefügt, die die Kapitalerträge aus Aktien und (ab 1.1.2013) Genussscheinen im Sinne von § 20 Absatz 1 Nr. 1 erfasst, soweit diese im Inland in Sammelverwahrung oder Streifbandverwahrung genommen wurden. Für ausländische Aktien wurde in § 43 Abs. 1 Satz 1 Nr. 6 ein Verweis auf Nr. 1a ergänzt, so dass die Regelungen auch für ausländische streifband- und sammelverwahrte Aktien gelten. Bei den übrigen Dividendenausschüttungen (also Ausschüttungen von GmbHs oder AGs, deren Anteile nicht sammelverwahrt sind) kommt es nicht zu einem Auseinanderfallen von Steuerabzug und Ausstellen der Kapitalertragsteuerbescheinigung, so dass es für diese Dividendenerträge bei der Abzugsverpflichtung der ausschüttenden Körperschaft bleiben konnte.

bb) Regelungen bei der Investmentanlage. Da die missbräuchlichen Gestaltungen auch bei Veräußerungen von Anteilen an Investmentfonds möglich sind, wenn diese um den Tag des Ausschüttungsbeschlusses oder des Geschäftsjahresendes bei thesaurierenden Fonds erfolgten, war eine der Direktanlage entsprechende Regelung auch im Investmentsteuerrecht notwendig. Durch den Verweis des § 7 auf die Regelungen des Kapitalertragsteuerabzugs des Einkommensteuergesetzes sind die Regelungen der Zahl-

171

---

75 OGAW-IV-UmsG 22.6.2011 BGBl. 2011 I 1120.
76 BTDrucks. 17/4510 Seite 90.

stellensteuer in §§ 43 ff. EStG grundsätzlich entsprechend auch bei der Fondsanlage anwendbar. Um ggf. erforderliche Ausgleichszahlungen zwischen Veräußerer und Erwerber des Fondsanteils in das System der Zahlstellensteuer einzubinden, war jedoch die Aufnahme von Sonderregelung zur Behandlung dieser Kompensationszahlungen notwendig.

172 Werden Veräußerungen von Investmentanteilen um den Ausschüttungstag oder das Geschäftsjahresende des Fonds getätigt, erwirbt der Erwerber den Anteil mit dem Recht auf den Ausschüttungs- oder Thesaurierungsbetrag, während die tatsächliche Ausschüttung oder Thesaurierung noch dem Veräußerer zufließt. Er hat dem Erwerber daher einen entsprechenden Ausgleich zu leisten, wobei bei Ausschüttung der Ausschüttungsbruttobetrag (i.E. ohne Abzug des Steuerabzugsbetrags) und bei Thesaurierung der Steuerabzugsbetrag auszugleichen ist. Diese Ausgleichszahlung – als **Kompensationszahlung** bezeichnet – unterliegt nach den neu eingefügten Absätzen 1a und 1b von § 2 den gleichen Regelungen wie die originären Ausschüttungen/Thesaurierungen. Auf Grund der Anordnung in § 2 Abs. 1a Satz 5 und Abs. 1b Satz 5 hat die auszahlende Stelle die Kompensationszahlung vom Veräußerer einzuziehen. Das Steuerabzugsverfahren wird sodann in § 7 geregelt.

173 Eine weitere Gestaltung zur missbräuchlichen Reduzierung der Kapitalertragsteuer wurde durch **Leerrückgaben von Anteilen** um den Tag erreicht, an dem der Nettoinventarwert des Anteils abzüglich der Steuerabzugsbeträge ausgewiesen wir. Durch die Leerrückgabe von Anteilen, die der Anleger tatsächlich nicht im Bestand hatte, wurde erreicht, dass weniger Anteile als ausgegeben erschienen als tatsächlich im Umlauf waren. Dadurch wurde der Kapitalertragsteuerbetrag, den der Investmentfonds aus dem Fonds entnahm, auf eine zu geringe Anteilszahl berechnet und daher reduziert. § 2 Abs. 1c macht nun deutlich, dass die Investmentgesellschaft zusammen mit der Verwahrstelle dafür Sorge zu tragen hat, dass eine Anteilsrückgabe nur möglich ist wenn sichergestellt ist, dass sich die Anteile im Bestand des Anlegers befinden, der das Rückgaberecht ausübt. Dadurch ist die Verwahrstelle in der Lage immer die korrekte Zahl der im Umlauf befindlichen Anteile zu ermitteln, die sie dann dem Investmentfonds für die Berechnung des Kapitalertragsteuerbetrags nach § 7 Abs. 3 Satz 4 übermittelt.

174 **b) Sonderregelung für Einkünfte aus Vermietung und Verpachtung.** Bereits mit dem JStG 2010[77] wurde die Kapitalertragsteuerpflicht für **ausgeschüttete Erträge aus Vermietung und Verpachtung von im Inland belegenen Grundstücken und grundstücksgleichen Rechten und auf die ausgeschütteten Gewinne aus privaten Veräußerungsgeschäften mit im Inland belegenen Grundstücken und grundstücksgleichen Rechten** eingeführt. Da der Abzug zunächst durch die Investmentgesellschaft erfolgen sollte, wurde die Abzugsverpflichtung in Abs. 3 geregelt. Diese Systematik wurde auch nach Einführung der Zahlstellensteuer beibehalten, so dass in § 7 Abs. 3 nunmehr neben dem Kapitalertragsteuerabzug für Dividenden auch der für die Erträge aus inländischen Immobilieneinkünften behandelt wird (vgl. hierzu auch die Ausnahmeregel in § 7 Abs. 1 Nr. 1 Rn. 44).

175 **c) Systematik und Regelungsgegenstand.** Systematisch wurde die Zahlstellensteuer in § 7 Abs. 3, 3a, 3b, 3c und 3d geregelt. **§ 7 Abs. 3 bestimmt die Grundsystematik:**

---

[77] JStG 2010 8.12.2010 BGBl. I 2010 1768.

Danach ist zwischen
- **Dividendenerträgen (Nr. 1)** und
- **Erträgen aus Vermietung und Verpachtung sowie Grundstücksveräußerungsgewinnen (Nr. 2)**

zu unterscheiden.

Innerhalb der Nummern 1 und 2 wird dann unterschieden, ob die jeweiligen Erträge 176 durch Ausschüttung (Buchstabe a) oder durch Thesaurierung (Buchstabe b) zufließen. Dabei verweist
- Nr. 1 Buchstabe a für **ausgeschüttete Dividendenerträge** auf die Regelung in Abs. 3a
- Nr. 1 Buchstabe b für **ausschüttungsgleiche Dividendenerträge** auf die Regelung in Absatz 3b
- Nr. 2 Buchstabe a für **ausgeschüttete Erträge aus Vermietung und Verpachtung und Grundstücksveräußerungsgewinne** inländischer Grundstücke auf die Regelung in Abs. 3c
- Nr. 2 Buchstabe b für **ausschüttungsgleiche Erträge aus Vermietung und Verpachtung und Grundstücksveräußerungsgewinne** inländischer Grundstücke auf die Regelung in Abs. 3d

Die Absätze 3a, 3b, 3c und 3d ergänzen diese Systematik durch die Bestimmung des 177 **jeweils Entrichtungspflichtigen sowie die Verfahrensregelungen** zum Kapitalertragsteuerabzug.
- Absatz 3a für **ausgeschüttete Dividendenerträge**
- Absatz 3b für **ausschüttungsgleiche Dividendenerträge**
- Absatz 3c für **ausgeschüttete Erträge aus Vermietung und Verpachtung und Grundstücksveräußerungsgewinne** inländischer Grundstücke
- Absatz 3d für **ausschüttungsgleiche Erträge aus Vermietung und Verpachtung und Grundstücksveräußerungsgewinne inländischer Grundstücke**

Tabellarisch stellt sich die Systematik wie folgt dar: 178

Ertrag	Zufluss	Grundregel	Entrichtungspflichtiger und Verfahren
Dividenden	Ausschüttung	Abs. 3 Nr. 1a	Absatz 3a
	Thesaurierung	Abs. 3 Nr. 1b	Absatz 3b
Vermietung und Verpachtung und Grundstücksveräußerungsgewinne	Ausschüttung	Abs. 3 Nr. 2a	Absatz 3c
	Thesaurierung	Abs. 3 Nr. 2b	Absatz 3d

d) Ausgeschüttete Dividendenerträge (Abs. 3 Nr. 1a). Nach § 7 Abs. 3 Nr. 1a wird der Kapitalertragsteuereinbehalt bei ausgeschütteten Erträgen i.S.v. § 43 Abs. 1 Satz 1 Nr. 1 und 1a sowie Satz 2 EStG erhoben.

§ 43 Abs. 1 Satz 1 Nr. 1 und Satz 2 EStG erfasst 179
- Dividendenerträge und dividendenähnliche Erträge i.S. von § 20 Abs. 1 Nr. 1 EStG,
- Bezüge aus der Auflösung von Körperschaften und Personenvereinigungen, soweit sie nicht in der Rückzahlung von Nennkapital bestehen (§ 20 Abs. 1 Nr. 2 EStG),

- Gewinne aus der Veräußerung von Dividendenscheinen durch den Inhaber des Stammrechts, wenn die dazugehörigen Aktien nicht mit veräußert werden (§ 20 Abs. 2 Nr. 2a EStG) oder
- die Abtretung der Dividendenansprüche, wenn diese Rechte nicht in Dividendenscheinen verbrieft sind (§ 20 Abs. 2 Nr. 2 Satz 2 EStG).

180 Nach **§ 43 Abs. 1 Satz 2 EStG** werden auch Einkünfte und besondere Entgelte erfasst, die neben den unter 43 Abs. 1 Satz 1 Nr. 1 genannten Einnahmen oder an deren Stelle gewährt werden.

181 **§ 43 Abs. 1 Satz 1 Nr. 1a EStG** erfasst
- Kapitalerträge aus girosammel- und streifbandverwahrten Aktien.[78] Der Begriff „Aktien" ist nach dem BMF-Schreiben vom 8.7.2011[79] grundsätzlich eng und in Übereinstimmung mit den Regelungen zu den Verlusttöpfen im Rahmen der Verlustverrechnung nach § 43a Abs. 3 Satz 2 EStG auszulegen. Danach gelten ADRs (American Depositary Receipts), GDRs (Global Depositary Receipts) und IDRs (International Depositary Receipts) sowie Anteile an REIT-Aktiengesellschaften als „Aktien". Nach dieser Auslegung sind hiervon nicht eigenkapital- oder rentenähnliche Genussrechte, Wandelanleihen und Gewinnobligationen erfasst. Da diese Wertpapiere jedoch auch sammelverwahrt werden können, wurde mit dem AmtshilfeRLUmsG[80] § 43 Abs. 1 Satz 1 Nr. 1a EStG um Kapitalerträge aus sammel- oder streifbandverwahrten eigenkapitalähnlichen Genussscheinen ergänzt. Diese Ergänzung ist nach § 52a Abs. 16c EStG erstmals auf Erträge anzuwenden, die nach dem 31.12.2012 zufließen.
- Auffallend ist, dass § 7 Abs. 3 Nr. 1 nur auf § 43 Abs. 1 Satz 1 Nr. 1 und 1a Bezug nimmt und nicht auf die sammel- und streifbandverwahrten rentenähnlichen Genussrechte und Teilschuldverschreibungen. Diese hat der Gesetzgeber in § 43 Abs. 1 Satz 1 **Nr. 2** Satz 4 EStG ergänzten, in dem er hierfür die entsprechende Anwendung der Regelungen für Nr. 1a anordnete, so dass bei der Direktanlage die Zahlstellenregelungen greifen. Damit unterfallen diese Wertpapiere bei der indirekten Anlage den Regelungen für allgemeine Ausschüttungen nach § 7 Abs. 1 und nicht der Sonderregelung nach § 7 Abs. 3.

182 Soweit der Fonds Erträge erhält, die **Leistungen aus dem Einlagenkonto i.S. v. § 27 KStG** betreffen (für EU und EWR Kapitalgesellschaften vgl. § 27 Abs. 8 KStG), müssen diese zunächst gegen den Beteiligungsansatz gebucht werden und sind daher keine steuerpflichtigen Erträge. Übersteigen die Beträge den Beteiligungsansatz sind sie nach Ansicht der Finanzverwaltung wie ein Gewinn aus der teilweisen Veräußerung der Beteiligung zu behandeln.[81] Ausführlich hierzu Berger/Steck/Lübbehüsen/*Ramackers* § 7 Rn. 88.

183 Soweit ein Dachfonds Erträge aus anderen Investmentvermögen erhält, sind diese nicht einheitlich als Dividendenerträge zu qualifizieren, auch wenn die Fondserträge nach § 2 Abs. 1 Satz 1 zu den Kapitaleinkünfte i.S.v. § 20 Abs. 1 Nr. 1 EStG gehören. Vielmehr sind die Beträge der Veröffentlichung nach § 5 entsprechend aufzuteilen.

---

78 Begründung zum Gesetzesentwurf zum OGAW-IV-UmsG, Drucksache 17/4510.
79 BMF-Schr. 8.7.2011 BB **2011** 1814.
80 Amtshilferichtlinien-Umsetzungsgesetz 26.6.2013 BGBl. 2013 I 1809.
81 BMF-Schr. 18.8.2009 BStBl. 2009 I 931, Rn. 94.

e) Ausschüttungsgleiche Dividendenerträge (Abs. 3 Nr. 1b). Nach § 7 Abs. 3 Nr. 1b **184**
ist ein Kapitalertragsteuerabzug von den ausschüttungsgleichen Erträgen nach § 43 Abs. 1 Satz 1 Nr. 1 und 1a EStG vorzunehmen.

Bezüglich der erfassten Erträge vgl. § 7 Abs. 3 Nr. 1a (Rn. 184).

f) Ausgeschüttete und thesaurierte Immobilienerträge aus inländischen Grund- **185**
stücken (Abs. 3 Nr. 2). Vor Geltung des JStG 2010[82] erfolgte der Kapitalertragsteuerabzug bei inländischen Immobilienerträgen bei Thesaurierung durch die Investmentgesellschaft und bei Ausschüttung durch die auszahlende Stelle. Das JStG 2010 verlagerte den Kapitalertragsteuerabzug auch für **ausgeschüttete Erträge aus Vermietung und Verpachtung von im Inland belegenen Grundstücken und grundstücksgleichen Rechten** und auf die **ausgeschütteten Gewinne aus privaten Veräußerungsgeschäften mit im Inland belegenen Grundstücken und grundstücksgleichen Rechten** auf die inländische Investmentgesellschaft. Da diese keine Informationen über mögliche Steuerbefreiungen der Anleger hat, sollte eine Befreiung vom Kapitalertragsteuereinbehalt nur im Wege der Erstattung möglich sein. Zudem verschärfte das JStG 2010 die Regel für die genannten Grundstückserträge für ausländische Anleger. Diese wurden nämlich ab 1.1.2011 erstmals mit diesen Immobilienerträgen beschränkt einkommensteuerpflichtig.[83] Durch diese Gesetzesänderung sollte **insbesondere** erreicht werden, dass bei beschränkt steuerpflichtigen Anlegern die Steuererhebung sichergestellt werden kann[84] (vgl. § 7 Abs. 3 in der Fassung bis 31.12.2011 Rn. 211 ff.).

Noch ehe diese Änderung wirksam wurde, wurde durch das OGAW-IV-UmsG die **186**
Zahlstellensteuer eingeführt und die Abzugsverpflichtung für ausgeschüttete und ausschüttungsgleiche Erträge aus **Vermietung und Verpachtung von im Inland belegenen Grundstücken und grundstücksgleichen Rechten und Gewinnen aus privaten Veräußerungsgeschäften mit im Inland belegenen Grundstücken und grundstücksgleichen Rechten** auf die auszahlende Stelle verlagert. Gesetzestechnisch wurden die Erträge weiterhin in Abs. 3, 3c und 3d geregelt, was konsequent die Ausnahmeregelung in Abs. 1 Nr. 1a bedingt (§ 7 Abs. 1 Nr. 1 Rn. 44).

Hinsichtlich der Bestimmung des Entrichtungsplichtigen und der für den Kapital- **187**
tragsteuerabzug geltenden Vorschriften verweist Abs. 3 Nr. 2a für ausgeschüttete Erträge auf Absatz 3c und für ausschüttungsgleiche Erträge auf Absatz 3d.

g) Entrichtungsverpflichteter und Verfahren der Bruttoauszahlung
(Abs. 3 Sätze 2 bis 4)

aa) Entrichtungspflichtiger. Nach § 7 Abs. 3 Satz 2 obliegt der Steuerabzug dem **188**
Entrichtungspflichtigen. Damit führt das Investmentsteuerrecht einen eigenständigen Begriff für den zum Steuerabzug Verantwortlichen ein. Durch die Verwendung des Begriffs des Entrichtungspflichtigen soll deutlich gemacht werden, dass dieser nicht notwendig mit der Definition der auszahlenden Stelle gemäß § 44 EStG übereinstimmen muss, die bei der Direktanlage für den Steuerabzug verantwortlich ist. Dies ist erforderlich, weil die Regelung für alle inländischen Investmentvermögen gilt, unabhängig davon wo die Anteile verwahrt werden (im Inland oder im Ausland) und wer die Anteile verwahrt (ein Finanzinstitut oder der Anleger).[85] Das inländische Finanzinstitut, das die

---
82 BGBl. I 2010, 1768.
83 *Bindl/Schrade* Kapitalertragsteuer bei inländischen offenen Immobilienfonds BB **2010** 2855.
84 Begründung zum Gesetzesentwurf der Bundesregierung Drucksache 17/2249.
85 BTDrucks. 17/4510 Seite 94.

Erträge dem Anleger oder Aktionär der InvAG auszahlt oder gutschreibt oder die Erträge an eine ausländische Stelle auszahlt, ist immer die auszahlende Stelle, ob es den Anteil oder die Aktie verwahrt oder nicht. Wird kein inländisches Institut von dem Anleger oder Aktionär eingeschaltet, ist die inländische Verwahrstelle, die die Gewinnanteile nach § 74 Abs. 2 Nr. 3 KAGB auszahlt, auszahlende Stelle. Die den Anteil verwahrende Wertpapiersammelbank ist nur auszahlende Stelle, wenn sie die Erträge an eine ausländische Stelle auszahlt.[86] Die Bestimmung des Entrichtungspflichtigen wird in den jeweiligen Absätzen für die dort definierten Erträge speziell geregelt (Rn. 218 ff., 257 ff., 271 ff., 274 ff.).

189 **bb) Auszahlung des Bruttobetrags an den Entrichtungspflichtigen.** § 7 Abs. 3 Satz 3 regelt das Verfahren, nach dem der Entrichtungspflichtige die Ausschüttungsbeträge einschließlich des Steuerabzugsbetrags vom Investmentfonds erhält. Anders als bei der Direktanlage, bei der Ausschüttungen an die von den ausschüttenden Körperschaften bestimmten Auszahlungsbanken fließen, die diese dann über Clearstream an die auszahlenden Stellen leiten, hat der Entrichtungspflichtige bei Investmentfonds die auszuschüttenden Beträge einschließlich der Steuerabzugsbeträge nach Abs. 3 Satz 3 bei der „Verwahrstelle" einzuziehen. Der Verwahrstelle wiederum hat der Investmentfonds die erforderlichen Beträge zur Verfügung zu stellen (Satz 4).

190 **Verwahrstelle** ist das nach Abschnitt 3 KAGB definierte Kredit- und Finanzdienstleistungsunternehmen, das einerseits die Wertpapiere des Fonds in einem gesperrten Depot hält (§ 72 KAGB) und andererseits die Anteile oder Aktien des inländischen Fonds ausgibt und zurücknimmt (§ 71 KAGB).

191 Das Verfahren sieht vor, dass der Investmentfonds zunächst den Kapitalertragsteuererbetrag für die im Fonds erzielten Erträge abstrakt ermittelt, ohne dass insoweit auf steuerliche Besonderheiten der einzelnen Anleger (wie Abstandnahmen vom Steuerabzug nach § 44a EStG, Unterscheidung zwischen betrieblichen oder privaten Anlegern oder Steuerbefreiungen für beschränkt Steuerpflichtige) Rücksicht genommen wird. Der Investmentfonds stellt hierbei abstrakt auf die Kapitalertragsteuerpflicht für Privatanleger ab (Rn. 259). Die Anzahl der Investmentanteile berechnet die Verwahrstelle für den Fonds, da diese die Ausgabe und Rücknahme des Fonds verwaltet. Nach § 2 Abs. 1c hat die „Investmentgesellschaft in Abstimmung mit der Verwahrstelle" sicher zu stellen, dass das Ergebnis nicht durch Anteilsrückgaben von Anlegern gemindert wird, die die Anteile tatsächlich nicht im Bestand haben, also lediglich „leer" zurückgeben (Verhinderung von Leerrückgaben um den Stichtag). Dadurch wird verhindert, dass der Kapitalertragsteuerbetrag, den die Investmentgesellschaft aus dem Fonds entnimmt, auf einer falschen Anzahl von Anteilen berechnet wird und damit zu gering ausfällt. Wie die Verwahrstelle sicherstellt, dass die Anleger, die das Rückgaberecht ausüben, die Anteile tatsächlich im Bestand halten, regelt das Gesetz nicht. In der Begründung wird lediglich vorgeschlagen, dass dies z.B. dadurch erfolgen kann, dass Rücknahmen in zeitlicher Nähe zum Stichtag nicht zugelassen werden, dass Sicherheiten vom Rückgabepreis für etwaige Kompensationsleistungen einbehalten werden oder dass Nachweise angefordert werden, dass der Anleger die Anteile tatsächlich im Besitz hat.[87]

192 Der Entrichtungspflichtige fordert also zunächst den abstrakt ermittelten Bruttobetrag ein und hat dann die persönlichen Besteuerungsmerkmale des Anlegers (z.B. Steuerbefreiung, Freistellungsauftrag, Verlustvortrag) zu berücksichtigen und die für diesen ermittelte Kapitalertragsteuer an das Finanzamt abzuführen. Falls der Kapitalertragsteu-

---

86 BTDrucks. 17/4510 Seite 94.
87 BTDrucks. 17/5417 Seite 17.

erabzug auf Grund der persönlichen Merkmale des Anlegers geringer ausfällt als der vom Fond ermittelte Betrag, zahlt der Entrichtungspflichtige diesen Betrag zusätzlich an den Anleger aus (§ 7 Abs. 3a Rn. 220).

cc) Kapitalertragsteuer bei Erwerben um den Ausschüttungsstichtag (§ 2 Abs. 1a und 1b). Der Entrichtungspflichtige hat grundsätzlich von der Verwahrstelle den Bruttobetrag, also den Ausschüttungsbetrag einschließlich der Steuerabzugsbeträge für die Anleger, für die er die Auszahlung vorzunehmen hat, von der Verwahrstelle einzufordern. Der Betrag reduziert sich jedoch um den Kompensationsbetrag im Falle von Verkäufen kurz vor dem Ausschüttungstag (§ 2 Rn. 51 sowie § 7 Rn. 171 ff.). Die Kompensationszahlung einschließlich des Steuerabzugsbetrags, hat der Entrichtungspflichtige vielmehr vom Veräußerer der Anteile einzufordern (§ 7 Abs. 3 Satz 3, 2. HS): 193

Erwirbt ein Anleger einen Anteil an einem ausschüttenden Investmentfonds nämlich kurz vor dem Ausschüttungstermin und erhält er den Anteil erst nach dem Ausschüttungstermin, hat er grundsätzlich einen Anspruch auf den Ausschüttungsbetrag, weil er den Anteil mit Recht zum Bezug der Ausschüttung erworben hat, ihn jedoch ohne Ausschüttungsberechtigung erhalten hat. Die auszahlende Stelle (der Entrichtungspflichtige) nach § 7 Abs. 3a oder 3c hat den Ausschüttungsbetrag vom Veräußerer des Anteils einzuziehen (Rn. 220). 194

Bei thesaurierenden Fonds ist das Verfahren vergleichbar, wenn der Erwerber den Anteil an dem inländischen thesaurierenden Fonds vor Geschäftsjahresende erworben hat, jedoch erst nach Geschäftsjahresende erhält. In diesem Fall gilt dem Erwerber ein Betrag zum Geschäftsjahresende als zugeflossen, der dem ausschüttungsgleichen Ertrag entspricht. Der Entrichtungspflichtige nach § 7 Abs. 3b und 3d hat die Steuerabzugsbeträge und eine etwaige Erhöhung nach Satz 2 vom Veräußerer des Anteils einzuziehen. 195

Insoweit, als der Entrichtungspflichtige die Steuerabzugsbeträge vom Veräußerer einzuziehen hat, mindert sich der Betrag, den die Verwahrstelle dem Entrichtungsverpflichteten zu entrichten hat (§ 7 Abs. 3 Satz 3 2. Hs.). 196

2. Kapitalertragsteuerabzug auf Erträge i.S.v. § 43 Abs. 1 Satz 1 Nr. 1 sowie Satz 2 EStG (Abs. 3 nach der Rechtslage bis zum 31.12.2010). § 7 Abs. 3 regelt in der Rechtslage bis zum 31.12.2010 den Kapitalertragsteuerabzug für Dividenden und dividendenähnliche Erträge. Die Erträge wurden aus der Grundregel des § 7 Abs. 1 ausgenommen und speziell in Abs. 3 geregelt, weil für diese Erträge bis 2008 ein eigener Kapitalertragsteuersatz von 20% galt, sowie die Abzugsverpflichtung den Investmentfonds und nicht die inländischen Zahlstellen traf. Auch nach Einführung der Abgeltungsteuer und damit des einheitlichen Steuersatzes von 25% für Dividenden und dividendenähnlichen Erträge wurde die Gesetzessystematik beibehalten, weil für diese Erträge weiterhin eigenständige Verfahrensregelungen galten. 197

Zur Definition der Erträge i.S.v. § 43 Abs. 1 Satz 1 Nr. 1 sowie Satz 2 EStG Rn. 179. 198

Zur Einbeziehung des Ertragsausgleichs Rn. 115. 199

Hinsichtlich des Abzugsverfahrens verweist § 7 Abs. 3 Satz 2 a.F. auf die Vorschriften des Einkommensteuergesetzes, die für Kapitalerträge i.S.v. § 43 Abs. 1 Satz 1 Nr. 1 und Satz 2 a.F. EStG anzuwenden waren. Danach war das Investmentvermögen gemäß § 44 Abs. 1 Satz 3 a.F. EStG zum Steuerabzug verpflichtet. Der Abzug erfolgte auf den vollen Bruttobetrag, d.h. ohne Abzug ausländischer Quellensteuern (§ 44 Abs. 2 Satz 1 EStG). Der Bruttobetrag wurde jedoch unter Berücksichtigung der im Fond abziehbaren Werbungskosten nach § 3 Abs. 3 sowie der Verlustverrechnung nach § 3 Abs. 3 ermittelt. 200

Für die Entrichtungspflicht und die Verpflichtung zur Abgabe einer Steuererklärung verwies § 7 Abs. 3 Satz 3 a.F. auf Abs. 4 Sätze 4 und 5. Danach war die Investmentgesell- 201 schaft verpflichtet innerhalb eines Monats nach der Entstehung der Kapitalertragsteuer eine Kapitalertragsteuererklärung abzugeben und die entsprechende Steuer abzuführen.

202 § 7 Abs. 3 in der Fassung bis 31.12.2010 ist nach § 21 Abs. 19 Satz 8 letztmals auf Erträge anzuwenden, die einem Fonds zufließen, dessen Geschäftsjahr vor dem 31.12.2010 endet.

203–205 (einstweilen frei)

3. Kapitalertragsteuerabzug auf inländische Erträge i.S.v. § 43 Abs. 1 Satz 1 Nr. 1 sowie Satz 2 EStG (Abs. 3 Nr. 1 a.F. nach der Rechtslage vom 1.1.2011 bis 31.12.2011)

206 **a) Allgemeines und Anwendungszeitraum.** Vor Geltung des JStG 2010[88] enthielt § 7 Abs. 3 lediglich Regelungen für ausgeschüttete und thesaurierte Dividendenerträge. Mit dem JStG 2010 wurde die Regelung auf Immobilienerträge erweitert, mit der Folge, dass die Dividendenerträge unter Nummer 1 und die Immoblilienerträge unter Nummer 2 gesondert erfasst wurden.

207 **b) Erträge im Sinne von § 43 Abs. 1 Satz 1 Nummer 1 sowie Satz 2 (Abs. 3 Nr. 1).** Vgl. § 7 Abs. 3 Rn. 179 f.

208 **c) Abzugsverfahren.** Hinsichtlich des Abzugsverfahrens verweist § 7 Abs. 3 Satz 2 a.F. auf die entsprechende Anwendbarkeit der Regelungen zum Kapitalertragsteuerabzug bei der Direktanlage. Es musste jedoch nun zwischen dem Verfahren, das für Erträge im Sinne von § 43 Abs. 1 Satz 1 Nr. 1 und Satz 2 EStG anzuwenden ist (Dividendenerträge) und dem Verfahren für Erträge i.S.v. § 43 Abs. 1 Nr. 7 (Immobilienerträge), unterschieden werden.

209 Da die Investmentgesellschaft keine Informationen über mögliche Steuerbefreiungen der Anleger hatte, war eine Befreiung vom Kapitalertragsteuereinbehalt schon beim Steuerabzug grundsätzlich nicht möglich. Eine Abstandnahmemöglichkeit bestand lediglich für Spezialfonds (§ 15 Abs. 1 a.F.). Zuviel einbehaltene Kapitalertragsteuer war nur im Wege der Erstattung, auf Antrag des Anlegers möglich (Verweis auf Abs. 4 Satz 2 a.F. i.V. m. der Nichtanwendbarkeit von § 44a EStG).

210 Die Kapitalertragsteuer war innerhalb eines Monats nach der Entstehung zu entrichten. Die Investmentgesellschaft hatte bis zu diesem Zeitpunkt eine Steuererklärung abzugeben und die Steuer zu entrichten, bzw. ab 1.1.2010 die Erklärung auf elektronischem Weg nach Maßgabe der Steuerdaten-Übermittlungsverordnung zu übermitteln.

4. Kapitalertragsteuerabzug auf Erträge aus Vermietung und Verpachtung u.ä. (Abs. 3 Nr. 2 nach der Rechtslage vom 1.1.2011 bis 31.12.2011)

211 **a) Regelungszusammenhang und Entstehungsgeschichte.** Vor Geltung des JStG 2010[89] erfolgte der Kapitalertragsteuerabzug bei inländischen Immobilienerträgen bei Thesaurierung durch die Investmentgesellschaft und bei Ausschüttung durch die auszahlende Stelle. Das JStG 2010 verlagerte den Kapitalertragsteuerabzug auch für **ausgeschüttete Erträge aus Vermietung und Verpachtung von im Inland belegenen Grundstücken und grundstücksgleichen Rechten** und **auf die ausgeschütteten Ge-**

---

[88] JStG 2010 8.12.2010 BGBl. I 2010 1768.
[89] JStG 2010 8.12.2010 BGBl. I 2010 1768.

winne aus privaten Veräußerungsgeschäften mit im Inland belegenen Grundstücken und grundstücksgleichen Rechten einheitlich auf die inländische Investmentgesellschaft. Nachdem in Absatz 3 bisher bereits die Dividendenerträge geregelt waren, für die die inländische Investmentgesellschaft den Kapitalertragsteuerabzug bei Thesaurierung und Ausschüttung vorzunehmen hatte, erschien es systematisch, den neuen Abzugstatbestand für die Erträge aus Grundstücksgeschäften auch in Abs. 3 zu regeln. Hierfür wurde Absatz 3 umfassend angepasst. Die bisherigen Regelungen für die Dividenden und dividendenähnlichen Erträge wurden in Nr. 1 zusammen gefasst und die Grundstückserträge in Nr. 2 aufgenommen.

Zudem verschärfte das JStG 2010 die Regel für die genannten Grundstückserträge für ausländische Anleger, da diese Anleger mit ihren Einkünften aus inländischen Immobilien ab 1.1.2011 erstmals als beschränkt einkommensteuerpflichtig[90] galten. Durch diese Gesetzesänderung sollte **insbesondere** erreicht werden, dass bei beschränkt steuerpflichtigen Anlegern die Steuererhebung sichergestellt werden kann[91] (vgl. § 7 Abs. 3 in der Fassung vom 1.1.2011 bis 31.12.2011 Rn. 206). 212

Da die Regelungen für den Kapitalertragsteuerabzug jedoch durch das OGAW-IV-UmsG auf die Zahlstellen umgestellt wurden, bestand die Abzugsverpflichtung der Investmentgesellschaft für ausgeschüttete Immobilienerträge lediglich vom 1.1.2011 bis zum 31.12.2011. 213

b) Betroffene Grundstückserträgen. Vgl. § 7 Abs. 3 Rn. 185 214

c) Abzugsverfahren. Hinsichtlich des Abzugsverfahrens verweist § 7 Abs. 3 Satz 2 a.F. auf die entsprechende Anwendbarkeit der Regelungen zum Kapitalertragsteuerabzug bei der Direktanlage. Es musste jedoch nun zwischen den Regelungen, die für Erträge im Sinne von § 43 Abs. 1 Satz 1 Nr. 1 und Satz 2 EStG anzuwenden sind (Dividendenerträge) und denjenigen, die für Erträge i.S.v. § 43 Abs. 1 Nr. 7 anzuwenden sind (Immobilienerträge), unterschieden werden. 215

Da die Investmentgesellschaft keine Informationen über mögliche Steuerbefreiungen der Anleger hat, war eine Befreiung vom Kapitalertragsteuereinbehalt nur im Wege der Erstattung möglich (Verweis auf Abs. 4 Satz 2 i.V.m. der Nichtanwendbarkeit von § 44a EStG) Rn. 304. 216

Die Kapitalertragsteuer war innerhalb eines Monats nach der Entstehung zu entrichten. Die Investmentgesellschaft hatte bis zu diesem Zeitpunkt eine Steuererklärung abzugeben und die Steuer zu entrichten, bzw. ab 1.1.2010 die Erklärung auf elektronischem Weg nach Maßgabe der Steuerdaten-Übermittlungsverordnung zu übermitteln. 217

V. Entrichtungspflichtiger bei ausgeschütteten Erträgen nach § 43 Abs. 1 Satz 1 Nr. 1 und 1a und Satz 2 (Abs. 3a)

1. Regelungszusammenhang. § 7 Abs. 3a bestimmt den Entrichtungspflichtigen für Erträge nach § 43 Abs. 1 Satz 1 Nr. 1 und 1a sowie Satz 2 EStG. Wie bisher wird von den Dividenden und dividendenähnlichen Erträgen ein Kapitalertragsteuerabzug vorgenommen. Seit Einführung der Zahlstellensteuer durch das OGAW-IV-UmsG[92] wird der Abzug für Kapitalerträge, die dem Anleger ab dem 1.1.2012 zufließen, jedoch nicht mehr durch die inländische Investmentgesellschaft sondern wie bei der Direktanlage für sammel- 218

---
90 *Bindl/Schrade* Kapitalertragsteuer bei inländischen offenen Immobilienfonds BB **2010** 2855.
91 Begründung zum Gesetzesentwurf der Bundesregierung Drucksache 17/2249.
92 OGAW-IV-UmsG 22.6.2011 BGBl. 2011 I 1126.

und streifbandverwahrten Aktien durch die „auszahlenden Stellen" erhoben und abgeführt. Der Kreis der auszahlenden Stelle ist jedoch umfangreicher als bei der Direktanlage, weil das Erhebungssystem im Investmensteuerrecht unabhängig davon gilt, ob der Anteil im In- oder Ausland verwahrt wird und durch wen (ein Finanz- oder Kreditinstitut, die Verwahrstelle des Fonds oder den Anleger selbst) der Anteil oder die Aktien der Inv-AG verwahrt werden.[93] Nach § 43 Satz 2 AO können die Steuergesetze bestimmen, ob ein Dritter die Steuer für Rechnung des Steuerschuldners zu entrichten hat. Steuerschuldner der Erträge aus dem Investmentfonds ist grundsätzlich der Anleger, dem die Erträge zufließen oder als zugeflossen gelten. § 7 Abs. 3a bestimmt in Satz 1 die auszahlende Stelle, die den Steuerbetrag für den Gläubiger zu entrichten hat.

219 Anders als die Investmentgesellschaft, die ihre Anleger in der Regel nicht kennt (mit Ausnahme bei Spezialfonds (vgl. § 15)) sind die Finanzinstitute über die individuellen steuerlichen Verhältnisse des Investors, für den sie das Depot führt, informiert. Dadurch können bereits im Rahmen der Abzugsverpflichtung Abstandnahmen vom Kapitalertragsteuerabzug oder eine eventuelle Kirchensteuerpflicht berücksichtigt werden.

220 Das Inländische Investmentvermögen hat den von ihm ermittelten Bruttobetrag einschließlich der Steuerabzugsbeträge (§ 2 Abs. 1 Satz 4) seiner Verwahrstelle zur Verfügung zu stellen (vgl. auch Rn. 189). Die jeweilige Depotbank des Anlegers ruft als Entrichtungspflichtiger bei dieser Verwahrstelle den auf den inländischen Dividendenanteil des Anlegers entfallenden Ausschüttungsbetrag brutto (also einschließlich der Steuerabzugsbeträge im Sinne des § 2 Abs. 1 Satz 4) ab (Rn. 189). Im Rahmen der Ermittlung des Kapitalertragsteuerabzugs berücksichtigt der Entrichtungspflichtige dann die persönlichen Umstände des Investors. Sofern der tatsächliche Erhebungsbetrag geringer ist als der von der Verwahrstelle eingezogene Bruttobetrag (z.B. wegen bestehender Verlustvorträge, Steuerbefreiungen oder fehlender Kirchensteuerpflicht des Anlegers), zahlt der Entrichtungspflichtige dem Anleger den Differenzbetrag zusätzlich aus (Rn. 220).

221 Ist die Verwahrstelle selbst Entrichtungspflichtiger (Rn. 238 ff.), so nimmt diese die Auszahlung auf die Anteile vor.

2. Abzugsverfahren

222 **a) Grundsätze.** Hinsichtlich des Verfahrens zum Abzug von Kapitalertragsteuer ist zunächst zwischen der Fondseingangsseite und der Fondsausgangsseite zu unterscheiden. Auf der Fondseingangsseite sind die Erträge betroffen, die der Fonds mit den von ihm gehaltenen Wirtschaftsgütern (z.B. Aktien, Rentenpapiere, Metalls u.s.w.) erzielt. Diese Erträge unterliegen im Inland der deutschen Kapitalertragsteuer nach den Regeln der §§ 43 ff. EStG. Im Ausland kann es ebenfalls zu einem Quellensteuerabzug, d.h. zu einer Belastung mit ausländischer Steuer kommen.

223 Die von § 7 Abs. 3a geregelten Dividenden und dividendenähnlichen Erträge werden auf der Fondseingangsseite in der Regel jedoch voll vom Kapitalertragsteuereinbehalt entlastet. Da der Investmentfonds in der Rechtsform eines Sondervermögens oder einer Investmentaktiengesellschaft nach § 11 Abs. 1 Satz 2 von der Körperschaftsteuer und der Gewerbesteuer befreit ist, ist er auch von der Kapitalertragsteuer entlastet (§ 11 Abs. 2 Satz 1). Der auszahlenden Stelle, die dem Fonds die Dividenden gutschreibt, wird in der Regel die spezielle Nichtveranlagungsbescheinigung nach § 11 Abs. 2 Sätze 1 und 2 vorliegen, so dass es nach § 44a Abs. 10 EStG unmittelbar zur Bruttoauszahlung an den

---

[93] BTDrucks. 17/4510 Seite 94.

Fonds kommt. Falls der Zahlstelle die Bescheinigung nicht vorliegt, kann sich der Fonds die Erträge nach § 11 Abs. 2 Satz 2 2. Halbsatz an die Verwahrstelle erstatten lassen.

Von dieser Kapitalertragsteuerentlastung auf der Fondseingangsseite ist die Kapitalertragsteuerbelastung der Fondserträge auf der Fondsausgangsseite zu unterscheiden. Dem Grundgedanken der Fondsbesteuerung entsprechend werden die Fondserträge nämlich nicht auf Fondsebene sondern auf Anlegerebene besteuert. Daher unterliegen die Erträge, die dem Anleger zufließen, dem Kapitalertragsteuerabzug, wobei dem Transparenzprinzip entsprechend, auf die einzelnen im Fonds realisierten Erträge abgestellt wird. **224**

b) Ergänzende Anwendung der Regelungen für den Kapitalertragsteuerabzug bei sammel- und streifbandverwahrten Aktien. Für die in § 7 Abs. 3a geregelten Dividenden und dividendenähnlichen Erträge verweist Satz 2 hinsichtlich des Verfahrens ergänzend auf die Regelungen für den Kapitalertragsteuerabzug bei Erträgen nach § 43 Abs. 1 Satz 1 Nr. 1a EStG. Danach sind insbesondere die folgenden Vorschriften ergänzend heranzuziehen: **225**

§ 43 Abs. 1 Satz 3 EStG mit dem vollen Steuerabzug ungeachtet des Teileinkünfteverfahrens nach **§ 3 Nr. 40 EStG** und der Beteiligungsertragsbefreiung nach § 8b Abs. 1 KStG. **226**

§ 43a Abs. 2 Satz 1 der den Abzug vom vollen Bruttobetrag der Einkünfte anordnet. Als Bruttobetrag ist der vom Fonds ermittelte Ertrag unter Berücksichtigung des auf Fondsebene vorgenommenen Werbungskostenabzugs sowie der im Fonds erfolgten Verlustverrechnung nach § 3 Abs. 3 und 4 zu verstehen. **227**

§ 44 EStG mit den Regeln über die Steuerschuldnerschaft, den Entstehungszeitpunkt, die Zuflussfiktion bei Ausschüttungsbeschluss und der Haftung des Entrichtungsverpflichteten für die einzubehaltende und abzuführende Kapitalertragsteuer. **228**

§ 44a Abs. 10 EStG hinsichtlich der Abstandnahme vom Kapitalertragsteuerabzug bei Vorliegen der entsprechenden NV-Bescheinigungen. **229**

§ 45a EStG für die Vorschriften über die Anmeldung und Abführung der Kapitalertragsteuer und die Ausstellung von Steuerbescheinigungen. **230**

(einstweilen frei) **231–236**

3. Entrichtungspflichtiger bei Inlandszahlungen (Abs. 3a Nr. 1a) aa) oder 1b) aa)). Der Entrichtungspflichtige wird in § 7 Abs. 3a Satz 1 definiert. Dabei wird grundsätzlich unterschieden, ob Entrichtungspflichtiger ein inländisches Kredit- oder Finanzdienstleistungsinstitut, ein Wertpapierhandelsunternehmen, eine Wertpapierhandelsbank (Nr. 1) oder eine Wertpapiersammelbank (Nr. 2) ist. **237**

a) Rechtsform des Entrichtungspflichtigen. Der Entrichtungspflichtige wird in Nr. 1 einerseits durch die Rechtsform definiert, in der er errichtet ist und andererseits durch die Art und Weise, in der er für die Anleger die Anteilsverwaltung und/oder Ertragsgutschrift leistet. In Nr. 1 werden als Entrichtungspflichtiger definiert: **238**

Inländische Kredit- oder Finanzdienstleistungsinstitute gemäß § 43 Abs. 1 Satz 1 Nr. 7b EStG. Das sind grundsätzlich die im § 1 KWG definierten Kredit- und Finanzdienstleistungsinstitute, sowie die zusätzlich enumerativ aufgezählten Institute (KfW, Bausparkassen, Versicherungsunternehmen mit Bankumsätzen, Deutsche Postbank AG, Deutsche Bundesbank bei Geschäften mit jedermann, inländische Zweigstellen eines ausländischen Kredit- oder Finanzdienstleistungsinstituts, nicht dagegen ausländische Zweigstellen eines inländischen Instituts). **239**

Inländische Wertpapierhandelsunternehmen sind nach der Definition in § 1 Abs. 3d Satz 4 KWG Institute (d.h. Kredit- und Finanzdienstleistungsinstitute), die keine **240**

CRR-Institute (§ 1 Abs. 3d KWG) sind und lediglich bestimmte Bankgeschäfte (Finanzkommissionsgeschäfte gemäß § 1 Abs. 1 Nr. 4 KWG oder Emissionsgeschäfte gemäß § 1 Abs. 1 Nr. 10 KWG) oder Finanzdienstleistungen nach § 1 Abs. 1a Nr. 1 bis 4 KWG (Anlagevermittlung, Anlageberatung, Betrieb eines multilateralen Handelssystems, Plazierungsgeschäft, Abschlussvermittlung, Finanzportfoliovermittlung sowie der Kauf oder Verkauf von Finanzinstrumenten) vornehmen dürfen.

241 **Inländische Wertpapierhandelsbank** sind nach der Definition in § 1 Abs. 3d Satz 5 KWG Kreditinstitute, die keine CRR-Institute sind und lediglich bestimmte Bankgeschäfte (Finanzkommissionsgeschäfte gemäß § 1 Abs. 1 Nr. 4 KWG oder Emissionsgeschäfte gemäß § 1 Abs. 1 Nr. 10 KWG) oder Finanzdienstleistungen nach § 1 Abs. 1a Nr. 1 bis 4 KWG (Anlagevermittlung, Anlageberatung, Betrieb eines multilateralen Handelssystems, Plazierungsgeschäft, Abschlussvermittlung, Finanzportfoliovermittlung sowie der Kauf oder Verkauf von Finanzinstrumenten) vornehmen dürfen.

242 Nach **Buchstabe a)** muss das genannte Institut die Anteile an dem Investmentfonds **verwahren oder verwalten und**
  aa) an den Anleger auszahlen oder gutschreiben oder
  bb) an eine ausländische Stelle auszahlen.

243 Nach **Buchstabe b)** werden die Anteile an dem Investmentfonds von dem Institut **nicht verwahrt oder verwaltet**, sondern die Erträge werden lediglich
  aa) dem Anleger ausgezahlt oder gutgeschrieben oder
  bb) an eine ausländische Stelle ausgezahlt.

244 **b) Verwahren und Verwalten.** Die Institute müssen die Investmentpapiere nach Buchstabe a) **verwahren oder verwalten**. Dabei ist unter Verwahrung nicht nur die tatsächliche Aufbewahrung nach § 688 BGB zu verstehen. Vielmehr sind die Sonderregelungen nach dem Depotgesetz zu beachten, wonach Wertpapiere einzeln also in Sonderverwahrung (= Streifbandverwahrung) nach § 2 DepotG oder nach § 5 DepotG in Sammelverwahrung gehalten werden können.

245 Grundsätzlich kann der Verwahrer die Wertpapiere auch einem anderen Verwahrer zur Verwahrung anvertrauen (Drittverwahrer). Der ursprüngliche Verwahrer wird dann als Zwischenverwahrer bezeichnet. Er besitzt die Wertpapiere nicht mehr physisch sondern hat lediglich einen entsprechenden Sammelbestandanteil (Miteigentumsanteil) an dem beim Drittverwahrer hinterlegten Papier (§ 5 Abs. 2 DepotG). Der Drittverwahrer kann die Papiere wiederum einem weiteren Drittverwahrer anvertrauen. So entsteht eine Verwahrkette, bei der mehrere Verwahrer jeweils als Zwischen- oder Drittverwahrer agieren. Der Verwahrer, der für den Anleger das Depot führt, wird als Erstverwahrer bezeichnet.

246 Jeder Verwahrer in der Kette führt für seinen „Kunden", also der Drittverwahrer für seinen Zwischenverwahrer und der Erstverwahrer für den Anleger, ein Wertpapierdepot (Wertpapierdepotkonto), das er für diesen zu **verwalten** hat. Die Verwaltung von Wertpapieren umfasst u.a die Einlösung von Zins- Dividenden und Rückzahlungsansprüchen und die Verbuchung der Erwerbe und Veräußerungen und die Gutschrift von Erträgen und Erlösen aus dem Verkauf auf dem Depotkonto.

247 Üblicherweise werden in Deutschland Aktien und Investmentanteile in Girosammelverwahrung geführt. Sie werden als Sammelurkunden (auch Globalurkunde) nach § 9a DepotG ausgestellt und vom Aussteller an Clearstream Banking AG (einer 100%igen Tochtergesellschaft der Clearstream International S.A.) als Zentralverwahrer zur Sammelverwahrung übergeben. Clearstream ist die einzige Wertpapiersammelbank in Deutschland. Depotkunden bei Clearstream sind hauptsächlich Kredit- und Finanzdienstleis-

tungsunternehmen sowie andere (ausländische) Zentralverwahrer,[94] wie z.B. die Clearstream International S.A. Die Depotbank des Anlegers (also der Erstverwahrer) führt für den Kunden ein Girosammeldepotkonto, das seinen Miteigentumsanteil an dem sammelverwahrten Wertpapier repräsentiert.

c) Auszahlen oder Gutschreiben. Unter Auszahlung wird die Barauszahlung verstanden während als Gutschrift die Verbuchung auf dem Depotkonto des Anlegers zu verstehen ist. 248

d) Entrichtungspflichtiger in der Verwahrkette. Jeder Verwahrer in der Verwahrkette verwahrt und verwaltet die Wertpapiere und zahlt die Kapitalerträge dem jeweils nächsten Verwahrer oder Verwalter aus, bis schließlich der Erstverwahrer die Erträge dem Anleger gutschreibt.[95] Entrichtungspflichtiger und somit auszahlende Stelle i.S.v. § 7 Abs. 3a Nr. 1 ist jedoch nur der Erstverwahrer, da nur dieser die individuellen Verhältnisse des Anlegers kennt.[96] Die Auszahlungen innerhalb der Verwahrkette erfolgen auf Basis der Bruttodividende ohne Steuereinbehalt.[97] Zahlungen an inländische Banken, die die Anteile nicht verwahren oder verwalten lösen hingegen den Kapitalertragsteuerabzug aus.[98] 249

e) Entrichtungspflichtiger ohne verwahren oder verwalten der Anteile an dem Investmentvermögen. Grundsätzlich sind die Anleger nicht verpflichtet die Anteile an Investmentfonds im Depot bei einer depotführenden Bank zu halten. Sofern es sich um physische Stücke handelt, kann er diese vielmehr auch selbst verwahren und die Coupons einem Kredit- oder Finanzdienstleistungsinstitut zur Auszahlung oder Gutschrift vorlegen. In diesem Fall ist das Institut, das die Anteile weder verwahrt noch verwaltet dennoch nach § 7 Abs. 3a Nr. 1 Buchstabe b) aa) auszahlende Stelle und damit zur Entrichtung der Kapitalertragsteuer verpflichtet. 250

Ist kein inländisches Institut vom Anleger oder Aktionär eingeschaltet, ist die inländische Verwahrstelle, die die Gewinnanteile nach dem KAGB auszahlt, auszahlende Stelle. Die Wertpapiersammelbank Clearstream, die die Anteile oder die Aktie verwahrt, ist nur auszahlende Stelle, wenn sie die Erträge an eine ausländische Stelle auszahlt.[99] 251

4. Entrichtungspflichtiger bei Zahlungen ins Ausland (Abs. 3a Nr. 1a) bb), 1b) bb) oder Nr. 2)

a) Grundfälle der Auslandszahlung. In § 7 Abs. 3a wird der Entrichtungspflichtige, der als auszahlende Stelle zum Kapitalertragsteuerabzug verpflichtet ist, definiert. Dabei ist es auch möglich, dass die Auszahlung nicht an einen inländischen Anleger erfolgt, sondern eine Auszahlung in das Ausland vorzunehmen ist. Während inländische Kredit- und Finanzdienstleistungsinstitute zur Berechnung und Entrichtung deutscher Kapitalertragsteuer verpflichtet werden können, können ausländische Stellen durch den deut- 252

---

94 *Rau* Das neue Kapitalertragsteuererhebungssystem für inländische, von einer Wertpapiersammelbank verwahrte Aktien DStR **2011** 2325.
95 *Blümich* § 44 EStG Rn. 9.
96 BFM-Schr. 8.10.2012 BStB. 2012 I 953, Tz. 428; *Blümich* § 44 Rn. 9.
97 *Rau* Das neue Kapitalertragsteuererhebungssystem für inländische, von einer Wertpapiersammelbank verwahrte Aktien DStR **2011** 2325.
98 *Rau* Das neue Kapitalertragsteuererhebungssystem für inländische, von einer Wertpapiersammelbank verwahrte Aktien DStR **2011** 2325.
99 *Trappen* Steuerrechtsänderungen durch das geplante OGAW-IV-UmsG DStR **2011** 246, 250.

schen Gesetzgeber nicht zur Einhaltung der deutschen Steuerregelungen verpflichtet werden. Um dennoch den Kapitalertragsteuerabzug auf die Auszahlungen aus dem Investmentfonds sicherstellen zu können, werden die letzten inländischen Institute, die die Auszahlung oder Gutschrift an eine ausländische Stelle durchführen, zum Abzug von Kapitalertragsteuer verpflichtet. (Zum Verfahren in der Verwahrkette Rn. 249, zur Definition der auszahlenden Stelle Rn. 237 ff.)

253 Nach Abs. 3a Nr. 1 Buchstabe **a)** bb) sind dies die inländischen Institute im Sinne der Nummer 1 (Rn. 238 ff.), die die Anteile verwahren oder verwalten und die die Erträge an die ausländische Stelle auszahlen.

254 Nach Abs. 3a Nr. 1 Buchstabe **b)** bb) sind dies die inländischen Institute im Sinne der Nummer 1 (Rn. 237 ff.), die die Anteile **nicht** verwahren oder verwalten und die die Erträge an die ausländische Stelle auszahlen.

255 Nach Abs. 3a Nr. 2 ist dies die Wertpapiersammelbank, der die Anteile an dem Investmentfonds zur Sammelverwahrung anvertraut wurden (also Clearstream), wenn sie die Erträge an eine ausländische Stelle auszahlt.

256 **b) Ausländische Zwischenverwahrung.** Im Rahmen der Wertpapierverwaltung durch depotführende Institute kann es vorkommen, dass eine Zwischenverwahrung im Ausland erfolgt. Das ist dann der Fall, wenn ein inländischer Verwahrer einen Drittverwahrer (vgl. Rn. 249) im Ausland einschaltet, der Erstverwahrer, also das Kredit- oder Finanzdienstleistungsinstitut, das die Anteile für den Anleger verwahrt, jedoch wieder im Inland sitzt. In diesem Fall hat zunächst der letzte inländische Verwahrer, der die Erträge an die ausländische Stelle auszahlt, Kapitalertragsteuer einzubehalten (§ 7 Abs. 3a Nr. 1 Buchstabe a) bb), Buchstabe b) bb) sowie Nr. 2). Zusätzlich muss der inländische Erstverwahrer Kapitalertragsteuer einbehalten, wenn er die Erträge vom ausländischen Zwischenverwahrer erhalten hat und dem Anleger gutschreibt. Dadurch kommt es zu einem doppelten Kapitalertragsteuerabzug. Es kann sogar, wenn der Gang über die Grenze mehrfach erfolgt, zu einer mehrfachen Kapitalertragsteuerbelastung kommen. Um dies zu verhindern wurde durch das **BeitragRLUmsG § 44a Abs. 10 Satz 4 bis 7** eingeführt, auf den § 7 Abs. 3a Satz 2 verweisen. Danach kann die inländische auszahlende Stelle, die die Erträge i.S. des § 43 Abs. 1 Satz 1 Nr. 1a EStG ins Ausland zahlt oder gutschreibt eine Sammel-Steuerbescheinigung über die von ihr einbehaltene Kapitalertragsteuer ausstellen.

VI. Entrichtungspflichtiger bei ausschüttungsgleichen Erträgen nach § 43 Abs. 1 Nummern 1 und 1a sowie Satz 2 EStG (Abs. 3b)

257 **1. Grundsätze und Anwendungsvorschriften.** § 7 Abs. 3b wurde durch das OGAW-IV-UmsG[100] eingeführt und gilt nach § 21 Abs. 20 Satz 2 erstmals für ausschüttungsgleiche Erträge, die dem Anleger nach dem 31.12.2011 als zugeflossen gelten. Nach Satz 1 ist Entrichtungspflichtiger (vgl. Rn. 237 ff.) die inländische Stelle, die auch bei Ausschüttung auszahlende Stelle nach Absatz 3a Satz 1 wäre. Das Gesetz setzt somit das Zahlstellensystem auch für ausschüttungsgleiche Erträge um, für die vor Anwendung dieser Regel die inländische Investmentgesellschaft verantwortlich war. Damit sind die in Abs. 3a Satz 1 aufgezählten Kredit- und Finanzdienstleistungsinstitute für die Entrichtung der Steuerabzugsbeträge zuständig. Da dies in der Regel die depotführenden Institute des Anlegers sind (Erstverwahrer vgl. Rn. 249), können diese bei der Ermittlung des Steuer-

---

[100] OGAW-IV-UmsG 22.6.2011 BGBl. 2011 I 1126.

betrags die individuellen Umstände des Anlegers berücksichtigen (z.B. Verlustvorträge, Abstandnahmemöglichkeiten nach § 44a Abs. 10 EStG) und damit dem Grundgedanken der Abgeltungsteuer entsprechend Veranlagungsverfahren möglichst reduzieren.

Bei ausschüttungsgleichen Erträgen wird jedoch kein Geldfluss generiert, von dem der Steuerabzugsbetrag einbehalten werden kann. Der Gesetzgeber hat daher ein besonderes Verfahren zur Steuerentrichtung eingeführt. Nach Absatz 3b Satz 3 entspricht das Verfahren im Grundsatz demjenigen für ausgeschüttete Erträge (Rn. 222). Der Investmentfonds berechnet zunächst den Steuerabzugsbetrag (§ 2 Abs. 1 Satz 4) unter Berücksichtigung der von der Verwahrstelle ermittelten Anteilzahl. Diesen Steuerabzugsbetrag hat er der Verwahrstelle zur Verfügung zu stellen. Der Steuerabzugsbetrag umfasst den Kapitalertragsteuerbetrag, den Solidaritätszuschlag und die Kirchensteuer in Höhe von 9%. **258**

Da für die Berechnung des vom Investmentfonds zur Verfügung zu stellenden Kapitalertragsteuerbetrags die endgültige Steuerbelastung der Anleger maßgeblich ist, der Investmentfonds die Rechtsverhältnisse der Anleger jedoch nicht kennt, stellt sich die Frage, ob hierbei auf den Privatanleger oder den betrieblichen Anleger abzustellen ist. Nach dem bisherigen Berechnungsschema hatte die Investmentgesellschaft auf den Privatanleger abzustellen, sodass anrechenbare ausländische Quellensteuer berücksichtigt werden konnte. Dies würde nun jedoch dazu führen, dass der auszahlenden Stelle zu wenig Liquidität zur Verfügung gestellt würde, wenn sie einen betrieblichen Anleger oder einen Steuerausländer zu bedienen hätte. Das bisherige Berechnungsschema kann daher nicht mehr verwendet werden, vielmehr ist die Kapitalertragsteuer ohne Berücksichtigung der ausländischen Quellensteuer zu ermitteln und den auszahlenden Stellen zur Verfügung zu stellen.[101] Da die Anrechnung auf Antrag der auszahlenden Stelle erfolgt, hat die Verwahrstelle dieser die Steuerabzugsbeträge zur Verfügung zu stellen, die auf die bei der auszahlenden Stelle verwahrten (Rn. 244) Anteile an dem Fonds entfallen. **259**

Soweit die auszahlende Stelle die Steuerabzugsbeträge nach § 2 Abs. 1b vom Veräußerer einzuziehen hat vgl. Rn. 191. **260**

Die auszahlenden Stellen ermitteln nun den tatsächlich abzuführenden Steuerbetrag. Da die Erträge dem Anleger als zum Ende des Geschäftsjahres des Fonds als zugeflossen gelten, sind die Steuerabzugsbeträge nach Satz 5 spätestens mit Ablauf des ersten Monats seit dem Geschäftsjahresende einzubehalten und innerhalb der nächsten 10 Tage anzumelden und abzuführen. (Für vor dem 1.1.2013 als zugeflossen geltende Erträge gilt nach der Übergangsfrist in § 21 Abs. 20 Satz 3 statt der Monatsfrist eine Zweimonatsfrist.) Dies kollidiert mit den Veröffentlichungsregelungen, für die Besteuerungsgrundlagen nach § 5 Abs. 1 Nr. 2 (vgl. § 5). Danach haben die Investmentfonds die ausschüttungsgleichen Erträge innerhalb von vier Monaten zu veröffentlichen. Da die Investmentfonds jedoch auch bisher bereits die Steuerbeträge unmittelbar nach Ablauf des Geschäftsjahresende aus dem Fonds entnehmen mussten, um die Anteilswerte korrekt zu ermitteln, hat sich der Gesetzgeber wohl entschlossen, diese vorgezogene Steuerermittlung auch bei der Entrichtung der Steuerabzugsbeträge durch die Zahlstellen zugrunde zu legen. Sollte nach der Prüfung der Besteuerungsgrundlagen und der Veröffentlichung im Bundesanzeiger (§ 5 Abs. 1 Nr. 3) ein abweichender Steuerbetrag ermittelt werden, kann die inländische auszahlende Stelle die Abrechnung für den Anleger nach § 43a Abs. 3 Satz 7 EStG korrigieren. Dies kann im Massenverfahren zu einem erhebli- **261**

---

[101] *Patzner/Nagler* Praxisfragen zum Kapitalertragsteuererstattungsverfahren im Zusammenhang mit dem OGAW-IV-Umsetzungsgesetz IStG **2010** 804.

262 Die Monatsfrist ist auch dann nicht anzuwenden, wenn der Fonds eine Ausschüttung beabsichtigt und innerhalb der 4-Monatsfrist nach § 5 Abs. 1 Nr. 3 Satz 2 (vgl. § 5) über diese Ausschüttung beschließt. Dies erfordert einen zeitnahen Informationsaustausch zwischen Investmentfonds, Verwahrstelle und auszahlender Stelle,[102] um den auszahlenden Stellen eine fristgerechte Entrichtung der Abzugsbeträge zu ermöglichen.

263 Werden Steuerabzugsbeträge nicht von den auszahlenden Stellen abgerufen, hat die Verwahrstelle diese Beträge zwei Monate und 10 Tage nach Ablauf des Geschäftsjahres des Fonds bei dem für sie zuständigen Betriebstättenfinanzamt anzumelden und abzuführen. Für Steuerabzugsbeträge, die vor dem 1.1.2013 als zugeflossen geltende Erträge betreffen, wird die Zweimonatsfrist um einen Monat verlängert (§ 21 Abs. 20 Satz 4).

264–268 (einstweilen frei)

269 **2. Auslandszahlungen.** Werden inländische Fonds von im Ausland ansässigen Anlegern gehalten, hat die letzte inländische auszahlende Stelle den Steuerabzug vorzunehmen.

270 **3. Ergänzende Verfahrensvorschriften.** Ergänzend sind für den Steuerabzug die Vorschriften heranzuziehen, die für Kapitalerträge nach § 43 Abs. 1 Satz 1 Nr. 1a EStG gelten (vgl. Rn. 225 ff.).

VII. Entrichtungspflichtiger bei ausgeschütteten Erträgen aus Vermietung und Verpachtung u.ä. (Abs. 3c)

271 **1. Grundsätze und Anwendungsregel.** § 7 Abs. 3c wurde durch das OGAW-IV-UmsG[103] eingeführt und gilt nach § 21 Abs. 20 Satz 2 erstmals für ausgeschüttete Erträge aus Vermietung und Verpachtung und von Gewinnen aus der Veräußerung mit im Inland belegenen Grundstücken, die dem Anleger nach dem 31.12.2011 als zugeflossen gelten. Zur Vorgängerregel und zur Einführung der Kapitalertragsteuerpflicht für die Grundstückserträge vgl. Rn. 211 ff.

272 Nach Satz 1 ist Entrichtungspflichtiger (Rn. 237 ff.) die auszahlende Stelle, die bei Ausschüttung i.S.d. Absatz 3a Satz 1 auszahlende Stelle wäre. Damit setzt das Gesetz das Zahlstellensystem auch für ausgeschüttete Grundstückserträge um.

273 Damit sind die in Abs. 3a Satz 1 aufgezählten Kredit- und Finanzdienstleistungsinstitute für die Entrichtung der Steuerabzugsbeträge zuständig. Insoweit, als dies die depotführenden Institute des Anlegers sind (Erstverwahrer vgl. Rn. 249), können diese bei der Ermittlung des Steuerbetrags die individuellen Umstände des Anlegers berücksichtigen (z.B. Verlustvorträge, Abstandnahmemöglichkeiten nach § 44a EStG) und damit dem Grundgedanken der Abgeltungsteuer entsprechend Veranlagungsverfahren möglichst reduzieren.

274 **2. Ergänzende Verfahrensvorschriften.** Nach § 7 Abs. 3c Satz 2 sind für den Kapitalertragsteuerabzug bei ausgeschütteten Grundstückserträgen ergänzend die Vorschriften über den Steuerabzug bei Erträgen nach § 43 Abs. 1 Satz 1 Nr. 7 sowie Satz 2 EStG heranzuziehen (Rn. 119 ff.).

---

[102] *Blümich* § 7 Rn. 13.
[103] OGAW-IV-UmsG 22.6.2011 BGBl. 2011 I 1126.

VIII. Entrichtungspflichtiger bei ausschüttungsgleichen Erträgen aus Vermietung und Verpachtung u.ä. (Abs. 3d)

1. Grundsätze und Anwendungsregel. § 7 Abs. 3c wurde durch das OGAW-IV-UmsG[104] eingeführt und gilt nach § 21 Abs. 20 Satz 2 erstmals für ausschüttungsgleiche Erträge aus Vermietung und Verpachtung und von Gewinnen aus der Veräußerung mit im Inland belegenen Grundstücken, die dem Anleger nach dem 31.12.2011 als zugeflossen gelten. Zur Vorgängerregel und zur Einführung der Kapitalertragsteuerpflicht für die Grundstückserträge vgl. Rn. 211 ff. **275**

Nach Satz 1 ist Entrichtungspflichtiger (Rn. 237 ff.) die inländische Stelle, die bei Ausschüttung auszahlende Stelle nach Abs. 3c Satz 1 i.V.m. Absatz 3a Satz 1 wäre (Rn. 237 ff.). Damit setzt das Gesetz das Zahlstellensystem auch für ausschüttungsgleiche Grundstückserträge um. **276**

Zum Steuerabzug sind die in Abs. 3a Satz 1 aufgezählten Kredit- und Finanzdienstleistungsinstitute verpflichtet. Außer bei Auslandszahlungen sind dies die depotführenden Institute des Anlegers (Erstverwahrer vgl. Rn. 249). Diese können bei der Ermittlung des Steuerbetrags die individuellen Umstände des Anlegers berücksichtigen (z.B. Verlustvorträge, Abstandnahmemöglichkeiten nach § 44a EStG) und damit dem Grundgedanken der Abgeltungsteuer entsprechend Veranlagungsverfahren möglichst reduzieren. **277**

2. Verfahren zum Ausgleich der Steuerabzugsbeträge. Da es bei ausschüttungsgleichen Erträgen nicht zu einer Ertragsausschüttung aus dem Fonds kommt, von der der Steuerbetrag einbehalten und abgeführt werden kann, ist ein besonderes Verfahren notwendig, um den inländischen Entrichtungspflichtigen die Steuerabzugsbeträge zur Verfügung zu stellen. Insoweit ist das Verfahren, das für ausschüttungsgleiche Dividendenerträge nach Absatz 3b Sätze 2 bis 4 beschrieben ist, anzuwenden (Rn. 258 ff.). **278**

3. Ergänzende Verfahrensvorschriften. Nach § 7 Abs. 3d Satz 3 sind für den Kapitalertragsteuerabzug bei ausschüttungsgleichen Grundstückserträgen ergänzend die Vorschriften über den Steuerabzug bei Erträgen nach § 43 Abs. 1 Satz 1 Nr. 7 sowie Satz 2 EStG heranzuziehen. Ebenso ist § 44a Abs. 10 Sätze 4 bis 7 EStG ergänzend heranzuziehen, der die Vermeidung von Mehrfachbesteuerung bei einer ausländischer Zwischenverwahrung (Rn. 257) regelt. **279**

IX. Entrichtungspflichtiger bei sonstigen ausschüttungsgleichen Einkünften (Abs. 4)

1. Aktuelle Rechtslage. § 7 Abs. 4 wurde durch das OGAW-IV-UmsG[105] umfassend umgestaltet und gilt nach § 21 Abs. 20 Satz 2 erstmals für sonstige ausschüttungsgleiche Erträge eines Investmentvermögens, die dem Anleger nach dem 31.12.2011 als zugeflossen gelten. Absatz 4 regelt für diese Erträge den Entrichtungspflichtigen sowie das Abzugs- und Entrichtungsverfahren. Da in § 7 Abs. 3, 3b und 3d Spezialregelungen für ausschüttungsgleiche Erträge aus Dividenden und dividendenähnlichen Erträgen (Absatz 3b) sowie Grundstückserträge aus inländischen Grundstücken (Absatz 3b) getroffen **280**

---

[104] OGAW-IV-UmsG 22.6.2011 BGBl. 2011 I 1126.
[105] OGAW-IV-UmsG 22.6.2011 BGBl. 2011 I 1126.

wurden, betrifft Absatz 4 lediglich die sonstigen, nicht von diesen Spezialregelungen erfassten Erträge.

281 **a) Betroffene Erträge.** § 7 Abs. 4 erfasst die thesaurierten Erträge, die nicht in den Absätzen 3 bis 3d speziell geregelt sind. Dabei handelt es sich überwiegend um Zinserträge, sonstige Erträge und Zwischengewinne aus der Veräußerung oder Rückgabe von Zielfonds im Dachfonds.

282 **b) Entrichtungspflichtiger.** Da der Entrichtungspflichtige für ausschüttungsgleiche Erträge und das anwendbare Verfahren bereits in den vorgenannten Absätzen 3 bis 3d geregelt sind, kann sich Absatz 4 darauf beschränken, hinsichtlich des Entrichtungspflichtigen und des Verfahrens für die sonstigen ausschüttungsgleichen Erträge auf die entsprechenden Regelungen Bezug zu nehmen. Zur Bestimmung des Entrichtungspflichtigen wird daher auf Absatz 3d Satz 1 verwiesen.

283–292 (einstweilen frei)

293 **c) Ergänzende Verfahrensvorschriften.** § 7 Abs. 4 Satz 2 verweist auf die entsprechende Anwendung von Absatz 1. Der Verweis muss sich auf § 7 Abs. 1 Sätze 2 bis 4 beziehen. Danach sind ergänzend die Vorschriften heranzuziehen, die für den Steuerabzug von Kapitalerträgen i.S.d. § 43 Abs. 1 Satz 1 Nr. 7 EStG gelten (Rn. 119 ff.). Durch den Verweis auf § 7 Abs. 1 Satz 3 ist für die Anrechnung ausländischer Steuerabzugsbeträge § 4 Abs. 2 Satz 8 heranzuziehen, der die Anrechnung nach den für die Abgeltungsteuer getroffenen Regelungen vorsieht.

294 Der Verweis auf § 7 Abs. 1 Satz 4 ergänzt die Vorschriften zum Steuerabzug für Erträge nach § 43 Abs. 1 Satz 1 Nr. 7 EStG durch den Verweis auf die Regelung in § 43 Abs. 2 Satz 3 bis 8 EStG. Diese sieht eine spezielle Abstandnahme vom Kapitalertragsteuerabzug für Kapitalgesellschaften und bestimmte betriebliche Anleger vor (Rn. 148).

295 **d) Verfahren zum Ausgleich der Steuerabzugsbeträge.** Da es bei ausschüttungsgleichen Erträgen nicht zu einer Ertragsausschüttung aus dem Fonds kommt, von der der Steuerbetrag einbehalten und abgeführt werden kann, ist ein besonderes Verfahren notwendig, um dem inländischen Entrichtungspflichtigen die Steuerabzugsbeträge zur Verfügung zu stellen, die er an das Finanzamt zu entrichten hat. Insoweit ist das Verfahren, das für ausschüttungsgleiche Dividendenerträge in **Absatz 3b Sätze 2 bis 4 beschrieben ist, entsprechend anzuwenden**. Danach hat der Investmentfonds den Steuerabzugsbetrag, d.h. 25% Kapitalertragsteuer zuzüglich Solz und 9% KiSt (§ 2 Abs. 1 Satz 4) zu ermitteln, aus dem Fond zu entnehmen und der Verwahrstelle zur Verfügung zu stellen. Die auszahlende Stelle zieht die für ihre Anleger ermittelten Steuerabzugsbeträge bei der Verwahrstelle ein, ermittelt den nach den tatsächlichen Verhältnissen des Anlegers zu berechnenden Steuerbetrag und führt diesen an das Finanzamt ab. Ist der tatsächliche Steuerabzugsbetrag geringer als der Steuerabzugsbetrag nach § 2 Abs. 1 Satz 4, wird dem Anleger der Differenzbetrag gutgeschrieben (Rn. 220).

296 Steuerabzugsbeträge, die die auszahlenden Stellen nicht bei den Verwahrstellen einziehen, müssen von dieser angemeldet und an das Finanzamt entrichtet werden.

297 Zur Vermeidung der Mehrfachbesteuerung bei einer ausländischen Zwischenverwahrung wird auf die entsprechende Anwendung von § 44a Abs. 10 Satz 4 bis 7 EStG verwiesen (vgl. Rn. 256).

2. Entrichtungspflichtiger bei sonstigen ausschüttungsgleichen Einkünften nach der Rechtslage bis 31.12.2011 (Abs. 4 a.F.)

a) Anwendungszeitraum und Systematik. Bis zur Einführung der Zahlstellensteuer durch das OGAW-IV-UmsG[106] regelte § 7 Abs. 4 den Steuerabzug für ausschüttungsgleiche Erträge, soweit es sich nicht um Dividendenerträge nach Abs. 3 handelte. Nach der Anwendungsvorschrift in § 21 Abs. 20 Satz 2 ist Abs. 4 a.F. auf Erträge anzuwenden, die dem Anleger bis zum 31.12.2011 als zugeflossen galten. 298

Die Abzugsverpflichtung war der Investmentgesellschaft überantwortet, weil es bei Thesaurierungen keinen Geldfluss zu den Kredit- und Finanzdienstleistungsinstituten gab, die den Steuerabzug vornehmen konnten. Es schien dem Gesetzgeber daher am vertretbarsten, die Investmentgesellschaft mit dem Steuerabzug zu betrauen. 299

Anders als im KAGG wird als Entrichtungspflichtiger die inländische Investmentgesellschaft bezeichnet, wobei das InvG diesen Begriff für inländische Investmentvermögen nicht definiert hatte. Es gab daher teilweise unterschiedliche Auffassungen, ob die KAG, der Investmentfonds oder die InvAG zum Steuerabzug verpflichtet waren. Nach h.M. waren die InvAG bzw. das Sondervermögen und nicht die KAG zum Steuerabzug verpflichtet.[107] 300

b) Betroffene Erträge. § 7 Abs. 4 a.F. zählte die Erträge nicht enumerativ auf. Vielmehr betraf Abs. 4 diejenigen thesaurierten Erträge, für die keine Sonderregelung in den vorstehenden Artikeln, insbesondere in Abs. 3, getroffen wurde. Dem Steuerabzug nach § 7 Abs. 4 unterfielen nicht die Pauschalbeträge nach § 6. Ein Steuerabzug unterblieb auch bei den nach § 4 Abs. 1 i.V.m. einem DBA betroffenen Erträgen. 301

Als ausschüttungsgleicher Ertrag galt auch die Teilthesaurierung, wenn der Ausschüttungsbetrag nicht ausreichte, um die Kapitalertragsteuer zu entrichten. 302

c) Abzugsverfahren. § 7 Abs. 4 verpflichtete die inländische Investmentgesellschaft den Steuerabzug vorzunehmen. Durch den Verweis auf § 7 Abs. 1 sind dabei die Verfahrensvorschriften für Kapitalerträge i.S.d. § 43 Abs. 1 Satz 1 Nr. 7 EStG anzuwenden. 303

Da die Investmentgesellschaft die persönlichen Verhältnisse der Anleger nicht kannte, durfte die Ausnahmeregelung § 44a (und ab dem 15.12.2010 auch § 43 Abs. 2 Satz 2) EStG nicht angewendet werden. Die Investmentgesellschaft nahm vielmehr den Kapitalertragsteuerabzug in voller Höhe vor und der Anleger musste die Rückerstattung zu viel bezahlter Kapitalertragsteuer nach Abs. 5 beantragen. 304

Nach § 7 Abs. 4 Satz 4 war die Kapitalertragsteuer innerhalb eines Monats nach der Entstehung zu entrichten und bis zu diesem Zeitpunkt eine Steuererklärung abzugeben. Seit dem 1.1.2010 musste die Anmeldung nach amtlich vorgeschriebenem Datensatz auf elektronischem Weg erfolgen. 305

Durch den Verweis auf die Vorschriften des Einkommensteuergesetzes war auch auf die entsprechende Anwendung von § 45a Abs. 2ff. EStG verwiesen. Danach wurde bei ausschüttenden und teilausschüttenden Investmentvermögen die Steuerbescheinigung durch die auszahlenden Stellen, also die inländischen Kreditinstitute vorgenommen. Bei der Thesaurierung nach § 7 Abs. 4 war jedoch die inländische Investmentgesellschaft zur Ausstellung der Steuerbescheinigung verpflichtet. Da diese die Beteiligungshöhe des Anlegers nicht kannte, war hier ein Informationsaustausch, i.d.R. mit dem depotführen- 306

---

[106] OGAW-IV-UmsG 22.6.2011 BGBl. 2009 I 1126.
[107] Vgl. ausführliche Berger/Steck/Lübbehüsen/*Ramackers* § 7 Rn. 111.

den Institut erforderlich, was die Regelung wenig praxisgerecht erscheinen lässt. Ebenso *Ramackers*.[108]

307 **d) Sonderfall Spezialfonds (Verweis in § 15 Abs. 1).** Vgl. § 15 Abs. 1 Satz 1 a.F.

X. Erstattung bei ausschüttungsgleichen Erträgen (Abs. 5)

1. Aktuelle Rechtslage

308 **a) Regelungsinhalt.** § 7 Abs. 5 regelt eine besondere Steuererstattungsmöglichkeit durch die inländische Investmentgesellschaft, falls bei ausschüttungsgleichen Erträgen von der inländischen auszahlenden Stelle ein Steuerabzug vorgenommen wurde, obwohl vom Abzug ganz oder teilweise Abstand genommen werden könnte. Die Regelung gilt erstmals für Kapitalerträge, die dem Anleger nach dem 31.12.2011 als zugeflossen gelten (§ 21 Abs. 20 Satz 2).

309 Nach dem bisherigen Recht war die Erstattungsregelung in Abs. 5 für diejenigen Erträge erforderlich, für die die Investmentgesellschaft zum Kapitalertragsteuerabzug verpflichtet war. Da die Investmentgesellschaft die individuellen steuerlichen Verhältnisse der Anleger, wie das Vorliegen einer Freistellungsbescheinigung oder die Möglichkeit der Abstandnahme vom Kapitalertragsteuerabzug nach § 44a Abs. 4 EStG, nicht kannte, durften diese beim Kapitalertragsteuerabzug nicht berücksichtigt werden. Vielmehr war die besondere Erstattung nach Absatz 5 vorgesehen.

310 Seit Einführung der Zahlstellensteuer durch das OGAW-IV-UmsG können die auszahlenden Stellen bei unbeschränkt steuerpflichtigen Anlegern oder von der Körperschaftsteuer befreiten Anlegern bereits vom Kapitalertragsteuerabzug absehen bzw. ganz oder teilweise vom Abzug Abstand nehmen. Kommt es dennoch zu einem Abzug, wird das Erstattungsverfahren künftig von den inländischen Investmentgesellschaften vorgenommen. Das bisherige Verfahren sah bis zum 31.12.2009 ebenfalls eine Erstattung durch die Investmentgesellschaft und ab dem 1.1.2010 eine Erstattung durch die die Anteile verwahrenden Kreditinstitute vor. Nur für den Fall, dass die Institute die Erstattung nicht leisteten, war eine Erstattung durch die Investmentgesellschaft vorgesehen.

311–313 (einstweilen frei)

314 **b) Betroffene Erträge.** Die Sonderregelung nach Absatz 5 betrifft ausschüttungsgleiche Erträge nach
- § 7 Abs. 3 Satz 1 Nr. 1 Buchstabe b) und
- § 7 Abs. 3 Satz 1 Nr. 2 Buchstabe b) sowie
- § 7 Absatz 4.

Damit sind sämtliche ausschüttungsgleichen Erträge des Investmentvermögens erfasst.

315 Für ausgeschüttete Erträge ist die Regelung nicht anzuwenden. Hier findet die Erstattung ausschließlich durch die auszahlenden Institute nach entsprechender Anwendung von § 44b Abs. 5 oder Abs. 6 EStG statt.

316 **c) Erstattungsverfahren.** Das Erstattungsverfahren wird durch einen Antrag des Anlegers an die Investmentgesellschaft initiiert. Dem Antrag muss eine Bescheinigung

---

[108] Berger/Steck/Lübbehüsen/*Ramackers* § 7 Rn. 128 f.

der inländischen auszahlenden Stelle vorliegen, dass sie die Erstattung nicht vorgenommen hat und auch nicht vornehmen wird. Diese Bescheinigung kann formlos erfolgen, aus ihr muss jedoch eindeutig hervorgehen, dass eine Erstattung durch die auszahlende Stelle weder erfolgt ist noch erfolgen wird.

Der Antrag ist gerechtfertigt, wenn die Abstandnahmevoraussetzungen nach § 44a Abs. 4 und Abs. 10 Satz 1 EStG vorliegen: **317**
- Bei steuerbefreiten inländischen Körperschaften und Personengesellschaften sowie juristischen Personen des öffentlichen Rechts, für die in § 44a Abs. 4 explizit aufgeführten Erträge
- Bei Vorliegen einer NV-Bescheinigung, wenn der Anleger mit seinen Einkünften unter dem Grundfreibetrag liegt (§ 44 Abs. 10 Nr. 1 EStG)
- Bei Dauerüberzahlern mit einer Bescheinigung nach § 44a Abs. 5 EStG (§ 44a Abs. 10 Nr. 2 EStG)
- Bei bestimmten gemeinnützigen, mildtätigen und kirchlichen Organisationen die auf Grund dieses Status eine Steuerbefreiung genießen (§ 44a Abs. 7 EStG) nach § 44a Abs. 10 Nr. 3 EStG
- Eine teilweise Steuerfreistellung wird bei bestimmten steuerbefreiten Organisationen nach § 44a Abs. 8 EStG gewährt (§ 44a Abs. 10 Nr. 4 EStG).

Das Vorliegen eines Freistellungsauftrags führt nicht zur Abstandnahme vom Kapitalertragsteuerabzug durch die Investmentgesellschaft nach Absatz 5, da die Verwertung des Freistellungsauftrags lediglich dem Kredit- oder Finanzdienstleistungsinstitut gestattet. Wurde daher ein Abzug durch die Investmentgesellschaft vorgenommen, obwohl die Kapitalerträge des Anlegers noch innerhalb des Sparer-Pauschbetrags liegen, kann er dies nur im Rahmen der jährlichen Steuererklärung nach § 32d Abs. 4 EStG korrigieren lassen. **318**

Hinsichtlich des Verfahrens wird auf die für die Anrechnung und Erstattung von Kapitalertragsteuer geltenden Vorschriften des Einkommensteuergesetzes verwiesen. Damit ist insbesondere § 44b Abs. 5 bis 7 EStG anzuwenden. Mit dem durch das AmtshilfeRLUmsG[109] eingefügten § 44b Abs. 7 EStG steht damit auch einer Gesamthand der Antrag auf Kapitalertragsteuererstattung an die inländische Investmentgesellschaft zu, sofern es sich um Erträge handelt, die nach dem 31.12.2012 als zugeflossen gelten (§ 52a Abs. 16d EStG). **319**

(einstweilen frei) **320, 321**

d) Haftung der Investmentgesellschaft. Die Investmentgesellschaft, die die Kapitalerträge erstattet, haftet nach § 7 Abs. 5 Satz 4 in entsprechender Anwendung von § 44 Abs. 5 EStG für die erstatteten Kapitalbeträge, wenn sie nicht nachweisen kann, dass sie ihre Pflichten weder vorsätzlich noch grob fahrlässig verletzt hat. Die Investmentgesellschaft wird daher die Voraussetzungen für den Erstattungsanspruch des Anlegers sorgfältig zu prüfen haben. Diese Prüfungspflicht betrifft neben dem Vorliegen der steuerlichen Bescheinigungen insbesondere die Bescheinigung der auszahlenden Stelle. Die Sorgfaltspflicht wird es nicht erfordern, bei jedem Erstattungsantrag mit der auszahlenden Stelle, die die Bescheinigung erstellt hat, Kontakt aufzunehmen. Sollten jedoch begründete Zweifel vorliegen, ist eine Überprüfung anzuraten, um die Haftungsfolgen zu vermeiden. *Blümich* nimmt eine Prüfungspflicht in den Fällen offensichtlicher Unrichtigkeit an.[110] **322**

---

[109] AmtshilfeRLUmsG 26.6.2013 BGBl. 2013 I 1809.
[110] So auch *Blümich* § 7 Rn. 16.

2. Erstattung bei ausschüttungsgleichen Erträgen (Abs. 5 a.F.)

323 **a) Erstattung nach der Rechtslage bis 31.12.2009.** Bis zur Einführung der Zahlstellensteuer durch das OGAW IV Umsetzungsgesetz wurden die Kapitalerträge nach Abs. 4 von der inländischen Investmentgesellschaft berechnet und an das Finanzamt abgeführt. Da die Investmentgesellschaft die individuellen Verhältnisse des Anlegers (Nichtveranlagung, Körperschaftsteuerbefreiung) nicht kannte, durfte keine Abstandnahme vom Steuerabzug nach § 44a oder § 43 Abs. 2 Satz 2 EStG erfolgen. Vielmehr wurde zunächst der Abzug ohne die Berücksichtigung dieser Besonderheiten vorgenommen und der Anleger musste dann den Antrag nach § 7 Abs. 5 a.F. stellen, um eine Rückerstattung zu viel bezahlter Kapitalerträge zu erhalten. Meist wurde hier das Sammelantragsverfahren unter Einschaltung der Kreditwirtschaft angewandt.

Bis zur Gesetzesänderung durch das Gesetz vom 16.7.2009[111] war die inländische Investmentgesellschaft für die Erstattung von Kapitalerträgen des Absatzes 4 verantwortlich. Der Anleger musste der Investmentgesellschaft daher einen Freistellungsauftrag erteilen oder die Bescheinigung, die zur Abstandnahme vom Kapitalertragsteuerabzug nach § 44a EStG berechtigte, vorlegen. Erfolgte die Erstattung durch Sammelantrag der Kreditwirtschaft, mussten die Bescheinigungen dem KI vorliegen.

324 **b) Erstattung nach der Rechtslage bis 31.12.2011.** Mit dem Beitragsrichtlinienumsetzungsgesetz vom 16.7.2009 wurde die Möglichkeit der Erstattung von Kapitalertragsteuer für die Direktanlage erheblich eingeschränkt. Nach § 44b Abs. 6 EStG ist eine Erstattung zu viel einbehaltener Kapitalerträge in der Regel nur noch bis zur Ausstellung einer Steuerbescheinigung und maximal bis zum 31.3. des Folgejahres gestattet. Diese Verschärfung wurde auch für die Investmentanlage umgesetzt und § 7 Abs. 5 entsprechend angepasst.

325 Für Erträge, die dem Anleger nach dem 31.12.2009 als zugeflossen galten, erfolgte die Erstattung zu viel einbehaltener Kapitalertragsteuer auf die Erträge des § 7 Abs. 4 nunmehr vorrangig durch das inländische Kredit- oder Finanzdienstleistungsunternehmen, das den Investmentanteil im Zeitpunkt des Zufließens verwahrte. Diese Institute hatten insoweit § 44b Abs. 6 Satz 1, 2 und 4 EStG entsprechend anzuwenden. Damit konnte eine Erstattung auch bei der Investmentanlage nur innerhalb der von § 44b Abs. 6 EStG gesetzten zeitlichen Beschränkungen gewährt werden.

326 Nur wenn die Erstattung durch die Kreditwirtschaft nicht erfolgte, konnte die inländische Investmentgesellschaft diese vornehmen, jedoch waren ausschließlich von der Körperschaftsteuer befreite Anleger antragsberechtigt. Diese hatten eine Steuerbescheinigung vorzulegen, aus der sich ergab, dass eine Erstattung durch die Kreditwirtschaft nicht erfolgt war.

XI. Erstattung an nicht ansässige Personen (Abs. 6)

327 **1. Aktuelle Rechtslage.** § 7 Abs. 6 regelt eine besondere Erstattungsmöglichkeit für ausländische Anleger durch die inländische Investmentgesellschaft.

328 **a) Berechtigte Anleger.** Der Antrag auf Erstattung kann durch Köperschaften, die weder Sitz noch Geschäftsleitung im Inland haben gestellt werden. Ebenso kann der An-

---

[111] Bürgerentlastungsgesetz 16.7.2009 BGBl. 2009 I 1959.

trag von einer natürlichen Person ohne Wohnsitz oder gewöhnlichem Aufenthalt im Inland gestellt werden.

Da durch die Einführung der Zahlstellensteuer eine Abstandnahme vom Steuerabzug grundsätzlich bereits durch die auszahlende Stelle erfolgen kann, wenn es sich um einen Gläubiger handelt, der weder Sitz oder Geschäftsleitung noch Wohnsitz oder gewöhnlichen Aufenthalt im Inland hat, ist die Erstattung auf Fälle beschränkt, in denen der auszahlenden Stelle eine Abstandnahme vom Steuerabzug nicht möglich ist. Das ist z.B. bei Treuhandfällen, Personengesellschaften, Tafelgeschäften oder bei Auslandsverwahrung der Anteile der Fall.[112]

b) Betroffene Erträge. Der Antrag kann gestellt werden, wenn die inländische auszahlende Stelle auf ausschüttungsgleiche **Erträge im Sinne des Absatzes 4**, die nicht der beschränkten Steuerpflicht nach § 49 EStG unterliegen (i.E. Zinsen und zinsähnliche Erträge) einen Kapitalertragsteuereinbehalt vorgenommen hat.

Desweiteren können bestimmte steuerbefreite ausländische Kapitalgesellschaften bei **Erträgen im Sinne von § 7 Absatz 3 Nr. 2** (i.E. ausgeschüttete und ausschüttungsgleiche Erträge aus Vermietung und Verpachtung sowie entsprechende Veräußerungserträge mit inländischen Grundstücken) einen Antrag stellen. Dabei muss es sich um ausländische Gesellschaften handeln, die
– im EU oder EWR Gebiet ansässig sind und
– einer Körperschaft vergleichbar sind, die nach § 5 Nr. 3 KStG steuerbefreit ist (Pensions-, Sterbe- und Krankenkassen und Unterstützungskassen).

c) Erstattungsverfahren. Das Erstattungsverfahren wird auf Antrag des Anlegers eröffnet. Die erstattungspflichtige inländische Investmentgesellschaft hat sich nach dem Wortlaut des Gesetzes vom **ausländischen Kredit- oder Finanzdienstleistungsinstitut** versichern zu lassen, dass der Gläubiger der Kapitalerträge nach den Depotunterlagen im Inland als Körperschaft weder Sitz noch Geschäftsleitung und als natürliche Person weder Wohnsitz noch gewöhnlichen Aufenthalt im Inland hat.

Damit erfasst der Gesetzeswortlaut nur die Konstellation, dass der Antrag von einem Gläubiger gestellt wird, dessen Erstverwahrer ein ausländisches Kredit- oder Finanzdienstleistungsinstitut ist. Eine Antragstellung durch einen ausländischen Anleger, der die Erträge durch eine inländische auszahlender Stelle gutgeschrieben erhält oder in Fällen des Tafelgeschäfts, ist damit nicht möglich. Diese Anleger sind auf die Erstattung nach § 44b Abs. 5 bis 7 EStG bzw. § 50d EStG angewiesen.

Nach Absatz 6 Satz 4 sind die für die Erstattung an inländische Anleger geregelten Vorschriften nach Absatz 5 Satz 4 und 5 entsprechend anzuwenden (Rn. 322). Die erstattende Investmentgesellschaft haftet also in sinngemäßer Anwendung von § 44 Abs. 5 EStG für zu Unrecht vorgenommene Erstattungen.

2. Erstattung an nicht ansässige Personen (Abs. 6 nach der Rechtslage bis 14.12.2010). Ausländische Anleger sind in der Regel mit ihren thesaurierten Erträgen in Deutschland nicht beschränkt steuerpflichtig. Dennoch nahm die Investmentgesellschaft nach Absatz 4 a.F. (Rn. 298) einen Kapitalertragsteuerabzug vor, da sie ihre Anleger nicht kannte und damit auch nicht deren individuelle Verhältnisse. Eine Erstattung zu viel erhobener Kapitalertragsteuer konnte nach § 7 Abs. 6 a.F. nur durch einen Antrag an die inländische Investmentgesellschaft erfolgen.

---

112 BTDrucks. 11/5417 Seite 18.

336 Antragsberechtigt waren beschränkt steuerpflichtige Anleger. Hierzu zählten auch beschränkt steuerpflichtige Körperschaften, Personenvereinigungen und Vermögensmassen.[113]

337 Die Anträge waren an die Investmentgesellschaft zu richten und konnten sowohl als Einzel- als auch als Sammelanträge gestellt werden. Wurde ein Antrag durch ein Kreditinstitut gestellt, musste dieses versichern, dass der Gläubiger weder Wohnsitz noch ständigen Aufenthalt bzw. weder Sitz noch Ort der Geschäftsleitung im Inland hat.[114]

338 **3. Erstattung an nicht ansässige Personen (Abs. 6 nach der Rechtslage bis 31.12.2012).** Mit dem JStG 2010 wurde § 7 Abs. 6 insofern geändert, dass für die Erstattung an ausländische Anleger nicht mehr die inländische Investmentgesellschaft zuständig war, wenn die Anteile bei einem inländischen Kreditinstitut im Depot gehalten wurden.

339 Hingegen war die Investmentgesellschaft weiterhin für den Abzug zuständig, wenn die Anteile von einem ausländischen Kreditinstitut im Depot gehalten wurden.

340 Ausländische Anteilseigner sind in der Regel mit ihren thesaurierten Erträgen nach Absatz 4 in Deutschland nicht beschränkt steuerpflichtig. Dennoch hatte die Investmentgesellschaft nach Absatz 4 a.F. (Rn. 298) den Kapitalertragsteuerabzug vorzunehmen, ohne auf die individuellen Verhältnisse des Anlegers Rücksicht nehmen zu dürfen. Die Erstattung zu viel einbehaltener Kapitalertragsteuer erfolgt nach § 7 Abs. 6 in der Fassung ab 15.12.2010 durch einen Antrag an das inländische Kreditinstitut – sofern die Anteile von diesem Institut verwahrt wurden – oder an die inländische Investmentgesellschaft – sofern die Anteile von einem ausländischen Kredit- oder Finanzdienstleistungsinstitut verwahrt wurden.

341 Antragsberechtigt waren beschränkt steuerpflichtige Anleger. Hierzu zählten auch beschränkt steuerpflichtige Körperschaften, Personenvereinigungen und Vermögensmassen.[115]

342 Die Anträge waren an das Kreditinstitut bzw. an die Investmentgesellschaft zu richten und konnten sowohl als Einzel- als auch als Sammelanträge gestellt werden. Die Kreditinstitute hatten zu versichern, dass der Gläubiger weder Wohnsitz noch ständigen Aufenthalt bzw. weder Sitz noch Ort der Geschäftsleitung im Inland hatte.[116]

343 Nach Absatz 6 Satz 4 war das Erstattungsverfahren auch bei Erträgen im Sinne des Absatzes 3 a.F. (Dividendenerträge) anzuwenden, wenn es sich um den steuerbefreite Körperschaften nach § 5 Abs. 1 Nr. 3 KStG vergleichbare Körperschaften handelte und diese Gesellschaften ihren Sitz in einem EU oder EWR-Staat hatten. Bei Körperschaften aus EWR Staaten war zusätzlich Voraussetzung, dass mit diesem Staat ein Amtshilfeabkommen geschlossen wurde.

XII. Anrechnung der Kapitalertragsteuer nach § 36 Abs. 2 und Erstattung nach § 50d EStG (Abs. 7)

344 **1. Anrechnung von Kapitalertragsteuer nach § 36 Abs. 2 EStG.** Seit Einführung der Abgeltungsteuer ab 2009 ist die Steuerschuld mit dem Abzug von Kapitalertragsteuer grundsätzlich abgegolten (§ 32d Abs. 3 EStG). Dies gilt jedoch nicht für Anleger, die die Kapitalerträge im Rahmen anderer Einkunftsarten erzielen, wie z.B. betriebliche Ein-

---
113 BMF Schr. 18.8.2009 BStBl. 2009 I 931, Rn. 160.
114 Vgl. ausführliche Berger/Steck/Lübbehüsen/*Ramackers* § 7 Rn. 141 ff.
115 BMF Schr. 18.8.2009 BStBl. 2009 I 931, Rn. 160.
116 Vgl. ausführliche Berger/Steck/Lübbehüsen/*Ramackers* § 7 Rn. 141 ff.

künfte oder Einkünfte aus Vermietung und Verpachtung. Insoweit, als die Kapitalertragsteuer keine abgeltende Wirkung entfaltet oder falls der Anleger für die Erträge eine Veranlagung nach § 32d Abs. 4 oder 6 EStG beantragt, ist die Kapitalertragsteuer auf die Einkommensteuerschuld nach § 32 Abs. 2 EStG anzurechnen.

2. Erstattung der Kapitalertragsteuer nach § 50d EStG. Ausländische Anleger 345
können eine Erstattung nach § 50d EStG beim BZSt beantragen. Nach § 50d EStG werden Kapitalerträge erstattet, für die Deutschland auf Grund eines Doppelbesteuerungsabkommen nicht zum Abzug berechtigt ist. Hiervon sind insbesondere auch Einlösungen im Tafelgeschäft betroffen. Für den Erstattungsantrag ist zwingend die Vorlage einer Steuerbescheinigung der auszahlenden Stelle erforderlich, die für den Fall eines im Ausland verwahren Anteils durch die letzte inländische auszahlende Stelle ausgestellt werden kann (Rn. 252 ff.).
(einstweilen frei) 346–348

XIII. Gleichstellung der inländischen Investmentgesellschaft mit einem Kreditinstitut (Abs. 8)

Nach § 7 Abs. 8 wird die inländische Investmentgesellschaft für die im Rahmen des 349
Kapitalertragsteuerabzugs geregelten Verweisungen auf das Einkommensteuergesetz einer inländischen Kapitalgesellschaft gleichgestellt. Diese Regelung wurde notwendig, weil durch eine Änderung des KWG inländische Investmentgesellschaften seit dem InvÄndG[117] nicht mehr als Kreditinstitute definiert sind.

XIV. Veräußerungstatbestände

Auf Einnahmen aus der Rückgabe oder Veräußerung von Investmentanteilen ist 350
nach § 8 Abs. 5 ein Kapitalertragsteuereinbehalt vorzunehmen (§ 8 Abs. 5 Rn. 30 ff.).

XV. Weitere Vorschriften zum Kapitalertragsteuereinbehalt

Sondervorschriften zum Kapitalertragsteuerabzug gibt es für Spezialfonds (§ 15 Abs. 1 351
Satz 7 und 8), für die Umwandlung einer Investitionsgesellschaft in einen Investmentfonds (§ 20 Satz 5) und für Kapital-Investitionsgesellschaften (§ 19 Abs. 2 Satz 3 sowie Abs. 3 Satz 4).

§ 8
Veräußerung von Investmentanteilen, Vermögensminderung

(1) Auf die Einnahmen aus der Rückgabe, Veräußerung oder Entnahme von Investmentanteilen sind § 3 Nummer 40 des Einkommensteuergesetzes, § 4 Absatz 1 dieses Gesetzes sowie § 19 des REIT-Gesetzes anzuwenden, soweit sie dort genannte, dem Anleger noch nicht zugeflossene oder als zugeflossen geltende Einnahmen enthalten oder auf bereits realisierte oder noch nicht realisierte Gewinne aus der Beteiligung des Investmentfonds an Körperschaften, Personenvereinigungen oder Vermögensmassen entfallen, deren Leistungen beim Empfänger zu den Einnah-

---

117 Investmentänderungsgesetz 20.12.2007 BGBl. 2007 I 3089.

men im Sinne des § 20 Absatz 1 Nummer 1 des Einkommensteuergesetzes gehören (positiver Aktiengewinn). Auf die Einnahmen aus der Rückgabe, Veräußerung oder Entnahme von Investmentanteilen im Betriebsvermögen sind § 8b des Körperschaftsteuergesetzes sowie § 19 des REIT-Gesetzes anzuwenden, soweit sie auf bereits realisierte oder noch nicht realisierte Gewinne aus der Beteiligung des Investmentfonds an Körperschaften, Personenvereinigungen oder Vermögensmassen entfallen, deren Leistungen beim Empfänger zu den Einnahmen im Sinne des § 20 Absatz 1 Nummer 1 des Einkommensteuergesetzes gehören. § 15 Absatz 1a und § 16 Absatz 3 bleiben unberührt. Bei Beteiligungen des Investmentfonds sind die Sätze 1 bis 3 entsprechend anzuwenden. Bei dem Ansatz des in § 6 Absatz 1 Nummer 2 Satz 3 des Einkommensteuergesetzes bezeichneten Wertes sind die Sätze 1 bis 4 entsprechend anzuwenden.

(2) Auf Vermögensminderungen innerhalb des Investmentfonds sind beim Anleger § 3c Abs. 2 des Einkommensteuergesetzes und § 8b des Körperschaftsteuergesetzes anzuwenden, soweit die Vermögensminderungen auf Beteiligungen des Investmentfonds an Körperschaften, Personenvereinigungen oder Vermögensmassen entfallen, deren Leistungen beim Empfänger zu den Einnahmen im Sinne des § 20 Abs. 1 Nr. 1 des Einkommensteuergesetzes gehören; Vermögensminderungen, die aus Wirtschaftsgütern herrühren, auf deren Erträge § 4 Abs. 1 anzuwenden ist, dürfen das Einkommen nicht mindern (negativer Aktiengewinn). Bei Beteiligungen des Investmentfonds an anderen Investmentfonds ist Satz 1 entsprechend anzuwenden. Die Sätze 1 und 2 gelten nicht für Beteiligungen des Investmentfonds an inländischen REIT-Aktiengesellschaften oder anderen REIT-Körperschaften, -Personenvereinigungen oder -Vermögensmassen im Sinne des REIT-Gesetzes.

(3) Der nach den Absätzen 1 und 2 zu berücksichtigende Teil der Einnahmen ist, vorbehaltlich einer Berichtigung nach Satz 4, der Unterschied zwischen dem Aktiengewinn auf den Rücknahmepreis zum Zeitpunkt der Veräußerung einerseits und dem Aktiengewinn auf den Rücknahmepreis zum Zeitpunkt der Anschaffung andererseits. Bei Ansatz eines niedrigeren Teilwerts ist der zu berücksichtigende Teil nach § 3c Abs. 2 des Einkommensteuergesetzes und § 8b des Körperschaftsteuergesetzes, vorbehaltlich einer Berichtigung nach Satz 4, der Unterschied zwischen dem Aktiengewinn auf den maßgebenden Rücknahmepreis zum Zeitpunkt der Bewertung einerseits und dem Aktiengewinn auf den Rücknahmepreis zum Zeitpunkt der Anschaffung andererseits, soweit dieser Unterschiedsbetrag sich auf den Bilanzansatz ausgewirkt hat. Entsprechendes gilt bei Gewinnen aus dem Ansatz des in § 6 Abs. 1 Nr. 2 Satz 3 des Einkommensteuergesetzes bezeichneten Wertes für die Ermittlung des zu berücksichtigenden Teils nach § 3 Nr. 40 des Einkommensteuergesetzes oder § 8b des Körperschaftsteuergesetzes. Die nach den Sätzen 1, 2 und 3 zu berücksichtigenden Teile sind um einen nach den Sätzen 2 bzw. 3 ermittelten Aktiengewinn auf den maßgebenden Rücknahmepreis zum Schluss des vorangegangenen Wirtschaftsjahres zu berichtigen, soweit er sich auf den Bilanzansatz ausgewirkt hat.

(4) Kommt eine Investmentgesellschaft ihrer Ermittlungs- und Veröffentlichungspflicht nach § 5 Abs. 2 nicht nach, gilt der Investmentanteil bei betrieblichen Anlegern als zum zeitgleich mit dem letzten Aktiengewinn veröffentlichten Rücknahmepreis zurückgegeben und wieder angeschafft. Die auf den Veräußerungsgewinn entfallende Einkommen- oder Körperschaftsteuer gilt als zinslos gestundet. Bei einer nachfolgenden Rückgabe oder Veräußerung des Investmentanteils endet die Stundung mit der Rückgabe oder Veräußerung. Auf die als ange-

schafft geltenden Investmentanteile sind § 3 Nr. 40 des Einkommensteuergesetzes und § 8b des Körperschaftsteuergesetzes nicht anzuwenden.

(5) Gewinne aus der Rückgabe oder Veräußerung von Investmentanteilen, die weder zu einem Betriebsvermögen gehören noch zu den Einkünften nach § 22 Nr. 1 oder Nr. 5 des Einkommensteuergesetzes gehören, gehören zu den Einkünften aus Kapitalvermögen im Sinne des § 20 Abs. 2 Satz 1 Nr. 1 des Einkommensteuergesetzes; § 3 Nr. 40 und § 17 des Einkommensteuergesetzes und § 8b des Körperschaftsteuergesetzes sind nicht anzuwenden. Negative Einnahmen gemäß § 2 Abs. 1 Satz 1 sind von den Anschaffungskosten des Investmentanteils, erhaltener Zwischengewinn ist vom Veräußerungserlös des Investmentanteils abzusetzen. Der Veräußerungserlös ist ferner um die während der Besitzzeit als zugeflossen geltenden ausschüttungsgleichen Erträge zu mindern sowie um die hierauf entfallende, seitens der Investmentgesellschaft gezahlte und um einen entstandenen Ermäßigungsanspruch gekürzte Steuer im Sinne des § 4 Abs. 2, § 7 Abs. 3 und 4 zu erhöhen. Sind ausschüttungsgleiche Erträge in einem späteren Geschäftsjahr innerhalb der Besitzzeit ausgeschüttet worden, sind diese dem Veräußerungserlös hinzuzurechnen. Der Gewinn aus der Veräußerung oder Rückgabe ist um die während der Besitzzeit des Anlegers ausgeschütteten Beträge zu erhöhen, die nach § 21 Absatz 1 Satz 2 in Verbindung mit § 2 Abs. 3 Nr. 1 in der am 31. Dezember 2008 anzuwendenden Fassung des Gesetzes steuerfrei sind. Des Weiteren ist der Veräußerungsgewinn um die während der Besitzzeit des Anlegers zugeflossene Substanzauskehrung sowie um die Beträge zu erhöhen, die während der Besitzzeit auf Grund der Absetzung für Abnutzung oder Substanzverringerung im Sinne des § 3 Absatz 3 Satz 2 steuerfrei ausgeschüttet wurden. Ferner bleiben bei der Ermittlung des Gewinns die Anschaffungskosten und der Veräußerungserlös mit dem Prozentsatz unberücksichtigt, den die Investmentgesellschaft für den jeweiligen Stichtag nach § 5 Abs. 2 für die Anwendung des Absatzes 1 in Verbindung mit § 4 Abs. 1 veröffentlicht hat.

(6) Von den Einnahmen aus der Rückgabe oder Veräußerung von Investmentanteilen ist ein Steuerabzug vorzunehmen. Bemessungsgrundlage für den Kapitalertragsteuerabzug ist auch bei Investmentanteilen, die zu einem Betriebsvermögen gehören, der Gewinn nach Absatz 5. Die für den Steuerabzug von Kapitalerträgen nach § 43 Abs. 1 Satz 1 Nr. 9 sowie Satz 2 des Einkommensteuergesetzes geltenden Vorschriften des Einkommensteuergesetzes sind einschließlich des § 43 Abs. 2 Satz 3 bis 9 und des § 44a Abs. 4 und 5 entsprechend anzuwenden. Bei der unmittelbaren Rückgabe von Investmentanteilen an eine inländische Kapitalanlagegesellschaft oder Investmentaktiengesellschaft hat die Investmentgesellschaft den Kapitalertragsteuerabzug nach den Sätzen 1 bis 3 vorzunehmen; dieser Steuerabzug tritt an die Stelle des Steuerabzugs durch die auszahlende Stelle.

(7) § 15b des Einkommensteuergesetzes ist auf Verluste aus der Rückgabe, Veräußerung oder Entnahme von Investmentanteilen sowie auf Verluste durch Ansatz des niedrigeren Teilwerts bei Investmentanteilen sinngemäß anzuwenden.

(8) Ein Investmentanteil gilt mit Ablauf des Geschäftsjahres, in dem ein Feststellungsbescheid nach § 1 Absatz 1d Satz 1 unanfechtbar geworden ist, als veräußert. Ein Anteil an einer Investitionsgesellschaft gilt zum selben Zeitpunkt als angeschafft. Als Veräußerungserlös des Investmentanteils und als Anschaffungskosten des Investitionsgesellschaftsanteils ist der Rücknahmepreis am Ende des Geschäftsjahres anzusetzen, in dem der Feststellungsbescheid unanfechtbar geworden ist. Wird kein Rücknahmepreis festgesetzt, tritt an seine Stelle der Börsen- oder Marktpreis. Kapitalertragsteuer ist nicht einzubehalten und abzuführen. Im

Übrigen sind die vorstehenden Absätze anzuwenden. Die festgesetzte Steuer gilt bis zur tatsächlichen Veräußerung des Anteils als zinslos gestundet.

Systematische Übersicht

A. Allgemeines
  I. Rechtsentwicklung der Vorschrift —— 1
  II. Zwecksetzung, Inhalt und Bedeutung der Vorschrift
    1. Regelungsgegenstand – Kurzübersicht —— 2
    2. Positiver Aktiengewinn, § 8 Abs. 1 – Altregelung und Neuregelung —— 3
    3. Wesentliche ergänzende Regelungen, § 8 Abs. 2–5 —— 4
    4. Spezifische Anleger
      a) Anleger mit Anteilen im Betriebsvermögen —— 5
      b) Anleger mit Anteilen im Privatvermögen —— 6
      c) Steuerausländer (als Privatanleger aufgrund isolierender Betrachtungsweise) —— 7
B. Schlussbesteuerung bei Rückgabe oder Veräußerung
  I. Schlussbesteuerung bei Investmentanteilen im Betriebsvermögen (§ 8 Abs. 1)
    1. Positiver Aktiengewinn (§ 8 Abs. 1 Satz 1 bis Satz 3 n.F.) —— 8
      a) Umfang des Aktiengewinns —— 9
      b) Besteuerungsfolgen bzgl. des Aktiengewinns —— 10
      c) Tatbestandsmerkmal „im Betriebsvermögen" —— 11
      d) Ermittlung des Aktiengewinns
        aa) Berechnungsschritte —— 12
        bb) Nettomethode —— 13
        cc) Abzug tatsächlicher Kosten —— 14
      e) Schlussbesteuerungsauslösende Sachverhalte —— 15
    2. Entsprechende Anwendung bei Dach-Investmentvermögen (§ 8 Abs. 1 Satz 4) —— 16
    3. Wertaufholung (§ 8 Abs. 1 Satz 5) —— 17
  II. Negativer Aktiengewinn (§ 8 Abs. 2) —— 18
    1. Negativer Aktiengewinn (§ 8 Abs. 2 Satz 1) —— 19
    2. Entsprechende Anwendung bei Dach-Investmentvermögen (§ 8 Abs. 2 Satz 2) —— 20
    3. Keine Anwendung auf Anteile an REIT-Gesellschaften (§ 8 Abs. 2 Satz 3) —— 21
  III. Berechnungsgrundlagen für den Aktiengewinn (§ 8 Abs. 3) —— 22
    1. Aktiengewinn für die Dauer der Besitzzeit (§ 8 Abs. 3 Satz 1) —— 23
    2. Auswirkungen bei Ansatz eines niedrigeren Teilwerts (§ 8 Abs. 3 Satz 2) —— 24
    3. Berichtigung bei Wertaufholung (§ 8 Abs. 3 Satz 3) —— 25
    4. Berichtigung aufgrund früherer Korrekturen (§ 8 Abs. 3 Satz 4) —— 26
  IV. Rechtsfolgen bei Verstoß gegen die Veröffentlichungspflichten (§ 8 Abs. 4) —— 27
    1. Ermittlungs- und Veröffentlichungspflichten nach § 5 Abs. 2 —— 28
    2. Rechtsfolgen des Verstoßes gegen die Ermittlungs- und Veröffentlichungspflichten des § 5 Abs. 2 —— 29
  V. Schlussbesteuerung bei Anteilen im Privatvermögen (§ 8 Abs. 5)
    1. Zuordnung der Veräußerungsgewinne zu § 20 Abs. 2 Satz 1 Nr. 1 EStG (§ 8 Abs. 5 Satz 1) —— 30
    2. Abzug des Zwischengewinns vom Veräußerungserlös (§ 8 Abs. 5 Satz 2) —— 31
    3. Abzug thesaurierter Erträge (§ 8 Abs. 5 Satz 3 und Satz 4) —— 32
    4. Berücksichtigung der Alt-Veräußerungsgewinne (§ 8 Abs. 5 Satz 5) —— 33
    5. Berücksichtigung von Substanzauskehrungen und steuerfreien Liquiditätsüberhängen (§ 8 Abs. 5 Satz 6) —— 34

A. Allgemeines — § 8

6. Nichtberücksichtigung des DBA-Gewinns bzw. -Verlusts (§ 8 Abs. 5 Satz 7) —— 35	3. Steuerabzug bei Anlegern mit Anteilen im Betriebsvermögen —— 39
VI. Steuerabzug (§ 8 Abs. 6) —— 36	VII. Sinngemäße Anwendung des § 15b EStG (§ 8 Abs. 7) —— 40
1. Allgemeines —— 37	
2. Steuerabzug bei Anlegern mit Anteilen im Privatvermögen —— 38	VIII. Wechsel des Besteuerungssystems gemäß § 1 Abs. 1d (§ 8 Abs. 8) —— 41

A. Allgemeines

I. Rechtsentwicklung der Vorschrift

Der in den Grundzügen auf § 40a KAGG[1] basierende § 8 Abs. 1–3 wurde durch das **1** Investmentmodernisierungsgesetz (InvModG, BGBl. I 2003, 2676, 2728 = BStBl. I 2004, 5, 9) eingeführt und seitdem mehrfach geändert und ergänzt:

– Durch das EU-Richtlinien-Umsetzungsgesetz vom 9.12.2004 (EURLUmsG, BGBl. I 2004, 3310, 3326 = BStBl. I 2004, 1158, 1173) wurde § 8 Abs. 2 in Satz 1 um einen Halbsatz und um einen Satz 2 ergänzt. Ferner wurde § 8 Abs. 3 neu gefasst und die Absätze 4 und 5 wurden eingefügt.

– Der Verweis „aber auch § 19 REITG" in § 8 Abs. 1 S. 1 wurde durch das Gesetz zur Schaffung deutscher Immobilien-Aktiengesellschaften mit börsennotierten Anteilen (REITG BGBl. I 2007, 914, 922 = BStBl. I 2007, 806, 814) aufgenommen. Ferner wurde in § 8 Abs. 2 der S. 3 eingefügt. Beides diente der Gleichbehandlung von Aktionären einer REIT-AG und dem Anleger in einen Investmentfonds, welcher wiederum Anteile an einer REIT-AG hält.

– § 8 Abs. 5 wurde durch das Unternehmensteuerreformgesetz 2008 vom 14.8.2007 (UntStRefG 2008, BGBl. I 2007, 1912, 1935 = BStBl. I 2007, 630, 653) neu gefasst und § 8 Abs. 6 wurde eingefügt.

– Durch das Jahressteuergesetz 2009 vom 19.12.2008 (JStG 2009, BGBl. I 2008, 2794, 2832 = BStBl. I 2009, 74, 111) wurden § 8 Abs. 5 S. 1 1. HS, Satz 3 und Satz 4 sowie § 8 Abs. 6 S. 3 geändert.

– Durch das Jahressteuergesetz 2010 vom 8.12.2010 (JStG 2010, BGBl. I 2010, 1768, 1790 = BStBl. I 2010, 1394, 1416) wurden in § 8 Abs. 1 S. 1 die Worte „oder Entnahme" eingefügt, ein neuer § 8 Abs. 5 S. 6 wurde eingefügt und der bestehende Satz 6 wurde zu Satz 7 umnummeriert. Ferner wurde ein neuer § 8 Abs. 7 eingefügt, der die entsprechende Anwendung des § 15b EStG bei Vorliegen eines Steuerstundungsmodells vorsieht.

– § 8 Abs. 1 wurde durch das Gesetz zur Umsetzung des EuGH-Urteils vom 20.10.2011 in der Rechtssache C-284/09 vom 21.3.2013 (EuGHUrtUmsG, BGBl. I 2013, 561, 563 = BStBl. I 2013, 344, 345) neu gefasst. Das Gesetz regelt die Steuerpflicht von Streubesitzdividenden für körperschaftsteuerpflichtige Investoren neu. Während der ursprüngliche Gesetzentwurf keine Neuregelung der Vorschriften des InvStG vorsah, wurde durch den Vermittlungsausschuss[2] aufgrund der für die Direktanlage in § 8b Abs. 4 KStG neu eingeführten Versagung der Steuerbefreiung auf Streubesitzdividenden die Regelungen für die Steuerbefreiung von Dividendenerträgen im Rahmen der Fondsanlage für körperschaftsteuerpflichtige Anleger ebenfalls deutlich einge-

---

[1] Zur Kommentierung von § 40a KAGG Brinkhaus/Scherer/*Lübbehüsen* § 40a KAGG Rn. 1ff.
[2] Beschlussempfehlung des Vermittlungsausschusses vom 26.2.2013 BTDrucks. 17/12465; vgl. auch Beschluss des Bundesrates vom 28.2.2013 BRDrucks. 146/13.

schränkt.³ Neben dieser Änderung in § 8 Abs. 1 erfolgte auch eine entsprechende Änderung in § 2 Abs. 2 S. 1, wonach nun Dividendenerträge bei körperschaftsteuerpflichtigen Anlegern in vollem Umfang steuerpflichtig sind.

– Durch das Gesetz zur Anpassung des Investmentsteuergesetzes und anderer Gesetze an das AIFM-Umsetzungsgesetz (AIFM-StAnpG, BGBl. I 2013, 4318, 4324 = BStBl. I 2014, 2, 8) wurden § 8 Abs. 1 S. 1 und S. 2, Abs. 2 S. 1 bis S. 3, Abs. 5 S. 5 und S. 6 redaktionell an die übrigen Änderungen im InvStG angepasst. Zusätzlich wurde ein neuer § 8 Abs. 8 eingefügt, der eine Veräußerungsfiktion enthält in Fällen des Wechsels des Besteuerungssystems nach § 1 Abs. 1d.

II. Zwecksetzung, Inhalt und Bedeutung der Vorschrift

2 **1. Regelungsgegenstand – Kurzübersicht.** § 8 regelt die steuerliche Behandlung von Einnahmen des Anlegers, die dieser aus der Rückgabe, Veräußerung oder Entnahme der Investmentanteile erzielt (Schlussbesteuerung). Demnach kommt es nach § 8 Abs. 1 zur Anwendung der Steuerbefreiung gewisser Einnahmen (sog. „positiver Aktiengewinn") gemäß (i) § 8b KStG (vollständige Steuerbefreiung, wobei 5% als nichtabziehbare Betriebsausgaben gelten – sog. „95%-Befreiung") bzw. (ii) nach § 3 Nr. 40 EStG (teilweise Befreiung i.H.v. 40% – sog. „Teileinkünfteverfahren") sowie (iii) nach § 4 Abs. 1 (sog. „DBA-Gewinn" bzw. „Immobilien-Gewinn").⁴ Ziel ist dabei die steuerliche Gleichbehandlung des Investmentfondsanlegers mit dem Direktanleger in Aktien und aktienähnliche Genussscheine bzw. in DBA-steuerbefreite Einkünftequellen.⁵ In den Grundzügen war diese Regelung bereits in § 40a KAGG für inländische Investmentanteile enthalten.⁶ Mit dem InvModG wurde die Regelung dann aufgrund europarechtlicher Bedenken auf ausländische Investmentanteile ausgedehnt.⁷ Durch das EuGHUrtUmsG wurde § 8 Abs. 1 mit Wirkung zum 1.3.2013 neu gefasst und die Steuerbefreiung für Dividenden für körperschaftsteuerliche Anleger aus der bisherigen Regelung ausgeschlossen. Dies soll die ebenfalls für im Rahmen der Direktanlage erfolgten Neuregelungen in § 8b Abs. 4 KStG auf Fondsanleger übertragen.⁸ § 8 Abs. 2 regelt hingegen die Nichtabziehbarkeit von Minderungen des Gewinns auf Ebene des Anlegers, soweit diese aus Aktienverlusten stammen (sog. „negativer Aktiengewinn"). Die zeitanteilige Berechnung des Aktiengewinns richtet sich nach § 8 Abs. 3. § 8 Abs. 4 regelt den Fall, dass der Investmentfonds die in § 5 Abs. 2 geregelte Bekanntmachungspflicht des Aktiengewinns verletzt. § 8 Abs. 5 stellt klar, dass Privatanleger die Steuerbefreiung (nach der 95%-Befreiung und dem Teileinkünfteverfahren) nicht nutzen können. Mit der Einführung der Abgeltungsteuer wurde der Steuerabzug mit Wirkung ab 1.1.2009 in § 8 Abs. 6 geregelt. § 8 Abs. 7 erklärt § 15b EStG (Steuerstundungsmodelle) für anwendbar. Der nun mit dem AIFM-StAnpG neu eingeführte § 8 Abs. 8 regelt den Fall des Wechsels des Besteuerungssystems vom transparenten Investmentfonds zur Investitionsgesellschaft gemäß § 1 Abs. 1d.

---

3 *Haisch/Helios* DB **2013** 724, 728 ff.
4 Die Begriffe „DBA-Gewinn" und „Immobilien-Gewinn" werden in der Praxis gleichbedeutend genutzt und meinen beide nach § 4 Abs. 1 nach DBA befreite Erträge, insbesondere Gewinne aus der Veräußerung von im Ausland gelegenen Grundstücken und ausländische Mieteinnahmen, vgl. Blümich/*Hammer* § 8 InvStG Rn. 11; vgl. auch Berger/Steck/Lübbehüsen/*Büttner/Mücke* § 8 InvStG Rn. 33; vgl. auch Haase/*Bacmeister/Reislhuber* § 8 Rn. 58.
5 Berger/Steck/Lübbehüsen/*Büttner/Mücke* § 8 InvStG Rn. 1.
6 Berger/Steck/Lübbehüsen/*Büttner/Mücke* § 8 InvStG Rn. 1; vgl. auch Gesetzentwurf der Bundesregierung vom 19.9.2003 BTDrucks. 15/1533 S. 122.
7 Berger/Steck/Lübbehüsen/*Büttner/Mücke* § 8 InvStG Rn. 3.
8 *Haisch/Helios* DB **2013** 724, 728 ff.

2. Positiver Aktiengewinn, § 8 Abs. 1 – Altregelung und Neuregelung. Bei den Re- 3
gelungen zum positiven Aktiengewinn in § 8 Abs. 1 ist zu differenzieren zwischen (i) Fallkonstellationen, in denen der Wortlaut des § 8 Abs. 1 vor dem EuGHUrtUmsG Anwendung
findet („**Alt-Fälle**" nach § 8 Abs. 1 a.F.) und (ii) Fallkonstellationen, in denen der Wortlaut
des § 8 Abs. 1 nach dem EuGHUrtUmsG in der Form des AIFM-StAnpG Anwendung findet
(„**Neu-Fälle**" nach § 8 Abs. 1 n.F.). § 8 Abs. 1 n.F. ist ab dem 1.3.2013 anzuwenden (§ 21
Abs. 22 S. 1). Gemäß § 21 Abs. 22 S. 5 ist „*[...] auf die Einnahmen i.S.d. § 8 Abs. 1 aus einer
Rückgabe, Veräußerung oder Entnahme von Investmentanteilen, die nach dem 28. Februar
2013 erfolgt, [...] § 8b KStG mit Ausnahme des Absatzes 4 anzuwenden, soweit sie dort genannte, dem Anleger noch nicht zugeflossene oder als zugeflossen geltende Einnahmen enthalten, die dem Investmentvermögen vor dem 1. März 2013 zugeflossen sind oder als zugeflossen gelten [...]*". Generell gilt somit das Stichtagsprinzip (1.3.2013). Sind in den nach
dem 1.3.2013 realisierten Einnahmen aus Veräußerungstatbeständen noch nicht ausgeschüttete oder ausschüttungsgleiche Erträge enthalten, die auf Fondsebene bereits vor
dem 1.3.2013 realisiert worden sind, gilt zwar der Wortlaut des § 8 Abs. 1 n.F., allerdings ist
die Streubesitzdividendenregelung in § 8b Abs. 4 KStG insoweit nicht anzuwenden.

Gemäß § 8 Abs. 1 a.F. bestand der positive Aktiengewinn (i) aus in § 3 Nr. 40 EStG,
§ 8b KStG, § 4 Abs. 1 sowie § 19 REITG genannten Einnahmen, die dem Anleger noch
nicht zugeflossen sind oder als zugeflossen gelten oder (ii) aus den realisierten oder noch
nicht realisierten Gewinnen aus der Beteiligung des Investmentfonds an Körperschaften,
Personenvereinigungen oder Vermögensmassen, deren Leistungen beim Empfänger zu
den Einnahmen i.S.d. § 20 Abs. 1 Nr. 1 EStG gehören. Auf die Einnahmen aus der Veräußerung oder Rückgabe von Investmentanteilen im Betriebsvermögen waren § 3 Nr. 40
EStG, § 8b KStG, § 4 Abs. 1 sowie § 19 REITG anzuwenden, soweit diese auf positiven Aktiengewinn entfallen.

Gemäß § 8 Abs. 1 n.F. ist der positive Aktiengewinn dem reinen Wortlaut nach gemäß Satz 1 legal definiert (i) als in § 3 Nr. 40 EStG, § 4 Abs. 1 sowie § 19 REITG genannte
Einnahmen, die dem Anleger noch nicht zugeflossen sind oder als zugeflossen gelten
sowie (ii) als bereits realisierte oder noch nicht realisierte Gewinne aus der Beteiligung
des Investmentfonds an Körperschaften, Personenvereinigungen oder Vermögensmassen, deren Leistungen beim Empfänger zu den Einnahmen i.S.d. § 20 Abs. 1 Nr. 1 EStG
gehören. Auf die Einnahmen aus der Veräußerung, Rückgabe oder Entnahme von Investmentanteilen sind § 3 Nr. 40 EStG, § 4 Abs. 1 sowie § 19 REITG anzuwenden, soweit diese
auf positiven Aktiengewinn entfallen.

Der positive Aktiengewinn ist somit auch weiterhin in § 8 Abs. 1 n.F. abschließend in
Satz 1 legal definiert, während die Anwendung von § 8b KStG nun in Satz 2 geregelt ist.
Danach sind auf die Einnahmen aus der Veräußerung, Rückgabe oder Entnahme von
Investmentanteilen im Betriebsvermögen § 8b KStG sowie § 19 REITG anzuwenden, soweit diese auf bereits realisierte oder noch nicht realisierte Gewinne aus der Beteiligung
des Investmentfonds an Körperschaften, Personenvereinigungen oder Vermögensmassen entfallen, deren Leistungen beim Empfänger zu den Einnahmen i.S.d. § 20 Abs. 1
Nr. 1 EStG gehören. Satz 2 erfasst somit nur einen Teil des positiven Aktiengewinns, da
der in Satz 1 enthaltene Verweis auf „*[...] dort [in § 8b KStG] genannte, dem Anleger noch
nicht zugeflossene oder als zugeflossen geltende Einnahmen [...]*" fehlt. Durch den von
Satz 1 abweichenden Wortlaut stellt der Gesetzgeber klar, dass die 95%-Befreiung gemäß
§ 8b KStG in § 8 Abs. 1 n.F. für körperschaftsteuerpflichtige Anleger auf vereinnahmte
Dividenden nicht mehr anwendbar ist.[9] Lediglich der Aktiengewinn auf realisierte und

---

[9] *Haisch/Helios* DB **2013** 724, 728; vgl. auch *Ortmann-Babel/Bolik/Zöller* SteuK **2013** 89, 92.

nichtrealisierte Wertänderungen unterliegt bei körperschaftsteuerpflichtigen Anlegern der 95%-Befreiung. Natürliche Personen, die die Investmentanteile im Betriebsvermögen halten, kommen wie bisher in den Genuss der Steuerbefreiung nach dem Teileinkünfteverfahren sowohl bezüglich Dividenden als auch bezüglich realisierter und nichtrealisierter Wertänderungen.[10] Folge aus der Unterscheidung zwischen natürlichen Personen als betriebliche Anleger und Körperschaften für Zwecke der Ermittlung des positiven Aktiengewinns ist die Verpflichtung des Investmentfonds, gemäß § 5 Abs. 2 zwei verschiedene Aktiengewinne zu ermitteln und bekanntzugeben.[11]

4   **3. Wesentliche ergänzende Regelungen, § 8 Abs. 2–5.** In § 8 Abs. 2 wird hingegen der negative Aktiengewinn legal definiert als (i) Vermögensminderungen auf Beteiligungen des Investmentfonds an Körperschaften, Personenvereinigungen oder Vermögensmassen, deren Leistungen beim Empfänger zu den Einnahmen i.S.d. § 20 Abs. 1 Nr. 1 EStG gehören sowie (ii) Vermögensminderungen, die aus Wirtschaftsgütern herrühren, auf deren Erträge § 4 Abs. 1 (Steuerbefreiung des DBA-Gewinns) anzuwenden ist. Auf solche Vermögensminderungen innerhalb des Investmentfonds sind beim Anleger § 3c Abs. 2 EStG sowie § 8b KStG anzuwenden, soweit sie auf negativen Aktiengewinn entfallen.

Der besitzzeitanteilige Aktiengewinn ist gemäß § 8 Abs. 3 die Differenz zwischen (i) dem Aktiengewinn auf den Rücknahmepreis zum Zeitpunkt der Veräußerung und (ii) dem Aktiengewinn auf den Rücknahmepreis zum Zeitpunkt der Anschaffung. Dies gilt gleichermaßen für die besitzzeitanteilige Ermittlung des DBA-Gewinns.[12] § 8 Abs. 3 S. 4 regelt die Korrektur von früheren Teilwertabschreibungen im Veräußerungs- oder Rückgabefall. Danach ist die Berichtigung in Höhe des zum Schluss des vorangegangenen Wirtschaftsjahrs ermittelten negativen Aktiengewinns vorzunehmen, soweit sich dieser auf den Bilanzansatz ausgewirkt hat.[13]

§ 8 Abs. 4 fingiert die Rücknahme und zeitgleiche Neuanschaffung des Investmentanteils, falls der Investmentfonds den Bekanntmachungspflichten des § 5 Abs. 2 nicht nachkommt. Die dadurch entstehende Einkommensteuer bzw. Körperschaftsteuer gilt als bis zur tatsächlich erfolgenden Rückgabe oder Veräußerung als gestundet.

Gemäß § 8 Abs. 5 sind Veräußerungs- bzw. Rückgabegewinne von Privatanlegern Einkünfte aus Kapitalvermögen i.S.v. § 20 Abs. 2 S. 1 Nr. 1 EStG. Eine Anwendung der 95%-Befreiung bzw. des Teileinkünfteverfahrens scheidet aus. Ebenso ist § 17 EStG nicht anwendbar, d.h. es erfolgt keine Umqualifizierung der Kapitaleinkünfte in gewerbliche Einkünfte. Ferner enthält die Vorschrift eine Reihe von Hinzurechnungen und Kürzungen.

Auf § 8 wird Bezug genommen in folgenden Regelungen:
§ 5 Abs. 2 S. 1; § 14 Abs. 6 S. 2; § 15 Abs. 1 S. 1; § 15 Abs. 1a S. 1; § 16 S. 1; § 19 Abs. 3 S. 4; § 21 Abs. 2 S. 2; § 21 Abs. 2a S. 1 und S. 5; § 21 Abs. 2b S. 1; § 21 Abs. 5 S. 2 und S. 3; § 21 Abs. 22 S. 1 und S. 5 sowie § 23 Abs. 1 S. 2.

---

10 *Haisch/Helios* DB **2013** 724, 728.
11 *Ortmann-Babel/Bolik/Zöller* SteuK **2013** 89, 92.
12 Berger/Steck/Lübbehüsen/*Büttner/Mücke* § 8 InvStG Rn. 9.
13 BMF-Schreiben vom 18.8.2009, Investmentsteuergesetz, Zweifels- und Auslegungsfragen; BStBl. I **2009** 931, Rn. 174.

4. Spezifische Anleger

a) Anleger mit Anteilen im Betriebsvermögen. Betriebliche Anleger berücksichtigen den Gewinn aus der Veräußerung, Rückgabe oder Entnahme von Investmentanteilen bereits im Rahmen ihrer Gewinnermittlug nach allgemeinen Grundsätzen. Gleiches gilt für ausländische Anleger, die ihre Investmentanteile in einem inländischen Betrieb halten (gemäß § 49 Abs. 1 Nr. 1–3 EStG, z.B. mittels einer deutschen Betriebsstätte).[14] Eine Steuerbefreiung nach InvStG kommt bereits nach § 2 Abs. 2 (Erträge, die im Ausland besteuert werden, unterliegen im Inland der 95%-Befreiung bzw. dem Teileinkünfteverfahren) und § 4 Abs. 1 (Steuerbefreiung des DBA-Gewinns) in Betracht. Während für Alt-Fälle § 8b KStG noch sowohl auf Dividenden als auch auf Gewinne aus der Veräußerung von Anteilen an einer Körperschaft anwendbar war (§ 2 Abs. 2 S. 1 und S. 2 a.F.), ist die 95%-Befreiung nach § 8b KStG für Neu-Fälle mit der Einführung des EuGHUrtUmsG nur noch auf Gewinne aus der Veräußerung von Anteilen an einer Körperschaft anwendbar (§ 2 Abs. 2 S. 1 und S. 2 n.F.), d.h. wie bei der Direktanlage entfällt die 95%-Befreiung nach § 8b Abs. 1 KStG für Streubesitzdividenden.[15] 5

Anders als bei der Direktanlage hat der Gesetzgeber die Steuerbefreiung von Dividendenerträgen bei der Anlage mittels eines Publikums-Investmentfonds insgesamt abgeschafft, d.h. nicht nur für Streubesitzdividenden (Beteiligung unterhalb von 10% an der ausschüttenden Kapitalgesellschaft). Es kommt somit nicht darauf an, ob auf Ebene des Investmentfonds oder durchgerechnet auf die Ebene des einzelnen Anlegers eine Beteiligung von mindesten 10% an der ausschüttenden Kapitalgesellschaft gemäß § 8b Abs. 4 S. 1 KStG vorliegt.[16] Der Publikums-Investmentfonds wird vielmehr so gestellt, als halte er stets Streubesitzbeteiligungen.[17] Dies wird in der Regel auch der Fall sein, da aufgrund einer hohen Anzahl von Anlegern zumindest bei Durchrechnung auf den einzelnen Investor die Überschreitung der 10%-Beteiligungsgrenze unwahrscheinlich ist.[18] Ferner bestehen bereits Anlagegrenzen für eine Anlage in eine einzelne Kapitalgesellschaft i.H.v. 10% nach investmentrechtlichen Grundsätzen.[19] Demnach besteht eine 10%-Beteiligungsgrenze gemäß § 210 Abs. 2 S. 1 KAGB für eine OGAW-Kapitalverwaltungsgesellschaft hinsichtlich der gesamten Stimmrechte aus Aktien desselben Emittenten (wobei für die Berechnung der 10%-Beteiligungsgrenze die Beteiligungen aller von der OGAW-Kapitalverwaltungsgesellschaft verwalteten inländischen OGAW berücksichtigt werden). Daneben besteht gemäß § 210 Abs. 1 S. 4 KAGB eine 10%-Beteiligungsgrenze für Aktien ohne Stimmrechte desselben Emittenten (wobei für die Berechnung der 10%-Beteiligungsgrenze auf den einzelnen inländischen OGAW abgestellt wird).

§ 8 Abs. 1 bis Abs. 4 ermöglichen die Steuerbefreiung für den besitzzeitanteiligen Anleger-Aktiengewinn bzw. den Anleger-DBA-Gewinn.[20] Nur insoweit der Veräußerungs-, Rückgabe- oder Entnahmegewinn bei betrieblichen Anlegern nach § 2 Abs. 2, § 4 Abs. 1 oder nach § 8 Abs. 1 bis Abs. 4 nicht steuerbefreit ist, ist dieser steuerpflichtig.[21]

---

14 Hierzu *Fock* DStZ **2006** 503, 505 f.; vgl. auch Berger/Steck/Lübbehüsen/*Büttner/Mücke* § 8 InvStG Rn. 13.
15 *Haisch/Helios* DB **2013** 724, 728; vgl. auch *Benz/Jetter* DStR **2013** 489, 493.
16 *Haisch/Helios* DB **2013** 724, 728; vgl. auch *Benz/Jetter* DStR **2013** 489, 493; vgl. auch *Lemaitre* IWB **2013** 269, 271.
17 *Haisch/Helios* DB **2013** 724, 728.
18 Dazu auch *Haisch/Helios* DB **2013** 724, 728.
19 Dazu auch *Haisch/Helios* DB **2013** 724, 728.
20 Berger/Steck/Lübbehüsen/*Büttner/Mücke* § 8 InvStG Rn. 13.
21 Berger/Steck/Lübbehüsen/*Büttner/Mücke* § 8 InvStG Rn. 13.

Für ausschüttungsgleiche Erträge, die bilanzierenden Anlegern gemäß § 2 Abs. 1 S. 2 mit dem Ablauf des Geschäftsjahres des Investmentfonds als zugeflossen gelten, ist in der Steuerbilanz ein aktiver Ausgleichsposten zu bilden.[22] Bei Veräußerung oder Rückgabe der Investmentanteile ist dieser Ausgleichsposten gewinnmindernd aufzulösen. Somit wird gewährleistet, dass bei der Veräußerung oder Rückgabe der Investmentanteile darin enthaltene, bisher thesaurierte ausschüttungsgleiche Erträge nicht doppelt besteuert werden. Soweit ein aktiver Ausgleichsposten bereits für handelsbilanzielle Zwecke ausgewiesen wurde (z.B. für das Steuerguthaben, welches sich aufgrund des Steuerabzugs nach § 7 Abs. 4 ergibt),[23] unterbleibt ein gesonderter Ausweis in der Steuerbilanz.[24] Für die bilanzielle Behandlung von Mehr- (Betrag der Ausschüttung übersteigt den Betrag der steuerbaren ausgeschütteten Erträge; passiver Ausgleichsposten) und Minderabführungen (Betrag der steuerbaren ausgeschütteten Erträge übersteigt den Betrag der Ausschüttung; aktiver Ausgleichsposten) siehe die Diskussion in Berger/Steck.[25] Erfolgt die Gewinnermittlung nach § 4 Abs. 3 EStG, ist die doppelte Erfassung der Einnahmen im Zeitpunkt der Veräußerung „auf geeignete Weise zu vermeiden".[26] In Betracht kommt z.B. die Bildung eines Merkpostens oder die Aufzeichnung der bereits berücksichtigten Beträge im Anlageverzeichnis.[27]

Für inländische und ausländische Spezial-Investmentfonds gelten spezielle Regeln, wonach eine Steuerbefreiung der Dividenden nach § 8b KStG auch für körperschaftsteuerpflichtige Anleger in bestimmten Fällen möglich sein kann.[28]

6   **b) Anleger mit Anteilen im Privatvermögen.** Während im Falle der Veräußerung oder Rückgabe eines Investmentanteils die beim Anleger noch nicht zugeflossenen oder als zugeflossen geltenden laufenden Erträge aus Zinsen und Zinssurrogaten (Zwischengewinn) über die Zwischengewinnbesteuerung erfasst werden (§ 1 Abs. 4 i.V.m. § 2 Abs. 1 S. 1, S. 5) (Ertragssphäre), ist die Berücksichtigung von Einnahmen aus der Veräußerung oder der Rückgabe von Investmentanteilen (Vermögenssphäre) für Privatanleger in § 8 Abs. 5 grundsätzlich abschließend geregelt.[29] § 8 Abs. 5 als spezialgesetzliche Regelung verdrängt somit steuerbegründende Vorschriften hinsichtlich der Einnahmen aus der Veräußerung bzw. Rückgabe.[30] Auch hinsichtlich der Regelung des Steuerabzugs sind die Ausführungen in § 8 Abs. 6 abschließend. Ein Kapitalertragsteuerabzug nach § 43 Abs. 1 Nr. 9 EStG (der für Kapitaleinkünfte i.S.v. § 20 Abs. 2 S. 1 Nr. 1 EStG gilt) ist somit auf die Einnahmen aus der Veräußerung oder Rückgabe von Investmentanteilen nicht anwendbar, obwohl diese gemäß § 8 Abs. 5 S. 1 zu den Kapitaleinkünften i.S.v. § 20 Abs. 2 S. 1 Nr. 1 EStG gehören.[31]

---

22 BMF-Schreiben vom 18.8.2009, Rn. 29.
23 Rockel/Patzner DStR **2008** 2122, 2123, 2126.
24 Berger/Steck/Lübbehüsen/*Büttner/Mücke* § 8 InvStG Rn. 14.
25 Berger/Steck/Lübbehüsen/*Büttner/Mücke* § 8 InvStG Rn. 14.
26 BMF-Schreiben vom 18.8.2009, Rn. 29.
27 Blümich/*Wenzel* § 2 InvStG Rn. 11; vgl. auch Berger/Steck/Lübbehüsen/*Büttner/Mücke* § 8 InvStG Rn. 14.
28 § 15 Abs. 1a, § 16 S. 3.
29 Für die steuerliche Behandlung von Privatanlegern, die sog. „Alt-Investmentanteile" (d.h. Investmentanteile, die vor dem 1.1.2009 erworben wurden), vgl. § 21 Abs. 2 S. 2; abweichende Regelungen gelten für Investmentfonds, bei denen die Beteiligung natürlicher Personen von deren Sachkunde abhängig ist oder die Mindestanlagesumme 100.000 € beträgt (vgl. § 21 Abs. 2a) sowie für steueroptimierte Geldmarktfonds (vgl. § 21 Abs. 2b); vgl. Berger/Steck/Lübbehüsen/*Büttner/Mücke* § 8 InvStG Rn. 15, Rn. 137 ff.; vgl. auch Haase/*Bacmeister/Reislhuber* § 8 Rn. 270 ff.
30 Berger/Steck/Lübbehüsen/*Büttner/Mücke* § 8 InvStG Rn. 15.
31 Berger/Steck/Lübbehüsen/*Büttner/Mücke* § 8 InvStG Rn. 16.

c) Steuerausländer (als Privatanleger aufgrund isolierender Betrachtungsweise). Im Ausland ansässige Anleger sind für deutsche Steuerzwecke aufgrund der isolierenden Betrachtungsweise (§ 49 Abs. 2 EStG) grundsätzlich als Privatanleger zu behandeln, es sei denn, die Investmentanteile sind gemäß § 49 Abs. 1 Nr. 1–3 EStG einem inländischen Betrieb zuzuordnen (z.B. einer inländischen Betriebsstätte).[32] Dies gilt unabhängig davon, ob die Investmentanteile im Ausland einem Betriebsvermögen oder Privatvermögen zuzuordnen sind. Aufgrund von § 49 Abs. 2 EStG wird der ausländische Sachverhalt des Anlegers für Zwecke dessen beschränkter Steuerpflicht in Deutschland nicht berücksichtigt, d.h. diese fließen nicht in die Prüfung der deutschen beschränkten Steuerpflicht mit ein.

Einnahmen bei Veräußerung oder Rückgabe des Investmentanteils, die den Zwischengewinn (§ 1 Abs. 4 i.V.m. § 2 Abs. 1 S. 1, S. 5) betreffen, sind keine inländischen Einkünfte gemäß § 49 Abs. 1 Nr. 5 lit. b lit. bb) EStG (außer bei Tafelgeschäften) und fallen nicht unter die beschränkte Steuerpflicht.[33] Gleiches gilt auch für nicht den Zwischengewinn betreffende Einnahmen aus der Veräußerung oder der Rückgabe von Investmentanteilen. Eine beschränkte Steuerpflicht scheidet hinsichtlich dieser Einnahmen aus, da diese als Einkünfte aus Kapitalvermögen gem. § 20 Abs. 2 Nr. 1 EStG anzusehen sind und die allenfalls in Betracht kommende Norm des § 49 Abs. 1 Nr. 5 d) EStG nicht anwendbar ist, da die dort genannte Vorschrift des § 43 Abs. 1 Nr. 9 EStG aufgrund des Vorrangs von § 8 Abs. 6 nicht greift. Allerdings sieht § 8 Abs. 6 einen generellen Steuerabzug vor. Da ein Steuerabzug von nichtsteuerbare Erträgen allerdings nicht statthaft ist, kommt eine spätere Erstattung (vgl. § 37 Abs. 2 S. 1 AO) oder bereits die Abstandnahme vom Steuerabzug in Betracht.[34]

B. Schlussbesteuerung bei Rückgabe oder Veräußerung

I. Schlussbesteuerung bei Investmentanteilen im Betriebsvermögen (§ 8 Abs. 1)

1. Positiver Aktiengewinn (§ 8 Abs. 1 Satz 1 bis Satz 3 n.F.). § 8 Abs. 1 S. 1 bis S. 3 n.F. lauten:

> „Auf die Einnahmen aus der Rückgabe, Veräußerung oder Entnahme von Investmentanteilen sind § 3 Nummer 40 des Einkommensteuergesetzes, § 4 Absatz 1 dieses Gesetzes sowie § 19 des REIT-Gesetzes anzuwenden, soweit sie dort genannte, dem Anleger noch nicht zugeflossene oder als zugeflossen geltende Einnahmen enthalten oder auf bereits realisierte oder noch nicht realisierte Gewinne aus der Beteiligung des Investmentfonds an Körperschaften, Personenvereinigungen oder Vermögensmassen entfallen, deren Leistungen beim Empfänger zu den Einnahmen im Sinne des § 20 Absatz 1 Nummer 1 des Einkommensteuergesetzes gehören (positiver Aktiengewinn). Auf die Einnahmen aus der Rückgabe, Veräußerung oder Entnahme von Investmentanteilen im Betriebsvermögen sind § 8b des Körperschaftsteuergesetzes sowie § 19 des REIT-Gesetzes anzuwenden, soweit sie auf bereits realisierte oder noch nicht realisierte Gewinne aus der Beteiligung des Investmentfonds an Körperschaften, Personenvereinigungen oder Vermögensmassen entfallen, deren Leistungen beim Empfänger zu den Einnahmen im Sinne des § 20 Absatz 1 Nummer 1 des Einkommensteuergesetzes gehören. § 15 Absatz 1a und § 16 Absatz 3 bleiben unberührt."

---

32 Berger/Steck/Lübbehüsen/*Büttner/Mücke* § 8 InvStG Rn. 17.
33 Berger/Steck/Lübbehüsen/*Büttner/Mücke* § 8 InvStG Rn. 17; Schmidt/*Loschelder* EStG § 49 Rn. 98; Rohde/Neumann FR **2012** 247.
34 Diesbezüglich und bezüglich einer Diskussion zu der steuerlichen Behandlung von Alt-Investmentanteilen Berger/Steck/Lübbehüsen/*Büttner/Mücke* § 8 InvStG Rn. 19 ff.

§ 8 Abs. 1 S. 1 a.F. lautet:

„Auf die Einnahmen aus der Rückgabe, Veräußerung oder Entnahme von Investmentanteilen im Betriebsvermögen sind § 3 Nr. 40 des Einkommensteuergesetzes und § 8b des Körperschaftsteuergesetzes sowie § 4 Abs. 1, aber auch § 19 des REIT-Gesetzes, anzuwenden, soweit sie dort genannte, dem Anleger noch nicht zugeflossene oder als zugeflossen geltende Einnahmen enthalten oder auf bereits realisierte oder noch nicht realisierte Gewinne aus der Beteiligung des Investmentvermögens an Körperschaften, Personenvereinigungen oder Vermögensmassen entfallen, deren Leistungen beim Empfänger zu den Einnahmen im Sinne des § 20 Abs. 1 Nr. 1 des Einkommensteuergesetzes gehören (positiver Aktiengewinn)."

9 **a) Umfang des Aktiengewinns. Hinweis:** Die folgende Kommentierung zu 8 Abs. 1 berücksichtigt sowohl die Behandlung der Alt-Fälle nach § 8b Abs. 1 a.F. sowie die Behandlung der Neu-Fälle nach § 8 Abs. 1 n.F.[35] – gegebenenfalls unter ausdrücklichem Hinweis auf die jeweils anwendbare Rechtsnorm.

Gemäß § 5 Abs. 2 muss die Investmentgesellschaft den positiven oder negativen Aktiengewinn bewertungstäglich mit dem Rücknahmepreis veröffentlichen. Nur dann sind § 8 Abs. 1 bis 4 überhaupt anwendbar. Somit ist der Aktiengewinn sowohl (i) auf Ebene des Investmentfonds (sog. „Fonds-Aktiengewinn") als auch (ii) auf Ebene des Anlegers (sog. „Anleger-Aktiengewinn") zu ermitteln.[36] Letzterer muss für den Anleger auf Grundlage von dessen Besitzzeit ermittelt werden, d.h. es kommt auf die jeweilige Wertveränderung des Aktiengewinns zwischen Erwerb und Veräußerung der Investmentanteile an.[37] Gleiches gilt für den DBA-Gewinn bzw. Immobilien-Gewinn, d.h. auch diesbezüglich muss zwischen dem „Fonds-DBA-" bzw. „Fonds-Immobilien-Gewinn" und dem „Anleger-DBA-" bzw. „Anleger-Immobilien-Gewinn" differenziert werden.[38]

Der Wortlaut des § 8 Abs. 1 wurde durch das EuGHUrtUmsG mit Wirkung zum 1.3.2013 geändert. Während für Alt-Fälle der Wortlaut des § 8 Abs. 1 S. 1 a.F. anwendbar bleibt, fallen Neu-Fälle unter § 8 Abs. 1 S. 1 bis S. 3 n.F., wonach die Steuerbefreiung der in den Veräußerungs-, Rückgabe- bzw. Entnahmegewinnen enthaltenen Dividenden nach § 8b Abs. 1 KStG für körperschaftsteuerpflichtige Anleger (95%-Befreiung) nicht mehr anwendbar ist. Die bisherige Steuerbefreiung für natürliche Personen nach dem Teileinkünfteverfahren (betriebliche Anleger) bleibt hingegen unverändert bestehen.

Der in § 8 Abs. 1 S. 1 n.F. legal definierte positive Aktiengewinn umfasst (i) noch nicht ausgeschüttete oder als ausgeschüttet geltenden Dividenden aus Aktien (abzüglich einbehaltener und zuzüglich erstatteter Quellensteuer), (ii) realisierte Veräußerungsgewinne oder Erträge aus Aktien, aktienähnlichen Genussrechten und GmbH-Beteiligungen, (iii) Kursgewinne aus Aktien, aktienähnlichen Genussrechten und GmbH-Beteiligungen, sowie (iv) den DBA-Gewinn/Immobilien-Gewinn (§ 4 Abs. 1).[39]

Dies entspricht der Legaldefinition des positiven Aktiengewinns nach § 8 Abs. 1 a.F. Während die Legaldefinition des positiven Aktiengewinns in § 8 Abs. 1 S. 1 a.F. bisher einen Verweis sowohl auf § 3 Nr. 40 EStG als auch auf § 8b KStG enthielt und die Definition abschließend in Satz 1 a.F. geregelt war, wurde aufgrund der Änderungen des § 8 Abs. 1 n.F. durch das EuGHUrtUmsG die Regelung zur Steuerbefreiung des positiven Ak-

---

35 Der Begriff „Alt-Fälle" stellt auf Sachverhalte ab, die unter die Regelung des § 8 Abs. 1 in der Form vor dem EuGHUrtUmsG fallen, d.h. vor dem 1.3.2013 liegen, während der Begriff „Neu-Fälle" auf Sachverhalte abstellt, die unter die Regelung des § 8 Abs. 1 in der Form des EuGHUrtUmsG fallen, d.h. nach dem 1.3.2013 liegen.
36 BMF-Schreiben vom 18.8.2009, Rn. 108; vgl. auch *Tappen* SteuK **2011** 278, 279.
37 *Tappen* SteuK **2011** 278, 279.
38 BMF-Schreiben vom 18.8.2009, Rn. 108; vgl. auch Haase/*Bacmeister/Reislhuber* § 8 Rn. 59.
39 Zu § 8 Abs. 1 S. 1 a.F. Blümich/*Hammer* § 8 InvStG Rn. 9; vgl. auch *Tappen* SteuK **2011** 278, 280; vgl. auch Berger/Steck/Lübbehüsen/*Büttner/Mücke* § 8 InvStG Rn. 7, 31.

tiengewinns auf die Sätze 1 bis 3 n.F. ausgedehnt. Dennoch schließt Satz 1 n.F. wie bisher mit der Definitionsklammer „positiver Aktiengewinn". Somit ist der Begriff des positiven Aktiengewinns weiterhin abschließend in § 8 Abs. 1 S. 1 geregelt, während Sätze 2 und 3 n.F. lediglich den Umfang der Steuerbefreiung bei körperschaftsteuerpflichtigen Anlegern beschränken (d.h. Dividenden von der Steuerbefreiung nach § 8b KStG ausnehmen), indem der Wortlaut „[...] soweit sie dort genannte dem Anleger noch nicht zugeflossene oder als zugeflossen geltende Einnahmen enthalten [...]" in Satz 2 n.F. nicht enthalten ist, und die neu geschaffene Rückausnahme von diesem Grundsatz für in- und ausländische Spezial-Investmentfonds durch Verweis auf § 15 Abs. 1a und § 16 Satz 3 (der Wortlaut des § 8 Abs. 1 Satz 3, „§ 16 Abs. 3" ist ein Redaktionsversehen) berücksichtigen. Die Steuerbefreiung für den DBA-Gewinn bzw. Immobilien-Gewinn gilt allerdings durch den allgemeinen Verweis in Satz 1 n.F. auch für körperschaftsteuerpflichtige Anleger, d.h. Satz 2 regelt lediglich die (gegenüber Satz 1 limitierte) Anwendbarkeit von § 8b KStG.

Somit ergeben sich aus den Änderungen in § 8 Abs. 1 durch das EuGHUrtUmsG für die Definition des positiven Aktiengewinns in § 8 Abs. 1 S. 1 keine Änderungen. Die Steuerbefreiung für natürliche Personen, die die Investmentanteile im Betriebsvermögen halten, bleibt ebenfalls unverändert.[40] Körperschaftsteuerpflichtige Anleger erfahren jedoch eine Beschränkung hinsichtlich der Steuerbefreiung von Dividenden. Diese sind unabhängig von der Höhe der Beteiligung des Investmentfonds oder des Anlegers an der ausschüttenden Kapitalgesellschaft stets in vollem Umfang steuerpflichtig.

Ebenfalls Teil des positiven Aktiengewinns sind Korrekturposten gemäß § 5 Abs. 2 S. 2 InvStG,[41] der sicherstellt, dass sich durch die Ausgabe oder Rücknahme von Investmentanteilen der Aktiengewinn pro Investmentanteil nicht ändert.[42]

Besitzzeitanteilige Aktiengewinne anderer Investmentfonds sind ebenfalls Teil des positiven Aktiengewinns, soweit die Besteuerungsgrundlage bekanntgemacht wird (§ 8 Abs. 1 S. 4 n.F. bzw. § 8 Abs. 1 S. 2 a.F.).

Dividenden und sonstige Wertsteigerungen aus Anteilen an REIT-AGs sind gemäß § 8 Abs. 1 S. 1 i.V.m. § 19 REITG nicht Teil des Aktiengewinns. Diese Regelung wurde durch das REITG mit Wirkung zum 1.1.2007 aufgenommen und dient der Gleichbehandlung der Fälle einer Direktanlage und der Fondsanlage. Zwar sind Erträge aus der Beteiligung an einer REIT-AG Teil der ausgeschütteten oder ausschüttungsgleichen Erträge, allerdings erfolgt keine Steuerbefreiung aufgrund der 95%-Befreiung oder des Teileinkünfteverfahrens.[43]

Dahingegen sind Beträge aus dem Ertragsausgleich (§ 9) weder in § 8b KStG bzw. in § 3 Nr. 40 EStG noch ausdrücklich in § 8 Abs. 1 genannt. Diese sind daher nicht Teil des Aktiengewinns nach § 8 Abs. 1 S. 1.[44]

b) Besteuerungsfolgen bzgl. des Aktiengewinns. Soweit die Einnahmen aus der Veräußerung, Rückgabe oder Entnahme von Investmentanteilen positiven Aktiengewinn enthalten, sind die Steuerbefreiungen nach § 3 Nr. 40 EStG (Teileinkünfteverfahren), § 8b KStG (95%-Befreiung, jedoch nicht bezüglich Dividenden) und nach § 4 Abs. 1 (DBA-Gewinn bzw. Immobilien-Gewinn) gemäß § 8 Abs. 1 anwendbar.

10

---

40 *Haisch/Helios* DB **2013** 724, 728.
41 BMF-Schreiben vom 18.8.2009, Rn. 117.
42 *Tappen* SteuK **2011** 278, 280.
43 Berger/Steck/Lübbehüsen/*Büttner/Mücke* § 8 InvStG Rn. 27.
44 Berger/Steck/Lübbehüsen/*Büttner/Mücke* § 8 InvStG Rn. 66.

11 **c) Tatbestandsmerkmal „im Betriebsvermögen".** Nach § 8 Abs. 1 S. 1 a.F. war es bisher erforderlich, dass die Investmentanteile „im Betriebsvermögen" gehalten wurden, damit diese Steuerbefreiungen anwendbar waren. Der Wortlaut des § 8 Abs. 1 S. 1 n.F. erfordert nun nicht mehr, dass die Investmentanteile „im Betriebsvermögen" gehalten werden. Inhaltlich hat sich allerdings dadurch hinsichtlich des Fonds-Aktiengewinns bzw. des Anleger-Aktiengewinns nichts Wesentliches geändert. Der Verweis auf sich „im Betriebsvermögen" befindende Investmentanteile ist in Satz 1 n.F. schlichtweg nicht erforderlich, da § 3 Nr. 40 EStG (in den relevanten Alternativen lit. a und lit. d) nur auf betriebliche Einkünfte anwendbar ist und somit das Kriterium „Investmentanteile im Betriebsvermögen" nicht mehr notwendig ist. Zwar verweist § 8 Abs. 1 S. 1 n.F. auf den § 3 Nr. 40 EStG insgesamt und somit auch auf die Alternative in lit. d (Veräußerungsfälle von im Privatvermögen gehaltenen Anteilen, die gemäß § 17 Abs. 1 S. 1 EStG zu Einkünften aus Gewerbebetrieb führen).[45] In § 8 Abs. 1 Satz 2 n.F. ist das Kriterium „Investmentanteile im Betriebsvermögen" hingegen noch enthalten.

d) Ermittlung des Aktiengewinns

12 **aa) Berechnungsschritte.** Die Ermittlung des Aktiengewinns erfolgt in mehreren Rechenschritten.[46] Zunächst sind der (i) Fonds-Aktiengewinn sowie (ii) der Fonds-DBA-Gewinn (bzw. der Fonds-Immobilien-Gewinn) (bewertungstäglich, § 5 Abs. 2) zu ermitteln. Zur Ermittlung des besitzzeitanteiligen Anleger-Aktiengewinns sowie des besitzzeitanteiligen Anleger-DBA-Gewinns (bzw. des Anleger-Immobilien-Gewinns) erfolgt in einem nächsten Schritt (iii) die Gegenüberstellung des jeweiligen Fonds-Aktiengewinns bzw. des Fonds-DBA-Gewinns zum Veräußerungszeitpunkt bzw. Rückgabezeitpunkts oder zum Bilanzstichtag des Investmentanteils mit dem jeweiligen Fonds-Aktiengewinns bzw. des Fonds-DBA-Gewinns zum Erwerbszeitpunkt.[47] Dabei ist zur Ermittlung des hierbei anzusetzenden Fonds-Aktiengewinns der von der Investmentgesellschaft ermittelte Prozentsatz mit mindestens zwei Nachkommastellen auf den maßgebenden jeweiligen gesamten Rücknahmepreis der veräußerten bzw. zurückgegebenen oder am Bilanzstichtag zum Betriebsvermögen gehörenden Investmentanteile heranzuziehen.[48] Falls die der Rückgabe, Veräußerung oder Bewertung unterliegenden Investmentanteile zu unterschiedlichen Zeitpunkten oder mit unterschiedlichen Anschaffungskosten erworben wurden, ist bei der Ermittlung von einem gewichteten Durchschnitt auszugehen.[49] Alternativ kann der Anleger auch den konkreten Nachweis erbringen.[50]

13 **bb) Nettomethode.** Obwohl § 8 Abs. 1 auf die „Einnahmen" des Anlegers, d.h. grundsätzlich auf einen Bruttowert, abstellt, ist nach allgemeiner Ansicht unter Hinweis auf die Regelungsabsicht des Gesetzgebers auf den Gewinn aus der Rückgabe, Veräußerung oder Entnahme abzustellen, d.h. auf eine Nettowert.[51]

---

45 Schmidt/*Heinicke* § 3 EStG unter Teileinkünfteverfahren bei 4. (3).
46 BMF-Schreiben vom 18.8.2009, Rn. 165 ff.
47 BMF-Schreiben vom 18.8.2009, Rn. 165 ff.
48 BMF-Schreiben vom 18.8.2009, Rn. 166.
49 BMF-Schreiben vom 18.8.2009, Rn. 168.
50 BMF-Schreiben vom 18.8.2009, Rn. 168.
51 Beschlussempfehlung und Bericht des Finanzausschusses vom 16.5.2000 BTDrucks. 14/36366, 126; vgl. auch Berger/Steck/Lübbehüsen/*Büttner/Mücke* § 8 InvStG Rn. 41.

cc) Abzug tatsächlicher Kosten. Umstritten ist hingegen, inwieweit ein Kostenabzug bei der Berechnung des Aktiengewinns erfolgen darf.[52] Unterschieden wird dabei nach der (i) Bruttomethode, (ii) der Zwischenwertmethode und (iii) der Nettomethode.[53] Während bei der Bruttomethode gar kein Kostenabzug berücksichtigt wird, erfolgt bei der Zwischenwertmethode ein Kostenabzug nach § 3 Abs. 3 S. 3 i.d.F. des AIFM-StAnpG (vormals § 3 Abs. 3 S. 2).[54] Die Nettomethode hingegen sieht den vollen Abzug der tatsächlichen Kosten vor, wobei jedoch zwischen (a) einem investmentsteuerlichen Ansatz und (b) einem investmentrechtlichem Ansatz unterschieden wird.[55] Sowohl die Bruttomethode als auch der Ansatz des Zwischenwerts führen zu einer Ungleichbehandlung gegenüber dem Direktanleger. Die Bruttomethode soll nach Ansicht von *Bacmeister* insbesondere aufgrund des Wortlauts in § 8 Abs. 1 S. 1 („Einnahmen") anwendbar sein. Statt von (Brutto)Einnahmen auszugehen, ist bei § 8 Abs. 1 vielmehr von einem Gewinnansatz auszugehen.[56] Die Zwischenwertmethode stellt ferner auf Regelungen ab, die für die Ermittlung der ausgeschütteten und ausschüttungsgleichen Erträge gelten, nicht hingegen für die Ermittlung des Aktiengewinns.[57] Richtigerweise muss daher die Nettomethode Anwendung finden, d.h. der Aktiengewinn muss unter Abzug aller Kosten erfolgen.[58] Nach dem investmentsteuerrechtlichen Ansatz wird für die Ermittlung des Aktiengewinns der Rücknahmepreis (als investmentrechtliche Ausgangsgröße) nicht in vollem Umfang berücksichtigt, d.h. es erfolgt eine steuerliche Ertragsmodifikation.[59] Diese Vorgehensweise durchbricht allerdings das Transparenzprinzip.[60] Somit ist der investmentrechtliche Ansatz, der den Rücknahmepreis ohne investmentsteuerliche Modifikationen für die Ermittlung des Aktiengewinns heranzieht, zu bevorzugen.

e) Schlussbesteuerungauslösende Sachverhalte. Im Schrifttum zu § 8 Abs. 1 a.F. wurde vielfach diskutiert, ob neben den im Gesetzeswortlaut genannten Fällen der Veräußerung und der Rückgabe von Investmentanteilen weitere Fälle denkbar sind, die unter die Regelung fallen oder zumindest fallen sollten.[61] Die Abtretung der Investmentanteile ist ein Unterfall der Veräußerung und fällt daher in den Anwendungsbereich von § 8 Abs. 1.[62] Gleiches gilt für eine Übertragung der Investmentanteile im Wege des Tausches, da auch dieser Fall eine entgeltliche Veräußerung darstellt.[63] Unentgeltliche Übertra-

---

52 Berger/Steck/Lübbehüsen/*Büttner*/*Mücke* § 8 InvStG Rn. 68; vgl. auch *Helios*/*Birker* DB **2011** 2226, 2228.
53 *Bacmeister* IStR **2004** 176, 180; vgl. auch Bordewin/Brandt/*Geurts* InvStG § 8 Rn. 30; vgl. auch Berger/Steck/Lübbehüsen/*Büttner*/*Mücke* § 8 InvStG Rn. 68.
54 BMF-Schreiben vom 18.8.2009, Rn. 293; vgl. auch Bordewin/Brandt/*Geurts* InvStG § 8 Rn. 30; vgl. auch Berger/Steck/Lübbehüsen/*Büttner*/*Mücke* § 8 InvStG Rn. 68.
55 Bordewin/Brandt/*Geurts* InvStG § 8 Rn. 30; vgl. auch Berger/Steck/Lübbehüsen/*Büttner*/*Mücke* § 8 InvStG Rn. 68.
56 *Bacmeister* IStR **2004** 176, 180; vgl. auch Berger/Steck/Lübbehüsen/*Büttner*/*Mücke* § 8 InvStG Rn. 68; vgl. auch Haase/*Bacmeister*/*Reislhuber* § 8 Rn. 126.
57 Berger/Steck/Lübbehüsen/*Büttner*/*Mücke* § 8 InvStG Rn. 68.
58 *Grabbe*/*Lübbehüsen* DStR **2004** 981, 983; vgl. auch Bordewin/Brandt/*Geurts* InvStG § 8 Rn. 30; vgl. auch *Schulz*/*Petersen*/*Keller* DStR **2004** 1853, 1857 f.; vgl. auch Blümich/*Hammer* § 8 InvStG Rn. 4; vgl. auch Berger/Steck/Lübbehüsen/*Büttner*/*Mücke* § 8 InvStG Rn. 68.
59 Berger/Steck/Lübbehüsen/*Büttner*/*Mücke* § 8 InvStG Rn. 68; vgl. auch Blümich/*Hammer* § 8 InvStG Rn. 4.
60 Berger/Steck/Lübbehüsen/*Büttner*/*Mücke* § 8 InvStG Rn. 68; vgl. auch Blümich/*Hammer* § 8 InvStG Rn. 4.
61 Berger/Steck/Lübbehüsen/*Büttner*/*Mücke* § 8 InvStG Rn. 42 ff.
62 Berger/Steck/Lübbehüsen/*Büttner*/*Mücke* § 8 InvStG Rn. 42; vgl. auch BMF-Schreiben vom 18.8.2009, Rn. 288.
63 Berger/Steck/Lübbehüsen/*Büttner*/*Mücke* § 8 InvStG Rn. 42.

gungsvorgänge z.B. im Wege einer Schenkung oder einer Erbschaft oder gesellschaftsrechtliche Vorgänge wie Spaltungen oder Ausgliederungen oder ein Depotwechsel stellen hingegen keine von § 8 Abs. 1 erfasste Veräußerung dar.[64] Letzteres führt bereits nicht zu einer Übertragung der wirtschaftlichen Verfügungsmacht.

Während im Schrifttum lange Zeit diskutiert wurde, ob Einlagen und Entnahmen unter § 8 Abs. 1 fallen,[65] hat der Gesetzgeber mit dem JStG 2010 in § 8 Abs. 1 S. 1 die Entnahme nun ausdrücklich in den Anwendungsbereich mit aufgenommen. Laut der Gesetzesbegründung handelt es sich insoweit lediglich um eine „klarstellende Ergänzung".[66] Durch die Neuregelung, die zum 14.12.2010 in Kraft getreten ist, ist eine mögliche Schlechterstellung der Fondsanlage gegenüber der Direktanlage beseitigt worden, da bei der Direktanlage eine Steuerbefreiung gemäß § 3 Nr. 40 lit. a EStG bzw. § 8b Abs. 2 KStG auch in Entnahmefällen möglich ist.[67] Dies gilt ab 14.12.2010 nun ausdrücklich auch für die Fondsanlage.

Obwohl in § 8 Abs. 2 und Abs. 3 nicht ausdrücklich genannt, gilt der Tatbestand der Entnahme auch im Rahmen dieser Vorschriften als aktiengewinnauslösendes Ereignis.[68] § 8 Abs. 2 regelt den negativen Aktiengewinn als spiegelbildliche Regelung zum positiven Aktiengewinn. Da beide Vorschriften auf dieselben Vermögensbestandteile Bezug nehmen, muss die Entnahme auch für Zwecke des negativen Aktiengewinns ein auslösendes Ereignis darstellen.[69] § 8 Abs. 3 ist für Zwecke der Ermittlung des Anlegeraktiengewinns ebenfalls dahingehend zu lesen, dass eine „Veräußerung" gemäß dem Wortlaut des § 8 Abs. 3 S. 1 eine „Veräußerung oder Entnahme" meint.[70] Eine Klarstellung des Gesetzgebers wäre zu diesem Punkt begrüßenswert gewesen, ist aber trotz des lange andauernden Gesetzgebungsverfahrens zum AIFM-StAnpG nicht erfolgt.

Einlagen fallen jedoch weiterhin nicht in den Anwendungsbereich des § 8 Abs. 1 S. 1. Zwar können verdeckte Einlagen als fiktive Veräußerungen qualifizieren (z.B. gemäß § 8b Abs. 2 S. 6 KStG oder nach § 23 Abs. 1 S. 5 Nr. 2 EStG), allerdings ist im Gesetz für den vorliegenden Fall keine entsprechende Fiktion geregelt, wonach eine verdeckte Einlage für Zwecke des § 8 Abs. 1 S. 1 einer Veräußerung gleich zu stellen sind.[71] Da der Fall der Entnahme nun ausdrücklich geregelt wurde, der Fall der Einlage jedoch nicht, ist davon auszugehen, dass der Gesetzgeber für die Einlage keinen Handlungsbedarf gesehen hat und diese nicht in den Anwendungsbereich des § 8 Abs. 1 S. 1 fallen soll.[72] Etwas anderes gilt hingegen für den Anwendungsbereich des § 8 Abs. 2.

2. Entsprechende Anwendung bei Dach-Investmentvermögen (§ 8 Abs. 1 Satz 4)

16 „Bei Beteiligungen des Investmentvermögens sind die Sätze 1 bis 3 entsprechend anzuwenden."

---

64 Berger/Steck/Lübbehüsen/*Büttner/Mücke* § 8 InvStG Rn. 42; vgl. auch Haase/*Bacmeister/Reislhuber* § 8 Rn. 125.
65 Ablehnend Berger/Steck/Lübbehüsen/*Büttner/Mücke* § 8 InvStG Rn. 42.
66 Gesetzentwurf der Bundesregierung vom 21.6.2010 BTDrucks. 17/2249 S. 83.
67 Berger/Steck/Lübbehüsen/*Büttner/Mücke* § 8 InvStG Rn. 44.
68 *Helios/Birker* DB **2011** 2226, 2229.
69 *Helios/Birker* DB **2011** 2226, 2229.
70 *Helios/Birker* DB **2011** 2226, 2229.
71 Berger/Steck/Lübbehüsen/*Büttner/Mücke* § 8 InvStG Rn. 43; vgl. auch *Jakobs/Wittmann* GmbHR **2000** 911; vgl. auch Schmidt/*Drenseck* § 23 EStG Rn. 52.
72 BFH-Urteil vom 14.12.2011, I R 92/10, BStBl. II **2013** 486 zur Rechtslage 2004; vgl. auch *Helios/Birker* BB **2012** 753, 755 ff.

Die Regelung in § 8 Abs. 1 S. 4 n.F. (§ 8 Abs. 1 S. 2 a.F.) dehnt die Anwendung von § 8 Abs. 1 S. 1 bis S. 3 auf Dach-Investmentfondsstrukturen aus und dient somit deren Gleichstellung mit anderen Investmentfonds. Während § 8 Abs. 1 S. 2 a.F. noch den Wortlaut „[...] *Bei Beteiligungen des Investmentvermögens an anderen Investmentvermögen [...]*" hatte, wurden mit dem EuGHUrtUmsG die Worte „an anderen Investmentvermögen" gestrichen. Die Streichung ist vor dem Hintergrund des Regelungszwecks nicht nachvollziehbar.

Hintergrund der Regelung ist die Sicherstellung des sogenannten Prinzips der „doppelten Transparenz", d.h. die Regelungen zum positiven Aktiengewinn sollen auch auf Ebene eines Dach-Investmentfonds anwendbar sein hinsichtlich des Aktiengewinns auf Ebene des Ziel-Investmentfonds.[73] Dieser kann somit auf Ebene des Dach-Investmentfonds berücksichtigt werden. Dabei ist die Weitergabe des Aktienergebnisses auf zwei Ebenen (d.h. von Ziel-Investmentfonds auf den Dach-Investmentfonds) begrenzt.[74] Für die Berücksichtigung des positiven Aktiengewinns auf Ebene des Dach-Investmentfonds muss dieser die notwendigen Informationen von dem Ziel-Investmentfonds zur Verfügung erhalten.[75]

Der aktuelle Wortlaut, der nur noch auf „Beteiligungen des Investmentvermögens" abstellt, ist zu weit gefasst und in seiner jetzigen Form missverständlich. Vor dem Hintergrund, dass (i) die Worte „an anderen Investmentvermögen" bei der spiegelbildlichen Vorschrift für den negativen Aktiengewinn in § 8 Abs. 2 S. 2 n.F. noch enthalten sind und (ii) der Wortlaut in § 8 Abs. 1 S. 4 n.F. auch nach der redaktionellen Anpassung durch das AIFM-StAnpG immer noch auf „Investmentvermögen" anstatt (wie in § 8 Abs. 1 S. 1 und S. 2 n.F.) auf „Investmentfonds" verweist, bedarf § 8 Abs. 1 S. 4 n.F. einer weiteren redaktionellen Überarbeitung bzw. Klarstellung durch den Gesetzgeber.

3. Wertaufholung (§ 8 Abs. 1 Satz 5)

„*Bei dem Ansatz des in § 6 Absatz 1 Nummer 2 Satz 3 des Einkommensteuergesetzes bezeichneten Wertes sind die Sätze 1 bis 4 entsprechend anzuwenden.*" 17

Soweit sich eine Teilwertabschreibung nach § 8 Abs. 2 InvStG steuerlich teilweise nicht ausgewirkt hat, ist eine spätere Wertaufholung ebenfalls entsprechend steuerfrei.[76] Richtigerweise wird der zunächst durch die Teilwertabschreibung steuerlich berücksichtigte Teil (beim Teileinkünfteverfahren 60%) bei einer späteren Wertaufholung als steuerpflichtig behandelt, d.h. bei der Wertaufholung sind 40% des positiven Aktiengewinns steuerfrei.[77]

---

[73] *Jacob/Geese/Ebner* Besteuerung von Fondsvermögen, S. 185; vgl. auch Berger/Steck/Lübbehüsen/*Büttner/Mücke* § 8 InvStG Rn. 76 ff.; vgl. zum doppelten Transparenzprinzip auch Haase/*Bacmeister/Reislhuber* § 8 Rn. 30 ff.
[74] *Helios/Schmies* BB **2009** 1100, 1109; vgl. auch Haase/*Bacmeister/Reislhuber* § 8 Rn. 32; **a.A.** *Kayser/Bujotzek* FR **2006** 49, 65.
[75] Berger/Steck/Lübbehüsen/*Büttner/Mücke* § 8 InvStG Rn. 78.
[76] BMF-Schreiben vom 18.8.2009, Rn. 181; vgl. auch Berger/Steck/Lübbehüsen/*Büttner/Mücke* § 8 InvStG Rn. 79.
[77] Berger/Steck/Lübbehüsen/*Büttner/Mücke* § 8 InvStG Rn. 79; vgl. auch BMF-Schreiben vom 18.8.2009, Rn. 181, welches missverständlich formuliert ist („in demselben Umfang") und zu einer Steuerbefreiung von 60% führen würde.

II. Negativer Aktiengewinn (§ 8 Abs. 2)

18 § 8 Abs. 2 regelt den negativen Aktiengewinn.

1. Negativer Aktiengewinn (§ 8 Abs. 2 Satz 1)

19 *„Auf Vermögensminderungen innerhalb des Investmentfonds sind beim Anleger § 3c Abs. 2 des Einkommensteuergesetzes und § 8b des Körperschaftsteuergesetzes anzuwenden, soweit die Vermögensminderungen auf Beteiligungen des Investmentfonds an Körperschaften, Personenvereinigungen oder Vermögensmassen entfallen, deren Leistungen beim Empfänger zu den Einnahmen im Sinne des § 20 Abs. 1 Nr. 1 des Einkommensteuergesetzes gehören; Vermögensminderungen, die aus Wirtschaftsgütern herrühren, auf deren Erträge § 4 Abs. 1 anzuwenden ist, dürfen das Einkommen nicht mindern (negativer Aktiengewinn)."*

§ 8 Abs. 2 S. 1 regelt (korrespondierend zu § 8 Abs. 1 S. 1) die Definition des negativen Aktiengewinns. Dieser umfasst (i) Vermögensminderungen auf Ebene des Investmentfonds, die auf Beteiligungen an Körperschaften, Personenvereinigungen oder Vermögensmassen entfallen, deren Leistungen beim Empfänger zu den Einnahmen im Sinne des § 20 Abs. 1 Nr. 1 EStG gehören sowie (ii) Vermögensminderungen, die aus Wirtschaftsgütern herrühren, auf deren Erträge die Steuerbefreiung nach § 4 Abs. 1 (DBA-Gewinn bzw. Immobilien-Gewinn) anwendbar ist. Der negative Aktiengewinn unterliegt den Abzugsbeschränkungen des § 3c Abs. 2 EStG bzw. § 8b KStG. Dies gilt aber nur soweit sich ein negativer Saldo ergibt, d.h. soweit die Vermögensminderungen aus Beteiligungen nicht von übrigen positiven Wertveränderungen oder Gewinnausschüttungen ausgeglichen werden.[78] Liegen Wirtschaftsgüter vor, auf deren Erträge grundsätzlich die Steuerbefreiung des DBA-Gewinns (bzw. Immobilien-Gewinns) anzuwenden ist, sind damit verbundene Vermögensminderungen nicht zu berücksichtigen. Eine für den Gewinnfall durch das DBA gewährte Steuerbegünstigung soll somit im Verlustfall nicht zu steuerlich wirksamen Verlusten führen.[79]

Die Ermittlung des Aktiengewinns erfolgt in mehreren Rechenschritten.[80] Zunächst sind der (i) Fonds-Aktiengewinn sowie (ii) der Fonds-DBA-Gewinn (bzw. der Fonds-Immobilien-Gewinn) (bewertungstäglich, § 5 Abs. 2) zu ermitteln. Zur Ermittlung des besitzzeitanteiligen Anleger-Aktiengewinns sowie des besitzzeitanteiligen Anleger-DBA-Gewinns (bzw. des Anleger-Immobilien-Gewinns) erfolgt in einem nächsten Schritt (iii) die Gegenüberstellung des jeweiligen Fonds-Aktiengewinns bzw. des Fonds-DBA-Gewinns zum Veräußerungszeitpunkts bzw. Rückgabezeitpunkts oder zum Bilanzstichtag des Investmentanteils mit dem jeweiligen Fonds-Aktiengewinns bzw. des Fonds-DBA-Gewinns zum Erwerbszeitpunkt.[81] Dabei ist zur Ermittlung des hierbei anzusetzenden Fonds-Aktiengewinns der von der Investmentgesellschaft ermittelte Prozentsatz mit mindestens zwei Nachkommastellen auf den maßgebenden jeweiligen gesamten Rücknahmepreis der veräußerten bzw. zurückgegebenen oder am Bilanzstichtag zum Betriebsvermögen

---

78 Berger/Steck/Lübbehüsen/*Büttner/Mücke* § 8 InvStG Rn. 87; vgl. auch *Harenberg/Intemann* NWB Fach 3, 13529, 13538.
79 *Harenberg/Intemann* NWB Fach 3, 13529, 13538; vgl. auch Berger/Steck/Lübbehüsen/*Büttner/Mücke* § 8 InvStG Rn. 91.
80 BMF-Schreiben vom 18.8.2009, Rn. 165 ff.
81 BMF-Schreiben vom 18.8.2009, Rn. 165 ff.

gehörenden Investmentanteile heranzuziehen.[82] Falls die der Rückgabe, Veräußerung oder Bewertung unterliegenden Investmentanteile zu unterschiedlichen Zeitpunkten oder mit unterschiedlichen Anschaffungskosten erworben wurden, ist bei der Ermittlung von einem gewichteten Durchschnitt auszugehen.[83] Alternativ kann der Anleger auch den konkreten Nachweis erbringen.[84]

Die Berücksichtigung des negativen Aktiengewinns gilt nur für Anleger, die die Investmentanteile im Betriebsvermögen halten.

Der Anwendungsbereich des § 8 Abs. 2 ist grundsätzlich ebenso weit wie der des § 8 Abs. 1, d.h. trotz fehlender ausdrücklicher Regelung im Wortlaut ist die Entnahme ein den negativen Aktiengewinn auslösendes Ereignis. Etwas anderes gilt jedoch für die Einlage. Während eine Einlage nicht in den Anwendungsbereich des § 8 Abs. 1 S. 1 fällt, hat der BFH mit Urteil vom 14.12.2011 für die im Jahr 2004 anwendbare Rechtslage entschieden, dass ein negativer Aktiengewinn bei einer verdeckten Einlage zu berücksichtigen ist.[85] Dies führt zu einem breiteren Anwendungsbereich des § 8 Abs. 2 gegenüber § 8 Abs. 1 S. 1, d.h. der grundsätzliche Gleichlauf beider Vorschriften ist zumindest für den Fall der (verdeckten) Einlage durchbrochen. Ob noch andere Fälle in den Anwendungsbereich des § 8 Abs. 2 fallen, die nicht von § 8 Abs. 1 S. 1 erfasst werden (z.B. Umwandlungsvorgänge oder Übertragungen nach § 6 Abs. 5 S. 3 EStG), ist unklar.[86]

2. Entsprechende Anwendung bei Dach-Investmentvermögen (§ 8 Abs. 2 Satz 2)

20 *„Bei Beteiligungen des Investmentfonds an anderen Investmentfonds ist Satz 1 entsprechend anzuwenden."*

Korrespondierend zu der Regelung in § 8 Abs. 1 S. 4 n.F. (für den positiven Aktiengewinn) regelt § 8 Abs. 2 S. 2 die entsprechende Anwendung der Regelungen für den negativen Aktiengewinn auf Dach-Investmentfondsstrukturen. Ziel ist die Umsetzung des Prinzips der doppelten Transparenz. Die Ermittlung erfolgt wie bei § 8 Abs. 1 S. 4 n.F. Anders als in § 8 Abs. 1 S. 4 n.F. hat der Gesetzgeber hier die Worte „an anderen Investmentvermögen" nicht gestrichen und auch durch das AIFM-StAnpG die redaktionelle Änderung in „Investmentfonds" übernommen.

3. Keine Anwendung auf Anteile an REIT-Gesellschaften (§ 8 Abs. 2 Satz 3)

21 *„Die Sätze 1 und 2 gelten nicht für Beteiligungen des Investmentfonds an inländischen REIT-Aktiengesellschaften oder anderen REIT-Körperschaften, -Personenvereinigungen oder -Vermögensmassen im Sinne des REIT-Gesetzes."*

Die Regelungen zum negativen Aktiengewinn entfalten insoweit keine Wirkung als sie Beteiligungen des Investmentfonds an inländischen REIT-AGs oder anderen REIT-Körperschaften, REIT-Personenvereinigungen oder REIT-Vermögensmassen im Sinne

---

82 BMF-Schreiben vom 18.8.2009, Rn. 166.
83 BMF-Schreiben vom 18.8.2009, Rn. 168.
84 BMF-Schreiben vom 18.8.2009, Rn. 168.
85 BFH-Urteil vom 14.12.2011, I R 92/10, BStBl. II **2013** 486.
86 *Helios/Birker* BB **2012** 753, 755 ff.

des REITG betreffen. Dies entspricht der Situation des Direktanlegers und dient somit der Umsetzung des Transparenzprinzips.[87]

III. Berechnungsgrundlagen für den Aktiengewinn (§ 8 Abs. 3)

22 In Ergänzung zu § 8 Abs. 1 und Abs. 2, welche den Begriff des positiven Aktiengewinns und des negativen Aktiengewinns definieren und den Anwendungsrahmen von Steuerbefreiungsregelungen (§ 3 Nr. 40 EStG bzw. § 3c Abs. 2 S. 2 EStG; § 8b KStG sowie § 4 Abs. 1) festsetzen (1. Stufe), erfolgt in § 8 Abs. 3 die Ermittlung des besitzzeitanteiligen Anleger-Aktiengewinns (2. Stufe). § 8 Abs. 3 regelt also die genaue Technik hinsichtlich der Ermittlung auf Ebene des Anlegers.[88]

1. Aktiengewinn für die Dauer der Besitzzeit (§ 8 Abs. 3 Satz 1)

23 *„Der nach den Absätzen 1 und 2 zu berücksichtigende Teil der Einnahmen ist, vorbehaltlich einer Berichtigung nach Satz 4, der Unterschied zwischen dem Aktiengewinn auf den Rücknahmepreis zum Zeitpunkt der Veräußerung einerseits und dem Aktiengewinn auf den Rücknahmepreis zum Zeitpunkt der Anschaffung andererseits."*

Der besitzzeitanteilige Anleger-Aktiengewinn ist die Differenz zwischen dem Fonds-Aktiengewinn auf den Rücknahmepreis zum Zeitpunkt der Veräußerung des Investmentanteils einerseits und dem Fonds-Aktiengewinn auf den Rücknahmepreis zum Zeitpunkt der Anschaffung des Investmentanteils.

2. Auswirkungen bei Ansatz eines niedrigeren Teilwerts (§ 8 Abs. 3 Satz 2)

24 *„Bei Ansatz eines niedrigeren Teilwerts ist der zu berücksichtigende Teil nach § 3c Abs. 2 des Einkommensteuergesetzes und § 8b des Körperschaftsteuergesetzes, vorbehaltlich einer Berichtigung nach Satz 4, der Unterschied zwischen dem Aktiengewinn auf den maßgebenden Rücknahmepreis zum Zeitpunkt der Bewertung einerseits und dem Aktiengewinn auf den Rücknahmepreis zum Zeitpunkt der Anschaffung andererseits, soweit dieser Unterschiedsbetrag sich auf den Bilanzansatz ausgewirkt hat."*

§ 8 Abs. 3 S. 2 regelt die Höhe des zu berücksichtigenden Teilwertes für Zwecke des Aktiengewinns und somit den Fall der Bewertung, nicht hingegen der Veräußerung oder Rückgabe (oder Entnahme).[89] Grundsätzlich ist nach Auffassung des BFH bzgl. der Vornahme einer Teilwertabschreibung für Aktien und Aktienfonds allein der Kurswert am Bilanzstichtag maßgeblich. Es sei nicht danach zu unterscheiden, ob diese Wertpapiere im Anlage- oder Umlaufvermögen gehalten werden. Auch ist keine Bandbreite der Wertminderung bzw. der Zeitraum bis zur Bilanzaufstellung zu betrachten. Lediglich geringfügige Kursverluste von bis zu 5% (Bagatellgrenze) rechtfertigen keine Abschreibung und seien daher außer Ansatz zu lassen.[90]
Der sich nach diesen Grundsätzen ergebende Teilwert ist noch um den negativen Aktiengewinn (inkl. des DBA-Verlusts, d.h. inkl. Verluste in Zusammenhang mit Wirt-

---

[87] Berger/Steck/Lübbehüsen/*Büttner/Mücke* § 8 InvStG Rn. 94.
[88] *Schultz/Halbig* DStR **2005** 1669, 1670 f.; vgl. auch Berger/Steck/Lübbehüsen/*Büttner/Mücke* § 8 InvStG Rn. 97.
[89] BMF-Schreiben vom 18.8.2009, Rn. 171.
[90] BFH- Urteile vom 21.9.2011 (I R 89/10 und I R 7/11).

schaftsgütern, auf deren Erträge die Steuerbefreiung nach § 4 Abs. 1 anwendbar ist) zu korrigieren.[91] Der nach § 3c EStG und § 8b KStG zu berücksichtigende Teil umfasst Aktienverluste auf Ebene des Investmentfonds.[92] Zwar ist der DBA-Verlust im Wortlaut des § 8 Abs. 3 S. 2 nicht ausdrücklich genannt, allerdings ist der Wortlaut insoweit im Wege der Auslegung zu ergänzen, da ansonsten die Regelung in § 8 Abs. 2 S. 1 2. Hs. leer liefe.[93]

Die Korrektur des Teilwerts erfolgt aber nur insoweit, als der negative Anleger-Aktiengewinn sich auf den Bilanzansatz ausgewirkt hat.[94] Ist der Anleger-Aktiengewinn hingegen positiv, bleibt er im Rahmen der Bewertung außer Ansatz.[95]

3. Berichtigung bei Wertaufholung (§ 8 Abs. 3 Satz 3)

„*Entsprechendes gilt bei Gewinnen aus dem Ansatz des in § 6 Abs. 1 Nr. 2 Satz 3 des Einkommensteuergesetzes bezeichneten Wertes für die Ermittlung des zu berücksichtigenden Teils nach § 3 Nr. 40 des Einkommensteuergesetzes oder § 8b des Körperschaftsteuergesetzes.*" 25

Falls eine Teilwertabschreibung erfolgte, die steuerlich nicht (§ 8b KStG) oder nur teilweise (§ 3c Abs. 2 EStG) berücksichtigt wurde, ist eine spätere Wertaufholung ebenfalls in entsprechender Höhe steuerfrei.[96] Richtigerweise wird der zunächst durch die Teilwertabschreibung steuerlich berücksichtigte Teil (beim Teileinkünfteverfahren 60%) bei einer späteren Wertaufholung als steuerpflichtig behandelt, d.h. bei der Wertaufholung sind 40% des positiven Aktiengewinns steuerfrei.[97]

4. Berichtigung aufgrund früherer Korrekturen (§ 8 Abs. 3 Satz 4)

„*Die nach den Sätzen 1, 2 und 3 zu berücksichtigenden Teile sind um einen nach den Sätzen 2 bzw. 3 ermittelten Aktiengewinn auf den maßgebenden Rücknahmepreis zum Schluss des vorangegangenen Wirtschaftsjahres zu berichtigen, soweit er sich auf den Bilanzansatz ausgewirkt hat.*" 26

§ 8 Abs. 3 S. 4 berichtigt den besitzzeitanteiligen Anleger-Aktiengewinn insoweit, als dieser sich bereits am Schluss des vergangenen Wirtschaftsjahres in der Bilanz ausgewirkt hat. Wurde in früheren Veranlagungszeiträumen bereits besitzzeitanteiliger Aktiengewinn bilanziell erfasst, muss ausgeschlossen werden, dass dieser Betrag bei der Veräußerung, Rückgabe oder Entnahme des Investmentanteils erneut berücksichtigt wird. Ansonsten käme es zu einer doppelten Berücksichtigung des Aktiengewinns und somit zu einer verminderten Besteuerung des Anlegers.[98] Somit wird bei einer Rückgabe, Veräußerung oder Entnahme von Investmentanteilen nur eine Änderung des Aktienge-

---

91 BMF-Schreiben vom 18.8.2009, Rn. 171.
92 Dazu Haase/*Bacmeister/Reislhuber* § 8 Rn. 181.
93 Dazu Haase/*Bacmeister/Reislhuber* § 8 Rn. 181.
94 Dazu Haase/*Bacmeister/Reislhuber* § 8 Rn. 185; vgl. auch BMF-Schreiben vom 18.8.2009, Rn. 172, 175, 177.
95 BMF-Schreiben vom 18.8.2009, Rn. 171.
96 BMF-Schreiben vom 18.8.2009, Rn. 181; auch Berger/Steck/Lübbehüsen/*Büttner/Mücke* § 8 InvStG Rn. 79.
97 Berger/Steck/Lübbehüsen/*Büttner/Mücke* § 8 InvStG Rn. 79; auch BMF-Schreiben vom 18.8.2009, Rn. 181, welches missverständlich formuliert ist („in demselben Umfang") und zu einer Steuerbefreiung von 60% führen würde.
98 Berger/Steck/Lübbehüsen/*Büttner/Mücke* § 8 InvStG Rn. 103.

winns während des laufenden Wirtschaftsjahres erfasst.[99] Der nach § 8 Abs. 3 S. 1 bis S. 3 ermittelte Wert wird für die Zwecke des Satz 4 in einem weiteren Rechenschritt berichtigt, soweit sich der (nach derselben Methode ermittelte) Anleger-Aktiengewinn oder Anleger-DBA-Gewinn (bzw. Anleger-Immobilien-Gewinn) zum vorangegangenen Bilanzstichtag auf den Bilanzansatz ausgewirkt hat.[100]

IV. Rechtsfolgen bei Verstoß gegen die Veröffentlichungspflichten (§ 8 Abs. 4)

27 *„Kommt eine Investmentgesellschaft ihrer Ermittlungs- und Veröffentlichungspflicht nach § 5 Abs. 2 nicht nach, gilt der Investmentanteil bei betrieblichen Anlegern als zum zeitgleich mit dem letzten Aktiengewinn veröffentlichten Rücknahmepreis zurückgegeben und wieder angeschafft. Die auf den Veräußerungsgewinn entfallende Einkommen- oder Körperschaftsteuer gilt als zinslos gestundet. Bei einer nachfolgenden Rückgabe oder Veräußerung des Investmentanteils endet die Stundung mit der Rückgabe oder Veräußerung. Auf die als angeschafft geltenden Investmentanteile sind § 3 Nr. 40 des Einkommensteuergesetzes und § 8b des Körperschaftsteuergesetzes nicht anzuwenden."*

28 **1. Ermittlungs- und Veröffentlichungspflichten nach § 5 Abs. 2.** § 5 Abs. 2 regelt die Voraussetzungen für die Anwendbarkeit von § 8 Abs. 1 bis Abs. 4. Danach muss die Investmentgesellschaft den positiven oder negativen Aktiengewinn getrennt für natürliche Personen und für Körperschaften, Personenvereinigungen oder Vermögensmassen bewertungstäglich ermitteln und mit dem Rücknahmepreis veröffentlichen. Falls der Investmentfonds den Bekanntmachungspflichten des § 5 Abs. 2 nicht nachkommt, regelt § 8 Abs. 4 die daraus resultierenden Sanktionen.

Zwar erfordert der Wortlaut des § 5 Abs. 2 nicht die Ermittlung und Veröffentlichung des DBA-Gewinns (bzw. des Immobilien-Gewinns), allerdings sieht das BMF eine insoweit bestehende Verpflichtung.[101] Eine Klarstellung bezüglich des DBA-Gewinns durch den Gesetzgeber wäre insbesondere im Hinblick auf das umfangreiche Gesetzgebungsverfahren für das AIFM-StAnpG begrüßenswert gewesen.

§ 8 Abs. 4 gilt nur für Publikums-Investmentfonds.[102] Für inländische und ausländische Spezial-Investmentfonds besteht die Verpflichtung zur Ermittlung des Aktiengewinns nach § 15 Abs. 1 S. 2 und § 16 S. 3.[103]

Die Vorschrift gilt nur für Anleger, die ihre Investmentanteile im Betriebsvermögen halten.

29 **2. Rechtsfolgen des Verstoßes gegen die Ermittlungs- und Veröffentlichungspflichten des § 5 Abs. 2.** Publikums-Investmentfonds haben gemäß § 5 Abs. 2 S. 3 ein einmaliges Wahlrecht hinsichtlich der Ermittlung und Veröffentlichung des Aktiengewinns. Nachdem der Investmentfonds sein Wahlrecht ausgeübt hat (wobei die Veröffentlichung bereits als Ausübung des Wahlrechts zu werten ist),[104] soll dieser an seine Entscheidung gebunden sein.

---

99 *Schultz/Halbig* DStR **2005** 1669, 1670; vgl. auch Berger/Steck/Lübbehüsen/*Büttner/Mücke* § 8 InvStG Rn. 103.
100 BMF-Schreiben vom 18.8.2009, Rn. 173.
101 BMF-Schreiben vom 18.8.2009, Rn. 110.
102 Berger/Steck/Lübbehüsen/*Büttner/Mücke* § 8 InvStG Rn. 111.
103 *Jacob/Geese/Ebner* Besteuerung von Fondsvermögen, S. 313; vgl. auch Berger/Steck/Lübbehüsen/ *Büttner/Mücke* § 8 InvStG Rn. 111.
104 BMF-Schreiben vom 18.8.2009, Rn. 110.

Ein Verstoß gegen § 5 Abs. 2 liegt bereits in der Nichtveröffentlichung des Aktiengewinns (oder des DBA-Gewinns bzw. Immobilien-Gewinns).[105] Ermittelt ein Investmentfonds also den Aktiengewinn (und den DBA-Gewinn), aber unterlässt er die Veröffentlichung nach Maßgabe von § 5 Abs. 2, drohen bereits die Konsequenzen aus § 8 Abs. 4.

§ 8 Abs. 4 fingiert bei einem betrieblichen Anleger die Rücknahme und zeitgleiche Neuanschaffung des Investmentanteils zum letzten mit dem Aktiengewinn gemäß § 5 Abs. 2 veröffentlichten Rücknahmepreis, falls der Investmentfonds den Bekanntmachungspflichten des § 5 Abs. 2 nicht nachkommt (fiktiver Realisierungstatbestand).

Die dadurch im Fall eines Rückgabegewinns entstehende Einkommensteuer bzw. Körperschaftsteuer gilt als bis zur tatsächlich erfolgenden Rückgabe oder Veräußerung der Investmentanteile als zinslos gestundet. Eine wirtschaftliche Belastung mit Einkommensteuer und Körperschaftsteuer erfolgt erst in dem Moment der tatsächlichen Rückgabe. Dies gilt allerdings nicht für die Gewerbesteuer, da diese vom Gesetzeswortlaut nicht erfasst wird. Insoweit kommt es zur Belastung des Anlegers bereits im Zeitpunkt der fiktiven Veräußerung.[106] Auch hier wäre eine Änderung des Wortlauts in § 8 Abs. 4 S. 2 entsprechend des Wortlauts im neu eingefügten § 8 Abs. 8 S. 7 durch das AIFM-StAnpG begrüßenswert gewesen, welcher von der „festgesetzten Steuer" spricht. Hintergrund der Stundungsregelung in § 8 Abs. 4 S. 2 und S. 3 ist die Vermeidung der (weiteren) Benachteiligung des Anlegers, der ansonsten gezwungen wäre, die Investmentanteile frühzeitig zu veräußern, um dadurch die entstandene Steuerschuld zu begleichen.

Wertveränderungen, die nach der fiktiven Veräußerung erfolgen, sind nicht von § 8b KStG (95%-Befreiung) bzw. § 3 Nr. 40 EStG (Teileinkünfteverfahren) umfasst (§ 8 Abs. 4 S. 4).[107] Der Verstoß des Investmentfonds gegen die Veröffentlichungspflichten nach § 5 Abs. 2 führt beim Anleger zum Verlust des Besteuerungsprivilegs.

Die Stundungswirkung entfällt ex nunc mit der tatsächlichen Veräußerung oder Rückgabe der Fondsanteile (§ 8 Abs. 4 Satz 3), da in diesem Zeitpunkt die notwendige Liquidität zur Begleichung der Steuerschuld vorhanden ist.

V. Schlussbesteuerung bei Anteilen im Privatvermögen (§ 8 Abs. 5)

1. Zuordnung der Veräußerungsgewinne zu § 20 Abs. 2 Satz 1 Nr. 1 EStG (§ 8 Abs. 5 Satz 1)

„*Gewinne aus der Rückgabe oder Veräußerung von Investmentanteilen, die weder zu einem Betriebsvermögen gehören noch zu den Einkünften nach § 22 Nr. 1 oder Nr. 5 des Einkommensteuergesetzes gehören, gehören zu den Einkünften aus Kapitalvermögen im Sinne des § 20 Abs. 2 Satz 1 Nr. 1 des Einkommensteuergesetzes; § 3 Nr. 40 und § 17 des Einkommensteuergesetzes und § 8b des Körperschaftsteuergesetzes sind nicht anzuwenden.*" 30

Hinweis: Die folgende Kommentierung zu 8 Abs. 5 berücksichtigt die rechtliche Situation für Zeiträume ab dem 1.1.2009 (d.h. für Neu-Investmentanteile). Eine separate Kommentierung der rechtlichen Situation für Zeiträume vor 1.1.2009 (d.h. für Alt-Investmentanteile) erfolgt nicht.

---

105 Berger/Steck/Lübbehüsen/*Büttner*/*Mücke* § 8 InvStG Rn. 117.
106 *Jacob*/*Geese*/*Ebner* Besteuerung von Fondsvermögen, S. 219; vgl. auch Berger/Steck/Lübbehüsen/*Büttner*/*Mücke* § 8 InvStG Rn. 120.
107 Berger/Steck/Lübbehüsen/*Büttner*/*Mücke* § 8 InvStG Rn. 120 und 123.

§ 8 Abs. 5 gilt für die Fälle der Rückgabe oder Veräußerung. Darunter fallen alle entgeltlichen Übertragungsgeschäfte (z.B. Abtretung, Tausch, nicht aber Schenkung oder Erbschaft).[108]

Die Vorschrift regelt die Berücksichtigung von Einnahmen aus der Veräußerung oder der Rückgabe von Investmentanteilen (Vermögenssphäre) abschließend für Privatanleger. Davon ausgenommen sind Einkünfte nach § 22 Nr. 1 und Nr. 5 EStG. Hintergrund ist das Prinzip der nachgelagerten Besteuerung bei Altersvorsorgeprodukten („Riester-Rente" und „Rürup-Rente"), d.h. bei diesen sind Umschichtungen zwischen Investmentvermögen innerhalb der Vertragslaufzeit möglich oder vorgesehen, so dass eine Veräußerung der Investmentanteile nicht zu einer Besteuerung zu diesem Zeitpunkt führen darf.[109]

§ 8 Abs. 5 S. 1 stellt auf den Gewinn aus der Rückgabe oder Veräußerung ab. Der „Gewinn" ist dabei zunächst der Rückgabe- oder Veräußerungspreis abzüglich der Anschaffungskosten und tatsächlicher Transaktionskosten.[110] Von dem sich ergebenden Betrag sind in einem zweiten Schritt gegebenenfalls noch Korrekturen nach § 8 Abs. 5 S. 2 bis S. 6 vorzunehmen. Sofern die Korrekturvorschriften des § 8 Abs. 5 S. 2 bis S. 6 nur auf den Veräußerungserlös (und nicht auch auf den Rückgabeerlös) abstellen, ist deren Wortlaut nach dem Sinn und Zweck der Vorschriften erweiternd auszulegen.[111] Für die Rückgabe kann nichts anderes gelten als für die Veräußerung.

§ 8 Abs. 5 S. 1 ordnet den Gewinn aus der Rückgabe oder Veräußerung den Einkünften aus Kapitalvermögen im Sinne von § 20 Abs. 2 S. 1 Nr. 1 EStG zu. Die Veräußerung der Investmentanteile führt also – unabhängig von einer Haltefrist – zu Kapitaleinkünften auf Ebene des Anlegers. Dies entspricht dem System der Abgeltungsteuer beim Direktanleger, bei dem Veräußerungsgewinne grundsätzlich – unabhängig von einer Spekulationsfrist – in vollem Umfang steuerpflichtig sind. Ebenso unterliegt der Rückgabe- bzw. Veräußerungsgewinn des Investmentfondsanlegers gemäß § 20 Abs. 2 S. 1 Nr. 1 EStG i.V.m. § 32d Abs. 1 EStG und § 1 Abs. 1 SolZG bei diesem der Abgeltungssteuer in Höhe von 25% zuzüglich 5,5% Solidaritätszuschlag darauf. Falls der Anleger kirchensteuerpflichtig ist, unterliegt der Gewinn zusätzlich der jeweiligen Kirchensteuer.

Verlust aus der Rückgabe bzw. Veräußerung der Investmentanteile können auf der Ebene des Privatanlegers mit den sonstigen, der Abgeltungsteuer unterliegenden Kapitalerträgen, verrechnet werden. § 20 Abs. 6 Satz 5 gilt nicht, selbst wenn es sich bei dem Investmentfonds um eine Investmentaktiengesellschaft handelt.[112]

2. Abzug des Zwischengewinns vom Veräußerungserlös (§ 8 Abs. 5 Satz 2)

31 *„Negative Einnahmen gemäß § 2 Abs. 1 Satz 1 sind von den Anschaffungskosten des Investmentanteils, erhaltener Zwischengewinn ist vom Veräußerungserlös des Investmentanteils abzusetzen."*

§ 8 Abs. 5 S. 2 enthält eine Gewinnkorrektur hinsichtlich (i) negativer Einnahmen gemäß § 2 Abs. 1 S. 1 (diese sind von den Anschaffungskosten der Investmentanteile abzuziehen) und (ii) des Zwischengewinns (diese sind vom Veräußerungserlös abzuziehen).

---

108 Berger/Steck/Lübbehüsen/*Büttner/Mücke* § 8 InvStG Rn. 136.
109 Berger/Steck/Lübbehüsen/*Büttner/Mücke* § 8 InvStG Rn. 133 und 158.
110 Berger/Steck/Lübbehüsen/*Büttner/Mücke* § 8 InvStG Rn. 161; für die Frage, welche Kosten als Transaktionskosten zu berücksichtigen sind, vgl. Berger/Steck/Lübbehüsen/*Büttner/Mücke* § 8 InvStG Rn. 164 ff.
111 Berger/Steck/Lübbehüsen/*Büttner/Mücke* § 8 InvStG Rn. 172.
112 BMF-Schreiben vom 18.8.2009, Rn. 196b.

Eine negative Einnahme gemäß § 2 Abs. 1 S. 1 kann beim Privatanleger nur der bei Erwerb der Investmentanteile vom Anleger erhaltene Zwischengewinn sein.[113] Beim Zwischengewinn handelt es sich um Zinserträge und Zinssurrogate, die bereits während des Geschäftsjahres des Investmentfonds erzielt werden.[114] Zahlte der Anleger beim Erwerb der Investmentanteile einen Zwischengewinn und kam es dadurch zu negativen Einnahmen, mindern sich gemäß § 8 Abs. 5 S. 2 1. HS die ursprünglichen Anschaffungskosten bei der Berechnung des Veräußerungsgewinns, d.h. der Zwischengewinn wird im Rahmen der Veräußerung des Investmentanteils gewinnerhöhend berücksichtigt.[115]

Wird hingegen ein Zwischengewinn gemäß § 8 Abs. 5 S. 2 2. Hs. im Rahmen der Veräußerung des Investmentanteils erzielt, reduziert dies entsprechend die Höhe des Veräußerungspreises.[116] Dies ist notwendig, um eine Doppelbesteuerung des Privatanlegers zu vermeiden, da gemäß § 2 Abs. 1 S. 5 der Zwischengewinn als in den Einnahmen aus der Rückgabe oder Veräußerung des Investmentanteils enthalten gilt.

Im Rahmen von § 8 Abs. 5 Satz 2 wird der Meinungsstreit relevant, ob ein negativer Zwischengewinn zu berücksichtigen ist.

3. Abzug thesaurierter Erträge (§ 8 Abs. 5 Satz 3 und Satz 4)

"Der Veräußerungserlös ist ferner um die während der Besitzzeit als zugeflossen geltenden ausschüttungsgleichen Erträge zu mindern sowie um die hierauf entfallende, seitens der Investmentgesellschaft gezahlte und um einen entstandenen Ermäßigungsanspruch gekürzte Steuer im Sinne des § 4 Abs. 2, § 7 Abs. 3 und 4 zu erhöhen. Sind ausschüttungsgleiche Erträge in einem späteren Geschäftsjahr innerhalb der Besitzzeit ausgeschüttet worden, sind diese dem Veräußerungserlös hinzuzurechnen." 32

§ 8 Abs. 5 S. 3 und S. 4 regeln die Korrektur des Veräußerungserlöses durch die Minderung und die Hinzurechnung ausschüttungsgleicher Erträge.

Nach § 8 Abs. 5 S. 3 1. Hs. mindern ausschüttungsgleiche Erträge, die während der Besitzzeit als zugeflossen gelten, den Veräußerungserlös. „Während der Besitzzeit" bedeutet in diesem Zusammenhang der gesamte Zeitraum zwischen Anschaffung der Investmentanteile bis zu deren Rückgabe oder Veräußerung, da nur so alle „als zugeflossen geltende ausschüttungsgleichen Erträge" – wie in § 8 Abs. 5 S. 3 1. Hs. gefordert – erfasst werden, die auf Ebene des Anlegers bereits versteuert wurden.[117] Da diese Erträge zwar auf Ebene des Anlegers bereits versteuert wurden, aber (mangels Ausschüttung) noch im Vermögen des Investmentfonds enthalten sind und somit den Wert des jeweiligen Investmentanteils erhöhen, sind diese bei der Berechnung des Veräußerungserlöses wieder herauszurechnen.[118] Letzteres gilt auch wortlauterweiternd für Erträge gem. § 6, die durch den Anleger zu versteuern waren.[119]

---

113 Berger/Steck/Lübbehüsen/*Büttner/Mücke* § 8 InvStG Rn. 173; vgl. auch Haase/*Bacmeister/Reislhuber* § 8 Rn. 316.
114 BMF-Schreiben vom 18.8.2009, Rn. 21a.
115 Berger/Steck/Lübbehüsen/*Büttner/Mücke* § 8 InvStG Rn. 173; vgl. auch BMF-Schreiben vom 18.8.2009, Rn. 21a.
116 Berger/Steck/Lübbehüsen/*Büttner/Mücke* § 8 InvStG Rn. 173; vgl. auch BMF-Schreiben vom 18.8.2009, Rn. 21a.
117 *Ebner* NWB Fach 3, 15139, 15163; Berger/Steck/Lübbehüsen/*Büttner/Mücke* § 8 InvStG Rn. 177.
118 Berger/Steck/Lübbehüsen/*Büttner/Mücke* § 8 InvStG Rn. 177; BMF-Schreiben vom 18.8.2009, Rn. 196a.
119 BMF-Schreiben vom 18.8.2009, Rn. 196a.

Ferner ist gemäß § 8 Abs. 5 S. 3 2. HS der Veräußerungserlös um (inländische und ausländische) Steuer zu erhöhen, soweit diese auf ausschüttungsgleiche Erträge entfällt, diese auf Ebene des Investmentfonds bereits gezahlt wurde und diese um einen entstandenen Ermäßigungsanspruch gekürzt wurde.[120] Von der Regelung des § 8 Abs. 5 S. 3 2. Hs. erfasst werden die Steuer nach § 4 Abs. 2, § 7 Abs. 3 und Abs. 4. Diese Steuern haben entsprechend den Rücknahmepreis und damit auch den Gewinn aus der Veräußerung oder Rückgabe vermindert. Letzteres soll nicht zu einer systemwidrigen (§ 12 Nr. 3 EStG) Abzugsfähigkeit von Steuern führen, weswegen diese Steuern wieder dem Gewinn hinzugerechnet werden.

Gemäß § 8 Abs. 3 S. 4 sind dem Veräußerungserlös ausschüttungsgleiche Erträge, die in einem späteren Geschäftsjahr innerhalb der Besitzzeit des Anlegers ausgeschüttet wurden, hinzuzurechnen. Ausschüttungsgleiche Erträge der Vorjahre, die in einem späteren Geschäftsjahr während der Besitzzeit des Anlegers an diesen tatsächlich ausgeschüttet werden, fließen dem Anleger zu, ohne bei diesem der Besteuerung zu unterliegen.[121] Da ausschüttungsgleiche Erträge zuvor der Kürzung nach § 8 Abs. 4 S. 3 1. Hs. unterliegen, muss in diesem Fall der Veräußerungserlös entsprechend erhöht werden, um dem Anleger keinen doppelten Vorteil zu gewähren.[122] § 8 Abs. 5 S. 4 ist somit eine Korrekturnorm für § 8 Abs. 5 S. 3 1. Hs. für Fälle, in denen in späteren Geschäftsjahren des Investmentfonds eine tatsächliche Ausschüttung zuvor erfasster ausschüttungsgleicher Erträge erfolgt.

4. Berücksichtigung der Alt-Veräußerungsgewinne (§ 8 Abs. 5 Satz 5)

33   *„Der Gewinn aus der Veräußerung oder Rückgabe ist um die während der Besitzzeit des Anlegers ausgeschütteten Beträge zu erhöhen, die nach § 21 Absatz 1 Satz 2 in Verbindung mit § 2 Abs. 3 Nr. 1 in der am 31. Dezember 2008 anzuwendenden Fassung des Gesetzes steuerfrei sind."*

Der durch das UntStRefG 2008 neu gefasste § 8 Abs. 5 S. 5 regelt die Berücksichtigung von während der Besitzzeit des Anlegers tatsächlich ausgeschütteten Gewinnen aus (i) der Veräußerung von Alt-Wertpapieren, aus (ii) Alt-Termingeschäften und aus (iii) Alt-Bezugsrechten auf Anteile an Kapitalgesellschaften (d.h. solche, die der Investmentfonds jeweils vor dem 1.1.2009 angeschafft bzw. abgeschlossen hat), die gemäß § 21 Abs. 1 S. 2 i.V.m. § 2 Abs. 3 Nr. 1 in der vor dem 1.1.2009 geltenden Form weiterhin steuerbefreit sind.

Der Gesetzgeber wollte die für vor dem 1.1.2009 erworbene Investmentanteile insoweit gewährte Steuerbefreiung weiterführen, diese jedoch für Neuanleger nicht mehr gewähren.[123] Da der Investmentfonds nicht zwischen Anlegern, die die Investmentanteile vor dem 1.1.2009 und Anlegern, die die Investmentanteile nach dem 31.12.2008 erworben haben, unterscheiden kann, hat der Gesetzgeber in § 8 Abs. 5 S. 5 für nach dem 31.12.2008 erworbene Investmentanteile die Hinzurechnung der ausgeschütteten Beträge vorgesehen, die ansonsten steuerbefreit wären.[124] Für diese Investmentanteile erfolgt also eine Besteuerung der Alt-Geschäfte bei Rückgabe oder Veräußerung.[125] Da gemäß

---

120 BMF-Schreiben vom 18.8.2009, Rn. 196a; *Grabbe/Simonis* DStR **2009** 837, 839 f.
121 BMF-Schreiben vom 18.8.2009, Rn. 196a, Rn. 12a.
122 BMF-Schreiben vom 18.8.2009, Rn. 196a.
123 Bericht des Finanzausschusses vom 24.5.2007, BTDrucks 16/5491 S. 25.
124 Bericht des Finanzausschusses vom 24.5.2007, BTDrucks 16/5491 S. 25 f.
125 BMF-Schreiben vom 18.8.2009, Rn. 196a.

§ 21 Abs. 2 die Regelungen in § 8 Abs. 5 erstmals auf die Rückgabe oder Veräußerung von Investmentanteilen Anwendung finden, die nach dem 31.12.2008 erworben wurden,[126] gilt die Korrektur des Veräußerungsgewinns gemäß § 8 Abs. 5 S. 5 nicht für Investmentanteile, die vor dem 1.1.2009 erworben wurden. Für Letztere gilt somit immer noch die Steuerbefreiung nach § 2 Abs. 3 Nr. 1 in der vor dem 1.1.2009 geltenden Form.

Gewinne aus der Veräußerung von Wertpapieren, aus Termingeschäften und aus Bezugsrechten auf Anteile an Kapitalgesellschaften, die der Investmentfonds nach dem 31.12.2008 angeschafft bzw. abgeschlossen hat, fallen nicht unter § 8 Abs. 5 S. 5.[127] Diesbezüglich besteht kein Regelungsgrund, da diese Gewinne schon der Abgeltungssteuer unterliegen.

5. Berücksichtigung von Substanzauskehrungen und steuerfreien Liquiditätsüberhängen (§ 8 Abs. 5 Satz 6)

„Des Weiteren ist der Veräußerungsgewinn um die während der Besitzzeit des Anlegers zugeflossene Substanzauskehrung sowie um die Beträge zu erhöhen, die während der Besitzzeit auf Grund der Absetzung für Abnutzung oder Substanzverringerung im Sinne des § 3 Absatz 3 Satz 2 steuerfrei ausgeschüttet wurden." 34

Der durch das JStG 2010 eingefügte § 8 Abs. 5 S. 6 regelt die Hinzurechnung von (i) Substanzauskehrungen des Investmentfonds, die während der Besitzzeit des Anlegers erfolgen, sowie von (ii) Ausschüttungen eines – auf Grund von Absetzungen für Abnutzung oder Subtanzverringerung entstehenden – (steuerfreien) Liquiditätsüberhangs zu dem Veräußerungsgewinn.[128]

Substanzausschüttungen während der Haltedauer des Investmentanteils mindern den Anteilswert, ohne jedoch steuerliche Folgen beim Anleger auszulösen.[129] Daher erfolgt gemäß § 8 Abs. 5 S. 6 1. Hs. eine nachgelagerte steuerliche Berücksichtigung bei der Berechnung des Veräußerungsgewinns.

Gemäß § 3 Abs. 3 S. 2 sind Abschreibungen von Wirtschaftsgütern im Fondsvermögen beim Anleger zu berücksichtigen. Dadurch kommt es im Falle der Ausschüttung zu einer Differenz zwischen dem tatsächlich ausgeschütteten Betrag und dem als steuerpflichtig zu berücksichtigenden Betrag.[130] Dieser Differenzbetrag fließt dem Anleger steuerfrei zu. § 8 Abs. 5 S. 6 2. Hs. berücksichtigt diesen Betrag nachgelagert bei der Berechnung des Veräußerungsgewinns.

Die Behandlung von Substanzauskehrungen bei einer Korrektur des Veräußerungsgewinns i.S.v. § 8 Abs. 5 S. 1 war bis zur Neuregelung durch das JStG 2010 umstritten.[131] Nach der Gesetzesbegründung kann aufgrund der Neuregelung in § 8 Abs. 5 S. 6 auf eine Korrektur der Anschaffungskosten, wie sie bisher im BMF-Schreiben vom 18.8.2009 vorgesehen war,[132] verzichtet werden.[133] Bei der Neuregelung soll es sich nur um eine Klar-

---

126 Vorbehaltlich der Absätze 2a und 2b des § 21, welche jedoch nicht die Anwendung des § 8 Abs. 5 S. 5 erfassen und somit hier nicht relevant sind.
127 Berger/Steck/Lübbehüsen/*Büttner/Mücke* § 8 InvStG Rn. 192.
128 Bericht des Finanzausschusses vom 28.10.2010 BTDrucks 17/3549 S. 29.
129 Bericht des Finanzausschusses vom 28.10.2010 BTDrucks 17/3549 S. 29.
130 Bericht des Finanzausschusses vom 28.10.2010 BTDrucks 17/3549 S. 29.
131 Berger/Steck/Lübbehüsen/*Büttner/Mücke* § 8 InvStG Rn. 200; vgl. auch *Feyerabend/Vollmer* BB **2008** 1088, 1094; auch *Maier/Wengenroth* ErbStB **2008** 154, 155 f.
132 BMF-Schreiben vom 18.8.2009, Rn. 16a.
133 Bericht des Finanzausschusses vom 28.10.2010 BTDrucks 17/3549 S. 29.

stellung handeln.[134] Ob für Fälle der Substanzauskehrung, die vor der Einführung des neuen § 8 Abs. 5 S. 6 erfolgt sind, eine Gewinnkorrektur erfolgen kann, darf im Hinblick auf den Beschluss des BVerfG vom 17.12.2013[135] angezweifelt werden, da eine Klarstellung des Gesetzgebers für die Vergangenheit dann eine unzulässige echte Rückwirkung darstellen kann, wenn die jeweilige Rechtsfrage zuvor umstritten war.

6. Nichtberücksichtigung des DBA-Gewinns bzw. -Verlusts (§ 8 Abs. 5 Satz 7)

35 *"Ferner bleiben bei der Ermittlung des Gewinns die Anschaffungskosten und der Veräußerungserlös mit dem Prozentsatz unberücksichtigt, den die Investmentgesellschaft für den jeweiligen Stichtag nach § 5 Abs. 2 für die Anwendung des Absatzes 1 in Verbindung mit § 4 Abs. 1 veröffentlicht hat."*

Nach § 8 Abs. 5 S. 7 (vor dem JStG 2010: S. 6) werden im Rahmen der Ermittlung des Veräußerungsgewinns die Anschaffungskosten und der Veräußerungserlös insoweit nicht berücksichtigt, als für den jeweiligen Stichtag ein Prozentsatz für die Anwendung von § 8 Abs. 1 i.V.m. § 4 Abs. 1 veröffentlicht wurde.

Die Korrekturgröße ist somit die Differenz zwischen dem Anleger-DBA-Gewinn (bzw. Anleger-Immobiliengewinn) am Veräußerungszeitpunkt und dem Anleger-DBA-Gewinn am Erwerbszeitpunkt (besitzzeitanteiliger Anleger-DBA-Gewinn).[136] Die Berechnung der Korrekturgröße erfolgt in mehreren Schritten:

(i) Gemäß § 5 Abs. 2 S. 1 und S. 4 hat die Investmentgesellschaft bewertungstäglich den positiven oder negativen Prozentsatz des Wertes des Investmentanteils zu veröffentlichen, der auf den DBA-Gewinn nach § 4 Abs. 1 entfällt (Fonds-DBA-Gewinn).

(ii) Der Anleger-DBA-Gewinn am Erwerbszeitpunkt ergibt sich in Prozent aus dem Fonds-DBA-Gewinn am Erwerbszeitpunkt multipliziert mit dem Anteilswert am Erwerbszeitpunkt, multipliziert mit der Anzahl der Investmentanteile. Der Anleger-DBA-Gewinn am Veräußerungszeitpunkt hingegen ergibt sich in Prozent aus dem Fonds-DBA-Gewinn am Veräußerungszeitpunkt multipliziert mit dem Anteilswert am Veräußerungszeitpunkt, multipliziert mit der Anzahl der Investmentanteile.[137]

(iii) Der besitzzeitanteilige Anleger-DBA-Gewinn ist die Differenz zwischen dem Anleger-DBA-Gewinn am Veräußerungszeitpunkt und dem Anleger-DBA-Gewinn am Erwerbszeitpunkt.[138]

§ 8 Abs. 5 S. 7 ist gemäß § 21 Abs. 2 S. 2 (vorbehaltlich der Regelungen in § 21 Abs. 2a und Abs. 2b) auf die Rückgabe oder Veräußerung von Investmentanteilen anzuwenden, die nach dem 31.12.2008 erworben wurden.

Hintergrund der Regelung ist die Vermeidung einer steuermissbräuchlichen Gestaltung, bei der der ausgeschüttete oder ausschüttungsgleiche Ertrag nach § 4 Abs. 1 i.V.m. einem DBA steuerfrei gestellt wird, der Anleger aber zusätzlich eine entsprechende Wertminderung des Investmentanteils als Veräußerungsverlust steuermindernd geltend machen kann.[139] Der Veräußerungsgewinn wird daher insoweit korrigiert, als der Invest-

---

134 Bericht des Finanzausschusses vom 28.10.2010 BTDrucks 17/3549 S. 29.
135 Beschluss des Bundesverfassungsgerichts vom 17.12.2013, 1 BvL 5/08.
136 *Maier/Wengenroth* ErbStb **2008** 154, 156.
137 *Maier/Wengenroth* ErbStb **2008** 154, 156.
138 *Maier/Wengenroth* ErbStb **2008** 154, 156.
139 Bericht des Finanzausschusses vom 24.5.2007 BTDrucks 16/5491 S. 26; auch Berger/Steck/Lübbehüsen/*Büttner/Mücke* § 8 InvStG Rn. 196.

mentfonds Wirtschaftsgüter hält, mit denen steuerfreie Einkünfte erzielt werden.[140] Positive besitzzeitanteilige DBA-Gewinne wirken sich somit günstig für den Anleger aus (teilweise Steuerfreiheit des Veräußerungs- oder Rückgabegewinns), negative besitzzeitanteilige DBA-Gewinne wirken sich dagegen steuererhöhend aus (fiktiv erhöhter Rückgabe-/Veräußerungsgewinn).

VI. Steuerabzug (§ 8 Abs. 6)

„Von den Einnahmen aus der Rückgabe oder Veräußerung von Investmentanteilen ist **36** *ein Steuerabzug vorzunehmen. Bemessungsgrundlage für den Kapitalertragsteuerabzug ist auch bei Investmentanteilen, die zu einem Betriebsvermögen gehören, der Gewinn nach Absatz 5. Die für den Steuerabzug von Kapitalerträgen nach § 43 Abs. 1 Satz 1 Nr. 9 sowie Satz 2 des Einkommensteuergesetzes geltenden Vorschriften des Einkommensteuergesetzes sind einschließlich des § 43 Abs. 2 Satz 3 bis 9 und des § 44a Abs. 4 und 5 entsprechend anzuwenden. Bei der unmittelbaren Rückgabe von Investmentanteilen an eine inländische Kapitalanlagegesellschaft oder Investmentaktiengesellschaft hat die Investmentgesellschaft den Kapitalertragsteuerabzug nach den Sätzen 1 bis 3 vorzunehmen; dieser Steuerabzug tritt an die Stelle des Steuerabzugs durch die auszahlende Stelle."*

1. Allgemeines. Der Kapitalertragsteuerabzug erfolgt für laufende Erträge des In- **37** vestmentfonds nach § 7, während für Einnahmen aus der Rückgabe oder Veräußerung (Desinvestition) von Investmentanteilen der Steuerabzug in § 8 Abs. 6 geregelt ist. Die Regelung dient der Gleichbehandlung mit dem Direktanleger und somit der Umsetzung des Transparenzprinzips.[141] Der Steuerabzug gemäß § 8 Abs. 6 erfolgt sowohl für Anleger mit Investmentanteilen im Privatvermögen als auch für betriebliche Anleger.

Die Regelung ist grundsätzlich auf Gewinne aus der Rückgabe oder Veräußerung von Investmentanteilen anzuwenden, die nach dem 31.12.2008 angeschafft wurden (Neu-Investmentanteile, § 21 Abs. 2 S. 2).

2. Steuerabzug bei Anlegern mit Anteilen im Privatvermögen. § 8 Abs. 6 S. 3 **38** ordnet die entsprechende Anwendung der Vorschriften über den Kapitalertragsteuerabzug von Erträgen aus der Veräußerung von Anteilen an einer Körperschaft gemäß § 43 Abs. 1 S. 1 Nr. 9 sowie S. 2 EStG an. Die Kapitalertragsteuer dient der Sicherung des Steueraufkommens und ist eine besondere Erhebungsform der Einkommensteuer und der Körperschaftsteuer.[142] Der Steuersatz beträgt gemäß § 43a Abs. 1 S. 1 Nr. 1 EStG 25% (zuzüglich 5,5% Solidaritätszuschlag darauf, § 1 Abs. 1 SolzG, und gegebenenfalls Kirchensteuer) und entspricht somit dem Steuersatz der Abgeltungsteuer gemäß § 32d Abs. 1 EStG.

Der Steuerabzug muss grundsätzlich durch die inländische auszahlende Stelle vorgenommen werden (§ 44 Abs. 1 S. 3 und S. 4 EStG). Werden inländische oder ausländische Investmentanteile in einem Depot bei einem inländischen Kredit- oder Finanzdienstleistungsinstitut (deutsches Institut ohne Zweigniederlassungen im Ausland sowie inländische Zweigniederlassung ausländischer Institute) gehalten, so sind diese zum Steuerabzug verpflichtet.[143] Erfolgt die Rückgabe unmittelbar an die inländische KAG oder Investmentaktiengesellschaft, ist die inländische Investmentgesellschaft (InvAG,

---

140 Bericht des Finanzausschusses vom 24.5.2007 BTDrucks 16/5491 S. 26.
141 Haase/*Bacmeister*/*Reislhuber* § 8 Rn. 361.
142 BFH vom 23.8.2000, I R 107/98, BStBl. II **2001** 742.
143 BMF-Schreiben vom 18.8.2009, Rn. 196c.

KAG) zum Steuerabzug verpflichtet (§ 8 Abs. 6 S. 4). Erfolgt keine Einschaltung einer inländischen Investmentgesellschaft oder eines in- oder ausländischen Kredit- oder Finanzdienstleistungsinstituts, unterliegen die Rückgabe- oder Veräußerungsgewinne nicht der deutschen Abzugsteuer und sind im Rahmen der Veranlagung zu erfassen.[144]

Die Bemessungsgrundlage ist gemäß § 8 Abs. 6 S. 2 – unabhängig davon ob die Investmentanteilen im Privatvermögen oder im Betriebsvermögen gehalten werden – der Gewinn i.S.v. § 8 Abs. 5,[145] dessen Ermittlung insbes. im Falle von Übertragungen der Investmentanteile auf ein anderes Depot schwierig sein kann.[146]

Ist der Investmentfonds intransparent und unterliegt der Strafbesteuerung nach § 6, muss eine Kürzung des Veräußerungserlöses um Erträge nach § 6 (mit Ausnahme von Ausschüttungen), die für Zwecke der Ermittlung des Rückgabe- oder Veräußerungsgewinns nach § 8 Abs. 5 vorgenommen wurde, wieder rückgängig gemacht werden, da diese nicht zu berücksichtigen sind.[147] Die gewinnmindernde Kürzung des Gewinns um § 6-Erträge lässt sich somit nur im Rahmen des Veranlagungsverfahrens erreichen.

39   **3. Steuerabzug bei Anlegern mit Anteilen im Betriebsvermögen.** Für betriebliche Anleger gelten dieselben Grundsätze für den Steuerabzug wie für Privatanleger. Für Körperschaften und betriebliche Anleger sind allerdings in einigen Fällen Ausnahmen vom Kapitalertragsteuerabzug vorgesehen. § 8 Abs. 6 S. 3 sieht auch eine entsprechende Anwendung (i) von § 43 Abs. 2 S. 3 bis S. 9[148] EStG sowie (ii) von § 44a Abs. 4 und Abs. 5 EStG vor. Die Abführungspflicht entsteht mit dem Zufluss der Kapitalerträge beim Anleger gemäß § 44 Abs. 1 S. 2 EStG.

Gemäß § 43 Abs. 2 S. 3 EStG ist kein Steuerabzug vorzunehmen, wenn
- eine unbeschränkt steuerpflichtige Körperschaft, Personenvereinigung oder Vermögensmasse, die nicht unter § 43 Abs. 2 S. 2 Satz 2 EStG oder § 44a Absatz 4 Satz 1 EStG fällt, Gläubigerin der Kapitalerträge ist, oder
- die Kapitalerträge Betriebseinnahmen eines inländischen Betriebs sind und der Gläubiger der Kapitalerträge dies gegenüber der auszahlenden Stelle nach amtlich vorgeschriebenem Muster erklärt.

Ein Steuerabzug kann in diesen Fällen unterbleiben, da dieser keine abgeltende Wirkung hat und die Einnahmen im Rahmen der Veranlagung berücksichtigt werden. Natürliche Personen, die die Investmentanteile im Betriebsvermögen halten, müssen eine Freistellungserklärung nach amtlich vorgeschriebenem Muster vorlegen.[149]

Gemäß § 44a Abs. 4 S. 1 EStG ist kein Steuerabzug vorzunehmen, wenn der Gläubiger
- eine von der Körperschaftsteuer befreite inländische Körperschaft, Personenvereinigung oder Vermögensmasse oder
- eine inländische juristische Person des öffentlichen Rechts ist.

---

144 BMF-Schreiben vom 18.8.2009, Rn. 196c.
145 Für die Systematik der Verlustverrechnung siehe Haase/*Bacmeister/Reislhuber* § 8 Rn. 380 ff.
146 Zu den jeweiligen Fallkonstellationen näher Berger/Steck/Lübbehüsen/*Büttner/Mücke* § 8 InvStG Rn. 212.
147 BMF-Schreiben vom 18.8.2009, Rn. 196a.
148 Der Verweis auf § 43 Abs. 2 S. 9 EStG läuft ins Leere, da der Absatz 2 nur 8 Sätze hat (redaktionelles Versehen, vgl. auch Berger/Steck/Lübbehüsen/*Büttner/Mücke* § 8 InvStG Rn. 214).
149 BMF-Schreiben vom 18.8.2009, Rn. 196e.

Für die Abstandnahme vom Steuerabzug ist gemäß § 44a Abs. 4 S. 3 EStG eine Bescheinigung des zuständigen Finanzamtes erforderlich (Nichtveranlagungsbescheinigung).

Gemäß § 44a Abs. 5 S. 1 EStG ist kein Steuerabzug vorzunehmen, wenn (a) die Kapitalerträge Betriebseinnahmen eines unbeschränkt oder beschränkt einkommensteuerpflichtigen Gläubigers sind und (b) die Kapitalertragsteuer bei ihm auf Grund der Art seiner Geschäfte auf Dauer höher wäre als die gesamte festzusetzende Einkommensteuer oder Körperschaftsteuer. Diese Voraussetzungen sind gemäß § 44a Abs. 5 S. 4 EStG durch eine Bescheinigung des für den Gläubiger zuständigen Finanzamts nachzuweisen.

VII. Sinngemäße Anwendung des § 15b EStG (§ 8 Abs. 7)

„*§ 15b des Einkommensteuergesetzes ist auf Verluste aus der Rückgabe, Veräußerung* **40** *oder Entnahme von Investmentanteilen sowie auf Verluste durch Ansatz des niedrigeren Teilwerts bei Investmentanteilen sinngemäß anzuwenden.*"

Die durch das JStG 2010 eingeführte Regelung § 8 Abs. 7 erklärt § 15b EStG als „sinngemäß" anzuwenden. § 15b EStG schränkt die Verlustnutzung ein. Verluste aus Steuerstundungsmodellen können nur mit positiven Einkünften aus dieser Einkunftsquelle verrechnet werden. Die Regelung wurde erst spät im Gesetzgebungsverfahren auf Bitten des Bundesrates eingeführt.[150] Hintergrund der Regelung waren Gestaltungen, durch die unter Nutzung von Investmentvermögen durch Koppelung von gegenläufigen Finanzgeschäften ein steuerfreier Ertrag (§ 8b KStG) und ein korrespondierender abzugsfähiger Verlust (nicht durch § 8b KStG abzugsbeschränkt) generiert wurden.[151] Da nach Auffassung des Gesetzgebers Investmentvermögen am Markt vertreten waren, deren Anlagepolitik darauf ausgerichtet war, dem Anleger steuerwirksame Verluste zu vermitteln, sah er die Notwendigkeit, diese Strukturen daraufhin zu überprüfen, ob sie ein Steuerstundungsmodell i.S.v. § 15b EStG darstellen.[152] Die Umsetzung dieses Zieles ist mit Einführung des § 8 Abs. 7 allerdings nicht erreicht worden.

Die Regelung trat am Tag der Verkündung des JStG 2010, d.h. am 14.12.2010, in Kraft. Nach der Gesetzesbegründung dient die Regelung lediglich der Klarstellung, dass auch Verluste, die durch Rückgabe oder Veräußerung von Investmentanteilen sowie Teilwertabschreibungen bei Investmentanteilen beim Anleger entstehen, von § 15b EStG erfasst werden.[153] Ob § 8 Abs. 7 auch für Sachverhalte vor dem 14.12.2010 anwendbar ist, darf nicht zuletzt im Hinblick auf den Beschluss des BVerfG vom 17.12.2013[154] angezweifelt[155] werden, da eine Klarstellung des Gesetzgebers für die Vergangenheit dann eine unzulässige echte Rückwirkung darstellen kann, wenn die jeweilige Rechtsfrage zuvor umstritten war.

§ 8 Abs. 7 ist eine Rechtsgrundverweisung, d.h. zusätzlich zu dem Tatbestandsmerkmal eines Verlustes aus der Rückgabe, Veräußerung, Entnahme oder Teilwertabschreibung eines Investmentanteils (§ 8 Abs. 7) müssen die weiteren Voraussetzungen des

---

150 Empfehlungen der Ausschüsse vom 28.6.2010 BRDrucks 318/1/10 S. 28 und Stellungnahme des Bundesrates Beschluss vom 9.7.2010 BRDrucks 318/10(B) S. 26; vgl. auch *Jansen/Lübbehüsen* FR **2011** 512, 513; vgl. auch *Bacmeister/Reislhuber* RdF **2011** 199, 200.
151 Stellungnahme des Bundesrates Beschluss vom 9.7.2010 BRDrucks 318/10(B) S. 26.
152 Bericht des Finanzausschusses vom 28.10.2010 BTDrucks 17/3549 S. 30; vgl. auch dazu die Besprechung einer sog. Bull-/Bear-Struktur von *Tappen* SteuK **2011** 55 und SteuK **2011** 278.
153 Bericht des Finanzausschusses vom 28.10.2010 BTDrucks 17/3549 S. 30.
154 Beschluss des Bundesverfassungsgerichts vom 17.12.2013, 1 BvL 5/08.
155 *Birker* BB **2011** 1495; vgl. auch *Jansen/Lübbehüsen* FR **2011** 512, 515.

§ 15b EStG auf Ebene des Investmentfonds vorliegen.[156] Da die Vorschrift des § 15b EStG nur „sinngemäß" anzuwenden ist, handelt es sich um eine modifizierte Rechtsgrundverweisung, d.h. die Regelungssystematik des EStG ist an die des InvStG anzupassen.[157] Die Rechtsfolge – Nichtabziehbarkeit von Verlusten – tritt hingegen auf Ebene des Anlegers ein.

Die Regelung ist nur auf Anleger anwendbar, die die Investmentanteile im Betriebsvermögen halten.[158] Vor der Einführung des § 8 Abs. 7 war § 15b EStG i.V.m. § 20 Abs. 7 EStG lediglich in Ausnahmefällen bei Verlusten aus Teilwertabschreibungen anwendbar.[159] Die nun erfolgte Ausdehnung auf Fälle der „Rückgabe, Veräußerung oder Entnahme" lässt hinsichtlich des Falles der Entnahme darauf schließen, dass nur betriebliche Anleger unter die Regelung fallen sollen, da eine Entnahme zwangsweise Betriebsvermögen voraussetzt.[160] Eine Beschränkung auf betriebliche Anleger ergibt sich ebenfalls aufgrund der Gesetzesbegründung, wonach Steuergestaltungen, die die Anwendung von § 8b KStG bzw. § 3 Nr. 40 EStG erfordern, erfasst werden sollen.[161]

§ 15b Abs. 1 S. 1 EStG erfordert ein Steuerstundungsmodell. Ein Steuerstundungsmodell liegt vor, wenn auf Grund einer modellhaften Gestaltung steuerliche Vorteile in Form negativer Einkünfte erzielt werden sollen (§ 15b Abs. 2 S. 1 EStG). Dies ist der Fall, wenn dem Steuerpflichtigen auf Grund eines vorgefertigten Konzepts die Möglichkeit geboten werden soll, zumindest in der Anfangsphase der Investition Verluste mit übrigen Einkünften zu verrechnen (§ 15b Abs. 2 S. 2 EStG). § 15b Abs. 1 ist nur anzuwenden, wenn innerhalb der Anfangsphase das Verhältnis der Summe der prognostizierten Verluste zur Höhe des gezeichneten und nach dem Konzept auch aufzubringenden Kapitals oder bei Einzelinvestoren des eingesetzten Eigenkapitals 10 Prozent übersteigt (§ 15b Abs. 3 S. 1 EStG) (sogenannte „Nichtaufgriffsgrenze"). Die Rechtsfolge besteht in einem Verrechnungsverbot für Verluste im Zusammenhang mit einem Steuerstundungsmodell mit Einkünften aus Gewerbebetrieb sowie mit Einkünften aus anderen Einkunftsarten; die Verluste dürfen auch nicht nach § 10d EStG abgezogen werden (§ 15b Abs. 1 S. 1 EStG). Sie mindern jedoch die Einkünfte, die der Steuerpflichtige in den folgenden Wirtschaftsjahren aus derselben Einkunftsquelle erzielt (§ 15b Abs. 1 S. 2 EStG).

Bei der „sinngemäßen" Anwendung von § 15b EStG stellt sich die Frage, auf welche Beurteilungseinheit abzustellen ist, d.h. was als Einkunftsquelle i.S.v. § 15b Abs. 1 S. 2 EStG heranzuziehen ist.[162] Für Zwecke des § 8 Abs. 7 i.V.m. § 15b EStG ist eine rechtsträgerbezogene Betrachtungsweise heranzuziehen.[163] Da die Rechtsfolge des § 8 Abs. 7 (Nichtberücksichtigung der Verluste) auf den gesamten Investmentanteil wirkt, muss auch auf den Investmentfonds als Ganzes (und nicht auf einzelne Anlageobjekte des Investmentfonds) abgestellt werden.[164]

---

156 *Birker* BB **2011** 1495, 1496; auch *Jansen/Lübbehüsen* FR **2011** 512, 513; vgl. auch *Bacmeister/Reislhuber* RdF **2011** 199, 200; auch *Kretzschmann* FR **2011** 62, 67.
157 *Birker* BB **2011** 1495, 1496.
158 *Birker* BB **2011** 1495, 1497; **a.A.** *Jansen/Lübbehüsen* FR **2011** 512, 514, die argumentieren, dass ein fehlender Verweis auf § 20 Abs. 7 EStG nicht bedeutet, dass Privatanleger von der Regelung ausgeschlossen sein sollen.
159 *Kretzschmann* FR **2011** 62, 66; auch *Jansen/Lübbehüsen* FR **2011** 512, 514.
160 *Birker* BB **2011** 1495, 1497.
161 Vgl. Stellungnahme des Bundesrates Beschluss vom 9.7.2010 BRDrucks 318/10(B) S. 26; vgl. auch *Birker* BB **2011** 1495, 1497.
162 *Birker* BB **2011** 1495, 1497.
163 *Birker* BB **2011** 1495, 1497; auch *Grabbe* BB **2011** 87, 91.
164 *Birker* BB **2011** 1495, 1497.

Ein Steuerstundungsmodell ist nach Ansicht der Finanzverwaltung gegeben, wenn ein „vorgefertigtes Konzept" und „gleichgerichtete Leistungsbeziehungen" vorliegen.[165] Typisches Merkmal für die Modellhaftigkeit ist nach Ansicht der Finanzverwaltung demnach die Bereitstellung eines Bündels an Haupt- Zusatz- und Nebenleistungen.[166] Die Beteiligung an einem Investmentfonds wird in der Literatur richtigerweise als Einzelinvestition (anstatt einer Investition in eine Personengesellschaft ähnelnd) angesehen.[167] Da nach Ansicht der Finanzverwaltung und Teilen der Literatur[168] bei Einzelinvestitionen zwingend Zusatz- oder Nebenleistungen vorliegen müssen, um eine modellhafte Gestaltung anzunehmen, wird es in der Praxis nur wenige Anwendungsfälle des § 15b EStG i.V.m. § 8 Abs. 7 geben, da ein Fondsanleger solche Zusatz- oder Nebenleistungen in der Regel nicht in Anspruch nimmt.[169] Der BFH hat den Begriff des vorgefertigten Konzepts konkretisiert.[170] Danach kann als Konzept nicht jegliche Investitionsplanung, sondern nur die Erstellung einer umfassenden und regelmäßig an mehrere Interessenten gerichteten Investitionskonzeption angesehen werden. Dieses müsse bezogen auf den Geschäftsgegenstand der Ziel-Gesellschaft als auch auf ihre Konstruktion bereits vor der eigentlichen Investitionsentscheidung durch den oder die Initiatoren festgelegt worden sein. Charakteristisch sei die Passivität des Investors bei der Entwicklung der Geschäftsidee. Demnach liegt ein vorgefertigtes Konzept dann nicht vor, wenn der Anleger die einzelnen Leistungen und Zusatzleistungen sowie deren Ausgestaltung – sei es von Anfang an oder in Abwandlung des zunächst vorgefertigten Konzept – selbst vorgibt und damit das Konzept nicht nur unwesentlich mitbestimmt. Fraglich ist, ob und inwieweit diese BFH-Grundsätze bei der „sinngemäßen" Anwendung des § 15b EStG im Rahmen des § 8 relevant werden. Es kann nicht ausgeschlossen werden, dass bei einer sinngemäßen Anwendung von § 15b EStG ein Investmentfonds unter Anwendung dieser Grundsätze durchaus das Merkmal der „modellhaften Gestaltung" erfüllt, da der Fondsanleger einem passiven Investor eines Steuerstundungsmodells i.S.v. § 15b EStG ähnelt.[171] Ob im Einzelfall daher ein Steuerstundungsmodell gegeben ist, ist nach dem BFH immer im Wege einer wertenden Gesamtbetrachtung der entsprechenden Einzelfallumstände zu ermitteln.[172]

Weiteres Tatbestandsmerkmal gemäß § 15b Abs. 2 S. 1 EStG ist die Erzielung eines steuerlichen Vorteils durch negative Einkünfte, d.h. steuerfreie Einkünfte werden nicht von der Vorschrift erfasst.[173] § 15b EStG ist auf die Verrechnung negativer Einkünfte mit positiven Einkünften ausgerichtet. Allerdings soll § 8 Abs. 7 nach der Gesetzesbegründung insbesondere Fälle erfassen, bei denen im Rahmen eines Koppelungsgeschäfts steuerfreie Einkünfte erzielt werden.[174] Daher sind bei einer „sinngemäßen" Anwendung von § 15b EStG i.V.m. § 8 Abs. 7 auch steuerfreie Einkünfte zu berücksichtigen, d.h. diese stellen negative Einkünfte i.S.v. § 15b Abs. 2 S. 1 EStG dar.[175]

Weitere Voraussetzung ist gemäß § 15b Abs. 3 die Überschreitung der Nichtaufgriffsgrenze. Diese ist auch im Rahmen einer „sinngemäßen" Anwendung von § 15b EStG

---

165 BMF-Schreiben vom 17.7.2007, BStBl. I **2007** 542 Rn. 8.
166 BMF-Schreiben vom 17.7.2007, BStBl. I **2007** 542 Rn. 8.
167 *Kretzschmann* FR **2011** 62, 67; auch *Jansen/Lübbehüsen* FR **2011** 512, 516.
168 BMF-Schreiben vom 17.7.2007, BStBl. I **2007** 542 Rn. 9; auch Blümich/*Heuermann* § 15b EStG Rn. 19.
169 *Kretzschmann* FR **2011** 62, 67; auch *Jansen/Lübbehüsen* FR **2011** 512, 516.
170 BFH, Urteil vom 6.2.2014, IV R 59/10.
171 *Birker* BB **2011** 1495, 1498.
172 BFH, Urteil vom 6.2.2014, IV R 59/10.
173 BMF-Schreiben vom 17.7.2007, BStBl. I **2007** 542 Rn. 12; auch *Birker* BB **2011** 1495, 1498.
174 Stellungnahme des Bundesrates Beschluss vom 9.7.2010 BRDrucks 318/10(B) S. 26.
175 *Birker* BB **2011** 1495, 1498.

i.V.m. § 8 Abs. 7 auf Ebene des Investmentfonds anzuwenden.[176] Es handelt sich um eine Freigrenze, d.h. im Falle des Überschreitens der Nichtaufgriffsgrenze werden die gesamten Verluste von dem Verrechnungsverbot umfasst.[177]

§ 15b Abs. 3 EStG setzt eine Verlustprognose voraus, d.h. es muss eine Prognose des durch die Investition erzielten Verlusts erfolgen.[178] Bei einer „sinngemäßen" Anwendung ist dieses Kriterium jedoch – mangels Praktikabilität – nicht für die Anwendung von § 15b EStG i.V.m. § 8 Abs. 7 heranzuziehen.[179] Vielmehr ist auf den tatsächlich durch den Investmentfonds erzielten Verlust abzustellen.[180] Statt einer „Anfangsphase der Investition" ist auf die Besitzzeit (Anschaffung bis Rückgabe, Veräußerung, Entnahme oder Teilwertansatz) des Anlegers an den jeweiligen Investmentanteilen abzustellen.[181]

Schließlich muss es auf Ebene des Anlegers zu einem Verlust aus der Rückgabe, Veräußerung, Entnahme oder Teilwertabschreibung kommen. Da es in bestimmten Fallkonstellationen zu Situationen kommen kann, wo sich der Wert des Investmentanteils nicht vermindert (z.B. bei bestimmten Koppelungsgeschäften), und § 15b EStG i.V.m. § 8 Abs. 7 als Folge daraus nicht anwendbar wäre, muss – um dem Sinn und Zweck der Norm zu genügen – das Merkmal des erlittenen Verlusts umgedeutet werden, d.h. es kommt darauf an, ob auf Ebene des Anlegers „negatives Einkommen" vorliegt.[182]

Sind die Tatbestandsvoraussetzungen von § 15b EStG i.V.m. § 8 Abs. 7 erfüllt, dürfen Verluste nicht mit Einkünften aus Gewerbebetrieb oder anderen Einkunftsarten verrechnet werden. § 10d EStG ist nicht anwendbar. Hingegen dürfen die Verluste nur Einkünfte aus derselben Einkunftsquelle in späteren Wirtschaftsjahren mindern. Daraus ergibt sich für die Fälle der Rückgabe und der Veräußerung allerdings das Problem, dass die Einkunftsquelle mit diesen Vorgängen untergeht. Eine Verrechnung der Verluste „mit künftigen Einkünften aus derselben Einkunftsquelle" wird dadurch unmöglich und der Verlust ist endgültig nicht nutzbar.[183] Im Falle der Entnahme oder Teilwertabschreibung ist die Verrechnung mit künftigen Gewinnen aus derselben Einkunftsquelle möglich.[184] Es kommt somit im Rückgabe- bzw. Veräußerungsfall zu einer Benachteiligung des Fondsanlegers gegenüber dem Direktanleger und somit zu einem Verstoß gegen das Transparenzprinzip.[185] Eine solche Überbesteuerung des Fondsanlegers als Folge einer endgültigen Nichtanerkennung von Verlusten ist verfassungsrechtlich zweifelhaft und somit abzulehnen.[186] Für die Fälle der Rückgabe bzw. Veräußerung, in denen eine endgültige Nichtanerkennung von Verlusten droht, ist § 15b EStG i.V.m. § 8 Abs. 7 daher dahingehend auszulegen, dass in diesen Fällen eine Verrechnung der Verluste mit anderen Einkünften bzw. die Anwendung von § 10d EStG möglich ist.[187]

Aus diesen Grundsätzen folgt ein sehr begrenzter Anwendungsbereich des § 15b EStG i.V.m. § 8 Abs. 7. Selbst wenn im Falle der Entnahme oder der Teilwertabschreibung

---

[176] *Birker* BB **2011** 1495, 1498.
[177] *Jansen/Lübbehüsen* FR **2011** 512, 517.
[178] *Birker* BB **2011** 1495, 1498.
[179] *Birker* BB **2011** 1495, 1498.
[180] *Birker* BB **2011** 1495, 1498; **a.A.** *Kretzschmann* FR **2011** 62, 67, der mangels prognostizierter Verluste die Vorschrift leerlaufen lassen will; auch *Jansen/Lübbehüsen* FR **2011** 512, 517.
[181] *Birker* BB **2011** 1495, 1498; auch *Bacmeister/Reislhuber* RdF **2011** 199, 202.
[182] *Birker* BB **2011** 1495, 1499; auch *Bacmeister/Reislhuber* RdF **2011** 199, 202.
[183] *Birker* BB **2011** 1495, 1499; auch *Kretzschmann* FR **2011** 62, 67; auch *Bacmeister/Reislhuber* RdF **2011** 199, 202f.
[184] *Birker* BB **2011** 1495, 1499.
[185] *Birker* BB **2011** 1495, 1499; auch *Kretzschmann* FR **2011** 62, 67.
[186] BFH-Beschluss vom 26.8.2010, I B 49/10, BStBl. II **2011** 826; auch *Jansen/Lübbehüsen* FR **2011** 512, 518.
[187] *Jansen/Lübbehüsen* FR **2011** 512, 518.

die Anwendbarkeit grundsätzlich möglich wäre, lässt sich die Anwendung der Regelung in der Praxis bereit dadurch umgehen, dass der Anleger eine individuelle, auf ihn maßgeschneiderte Struktur zur Generierung von Verlusten für sein Investment wählt. Der Gesetzgeber hat mit der getroffenen Regelung in § 8 Abs. 7 ein stumpfes Schwert gegen die Bekämpfung von Verluststrukturen geschaffen. Alternativ zur Ausdehnung des Anwendungsbereichs des § 15b EStG hätte eine Regelung hinsichtlich § 15 Abs. 4 S. 3 EStG getroffen werden können.[188] Warum dieser vom Bundesrat bereits in Betracht gezogene Lösungsweg[189] nicht aufgenommen wurde, ist gerade im Hinblick auf die nun erfolgte Erweiterung des Anwendungsbereichs des § 15b EStG, die aufgrund der vielen unbestimmten Rechtsbegriffe der Vorschrift und deren nur „sinngemäßer" Anwendung in der Praxis zu einer nur begrenzten Anwendbarkeit führt, nicht nachzuvollziehen.

VIII. Wechsel des Besteuerungssystems gemäß § 1 Abs. 1d (§ 8 Abs. 8)

„Ein Investmentanteil gilt mit Ablauf des Geschäftsjahres, in dem ein Feststellungsbescheid nach § 1 Absatz 1d Satz 1 unanfechtbar geworden ist, als veräußert. Ein Anteil an einer Investitionsgesellschaft gilt zum selben Zeitpunkt als angeschafft. Als Veräußerungserlös des Investmentanteils und als Anschaffungskosten des Investitionsgesellschaftsanteils ist der Rücknahmepreis am Ende des Geschäftsjahres anzusetzen, in dem der Feststellungsbescheid unanfechtbar geworden ist. Wird kein Rücknahmepreis festgesetzt, tritt an seine Stelle der Börsen- oder Marktpreis. Kapitalertragsteuer ist nicht einzubehalten und abzuführen. Im Übrigen sind die vorstehenden Absätze anzuwenden. Die festgesetzte Steuer gilt bis zur tatsächlichen Veräußerung des Anteils als zinslos gestundet." **41**

§ 8 Abs. 8 regelt den Wechsel des Besteuerungssystems gemäß § 1 Abs. 1d auch für die Schlussbesteuerung. Gemäß § 1 Abs. 1d gilt ein Investmentfonds für einen Zeitraum von mindestens drei Jahren als Investitionsgesellschaft, falls er (i) seine Anlagebedingungen in der Weise abändert, dass die Anlagebestimmungen nach § 1 Abs. 1b nicht mehr erfüllt sind, oder er (ii) im Rahmen seiner Anlagepraxis wesentlich gegen die Anlagebestimmungen des § 1 Abs. 1b verstößt, und das zuständige Finanzamt bzw. das Bundeszentralamt für Steuern das Fehlen der Anlagebestimmungen feststellt.

Kommt es zu einer solchen Umqualifikation des Investmentfonds in eine Investitionsgesellschaft und dem damit verbundenen Wechsel des Besteuerungssystems, gelten die Anteile am Investmentfonds durch den Anleger als veräußert und zugleich Anteile an der zukünftigen Investitionsgesellschaft als angeschafft (§ 8 Abs. 8 S. 1 und S. 2). Auf diese fiktive Veräußerung sind bei der Ermittlung des Veräußerungsgewinns die Regelungen in § 8 Abs. 1 bis 7 anzuwenden (§ 8 Abs. 8 S. 6). Diese Aussage ist rein deklaratorisch, da der Investmentfonds zum Zeitpunkt der fiktiven Veräußerung noch ein solcher i.S.v. § 1 Abs. 1b ist, so dass § 8 nach den allgemeinen Regeln anzuwenden ist.

Durch die fiktive Veräußerung kommt es beim Anleger zu einer Aufdeckung und Versteuerung aufgelaufener Wertzuwächse bzw. stiller Reserven.[190]

Mangels eines tatsächlichen Zuflusses auf Ebene des Anlegers unterliegt der Gewinn oder Verlust aus der fingierten Veräußerung nicht dem Kapitalertragsteuerabzug (§ 8 Abs. 8 S. 5). Stattdessen sind diese Gewinne oder Verluste im Rahmen der Veranlagung berücksichtigen.[191]

---

188 *Kretzschmann* FR **2011** 62, 66.
189 Stellungnahme des Bundesrates Beschluss vom 9.7.2010 BRDrucks 318/10(B) S. 27.
190 Gesetzentwurf des AIFM-StAnpG vom 20.11.2013, BTDrucks 18/68 S. 57.
191 Gesetzentwurf des AIFM-StAnpG vom 20.11.2013, BTDrucks 18/68 S. 57.

Nach der Gesetzesbegründung soll im Rahmen einer noch zu erlassenden Verwaltungsanweisung das depotführende Kreditinstitut verpflichtet werden, in den Steuerbescheinigungen anzugeben, ob der Anleger Anteile an einem Investmentfonds besitzt, auf die § 8 Absatz 8 anzuwenden ist.[192]

Die festgesetzte Steuer auf den Gewinn aus der fiktiven Veräußerung gilt bis zum Zeitpunkt der tatsächlichen Veräußerung als zinslos gestundet (§ 8 Abs. 8 S. 7). Im Gegensatz zu § 8 Abs. 4 S. 2 spricht § 8 Abs. 8 S. 7 nicht von „auf den Veräußerungsgewinn entfallende Einkommen- oder Körperschaftsteuer", sondern von der „festgesetzten Steuer". Nach der Gesetzesbegründung entspricht die Regelung zur zinslosen Stundung der in § 8 Abs. 4 S. 2.[193] Dies gilt insoweit aufgrund des unterschiedlichen Wortlauts nur für die Einkommensteuer und die Körperschaftsteuer, nicht jedoch für die Gewerbesteuer, da diese vom Wortlaut des § 8 Abs. 4 S. 2 nicht erfasst wird, vom Wortlaut des § 8 Abs. 8 S. 7 hingegen schon. Hinsichtlich der Gewerbesteuer kommt es somit zur Belastung des Anlegers bereits im Zeitpunkt der fiktiven Veräußerung.[194] Der Anwendungsbereich von § 8 Abs. 8 S. 7 ist insoweit weiter als der von § 8 Abs. 4 S. 2. § 8 Abs. 8 S. 7 ist der Situation des Anlegers geschuldet. Dieser hat in der Regel keinen Einfluss auf das Verhalten des Investmentfonds und kann somit einen Wechsel des Besteuerungssystems nicht verhindern. Ferner erfolgt auch kein Zufluss beim Anleger, so dass eine zu diesem Zeitpunkt bestehende Verpflichtung zur Steuerabführung zu Liquiditätsproblemen beim Anleger führen könnte.

§ 9
Ertragsausgleich

Den in den ausgeschütteten und ausschüttungsgleichen Erträgen enthaltenen einzelnen Beträgen im Sinne der §§ 2 und 4 sowie der anrechenbaren oder abziehbaren ausländischen Quellensteuer stehen die hierauf entfallenden Teile des Ausgabepreises für ausgegebene Anteile gleich. Die Einnahmen und Zwischengewinne im Sinne des § 1 Absatz 4 sind bei Anwendung eines Ertragsausgleichsverfahrens um die hierauf entfallenden Teile des Ausgabepreises für ausgegebene Anteile zu erhöhen.

Schrifttum

Haase Wichtige investmentsteuerrechtliche Änderungen durch das JStG 2010, DStR **2010** 1608; *Pätsch/Fischer* Anmerkungen zum Ertragsausgleich nach dem neuen BMF-Schreiben zum Investmentsteuergesetz, DStR **2009** 2646; *Schmitt* Ertragsausgleich bei Investmentfonds – Ende der Diskussion in Sicht, DStR **2010** 1610; *Schönbach/Welzel* Zwischengewinn und Ertragsausgleich – systematisch notwendige Einschränkung oder Glücksspiel für Fondsanleger? IStR **2009** 675; *Sradj/Schmitt/Krause* Ausgewählte Aspekte des neuen BMF-Schreibens zum Investmentsteuergesetz, DStR **2009** 2283; *Terhürne/Otto* Der Ertragsausgleich im Investmentsteuerrecht – Problemfall Substanzbesteuerung, DB **2011** 325.

---

192   Gesetzentwurf des AIFM-StAnpG vom 20.11.2013, BTDrucks 18/68 S. 57.
193   Gesetzentwurf des AIFM-StAnpG vom 20.11.2013, BTDrucks 18/68 S. 57.
194   *Jacob/Geese/Ebner* Besteuerung von Fondsvermögen, S. 219; auch Berger/Steck/Lübbehüsen/ Büttner/Mücke § 8 InvStG Rn. 120.

Gesetzesmaterialien

BTDrucks. 15/1553 (Gesetzentwurf der Bundesregierung eines Investmentmodernisierungsgesetzes vom 19.9.2003; Investmentmodernisierungsgesetz vom 15.12.2003, BGBl. I, 2676; BTDrucks. 17/2249 (Gesetzentwurf der Bundesregierung eines Jahressteuergesetzes 2010 vom 22.6.2010); Jahressteuergesetz 2010 vom 13.12.2010, BGBl. I 1768; Gesetzentwurf der Bundesregierung eines Gesetzes zur Anpassung des Investmentsteuergesetzes und anderer Gesetze an das AIFM-Umsetzungsgesetz vom 8.2.2013.

A. Systematische Übersicht

§ 9 wurde im Rahmen des Investmentmodernisierungsgesetzes vom 15.12.2003 mit Wirkung zum 1.1.2004 eingeführt und durch das Jahressteuergesetz 2010 mit Wirkung zum 14.12.2010 geändert. Die Vorschrift regelt den investmentsteuerrechtlichen Ertragsausgleich, der früher aus Einzelregelungen im KAGG und AuslInvestmG bestand.[1] 1

B. Einführung

§ 9 enthält **keine gesetzliche Definition** des Begriffs des Ertragsausgleichs. Daneben verweist nur § 162 Abs. 2 Nr. 6 KAGB im Rahmen der Anforderungen an die Vertragsbedingungen für Sondervermögen auf das Ertragsausgleichsverfahren, ohne dies weiter zu konkretisieren. 2

Unter dem **Begriff des Ertragsausgleichs** versteht man ein Verfahren, durch das bei der Investmentanteilsausgabe bzw. -rücknahme die ausgeschütteten und ausschüttungsgleichen Erträge sowie die anrechenbaren bzw. abziehbaren ausländischen Quellensteuern hinsichtlich jeden Investmentanteils konstant gehalten werden.[2] Es wird also sichergestellt, dass Veränderungen des Investmentanteilsbestands nicht die Erträge pro Investmentanteil verändern. Denn Sinn und Zweck des § 9 ist es, durch den Ertragsausgleich bei Investmentanteilsumsätzen einen gleichbleibenden Ausschüttungsbetrag pro Anteil sicherzustellen. Ansonsten käme es bei Mittelzuflüssen zu einer geringeren und bei Mittelabflüssen zu einer höheren Ausschüttung pro Anteil.[3] 3

Der Ertragsausgleich kann sowohl positiv als auch negativ ausfallen. Da die Gefahr besteht, dass, wenn neue Investmentanteile ausgegeben werden, der Ertrag pro Anteil sinkt, erfolgt ein (gesetzlich geregelter) **positiver Ertragsausgleich**. Das bedeutet, dass der Erwerber der neuen Investmentanteile die bis zum Erwerbsdatum entstandenen, aber noch thesaurierten Erträge des Investmentvermögens als Teil des Kaufpreises wirtschaftlich zu tragen hat. Indem diese Kaufpreiskomponente bei der Ausschüttung der Erträge des Investmentvermögens berücksichtigt wird, werden die Anleger, die bereits Investmentanteile halten, nicht benachteiligt. Damit diese Kaufpreiskomponente/Ausgleichsbeträge berücksichtigt werden kann/können, müssen diese Beträge auf ein separates Konto der Investmentgesellschaft gebucht werden.[4] 4

Neben dem eben genannten positiven Ertragsausgleich beim Erwerb neuer Investmentanteile existiert der seltenere **negative Ertragsausgleich** bei der Rücknahme von

---

1 BTDrucks. 15/1553 S. 128.; Beckmann/Scholtz/Vollmer/*Petzschke* § 9 Rn. 2 ff.; Berger/Steck/Lübbehüsen/*Berger* § 9 Rn. 1; Haase/*Schönbach* § 9 Rn. 9, 12; Littmann/Bitz/Pust/*Ramackers* § 9 Rn. 1.
2 Blümich/*Hammer* § 9 InvStG Rn. 1; vgl. BMF (Schr. v. 18.8.2009 – IV C 1 – S 1980-1/08/10019) BStBl. I 748 Rn. 198; Haase/*Schönbach* § 9 Rn. 1, 13; *Schönbach/Welzel* IStR **2009** 675, 676.
3 Beckmann/Scholtz/Vollmer/*Petzschke* § 9 Rn. 7; Berger/Steck/Lübbehüsen/*Berger* § 9 Rn. 4; Blümich/*Hammer* § 9 Rn. 13; Haase/*Schönbach* § 9 Rn. 1; Patzner/Döser/Kempf/*Patzner/Kempf* § 9 Rn. 1.
4 Berger/Steck/Lübbehüsen/*Berger* § 9 Rn. 4 mit weiteren Details.

Investmentanteilen, den zwar § 9 nicht erwähnt, der aber von der Praxis diskutiert wird.[5] In diesem umgekehrten Fall enthält der an den ehemaligen Anleger gezahlte Rücknahmepreis wiederum eine Komponente, die den Ausgleichsbetrag umfasst. Der erhöhte Rücknahmepreis für den ehemaligen Anleger führt spiegelbildlich zu einem geringeren Betrag, der zugunsten der restlichen Anleger für Ausschüttungen bzw. Reinvestitionen eingesetzt werden kann.[6]

5 Allerdings ist § 9 nur anzuwenden, wenn die jeweilige Investmentgesellschaft einen Ertragsausgleich durchführt, weil dies so durch Satzung oder vertraglich, praktisch also in den Vertragsbedingungen des Investmentvermögens nach bisheriger Definition vorgesehen ist.[7] Das InvStG kennt **keine gesetzliche Pflicht**, das Ertragsausgleichsverfahren anzuwenden. Eine solche kann sich, wie bereits erwähnt, nur auf vertraglicher Grundlage ergeben.[8] In der Praxis ist die Berechnung des Ertragsausgleichs bei inländischen Investmentfonds üblich; die Kontrolle erfolgt über die Veröffentlichung im Bundesanzeiger. Für ausländische Investmentfonds trifft dies ebenfalls zu, sofern sie mehrheitlich im Inland vertrieben werden – dies erfolgt meistens durch eine Neben-/Schattenrechnung.[9] Denn diese ausländischen Fonds nehmen einen Ertragsausgleich – sofern ein solcher nach dem nationalen Recht ihres Sitzstaates überhaupt bekannt ist – nicht in ihre externe Rechnungslegung auf.[10] Teilweise wird in der Literatur aber vertreten, dass zwar wohl aufgrund eines (rein) investmentsteuerrechtlichen Ertragsausgleichs[11] eine Durchführungspflicht hinsichtlich dieses Ertragsausgleichs bestehe, aber es unwahrscheinlich sei, dass sich eine solche Vorgehensweise durchsetzen werde. Folglich dürfte es bei der Option zum Ertragsausgleich bleiben.[12]

6 Berechnungsbeispiele zum Ertragsausgleich und dessen Wirkung geben z.B. *Berger*, *Hammer* und *Petzschke*.[13]

C. Tatbestandsvoraussetzungen

7 Es wurde bereits darauf hingewiesen, dass die Vorschrift zwar den Ertragsausgleich regelt, aber nicht dessen einzelne Tatbestandsvoraussetzungen enthält. Daher ist **umstritten, ob der investmentsteuerrechtliche Ertragsausgleich gem. § 9 voraussetzt, dass ein aufsichtsrechtlicher Ertragsausgleich berechnet wurde**, d.h., dass eine Maßgeblichkeit des aufsichtsrechtlichen Ertragsausgleichs für den investmentsteuerrechtlichen gegeben ist.[14] Der investmentsteuerrechtliche Ertragsausgleich wird unter Rn. 17 ff. näher erläutert.

8 Wie oben ausgeführt, ergibt sich aus den **Gesetzesmaterialien**, dass ein investmentsteuerrechtlicher Ertragsausgleich nur durchzuführen ist, wenn dies in einer Satzung

---

5 Berger/Steck/Lübbehüsen/*Berger* § 9 Rn. 6; Blümich/*Hammer* § 9 Rn. 13.
6 Berger/Steck/Lübbehüsen/*Berger* § 9 Rn. 6.
7 BTDrucks. 15/1553 S. 128.
8 BMF (Schr. v. 18.8.2009 – IV C 1 – S 1980-1/08/10019) BStBl. I 748 Rn. 197; Beckmann/Scholtz/Vollmer/*Petzschke* § 9 Rn. 10 f.; Berger/Steck/Lübbehüsen/*Berger* § 9 Rn. 8; Haase/*Schönbach* § 9 Rn. 37; Littmann/Bitz/Pust/*Ramackers* § 9 Rn. 5; Patzner/Döser/Kempf/*Patzner/Kempf* § 9 Rn. 2; Schmitt DStR **2010** 1610.
9 Blümich/*Hammer* § 9 Rn. 9; Haase/*Schönbach* § 9 Rn. 4; *Schönbach/Welzel*, IStR **2009** 675, 679; Sradj/Schmitt/*Krause* DStR **2009** 2283, 2286.
10 Haase/*Schönbach* § 9 Rn. 4; Sradj/Schmitt/*Krause* DStR **2009** 2283, 2286.
11 S.u. § 9 Rn. 11.
12 Haase/*Schönbach* § 9 Rn. 42.
13 Vgl. Beckmann/Scholtz/Vollmer/*Petzschke* § 9 Rn. 7; Berger/Steck/Lübbehüsen/*Berger* § 9 Rn. 9; Blümich/*Hammer* § 9 Rn. 14.
14 Blümich/*Hammer* § 9 Rn. 20; Haase/*Schönbach* § 9 Rn. 14.

oder vertraglich vorgesehen ist. Hieraus leitet die (noch) h.M. in der Literatur ab, dass eine Maßgeblichkeit des aufsichtsrechtlichen Ertragsausgleichs für den investmentsteuerrechtlichen bestehen soll. Dagegen lässt sich eine solche Voraussetzung aus dem Wortlaut des § 9 nicht entnehmen.[15]

Soweit ersichtlich hat sich der **BFH** nur in einem Urteil mit dem Ertragsausgleich auseinandergesetzt, allerdings bezogen auf einen Sachverhalt, der vor Inkrafttreten des InvStG verwirklicht wurde.[16] Außerdem entschied das Gericht nur hinsichtlich von Ertragsausgleichszahlungen, dass der Gesetzgeber diesem Teil der Ausschüttungen keine besondere steuerliche Bedeutung beigemessen habe, sondern ihn wie eine Dividende grds. als steuerpflichtig ansehe. Der BFH setzte sich nicht damit auseinander, ob ein rein investmentsteuerrechtlicher Ertragsausgleich berechnet werden kann.[17] 9

Die **Finanzverwaltung** vertrat in dem BMF-Schr. v. 18.8.2009 die Auffassung, dass § 9 die steuerlichen Rechtsfolgen regle, wenn das Ertragsausgleichsverfahren von der jeweiligen Investmentgesellschaft angewandt werde.[18] In dem BMF-Schr. v. 9.3.2010 hat sie jedoch ihre Meinung geändert und geht davon aus, dass ein Ertragsausgleich nicht nur aufsichtsrechtliche Wirkung habe, sondern auch nur für steuerliche Zwecke gerechnet werden könne, wenn er kontinuierlich und für alle Ertragskennzahlen (Zwischengewinn, ausgeschüttete und ausschüttungsgleiche Erträge) gerechnet werde.[19] Folglich erkennt das BMF einen rein investmentsteuerrechtlichen Ertragsausgleich an. In formeller Hinsicht verlangt die Finanzverwaltung für die Anerkennung eines solchen Ertragsausgleichs, dass der berücksichtigte Ertragsausgleich im Rahmen der Bekanntmachung gem. § 5 Abs. 1 S. 1 Nr. 3 ausgewiesen wird. Des Weiteren muss die Berufsträgerbescheinigung gem. § 5 Abs. 1 S. 1 Nr. 3 angeben, dass ein investmentsteuerrechtlicher Ertragsausgleich gerechnet worden ist.[20] 10

Die **(noch) h.M. in der Literatur** geht auch nach Inkrafttreten des InvStG weiterhin davon aus, dass ein investmentsteuerrechtlicher Ertragsausgleich einen aufsichtsrechtlichen Ertragsausgleich voraussetzt.[21] Wenn diese Bedingung nicht erfüllt sei, seien Ausgleichsbeträge steuerrechtlich nicht zu berücksichtigen. 11

Dagegen lehnt eine **a.A. in der Literatur** eine aufsichtsrechtliche Maßgeblichkeit für den investmentsteuerrechtlichen Ertragsausgleich ab.[22] Weder aus dem Wortlaut des § 9, noch aus der Gesetzessystematik lasse sich eine solche Abhängigkeit herleiten. Deshalb führe eine eigenständige investmentsteuerrechtliche Berücksichtigung der Ertragsausgleichsbeträge zu einer besseren Umsetzung des Transparenzprinzips des Investmentsteuerrechts, d.h., dass der Anleger, der Investmentanteile hält, mit einem Anleger, der direkt Beteiligungen hält, gleich zu behandeln ist.[23] Ferner unterscheiden sich sowohl die aufsichtsrechtliche bzw. investmentsteuerrechtliche Rechnungslegung, als auch der aufsichtsrechtliche bzw. investmentsteuerrechtliche Ertragsausgleich, so dass auch unter diesem Gesichtspunkt schwer nachvollziehbar ist, warum der aufsichtsrecht- 12

---

15 Haase/*Schönbach* § 9 Rn. 15, 21; *Schönbach*/Welzel IStR **2009** 675, 677.
16 BFH 4.3.1980 BStBl. II 453.
17 Haase/*Schönbach* § 9 Rn. 6.
18 BMF (Schr. v. 18.8.2009 – IV C 1 – S 1980-1/08/10019) BStBl. I 931 Rn. 198.
19 BMF (Schr. v. 9.3.2010 – IV C 1 – S 1980-1/09/10001) DStR **2010** 553.
20 BMF (Schr. v. 9.3.2010 – IV C 1 – S 1980-1/09/10001) DStR **2010** 553.
21 Blümich/*Hammer* § 9 Rn. 20 ff.; einschränkend Beckmann/Scholtz/Vollmer/*Petzschke* § 9 Rn. 9d.
22 Berger/Steck/Lübbehüsen/*Berger* § 9 Rn. 13 ff.; Haase/*Schönbach* § 9 Rn. 34; *Pätsch/Fischer* DStR **2009** 2648; *Schönbach*/Welzel IStR **2009** 675, 677; *Sradj/Schmitt/Krause* IStR **2009** 2283, 2286.
23 Berger/Steck/Lübbehüsen/*Berger* § 9 Rn. 16; Haase/*Schönbach* § 9 Rn. 23, 31; *Sradj/Schmitt/Krause* DStR **2009** 2283, 2287.

liche Ertragsausgleich für den investmentsteuerrechtlichen maßgeblich sein sollte.[24] Des Weiteren nimmt § 9 keinen Bezug auf einen aufsichtsrechtlichen Ertragsausgleich, sondern die investmentsteuerrechtliche Behandlung der Ertragsausgleichsbeträge als steuerbare Einkünfte wird (allein) in dieser Vorschrift angesprochen.[25] Zusätzlich lässt sich aus § 3 Abs. 1 herleiten, dass die Erträge des Investmentvermögens durch eine Überschussrechnung gem. § 2 Abs. 2 S. 1 Nr. 2 EStG zu ermitteln sind, also eine eigenständige investmentsteuerrechtliche Berechnung unabhängig von der aufsichtsrechtlichen Situation zu erfolgen hat. Da also Begriffe, die sowohl im KAGB (vgl. § 162 Abs. 2 Nr. 6 KAGB) als auch im InvStG verwendet werden, eine unterschiedliche Bedeutung besitzen können, ist der Begriff des Ertragsausgleichs in § 9 unabhängig vom Aufsichtsrecht auszulegen.[26] Schließlich spricht auch die systematische Parallele zu der Ermittlung des Aktiengewinns gem. § 5 Abs. 2 S. 2 für einen rein investmentsteuerrechtlichen Ertragsausgleich, weil auch dieses Verfahren Korrekturposten vorsieht, die den Ertragsausgleichsbeträgen ähneln.[27] Hierbei wird der Aktiengewinn unabhängig von einem aufsichtsrechtlichen Ertragsausgleich steuerrechtlich korrigiert. Aus systematischen Gründen dürfen daher beide Korrekturen, die steuerrechtliche Belastungsverzerrungen verhindern sollen, nicht durch eine Maßgeblichkeit des Aufsichtsrechts für das Investmentsteuerrecht beeinflusst werden.[28]

13 Als Ergebnis ist daher festzuhalten, dass sowohl nach zutreffender Auffassung der Finanzverwaltung als auch in der Literatur ein (rein) investmentsteuerrechtlicher Ertragsausgleich nicht von einem vorher durchgeführten aufsichtsrechtlichen Ertragsausgleich abhängt.

D. Rechtsfolgen

14 Wie bereits unter Rn. 4 dargestellt, berücksichtigt der Kaufpreis bei einem unterjährigen Erwerb von Investmentanteilen, dass bis zu dem Erwerbszeitpunkt bereits Erträge des Investmentfonds entstanden sind. Spiegelbildlich werden einem ausscheidenden Anleger die bis zu seinem Ausscheiden entstandenen Erträge als Komponente des Rücknahmepreises angerechnet.

15 Wenn **kein Ertragsausgleich** durchgeführt wird, tritt durch einen geänderten Anlegerbestand eine Veränderung der den Altanlegern zuzurechnenden bzw. an sie auszuschüttende Beträge ein: Sofern neue Investmentanteile ausgegeben werden, reduzieren sich üblicherweise die Erträge, die den Altanlegern zuzurechnen sind. Sofern dagegen Investmentanteile zurückgegeben werden, erhöhen sich üblicherweise die Erträge, die den übrigen Anlegern zuzurechnen sind.[29]

Dem Erwerber der Investmentanteile werden aufgrund der stichtagsbezogenen Zurechnung des InvStG die entsprechenden Erträge zugerechnet, obwohl diese Beträge wirtschaftlich betrachtet dem Erwerber nicht in voller Höhe zuzurechnen wären. Andererseits werden diese Beträge bei den übrigen Anlegern abgezogen, so dass der Gesamtbetrag aller Anleger mit den tatsächlich erzielten Erträgen übereinstimmt.[30]

---

24 Vgl. Berger/Steck/Lübbehüsen/*Berger* § 9 Rn. 17; Haase/*Schönbach* § 9 Rn. 24; *Pätsch/Fischer/Sradj* DStR **2009** 2646; *Schmitt/Sradj* DStR **2009** 2648; **a.A.** Blümich/*Hammer* § 9 Rn. 20.
25 Haase/*Schönbach* § 9 Rn. 28.
26 Vgl. Berger/Steck/Lübbehüsen/*Berger* § 9 Rn. 14.
27 Haase/*Schönbach* § 9 Rn. 30, 33; vgl. auch BMF (Schr. v. 18.8.2009 – IV C 1 – S 1980-1/08/10019) BStBl. I 931 Rn. 117; Blümich/*Wenzel* § 5 Rn. 66.
28 Vgl. Berger/Steck/Lübbehüsen/*Berger* § 9 Rn. 16; Haase/*Schönbach* § 9 Rn. 33.
29 Haase/*Schönbach* § 9 Rn. 48 ff. mit Berechnungsbeispielen.
30 Haase/*Schönbach* § 9 Rn. 57.

Im umgekehrten Fall, wenn ein **Ertragsausgleich** erfolgt, bleiben die Erträge pro Investmentanteil gleich; die eben erwähnten Reduzierungen bzw. Erhöhungen treten (wie von dem Ertragsausgleichsverfahren bezweckt) nicht ein.[31] Der Ertragsausgleich führt bei dem Erwerber der Investmentanteile dazu, dass der Betrag des von ihm bezahlten Kaufpreises, der den in dem Investmentfonds entstandenen Erträgen zuzurechnen ist, am Ende des Wirtschaftsjahres entweder als Ausschüttung oder als ausschüttungsgleicher Ertrag bei dem Erwerber der Besteuerung unterliegt. Dies ist der Fall, obwohl diese Ausschüttungen für den Erwerber eine (steuerfreie) Kapitalrückzahlung darstellen.[32] Jedoch ist zu beachten, dass diese investmentsteuerrechtliche Mehrbelastung für den Erwerber bei dem Bezug der neuen Investmentanteile durch die spätere steuerpflichtige Veräußerung der Investmentanteile durch eine entsprechende Minderbelastung ausgeglichen wird, sofern man davon absieht, dass die Besteuerung der Erträge zeitlich nach vorne verlegt wird.[33] 16

E. Durchführung des investmentsteuerrechtlichen Ertragsausgleichs

Da sich aus der Vorschrift nicht ergibt, nach welchen Formeln der Ertragsausgleich berechnet wird, haben sich in der investmentsteuerrechtlichen Praxis unterschiedliche Methoden entwickelt, so dass es von Investmentgesellschaft zu Investmentgesellschaft verschiedene Berechnungsschritte geben kann; darüber hinaus bieten Software-Entwickler automatische Kalkulationsprogramme an.[34] 17

Die Vorschrift des § 9 enthält keine Details zu der Durchführung des investmentsteuerlichen Ertragsausgleichs. Allerdings hat sich die Finanzverwaltung hiermit auseinandergesetzt.[35] Folglich ist der Ertragsausgleich kontinuierlich und für alle Ertragskennzahlen (Zwischengewinn, ausgeschüttete und ausschüttungsgleiche Erträge) zu rechnen. Ein rückwirkend nach Ablauf des Wirtschaftsjahres gerechneter steuerlicher Ertragsausgleich soll unzulässig sein. Hierdurch soll verhindert werden, dass unberechtigterweise Steuervorteile durch eine partielle Berechnung des Ertragsausgleichs erzielt werden.[36] Darüber hinaus ist aber nicht geklärt, wie nach Auffassung der Finanzverwaltung Ertragsausgleichsbeträge konkret investmentsteuerrechtlich zu behandeln sind.[37] Der Ertragsausgleich dürfte wohl bezogen auf die in dem jeweiligen Investmentfonds vorhandenen Erträge durchzuführen sein. Folglich sind die Ertragsausgleichsbeträge diesen Erträgen gleichzustellen und auch wie diese Erträge investmentsteuerrechtlich zu behandeln.[38] 18

Die Finanzverwaltung geht davon aus, dass ein durchgeführter oder gerechneter Ertragsausgleich Voraussetzung für die Erfassung des Zwischengewinns als negative Einnahme bei dem Erwerber ist.[39] Dies dürfte aber wohl nur für den Fall gerechtfertigt sein, in dem ein Anleger während eines Wirtschaftsjahres erst seine Investmentanteile veräußert und anschließend wieder Investmentanteile an diesem Investmentfonds erwirbt, so dass dieser Anleger bei einem nicht durchgeführten Ertragsausgleich nicht gerechtfertig- 19

---

31 Haase/*Schönbach* § 9 Rn. 52 ff. mit Berechnungsbeispielen.
32 Haase/*Schönbach* § 9 Rn. 56, 63.
33 Haase/*Schönbach* § 9 Rn. 64, 66.
34 Beckmann/Scholtz/Vollmer/*Petzschke* § 9 Rn. 14.
35 BMF (Schr. v. 9.3.2010 – IV C 1 – S 1980-1/09/10001) DStR **2010** 553.
36 Haase/*Schönbach* § 9 Rn. 78.
37 Haase/*Schönbach* § 9 Rn. 79.
38 Haase/*Schönbach* §9Rn. 89.
39 BMF (Schr. v. 9.3.2010 – IV C 1 – S 1980-1/09/10001) DStR **2010** 553; vgl. BTDrucks. 17/2249 S. 140; Patzner/Döser/Kempf/*Patzner*/*Kempf* § 9 Rn. 9.

te negative Einkünfte erzielt. Eine allgemeine Durchführung des Ertragsausgleichs als Bedingung für alle Fälle von erworbenen Zwischengewinnen als negative Einnahmen des jeweiligen Anlegers scheint hier zu weit zu gehen.[40] Auch aus systematischen Gründen dürfte diese Voraussetzung der Finanzverwaltung nicht zu halten sein, weil zum einen der Ertragsausgleich und der Zwischengewinn verschiedene Anwendungsbereiche besitzen und zum anderen auch unterschiedliche Zwecke verfolgt werden:[41] Zunächst ist der Zwischengewinn auf Zinserträge bzw. Zinssurrogate begrenzt. Dagegen kann der Ertragsausgleich alle Einkünfte des Sondervermögens erfassen. Des Weiteren soll der Ertragsausgleich bewirken, dass die auf den einzelnen Anleger entfallenden Erträge pro Investmentanteil gleich bleiben, während die Regelung hinsichtlich des Zwischengewinns sicherstellen soll, dass der Anleger, der (kurz) vor dem Zurechnungsstichtag seine Investmentanteile zurückgibt, die auf ihn entfallenden und im Rücknahmepreis berücksichtigten Zinserträge ebenfalls als solche versteuern soll.[42]

20 Der beauftragte Wirtschaftsprüfer kontrolliert den Ertragsausgleich dem Grund und der Höhe nach. Weil die investmentrechtlichen Ausgleichsbeträge steuerlich das Schicksal der Erträge, auf die sie entfallen, teilen, erfasst das Steuerrecht zwingend die errechneten Beträge ohne eine steuerrechtliche Korrekturmöglichkeit zu gewähren, auch falls der Ertragsausgleich falsch berechnet wurde.[43]

Das zuständige Finanzamt ist im Rahmen seiner Kontrolle auf zwei Themengebiete beschränkt: Dies sind zum einen die Übernahme der Ertragsausgleichsbeträge der Höhe nach aus der investmentrechtlichen Vermögensrechnung und die Aufteilung des einheitlichen Ertragsausgleichsbetrages auf die verschiedenen Erträge i.w.S., zum anderen die Bescheinigung der Berufsträger gem. § 5 Abs. 1 Nr. 3.[44]

21 Der konkrete Ertragsausgleichsbetrag, den der Erwerber von Investmentfondsanteilen bezahlt, ist für diesen nicht zu erkennen. Dies gilt ebenfalls für den spiegelbildlichen Fall für den gutgeschriebenen Ertragsausgleichsbetrag, den der verkaufende Anleger bei der Veräußerung der Investmentanteile erzielt, weil der Ertragsausgleich nur auf Ebene des Fonds ermittelt wird und dieser nur in dem Jahresbericht als Gesamtbetrag veröffentlicht wird.[45]

Ferner kann der Anleger, der die Investmentfondsanteile in seinem Privatvermögen hält, den Ertragsausgleichsbetrag nicht als Werbungskosten steuermindernd abziehen. Dies gilt ebenso für einen Abzug als Betriebsausgaben, sofern sich die Investmentfondsanteile im Betriebsvermögen des Anlegers befinden.[46]

§ 10
Dach-Investmentfonds

Bei Erträgen eines Anlegers aus Investmentanteilen, die aus Erträgen des Investmentfonds aus Anteilen an anderen Investmentfonds stammen, findet § 6 entsprechende Anwendung, soweit die Besteuerungsgrundlagen des Dach-Investmentfonds im Sinne des § 5 Abs. 1 nicht nachgewiesen werden. Soweit Ziel-Invest-

---

40 Haase/*Schönbach* § 9 Rn. 99.
41 Haase/*Schönbach* § 9 Rn. 100 f.
42 *Schönbach/Welzel* IStR **2009** 675, 676, 678.
43 Blümich/*Hammer* § 9 Rn. 27.
44 Blümich/*Hammer* § 9 Rn. 27.
45 Beckmann/Scholtz/Vollmer/*Petzschke* § 9 Rn. 17.
46 Beckmann/Scholtz/Vollmer/*Petzschke* § 9 Rn. 17.

mentfonds die Voraussetzungen des § 5 Absatz 1 nicht erfüllen, sind die nach § 6 zu ermittelnden Besteuerungsgrundlagen des Ziel-Investmentfonds den steuerpflichtigen Erträgen des Dach-Investmentfonds zuzurechnen. Die vorstehenden Sätze sind auch auf Master-Feeder-Strukturen im Sinne der §§ 171 bis 180 des Kapitalanlagegesetzbuchs anzuwenden.

Schrifttum

Ebner Steuerliche Behandlung von Dach-Investmentvermögen nach dem neuen InvStG, BB **2005** 295; *Geißelmeier/Gemmel* Neuerungen des Investmentsteuergesetzes im Rahmen des Richtlinienumsetzungsgesetzes, DStR **2005** 45; *Mensching/Strobl* Zur Wiedereinführung des Zwischengewinns unter besonderer Berücksichtigung von Dach-/Zielfondskonstellationen, BB **2005** 635; *Sradj/Schmitt/Krause* Ausgewählte Aspekte des neuen BMF-Schreibens zum Investmentsteuergesetz, DStR **2009** 2283.

Gesetzesmaterialien

BTDrucks. 15/1553 (Gesetzentwurf der Bundesregierung eines Investmentmodernisierungsgesetzes vom 19.9.2003; Investmentmodernisierungsgesetz vom 15.12.2003, BGBl. I, 2676; BTDrucks. 17/2249 (Gesetzentwurf der Bundesregierung eines Jahressteuergesetzes 2010 vom 22.6.2010); Jahressteuergesetz 2010 vom 13.12.2010, BGBl. I 1768; Gesetzentwurf der Bundesregierung eines Gesetzes zur Anpassung des Investmentsteuergesetzes und anderer Gesetze an das AIFM-Umsetzungsgesetz vom 8.2.2013; Gesetz zur Anpassung des Investmentsteuergesetzes und anderer Gesetze an das AIFM-Umsetzungsgesetz (AIFM-Steuer-Anpassungsgesetz) vom 18. Dezember 2013, BGBl. I 4318.

A. Systematische Übersicht

§ 10 wurde im Rahmen des Investmentmodernisierungsgesetzes vom 15.12.2003 mit Wirkung zum 1.1.2004 eingeführt und durch das AIFM-StAnpG vom 18.12.2013 redaktionell leicht geändert. Die Vorschrift regelt die Besteuerung von Anlagen in Dach-Investmentfonds und Master-Feeder-Strukturen. **1**

B. Einführung

Die Vorschrift regelt (zum ersten Mal) die **Besteuerung von Dach-Investmentfonds**.[1] Hierbei handelt es sich um Investment-Sondervermögen, die ihrerseits Vermögen in Investmentanteile von anderen Investment-Sondervermögen (Ziel-Investmentfonds) anlegen.[2] Sinn und Zweck der Vorschrift ist, dass das steuerliche Transparenzprinzip auch gilt, wenn Erträge eines Ziel-Investmentfonds über ein Dach-Investmentfonds an dessen Anleger weitergeleitet werden.[3] Es soll also nicht zwischen einem Anleger, der in Investmentanteile investiert, und einem Direktanleger differenziert werden.[4] Trotzdem ist zu beachten, dass sowohl Dach-Investmentfonds als auch Ziel-Investmentfonds eigenständige Steuersubjekte sind (vgl. § 1 Abs. 1 Nr. 5 KStG für inländische Zweckvermögen).[5] **2**

Die Regelung gilt sowohl für „echte" Dach-Investmentfonds (also die Kapitalanlage eines Investmentfonds nach seinen Anlagebedingungen fast nur in andere Ziel-Investmentfonds) als auch für „unechte" Dach-Investmentfonds (wenn also allgemein ein In- **3**

---

1 Beckmann/Scholtz/Vollmer/*Petzschke* § 10 Rn. 1; Blümich/*Wenzel* § 10 Rn. 1.
2 Haase/*Ackert/Füchsl* § 10 Rn. 1.
3 BTDrucks. 15/1553 S. 128; Beckmann/Scholtz/Vollmer/*Petzschke* § 10 Rn. 2; *Ebner* BB **2005** 295, 296 f.
4 BTDrucks. 15/1153 S. 120; Haase/*Ackert/Füchsl* § 10 Rn. 41 ff.
5 Haase/*Ackert/Füchsl* § 10 Rn. 45.

vestmentvermögen, das nach seinen Anlagebedingungen kein Dach-Investmentfonds darstellt, an einem anderen Investmentvermögen beteiligt ist).[6] Es genügt daher für die **Anwendung des § 10**, wenn das jeweilige Vermögen dem Regelungsbereich des KAGB zuzuordnen ist.[7] Die Vorschrift ist somit nicht nur auf Dach-Sondervermögen anzuwenden, sondern auch auf Anteile eines Sondervermögens an einer Investmentaktiengesellschaft oder einem ausländischen Investmentvermögen, Anteile einer Investmentaktiengesellschaft an einem Sondervermögen, einer Investmentaktiengesellschaft oder einem ausländischen Investmentvermögen und Anteile eines ausländischen Investmentvermögens an einem Sondervermögen, einer Investmentaktiengesellschaft oder einem (anderen) ausländischen Investmentvermögen.[8] Insoweit war die frühere Überschrift „Dach-Sondervermögen" zu eng gefasst.[9]

C. Bekanntmachung der Besteuerungsgrundlagen

I. Ziel-Investmentfonds

4   Der Ziel-Investmentfonds ermittelt seine Erträge grds. gem. §§ 3 ff. Bisher war umstritten, ob **Verluste der Ziel-Investmentfonds** an den Dach-Investmentfonds übertragen werden können, so dass dort gegebenenfalls eine Verrechnungsmöglichkeit gegeben sein kann.[10] Nach Auffassung der Finanzverwaltung ist dies nicht der Fall.[11] Bereits aus § 3 Abs. 4 ergibt sich, dass Verluste nur auf der Ebene des (jeweiligen) Investmentvermögens (hier also nur auf Ebene des Ziel-Investmentfonds) zu verrechnen sind.[12]

5   Jeder Ziel-Investmentfonds hat grds. alle **Besteuerungsgrundlagen** gem. § 5 Abs. 1 form- und fristgerecht **bekannt zu machen**. Rechtsfolge ist, dass der Ziel-Investmentfonds steuerlich transparent behandelt wird bzw. es bei einem Verstoß gem. § 10 S. 2 grds. zu einer Pauschalbesteuerung kommt.

Dagegen handelt es sich um einen halbtransparenten Ziel-Investmentfonds, wenn nur die Voraussetzungen des § 5 Abs. 1 S. 1 Nr. 1 Buchst. c oder Buchst. f nicht erfüllt werden. Hierbei handelt es sich um Beträge mit entlastender Wirkung, so dass insoweit zwar keine Steuerentlastung mehr einsetzt, jedoch eine Pauschalbesteuerung gem. § 6 nicht einschlägig ist.[13]

Sofern der Ziel-Investmentfonds die Bekanntmachungspflicht gem. § 5 Abs. 1 nicht ordnungsgemäß durchführt, entsteht grds. die **Pauschalbesteuerung** gem. § 6,[14] d.h. die Erträge werden bei den Anlegern des Ziel-Investmentfonds erfasst. Die Pauschalbesteuerung tritt jedoch bei Ziel-Spezial-Investmentfonds gem. §§ 15 Abs. 1, 16 Abs. 1 nicht ein. Gem. § 15 Abs. 1 S. 3 sind, wenn es sich um einen inländischen Ziel-Spezial-Investmentfonds handelt, die einheitlich und gesondert festgestellten Beträge zu übernehmen. Bei

---

6   Beckmann/Scholtz/Vollmer/*Petzschke* § 10 Rn. 4 f.
7   Vgl. Blümich/*Wenzel* § 10 Rn. 4; Patzner/Döser/Kempf/*Patzner/Kempf* § 10 Rn. 1.
8   BMF (Schr. v. 8.8.2009 – IV C 1 – S 1980-1/08/10019) BStBl. I 931 Rn. 201; Berger/Steck/Lübbehüsen/*Lübbehüsen/Jansen* § 10 Rn. 5; Haase/Ackert/*Füchsl* § 10 Rn. 12.
9   Haase/Ackert/*Füchsl* § 10 Rn. 12; vgl. auch Berger/Steck/Lübbehüsen/*Lübbehüsen/Jansen* § 10 Rn. 4.
10 Beckmann/Scholtz/Vollmer/*Petzschke* § 10 Rn. 11; *Ebner* BB **2009** 295, 300 f.; *Sradj/Schmitt/Krause* DStR **2009** 2283, 2287.
11 BMF (Schr. v. 18.8.2009 – IV C 1 – S 1980-1/08/10019) BStBl. I 931 Rn. 201a; zustimmend Beckmann/Scholtz/Vollmer/*Petzschke* § 10 Rn. 11; Berger/Steck/Lübbehüsen/*Lübbehüsen/Jansen* § 10 Rn. 58.
12 Beckmann/Scholtz/Vollmer/*Petzschke* § 10 Rn. 11, 26.
13 Vgl. BMF (Schr. v. 18.8.2009 – IV C 1 – S 1980-1/08/10019) BStBl. I 931 Rn. 90; Beckmann/Scholtz/Vollmer/*Petzschke* § 10 Rn. 13.
14 Zur Berechnung der Erträge gem. § 6 vgl. BMF (Schr. v. 18.8.2009 – IV C 1 – S 1980-1/08/10019) BStBl. I 931 Rn. 122 ff.

ausländischen Ziel-Spezial-Investmentfonds sind die Beträge unter Beteiligung des BZSt individuell zu schätzen.[15]

II. Dach-Investmentfonds

1. Allgemeines. Weil gem. § 10 S. 1 ein Dach-Investmentfonds die Besteuerungs- 6
grundlagen gem. § 5 selbst erfüllen muss, um steuerrechtlich als transparent behandelt zu werden, ist es nicht ausreichend, wenn allein der Ziel-Investmentfonds steuerrechtlich transparent ist.[16] Somit ist anerkannt, dass bei Dachfonds-Strukturen das **Prinzip der Doppeltransparenz** gilt, sofern die gesetzlichen Voraussetzungen dafür erfüllt werden. Daher sind auch die Bezeichnungen der beschränkten oder partiellen Doppeltransparenz üblich.[17] Wenn der Dach-Investmentfonds selbst somit die Bekanntmachung der Besteuerungsgrundlagen gem. § 5 Abs. 1 nicht beachtet, tritt die Pauschalbesteuerung gem. § 6 ein.

Zum **Ermittlungsverfahren der Erträge des Dach-Investmentfonds** hat sich die 7
Finanzverwaltung in ihrem Schreiben zum InvStG geäußert: Danach sind diese Erträge in mehreren Schritten zu berechnen.[18] Zuerst hat der Dach-Investmentfonds seine originären Erträge zu bestimmen. Daneben sind seine Erträge aus den Ziel-Investmentfonds zu ermitteln, wobei die Erträge der Ziel-Investmentfonds und die sich daraus ergebenden Erträge des Dach-Investmentfonds aus dem Anteil des Ziel-Investmentfonds zu berechnen sind. Verluste können nur auf Ebene des jeweiligen Ziel-Investmentfonds (und nicht auf Ebene des Dach-Investmentfonds) genutzt werden.

Die Erträge des Ziel-Investmentfonds sind bei dem Dach-Investmentfonds gem. 8
§§ 3 ff. zu erfassen. Die Erträge eines Ziel-Investmentfonds stellen für den Dach-Investmentfonds Einkünfte aus Kapitalvermögen gem. § 20 Abs. 1 Nr. 1 EStG dar. Insoweit spielt es keine Rolle, ob diese Einkünfte ausgeschüttete, ausschüttungsgleiche Erträge des Zielvermögens oder Ausschüttungen auf Investmentanteile gem. § 6 sind.[19]

2. Frist für die Bekanntmachung der Besteuerungsgrundlagen des Ziel-Invest- 9
mentfonds. Da der Ziel-Investmentfonds die **Besteuerungsgrundlagen fristgerecht bekannt zu machen** hat, führt dies bei einem Verstoß zu einer Pauschalbesteuerung gem. § 6. Aus § 10 S. 2 ergibt sich, dass insoweit eine Zurechnung bei dem Dach-Investmentfonds eintritt.

Verfahrensmäßig sind die Ausschüttungen gem. § 6 wie ausgeschüttete Erträge und die anderen Ertragskomponenten als ausschüttungsgleiche Erträge zu behandeln. Allerdings ist § 6 nicht anzuwenden, wenn aus praktischen Gründen auf die Daten des Ziel-Investmentfonds aus dem Vorjahr zurückgegriffen wird.[20]

Jedoch kann der Dach-Investmentfonds mittels einer **„Durchzertifizierung"** der 10
Ziel-Investmentfonds eine Besteuerung der Erträgen eines Ziel-Investmentfonds gem.

---

15 BMF (Schr. v. 18.8.2009 – IV C 1 – S 1980-1/08/10019) BStBl. I 931 Rn. 211; Beckmann/Scholtz/Vollmer/*Petzschke* § 10 Rn. 15; Berger/Steck/Lübbehüsen/*Lübbehüsen/Jansen* § 10 Rn. 35 ff.; Haase/Ackert/*Füchsl* § 10 Rn. 206 f.; Patzner/Döser/Kempf/*Patzner/Kempf* § 10 Rn. 11.
16 Blümich/*Wenzel* § 10 Rn. 7; vgl. BTDrucks. 15/1553 S. 128.
17 Vgl. Beckmann/Scholtz/Vollmer/*Petzschke* § 10 Rn. 6; Berger/Steck/Lübbehüsen/*Lübbehüsen/Jansen* § 10 Rn. 44; *Ebner* BB **2005** 295, 301; Haase/Ackert/*Füchsl* § 10 Rn. 24, 41 ff.
18 BMF (Schr. v. 18.8.2009 – IV C 1 – S 1980-1/08/10019) BStBl. I 931 Rn. 201a; vgl. auch Haase/Ackert/*Füchsl* § 10 Rn. 51 ff.; Patzner/Döser/Kempf/*Patzner/Kempf* § 10 Rn. 2.
19 Beckmann/Scholtz/Vollmer/*Petzschke* § 10 Rn. 17; Blümich/*Wenzel* § 10 Rn. 9.
20 BMF (Schr. v. 18.8.2009 – IV C 1 – S 1980-1/08/10019) BStBl. I 931 Rn. 203.

§ 6 verhindern.[21] Nach Auffassung der Finanzverwaltung ist es ausreichend, wenn der Berufsträger i.S. des § 3 StBerG, der die steuerliche Bescheinigung des Dach-Investmentfonds basierend auf der durch einen Wirtschaftsprüfer kontrollierten Abschlüsse der Ziel-Investmentfonds erstelle, bescheinige, dass die steuerlichen Angaben des Dach-Investmentfonds inklusive der Ergebnisse der Ziel-Investmentfonds nach den Regeln des deutschen Steuerrechts ermittelt wurden, wobei eine Bescheinigung für jeden Ziel-Investmentfonds nicht erforderlich sei.[22] In der Praxis kommt eine solche Zertifizierung am meisten bei ausländischen Ziel-Investmentfonds, in die nur ausländische Anleger investiert haben und sich unter diesen z.B. ein ausländischer Dach-Investmentfonds mit inländischen Anlegern befindet, zur Anwendung.[23]

11 Es ist umstritten, ob die Erträge eines Ziel-Investmentfonds auf Ebene des Dach-Investmentfonds gem. § 6 zu erfassen sind, wenn dieser Ziel-Investmentfonds die thesaurierten ausschüttungsgleichen Erträge nicht veröffentlicht hat.

Nach Auffassung der Finanzverwaltung kommt es in diesem Fall zu einer Pauschalbesteuerung hinsichtlich der Erträge aus den Investmentanteilen an dem Dach-Investmentfonds, weil dieser auf seiner Ebene nicht die Bekanntmachungs- und Veröffentlichungspflichten gem. § 5 Abs. 1 S. 2 beachtet hat.[24] Dies soll auch gelten, wenn der Dach-Investmentfonds seine Besteuerungsgrundlagen nicht nachweist.

Die Literatur ist a.A.: Zwar sähen die Anforderungen an die transparente Behandlung vor, dass die Besteuerungsgrundlagen zu veröffentlichen seien, allerdings dienten die ausschüttungsgleichen Erträge dazu, bei einem ausländischen thesaurierenden Investmentvermögen den Einbehalt von deutscher Kapitalertragsteuer nachzuholen. Dieses Ziel könne nicht erreicht werden, wenn die Anteile von einem Dach-Investmentfonds gehalten würden, da bei einem solchen wegen einer NV-Bescheinigung vom Kapitalertragsteuereinbehalt abgesehen werde. Folglich seien die Erträge des Ziel-Investmentfonds in diesem Fall nicht gem. § 6 zu behandeln.[25]

12 Wenn die Bekanntmachungsfrist des Ziel-Investmentfonds noch nicht verstrichen ist, aber dieser Erträge ausgeschüttet oder thesauriert hat, sind diese durch Rückgriff auf die Vorjahresdaten des Ziel-Investmentfonds zu berechnen. Insoweit ist für das erste Wirtschaftsjahr ein Schätzwert anzusetzen. Allerdings sind vorhandene zusätzliche Erkenntnisse hinsichtlich der Besteuerungsgrundlagen des Ziel-Investmentfonds, insbes. für im WM-Datenservice vorhandene Daten, für den Dach-Investmentfonds zu berücksichtigen.[26]

13 Solange weder die Bekanntmachungsfrist des Ziel-Investmentfonds abgelaufen ist, noch dieser Ziel-Investmentfonds Erträge ausgeschüttet bzw. thesauriert hat, sind die betreffenden Erträge bei dem Dach-Investment nicht zu berücksichtigen, weil sie noch nicht gem. § 11 Abs. 1. S. 1 EStG zugeflossen sind.[27]

---

21 Beckmann/Scholtz/Vollmer/*Petzschke* § 10 Rn. 20.
22 BMF (Schr. v. 18.8.2009 – IV C 1 – S 1980-1/08/10019) BStBl. I 931 Rn. 204, 87; vgl. Berger/Steck/Lübbehüsen/*Lübbehüsen/Jansen* § 10 Rn. 33; Haase/Ackert/Füchsl § 10 Rn. 31 f.
23 Beckmann/Scholtz/Vollmer/*Petzschke* § 10 Rn. 20.
24 BMF (Schr. v. 18.8.2009 – IV C 1 – S 1980-1/08/10019) BStBl. I 931 Rn. 202.
25 Blümich/*Wenzel* § 10 Rn. 21.
26 BMF (Schr. v. 18.8.2009 – IV C 1 – S 1980-1/08/10019) BStBl. I 931 Rn. 203; vgl. Blümich/*Wenzel* § 10 Rn. 13; Patzner/Döser/Kempf/*Patzner/Kempf* § 10 Rn. 5; kritisch zu dem weiten Spielraum der Schätzung *Sradj/Schmitt/Krause* DStR **2009** 2283, 2287.
27 Beckmann/Scholtz/Vollmer/*Petzschke* § 10 Rn. 23.

II. Ertragsausgleich

Die Berücksichtigung des auf die von dem Ziel-Investmentfonds stammenden Erträge gerechneten **Ertragsausgleichs** im Rahmen der Ermittlung der Besteuerungsgrundlagen des Dach-Investmentfonds ist nicht gesetzlich geregelt. Weil jedenfalls eine Ersetzung des aufsichtsrechtlichen Ertragsausgleichs durch einen nur für investmentsteuerrechtliche Zwecke ermittelten Ertragsausgleich ausscheidet, ist der Ertragsausgleich wohl anteilig den ausgeschütteten und ausschüttungsgleichen Ertragsbestandteilen zuzuordnen.[28] Die Abgrenzung zwischen dem aufsichtsrechtlichen und dem investmentsteuerrechtlichen Ertragsausgleich ist in § 9 Rn. 16 ff. erläutert.

14

III. Aktiengewinn

Weil § 10 keine speziellen Regelungen für die Bestimmung eines **Aktiengewinns** enthält, gilt die allgemeine Vorschrift des § 5 Abs. 2.[29] Sofern der Dach-Investmentfonds ein Publikumssondervermögen, eine inländische Investmentaktiengesellschaft oder ein ausländischer Publikumsinvestmentfonds ist, besitzt er ein Wahlrecht, ob der Aktiengewinn ermittelt wird. Dagegen sind sowohl inländische Spezial-Sondervermögen als auch ausländische Spezial-Investmentfonds verpflichtet, den Aktiengewinn zu ermitteln.[30]

15

Sofern der Ziel-Investmentfonds den Aktiengewinn selbst berechnet, ist dieser in dem Aktiengewinn des Dach-Investmentfonds zu berücksichtigen.[31] Falls dieser am Bewertungsstichtag noch nicht verfügbar sein sollte, kann nach Auffassung der Finanzverwaltung auf den von dem Datenlieferanten zuletzt gelieferten, aktuellsten Aktiengewinn des betreffenden Ziel-Investmentfonds zurückgegriffen werden. In diesem Fall muss der Aktiengewinn nicht nachträglich korrigiert werden.[32] Bei der Ermittlung des Aktiengewinns bei dem Dach-Investmentfonds ist zu beachten, dass die Berechnung des gem. § 8 Abs. 3 S. 1 besitzanteiligen Aktiengewinns des Ziel-Investmentfonds auf der Ebene des Dach-Investmentfonds über die dort genannten Ermittlungszeitpunkte (Veräußerung oder Rückgabe der Investmentanteile) hinaus zu jedem Bewertungsstichtag des Dach-Investmentfonds durchzuführen ist.[33]

IV. Zwischengewinn

Gem. § 5 Abs. 3 S. 1 hat eine Investmentgesellschaft grds. bewertungstäglich den **Zwischengewinn** zu ermitteln und mit dem Rücknahmepreis zu veröffentlichen, wobei sie anzugeben hat, ob bei der Zwischengewinnermittlung hinsichtlich des Ertragsausgleichs § 9 S. 2 angewendet wurde. Ausnahmsweise gilt dies weder für Dach-Hedgefonds gem. § 5 Abs. 3 S. 4 noch für Spezial-Investmentfonds, sofern sie nur inländische Anleger haben, die die Investmentanteile im Betriebsvermögen halten bzw. von der Körperschaftsteuer befreit sind.[34]

16

---

28 Blümich/*Wenzel* § 10 Rn. 24; vgl. auch Beckmann/Scholtz/Vollmer/*Petzschke* § 10 Rn. 24 f.
29 Beckmann/Scholtz/Vollmer/*Petzschke* § 10 Rn. 33; Haase/*Achert/Füchsl* § 10 Rn. 111.
30 BMF (Schr. v. 18.8.2009 – IV C 1 – S 1980-1/08/10019) BStBl. I 931 Rn. 206, 110; Haase/*Ackert/Füchsl* § 10 Rn. 112; Patzner/Döser/Kempf/*Patzner/Kempf* § 10 Rn. 7.
31 Beckmann/Scholtz/Vollmer/*Petzschke* § 10 Rn. 33.
32 BMF (Schr. v. 18.8.2009 – IV C 1 – S 1980-1/08/10019) BStBl. I 931 Rn. 207.
33 BMF (Schr. v. 18.8.2009 – IV C 1 – S 1980-1/08/10019) BStBl. I 931 Rn. 209; Haase/*Ackert/Füchsl* § 10 Rn. 113 f. mit Berechnungsbeispiel.
34 Beckmann/Scholtz/Vollmer/*Petzschke* § 10 Rn. 34; Haase/*Ackert/Füchsl* § 10 Rn. 91 f.; Patzner/Döser/Kempf/*Patzner/Kempf* § 10 Rn. 3; BMF (Schr. v. 18.8.2009 – IV C 1 – S 1980-1/08/10019) BStBl. I 931 Rn. 119.

Der Dach-Investmentfonds hat die von einem Ziel-Investmentfonds veröffentlichten Zwischengewinne beim Anteilserwerb als negative Einnahmen aus Kapitalvermögen für Privatanleger zu berücksichtigen. Im Fall der Veräußerung der Investmentanteile stellen die veröffentlichten Zwischengewinne Einnahmen aus Kapitalvermögen dar.[35]

V. Kapitalertragsteuer

17 Wenn das Ziel-Investmentvermögen ein **inländisches Investmentvermögen** ist, ist dieses gem. § 11 Abs. 1 S. 2 von der Körperschaft- und Gewerbesteuer befreit. Gem. § 11 Abs. 2 S. 4 bescheinigt das Finanzamt, dass ein entsprechendes Zweckvermögen vorliegt, so dass bei dem Ziel-Investmentvermögen keine Kapitalertragsteuer abgezogen wird bzw. wieder erstattet wird. Für **ausländische Ziel-Investmentvermögen** gilt dies mangels inländischer Steuerbefreiung jedoch nicht.[36]

18 Gem. § 7 Abs. 5 wird bei dem Ziel-Investmentvermögen einbehaltene Kapitalertragsteuer einem **inländischen Dach-Investmentfonds** erstattet, sofern nicht von dem Einbehalt Abstand genommen wurde. Denn auch hinsichtlich des Dach-Investmentfonds ist § 11 Abs. 1 S. 2, Abs. 2 S. 4 einschlägig. Für **ausländische Dach-Investmentfonds** gilt dies wiederum nicht, so dass sie die inländische Kapitalertragsteuer zu tragen haben.[37]

VI. Entsprechende Anwendung auf Master-Feeder-Strukturen

19 § 10 S. 3 sieht vor, dass die Regelungen des § 10 auch auf **Master-Feeder-Strukturen** gem. §§ 171 ff. KAGB anzuwenden sind. Dies sind Strukturen, in denen ein Feederfonds gem. § 1 Abs. 19 Nr. 11 KAGB mindestens 85% seines Vermögens in einen anderen Fonds, dem Masterfonds (§ 1 Abs. 19 Nr. 12 KAGB), anlegt.[38] Sinn dieser Master-Feeder-Strukturen ist, die Vermögenswerte der einzelnen Feeders mit ggf. unterschiedlichen rechtlichen Ausgestaltungen kostengünstig (insbes. durch Einsparmöglichkeiten anfallender Verwaltungskosten) in einem Masterfonds poolen zu können.[39] Aufsichtsrechtlich sind insoweit jedoch gewisse Beschränkungen zu beachten.

---

[35] Vgl. Beckmann/Scholtz/Vollmer/*Petzschke* § 10 Rn. 34; Blümich/*Wenzel* § 10 Rn. 17; Haase/*Ackert/Füchsl* § 10 Rn. 181 ff. mit weiteren Details.
[36] Beckmann/Scholtz/Vollmer/*Petzschke* § 10 Rn. 36; Haase/*Ackert/Füchsl* § 10 Rn. 178.
[37] Beckmann/Scholtz/Vollmer/*Petzschke* § 10 Rn. 37; Haase/*Ackert/Füchsl* § 10 Rn. 181 ff.
[38] Vgl. Haase/*Ackert/Füchsl* § 10 Rn. 4; Patzner/Döser/Kempf/*Patzner/Kempf* § 10 Rn. 12.
[39] *Jesch/Klebeck* BB **2011** 1866, 1869; *Patzner/Pätsch/Goga* IStR **2010** 709, 712.

ABSCHNITT 2
Regelungen nur für inländische Investment*fonds*[1]

§ 11
Steuerbefreiung und Außenprüfung

(1) Das inländische Sondervermögen gilt als Zweckvermögen im Sinne des § 1 Absatz 1 Nummer 5 des Körperschaftsteuergesetzes und als sonstige juristische Person des privaten Rechts im Sinne des § 2 Absatz 3 des Gewerbesteuergesetzes. Ein inländischer Investmentfonds in der Rechtsform eines Sondervermögens oder einer Investmentaktiengesellschaft mit veränderlichem Kapital ist von der Körperschaftsteuer und der Gewerbesteuer befreit. Ein inländischer Investmentfonds in der Rechtsform einer offenen Investmentkommanditgesellschaft ist von der Gewerbesteuer befreit. Satz 2 gilt nicht für

1. Einkünfte, die die Investmentaktiengesellschaft mit veränderlichem Kapital oder deren Teilgesellschaftsvermögen aus der Verwaltung des Vermögens erzielt, oder
2. Einkünfte der Investmentaktiengesellschaft mit veränderlichem Kapital oder deren Teilgesellschaftsvermögen, die auf Unternehmensaktien entfallen, es sei denn, es wurde nach § 109 Absatz 1 Satz 1 des Kapitalanlagegesetzbuchs auf die Begebung von Anlageaktien verzichtet.

Die Sätze 1 und 2 gelten auch für Investmentfonds im Sinne des § 1 Absatz 1g Satz 2.

(2) Die von den Kapitalerträgen des inländischen Investmentfonds einbehaltene und abgeführte Kapitalertragsteuer wird dem Investmentfonds unter Einschaltung der Verwahrstelle erstattet, soweit nicht nach § 44a des Einkommensteuergesetzes vom Steuerabzug Abstand zu nehmen ist; dies gilt auch für den als Zuschlag zur Kapitalertragsteuer einbehaltenen und abgeführten Solidaritätszuschlag. Bei Kapitalerträgen im Sinne des § 43 Absatz 1 Satz 1 Nummer 1 und 2 des Einkommensteuergesetzes wendet die Verwahrstelle § 44b Absatz 6 des Einkommensteuergesetzes entsprechend an; bei den übrigen Kapitalerträgen außer Kapitalerträgen im Sinne des § 43 Absatz 1 Satz 1 Nummer 1a des Einkommensteuergesetzes erstattet das Finanzamt, an das die Kapitalertragsteuer abgeführt worden ist, die Kapitalertragsteuer und den Solidaritätszuschlag auf Antrag an die Verwahrstelle. Im Übrigen sind die Vorschriften des Einkommensteuergesetzes über die Abstandnahme vom Steuerabzug und über die Erstattung von Kapitalertragsteuer bei unbeschränkt einkommensteuerpflichtigen Gläubigern sinngemäß anzuwenden. An die Stelle der nach dem Einkommensteuergesetz erforderlichen Nichtveranlagungs-Bescheinigung tritt eine Bescheinigung des für den Investmentfonds zuständigen Finanzamts, in der bestätigt wird, dass ein Zweckvermögen oder eine Investmentaktiengesellschaft im Sinne des Absatzes 1 vorliegt.

(3) Beim inländischen Investmentfonds ist eine Außenprüfung im Sinne der §§ 194 ff. der Abgabenordnung zulässig zur Ermittlung der steuerlichen Verhältnisse des Investmentfonds, zum Zwecke der Prüfung der Berichte nach den §§ 101, 120 und 135 des Kapitalanlagegesetzbuchs und der Besteuerungsgrundlagen nach § 5.

---

[1] Die amtliche Fassung der Abschnittsüberschrift lautet derzeit weiterhin „Regelungen nur für ausländische Investment*anteile*". Hier dürfte es sich um ein Redaktionsversehen des Gesetzgebers handeln; auch die amtliche Inhaltsübersicht (geändert durch Art. 1 AIFM-StAnpG) spricht in der Abschnittsüberschrift von „Investmentfonds".

Systematische Übersicht

A. Allgemeines —— 1
  I. Rechtsentwicklung der Vorschrift —— 1
  II. Zwecksetzung, Inhalt und Bedeutung der Vorschrift —— 2
B. Steuerbefreiung des inländischen Sondervermögens, Befreiung von Kapitalertragsteuer und Außenprüfung bei inländischen Investmentfonds —— 3
  I. Steuerbefreiung des Investmentfonds (§ 11 Abs. 1) —— 3
    1. Fiktion eines Zweckvermögens (§ 11 Abs. 1 Satz 1) —— 5
    2. Befreiung von Körperschaftsteuer und Gewerbesteuer für Sondervermögen und Investmentaktiengesellschaften mit veränderlichem Kapital (§ 11 Abs. 1 Satz 2) —— 9
    3. Befreiung von Gewerbesteuer für offene Investmentkommanditgesellschaften (§ 11 Abs. 1 Satz 3) —— 11
    4. Beschränkung der Steuerbefreiung für Investmentaktiengesellschaften (§ 11 Abs. 1 Satz 4) —— 13
    5. Ausdehnung auf Investmentfonds i.S. von § 1 Abs. 1g Satz 2 (§ 11 Abs. 1 Satz 5) —— 17
  II. Befreiung von Kapitalertragsteuer auf Kapitalerträge (§ 11 Abs. 2) —— 19
    1. Befreiung vom Steuerabzug bzw. Erstattung von Kapitalertragsteuer (§ 11 Abs. 2 Satz 1 i.V.m. § 44a Abs. 4 EStG) —— 20
    2. Erstattungsverfahren (§ 11 Abs. 2 Satz 2–4) —— 23
  III. Außenprüfung (§ 11 Abs. 3) —— 26

A. Allgemeines

I. Rechtsentwicklung der Vorschrift

1 Der in den Grundzügen auf § 38 KAGG basierende § 11 wurde durch das Investmentmodernisierungsgesetz (InvModG, BGBl. I **2003** 2676, 2729 = BStBl. I **2004** 5,10) eingeführt und seitdem mehrfach geändert:

– § 11 Abs. 1 S. 2 wurde durch das EU-Richtlinien-Umsetzungsgesetz vom 9.12.2004 (EURLUmsG, BGBl. I **2004** 3310, 3326 = BStBl. I **2004** 1158, 1174) redaktionell angepasst.

– Ebenso wurde § 11 Abs. 2 S. 2 durch das Gesetz zur Neuorganisation der Bundesfinanzverwaltung und zur Schaffung eines Refinanzierungsregisters vom 22.9.2005 (BFinVwNeuOG, BGBl. I **2005** 2809, 2812) redaktionell an die Änderung der Behördenbenennung des BZSt im Finanzverwaltungsgesetz angepasst.

– Durch das Gesetz zur verbesserten steuerlichen Berücksichtigung von Vorsorgeaufwendungen – Bürgerentlastungsgesetz Krankenversicherung vom 16.7.2009 (BürgEntlG KV, BGBl. I **2009** 1959, 1969 = BStBl. I **2009** 782, 792) wurde die bis dahin in § 11 Abs. 2 S. 2 geregelte Kapitalertragsteuererstattung durch das Bundeszentralamt für Steuern ersetzt durch ein Erstattungsverfahren durch die Depotbank (§ 44b Abs. 6 EStG).

– § 11 Abs. 1 S. 1 sowie § 11 Abs. 2 S. 2 2. HS wurden durch das OGAW-IV-Umsetzungsgesetz vom 22.6.2011 (OGAW-IV-UmsG, BGBl. **2011** 1126, 1171) geändert. Ferner wurde ein neuer § 11 Abs. 1 S. 4 eingefügt.

– § 11 Abs. 2 S. 4 wurde durch das Amtshilferichtlinie-Umsetzungsgesetz vom 26.6.2013 (AmtshilfeRLUmsG, BGBl. I **2013** 1809, 1829 = BStBl. I **2013** 802, 822) redaktionell geändert.

– Neben der Überschrift wurden durch das Gesetz zur Anpassung des Investmentsteuergesetzes und anderer Gesetze an das AIFM-Umsetzungsgesetz (AIFM-StAnpG, BGBl. I **2013** 4318, 4324 = BStBl. I **2014** 2, 8) § 11 Abs. 2 S. 1, S. 2 und S. 4 sowie § 11 Abs. 3 redaktionell geändert. § 11 Abs. 1 wurde umfassend überarbeitet.

II. Zwecksetzung, Inhalt und Bedeutung der Vorschrift

§ 11 Abs. 1 regelt die Steuersubjektfähigkeit des inländischen Sondervermögens sowie die Steuerbefreiung auf Ebene des Investmentfonds. Nach Absatz 1 gilt das inländische Sondervermögen als Zweckvermögen i.S.v. § 1 Abs. 1 Nr. 5 KStG und als sonstige juristische Person des privaten Rechts i.S.v. § 2 Abs. 3 GewStG. Inländische Sondervermögen haben durch diese Fiktion den Status eines Steuersubjekts für Zwecke der Körperschaftsteuer und Gewerbesteuer. Inländische Investmentfonds sind gemäß § 11 Abs. 1 S. 2 und S. 3 – je nach Rechtsform – von der Gewerbesteuer und ggf. von der Körperschaftsteuer befreit. § 11 Abs. 2 regelt die Erstattung von auf Kapitalerträge inländischer Investmentfonds einbehaltener und abgeführter Kapitalertragsteuer. Inländische Sondervermögen werden durch diese Regelungen von einer Besteuerung auf ihrer (Fonds-)Ebene ausgenommen. Dies dient der Umsetzung des Transparenzprinzips, d.h. die Besteuerung der Fondserträge erfolgt nicht auf Ebene des Investmentfonds, sondern auf Ebene des Anlegers, um diesen mit dem Direktanleger (möglichst) gleich zu stellen.[2] § 11 Abs. 3 schafft eine rechtliche Grundlage für die Durchführung von Außenprüfungen bei inländischen Investmentfonds.

B. Steuerbefreiung des inländischen Sondervermögens, Befreiung von Kapitalertragsteuer und Außenprüfung bei inländischen Investmentfonds

I. Steuerbefreiung des Investmentfonds (§ 11 Abs. 1)

§ 11 Abs. 1 wurde im Rahmen des AIFM-StAnpG deutlich überarbeitet. In erster Linie handelt es sich bei den Änderungen um solche redaktioneller Art. Die Regelung in Satz 4 dient hingegen der Schließung einer bestehenden Regelungslücke bei Investmentaktiengesellschaften mit veränderlichem Kapital.[3]

> **Hinweis:** Die Kommentierung erfolgt zu § 11 Abs. 1 in der Form des AIFM-StAnpG, nimmt aber ebenfalls Bezug auf die davor geltende Fassung.

§ 11 Abs. 1 S. 1 und S. 2 ist nur auf ein inländisches Sondervermögen, nicht jedoch auf die externe Kapitalverwaltungsgesellschaft (§ 18 Abs. 1 KAGB), welche den Fonds verwaltet, anzuwenden.[4] Das Sondervermögen ist eine Vermögensmasse, die zivilrechtlich (i) vom eigenen Vermögen der externen Kapitalverwaltungsgesellschaft und (ii) von anderen Sondervermögen getrennt zu halten ist (§ 92 Abs. 1 bis Abs. 3 KAGB).[5] Das Sondervermögen ist, anders als die externe Kapitalverwaltungsgesellschaft (§ 18 Abs. 1 KAGB), nicht rechtsfähig.[6] Die Anleger des Sondervermögens sind entweder (**a**) unmittelbare Miteigentümer (sogenannte „Miteigentümer-Lösung", § 30 Abs. 1 S. 1 KAGB) oder (**b**) Treugeber der externen Kapitalverwaltungsgesellschaft, die das Sondervermögen treuhänderisch als Eigentümerin verwaltet (bei Immobilien-Sondervermögen, sogenann-

---

[2] Berger/Steck/Lübbehüsen/*Englisch* § 11 Rn. 4; Haase/*Reiche*/*Frotscher* § 11 Rn. 11; zum Transparenzprinzip auch *Fock* FR **2006** 369.
[3] Gesetzentwurf des AIFM-StAnpG vom 20.11.2013, BTDrucks. 18/68 S. 58.
[4] Vgl. insoweit zu den Vorschriften des InvG Berger/Steck/Lübbehüsen/*Englisch* § 11 Rn. 6; vgl. auch insoweit zu den Vorschriften des InvG Berger/Steck/Lübbehüsen/*Englisch* § 11 Rn. 12.
[5] Vgl. insoweit zu den Vorschriften des InvG Berger/Steck/Lübbehüsen/*Englisch* § 11 Rn. 6.
[6] Vgl. insoweit zu den Vorschriften des InvG Berger/Steck/Lübbehüsen/*Englisch* § 11 Rn. 6.

te „Treuhand-Lösung", § 245 KAGB).[7] Steuerrechtlich ist das Sondervermögen im Gegensatz zur zivilrechtlichen Ausgestaltung aufgrund der Fiktion in § 11 Abs. 1 S. 1 ein (selbstständiges) Zweckvermögen (für Körperschaftsteuerzwecke) bzw. eine (selbstständige) sonstige juristische Person des privaten Rechts (für Gewerbesteuerzwecke). Für die externe Kapitalverwaltungsgesellschaft (als AG, GmbH oder eine GmbH & Co. KG mit einer GmbH als Komplementär, § 18 Abs. 1 KAGB) gelten die allgemeinen steuerlichen Vorschriften.[8] Bei der Investmentaktiengesellschaft mit veränderlichem Kapital erfolgt hingegen keine Trennung von Gesellschafts- und Investmentvermögen (§ 110 Abs. 2 KAGB), so dass die Steuerbefreiung nach § 11 Abs. 1 S. 2 für deren gesamtes Vermögen greift. Da sie bereits Körperschaftsteuer- und Gewerbesteuersubjekt ist, ist § 11 Abs. 1 S. 1 auf sie nicht anzuwenden.[9] Sondervermögen i.S.v. § 11 Abs. 1 sind solche i.S.v. § 1 Abs. 10 KAGB (§ 1 Abs. 2 S. 1), d.h. inländische offene Investmentvermögen. „Offene Investmentvermögen" sind gemäß § 1 Abs. 4 KAGB (**1**) OGAW und (**2**) AIF, deren Anleger oder Aktionäre mindestens einmal pro Jahr das Recht zur Rückgabe gegen Auszahlung ihrer Anteile oder Aktien aus dem AIF haben. Spezial-Investmentfonds fallen unter § 11 Abs. 1.[10]

1. Fiktion eines Zweckvermögens (§ 11 Abs. 1 Satz 1)

„Das inländische Sondervermögen gilt als Zweckvermögen im Sinne des § 1 Absatz 1 Nummer 5 des Körperschaftsteuergesetzes und als sonstige juristische Person des privaten Rechts im Sinne des § 2 Absatz 3 des Gewerbesteuergesetzes."

5   Nach § 1 Abs. 1 gilt das inländische Sondervermögen als „Zweckvermögen" i.S.v. § 1 Abs. 1 Nr. 5 KStG und seit dem AIFM-StAnpG auch als „sonstige juristische Person des privaten Rechts" i.S.v. § 2 Abs. 3 GewStG. Der Verweis auf § 2 Abs. 3 GewStG dient der Verdeutlichung der Steuerpflicht auch in Bezug auf die Gewerbesteuer.[11]

6   Gemäß 1 Abs. 1 Nr. 5 KStG sind „andere Zweckvermögen des privaten Rechts" unbeschränkt körperschaftsteuerpflichtig, wenn sie ihren Sitz oder ihre Geschäftsleitung im Inland haben. Ein Zweckvermögen im Sinne dieser Vorschrift setzt voraus, dass:
(**i**) eine Reihe von Vermögensgegenständen rechtlich oder tatsächlich einer Vermögensbindung unterliegen, d.h. dass kein Steuerpflichtiger über diese Vermögensgegenstände oder die daraus generierten Erträge verfügen kann,
(**ii**) die Vermögensgegenstände einem bestimmten Zweck gewidmet sind,
(**iii**) diese Zweckbindung nicht einseitig aufhebbar oder beliebig umzukehren ist,
(**iv**) die Vermögensgegenstände aus dem Vermögen des Steuerpflichtigen auf Dauer ausgeschieden sind, und
(**v**) diese Separierung zu einem bestimmten Zweck erfolgt.[12]

7   Vielfach wird diskutiert, ob ein Investmentfonds erst kraft einer Fiktion durch § 11 Abs. 1 Satz 1 ein Zweckvermögen darstellt[13] oder ob dieser auch ohne die Regelung in § 11

---

7   Vgl. insoweit zu den Vorschriften des InvG Berger/Steck/Lübbehüsen/*Englisch* § 11 Rn. 6; vgl. auch insoweit zu den Vorschriften des InvG Haase/*Reiche*/Frotscher § 11 Rn. 17.
8   Vgl. insoweit zu den Vorschriften des InvG Berger/Steck/Lübbehüsen/*Englisch* § 11 Rn. 6; vgl. auch insoweit zu den Vorschriften des InvG Haase/*Reiche*/Frotscher § 11 Rn. 12.
9   Vgl. insoweit zu den Vorschriften des InvG Berger/Steck/Lübbehüsen/*Englisch* § 11 Rn. 6, 21.
10 Vgl. insoweit zu den Vorschriften des InvG Berger/Steck/Lübbehüsen/*Englisch* § 11 Rn. 8.
11 Gesetzentwurf des AIFM-StAnpG vom 20.11.2013, BTDrucks. 18/68 S. 58.
12 BFH-Urteil vom 5.11.1992, I R 39/92 BStBl. II 388; Urteil des FG Rheinland-Pfalz vom 26.3.1996, 2 K 2765/94, EFG **1996** 1117; Blümich/*Rengers* § 1 KStG Rn. 13; auch Haase/*Reiche*/Frotscher § 11 Rn. 16.
13 Berger/Steck/Lübbehüsen/*Englisch* § 11 Rn. 13.

Abs. 1 Satz 1 bereits als Zweckvermögen i.S.d. § 1 Abs. 1 Nr. 5 KStG qualifiziert.[14] Nach Ansicht des Gesetzgebers handelt es sich bei der Regelung um eine Fiktion[15] mit der Folge, dass Fonds (wie z.B. ausländische Investmentfonds), die nicht in den Anwendungsbereich des § 11 Abs. 1 fallen, nicht als Zweckvermögen i.S.d. § 1 Abs. 1 Nr. 5 KStG qualifizieren.[16]

Durch die Qualifikation als Zweckvermögen i.S.d. § 1 Abs. 1 Nr. 5 KStG ist das inländische Sondervermögen Steuerpflichtiger i.S.v. § 33 Abs. 1 AO.[17] Hinsichtlich der Frage, ob das inländische Sondervermögen abkommenberechtigt ist, ist zu differenzieren: Für die Anwendbarkeit eines Doppelbesteuerungsabkommens ist es grundsätzlich erforderlich, dass das Zweckvermögen als eine Person qualifiziert, die in einem der Vertragsstaaten ansässig ist, d.h. es ist erforderlich, dass (**i**) das Zweckvermögen auf Grund seines Ortes seiner Geschäftsleitung oder eines anderen ähnlichen Merkmals steuerpflichtig ist (Art. 4 Abs. 1 OECD-Musterabkommen 2010) und (**ii**) dass dieses eine „Person" i.S.d. Doppelbesteuerungsabkommens ist. Gemäß Art. 3 Abs. 1 Buchst. a) OECD-Musterabkommen 2010 umfasst der Begriff der „Person" Gesellschaften und alle anderen Personenvereinigungen. Eine „Gesellschaft" ist gemäß Art. 3 Abs. 1 Buchst. b) OECD-Musterabkommen 2010 eine juristische Person oder Rechtsträger, die für die Besteuerung wie juristische Personen behandelt werden. Zwar ist das Zweckvermögen demnach eine „Person" für Zwecke des OECD-Musterabkommens,[18] allerdings versagen in der Praxis ausländische Staaten einem deutschen Sondervermögen häufig die Abkommensberechtigung.[19] Zum einen war bereits in der Literatur lange Zeit umstritten, ob aufgrund der Steuerbefreiung des inländischen Sondervermögens gemäß § 11 Abs. 1 Satz 2 das Merkmal der Ansässigkeit nach Art. 4 Abs. 1 OECD-Musterabkommen 2010 aufgrund einer fehlenden Steuerpflicht in Deutschland nicht erfüllt werden kann.[20] Nach zutreffender Ansicht kann es für die Beurteilung des Merkmals der Ansässigkeit jedoch nicht darauf ankommen, ob eine gesetzliche Steuerbefreiung existiert, sondern lediglich darauf, ob die Person in Deutschland dem Grunde nach unbeschränkt steuerpflichtig ist und somit besteuert werden *könnte*.[21] Der BFH hat die Frage der Abkommensberechtigung einer französischen SICAV inzwischen höchstrichterlich geklärt.[22] Demnach kommt es darauf an, ob die Gesellschaft im Sitzstaat als eigenständiges Steuersubjekt behandelt wird, d.h. nicht als transparent für Ertragsteuerzwecke gilt.[23] Auf eine persönliche Befreiung nach nationalem Steuerrecht kommt es für die Frage der Ansässigkeit für Zwecke eines Doppelbesteuerungsabkommens nicht an.[24] Allerdings ist bei der Anwendung des jeweiligen Doppelbesteuerungsabkommens auch das Merkmal des Nutzungsberechtigten (*benefi-*

---

14 Korn/Carlé/Stahl/Strahl/*Carlé/Hamacher* § 11 InvStG Rn. 13.2; auch Haase/*Reiche/Frotscher* § 11 Rn. 16.
15 Gesetzentwurf des AIFM-StAnpG vom 20.11.2013, BTDrucks. 18/68 S. 58; auch BMF-Schreiben vom 18.8.2009, Investmentsteuergesetz, Zweifels- und Auslegungsfragen; BStBl. I **2009** 931, Rn. 212.
16 Berger/Steck/Lübbehüsen/*Englisch* § 11 Rn. 14.
17 BFH vom 31.1.2007, BFH N/V **2007** 1069 f.; auch Berger/Steck/Lübbehüsen/*Englisch* § 11 Rn. 16.
18 *Sorgenfrei* IStR **1994** 465, 468; auch Haase/*Reiche/Frotscher* § 11 Rn. 26; auch Berger/Steck/Lübbehüsen/*Englisch* § 11 Rn. 83.
19 Berger/Steck/Lübbehüsen/*Englisch* § 11 Rn. 83 ff.
20 Haase/*Reiche/Frotscher* § 11 Rn. 26, auch FG Niedersachsen vom 29.3.2007, 6 K 514/03, IStR **2007** 755, 756.
21 FG Münster vom 13.6.2003, EFG **2004** 478; auch Vogel/Lehner/*Lehner* DBA, Art. 4 OECD-MA Rn. 83; auch Debatin/Wassermeyer/*Wassermeyer* Art. 1 OECD-MA Rn. 23; auch Berger/Steck/Lübbehüsen/*Englisch* § 11 Rn. 84.
22 BFH-Urteil vom 6.6.2012, I R 52/11.
23 BFH-Urteil vom 6.6.2012, I R 52/11; auch *Dürrschmidt* IWB **2012** 819; auch *Jacob/Link* IStR **2012** 949.
24 BFH-Urteil vom 6.6.2012, I R 52/11; auch *Dürrschmidt* IWB **2012** 819; auch *Jacob/Link* IStR **2012** 949.

cial owner – für die Anwendung von Art. 10 Abs. 2 und Art. 11 Abs. 2 OECD-Musterabkommen 2010) zu beachten.[25]

2. Befreiung von Körperschaftsteuer und Gewerbesteuer für Sondervermögen und InvestmentAGs mit veränderlichem Kapital (§ 11 Abs. 1 Satz 2)

„Ein inländischer Investmentfonds in der Rechtsform eines Sondervermögens oder einer Investmentaktiengesellschaft mit veränderlichem Kapital ist von der Körperschaftsteuer und der Gewerbesteuer befreit."

9 Grundsätzlich unterliegen Zweckvermögen des privaten Rechts i.S.v. § 1 Abs. 1 Nr. 5 KStG als Körperschaftsteuersubjekt der Körperschaftsteuer sowie mit ihrem inländischen Betrieb der Gewerbesteuer. Um das Transzparenzprinzip umzusetzen und eine Besteuerung auf Ebene des Fondsanlegers zu erreichen, werden Inländische Investmentfonds in der Rechtsform eines Sondervermögens oder einer Investmentaktiengesellschaft mit veränderlichem Kapital gemäß § 11 Abs. 1 Satz 2 von der Körperschaft- und Gewerbesteuer befreit. Mangels anfallender Körperschaftsteuer kann auch kein Solidaritätszuschlag als Ergänzungsabgabe zu selbiger (§ 1 Abs. 1 SolzG) erhoben werden. Ferner unterliegt ein etwaiger Hinzurechnungsbetrag nach § 10 Abs. 2 AStG auf Ebene des inländischen Investmentfonds nicht der Körperschaft- und Gewerbesteuer, d.h. eine Hinzurechnungsbesteuerung passiver Einkünfte gemäß §§ 7 ff. AStG wirkt sich auf Ebene des Investmentfonds nicht aus.[26] Falls für einen inländischen Investmentfonds Teilinvestmentvermögen bzw. Teilgesellschaftsvermögen gebildet wurden, gilt die Steuerbefreiung für jede dieser Einheiten getrennt.[27] Ausländische Investmentfonds sind aufgrund des eindeutigen Wortlauts nicht von der Regelung erfasst. Die daraus resultierende Ungleichbehandlung ausländischer Investmentvermögen gegenüber inländischen Investmentvermögen ist europarechtswidrig.[28]

10 Die Gesetzesbegründung stellt klar, dass für den Fall, dass ein OGAW oder ein AIF die Anforderungen des § 1 Abs. 1b nicht mehr erfüllen sollte, die Voraussetzungen für die Steuerbefreiung nicht mehr vorliegen.[29] Um jedoch rückwirkende Änderungen bzw. Rechtsfolgen zu vermeiden, entfällt die Steuerbefreiung bei Publikums-Investmentfonds erst mit Ablauf des Geschäftsjahrs, in dem der Feststellungsbescheid nach § 1 Absatz 1d unanfechtbar geworden ist.[30] Diese Regelung ist zu begrüßen, da gerade aufgrund der gestiegenen Anforderungen nach § 1 Abs. 1b der Fondsanleger dadurch zumindest für die Vergangenheit entsprechende Klarheit über die Steuerbefreiung des Investmentfonds erlangen kann.

---

25 Debatin/Wassermeyer/*Krabbe* Art. 10 DBA Italien Rn. 22; *Zinkeisen/Walter* IStR **2007** 583, 584; **a.A.** Englisch in *Berger/Steck* § 11 Rn. 85.
26 Berger/Steck/Lübbehüsen/*Englisch* § 11 Rn. 20; zur Fondsausgangsseite auch in Beckmann/Scholtz/Vollmer/*Petzschke* § 11 InvStG Rn. 16 ff.
27 Gesetzentwurf des AIFM-StAnpG vom 20.11.2013, BTDrucks. 18/68 S. 58.
28 Haase/*Reiche*/Frotscher § 11 Rn. 29 ff.; auch Berger/Steck/Lübbehüsen/*Englisch* § 11 Rn. 27 ff.; auch *Fock* FR **2006** 369, 372; auch Beckmann/Scholtz/Vollmer/*Petzschke* § 11 InvStG Rn. 11; vgl. dazu auch *Klentgens/Geißler* IStR **2014** 280, 283.
29 Gesetzentwurf des AIFM-StAnpG vom 20.11.2013, BTDrucks. 18/68 S. 58.
30 Gesetzentwurf des AIFM-StAnpG vom 20.11.2013, BTDrucks. 18/68 S. 58.

3. Befreiung von Gewerbesteuer für offene InvestmentKGs (§ 11 Abs. 1 Satz 3)

„*Ein inländischer Investmentfonds in der Rechtsform einer offenen Investmentkommanditgesellschaft ist von der Gewerbesteuer befreit.*"

11

§ 11 Abs. 1 Satz 3 statuiert die Steuerbefreiung inländischer Investmentfonds in der Rechtsform der offenen InvestmentKG. Da die offene InvestmentKG als Personengesellschaft kein Körperschaftsteuersubjekt ist, ist sie lediglich von der Gewerbesteuer zu befreien. Mit dieser neu eingeführten Regelung für die InvestmentKG verfolgt der Gesetzgeber die Gleichbehandlung der drei aufsichtsrechtlich normierten Formen eines offenen Investmentfonds.[31]

12

4. Beschränkung der Steuerbefreiung für InvestmentAGs (§ 11 Abs. 1 Satz 4)

„*Satz 2 gilt nicht für*
1. *Einkünfte, die die Investmentaktiengesellschaft mit veränderlichem Kapital oder deren Teilgesellschaftsvermögen aus der Verwaltung des Vermögens erzielt, oder*
2. *Einkünfte der Investmentaktiengesellschaft mit veränderlichem Kapital oder deren Teilgesellschaftsvermögen, die auf Unternehmensaktien entfallen, es sei denn, es wurde nach § 109 Absatz 1 Satz 1 des Kapitalanlagegesetzbuchs auf die Begebung von Anlageaktien verzichtet.*"

Die Befreiung der Investmentaktiengesellschaft mit veränderlichem Kapital (oder deren Teilgesellschaftsvermögen) von der Körperschaftsteuer und Gewerbesteuer nach Satz 2 wird durch Satz 4 eingeschränkt für Einkünfte aus der Verwaltung des Vermögens und für Einkünfte, die auf Unternehmensaktien entfallen, sofern nicht auf die Begebung von Anlegeraktien verzichtet wurde (§ 109 Abs. 1 Satz 1 KAGB).

13

Die Ausnahme für diese Sonderfälle soll eine systemwidrige Besteuerungslücke schließen:[32] Sondervermögen werden durch Kapitalverwaltungsgesellschaften verwaltet, was auf Ebene der Kapitalverwaltungsgesellschaften zu körperschaftsteuer- und gewerbesteuerpflichtigen Einnahmen führt. Gleiches gilt auch für den Fall, dass eine Investmentaktiengesellschaft eine Kapitalverwaltungsgesellschaft beauftragt (Fall der fremdverwalteten Investmentaktiengesellschaft).[33] Verwaltet sich eine Investmentaktiengesellschaft jedoch selbst (Fall der selbstverwalteten Investmentaktiengesellschaft), blieben die internen Verwaltungsleistungen ohne die Ausnahme in Satz 4 unversteuert.[34] Erfolgsabhängige Vergütungen fallen nach der Gesetzesbegründung ebenfalls ausdrücklich unter Satz 4 Nr. 1.[35] Ferner könnte laut der Gesetzesbegründung, wenn es keine dem § 11 Abs. 1 S. 4 vergleichbare Regelung gäbe, die Vergütung der Initiatoren bzw. Betreiber der Investmentaktiengesellschaft für deren Verwaltungsleistungen im Gesellschaftsvermögen belassen und rentierlich angelegt werden und die Vergütung für die Verwaltungsleistungen würde in solche einem Fall ebenfalls nicht versteuert.[36]

14

---

31 Gesetzentwurf des AIFM-StAnpG vom 20.11.2013, BTDrucks. 18/68 S. 58.
32 Gesetzentwurf des AIFM-StAnpG vom 20.11.2013, BTDrucks. 18/68 S. 58; auch *Neumann* BB **2013** 669, 670.
33 Gesetzentwurf des AIFM-StAnpG vom 20.11.2013, BTDrucks. 18/68 S. 58.
34 Dazu *Neumann* BB **2013** 669, 671, der infrage stellt, ob die Zuweisung einer Verwaltungsvergütung zu einem Teilgesellschaftsvermögen einer Investmentaktiengesellschaft dessen Qualifikation als Investmentfonds nach § 1 Abs. 1b gefährdet.
35 Gesetzentwurf des AIFM-StAnpG vom 20.11.2013, BTDrucks. 18/68 S. 58.
36 Gesetzentwurf des AIFM-StAnpG vom 20.11.2013, BTDrucks. 18/68 S. 58.

15 Bei einer Investmentaktiengesellschaft wird zwischen „Unternehmensaktien" und „Anlageaktien" unterschieden. Erstere gewähren Stimmrechte (§ 109 Absatz 2 KAGB) und werden i.d.R. von den Initiatoren und Betreibern der Investmentaktiengesellschaft gehalten. Anlageaktien gewähren i.d.R. keine Stimmrechte (§ 109 Absatz 3 KAGB) und sind für die Anleger der Investmentaktiengesellschaft bestimmt. Durch die Regelung in Satz 4 Nr. 2 werden Unternehmensaktien von der Steuerbefreiung ausgenommen, soweit daneben noch Anlageaktien begeben wurden.[37] Bei Spezialinvestmentaktiengesellschaften ist es möglich, auf die Begebung von Anlageaktien zu verzichten (§ 109 Absatz 1 Satz 1 KAGB). In diesem Fall soll die Steuerbefreiung des § 11 Abs. 1 Satz 2 auch auf die Unternehmensaktien anwendbar sein.[38]

16 Die Regelung in Satz 4 soll diese Fälle von der Steuerbefreiung ausnehmen, um den insofern systembedingt bestehenden Besteuerungsvorteil der Investmentaktiengesellschaft im Fall der Selbstverwaltung aufzuheben.[39]

5. Ausdehnung auf Investmentfonds i.S. von § 1 Abs. 1g Satz 2 (§ 11 Abs. 1 Satz 5)

„Die Sätze 1 und 2 gelten auch für Investmentfonds im Sinne des § 1 Absatz 1g Satz 2."

17 Ein Investmentfonds, der als EU-Investmentfonds der Vertragsform von einer externen Kapitalverwaltungsgesellschaft im Sinne des § 17 Absatz 2 Nummer 1 des KAGB oder einer inländischen Zweigniederlassung einer EU-Verwaltungsgesellschaft im Sinne des § 1 Absatz 17 KAGB verwaltet wird, gilt nach § 1 Absatz 1g Satz 2 InvStG als inländisch, wenn nach dem Recht des Herkunftsstaates des EU-Investmentfonds der Vertragsform zur Regelung dessen umfassender Besteuerung die Bundesrepublik Deutschland berufen ist.

18 In diesem Fall gilt ein EU-Investmentfonds der Vertragsform wie ein inländischer Investmentfonds als unbeschränkt steuerpflichtiges Zweckvermögen im Sinne des § 1 Absatz 1 Nummer 5 KStG und ist von der Körperschaftsteuer und Gewerbesteuer befreit.[40]

II. Befreiung von Kapitalertragsteuer auf Kapitalerträge (§ 11 Abs. 2)

19 Neben der Befreiung von Körperschaftsteuer und Gewerbesteuer gemäß § 11 Abs. 1 Satz 2 ist die Abstandnahme vom Kapitalertragsteuerabzug bzw. die Erstattung von einbehaltener und abgeführter Kapitalertragsteuer elementarer Bestandteil des Transparenzprinzips. Inländische Investmentfonds sollen nicht mit Kapitalertragsteuer belastet werden, um stattdessen auf Ebene des jeweiligen Fondsanlegers ggf. Kapitalertragsteuer einzubehalten (§ 7). Ohne die Befreiung vom Kapitalertragsteuerabzug bzw. ohne die Erstattung von Kapitalertragsteuer auf Ebene des Investmentfonds käme es zu einer doppelten Kapitalertragsteuerbelastung der Kapitalerträge – zunächst auf Ebene des (inländischen) Investmentfonds (Fondseingangsseite) und erneut auf Ebene des Fondsanlegers (Fondsausgangsseite). Die Abstandnahme vom Abzug sowie die Erstattung be-

---

[37] Gesetzentwurf des AIFM-StAnpG vom 20.11.2013, BTDrucks. 18/68 S. 58.
[38] Gesetzentwurf des AIFM-StAnpG vom 20.11.2013, BTDrucks. 18/68 S. 58.
[39] Bezüglich der steuerlichen Behandlung der nicht unter § 11 Abs. 1 Satz 2 fallenden Einnahmen der Investmentaktiengesellschaft mit veränderlichem Kapital *Neumann* BB **2013** 669.
[40] Bericht des Finanzausschusses zum Gesetzentwurf des OGAW-IV-UmsG vom 7.4.2011, BTDrucks. 17/5417 S. 19.

ziehen sich auf alle Kapitalerträge des inländischen Investmentfonds und umfasst auch ausdrücklich den Solidaritätszuschlag § 11 Abs. 2 Satz 1 2. Hs.).

1. Befreiung vom Steuerabzug bzw. Erstattung von Kapitalertragsteuer (§ 11 Abs. 2 Satz 1 i.V.m. § 44a Abs. 4 EStG)

„Die von den Kapitalerträgen des inländischen Investmentfonds einbehaltene und abgeführte Kapitalertragsteuer wird dem Investmentfonds unter Einschaltung der Verwahrstelle erstattet, soweit nicht nach § 44a des Einkommensteuergesetzes vom Steuerabzug Abstand zu nehmen ist; dies gilt auch für den als Zuschlag zur Kapitalertragsteuer einbehaltenen und abgeführten Solidaritätszuschlag."

Nach der Systematik des § 11 Abs. 2 hat die Abstandnahme vom Kapitalertragsteuerabzug Vorrang vor der Erstattung.[41] Nach § 11 Abs. 2 Satz 1 erfolgt die Erstattung einbehaltener und abgeführter Kapitalertragsteuer soweit nicht nach § 44a des EStG vom Steuerabzug Abstand zu nehmen ist. Obwohl § 11 Abs. 2 Satz 1 auf § 44a EStG insgesamt verweist, ist die einzig in Betracht kommende Vorschrift § 44a Abs. 4 Nr. 1 EStG.[42] Gemäß § 44a Abs. 4 Nr. 1 EStG ist kein Kapitalertragsteuerabzug vorzunehmen, wenn Gläubiger der Kapitalerträge eine von der Körperschaftsteuer befreite inländische Körperschaft ist. Ein inländischer Investmentfonds in der Rechtsform eines Sondervermögens gilt als Zweckvermögen i.S.d. § 1 Abs. 1 Nr. 5 KStG, wohingegen ein inländischer Investmentfonds in der Rechtsform einer Investmentaktiengesellschaft mit veränderlichem Kapital bereits aufgrund ihrer Gesellschaftsform als Körperschaft i.S.d. § 1 Abs. 1 Nr. 1 KStG einzuordnen ist. In beiden Fällen handelt es sich gemäß § 11 Abs. 1 Satz 2 um von der Körperschaftsteuer befreite Körperschaften. Folglich ist gemäß § 44a Abs. 4 Nr. 1 EStG kein Kapitalertragsteuerabzug vorzunehmen für Kapitalerträge i.S.d. § 43 Abs. 1 Satz 1 Nr. 4 (Nr. 4 ist jedoch für die Betrachtung von Kapitalerträgen von Investmentfonds nicht relevant), Nr. 6 (ausländische Dividenden und äquivalente Erträge), Nr. 7 (Zinsen und andere Kapitalerträge i.S.v. § 20 Abs. 1 Nr. 7 EStG), Nr. 8 (Stillhalterprämien für die Einräumung von Optionen), Nr. 9 (Veräußerungsgewinne aus Anteilen an einer Körperschaft), Nr. 10 (Zinsscheine und sonstige Forderungen), Nr. 11 (Termingeschäfte) und Nr. 12 (Erträge aus der Veräußerung von Ansprüchen auf Ausschüttungen oder ausschüttungsähnlichen Erträgen) sowie Satz 2 EStG (Vorteile, die anstelle oder neben den vorangegangenen Kapitalerträgen gewährt werden).

Kommt es trotz einer bestehenden Berechtigung zur Abstandnahme vom Kapitalertragsteuerabzug dennoch zum Steuerabzug (z.B. durch versehentlichen Steuerabzug oder aufgrund einer im Zeitpunkt der Abzugsverpflichtung noch nicht vorliegenden Nichtveranlagungsbescheinigung), ist die Kapitalertragsteuer der auszahlenden Stelle auf Antrag zu erstatten (§ 44b Abs. 5 EStG i.V.m. § 11 Abs. 2 Satz 3).[43]

Sind die Voraussetzungen des § 44a Abs. 4 Nr. 1 EStG nicht erfüllt, kommt die Erstattung von einbehaltener und abgeführter Kapitalertragsteuer in Betracht. Dabei ist nur die Erstattung inländischer Kapitalertragsteuer möglich, eine Erstattung ausländischer Quellensteuer ist nach § 11 Abs. 2 nicht möglich.[44] Ggf. kommt im Einzelfall eine Steueranrechnung nach § 4 Abs. 2 in Betracht.

---

41 BMF-Schreiben vom 18.8.2009, BStBl. I 2009, 931, Rn. 214.
42 Haase/*Reiche/Frotscher* § 11 Rn. 82, 87.
43 BMF-Schreiben vom 18.8.2009, BStBl. I 2009, 931, Rn. 216; auch Berger/Steck/Lübbehüsen/*Englisch* § 11 Rn. 34.
44 Haase/*Reiche/Frotscher* § 11 Rn. 81; auch Berger/Steck/Lübbehüsen/*Englisch* § 11 Rn. 51, 78 ff.; auch Littmann/Bitz/Pust/*Ramackers* § 11 InvStG Rn. 14.

2. Erstattungsverfahren (§ 11 Abs. 2 Satz 2–4)

"Bei Kapitalerträgen im Sinne des § 43 Absatz 1 Satz 1 Nummer 1 und 2 des Einkommensteuergesetzes wendet die Verwahrstelle § 44b Absatz 6 des Einkommensteuergesetzes entsprechend an; bei den übrigen Kapitalerträgen außer Kapitalerträgen im Sinne des § 43 Absatz 1 Satz 1 Nummer 1a des Einkommensteuergesetzes erstattet das Finanzamt, an das die Kapitalertragsteuer abgeführt worden ist, die Kapitalertragsteuer und den Solidaritätszuschlag auf Antrag an die Depotbank. Im Übrigen sind die Vorschriften des Einkommensteuergesetzes über die Abstandnahme vom Steuerabzug und über die Erstattung von Kapitalertragsteuer bei unbeschränkt einkommensteuerpflichtigen Gläubigern sinngemäß anzuwenden. An die Stelle der nach dem Einkommensteuergesetz erforderlichen Nichtveranlagungs-Bescheinigung tritt eine Bescheinigung des für den Investmentfonds zuständigen Finanzamts, in der bestätigt wird, dass ein Zweckvermögen oder eine Investmentaktiengesellschaft im Sinne des Absatzes 1 vorliegt."

23 Die Erstattung von Kapitalertragsteuer erfolgt gemäß § 11 Abs. 2 Satz 3 nach der sinngemäßen Anwendung der allgemeinen Regelungen des EStG für die Erstattung an unbeschränkt Steuerpflichtige, es sei denn, § 11 Abs. Satz 2 und Satz 4 sehen etwas anderes vor. Bei Kapitalerträgen nach § 43 Abs. 1 Satz 1 Nr. 1 und Nr. 2 EStG erfolgt die Erstattung von Kapitalertragsteuer gemäß § 11 Abs. 2 Satz 2 1. Hs. i.V.m. § 44b Abs. 6 EStG durch die Verwahrstelle direkt gegenüber dem Investmentfonds. In § 11 Abs. 2 Satz 2 1. HS ersetzt das AIFM-StAnpG nun den Begriff der „Verwahrstelle" den bislang verwendeten Begriff der „Depotbank". Dabei handelt es sich lediglich um eine redaktionelle Änderung, da das KAGB den Begriff der Depotbank nach Maßgabe der AIFM-RL ebenfalls durch den Begriff „Verwahrstelle" ersetzt. Die Verwahrstelle wird durch die auf sie übertragenen Aufgaben nicht als Beliehener tätig, sondern es liegt vielmehr ein auftragsähnliches Rechtsverhältnis vor.[45]

24 Die Kapitalertragsteuer auf alle übrigen Kapitalerträge (d.h. außer denen nach § 43 Abs. 1 Satz 1 Nr. 1 und Nr. 2 EStG) erfolgt gemäß § 11 Abs. 2 Satz 2 2. Hs. durch das Finanzamt, an das die Kapitalertragsteuer abgeführt wurde, auf Antrag an die Verwahrstelle. Eine Ausnahme von diesem Grundsatz gilt für Kapitalerträge i.s.v. § 43 Abs. 1 Satz 1 Nr. 1a EStG, d.h. Dividendenbezüge auf im Inland sammelverwahrte Aktien. Der inländische Investmentfonds erhält diese Kapitalerträge ohne Kapitalertragsteuerabzug und eine Erstattung von Kapitalertragsteuer ist daher nicht notwendig.[46]

25 Die Erstattung der Kapitalertragsteuer setzt gemäß § 44b Abs. 6 Satz 1 Nr. 1 und Nr. 2 EStG die Vorlage einer Nichtveranlagungsbescheinigung nach § 44a Abs. 2 Satz 1 Nr. 2 oder Abs. 5 EStG bei der Verwahrstelle voraus. Für Zwecke des § 11 Abs. 2 werden diese Nichtveranlagungsbescheinigungen durch solche i.S.d. § 11 Abs. 2 Satz 4 ersetzt, d.h. eine Bescheinigung des für den inländischen Investmentfonds zuständigen Finanzamts. Darin muss das Finanzamt bestätigen, dass ein Zweckvermögen oder eine Investmentaktiengesellschaft i.S.v. § 11 Abs. 1 vorliegt. Der inländische Investmentfonds hat einen Anspruch auf Erstattung der Kapitalertragsteuer durch die Verwahrstelle, sofern die Voraussetzungen des § 11 Abs. 2 Satz 1, Abs. 2 Satz 2 1. Hs. i.V.m. § 44b Abs. 6 Satz 1 EStG erfüllt sind.[47]

---

45 Berger/Steck/Lübbehüsen/*Englisch* § 11 Rn. 67 m.w.N.
46 Gesetzentwurf der Bundesregierung zum OGAW-IV-UmsG vom 24.1.2011, BTDrucks. 17/4510 S. 165.
47 Berger/Steck/Lübbehüsen/*Englisch* § 11 Rn. 70.

III. Außenprüfung (§ 11 Abs. 3)

"Beim inländischen Investmentfonds ist eine Außenprüfung im Sinne der §§ 194 ff. der Abgabenordnung zulässig zur Ermittlung der steuerlichen Verhältnisse des Investmentfonds, zum Zwecke der Prüfung der Berichte nach den §§ 101, 120 und 135 des Kapitalanlagegesetzbuchs und der Besteuerungsgrundlagen nach § 5."

§ 11 Abs. 3 regelt abschließend die Außenprüfung i.S.v. §§ 194 ff. AO bei inländischen **26** Investmentfonds und verdrängt somit die Regelung des § 193 AO.[48] Prüfungsgegenstand können demnach sein (i) die Ermittlung der steuerlichen Verhältnisse, (ii) die Prüfung der Berichte nach §§ 101, 120 und 135 KAGB sowie (iii) die Prüfung der Besteuerungsgrundlagen nach § 5. Eine Prüfung ist – auch für Spezialfonds – ohne weitere Voraussetzungen möglich.[49] Die Regelungen in §§ 194 ff. AO über den sachlichen Umfang der Prüfung, die Zuständigkeit der Finanzbehörden, die Prüfungsanordnung, die Prüfungsgrundsätze, das Prüfverfahren sowie den Prüfungsablauf sind dabei entsprechend anzuwenden.[50] Ferner wird der korrekte Einbehalt von Kapitalertragsteuer gemäß § 7 Abs. 3 und 4 nach § 193 Abs. 2 Nr. 1 AO geprüft.[51] § 11 Abs. 3 ist auf alle inländischen Investmentfonds i.S.v. § 1 Abs. 1f anwendbar, d.h. sowohl für Sondervermögen, Investmentaktiengesellschaften mit veränderlichem Kapital sowie Investmentkommanditgesellschaften. Die Prüfung der Fondsanleger sowie der Kapitalverwaltungsgesellschaft erfolgt nicht nach § 11 Abs. 3, sondern nach den allgemeinen Regelungen in §§ 193 ff. AO.[52]

Aufgrund der Befreiung des inländischen Investmentfonds von Körperschaftsteuer **27** und Gewerbesteuer (§ 11 Abs. 1 S. 2–4) erfolgt die Prüfung der steuerlichen Verhältnisse i.d.R. nur hinsichtlich der Umsatzsteuer und den Verbrauchsteuern (und bei der selbstverwalteten Investmentaktiengesellschaft hinsichtlich der ertragsteuerpflichtigen Verwaltungsvergütungen). Hauptprüfgegenstand sind in der Praxis die Besteuerungsgrundlagen nach § 5. Fehler und Verstöße in Zusammenhang mit § 5 Abs. 1 werden nach § 13 Abs. 4 korrigiert, solche nach § 5 Abs. 2 sowie Abs. 3 nach durch Änderung des Einkommensteuer- oder Körperschaftsteuerbescheids des jeweiligen Fondsanlegers.[53]

Die Prüfung der Berichte hingegen dient nicht der Einhaltung steuerlicher Vorschrif- **28** ten, sondern vielmehr der korrekten Information der Fondsanleger.[54] Geprüft werden nach dem Wortlaut des § 11 Abs. 3 der Jahresbericht (§ 101 und § 135 KAGB) sowie der Jahresabschluss und der Lagebericht (§ 120 KAGB). Nicht vom Wortlaut erfasst werden der Halbjahresbericht (§ 103 KAGB), der Zwischenbericht (§ 104 KAGB) sowie der Auflösungs- und Abwicklungsbericht (§ 105 KAGB).

Mit Beginn der Außenprüfung wird die Ablaufhemmung der Festsetzungsverjährung **29** bezüglich der in der Prüfungsanordnung genannten Steuern des Investmentfonds ausgelöst (§ 171 Abs. 4 AO i.V.m. §§ 196, 198 AO).[55] Für die Ertragsteuerbescheide der Fondsan-

---

[48] Gesetzentwurf der Bundesregierung zum Investmentmodernisierungsgesetz vom 19.9.2003, BTDrucks. 15/1553, 128.
[49] Berger/Steck/Lübbehüsen/*Englisch* § 11 Rn. 94; auch Littmann/Bitz/Pust/*Ramackers* § 11 InvStG Rn. 22; **a.A.** Bordewin/Brandt/*Geurts* § 11 InvStG Rn. 11.
[50] BMF-Schreiben vom 18.8.2009, BStBl. I 2009, 931, Rn. 225.
[51] BMF-Schreiben vom 18.8.2009, BStBl. I 2009, 931, Rn. 225; so auch Haase/*Reiche/Frotscher* § 11 Rn. 133.
[52] Haase/*Reiche/Frotscher* § 11 Rn. 135.
[53] Berger/Steck/Lübbehüsen/*Englisch* § 11 Rn. 97; auch Littmann/Bitz/Pust/*Ramackers* § 11 InvStG Rn. 25; **a.A.** Beckmann/Scholtz/Vollmer/*Petzschke* § 11 InvStG Rn. 15.
[54] Berger/Steck/Lübbehüsen/*Englisch* § 11 Rn. 99.
[55] Berger/Steck/Lübbehüsen/*Englisch* § 11 Rn. 98.

leger wird durch eine Prüfung der Besteuerungsgrundlagen nach § 5 hingegen keine Ablaufhemmung ausgelöst.[56]

§ 12
Ausschüttungsbeschluss

Die inländische Investmentgesellschaft hat über die Verwendung der zur Ausschüttung zur Verfügung stehenden Beträge zu beschließen und den Beschluss schriftlich zu dokumentieren. Der Beschluss hat Angaben zur Zusammensetzung der Ausschüttung zu enthalten. Er hat außerdem Angaben zu den noch nicht ausgeschütteten Beträgen, die nicht unter § 23 Absatz 1 fallen, zu enthalten.

Schrifttum

Brik Steuerrecht 15. Aufl. 2012; *Ebner/Helios* Kritische Kommentierung ausgewählter Aspekte des aktualisierten BMF-Schreibens zum InvStG vom 18.8.2009 (BStBl. I 2009, 931) unter Berücksichtigung des Regierungsentwurfs für ein JStG 2010, BB **2010** 1565; *Hammer* Spezialfonds im Steuerrecht aus Investorensicht 2007; *Hammer/Thees* Realisierungszeitpunkt von Investmentfondserträgen in der Bilanz, DStZ **2006** 337; *dies.* Realisierungszeitpunkt von Investmentfondserträgen in der Bilanz – Teil II, DStZ **2006** 520; *Höring* Die Neukonzeption der Investmentbesteuerung, DStZ **2012** 367; *Jacob/Geese/Ebner* Handbuch für die Besteuerung von Fondsvermögen, 3. Aufl. 2007; *Kammeter* Neukonzeption der Investmentbesteuerung, NWB **2012** 1970; *Maier/Wengenroth* Das Investmentsteuergesetz – Eine systematische Einführung, ErbStB 2004, 56; *dies.* Das Einführungsschreiben zum Investmentsteuergesetz (Teil 1) – Ein erster Überblick von A–Z, ErbStB **2005** 227 und 254; *dies.* Einführungsschreiben zum InvStG – Neue Verwaltungsauffassung zur Auslegung des Investmentsteuergesetzes, ErbStB **2009** 350; *Patzner/Wiese* Neuordnung der Investmentbesteuerung bei der Umsetzung der AIFM-Richtlinie durch das AIFM-Steueranpassungsgesetz, IStR **2013** 73; *Petersen* Ausschüttungsgleiche Erträge nach Investmentsteuergesetz, FR **2006** 1065; *Raupach* (Hrsg.), Einkommensteuergesetz und Körperschaftsteuergesetz, Jahresband 2004; *Tipke/Lang* Steuerrecht 20. Aufl. 2010.

Finanzverwaltung: BMF-Scheiben vom 2. Juni 2005 Investmentsteuergesetz (InvStG), Zweifels- und Auslegungsfragen; LfSt Bayern 20.2.2008 S 1980 – 2 St Verfügung betr. Änderung von Ausschüttungsbeschlüssen; BMF-Scheiben vom 18. August 2009 Investmentsteuergesetz (InvStG), Zweifels- und Auslegungsfragen; Aktualisierung des BMF-Schreibens vom 2. Juni 2005; Entwurf Bericht der Arbeitsgruppe „Neukonzeption der Investmentbesteuerung" Stand: 24. Februar 2012.

Gesetzesmaterialien

BTDrucks. 15/1553 Regierungsentwurf – Entwurf eines Gesetzes zur Modernisierung des Investmentwesens und zur Besteuerung von Investmentvermögen (Investmentmodernisierungsgesetz); BTDrucks. 15/3677 Entwurf eines Gesetzes zur Umsetzung von EU-Richtlinien in nationales Steuerrecht und zur Änderung weiterer Vorschriften (Richtlinien-Umsetzungsgesetz – EURLUmsG); BTDrucks. 17/10000 Gesetzentwurf der Bundesregierung, Entwurf eines Jahressteuergesetzes 2013; BTDrucks. 17/10604 Stellungnahme des Bundesrates und Gegenäußerung der Bundesregierung zum Entwurf eines Jahressteuergesetzes 2013; BTDrucks. 17/11190 Beschlussempfehlung des Finanzausschusses zu dem Gesetzentwurf der Bundesregierung – Drucksachen 17/10000, 17/10604 –; BRDrucks. 302/12 (B) Stellungnahme des Bundesrates zum Entwurf eines Jahressteuergesetzes 2013; BTDrucks. 17/12603 Gesetzentwurf der Bundesregierung, Entwurf eines Gesetzes zur Anpassung des Investmentsteuergesetzes und anderer Gesetze an das AIFM-Umset-

---

56 Berger/Steck/Lübbehüsen/*Englisch* § 11 Rn. 98; **a.A.** Korn/Carlé/Stahl/Strahl/*Carlé/Hamacher* § 11 InvStG Rn. 25; Littmann/Bitz/Pust/*Ramackers* § 11 InvStG Rn. 24.

zungsgesetz (AIFM-Steuer-Anpassungsgesetz – AIFM-StAnpG); BTDrucks. 17/13036 Stellungnahme des Bundesrates und Gegenäußerung der Bundesregierung zum Entwurf eines Gesetzes zur Anpassung des Investmentsteuergesetzes und anderer Gesetze an das AIFM-Umsetzungsgesetz (AIFM-Steuer-Anpassungsgesetz – AIFM-StAnpG); BTDrucks. 17/13522 Beschlussempfehlung des Finanzausschusses (7. Ausschuss) zu dem Gesetzentwurf der Bundesregierung – Drucksachen 17/12603, 17/13036 – Entwurf eines Gesetzes zur Anpassung des Investmentsteuergesetzes und anderer Gesetze an das AIFM-Umsetzungsgesetz (AIFM-Steuer-Anpassungsgesetz – AIFM-StAnpG); BRDrucks. 95/1/13 Empfehlung Finanzausschuss Entwurf eines Gesetzes zur Anpassung des Investmentsteuergesetzes und anderer Gesetze an das AIFM-Umsetzungsgesetz (AIFM-Steuer-Anpassungsgesetz – AIFM-StAnpG); BRDrucks. 376/13 Gesetzesbeschluss des Deutschen Bundestages Gesetz zur Anpassung des Investmentsteuergesetzes und anderer Gesetze an das AIFM-Umsetzungsgesetz (AIFM-Steuer-Anpassungsgesetz – AIFM-StAnpG); BRDrucks. 740/13 Entwurf eines Gesetzes zur Anpassung des Investmentsteuergesetzes und anderer Gesetze an das AIFM-Umsetzungsgesetz (AIFM-Steuer-Anpassungsgesetz – AIFM-StAnpG); BTDrucks. 18/68 Gesetzentwurf des Bundesrates: Entwurf eines Gesetzes zur Anpassung des Investmentsteuergesetzes und anderer Gesetze an das AIFM-Umsetzungsgesetz (AIFM-Steuer-Anpassungsgesetz – AIFM-StAnpG).

Systematische Übersicht

A. Allgemeines —— 1
   I. Entstehungsgeschichte der Norm —— 4
   II. Vorgängernorm —— 7
   III. Inhalt und Zweck der Regelung —— 8
   IV. Anwendungsbereich
      1. Persönlicher Anwendungsbereich —— 9
      2. Sachlicher Anwendungsbereich —— 10
      3. Zeitlicher Anwendungsbereich —— 14
   V. Verhältnis zum Investmentrecht (KAGB) —— 15
B. Tatbestand
   I. Ausschüttungsbeschluss (Satz 1) —— 16
      1. Ausschüttungen und Beträge —— 17
      2. Form —— 21
      3. Inhalt
         a) Pflichtangaben —— 24
         b) Zusatzangaben —— 27
      4. Zeitpunkt —— 28
      5. Wirkungen —— 32
      6. Unterlassen, Nichterstellung —— 37
      7. Fehler —— 40
      8. Spätere Änderungen und Korrekturen —— 42
   II. Zusammensetzung der Ausschüttung (Satz 2)
      1. Ausschüttungsbestandteile —— 44
      2. Ausschüttungsreihenfolge? —— 45
         a) Rechtslage nach AIFM-StAnpG —— 48
         b) Rechtslage vor AIFM-StAnpG —— 50
   III. Ergänzende Angaben (Satz 3) —— 59
C. Steuerliche Folgen auf Anlegerebene —— 62
D. Muster —— 64

A. Allgemeines

Die **Ausschüttung** aus einem Investmentfonds **hat stets** eine **steuerrechtliche und** 1
eine **aufsichtsrechtliche Komponente**. Die Frage des „ob" überhaupt aus einem Fonds ausgeschüttet werden kann – d.h. Ausschüttungsvolumen vorhanden ist – richtet sich rein nach dem Aufsichtsrecht (KAGB bzw. zuvor InvG). Die Frage des „was" ausgeschüttet wird, einschließlich der hieraus folgenden steuerlichen Konsequenzen, bestimmt sich nach den Vorschriften des Steuerrechts (InvStG).[1] Mitunter wird der Norm aufgrund ihres spezifischen Regelungsinhalts in der Literatur aber auch ein gewisser gesellschaftsrechtlicher Charakter zugesprochen.[2]

---

1 Berger/Steck/Lübbehüsen/*Bäuml* § 12 Rn. 7 f.; *Hammer* S. 65.
2 Bordewin/Brandt/*Geurts* § 12 Rn. 1.

2   Durch § 12 wird **nur** für **inländische Investmentgesellschaften** die rechtliche Verpflichtung begründet, über die Verwendung der zur Ausschüttung zur Verfügung stehenden Beträge zu beschließen. Im Ausschüttungsbeschluss wird festgelegt, aus welchen Einkünften des Investmentfonds sich eine Ausschüttung finanziert.[3] Für den Beschluss gelten bestimmte Anforderungen betreffend die Form und den Inhalt. Der Beschluss ist schriftlich zu dokumentieren (Satz 1 a.E.) und muss Angaben zur Zusammensetzung der Ausschüttung (Satz 2) sowie Angaben zu den noch nicht ausgeschütteten Beträgen, die nicht unter § 23 Abs. 1 (früher § 19 Abs. 1) fallen, enthalten (Satz 3).

3   **Steuerliche Ausschüttungsbeschlüsse sind keine Verwaltungsakte** i.S.d. § 118 AO. Sie stellen frei korrigierbare Willenserklärungen der den Beschluss fassenden Investmentgesellschaft (KVG; Inv-AG) ohne Bindungswirkung gegenüber Dritten dar. Sie können später aber im Regelfall dazu beitragen, in Zweifelsfällen – zum Beispiel bei Betriebsprüfungen und Nachfragen des Innendienstes des Finanzamts – den Willen der Investmentgesellschaft zu erforschen und festzustellen.[4] Aufgrund der fehlenden Bindungswirkung für die Besteuerungsgrundlagen i.S.d. § 5 Abs. 1 und die Feststellungserklärungen des Investmentfonds (§ 13) hat die Norm des § 12 grds. **nur deklaratorischen Charakter**.[5]

I. Entstehungsgeschichte der Norm

4   § 12 wurde durch Artikel 2 des **Investmentmodernisierungsgesetz**es (InvModG) vom 15.12.2003[6] mit Wirkung ab dem 1.1.2004 neu in das steuerliche Normengefüge für offene Investmentfonds aufgenommen. Durch das InvModG wurden die bis zu diesem Zeitpunkt für inländische Investmentfonds geltenden Regelungen des Auslandinvestment-Gesetzes (AuslInvestmG) und des Gesetzes über Kapitalanlagegesellschaften (KAGG) aufsichtsrechtlich durch das Investmentgesetz (InvG) und steuerlich durch das Investmentsteuergesetz (InvStG) ersetzt.

Ursprünglich hatte § 12 InvStG folgenden Wortlaut:

„*§ 12 Ausschüttungsbeschluss*
Die inländische Investmentgesellschaft hat über die Verwendung der zur Ausschüttung zur Verfügung stehenden Beträge zu beschließen und den Beschluss schriftlich zu dokumentieren. Der Beschluss hat Angaben zur Zusammensetzung der Ausschüttung zu enthalten. Er hat außerdem Angaben zu den noch nicht ausgeschütteten Beträgen, die nicht unter § 19 Abs. 2 fallen, zu enthalten."[7]

5   Durch Art. 12 des Gesetzes zur Umsetzung von EU-Richtlinien in nationales Steuerrecht und zur Änderung weiterer Vorschriften (Richtlinien-Umsetzungsgesetz – **EURLUmsG**) vom 9.12.2004[8] wurde mit Wirkung ab dem 16.12.2004 in Satz 3 der Verweis auf § 19 Abs. 1 (zuvor § 19 Abs. 2) richtig gestellt und ein Redaktionsversehen bei Einführung der Norm bereinigt.[9] Durch Artikel 1 des **AIFM-StAnpG** vom 18.12.2013[10] wurde zuletzt

---

3   Maier/Wengenroth ErbStB **2005** 227.
4   Berger/Steck/Lübbehüsen/*Bäuml* § 12 Rn. 14; Blümich/*Hammer* § 12 Rn. 9; Haase/*Führlein* § 12 Rn. 7.
5   Blümich/*Hammer* § 12 Rn. 1.
6   BGBl. 2003 I S. 2676, 2724.
7   BGBl. 2003 I S. 2676, 2724, 2729.
8   BGBl. 2004 I S. 3310, 3326.
9   BTDrucks. 15/3677 S. 49.
10 BGBl. 2013 I S. 4318, 4324.

der Verweis in Satz 3 redaktionell wiederholt angepasst.[11] Denn die bisherige Regelung des § 19 Abs. 1 findet sich im Gesetz nunmehr in § 23 Abs. 1 wieder.

Im Gesetzgebungsverfahren zum JStG 2013 war ursprünglich seitens des Gesetzgebers geplant, die neuen Regelungen zur Ausschüttungs- bzw. Verwendungsreihenfolge in einem gesonderten Absatz 2 zu § 12 zu normieren. Der bisherige § 12 sollte dabei ersatzlos entfallen und in einem neuen § 9a im Anschluss an die Regelungen zum Ertragsausgleich in § 9 aufgehen.[12] Letztendlich wurden die Regelungen zur Ausschüttungsreihenfolge vom Gesetzgeber dann aber im AIFM-StAnpG gesondert systematisch im Anschluss an die Ertragsermittlungsregelungen des § 3 in einem eigenständigen § 3a geregelt. § 12 wurde unverändert beibehalten und lediglich redaktionell angepasst. 6

II. Vorgängernorm

Im KAGG und AuslInvestmG fand sich **keine** dem § 12 entsprechende Vorschrift.[13] Die Norm wurde im Zuge des InvModG[14] im Jahre 2003 (grds. mit Wirkung ab dem Jahre 2004) neu in das steuerliche Normengefüge für Investmentfonds aufgenommen. 7

III. Inhalt und Zweck der Regelung

Grds. will der Gesetzgeber eine **jährliche Dokumentation der Mittelverwendung** eines Investmentfonds gewährleistet wissen und diese später nachvollziehen können.[15] Inländische Investmentgesellschaften haben deshalb über die Verwendung der zur Ausschüttung zu Verfügung stehenden Beträge Beschluss zu fassen und diese Vortragsrechnung zu dokumentieren.[16] Der Sinn und Zweck der Regelung besteht somit folgerichtig darin, die Höhe und die steuerrechtliche Zusammensetzung der zur Ausschüttung verwendeten Beträge (einzelnen Ausschüttungsbestandteile) zu erkennen und nachvollziehen zu können.[17] Insoweit hat die Norm grds. drei Funktionen, nämlich eine **Dokumentationsfunktion** sowie eine **Transparenz- und Verständlichkeitsfunktion** im Hinblick auf die Verwendung der Erträge eines Investmentfonds.[18] 8

In der Gesetzesbegründung zum InvModG hat der Gesetzgeber zum Ausdruck gebracht, dass sich der Beschluss auf die zur Ausschüttung zur Verfügung stehenden Beträge und deren – steuerrechtliche – Zusammensetzung beziehen soll.[19] Im Wortlaut des Gesetzes hat diese gesetzgeberische Intention jedoch unmittelbar keinen Niederschlag gefunden, sodass in der **Literatur** die **Ansicht** vertreten wird, dass einem Ausschüttungsbeschluss für steuerliche Zwecke **keine** ausschlaggebende Bedeutung zukomme. Ansonsten käme es zu steuerlichen Folgeproblemen, weil steuerliche Qualifikationskonflikte der Anlegerebene auf die Ebene der Investmentgesellschaft verlagert würden und dort gelöst werden müssten.[20] Die **FinVerw.** vertritt in Übereinstimmung mit der Gesetzesbegründung dagegen die Auffassung, dass ein **Ausschüttungsbeschluss steuerli-**

---

11 BTDrucks. 18/68 S. 59; BRDrucks. 740/13 S. 60.
12 BTDrucks. 17/10604 S. 30 f.; BRDrucks. 302/12 (B) S. 89 ff.
13 Vgl. Herrmann/Heuer/Raupach/*Harenberg* InvStG J 03-01, Synopse.
14 BGBl. 2003 I S. 2676, 2724.
15 Berger/Steck/Lübbehüsen/*Bäuml* § 12 Rn. 38; *Hammer* S. 65.
16 *Maier*/*Wengenroth* ErbStB **2005** 227.
17 BTDrucks. 15/1553, S. 128; Berger/Steck/Lübbehüsen/*Bäuml* § 12 Rn. 13; Herrmann/Heuer/Raupach/*Harenberg* § 12 Anm. J 03-28.
18 Haase/*Führlein* § 12 Rn. 2.
19 BTDrucks. 15/1553 S. 128.
20 Berger/Steck/Lübbehüsen/*Bäuml* § 12 Rn. 39.

che Wirkungen** habe und hat dies auch in ihrem BMF-Schreiben zum InvStG klar zum Ausdruck gebracht: „*Die inländische Investmentgesellschaft hat hinsichtlich der Beträge, die steuerlich zur Ausschüttung zur Verfügung stehen, über deren Verwendung für die Ausschüttung oder Thesaurierung zu beschließen.*"[21]

IV. Anwendungsbereich

1. Persönlicher Anwendungsbereich. § 12 findet seinem Wortlaut nach ausschließlich auf **inländische Investmentgesellschaften** Anwendung. Diese allein sind Adressat der Norm. In den persönlichen Anwendungsbereich fallen die Sondervermögen (§ 92 KAGB, zuvor § 30 InvG), die Inv-AG mit veränderlichem Kapital (§ 108 KAGB, zuvor § 96 InvG) sowie die Inv-KG (§ 124 KAGB). Ausländische Investmentgesellschaften werden vom Anwendungsbereich der Norm nicht mit umfasst. Dies folgt auch aus der systematischen Stellung der Norm im II. Abschn. des Gesetzes, welcher die „*Regelungen nur für inländische Investmentfonds*" beinhaltet.[22] Im Gesetzgebungsverfahren zum JStG 2013 war seitens des Gesetzgebers kurzfristig angedacht gewesen, den Ausschüttungsbeschluss gemeinsam mit der Ausschüttungsreihenfolge (§ 3a) in einem neuen § 9a im I. Abschn. des Gesetzes zu regeln.[23] Dann hätten die Regelungen zum Ausschüttungsbeschluss auf inländische und ausländische Investmentfonds Anwendung gefunden. Letztendlich wurde § 12 aber unverändert im II. Abschn. des Gesetzes beibehalten, sodass der Anwendungsbereich weiterhin nur inländische Investmentfonds erfasst.[24]

Die Norm findet auf inländische Publikumsfonds Anwendung und ist auch für inländische Spezial-Investmentfonds i.S.d. § 15 Abs. 1 InvStG bindend.[25]

2. Sachlicher Anwendungsbereich. In **sachlicher** Hinsicht umfasst der **Anwendungsbereich** des § 12 **jede Ausschüttung** eines inländischen Investmentfonds. Dies gilt unabhängig davon, ob es sich um eine Endausschüttung oder eine unterjährige Zwischenausschüttung handelt. Mitunter ist aber auch im Falle einer Thesaurierung ein Ausschüttungsbeschluss zu fassen.[26]

Ausschüttungsfragen werden grds. in den Anlagebedingungen (zuvor Vertragsbedingungen) des Investmentvermögens geregelt. Diese sind maßgeblich dafür, ob ein Investmentvermögen seine Erträge ausschüttet oder der Wiederanlage zuführt. Dabei gelten für Publikums- und Spezialfonds (Spezial-AIF) grds. die gleichen Regelungen (§ 162 Abs. 2 Nr. 6; 273 KAGB[27]). Danach ist zu regeln, „*ob Erträge des Investmentvermögens auszuschütten oder wieder anzulegen sind, und ob auf Erträge entfallende Teile des Ausgabepreises für ausgegebene Anteile oder Aktien zur Ausschüttung herangezogen werden können (Ertragsausgleichsverfahren); ob die Ausschüttung von Veräußerungsgewinnen vorgesehen ist*".

---

21 BMF-Scheiben vom 18. August 2009 Investmentsteuergesetz (InvStG), Zweifels- und Auslegungsfragen; Aktualisierung des BMF-Schreibens vom 2. Juni 2005, Tz. 226 Satz 1.
22 Berger/Steck/Lübbehüsen/*Bäuml* § 12 Rn. 3; Beckmann/Scholtz/Vollmer/*Petzschke* § 12 Rn. 1.
23 BTDrucks. 17/10604 S. 30 f.; 302/12 (B) S. 89 ff.
24 Beckmann/Scholtz/Vollmer/*Petzschke/Hillebrand* § 12 Rn. 1.
25 Vgl. LfSt Bayern 20.2.2008 S 1980 – 2 St 31 Änderung von Ausschüttungsbeschlüssen – KSt-Kartei LfSt Bayern § 12 InvStG Karte 1.1; Beckmann/Scholtz/Vollmer/*Petzschke* § 12 Rn. 1.
26 Vgl. Blümich/*Hammer* § 12 Rn. 3; Beckmann/Scholtz/Vollmer/*Petzschke* § 12 Rn. 1; BMF-Scheiben vom 18. August 2009 Investmentsteuergesetz (InvStG), Zweifels- und Auslegungsfragen; Aktualisierung des BMF-Schreiben vom 2. Juni 2005, Tz. 226 Satz 6.
27 Früher, bis zum Inkrafttreten des KAGB am 22. Juli 2013: § 43 Abs. 4 Nr. 6; § 91 Abs. 2 InvG.

12 Konkret hängt die **Notwendigkeit** einer **Beschlussfassung** in der Praxis davon ab, ob die **Anlagebedingungen** (Vertragsbedingungen) eines Investmentvermögens verpflichtend nach Ablauf des Fondsgeschäftsjahres (sog. *„Muss-Ausschütter"*) oder wahlweise bzw. grds. eine Ausschüttung während eines Fondsgeschäftsjahres (sog. *„Kann-Ausschütter"*) oder zwingend eine Thesaurierung, ohne Ausschüttungsberechtigung (sog. *„Muss-Thesaurierer"*) vorsehen. Diese drei Ausprägungen haben sich in der Vertragspraxis am Markt etabliert.[28] Die *„Muss-Ausschütter"* und *„Kann-Ausschütter"* sind dazu verpflichtet, einen Ausschüttungsbeschluss zu fassen. Denn bei diesen beiden Typen sind Ausschüttungen grds. möglich. Abweichendes davon gilt dagegen für die *„Muss-Thesaurierer"*. Denn müssen alle Erträge eines Fonds thesauriert werden, so stehen sachlogisch keine Beträge für eine etwaige Ausschüttung zur Verfügung. Deshalb besteht für diesen Fondstypus grds. keine Verpflichtung zur Fassung eines Ausschüttungsbeschlusses nach § 12.[29]

13 In der **Praxis** wird **oft** eine vertragliche **Formulierung** (Klausel) verwendet, die vorsieht, dass die Gesellschaft **grds.** die während des Geschäftsjahres für Rechnung des Investmentvermögens angefallenen und nicht zur Kostendeckung verwendeten Zinsen, Dividenden und Erträge aus Investmentanteilen sowie Entgelte aus Darlehens- und Pensionsgeschäften ausschüttet. Veräußerungsgewinne und sonstige Erträge können ebenfalls zur **Ausschüttung** herangezogen werden. Diese Formulierung für sog. „Kann-Ausschütter" wird in der Praxis oft als vorteilhaft angesehen, weil hierdurch ein Gleichlauf zwischen Handels- und Steuerrecht gewährleistet wird und der Ergebnisausweis gesteuert werden kann.[30] Durch eine solche Klausel wird die Notwendigkeit, einen Ausschüttungsbeschluss nach § 12 zu fassen, begründet (siehe hierzu Rn. 12). Ergänzt wird die Ausschüttungsklausel zumeist um Bestimmungen, die einen Vortrag in spätere Geschäftsjahre erlauben und eine Wiederanlage im Investmentvermögen zur Substanzerhaltung ermöglichen. Mitunter werden auch Bestimmungen zum Ausschüttungszeitpunkt und zu Zwischenausschüttungen geregelt.

Beispiel für eine **Ausschüttungsklausel:**[31]

„*1. Die Gesellschaft schüttet grds. die während des Geschäftsjahres für Rechnung des Investmentvermögens angefallenen und nicht zur Kostendeckung verwendeten Zinsen, Dividenden und Erträge aus Investmentanteilen sowie Entgelte aus Wertpapierdarlehens- und Pensionsgeschäften aus. Realisierte Veräußerungsgewinne und sonstige Erträge können ebenfalls zur Ausschüttung herangezogen werden. Bei den Ausschüttungen ist der zugehörige Ertragsausgleich mit zu berücksichtigen.*
2. Ausschüttbare Erträge (im Sinne der Ziffer 1) können zur Ausschüttung in späteren Geschäftsjahren vorgetragen werden.
3 Im Interesse der Substanzerhaltung können Erträge teilweise oder auch vollständig zur Wiederanlage im Investmentvermögen bestimmt werden.
4. Zwischenausschüttungen aus dem Investmentvermögen sind zulässig."

Die Grundsätze zur **zeitlichen Erfassung von Erträgen** aus einem Investmentvermögen werden vom sachlichen Anwendungsbereich der Norm **nicht tangiert**. Es gelten insoweit die allgemeinen ertragsteuerlichen Grundsätze unter Berücksichtigung der von

---
28 *Hammer/Thees* DStZ **2006** 337.
29 Blümich/*Hammer* § 12 Rn. 4.
30 *Hammer/Thees* DStZ **2006** 520, 521.
31 Ähnlich u.a. BVI-Musterbausteine.

der FinVerw. aufgestellten Sonderregelungen für Teilausschüttungen und Zwischenausschüttungen[32] (siehe hierzu Rn. 35, 63).

Im Falle einer in den Anlagebedingungen (Vertragsbedingungen) vorgesehenen Thesaurierung muss die Klausel eine entsprechende Zweckbestimmung zur Verwendung der Erträge vorsehen.

Beispiel für eine **Thesaurierungsklausel**:[33]

„Die Gesellschaft legt die während des Geschäftsjahres für Rechnung des Investmentvermögens angefallenen und nicht zur Kostendeckung verwendeten Zinsen, Dividenden und sonstigen Erträge sowie die realisierten Veräußerungsgewinne im Investmentvermögen wieder an. Bei der Wiederanlage (Thesaurierung) ist der zugehörige Ertragsausgleich mit zu berücksichtigen."

14 **3. Zeitlicher Anwendungsbereich.** Grds. finden die Vorschriften zum Ausschüttungsbeschluss in § 12 Anwendung auf alle Geschäftsjahre, die nach dem 31.12.2003 begonnen haben (§ 18 Abs. 1 i.d.F. InvModG[34]). Bei Endausschüttungen ist § 12 frühestens anzuwenden, wenn die Erträge für ein Geschäftsjahr des Investmentvermögens ausgeschüttet werden, für welches das InvStG erstmals anzuwenden war.[35] Bei Zwischenausschüttungen ist ein Ausschüttungsbeschluss für Ausschüttungen zu erstellen, die in einem Geschäftsjahr des Investmentfonds erfolgen, in dem das InvStG anzuwenden ist.[36] Ausschüttungen für vorherige Geschäftsjahre außerhalb des zeitlichen Anwendungsbereichs des InvStG konnten aber auch bereits nach den Regelungen des § 12 erfolgen.[37]

V. Verhältnis zum Investmentrecht (KAGB)

15 Bei der Fassung eines Ausschüttungsbeschlusses stehen **Steuerrecht und Aufsichtsrecht** grds. **unabhängig** nebeneinander. Der Ausschüttungsbeschluss nach § 12 ist ein selbständiger Beschluss, der für die Zwecke der Besteuerung die zur Ausschüttung aus dem Investmentfonds verwendeten Beträge festlegt. Er regelt die Frage „was" ausgeschüttet wird. Hieraus ergeben sich dann auch die konkreten steuerlichen Konsequenzen auf Ebene der Anleger.[38] Die Frage „ob" überhaupt aus einem Investmentfonds ausgeschüttet werden kann, d.h. ein entsprechendes Ausschüttungsvolumen vorhanden ist, richtet sich dagegen allein nach dem Aufsichtsrecht (KAGB, zuvor InvG) und ist autonom ohne die Anwendung steuerrechtlicher Normen bzw. des InvStG zu prüfen.[39]

Das **Aufsichtsrecht** (KAGB zuvor InvG) sieht **keine Verpflichtung** vor, einen investmentrechtlichen Ausschüttungsbeschluss zu erstellen.[40] Liegt im Einzelfall ein nur

---

32 BMF-Scheiben vom 18. August 2009 Investmentsteuergesetz (InvStG), Zweifels- und Auslegungsfragen; Aktualisierung des BMF-Schreibens vom 2. Juni 2005, Tz. 226 Satz 8.
33 Ähnlich u.a. BVI-Musterbausteine.
34 BGBl. 2003 I S. 2676, 2724, 2730.
35 BMF-Scheiben vom 18. August 2009 Investmentsteuergesetz (InvStG), Zweifels- und Auslegungsfragen; Aktualisierung des BMF-Schreibens vom 2. Juni 2005, Tz. 228 Satz 1.
36 BMF-Scheiben vom 18. August 2009 Investmentsteuergesetz (InvStG), Zweifels- und Auslegungsfragen; Aktualisierung des BMF-Schreibens vom 2. Juni 2005, Tz. 228 Satz 2.
37 BMF-Scheiben vom 18. August 2009 Investmentsteuergesetz (InvStG), Zweifels- und Auslegungsfragen; Aktualisierung des BMF-Schreibens vom 2. Juni 2005, Tz. 228 Satz 3.
38 *Hammer* S. 65; Berger/Steck/Lübbehüsen/*Bäuml* § 12 Rn. 7 f.
39 *Hammer* S. 65; Berger/Steck/Lübbehüsen/*Bäuml* § 12 Rn. 7 f.
40 Beckmann/Scholtz/Vollmer/*Petzschke/Hillebrand* § 12 Rn. 3.

investmentrechtlicher Ausschüttungsbeschluss vor, so ist dieser nicht ausreichend.[41] Eine Zusammenfassung des investmentsteuerlichen Beschlusses über die zur Ausschüttung verwendeten Beträge und der investmentrechtlichen Beschlussfassung über eine Ausschüttung in einem einzigen Beschluss ist **aber** möglich. Ein **„integrierter Gesamtbeschluss"** ist in der Praxis deshalb **zulässig**.[42] Aufgrund der bestehenden Abhängigkeiten zwischen den Rechnungslegungsvorschriften und Bekanntmachungspflichten in den Jahresberichten ist es in der Praxis stets sinnvoll, steuerrechtliche Ausschüttungsbeschlüsse möglichst nahe an die investmentrechtliche Rechnungslegung anzulehnen.[43]

B. Tatbestand

I. Ausschüttungsbeschluss (Satz 1)

Der Ausschüttungsbeschluss setzt als Tatbestandsmerkmal zwingend voraus, dass 16 Beträge zur Verfügung stehen, welche für Zwecke einer Ausschüttung verwendet werden können. Demnach kann also nur über eine Verwendung beschlossen werden, wenn überhaupt ausschüttungsfähige Beträge vorhanden sind.

Weiteres Tatbestandsmerkmal ist, dass überhaupt eine Ausschüttung erfolgen soll. Deren Legalisierung kann nur über einen Ausschüttungsbeschluss geschehen. Demnach ist ein Ausschüttungsbeschluss für jedwede Ausschüttung aus Investmentvermögen zu fassen, einschließlich der unterjährigen Ausschüttungen. In dem zufassenden Beschluss manifestiert sich verbindlich die Verwendung der zur Ausschüttung zur Verfügung stehenden Beträge.

Als rein investmentsteuerlich determinierte Vorschrift steht der Ausschüttungsbeschluss nach § 12 unabhängig und selbständig neben etwaig notwendigen investmentrechtlichen Beschlusserfordernissen, die ihre rechtliche Grundlage in den Anlagebedingungen (Vertragsbedingungen) des Investmentvermögens haben.

Da über die zur Ausschüttung zur Verfügung stehenden Beträge zu beschließen ist, kann diese Verpflichtung nur die „Muss-Ausschütter" und die „Kann-Ausschütter" betreffen (siehe hierzu Rn. 12). Die „Muss-Thesaurierer" sind nicht vom Ausschüttungsbeschlusserfordernis berührt, da ihnen keine Beträge zur Ausschüttung zur Verfügung stehen.[44] Die „Kann-Ausschütter" dagegen müssen auch über diejenigen Beträge beschließen, die thesauriert werden sollen, weil auch diese grds. zur Ausschüttung zur Verfügung stehen. Der Beschluss über die absichtliche (Teil-)Thesaurierung bestimmter Beträge kann insbesondere für Veräußerungsgewinne in Betracht kommen.

1. Ausschüttung und Beträge. Für die Auslegung der Begriffe „Ausschüttung" und 17 „Beträge" für Zwecke des Ausschüttungsbeschlusses nach § 12 sind die Definitionen des § 1 zugrunde zu legen. Der Begriff der Ausschüttung ist in § 1 Abs. 3 Satz 1 legal definiert. Demnach ist unter einer Ausschüttung der Betrag zu verstehen, der dem Anleger tatsächlich gezahlt oder gutgeschrieben wurde einschließlich der einbehaltenen Kapitalertragsteuer. Weiterhin gehören dazu der Solidaritätszuschlag sowie die gezahlte ausländische

---

41 Blümich/*Hammer* § 12 Rn. 6.
42 Haase/*Führlein* § 12 Rn. 6; Blümich/*Hammer* § 12 Rn. 6.
43 Beckmann/Scholtz/Vollmer/*Petzschke/Hillebrand* § 12 Rn. 3.
44 Blümich/*Hammer* § 12 Rn. 4.

18 Da die **Ausschüttung** den Beschluss voraussetzt, muss für Zwecke des § 12 darunter verstanden werden, dass es sich um den Betrag handelt, der dem Anleger tatsächlich gezahlt oder gutgeschrieben werden soll.

19 Die zur Ausschüttung zur Verfügung stehenden **Beträge** speisen sich in Abhängigkeit vom Typ des Investmentfonds aus den Kapitalerträgen i.S.d. § 20 Abs. 1 und 2 EStG, Miet- und Pachterträgen, Gewinnen aus privaten Veräußerungsgeschäften unabhängig von der Haltedauer sowie sonstigen Erträgen.[46] Die einzelnen Erträge können positiv oder negativ sein, wobei aber nur positive Erträge ausgeschüttet werden können. Ausschüttungsgleiche Erträge gem. § 1 Abs. 3 Satz 3 Nr. 1 und 2 gehören nicht zu den Ausschüttungen, stehen aber grds. auch zur Ausschüttung zur Verfügung, sodass über die Verwendung dieser Beträge auch ein Beschluss gefasst werden kann. Daneben zur Ausschüttung zur Verfügung stehende Beträge ergeben sich ggf. aus der Substanz des Investmentvermögens selbst, wenn eine Substanzausschüttung beabsichtigt sein sollte.

20 Der **Zwischengewinn** i.S.v. § 1 Abs. 4 gehört nicht zu den Beträgen, die zur Ausschüttung zur Verfügung stehen, da es sich bei diesem um Einnahmen handelt, die dem Anleger bis zum Zeitpunkt des Ausschüttungsbeschlusses weder zugeflossen sind noch als zugeflossen gelten. Von der Aufzählung in § 1 Abs. 3 sind sie daher nicht mit umfasst.

21 **2. Form.** Der Beschluss selbst bedarf **keiner besonderen Form**, lediglich die Dokumentation hat schriftlich zu erfolgen. Erhöhte Anforderungen, wie z.B. das Erfordernis einer notariellen Beurkundung, sind dem Gesetzeswortlaut nicht zu entnehmen. Der Beschluss kann also auch handschriftlich erfolgen. In der Praxis üblich ist in Übereinstimmung mit der h.M. in der Literatur, dass jedoch bereits die Beschlussfassung auf schriftlichem Wege erfolgt und nicht nur die Dokumentation derselben.[47]

22 Die FinVerw. hatte in der Vergangenheit im Rahmen der Erstfassung des BMF-Schreibens zum InvStG vom 2.6.2005[48] im Anhang 5 ein unverbindliches Muster für einen Ausschüttungsbeschluss veröffentlicht. Die aktuelle Fassung des BMF-Schreibens vom 18.8.2009 ist in Anhang 5 dagegen vorläufig unbesetzt.[49] Es wird gemeinhin empfohlen, dieses Muster aus dem Jahr 2005 weiterhin zu verwenden und den Ausschüttungsbeschlüssen zugrunde zu legen (siehe zum Inhalt Rn. 65). Auf diese Weise kann vermieden werden, Angaben absichtlich oder unabsichtlich zu unterlassen, welche die FinVerw. offenbar als notwendig erachtet, und welche anderenfalls zu Rückfragen zur Feststellungserklärung oder Anordnung einer Außenprüfung führen können.[50] Bei allem *nur*-deklaratorischen Charakter der Beschlussfassung[51] sieht dieses Muster vor, dass der Beschluss von einem gesetzlichen Vertreter der KVG[52] rechtsgültig zu unterzeichnen ist.

---

45 BMF-Scheiben vom 18. August 2009 Investmentsteuergesetz (InvStG), Zweifels- und Auslegungsfragen; Aktualisierung des BMF-Schreibens vom 2. Juni 2005, Tz. 12.
46 BMF-Scheiben vom 18. August 2009 Investmentsteuergesetz (InvStG), Zweifels- und Auslegungsfragen; Aktualisierung des BMF-Schreibens vom 2. Juni 2005, Tz. 14.
47 Siehe Blümich/*Hammer* § 12 Rn. 6; Patzner/*Kempf* Deutsches Bundesrecht § 12 Rn. 9; Patzner/Döser/Kempf/*Patzner/Kempf* § 12 Rn. 1; Maier/Wengenroth ErbStB **2004** 56, 60.
48 BMF-Schreiben vom 2. Juni 2005, BStBl. I 2005, 728.
49 BMF-Scheiben vom 18. August 2009 Investmentsteuergesetz (InvStG), Zweifels- und Auslegungsfragen; Aktualisierung des BMF-Schreibens vom 2. Juni 2005, Anhang 5 zu Tz. 227.
50 Berger/Steck/Lübbehüsen/*Bäuml* § 12 Rn. 19.
51 Berger/Steck/Lübbehüsen/*Bäuml* § 12 Rn. 25.
52 Vgl. Blümich/*Hammer* § 12 Rn. 6.

Die Angaben im Ausschüttungsbeschluss sind zusammen mit dem Jahresbericht und in deutscher Sprache im Bundesanzeiger zu veröffentlichen. Idealerweise wird dann der Beschluss selbst veröffentlicht. Fakultativ können die Angaben auch noch auf der Internetseite der KVG und durch jedwede Art von Rundschreiben der Öffentlichkeit bekannt gemacht werden. Die öffentlich bekanntgemachten Angaben sind mit einer Bescheinigung nach § 5 Abs. 1 Satz 1 Nr. 3 zu versehen, der in der Praxis sog. „§ 5-Bescheinigung". 23

3. Inhalt

a) Pflichtangaben. Bei den Beträgen, über die verpflichtend Beschluss zu fassen ist, kann es sich nur um die Beträge gem. § 5 Abs. 1 Satz 1 Nr. 1 und 2 handeln, soweit diese überhaupt ausschüttbar sind. Außerdem ist zwingend die **Zusammensetzung der Ausschüttung** anzugeben. Aus der Zusammensetzung ergibt sich, ob und inwieweit der Ausschüttungsbetrag konkret aus Zinsen, Dividenden, Mieterträgen und sonstigen Erträgen sowie verschiedenartigen Veräußerungsgewinnen gespeist wird. Die zwingende Angabe der Zusammensetzung hat ihre Ursache darin, dass die Ausschüttung nicht quotal aus allen Ertragsquellen gleichermaßen bedient werden muss.[53] Mit Blick auf die weitgehende Nichtsteuerbarkeit von Veräußerungsgewinnen bei einer Thesaurierung (sog. Fondsprivileg) kann insoweit die Ausschüttung auf die laufenden Erträge aus Zinsen, Dividenden und Mieten begrenzt werden. 24

Eine vergleichbare Angabe der Zusammensetzung der Thesaurierung ist für „Kann-Ausschütter" nicht vorgesehen, da dem Gesetzeswortlaut eine solche nicht zu entnehmen ist. Dieser erwähnt nur die Zusammensetzung der Ausschüttung. 25

Abschließend sind gem. Satz 3 alle thesaurierten Beträge, nicht jedoch deren Zusammensetzung, anzugeben, die nicht unter § 23 Abs. 1 (§ 19 Abs. 1 a.F.) fallen. Es handelt sich dabei um bisher nicht ausgeschüttete Gewinne aus der Veräußerung von Anteilen an Kapitalgesellschaften, die noch zur Zeit der Geltung des Anrechnungsverfahrens realisiert wurden und demnach im Falle der Ausschüttung beim betrieblichen Anleger nicht steuerfrei wären (siehe hierzu Rn. 59 ff.).[54] Die Pflichtangabe zu den Altveräußerungsgewinnen ist fiskalpolitisch motiviert, wird doch bereits in der fehlenden Angabe ein Anlass zur Überprüfung der Feststellungserklärung oder Anordnung einer Außenprüfung gesehen.[55] 26

b) Zusatzangaben. Freiwillige und zusätzliche **Angaben** im Ausschüttungsbeschluss sind **nicht untersagt** und vielfach sogar empfehlenswert. So kann dem Ausschüttungsbeschluss über seine reine Dokumentationsfunktion hinaus noch eine gewisse Informationsfunktion für die Anleger beigemessen werden. 27

Dabei sind die nachfolgenden Punkte besonders beachtenswert:
– Darstellung des investmentrechtlichen Ausschüttungsvolumens und der Vortragstöpfe nach ihrer materiellen Herkunft und dem Herkunftsjahr,[56]

---

[53] Vgl. Berger/Steck/Lübbehüsen/*Bäuml* § 12 Rn. 36; Littmann/Bitz/Pust/*Ramackers* § 12 Rn. 6.
[54] BTDrucks. 15/1553 S. 128, 131.
[55] BMF-Scheiben vom 18. August 2009 Investmentsteuergesetz (InvStG), Zweifels- und Auslegungsfragen; Aktualisierung des BMF-Schreibens vom 2. Juni 2005, Tz. 226; Beckmann/Scholtz/Vollmer/*Petzschke/Hillebrand* § 12 Rn. 4; Haase/*Führlein* § 12 Rn. 16.
[56] Berger/Steck/Lübbehüsen/*Bäuml* § 12 Rn. 27; *Hammer* S. 66.

- Darstellung des investmentsteuerlichen Ausschüttungsvolumens und der Vortragstöpfe nach ihrer materiellen Herkunft und dem Herkunftsjahr,[57]
- Darstellung der in der Vergangenheit der Thesaurierungsfiktion unterworfenen Beträge nach deren Herkunftsjahr[58] sowie
- Darstellung der steuerlichen Bemessungsgrundlagen.[59]

Durch die freiwilligen Zusatzangaben wird der Ausschüttungsbeschluss zu einem wertvollen Bindeglied zwischen den einzelnen Geschäftsjahren des Investmentvermögens. Gerade für die Anleger eines Spezialinvestmentvermögens hat der Ausschüttungsbeschluss so einen besonderen Stellenwert, erlangt dieser doch hierdurch Einsicht in das maximale Ausschüttungsvolumen, die Zusammensetzung der Ausschüttung, die verbleibenden Verlustvorträge und schließlich in die im Investmentfonds verbleibende, zukünftig ausschüttbare Masse. Schließlich erleichtert er auch eine Verprobung des Aktiengewinns.[60]

28 **4. Zeitpunkt.** Der **Ausschüttungsbeschluss** ist **bei jeder End- sowie Zwischenausschüttung** zu fassen.

29 Im Fall der **Endausschüttung** besteht das Erfordernis zur Fassung eines Ausschüttungsbeschlusses frühestens dann, wenn in der Ausschüttung Erträge enthalten sind, die dem Geschäftsjahr des Investmentfonds zuzurechnen sind, auf welches erstmals das InvStG anzuwenden ist. Für eine Zwischenausschüttung ist der Beschluss dann zu fassen, wenn die Ausschüttung in einem Geschäftsjahr erfolgt, welches erstmalig in den zeitlichen Anwendungsbereich des InvStG fällt. Für Ausschüttungen außerhalb des zeitlichen Anwendungsbereiches des InvStG konnten bereits auch entsprechende Beschlüsse gefasst werden, mussten jedoch nicht.[61]

30 Es ist streitig, ob eine Änderung bereits gefasster Ausschüttungsbeschlüsse mit echter Rückwirkung zulässig ist. Nach Auffassung des BMF[62] sowie lt. Äußerung vereinzelter Behörden der FinVerw.[63] ist die Änderung eines Beschlusses mit echter Rückwirkung nicht mehr möglich, wenn der betreffende Beschluss mit der Feststellungserklärung beim Finanzamt eingereicht wurde (§ 13 Abs. 2). Einige Stimmen in der Literatur teilen diese Auffassung.[64] Aus dem Gesetzestext ergibt sich dieser Ausschluss jedoch nicht. Solange ein derartiger Ausschluss nicht gesetzlich determiniert ist, können Ausschüttungsbeschlüsse deshalb richtigerweise nachträglich geändert werden.[65] Aus der intendierten Gesetzesbegründung zu § 9a im Rahmen des JStG 2013 (siehe hierzu auch Rn. 6 und § 3a Rn. 6) können keine hiervon abweichenden Schlüsse gezogen werden. Danach sollte eine rückwirkende Änderung von Ausschüttungsbeschlüssen durch Investmentgesellschaften zukünftig keine steuerliche Wirkung mehr entfalten.[66] Diese Intention des Ge-

---

[57] Berger/Steck/Lübbehüsen/*Bäuml* § 12 Rn. 27; *Hammer* S. 66.
[58] Berger/Steck/Lübbehüsen/*Bäuml* § 12 Rn. 27; *Hammer* S. 66.
[59] Haase/*Führlein* § 12 Rn. 8.
[60] Blümich/*Hammer* § 12 Rn. 15.
[61] BMF-Scheiben vom 18. August 2009 Investmentsteuergesetz (InvStG), Zweifels- und Auslegungsfragen; Aktualisierung des BMF-Schreibens vom 2. Juni 2005, Tz. 228.
[62] BMF-Scheiben vom 18. August 2009 Investmentsteuergesetz (InvStG), Zweifels- und Auslegungsfragen; Aktualisierung des BMF-Schreibens vom 2. Juni 2005, Tz. 228a.
[63] LfSt Bayern 20.2.2008 S 1980 – 2 St 31 Änderung von Ausschüttungsbeschlüssen – KSt-Kartei LfSt Bayern § 12 InvStG Karte 1.1.
[64] Z.B. Beckmann/Scholtz/Vollmer/*Petzschke*/Hillebrand § 12 Rn. 4.
[65] So auch Patzner/Kempf Deutsches Bundesrecht § 12 Rn. 10; Patzner/Döser/Kempf/*Patzner*/Kempf § 12 Rn. 2.
[66] BTDrucks. 17/10604 S. 30; BRDrucks. 302/12 (B) S. 90.

setzgebers findet sich aber in der Gesetzbegründung zu den §§ 3a, 12 im Rahmen des AIFM-StAnpG nicht wieder.[67]

§ 12 benennt kein Datum und keine Frist, zu dem oder innerhalb derer der Ausschüttungsbeschluss zu fassen ist. § 5 Abs. 1 Satz 1 Nr. 3 Satz 2 bestimmt jedoch, dass die dort genannten Offenlegungsbestandteile innerhalb von 4 Monaten nach dem Beschluss zu veröffentlichen sind, wenn innerhalb von 4 Monaten nach Ende des Geschäftsjahres des Investmentfonds ein Ausschüttungsbeschluss gefasst wurde. Zusammen mit der Tatsache, dass ein Ausschüttungsbeschluss nach § 12 gefasst werden muss, ist geradezu zwingend – auch ohne gesetzliche Bestimmung – die **Frist** zur Fassung des Beschlusses in die **ersten 4 Monate nach Ablauf des Geschäftsjahres** zu legen. Denn wird innerhalb der viermonatigen Beschlussfrist kein Beschluss gefasst, wird die Bekanntmachungsfrist nach § 5 Abs. 1 Satz 1 Nr. 3 Satz 2 nicht gehemmt. Hierdurch kann im Einzelfall der Zuflusszeitpunkt von Beträgen negativ beeinflusst werden.[68] Der Ausschüttungsbeschluss wird in der Praxis daher regemäßig vor der Zertifizierung der Besteuerungsgrundlagen gem. § 5 Abs. 1 Satz 1 Nr. 3 gefasst.[69] 31

Beispiel: Das Geschäftsjahr eines Investmentfonds ist gleich dem Kalenderjahr. Ein Ausschüttungsbeschluss für das abgelaufene Geschäftsjahr 1 wird im April 2 (Grundfall) bzw. erst im Juni 2 (Abwandlung) gefasst.

Im Grundfall wird durch die Beschlussfassung innerhalb der Beschlussfrist die Bekanntmachungsfrist gehemmt und läuft erst im August 2 ab.

In der Abwandlung wird mangels rechtzeitigen Beschlusses die Bekanntmachungsfrist nicht gehemmt, sodass die Besteuerungsgrundlagen bis April 2 zu veröffentlichen sind.

5. Wirkungen. Die Beschlussfassung über die Verwendung der zur Ausschüttung zur Verfügung stehenden Beträge hat nach einhelliger Auffassung **nur deklaratorischen Charakter** und entfaltet **keinerlei Bindungswirkungen** für die Ermittlung oder Feststellung von Besteuerungsgrundlagen nach § 5 und die Feststellungserklärung nach § 13.[70] 32

Der Ausschüttungsbeschluss ist eine rein privatschriftliche Willenserklärung der KVG und nicht etwa ein Verwaltungsakt i.S.d. § 118 AO. Ihm kommt keine rechtserzeugende, sondern nur rechtsbekundende Wirkung zu, die Aufzeichnungs- und Beweiszwecken dienen soll. Dennoch ist der Beschluss der Feststellungerklärung des Investmentfonds beizufügen (§ 13 Abs. 2 Satz 3), weshalb es vorteilhaft ist, wenn der Beschluss selbst schriftlich gefasst wird und nicht nur die Dokumentation desselben. 33

Der Ausschüttungsbeschluss ist von der Zertifizierung nach § 5 Abs. 1 Satz 1 Nr. 3 mit umfasst, wobei etwaige Korrekturen der Besteuerungsgrundlagen nicht zu einer Berichtigungspflicht des Ausschüttungsbeschlusses führen.[71] 34

Der Ausschüttungsbeschluss und damit das Datum des Beschlusses können jedoch **Auswirkungen auf** die zeitliche **Erfassung** der Ausschüttung **beim Anleger** entfalten (siehe hierzu auch Rn. 63). 35

---

67 BTDrucks. 18/68 S. 53, 59; BRDrucks. 740/13 (B) S. 81, 92; BTDrucks. 740/13 S. 53, 60.
68 Blümich/*Hammer* § 12 Rn. 7.
69 Blümich/*Hammer* § 12 Rn. 10.
70 Blümich/*Hammer* § 12 Rn. 1; Berger/Steck/Lübbehüsen/*Bäuml* § 12 Rn. 25.
71 Blümich/*Hammer* § 12 Rn. 10.

Bei bilanzierungspflichtigen Anlegern gelten für die Erfassung der ausgeschütteten Erträge die allgemeinen steuerrechtlichen Vorschriften der periodengerechten Abgrenzung von Aufwendungen und Erträgen. Die Erfassung der ausgeschütteten Erträge aus dem Investmentfonds erfolgt mit der Anspruchsentstehung, welche sich auf den Ausschüttungsbeschluss gründet. Die korrekte zeitliche Erfassung der Ausschüttung bei bilanzierungspflichtigen Anlegern kann problematisch sein, wenn diese das Datum des Beschlusses nicht kennen. Dies ist bei Publikums-Investmentfonds regelmäßig der Fall, da es sich bei der Datumsangabe nicht um eine Pflichtangabe gem. § 5 Abs. 1 Satz 1 Nr. 1 handelt. Die freiwillige Angabe des Beschlussdatums in den Besteuerungsgrundlagen nach § 5 ist daher empfehlenswert.[72]

Keine vergleichbaren Auswirkungen auf die zeitliche Erfassung der Ausschüttung hat der Beschluss bei nicht bilanzierungspflichtigen betrieblichen Anlegern (grds. Einnahmen-Überschussrechner gem. § 4 Abs. 3 EStG) sowie Privatanlegern. Bei diesen gilt das Zuflussprinzip gem. § 11 Abs. 1 EStG. Im Falle von Teilausschüttungen und ausschüttungsgleichen Erträge kann dabei u.U. aber die gesetzliche Sonderregelung des § 2 Abs. 1 Satz 4 zur Anwendung kommen. Die FinVerw. hat diese im BMF-Schreiben zum InvStG wie folgt konkretisiert: *„Reicht die Teilausschüttung aus, um die Kapitalertragsteuer einschließlich des Solidaritätszuschlags sowie bei Publikums-Investmentvermögen einer Kirchensteuer von 9% unter gleichzeitiger Berücksichtigung der Steuerermäßigung nach § 32d Absatz 1 Satz 3 EStG (pauschaler Sonderausgabenabzug bei Kirchensteuer) für die ausgeschütteten und ausschüttungsgleichen Erträge einzubehalten, fließen auch die ausschüttungsgleichen Erträge dem Anleger erst später zum Zeitpunkt der Teilausschüttung zusammen mit den ausgeschütteten Erträgen zu. Reicht die Höhe der Ausschüttung nicht aus, um die Kapitalertragsteuer einschließlich Solidaritätszuschlag und Kirchensteuer einzubehalten, werden auch die ausgeschütteten Erträge wie ausschüttungsgleiche Erträge behandelt; sowohl die ausgeschütteten als auch die ausschüttungsgleichen Erträge gelten zum Ende des Geschäftsjahres des Investmentvermögens als zugeflossen. Ob die Teilausschüttung für die Einbehaltung des Steuerabzugs ausreicht, ist abstrakt aus der Sicht des Investmentvermögens zu entscheiden. Bei Publikums-Investmentvermögen bleiben Minderungen der Kapitalertragsteuer für den einzelnen Anleger durch Freistellungsaufträge oder NV-Bescheinigungen oder Freistellungen für Körperschaften oder Freistellungserklärungen betrieblicher Anleger unberücksichtigt; die Anrechnung ausländischer Steuer ist jedoch bis zur Höhe der unterstellten Kirchensteuer zu berücksichtigen."*[73]

36   Das Datum des Ausschüttungsbeschlusses hat **keine**rlei **Auswirkungen** auf die Ermittlung des **Aktien-**, des **Immobilien- und** des **Zwischengewinn**s. Die später auszuschüttenden Beträge werden insbesondere nicht unmittelbar im Zeitpunkt der Beschlussfassung von diesen Rechengrößen abgezogen. Die **FinVerw.** ist allerdings **anderer Ansicht**, wonach mit dem Ausschüttungsbeschluss die ausgeschütteten Erträge offen abzusetzen sind.[74] Maßgeblich für die Kürzung ist jedoch nicht der Beschlusstag, sondern der Ex-Tag, an dem der Rücknahmepreis des Fondsanteils ohne die Ausschüttung ausgewiesen wird. Erst ab diesem Tag werden die Bestandteile des Aktien-, des Immobilien- und des Zwischengewinns um die jeweilige Ausschüttung reduziert. Allein der Bezug auf den Ex-Tag führt beim Anleger zur steuerlich korrekten Erfassung.[75]

---

72 Beckmann/Scholtz/*Petzschke/Hillebrand* § 12 Rn. 6.
73 BMF-Scheiben vom 18. August 2009 Investmentsteuergesetz (InvStG), Zweifels- und Auslegungsfragen; Aktualisierung des BMF-Schreibens vom 2. Juni 2005, Tz. 30 Sätze 3 ff.
74 BMF-Scheiben vom 18. August 2009 Investmentsteuergesetz (InvStG), Zweifels- und Auslegungsfragen; Aktualisierung des BMF-Schreibens vom 2. Juni 2005, Tz. 112, 113.
75 So auch Beckmann/Scholtz/*Petzschke/Hillebrand* § 12 Rn. 7.

Beispiel: An einem Investmentfonds sind bilanzierungspflichtige Anleger sowie Privatanleger beteiligt. Diese veräußern ihre Fondsanteile zwischen dem Beschlusstag und dem Ex-Tag.

Bilanzierungspflichtiger Anleger: Veräußert dieser seinen Fondsanteil zwischen Beschlusstag und Ex-Tag, ist der Ausschüttungsbetrag noch im Rücknahmepreis enthalten und erhöht so im ersten Schritt den Gewinn aus der Veräußerung. Die darin enthaltenen steuerfreien Bestandteile an Aktien- und Immobiliengewinn müssen folglich auch noch Teilbeträge der späteren Ausschüttung enthalten. Diese hat der Bilanzierende aber bezugnehmend auf den Beschlusstag bereits erfolgswirksam abgegrenzt (siehe Rn. 63). Um eine mehrfache Besteuerung (der Ausschüttung und der Veräußerung) zu verhindern, muss bei Rückgabe des Fondsanteils die bereits am Beschlusstag erfolgswirksam abgegrenzte Ausschüttung vom Veräußerungsgewinn wieder abgezogen werden.

Privatanleger: Veräußert dieser seinen Fondsanteil, den er vor dem 1.1.2009 erworben und seit Erwerb länger als 1 Jahr im Bestand gehalten hat, genießt er insoweit **Bestandsschutz** (§ 52a Abs. 10 EStG), als der Veräußerungsgewinn mit Ausnahme des Zwischengewinns steuerfrei ist. Veräußert der Anleger seinen Fondsanteil ebenfalls zwischen Beschlusstag und Ex-Tag, ist der Ausschüttungsbetrag noch im Rücknahmepreis enthalten. Anderenfalls würde der Anleger den gesamten Veräußerungsgewinn steuerfrei realisieren können einschließlich des ansonsten steuerpflichtigen Zwischengewinns.

Veräußert der Privatanleger seinen Fondsanteil, den er nach dem 31.12.2008 erworben hat, genießt er insoweit **keinen Bestandsschutz** (§ 52a Abs. 10 EStG), als der Veräußerungsgewinn mit Ausnahme des Zwischengewinns nicht steuerfrei ist. Veräußert der Anleger seinen Fondsanteil zwischen Beschlusstag und Ex-Tag, ist der Ausschüttungsbetrag ebenfalls noch im Rücknahmepreis enthalten. Hier macht es jedoch keinen Unterschied, da sowohl Zwischengewinn als auch Veräußerungsgewinn (dieser mangels Bestandsschutz) steuerpflichtig sind.

6. Unterlassen, Nichterstellung. Das Gesetz (InvStG) sieht für das **Unterlassen** der 37 Fassung eines Ausschüttungsbeschlusses bzw. dessen Nichterstellung keine konkreten Sanktionen vor.[76] Es wird weder eine Pauschalbesteuerung gem. § 6 ausgelöst,[77] noch erfolgt im Einzelfall eine steuerliche Umqualifizierung der ausgeschütteten Erträge.[78] Die Nichterstellung hat auch **kein Bußgeld oder sonstige Sanktionen zur Folge**. Insoweit fehlt insb. ein entsprechender Verweis auf die einschlägigen Straf- und Bußgeldvorschriften der AO.[79]

Die **Fassung** eines Ausschüttungsbeschlusses **kann** durch die Finanzbehörden aber 38 zumindest mittelbar **erzwungen werden**. Denn diese können gem. § 97 AO die Vorlage von Büchern, Aufzeichnungen, Geschäftspapieren und anderen Urkunden zur Einsicht und Prüfung verlangen. In diesem Rahmen kann auch die Vorlage einer entsprechenden Beschlussdokumentation verlangt werden.[80] Mithin kommt auch die Erzwingung eines Ausschüttungsbeschlusses nach den allgemeinen Zwangsmitteln der Abgabenordnung gem. §§ 328 ff. AO in Betracht (Zwangsgeld § 329 AO; Ersatzvornahme § 330 AO; unmittelbarer Zwang § 331 AO).[81]

---

76 Haase/*Führlein* § 12 Rn. 15; Beckmann/Scholtz/Vollmer/*Petzschke*/*Hillebrand* § 12 Rn. 4.
77 Haase/*Führlein* § 12 Rn. 15.
78 Berger/Steck/Lübbehüsen/*Bäuml* § 12 Rn. 16; *Hammer* S. 65.
79 Beckmann/Scholtz/Vollmer/*Petzschke*/*Hillebrand* § 12 Rn. 4.
80 Haase/*Führlein* § 12 Rn. 15.
81 Berger/Steck/Lübbehüsen/*Bäuml* § 12 Rn. 16.

39 Sollte die **Nichterstellung** eines Ausschüttungsbeschlusses einen **Verstoß gegen die Anlagebedingungen** (Vertragsbedingungen) oder die Satzung des Investmentvermögens darstellen, so kann das pflichtwidrige Unterlassen möglicherweise auch **zivilrechtliche Schadensersatzansprüche der Anleger** gegenüber der pflichtwidrig handelnden KVG aus positiver Vertragsverletzung (pVV) gem. §§ 280, 241 BGB zur Folge haben.[82] Bei der Geltendmachung ist ein etwaiger Schaden durch die Anleger dann stets konkret darzulegen und zu beweisen.

40 **7. Fehler. Unvollständige oder** im Einzelfall noch **ausstehende steuerliche Ausschüttungsbeschlüsse gelten als nicht gefasst und sind nachzuholen.**[83] Auf die materielle Einordnung der verwendeten Beträge hat dies grds. jedoch keine Auswirkungen und führt auch nicht zu einer Umqualifizierung ausgeschütteter Beträge. Wegen der fehlenden Bindungswirkung (siehe hierzu Rn. 3) des Ausschüttungsbeschlusses ergeben sich auch keine Auswirkungen auf die Feststellungserklärungen der Investmentfonds.[84] Mit anderen Worten, es bestehen insoweit keine Wechselwirkungen.

41 Enthält ein Ausschüttungsbeschluss **nicht die erforderlichen Angaben** über die Zusammensetzung einer Ausschüttung, d.h. ist er insoweit fehlerhaft, so kann dies in der Praxis **Anlass zur** Überprüfung der Feststellungserklärung im Einzelfall oder gar die **Anordnung einer Außenprüfung** (§ 11 Abs. 3) durch die FinVerw. sein.[85] Die fehlerhafte Erstellung eines Ausschüttungsbeschlusses hat **aber kein Bußgeld oder sonstige Sanktionen** zur Folge, weil auch insoweit ein entsprechender Verweis auf die einschlägigen Straf- und Bußgeldvorschriften der AO fehlt.[86]

42 **8. Spätere Änderungen und Korrekturen. Nur** rein **inhaltlich-materielle Fehler** eines bereits gefassten Ausschüttungsbeschlusses **können** durch die Investmentgesellschaft noch **nachträglich berichtigt werden**. Eine Verpflichtung hierzu besteht jedoch nicht.[87] Bei **Publikumsfonds** kommt es im Rahmen einer Korrektur dann zur **Feststellung eines Unterschiedsbetrag gem. § 13 Abs. 4, bei Spezialfonds** zur **Änderung der Feststellungserklärung** nach den Vorschriften der AO.[88]

43 **Streitig** ist die Frage, **ob steuerliche Ausschüttungsbeschlüsse nachträglich** noch **geändert werden** können. Nach Auffassung der **FinVerw.** können Ausschüttungsbeschlüsse nach § 12 nicht rückwirkend[89] bzw. ab ihrer Einreichung beim Finanzamt nicht mehr mit steuerlicher Wirkung geändert werden.[90] Die Ansicht der FinVerw. wird in der **Literatur** zu Recht nicht uneingeschränkt geteilt. Dort wird abweichend zur Auffassung der FinVerw. die Ansicht vertreten, dass das Gesetz eine derartige Einschränkung nicht vorsehe. Ausschüttungsbeschlüsse könnten deshalb auch nach ihrer Einreichung beim Finanzamt noch abgeändert und „neu bestückt" werden.[91] D.h. die steuerliche Zusam-

---

[82] Haase/*Führlein* § 12 Rn. 15.
[83] Haase/*Führlein* § 12 Rn. 6; Blümich/*Hammer* § 12 Rn. 7.
[84] Berger/Steck/Lübbehüsen/*Bäuml* § 12 Rn. 16.
[85] Patzner/Kempf Deutsches Bundesrecht § 12 Rn. 9; Patzner/Döser/Kempf/*Patzner/Kempf* § 12 Rn. 1.
[86] Beckmann/Scholtz/Vollmer/*Petzschke/Hillebrand* § 12 Rn. 4.
[87] Blümich/*Hammer* § 12 Rn. 8.
[88] Berger/Steck/Lübbehüsen/*Bäuml* § 12 Rn. 17 i.V.m. BMF-Scheiben vom 18. August 2009 Investmentsteuergesetz (InvStG), Zweifels- und Auslegungsfragen; Aktualisierung des BMF-Schreibens vom 2. Juni 2005, Tz. 232, 252.
[89] LfSt Bayern 20.2.2008 S 1980 – 2 St 31 Änderung von Ausschüttungsbeschlüssen – KSt-Kartei LfSt Bayern § 12 InvStG Karte 1.1.
[90] BMF-Scheiben vom 18. August 2009 Investmentsteuergesetz (InvStG), Zweifels- und Auslegungsfragen; Aktualisierung des BMF-Schreibens vom 2. Juni 2005, Tz. 228a.
[91] *Patzner/Kempf* Deutsches Bundesrecht § 12 Rn. 10; Patzner/Döser/Kempf/*Patzner/Kempf* § 12 Rn. 2.

mensetzung einer bereits erfolgten Ausschüttung könne neu bestimmt werden, indem die Verwendung der Erträge und Gewinne verändert wird. Dieser Auffassung ist zuzustimmen, solange ein derartiger Ausschluss nicht gesetzlich determiniert ist. Ausschüttungsbeschlüsse können deshalb nachträglich geändert werden (siehe hierzu auch Rn. 30).

II. Zusammensetzung der Ausschüttung (Satz 2)

1. Ausschüttungsbestandteile. Der **Beschluss muss Angaben zur Zusammensetzung** (Herkunft) der Ausschüttung, d.h. den einzelnen Ausschüttungsbestandteilen ihrer Art und Höhe nach **enthalten**. Konkret erforderlich sind Angaben zur Ausschüttung von Zinsen, Dividenden, Mieterträgen und sonstigen Erträgen sowie den verschiedenen Arten von Veräußerungsgewinnen.[92] Zudem sind dem Wortlaut der Norm nach in § 12 Satz 3 Angaben zu den noch nicht ausgeschütteten Alt-Veräußerungsgewinnen i.S.d. § 22 Abs. 1 erforderlich (früher § 19 Abs. 1).

44

2. Ausschüttungsreihenfolge? Bei der Frage der **Ausschüttungsreihenfolge** ist zwischen der Rechtslage **nach** Inkrafttreten des **AIFM-StAnpG**, durch welches erstmals gesetzlich eine bestimmte Ausschüttungsreihenfolge im Investmentsteuerrecht festgeschrieben wurde, **und vor AIFM-StAnpG zu unterscheiden**. Bis zur Einführung der gesetzlich vorgeschriebenen Ausschüttungsreihenfolge in § 3a durch das AIFM-StAnpG vom 18.12.2013,[93] welche gem. § 22 Abs. 4 erstmals bei Ausschüttungen anzuwenden ist, die nach dem 23.8.2014 abfließen, war zwischen FinVerw., Literatur und Praxis **streitig**, ob bei Ausschüttungen von Investmentfonds eine bestimmte Ausschüttungs- bzw. Verwendungsreihenfolge einzuhalten war.

45

Denn der Wortlaut des InvStG sah formell keine bestimmte Reihenfolge bei Ausschüttungen vor. Die **FinVerw.** führte bei der Neufassung des BMF-Schreibens zum Investmentsteuergesetz vom 18.8.2009 durch Verwaltungsanweisung jedoch eine **Ausschüttungsreihenfolge** betreffend die Zulässigkeit von Substanzausschüttungen ein.

Danach gilt für die steuerliche Zulässigkeit von Substanzausschüttungen Folgendes:

> „Nicht zu den ausgeschütteten Erträgen gehören Substanzausschüttungen. Steuerrechtlich liegt eine Substanzausschüttung nur dann vor, wenn die Investmentgesellschaft nachweist, dass beim Investmentvermögen keinerlei ausschüttbare Erträge i.S.d. Investmentsteuerrechts (KAGG, AuslInvestmG und InvStG) aus dem laufenden oder einem früheren Geschäftsjahr vorliegen, und die Beträge der Substanzausschüttung entsprechend § 5 Absatz 1 InvStG veröffentlicht, in die Feststellungserklärungen nach § 13 und § 15 Absatz 1 InvStG aufnimmt oder bei ausländischen Spezial-Investmentvermögen wie die sonstigen Besteuerungsgrundlagen behandelt."[94]

Die voranstehende Neuregelung des BMF-Schreibens war entsprechend der allgemeinen Anwendungsregelungen auf alle noch offenen Fälle anzuwenden.[95]

---

[92] Berger/Steck/Lübbehüsen/*Bäuml* § 12 Rn. 26; *Patzner/Kempf* Deutsches Bundesrecht § 12 Rn. 9; Patzner/Döser/Kempf/*Patzner/Kempf* § 12 Rn. 1.
[93] BGBl. 2013 I S. 4318 ff.
[94] BMF-Scheiben vom 18. August 2009 Investmentsteuergesetz (InvStG), Zweifels- und Auslegungsfragen; Aktualisierung des BMF-Schreibens vom 2. Juni 2005, Tz. 16.
[95] BMF-Scheiben vom 18. August 2009 Investmentsteuergesetz (InvStG), Zweifels- und Auslegungsfragen; Aktualisierung des BMF-Schreibens vom 2. Juni 2005, Tz. 0.

46 Die FinVerw. hatte somit deklaratorisch festgestellt und verfügt, dass Substanzausschüttungen nicht zu den ausgeschütteten Erträgen gehören.[96] Sie wollte durch die aus ihrer Sicht normkonkretisierende Klarstellung im BMF-Schreiben Gestaltungen unterbinden, bei denen im Rahmen von Ausschüttungen steuerpflichtige Altveräußerungsgewinne, d.h. Gewinne aus Aktienverkäufen vor dem Steuersenkungsgesetz, auf Ebene der Sondervermögen zwar vorhanden sind, diese aber nicht ausgeschüttet werden. Anstatt dieser Erträge, die bei einer Ausschüttung beim betrieblichen Anleger steuerpflichtig gewesen wären,[97] wurde bei entsprechenden Gestaltungen in der Praxis eine steuerfreie Substanzausschüttung vorgenommen.[98]

47 Bei einer extrem engen Auslegung wäre die Verwaltungsvorschrift dahingehend zu verstehen, dass eine Substanzausschüttung nur dann zulässig ist, wenn keine einzige der Ertragskategorien[99] eines Investmentfonds einen positiven Bestand aufweist. Selbst wenn ein Investmentfonds insgesamt Verluste erwirtschaftet hat, wäre eine Substanzausschüttung dann unzulässig.[100] Eine solche Auslegung ginge jedoch zu weit, sodass die Vorschrift in der Praxis richtigerweise in dem Sinne interpretiert wird, dass eine Gesamtbetrachtung über sämtliche Ertragskategorien unter Berücksichtigung etwaiger Verluste und Vorträge vorzunehmen ist. Wurde von einem Investmentfonds tatsächlich kein Ertrag erzielt, dann kann dieser Substanz ausschütten. Sind Ausschüttungen aber von tatsächlichen Gewinnen gedeckt, ist eine Substanzausschüttung insoweit ausgeschlossen.[101]

In der **Literatur** wurde vor der Ergänzung des BMF-Schreibens und auch danach nahezu einhellig die Ansicht vertreten, dass **§ 12 keine Ausschüttungs- bzw. Verwendungsreihenfolge** vorgeben würde. Die Investmentgesellschaften seien deshalb bei der Verwendung ihrer steuerlichen Erträge frei und könnten insoweit auch Ausschüttungspolitik betreiben.[102] Mithin wurde hier in der Literatur auch konkret von einem „Wahlrecht" gesprochen, welches aufgrund einer fehlenden gesetzlichen Verwendungsfiktion bestehe.[103] In Abweichung zur Rechtsauffassung der FinVerw. wurde die Ansicht vertreten, dass steuerrechtlich – in Abweichung zur investmentrechtlichen Rechnungslegung – Substanz ausgeschüttet werden könne, auch wenn noch andere steuerbare Masse (Erträge) zur Verfügung steht, und dies im Einzelfall sogar den Anlagebedingungen (Vertragsbedingungen) widersprechen(!) würde.[104] Begründet wurde dies damit, dass es keine Maßgeblichkeit der investmentrechtlichen Ausschüttungsreihenfolge für das Steuerrecht gäbe und man eine gesetzliche Ausschüttungsreihenfolge auch nicht aus den allgemeinen Grundsätzen des Körperschaftsteuerrechts herleiten könne. Lediglich das hier nicht maßgebliche Investmentrecht bestimme – zumeist aber auch nur über die jeweiligen individuellen Anlagebedingungen (Vertragsbedingungen) – eine bei Ausschüttungen zu beachtende Ausschüttungs- bzw. Verwendungsreihenfolge. In diesem Rahmen

---

96 *Ebner/Helios* BB **2010** 1565, 1568.
97 Vgl. BTDrucks. 15/1553 S. 128, 131 f.
98 *Maier/Wengenroth* ErbStB **2009** 350, 351.
99 Siehe hierzu Anhang 3 zu Rz. 70 des BMF-Scheiben vom 18. August 2009 Investmentsteuergesetz (InvStG), Zweifels- und Auslegungsfragen; Aktualisierung des BMF-Schreibens vom 2. Juni 2005.
100 *Ebner/Helios* BB **2010** 1565, 1568 f.
101 *Ebner/Helios* BB **2010** 1565, 1569.
102 Berger/Steck/Lübbehüsen/*Bäuml* § 12 Rn. 36; Haase/*Führlein* § 12 Rn. 9; Blümich/*Hammer* § 12 Rn. 16; *Hammer* S. 67; *Petersen* FR **2006** 1065, 1070; Littmann/Bitz/Pust/*Ramackers* § 12 Rn. 6.
103 *Petersen* FR **2006** 1065, 1070.
104 Blümich/*Hammer* § 12 Rn. 16; *Hammer* S. 67.

könne Ausschüttungspolitik betrieben werden.[105] Die durch die FinVerw. eingeführte Ausschüttungsreihenfolge lt. BMF-Schreiben wurde in der Literatur mithin sogar explizit als „contra legem" bezeichnet.[106] In Extremfällen wurde von Investmentgesellschaften sogar die Auffassung vertreten, dass selbst in Fällen, in denen aufsichtsrechtlich Erträge ausgeschüttet werden, völlig losgelöst von den vorhandenen steuerlichen „Vortragstöpfen" eine steuerfreie Substanzauskehr in Frage komme.[107]

a) Rechtslage nach AIFM-StAnpG. Durch Artikel 1 des AIFM-StAnpG vom 18.12.2013[108] wurde erstmalig eine **verbindliche Ausschüttungsreihenfolge** in das Normengefüge des InvStG aufgenommen. § 3a regelt nunmehr de lege lata explizit eine gesetzliche Ausschüttungsreihenfolge für Investmentvermögen. Diese war bisher für Substanzausschüttungen nur durch eine Verwaltungsanweisung (BMF-Schreiben[109]) vorgegeben (siehe hierzu Rn. 45).

Die in § 3a gesetzlich vorgeschriebene Ausschüttungsreihenfolge ist auf alle Ausschüttungen anzuwenden, die nach dem 23.8.2014 abfließen (siehe hierzu auch die Kommentierung zu § 3a Rn. 14). Dies folgt aus der hierfür einschlägigen Anwendungsregelung in § 22 Abs. 4 (siehe hierzu auch die Kommentierung zu § 22 Rn. 78f.).

Ursprünglich war bereits im Gesetzgebungsverfahren zum Jahressteuergesetz 2013 (JStG 2013) geplant, die neuen gesetzlichen Bestimmungen zur Ausschüttungsreihenfolge in einem gesonderten Absatz 2 zu § 12, der in einem neuen § 9a im Anschluss an die Regelungen zum Ertragsausgleich aufgehen sollte, zu regeln.[110] Letztendlich wurden die Regelungen zur Ausschüttungsreihenfolge vom Gesetzgeber jedoch systematisch im Anschluss an die Ertragsermittlungsregelungen des § 3 in einem eigenständigen § 3a normiert. Der originär investmentsteuerlich den Ausschüttungsbeschluss regelnde § 12 wurde dabei inhaltlich unverändert beibehalten.

b) Rechtslage vor AIFM-StAnpG. Bis zum Inkrafttreten des AIFM-StAnpG war **im Gesetzeswortlaut** des InvStG **keine Verwendungsreihenfolge** vorgesehen. In der Literatur wurde daher fast einhellig die Auffassung vertreten, dass bei der Ausschüttung von Erträgen aus einem Investmentfonds an die Anleger keine Verwendungsreihenfolge einzuhalten sei.[111] Abweichend hiervon hatte die FinVerw. bei der Aktualisierung des BMF-Schreibens zum Investmentsteuergesetz aus dem Jahre 2005,[112] Zweifels- und Auslegungsfragen am 18.8.2009[113] **jedoch** eine **Verwendungsreihenfolge** durch eine aus ihrer Sicht normkonkretisierende **Verwaltungsanweisung eingeführt** (siehe hierzu Rn. 45).

In der Praxis führte die aufgrund der allgemeinen Anwendungsregelungen rückwirkend geltende Einführung einer „Verwendungsreihenfolge" in Bezug auf Substanzausschüttungen zu Irritationen. Sie wurde heftigst kritisiert und abgelehnt. Letztendlich mün-

---

105 *Hammer* S. 67.
106 *Patzner/Wiese* IStR **2013** 73, 76.
107 Vgl. Entwurf Bericht der Arbeitsgruppe „Neukonzeption der Investmentbesteuerung" Stand: 24. Februar 2012 S. 15; *Kammeter* NWB **2012** 1970, 1976; *Höring* DStZ **2012** 367, 370.
108 BGBl. 2013 I S. 4318 ff.
109 BMF-Scheiben vom 18. August 2009 Investmentsteuergesetz (InvStG), Zweifels- und Auslegungsfragen; Aktualisierung des BMF-Schreibens vom 2. Juni 2005, Tz. 16.
110 BTDrucks. 17/10604 S. 30 f.; BRDrucks. 302/12 (B) S. 89 ff.
111 Berger/Steck/Lübbehüsen/*Bäuml* § 12 Rn. 36; Haase/*Führlein* § 12 Rn. 9; Blümich/*Hammer* § 12 Rn. 16; *Hammer* S. 67; *Petersen* FR **2006** 1065, 1070; Littmann/Bitz/Pust/*Ramackers* § 12 Rn. 6.
112 BMF-Schreiben vom 2. Juni 2005, BStBl. I 2005, 728.
113 BMF-Schreiben vom 18. August 2009 Investmentsteuergesetz (InvStG), Zweifels- und Auslegungsfragen; Aktualisierung des BMF-Schreibens vom 2. Juni 2005, Tz. 16.

dete dies in einer **Musterklage** vor dem Finanzgericht.[114] Denn fraglich ist, ob die Anordnung der Verwendungsreihenfolge durch BMF-Schreiben rechtlich zulässig war.

52 **Für** eine **Unzulässigkeit** der **Einführung einer Verwendungsreihenfolge** alleine **durch** eine **Verwaltungsanweisung** (BMF-Schreiben) **könnten** neben dem **Wortlaut** des Gesetzes rein **formelle Aspekte**, insbesondere der **Vorbehalt des Gesetzes** und der das Steuerrecht prägende **Grundsatz der Tatbestandsmäßigkeit der Besteuerung sprechen**. Die beiden zuletzt genannten Aspekte sind Ausprägungen der Gesetzmäßigkeit der Besteuerung im demokratischen Rechtsstaat und insoweit zwingend zu beachten.

53 Der Vorbehalt des Gesetzes gebietet im Steuerrecht, dass die Auferlegung von Steuerlasten dem Gesetz vorbehalten ist. Eine Besteuerung ist nur zulässig, sofern und soweit sie durch ein Gesetz angeordnet wird.[115] Der Grundsatz der Tatbestandsmäßigkeit der Besteuerung gebietet, dass die Festsetzung einer Steuer die Erfüllung eines gesetzlichen Tatbestandes voraussetzt, an den das Gesetz als Rechtsfolge eine Steuer anknüpft. Dabei müssen sich sowohl Tatbestand und auch Rechtsfolge aus dem Gesetz ergeben.[116] Die zuvor aufgezeigten Erwägungen finden sich auch im Bericht der Bund-Länder-Arbeitsgruppe zur Reform der Investmentbesteuerung[117] sowie den Gesetzesbegründungen zur Einfügung des ursprünglich geplanten § 9a im Rahmen des Jahressteuergesetz 2013[118] bzw. zum neuen § 3a im ersten Gesetzgebungsverfahren zum AIFM-StAnpG[119] in der 17. Legislaturperiode des Bundestages wieder.

„*Das InvStG enthält keine gesetzliche Verwendungsreihenfolge bzgl. der auf Fondsebene erzielten Erträge.*"[120]

„*Mangels gesetzlich bestimmter Ausschüttungsreihenfolge kann die Investmentgesellschaft die Verwendung der zur Ausschüttung zur Verfügung stehenden Beträge gegenwärtig frei wählen.*"[121]

„*§ 3a InvStG-E regelt erstmals eine gesetzliche Ausschüttungsreihenfolge.*"[122]

§ 12 Satz 2 regelt seinem Wortlaut nach nur, dass der Ausschüttungsbeschluss unter anderem Angaben zur Zusammensetzung der Ausschüttung zu enthalten hat. In der einschlägigen steuerrechtlichen Literatur wurde diese Bindung an die Qualifizierung im Ausschüttungsbeschluss deshalb einmütig als Wahlrecht der KVG interpretiert. Die KVG solle frei wählen können, mit welchen steuerlichen Erträgen bzw. aus welchen Ertragstöpfen sie eine Ausschüttung bedienen wolle.[123] Von einigen KVG wurde in der Praxis dabei die sehr weitgehende Ansicht vertreten, dass selbst in Fällen, in denen aufsichts-

---

114 Hessisches FG, Az. 4 K 982/12 (anhängiges Verfahren).
115 Tipke/Lang/*Lang* § 4 Rn. 150.
116 Tipke/Lang/*Lang* § 4 Rn. 158.
117 Entwurf Bericht der Arbeitsgruppe „Neukonzeption der Investmentbesteuerung" Stand: 24.2.2012 S. 15.
118 BTDrucks. 17/10604 S. 30 ff.; BRDrucks. 302/1/12 S. 90 zu § 9a InvStG n.F.
119 BTDrucks. 17/12603 S. 31; BRDrucks. 95/13 S. 8; BTDrucks. 17/13036 S. 3.
120 Entwurf Bericht der Arbeitsgruppe „Neukonzeption der Investmentbesteuerung" Stand: 24.2.2012 S. 15.
121 BTDrucks. 17/10604 S. 30.
122 BRDrucks. 95/13 S. 8; BTDrucks. 17/13036 S. 3.
123 Berger/Steck/Lübbehüsen/*Bäuml* § 12 Rn. 36; Haase/*Führlein* § 12 Rn. 9; Blümich/*Hammer* § 12 Rn. 16; *Hammer* S. 67; Littmann/Bitz/Pust/*Ramackers* § 12 Rn. 6.

rechtlich Erträge ausgeschüttet werden, eine steuerfreie Substanzauskehr in Frage komme. Dies sollte unabhängig von den tatsächlich vorhandenen steuerlichen „Vortragstöpfen" möglich sein.[124]

Für eine **Zulässigkeit** der durch BMF-Schreiben eingeführten **Verwendungsreihenfolge könnten** jedoch dem **Investmentrecht immanente Prinzipien**, zu denen allgemein Aspekte des **Anlegerschutz**es gehören, sowie der materiell das Steuerrecht prägende **Grundsatz der Besteuerung nach der wirtschaftlichen Leistungsfähigkeit unter Berücksichtigung** der Wirkungen des sog. investmentsteuerlichen **Fondsprivilegs**, d.h. der nicht steuerbaren Thesaurierung von Veräußerungsgewinnen, **sprechen**. 54

Dem Investmentrecht immanent sind Anlegerschutzvorschriften. In Übereinstimmung mit diesen steht es den Prinzipien des Investmentsparens grds. entgegen, wenn Substanz von Investmentvermögen verteilt bzw. ausgeschüttet wird. Denn die Substanz von Investmentvermögen soll grds. erhalten werden.[125] So hatte die Norm des § 16 KAGG im alten Investmentrecht die Funktion sicherzustellen, dass nicht ohne Wissen der Anleger Substanz aus Sondervermögen zur Ausschüttung gelangte.[126] Die Ausschüttung von Veräußerungsgewinnen war damals deshalb nur dann zulässig, wenn sie in den Vertragsbedingungen vorgesehen war.[127] Geht man davon aus, dass dem Aufsichtsrecht immanente Aspekte des Anlegerschutzes eine gewisse Verwendungsreihenfolge vorgeben, könnte unter der Annahme eines Primats des Aufsichts- bzw. Zivilrechts für das Steuerrecht[128] eine systembedingte auch steuerlich zu beachtende Verwendungsreihenfolge angenommen werden. Folgerichtig dürfte dann steuerlich keine Substanz ausgeschüttet werden, wenn noch andere Erträge des Investmentvermögens zur Ausschüttung zur Verfügung stehen. 55

Das Leistungsfähigkeitsprinzip, welches sich über Jahrhunderte entwickelt hat, ist als Fundamentalprinzip der Steuergerechtigkeit weltweit anerkannt.[129] Im Grundgesetz (GG) ist das Leistungsfähigkeitsprinzip im Gegensatz zur Weimarer Reichsverfassung[130] (WRV) zwar nicht mehr ausdrücklich verankert. Es ergibt sich verfassungsrechtlich nunmehr aus dem Gleichheitssatz des Artikel 3 Abs. 1 GG i.V.m. dem Sozialstaatsprinzip des Artikel 20 Abs. 1 GG[131] unter Berücksichtigung der Freiheitsgrundrechte.[132] Es stellt eine verfassungsrechtliche Wertentscheidung dar, die stets zwingend zu beachten ist.[133] Danach ist die Besteuerung an der wirtschaftlichen Leistungsfähigkeit der einzelnen Steuerpflichtigen auszurichten.[134] Das Leistungsfähigkeitsprinzip gebietet in seinem Kern: *„Gleich Leistungsfähige müssen gleich, unterschiedlich Leistungsfähige entsprechend ihrer unterschiedlichen Leistungsfähigkeit ungleich behandelt werden."*[135]

---

124 Entwurf Bericht der Arbeitsgruppe „Neukonzeption der Investmentbesteuerung" Stand: 24.2.2012 S. 15.
125 Brinkhaus/Scherer/*Schrödermaier/Baltzer* § 17 KAGG Rn. 1.
126 *Baur* § 16 KAGG Rn. 2.
127 § 16 KAGG.
128 Grundlegend hierzu *Tipke/Lang* § 5 Rn. 79 ff., § 1 Rn. 16 ff.; *Weber-Grellet* S. 194 ff., 203 aber: *„Es besteht keine zwingende Notwendigkeit zur steuerlichen Respektierung aller zivilrechtlichen Vorgaben."*
129 Tipke/Lang § 4 Rn. 81, 83.
130 RGBl. 1919, 1383, 1408. Artikel 134 WRV: *„Alle Staatsbürger ohne Unterschied tragen im Verhältnis ihrer Mittel zu allen öffentlichen Lasten nach Maßgabe der Gesetze bei"*.
131 Tipke/Kruse/*Kruse* § 5 Rn. 54.
132 BVerfGE 120,125, 144; 117, 1, 30; 112, 268, 279; 110, 274, 291; 105, 73, 110; 87, 153, 169.
133 BVerfGE 66, 214, 223.
134 BVerfGE 122, 210, 231; 112, 268, 279; 107, 27, 46 f.; 81, 228, 236; 74, 182, 199 f.; 68, 287, 310; 61, 319, 343 f.
135 *Birk* Rn. 192.

56 Stellt man isoliert auf **formelle Aspekte** ab, so ist die **Einführung der Verwendungsreihenfolge** bei Substanzausschüttungen wegen eines **Verstoßes gegen** den **Grundsatz der Tatbestandsmäßigkeit der Besteuerung und** den **Vorbehalt des Gesetzes**, der den hoheitlichen Steuerzugriff des Staates begrenzt, rechtswidrig und verletzt die Steuerpflichtigen in ihren Rechten. Dies kommt (zumindest mittelbar) auch in der Historie der Gesetzesbegründung zum AIFM-StAnpG[136] und auch dem Bericht der Bund-Länder-Arbeitsgruppe zur „Neukonzeption der Investmentbesteuerung" zum Ausdruck[137] (siehe hierzu auch Rn. 53).

57 Bezieht man **jedoch** auch den **Grundsatz der Besteuerung nach der wirtschaftlichen Leistungsfähigkeit** sowie spezifische Besonderheiten des Investmentrechts und Investmentsteuerrechts, insbesondere den Anlegerschutz und das sog. Fondsprivileg, in die Überlegungen mit ein, so könnte man im Einzelfall oder möglicherweise auch generell zu einem anderen Ergebnis gelangen. Denn unter Berücksichtigung der Thesaurierungsprivilegierung für Veräußerungsgewinne auf Fondsebene (Fondsprivileg) könnten mit dem Grundsatz der Besteuerung nach der wirtschaftlichen Leistungsfähigkeit nicht zu vereinbarende steuerliche Folgen eintreten, wenn steuerfreie Substanzausschüttungen vorgenommen werden, obwohl zur Ausschüttung noch hinreichend andere Erträge auf Ebene eines Investmentvermögens zur Verfügung stehen. Diese Erwägungen finden sich auch in den Anmerkungen des Bundesrats zum AIFM-StAnpG im Gesetzgebungsverfahren zur Inv-KG (§ 15a) wieder. Dort wurde vom Bundesrat für offene Inv-KG das transparente Durchschleusen von Erträgen an die Gesellschafter im Zusammenspiel mit dem Fondsprivileg, der steuerfreien Thesaurierung von Veräußerungsgewinnen, als systemwidrig und gestaltungsanfällig erachtet.[138]

Beispiel: Zwei Anleger investieren nach Einführung der Abgeltungsteuer je € 100.000 in unterschiedliche Rentenfonds. Bei der Fondsauswahl beachten die Anleger nicht die unterschiedlichen Anlagestrategien der Fonds. Anleger A investiert in einen Rentenfonds, der in klassische Rentenpapiere investiert und jährlich die auf Fondsebene erwirtschafteten Zinserträge in Höhe von € 4.000 ausschüttet. Anleger B investiert in einen Rentenfonds, der den Rentenfonds des Anlegers A derivativ bzw. synthetisch nachbildet. Dies bedeutet, der Fonds investiert nicht in Rentenpapiere, sondern in Derivate und Termingeschäfte, um entsprechende Erträge zu erwirtschaften. Um an den Anleger einen entsprechen „Zinsertrag" auszuschütten, schüttet der Rentenfonds nicht die Erträge aus den Derivat- und Termingeschäften aus, sondern jährlich Substanz in Höhe von € 4.000. Die Erträge aus den Termin- und Derivatgeschäften werden auf Ebene des Investmentvermögens unter Nutzung des Fondsprivilegs thesauriert.

Vom Grundsatz her werden Rentenfonds wie Anleihen besteuert. Erwirtschaften diese Zinsen, fällt – ebenso wie bei Zinsen aus festverzinslichen Wertpapieren in der Direktanlage – im Jahr des Zuflusses auf Ebene des Investmentfonds unabhängig von einer Ausschüttung oder Thesaurierung Abgeltungsteuer an. Kursgewinne im Rahmen einer Fondsanlage werden dagegen erst bei ihrer Ausschüttung an die Anleger besteuert. So gelten Gewinne aus Termingeschäften – ebenso wie Kursgewinne aus der Veräußerung von Rentenpapieren soweit sie nicht zu den ausschüttungsgleichen Erträgen nach § 1 Abs. 3 Satz 3 gehören – den Anlegern im Falle einer Thesaurierung als nicht zugeflossen (§§ 1 Abs. 3, 2 Abs. 1, 2 Abs. 3).

---

[136] BTDrucks. 17/10604 S. 30.
[137] Entwurf Bericht der Arbeitsgruppe „Neukonzeption der Investmentbesteuerung" Stand: 24.2.2012 S. 15.
[138] BTDrucks. 17/13036 S. 1.

Entsprechend ergeben sich im Beispiel folgende steuerliche Folgen:
- Anleger A erzielt jährlich steuerpflichtige Erträge in Höhe von € 4.000 aus Kapitalvermögen (bzw. Gewerbebetrieb). Die historischen Anschaffungskosten der Fondsanteile werden mit € 100.000 fortgeführt.
- Anleger B erzielt jährlich auch Erträge in Höhe von € 4.000, die jedoch als Substanzausschüttungen keiner Besteuerung unterliegen. Dafür vermindern sich die fortgeführten Anschaffungskosten der Fondsanteile bei jeder Ausschüttung um € 4.000.[139]

Nach Ablauf von 10 Jahren hat der Anleger A Erträge in Höhe von € 40.000 versteuert, währenddessen der Anleger B bisher keinerlei steuerpflichtige Erträge erzielt hat. Lediglich die historischen Anschaffungskosten des Anlegers B haben sich im Laufe der 10 Jahre um insgesamt € 40.000 vermindert. Wirtschaftlich gesehen haben beide Anleger aber jährlich den gleichen Ertrag erzielt (in Summe € 40.000); d.h. ihre wirtschaftliche Leistungsfähigkeit hat sich stets in gleichem Maße erhöht. Unter Berücksichtigung der steuerlichen Wirkungen des Fondsprivilegs kommt es somit, wenn man keine Verwendungs- bzw. Ausschüttungsreihenfolge für Substanzausschüttungen anwendet, zu einer Besteuerung, die im Grundsatz nicht mit dem steuerlichen Leistungsfähigkeitsprinzip zu vereinbaren ist. Steuerpflichtige in der gleichen wirtschaftlichen Lage werden bei gleicher wirtschaftlicher und finanzieller Leistungsfähigkeit nicht gleich besteuert. Der eine Anleger versteuert die ihm zugeflossenen Erträge, der andere nicht, obwohl beide an einem Rentenfonds in gleicher Höhe mit gleich hohen ihnen ausgeschütteten Erträgen beteiligt sind. Hierin könnte ein Verstoß gegen die horizontale Steuergerechtigkeit zu sehen sein, die bei gleicher wirtschaftlicher Leistungsfähigkeit eine gleich hohe Besteuerung gebietet.[140] Fraglich ist, wann der Grundsatz der Verhältnismäßigkeit bei einer Anwendung des Fondsprivilegs nicht mehr gewahrt sein könnte und keine hinreichende Rechtfertigung mehr für eine steuerliche Ungleichbehandlung vorliegt. Dabei dürfte ein Überschreiten der Schwelle zur Unverhältnismäßigkeit in Hochzinsphasen früher anzunehmen sein, als in Niedrigzinsphasen. Berücksichtigt werden muss hier im Rahmen einer umfassenden Gesamtwürdigung aber auch, dass bei einer späteren Veräußerung der Fondsanteile der Anleger B die Minderung der Anschaffungskosten nach zu versteuern hat. Im Ergebnis wird somit bezogen auf die gesamte Haltezeit der Fondsanteile (Totalperiode) von beiden Anlegern ein gleich hoher Ertrag bzw. Gewinn (Totalgewinn) versteuert.

Je nachdem, ob man formelle oder materielle Grundprinzipien des Steuerrechts unter Berücksichtigung allgemeiner Prinzipien des Investmentrechts und Besonderheiten des Investmentsteuerrechts für vorrangig erachtet, könnte man die Rechtswidrigkeit der von der FinVerw. durch BMF-Schreiben im Jahre 2009 fest geschriebenen Verwendungsreihenfolge bei Substanzausschüttungen bejahen oder aber verneinen. Für die Zulässigkeit einer Klarstellung und Festlegung einer quasi systemimmanenten Verwendungsreihenfolge durch eine untergesetzliche normkonkretisierende Verwaltungsanweisung sprechen Aspekte der materiellen Steuergerechtigkeit. Gegen eine Zulässigkeit sprechen formalrechtliche Aspekte, die dem Steuerrecht als Eingriffsrecht immanent sind. **58**

---

139 BMF-Schreiben vom 18. August 2009 Investmentsteuergesetz (InvStG), Zweifels- und Auslegungsfragen; Aktualisierung des BMF-Schreibens vom 2. Juni 2005, Tz. 16a. Alternativ können betriebliche Anleger einen passiven Ausgleichsposten bilden. Beim Privatanleger kann alternativ eine Korrektur im Rahmen der Veräußerungsgewinnbesteuerung vorgenommen werden.
140 BVerfGE 122, 210, 231; 107, 27, 46.

III. Ergänzende Angaben (Satz 3)

59 Der Wortlaut des Gesetzes sieht vor, dass der Ausschüttungsbeschluss auch **Angaben zu** den noch nicht ausgeschütteten Beträgen, „*die **nicht** unter § 23 Abs. 1 fallen*" (zuvor § 19 Abs. 1 a.F.), enthalten muss. Diese Beträge sind zusätzlich zu beziffern.[141] Die FinVerw. fordert an dieser Stelle entgegen dem Gesetzeswortlaut jedoch gerade eine Angabe der nicht ausgeschütteten Beträge, die unter § 23 Abs. 1 (zuvor § 19 Abs. 1 a.F.) fallen.[142] Dieser Auslegung contra legem ist aus praktischen Erwägungen zu folgen, da aufgrund ihrer Steuerpflicht im Ausschüttungsfall gerade die Angabe der Altveräußerungsgewinne von Interesse ist. Das unverbindliche Muster der FinVerw für den Ausschüttungsbeschluss aus dem Jahr 2005 sah hierzu einen Ausweis beider Beträge vor.[143]

60 Bezweckt wird hiermit eine indirekte Festsetzung des Gewinnvortrags für **steuerpflichtige Veräußerungsgewinne aus Kapitalgesellschaftsanteilen im Altfall**.[144] Aus dieser ergeben sich jedoch ad hoc keine unmittelbaren steuerlichen Folgewirkungen auf Ebene der Anleger.[145] Konkret betroffen sind thesaurierte Alt-Veräußerungsgewinne unter dem Regime des Anrechnungsverfahrensverfahrens, d.h. vor Einführung des Halbeinkünfeverfahrens. Diese wären bei einer Ausschüttung seinerzeit steuerpflichtig gewesen. Um deren Besteuerung zu einem späteren Zeitpunkt sicherzustellen, sieht das Gesetz für diese Veräußerungsgewinne bei ihrer Ausschüttung keine Anwendung des Teileinkünfteverfahrens nach § 3 Nr. 40 EStG und der Steuerfreistellung gem. § 8b KStG vor.[146]

61 Die in § 12 Satz 3 bezeichneten Ertragsanteile sind somit kraft gesetzlicher Anordnung gesondert zu dokumentieren. Bei einer etwaigen Ausschüttung ist auf ihre Verwendung im Ausschüttungsbeschluss stets gesondert hinzuweisen.[147] In der **Literatur** wird sogar die Ansicht vertreten, dass über die weitere Thesaurierung dieser Beträge fortlaufend Beschluss zu fassen sei.[148] Denn die FinVerw. könne durchaus die Ansicht vertreten, dass im Falle nicht plausibler Ausschüttungsbeschlüsse eine Ausschüttung von Beträgen i.S.d. § 23 Abs. 1 (§ 19 Abs. 1) gewollt gewesen sei.[149] Fehlen in einem Ausschüttungsbeschluss die Angaben zu den „Altveräußerungsgewinnen", kann dies für die FinVerw. Anlass zu Nachfragen im Feststellungsverfahren oder sogar zur Anordnung einer Außenprüfung sein.[150]

C. Steuerliche Folgen auf Anlegerebene

62 Der Beschluss über die Verwendung von Erträgen des abgelaufenen Geschäftsjahres ist nach der gesetzlichen Vorgabe in § 1 Abs. 3 Satz 5 spätestens vier Monate nach Ablauf des Fondsgeschäftsjahres durch die Investmentgesellschaft zu fassen. Ansonsten gelten die Erträge als nicht zur Ausschüttung verwendet. Handelt es sich um Erträge i.S.d. § 1

---

[141] Haase/*Führlein* § 12 Rn. 10.
[142] BMF-Scheiben vom 18. August 2009 Investmentsteuergesetz (InvStG), Zweifels- und Auslegungsfragen; Aktualisierung des BMF-Schreibens vom 2. Juni 2005, Tz. 226 Satz 4.
[143] BMF-Schreiben vom 2. Juni 2005, Anhang 5 zu Tz. 227.
[144] Berger/Steck/Lübbehüsen/*Bäuml* § 12 Rn. 46; Haase/*Führlein* § 12 Rn. 10.
[145] Haase/*Führlein* § 12 Rn. 10; *Hammer* S. 65.
[146] Berger/Steck/Lübbehüsen/*Bäuml* § 12 Rn. 44.
[147] Berger/Steck/Lübbehüsen/*Bäuml* § 12 Rn. 45.
[148] Littmann/Bitz/Pust/*Ramackers* § 12 Rn. 15.
[149] Blümich/*Hammer* § 12 Rn. 14.
[150] BMF-Scheiben vom 18. August 2009 Investmentsteuergesetz (InvStG), Zweifels- und Auslegungsfragen; Aktualisierung des BMF-Schreibens vom 2. Juni 2005, Tz. 226; Beckmann/Scholtz/Vollmer/*Petzschke/Hillebrand* § 12 Rn. 4; Haase/*Führlein* § 12 Rn. 16.

Abs. 3 Satz 3, sog. ausschüttungsgleiche Erträge, gelten diese den Anlegern dann mit Ablauf des Geschäftsjahres, in dem sie vereinnahmt worden sind, als zugeflossen (§ 2 Abs. 1 Satz 2). Mit dem Datum der Fassung des Ausschüttungsbeschlusses beginnt die viermonatige Bekanntmachungsfrist im Bundesanzeiger gem. § 5 Abs. 1 Satz 1 Nr. 3 Satz 2 zu laufen.

Der **Zeitpunkt** des **Ausschüttungsbeschluss**es hat **grundsätzliche Bedeutung für** 63 die Realisierung und den **Zufluss bzw. die Zurechnung von Erträgen** aus Anlagen in Investmentfonds auf Ebene der Anleger. Die steuerliche Erfassung der Erträge auf Ebene der Anleger hängt in zeitlicher Hinsicht konkret vom Anlegertyp ab. Handelt es sich um einen bilanzierenden betrieblichen Anleger, so sind die ausgeschütteten Erträge stets nach den allgemeinen bilanziellen Grundsätzen im Zeitpunkt der Anspruchsentstehung zu erfassen.[151] Der bilanziell zu erfassende (Ausschüttungs-)Anspruch entsteht dabei immer erst durch die Konkretisierung im jeweiligen Ausschüttungsbeschluss. Die Höhe zu bildender Steuerrückstellungen hängt dabei von der Art der für eine Ausschüttung konkret verwendeten Erträge ab.[152] Nicht ausreichend für eine bilanzielle Zurechnung sind die in der Praxis regelmäßig anzutreffenden und weit verbreiteten Regelungen in den Anlagebedingungen (Vertragsbedingungen) der Investmentvermögen, die vorsehen, dass die ordentlichen Erträge grds. ausgeschüttet werden (siehe hierzu Rn. 13). Bei betrieblichen Anlegern, die ihren Gewinn basierend auf einer Einnahmen-Überschuss-Rechnung i.S.d. § 4 Abs. 3 EStG ermitteln und Privatanlegern kommt dagegen das Zuflussprinzip des § 11 EStG zur Anwendung.[153]

Beispiel: Ein Publikumsfonds fasst am 28.3.1 einen Beschluss über eine Ausschüttung. Die Ausschüttung wird den Anlegern am 5.4.1 auf ihren Konten gut geschrieben bzw. ausgeschüttet.

Die bilanzierenden betrieblichen Anleger müssen die Ausschüttung am 28.3.1 gewinnwirksam in der Bilanz bzw. Gewinn- und Verlustrechnung erfassen. Anderen Anlegern – betriebliche Anleger mit Einnahmen-Überschussrechnung (§ 4 Abs. 3 EStG) und Privatanleger – ist die Ausschüttung erst mit dem tatsächlichen Zufluss am 5.4.1 steuerlich zuzurechnen.

Praktisch bedeutet dies, dass bilanzierende Anleger die Ausschüttung mit dem Datum des Ausschüttungsbeschlusses gewinnwirksam erfassen müssen, die anderen Anleger dagegen erst mit dem tatsächlichen Zufluss der Ausschüttung. Dies gilt aus Vereinfachungsgründen grds. auch bei Teilausschüttungen, d.h. der teilweisen Ausschüttung und teilweisen Thesaurierung von Erträgen nach Ende des Geschäftsjahrs, für die ausschüttungsgleichen Erträge, sofern sich aus § 2 Abs. 1 Satz 4 nichts anderes ergibt.[154] Danach gilt im Falle der Teilausschüttung diese als mit der Ausschüttung erfolgt, es sei denn, die Ausschüttung reicht nicht dafür aus, um die Kapitalertragsteuer einschließlich der Zuschlagsteuern zur Kapitalertragsteuer (Steuerabzugsbeträge) einzubehalten. Sollte dies der Fall sein, so gilt eine Teilausschüttung dem Anleger mit dem Ablauf des Geschäftsjahres, in dem die Erträge vom Investmentvermögen erzielt wurden, als zugeflossen (siehe hierzu auch Rn. 35).

---

151 Grundlegend zum Realisierungszeitpunkt von Investmentfondserträgen nach Handels- und Steuerrecht *Hammer/Thees* DStZ **2006** 337; *Hammer/Thees* DStZ **2006** 520.
152 *Maier/Wengenroth* ErbStB **2005**, 227.
153 BMF-Scheiben vom 18. August 2009 Investmentsteuergesetz (InvStG), Zweifels- und Auslegungsfragen; Aktualisierung des BMF-Schreibens vom 2. Juni 2005, Tz. 28.
154 BMF-Scheiben vom 18. August 2009 Investmentsteuergesetz (InvStG), Zweifels- und Auslegungsfragen; Aktualisierung des BMF-Schreibens vom 2. Juni 2005, Tz. 28; Beckmann/Scholtz/Vollmer/*Petzschke/Hillebrand* § 12 Rn. 6.

D. Muster

64 Der **Ausschüttungsbeschluss** bedarf grds. **keiner bestimmten Form**. Denn das Schriftformerfordernis bezieht sich dem Wortlaut der Norm nach nur auf die Dokumentation des Ausschüttungsbeschlusses.[155] Er ist aber grds. trotzdem stets schriftlich[156] zu fassen und nicht nur zu dokumentieren (§ 12 Satz 1 a.E) Für die Beschlussfassung ist die Unterschrift eines gesetzlichen Vertreters der Investmentgesellschaft erforderlich.[157] Die Vertretungsmacht kann insoweit dem Handelsregister entnommen werden. In der Praxis erfolgt die Beschlussfassung allein aus Dokumentationsgründen i.d.R. schriftlich.[158]

65 Die FinVerw. hatte in der Vergangenheit im Rahmen der Erstfassung des BMF-Schreibens zum InvStG vom 2.6.2005[159] im Anhang 5 ein unverbindliches Muster für einen Ausschüttungsbeschluss veröffentlicht. Die aktuelle Fassung des BMF-Schreibens vom 18.8.2009 ist in Anhang 5 dagegen vorläufig unbesetzt.[160] Seitens der Literatur wird nahezu einhellig empfohlen, bei Ausschüttungen dennoch auf das Muster der FinVerw. zurückzugreifen.[161] Dieser Empfehlung sollte in der Praxis gefolgt werden. Denn dann enthält ein Ausschüttungsbeschluss im Grundsatz alle von der FinVerw. in der Vergangenheit bereits geforderten Inhalte. Hierdurch können von Beginn an auch oft unnötige Nachfragen seitens der FinVerw. vermieden werden, möglicherweise im Ergebnis sogar anlassbezogene Außenprüfungen.

In Anlehnung an das BMF-Muster aus dem Jahre 2005[162] könnte ein Ausschüttungsbeschluss für die Praxis zum **Beispiel** wie folgt ausgestaltet sein:

Beschluss über die Verwendung der zur Ausschüttung zur Verfügung stehenden Beträge:

Fonds-Nr. (ISIN):	
Fonds-Name:	
Kapitalverwaltungsgesellschaft:	
Ausschüttungsbeschluss vom:	Tag. Monat. 20__
Geschäftsjahr/Zeitraum:	Tag. Monat. 20__ bis Tag. Monat. 20__
Ex-Tag:	Tag. Monat. 20__ bis
Art der Ausschüttung:	– Zwischenausschüttung – Endausschüttung – Thesaurierung ggf. Ergänzung um Hinweis auf Vortrag der Ausschüttung

---

[155] Haase/*Führlein* § 12 Rn. 4; *Petersen* FR **2006** 1065, 1070.
[156] So einschränkend Blümich/*Hammer* § 12 Rn. 6; *Patzner/Kempf* Deutsches Bundesrecht § 12 Rn. 9; Patzner/Döser/Kempf/*Patzner/Kempf* § 12 Rn. 1; *Maier/Wengenroth* ErbStB **2004** 56, 60.
[157] Blümich/*Hammer* § 12 Rn. 6.
[158] Haase/*Führlein* § 12 Rn. 4.
[159] BMF-Schreiben vom 2. Juni 2005, BStBl. I 2005, 728.
[160] BMF-Scheiben vom 18. August 2009 Investmentsteuergesetz (InvStG), Zweifels- und Auslegungsfragen; Aktualisierung des BMF-Schreibens vom 2. Juni 2005, Anhang 5 zu Tz. 227.
[161] Z.B. Berger/Steck/Lübbehüsen/*Bäuml* § 12 Rn. 20; Bordewin/Brandt/*Geurts* § 12 Rn. 2.
[162] BMF-Schreiben vom 2. Juni 2005, BStBl. I 2005, 728.

Über die Verwendung der zur Ausschüttung zur Verfügung stehenden Beträge wird wie folgt beschlossen:

Ausschüttung (§ 5 Abs. 1 Nr. 1a) InvStG) (inkl. inländischer und ausländischer Quellensteuern)	

Bei Thesaurierung an das Finanzamt abgeführte Steuern:	

Dem **Vortrag** werden zugeführt:

Erträge i.S.d. § 3 Nr. 40 EStG bzw. § 8b Abs. 1 KStG:	
Zinsen, sonstige Erträge, Erträge aus Vermietung und Verpachtung, private Veräußerungsgewinne i.S.d. § 23 Abs. 1 Satz 1 Nr. 1 EStG:	
Veräußerungsgewinne i.S.d. § 3 Nr. 40 EStG bzw. § 8b Abs. 2 KStG:	
Veräußerungsgewinne, soweit nicht § 3 Nr. 40 EStG bzw. § 8b Abs. 2 KStG anzuwenden ist:	

Der **Thesaurierung** werden zugeführt:

Erträge i.S.d. § 3 Nr. 40 EStG bzw. § 8b Abs. 1 KStG:	
Zinsen, sonstige Erträge, Erträge aus Vermietung und Verpachtung, private Veräußerungsgewinne i.S.d. § 23 Abs. 1 Satz 1 Nr. 1 EStG:	
Veräußerungsgewinne i.S.d. § 3 Nr. 40 EStG bzw. § 8b Abs. 2 KStG:	
Veräußerungsgewinne, soweit nicht § 3 Nr. 40 EStG bzw. § 8b Abs. 2 KStG anzuwenden ist:	

§ 12 — Ausschüttungsbeschluss

In der **Ausschüttung** sind enthalten:

in Vorjahren bereits zugeflossene, versteuerte Erträge (sog. Ausschüttungsgleiche Erträge):	
in Vorjahren bereits zugeflossene, steuerfreie Erträge aus: (Bezeichnung zum Beispiel: Hinzurechnungsbeträgen nach dem AStG gem. § 2 Abs. 4 InvStG i.V.m. § 3 Nr. 41a EStG)	
Einkünfte i.S.d. § 4 Abs. 1 InvStG:	
Erträge i.S.d. § 3 Nr. 40 EStG bzw. § 8b Abs. 1 KStG:	
Zinsen, sonstige Erträge, Erträge aus Vermietung und Verpachtung, private Veräußerungsgewinne i.S.d. § 23 Abs. 1 Satz 1 Nr. 1 EStG:	

Veräußerungsgewinne i.S.d. § 3 Nr. 40 EStG bzw. § 8b Abs. 2 KStG:	
Veräußerungsgewinne vor dem Steuersenkungsgesetz:	
Veräußerungsgewinne, soweit nicht § 3 Nr. 40 EStG bzw. § 8b Abs. 2 KStG anzuwenden ist:	
Gewinne aus Termingeschäften	
Veräußerungsgewinne nach § 2 Abs. 3 Nr. 1 InvStG – außerhalb der 10-Jahresfrist:	

Kapitalrückzahlungen:	

Bestand nicht ausgeschütteter Erträge nach § 23 Abs. 2 InvStG (Veräußerungsgewinne vor dem StSenkG):	

_____ _____
Ort, Datum   Stempel, Unterschrift
                           KVG
                           – Geschäftsführung –

Der Ausschüttungsbeschluss kann um **freiwillige Zusatzangaben** ergänzt werden. **66** Dies wird **in** weiten Teilen der **Literatur** mit guten Gründen **empfohlen**.[163]
Um die Nachvollziehbarkeit eines Ausschüttungsbeschlusses für die Anteilscheininhaber zu verbessern, können zum Beispiel folgende Inhalte mit in den Beschluss integriert werden:
– Darstellung des investmentrechtlichen Ausschüttungsvolumens und der Vortragstöpfe nach ihrer materiellen Herkunft und dem Herkunftsjahr,[164]
– Darstellung des investmentsteuerlichen Ausschüttungsvolumens und der Vortragstöpfe nach ihrer materiellen Herkunft und dem Herkunftsjahr,[165]
– Darstellung der in der Vergangenheit der Thesaurierungsfiktion unterworfenen Beträge nach deren Herkunftsjahr[166] sowie
– Darstellung steuerlicher Bemessungsgrundlagen.[167]

Im Ergebnis können Ausschüttungen durch freiwillige Zusatzinformationen transparenter dargestellt werden.[168] Insbesondere können einzelne Geschäftsjahre besser miteinander verglichen werden („Bindegliedfunktion").[169] Bei Spezialfonds bekommen Anleger hierdurch einen verständlicheren Überblick über die einzelnen Geschäftsjahre und können das maximal zur Verfügung stehende Ausschüttungsvolumen und die Zusammensetzung der Ausschüttung – durch eine eingehende Darstellung im Fonds verbleibender Verlustvorträge oder Gewinne – besser erkennen. Auch der Aktiengewinn kann im Einzelfall von den Anlegern leichter überprüft werden.[170]

Durch die Einführung der Ausschüttungsreihenfolge in § 3a hat die sorgfältige Do- **67** kumentation der Ausschüttungszusammensetzung durch einen **Ausschüttungsbeschluss** i.S.d. § 12 **für** die **Praxis an Bedeutung gewonnen**. Handelsrechtlich hatte die Fassung von Ausschüttungsbeschlüssen bereits mit der Neufassung des **HGB** durch das Bilanzrechtsmodernisierungsgesetzes (BilMoG)[171] vom 25.5.2009 an Bedeutung gewonnen. Das HGB sieht für Beteiligungen an Investmentfonds (Publikums- bzw. Spezialfonds), die die Grenze von 10% überschreiten, nunmehr erweiterte Informationspflichten in den Pflichtangaben im Anhang des Einzel- (§ 285 Nr. 26 HGB) bzw. Konzernabschlusses (§ 314 Abs. 1 Nr. 18 HGB) vor. Dort sind nun Angaben betreffend „*die für das Geschäftsjahr erfolgte Ausschüttung*" erforderlich. Die handelsrechtliche Vorgabe betrifft grds. die ab dem 31.12.2009 beginnenden Geschäftsjahre auf Ebene der Anleger.

§ 13
Gesonderte Feststellung der Besteuerungsgrundlagen

(1) Die Besteuerungsgrundlagen im Sinne des § 5 Abs. 1 sind gegenüber der Investmentgesellschaft gesondert festzustellen.
(2) Die Investmentgesellschaft hat spätestens vier Monate nach Ablauf des Geschäftsjahres eine Erklärung zur gesonderten Feststellung der Besteuerungsgrund-

---
[163] Z.B. Blümich/*Hammer* § 12 Rn. 15; Haase/*Führlein* § 12 Rn. 8.
[164] Berger/Steck/Lübbehüsen/*Bäuml* § 12 Rn. 27; *Hammer* S. 66.
[165] Berger/Steck/Lübbehüsen/*Bäuml* § 12 Rn. 27; *Hammer* S. 66.
[166] Berger/Steck/Lübbehüsen/*Bäuml* § 12 Rn. 27; *Hammer* S. 66.
[167] Haase/*Führlein* § 12 Rn. 8.
[168] Haase/*Führlein* § 12 Rn. 8.
[169] Blümich/*Hammer* § 12 Rn. 15.
[170] Blümich/*Hammer* § 12 Rn. 15.
[171] BGBl. 2009 I S. 1102.

lagen abzugeben. Wird innerhalb von vier Monaten nach Ablauf des Geschäftsjahres ein Beschluss über eine Ausschüttung gefasst, ist die Erklärung nach Satz 1 spätestens vier Monate nach dem Tag des Beschlusses abzugeben. Der Feststellungserklärung sind der Jahresbericht, die Bescheinigung nach § 5 Absatz 1 Satz 1 Nummer 3, der Ausschüttungsbeschluss gemäß § 12 und eine Überleitungsrechnung, aus der hervorgeht, wie aus der investmentrechtlichen Rechnungslegung die Besteuerungsgrundlagen ermittelt wurden, beizufügen.

(3) Die Feststellungserklärung steht einer gesonderten Feststellung gleich. Die Investmentgesellschaft hat die erklärten Besteuerungsgrundlagen zugleich im Bundesanzeiger bekannt zu machen.

(4) Stellt das Finanzamt materielle Fehler der gesonderten Feststellung nach Absatz 3 Satz 1 fest, sind die Unterschiedsbeträge zwischen den erklärten Besteuerungsgrundlagen und den zutreffenden Besteuerungsgrundlagen gesondert festzustellen. Weichen die nach Absatz 3 Satz 2 bekannt gemachten Besteuerungsgrundlagen von der Feststellungserklärung ab, sind die Unterschiedsbeträge zwischen den nach Absatz 3 Satz 2 bekannt gemachten Besteuerungsgrundlagen und den erklärten Besteuerungsgrundlagen gesondert festzustellen. Die Investmentgesellschaft hat die Unterschiedsbeträge in der Feststellungserklärung für das Geschäftsjahr zu berücksichtigen, in dem die Feststellung nach den Sätzen 1 und 2 unanfechtbar geworden ist. Die §§ 129, 164, 165, 172 bis 175a der Abgabenordnung sind auf die gesonderte Feststellung nach Absatz 3 Satz 1 sowie Absatz 4 Satz 1 und 2 nicht anzuwenden. Eine gesonderte Feststellung nach den Sätzen 1 und 2 ist bis zum Ablauf der für die Feststellung nach Absatz 3 Satz 1 geltenden Feststellungsfrist zulässig.

(5) Örtlich zuständig ist das Finanzamt, in dessen Bezirk sich die Geschäftsleitung der Kapitalverwaltungsgesellschaft des Investmentfonds befindet, oder in den Fällen des § 1 Absatz 2a Satz 3 Nummer 1 Buchstabe b, in dessen Bezirk die Zweigniederlassung besteht, oder in den Fällen des § 1 Absatz 2a Satz 3 Nummer 1 Buchstabe c, in dessen Bezirk sich die Geschäftsleitung der inländischen Verwahrstelle befindet.

Schrifttum

Carle Die Besteuerung von Kapitalerträgen nach dem Investmentsteuergesetz, DStZ **2004** 74; *Cordewener* Europäische Vorgaben für die Verfahrensrechte von Steuerausländern – Formellrechtliche Implikationen der „Fokus Bank"-Entscheidung des EFTA-Gerichtshofs – Teil I, IStR **2006** 113; *ders.* Europäische Vorgaben für die Verfahrensrechte von Steuerausländern – Formellrechtliche Implikationen der „Fokus Bank"-Entscheidung des EFTA-Gerichtshofs – Teil II, IStR **2006** 158; *Feyerabend* Besteuerung privater Kapitalanlagen, 2009; *Gosch* Körperschaftsteuergesetz, 2. Aufl. 2009; *Grabbe/Behrens* Investmentsteuerrecht: Einführung der Abgeltungsteuer und andere aktuelle Änderungen, DStR **2008** 950; *Höring* Die Neukonzeption der Investmentbesteuerung, DStZ **2012** 367; *Klein* AO Abgabenordnung Kommentar, 11. Aufl. 2012; *Lübbehüsen/Schmitt* Investmentsteuergesetz – Änderungen gegenüber dem Regierungsentwurf, DB **2004** 268; *Maier/Wengenroth* Einführungsschreiben zum InvStG – Neue Verwaltungsauffassung zur Auslegung des Investmentsteuergesetzes, ErbStB **2009** 350; *Sradj/Schmitt/Krause* Ausgewählte Aspekte des neuen BMF-Schreibens zum Investmentsteuergesetz, DStR **2009** 2283; *Sradj/Mertes* Neuregelungen bei der Besteuerung von Investmentvermögen, DStR **2004** 201; *dies.* Steuerliche Aspekte des Investmentmodernisierungsgesetzes, DStR **2003** 1681; *Wünsche/Brielmaier* Erhebung von Quellensteuern auf Dividenden bei Investmentfonds, BB **2012** 2467.

Finanzverwaltung: BMF-Scheiben vom 2. Juni 2005 Investmentsteuergesetz (InvStG), Zweifels- und Auslegungsfragen; BMF-Scheiben vom 18. August 2009 Investmentsteuergesetz (InvStG), Zweifels- und

Auslegungsfragen; Aktualisierung des BMF-Schreibens vom 2. Juni 2005; Verbändeschreiben des BMF und Schreiben des BMF an Bundesanzeiger Verlags GmbH vom 19.12.2012 – Investmentsteuerrecht; Bekanntmachung von Besteuerungsgrundlagen im Bundesanzeiger nach § 5 InvStG, Gz. IV C 1 – S 1980-1/11/ 10007 : 013; Verbändeschreiben des BMF und Schreiben des BMF an Bundesanzeiger Verlags GmbH vom 25.10.2013 – Investmentsteuerrecht; Bekanntmachung von Besteuerungsgrundlagen im Bundesanzeiger nach § 5 InvStG, Gz. IV C 1 – S 1980-1/11/10007 : 013; Entwurf Bericht der Arbeitsgruppe „Neukonzeption der Investmentbesteuerung" Stand: 24. Februar 2012.

Gesetzesmaterialien

BTDrucks. 15/1553 Regierungsentwurf – Entwurf eines Gesetzes zur Modernisierung des Investmentwesens und zur Besteuerung von Investmentvermögen (Investmentmodernisierungsgesetz); BTDrucks. 16/6739 Entwurf eines Jahressteuergesetzes 2008 (JStG 2008), Stellungnahme des Bundesrates und Gegenäußerung der Bundesregierung; BTDrucks. 16/7036 Entwurf eines Jahressteuergesetzes 2008 (JStG 2008), Bericht des Finanzausschusses; BTDrucks. 17/4510 Gesetzentwurf der Bundesregierung, Entwurf eines Gesetzes zur Umsetzung der Richtlinie 2009/65/EG zur Koordinierung der Rechts- und Verwaltungsvorschriften betreffend bestimmte Organismen für gemeinsame Anlagen in Wertpapieren (OGAW-IV-Umsetzungsgesetz – OGAW-IV-UmsG); BTDrucks. 17/12603 Gesetzentwurf der Bundesregierung, Entwurf eines Gesetzes zur Anpassung des Investmentsteuergesetzes und anderer Gesetze an das AIFM-Umsetzungsgesetz (AIFM-Steuer-Anpassungsgesetz – AIFM-StAnpG); BTDrucks. 17/13036 Stellungnahme des Bundesrates und Gegenäußerung der Bundesregierung zum Entwurf eines Gesetzes zur Anpassung des Investmentsteuergesetzes und anderer Gesetze an das AIFM-Umsetzungsgesetz (AIFM-Steuer-Anpassungsgesetz – AIFM-StAnpG); BTDrucks. 18/68 Gesetzentwurf des Bundesrates: Entwurf eines Gesetzes zur Anpassung des Investmentsteuergesetzes und anderer Gesetze an das AIFM-Umsetzungsgesetz (AIFM-Steuer-Anpassungsgesetz – AIFM-StAnpG); BRDrucks. 95/1/13 Empfehlung Finanzausschuss Entwurf eines Gesetzes zur Anpassung des Investmentsteuergesetzes und anderer Gesetze an das AIFM-Umsetzungsgesetz (AIFM-Steuer-Anpassungsgesetz – AIFM-StAnpG); BRDrucks. 376/13 Gesetzesbeschluss des Deutschen Bundestages Gesetz zur Anpassung des Investmentsteuergesetzes und anderer Gesetze an das AIFM-Umsetzungsgesetz (AIFM-Steuer-Anpassungsgesetz – AIFM-StAnpG); BTDrucks. 17/13522 Beschlussempfehlung des Finanzausschusses (7. Ausschuss) zu dem Gesetzentwurf der Bundesregierung – Drucksachen 17/ 12603, 17/13036 – Entwurf eines Gesetzes zur Anpassung des Investmentsteuergesetzes und anderer Gesetze an das AIFM-Umsetzungsgesetz (AIFM-Steuer-Anpassungsgesetz – AIFM-StAnpG); BRDrucks. 740/13 Entwurf eines Gesetzes zur Anpassung des Investmentsteuergesetzes und anderer Gesetze an das AIFM-Umsetzungsgesetz (AIFM-Steuer-Anpassungsgesetz – AIFM-StAnpG).

Systematische Übersicht

A. Allgemeines —— 1
   I. Entstehungsgeschichte der Norm —— 3
   II. Vorgängernorm —— 10
   III. Inhalt und Zweck der Regelung —— 11
   IV. Anwendungsbereich
      1. Persönlicher Anwendungsbereich —— 12
      2. Sachlicher Anwendungsbereich —— 13
         a) Publikumsfonds —— 15
         b) Spezialfonds —— 16
         c) Offene Inv-KG —— 17
         d) Ausländische Fonds —— 18
      3. Überblick persönlicher und sachlicher Anwendungsbereich —— 20
      4. Zeitlicher Anwendungsbereich —— 21

B. Tatbestand —— 22
   I. Feststellung der Besteuerungsgrundlagen (Abs. 1) —— 23
      1. Investmentgesellschaft —— 25
      2. Gegenstand der Feststellung —— 27
      3. Wirkungen der Feststellung —— 30
   II. Abgabepflicht (Abs. 2) —— 32
      1. Abgabefrist (Satz 1f.) —— 33
      2. Abgabeverpflichteter —— 40
      3. Inhalt, Form —— 41
      4. Notwendige Unterlagen —— 43
      5. Verstoß gegen die Abgabepflicht —— 44
      6. Formulare —— 48
      7. Zwischenausschüttungen —— 49
      8. Thesaurierungen —— 50

9. Exkurs: Spezialfonds —— 51
   10. Verhältnis zur Kapitalertragsteueranmeldung —— 55
   III. Wirkung und Bekanntmachung (Abs. 3)
   1. Wirkungen der Feststellungserklärung (Satz 1) —— 56
      a) Rechtliche Wirkungen —— 58
      b) Faktische Wirkungen —— 62
   2. Veröffentlichung im Bundesanzeiger (Satz 2) —— 63
   3. „Gleichklang" in der Praxis —— 65
   4. Korrektur einer Feststellungserklärung —— 66
   IV. Fehlerkorrekturen (Abs. 4)
   1. Allgemein —— 67
   2. Folgen eines Fehlers bzw. einer Abweichung (Sätze 1, 2) —— 72
   3. Geregelte Fallgruppen —— 75
      a) Materielle Fehler der gesonderten Feststellung (Satz 1) —— 77
      b) Abweichungen zwischen Bekanntmachung und Feststellung (Satz 2) —— 80
      c) Fehlerkombinationen —— 81
         aa) Vollständige Kompensation der Fehler —— 82
         bb) Teilweise Kompensation der Fehler —— 83
         cc) Vertiefung oder Ausweitung —— 84
         dd) Fehlerhafte Kompensation in der Praxis —— 85
   4. Berichtigungszeitpunkt (Satz 3) —— 87
   5. Ausschluss der allgemeinen Korrekturvorschriften (Satz 4) —— 92
   6. Korrekturfrist (Satz 5) —— 95
   7. Erhöhter Bestandsschutz —— 97
   8. Rechtsmittel —— 98
   9. Sonderfall: Alleinige Verursachung durch den Bundesanzeiger —— 103
   10. Sonderfall: Abweichende Veröffentlichung in WM —— 105
   11. Unterlassen einer Korrektur —— 107
   12. Auswirkungen auf Anlegerebene —— 109
   13. Verzinsung —— 111
V. Zuständiges Finanzamt (Abs. 5) —— 112
VI. Feststellungsverfahren bei Spezialfonds und InV-KG —— 115
VII. Verhältnis zu § 6 InvStG —— 126
VIII. Fokus-Bank Zahlungen —— 133
   1. Hintergrund —— 134
   2. Korrekturproblematik —— 137
      a) Publikumsfonds —— 138
      b) Spezialfonds —— 139
   3. Korrekturfrist —— 142
   4. Gesetzesänderung oder Nichtbeanstandungsregelung? —— 143

A. Allgemeines

1 § 13 ist **lex specialis** zum allgemeinen Verfahrensrecht der Abgabenordnung.[1] Darin hat der Gesetzgeber ein **„vereinfachtes Feststellungsverfahren" für** die **fondsspezifischen Besteuerungsgrundlagen** i.S.d. § 5 Abs. 1 vorgesehen (Abs. 1 bis 3). Hierdurch wird den Besonderheiten der Fondsbesteuerung Rechnung getragen, die insbesondere dadurch gekennzeichnet sind, dass die KVG die Anleger eines Investmentfonds i.d.R. nicht kennt und diese mitunter auch häufig wechseln. In der Praxis ist deshalb eine individuelle Bekanntmachung von Besteuerungsgrundlagen an alle Anleger nahezu unmöglich.[2]

2 Absatz 1 ordnet die gesonderte Feststellung der Besteuerungsgrundlagen i.S.d. § 5 Abs. 1 gegenüber der KVG an. Absatz 2 regelt die Abgabe der Feststellungserklärung eines Investmentfonds unter Beifügung bestimmter Unterlagen innerhalb einer bestimmten Frist. Absatz 3 beinhaltet spezifische Regelungen zur Wirkung der Feststellungserklärung sowie die Pflicht zur Veröffentlichung der erklärten Besteuerungsgrundlagen im

---
[1] Haase/*Bujotzek* § 13 Rn. 1.
[2] S.a. Haase/*Bujotzek* § 13 Rn. 1.

Bundesanzeiger. Darüber hinaus beinhaltet die Norm in Absatz 4 ein von den allgemeinen Korrekturvorschriften der AO abweichendes **spezifisches vereinfachtes Korrekturverfahren** einschließlich Regelungen zum Gleichklang bzw. der Synchronie zwischen den gegenüber dem zuständigen Finanzamt erklärten und den im Bundesanzeiger veröffentlichten Besteuerungsgrundlagen. In Absatz 5 finden sich **Regelungen zur örtlichen Zuständigkeit** der Finanzbehörden.

I. Entstehungsgeschichte der Norm

§ 13 wurde durch Art. 2 des **Investmentmodernisierungsgesetz**es (InvModG) vom 15.12.2003[3] mit Wirkung ab dem 1.11.2004 neu mit in das steuerliche Normengefüge für Investmentfonds aufgenommen. Der Gesetzgeber hatte die bisherige Rechtslage als unbefriedigend empfunden.[4] Denn das bis zu diesem Zeitpunkt anzuwendende Verfahren der Bekanntmachung und Korrektur hatte sich in der Praxis als wenig praktikabel, untauglich und ineffizient erwiesen[5] (siehe hierzu auch Rn. 10).

3

Ursprünglich hatte § 13 folgenden Wortlaut:[6]

„§ 13 Gesonderte Feststellung der Besteuerungsgrundlagen

(1) Die Besteuerungsgrundlagen i.S.d. § 5 Abs. 1 sind gegenüber der Investmentgesellschaft gesondert festzustellen.

(2) Die Investmentgesellschaft hat bei jeder Ausschüttung, bei ausschüttungsgleichen Erträgen spätestens vier Monate nach Ablauf des Geschäftsjahres, eine Erklärung zur gesonderten Feststellung der Besteuerungsgrundlagen abzugeben. Der Feststellungserklärung sind der testierte Rechenschaftsbericht und der Ausschüttungsbeschluss (§ 12) beizufügen.

(3) Die Feststellungserklärung steht einer gesonderten Feststellung gleich. Die Investmentgesellschaft hat die erklärten Besteuerungsgrundlagen zugleich im elektronischen Bundesanzeiger bekannt zu machen.

(4) Stellt das Finanzamt materielle Fehler der gesonderten Feststellung nach Abs. 3 Satz 1 fest oder weichen die nach Abs. 3 Satz 2 bekannt gemachten Besteuerungsgrundlagen von der Feststellungserklärung ab, sind die Unterschiedsbeträge zwischen den erklärten Besteuerungsgrundlagen und den zutreffenden Besteuerungsgrundlagen gesondert festzustellen. Die Investmentgesellschaft hat die Unterschiedsbeträge in der Feststellungserklärung für das Geschäftsjahr zu berücksichtigen, in dem die Feststellung nach Satz 1 unanfechtbar geworden ist. Die §§ 164, 165, 172 bis 175a der Abgabenordnung sind auf die gesonderte Feststellung nach Abs. 3 Satz 1 nicht anzuwenden.

(5) Örtlich zuständig ist das Finanzamt, in dessen Bezirk sich die Geschäftsleitung der Investmentgesellschaft befindet."

Im Regierungsentwurf zum InvModG war ursprünglich vorgesehen, dass die Besteuerungsgrundlagen i.S.d. § 5 Abs. 1 mit Wirkung für und gegen die Anleger und die inländische Investmentgesellschaft gesondert und einheitlich festgestellt werden sollten.[7] Der Gesetzgeber hat sich im Laufe des Gesetzgebungsverfahrens jedoch dafür entschieden, die Besteuerungsgrundlagen (bezogen auf einen Anteilschein) nur gegenüber der Investmentgesellschaft gesondert festzustellen. Denn im Laufe des Gesetzgebungsverfahrens

4

---

3 BGBl. 2003 I S. 2676, 2724.
4 BTDrucks. 15/1553 S. 122.
5 Haase/*Bujotzek* § 13 Rn. 1.
6 BGBl. 2003 I S. 2676, 2724, 2729.
7 BTDrucks. 17/1553 S. 60.

wurde die verbindliche Feststellung der Besteuerungsgrundlagen auch gegenüber den Anlegern als zu starker Eingriff in deren Rechte kritisiert.[8] Folge hiervon ist, dass bei Publikumsfonds die gesonderte Feststellung nicht als Grundlagenbescheid wirkt und die Anleger die ihrem individuellen Steuerbescheid zu Grunde gelegten Besteuerungsgrundlagen isoliert mit Rechtsmitteln angreifen können (siehe hierzu auch Rn. 59).[9]

5 § 13 Abs. 1 wurde seit seiner Einführung durch das InvModG nicht geändert.

6 § 13 Abs. 2 Satz 3 (ursprünglich Satz 2) wurde durch Art. 12 des **EURLUmsG**[10] vom 9.12.2004 mit Wirkung zum 16.12.2004 geändert. Hierbei wurde der *„testierte Rechenschaftsbericht"* durch *„Jahresbericht, die Bescheinigung (§ 5 Abs. 1 Nr. 3)"* ersetzt.

Durch Art. 14 des **JStG 2009**[11] vom 19.12.2008 wurde Abs. 2 Satz 1 neu gefasst: *„Die Investmentgesellschaft hat spätestens vier Monate nach Ablauf des Geschäftsjahres eine Erklärung zur gesonderten Feststellung der Besteuerungsgrundlagen abzugeben."* Zudem wurde ein neuer Satz 2 in das Gesetz eingefügt: *„Wird innerhalb von vier Monaten nach Ablauf des Geschäftsjahres ein Beschluss über eine Ausschüttung gefasst, ist die Erklärung nach Satz 1 spätestens vier Monate nach dem Tag des Beschlusses abzugeben."* Der bisherige Satz 2 im Gesetz wurde in Folge der Änderung zu Satz 3.

Durch Art. 1 des **AIFM-StAnpG** vom 18.12.2013[12] wurde Abs. 2 Satz 3 neu gefasst. In Abs. 2 Satz 3 wurde vom Gesetzgeber klargestellt, dass auch eine Überleitungsrechnung verpflichtend bei der Abgabe der Feststellungserklärung mit einzureichen ist.[13] *„Der Feststellungserklärung sind der Jahresbericht, die Bescheinigung nach § 5 Abs. 1 Satz 1 Nummer 3, der Ausschüttungsbeschluss gemäß § 12 und eine Überleitungsrechnung, aus der hervorgeht, wie aus der investmentrechtlichen Rechnungslegung die Besteuerungsgrundlagen ermittelt wurden, beizufügen."*

7 In § 13 Abs. 3 Satz 2 wurde durch Art. 2 Abs. 56 des Gesetzes zur Änderung von Vorschriften über Verkündung und Bekanntmachungen sowie der Zivilprozessordnung, des Gesetzes betreffend die Einführung der Zivilprozessordnung und der Abgabenordnung[14] vom 22.12.2011 vor dem Wort *„Bundesanzeiger"* das Wort *„elektronischen"* mit Wirkung ab dem 1.4.2012 gestrichen.[15] Denn seitdem wird der Bundesanzeiger nur noch in elektronischer Form herausgegeben und ausschließlich im Internet publiziert. Regelungen, die auf den bisherigen elektronischen Bundesanzeiger verwiesen, wurden deshalb generell vom Gesetzgeber gestrichen. Alle Hinweise auf den „Bundesanzeiger" wurden fortan generell zu Hinweisen auf den Bundesanzeiger im Internet.[16]

8 § 13 Abs. 4 wurde durch Art. 23 des **JStG 2008**[17] vom 20.12.2007 neu gefasst. In Satz 1 wurden die Worte *„oder weichen die nach Absatz 3 Satz 2 bekannt gemachten Besteuerungsgrundlagen von der Feststellungserklärung ab"* gestrichen. Satz 2 wurde neu in das Gesetz aufgenommen: *„Weichen die nach Absatz 3 Satz 2 bekannt gemachten Besteuerungsgrundlagen von der Feststellungserklärung ab, sind die Unterschiedsbeträge zwischen*

---

8 Z.B. *Lübbehüsen/Schmitt* DB **2004** 268, 269.
9 *Feyerabend/Patzner* B Rn. 8; Bordewin/Brandt/*Geurts* § 13 Rn. 2, 3; *Lübbehüsen/Schmitt* DB **2004** 268, 269; *Sradj/Mertes* DStR **2004** 201, 204.
10 BGBl. 2004 I S. 3310, 3326.
11 BGBl. 2008 I S. 2794, 2832f.
12 BGBl. 2013 I S. 4318 ff.
13 BTDrucks. 18/68 S. 59; BRDrucks. 740/13 (B) S. 92; BRDrucks. 740/13 S. 60.
14 BGBl. 2011 I S. 3044.
15 BGBl. 2011 I S. 3044, 3050, 3056.
16 BTDrucks. 17/6610 S. 24.
17 BGBl. 2007 I S. 3150, 3184.

den nach Absatz 3 Satz 2 bekannt gemachten Besteuerungsgrundlagen und den erklärten Besteuerungsgrundlagen gesondert festzustellen.". Hierdurch wurde die bisherige Regelung des § 13 Abs. 4 Satz 1 a.F. in ihrer zweiten Alternative neu gefasst. § 13 Abs. 4 Satz 1 Altern. 2 a.F. referenzierte zuvor auf eine Abweichung der im Bundesanzeiger bekannt gemachten Besteuerungsgrundlagen von der Feststellungserklärung und stellte als Unterschiedsbetrag die Differenz zwischen den erklärten und den zutreffenden Besteuerungsgrundlagen gesondert fest. Dies wurde für bestimmte Fallkonstellationen aber als unzureichend empfunden. Denn so bestand bei zutreffender Erklärung gegenüber dem Finanzamt, aber fehlerhafter Bekanntmachung im Bundesanzeiger faktisch keine Möglichkeit zur gesonderten Feststellung eines Korrekturbetrages, weil die erklärten Besteuerungsgrundlagen stets zutreffend waren.[18] Unter Berücksichtigung des Sinns und Zwecks der Norm wurde der bisherige Wortlaut in der Literatur zwar als gesetzgeberisches Versehen gewertet, welches im Wege der ergänzenden Auslegung hätte behoben werden können.[19] Der Gesetzgeber hat sich im Laufe des Gesetzgebungsverfahrens dennoch für eine gesetzliche Klarstellung entschieden.[20] Satz 2 wurde hierbei neu in das Gesetz aufgenommen. In ihm wurde die bisherige Regelung des § 13 Abs. 4 Satz 1 a.F. in seiner zweiten Alternative neu gefasst. Zudem wurden in Satz 3 entsprechende Anpassungen der Verweise vorgenommen (*„nach Satz 1"* durch *„nach den Sätzen 1 und 2"*). Bei dieser Gelegenheit wurde auch der Satz 4 neu gefasst und dabei explizit *„§ 129"* AO in die Reihe der nicht anwendbaren Normen aufgenommen. Ergänzend wurde zudem in Satz 5 eine spezielle Korrekturfrist für die Feststellung der Unterschiedsbeträge neu mit in das Gesetz aufgenommen: *„Eine gesonderte Feststellung nach den Sätzen 1 und 2 ist bis zum Ablauf der für die Feststellung nach Absatz 3 Satz 1 geltenden Feststellungsfrist zulässig."*.

9 § 13 Abs. 5 wurde durch Art. 9 des **OGAW-IV-UmsG** vom 22.6.2011[21] neu gefasst: *„Örtlich zuständig ist das Finanzamt, in dessen Bezirk sich die Geschäftsleitung der Investmentgesellschaft befindet, oder in den Fällen des § 1 Absatz 1 Nummer 1 Buchstabe b, in dessen Bezirk die Zweigniederlassung besteht, oder in den Fällen des § 1 Absatz 1 Nummer 1 Buchstabe c, in dessen Bezirk sich die Geschäftsleitung der inländischen Depotbank befindet."* Hierdurch wurden die Regelungen zur örtlichen Zuständigkeit der Finanzämter um die Fälle der Verwaltung durch eine inländische Zweigniederlassung einer EU-Verwaltungsgesellschaft und die Verwaltung durch eine EU-Verwaltungsgesellschaft ohne inländische Zweigniederlassung ergänzt.[22]

Durch Art. 1 des **AIFM-StAnpG** vom 18.12.2013[23] wurde der Abs. 5 neu gefasst. Dabei wurde klargestellt, welches Finanzamt zuständig ist, wenn verschiedene Sondervermögen einer KVG an verschiedenen Orten verwaltet werden.[24] *„(5) Örtlich zuständig ist das Finanzamt, in dessen Bezirk sich die Geschäftsleitung der Kapitalverwaltungsgesellschaft des Investmentfonds befindet, oder in den Fällen des § 1 Absatz 2a Satz 3 Nummer 1 Buchstabe b, in dessen Bezirk die Zweigniederlassung besteht, oder in den Fällen des § 1 Absatz 2a Satz 3 Nummer 1 Buchstabe c, in dessen Bezirk sich die Geschäftsleitung der inländischen Verwahrstelle befindet."* Dabei wurden zudem rein redaktionelle Änderungen am Wortlaut der Vorschrift vorgenommen, die aufgrund der Umsetzung der AIFM-Richt-

---

18 BTDrucks. 16/6739 S. 28.
19 Haase/*Bujotzek* § 13 Rn. 82.
20 BTDrucks. 16/6739 S. 28.
21 BGBl. 2011 I S. 1126, 1168, 1172.
22 BTDrucks. 17/4510 S. 95.
23 BGBl. 2013 I S. 4318 ff.
24 BTDrucks. 18/68 S. 60; BRDrucks. 740/13 (B) S. 93; BRDrucks. 740/13 S. 60.

§ 13 ——— Gesonderte Feststellung der Besteuerungsgrundlagen

linie[25] in nationales Recht durch das KAGB[26] vom 4.7.2013 notwendig waren. Die bisherige Begrifflichkeit der Investmentgesellschaft wurde durch die der Kapitalverwaltungsgesellschaft (KVG) des Investmentfonds und der Begriff der Depotbank durch Verwahrstelle ersetzt. Ferner wurden die Verweise auf § 1 Abs. 2a angepasst.[27]

II. Vorgängernorm

10 § 13 hatte **keine direkte Vorgängernorm** im Investmentsteuerrecht. Das KAGG kannte keine dem § 13 vergleichbare Vorschrift. Gem. § 41 Abs. 1 KAGG mussten die Kapitalanlagegesellschaften (KAG) jedoch die Besteuerungsgrundlagen bei jeder Ausschüttung bezogen auf einen Anteilschein bekannt machen. Eine in die Zukunft gerichtete Korrektur sah das Gesetz in § 41 Abs. 3 KAGG nur für anrechenbare und abziehbare Steuern vor. Wurden später zum Beispiel im Rahmen einer Außenprüfung Änderungen der Besteuerungsgrundlagen notwendig, so mussten diese durch Änderungsbescheide gem. § 173 AO gegenüber allen Anlegern einzeln umgesetzt werden. Tatsächlich war dies aber kaum möglich. Deshalb hat sich das bisherige Korrekturverfahren in der Praxis, nicht überraschend, als wenig sinnvoll und ineffizient erwiesen und wurde vom Gesetzgeber deshalb nicht mit in das InvStG übernommen.[28]

III. Inhalt und Zweck der Regelung

11 Durch das in § 13 vorgesehene **vereinfachte Feststellungsverfahren für** die fondsspezifischen Besteuerungsgrundlagen i.S.d. § 5 Abs. 1 wird den **Besonderheiten der Fondsbesteuerung** Rechnung getragen. Diese sind dadurch gekennzeichnet, dass die KVG die Anleger eines Investmentfonds regelmäßig nicht kennt und diese in der Praxis auch häufig wechseln. Durch diese besonderen Umstände ist eine individuelle Bekanntmachung von Besteuerungsgrundlagen an alle Anleger mit großen Schwierigkeiten verbunden und praktisch nahezu unmöglich.[29] Der Gesetzgeber hat deshalb im Rahmen des InvModG nach Alternativen gesucht und sich für das nunmehr in § 13 normierte **spezifische Feststellungs- und Korrekturverfahren** entschieden, durch das Änderungen von der Ebene der Anleger auf die der Investmentfonds und zeitlich in die Zukunft verlagert werden. Hierdurch ergeben sich bezogen auf den von Korrekturen betroffenen Zeitraum und Anlegerkreis zwar gewisse Unschärfen sowie Ungenauigkeiten und möglicherweise Härtefälle. Diese wurden vom Gesetzgeber aber **aus Vereinfachungs- und Praktikabilitätsgründen** bewusst in Kauf genommen.

IV. Anwendungsbereich

12 **1. Persönlicher Anwendungsbereich.** § 13 findet **nur** auf **inländische Investmentfonds** Anwendung. Die aus der Norm resultierenden **Verpflichtungen treffen** das **inländische Sondervermögen** (i.d.R.) vertreten durch die KVG (§ 1 Abs. 2a Satz 3 Nr. 1

---

25 Richtlinie 2011/61/EU des Europäischen Parlaments und des Rates vom 8. Juni 2011 über die Verwalter alternativer Investmentfonds und zur Änderung der Richtlinien 2003/41/EG und 2009/65/EG und der Verordnungen (EG) Nr. 1060/2009 und (EU) Nr. 1095/2010 (ABl. L 174 vom 1.7.2011, S. 1 ff.) auch AIFM-Richtlinie (engl. *AIFMD* für *Alternative Investment Fund Manager Directive*).
26 BGBl. 2013 I S. 1981 ff.
27 BTDrucks. 18/68 S. 60; BRDrucks. 740/13 (B) S. 93; BRDrucks. 740/13 S. 60.
28 Vgl. Beckmann/Scholtz/Vollmer/*Röhrich* § 13 Rn. 6; Haase/*Bujotzek* § 13 Rn. 1, 4 i.V.m. Brinkhaus/Scherer/*Lübbehüsen* § 41 KAGG Rn. 23; Baur KAGG § 41 Rn. 23 f.
29 Haase/*Bujotzek* § 13 Rn. 1.

Buchstb. a InvStG), die **Inv-AG** mit veränderlichem Kapital **und die Inv-KG** als Investmentgesellschaften. Nur diese fallen in den persönlichen Anwendungsbereich der Norm. Ausschließlich diese sind zur gesonderten Feststellung der Besteuerungsgrundlagen i.S.d. § 5 Abs. 1 verpflichtet. Dies ergibt sich systematisch aus der Stellung der Norm im zweiten Abschn. des InvStG, welcher die Regelungen nur für inländische Investmentfonds beinhaltet. Auf ausländische Investmentgesellschaften finden hingegen die Regelungen zur Bekanntmachung und Korrektur von Besteuerungsgrundlagen gem. § 5 Abs. 1 Satz 1 Nr. 5 Satz 3 Anwendung[30] (siehe hierzu Rn. 18, 67).

2. Sachlicher Anwendungsbereich. Sachlich wird in § 13 das **gesonderte Feststellungsverfahren für** die **Besteuerungsgrundlagen** i.S.d. § 5 Abs. 1 bei einer Ausschüttung oder Thesaurierung durch eine inländische Investmentgesellschaft oder im Falle einer Verwaltung eines inländischen Sondervermögens durch die inländische Zweigniederlassung einer EU-Verwaltungsgesellschaft i.S.d. § 1 Abs. 17 KAGB (§ 1 Abs. 1f Nr. 1 Buchstb. b) geregelt. Anwendung findet § 13 InvStG außerdem auf die Fälle der grenzüberschreitenden Verwaltung von Sondervermögen durch EU-Verwaltungsgesellschaften i.S.d. § 1 Abs. 17 Nr. 1 KAGB (§ 1 Abs. 1f Nr. 1 Buchstb. c InvStG), die über keine Zweigniederlassung im Inland verfügen. Abzugrenzen hiervon sind die Fälle der grenzüberschreitenden Verwaltung ausländischer Sondervermögen durch eine inländische KVG, da auf diese der Abschn. 2 des Gesetzes und somit auch § 13 keine Anwendung findet. **13**

Beim Umfang des sachlichen Anwendungsbereichs der Norm ist zudem grds. zwischen inländischen Publikums- und Spezialinvestmentfonds zu unterscheiden. Auf diese beiden Fondstypen finden verschiedene Feststellungsverfahren Anwendung. Eine Ausnahme gilt dabei für Spezialinvestmentfonds i.S.d. § 15, deren schriftliche Vereinbarung mit der KVG oder Satzung keine Beschränkung der Anleger bzw. Aktionärsanzahl, die nicht natürliche Personen sind, auf 100 vorsieht.[31] Denn auf diese findet die steuerliche Regelung des § 15 Abs. 1 für Spezialfonds mit seiner Einschränkung der Anwendbarkeit des § 13 gem. § 15 Abs. 1 Satz 4 keine Anwendung. **14**

a) Publikumsfonds. Auf inländische **Publikumsfonds** findet der gesamte § 13 **uneingeschränkt Anwendung**.[32] Bei diesen werden die Besteuerungsgrundlagen bei Ausschüttungen (§ 5 Abs. 1 Satz 1 Nr. 1) und Thesaurierungen (§ 5 Abs. 1 Satz 1 Nr. 2) gegenüber der Investmentgesellschaft gesondert festgestellt und im Bundesanzeiger veröffentlicht. Nur auf diese finden die fondsspezifischen in die Zukunft gerichteten Korrekturvorschriften des § 13 Abs. 4 Anwendung. **15**

b) Spezialfonds. § 13 ist auf **inländische Spezialinvestmentfonds** i.S.d. § 15 Abs. 1 **nur eingeschränkt anwendbar**. Der Wortlaut des Gesetzes bestimmt in § 15 Abs. 1 Satz 4 ausdrücklich, dass die Absätze 1, 3 und 4 des § 13 nicht auf diese anwendbar sind. Die Anwendbarkeit der steuerlichen Regelungen für Spezial-Investmentfonds wird in § 15 Abs. 1 Satz 1 daran geknüpft, dass bei inländischen Sondervermögen oder Investmentaktiengesellschaften mit veränderlichem Kapital eine schriftliche Vereinbarung mit der KVG oder Satzung eine Beschränkung der Anleger bzw. Aktionärsanzahl, die nicht natürliche Personen sind, auf 100 vorsieht. Die Begrenzung der Anlegerzahl wurde im **16**

---
30 Blümich/*Hammer* § 13 Rn. 3; Haase/*Bujotzek* § 13 Rn. 10; Berger/Steck/Lübbehüssen/*Hölzl* § 13 Rn. 5.
31 Berger/Steck/Lübbehüssen/*Hölzl* § 13 Rn. 5, 10; Haase/*Bujotzek* § 13 Rn. 8, 9.
32 Haase/*Bujotzek* § 13 Rn. 6; Blümich/*Hammer* § 13 Rn. 5.

Rahmen des JStG 2008[33] neu mit in das Investmentsteuerrecht aufgenommen. Hintergrund für die Neuregelung war die Liberalisierung des Aufsichtsrechts durch das InvÄndG[34] vom 21.12.2007, in deren Rahmen die bisherige Begrenzung der Anlegerzahl für Spezial-Sondervermögen von 30 Anlegern in § 2 Abs. 3 InvG a.F. abgeschafft wurde. Voraussetzung nach dem Aufsichtsrecht war fortan nur noch, dass natürliche Personen als Fondsanleger ausgeschlossen sind, weshalb eine eigene steuerliche Beschränkung eingeführt wurde, um die mit dem Status als Spezialfonds verbundenen Steuervorteile weiterhin zu rechtfertigen.[35] Die nunmehr steuerrechtlich vorgesehene Anlegergrenze dient der Gleichbehandlung mit ausländischen Spezial-Investmentfonds. Zudem soll die Durchführung des Besteuerungsverfahrens im Wege der einheitlichen und gesonderten Feststellung von Besteuerungsgrundlagen praktikabel bleiben.[36] Hieraus folgt im Ergebnis, dass bei inländischen Spezialfonds unter den Voraussetzungen des § 15 Abs. 1 Satz 1 nur § 13 Abs. 2 und Abs. 5 Anwendung finden.[37]

17   **c) Offene Inv-KG.** Eine eingeschränkte Anwendbarkeit des § 13 ergibt sich aufgrund des umfassenden Verweises in § 15a Abs. 1 Satz 1 auf § 15 auch für die offene Inv-KG, für die nach § 1 Abs. 1f Nr. 3 vergleichbare Regelungen wie für Spezialfonds gelten und deren Gesellschaftszweck zudem unmittelbar und ausschließlich auf die Abdeckung betrieblicher Altersvorsorgeverpflichtungen gerichtet sein muss.

18   **d) Ausländische Fonds.** § 13 findet auf **ausländische Investmentfonds keine Anwendung**. Es existiert für diese keine Norm vergleichbaren Inhalts. Deshalb müssen sie in Deutschland keine steuerlichen Erklärungspflichten erfüllen. Sie haben jedoch die Regelungen zur Bekanntmachung und Korrektur von Besteuerungsgrundlagen gem. § 5 Abs. 1 zu beachten, wenn diese steuerliche Transparenz vermitteln sollen. Korrekturen sind dabei stets – wie bei inländischen Publikumsfonds – im laufenden Geschäftsjahr zu berücksichtigen (§ 5 Abs. 1 Satz 1 Nr. 5 Satz 3). Bei Verstößen droht ausländischen Investmentfonds – wie den inländischen Investmentfonds – als Sanktion die Pauschalbesteuerung gem. § 6.[38]

19   In der **Literatur** wird die Frage **diskutiert**, ob die Nichtanwendbarkeit des § 13 auf ausländische Investmentfonds eine **europarechtlich unzulässige Diskriminierung** ausländischer Fonds und ihrer Anleger gegenüber inländischen Fonds und deren Anlegern darstellen könnte.[39] Hintergrund hierfür ist der in § 13 Abs. 4 Satz 3 bei Korrekturen gesetzlich angeordnete sog. „Suspensiveffekt" bei der Berücksichtigung von sog. Unterschiedsbeträgen (siehe hierzu auch Rn. 87, 100, 102). Denn diese sind erst in der Feststellungserklärung für das Geschäftsjahr zu berücksichtigen, in dem die Feststellung der Unterschiedsbeträge bestandskräftig wird. Für ausländische Investmentfonds fehlt eine entsprechende Vorschrift. Sind bei diesen die Besteuerungsgrundlagen zwischen Investmentgesellschaft und FinVerw. streitig, so führt der fehlende „Suspensiveffekt" stets dazu, dass sich die Streitfrage bereits unmittelbar im laufenden Geschäftsjahr steuerlich auf Ebene der Anleger auswirkt.[40] Diese verfahrensrechtliche Schlechterstellung einhergehend mit der latenten Bedrohung einer Umqualifizierung in einen steuerlich intrans-

---

33 BGBl. 2007 I S. 3150, 3184.
34 BGBl. 2007 I S. 3089.
35 *Grabbe/Behrens* DStR **2008** 950, 956 f.
36 Berger/Steck/Lübbehüssen/*Hölzl* § 13 Rn. 5; Haase/*Bujotzek* § 13 Rn. 8; BTDrucks. 16/7036 S. 27.
37 Blümich/*Hammer* § 13 Rn. 1, 5.
38 Haase/*Bujotzek* § 13 Rn. 10.
39 *Sradj/Schmitt/Krause* DStR **2009** 2283, 2288; Haase/*Bujotzek* § 13 Rn. 11.
40 Haase/*Bujotzek* § 13 Rn. 11.

parenten Fonds könnte einen Verstoß gegen die Grundfreiheiten des Europäischen Rechts, insbesondere die Niederlassungsfreiheit (Artikel 49 ff. AEUV[41]), Dienstleistungsfreiheit (Artikel 56 ff. AEUV[42]) und Kapitalverkehrsfreiheit (Artikel 63 ff. AEUV[43]), darstellen.[44] In der Literatur wird die Lösung der FinVerw. für die Praxis, die Aufforderungen zur Korrektur unzutreffender Bekanntmachungen gem. § 5 Abs. 1 Satz 1 Nr. 5 mit einer Rechtsschutzbelehrung zu versehen, deshalb als Schritt in die richtige Richtung begrüßt.[45] Dem ist zuzustimmen. Denn hierdurch wird den ausländischen Anlegern auch ein Mindestmaß an vergleichbarem Rechtsschutz gewährt. Dies ist rechtlich unabdingbar. Fraglich könnte jedoch sein, ob dies in allen Fällen ausreichend ist.

3. Überblick persönlicher und sachlicher Anwendungsbereich. Der persönliche und sachliche Anwendungsbereich des § 13 stellt sich tabellarisch wie folgt dar: 20

Anwendung § 13	Inländische Investmentvermögen/Investmentfonds			Ausländische Investmentvermögen/ Investmentfonds
	Publikumsfonds	Spezialfonds Anleger > 100	Spezialfonds Anleger < 100 (Inv-KG)	Publikumsfonds/ Spezialfonds
Abs. 1	✓	✓	–	–
Abs. 2	✓	✓	✓	–
Abs. 3	✓	✓	–	–
Abs. 4	✓	✓	–	–
Abs. 5	✓	✓	✓	–

4. Zeitlicher Anwendungsbereich. Die Regelungen zum gesonderten Feststellungs- und Korrekturverfahren in § 13 sind generell auf ab dem Jahre 2004 beginnende Geschäftsjahre anzuwenden (§ 18 i.d.F. InvModG[46]). Im Übrigen wird auf die Kommentierung zu § 21 verwiesen. 21

B. Tatbestand

§ 13 Abs. 1 ordnet an, dass die **Besteuerungsgrundlagen** nach § 5 Abs. 1 (siehe hierzu Kommentierung § 5) gegenüber der Investmentgesellschaft **gesondert festzustellen** sind. Örtlich zuständig für die gesonderte Feststellung ist grds. das Finanzamt, in dessen Bezirk sich die Geschäftsleitung der KVG des Investmentfonds befindet (§ 13 Abs. 5). 22

Die gesonderte Feststellung setzt zwangsläufig voraus, dass die KVG innerhalb von 4 Monaten nach Ablauf des Geschäftsjahres eine Erklärung über die gesonderte Feststellung der Besteuerungsgrundlagen beim zuständigen Finanzamt eingereicht hat. Die viermonatige Abgabefrist kann sich um den Zeitraum verlängern, nach dem die Investment-

---

41 Zuvor Artikel 43 ff. EGV.
42 Zuvor Artikel 49 ff. EGV.
43 Zuvor Artikel 56 ff. EGV.
44 *Sradj/Schmitt/Krause* DStR **2009** 2283, 2288.
45 Haase/*Bujotzek* § 13 Rn. 12.
46 BGBl. 2003 I S. 2676, 2730.

gesellschaft wiederum innerhalb von 4 Monaten nach Ablauf des Geschäftsjahres des Investmentfonds einen Ausschüttungsbeschluss gefasst hat. Die Feststellungserklärung steht dabei einer gesonderten Feststellung nach § 180 AO gleich.

Der Feststellungserklärung sind die in Abs. 2 Satz 3 abschließend genannten Unterlagen beizufügen. Die erklärten Besteuerungsgrundlagen lt. Feststellungserklärung sind gleichzeitig mit Abgabe der Feststellungserklärung im Bundesanzeiger bekannt zu machen.

Die gesonderte Feststellung der Besteuerungsgrundlagen dient als Bindeglied zwischen den als steuerbefreit geltenden inländischen Investmentfonds und der Besteuerung der nach § 3 zu ermittelnden Erträge des Investmentfonds auf der Ebene der Anleger. Eine einheitliche Feststellung der Besteuerungsgrundlagen kommt aufgrund der denkbar unbegrenzten Anzahl an Anlegern in einem Investmentfonds und des damit verbundenen Verwaltungsaufwandes zumindest bei Publikumsfonds nicht in Betracht.

I. Feststellung der Besteuerungsgrundlagen (Abs. 1)

23 Die Besteuerungsgrundlagen sind mangels Einheitlichkeit der Feststellungserklärung ausschließlich gegenüberder Investmentgesellschaft gesondert festzustellen.[47] Eine Einbeziehung der Anleger findet ausdrücklich nicht statt, sodass diese aus dem Feststellungsverfahren gegenüber der Investmentgesellschaft auch keinerlei Rechte und Pflichten herleiten können, da sie nicht verfahrensbeteiligt sind. Der Gesetzgeber hatte sich im Gesetzgebungsverfahren bewusst dafür entschieden, die Besteuerungsgrundlagen nur gegenüber der Investmentgesellschaft gesondert festzustellen (siehe hierzu Rn. 4).

24 Bei inländischen Spezialfonds steht hingegen die einzureichende Feststellungserklärung gem. § 15 Abs. 1 Satz 3 2. Hs. einer gesonderten und einheitlichen Feststellung gem. § 179 Abs. 1 AO i.V.m. § 15 Abs. 1 Satz 3, 1. Hs. i.V.m. § 180 Abs. 1 Nr. 2a AO gleich.[48] Dies sind inländische Spezial-Sondervermögen sowie Spezial-Inv-AG mit veränderlichem Kapital, die aufgrund einer schriftlichen Vereinbarung mit der KVG oder aufgrund ihrer Satzung nicht mehr als einhundert Anleger bzw. Aktionäre haben. Entsprechendes gilt nunmehr auch für die gesonderte und einheitliche Feststellung bei der Offenen Inv-KG gem. § 15a infolge des umfassenden Verweises in § 15a Abs. 1 Satz 1 auf § 15.

25 **1. Investmentgesellschaft.** Investmentgesellschaften sind Vehikel zur Verwaltung von fremdem Vermögen, welches zum Zwecke der gemeinschaftlichen Kapitalanlage unter Beachtung der Grundsätze der Risikomischung von Kapitalanlegern zur Verfügung gestellt wird. Die Verwaltung des Vermögens kann intern oder extern erfolgen (vgl. § 1 Abs. 12 und 13 KAGB). Die Legaldefinition der Inv-AG in § 1 Abs. 11 KAGB ist in seiner Einschränkung auf die Inv-AG und Inv-KG für das InvStG nicht anwendbar, da insoweit das Sondervermögen unberücksichtigt bleibt. Gem. § 1 Abs. 2a Satz 1 sind inländische Investmentfonds zugleich inländische Investmentgesellschaften i.S.d. InvStG. Ausländische Investmentfonds sind nach § 1 Abs. 2a Satz 2 zugleich ausländische Investmentgesellschaften i.S.d. InvStG.

Da inländische Sondervermögen und inländische Inv-AG von der Körperschaftsteuer und Gewerbesteuer befreit sind, haben sie für eigene Zwecke keine Steuererklärungen abzugeben. So sind ein inländisches Sondervermögen als fiktives Zweckvermögen (§ 11 Abs. 1 Satz 1 i.V.m. § 5 Abs. 1 Nr. 5 KStG) sowie die inländische Inv-AG per se Körper-

---

47 *Patzner/Kempf* Deutsches Bundesrecht § 13 Rn. 2.
48 Beckmann/Scholtz/Vollmer/*Röhrich* § 13 Rn. 13.

schaftsteuersubjekte, infolge der Steuerbefreiung nach § 11 Abs. 1 Satz 2 jedoch keine Besteuerungssubjekte. Da aber die den Anlegern zuzurechnenden und bei diesen steuerpflichtigen Einkünfte auf Ebene des Investmentfonds zu ermitteln sind, kann es grds. alleinig der KVG obliegen, die für die Besteuerung relevanten Daten zu ermitteln und bekannt zu machen. Folglich trifft auch nur diese die Verpflichtung zur Abgabe der Feststellungserklärung.

Die KVG ist hernach auch einzig Befugte im Rechtsmittelverfahren gegen die gesonderte Feststellung i.S.d. § 13 Abs. 1. Wären die Anleger am Feststellungsverfahren beteiligt, blieben diese auch nach ihrem Ausscheiden aus dem Investmentvermögen gem. § 352 Abs. 1 Nr. 3 AO einspruchs- und klagebefugt. Außerdem wären im Falle eines Einspruches der KVG oder eines Anlegers stets alle betroffenen Anleger einschließlich der zwischenzeitlich ausgeschiedenen Anleger nach § 360 Abs. 3 AO bzw. § 60 Abs. 3 FGO notwendigerweise beizuladen.[49] Derartiges war seitens des Gesetzgebers aus verfahrensökonomischen Gründen nicht gewollt.

Neben den inländischen Investmentgesellschaften findet das Feststellungsverfahren gem. § 13 außerdem auf die Verwaltung von Sondervermögen durch inländische Zweigniederlassungen von EU-Verwaltungsgesellschaften gem. § 1 Abs. 1f Nr. 1 Buchst. b und auf die grenzüberschreitende Verwaltung gem. § 1 Abs. 1f Nr. 1 Buchst. c Anwendung (siehe hierzu Rn. 13). 26

2. Gegenstand der Feststellung. Gegenstand der Feststellung sind lediglich die Besteuerungsgrundlagen nach § 5 Abs. 1, d.h. die steuerlichen Daten, die in § 5 Abs. 1 Satz 1 Nr. 1 Buchst. a bis h (für Ausschüttungen) bzw. i.V.m. Nr. 2 (für ausschüttungsgleiche Erträge) abschließend aufgeführt sind. Die Feststellung umfasst daher weder den Fonds-Aktiengewinn und Fonds-Immobiliengewinn gem. § 5 Abs. 2 i.V.m. §§ 8 und 4 Abs. 1 noch den Zwischengewinn nach § 5 Abs. 3. Bezüglich dieser Besteuerungsgrundlagen hat aber generell gem. § 5 Abs. 2 bzw. 3 eine – nach bewertungstäglicher Ermittlung der Werte des Investmentfonds – entsprechende Veröffentlichung einschließlich des Rücknahmepreises des Anteils stattzufinden. Lediglich bei inländischen Spezial-Sondervermögen und inländischen Spezial-Inv-AG mit veränderlichem Kapital, die aufgrund einer schriftlichen Vereinbarung mit der KVG oder aufgrund ihrer Satzung nicht mehr als einhundert Anleger haben, sowie der Inv-KG muss die Ermittlung des Fonds-Aktiengewinnes und des Fonds-Immobiliengewinnes nur bei jeder Bewertung des Investmentfonds erfolgen. Eine Veröffentlichung kann in diesen Fällen insoweit unterbleiben. 27

Die Besteuerungsgrundlagen sind gem. § 5 Abs. 1 Nr. 1 und Nr. 2 bezogen auf einen Investmentanteil festzustellen und mit mindestens 4 Nachkommastellen anzugeben (vgl. § 5 Abs. 1 Nr. 1 Buchst. a), b)). Hierzu zählen der Betrag der Ausschüttung, der Betrag der ausgeschütteten bzw. ausschüttungsgleichen Erträge in ihrer Zusammensetzung, der Betrag der anzurechnenden auszuschüttenden Kapitalertragsteuer, der Betrag bestimmter ausländischer Steuern sowie AfA- und AfS-Beträge.[50] 28

Nicht alle der vorgenannten Besteuerungsgrundlagen kommen für alle Anleger gleichermaßen in Betracht. Außerdem können bestimmte Besteuerungsgrundlagen für die verschiedenen Anlegergruppen unterschiedlich hoch ausfallen. Daher erfolgt die gesonderte Feststellung der Besteuerungsgrundlagen getrennt für die folgenden drei Typen von Anlegern: 29

---

49 Haase/*Bujotzek* § 13 Rn. 20.
50 Haase/*Bujotzek* § 13 Rn. 24.

- Natürliche Personen mit Anteilen im Privatvermögen
- Natürliche Personen mit Anteilen im Betriebsvermögen
- Körperschaften.

Die Durchführung einer nach Anlegergruppen getrennten Veröffentlichung der Besteuerungsgrundlagen im Bundesanzeiger unter der Rubrik „Besteuerungsgrundlagen" wird nunmehr auch von der FinVerw. gefordert.[51]

30 3. Wirkungen der Feststellung. Die mangelnde Einheitlichkeit der Feststellung bei inländischen Publikums-Investmentfonds hat letztendlich zur Folge, dass die Anleger nicht Beteiligte des Feststellungsverfahrens nach § 13 Abs. 1 sind. Folglich können diese im Feststellungsverfahren betreffend den Investmentfonds und dessen Besteuerungsgrundlagen weder Rechte noch Pflichten geltend machen. Als Kehrseite hiervon haben Anleger von Publikumsfonds jedoch das Recht, bei der Erstellung ihrer persönlichen Steuererklärung von den für einen Publikumsfonds festgestellten Besteuerungsgrundlagen i.S.d. § 5 Abs. 1 abzuweichen.[52]

Die gesonderte Feststellung entfaltet zwar **keine rechtlichen, jedoch faktische Bindungswirkungen auf Ebene der Anleger** (siehe hierzu auch Rn. 62, 110).

31 Die fehlende Bindungswirkung der gesonderten Feststellung für die Anlegerebene wurde auch von der durch die Finanzministerkonferenz am 3.3.2011 eingesetzten Bund-Länder-Arbeitsgruppe, die Vorschläge für eine Neukonzeption der Investmentbesteuerung erarbeiten soll, für kritisch erachtet.[53] Problematisch sei insbesondere, dass individuelle Korrekturen von Steuerbescheiden auf Anlegerebene zu einer doppelten Berücksichtigung von Unterschiedsbeträgen führen könnten. Dies ist in der Praxis jedoch stets zu vermeiden.[54] Eine Option hierfür könnte in der Zukunft eine generelle gesonderte und einheitliche Feststellung der Besteuerungsgrundlagen i.S.d. § 5 Abs. 1 darstellen. Diese Möglichkeit war in der Vergangenheit bereits im Gesetzentwurf der Bundesregierung zum InvModG im Jahre 2003 vorgesehen: *„Die Besteuerungsgrundlagen i.S.d. § 5 Abs. 1 sind mit Wirkung für und gegen die Anleger und die inländische Investmentgesellschaft gesondert und einheitlich festzustellen."*[55] Der Gesetzgeber hat diesen Ansatz seinerzeit aber nicht weiter verfolgt (siehe zu den Gründen Rn. 4). Entsprechende Feststellungen könnten auch für den Fonds-Aktiengewinn und Fonds-Immobiliengewinn zu bestimmten Bewertungsstichtagen sowie andere auf Fondsebene geführte Töpfe (Vortragswerte) getroffen werden.[56] Diskussionswürdig erscheint in diesem Zusammenhang u.E. auf jeden Fall auch die Option, den Anlegern verfahrensrechtlich das Recht auf die Durchführung einer eigenen Korrektur zu entziehen, um die Problematik der fehlenden rechtlichen Bindungswirkung zu lösen.

---

51 BMF-Scheiben vom 18. August 2009 Investmentsteuergesetz (InvStG), Zweifels- und Auslegungsfragen; Aktualisierung des BMF-Schreibens vom 2. Juni 2005, Tz. 86, 96.
52 Beckmann/Scholtz/Vollmer/*Röhrich* § 13 Rn. 16.
53 Entwurf Bericht der Arbeitsgruppe „Neukonzeption der Investmentbesteuerung" Stand: 24. Februar 2012 S. 13f.
54 Vgl. *Höring* DStZ **2012** 367, 369.
55 BTDrucks. 15/1553 S. 60.
56 Vgl. Entwurf Bericht der Arbeitsgruppe „Neukonzeption der Investmentbesteuerung" Stand: 24. Februar 2012 S. 47 zum transparenten Besteuerungssystem.

II. Abgabepflicht (Abs. 2)

Die Erklärung zur gesonderten Feststellung von Besteuerungsgrundlagen ist grds. 32
für jede Ausschüttung und jede Thesaurierung separat abzugeben.[57] Davon umfasst sind
folglich auch sog. Zwischenausschüttungen, d.h. Ausschüttungen von kumulierten Erträgen des noch laufenden Geschäftsjahres, für die grds. pro Zwischenausschüttung eine eigene Teil-Feststellungserklärung einzureichen ist.[58] Die FinVerw. lässt an dieser Stelle eine Verfahrensvereinfachung insoweit zu, als alle Zwischenausschüttungen eines Geschäftsjahres innerhalb von 4 Monaten nach dessen Ablauf in einer gebündelten Feststellungserklärung eingereicht werden können, woraus jedoch die Besteuerungsgrundlagen jeder einzelnen Zwischenausschüttung ersichtlich sein müssen.[59]

Beispiel: Ein Investmentfonds schüttet vierteljährlich die bis dahin erwirtschafteten Erträge des vorangegangenen Quartals an seine Anleger aus. Grds. ist für jede einzelne dieser Ausschüttungen eine gesonderte Teilfeststellungserklärung mit allen erforderlichen Anlagen einzureichen. Bei Inanspruchnahme der Verfahrensvereinfachung können alle Zwischenausschüttungen zusammen in einer gebündelten Feststellungserklärung innerhalb von 4 Monaten nach Ablauf des Geschäftsjahres deklariert werden, aus der sich aber die Besteuerungsgrundlagen der einzelnen Quartalsausschüttungen ergeben müssen.

1. Abgabefrist (Satz 1 f.). Gemäß § 13 Abs. 2 Satz 1 hat die Investmentgesellschaft die 33
Feststellungserklärung **innerhalb von 4 Monaten nach Ablauf des Geschäftsjahres**
des Investmentfonds abzugeben. Diese Frist verlängert sich entsprechend, wenn innerhalb von vier Monaten nach Ablauf des Geschäftsjahres ein Ausschüttungsbeschluss gefasst wird (§ 13 Abs. 2 Satz 2).

Die Fristenregelung zur Einreichung der Feststellungserklärung wurde durch das JStG 2009[60] überarbeitet und inhaltlich angepasst an die Frist zur Veröffentlichung der Besteuerungsgrundlagen im Bundesanzeiger nach § 5 Abs. 1 Satz 1 Nr. 3 sowie an das gesetzliche Zeitlimit für die Fassung des Beschlusses über eine Schlussausschüttung gem. § 1 Abs. 3 Satz 5.[61] Die Fristenregelung in § 13 Abs. 2 ist anzuwenden für alle Geschäftsjahre von Investmentvermögen, die nach dem Inkrafttreten des JStG 2009 am 25.12.2008 geendet haben.

Die Altregelung vor dem Inkrafttreten des JStG 2009[62] sah nur für den Fall der Thesaurierung, also bei ausschüttungsgleichen Erträgen eine gesetzlich normierte Frist zur 34
Abgabe der Feststellungserklärung von 4 Monaten vor. Für das seinerzeit bereits gültige Erfordernis der Abgabe im Falle der Ausschüttung war gesetzlich keine Frist bestimmt. Die h.M. ging daher naheliegender Weise davon aus, dass die Feststellungserklärung bei Ausschüttungen in Anlehnung an die Regelung für Thesaurierungen ebenfalls bis spätestens 4 Monate nach Ablauf des Geschäftsjahres zu erstellen war. Dies wurde aus der

---

[57] BMF-Scheiben vom 18. August 2009 Investmentsteuergesetz (InvStG), Zweifels- und Auslegungsfragen; Aktualisierung des BMF-Schreibens vom 2. Juni 2005, Tz. 229.
[58] BMF-Scheiben vom 18. August 2009 Investmentsteuergesetz (InvStG), Zweifels- und Auslegungsfragen; Aktualisierung des BMF-Schreibens vom 2. Juni 2005, Tz. 229a.
[59] BMF-Scheiben vom 18. August 2009 Investmentsteuergesetz (InvStG), Zweifels- und Auslegungsfragen; Aktualisierung des BMF-Schreibens vom 2. Juni 2005, Tz. 30a, 229a.
[60] BGBl. 2008 I S. 2831 f.
[61] Beckmann/Scholtz/Vollmer/*Röhrich* § 13 Rn. 35.
[62] BGBl. 2008 I S. 2831 f.

Verknüpfung von Erklärungs- und Veröffentlichungsfrist gem. § 13 Abs. 3 Satz 2[63] sowie der entsprechenden Verlautbarung der FinVerw.[64] geschlossen.

35 Die implizite Fristverlängerung in § 13 Abs. 2 Satz 2 entfällt bei „Muss-Thesaurieren", da diese keinen Ausschüttungsbeschluss fassen können.[65] Die Erklärung über die gesonderte Feststellung der ausschüttungsgleichen Erträge bei „Muss-Thesaurieren" ist somit verbindlich innerhalb von 4 Monaten nach Ablauf des Geschäftsjahres abzugeben.[66]

36 Eine Besonderheit ist bei **Auflösung** (Liquidation) eines Investmentfonds zu beachten, wenn das Auflösungsdatum nicht mit dem Ende des regulären Geschäftsjahres übereinstimmt und auf diese Weise ein Rumpfgeschäftsjahr entsteht. In diesem Fall bezieht sich die 4 monatige Abgabefrist auf den Schluss des Rumpfgeschäftsjahres.[67] Für den darauf folgenden Abwicklungszeitraum (Liquidationszeitraum) sind Feststellungserklärungen für die unverändert fortlaufenden Geschäftsjahre abzugeben.[68] Diese Formulierung legt den Schluss nahe, dass die FinVerw. offenbar davon ausgeht, dass mit Eintritt des Liquidationsbesteuerungszeitraumes zunächst ein weiteres Rumpfgeschäftsjahr zu bilden ist, um zum weiterhin gültigen Geschäftsjahresende zurückzukehren, wenn der Stichtag der Auflösung nicht mit dem Geschäftsjahresende des Investmentfonds übereinstimmt. Aus praktischen Erwägungen heraus sollte es aber zulässig sein, bei dem neuen Geschäftsjahresende infolge des Auflösungsbeschlusses zu bleiben. In jedem Falle ist im Liquidationsbesteuerungszeitraum eine jährliche Erklärung abzugeben. Im Einzelfall kann hierbei die Abgabe von „Null-Erklärungen" erforderlich sein.

Beispiel: Das Geschäftsjahr eines Investmentfonds ist gleich dem Kalenderjahr. Im Jahr 5 soll der Investmentfonds zum 30.6. liquidiert werden. Für das Rumpfgeschäftsjahr zum 30.6.5 (1.1. bis 30.6.) ist zwingend eine Feststellungserklärung bis Ende Oktober 5 einzureichen (vgl. § 13 Abs. 2 Satz 1). Für den darauf folgenden Liquidationsbesteuerungszeitraum entsteht grds. zunächst ein weiteres Rumpfgeschäftsjahr zum 31.12.5, für das ebenfalls eine Feststellungserklärung zu erstellen ist. Es sollte jedoch auch möglich sein, die Geschäftsjahre während des Auflösungszeitraumes jeweils zum 30.6. abzuschließen.

37 Eine weitere Besonderheit gilt hinsichtlich der Abgabefrist der Feststellungserklärung bei **Zwischenausschüttung**en, d.h. bei Ausschüttungen für das noch laufende Geschäftsjahr. Im Gegensatz zu Ausschüttungen für abgelaufene Geschäftsjahre ist dem Gesetz keine Regelung zur Abgabefrist für Zwischenausschüttungen zu entnehmen, sofern für jede Zwischenausschüttung eine eigene Teil-Feststellungserklärung eingereicht wird. Es ist daher naheliegend, die jeweils erforderliche Feststellungserklärung unmittelbar nach dem Beschluss über die Zwischenausschüttung, zumindest jedoch innerhalb von 4 Monaten danach abzugeben. Wird stattdessen die von der FinVerw. eingeräumte Option in Anspruch genommen, die Zwischenausschüttungen eines Geschäftsjahres in einer gebündelten Feststellungserklärung zu deklarieren, so ist diese zwingend innerhalb von 4 Monaten nach Ablauf des Geschäftsjahres des Investmentfonds einzu-

---

63 Beckmann/Scholtz/Vollmer/*Röhrich* § 13 Rn. 41.
64 BMF-Schreiben vom 2. Juni 2005, Tz. 86, 229.
65 BMF-Scheiben vom 18. August 2009 Investmentsteuergesetz (InvStG), Zweifels- und Auslegungsfragen; Aktualisierung des BMF-Schreibens vom 2. Juni 2005, Tz. 229a.
66 Beckmann/Scholtz/Vollmer/*Röhrich* § 13 Rn. 36.
67 BMF-Scheiben vom 18. August 2009 Investmentsteuergesetz (InvStG), Zweifels- und Auslegungsfragen; Aktualisierung des BMF-Schreibens vom 2. Juni 2005, Tz. 229a.
68 BMF-Scheiben vom 18. August 2009 Investmentsteuergesetz (InvStG), Zweifels- und Auslegungsfragen; Aktualisierung des BMF-Schreibens vom 2. Juni 2005, Tz. 229; Haase/*Bujotzek* § 13 Rn. 30.

reichen,[69] wobei die Besteuerungsgrundlagen jeder einzelnen Zwischenausschüttung aus der gebündelten Erklärung ersichtlich sein müssen. Diese Frist kann u.E. nicht implizit durch die Regelung in § 13 Abs. 2 Satz 2 verlängert werden, denn maßgeblicher Zeitpunkt für den Fristbeginn ist der Ablauf des Geschäftsjahres, in dem die Zwischenausschüttungen erfolgt sind.

Die Möglichkeiten der Fristverlängerung zur Abgabe der Feststellungserklärung **38** richten sich grds. nach den allgemeinen Vorschriften in § 109 AO. Wird die Frist zur Abgabe nicht eingehalten, kann die FinVerw. einen Verspätungszuschlag nach § 152 AO gegen den Abgabeverpflichteten festsetzen. Problematisch an dieser Stelle ist die gesetzliche Verknüpfung der Abgabefrist für die Feststellungserklärung durch § 13 Abs. 3 Satz 2 mit der Bekanntmachungsfrist der Besteuerungsgrundlagen im Bundesanzeiger durch das Wort „*zugleich*". Aus der Möglichkeit einer Fristverlängerung nach § 109 AO für die Feststellungserklärung kann aber nicht auf eine „*zugleich*" anwendbare Fristverlängerung für die Bekanntmachung im Bundesanzeiger geschlossen werden. Denn weder ist die Bekanntmachung der Besteuerungsgrundlagen im Bundesanzeiger eine Steuererklärung für Zwecke des § 109 Abs. 1 Satz 1, 1. Altern. AO, noch stellt die Bekanntmachungsfrist gem. § 5 Abs. 1 Satz 1 Nr. 3 eine von einer Finanzbehörde gesetzte Frist gem. § 109 Abs. 1 Satz 1, 2. Altern. AO dar. Die ausdrückliche Verknüpfung von Einreichung der Feststellungserklärung und Bekanntmachung der Besteuerungsgrundlagen im Bundesanzeiger führt vielmehr dazu, dass für die Anwendung des § 109 AO schlicht kein Raum bleibt, denn die Investmentgesellschaft wird nicht schlüssig begründen können, weshalb sie die Bekanntmachungsfrist gem. § 5 Abs. 1 Satz 1 Nr. 3 eingehalten hat, für die Erklärung zur gesonderten Feststellung jedoch eine Fristverlängerung benötigt. Mangels praktisch vorstellbarer schlüssiger Begründung eines solchen Antrages dürfte der Ermessensspielraum der FinVerw. über die Gewährung der Fristverlängerung erheblich eingeschränkt sein. Im Einzelfall sollte i.d.R. sogar eine Ermessenreduktion auf Null anzunehmen sein.

Eine Fristverlängerung nach § 109 AO zur Abgabe der Feststellungserklärung ist al- **39** lerdings für Spezial-Sondervermögen und Spezial-InvAG mit veränderlichem Kapital, die aufgrund einer schriftlichen Vereinbarung mit der KVG oder aufgrund ihrer Satzung nicht mehr als einhundert Anleger haben, sowie für Inv-KG möglich, da für diese die gesetzliche Verknüpfung in § 13 Abs. 3 Satz 2 gem. § 15 Abs. 1 Satz 4 keine Anwendung findet (siehe hierzu auch Rn. 20).

Die Berechnung der Frist erfolgt gem. § 108 AO i.V.m. §§ 187 ff. BGB.

2. Abgabeverpflichteter. Die Verpflichtung zur Abgabe der Feststellungserklärung **40** trifft zunächst die **Investmentgesellschaft** selbst. Im Falle eines Sondervermögens i.S.d. § Abs. 10 KAGB, das nicht selbst rechtsgeschäftlich handeln kann, wird dieses grds. durch die KVG vertreten (§ 1 Abs. 2a Nr. 1 Buchst. a). Abweichendes gilt z.B. im Falle der Verwaltung durch die inländische Zweigniederlassung einer EU-Verwaltungsgesellschaft (§ 1 Abs. 2a Nr. 1 Buchst. b). Hier erfolgt die Vertretung nicht durch eine KVG, sondern durch die inländische Zweigniederlassung der EU-Verwaltungsgesellschaft (§ 1 Abs. 17 KAGB). Die KVG sowie die Inv-AG handeln dabei als Kapitalgesellschaften durch ihre gesetzlichen Vertreter gem. § 34 AO. Andere Personen, bspw. Anleger oder Administratoren sind somit nicht befugt, verfahrensrechtlich wirksame Steuererklärungen einzureichen.[70]

---

[69] BMF-Scheiben vom 18. August 2009 Investmentsteuergesetz (InvStG), Zweifels- und Auslegungsfragen; Aktualisierung des BMF-Schreibens vom 2. Juni 2005, Tz. 229a.
[70] Haase/*Bujotzek* § 13 Rn. 31; Blümich/*Hammer* § 13 Rn. 10.

41 **3. Inhalt, Form.** Die Erklärung zur gesonderten Feststellung können derzeit noch nicht auf elektronischem Weg per ELSTER versandt werden, sondern sind in Papierform einzureichen.[71] Mit Einreichung der Feststellungserklärung gelten die Besteuerungsgrundlagen als gesondert festgestellt. Ein Steuerbescheid wird im Nachgang nur dann erlassen, wenn die FinVerw. von den erklärten Besteuerungsgrundlagen abweicht.[72]

42 Die **Wirksamkeit** der Feststellungserklärung setzt voraus, dass diese vollständig ist, mithin alle beizufügenden Unterlagen (siehe hierzu Rn. 43) eingereicht werden und die Erklärung von einem Vertretungsberechtigten der Investmentgesellschaft unterschrieben ist. Andere Personen, beispielsweise Anleger oder sonstige Administratoren sind hierzu nicht befugt.[73]

43 **4. Notwendige Unterlagen.** Die Wirksamkeit der eingereichten Feststellungserklärung setzt weiterhin voraus, dass ausnahmslos alle in § 13 Abs. 2 Satz 3 abschließend genannten Unterlagen beigefügt sind. Dies sind im Einzelnen der Jahresbericht (§§ 101, 120, 135 KAGB), die Berufsträgerbescheinigung nach § 5 Abs. 1 Satz 1 Nr. 3, der Ausschüttungsbeschluss gem. § 12 sowie die Überleitungsrechnung aus der investmentrechtlichen Rechnungslegung auf das steuerliche Ergebnis.

Der Jahresbericht umfasst dabei u.a. die investmentrechtliche Ertrags- und Aufwandsrechnung, aus der sich das steuerliche Ergebnis ableitet. Die Überleitungsrechnung auf den steuerpflichtigen Ertrag dient im speziellen der Nachvollziehbarkeit der Ermittlung der steuerlichen Fondserträge. Denn die Erträge eines Investmentfonds werden auf der Grundlage einer modifizierten Einnahmen-Überschuss-Rechnung (§ 3) ermittelt, die auf der aufsichtsrechtlichen Fondsbuchhaltung aufsetzt. Soweit die investmentrechtliche Rechnungslegung Ansätze oder Beträge enthält, die nicht den steuerrechtlichen Vorschriften zur Ermittlung der Besteuerungsgrundlagen eines Investmentfonds entsprechen (§ 3), sind diese Ansätze oder Beträge durch Zusätze oder Anmerkungen den steuerrechtlichen Vorschriften anzupassen.[74] Ein verbindliches amtliches Muster für die Erstellung einer Überleitungsrechnung gibt es derzeit nicht. In der Praxis werden als Berechnungstool i.d.R. entsprechende Excel-Programme verwendet.[75]

Letztendlich dienen alle beizufügenden Unterlagen der Nachvollziehbarkeit der Angaben in der Feststellungserklärung durch die FinVerw.

44 **5. Verstoß gegen die Abgabepflicht.** Unterbleibt die Einreichung der Feststellungserklärung durch den Abgabeverpflichteten, so kann die FinVerw. nach billigem Ermessen die Abgabe erzwingen. Die Rechtsmittel hierzu ergeben sich aus §§ 328 ff. AO. Die **Zwangsmittel** müssen gem. § 332 AO zuvor angedroht werden und sind mit einer Frist zur Erfüllung der Verpflichtung zu verbinden. Die Zwangsmittel können sich zum einen gegen die rechtsgeschäftlich handelnden Personen gem. § 79 AO richten. Alternativ können sie auch gegen die KVG bzw. Inv-AG selbst oder unmittelbar gegen den Investmentfonds gerichtet werden.[76]

45 Ein **mittelbares Zwangsmittel** (jedoch ohne vorherige Androhung) zur Abgabe der Feststellungserklärung stellt im Falle von Publikumsfonds auch die **Strafbesteuerung**

---

[71] Stand: 3.2014.
[72] Blümich/*Hammer* § 13 Rn. 12.
[73] Vgl. Blümich/*Hammer* § 13 Rn. 10.
[74] BTDrucks. 18/68 S. 60; BRDrucks. 740/13 (B) S. 92; BRDrucks. 740/13 S. 60.
[75] Vgl. auch Entwurf Bericht der Arbeitsgruppe „Neukonzeption der Investmentbesteuerung" Stand: 24. Februar 2012 S. 11.
[76] Beckmann/Scholtz/Vollmer/*Röhrich* § 13 Rn. 21.

nach § 6 dar, die dann jedoch die Anleger trifft und nicht die nach § 13 Abs. 2 zur Abgabe verpflichtete Investmentgesellschaft. Die Anwendung des § 6 folgt nicht unmittelbar aus der Verpflichtung nach § 13 Abs. 2, jedoch aus der Verpflichtung zur Bekanntmachung nach § 5 Abs. 1 Satz 1 Nr. 3. Kommt die Investmentgesellschaft ihrer Verpflichtung nach § 13 Abs. 2 nicht nach, wird sie regelmäßig ihre Bekanntmachungspflichten nach § 13 Abs. 3 Satz 2 i.V.m. § 5 Abs. 1 Satz 1 Nr. 3 verletzen.

Die schlichte Inkaufnahme der Strafbesteuerung nach § 6 entbindet die Investmentgesellschaft nicht von der Verpflichtung zur Abgabe der Feststellungserklärung nach § 13 Abs. 2 Satz 1. Jedoch entfaltet dann § 6 insoweit eine Sperrwirkung, als die verspätet eingereichten Besteuerungsgrundlagen aus der Feststellungserklärung trotz ihrer Wirkung als gesonderte Feststellung nach § 13 Abs. 3 Satz 1 nicht mehr der Besteuerung der Anleger zugrunde gelegt werden dürfen. Da sich aber im Anwendungsfall des § 6 aufgrund einer ausstehenden Feststellungserklärung der Sinn und Zweck derselben, nämlich die Ermittlung und die Feststellung der Besteuerungsgrundlagen, zum Nachteil der Anleger in Wohlgefallen aufgelöst hat, dürfte sich die Festsetzung von Zwangsmittel gegen die Abgabeverpflichtete in der Praxis erübrigen.[77] **46**

Aufgrund der Bindungswirkung nach § 182 AO bei Spezial-Sondervermögen, Spezial-InvAG mit veränderlichem Kapital und der Offenen Inv-KG, die aufgrund einer schriftlichen Vereinbarung mit der KVG oder aufgrund ihrer Satzung bzw. dem Gesellschaftsvertrag nicht mehr als einhundert Anleger haben (§§ 15 Abs. 1 Satz 1, 15a Abs. 1 Satz 1 i.V.m. § 1 Abs. 1f Nr. 3), sind auch bußgeldrechtliche und strafrechtliche Sanktionen gegenüber den Anlegern denkbar, wie dies z.B. in Feststellungsverfahren bei Personengesellschaften der Fall ist.[78] **47**

6. Formulare. Der amtliche Formularvordruck InvSt 1 B ist gültig für Publikumsfonds und der Vordruck InvSt 1 A für Spezialfonds. Die Erfassung der Feststellungsbeteiligten erfolgt in der Anlage FB – InvSt. Die aktuellen Formulare finden sich auf den Internetseiten der FinVerw. und können dort zur Nutzung heruntergeladen werden.[79] **48**

7. Zwischenausschüttungen. Im Gegensatz zu Ausschüttungen für abgelaufene Geschäftsjahre existiert **keine gesetzliche Regelung zur Abgabefrist** für Feststellungserklärungen bei Zwischenausschüttungen, sofern für jede Zwischenausschüttung separat eine Feststellungserklärung eingereicht werden soll. Nach hier vertretener Auffassung ist die jeweils erforderliche Feststellungserklärung somit unmittelbar nach dem Beschluss der Zwischenausschüttung, zumindest **jedoch innerhalb von 4 Monaten nach Beschluss** derselben abzugeben. **49**

Aus Vereinfachungsgründen wird jedoch von der FinVerw. akzeptiert, alle Ausschüttungen eines Geschäftsjahres in einer gebündelten Feststellungserklärung zu erklären, die dann verbindlich innerhalb von 4 Monaten nach Ablauf des Geschäftsjahres einzureichen ist.[80] Aus der gebündelten Feststellungserklärung müssen dann aber die Besteuerungsgrundlagen i.S.d. § 5 Abs. 1 jeder einzelnen Zwischenausschüttung ersichtlich sein. Der beabsichtigte Vereinfachungseffekt hat sich nach Einführung der Abgel-

---

77 Beckmann/Scholtz/Vollmer/*Röhrich* § 13 Rn. 24.
78 Vgl. auch Beckmann/Scholtz/Vollmer/*Röhrich* § 13 Rn. 49.
79 www.formulare-bfinv.de (letzter Abruf 20.7.2014).
80 BMF-Scheiben vom 18. August 2009 Investmentsteuergesetz (InvStG), Zweifels- und Auslegungsfragen; Aktualisierung des BMF-Schreibens vom 2. Juni 2005, Tz. 229a.

tungsteuer wieder relativiert, da die Zahlstellen mit Abfluss der Zwischenausschüttung eine verlässliche Aussage über deren steuerliche Behandlung benötigen.[81]

50 **8. Thesaurierungen.** Thesaurierungen können nur zum Geschäftsjahresende eines Investmentfonds vorgenommen werden. Dann gelten zumindest die ausschüttungsgleichen Erträge mit Ablauf des Geschäftsjahres, in dem sie vereinnahmt worden sind, als zugeflossen (§ 2 Abs. 1 Satz 2). Für die Thesaurierungen sind eigenständige Feststellungserklärungen abzugeben. Die Frist zur Abgabe beträgt 4 Monate nach Ablauf des Geschäftsjahres.[82] Davon sind auch die Fälle des § 1 Abs. 3 Satz 5 umfasst, in denen die Investmentgesellschaft nicht innerhalb von 4 Monaten nach Geschäftsjahresende einen entsprechenden Ausschüttungsbeschluss fasst. Die Regelung des § 13 Abs. 2 Satz 2 zur impliziten Fristverlängerung kann dann nicht mehr angewendet werden (siehe hierzu auch Rn. 38).

51 **9. Exkurs: Spezialfonds.** Für inländische Spezial-Investmentfonds gelten die Regelungen zur gesonderten Feststellung gem. § 15 Abs. 1 Satz 4 nur in eingeschränktem Umfang, da § 13 Abs. 1, 3 und 4 – im Gegensatz zu Abs. 2 und 5 – nicht anzuwenden sind (siehe auch Rn. 20). Die Besteuerungsgrundlagen sind demnach nicht gegenüber der Investmentgesellschaft, sondern gegenüber dem Anleger gesondert und bei einer Mehrzahl von Anlegern ggf. einheitlich festzustellen. Damit wird der Anleger Verfahrensbeteiligter des Feststellungsverfahrens, was ihn einerseits zum Adressaten potentieller Zwangsmittel nach § 328 AO bei Nichterfüllung steuerlicher Pflichten macht, ihn andererseits zum Einspruchs- und Klagebefugten gegen die gesonderte Feststellung werden lässt. Da Abs. 4 nicht auf Spezial-Investmentfonds anzuwenden ist, gelangen im Umkehrschluss die Korrekturvorschriften in §§ 129, 164, 165 und 172 bis 175a AO auf dieses Feststellungsverfahren zur Anwendung.[83]

52 Die Einreichung der Erklärung über die gesonderte Feststellung steht der gesonderten Feststellung unter dem Vorbehalt der Nachprüfung gleich. Die Fehlerkorrektur erfolgt unmittelbar im Fehlerjahr. Weiterhin erhält der Anleger aber selbst keinen Feststellungsbescheid über seine Besteuerungsgrundlagen, wohl aber erfolgt eine Kontrollmitteilung des zuständigen Finanzamtes der Investmentgesellschaft an das Betriebstättenfinanzamt des Anlegers. Die gesonderte Feststellung wird zum Grundlagenbescheid (§ 171 Abs. 10 AO) für den Anleger. Dies hat gegenüber den Publikumsinvestmentfonds den Nachteil, dass der Anleger in seiner persönlichen Steuererklärung nicht von den Besteuerungsgrundlagen abweichen kann und bzgl. des Einflusses dieser Daten auf seine persönliche steuerliche Veranlagung im Folgebescheid ein Rechtsmittel nicht statthaft ist.

53 Zur Vermeidung eines Interessenkonfliktes empfiehlt es sich für die Investmentgesellschaft daher, den Anleger in die Erstellung der Feststellungserklärung einzubeziehen und ihm Kopien der Feststellungserklärungen zur Verfügung zu stellen. Auf diese Weise bietet sich frühzeitig die Gelegenheit, zu einer gemeinsamen Rechtsauffassung bei der Ermittlung der Besteuerungsgrundlagen zu gelangen und spätere Unstimmigkeiten zu vermeiden.[84] Dies führt jedoch nicht dazu, dass der Anleger zur Abgabe der Feststellungserklärung für den Spezial-Investmentfonds verpflichtet wird. Diese Verpflichtung nach § 13 Abs. 2 verbleibt weiterhin bei der Investmentgesellschaft.

---

81 Vgl. Blümich/*Hammer* § 13 Rn. 9.
82 Patzner/Döser/Kempf/*Patzner/Kempf* § 13 Rn. 4; *Patzner/Kempf* Deutsches Bundesrecht § 13 Rn. 4.
83 Vgl. Blümich/*Hammer* § 13 Rn. 22.
84 Blümich/*Hammer* § 13 Rn. 25.

Schematisch stellt sich das Feststellungsverfahren bei Spezialfonds (ausführlich hierzu Rn. 115 ff.) wie folgt dar: 54

Feststellungsverfahren Spezialfonds

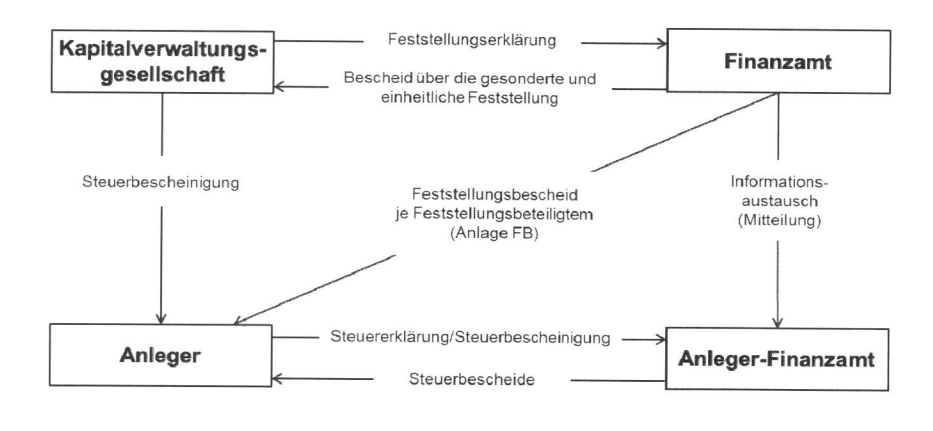

```
Kapitalverwaltungs-  ──Feststellungserklärung──▶  Finanzamt
gesellschaft         ◀─Bescheid über die gesonderte und
                        einheitliche Feststellung─

   │                    Feststellungsbescheid            │
Steuerbescheinigung    je Feststellungsbeteiligtem    Informations-
   │                       (Anlage FB)                austausch
   ▼                                                 (Mitteilung)
                                                         │
                                                         ▼
Anleger  ──Steuererklärung/Steuerbescheinigung──▶  Anleger-Finanzamt
         ◀────────Steuerbescheide─────────────
```

* Keine Veröffentlichung der Steuerdaten im Bundesanzeiger

Die Investmentgesellschaft hat den Kapitalertragsteuerabzug vorzunehmen und innerhalb eines Monats nach Entstehung der Steuer an die Finanzbehörden abzuführen (§ 15 Abs. 1 Satz 7 a.E., 8).

10. Verhältnis zur Kapitalertragsteueranmeldung. Die **Anmeldung der Kapitalertragsteuer** nach § 7 Abs. 3 und 4 **bleibt** von den Bestimmungen zur Abgabe der Feststellungserklärung **unberührt**.[85] 55

III. Wirkung und Bekanntmachung (Abs. 3)

1. Wirkungen der Feststellungserklärung (Satz 1). Die **Feststellungserklärung steht** nach § 13 Abs. 3 Satz 1 einer **gesonderten Feststellung gleich**. Sie stellt eine empfangsbedürftige Willenserklärung dar.[86] Daher gilt erst mit Zugang der vollständigen Feststellungserklärung bei der zuständigen Finanzbehörde die gesonderte Feststellung als ohne Nebenbestimmungen erfolgt.[87] Die Regelung ist vergleichbar der für Steueranmeldungen nach § 168 AO, jedoch mit dem Unterschied, dass hier kein Vorbehalt der Nachprüfung enthalten ist. Dies ist insoweit schlüssig und auch folgerichtig, da die Anwendung u.a. von § 164 AO durch § 13 Abs. 4 Satz 4 ausgeschlossen wurde. 56

---

[85] BMF-Scheiben vom 18. August 2009 Investmentsteuergesetz (InvStG), Zweifels- und Auslegungsfragen; Aktualisierung des BMF-Schreibens vom 2. Juni 2005, Tz. 229a.
[86] Littmann/Bitz/Pust/*Ramackers* § 13 Rn. 20; Haase/*Bujotzek* § 13 Rn. 60.
[87] BMF-Scheiben vom 18. August 2009 Investmentsteuergesetz (InvStG), Zweifels- und Auslegungsfragen; Aktualisierung des BMF-Schreibens vom 2. Juni 2005, Tz. 230.

57 Da die Abgabe der Feststellungserklärung unmittelbar die gesonderte Feststellung bewirkt, erübrigt sich die Bekanntgabe eines Feststellungsbescheides des zuständigen Finanzamtes gegenüber der Investmentgesellschaft nach § 122 AO. Das „Unterlassen der Bekanntgabe" eines Feststellungsbescheides hat ganz praktische Beweggründe, sollen doch die Besteuerungsgrundlagen möglichst zügig und ohne Umwege den Anlegern zur Kenntnis gelangen, da diese u.U. bereits zum 31.5. des folgenden Kalenderjahres ihre persönliche Steuererklärung gem. § 149 Abs. 2 Satz 1 AO abzugeben haben. Ziel der Vorschrift ist somit eine **Verfahrensbeschleunigung**.[88] Im üblichen Feststellungsverfahren wäre nicht sicherzustellen, dass bei der Vielzahl der in der Praxis einzureichenden Feststellungserklärungen pro Stichtag eine zeitnahe Bearbeitung der jeweiligen Erklärungen und Bekanntgabe der daraus resultierenden Feststellungsbescheide von Investmentfonds erfolgt.[89]

58 **a) Rechtliche Wirkungen.** Die gesonderte Feststellung entfaltet keine Wirkung als Grundlagenbescheid (§ 171 Abs. 10 AO).[90] Eine **rechtliche Bindungswirkung** entfaltet sich nur zwischen dem **Feststellungsfinanzamt** (§ 13 Abs. 5) **und** dem jeweiligen **Investmentfonds**. Dies folgt aus dem Gesetzeswortlaut und aus der Entstehungsgeschichte der Norm. Der Gesetzgeber sah von einer gesonderten und einheitlichen Feststellung der Besteuerungsgrundlagen gegenüber den Anlegern bewusst ab. Veranlassung hierfür waren im Wesentlichen die denkbare Vielzahl und die Anonymität der Anleger und die hiermit verbundenen, letztendlich praktisch nicht lösbaren Schwierigkeiten sowohl im Feststellungsverfahren als auch im Rechtsmittelverfahren.[91] Im Regierungsentwurf zum InvModG war aber ursprünglich eine gesonderte und einheitliche Feststellung vorgesehen (siehe zur Historie Rn. 4).[92]

59 Ausfluss der mangelnden Einheitlichkeit der Feststellung und der Nichtbeteiligung der Anleger ist, dass diese im Rahmen ihrer persönlichen Steuererklärung von den festgestellten Besteuerungsgrundlagen nach § 5 abweichen können. Darüber hinaus sind hinsichtlich der Berücksichtigung dieser Besteuerungsgrundlagen in den persönlichen Steuererklärungen der Einspruch und die Klage statthaft.[93] Dies gilt auch in Fällen von Veranlagungen durch die Finanzbehörden, denen die im Bundesanzeiger veröffentlichen Daten zugrunde liegen, wenn der Anleger der Meinung ist, dass diese fehlerhaft oder unvollständig seien.[94]

Beispiel: Ein Privatanleger hält 10.000 Fondsanteile an einem Publikumsfonds. Der Fonds schüttet € 1 je Fondsanteil aus. In den veröffentlichten Besteuerungsgrundlagen wird die Ausschüttung als voll steuerpflichtig ausgewiesen. Der Anleger ist jedoch der Ansicht, dass € 0,20 der Ausschüttung je Fondsanteil steuerfrei seien. Im Rahmen der Veranlagung durch das Wohnsitzfinanzamt erfolgt eine Berücksichtigung von € 10.000 bei den Einkünften aus Kapitalvermögen gem. den veröffentlichten Besteuerungsgrundlagen. Der Anleger kann gegen den Steuerbescheid Rechtsmittel einlegen.

In der Praxis dürften Anleger kaum dazu in der Lage sein, derartige Fehler in der Veröffentlichung zu erkennen und ihrer Finanzverwaltung darzulegen.[95] Die mangelnde Bindungswirkung hat in der Praxis deshalb kaum Relevanz.

---

[88] Haase/*Bujotzek* § 13 Rn. 62.
[89] Beckmann/Scholtz/Vollmer/*Röhrich* § 13 Rn. 53.
[90] Littmann/Bitz/Pust/*Ramackers* § 13 Rn. 7.
[91] Haase/*Bujotzek* § 13 Rn. 20.
[92] BTDrucks. 17/1553 S. 60.
[93] Beckmann/Scholtz/Vollmer/*Röhrich* § 13 Rn. 16; *Jacob/Geese/Ebner* S. 316.
[94] *Jacob/Geese/Ebner* S. 316.
[95] Zutreffend Beckmann/Scholtz/Vollmer/*Röhrich* § 13 Rn. 16.

Einer – theoretisch denkbaren und zulässigen – Korrektur auf Ebene des Anlegers **60** für das Fehlerjahr steht das vereinfachte Korrekturverfahren (§ 13 Abs. 4) im Rahmen des Feststellungsverfahrens gegenüber, wonach eine Fehlerkorrektur in Form von Unterschiedsbeträgen für die Zukunft erfolgt. Dem Anspruch einer zu unterbleibenden Doppelberücksichtigung bei individueller Korrektur des Steuerbescheides des Anlegers für das Fehlerjahr kann die Praxis aber unmöglich gerecht werden. Denn dies würde grds. voraussetzen, dass der Anleger im Jahr der Berücksichtigung des Unterschiedsbetrages auf Ebene des Investmentfonds noch in gleichem Maße investiert ist, aber nicht mehr am Korrekturverfahren teilnimmt. Dieser Anspruch ist praktisch kaum umsetzbar, da die Unterschiedsbeträge auf Ebene des Investmentfonds ermittelt werden und hierbei die individuellen Verhältnisse der Anleger unberücksichtigt bleiben. Alternativ wäre eine weitere Korrektur auf Anlegerebene vorzunehmen, wenn eine Fehlerkorrektur auf Investmentfondsebene erfolgt ist. Dies würde wiederum voraussetzen, dass die Fehlerkorrektur auf Ebene des Investmentfonds für den Anleger transparent ist. Diese Unschärfe wird vom Gesetzgeber und der FinVerw. aber aus Gründen der Verfahrensökonomie hingenommen.

Etwas anderes gilt bei Spezial-Sondervermögen, Spezial-Inv-AG mit veränderlichem **61** Kapital und der offenen Inv-KG, die aufgrund einer schriftlichen Vereinbarung mit der KVG oder aufgrund ihrer Satzung bzw. dem Gesellschaftsvertrag nicht mehr als einhundert Anleger haben (§§ 15 Abs. 1 Satz 1, 15a Abs. 1 Satz 1 i.V.m. § 1 Abs. 1f Nr. 3). Hier entfaltet die gesonderte und ggf. einheitliche Feststellung Bindungswirkung für die Anleger nach § 182 AO.

b) Faktische Wirkungen. Trotzdem entfaltet die gesonderte Feststellung Wirkun- **62** gen. Eine faktische Bindungswirkung für die Anleger ergibt sich insoweit, als die Anleger, deren depotführende Stellen sowie die Anleger-Finanzämter auf die nach § 5 Abs. 1 Satz 1 Nr. 1 oder Nr. 2 bekannt zu machenden und gem. § 5 Abs. 1 Satz 1 Nr. 3 bzw. § 13 Abs. 3 Satz 3 im Bundesanzeiger zu veröffentlichenden Besteuerungsgrundlagen angewiesen sind, wobei sie die Richtigkeit der Besteuerungsgrundlagen nach § 5 Abs. 1 mangels Mitwirkung an deren Ermittlung nur schwer nachvollziehen können.[96] In der Praxis greifen die bescheinigenden und depotführenden Stellen zumeist auf die Daten von WM-Datenservice zurück. Dies war jedoch bereits in der Vergangenheit der Fall, hatte doch die Abhängigkeit der Besteuerung der Anleger von den öffentlich bekanntgemachten Besteuerungsgrundlagen schon während des KAGG und des AuslInvestmG gegolten.[97]

Beispiel: Ein Privatanleger hält 10.000 Fondsanteile an einem Publikumsfonds. Der Fonds schüttet € 1 je Fondsanteil aus. In den veröffentlichten Besteuerungsgrundlagen wird die Ausschüttung als voll steuerpflichtig ausgewiesen. Tatsächlich (derzeit aber noch nicht bekannt) sind € 0,20 der Ausschüttung je Fondsanteil steuerfrei. Im Rahmen seiner persönlichen Einkommensteuererklärung deklariert der Anleger daher folgerichtig € 10.000 Einkünfte aus Kapitalvermögen.

2. Veröffentlichung im Bundesanzeiger (Satz 2). Die erklärten Besteuerungs- **63** grundlagen sind durch die Investmentgesellschaft zugleich im Bundesanzeiger bekannt zu machen. Mit dem JStG 2009 wurde in § 5 Abs. 1 Satz 1 Nr. 3 die Frist **zur Bekanntmachung der Besteuerungsgrundlagen im Bundesanzeiger** innerhalb von 4 Monaten

---

[96] *Patzner/Kempf* Deutsches Bundesrecht § 13 Rn. 2; *Haase/Bujotzek* § 13 Rn. 2, 23.
[97] Beckmann/Scholtz/Vollmer/*Röhrich* § 13 Rn. 15 m.w.N.

nach Ablauf des Geschäftsjahres aufgenommen. Die Fristenregelung entspricht inhaltlich der Regelung in § 13 Abs. 2 einschließlich der impliziten Fristverlängerung durch die Fassung eines Ausschüttungsbeschlusses bei „Muss-Ausschüttern" und „Kann-Ausschüttern". Die Übertragung der Anwendung dieser Fristenregelung auf § 13 Abs. 3 wird in der Literatur aus dem Wortlaut der Norm „zugleich" hergeleitet.[98]

Der damit gesetzlich angeordnete und aus praktischen Erwägungen auch gewünschte Gleichklang zwischen den erklärten Besteuerungsgrundlagen gegenüber dem Feststellungsfinanzamt (§ 13 Abs. 5) und den veröffentlichten Besteuerungsgrundlagen im Bundesanzeiger dient letztlich dem Ziel einer transparenten Besteuerung und soll nach Möglichkeit in der Praxis die Anwendung der Strafbesteuerungsregelung nach § 6 vermeiden.

64 Seiner Rechtsnatur nach ist die **Veröffentlichung** der Besteuerungsgrundlagen im Bundesanzeiger **kein Verwaltungsakt** i.S.d. § 118 AO. Gleichwohl stellen die auf diese Weise veröffentlichten Besteuerungsgrundlagen die Basis für die persönliche Steuererklärung des Anlegers dar, und dies obwohl die Veröffentlichung im Bundesanzeiger ebenso wenig Bindungswirkung gegenüber dem Anleger erzeugt, wie die gesonderte Feststellung selbst. Auf diese Weise wird jedoch eine künstliche Maßgeblichkeit der Daten im Bundesanzeiger für den Anleger geschaffen, hat dieser doch abgesehen vom Jahresbericht nur in eingeschränktem Umfang die Möglichkeit, sich auf Basis der verfügbaren Informationen eine eigene Rechtsmeinung zu bilden.[99]

65 **3. „Gleichklang" in der Praxis.** In der Praxis ergeben sich aus dem Gleichklang die in der nachfolgenden Übersicht dargestellten Beziehungen.

Feststellungsverfahren Publikumsfonds

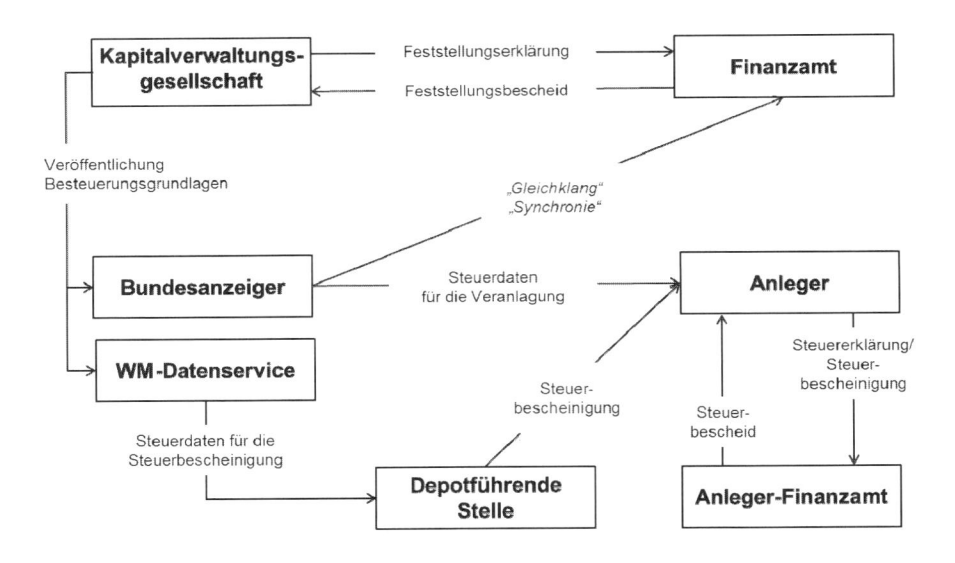

---

[98] Patzner/Döser/Kempf/*Patzner/Kempf* § 13 Rn. 7; *Patzner/Kempf* Deutsches Bundesrecht § 13 Rn. 7.
[99] Blümich/*Hammer* § 13 Rn. 8.

4. Korrektur einer Feststellungserklärung. Über den Verweis in § 13 Abs. 4 Satz 4 66
findet das vereinfachte Korrekturverfahren gem. Abs. 4 auch auf die Feststellung der
Besteuerungsgrundlagen nach § 13 Abs. 3 als lex specialis Anwendung. Die Sonderregelung des § 13 Abs. 4 verdrängt dort die allgemeinen Korrekturnormen der Abgabenordnung. Eine Änderung ist insoweit ausdrücklich abgeschlossen.[100] Es erfolgt somit eine
Änderung für die Zukunft (ex nunc). Der Gesetzeswortlaut des § 13 Abs. 4 Satz 4 schließt
dabei expressis verbis eine Anwendung der allgemeinen abgabenrechtlichen Regelungen in den §§ 129, 164, 165, 172 bis 175a AO aus. Konkret bedeutet dies, dass die Vorschriften zur Korrektur einer offensichtlichen Unrichtigkeit beim Erlass eines Verwaltungsakts
durch Schreib-, Rechenfehler oder ähnliche offenbare Unrichtigkeiten (§ 129 AO), zur
Steuerfestsetzung unter dem Vorbehalt der Nachprüfung (§ 164 AO), zur Vorläufigkeit
und Aussetzung einer Steuerfestsetzung (§ 165 AO), zur allgemeinen Aufhebung und
Änderung von Steuerbescheiden (§ 172 AO), zur Aufhebung oder Änderung von Steuerbescheiden wegen neuer Tatsachen oder Beweismittel (§ 173 AO), zur Widerstreitenden
Steuerfestsetzung (§ 174 AO), zur Aufhebung oder Änderung von Steuerbescheiden in
sonstigen Fällen (§ 175 AO) und zur Umsetzung von Verständigungsvereinbarungen und
Schiedssprüchen aufgrund völkerrechtlicher Verträge (§ 175a AO) bei einer Korrektur der
gesonderten Feststellung der Besteuerungsgrundlagen eines Investmentfonds keine
Anwendung finden.

IV. Fehlerkorrekturen (Abs. 4)

1. Allgemein. Eine rückwirkende **Korrektur** im Bundesanzeiger **veröffentlichter** 67
Besteuerungsgrundlagen i.S.d. § 5 Abs. 1 von Publikumsfonds und Spezialfonds mit
mehr als 100 Anlegern, die steuerlich als Publikumsfonds qualifizieren (siehe Rn. 16, 20),
ist **nicht zulässig**. Wurde bei diesen eine fehlerhafte Veröffentlichung vorgenommen,
so ist bei inländischen Investmentfonds allein die **spezielle Korrekturvorschrift des
§ 13 Abs. 4 anzuwenden**. Bei ausländischen Investmentfonds findet an Stelle von § 13
Abs. 4 die Norm des § 5 Abs. 1 Satz 1 Nr. 5 Satz 3 Anwendung. Danach haben diese bei in
unzutreffender Höhe bekannt gemachten Angaben die Unterschiedsbeträge eigenverantwortlich oder auf Verlangen des Bundeszentralamts für Steuern (BZSt) in der Bekanntmachung der Besteuerungsgrundlagen für das laufende Geschäftsjahr mit zu berücksichtigen.[101]

Eine Korrektur gesonderter Feststellungen nach § 13 Abs. 3 Satz 1 hat für die originä- 68
ren Fehlerjahre zu unterbleiben, weil für die FinVerw. eine lückenlose Aufarbeitung mit
abschließender Korrektur aller Steuerbescheide auf Fonds- und Anteilseignerebene
praktisch kaum zu bewältigen ist. Einmal erklärte und bekannt gemachte Besteuerungsgrundlagen unterliegen insoweit einem „systembedingten Bestandsschutz".[102] Im Rahmen
des InvModG hat der Gesetzgeber ab dem 1.1.2004 aus Praktikabilitätsgründen „gesetzgeberisches Neuland[103] „betreten und in § 13 Abs. 4 deshalb ein vereinfachtes Korrekturverfahren für falsch festgestellte oder falsch im Bundesanzeiger veröffentlichte Besteuerungsgrundlagen bei Investmentfonds (§ 5 Abs. 1) eingeführt. Deren Korrektur erfolgt

---

[100] Vgl. BMF-Scheiben vom 18. August 2009 Investmentsteuergesetz (InvStG), Zweifels- und
Auslegungsfragen; Aktualisierung des BMF-Schreibens vom 2. Juni 2005, Tz. 231.
[101] BMF-Scheiben vom 18. August 2009 Investmentsteuergesetz (InvStG), Zweifels- und
Auslegungsfragen; Aktualisierung des BMF-Schreibens vom 2. Juni 2005, Tz. 86b; Beckmann/Scholtz/
Vollmer/*Röhrich* § 13 Rn. 57.
[102] BTDrucks. 16/6739 S. 28.
[103] BTDrucks. 15/1553 S. 122.

nun im Rahmen der nächsten Bekanntmachung von Besteuerungsgrundlagen. Diese beinhaltet dann die Korrektur für die Vergangenheit.[104] Maßgeblich für die Schaffung der neuen Korrekturnorm war die Erkenntnis des Gesetzgebers, dass die festgestellten Besteuerungsgrundlagen von Investmentfonds, die eine Vielzahl unbekannter Anleger betreffen, nachträglich nur schwer mit Wirkung für alle Anleger korrigiert werden können. Die lückenlose Aufarbeitung und Korrektur bis hin zu den Steuerbescheiden auf Anlegerebene hatte sich in der Vergangenheit praktisch als kaum durchführbar erwiesen. Zudem war der damit verbundene Verfahrensaufwand nicht länger vertretbar.[105]

Ohne das nunmehr in § 13 Abs. 4 geregelte spezielle Korrekturverfahren müsste das Finanzamt verfahrensrechtlich weiterhin, wenn materielle Fehler der als gesonderte Feststellung wirkenden Feststellungserklärung eines Fonds ermittelt oder festgestellt werden, nach den allgemeinen Vorschriften der AO zunächst den Feststellungsbescheid gegenüber dem Investmentfonds sowie im Anschluss daran alle Steuerbescheide gegenüber einer unbekannten Vielzahl von Anlegern ändern. Da aber weder dem Fonds noch dem zuständigen Feststellungsfinanzamt i.d.R. alle Anleger eines Fonds namentlich bekannt sind, wurde anstelle des allgemeinen Verfahrens nach der AO nunmehr ein vereinfachtes Korrekturverfahren geschaffen,[106] um die Praxis der Fondsbesteuerung zu vereinfachen. Hierdurch werden im Einzelfall auch notwendige Korrekturen des Kapitalertragsteuerabzugs einhergehend mit einer Rückforderung bereits ausgestellter und verwendeter Steuerbescheinigungen sowie berichtigte Steuererklärungen auf Anlegerebene vermieden.[107] Hierin liegt nach Einführung der Abgeltungsteuer ein wesentlicher – für die Praxis nicht zu vernachlässigender – verfahrensrechtlicher Vorteil des vereinfachten Korrekturverfahrens nach § 13 Abs. 4.

69 § 13 Abs. 4 Sätze 1 und 2 sehen für die Fälle, in denen **materiell-rechtliche Fehler einer gesonderten Feststellung** (§ 13 Abs. 3) bekannt werden (Satz 1) und bei einer von den zutreffenden Besteuerungsgrundlagen abweichenden Veröffentlichung im Bundesanzeiger (Satz 2) eine gesonderte Feststellung der Unterschieds- bzw. Fehlerbeträge durch das zuständige Finanzamt vor. Dabei wird im **Grundsatz** in Summe immer der **Unterschiedsbetrag** zwischen den materiell-rechtlich **zutreffenden Besteuerungsgrundlagen** eines Investmentfonds und den im Bundesanzeiger **veröffentlichten Besteuerungsgrundlagen** des Investmentfonds festgestellt. Hintergrund für diesen Korrekturmechanismus ist, dass für die Besteuerung auf Anlegerebene stets die steuerlichen Werte maßgeblich sind, die im Bundesanzeiger veröffentlicht wurden.[108]

70 **Materielle Fehler** sind diejenigen Fehler, die Auswirkungen auf die Höhe der bekanntgemachten bzw. veröffentlichten Besteuerungsgrundlagen i.S.d. § 5 Abs. 1 und damit letztendlich auf die Besteuerung auf Anlegerebene haben. Hierzu gehören zum Beispiel Rechenfehler oder Zahlendreher.[109] Abzugrenzen hiervon sind die **formalen Fehler**. Dies sind diejenigen Fehler, die sich nicht auf die Höhe der veröffentlichten Besteuerungsgrundlagen auswirken und letztendlich keine unmittelbaren Auswirkungen auf die Steuerfestsetzung gegenüber dem Anleger haben. Dies sind zum Beispiel Schreibfehler, d.h. Fehler orthographischer oder grammatikalischer Art. Hierzu zählt zum Bei-

---

[104] Maier/Wengenroth ErbStB **2009** 350, 353.
[105] Beckmann/Scholtz/Vollmer/Röhrich § 13 Rn. 73.
[106] BTDrucks. 15/1553 S. 129.
[107] Beckmann/Scholtz/Vollmer/Röhrich § 13 Rn. 73.
[108] Beckmann/Scholtz/Vollmer/Röhrich § 13 Rn. 74.
[109] Vgl. Verbändeschreiben des BMF und Schreiben des BMF an Bundesanzeiger Verlags GmbH vom 19.12.2012 – Investmentsteuerrecht; Bekanntmachung von Besteuerungsgrundlagen im Bundesanzeiger nach § 5 InvStG, Gz. IV C 1 – S 1980-1/11/10007 : 013.

spiel auch die fehlerhafte Angabe des Zeitpunktes einer Zwischenausschüttung bei der Veröffentlichung der Besteuerungsgrundlagen i.S.d. § 5 Abs. 1.[110]

Bei **formalen Fehlern** darf die **Korrektur selbständig durch** den **Bundesanzeiger** vorgenommen werden. Dies gilt sowohl für Fehler, die durch den Bundesanzeiger selbst verursacht werden (sog. „Eigenfehler"), als auch für Fehler, die vom Bundesanzeiger nur übernommen werden (sog. „Übernahmefehler") und auf Wunsch der KVG berichtigt werden. Dabei steht es dem Bundesanzeiger frei, in welcher Weise er die Vornahme der Korrektur in der jeweiligen berichtigten Bekanntmachung kenntlich macht. Haben Fehler dagegen materiell-rechtliche Auswirkungen, ist eine Korrektur der Fehler durch den Bundesanzeiger grds. nicht zulässig (siehe zur Ausnahme Rn. 103, 104). Diese sind bei inländischen Investmentfonds ausschließlich im Rahmen des förmlichen Korrekturverfahrens nach § 13 Abs. 4 durch das zuständige Finanzamt (§ 13 Abs. 5) und bei ausländischen Investmentfonds gem. § 5 Abs. 1 Satz 1 Nr. 5 Satz 3 entweder durch die ausländische Investmentgesellschaft oder das Bundeszentralamt für Steuern (BZSt) zu berichtigen.[111] 71

2. Folgen eines Fehlers bzw. einer Abweichung (Sätze 1, 2). Die **Korrekturnorm** des **§ 13 Abs. 4** Sätze 1 und 2 **umfasst** ihrem Wortlaut nach sowohl diejenigen materiellen Fehler, die von den Finanzbehörden aufgedeckt werden, als auch die Abweichungen, die eine Investmentgesellschaft im Nachhinein selbst feststellt.[112] Eine **Aufdeckung** materieller Fehler erfolgt in der Praxis häufig bei Amtsermittlungen **durch** die Innendienste der **Finanzbehörden** oder im Rahmen von Außenprüfungen durch die Betriebsprüfung nach § 11 Abs. 3. Wird durch das Finanzamt ein materieller Fehler in einer Feststellungserklärung aufgedeckt, so stellt dieses den „Unterschiedsbetrag" zwischen den erklärten Besteuerungsgrundlagen und den zutreffenden Besteuerungsgrundlagen gesondert fest (Satz 1). Weichen die im elektronischen Bundesanzeiger bekannt gemachten Besteuerungsgrundlagen von den Besteuerungsgrundlagen in der Feststellungserklärung ab, so wird auch ein „Unterschiedsbetrag" gesondert festgestellt (Satz 2). Werden mehrere Fehler in einer gesonderten Feststellung zu verschiedenen Zeitpunkten aufgedeckt, erfolgt die Berücksichtigung des Unterschiedsbetrags in der jeweils frühestmöglichen Feststellungserklärung;[113] ggf. auch in einer Summe. 72

Stellt die **KVG** nach der Abgabe einer Feststellungserklärung selbst einen materiellen Fehler fest, so hat diese eine berichtigte Feststellungserklärung beim zuständigen Finanzamt einzureichen. Diese Verpflichtung folgt aus den allgemeinen Vorschriften der AO. Denn gem. § 153 AO haben Steuerpflichtige bzw. die für sie handelnden Personen (§§ 34, 35 AO) innerhalb der Festsetzungsfrist unrichtige oder unvollständige Steuererklärungen zu berichtigen bzw. die Fehler den zuständigen Finanzbehörden anzuzeigen.[114] 73

§ 13 Abs. 4 Satz 2 wurde im Rahmen des JStG 2008 neu mit in das Gesetz aufgenommen. In ihm wurde die bisherige Regelung des § 13 Abs. 4 Satz 1 a.F. in seiner zweiten 74

---

110 Vgl. Verbändeschreiben des BMF und Schreiben des BMF an Bundesanzeiger Verlags GmbH vom 19.12.2012 – Investmentsteuerrecht; Bekanntmachung von Besteuerungsgrundlagen im Bundesanzeiger nach § 5 InvStG, Gz. IV C 1 – S 1980-1/11/10007 : 013.
111 Verbändeschreiben des BMF und Schreiben des BMF an Bundesanzeiger Verlags GmbH vom 19.12.2012 – Investmentsteuerrecht; Bekanntmachung von Besteuerungsgrundlagen im Bundesanzeiger nach § 5 InvStG, Gz. IV C 1 – S 1980-1/11/10007 : 013.
112 Beckmann/Scholtz/Vollmer/*Röhrich* § 13 Rn. 76.
113 BMF-Scheiben vom 18. August 2009 Investmentsteuergesetz (InvStG), Zweifels- und Auslegungsfragen; Aktualisierung des BMF-Schreibens vom 2. Juni 2005, Tz. 232.
114 Vgl. Beckmann/Scholtz/Vollmer/*Röhrich* § 13 Rn. 76; *Jacob/Geese/Ebner* S. 318.

Alternative neu gefasst. § 13 Abs. 4 Satz 1 Altern. 2 a.F. referenzierte auf eine Abweichung der im Bundesanzeiger bekannt gemachten Besteuerungsgrundlagen von der Feststellungserklärung und stellte als Unterschiedsbetrag die Differenz zwischen den erklärten und den zutreffenden Besteuerungsgrundlagen gesondert fest. Dies wurde für bestimmte Fallkonstellationen aber als unzureichend empfunden. So bestand bei zutreffender Erklärung gegenüber dem Finanzamt, aber fehlerhafter Bekanntmachung im Bundesanzeiger faktisch keine Möglichkeit zur gesonderten Feststellung eines Korrektur- bzw. Unterschiedsbetrages, weil die erklärten und somit gesondert festgestellten Besteuerungsgrundlagen (§ 13 Abs. 3 Satz 1) stets zutreffend waren.[115] Unter Berücksichtigung des Sinnes und Zwecks der Norm wurde dies in der Literatur zwar als gesetzgeberisches Versehen gewertet, welches im Wege der ergänzenden Auslegung hätte behoben werden können.[116] Der Gesetzgeber hat sich dennoch für eine „gesetzliche Klarstellung" entschieden.[117]

75　**3. Geregelte Fallgruppen. Gesetzlich geregelt** wird in § 13 Abs. 4 **nur die Korrektur materieller Fehler**. Diese können in der Praxis in verschiedenen Formen Relevanz besitzen und isoliert oder kumulativ auftreten (sog. „Fehlerkombination"). In letzterem Falle kann es im steuerlichen Ergebnis zu einer teilweisen oder vollständigen Kompensation kommen. Möglich ist aber auch eine Ausweitung bzw. Vertiefung im Falle steuerlich gleichgerichteter materieller Fehler, wenn jeder Fehler für sich betrachtet zu einer Erhöhung oder Minderung einzelner Besteuerungsgrundlagen führt.

76　**Materielle Fehler** sind diejenigen Fehler, die Auswirkungen auf die Höhe der bekanntgemachten bzw. veröffentlichten Besteuerungsgrundlagen i.S.d. § 5 Abs. 1 und damit letztendlich auf die Besteuerung beim Anleger haben, zum Beispiel Rechenfehler oder Zahlendreher.[118] Abzugrenzen hiervon sind die **formalen Fehler**. Dies sind diejenigen Fehler, die sich nicht auf die Höhe der veröffentlichten Werte auswirken und damit nicht unmittelbar die Steuerfestsetzung gegenüber dem Anleger berühren. Hierzu zählen zum Beispiel Schreibfehler, d.h. Fehler orthographischer oder grammatikalischer Art.[119]

77　**a) Materielle Fehler der gesonderten Feststellung (Satz 1).** Werden durch das Finanzamt materielle Fehler in einer gesonderten Feststellungserklärung festgestellt, so stellt dieses gem. § 13 Abs. 4 Satz 1 den Unterschiedsbetrag zwischen den erklärten Besteuerungsgrundlagen und den zutreffenden Besteuerungsgrundlagen gesondert fest. **Materieller Fehler im Sinne der Norm** ist der so genannte „**Unterschiedsbetrag**". Dies ist die Differenz zwischen den gegenüber den Finanzbehörden erklärten und den richtigen d.h. zutreffenden Besteuerungsgrundlagen.

115　BTDrucks. 16/6739 S. 28.
116　Vgl. Haase/*Bujotzek* § 13 Rn. 82.
117　BTDrucks. 16/6739 S. 28.
118　Verbändeschreiben des BMF und Schreiben des BMF an Bundesanzeiger Verlags GmbH vom 19.12.2012 – Investmentsteuerrecht; Bekanntmachung von Besteuerungsgrundlagen im Bundesanzeiger nach § 5 InvStG, Gz. IV C 1 – S 1980-1/11/10007 : 013.
119　Verbändeschreiben des BMF und Schreiben des BMF an Bundesanzeiger Verlags GmbH vom 19.12.2012 – Investmentsteuerrecht; Bekanntmachung von Besteuerungsgrundlagen im Bundesanzeiger nach § 5 InvStG, Gz. IV C 1 – S 1980-1/11/10007 : 013.

In einer Formel lässt sich dieser wie folgt ermitteln:

**Zutreffende (richtige) Besteuerungsgrundlagen
./. Erklärte Besteuerungsgrundlagen (Feststellung)**
Unterschiedsbetrag i.S.d. § 13 Abs. 4 Satz 1

Beispiel:[120] Eine Ausschüttung beinhaltet für Privatanleger steuerfreie Veräußerungsgewinne in Höhe von € 1 je Fondsanteil. In der Feststellungserklärung weist die Investmentgesellschaft bei den Besteuerungsgrundlagen i.S.d. § 5 Abs. 1 jedoch einen geringeren Wert in Höhe von nur € 0,8000 aus. Im Bundesanzeiger wird der niedrigere (falsche) Wert in Höhe von € 0,8000 bekannt gemacht.

Hier ist ein Unterschiedsbetrag in Höhe von € 0,2000 gesondert festzustellen, um zu einer materiell zutreffenden Besteuerung zu gelangen.

- Unterschiedsbetrag gem. § 13 Abs. 4 Satz 1: € 0,2000
  [€ 1,0000 (Zutreffende Besteuerungsgrundlage) ./. € 0,8000 (Feststellung) = € 0,2000]

Der **Unterschiedsbetrag bezieht sich** betragsmäßig stets **auf einen Fondsanteil.** 78
Denn auch die Besteuerungsgrundlagen im eigentlichen Sinne werden gem. § 5 Abs. 1 Satz 1 Nr. 1 immer bezogen auf einen Investmentanteil festgestellt.[121] Eine **Folge** der Feststellung des Unterschiedsbetrags pro Fondsanteil ist eine **gewisse Unschärfe** in Bezug auf die steuerliche Neutralität der Korrektur im Ganzen. Denn die Anzahl der umlaufenden Fondsanteile ist i.d.R. einem beständigen Wechsel unterworfen und in den seltensten Fällen gleich hoch.[122]

Beispiel: Für das Jahr 1 wurde im Jahr 3 ein voll steuerpflichtiger Unterschiedsbetrag in Höhe von € 1,0000 für 5 Millionen umlaufende Fondsanteile ermittelt. Mithin wurden für das Jahr 1 Erträge in Höhe von € 5 Millionen zu wenig versteuert. Im Jahr 2 wurden 2 Millionen Fondsanteile von Anlegern zurückgegeben. Seitdem wurden keine neuen Fondsanteile mehr ausgegeben. Im Jahr 3 werden deshalb nur noch maximal € 3 Millionen nachträglich einer Besteuerung zugeführt (Unterschiedsbetrag € 1,0000 * 3 Millionen Fondsanteile).

Würde ein Investmentfonds vor der Unanfechtbarkeit der Feststellung eines Unter- 79
schiedsbetrags aufgelöst, so würde sich ein festgestellter Unterschiedsbetrag überhaupt in mehr auswirken. Für diese Extremfälle, die mithin auch in den Bereich des steuerlichen Gestaltungsmissbrauchs fallen (§ 42 AO), wird in der Literatur unter Berufung auf den Bundesrechnungshof die Erbringung einer vorab zu entrichtenden Sicherheitsleistung vorgeschlagen.[123] Unter Berücksichtigung des Missbrauchspotentials und des Steuerausfallrisikos auf Seiten des Fiskus ist dieser Vorschlag u.E. uneingeschränkt zu unterstützen.

b) Abweichungen zwischen Bekanntmachung und Feststellung (Satz 2). Wei- 80
chen die bekannt gemachten Besteuerungsgrundlagen von denen in der Feststellungs-

---

[120] Weiteres Beispiel bei Beckmann/Scholtz/Vollmer/*Röhrich* § 13 Rn. 74 – dort Beispiel 1.
[121] Blümich/*Hammer* § 13 Rn. 15.
[122] Beckmann/Scholtz/Vollmer/*Röhrich* § 13 Rn. 82.
[123] Beckmann/Scholtz/Vollmer/*Röhrich* § 13 Rn. 83.

erklärung ab, sind die Unterschiedsbeträge zwischen den bekannt gemachten Besteuerungsgrundlagen und den erklärten Besteuerungsgrundlagen gem. § 13 Abs. 4 Satz 2 gesondert festzustellen.

In einer Formel stellt sich dies wie folgt dar:

Erklärte Besteuerungsgrundlagen (Feststellung)
./. **Veröffentlichung (Bekanntmachung) im Bundesanzeiger**
Unterschiedsbetrag i.S.d. § 13 Abs. 4 Satz 2

Beispiel:[124] Eine Ausschüttung beinhaltet für Privatanleger steuerfreie Veräußerungsgewinne in Höhe von € 1 je Fondsanteil. In der Feststellungserklärung weist die Investmentgesellschaft diese bei den Besteuerungsgrundlagen i.S.d. § 5 Abs. 1 zutreffend aus. Im Bundesanzeiger wird jedoch ein höherer (falscher) Wert in Höhe von € 1,1000 bekannt gemacht.

Hier ist ein negativer Unterschiedsbetrag in Höhe von ./. € 0,1000 gesondert festzustellen, um zu einer materiell zutreffenden Besteuerung zu gelangen.

– Unterschiedsbetrag gem. § 13 Abs. 4 Satz 2: ./. € 0,1000

[€ 1,0000 (Feststellung) ./. € 1,1000 (Veröffentlichung im Bundesanzeiger) = ./. € 0,1000]

81 **c) Fehlerkombinationen. Materielle** Fehler und Abweichungen können isoliert oder **kumulativ** auftreten (sog. „Fehlerkombination"). Fehler i.S.d. Satz 1 (d.h. materiell fehlerhafte Besteuerungsgrundlagen in der Feststellungserklärung) können auch in Kombination mit Abweichungen i.S.d. Satz 2 (d.h. Abweichungen zwischen den Besteuerungsgrundlagen in der Feststellungserklärung und den im Bundesanzeiger veröffentlichten Besteuerungsgrundlagen) auftreten. In diesen Fällen sind im Grundsatz immer zwei Unterschiedsbeträge getrennt voneinander gesondert festzustellen, um letztendlich zu der materiell zutreffenden Besteuerung zu gelangen. Hierbei kann es im steuerlichen Ergebnis zu der teilweisen oder vollständigen Kompensation der Unterschiedsbeträge und deren steuerlichen Folgewirkungen kommen. Möglich ist aber auch, dass die Unterschiedsbeträge steuerlich gleichgerichtet sind. Dann kommt es zu einer Vertiefung der steuerlichen Fehler im materiellen Sinne bzw. einer Erhöhung des festzustellenden Unterschiedsbetrags in Summe.

82 **aa) Vollständige Kompensation der Fehler.** Kommt es im Falle einer Fehlerkombination im Einzelfall zu einer vollständigen Kompensation materieller Fehler, so ist die **Feststellung** eines **Unterschiedsbetrag**s mangels materieller Relevanz **entbehrlich**.[125] Denn die grds. einzeln festzustellenden Unterschiedsbeträge heben sich im Ergebnis in ihrer (steuerlichen) Wirkung gegeneinander auf. So kann, wenn in der Feststellungserklärung unzutreffende Besteuerungsgrundlagen erklärt wurden, jedoch die zutreffenden Besteuerungsgrundlagen im Bundesanzeiger veröffentlicht wurden, die gesonderte Feststellung eines Unterschiedsbetrags immer unterbleiben. Hintergrund hierfür ist, dass für

---

124 Weiteres Beispiel bei Beckmann/Scholtz/Vollmer/*Röhrich* § 13 Rn. 74 – dort Beispiel 2.
125 Haase/*Bujotzek* § 13 Rn. 84.

die Besteuerung beim Anleger alleinig die im Bundesanzeiger zutreffend veröffentlichten Besteuerungsgrundlagen maßgebend sind.[126]

Beispiel:[127] Eine Ausschüttung beinhaltet für Privatanleger steuerfreie Veräußerungsgewinne in Höhe von € 1 je Fondsanteil. In der Feststellungserklärung weist die Investmentgesellschaft bei den Besteuerungsgrundlagen i.S.d. § 5 Abs. 1 InvStG nur einen Wert in Höhe von € 0,1000 aus. Im Bundesanzeiger wird trotzdem der richtige Wert in Höhe von € 1,0000 bekannt gemacht.

Hier wären grds. zwei Unterschiedsbeträge gesondert festzustellen:

– Unterschiedsbetrag gem. § 13 Abs. 4 Satz 1: € 0,9000

  [€ 1,0000 (Zutreffende Besteuerungsgrundlage) ./. € 0,1000 (Feststellung) = € 0,9000]
– Unterschiedsbetrag gem. § 13 Abs. 4 Satz 2: ./. € 0,9000

  [€ 0,1000 (Feststellung) ./. € 1,0000 (Veröffentlichung im Bundesanzeiger) = ./. € 0,9000]

– Kumulierter Unterschiedsbetrag: € 0,0000
  [Summe aus € 0,9000 ./. € 0,9000]

Die beiden gesondert festgestellten Unterschiedsbeträge (€ 0,9000 und ./. € 0,9000) heben sich gegenseitig vollständig auf. Eine gesonderte Feststellung der beiden Unterschiedsbeträge wäre deshalb wenig zweckmäßig. Deshalb wird in der Literatur für diese Fallkonstellationen die Durchführung einer gesonderten Feststellung auch als überflüssiger, „reiner Formalismus" bezeichnet und folgerichtig abgelehnt.[128] Diese Ansicht wird von der FinVerw.[129] und dieser nahe stehenden Literatur geteilt.[130] Dem sollte allein aus pragmatischen und verfahrensökonomischen Gründen gefolgt werden.

Hinweis: Bis zum Inkrafttreten des JStG 2008 konnte in diesen Fällen die gesonderte Feststellung nach § 13 Abs. 3 Satz 1 noch gem. § 129 AO berichtigt werden.[131] Nunmehr ist die Anwendung des § 129 AO kraft Gesetzes aber ausgeschlossen (§ 13 Abs. 4 Satz 4), sodass in diesen Fällen eine Korrektur auf dieser Rechtsgrundlage nicht mehr erfolgen kann. Wie zuvor bereits ausgeführt ist eine Korrektur in diesen Fällen aber ohnehin nicht notwendig.

bb) Teilweise Kompensation der Fehler. Kommt es im Falle einer Fehlerkombination nicht zu einer vollständigen Kompensation der beiden Fehler, so ist der verbleibende Unterschiedsbetrag als „kumulierter Unterschiedsbetrag" i.S.d. § 13 Abs. 4 Satz 1 und

83

---

126 BMF-Scheiben vom 18. August 2009 Investmentsteuergesetz (InvStG), Zweifels- und Auslegungsfragen; Aktualisierung des BMF-Schreibens vom 2. Juni 2005, Tz. 232 Sätze 3, 4; Patzner/Döser/Kempf/*Patzner/Kempf* § 13 Rn. 8; *Patzner/Kempf* Deutsches Bundesrecht § 13 Rn. 8; Beckmann/Scholtz/Vollmer/*Röhrich* § 13 Rn. 77.
127 Weitere Beispiele bei Beckmann/Scholtz/Vollmer/*Röhrich* § 13 Rn. 77; Haase/*Bujotzek* § 13 Rn. 85.
128 So Haase/*Bujotzek* § 13 Rn. 85.
129 BMF-Scheiben vom 18. August 2009 Investmentsteuergesetz (InvStG), Zweifels- und Auslegungsfragen; Aktualisierung des BMF-Schreibens vom 2. Juni 2005, Tz. 232.
130 Beckmann/Scholtz/Vollmer/*Röhrich* § 13 Rn. 77.
131 BMF-Schreiben vom 2. Juni 2005 Investmentsteuergesetz (InvStG), Zweifels- und Auslegungsfragen; Tz. 231.

Satz 2 festzustellen.[132] Gegenüber den Finanzbehörden sollte der kumulierte Betrag in seiner konkreten Zusammensetzung stets gesondert offen gelegt und auch entsprechend erläutert werden.

Beispiel:[133] Eine Ausschüttung beinhaltet für Privatanleger steuerfreie Veräußerungsgewinne in Höhe von € 1 je Fondsanteil. In der Feststellungserklärung weist die Investmentgesellschaft bei den Besteuerungsgrundlagen i.S.d. § 5 Abs. 1 aber nur einen Wert in Höhe von € 0,1000 aus. Im Bundesanzeiger wird ein Wert in Höhe von € 0,50 bekannt gemacht.

Auch hier sind grds. zwei Unterschiedsbeträge gesondert festzustellen:

– Unterschiedsbetrag gem. § 13 Abs. 4 Satz 1 InvStG: € 0,9000

 [€ 1,0000 (Zutreffende Besteuerungsgrundlage) ./. € 0,1000 (Feststellung) = € 0,9000]

– Unterschiedsbetrag gem. § 13 Abs. 4 Satz 2 InvStG: ./. € 0,4000

 [€ 0,1000 (Feststellung) ./. € 0,5000 (Veröffentlichung im Bundesanzeiger) = € ./. 0,4000]

– Kumulierter Unterschiedsbetrag: € 0,5000

 [Summe aus € 0,9000 ./. € 0,4000]

Die beiden gesondert festgestellten Unterschiedsbeträge heben sich in dieser Fallkonstellation nur partiell auf. Deshalb muss hier ein kumulierter Unterschiedsbetrag i.S.d. § 13 Abs. 4 Sätze 1, 2 in Höhe des Saldo von € 0,5000 gesondert festgestellt werden.

84   cc) **Vertiefung oder Ausweitung.** Eine **Kombination** von materiellen **Fehlern** i.S.d. Satz 1 (d.h. fehlerhafte Besteuerungsgrundlagen in der Feststellungserklärung) in Kombination mit Abweichungen i.S.d. Satz 2 (d.h. Abweichungen zwischen den Besteuerungsgrundlagen in der Feststellungserklärung und den im Bundesanzeiger veröffentlichten Besteuerungsgrundlagen) ist nicht nur in entgegengesetzter, sich ganz oder teilweise neutralisierender Form möglich, sondern auch in **steuerlich gleichgerichteter Form**. In diesen Fällen kommt es dann zu einer Vertiefung bzw. Ausweitung der steuerlichen Fehler. Grds. sind auch in dieser Konstellation zwei Unterschiedsbeträge gesondert festzustellen. Jedoch kann auch hier nur ein einziger „kumulierter Unterschiedsbetrag" festgestellt werden.[134] Hierfür sprechen in der Praxis insbesondere ökonomische Aspekte und eine rationale Abwicklung. Der Unterschiedsbetrag sollte dann jedoch stets gegenüber den Finanzbehörden entsprechend erläutert werden, sodass die Zusammensetzung des Unterschiedsbetrags von diesen nachvollzogen werden kann.

Beispiel:[135] Eine Ausschüttung beinhaltet für Privatanleger steuerfreie Veräußerungsgewinne in Höhe von € 1 je Fondsanteil. In der Feststellungserklärung weist die Invest-

---

132 Haase/*Bujotzek* § 13 Rn. 86.
133 Weiteres Beispiel bei Haase/*Bujotzek* § 13 Rn. 87.
134 Haase/*Bujotzek* § 13 Rn. 88; Beckmann/Scholtz/Vollmer/*Röhrich* § 13 Rn. 74.
135 Weitere Beispiele bei Beckmann/Scholtz/Vollmer/*Röhrich* § 13 Rn. 74 – Beispiel 3; Haase/*Bujotzek* § 13 Rn. 89.

mentgesellschaft bei den Besteuerungsgrundlagen i.S.d. § 5 Abs. 1 nur einen Wert in Höhe von € 0,5000 aus. Im Bundesanzeiger wird ein Wert in Höhe von € 0,1000 bekannt gemacht.

Auch hier sind grds. zwei Unterschiedsbeträge gesondert festzustellen:
- Unterschiedsbetrag gem. § 13 Abs. 4 Satz 1: € 0,5000
  [€ 1,0000 (Zutreffende Besteuerungsgrundlage) ./. € 0,5000 (Feststellung) = € 0,5000]
- Unterschiedsbetrag gem. § 13 Abs. 4 Satz 2: € 0,4000
  [€ 0,5000 (Feststellung) ./. € 0,1000 (Veröffentlichung im Bundesanzeiger) = € 0,4000]
- Kumulierter Unterschiedsbetrag: € 0,9000
  [Summe aus € 0,5000 + € 0,4000]

Die gesondert festzustellenden Unterschiedsbeträge sind beide positiv. Sie führen beide zu einer Erhöhung der steuerfreien Veräußerungsgewinne und sind insoweit gleichgerichtet. Deshalb kann auch hier nur ein einziger Unterschiedsbetrag i.S.d. § 13 Abs. 4 Satz 1 und Satz 2 in Höhe der Summe aus beiden Beträgen von € 0,9000 festgestellt werden.

dd) Fehlerhafte Kompensation in der Praxis. Im Falle von Fehlerkombinationen sind grds. immer zwei gesonderte Unterschiedsbeträge festzustellen. Soll von den Finanzbehörden letztendlich nur ein Unterschiedsbetrag festgestellt werden, so setzt dies voraus, dass die FinVerw. vollumfänglich Kenntnis von allen in diesem Zusammenhang zu berücksichtigenden Fehlern und Abweichungen besitzt. Dies bedeutet für die Praxis, dass die Zusammensetzung eines kumulierten Unterschiedsbetrags gegenüber den Finanzbehörden stets gesondert und für diese klar nachvollziehbar zu erläutern ist. Kommt es hierbei im Einzelfall zur Situation, dass zu Gunsten der Anleger wirkende Unterschiedsbeträge nicht oder nur unvollständig Berücksichtigung durch die Finanzbehörden finden, so muss die KVG gegebenenfalls auch Einspruch (§ 347 AO) gegen die gesonderte – aber dann materiell weiterhin fehlerhafte – Feststellung eines Unterschiedsbetrags einlegen.[136]

In der Praxis ist es auch möglich, dass die gem. § 13 Abs. 4 Sätze 1, 2 gesondert festgestellten Unterschiedsbeträge unter Berücksichtigung der veröffentlichten Besteuerungsgrundlagen immer noch nicht zur im Einzelfall materiell zutreffenden Besteuerung führen, z.B. mangels derzeitiger Kenntnis. In diesen Fällen ist dann die spätere Feststellung eines weiteren Unterschiedsbetrags notwendig, weil weiterhin Korrekturbedarf besteht. Bei dessen Berechnung ist der bereits festgestellte Unterschiedsbetrag dann mit zu berücksichtigen.[137] Im Einzelfall ist möglicherweise auch die Feststellung mehrerer Unterschiedsbeträge in unterschiedlichen Jahren notwendig.

Beispiel: Die Ausschüttung für das Jahr 1 beinhaltet für Privatanleger steuerpflichtige Erträge in Höhe von € 1 je Fondsanteil. In der Feststellungserklärung weist die Investmentgesellschaft bei den Besteuerungsgrundlagen i.S.d. § 5 Abs. 1 nur einen Wert in Höhe von € 0,5000 aus. Dieser Wert wird im Bundesanzeiger bekannt gemacht.

Im Jahr 2 erkennt die KVG partiell den Fehler und zeigt den Finanzbehörden zusätzlich steuerpflichtige Erträge in Höhe von € 0,3000 je Fondsanteil an. Die Feststellung des Unterschiedsbetrags wird im Jahr 2 unanfechtbar.

Im Rahmen einer Außenprüfung (§ 11 Abs. 3) im Jahr 3 wird der darüber hinausgehende materiell-rechtliche Fehler in Höhe von € 0,2000 durch die Finanzbehörden ent-

---

136 Vgl. Haase/*Bujotzek* § 13 Rn. 90.
137 Beckmann/Scholtz/Vollmer/*Röhrich* § 13 Rn. 86, 88.

deckt. Diese stellen einen weiteren (zweiten) Unterschiedsbetrag in Höhe von € 0,2000 fest, der im Jahr 3 unanfechtbar wird.

Im Beispiel sind somit in zwei unterschiedlichen Jahren zwei Unterschiedsbeträge gesondert festzustellen:

– Jahr 02: Unterschiedsbetrag I gem. § 13 Abs. 4 Satz 1: € 0,3000

  [€ 0,8000 (Vermeintlich zutreffende Besteuerungsgrundlage) ./. € 0,5000 (Feststellung) = € 0,3000]

– Jahr 03: Unterschiedsbetrag II gem. § 13 Abs. 4 Satz 1: € 0,2000

  [€ 1,0000 (Zutreffende Besteuerungsgrundlage) ./. € 0,8000 (Summe bisherige Feststellung unter Berücksichtigung des Unterschiedsbetrags I) = € 0,2000]

Im Ergebnis werden hier dann in Summe in den Jahren 2 und 3 die materiell-rechtlich zutreffenden Besteuerungsgrundlagen festgestellt. Diese ergeben sich aus den Unterschiedsbeträgen I und II sowie der ursprünglichen Feststellung.

Denkbar wäre auch, dass die KVG in den Jahren 2 und 3 selbst mehrere Fehler bemerkt und den Finanzbehörden anzeigt und erst im Jahr 4 im Rahmen einer Außenprüfung (§ 11 Abs. 3) ein weiterer materieller Fehler durch die Finanzbehörden entdeckt wird. In solchen Fällen sind dann noch weitere Unterschiedsbeträge i.S.d. § 13 Abs. 4 Satz 1 gesondert festzustellen. Dies gegebenenfalls solange, bis innerhalb der geltenden Feststellungsfristen die materiell zutreffenden Besteuerungsgrundlagen i.S.d. § 5 Abs. 1 festgestellt sind.

– Jahr 02: Unterschiedsbetrag I gem. § 13 Abs. 4 Satz 1

  [Vermeintlich zutreffende Besteuerungsgrundlage ./. Feststellung]

– Jahr 03: Unterschiedsbetrag II gem. § 13 Abs. 4 Satz 1

  [Vermeintlich zutreffende Besteuerungsgrundlage ./. Summe bisheriger Feststellungen aus Feststellungserklärung und Feststellung Unterschiedsbetrag I]

– Jahr 04: Unterschiedsbetrag III gem. § 13 Abs. 4 Satz 1

  [Zutreffende Besteuerungsgrundlage ./. Summe bisherige Feststellungen aus Feststellungserklärung und Feststellung Unterschiedsbetrag I und Unterschiedsbetrag II]

87 **4. Berichtigungszeitpunkt (Satz 3).** Die KVG hat die „**Unterschiedsbeträge**" nach deren **Unanfechtbarkeit** in der Feststellungserklärung für das laufende Geschäftsjahr bzw. in der nächsten abzugebenden Feststellungserklärung des Investmentfonds mit zu berücksichtigen. Dies bedeutet, dass ab dem Zeitpunkt, in dem die „Unterschiedsbeträge" bestandskräftig festgestellt sind bzw. nicht mehr mit einem Rechtsmittel angegriffen werden können, diese als Korrektiv zu berücksichtigen sind.[138] Insoweit ist § 13 Abs. 4

---

[138] BMF-Scheiben vom 18. August 2009 Investmentsteuergesetz (InvStG), Zweifels- und Auslegungsfragen; Aktualisierung des BMF-Schreibens vom 2. Juni 2005, Tz. 232.

Satz 3 lex specialis zu den allgemeinen verfahrens- bzw. abgabenrechtlichen Vorschriften in § 361 Abs. 1 AO und § 69 Abs. 1 FGO.[139] Diese schließen im Abgabenrecht allgemein eine aufschiebende Wirkung von Einspruch und Klage, den verfahrensrechtlich sog. „Suspensiveffekt", aus.

Beispiel: Das Geschäftsjahr eines Investmentvermögens läuft vom (1.4. bis 31.3.). Das Finanzamt erlässt am 1.3. des Jahres 3 (im Geschäftsjahr ²/₃) gegenüber der Investmentgesellschaft einen Feststellungsbescheid über Unterschiedsbeträge i.S.d. § 13 Abs. 4 Satz 1.
Der Bescheid gilt am 4.3. als bekannt gegeben. Die Einspruchsfrist läuft aufgrund der Zugangsfiktion des § 122 Abs. 2 Nr. 1 AO erst am 4.4. ab (im Geschäftsjahr ³/₄). Der festgestellte Unterschiedsbetrag ist deshalb erst im Geschäftsjahr ³/₄ zu berücksichtigen.

Durch die Korrektur mit Wirkung in die Zukunft („**Prinzip der Ex-Nunc-Korrektur**") wird den Besonderheiten der Fondsbesteuerung als Massenverfahren Rechnung getragen.[140] Ansonsten müssten für alle Anleger eines Fonds einzeln Bescheide erlassen und deren individuelle Steuerbescheide entsprechend angepasst werden. Dies war vom Gesetzgeber aber nicht länger gewollt.[141] Deshalb hat er sich bewusst im Rahmen des InvModG im Jahre 2003 für eine rationale in die Zukunft gerichtete Korrektur bei Publikumsfonds entschieden. Folge der in die Zukunft gerichteten Korrektur ist aber stets eine gewisse Unschärfe bezogen auf die betroffenen Anleger. Denn von den Korrekturen betroffen sind – seien sie für die Anleger in steuerlicher Hinsicht positiv oder negativ – stets nur diejenigen Anleger, die im Zeitpunkt der Korrektur, d.h. im Zeitpunkt der Berücksichtigung der unanfechtbar festgestellten Unterschiedsbeträge, Anleger des Investmentfonds sind. Insoweit kommt es zu einer unvermeidlichen Bevorteilung bzw. Benachteiligung einzelner Anleger. Im Falle einer für die Anleger steuerlich nachteiligen Korrektur (zum Beispiel einer Erhöhung der steuerpflichtigen Erträge) hat dies zur Folge, dass Anleger die Steuerlast aus der Korrektur für vorangegangene Geschäftsjahre zu tragen haben, obwohl diese zu diesem Zeitpunkt nicht im Fonds investiert waren. Im umgekehrten Falle einer steuerlich für die Anleger grds. vorteilhaften Korrektur (zum Beispiel einer Verminderung der steuerpflichtigen Erträge) kann der Fall eintreten, dass Anleger, die ursprünglich von einem für sie nachteiligen materiellen Fehler betroffen waren, von der korrespondierenden Korrektur nicht mehr profitieren, weil sie ihre Fondsanteile in der Zwischenzeit veräußert oder zurückgegeben haben.[142]

In der **Literatur** und seitens der Wirtschaftsprüfer wurde die in die Zukunft gerichtete Korrekturnorm des § 13 Abs. 4 deshalb **bei** ihrer **Einführung** auch **kritisch** gesehen. So wurde sie als Verstoß gegen den bisher herrschenden „Geist des Investmentsparens" bezeichnet[143] und als Verstoß gegen das Prinzip der Besteuerung nach der wirtschaftlichen Leistungsfähigkeit kritisiert.[144] Die vorgebrachte Kritik hat jedoch im damaligen Gesetzgebungsverfahren zu keinen Änderungen geführt. Im Jahre 2012 wurde dieser Aspekt jedoch wieder aufgegriffen und von der durch die Finanzministerkonferenz (FMK)

88

89

---

139 Haase/*Bujotzek* § 13 Rn. 92.
140 Feyerabend/*Patzner* B Rn. 11; Patzner/Döser/Kempf/*Patzner/Kempf* § 13 Rn. 9; *Patzner/Kempf* Deutsches Bundesrecht § 13 Rn. 9.
141 BTDrucks. 15/1553 Regierungsentwurf – Entwurf eines Gesetzes zur Modernisierung des Investmentwesens und zur Besteuerung von Investmentvermögen (Investmentmodernisierungsgesetz) 122.
142 *Sradj/Mertes* DStR **2003** 1681, 1683.
143 *Sradj/Mertes* DStR **2003** 1681, 1683.
144 IDW Stellungnahme: Investmentmodernisierungsgesetz – Diskussionsentwurf mit Begründung WPg **2003** 946, 952.

am 3.3.2011 eingesetzten **Bund-Länder-Arbeitsgruppe**, die Vorschläge für eine Neukonzeption der Investmentbesteuerung erarbeiten soll, in ihrer Analyse des status quo als kritischer Punkt benannt.[145]

Beispiel: Bei einem Publikumsfonds findet im Jahr 3 eine Außenprüfung (§ 11 Abs. 3) für den Zeitraum 1 und 2 statt. Hierbei wird von der FinVerw. ein materieller Fehler für die Vergangenheit (Jahr 1) festgestellt, der im Ergebnis zu einer Erhöhung der steuerpflichtigen Erträge um € 0,10 je Fondsanteil führt. Die gesonderte Feststellung des Unterschiedsbetrags wird im Jahre 3 bestandskräftig.

Mehrere Privatanleger, die ihren steuerlichen Freibetrag (FSA) bereits ausgeschöpft haben, sind an dem Publikumsfonds beteiligt.

a) Der Anleger A war in dem die Außenprüfung betreffenden Zeitraum (1, 2) am Publikumsfonds beteiligt. Im Jahr 3 ist er aber nicht mehr am Publikumsfonds beteiligt. Für diesen Anleger ändert sich nichts. Er muss nicht nachträglich die € 0,10 je Fondsanteil für das Jahr 1 versteuern. Vielmehr hat er in der Vergangenheit € 0,10 je Fondsanteil zu wenig versteuert. Mithin profitiert der Anleger A hier von dem in die Zukunft gerichteten Korrektursystem des § 13 Abs. 4.

b) Der Anleger B hat seine Fondsanteile erst im Jahre 3 erworben. Diesem werden für das Jahr 3 die „erhöhten" steuerpflichtigen Erträge in Höhe von € 0,10 je Fondsanteil zugerechnet, die ihren Ursprung im Jahre 1 haben. Er hat diese zusätzlich zu den ihm originär für das Jahr 3 zuzurechnenden Kapitalerträgen zu versteuern und wird durch das in die Zukunft gerichtete Korrektursystem des § 13 Abs. 4 schlechter gestellt.

c) Der Anleger C hat seine Fondsanteile im Jahr 0 erworben und seitdem nicht wieder veräußert. Für diesen Anleger ändert sich im Grundsatz nichts. Sein Gesamtertrag während der gesamten Haltedauer (Totalperiode) bleibt gleich. Durch die Feststellung des Unterschiedsbetrags im Jahr 3 werden bei diesem steuerlich die materiell zutreffenden Konsequenzen nachträglich gezogen. Er versteuert im Jahr 3 einen Betrag von € 0,10 je Fondsanteil für das Jahr 1 nach. Insoweit kommt es bei diesem sogar zu einem geringfügigen Zinsvorteil durch die Verschiebung des Besteuerungszeitpunktes in die Zukunft.

Im voranstehenden Beispiel wird der Anleger B steuerlich benachteiligt. Dieser hat im Jahr 3 € 0,10 je Fondsanteil zusätzlich zu versteuern, obwohl er in den für die Korrektur maßgeblichen Jahren nicht am Investmentfonds beteiligt war. Würden durch die Außenprüfung aber gegenteilige materielle Feststellungen getroffen, so würde dieser steuerlich profitieren. Dann würde der Anleger A benachteiligt. Dies wäre z.B. dann der Fall, wenn die Außenprüfung einen materiellen Fehler für die Vergangenheit (Jahr 1) festgestellt hätte, der zu einer Minderung der steuerpflichtigen Erträge um € 0,10 je Fondsanteil für das Jahr 1 führt. Dann hätte der Anleger A seinerzeit € 0,10 je Fondsanteil zu viel versteuert. Der Anleger B würde dagegen nun von der gesonderten Feststellung des Unterschiedsbetrages im Jahr 3 profitieren. Seine steuerpflichtigen Erträge würden sich um € 0,10 je Fondsanteil vermindern.

---

145 Entwurf Bericht der Arbeitsgruppe „Neukonzeption der Investmentbesteuerung" Stand: 24. Februar 2012 S. 11.

Den von einer Korrektur konkret betroffenen Anlegern mögen die steuerlichen Folgen einer in die Zukunft gerichteten Korrektur gem. § 13 Abs. 4 willkürlich und zufällig erscheinen. Im Ergebnis sind die möglicherweise unbillig erscheinenden steuerlichen Folgen aber der Administrierbarkeit und dem hierdurch auf Seiten der Anleger, der Finanzbehörden und Investmentfonds entfallenden Aufwand geschuldet.[146] Im Falle eines von einer KVG zu vertretenden Fehlers können sich für diese hieraus möglicherweise Haftungsfolgen ergeben. Insoweit kommt gegebenenfalls ein Anspruch der Anleger aus positiver Vertragsverletzung (pVV) gem. §§ 280, 241 BGB in Betracht.[147] 90

In den **Verkaufsprospekten** der Publikumsinvestmentvermögen findet sich i.d.R. folgender bzw. zumindest ähnlich formulierter **Risikohinweis**: 91

„Änderung der steuerlichen Rahmenbedingungen, steuerliches Risiko

Die steuerlichen Ausführungen gehen von der derzeit bekannten Rechtslage aus. Sie richten sich an in Deutschland unbeschränkt einkommensteuerpflichtige oder unbeschränkt körperschaftsteuerpflichtige Personen. Es kann jedoch keine Gewähr dafür übernommen werden, dass sich die steuerliche Beurteilung durch Gesetzgebung, Rechtsprechung oder Erlasse der FinVerw. nicht ändert.

Eine Änderung fehlerhaft festgestellter Besteuerungsgrundlagen des Fonds für vorangegangene Geschäftsjahre (z.B. aufgrund von steuerlichen Außenprüfungen) kann für den Fall einer für den Anleger steuerlich grundsätzlich nachteiligen Korrektur zur Folge haben, dass der Anleger die Steuerlast aus der Korrektur für vorangegangene Geschäftsjahre zu tragen hat, obwohl er unter Umständen zu diesem Zeitpunkt nicht in dem Fonds investiert war. Umgekehrt kann für den Anleger der Fall eintreten, dass ihm eine steuerlich grundsätzlich vorteilhafte Korrektur für das aktuelle und für vorangegangene Geschäftsjahre, in denen er an dem Fonds beteiligt war, nicht mehr zugutekommt, weil er seine Anteile vor Umsetzung der Korrektur zurückgegeben oder veräußert hat.

Zudem kann eine Korrektur von Steuerdaten dazu führen, dass steuerpflichtige Erträge bzw. steuerliche Vorteile in einem anderen als eigentlich zutreffenden Veranlagungszeitraum tatsächlich steuerlich veranlagt werden und sich dies beim einzelnen Anleger negativ auswirkt." [148]

5. Ausschluss allgemeiner Korrekturvorschriften (Satz 4). Die Sonderregelung des § 13 Abs. 4 soll grds. die allgemeinen Korrekturnormen der AO verdrängen.[149] Der **Gesetzeswortlaut schließt** in § 13 Abs. 4 Satz 3 deshalb ausdrücklich eine **Anwendung der allgemeinen abgabenrechtlichen Regelungen in den §§ 129, 164, 165 und 172 bis 175a AO aus**. Konkret bedeutet dies, dass die Vorschriften zur Korrektur einer offensichtlichen Unrichtigkeit beim Erlass eines Verwaltungsakts durch Schreib-, Rechenfehler oder ähnliche offenbare Unrichtigkeiten (§ 129 AO), zur Steuerfestsetzung unter dem Vorbehalt der Nachprüfung (§ 164 AO), zur Vorläufigkeit und Aussetzung einer Steuerfestsetzung (§ 165 AO), zur allgemeinen Aufhebung und Änderung von Steuerbescheiden (§ 172 AO), zur Aufhebung oder Änderung von Steuerbescheiden wegen neuer Tatsachen oder Beweismittel (§ 173 AO), zur Widerstreitenden Streitfestsetzung (§ 174 AO), zur Aufhebung oder Änderung von Steuerbescheiden in sonstigen Fällen (§ 175 AO) und zur 92

---

146 Beckmann/Scholtz/Vollmer/*Röhrich* § 13 Rn. 81; *Carle* DStZ **2004** 75.
147 S. Haase/*Bujotzek* § 13 Rn. 47.
148 Quelle: BVI-Musterbausteine und Erläuterungen für Verkaufsprospekte.
149 BTDrucks. 15/1553 Regierungsentwurf – Entwurf eines Gesetzes zur Modernisierung des Investmentwesens und zur Besteuerung von Investmentvermögen (Investmentmodernisierungsgesetz), 129.

Umsetzung von Verständigungsvereinbarungen und Schiedssprüchen aufgrund völkerrechtlicher Verträge (§ 175a AO) bei einer materiellen Fehlerkorrektur gem. § 13 Abs. 4 Satz 4 keine Anwendung finden. **Ausgeschlossen** ist durch Verwaltungsanweisung (BMF-Schreiben) **ferner** die entsprechende **Anwendung** der gesonderten Feststellungsfrist für Folgebescheide nach **§ 181 Abs. 5 AO**. Dieser ist hier nicht entsprechend anzuwenden.[150] Durch diese Norm soll im Allgemeinen eine zutreffende materielle Besteuerung ermöglicht werden, um Unzulänglichkeiten bedingt durch die rechtliche Verselbstständigung des Feststellungsverfahrens auszugleichen.[151] Danach kann eine gesonderte Feststellung auch noch nach Ablauf der für sie geltenden Feststellungsfrist insoweit erfolgen, als die gesonderte Feststellung für eine Steuerfestsetzung von Bedeutung ist, für die die Festsetzungsfrist im Zeitpunkt der gesonderten Feststellung noch nicht abgelaufen ist.

93 **Anwendbar** im Korrekturverfahren nach § 13 Abs. 4 **sind jedoch** die **Korrekturvorschriften der §§ 176 AO ff.**[152] Dies bedeutet, die allgemeinen Vorschriften zum Vertrauensschutz bei der Aufhebung und Änderung von Steuerbescheiden (§ 176 AO) und die „Korrekturbegrenzungsvorschrift[153]" bei der Berichtigung materieller Fehler (§ 177 AO) sind anwendbar. Konkret folgt hieraus für die Praxis ein **erhöhter Bestandsschutz** (siehe hierzu Rn. 68, 97) sowie die **Kompensationsfunktion** im Falle einer Vielzahl materieller Fehler, die im Ergebnis nur eine einzelne Korrektur ermöglicht, auch wenn mehrere materielle Fehler vorliegen sollten (siehe hierzu Rn. 81 ff.).

94 § 13 Abs. 4 Satz 4 (früher Satz 3) wurde im Rahmen des JStG 2008[154] neu gefasst. Der § 129 AO wurde nachträglich zum Zwecke der Klarstellung mit in die Reihe der nicht anzuwendenden Korrekturvorschriften aufgenommen. Denn Feststellungserklärungen stehen gem. § 13 Abs. 3 Satz 1 einer gesonderten Feststellung gleich. Für diese wird in der steuerlichen Literatur[155] in Anlehnung an die Regelungen für Steueranmeldungen die Ansicht vertreten, dass § 129 AO anwendbar sei. Um diesem Streit aus dem Wege zu gehen, hat der Gesetzgeber sich deshalb im Nachhinein für den klarstellenden gesetzlichen Ausschluss der Norm entschieden.[156] Zuvor war nach Auffassung der FinVerw. die Berichtigungsvorschrift des § 129 AO dann anzuwenden, wenn die Besteuerungsgrundlagen im Bundesanzeiger zutreffend veröffentlicht waren, die gesonderte Feststellung aber unzutreffend war.[157]

Beispiel: Eine Ausschüttung beinhaltet für Privatanleger steuerfreie Veräußerungsgewinne in Höhe von € 1 je Fondsanteil. In der Feststellungserklärung weist die Investmentgesellschaft bei den Besteuerungsgrundlagen i.S.d. § 5 Abs. 1 fehlerhaft nur einen Wert in Höhe von € 0,1000 aus. Im Bundesanzeiger wurde trotzdem der richtige Wert in Höhe von € 1,0000 bekannt gemacht.

Hier wären grds. zwei Unterschiedsbeträge gesondert festzustellen:
– Unterschiedsbetrag gem. § 13 Abs. 4 Satz 1: € 0,9000

[€ 1,0000 (Zutreffende Besteuerungsgrundlage) ./. € 0,1000 (Feststellung) = € 0,9000]

---

150 BMF-Scheiben vom 18. August 2009 Investmentsteuergesetz (InvStG), Zweifels- und Auslegungsfragen; Aktualisierung des BMF-Schreibens vom 2. Juni 2005, Tz. 232 Satz 7.
151 Klein/*Ratschow* § 181 AO Rn. 24.
152 Blümich/*Hammer* § 13 Rn. 16.
153 Klein/*Rüsken* § 177 AO Rn. 1.
154 BGBl. 2007 I S. 3150, 3184.
155 Z.B. Klein/*Brockmeyer*/*Ratschow* § 129 AO Rn. 14.
156 BTDrucks. 16/6739 S. 28.
157 BMF-Scheiben vom 2. Juni 2005 Investmentsteuergesetz (InvStG), Zweifels- und Auslegungsfragen, Tz. 231 Sätze 2 f.

– Unterschiedsbetrag gem. § 13 Abs. 4 Satz 2: ./. € 0,9000

[€ 0,1000 (Feststellung) ./. € 1,0000 (Veröffentlichung im Bundesanzeiger) = € ./. 0,9000]

– Kumulierter Unterschiedsbetrag: € 0,0000

[Summe aus € 0,9000 ./. € 0,9000]

Die beiden gesonderten Feststellungen der Unterschiedsbeträge heben sich in Summe wechselseitig auf. Nach in der Literatur vertretener Auffassung handelte es sich hierbei um die einzige Fallkonstellation, in der von der FinVerw. entgegen der Systematik des Investmentsteuerrechts eine Berichtigung der ursprünglichen Feststellung nach § 13 Abs. 3 gem. § 129 AO vorgenommen wurde.[158] Dies ist nunmehr jedoch nicht mehr möglich, weil § 129 AO kraft Gesetzes nicht mehr anwendbar ist. Die Feststellung bleibt zwar fehlerhaft, aber mangels materieller Erheblichkeit erfolgt hier keine gesonderte Feststellung von Unterschiedsbeträgen nach § 13 Abs. 4 (siehe hierzu auch Rn. 82).

Bei der Neufassung der Korrekturvorschrift des § 13 Abs. 4 in den Sätzen 1 und 2 wurde der Anwendungsbereich für die Nichtanwendbarkeit der allgemeinen Korrekturvorschriften auch auf die gesonderte Feststellung der Unterschiedsbeträge erweitert. Zuvor referenzierte das Gesetz nur auf die gesonderte Feststellung nach § 13 Abs. 3. Die Korrektur eines Feststellungsbescheids gem. § 13 Abs. 4 Sätze 1 und 2 nach den allgemeinen Vorschriften der AO hätte ansonsten im Einzelfall, bei einer vorherigen Berücksichtigung der Unterschiedsbeträge nach § 13 Abs. 4 Satz 2, der gesetzlichen Systematik widersprochen, die dem differenzierten Gefüge des „vereinfachten Korrekturverfahrens" für Publikumsfonds zu Grunde liegt.[159] Der Gesetzgeber hat sich deshalb für den klarstellenden Ausschluss entschieden.

6. Korrekturfrist (Satz 5). Die **gesonderte Feststellung** eines „Unterschiedsbetrags" ist **nur bis** zum **Ablauf** der allgemein für die Feststellung der Besteuerungsgrundlagen eines **Investmentfonds** geltenden **Feststellungsfrist zulässig**. Dies bedeutet, dass Unterschiedsbeträge für diejenigen Fondsgeschäftsjahre nicht mehr festgestellt werden können, für die unter Berücksichtigung der allgemeinen Vorschriften zur An- und Ablaufhemmung nach der AO die Feststellungsfrist bereits abgelaufen ist.[160] Hierdurch soll wie durch die allgemeinen Regelungen zur Festsetzungsverjährung (§§ 169 ff. AO) Rechtsfrieden hergestellt werden. Nach Ablauf der Frist kann deshalb kein Steuerbescheid bzw. keine Feststellung mehr erlassen oder geändert werden.[161]

95

Bei der Bestimmung der **Feststellungsfrist** sind die **allgemeinen Regelungen** gem. §§ 181 Abs. 1 Satz 1, 169 ff. AO anzuwenden.

Beispiel: Für das Geschäftsjahr 1 (Kalenderjahr) eines Investmentfonds, wird entsprechend § 13 Abs. 2 Satz 1 eine Feststellungserklärung bis April 2 beim zuständigen Finanzamt eingereicht.

---

158 Beckmann/Scholtz/Vollmer/*Röhrich* § 13 Rn. 77.
159 BTDrucks. 16/6739 S. 28 f.
160 BMF-Scheiben vom 18. August 2009 Investmentsteuergesetz (InvStG), Zweifels- und Auslegungsfragen; Aktualisierung des BMF-Schreibens vom 2. Juni 2005, Tz. 232 Satz 6.
161 Allgemein hierzu Klein/*Rüsken* § 169 AO Rn. 1, 7, 9.

Die Feststellungsfrist beträgt gem. § 169 Abs. 2 Nr. 2 AO vier Jahre. Sie beginnt gem. § 170 Abs. 2 Nr. 1 AO mit Ablauf des Kalenderjahres 2 zu laufen. D.h. die Verjährung tritt mit Ablauf des Jahres 6 ein.

Für das Geschäftsjahr 1 des Investmentfonds können materielle Fehler bzw. „Unterschiedsbeträge" nach § 13 Abs. 4 somit nur bis zum Ablauf des Jahres 6 festgestellt werden. Im Anschluss daran ist eine Korrektur wegen des Eintritts der Verjährung aus verfahrensrechtlichen Gründen nicht mehr möglich. Wird im Dezember 6 ein Unterschiedsbetrag festgestellt, der jedoch erst im Jahr 7 unanfechtbar wird, dann ist der noch innerhalb der Festsetzungsfrist gesondert festgestellte Unterschiedsbetrag für das Jahr 1 im Jahr 7 entsprechend mit in der Feststellungserklärung zu berücksichtigen. Dies ergibt sich hier im Beispiel konkret aus dem Zusammenspiel von § 13 Abs. 4 Sätze 3 und 5.

96 § 13 Abs. 4 Satz 5 wurde im Rahmen des JStG 2008[162] neu in das InvStG eingefügt. Denn bei der gesonderten Feststellung der Unterschiedsbeträge gem. § 13 Abs. 4 Sätze 1 und 2 kommt im Gegensatz zur gesonderten Feststellung nach § 13 Abs. 3 Satz 1 die Anlaufhemmung gem. § 170 Abs. 2 Nr. 1 AO mangels Erklärungspflicht nicht unmittelbar zur Anwendung. Deshalb hat der Gesetzgeber klarstellend einen Gleichlauf der Fristen zwischen den gesonderten Feststellungen nach § 13 Abs. 3 und Abs. 4 angeordnet, um zu verhindern, dass die Frist für die gesonderte Feststellung eines Unterschiedsbetrags nach § 13 Abs. 4 vor dem Ende der Feststellungsfrist der gesonderten Feststellung der Besteuerungsgrundlagen nach § 13 Abs. 3 abläuft.[163] Zuvor wurde von Stimmen in der Literatur unter Berufung auf den Wortlaut des Gesetzes und die fehlende Erklärungspflicht die Ansicht vertreten, dass eine Anlaufhemmung hier nicht zum Tragen kommen könne. Auf die von den Investmentgesellschaften einzureichenden Feststellungserklärungen könne zur Begründung einer Anlaufhemmung in diesen Fällen nicht abgestellt werden.[164] Folge hiervon wäre grds. eine um ein Jahr verkürzte Feststellungs- bzw. Festsetzungsfrist, weil diese bereits mit Ablauf des betreffenden Fondsgeschäftsjahres und nicht erst im Folgejahr zu laufen beginnen würde. Von der FinVerw. wurde in diesen Fällen vor der klarstellenden Ergänzung des Gesetzes stets § 170 Abs. 2 Nr. 1 AO analog angewandt.[165]

97 **7. Erhöhter Bestandsschutz.** Bei der Feststellung der Unterschiedsbeträge nach § 13 Abs. 4 ist die besondere Vertrauensschutzregelung des § 176 AO zu beachten.[166] § 176 AO schützt seinem Sinn und Zweck nach das Vertrauen der Steuerpflichtigen in die Bestandskraft von Steuerbescheiden, sofern eine gesicherte Rechtsauffassung vorgelegen hat und die Rechtslage nicht zweifelhaft war, mit anderen Worten, die Steuerpflichtigen nicht mit einer Änderung des Steuerbescheides rechnen mussten.[167] Bei der Änderung eines Steuerbescheids darf deshalb zuungunsten des Steuerpflichtigen nicht berücksichtigt werden, dass das Bundesverfassungsgericht die Nichtigkeit eines Gesetzes festgestellt hat, der BFH eine Norm nicht anwendet, weil er sie für verfassungswidrig hält oder sich die Rspr. des BFH geändert hat, wenn die bisherige Steuerfestsetzung hierauf beruht (§ 176 Abs. 1 AO). Gleiches gilt aber auch, wenn eine allgemeine Verwaltungsvorschrift

---

162 BGBl. 2007 I S. 3150, 3184.
163 BTDrucks. 16/6739 S. 29.
164 *Jacob/Geese/Ebner* S. 318.
165 Vgl. *Jacob/Geese/Ebner* S. 318.
166 BMF-Scheiben vom 18. August 2009 Investmentsteuergesetz (InvStG), Zweifels- und Auslegungsfragen; Aktualisierung des BMF-Schreibens vom 2. Juni 2005, Tz. 232 Satz 5.
167 Klein/*Rüsken* § 176 AO Rn. 1, 3a.

der Bundesregierung oder einer obersten Bundes- oder Landesbehörde (z.B. die BMF-Schreiben und die Steuerrichtlinien, nicht aber OFD-Verfügungen oder nur rein faktische Verwaltungsübungen[168]) vom BFH als nicht mit dem geltenden Recht in Einklang stehend bezeichnet wurde (§ 176 Abs. 2 AO).

8. Rechtsmittel. Gegen die gesonderte Feststellung der Unterschiedsbeträge als Verwaltungsakt i.S.d. § 118 Satz 1 AO kann ein Rechtsmittel nach den allgemeinen Vorschriften der AO eingelegt werden.[169] Die jeweiligen Feststellungsbescheide über die Unterschiedsbeträge sind dann Gegenstand des Einspruchs im Rechtsbehelfsverfahren mit den Finanzbehörden bzw. Klagegegenstand vor den Finanzgerichten. Zunächst ist eine Anfechtung des Verwaltungsakts durch **Einspruch** gem. § 347 AO das adäquate Rechtsmittel. Im Anschluss daran ist im Einzelfall der Klageweg vor dem Finanzgericht im Wege der **Anfechtungsklage** (§ 40 Abs. 1 FGO i.V.m. § 100 Abs. 2 FGO) geboten.[170] Sowohl die Einspruchs- als auch Klagebefugnis liegen bei der Investmentgesellschaft.[171] Bedingt durch die Anonymität und die häufigen Wechsel in der Anlegerstruktur bei Publikumsfonds ist eine Einspruchsbefugnis ausgeschiedener Anleger nach § 352 Abs. 1 Nr. 3 AO nicht gegeben.[172] 98

Die Veröffentlichung der Besteuerungsgrundlagen im Bundesanzeiger ist in Abgrenzung zur Feststellung eines Unterschiedsbetrags i.S.d. § 13 Abs. 4 kein Verwaltungsakt[173] i.S.d. § 118 Satz 1 AO. Denn dieser definiert Verwaltungsakte im abgabenrechtlichen Sinne als jede Verfügung, Entscheidung oder andere hoheitliche Maßnahme, die eine Behörde zur Regelung eines Einzelfalls auf dem Gebiet des öffentlichen Rechts trifft und die auf unmittelbare Rechtswirkung nach außen gerichtet ist. Dies ist bei Veröffentlichungen im Bundesanzeiger aber nicht der Fall. 99

Die Einspruchsfrist von einem Monat (§ 355 Abs. 1 AO) beginnt gem. §§ 122 Abs. 2 Nr. 1, 108 AO grds. mit der Bekanntgabe des Feststellungsbescheids am dritten Tage nach der Aufgabe zur Post zu laufen. Die Klagefrist nach den allgemeinen prozessualen Regelungen beträgt einen Monat und beginnt mit der Bekanntgabe der Entscheidung über den außergerichtlichen Rechtsbehelf zu laufen (§ 47 Abs. 1 FGO). 100

Zu berücksichtigen ist bei der Einlegung eines Rechtsmittels gegen die Feststellung von Unterschiedsbeträgen **stets, dass § 13 Abs. 4 Satz 3 lex specialis** zu den allgemeinen abgabenrechtlichen Vorschriften in § 361 Abs. 1 AO und § 69 Abs. 1 FGO **ist und** ausdrücklich eine Anwendung des sog. **„Suspensiveffekts" anordnet**. Dies bedeutet, einem Einspruch bzw. einer Klage gegen die gesonderte Feststellung der Unterschiedsbeträge kommt aufschiebende Wirkung zu.[174] **Folge** des „Suspensiveffekts" ist, dass **durch die Einlegung von Rechtsmitteln bzw. deren Rücknahme** (§ 362 AO) **die zeitliche Wirksamkeit** von Unterschiedsbeträgen in der Praxis **konkret beeinflusst werden kann**. Denn diese sind erst mit Bestandkraft der Bescheide über ihre Feststellung in der Feststellungserklärung für das gerade laufende Geschäftsjahr eines Investmentfonds zusätzlich zu den originär für dieses Geschäftsjahr ermittelten Besteuerungsgrundlagen mit aufzunehmen. Somit kann durch die Einlegung eines Einspruchs im Einzelfall die 101

---

168 Vgl. Klein/*Rüsken* § 176 AO Rn. 25.
169 Feyerabend/*Patzner* B Rn. 11.
170 Patzner/Döser/Kempf/Patzner/Kempf § 13 Rn. 8; Patzner/Kempf Deutsches Bundesrecht § 13 Rn. 8; Littmann/Bitz/Pust/Ramackers § 13 Rn. 26.
171 Beckmann/Scholtz/Vollmer/Röhrich § 13 Rn. 85; Blümich/Hammer § 13 Rn. 8.
172 *Jacob/Geese/Ebner* S. 315.
173 Vgl. Blümich/*Hammer* § 13 Rn. 8.
174 Beckmann/Scholtz/Vollmer/Röhrich § 13 Rn. 85; Feyerabend/*Patzner* B Rn. 11; Haase/*Bujotzek* § 13 Rn. 92; *Jacob/Geese/Ebner* S. 318.

zeitliche Verlagerung einer Fehlerkorrektur – mitunter die konkrete Entstehung einer Steuerschuld – in die Zukunft bewirkt werden bzw. durch die gezielte Rücknahme eines eingelegten Rechtsmittels eine Verlagerung in das laufende Geschäftsjahr bewirkt werden.[175] Die Rücknahme eines Einspruchs ist bis zur Bekanntgabe der Einspruchsentscheidung möglich. Bei der Bekanntgabe der Einspruchsentscheidung findet die allgemeine 3-Tagesfiktion des § 122 Abs. 2 Nr. 1 AO Anwendung,[176] wodurch sich in der Praxis im Einzelfall möglicherweise ein gewisser Raum für Gestaltungen ergibt.

Beispiel: Für das Geschäftsjahr 1 (= Kalenderjahr) eines Fonds werden im Jahre 3 materielle Fehler festgestellt. Gegen die gesonderte Feststellung der Unterschiedsbeträge legt die Investmentgesellschaft im August 3 Einspruch ein. Der Klageweg soll im Anschluss an das Einspruchsverfahren nicht beschritten werden. Im November teilt das Finanzamt mit, dass im Jahre 3 keine Entscheidung im Einspruchsverfahren über die Unterschiedsbeträge mehr ergehen wird, sondern erst im Laufe des Jahres 4.

Wartet die Investmentgesellschaft die Einspruchsentscheidung des Finanzamts im Jahre 4 ab, d.h. wird die Feststellung der Unterschiedsbeträge im Jahre 4 mit Ablauf der Einspruchsfrist bestandskräftig, so sind diese im laufenden Geschäftsjahr 4 des Fonds ergänzend zu den originären Besteuerungsgrundlagen mit zu berücksichtigen. Wartet die Investmentgesellschaft dagegen nicht die Einspruchsentscheidung des Finanzamts im Jahre 4 ab, sondern nimmt den Einspruch noch im Jahre 3 zurück und akzeptiert somit den von den Finanzbehörden festgestellten Unterschiedsbetrag (materiellen Fehler), wird die Feststellung der Unterschiedsbeträge im Jahre 3 bestandskräftig. Folge ist, dass die festgestellten Unterschiedsbeträge bereits im laufenden Geschäftsjahr 3 des Fonds ergänzend zu den originären Besteuerungsgrundlagen des Fonds mit zu berücksichtigen sind.

102 Die rechtlichen Wirkungen des Suspensiveffekts bieten sich in der Praxis im Einzelfall durchaus für steuerliche Gestaltungen an. Zur Vermeidung unerwünschter steuerlicher Gestaltungen durch eine Nutzung des Suspensiveffekts wird von der – der FinVerw. nahe stehenden – Literatur deshalb die Einführung einer vorab zu entrichtenden Sicherheitsleistung im Einzelfall als sinnvoll erachtet.[177] Zumindest bei extremen Missbrauchsfällen, in denen Investmentfonds vor der Unanfechtbarkeit positiver Unterschiedsbeträge aufgelöst werden[178] und sich die Unterschiedsbeträge deshalb im Ergebnis nicht mehr steuererhöhend auf Anlegerebene auswirken können, ist diesem Lösungsvorschlag uneingeschränkt zuzustimmen (s. auch Rn. 79).

103 **9. Sonderfall: Alleinige Verursachung durch den Bundesanzeiger.** Bei materiellen Fehlern soll grds. das für die betroffene Investmentgesellschaft zuständige Finanzamt (§ 13 Abs. 5) bzw. bei ausländischen Investmentfonds das Bundeszentralamt für Steuern (BZSt) vom Bundesanzeiger formlos über den Fehler in Kenntnis gesetzt werden, so dass entsprechende Korrekturen erfolgen können.[179]

104 Eine Ausnahme gilt aber für die Fälle, in denen eine materiell fehlerhafte oder unvollständige Veröffentlichung alleine durch den Bundesanzeiger verursacht wird, die

---

175 Littmann/Bitz/Pust/*Ramackers* § 13 Rn. 26; Haase/*Bujotzek* § 13 Rn. 92; *Sradj/Mertes* DStR **2004** 201, 204.
176 Klein/*Brockmeyer* § 362 AO Rn. 1.
177 Beckmann/Scholtz/Vollmer/*Röhrich* § 13 Rn. 85.
178 Vgl. Beckmann/Scholtz/Vollmer/*Röhrich* § 13 Rn. 83.
179 Verbändeschreiben des BMF und Schreiben des BMF an Bundesanzeiger Verlags GmbH vom 19.12.2012 – Investmentsteuerrecht; Bekanntmachung von Besteuerungsgrundlagen im Bundesanzeiger nach § 5 InvStG, Gz. IV C 1 – S 1980-1/11/10007 : 013.

Investmentgesellschaft diesem aber zutreffende und vollständige Daten übermittelt hat. Diese Billigkeitsregelung wurde durch das BMF insbesondere auf Bitten ausländischer Investmentgesellschaften gewährt. Hintergrund hierfür waren Befürchtungen vor einem Eingreifen der Pauschalbesteuerung gem. § 6 im Falle einer unzutreffenden oder unvollständigen Veröffentlichung durch den Bundesanzeiger, obwohl diesem die Daten korrekt übermittelt wurden; d.h. die **Investmentgesellschaften** an der unzutreffenden oder unvollständigen Veröffentlichung überhaupt **kein Verschulden** trifft. Zudem hatten die Investmentgesellschaften in diesen Fällen über einen erhöhten Arbeitsaufwand geklagt. Zur Vermeidung von unverhältnismäßigen Mehraufwänden darf der Bundesanzeiger – auf Hinweis betroffener Investmentgesellschaften – nunmehr fehlerhafte oder unvollständig veröffentlichte Daten i.S.d. § 5 Abs. 1 innerhalb einer **Karenzfrist von einem Monat** seit ihrer Bekanntmachung im Bundesanzeiger selbständig korrigieren. Voraussetzung ist, dass die fehlerhafte oder unvollständige Veröffentlichung allein durch den Bundesanzeiger verursacht wurde, die Investmentgesellschaft nachweislich aber zutreffende und vollständige Besteuerungsgrundlagen bzw. Daten übermittelt hat, d.h. insbes. auch kein „Übernahmefehler" vorliegt. Die Vornahme einer solchen **Korrektur** im Bundesanzeiger **soll gesondert gekennzeichnet werden**.[180] In diesen Fällen kommt dann nicht das formelle Korrekturverfahren gem. § 13 Abs. 4 zur Anwendung. Hierdurch wurde im Ansatz partiell auch der Kritik der von der Finanzministerkonferenz am 3.3.2011 eingesetzten Bund-Länder-Arbeitsgruppe, die Vorschläge für eine Neukonzeption der Investmentbesteuerung erarbeiten soll, durch die FinVerw. abgeholfen. Diese hatte bei der Aufarbeitung des status quo der Investmentbesteuerung kritisch angemerkt, dass in Fällen, in denen vor allem ausländische Investmentgesellschaften bereits bekannt gemachte und auf Anlegerebene berücksichtigte Besteuerungsgrundlagen ihrer Investmentfonds rückwirkend ändern würden, konkret Steuerausfälle drohen würden.[181]

10. Sonderfall: Abweichende Veröffentlichung in WM. In der **Praxis vertrauen** 105 die **depotführenden Stellen** bei der Verarbeitung von Ausschüttungen und Thesaurierungen auf Depotebene i.d.R. stets auf die von **WM**-Datenservice veröffentlichten Kennzahlen (WM-Daten). Für den Fall, dass die **WM-Daten falsch** sind und von den zutreffenden Werten in der Feststellungserklärung und den im Bundesanzeiger veröffentlichten Besteuerungsgrundlagen abweichen, kommt eine **Korrektur nach § 13 Abs. 4 nicht in Betracht**. Denn die Anwendung der Norm des § 13 Abs. 4 setzt stets eine Veröffentlichung fehlerhafter Besteuerungsgrundlagen im Bundesanzeiger voraus. In der **Literatur** wird für diese Fälle die Ansicht vertreten, dass dann – auch unter dem Regime der Abgeltungsteuer – eine entsprechende Korrektur des Kapitalertragsteuerabzugs im Rahmen der Veranlagung auf Anlegerebene, erfolgen müsse.[182] Dieser Ansicht ist im Ergebnis zu folgen. Denn nur auf diesem Wege lässt sich letztendlich eine zutreffende materielle Besteuerung bei Privatanlegern sicherstellen. Bei betrieblichen Anlegern stellt sich die Frage nicht, weil dort die Abgeltungsteuer nur eine Form der Vorauszahlung auf die Steuerschuld darstellt.

Insbesondere der Aspekt, dass die von den depotführenden Stellen verwendeten 106 WM-Daten zum Teil von den nach dem Gesetz allein maßgeblichen im Bundesanzeiger

---

180 Verbändeschreiben des BMF und Schreiben des BMF an Bundesanzeiger Verlags GmbH vom 25.10.2013 – Investmentsteuerrecht; Bekanntmachung von Besteuerungsgrundlagen im Bundesanzeiger nach § 5 InvStG, Gz. IV C 1 – S 1980-1/11/10007 : 013.
181 Entwurf Bericht der Arbeitsgruppe „Neukonzeption der Investmentbesteuerung" Stand: 24. Februar 2012 S. 14.
182 Beckmann/Scholtz/Vollmer/*Röhrich* § 13 Rn. 71, 53.

veröffentlichen Werten abweichen, ist problematisch. Er wurde auch von der durch die Finanzministerkonferenz am 3.3.2011 eingesetzten Bund-Länder-Arbeitsgruppe, die Vorschläge für eine Neukonzeption der Investmentbesteuerung erarbeiten soll, ausdrücklich als problematisch erachtet.[183] Denn derzeit werden nur die Daten im Bundesanzeiger seitens der FinVerw. überprüft und bei Fehlerhaftigkeit im Rahmen des vereinfachten Verfahrens nach § 13 Abs. 4 korrigiert. Die Anleger erstellen aber ihre Steuererklärungen in der Praxis grds. auf der Grundlage der ihnen von den depotführenden Stellen zur Verfügung gestellten Steuerbescheinigungen. Abhilfe könnte in Zukunft durch einen verbindlichen vollumfänglichen Abgleich zwischen den WM-Daten und den Daten im Bundesanzeiger geschaffen werden. Dieser Datenabgleich könnte einerseits gesetzlich angeordnet werden, andererseits könnte sich WM-Datenservice im Rahmen einer umfassenden Qualitätssicherung auch freiwillig zu einem vollständigen Datenabgleich bereit erklären.

107   **11. Unterlassen einer Korrektur.** Eine **Korrektur** nach § 13 Abs. 4 **unterbleibt in zeitlicher Hinsicht** für diejenigen Geschäftsjahre, für die verfahrensrechtlich die Frist für die gesonderte Feststellung gegenüber der Investmentgesellschaft bereits abgelaufen ist (siehe hierzu Rn. 95). Konkret unterbleibt eine Feststellung von Unterschiedsbeträgen für all diejenigen Geschäftsjahre, für die auch unter Berücksichtigung von An- und Ablaufhemmung bei einer gesonderten Feststellung von Besteuerungsgrundlagen die Feststellungsfrist nach den allgemeinen Vorschriften der AO bereits abgelaufen wäre.[184]

Beispiel: Für das Geschäftsjahr 1 (Kalenderjahr) eines Fonds wird entsprechend § 13 Abs. 2 bis April 2 eine Feststellungserklärung beim Finanzamt eingereicht.
Die Feststellungsfrist beträgt gem. § 169 Abs. 2 Nr. 2 AO vier Jahre und beginnt gem. § 170 Abs. 2 Nr. 1 AO mit Ablauf des Kalenderjahres 2 zu laufen; d.h. die Feststellungsverjährung tritt mit Ablauf des Jahres 6 ein.
Für das Geschäftsjahr 1 des Fonds können materielle Fehler bzw. „Unterschiedsbeträge" nach § 13 Abs. 4 somit nur bis zum Ablauf des Jahres 6 festgestellt werden. Im Anschluss daran ist eine Korrektur aus verfahrensrechtlichen Gründen nicht mehr möglich.

108   Zu unterscheiden von der generellen Zulässigkeit, eine Korrektur zu **unterlassen** bzw. auf diese zu verzichten, ist die Frage, welche Folgen sich für eine Investmentgesellschaft daraus ergeben, wenn sie der ihr obliegenden Verpflichtung nicht nachkommt, **unanfechtbare Unterschiedsbeträge in der Feststellungserklärung** für das laufende Jahr **zu berücksichtigen**. In diesen Fällen können die Finanzbehörden Zwangsmittel (zum Beispiel Zwangsgeld § 329 AO; Ersatzvornahme § 330 AO; Unmittelbaren Zwang § 331 AO; Erzwingung von Sicherheiten § 336 AO) anwenden. Die Zwangsmittel sind dabei gegen die Investmentgesellschaft und deren gesetzliche Vertreter und nicht die Anleger zu richten. Das Unterlassen stellt grds. aber keine Ordnungswidrigkeit oder sogar Steuerstraftat dar.[185] Dies wird in der Literatur zu Recht als kritisch bewertet.[186] Denn durch das Unterlassen wird im Einzelfall möglicherweise die Entstehung einer konkreten Steuerschuld verhindert und das Steueraufkommen gefährdet.

---

[183] Entwurf Bericht der Arbeitsgruppe „Neukonzeption der Investmentbesteuerung" Stand: 24. Februar 2012 S. 15.
[184] BMF-Scheiben vom 18. August 2009 Investmentsteuergesetz (InvStG), Zweifels- und Auslegungsfragen; Aktualisierung des BMF-Schreibens vom 2. Juni 2005, Tz. 232 Satz 6.
[185] Berger/Steck/Lübbehüssen/*Hölzl* § 13 Rn. 85, 26; Beckmann/Scholtz/Vollmer/*Röhrich* § 13 Rn. 84, 47, 48.
[186] Berger/Steck/Lübbehüssen/*Hölzl* § 13 Rn. 85, 42.

12. Auswirkungen auf Anlegerebene. Die Anwendung des Korrekturverfahrens nach § 13 Abs. 4 ist für den Anleger ebenso wenig rechtlich bindend, wie es die gesonderte Feststellung nach Abs. 1 ist (ausführlich hierzu Rn. 30f.). Eine rechtliche Bindungswirkung entfaltet die Feststellungserklärung in Ermangelung der Einheitlichkeit der Feststellung nur zwischen dem Feststellungsfinanzamt und dem jeweiligen Investmentfonds. Dies führt dazu, dass die Anleger im Rahmen ihrer persönlichen Steuererklärung auch von den festgestellten Besteuerungsgrundlagen i.S.d. § 5 Abs. 1 abweichen können. Theoretisch können auf Ebene des Anlegers daher periodengerecht und zielgerecht Korrekturen der spezifischen Besteuerungsgrundlagen vorgenommen werden, da bei diesem die Korrekturvorschriften nach §§ 172ff. AO nicht ausgeschlossen sind. 109

Beispiel: Ein Privatanleger hält 10.000 Fondsanteile an einem Publikumsfonds. Der Fonds schüttet € 1 je Fondsanteil aus. In den veröffentlichten Besteuerungsgrundlagen wird die Ausschüttung als voll steuerpflichtig ausgewiesen. Der Anleger ist jedoch der Ansicht, dass € 0,20 der Ausschüttung je Fondsanteil steuerfrei seien. Im Rahmen seiner persönlichen Einkommensteuererklärung deklariert er daher nur Einkünfte aus Kapitalvermögen i.H.v. € 8.000.

Eine faktische Bindungswirkung für die Anleger entfaltet sich jedoch insoweit, als die Anleger, deren depotführende Stellen sowie die Anleger-Finanzämter auf die nach § 5 Abs. 1 Satz 1 Nr. 1 oder Nr. 2 bekannt zu machenden und gem. § 5 Abs. 1 Satz 1 Nr. 3 bzw. § 13 Abs. 3 Satz 3 im Bundesanzeiger veröffentlichten Besteuerungsgrundlagen angewiesen sind, wobei sie die Richtigkeit der Besteuerungsgrundlagen nach § 5 Abs. 1 mangels Mitwirkung nur schwer nachvollziehen können.[187] Hieraus leitet sich in der Praxis eine faktische Bindungswirkung für die Anleger ab (vgl. Rn. 62). 110

Beispiel: Ein Privatanleger hält 10.000 Fondsanteile an einem Publikumsfonds. Der Fonds schüttet € 1 je Fondsanteil aus. In den veröffentlichten Besteuerungsgrundlagen wird die Ausschüttung als voll steuerpflichtig ausgewiesen. Tatsächlich (derzeit aber noch nicht bekannt) sind € 0,20 der Ausschüttung je Fondsanteil steuerfrei. Im Rahmen seiner persönlichen Einkommensteuererklärung deklariert der Anleger daher folgerichtig Einkünfte aus Kapitalvermögen i.H.v. € 10.000.

13. Verzinsung. Etwaige Steuernachforderungen auf Ebene der Anleger, die auf der **Feststellung von Unterschiedsbeträgen** i.S.d. § 13 Abs. 4 beruhen, **unterliegen keiner Verzinsung** gem. § 233a AO. Systembedingt liegen aufgrund der gegenläufigen Feststellungen auf Ebene der Anleger keine zu verzinsenden Unterschiedsbeträge vor.[188] Denn die Erträge, die für das Korrekturjahr festgesetzt werden, werden im Ursprungsjahr nicht korrigiert, sodass im Grundsatz eine vollumfängliche Fehlerkorrektur im materiellen Sinne durch eine einmalige Korrekturbuchung stattfindet. Der Gesetzgeber hat sich bei der Einführung des vereinfachten Korrekturverfahrens aus praktischen Erwägungen ganz bewusst für die zeitversetzte Korrektur in die Zukunft entschieden („Prinzip der Ex-Nunc-Korrektur"[189]), die sowohl aus fiskal- als auch aus Anlegersicht steuerlich positiv oder negativ sein kann. Insoweit ist hier aufgrund der Wechselwirkungen innerhalb eines begrenzten Korrekturzeitraums keine Verzinsung angezeigt. Zudem unterliegt der betroffene Anlegerkreis i.d.R. permanenten Änderungen und es handelt sich beim Fest- 111

---

[187] *Patzner/Kempf* Deutsches Bundesrecht § 13 Rn. 2.
[188] Berger/Steck/Lübbehüssen/*Hölzl* § 13 Rn. 86.
[189] Feyerabend/*Patzner* B Rn. 11.

stellungs- und Korrekturverfahren nach § 13 Abs. 4 um ein Verfahren gegenüber der Investmentgesellschaft und nicht gegenüber den Anlegern.

V. Zuständiges Finanzamt (Abs. 5)

112 Für das Feststellungsverfahren ist das **Finanzamt örtlich zuständig**, in dessen Bezirk sich die **Geschäftsleitung der KVG des Investmentfonds** befindet. Dies wurde im Rahmen des AIFM-StAnpG vom Gesetzgeber klargestellt.[190] Bei einer intern verwalteten (§ 1 Abs. 12 KAGB) Inv-AG ist auf den Ort ihrer Geschäftsleitung abzustellen,[191] im Falle einer extern verwalteten (§ 1 Abs. 13 KAGB) Inv-AG verbleibt es beim Ort der Geschäftsleitung der KVG. Die Bestimmung des Orts der Geschäftsleitung richtet sich nach den allgemeinen Bestimmungen der Abgabenordnung.[192] Dort wird in § 10 AO die Geschäftsleitung als Mittelpunkt der geschäftlichen Oberleitung definiert. In einzelnen Bundesländern wurde die Zuständigkeit der Finanzbehörden für die Besteuerung von Investmentfonds jedoch zentralisiert (z.B. Bayern, Hessen, Nordrhein-Westfalen), sodass sich in der Praxis Abweichungen ergeben.

113 Die vorherige Formulierung im Gesetz, die nicht explizit auf die KVG des Investmentfonds referenzierte, sondern auf die Geschäftsleitung der Investmentgesellschaft, hatte in der Praxis die Frage aufgeworfen, ob für die einzelnen (verschiedenen) Sondervermögen einer KVG mitunter unterschiedliche Finanzämter zuständig sein könnten.[193] Denn gesetzlicher Vertreter eines inländischen Sondervermögens i.S.d. § 1 Abs. 1f Nr. 1 ist gem. § 1 Abs. 2a Nr. 1 Buchst. a die jeweilige KVG (zuvor KAG gem. § 1 Abs. 2 Satz 4 InvStG a.F.). Nicht immer befindet sich jedoch am Ort der Geschäftsleitung der KVG auch die Geschäftsleitung des Investmentfonds. Diese kann in der Praxis auch an einem anderen Ort liegen. Nach der alten etwas offeneren Gesetzesformulierung hätte dies in bestimmten Fallkonstellationen eine Verlagerung der Zuständigkeit begründen können, z.B. dann wenn alle Spezialisten-, Geschäftsleitungs- und Verwahrstellenfunktionen (früher Depotbankfunktionen) eines Sondervermögens nicht am Ort der Geschäftsleitung einer KVG abgewickelt werden.[194]

114 **Abweichendes** von den zuvor dargestellten allgemeinen Grundsätzen gilt in den Fällen der **grenzüberschreitenden Fondsverwaltung**. Im Falle der Verwaltung eines Sondervermögens durch die inländische Zweigniederlassung einer EU-Verwaltungsgesellschaft i.S.d. § 1 Abs. 2a Satz 3 Nr. 1 Buchst. b (zuvor § 1 Abs. 1 Nr. 1 Buchst. b InvStG a.F.) ist das Finanzamt am Ort der Zweigniederlassung im Inland zuständig. Im Falle der Verwaltung eines Sondervermögens durch eine EU-Verwaltungsgesellschaft ohne Zweigniederlassung im Inland i.S.d. § 1 Abs. 2a Satz 3 Nr. 1 Buchst. c (zuvor § 1 Abs. 1 Nr. 1 Buchst. c InvStG a.F.) ist örtlich das Finanzamt am Sitz der inländischen Verwahrstelle (früher Depotbank) zuständig.[195]

Im Rahmen des AIFM-StAnpG wurden die entsprechenden Verweise auf § 1 angepasst und die Begrifflichkeit der Depotbank für den Fall der grenzüberschreitenden Verwaltung durch eine EU-Verwaltungsgesellschaft ohne Zweigniederlassung im Inland durch die Verwahrstelle ersetzt.[196]

---

190 BTDrucks. 18/68 S. 60; BRDrucks. 740/13 (B) S. 93; BRDrucks. 740/13 S. 60; BTDrucks. 17/12603 S. 35.
191 Vgl. Littmann/Bitz/Pust/*Ramackers* § 13 Rn. 30 zur alten Rechtslage.
192 Bordewin/Brandt/*Geurts* § 13 Rn. 15.
193 BTDrucks. 18/68 S. 60; BRDrucks. 740/13 (B) S. 93; BRDrucks. 740/13 S. 60; BTDrucks. 17/12603 S. 35.
194 Vgl. Littmann/Bitz/Pust/*Ramackers* § 13 Rn. 30.
195 Blümich/*Hammer* § 13 Rn. 26.
196 BTDrucks. 18/68 S. 60; BRDrucks. 740/13 (B) S. 93; BRDrucks. 740/13 S. 60; BTDrucks. 17/12603 S. 35.

VI. Feststellungsverfahren bei Spezialfonds und InV-KG

Für inländische Spezialfonds findet ebenfalls ein Verfahren zur Feststellung der Besteuerungsgrundlagen statt. Dieses weist aber deutliche Unterschiede zum Feststellungsverfahren für Publikumsfonds nach § 13 auf und ist zumindest teilweise der Feststellung von Einkünften nach § 180 AO angeglichen.[197] Aufgrund des umfassenden Verweises in § 15a Abs. 1 Satz 1 auf § 15 findet das Verfahren auch auf die Inv-KG i.S.d. § 15a i.V.m. § 1 Abs. 1f Nr. 3 entsprechend Anwendung. **115**

Spezialfonds im zuvor beschriebenen Sinne sind Spezial-Sondervermögen und die Spezial-Inv-AG mit veränderlichem Kapital, die die spezifischen Anforderungen des § 15 Abs. 1 erfüllen. Danach besteht die Verpflichtung zur Durchführung eines Feststellungsverfahrens für Spezial-Sondervermögen und Spezial-Inv-AG mit veränderlichem Kapital, die aufgrund einer schriftlichen Vereinbarung mit der KVG oder ihrer Satzung nicht mehr als 100 Anleger oder Aktionäre haben, die nicht natürliche Personen sind (15 Abs. 1 Satz 1). Die Besteuerungsgrundlagen werden bei diesen aufgrund des Verweises in § 15 Abs. 1 Satz 3 auf § 180 Abs. 1 Nr. 2 Buchst. a) AO gesondert festgestellt. Die Feststellungserklärung steht kraft Gesetzes einer gesonderten und einheitlichen Feststellung unter dem Vorbehalt der Nachprüfung gleich. Berichtigte Erklärungen gelten als Antrag auf Änderung der bisherigen Feststellung (15 Abs. 1 Satz 3). Etwaige materielle Fehler der Feststellungen sind in den Jahren zu korrigieren, in denen diese originär entstanden sind (Prinzip der Ex-Tunc-Korrektur[198]). Das speziellere vereinfachte Korrekturverfahren nach § 13 Abs. 4 findet keine Anwendung (§ 15 Abs. 1 Satz 4). **116**

Die Begrenzung der Anlegerzahl wurde im Rahmen des JStG 2008[199] vom 20.12.2007 neu mit in das Investmentsteuerrecht aufgenommen.[200] Hintergrund für die Neuregelung war die Liberalisierung des Aufsichtsrechts durch das InvÄndG[201] vom 21.12.2007, in deren Rahmen die bisherige Begrenzung der Anlegerzahl von 30 für Spezial-Sondervermögen in § 2 Abs. 3 InvG a.F. abgeschafft wurde. Die nunmehr steuerrechtlich vorgesehene Anlegergrenze dient der Gleichbehandlung mit ausländischen Spezial-Investmentvermögen. Zudem soll die Durchführung des Besteuerungsverfahrens im Wege der einheitlichen und gesonderten Feststellung von Besteuerungsgrundlagen praktikabel bleiben.[202] **117**

Bei einem Überschreiten der Anlegerzahl von 100 wandelt sich ein Spezialfonds kraft Gesetzes steuerlich zum Publikumsfonds. Dann sind zum Beispiel die ansonsten für Spezialfonds nicht anwendbaren § 1 Abs. 1d, § 4 Abs. 4, § 5 Abs. 1, § 6 und § 8 Abs. 4 und 8 anzuwenden (vgl. § 15 Abs. 1 Satz 1). Die FinVerw. hat in ihrem Anwendungsschreiben zum InvStG eine Missbrauchsvermutung für die Fälle vorgesehen, in denen gezielt eine hohe Zahl von Anlegern oder Aktionären mit nur geringer Beteiligung aufgenommen wird, währenddessen das Fonds- oder Gesellschaftsvermögen überwiegend von Steuerpflichtigen gehalten wird, für die die Einstufung des Investmentvermögens als Spezialfonds im Grundsatz steuerlich nachteilig wäre. Dann kommt nach Ansicht der FinVerw. im Einzelfall eine Anwendung der Missbrauchsvorschrift des § 42 AO in Be- **118**

---

197 Vgl. BMF-Scheiben vom 18. August 2009 Investmentsteuergesetz (InvStG), Zweifels- und Auslegungsfragen; Aktualisierung des BMF-Schreibens vom 2. Juni 2005, Tz. 248.
198 Feyerabend/*Patzner* B Rn. 13.
199 BGBl. 2007 I S. 3150, 3184.
200 Für nach dem 21. Dezember 2007 endende Geschäftsjahre hat der Gesetzgeber im Rahmen des Jahressteuergesetz 2008 mit Wirkung ab dem 29.12.2007 steuerlich den persönlichen Anwendungsbereich des § 15 InvStG von der aufsichtsrechtlichen Definition des inländischen Spezial-Investmentvermögens gelöst; BTDrucks. 16/7036 S. 27.
201 BGBl. 2007 I S. 3089.
202 Berger/Steck/Lübbehüssen/*Hölzl* § 13 Rn. 5; Haase/*Bujotzek* § 13 Rn. 8; BTDrucks. 16/7036 S. 27.

tracht. Folge hiervon ist dann eine Anwendung der Rechtsfolgen des § 15.[203] Insoweit erfolgt dann für steuerliche Zwecke eine Umqualifizierung eines Publikumsfonds in einen Spezialfonds.

119 Im Feststellungsverfahren für Spezialfonds erfolgt im Gegensatz zum Feststellungsverfahren bei Publikumsfonds nach § 13 Abs. 1, 3 eine **gesonderte Feststellung**, die gegenüber den Anlegern **Bindungswirkung** entfaltet (§ 180 Abs. 1 AO). Dies ist eine Folge der gesetzlich angeordneten Gleichstellung mit einer gesonderten und einheitlichen Feststellung (§ 15 Abs. 1 Satz 3). Der Feststellungsbescheid ist insoweit **Grundlagenbescheid** (§ 171 Abs. 10 AO) bzw. wirkt wie ein solcher für die nachgelagerte Besteuerung auf Ebene der Anleger (Aktionäre),[204] d.h. er bindet die Betriebstättenfinanzämter beim Erlass der Folgebescheide. Die Besteuerungsgrundlagen werden auch in den Fällen festgestellt, in denen ein Anleger alle Anteile an dem Spezialfonds hält. In diesem Fall erfolgt dann aber keine gesonderte und einheitliche, sondern nur eine gesonderte Feststellung entsprechend § 180 Abs. 1 Nr. 2 Buchstabe b AO.[205] **Festgestellt werden** die **Besteuerungsgrundlagen**, keine steuerpflichtigen oder steuerfreien Einkünfte wie bei einer direkten Anwendung des § 180 Abs. 1 Nr. 2 AO. Die Feststellung erfolgt nicht wie bei der gesonderten Feststellung nach § 13 Abs. 1 je Investmentanteil, sondern für den gesamten Spezialfonds (das gesamte Spezial-Sondervermögen bzw. die Spezial-Inv-AG). Die jeweiligen Besteuerungsgrundlagen werden betragsmäßig sowohl gesamt auf Fondsebene als auch für die einzelnen Anleger bzw. Aktionäre festgestellt.[206]

120 Die Feststellungserklärung ist beim zuständigen Finanzamt (§ 13 Abs. 5) einzureichen. Der Jahresbericht, die § 5-Bescheinigung (§ 5 Abs. 1 Satz 1 Nr. 3), der Ausschüttungsbeschluss (§ 12) und eine Überleitungsrechnung, aus der hervorgeht, wie aus der investmentrechtlichen Rechnungslegung die Besteuerungsgrundlagen ermittelt wurden, sind beizufügen (siehe hierzu auch Rn. 43).

121 Die Feststellungserklärung ist innerhalb einer Frist von 4 Monaten nach dem Tage des Ausschüttungsbeschlusses oder im Falle der Thesaurierung 4 Monate nach Ablauf des Geschäftsjahres abzugeben. Mit Eingang der Feststellungserklärung beim zuständigen Finanzamt gelten die Besteuerungsgrundlagen dann einschließlich ihrer Verteilung auf die Anleger als unter dem Vorbehalt der Nachprüfung (§ 164 AO) festgestellt.[207] Wegen der Übernahme der Rechtsfolge aus § 168 Satz 1 AO stellt die Feststellungserklärung im Ergebnis eine Steueranmeldung dar.[208] Die Besteuerungsgrundlagen nach § 5 Abs. 1 sind daneben weder den Anlegern bekannt zu machen noch im Bundesanzeiger zu veröffentlichen.[209]

122 **Anders als bei Publikumsfonds** können Feststellungen bei Spezialfonds mit Wirkung für die Vergangenheit geändert werden (**Prinzip der Ex-Tunc-Korrektur**[210]). Dabei

---

[203] BMF-Scheiben vom 18. August 2009 Investmentsteuergesetz (InvStG), Zweifels- und Auslegungsfragen; Aktualisierung des BMF-Schreibens vom 2. Juni 2005, Tz. 242 a.E.
[204] Littmann/Bitz/Pust/*Ramackers* § 15 Rn. 20; *Jacob/Geese/Ebner* S. 303; Berger/Steck/Lübbehüssen/*Englisch* § 11 Rn. 98; Blümich/*Hammer* § 13 Rn. 23; Haase/*Bujotzek* § 13 Rn. 7; Feyerabend/*Patzner* B Rn. 8 in Abgrenzung zu den Publikumsfonds.
[205] BMF-Scheiben vom 18. August 2009 Investmentsteuergesetz (InvStG), Zweifels- und Auslegungsfragen; Aktualisierung des BMF-Schreibens vom 2. Juni 2005, Tz. 249.
[206] BMF-Scheiben vom 18. August 2009 Investmentsteuergesetz (InvStG), Zweifels- und Auslegungsfragen; Aktualisierung des BMF-Schreibens vom 2. Juni 2005, Tz. 250.
[207] BMF-Scheiben vom 18. August 2009 Investmentsteuergesetz (InvStG), Zweifels- und Auslegungsfragen; Aktualisierung des BMF-Schreibens vom 2. Juni 2005, Tz. 251, 229a.
[208] *Jacob/Geese/Ebner* S. 303.
[209] BMF-Scheiben vom 18. August 2009 Investmentsteuergesetz (InvStG), Zweifels- und Auslegungsfragen; Aktualisierung des BMF-Schreibens vom 2. Juni 2005, Tz. 244.
[210] Feyerabend/*Patzner* B Rn. 13.

finden die Vorschriften der AO zur Feststellung Anwendung. Sondervermögen gelten dabei als Empfangsbevollmächtigte sowie Einspruchs- und Klagebevollmächtigte. Sie werden dabei durch die KVG vertreten (§ 1 Abs. 2a Satz 3 Nr. 1 Buchstb. a). Eine berichtigte Feststellungserklärung gilt als Antrag auf Änderung des bisherigen Feststellungsbescheids (§ 15 Abs. 1 Satz 3).[211]

Spätere Änderungen der Feststellungsbescheide von Spezialfonds im Rahmen einer Außenprüfung (§ 11 Abs. 3) können im Falle einer Erhöhung der Besteuerungsgrundlagen zu Zinsbelastungen auf Anlegerebene führen. Denn Steuernachforderungen sind 15 Monate nach Ablauf des Kalenderjahrs, in dem die Steuer entstanden ist, zu verzinsen (§ 233a Abs. 1, 2 AO). Die Zinsen betragen für jeden Monat ein halbes Prozent; mithin 6 Prozent p.a. Sie sind von dem Tag an, an dem der Zinslauf beginnt, für jeden vollen Monat zu zahlen (§ 238 Abs. 1 AO). 123

Beispiel: Im Jahre 5 erfolgt im Nachgang zu einer Außenprüfung (§ 11 Abs. 3) eine Änderung des Feststellungsbescheids für das Geschäftsjahr (Kalenderjahr) 1 eines Spezialfonds, an dem nur der Anleger A beteiligt ist. Die dem Anleger A für das Jahr 1 zuzurechnenden steuerpflichtigen Erträge erhöhen sich hierdurch um € 10.000.
Der Feststellungsbescheid wirkt wie ein Grundlagenbescheid bzw. ist ein solcher und führt auf Ebene des Anlegers zu einer Erhöhung des zu versteuernden Einkommens (zvE) um € 10.000. Unter Annahme eines Gesamtsteuersatzes von 30% auf Anlegerebene ergibt sich für diesen für das Jahr 1 eine zusätzliche Steuerlast in Höhe von € 3.000. Diese ist ab April 03 – 15 Monate nach Entstehung der Steuer mit Ablauf des Jahres 1 (§ 36 EStG, § 30 KStG i.V.m. § 38 AO) – mit 0,5% für jeden vollen Monat zu verzinsen.

Insbesondere in Niedrigzinsphasen können auf Anlegerebene hierdurch neben der Steuernachzahlung empfindliche Zinszahlungen ausgelöst werden. Im Einzelfall können sich aus diesen Zinszahlungen in Folge einer Änderung von Feststellungsbescheiden im Nachgang zu einer Außenprüfung auch konkrete **Schadensersatzansprüche der Anleger** gegenüber der Investmentgesellschaft, die als Vertreter des Spezialfonds für die Abgabe der Feststellungserklärung verantwortlich ist, ergeben. Ein solcher Anspruch kommt **aus positiver Vertragsverletzung** (pVV) des Investmentvertrags gem. §§ 280, 241 BGB in Betracht. Hierbei besteht für die Investmentgesellschaft aber stets die Möglichkeit der Exkulpation, wenn diese die für den Eintritt des konkret eingetretenen Schadens maßgebliche Pflichtverletzung nicht zu vertreten hat (§ 280 Abs. 1 Satz 2 BGB), d.h. diese kein Verschulden trifft. Möglicherweise erlangte Vorteile der Anleger (zum Beispiel Liquiditätsvorteile) sind im Rahmen des allgemein zivilrechtlichen Vorteilsausgleichs schadensmindernd zu berücksichtigen.[212] In der Literatur wird zur Vermeidung etwaiger Schadensersatzpflichten empfohlen, dass Investmentgesellschaften die Feststellungserklärung gemeinsam mit dem bzw. den Anlegern erstellen sollten. Hierdurch können etwaige Interessenkonflikte bereits im Vorfeld vermieden werden, indem man mit der FinVerw. strittige Punkte auch unter zu Hilfenahme von Beratern abstimmt. Die Investmentgesellschaft muss dann aus Risikogesichtspunkten auch nicht immer nur konservative Rechtsauffassungen vertreten.[213] Dies kann im Einzelfall durchaus im Sinne der Anleger sein, sofern eine von der Auffassung der FinVerw. abweichende steuerlich günstigere Rechtsansicht in Betracht kommt, der von der Investmentgesellschaft ansonsten unter Risikogesichtspunkten nicht gefolgt würde. 124

---

211 BMF-Scheiben vom 18. August 2009 Investmentsteuergesetz (InvStG), Zweifels- und Auslegungsfragen; Aktualisierung des BMF-Schreibens vom 2. Juni 2005, Tz. 252.
212 Haase/*Bujotzek* § 13 Rn. 47.
213 Blümich/*Hammer* § 13 Rn. 24, 25; Haase/*Bujotzek* § 13 Rn. 47 f.

125 Schematisch stellt sich das Feststellungsverfahren bei Spezialfonds wie folgt dar:

Feststellungsverfahren Spezialfonds

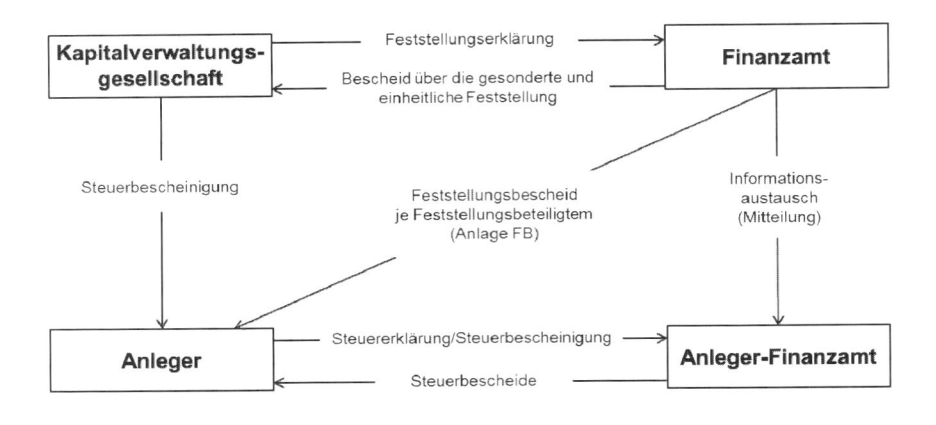

[Diagramm: Kapitalverwaltungsgesellschaft ↔ Finanzamt (Feststellungserklärung / Bescheid über die gesonderte und einheitliche Feststellung); Kapitalverwaltungsgesellschaft → Anleger (Steuerbescheinigung); Finanzamt → Anleger (Feststellungsbescheid je Feststellungsbeteiligtem (Anlage FB)); Finanzamt → Anleger-Finanzamt (Informationsaustausch (Mitteilung)); Anleger ↔ Anleger-Finanzamt (Steuererklärung/Steuerbescheinigung / Steuerbescheide)]

* Keine Veröffentlichung der Steuerdaten im Bundesanzeiger

Die Investmentgesellschaft hat den Kapitalertragsteuerabzug vorzunehmen und innerhalb eines Monats nach Entstehung der Steuer an die Finanzbehörden abzuführen (§ 15 Abs. 1 S. 7 a.E., 8).

VII. Verhältnis zu § 6 InvStG

126 Das **Verhältnis** zwischen dem speziellen vereinfachten Korrekturverfahren für Publikumsfonds in **§ 13 Abs. 4 und** den Regelungen zur **Pauschalbesteuerung nach § 6** ist vom Gesetzgeber **nicht explizit geregelt** worden.[214] Das Verhältnis der beiden Normen ist **problematisch**, weil deren Anwendung auf verschiedenen Ebenen erfolgt.[215] Grds. stehen die beiden Normen alternativ und selbständig nebeneinander.[216] Keiner der beiden Normen kommt die Funktion der lex specialis gegenüber der anderen zu, obwohl die Rechtsfolgen der beiden Normen durchaus im Widerspruch zueinander stehen können.[217]

127 § 6 regelt die Besteuerung der Anleger, wenn die Besteuerungsgrundlagen nicht rechtzeitig bekannt gemacht werden. § 13 beinhaltet eine besondere verfahrensrechtliche Korrekturnorm für die Investmentgesellschaften.[218] In der Literatur wird das Alternativverhältnis der beiden Normen aus der gesetzlichen Systematik und dem Wortlaut der Normen sowie einem Umkehrschluss hergeleitet. Das spezielle Korrekturverfahren nach

---

[214] Haase/*Bujotzek* § 13 Rn. 108.
[215] Beckmann/Scholtz/Vollmer/*Röhrich* § 13 Rn. 96.
[216] Haase/*Bujotzek* § 13 Rn. 109.
[217] Berger/Steck/Lübbehüssen/*Hölzl* § 13 Rn. 84, 83.
[218] Berger/Steck/Lübbehüssen/*Hölzl* § 13 Rn. 84.

§ 13 bedinge einerseits, dass die rechtzeitige aber fehlerhafte Veröffentlichung von Besteuerungsgrundlagen keine Pauschalbesteuerung nach sich ziehe, andererseits könnten überhaupt nicht erklärte Besteuerungsgrundlagen auch niemals einer Korrektur unterliegen. Die Nichterklärung von Besteuerungsgrundlagen habe deshalb vielmehr stets eine Pauschalbesteuerung gem. § 6 zur Folge.[219]

In der Praxis erlangt das Verhältnis der beiden Normen in den Fällen Bedeutung, in **128** denen Feststellungserklärungen fristgerecht abgegeben werden, den Anlegern die transparenten Besteuerungsgrundlagen i.S.d. § 5 Abs. 1 mitgeteilt werden, die diese Besteuerungsgrundlagen im Rahmen ihrer persönlichen Steuererklärung verwenden bzw. die depotführenden Stellen einen entsprechenden Kapitalertragsteuerabzug vornehmen, die Veröffentlichungsfrist des § 5 Abs. 1 Nr. 3 von 4 Monaten nach Ablauf des Geschäftsjahres bzw. dem Tag des Ausschüttungsbeschlusses von der Investmentgesellschaft aber nicht eingehalten wird. Hierzu kann es in der Praxis z.B. dann kommen, wenn depotführende Stellen Abrechnungen und steuerliche Bescheinigungen alleine auf der Grundlage von WM-Daten ohne vorherigen Abgleich mit dem Bundesanzeiger erstellen.[220]

Beispiel: Ein Fonds, der am 1.9.1 einen Ausschüttungsbeschluss gefasst hat, meldet am 3.9.1 die Besteuerungsgrundlagen i.S.d. § 5 Abs. 1 an WM-Datenservice. Die depotführenden Stellen nehmen an Hand der WM-Daten einen entsprechenden Kapitalertragsteuerabzug vor und stellen zum Jahresende entsprechende Steuerbescheinigungen aus. Die Veröffentlichung der Besteuerungsgrundlagen im Bundesanzeiger erfolgt erst am 3.4.2, d.h. außerhalb der Veröffentlichungsfrist von 4 Monaten.

Problematisch ist das Verhältnis der beiden Normen ferner dann, wenn Unter- **129** schiedsbeträge i.S.d. § 13 Abs. 4 unanfechtbar werden und diese im laufenden Geschäftsjahr zu berücksichtigen sind (§ 13 Abs. 4 Satz 3), die Investmentgesellschaft für den betroffenen Investmentfonds aber die Bekanntmachungspflichten nach § 5 Abs. 1 verletzt und es deshalb zu einer Anwendung der Pauschalbesteuerung nach § 6 auf Ebene der Anleger kommt.[221]

Beispiel: Im Jahr 1 wird bei einem Publikumsfonds (Geschäftsjahr = Kalenderjahr) ein Unterschiedsbetrag i.S.d. § 13 Abs. 4 festgestellt. Ein gegen die Feststellung gerichteter Einspruch ist erfolglos. Die gesonderte Feststellung des Unterschiedsbetrags wird im Jahre 2 unanfechtbar (bestandskräftig). Für das Geschäftsjahr 2 werden im Jahre 3 von der Investmentgesellschaft nicht die Bekanntmachungsverpflichtungen gem. § 5 Abs. 1 erfüllt.

Die **Frage**, **ob** in den beiden voran stehenden Fallkonstellationen die **Pauschalbe- 130 steuerung** gem. § 6 zur **Anwendung** gelangen muss, ist in der Literatur **umstritten**. Einerseits wird die Ansicht vertreten, dass die Fristversäumnis bei der Veröffentlichung der Besteuerungsgrundlagen zwingend ein Eingreifen der Pauschalbesteuerung gem. § 6 zur Folge habe. Für das betreffende Fehlerjahr seien deshalb Pauschalbeträge mit zu berücksichtigen[222] und die Kunden müssten von den depotführenden Stellen darüber informiert werden, dass ein Kapitalertragsteuerabzug für sie keine abgeltende Wirkung habe.[223] Begründet wird dies damit, dass § 13 Abs. 4 verfahrensrechtlich die reguläre Besteuerung regele und deshalb im Rahmen der Pauschalbesteuerung keine Anwendung

---

[219] Haase/*Bujotzek* § 13 Rn. 109.
[220] Beckmann/Scholtz/Vollmer/*Röhrich* § 13 Rn. 97; Haase/*Bujotzek* § 13 Rn. 110.
[221] Beckmann/Scholtz/Vollmer/*Röhrich* § 13 Rn. 98.
[222] Haase/*Bujotzek* § 13 Rn. 110.
[223] *Beckmann/Scholtz/Vollmer/Röhrich* § 13 Rn. 72.

finden könne. Die Feststellung von Unterschiedsbeträgen gem. § 13 Abs. 4 in Höhe der Differenz zwischen den Pauschalbeträgen und den Besteuerungsgrundlagen in Folgejahren sei deshalb nicht geboten. Pauschalbeträge könnten aufgrund der ihnen eigenen Ermittlungssystematik auch nicht den zutreffenden Besteuerungsgrundlagen i.S.d. § 5 Abs. 1 gleich gestellt werden.[224] Dies ergebe sich sachlogisch aus dem Anwendungsbereich der beiden Normen, der insbesondere eine Bewahrung des Pauschalcharakters von § 6 gebiete.[225] Andererseits wird die Ansicht vertreten, dass eine Korrektur verspätet im Bundesanzeiger veröffentlichter Besteuerungsgrundlagen durch Feststellungsbescheid über Unterschiedsbeträge i.S.d. § 13 Abs. 4 Satz 1 zulässig sei. Dabei müsse aber stets eine doppelte Berücksichtigung der Pauschalbeträge i.S.d. § 6 einerseits und des Unterschiedsbetrages auf Anlegerebene andererseits durch die Finanzbehörden vermieden werden. Diese droht in der Praxis insbesondere dann, wenn depotführende Stellen die Veröffentlichungsfristen abwarten und dann Pauschalbeträge i.S.d. § 6 verarbeiten.[226] Begründet wird dies mit dem Sinn und Zweck des § 13 Abs. 4. Dieser bestehe darin, fehlerhafte Bekanntmachungen im Bundesanzeiger zu korrigieren und verfolge nicht die Intention, Veranlagungen auf Anlegerebene zu überprüfen.[227]

131 Die in der Praxis kaum bestehende Möglichkeit der Anleger und der Finanzbehörden, eine etwaige nachteilige Doppelerfassung von Erträgen auf Anlegerebene zu erkennen und zu vermeiden, spricht grds. dafür, § 13 Abs. 4 im Bereich der Pauschalbesteuerung generell nicht anzuwenden[228] und § 6 in diesen Fällen die Funktion als lex specialis zu zusprechen. Denn ansonsten kommt es in der Praxis zu einer systemwidrigen Vermengung unterschiedlicher Regelungskreise und im Ergebnis zu einer unzutreffenden materiellen Besteuerung.

132 In der Literatur wird zur **Lösung** der zuvor geschilderten Problematiken eine **gesetzliche Klarstellung** vorgeschlagen.[229] Im Falle einer Pauschalbesteuerung gem. § 6 solle die Korrekturnorm des § 13 Abs. 4 keine Anwendung finden. Denn durch die Pauschalbesteuerung sei aus Anlegersicht eine Korrektur grds. bereits abgegolten.[230] Aus praktischen Erwägungen sollte der Gesetzgeber diesen Vorschlag aufgreifen. Er sollte einen Vorrang der Pauschalbesteuerung des § 6 vor dem speziellen Korrekturverfahren des § 13 Abs. 4 für die zuvor beschriebenen Fälle normieren. § 6 sollte kraft Gesetzes zur spezielleren Norm aufgewertet werden. Hierdurch könnten in der Praxis etwaige Doppelbesteuerungen und unnötige sowie möglicherweise auch falsche Steuerkorrekturen vermieden werden.

VIII. Fokus-Bank Zahlungen

133 Fraglich ist, wie eine Korrektur der Besteuerungsgrundlagen i.S.d. § 5 Abs. 1 im Falle einer Quellensteuererstattung nach der Rechtsache „Fokus-Bank" (sog. „*Fokus-Bank-Verfahren*") zu erfolgen hat. Hierbei fließen dem Vermögen eines Investmentfonds – mitunter erst nach vielen Jahren – Quellensteuererstattungen zu. Diese Erstattungen wurden in der Vergangenheit i.d.R. nicht als Forderung im Fondsvermögen aktiviert (erstattungsfähige Quellensteuer), sondern gegenüber den Anlegern als anrechenbare aus-

---

[224] Haase/*Bujotzek* § 13 Rn. 110, 111; *Jacob/Geese/Ebner* S. 320.
[225] Berger/Steck/Lübbehüssen/*Hölzl* § 13 Rn. 83, 84.
[226] Beckmann/Scholtz/Vollmer/*Röhrich* § 13 Rn. 97.
[227] Beckmann/Scholtz/Vollmer/*Röhrich* § 13 Rn. 97.
[228] So auch Haase/*Bujotzek* § 13 Rn. 112.
[229] So z.B. Berger/Steck/Lübbehüssen/*Hölzl* § 13 Rn. 83; Beckmann/Scholtz/Vollmer/*Röhrich* § 13 Rn. 98.
[230] Berger/Steck/Lübbehüssen/*Hölzl* § 13 Rn. 83 f.

ländische Quellensteuer in den Besteuerungsgrundlagen ausgewiesen, weil die Erfolgsaussichten ungewiss waren. Erfolgt nunmehr eine Erstattung, so wird diese zumeist auch verzinst.

1. Hintergrund. Im Rahmen der Quellensteuererstattungsverfahren ist grds. zwischen den auf eine partielle Minderung der Quellensteuerlast gerichteten Vorab- und Rückerstattungsverfahren nach den Doppelbesteuerungsabkommen (DBA) sowie den auf einer Europarechtswidrigkeit der nationalen Steuersysteme beruhenden sog. „**Fokus-Bank-Anträgen**"[231] **im Namen der Investmentfonds** zu unterscheiden. Letztere **basieren auf einer europarechtswidrigen Diskriminierung** deutscher bzw. ausländischer Investmentfonds oder einer vorteilhafteren steuerlichen Behandlung nationaler Investmentfonds in ihren Heimatländern. Die Diskriminierung und bevorzugte Behandlung sind als Verstöße gegen die EU-Kapitalverkehrsfreiheit des Artikel 63 AEUV[232] bzw. gegen die Kapitalverkehrsfreiheit des EWR-Abkommens, welche der EU-Kapitalverkehrsfreiheit entspricht, zu qualifizieren. Ziel der Kapitalverkehrsfreiheit als europäischer Grundfreiheit ist die Verwirklichung eines freien Kapitalverkehrs. Deshalb sind alle Beschränkungen des Kapitalverkehrs zwischen den Mitgliedstaaten der EU sowie zwischen den Mitgliedstaaten und dritten Ländern verboten. 134

„*Das Recht der Union verbietet alle Beschränkungen des Kapitalverkehrs zwischen den Mitgliedstaaten sowie zwischen den Mitgliedstaaten und dritten Ländern (Art. 63 AEUV). Dieses Verbot berührt nicht das Recht der Mitgliedstaaten, die einschlägigen Vorschriften ihres Steuerrechts anzuwenden, die Steuerpflichtige mit unterschiedlichem Wohnort oder Kapitalanlageort unterschiedlich behandeln (Art. 65 Abs. 1 AEUV). Diese Vorschriften dürfen jedoch weder ein Mittel zur willkürlichen Diskriminierung noch eine verschleierte Beschränkung des freien Kapital- und Zahlungsverkehrs darstellen (Art. 65 Abs. 3 AEUV).*"[233]

Der EFTA-Gerichtshof hatte am 23.11.2004 in der namensgebenden Entscheidung zum Norwegischen Quellensteuerregime (Rs. „*Fokus-Bank*"[234]) entschieden, dass der Einbehalt von Quellensteuern bei einer Schlechterstellung im Vergleich zu Steuerinländern rechtswidrig ist. Der EuGH hat diese Rechtsprechung in einer Vielzahl von Folgeentscheidungen, zum Beispiel in den Rechtssachen „Denkavit",[235] „Amurta",[236] „Aberdeen",[237] „FIM Santander"[238] und „Emerging Markets"[239] bestätigt und die Rechtsprechung dabei weiter fortentwickelt und präzisiert. 135

Dem „**Fokus-Bank**-Verfahren"[240] des EFTA-Gerichtshofs lag im Jahre 2004 folgender Sachverhalt zu Grunde: Die norwegischen Steuergesetze sahen die Anrechnung von Steuergutschriften nur für Dividendenzahlungen an in Norwegen ansässige Aktionäre vor. Im Ausland ansässige Aktionäre hatten diese Möglichkeit nicht. Hierin sah das er-

---

231 Benannt nach der Entscheidung des EFTA-Gerichtshofs vom 23.11.2004 in der Rechtssache Fokus Bank ASA ./. Norwegen – „Fokus-Bank", Az E-1/04; IStR **2005** 55 ff. Eingehend zu dieser Entscheidung u.a. Cordewener IStR **2006** 113 ff. und 158 ff.
232 Zuvor Artikel 56 EGV.
233 EuGH, Pressemitteilung Nr. 58/12, 1.5.2012.
234 EFTA-GH 23.11.2004, Az E-1/04; IStR **2005** 55 ff.
235 EuGH 14.12.2006, Rs C-170/05; IStR **2007** 62 ff.; NZG **2007** 157.
236 EuGH 8.11.2007, Rs. C-379/05; IStR **2007** 853 ff.
237 EuGH 18.6.2009, Rs C-303/07; IStR **2009** 499 ff.; NZG **2009** 997.
238 EUGH 10.5.2012 Rs. C-338/11 – C-347/11; IStR **2012** 432 ff.; DStR **2012** 1016.
239 EuGH 10.4.2014, Rs. C-190/12; IStR **2014**, 334 ff.
240 EFTA-GH 23.11.2004, Az E-1/04; IStR **2005** 55 ff.

kennende Gericht eine Verletzung der Kapitalverkehrsfreiheit, weil keine Rechtfertigungsgründe für eine Ungleichbehandlung vorlagen.

Der EuGH hat in seiner Entscheidung in der Rs. „**Denkavit**"[241] im Jahre 2006 eine entsprechende Auffassung für den Fall vertreten, dass innereuropäische Ausschüttungen einer französischen Tochtergesellschaft an ihre gebietsfremde Mutter mit Quellensteuer belastet werden, rein nationale Ausschüttungen dagegen nicht. Dies verstoße gegen die Niederlassungsfreiheit auch für den Fall, dass ein Doppelbesteuerungsabkommen (DBA) die Anrechnungsmöglichkeit im ausländischen Staat zwar grds. vorsehe, diese aber aufgrund der nationalen Vorschriften des ausländischen Staates nicht möglich sei.

Im Jahre 2007 hat der EuGH diese Rechtsauffassung zum alten niederländischen Quellensteuerregime bestätigt und weiter präzisiert. In der Rechtssache „**Amurta**"[242] entschied er, dass lediglich in den Fällen, in denen eine Doppelbelastung durch Anrechnungsmöglichkeiten im Empfängerstaat tatsächlich vermieden und neutralisiert wird, eine Ungleichbehandlung im Quellenstaat gerechtfertigt sein kann.

Im Jahre 2009 wurde vom EuGH in der Rs. „**Aberdeen**"[243] der Schutzbereich der Kapitalverkehrs- und Niederlassungsfreiheit auf Investmentvermögen des Gesellschaftstyps ausgeweitet. Nach dieser Entscheidung sind ausländischen Investmentvermögen in Gesellschaftsform Quellensteuern auf Dividenden zu erstatten, wenn diese einem vergleichbaren inländischen Investmentvermögen wieder erstattet werden. Konkret entschied der EuGH, dass es gegen die Niederlassungsfreiheit verstoße, wenn finnische Dividendenzahlungen an finnische Gesellschaften und Investmentfonds bei der Quellenbesteuerung besser gestellt werden, als finnische Dividendenzahlungen, die an eine luxemburgische SICAV ausgeschüttet werden.

2012 entschied der EUGH dann im Urteil „**FIM Santander**"[244] für das in der Zwischenzeit (seit August 2012) geänderte alte französische Quellensteuerregime, dass durch die Erhebung der Quellensteuer auf Dividenden an ausländische Organismen für gemeinsame Anlagen in Wertpapieren (UCITS/OGAW) bei gleichzeitiger Befreiung derselben Dividendenzahlungen an nationale (französische) UCITS/OGAW die Quellensteuererhebung nicht mit der Kapitalverkehrsfreiheit zu vereinbaren sei. Hierbei hat der EuGH herausgestellt, dass aufgrund des für die steuerliche Ungleichbehandlung gewählten Kriteriums (Fondsebene) die individuelle steuerliche Situation der Anteilsinhaber (Anlegerebene) für die Beurteilung einer Diskriminierung unerheblich ist.[245]

In der Entscheidung „**Emerging Markets**"[246] hat der EuGH im Jahre 2014 die Rechtsprechung auch auf Investmentfonds aus Drittstaaten ausgeweitet und entschieden, dass die Erhebung von Quellensteuern auf Dividendenausschüttungen an in Drittstaaten ansässige Investmentfonds gegen die Kapitalverkehrsfreiheit verstößt, wenn vergleichbare inländische Investmentfonds nicht besteuert werden, sofern es entsprechende vertragliche Verpflichtungen zur gegenseitigen Amtshilfe gibt, die den Steuerbehörden entsprechende Kontrollen ermöglichen.

136 Der Bundesverband Investment und Asset Management e.V. (BVI) hat seinen Mitgliedern unter Abwägung der rechtlichen Erfolgschancen und des wirtschaftlichen Nutzens bisher die Stellung von „Fokus-Bank-Anträgen" in acht europäischen Ländern emp-

---

241 EuGH 14.12.2006, Rs C-170/05; IStR **2007** 62 ff.; NZG **2007** 157.
242 EuGH 8.11.2007, Rs. C-379/05; IStR **2007** 853 ff.
243 EuGH 18.6.2009, Rs C-303/07; IStR **2009** 499 ff.; NZG **2009** 997.
244 EUGH 10.5.2012 Rs. C-338/11 – C347/11; IStR **2012** 432 ff.; DStR **2012** 1016 ff.
245 Analyse des Urteils *Wünsche/Brielmaier* BB **2012** 2467 ff.
246 EuGH 10.4.2014, Rs. C-190/12; IStR **2014**, 334 ff. mit Anm. *Nagler/Patzner*.

fohlen: Belgien, Finnland, Frankreich, Italien, Niederlanden, Norwegen, Schweden und Spanien.[247] Von internationalen Wirtschaftsprüfungsgesellschaften und Anwaltssozietäten wird eine Antragstellung auch in weiteren Ländern empfohlen. Jedoch sind die Erfolgsaussichten ungewiss und i.d.R. mit sehr hohen Kosten verbunden, weshalb eine Geltendmachung der Ansprüche hier zumeist nicht im Interesse der Anleger liegt.

2. Korrekturproblematik. Problematisch ist, dass die Erstattungen auf die Fokus-Bank-Anträge erst mit sehr großer zeitlicher Verzögerung erfolgen. In der Praxis gehen für ein und dasselbe Land für den gleichen Zeitraum oft mehrere Zahlungen zu unterschiedlichen Zeitpunkten ein, mitunter auch in unterschiedlichen Kalenderjahren. Fraglich ist, wie diese auf Ebene der Investmentfonds im Rahmen der Besteuerungsgrundlagen i.S.d. § 5 Abs. 1 zu berücksichtigen sind. I.d.R. wurden auf Ebene der Investmentfonds aufgrund der ungewissen Erfolgsaussichten der Anträge keine Quellensteueransprüche im Fondsvermögen aktiviert. Die einbehaltene Quellensteuer, die nicht über eine DBA-Erstattung zurückgefordert wurde, wurde den Anlegern als anrechenbare ausländische Quellensteuer ausgewiesen. Die auf Ebene der Investmentfonds nunmehr vereinnahmte Quellensteuer ist insoweit als Korrekturposten zur (bisherigen) anrechenbaren Quellensteuer und den dazu gehörigen Bemessungsgrundlagen zu erfassen. Konkret bedeutet dies, dass die anrechenbaren Quellensteuern und die Bemessungsgrundlagen für den Quellensteuerabzug ausländischer Dividenden entsprechend zu kürzen sind. Zudem erhöht sich das Fondsvermögen des Investmentfonds entsprechend. Sollten die Erstattungen auf die Fokus-Bank-Anträge verzinst werden, so sind zudem die Zinsen gesondert als steuerpflichtiger Ertrag im Zeitpunkt des Zuflusses zu vereinnahmen.

Beispiel: Ein Investmentfonds erhält im Jahr 1 eine Dividendenzahlung aus dem Ausland. Der nationale Quellensteuerabzug beträgt 30%, der DBA-Satz für Dividendenzahlungen beträgt 15%.[248] In Höhe der Differenz von 15% erfolgt eine DBA-Erstattung. Im Jahr 5 wird auf der Grundlage eines Fokus-Bank-Antrags die verbliebene Quellensteuer i.H.v. 15% erstattet.

Jahr 1	
Dividendenzahlung aus dem Ausland	100
Quellensteuerabzug	30
Nettodividende	70
DBA-Erstattung	15
Fondsvermögen	85
Anrechenbare Quellensteuer	15
Bemessungsgrundlage Quellensteuer ausländische Dividenden	100

---

247 Stand: 6.2014.
248 Z.B. Schweden.

Jahr 5	➔ KORREKTURBEDARF
Fokus-Bank-Erstattung	15
Anrechenbare Quellensteuer	./. 15
Fondsvermögen	+ 15
Bemessungsgrundlage Quellensteuer ausländische Dividenden	./. 100

Vor der Erstattung auf die Fokus-Bank-Anträge wurden Dividenden i.H.v. 100 besteuert, im Fondsvermögen waren jedoch nur € 85 vorhanden. Nach der Erstattung werden nach wie vor Dividenden i.H.v. 100 besteuert, im Fondsvermögen sind nun jedoch auch € 100 vorhanden. Steuerliche Auswirkungen ergeben sich zunächst nicht.

138 **a) Publikumsfonds.** Bei **Publikumsfonds** kommt **§ 13 Abs. 4** zur Anwendung. Entsprechende Unterschiedsbeträge sind in den aktuellen Feststellungserklärungen der Investmentfonds mit Wirkung für die Zukunft zu berücksichtigen. Dies ist auf Fondsebene grds. unproblematisch. Auch wenn die Zahlungen in unterschiedlichen Kalenderjahren eingehen, ist stets nur eine einzige in die Zukunft gerichtete Korrektur (ex nunc) im laufenden Fondsgeschäftsjahr vorzunehmen. Die Besteuerung auf Ebene der Anleger erfolgt entsprechend dem Ausweis in den Besteuerungsgrundlagen.

139 **b) Spezialfonds.** Fraglich ist, wie die Erstattungen auf Fokus-Bank-Anträge bei **Spezialfonds** zu erfassen sind. § 13 Abs. 4 findet bei diesen gem. § 15 Abs. 1 Satz 4 keine Anwendung. Im Grundsatz ist deshalb bei jeder aus dem Ausland eingehenden Zahlung unmittelbar eine **Änderung** der jeweiligen **Feststellungsbescheide** (betreffend die ausgewiesenen ausländischen Quellensteuern und Bemessungsgrundlagen) **für die Antragsjahre** vorzunehmen. Denn gem. § 153 Abs. 1 Nr. 1 AO sind Steuerpflichtige im Falle von Unrichtigkeiten oder Unvollständigkeiten stets dazu verpflichtet, diese unverzüglich anzuzeigen und die erforderliche Richtigstellung vorzunehmen, wenn sie diese vor Ablauf der Festsetzungsfrist erkennen. Für die Praxis bedeutet dies, dass grds. bei jeder eingehenden Zahlung eine geänderte Feststellungserklärung bei den Finanzbehörden einzureichen ist. Dies ist zwar wenig praktikabel, entspricht jedoch den insoweit klaren gesetzlichen Vorgaben, die sich aus § 15 Abs. 1 Satz 3 mit seinem Verweis auf die Vorschriften zur Feststellung nach § 180 AO unter Berücksichtigung des § 153 AO ergeben.

140 Aufgrund der zuvor dargestellten praktischen Abwicklungsprobleme – häufig mehrmalige Änderung von Feststellungsbescheiden – wird eine entsprechende bzw. **analoge Anwendung** der für Publikumsfonds geltenden Bestimmung des **§ 13 Abs. 4 für Spezialfonds diskutiert.** Dieser Vorschlag, der die Abwicklung für die Praxis deutlich erleichtern würde, wurde von der FinVerw., obwohl dieser durchaus sachgerecht wäre, **bisher** aber noch **nicht aufgegriffen.**

141 **Diskussionswürdig** ist an dieser Stelle auch die **Frage, ob für die ursprünglich betroffenen Antragsjahre stets eine Änderung** der Feststellungsbescheide von Spezialfonds **erfolgen muss.** Eine **Ausnahme** hiervon könnte **unter materiellen Gesichtspunkten** zum Beispiel dann für zulässig erachtet werden, wenn sich aus den zu ändernden Besteuerungsgrundlagen grds. keine für den Fiskus nachteiligen steuerlichen Folgewirkungen auf Anlegerebene ergeben können. Dies wäre bei Spezialfonds der Fall, deren Anleger in der Vergangenheit keine Anrechnung der ihnen für ihre Fondsbeteiligung ausgewiesenen ausländischen Quellensteuern geltend machen konnten. Hier wäre an die in der Praxis große Anlegergruppe der Körperschaften zu denken, bei denen

Streubesitzdividenden gem. § 8b Abs. 1 KStG in der Vergangenheit (bis zum 1.3.2013) steuerfrei waren. Denn gem. § 4 Abs. 3 ist bei ausgeschütteten oder ausschüttungsgleichen Erträgen, die nach § 2 Abs. 2 i.V.m. § 8b Abs. 1 KStG steuerfrei sind, die ausländische Steuer nicht anrechenbar oder abzugsfähig.[249] Dies bedeutet, die Anrechnung läuft bei diesen Anlegern ins Leere.

Beispiel: Alleiniger Anleger eines Spezialfonds ist ein Unternehmen in der Rechtsform einer GmbH oder einer AG.

Ähnliche Erwägungen gelten aber auch für die Gruppe der steuerbefreiten Anleger. Bei diesen erfolgt mangels Steuerbelastung, auf welche die ausländische Quellensteuer angerechnet werden könnte, keine Anrechnung.

Beispiel: Alleiniger Anleger eines Spezialfonds ist eine steuerbefreite gemeinnützige Stiftung einer Kirche.

In den zuvor aufgezeigten Fallkonstellationen ist es vertretbar, dass eine Erfassung der Erstattungen aus Fokus-Bank-Anträgen und einhergehend damit eine Korrektur der anrechenbaren ausländischen Quellensteuer analog § 13 Abs. 4 in ihrer Gesamtheit erst im Jahr des tatsächlichen Zuflusses erfolgt. Etwas anderes muss jedoch grds. für alle anderen Fälle gelten, in denen auf Anlegerebene eine Anrechnung der für die Vergangenheit überhöht ausgewiesenen ausländischen Quellensteuer stattgefunden hat. In diesen Fällen sind die steuerlichen Wirkungen in der Vergangenheit durch geänderte Feststellungsbescheide der betroffenen Jahre zu berichten, um letztendlich zu der materiell zutreffenden Besteuerung zu gelangen.

Beispiel: Alleiniger Anleger eines Spezialfonds ist eine Krankenversicherung, die die Fondsanteile in der Kapitalanlage hält. Hier war die Steuerfreiheit für Dividendenerträge nach § 8b Abs. 1 KStG bereits in der Vergangenheit gem. § 8b Abs. 8 KStG nicht gegeben. Die Krankenversicherung konnte sich deshalb die zu hoch ausgewiesene ausländische Quellensteuer auf ihre Steuerschuld anrechnen.

Aus **Billigkeitsgründen** kommt in Absprache mit dem zuständigen Finanzamt möglicherweise aber auch in diesen Fällen in entsprechender Anwendung der Grundsätze des § 13 Abs. 4 eine Korrektur im aktuell laufenden oder zuletzt abgelaufenen Fondsgeschäftsjahr in Frage (§ 163 AO).

Berücksichtigt werden sollte seitens einer KVG immer auch, insbesondere im Falle von „gemischten Mehranlegerfonds" (dies bedeutet Spezialfonds mit mehreren Anlegern, bei denen die Dividenden einer unterschiedlichen steuerlichen Behandlung unterliegen – d.h. steuerpflichtig oder steuerfrei sind), dass Korrekturen bei denen es zu einer Verlagerung anrechenbarer Steuern von Verlustjahren in Gewinnjahre kommt, dies für einzelne Anleger möglicherweise mit steuerlichen Nachteilen verbunden sein kann. Denn der wirtschaftliche Wert einer Steueranrechnung hängt stets davon ab, dass im Rahmen der Höchstbetragsberechnung nach § 34c EStG in ausreichendem Maße verrechenbare inländische Tarifbelastung zur Verfügung steht. Hieran kann es zum Beispiel im Falle steuerlicher Verlustvorträge oder steuerlicher Sonderkonstellationen fehlen.

---

249 Vgl. auch BMF-Scheiben vom 18. August 2009 Investmentsteuergesetz (InvStG), Zweifels- und Auslegungsfragen; Aktualisierung des BMF-Schreibens vom 2. Juni 2005, Tz. 82 Satz 2.

Eine solche kann in der Praxis z.B. dann gegeben sein, wenn Versicherungsunternehmen eine Rückstellung für Beitragsrückerstattungen (RfB) gem. § 21 KStG bilden.[250]

Beispiel: Ein Spezialfonds hat zwei Anleger: Eine steuerbefreite gemeinnützige Stiftung und eine Krankenversicherung, die die Anteile in der Kapitalanlage hält (d.h. ein Fall des § 8b Abs. 8 KStG, welcher bereits in der Vergangenheit keine Steuerfreiheit von Dividenden zur Folge hatte). Im Jahre 5 erhält der Spezialfonds Zahlungen aus Fokus-Bank-Anträgen betreffend die Jahre 1 und 2. Die Erstattungen betragen € 10.000 für jedes Jahr, d.h. insgesamt € 20.000. Die Krankenversicherung erwirtschaftet im Jahr 5 steuerlich Gewinne. In den Jahren 1 und 2 hatte sie hohe Verluste erwirtschaftet.

Würde in einem solchen Fall in Absprache mit dem Finanzamt eine in die Zukunft gerichtete Gesamtkorrektur der Fokus-Bank-Erträge in Höhe von insgesamt € 20.000 im Jahr 5 analog § 13 Abs. 4 erfolgen, so ändert sich für die steuerbefreite gemeinnützige Stiftung im Grundsatz nichts. In der Vergangenheit erfolgte in den Jahren 1 und 2 keine Quellensteueranrechnung, auch im Jahre 5 ist eine Anrechnung von Quellensteuer nicht möglich, weil keine Steuer auf Ebene des Anlegers anfällt. Anders verhält es sich dagegen für die Krankenversicherung. Diese hat im Jahr 5 aufgrund des steuerlichen Gewinns grds. die Möglichkeit, als anrechenbar ausgewiesene Quellensteuer anzurechnen (§ 26 KStG i.V.m. § 34c EStG). Wird hier eine Gesamtkorrektur in entsprechender Anwendung des § 13 Abs. 4 im Jahr 5 durchgeführt, so mindern sich die tatsächlich anrechenbaren Quellensteuern. Werden dagegen die Feststellungserklärungen für die Jahre 1 und 2 geändert, so ergeben sich für die Krankenversicherung keine negativen steuerlichen Auswirkungen, weil aufgrund der fehlenden Steuerlast in diesen Jahren ohnehin keine Möglichkeit besteht, die als anrechenbar ausgewiesene Quellensteuer anzurechnen (§ 26 KStG i.V.m. § 34c EStG). Eine jahresbezogene Korrektur für die Vergangenheit ist in dieser Konstellation für die Krankenversicherung somit steuerlich günstiger.

Anleger Krankenversicherung (Dividenden voll steuerpflichtig)	Jahr 1	Jahr 2	...	Jahr 5
Ausgangssituation	**Steuerlicher Verlust**	**Steuerlicher Verlust**		**Steuerlicher Gewinn**
Korrektur Jahrbezogen Jahre 1 und 2	**Anrechenbare Quellensteuer** ./. € 10.000 **Tatsächlich anrechenbar** Keine	**Anrechenbare Quellensteuer** ./. € 10.000 **Tatsächlich anrechenbar** Keine		**Anrechenbare Quellensteuer** Keine Änd. **Tatsächlich anrechenbar** Keine Änd.
Korrektur § 13 Abs. 4	**Anrechenbare Quellensteuer** Keine Änd. **Tatsächlich anrechenbar** Keine Änd.	**Anrechenbare Quellensteuer** Keine Änd. **Tatsächlich anrechenbar** Keine Änd.		**Anrechenbare Quellensteuer** ./. € 20.000 **Tatsächlich anrechenbar** ./.20.000

---

250 S. hierzu Gosch/*Roser* § 26 KStG Rn. 127.

Abwandlung: Die Krankenversicherung erwirtschaftet im Jahr 5 steuerlich Verluste. In den Jahren 1 und 2 hatte sie dagegen hohe Gewinne erwirtschaftet.

Im Jahr 5 besteht für die Krankenversicherung aufgrund des steuerlichen Verlusts und einer korrespondierend damit fehlenden Steuerlast keine Möglichkeit, die als anrechenbar ausgewiesene Quellensteuer anzurechnen (§ 26 KStG i.V.m. § 34c EStG). Werden hier anstatt einer Gesamtkorrektur in entsprechender Anwendung des § 13 Abs. 4 im Jahr 5 die originären Feststellungserklärungen für die Jahre 1 und 2 geändert, so steht diese im steuerlichen Gesamtergebnis schlechter, weil sich die Höhe der tatsächlich anrechenbaren Quellensteuern in den Jahren 1 und 2 entsprechend der Steuerkorrektur vermindert. Eine jahresbezogene Korrektur für die Vergangenheit ist in dieser Konstellation für die Krankenversicherung also steuerlich ungünstiger.

Anleger Krankenversicherung (Dividenden voll steuerpflichtig)	Jahr 1	Jahr 2	...	Jahr 5
Ausgangssituation	Steuerlicher Gewinn	Steuerlicher Gewinn		Steuerlicher Verlust
Korrektur Jahrbezogen Jahre 1 und 2	Anrechenbare Quellensteuer ./. € 10.000 Tatsächlich anrechenbar ./. € 10.000	Anrechenbare Quellensteuer ./. € 10.000 Tatsächlich anrechenbar ./. € 10.000		Anrechenbare Quellensteuer Keine Änd. Tatsächlich anrechenbar Keine Änd.
Korrektur § 13 Abs. 4	Anrechenbare Quellensteuer Keine Änd. Tatsächlich anrechenbar Keine Änd.	Anrechenbare Quellensteuer Keine Änd. Tatsächlich anrechenbar Keine Änd.		Anrechenbare Quellensteuer ./. € 20.000 Tatsächlich anrechenbar Keine Änd.

Fazit: Die Höhe der steuerpflichtigen Erträge ist im Falle einer jahresbezogenen Einzelkorrektur und einer Gesamtkorrektur i.S.d. § 13 Abs. 4 insgesamt gleich; es wird nur nachträglich der steuerlich zutreffende Lebenssachverhalt abgebildet. Die Höhe der tatsächlich anrechenbaren Quellensteuer kann sich im Einzelfall jedoch zum Nachteil des Anlegers verringern. Die in der Praxis sehr große Anlegergruppe der Körperschaften, bei denen Streubesitzdividenden gem. § 8b Abs. 1 KStG in der Vergangenheit (bis zum 1.3.2013) steuerfrei waren, wäre im voranstehenden Beispielsfall zunächst wie die gemeinnützige Stiftung zu behandeln, nach dem Wegfall der Steuerfreiheit für Streubesitzdividenden zum 1.3.2013 dann wie die Krankenversicherung.

3. Korrekturfrist. Mitunter gehen **Erstattungen** auf Fokus-Bank-Anträge erst **außerhalb** der **Korrekturfrist** des § 13 Abs. 4 Satz 5 für Publikumsfonds bzw. außerhalb der geltenden Feststellungsfrist für Spezialfonds auf den Konten der Verwahrstelle (früher Depotbank) ein (siehe hierzu Rn. 95). Fraglich ist, ob bzw. wie diese Zahlungen auf Fondsebene zu erfassen sind. Verfahrensrechtlich ist eine Berücksichtigung wegen des Ablaufs der Korrekturfrist bzw. der Feststellungsfrist grds. nicht mehr möglich. Denn

142

Unterschiedsbeträge gem. § 13 Abs. 4 können nur bis zum Ablauf der allgemein für die Feststellung der Besteuerungsgrundlagen eines Publikumsfonds geltenden Feststellungsfrist festgestellt werden (§ 13 Abs. 4 Satz 5). Die Feststellung der Besteuerungsgrundlagen von Spezialfonds kann gem. § 13 Abs. 2 i.V.m. §§ 169, 170 AO auch nur bis zum Ablauf der Feststellungsfrist geändert werden.

Beispiel: Für das Geschäftsjahr 1 eines Investmentfonds (Kalenderjahr) wird entsprechend § 13 Abs. 2 Satz 1 bis April des Jahres 2 eine Feststellungserklärung beim Finanzamt eingereicht.
Die Feststellungsfrist beträgt gem. § 169 Abs. 2 Nr. 2 AO vier Jahre und beginnt gem. § 170 Abs. 2 Nr. 1 AO mit Ablauf des Kalenderjahres 2 zu laufen; d.h. die Feststellungsverjährung tritt mit Ablauf des Jahres 6 ein.
Für das Geschäftsjahr 1 des Fonds können „Unterschiedsbeträge" nach § 13 Abs. 4 (Publikumsfonds) oder geänderte Besteuerungsgrundlagen (Spezialfonds) grds. nur bis zum Ablauf des Jahres 6 festgestellt werden. Dies könnte im Ergebnis letztendlich aber zu einer materiell-rechtlich unzutreffenden Besteuerung auf Anlegerebene führen, wenn dem Investmentfonds außerhalb der Korrekturfrist bzw. Feststellungsfrist Erstattungen aus Fokus-Bank-Anträgen zufließen. Bei Publikumsfonds sollten deshalb auch außerhalb der Korrekturfrist des § 13 Abs. 4 Satz 5 im laufenden Geschäftsjahr des Zahlungseingangs die entsprechenden steuerlichen Korrekturen in sinngemäßer Anwendung des § 13 Abs. 4 vorgenommen werden, d.h. Kürzung der anrechenbaren Quellensteuer und steuerlichen Bemessungsgrundlage für den Quellensteuerabzug auf ausländische Dividenden. Alternativ könnten die Erstattungen als sonstiger Ertrag im Fondsvermögen erfasst werden. Fraglich ist dann jedoch, ob dieser als steuerpflichtiger Zusatzertrag oder steuerfrei zu behandeln ist, weil es sich insoweit um die Erstattung nicht abziehbarer Aufwendungen handelt (vgl. § 10 Nr. 2 KStG; § 12 Nr. 3 EStG). Entsprechend sollte grds. auch bei Spezialfonds, bei denen die Feststellungsfrist bereits abgelaufen ist und eine Korrektur der Ursprungsjahre deshalb nicht mehr möglich ist, verfahren werden.

Beispiel: Ein Investmentfonds (Publikums- oder Spezialfonds) erhält im Jahre 10 Erstattungen aus Fokus-Bank-Anträgen betreffend das Jahr 1. Das Geschäftsjahr des Investmentfonds ist gleich dem Kalenderjahr.

143 **4. Gesetzesänderung oder Nichtbeanstandungsregelung?** Wünschenswert für die praktische Abwicklung wäre mitunter ein einheitlicher in die Zukunft gerichteter Korrekturmechanismus für Publikumsfonds und Spezialfonds. De lege lata sind derzeit die Feststellungsbescheide von Spezialfonds innerhalb der geltenden Festsetzungsfrist für das Ursprungsjahr des Quellensteuerabzugs zu ändern (§ 15 Abs. 1), währenddessen bei Publikumsfonds die Feststellungserklärungen in die Zukunft gerichtet korrigiert werden (§ 13 Abs. 4). Der Gesetzgeber könnte unter dem Aspekt der Verfahrensvereinfachung, z.B. im Rahmen eines Wahlrechts, eine entsprechende Anwendung des § 13 Abs. 4 auch für Spezialfonds in diesen Fällen für zulässig erklären. Hierzu könnte § 15 in seinem Abs. 1 zum Beispiel um folgenden Zusatz ergänzt werden: *„Auf einer Europarechtswidrigkeit des ausländischen Quellensteuerabzugs beruhende Korrekturen der Besteuerungsgrundlagen können in sinngemäßer Anwendung des § 13 Abs. 4 InvStG auch im laufenden Geschäftsjahr vorgenommen werden."* In § 13 Abs. 4 könnte zudem flankierend geregelt werden, dass die Korrekturfrist des Satz 5 in diesen Fällen keine Anwendung findet. Hierzu könnte § 13 Abs. 4 z.B. um folgenden Satz 6 ergänzt werden: *„Im Falle von Korrekturen, die auf einer Europarechtswidrigkeit des ausländischen Quellensteuerabzugs beruhen, ist Satz 5 nicht anzuwenden."* Eine Umsetzung könnte im Rahmen der politisch

beabsichtigten „Großen Reform der Investmentbesteuerung" erfolgen. Eine solche wurde als Ziel in der Koalitionsvereinbarung der regierenden Parteien im Bundestag (CDU, CSU und SPD) formuliert.[251]

Alternativ zu einer Gesetzesänderung könnte die FinVerw. auch eine entsprechende Nichtbeanstandungsregelung in einem BMF-Schreiben verfügen. Diese wäre unter Berücksichtigung des Wortlauts des Gesetzes jedoch rechtlich angreifbar. Die Nichtbeanstandungsregelung könnte zum Beispiel folgenden Inhalt haben: *„Es wird nicht beanstandet, wenn bei Investmentfonds (Publikums- und Spezialfonds) auf einer Europarechtswidrigkeit des ausländischen Quellensteuerabzugs beruhende Korrekturen der Besteuerungsgrundlagen generell in (sinngemäßer) Anwendung des § 13 Abs. 4 InvStG im laufenden Geschäftsjahr erfolgen. In diesen Fällen findet die Korrekturfrist des § 13 Abs. 4 Satz 5 InvStG keine Anwendung."* **144**

§ 14
Verschmelzung von Investmentfonds und Teilen von Investmentfonds

(1) Die folgenden Absätze 2 bis 6 gelten nur für die Verschmelzung im Sinne des § 189 des Kapitalanlagegesetzbuchs unter alleiniger Beteiligung inländischer Sondervermögen.

(2) Das übertragende Sondervermögen hat die zu übertragenden Vermögensgegenstände und Verbindlichkeiten, die Teil des Nettoinventars sind, mit den Anschaffungskosten abzüglich Absetzungen für Abnutzungen oder Substanzverringerung (fortgeführte Anschaffungskosten) zu seinem Geschäftsjahresende (Übertragungsstichtag) anzusetzen. Ein nach § 189 Absatz 2 Satz 1 des Kapitalanlagegesetzbuchs bestimmter Übertragungsstichtag gilt als Geschäftsjahresende des übertragenden Sondervermögens.

(3) Das übernehmende Sondervermögen hat zu Beginn des dem Übertragungsstichtag folgenden Tages die übernommenen Vermögensgegenstände und Verbindlichkeiten mit den fortgeführten Anschaffungskosten anzusetzen. Das übernehmende Sondervermögen tritt in die steuerliche Rechtsstellung des übertragenden Sondervermögens ein.

(4) Die Ausgabe der Anteile am übernehmenden Sondervermögen an die Anleger des übertragenden Sondervermögens gilt nicht als Tausch. Die erworbenen Anteile an dem übernehmenden Sondervermögen treten an die Stelle der Anteile an dem übertragenden Sondervermögen. Erhalten die Anleger des übertragenden Sondervermögens eine Barzahlung im Sinne des § 190 des Kapitalanlagegesetzbuchs, gilt diese als Ertrag im Sinne des § 20 Absatz 1 Nummer 1 des Einkommensteuergesetzes, wenn sie nicht Betriebseinnahme des Anlegers, eine Leistung nach § 22 Nummer 1 Satz 3 Buchstabe a Doppelbuchstabe aa des Einkommensteuergesetzes oder eine Leistung nach § 22 Nummer 5 des Einkommensteuergesetzes ist; § 3 Nummer 40 des Einkommensteuergesetzes und § 8b Absatz 1 des Körperschaftsteuergesetzes und § 5 sind nicht anzuwenden. Die Barzahlung ist als Ausschüttung eines sonstigen Ertrags oder als Teil der Ausschüttung nach § 6 zu behandeln.

(5) Die nicht bereits ausgeschütteten ausschüttungsgleichen Erträge des letzten Geschäftsjahres des übertragenden Sondervermögens gelten den Anlegern die-

---

251 Deutschlands Zukunft gestalten, Koalitionsvertrag zwischen CDU, CSU und SPD, 18. Legislaturperiode vom 16.12.2013, www.cdu.de/koalitionsvertrag – S. 64 (letzter Abruf 20.7.2014).

ses Sondervermögens mit Ablauf des Übertragungsstichtags als zugeflossen. Dies gilt nicht, wenn die Erträge gemäß § 2 Abs. 1 Satz 1 zu den Einkünften nach § 22 Nr. 1 oder 5 des Einkommensteuergesetzes zählen. Als ausschüttungsgleiche Erträge sind auch die nicht bereits zu versteuernden angewachsenen Erträge des übertragenden Sondervermögens zu behandeln.

(6) Ermitteln beide Sondervermögen den Aktiengewinn nach § 5 Abs. 2, so darf sich der Aktiengewinn je Investmentanteil durch die Übertragung nicht verändern. Ermittelt nur eines der beiden Sondervermögen den Aktiengewinn, ist auf die Investmentanteile des Sondervermögens, das bisher einen Aktiengewinn ermittelt und veröffentlicht hat, § 8 Abs. 4 anzuwenden.

(7) Die Absätze 2 bis 6 sind entsprechend anzuwenden, wenn bei einer nach dem Kapitalanlagegesetzbuch zulässigen Übertragung von allen Vermögensgegenständen im Wege der Sacheinlage sämtliche Vermögensgegenstände
1. eines Sondervermögens auf eine Investmentaktiengesellschaft mit veränderlichem Kapital oder auf ein Teilgesellschaftsvermögen einer Investmentaktiengesellschaft mit veränderlichem Kapital,
2. eines Teilgesellschaftsvermögens einer Investmentaktiengesellschaft mit veränderlichem Kapital auf ein anderes Teilgesellschaftsvermögen derselben Investmentaktiengesellschaft mit veränderlichem Kapital,
3. eines Teilgesellschaftsvermögens einer Investmentaktiengesellschaft mit veränderlichem Kapital auf ein Teilgesellschaftsvermögen einer anderen Investmentaktiengesellschaft mit veränderlichem Kapital,
4. einer Investmentaktiengesellschaft mit veränderlichem Kapital oder eines Teilgesellschaftsvermögens einer Investmentaktiengesellschaft mit veränderlichem Kapital auf ein Sondervermögen oder
5. einer Investmentaktiengesellschaft mit veränderlichem Kapital auf eine andere Investmentaktiengesellschaft mit veränderlichem Kapital oder ein Teilgesellschaftsvermögen einer anderen Investmentaktiengesellschaft mit veränderlichem Kapital

übertragen werden. Satz 1 ist nicht anzuwenden, wenn ein Spezial-Sondervermögen nach § 1 Absatz 6 und 10 des Kapitalanlagegesetzbuchs oder ein Teilinvestmentvermögen eines solchen Sondervermögens oder eine Spezial-Investmentaktiengesellschaft mit veränderlichem Kapital nach § 1 Absatz 6 in Verbindung mit Kapitel 1 Abschnitt 4 Unterabschnitt 3 des Kapitalanlagegesetzbuchs oder ein Teilgesellschaftsvermögen einer solchen Investmentaktiengesellschaft als übertragender oder aufnehmender Investmentfonds beteiligt ist.

(8) Die gleichzeitige Übertragung aller Vermögensgegenstände mehrerer Sondervermögen, Teilgesellschaftsvermögen oder Investmentaktiengesellschaften auf dasselbe Sondervermögen oder Teilgesellschaftsvermögen oder dieselbe Investmentaktiengesellschaft mit veränderlichem Kapital ist zulässig.

Schrifttum

Brülin Verschmelzung von Investmentfonds in Luxemburg, Deutschland und im europäischen Binnenmarkt, Diss. Berlin 2011; *Ebner* Verschmelzung von Sondervermögen nach dem InvStG DStZ **2007** 68; *Jesch/Haug* Das neue Investmentsteuerrecht DStZ **2013** 771; *Obermann/Brill/Heeren* Konsolidierung der Fondsindustrie DStZ **2009** 152; *Schmittmann/Schöffel/Keller* Steuerliche Konsequenzen einer Fondszusammenlegung am Beispiel von inländischen Immobilien-Sondervermögen DStR **2005** 1593.

Systematische Übersicht

A. Allgemeines/Systematische Übersicht —— 1
B. Anwendungsbereich (Abs. 1) —— 7
C. Steuerliche Behandlung auf Ebene des Investmentfonds (Abs. 2, Abs. 3) —— 9
D. Steuerliche Behandlung auf Ebene des Anlegers (Abs. 4) —— 13
E. Ausschüttungsgleiche Erträge (Abs. 5) —— 15
F. Aktiengewinn (Abs. 6) —— 17
G. Katalog der Verschmelzungsvarianten (Abs. 7) —— 19
H. Mehrere Übertragungsvermögen, ein Übernahmevermögen (Abs. 8) —— 20
I. Fallbeispiel —— 21

A. Allgemeines/Systematische Übersicht

Der durch Artikel 1 des AIFM-Steuer-Anpassungsgesetz (AIFM-StAnpG)[1] geänderte § 14 InvStG regelt die **Verschmelzung von Investmentfonds nach § 189 KAGB**. Diese Regelung ist eine Fortsetzung der Regelungen zur Übertragung von Investmentvermögen nach § 40 bzw. § 40g des InvG. 1

Mit der erstmaligen Einführung der Regelungen zur Übertragung bzw. Verschmelzung von Investmentvermögen i.R.d. Investmentmodernisierungsgesetzes im Jahr 2003[2] wurden umfassende Rahmenbedingungen für die steuerneutrale Verschmelzung von Sondervermögen geschaffen. Vor dieser Einführung fehlte es an Regelungen, die die steuerlichen Folgen einer Verschmelzung von inländischer Sondervermögen bestimmten. Weder das KAGG noch das UmwG oder auch das UmwStG enthielten entsprechende Regelungen. Insbesondere das UmwStG war auf Sondervermögen grundsätzlich nicht anwendbar. Mit der Neufassung der Vorschriften über die Verschmelzung im InvG i.R.d. OGAW-IV-Umsetzungsgesetzes vom 22.7.2011[3] wurden graduelle Anpassungen im InvStG erforderlich. **Grenzüberschreitende Verschmelzungen** wurden allerdings **nicht in den Anwendungsbereich einbezogen**.[4] Durch das AIFM-StAnpG wurden die Regelungen Ende 2013 an die neuen europarechtlichen Vorgaben der AIFM-RL[5] sowie die Einführung des KAGB angepasst. Eine bereits im Juli 2013 eingebrachte Gesetzesinitiative scheiterte allerdings und konnte in der vorangegangenen Legislaturperiode nicht mehr verabschiedet werden. Die nunmehr vorgenommenen Änderungen waren zu einem beträchtlichen Teil der Einführung des KAGB und der Aufhebung des Investmentgesetzes[6] geschuldet. 2

Sinn und Zweck der Vorschrift des § 14 InvStG ist die Regulierung der steuerlichen Folgen einer Verschmelzung von inländischen Investmentfonds oder von Teilen von inländischen Investmentfonds. Davon ist sowohl die Ebene der beteiligten Fonds, in den Absätzen 2 und 3, als auch die Ebene der Anleger, im Absatz 4, betroffen. Der Gesetzgeber nahm dabei an, dass die Möglichkeit der Verschmelzung von Sondervermögen nach § 189 KAGB in der Praxis nur dann angenommen werden würde, wenn die Problematik der durch die Verschmelzung aufgedeckten stillen Reserven Berücksichtigung finden würde. Die Lösung des Gesetzgebers in § 14 InvStG sieht vor, dass bei Verschmelzung aufgedeckte stille Reserven zunächst nicht besteuert werden. Auf der Ebene der Anleger 3

---

1 BGBl. **2013**, 4318.
2 Vgl. BGBl. **2003**, 2676, 2729.
3 BGBl **2011**, Teil I, 1126.
4 Beckmann/Scholtz/Vollmer/*Heller/Hammer* Investment § 14 InvStG Rn. 22. So bereits Brinkhaus/Scherer/*Brinkhaus/Schmitt* KAGG AuslInvestmG, Vor §§ 16–20 AuslInvestmG Rn. 75.
5 Richtlinie **2011**/61/EU.
6 Vgl. BTDrucks. 18/68, S. 60, zur Gesetzeshistorie auch: *Jesch/Haug* DStZ **2013** 771 ff.

4 Sachlich findet § 14 InvStG nur dann Anwendung, wenn **sämtliche Vermögensgegenstände und Verbindlichkeiten** eines Investmentvermögens auf ein anderes übertragen werden. Das Verbleiben von einzelnen Vermögensgegenständen oder Verbindlichkeiten im übertragenden Investmentvermögen ist ausgeschlossen. Dies folgt aus dem Wortlaut des Gesetzes. Im Rahmen der Verschmelzung bestehen zwei mögliche Übertragungsvarianten: Die Verschmelzung kann zur Aufnahme eines anderen Investmentvermögens in ein bereits bestehendes Investmentvermögen erfolgen oder zur Neugründung. Bei der Neugründung gehen die zu verschmelzenden Investmentvermögen insgesamt unter und werden von einem neu geschaffenen Investmentvermögen aufgenommen.[8] Keine Anwendung findet § 14 InvStG auf die Zusammenlegung von Anteilsklassen eines Investmentvermögens – mangels Rechtsträgerwechsel.[9] Weitere Voraussetzung für die Anwendung von § 14 InvStG ist es, dass es sich ausschließlich um inländische Investmentvermögen handeln muss.

Die Entstehung von Steuerausfällen verhindert § 14 InvStG gleichwohl des übertragenden bzw. übernehmenden Investmentvermögens.[7]

5 Im Einzelnen grenzt § 14 Abs. 1 InvStG den Anwendungsbereich der Norm ein und beschränkt diesen auf (i) Verschmelzungen i.S.d. § 189 KAGB unter (ii) alleiniger Beteiligung inländischer Sondervermögen. Absatz 2 legt fest, dass das übertragende Sondervermögen die zu übertragenden Vermögensgegenstände zum Geschäftsjahresende zu Anschaffungskosten anzusetzen hat. Nach Absatz 3 gilt dies gleichermaßen für das übernehmende Sondervermögen. Absatz 4 legt im Wesentlichen für steuerliche Zwecke fest, dass die Ausgabe der Anteile am übernehmenden Sondervermögen an die Anleger des übertragenden Sondervermögens nicht als Tausch qualifiziert. Absatz 5 regelt das steuerliche Schicksal ausschüttungsgleicher Erträge. Absatz 6 befasst sich mit der Ermittlungsmethode für den Aktiengewinn. Absatz 7 enthält einen umfassenden Katalog der möglichen Spielarten von Verschmelzungsvorgängen unter Einbeziehung von Investment-AGs sowie Teilgesellschaftsvermögen der Investment-AGs. Absatz 8 stellt abschließend fest, dass auch der gleichzeitige Transfer einer Mehrzahl vollständiger Übertragungsvermögen auf dasselbe Übernahmevermögen zulässig ist.

6 **Wozu aber Fonds verschmelzen?** Der EU-Markt für Investmentfonds zeichnet sich durch eine große Zahl von Investmentfonds mit nur suboptimalem Fondsvolumen aus.[10] Im Vergleich mit den USA gibt es eine viel höhere Anzahl von Investmentfonds bei signifikant niedrigeren Fondsvolumina. In den Zeiten kontinuierlicher Mittelzuflüsse steht der damit verbundene Kostennachteil nicht im Fokus.[11] Mit spezialisierten Nischenfonds wurde eine immer kurzfristigere Nachfrage bedient.

Erst in Krisenzeiten erkennt man den Nutzen einer Konsolidierung sowohl auf Anbieter- wie auf Anlegerseite.[12] Auf der Anbieterseite lassen sich z.B. Fixkosten wie Finanzanalysen, Buchführung, Infrastruktur und Personal reduzieren. Auf der Anlegerseite spiegelbildlich erhöhen die reduzierten Fixkostenblöcke die dem Anleger effektiv zufließenden Kapitalerträge.

---

7 Vgl. BTDrucks. 15/1553 S. 122, 129.
8 *Obermann/Brill/Heeren* DStZ **2009** 152.
9 Beckmann/Scholtz/Vollmer/*Heller/Hammer* Investment, § 14 InvStG Rn. 76.
10 *Brülin* Verschmelzung von Investmentfonds, S. 93.
11 *Brülin* Verschmelzung von Investmentfonds, S. 93.
12 *Brülin* Verschmelzung von Investmentfonds, S. 94.

Ein effizientes und wirksames Instrument zur Konsolidierung des Angebots an Investmentfonds kann – bei rechtlich wie steuerlich zielführender Ausgestaltung – die Verschmelzung sein.[13]

B. Anwendungsbereich (Abs. 1)

Nach § 14 Abs. 1 InvStG ist eine steuerneutrale Verschmelzung inländischer Investmentfonds nur dann möglich, wenn die Verschmelzung die Voraussetzungen des § 189 KAGB erfüllt. Für eine wirksame Verschmelzung ist es nach § 189 Abs. 1 KAGB erforderlich, dass

- die Verschmelzung im laufenden Geschäftsjahr genehmigt worden ist (Nr. 1),
- die Hauptversammlungen der beteiligten Investmentvermögen zugestimmt haben, soweit dies vorgesehen ist (Nr. 2),
- die Werte des übernehmenden und des übertragenden Sondervermögens zum Ende des Geschäftsjahres des übertragenden Sondervermögens (Übertragungsstichtag) berechnet worden sind (Nr. 3) und
- das Umtauschverhältnis der Anteile sowie gegebenenfalls der Barzahlung in Höhe von nicht mehr als 10 Prozent des Nettoinventarwertes dieser Anteile zum Übertragungsstichtag festgelegt worden ist (Nr. 4).

Liegen die genannten Voraussetzungen nicht vor, kommt es nicht zur Anwendung des § 14 InvStG und eine Steuerneutralität der Verschmelzung scheidet von vornherein aus.

Sind die oben aufgeführten Voraussetzungen des § 189 KAGB hingegen erfüllt, treten die steuerlichen Folgen des § 14 InvStG automatisch ein. Es müssen von den beteiligten Investmentfonds **keine weiteren Voraussetzungen** erfüllt werden, um die steuerlichen Folgen herbeizuführen. Insbesondere besteht auch kein Wahlrecht, ob die steuerlichen Folgen trotz Erfüllung der Voraussetzungen des § 189 KAGB herbeigeführt werden sollen oder ob die Beteiligten für eine andere steuerliche Regelung optieren möchten.[14]

---

[13] *Brülin* Verschmelzung von Investmentfonds, S. 96.
[14] Berger/Steck/Lübbehüsen/*Bauer* § 14 InvStG Rn. 20.

Schaubild 1

Verschmelzung von Investmentvermögen

Bewertung zu…

Übertragendes Sondervermögen …AK

Vermögensgegenstände

Übernehmendes Sondervermögen …AK

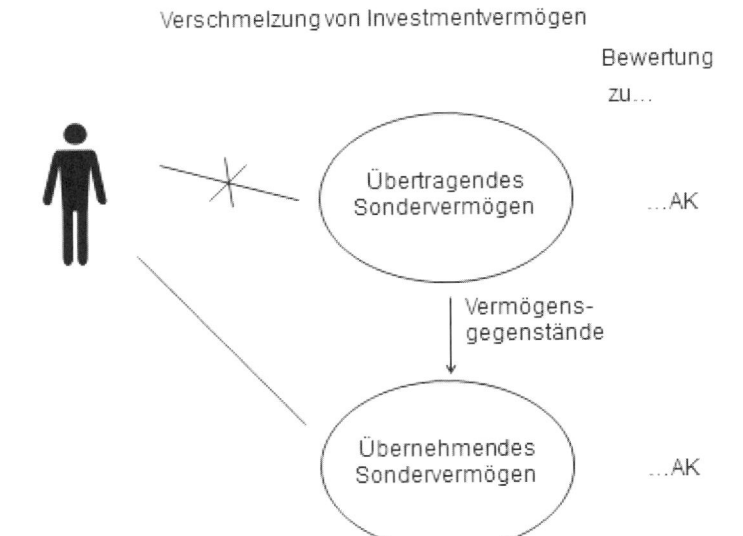

C. Steuerliche Behandlung auf Ebene des Investmentfonds (Abs. 2, Abs. 3)

9 Für das **übertragende Sondervermögen** legt § 14 Abs. 2 InvStG fest, dass die zu übertragenden Vermögensgegenstände und Verbindlichkeiten, die Teil des Nettoinventars sind, mit den Anschaffungskosten abzüglich AfA oder AfS (fortgeführte Anschaffungskosten) zu einem Geschäftsjahresende anzusetzen sind. Verkehrs- und Zwischenwerte können und dürfen dabei nicht berücksichtigt werden. Sinn und Zweck dieser Vorschrift ist nicht die Erleichterung der Bewertung des Anteilspreises,[15] sondern es sollen vielmehr die Vermögensgegenstände und Verbindlichkeiten für steuerliche Zwecke ebenso angesetzt werden, wie sie normalerweise am Geschäftsjahresende angesetzt werden würden. Nach der Verschmelzung tritt ebenfalls keine wertmäßige Veränderung der Anteile am übertragenden Investmentvermögen ein. Auch der Anteil an den stillen Reserven des übertragenden Investmentvermögens ändert sich durch die Verschmelzung nicht.[16] Zudem werden keine neuen Behaltensfristen für die Anteile bei den Anlegern ausgelöst,[17] es kommt vielmehr zu einer vollumfänglichen Anrechnung der Besitzzeiten auf das übernehmende Investmentvermögen. Dies ist insbesondere bei Immobilienbesitz für die Anleger ein relevantes Kriterium.

10 Als Gegenstück zu der Regelung des § 14 Abs. 2 InvStG für übertragende Sondervermögen, legt § 14 Abs. 3 InvStG für das **übernehmende Sondervermögen** fest, dass dieses ab dem auf den Übertragungsstichtag folgenden Tag die übernommenen Vermögensgegenstände und Verbindlichkeiten mit den fortgeführten Anschaffungskosten anzusetzen hat. Nach § 14 Abs. 3 Satz 2 InvStG tritt das übernehmende Investmentvermögen die steuerliche Rechtsnachfolge des übertragenden Investmentvermögens an. Folge daraus

---

15 *Hammer* Spezialfonds im Steuerrecht aus Investorensicht, S. 137.
16 *Blümich* § 14 InvStG Rn. 20.
17 *Bordewin/Brandt* § 14 InvStG Rn. 11; BMF Schreiben vom 18.8.2009, BStBl. I **2009**, 931, Tz. 239; *Schmittmann/Schöffel/Keller*, DStR **2005** 1593, 1596.

ist, dass die bei dem übertragenden Investmentvermögen bestehenden Gewinn- und Verlustvorträge auf das übernehmende Investmentvermögen übergehen.

Die Übertragung der Vermögensbestandteile und Verbindlichkeiten kann nur zum Geschäftsjahresende steuerneutral erfolgen, dafür kann jedoch ein **Rumpfgeschäftsjahr** gebildet werden.[18] Das Ende des Geschäftsjahres ist gleichbedeutend mit dem Übergabestichtag, vgl. § 14 Abs. 2 InvStG. Abweichend von § 14 Abs. 2 InvStG kann nach § 189 Abs. 2 KAGB auch ein anderer Übertragungszeitpunkt als das Ende des Geschäftsjahres bestimmt werden. § 14 Abs. 2 Satz 2 InvStG stellt für diesen Fall klar, dass dies grundsätzlich möglich sein kann und steuerrechtlich vom Ende des Rumpfgeschäftsjahres auszugehen ist. 11

Die steuerliche Rechtsfolge der Verschmelzung von Investmentvermögen ähnelt derjenigen nach §§ 4 Abs. 2, 12 Abs. 2, 22 Abs. 2 UmwStG. Auch in diesem Fall entsteht weder ein Übertragungs- noch ein Übernahmegewinn, der steuerlich berücksichtigt werden müsste.[19] 12

D. Steuerliche Behandlung auf Ebene des Anlegers (Abs. 4)

§ 14 Abs. 4 InvStG befasst sich mit den steuerlichen Auswirkungen der Verschmelzung der Investmentvermögen auf der Ebene der Anleger. Die Verschmelzung des übertragenden Investmentvermögens erfolgt beim Anleger zum Buchwert. Grund ist, dass zum Zeitpunkt der Verschmelzung die stillen Reserven auf Ebene des Anlegers noch nicht besteuert werden sollen.[20] § 14 Abs. 4 Satz 1 InvStG stellt ausdrücklich klar, dass die Übertragung des Investmentvermögens **nicht als Tausch zu qualifizieren ist**,[21] dadurch entfällt eine steuerpflichtige Übertragung und auch der steuerrelevante Tatbestand für die im **Privatvermögen** gehaltenen Anteile des Anlegers. Die neuen Anteile an dem übernehmenden Investmentvermögen treten vielmehr an die Stelle der alten Anteile an dem übertragenden Investmentvermögen, auch hier tritt somit eine Rechtsnachfolge ein.[22] Aber auch im Falle von Anteilen im **Betriebsvermögen** wird eine Besteuerung der stillen Reserven durch Buchwertverknüpfung vermieden.[23] 13

Die steuerlichen Folgen des nach § 189 Abs. 1 Nr. 4 KAGB zulässigen **Barausgleichs** werden in § 14 Abs. 4 Sätze 3, 4 InvStG geregelt. Danach gilt der Barausgleich grundsätzlich als Ertrag im Sinne des § 20 Abs. 1 Nr. 1 EStG, auf den weder § 3 Nr. 40 EStG noch § 8b Abs. 1 KStG anwendbar sind. Folglich ist der Barausgleich als Ausschüttung eines sonstigen Ertrages oder als Teil der Ausschüttung nach § 6 InvStG zu behandeln. Der Barausgleich unterliegt dem Kapitalertragsteuerabzug. Wurden die Anteile vor dem 1.1.2009 angeschafft, gilt die Frist des § 23 Abs. 1 Satz 1 Nr. 2 EStG weiter, wenn sich die Anteile noch innerhalb der Frist befanden und ein privater Anleger aufgrund der Verschmelzung für seine alten Anteile neue Anteile erhält.[24] 14

E. Ausschüttungsgleiche Erträge (Abs. 5)

Für die nicht bereits ausgeschütteten ausschüttungsgleichen Erträge des letzten Geschäftsjahres fingiert § 14 Abs. 5 InvStG, dass diese Erträge den Anlegern dieses Investmentvermögens als zugeflossen gelten. Als ausschüttungsgleiche Erträge werden diese 15

---

18 BMF Schreiben vom 18.8.2009, BStBl. I **2009**, 931, Tz. 235.
19 Schmittmann/Schöffel/Keller DStR **2005** 1594.
20 Blümich § 14 InvStG Rn. 13.
21 Dass es sich faktisch um einen Tausch handelt, dürfte unstreitig sein, vgl. z.B. Beckmann/Scholtz/Vollmer/*Heller/Hammer* Investment, § 14 InvStG Rn. 17.
22 Ebner DStZ **2007** 68, 69.
23 Littmann/Bitz/Pust/*Ramackers* § 14 InvStG Rn. 12.
24 BMF Schreiben vom 18.8.2009, BStBl. I **2009**, 931 Tz. 239.

nach der Legaldefinition des § 1 Abs. 3 Satz 3 InvStG erfasst. Ebenfalls von der **Zuflussfiktion** umfasst werden die übrigen im übertragenden Investmentvermögen angewachsenen laufenden Erträge, die nicht bereits unter die Legaldefinition des § 1 Abs. 3 Satz 3 InvStG fallen. Diese ausschüttungsgleichen Erträge unterliegen der Kapitalertragsteuer gemäß § 7 Abs. 4 InvStG. Eine Zurechnung erfolgt hingegen gemäß § 14 Abs. 5 Satz 2 InvStG nicht, wenn die Erträge gemäß § 2 Abs. 1 Satz 1 InvStG zu den Einkünften nach § 22 Nr. 1 oder Nr. 5 EStG gehören. Allerdings werden solche Erträge nach § 2 Abs. 1 Satz 1 InvStG bereits nicht zu den Einkünften aus Kapitalvermögen gerechnet.

16 Die Zuflussfiktion des § 14 Abs. 5 Satz 1 InvStG greift nach Satz 3 ebenfalls für die noch nicht zu versteuernden angewachsenen Erträge des übertragenden Investmentvermögens. Was unter **angewachsene Erträge** zu subsumieren ist, legt das Gesetz jedoch nicht fest. Anerkannt sind zum einen Finanzinnovationen und Derivate im Bestand des übertragenden Investmentvermögens[25] und zum anderen angewachsene ausschüttungsgleiche Erträge, die nicht bereits gemäß dem modifizierten Zufluss/Abfluss-Prinzip des § 3 Abs. 2 InvStG als Erträge erfasst sind.[26]

F. Aktiengewinn (Abs. 6)

17 Den Umgang mit dem Aktiengewinn, sowohl auf Ebene des Investmentvermögens, als auch auf Ebene der Anleger regelt § 14 Abs. 6 InvStG. Zunächst sieht § 14 Abs. 6 Satz 1 InvStG vor, dass sich der Aktiengewinn je Anteil beim übernehmenden Sondervermögen durch die Übertragung nicht verändern darf, wenn beide Investmentvermögen einen Aktiengewinn ermitteln. Die korrespondierende Regelung in diesem Zusammenhang stellt § 5 Abs. 2 Satz 2 InvStG dar, denn danach darf aus einer Änderung der umlaufenden Anteile keine Änderung des Aktiengewinns pro Anteil resultieren. Da auch eine Verschmelzung von Investmentfonds grundsätzlich eine Änderung der umlaufenden Anteile zur Folge hat, ist § 14 Abs. 6 Satz 1 InvStG als **Konkretisierung des § 5 Abs. 2 Satz 2 InvStG auf den Verschmelzungssachverhalt** anzusehen.

18 Für den Fall, dass nur ein Investmentvermögen den Aktiengewinn ermittelt, sieht § 14 Abs. 6 Satz 2 InvStG vor, dass auf die Investmentanteile des Sondervermögens, das bisher einen Aktiengewinn ermittelt und veröffentlicht hat, § 8 Abs. 4 InvStG anzuwenden ist. Auf Grund der Anwendung des § 8 Abs. 4 InvStG kommt es zur **Aufdeckung stiller Reserven mit darauf folgender Anschaffung zum Rücknahmepreis**. Verbleibt ein steuerpflichtiger Veräußerungsgewinn, gilt nach § 8 Abs. 4 Satz 2 InvStG die Einkommensteuer oder Körperschaftsteuer als zinslos gestundet. Kommt es in der Folge zu einer Rückgabe oder Veräußerung der Anteile, entfällt nach § 8 Abs. 4 Satz 3 die Stundung. Allerdings gilt diese Folge nur bei Publikums-Investmentvermögen, denn anders als Spezial-Investmentvermögen, die nach § 15 InvStG zur Ermittlung eines Aktien- und Immobiliengewinns verpflichtet sind, ist dies bei Publikums-Investmentvermögen per se nicht der Fall.

G. Katalog der Verschmelzungsvarianten (Abs. 7)

19 § 14 Abs. 7 InvStG eröffnet eine entsprechende Anwendung der Regelungen zur steuerneutralen Verschmelzung von Investmentvermögen aus § 14 Abs. 2–6 InvStG auf die in Satz 1 Nr. 1–5 detailliert angeführten möglichen Arten der Verschmelzung unter

---

25 Berger/Steck/Lübbehüsen/*Bauer* § 14 InvStG Rn. 69.
26 BMF Schreiben vom 18.8.2009, BStBl. I **2009**, 931 Tz. 210.

Beteiligung einer **Investmentaktiengesellschaft**. Diese Möglichkeit eine steuerneutralen Verschmelzung unter Beteiligung einer Investmentaktiengesellschaft scheidet jedoch immer dann aus, wenn an der Verschmelzung ein Spezial-Investmentvermögen beteiligt sein soll, § 14 Abs. 7 Satz 2 InvStG. Der Gesetzesbegründung zu Folge soll durch den Ausschluss der Spezial-Investmentvermögen die Eröffnung von **unvorhersehbaren steuerlichen Gestaltungsmöglichkeiten** vermieden werden.[27] Diese Bedenken des Gesetzgebers sind allerdings kritisch zu sehen, da grundsätzlich missbräuchliche steuerliche Gestaltungsmöglichkeiten von § 42 AO erfasst und verhindert werden sollen.

Schaubild 2

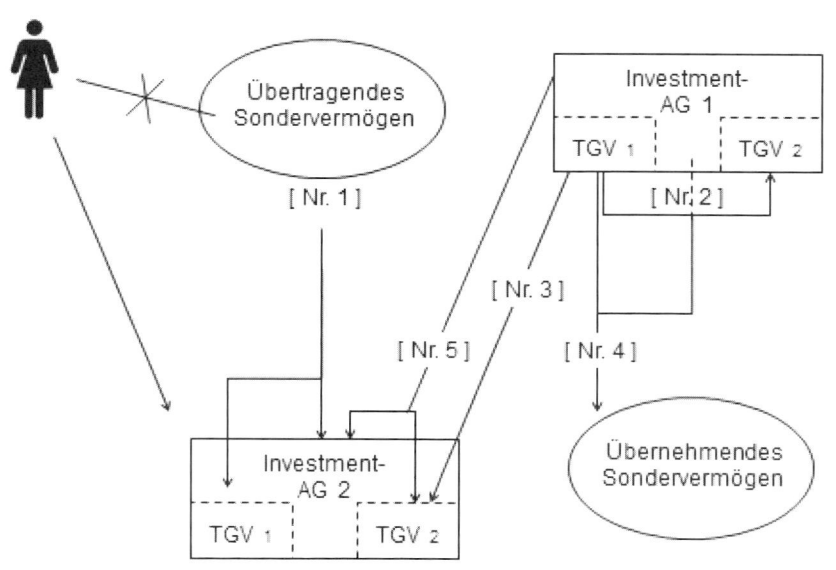

Systematik des § 14 Abs. 7 InvStG

H. Mehrere Übertragungsvermögen, ein Übernahmevermögen (Abs. 8)

Die Regelung des § 14 Abs. 8 InvStG eröffnet die Möglichkeit der gleichzeitigen Übertragung aller Vermögensgegenstände **mehrerer** Sondervermögen, Teilgesellschaftsvermögen oder Investmentaktiengesellschaften auf ein Sondervermögen. Auch in diesem Fall ist eine steuerneutrale Übertragung der verschiedenen Vermögensgegenstände und Verbindlichkeiten möglich.[28] Die durch Artikel 9 Bürgerentlastungsgesetz KV v. 16.7.2009[29] eingeführte Regelung (zunächst in Abs. 7 Satz 2) dient lediglich der Klarstellung, da es

20

---

27 BTDrucks. 16/13429, S. 53, vgl. auch Beckmann/Scholtz/Vollmer/*Heller*/*Hammer* Investment, § 14 InvStG Rn. 7a.
28 BTDrucks. 318/10, S. 138.
29 Vgl. BGBl. I S. 1959.

im Vorfeld teilweise Unsicherheiten ob des unklaren Wortlautes der § 14 Abs. 1 und Abs. 6 InvStG („... beide Sondervermögen ...") gegeben hatte.[30]

I. Fallbeispiel

21   Die Auswirkungen einer Verschmelzung von zwei Sondervermögen soll folgendes Beispiel verdeutlichen:

Fonds A und Fonds B sollen miteinander verschmolzen werden. Nach der oben bereits dargelegten Rechtsnachfolge des übernehmenden Sondervermögens („Fußstapfentheorie") gehen sämtliche Vermögensgegenstände und Verbindlichkeiten des übertragenden Sondervermögens mit dem Wert auf das übernehmende Sondervermögen über, wie er auch im Anteilspreis zum Geschäftsjahresende des Sondervermögens enthalten war. Bestehen bei dem übertragenden Sondervermögen stille Reserven, so gehen auch diese in voller Höhe auf das übernehmende Sondervermögen über, ohne dass es hier zu einer Aufdeckung kommt.

	Fonds A	Fonds B	nach Verschmelzung
Anschaffungskosten	400	100	500
Vermögensgegenstände	100	200	300
Verbindlichkeiten	100	300	400

§ 15
Inländische Spezial-Investmentfonds

(1) Bei inländischen Sondervermögen oder Investmentaktiengesellschaften mit veränderlichem Kapital, die auf Grund einer schriftlichen Vereinbarung mit der Kapitalverwaltungsgesellschaft oder auf Grund ihrer Satzung nicht mehr als 100 Anleger oder Aktionäre haben, die nicht natürliche Personen sind (Spezial-Investmentfonds), sind § 1 Absatz 1d, § 4 Absatz 4, § 5 Absatz 1 sowie die §§ 6 und 8 Absatz 4 und 8 nicht anzuwenden. § 5 Abs. 2 Satz 1 ist mit der Maßgabe anzuwenden, dass die Investmentgesellschaft verpflichtet ist, den Aktiengewinn für Körperschaften, Personenvereinigungen oder Vermögensmassen bei jeder Bewertung des Investmentfonds zu ermitteln; die Veröffentlichung des Aktiengewinns entfällt. Für die Feststellung der Besteuerungsgrundlagen gilt § 180 Abs. 1 Nr. 2 Buchstabe a der Abgabenordnung entsprechend; die Feststellungserklärung steht einer gesonderten und einheitlichen Feststellung unter dem Vorbehalt der Nachprüfung gleich, eine berichtigte Feststellungserklärung gilt als Antrag auf Änderung. § 13 Abs. 1, 3 und 4 ist nicht anzuwenden. Nicht ausgeglichene negative Erträge im Sinne des § 3 Abs. 4 Satz 2 entfallen, soweit ein Anleger seine Investmentanteile veräußert oder zurückgibt. In den Fällen des § 14 gilt dies auch, soweit sich jeweils die Beteiligungsquote des Anlegers an den beteiligten Sondervermögen reduziert. § 32 Abs. 3 des Körperschaftsteuergesetzes gilt entspre-

---

30   Berger/Steck/Lübbehüsen/*Bauer* § 14 InvStG Rn. 14.

chend; die Investmentgesellschaft hat den Kapitalertragsteuerabzug vorzunehmen. Die Kapitalertragsteuer nach Satz 7 und nach § 7 ist durch die Investmentgesellschaft innerhalb eines Monats nach der Entstehung zu entrichten. Die Investmentgesellschaft hat bis zu diesem Zeitpunkt eine Steueranmeldung nach amtlich vorgeschriebenem Datensatz auf elektronischem Weg nach Maßgabe der Steuerdaten-Übermittlungsverordnung vom 28. Januar 2003 (BGBl. I S. 139), die zuletzt durch Artikel 8 der Verordnung vom 17. November 2010 (BGBl. I S. 1544) geändert worden ist, in der jeweils geltenden Fassung zu übermitteln. Im Rahmen der ergänzenden Anwendung der Vorschriften des Einkommensteuergesetzes über den Steuerabzug sind § 44a Absatz 6 und § 45a Absatz 3 des Einkommensteuergesetzes nicht anzuwenden.

(1a) Bei Investmentfonds im Sinne des Absatzes 1 Satz 1 ist abweichend von § 2 Absatz 2 Satz 1 und § 8 Absatz 1 Satz 1 § 8b des Körperschaftsteuergesetzes anzuwenden. Voraussetzung für die Anwendung des Satzes 1 auf Erträge des Investmentanteils ist, dass die Beteiligung des Investmentfonds mindestens 10 Prozent des Grund- oder Stammkapitals, des Vermögens oder der Summe der Geschäftsguthaben beträgt und der dem einzelnen Anleger zuzurechnende Anteil an dem Investmentfonds so hoch ist, dass die auf den einzelnen Anleger anteilig entfallende Beteiligung an der Körperschaft, Personenvereinigung oder Vermögensmasse mindestens 10 Prozent des Grund- oder Stammkapitals, des Vermögens oder der Summe der Geschäftsguthaben beträgt. Für die Berechnung der Beteiligungsgrenze ist für die Beteiligung des Investmentfonds auf die Höhe der Beteiligung an der Körperschaft, Personenvereinigung oder Vermögensmasse zu dem Zeitpunkt abzustellen, zu dem die auf die Beteiligung entfallenden Erträge dem Investmentfonds zugerechnet werden; für den Anteil des Anlegers an dem Investmentfonds ist auf den Schluss des Geschäftsjahres abzustellen. Über eine Mitunternehmerschaft gehaltene Investmentanteile sind dem Mitunternehmer anteilig nach dem allgemeinen Gewinnmaßstab zuzurechnen. Eine einem Anleger über einen direkt gehaltenen Anteil an einem Investmentfonds und über einen von einer Mitunternehmerschaft gehaltenen Anteil an demselben Investmentfonds zuzurechnende Beteiligung an derselben Körperschaft, Personenvereinigung oder Vermögensmasse sind zusammenzurechnen. Eine Zusammenrechnung von Beteiligungen an Körperschaften, Personenvereinigungen oder Vermögensmassen, die dem Anleger über andere Investmentfonds oder ohne Einschaltung eines Investmentfonds zuzurechnen sind, findet bei dem jeweiligen Investmentfonds nicht statt. Ist der Anleger bereits unmittelbar zu mindestens 10 Prozent an dem Grund- oder Stammkapital einer Körperschaft, Personenvereinigung oder Vermögensmasse beteiligt, gilt die Beteiligungsgrenze auch als überschritten, soweit der Anleger an dieser Körperschaft, Personenvereinigung oder Vermögensmasse auch über einen Investmentfonds beteiligt ist, wenn der Anleger die Höhe der unmittelbaren Beteiligung gegenüber der Investmentgesellschaft nachgewiesen hat; eine mittelbar über eine Mitunternehmerschaft gehaltene Beteiligung gilt hierbei als unmittelbare Beteiligung. Vom Investmentfonds entliehene Wertpapiere und Investmentanteile sowie vom Anleger entliehene Investmentanteile werden für die Berechnung einer Beteiligung dem Verleiher zugerechnet. Teilfonds oder Teilgesellschaftsvermögen stehen für die Anwendung der vorstehenden Sätze einem Investmentfonds gleich.

(2) Erträge aus Vermietung und Verpachtung von inländischen Grundstücken und grundstücksgleichen Rechten und Gewinne aus privaten Veräußerungsgeschäften mit inländischen Grundstücken und grundstücksgleichen Rechten sind

gesondert auszuweisen. Diese Erträge gelten beim beschränkt steuerpflichtigen Anleger als unmittelbar bezogene Einkünfte gemäß § 49 Abs. 1 Nr. 2 Buchstabe f, Nr. 6 oder Nr. 8 des Einkommensteuergesetzes. Dies gilt auch für die Anwendung der Regelungen in Doppelbesteuerungsabkommen. Von den Erträgen ist Kapitalertragsteuer in Höhe von 25 Prozent durch die Investmentgesellschaft einzubehalten; Absatz 1 Satz 8 bis 10 gilt entsprechend. § 50 Absatz 2 Satz 1 des Einkommensteuergesetzes findet keine Anwendung.

(3) Ein Investmentanteil an einem Spezial-Investmentfonds gilt mit Ablauf des vorangegangenen Geschäftsjahres des Spezial-Investmentfonds als veräußert, in dem der Spezial-Investmentfonds seine Anlagebedingungen in der Weise abgeändert hat, dass die Voraussetzungen des § 1 Absatz 1b nicht mehr erfüllt sind oder in dem ein wesentlicher Verstoß gegen die Anlagebestimmungen des § 1 Absatz 1b vorliegt. Als Veräußerungserlös des Investmentanteils und als Anschaffungskosten des Anteils an der Investitionsgesellschaft ist der Rücknahmepreis anzusetzen. Wird kein Rücknahmepreis festgesetzt, tritt an seine Stelle der Börsen- oder Marktpreis. Kapitalertragsteuer ist nicht einzubehalten und abzuführen. Der Spezial-Investmentfonds gilt mindestens für einen Zeitraum von drei Jahren als Investitionsgesellschaft.

Systematische Übersicht

A. Allgemeines —— 1
    I. Rechtsentwicklung der Vorschrift —— 1
    II. Zwecksetzung, Inhalt und Bedeutung der Vorschrift —— 2
    III. Anwendungsbereich —— 6
B. Sonderregelungen für inländische Spezial-Investmentfonds —— 16
    I. Sonderregelungen gemäß § 15 Abs. 1 —— 16
      1. Auf Spezial-Investmentfonds nicht anwendbare Vorschriften —— 17
        a) Nichtanwendbarkeit des § 1 Abs. 1d —— 17
        b) Nichtanwendbarkeit des § 4 Abs. 4 (Steuerabzug auf Investmentvermögensebene) —— 18
        c) Nichtanwendbarkeit der Bekanntmachungspflichten des § 5 Abs. 1 —— 19
        d) Nichtanwendbarkeit des § 6 (Strafbesteuerung) —— 20
        e) Nichtanwendbarkeit des § 8 Abs. 4 (Veräußerungsfiktion) —— 21
        f) Nichtanwendbarkeit von § 8 Abs. 8 InvStG —— 22
      2. Sonderregelungen beim Aktiengewinn (§ 15 Abs. 1 Satz 2) —— 23
        a) Grundsatz und rechtlicher Hintergrund —— 23
        b) Vergleich Publikumsfonds – Spezialfonds —— 25
        c) Keine Veröffentlichungspflicht —— 27
        d) Details bzgl. der Ermittlung des Aktiengewinns —— 28
        aa) Grundsätze der Ermittlung des originären Aktiengewinns —— 29
        bb) Anwendungsvoraussetzungen des § 15 Abs. 1a —— 32
        (1) Grundfall (Direktbeteiligung des Anlegers an dem Spezialfonds) —— 32
        (2) Mitunternehmerschaftsfall (Anleger hält Spezial-Investmentfondsanteil über eine Mitunternehmerschaft) —— 33
        (3) Keine Zusammenrechnung über verschiedene Spezial-Investmentfonds —— 34
        (4) Direktbeteiligung i.H.v. 10% und indirekte Beteiligung über Spezial-Investmentfonds —— 35
        (5) Wertpapierleihe —— 36
        (6) Sonderfälle —— 37
        e) Folgerungen aus der Regelung des § 15 Abs. 1a für die Ermittlungspflicht nach § 15 Abs. 1 Satz 2 —— 38

Systematische Übersicht — § 15

f) Streitfrage: Ermittlung eines EStG-Aktiengewinns — 39
3. Zwischengewinn — 40
4. Gesonderte und einheitliche Feststellung der Besteuerungsgrundlagen (§ 15 Abs. 1 S. 3 und S. 4) — 41
   a) Inhalt und allgemeine Bedeutung — 41
   b) Einzelheiten — 43
   aa) Ein-Anleger-Fall — 43
   bb) Inhalt der Feststellungserklärung — 44
   cc) Abgabefrist (§ 15 Abs. 1 Satz 4 i.V.m. § 13 Abs. 2) — 45
   dd) Örtliche Zuständigkeit (§ 15 Abs. 1 Satz 4 i.V.m. § 13 Abs. 5) — 46
   ee) Entsprechende Geltung der AO-Vorschriften über die Durchführung der Besteuerung — 47
   ff) Bindungswirkung des Feststellungsbescheids, Inhalt und Reichweite — 48
   gg) Inhaltsadressaten — 50
   hh) Empfangsbevollmächtigte — 51
   ii) Verfahrensrechtliche Gleichstellung mit Steueranmeldung, § 15 Abs. 1 Satz 3, 2. Halbsatz — 52
   jj) Berichtigte Feststellungserklärung als Antrag auf Änderung, § 15 Abs. 1 Satz 3, 3. Halbsatz — 53
   kk) Zeitliche Berücksichtigung von Korrekturen — 54
   ll) Schätzung anstatt Pauschalbesteuerung nach § 6 InvStG — 55
5. Einschränkungen beim Verlustvortrag (§ 15 Abs. 1 Satz 5 und Satz 6) — 56
   a) Grundsatz und rechtlicher Hintergrund — 56
   b) Anwendungsfälle von § 15 Abs. 1 Satz 5 — 57
   aa) Veräußerungsfall — 57
   bb) Rückgabefall — 58
   cc) Spezialanwendungsfall — 59
   c) Von § 15 Abs. 1 Satz 5 nicht erfasste Fälle — 60
   aa) Ausgabe neuer Anteile — 60
   bb) Mittelbare Veräußerung von Anteilen an einem Spezialfondsanleger — 61
   d) Fall der Verschmelzung, § 15 Abs. 1 Satz 6 — 62
6. Regelung zu wertpapierleihähnlichen Geschäften, § 15 Abs. 1 Satz 7 — 64
   a) Grundsatz und rechtlicher Hintergrund — 65
   b) Anwendungsbereich — 69
7. Sonderregelungen zum Kapitalertragsteuereinbehalt bei Spezial-Investmentfonds, § 15 Abs. 1 Sätze 8 bis 10 — 71
   a) Regelungsinhalt und rechtlicher Hintergrund — 71
   b) Zeitlicher Anwendungsbereich der Neuregelungen — 73
   c) Kapitalertragsteuerpflichtige Erträge — 74
   aa) Grundsätze — 74
   bb) Inländische Erträge i.S.d. § 43 Abs. 1 Satz 1 Nr. 1 Nr. 1 und 1a sowie Satz 2 EStG (Dividenden und „dividendenähnliche" Erträge) — 76
   cc) Erträge aus der Vermietung und Verpachtung von und Gewinne aus Veräußerungsgeschäften mit im Inland belegenen Grundstücken und grundstücksgleichen Rechten (Immobilienerträge) — 77
   dd) Erträge, welche nicht unter bb. (Dividenden) und cc. (Immobilienerträge) fallen und soweit sie keine Gewinne aus der Veräußerung von Wertpapieren und Bezugsrechten auf Anteile an Kapitalgesellschaften, aus Termingeschäften und keine Gewinne aus der Veräußerung von Grundstücken i.S.d. § 2 Abs. 3 enthalten — 78
   ee) Ausschüttungsgleiche Erträge, welche weder unter

bb. (Dividenden) noch cc. (Immobilienerträge) fallen —— 79
ff) Inländische Immobilienerträge i.S.d. § 15 Abs. 2 Satz 1, welche von beschränkt steuerpflichtigen Spezialfondsanleger (mittelbar) erzielt werden —— 80
gg) Wertpapierleih-(ähnliche-)Geschäfte i.S.d. § 15 Abs. 1 Satz 7 —— 81
hh) Zwischengewinn —— 82
d) Steuersatz —— 83
e) Abzugsverpflichteter —— 84
f) Anmeldung und Entrichtung der Kapitalertragsteuer —— 85
g) Abstandnahme vom Steuerabzug —— 86
h) Erstattung von Kapitalertragsteuer —— 90
i) Ausstellung von Steuerbescheinigungen —— 91
II. Anwendbarkeit des § 8b KStG bei Spezialinvestmentfonds (§ 15 Abs. 1a) —— 92
1. Grundsätzliches —— 92
2. Anwendungsvoraussetzungen des § 15 Abs. 1a —— 94
a) Grundfall (Direktbeteiligung des Anlegers an dem Spezialfonds) —— 94
b) Mitunternehmerschaftsfall (Anleger hält Spezial-Investmentfondsanteil über eine Mitunternehmerschaft) —— 95
c) Keine Zusammenrechnung über verschiedene Spezial-Investmentfonds —— 96
d) Direktbeteiligung i.H.v. 10% und indirekte Beteiligung über Spezial-Investmentfonds —— 97
e) Wertpapierleihe —— 98
f) Sonderfälle —— 99
III. Sonderregelungen für inländische Immobilien haltende Spezial-Investmentfonds (§ 15 Abs. 2) —— 100
1. Grundsatz und rechtlicher Hintergrund —— 101
2. Anwendbarkeitsvoraussetzungen —— 103

a) Inländischer Spezial-Investmentfonds mit inländischen Immobilien —— 103
b) Beschränkt steuerpflichtiger Anleger —— 104
c) Inländische Immobilienerträge —— 106
aa) Erträge aus Vermietung und Verpachtung —— 107
(1) Erträge über eine gewerbliche Personengesellschaft —— 108
(2) Erträge über eine nicht gewerbliche Personengesellschaft —— 109
(3) Immobilienkapitalgesellschaft, deren Anteile von Spezialfonds gehalten werden —— 110
bb) Gewinne aus privaten Veräußerungsgeschäften mit inländischen Grundstücken und grundstücksgleichen Rechten —— 111
(1) Veräußerung der Immobilie durch gewerbliche Personengesellschaft —— 114
(2) Veräußerung der Beteiligung an gewerblicher Immobilien-Personengesellschaft —— 115
(3) Veräußerung der Immobilie durch nicht gewerbliche Personengesellschaft —— 116
(4) Veräußerung der Beteiligung an nicht gewerblicher Immobilien-Personengesellschaft —— 117
(5) Immobilienkapitalgesellschaft, deren Anteile von Spezialfonds gehalten werden —— 118
(6) Veräußerung/Rückgabe der Investmentanteile —— 119
3. Rechtsfolgen —— 120
a) Gesonderter Ausweis der Erträge aus Immobilien (§ 15 Abs. 2 Satz 1) —— 120
b) Zurechnung, Qualifikation und Ermittlung der Erträge (§ 15 Abs. 2 Satz 2) —— 122
aa) Allgemeines —— 122
bb) Abgrenzung zwischen § 49 Abs. 1 Nr. 2f) EStG und § 49

Abs. 1 Nr. 6 und Nr. 8 EStG —— 123
cc) Rechtsfolgen bei Allokation der Spezialfondsanteile zu einer inländischen Betriebsstätte des Anlegers —— 125
dd) Ermittlung der Höhe der Erträge —— 126
c) Qualifikation der Einkünfte im Rahmen von Doppelbesteuerungsabkommen, § 15 Abs. 2 Satz 3 —— 127
d) Steuerabzug (§ 15 Abs. 2 Satz 4) —— 128
e) Veranlagung (§ 15 Abs. 2 Satz 5) —— 129
IV. Anwendung der Besteuerungsregelungen für Investitionsgesellschaften bei Verstoß gegen § 1 Abs. 1b (§ 15 Abs. 3 InvStG) —— 130
1. Bedeutung und Inhalt —— 131

A. Allgemeines

I. Rechtsentwicklung der Vorschrift

§ 15 wurde durch das Investmentmodernisierungsgesetz (InvModG, BGBl. I 2003, **1** 2676, 2730 = BStBl. I 2004, 5, 11) eingeführt und seitdem mehrfach geändert:
- Durch das EU-Richtlinien-Umsetzungsgesetz vom 9.12.2004 (EURLUmsG, BGBl. I 2004, 3310, 3327 = BStBl. I 2004, 1158, 1174) wurde § 15 Abs. 1 S. 1 um einen Verweis auf § 8 Abs. 4 ergänzt. Ferner wurden die § 3 Abs. 4 betreffenden § 15 Abs. 1 S. 5 und S. 6 eingefügt.
- § 15 Abs. 1 S. 7 und S. 8 (Regelungen zu Wertpapierleihgeschäften) wurden durch das Unternehmensteuerreformgesetz 2008 vom 14.8.2007 (UntStRefG 2008, BGBl. I 2007, 1912, 1936 = BStBl. I 2007, 630, 653) eingefügt und § 15 Abs. 2 S. 4 wurde redaktionell angepasst.
- Durch das Jahressteuergesetz 2008 vom 20.12.2007 (JStG 2008, BGBl. I 2007, 3150, 3184 = BStBl. I 2008, 218, 252) wurden der Anwendungsbereich der Norm auf Spezial-InvestmentAGs mittels einer Ergänzung in § 15 Abs. 1 S. 1 ausgedehnt. Ferner wurde § 15 Abs. 1 S. 3 ergänzt um den Teil „eine berichtigte Feststellungserklärung gilt als Antrag auf Änderung".
- § 15 Abs. 2 S. 5 wurde durch das Gesetz zur verbesserten steuerlichen Berücksichtigung von Vorsorgeaufwendungen – Bürgerentlastungsgesetz Krankenversicherung vom 16.7.2009 (BürgEntlG KV, BGBl. I 2009, 1959, 1969 = BStBl. I 2009, 782, 792) redaktionell geändert.
- Die Überschrift von § 15 sowie § 15 Abs. 1 S. 1, S. 2 und S. 8 sowie Abs. 2 S. 4 wurden durch das OGAW-IV-Umsetzungsgesetz vom 22.6.2011 (OGAW-IV-UmsG, BGBl. 2011, 1126, 1172) geändert.
- Durch das Gesetz zur Umsetzung des EuGH-Urteils vom 20.10.2011 in der Rechtssache C-284/09 vom 21.3.2013 (EuGHUrtUmsG, BGBl. I 2013, 561, 563 = BStBl. I 2013, 344, 346) wurde § 15 Abs. 1a neu eingefügt und in § 15 Abs. 1 S. 2 wurden die Wörter „für Körperschaften, Personenvereinigungen und Vermögensmassen" eingefügt.
- Durch das Gesetz zur Anpassung des Investmentsteuergesetzes und anderer Gesetze an das AIFM-Umsetzungsgesetz (AIFM-StAnpG, BGBl. I 2013, 4318, 4325 = BStBl. I 2014, 2, 9) wurde die Überschrift erneut geändert und § 15 Abs. 1 S. 1 und S. 2 wurden redaktionell geändert. Ferner wurde § 15 Abs. 3 neu eingefügt.
- Durch das Gesetz zur Anpassung des nationalen Steuerrechts an den Beitritt Kroatiens zur EU und zur Änderung weiterer steuerlicher Vorschriften (BGBl. I 2014, 1266) wurden redaktionelle Anpassungen in § 15 vorgenommen (Ersetzung von „Investmentvermögen" durch „Investmentfonds").

II. Zwecksetzung, Inhalt und Bedeutung der Vorschrift

2 Die die spezielle Besteuerung von „Spezial"-Fonds regelnde Vorschrift existiert seit dem Investmentmodernisierungsgesetz. Spezialfonds unterscheiden sich vor allem hinsichtlich des Anlegerkreises, welcher bei ihnen begrenzt ist, vom Publikumsfonds, der grundsätzlich eine unbestimmte Zahl unterschiedlicher Investoren hat.

3 Während im Rahmen des KAGG Spezial- und Publikumsfonds grundsätzlich steuerlich gleichbehandelt wurden, schuf der Gesetzgeber im Rahmen des Investmentmodernisierungsgesetzes steuerliche Sonderregeln für Spezialfonds. § 15 regelt insoweit die Besteuerung der Investmentanleger. Die Besteuerung der inländischen Spezialfonds selbst regelt § 11.

4 Absatz 1 beinhaltet die für alle Arten von Spezialfonds geltenden steuerlichen Sonderregelungen. Absatz 1a wurde im Rahmen der Neuregelung der Dividendenbesteuerung eingefügt und enthält diesbezüglich die Sonderregeln für Spezialfonds. Absatz 2 betrifft ausländische Investoren, die mittels eines Spezialfonds in inländische Immobilien investieren und Absatz 3 enthält Regelungen für den Fall, dass ein Spezialfonds nicht mehr die für Investmentfonds in § 1 Abs. 1b niedergelegten Voraussetzungen erfüllt.

5 Für institutionelle Anleger bietet der Spezialfonds gewisse Vorteile:[1]

Bei einem Investment über einen Spezialfonds bleiben bestimmte stille Reserven zunächst unversteuert, da bestimmte thesaurierte Erträge – soweit sie nichts als ausschüttungsgleiche Erträge qualifizieren – erst mit Ausschüttung zu versteuern sind. Letzteres lässt sich zur gezielten (zeitlichen) Steuerplanung einsetzen, indem bspw. in Verlustsituationen die jeweiligen Erträge dann ausgeschüttet werden. Eine Bestimmung der Anlagegrundsätze ist für den Investor über den Anlageausschuss möglich. Weiterhin können durch die Wahl des Abschlusszeitpunktes des Investmentfonds die Ausschüttungen entweder in das alte oder neue Wirtschaftsjahr des Investors gelegt werden, wenn der Abschlusszeitpunkt des Fonds ein bis zwei Monate vor dem des Fondsinvestors liegt. Ein zusätzlicher Vorteil ist die Vermeidung der Strafbesteuerung nach § 6, wenn über einen Spezialfonds investiert wird.

III. Anwendungsbereich

6 § 15 gilt nur für inländische Spezialfonds, d.h. sowohl in- und ausländische Publikumsfonds als auch ausländische Spezialfonds[2] sind vom Anwendungsbereich ausgenommen. Auf der Grundlage des § 1 Abs. 1 Satz 2 ist bei der Einstufung als Publikums- oder Spezial-Investmentfonds bei Teilsondervermögen im Sinne des § 96 Absatz 2 Satz 1 KAGB und Teilgesellschaftsvermögen im Sinne des § 117 KAGB auf den einzelnen Teilfonds abzustellen.

7 Inlandskriterium: Im Inland werden von § 15 entsprechend dem Wortlaut der Vorschrift inländische Sondervermögen und Investmentaktiengesellschaften erfasst.

8 Verhältnis zum Aufsichtsrecht: Während früher in § 2 Abs. 3 InvG a.F. eine zahlenmäßige (30) Beschränkung des Anlegerkreises vorgesehen war, letztere Beschränkung jedoch durch Änderung des § 2 Abs. 3 InvG (für InvAGs galt entsprechendes in § 2 Abs. 5 Satz 2 InvG) später entfallen ist, führt § 1 Abs. 6 KAGB letzteres fort und definiert einen Spezial-AIF als AIF, dessen Anteile auf Grund von schriftlichen Vereinbarungen mit der

---

1 Berger/Steck/*Lübbehüsen* § 15 InvStG Rn. 6.
2 Ausländische Spezialfonds sind in § 16 geregelt.

Verwaltungsgesellschaft oder auf Grund der konstituierenden Dokumente des AIF nur von professionellen Anlegern im Sinne des § 1 Abs. 19 Nr. 32 KAGB und semiprofessionellen Anlegern im Sinne des § 1 Abs. 19 Nr. 33 KAGB erworben werden dürfen. Es bestehen somit Regelungsdivergenzen zwischen Aufsichtsrecht und Steuerrecht: Im Aufsichtsrecht ist keine zahlenmäßige Beschränkung des Anlegerkreises vorgesehen, wohingegen § 15 eine Begrenzung auf nicht mehr als 100 Anleger erfordert. Weiterhin kann der regulatorische Spezial-AIF auch natürliche Anleger als Anleger haben, da Letztere auch semiprofessionelle Anleger i.S.d. § 1 Abs. 19 Nr. 33 KAGB sein können. Im Rahmen des § 15 InvStG sind natürliche Personen als Anleger jedoch ausgeschlossen.

Keine natürlichen Personen als Anleger: Nur nichtnatürliche Personen dürfen Anteile an einem Spezial-Investmentfonds halten. Damit sind potentielle Anleger zum einen die in §§ 1 I und 2 Nr. 1 KStG genannten Körperschaften, Personenvereinigungen und Vermögensmassen. Zum anderen sind auch ausländische Kapitalgesellschaften bzw. ausländische Investmentvermögen mögliche Anleger. Personengesellschaften,[3] selbst wenn nur natürliche Personen Gesellschafter sind, sind zulässige Anleger i.S.d. § 15.[4] Zu Recht wird darauf hingewiesen, dass letzteres offensichtlich auch der Auffassung des Gesetzgebers und der Finanzverwaltung entspreche, da nur bei einer derartigen Auslegung sich in § 15 Abs. 2 Satz 5 der Verweis auf § 50 Abs. 2 Satz 1 EStG und die Regelung in § 18 Abs. 2a Satz 1 bzw. die Erwähnung von § 1 Abs. 4 EStG in BMF v. 18.8.2009, BStBl. I 2009, 931 Tz. 255 erklären lasse.[5] 9

Begrenzung auf bis zu 100 Anleger: Der Begriff des Anlegers ist in § 1 Abs. 2 Satz 2 legaldefiniert. Fraglich ist insoweit, ob die Auffassung der Finanzverwaltung, dass mehrere Sondervermögen einer KVG, für deren Rechnung diese KVG Anteile desselben Spezial-Investmentfonds hält, weiterhin als ein Anleger gelten.[6] Jedes Anteile haltende Investmentvermögen gilt somit auch als Anleger. Letzteres gilt auch für Teilfonds aufgrund der Fiktion in § 1 Abs. 1 Satz 2. Gemäß § 1 Abs. 1 Satz 1 KAGB ist für das Vorliegen eines Investmentvermögens u.a. erforderlich, dass es ein Organismus für gemeinsame Anlagen, der von einer Anzahl von Anlegern Kapital einsammelt, darstellt. Allerdings stellt § 1 Abs. 1 Satz 2 KAGB klar, dass eine „Anzahl von Anlegern" im Sinne des § 1 Abs. 1 Satz 1 KAGB auch vorliegt, wenn die Anlagebedingungen, die Satzung oder der Gesellschaftsvertrag des Organismus für gemeinsame Anlagen die Anzahl möglicher Anleger nicht auf einen Anleger begrenzen. Wenn letztere Voraussetzung erfüllt ist, sind somit auch „Ein-Anleger-Spezialfonds" zulässig. 10

Regelungserfordernis: Das rein faktische Vorhandensein von weniger als 100 Anlegern genügt nicht für die Anwendbarkeit von § 15. Vielmehr muss – wie sich aus dem Wortlaut von § 15 Abs. 1 Satz 1 ergibt („auf Grund") – der Investmentfonds auf Grund einer schriftlichen Vereinbarung mit der KAG bzw. auf Grund der Satzung der InvAG nicht mehr als 100 institutionelle Anleger haben. Liegt eine derartige Vereinbarung bzw. Satzung nicht vor, sind in dem jeweiligen Geschäftsjahr die Besteuerungsfolgen des § 15 nicht anwendbar. 11

Rechtsfolgen bei späterem Verstoß gegen § 15 InvStG: Wenn mehr als 100 Inhaber von Anteilen am Spezial-Investmentfonds vorliegen, sind für das jeweilige Geschäftsjahr 12

---

[3] Die Einordnung als Personengesellschaft hat nach allgemeinen steuerrechtlichen Regeln nach dem sog. Typenvergleich zu erfolgen, vgl. BMF v. 24.12.1999, BStBl. I 1999, 1076 ff.
[4] Berger/Steck/*Lübbehüsen* § 15 InvStG Rn. 12; hierzu auch *Grabbe/Behrens* IStR **2005** 159; *Kroschewski/Reiche* IStR **2006** 730, 732; Bödecker/*Bödecker/Ernst* Handbuch Investmentrecht S. 700 f.
[5] Berger/Steck/*Lübbehüsen* § 15 InvStG Rn. 12 m.w.N.
[6] BMF v. 18.8.2009, BStBl. I 2009, 931 Tz. 242.

die Besteuerungsregeln des § 15 nicht mehr anwendbar.[7] Im Rahmen des InvG durften die Investmentanteile nur mit Zustimmung der KAG übertragen werden (§ 92 InvG), was der KAG die Kontrolle der Anlegerzahl direkt ermöglichte. Im Rahmen des KAGB bestimmt § 277 KAGB insoweit nur noch, dass die AIF-Kapitalverwaltungsgesellschaft schriftlich mit den Anlegern zu vereinbaren hat, dass die Anteile oder Aktien nur an professionelle und semiprofessionelle Anleger übertragen werden dürfen. Aus gesetzlicher Perspektive ist die direkte Kontrolle des einzelnen Übertragungsvorgangs somit nicht mehr zwingend. Um gleichwohl für steuerliche Zwecke eine Kontrollmöglichkeit bzgl. der Anzahl zu gewährleisten, empfiehlt sich letzteres vertraglich, bspw. in einer sog. Dreiervereinbarung zwischen KVG, Depotbank und Anleger, zu regeln.

13 Die Besteuerungsregeln des § 15 sind auch dann für das jeweilige Geschäftsjahr nicht mehr anwendbar, wenn im Laufe des Geschäftsjahres eine natürliche Person als Inhaber eines Anteils des Investmentfonds anzusehen ist.

14 Aus den obigen Grundsätzen folgt, dass sowohl die faktischen als auch die formellen Anforderungen während des gesamten Geschäftsjahres zu erfüllen sind.[8]

15 Anwendbarkeit von § 42 AO: Da das Vorliegen der formellen Anwendungsvoraussetzungen steuerplanerisch genutzt werden kann, erwägt die Finanzverwaltung insbesondere in Fällen, in denen die Einstufung als Spezial-Investmentfonds mit der Folge der Anwendbarkeit von Absatz 2, insbesondere dem Steuerabzug nach Abs. 2 Satz 4, verbunden wäre, mittels § 42 AO dennoch die Rechtsfolgen des § 15 anzuwenden. Letzteres soll insbesondere dann in Betracht kommen, wenn gezielt eine hohe Anzahl von Anlegern oder Aktionären mit nur geringer Beteiligung aufgenommen werden, während das Fondsvermögen deutlich überwiegend von Steuerpflichtigen gehalten wird, für die die Einstufung des Investmentvermögens als Spezial-Investmentfonds mit den Rechtsfolgen des Abs. 2 verbunden wäre. Letzterem kann nicht gefolgt werden. § 15 knüpft das Vorliegen seiner Anwendungsvoraussetzungen nach dem bewussten gesetzgeberischen Willen an formelle Voraussetzungen und vor allem wird hierbei nicht an die Beteiligungshöhe der einzelnen Anleger angeknüpft. Ob insoweit Beteiligungen gewisser Anleger mit bestimmten Steuerattributen „deutlich überwiegend"[9] gehalten werden oder nicht, ist daher gerade nicht Auslegungsmaßstab des Gesetzes. Daher kann nicht unter Zuhilfenahme der allgemeinen Missbrauchsvorschrift dieser gesetzgeberische Wille unterlaufen werden, zumal der Gesetzgeber die Nichtbesteuerung bestimmter Erträge aus Publikums-Investmentfonds bewusst in Kauf genommen hat.[10]

B. Sonderregelungen für inländische Spezial-Investmentfonds

I. Sonderregelungen gemäß § 15 Abs. 1

16 § 15 Abs. 1 Satz 1 bestimmt die Nichtanwendbarkeit bestimmter Normen im Falle des Vorliegens eines Spezial-Investmentfonds und enthält teilweise ausdrückliche Ersatzregelungen.

---

[7] Berger/Steck/*Lübbehüsen* § 15 InvStG Rn. 14; *Jacob/Geese/Ebner* Handbuch für die Besteuerung von Fondsvermögen S. 298.
[8] Berger/Steck/*Lübbehüsen* § 15 InvStG Rn. 17 mit Hinweisen zur Gegenansicht.
[9] Vgl. BMF v. 18.8.2009, BStBl. I 2009, 931 Tz. 242.
[10] Zur Diskussion auch Berger/Steck/*Lübbehüsen* § 15 InvStG Rn. 19.

1. Auf Spezial-Investmentfonds nicht anwendbare Vorschriften

a) Nichtanwendbarkeit des § 1 Abs. 1d. Die Nichtanwendbarkeit der die steuerlichen Folgen der Umwandlung in eine Investitionsgesellschaft regelnden Vorschrift des § 1d ist im Zusammenhang mit der entsprechenden Sonderregelung des § 15 Abs. 3 zu sehen. Auf die Kommentierung zu § 15 Abs. 3 (Rn. 130 ff.) wird daher verwiesen.

b) Nichtanwendbarkeit des § 4 Abs. 4 (Steuerabzug auf Investmentvermögensebene). Das nach § 4 Abs. 4 für Publikums-Investmentfonds vorgesehene Wahlrecht, anrechenbare oder abziehbare ausländische Steuern als Werbungskosten abzuziehen mit der Folge, dass der Anleger die Steuer nicht mehr anrechnen oder abziehen kann, wird bei Spezial-Investmentfonds nicht zugestanden. Die Ausübung dieses Wahlrechts bleibt dem einzelnen Anleger bei seiner Veranlagung vorbehalten. Denn angesichts der geringen Zahl von Anlegern wäre kein nennenswerter Vereinfachungseffekt zu erzielen.[11]

c) Nichtanwendbarkeit der Bekanntmachungspflichten des § 5 Abs. 1. Die grundsätzlich für inländische Investmentfonds bestehenden Bekanntmachungspflichten hinsichtlich der Besteuerungsgrundlagen gegenüber den Anlegern (§ 5 Abs. 1 Nr. 1 und Nr. 2) und im elektronischen Bundesanzeiger (§ 5 Abs. 1 Nr. 3) sind bei inländischen Spezial-Investmentfonds nicht erforderlich. Da die Anleger bei Spezial-Investmentfonds bekannt sind, ist eine derartige Publizität nicht notwendig. Die KVG bzw. die InvAG geben zwar Feststellungserklärungen nach § 13 ab, welche die Besteuerungsgrundlagen umfassen und letztere Verpflichtung besteht auch – in durch § 15 Abs. 1 Satz 3 und 4 modifizierter Form – bei inländischen Spezial-Investmentfonds. Es besteht somit eine Ermittlungspflicht bzgl. der Besteuerungsgrundlagen, nicht jedoch eine Bekanntmachungspflicht. Da somit keine Bekanntmachungspflicht i.S.d. § 5 Abs. 1 besteht, treten auch nicht die Rechtsfolgen ein, die normalerweise eintreten, wenn die Bekanntmachungspflichten nicht beachtet werden, d.h. die Anwendbarkeit der §§ 2–4 werden nicht durch § 5 Abs. 1 Satz 1 und Satz 2 eingeschränkt. Mit Ausnahme der in § 15 Abs. 1a und Abs. 2 geregelten Sonderfälle der Dividendenbesteuerung bzw. Investitionen in inländisches Immobilienvermögen erfolgt die Besteuerung der Anleger eines Spezial-Investmentfonds immer nach §§ 2–4.

d) Nichtanwendbarkeit des § 6 (Strafbesteuerung). Die Nichtanwendbarkeit der Strafbesteuerungsregeln des § 6 ergibt sich als logische Konsequenz der oben dargestellten Nichtanwendbarkeit der Bekanntmachungspflichten nach § 5 Abs. 1. Kommt die Investmentgesellschaft der nach § 15 Abs. 1 Satz 4 bestehenden Erklärungspflicht nach § 13 Abs. 2 nicht nach, kann das Finanzamt grundsätzlich eine Schätzung nach § 162 AO vornehmen, im Rahmen derer die einzelnen Besteuerungsgrundlagen im Einklang mit §§ 2–4 zu schätzen sind. Dabei sind sowohl steuerpflichtige Erträge als auch steuerbefreite und sonst steuerentlastende Umstände zu berücksichtigen.[12]

e) Nichtanwendbarkeit des § 8 Abs. 4 (Veräußerungsfiktion). Kommt eine Investmentgesellschaft der Ermittlungs- und Veröffentlichungspflicht nach § 5 Abs. 2 d.h. hinsichtlich des sog. Fonds-Aktiengewinns bzw. Fonds-DBA-Gewinn nicht nach, gilt gem. § 8 Abs. 4 Satz 1 der Investmentanteil bei betrieblichen Anlegern als zurückgegeben

---

[11] BMF v. 18.8.2009, BStBl. I 2009, 931 Tz. 243.
[12] BMF v. 18.8.2009, BStBl. I 2009, 931 Tz. 245.

und wieder angeschafft. Die auf den (fiktiven) Veräußerungsgewinn entfallende Einkommen- oder Körperschaftsteuer wird zinslos gestundet, § 8 Abs. 4 Satz 2. Auf die als angeschafft geltenden Investmentanteile sind § 3 Nr. 40 EStG und § 8b KStG nicht anzuwenden (§ 8 Abs. 4 Satz 3). Die Nichtanwendbarkeit dieser Grundsätze für Spezial-Investmentfonds ist vor dem Hintergrund der Regelung des § 15 Abs. 1 Satz 2 zu sehen, der für Spezial-Investmentfonds – im Gegensatz zu Publikums-Investmentfonds, welche ein Wahlrecht zur Ermittlung und Veröffentlichung von Fonds-Aktiengewinn bzw. Fonds-DBA-Gewinn besitzen – diesbezüglich eine Ermittlungspflicht statuiert. Die Nichtanwendbarkeit der auf das Wahlrecht zugeschnittenen Regelung des § 8 Abs. 4 bei Spezial-Investmentfonds ergibt sich damit als logische Konsequenz. Wenn für Spezial-Investmentfonds der Fonds-Aktiengewinn bzw. der Fonds-DBA-Gewinn trotz dieser Verpflichtung nicht ermittelt werden sollte, muss die Finanzverwaltung eine rückwirkende Ermittlung der Fonds-Aktiengewinne bzw. der Fonds-DBA-Gewinne verlangen.[13]

22 **f) Nichtanwendbarkeit von § 8 Abs. 8 InvStG.** Die Nichtanwendbarkeit der die steuerlichen Folgen der Umwandlung in eine Investitionsgesellschaft auf Anlegerebene regelnden Vorschrift des § 8 Abs. 8 ist im Zusammenhang mit der entsprechenden Sonderregelung des § 15 Abs. 3 zu sehen. Auf die Kommentierung zu § 15 Abs. 3 (Rn. 130 ff.) wird daher verwiesen.

2. Sonderregelungen beim Aktiengewinn (§ 15 Abs. 1 Satz 2)

23 **a) Grundsatz und rechtlicher Hintergrund.** Gemäß § 15 Abs. 1 Satz 2 1. Hs. ist § 5 Abs. 2 Satz 1 mit der Maßgabe anzuwenden, dass die Investmentgesellschaft verpflichtet ist, den Aktiengewinn für Körperschaften, Personenvereinigungen oder Vermögensmassen bei jeder Bewertung des Spezial-Investmentfonds zu ermitteln. Rechtlicher Hintergrund der Ermittlungspflicht ist, dass im Falle der Veräußerung der Fondsanteile (§ 8 Abs. 1 InvStG) der Veräußerungsgewinn auf den Aktiengewinn entfällt, dieser Gewinn beim Anleger – je nach Anlegergruppe – steuerlich begünstigt bzw. steuerfrei ist. Umgekehrt sind Vermögensminderungen des Investmentfonds, d.h. wenn und soweit ein negativer Aktiengewinn vorliegt, steuerlich nur beschränkt bzw. nicht berücksichtigungsfähig.

24 Durch den Verweis auf § 5 Abs. 2 Satz 1, der sich wiederum auf die „Bestandteile im Sinne des § 8" bezieht, ist mit „Aktiengewinn" sowohl der originäre Aktiengewinn als auch der DBA-Gewinn (Immobiliengewinn) gemeint. Hinsichtlich des originären Aktiengewinns sind wiederum nach Änderung des § 5 Abs. 2 im Rahmen des die Dividendenbesteuerung neu regelnden EuGHUrtUmsG allgemein der sog. EStG-Aktiengewinn, der weiterhin sämtliche Dividenden umfasst, und der sog. KStG-Aktiengewinn, der zugeflossene oder als zugeflossen geltende Dividenden nicht beinhaltet, zu unterscheiden, wobei jedoch – wie unten näher dargestellt (vgl. Rn. 39) – umstritten ist, ob bei Spezialfonds nur der KStG-Aktiengewinn oder zusätzlich auch der EStG-Aktiengewinn zu ermitteln ist.

25 **b) Vergleich Publikumsfonds – Spezialfonds.** Während für Publikumsfonds ein Wahlrecht besteht, ob sie den Aktiengewinn (bestehend aus originärem Aktiengewinn und DBA-Gewinn) ermitteln und veröffentlichen wollen und § 8 Abs. 4 die steuerlichen Konsequenzen regelt, falls der Publikumsfonds diesen nicht ermittelt bzw. veröffent-

---

[13] Berger/Steck/*Lübbehüsen* § 15 InvStG Rn. 36 mit Hinweis auf die andere Auffassung von Bodecker/*Bodecker*/Ernst Handbuch Investmentrecht S. 644, wonach § 8 in diesem Fall nicht anwendbar sei.

licht, konstituiert § 15 Abs. 1 Satz somit eine Ermittlungspflicht bzgl. des Aktiengewinns „bei jeder Bewertung des Investmentfonds". Die Koppelung der Ermittlung des Aktiengewinns „bei jeder Bewertung des Investmentfonds" ist vor dem aufsichtsrechtlichen Hintergrund zu sehen: Gemäß § 279 Abs. 1 KAGB sind bei offenen (vgl. § 1 Abs. 4 KAGB) inländischen Spezial-AIF die Bewertung der Vermögensgegenstände und die Berechnung des Nettoinventarwertes je Anteil oder Aktie in einem zeitlichen Abstand durchzuführen, der den zum Spezial-AIF gehörenden Vermögensgegenständen und der Ausgabe- und Rücknahmehäufigkeit der Anteile oder Aktien angemessen ist, jedoch mindestens einmal jährlich. Die Kriterien zur Bestimmung der Häufigkeit der Bewertung des Wertes des Spezial-AIF und zur Berechnung des Nettoinventarwertes je Anteil oder Aktie bestimmen sich gem. § 279 Abs. 2 nach den Artikeln 67 bis 74 der Delegierten Verordnung (EU) Nr. 231/2013. Gemäß § 279 Abs. 3 sind die Bewertungen der Vermögensgegenstände und Berechnungen des Nettoinventarwertes je Anteil oder Aktie entsprechend den diesbezüglichen Anlagebedingungen gegenüber den Anlegern offenzulegen. Für geschlossene (vgl. § 1 Abs. 5 KAGB) inländische Spezial-AIF gilt gem. §§ 286 Abs. 2, 272 KAGB, dass die Bewertung der Vermögensgegenstände und die Berechnung des Nettoinventarwertes je Anteil oder Aktie mindestens einmal jährlich erfolgen muss und die Bewertung und Berechnung darüber hinaus auch dann durchzuführen sind, wenn das Gesellschaftsvermögen des AIF erhöht oder herabgesetzt wird. Hinsichtlich der Kriterien zur Berechnung des Nettoinventarwertes je Anteil oder Aktie und zur Bestimmung der Häufigkeit der Berechnung werden auch bei geschlossenen inländischen Spezial-AIF die Artikel 67 bis 73 der Delegierten Verordnung (EU) Nr. 231/2013 herangezogen (§ 272 Abs. 2 KAGB) und auch hier besteht eine Offenlegungspflicht gegenüber den Anlegern (§ 273 Abs. 3 KAGB).

Hat somit nach den aufsichtsrechtlichen Grundsätzen eine Bewertung zu erfolgen, so ist in diesem Zusammenhang auch der Aktiengewinn zu ermitteln. 26

c) Keine Veröffentlichungspflicht. Gemäß § 15 Abs. 1 Satz 2 2. HS sind Spezial-Investmentfonds nicht verpflichtet, den Aktiengewinn zu veröffentlichen. Es genügt eine einfache und formlose Bekanntmachung an den Anleger.[14] Entsprechend den bei § 5 Abs. 1 Satz 1 Nr. 1 und 2 geltenden Grundsätzen sollte daher ein Anleger-Rundschreiben, Ausweis im elektronischen oder gedruckten Bundesanzeiger oder Jahresbericht, Bekanntgabe per Email, Brief oder auf der Internetseite des Fonds ausreichend sein.[15] 27

d) Details bzgl. der Ermittlung des Aktiengewinns. Hinsichtlich der Ermittlung des DBA-Gewinns (Immobiliengewinn) bestehen bei Spezial-Investmentfonds keine Besonderheiten. Bezüglich der Ermittlung des originären Aktiengewinns gewinnt jedoch bei der Ermittlung nach § 15 Abs. 1 Satz 2 die durch das EuGHUrtUmsG eingeführte Neuregelung der Dividendenbesteuerung, insbesondere die für Spezial-Investmentfonds bestehende Sonderregelung des § 15 Abs. 1a InvStG, besondere Bedeutung. Da somit die Ermittlungspflicht sich inhaltlich auf die Besteuerungsfolgen bezieht, erfolgt im Folgenden auch die Kommentierung zu § 15 Abs. 1a InvStG. Weiterhin gewinnen die auch durch das EuGHUrtUmsG in § 15 Abs. 1 Satz 2 neu hinzugefügten Wörter „für Körperschaften, Personenvereinigungen und Vermögensmassen" an Bedeutung. 28

---

14 BMF v. 18.8.2009, BStBl. I 2009, 931 Tz. 246.
15 BMF v. 18.8.2009, BStBl. I 2009, 931 Tz. 85 und 95; Berger/Steck/*Lübbehüsen* § 15 InvStG Rn. 42; Haase/*Ackert/Füchsl* InvStG, § 15 Rn. 261.

29 **aa) Grundsätze der Ermittlung des originären Aktiengewinns.** Die Grundsätze der Ermittlung des Aktiengewinns sind zum einen vor dem Hintergrund der Besteuerung der jeweiligen Einnahmen (Dividenden und Veräußerungsgewinne und -verluste) beim Direktanleger und zum anderen vor dem Hintergrund zu sehen, dass mit der Besteuerung dieser Einnahmen, wenn sie über ein Investmentfonds erzielt werden, das investmentsteuerliche Transparenzprinzip umgesetzt werden soll. Daher regelt § 8 grundsätzlich, dass im Falle der Schlussbesteuerung der Anleger, die relevanten Einnahmebestandteile, die im Falle der Direktanlage besonderen Besteuerungsregeln unterworfen werden, auch beim Fondsanleger diesen Besteuerungsregeln unterworfen werden sollen.

30 Beim Direktanleger gelten seit der Verabschiedung des EuGHUrtUmsG folgende Grundsätze: Nach der Rechtslage vor dem EuGHUrtUmsG wurde Körperschaften die 95%ige Steuerfreiheit von Dividenden durch § 8b Abs. 1 und 5 KStG gewährt. Gemäß § 8b Abs. 4 KStG wird nunmehr die Anwendung der Steuerbefreiung des § 8b Abs. 1 KStG für laufende Bezüge aus Beteiligungen, die nach dem 28.2.2013 zufließen, versagt, wenn die unmittelbare Beteiligung zu Beginn des Kalenderjahres weniger als 10% des Nennkapitals betragen hat. Hält die beteiligte Körperschaft die Beteiligung nicht unmittelbar, sondern über gewerbliche Personengesellschaften, wird die Beteiligung nach § 8b Abs. 4 Satz 4 und 5 KStG der Mitunternehmer-Körperschaft anteilig zugerechnet. Ein unterjähriger Erwerb von einer mindestens 10%igen Beteiligung wird gemäß § 8b Abs. 4 Satz 6 KStG auf den Beginn des Kalenderjahres zurückbezogen. Wenn eine Beteiligung zu Beginn des Kalenderjahres oder ein unterjähriger Erwerb einer Beteiligung von mindestens 10% am Nennkapital einer Körperschaft vorliegt (sog. qualifizierte Beteiligung), so sind Dividenden weiterhin nach § 8b Abs. 1 KStG für das gesamte Kalenderjahr steuerbefreit. Veräußerungsgewinne, die aus Streubesitzbeteiligungen resultieren, sind weiterhin steuerbefreit, da § 8b Abs. 2 KStG nicht geändert wurde.

31 Beim Fondsanleger wurden diese neuen Besteuerungsgrundsätze im Rahmen des EuGHUrtUmsG insoweit übernommen, als in § 2 Abs. 2 und § 8 Abs. 1 der Verweis auf § 8b KStG herausgenommen wurde. Damit sind Dividendenerträge sowohl bei der laufenden Besteuerung als auch bei der Veräußerung nicht mehr steuerbefreit. Bei Spezial-Investmentfonds können Anleger jedoch gem. § 15 Abs. 1a unter den folgenden Voraussetzungen auch weiterhin im Ergebnis zu 95% steuerfreie Dividenden erzielen.

bb) Anwendungsvoraussetzungen des § 15 Abs. 1a

32 **(1) Grundfall (Direktbeteiligung des Anlegers an dem Spezialfonds).** Gemäß § 15 Abs. 1a ist bei Spezialfonds[16] § 8b KStG weiterhin anzuwenden, wenn die Beteiligung des Spezialfonds mindestens 10% des Nennkapitals der Kapitalgesellschafts beträgt (Beteiligungserfordernis auf Fondsebene) und kumulativ der dem einzelnen Anleger zuzurechnende Anteil an dem Investmentvermögen so hoch ist, dass die auf den einzelnen Anleger anteilig entfallende Beteiligung an der Kapitalgesellschaft mindestens 10% des Nennkapitals der Kapitalgesellschaft beträgt (Beteiligungserfordernis auf Anlegerebene). Für die Berechnung der Beteiligungsgrenze ist gem. § 15 Abs. 1a Satz 3 für die Beteiligung des Investmentvermögens auf die Höhe der Beteiligung an der Kapitalgesellschaft zu dem Zeitpunkt abzustellen, zu dem die auf die Beteiligung entfallenden Erträge dem Investmentvermögen zugerechnet werden; für den Anteil des Anlegers an dem Investmentvermögen ist auf den Schluss des Geschäftsjahres abzustellen. Für das Vorliegen einer

---

16 Teilfonds oder Teilgesellschaftsvermögen stehen für die Anwendung des § 15 Abs. 1a einem Investmentvermögen gleich, § 15 Abs. 1a Satz 9.

qualifizierten Beteiligung nach § 15 Abs. 1a müssen daher sowohl die direkte Beteiligung des Investmentvermögens selbst an der Kapitalgesellschaft als auch die dem Anleger zuzurechnende Beteiligung an der Kapitalgesellschaft mindestens 10% des Nennkapitals ausmachen. Insbesondere das Beteiligungserfordernis auf der Ebene des Investmentfonds ist unter Berücksichtigung von § 1 Abs. 1b Nr. 7 für nicht dem Bestandsschutz des § 22 Abs. 2 unterfallende Investmentfonds nicht mehr erfüllbar. Denn § 1 Abs. 1b Nr. 7, wonach Investmentfonds nur ein OGAW oder AIF ist, welcher nach seinen Anlagebestimmungen nur weniger als 10% des Kapitals einer Kapitalgesellschaft halten darf, und das Mindestbeteiligungserfordernis auf Ebene des Spezial-Investmentfonds nach § 15 Abs. 1a schließen sich gegenseitig aus. Somit ist der diesbezügliche Anwendungsbereich des § 15 Abs. 1a auf die Fälle des nach § 22 Abs. 2 InvStG Bestandsschutz genießenden Investmentfonds (hier aber nur zeitlich begrenzt bis zum Ablauf des letzten nach dem 22.7.2016 endenden Geschäftsjahres) und auf die in § 1 Abs. 1b Nr. 7 genannten Ausnahmefälle von Beteiligungen an Immobiliengesellschaften, ÖPP-Projektgesellschaften und Gesellschaften, deren Unternehmensgegenstand auf die Erzeugung erneuerbarer Energien im Sinne des § 3 Nr. 3 des Gesetzes über den Vorrang erneuerbarer Energien gerichtet ist, begrenzt.[17]

(2) Mitunternehmerschaftsfall (Anleger hält Spezial-Investmentfondsanteil über eine Mitunternehmerschaft). Gemäß § 15 Abs. 1a Satz 4 sind über eine Mitunternehmerschaft gehaltene Investmentanteile dem Mitunternehmer anteilig nach dem allgemeinen Gewinnmaßstab zuzurechnen und gemäß § 15 Abs. 1a Satz 5 sind eine einem Anleger über einen direkt gehaltenen Anteil an einem Investmentvermögen und über einen von einer Mitunternehmerschaft gehaltenen Anteil an demselben Investmentvermögen zuzurechnende Beteiligung an derselben Kapitalgesellschaft zusammenzurechnen. Da diese beiden Mitunternehmerschaftsfälle jedoch nur die Ermittlung der indirekten Beteiligung des Anlegers an der Kapitalgesellschaft betreffen, stellen sich hinsichtlich des Anwendungsbereichs dieselben aus der Existenz der Regelung des § 1 Abs. 1b Nr. 7 resultierenden Probleme wie im schon oben geschilderten Grundfall der alleinigen Direktbeteiligung des Anlegers an dem Spezial-Investmentfonds. 33

(3) Keine Zusammenrechnung über verschiedene Spezial-Investmentfonds. Eine Zusammenrechnung von Kapitalgesellschaftsbeteiligungen, die dem Anleger über andere Investmentvermögen oder ohne Einschaltung eines Investmentvermögens zuzurechnen sind, findet bei dem jeweiligen Investmentvermögen gem. § 15 Abs. 1a Satz 6 nicht statt. Letztere Regelung ist vor dem Hintergrund zu sehen, dass die Vorschriften nach der Gesetzesbegründung zum EuGHUrtUmsG „handhabbar" sein müssen. Denn letztlich muss die Investmentgesellschaft sichere Kenntnis erlangen können, ob das eine nach § 15 Abs. 1a qualifizierte (kumulative) Beteiligung vorliegt. Ein Anleger eines Investmentfonds kann diese Voraussetzungen gemäß der Gesetzesbegründung zum EuGHUrtUmsG in seiner Eigenschaft als (bzgl. der Kapitalgesellschaft indirekter) Anleger aber nicht sicherstellen, da die Vermögenszusammensetzung des Fonds sich permanent ändern kann. 34

(4) Direktbeteiligung i.H.v. 10% und indirekte Beteiligung über Spezial-Investmentfonds. Auf Grund der oben geschilderten Problematik des Anwendungsbereichs des § 15 Abs. 1a wegen dem Investmentfondserfordernisses des § 1 Abs. 1b Nr. 7 bleibt ein 35

---

[17] *Behrens/Faller* BB **2014** 221.

weiterer Anwendungsbereich des § 15 Abs. 1a vor allem für den in § 15 Abs. 1a Satz 7 dargelegten Fall, wonach die Beteiligungsgrenze auch als überschritten gilt, wenn der Anleger bereits unmittelbar[18] zu mindestens 10% an der Kapitalgesellschaft beteiligt ist, selbst wenn der Anleger an dieser Kapitalgesellschaft auch über ein Spezial-Investmentfonds beteiligt ist. Voraussetzung ist insoweit, dass der Anleger die Höhe der unmittelbaren Beteiligung gegenüber der Investmentgesellschaft nachweist. Nach der Finanzverwaltung setzt der Nachweis, dass der Anleger eines Spezial-Investmentfonds in der Direktanlage eine mindestens 10%ige Beteiligung hält, eine schriftliche Erklärung des Anlegers voraus. Die inhaltliche Richtigkeit der Erklärung ist zudem durch geeignete Unterlagen (z.B. Depotauszug, Gesellschaftsvertrag oder schriftliche Bestätigung der Körperschaft, an der der Anleger die Beteiligung hält) zu belegen.[19] Die Finanzverwaltung weist in diesem Zusammenhang darauf hin, dass die Kapitalverwaltungsgesellschaft nach §§ 15 Absatz 1 Satz 7, § 7 Absatz 3a Satz 2 i.V.m. § 44 Absatz 5 EStG für einen ordnungsgemäßen Einbehalt der Kapitalertragsteuer auf Dividenden haftet.[20]

36 **(5) Wertpapierleihe.** Gem. § 15 Abs. 1a Satz 8 werden vom Investmentvermögen entliehene Wertpapiere und Investmentanteile sowie vom Anleger entliehene Investmentanteile für die Berechnung einer Beteiligung dem Verleiher zugerechnet. Nach der Gesetzesbegründung zum EuGHUrtUmsG mag zwar die Wertpapierleihe dazu führen, dass die Dividenden dem Entleiher zugerechnet werden, da dieser als wirtschaftlicher Eigentümer gilt. Diese Stellung sei aber nicht ausreichend, um diese entliehenen Wertpapiere für das Überschreiten der Beteiligungsgrenze mitzurechnen. Letzteres soll mittels der Regelung des § 15 Abs. 1a Satz 8 sichergestellt werden.

37 **(6) Sonderfälle.** Zur Anwendung der Beteiligungsgrenze von 10% auf Dach-Investmentvermögen und Verbundunternehmern vgl. BMF IV C 1 – S 1980-1/12/10014 vom 9.7.2013 Tz. 5 und 6.

38 **e) Folgerungen aus der Regelung des § 15 Abs. 1a für die Ermittlungspflicht nach § 15 Abs. 1 Satz 2.** Auf Grund der Tatsache, dass die Beteiligungen der Anleger unterschiedlich sein können und daher nicht einheitlich entschieden werden kann, ob das qualifizierte Beteiligungserfordernis erfüllt ist, kann es bei Spezial-Investmentfonds zu unterschiedlichen anlegerspezifischen Aktiengewinnen kommen, die entsprechend anlegerspezifisch ermittelt werden müssen.[21]

39 **f) Streitfrage: Ermittlung eines EStG-Aktiengewinns.** Der BVI regte gegenüber der Finanzverwaltung folgendes an: „Nach § 15 Abs. 1 Satz 2 soll bei Spezialfonds nur noch ein Aktiengewinn für Anleger ermittelt werden, bei denen § 8b Abs. 1 KStG anwendbar ist. An Spezialfonds sind insbesondere auch gewerblich tätige Personengesellschaften (mit natürlichen Personen als Mitunternehmer) beteiligt. Wir regen an, dass auch bei Spezialfonds für Anleger, bei denen § 3 Nr. 40 EStG anwendbar ist, der Aktiengewinn wie bisher fort gilt (Aktiengewinnberechnung für Zwecke des § 3 Nr. 40 EStG inklusive der ab 1.3.2013 zufließenden Streubesitzdividenden). Hilfsweise regen wir an, dass der nach § 15 Abs. 1 Satz 2 InvStG n.F. zu ermittelnde Aktiengewinn auch für Anleger gilt, bei denen § 3

---

[18] Gemäß § 15 Abs. 1a Satz 2 HS 2 gilt eine mittelbar über eine Mitunternehmerschaft gehaltene Beteiligung gilt hierbei als „unmittelbare" Beteiligung.
[19] BMF IV C 1 – S 1980-1/12/10014 vom 9.7.2013 Tz. 8.
[20] BMF IV C 1 – S 1980-1/12/10014 vom 9.7.2013 Tz. 8.
[21] BMF IV C 1 – S 1980-1/12/10014 vom 9.7.2013 Tz. 4c.

Nr. 40 EStG anzuwenden ist." Das BMF antwortete wiefolgt:[22] „Nach § 15 Absatz 1 Satz 2 ist bei Spezial-Investmentvermögen nur ein Aktiengewinn für Anleger zu ermitteln, die unter das Körperschaftsteuergesetz fallen. Für Anleger, für die § 3 Nummer 40 EStG anwendbar ist, ist kein Aktiengewinn zu ermitteln. Sofern an einem Spezial-Investmentvermögen Anleger beteiligt sind, für die § 3 Nummer 40 EStG anwendbar ist, ist der für Anleger im Sinne des Körperschaftsteuergesetzes ermittelte Aktiengewinn anzuwenden." In der Literatur[23] wird zu Recht kritisiert, dass dieses Verständnis das investmentsteuerliche Ziel der Gleichstellung der Fondsanlage mit der Direktanlage verfehlt. Denn während natürliche Personen, die Kapitalgesellschaftsanteile unmittelbar im Betriebsvermögen oder mittelbar über gewerbliche Personengesellschaften halten oder die als persönlich haftende Gesellschafter an Anteile an anderen Kapitalgesellschaften haltenden KGaAs beteiligt sind, aus diesen Anteilen resultierende Dividenden nur zu 60% versteuern müssen, müssen bei vom Spezial-Investmentfonds erzielte und diesem Anlegertypus bei Veräußerung oder Rückgabe seiner Spezial-Investmentfonds-Anteile noch nicht zugerechnete Dividenden auf Grundlage der Verwaltungsansicht vollständig versteuert werden. Insbesondere wird darauf hingewiesen, dass die durch das EuGHUrtUmsG bei § 15 Abs. 1 Satz 2 hinzugefügten Worte „für Körperschaften, Personenvereinigungen oder Vermögensmassen" im Gegensatz zur Meinung der Finanzverwaltung nicht so ausgelegt werden müssen, dass Spezial-Investmentfonds den Aktiengewinn „nur" für Körperschaften, Personenvereinigungen oder Vermögensmassen ermitteln dürfen. Denn der Gesetzgeber habe das Wort „nur" gerade nicht verwandt.[24] Diese Auslegung von *Behrens/Faller* ist vor dem Hintergrund des investmentsteuergesetzlichen Ziel der Gleichbehandlung der Fondsanlage mit der Direktanlage der Finanzverwaltungsauffassung vorzugswürdig.

3. Zwischengewinn. Da § 15 diesbezüglich nichts regelt, gilt § 5 Abs. 3 auch für inländische Spezial-Investmentfonds, wonach der Zwischengewinn (§ 1 Abs. 4) bewertungstäglich zu ermitteln und mit dem Rücknahmepreis zu veröffentlichen ist. Letzteres knüpft wieder an das Aufsichtsrecht an. Gemäß § 279 Abs. 1 KAGB sind bei offenen (vgl. § 1 Abs. 4 KAGB) inländischen Spezial-AIF die Bewertung der Vermögensgegenstände und die Berechnung des Nettoinventarwertes je Anteil oder Aktie in einem zeitlichen Abstand durchzuführen, der den zum Spezial-AIF gehörenden Vermögensgegenständen und der Ausgabe- und Rücknahmehäufigkeit der Anteile oder Aktien angemessen ist, jedoch mindestens einmal jährlich. Die Kriterien zur Bestimmung der Häufigkeit der Bewertung des Wertes des Spezial-AIF und zur Berechnung des Nettoinventarwertes je Anteil oder Aktie bestimmen sich gem. § 279 Abs. 2 nach den Artikeln 67 bis 74 der Delegierten Verordnung (EU) Nr. 231/2013. Gemäß § 279 Abs. 3 sind die Bewertungen der Vermögensgegenstände und Berechnungen des Nettoinventarwertes je Anteil oder Aktie entsprechend den diesbezüglichen Anlagebedingungen gegenüber den Anlegern offenzulegen. Für geschlossene (vgl. § 1 Abs. 5 KAGB) inländische Spezial-AIF gilt gem. §§ 286 Abs. 2, 272 KAGB, dass die Bewertung der Vermögensgegenstände und die Berechnung des Nettoinventarwertes je Anteil oder Aktie mindestens einmal jährlich erfolgen muss und die Bewertung und Berechnung darüber hinaus auch dann durchzuführen sind, wenn das Gesellschaftsvermögen des AIF erhöht oder herabgesetzt wird. Hinsichtlich der Kriterien zur Berechnung des Nettoinventarwertes je Anteil oder Aktie und zur Bestimmung der Häufigkeit der Berechnung werden auch bei geschlossenen inländischen Spezial-AIF die Artikel 67 bis 73 der Delegierten Verordnung (EU) Nr. 231/2013 herangezogen

40

---

22 BMF IV C 1 – S 1980-1/12/10014 vom 9.7.2013 Tz. 4b.
23 *Behrens/Faller* BB **2014** 219 ff.
24 *Behrens/Faller* BB **2014** 222.

(§ 272 Abs. 2 KAGB) und auch hier besteht eine Offenlegungspflicht gegenüber den Anlegern (§ 273 Abs. 3 KAGB). Hat somit nach den aufsichtsrechtlichen Grundsätzen eine Bewertung zu erfolgen, so ist in diesem Zusammenhang auch der Zwischengewinn zu ermitteln und zu veröffentlichen. Die Finanzverwaltung[25] gesteht inländischen Spezial-investmentfonds zu, dass der Zwischengewinn solange nicht ermittelt und bekannt gemacht werden muss, wie sie als inländische Anleger nur betriebliche Anleger oder Anleger haben, die von der Körperschaftsteuer befreit sind oder auf die § 2 Nummer 2 KStG anwendbar ist. Dach-Investmentfonds zählen insoweit nicht zu den von der Körperschaftsteuer befreiten Anlegern.[26] Sofern inländische Spezial-Investmentfonds den Zwischengewinn zu ermitteln und bekannt zu machen haben, muss dies nur für die Tage geschehen, an denen Anteile zurückgegeben oder veräußert werden.[27]

4. Gesonderte und einheitliche Feststellung der Besteuerungsgrundlagen (§ 15 Abs. 1 S. 3 und S. 4)

41 **a) Inhalt und allgemeine Bedeutung.** Gemäß § 15 Abs. 1 Satz 3 und 4 gilt Folgendes: Für die Feststellung der Besteuerungsgrundlagen gilt § 180 Abs. 1 Nr. 2a AO entsprechend; die Feststellungserklärung steht einer gesonderten und einheitlichen Feststellung unter dem Vorbehalt der Nachprüfung gleich und eine berichtigte Feststellungserklärung gilt als Antrag auf Änderung. § 13 Abs. 1, 3 und 4 ist nicht anzuwenden.

42 Der inländische Spezial-Investmentfonds ist qua gesetzlicher Fiktion (§ 11 Abs. 1 Satz 1) Zweckvermögen i.S.d. § 1 Abs. 1 Nr. 5 KStG und erzielt daher eigene Einkünfte. Von Körperschaftssteuersubjekten erzielte Einkünfte werden grundsätzlich nicht gesondert festgestellt. Daher ordnet § 15 Abs. 1 Satz 3 eine entsprechende Geltung von § 180 Abs. 1 Nr. 2a AO an. Damit wird bei Spezialfonds ein gegenüber dem Publikumsfonds besonderes Feststellungsverfahren – wie von § 179 AO hierfür gefordert – angeordnet, dem grundsätzlich die Bindungswirkung nach § 182 AO zukommt. Durch die bloße Anwendung der Absätze 2 und 5 von § 13 wird nur auf die Fristen zur Abgabe der Feststellungserklärung (§ 13 Abs. 2) sowie auf die örtliche Zuständigkeitsregelung (§ 13 Abs. 5) zurückgegriffen. Ziel der analogen Anwendbarkeit des § 180 Abs. 1 Nr. 2 AO ist, den inländischen Spezial-Investmentfonds verfahrenstechnisch wie eine Personengesellschaft zu behandeln.[28] Das besondere Feststellungsverfahren ist insoweit auch notwendig, da durch die von § 15 Abs. 1 Satz 1 postulierte Nichtgeltung von §§ 5 Abs. 1, 6 verfahrensrechtlich Ersatz geschaffen werden muss, um die Besteuerungsgrundlagen adäquat (gesondert und einheitlich) festzustellen. Die derart festgestellten Besteuerungsgrundlagen werden dann auf der Ebene der Fondsanleger besteuert. Obwohl § 15 Abs. 1 Satz 3 nur auf § 180 Abs. 1 Nr. 2a AO verweist, sollten grundsätzlich auch die weiteren Vorschriften der AO, die hinsichtlich des Verfahrens der gesonderten und einheitlichen Feststellung im Regelfall anwendbar sind, grundsätzlich Anwendung finden, wenn das InvStG keine speziellere Regelungen trifft.[29]

---

25 BMF v. 18.8.2009, BStBl. I 2009, 931 Tz. 119.
26 BMF v. 18.8.2009, BStBl. I 2009, 931 Tz. 119.
27 BMF v. 18.8.2009, BStBl. I 2009, 931 Tz. 120.
28 Begründung des Gesetzesentwurfes vom 19.9.2003, BTDrucks. 15/1553, 131.
29 Haase/*Ackert*/*Füchsl* InvStG, § 15 Rn. 269; Berger/Steck/*Lübbehüsen* InvStG, § 15 Rn. 51.

b) Einzelheiten

aa) Ein-Anleger-Fall. Existiert nur ein Anleger bei einem Spezial-Investmentfonds 43
sollen die Besteuerungsgrundlagen nach § 180 Abs. 1 Nr. 2b AO analog festgestellt werden,[30] da in diesem Fall das Feststellungsverfahren nach § 180 Abs. 1 Nr. 2a nicht möglich ist. Es wird darauf verwiesen, dass in diesem Zusammenhang die gesetzliche Grundlage unklar ist, zumal auch in § 15 Abs. 1 Satz 3 2. HS und der Gesetzesbegründung[31] nur die gesonderte und einheitliche Feststellung erwähnt sei.[32]

bb) Inhalt der Feststellungserklärung. Da bezüglich der Feststellungserklärung 44
§ 13 Abs. 2 gilt (vgl. § 15 Abs. 1 Satz 4) und letztere inhaltlich in diesem Zusammenhang nur auf § 5 Abs. 1 verweist, hat die inländische Investmentgesellschaft innerhalb von vier Monaten nach Geschäftsjahresende bzw. nach einem evtl. Ausschüttungsbeschluss Feststellungserklärungen mit den Besteuerungsgrundlagen nach § 5 Abs. 1 abzugeben. § 5 Abs. 1 bestimmt somit indirekt den Inhalt der Feststellungserklärung. Die in § 5 Abs. 2 und Abs. 3 geregelten Fälle, d.h. der Aktiengewinn, Fonds-DBA-Gewinn und der Zwischengewinn finden somit kein Eingang in die Feststellungserklärung und sind demnach nicht Gegenstand der Feststellung nach § 15 Abs. 1 Satz 3.

cc) Abgabefrist (§ 15 Abs. 1 Satz 4 i.V.m. § 13 Abs. 2). Die Investmentgesellschaft 45
hat spätestens vier Monate nach Ablauf des Geschäftsjahres des Spezial-Investmentfonds eine gesonderte und einheitliche Feststellungserklärung abzugeben; wird innerhalb von vier Monaten nach Ablauf des Geschäftsjahres ein Beschluss über eine Ausschüttung gefasst, ist die gesonderte und einheitliche Feststellungserklärung spätestens vier Monate nach dem Tag des Beschlusses abzugeben. Der Feststellungserklärung sind der Jahresbericht, die Bescheinigung i.S.d. § 5 Abs. 1 Satz 1 Nr. 3 und (im Falle einer Ausschüttung) der Ausschüttungsbeschluss gem. § 12 beizufügen (§ 13 Abs. 2 Satz 3).

dd) Örtliche Zuständigkeit (§ 15 Abs. 1 Satz 4 i.V.m. § 13 Abs. 5). Örtlich zuständig 46
ist das Finanzamt, in dessen Bezirk sich die Geschäftsleitung der Kapitalverwaltungsgesellschaft des Investmentfonds befindet, oder in den Fällen der inländischen Zweigniederlassung einer EU-Verwaltungsgesellschaft (§ 1 Absatz 2a Satz 3 Nummer 1 Buchstabe b), in dessen Bezirk die Zweigniederlassung besteht, oder in den Fällen des § 1 Absatz 2a Satz 3 Nummer 1 Buchstabe c, in dessen Bezirk sich die Geschäftsleitung der inländischen Verwahrstelle befindet.

ee) Entsprechende Geltung der AO-Vorschriften über die Durchführung der 47
Besteuerung. § 181 Abs. 1 S. 1 und S. 2 AO gelten entsprechend.[33] Somit sind für die gesonderte Feststellung bei Spezial-Investmentfonds die Vorschriften über die Durchführung der Besteuerung (insb. §§ 162–168, 129, 172–177 AO) entsprechend anzuwenden (§ 181 Abs. 1 Satz 1 AO), wenn nicht in §§ 179–183 AO abweichende Regelungen aufgestellt sind.[34] Nach § 181 Abs. 1 Satz 2 AO ist Steuererklärung i.S.d. § 170 Abs. 2 Nr. 1 AO die Erklärung zur gesonderten Feststellung. Daher wird der Anlauf der Festsetzungsfrist

---

30 BMF v. 18.8.2009, BStBl. I 2009, 931 Tz. 249; Beckmann/Scholtz/Vollmer/*Klusak* § 15 InvStG Rn. 6; Blümich/*Wenzel* § 15 InvStG Rn. 17.
31 BTDrucks. 15/1944, 19.
32 Berger/Steck/*Lübbehüsen* InvStG, § 15 Rn. 49.
33 BMF v. 18.8.2009, BStBl. I 2009, 931 Tz. 252.
34 Berger/Steck/*Lübbehüsen* InvStG, § 15 Rn. 55.

durch die Nichtabgabe der Feststellungserklärung gehemmt. Die Feststellungsverjährung bestimmt sich nach §§ 169–171 AO (z.B. Ablaufhemmung durch Außenprüfung) und § 181 V AO.

48 **ff) Bindungswirkung des Feststellungsbescheids, Inhalt und Reichweite.** Der Feststellungsbescheid ist Grundlagenbescheid und damit für die Folgebescheide bindend, soweit die mit den Feststellungsbescheiden getroffenen Feststellungen für die Folgebescheide von Bedeutung sind (§ 182 Abs. 1 AO). Die Feststellung ist somit für den Erlass der Folgebescheide der Anleger für die Betriebsstättenfinanzämter der Spezial-Investmentfondsanleger bindend.[35] Damit gelten auch die Vorschriften zur Ablaufhemmung nach § 171 Abs. 10 AO und die besonderen Änderungsvorschriften nach § 175 Abs. 1 Satz 1 Nr. 1 AO. Festgestellt werden (im Gegensatz zum Fall der Personengesellschaft) wie oben ausgeführt nicht bestimmte Einkünfte, sondern die Besteuerungsgrundlagen nach § 5 Abs. 1.[36] Weiterhin ist im Gegensatz zum Fall der Personengesellschaft keine zeitanteilige Zurechnung, sondern eine entsprechend den Grundsätzen des InvStG zeitpunktbezogene Betrachtung (Ausschüttungsbeschluss bzw. Geschäftsjahresende) maßgebend. Die Feststellung der Besteuerungsgrundlagen erfolgt hier nicht wie beim Publikums-Investmentfonds „bezogen auf einen Investmentanteil" (Wortlaut von § 5 Abs. 1 Nr. 1 und Nr. 2). Letzteres macht beim Publikumsfonds im Hinblick auf die zahlreichen Anleger Sinn. Beim Spezial-Investmentfonds hingegen wird die jeweilige Besteuerungsgrundlage nach § 5 Abs. 1 zunächst betragsmäßig für den gesamten Spezial-Investmentfonds festgestellt und dieser Gesamtbetrag wird dann anschließend auf die einzelnen Spezialfondsanleger entsprechend deren Beteiligungsquote verteilt.[37] Dieser Mechanismus spiegelt sich auch in den Erklärungsvordrucken der Finanzverwaltung wider, die sowohl ein Formular für die allgemeinen Fondsangaben sowie dessen Besteuerungsgrundlagen insgesamt enthalten als auch Formulare für die einzelnen Feststellungsbeteiligten (Spezialfondsanleger) und deren individuelle Besteuerungsgrundlagen enthalten.[38]

49 Zur eingeschränkten Bindungswirkung, insbes. im Hinblick auf kapitalertragsteuerrelevante Vorgänge, hinsichtlich des Beteiligungsprivilegs, bei bestimmten Anlegern wie Publikums-Dach-Investmentfonds und bei Fällen, in denen mangels Folgebescheide die Bindungswirkung entfällt (bspw. ausländische Anleger, die abgeltend der Kapitalertragsteuer unterliegen oder ausländischer Dach-Investmentfonds vgl. *Lübbehüsen* in Berger/Steck, InvStG, § 15 Rn. 61–64.

50 **gg) Inhaltsadressaten.** Da Feststellungsbescheide i.S.d. § 180 Abs. 1 sich an die Gesellschafter bzw. Gemeinschafter und nicht an die jeweilige Personengesellschaft/Gemeinschaft richten, sind Inhaltsadressaten der Feststellungsbescheide bei Spezialfonds die Spezialfondsanleger und nicht der Spezial-Investmentfonds. Diese Feststellungsbescheide müssen (alle) Feststellungsbeteiligten (= Inhaltsadressaten, denen die Besteuerungsgrundlagen zuzurechnen sind) klar bezeichnen und gegenüber den (allen) Bekanntgabeadressaten bekannt gegeben werden.[39]

---

35 Haase/*Ackert*/*Füchsl* InvStG, § 15 Rn. 275.
36 BMF v. 18.8.2009, BStBl. I 2009, 931 Tz. 250.
37 BMF v. 18.8.2009, BStBl. I 2009, 931 Tz. 250; Haase/*Ackert*/*Füchsl* InvStG, § 15 Rn. 271; Berger/Steck/ *Lübbehüsen* InvStG, § 15 Rn. 60.
38 Haase/*Ackert*/*Füchsl* InvStG, § 15 Rn. 272.
39 Tipke/Kruse/*Brandis* § 179 AO Rn. 5 und 8.

hh) Empfangsbevollmächtigte. Nach Verwaltungsauffassung ist der Spezial-Investmentfonds, vertreten durch die KVG, Empfangsbevollmächtigter und im Falle von Rechtsmitteleinlegung Einspruchs und Klagebevollmächtigter.[40]

51

ii) Verfahrensrechtliche Gleichstellung mit Steueranmeldung, § 15 Abs. 1 Satz 3, 2. Halbsatz. Nach § 15 Abs. 1 Satz 3 2. Halbsatz steht die vom Spezialinvestmentfonds einzureichende Feststellungserklärung einer gesonderten und einheitlichen Feststellung unter dem Vorbehalt der Nachprüfung (vgl. § 164 AO) gleich.[41] Dies impliziert, dass die in § 168 Satz 1 AO niedergelegte Wirkung einer Steueranmeldung für dieses Feststellungsverfahren übernommen wird. In der Feststellungserklärung werden daher sowohl die Besteuerungsgrundlagen i.S.d. § 5 Abs. 1 berechnet als auch letztere auf die Spezialfondsanleger verteilt. Nur im Falle abweichender Steuerfestsetzung bzw. bei Nichtabgabe der Feststellungserklärung ist somit ein Feststellungsbescheid durch die Finanzbehörde erforderlich.

52

jj) Berichtigte Feststellungserklärung als Antrag auf Änderung, § 15 Abs. 1 Satz 3, 3. Halbsatz. Intention des Gesetzgebers (JStG 2008) war diesbezüglich, festzulegen, dass eine berichtigte Feststellungserklärung im Gegensatz zu einer erstmaligen Feststellungserklärung keiner gesonderten und einheitlichen Feststellung gleichsteht, sondern als Antrag auf Änderung gilt.[42] Da § 15 Abs. 1 Satz 3, 2. Halbsatz lediglich von Feststellungserklärung spricht, ohne eine weitere Unterscheidung vorzunehmen, wäre es vertretbar gewesen, dass auch die berichtigte Feststellungserklärung einer gesonderten und einheitlichen Feststellung unter dem Vorbehalt der Nachprüfung gleichsteht.[43] Aufgrund der Fiktion als Antrag auf Änderung wirken berichtigte Feststellungserklärungen daher erst dann als Feststellung unter Vorbehalt der Nachprüfung, wenn der Investmentgesellschaft die Zustimmung der Finanzbehörde bekannt wird. Wird die Zustimmung nicht erteilt, so ist der Antrag durch Bescheid abzulehnen.[44]

53

kk) Zeitliche Berücksichtigung von Korrekturen. Da die besondere Regelung des § 13 Abs. 4 bei Spezialinvestmentfonds gem. § 15 Abs. 1 Satz 4 nicht gilt, erfolgt die Korrektur materieller Fehler nicht erst im Folgejahr, sondern nach den allgemeinen Korrekturvorschriften im Fehlerjahr.[45] Somit kann eine in einem späteren Jahr stattfindende Außenprüfung rückwirkend zu Änderungen bei der Besteuerung der Anleger führen.[46]

54

ll) Schätzung anstatt Pauschalbesteuerung nach § 6 InvStG. Da gemäß §§ 15 Abs. 1 Satz 1 die Pauschalbesteuerung nach § 6 beim Spezialfonds nicht anzuwenden ist, kann die Finanzverwaltung eine Schätzung der Besteuerungsgrundlagen vornehmen, wenn bzw. soweit die Erklärungspflichten nicht erfüllt werden. Hierbei müssen auch steuerentlastende Umstände berücksichtigt werden.[47]

55

---

40 BMF v. 18.8.2009, BStBl. I 2009, 931 Tz. 252; auch Haase/*Ackert*/*Füchsl* InvStG, § 15 Rn. 280; **a.A.** Berger/Steck/*Lübbehüsen* InvStG, § 15 Rn. 66.
41 BMF v. 18.8.2009, BStBl. I 2009, 931 Tz. 251.
42 Bericht des Finanzausschusses zum JStG 2008 vom 8.11.2007, BTDrucks. 16/7036, 27.
43 BRDrucks. 544/07, 77 f. und BTDrucks. 16/7036, 38.
44 AEAO zu § 168 AO, Tz. 11.
45 Haase/*Ackert*/*Füchsl* InvStG, § 15 Rn. 278.
46 Haase/*Ackert*/*Füchsl* InvStG, § 15 Rn. 278; Berger/Steck/*Lübbehüsen* InvStG, § 15 Rn. 69.
47 BMF v. 18.8.2009, BStBl. I 2009, 931 Tz. 245; Haase/*Ackert*/*Füchsl* InvStG, § 15 Rn. 276.

5. Einschränkungen beim Verlustvortrag (§ 15 Abs. 1 Satz 5 und Satz 6)

56 **a) Grundsatz und rechtlicher Hintergrund.** Gemäß § 15 Abs. 1 Satz 5 entfallen nicht ausgeglichene negative Erträge i.S.d. § 3 Abs. 4 Satz 2, soweit ein Anleger seine Investmentanteile veräußert oder zurückgibt. Diese Rechtsfolge tritt gem. § 15 Abs. 1 Satz 6 auch ein, wenn in den Fällen der Verschmelzung inländischer Sondervermögen („Fälle des § 14") sich die Beteiligungsquote der Anleger an den beteiligten Sondervermögen reduziert. § 3 Abs. 4 Satz 2 regelt grundsätzlich, dass „nicht ausgeglichene negative Erträge" (d.h. solche, die nicht gemäß § 3 Abs. 4 Satz 1 mit positiven Erträgen „gleicher Art" innerhalb der jeweils gebildeten Ertragskategorien verrechnet werden können) in den folgenden Geschäftsjahren auszugleichen sind. Letzteres entspricht der Verlustnutzungssystematik im Rahmen des InvStG, wonach nicht der Anleger diese Verluste direkt nutzen kann, sondern letztere auf der Ebene des Investmentfonds vorgetragen werden. Dies hat zur Folge, dass neue Anleger des Investmentfonds von derartigen Verlustvorträgen profitieren können (geringere Besteuerung der während ihrer Haltedauer erzielten Fondserträge aufgrund Nutzung von Altverlusten), die entstanden sind, bevor sie die Anteile am Investmentfonds erwerben. Um missbräuchlichen Gestaltungen in diesem Zusammenhang bei Spezialfonds vorzubeugen, wurde mit dem EURLUmsG § 15 Abs. 1 Satz 5 und 6 eingefügt.[48] Damit ist, soweit § 15 Abs. 1 Satz 5 und 6 Anwendung findet (zu evtl. Ausnahmen siehe unten), eine (wirtschaftliche) Übertragung von Verlustnutzungspotenzial im bei Spezialfonds auf den Neuanleger nicht mehr möglich.

b) Anwendungsfälle von § 15 Abs. 1 Satz 5

57 **aa) Veräußerungsfall.** Im Veräußerungsfall gehen unstrittig die Verlustvorträge i.S.d. § 3 Abs. 4 Satz 2 anteilig verloren, nicht jedoch die Verluste des laufenden Geschäftsjahres, in dem die Veräußerung vollzogen wird.[49] Im Hinblick auf die praktische Umsetzung ist zu berücksichtigen, dass die Verlustvorträge nicht Teil der Besteuerungsgrundlagen nach § 5 Abs. 1 sind und daher auch nicht formell festgestellt werden.[50] Eine Allokation des Verlustausgleichspotentials auf den einzelnen Spezialfondsanleger findet somit nicht statt. Es muss zum einen gewährleistet werden, dass sich der absolute Verlustvortragsbetrag anteilig vermindert, und zum anderen sichergestellt werden, dass der so verminderte Verlustvortragsbetrag nur den bisherigen Spezialfondsanlegern, nicht jedoch dem Erwerber (Neuanleger) – auch nicht anteilig – zu Gute kommt (der Erwerber beginnt immer mit einem Verlustvortrag von null EUR).[51] Teilweise wird diesbezüglich vorgeschlagen, dass der Spezialfonds auf freiwilliger Basis die Verlustvorträge je Anteilseigner ermitteln soll.[52]

58 **bb) Rückgabefall.** Wie im Falle der Veräußerung gehen die Verlustvorträge i.S.d. § 3 Abs. 4 Satz 2 anteilig unter, d.h. sie können nicht von den verbliebenen Anlegern genutzt werden (keine „Anwachsung" von Verlustvorträgen). Vor und nach der Rückgabe entfällt auf die verbliebenen Anleger (durch anteilige Kürzung des auf den ausgeschiedenen Anleger entfallenen Verlustbetrags) somit der gleiche Betrag an Verlust.

---

48 So BTDrucks. 15/3789, 50.
49 Berger/Steck/*Lübbehüsen* InvStG, § 15 Rn. 72.
50 Vgl. Haase/*Ackert/Füchsl* InvStG, § 15 Rn. 317–322 mit Berechnungsbeispiel.
51 Berger/Steck/*Lübbehüsen* InvStG, § 15 Rn. 77 f.
52 Haase/*Ackert/Füchsl* InvStG, § 15 Rn. 322 m.w.N.

cc) Zum Spezialanwendungsfall des sowohl Altanteile (mit Verlustvortrag) und Neuanteile (ohne Verlustvortrag) haltenden Spezialfondsanlegers vgl. *Lübbehüsen* in Berger/Steck, InvStG, § 15 Rn. 79.

c) Von § 15 Abs. 1 Satz 5 nicht erfasste Fälle

aa) Ausgabe neuer Anteile. Die Ausgabe neuer Anteile wird nicht vom Wortlaut des § 15 Abs. 1 Satz 5 („veräußert oder zurückgibt") erfasst. Es gelten somit die allgemeinen Grundsätze und es findet wirtschaftlich eine Verteilung von (bestehenden) Verlustvorträgen auf Alt- und Neuanteile statt. Denn die Verlustvorträge werden in diesem Fall gleichmäßig von den Fondserträgen abgezogen. Verschiebungen der wirtschaftlichen Verlustnutzung sind in diesem Fall daher möglich.[53] Wenn die Ausgabe neuer Anteile sogar mit Ertragsausgleich vollzogen wird und Letzterer auch Verlustvorträge berücksichtigt, soll der Gesamtbetrag der Verlustbeträge i.S.d. § 3 Abs. 4 nach Verwaltungsauffassung zu erhöhen sein.[54] Daher kann sich die Rückgabe an die Investmentgesellschaft und anschließende Ausgabe an den Neuanleger günstiger als die Veräußerung gestalten.[55]

bb) Mittelbare Veräußerung von Anteilen an einem Spezialfondsanleger. Im Gegensatz zur Parallelvorschrift im KStG (§ 8c KStG) erfasst § 15 Abs. 1 Satz 5 aufgrund seines diesbezüglich eindeutigen Wortlauts nicht den Fall der Veräußerung an einem Fondsanleger.[56]

d) Fall der Verschmelzung, § 15 Abs. 1 Satz 6. Gemäß § 15 Abs. 1 Satz 6 gilt bei Verschmelzungen i.S.d. § 14 die Rechtsfolge des Abs. 1 Satz 5 (d.h. Untergang der Verlustvorträge nach § 3 Abs. 4 Satz 2) auch, „soweit sich jeweils die Beteiligungsquote des Anlegers an den beteiligten Sondervermögen reduziert". Grundsätzlich könnten von dieser Regelung die Verlustvorträge von beiden an der Verschmelzung beteiligten Sondervermögen betroffen sein und der Wortlaut des § 15 Abs. 1 Satz 6 („jeweils") deutet auch darauf hin. Der anteiligen Kürzung der Verlustvorträge beider Sondervermögen steht jedoch der teleologische Hintergrund der Regelungen des § 15 Abs. 1 Satz 5 und 6 entgegen, welche nach der Absicht des Gesetzgebers die Übertragung von Verlustmänteln verhindern sollten. Vor diesem Hintergrund ist dementsprechend auch die Frage hinsichtlich des anteiligen Untergangs der jeweiligen Verlustvorträge der beteiligten Sondervermögen zu beantworten:

Verlustvorträge des übernehmenden Sondervermögens: Nach dem Sinn und Zweck der Regelung sollten Verlustvorträge des übernehmenden Sondervermögens in gleicher Höhe zur Verfügung stehen. Denn hinsichtlich dieses Vermögens liegt kein dem Regelungsbereich des § 15 Abs. 1 Satz 5 entsprechender Vorgang vor. Das übernehmende Sondervermögen gibt lediglich neue Anteile im Rahmen der Verschmelzung aus. Die Ausgabe neuer Anteile fällt aber wie oben ausgeführt gerade nicht unter den Anwendungsbereich des § 15 Abs. 1 Satz 5. Somit bleiben die Verlustvorträge des übernehmenden Sondervermögens in unveränderter Höhe bestehen.[57]

---

53 Berger/Steck/*Lübbehüsen* InvStG, § 15 Rn. 75; Haase/*Ackert/Füchsl* InvStG § 15 Rn. 324.
54 BMF v. 18.8.2009, BStBl. I 2009, 931 Tz. 200.
55 Berger/Steck/*Lübbehüsen* InvStG, § 15 Rn. 76.
56 Haase/*Ackert/Füchsl* InvStG, § 15 Rn. 323.
57 Wie hier Berger/Steck/*Bauer* InvStG, § 14 Rn. 31 und Berger/Steck/*Lübbehüsen* InvStG, § 15 Rn. 81; **a.A.** Ackert/Füchsle in Haase, InvStG, § 15 Rn. 337f.

64 Verlustvorträge des übertragenden Sondervermögens: Hinsichtlich des übertragenden Sondervermögens verringert sich die Beteiligungsquote der Altanleger aufgrund der Verschmelzung zwar auf Null. Die Verlustvorträge sollten jedoch nur insoweit zu kürzen sein, wie sich die Beteiligungsquote der einzelnen Anleger jeweils im Verhältnis zur neuen Beteiligungsquote am übernehmenden Spezialfonds verringert hat.[58]

6. Regelung zu wertpapierleihähnlichen Geschäften, § 15 Abs. 1 Satz 7

65 **a) Grundsatz und rechtlicher Hintergrund.** Gemäß § 15 Abs. 1 Satz 7 gilt § 32 Abs. 3 KStG entsprechend; die Investmentgesellschaft hat den Kapitalertragsteuerabzug vorzunehmen.

66 § 32 Abs. 3 KStG regelt, dass von „inländischen Einkünften im Sinne des § 2 Nr. 2 zweiter Halbsatz" KStG, die von einer beschränkt steuerpflichtigen Körperschaft oder einer steuerbefreiten Körperschaft, Personenvereinigung oder Vermögensmasse erzielt werden, ein Steuerabzug in Höhe von 15% vorzunehmen ist.

67 Damit bezieht sich § 32 Abs. 3 auf folgende in § 2 Nr. 2, 2. Halbsatz KStG genannte Einkünfte:
„a) die Entgelte, die den sonstigen Körperschaften, Personenvereinigungen oder Vermögensmassen dafür gewährt werden, dass sie Anteile an einer Kapitalgesellschaft mit Sitz oder Geschäftsleitung im Inland einem anderen überlassen und der andere, dem die Anteile zuzurechnen sind, diese Anteile oder gleichartige Anteile zurückzugeben hat,

b) die Entgelte, die den sonstigen Körperschaften, Personenvereinigungen oder Vermögensmassen im Rahmen eines Wertpapierpensionsgeschäfts im Sinne des § 340b Abs. 2 des Handelsgesetzbuchs gewährt werden, soweit Gegenstand des Wertpapierpensionsgeschäfts Anteile an einer Kapitalgesellschaft mit Sitz oder Geschäftsleitung im Inland sind, und

c) die in § 8b Abs. 10 Satz 2 genannten Einnahmen oder Bezüge, die den sonstigen Körperschaften, Personenvereinigungen oder Vermögensmassen als Entgelt für die Überlassung von Anteilen an einer Kapitalgesellschaft mit Sitz oder Geschäftsleitung im Inland gewährt gelten.[59]"

68 Ungeachtet des Zusammenhangs mit Spezialfonds war folgende Gestaltung der Grund für die Einführung der Regelungen des § 32 Abs. 3 KStG i.V.m. § 2 Nr. 2, 2. Halbsatz KStG: Außerhalb eines Betriebes gewerblicher Art sind juristische Personen und steuer-

---

[58] Berger/Steck/*Lübbehüsen* InvStG, § 15 Rn. 82; a.A. Haase/*Ackert/Füchsl* InvStG, § 15 Rn. 337, die einen Übergang der Verlustvorträge des übertragenden Sondervermögens befürworten, da es sich nach ihrer Auffassung nur um ein „steuerneutrales Auswechseln der Altanteile gegen Neuanteile mit Rechtsnachfolge der Neuanteile hinsichtlich der steuerlichen Attribute der Altanteile" handeln soll.

[59] § 8b Abs. 10 Satz 2 KStG regelt den Fall, dass die Anteile erhaltende Körperschaft (z.B. Entleiher im Rahmen einer Wertpapierleihe) auf die andere Körperschaft (Verleiher) für die Überlassung der Anteile Wirtschaftsgüter überträgt, aus denen diese Einnahmen oder Bezüge erzielt. In diesem Fall gelten diese Einnahmen oder Bezüge gem. § 8b Abs. 10 Satz 2 als von der anderen Körperschaft (Entleiher) bezogen und als Entgelt für die Überlassung an die überlassende Körperschaft gewährt. Werden daher z.B. zur Vermeidung von ausdrücklichen Dividendenausgleichszahlungen z.B. Aktienleihgeschäfte so ausgestaltet, dass der Entleiher seinerseits der verleihenden (überlassenden) Körperschaft zinstragende Anleihen (sachdarlehensweise oder als Sicherheit) zur Verfügung stellt und beide Parteien dabei auf wechselseitige Dividenden- und Zinsausgleichszahlungen verzichten, so gelten nach § 8b Abs. 10 Satz 2 KStG auch die aus den Anleihen erzielten Zinserträge als Entgelt für die Überlassung der Aktien. Ziel des § 8b Abs. 10 Satz 2 ist es somit, bestimmte Umgehungsgestaltungen wie z.B. wechselseitige Wertpapierdarlehens- und -pensionsgeschäfte zu erfassen.

befreite Körperschaften gem. § 2 Nr. 2 KStG nur mit inländischen Einkünften, die dem Steuerabzug vollständig oder teilweise unterliegen steuerpflichtig (mit abgeltender Wirkung des Steuerabzugs gem. § 32 Abs. 1 Nr. 2 KStG). Dem Steuerabzug unterlagen insbes. Dividenden aus Beteiligungen. Es bot sich somit für derartige Anteilseigner an, diese Aktien über den Dividendenstichtag im Rahmen einer Wertpapierleihe bzw. eines Wertpapierpensionsgeschäfts zu übertragen. Anstatt einer mit Kapitalertragsteuer belasteten Dividende wurde im Rahmen dieser Transaktionen eine Dividendenkompensationszahlung vereinnahmt, die als Einkunft i.S.d. § 22 Nr. 3 EStG nicht der Kapitalertragsteuer unterlag. Durch die Einführung des § 2 Nr. 2, 2. Halbsatz KStG gab es für diese Gestaltung keinen wirtschaftlichen Anreiz mehr, da durch die Neuregelung auch Dividendenkompensationszahlungen der beschränkten Steuerpflicht unterworfen wurden. § 32 Abs. 3 KStG ordnete schließlich einen Steuerabzug auf Dividendenausgleichszahlungen in Höhe von 15% an. Da weder § 2 Nr. 2 KStG noch § 32 Abs. 3 KStG auf Investmentfonds anzuwenden sind, ordnet § 15 Abs. 1 Satz 7 die entsprechende Geltung des § 32 Abs. 3 KStG für Spezialinvestmentfonds an.

b) Anwendungsbereich. Steuerbefreite Körperschaften, die derartige Aktientransaktionen indirekt durch die Beteiligung an einem Spezialfonds ausführen, unterliegen aufgrund § 15 Abs. 1 Satz 7 mit den relevanten Entgelten dem speziellen Steuerabzug in Höhe von 15%, den die Investmentgesellschaft vorzunehmen hat. Die Investmentgesellschaft hat somit, wenn ausgeschüttete oder ausschüttungsgleiche Erträge Entgelte enthalten, die unter den Anwendungsbereich des § 2 Nr. 2, 2. Halbsatz fallen (bspw. Entgelte, die dem Spezialfonds als Dividendenkompensationszahlungen im Rahmen einer Wertpapierleihe zugeflossen sind) einen Steuerabzug vorzunehmen. Der spezielle Steuerabzug ist anlegerspezifisch und daher nur bei Anlegern durchzuführen, die entweder nach § 5 Abs. 1 KStG oder nach anderen Gesetzen als dem KStG steuerbefreit sind.[60] Für die anderen Anleger bleibt es bei den allgemeinen Regeln. 69

Relevante Entgelte sind somit auf der Grundlage der Gesamtschau der Regelung des § 2 Nr. 2, 2. Halbsatz und dem durch § 15 Abs. 1 Satz 7 Erfordernis der Zwischenschaltung eines Spezialinvestmentfonds folgende: (1) die Entgelte, die dem Spezialinvestmentfonds dafür gewährt werden, dass er Anteile an einer Kapitalgesellschaft mit Sitz oder Geschäftsleitung im Inland einem anderen überlässt und der andere, dem die Anteile zuzurechnen sind, diese Anteile oder gleichartige Anteile zurückzugeben hat; (2) die Entgelte, die dem Spezial-Investmentfonds im Rahmen eines Wertpapierpensionsgeschäftes i.S.d. § 340b Abs. 2 HGB gewährt werden, soweit Gegenstand des Wertpapierpensionsgeschäftes Anteile an einer Kapitalgesellschaft mit Sitz oder Geschäftsleitung im Inland sind und (3) die in § 8b Abs. 10 Satz 2 KStG genannten Einnahmen oder Bezüge, die dem inländischen Spezial-Investmentfonds als Entgelt für die Überlassung von Anteilen an einer Kapitalgesellschaft mit Sitz oder Geschäftsleitung im Inland gewährt gelten.[61] 70

---

60 Bayer. Landesamt für Steuern, Vfg. vom 20.2.2008, S 1980 – 2 St 31, DStR **2008** 721.
61 § 8b Abs. 10 Satz 2 KStG regelt den Fall, dass die Anteile erhaltende Körperschaft (z.B. Entleiher im Rahmen einer Wertpapierleihe) auf die andere Körperschaft (Verleiher) für die Überlassung der Anteile Wirtschaftsgüter überträgt, aus denen diese Einnahmen oder Bezüge erzielt. In diesem Fall gelten diese Einnahmen oder Bezüge gem. § 8b Abs. 10 Satz 2 als von der anderen Körperschaft (Entleiher) bezogen und als Entgelt für die Überlassung an die überlassende Körperschaft gewährt. Werden daher z.B. zur Vermeidung von ausdrücklichen Dividendenausgleichszahlungen z.B. Aktienleihgeschäfte so ausgestaltet, dass der Entleiher seinerseits der verleihenden (überlassenden) Körperschaft zinstragende Anleihen (sachdarlehensweise oder als Sicherheit) zur Verfügung stellt und beide Parteien dabei auf wechselseitige Dividenden- und Zinsausgleichszahlungen verzichten, so gelten nach § 8b Abs. 10 Satz 2 KStG auch die aus den Anleihen erzielten Zinserträge als Entgelt für die Überlassung der Aktien. Ziel des

7. Sonderregelungen zum Kapitalertragsteuereinbehalt bei Spezial-Investmentfonds, § 15 Abs. 1 Sätze 8 bis 10

71 **a) Regelungsinhalt und rechtlicher Hintergrund.** Die Kapitalertragsteuer nach § 15 Abs. 1 Satz 7 und nach § 7 ist gem. § 15 Abs. 1 Satz 8 durch die Investmentgesellschaft innerhalb eines Monats nach der Entstehung zu entrichten. Gemäß § 15 Abs. 1 Satz 9 hat die Investmentgesellschaft bis zu diesem Zeitpunkt eine Steueranmeldung nach amtlich vorgeschriebenem Datensatz auf elektronischem Weg nach Maßgabe der Steuerdaten-Übermittlungsverordnung vom 28. Januar 2003 (BGBl. I S. 139) in der jeweils geltenden Fassung zu übermitteln. Hinsichtlich der ergänzenden Anwendung der Vorschriften des EStG über den Steuerabzug regelt § 15 Abs. 1 Satz 10, dass § 44a Absatz 6 EStG und § 45a Absatz 3 des Einkommensteuergesetzes nicht anzuwenden.

72 Die Sätze 8 bis 10 des § 15 Abs. 1 sind durch das OGAW-IV-UmsG eingeführt worden. Aufgrund befürchteter Steuerausfälle aufgrund sog. „Cum-Ex-Geschäfte"[62] wurde der Kapitalertragsteuerabzug bei Aktien im Rahmen des OGAW-IV-UmsG derart neu geregelt, dass die Verpflichtung zum Kapitalertragsteuerabzug von den ausschüttenden Aktiengesellschaften bzw. Investmentfonds auf die auszahlenden Stellen verlagert wurde (Sicherstellung, dass der Einbehalt von Kapitalertragsteuer und die Ausstellung der Steuerbescheinigung durch dieselbe Stelle erfolgen). Dieser Systemwechsel hat auch zu umfassenden Änderungen bei den für Investmentfonds geltenden Steuerabzugsregeln im Rahmen des § 7 geführt. In diesem Zusammenhang wurde bei Publikumsfonds der Steuerabzug vollumfänglich auf die Kreditwirtschaft verlagert. Die Investmentgesellschaft muss seitdem keinen Steuerabzug mehr vornehmen,[63] sondern hat nur noch auf Anforderung der auszahlenden Stellen diesen die erforderlichen Abzugsbeträge zur Verfügung zu stellen, vgl. § 7 Abs. 3b Sätze 2 bis 4. Die Vorschriften für die konkrete Durchführung des Steuerabzugs sind in § 7 Abs. 3a bis 3d enthalten (Steuerabzug durch den „Entrichtungspflichtigen" i.S.d. § 7 Abs. 3a–3d). Bei Spezial-Investmentfonds wurde die Verlagerung des Steuerabzugs aufgrund der notwendigen Einschaltung der KVG bzw. InvAG in jede Anteilsübertragung nicht als notwendig angesehen. Daher wurde im Gegensatz bei Spezial-Investmentfonds der Steuerabzug umfassend auf die Investmentgesellschaft verlagert. Letzteres gilt auch für die Ausstellung von Steuerbescheinigungen. Denn die Anwendbarkeit von § 45a Abs. 3 wird durch § 15 Abs. 1 Satz 10 ausgeschlossen. Diese umfassende Verlagerung der Steuerabzugsverpflichtung impliziert, dass entsprechend auch die Abstandnahme vom Steuerabzug nach § 44a EStG durch die Investmentgesellschaft zu erfolgen hat. Da § 15 Abs. 1 Satz 10 auch § 44a Abs. 6 EStG für nicht anwendbar erklärt, ist es hierfür nicht erforderlich, dass die Anteile bei den die Kapitalerträge auszahlenden Stellen verwahrt oder verwaltet werden, da bei Spezial-Investmentfonds die Anteile auch vom Anleger selbst bzw. von einer anderen Bank verwahrt werden können. Es ist für die Abstandnahme ausreichend, dass die Investmentgesellschaft den Anleger kennt. Die Zurechnung der Erträge auf den Anleger ist im Rahmen

---

§ 8b Abs. 10 Satz 2 ist es somit, bestimmte Umgehungsgestaltungen wie z.B. wechselseitige Wertpapierdarlehens- und -pensionsgeschäfte zu erfassen.

62 Da vor dem OGAW-IV-UmsG bei dem Bezug inländischer Dividenden die zum Steuerabzug verpflichtete Stelle (Emittent der dividendenberechtigten Aktien) und die abgezogene bescheinigende Stelle („auszahlende Stelle" i.S.d. §§ 43, 45a EStG a.F.) nicht identisch waren, konnte bei sog. „Cum-ex-Transaktionen" nicht ausgeschlossen werden, dass trotz nur einmaligem Steuereinbehalt eine mehrmalige Anrechnung/Erstattung von Kapitalertragsteuer erfolgte.

63 Davor war durch die inländische Investmentgesellschaft bei inländischen Dividenden- und Immobilienerträgen im Falle der Ausschüttung und Thesaurierung und bei sonstigen Erträgen im Falle der Thesaurierung ein Steuerabzug vorzunehmen.

des Feststellungsverfahren sichergestellt.⁶⁴ Durch die Neuregelungen wurde somit die bis zum OGAW-IV-UmsG für Publikums-Investmentfonds und Spezial-Investmentfonds einheitlichen Steuerabzugsvorschriften derart geändert, dass die für Spezial-Investmentfonds geltenden Einbehaltungsregelungen (Einbehaltungspflicht durch die Investmentgesellschaft) sich grundsätzlich von den für Publikums-Investmentfonds geltenden Einbehaltungsregelungen (Einbehaltungspflicht durch die „Entrichtungsverpflichteten" i.S.d. § 7 Abs. 3a–3d) unterscheiden.

b) Zeitlicher Anwendungsbereich der Neuregelungen. Die Neuregelungen finden gem. § 20 Abs. 20 Satz 2 erstmals auf Kapitalerträge Anwendung, die dem Anleger nach dem 31.12.2011 zufließen oder als zugeflossen gelten. Für thesaurierte Erträge hat ab dem Jahr 2012 die inländische Stelle vom Investmentfonds die Steuerabzugsbeträge anzufordern.⁶⁵ Aufgrund dieser umfangreichen Änderung wurde im ersten Jahr den inländischen Stellen und Verwahrstellen ein zusätzlicher Monat eingeräumt, um die jeweilige Abwicklung vorzunehmen (§ 20 Abs. 20 Sätze 3 und 4). 73

c) Kapitalertragsteuerpflichtige Erträge

aa) Grundsätze. Die von dem Spezial-Investmentfonds vereinnahmten Erträge sind grundsätzlich nicht mit (deutscher) Kapitalertragsteuer belastet (Fondseingangsseite, vgl. § 11 Abs. 2). Die dem Anleger steuerlich zugerechneten Erträge unterliegen jedoch unterschiedlichen Vorschriften zum Kapitalertragsteuereinbehalt, abhängig von der einzelnen Ertragskategorie und abhängig davon, ob die jeweiligen Erträge ausgeschüttet oder thesauriert werden. Die Vorschriften des EStG über den Steuerabzug sind anzuwenden mit Ausnahme des § 44a Abs. 6 EStG und des § 45a Abs. 3 EStG. Damit sind auch die individuellen steuerlichen Merkmale der Anleger durch die abzugsverpflichtete Investmentgesellschaft zu berücksichtigen. 74

Da § 15 Abs. 1 Satz 8 auf § 7 i.V.m. den entsprechenden Regelungen des EStG verweist, ist auf dieser Grundlage zu ermitteln, welche der ausgeschütteten oder ausschüttungsgleichen Erträge des Spezial-Investmentfonds der Kapitalertragsteuer unterliegen: 75

bb) Inländische Erträge i.S.d. § 43 Abs. 1 Satz 1 Nr. 1 Nr. 1 und 1a sowie Satz 2 EStG (Dividenden und „dividendenähnliche" Erträge). Gemäß § 7 Abs. 3 Satz 1 Nr. 1a und 1b unterliegen diese inländischen Erträge, soweit sie in den ausgeschütteten und ausschüttungsgleichen Erträgen enthalten sind, der Kapitalertragsteuer. § 7 Abs. 3a Satz 2 (hinsichtlich ausgeschütteter Erträge) und § 7 Abs. 3b Satz 5 (hinsichtlich ausschüttungsgleicher Erträge) verweisen auf die für den Steuerabzug von Kapitalerträgen i.s.v. § 43 Abs. 1 Satz 1 Nr. 1a EStG geltenden Vorschriften des EStG und damit insbes. auch auf die Abstandnahmevorschrift des § 44a Abs. 10 EStG. 76

cc) Erträge aus der Vermietung und Verpachtung von und Gewinne aus Veräußerungsgeschäften mit im Inland belegenen Grundstücken und grundstücksgleichen Rechten (Immobilienerträge). Gemäß § 7 Abs. 3 Satz 1 Nr. 2a und 2b unterliegen diese inländischen Erträge, soweit sie in den ausgeschütteten und ausschüttungsgleichen Erträgen enthalten sind, der Kapitalertragsteuer. Gemäß § 7 Abs. 3c Satz 2 (hinsichtlich ausgeschütteter Erträge) und § 7 Abs. 3d Satz 3 (hinsichtlich ausschüttungsgleicher 77

---
64 BTDrucks. 17/5417, 24; *Fischer/Lübbehüsen* RdF **2011** 264.
65 *Fischer/Lübbehüsen* RdF **2011** 264.

Erträge verweisen auf die für den Steuerabzug von Kapitalerträgen i.S.d. § 43 Absatz 1 Satz 1 Nr. 7 sowie Satz 2 EStG geltenden Vorschriften des EStG und § 44a Absatz 10 Satz 4 bis 7 EStG.

78 **dd) Erträge, welche nicht unter bb. (Dividenden) und cc. (Immobilienerträge) fallen und soweit sie keine Gewinne aus der Veräußerung von Wertpapieren und Bezugsrechten auf Anteile an Kapitalgesellschaften, aus Termingeschäften und keine Gewinne aus der Veräußerung von Grundstücken i.S.d. § 2 Abs. 3 enthalten.** Diese unterliegen im Fall der Ausschüttung nach § 7 Abs. 1 Satz 1 Nr. 1 der Kapitalertragsteuer. Es gelten die Regelungen des § 7 Abs. 1 Sätze 2 bis 4, d.h. insbesondere finden die Abzugsregeln Anwendung, die für Kapitalerträge i.S.d. § 43 Abs. 1 Satz 1 Nr. 7 sowie Satz 2 EStG gelten.

79 **ee) Ausschüttungsgleiche Erträge, welche weder unter bb. (Dividenden) noch cc. (Immobilienerträge) fallen.** Auch bezüglich dieser Erträge hat gem. § 7 Abs. 4 Satz 1 ein Kapitalertragsteuerabzug durch die Investmentgesellschaft zu erfolgen.

80 **ff) Inländische Immobilienerträge i.S.d. § 15 Abs. 2 Satz 1, welche von beschränkt steuerpflichtigen Spezialfondsanleger (mittelbar) erzielt werden.** Diese Erträge unterliegen gem. § 15 Abs. 2 Satz 4 dem Steuerabzug.

81 **gg) Wertpapierleih-(ähnliche-)Geschäfte i.S.d. § 15 Abs. 1 Satz 7.** Auch diese unterliegen gem. § 15 Abs. 1 Satz 8 („Kapitalertragsteuer nach § 7") der Kapitalertragsteuer.

82 **hh) Zwischengewinn.** Gemäß dem Wortlaut der Regelungen des § 15 Abs. 1 Satz 8 und § 7 Abs. 1 Satz 1 Nr. 4 unterliegt auch der Zwischengewinn, soweit der Zwischengewinn vom Spezial-Investmentfonds überhaupt ermittelt wird, der Kapitalertragsteuer.

83 **d) Steuersatz.** Der Kapitalertragsteuersatz beträgt 25% (§ 43a Abs. 1 Satz 1 Nr. 1 EStG) zzgl. Solidaritätszuschlag. Im Fall des § 15 Abs. 1 Satz 7 (Wertpapierleihgeschäfte über Spezialfonds) beträgt gem. § 32 Abs. 3 KStG analog die Kapitalertragsteuer 15%.

84 **e) Abzugsverpflichteter.** Gemäß § 15 Abs. 1 Satz 8 ist grundsätzlich die Investmentgesellschaft zum Steuerabzug verpflichtet. Nur beim Zwischengewinn und in den Fällen des § 8 Abs. 6 i.V.m. § 44 Abs. 1 Satz 1 Nr. 1 EStG lässt die Finanzverwaltung es zu, dass die depotführende Stelle des Spezialfondsanlegers den Kapitalertragsteuerabzug vornimmt.[66]

85 **f) Anmeldung und Entrichtung der Kapitalertragsteuer.** Gem. § 15 Abs. 1 Satz 8 ist die Kapitalertragsteuer durch die Investmentgesellschaft innerhalb eines Monats nach der Entstehung zu entrichten. Im Falle der Ausschüttung ist auf den im Ausschüttungsbeschluss festgelegten Ausschüttungstag als Entstehungszeitpunkt abzustellen. Ist im Ausschüttungsbeschluss kein Ausschüttungstag festgelegt, so ist der Entstehungszeitpunkt in entsprechender Anwendung des § 44 Abs. 2 EStG der Tag nach dem Ausschüttungsbeschluss.[67] Im Falle der Thesaurierung entsteht die Steuer aufgrund der geltenden Zuflussfiktion der ausschüttungsgleichen Erträge mit Ablauf des Geschäftsjahres

---

66 BMF v. 7.12.2011 – IV C 1 – S 1980-1/10/10002:005, 2011/0981629.
67 *Peterek/Mielke* RdF **2012** 184.

des Spezial-Investmentfonds.[68] Innerhalb dieses Zeitraums hat die Investmentgesellschaft gem. § 15 Abs. 1 Satz 9 dem Betriebsstättenfinanzamt die Steuer nach amtlich vorgeschriebenem Datensatz auf elektronischem Weg nach Maßgabe der Steuerdaten-Übermittlungsverordnung anzumelden.

g) Abstandnahme vom Steuerabzug. Der Steuerabzug kann, abhängig von den persönlichen Merkmalen des Spezialfondsanlegers, unterbleiben. Bzgl. den Abstandnahmevorschriften regelt § 15 Abs. 1 Satz 10, dass § 44a Abs. 6 EStG nicht anwendbar ist, was im Umkehrschluss bedeutet, dass die übrigen Regelungen des EStG bzgl. der Abstandnahme vom Steuerabzug Anwendung finden.[69] 86

Gemäß § 44a Abs. 10 EStG kann nun auch vom Steuerabzug bei inländischen Dividenden i.S.d. § 43 Abs. 1 Satz 1 Nr. 1a EStG Abstand genommen werden. 87

Für die Abstandnahme nach § 44a EStG und nach § 43 Abs. 2 Satz 3 EStG benötigt die Investmentgesellschaft die entsprechenden (z.B. NV-)Bescheinigungen. 88

Umstritten ist, wie die Abstandnahmevorschriften anzuwenden sind, wenn ein Spezial-Investmentfonds mehrere Anleger hat. Nach der Ansicht der Finanzverwaltung kann bei Spezial-Investmentfonds mit mehreren Anlegern nur dann vom Kapitalertragsteuereinbehalt abgesehen werden, wenn die entsprechenden Abstandnahmevoraussetzungen von allen Anlegern erfüllt werden.[70] Es wird jedoch mit guten Gründen die Auffassung vertreten, dass letzteres nach der Neuregelung durch das OGAW-IV-UmsG nicht mehr erforderlich ist.[71] Letztere Auffassung ist vor dem Hintergrund, dass der Kapitalertragsteuereinbehalt insgesamt auf die Investmentgesellschaft verlagert wurde und die gesetzlichen Regelungen des § 44a EStG anwendbar sind, vorzugswürdig. Zur Umsetzung vgl. *Peterek/Mielke* RdF 2012, 186 ff. 89

h) Erstattung von Kapitalertragsteuer. Gemäß § 15 Abs. 1 Satz 10 i.V.m. § 44b Abs. 5 EStG ist die Investmentgesellschaft selbst zuständig. Mögliche Erstattungsfälle sind, wenn Kapitalertragsteuer einbehalten wurde, obwohl eine Verpflichtung hierzu nicht bestand bzw. wenn der Investmentgesellschaft die NV-Bescheinigung erst zu einem Zeitpunkt vorgelegen hat, nachdem sie die Einbehaltung der Kapitalertragsteuer vorgenommen hatte. In derartigen Fällen ist nach § 44b Abs. 5 Satz 1 EStG auf Antrag der Investmentgesellschaft die Steueranmeldung entsprechend zu ändern. Alternativ kann diese die abzuführende Kapitalertragsteuer bei der folgenden Anmeldung entsprechend kürzen.[72] 90

i) Ausstellung von Steuerbescheinigungen. Die Investmentgesellschaft ist gem. § 45a Abs. 2 EStG künftig verpflichtet, auf Verlangen eine Steuerbescheinigung für den Anleger auszustellen. Diese Bescheinigung ist nach amtlich vorgeschriebenem Muster auszustellen und hat die nach § 32d EStG erforderlichen Angaben zu enthalten. Da gem. § 15 Abs. 1 S. 10 die Vorschrift des § 45a Abs. 3 EStG nicht anwendbar ist, ist das die Kapitalerträge auszahlende Kreditinstitut nicht für die Erstellung der Bescheinigung zuständig. Letzteres entspricht dem bei der Reform des Kapitalertragsteuerabzugs vorgegebenem gesetzgeberischen Ziel, dass diejenige Stelle die Steuerbescheinigung ausstellt, 91

---

[68] *Peterek/Mielke* RdF **2012** 184.
[69] *Peterek/Mielke* RdF **2012** 184.
[70] BMF vom 18.8.2009 – IV C1 – S 1980-1/08/10019, Rn. 247a.
[71] *Peterek/Mielke* RdF **2012** 186f.
[72] BMF vom 18.8.2009 – IV C1 – S 1980-1/08/10019, Rn. 247.

§ 15 —— Inländische Spezial-Investmentfonds

welche die Kapitalertragsteuer einbehält. Die Korrekturvorschriften gem. § 45a Abs. 6 EStG und die Haftungsvorschrift des § 45a Abs. 7 EStG gilt entsprechend.

II. Anwendbarkeit des § 8b KStG bei Spezialinvestmentfonds (§ 15 Abs. 1a)

92 **1. Grundsätzliches.** Beim Direktanleger gelten hinsichtlich der Anwendbarkeit von § 8b KStG seit der Verabschiedung des EuGHUrtUmsG folgende Grundsätze: Nach der Rechtslage vor dem EuGHUrtUmsG wurde Körperschaften die 95%ige Steuerfreiheit von Dividenden durch § 8b Abs. 1 und 5 KStG gewährt. Gemäß § 8b Abs. 4 KStG wird nunmehr die Anwendung der Steuerbefreiung des § 8b Abs. 1 KStG für laufende Bezüge aus Beteiligungen, die nach dem 28.2.2013 zufließen versagt, wenn die unmittelbare Beteiligung zu Beginn des Kalenderjahres weniger als 10% des Nennkapitals betragen hat. Hält die beteiligte Körperschaft die Beteiligung nicht unmittelbar, sondern über gewerbliche Personengesellschaften, wird die Beteiligung nach § 8b Abs. 4 Satz 4 und 5 KStG der Mitunternehmer-Körperschaft anteilig zugerechnet. Ein unterjähriger Erwerb von einer mindestens 10%igen Beteiligung wird gemäß § 8b Abs. 4 Satz 6 KStG auf den Beginn des Kalenderjahres zurückbezogen. Wenn eine Beteiligung zu Beginn des Kalenderjahres oder ein unterjähriger Erwerb einer Beteiligung von mindestens 10% am Nennkapital einer Körperschaft vorliegt (sog. qualifizierte Beteiligung), so sind Dividenden weiterhin nach § 8b Abs. 1 KStG für das gesamte Kalenderjahr steuerbefreit. Veräußerungsgewinne, die aus Streubesitzbeteiligungen resultieren, sind weiterhin steuerbefreit, da § 8b Abs. 2 KStG nicht geändert wurde.

93 Beim Fondsanleger wurden diese neuen Besteuerungsgrundsätze im Rahmen des EuGHUrtUmsG insoweit übernommen, als in § 2 Abs. 2 und § 8 Abs. 1 der Verweis auf § 8b KStG herausgenommen wurde. Damit sind Dividendenerträge sowohl bei der laufenden Besteuerung als auch bei der Veräußerung nicht mehr steuerbefreit. Bei Spezial-Investmentfonds können Anleger jedoch gem. § 15 Abs. 1a unter den folgenden Voraussetzungen auch weiterhin im Ergebnis zu 95% steuerfreie Dividenden erzielen.

2. Anwendungsvoraussetzungen des § 15 Abs. 1a

94 **a) Grundfall (Direktbeteiligung des Anlegers an dem Spezialfonds).** Gemäß § 15 Abs. 1a ist bei Spezialfonds § 8b KStG weiterhin anzuwenden, wenn die Beteiligung des Spezialfonds mindestens 10% des Nennkapitals der Kapitalgesellschafts beträgt (Beteiligungserfordernis auf Fondsebene) und kumulativ der dem einzelnen Anleger zuzurechnende Anteil an dem Investmentvermögen so hoch ist, dass die auf den einzelnen Anleger anteilig entfallende Beteiligung an der Kapitalgesellschaft mindestens 10% des Nennkapitals der Kapitalgesellschaft beträgt (Beteiligungserfordernis auf Anlegerebene). Für die Berechnung der Beteiligungsgrenze ist gem. § 15 Abs. 1a Satz 3 für die Beteiligung des Investmentvermögens auf die Höhe der Beteiligung an der Kapitalgesellschaft zu dem Zeitpunkt abzustellen, zu dem die auf die Beteiligung entfallenden Erträge dem Investmentvermögen zugerechnet werden; für den Anteil des Anlegers an dem Investmentvermögen ist auf den Schluss des Geschäftsjahres abzustellen. Für das Vorliegen einer qualifizierten Beteiligung nach § 15 Abs. 1a müssen daher sowohl die direkte Beteiligung des Investmentvermögens selbst an der Kapitalgesellschaft als auch die dem Anleger zuzurechnende Beteiligung an der Kapitalgesellschaft mindestens 10% des Nennkapitals ausmachen. Insbesondere das Beteiligungserfordernis auf der Ebene des Investmentfonds ist unter Berücksichtigung von § 1 Abs. 1b Nr. 7 für nicht dem Bestandsschutz des § 22 Abs. 2 unterfallende Investmentfonds nicht mehr erfüllbar. Denn § 1 Abs. 1b Nr. 7, wonach Investmentfonds nur ein OGAW oder AIF ist, welcher nach seinen Anlagebestim-

mungen nur weniger als 10% des Kapitals einer Kapitalgesellschaft halten darf, und das Mindestbeteiligungserfordernis auf Ebene des Spezial-Investmentfonds nach § 15 Abs. 1a schließen sich gegenseitig aus. Somit ist der diesbezügliche Anwendungsbereich des § 15 Abs. 1a auf die Fälle des nach § 22 Abs. 2 InvStG Bestandsschutz genießenden Investmentfonds (hier aber nur zeitlich begrenzt bis zum Ablauf des letzten nach dem 22.7.2016 endenden Geschäftsjahres) und auf die in § 1 Abs. 1b Nr. 7 genannten Ausnahmefälle von Beteiligungen an Immobiliengesellschaften, ÖPP-Projektgesellschaften und Gesellschaften, deren Unternehmensgegenstand auf die Erzeugung erneuerbarer Energien im Sinne des § 3 Nr. 3 des Gesetzes über den Vorrang erneuerbarer Energien gerichtet ist, begrenzt.

b) Mitunternehmerschaftsfall (Anleger hält Spezial-Investmentfondsanteil über eine Mitunternehmerschaft). Gemäß § 15 Abs. 1a Satz 4 sind über eine Mitunternehmerschaft gehaltene Investmentanteile dem Mitunternehmer anteilig nach dem allgemeinen Gewinnmaßstab zuzurechnen und gemäß § 15 Abs. 1a Satz 5 sind eine einem Anleger über einen direkt gehaltenen Anteil an einem Investmentvermögen und über einen von einer Mitunternehmerschaft gehaltenen Anteil an demselben Investmentvermögen zuzurechnende Beteiligung an derselben Kapitalgesellschaft zusammenzurechnen. Da diese beiden Mitunternehmerschaftsfälle jedoch nur die Ermittlung der indirekten Beteiligung des Anlegers an der Kapitalgesellschaft betreffen, stellen sich hinsichtlich des Anwendungsbereichs dieselben aus der Existenz der Regelung des § 1 Abs. 1b Nr. 7 resultierenden Probleme wie im schon oben geschilderten Grundfall der alleinigen Direktbeteiligung des Anlegers an dem Spezial-Investmentfonds. 95

c) Keine Zusammenrechnung über verschiedene Spezial-Investmentfonds. 96
Eine Zusammenrechnung von Kapitalgesellschaftsbeteiligungen, die dem Anleger über andere Investmentvermögen oder ohne Einschaltung eines Investmentvermögens zuzurechnen sind, findet bei dem jeweiligen Investmentvermögen gem. § 15 Abs. 1a Satz 6 nicht statt. Letztere Regelung ist vor dem Hintergrund zu sehen, dass die Vorschriften nach der Gesetzesbegründung zum EuGHUrtUmsG „handhabbar" sein müssen. Denn letztlich muss die Investmentgesellschaft sichere Kenntnis erlangen können, ob das eine nach § 15 Abs. 1a qualifizierte (kumulative) Beteiligung vorliegt. Ein Anleger eines Investmentfonds kann diese Voraussetzungen gemäß der Gesetzesbegründung zum EuGHUrtUmsG in seiner Eigenschaft als (bzgl. der Kapitalgesellschaft indirekter) Anleger aber nicht sicherstellen, da die Vermögenszusammensetzung des Fonds sich permanent ändern kann.

d) Direktbeteiligung i.H.v. 10% und indirekte Beteiligung über Spezial-Investmentfonds. Auf Grund der oben geschilderten Problematik des Anwendungsbereichs des § 15 Abs. 1a wegen des Investmentfondserfordernisses des § 1 Abs. 1b Nr. 7 bleibt ein weiterer Anwendungsbereich des § 15 Abs. 1a vor allem für den in § 15 Abs. 1a Satz 7 dargelegten Fall, wonach die Beteiligungsgrenze auch als überschritten gilt, wenn der Anleger bereits unmittelbar zu mindestens 10% an der Kapitalgesellschaft beteiligt ist, selbst wenn der Anleger an dieser Kapitalgesellschaft auch über ein Spezial-Investmentfonds beteiligt ist. Voraussetzung ist insoweit, dass der Anleger die Höhe der unmittelbaren Beteiligung gegenüber der Investmentgesellschaft nachweist. Nach der Finanzverwaltung setzt der Nachweis, dass der Anleger eines Spezial-Investmentfonds in der Direktanlage eine mindestens 10%ige Beteiligung hält, eine schriftliche Erklärung des Anlegers voraus. Die inhaltliche Richtigkeit der Erklärung ist zudem durch geeignete Unterlagen (z.B. Depotauszug, Gesellschaftsvertrag oder schriftliche Bestätigung der Körperschaft, an der der Anleger die Beteiligung hält) zu belegen. Die Finanzverwaltung weist in diesem Zu- 97 sammenhang darauf hin, dass die Kapitalverwaltungsgesellschaft nach § 15 Absatz 1 Satz 7, § 7 Absatz 3a Satz 2 i.V.m. § 44 Absatz 5 EStG für einen ordnungsgemäßen Einbehalt der Kapitalertragsteuer auf Dividenden haftet.

98 **e) Wertpapierleihe.** Gem. § 15 Abs. 1a Satz 8 werden vom Investmentvermögen entliehene Wertpapiere und Investmentanteile sowie vom Anleger entliehene Investmentanteile für die Berechnung einer Beteiligung dem Verleiher zugerechnet. Nach der Gesetzesbegründung zum EuGHUrtUmsG mag zwar die Wertpapierleihe dazu führen, dass die Dividenden dem Entleiher zugerechnet werden, da dieser als wirtschaftlicher Eigentümer gilt. Diese Stellung sei aber nicht ausreichend, um diese entliehenen Wertpapiere für das Überschreiten der Beteiligungsgrenze mitzurechnen. Letzteres soll mittels der Regelung des § 15 Abs. 1a Satz 8 sichergestellt werden.

99 **f) Sonderfälle.** Zur Anwendung der Beteiligungsgrenze von 10% auf Dach-Investmentvermögen und Verbundunternehmern vgl. BMF IV C 1 – S 1980-1/12/10014 vom 9.7.2013 Tz. 5 und 6.

III. Sonderregelungen für inländische Immobilien haltende Spezial-Investmentfonds (§ 15 Abs. 2)

100 **1. Grundsatz und rechtlicher Hintergrund.** Der rechtliche Hintergrund der Regelung des § 15 Abs. 2 erschließt sich aus dem Vergleich mit der Besteuerung des nicht in Deutschland ansässigen Direktanlegers: Dieser ist je nach Sachverhalt gemäß § 49 Abs. 1 Nr. 2f) oder Nr. 6 und Nr. 8 EStG beschränkt steuerpflichtig. Günstiger hätte sich jedoch zum Zeitpunkt der Schaffung des InvStG im Rahmen des InvModG jedoch die Besteuerung desselben Anlegers dargestellt, wenn er über einen inländischen Spezialfonds inländische Immobilienerträge erwirtschaftet hätte. Denn die dem ausländischen Fondsanleger in diesem Fall zugerechneten Erträge wären im Regelfall (d.h. kein Vorliegen einer inländischen Betriebsstätte und daher Anwendbarkeit des Grundsatzes der isolierenden Betrachtungsweise, § 49 Abs. 2 EStG) als Einkünfte aus Kapitalvermögen i.S.d. § 20 Abs. 1 Nr. 1 EStG zu qualifizieren gewesen, welche gem. § 49 Abs. 1 Nr. 5b) aa) EStG i.V.m. § 7 Abs. 3 a.F. nicht beschränkt steuerpflichtig gewesen wären, da damals Erträge aus inländischen Grundstücken nicht vom Anwendungsbereich des § 7 Abs. 3 umfasst waren. Der ausländische Spezialfondsanleger hätte im Gegensatz zum Direktanleger diese Erträge somit steuerfrei vereinnahmen können.[73] Um die steuerfreie Vereinnahmung inländischer Immobilienerträge über die Zwischenschaltung eines Spezialfonds zu vermeiden, wurde auf Initiative des Bundesrates[74] die Vorschrift des § 15 Abs. 2 eingefügt, um bzgl. ausländischer Fondsanleger inländische Immobilienerträge eines Spezialfonds ebenso zu behandeln wie diese Erträge aus einer Direktanlage.

101 Gesetzestechnisch wird dies dadurch erreicht, dass entgegen der normalerweise erfolgenden zweistufigen Ermittlung der Einkünfte (zunächst Zuordnung der Erträge zum Investmentfonds und dann Zurechnung dieser Erträge an den Anleger, sog. Trennungsprinzip)[75] in diesem Fall beschränkt steuerpflichtigen Spezialfondsanlegern inländische Immobilienerträge unmittelbar zugewiesen werden. Es wird somit für diese Zwecke die

---

73 Zur damaligen Rechtslage vgl. Haase/*Ackert*/*Füchsl* InvStG, § 15 Rn. 372f.
74 BRDrucks. 609/03.
75 Vgl. Berger/Steck/*Lübbehüsen* InvStG, vor §§ 1ff. Rn. 18ff.

Existenz des Spezialfonds negiert (sog. Supertransparenz).[76] Letzteres hat zur Folge, dass der Steuerausländische in diesem Fall wie bei der Direktanlage Erträge i.S.d. § 49 Abs. 1 Nr. 2f EStG bzw. Erträge i.S.d § 49 Abs. 1 Nr. 6 und 8 EStG erzielt (§ 15 Abs. 2 Satz 2), wobei letzteres auch im Rahmen der Anwendung von Doppelbesteuerungsabkommen gelten soll, § 15 Abs. 2 Satz 4. Die Erträge sind gem. § 15 Abs. 2 Satz 1 „gesondert auszuweisen". Diese Erträge unterliegen dem Steuerabzug in Höhe von 25% durch die Investmentgesellschaft, welcher jedoch keine abgeltende Wirkung hat, § 15 Abs. 2 Satz 6 (Nichtanwendung von § 50 Abs. 2 Satz 1 EStG).

§ 15 Abs. 2 gilt nicht für Publikums-Investmentfonds. Beschränkt steuerpflichtigen **102** Anlegern, die in inländische Publikumsfonds mit Immobilienbesitz investieren, werden somit gem. § 2 Abs. 1 Einkünfte aus Kapitalvermögen i.S.d. § 20 Abs. 1 Nr. 1 EStG zugerechnet. Steuerausländer, die an inländischen Publikumsfonds beteiligt sind, sind mit diesen Einkünften gem. § 49 Abs. 1 Satz 1 Nr. 5b) aa) EStG i.V.m. § 7 Abs. 3 Nr. 2 beschränkt steuerpflichtig[77] und unterliegen auf der Grundlage der § 7 Abs. 3c und 3d dem Steuerabzug.

2. Anwendbarkeitsvoraussetzungen

a) Inländischer Spezial-Investmentfonds mit inländischen Immobilien. Aus **103** dem Erfordernis, dass der Spezial-Investmentfonds gem. § 15 Abs. 2 Satz 1 „Erträge aus Vermietung und Verpachtung von inländischen Grundstücken und grundstücksgleichen Rechten" oder „Gewinne aus privaten Veräußerungsgeschäften mit inländischen Grundstücken und grundstücksgleichen Rechten" erzielen muss, ergibt sich als Voraussetzung für § 15 Abs. 2 zunächst, dass der inländische Spezial-Investmentfonds in inländisches[78] Immobilienvermögen investiert.[79] Letzteres können z.B. Immobilien-Sondervermögen i.S.d. § 1 Abs. 19 Nr. 23 KAGB sein. Es ist jedoch nicht erforderlich, dass der Spezial-Investmentfonds nur in inländische Grundstücke oder grundstücksgleiche Rechte investiert, da es an sich nur auf die oben erwähnte Art der Erträge ankommt. Daher sind auch Fonds mit gemischten Anlagegegenständen von § 15 Abs. 2 erfasst, welche Immobilien und gleichzeitig andere Vermögensgegenstände halten.[80] Die Regelung des § 15 Abs. 2 setzt in diesem Zusammenhang nicht zwingend voraus, dass das Investment in Grundstücke oder grundstücksgleiche Rechte auch zulässig im Sinne des KAGB (bzw. vor Geltung des KAGB zulässig im Sinne des InvG) ist.[81] Ist der Spezial-Investmentfonds noch in andere Wirtschaftsgüter investiert, unterliegt nur der Teil der Erträge, der als „Erträge aus Vermietung und Verpachtung von inländischen Grundstücken und grundstücksgleichen Rechten" oder „Gewinne aus privaten Veräußerungsgeschäften mit inländischen Grundstücken und grundstücksgleichen Rechten" zu qualifizieren ist, der Rechtsfolge des § 15 Abs. 2.[82]

---

76 Beckmann/Scholtz/Vollmer/*Klusak* InvStG, § 15 Rn. 16–19; Berger/Steck/*Lübbehüsen* InvStG, § 15 Rn. 103f.
77 Die im Rahmen des JStG 2010 eingeführte Neuregelung des § 7 Abs. 3 war erstmals für Geschäftsjahre des Investmentfonds anzuwenden, die nach dem 31.12.2010 beginnen, § 21 Abs. 19 Satz 8.
78 Das Inland bestimmt sich nach den hoheitlichen Grenzen der Bundesrepublik Deutschland, nicht nach den Zollgrenzen, vgl. BFH v. 13. 4. 1989, BStBl. II 1989, 614; BVerfG v. 22. 7. 1991, HFR 1992, 424.
79 Hierbei ist auf den allg. sachenrechtlichen Sprachgebrauch abzustellen, Beckmann/Scholtz/Vollmer/*Klusak* InvStG, § 15 Rn. 24.
80 Haase/Ackert/*Füchsl* InvStG, § 15 Rn. 374.
81 Beckmann/Scholtz/Vollmer/*Klusak* InvStG, § 15 Rn. 24; Berger/Steck/*Lübbehüsen* InvStG, § 15 Rn. 105; BMF vom 18.8.2009 – IV C1 – S 1980-1/08/10019, Rn. 253.
82 Beckmann/Scholtz/Vollmer/*Klusak* InvStG, § 15 Rn. 24.

104 **b) Beschränkt steuerpflichtiger Anleger.** Gemäß dem Wortlaut des Gesetzes gilt § 15 Abs. 2 „beim beschränkt steuerpflichtigen Anleger", § 15 Abs. 2 Satz 2. Vor dem Hintergrund des Sinn und Zwecks der Regelung des § 15 Abs. 2 (Sicherung des Steueranspruchs durch Schließen einer Regelungslücke bei ausländischen Fondsanlegern) macht es jedoch keinen Sinn auch inländische beschränkt steuerpflichtige Anleger i.S.d. § 2 Nr. 2 KStG unter den Anwendungsbereich des § 15 Abs. 2 fallen zu lassen. Letztere würden auch im Falle der Direktanlage keine steuerpflichtigen Einkünfte erzielen. § 15 Abs. 2 gilt somit prinzipiell nur für den beschränkt steuerpflichtigen Anleger i.S.d. § 2 Nr. 1 KStG und § 1 Abs. 4 EStG[83] (der Anwendungsbereich des § 1 Abs. 4 EStG ist nur dann eröffnet, wenn man grundsätzlich die Möglichkeit einer mittelbaren Investition durch natürliche Personen in einen Spezial-Investmentfonds über eine Personengesellschaft bejaht, was nach der hier vertretenen Ansicht der Fall ist).

105 Investmentanleger, die unbeschränkt steuerpflichtig sind, fallen daher nicht unter den Anwendungsbereich von § 15 Abs. 2 (bspw. die nach § 1 Abs. 2, 3 und § 1a EStG unbeschränkt Steuerpflichtigen). In diesem Fall gilt vollumfänglich das investmentsteuerliche Trennungsprinzip mit der Folge der Einkünftequalifizierung (zweiter Stufe) als Kapitalerträge i.S.d. § 20 Abs. 1 Nr. 1 EStG (keine „Super"-Transparenz nach § 15 Abs. 2).

106 **c) Inländische Immobilienerträge.** Der Gesetzeswortlaut erwähnt bzgl. der Art der Erträge zum einen „Erträge aus Vermietung und Verpachtung von inländischen Grundstücken und grundstücksgleichen Rechten" und „Gewinne aus privaten Veräußerungsgeschäften mit inländischen Grundstücken und grundstücksgleichen Rechten". Derartige Erträge sind auch in § 1 Abs. 3 Satz 2 und § 1 Abs. 3 Satz 3 Nr. 2 (fast wörtlich identisch) erwähnt. Daher kann hinsichtlich der Auslegung diesbezüglich auf die Kommentierung zu § 1 Abs. 3 Satz 3 und § 1 Abs. 3 Satz 3 Nr. 2 verwiesen werden.

107 **aa) Erträge aus Vermietung und Verpachtung.** Mit dem Terminus „Erträge aus Vermietung und Verpachtung von inländischen Grundstücken und grundstücksgleichen Rechten" sind zunächst unstrittig Erträge aus Vermietung und Verpachtung i.S.d. § 21 EStG aus direkt von Spezial-Investmentfonds gehaltenen Immobilien gemeint.[84] Fraglich ist, wie die Fälle zu behandeln sind, wenn die Erträge über eine gewerbliche oder nicht gewerbliche Personengesellschaft erzielt werden, oder die entsprechenden Erträge über eine Immobilienkapitalgesellschaft, deren Anteile vom Spezialfonds gehalten werden, erzielt werden. Grundgedanke für die Lösung dieser Fälle muss sein, dass sich das InvStG weitgehend von der EStG-Einteilung in sieben Einkunftsarten löst. Daher erwähnt § 15 Abs. 2 auch nicht Erträge „i.S.d. § 21 EStG", sondern stellt nur materiell auf Vermietungs- und Verpachtungserträge ab. Es ist somit nur auf den „abstrakten Ertragstypus"[85] abzustellen. Daher bleiben auch Erträge aus Vermietung und Verpachtung, die aufgrund der Subsidiaritätsklausel in § 21 Abs. 3 EStG beim Spezial-Investmentfonds zu gewerblichen Erträgen i.S.d. § 15 EStG werden, Miet- bzw. Pachterträge i.S.d. § 15 Abs. 2 Satz 1.[86]

108 **(1) Erträge über eine gewerbliche Personengesellschaft.** Bei mitunternehmerischer Beteiligung des Spezialfonds an einer gewerblich tätigen, infizierten oder gepräg-

---

[83] BMF vom 18.8.2009 – IV C1 – S 1980-1/08/10019, Rn. 255; Beckmann/Scholtz/Vollmer/*Klusak* InvStG, § 15 Rn. 27; Haase/*Ackert/Füchsl* InvStG, § 15 Rn. 387; Littmann/Bitz/Pust/*Ramackers* InvStG, § 15 Rn. 37.
[84] Beckmann/Scholtz/Vollmer/*Klusak* InvStG, § 15 Rn. 25.
[85] Beckmann/Scholtz/Vollmer/*Klusak* InvStG, § 15 Rn. 25.
[86] Berger/Steck/*Lübbehüsen* InvStG, § 15 Rn. 108.

ten Personengesellschaft, welche inländische Immobilien hält, ist § 15 Abs. 2 anwendbar.[87]

(2) Erträge über eine nicht gewerbliche Personengesellschaft. Ist der inländische 109 Spezial-Investmentfonds an einer rein vermögensverwaltenden und daher voll transparenten inländischen oder ausländischen Grundstücks-Personengesellschaft beteiligt, ist hinsichtlich der anteiligen Miet- oder Pachterträge aus im Inland belegenen Immobilien § 15 Abs. 2 ebenfalls anwendbar.[88]

(3) Immobilienkapitalgesellschaft, deren Anteile von Spezialfonds gehalten 110 **werden.** Wenn der inländische Spezial-Investmentfonds an einer inländischen oder (nach Typenvergleich) ausländischen Kapitalgesellschaft beteiligt ist, welche inländische Immobilien hält, liegen keine inländischen Immobilienerträge i.S.d. § 15 Abs. 2 vor, da der Spezialfonds in diesem Fall Dividendenerträge erzielt.[89] Die jeweilige Immobilien-Kapitalgesellschaft ist selbst Steuersubjekt.

bb) Gewinne aus privaten Veräußerungsgeschäften mit inländischen Grund- 111 **stücken und grundstücksgleichen Rechten.** Der Begriff „Gewinne aus privaten Veräußerungsgeschäften" bezieht sich auf § 23 Abs. 1 Satz 1 Nr. 1 EStG und daher sind die dortigen Auslegungsgrundsätze zu beachten.[90] Somit liegen diesbezüglich nur nach § 15 Abs. 2 steuerpflichtige Erträge vor, wenn die Veräußerung innerhalb der 10-Jahresfrist des § 23 Abs. 1 Satz 1 Nr. 1 EStG erfolgt.[91] Die Tatbestandsvoraussetzung der Veräußerung innerhalb der 10-Jahresfrist gilt unabhängig von der Art der Spezialfondsanleger.[92] Sie gilt daher trotz des Bezugs auf „private Veräußerungsgeschäfte" auch für beschränkt körperschaftsteuerpflichtige Anleger.[93] Erfolgt die Veräußerung der Immobilie erst nach Ablauf der zehnjährigen Haltefrist, liegt kein privates Veräußerungsgeschäft vor, so dass sowohl ein Veräußerungsgewinn als auch ein Veräußerungsverlust (da nicht unter den Anwendungsbereich des § 15 Abs. 2 fallend) steuerlich unbeachtlich sind.[94]

Nach der Auffassung der Finanzverwaltung sollen auch Erträge aus Leerverkäufen, 112 d.h. Gewinne aus der Veräußerung von inländischen Grundstücken und grundstücksgleichen Rechten, die zum Zeitpunkt der Veräußerung noch nicht zum Vermögen des Spezial-Investmentfonds gehörten, zu den von § 15 Abs. 2 erfassten Erträgen gehören.[95]

Entsprechend wie bei den laufenden Vermietungs- und Verpachtungserträgen ergibt 113 sich wieder die Frage, ob sich die Regelung des § 15 Abs. 2 auch auf „mittelbare" Immobilienerträge erstreckt, die der Spezialfonds durch die Zwischenschaltung von Immobilien veräußernden Personen- bzw. Kapitalgesellschaften, erzielt, wenn entweder der Fonds

---

[87] Berger/Steck/*Lübbehüsen* InvStG, § 15 Rn. 109; Beckmann/Scholtz/Vollmer/*Klusak* InvStG, § 15 Rn. 25.
[88] Berger/Steck/*Lübbehüsen* InvStG, § 15 Rn. 109; Beckmann/Scholtz/Vollmer/*Klusak* InvStG, § 15 Rn. 25.
[89] Berger/Steck/*Lübbehüsen* InvStG, § 15 Rn. 110; Beckmann/Scholtz/Vollmer/*Klusak* InvStG, § 15 Rn. 25.
[90] Haase/*Ackert*/*Füchsl* InvStG, § 15 Rn. 398.
[91] Haase/*Ackert*/*Füchsl* InvStG, § 15 Rn. 398; Littmann/Bitz/Pust/*Ramackers* InvStG, § 15 Rn. 45.
[92] Haase/*Ackert*/*Füchsl* InvStG, § 15 Rn. 400.
[93] Littmann/Bitz/Pust/*Ramackers* InvStG, § 15 Rn. 45; Berger/Steck/*Lübbehüsen* InvStG, § 15 Rn. 124; Haase/*Ackert*/*Füchsl* InvStG, § 15 Rn. 400; BMF vom 18.8.2009 – IV C 1 – S 1980-1/08/10019, Rn. 254.
[94] Haase/*Ackert*/*Füchsl* InvStG, § 15 Rn. 399; Berger/Steck/*Lübbehüsen* InvStG, § 15 Rn. 112, 124; Beckmann/Scholtz/Vollmer/*Klusak* InvStG, § 15 Rn. 31.
[95] BMF v. 18.8.2009, BStBl. I 2009, 931 Tz. 254; zustimmend Beckmann/Scholtz/Vollmer/*Klusak* InvStG, § 15 Rn. 26; Berger/Steck/*Lübbehüsen* InvStG, § 15 Rn. 111.

seine Beteiligung veräußert oder die zwischengeschaltete Gesellschaft innerhalb der 10-Jahresfrist die Immobilie veräußert:

114 **(1) Veräußerung der Immobilie durch gewerbliche Personengesellschaft.** Im Falle der Veräußerung einer Immobilie durch eine gewerbliche Personengesellschaft, an der der Spezialfonds als Mitunternehmer beteiligt ist, können dem Spezialfonds Immobilienveräußerungsgewinne zugerechnet werden, so dass die anteilig auf den inländische Spezial-Investmentfonds entfallenden Gewinne aus innerhalb der Zehnjahresfrist getätigten Veräußerungen mit inländischen Immobilien im Rahmen des § 15 Abs. 2 zu berücksichtigen sind.[96]

115 **(2) Veräußerung der Beteiligung an gewerblicher Immobilien-Personengesellschaft.** Da zwar zivilrechtlich Gegenstand der Veräußerung der Gesellschaftsanteil ist, jedoch einkommensteuerlich der ausscheidende Gesellschafter die ideellen Anteile an den einzelnen Wirtschaftsgütern des Gesellschaftsvermögens veräußert, sind die danach auf den inländischen Spezial-Investmentfonds entfallenden Gewinne aus innerhalb der Zehnjahresfrist getätigten (anteiligen) Veräußerungen inländischer Immobilien im Rahmen des § 15 Abs. 2 zu berücksichtigen.[97]

116 **(3) Veräußerung der Immobilie durch nicht gewerbliche Personengesellschaft.** Da gem. § 39 Abs. 2 Nr. 2 AO die Wirtschaftsgüter des Gesamthandsvermögens grundsätzlich den einzelnen Beteiligten anteilig zuzurechnen sind, sind dem Spezial-Investmentfonds, wenn dieser an einer vermögensverwaltenden Personengesellschaft beteiligt ist und die Personengesellschaft eine inländische Immobilie innerhalb der Frist des § 23 Abs. 1 Nr. 1 EStG veräußert, anteilige Veräußerungsgewinne zuzurechnen, auf die § 15 Abs. 2 anwendbar ist.[98]

117 **(4) Veräußerung der Beteiligung an nicht gewerblicher Immobilien-Personengesellschaft.** Veräußert der Spezial-Investmentfonds seine Beteiligung an einer nur vermögensverwaltenden Personengesellschaft, veräußert er zivilrechtlich nicht anteilig die im Gesamthandsvermögen befindlichen Immobilien. Jedoch ist der Auslegungsgrundsatz des § 23 Abs. 1 Satz 4 EStG zu berücksichtigen, wonach die Anschaffung oder Veräußerung einer unmittelbaren oder mittelbaren Beteiligung an einer Personengesellschaft als Anschaffung oder Veräußerung der anteiligen Wirtschaftsgüter gilt.[99] Da sich der Gesetzeswortlaut „Gewinne aus privaten Veräußerungsgeschäften mit inländischen Grundstücken und grundstücksgleichen Rechten" erkennbar an § 23 EStG orientiert und daher auch die zehnjährige Haltefrist gilt, ist auch die gesetzliche Fiktion des § 23 Abs. 1 Satz 4 im Rahmen des § 15 Abs. 2 relevant. Sind daher nach der Auslegungsregel des § 23 Abs. 1 Satz 4 inländische Immobilien innerhalb der Zehnjahresfrist vom inländischen Spezial-Investmentfonds (anteilig) veräußert worden, ist § 15 Abs. 2 diesbezüglich anwendbar.[100]

---

[96] Beckmann/Scholtz/Vollmer/*Klusak* InvStG, § 15 Rn. 26; ausführlich zur Diskussion Berger/Steck/*Lübbehüsen* InvStG, § 15 Rn. 116.
[97] Berger/Steck/*Lübbehüsen* InvStG, § 15 Rn. 117; Beckmann/Scholtz/Vollmer/*Klusak* InvStG, § 15 Rn. 26.
[98] Berger/Steck/*Lübbehüsen* InvStG, § 15 Rn. 113; Beckmann/Scholtz/Vollmer/*Klusak* InvStG, § 15 Rn. 26.
[99] Hierzu *Müller* DStR **2001** 1284 ff.; *Schmittmann/Gerdes* IStR **2003** 541, 543; *Kroschewski/Reiche* IStR **2006** 730, 731; *Kaper/Bujotzek* FR **2006** 49, 55.
[100] Berger/Steck/*Lübbehüsen* InvStG, § 15 Rn. 114; Beckmann/Scholtz/Vollmer/*Klusak* InvStG, § 15 Rn. 26.

(5) Immobilienkapitalgesellschaft, deren Anteile von Spezialfonds gehalten werden. Da eine Kapitalgesellschaft grundsätzlich ein eigenes Steuersubjekt ist, deren Wirtschaftgüter auch nicht anteilig steuerrechtlich ihren Anteilseigners zuzurechnen ist, ist § 15 Abs. 2 weder auf den Fall der die Immobilie veräußernden Kapitalgesellschaft anzuwenden noch auf den Fall, dass der Spezial-Investmentfonds Anteile an einer Immobilienkapitalgesellschaft veräußert.[101] 118

(6) Veräußerung/Rückgabe der Investmentanteile. § 15 Abs. 2 ist nicht anwendbar, wenn der ausländische Anleger seine Anteile an dem inländischen Spezial-Investmentfonds veräußert.[102] Es liegt kein Veräußerungsgeschäft bzgl. einer Immobilie vor, sondern über einen Investmentanteil. Denn dem inländischen Spezial-Investmentfonds ist grundsätzlich das Fondsvermögen zuzurechnen; die Zurechnung der Erträge nach § 15 Abs. 2 hat auf die Allokation der Wirtschaftsgüter keinen Einfluss. Eine Durchschau auf die durch den Spezial-Investmentfonds gehaltenen Immobilien verbietet sich, da auch § 23 Abs. 1 Nr. 1 Satz 4 EStG nicht anwendbar ist (keine Einordnung des Spezial-Investmentfonds als Personengesellschaft. 119

3. Rechtsfolgen

a) Gesonderter Ausweis der Erträge aus Immobilien (§ 15 Abs. 2 Satz 1). Gemäß dem Wortlaut des § 15 Abs. 2 Satz 1 sind die § 15 Abs. 2 unterfallenden Erträge „gesondert auszuweisen". Es wird durch das Gesetz jedoch nicht näher spezifiziert, wie der gesonderte Ausweis zu erfolgen hat. Nach der Auffassung der Finanzverwaltung[103] gilt, dass die Mieterträge und Veräußerungsgewinne aus Immobiliengeschäften jeweils als Untergruppe der ausgeschütteten oder ausschüttungsgleichen Erträge in der Feststellungserklärung gesondert auszuweisen sind und ebenfalls unter dem Vorbehalt der Nachprüfung gesondert (und einheitlich) festgestellt werden. Bei mehreren Anlegern soll Letzteres nach Verwaltungsauffassung auch für die Anteile der einzelnen Anleger an diesen Erträgen gelten.[104] Die Auffassung der Finanzverwaltung, dass die nach § 15 Abs. 2 erfassten Erträge „ebenfalls unter dem Vorbehalt der Nachprüfung gesondert (und einheitlich) festgestellt werden", wird zu Recht kritisiert.[105] § 15 Abs. 1 ordnet explizit keine Feststellung, sondern nur den gesonderten Ausweis an. Die von § 15 Abs. 2 erfassten Erträge bilden nur unselbständige Besteuerungsmerkmale bei der Veranlagung der ausländischen Spezialfondsanleger. Da § 11 Abs. 3 nur die Besteuerungsgrundlagen nach § 5 als Prüfungsgegenstand nennt, erstreckt sich auch die Außenprüfung beim Spezial-Investmentfonds nicht auf diese Besteuerungsmerkmale. 120

Unbestritten ist ein gesonderter Ausweis nicht notwendig, wenn kein Steuerausländer an dem inländischen Spezial-Investmentfonds Anteile hält.[106] 121

---

101 Berger/Steck/*Lübbehüsen* InvStG, § 15 Rn. 118; Beckmann/Scholtz/Vollmer/*Klusak* InvStG, § 15 Rn. 26.
102 Berger/Steck/*Lübbehüsen* InvStG, § 15 Rn. 119; Littmann/Bitz/Pust/*Ramackers* § 15 InvStG Rn. 47; Beckmann/Scholtz/Vollmer/*Klusak* InvStG, § 15 Rn. 26.
103 BMF v. 18.8.2009, BStBl. I 2009, 931 Tz. 256.
104 BMF v. 18.8.2009, BStBl. I 2009, 931 Tz. 256.
105 Vgl. Berger/Steck/*Lübbehüsen* InvStG, § 15 Rn. 126; Beckmann/Scholtz/Vollmer/*Klusak* InvStG, § 15 Rn. 28; Littmann/Bitz/Pust/*Ramackers* § 15 InvStG, Rn. 54.
106 BMF v. 18.8.2009, BStBl. I 2009, 931 Tz. 256.

b) Zurechnung, Qualifikation und Ermittlung der Erträge (§ 15 Abs. 2 Satz 2)

122 **aa) Allgemeines.** Aufgrund der von § 15 Abs. 2 postulierten Super-Transparenz unterliegen die unter den Anwendungsbereich des § 15 Abs. 2 fallenden Erträge bei den ausländischen Spezialfondsanlegern nicht zu den Einkünften aus Kapitalvermögen i.S.d. § 20 Abs. 1 Nr. 1 EStG, sondern gelten als „als unmittelbar bezogene Einkünfte gemäß § 49 Abs. 1 Nr. 2 Buchstabe f, Nr. 6 oder Nr. 8" EStG.[107] Andere Erträge, die der Spezial-Investmentfonds erzielt, unterliegen den allg. investmentsteuerlichen Regelungen.[108]

123 **bb) Abgrenzung zwischen § 49 Abs. 1 Nr. 2f) EStG und § 49 Abs. 1 Nr. 6 und Nr. 8 EStG.** Fraglich ist, wie die Abgrenzung zu erfolgen hat zwischen § 49 Abs. 1 Nr. 2f) aa) und bb) EStG (Einkünfte aus Gewerbebetrieb) einerseits und § 49 Abs. 1 Nr. 6 und Nr. 8 EStG andererseits. Innerhalb der 10-Jahresfrist des § 23 Abs. 1 Nr. 1 EStG erzielte Immobilien-Veräußerungsgewinne gehören zu den Einkünften i.S.d. § 49 Abs. 1 Nr. 2f) bb) EStG oder § 49 Abs. 1 Nr. 8 EStG. Wenn der Spezialfondsanleger mit Kapitalgesellschaften oder sonstigen jur. Personen i.S.d. § 1 Abs. 1 Nr. 1–3 KStG vergleichbar ist, unterliegt der Veräußerungsgewinn aufgrund der Gewerblichkeitsfiktion des § 49 Abs. 1 Nr. 2f) Satz 2 EStG stets dem Anwendungsbereich des § 49 Abs. 1 Nr. 2f) EStG. Weiterhin sind Immobilien-Veräußerungsgewinne dann gem. § 49 I Nr. 2f) EStG steuerpflichtig, wenn der Tatbestand eines gewerblichen Grundstückshandels vorliegt.[109] Die Frage, ob der Tatbestand eines gewerblichen Grundstückhandels vorliegt, ist angesichts der Tatsache, dass § 15 Abs. 2 zu einer unmittelbaren Zurechnung der Einkünfte beim Spezialfondsanleger führt, auf der Grundlage einer Gesamtschau sowohl der Ebene des Spezial-Investmentfonds als auch der Ebene des Anlegers zu beurteilen. Sind die Veräußerungen des Spezial-Investmentfonds als gewerblicher Grundstückshandel einzuordnen, führt dies zur Anwendung des § 49 Abs. 1 Nr. 2f EStG. Selbst wenn der Spezial-Investmentfonds zwar keinen gewerblichen Grundstückshandel betreibt, sind die Immobilienveräußerungen des Spezialfonds zusammen mit denjenigen des Spezialfondsanlegers zu betrachten. Auch einer derartige Gesamtschau kann zu einem gewerblichen Grundstückshandel und damit zu Einkünften i.S.d. § 49 Abs. 1 Nr. 2f) EStG führen.[110]

124 In den übrigen Fällen (§ 49 Abs. 1 Nr. 6 und Nr. 8 EStG sind insoweit nur subsidiär anzuwenden)[111] unterfallen Erträge aus der Vermietung und Verpachtung inländischer Immobilien § 49 Abs. 1 Nr. 6 EStG und Gewinne aus innerhalb des Zehnjahreszeitraums getätigten Veräußerungen inländischer Immobilien dem § 49 Abs. 1 Nr. 8 EStG.

125 **cc) Rechtsfolgen bei Allokation der Spezialfondsanteile zu einer inländischen Betriebsstätte des Anlegers.** Umstritten sind die Rechtsfolgen in dem Fall, wenn die Anteile des Spezialfondsanlegers einem inländischen Betrieb des Anlegers i.S.d. § 49 Abs. 1 Nr. 2a) EStG zuzurechnen sind. Nach einer Auffassung erfolgt die Besteuerung in diesem Fall nach § 15 Abs. 2 und nicht nach den allgemeinen Regeln des § 49 Abs. 1 bis 3 EStG.[112] Anderer Auffassung ist die Finanzverwaltung,[113] wonach folgendes gelten soll:

---

107 BMF v. 18.8.2009, BStBl. I 2009, 931 Tz. 257.
108 Berger/Steck/*Lübbehüsen* InvStG, § 15 Rn. 106; Haase/*Ackert/Füchsl* InvStG, § 15 Rn. 401.
109 Schmidt/*Loschelder* § 49 EStG Rn. 56, 120.
110 Berger/Steck/*Lübbehüsen* InvStG, § 15 Rn. 129; Beckmann/Scholtz/Vollmer/*Klusak* InvStG, § 15 Rn. 30.
111 Haase/*Ackert/Füchsl* InvStG, § 15 Rn. 436.
112 Beckmann/Scholtz/Vollmer/*Klusak* InvStG, § 15 Rn. 27; Littmann/Bitz/Pust/*Ramackers* § 15 InvStG Rn. 53; Berger/Steck/*Lübbehüsen* InvStG, § 15 Rn. 124.
113 BMF v. 18.8.2009, BStBl. I 2009, 931 Tz. 259.

„Gehört der Anteil an dem Spezial-Sondervermögen zum inländischen Betriebsvermögen des beschränkt Steuerpflichtigen, bleibt es bei den allgemeinen Regeln. Im Rahmen der ausgeschütteten Erträge sind dann auch Gewinne aus der Veräußerung von inländischen Grundstücken und grundstücksgleichen Rechten außerhalb der zehnjährigen Behaltensfrist steuerbar." Neben der Frage, ob auch Veräußerungsgewinne nach Ablauf der 10-Jahresfrist steuerpflichtig sind, ist dieser Meinungsstreit insbesondere auch für die Gewerbesteuer relevant, wobei auch innerhalb der einzelnen Auffassungen unterschiedliche Rechtsfolgen diskutiert werden, insbes. was die Veräußerung der Immobilie nach Ablauf der zehnjährigen Haltefrist angeht.[114]

dd) Ermittlung der Höhe der Erträge. Gemäß dem Wortlaut des § 15 Abs. 2 Satz 2 gelten „diese Erträge" als unmittelbar bezogene Einkünfte i.S.d. § 49 Abs. 1 Nr. 2f) EStG bzw. § 49 Abs. 1 Nr. 6 und Nr. 8 EStG. Im InvStG geltende Sonderregelungen bzgl. Werbungskostenabzug bzw. etwaige Abzugsbeschränkungen sollten nicht gelten.[115] Vielmehr sind von den Bruttoerträgen zunächst in einem ersten Schritt sämtliche direkt oder indirekt anfallenden Aufwendungen des Investmentfonds abzuziehen und in einem zweiten Schritt dementsprechend individuelle Ausgaben des Spezialfondsanlegers zu berücksichtigen, soweit sie mit den relevanten Erträgen des Investmentfonds in wirtschaftlichem Zusammenhang stehen.[116] Das Ergebnis bildet die steuerliche Bemessungsgrundlage. 126

c) Qualifikation der Einkünfte im Rahmen von Doppelbesteuerungsabkommen, § 15 Abs. 2 Satz 3. Gemäß § 15 Abs. 2 Satz 3 gilt die durch § 15 Abs. 2 Satz 2 erfolgte Einkünfteumqualifikation „auch für die Anwendung der Regelungen in Doppelbesteuerungsabkommen". Somit ist nicht der Dividendenartikel, sondern es sind die Artikel für unbewegliches Vermögen und die Veräußerung unbeweglichen Vermögens anzuwenden mit der Folge, dass das deutsche Besteuerungsrecht als Quellenstaat nicht eingeschränkt wird.[117] Grundsätzlich hat der Anwenderstaat das Recht, Einkünfte nach nationalem Recht einer bestimmten Einkunftsart zuzuordnen mit der Folge, dass diese auch unter den Anwendungsbereich einer bestimmten Regelung in Doppelbesteuerungsabkommen zuzuordnen sind (Art. 3 Abs. 2 OECD-MA). Wenn jedoch ein Doppelbesteuerungsabkommen eine klare Zuordnung der Erträge aus Investmentfonds zu Dividenden enthält,[118] stellt die Regelung des § 15 Abs. 2 Satz 3 einen Treaty Override dar und damit wird die derzeitige Diskussion zum Treaty Override im Rahmen des § 15 Abs. 2 evtl. auch relevant, wozu eine Entscheidung des BVerfG[119] zur Verfassungskonformität dieser gesetzgeberischen Praxis erwartet wird.[120] 127

---

114 Ausführlich zu den Auswirkungen des Meinungsstreits: Haase/*Ackert*/*Füchsl* InvStG, § 15 Rn. 437–441, die sich unter Verweis auf die Gesetzesbegründung zu § 15 Abs. 2 und die Subsidiarität des § 49 Abs. 1 Nr. 2f) EStG gegenüber § 49 Abs. 1 Nr. 2a) EStG (Wortlaut des § 49 Abs. 1 Nr. 2f) EStG: „soweit sie nicht zu Einkünften im Sinne des Buchstaben a gehören") der Finanzverwaltungsauffassung anschließen; vgl. auch Berger/Steck/*Lübbehüsen* InvStG, § 15 Rn. 124 und Beckmann/Scholtz/Vollmer/*Klusak* InvStG, § 15 Rn. 31.
115 Beckmann/Scholtz/Vollmer/*Klusak* InvStG, § 15 Rn. 25; Haase/*Ackert*/*Füchsl* InvStG, § 15 Rn. 418, 420.
116 Beckmann/Scholtz/Vollmer/*Klusak* InvStG, § 15 Rn. 25; Haase/*Ackert*/*Füchsl* InvStG, § 15 Rn. 419; **a.A.** Berger/Steck/*Lübbehüsen* InvStG, § 15 Rn. 130, der der Auffassung ist, dass derartige anlegerbezogene Ermittlungspflichten des Investmentfonds dem Gesetz nicht entnommen werden könnten.
117 BMF v. 18.8.2009, BStBl. I 2009, 931 Tz. 258.
118 z.B. Art. 10 Abs. 6 DBA-Schweiz, Art. 10 Abs. 3 DBA-Luxemburg; Art. 10 Abs. 2 DBA-Niederlande; Protokoll zum DBA-Irland, Ziff. 2.
119 Az. beim BVerfG 2 BvL 1/12 sowie 2 BvL 15/14.
120 Vgl. zur Diskussion *Musil* IStR **2014** 192ff.; Beschluss des BFH vom 10.1.2012 – I R 66/09.

128 **d) Steuerabzug (§ 15 Abs. 2 Satz 4).** Von den dem § 15 Abs. 2 unterfallenden Erträgen ist gemäß § 15 Abs. 2 Satz 4 Kapitalertragsteuer in Höhe von 25% durch die Investmentgesellschaft einzubehalten. § 15 Abs. 1 Satz 8 bis 10 (und damit auch § 7 und §§ 43ff. EStG) gelten insoweit entsprechend. § 7 Abs. 6 sollte auf der Grundlage teleologischer Reduktion gleichwohl nicht anwendbar sein.[121]

129 **e) Veranlagung (§ 15 Abs. 2 Satz 5).** Gemäß § 50 Abs. 2 Satz 5 findet § 50 Absatz 2 Satz 1[122] keine Anwendung. Nach § 50 Absatz 2 Satz 1 EStG gilt die Einkommensteuer für Einkünfte, die dem Kapertragsteuerabzug unterliegen, beim beschränkt Steuerpflichtigen durch den Steuerabzug als abgegolten. Die Nichtanwendung des § 50 Abs. 1 Satz 1 EStG bedeutet, dass der nicht im Inland steuerlich ansässige Spezialfondsanleger mit den gemäß § 15 Abs. 2 umqualifizierten Erträgen zu veranlagen ist. Dieses spezielle Veranlagungsverfahren beschränkt sich lediglich auf die „§ 15 Abs. 2"-Erträge und wird separat neben einem etwaigen anderen Veranlagungsverfahren für andere beschränkt steuerpflichtige Einkünfte des Anlegers durchgeführt.[123] Im Rahmen des Veranlagungsverfahrens wird die einbehaltene Kapitalertragsteuer angerechnet, so dass eine Reduktion der Steuerlast von 25% auf 15% zzgl. SolZ erreicht werden kann. Weiterhin ist es möglich, bisher unberücksichtigt gebliebene Werbungskosten und Betriebsausgaben, die der beschränkt Steuerpflichtige im Zusammenhang mit seiner Beteiligung am Spezial-Investmentfonds hatte, zu berücksichtigen.

IV. Anwendung der Besteuerungsregelungen für Investitionsgesellschaften bei Verstoß gegen § 1 Abs. 1b (§ 15 Abs. 3 InvStG)

130 Gemäß § 15 Abs. 3 Satz 1 gilt ein Investmentanteil an einem Spezial-Investmentfonds mit Ablauf des vorangegangenen Geschäftsjahres des Spezial-Investmentfonds als veräußert, in dem der Spezial-Investmentfonds seine Anlagebedingungen in der Weise abgeändert hat, dass die Voraussetzungen des § 1 Abs. 1b nicht mehr erfüllt sind oder in dem ein wesentlicher Verstoß gegen die Anlagebestimmungen des § 1 Absatz 1b vorliegt. Als Veräußerungserlös des Investmentanteils und als Anschaffungskosten des Anteils an der Investitionsgesellschaft ist gem. § 15 Abs. 3 Satz 2 der Rücknahmepreis anzusetzen. Wird kein Rücknahmepreis festgesetzt, tritt an seine Stelle der Börsen- oder Marktpreis (§ 15 Abs. 3 Satz 3). Kapitalertragsteuer ist nicht einzubehalten und abzuführen (§ 15 Abs. 3 Satz 4). Der Spezial-Investmentfonds gilt mindestens für einen Zeitraum von drei Jahren als Investitionsgesellschaft (§ 15 Abs. 3 Satz 5).

131 **1. Bedeutung und Inhalt.** Ändert ein Investmentfonds seine Anlagebedingungen in der Weise ab, dass die Anlagebestimmungen des § 1 Abs. 1b nicht mehr erfüllt sind, oder liegt in der Anlagepraxis ein wesentlicher Verstoß gegen die Anlagebestimmungen des § 1 Abs. 1b vor, ergeht an den Publikums-Investmentfonds gem. § 1 Abs. 1d ein spezieller Feststellungsbescheid, in dem der Verlust der Investmentfondseigenschaft festgestellt wird. § 1 Abs. 1 und § 8 Abs. 8, die die entsprechenden Rechtsfolgen für den Publikums-Investmentfonds regeln, gelten jedoch beim Spezial-Investmentfonds gem. § 15 Abs. 1 Satz 1 nicht. Während ein Publikums-Investmentfonds nach Ablauf des Geschäftsjahres,

---

121 Vgl. Beckmann/Scholtz/Vollmer/*Klusak* InvStG, § 15 Rn. 32.
122 Dies gilt auch für die im Gesetzeswortlaut nicht erwähnte körperschaftsteuerliche Parallelvorschrift des § 32 Abs. 1 Nr. 2 KStG, vgl. BMF v. 18.8.2009, BStBl. I 2009, 931 Tz. 261; Berger/Steck/*Lübbehüsen* InvStG, § 15 Rn. 140.
123 Beckmann/Scholtz/Vollmer/*Klusak* InvStG, § 15 Rn. 33; Haase/*Ackert/Füchsl* InvStG, § 15 Rn. 469.

in dem der Feststellungsbescheid unanfechtbar geworden ist, für einen Zeitraum von mindestens 3 Jahren als Investitionsgesellschaft gilt (§ 1 Abs. 1d Satz 3), gilt ein Spezial-Investmentfonds bereits mit Ablauf des vorangegangenen Geschäftsjahres, in dem er seine Anlagebedingungen in der Weise abgeändert hat, dass die Voraussetzungen des § 1 Abs. 1b nicht mehr erfüllt sind oder in dem ein wesentlicher Verstoß gegen die Anlagebestimmungen des § 1 Absatz 1b vorliegt, ebenfalls für einen Zeitraum von 3 Jahren als Investitionsgesellschaft. Nach der Gesetzesbegründung zum AIFM-StAnpG kann die steuerliche Umwandlung eines Spezial-Investmentfonds in eine Investitionsgesellschaft anders geregelt werden als bei einem Publikums-Investmentfonds, da bei einen Spezial-Investmentfonds die Anleger bekannt sind und die Besteuerungsgrundlagen auf Anlegerebene festgestellt werden. Offenbar war der Grund für das zeitliche Vorziehen der Umwandlung in eine Investitionsgesellschaft beim Spezial-Investmentfonds die Befürchtung, dass die Beteiligten durch Anteilsveräußerung oder durch eine schnelle Liquidation des Spezial-Investmentfonds die steuerlichen Konsequenzen der Umwandlung in eine Investitionsgesellschaft umgehen.

§ 15 Abs. 3 enthält wie § 8 Abs. 8 Regelungen für die Besteuerung auf Anlegerebene,[124] wenn sich auf Grund eines Verstoßes gegen § 1 Abs. 1b ein Spezial-Investmentfonds in eine Kapitalinvestitionsgesellschaft verwandelt. Für den „Umwandlungstag" (d.h. mit Ablauf des vorangegangenen Geschäftsjahres des Spezial-Investmentfonds, s.o.) gelten die Anteile an dem Spezial-Investmentfonds als veräußert und die Anteile an der Investitionsgesellschaft als angeschafft. § 15 Abs. 3 sieht hinsichtlich dieser Veräußerungfiktion – anders als § 8 Abs. 8, der beim Publikums-Investmentfonds gilt – keine Stundungsregelung bis zur tatsächlichen Veräußerung des Anteils durch den Anleger vor. 132

Zum umgekehrten Fall der Umwandlung einer Investitionsgesellschaft in einen Investmentfonds, vgl. die Kommentierung zu § 20. 133

§ 15a
Offene Investmentkommanditgesellschaft

(1) § 15 gilt für offene Investmentkommanditgesellschaften im Sinne des § 1 Absatz 1f Nummer 3 entsprechend. § 15 Absatz 3 ist entsprechend anzuwenden, wenn die Voraussetzungen des § 1 Absatz 1f Nummer 3 nicht mehr erfüllt sind.

(2) Die für die Ermittlung von Einkünften eines Anlegers eines Spezial-Investmentfonds geltenden Regelungen sind für die Anleger von offenen Investmentkommanditgesellschaften entsprechend anzuwenden. Für die Bewertung eines Anteils an einer offenen Investmentkommanditgesellschaft im Sinne des Absatzes 1 gilt § 6 Absatz 1 Nummer 2 des Einkommensteuergesetzes entsprechend.

(3) Die Beteiligung an einer offenen Investmentkommanditgesellschaft im Sinne des Absatzes 1 führt nicht zur Begründung oder anteiligen Zurechnung einer Betriebsstätte des Anteilseigners. Die Einkünfte der offenen Investmentkommanditgesellschaft im Sinne des Absatzes 1 gelten als nicht gewerblich. § 9 Nummer 2 des Gewerbesteuergesetzes ist auf Anteile am Gewinn an einer offenen Investmentkommanditgesellschaft im Sinne des Absatzes 1 nicht anzuwenden.

(4) Wird ein Wirtschaftsgut aus einem Betriebsvermögen des Anlegers in das Gesellschaftsvermögen einer offenen Investmentkommanditgesellschaft übertragen, ist bei der Übertragung der Teilwert anzusetzen.

---

[124] Bzgl. der Besteuerungsfolgen auf Fondsebene in diesem Fall *Neumann* BB **2013** 673.

Schrifttum

Altendorf Passivierung „angeschaffter" Pensionsrückstellungen im Lichte des AIFM-StAnpG; Gesetzliche Reaktion auf unerwünschte jüngere BFH-Rechtsprechung, GmbH-StB **2014** 79; Beck'scher Bilanzkommentar, 8. Auflage 2012; *Blümich* Kommentar EStG/KStG/GewStG; *Benz/Placke* Die neue gesetzliche Regelung durch das AIFM-Steuer-Anpassungsgesetz zur „angeschafften Drohverlustrückstellung" in § 4f und § 5 Abs. 7 EStG, DStR **2013** 2653; *Bolik/Bruckbauer* Hebung stiller Lasten – Neuregelung der §§ 4f, 5 Abs. 7 EStG durch das AIFM-StAnpG und praktische Beratungshinweise, SteuK **2014** 221; *Büschgen* Das kleine Börsen-Lexikon 23. Auflage 2012; *Elser/Stadler* Der Referentenentwurf zum AIFM-Steuer-Anpassungsgesetz – Ausweitung und Verschärfung der Besteuerung nach dem InvStG, DStR **2012** 2561; *Fischer/Friedrich* Investmentaktiengesellschaft und Investmentkommanditgesellschaft unter dem Kapitalanlagegesetzbuch ZBB **2013** 153; *Förster/Staaden* Übertragung von Verpflichtungen mit Ansatz- und Bewertungsvorbehalten, Ubg **2014** 1; *Freitag* „Die Investmentkommanditgesellschaft" nach dem Regierungsentwurf für ein Kapitalanlagegesetzbuch, NZG **2013** 329; *Geurts/Faller* Reform oder Status Quo bei der Fondsbesteuerung? DB **2012** 2898; *Günkel* Übergang von steuerlich beschränkt passivierungsfähigen Verpflichtungen beim Unternehmenskauf, BB **2013** 1001; *Haisch/Helios* Investmentsteuerrechtsreform aufgrund AIFMD und KAGB BB **2013** 23; *Haisch/Helios* Investmentsteuerrechtsreform aufgrund KAGB und AIFM-StAnpG – Änderungen noch möglich, BB **2013** 1687; *Hörhammer/Pitzke* Verpflichtungsübernahme: Ansatzverbote, -beschränkungen und Bewertungsvorbehalte, NWB **2014** 426; *Jesch* BB-Gesetzgebungs- und Rechtsprechungsreport zur Fondsregulierung 2013, BB **2013** 3075; *Klein/Lorenz/Reichel* Pension Pooling – mit dem OGAW IV-Umsetzungsgesetz eine Chance vertan? BB **2012** 331; *Lauermann/Birker* Investmentfonds im neuen DBA Luxemburg – ein Überblick RdF **2013** 51; *Lüdenbach/Hoffmann* Das Nichtanwendungsgesetz zur Hebung stiller Lasten, GmbHR **2014** 123; *Patzner/Wiese* Neuordnung der Investmentbesteuerung bei der Umsetzung der AIFM-Richtlinie durch das AIFM-Steueranpassungsgesetz, IStR **2013** 73; *Riedel* Die Neuregelung der sog. angeschafften Rückstellungen nach § 4f und § 5 Abs. 7 EStG, FR **2014** 6; *Schindler* Die Beschränkung der Hebung stiller Lasten auf der Seite des Übertragenden durch § 4f EStG, GmbHR **2014** 561; *Schmidt/Heinsius* Die italienische Betriebsstätte eines offenen Immobilienfonds – Anforderungskriterien und Zurechnungsfragen nach italienischem und internationalem Steuerrecht, IStR **2003** 235; *Schultz/Debnar* Übertragung von Passiva im AIFM-StAnpG: Steuerliche Anschaffungsverträge und Aufwandverteilung sind Realität, BB **2014** 107; *Sorgenfrei* Steuerlicher Transparenzgrundsatz und DBA-Berechtigung deutscher offener Investmentfonds, IStR **1994** 465; *Täske* Unternehmen Steuern: Festschrift für Hans Flick 1997, 587; *Veit/Hainz* Steuerbilanzielle Zweifelsfragen beim AIFM-StAnpG im Hinblick auf betriebliche Versorgungspflichten, BB **2014** 1323; *Zinkeisen/Walter* Seminar F: Abkommensberechtigung von Investmentfonds, IStR **2007** 583.

Gesetzesmaterialien

BTrucks. 17/5417 Bericht des Finanzausschusses zu dem Gesetzentwurf der Bundesregierung – Drucksachen 17/4510, 17/4811 – Gesetzentwurf der Bundesregierung, Entwurf eines Gesetzes zur Umsetzung der Richtlinie 2009/65/EG zur Koordinierung der Rechts- und Verwaltungsvorschriften betreffend bestimmte Organismen für gemeinsame Anlagen in Wertpapieren (OGAW-IV-Umsetzungsgesetz – OGAW-IV-UmsG); BT-Drucks. 17/12603 Gesetzentwurf der Bundesregierung, Entwurf eines Gesetzes zur Anpassung des Investmentsteuergesetzes und anderer Gesetze an das AIFM-Umsetzungsgesetz (AIFM-Steuer-Anpassungsgesetz – AIFM-StAnpG); BTDrucks. 17/13036 Stellungnahme des Bundesrates und Gegenäußerung der Bundesregierung zum Entwurf eines Gesetzes zur Anpassung des Investmentsteuergesetzes und anderer Gesetze an das AIFM-Umsetzungsgesetz (AIFM-Steuer-Anpassungsgesetz – AIFM-StAnpG); BTDrucks. 17/13522 Beschlussempfehlung des Finanzausschusses (7. Ausschuss) zu dem Gesetzentwurf der Bundesregierung – Drucksachen 17/12603, 17/13036 – Entwurf eines Gesetzes zur Anpassung des Investmentsteuergesetzes und anderer Gesetze an das AIFM-Umsetzungsgesetz (AIFM-Steuer-Anpassungsgesetz – AIFM-StAnpG); BTDrucks. 17/13562 Bericht des Finanzausschusses (7. Ausschuss) zu dem Gesetzentwurf der Bundesregierung – Drucksachen 17/12603, 17/13036 – Entwurf eines Gesetzes zur Anpassung des Investmentsteuergesetzes und anderer Gesetze an das AIFM-Umsetzungsgesetz (AIFM-Steuer-Anpassungsgesetz – AIFM-StAnpG); BTDrucks. 18/68 Gesetzentwurf des Bundesrates: Entwurf eines Gesetzes zur Anpassung des Investmentsteuergesetzes und anderer Gesetze an das AIFM-Umsetzungsgesetz

(AIFM-Steuer-Anpassungsgesetz – AIFM-StAnpG); BRDrucks. 95/1/13 Empfehlung Finanzausschuss Entwurf eines Gesetzes zur Anpassung des Investmentsteuergesetzes und anderer Gesetze an das AIFM-Umsetzungsgesetz (AIFM-Steuer-Anpassungsgesetz – AIFM-StAnpG); BRDrucks. 376/13 Gesetzesbeschluss des Deutschen Bundestages Gesetz zur Anpassung des Investmentsteuergesetzes und anderer Gesetze an das AIFM-Umsetzungsgesetz (AIFM-Steuer-Anpassungsgesetz – AIFM-StAnpG); BRDrucks. 376/13 Anrufung des Vermittlungsausschusses durch den Bundesrat, Gesetz zur Anpassung des Investmentsteuergesetzes und anderer Gesetze an das AIFM-Umsetzungsgesetz (AIFM-Steuer-Anpassungsgesetz-AIFM-StAnpG); BRDrucks. 740/13 Entwurf eines Gesetzes zur Anpassung des Investmentsteuergesetzes und anderer Gesetze an das AIFM-Umsetzungsgesetz (AIFM-Steuer-Anpassungsgesetz – AIFM-StAnpG).

Verwaltungsanweisungen

BMF-Schreiben vom 12.4.2012 Deutsch-amerikanisches Doppelbesteuerungsabkommen (DBA-USA); Pensionsfonds i.S.d. Artikels 10 Abs. 11 DBA-USA; Vereinbarung zur Beseitigung von Zweifeln bei der Anwendung des Artikels 10 Abs. 3 Buchstabe b in Verbindung mit Abs. 11 DBA-USA vom 19.3.2012; BMF-Schreiben vom 16.7.2012 Teilwertabschreibung gemäß § 6 Absatz 1 Nummer 1 und 2 EStG; Voraussichtlich dauernde Wertminderung, Wertaufholungsgebot.

Systematische Übersicht

A. Allgemeines —— 1
   I. Entstehungsgeschichte der Norm —— 5
   II. Vorgängernorm —— 6
   III. Inhalt und Zweck der Regelung —— 7
   IV. Anwendungsbereich —— 9
      1. Persönlicher Anwendungsbereich der Norm —— 9
      2. Sachlicher Anwendungsbereich der Norm —— 10
      3. Zeitlicher Anwendungsbereich der Norm —— 11
B. Tatbestand —— 12
   I. Verweis auf Vorschriften für inländische Spezial-Investmentfonds (Abs. 1, Satz 1) —— 13
      1. Qualifizierte offene InvKG —— 14
         a) Offene InvKG —— 15
         b) Voraussetzungen des § 1 Abs. 1b InvStG —— 16
         c) Qualifizierte Voraussetzungen des § 1 Abs. 1f Nr. 3 InvStG —— 17
      2. Rechtsfolge(n) —— 20
      3. Verhältnis zu allgemeinen Vorschriften —— 21
      4. DBA-Nutzung —— 23
   II. Wegfall des Status als Investmentfonds —— 28
      1. Wegfall der Zweckbindung (Abs. 1, Satz 2) —— 29
      2. Verstoß gegen die Anlagebedingungen —— 30
      3. Rechtsfolge —— 31
   III. Einkünfteermittlung auf Anlegerebene (Abs. 2, Satz 1) —— 34
   IV. Bewertung von Anteilen einer InvKG (Abs. 2, Satz 2) —— 35
   V. Keine Begründung einer Betriebsstätte im Inland (Abs. 3) —— 39
   VI. Einbringung von Wirtschaftsgütern (Abs. 4) —— 40
   VII. Entnahme von Wirtschaftsgütern; Sachauskehrungen —— 44
C. Nutzungsmöglichkeiten einer offenen InvKG —— 45
D. Alternative Anlagevehikel —— 46
E. Exkurs § 4f EStG, § 5 Abs. 7 EStG – Zeitliche Streckung der Realisierung stiller Lasten —— 49
   I. Allgemeines —— 49
   II. Zeitliche Streckung der Hebung stiller Lasten aus übertragenen Pensionsverpflichtungen § 4f EStG —— 50
   III. Behandlung der übernommenen Verbindlichkeit —— 52

A. Allgemeines

1 Im Rahmen der Umsetzung der AIFM-Richtlinie[1] in nationales Recht durch das KAGB[2] vom 4.7.2013 wurde die offene InvKG in §§ 124 ff. KAGB als dritte Form eines offenen Investmentfonds aufsichtsrechtlich zugelassen. Das neu geschaffene Anlagevehikel dient dem Zweck, die Bündelung von betrieblichem Altersvorsorgevermögen für international tätige Unternehmen und Konzerne in Deutschland attraktiver zu gestalten. Die Bündelung betrieblicher Altersvorsorgevermögen aus verschiedenen Jurisdiktionen in einem Land durch ein einziges Vehikel bezeichnet man gemeinhin als „Pension Asset Pooling" oder kurz „Pension Pooling". Dabei wird das Vermögen, welches internationale Unternehmen und Konzernen zur Abdeckung von Pensionsverpflichtungen gegenüber ihren Arbeitnehmern bilden, auf ein zentrales Investment-Vehikel übertragen und von einer zentralen Depotbank (Verwahrstelle) verwahrt. Hierdurch werden i.d.R. Kostenersparnisse und Effizienzgewinne generiert.

2 Durch die die aufsichtsrechtlichen Regelungen in §§ 124 ff. KAGB flankierenden steuerlichen Regelungen in § 15a wird die Beteiligung als Kommanditist an einer offenen InvKG als spezielles Anlagevehikel steuerlich einer grenzüberschreitenden Direktanlage des Anlegerkommanditisten auf der Grundlage der jeweiligen Doppelbesteuerungsabkommen (DBA) grds. gleichgestellt. Dies bedeutet konkret, steuerlich werden Erträge unter Gewährung der Vergünstigungen nach dem jeweils einschlägigen DBA auf die Ebene der Anleger durchgeschleust. Steuerlich durfte die InvKG deshalb nicht als eigenständiges Besteuerungssubjekt mit eigener Abkommensberechtigung nach den DBA ausgestaltet werden, sondern musste steuerlich transparent sein. Diese Anforderungen erfüllten die vor Einführung der InvKG bereits im deutschen Investmentrecht vorhandenen Formen (Sondervermögen und Investmentaktiengesellschaft) nicht, weil diese selbst Körperschaftsteuersubjekt und damit auch Person im Sinne der Doppelbesteuerungsabkommen sind.[3] Deshalb war die Einführung einer weiteren Form für offene Investmentfonds in der Rechtsform einer Personengesellschaft notwendig. Durch die Schaffung der entsprechenden steuerlichen Rahmenbedingungen für das Pension-Pooling in § 15a soll der Investmentstandort Deutschland nachhaltig gestärkt werden. Die Gefahr der Abwanderung von Investoren aus dem Pensions- und Altersvorsorgesektor soll gemindert werden, indem fortan hierfür ein attraktives Anlagevehikel nach deutschem Recht für die Zwecke des Pension-Pooling zur Verfügung gestellt wird. Das zuvor beschriebene Ziel wurde jedoch nur bedingt erreicht, weil derzeit de lege lata bei der Übertragung von Wirtschaftsgütern der Ansatz zum Teilwert gesetzlich vorgeschrieben ist, damit zwingend eine Gewinnrealisierung eintritt (Abs. 4, s. Rn. 40 ff.) und die Nutzung der InvKG im Laufe des Gesetzgebungsverfahrens ausschließlich auf die Verwaltung von Altersvorsorgevermögen beschränkt wurde (siehe § 1 Abs. 1f) Nr. 3).

3 Vor Einführung der offenen InvKG und den steuerlichen Regelungen in § 15a gestaltete sich das Pension-Pooling internationaler Konzerne i.d.R. wie folgt:

---

[1] Richtlinie 2011/61/EU des Europäischen Parlaments und des Rates vom 8. Juni 2011 über die Verwalter alternativer Investmentfonds und zur Änderung der Richtlinien 2003/41/EG und 2009/65/EG und der Verordnungen (EG) Nr. 1060/2009 und (EU) Nr. 1095/2010 (ABl. L 174 vom 1.7.2011, S. 1) (AIFM-Richtlinie).
[2] BGBl. 2013 I S. 1981 ff.
[3] BTDrucks. 17/12603 S. 36.

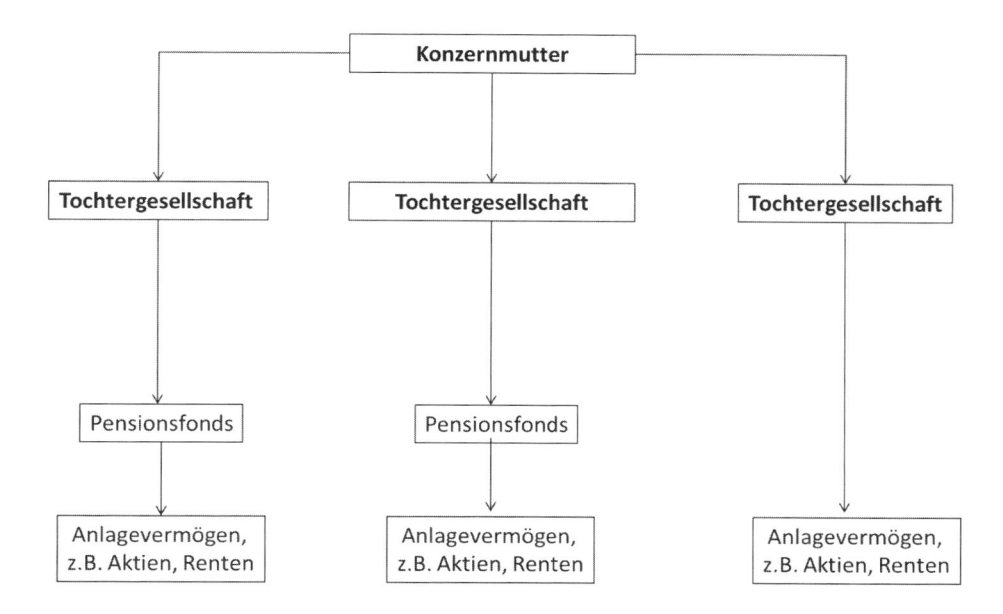

A. Allgemeines — § 15a

```
                    Konzernmutter
        ┌───────────────┼───────────────┐
Tochtergesellschaft  Tochtergesellschaft  Tochtergesellschaft
        │               │               │
   Pensionsfonds    Pensionsfonds        │
        │               │               │
  Anlagevermögen,  Anlagevermögen,  Anlagevermögen,
  z.B. Aktien,     z.B. Aktien,     z.B. Aktien,
  Renten           Renten           Renten
```

* Bei deutschen Tochtergesellschaften enthält die Struktur mitunter einen CTA und/oder einen Spezialfonds

Nunmehr kann unter Nutzung der Vorteile der offenen InvKG von internationalen Konzernen folgende Struktur gewählt werden, bei der die zentrale Vermögensanlage und Verwaltung über einen in Deutschland zugelassenen Investmentfonds in Form einer offenen InvKG erfolgt. **4**

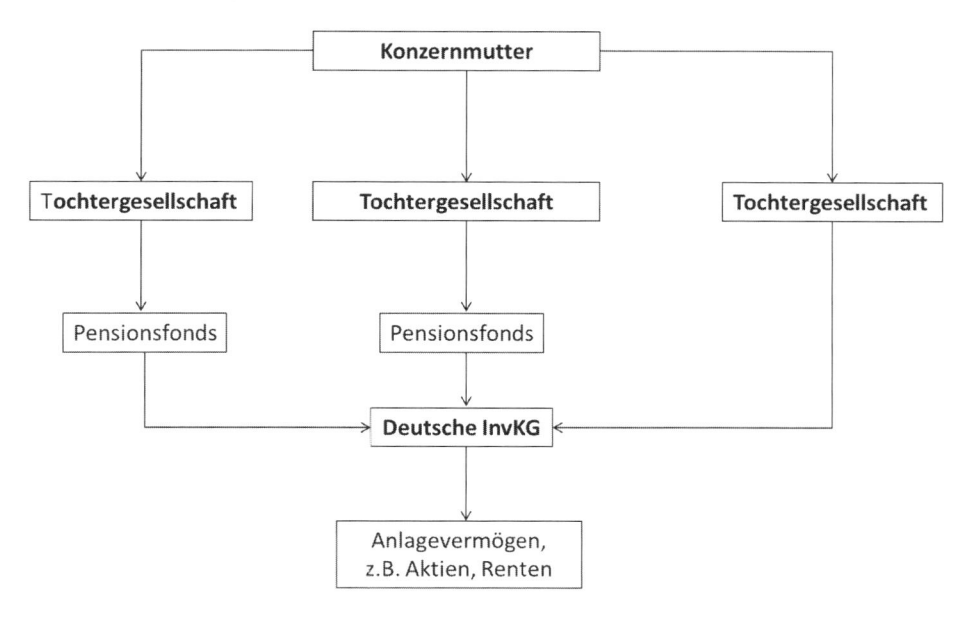

```
                    Konzernmutter
        ┌───────────────┼───────────────┐
Tochtergesellschaft  Tochtergesellschaft  Tochtergesellschaft
        │               │               │
   Pensionsfonds    Pensionsfonds        │
        └───────────────┼───────────────┘
                   Deutsche InvKG
                        │
                  Anlagevermögen,
                  z.B. Aktien, Renten
```

I. Entstehungsgeschichte der Norm

5   Der § 15a wurde durch das AIFM-StAnpG vom 18.12.2013[4] in das Normengefüge des InvStG aufgenommen.[5] Hierdurch wurde dem Wunsch der Wirtschaft nach Einführung eines zentralen Pooling-Vehikels für betriebliche Altersvorsorgesysteme international tätiger Konzerne Rechnung getragen, für das ein entsprechend verlässlicher steuerrechtlicher Rahmen zur Verfügung gestellt werden musste. Der BVI hatte sich bereits zuvor im Gesetzgebungsverfahren zum OGAW IV-Umsetzungsgesetz für die Einführung der InvKG stark gemacht und im Gesetzgebungsverfahren Vorschläge unterbreitet, die zum damaligen Zeitpunkt vom Gesetzgeber aber noch nicht aufgegriffen, jedoch im Gesetzgebungsverfahren bereits mit erörtert wurden.[6]

Der Bundesrat hatte im Laufe des Gesetzgebungsverfahren zum AIFM-StAnpG die Einführung der InvKG zunächst mit der Begründung abgelehnt, dass die Schaffung eines transparenten Investitionsvehikels für die Zwecke des DBA-Rechts, dem das sog. Fondsprivilegs, d.h. die steuerfreie Thesaurierung von Veräußerungsgewinnen, gewährt wird, aufgrund einer Vermengung unterschiedlicher Besteuerungsprinzipien systemwidrig sei. Das Nebeneinander der bei gewerblichen Personengesellschaften sowie bei steuerlich begünstigten Investmentfonds geltenden Besteuerungsgrundsätze führe derzeit zu nicht absehbaren Folgeproblematiken und Gestaltungsmöglichkeiten. Probleme würden insb. bestehen, weil die Nutzungsmöglichkeiten der offenen InvKG (nach dem Gesetzentwurf der Bundesregierung) nicht auf die Fälle des reinen Pension-Asset-Pooling begrenzt seien und die Rechtsform der offenen InvKG somit auch für andere Zwecke genutzt werden könne. Die Einführung der offenen InvKG war nach Auffassung des Bundesrats zudem auch nicht erforderlich, weil eine Bündelung betrieblicher Altersvorsorgevermögen international tätiger Unternehmen bereits mit den bestehenden Formen möglich sei. Er vertrat deshalb die Ansicht, dass im Rahmen einer Revision der DBA oder von Verständigungsverfahren die gewünschte DBA-Transparenz deutscher Sondervermögen erreicht und geregelt werden könnte. Als Beispiel führte der Bundesrat explizit Luxemburg und Irland an, die mit dem „Fonds Commun de Placement" (FCP, Luxemburg) und dem „Common Collective Fund" (CCF, Irland) Anlagevehikel hätten, die dem deutschen Sondervermögen stark ähneln. Diese Staaten hätten in intensiven Abstimmungen mit wichtigen Quellenstaaten von Kapitaleinkünften auch erreicht, dass ihre nationalen Fonds-Vehikel als DBA-rechtlich transparent anerkannt werden. Hieran könne man sich ein Beispiel nehmen.[7]

Die Bundesregierung hatte dem Bundesrat im Gesetzgebungsverfahren jedoch, unterstützt u.a. durch die deutsche Investmentfondsbranche,[8] entgegengehalten, dass die bisher existierenden Investmentfonds-Typen, „Sondervermögen" und „InvAG", in der Praxis nicht zur Umsetzung des Pension-Pooling geeignet seien. Begründet hat sie dies im Wesentlichen damit, dass Sondervermögen als andere Zweckvermögen des privaten Rechts (§ 1 Abs. 1 Nr. 5 KStG i.V.m. § 11 Abs. 1 S. 1) und InvAG als Kapitalgesellschaft (§ 1 Abs. 1 Nr. 1 KStG) selbst Körperschaftsteuersubjekte sind und deshalb keine transparenten Vehikel im Sinne der einzelnen DBA seien.[9] Die Einführung eines steuerlich transpa-

---
[4] BGBl. 2013 I S. 4318.
[5] S. zur Gesetzgebung BB **2013** 3030 u. BB **2013** 3049.
[6] S. *Klein/Lorenz/Reichel* BB **2012** 331, 333 unter Verweis auf das Wortprotokoll der 44. Sitzung des Finanzausschusses BT vom 23.2.2011, Prot. Nr. 17/44. S. 4, 6, 12f., 16, 26ff.; BTDrucks. 17/5417 S. 9.
[7] BRDrucks. 95/13 S. 2f.; BTDrucks. 17/13036 S. 1f.; s. zur Gesetzgebung auch BB **2013** 1046.
[8] Vgl. BB **2013** 1110.
[9] BTDrucks. 17/13036 S. 7.

renten Vehikels im DBA-rechtlichen Sinne sei daher geboten, um die sich aus den einzelnen DBA ergebenden Abkommensvorteile für den Anlegerkommanditisten auch im Rahmen eines Pension-Poolings (weiter) nutzen zu können. Die vom Bundesrat vorgetragenen Bedenken, dass das ohnehin als gestaltungsanfällig geltende Investmentsteuerrecht durch die Schaffung der offenen InvKG zumindest theoretisch weiteren neuen Gestaltungsrisiken ausgesetzt werde, wurden nicht geteilt. Im Rahmen einer Abwägung wurden von der Bundesregierung die zu erwartenden Vorteile aus der Einführung eines neuen Typus Investmentfonds in Form der offenen InvKG als vorzugswürdig erachtet.[10]

Den Bedenken des Bundesrats, dass die offene InvKG auch für ungewünschte steuerliche Gestaltungen genutzt werden könne, wurde dann im Laufe des Gesetzgebungsverfahrens durch den Finanzausschuss des Bundestages Rechnung getragen. Die Nutzung der günstigen steuerlichen Regelungen des InvStG für eine offene InvKG wurde davon abhängig gemacht, dass die anzulegenden Mittel „*unmittelbar und ausschließlich*" für Zwecke der betrieblichen Altersvorsorge verwaltet werden.[11] Die entsprechende Voraussetzung findet sich in § 1 Abs. 1f Nr. 3, auf den § 15a Abs. 1 verweist.

Dieser wurde wie folgt gefasst:

> „*Inländische Investmentfonds können gebildet werden ...*
> 3. ¹*in Form einer offenen Investmentkommanditgesellschaft im Sinne des Kapitels 1 Abschnitt 4 Unterabschnitt 4 des Kapitalanlagegesetzbuchs, die nach ihrem Gesellschaftsvertrag nicht mehr als 100 Anleger hat, die nicht natürliche Personen sind und deren Gesellschaftszweck unmittelbar und ausschließlich der Abdeckung von betrieblichen Altersvorsorgeverpflichtungen dient.* ²*Die Anleger haben schriftlich nach amtlichem Muster gegenüber der offenen Investmentkommanditgesellschaft zu bestätigen, dass sie ihren Anteil unmittelbar und ausschließlich zur Abdeckung von betrieblichen Altersvorsorgeverpflichtungen halten.*"

Diese Einschränkung betreffend den Gesellschaftszweck der offenen InvKG in § 1 Abs. 1f wurde auch nach dem Scheitern des Gesetzgebungsverfahrens zum AIFM-StAnpG in der 17. Legislaturperiode des Bundestages, für das auch der Streit um die Einführung der offenen InvKG mit verantwortlich gewesen ist,[12] bei der Neuaufnahme des Gesetzgebungsverfahrens zum AIFM-StAnpG in der 18. Legislaturperiode des Bundestages durch den Bundesrat beibehalten. Dabei wurde § 1 Abs. 1f um einen Einschub (einen neuen Satz 2) ergänzt: „*Die Voraussetzungen des Satzes 1 gelten nicht als erfüllt, wenn der Wert der Anteile, die ein Anleger erwirbt, den Wert der betrieblichen Altersvorsorgeverpflichtung übersteigt.*[13]" Hierdurch hat der Gesetzgeber klargestellt, dass der geforderte spezifische Gesellschaftszweck nur dann erfüllt ist, wenn der Anleger ausschließlich und nur in dem finanziellen Umfang eine Beteiligung an einer offenen InvKG erwirbt, wie dies auch zur Abdeckung seiner bestehenden Altersvorsorgeverpflichtungen erforderlich ist.[14] Ansonsten liegt ein Investitionsvehikel vor, welches unter das Besteuerungsregime der Personeninvestitionsgesellschaften (§ 18) und nicht unter das privilegierte Besteuerungsregime für Investmentfonds fällt.[15]

---

10 BTDrucks. 17/13036 S. 7.
11 BTDrucks. 17/13522 S. 11.
12 S. *Jesch* BB **2013**, 3075, 3078.
13 BTDrucks. 18/68 S. 11; BRDrucks. 740/13 (B) S. 13; BRDrucks. 740/13 S. 9.
14 BTDrucks. 18/68 S. 44; BRDrucks. 740/13 (B) S. 66; BRDrucks. 740/13 S. 43.
15 Vgl. BTDrucks. 18/68 S. 62; BRDrucks. 740/13 (B) S. 97; BRDrucks. 740/13 S. 63.

II. Vorgängernorm

6 § 15a hatte weder im alten KAGG noch in dem im Jahre 2004 in Kraft getretenen InvStG eine entsprechende Vorgängernorm. Denn damals gab es noch keine aufsichtsrechtlich geregelte offene InvKG, deren steuerliche Behandlung einer Regelung bedurft hätte.

III. Inhalt und Zweck der Regelung

7 Die Einführung der offenen InvKG in das deutsche Investmentrecht diente primär dem Zweck, die Bündelung von betrieblichem Altersvorsorgevermögen international tätiger Unternehmen (sog. Pension- Pooling) in Deutschland attraktiver zu gestalten.[16] In der Praxis zu beobachtenden Verlagerungen von Altersvorsorgevermögen ins Ausland soll so effektiv entgegengewirkt werden.[17] In der Vergangenheit hatten internationale Konzerne ihr Pension-Pooling regelmäßig in Ländern vorgenommen, die hierfür einen attraktiveren rechtlichen und steuerlichen Rahmen zur Verfügung gestellt haben. Insbesondere die Niederlande und Luxemburg haben attraktive Rechtsrahmen zur Bündelung von Pensionsvermögen geschaffen und in der Vergangenheit aktiv für einen Transfer bestehender Pensionsvermögen geworben.[18] Durch die Schaffung der offenen InvKG wurde insoweit ein bislang bestehender Standortnachteil für Deutschland beseitigt. Zudem wird Deutschland hierdurch auch im internationalen Vergleich attraktiv für den Transfer bereits bestehender Pensionsvermögen nach Deutschland,[19] d.h. ein Abwerben aus anderen Jurisdiktionen und Ländern. Die Pensionsvermögen unterliegen dem dann im Grundsatz strengeren deutschen Aufsichtsrecht.

8 Zum Hintergrund: International tätige Unternehmen verwalten ihre Pensionseinrichtungen häufig singulär voneinander getrennt in den einzelnen Ländern, in denen sie ihre einzelnen operativen Tätigkeiten ausüben. Diesen wird nun die Möglichkeit gegeben, bisher auf verschiedene Länder verteilte Pensionssysteme ihrer Mitarbeiter in Deutschland unter dem Dach einer offenen InvKG zusammen zu führen. Hierdurch können i.d.R. Effizienzgewinne erzielt werden, indem zukünftig nur noch ein einheitliches Risikomanagementsystem und eine Fondsbuchhaltungen mit einheitlichem Reporting unterhalten werden müssen. Ziel des Pension-Pooling i.S.d. § 15a ist somit die „attraktive" steuerliche Ausgestaltung der Bündelung von betrieblichem Altersvorsorgevermögen international tätiger Unternehmen in einem – steuerlich DBA-transparenten – deutschen Anlagevehikel. Zuvor bestehende Nachteile bei der Erstattung und Freistellung ausländischer Quellensteuern sollen so vermieden werden; konkret die (teilweise) Rückerstattung im Ausland gezahlter Quellensteuern auf Dividenden.[20] Es bestand insoweit ein unabweisbarer Bedarf für ein steuertransparentes deutsches Fonds-Vehikel.[21] Eine abschließende Lösung der zuvor aufgezeigten Problematik erfordert jedoch möglicherweise einen umfassenden Lösungsansatz auf europäischer oder OECD-Ebene.[22]

---

16 BTDrucks. 18/68 S. 61; BRDrucks. 740/13 (B) S. 95; BRDrucks. 740/13 S. 53; BTDrucks. 17/12603 S. 62; *Fischer/Friedrich* ZBB **2013**, 153.
17 BTDrucks. 18/68 S. 2; BRDrucks. 740/13 (B) S. 2; BRDrucks. 740/13 S. 2; BTDrucks. 17/13036 S. 7.
18 Vgl. *Klein/Lorenz/Reichel* BB **2012** 331.
19 *Klein/Lorenz/Reichel* BB **2012** 331, 332.
20 BTDrucks. 18/68 S. 61; BRDrucks. 740/13 (B) S. 95; BRDrucks. 740/13 S. 62; BTDrucks. 17/12603 S. 36.
21 *Klein/Lorenz/Reichel* BB **2012** 331, 337.
22 *Haisch/Helios* BB **2013** 1687, 1700; *Haisch/Helios* BB **2013** 23, 33.

Deutsche Investmentfonds in der Form der Sondervermögen oder einer InvAG sind zwar i.d.R. abkommensberechtigt i.S.d. DBA und können somit eine Quellensteuerreduktion auf den niedrigeren DBA-Satz in Anspruch nehmen. Die den betrieblichen Altersvorsorgesystemen und Pensionsfonds darüber hinaus zustehenden Entlastungen von Quellensteuern kommen diesen i.d.R. jedoch nicht zu Gute.[23] Eine Ausnahme hiervon besteht z.B. aber seit dem Inkrafttreten des neuen DBA-USA vom 1.6.2006.[24] In diesem ist in Art. 10 Abs. 3 lit. b) DBA-USA für Pensionsfonds eine vollständige Befreiung von den Quellensteuern auf Dividenden vorgesehen. Der Begriff des Pensionsfonds in Art. 10 Abs. 11 DBA-USA umfasst auch Personen, die zugunsten einer oder mehrerer Pensionsfonds Einkünfte erzielen. Hierzu gehören auf deutscher Seite Einrichtungen, die Vermögen verwalten, die ausschließlich zur Erfüllung von Pensionsverpflichtungen verwendet werden dürfen, selbst wenn das Vermögen gem. § 39 Abs. 2 AO steuerlich einer anderen Person zuzurechnen ist, und umfasst auch Spezial-AIF in der Form von Sondervermögen nach dem KAGB (zuvor Spezialsondervermögen i.S.d. InvG), die ausschließlich zu dem Zweck errichtet wurden, die Vermögenswerte eines Pensionsfonds zu verwalten.[25] Der Anspruch des Spezialfonds auf die Quellensteuerentlastung auf Null ist durch die KVG geltend zu machen.[26] Hiervon machen in der Praxis ins. berufsständische Versorgungswerke Gebrauch.

IV. Anwendungsbereich

1. Persönlicher Anwendungsbereich der Norm. Der persönliche Anwendungsbereich des § 15a umfasst nur **inländische** Investmentvermögen, die die spezifischen Voraussetzungen für **Investmentfonds** nach § 1 Abs. 1b (siehe hierzu § 1 Abs. 1 Rn. 38) und darüber hinaus die noch spezielleren **Anforderungen** für einen Investmentfonds in Form einer offenen InvKG **nach § 1 Abs. 1f Nr. 3 erfüllen**. Dies ergibt sich allgemein aus der systematischen Stellung der Norm im 2. Abschnitt des Gesetzes, der Regelungen nur für inländische Investmentfonds beinhaltet und dem ausdrücklichen Verweis auf § 1 Abs. 1f Nr. 3 in § 15a Abs. 1 S. 1. 9

2. Sachlicher Anwendungsbereich der Norm. Die speziellen Anforderungen an die offene InvKG gem. § 1 Abs. 1f Nr. 3 Satz 1 beschränken den sachlichen Anwendungsbereich des § 15a auf **reine Poolingvehikel für Altersvorsorgevermögen** („.... *deren Gesellschaftszweck unmittelbar und ausschließlich der Abdeckung von betrieblichen Altersvorsorgeverpflichtungen dient.*"). § 1 Abs. 1f Nr. 3 schließt insoweit steuerlich eine jede andere Nutzungsmöglichkeit der offenen InvKG aus, wenn diese von der privilegierten Besteuerung nach dem InvStG profitieren möchte und verhindert aus Sicht der Finanzverwaltung unerwünschte Gestaltungen.[27] Zunächst war im Gesetzgebungsverfahren geplant, dass die offene Inv-KG generell auch für andere Zwecke genutzt werden kann.[28] Die steuerlichen Anforderungen des § 1 Abs. 1f Nr. 3 stehen dem praktisch jedoch entge- 10

---

23 *Geurts/Faller* DB **2012** 2898, 2900 f.
24 DBA USA vom 1.6.2006, BGBl. II 2008 S. 611; BGBl. II 2008 S. 851.
25 BMF-Schreiben vom 12.4.2012 Deutsch-amerikanisches Doppelbesteuerungsabkommen (DBA-USA); Pensionsfonds i.S.d. Artikels 10 Abs. 11 DBA-USA; Vereinbarung zur Beseitigung von Zweifeln bei der Anwendung des Artikels 10 Abs. 3 Buchstabe b in Verbindung mit Abs. 11 DBA-USA vom 19.3.2012.
26 BMF-Schreiben vom 12.4.2012 Deutsch-amerikanisches Doppelbesteuerungsabkommen (DBA-USA); Pensionsfonds i.S.d. Artikels 10 Abs. 11 DBA-USA; Vereinbarung zur Beseitigung von Zweifeln bei der Anwendung des Artikels 10 Abs. 3 Buchstabe b in Verbindung mit Abs. 11 DBA-USA vom 19.3.2012.
27 BRDrucks. 95/13 S. 2 f.; BTDrucks. 17/13036 S. 1 f.
28 BTDrucks. 17/12603 S. 36.

gen, wenngleich in der Gesetzesbegründung ausgeführt wird, dass die offene InvKG auch für andere Zwecke genutzt werden könne. Außer der DBA-Transparenz bietet sie jedoch im Vergleich zu den Spezial-Sondervermögen keinen zusätzlichen Nutzen.[29]

11 **3. Zeitlicher Anwendungsbereich der Norm.** Das Gesetz sieht für die Anwendung des § 15a keinen spezifischen Zeitpunkt vor. Der zeitliche Anwendungsbereich ergibt sich somit aus der allgemeinen Anwendungsvorschrift zum AIFM-StAnpG in § 22 Abs. 1. Danach ist die Norm ab dem 24.12.2014 anzuwenden (siehe allg. zur Anwendung des AIFM-StAnpG auch § 22 Rn. 12f.).

B. Tatbestand

12 Steuerlich sind Pension-Pooling-Vehikel im Vergleich zu einzelstaatlichen „Insellösungen" nur dann attraktiv und sinnvoll, wenn diese zu keinen steuerlichen Nachteilen für die Beteiligten (Pensionsvermögen; Unternehmen, Arbeitnehmer) führen.[30] Nur dann sind international tätige Unternehmen dazu bereit, ihre Pensionsvermögen in einem Land zu bündeln und von diesem aus zentral zu verwalten. Der hierfür notwendige steuerliche Rahmen soll – nachdem die InvKG aufsichtsrechtlich im KAGB geregelt wurde – durch § 15a zur Verfügung gestellt werden.

I. Verweis auf Vorschriften für inländische Spezial-Investmentfonds (Abs. 1, Satz 1)

13 § 15a Abs. 1 S.1 verweist unter den Voraussetzungen des § 1 Abs. 1f Nr. 3 in vollem Umfang auf die für inländische Spezialinvestmentfonds geltenden Vorschriften (§ 15). Diese sind auf die offene InvKG entsprechend anzuwenden. Anwendbar sind somit insb. die Vorschriften für Spezialfonds betreffend die Ertragsermittlungsvorschriften nach dem InvStG, das sog. „Fondsprivileg", welches die Nichtsteuerbarkeit bestimmter thesaurierter Veräußerungsgewinne gewährt und die Regelungen zum Kapitalertragsteuerabzug.[31] Hieraus ergibt sich in der Praxis insb. eine Verpflichtung der extern verwaltenden KVG bzw. einer sich intern verwaltenden InvKG zum Einbehalt und der Abführung von Kapitalertragsteuer (§ 15a Abs. 1 i.V.m. § 15 Abs. 1 S. 7, 8 und § 7). Durch den Verweis auf § 1 Absatz 1f Nr. 3 wird die Zahl der Anleger, die keine natürlichen Personen sein dürfen, auf 100 begrenzt. Die Einschränkungen entspricht dem Recht für Spezialinvestmentfonds und soll die Administrierbarkeit der Besteuerungsregeln auf Ebene der InvKG sicherstellen.[32]

14 **1. Qualifizierte offene InvKG.** Voraussetzung für die Anwendung des § 15a ist eine **qualifizierte offene InvKG**. Dies ist eine offene InvKG i.S.d. § 124 KAGB bzw. in der Terminologie des Gesetzes in § 1 Absatz 1f Nr. 3 eine offene InvKG i.S.d. Kapitels 1 Abschnitt 4 Unterabschnitt 4 KAGB, die die spezifischen Anlagebestimmungen für Investmentfonds nach § 1 Abs. 1b S. 2 (siehe hierzu § 1 Rn. 38ff.) und darüber hinaus die Anforderungen an eine offene InvKG als Investmentfonds nach § 1 Abs. 1f Nr. 3 erfüllt.

---

29 S. BTDrucks. 18/68 S. 61; BRDrucks. 740/13 (B) S. 96; BRDrucks. 740/13 S. 62.
30 S. *Klein/Lorenz/Reichel* BB **2012** 331, 335.
31 BTDrucks. 18/68 S. 62; BRDrucks. 740/13 (B) S. 99; BRDrucks. 740/13 S. 63.
32 BTDrucks. 18/68 S. 62; BRDrucks. 740/13 (B) S. 99; BRDrucks. 740/13 S. 63.

a) Offene InvKG. Im KAGB wurde mit der offenen InvKG ein neues Investmentvehi- 15
kel des Gesellschaftstyps eingeführt. Dieses ist, organisationsrechtlich an die InvAG angelehnt und stellt eine dritte zulässige Form für offene Investmentfonds i.S.d. InvStG dar
(§ 1 Abs. 1f Nr. 3). Sie ist aufsichtsrechtlich in den §§ 124 ff. KAGB geregelt. Gemäß § 124
Abs. 1 S. 1 KAGB darf eine offene InvKG nur in der Rechtsform der KG betrieben werden.
Dabei handelt es sich um eine KG i.S.d. HGB. Auf sie finden die Vorschriften des HGB
Anwendung, sofern das KAGB nicht etwas anderes bestimmt (§ 124 Abs. 1 S. 2 KAGB). Der
Anlegerkreis ist auf professionelle und semi-professionelle Anleger beschränkt (§ 127
Abs. 1 S. 1 KAGB). Hintergrund für die Beschränkung sind die spezifischen Risiken dieser
Anlageform.[33]

Die Geschäftsführung der offenen InvKG muss durch mindestens zwei Personen erfolgen. Ausreichend ist dabei, dass die Geschäftsführung von einer juristischen Person
ausgeübt wird, deren Geschäftsführung wiederum von mindestens zwei natürlichen Personen wahrgenommen wird (§ 128 Abs. 1 S. 1 und 2 KAGB).

Die Fondsanlage erfolgt ausschließlich unmittelbar über Kommanditbeteiligungen
der Anleger. Diese werden Kommanditisten der Gesellschaft (§ 127 Abs. 1 S. 2 KAGB). Die
Kommanditanteile repräsentieren unteilbare (persönliche) Beteiligungen.[34] Mittelbare
Beteiligungen, z.B. über einen Treuhandkommanditisten sind unzulässig.[35]

Die Kommanditisten sind in das Handelsregister einzutragen. Erst mit der Eintragung wird ihr Eintritt wirksam (§ 127 Abs. 4 KAGB). Der Eintritt des Kommanditisten in
eine bestehende offene InvKG steht stets unter dieser aufschiebenden Bedingung. Hierdurch wird die temporäre unbeschränkte persönliche Haftung des beitretenden Kommanditisten effektiv ausgeschlossen. Gleichzeitig wird sichergestellt, dass dem Anleger
mit Wirksamwerden seines Beitritts ein entsprechender Anteil am steuerlichen Ergebnis
zugewiesen wird. Damit wird die Intention des Gesetzgebers deutlich, mit der InvKG generell kein alternatives Vehikel zu Sondervermögen und InvAG m.v.K. zu schaffen.[36] Der
Anspruch der Gesellschaft gegen einen Kommanditisten auf Leistung der Einlage erlischt, sobald er seine Kommanditeinlage erbracht hat (§ 127 Abs. 3 S. 1 KAGB). Eine vertraglich konstituierbare Nachschusspflicht von Anlegern einer offenen InvKG ist ausgeschlossen (§ 127 Abs. 3 S. 2 und 3 KAGB).

Die Kommanditisten haben mindestens einmal im Jahr die Möglichkeit zur vollständigen oder teilweisen Kündigung ihrer Beteiligung an der InvKG (§ 133 Abs. 1 S. 1 KAGB).
Der aus der Gesellschaft ausscheidende Kommanditist erwirbt dann einen Abfindungsanspruch gegenüber der Gesellschaft in Höhe der gekündigten Kommanditeinlage unter
Berücksichtigung angefallener Aufwendungen. Die Erfüllung des Abfindungsanspruchs
des Kommanditisten gilt aber nicht als Rückzahlung der Kommanditeinlage (§ 133 Abs. 2
S. 1 KAGB). Hierdurch wird die ansonsten greifende allgemeine Rechtsfolge des § 172
Abs. 4 HGB, wonach zurückgezahlte Einlagen eines Kommanditisten gegenüber Gesellschaftsgläubigern als nicht geleistet gelten, vermieden. Eine Nachhaftung der Kommanditisten ist gesetzlich ausgeschlossen (§ 133 Abs. 2 S. 2 KAGB). Durch diese Regelungen
hat der Gesetzgeber sichergestellt, dass die Rechtsposition eines Kommanditisten in einer offenen InvKG der eines Anlegers in anderen offenen Fondsvehikeln nach dem KAGB
entspricht.[37]

---

33 S. *Freitag* NZG **2013** 329.
34 Vgl. *Klein/Lorenz/Reichel* BB **2012** 331, 334.
35 Vgl. *Freitag* NZG **2013** 329, 334; *Fischer/Friedrich* ZBB **2013** 153, 161.
36 S. *Fischer/Friedrich* ZBB **2013** 153, 161.
37 S. *Fischer/Friedrich* ZBB **2013** 153, 161.

Die gesellschaftsrechtliche Ausgestaltung der offenen InvKG ist darin begründet, dass sie primär als Fondsvehikel für institutionelle Investoren zur Bündelung betrieblicher Altersvorsorgevermögen eingeführt wurde und Privatanleger nicht zur vom Gesetzgeber ins Auge gefassten Zielgruppe gehören. Letztlich soll die offene InvKG eine DBA-transparente Personengesellschaft sein, bei der die Besteuerung nicht auf Ebene des Anlagevehikels, sondern auf Ebene des Anlegers stattfindet. Hierdurch soll für betriebliche Altersvorsorgeeinrichtungen sichergestellt werden, dass diese weiterhin ihre abkommensrechtlichen Vorteile in Anspruch nehmen können, obwohl ihre Vermögen gemeinschaftlich im Rahmen einer offenen InvKG verwaltet werden.[38]

16 **b) Voraussetzungen des § 1 Abs. 1b InvStG.** Eine **offene InvKG i.S.d. § 15a**, die von der privilegierten Besteuerung für Investmentfonds profitieren möchte, **muss** zunächst die **allgemeinen** kumulativen Voraussetzungen an einen **Investmentfonds** nach § 1 Abs. 1b InvStG **erfüllen** (siehe eingehend hierzu § 1 Rn. 38 ff.). Dies sind:
- Investmentaufsicht im Sitzstaat (Nr. 1)
- Jährliches Rückgabe- oder Kündigungsrecht bzw. Börsenhandel (Nr. 2)
- Passive Vermögensverwaltung, keine aktive unternehmerische Bewirtschaftung (Nr. 3)
- Einhaltung Grundsatz der Risikomischung (Nr. 4)
- Einhaltung Katalog erwerbbarer Wirtschaftsgüter (Nr. 5)
- Einhaltung Beteiligungsgrenzen
  - Max. 20% des Fondsvermögens (Nr. 6)
  - Max. 10% an einer Kapitalgesellschaft (Nr. 7)
- Einhaltung Kreditaufnahmegrenzen (Nr. 8)
- Aufnahme der Anlagebestimmungen in die Anlagebedingungen (Nr. 9)

17 **c) Qualifizierte Voraussetzungen des § 1 Abs. 1f Nr. 3 InvStG.** Ergänzend muss eine offene InvKG i.S.d. § 15a, die von der privilegierten Besteuerung für Investmentfonds profitieren möchte, die spezifischen Voraussetzungen nach § 1 Abs. 1f Nr. 3 S. 1 erfüllen. Diese Voraussetzungen müssen zusätzlich kumulativ erfüllt sein, um in den Anwendungsbereich der privilegierten Besteuerung für Investmentfonds nach dem InvStG zu gelangen.[39] Die InvKG darf nach ihrem Gesellschaftsvertrag **(1) nicht mehr als 100 Anleger** haben, die nicht natürliche Personen sind. D.h. **(2) keine natürlichen Personen als Gesellschafter** oder Anleger. Zudem muss der **(3) Gesellschaftszweck unmittelbar und ausschließlich** der **Abdeckung betrieblicher Altersvorsorgeverpflichtungen** dienen.

Die steuerliche Begrenzung der Anlegerzahl und des Anlegerkreises entspricht den gesetzlichen Regelungen für Spezial-Investmentfonds (§ 15) und soll die Administrierbarkeit der Besteuerungsregelungen für Investmentfonds auf Ebene der Gesellschaft sicherstellen.[40]

Die ausdrückliche Beschränkung des Gesellschaftszwecks (zum Zwecke der Abdeckung von Altersvorsorgeverpflichtungen) soll sicherstellen, dass die privilegierte Besteuerung für Investmentfonds nur dann zur Anwendung kommt, wenn inländische Einrichtungen der betrieblichen Altersversorgung (insb. Pensionsfonds i.S.d. § 112 VAG, Pensionskassen i.S. des § 118a VAG, Unterstützungskassen, Treuhänder bei sog. CTAs)

---

38 S. *Fischer/Friedrich* ZBB **2013** 153, 161.
39 BTDrucks. 18/68 S. 44; BRDrucks. 740/13 (B) S. 65 f.; BRDrucks. 740/13 S. 43.
40 BTDrucks. 18/68 S. 44; BRDrucks. 740/13 (B) S. 66; BRDrucks. 740/13 S. 43.

und diesen vergleichbare ausländische Einrichtungen eine inländische offene InvKG zum Zwecke der Verwaltung ihrer Pensionsvermögenswerte nutzen.[41]

Die voranstehend genannten **notwendigen Voraussetzungen** für eine Steuerprivi- 18 legierung **gelten als nicht als erfüllt, wenn** der **Wert der Anteile**, die ein Anleger erwirbt, den **Wert der betrieblichen Altersvorsorgeverpflichtung übersteigt** (§ 1 Abs. 1f Nr. 3. S. 2).

Wie sich der Wert der betrieblichen Altersvorsorgeverpflichtung ermittelt, hat der Gesetzgeber offen gelassen. Auch die Gesetzesbegründung schweigt sich hierzu aus.[42] Die Intention des Gesetzgebers ist offensichtlich die Förderung und Sicherung der betrieblichen Altersversorgung. Dieser Intention entsprechend ist u.E. als Wert der Altersvorsorgeverpflichtung deren versicherungsmathematischer Barwert anzusetzen. Dieser bezeichnet den Gegenwartswert einer zukünftig zu erwartenden Verbindlichkeit unter Berücksichtigung statistischer und stochastischer Größen, wie z.B. der Sterbewahrscheinlichkeit. Er wird durch Abzinsung der zukünftig zu erwartenden Zahlungen und deren Aufsummierung ermittelt.[43] Hätte der Gesetzgeber steuerliche Bewertungsmaßstäbe anlegen wollen, hätte er an dieser Stelle auf § 6a EStG Bezug genommen.

Hierdurch hat der Gesetzgeber klargestellt, dass der spezifische Gesellschaftszweck nur dann erfüllt ist, wenn der Anleger ausschließlich in dem finanziellen Umfang eine Beteiligung an einer offenen InvKG erwirbt, wie dies zur Abdeckung seiner Altersvorsorgeverpflichtung tatsächlich erforderlich ist. Die Regelung stellt auf den Zeitpunkt der erstmaligen Anschaffung einer Beteiligung und späteren Erhöhungen bei Maßgeblichkeit des Wertes der Anteile zum Erwerbszeitpunkt ab. Ändert sich der Wert der Kommanditbeteiligung, weil der Wert der durch die Gesellschaft gehaltenen Wirtschaftsgüter sich verringert oder sich erhöht, hat dies keine (unmittelbaren) Auswirkungen auf bestehende Anlagen und ist für spätere Erhöhungen der Kommanditbeteiligung unbeachtlich. Der Gesetzgeber geht insoweit von laufenden Wertschwankungen aus, die keine belastbare Prognose für die langfristige Wertentwicklung der Anlage zur Altersvorsorge erlauben.[44]

Beispiel:[45] Bei Gründung einer offenen InvKG im Jahr 1 hat ein Anleger gegenüber seinen Arbeitnehmern Pensionsverpflichtungen in Höhe von EUR 1.000.000 (versicherungsmathematischer Barwert). Im Jahr 2 kommen neue Pensionsverpflichtungen im Umfang von EUR 200.000 hinzu. Im Jahr 3 werden vom Anleger weitere Pensionsverpflichtungen im Umfang von EUR 300.000 begründet.

Der Anleger A darf im Jahr 1 eine Kommanditbeteiligung im Wert von nur EUR 1.000.000 erwerben.

a) Szenario positive Marktentwicklung: Auf Grund günstiger Marktentwicklungen ist der Wert der Kommanditbeteiligung an der InvKG im Jahr 2 auf EUR 1.300.000 gestiegen.

Der Anleger darf im Jahr 2 seine Kommanditbeteiligung nur in dem Umfang erhöhen, in dem Pensionsverpflichtungen neu hinzugekommen sind, d.h. in Höhe von EUR 200.000.

---

41 BTDrucks. 18/68 S. 44; BRDrucks. 740/13 (B) S. 66; BRDrucks. 740/13 S. 43.
42 BTDrucks. 18/68 S. 44; BRDrucks. 740/13 (B) S. 66 f.; BRDrucks. 740/13 S. 43.
43 Siehe *Büschgen* S. 117 zum Stichwort Barwert.
44 BTDrucks. 18/68 S. 44; BRDrucks. 740/13 (B) S. 66 f.; BRDrucks. 740/13 S. 43.
45 Angelehnt an das Beispiel aus der Gesetzesbegründung: BTDrucks. 18/68 S. 45; BRDrucks. 740/13 (B) S. 67; BRDrucks. 740/13 S. 44.

b) Szenario negative Marktentwicklung: Auf Grund ungünstiger Marktentwicklungen im Jahr 2 hat sich der Wert der bereits gehaltenen Kommanditbeteiligung auf EUR 800.000 reduziert.

Auch hier darf der Anleger im Jahr 2 seine Kommanditbeteiligung nur in dem Umfang erhöhen, in dem Pensionsverpflichtungen neu hinzugekommen sind, d.h. in Höhe von EUR 200.000.

D.h. unabhängig von der Marktentwicklung darf der Anleger im Jahr 3 somit seine Kommanditbeteiligung an der InvKG um EUR 300.000 erhöhen. Denn in dieser Höhe wurden neue Pensionsverpflichtungen begründet.

19   Die **Anleger haben schriftlich** nach amtlichem Muster gegenüber der offenen InvKG **zu bestätigen,** dass sie ihren **Anteil unmittelbar und ausschließlich zur Abdeckung von betrieblichen Altersvorsorgeverpflichtung**en halten (§ 1 Abs. 1f Nr. 3. S. 3). Hierdurch will der Gesetzgeber die Beschränkung auf die Zwecke der Bündelung von Altersvorsorgevermögen dokumentiert wissen. Die Überprüfung durch die Finanzverwaltung soll so letztendlich erleichtert werden. Die Anleger müssen hierzu im eigenen Namen eine schriftliche Erklärung nach amtlichem Muster gegenüber der Gesellschaft abgeben, dass sie die Beteiligung zum Zwecke der Abdeckung von Altersvorsorgeverpflichtungen halten. In der Erklärung haben die Anleger näher zu erläutern, um welche Art von betrieblicher Altersvorsorgeeinrichtung es sich bei ihnen handelt sowie bei welcher Finanzbehörde und unter welcher Steuer- oder Steueridentifikationsnummer sie geführt werden.[46] Unklar ist derzeit, wie der nötige Kausalzusammenhang zwischen den Altersvorsorgeverpflichtungen und den zur Deckung dienenden Aktiva hergestellt und überprüft werden soll. Gleiches gilt für den Zusammenhang zwischen Verpflichtung und eingegangener Kommanditbeteiligung nach Übertragung der Aktiva auf die InvKG:

Unklar ist auch, wie die Überprüfung des spezifischen Gesellschaftszwecks zur Altersvorsorge bei ausländischen Anlegern in der Praxis erfolgen soll. Sollte sich herausstellen, dass hier aufgrund von Gestaltungen ein erhöhter Prüfungsbedarf besteht, so soll ein gesondertes Bescheinigungsverfahren auf Ebene des BZSt implementiert werden. Die Finanzbehörden der Länder sollen nicht mit zusätzlichen Aufgaben belastet werden.[47]

20   **2. Rechtsfolge(n).** Aus dem Pension-Pooling über eine offene InvKG i.S.d. § 15a ergeben sich steuerlich primär Rechtsfolgen dahingehend, dass die spezifischen Besteuerungsregelungen für inländische Spezial-Investmentfonds nach § 15 zur Anwendung kommen. Die InvKG ist zudem ausdrücklich von der Gewerbesteuer befreit (§ 11 Abs. 1 S. 3). Eine Kürzung der Gewinnanteile gemäß § 9 Nr. 2 GewStG bei Beteiligungen im Betriebsvermögen findet auf Anlegerebene nicht statt (§ 15a Abs. 3 S. 3). Zudem bleiben etwaige nach dem Abkommensrecht und den DBA bestehende Steuervorteile für Altersvorsorgeeinrichtungen erhalten, da die InvKG i.d.R. keine Person i.S.d. DBA ist, (s. Rn. 25ff.). Ferner wird keine Betriebsstätte im Inland begründet (§ 15a Abs. 3 S. 1; s. Rn. 39). Durch die Einführung der offenen InvKG wird somit keine letztendlich steuerliche Privilegierung von Pensionsfonds bewirkt. Diese werden im Falle einer Fondsanlage lediglich mit der Direktanlage gleichgestellt. Steuerausfälle werden deshalb nicht generiert.[48]

---

46   BTDrucks. 18/68 S. 44; BRDrucks. 740/13 (B) S. 66; BRDrucks. 740/13 S. 43.
47   BTDrucks. 18/68 S. 61f.; BRDrucks. 740/13 (B) S. 96; BRDrucks. 740/13 S. 62f.
48   *Klein/Lorenz/Reichel* BB **2012** 331, 337.

3. Verhältnis zu allgemeinen Vorschriften. § 15a Abs. 1 S. 1 in Verbindung mit § 11 **21**
Abs. 1 S. 3 schafft eine unübersichtliche Gemengelage.[49] Einerseits sollen durch die Verweisung auf die Vorschriften zum Spezialfonds die §§ 2ff. in der durch § 15 modifizierten Form angewandt werden. Andererseits wird in § 11 Abs. 1 S. 3 durch die Befreiung der offenen InvKG von der Gewerbesteuer klargestellt, dass es sich um eine Personengesellschaft handelt, deren Einkünfte nach den allgemeinen Vorschriften einkommen- bzw. körperschaftsteuerlich ihren Gesellschaftern entsprechend der gesellschaftsvertraglichen bzw. gesetzlichen Gewinn- und Verlustverteilungsregelung zuzurechnen wären. Zunächst ist klarzustellen, inwieweit das InvStG überhaupt in der Anwendungsreihenfolge der allgemeinen Gesetzessystematik greift. Bisher galt das InvStG als lex specialis gegenüber dem allgemeinen Ertragsteuerrecht im EStG, KStG und GewStG.[50] Als primäre Voraussetzung für die generelle Anwendung des InvStG ist zudem zu beachten, dass hierfür für das Investmentvermögen die formell-materiellen Voraussetzungen des KAGB erfüllt sein müssen (vgl. § 1 Abs. 1 InvStG).[51] Sind diese erfüllt, sind die Vorschriften des InvStG anzuwenden und somit greifen die Sonderregelungen des InvStG im Regelfall vorrangig gegenüber den anderen ertragsteuerlichen Normen.

Der Gesetzesbegründung[52] ist zu entnehmen, dass die offene InvKG grds. als trans- **22**
parentes Anlagevehikel, insbesondere im Sinne der DBA-rechtlichen Behandlung, neu geschaffen werden sollte (siehe Rn. 23). Aus diesen Gründen kann für diese Zwecke nur die Rechtsform einer Personengesellschaft in Betracht kommen, zumal die bisherigen gesetzlich zulässigen rechtlichen Konstruktionen für Investmentfonds in steuerlicher Hinsicht letztlich alle Körperschaftsteuersubjekte darstellen, die InvAG originär als Kapitalgesellschaft, das Sondervermögen kraft gesetzlicher Fiktion in § 11 Abs. 1 S. 1. Da jedoch für Zwecke der steuerrechtlichen Behandlung gemäß dem InvStG alle weiteren Vorschriften inkl. deren Folgen erhalten bleiben sollen, wird die offene InvKG durch den Verweis auf § 15 i.V.m. §§ 2ff. bei der Ermittlung der Einkünfte einem Spezialfonds gleichgestellt. Um Missverständnisse bei der gewerbesteuerlichen Behandlung zu vermeiden, wurde in § 11 Abs. 1 Satz 3 InvStG die Befreiung von der Gewerbesteuer angeordnet. Nach der Gesetzesbegründung soll insbesondere für steuerbefreite Anleger einer offenen InvKG sichergestellt sein, dass durch diese Art der Beteiligung keine gewerblichen Einkünfte vermittelt werden und die Anleger in diesen Fällen womöglich steuerpflichtige wirtschaftliche Geschäftsbetriebe (o.ä.) unterhalten.[53]

Soweit das InvStG keine Sonderregelungen enthält, sind daneben die allgemeinen Vorschriften des Ertragsteuerrechts anzuwenden.[54]

4. DBA-Nutzung. Das InvStG wird, wie auch die allgemeinen ertragsteuerlichen Regelungen, vom DBA-Recht überlagert und regelt somit vorrangig lex specialis die Zuordnung der Besteuerungsrechte auf der Fondseingangs- als auch Fondsausgangsseite.[55] **23**
Jedoch ist in diesen Fällen vorab zu klären, ob die offene InvKG selbst abkommensberechtigt und somit Gegenstand der DBA-rechtlichen Beurteilung ist. Dies wäre der Fall, sofern die offene InvKG zum einen eine Person gem. Art 3 Abs. 1 lit. d OECD-MA darstellt und zum anderen im anderen Vertragsstaat als „ansässig" i.S.d. Art. 4 OECD-MA gilt.

---

49 Siehe auch: BRDrucks. 95/13 S. 2f..
50 Vgl. *Haase*, Investmentsteuergesetz, Rn. 48–53.
51 Vgl. *Elser/Stadler* DStR **2014** 233.
52 Vgl. BTDruck. 17/12603 S. 36ff.
53 BTDrucks. 18/68 S. 62; BRDrucks. 740/13 (B) S. 99; BRDrucks. 740/13 S. 63.
54 Vgl. *Haase*, Investmentsteuergesetz, Rn. 48–53 m.w.N.
55 Vgl. *Haase*, Investmentsteuergesetz, Rn. 60ff.

Während bislang diese Voraussetzungen i.d.R. bei den InvAG, die Körperschaftsteuersubjekt ist und Sondervermögen, die gem. § 11 Abs. 1 S. 1 als Zweckvermögen i.S.d. § 1 Abs. 1 Nr. 5 KStG gelten und damit ebenfalls Körperschaftsteuersubjekt sind, vorliegen, sollen diese nach den Vorstellungen des Gesetzgebers bei der neuen offenen InvKG nicht greifen. Denn der Gesetzgeber betonte im Gesetzesentwurf[56] ausdrücklich, dass das neue zentrale Anlagevehikel (die offene InvKG) nicht selbst das Besteuerungssubjekt im Sinne der DBA-Regelungen darstellen soll. Für die Gewährung von DBA-Vorteilen soll auf die Anleger-Ebene abgestellt werden. Angestrebt wird eine Transparenz für Zwecke der Doppelbesteuerung. Ziel ist, dass der Anspruch auf eine zumindest teilweise Rückerstattung von Quellensteuern, wie vor einem Pension-Pooling von Wirtschaftsgütern in der offenen InvKG erhalten bleibt. Der Gesetzgeber verweist hierbei insbesondere auf das DBA-USA, in dem eine vollständige Befreiung von Quellensteuern auf Dividenden für Pensionsfonds vorgesehen ist (siehe hierzu Rn. 8).

Personengesellschaften werden allerdings nicht in allen DBA-Staaten als transparentes Steuervehikel behandelt (vgl. z.B. DBA-Spanien). Im Einzelfall ist daher stets eine entsprechende Prüfung vorzunehmen.

24 Investmentfonds können DBA-Vorteile als Anspruchsberechtigte aus eigenem Recht in Anspruch nehmen, wenn sie als in einem Vertragsstaat ansässige Person qualifizieren und Nutzungsberechtigter von Erträgen sind.[57]

Nach Art. 3 Abs. 1 OECD-MA sind Personen im Sinne des Abkommens Gesellschaften und andere Rechtsträger, die für die Besteuerung wie juristische Personen besteuert werden. Ein Investmentfonds in der Rechtsform eines Sondervermögens kann mangels eigener Rechtspersönlichkeit zwar zivilrechtlich nicht Träger eigener Rechte sein. Steuerrechtlich führt die Fiktion des § 11 Abs. 1 S. 1 jedoch dazu, dass dieser Steuersubjekt ist. Das Sondervermögen unterliegt damit den Steuergesetzen Deutschlands und ist damit auch hier „ansässig" im Sinne des Art. 4 Abs. 1 OECD Musterabkommen. Die Steuerbefreiung hindert seine Abkommensberechtigung nicht.[58] Die Fiktion des § 11 Abs. 1 Satz 1 gilt allerdings nicht für die offene InvKG. Dies bestätigt § 11 Abs 1 Satz 3 bestätigt, in dem ausdrücklich die Gewerbesteuerbefreiung angeordnet wird. Damit ist diese selbst nicht Steuersubjekt i.S.d. Art 3 Abs. 1 OECD-MA. Aus deutscher Perspektive ändert auch die generelle Verweisung auf § 15 in Abs. 1 S. 1 daran nichts. Zwar wird damit implizit auch auf die Einkünfteermittlungsvorschriften im InvStG verwiesen. Diese Vorschriften treffen aber keine Aussage darüber, wem die ermittelten Einkünfte zuzurechnen sind. Aus der Sicht des andern Anwenderstaates wäre an Hand des sog Rechtstypenvergleichs zu prüfen, ob die offene InvKG mit Rechtsgebilden vergleichbar ist, die nach dem dortigen Steuerrecht wie eine juristische Person besteuert wird.[59]

25 Im Laufe des Jahres 2013 hat das BMF seine Verhandlungsgrundlage für den Abschluss und Neuverhandlung von Doppelbesteuerungsabkommen veröffentlicht. In der Verhandlungsgrundlage vom 22. August 2013[60] wurde Artikel 27 neu gefasst. Darin werden Verfahrensregeln für die Quellenbesteuerung von Investmentvermögen vorgegeben. Art. 10 Abs. 2 wurde um investmentsteuerrechtliche Besonderheiten ergänzt. Der Anspruch eines Investmentfonds in der Form eines Sondervermögens auf Beschränkung

---

56 Vgl. BTDrucks. 17/12603 S. 36 ff.
57 *Zinkeisen/Walter* IStR **2007** 583.
58 *Sorgenfrei* IStR **1994** 465; *Debatin/Wassermeyer/Wolff* Doppelbesteuerung DBA USA Art. 3 Rn. 25; *Debtin/Walter* Handbuch DBA-USA Art. 3 Rn. 76; *Täske* FS für Hans Flick, 1997, 587, 597 f.; *Brinkhaus/Scherer/Lübbehüsen* § 38 KAGG; *Heinsius/Schmidt* IStR **2003** 235, 237 f.
59 *Haase* InvStG Einleitung Rn. 61 m.w.N.
60 BMF vom 22.8.2013, IV B 2 – S 1301/13/10009; BB 2013, S. 1045.

der Quellensteuer auf Dividenden wird auf den für sog „Streubesitz" Dividenden geltenden Satz begrenzt. In Art. 27 Abs. 5 wird eine Art „Limitation of Benefits" Klausel eingeführt, die die Abkommensberechtigung des Sondervermögens entsprechend der Ansässigkeit seiner Anleger beschränkt. Beide neuen Bestimmungen setzen daher eine grundsätzliche Abkommensberechtigung des Sondervermögens voraus. Von dieser Regelung werden aus deutscher Sicht Personengesellschaften, wie z.B. die offene InvKG, weil sie keine „Person" im Sinne des OECD-MA, und damit auch aller deutschen DBA ist, nicht erfasst.

In dem aktuellen DBA Luxemburg vom 23. April 2012 wurde im Protokoll unter Ziffer 1 speziell die Behandlung u.a. von deutschen Sondervermögen sowie InvAG geregelt. Deutschen Sondervermögen wird die Quellensteuerermäßigung auf Dividenden und Zinsen nur insoweit zugestanden, als diese auf Anteile am Investmentvermögen entfallen, die von in Deutschland ansässigen Personen gehalten werden. Für diese Personen selbst entfällt dann das Recht, diesen Anspruch ggf. nochmals geltend zu machen (vgl. Ziffer 1 Abs. 1 des Protokolls). Für die InvAG hingegen räumt das DBA Luxemburg die Möglichkeit ein, die Quellensteuerermäßigung unabhängig vom Anlegerkreis in Anspruch zu nehmen (vgl. Ziffer 1 Abs. 2 des Protokolls). Ausdrücklich regelt das DBA aber nicht die Frage, ob den Investmentfonds selbst die Abkommensberechtigung zusteht. Es kann nicht ausgeschlossen werden, dass sich aus dieser Regelung Auslegungsstreitigkeiten ergeben können, sofern vom Gesetzgeber keine weiteren konkretisierenden Ausführungen getroffen werden.[61] Der sachliche Zusammenhang setzt allerdings implizit eine grundsätzliche Abkommensberechtigung des Sondervermögens und der InvAG voraus, weil anderenfalls die Beschränkung eines nicht bestehenden Anspruch sinnwidrig ist. Nach der bisherigen Praxis ist davon auszugehen, dass hinsichtlich der Frage, inwieweit Investmentvermögen Abkommensschutz zusteht, es weiterhin darauf ankommen soll, ob das jeweilige Fondsvehikel abkommensrechtlich als Person anzusehen ist. Da die offene InvKG eine Personengesellschaft ist, wird sie in aller Regel, mangels Besteuerung wie eine Körperschaft, nicht Person im Sinne des DBA sein. Ihr steht deshalb selbst kein Abkommensschutz zu.

Aufgrund der derzeit unterschiedlichen Behandlung in den einzelnen DBA wurde im Gesetzgebungsverfahren angeregt, im Rahmen einer Revision der DBA oder im Rahmen von Verständigungsverfahren ausdrücklich zu regeln, dass die offene InvKG zukünftig abkommensrechtlich transparent behandelt wird.[62] Dann stünde ihr nämlich keine Abkommensberechtigung zu. In diesem Fall wäre der sonst vorzunehmende Rechtstypenvergleich nicht erforderlich.

Die nachfolgende Tabelle gibt einen Überblick über die aktuelle Rechtslage.

---

[61] Vgl. *Lauermann/Birker*, Investmentfonds im neuen DBA Luxemburg – ein Überblick, Recht der Finanzinstrumente 1.2013 S. 51 ff.
[62] BTDrucks. 17/12603 S. 36.

Abkommensübersicht zu Artikel 3 Abs. 1 Buchst. b Begriff „Person und Gesellschaft"[63]

DBA	Juristische Personen und wie diese besteuerte Rechtsträger	Dazu als Klarstellung oder Ergänzung	Artikel
Ägypten	≈ MA	–	3 Abs. 1 Buchst. c
Argentinien	≈ MA	–	3 Abs. 1 Buchst. c
Armenien	s. UdSSR		
Aserbaidschan	≈ MA	–	3 Abs. 1 Buchst. e
Australien	≈ MA	–	3 Abs. 1 Buchst. e
Bangladesch	≈ MA	–	3 Abs. 1 Buchst. d
Belarus	≈ MA	–	3 Abs. 1 Buchst. e
Belgien	≈ MA	OHGen, KGen und Partenreedereien des deutschen Rechts	3 Abs. 1 Nr. 4
Bolivien	≈ MA	–	3 Abs. 1 Buchst. c
Bosnien-Herzegowina	s. Jugoslawien		
Brasilien (K)	≈ MA	–	3 Abs. 1 Buchst. d
Bulgarien	–	–	–
China	≈ MA	–	3 Abs. 1 Buchst. c
Dänemark	≈ MA	–	3 Abs. 1 Buchst. c
Ecuador	≈ MA	–	3 Abs. 1 Buchst. c
Elfenbeinküste	≈ MA	–	3 Abs. 1 Buchst. c
Estland	≈ MA	–	3 Abs. 1 Buchst. e
Finnland	≈ MA	–	3 Abs. 1 Buchst. c
Frankreich	–	–	–
Georgien	≈ MA	–	3 Abs. 1 Buchst. e
Ghana	≈ MA	–	3 Abs. 1 Buchst. c
Griechenland	D: ≈ MA V: nur juristische Personen	–	II Abs. 1 Nr. 3
Großbritannien	≈ MA	–	II Abs. 1 Buchst. g

---

[63] Vogel/Lehner/*Vogel* DBA, Art. 3 Rn. 23.

A. Allgemeines — § 15a

DBA	Juristische Personen und wie diese besteuerte Rechtsträger	Dazu als Klarstellung oder Ergänzung	Artikel
Indien	≈ MA	„... oder wie eine Gesellschaft behandelt wird"	3 Abs. 1 Buchst. e
Indonesien	≈ MA	–	3 Abs. 1 Buchst. e
Iran	≈ MA	–	3 Abs. 1 Buchst. e
Irland	≈ MA	–	II Abs. 1 Buchst. c
Island	≈ MA	–	3 Abs. 1 Buchst. e
Israel	≈ MA	–	2 Abs. 1 Nr. 4
Italien	≈ MA	–	3 Abs. 1 Buchst. e
Jamaika	≈ MA	–	3 Abs. 1 Buchst. e
Japan	≈ MA	–	3 Abs. 1 Buchst. f
Jugoslawien	D: ≈ MA V: alle der Steuer unterliegenden Personen	– Organisationen der Vereinten Arbeit und andere der Steuer unterliegende juristische Personen	3 Abs. 1 Buchst. d
Kanada	≈ MA	–	3 Abs. 1 Buchst. e
Kasachstan	≈ MA	–	3 Abs. 1 Buchst. c
Kenia	≈ MA	–	3 Abs. 1 Buchst. d
Kirgisistan	≈ MA	–	3 Abs. 1 Buchst. e
Korea	≈ MA	–	3 Abs. 1 Buchst. e
Kroatien	≈ MA	–	3 Abs. 1 Buchst. c
Kuwait	≈ MA	–	3 Abs. 1 Buchst. e
Lettland	≈ MA	–	3 Abs. 1 Buchst. e
Liberia	≈ MA	–	3 Abs. 1 Buchst. d
Litauen	≈ MA	–	3 Abs. 1 Buchst. e
Luxemburg	–	–	–
Malaysia	≈ MA	–	3 Abs. 1 Buchst. e
Malta	≈ MA	–	3 Abs. 1 Buchst. e
Marokko	≈ MA	–	3 Abs. 1 Nr. 5
Mauritius	≈ MA	–	3 Abs. 1 Buchst. b
Mazedonien	s. Jugoslawien		
Mexiko	≈ MA	–	3 Abs. 1 Buchst. c
Moldau	s. UdSSR		

DBA	Juristische Personen und wie diese besteuerte Rechtsträger	Dazu als Klarstellung oder Ergänzung	Artikel
Mongolei	≈ MA	–	3 Abs. 1 Buchst. d
Namibia	≈ MA	–	3 Abs. 1 Buchst. c
Neuseeland	≈ MA	–	3 Abs. 1 Buchst. d
Niederlande 1959/2004	–	–	–
Norwegen	≈ MA	–	3 Abs. 1 Buchst. e
Österreich	≈ MA	–	3 Abs. 1 Buchst. e
Pakistan	≈ MA	–	3 Abs. 1 Buchst. e
Philippinen	≈ MA	–	3 Abs. 1 Buchst. d
Polen	≈ MA	–	3 Abs. 1 Buchst. c
Portugal	≈ MA	–	3 Abs. 1 Buchst. e
Rumänien	≈ MA	–	3 Abs. 1 Buchst. e
Russische Föderation	≈ MA	–	3 Abs. 1 Buchst. c
Sambia	≈ MA	–	3 Abs. 1 Buchst. e
Schweden	≈ MA	–	3 Abs. 1 Buchst. e
Schweiz	≈ MA	–	3 Abs. 1 Buchst. e
Serbien	s. Jugoslawien		
Simbabwe	≈ MA	–	3 Abs. 1 Buchst. c
Singapur 1972	≈ MA	–	3 Abs. 1 Buchst. e
Singapur 2004	≈ MA	–	3 Abs. 1 Buchst. e
Slowakei	s. Tschechoslowakei		
Slowenien	≈ MA	–	3 Abs. 1 Buchst. c
Spanien	≈ MA	–	3 Abs. 1 Buchst. f
Sri Lanka	≈ MA	–	3 Abs. 1 Buchst. d
Südafrika	≈ MA	–	3 Abs. 1 Buchst. f
Tadschikistan	≈ MA	–	3 Abs. 1 Buchst. c
Thailand	≈ MA	... und andere Personengruppen, die für die Besteuerung als juristische Personen behandelt werden	3 Abs. 1 Buchst. f
Trinidad und Tobago	≈ MA	–	3 Abs. 1 Buchst. e
Tschechien (E)	≈ MA	≈ MA	3 Abs. 1 Buchst. e

DBA	Juristische Personen und wie diese besteuerte Rechtsträger	Dazu als Klarstellung oder Ergänzung	Artikel
Tschechoslowakei	≈ MA	–	3 Abs. 1 Buchst. c
Türkei	≈ MA	–	3 Abs. 1 Buchst. d
Tunesien	≈ MA	–	3 Abs. 1 Buchst. c
Turkmenistan	s. UdSSR		
UdSSR	–	–	–
Ukraine	≈ MA	–	3 Abs. 1 Buchst. c
Ungarn	≈ MA	–	3 Abs. 1 Buchst. c
Uruguay	≈ MA	–	3 Abs. 1 Buchst. b
USA 1989	≈ MA	–	3 Abs. 1 Buchst. e
USA 1989/2006	≈ MA	–	3 Abs. 1 Buchst. e
Usbekistan	≈ MA	≈ MA	3 Abs. 1 Buchst. e
Venezuela	≈ MA	–	3 Abs. 1 Buchst. e
Ver. Arab. Emirate (K)	≈ MA	–	3 Abs. 1 Buchst. c
Vietnam	≈ MA	–	3 Abs. 1 Buchst. e
Weißrussland	s. Belarus		
Zypern	≈ MA	–	3 Abs. 1 Buchst. e

II. Wegfall des Status als Investmentfonds

28 Gemäß § 15a Abs. 1 S. 2 ist § 15 Abs. 3 entsprechend anzuwenden, wenn die Voraussetzungen des § 1 Abs. 1f Nr. 3 nicht mehr erfüllt sind. Daneben müssen stets auch die allgemeinen Voraussetzungen für inländische Investmentfonds nach § 1 Abs. 1b erfüllt sein (s. hierzu § 1 Rn. 38 ff.), um als inländischer Investmentfonds zu qualifizieren. Hieraus folgt, dass eine offene InvKG den Status als privilegierter Investmentfonds aus zwei Gründen verlieren kann. Zum einen bei einem Verstoß gegen die allgemein für Investmentfonds geltenden Anlagebestimmungen nach § 1 Abs. 1b und zum anderen bei einem Verstoß gegen die spezifischen Voraussetzungen, die § 1 Abs. 1f Nr. 3 an eine offene InvKG stellt.[64]

29 **1. Wegfall der Zweckbindung (Abs. 1, Satz 2).** § 1 Abs. 1f Nr. 3 Satz 1 bestimmt ausdrücklich, dass eine offene InvKG nur Investmentfonds sein kann, wenn deren Gesellschaftszweck auf die unmittelbare und ausschließliche Abdeckung von Altersvorsorgeverpflichtungen beschränkt ist. Wird diese Zweckbindung nicht länger beachtet, dann verliert die InvKG ihren Rechtsstatus als Investmentfonds. Sie gilt dann als Personen-Investitionsgesellschaft (s. § 1 Abs. 1c S. 1).[65]

---

[64] S. BTDrucks. 18/68 S. 62; BRDrucks. 740/13 (B) S. 97; BRDrucks. 740/13 S. 63.
[65] BTDrucks. 18/68 S. 62; BRDrucks. 740/13 (B) S. 97; BRDrucks. 740/13 S. 63.

Nach der Gesetzesbegründung liegt ein Verstoß gegen den reglementierten Gesellschaftszweck bereits dann vor, wenn von der InvKG die Vertragsbestimmungen im Übrigen beachtet wurden, einzelne Gesellschafter jedoch treuwidrig ihre Beteiligung an der InvKG zu anderen Zwecken als zur Abdeckung von Altersvorsorgeverpflichtungen halten. Nach der Gesetzesbegründung sollte bereits die Umwidmung einer bestehenden Beteiligung zu anderen Zwecken als der Abdeckung von Altersvorsorgeverpflichtungen schädlich sein.

Beispiel: Ein neuer Kommanditist beteiligt sich an einer InvKG, dessen Beteiligung aber nicht der Abdeckung von Altersvorsorgeverpflichtungen dient.[66]

30 **2. Verstoß gegen die Anlagebedingungen.** Ein Verlust des Rechtsstatus Investmentfonds tritt auch bei einem Verstoß gegen die Anlagebestimmungen nach § 1 Abs. 1b ein (s. hierzu Rn. 28).

Beispiel: Eine InvKG missachtet im Rahmen der Vermögensanlage den Grundsatz der Risikomischung oder investiert in unzulässige Wirtschaftsgüter, die auch im Rahmen der sog. Schmutzgrenze für Investmentfonds nicht erwerbbar sind (§ 1 Abs. 1b Nr. 5, s. hierzu § 1 Rn. 83 ff.).

31 **3. Rechtsfolge.** Verliert eine offene InvKG ihren rechtlichen Status als Investmentfonds (§ 1 Abs. 1b S. 2) aufgrund eines Verstoßes gegen die Anlagebestimmungen oder die Bestimmung über den spezifischen Gesellschaftszweck, dann gilt sie fortan als Personen-Investitionsgesellschaft i.S.d. § 18. Die offene InvKG gilt dann mindestens für einen Zeitraum von 3 Jahren als Personen-Investitionsgesellschaft (§ 15a Abs. 1 S. 2 i.V.m. § 15 Abs. 3 S. 5, § 18). Der Statusverlust wirkt entsprechend § 15 Abs. 3 auf den Beginn des Geschäftsjahres zurück (§ 15a Abs. 1 S. 2 i.V.m. § 15 Abs. 3 S. 1), in dem der Wegfall der Zweckbindung eingetreten ist oder der Verstoß gegen die Anlagebestimmungen begangen wurde.[67]

32 Ab dem Jahr des konkreten Verstoßes gegen die Anlagebestimmungen oder des Wegfalls des spezifischen Gesellschaftszwecks sind dann die Besteuerungsregelungen für Personen-Investitionsgesellschaften anzuwenden (§ 18). Das Besteuerungsregime für Investmentfonds findet letztmalig für das vorangegangene Geschäftsjahr Anwendung. Zum Ende dieses Geschäftsjahres gilt der Investmentfondsanteil als veräußert und zu Beginn des darauf folgenden Geschäftsjahres ein Anteil an der Personen-Investitionsgesellschaft als angeschafft (§ 15a Abs. 1 S. 2 i.V.m. § 15 Abs. 3 S. 1).

33 Als Veräußerungserlös des Anteils an der offen InvKG ist der Rücknahmepreis anzusetzen, der nach den Vorschriften des § 5 Absatz 3 zu ermitteln ist (§ 15a Abs. 1 S. 2 i.V.m. § 15 Abs. 3 S. 2). Dieser gilt als Anschaffungskosten des Anteils an der Personen-Investitionsgesellschaft. Sollte kein Rücknahmepreis ermittelt werden, ist stattdessen der Marktpreis anzusetzen. Die Besteuerung des Veräußerungsgewinns erfolgt auf Ebene des Anlegers im Veranlagungsverfahren. Kapitalertragsteuer ist an der Quelle nicht einzubehalten und abzuführen (vgl. § 15a Abs. 1 S. 2 i.V.m. § 15 Abs. 3 S. 2 ff.).

Beispiel: An einer offenen InvKG (Geschäftsjahr = Kalenderjahr) ist ein Anleger beteiligt, der im Jahre 5 beschließt, diese Beteiligung nicht mehr zur Altersvorsorgezwe-

---

[66] S. Beispiel BTDrucks. 18/68 S. 62; BRDrucks. 740/13 (B) S. 97; BRDrucks. 740/13 S. 63.
[67] BTDrucks. 18/68 S. 62; BRDrucks. 740/13 (B) S. 97; BRDrucks. 740/13 S. 63.

cken zu nutzen. Der nach den Regeln des InvStG ermittelte Rücknahmepreis (§ 5 Abs. 3) zum 31.12.4 beträgt EUR 1.000.000. Ursprünglich hat der Anleger seine Kommanditbeteiligung für EUR 500.000 erworben.

Die InvKG verliert mit Ablauf des Jahres 4 ihren Status als Investmentfonds. Die Gesellschaft gilt mindestens für die Jahre 5 bis 7 steuerlich als Personen-Investitionsgesellschaft. Der Anleger erzielt im Veranlagungszeitraum 4 einen steuerpflichtigen Veräußerungsgewinn i.H.v. EUR 500.000. Er hat in seiner Bilanz eine Beteiligung an einer Personen-Investitionsgesellschaft zu Anschaffungskosten i.H.v. EUR 1.000.000 zu bilanzieren.

III. Einkünfteermittlung auf Anlegerebene (Abs. 2, Satz 1)

§ 15a Abs. 2 S. 1 postuliert daher, dass die Einkünfte des Anlegers der offenen InvKG **34** in entsprechender Anwendung der Vorschriften zur Ermittlung der Einkünfte des Anlegers eines Spezial-Investmentfonds zu ermitteln sind. Insofern kann auf die Ausführungen zu § 15 verwiesen werden (siehe hierzu § 15 Rn. 16 ff.). Daher sind die Abschn. 1 bis 3 und 5 des Gesetzes entsprechend anzuwenden.

Anwendbar sind somit insb. die Vorschriften für Spezialfonds betreffend die Ertragsermittlungsvorschriften nach dem InvStG, das sog. „Fondsprivileg", welches die Nichtsteuerbarkeit bestimmter thesaurierter Veräußerungsgewinne gewährt und die Regelungen zum Kapitalertragsteuerabzug.[68] Hieraus ergibt sich in der Praxis insb. auch eine Verpflichtung der extern verwaltenden KVG bzw. einer sich intern verwaltenden InvKG zum Einbehalt und der Abführung von Kapitalertragsteuer (§ 15a Abs. 1 i.V.m. § 15 Abs. 1 S. 7, 8 und § 7).

IV. Bewertung von Anteilen einer InvKG (Abs. 2, Satz 2)

Für die Bewertung der Anteile an einer offenen InvKG ordnet das Gesetz die entspre- **35** chende Anwendung des § 6 Abs. 1 Nr. 2 EStG an. Danach sind Wirtschaftsgüter, die nicht in planmäßig abnutzbarem Anlagevermögen bestehen (Grund und Boden, Beteiligungen, Umlaufvermögen), mit den Anschaffungs- und Herstellungskosten, vermindert um Abzüge nach § 6b EStG oder ähnliche Abzüge, anzusetzen. Ist der Teilwert niedriger als die Anschaffungs- und Herstellungskosten, kann dieser wahlweise angesetzt werden. Voraussetzung dafür ist jedoch, dass der niedrigere Teilwert auf einer voraussichtlich dauernden Wertminderung beruht. Eine nur vorübergehende Wertminderung ist unbeachtlich. Unter einer voraussichtlich dauernden Wertminderung versteht die Finanzverwaltung ein voraussichtlich nachhaltiges Absinken des Wertes des Wirtschaftsgutes unter den Buchwert.[69] Dieses liegt vor, wenn in der prospektiven Betrachtung der Wert des Wirtschaftsgutes die Bewertungsobergrenze während eines erheblichen Teils der prognostizierten Verweildauer im Unternehmen nicht mehr erreichen wird. Die Beurteilung dieser Dauerhaftigkeit macht natürlich eine zeitraumbezogene Betrachtung erforderlich, die auch von der Art des einzelnen Wirtschaftsgutes abhängt.

§ 15a Abs. 2 S. 2 postuliert durch den Verweis auf § 6 Abs. 1 Nr. 2 EStG für die Bewer- **36** tung von Anteilen an einer offenen InvKG die Anschaffungskostenrestriktion in beide Richtungen. Diese besagt, dass die Anschaffungskosten der Höhe nach generell nicht überschritten und der Höhe nach nur unterschritten werden darf, sofern besondere

---

[68] BTDrucks. 18/68 S. 62; BRDrucks. 740/13 (B) S. 99; BRDrucks. 740/13 S. 63.
[69] Vgl. BMF-Schreiben vom 16.7.2014, IV C 6-S 2171-b/09/10002.

Gründe die Teilwertabschreibung rechtfertigen.[70] Die bei der Bilanzierung von Anteilen an Personengesellschaften üblicherweise anzuwendende „Spiegelbildmethode" wird für nicht anwendbar erklärt. Nach der Spiegelbildmethode würde der Beteiligungsbuchwert des Anteils an der Personengesellschaft beim Anleger der Höhe nach mit dem gleichen Wert angesetzt, der der Summe seiner Kapitalkonten in der Personengesellschaft entspricht. Diese Kapitalkonten schwanken im Zeitablauf durch den Einfluss von ergebniswirksamen Komponenten (Gewinn- und Verlustzuweisungen) und von ergebnisneutralen Komponenten (Entnahmen und Einlagen).[71]

37 Die Anwendung der Spiegelbildmethode bei der Bilanzierung von Anteilen an Personengesellschaften hat den Vorzug, dass eine phasengleiche Abbildung der Ergebniszuweisung beim beteiligten Gesellschafter erfolgt, ohne dass diese durch Entnahmen und Einlagen in die Personengesellschaft verzerrt wird. Die ausdrückliche Nichtanwendung der Spiegelbildmethode für Zwecke der Bilanzierung von Anteilen an der InvKG ist daher zu kritisieren. Dies gilt zum einen, weil die Beteiligung an einer Personengesellschaft kein eigenständiges Wirtschaftsgut ist, sondern ein Anteil an den Wirtschaftsgütern und Schulden der Gesamthand der Personengesellschaft und deshalb § 6 Abs. 1 Nr. 2 EStG schon begrifflich nicht anzuwenden wäre. Zum anderen können Gewinnverwendungen bei Personengesellschaften nur durch Entnahmen erfolgen. Dies führt dazu, dass diese beim Anleger bei Anwendung der Anschaffungskostenrestriktion zwingend als Beteiligungsertrag auszuweisen sind. Demgegenüber bleiben Gewinn- und Verlustzuweisungen völlig unbeachtet, sofern letztere nicht eine dauernde Wertminderung begründen.

38 Die Beteiligung an einer offenen InvKG gilt nach § 15a Abs. 2 S. 2 vielmehr als eigenständig zu bewertendes Wirtschaftsgut.[72] Insoweit wird der Gesellschaftsanteil an der offenen InvKG einem Kapitalgesellschaftsanteil gleichgestellt.

Demnach erhöhen Einlagen in die InvKG den Beteiligungsbuchwert, während Entnahmen aus der InvKG den Buchwert grundsätzlich nicht vermindern. Entnahmen werden vielmehr als Beteiligungsertrag beim Gesellschafter erfasst. Gewinnzuweisungen an den Gesellschafter haben keine Auswirkungen auf den Beteiligungsbuchwert, Verlustzuweisungen können wahlweise zu einer Teilwertabschreibung führen, wenn eine dauernde Wertminderung belegt werden kann.[73]

Die zwingende Anwendung der Anschaffungskostenrestriktion schließt nach der hier vertretenen Auffassung die Bildung eines investmentsteuerlichen Ausgleichspostens in der Steuerbilanz des betrieblichen Anlegers nicht aus, welcher dann folgerichtig zu einer bilanziellen Einkommenskorrektur des Beteiligungsergebnisses auf Ebene des Anlegers führt.

V. Keine Begründung einer Betriebsstätte im Inland (Abs. 3)

39 Weil das Hauptziel der Einführung einer offenen InvKG darin besteht, ein transparentes Anlagevehikel zu schaffen, im Übrigen aber keine von der allgemeinen Zielsetzung des InvStG abweichenden Rechtsfolgen eintreten sollen, muss für den Fall, dass die InvKG gewerbliche Einkünfte erzielt, ausgeschlossen sein, dass deren Erträge einer inländischen Betriebsstätte zugeordnet werden. Daher wird gesetzlich angeordnet, dass allein auf Grund der Beteiligung an einer offenen InvKG **keine inländische Betriebs-**

---

[70] Vgl. Beck'scher Bilanzkommentar/*Grottel*/*Gadek* § 255 Rn. 1.
[71] Vgl. Blümich/*Bode* EStG Kommentar § 15 Rn. 486 ff.
[72] Vgl. *Haisch*/*Helios* BB **2013** 23.
[73] Vgl. BMF-Schreiben vom 16.7.2014, IV C 6-S 2171-b/09/10002.

stätte begründet wird oder Einkünfte anteilig einer inländischen Betriebsstätte zugerechnet werden.

Für **inländische betriebliche Anleger** an einer offenen InvKG kommt daher ein Zerlegungsanteil am statuarischen Sitz der InvKG nicht in Betracht. Für **ausländische betriebliche Anleger** hat der Ausschluss einer Betriebstätte zur Konsequenz, dass diese dann im Inland mit ihren Einkünften aus der Beteiligung an der InvKG nicht körperschaftsteuerpflichtig sind.

Darüber hinaus muss für steuerbefreite Anleger sichergestellt werden, dass durch die Beteiligung an einer InvKG keine gewerblichen Einkünfte vermittelt werden. Anderenfalls könnte dies zur Begründung eigenständiger steuerpflichtiger Betriebe gewerblicher Art (BgA) bzw. steuerpflichtiger wirtschaftlicher Geschäftsbetriebe führen.

Die Gewerbesteuerfreiheit der InvKG wird in § 11 Abs. 1 S. 3 angeordnet. Durch die Ergänzung in § 15a Abs. 3 S. 2 sollte wohl klar gestellt werden, dass es sich bei den Beteiligungseinkünften nicht um – von der Gewerbesteuer befreite – gewerbliche Einkünfte, sondern kraft gesetzlicher Fiktion um nicht gewerbliche Einkünfte handeln soll.

Wird die Beteiligung an der offenen InvKG im Betriebsvermögen des Gesellschafters gehalten, muss wegen der Gewerbesteuerfreiheit der Gesellschaft (vgl. § 11 Abs. 1 S. 3) sichergestellt sein, dass auf Ebene des Gesellschafters die Gewinnanteile nicht unter die gewerbesteuerliche Kürzung nach § 9 Nr. 2 GewStG fallen.[74] Dies hätte sonst eine doppelte Begünstigung zur Folge. Die Gewerbesteuerbelastung wird folglich auf der Ebene des Gesellschafters „nachgeholt". Wegen der Anwendung der Anschaffungskostenrestriktion nach § 15a Abs. 2 S. 2 ist eine phasengliche Erfassung der Beteiligungserträge aus der InvKG nicht möglich. Bei ausschüttungsgleichen Erträgen erfolgt die Versteuerung erst im Folgejahr, bei allen übrigen Erträgen erst bei Ausschüttung. Diese Phasenverschiebung hat der Gesetzgeber offensichtlich billigend in Kauf genommen. Ein investmentsteuerlicher Ausgleichsposten in der Steuerbilanz des Anlegers kann hier jedoch Abhilfe schaffen.

VI. Einbringung von Wirtschaftsgütern (Abs. 4)

Werden Wirtschaftsgüter aus einem Betriebsvermögen des Anlegers in das Gesellschaftsvermögen einer InvKG übertragen, so sind diese in der InvKG zwingend mit dem Teilwert anzusetzen (§ 15a Abs. 4). 40

Dies ist der Betrag, den ein Erwerber des ganzen Betriebs im Rahmen des Gesamtkaufpreises für das einzelne Wirtschaftsgut ansetzen würde; dabei ist davon auszugehen, dass der Erwerber den Betrieb fortführt (§ 6 Abs. 1 Nr. 1 S. 3 EStG). Der Gesetzgeber verfolgt mit dem Zwang zum Teilwertansatz eine Gleichstellung mit der Einbringung von Wirtschaftsgütern in einen inländischen Spezialfonds. Durch die Anordnung des Teilwertansatzes wird sichergestellt, dass im Falle einer Übertragung von Wirtschaftsgütern die vorhandenen stillen Reserven auf Anlegerebene der Besteuerung zugeführt werden.[75]

Entgegen § 6 Abs. 5 EStG erhält der Anleger im Gegenzug für die Hergabe eines Wirtschaftsguts „nur" eine Kommanditbeteiligung. Es kommen insoweit die Grundprinzipien des § 6 Abs. 6 EStG zur Anwendung, wonach ein Tausch eine gewinnrealisierende Veräußerung darstellt.

Zur Förderung der Akzeptanz der neuen offenen InvKG hätte der Gesetzgeber auch eine Übertragung von Wirtschaftsgütern zum Buchwert bei korrespondierender Steuer- 41

---

74 BTDrucks. 17/12603 S. 37.
75 BTDrucks. 18/68 S. 62f.; BRDrucks. 740/13 (B) S. 98; BRDrucks. 740/13 S. 64.

verstrickung der eingebrachten Wirtschaftsgüter auf Ebene der offenen InvKG anordnen können, indem er keine von § 6 Abs. 5 EStG abweichende Regelung getroffen hätte. Im Gesetzgebungsverfahren hat er sich jedoch bewusst dagegen entschieden, weil er potentielle Steuergestaltungen – konkret eine temporäre Steuerstundung durch die Ausnutzung des sog. Fondsprivilegs – verhindern und die Gründung einer (zweckgebundenen)[76] offenen InvKG der Einbringung von Wirtschaftsgütern in einen Spezialfonds gleichstellen wollte. Denn wird ein Wirtschaftsgut aus dem Betriebsvermögen eines gewerblich tätigen Gesellschafters in das Gesamthandsvermögen einer vermögensverwaltenden Personenhandelsgesellschaft (sog. Zebragesellschaft) übertragen, dann führt dies nach der Rspr. des BFH zu § 6 Abs. 5 EStG nicht zu einer Aufdeckung der stillen Reserven beim Gesellschafter, soweit dieser an der Gesellschaft beteiligt ist und er die Beteiligung an der vorgenannten Gesellschaft in der Folge in seinem Betriebsvermögen hält.[77] Dann ist steuerlich nicht von einer Veräußerung und einer korrespondierenden Anschaffung auszugehen, weil das Wirtschaftsgut das Betriebsvermögen nicht verlässt.[78] Der Gesetzgeber befürchtete, dass die Gründung einer offenen InvKG zur Buchwertüberführung in das Gesellschaftsvermögen einer offenen InvKG genutzt und die stillen Reserven anschließend temporär unter Nutzung des sog. Fondsprivilegs zunächst körperschaft- und gewerbesteuerfrei realisiert würden, bevor sie bei einer späteren Ausschüttung auf Anlegerebene der Besteuerung zugeführt werden.[79] Bei der Einbringung von Wirtschaftsgütern in ein Investmentvermögen in der Form eines Sondervermögens oder einer InvAG mit variablem Kapital besteht dagegen keine Möglichkeit einer entsprechenden Steuerstundung, denn eine Übertragung von Wirtschaftsgütern auf eine Körperschaft zum Buchwert ist regelmäßig ausgeschlossen[80] und muss zum Teilwert unter Aufdeckung der stillen Reserven durchgeführt werden.

42 Eine Umgehung des durch § 15a Abs. 4 zwingend angeordneten Teilwertansatzes ist derzeit de lege lata nicht möglich. Dem steht der klare Wortlaut entgegen. Auch die Möglichkeit eines steuerneutralen Formwechsels oder einer Verschmelzung, um bestehende, ausschließlich der Abdeckung von Altersvorsorgeverpflichtungen dienende Investmentfonds (z.B. Pensionsfonds oder Spezialfonds einer Versorgungseinrichtung) in eine offene InvKG zu überführen, besteht derzeit nicht.

Ein steuerneutraler Formwechsel von einer Körperschaft (Sondervermögen aufgrund der Zweckvermögensfiktion gem. § 11 Abs. 1 S. 1; InvAG als originäre Körperschaft) nach den Vorschriften des UmwG oder eine steuerneutrale Verschmelzung auf eine InvKG, welche auch im KAGB (§§ 281, 181 KAGB) derzeit nicht vorgesehen ist, ist nach den Vorschriften im InvStG zur Verschmelzung von Investmentfonds und Teilen von Investmentfonds (in § 14) nicht möglich. Ein Formwechsel einer InvAG in eine offene InvKG wäre gem. §§ 226, 228 UmwG zwar grds. vorstellbar, obwohl hier der Unternehmensgegenstand nicht demjenigen einer OHG entspricht. Steuerlich ist dies aufgrund der abschließenden Regelungen in § 14 jedoch ausgeschlossen. Die Möglichkeit einer steuerneutralen Verschmelzung oder eines Formwechsels auf eine offene InvKG ist im insoweit abschließenden Katalog in § 14 Abs. 1 und 7 nicht vorgesehen (siehe hierzu auch § 14 Rn. 5, 19 und 20). Nachvollziehbare Gründe für den Ausschluss der steuerneutralen Verschmelzung einer offenen InvKG auf ein Sondervermögen oder eine InvAG sind jedoch nicht ersichtlich.

---

76 Siehe § 1 Abs. 1f Nr. 3.
77 Vgl. BFH-Urteil 26.4.2012 – IV R 44/09, BStBl. 2013 II S. 142; BFHE 237, 453.
78 S. BTDrucks. 17/13562, S. 16 unter Verweis auf die Rspr. des BFH.
79 BTDrucks. 17/13562, S. 16.
80 BTDrucks. 17/13562, S. 16.

Der vom Gesetzgeber vorgegebene Teilwertansatz, der in der Praxis i.d.R. mit einer entsprechenden Gewinnrealisierung einhergeht, ist aus praktischer Sicht kritisch zu sehen, weil für diesen rechtspolitisch grds. keine Notwendigkeit besteht. Denn bedingt durch die Zweckgebundenheit der InvKG (§ 1 Abs. 1f Nr. 3) und die damit zwingend vorgegebene Verwendung der Mittel besteht im Grundsatz kein „sanktionswürdiges Gestaltungspotential", welches unbedingt einer Einschränkung bedarf. Sollte sich der Gesetzgeber in Zukunft dafür entscheiden, die offene InvKG weiter fördern zu wollen, dann könnte er die steuerneutrale Übertragung von Wirtschaftsgütern, die bereits unmittelbar oder mittelbar zweckgebunden sind und der Altersvorsorge dienen, in das Vermögen einer offenen InvKG in Anlehnung an § 6 Abs. 5 EStG vorschreiben. Ferner könnte er die steuerneutrale Verschmelzung von Pensionsfonds und Spezialfonds, die ausschließlich der Abdeckung von betrieblichen Altersvorsorgeverpflichtungen dienen, auf eine offene InvKG anordnen. Hierzu könnte er im Rahmen des § 15a Abs. 4 eine entsprechend differenzierte Regelungen schaffen bzw. die Möglichkeiten der steuerneutralen Verschmelzung in § 14 erweitern. Bis zu entsprechenden Änderungen stellt das „Teilwertgebot" in § 15a Abs. 4 aber praktisch einen „Hemmschuh" für die Akzeptanz der offenen InvKG am Markt dar. Denn bestehende Altersvorsorgevermögen können nicht ohne den steuerlichen Nachteil einer Gewinnrealisierung in eine InvKG überführt werden. Dabei wäre dies rechtspolitisch wünschenswert. 43

VII. Entnahme von Wirtschaftsgütern; Sachauskehrungen

Werden Wirtschaftsgüter von den Anlegern der offenen InvKG entnommen oder finden Ausschüttungen im Wege der Sachauskehrung statt, so finden die allgemeinen Ertragsermittlungsvorschriften in § 3 und § 4 Anwendung. Die Folge hiervon ist, dass die Entnahme und die Sachauskehrung zur Gewinnrealisierung führen. 44

C. Nutzungsmöglichkeiten einer offenen InvKG

Die offene InvKG darf, wenn sie denn Investmentfonds i.S.d. Gesetzes sein soll, ausschließlich für die Verwaltung betrieblicher Altersvorsorgevermögen genutzt werden. Dies folgt aus dem Verweis auf § 1 Abs. 1f Nr. 3 in § 15a Abs. 1. Durch diesen Verweis wurde im Gesetzgebungsverfahren zum AIFM-StAnpG durch den Finanzausschuss des Bundestages[81] den Bedenken des Bundesrats Rechnung getragen, dass die offene InvKG auch für „ungewünschte" steuerliche Gestaltungen genutzt werden könnte.[82] Ursprünglich war im Gesetzgebungsverfahren geplant, die offene InvKG auch für andere Zwecke nutzbar zu machen. Hierbei ging man davon aus, dass der Anwendungsbereich in der Praxis auf die Zwecke des Pension-Asset-Pooling begrenzt bliebe, weil sie außer der DBA-Transparenz (siehe hierzu Rn. 23 ff.) für die Anleger grds. keinen zusätzlichen Nutzen gegenüber den etablierten Spezial-Sondervermögen biete.[83] 45

D. Alternative Anlagevehikel

In der Vergangenheit wurden betriebliche Altersvorsorgevermögen in Deutschland über einen Spezialfonds verwaltet. Hierfür wurden i.d.R. Spezial-Sondervermögen (§ 2 Abs. 3 InvG) bzw. Spezial-AIF in der Form von Sondervermögen (§ 1 Abs. 6, 10 KAGB) 46

---

81 BTDrucks. 17/13522 S. 14.
82 BRDrucks. 95/13 S. 2f.; BTDrucks. 17/13036 S. 1f.
83 BTDrucks. 17/12603 S. 36.

oder Spezialfonds in der Rechtsform einer InvAG (§§ 96 ff. InvG; §§ 108 ff. KAGB) genutzt.[84] Dies waren nach der bisherigen Rechtslage die einzigen Investmentvehikel, die das deutsche Investmentrecht hierfür vorsah. Beide stehen auch nach Einführung der offenen InvKG für die Verwaltung betrieblicher Altersvorsorgevermögen weiterhin uneingeschränkt zur Verfügung und können alternativ genutzt werden. Daneben wäre auch eine Verwaltung im Rahmen einer vermögensverwaltenden Personengesellschaft vorstellbar.[85] Dabei ist jedoch die laufende finanzgerichtlicher Rechtsprechung zur Abgrenzung zwischen privater Vermögensverwaltung und gewerblicher Tätigkeit beispielsweise im Bereich des Wertpapierhandels und des Grundstückshandels zu beachten.[86]

47   Aus steuerlicher Sicht stellen grds. aber weder als Spezialfonds aufgelegte InvAG noch Spezial-Sondervermögen geeignete Vehikel für das grenzüberschreitendes Pooling von Altersvorsorgevermögen dar. Denn beide Investmentvehikel sind im Verhältnis zu vielen Staaten selbst berechtigt, die Vergünstigungen nach dem einschlägigen Doppelbesteuerungsrecht in Anspruch zu nehmen.[87] Inländische Sondervermögen gelten kraft der gesetzlichen Fiktion in § 11 Abs. 1 als Zweckvermögen im Sinne des § 1 Abs. 1 Nr. 5 KStG. Die InvAG ist originär aufgrund ihrer Rechtsform Körperschaftsteuersubjekt. Ist ein Rechtsträger steuerlich wie eine juristische Person zu behandeln, so hat dies regelmäßig dessen Abkommensberechtigung im Sinne der Doppelbesteuerungsabkommen (DBA) zur Folge. Ein Rechtstypenvergleich führt i.d.R. auch zu keinen hiervon abweichenden Ergebnissen.[88] Deshalb würden etwaige Begünstigungen für Pensionsfonds nach dem DBA verloren gehen, die im Falle einer Direktanlage genutzt werden könnten.

Beispiel:[89] Ein Pensionsfonds aus dem Land A ist an einem Spezialfonds in Deutschland (D) beteiligt, der Aktien an einer Kapitalgesellschaft im Land B hält. Die Kapitalgesellschaft schüttet jährlich Dividenden aus, die vom Spezialfonds an den Anleger (Pensionsfonds) ausgeschüttet werden. Der nationale Quellensteuerabzug im Land B beträgt 25%. Die DBA zwischen den beteiligten Ländern sehen jeweils einen DBA-Höchstsatz von 15% für im anderen Land ansässige Personen vor. Für Pensionsfonds sehen die DBA einen Quellensteuersatz von 0% vor.

Investiert der Pensionsfonds aus dem Land A über einen Spezialfonds in D in eine Kapitalgesellschaft im Land B, so kann er letztendlich nicht von der Quellensteuerbefreiung auf Dividendenzahlungen profitieren, die ihm im Falle einer Direktanlage zustünden. Denn betreffend die Dividendenausschüttungen der Kapitalgesellschaft kommt zunächst das DBA D-B zur Anwendung. Dies sieht für Spezialfonds eine Entlastung des DBA-Höchstsatzes auf lediglich 15% vor.

Ausschüttungen des Spezialfonds an den Pensionsfonds unterliegen dem DBA D-A, wonach eine vollständige Entlastung vorgesehen ist. Da der Spezialfonds jedoch eine bereits mit Quellensteuer vorbelastete Dividende erhalten hat, wird die Ausschüttung des Spezialfonds wirtschaftlich nicht vollständig entlastet. Der gem. § 4 zugewiesene Anteil an ausländischen Quellensteuern ist für den Pensionsfonds wertlos, da er infolge der eigenen Steuerbefreiung diese nicht auf eine eigene Steuerschuld anrechnen kann.

---

84 S. hierzu *Klein/Lorenz/Reichel* BB **2012** 331, 336.
85 Vgl. *Klein/Lorenz/Reichel* BB **2012** 331, 336.
86 Siehe hierzu Schmidt/*Wacker* § 15 Rn. 46 ff.
87 *Klein/Lorenz/Reichel* BB **2012** 331, 332 f. u. 335; siehe oben Rn. 23 ff.
88 *Zinkeisen/Walter* IStR **2007** 583; *Klein/Lorenz/Reichel*, BB **2012** 331, 336.
89 S. auch die Beispiele bei *Klein/Lorenz/Reichel* BB **2012** 331, 336.

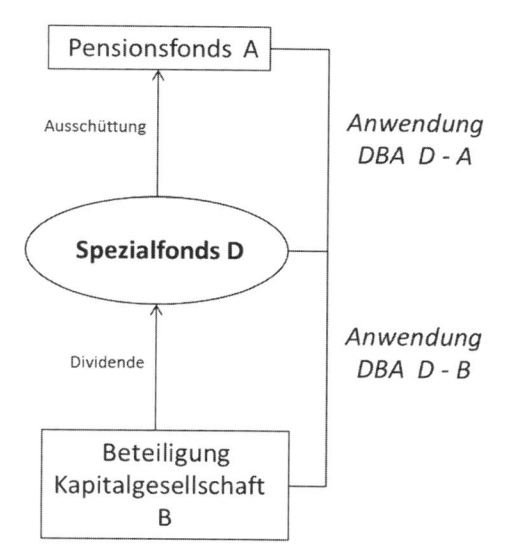

```
Pensionsfonds A
   ↑
   Ausschüttung         Anwendung
                        DBA D - A
   Spezialfonds D
   ↑
   Dividende            Anwendung
                        DBA D - B
   Beteiligung
   Kapitalgesellschaft
   B
```

Anders verhält es sich jedoch, wenn sich der Pensionsfonds über eine steuerlich transparente deutsche offene InvKG mittelbar an der Kapitalgesellschaft in B beteiligt. Denn dann profitiert er direkt von der ihm nach dem DBA A-B zustehenden Steuerfreiheit, soweit die Quellensteuerbefreiung nicht von weiteren Voraussetzungen, wie etwa einer unmittelbar gehaltenen Beteiligung abhängig ist. Denn im vorliegenden Fall kommt das DBA A-B zu Anwendung, weil die offene InvKG keine Person i.S.d. DBA D-B ist und ihr damit keine Abkommensberechtigung zusteht (siehe hierzu Rn. 23 ff.).

Die Bündelung von Altersvorsorgevermögen in **vermögensverwaltenden Personen-** **gesellschaften** außerhalb des KAGB (zuvor InvG), die zwar steuerlich ebenfalls transparent, aber aufsichtsrechtlich nicht reguliert sind, genügt i.d.R. nicht den Anforderungen der Anleger und Marktteilnehmer. Denn nur Investmentvehikel, die einer staatlichen Aufsicht unterliegen und rechtliche Einschränkungen für die Anlage und Verwaltung von Vermögen vorsehen, sind für die Verwaltung von Pensionsvermögen in der Praxis geeignet und gewährleisten einen erforderlichen Anlegerschutz.[90]

48

---

90 *Klein/Lorenz/Reichel* BB **2012** 331, 336.

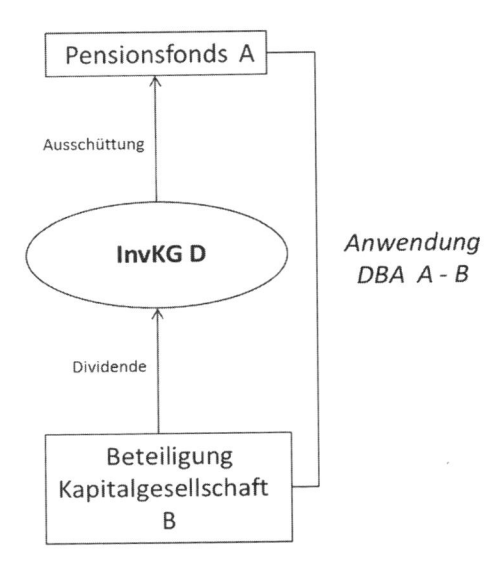

```
Pensionsfonds A
     ↑
Ausschüttung
     |
   InvKG D            Anwendung
                      DBA A - B
     ↑
Dividende
     |
  Beteiligung
Kapitalgesellschaft
       B
```

E. Exkurs § 4f EStG, § 5 Abs. 7 EStG – Zeitliche Streckung der Realisierung stiller Lasten

I. Allgemeines

49 In der Praxis ist die Bündelung von Wirtschaftsgütern, die der Deckung von Altersvorsorgeverpflichtungen dienen, häufig mit der entgeltlichen Übertragung von eben diesen Verpflichtungen verbunden. § 4f EStG sowie § 5 Abs. 7 EStG sind durch das AIFM StAnpG eingeführt worden. Nach der Rspr. des BFH konnten bisher einkommensteuerliche Passivierungsbegrenzungen (z.B. Ansatzverbote nach § 5 Abs. 4a EStG, Ansatzbeschränkungen nach § 5 Abs. 3 und 4 EStG oder Bewertungsvorbehalte nach § 6a EStG) überwunden werden, indem Dritte die Verpflichtungen entgeltlich übernahmen.[91] Die Erwerber hatten die gesetzlich vorgegebenen Passivierungsbegrenzungen nicht zu beachten, weil eine entgeltliche Anschaffung der Verpflichtung vorlag.[92] Zwischen verbundenen Unternehmen konnten damit „Steuerspareffekte" realisiert werden. Diese Möglichkeit wird nunmehr durch § 4f EStG i.V.m. § 5 Abs. 7 EStG stark eingeschränkt.[93] Beide Vorschriften sind komplementär, sie dienen der Fortgeltung der Passivierungsbegrenzungen bei der Verpflichtungsübernahme. Sie sind jedoch unabhängig voneinander anzuwenden. § 5 Abs. 7 EStG ist auch dann anzuwenden, wenn es nach § 4f EStG nicht zu eine Betriebsausgabenverteilung auf 15 Jahre kommt.[94] § 4f EStG verteilt den mit der Verpflichtungsübertragung einhergehenden Aufwand des Übertragenden auf 15 Jahre. Nach § 5 Abs. 7 EStG kann der Übernehmende die sich ergebenden Übernahmeerträge über eine gewinnmindernde Rücklage, die binnen 15 Jahren aufzulösen ist, auf einen entsprechenden Zeitraum verteilen.[95] Die Regelungen dürften u.E. verfassungskonform sein,

---

91 BFH BStBl. II 2008, 55; BFH DStR **2012** 1128.
92 BHF DStR **2012** 453.
93 *Blümich/Krumm* EStG § 4f Rn 1.
94 *Veit/Hainz* BB **2014** 1323.
95 *Schmidt/Weber-Grellet* EStG 33. Aufl. § 5 Rn. 503.

weil lediglich die Passivierungsbegrenzungen auf den Fall der Verpflichtungsübernahme ausgedehnt werden.[96] Die Regelungen sind auf alle Wirtschaftsjahre anzuwenden die nach dem 28.11.2013 enden.[97]

II. Zeitliche Streckung der Hebung stiller Lasten aus übertragenen Pensionsverpflichtungen § 4f EStG

50 Werden Pensionsverpflichtungen übertragen, so ist der Aufwand zur Abgeltung des Verpflichtungsüberhangs über die Pensionsrückstellung (die stille Last), die Differenz zwischen dem tatsächlichen Barwert der übertragenen Pensionsverpflichtung und der für diese gebildeten Rückstellung nach § 6a EStG, außerbilanziell auf 15 Wirtschaftsjahre gleichmäßig zu verteilen (§ 4f Abs. 1 S. 2 EStG). Obwohl dieser zu verteilende Aufwand aus der Hebung der stillen Last dem wirtschaftlichen Gehalt nach dem Verlustvortrag nach § 10d EStG bzw. dem Zins- und EBITDA Vortrag nach § 4h Abs. 1 S. 5 bzw. S. 3 EStG gleicht, bestimmt § 4f Abs. 1 S. 7 EStG, dass der Rechtsnachfolger des Übertragenden an die Aufwandsverteilung des Übertragenden gebunden ist. Nach der Gesetzesbegründung soll damit sichergestellt werden, dass noch nicht steuerlich „verbrauchter" zu verteilender Aufwand aus der Hebung der stillen Last in jedem Fall einmal steuerlich zur Geltung kommt.[98] Mithin geht der Gesetzgeber davon aus, dass der bisher nicht „verbrauchte" Aufwand aus der Hebung der stillen Last auf den Rechtsnachfolger übergeht. Da der Wortlaut nicht zwischen Einzel- und Universalsukzession unterscheidet, ist auch eine Einzelrechtsnachfolge erfasst.[99] Dies wird z.B. bei einer steuerneutralen Einzelrechtsnachfolge im Sinne des § 6 Abs. 3 EStG relevant. Dieses Ergebnis wird durch die Ausnahmeregelungen in § 4f Abs. 1 S. 3 und 4 EStG gestützt. Offensichtlich sollen stille Lasten und stille Reserven eines Betriebes, trotz der unterschiedlichen steuerlichen Auswirkungen bei ihrer Realisierung (nämlich Sofortversteuerung realisierter stiller Reserven, Realisierung stiller Lasten auf 15 Jahre „gestreckt"), zusammengehalten werden. Denn andernfalls macht der vollständige bzw. teilweise Verzicht auf die Verteilung stiller Lasten auf 15 Jahre bei Beendigung oder Veräußerung von Betrieben oder Mitunternehmeranteilen oder Teilen hiervon keinen Sinn.[100]

51 Was unter der Übertragung von Verbindlichkeiten zu verstehen ist, ist umstritten. Auf jeden Fall erfasst wird eine befreiende Schuldübernahme im Sinne des § 415 BGB, denn hier kommt es nicht nur wirtschaftlich sondern auch rechtlich zu einem Wechsel des Pensionsverpflichteten. Nach dem Wortlaut der Norm könnte man vertreten, dass die bloße wirtschaftliche Entlastung des Übertragenden durch Schuldbeitritt und/oder Erfüllungsübernahme von § 4f Abs. 1 EStG nicht erfasst sei, weil sonst § 4f Abs. 2 EStG, der

---

96 *Schmidt/Weber-Grellet* EStG 33. Aufl. § 4f Rn. 1; a.A. *Blümich/Krumm* EStG § 4f Rn. 14, 15; *Lüdenbach/Hoffman* GmbHR **2014** 123; so wohl auch *Bolik/Bruckbauer* SteuK **2014** 221: Verstoß gegen Gleichbehandlungsgebot, weil Übertragender selbst dann schlechter gestellt wird, wenn sich die übertragene Verpflichtung beim Übernehmenden realisiert hat.
97 *Schmidt/Weber-Grellet* EStG 33. Aufl. § 4f Rn. 10; *Benz/Placke* DStR **2013** 2653; *Hoffman* StuB **2014** 1; a.A. *Blümich/Krumm* EStG § 4f Rn. 14: Verfassungskonforme Auslegung § 52 Abs 12c geboten, Anwendung nur auf alle Verpflichtungsübernahmen nach dem 28.11.2013, so wohl auch *Bolik/Bruckbauer* SteuK **2014** 221.
98 Vgl. BTDrucks. 18/68 Gesetzentwurf des Bundesrates: Entwurf eines Gesetzes zur Anpassung des Investmentsteuergesetzes und anderer Gesetze an das AIFM-Umsetzungsgesetz (AIFM-Steuer-Anpassungsgesetz – AIFM-StAnpG), S. 73.
99 *Blümich/Krumm* EStG § 4f Rn. 28.
100 So auch *Blümich/Krumm* EStG § 4f Rn. 28.

diese Fälle ausdrücklich erwähnt, nur deklaratorische Bedeutung hätte.[101] Für eine solche Interpretation spricht allerdings die Entstehungsgeschichte der Vorschriften. § 4f EStG und § 5 Abs. 7 EStG sind als „Nichtanwendungsgesetze" eine Reaktion des Gesetzgebers auf die oben zitierte „unerwünschte Rechtsprechung" des BFH.[102] Die Anknüpfung von § 4f Abs. 1 S. 1 EStG an die befreiende Schuldübernahme und von Abs. 2 an Schuldbeitritt und/oder Erfüllungsübernahme bringt nur beispielhaft zum Ausdruck, was die gemeinsame Voraussetzung für alle Anwendungsfälle ist. Unabhängig vom gewählten Rechtskleid muss es nach bilanzsteuerrechtlichen Grundsätzen zu einer die stillen Lasten aufdeckenden Entlastung eines Steuerpflichtigen von einer Verbindlichkeit gekommen sein, sei es weil er rechtlich nicht mehr zur Leistung verpflichtet ist, wie im Falle der befreienden Schuldübernahme, oder weil er – trotz weiter bestehender rechtlicher Verpflichtung – wegen eines (werthaltigen) Freistellungsanspruchs nicht mehr ernsthaft mit einer Inanspruchnahme zu rechnen hat.[103] Folgt man dieser Auffassung nicht, ist nur schwer erklärlich, warum in Abs. 2 kein Verstoß gegen das Gleichbehandlungsgebot aus Art. 3 GG vorliegen soll. Hätte Abs. 2 mehr als nur deklaratorische Bedeutung, ließe sich nicht erklären, warum die für die befreiende Schuldübernahme nach Abs. 1 S. 3 bis 6 geltenden Ausnahmen nicht für den steuerbilanziell gleichbehandelten Schuldbeitritt und/oder Erfüllungsübernahme gelten sollen. Vom Begriff der Übertragung werden wohl auch Umwandlungen im Sinne des UmwG, soweit sie mit einem Wechsel des Rechtsträgers verbunden sind (Verschmelzungen, Spaltungen und Ausgliederungen), mit erfasst. In dem hier behandelten Zusammenhang sind Verschmelzungen, Spaltungen oder Ausgliederungen nur relevant, wenn sie steuerlich zum gemeinen Wert bzw. zu sog. Zwischenwerten erfolgen, denn bei einer Umwandlung zu Buchwerten kommt es gerade nicht zu einer Hebung stiller Lasten.

Zu dieser Regelung bestehen drei Ausnahmen:
- Kleinunternehmen:

Die Regelung ist auf kleine Unternehmen i.S.d. § 7g Abs. 1 S. 2 Nr 1 lit. a) bis c) EStG (nämlich Betriebsvermögen nicht größer als EUR 235.000, bei Land-und Forstwirtschaft (Ersatz)wirtschaftswert nicht größer als EUR 175.000, wird der Gewinn im Wege der Einnahme -Überschussrechnung § 4 Abs. 3 EStG ermittelt Gewinn bis max. EUR 100.000) nicht anwendbar.
- Arbeitgeberwechsel

Außerdem ist die Regelung nicht anwendbar, wenn der pensionsberechtigte Arbeitnehmer unter Mitnahme seiner Pensionsansprüche den Arbeitgeber wechselt. Nach dem Wortlaut der Norm dürften vom Wortlaut auch die Fälle eines Betriebsübergangs nach § 613a BGB erfasst sein. Denn der Wortlaut differenziert nicht zwischen einem Arbeitgeberwechsel kraft gesetzlicher Regelung und einem solchen auf Grund einer privatautonomen Vereinbarung.[104] Der begünstigte Arbeitgeberwechsel setzt einen Wechsel des Dienstberechtigten voraus. Deswegen sind Übernahmen der Pensionsverpflichtungen durch einen Dritten (z.B. Pensionsfonds) nicht begünstigt. Gleiches dürfte für Pensionsberechtigte gelten, die nicht mehr aktiv arbeiten, sondern lediglich ihre Pension beziehen, weil es hier mangels Leistungspflicht des Arbeitnehmers keinen Dienstberechtigten mehr gibt.

---

101 So *Blümich/Krumm* EStG § 4f Rn. 20 „Angstklausel"; a.A. *Prinz* UbG **2013** 57; *Förster/Staaden* UbG **2014** 1.
102 Vgl. BFH BStBl. II 2008, 55; BFH DStR **2012** 1128.
103 *Blümich/Krumm* EStG § 4f Rn. 20.
104 So auch *Schindler* GmbHR **2014** 561; *Blümich/Krumm* EStG § 4f Rn. 40; *Benz-Placke* DStR **2013** 2653.

– Betriebsaufgabe/Veräußerung

Die Aufwandverteilung auf 15 Jahre gilt ebenfalls nicht bei Betriebsaufgabe, Veräußerung des Betriebes oder eines Mitunternehmeranteils im Sinne der § 15 EStG, § 16 Abs. 1, 3 und 3a EStG und § 18 Abs. 3 EStG. Die begünstigte Betriebsaufgabe setzt die endgültige Beendigung der betrieblichen Tätigkeit und die vollständige Veräußerung aller wesentlichen Betriebsgrundlagen oder deren Überführung ins Privatvermögen unter Aufdeckung aller stillen Reserven voraus. Die Veräußerung des Betriebes setzt die vollständige Veräußerung aller wesentlicher Betriebsgrundlagen (nämlich aller derjenigen Wirtschaftsgüter, in denen die wesentlichen stillen Reserven enthalten sind) voraus. Die Veräußerung eines Mitunternehmeranteils verlangt dementsprechend dessen vollständige Veräußerung einschließlich des Sonderbetriebsvermögens. Der Grund für diese Begünstigung dürfte darin liegen, dass die unternehmerische Tätigkeit des Betriebsinhabers nicht mehr fortgesetzt wird. Dies rechtfertigt es auch, bei einer solchen Aufgabe/Veräußerung bisher zwar schon realisierte stille Lasten, die aber wegen § 4f EStG noch nicht steuerwirksam geworden sind, im Zeitpunkt der Betriebsaufgabe vollständig abzuziehen.[105]

III. Behandlung der übernommenen Verbindlichkeit

Wird eine Verpflichtung (entgeltlich) übernommen, die beim ursprünglich Verpflichteten (dem Übertragenden) Ansatzverboten, Ansatzbeschränkungen oder Bewertungsvorbehalten unterlegen hat, was z.B. regelmäßig bei Pensionsverpflichtungen (§ 6a EStG) der Fall ist, sind diese so zu bilanzieren, wie sie beim Übertragenden ohne den Übertragungsvorgang zu bilanzieren gewesen wären. Technisch ist die stille Last in einem ersten Schritt offen auszuweisen und dann spätestens zum auf die Übernahme der Verpflichtung folgenden Stichtag des Jahresabschlusses erfolgswirksam auszubuchen. Daneben wurde klarstellend der Wortlaut der bisherigen Einkommensteuerrichtlinie R 6a Abs. 13 EStR in das Gesetz übernommen. Dies führt dazu, dass das für die Übernahme der stillen Last gezahlte Entgelt in der Steuerbilanz als Ertrag auszuweisen ist. Zur anteiligen Neutralisierung des sich daraus ergebenden Gewinns kann in Höhe von $^{14}/_{15}$ des „Anschaffungsgewinns" eine gewinnmindernde Rücklage gebildet werden (sog. „Wahlrecht"), die in den auf das Wirtschaftsjahr der Verpflichtungsübernahme folgenden Wirtschaftsjahren jeweils zu mindestens $^{1}/_{14}$ gewinnerhöhend aufzulösen ist. Realisiert sich die stille Last innerhalb des 14-jährigen Auflösungszeitraums, muss eine zum Zeitpunkt der Realisation der stillen Last noch vorhandene Rücklage vollständig aufgelöst werden. Sie neutralisiert den Aufwand aus der Realisation der stillen Last.[106] § 5 Abs. 7 EStG erfasst diejenigen Verpflichtungen, die auch von § 4f Abs. 1 S. 1 EStG auf der Ebene des Übertragenden erfasst werden. Dazu gehören auch Pensionsverpflichtungen. Das zum Begriff der Übertragung Gesagte gilt hier spiegelbildlich auch für den Begriff der Übernahme (vgl. Rn. 50).[107]

Bei einem entgeltlichen Erwerb eines Mitunternehmeranteils greift § 5 Abs. 7 S. 1 EStG nicht für Verpflichtungen der Personengesellschaft, weil diese zivilrechtlich gegenüber dem entsprechenden Gläubiger unverändert alleine verpflichtet bleibt. § 5 Abs. 7 S. 3 EStG ordnet im Einklang mit dem Transparenzprinzip für diesen Fall die entsprechende Geltung des Satzes 1 an. Da die Personengesellschaft zivilrechtlich allein verpflichtet bleibt und auch wirtschaftlich nicht von der Verpflichtung entlastet wird,

---

105 *Blümich/Krumm* EStG § 4f Rn. 33; *Förster/Staaden* UbG **2014** 1.
106 *Benz/Placke* DStR **2013** 2653.
107 *Schmidt/Weber-Grellet* EStG 33. Aufl. § 5 Rn. 503.

kommt eine Abbildung nur in der Ergänzungsbilanz des Erwerbers in Betracht. Die stille Last wird demnach zunächst offen in der Ergänzungsbilanz ausgewiesen und sodann gewinnerhöhend aus dieser, ggf. unter Bildung eine gewinnmindernden Rücklage, ausgebucht. Dies hat auch Auswirkungen auf die Gewerbesteuer der Personengesellschaft. Die Verteilung des erhöhten Steueraufwandes unter den Gesellschaftern sollte im Gesellschaftsvertrag geregelt werden, wenn der zusätzliche Aufwand „verursachungsgerecht" zwischen den Gesellschaftern verteilt werden soll.[108] Daraus, dass die Bildung der gewinnmindernden Rücklage nach § 5 Abs. 7 S. 5 EStG nicht zwingend ist und auch für deren Auflösung nur ein Mindestauflösungsbetrag, nicht aber eine gleichmäßige Auflösung vorgeschrieben ist, ergeben sich Gestaltungsspielräume. So kann bspw. die Rücklage ganz oder teilweise aufgelöst werden, um einen Verlustvortrag zu vermeiden. Realisiert sich später die stille Last, kommt der entsprechende Aufwand voll zur Geltung, während die Mindestbesteuerung nach § 10d EStG vermieden werden kann.[109]

53   Gemäß § 57 Abs. 14a EStG sind, entsprechend der Anwendungsregelung für § 4f EStG, die Regelungen des § 5 Abs. 7 EStG erstmals auf Wirtschaftsjahre, die nach dem 28.11.2013 enden, anzuwenden. Ob hier ein Fall einer zulässigen unechten Rückwirkung vorliegt ist, ebenso wie zur Anwendungsregelung zu § 4f EStG umstritten.[110] Da die Passivierungsbeschränkungen die Abbildung der übernommenen Verpflichtungen innerhalb der Steuerbilanz betreffen, sind sie auf alle bis zum Ende des ersten nach dem oben genannten Stichtag endenden Wirtschaftsjahres, noch vorhandenen stillen Lasten anzuwenden. Dies gilt grds. unabhängig davon, wann die stille Last übertragen wurde. Dies hat insbesondere für die Übertragung von Pensionsverpflichtungen Bedeutung, weil sich bei ihnen regelmäßig erst später stille Lasten realisieren. Praktisch hat diese Regelung jedoch nur für die stillen Lasten, die sich im ersten nach dem 28.11.2013 endenden Wirtschaftsjahr bereits realisiert haben, keine Auswirkungen, weil sich beide Effekte neutralisieren. § 5 Abs. 7 EStG kann auf Antrag des Steuerpflichtigen auch auf frühere Wirtschaftsjahre angewandt werden. Dies kann sinnvoll sein, wenn der Steuerpflichtige bereits vor dem Wirtschaftsjahr 2013 Passivierungsbeschränkungen (entsprechend der Meinung der Finanzverwaltung) berücksichtigt hat. Auf diese Weise können Bilanzberichtigungen, die sich ohnehin über die Zeit ausgleichen würden, vermieden werden.[111]

---

[108] *Benz/Placke* DStR **2013** 2653.
[109] So auch *Benz/Placke* DStR **2013** 2653.
[110] Siehe Fußnoten 96 und 97.
[111] *Benz/Placke* DStR **2013** 2653.

ABSCHNITT 3
Regelungen nur für ausländische Investment*fonds*[1]

**§ 16
Ausländische Spezial-Investmentfonds**

Bei ausländischen AIF, deren Anteile satzungsgemäß von nicht mehr als 100 Anlegern, die nicht natürliche Personen sind, gehalten werden (ausländische Spezial-Investmentfonds), sind § 1 Absatz 1d, § 4 Absatz 4, § 5 Absatz 1 Satz 1 Nummer 5 Satz 3 sowie die §§ 6 und 8 Absatz 4 und 8 nicht anzuwenden. § 5 Abs. 1 Satz 1 Nr. 3 ist mit der Maßgabe anzuwenden, dass die Investmentgesellschaft von der Bekanntmachung im Bundesanzeiger absehen kann, wenn sie den Anlegern die Daten mitteilt. § 15 Absatz 1 Satz 2 und Absatz 1a gilt entsprechend. § 15 Absatz 1 Satz 5 ist entsprechend anzuwenden. § 15 Absatz 1 Satz 6 ist in Fällen des § 17a entsprechend anzuwenden. Für ausländische Spezial-Investmentfonds mit mindestens einem inländischen Anleger hat die ausländische Investmentgesellschaft dem Bundeszentralamt für Steuern innerhalb von vier Monaten nach Ende des Geschäftsjahres eine Bescheinigung eines zur geschäftsmäßigen Hilfeleistung befugten Berufsträgers im Sinne des § 3 des Steuerberatungsgesetzes, einer behördlich anerkannten Wirtschaftsprüfungsstelle oder einer vergleichbaren Stelle vorzulegen, aus der hervorgeht, dass die Angaben nach den Regeln des deutschen Steuerrechts ermittelt wurden. Fasst der ausländische Spezial-Investmentfonds innerhalb von vier Monaten nach Ende des Geschäftsjahres einen Ausschüttungsbeschluss, beginnt die Frist nach Satz 6 erst mit dem Tage des Ausschüttungsbeschlusses. § 15 Absatz 3 gilt entsprechend.

Schrifttum

BMF-Schreiben vom 18.8.2009, BStBl. I 2009, 931 Tz. 264.

Systematische Übersicht

I. Allgemeines —— 1
   1. Entstehungsgeschichte der Norm —— 1
   2. Überblick —— 2
   3. Anwendungsbereich —— 3
II. Sonderregelungen —— 5
   1. Nicht anwendbare Vorschriften —— 6
   2. Anwendung des § 5 Abs. 1 Satz 1 Nr. 3 —— 7
   3. Analoge Anwendung des § 15 Abs. 1 Satz 2 und Abs. 1a —— 8
   4. Analoge Anwendung des § 15 Abs. 1 Sätze 5 und 6 —— 10

I. Allgemeines

1. Entstehungsgeschichte der Norm. Die Vorschrift wurde mit dem Investment- 1 modernisierungsgesetz (InvModG; BGBl. I 2003, 2676) eingeführt. Mit dem EU-Richtlinien-Umsetzungsgesetz (EURLUmsG; BGBl. I 2004, 3310) wurde § 8 Abs. 4 in den Katalog der nicht anwendbaren Vorschriften aufgenommen. Durch das Jahressteuergesetz 2008 (JStG 2008; BGBl. I 2007, 3150) wurde die zulässige Anlegerzahl von 30 auf 100 erhöht. Mit dem Jahressteuergesetz 2010 (JStG 2010; BGBl. I 2010, 1768) wurden die Sätze 4 bis 7

---

1 Die amtliche Fassung der Abschnittsüberschrift lautet derzeit weiterhin „Regelungen nur für ausländische Investment*anteile*". Hier dürfte es sich um ein Redaktionsversehen des Gesetzgebers handeln; auch die amtliche Inhaltsübersicht (geändert durch Art. 1 AIFM-StAnpG) spricht in der Abschnittsüberschrift von „Investmentfonds".

eingeführt. Durch die Sätze 4 und 5 wurde der Wegfall des Verlustvortrags nach § 15 Abs. 1 Satz 5 auf ausländische Investmentvermögen ausgeweitet. Durch Sätze 6 und 7 wurde die steuerliche Erfassung von ausländischen Spezial-Investmentvermögen durch das Bundeszentralamt für Steuern verbessert. Zur Gewährleistung der Gleichbehandlung von inländischen und ausländischen Spezial-Investmentvermögen bezüglich der Besteuerung von Streubesitzdividenden wurde Satz 3 durch das Gesetz zur Umsetzung des EuGH-Urteils vom 20. Oktober 2011 in der Rechtssache C-284/09 (EuGHDivUmsG; BGBl. I 2013, 561) geändert. Durch das AIFM-Steueranpassungsgesetz (AIFM-StAnpG; BGBl. I 2013, 4318) wurde neben der terminologischen Anpassung an den Begriff des Investmentfonds eine Legaldefinition des ausländischen Spezial-Investmentfonds in Satz 1 eingeführt. Daneben wurde die Vorschrift dahingehend erweitert, dass nun auch die Anwendung des § 1 Abs. 1d sowie des § 8 Abs. 8 ausgeschlossen wird, da diese Vorschriften auf Publikums-Investmentfonds zugeschnitten sind. Für inländische Spezial-Investmentfonds enthält der neue § 15 Abs. 3 vergleichbare Regelungen. Diese gelten über den neuen Satz 8 auch für ausländische Spezial-Investmentfonds.

2. Überblick. § 16 normiert eine spezielle Regelung für ausländische Spezial-Investmentfonds und enthält erstmalig eine Legaldefinition des Begriffs. Ausländische Spezial-Investmentsfonds sind ausländische AIF, deren Anteile satzungsgemäß von nicht mehr als 100 Anlegern gehalten werden, die nicht natürliche Personen sind. AIF sind alle Investmentvermögen, die keine OGAW im Sinne des § 1 Abs. 2 KAGB sind, § 1 Abs. 1 i.V.m. § 1 Abs. 3 KAGB.

3. Anwendungsbereich. Ein ausländischer Spezial-Investmentfonds liegt nur vor, wenn die Anzahl der Anleger auf 100 begrenzt ist. Es müssen Vorkehrungen getroffen werden, die dies sicherstellen, etwa entsprechende Regelungen in der Satzung oder im Gesellschaftsvertrag. Fehlt es an einer solchen Regelung, so liegt kein ausländischer Spezial-Investmentfonds vor, auch wenn tatsächlich höchstens 100 Anleger an dem AIF beteiligt sind. Eine ausländische Verwaltungsgesellschaft, die einheitlich für mehrere ausländische Investmentfonds des Vertragstyps einen Anteil an einem ausländischen Spezial-Investmentfonds hält, gilt nur als ein Anleger, weil sie allein zivilrechtlich der Anteilsinhaber ist.[2]

Wie bei inländischen Spezial-Investmentfonds dürfen keine natürliche Personen Anleger eines ausländischen Spezial-Investmentfonds sein. Der Anwendung der Norm steht es aber nicht entgegen, wenn natürliche Personen mittelbar – z.B. über eine Personengesellschaft – an einem Spezial-Investmentfonds beteiligt sind. In diesem Fall sind als Anleger nicht die einzelnen Gesellschafter zu qualifizieren, sondern die Personengesellschaft selbst, da nur sie zivilrechtlich Anleger des Spezialfonds ist.[3]

II. Sonderregelungen

§ 16 Abs. 1 Satz 1 bestätigt durch den Ausschluss der Anwendbarkeit der unten genannten Vorschriften, dass grundsätzlich die allgemeinen Vorschriften des InvStG auch auf ausländische AIF anwendbar sind.

---

2 Vgl. BMF v. 18.8.2009, BStBl. I 2009, 931 Tz. 264.
3 *Blümich* § 16 InvStG Rn. 5.

1. Nicht anwendbare Vorschriften. Nicht anwendbar sind: 6
- **§ 1 Abs. 1d**
  Gemäß § 1 Abs. 1d stellt das Bundeszentralamt für Steuern das Fehlen der Anlagebedingungen fest, wenn der Investmentfonds seine Anlagebedingungen in der Weise ändert, dass die Anlagebestimmungen des Abs. 1b nicht mehr erfüllt sind bzw. bei einem wesentlichen Verstoß gegen die Anlagebestimmungen des § 1b. Nach Ablauf des Geschäftsjahres, in dem der Feststellungsbescheid unanfechtbar geworden ist, gilt der Investmentfonds für einen Zeitraum von mindestens drei Jahren als Investitionsgesellschaft.
  Eine entsprechende Regelung auf Rechtsfolgenseite – die Anwendung der Besteuerungsregelungen für Investitionsgesellschaften – trifft § 15 Abs. 3, der für ausländische Spezial-Investmentfonds gem. § 16 Satz 8 entsprechend gilt. Vor dem Hintergrund, dass die Anleger bei einem Spezial-Investmentfonds bekannt sind und die Feststellung der Besteuerungsgrundlagen auf Anlegerebene stattfindet, ist es verfahrenstechnisch möglich, bereits in dem Geschäftsjahr des Verstoßes gegen § 1 Abs. 1b die Besteuerungsregeln für Investitionsgesellschaften anzuwenden.
- **§ 4 Abs. 4**
  Gemäß § 4 Abs. 4 kann der Investmentfonds beim Anleger anrechenbare oder abziehbare ausländische Steuern als Werbungskosten abziehen. Der Anleger hat dann keinen Anspruch auf Anrechnung oder Abzug dieser Steuern. Diese Vereinfachung des Abzugs als Werbungskosten auf Fondsebene ist angesichts der geringen Zahl von Anlegern eines Spezial-Investmentfonds nicht gerechtfertigt. Entsprechend hat ein Spezial-Investmentfonds kein Wahlrecht zum Werbungskostenabzug. Dem Anleger des Spezial-Investmentfonds kommt selbst das Wahlrecht zu, ob Quellensteuern auf die Steuerschuld angerechnet werden sollen oder bei der Ermittlung der Einkünfte abgezogen werden sollen.
- **§ 5 Abs. 1 Satz 1 Nr. 5 Satz 3**
  § 5 Abs. 1 Satz 1 Nr. 5 Satz 3 sieht vor, dass Fehler bei der Bekanntgabe von Besteuerungsgrundlagen im laufenden Fondsgeschäftsjahr zu korrigieren sind. Bei Anlegern von ausländischen Spezial-Investmentfonds sind fehlerhafte Beträge dementgegen nach den allgemeinen steuerlichen Korrekturvorschriften bei der Steuerfestsetzung zu berücksichtigen, in die die fehlerhaften Beträge eingegangen sind.
- **§ 6**
  Die Pauschalbesteuerung des § 6 ist nicht anzuwenden. Teilt ein ausländischer Spezial-Investmentfonds seinen Anlegern die Besteuerungsgrundlagen nicht mit, so sind die Erträge bei den Anlegern zu schätzen.
- **§ 8 Abs. 4**
  Weiterhin ausgeschlossen ist § 8 Abs. 4, der eine obligatorische oder modifizierte Aktiengewinnermittlung begründet.[4] Der Anwendungsausschluss ist insofern konsequent, als dass für den ausländischen Spezial-Investmentfonds ohnehin eine Aktiengewinnermittlungspflicht existiert und daher ein Wahlrecht erst nicht entstehen kann.[5]
- **§ 8 Abs. 8**
  § 16 schließt die Anwendbarkeit des § 8 Abs. 8 aus. § 8 Abs. 8 normiert, wann ein Investmentanteil als veräußert und angeschafft gilt. Eine vergleichbare Regelung ist

---

4 *Patzner/Kempf* § 16 InvStG Rn. 2.
5 Berger/Steck/*Lübbehüsen* § 16 InvStG Rn. 16.

nunmehr gesondert für den Spezial-Investmentfonds in § 15 Abs. 3 InvStG getroffen worden, der nach gem. § 16 Satz 8 entsprechend anwendbar ist.

2. Anwendung des § 5 Abs. 1 Satz 1 Nr. 3. Gemäß § 16 Satz 2 ist § 5 Abs. 1 Satz 1 Nr. 3 mit der Maßgabe anzuwenden, dass die Investmentgesellschaft von der Bekanntmachung im elektronischen Bundesanzeiger absehen kann, wenn sie die Besteuerungsgrundlagen den Anlegern mitgeteilt hat.

3. Analoge Anwendung des § 15 Abs. 1 Satz 2 und Abs. 1a. Der Verweis auf § 15 Abs. 1 Satz 2 bewirkt, dass auch ein ausländischer Spezial-Investmentfonds verpflichtet ist, den Aktiengewinn für Körperschaften, Personenvereinigungen und Vermögensmassen bewertungstäglich zu ermitteln.

Sofern die Voraussetzungen hierfür vorliegen, gilt über den Verweis auf § 15 Abs. 1a auch für ausländische Spezial-Investmentfonds die Steuerbefreiung für Dividendeneinkünfte.

4. Analoge Anwendung des § 15 Abs. 1 Sätze 5 und 6. Bei Rückgabe und Veräußerung der Anteile sowie im Verschmelzungsfall gehen Verlustvorträge auch bzgl. ausländischer Investmentfonds unter.

§ 17
Repräsentant

Der Repräsentant einer ausländischen Investmentgesellschaft im Sinne des § 317 Absatz 1 Nummer 4 und § 319 des Kapitalanlagegesetzbuchs gilt nicht als ständiger Vertreter im Sinne des § 49 Abs. 1 Nr. 2 Buchstabe a des Einkommensteuergesetzes und des § 13 der Abgabenordnung, soweit er die ausländische Investmentgesellschaft gerichtlich oder außergerichtlich vertritt und er hierbei weder über die Anlage des eingelegten Geldes bestimmt noch bei dem Vertrieb der ausländischen Investmentanteile tätig wird.

Schrifttum

Debatin Die beschränkte Steuerpflicht bei der Einkommen- und Körperschaftsteuer, BB **1960** 1015; Finanzministerium Niedersachsen 23.9.1970, S 1980-7-31 2, DB **1970** 1905; Finanzministerium Baden-Württemberg, 12.11.1970, S 1980 a-1/70, Beschränkte Steuerpflicht ausländischer Investmentgesellschaften, Auslegung des § 16 des Gesetzes über den Vertrieb ausländischer Investmentanteile und über die Besteuerung der Erträge aus ausländischen Investmentanteilen, FMNR002720070, juris; *Fock* Ausländisches Investmentvermögen und deutsches Transparenzprinzip, FR **2006** 369; *Kayser/Bujotzek* Die steuerliche Behandlung offener Immobilienfonds und ihrer Anleger, FR **2006** 49; *Nissen* Besteuerung ausländischer Investmentanteile, Änderungen des Kapitalanlagegesetzes, DStZ A **1969** 281; OFD Hannover 15.7.2009, S 1980 – 2 – StO 241, Verfügung betr. Auslegung des § 17 des Investmentsteuergesetzes (InvStG) vom 15. Dezember 2003 (BGBl. I S. 2676), *Philipps* Handbuch des Auslands-Investmentrechts, 1970; *Scholtz* Zur Besteuerung der Erträge aus ausländischen Investmentanteilen, DStZ A **1971** 137; *Strobl/Kellmann* Beschränkte Steuerpflicht durch Verbindungsbüros? AWD **1969** 405; *Piltz* Wann liegt eine DBA-Vertreter-Betriebsstätte vor? IStR **2004** 181; *Tullius* Neue steuerrechtliche Vorschriften zu Investmenterträgen DB **1969** 1715.

Systematische Übersicht

A. Allgemeines —— 1
B. Voraussetzungen im Einzelnen
   I. Repräsentant —— 10
   II. Ausländische Investmentgesellschaft —— 18
   III. Investmentsteuerlich zulässiger Aufgabenkreis des Repräsentanten —— 30
   IV. Besonderheiten bei Bestellung inländischer Kreditinstitute als Repräsentant —— 43
     1. Bestimmen über die Anlage —— 44
     2. Vertriebstätigkeit —— 45
   V. Besonderheiten bei Bestellung inländischer Repräsentanz gesellschaften bzw. Repräsentanzbüros als Repräsentant —— 47
   VI. Anwendbarkeit von § 17 auf aufsichtsrechtlich freiwillige Repräsentanten? —— 49
   VII. Besteuerung des Repräsentanten und der Vertriebsgesellschaft —— 50
C. Steuerliche Auswirkungen, soweit der in § 17 genannte Aufgabenkreis überschritten wird
   I. Vorliegen eines ständigen Vertreters —— 51
   II. Beschränkt steuerpflichtige Einkünfte —— 57

A. Allgemeines

Der heutige § 17 wurde ursprünglich als § 16 AuslInvestmG[1] eingeführt.[2] Unter der Geltung des Auslandinvestment-Gesetzes richtete sich die Besteuerung unter anderem danach, ob ein inländischer Repräsentant (§ 2 Nr. 1 AuslInvestmG) oder – bei nichtöffentlich vertriebenen Fonds – ein inländischer aufsichtsrechtlicher Vertreter (bei börsenzugelassenen weißen Fonds gem. §§ 17 Abs. 3 Nr. 1 Buchst. a und b, 20 AuslInvestmG bzw. bei grauen Fonds gem. §§ 18 Abs. 2 Satz 2, 20 AuslInvestmG) bestellt war. 1

Die steuerlich günstigste (transparente) Besteuerung genossen weiße Fonds. Dafür musste eine ausländische Investmentgesellschaft in Deutschland zum öffentlichen Vertrieb berechtigt sein (§ 2 Abs. 1 AuslInvestmG). Dies wiederum setzte voraus, dass ein inländischer Repräsentant bestellt wurde. Ohne öffentlichen Vertrieb lagen weiße Fonds vor, wenn sie an einer deutschen Börse zum amtlichen Handel oder zum geregelten Markt zugelassen waren und einen aufsichtsrechtlichen Vertreter in Deutschland bestellt hatten. Ungünstiger waren die Besteuerungsfolgen bei grauen Fonds. Diese verfügten weder über eine Berechtigung zum öffentlichen Vertrieb noch über eine Börsenzulassung, jedoch über einen aufsichtsrechtlichen Vertreter im Inland. Ermangelte es auch seiner, griff die für schwarze Fonds geltende prohibitive Pauschalbesteuerung nach § 18 Abs. 3 AuslInvestmG.[3] 2

---

[1] Auslandinvestment-Gesetz (AuslInvestmG) vom 28.7.1969, BGBl. I 1969, 986.
[2] Ohne inhaltliche Änderung ergänzt durch das Einführungsgesetz zum Körperschaftsteuerreformgesetz (EGKStRG) vom 6.9.1976, BGBl. I 1976, 2641 und redaktionell der seinerzeitigen Neufassung der Abgabenordnung angepasst durch das Einführungsgesetz zur Abgabenordnung (EGAO 1977) vom 14.12.1976, BGBl. I 1967, 3341, ber. BGBl. I 1977, 667.
[3] Zur Frage der Vereinbarkeit mit EU-Recht vgl. FG Berlin 8.2.2005, 7 K 7396/02, DStRE 2006, 1002, rkr.; BFH 18.11.2008, VIII R 24/07, BeckRS 2008, 24003580; BFH 25.8.2009, I R 88, 89/07, DStR 2009, 2295 – ausdrücklich entgegen BMF-Schreiben 6.7.2009, BStBl. 2009 I S. 770, DStR 2009, 1476; OFD Münster 11.2.2010, BeckVerw 235108 = IStR 2010, 299, mit Anm. *Patzner/Nagler*; OFD NRW 2.1.2014, Kurzinfo ESt Nr. 01/2014, DB 2014, 214 = BeckVerw 281599; BFH 7.2.2013, VIII R 2/09, DStRE 2013, 1267; BFH 6.8.2013, VIII R 39/12 (EuGH-Vorlagebeschluss), BeckRS 2013, 96378 (Vorinstanz: FG Baden-Württemberg 27.2.2012, 9 K 4048/09).

3 Während auf das Erfordernis der Bestellung eines inländischen aufsichtsrechtlichen Vertreters bereits seit dem Investmentmodernisierungsgesetz[4] verzichtet wird,[5] war der inländische (öffentliche) Vertrieb von ausländischen Investmentanteilen unter dem Investmentgesetz[6] bzw. ist der Vertrieb an Privatanleger von EU-AIF und ausländischen AIF durch eine EU-AIF-Verwaltungsgesellschaft oder eine ausländische AIF-Verwaltungsgesellschaft unter dem Kapitalanlagegesetzbuch unter anderem nur dann zulässig, wenn die AIF-Verwaltungsgesellschaft der BaFin als Repräsentanten ein inländisches Kreditinstitut oder eine zuverlässige, fachlich geeignete Person mit Sitz oder Wohnsitz im Geltungsbereich dieses Gesetzes benennt, die hinreichend ausgestattet ist, um die Regeltreue (Compliance-Funktion) entsprechend § 57 Abs. 3 Satz 4 KAGB wahrnehmen zu können, vgl. § 317 Abs. 1 Nr. 4 KAGB i.d.F. des Gesetzes vom 15.7.2014, BGBl. I 2014, 934.

4 Indes war bereits unter dem Investmentgesetz der öffentliche Vertrieb von EU-Investmentanteilen (d.h. Anteilen an OGAW-konformen Investmentfonds) auch ohne Bestellung eines Repräsentanten möglich. Vielmehr war für Zwecke der Repräsentanz lediglich ein inländisches Kreditinstitut, über das der Zahlungsverkehr und die Rücknahme von Anteilen laufen sollte, erforderlich (§§ 131 Abs. 1 Satz 2, 132 InvG).[7] Ebenso ist die Bestellung eines Repräsentanten auch unter dem Kapitalanlagegesetzbuch bei dem Vertrieb von EU-OGAW nicht erforderlich (§§ 309 Abs. 1 Satz 2, 310 KAGB).

5 Abgesehen von dem vorstehend erwähnten Verzicht auf den inländischen aufsichtsrechtlichen Vertreter wurde der ehemalige § 16 AuslInvestmG inhaltlich weiterhin unverändert durch das Investmentmodernisierungsgesetz als § 17 weitergeführt.[8] In Form des § 17 galt die Regelung somit erstmals für Geschäftsjahre, die nach dem 31.12.2003 begannen.

6 Im Rahmen des AIFM-Steuer-Anpassungsgesetzes[9] wurde lediglich eine redaktionelle Anpassung an die Vorschriften des Kapitalanlagegesetzbuchs vorgenommen.[10] Angepasst wurde allein der Normverweis auf die den Repräsentanten betreffenden aufsichtsrechtlichen Vorschriften (zuvor § 136 Abs. 1 Nr. 2 und § 138 InvG). Im Übrigen ergaben sich keine wörtlichen Änderungen innerhalb von § 17. Dem Gesetzgeber ist damit wohl ein redaktioneller Fehler unterlaufen, denn den in § 17 in Bezug genommenen Repräsentanten einer „ausländischen Investmentgesellschaft i.S.d. § 317 Abs. 1 Nr. 4 KAGB" gibt es nicht. Dort ist nunmehr die Rede von der AIF-Verwaltungsgesellschaft und nicht mehr von der seinerzeit in § 136 Abs. 1 Nr. 2 InvG angesprochenen „ausländischen Investmentgesellschaft". Gesetzessystematisch wurde die Vorschrift darüber hinaus infolge der Nichtberücksichtigung von im Zuge des AIFM-Steuer-Anpassungsgesetzes eingeführten Investitionsgesellschaften zumindest unstimmig. Die Gesetzesmaterialien zum AIFM-Steuer-Anpassungsgesetz verhalten sich weder zu dem einen noch zu dem anderen Problem.

7 § 17 ist eine reine Begünstigungsvorschrift. Sie kann demnach die Qualität eines steuerlichen ständigen Vertreters nicht begründen – auch nicht im Umkehrschluss – und dadurch womöglich zu einer beschränkten Steuerpflicht der ausländischen Invest-

---

[4] Gesetz zur Modernisierung des Investmentwesens und zur Besteuerung von Investmentvermögen (Investmentmodernisierungsgesetz – InvModG) vom 15.12.2003, BGBl. I 2003, 2676.
[5] Vgl. BTDrucks. 15/1553, S. 131. Dementsprechend war der „aufsichtsrechtliche Vertreter" in den aufsichtsrechtlichen und in den steuerrechtlichen Vorschriften nicht mehr enthalten.
[6] Art. 1 InvModG.
[7] *Jacob/Geese/Ebner* Handbuch für die Besteuerung von Fondsvermögen, S. 321.
[8] *Bödecker*/Braun/Ernst/Franz/Kuhn/Vahldiek Handbuch InvR S. 703.
[9] Gesetz zur Anpassung des Investmentsteuergesetzes und anderer Gesetze an das AIFM-Umsetzungsgesetz (AIFM-Steuer-Anpassungsgesetz – AIFM-StAnpG) vom 18.12.2013, BGBl. I 2013, 4318.
[10] Vgl. die Gesetzesbegründung, BTDrucks. 18/68 (neu) vom 20.11.2013, S. 63.

mentgesellschaft führen.[11] Andererseits verhindert § 17 nicht die beschränkte Steuerpflicht einer ausländischen Investmentgesellschaft, soweit diese nicht auf der steuerunschädlichen Benennung eines Repräsentanten, sondern auf anderen in § 49 EStG enthaltenen Tatbeständen beruht.[12] Geregelt wird in § 17 allein, dass die aufsichtsrechtlich vorzunehmende Bestellung eines Repräsentanten keine anderen steuerlichen Folgen für die ausländische Investmentgesellschaft bewirken soll, als sich ohne dessen Bestellung ergäben.[13] Schließlich betrifft § 17 nach bisher herrschender Meinung allein die (Nicht-)Besteuerung der ausländischen Investmentgesellschaft; sie wende sich weder an die Inhaber von Anteilen oder Aktien an dem Investmentvermögen noch den Repräsentanten selbst.[14]

§ 17 stellt klarstellungshalber[15] sicher, dass sich aus der bloßen Tätigkeit des – aufsichtsrechtlich vorgeschriebenen – Repräsentanten nicht die Annahme eines ständigen Vertreters i.S.v. § 13 AO – und damit möglicherweise eine beschränkte Steuerpflicht nach §§ 1 Abs. 4 i.V.m. 49 Abs. 1 Nr. 2 Buchst. a EStG bzw. §§ 2 Nr. 1, 8 Abs. 1 KStG i.V.m. § 49 Abs. 1 Nr. 2 Buchst. a EStG – ergibt.[16] Da die Befreiungen von der Körperschaft- und Gewerbesteuer gem. § 11 Satz 2 (Sondervermögen und Investmentaktiengesellschaft mit veränderlichem Kapital) und § 11 Satz 3 (Investmentkommanditgesellschaft) nur für inländische Investmentfonds gelten (einschließlich fingierter Inlandsfonds im Fall von EU-Investmentfonds i.S.v. § 1 Abs. 1g Satz 2), führt die Vorschrift auch – indes in unzureichendem Umfang – zu einer gewissen Gleichbehandlung deutscher und ausländischer Investmentgesellschaften. Zweifelhaft ist freilich, welche Art von Einkünften im Rahmen der administrativen gerichtlichen und außergerichtlichen Vertretung der Repräsentant überhaupt für Rechnung des ausländischen Investmentfonds erzielen könnte. 8

Neben dieser eingeschränkten wirtschaftlichen Bedeutung ist auch die rechtstechnische Bedeutung von § 17 insoweit beschränkt, als ausländische Investmentfonds der Vertragsform nach richtiger Auffassung bereits mangels Steuersubjekteigenschaft der beschränkten Steuerpflicht nach § 49 EStG (ggf. i.V.m. § 2 Nr. 1 KStG) nicht unterliegen können.[17] Investmentfonds der Vertragsform bedürfen daher nicht des Schutzes durch § 17. 9

B. Voraussetzungen im Einzelnen

I. Repräsentant

Die in § 17 in Bezug genommenen §§ 317 Abs. 1 Nr. 4 und 319 KAGB beziehen sich auf den inländischen **Repräsentanten**. Richtigerweise müsste der Gesetzesverweis aller- 10

---

11 *Baur* § 16 AuslInvestmG Rn. 1.
12 *Baur* § 16 AuslInvestmG Rn. 1; *Fock* FR **2006** 369, 370; Berger/Steck/Lübbehüsen/*Singer* § 17 InvStG Rn. 3.
13 BTDrucks. 5/3494, S. 24.
14 Herrschende Auffassung unter Geltung des Auslandinvestment-Gesetzes, vgl. Gesetzesbegründung in BTDrucks. 5/3494, S. 24 und Brinkhaus/Scherer/*Brinkhaus* § 16 AuslInvestmG Rn. 1 und Rn. 20 sowie wohl auch unter dem Investmentsteuergesetz vor dem AIFM-Steuer-Anpassungsgesetz, vgl. Littmann/Bitz/Pust/*Ramackers* § 17 InvStG Rn. 30. Jedenfalls in Hinblick auf Anleger ausländischer Investmentfonds ist das zweifelhaft, siehe unten Rn. 28.
15 Vgl. Brinkhaus/Scherer/*Brinkhaus* § 16 AuslInvestmG Rn. 1 mit Verweis auf amtliche Begründung BTDrucks. 5/3494, S. 24; Scholtz DStZ A **1971** 139; *Baur* § 16 AuslInvestmG Rn. 1; Berger/Steck/Lübbehüsen/*Singer* § 17 InvStG Rn. 3, m.w.N.; Blümich/*Wenzel* EStG/KStG/GewStG, 2012, § 17 InvStG Rn. 1: „gesetzliche Fiktion".
16 Siehe auch BTDrucks. 15/1553, 131.
17 So auch Berger/Steck/Lübbehüsen/*Singer* § 17 InvStG Rn. 5; siehe unten Rn. 23.

dings § 317 Abs. 1 Nr. 4 „in Verbindung mit" anstelle von „und" § 319 KAGB lauten, da die Normen supplementär und nicht alternativ zueinander stehen.

11 Aufsichtsrechtlich ist die Bestellung eines inländischen Repräsentanten nur in den **Fällen des § 317 KAGB** erforderlich. § 317 KAGB ist Kapitel 4 („Vertriebsvorschriften"), Abschnitt 3 („Vertrieb von AIF"), Unterabschnitt 1 („Vertrieb von AIF an Privatanleger im Inland") zugeordnet.

12 Nach §§ 295 Abs. 1 Satz 2 i.V.m. 317 Abs. 1 Nr. 4 KAGB ist der Vertrieb von **EU-AIF** und **ausländischen AIF** durch eine **EU-AIF-Verwaltungsgesellschaft** oder eine **ausländische AIF-Verwaltungsgesellschaft** an **Privatanleger** in Deutschland damit nur zulässig, wenn – unter anderem – die **AIF-Verwaltungsgesellschaft** der BaFin als inländischen **Repräsentanten** benennt entweder (1.) ein inländisches Kreditinstitut oder (2.) eine zuverlässige, fachlich geeignete Person mit Sitz oder Wohnsitz in Deutschland, die hinreichend ausgestattet ist, um die Regeltreue (Compliance-Funktion) entsprechend § 57 Abs. 3 Satz 4 KAGB wahrnehmen zu können. Repräsentant kann damit ein **Kreditinstitut** oder eine **sonstige fachlich geeignete juristische oder natürliche Person** sein, wobei jeweils das Inlandskriterium erfüllt sein muss.

13 Hingegen besteht nach §§ 294 Abs. 1 i.V.m. 309 ff. KAGB für den inländischen Vertrieb von Anteilen oder Aktien an **EU-OGAW keine aufsichtsrechtliche Pflicht** der **EU-OGAW-Verwaltungsgesellschaft** oder der **OGAW-Kapitalverwaltungsgesellschaft** zur Bestellung eines inländischen Repräsentanten, solange die dort vorgesehenen Voraussetzungen erfüllt werden. Dafür muss die EU-OGAW-Verwaltungsgesellschaft bzw. die OGAW-Kapitalverwaltungsgesellschaft mindestens ein **inländisches Kreditinstitut** oder eine **inländische Zweigniederlassung** eines Kreditinstituts mit Sitz im Ausland benennen, worüber die Zahlungen für die Anleger geleitet werden und worüber die Rücknahme von Anteilen oder Aktien durch die EU-OGAW-Verwaltungsgesellschaft oder die OGAW-Kapitalverwaltungsgesellschaft abgewickelt werden kann. Die darüber hinausgehende verpflichtende Bestellung eines Repräsentanten als Ansprechpartner für aufsichtsrechtliche Zwecke wird nicht für erforderlich gehalten, weil innerhalb der Union eine ausreichende Überwachungsmöglichkeit im Rahmen der Zusammenarbeit der Finanzaufsichtsbehörden bestehe (so schon unter dem Auslandinvestment-Gesetz, wo § 15a AuslInvestmG lediglich die Benennung eines Kreditinstituts als Zahlstelle erforderte).[18] Der EU-OGAW kann sich im Inland über die EU-OGAW-Verwaltungsgesellschaft bzw. die OGAW-Kapitalverwaltungsgesellschaft außergerichtlich und im Rahmen der Prozessordnungen selbst vertreten.[19]

14 Ferner kann die BaFin nach § 296 Abs. 1 Satz 1 Nr. 1 KAGB unter bestimmten Voraussetzungen mit den zuständigen Stellen von **Drittstaaten** vereinbaren, dass die **§§ 310 und 311 KAGB** (Vertrieb von EU-OGAW im Inland) auf den inländischen Vertrieb von Anteilen an **ausländischen** (drittstaatlichen) **AIF** – welche grundsätzlich nach § 317 Abs. 1 Nr. 4 KAGB für den inländischen Vertrieb an Privatanleger einen **inländischen Repräsentanten** bestellen müssten – entsprechend anzuwenden sind. Voraussetzung ist insbesondere, dass der betreffende ausländische AIF in dem Drittstaat gemäß den Anforderungen der Richtlinie 2009/65/EG[20] (OGAW-Richtlinie) aufgelegt und verwaltet (und nach dem Recht des Drittstaates entsprechend öffentlich beaufsichtigt) wird sowie dass eine Vereinbarung i.S.d. Art. 42 Abs. 1 Buchst. b i.V.m. Abs. 3 der Richtlinie 2011/

---

[18] Brinkhaus/Scherer/*Brinkhaus* § 16 AuslInvestmG Rn. 2; *Baur* § 16 AuslInvestmG Rn. 73.
[19] So schon Brinkhaus/Scherer/*Brinkhaus* § 16 AuslInvestmG Rn. 2 und Berger/Steck/Lübbehüsen/*Singer* § 17 InvStG Rn. 7.
[20] Richtlinie 2009/65/EG des Europäischen Parlaments und des Rates vom 13.7.2009 zur Koordinierung der Rechts und Verwaltungsvorschriften betreffend bestimmte Organismen für Gemeinsame Anlagen in Wertpapieren (OGAW), ABl. L 302/32 vom 17.11.2009.

61/EU[21] (AIFM-Richtlinie) über die Zusammenarbeit zwischen den jeweiligen Finanzaufsichtsbehörden getroffen wurde, so dass ein wirksamer Informationsaustausch gewährleistet ist, der es den zuständigen Behörden ermöglicht, ihre Aufgaben zu erfüllen. Auf derartige im Inland zu vertreibende ausländische AIF sind gem. § 296 Abs. 3 Satz 1 KAGB diejenigen Bestimmungen des Kapitalanlagegesetzbuches entsprechend anzuwenden, die eine EU-OGAW-Verwaltungsgesellschaft oder eine OGAW-Kapitalverwaltungsgesellschaft zu beachten haben, wenn sie Anteile an einem EU-OGAW im Inland vertreiben; insbesondere also auch § 309 KAGB (siehe dazu oben). Einer aufsichtsrechtlichen Bestellung eines inländischen Repräsentanten bedarf es für den inländischen Vertrieb an Privatanleger in diesen Fällen ausländischer AIF also nicht. Hier wird ein inländischer Repräsentant als Ansprechpartner für aufsichtsrechtliche Zwecke für nicht erforderlich erachtet, weil eine aufsichtsrechtliche Überwachungsmöglichkeit im Rahmen der vereinbarten Zusammenarbeit der Finanzaufsichtsbehörden besteht.

Schließlich besteht für sämtliche Fälle des Vertriebs von **AIF** durch eine **EU-AIF-** **15** **Verwaltungsgesellschaft** und eine **ausländische AIF-Verwaltungsgesellschaft** an **semiprofessionelle** und **professionelle Anleger** im Inland nach §§ 323 bis 330a KAGB (Unterabschnitt 2: Vertrieb von AIF an semiprofessionelle Anleger und professionelle Anleger im Inland) ebenfalls keine aufsichtsrechtliche Pflicht der EU-AIF-Verwaltungsgesellschaft oder der ausländischen AIF-Verwaltungsgesellschaft, einen inländischen Repräsentanten zu bestellen. Dies gilt erst recht auch im Fall des Vertriebs von AIF durch eine (inländische) AIF-Kapitalverwaltungsgesellschaft (§§ 321 und 322 KAGB). Dabei ist jedenfalls in den Fällen der §§ 322, 329 und 330 KAGB zwischen der BaFin und der jeweiligen ausländischen Finanzaufsichtsbehörde eine Vereinbarung über die aufsichtsrechtliche Zusammenarbeit erforderlich. Auch in diesen Fällen ist nach Ansicht des Gesetzgebers abermals eine ausreichende Überwachungsmöglichkeit auch ohne Bestellung eines inländischen Repräsentanten gegeben.

Die **Aufgaben und Befugnisse** des inländischen Repräsentanten sind zentral in § 319 **16** KAGB geregelt.[22] Danach vertritt der Repräsentant den EU-AIF oder ausländischen AIF gerichtlich und außergerichtlich. Er ist ermächtigt, die für die AIF-Verwaltungsgesellschaft und die Vertriebsgesellschaft bestimmten **Schriftstücke zu empfangen**, wobei diese Befugnisse nicht beschränkt werden können. Die **örtliche Gerichtszuständigkeit** für Klagen gegen einen EU-AIF, einen ausländischen AIF, eine AIF-Verwaltungsgesellschaft oder eine Vertriebsgesellschaft, die zum[23] Vertrieb von Anteilen oder Aktien an EU-AIF oder ausländischen AIF an Privatanleger in Deutschland Bezug haben, bestimmt sich nach dem Wohnsitz oder Sitz des Repräsentanten. Dieser Gerichtsstand kann nicht ausgeschlossen werden. Der Name des Repräsentanten und die Beendigung seiner Bestellung sind von der BaFin im Bundesanzeiger bekannt zu machen.

Darüber hinaus kann gem. § 305 Abs. 1 KAGB der Kauf von Anteilen oder Aktien gegenüber dem Repräsentanten widerrufen werden. Ferner kann die BaFin – soweit § 11 KAGB (Zusammenarbeit bei grenzüberschreitender Verwaltung und grenzüberschreitendem Vertrieb von AIF) nicht anzuwenden ist – als Ultima Ratio gem. § 314 Abs. 1 Nr. 4 **17**

---

21 Richtlinie 2011/61/EU des Europäischen Parlaments und des Rates vom 8.6.2011 über die Verwalter alternativer Investmentfonds und zur Änderung der Richtlinien 2003/41/EG und 2009/65/EG und der Verordnungen (EG) Nr. 1060/2009 und (EU) Nr. 1095/2010, ABl. 2010, L 174/1, ber. ABl. 2012 L 115/35, zuletzt geändert durch Art. 3 ÄndRL 2013/14/EU vom 21.5.2013, ABl. 2013, L 145/1.
22 Ausführlicher zum Aufgabenkreis des Repräsentanten noch zum Investmentgesetz bzw. Auslandinvestment-Gesetz Berger/Steck/Lübbehüsen/*Erhard* § 138 InvG Rn. 1ff. bzw. *Baur* § 6 AuslInvestmG Rn. 31; Assmann/Schütze/*Baur* Handbuch des Kapitalanlagerechts § 20 Rn. 380 bis 385.
23 Passender erscheint „auf den" anstelle von „zum", vgl. den vormaligen Wortlaut von § 138 Abs. 2 Satz 1 InvG.

§ 17 —— Repräsentant

KAGB den Vertrieb von Anteilen oder Aktien untersagen, wenn beispielsweise der **von der AIF-Verwaltungsgesellschaft benannte Repräsentant** erheblich gegen § 302 KAGB (Werbung) nachhaltig verstößt. Nach § 318 Abs. 1 KAGB muss der Verkaufsprospekt eines EU-AIF oder ausländischen AIF unter anderem Angaben über den Namen oder die Firma, den Sitz und die Anschrift des Repräsentanten enthalten. Beabsichtigt eine **EU-AIF-Verwaltungsgesellschaft** oder eine **ausländische AIF-Verwaltungsgesellschaft**, Anteile oder Aktien an einem von ihr verwalteten EU-AIF oder an einem ausländischen AIF in Deutschland an Privatanleger zu vertreiben, so hat sie dies der BaFin nach § 320 Abs. 1 KAGB anzuzeigen, wobei die Anzeige unter anderem alle wesentlichen Angaben zum Repräsentanten sowie die Bestätigungen des Repräsentanten über die Übernahme dieser Funktionen enthalten muss.

II. Ausländische Investmentgesellschaft

18 Ferner muss es sich nach § 17 um einen Repräsentanten einer **ausländischen Investmentgesellschaft** i.S.d. § 317 Abs. 1 Nr. 4 und § 319 KAGB handeln. Hier liegt offenbar ein Redaktionsversehen des Gesetzgebers im Rahmen des AIFM-Steuer-Anpassungsgesetzes vor. Eine ausländische Investmentgesellschaft i.S.d. §§ 317 Abs. 1 Nr. 4 und 319 KAGB gibt es jedenfalls nicht. § 317 Abs. 1 Nr. 4 KAGB erlaubt den Vertrieb von EU-AIF und ausländischen AIF, wenn die **AIF-Verwaltungsgesellschaft** der BaFin einen Repräsentanten benennt. Nach § 319 Abs. 1 Satz 1 KAGB vertritt der Repräsentant den EU-AIF oder ausländischen AIF gerichtlich und außergerichtlich. Möglicherweise wurde nicht bemerkt, dass die ehedem in §§ 136 Abs. 1 Nr. 2 und 138 Abs. 1 Satz 1 und Abs. 2 Satz 1 InvG (die durch § 17 InvStG a.F. in Bezug genommenen Vorgängervorschriften der heutigen §§ 317 und 319 KAGB) angesprochene „ausländische Investmentgesellschaft", die der BaFin seinerzeit den Repräsentanten zu benennen hatte und die durch den Repräsentanten rechtlich vertreten wurde, unter dem Kapitalanlagegesetzbuch nicht mehr existiert. Die Legaldefinition des § 2 Abs. 9 InvG der „ausländischen Investmentgesellschaft" wurde nicht in das Kapitalanlagegesetzbuch übernommen. Letztlich dürfte der heutige § 17 i.V.m. § 1 Abs. 2a Satz 2 zu lesen sein, wonach im Sinne des Investmentsteuergesetzes die Begriffe „ausländischer Investmentfonds" und „ausländische Investmentgesellschaft" gleichgestellt werden. Dann wäre § 17 wie folgt zu lesen: „Der Repräsentant eines **ausländischen Investmentfonds** i.S.d. § 317 Abs. 1 Nr. 4 und § 319 KAGB gilt nicht als ständiger Vertreter ..." Dies würde insofern Sinn machen, als der Repräsentant gesetzlich zwingend rechtlicher Vertreter des EU-AIF oder ausländischen AIF ist, vgl. § 319 Abs. 1 Satz 1 und 3 KAGB. Einleuchtend erscheint es indes nicht, wieso unbenannte Querverweise erforderlich sein sollen, um den eigentlichen Wortlaut der Norm erschließen zu können. Wenn der Gesetzgeber allein den „ausländischen Investmentfonds" meint, sollte er dies auch so fassen. Ebenso zutreffend könnte andererseits die Annahme sein, dass der Gesetzgeber eigentlich anstelle der ausländischen Investmentgesellschaft die AIF-Verwaltungsgesellschaft i.S.d. § 317 Abs. 1 Nr. 4 KAGB meint. Dann wäre es aber nicht „der Repräsentant einer AIF-Verwaltungsgesellschaft" (siehe oben), sondern „der von einer AIF-Verwaltungsgesellschaft zu benennende Repräsentant" i.S.d. § 317 Abs. 1 Nr. 4 KAGB.

19 Die seinerzeit in § 2 Abs. 9 InvG legal definierte „ausländische Investmentgesellschaft" war ein Unternehmen mit Sitz im Ausland, das Anteile an ausländischen Investmentvermögen ausgab. Diese Definition galt über den Querverweis des § 1 Abs. 2 Satz 1 InvStG a.F. auch für das Investmentsteuergesetz in der Fassung vor dem AIFM-Steuer-Anpassungsgesetz. Investmentgesellschaften unter dem Kapitalanlagegesetzbuch sind gemäß 1 Abs. 11 KAGB Investmentvermögen in der Rechtsform einer Investmentaktien-

gesellschaft oder Investmentkommanditgesellschaft. Die heute in § 317 Abs. 1 Nr. 4 KAGB verpflichtete **AIF-Verwaltungsgesellschaft** ist denn auch materiell etwas anderes als die seinerzeit in § 136 Abs. 1 Nr. 2 InvG verpflichtete **ausländische Investmentgesellschaft**. Dabei handelt es sich gem. § 1 Abs. 14, 17 und 18 KAGB um Verwaltungsgesellschaften, die unter dem Investmentgesetz gesetzlich nicht definiert waren.[24] Es handelt sich um Gesellschaften, die mindestens die Portfolioverwaltung oder das Risikomanagement für ein Investmentvermögen verwalten (vgl. die heutige Legaldefinition für Kapitalverwaltungsgesellschaften gem. § 17 Abs. 1 Satz 2 KAGB).

Nach § 1 Abs. 2 gelten zwar grundsätzlich die Begriffsbestimmungen des Kapitalanlagegesetzbuchs im Bereich des Investmentsteuergesetzes entsprechend, jedoch nur, soweit sich keine abweichenden Begriffsbestimmungen aus dem Investmentsteuergesetz ergeben. Der bereits angesprochene § 1 Abs. 2a Satz 2 erweitert insofern für das Investmentsteuerrecht den Begriff der ausländischen Investmentgesellschaft, da ausländische Investmentfonds demgemäß zugleich ausländische Investmentgesellschaften i.S.d. Investmentsteuergesetzes sind. **Investmentfonds** ist als einer der maßgeblichen Oberbegriffe des Investmentsteuergesetzes abzugrenzen von der **Investitionsgesellschaft**. Ein Investmentfonds ist gem. § 1 Abs. 1b Satz 2 ein OGAW oder ein AIF, der die dort genannten Anlagebestimmungen erfüllt. Ein **inländischer Investmentfonds** muss darüber hinaus den Numerus Clausus der Rechtsformen nach Maßgabe des § 1 Abs. 1f erfüllen, also in Form eines Sondervermögens oder einer Investmentaktiengesellschaft mit veränderlichem Kapital oder einer offenen Investmentkommanditgesellschaft gebildet werden. Für **ausländische Investmentfonds** besteht ein derartiger Numerus Clausus der Rechtsformen indes nicht. Gemäß § 1 Abs. 1g Satz 1 InvStG rechnet für die Anwendung der Abschnitte 1 bis 3 und 5 des Investmentsteuergesetzes ein EU-Investmentfonds der Vertragsform, der von einer externen Kapitalverwaltungsgesellschaft verwaltet wird, zu den ausländischen Investmentfonds. Eine **ausländische Investmentgesellschaft** i.S.d. Investmentsteuergesetzes kann nach allem die nach der jeweiligen ausländischen Rechtsordnung vergleichbaren Rechtsformen entsprechend einem Sondervermögen (Investmentvermögen in Vertragsform) oder einer Investmentaktiengesellschaft oder einer Investmentkommanditgesellschaft haben.

Gemäß § 1 Abs. 1b Satz 1 InvStG sind die Abschnitte 1 bis 3 und 5 des Investmentsteuergesetzes auf **Investmentfonds** und Anteile an Investmentfonds anzuwenden. Dies ist i.S.v. „nur" auf Investmentfonds bzw. Anteile an Investmentfonds zu lesen. Da § 17 zu Abschnitt 3 des Gesetzes gehört, muss die ausländische Investmentgesellschaft demnach zwingend als Investmentfonds zu qualifizieren sein und muss somit zwingend die Anlagebestimmungen des § 1 Abs. 1b erfüllen. Keine Anwendung findet § 17 demnach auf ausländische **Investitionsgesellschaften** jeder Art. Dies spiegelt sich auch in der amtlichen Inhaltsübersicht zum Investmentsteuergesetz wider, wo es in der Überschrift zu Abschnitt 3 heißt „Regelungen nur für ausländische Investmentfonds".[25]

Die Schutzfunktion des § 17 leuchtet unmittelbar bei **ausländischen Investmentfonds mit eigener Rechtspersönlichkeit** – und damit der gegebenen steuerrechtlichen Subjektsfähigkeit i.S.v. § 2 Nr. 1 KStG – ein. Beispielsweise kann die mit einer deutschen Investmentaktiengesellschaft vergleichbare luxemburgische SICAV (*société d'investissement à capital variable*) über Ihren inländischen Repräsentanten beschränkt steuer-

---

[24] Berger/Steck/Lübbehüsen/*Erhard* § 136 InvG Rn. 4.
[25] Ein redaktionelles Versehen dürfte darin gesehen werden, dass der Gesetzgeber zwar durch Art. 1 AIFM-StAnpG in der amtlichen Inhaltsübersicht die Überschriften zu den Abschnitten 1–3 sprachlich angepasst hat (Ersetzung „Investmentanteile" durch „Investmentfonds"), dies jedoch in den amtlichen Überschriften zu den Abschnitten 1–3 im Gesetz unterlassen hat.

pflichtig nach §§ 2 Nr. 1, 1 Abs. 1 Nr. 1, 8 Abs. 1 KStG i.V.m. § 49 Abs. 1 Nr. 2 Buchst. a EStG i.V.m. § 13 AO i.V.m. Artt. 5 Abs. 5, 7 Abs. 1 DBA Deutschland/Luxemburg[26] werden.[27] Andererseits greift nach dem Gesetzeswortlaut bei ausländischen Investmentfonds mit eigener Rechtspersönlichkeit die subjektive Steuerbefreiung des § 11 Abs. 1 Satz 2 nicht, da sich die Vorschrift ausdrücklich nur auf einen inländischen Investmentfonds in Form einer Investmentaktiengesellschaft mit veränderlichem Kapital bezieht. Für solche korporativ verfassten ausländischen Investmentfonds macht der Anwendungsbereich und die Schutzfunktion des § 17 demnach Sinn, da die aufsichtsrechtliche Bestellung eines Repräsentanten keine steuerliche Schlechterstellung erzeugen soll.

23 Dieser Sinn und Zweck des Schutzes durch § 17 besteht in Hinblick auf **ausländische Investmentfonds der Vertragsform** nicht ohne weiteres. Beispielsweise hat ein mit einem deutschen Sondervermögen vergleichbarer luxemburgischer *fonds commun de placement* (FCP) keine eigene Rechtspersönlichkeit. Ebenso besitzt ein FCP – wie jedes andere Investmentvermögen in Vertragsform – in Deutschland nach zutreffender herrschender Meinung keine originäre Steuersubjektfähigkeit.[28] Als solches handelt es sich nicht um ein Zweckvermögen i.S.v. § 1 Abs. 1 Nr. 5 KStG bzw. eine Vermögensmasse i.S.d. § 2 Nr. 1 KStG. Ebenso findet § 3 Abs. 1 KStG keine Anwendung.[29] Daran ändert auch die – rechtskonstitutive[30] – Zweckvermögensfiktion (i.S.v. § 1 Abs. 1 Nr. 5 KStG) des § 11 Abs. 1 Satz 1 Hs. 1 nichts, da diese, wie bereits vor dem AIFM-Steuer-Anpassungsgesetz, und die mit dem AIFM-Steuer-Anpassungsgesetz gem. § 11 Abs. 1 Satz 1 Hs. 2 neu eingeführte – ebenfalls rechtskonstitutive – Fiktion einer sonstigen juristischen Person des privaten Rechts i.S.d. § 2 Abs. 3 GewStG nach dem ausdrücklichen Gesetzeswortlaut nur auf inländische Sondervermögen anwendbar ist. Eine gewisse Ausnahme bildet daneben allein § 11 Abs. 1 Satz 5 für den Fall eines fiktiven inländischen Investmentfonds i.S.v. § 1 Abs. 1g Satz 2, bei dem es sich materiell um einen ausländischen EU-Investmentfonds der Vertragsform handelt, für den indes auch sowohl die Steuersubjektfiktionen als auch die subjektiven Steuerbefreiungen gelten. Im Übrigen bleibt der einem deutschen Sondervermögen vergleichbare ausländische Investmentfonds der Vertragsform somit ohne Rechtspersönlichkeit und ohne Steuersubjektfähigkeit.[31] Dies ergibt sich im Umkehrschluss seit dem AIFM-Steuer-Anpassungsgesetz auch aus § 19 Abs. 1 Satz 2, wonach ausländische Kapital-Investitionsgesellschaften, die keine Kapitalgesellschaften sind (also insbesondere ausländische Investmentvermögen in Vertragsform, da ausländische

---

26 Abkommen vom 23.4.2012 zwischen der Bundesrepublik Deutschland und dem Großherzogtum Luxemburg zur Vermeidung der Doppelbesteuerung und Verhinderung der Steuerhinterziehung auf dem Gebiet der Steuern vom Einkommen und vom Vermögen, anwendbar seit 1.1.2014.
27 Vgl. Berger/Steck/Lübbehüsen/*Lübbehüsen*/*Jansen* § 10 InvStG Rn. 69.
28 Berger/Steck/Lübbehüsen/*Englisch* § 11 InvStG Rn. 13 f. und 25, m.w.N.; **a.A.** Korn/Carlé/Stahl/Strahl/*Carlé*/*Hamacher* § 11 InvStG Rn. 13.2.
29 Berger/Steck/Lübbehüsen/*Lübbehüsen*/*Jansen* § 10 Rn. 70; Berger/Steck/Lübbehüsen/*Englisch* § 11 Rn. 14; Berger/Steck/Lübbehüsen/*Lübbehüsen*, vor § 1 InvStG Rn. 16.
30 So die herrschende Meinung; vgl. ebenso BMF 18.8.2009, BStBl. I 2009, 931, geändert durch BMF 25.7.2011, BStBl. I 2011, 748 und BMF 21.5.2013, BStBl. I 2013, 726, Rn. 212 („.... *kraft Fiktion ein Zweckvermögen i.S.d. § 1 Absatz 1 Nummer 5 KStG und damit ein Körperschaft- und Gewerbesteuersubjekt. Diese Fiktion gilt nur für Ertragsteuerzwecke, nicht für die Umsatzsteuer und die Verkehrssteuern.*"); Berger/Steck/Lübbehüsen/*Englisch* § 11 InvStG Rn. 13 f. und 25, m.w.N.; **a.A.** Korn/Carlé/Stahl/Strahl/*Carlé*/*Hamacher* § 11 InvStG Rn. 13.2.
31 Vgl. *Baur* Einleitung III Rn. 112 und Einleitung I Rn. 72; *Franken*, DStZ 1987 547, 548; Debatin/Wassermeyer/*Steichen*, vor § 1 DBA Luxemburg/Deutschland, Rn. 92; Berger/Steck/Lübbehüsen/*Lübbehüsen*/*Jansen* § 10 InvStG Rn. 70, m.w.N.; Berger/Steck/Lübbehüsen/*Singer* § 17 InvStG Rn. 5; Blümich/*Wenzel* § 17 InvStG Rn. 3. Das Gleiche gilt für englische *unit trusts* (ohne eigene Rechtspersönlichkeit), vgl. *Baur* Einleitung III Rn. 60 ff. und 68; Berger/Steck/Lübbehüsen/*Singer* § 17 InvStG Rn. 5; **a.A.** Littmann/Bitz/Pust/*Ramackers* § 1 InvStG Rn. 34: rechtlich selbständige *unit trusts*.

Personengesellschaften in § 18 bereits erwähnt werden),[32] ausdrücklich als Vermögensmassen i.S.d. § 2 Nr. 1 KStG und als sonstige juristische Person des privaten Rechts i.S.d. § 2 Abs. 3 GewStG gelten. Dieser – rechtskonstitutiven – Fiktion in § 19 Abs. 1 Satz 2 hätte es nicht bedurft, wenn der Gesetzgeber bereits von der originären Qualifikation eines ausländischen Investmentvermögens in Vertragsform als Vermögensmasse bzw. sonstiger juristischer Person des Privatrechts ausgegangen wäre.[33] Mithin stellt sich bei ausländischen Investmentfonds in Vertragsform demnach die Frage einer etwaigen beschränkten Steuerpflicht nach § 49 EStG infolge eines Vertreterhandelns erst gar nicht.[34]

Für ausländische Anleger ausländischer Investmentfonds gelten davon unbeschadet allein die §§ 2 und 7 InvStG i.V.m. § 49 Abs. 1 Nr. 5 Buchst. b EStG. Es kommt also trotz mangelnder Steuersubjektfähigkeit des ausländischen Investmentfonds auch nicht zu einem Durchgriff der Zurechnung von Einkünften;[35] vielmehr handelt es sich um Spezialnormen des Investmentsteuergesetzes, die die allgemeinen Regelungen des nationalen Rechts (§§ 1 Abs. 4, 2 und § 49 Abs. 1 Nr. 2 Buchst. a EStG gegebenenfalls i.V.m. §§ 2 Nr. 1, 8 Abs. 1 Satz 1 KStG) verdrängen.[36] 24

Ebenso kein Besteuerungssubjekt für Einkommensteuerzwecke sind in- und ausländische **Personengesellschaften**.[37] Deren diesbezügliche subjektive Einkommensbesteuerung scheidet somit ebenfalls aus. Dementsprechend bedurfte es auch für die durch das AIFM-Steuer-Anpassungsgesetz neu geschaffenen inländischen offenen Investmentkommanditgesellschaft keiner subjektiven Einkommensteuerbefreiung, sondern nur einer Gewerbesteuerbefreiung gem. § 11 Abs. 1 Satz 3. Bei ausländischen Personengesellschaften gilt darüber hinaus der Numerus Clausus des § 1 Abs. 1f nicht, so dass grundsätzlich jede ausländische Personengesellschaft als ausländischer Investmentfonds i.S.v. § 1 Abs. 1b und Abs. 2 Satz 5 in Betracht kommt.[38] Mithin stellt sich bei ausländischen Investmentfonds in Form einer Personengesellschaft abermals die Frage einer etwaigen beschränkten Steuerpflicht der Personengesellschaft nach § 49 EStG (ggf. i.V.m. § 2 Nr. 1 KStG) infolge eines Vertreterhandelns erst gar nicht. Ein Bedürfnis des Schutzes durch § 17 besteht in Hinblick auf **ausländische Investmentfonds in Form einer Personengesellschaft** demnach nicht. **Anderes** könnte in Betracht kommen für die **ausländischen Gesellschafter der ausländischen Personengesellschaft**, die ihrerseits über einen inländischen ständigen Vertreter der inländischen Einkommen- oder Körperschaftsteuerpflicht unterliegen könnten. Eine im Ausland ansässige natürliche oder juristische Person unterliegt nämlich nach den allgemeinen nationalen Regeln mit ihrem 25

---

32 Vgl. auch BRDrucks. 714/13 vom 24.10.2013, S. 66, wo von inländischen Sondervermögen und vergleichbaren ausländischen Rechtsform die Rede ist.
33 Dies ergibt sich auch aus den Gesetzesmaterialien zum AIFM-Steuer-Anpassungsgesetz, wo es in Bezug auf § 19 heißt, dass die Eigenschaft als Körperschaft- und Gewerbesteuersubjekt bei inländischen Sondervermögen und vergleichbaren ausländischen Rechtsformen „fingiert" wird, vgl. BRDrucks. 714/13 vom 24.10.2013, S. 66.
34 So auch Berger/Steck/Lübbehüsen/*Singer* § 17 InvStG Rn. 5; Blümich/*Wenzel* EStG/KStG/GewStG § 17 InvStG Rn. 3.
35 Zur Situation unter den DBAs vgl. Berger/Steck/Lübbehüsen/*Englisch* § 11 InvStG Rn. 79 und Rn. 82 ff.
36 Berger/Steck/Lübbehüsen/*Englisch* § 11 InvStG Rn. 15.
37 Berger/Steck/Lübbehüsen/*Lübbehüsen*, vor §§ 1 ff. InvStG Rn. 16.
38 Typische (geschlossene) alternative Investmentstrukturen in Form von ausländischen Personengesellschaften (Private Equity, Mezzanine-Kapital, Immobilienprojekte, Infrastruktur, erneuerbare Energien, Wald etc.) sind in der derzeitigen Praxis indes regelmäßig vom privilegierten Besteuerungsregime als Investmentfonds ausgeschlossen und als Personen-Investitionsgesellschaft im Sinne von § 18 zu qualifizieren, vgl. *Elser/Stadler*, DStR 2014, 233, 234 und 236. In Betracht kommt hier möglicherweise die im Zuge der Umsetzung der AIFM-Richtlinie eingeführte luxemburgische Spezial-Kommanditgesellschaft (*société en commandite spéciale – SCSp*).

Gewinnanteil aus der Beteiligung an einer (in- oder) ausländischen gewerblich tätigen oder gewerblich geprägten Personengesellschaft der beschränkten Steuerpflicht (§ 1 Abs. 4 EStG, § 2 Nr. 1 KStG, § 49 Abs. 1 Nr. 2 Buchst. a EStG), wenn insoweit eine inländische Betriebsstätte i.S.d. § 12 AO besteht bzw. ein ständiger Vertreter nach § 13 AO bestellt ist und die Betriebsstätte bzw. der ständige Vertreter dem beschränkt Steuerpflichtigen aufgrund seiner Beteiligung anteilig zuzurechnen sind.[39] Jedoch muss auch insoweit das bereits oben für ausländische Anleger ausländischer Investmentfonds in Vertragsform Gesagte gelten. Es bleibt also dabei, dass allein die §§ 2 und 7 InvStG i.V.m. § 49 Abs. 1 Nr. 5 Buchst. b EStG gelten und es trotz mangelnder Steuersubjektfähigkeit des ausländischen Investmentfonds in Form einer Personengesellschaft nicht zu einem Durchgriff der Zurechnung von Einkünften kommt. Insofern bedarf es auch für die Gesellschafter des ausländischen Investmentfonds in Form einer Personengesellschaft nicht des Schutzes durch § 17.[40]

26 **Ausländische Investitionsgesellschaften** wären hingegen der Sache nach auf die Schutzfunktion des § 17 angewiesen. Dies gilt nicht nur für ausländische Fondsvehikel in der Rechtsform einer Kapitalgesellschaft (originäres Steuersubjekt), sondern auch für ausländische Fondsvehikel in Vertragsform (vergleichbar einem deutschen Sondervermögen), da diese gem. § 19 Abs. 1 Satz 3 als Vermögensmassen i.S.d. § 2 Nr. 1 KStG und als sonstige juristische Personen des privaten Rechts i.S.d. § 2 Abs. 3 GewStG fingiert werden. Ebenfalls bedürfen die Gesellschafter einer ausländischen Personen-Investitionsgesellschaft des Schutzes durch § 17, da auch sie – anders als im Fall eines ausländischen Investmentfonds in Form einer Personengesellschaft – als originäres Subjekt der beschränkten Steuerpflicht in Betracht kommen (siehe oben Rn. 25).

27 Sofern es sich bei der ausländischen Investitionsgesellschaft um einen EU-AIF oder einen ausländischen AIF handelt, ist auch hier aufsichtsrechtliche Vertriebsvoraussetzung gem. § 317 Abs. 1 Nr. 4 KAGB die Bestellung eines Repräsentanten durch die AIF-Verwaltungsgesellschaft. Auf die mit dem AIFM-Steuer-Anpassungsgesetz eingeführten Investitionsgesellschaften findet indes § 17 nach dessen Wortlaut und dessen gesetzessystematischer Stellung keine Anwendung (vgl. § 1 Abs. 1c, der allein auf die Absätze 1, 1a und 2 sowie die Abschnitte 4 und 5 verweist sowie die Überschrift des dritten Abschnitts, zu dem § 17 gehört: „Regelungen nur für ausländische Investmentfonds"). Obwohl also aufsichtsrechtlich die Verpflichtung zur Bestellung eines Repräsentanten besteht, findet der Schutz des § 17 bei ausländischen Investitionsgesellschaften keine Anwendung, während § 17 bei ausländischen Investmentfonds der gleichen Rechtsform anwendbar ist (und dort im Fall eines ausländischen Fondsvehikels in Vertragsform nicht einmal gebraucht wird, siehe oben Rn. 23). Mangels subjektiver Steuerbefreiungen der Investitionsgesellschaften werden diese daher gleich doppelt gegenüber Investmentfonds benachteiligt. Zur Veranschaulichung sei an folgendes Beispiel gedacht: Ein luxemburgischer *fonds commun de placement* (FCP), der kein OGAW (und damit ein AIF) ist, erfüllt in der 1. Alternative die Voraussetzungen eines ausländischen Investmentfonds (also insbesondere auch die Anlagebestimmungen des § 1 Abs. 1b). Da es sich um einen EU-AIF handelt, muss die AIF-Verwaltungsgesellschaft einen Repräsentanten benennen. Der Schutzbereich des § 17 ist eröffnet. Materiell bedarf indes der FCP gar nicht des Schutzes durch § 17, da der FCP mangels gesetzlicher Fiktion ohnehin kein Subjekt der beschränkten Einkommen- oder Körperschaftsteuerpflicht darstellen kann (siehe

---

39 BMF 16.4.2010, IV B 2 – S 1300/09/10003, BStBl. 2010 I S. 354.
40 Anderes gilt bei Investmentvermögen im Form einer Personengesellschaft, die keine Investmentfonds im Sinne von § 1 Abs. 2b darstellen. Dann gelten die allgemeinen Regelungen nach BMF 16.4.2010, IV B 2 – S 1300/09/10003, BStBl. 2010 I S. 354.

oben Rn. 23). In der 2. Alternative erfüllt der nämliche FCP nicht die Voraussetzungen eines ausländischen Investmentfonds (z.B. mangels Einhaltung der Anlagebestimmungen des § 1 Abs. 1b). Nun handelt es sich um eine ausländische Kapital-Investitionsgesellschaft gem. § 19 Satz 1. Nach § 19 Satz 3 erfolgt die Fiktion einer Vermögensmasse bzw. einer sonstigen juristischen Person, so dass damit eine fingierte Steuersubjektfähigkeit nunmehr gegeben ist. Der FCP bedürfte also materiell des Schutzes durch § 17. Dieser findet indes auf Investitionsgesellschaften keine Anwendung. Die vorerwähnten Ungleichbehandlungen sind unverständlich und werfen die Frage der Vereinbarkeit mit Unionsrecht und dem Gleichheitssatz auf.

Schließlich stellt sich die Frage, ob der **subjektive Schutzbereich** von § 17 über den Wortlaut hinaus weitere von der ausländischen Investmentgesellschaft (dem ausländischen Investmentfonds) verschiedene Personen erfasst. Nach § 17 gilt der Repräsentant einer ausländischen Investmentgesellschaft nicht als ständiger Vertreter, soweit er die Investmentgesellschaft vertritt und hierbei weder über die Vermögensanlage bestimmt noch bei dem Anteilsvertrieb tätig wird. Wessen ständiger Vertreter hier ausgeschlossen wird formuliert das Gesetz nicht ausdrücklich, insbesondere fehlen die Worte „der ausländischen Investmentgesellschaft" nach „gilt nicht als ständiger Vertreter". Zwar ist richtig, dass § 17 den Repräsentanten selbst weder vor seiner eigenen beschränkten noch unbeschränkten Steuerpflicht im Inland schützt (siehe unten Rn. 50).[41] Dies ergibt sich indes schon daraus, dass ein ständiger Vertreter nicht für sich selbst ständiger Vertreter sein kann. Zwar kann ebenfalls eingewendet werden, dass in § 17 allein vom Repräsentanten und der ausländischen Investmentgesellschaft die Rede ist – der Gesetzeswortlaut gibt diese subjektive Beschränkung hingegen nicht her.[42] Vielmehr ist gerade nicht vom ständigen Vertreter *der ausländischen Investmentgesellschaft* die Rede. Das Gesetz schließt allgemein das Vorliegen eines ständigen Vertreters aus. Solange es sich also um den Repräsentanten der ausländischen Investmentgesellschaft handelt, ist der Anwendungsbereich (d.h. die Schutzfunktion des) § 17 grundsätzlich auch für den Anleger des ausländischen Investmentfonds eröffnet. 28

Jedenfalls seit dem AIFM-Steuer-Anpassungsgesetz dürfte ferner auch die (rechtlich selbständige) **Verwaltungsgesellschaft vom Schutzbereich des § 17 erfasst** sein.[43] Dies dürfte sich schon aus dem gesetzgeberischen Redaktionsversehen im Rahmen des AIFM-Steuer-Anpassungsgesetzes ergeben (siehe oben Rn. 6 und 18 f.), da der Repräsentant aufsichtsrechtlich gerade durch eine Verwaltungsgesellschaft (und nicht von einer „ausländischen Investmentgesellschaft") zu benennen ist. Darüber hinaus fungiert der Repräsentant zwingend als deren gesetzlicher Empfangsbevollmächtigter, vgl. § 319 Abs. 1 Satz 2 KAGB. Das Aufsichtsrecht geht also offenbar davon aus, dass der Repräsentant formal jedenfalls auch der Sphäre der Verwaltungsgesellschaft zuzurechnen ist, auch wenn er freilich nicht deren rechtlicher Vertreter, abgesehen von erwähnter Empfangsvollmacht, ist. Rechtlicher Vertreter ist der Repräsentant nur für den EU-AIF oder ausländischen AIF, vgl. § 319 Abs. 1 Satz 1 KAGB. Die Verwaltungsgesellschaft trifft jedoch die Auswahl des zu benennenden Repräsentanten und muss sich dabei seiner Zu- 29

---

41 Vgl. Gesetzesmaterialien zum Auslandinvestment-Gesetz in BTDrucks. 5/3494, 24; *Baur* § 16 AuslInvestmG Rn. 17; Berger/Steck/Lübbehüsen/*Singer* § 17 InvStG Rn. 22.
42 **A.A.** die herrschende Meinung vor dem Inkrafttreten des AIFM-Steuer-Anpassungsgesetzes, wonach § 17 nur für die ausländische Investmentgesellschaft bzw. das ausländische Investmentvermögen gelte, so z.B. Littmann/Bitz/Pust/*Ramackers* § 17 InvStG Rn. 30 und Berger/Steck/Lübbehüsen/*Singer* § 17 InvStG Rn. 22.
43 **Entgegen** der Gesetzesbegründung zum Ausland-Investmentgesetz, vgl. BTDrucks. V/3494, S. 24 und der Auffassungen – jeweils unter Geltung des Ausland-Investmentgesetzes – von Brinkhaus/Scherer/*Brinkhaus* § 16 AuslInvestmG Rn. 20 und *Baur* § 16 AuslInvestmG Rn. 17.

verlässigkeit und Geeignetheit versichern. Sie wird ferner den Repräsentanten beaufsichtigen, um ein Verbot des Vertriebs von Anteilen oder Aktien durch die BaFin gem. § 314 Abs. 1 Nr. 4 KAGB auszuschließen, falls der **von ihr benannte Repräsentant** gegen § 302 KAGB (Werbung) verstößt. Ob das Gleiche auch für die **Vertriebsgesellschaft** gilt, dürfte indes zu bezweifeln sein.[44] Zwar ist der Repräsentant zwingend auch deren gesetzlicher Empfangsbevollmächtigter, vgl. § 319 Abs. 1 Satz 2 KAGB. Davon abgesehen ist der Repräsentant jedoch auch unter Berücksichtigung eines gesetzgeberischen Redaktionsversehens bei Verabschiedung des AIFM-Steuer-Anpassungsgesetzes nicht formal der Sphäre der Vertriebsgesellschaft zuzurechnen. Die Vertriebsgesellschaft ist daher nicht vom Schutzbereich des § 17 erfasst.

III. Investmentsteuerlich zulässiger Aufgabenkreis des Repräsentanten

30 Der Schutz des § 17 vor der Annahme eines ständigen Vertreters gilt nur, soweit der Repräsentant **die ausländische Investmentgesellschaft** nur **gerichtlich und außergerichtlich vertritt** und hierbei **weder über die Anlage** des eingelegten Geldes bestimmt **noch bei dem Vertrieb** der ausländischen Investmentanteile tätig wird. Soweit der Repräsentant sich demnach im Rahmen dieses investmentsteuerlich als zulässig bezeichneten Aufgabenkreises bewegt, schließt das Gesetz klarstellungshalber[45] die Annahme eines ständigen Vertreters i.S.d. § 13 AO, und damit eine etwa durch einen ständigen Vertreter ausgelöste beschränkte Steuerpflicht nach §§ 1 Abs. 4 i.V.m. 49 Abs. 1 Nr. 2 Buchst. a EStG (gegebenenfalls i.V.m. §§ 2 Nr. 1, 8 Abs. 1 KStG), aus.[46]

31 Auch hier treten abermals die bereits erwähnten terminologischen Spannungen zwischen § 17 in der Fassung des AIFM-Steuer-Anpassungsgesetzes und den seither in Bezug genommenen §§ 317 und 319 KAGB auf (siehe oben Rn. 18 f.). Investmentsteuerlich zulässig ist danach die gerichtliche und außergerichtliche Vertretung der „ausländischen Investmentgesellschaft". Dies muss wohl wiederum über § 1 Abs. 2a Satz 2 gelesen werden als: „.... soweit der Repräsentant den „ausländischen Investmentfonds" gerichtlich und außergerichtlich vertritt." Denn nach § 319 Abs. 1 Satz 1 KAGB vertritt der Repräsentant den EU-AIF oder ausländischen AIF gerichtlich und außergerichtlich. Nach Lesart des Investmentsteuerrechts vertritt der Repräsentant also den Investmentfonds. Den vormals noch unter dem Investmentgesetz verwendeten Begriff der ausländischen Investmentgesellschaft kennt das Kapitalanlagegesetzbuch nicht mehr.

32 Sinn und Zweck von § 17 ist es, steuerlich nachteilige Folgen zu vermeiden, soweit sich der Repräsentant in seinem aufsichtsrechtlich zugewiesenen Aufgabenkreis bewegt. Dieser Aufgabenkreis umfasst insbesondere die Funktion als Ansprechpartner der inländischen Gerichte und Behörden.[47] Das Investmentsteuergesetz definiert dabei sowohl positiv wie auch negativ den zulässigen Aufgabenkreis des Repräsentanten, soweit der Schutz vor der Annahme eines ständigen Vertreters reichen soll. Die erlaubte gerichtliche und außergerichtliche Vertretung entspricht dem aufsichtsrechtlich vorgeschriebenen Aufgabenkreis nach Maßgabe des § 319 Abs. 1 Satz 1 KAGB. Darüber hinaus ist der Repräsentant aufsichtsrechtlich zwingend ermächtigt, für die Verwaltungsgesellschaft

---

44 Gl.A., d.h. kein Schutz durch § 17 zugunsten der Vertriebsgesellschaft, Brinkhaus/Scherer/*Brinkhaus* § 16 AuslInvestmG Rn. 20 und *Baur* § 16 AuslInvestmG Rn. 17.
45 Vgl. Brinkhaus/Scherer/*Brinkhaus* § 16 AuslInvestmG Rn. 1 mit Verweis auf amtliche Begründung BTDrucks. 5/3494, S. 24; *Scholtz* DStZ A **1971** 139; *Baur* § 16 AuslInvestmG Rn. 1; Berger/Steck/Lübbehüsen/*Singer* § 17 InvStG Rn. 3, m.w.N.; Blümich/*Wenzel* EStG/KStG/GewStG § 17 EStG Rn. 1: „gesetzliche Fiktion".
46 Zur Frage wessen beschränkte Steuerpflicht ausgeschlossen wird, wen also § 17 in dessen subjektiven Schutzbereich betrifft, siehe oben Rn. 28 f.
47 Ähnlich Haase/*Schneider* § 17 InvStG Rn. 12.

oder die Vertriebsgesellschaft bestimmte Schriftstücke zu empfangen. Der Name des Repräsentanten und die Beendigung seiner Bestellung sind von der BaFin im Bundesanzeiger bekannt zu machen. Darüber hinaus kann gem. § 305 Abs. 1 KAGB der Kauf von Anteilen oder Aktien gegenüber dem Repräsentanten widerrufen werden (siehe zum aufsichtsrechtlichen Aufgabenkreis bereits oben Rn. 16 f.). Diese zwingenden aufsichtsrechtlichen Aufgaben des Repräsentanten müssen auch im Rahmen des § 17 unschädlich sein, denn der Gesetzgeber möchte steuerlich nachteilige Folgen vermeiden, soweit der Repräsentant sich in seinem ihm durch das Aufsichtsrecht zugewiesenen Aufgabenkreis bewegt.[48]

33 Zu den im Rahmen der rechtlichen Vertretung des ausländischen Investmentfonds investmentsteuerlich zulässigen Aufgaben des Repräsentanten gehören damit insbesondere die Vertretung gegenüber den inländischen Gerichten, der BaFin, den inländischen Finanzbehörden sowie sämtlichen weiteren inländischen Behörden. Dies gilt somit auch für die Vornahme aufsichtsrechtlich vorgeschriebener Anzeigen und Meldungen, gerichtlich oder behördlich angeforderte Auskunftserteilung betreffend den ausländischen Investmentfonds, die Verwaltungsgesellschaft oder die Vertriebsgesellschaft und die Entgegennahme von Rechtserklärungen gegenüber einer der genannten Entitäten. Die bereits genannte Empfangsvollmacht für die die Verwaltungsgesellschaft und die Vertriebsgesellschaft betreffenden Schriftstücke gehört ebenso dazu. Schließlich gehört auch die bloße rechtliche Vertretung des ausländischen Investmentfonds gegenüber den Anlegern dazu.[49]

34 Der Repräsentant verlässt spätestens dann den investmentsteuerlich nach § 17 zulässigen Aufgabenkreis, wenn er Geschäftsleitungsfunktionen wahrnimmt. Dabei spielt es keine Rolle, ob diese Geschäftsleitungsfunktionen originär dem ausländischen Investmentfonds (EU-AIF oder ausländischer AIF), der AIF-Verwaltungsgesellschaft oder der Vertriebsgesellschaft zukommen würden. Dies betrifft auch die in § 17 ausdrücklich genannten Bereiche des Bestimmens über die Anlage des eingelegten Geldes oder der Tätigkeit im Rahmen des Vertriebs der ausländischen Investmentanteile.

35 **„Bestimmen" über die Anlage des eingelegten Geldes** erfordert einen über den Einzelfall hinausgehenden regelmäßigen und maßgeblichen Einfluss.[50] Ein solcher schädlicher Einfluss liegt danach nicht vor, wenn Aufgaben in Erfüllung der aufsichtsrechtlich vorgeschriebenen Pflichten des Repräsentanten wahrgenommen werden. Dies betrifft beispielsweise auch die Weitergabe gerichtlicher- oder amtlicherseits entgegengenommener Auflagen, Weisungen oder Empfehlungen (einschließlich bezüglich etwaiger Umschichtungen von Portfoliopositionen) sowie die damit im Zusammenhang stehende rechtliche (einschließlich steuerrechtlicher) Beratung des Repräsentanten gegenüber der Verwaltungsgesellschaft in Hinblick auf einzelne Portfoliopositionen.[51] Darüber hinaus liegt ebenfalls eine unschädliche Einflussnahme des Repräsentanten vor, wenn er unabhängig von gerichtlichen oder amtlichen Äußerungen die Verwaltungsgesellschaft in Hinblick auf einzelne Portfoliopositionen bzw. sämtliche im Zusammenhang mit den Anlagebedingungen nach Maßgabe des § 1 Abs. 1b stehenden Fragen rechtlich (einschließlich steuerrechtlich) berät.[52] Schließlich liegt ebenfalls eine unschädliche Einflussnahme

---

48 Haase/*Schneider* § 17 InvStG Rn. 12.
49 Berger/Steck/Lübbehüsen/*Singer* § 17 InvStG Rn. 9.
50 Berger/Steck/Lübbehüsen/*Singer* § 17 InvStG Rn. 10; Littmann/Bitz/Pust/*Ramackers* § 17 InvStG Rn. 21; Korn/Carlé/Stahl/Strahl/*Hamacher* § 17 InvStG Rn. 4; Brinkaus/Scherer/*Brinkaus* § 16 AuslInvestmG Rn. 12 und 15; *Baur* § 16 AuslInvestmG Rn. 4 ff.; *Tullius* DB **1969** 1716.
51 Haase/*Schneider* § 17 InvStG Rn. 14.
52 Gl.A. zur Rechtslage vor dem AIFM-Steuer-Anpassungsgesetz Haase/*Schneider* § 17 InvStG Rn. 14.

des Repräsentanten vor, wenn er ein bestehendes tatsächliches oder formelles Entscheidungsrecht bei der Geldanlage ausübt und dabei nur im Rahmen einer ordentlichen Geschäftstätigkeit als Kommissionär, Makler oder Handelsvertreter i.S.d. R 49.1 EStR agiert.[53]

36 Darüber hinaus stellen auch bloße (nicht rechtliche) Beratungsleistungen über die Geldanlage keinen schädlichen Einfluss im oben genannten Sinne dar. Die bloße interne Mitwirkung gegenüber der Verwaltungsgesellschaft in Hinblick auf die die Portfolioverwaltung betreffenden Fragen stellt kein „Bestimmen" über die Geldanlage dar. Damit verlässt beispielsweise ein inländischer Repräsentant, der aufgrund besonderer Marktkenntnis Einschätzungen gegenüber der Verwaltungsgesellschaft über die Geldanlage abgibt, nicht den nach § 17 zulässigen Aufgabenkreis. Nach dem Wortsinn setzt ein „Bestimmen" nämlich eine Einflussmöglichkeit voraus, die mindestens die faktische Durchsetzung der „Empfehlung" ermöglicht, was im Falle rechtlich und wirtschaftlich unverbindlicher Einschätzungen im Sinne einer Beratung nicht der Fall ist.[54] Maßgeblich ist die Einzelfallentscheidung, ab wann von der eigenen Ausübung einer Geschäftsleitungsfunktion durch den Repräsentanten ausgegangen werden muss.

37 Gemäß §§ 49 ff. und 53 ff. KAGB ist grundsätzlich auch die grenzüberschreitende Verwaltung von OGAWs und AIFs möglich. So kann aufsichtsrechtlich beispielsweise eine (deutsche) AIF-Kapitalverwaltungsgesellschaft einen luxemburgischen AIF verwalten. Aus deutscher steuerlicher Sicht führt dies jedoch, je nach Ausgestaltung der relevanten Vertragsbeziehungen, zu einer potentiellen Begründung der unbeschränkten Steuerpflicht des EU-OGAW/AIF in Deutschland oder zumindest der Begründung einer beschränkten Steuerpflicht über die Annahme eines ständigen Vertreters in Form der Kapitalverwaltungsgesellschaft.[55]

38 Zwar enthält § 1 Abs. 1g Satz 1 jedenfalls die Klarstellung, dass ein EU-Investmentfonds der Vertragsform, der durch eine (inländische) Kapitalverwaltungsgesellschaft verwaltet wird, steuerlich grundsätzlich nicht in einen inländischen Investmentfonds umqualifiziert wird, sondern als ausländischer Investmentfonds gilt. Des Schutzes durch § 17 bedarf ein solcher ausländischer Investmentfonds der Vertragsform indes schon mangels Steuersubjekteigenschaft dieses Investmentvehikels nicht, siehe oben Rn. 23.

39 Für den Bereich der grenzüberschreitenden Verwaltung eines EU-Investmentfonds, der nicht die Vertragsform hat, wie beispielsweise einer ausländischen Gesellschaft, die einer deutschen extern verwalteten Investmentaktiengesellschaft mit variablem Kapital vergleichbar ist, wurde indes keine entsprechende Regelung in das Gesetz aufgenommen. Dessen Verwaltung durch eine Kapitalverwaltungsgesellschaft birgt demnach das Risiko der unbeschränkten Steuerpflicht des EU-OGAW/AIF. Jedenfalls aber dürfte die Portfolioverwaltung durch die Kapitalverwaltungsgesellschaft regelmäßig auch ein Bestimmen über die Anlage des eingelegten Geldes und damit ein Überschreiten der zulässigen Aufgaben nach Maßgabe des § 17 bedeuten.

40 **Bei dem Vertrieb** wird der Repräsentant „**tätig**", wenn er im Namen des ausländischen Investmentfonds oder der Verwaltungsgesellschaft oder der Vertriebsgesellschaft

---

53 Koordinierter Ländererlass Finanzministerium Baden-Württemberg 12.11.1970, S 1980 a-1/70, FMNR002720070, juris; Haase/*Schneider* § 17 InvStG Rn. 14.
54 Vgl. Haase/*Schneider* § 17 InvStG Rn. 14.
55 Ob dieses Risiko im Wege der Kompetenzbeschränkung der inländischen AIF-Kapitalverwaltungsgesellschaft zu minimieren oder gar auszuschließen ist, dürfte zu bezweifeln sein, da die Bestimmung über die Anlage des eingelegten Geldes zum Kernbereich der Aufgaben der (Kapital-) Verwaltungsgesellschaft gehört.

Anteile verkauft oder auch nur in ihrem Namen werbend tätig wird.[56] Schädlich ist damit in jedem Fall die Übertragung der Generalvertriebsrechte oder einer allgemeinen Abschluss- und Verhandlungsvollmacht auf den Repräsentanten, wenn sich dieser solcher Rechte tatsächlich bedient.[57] Unschädlich ist hingegen wiederum die Weitergabe gerichtlicher- oder amtlicherseits entgegengenommener Auflagen, Weisungen oder Empfehlungen sowie die damit im Zusammenhang stehende rechtliche (einschließlich steuerrechtliche) Beratung des Repräsentanten gegenüber der Verwaltungsgesellschaft und der Vertriebsgesellschaft in Hinblick auf mit dem Vertrieb von Anteilen zusammenhängenden Fragestellungen. Die Tätigkeit eines Repräsentanten im Zusammenhang mit einem Widerruf des Kaufs von Anteilen oder Aktien gem. § 305 Abs. 1 KAGB stellt ebenso keine Tätigkeit beim Vertrieb dar. Ob neben der bloßen passiven Entgegennahme eines solchen Widerrufs auch noch eine aktive Kommunikation des Repräsentanten mit dem Anleger, darauf abzielend, dass der Anleger seinen Widerruf zurückziehe, vom unschädlichen Aufgabenkreis nach § 17 noch umfasst ist, erscheint hingegen zweifelhaft.[58] Richtigerweise dürfte darüber hinaus nur eine **nach außen gerichtete Tätigkeit** schädlich sein, also ein Erscheinen des Repräsentanten im Rahmen des öffentlichen Anbietens oder Werbens für den ausländischen Investmentfonds, die Verwaltungsgesellschaft oder die Vertriebsgesellschaft. Eine bloße interne (nicht rechtliche) Beratung des Repräsentanten gegenüber der Verwaltungs- oder Vertriebsgesellschaft dürfte unschädlich sein, auch wenn der weite Wortsinn des „Tätigwerdens" insoweit gewisse Zweifel zulässt.[59] Ebenso stellt der bloße „sekretariatsmäßige" Versand von Verkaufsunterlagen auf Anforderung von Interessenten keine schädliche Vertriebstätigkeit des Repräsentanten dar.[60]

Auch der Vertrieb von Anteilen oder Aktien an dem ausländischen Investmentfonds **im eigenen Namen und auf eigene Rechnung des Repräsentanten** ist unschädlich nach Maßgabe von § 17.[61] Nämliches gilt, wenn der Vertrieb im Rahmen einer ordentlichen Geschäftstätigkeit als Kommissionär, Makler oder Handelsvertreter nach R 49.1 EStR erfolgt.[62] Eine nur formale Trennung der Repräsentanz kann jedoch vor allem bei bestehenden personellen Verflechtungen unzureichend sein. So erhöht sich das Risiko der Annahme einer schädlichen Vertriebstätigkeit i.S.d. § 17 signifikant, wenn ein und dieselbe Person sowohl Mitglied der Geschäftsführung der Vertriebsgesellschaft als auch selbst Repräsentant bzw. Mitglied der Geschäftsführung der Repräsentanzgesellschaft ist.[63] Daher empfiehlt sich eine strikte personelle Trennung dieser Funktionen und insbe-

41

---

56   Berger/Steck/Lübbehüsen/*Singer* § 17 InvStG Rn. 10; Haase/*Schneider* § 17 InvStG Rn. 13 und 15; Littmann/Bitz/Pust/*Ramackers* § 17 InvStG Rn. 22; Brinkaus/Scherer/*Brinkaus* § 16 AuslInvestmG Rn. 11; Gesetzesbegründung zu § 16 AuslInvestmG, BTDrucks. 5/3494, S. 24.
57   Littmann/Bitz/Pust/*Ramackers* § 17 InvStG Rn. 22.
58   A.A. *Baur* § 16 AuslInvestmG Rn. 3; Haase/*Schneider* § 17 InvStG Rn. 15, der die formale Unterscheidung annimmt, dass es sich im Rahmen der Rückabwicklung des Anteilskaufs nicht um eine Vertriebstätigkeit handeln kann.
59   Weitergehend offenbar Haase/*Schneider* § 17 InvStG Rn. 15, der nur eine nach außen gerichtete Tätigkeit für schädlich erachtet und damit wohl die rein interne Vertriebsberatung für unschädlich hält.
60   *Baur* § 16 AuslInvestmG Rn. 3; Haase/*Schneider* § 17 InvStG Rn. 15.
61   Haase/*Schneider* § 17 InvStG Rn. 15.
62   Littmann/Bitz/Pust/*Ramackers* § 17 InvStG Rn. 21; Haase/*Schneider* § 17 InvStG Rn. 15; OFD Hannover 15.7.2009 S 1980 – 2 – StO 241, BeckVerw 162827; Koordinierter Ländererlass Finanzministerium Baden-Württemberg 12.11.1970, S 1980 a-1/70, FMNR002720070, juris.
63   *Baur* § 16 AuslInvestmG Rn. 3; Haase/*Schneider* § 17 InvStG Rn. 37; Blümich/*Wenzel* EStG/KStG/GewStG § 17 InvStG Rn. 3.

sondere weder eine Verwaltungsgesellschaft noch eine Vertriebsgesellschaft zum Repräsentanten zu bestellen.[64]

42 Es empfiehlt sich vielmehr, entweder ein inländisches Kreditinstitut (§ 317 Abs. 1 Nr. 4 Alt. 1 KAGB) oder inländische Angehörige der rechts- oder steuerberatenden Berufe wie Rechtsanwälte, Steuerberater und Wirtschaftsprüfer, die als zuverlässige, fachlich geeignete Personen nach § 317 Abs. 1 Nr. 4 Alt. 2 KAGB anzusehen sind,[65] oder eine gesonderte inländische Repräsentanzgesellschaft als Repräsentanten zu benennen. Mit gewisser Ausnahme der Kreditinstitute und der Repräsentanzgesellschaften (dazu sogleich) geben diese Personen i.d.R. keinen Anhalt für Konfliktsituationen, da es üblicherweise nicht zu ihren Aufgaben gehört, über die Anlage des bei der ausländischen Investmentgesellschaft (dem ausländischen Investmentfonds) angelegten Geldes zu bestimmen oder eine Tätigkeit bei dem Vertrieb der ausländischen Investmentanteile auszuüben.[66]

IV. Besonderheiten bei Bestellung inländischer Kreditinstitute als Repräsentant

43 Für die Tätigkeit eines gem. § 317 Abs. 1 Nr. 4 Alt. 1 KAGB als Repräsentant benannten inländischen Kreditinstituts gelten die allgemeinen Kriterien zur Abgrenzung der nach § 17 zulässigen und der darüber hinausgehenden unzulässigen Tätigkeiten (siehe dazu vorstehend). Indes können praktische branchenspezifische Abgrenzungsprobleme entstehen, wenn inländische Kreditinstitute zu Repräsentanten bestellt werden. Dies gilt entsprechend für verbundene Unternehmen von Kreditinstituten wie z.B. deren Tochtergesellschaften, sofern sie gewissermaßen als verlängerter Arm der Muttergesellschaft anzusehen sind. Eine i.d.S. schädliche Verflechtung von inländischem Kreditinstitut und ausländischer Investmentgesellschaft (ausländischem Investmentfonds) kann regelmäßig nicht durch bloß formelle Auslagerung der Funktionen auf verbundene Unternehmen des Kreditinstituts beseitigt werden.[67]

44 **1. Bestimmen über die Anlage.** Ein inländisches Kreditinstitut, das Repräsentant einer ausländischen Investmentgesellschaft ist, bestimmt jedoch nur dann über die Anlage des eingelegten Geldes, wenn es regelmäßig und maßgeblich Einfluss auf die Anlagepolitik der ausländischen Investmentgesellschaft nimmt.[68] Dies setzt die Übertragung von Geschäftsleitungsfunktionen voraus. Das Kreditinstitut muss insoweit jedenfalls teilweise Funktionen einer Verwaltungsgesellschaft ausüben. Geschäftsleitungsfunktionen werden indes nicht dadurch übertragen, dass das inländische Kreditinstitut von der ausländischen Verwaltungsgesellschaft beauftragt wird, wegen seiner besseren Marktkenntnis Wertpapiere oder Immobilien für den ausländischen Investmentfonds zu er-

---

64 *Baur* § 16 AuslInvestmG Rn. 3; Littmann/Bitz/Pust/*Ramackers* § 17 InvStG Rn. 20; Berger/Steck/Lübbehüsen/*Singer* § 17 InvStG Rn. 10.
65 Assmann/Schütze/*Baur* Handbuch des Kapitalanlagerechts, § 20 Rn. 376; Berger/Steck/Lübbehüsen/*Singer* § 17 InvStG Rn. 10.
66 Berger/Steck/Lübbehüsen/*Singer* § 17 InvStG Rn. 10; Brinkhaus/Scherer/*Brinkhaus* § 16 AuslInvestmG Rn. 11 a.E.; *Baur* § 16 AuslInvestmG Rn. 3.
67 *Baur* § 16 AuslInvestmG Rn. 4; Haase/*Schneider* § 17 InvStG Rn. 16. Für EU-OGAW hingegen ist das Problem schon deshalb entschärft, weil nach §§ 294 Abs. 1 i.V.m. 309 ff. KAGB für den inländischen Vertrieb von Anteilen oder Aktien keine aufsichtsrechtliche Pflicht zur Bestellung eines inländischen Repräsentanten besteht, solange die dort vorgesehenen Voraussetzungen erfüllt werden. Dafür muss ein inländisches Kreditinstitut oder eine inländische Zweigniederlassung eines Kreditinstituts mit Sitz im Ausland als „Zahlstelle" benannt werden (siehe oben Rn. 13).
68 *Baur* § 16 AuslInvestmG Rn. 5.

werben. Voraussetzung ist, dass das inländische Kreditinstitut entweder als Kommissionär oder Makler, der Geschäftsbeziehungen für das ausländische Unternehmen im Rahmen seiner ordentlichen Geschäftstätigkeit unterhält, tätig wird (vgl. R 49.1 Abs. 1 Satz 2 EStR) oder als Eigenhändler im eigenen Namen und auf eigene Rechnung handelt.[69] Diese Tätigkeit ist dann nicht der Repräsentanz zuzurechnen, da das Kreditinstitut in diesen Fällen nicht als gerichtlicher oder außergerichtlicher Vertreter der ausländischen Investmentgesellschaft handelt. Entsprechendes gilt, wenn inländische Kreditinstitute für ausländische Immobilien-Investmentgesellschaften bei der Beschaffung von Grundstücken tätig werden, indem sie z.B. maklerähnliche Funktionen übernehmen.[70]

2. Vertriebstätigkeit. Ein steuerschädliches Tätigwerden eines inländischen Kreditinstituts beim Vertrieb ausländischer Anteile oder Aktien liegt vor, wenn der Vertrieb im Namen und für Rechnung der ausländischen Investmentgesellschaft erfolgt.[71] Dies gilt ebenfalls, wenn das Kreditinstitut sich die Generalvertriebsrechte hat einräumen lassen. Auch können bei einer Vertriebstätigkeit ungewöhnlich enge Bindungen an die Weisungen der ausländischen Verwaltungs- oder Vertriebsgesellschaft, das Bestehen einer allgemeinen Vollmacht zu Vertragsabschlüssen und Vertragsverhandlungen oder die Ausübung sonstiger Tätigkeiten, die gewöhnlich von der ausländischen Verwaltungs- oder Vertriebsgesellschaft selbst verrichtet werden, das Überschreiten des zulässigen Aufgabenbereichs nach Maßgabe von § 17 und damit eine ständige Vertretung begründen.[72] **45**

Als steuerlich unschädlich wird angesehen, wenn das inländische Kreditinstitut die Anteile oder Aktien in eigenem Namen und für eigene Rechnung vertreibt.[73] Die Regelung in R 49.1 Abs. 1 EStR ist auch bei § 17 InvStG anzuwenden. Beschränkte Steuerpflicht der ausländischen Investmentgesellschaft aufgrund des § 49 Abs. 1 Nr. 2 EStG wird daher auch dann nicht ausgelöst, wenn das inländische Kreditinstitut im Rahmen seiner ordentlichen Geschäftstätigkeit als Kommissionär, Makler oder Handelsvertreter unter den in R 49.1 EStR genannten Voraussetzungen ausländische Investmentanteile vertreibt.[74] **46**

V. Besonderheiten bei Bestellung inländischer Repräsentanzgesellschaften bzw. Repräsentanzbüros als Repräsentant

Auch für die Tätigkeit einer gem. § 317 Abs. 1 Nr. 4 Alt. 2 KAGB als Repräsentant benannten inländischen Repräsentanzgesellschaft gelten die allgemeinen Kriterien zur Abgrenzung der nach § 17 zulässigen und der darüber hinausgehenden unzulässigen Tätigkeiten (siehe dazu vorstehend Rn. 30 ff.). Indes können sich wegen der Branchennähe praktische Abgrenzungsprobleme ergeben. Dies gilt umso mehr für unselbständige „Verbindungs- bzw. Repräsentanzbüros" oder für mit der Verwaltungs- oder Vertriebsgesell- **47**

---

[69] Haase/Schneider § 17 InvStG Rn. 17; weitergehend möglicherweise Baur § 16 AuslInvestmG Rn. 5, wonach es auch unschädlich sei, wenn dem inländischen Kreditinstitut am Inlandsmarkt eine freie Dispositionsbefugnis zustehe. Im Fall des Vorliegens einer Abschlussvollmacht für den Erwerb im fremden Namen ist indes eindeutig der Bereich des § 17 überschritten, weil über die Anlage des eingelegten Geldes bestimmt wird.
[70] Baur § 16 AuslInvestmG Rn. 5.
[71] OFD Hannover 15.7.2009, S 1980-2-StO 241, BeckVerw 162827; koordinierter Ländererlass Finanzministerium Baden-Württemberg 12.11.1970, S 1980 a-1/70, FMNR002720070, juris.
[72] Baur § 16 AuslInvestmG Rn. 6; Haase/Schneider § 17 InvStG Rn. 18.
[73] OFD Hannover 15.7.2009, S 1980-2-StO 241, BeckVerw 162827.
[74] OFD Hannover 15.7.2009, S 1980-2-StO 241, BeckVerw 162827 und koordinierter Ländererlass Finanzministerium Baden-Württemberg 12.11.1970, S 1980 a-1/70, FMNR002720070, juris.

schaft verbundene Repräsentanzgesellschaften. Einerseits besteht insoweit die Möglichkeit, die Repräsentanz passgenau auf die gesetzlichen Anforderungen des § 17 i.V.m. §§ 317, 319 KAGB auszugestalten. Andererseits verursacht eine solche Gestaltung freilich einen entsprechenden Kostenaufwand, der sich wohl nur ab einem bestimmten Vertriebsvolumen der ausländischen Investmentgesellschaft in Deutschland rechnet.[75] Ferner muss bei unselbständigen Repräsentanzbüros darauf geachtet werden, dass hierdurch keine Betriebsstätte und die damit einhergehende beschränkte Steuerpflicht in Deutschland begründet wird. Vor allem ist darauf zu achten, dass derartige Büros keine Verkaufsaktivitäten oder gar Vertragsabschlüsse tätigen. Vielmehr muss deren Aufgabe strikt auf die aufsichtsrechtlich vorgeschriebenen Repräsentantentätigkeiten nach Maßgabe des § 17 i.V.m. §§ 317, 319 KAGB beschränkt bleiben. Dabei ist das Risiko zu berücksichtigen, dass § 17 nicht vor dem Vorliegen einer Betriebsstätte in Deutschland schützt.[76]

48 Besonders als Repräsentanten geeignet erscheinen Vertreter der rechts- und steuerberatenden Berufe. Bei dieser Berufsgruppe besteht in der Regel keine Gefahr für entsprechende Interessenkonflikte. Im Rahmen ihrer regulären Berufstätigkeit gehört es nämlich jedenfalls nicht zu ihren Aufgaben, über die Anlage des bei einer ausländischen Investmentgesellschaft angelegten Geldes zu bestimmen oder eine Tätigkeit bei dem Vertrieb der Anteile oder Aktien auszuüben.[77]

VI. Anwendbarkeit von § 17 auf aufsichtsrechtlich freiwillige Repräsentanten?

49 Im Schrifttum umstritten ist die steuerliche Behandlung eines aufsichtsrechtlich freiwillig bestellten Repräsentanten, d.h. außerhalb der Pflicht des § 317 Abs. 1 Nr. 4 KAGB.[78] Dies betrifft insbesondere EU-OGAW, für die eine Bestellung eines Repräsentanten für den inländischen Vertrieb von Anteilen oder Aktien nicht erforderlich ist (vgl. § 310 KAGB). Nach wohl herrschender Meinung findet § 17 auf derartige freiwillige Repräsentanten keine Anwendung.[79] In Zweifel gezogen wird bereits das Vorliegen einer planwidrigen Regelungslücke aufgrund des ausdrücklichen Verweises auf §§ 317 Abs. 1 Nr. 4 und 319 KAGB (vormals §§ 136 Abs. 1 Nr. 2 und 138 InvG).[80] Darüber hinaus würde sich bei analoger Anwendung von § 17 auf den freiwilligen Repräsentanten seit dem AIFM-Steuer-Anpassungsgesetz das obskure Ergebnis einstellen, dass ein aufsichtsrechtlich freiwilliger Repräsentant eines EU-OGAW unter den Schutz des § 17 fällt, während

---

75 Haase/*Schneider* § 17 InvStG Rn. 36.
76 Insofern ist nach allgemeinen Grundsätzen das Vorliegen einer Betriebsstätte in Deutschland zu prüfen. Haase/*Schneider* § 17 InvStG Rn. 36 führt insoweit an, dass die Aufgabe derartiger Repräsentanzbüros auf die Beobachtung des Marktes oder die Betreuung inländischer Vertriebsstrukturen gerichtet (beschränkt) sein sollte, ohne dass sie selbständig Vertriebsbemühungen unternehmen. Die „Betreuung inländischer Vertriebsstrukturen" dürfte indes in der Praxis zu einer Gratwanderung führen, zu der aus gestalterisch-beratender Perspektive wohl meist nicht geraten werden kann. Dabei ist ferner zu beachten, dass schon die Vermittlung von Vertragsabschlüssen in den Anwendungsbereich von § 13 AO fällt und die Berechnung von Vertriebspositionen durch des Repräsentanzbüro die Annahme einer Betriebsstätte nahelegt, so auch Haase/*Schneider* § 17 InvStG Rn. 38.
77 Haase/*Schneider* § 17 InvStG Rn. 36.
78 Littmann/Bitz/Pust/*Ramackers* § 17 InvStG Rn. 25; Korn/Carlé/Stahl/Strahl/*Korn* § 17 InvStG Rn. 6.
79 Berger/Steck/Lübbehüsen/*Singer* § 17 InvStG Rn. 18; Blümich/*Wenzel* EStG/KStG/GewStG, § 17 InvStG Rn. 3; Littmann/Bitz/Pust/*Ramackers* § 17 InvStG Rn. 25; Brinkaus/Scherer/*Brinkaus* § 16 AuslInvestmG Rn. 2; **a.A.** (d.h. Anwendbarkeit von § 17 auch auf den freiwilligen Repräsentanten) Haase/*Schneider* § 17 InvStG Rn. 19 und (ohne Auseinandersetzung mit dem Gesetzeswortlaut) Jacob/Geese/Ebner Besteuerung von Fondsvermögen, S. 321.
80 Berger/Steck/Lübbehüsen/*Singer* § 17 InvStG Rn. 18 m.w.N. zur analogen Anwendung von Rechtsnormen im Steuerrecht.

der aufsichtsrechtlich zwingende Repräsentant eines EU-AIF in Form einer steuerlichen Kapital-Investitionsgesellschaft nicht unter den Schutz des § 17 fällt (zu Kapital-Investitionsgesellschaften siehe oben Rn. 26 f.). Unter gesetzespositivistischen und gesetzessystematischen Gesichtspunkten erscheint es im Ergebnis überzeugender, eine analoge Anwendung von § 17 auf aufsichtsrechtlich freiwillige Repräsentanten zu verneinen. Dabei überzeugt unter Gesichtspunkten des Sinn und Zwecks und der (überobligatorischen) Regeltreue weder der Ausschluss aufsichtsrechtlich freiwilliger Repräsentanten noch der Ausschluss sämtlicher Investitionsgesellschaften vom Schutz des § 17. Der Gesetzgeber bleibt aufgerufen, jede Bestellung eines aufsichtsrechtlichen Repräsentanten in den Schutzbereich des § 17 aufzunehmen. Dessen aufsichtsrechtlich obligatorische wie auch überobligatorische Bestellung erfolgt praktisch ausnahmslos im staatlichen bzw. Anlegerinteresse.

VII. Besteuerung des Repräsentanten und der Vertriebsgesellschaft

Vom Schutzbereich des § 17 nicht erfasst ist der Repräsentant selbst, und zwar unabhängig davon, ob er sich auf die in § 17 beschriebenen Handlungen beschränkt oder nicht.[81] Dessen Besteuerung richtet sich nach den allgemeinen steuerlichen Regeln.[82] Mit den Einkünften, die er für eigene Rechnung aus seiner Tätigkeit als Repräsentant der ausländischen Investmentgesellschaft erzielt, ist er schon wegen des zwingenden Erfordernisses seiner inländischen Ansässigkeit gem. § 317 Abs. 1 Nr. 4 KAGB i.V.m. § 1 Abs. 1 EStG bzw. § 1 Abs. 1 KStG unbeschränkt steuerpflichtig. Sofern er bei dieser Tätigkeit trotz § 17 als ständiger Vertreter zu qualifizieren ist, werden seine dabei für Rechnung der ausländischen Investmentgesellschaft erzielten Einkünfte über § 49 Abs. 1 Nr. 2 Buchst. a EStG Letzterer zugerechnet.[83] Ebenso nicht vom Schutzbereich des § 17 erfasst ist die ausländische Vertriebsgesellschaft. Sofern der Repräsentant also für sie tätig wird, besteht kein Schutz durch § 17, vielmehr gelten die allgemeinen steuerlichen Regeln zur beschränkten Steuerpflicht infolge in Deutschland tätiger ständiger Vertreter.[84]

C. Steuerliche Auswirkungen, soweit der in § 17 genannte Aufgabenkreis überschritten wird

I. Vorliegen eines ständigen Vertreters

Da § 17 eine reine Begünstigungsnorm ist, die das Vorliegen eines ständigen Vertreters (i.S.v. § 49 Abs. 1 Nr. 2 Buchst. a EStG und § 13 AO) allenfalls ausschließt („... gilt nicht ..."), führt das Überschreiten des in § 17 genannten zulässigen Aufgabenkreises des Repräsentanten per se nicht zum Vorliegen eines ständigen Vertreters im Sinne der allgemeinen Regeln.[85] Vielmehr müssen die Voraussetzungen der allgemeinen Regeln, d.h. § 13 AO sowie ggf. die Vorschriften eines einschlägigen DBA, positiv erfüllt sein. Es kann mit anderen Worten das Höchstmaß der zulässigen Aufgaben des § 17 überschritten sein, ohne jedoch die Mindestschwelle des ständigen Vertreters i.S.v. § 13 AO zu erreichen. Im

---

81 BTDrucks. 5/3494, S. 24; *Baur* § 16 AuslInvestmG Rn. 17; Berger/Steck/Lübbehüsen/*Singer* § 17 InvStG Rn. 22.
82 Berger/Steck/Lübbehüsen/*Singer* § 17 InvStG Rn. 22; Littmann/Bitz/Pust/*Ramackers* § 17 InvStG Rn. 30.
83 Haase/*Schneider* § 17 InvStG Rn. 39; BMF 13.10.2010, IV B 5-S 1341/08/10003, BStBl. I 2010, 774, Rn. 215.
84 *Baur* § 16 AuslInvestmG Rn. 17.
85 A.A. offenbar Haase/*Schneider* § 17 InvStG Rn. 27.

Fall eines anwendbaren DBA müssen darüber hinaus dessen Voraussetzungen einer Vertreterbetriebsstätte (vgl. allgemein Art. 5 Abs. 5 OECD-/BRD-Musterabkommen) erfüllt sein. Auf der anderen Seite findet weder der Schutz des § 17 Anwendung noch bedarf es der positiven Erfüllung der Voraussetzungen eines ständigen Vertreters, wenn die ausländische Investmentgesellschaft (der ausländische Investmentfonds) bereits über eine inländische Betriebsstätte i.S.v. § 12 AO und den Vorschriften eines etwaig einschlägigen DBA verfügt. Die Prüfung des Vorliegens eines ständigen Vertreters erübrigt sich in diesen Fällen.[86]

52 Kennzeichnend für den ständigen Vertreter i.S.v. § 13 AO ist die weisungsgebundene **Geschäftsbesorgung** für ein Unternehmen, die **nachhaltig** erfolgt.[87] Die vom Gesetz geforderte Nachhaltigkeit verdeutlicht, dass es sich um eine auf Dauer angelegte, auf einem Gesamtplan basierende und von Wiederholungsabsicht getragene Tätigkeit handeln muss.[88] Das bloße mehrfache Ausnutzen sich wiederholt bietender Gelegenheiten genügt nicht.[89] Hinzutreten muss eine sich durch gewisse Regelmäßigkeit äußernde Planmäßigkeit des Handelns.[90] Der ständige Vertreter muss im Rahmen der Geschäftsbesorgung den Sachweisungen des Geschäftsherrn unterliegen. Persönliche oder wirtschaftliche Abhängigkeit ist nicht erforderlich; unter Umständen aber hinreichend. Ausreichend ist eine auf die konkrete Erledigung der Geschäfte bezogene Weisungsbefugnis, die in jedem Einzelauftrag oder in einer allgemeinen Rahmenvereinbarung begründet sein kann. Auf die zivilrechtliche Wirksamkeit kommt es nicht an, soweit die Vertragsparteien die Vereinbarung als verbindlich ansehen.[91] Der Vertreter unterliegt den Sachweisungen grundsätzlich auch, wenn der Unternehmer seinen Willen lediglich aufgrund wirtschaftlicher oder anderweitiger Abhängigkeit tatsächlich durchsetzen kann.[92]

53 Das Institut des ständigen Vertreters knüpft nicht an die Tatbestandsmerkmale einer Betriebsstätte gem. § 12 AO an. Demzufolge erfordert die Annahme eines ständigen Vertreters auch keine feste Geschäftseinrichtung des beschränkt steuerpflichtigen Unternehmens. Gesetzlicher Anknüpfungspunkt ist keine bestimmte Stätte, von der aus ein Unternehmen nachhaltig geschäftlich tätig wird, sondern die Person des Vertreters, der die Geschäfte für das beschränkt steuerpflichtige Unternehmen besorgt.[93]

54 Wird der Repräsentant demnach beispielsweise im Rahmen der Vermögensanlage verantwortlich tätig (so dass ein Bestimmen über die Anlage des eingelegten Geldes i.S.v. § 17 vorliegt), kann ein ständiger Vertreter gleichwohl erst dann anzunehmen sein, wenn dies nachhaltig im Sinne einer Planmäßigkeit mit einer gewissen Regelmäßigkeit und mit Wiederholungsabsicht geschieht.

55 Der Begriff des ständigen Vertreters setzt voraus, dass zwischen dem Vertreter und dem Unternehmen ein Vertretungsverhältnis besteht. Ein Unternehmer kann daher nicht zugleich sein eigener ständiger Vertreter sein.[94] Auf der Grundlage dieser Rechtsprechung überzeugt auch, dass – nach umstrittener Auffassung – das Organ einer Kapital-

---

86 Der Begriff „ständiger Vertreter" dient subsidiär neben dem Begriff der Betriebsstätte als steuerlicher Anknüpfungspunkt, vgl. Klein/*Gersch* § 13 AO Rn. 1.
87 Zu Einzelheiten vgl. Beermann/Gosch/*Buciek* § 13 AO Rn. 8.
88 Tipke/Kruse/*Kruse* § 13 AO Rn. 7.
89 *Schwarz* § 13 AO Rn. 7.
90 Pahlke/Koenig/*Koenig* § 13 AO Rn. 5.
91 Tipke/Kruse/*Kruse* § 13 AO Rn. 5.
92 *Schwarz* § 13 AO Rn. 8.
93 Vögele/Borstell/Engler/*Brüninghaus* Verrechnungspreise, 3. Auflage 2011, Kapitel K: Einkunftsabgrenzung bei Betriebsstätten und Personengesellschaften, Rn. 31.
94 BFH 18.12.1990, X R 82/89, BStBl. II 1991, 395; *Schaumburg* Internationales Steuerrecht, 3. Auflage 2011, Rz. 5.156; Tipke/*Kruse* § 13 AO Rz. 3; Beermann/Gosch/*Buciek* § 13 AO Rn. 6.

gesellschaft nicht deren ständiger Vertreter sein kann.[95] Der ständige Vertreter braucht kein Angestellter des Vertretenen zu sein.[96]

Ein ständiger Vertreter muss nach Art. 5 Abs. 5 **OECD/BRD-Musterabkommen** ein 56
abhängiger Vertreter des ausländischen Unternehmens sein und eine Abschlussvollmacht besitzen, die er gewöhnlich ausübt. Es darf sich nicht um einen unabhängigen Vertreter i.S.d. Art. 5 Abs. 6 OECD/BRD-Musterabkommen[97] handeln. Der OECD-Musterkommentar setzt voraus, dass der Vertreter sowohl rechtlich als auch wirtschaftlich unabhängig sein muss, um keine Betriebsstätte zu begründen.[98] Die Abhängigkeit setzt kein persönliches Abhängigkeitsverhältnis (z.B. ein Angestelltenverhältnis) voraus.[99] Trägt der Vertreter das wirtschaftliche Risiko seiner Tätigkeit nicht, ist dies ein Indiz für seine wirtschaftliche Abhängigkeit.[100] Eine Abschlussvollmacht liegt vor, wenn das Unternehmen rechtlich oder wirtschaftlich bzw. tatsächlich von dem Vertreter gebunden werden kann;[101] eine mittelbare Stellvertretung ist möglich. Der Vertreter übt die ihm förmlich übertragene oder tatsächlich bestehende Vollmacht gewöhnlich aus, wenn er mit einer gewissen Nachhaltigkeit am Wirtschaftsleben teilnimmt und seine Vollmacht wiederholt und nicht nur gelegentlich ausübt.[102] Schließlich dürfen sich die Tätigkeiten nicht auf die in Art. 5 Abs. 4 OECD/BRD-Musterabkommen genannten Hilfstätigkeiten beschränken.

II. Beschränkt steuerpflichtige Einkünfte

Eine beschränkte Steuerpflicht des ausländischen Investmentvermögens kommt im 57
Ausgangspunkt – unabhängig davon, ob die Voraussetzungen der Annahme eines ständigen Vertreters nach nationalem wie auch DBA-Recht vorliegen – nur in Betracht, wenn es sich dabei um ein Besteuerungssubjekt handelt. Dies ist jedenfalls bei ausländischen Investmentvermögen in der Rechtsform einer Kapitalgesellschaft der Fall. Kein Besteuerungssubjekt in Deutschland sind hingegen ausländische Investmentvermögen des Vertragstyps (siehe oben Rn. 23). Ebenfalls kein Besteuerungsobjekt stellen ausländische Investmentfonds in Form einer Personengesellschaft dar (siehe oben Rn. 25). Ebenfalls scheidet eine beschränkte Steuerpflicht der ausländischen Anleger eines ausländischen Investmentfonds aus (siehe oben Rn. 24 f.). Etwas anderes gilt für Gesellschafter ausländischer Personen-Investitionsgesellschaften, für die gem. § 18 Satz 3 die Einkünfte nach den allgemeinen steuerrechtlichen Regelungen (dazu oben Rn. 26) zu versteuern sind.

Schließlich wird eine etwaige beschränkte Steuerpflicht durch eine unbeschränkte 58
Steuerpflicht des ausländischen Investmentvermögens, sofern es als Besteuerungssubjekt zu qualifizieren ist, überlagert, wenn dessen Geschäftsleitung im Inland liegt.[103]

Als inländische Einkünfte des ausländischen Investmentfonds in Betracht kommen 59
Einkünfte aus Gewerbebetrieb, Kapitalvermögen und aus Vermietung und Verpachtung

---

95 FG Düsseldorf 16.1.2002, 15 K 8624/99 K (rkr.), DStRE 03, 1059; **a.A.** z.B. FG München 10.9.1997, 7 V 3061/97, DStRE 1998, 177 (aufgehoben durch BFH 15.7.1998, I B 134/97, BFH/NV 1999, 372).
96 BFH 30.4.1975, I R 152/73, BFHE 115, 504 = BStBl. II 1975, 626.
97 Dies sind die Fälle eines Maklers, Kommissionärs oder einen anderen unabhängigen Vertreters, sofern diese Personen im Rahmen ihrer ordentlichen Geschäftstätigkeit handeln.
98 Vogel/Lehner/*Görl* Kommentar zum OECD-MA, 2008, Art. 5, Rn. 116, 145 ff.
99 Der BFH unterscheidet zwischen sachlicher und persönlicher Abhängigkeit, vgl. BFH 30.4.1975, I R 152/73, BStBl. II 1975, 626; BFH 14.9.1994, I R 116/93, BFHE 176, 125 = BStBl. II 1995, 238.
100 BMF 24.12.1999 (Betriebsstätten-Verwaltungsgrundsätze), BStBl. I 1999, 1076, Tz. 1.2.2.
101 Vogel/Lehner/*Görl* Kommentar zum OECD-MA, 2008, Art. 5, Rn. 118 f.
102 Vogel/Lehner/*Görl* Kommentar zum OECD-MA, 2008, Art. 5, Rn. 120.
103 *Fock* FR **2006** 369, 371; Berger/Steck/Lübbehüsen/*Englisch* § 11 InvStG Rn. 25.

(§ 49 Abs. 1 EStG). Das ausländische Investmentvermögen ist beispielsweise beschränkt steuerpflichtig mit seinen inländischen Einkünften aus Kapitalvermögen nach § 49 Abs. 1 Nr. 5 EStG. Diese Steuerpflicht ist nicht davon abhängig, dass im Inland eine Betriebsstätte unterhalten wird oder ein ständiger Vertreter bestellt ist. Diese Einkünfte werden, auch wenn sie im Rahmen einer im Ausland gegebenen gewerblichen Tätigkeit erzielt werden, nur dann einer inländischen Betriebsstätte bzw. der Tätigkeit des inländischen ständigen Vertreters zugerechnet, wenn ein wirtschaftlicher Zusammenhang zwischen den inländischen Einkünften und der inländischen Betriebsstätte bzw. der Tätigkeit des ständigen Vertreters besteht. Das wird beispielsweise bei inländischen Einkünften gem. § 49 Abs. 1 Nr. 5 Buchst. a EStG (z.B. Dividenden inländischer Schuldner), bei denen sich die zugrunde liegenden Anteile im Anlagevermögen des ausländischen Investmentvermögens befinden und diesem wirtschaftlich zuzuordnen sind, nicht der Fall sein.[104]

60   Für derartige Einkünfte findet der abgeltende Kapitalertragsteuersatz von 25% (§§ 43a Abs. 1 i.V.m. 50 Abs. 2 Satz 1 EStG bzw. § 32 Abs. 1 Nr. 2 KStG) Anwendung. Eine Besteuerung nach dem Tarifsatz von 15% (§ 23 Abs. 1 KStG) kommt demnach nicht in Betracht. Im Rahmen eines anwendbaren DBA kann nach § 50d EStG eine Erstattung oder Teilerstattung des Steuerabzugs in Betracht kommen. § 11 Abs. 2 findet bei ausländischen Investmentfonds dem Gesetzeswortlaut nach keine Anwendung.

61   Die Besteuerung von **Einkünften aus Gewerbebetrieb** setzt nach § 49 Abs. 1 Nr. 2 Buchst. a EStG zunächst einmal das Unterhalten einer Betriebsstätte im Inland oder die Bestellung eines ständigen Vertreters (z.B. durch Überschreiten des nach § 17 zulässigen Aufgabenbereichs) voraus. Ist dies der Fall, so richtet sich die beschränkte deutsche Steuerpflicht gegen das ausländische Unternehmen, d.h. gegen das ausländische Investmentvermögen. Im Rahmen des § 49 Abs. 1 Nr. 2 Buchst. a EStG wird das ausländische Investmentvermögen jedoch nur mit dem Gewinn besteuert, der durch die Tätigkeit (der inländischen Betriebsstätte oder) des ständigen Vertreters erzielt wird. Sonstige inländische Einkünfte, z.B. solche aus Kapitalvermögen (z.B. Dividenden aus inländischen Wertpapieren), die mit der Betriebsstätte oder der Tätigkeit des ständigen Vertreters in keinem wirtschaftlichen Zusammenhang stehen, werden hier nicht erfasst. Nach der isolierenden Betrachtungsweise des § 49 Abs. 2 EStG, die auf das Wesen der inländischen Einkünfte abstellt, werden diese Einkünfte im Rahmen der jeweils einschlägigen Einkunftsart erfasst (siehe oben). Insbesondere findet bei beschränkt steuerpflichtigen Einkünften auch die Fiktion des § 8 Abs. 2 KStG, wonach insbesondere bei unbeschränkt steuerpflichtigen Kapitalgesellschaften alle Einkünfte als Einkünfte aus Gewerbebetrieb zu qualifizieren sind, keine Anwendung.[105]

62   Ebenfalls Folge der isolierenden Betrachtungsweise nach § 49 Abs. 2 EStG und der Nichtanwendbarkeit von § 8 Abs. 2 KStG ist, dass Einkünfte aus Gewerbebetrieb nach § 49 Abs. 1 Nr. 2 Buchst. a EStG nur vorliegen, wenn das ausländische Besteuerungssubjekt originär gewerbliche Einkünfte erzielt.

Fraglich ist demnach regelmäßig, ob das ausländische Investmentvermögen im Rahmen seiner Portfolioverwaltung die Schwelle zur Gewerblichkeit überschritten hat oder ob noch private Vermögensverwaltung vorliegt.

---

[104] Haase/*Schneider* § 11 InvStG Rn. 34 ff.; *Baur* § 16 InvStG Rn. 10; vgl. auch *Debatin* BB **1960** 1018; zur Zuordnung gemäß dem Entwurf des BMF einer Verordnung zur Anwendung des Fremdvergleichsgrundsatzes auf Betriebsstätten nach § 1 Absatz 5 des Außensteuergesetzes (Betriebsstättengewinnaufteilungsverordnung – BsGaV), Stand 5.8.2013, abrufbar unter www.derbetrieb.de/content/pdfft,231,606017, vgl. im Haupttext nachfolgend.
[105] Berger/Steck/Lübbehüsen/*Singer* § 17 InvStG Rn. 14.

C. Steuerliche Auswirkungen — § 17

Die Grenze der privaten Vermögensverwaltung zum Gewerbebetrieb wird überschritten, wenn nach dem Gesamtbild der Betätigung und unter Berücksichtigung der Verkehrsauffassung die Ausnutzung substantieller Vermögenswerte durch Umschichtung gegenüber der Nutzung der Vermögenswerte im Sinne einer Fruchtziehung aus zu erhaltenden Substanzwerten entscheidend in den Vordergrund tritt.[106] Der Kernbereich der Vermögensverwaltung wird in § 14 Satz 3 AO durch Bezugnahme auf Regelbeispiele (verzinsliche Anlage von Kapitalvermögen und die Vermietung oder Verpachtung von unbeweglichem Vermögen) abgegrenzt. Bei der Abgrenzung zwischen Gewerbebetrieb und Vermögensverwaltung ist auf das Gesamtbild der Verhältnisse und die Verkehrsanschauung abzustellen.[107] In Zweifelsfällen ist maßgebend, ob die Tätigkeit dem Bild entspricht, das nach der Verkehrsanschauung einen Gewerbebetrieb ausmacht und einer privaten Vermögensverwaltung fremd ist.[108]

63

Ob Veräußerungen in Hinblick auf das relevante „Bild des Handels" noch der Vermögensverwaltung zuzuordnen sind, lässt sich nicht für alle Wirtschaftsgüter nach einheitlichen Maßstäben beurteilen. Vielmehr sind die jeweiligen artspezifischen Besonderheiten zu beachten.[109] Es kommt auf das Ausnutzen substantieller Werte durch Umschichtung von Vermögenswerten an; es unterscheidet sich von der Vermögensumschichtung im Rahmen privater Vermögensverwaltung durch den marktmäßigen Umschlag von Sachwerten.[110]

64

Ein gewerbsmäßiger Wertpapierhandel ist danach regelmäßig gegeben, wenn jemand entweder eine kaufmännische Organisation unterhält, den An- und Verkauf von Wertpapieren u.ä. als Haupttätigkeit ausübt oder nicht bloß einer Bank gegenüber als An- und Verkäufer von Wertpapieren hervortritt, sondern unmittelbar mit anderen institutionellen Marktteilnehmern am Kapitalmarkt teilnimmt.[111] Der Einsatz signifikanter Fremdmittel allein ist kein hinreichendes Indiz für einen Gewerbebetrieb.[112] Jedenfalls spekulative Investmentvermögen, bei denen häufig umgeschichtet wird und die Realisation von Veräußerungsgewinnen im Vordergrund steht (z.B. Aktienfonds und Immobilienfonds bei Überschreiten der 3 Objekt-Grenze), dürften demnach der Gewerblichkeit zuzurechnen sein.[113]

65

Sofern das ausländische Investmentvermögen im Rahmen einer originär gewerblichen Tätigkeit über einen inländischen ständigen Vertreter tätig wird, ist zu konkretisieren, welche gewerblichen Einkünfte das ausländische Investmentvermögen im Einzelnen erzielt. Negativ wurde bereits abgegrenzt, dass inländische gewerbliche Einkünfte

66

---

106 Ständige Rechtsprechung, vgl. z.B. BFH 10.12.2001, GrS 1/98, BFHE 197, 240, unter C.III.1. der Gründe, m.w.N.
107 BFH 11.10.2012, IV R 32/10, BFHE 239, 248 und BFH 25.7.2001, X R 55/97, BFHE 195, 402 m.w.N.
108 Ständige Rechtsprechung, z.B. BFH 11.10.2012, IV R 32/10, BFHE 239, 248 = BStBl. II 2013, 538 und BFH 10.12.2001, GrS 1/98, BFHE 197, 240, BStBl. II 2002, 291, unter C.II. der Gründe, m.w.N.
109 Ständige Rechtsprechung, z.B. BFH 11.10.2012, IV R 32/10, BFHE 239, 248, BStBl. II 2013, 538 m.w.N.; vgl. zum Wertpapierhandel BFH 29.10.1998, XI R 80/97, BStBl. II 99, 448; zum Handel mit GmbH-Anteilen BFH 25.7.2001, X R 55/97, BStBl. II 01, 809.
110 Z.B. BFH 11.10.2012, IV R 32/10, BFHE 239, 248 = BStBl. II 2013, 538 m.w.N.; vgl. zum Ganzen FG Münster 11.12.2013, 6 K 3045/11 F, juris, Revision anhängig unter BFH I R 14/14.
111 Blümich/*Bode* § 15 EStG/KStG/GewStG Rn. 153–155.
112 So auch BFH 29.10.1998, XI R 80/97, BStBl. II 99, 448 bei Krediten von 8 Mio. DM; BFH 20.12.2000, X R 1/97, BStBl. II 2001, 706.
113 Vgl. auch Berger/Steck/Lübbehüsen/*Singer* § 17 InvStG Rn. 14 (m.w.N.); Berger/Steck/Lübbehüsen/*Englisch* § 11 InvStG Rn. 17 (m.w.N.) sieht ebenso jedenfalls bei primär auf die Erzielung von Veräußerungsgewinnen abzielende Fondsverwaltung einen gewerblichen Wertpapier- oder Grundstückshandel, vgl. auch Schmidt/*Wacker* EStG, § 18 Rn. 281; einschränkend Berger/Steck/Lübbehüsen/*Berger* § 1 InvStG Rn. 363 m.w.N.

insoweit jedenfalls nicht vorliegen, als kein wirtschaftlicher Zusammenhang zwischen der Einkommensquelle und der Tätigkeit des ständigen Vertreters (z.B. Dividenden inländischer Schuldner) besteht. Negativ wird ferner nach herrschender Meinung danach abgegrenzt, inwieweit die Tätigkeit des ständigen Vertreters den Aufgabenbereich des Repräsentanten i.S.v. § 17 überschreitet. Begründet wird dies mit dem Wortlaut von § 17 („… soweit er …"). Nicht von der inländischen beschränkten Steuerpflicht gewerblicher Einkünfte erfasst sind daher solche, die der ständige Vertreter in seiner Eigenschaft als Repräsentant des ausländischen Investmentfonds im Rahmen des nach § 17 zulässigen Aufgabenbereichs erzielt.[114]

67   Problematisch ist dabei allerdings die Aufteilung zwischen den im Rahmen der erlaubten Tätigkeiten und der außerhalb dieses Rahmens erzielten Einkünfte. Hierzu wird einerseits eine prozentuale Aufteilung nach den Anteilen der Tätigkeit des Repräsentanten bzw. ständigen Vertreters, die auf die nach § 17 zugelassenen bzw. die weitergehenden Tätigkeiten entfallen, vorgeschlagen.[115] Hierfür spreche auch die Praktikabilität.[116] Andererseits wird eine Aufteilung nach der konkreten Tätigkeit erwogen.[117] Richtigerweise dürfte nach dem Gesetzeswortlaut allein eine Aufteilung nach der konkreten Tätigkeit in Betracht kommen.[118] Unzweifelhaft zu den beschränkt steuerpflichtigen gewerblichen Einkünften rechnen damit solche, die aus der Bestimmung über die Anlage des eingelegten Geldes wie auch aus dem Vertrieb der ausländischen Investmentanteile erzielt werden. Nicht hingegen der beschränkten Steuerpflicht unterliegen Einkünfte, die aus der gerichtlichen oder außergerichtlichen Vertretung der ausländischen Investmentgesellschaft erzielt werden. Insofern muss richtigerweise gefragt werden, inwiefern überhaupt Einkünfte durch die bloße administrative Vertretung der ausländischen Investmentgesellschaft erzielt werden können. Dies dürfte im Rahmen der gerichtlichen Vertretung per se ausscheiden. Die außergerichtliche Vertretung muss an dem Aufgabenbereich des Repräsentanten nach §§ 317 Abs. 1 Nr. 4 i.V.m. 319 KAGB gemessen werden. Maßgeblich ist hier der Kontakt zur BaFin. Selbst die Regeltreue-Funktion hat entsprechend § 57 Abs. 3 Satz 4 KAGB eher den Charakter einer Korrespondenz-Verbindung, so dass auch hier nicht ohne weiteres ersichtlich ist, welche Einkünfte im Rahmen dieser Tätigkeit erzielt werden könnten.[119]

68   Beschränkt steuerpflichtige Einkünfte können somit jedenfalls im Rahmen des Bestimmens über die Geldanlage wie auch des Vertriebs der Investmentanteile erzielt werden. Neben der bloßen wirtschaftlichen Zugehörigkeit bzw. Verursachung muss die konkrete Einkünfteabgrenzung gem. § 1 Abs. 5 Satz 5 AStG i.V.m. § 39 BsGaV-Entwurf[120] in einem ersten Schritt anhand einer Funktions- und Risikoanalyse der Geschäftstätigkeit des ständigen Vertreters als Teil der Geschäftstätigkeit der ausländischen Investmentgesellschaft erfolgen. In einem zweiten Schritt hat eine Vergleichbarkeitsanalyse zu erfolgen.[121]

---

114   Haase/*Schneider* § 17 InvStG Rn. 31; Berger/Steck/Lübbehüsen/*Singer* § 17 InvStG Rn. 16, m.w.N.
115   *Nissen* DStZ A **1969** 287.
116   Berger/Steck/Lübbehüsen/*Singer* § 17 InvStG Rn. 16.
117   Brinkhaus/Scherer/*Brinkhaus* § 16 AuslInvestmG Rn. 8; Haase/*Schneider* § 17 InvStG Rn. 32.
118   Dass in der Praxis auch dabei letztlich Schätzungen, und damit möglicherweise verhältnismäßige Aufteilungen, Platz greifen, dürfte unvermeidbar sein.
119   Zweifelnd auch Haase/*Schneider* § 17 InvStG Rn. 32.
120   Entwurf des BMF, Verordnung zur Anwendung des Fremdvergleichsgrundsatzes auf Betriebsstätten nach § 1 Absatz 5 des Außensteuergesetzes (Betriebsstättengewinnaufteilungsverordnung – BsGaV), Stand 5.8.2013, abrufbar unter www.der-betrieb.de/content/pdfft,231,606017.
121   Vgl. zum „Authorised OECD Approach" auch *Buchholz* Grenzüberschreitendes Kreditgeschäft durch Bankbetriebsstätten – Risikoorientierte Gewinnabgrenzung nach Art. 7 OECD-MA 2010, 2014, S. 285 ff.

Sofern hierbei Erlöse aus der Vertriebstätigkeit erzielt werden, muss jedoch insbe- **69** sondere bei Vertriebsprovisionen, wie sie z.B. im Ausgabeaufschlag enthalten sind, berücksichtigt werden, dass nur solche Provisionen der beschränkten Steuerpflicht der ausländischen Investmentgesellschaft zugerechnet werden, die bei ihr verbleiben. Nicht hingegen sind der ausländischen Investmentgesellschaft Provisionen zuzurechnen, die der ständige Vertreter für eigene Rechnung erzielt.[122] Diese unterliegen als eigene Einkünfte der unbeschränkten Steuerpflicht des ständigen Vertreters.[123] Vergleichbares gilt auch für Provisionen im Rahmen der Portfolioverwaltung, so dass auch hier zu unterscheiden ist für wessen Rechnung die Provision erzielt wird.[124] Veräußerungsgewinne, die der ständige Vertreter im Rahmen der Portfolioverwaltung im Inland erzielt, müssen über die vorgenannte zweistufige Gewinnabgrenzung unter Berücksichtigung der Personalfunktionen und der Zuordnung der Finanzanlagen sowie der Chancen und Risiken aufgeteilt werden. Andererseits dürfte die Tätigkeit des ständigen Vertreters im Rahmen der Portfolioverwaltung ein signifikantes Risiko der Begründung der inländischen Geschäftsleitung nach § 1 Abs. 1 KStG mit sich bringen, so dass es möglicherweise sogar zu einer unbeschränkten Steuerpflicht des ausländischen Investmentvermögens kommen könnte.

Für die nach § 49 Abs. 1 Nr. 2 Buchst. a EStG i.V.m. § 2 Nr. 1 KStG beschränkt steuer- **70** pflichtigen gewerblichen Einkünfte des ausländischen Investmentvermögens entfällt gem. § 32 Abs. 1 Nr. 2 KStG die Abgeltungswirkung eines Steuerabzugs. Vielmehr wird die Körperschaftsteuer im Rahmen der Veranlagung erhoben. Verglichen mit der abgeltenden Kapitalertragsteuer kommt dabei einerseits ein um 10% verminderter Tarifsteuersatz zur Anwendung (15% nach § 23 Abs. 1 KStG anstelle von § 43a Abs. 1 EStG in Höhe von 25%). Darüber hinaus sind im Rahmen der Kapitalertragsteuer die Bruttoerträge zu berücksichtigen, während im Rahmen der Veranlagung die in wirtschaftlichem Zusammenhang stehenden Betriebsausgaben berücksichtigt werden können. Andererseits kann es zu einer breiteren Bemessungsgrundlage im Veranlagungsverfahren kommen, da beispielsweise bei Zinsen die engen Voraussetzungen des § 49 Abs. 1 Nr. 5 Buchst. c EStG irrelevant sind.

§ 17a
Auswirkungen der Verschmelzung von ausländischen Investmentfonds und Teilen eines solchen Investmentfonds auf einen anderen ausländischen Investmentfonds oder Teile eines solchen Investmentfonds

Für den Anleger eines Investmentanteils an einem Investmentfonds, das dem Recht eines anderen Mitgliedstaates der Europäischen Union untersteht, ist für Verschmelzungen von Investmentfonds, die demselben Aufsichtsrecht unterliegen, § 14 Absatz 4 bis 6 und 8 entsprechend anzuwenden, wenn

---

[122] OFD Hannover 15.7.2009, S 1980-2-StO 241, BeckVerw 162827, kommt zum gleichen Ergebnis, verortet dies jedoch im Rahmen der schädlichen und unschädlichen Tätigkeiten des § 17.
[123] Zur Abgrenzung des eigenen Unternehmens des ständigen Vertreters von dem Unternehmen des vertretenen ausländischen Unternehmers vgl. den OECD-Betriebsstättenbericht vom 22.7.2010 (*Report on the Attribution of Profits to Permanent Establishments*) unter Teil 3, D-3 „Dependent agent PEs" (Textziffern 274–285).
[124] Undifferenziert Haase/*Schneider* § 17 InvStG Rn. 33 und *Baur* § 16 AuslInvestmG Rn. 12.

1. die dem § 189 des Kapitalanlagegesetzbuchs entsprechenden Vorschriften des Sitzstaates der Investmentfonds erfüllt sind und dies durch eine Bestätigung der für die Investmentaufsicht zuständigen Stelle nachgewiesen wird und
2. der übernehmende Investmentfonds die fortgeführten Anschaffungskosten des übertragenden Investmentfonds für die Ermittlung der Investmenterträge fortführt und hierzu eine Bescheinigung eines zur geschäftsmäßigen Hilfeleistung befugten Berufsträgers im Sinne des § 3 des Steuerberatungsgesetzes, einer behördlich anerkannten Wirtschaftsprüfungsgesellschaft oder einer vergleichbaren Stelle vorlegt.

Den Mitgliedstaaten der Europäischen Union stehen die Staaten gleich, auf die das Abkommen über den Europäischen Wirtschaftsraum anwendbar ist, sofern zwischen der Bundesrepublik Deutschland und dem anderen Staat auf Grund der Amtshilferichtlinie gemäß § 2 Absatz 2 des EU-Amtshilfegesetzes oder einer vergleichbaren zwei- oder mehrseitigen Vereinbarung Auskünfte erteilt werden, die erforderlich sind, um die Besteuerung durchzuführen. Die Bescheinigungen nach Satz 1 sind dem Bundeszentralamt für Steuern vorzulegen. § 5 Abs. 1 Satz 1 Nr. 5 gilt entsprechend. Die Sätze 1 bis 4 sind entsprechend anzuwenden, wenn alle Vermögensgegenstände eines nach dem Investmentrecht des Sitzstaates abgegrenzten Teils eines Investmentfonds übertragen werden oder ein solcher Teil eines Investmentfonds alle Vermögensgegenstände eines anderen Investmentfonds oder eines nach dem Investmentrecht des Sitzstaates abgegrenzten Teils eines Investmentfonds übernimmt. § 14 Absatz 7 Satz 2 und Absatz 8 gilt entsprechend; dies gilt bei § 14 Absatz 7 Satz 2 nicht für die Übertragung aller Vermögensgegenstände eines Sondervermögens auf ein anderes Sondervermögen.

Schrifttum

Brinkmann/Kempf Die Neuregelung der Verschmelzung von Auslandsfonds, BB **2009** 2067; *Bujotzek/Steinmüller* Neuerungen im Investmentrecht durch das OGAW-IV-Umsetzungsgesetz (Teil 1), DB **2011** 2246; *Ebner* Einzelfragen zur Besteuerung von Investmenterträgen – Veräußerungs- und Verschmelzungstatbestände bei betrieblichen Anlegern, NWB **2005** 2699; *Ebner/Helios* Kritische Kommentierung ausgewählter Aspekte des aktualisierten BMF-Schreibens zum InvStG vom 18.8.2009 (BStBl. I 2009, 931) unter Berücksichtigung des Regierungsentwurfs für ein JStG 2010 – Teil 2, BB **2010** 1631; *Elser/Stadler* Einschneidende Änderungen der Investmentbesteuerung nach dem nunmehr in Kraft getretenen AIFM-Steuer-Anpassungsgesetz, DStR **2014** 233; *Fischer/Lübbehüsen* Mehr Flexibilität durch OGAW IV – eine Analyse der neuen Rahmenbedingungen unter regulatorischen und steuerlichen Gesichtspunkten, RdF **2011** 254; *Grabbe* Investmentsteuerrecht: Jahressteuergesetz 2010, BB **2011** 87; *Helios/Löschinger* Steuer- und aufsichtsrechtliche Praxisfragen bei der Restrukturierung und Auflösung von Investmentfonds und Investmentaktiengesellschaften, DB **2009** 1724; *Patzner/Bruns* Fondsverschmelzungen und weitere Kapitalmaßnahmen im internationalen Umfeld, IStR **2009** 668; *Patzner/Pätsch/Goga* UCITS IV – Steuerliche Herausforderungen und Chancen der neuen EU-Fondsrichtlinie, IStR **2010** 709; *Tappen* Steuerrechtsänderungen durch das geplante OGAW-IV-Umsetzungsgesetz, DStR **2011** 246.

Systematische Übersicht

A. Überblick
   I. Steuerliche Folgen vor Einführung des § 17a —— 1
   II. Verhältnis zu § 20 Abs. 4a Satz 1 EStG —— 3
   III. Regelungstechnik und Inhalt —— 5
B. Historische Entwicklung der Vorschrift —— 7
C. Anwendungsbereich
   I. Persönlicher Anwendungsbereich —— 15
   II. Sachlicher Anwendungsbereich —— 16
   III. Räumlicher Anwendungsbereich —— 20
D. Voraussetzungen
   I. Erfüllung inländischer Vorgaben —— 24

II. Fortführung der Anschaffungskosten —— 27
III. Nachweispflichten
1. Berufsträger-Bescheinigung —— 28
2. Bestätigung der Aufsichtsbehörde —— 29
3. Frist zur Vorlage von Berufsträgerbescheinigung und Bestätigung —— 33
E. Rechtsfolgen
I. Ebene der ausländischen Investmentfonds
1. Allgemeines —— 35
2. Fingierte Schlussbesteuerung —— 36
3. Ertragsausgleich —— 39
4. Übergang von Verlustvorträgen —— 40
5. Ermittlung des Aktien- und Immobiliengewinns —— 41
6. Ermittlung des Zwischengewinns —— 42
II. Ebene der inländischen Anteilseigner
1. Betriebliche Anleger
a) Allgemeines —— 43
b) Aktien- und Immobiliengewinn —— 46
2. Private Anleger —— 50
3. Korrekturpflicht des übertragenden Investmentvermögens —— 53

A. Überblick

I. Steuerliche Folgen vor Einführung des § 17a

Vor Einführung des § 17a durch das EURLUmsG[1] vom 9.12.2004 war die Verschmelzung ausländischer Investmentvermögen ebenso wie die Verschmelzung inländischer Investmentvermögen nicht spezialgesetzlich geregelt. Das AuslInvestmG enthielt ebenso wenig wie das UmwG oder das UmwStG Regelungen für die Verschmelzung ausländischer Investmentvermögen.[2] Infolgedessen fanden hierauf die allgemeinen Grundsätze Anwendung, wonach die Aufgabe eines Wirtschaftsguts und der gleichzeitige Erwerb eines anderen Wirtschaftsguts einen Realisierungstatbestand darstellen, außer wenn beide Wirtschaftsgüter wirtschaftlich identisch sind.[3] Unabhängig davon, ob es sich um Investmentvermögen des Vertragstyps oder des Gesellschaftstyps handelt, sind zwei Investmentvermögen grds. nicht wirtschaftlich identisch. Nur in exotischen Ausnahmefällen (gleiche Verwaltungsgesellschaft bzw. Gesellschaft sowie identische Wirtschaftsgüter oder Anlegeridentität) könnte ggf. eine wirtschaftliche Identität in Betracht kommen. Daher lag bis zur Einführung des § 17a grds. ein **Realisationstatbestand** vor. Bei betrieblichen Anlegern führte dies zu einem steuerpflichtigen Veräußerungsvorgang, während es bei Anteilen im Privatvermögen lediglich dann zur Besteuerung kam, wenn im Zeitpunkt der Verschmelzung von im Privatvermögen gehaltenen Anteilen an ausländischem Investmentvermögen die einjährige Veräußerungsfrist des § 23 Abs. 1 Satz 1 Nr. 2 EStG a.F. abgelaufen war. 1

Dass trotz mangelnden Liquiditätszuflusses teilweise erhebliche Steuerbelastungen entstanden, wurde als unbillig empfunden, weil Fondsverschmelzungen sehr häufig betriebswirtschaftlich sinnvoll sind und gerade deshalb auch in vielen Jurisdiktionen zugelassen werden. Dies führte zur Einführung von § 14 für die Verschmelzung inländischer und § 17a für die Verschmelzung ausländischer Investmentvermögen. § 17a ermöglichte erstmals die auf Ebene der Anteilseigner **steuerneutrale Verschmelzung** ausländischer Investmentvermögen. Dazu ordnete er an, dass die im Rahmen der Verschmelzung erhal- 2

---

[1] BGBl. 2004 I S. 3310.
[2] Berger/Streck/Lübbehausen/*Bauer* § 17a Rn. 1.
[3] BFH 30.11.1999 BFHE **190** 425; BFH 16.12.1958 BFHE **68** 78.

tenen an die Stelle der ursprünglich erworbenen Anteile treten sollten, wenn die Voraussetzungen der Vorschrift erfüllt waren.

II. Verhältnis zu § 20 Abs. 4a Satz 1 EStG

3   Das **Verhältnis zwischen § 17a und § 20 Abs. 4a Satz 1 EStG** ist umstritten. Gemäß § 20 Abs. 4a Satz 1 EStG treten beim Tausch von Anteilen an einer Körperschaft, Vermögensmasse oder Personenvereinigung gegen Anteile an einer anderen Körperschaft, Vermögensmasse oder Personenvereinigung die übernommenen Anteile steuerlich an die Stelle der bisherigen Anteile, wenn der Tausch auf Grund gesellschaftsrechtlicher Maßnahmen vollzogen wird, die von den beteiligten Unternehmen ausgehen, und wenn entweder das Besteuerungsrecht der Bundesrepublik hinsichtlich eines Gewinns aus der Veräußerung der erhaltenen Anteile nicht ausgeschlossen oder beschränkt ist oder Art. 8 der Fusionsrichtlinie anzuwenden ist.

4   Bei Investmentfonds des Gesellschaftstyps wie etwa luxemburgischen SICAV ist der Wortlaut der Vorschrift erfüllt, wenn es sich bspw. um eine Verschmelzung der alten SICAV auf eine neue SICAV handelt und die Anteile im Privatvermögen gehalten werden. In diesen Fällen sind häufig auch die Voraussetzungen des § 17a erfüllt. Jedenfalls ergibt sich nach der hier vertretenen Auffassung im Umkehrschluss aus dem Wortlaut des § 20 Abs. 4a Satz 1 EStG, dass dieser in seinem Anwendungsbereich § 17a nicht verdrängt. Nach dem Wortlaut des § 20 Abs. 4a Satz 1 EStG ist dieser nämlich gegenüber §§ 13 und 21 UmwStG, nicht aber gegenüber § 17a vorrangig. Umgekehrt stellt sich die Frage, ob § 17a in seinem Anwendungsbereich § 20 Abs. 4a Satz 1 EStG verdrängt. Dagegen spricht, dass ein solcher Vorrang des § 17a nicht gesetzlich geregelt ist.[4] Daher wird in der Literatur vertreten, dass § 20 Abs. 4a Satz 1 EStG neben § 17a anwendbar ist.[5] Nach unserer Auffassung schließt § 17a (ebenso wie § 14) dennoch als lex specialis § 20 Abs. 4a Satz 1 EStG aus, wenn sein Anwendungsbereich eröffnet ist.[6] § 17a ermöglicht die Steuerneutralität auch auf Privatanlegerebene nur, wenn auf Investmentfondsebene bestimmte – endgültige Steuerausfälle vermeidende – Maßnahmen ergriffen werden. Der Gesetzgeber hielt solche Maßnahmen angesichts der Besonderheiten des Investmentsteuerrechts für notwendig. Solche begleitenden Maßnahmen sieht § 20 Abs. 4a Satz 1 EStG nicht vor, weil dieser nicht auf die spezifischen Vorstellungen des Investmentsteuerrechts zugeschnitten ist. Infolgedessen handelt es sich nach der hier vertretenen Auffassung bei § 17a um eine **abschließende Spezialvorschrift**.

III. Regelungstechnik und Inhalt

5   Die **Regelungstechnik des § 17a** unterscheidet sich von der für inländische Investmentvermögen geltenden Vorschrift des § 14. Beiden Vorschriften liegt die Vorstellung zugrunde, dass eine Verschmelzung unter bestimmten Voraussetzungen steuerneutral sein soll, ohne zu endgültigen Steuerausfällen zu führen.[7] Gemäß § 14 ist eine § 189 KAGB genügende Verschmelzung inländischer Investmentvermögen stets steuerneutral auf Anlegerebene. Im Gegenzug muss das übertragende Investmentvermögen bestimmte Vorgaben bezüglich des Ansatzes seiner Vermögensgegenstände und Verbindlichkeiten zum Übertragungsstichtag erfüllen. Das übernehmende Investmentvermögen ist dazu

---

[4] Haase/*Brinkmann* § 17a Rn. 48.
[5] *Ebner/Helios* BB **2010** 1631, 1641; *Patzner/Bruns* IStR **2009** 668, 674.
[6] Auch BMF 22.12.2009 BStBl. I 2010 S. 94 Tz. 100.
[7] BTDrucks. 15/1553 S. 129.

verpflichtet, diese Werte zu übernehmen und tritt auch sonst in die Rechtsstellung des übertragenden Investmentvermögens ein. Die Befolgung dieser Verpflichtungen ist aber nicht Voraussetzung für die Steuerneutralität. Dagegen begründet § 17a keine Verpflichtungen für ausländische Investmentfonds. Dies wäre unzweckmäßig, weil deren praktische Durchsetzung an Grenzen stoßen würde. Stattdessen regelt § 17a alleine die Steuerneutralität der Verschmelzung auf Anlegerebene. Endgültige Steuerausfälle sollen dadurch vermieden werden, dass die Übernahme der fortgeführten Anschaffungskosten des übertragenden Investmentfonds durch den übernehmenden Investmentfonds Tatbestandsvoraussetzung für die Steuerneutralität ist.

Um die Steuerneutralität zu gewährleisten, müssen sowohl der übertragende als auch der übernehmende Investmentfonds demselben Aufsichtsrecht eines Staates der Europäischen Union oder des Europäischen Wirtschaftsraums unterliegen. Bei der Verschmelzung haben alle Vermögensgegenstände und Schulden eines oder mehrerer übertragender Investmentfonds auf einen anderen Investmentfonds überzugehen. Den Anlegern des untergehenden Investmentfonds werden dabei neue Anteile am aufnehmenden Investmentfonds gewährt, die die Rechtsqualität der untergegangenen Anteile fortführen. **6**

B. Historische Entwicklung der Vorschrift

§ 17a wurde im Rahmen der Überarbeitung des § 14 durch das **EURLUmsG** vom 9.12.2004 eingeführt[8] und war somit nicht bereits Bestandteil des durch Artikel 2 InvModG verkündeten InvStG vom 15.12.2003.[9] § 17a war jedoch (rückwirkend) erstmals auf Geschäftsjahre anzuwenden, die nach dem 31.12.2003 begonnen haben. **7**

Aufgrund der **Neuorganisation der Bundesfinanzverwaltung** kam es mit Wirkung zum 1.1.2006 zu redaktionellen Anpassungen der Vorschrift.[10] **8**

Im Rahmen des **JStG 2009** wurde neben redaktionellen Änderungen § 17a Satz 2 eingeführt, der der Klarstellung diente, dass sowohl die Bescheinigung der für die ausländische Investmentaufsicht zuständigen Stelle über die Erfüllung der dem § 40 InvG entsprechenden Vorschriften des Sitzstaates der beteiligten Investmentvermögen als auch die Berufsträger-Bescheinigung über die Fortführung der Anschaffungskosten durch das übernehmende Investmentvermögen dem Bundeszentralamt für Steuern vorzulegen sind. Die Änderungen des JStG 2009 traten gem. § 18 Abs. 16 für nach dem 24.12.2008 stattfindende Übertragungen in Kraft. **9**

Durch das **BürgerEntlG KV** vom 16.7.2009[11] wurde § 14 Abs. 7 eingeführt und damit der persönliche Anwendungsbereich des § 17a InvStG erweitert: Hierunter fallen seitdem auch ausländische Investmentvermögen des Gesellschaftstyps sowie abgegrenzte Teile hiervon wie Teilfonds oder Teilgesellschaftsvermögen entsprechende Gestaltungen des ausländischen Rechts. Durch den gleichzeitig eingeführten Verweis des § 17a Satz 6 Halbsatz 1 auf § 14 Abs. 7 Satz 2 (nunmehr § 14 Abs. 8) stellte der Gesetzgeber klar, dass auf das übernehmende mehrere übertragende Investmentvermögen gleichzeitig übergehen können. Der Anwendungsbereich des § 17a durch das BürgerEntlG KV wurde insoweit eingeschränkt, als seitdem im Falle von EWR-Staaten eine steuerneutrale Verschmelzung umfassenden Amtshilfe- und Auskunftsverkehr mit Deutschland bedingt. Eine redaktionelle Anpassung erfolgte in der Überschrift der Norm, wo entsprechend **10**

---

8   BGBl. I 2004 S. 3310.
9   BGBl. I 2003 S. 2676.
10 BGBl. I 2005 S. 2809.
11 BGBl. I 2009 S. 1959.

dem Norminhalt „Sondervermögen" durch „Investmentvermögen" ersetzt wurde. Die im Rahmen des BürgerEntlG eingeführten Neuregelungen sind gem. § 18 Abs. 18 für alle Verschmelzungen nach dem 22. Juli 2009 in Kraft getreten.

11 Die Änderungen des § 14 InvStG durch das **JStG 2010**[12] vom 8.12.2010 führten zu Folgeänderungen in § 17a. So wurde § 14 Abs. 7 Satz 2 ohne inhaltliche Änderungen zum neuen Abs. 8 und § 14 Abs. 7 Satz 3 a.F. zum neuen Satz 2. Außerdem wurden die Verweise in § 17a Satz 5 und in § 17a Satz 1 angepasst.

12 Seit der Änderung durch das **OGAW-IV-UmsG**[13] zur Umsetzung der OGAW-IV-Richtlinie 2009/65/EG vom 13. Juli 2009[14] stellt § 17a nicht mehr darauf ab, dass das übertragende und aufnehmende Investmentvermögen im selben Staat verwaltet werden, sondern darauf, dass beide demselben Aufsichtsrecht unterliegen. Dies spiegelt die Vorgabe der OGAW IV-Richtlinie wider, wonach sich das auf ein Investmentvermögen anzuwendende Aufsichtsrecht nicht mehr nach dessen Verwaltungsort richtet, sondern nach dem Recht des Mitgliedsstaats, der das Investmentvermögen zugelassen hat. Des Weiteren wurde die Überschrift redaktionell angepasst, indem das Wort „Übertragung" durch „Verschmelzung" ersetzt wurde. Ferner verwies § 17a Satz 1 Nr. 1 auf § 40g InvG. Die so modifizierte Vorschrift war auf Geschäftsjahre anzuwenden, die nach dem 30. Juni 2011 begannen.

13 Durch das **AmtshilfeRLUmsG**[15] vom 26. Juni 2013 wurde § 17a Satz 2 redaktionell geändert, indem § 17a Satz 2 gem. § 2 Abs. 2 EUAHiG nunmehr auf die AmtshilfeRL 2011/16/EU[16] verweist.

14 Zuletzt wurde § 17a durch das **AIFM-Steuer-Anpassungsgesetz**[17] vom 18.12.2013 geändert. Mit dem AIFM-StAnpG wurde der Anwendungsbereich des InvStG durch Anknüpfung an die Begriffsbestimmung des KAGB deutlich ausgeweitet.[18] Im Gegenzug wurde die Anwendbarkeit des bislang bekannten Besteuerungsregimes auf die Investmentvermögen eingeschränkt, welche die in § 1 Abs. 1b formulierten Anforderungen erfüllen (sogenannte Investmentfonds). Infolgedessen kam es auch zu Änderungen des § 17a: So wurde der Begriff Investmentvermögen durch Investmentfonds ersetzt. Im Ergebnis fallen daher nur offene Investmentvermögen, die einer Aufsicht unterliegen und eine Vielzahl von Anlagebeschränkungen beachten, unter § 17a. Des Weiteren verweist § 17a Satz 1 Nr. 1 statt auf § 40g InvG nunmehr auf § 189 KAGB. Daneben stellt die Überschrift klar, dass auch Teilverschmelzungen von § 17a erfasst werden.

C. Anwendungsbereich

I. Persönlicher Anwendungsbereich

15 In den persönlichen Anwendungsbereich des § 17a fallen wortlautgemäß **ausländische Investmentfonds**, d.h. OGAW-Fonds und Alternative Investmentfonds, die die Voraussetzungen des § 1 Abs. 1b Satz 2 erfüllen.[19] Ausländische Investmentvermögen, die diese Voraussetzungen nicht erfüllen, fallen nicht in den Anwendungsbereich des § 17a. Hierzu gehören insbes. (geschlossene) alternative Investmentstrukturen wie bspw. Pri-

---

12 BGBl. I 2010 S. 1768.
13 BGBl. I 2011 S. 1126.
14 EU ABl. L 302 S. 32.
15 BGBl. I 2013 S. 1809.
16 EU ABl. Nr. L 64 S. 1.
17 BGBl. I 2013 S. 4318.
18 Im Einzelnen Baur/Tappen § 1 Rn. 8 ff.
19 Im Einzelnen Baur/Tappen § 1 Rn. 38 ff.

vate Equity, Mezzaninekapital, internationale Immobilienprojekte etc.[20] Kommt es somit bei Letzteren zu Verschmelzungen, wird auf Anlegerebene grds. ein steuerpflichtiger Vorgang ausgelöst.[21]

II. Sachlicher Anwendungsbereich

§ 17a ist auf die **Verschmelzung** von Investmentfonds anwendbar. Die **Übertragung aller Vermögensgegenstände** eines nach dem Investmentrecht des Sitzstaates abgegrenzten Teils eines ausländischen Investmentfonds auf einen anderen Investmentfonds stellt technisch keine Verschmelzung dar, weil der übertragende Rechtsträger nicht untergeht. Diese Übertragung führt allerdings in Bezug auf den später nicht mehr existenten abgegrenzten Teil des Investmentfonds zum selben Ergebnis wie eine Verschmelzung. Deshalb sind die Regeln über die Verschmelzung von Investmentfonds nach § 17a Satz 5 entsprechend anzuwenden, wenn alle Vermögensgegenstände eines nach dem Investmentrecht des Sitzstaates abgegrenzten Teils eines Investmentfonds übertragen werden oder ein solcher Teil eines Investmentfonds alle Vermögensgegenstände eines anderen Investmentfonds oder eines nach dem Investmentrecht des Sitzstaates abgegrenzten Teils eines Investmentfonds übernimmt. In allen Fällen müssen aber sämtliche Vermögensgegenstände übergehen. Andere Umwandlungsarten wie bspw. die Spaltung fallen nicht unter § 17a.[22]

16

Von der Verschmelzung zu unterscheiden ist die **Zusammenlegung von Anteil- bzw. Aktienklassen**[23] desselben ausländischen Investmentvermögens. Diese stellt mangels Rechtsträgerwechsels keine Verschmelzung dar. Für die Folgen einer solchen Zusammenlegung kommt es darauf an, ob es sich um ein einheitliches Sondervermögen handelt, an dem unterschiedliche Aktien- bzw. Anteilklassen mit einem unterschiedlichen Umfang der Berechtigung bestehen oder ob sie lediglich (unzutreffend) als Anteil- bzw. Aktienklassen bezeichnet werden, während es sich tatsächlich um verselbständigte Teile des Sondervermögens handelt, denen bestimmte Vermögensgegenstände eindeutig und ausschließlich zugewiesen sind.

17

„Anteilklassen" bzw. „Aktienklassen", die selbständige Teile des Investmentfonds sind, stellen Teil-Investmentfonds dar. Bei deren Zusammenlegung liegt grds. ein **Realisationstatbestand** vor, so dass es für die Steuerneutralität auf § 17a ankommt. § 17a Satz 5 erfasst u.a. den Fall, dass „ein solcher Teil eines Investmentfonds alle Vermögensgegenstände [...] eines nach dem Investmentrecht des Sitzstaates abgegrenzten Teils eines Investmentfonds übernimmt", wobei der Wortlaut keinen „anderen" Investmentfonds voraussetzt. Damit ist die Zusammenlegung solcher verselbständigter Anteil- bzw. Aktienklassen grds. ein zur Aufdeckung der stillen Reserven führender Realisationstatbestand, der aber bei Erfüllung der weiteren Voraussetzungen des § 17a steuerneutral sein kann.

18

Die **Zusammenlegung „echter" Anteil- bzw. Aktienklassen** führt dagegen grds. nicht zur Realisation.[24] Nach allgemeinen Grundsätzen kommt es nämlich darauf an, ob die „neuen" Anteile bzw. Aktien mit den „alten" Anteilen bzw. Aktien noch wirtschaft-

19

---

20 *Elser/Stadler* DStR **2014** 233, 234.
21 Ausnahmen ergeben sich lediglich dann, wenn bei privaten Anlegern die Anteile der an der Verschmelzung beteiligten Investmentvermögen vor dem 1.1.2009 angeschafft wurden.
22 Berger/Streck/Lübbehausen/*Bauer* § 17a Rn. 7; *Jacob/Geese/Ebener* Fondsvermögen, 230.
23 Zur Definition vgl. Berger/Streck/Lübbehausen/*Bauer* § 17a Rn. 11.
24 So auch *Ebner/Helios* BB **2010** 1631, 1641.

lich identisch sind.²⁵ Werden verschiedene Anteil- bzw. Aktienklassen aufgrund einer die Art der Zusammenlegung im wesentlichen regelnden Satzungsbestimmung des Investmentfonds zusammengelegt, weicht der Sachverhalt nicht wesentlich von dem vom BFH²⁶ entschiedenen Fall ab, in dem aufgrund einer Klausel der Anleihebedingungen Floating-Rate-Notes in andere Bonds umgewandelt wurden. In einem solchen Fall sind alte und neue Anteile bzw. Aktien bei wertender Betrachtung (ebenso wie Notes und Bonds im von BFH entschiedenen Fall) identisch, so dass kein Realisationstatbestand vorliegt. Jedenfalls für den Inlandsfall hat sich auch die Finanzverwaltung dahingehend geäußert, dass Anteil- bzw. Aktienklassen eines Investmentfonds zum Ende des Geschäftsjahres steuerneutral zusammengelegt werden können.²⁷ Es gibt keinen Anhaltspunkt dafür, dass die Finanzverwaltung dies im Auslandsfall anders sehen sollte. Ungeachtet dessen gibt es in der Praxis kein ebenso großes Bedürfnis für die Zusammenlegung verschiedener Anteilklassen desselben Investmentfonds wie für die Zusammenlegung verschiedener Investmentfonds. Dadurch lassen sich nämlich weder Skalenvorteile erzielen noch nennenswert Verwaltungskosten einsparen.

III. Räumlicher Anwendungsbereich

20   Eine nach § 17a steuerneutrale Verschmelzung von ausländischen Investmentfonds bedingt des Weiteren, dass der übertragende und übernehmende Investmentfonds dem Aufsichtsrecht eines anderen Mitgliedstaates der **Europäischen Union** oder Vertragsstaates des Abkommens über den **Europäischen Wirtschaftsraum** unterstehen. Im Umkehrschluss fallen Drittstaaten nicht in den Anwendungsbereich der Vorschrift.[28]

21   Bei ausländischen Investmentfonds des Gesellschaftstyps ist dabei auf deren Sitz abzustellen, bei ausländischen Investmentfonds des Vertragstyps auf den Sitz der Verwaltungsgesellschaft.[29]

22   Die Europäische Union konstituiert sich derzeit aus **28 Mitgliedsstaaten**: Belgien, Bulgarien, Dänemark, Deutschland, Estland, Frankreich, Finnland, Griechenland, Großbritannien, Irland, Italien, Kroatien, Lettland, Litauen, Luxemburg, Malta, Niederlande, Polen, Portugal, Österreich, Rumänien, Schweden, Slowakei, Slowenien, Spanien, Tschechien, Ungarn und Zypern.

23   EWR-Vertragsstaaten sind **Island, Liechtenstein und Norwegen**. Im Rahmen des § 17a ist zu beachten, dass für Investmentvermögen in EWR-Staaten – im Gegensatz zu Mitgliedsstaaten der Europäischen Union – eine steuerneutrale Verschmelzung seit Inkrafttreten des BürgerEntlG KV zum 23. Juli 2009 umfassenden Amtshilfe- und Auskunftsverkehr mit Deutschland voraussetzt.[30] Für Island, Norwegen und Liechtenstein[31] ist diese Voraussetzung aufgrund der großen Auskunftsklausel in den jeweiligen Doppelbesteuerungsabkommen erfüllt.

---

25 Siehe auch Rn. 1.
26 BFH 30.11.1999 BFHE **190** 425.
27 BMF 18.8.2009 BStBl. I 2009 S. 931 Tz. 233a.
28 Zur Frage der Europarechtswidrigkeit statt vieler Haase/*Brinkmann* § 17a Rn. 116–119.
29 Haase/*Brinkmann* § 17a Rn. 86.
30 BTDrucks. 16/13429 S. 79.
31 Das Doppelbesteuerungsabkommen mit Liechtenstein ist am 19.12.2012 in Kraft getreten, BGBl. II 2013 S. 332. Das am 2.9.2009 geschlossene Abkommen auf dem Gebiet der Amtshilfe und des Auskunftsaustauschs erfüllte zuvor die Voraussetzung eines umfassenden Amtshilfe- und Auskunftsverkehrs mit Deutschland.

D. Voraussetzungen

I. Erfüllung inländischer Vorgaben

Im Anwendungsbereich des § 17a bedingt die steuerneutrale Verschmelzung der ausländischen Investmentfonds gem. § 17a Satz 1 Nr. 1, dass die dem **§ 189 KAGB** entsprechenden Vorschriften[32] des Sitzstaates erfüllt sind und dies durch eine **Bestätigung** der für die Investmentaufsicht zuständigen Stelle nachgewiesen wird. 24

Es ist davon auszugehen, dass mit § 189 KAGB identische Vorschriften in keinem EU/EWR-Staat bestehen. Dies ist auch nicht notwendig. Dem § 189 KAGB entsprechende Vorschriften liegen schon vor, wenn der ausländische Sitzstaat für Verschmelzungen Regelungen vorsieht, die **§ 189 KAGB vergleichbar** sind.[33] Die Finanzverwaltung lässt es dementsprechend zu Recht ausreichen, wenn im Rahmen der Verschmelzung der Investmentfonds die im jeweiligen Sitzstaat hierfür geltenden Vorschriften angewendet werden.[34] Dies entspricht auch der herrschenden Literaturmeinung.[35] 25

Eine gesetzliche Regelung ist im Ausland nicht erforderlich; eine entsprechende Verwaltungspraxis reicht aus. § 17a Satz 1 Nr. 1 stellt lediglich auf entsprechende „Vorschriften" ab, erfordert also keine gesetzliche Regelung. Dies ist auch sinnvoll, da es keinen Unterschied machen kann, ob die Verschmelzung von Sondervermögens auf einer ausdrücklichen gesetzlichen Grundlage oder einer gefestigten Verwaltungspraxis beruht. Daher reicht auch die rechtmäßige Genehmigung durch die ausländische Investmentaufsicht aus.[36] 26

II. Fortführung der Anschaffungskosten

Gem. § 17a Satz 1 Nr. 2 erfordert eine steuerneutrale Verschmelzung von ausländischen Investmentfonds des Weiteren, dass der übernehmende Investmentfonds die Anschaffungskosten abzüglich Absetzungen für Abnutzung und Substanzverringerung fortführt. Wie im Rahmen des § 14 soll die Steuerneutralität der Verschmelzung nicht dazu führen, dass endgültige Steuerausfälle entstehen. Dies setzt die Übernahme der (zutreffenden) Anschaffungskosten des übertragenden Investmentvermögens voraus. Bei übernommenen Wertpapieren stellen die fortgeführten Anschaffungskosten mangels Zu- oder Abschreibung regelmäßig die ursprünglichen Anschaffungskosten dar. Bei Immobilienvermögen ergeben sich die fortgeführten Anschaffungskosten aus den ursprünglichen Anschaffungskosten abzgl. Absetzungen für Abnutzungen oder Substanzverringerung. 27

III. Nachweispflichten

1. Berufsträger-Bescheinigung. Der Nachweis der Übernahme der fortgeführten Anschaffungskosten ist zunächst durch Vorlage einer **Berufsträger-Bescheinigung** zu führen, die durch einen zur geschäftsmäßigen Hilfeleistung befugten Berufsträger i.S. des § 3 StBerG, eine behördlich anerkannte Wirtschaftsprüfungsgesellschaft oder eine 28

---

32 Hierzu im Einzelnen Bauer/Tappen § 14 Rn. 7.
33 Korn/*Hamacher* § 17a Rn. 5; Haase/*Brinkmann* § 17a Rn. 122.
34 BMF 18.8.2009 BStBl. I 2009 S. 931 Tz. 274.
35 *Bödecker/Braun/Ernst/Franz/Kuhn/Vahldiek* Investmentrecht, 704; *Helios/Löschinger* DB **2009** 1724, 1729.
36 So auch Haase/*Brinkmann* § 17a Rn. 70.

vergleichbare Stelle[37] zu erstellen und gem. § 17a Satz 3 dem Bundeszentralamt für Steuern vorzulegen ist. Dies dient der Verwaltungsvereinfachung. Im Rahmen der Ermittlung des Sachverhalts von Amts wegen bedient sich die Finanzverwaltung der Mitwirkung des Steuerpflichtigen. So muss der Steuerpflichtige auf Aufforderung der Finanzverwaltung, die gemäß § 17a Satz 4, 5 Abs. 1 Satz 1 Nr. 5 das Bundeszentralamt für Steuern einschaltet, die konkreten Umstände mitteilen und belegen, aus denen sich die Fortführung der Anschaffungskosten der übernommenen Vermögensgegenstände ergibt. Dazu müsste der Steuerpflichtige in jedem Einzelfall an den Investmentfonds herantreten. Käme der Steuerpflichtige diesen erhöhten Mitwirkungspflichten nicht (oder nicht vollständig) nach, wäre die Finanzverwaltung regelmäßig nicht zur weiteren Sachverhaltsermittlung im Ausland verpflichtet, sondern könnte die Verletzung der Mitwirkungspflicht entsprechend würdigen. Dies würde in jedem Einzelfall eine konkrete Aufforderung durch die Finanzverwaltung, die Bemühung des Steuerpflichtigen um die angeforderten Nachweise und die Prüfung der Nachweise erfordern. Liegt allerdings eine Berufsträger-Bescheinigung vor und schildert diese nachvollziehbar, welche Daten und Methoden das übernehmende Investmentvermögen bei der Ermittlung der Investmenterträge in Bezug auf die übernommenen Vermögensgegenstände verwendet, besteht regelmäßig kein Anlass für die Finanzbehörden zu weiteren Ermittlungen.

29   **2. Bestätigung der Aufsichtsbehörde.** Die Erfüllung der dem § 189 KAGB entsprechenden Vorschriften des Sitzstaates ist nach § 17a Satz 1 Nr. 1 durch eine **Bestätigung** der für die Investmentaufsicht zuständigen Stelle gegenüber dem Bundeszentralamt für Steuern nachzuweisen. Diese **Bestätigung** ist gem. § 17a Satz 3 dem Bundeszentralamt für Steuern vorzulegen.

30   Regelmäßig besteht zwar für das Bundeszentralamt für Steuern kein Bedarf, die Bestätigung der ausländischen Stelle zu überprüfen. Nachdem die Bestätigung alleine aber nicht für die Steuerneutralität ausreicht, liegt es nicht nur im Hinblick auf das Aufsichtsrecht im Interesse der Anleger, dass die die Verschmelzung gestattenden ausländischen Vorschriften auch wirklich erfüllt sind.

31   Ein praktisches Problem ist, welchen **Inhalt die Bestätigung der Aufsichtsbehörde** haben soll. Erstaunlicherweise hat die Finanzverwaltung bisher noch kein mehrsprachiges Formular dafür zur Verfügung gestellt. Im Interesse der Anleger sollte darauf hingewirkt werden, dass die Bestätigung der Aufsichtsbehörde möglichst viele Elemente des § 189 KAGB aufgreift. Eine sinnvolle Formulierung könnte auf Deutsch etwa wie folgt lauten:

32   *„Hiermit wird bescheinigt, dass X [Bezeichnung des Investmentfonds] die inländischen Vorschriften über die Verschmelzung/Übertragung aller Wirtschaftsgüter erfüllt."*

33   **3. Frist zur Vorlage von Berufsträgerbescheinigung und Bestätigung.** § 17a enthält selbst keine **Frist zur Vorlage** der Bescheinigung.[38] Über § 17a Satz 4 findet § 5 Abs. 1 Satz 1 Nr. 5 entsprechende Anwendung. Nach dieser Vorschrift hat die Investmentgesellschaft bzw. die einen Fonds der Vertragsform verwaltende Kapitalverwaltungsgesellschaft auf Anforderung gegenüber dem Bundeszentralamt für Steuern innerhalb von drei Monaten die Richtigkeit der bekannt gemachten Fondszahlen, die mit einer Berufsträger-Bescheinigung nach § 5 Abs. 1 Satz 1 Nr. 3 Satz 1 Halbsatz 2 zu versehen sind, voll-

---

[37] Die Formulierung ist insoweit identisch mit § 5 Abs. 1 Satz 1 Nr. 3 InvStG, so dass auf die dortige Kommentierung verwiesen werden kann, Baur/Tappen § 5 Rn. 125 ff.
[38] Berger/Streck/Lübbehausen/*Bauer* § 17a Rn. 19.

ständig nachzuweisen. Sowohl die Bekanntmachung der Fondszahlen als auch die Mitteilung, dass der übernehmende Investmentfonds die fortgeführten Anschaffungskosten des übertragenden Investmentfonds übernimmt, sind von der Finanzverwaltung noch ungeprüfte Mitteilungen der Sondervermögen über steuerlich erhebliche Tatsachen. Die entsprechende Anwendung der Vorschrift bedeutet daher, dass die Fortführung der Anschaffungskosten innerhalb dreier Monate nach einer diesbezüglichen Aufforderung dem Bundeszentralamt für Steuern vollständig nachzuweisen ist.[39] In diesem Rahmen sind die Berufsträger-Bescheinigung und die Bestätigung der Aufsichtsbehörde spätestens einzureichen.

Während dieser Frist sind zudem eventuelle weitere vom Bundeszentralamt für Steuern angeforderte Nachweise bezüglich der Erfüllung der dem § 189 KAGB entsprechenden Vorschriften des Sitzstaates zu erbringen. Aus der in § 17a Satz 1 Nr. 1 gewählten Formulierung „und dies durch eine Bestätigung nachgewiesen wird" lässt sich nicht ableiten, dass der vollständige Nachweis bereits durch die Bestätigung vollständig erbracht würde. Wie bei der Berufsträger-Bescheinigung handelt es sich hierbei – vergleichbar § 36 Abs. 2 Nr. 2 Satz 2 EStG – nicht um eine Art Grundlagenbescheid, sondern nur um eine zusätzliche formale Anforderung.[40] **34**

E. Rechtsfolgen

I. Ebene der ausländischen Investmentfonds

1. Allgemeines. Im Gegensatz zur Anlegerebene verweist § 17a Satz 1 für das übertragende und übernehmende ausländische Investmentfonds nicht auf eine entsprechende Anwendung von § 14 Abs. 2, 3. Gleichwohl ergeben sich durch den Verweis des § 17a Satz 1 auf die entsprechende Anwendung von § 14 Abs. 4 bis 6 und 8 auch auf Ebene der an der Verschmelzung beteiligten ausländischen Investmentfonds **Besonderheiten**, die nachfolgend neben den steuerlichen Folgen auf Anlegerebene erläutert werden. **35**

2. Fingierte Schlussbesteuerung. Auch für die Anleger des übertragenden ausländischen Investmentfonds gelten alle **ausschüttungsgleichen Erträge** gem. § 17a Satz 1 i.V.m. § 14 Abs. 5 Satz 1 mit Ablauf des Übertragungsstichtags als zugeflossen, es sei denn, dass die Erträge zu Einkünften i.S. des § 22 Nr. 1 oder 5 EStG zählen. Gem. § 17a Satz 1 i.V.m. § 14 Abs. 5 Satz 3 fallen unter ausschüttungsgleiche Erträge auch die nicht bereits zu versteuernden **angewachsenen Erträge** des übertragenden Investmentfonds. Letztere sind gesetzlich nicht definiert. Nach der Gesetzesbegründung sind damit aber insbesondere Erträge aus Finanzinnovationen gemeint, die noch nicht aus anderen Gründen als ausgeschüttet galten.[41] Diese weite Zuflussfiktion soll der Tatsache gerecht werden, dass nach der Verschmelzung keine gesonderten Vermögensmassen in dem einheitlichen Vermögen des übernehmenden Investmentfonds fortgeführt werden. Noch vom übertragenden Investmentfonds erwirtschaftete Erträge müssen deshalb dessen Anlegern spätestens zum Übertragungsstichtag zugewiesen werden.[42] Falls § 17a erfüllt ist, **36**

---

39 Mit gleichem Ergebnis Berger/Streck/Lübbehausen/*Bauer* § 17a Rn. 21; Haase/*Brinkmann* § 17a Rn. 135.
40 A.A. Haase/*Brinkmann* § 17a Rn. 128, wonach das Bundeszentralamt für Steuern an die Bestätigung gebunden sei und keine eigene Prüfungskompetenz habe.
41 BTDrucks 15/1553 S. 130.
42 BMF 18.8.2009 BStBl. I 2009 S. 931 Tz. 240. Zu weiteren Einzelheiten des weiten Begriffs der ausschüttungsgleichen Erträge vgl. Berger/Streck/Lübbehüsen/*Bauer* § 14 Rn. 67 ff.; Haase/*Dörschmidt* § 14 Rn. 29–37.

sind auch inländische Zahlstellen nicht zur Einbehaltung von Kapitalertragsteuer verpflichtet. Nach Auffassung der Finanzverwaltung sind letztere jedoch berechtigt, auch bei Vorliegen der Voraussetzungen des § 17a einen nachholenden Kapitalertragsteuerabzug vorzunehmen.[43] Mangels gesetzlicher Grundlage ist dies jedoch problematisch.

37 Nimmt die inländische Zahlstelle im Zeitpunkt der Verschmelzung der ausländischen Investmentfonds den **nachholenden Kapitalertragsteuerabzug** entsprechend der Gesetzeslage nicht vor, muss sie die akkumulierten ausschüttungsgleichen Erträge aufzeichnen, um die Kapitalertragsteuer bei der Rückgabe oder Veräußerung der erhaltenen Anteile am übernehmenden Investmentfonds zutreffend ermitteln zu können.[44]

38 Da dem Anleger im Rahmen der Verschmelzung keine Zahlungen zufließen, er aber entweder im Wege des Kapitalertragsteuerabzugs durch die Zahlstelle oder aufgrund seiner Veranlagung einen Liquiditätsnachteil erleidet, empfiehlt sich ggf. die **Ausschüttung** der Erträge des übertragenden Investmentfonds noch **vor der Verschmelzung**.[45]

39 **3. Ertragsausgleich.** Aus Sicht des übernehmenden Investmentfonds bringt die Verschmelzung Mittelzuflüsse in Höhe des Nettoinventarwertes des übertragenden Investmentfonds. Der übernehmende Investmentfonds bildet die Verschmelzung technisch wie eine reguläre Fondsaufstockung mit Anteilsscheinausgabe ab. Sofern der übernehmende Investmentfonds auch sonst einen Ertragsausgleich im Sinne des § 9 rechnet, wendet er das Ertragsausgleichverfahren auch in Bezug auf die Verschmelzung an.[46] Da durch das Ertragsausgleichverfahren Anschaffungskosten in Erträge umqualifiziert werden, kann dies zu Nachteilen für die Anleger des übertragenden Investmentfonds führen.[47]

40 **4. Übergang von Verlustvorträgen.** § 17a enthält keine ausdrückliche Bestimmung, ob die Verschmelzung ausländischer Investmentfonds zum **Übergang von Verlustvorträgen** auf den übernehmenden Investmentfonds führt. Nach Sinn und Zweck des § 17a gehen im Rahmen der Verschmelzung mangels abweichender gesetzlicher Regelung die (außer-)ordentlichen Verlustvorträge auf den übernehmenden Investmentfonds über.[48] Etwas anderes ergibt sich insbesondere nicht aus dem Verweis in § 17a Satz 1. Dieser verweist nur auf die entsprechende Anwendung des § 14 Abs. 4 bis 6 und 8, ohne § 14 Abs. 3 Satz 2 aufzuführen. Nach § 14 Abs. 3 Satz 2 tritt das übernehmende Sondervermögen in die steuerliche Rechtstellung des übertragenden Sondervermögens ein. Dies rechtfertigt unseres Erachtens nicht den Schluss, dass der übernehmende Investmentsfonds überhaupt nicht – auch nicht in Bezug auf die Verlustvorträge – in die Rechtsstellung des übertragenden Investmentsfonds einträte. Vielmehr handelt es sich bei dem Übergang der Verlustvorträge um eine notwendige Ergänzung der Fortführung der Anschaffungskosten der übernommenen Vermögensgegenstände, so dass es eines Rückgriffs auf § 14 Abs. 3 Satz 2 nicht bedarf. Eine Einschränkung findet der **Verlustübergang** durch § 16 Satz 5 i.V.m. § 15 Abs. 1 Satz 6 für ausländische Spezial-Investment-

---

[43] BMF 18.8.2009 BStBl. I 2009 S. 931 Tz. 277.
[44] BMF 18.8.2009 BStBl. I 2009 S. 931 Tz. 277a; Beckmann/Schlotz/Vollmer/*Heller/Hammer* § 17a Rn. 11; Blümich/*Wenzel* § 17a Rn. 19.
[45] *Brinkmann/Kempf* BB **2009** 2067, 2069.
[46] Kritisch mit einigen Beispielen zur Verschmelzung vgl. in: Beckmann/Scholtz/Vollmer/*Petzschke/Hillebrand* § 9 Rn. 24a.
[47] Zu Gestaltungsmöglichkeiten vgl. Haase/*Dörschmidt* § 17a Rn. 52.
[48] So auch Berger/Steck/Lübbehüsen/*Bauer* § 17a Rn. 27. Mit gleichem Ergebnis *Brinkmann/ Kempf* BB **2009** 2070, die jedoch aufgrund des Eintritts in die Rechtsstellung des übertragenden Investmentfonds einen Verlustübergang bejahen.

fonds insoweit, als sich die Beteiligungsquote des Anlegers verschmelzungsbedingt reduziert.

5. Ermittlung des Aktien- und Immobiliengewinns. Bei der Verschmelzung ausländischer Investmentfonds bleibt der **Aktien- und Immobiliengewinn** des übertragenden Investmentfonds ab dem Übertragungszeitpunkt aufgrund des Verweises des § 17a Satz 1 auf § 14 Abs. 6 Satz 1 stets **unverändert**. Praktisch umgesetzt wird dies durch Einbuchung eines Korrekturpostens bei dem übernehmenden Investmentfonds.[49] Hierdurch kommt es zu einer Neutralisierung der im Rahmen der Verschmelzung übergegangenen Konten des Aktien- bzw. Immobiliengewinns des übertragenden Investmentfonds. 41

6. Ermittlung des Zwischengewinns. Der **Zwischengewinn** des übernehmenden Investmentfonds wird in vielen Fällen durch die Verschmelzung **nicht berührt**, weil die zwischengewinnrelevanten Erträge des übertragenden Investmentfonds zum Übertragungsstichtag dessen Anlegern gem. § 17a Satz 1 i.V.m. § 14 Abs. 5 Sätze 1, 3 zugerechnet werden und eine Verwässerung der Erträge des übernehmenden Fonds durch Berechnung eines Ertragsausgleichs bei Ausgabe der neuen Anteile vermieden werden kann.[50] 42

II. Ebene der inländischen Anteilseigner

1. Betriebliche Anleger

a) Allgemeines. Gem. § 17a Satz 1 i.V.m. § 14 Abs. 4 Satz 1 gilt die Ausgabe der neuen Anteile am übernehmenden Investmentfonds nicht als Tausch i.S. des § 6 Abs. 6 EStG. Infolgedessen kommt es auf Ebene des betrieblichen Anlegers grds. zur Buchwertfortführung. Ein steuerliches Wahlrecht zur Aufdeckung stiller Reserven besteht nach dem klaren Gesetzeswortlaut nicht.[51] Die im Rahmen der Verschmelzung neu ausgegebenen Anteile treten gem. § 17a Satz 1 i.V.m. § 14 Abs. 4 Satz 2 an die Stelle der Anteile am übertragenden Investmentvermögen (sog. **Fußstapfentheorie**). 43

Die Anschaffungskosten der untergehenden Altanteile sind gemäß dem Umtauschverhältnis der Verschmelzung auf die erhaltenen Neuanteile aufzuteilen, so dass sich grds. ein anderer Buchwert je Anteil ergibt.[52] 44

Da die neuen Anteile an dem übernehmenden Investmentfonds gem. § 17a Satz 1 in Verbindung mit § 14 Abs. 4 Satz 2 an die Stelle der alten Anteile an dem übertragenden Investmentfonds treten, stellen die (ggf. umgerechneten, vgl. Rn. 44) historischen Anschaffungskosten auch zukünftig die **Wertobergrenze** dar, wenn vor der Verschmelzung eine Teilwertabschreibung vorgenommen wurde.[53] Werden die im Rahmen der Verschmelzung erhaltenen Anteile des betrieblichen Anlegers zu einem späteren Zeitpunkt zurückgegeben oder veräußert, unterliegen die Einnahmen aus der Rückgabe oder Veräußerung zwar gemäß § 8 Abs. 6 Satz 3 der **Kapitalertragsteuer**, allerdings ist gemäß § 8 Abs. 6 Satz 3 in Verbindung mit § 43 Abs. 2 Satz 3 EStG grundsätzlich kein Steuerabzug vorzunehmen, wenn der Anleger eine unbeschränkt steuerpflichtige Körperschaft ist 45

---

[49] Berger/Steck/Lübbehüsen/*Bauer* § 14 Rn. 75; *Brinkmann/Kempf* BB **2009**, 2070. Zur Veranschaulichung vgl. das Beispiel in Haase/*Dörschmidt* § 14 Rn. 77.
[50] Blümich/*Wenzel* § 14 Rn. 27; Berger/Steck/Lübbehüsen/*Bauer* § 14 Rn. 35; *Brinkmann/ Kempf* BB **2009** 2070.
[51] *Helios/Löschinger* DB **2009** 1724 (1728).
[52] Berger/Steck/Lübbehüsen/*Bauer* § 14 Rn. 54. Zu einem eventuellen Barausgleich Baur/Tappen § 14 Rn. 14.
[53] Bordewin/Brandt/*Geurts* § 14 Rz. 13; *Jacob/Geese/Ebner* Fondsvermögen, 241.

oder die Anteile in einem inländischen Betriebsvermögen hält. Der Zwischengewinn unterliegt grundsätzlich der Kapitalertragsteuer.

46 **b) Aktien- und Immobiliengewinn.** Für eine spätere Veräußerung bzw. Rückgabe der Anteile am übernehmenden Investmentfonds ist für den betrieblichen Anleger auch der **besitzzeitanteilige Aktiengewinn** gem. § 8 Abs. 1 bis 3 zu ermitteln. Dieser setzt sich zum einen aus dem besitzzeitanteiligen (eingefrorenen) Aktiengewinn des übertragenden Investmentfonds zwischen dem Zeitpunkt des Erwerbs und der Verschmelzung sowie zum anderen aus dem besitzzeitanteiligen Aktiengewinn zwischen dem Zeitpunkt der Verschmelzung und der Veräußerung bzw. Rückgabe der Anteile des übernehmenden Investmentfonds zusammen.[54]

47 Der eingefrorene besitzzeitanteilige Aktiengewinn des übertragenden Investmentfonds ist entsprechend dem der Verschmelzung zugrunde gelegten Umtauschverhältnis auf die erhaltenen Anteile zu verteilen. Bei den Alt-Anlegern des übernehmenden Investmentfonds ergeben sich bei dem besitzzeitanteiligen Aktengewinn hingegen keine Änderungen.[55]

48 Ermittelt hingegen nur einer der an der Verschmelzung beteiligten Investmentfonds den Aktiengewinn, kommt es gem. § 17a Satz 1 i.V.m. § 14 Abs. 6 zur Anwendung des § 8 Abs. 4 für dasjenige Investmentvermögen, das bislang den Aktiengewinn ermittelt hat. Die dabei auf den Veräußerungsgewinn in Höhe der Differenz zwischen Rücknahmepreis und Anschaffungskosten entstehende Einkommen- oder Körperschaftsteuer gilt gemäß § 8 Abs. 4 Satz 2 bis zur Veräußerung oder Rückgabe der im Rahmen der Verschmelzung erhaltenen Anteile zinslos gestundet.

49 Die vorstehenden Ausführungen zu den Folgen der Verschmelzung der ausländischen Investmentfonds auf den Aktiengewinn gelten sinngemäß auch für den **Immobiliengewinn**.[56]

50 **2. Private Anleger.** Da die Verschmelzung gem. § 17a Satz 1 i.V.m. § 14 Abs. 4 Satz 1 nicht als Tausch gilt, werden auch auf Ebene der privaten Anleger keine stillen Reserven aufgedeckt. Die erworbenen Anteile an dem übernehmenden Investmentfonds treten gem. § 17a Satz 1 i.V.m. § 14 Abs. 4 Satz 2 an die Stelle der Anteile an dem übertragenden Investmentfonds (sog. **Fußstapfentheorie**). Damit unterliegt ein Gewinn aus der Veräußerung oder Rückgabe der neuen Anteile an dem übernehmenden Investmentfonds gemäß §§ 21 Abs. 2 Satz 2, 14 Abs. 4 Satz 1, 17a Satz 1 (abgesehen von einem darin enthaltenen Zwischengewinn) grundsätzlich nur dann der Einkommensteuer, wenn die Anteile an dem übertragenden Investmentfonds nach dem 31. Dezember 2008 erworben wurden. Für Anteile an sog. Millionärsfonds und Geldmarktfonds gelten gemäß § 21 Abs. 2a und 2b besondere Übergangsregeln.[57]

51 Wurden die Anteile an dem übertragenden ausländischen Investmentfonds hingegen erst **nach dem 31.12.2008** erworben, unterliegen die Einnahmen aus der Rückgabe oder Veräußerung der Anteile an dem übernehmenden Investmentfonds grds. der Kapitalertragsteuer gemäß § 8 Abs. 5 in Verbindung mit § 43 Abs. 1 Satz 1 Nr. 9 EStG, die im Allgemeinen gemäß § 43 Abs. 5 Satz 1 EStG abgeltende Wirkung hat.

52 Die Anschaffungskosten der untergegangenen Anteile sind auf die am übernehmenden Investmentfonds gewährten Anteile zu verteilen, wobei sich die Anzahl der neuen

---

54 Zu dieser zweistufigen Ermittlung vgl. BMF-Schreiben 18.8.2009 BStBl. I 2009 S. 931 Tz. 241.
55 Beckmann/Schlotz/Vollmer/*Heller/Hammer* § 14 Rn. 21.
56 Vgl. hierzu im Einzelnen Haase/*Dörschmidt* § 14 Rn. 120 f.
57 Vgl. im Einzelnen Berger/Streck/Lübbehausen/*Bauer* § 14 Rn. 44.

Anteile nach dem Umtauschverhältnis, d.h. dem Wertverhältnis der Investmentvermögen im Verschmelzungszeitpunkt, bestimmt.[58]

3. Korrekturpflicht des übertragenden Investmentvermögens. Bei der Verschmelzung von Investmentfonds erkennt ggf. der übernehmende Investmentfonds, dass die vom übertragenden Investmentfonds mitgeteilten (fortgeführten) Anschaffungskosten nicht zutreffen. § 5 Abs. 1 Satz 1 Nr. 5 Satz 3 bestimmt, dass eine Bekanntmachung der **Fondszahlen in unzutreffender Höhe** durch die ausländische Investmentgesellschaft oder Kapitalverwaltungsgesellschaft dazu führt, dass der Unterschiedsbetrag in der Bekanntmachung für das laufende Geschäftsjahr zu berücksichtigen ist. § 17a Satz 4 verweist auf § 5 Abs. 1 Satz 1 Nr. 5 insgesamt ohne dessen Satz 3 ausdrücklich von dem Verweis auszunehmen. 53

Bauer[59] vertritt die Auffassung, den übernehmenden Investmentfonds träfen die **Berichtigungspflichten** nach § 5 Abs. 1 Satz 1 Nr. 5 Satz 3 nicht. Im Wesentlichen sei der Verweis auf § 5 Abs. 1 Satz 1 Nr. 5 so knapp gehalten, dass aus ihm nicht hinreichend genug hervorgehen würde, dass auch nicht unmittelbar mit der Verschmelzung verknüpfte Rechtsfolgen wie die Berücksichtigung von Unterschiedsbeträgen geregelt werden sollten. 54

Nach unserer Auffassung sind drei Fragen zu trennen. Im ersten Schritt hat der übernehmende Investmentfonds nach § 17a S. 1 Nr. 2 die fortgeführten Anschaffungskosten des übertragenden Investmentfonds fortzuführen. Hieraus ergibt sich keinerlei Anhaltspunkt, dass er stattdessen die vom übertragenden Investmentfonds tatsächlich übermittelten, ggf. unzutreffenden Angaben zugrunde legen dürfte. Für die Zukunft sind nach unserer Auffassung demnach eindeutig die **zutreffend ermittelten fortgeführten Anschaffungskosten** zugrunde zu legen, unabhängig davon, welche Daten der übertragende Investmentfonds selbst ermittelt und mitgeteilt hat. 55

Daraus ergibt sich im zweiten Schritt ohne weiteres, dass der übernehmende Fonds, der erkennt, dass er selbst in früheren Bekanntmachungen **unzutreffende fortgeführte Anschaffungskosten** der übernommenen Vermögensgegenstände seinen Bekanntmachungen nach der Verschmelzung zugrunde gelegt hat, Unterschiedsbeträge gegenüber der Berücksichtigung zutreffender Zahlen berücksichtigen muss. Unterlässt er dies, droht die **Strafbesteuerung** nach § 6. Diese Rechtsfolge ergibt sich unmittelbar aus § 5 Abs. 1 Satz 1 Nr. 5 Satz 3, ohne dass es des Verweises in § 17a Satz 3 bedürfte. 56

Somit verbleibt nur die Frage, ob der übernehmende Investmentfonds auch **unzutreffende Bekanntmachungen des übertragenden Investmentfonds** durch Unterschiedsbeträge in den eigenen Bekanntmachungen aufgrund des Verweises in § 17a Satz 3 auf § 5 Abs. 1 Satz 1 Nr. 5 Satz 3 berücksichtigen muss, um die Steuerneutralität der Verschmelzung bzw. Übertragung von Vermögensgegenständen nicht zu gefährden. Der Wortlaut des § 17a Satz 3 ermöglicht auch dieses Auslegungsergebnis. Sinn und Zweck der Vorschrift sprechen ebenfalls dafür. § 14 Abs. 3 Satz 2 ordnet bei der Verschmelzung inländischer Investmentfonds an, dass der übernehmende Investmentfonds in die steuerliche Rechtsstellung des übertragenden Investmentfonds eintritt, so dass ihn die Berichtigungspflichten in der Zukunft treffen. Dies führt zur Vermeidung endgültiger Steuerausfälle. Bei § 17a hat der Gesetzgeber eine andere Regelungstechnik gewählt. Statt eigene Pflichten des übernehmenden ausländischen Investmentfonds bspw. zur Fortführung der Anschaffungskosten der übernommenen Wirtschaftsgüter zu begründen, hat er 57

---

58 Zu einem eventuellen Barausgleich Baur/Tappen § 14 Rn. 14.
59 Berger/Streck/Lübbehausen/*Bauer* § 17a Rn. 22.

diese Handhabung durch den übernehmenden Fonds zur Voraussetzung der Steuerneutralität nach § 17a Satz 1 bestimmt. Dies muss dann entsprechend auch für die **Berücksichtigung von Unterschiedsbeträgen** in der Zukunft gelten. Falls der übernehmende Investmentfonds diese Unterschiedsbeträge nicht bei Aufdeckung von Fehlern des übertragenden Investmentfonds berücksichtigt, fällt die Steuerneutralität der Verschmelzung bzw. Übertragung von Vermögensgegenständen nach der hier vertretenen Auffassung weg.

§ 18
Personen-Investitionsgesellschaften

Personen-Investitionsgesellschaften sind Investitionsgesellschaften in der Rechtsform einer Investmentkommanditgesellschaft oder einer vergleichbaren ausländischen Rechtsform. Für diese sind die Einkünfte nach § 180 Absatz 1 Nummer 2 der Abgabenordnung gesondert und einheitlich festzustellen. Die Einkünfte sind von den Anlegern nach den allgemeinen steuerrechtlichen Regelungen zu versteuern.

Schrifttum

BMF-Schreiben vom 19.3.2004, BStBl. I 2004, 411; *Elser/Stadler* Einschneidende Änderungen der Investmentbesteuerung nach dem nunmehr in Kraft getretenen AIFM-Steuer-Anpassungsgesetz, DStR **2014** 233; *Gottschling/Schatz* Investmentbesteuerung: Praktische Auswirkungen des AIFM-StAnpG insbesondere hinsichtlich ausländischer geschlossener Private Equity-, Immobilien- und Infrastrukturfonds, ISR **2014** 30; *Haisch/Helios* Investmentsteuerreform aufgrund KAGB und AIFM-StAnpG – Änderungen noch möglich, BB **2013** 1687; *Haisch/Helios* Steuerliche Produktregulierung durch das AIFM-StAnpG – Antworten auf Zweifelsfragen, FR **2014** 313; *Jesch/Haug* Das neue Investmentsteuerrecht, DStZ **2013** 771.

Systematische Übersicht
I. Allgemeines —— 1 | II. Besteuerung —— 5

I. Allgemeines

1 § 18 wurde durch das AIFM-StAnpG vom 18.12.2013 (BGBl. I 2013, 4318) neu eingeführt.

2 Erfüllt ein Investmentvermögen nicht die Voraussetzungen für einen Investmentfonds i.S.d. § 1 Abs. 1b, handelt es sich um eine Investitionsgesellschaft, § 1 Abs. 1c. Das Gesetz unterscheidet zwischen sogenannten Personen- und Kapital-Investitionsgesellschaften. § 18 regelt die Besteuerung der Personen-Investitionsgesellschaften.

3 Investitionsgesellschaften sind OGAW und AIF, die nicht alle Voraussetzungen des § 1 Abs. 1b und Abs. 1f erfüllen. Hierunter fallen etwa geschlossene Investmentstrukturen, bei denen die Rückgabe der Anteile nicht gewährleistet ist sowie offene Investmentvehikel, die z.B. in andere als die nach § 1 Abs. 1b Nummer 5 zulässigen Vermögensgegenstände investieren.[1]

4 Personen-Investitionsgesellschaften sind Investmentkommanditgesellschaften, die nicht die Voraussetzungen an einen Investmentfonds erfüllen sowie vergleichbare ausländische Rechtsformen. Die Vergleichbarkeit einer ausländischen Rechtsform setzt vo-

---
1 BTDrucks. 18/68.

raus, dass die Anleger der Investitionsgesellschaft und deren Beteiligungshöhe in ähnlicher Weise wie bei einer Investmentkommanditgesellschaft ermittelt werden können.[2] Zur Bestimmung, ob es sich bei einer ausländischen Rechtsform um eine Kapitalgesellschaft oder um eine Personengesellschaft handelt, kann das BMF-Schreiben zur steuerlichen Einordnung einer nach US-Recht gegründeten Limited Liability Company[3] herangezogen werden.[4]

II. Besteuerung

Die Einkünfte aus Personen-Investitionsgesellschaften unterliegen den allgemeinen Besteuerungsregeln, das Besteuerungsregime entspricht also der ertragsteuerlich transparenten Besteuerung von Personengesellschaften.[5] Realisierte Veräußerungsgewinne sind damit beim Anleger der Besteuerung zu unterwerfen (kein Fondsprivileg) und die Pauschalbesteuerung nach § 6 ist nicht anwendbar. 5

Gemäß § 18 Satz 2 sind die Einkünfte der Personen-Investitionsgesellschaft nach § 180 Absatz 1 Nummer 2 AO einheitlich und gesondert festzustellen. Unseres Erachtens gilt dies bei einer ausländischen Personen-Investitionsgesellschaft bereits bei Beteiligung eines einzigen deutschen Anlegers.[6] 6

Eine originär gewerblich tätige oder gewerblich geprägte Personen-Investitionsgesellschaft mit einer inländischen Betriebsstätte unterliegt grundsätzlich der Gewerbesteuer.[7] 7

Besteht für die Personen-Investitionsgesellschaft nicht bereits die Buchführungspflicht gem. § 238 HGB i.V.m. § 140 AO, sind die Voraussetzungen des § 141 AO zu prüfen. 8

---

[2] BTDrucks. 18/68.
[3] BMF v. 19.3.2004, BStBl I 2004, 411.
[4] So wohl auch *Jesch/Haug* DStZ **2013** 771, 778.
[5] *Haisch/Helios* FR **2014** 313, 314.
[6] So auch *Elser/Stadler* DStR **2014** 233, 236; **a.A.** *Gottschling/Schatz* ISR **2014** 30, 34; *Kleutgens/Geißler* IStR **2014** 280, 283, wonach eine gesonderte Gewinnfeststellung erst bei Beteiligung von mindestens zwei deutschen Anlegern erforderlich sein soll.
[7] *Haisch/Helios* BB **2013** 1687, 1695; *Jesch/Haug* DStZ **2013** 771, 779; *Elser/Stadler* DStR **2014** 233, 236.

ABSCHNITT 4
Gemeinsame Vorschriften für inländische und ausländische Investitionsgesellschaften

§ 19
Kapital-Investitionsgesellschaften

(1) Kapital-Investitionsgesellschaften sind alle Investitionsgesellschaften, die keine Personen-Investitionsgesellschaften sind. Kapital-Investitionsgesellschaften in der Rechtsform eines Sondervermögens gelten als Zweckvermögen im Sinne des § 1 Absatz 1 Nummer 5 des Körperschaftsteuergesetzes und als sonstige juristische Personen des privaten Rechts im Sinne des § 2 Absatz 3 des Gewerbesteuergesetzes. Ausländische Kapital-Investitionsgesellschaften, die keine Kapitalgesellschaften sind, gelten als Vermögensmassen im Sinne des § 2 Nummer 1 des Körperschaftsteuergesetzes und als sonstige juristische Person des privaten Rechts im Sinne des § 2 Absatz 3 des Gewerbesteuergesetzes.

(2) Bei Anlegern, die ihren Investitionsgesellschaftsanteil im Privatvermögen halten, gelten die Ausschüttungen als Einkünfte im Sinne des § 20 Absatz 1 Nummer 1 des Einkommensteuergesetzes. § 8b des Körperschaftsteuergesetzes und § 3 Nummer 40 des Einkommensteuergesetzes sind anzuwenden, wenn der Anleger nachweist, dass die Kapital-Investitionsgesellschaft

1. in einem Mitgliedstaat der Europäischen Union oder in einem anderen Vertragsstaat des Abkommens über den Europäischen Wirtschaftsraum ansässig ist und dort der Ertragsbesteuerung für Kapitalgesellschaften unterliegt und nicht von ihr befreit ist, oder
2. in einem Drittstaat ansässig ist und dort einer Ertragsbesteuerung für Kapitalgesellschaften in Höhe von mindestens 15 Prozent unterliegt, und nicht von ihr befreit ist.

Die inländische auszahlende Stelle hat von den Ausschüttungen einer Kapital-Investitionsgesellschaft Kapitalertragsteuer einzubehalten und abzuführen. Die für den Steuerabzug von Kapitalerträgen im Sinne des § 43 Absatz 1 Satz 1 Nummer 1 oder Nummer 1a sowie Satz 2 des Einkommensteuergesetzes geltenden Vorschriften des Einkommensteuergesetzes sind entsprechend anzuwenden. Bei Ausschüttungen von ausländischen Kapital-Investitionsgesellschaften sind die für den Steuerabzug von Kapitalerträgen im Sinne des § 43 Absatz 1 Satz 1 Nummer 6 des Einkommensteuergesetzes geltenden Vorschriften entsprechend anzuwenden.

(3) Gewinne oder Verluste aus der Rückgabe oder Veräußerung von Kapital-Investitionsgesellschaftsanteilen, die nicht zu einem Betriebsvermögen gehören, sind Einkünfte im Sinne des § 20 Absatz 2 Satz 1 Nummer 1 des Einkommensteuergesetzes. Als Veräußerung gilt auch die vollständige oder teilweise Liquidation der Kapital-Investitionsgesellschaft. § 8b des Körperschaftsteuergesetzes und § 3 Nummer 40 des Einkommensteuergesetzes sind unter den Voraussetzungen des Absatzes 2 Satz 2 anzuwenden. Die Regelungen zum Abzug der Kapitalertragsteuer nach § 8 Absatz 6 sind entsprechend anzuwenden.

(4) Abweichend von § 7 Absatz 7 des Außensteuergesetzes bleiben die §§ 7 bis 14 des Außensteuergesetzes anwendbar. Soweit Hinzurechnungsbeträge nach § 10 Absatz 1 Satz 1 des Außensteuergesetzes angesetzt worden sind, ist auf Ausschüttungen und Veräußerungsgewinne § 3 Nummer 41 des Einkommensteuergesetzes anzuwenden. Im Übrigen unterliegen die Ausschüttungen und Veräußerungsgewinne der Besteuerung nach den vorstehenden Absätzen.

Schrifttum

Bärenz Der Fiskus als heimlicher Verwalter von Investmentvermögen –Regulatorische Folgen der zukünftigen Besteuerung von AIF, BAI Newsletter Juni **2013** 14; *Elser/Stadler* Entschärfter Kabinettsentwurf zur Anpassung des Investmentsteuergesetzes an das AIFM-Umsetzungsgesetz verabschiedet DStR **2013** 225; *Glanegger/Güroff* GewStG Kommentar, 8. Auflage **2014**; *Heisch/Helios* Investmentsteuerreform aufgrund KAGB und AIFM-StAnpG BB **2013** 1687; *Jansen/Lübbehüsen* Neues Investmentsteuergesetz doch noch im Jahr 2013 – auch der Steuergesetzgeber bescherte uns zu Weihnachten Rdf **2014** 28; *Jesch/Haug* Das neue Investmentsteuerrecht DStZ **2013** 771; *Simonis/Grabbe/Faller* Neuregelung der Fondsbesteuerung durch das AIFM-StAnpG DB **2014** 17; *Watrin/Eberhardt* Ausschüttungen im System der Hinzurechnungsbesteuerung nach der Neufassung von § 8b Abs. 4 KStG DStR **2013** 2601; *Watrin/Eberhardt* Problembereiche der Anlegerbesteuerung bei Kapital-Investmentgesellschaften DB **2014** 795; *Wöhrle/Schelle/Gross* Außensteuergesetz Kommentar, 30. Lfg. März **2013**.

Finanzverwaltung: BMF Schr. v. 18.8.2009, „Investmentsteuergesetz: Zweifels- und Auslegungsfragen, Aktualisierung des BMF Schr. v. 2.6.2005 (BStBl. I 2005 S. 278)" IV C1 – S1980 – 1/08/00019, BStBl. I 2009 931; Referentenentwurf des Bundesministeriums der Finanzen zum Entwurf eines Gesetzes zur Anpassung des Investmentsteuergesetzes und anderer Gesetze an das AIFM-Umsetzungsgesetz, versendet am 4.12.2012, GZ IV C 1 – S 1980 – 1/12/10011:001, DOK 2012/1057245; AIFM-Umsetzungsgesetz – AIFM-UmsG – vom 4.7.2013 (BGBl. I 2013, S.1981); AIFM-StAnpG vom 18.12.2013 (BGBl. I S. 4318) mit Wirkung zum 24.12.2013; Bundesanstalt für Finanzaufsicht (Bafin), Schreiben vom 14.12.2013, „Auslegungsschreiben zum Anwendungsbereich des KAGB und zum Begriff des „Investmentvermögens", Geschäftszeichen: WA 41-Wp 2137-2013/001; Entwurf BMF-Verbändeschreiben v. 19.6.2014 „Auslegungsfragen zum Investmentsteuergesetz; Anlagebestimmungen, REIT-Anteile, Hinzurechnungsbesteuerung u.a.

Systematische Übersicht

A. Einführung —— 1
B. Regelungsinhalt und Folgen des § 19 InvStG —— 4
    I. Anwendungsbereich —— 4
    II. Besteuerung auf Ebene der Kapitalinvestitionsgesellschaft —— 9
    III. Besteuerung auf Ebene der Anleger (Direktanlage) —— 14
        1. Einkünfte aus Ausschüttungen —— 14
        2. Gewinne oder Verluste aus der Rückgabe/ Veräußerung der Anteile —— 24
        3. Hinzurechnungsbeträge nach AStG —— 29
    4. Zusammenspiel von § 19 Abs. 2–4 InvStG mit der Hinzurechnungsbesteuerung §§ 7–14 AStG —— 31
    IV. Auswirkung auf Dachinvestmentfondsebene —— 32
        1. Erwerbbare Vermögensgegenstände § 1 Abs. 1b Nr. 5 und 6 InvStG/ 10% Schmutzgrenze versus 20% Beteiligungsgrenze —— 32
        2. Laufender Ertrag —— 34
        3. Aktiengewinn —— 36

A. Einführung

Das Investmentsteuergesetz in der Fassung bis zum 23.12.2013 regelte die Besteuerung von Investmentvermögen, die in den Anwendungsbereich des Investmentgesetzes fielen, namentlich inländische Investmentvermögen im Sinne des InvG sowie ausländische Investmentvermögen und ausländische Investmentanteile im Sinne des § 2 Abs. 8 und Abs. 9 InvG. Für diese Investmentvermögen galten bisher grundsätzlich einheitliche Besteuerungsregeln im Sinne des Investmentsteuergesetzes.

2   Aufgrund des AIFM-Umsetzungsgesetzes[1] wurde das InvG zum 22.7.2013 abgeschafft und durch das umfangreichere KAGB ersetzt. Mit dem AIFM-StAnpG[2] wurde der Anwendungsbereich des InvStG aufgrund der Anknüpfung an das KAGB deutlich ausgeweitet. § 1 Abs. 1 Satz 1 InvStG eröffnet das Investmentsteuergesetz auf alle Organismen für gemeinsame Anlagen in Wertpapiere (OGAW) im Sinne des § 1 Abs. 2 des Kapitalanlagegesetzbuchs (KAGB) einerseits und andererseits auf Alternative Investmentfonds (AIF) im Sinne des § 1 Abs. 3 KAGB sowie auf deren Anteile.

3   Das bislang bekannte Besteuerungsregime ist nur noch für die Investmentvermögen anwendbar, welche die in § 1 Abs. 1b InvStG formulierten Anforderungen erfüllen (sogenannte Investmentfonds).[3] Zusätzlich wurde eine weitere Gruppe in Form der Investitionsgesellschaft eingeführt.[4] Investitionsgesellschaften werden wiederum aufgeteilt in Personen-Investitionsgesellschaft (§ 18 InvStG) sowie in Kapital-Investitionsgesellschaft (§ 19 InvStG).

B. Regelungsinhalt und Folgen des § 19 InvStG

I. Anwendungsbereich

4   Um in den Anwendungsbereich des § 19 InvStG zu gelangen, müssen die folgenden kumulativen Voraussetzungen vorliegen:
   – Es muss sich um einen OGAW oder einen AIF im Sinne des § 1 Abs. 2 oder 3 KAGB handeln, der nicht die Voraussetzungen des § 1 Abs. 1b InvStG erfüllt.
   – Es darf sich nicht um eine Personen-Investitionsgesellschaft handeln.[5]
   – Die Bestandschutzregel des § 22 InvStG[6] (Grandfathering) für bis zum 23.12.2013 aufgelegte Investmentvermögen greift nicht.

5   Gemäß der Legaldefinition in § 1 Abs. 2 KAGB sind OGAWs Investmentvermögen, die die Anforderungen der Richtline 2009/65/EG des Europäischen Parlamentes und des Rates vom 13.7.2009 zur Koordinierung der Rechts- und Verwaltungsvorschriften betreffend bestimmte Organismen für gemeinsame Anlagen in Wertpapieren (OGAW) (ABl. L 302 vom 17.11.2009, S. 1) erfüllen.

6   Die allgemeine Definition (Negativ-Abgrenzung) des AIFs in § 1 Abs. 3 KAGB: „Alternative Investmentfonds (AIF) sind alle Investmentvermögen, die keine OGAW sind", hilft nur eingeschränkt weiter. Vielmehr verweist dieser Absatz auf den allgemeinen Investmentvermögensbegriff des § 1 Abs. 1 KAGB.[7] Demnach sind folgende Voraussetzungen zu erfüllen um als AIF zu gelten:

---

1 AIFM-Umsetzungsgesetz – AIFM-UmsG – vom 4.7.2013 (BGBl. I 2013, S. 1981).
2 AIFM-Steueranpassungsgesetz vom 18.12.2013 (BGBl. I 2013 S. 4318).
3 Vgl. hierzu ausführlich § 1 Abs. 1 InvStG Rn. 38.
4 Vgl. § 1 Abs. 1c Satz 1 InvStG.
5 Zur Begriffsbestimmung einer Personen-Investitionsgesellschaft siehe § 18 InvStG Rn. 1 ff.
6 Investmentvermögen, die bis zum 23.12.2013 nach den alten Regeln des InvStG in der am 21.7.2013 geltenden Fassung aufgelegt wurden, genießen längstens bis zum Ende ihres Geschäftsjahres, das nach dem 22.6.2016 endet, Bestandschutz. Diese gelten nach § 22 Abs. 2 Satz 1 InvStG als Investmentfonds im Sinne des § 1 Abs. 1b Satz 2 InvStG. Voraussetzung hierfür ist gemäß § 22 Abs. 2 Satz 2 InvStG, dass diese weiterhin die Voraussetzungen des § 1 Abs. 1 und 1a InvStG in der am 21.7.2013 geltenden Fassung sowie die Anlagebedingungen und Kreditaufnahmegrenzen nach dem Investmentgesetz in der am 21.7.2013 geltenden Fassung erfüllen. Vgl. § 22 InvStG Rn. 21 ff.
7 Vgl. *Simonis/Grabbe/Faller* DB **2014** 17.

Es muss sich um einen **Organismus**
für **gemeinsame Anlagen** handeln,
der von einer **Vielzahl von Anlegern Kapital einsammelt**,
um es gemäß einer **festgelegten Anlagestrategie** zum **Nutzen dieser Anleger zu investieren** und
der **kein operatives Unternehmen außerhalb des Finanzsektors** ist.[8]

Aufgrund der Negativ-Abgrenzung des § 19 Abs. 1 Satz 1 InvStG gelten alle Investitionsgesellschaften, die keine Personen-Investitionsgesellschaften im Sinne des § 18 InvStG sind, als Kapital-Investitionsgesellschaften.[9] Im Wesentlichen fallen somit die folgenden Investmentvermögen in den Anwendungsbereich des § 19 InvStG:[10]

– inländische offene Fondstypen (Sondervermögen und Investmentaktiengesellschaften mit veränderlichem Kapital), die nicht die in § 1 Abs. 1b InvStG geregelten Voraussetzungen an einen Investmentfonds erfüllen,
– inländische geschlossene Fonds in der Rechtsform einer GmbH, einer Aktiengesellschaft oder in der durch das AIFM-Umsetzungsgesetz neu eingeführten Investmentaktiengesellschaft mit fixem Kapital,
– ausländische offene Fondstypen (Rechtsformen, die vergleichbar sind mit Sondervermögen, z.B. der Luxemburger FCP, der französische FCPR, der italienische Fondo chiuso[11] und Investmentaktiengesellschaften mit veränderlichem Kapital z.B. Luxemburger SICAV aber auch UK Ltd. oder Luxemburger Sarl),[12] die nicht die in § 1 Abs. 1b InvStG geregelten Voraussetzungen an einen Investmentfonds erfüllen sowie
– ausländische geschlossene Fonds des Kapitalgesellschaftstyps (Rechtsformen, die vergleichbar sind mit einer inländischen GmbH, einer Aktiengesellschaft oder einer Investmentaktiengesellschaft mit fixem Kapital.).

Der Begriff der Kapital-Investitionsgesellschaften ist wie dargestellt sehr breit zu verstehen. Somit fallen auch unter den oben genannten Voraussetzungen ausländische Personengesellschaften, die nicht vergleichbar sind mit einer deutschen Kommanditgesellschaft, in den Anwendungsbereich des § 19 InvStG.[13]

II. Besteuerung auf Ebene der Kapitalinvestitionsgesellschaft

Damit die steuerrechtlichen Folgen für Kapitalgesellschaften für deutsche Sondervermögen eintreten, fingiert § 19 Abs. 1 Satz 2 InvStG diese als Zweckvermögen im Sinne des § 1 Abs. 1 Nr. 5 des Körperschaftsteuergesetzes (KStG) und als sonstige juristische Personen des privaten Rechts im Sinne des § 2 Abs. 3 des Gewerbesteuergesetzes (GewStG). Für ausländische Kapital-Investmentgesellschaften, die keine Kapitalgesellschaften sind, fingiert § 19 Abs. 1 Satz 3 InvStG diese zu Vermögensmassen im Sinne des § 2 Nr. 1 des KStG und als sonstige juristische Personen des privaten Rechts im Sinne des § 2 Abs. 3 GewStG. Ausländische Kapital-Investitionsgesellschaften unterliegen somit mit ihren inländischen Einkünften im Sinne des § 49 EStG der beschränkten Steuerpflicht in

---

8   Zu den Einzelheiten siehe *Heisch/Helios* BB **2013** 1687 ff.; BaFin Schreiben v. 14.6.2014.
9   Vgl. *Jesch/Haug* DStZ **2013** 779; kritisch hierzu *Simonis/Grabbe/Faller* DB **2014** 20; *Watrin/Eberhardt* DB **2014** 795 m.w.N.
10 Vgl. BRDrucks. 740/13, S. 100.
11 Vgl. *Bärenz* BAI Newsletter Juni **2013** 14.
12 Vgl. *Elser/Stadler* DStR **2013** 226.
13 Zur Begriffsbestimmung einer Personen-Investitionsgesellschaft siehe § 18 InvStG Rn. 1 ff.

Deutschland. Mit anderen Worten: § 19 Abs. 1 Satz 2 und 3 InvStG fingiert die Eigenschaft als Körperschaft- und Gewerbesteuersubjekt bei inländischen und vergleichbaren ausländischen Rechtsformen.[14] Inwieweit diese tatsächlich der Gewerbesteuer unterliegen hängt von ihrer Tätigkeit ab, da diese Gesellschaften nur der Gewerbesteuer unterliegen, soweit sie einen wirtschaftlichen Geschäftsbetrieb (ausgenommen Land- und Forstwirtschaft) unterhalten.[15]

10 Für inländische Investmentaktiengesellschaften oder vergleichbare ausländische Investmentvermögen ergibt sich bereits aus ihrer Rechtsform als Kapitalgesellschaft grundsätzlich die unbeschränkte bzw. beschränkte Körperschaftsteuer-/Gewerbesteuerpflicht, so dass eine spezielle Regelung im InvStG entbehrlich erscheint.[16]

11 Insbesondere für steuerbefreite Anleger, die sich ursprünglich an einem (steuerbefreiten) Investmentfonds beteiligt haben, kann es zu einem erheblichen Steuerrisiko kommen, sobald der Investmentfonds die Voraussetzungen des § 1 Abs. 1b InvStG nicht mehr erfüllt[17] und dieser somit mit seinen Erträgen der Körperschaftsteuer und ggf. der Gewerbesteuer unterliegt. Ein entsprechendes Controlling auf Fondsseite und auf Anlegerseite ist hier von Vorteil.

12 Mit der Körperschaftsteuer- bzw. Gewerbesteuerpflicht[18] einher geht auch die jährliche Abgabe einer Körperschaftsteuererklärung bzw. einer Gewerbesteuererklärung. Hierbei ist zu beachten, dass die Fondsrechnungslegung nach dem KAGB (modifizierte Einnahmenüberschussrechnung) von der steuerrechtlichen Rechnungslegung abweichen kann und somit weiter Kosten für die Erstellung einer „Steuerbilanz" bzw. einer Überleitungsrechnung entstehen können. Die Verpflichtung der Einreichung einer „E-Bilanz" im Sinne des § 5b EStG ist unseres Erachtens nicht gegeben, da die Kapital-Investitionsgesellschaft ihren Gewinn nicht nach § 4 Abs. 1, § 5 oder § 5a EStG ermittelt. Wird jedoch der Gewinn nach § 4 Abs. 3 EStG (Einnahmenüberschussrechnung) ermittelt, sieht jedoch § 60 Abs. 4 Satz 1 Einkommensteuer-Durchführungsverordnung (EStDV)[19] vor, dass die Einnahmenüberschussrechnung nach amtlich vorgeschriebenem Datensatz durch Datenfernübertragung zu übermitteln ist. Auf Antrag kann das für die Besteuerung zuständige Finanzamt zur Vermeidung unbilliger Härten[20] auf eine elektronische Einreichung verzichten. Bei Einreichung der Steuererklärung ist in diesem Fall eine Gewinnermittlung nach amtlich vorgeschriebenem Vordruck beizufügen.

13 Mit dem AIFM-StAnpG[21] wurde nicht nur das InvStG angepasst, ebenso wurde das UStG an die geänderten Begrifflichkeiten des InvStG angepasst.[22] Gemäß § 4 Nr. 8h UStG

---

14 Vgl. BRDrucks. 740/13, S. 101.
15 Vgl. § 2 Abs. 3 2. HS. Zum wirtschaftlichen Geschäftsbetrieb und insbesondere zu dessen Abgrenzung zur Vermögensverwaltung siehe *Glanegger/Güroff* GewStG Kommentar, § 2 Anm. 205 ff.
16 Vgl. BRDrucks. 740/13, S. 101.
17 Zu den Auswirkungen eines Wechsels vom Status Investmentfonds zur Investitionsgesellschaft siehe im Einzelnen § 1 InvStG Rn. 8, umgekehrt siehe § 20 InvStG.
18 Vgl. *Watrin/Eberhardt* DB **2014** 795 m.w.N.
19 Siehe Einkommensteuer-Durchführungsverordnung 2000 in der Fassung der Bekanntmachung vom 10.5.2010, BGBl. I S. 717.
20 Unbillige Härten sind insbesondere gemäß § 150 Abs. 8 Satz 2 AO dann gegeben, „wenn die Schaffung der technischen Möglichkeiten für eine Datenfernübertragung des amtlich vorgeschriebenen Datensatzes nur mit einem nicht unerheblichen finanziellen Aufwand möglich wäre oder wenn der Steuerpflichtige nach seinen individuellen Kenntnissen und Fähigkeiten nicht oder nur eingeschränkt in der Lage ist, die Möglichkeiten der Datenfernübertragung zu nutzen". Inwieweit die Befreiung auf Kapital-Investitionsgesellschaften Anwendung findet ist fraglich, da diese in erheblichem Umfang, insbesondere bei der Verbuchung ihrer Geschäftsvorfälle, die EDV einsetzen.
21 AIFM-Steueranpassungsgesetz vom 18.12.2013 (BGBl. I 2013 S. 4318).
22 Vgl. BRDrucks. 740/13, S. 101.

ist der Umfang der steuerfreien Verwaltungsleistungen bzw. der begünstigten Investmentvermögen auf die „Investmentfonds" im Sinne des InvStG beschränkt. Somit greift die Umsatzsteuerbefreiung des § 4 Nr. 8h UStG nicht für Kapital-Investitionsgesellschaften, da diese gerade nicht als Investmentfonds gelten.

III. Besteuerung auf Ebene der Anleger (Direktanlage)

1. Einkünfte aus Ausschüttungen. Im Gegensatz zur (transparenten) Besteuerung von Investmentfonds kommt es am Geschäftsjahresende der Kapital-Investitionsgesellschaft nicht zwangsweise zu einer Besteuerung.[23]

Auf die ursprünglich vorgesehene Pauschal- und Mindestbesteuerung[24] wurde im Laufe des Gesetzgebungsverfahrens erfreulicherweise – zumindest vorerst – Abstand genommen. Im Gegenzug wurde ein Verweis auf die Anwendbarkeit des Außensteuergesetzes aufgenommen.[25] Der ursprüngliche Entwurf sah einen pauschalen Ansatz von 70% der jährlichen Wertsteigerung bzw. mindestens 6% des letzten im Geschäftsjahr der Kapital-Investitionsgesellschaft festgesetzten Rücknahmepreises vor. Der Bundesrat[26] sieht jedoch weiterhin die Notwendigkeit einer gesetzlichen Regelung vor, die verhindert, dass es Kapital-Investitionsgesellschaften durch ihre Ausschüttungspolitik ermöglicht wird, dauerhaft Gewinne steuerneutral zu thesaurieren. Die zukünftige Regelung sollte jedoch zum einen die Belastung für kleine und mittelständische Betriebe vermeiden und zum anderen sollte die Regelung im Hinblick auf mögliche europarechtliche Bedenken rechtssicher ausgestaltet sein. Inwieweit dies durch eine Pauschalbesteuerung möglich ist, ist jedoch zweifelhaft.[27]

Schüttet diese jedoch aus, so gelten die Ausschüttungen bei Anlegern, die ihre Anteile an der Kapital-Investitionsgesellschaft im Privatvermögen halten, als Einkünfte aus Kapitalvermögen im Sinne des § 20 Abs. 1 Nr. 1 EStG (Dividendenerträge).[28] Mit der steuerlichen Konsequenz, dass die Ausschüttung grundsätzlich der Abgeltungsteuer in Höhe von 25% zuzüglich Solidaritätszuschlag in Höhe von 5,5% und ggf. Kirchensteuer (8% bzw. 9%) unterliegt.[29]

Für Anleger die ihren Investitionsgesellschaftsanteil im Betriebsvermögen halten, können diese zum Teil steuerbegünstigt gemäß § 8b KStG (95%ige Steuerbefreiung) bzw. aufgrund des Teileinkünfteverfahrens gemäß § 3 Nr. 40 EStG (40%ige Steuerbefreiung) vereinnahmen, soweit die nachfolgenden Voraussetzungen vorliegen:[30]

Der **Anleger** muss **nachweisen**, dass
- die Kapital-Investitionsgesellschaft in einem **Mitgliedstaat der Europäischen Union** oder einem anderen **Vertragsstaat des Abkommens über den Europäischen Wirtschaftsraum**[31] **ansässig** ist und dort der **Ertragsbesteuerung** für Kapitalgesellschaften unterliegt und **nicht** von ihr **befreit** ist, **oder**

---

23 Zu der Besteuerung von ausschüttungsgleichen Erträgen bei Investmentfonds siehe § 2 InvStG Rn. 40; bezüglich eines eventuellen Hinzurechnungsbetrages siehe Rn. 29 ff.
24 Vgl. Referentenentwurf des Bundesministeriums der Finanzen zum Entwurf eines Gesetzes zur Anpassung des Investmentsteuergesetzes und anderer Gesetze an das AIFM-Umsetzungsgesetz, versendet am 4.12.2012, GZ IV C 1 – S 1980-1/12/10011:001, DOK 2012/1057245.
25 Vgl. § 19 Abs. 4 InvStG; Rn. 29 ff.
26 Vgl. BRDrucks. 740/13, S. 101.
27 Zu europarechtlichen Bedenken einer Pauschalbesteuerung siehe § 6 InvStG Rn. 77.
28 § 19 Abs. 2 Satz 1 InvStG.
29 Zum Kapitalertragsteuerabzug siehe Rn. 23, 28.
30 § 19 Abs. 2 Satz 2 InvStG.
31 Island, Liechtenstein und Norwegen.

– in einem **Drittstaat ansässig** ist und dort einer **Ertragsbesteuerung** für Kapitalgesellschaften in Höhe von **mindestens 15 Prozent** unterliegt, und **nicht** von ihr **befreit** ist.

18   Bezüglich des konkreten Nachweises schweigt sich der Gesetzgeber im InvStG aus.[32] Gemäß § 90 AO sind grundsätzlich die Beteiligten zur Mitwirkung bei der Ermittlung des Steuersachverhaltes verpflichtet. Ist ein Sachverhalt zu ermitteln und steuerrechtlich zu würdigen, der sich auf Vorgänge im Ausland bezieht, bestimmt § 90 Abs. 2 AO, dass die Beteiligten diesen Sachverhalt aufzuklären und die erforderlichen Beweismittel zu beschaffen haben. Dabei sind alle rechtlichen und tatsächlichen Möglichkeiten für die Beschaffung heranzuziehen.[33] Überträgt man diese Grundsätze, wäre eine Bescheinigung der ausländischen Finanzbehörde, die für die Besteuerung der Kapital-Investitionsgesellschaft zuständig ist, als geeigneter Nachweis denkbar. Da laut Gesetzestext der Anleger den Nachweis erbringen muss, hat dieser dafür zu sorgen, dass eine entsprechende Bescheinigung beantragt und erstellt wird. Das inländische Finanzamt, das für die Besteuerung des Anlegers zuständig ist, muss hierfür nicht tätig werden.

19   Ebenso ist unklar, ob es sich bei der 15% Ertragsbesteuerung um die tatsächliche Besteuerung oder um einen nominalen Steuersatz handeln soll.[34]

Beispiel: Eine Kapital-Investitionsgesellschaft unterliegt im Drittstaat einer Ertragsbesteuerung von 20% (nominal). Die Gesellschaft macht einen Gewinn in Höhe von Euro 1.000.000. Des Weiteren weist die Gesellschaft einen steuerrechtlichen Verlustvortrag in Höhe von Euro 2.000.000 auf. Aufgrund des vorhandenen Verlustvortrages kommt es zu keiner Ertragsbesteuerung.

20   Des Weiteren ist fraglich, ob der Steuersatz auf Ebene der Investitionsgesellschaft direkt angefallen sein muss oder ob es vielmehr nicht ausreicht, wenn die dahinterliegenden Investments einer Ertragsbesteuerung (von mindestens 15%) unterliegen.

Beispiel: Eine Kapital-Investitionsgesellschaft unterliegt im EU-Staat keiner Ertragsbesteuerung. Jedoch ist diese beteiligt an weiteren Unternehmen mit Ansässigkeit in diversen EU-Staaten, die ihrerseits einer Ertragsbesteuerung unterliegen.

21   Aus der Gesetzesbegründung ist ersichtlich, dass es sich um den **allgemeinen Unternehmenssteuersatz** eines EU- oder EWR-States bzw. Drittstaates handeln muss.[35] Unseres Erachtens kann daraus geschlossen werden, dass es auf die tatsächliche Besteuerung nicht ankommen kann. Somit ist lediglich die persönliche Steuerbefreiung schädlich nicht jedoch steuerfreie Erträge oder steuerrechtliche Verluste, die die Ertragsbesteuerung unter 15% reduzieren bzw. komplett auf null setzen.[36] Ebenso ist davon auszugehen, dass es auf die dahinterliegenden Investments und deren Ertragsbesteuerung nicht ankommt.[37]

---

32 Bezüglich der Problematik der Nachweisbarkeit: vgl. *Watrin/Eberhardt* DB **2014** 796 f.; ähnlicher Sachverhalt: *Watrin/Eberhardt* DStR **2013** 2605 m.w.N.
33 Vgl. § 90 Abs. 2 Satz 2 AO.
34 Ausführlich hierzu: *Watrin/Eberhardt* DB **2014** 796 m.w.N.
35 Vgl. BRDrucks. 740/13, S. 102.
36 Im Ergebnis ebenso: *Elser/Stadler* DStR **2013** 227; *Simonis/Grabbe/Faller* DB **2014** 20.
37 Ebenso: *Elser/Stadler* DStR **2013** 227. Kritisch bei Umbrella-Konstruktionen: *Jansen/Lübbehüsen* RdF **2014** 34.

Elser/Stadler[38] weisen zu Recht darauf hin, dass bei fehlender Ertragsbesteuerung **22** die pauschale Nichtgewährung der Beteiligungsertragsbefreiung systematisch abzulehnen ist. Zum einen beschreiben Sie, dass in der Regel der AIF (Kapital-Investitionsgesellschaft) steuerbefreit ist, jedoch die dahinterliegenden Ziel- und Objektgesellschaften sehr wohl einer Ertragsbesteuerung unterliegen. Jedoch kommt es hierauf (leider) nicht an. Wählt man jedoch einen AIF als Personen-Investitionsgesellschaft kann der Anleger die Steuerbefreiung gemäß § 8b KStG bzw. § 30 Nr. 40 EStG nutzen, soweit die Personengesellschaft auf der Eingangsseite Dividendenerträge und Veräußerungsgewinne erwirtschaftet hat. Ebenso werden im Ausland steuerbefreite Kapital-Investitionsgesellschaften im Vergleich zu inländischen Kapital-Investitionsgesellschaften schlechter gestellt. Zwar unterliegt die inländische Kapital-Investitionsgesellschaft in Deutschland der unbeschränkten Körperschaft- und Gewerbesteuer, jedoch kann diese auf der Eingangsseite die Dividenden und Veräußerungserträge unter den Voraussetzungen des § 8b KStG steuerfrei vereinnahmen und gemäß § 19 Abs. 2 Satz 2 InvStG steuerbefreit an ihre betrieblichen Anleger ausschütten. Diese Regelung ist somit im Hinblick auf die Kapitalverkehrsfreiheit zumindest europarechtlich als bedenklich einzustufen.

Gemäß § 19 Abs. 2 S. 3 und 4 InvStG hat die inländische auszahlende Stelle von der **23** Ausschüttung aus Kapital-Investitionsgesellschaft Kapitalertragsteuer einzubehalten und abzuführen; hierbei sind die allgemeinen Regelungen des Einkommensteuergesetzes zum Steuerabzug entsprechend anzuwenden, insbesondere die Befreiungsvorschriften (Abstandnahme aufgrund § 44a EStG – Freistellungsauftrag, Nichtveranlagungs-Bescheinigung/Erstattung § 44b EStG). So kann zum Beispiel bei Ausschüttungen von ausländischen Kapital-Investitionsgesellschaften an eine unbeschränkt steuerpflichtige Körperschaft als Anteilseigner gemäß § 19 Abs. 2 S. 5 InvStG i.V.m. §§ 43 Abs. 1 S. 1 Nr. 6; 44 Abs. 5 EStG vom Kapitalertragsteuerabzug Abstand genommen werden.

2. Gewinne oder Verluste aus der Rückgabe/Veräußerung der Anteile. Die Be- **24** steuerung der Gewinne oder der Verluste aus der Rückgabe/Veräußerung der Anteile an einer Kapital-Investitionsgesellschaft ist in § 19 Abs. 3 InvStG geregelt. Der Veräußerung gleichgestellt ist gemäß § 19 Abs. 3 S. 2 InvStG auch die vollständige oder teilweise Liquidation der Kapital-Investitionsgesellschaft. Hierbei ist, wie in Abs. 2, zwischen Anteilen, die im Privatvermögen gehalten werden und Anteilen, die im Betriebsvermögen gehalten werden, zu unterschieden.

Werden die Anteile im Privatvermögen gehalten, so gelten der Gewinn/der Verlust **25** als Einkünfte aus Kapitalvermögen gemäß § 20 Abs. 2 S. 1 Nr. 1 EStG. Mit der steuerlichen Konsequenz, dass der Gewinn grundsätzlich der Abgeltungsteuer in Höhe von 25% zuzüglich Solidaritätszuschlag in Höhe von 5,5% und ggf. Kirchensteuer (8% bzw. 9%) unterliegt. Der Verlust geht in den Verlustverrechnungstopf und kann, soweit keine entsprechenden Erträge angefallen sind, vorgetragen werden.

Werden die Anteile jedoch im Betriebsvermögen gehalten, können die Gewinne zum **26** Teil steuerbegünstigt gemäß § 8b KStG (95%ige Steuerbefreiung) bzw. aufgrund des Teileinkünfteverfahrens gemäß § 3 Nr. 40 EStG (40%ige Steuerbefreiung) vereinnahmt werden, soweit die nachfolgenden Voraussetzungen vorliegen:[39]

Der **Anleger** muss **nachweisen**, dass
- die Kapital-Investitionsgesellschaft in einem **Mitgliedstaat der Europäischen Union** oder einem anderen **Vertragsstaat des Abkommens über den Europäischen**

---
[38] *Elser/Stadler* DStR **2013** 227.
[39] § 19 Abs. 3 Satz 3 i.V.m. Abs. 2 S. 2 InvStG.

Wirtschaftsraum[40] **ansässig** ist und dort der **Ertragsbesteuerung** für Kapitalgesellschaften unterliegt und **nicht** von ihr **befreit** ist, **oder**
- in einem **Drittstaat ansässig** ist und dort einer **Ertragsbesteuerung** für Kapitalgesellschaften in Höhe von **mindestens 15 Prozent** unterliegt, und **nicht** von ihr **befreit** ist.[41]

27 Die entsprechenden Verluste können entweder gar nicht (Betriebsvermögen KStG, vgl. § 8b Abs. 3 S. 3 KStG) oder nur zu 60% (Betriebsvermögen EStG, vgl. § 3c Abs. 2 S. 1 EStG) auf Anlegerebene steuerrechtlich geltend gemacht werden.

28 Sofern die Anteile an der Kapital-Investitionsgesellschaft in einem inländischen Depot verwahrt werden, kommen gemäß § 19 Abs. 3 S. 4 InvStG i.V.m. § 8 Abs. 6 InvStG die allgemeinen Regelungen für den Kapitalertragsteuerabzug aus dem Einkommensteuergesetz entsprechend zur Anwendung.[42]

29 **3. Hinzurechnungsbeträge nach AStG.** Grundsätzlich verdrängt das Investmentsteuergesetz die Anwendung des Außensteuergesetzes.[43] Damit soll erreicht werden, dass es auf Anlegerebene zu keiner Doppelbesteuerung kommt.[44] Dieser Grundsatz beruht auf der Tatsache, dass das Investmentgesetz durch das Institut der ausschüttungsgleichen Erträge im Sinne des § 2 Abs. 1 S. 2 i.V.m. § 1 Abs. 3 S. 3 InvStG bzw. durch § 6 InvStG grundsätzlich eine jährliche Besteuerung auf Anlegerebene sicherstellt.[45] Ohne die entsprechende Regelung bestünde die Gefahr, dass der Anleger an einem Investmentfonds nach dem InvStG als auch nach den Regeln des Außensteuergesetzes der Besteuerung unterliegt. Da jedoch die zuvor genannten Regelungen im Investmentsteuergesetz nicht auf Kapital-Investitionsgesellschaften gemäß § 1 Abs. 1c S. 2 InvStG angewendet werden können, wurde eine Rückausnahme bezüglich der Anwendung des Außensteuergesetzes in § 19 Abs. 4 InvStG eingefügt. Ohne diese Rückausnahme könnten Anleger über steuerbefreite ausländische Kapital-Investitionsgesellschaften in Deutschland steuerbare Erträge steuerfrei thesaurieren.[46]

30 Entsprechend bestimmt § 19 Abs. 4 S. 1 InvStG, dass sowohl die Vorschriften des § 19 als auch die Vorschriften der §§ 7 bis 14 AStG nebeneinander zur Anwendung kommen.[47] Um zu verhindern, dass es hierbei zu einer nicht gewollten Doppelbesteuerung beim Anleger kommt, sieht § 19 Abs. 4 S. 2 InvStG die steuerfreie Vereinnahmung aus Ausschüttungen von Kapital-Investitionsgesellschaften sowie die steuerfreie Vereinnahmung von Gewinnen aus der Veräußerung der Kapital-Investitionsgesellschaft gemäß § 3 Nr. 41 EStG vor, soweit die Hinzurechnungsbeträge nach § 10 Abs. 1 S. 1 AStG bereits in den Vorjahren beim Anleger versteuert wurden.[48] Fraglich ist inwieweit § 3 Nr. 41 EStG auch für körperschaftsteuerpflichtige Anleger gelten soll. Der reine Wortlaut des § 3 Nr. 41 EStG würde dem entgegenstehen, da die Voraussetzung für die Steuerbefreiung nur gewährt wird soweit die Hinzurechnungsbeträge der „Einkommensteuer" unterlegen haben. Körperschaftsteuerpflichtige Anleger unterliegen gerade nicht der Einkommensteu-

---

40 Island, Liechtenstein und Norwegen.
41 Zu den Einzelheiten siehe Rn. 18 ff.
42 Zum Kapitalertragsteuerabzug siehe im Einzelnen § 8 InvStG Rn. 37 ff.
43 § 7 Abs. 7 AStG.
44 Vgl. Flick/Wassermeyer/Baumhoff/Schönfeld/*Wassermeyer* Außensteuerrecht Kommentar, Rn. 225; Wöhrle/Schelle/Gross/*Reiser*/*Cortez* Außensteuergesetz Kommentar, Rn. 344.
45 Vgl. BRDrucks. 740/13, S. 102.
46 Vgl. BRDrucks. 740/13, S. 103.
47 Vgl. BRDrucks. 740/13, S. 103.
48 Vgl. *Watrin*/*Eberhardt* DB **2014** 798; BRDrucks. 740/13, S. 103.

er.[49] Die Finanzverwaltung hingegen wendet § 3 Nr. 41 EStG bisher auf Körperschaften an.[50] Die jeweilige 7-Jahresfrist des § 3 Nr. 41a und b EStG ist – laut Finanzverwaltung – zu beachten.[51]

4. Zusammenspiel von § 19 Abs. 2–4 InvStG mit der Hinzurechnungsbesteuerung §§ 7–14 AStG. Die nachfolgende Tabelle[52] soll das Zusammenspiel des § 19 Abs. 2–4 InvStG mit der Hinzurechnungsbesteuerung der §§ 7–14 AStG veranschaulichen. Demnach kommt es zum einen darauf an, ob es sich bei der Kapital-Investitionsgesellschaft um eine inländische oder ausländische Gesellschaft handelt. Zum anderen ist die Art der Einkünfte – ob passiv oder aktiv – von enormer Bedeutung für die Besteuerung der Anteilseigner in Deutschland. Weitere Kriterien sind die steuerrechtliche Vorbelastung sowie die tatsächliche wirtschaftliche Tätigkeit der Kapital-Investitionsgesellschaft. Je nach vorliegender Struktur verändert sich die Besteuerung der Anteilseigner in Deutschland.

31

Art der Kapitalgesellschaft	Aktive Einkünfte				Passive Einkünfte			
	keine Vorbelastung	Vorbelastung >0<15%	Vorbelastung <25%	Vorbelastung mind. 25%	keine Vorbelastung	Vorbelastung >0<15%	Vorbelastung <25%	Vorbelastung mind. 25%
Inland	N/A	N/A	§ 19 InvStG, § 8b KStG, § 3 Nr. 40 EStG	N/A	N/A	N/A	§ 19 InvStG, § 8b KStG, § 3 Nr. 40 EStG	N/A
EU Staat (tatsächlich wirtschaftlich tätig) § 8 Abs. 2 AStG	§ 19 InvStG ohne Steuerbefreiung	§ 19 InvStG, § 8b KStG, § 3 Nr. 40 EStG	§ 19 InvStG, § 8b KStG, § 3 Nr. 40 EStG	§ 19 InvStG, § 8b KStG, § 3 Nr. 40 EStG	§ 19 InvStG ohne Steuerbefreiung	§ 19 InvStG, § 8b KStG, § 3 Nr. 40 EStG	§ 19 InvStG, § 8b KStG, § 3 Nr. 40 EStG	§ 19 InvStG, § 8b KStG, § 3 Nr. 40 EStG
EU Staat (sonstige)	§ 19 InvStG ohne Steuerbefreiung	§ 19 InvStG, § 8b KStG, § 3 Nr. 40 EStG	§ 19 InvStG, § 8b KStG, § 3 Nr. 40 EStG	§ 19 InvStG, § 8b KStG, § 3 Nr. 40 EStG	§§ 7–14 AStG	§§ 7–14 AStG	§§ 7–14 AStG	§ 19 InvStG, § 8b KStG, § 3 Nr. 40 EStG
Drittstaat	§ 19 InvStG ohne Steuerbefreiung	§ 19 InvStG ohne Steuerbefreiung	§ 19 InvStG, § 8b KStG, § 3 Nr. 40 EStG	§ 19 InvStG, § 8b KStG, § 3 Nr. 40 EStG	§§ 7–14 AStG	§§ 7–14 AStG	§§ 7–14 AStG	§ 19 InvStG, § 8b KStG, § 3 Nr. 40 EStG

Tabelle: *Bärenz*, BAI Newsletter Juni 2013, S. 15.

---

49 *Watrin/Eberhardt* DB **2014** 798 m.w.N.; ausführlich *Watrin/Eberhardt* DStR **2013** 2602 ff.
50 Vgl. R 32 Abs. 1 Nr. 1, KStR 2004; Entwurf BMF-Verbändeschreiben v. 19.6.2014, Punkt 9.
51 Entwurf BMF-Verbändeschreiben v. 19.6.2014, Punkt 9; kritisch *Watrin/Eberhardt* DB **2014** 798 ff.
52 *Bärenz* BAI Newsletter Juni **2013**.

IV. Auswirkung auf Dachinvestmentfondsebene

32 **1. Kapital-Investitionsgesellschaft als erwerbbare Vermögensgegenstände gemäß § 1 Abs. 1b Nr. 5 und 6 InvStG/10% Schmutzgrenze versus 20% Beteiligungsgrenze.** Inwieweit Kapital-Investitionsgesellschaften als erwerbbare Vermögensgegenstände auf Ebene eines Investmentfonds gelten, hängt von der rechtlichen Ausgestaltung der Kapital-Investitionsgesellschaft ab. So können nach der Auffassung der Finanzverwaltung durch Investmentfonds „im Rahmen des § 1 Abs. 1b Satz 2 Nummer 5 InvStG die in § 193 KAGB oder dem inhaltsgleichen Artikel 2 der Richtlinie 2007/16/EG der Kommission vom 19.3.2007 zur Durchführung der Richtlinie 85/611/EWG des Rates zur Koordinierung der Rechts- und Verwaltungsvorschriften betreffend bestimmter Organismen für die gemeinsame Anlage in Wertpapiere (OGAW) im Hinblick auf die Erläuterungen gewisser Definitionen genannten Wertpapiere erworben werden."[53] Mit anderen Worten, Anteile an Kapital-Investitionsgesellschaften können, soweit sie die Voraussetzungen an ein **Wertpapier** im Sinne der genannten Richtlinien erfüllen, grundsätzlich durch einen Investmentfonds erworben werden. Hierbei ist zu beachten, dass – sofern die Kapital-Investitionsgesellschaft weder zum Handel an der Börse zugelassen noch in einem anderen organisierten Markt zugelassen oder in diesen einbezogen ist – die 20 %ige Beteiligungshöchstgrenze im Sinne des § 1 Abs. 1b Nr. 6 InvStG eingehalten werden muss.

33 Sofern die Voraussetzungen an ein Wertpapier nicht vorliegen, handelt es sich um einen nicht erwerbbaren Vermögensgegenstand, der in die 10 %ige sogenannte Schmutzgrenze einfließt.[54]

34 **2. Laufender Ertrag.** Entsprechend des Transparenzprinzips sind die Ausschüttungen aus Kapital-Investmentgesellschaften als Dividendenerträge zu erfassen.[55] Wie bei der Direktanlage ist jedoch zu unterscheiden, ob die (Dividenden-)Erträge steuerbefreit sind gemäß § 8b KStG bzw. § 3 Nr. 40 EStG. Sofern die Voraussetzungen einer Steuerbefreiung vorliegen, sind die Erträge in den Besteuerungsgrundlagen unter der Position § 5 Abs. 1 S. 1 Nr. 1 Buchstabe c) aa) auszuweisen. Entsprechend sind diese Erträge im Verlustverrechnungstopf Dividenden Inland bzw. Dividenden Ausland zu erfassen. Sollte eine Steuerbefreiung nicht vorliegen, sind diese im Verlustverrechnungstopf REITs Inland bzw. REITs Ausland zu erfassen, da eine Gleichartigkeit mit REIT Dividenden, wie es § 3 Abs. 4 InvStG verlangt, gegeben ist.[56] Für Zwecke des Kapitalertragsteuerabzugs sind derartige Erträge unabhängig von deren Steuerbefreiung als Dividendenerträge anzusetzen und entsprechend in den Besteuerungsgrundlagen unter der Position §§ 5 Abs. 1 S. 1 Nr. 1 Buchstabe d aa) und cc) (ausländische Dividendenerträge) bzw. unter der Position §§ 5 Abs. 1 S. 1 Nr. 1 Buchstabe d bb) (inländische Dividendenerträge) auszuweisen.

35 Nach Auffassung der Finanzverwaltung sind die gesondert festgesetzten Hinzurechnungsbeträge als sonstiger Ertrag steuerrechtlich auf Investmentfondsebene zu erfassen, sofern die Regelungen des Außensteuergesetzes greifen.[57] Entsprechend verweist § 19

---

53 BMF Schr. v. 4.6.2014, Punkt 2.4.
54 Vgl. § 1 Abs. 1 InvStG Rn. 83 ff.
55 Vgl. § 19 Abs. 2 S. 2 InvStG.
56 Nach Verwaltungsmeinung ist eine Gleichartigkeit gegeben, wenn im Falle eines Vortrages ausschüttungsgleiche Vorträge vorliegen bzw. nicht vorliegen und die gleichen materiellen Steuerfolgen beim Anleger einschließlich des Kapitalertragsteuerabzug nach § 7 und §§ 15 Abs. 1 S. 7 InvStG eintreten, vgl. BMF Schreiben vom 18.8.2009 Rn. 69.
57 Vgl. § 1 Abs. 3 InvStG Rn. 22.

Abs. 4 S. 2 InvStG auf § 3 Nr. 41 EStG.[58] Danach sind Ausschüttungen aus Kapital-Investitionsgesellschaften steuerneutral auf Fondsebene zu erfassen, soweit diese in den Vorjahren als sonstige Erträge (Hinzurechnungserträge) bereits auf Fondsebene steuerrechtlich erfasst wurden. Bei einer Veräußerung des Anteils an der Kapital-Investitionsgesellschaft sind die bereits im Vorjahr versteuerten sonstigen Erträge aus der steuerrechtlichen Hinzurechnung vom Veräußerungserlös abzuziehen. Hierdurch soll eine Doppelbesteuerung beim Anleger vermieden werden. Die jeweilige 7-Jahresfrist des § 3 Nr. 41a und b EStG ist dabei zu beachten.[59]

3. Aktiengewinn. Sofern die Voraussetzungen für die Anwendbarkeit der §§ 8b KStG bzw. 3 Nr. 40 EStG vorliegen,[60] sind die Erträge aus der Kapital-Investitionsgesellschaft in den Aktiengewinn[61] auf Ebene des Dachinvestmentfonds miteinzubeziehen. 36

§ 20
Umwandlung einer Investitionsgesellschaft in einen Investmentfonds

Ändert eine Investitionsgesellschaft ihre Anlagebedingungen und das tatsächliche Anlageverhalten dergestalt ab, dass die Voraussetzungen des § 1 Absatz 1b erfüllt sind, hat auf Antrag der Investitionsgesellschaft das für ihre Besteuerung nach dem Einkommen zuständige Finanzamt oder im Übrigen das Bundeszentralamt für Steuern das Vorliegen der Voraussetzungen festzustellen. Dabei ist der Mindestzeitraum von drei Jahren nach § 1 Absatz 1d Satz 3 zu beachten. § 1 Absatz 1d Satz 4 und 5 ist entsprechend anzuwenden. Mit Ablauf des Geschäftsjahres, in dem der Feststellungsbescheid unanfechtbar geworden ist, gilt der Anteil an der Investitionsgesellschaft als veräußert und der Anteil an einem Investmentfonds als angeschafft. Kapitalertragsteuer ist nicht einzubehalten und abzuführen. Als Veräußerungserlös des Investitionsgesellschaftsanteils und als Anschaffungskosten des Investmentanteils ist der Rücknahmepreis am Ende des Geschäftsjahres anzusetzen, in dem der Feststellungsbescheid unanfechtbar geworden ist. Wird kein Rücknahmepreis festgesetzt, tritt an seine Stelle der Börsen- oder Marktpreis. Die festgesetzte Steuer gilt bis zur tatsächlichen Veräußerung des Anteils als zinslos gestundet.

Schrifttum

Einführung durch das AIFM-StAnpG v. 18. Dezember 2013 (BGBl. I S. 4318) mit Wirkung zum 24. Dezember 2013.

Finanzverwaltung/Finanzdienstleistungsaufsicht: Rundschreiben 14/2008 (WA) zum Anwendungsbereich des Investmentgesetzes nach § 1 Satz 1 Nr. 3 InvG, WA 41-Wp 2136-2008/0001; BMF Schr. v. 18.8. 2009, „Investmentsteuergesetz: Zweifels- und Auslegungsfragen, Aktualisierung des BMF Schr. v. 2.6.2005 (BStBl. I 2005, S. 278)" IV C1 – S1980-1/08/00019, BStBl. I 2009 931; BMF Schr. v. 4.6.2014, „Investmentsteuergesetz in der Fassung des AIFM-Steuer-Anpassungsgesetzes; Auslegungsfragen", IV C 1 – S 1980-1/13/10007 :002.

---

58 Zur Problematik der Anwendung des § 3 Nr. 41 EStG bei körperschaftsteuerpflichtigen Anlegern siehe *Watrin/Eberhardt* DB **2014** 798 m.w.N.; ausführlich *Watrin/Eberhardt* DStR **2013** 2602 ff.
59 Kritisch *Watrin/Eberhardt* DB **2014** 798 ff.
60 Vgl. Rn. 17 ff. sowie Rn. 26.
61 Zum Aktiengewinn allgemein siehe § 5 InvStG Rn. 178 ff.

§ 20 —— Umwandlung einer Investitionsgesellschaft in einen Investmentfonds

Systematische Übersicht
A. Einführung —— 1
B. Regelungsinhalt und Folgen des § 20 InvStG
  I. Regelungsinhalt —— 4
  II. Folgen der Umwandlung
    1. Materielle Folgen der fiktiven Veräußerung —— 11
    2. Aktien- und Immobilien-Gewinn —— 16
    3. Startwert für akkumulierte thesaurierte steuerabzugspflichtige Erträge —— 21

A. Einführung

1   Das Investmentsteuergesetz in der bis zum 23. Dezember 2013 geltenden Fassung regelte ausschließlich die Besteuerung von Investmentvermögen, die in den Anwendungsbereich des Investmentgesetzes fielen, namentlich inländische Investmentvermögen im Sinne des InvG sowie ausländische Investmentvermögen und ausländische Investmentanteile im Sinne des § 2 Abs. 8 und Abs. 9 InvG. Der Auslegung des Anwendungsbereichs des InvG[1] durch das Aufsichtsrecht – unabhängig davon, ob die ausländischen Investmentanteile im Inland öffentlich vertrieben werden durften – war auch für das Steuerrecht grundsätzlich zu folgen. Eine formale Bindungswirkung des Steuerrechts an die aufsichtsrechtliche Entscheidung bestand jedoch nicht.[2] Die steuerrechtlichen Folgen für den Fall, dass ein Investmentvehikel durch Änderung seiner Vertragsbedingungen erstmalig in den Anwendungsbereich des InvStG fiel oder aber aus dem Anwendungsbereich herausfiel, war bislang nicht gesetzlich geregelt.

2   Mit dem AIFM-StAnpG wurde der Anwendungsbereich des InvStG durch Anknüpfung an die Begriffsbestimmung des KAGB deutlich ausgeweitet.[3] Im Gegenzug wurde die Anwendbarkeit des bislang bekannten Besteuerungsregimes auf die Investmentvermögen eingeschränkt, welche nun die in § 1 Abs. 1b InvStG formulierten Anforderungen erfüllen müssen (sogenannte Investmentfonds). Gleichzeitig wurden zwei weitere Besteuerungsregime, das der Personen-Investitionsgesellschaft (§ 18 InvStG) sowie das der Kapital-Investitionsgesellschaft (§ 19 InvStG), eingeführt. Unter das Steuerregime der Kapital-Investitionsgesellschaft fallen hierbei alle Investmentvermögen, die weder Investmentfonds im Sinne des § 1 Abs. 1b InvStG noch Personen-Investitionsgesellschaft im Sinne des § 18 InvStG sind.[4]

3   Durch diese gesetzliche Neuregelung wurde nicht nur erstmalig die Besteuerung für in- und insbesondere ausländische Investmentvermögen umfassend kodifiziert, sondern ebenfalls erstmalig eine Regelung der steuerrechtlichen Folgen der Umwandlung einer Investitionsgesellschaft in einen Investmentfonds und den damit einhergehenden Wechsel des Besteuerungsregimes gesetzlich geregelt. Der Wechsel aus dem Besteuerungsregime der Investitionsgesellschaft in das Besteuerungsregime des Investmentfonds ist in § 20 InvStG geregelt.[5]

---

[1] § 1 Satz 2 und § 2 InvG für inl. Investmentvermögen bzw. § 1 Satz 2 und § 2 InvG i.V.m. § 2 Abs. 9 InvG für ausl. Investmentvermögen. Zweifels- und Auslegungsfragen wurden von der BaFin insbesondere im Rundschreiben 14/2008 (WA) zum Anwendungsbereich des Investmentgesetzes nach § 1 Satz 1 Nr. 3 InvG, WA 41-Wp 2136-2008/0001, geregelt.
[2] Vgl. Tz 5 des BMF Schr. v. 18.8.2009 BStBl. I 2009 931.
[3] Vgl. zu § 1 InvStG Rn. 4 ff.
[4] § 19 Abs. 1 Satz 1 InvStG.
[5] Der Wechsel aus dem Besteuerungsregime des Investmentfonds in das Besteuerungsregime einer Personen- oder aber Kapitalinvestitionsgesellschaft ist im § 1 Abs. 1d InvStG (Publikumsfonds) bzw. im § 15 Abs. 3 InvStG (Spezialfonds) geregelt.

B. Regelungsinhalt und Folgen des § 20 InvStG

I. Regelungsinhalt

Passt die Investitionsgesellschaft ihre Anlagebedingungen sowie ihr tatsächliches Anlageverhalten dergestalt an, dass die Voraussetzungen des § 1 Abs. 1b InvStG erfüllt sind, kann die Investitionsgesellschaft ihre Umwandlung in einen Investmentfonds beantragen. Die Antragstellung[6] erfolgt für inländische Investitionsgesellschaften bei dem für ihre Besteuerung des Einkommens zuständigen Finanzamt oder aber im Falle von ausländischen Investitionsgesellschaften beim BZSt.[7]

Eine Antragstellung ist gegebenenfalls jedoch erst zum Ablauf einer dreijährigen Sperrfrist möglich. Sofern die Investitionsgesellschaft vormals als Investmentfonds qualifizierte und aufgrund Änderung der Anlagebedingungen oder aber durch einen materiellen Verstoß gegen die in § 1 Abs. 1b InvStG formulierten Anlagerestriktionen[8] durch Feststellungsbescheid des zuständigen Finanzamtes oder aber des BZSt in eine Investitionsgesellschaft umklassifiziert wurde, gilt diese nach Ablauf des Geschäftsjahres, in dem der Feststellungsbescheid unanfechtbar geworden ist (offene Investmentfonds, vormals Publikumsfonds) bzw. mit Ablauf des Jahres, in welchem die Vertragsbedingungen geändert wurden bzw. der Verstoß erfolgte (Spezial-Investmentfonds, vormals Spezialfonds), für einen Zeitraum von mindestens drei Jahren als Investitionsgesellschaft.[9] Ein vorheriger Wechsel ist somit nicht zulässig.

Kritisch zu sehen ist, dass bei einem geplanten Wechsel zum Investmentfonds die Antragspflicht aufgrund einer fehlenden Differenzierung im Gesetzestext grundsätzlich für alle Investitionsgesellschaften gilt, unabhängig davon, ob zum Zeitpunkt der geplanten Umwandlung bereits ein in Deutschland steuerpflichtiger Anleger investiert ist. Dies ist insbesondere für ausländische Investmentvermögen problematisch, die gegebenenfalls zwar materiell die Anlagerestriktionen des § 1 Abs. 1b InvStG erfüllen, diese aber nicht wie in § 1 Abs. 1 Nr. 9 InvStG vorgeschrieben aus den Anlagebedingungen explizit hervorgehen. Beabsichtigt nun ein in Deutschland steuerpflichtiger Anleger unter der Voraussetzung, dass dieses Investmentvermögen steuerlich als Investmentfonds qualifiziert, zu investieren, ist es nunmehr nicht mehr möglich, kurzfristig die Voraussetzungen für die Investition zu schaffen. Dies soll an dem nachfolgenden Beispiel verdeutliche werden.

Beispiel: Ein Investmentvermögen mit Geschäftsjahresende fällt aufgrund der fehlenden formalen Einhaltung der Voraussetzungen des § 1 Abs. 1b InvStG in das Besteuerungsregime der Kapital-Investitionsgesellschaft. Im September t_0 beabsichtigt ein in Deutschland steuerpflichtiger Investor zu investieren, sofern das Investmentvermögen die Transparenzvoraussetzungen erfüllt und die Besteuerungsgrundlagen nach § 5 InvStG veröffentlicht. Die Kapital-Investitionsgesellschaft passt daraufhin die Vertragsbedingungen an und legt diese der Aufsicht zur Genehmigung vor. Nach erfolgter Genehmigung wird der entsprechende Antrag zur Umwandlung Ende November beim BZSt gestellt. Der Bescheid ergeht

---

[6] Form und Inhalt des Antrags sind derzeit nicht weiter gesetzlich bzw. über ein entsprechendes BMF-Schreiben geregelt. Es bleibt somit abzuwarten, inwieweit hierzu von der Finanzverwaltung noch spezifische Vorgaben gemacht werden. Dem derzeit formlosen Antrag ist zumindest der angepasste Prospekt, aus dem die Anlagegrenzen des § 1 Abs. 1b InvStG hervorgehen, beizulegen.
[7] § 20 Satz 1 InvStG.
[8] Zur Definition des materiellen Verstoßes vgl. § 1 InvStG Rn. 138 ff.
[9] Vgl. § 1 Abs. 1d InvStG für offene Investmentfonds bzw. § 15 Abs. 3 Satz 1 InvStG für Spezial-Investmentfonds. Die Sperrfrist soll einen missbräuchlichen Wechsel zwischen den Besteuerungssystemen unterbinden und sowohl für das Investmentvermögen als auch deren Investoren eine Kontinuität in der Besteuerung schaffen. Vgl. BRDrucks. 740/13, S. 65.

Mitte Dezember. Bestandskräftig wird der Bescheid jedoch erst nach Ablauf der einmonatigen Einspruchsfrist Mitte Januar in t_1 (§ 355 Abs. 1 AO). Die Kapital-Investitionsgesellschaft gilt jedoch erst mit Ablauf des Geschäftsjahres als Investmentfonds, in dem der Feststellungsbescheid unanfechtbar geworden ist, also mit Ablauf von t_1. Dies hat zur Folge, dass der Wechsel des Besteuerungssystems erst in t_2 Wirkung entfaltet.

7   Für Investmentvermögen,[10] an denen vor Anpassung der Vertragsbedingungen nachweislich kein in Deutschland steuerpflichtiger Anleger investiert ist bzw. für die Fälle, in denen das ausländische Investmentvermögen keine Berührungspunkte mit Deutschland hatte, sollte die Anwendung des Besteuerungsregimes für Investmentfonds ohne Antragstellung möglich sein, da die in § 20 InvStG vorgesehene Schlussbesteuerung mangels in Deutschland steuerpflichtiger Anleger ins Leere laufen würde. Für nach der Anpassung der Vertragsbedingungen an die Vorgaben des § 1 Abs. 1b InvStG neu aufgelegte Anteilklassen sollte dies auch dann gelten, wenn in Deutschland steuerpflichtige Anleger bereits in andere bestehende Anteilklassen investiert waren.

8   Die Information über die Umwandlung erfolgt durch Publikation der entsprechenden Informationen im Bundesanzeiger. Das BZSt ist dafür verantwortlich – betreffend inländische Investmentvermögen nach Unterrichtung durch das zuständige Finanzamt – die Bezeichnung des Investmentvermögens, die Wertpapieridentifikationsnummer (soweit vorhanden) sowie den Zeitpunkt, ab dem die Investitionsgesellschaft als Investmentfonds gilt, zur Veröffentlichung an den Bundesanzeiger weiterzuleiten. Eine Frist, innerhalb derer die Veröffentlichung zu erfolgen hat, ist gesetzlich nicht vorgegeben, jedoch ist die Veröffentlichung lediglich deklaratorisch und nicht konstitutiv, so dass zumindest keine Rechtsfolgen an die Veröffentlichung selbst gebunden sind.[11]

9   Der durch die Umwandlung der Investitionsgesellschaft in einen Investmentfonds bedingte Wechsel des Besteuerungsregimes löst mit Ablauf des Geschäftsjahres, in dem der Feststellungsbescheid unanfechtbar geworden ist, steuerlich einen fiktiven Verkauf der Anteile an der Investitionsgesellschaft sowie einen Kauf der Anteile an dem Investmentfonds aus.[12] Als Veräußerungspreis bzw. Anschaffungskosten ist der Rücknahmepreis, sofern nicht vorhanden alternativ der Börsen- oder Marktpreis,[13] zum Ende des Geschäftsjahres, zudem die Umwandlung in den Investmentfonds erfolgt, anzusetzen.[14] Mangels eines tatsächlichen Geldflusses gilt die auf das Veräußerungsergebnis festzusetzende Steuer bis zur tatsächlichen Veräußerung des Anteils als zinslos gestundet;[15] ein Kapitalertragsteuerabzug findet dementsprechend nicht statt.[16]

10 Im Gegenzug zum Umwandlungsvorgang eines Investmentfonds in eine Investitionsgesellschaft, welcher im § 1 Abs. 1d InvStG (offener Investmentfonds) bzw. im § 15 Abs. 3 InvStG (Spezial-Investmentfonds) geregelt ist, gibt es für die Umwandlungsrichtung von einer Investitionsgesellschaft in einen Investmentfonds keine abweichenden Vorschriften für Spezial-Investmentfonds, da es diese Unterscheidung im Besteuerungs-

---

10 Da für Publikationszwecke der Besteuerungsgrundlagen gemäß § 5 InvStG auf die einzelne Anteilklasse abgestellt wird, ist es sachgemäß für diese Zwecke bei Anteilklassenfonds auf die einzelne Anteilklasse als Investmentvermögen abzustellen. Andere Ansicht: BMF Schr. v. 4.6.2014, S. 2 f.
11 Die Rechtsfolgen sind nicht an die Veröffentlichung im Bundesanzeiger sondern an die Bestandskraft des Feststellungsbescheides geknüpft. Vgl. § 20 Satz 4 InvStG.
12 § 20 Satz 4 InvStG.
13 Zur Definition des Börsen- bzw. Marktpreises siehe § 6 InvStG Rn. 47 und 48, BMF Schr. v. 18.8.2009 BStBl. I 2009 931 Rn. 129.
14 § 20 Satz 6 und 7 InvStG.
15 § 20 Satz 9 InvStG.
16 § 20 Satz 5 InvStG.

regime der Investitionsgesellschaft steuersystematisch nicht gibt und systematisch auch nicht erforderlich ist.

II. Folgen der Umwandlung

1. Materielle Folgen der fiktiven Veräußerung. Für Privatanleger hat die fiktive Veräußerung und Neuanschaffung dann eine materielle Folge, sofern es sich bei den gehaltenen Anteilen an der Investitionsgesellschaft noch um Anteile handelt, die vor dem 1. Januar 2009 erworben wurden. Durch den fiktiven Veräußerungs- und Neuanschaffungsvorgang fallen die Anteile aus dem Bestandsschutz, so dass eine künftige Wertsteigerung entsprechend der Abgeltungsteuer unterliegt. Die Wertsteigerung bis zum Zeitpunkt der fiktiven Veräußerung bleibt gemäß § 52a Abs. 11 Satz 4 EStG steuerfrei. **11**

Handelt es sich hingegen um Anteile erworben nach dem 31. Dezember 2008 hat die fiktive Veräußerung keine materiellen steuerrechtlichen Folgen, da die zum Zeitpunkt der fiktiven Veräußerung festgesetzte Steuer mit der auf das zum Zeitpunkt der tatsächlichen Veräußerung ermittelte Veräußerungsergebnis verrechnet wird und sowohl das erzielte Veräußerungsergebnis aus der Investitionsgesellschaft als auch aus dem Investmentfonds beim Privatanleger der vollen Steuerpflicht unterliegt.[17] Dies soll das folgende Beispiel verdeutlichen: **12**

Beispiel: Ein Privatanleger erwirbt am 1. Februar 2010 10 Anteile an einer Kapital-Investitionsgesellschaft zu einem Anteilspreis von 100. Das Geschäftsjahr der Kapital-Investitionsgesellschaft entspricht dem Kalenderjahr. Aufgrund der wirksamen Umwandlung in einen Investmentfonds gelten die Anteile zum 31. Dezember 2013 als veräußert. Der Anteilspreis beträgt zu diesem Zeitpunkt 120. Die Kapitalertragsteuer auf den Veräußerungsgewinn von 200 beträgt 50 und wird gemäß § 20 Satz 8 InvStG zinslos gestundet. Die Investmentfondsanteile gelten zu 120 als angeschafft. Am 25. Februar 2014 veräußert der Privatanleger seine Anteile zu einem Anteilspreis von 115 und realisiert entsprechend einen Verlust von 50. Der Verlust wird entsprechend mit der zinslos gestundeten Kapitalertragsteuer aus der fiktiven Veräußerung verrechnet, so dass sich die abzuführende Kapitalertragsteuer auf 50[18]–12,5[19] (50*25%) = 37,5 mindert.

Zum gleichen Ergebnis kommt man auch ohne die fiktive Veräußerung und Neuanschaffung: Veräußerung der 10 Anteile zu je 115 bei ursprünglichen Anschaffungskosten von 100 je Anteil führt zu einem Veräußerungsgewinn von 150. Die hierauf entfallende Kapitalertragsteuer beläuft sich auf 37,5.

Zu beachten ist jedoch, dass gemäß § 20 Satz 8 InvStG die Steuer aus dem fiktiven Veräußerungsgewinn festzusetzen ist. Dies setzt u. E. voraus, dass nicht nur der betriebliche Anleger, sondern auch der Privatanleger, der grundsätzlich der Abgeltungsteuer unterliegt, im Jahr der fiktiven als auch im Jahr der tatsächlichen Veräußerung in die Veranlagung muss.[20] Entsprechend ist der Veräußerungserlös zum Zeitpunkt der fiktiven Veräußerung in der Steuerbescheinigung der Bank auszuweisen. Beim tatsächlichen Verkauf kann die Bank – bei im Privatvermögen gehaltenen Anteilen – nur auf das Veräußerungsergebnis ab fiktivem Erwerbszeitpunkt die Abgeltungsteuer ermitteln und abführen. Die gestundete (durch das Finanzamt festgesetzte) Steuer kann u.E. nur im **13**

---

17 Die nach § 8 Abs. 5 InvStG vorzunehmenden Anpassungen des Veräußerungsergebnisses dienen ausschließlich dazu, die besitzzeitanteilige Wertentwicklung vollständig der Besteuerung zu unterwerfen und eine Doppelbesteuerung bzw. eine unvollständige Besteuerung zu vermeiden.
18 Zinslos gestundete Kapitalertragsteuer aus dem fiktiven Verkauf.
19 Reduzierung der Kapitalertragsteuer aufgrund des Verlustes aus dem Verkauf des Investmentfonds.
20 Vgl. BRDrucks. 740/13, S. 104.

Rahmen einer Veranlagung erfolgen, da der Bank die Höhe der auf den fiktiven Verkauf durch das Finanzamt festgesetzten Steuer nicht bekannt sein dürfte.

14 Für betriebliche Anleger hat die fiktive Veräußerung und Neuanschaffung ebenfalls keine materiellen Auswirkungen. Zum Zeitpunkt der fiktiven Veräußerung ist das Veräußerungsergebnis zu ermitteln. Für den Fall, dass § 8b KStG bzw. § 3 Nr. 40 EStG zur Anwendung kommt, ist dieses Veräußerungsergebnis entsprechend steuerbegünstigt.[21] Anderenfalls unterliegt das Veräußerungsergebnis zum Zeitpunkt der fiktiven Veräußerung der vollen Besteuerung.

15 Bei tatsächlicher Veräußerung des Investmentfondsanteils wird nur der Teil des Veräußerungsergebnisses zum Zeitpunkt der Veräußerung unter Anwendung des § 3 Nr. 40 EStG bzw. 8b KStG steuerbegünstigt, sofern der Aktiengewinn gemäß den Vorgaben des § 5 Abs. 2 InvStG veröffentlicht wird. Der besitzzeitanteilige Aktiengewinn beinhaltet hierbei nur die Wertsteigerung ab Wirksamwerden der Umwandlung in einen Investmentfonds im Sinne des Investmentsteuergesetzes.[22] Der verbleibende Anteil unterliegt der vollen Besteuerung.

16 **2. Aktien- und Immobilien-Gewinn.** Auf eine Investitionsgesellschaft gemäß § 1 Abs. 1c InvStG sind lediglich der § 1 Abs. 1, 1a und 2 sowie die Abschnitte 4 und 5 des Investmentsteuergesetzes anwendbar. Die Besteuerung des Veräußerungsergebnisses auf Anlegerebene erfolgt bei Personen-Investitionsgesellschaften nach den allgemeinen steuerrechtlichen Regelungen (§ 18 Abs. 3 InvStG), bei Kapital-Investitionsgesellschaften nach den Vorgaben des § 19 Abs. 3 InvStG. Die Anwendbarkeit des § 3 Abs. 40 EStG bzw. § 8b KStG auf das Veräußerungsergebnis aus Kapital-Investitionsgesellschaften ist demzufolge nicht abhängig von der Veröffentlichung eines Aktiengewinns wie er sich für Investmentfonds aus den Vorgaben des § 5 Abs. 2 InvStG (Abschnitt 1 des InvStG) ergibt, vielmehr ist diese abhängig von der Steuersituation der Kapital-Investitionsgesellschaft in ihrem Sitzstaat.[23]

17 Mit Wirksamwerden der Umwandlung der Investitionsgesellschaft in einen Investmentfonds – dies entspricht dem ersten Tag nach Geschäftsjahresende, in dem der diesbezügliche Feststellungsbescheid unanfechtbar geworden ist – ist der Aktien- und Immobilien-Gewinn zusammen mit dem Rücknahmepreis zu publizieren,[24] um über den Regelungsinhalt des § 8 InvStG zum einen den betrieblichen Anlegern die Anwendung des § 3 Nr. 40 EStG bzw. des § 8b KStG auf den entsprechenden Teil des Veräußerungsergebnisses zu eröffnen und zum anderen allen Anlegern die steuerfreie Vereinnahmung von DBA-befreiten Einkünften zu ermöglichen. Insoweit ist die Umwandlung der Anteile an einer Investitionsgesellschaft in Anteile eines Investmentfonds im Rahmen des fiktiven Veräußerungs- und Neuanschaffungsvorganges als erstmalige Ausgabe der Anteile im Sinne des § 5 Abs. 2 Satz 3 InvStG zu sehen.

---

21 Vgl. § 19 Abs. 3 InvStG. In der Regel wird eine Steuerbefreiung nicht möglich sein, da die Voraussetzungen des § 19 Abs. 2 InvStG nicht erfüllt werden. § 3 Nr. 40 EStG bzw. § 8b KStG sind gemäß § 19 Abs. 3 i.V.m. Abs. 2 Satz 2 InvStG nur unter der Voraussetzung anwendbar, dass die Kapital-Investitionsgesellschaft im Falle der Ansässigkeit in einem EU-Staat der Ertragsbesteuerung unterliegt und nicht von ihr befreit wurde oder aber im Falle der Ansässigkeit in einem Drittstaat einer tatsächlichen Ertragsbesteuerung von mindestens 15% unterliegt. Im Regelfall wird das Investmentvermögen in seinem Sitzstaat von der Besteuerung selbst befreit sein.
22 Zur Ermittlung des Startwertes des Aktien- und Immobiliengewinns vgl. Rn. 20.
23 Vgl. hierzu § 19 InvStG Rn. 17 ff.
24 Vgl. hierzu die Ausführungen zu § 5 InvStG Rn. 193 ff.

Für offene inländische Investmentvermögen besteht entsprechend am ersten Tag als Investmentfonds das Wahlrecht zur Ermittlung und Publikation des Aktien- und Immobiliengewinns.[25] **18**

Ausländische Investmentfonds haben grundsätzlich das Wahlrecht innerhalb von zwei Monaten nach Ablauf der Frist zur Untersagung des Vertriebs durch die Bundesanstalt für Finanzdienstleistungsaufsicht auszuüben. Sofern der Vertrieb im Rahmen des private placement erfolgte, war das Wahlrecht innerhalb von zwei Monaten nach Ausgabe der ersten Investmentfondsanteile an einen Inländer auszuüben.[26] Sofern das Investmentvermögen somit vor Umwandlung bereits mehr als zwei Monate zum Vertrieb zugelassen war, muss für diesen die gleiche Regelung gelten wie für das offene inländische Investmentvermögen mit Recht zur Ausübung des Wahlrechts am ersten Tag nach Umwandlung in einen Investmentfonds.[27] **19**

Der Startwert des Aktien- und Immobiliengewinns ist systematisch mit Null anzusetzen. Analog Rn. 115 des BMF-Schreibens v. 18.8.2009 sind nur die realisierten und nicht realisierten Kurs- bzw. Wertveränderungen zu berücksichtigen, die sich gegenüber den Kursen bzw. Werten zum Ablauf des Geschäftsjahres, in dem der Feststellungsbescheid unanfechtbar geworden ist, ergeben.[28] **20**

3. Startwert für akkumulierte thesaurierte steuerabzugspflichtige Erträge.

Für ausländische Investmentfonds ist gemäß § 5 Abs. 1 Nr. 4 InvStG die Summe der nach dem 31. Dezember 1993 dem Anleger als zugeflossen geltenden, aber noch nicht dem Steuerabzug unterworfenen Erträge zu ermitteln und mit dem Rücknahmepreis bekannt zu machen.[29] **21**

Sofern die Investitionsgesellschaft nicht bereits vormals einmal als Investmentfonds qualifiziert wurde, ist der Startwert für die akkumulierten thesaurierten steuerabzugspflichtigen Erträge (ADDI) unstrittig mit Null anzusetzen, da die Vorschrift für die Besteuerung der Erträge aus der Investitionsgesellschaft keine Relevanz besitzt. **22**

Fand auf das ausländische Investmentvermögen in der Vergangenheit bereits das Besteuerungsregime für Investmentfonds bzw. das InvStG in der am 23. Dezember 2013 geltenden Fassung Anwendung, besteht zum einen die Möglichkeit den ADDI als Startwert anzusetzen, der zum letzten Geschäftsjahresende als Investmentfonds ermittelt wurde. Zum anderen wäre auch ein Startwert von Null denkbar, da durch den fiktiven Veräußerungs- und Neuanschaffungsvorgang zum Zeitpunkt der jeweiligen Umwandlung eine Form der „Schlussbesteuerung" erfolgt. Da beide Startwerte zum selben steuerlichen Ergebnis führen – der Privatanleger unterliegt zum Zeitpunkt der Veräußerung mit dem besitzzeitanteiligen ADDI der Abschlagsteuer[30] – sind u.E. beide Vorgehensweisen vertretbar. Vor dem Hintergrund der beschriebenen Schlussbesteuerung zum Zeitpunkt der Umwandlung sowie der fiktiven Neuanschaffung der Anteile durch alle am Investmentvermögen in Deutschland steuerpflichtigen Anleger ist aus unserer Sicht der **23**

---

25 Vgl. hierzu ausführlich § 5 InvStG Rn. 190 ff.
26 Vgl. BMF v. 18.8.2009, BStBl. I 2009, 931 Tz. 110 sowie ausführlich § 5 InvStG Rn. 191 ff.
27 Mit Inkrafttreten des KAGB zum 21. Juli 2013 entfällt nach Auslaufen der Übergangsvorschrift die Möglichkeit des private placement. Künftig ist der Vertrieb nur nach entsprechender Genehmigung durch die BaFin möglich.
28 Vgl. BMF Schr. v. 18.8.2009 BStBl. I 2009 931 Tz. 115.
29 Vgl. § 5 Abs. 1 Nr. 4 InvStG sowie § 5 InvStG Rn. 139 ff.
30 Vgl. § 7 Abs. 1 Satz 1 Nr. 3 InvStG. Voraussetzung ist, dass das Datum der Anschaffung systemseitig vorgehalten wird, um den besitzzeitanteiligen ADDI bestimmen zu können (§ 7 Abs. 1 Satz 1 Nr. 3 Satz 2 InvStG). Liegt das Anschaffungsdatum nicht vor, ist auf die Kapitalertragsteuer auf den ADDI zum Zeitpunkt der Veräußerung abzuführen.

Startwert mit Null anzusetzen. Dies ist auch im Einklang mit der anzunehmenden fiktiven Erstausgabe der Anteile für Zwecke der Wahlrechtsausübung zur Ermittlung und Veröffentlichung des Aktien- und Immobiliengewinns.[31]

---

31 Vgl. Rn. 17 ff.

ABSCHNITT 5
Anwendungs- und Übergangsvorschriften

§ 21
Anwendungsvorschriften vor Inkrafttreten des AIFM-Steuer-Anpassungsgesetzes

(1) Diese Fassung des Gesetzes ist vorbehaltlich des Satzes 2 und der nachfolgenden Absätze erstmals auf die Erträge eines Investmentvermögens anzuwenden, die dem Investmentvermögen nach dem 31. Dezember 2008 zufließen. Auf ausgeschüttete Gewinne aus der Veräußerung von Wertpapieren, Termingeschäften und Bezugsrechten auf Anteile an Kapitalgesellschaften, bei denen das Investmentvermögen die Wertpapiere oder Bezugsrechte vor dem 1. Januar 2009 angeschafft hat oder das Investmentvermögen das Termingeschäft vor dem 1. Januar 2009 abgeschlossen hat, ist § 2 Abs. 3 Nr. 1 in der am 31. Dezember 2008 anzuwendenden Fassung weiter anzuwenden. Die in § 21 verwendeten Begriffe Investmentvermögen, Publikums-Investmentvermögen, Ziel-Investmentvermögen und Dach-Investmentvermögen bestimmen sich weiterhin nach diesem Gesetz und dem Investmentgesetz in der am 21. Juli 2013 geltenden Fassung.

(2) § 7 Abs. 1, 3 und 4 in der Fassung des Artikels 8 des Gesetzes vom 14. August 2007 (BGBl. I S. 1912) ist erstmals auf Kapitalerträge anzuwenden, die dem Anleger nach dem 31. Dezember 2008 zufließen oder als zugeflossen gelten. § 8 Abs. 5 und 6 in der Fassung des Artikels 14 des Gesetzes vom 19. Dezember 2008 (BGBl. I S. 2794) ist vorbehaltlich der Absätze 2a und 2b erstmals auf die Rückgabe oder Veräußerung von Investmentanteilen anzuwenden, die nach dem 31. Dezember 2008 erworben werden. § 15 Abs. 2 in der Fassung des Artikels 8 des Gesetzes vom 14. August 2007 (BGBl. I S. 1912) ist erstmals auf Erträge anzuwenden, die dem Anleger nach dem 31. Dezember 2008 zufließen oder als zugeflossen gelten.

(2a) Auf die Veräußerung oder Rückgabe von Anteilen an inländischen Spezial-Sondervermögen, inländischen Spezial-Investment-Aktiengesellschaften oder ausländischen Spezial-Investmentvermögen, die nach dem 9. November 2007 und vor dem 1. Januar 2009 erworben werden, ist bereits § 8 Abs. 5 in der in Absatz 2 Satz 2 genannten Fassung mit Ausnahme des Satzes 5 anzuwenden. Satz 1 gilt entsprechend für die Rückgabe oder Veräußerung von Anteilen an anderen Investmentvermögen, bei denen durch Gesetz, Satzung, Gesellschaftsvertrag oder Anlagebedingungen die Beteiligung natürlicher Personen von der Sachkunde des Anlegers abhängig oder für die Beteiligung eine Mindestanlagesumme von 100.000 Euro oder mehr vorgeschrieben ist. Wann von dieser Sachkunde auszugehen ist, richtet sich nach dem Gesetz, der Satzung, dem Gesellschaftsvertrag oder den Anlagebedingungen. Als Veräußerungsgewinn wird aber höchstens die Summe der vom Investmentvermögen thesaurierten Veräußerungsgewinne angesetzt, auf die bei Ausschüttung Absatz 1 Satz 2 nicht anzuwenden wäre; der Anleger hat diesen niedrigeren Wert nachzuweisen. Auf Veräußerungsgewinne im Sinne dieses Absatzes ist § 8 Abs. 6 nicht anzuwenden; § 32d des Einkommensteuergesetzes in der nach dem 31. Dezember 2008 anzuwendenden Fassung gilt entsprechend.

(2b) Auf die Rückgabe oder Veräußerung von Anteilen an Publikums-Investmentvermögen, deren Anlagepolitik auf die Erzielung einer Geldmarktrendite ausgerichtet ist und deren Termingeschäfts- und Wertpapierveräußerungsgewinne nach Verrechnung mit entsprechenden Verlusten vor Aufwandsverrechnung ohne Ertragsausgleich gemäß dem Jahresbericht des letzten vor dem 19. September 2008 endenden Geschäftsjahres die ordentlichen Erträge vor Aufwandsverrechnung ohne Ertragsausgleich übersteigen, ist § 8 Abs. 5 Satz 1 bis 4 und 6 sowie Abs. 6 in der in Absatz 2 Satz 2 genannten Fassung auch für vor dem 1. Januar 2009 angeschaffte Anteile anzuwenden, es sei denn, die Anteile wurden vor dem 19. September 2008 angeschafft; für neu aufgelegte Publikums-Investmentvermögen ist auf das erste nach dem 19. September 2008 endende Geschäftsjahr abzustellen. Auf die Veräußerung oder Rückgabe von Anteilen im Sinne des Satzes 1, die vor dem 19. September 2008 angeschafft wurden, ist bei Rückgaben oder Veräußerungen nach dem 10. Januar 2011 die in Absatz 2 Satz 2 genannte Fassung mit der Maßgabe anzuwenden, dass eine Anschaffung des Investmentanteils zum 10. Januar 2011 unterstellt wird.

(3) § 15 Absatz 1 Satz 7 und 8 in der Fassung des Artikels 8 des Gesetzes vom 14. August 2007 (BGBl. I S. 1912) ist erstmals auf ausgeschüttete oder ausschüttungsgleiche Erträge anzuwenden, soweit sie Entgelte enthalten, die dem Investmentvermögen nach dem 17. August 2007 zufließen.

(4) § 7 Abs. 1 Satz 1 Nr. 3 Satz 2 in der Fassung des Artikels 13 des Gesetzes vom 13. Dezember 2006 (BGBl. I S. 2878) ist anzuwenden auf die Rückgabe oder Veräußerung von Investmentanteilen, die nach dem 31. Dezember 2006 innerhalb des gleichen Instituts auf das Depot des Anlegers übertragen worden sind. Die Neufassung kann auch auf die Rückgabe oder Veräußerung von Investmentanteilen angewandt werden, die vor dem 1. Januar 2007 innerhalb des gleichen Instituts auf das Depot des Anlegers übertragen worden sind, wenn die Anschaffungskosten der Investmentanteile sich aus den Unterlagen des Instituts ergeben.

(5) § 2 in der Fassung des Gesetzes vom 28. Mai 2007 (BGBl. I S. 914) ist erstmals auf Dividenden und Veräußerungserlöse anzuwenden, die dem Investmentvermögen nach dem 31. Dezember 2007 zufließen oder als zugeflossen gelten. § 8 in der Fassung des Gesetzes vom 28. Mai 2007 (BGBl. I S. 914) ist erstmals bei der Rückgabe oder Veräußerung oder der Bewertung eines Investmentanteils nach dem 31. Dezember 2007 anzuwenden. Die Investmentgesellschaft hat für Bewertungstage nach dem 31. Dezember 2007 bei der Ermittlung des Prozentsatzes nach § 5 Abs. 2 die Neufassung des § 8 zu berücksichtigen.

(6) § 2 Abs. 2a und § 5 Abs. 1 Satz 1 Buchstabe c Doppelbuchstabe ll in der Fassung des Artikels 23 des Gesetzes vom 20. Dezember 2007 (BGBl. I S. 3150) sind erstmals auf Investmenterträge anzuwenden, die einem Anleger nach dem 25. Mai 2007 zufließen oder als zugeflossen gelten.

(7) § 7 Abs. 8 in der Fassung des Artikels 23 des Gesetzes vom 20. Dezember 2007 (BGBl. I S. 3150) ist auf den nach dem 31. Dezember 2007 vorzunehmenden Steuerabzug anzuwenden.

(8) § 13 Abs. 4 in der Fassung des Artikels 23 des Gesetzes vom 20. Dezember 2007 (BGBl. I S. 3150) ist für alle Feststellungszeiträume anzuwenden, für die die Feststellungsfrist noch nicht abgelaufen ist.

(9) § 15 Abs. 1 Satz 3 in der Fassung des Artikels 23 des Gesetzes vom 20. Dezember 2007 (BGBl. I S. 3150) ist für alle Feststellungszeiträume anzuwenden, für die die Feststellungsfrist noch nicht abgelaufen ist.

(10) § 15 Abs. 1 Satz 1 und § 16 Satz 1 in der Fassung dieses Gesetzes sind erstmals auf das erste nach dem Inkrafttreten des Investmentänderungsgesetzes vom 21. Dezember 2007 (BGBl. I S. 3089) endende Geschäftsjahr anzuwenden.

(11) Sind Anteile an ausländischen Vermögen zwar ausländische Investmentanteile gemäß § 2 Abs. 9 des Investmentgesetzes in der bis zum, nicht aber in der seit dem Inkrafttreten des Investmentänderungsgesetzes vom 21. Dezember 2007 (BGBl. I S. 3089) geltenden Fassung, so gelten sie für die Anwendung dieses Gesetzes

bis zum Ende des letzten Geschäftsjahres, das vor dem 28. Dezember 2007 begonnen hat, weiterhin als ausländische Investmentanteile. In den Fällen des § 6 gelten solche Anteile bis zum 31. Dezember 2007 als ausländische Investmentanteile.

(12) § 1 Abs. 3 Satz 3 und 4 sowie Abs. 4 Nr. 1 und 2 in der Fassung des Artikels 14 des Gesetzes vom 19. Dezember 2008 (BGBl. I S. 2794) ist erstmals auf Erträge anzuwenden, die dem Investmentvermögen nach dem 31. Dezember 2008 zufließen oder als zugeflossen gelten. Satz 1 gilt nicht für Erträge aus vom Investmentvermögen vor dem 1. Januar 2009 angeschafften sonstigen Kapitalforderungen im Sinne der nach dem 31. Dezember 2008 anzuwendenden Fassung des § 20 Absatz 1 Nummer 7 des Einkommensteuergesetzes, die nicht sonstige Kapitalforderungen im Sinne der vor dem 1. Januar 2009 anzuwendenden Fassung des § 20 Absatz 1 Nummer 7 des Einkommensteuergesetzes sind. § 3 Abs. 2 Satz 1 Nr. 2 in der Fassung des Artikels 14 des Gesetzes vom 19. Dezember 2008 (BGBl. I S. 2794) ist erstmals auf Erträge anzuwenden, die dem Investmentvermögen nach dem 31. Dezember 2008 als zugeflossen gelten; für die Anwendung des § 3 Abs. 2 Satz 1 Nr. 2 gelten die sonstigen Kapitalforderungen, die vor dem 1. Januar 2009 angeschafft wurden und bei denen nach § 3 Abs. 2 Satz 1 Nr. 2 in der bis zum 31. Dezember 2008 geltenden Fassung keine Zinsabgrenzung vorzunehmen war, als zum 1. Januar 2009 angeschafft.

(13) § 4 Abs. 2 Satz 8 und § 7 Abs. 1 Satz 1 Nr. 3 und Satz 3 in der Fassung des Artikels 14 des Gesetzes vom 19. Dezember 2008 (BGBl. I S. 2794) sind erstmals beim Steuerabzug nach dem 31. Dezember 2008 anzuwenden.

(14) § 1 Abs. 3 Satz 5, § 5 Abs. 1 und § 13 Abs. 2 in der Fassung des Artikels 14 des Gesetzes vom 19. Dezember 2008 (BGBl. I S. 2794) sind erstmals für Geschäftsjahre anzuwenden, die nach dem Inkrafttreten dieses Gesetzes enden.

(15) § 7 Abs. 4 Satz 5 in der Fassung des Artikels 14 des Gesetzes vom 19. Dezember 2008 (BGBl. I S. 2794) ist auf alle Steueranmeldungen anzuwenden, die nach dem 31. Dezember 2009 abzugeben sind.

(16) § 17a in der Fassung des Artikels 14 des Gesetzes vom 19. Dezember 2008 (BGBl. I S. 2794) ist erstmals auf Übertragungen anzuwenden, bei denen der Vermögensübergang nach dem Inkrafttreten dieses Gesetzes wirksam wird.

(17) § 7 Absatz 5 in der Fassung des Artikels 9 des Gesetzes vom 16. Juli 2009 (BGBl. I S. 1959) ist erstmals auf Kapitalerträge anzuwenden, die dem Anleger nach dem 31. Dezember 2009 als zugeflossen gelten. § 11 Absatz 2 Satz 1 und 2 in der Fassung des Artikels 9 des Gesetzes vom 16. Juli 2009 (BGBl. I S. 1959) ist erstmals auf Kapitalerträge anzuwenden, die dem Investmentvermögen nach dem 31. Dezember 2009 zufließen oder als zugeflossen gelten.

(18) Die §§ 14 und 17a in der Fassung des Artikels 9 des Gesetzes vom 16. Juli 2009 (BGBl. I S. 1959) sind erstmals auf Übertragungen anzuwenden, die nach dem 22. Juli 2009 wirksam werden.

(19) § 4 Absatz 1 und § 16 in der Fassung des Artikels 6 des Gesetzes vom 8. Dezember 2010 (BGBl. I S. 1768) sind erstmals für Geschäftsjahre anzuwenden, die nach dem 14. Dezember 2010 enden. § 5 Absatz 1 mit Ausnahme des Satzes 1 Nummer 3 Satz 1 und Absatz 3 in der Fassung des Artikels 6 des Gesetzes vom 8. Dezember 2010 (BGBl. I S. 1768) ist erstmals für Geschäftsjahre anzuwenden, die nach dem 31. Dezember 2010 beginnen. § 5 Absatz 2 ist erstmals für Erträge anzuwenden, die dem Anleger nach dem 19. Mai 2010 zufließen oder als zugeflossen gelten. Investmentgesellschaften, die bei der erstmaligen Ausgabe von Anteilen entschieden haben, von einer Ermittlung und Veröffentlichung des Aktiengewinns abzusehen, können abweichend von § 5 Absatz 2 Satz 3 hierüber erneut entscheiden.

Diese Entscheidung wird für die erstmalige Anwendung des § 5 Absatz 2 Satz 4 in der Fassung des Artikels 6 des Gesetzes vom 8. Dezember 2010 (BGBl. I S. 1768) nur berücksichtigt, wenn die erstmalige Veröffentlichung des Aktiengewinns bis spätestens zum 19. Juli 2010 erfolgt. Bei der erstmaligen Veröffentlichung ist von einem Aktiengewinn von Null auszugehen. § 7 Absatz 1 und 4 bis 6 in der Fassung des Artikels 6 des Gesetzes vom 8. Dezember 2010 (BGBl. I S. 1768) ist vorbehaltlich der Sätze 8 und 9 erstmals auf Kapitalerträge anzuwenden, die dem Anleger nach dem 14. Dezember 2010 zufließen oder als zugeflossen gelten. § 7 Absatz 3 in der Fassung des Artikels 6 des Gesetzes vom 8. Dezember 2010 (BGBl. I S. 1768) ist erstmals für Geschäftsjahre des Investmentvermögens anzuwenden, die nach dem 31. Dezember 2010 beginnen. Dies gilt für § 7 Absatz 1 Satz 1 Nummer 1 Buchstabe a entsprechend, soweit dieser inländische Immobilienerträge aus seinem Anwendungsbereich ausnimmt.

(20) § 1 Absatz 1, 1a und 2, die §§ 5, 10, 11 Absatz 1, § 13 Absatz 5, die §§ 14, 15 Absatz 1 Satz 2 und § 17a in der Fassung des Artikels 9 des Gesetzes vom 22. Juni 2011 (BGBl. I S. 1126) sind erstmals auf Geschäftsjahre anzuwenden, die nach dem 30. Juni 2011 beginnen. Die §§ 2, 11 Absatz 2 und § 15 Absatz 1 Satz 1 und 8 bis 10 und Absatz 2 in der Fassung des Artikels 9 des Gesetzes vom 22. Juni 2011 (BGBl. I S. 1126) und § 7 in der Fassung des Artikels 22 des Gesetzes vom 7. Dezember 2011 (BGBl. I S. 2592) sind erstmals auf Kapitalerträge anzuwenden, die dem Anleger oder in den Fällen des § 11 Absatz 2 dem Investmentvermögen nach dem 31. Dezember 2011 zufließen oder ihm als zugeflossen gelten. Für vor dem 1. Januar 2013 als zugeflossen geltende Erträge hat die inländische Stelle abweichend von § 7 Absatz 3b Satz 4 und Absatz 4 die Kapitalertragsteuer spätestens mit Ablauf des zweiten Monats seit dem Ende des Geschäftsjahres des Investmentvermögens einzubehalten und zum 10. des Folgemonats anzumelden und abzuführen. Steuerabzugsbeträge, die für vor dem 1. Januar 2013 als zugeflossen geltende Erträge von Entrichtungspflichtigen bei der Verwahrstelle nicht eingezogen wurden, hat die Verwahrstelle abweichend von § 7 Absatz 3b Satz 2 Halbsatz 2 spätestens mit Ablauf des dritten Monats seit dem Ende des Geschäftsjahres des Investmentvermögens einzubehalten und zum 10. des Folgemonats anzumelden und abzuführen.

(21) § 11 Absatz 2 Satz 2 in der Fassung des Artikels 9 des Gesetzes vom 16. Juli 2009 (BGBl. I S. 1959) ist für Kapitalerträge, die dem Investmentvermögen nach dem 31. Dezember 2010 und vor dem 1. Januar 2012 zufließen, mit der Maßgabe anzuwenden, dass bei Kapitalerträgen im Sinne des § 43 Absatz 1 Satz 1 Nummer 1 des Einkommensteuergesetzes eine Erstattung von Kapitalertragsteuer nach § 44b Absatz 6 des Einkommensteuergesetzes nur zulässig ist, wenn die betreffenden Anteile, aus denen die Kapitalerträge stammen, im Zeitpunkt des Gewinnverteilungsbeschlusses neben dem wirtschaftlichen Eigentum auch
1. im zivilrechtlichen Eigentum der Investmentaktiengesellschaft oder
2. bei Sondervermögen im zivilrechtlichen Eigentum der Kapitalanlagegesellschaft oder im zivilrechtlichen Miteigentum der Anleger

stehen. Satz 1 gilt nicht bei Kapitalerträgen aus Anteilen, wenn es sich um den Erwerb von Anteilen an einem Ziel-Investmentvermögen handelt und die Anteile an das Dach-Investmentvermögen ausgegeben werden. § 11 Absatz 2 Satz 4 in der Fassung des Artikels 8 des Gesetzes vom 26. Juni 2013 (BGBl. I S. 1809) ist erstmals anzuwenden auf Erträge aus Investmentanteilen, die dem Anleger nach dem 31. Dezember 2012 zufließen oder als ihm zugeflossen gelten.

(22) § 2 Absatz 2, § 8 Absatz 1, § 15 Absatz 1 Satz 2 und Absatz 1a und § 16 Satz 3 in der Fassung des Artikels 2 des Gesetzes vom 21. März 2013 (BGBl. I S. 561) sind ab

dem 1. März 2013 anzuwenden. § 5 Absatz 1 in der Fassung des Artikels 2 des Gesetzes vom 21. März 2013 (BGBl. I S. 561) ist erstmals auf Geschäftsjahre anzuwenden, die nach dem 28. Februar 2013 enden. § 5 Absatz 2 in der Fassung des Artikels 2 des Gesetzes vom 21. März 2013 (BGBl. I S. 561) ist erstmals auf Veröffentlichungen anzuwenden, die nach dem 28. Februar 2013 erfolgen. Soweit ausgeschüttete und ausschüttungsgleiche inländische und ausländische Erträge, die dem Anleger nach dem 28. Februar 2013 zufließen oder als zugeflossen gelten, solche im Sinne des § 43 Absatz 1 Satz 1 Nummer 1, 1a und 6 sowie Satz 2 des Einkommensteuergesetzes enthalten, die dem Investmentfonds vor dem 1. März 2013 zugeflossen sind, sind § 8b des Körperschaftsteuergesetzes mit Ausnahme des Absatzes 4 sowie § 19 des REIT-Gesetzes anzuwenden. Auf die Einnahmen im Sinne des § 8 Absatz 1 aus einer Rückgabe, Veräußerung oder Entnahme von Investmentanteilen, die nach dem 28. Februar 2013 erfolgt, ist § 8b des Körperschaftsteuergesetzes mit Ausnahme des Absatzes 4 anzuwenden, soweit sie dort genannte, dem Anleger noch nicht zugeflossene oder als zugeflossen geltende Einnahmen enthalten, die dem Investmentfonds vor dem 1. März 2013 zugeflossen sind oder als zugeflossen gelten.

(23) § 17a Satz 2 in der Fassung des Artikels 8 des Gesetzes vom 26. Juni 2013 (BGBl. I S. 1809) ist ab dem 1. Januar 2013 anzuwenden.

(24) Sind in den Erträgen eines Investmentvermögens solche im Sinne des § 21 Absatz 22 Satz 4 enthalten und endet das Geschäftsjahr eines Investmentvermögens nach dem 28. November 2013, ist § 5 Absatz 1 Satz 1 Nummer 1 in folgender Fassung anzuwenden:

„1. die Investmentgesellschaft den Anlegern bei jeder Ausschüttung bezogen auf einen Investmentanteil unter Angabe der Wertpapieridentifikationsnummer ISIN des Investmentfonds und des Zeitraums, auf den sich die Angaben beziehen, folgende Besteuerungsgrundlagen in deutscher Sprache bekannt macht:
 a) den Betrag der Ausschüttung (mit mindestens vier Nachkommastellen) sowie
    aa) in der Ausschüttung enthaltene ausschüttungsgleiche Erträge der Vorjahre,
    bb) in der Ausschüttung enthaltene Substanzbeträge,
 b) den Betrag der ausgeschütteten Erträge (mit mindestens vier Nachkommastellen),
 c) die in den ausgeschütteten Erträgen enthaltenen
    aa) Erträge im Sinne des § 2 Absatz 2 Satz 1 dieses Gesetzes in Verbindung mit § 3 Nummer 40 des Einkommensteuergesetzes oder im Fall des § 16 dieses Gesetzes in Verbindung mit § 8b Absatz 1 des Körperschaftsteuergesetzes,
    bb) Veräußerungsgewinne im Sinne des § 2 Absatz 2 Satz 2 dieses Gesetzes in Verbindung mit § 8b Absatz 2 des Körperschaftsteuergesetzes oder § 3 Nummer 40 des Einkommensteuergesetzes,
    cc) Erträge im Sinne des § 2 Absatz 2a,
    dd) steuerfreie Veräußerungsgewinne im Sinne des § 2 Absatz 3 Nummer 1 Satz 1 in der am 31. Dezember 2008 anzuwendenden Fassung,
    ee) Erträge im Sinne des § 2 Absatz 3 Nummer 1 Satz 2 in der am 31. Dezember 2008 anzuwendenden Fassung, soweit die Erträge nicht Kapitalerträge im Sinne des § 20 des Einkommensteuergesetzes sind,
    ff) steuerfreie Veräußerungsgewinne im Sinne des § 2 Absatz 3 in der ab 1. Januar 2009 anzuwendenden Fassung,
    gg) Einkünfte im Sinne des § 4 Absatz 1,

hh) in Doppelbuchstabe gg enthaltene Einkünfte, die nicht dem Progressionsvorbehalt unterliegen,

ii) Einkünfte im Sinne des § 4 Absatz 2, für die kein Abzug nach Absatz 4 vorgenommen wurde,

jj) in Doppelbuchstabe ii enthaltene Einkünfte, auf die § 2 Absatz 2 dieses Gesetzes in Verbindung mit § 8b Absatz 2 des Körperschaftsteuergesetzes oder § 3 Nummer 40 des Einkommensteuergesetzes oder im Fall des § 16 dieses Gesetzes in Verbindung mit § 8b Absatz 1 des Körperschaftsteuergesetzes anzuwenden ist,

kk) in Doppelbuchstabe ii enthaltene Einkünfte im Sinne des § 4 Absatz 2, die nach einem Abkommen zur Vermeidung der Doppelbesteuerung zur Anrechnung einer als gezahlt geltenden Steuer auf die Einkommensteuer oder Körperschaftsteuer berechtigen,

ll) in Doppelbuchstabe kk enthaltene Einkünfte, auf die § 2 Absatz 2 dieses Gesetzes in Verbindung mit § 8b Absatz 2 des Körperschaftsteuergesetzes oder § 3 Nummer 40 des Einkommensteuergesetzes oder im Fall des § 16 dieses Gesetzes in Verbindung mit § 8b Absatz 1 des Körperschaftsteuergesetzes anzuwenden ist,

mm) Erträge im Sinne des § 21 Absatz 22 Satz 4 dieses Gesetzes in Verbindung mit § 8b Absatz 1 des Körperschaftsteuergesetzes,

nn) in Doppelbuchstabe ii enthaltene Einkünfte im Sinne des § 21 Absatz 22 Satz 4 dieses Gesetzes, auf die § 2 Absatz 2 dieses Gesetzes in der am 20. März 2013 geltenden Fassung in Verbindung mit § 8b Absatz 1 des Körperschaftsteuergesetzes anzuwenden ist,

oo) in Doppelbuchstabe kk enthaltene Einkünfte im Sinne des § 21 Absatz 22 Satz 4 dieses Gesetzes, auf die § 2 Absatz 2 dieses Gesetzes in der am 20. März 2013 geltenden Fassung in Verbindung mit § 8b Absatz 1 des Körperschaftsteuergesetzes anzuwenden ist,

d) den zur Anrechnung von Kapitalertragsteuer berechtigenden Teil der Ausschüttung
   aa) im Sinne des § 7 Absatz 1 und 2,
   bb) im Sinne des § 7 Absatz 3,
   cc) im Sinne des § 7 Absatz 1 Satz 4, soweit in Doppelbuchstabe aa enthalten,

e) (weggefallen)

f) den Betrag der ausländischen Steuer, der auf die in den ausgeschütteten Erträgen enthaltenen Einkünfte im Sinne des § 4 Absatz 2 entfällt und
   aa) der nach § 4 Absatz 2 dieses Gesetzes in Verbindung mit § 32d Absatz 5 oder § 34c Absatz 1 des Einkommensteuergesetzes oder einem Abkommen zur Vermeidung der Doppelbesteuerung anrechenbar ist, wenn kein Abzug nach § 4 Absatz 4 vorgenommen wurde,
   bb) in Doppelbuchstabe aa enthalten ist und auf Einkünfte entfällt, auf die § 2 Absatz 2 dieses Gesetzes in Verbindung mit § 8b Absatz 2 des Körperschaftsteuergesetzes oder § 3 Nummer 40 des Einkommensteuergesetzes oder im Fall des § 16 dieses Gesetzes in Verbindung mit § 8b Absatz 1 des Körperschaftsteuergesetzes anzuwenden ist,
   cc) der nach § 4 Absatz 2 dieses Gesetzes in Verbindung mit § 34c Absatz 3 des Einkommensteuergesetzes abziehbar ist, wenn kein Abzug nach § 4 Absatz 4 dieses Gesetzes vorgenommen wurde,

dd) in Doppelbuchstabe cc enthalten ist und auf Einkünfte entfällt, auf die § 2 Absatz 2 dieses Gesetzes in Verbindung mit § 8b Absatz 2 des Körperschaftsteuergesetzes oder § 3 Nummer 40 des Einkommensteuergesetzes oder im Fall des § 16 dieses Gesetzes in Verbindung mit § 8b Absatz 1 des Körperschaftsteuergesetzes anzuwenden ist,

ee) der nach einem Abkommen zur Vermeidung der Doppelbesteuerung als gezahlt gilt und nach § 4 Absatz 2 in Verbindung mit diesem Abkommen anrechenbar ist,

ff) in Doppelbuchstabe ee enthalten ist und auf Einkünfte entfällt, auf die § 2 Absatz 2 dieses Gesetzes in Verbindung mit § 8b Absatz 2 des Körperschaftsteuergesetzes oder § 3 Nummer 40 des Einkommensteuergesetzes oder im Fall des § 16 dieses Gesetzes in Verbindung mit § 8b Absatz 1 des Körperschaftsteuergesetzes anzuwenden ist,

gg) in Doppelbuchstabe aa enthalten ist und auf Einkünfte im Sinne des § 21 Absatz 22 Satz 4 dieses Gesetzes entfällt, auf die § 2 Absatz 2 dieses Gesetzes in der am 20. März 2013 geltenden Fassung in Verbindung mit § 8b Absatz 1 des Körperschaftsteuergesetzes anzuwenden ist,

hh) in Doppelbuchstabe cc enthalten ist und auf Einkünfte im Sinne des § 21 Absatz 22 Satz 4 dieses Gesetzes entfällt, auf die § 2 Absatz 2 dieses Gesetzes in der am 20. März 2013 geltenden Fassung in Verbindung mit § 8b Absatz 1 des Körperschaftsteuergesetzes anzuwenden ist,

ii) in Doppelbuchstabe ee enthalten ist und auf Einkünfte im Sinne des § 21 Absatz 22 Satz 4 dieses Gesetzes entfällt, auf die § 2 Absatz 2 dieses Gesetzes in der am 20. März 2013 geltenden Fassung in Verbindung mit § 8b Absatz 1 des Körperschaftsteuergesetzes anzuwenden ist,

g) den Betrag der Absetzungen für Abnutzung oder Substanzverringerung,

h) die im Geschäftsjahr gezahlte Quellensteuer, vermindert um die erstattete Quellensteuer des Geschäftsjahres oder früherer Geschäftsjahre;".

Schrifttum

BMF-Schreiben vom 18.8.2009, BStBl. I 2009, 931; BMF-Schreiben vom 20.10.2008, BStBl. I 2008, 960; BRDrucks. 784/13 vom 29.11.2013; BTDrucks. 18/68 vom 20.11.2013.

Systematische Übersicht

I.	Überblick, Rechtsentwicklung —— 1		IX.	Absätze 6 bis 11 —— 19
II.	Absatz 1 —— 3		X.	Absätze 12 bis 15 —— 24
III.	Absatz 2 —— 5		XI.	Absätze 16 bis 18 —— 28
IV.	Absatz 2a —— 9		XII.	Absatz 19 —— 31
V.	Absatz 2b —— 14		XIII.	Absätze 20 und 21 —— 36
VI.	Absatz 3 —— 16		XIV.	Absatz 22 —— 40
VII.	Absatz 4 —— 17		XV.	Absatz 23 —— 42
VIII.	Absatz 5 —— 18		XVI.	Absatz 24 —— 43

I. Überblick, Rechtsentwicklung

Mit der Neufassung des InvStG durch das AIFM-Steuer-Anpassungsgesetz (AIFM-StAnpG) vom 18.12.2013 (BGBl. I 2013, 4318) wurden die bis dahin in § 18 normierten Anwendungsvorschriften in den § 21 verlagert. Ergänzt werden die Anwendungsregelungen des § 21 durch die Anwendungsvorschriften zum AIFM-StAnpG in § 22 sowie die in § 23 normierten Übergangsregelungen, die sich mit der zeitlichen Anwendung des InvStG in Abgrenzung zum KAGG und AuslInvG befassen.

2   Durch das JStG 2009 vom 19.12.2008 (BGB. I 2008, 2794) wurde die Vorschrift um 5 Absätze auf insgesamt 16 Absätze ausgedehnt; fernerhin wurde Abs. 5 entsprechend abgeändert. Das BürgerEntlG vom 16.7.2009 (BGBl. I 2009, 1959) fügte die Abs. 17 und 18 neu ein; ebenfalls enthielt dieses eine Neufassung des Abs. 12 S. 2. Durch das JStG 2010 vom 8.12.2010 (BGBl. I 2010, 1768) wurde u.a. Abs. 19 eingefügt. Des Weiteren wurde im Rahmen des OGAW-IV-UmsG vom 22.6.2011 (BGBl. I 2011, 1126) Abs. 19 S. 7 modifiziert und S. 9 eingefügt, sowie die Abs. 20 und 21 angefügt. Im Zusammenhang mit dem BeitrRLUmsG vom 7.12.2011 (BGBl. I 2011, 2592) wurde Abs. 20 S. 2 neu gefasst. Schließlich wurde das InvStG aufgrund des EuGHDivUmsG vom 21.3.2013 (BGBl. I 2013, 561) um Abs. 22 erweitert. Infolge des AmtshilfeRLUmsG vom 26.6.2013 (BGBl. I 2013, 1809) wurde Abs. 21 angepasst sowie Abs. 23 angefügt.

II. Absatz 1

3   Gemäß § 21 Abs. 1 S. 1 ist das InvStG i.d.F. des JStG 2009 auf die Erträge eines Investmentvermögens anzuwenden, die diesem nach dem 31.12.2008 zufließen. Das gilt nach S. 2 allerdings nicht für ausgeschüttete Gewinne aus der Veräußerung von Wertpapieren, Termingeschäften und Bezugsrechten auf Anteile an Kapitalgesellschaften, bei denen das Investmentvermögen die Wertpapiere oder Bezugsrechte vor dem 1.1.2009 angeschafft oder das Termingeschäft vor dem 1.1.2009 abgeschlossen hat. In diesen Fällen findet § 2 Abs. 3 Nr. 1 in der am 31.12.2008 geltenden Fassung weiter Anwendung. Demnach bleiben für Privatanleger derartige Alt-Veräußerungsgewinne weiterhin steuerfrei und unterliegen nicht der Abgeltungsteuer. Bei Investmentanteilen, die von Privatanlegern nach dem 31.12.2008 angeschafft werden, unterliegt die Ausschüttung von sog. Alt-Gewinnen der Besteuerung; jedoch erst im Zeitpunkt der Veräußerung oder Rückgabe der Investmentanteile aufgrund einer Hinzurechnung dieser Altgewinne zum Rückgabe- bzw. Veräußerungserlös und nicht bereits im Rahmen der Ausschüttung.[1]

4   Im Rahmen der Anwendungsvorschriften des § 21 wird weiterhin auf den bisherigen Begriff des „Investmentvermögens" abgestellt, da dieser sich nicht vollständig mit dem nun gültigen Begriff des „Investmentfonds" deckt. Die im Sinne dieser Vorschrift verwendeten Begriffe Investmentvermögen, Publikums-Investmentvermögen, Ziel-Investmentvermögen und Dach-Investmentvermögen bestimmen sich demnach weiter anhand des InvStG sowie dem InvG in der am 21.7.2013 geltenden Fassung.[2]

III. Absatz 2

5   Nach § 21 Abs. 2 S. 1 sind die im Zusammenhang mit der Einführung der Abgeltungsteuer geänderten Regelungen des § 7 über den Einbehalt von Kapitalertragsteuer auf Kapitalerträge anzuwenden, welche dem Anleger nach dem 31.12.2008 zufließen.

6   Abs. 2 S. 2 regelt die Anwendung der Vorschriften für die Besteuerung des Gewinns aus der Veräußerung und der Rückgabe von Investmentanteilen gemäß § 8 Abs. 5 S. 1. Danach gilt die Neuregelung nur für Investmentanteile, die ab dem 1.1.2009 erworben wurden. Privatanleger können somit für die Fondanteile, welche vor dem 1.1.2009 ange-

---

[1] BMF-Schreiben vom 18.8.2009, BStBl I 2009, 931 Tz. 291b.
[2] BRDrucks. 784/13; BTDrucks. 18/68.

schafft wurden, noch von der Steuerfreiheit privater Veräußerungsgeschäfte außerhalb der Spekulationsfrist profitieren.

Die sonstigen Regelungen des § 8 Abs. 5 und 6, die insbesondere Bestimmungen zur Vermeidung von Doppelbesteuerung sowie zum Kapitalertragsteuereinbehalt enthalten, finden auf die Veräußerung und Rücknahme von Investmentanteilen Anwendung, die nach dem 31.12.2008 erworben wurden. 7

Gemäß § 21 Abs. 2 S. 3 ist der von 30% auf 25% ermäßigte Kapitalertragsteuersatz für nach dem 31.12.2008 zugeflossene oder als zugeflossen geltende Erträge aus deutschen Spezialfonds auch auf den besonderen Kapitalertragsteuereinbehalt gemäß §15 Abs. 2 anzuwenden. 8

IV. Absatz 2a

Abs. 2a wurde durch das JStG 2008 v. 20.12.2007 (BGBl, I 2007, 3150) eingeführt. 9

Sinn und Zweck der Einführung war es zu verhindern, dass vermögende Privatpersonen über sog. „Millionärsfonds" die Abgeltungssteuer umgehen und Portfolien steueroptimiert umschichten. Investmentfonds könnten weiterhin Wertpapiere erwerben und Wertsteigerungen steuerfrei realisieren. Lediglich die Zwischengewinne bei der späteren Veräußerung der Investmentanteile würden der Besteuerung unterfallen. Um dem vorzubeugen, sieht § 21 Abs. 2a S. 1 vor, dass auf die Veräußerung oder Rückgabe von Anteilen an inländischen Spezial-Investmentvermögen, inländischen Spezial-Investment-Aktiengesellschaften oder ausländischen Spezial-Investmentvermögen, die nach dem 9.11.2007 und vor dem 1.1.2009 erworben werden, bereits § 8 Abs. 5 in der in Abs. 2 S. 2 genannten Fassung (mit Ausnahme des S. 5) anzuwenden ist. Maßgeblich ist, dass der Erwerb nach dem 9.11.2007 stattgefunden hat.[3] Der Veräußerungsgewinn ist auf die thesaurierten Neuveräußerungsgewinne zu begrenzen, sofern der Anleger diesen niedrigeren Wert nachgewiesen hat (§ 21 Abs. 2a S. 4). Gewinne aus der Rückgabe oder Veräußerung von Investmentanteilen, die nicht zu einem Betriebsvermögen gehören, zählen dann zu den Einkünften aus Kapitalvermögen i.S.d. § 20 Abs. 2 S. 1 Nr. 1 EStG (§ 8 Abs. 5 i.d.F. des UntStReformG 2008). Die grundsätzlich steuerfreien privaten Veräußerungsgeschäfte unterliegen bei den genannten Investmentfonds somit der Abgeltungsteuer. 10

Gemäß § 21 Abs. 2a S. 2 gilt S. 1 ebenfalls für die Rückgabe oder Veräußerung von Anteilen an anderen Investmentfonds, bei denen durch Gesetz, Satzung, Gesellschaftsvertrag oder Vertragsbedingungen die Beteiligung natürlicher Personen von der Sachkunde des Anlegers abhängig oder für die Beteiligung eine Mindestanlagesumme von EUR 100.000 oder mehr vorgeschrieben ist. Die Finanzverwaltung vertritt die Auffassung, dass die Voraussetzungen des § 18 Abs. 2a auch dann zu bejahen seien, wenn weder eine besondere Sachkunde noch eine Mindestanlagesumme von EUR 100.000 oder mehr dem Gesetz, der Satzung, dem Gesellschaftsvertrag oder den Vertragsbedingungen zu entnehmen ist, wenn jedoch das wesentliche Vermögen eines Investmentfonds einer kleinen Anzahl von bis zu zehn Anlegern zuzuordnen sei und bei dem betreffenden Anleger die Anlagesumme mindesten EUR 100.000 beträgt.[4] Das BMF-Schreiben entbehrt allerdings jeglicher gesetzlicher Grundlage.[5] 11

Gemäß Abs. 2a S. 4 wird als Veräußerungsgewinn, der der Abgeltungssteuerpflicht unterliegt, höchstens die Summe der vom Investmentvermögen thesaurierten Veräußerungsgewinne angesetzt, auf die bei Ausschüttung Abs. 1 S. 2 nicht anzuwenden wäre. 12

---

[3] BMF-Schreiben vom 18.8.2009, BStBl I 2009, 931 Tz. 291d.
[4] BMF-Schreiben vom 20.10.2008, BStBl I 2008, 960.
[5] *Patzner* § 18 InvStG Rn. 10; vgl. auch *Blümich* § 18 InvStG Rn. 12.

Dies hat zur Folge, dass diejenigen Veräußerungsgewinne, denen Wertpapiere oder Termingeschäfte zugrunde liegen, die von dem Investmentfonds bereits vor dem 1.1.2009 angeschafft wurden, sowohl bei der Thesaurierung als auch bei der Ausschüttung steuerfrei bleiben. Einen niedrigeren Wert hat der Anleger nachzuweisen.

13 Gemäß § 21 Abs. 2a S. 5 ist der Kapitalertragsteuerabzug nach § 8 Abs. 6 nicht auf Veräußerungsgewinne im Sinne des § 21 Abs. 2a anzuwenden. Im Rahmen der Veranlagung beträgt der Steuersatz auf den steuerpflichtigen Veräußerungsgewinn 25%.

V. Absatz 2b

14 Eingeführt durch das JStG 2009 v. 19.12.2008 (BGBl. I 2008, 2794) dient Abs. 2b ähnlich Abs. 2a der Vermeidung des Missbrauchs steuerrechtlicher Gestaltungen. Von dem Anwendungsbereich der Norm umfasst sind sog. „steueroptimierte Geldmarktfonds". Zweck eines solchen Geldmarktfonds ist es, Zinserträge in – im Thesaurierungsfalle – steuerfreie Derivaterträge umzuwandeln. Nach der Definition des § 21 Abs. 2b liegt ein steueroptimierter Geldmarktfonds vor, sofern (i) die Anlagepolitik des Investmentvermögens auf die Erzielung einer Geldmarktrendite ausgerichtet ist und (ii) die Termingeschäfts- und Wertpapierveräußerungsgewinne, nach Verrechnung mit entsprechenden Verlusten vor Aufwandsverrechnung ohne Ertragsausgleich, die ordentlichen Erträge vor Aufwandsverrechnung ohne Ertragsausgleich überwiegen. Die Berechnung erfolgt anhand des Jahresberichts des letzten vor dem 19.9.2008 endenden Geschäftsjahres.

15 Die Regelung soll auch auf jene Fondsanteile Anwendung finden, die vor dem 19.9.2008 erworben und über den 10.1.2011 gehalten wurden. Die Regelung dürfte gegen das verfassungsrechtliche Rückwirkungsverbot verstoßen.[6]

VI. Absatz 3

16 Durch den Verweis auf § 15 Abs. 1 S. 7 und S. 8 regelt Abs. 3, dass auf Erträge des Investmentvermögens aus Wertpapierleihgeschäften Kapitalertragsteuer einzubehalten ist. Die Regelung gilt auch für Dividendenkompensationszahlungen nach dem 17.8.2007.

VII. Absatz 4

17 Gemäß § 21 Abs. 4 S. 1 findet § 7 Abs. 1 S. 1 Nr. 3 S. 2 in der Fassung des Jahressteuergesetzes 2007 auf die Rückgabe oder Veräußerung von Investmentanteilen Anwendung, sofern diese innerhalb desselben Instituts auf das Depot des Anlegers übertragen worden sind und die Übertragung nach dem 31.12.2006 erfolgte. Nach S. 2 kann die Neufassung des § 7 auch auf solche Rückgaben und Veräußerungen von Investmentanteilen angewendet werden, die vor dem 1.1.2007 innerhalb desselben Instituts auf das Depot des Anlegers übertragen werden, sofern sich die Anschaffungskosten der Investmentanteile aus den Unterlagen des Instituts ergeben.

VIII. Absatz 5

18 Abs. 5 S. 1 bestimmt, dass § 2 erstmals auf Dividenden und Veräußerungserlöse anzuwenden ist, die dem Investmentvermögen nach dem 31.12.2007 zufließen oder als zugeflossen gelten. Weiterhin bestimmt S. 2, dass § 8 in der Fassung des Gesetzes vom 28. Mai

---

[6] *Patzner* § 18 InvStG Rn. 17; *Blümich* § 18 InvStG, Rn. 19.

2007 (BGBl. I S. 914) erstmals im Falle der Rückgabe, Veräußerung oder Bewertung des Investmentanteils nach dem 31.12.2007 anzuwenden ist. Nach § 8 Abs. 2 S. 3 gelten die Sätze 1 und 2 nicht für Beteiligungen des Investmentfonds an REITs. Bezüge aus der Beteiligung an einer inländischen REIT-Aktiengesellschaft oder einer anderen REIT-Körperschaft, Personenvereinigung oder Vermögensmasse unterliegen im Falle der direkten Anlage gemäß § 19 REITG erst dann der vollen Besteuerung, wenn diese dem Anteilsinhaber nach dem 31.12.2007 zufließen. Dies soll auch bei einer indirekten Anlage gelten. Die Erträge aus REITs unterliegen daher auch im Falle der mittelbaren Anlage über einen Investmentfonds erst dann der vollen Steuerpflicht, wenn sie dem Investmentvermögen nach dem 31.12.2007 zugeflossen sind.

IX. Absätze 6 bis 11

Die Absätze 6 bis 11 sind durch das JStG 2008 v. 20.12.2007 (BGBl. I 2007, 3150) eingeführt worden. 19

Abs. 6 normiert, dass die §§ 2 Abs. 2a und 5 Abs. 1 S. 1 Buchstabe c Doppelbuchstabe ll erstmals auf diejenigen Investmenterträge anzuwenden sind, die einem Anleger nach dem 25.5.2007 zufließen oder als zugeflossen gelten. Demnach werden beim Anleger ab dem 25.5.2007 durch Ausschüttung oder Thesaurierung zugerechnete Zinserträge i.S.d. § 4h EStG für Zwecke der Zinsschranke berücksichtigt, wenn die Zinserträge mittelbar über einen Investmentfonds erzielt werden. 20

Die Abs. 7 bis 9 bestimmen den zeitlichen Anwendungsbereich des § 7 Abs. 8 (Gleichstellung einer inländischen Kapitalanlagegesellschaft mit einem inländischen Kreditinstitut für Kapitalertragsteuerzwecke), § 13 Abs. 4 (gesonderte Feststellung der Unterschiedsbeträge) und § 15 Abs. 1 S. 3 (Feststellung der Besteuerungsgrundlagen). 21

Gemäß Abs. 10 sind § 15 Abs. 1 S. 1 und § 16 S. 1 erstmals auf das nach dem 31.12.2007 endende Geschäftsjahr anzuwenden. Hintergrund ist die Erhöhung der zulässigen Zahl der Anleger durch das InvÄndG v. 21.12.2007 (BGBl. I 2007, 3089). 22

Gemäß Abs. 11 gelten Anteile an ausländischen Vermögen, die seit dem Inkrafttreten des Investmentänderungsgesetzes vom 21. Dezember 2007 (BGBl. I 2007 S. 3089) nicht länger als solche zu klassifizieren sind, dennoch bis zum Ende des letzten Geschäftsjahres, das vor dem 28.12.2007 begonnen hat, als solche. In den Fällen der pauschalen Besteuerung nach § 6 gelten solche Anteile nur bis zum 31.12.2007 als ausländische Investmentanteile. 23

X. Absätze 12 bis 15

Der im Zuge der Einführung der Abgeltungssteuer neu gefasste Begriff der ausschüttungsgleichen Erträge im Sinne des § 1 Abs. 3 S. 3 und 4 ist gemäß Abs. 12 S. 1 erstmals auf Erträge anzuwenden ist, die dem Investmentvermögen nach dem 31.12.2008 zufließen oder als zugeflossen gelten. Nach Neufassung des § 1 Abs. 3 S. 3 sind Einlösungs- und Veräußerungserlöse aus Risikozertifikaten in die ausschüttungsgleichen Erträge einzubeziehen. Hierfür enthält Abs. 12 S. 2 eine eigene Übergangsfrist, wonach auf die Anschaffung durch das Investmentvermögen nach dem 31.12.2008 abgestellt wird. Nach Abs. 12 S. 3 ist § 3 Abs. 2 S. 1 Nr. 2 erstmals auf Erträge anzuwenden, die dem Investmentvermögen nach dem 31.12.2008 als zugeflossen gelten. 24

Gemäß Abs. 13 sind die in § 4 Abs. 2 S. 8 und § 7 Abs. 1 S. 1 Nr. 3 und S. 3 vorgenommenen Änderungen erstmals beim Steuerabzug nach dem 31.12.2008 anzuwenden. 25

Gemäß Abs. 14 sind die §§ 1 Abs. 3 S. 5, 5 Abs. 1 S. 1 und 13 Abs. 2 in der Fassung des JStG 2009 vom 19.12.08 erstmals für die Geschäftsjahre anzuwenden sind, die nach dem Inkrafttreten dieses Gesetzes enden. 26

27 §7 Abs. 4 S. 5 in der Fassung des JStG 2009, der Investmentgesellschaften zur Abgabe von Steueranmeldungen verpflichtet, ist nach Abs. 15 auf alle Steueranmeldungen anzuwenden, die nach dem 31.12.2009 abzugeben sind.

XI. Abätze 16 bis 18

28 Gemäß Abs. 16 ist §17a in der Fassung des JStG 2009 erstmals auf Fondsverschmelzungen anwendbar, bei denen der Vermögensübergang nach dem Inkrafttreten dieses Gesetzes wirksam wird.

29 Gemäß Abs. 17 sind §7 Abs. 5 (Erstattung der Kapitalertragsteuer durch die Investmentgesellschaft) und §11 Abs. 2 (Abstandnahme vom Steuerabzug) erstmals auf Kapitalerträge anzuwenden, die dem Anleger bzw. dem Investmentvermögen nach dem 31.12.2009 zufließen bzw. als zugeflossen gelten.

30 Gemäß Abs. 18 sind die erweiterten steuerneutralen Verschmelzungsmöglichkeiten nach §§ 14 und 17a erstmals auf Übertragungen anzuwenden, die nach dem 22.7.2009 wirksam werden.

XII. Absatz 19

31 Abs. 19 regelt die Anwendung jener Normen, die im Zuge des JStG 2010 vom 8.12.2010 (BGBl. I 62, 1768) geändert wurden.

32 Die Änderungen des §4 Abs. 1 und des §16 sind erstmals für Geschäftsjahre anzuwenden, die nach dem 14.12.2010 enden.

33 §5 Abs. 1 (mit Ausnahme des S. 1 Nummer 3 S. 1) und Abs. 3 sind erstmals für Geschäftsjahre anzuwenden, die nach dem 31.12.2010 beginnen.

34 Die Neufassung des §5 Abs. 2 S. 4 gilt erstmals für Erträge, die dem Anleger nach dem 19.5.2010 zufließen oder als zugeflossen gelten. Nach §5 Abs. 2 S. 3 ist eine Investmentgesellschaft an ihre bei der erstmaligen Ausgabe der Anteile getroffene Entscheidung, ob sie den Aktiengewinn ermittelt oder davon absieht, gebunden. Investmentgesellschaften, die bei der erstmaligen Ausgabe von Anteilen entschieden haben, von einer Ermittlung abzusehen, wird ein Wahlrecht eingeräumt. Innerhalb einer Übergangsfrist von zwei Monaten kann sich die Investmentgesellschaft dann für die bewertungstägliche Ermittlung und Bekanntmachung des Aktiengewinns entscheiden. Das Wahlrecht wird durch die erstmalige Veröffentlichung des Aktiengewinns bis spätestens zum 19.7.2010 ausgeübt. Bei der erstmaligen Veröffentlichung ist von einem Aktiengewinn von Null auszugehen.

35 §7 Abs. 1 und 4 bis 6 sind erstmals auf Kapitalerträge anzuwenden, die dem Anleger nach dem 14.12.2010 zufließen oder als zugeflossen gelten. §7 Abs. 3 dagegen ist erstmals für Geschäftsjahre anzuwenden, die nach dem 31. Dezember 2010 beginnen.

XIII. Absätze 20 und 21

36 Die Änderungen aufgrund des OGAW-IV-UmsG v. 22.6.2011 (BGBl. I 2011, 1126) sind grundsätzlich anwendbar auf Geschäftsjahre, die nach dem 30.6.2011 beginnen. Gemäß S. 2 sind einige Neuregelungen, so etwa zum KapESt-Abzug bei girosammel- und streifbandverwahrten Investmentanteilen, erstmals auf Kapitalerträge anzuwenden, die dem Anleger nach dem 31.12.2011 zufließen oder als zugeflossen gelten.

37 Durch Abs. 21 soll sichergestellt werden, dass die ab dem 1.1.2012 durch das OGAW-IV-UmsG vorgesehenen grundlegenden Änderungen in Bezug auf den Einbehalt von Kapitalertragsteuer auf Dividenden deutscher sammelverwahrter Aktien bereits bei den-

jenigen Kapitalerträgen greifen, welche dem Investmentvermögen in 2011 zufließen. Durch die Änderung des KapESt-Erstattungsverfahrens gemäß § 11 Abs. 2 ist eine Erstattung der KapESt durch die Depotbank bereits ab dem 1.1.2011 nur dann zulässig, wenn im Zeitpunkt des Gewinnverteilungsbeschlusses die Anteile, aus denen die Kapitalerträge stammen, neben dem wirtschaftlichen auch im zivilrechtlichen Eigentum der Investmentaktiengesellschaft bzw. der Kapitalverwaltungsgesellschaft stehen.

Zweck der Regelung ist es, missbräuchliche Gestaltungen bei Leerverkäufen von Aktien über den Dividendenstichtag durch ein Investmentvermögen zu unterbinden. Es soll verhindert werden, dass vor dem Dividendenstichtag eine Aktie mit Gewinnbezugsrecht erworben, aber erst nach dem Dividendenstichtag ohne Gewinnbezugsrecht übereignet wird und für die „entgangene" Dividende eine Ausgleichszahlung geleistet wird. Mittels derartiger sog. cum-ex-Geschäfte bestand die Möglichkeit, Kapitalertragsteuer zwar nur einmal abzuführen, aufgrund zweier Bescheinigungen aber zweifach erstattet zu bekommen. 38

Der durch das AmtshilfeRLUmsG v. 26.6.2013 (BGBl. I 2013, 1809) geänderte § 11 Abs. 2 S. 4 ist erstmals auf Erträge aus Investmentanteilen anzuwenden, die dem Anleger nach dem 31.12.2012 zufließen oder als ihm zugeflossen gelten. 39

XIV. Absatz 22

Abs. 22 wurde im Zuge des EuGHDivUmsG vom 21.3.2013 eingeführt, durch das das Besteuerungssystem von Streubesitzdividenden neu geordnet wird. 40

Die Neuregelungen zur Steuerpflicht von Streubesitzdividenden nach § 2 Abs. 2, § 8 Abs. 1, § 15 Abs. 1 S. 2 und Abs. 1a sowie § 16 S. 3 sind ab dem 1.3.2013 anzuwenden. § 5 Abs. 1 ist erstmals für Geschäftsjahre anzuwenden, die nach dem 28.2.2013 enden. Die Vorschriften zur Ermittlung des Aktiengewinns, der getrennt für natürliche Personen und für Körperschaften, Personenvereinigungen oder Vermögensmassen zu ermitteln ist, sind erstmals auf die Veröffentlichungen anzuwenden, die nach dem 28.2.2013 erfolgen. In Bezug auf die Dividenden, die dem Investmentvermögen noch vor dem 1.3.2013 zugeflossen sind oder als zugeflossen gelten und die dem Anleger nach dem 28.2.2013 zufließen oder als zugeflossen gelten, gewährt Abs. 22 S. 4 insofern Bestandsschutz, dass § 8b KStG weiterhin Anwendung findet. 41

Auf die Einnahmen im Sinne des § 8 Abs. 1 aus einer Rückgabe, Veräußerung oder Entnahme von Investmentanteilen, die nach dem 28.2.2013 erfolgen, ist § 8b KStG mit Ausnahme des Abs. 4 anzuwenden, soweit sie dort genannte, dem Anleger noch nicht zugeflossene oder als zugeflossen geltende Einnahmen enthalten, die dem Investmentvermögen vor dem 1.3.2013 zugeflossen sind oder als zugeflossen gelten.

XV. Absatz 23

Gemäß Abs. 23 ist der durch das AmtshilfeRLUmsG v. 26.6.2013 lediglich redaktionell geänderte § 17a S. 2 ab dem 1.1.2013 anzuwenden. 42

XVI. Absatz 24

§ 21 Abs. 24 wurde im Rahmen des AIFM-StAnpG neu eingefügt. Abs. 24 beinhaltet eine Sonderbestimmung für die Bekanntmachung der Besteuerungsgrundlagen eines Publikums-Investmentfonds in den Fällen, in denen das Geschäftsjahr des Investmentfonds nach dem Tag des Gesetzesbeschlusses des Deutschen Bundestags endet und in den Erträgen dieses Investmentfonds solche i.S.d. § 21 Abs. 22 S. 4 enthalten sind. Die 43

Regelung wurde geschaffen, um eine unzutreffende Anrechnung von ausländischer Quellensteuer zu verhindern. Der Gesetzgeber geht davon aus, dass die Neuregelung ab dem Tag des Gesetzesbeschlusses bekannt ist und somit bei der Erstellung der Besteuerungsgrundlagen sowie der Prüfung durch den Berufsträger berücksichtigt werden kann.

44 Bereits mit dem Gesetz zur Umsetzung des EuGH-Urt. vom 20.10.2011 (Rs. C-284/09) wurde die volle Steuerpflicht für Streubesitzdividenden auch bei Investmentfonds normiert. Diese Regelung ist seit dem 1.3.2013 anzuwenden. Für diejenigen Fälle, in denen das Geschäftsjahr der Investmentfonds nicht zum 28.2.2013 endete und der Stichtag somit im Geschäftsjahr liegt, wurde nun ein differenzierter Ausweis der Dividendenerträge im Katalog der Besteuerungsgrundlagen im Rahmen des § 5 Abs. 1 S. 1 Nr. 1 lit. c Doppelbuchst. aa und mm vorgesehen. Somit finden sowohl die alte als auch die neue Rechtslage Berücksichtigung. In diesen Fällen vermittelt der Investmentfonds einem körperschaftlich verfassten Anleger sowohl nach neuem Recht steuerpflichtige Dividendenerträge als auch solche, die nach § 8b Abs. 1 KStG begünstigt sind.

§ 22
Anwendungsvorschriften zum AIFM-Steuer-Anpassungsgesetz

(1) Die Vorschriften dieses Gesetzes in der Fassung des Artikels 1 des Gesetzes vom 18. Dezember 2013 (BGBl. I S. 4318) sind ab dem 24. Dezember 2013 anzuwenden, soweit im Folgenden keine abweichenden Bestimmungen getroffen werden. Die Vorschriften dieses Gesetzes in der am 21. Juli 2013 geltenden Fassung sind in der Zeit vom 22. Juli 2013 bis zum 23. Dezember 2013 weiterhin anzuwenden.

(2) Investmentvermögen im Sinne dieses Gesetzes in der am 21. Juli 2013 geltenden Fassung gelten bis zum Ende des Geschäftsjahres, das nach dem 22. Juli 2016 endet, als Investmentfonds im Sinne des § 1 Absatz 1b Satz 2. Voraussetzung für die Anwendung des Satzes 1 ist, dass die Investmentvermögen weiterhin die Voraussetzungen des § 1 Absatz 1 und 1a in der am 21. Juli 2013 geltenden Fassung sowie die Anlagebestimmungen und Kreditaufnahmegrenzen nach dem Investmentgesetz in der am 21. Juli 2013 geltenden Fassung erfüllen. Anteile an Investmentvermögen im Sinne der Sätze 1 und 2 gelten als Anteile an Investmentfonds im Sinne des § 1 Absatz 1b Satz 2. § 1 Absatz 1d, § 15 Absatz 3 und § 16 Satz 8 in der am 24. Dezember 2013 geltenden Fassung sind bei Investmentvermögen im Sinne des Satzes 1 sinngemäß anzuwenden, sobald das Investmentvermögen gegen die in Satz 2 genannten Voraussetzungen wesentlich verstößt. Es gilt als wesentlicher Verstoß, wenn ein Investmentvermögen seine Anlagebedingungen nach dem 23. Dezember 2013 in der Weise ändert, dass die für Hedgefonds geltenden Vorschriften nach § 283 des Kapitalanlagegesetzbuchs oder nach § 112 des Investmentgesetzes in der am 21. Juli 2013 geltenden Fassung erstmals anzuwenden sind.

(3) § 3 Absatz 1a ist erstmals auf Abtrennungen von Zinsscheinen bzw. Zinsforderungen von dem dazugehörigen Stammrecht anzuwenden, die nach dem 28. November 2013 erfolgen. § 3 Absatz 3 in der Fassung des Artikels 1 des Gesetzes vom 18. Dezember 2013 (BGBl. I S. 4318) ist erstmals auf Geschäftsjahre anzuwenden, die nach dem 31. Dezember 2013 beginnen.

(4) § 3a ist erstmals bei Ausschüttungen anzuwenden, die nach dem 23. August 2014 abfließen.

(5) § 5 Absatz 3 Satz 4 in der am 21. Juli 2013 geltenden Fassung ist weiterhin anzuwenden bei Investmentvermögen im Sinne des Absatzes 2 Satz 1.

Schrifttum

Angsten Aktuelle Problemstellungen bei Auslandsfonds, IWB 2/2014, 48; *Brielmaier/Wünsche* Anmerkung zu den Schlussanträgen des Generalanwalts Wathelet in der Rs. van Caster, IStR **2014** 104; *Carlé* Änderungen im Bereich des Investmentrechts durch das AIFM-StAnpG, ErbStB **2014** 80; *Ebert* Die Besteuerung alternativer Investmentfonds nach dem neuen InvStG in Deutschland, DB **2014** Heft 10, M8; *Elser/Stadler* Einschneidende Änderungen der Investmentbesteuerung nach dem nunmehr in Kraft getretenen AIFM-Steuer-Anpassungsgesetz, DStR **2014** 233; *Gottschling/Schatz* Praktische Auswirkungen des AIFM-StAnpG insbesondere hinsichtlich ausländischer geschlossener Private Equity-, Immobilien- und Infrastrukturfonds, ISR **2014** 30; *Haisch/Helios* Investmentsteuerrechtsreform aufgrund AIFMD und KAGB, BB **2013** 23; *Haisch/Helios* Steuerliche Produktregulierung durch das AIFM-StAnpG – Antworten auf Zweifelsfragen, FR **2014** 313; *Jansen/Lübbehüsen* Neues Investmentsteuergesetz doch noch im Jahr 2013 – auch der Steuergesetzgeber bescherte uns zu Weihnachten, RdF 2014, 28; *Jesch/Haug* Das neue Investmentsteuergesetz: Nach der Reform ist vor der Reform, DStZ **2014** 345; *Jesch/Haug* Das neue Investmentsteuerrecht, DStZ **2013** 770; *Neugebauer/Fort* Die neue Kommanditgesellschaft und die Umsetzung der AIFM-Richtlinie in Luxemburg, IStR **2014** 247; *Neumann/Lübbehüsen* Totgesagte leben länger – trotz Scheiterns des AIFM-StAnpG kein Ende der Investmentbesteuerung, DB **2013** 2053; *Schmidt-Narischtein/Drtil/Wolff* Neue Möglichkeiten für das Pension Asset Pooling, Kreditwesen 2/2014, 81; *Sedlmaier* Umsatzsteuerbefreiung der Verwaltung von Investmentfonds, UR **2014** 213; *Simons/Grabbe/Faller* Neuregelung der Fondsbesteuerung durch das AIFM-StAnpG, DB **2014** 16; *Tappen/Mehrkhah* Die geplanten Änderungen des Investmentsteuergesetzes, IWB **2013** 239; *Watrin/Eberhardt* Problembereiche der Anlegerbesteuerung bei Kapital-Investitionsgesellschaften, DB **2014** 795.

Gesetzesmaterialien

Entwurf eines Gesetzes zur Anpassung des Investmentsteuergesetzes und anderer Gesetze an das AIFM-Umsetzungsgesetz (AIFM-Steuer-Anpassungsgesetz – AIFM-StAnpG, BRDrucks. 95/13, BTDrucks. 17/12603); Empfehlungen der Ausschüsse des Bundesrats (BRDrucks. 95/1/13); Stellungnahme des Bundesrats (BRDrucks. 95/13 Beschluss); Beschlussempfehlung (BTDrucks. 17/13522) und Bericht (BTDrucks. 17/13562) des Finanzausschusses; Annahme durch den Bundestag und Unterrichtung des Bundesrats (BRDrucks. 376/13); Empfehlungen der Ausschüsse des Bundesrats (BRDrucks. 376/1/13); Beschluss des Bundesrats, den Vermittlungsausschuss anzurufen (BRDrucks. 376/13 Beschluss); Schreiben des BMF vom 18.7.2013 (GZ IV C 1 – S1980-1/12/10011); Gesetzesinitiative der Länder Nordrhein-Westfalen, Baden-Württemberg, Bremen, Hamburg, Hessen, Niedersachsen und Rheinland-Pfalz für ein Gesetz zur Anpassung des Investmentsteuergesetzes und anderer Gesetze an das AIFM-Umsetzungsgesetz (AIFM-Steuer-Anpassungsgesetz) (BRDrucks. 740/13); Gesetzentwurf des Bundesrats (BRDrucks. 740/13 Beschluss); Berichtigung des Gesetzentwurfs (BRDrucks. zu 740/13 Beschluss); Gesetzentwurf mit Stellungnahme der Bundesregierung (BTDrucks. 18/68); Bericht des Hauptausschusses (BTDrucks. 18/113); Annahme des Gesetzentwurfs durch den Bundestag (BRDrucks. 784/13); Zustimmung des Bundesrats (BRDrucks. 784/13 Beschluss); AIFM-StAnpG, BGBl. 2013, Teil I Nr. 76, S. 4318.

Systematische Übersicht

I. Allgemeines —— 1
II. Einzelheiten
    1. Grundregeln zur Anwendung der Vorschriften des AIFM-Steuer-Anpassungsgesetzes (Absatz 1 Satz 1) —— 12
    2. Interimistische umfassende Fortgeltung des alten Rechts in der Zeit vom 22.7.2013 bis zum 23.12.2013 (Absatz 1 Satz 2) —— 21
    3. Befristeter Bestandsschutz für Altfälle (Absatz 2)
        a) Überblick zum Bestandsschutz einschließlich Befristungszeitraum —— 37
        b) Investmentvermögen und Anteile an Investmentvermögen (§ 22 Abs. 2 Satz 1 und Satz 3) —— 41
        c) Weiterhin Erfüllung der Voraussetzungen des § 1 Abs. 1 bzw. Abs. 1a InvStG a.F. sowie der Anlagebestimmungen und Kreditaufnahmegrenzen nach dem InvG (§ 22 Abs. 2 Satz 2) —— 58

d) Verhältnis von § 22 Abs. 2 Satz 2 zu Satz 4 —— 65
e) Statuswechsel (§ 22 Abs. 2 Satz 4) —— 66
f) Zwingender Statuswechsel bei erstmaligem Hedgefonds-Status (§ 22 Abs. 2 Satz 5) —— 71
4. Anleihe-Stripping (Absatz 3 Satz 1) —— 72
5. Werbungskosten (Absatz 3 Satz 2) —— 74
6. Ausschüttungsreihenfolge (Absatz 4) —— 78
7. Altfallschutz für Single-Hedgefonds (Absatz 5) —— 80

I. Allgemeines

1 Die Vorschrift regelt den erstmaligen Anwendungszeitpunkt des Investmentsteuergesetzes in der Fassung des AIFM-Steuer-Anpassungsgesetzes. Daneben enthält die Vorschrift Übergangsregelungen der Vorschriften des Investmentsteuergesetzes in der Fassung vor und nach dem AIFM-Steuer-Anpassungsgesetz.

2 Das Gesetz zur Anpassung des Investmentsteuergesetzes und anderer Gesetze an das AIFM-Umsetzungsgesetz (AIFM-Steuer-Anpassungsgesetz)[1] dient zum einen der Anpassung diverser steuerrechtlicher Regelungen – insbesondere des Investmentsteuerrechts – und außersteuerrechtlicher Normen an das im Sommer 2013 in Kraft getretene Kapitalanlagegesetzbuch. Zum anderen wurde das Regime der Investitionsgesellschaften eingeführt und ein „Pension-Asset-Pooling-Vehikel" in Deutschland ermöglicht. Zudem sollten verschiedene im Rahmen des Investmentsteuerrechts womöglich bestehende „Gestaltungsmöglichkeiten" beseitigt werden. Schließlich wurden die gesetzlichen Grundlagen für die Umsetzung des geplanten FATCA-Abkommens mit den USA geschaffen.

3 Das Gesetzgebungsverfahren begann Ende 2012.[2] Die Investmentbesteuerung befand sich zu diesem Zeitpunkt bereits zunehmend im Umbruch.[3] Zum einen befasste sich eine Bund-Ländergruppe mit einer grundlegenden Reform des Investmentsteuergesetzes.[4] Andererseits war das Gesetzgebungsverfahren für das daraufhin am 22.7.2013 in Kraft getretene Kapitalanlagegesetzbuch in vollem Gange. Dies machte auch eine Neukonzeption des Investmentsteuergesetzes notwendig, da dessen Anwendungsbereich an das bisherige Investmentgesetz anknüpfte. Im Mai 2013 hatte der Bundestag neben dem AIFM-Umsetzungsgesetz[5] insoweit auch das AIFM-Steuer-Anpassungsgesetz beschlossen, welches das Investmentsteuergesetz an das Kapitalanlagegesetzbuch anpassen sollte.[6] Jedoch lehnte der Bundesrat im Juni 2013 das AIFM-Steuer-Anpassungsgesetz ab und rief den Vermittlungsausschuss an.[7] Grund war unter anderem eine vom Bundesrat ge-

---

1 Gesetz zur Anpassung des Investmentsteuergesetzes und anderer Gesetze an das AIFM-Umsetzungsgesetz (AIFM-Steuer-Anpassungsgesetz) vom 18.12.2013, BGBl. 2013, Teil I Nr. 76, S. 4318, vom 23.12.2013.
2 Am 4.12.2012 hatte das BMF einen Referentenentwurf eines AIFM-Steuer-Anpassungsgesetzes vorgelegt (Internet); ihm folgte der Regierungsentwurf BRDrucks. 95/13 vom 8.2.2013.
3 Vgl. *Jesch/Haug* DStZ **2013** 770 ff.; *Geurts/Faller* DB **2012** 2898.
4 Vgl. den Bericht der Arbeitsgruppe „Neukonzeption der Investmentbesteuerung" vom 14.2.2012, abrufbar unter www.der-betrieb.de/content/pdfft,0,469318 (Abruf: 31.3.2014). Vgl. hierzu auch *Höring* DStZ **2012** 367.
5 Gesetz zur Umsetzung der Richtlinie 2011/61/EU über die Verwalter alternativer Investmentfonds vom 4.7.2013, BGBl. 2013, Teil I Nr. 35, S. 1981.
6 Vgl. die Beschlussempfehlung (BTDrucks. 17/13522), den Bericht des Finanzausschusses (BTDrucks. 17/13562), die Annahme durch den Bundestag und die Unterrichtung des Bundesrats (BRDrucks. 376/13) sowie die Empfehlungen der Ausschüsse des Bundesrats (BRDrucks. 376/1/13). Zum Kabinettsentwurf vgl. *Elser/Stadler* DStR **2013** 225 ff.; *Tappen/Mehrkhah* IWB **2013** 239 ff.; zum Referentenentwurf vgl. *Haisch/Helios* BB **2013** 23 ff. und *Stadler/Elser* DStR **2012** 2561 ff.
7 BRDrucks. 376/13 (Beschluss).

forderte Pauschalbesteuerung der Kapital-Investitionsgesellschaft,[8] um vermeintliche Steuerausfälle zu vermeiden, sowie Dissens bei der Investmentkommanditgesellschaft. Im Vermittlungsausschuss wurde das Vorhaben vertagt.[9]

Durch das Ende der 17. Legislaturperiode unterfiel das Gesetz dann der Diskontinuität. Verschiedene Bundesländer haben sodann im Oktober 2013 einen neuen, aber im Wesentlichen unveränderten Entwurf eines AIFM-Steuer-Anpassungsgesetzes vorgelegt. Bundestag, unter Beteiligung des „Hauptausschusses",[10] und Bundesrat verabschieden das Gesetz Ende November 2013.[11] Das AIFM-Steuer-Anpassungsgesetz ist schließlich am 23.12.2013 im Bundesgesetzblatt verkündet worden und ist nach dessen Art. 16 Abs. 1, vorbehaltlich Art. 16 Abs. 2 bis 5, am 24.12.2013, also am Tag nach der Verkündung, in Kraft getreten. **4**

Zwar ist das AIFM-Umsetzungsgesetz nach dessen Art. 28 bereits zum 22.7.2013 in Kraft getreten. Das AIFM-Steuer-Anpassungsgesetz ist nach dessen Art. 16 hingegen erst am 24.12.2013 in Kraft getreten; ebenso sind die Vorschriften des Investmentsteuergesetzes in der Fassung des AIFM-Steuer-Anpassungsgesetzes nach **§ 22 Abs. 1 Satz 1** erstmals ab dem 24.12.2013 anzuwenden. Bis zum 23.12.2013 galt mangels gegenteiligen gesetzlichen Befehls das Investmentsteuergesetz in der Fassung vor dem AIFM-Steuer-Anpassungsgesetz, d.h. in der Fassung des Amtshilferichtlinie-Umsetzungsgesetzes (AmtshilfeRLUmsG) vom 26.6.2013. Für die Zwischenzeit, also nach dem Inkrafttreten des AIFM-Umsetzungsgesetzes bis zu dem Inkrafttreten des AIFM-Steuer-Anpassungsgesetzes bestand Rechtsunsicherheit über den verbleibenden Anwendungsbereich des Investmentsteuergesetzes in der am letzten Tag vor dem Inkrafttreten des AIFM-Umsetzungsgesetzes geltenden Fassung, also derjenigen vom 21.7.2013. Hierzu erging zwar ein BMF-Schreiben; grundsätzliche rechtsdogmatische Fragestellungen konnten dadurch aber nicht beantwortet werden.[12] **§ 22 Abs. 1 Satz 2** soll diese Rechtsunsicherheit beseitigen. **5**

Der Gesetzgeber erachtete es wohl wegen struktureller Änderungen als angezeigt, die Anwendungs- und Übergangsvorschriften zum AIFM-Steuer-Anpassungsgesetz in einer eigenen Norm zu fassen (vergleichbar mit § 52a EStG[13] für die Anwendungsvorschriften der Abgeltungsteuer). § 21 (vormals § 18) umfasst demnach nunmehr die Anwendungsvorschriften vor dem Inkrafttreten des AIFM-Steuer-Anpassungsgesetzes. **6**

---

8 Beschluss des Bundesrats vom 7.6.2013, BRDrucks. 376/1/13. Gegen die Schlussfolgerung, dass es damit einstweilen an einer spezialgesetzlichen Grundlage für die Investmentbesteuerung fehle vgl. *Neumann/Lübbehüsen* DB **2013** 2053.
9 Börsen-Zeitung vom 27.6.2013, S. 4. Zu den möglichen Gründen für das Scheitern einer Einigung vgl. *Angsten* IWB **2013** 512.
10 Der Hauptausschuss des Bundestages war erstmals in der 64-jährigen Parlamentsgeschichte am 28.11.2013 zu seiner konstituierenden Sitzung zusammengekommen. Der Bundestag hatte am selben Tag beschlossen, für die Zeit bis zur Konstituierung der ständigen Ausschüsse diesen Ausschuss einzusetzen. Das Parlament folgte damit einem Antrag der CDU/CSU- und der SPD-Fraktionen (BTDrucks. 18/101). „Die Zuständigkeiten des Hauptausschusses werden durch Überweisungen des Plenums des Deutschen Bundestags begründet", heißt es im Beschluss weiter. Der Hauptausschuss sei Ausschuss im Sinne der Art. 45, 45a und 45c GG, die die Bestellung von Ausschüssen für die Angelegenheiten der Europäischen Union, für auswärtige Angelegenheiten und für Angelegenheiten der Verteidigung sowie eines Petitionsausschusses vorschreiben. Zudem sei der Hauptausschuss „Haushaltsausschuss im Sinne der entsprechenden gesetzlichen und geschäftsordnungsrechtlichen Vorgaben".
11 Vgl. den Bericht des Hauptausschusses (BTDrucks. 18/113), die Verabschiedung durch den Bundestag (BRDrucks. 784/13) und die Zustimmung durch den Bundesrat, BRDrucks. 784/13 (Beschluss).
12 BMF vom 18.7.2013 IV C 1 – S 1980-1/12/10011, IV D 3 – S 7160-h/12/10001, 2013/0657879, BStBl. I 2013, 889).
13 Nach dem Entwurf eines Gesetzes zur Anpassung des nationalen Steuerrechts an den Beitritt Kroatiens und zur Änderung weiterer steuerlicher Vorschriften (StÄnd-AnpG-Kroatien) soll eine Zusammenführung der Anwendungsvorschriften der §§ 52 und 52a EStG stattfinden.

7   Neben der grundsätzlich uneingeschränkten Anwendbarkeit des neuen Rechts ab dem 24.12.2013 bestehen verschiedene besondere Anwendungsregelungen sowie Übergangsregelungen. Diese sind in § 22 Abs. 2 bis 5 enthalten. Daneben bestehen anlagespezifische Übergangsregelungen.[14]

8   **§ 22 Abs. 2 Satz 1 und 3** gewähren Investmentvermögen bzw. Anteilen an Investmentvermögen i.S.d. Investmentsteuergesetzes in der am 21.7.2013 geltenden Fassung, die vor dem 24.12.2013 nach dem bisherigen Recht aufgelegt wurden, unter weiteren Voraussetzungen (Sätze 2, 4 und 5) einen auf mindestens drei Jahre begrenzten Bestandsschutz seit Inkrafttreten des Kapitalanlagegesetzbuches.

9   **§ 22 Abs. 3 Satz 1** i.V.m. § 3 Abs. 1a betrifft bestimmte Anleihe-Strukturen (sogenannte Bond-Stripping Gestaltungen). Nach **§ 22 Abs. 3 Satz 2** ist die Neufassung des § 3 Abs. 3 (Werbungskostenabzug) erstmals auf Geschäftsjahre des Investmentfonds anzuwenden, die nach dem 31.12.2013 beginnen.

10 Gemäß **§ 22 Abs. 4** sind die Regelungen zur Ausschüttungsreihenfolge in § 3a erstmals bei Ausschüttungen anzuwenden, die nach dem 23.8.2014 – d.h. 8 Monate nach Verkündung des AIFM-Umsetzungsgesetzes – abfließen. Mit dieser Übergangsfrist soll praktischen Anwendungsschwierigkeiten Rechnung getragen werden.

11 Schließlich sind gemäß **§ 22 Abs. 5** die Ausnahmen von der Verpflichtung zur Ermittlung und Veröffentlichung des Zwischengewinns weiterhin bei Altfällen von Hedgefonds anzuwenden.

II. Einzelheiten

12 **1. Grundregeln zur Anwendung der Vorschriften des AIFM-Steuer-Anpassungsgesetzes (Absatz 1 Satz 1).** Nach der Grundregel des § 22 Abs. 1 Satz 1 sind die Vorschriften des Investmentsteuergesetzes in der Fassung des AIFM-Steuer-Anpassungsgesetzes ab dem Tag des Inkrafttretens des AIFM-Steuer-Anpassungsgesetzes anzuwenden, also dem 24.12.2013, soweit § 22 im weiteren keine Abweichungen vorsieht. Neben der – in der Praxis besonders relevanten – befristeten Übergangsregelung in Abs. 2 für Alt-Investmentvermögen enthalten die Abs. 3 bis 5 besondere Anwendungs- und Übergangsregelungen und damit weitere Ausnahmen von der Grundregel.

13 § 22 Abs. 1 Satz 1 sieht einen umfassenden Anwendungsbefehl vor, von dem sämtliche Bereiche des Gesetzes erfasst werden mit Ausnahme der in § 22 Abs. 2 bis 5 genannten Teilbereiche. Auf alle von § 1 Abs. 1 erfassten OGAW und AIF sowie Teilsondervermögen, Teilgesellschaftsvermögen und vergleichbare rechtlich getrennte Einheiten ausländischer OGAW/AIF finden demnach grundsätzlich ab dem 24.12.2013 sämtliche Regeln des Investmentsteuergesetzes in der Fassung des AIFM-Steuer-Anpassungsgesetzes Anwendung.

---

14 Im Zusammenhang mit der Eingrenzung des Unternehmensbeteiligungsbegriffs auf Beteiligungen an Kapitalgesellschaften ist gemäß § 1 Abs. 1b Satz 2 Nr. 6 ein Bestandsschutz für bestehende Unternehmensbeteiligungen vorgesehen. Nach § 1 Abs. 1b Satz 2 Nr. 6 InvStG darf ein Investmentfonds max. 20% seines Wertes in Beteiligungen an Kapitalgesellschaften investieren, die nicht zum Handel an einer Börse zugelassen sind, in einem organisierten Markt zugelassen oder in diesen einbezogen sind. Diese Regelung ersetzt die Altregelung, nach der nichtrichtlinienkonforme Sondervermögen max. 20% ihres Wertes in Unternehmensbeteiligungen investieren durften (§ 90h Abs. 4 InvG i.d.F. vom 21.7.2013). Für Unternehmensbeteiligungen in Form von Anteilen an gewerblichen Personengesellschaften, die vor der Gesetzesverabschiedung des Bundestages am 28.11.2013 erworben wurden, gilt ein partieller Bestandsschutz. Diese dürfen innerhalb dieser 20%-Grenze weiterhin gehalten werden. Vgl. auch BTDrucks. 18/68, S. 42 sowie *Simonis/Grabbe/Faller* DB **2014** 16, 21 f.

Durch die Neuregelungen unterfallen nunmehr eine Vielzahl von Fonds erstmalig **14** dem Investmentsteuergesetz und der oft nachteiligen Besteuerung als Kapital-Investitionsgesellschaft gem. § 19. Gefordert wurden seinerzeit großzügige Übergangsregelungen, die sicherstellen sollten, dass z.B. bei geschlossenen Fonds der steuerliche Status quo Bestand gehabt hätte. Argumentiert wurde, dass diese Fonds aufgrund der Laufzeitbegrenzung de facto „endlich" sind, so dass es hier zu keiner unangemessenen Privilegierung käme. Anleger von Fonds, die unter dem AIFM-Steuer-Anpassungsgesetz als Kapital-Investitionsgesellschaften zu qualifizieren sind, haben ihre Anlagen im Vertrauen auch auf bestimmte steuerliche Parameter getätigt. Diesen wird es regelmäßig nicht möglich sein, ihre Anlagen kurzfristig zu veräußern bzw. eine Liquidation des Fonds herbeizuführen.[15]

Der Gesetzgeber hat diese Forderungen nicht erhört. Damit werden Investmentvermögen, die nicht von der befristeten Bestandsschutzregelung des § 22 Abs. 2 erfasst werden, ohne Übergangsregelung den Vorschriften des Investmentsteuergesetzes in der Fassung des AIFM-Steuer-Anpassungsgesetzes unterworfen. Dies bedeutet, dass insbesondere die für die Anleger potenziell nachteiligen Besteuerungsfolgen betreffend Beteiligungen an Kapital-Investitionsgesellschaften unmittelbar und ohne Bestandschutz zur Anwendung gelangen. Die hiermit oftmals verbundene steuerliche Verhaftung stiller Reserven in Beteiligungen an Kapital-Investitionsgesellschaften, die bislang nach § 8b KStG und § 3 Nr. 40 EStG steuerbefreit waren, ist verfassungsrechtlich hoch bedenklich.[16] **15**

Zwar enthält das Gesetz – entgegen der ursprünglichen Forderung des Bundesrates **16** – keine Pauschalbesteuerung für Kapital-Investitionsgesellschaften. Jedoch ist es bei der nur eingeschränkten Anwendbarkeit der Freistellung von Beteiligungserträgen nach § 8b KStG und § 3 Nr. 40 EStG geblieben. Nach § 19 Abs. 2 Satz 2 sind § 8b KStG und § 3 Nr. 40 EStG nur anzuwenden, wenn der Anleger nachweist, dass die Kapital-Investitionsgesellschaft (1.) in einem Mitgliedstaat der Europäischen Union oder in einem anderen Vertragsstaat des Abkommens über den Europäischen Wirtschaftsraum ansässig ist und dort der Ertragsbesteuerung für Kapitalgesellschaften unterliegt und nicht von ihr befreit ist, oder (2.) in einem Drittstaat ansässig ist und dort einer Ertragsbesteuerung für Kapitalgesellschaften in Höhe von mindestens 15 Prozent unterliegt, und nicht von ihr befreit ist. Relevant ist dies z.B. für unbeschränkt steuerpflichtige Investoren, die in ausländischen Private-Equity-Fonds investieren. Diese dürften oft als Investitionsgesellschaften zu qualifizieren sein, da insofern die Anforderungen der privilegierten Investmentfondsbesteuerung nicht eingehalten werden können (insbesondere die 20%-Grenze für nicht notierte Kapitalgesellschaftsanteile gemäß § 1 Abs. 1b Satz 2 Nr. 6). Sofern die ausländischen Private-Equity-Fonds nicht als Personen-Investitionsgesellschaften zu qualifizieren sind, sind diese als – typischerweise nicht oder kaum besteuerte – Kapital-Investitionsgesellschaften einzuordnen, mit der Folge, dass die Beteiligungsertragsprivilegierungen nach § 8b KStG bzw. § 3 Nr. 40 EStG versagt werden (siehe oben).

Im Vergleich zur bisherigen Rechtslage stellt die Nichtgewährung der Beteiligungsertragsbefreiung bei Kapital-Investitionsgesellschaften mit fehlender bzw. unzureichen- **17**

---

15 Stellungnahme des Bundesverbandes Alternative Investments e.V. (BAI) vom 12.4.2013 zum Entwurf des AIFM-StAnpG, www.bvai.de/publikationen-und-presse/stellungnahmen/aifm.html?eID=dam_frontend_push&docID=1409.
16 So auch *Elser/Stadler* DStR **2014** 233 mit zutreffendem Verweis zur Verfassungswidrigkeit der steuerlichen Verhaftung stiller Reserven im Rahmen der Verschärfungen der §§ 17 und 23 EStG auf BVerfG 7.7.2010, 2 BvR 748/05, BVerfG 2 BvR 753/05, BVerfG 2 BvR 1738/05, BStBl. II 2011, 86, DStR 2010, 1733; BVerfG 7.7.2010, BVerfG 2 BvL 14/02, 2 BvL 2/04, 2 BvL 13/05, BStBl. II 2011, 76 = DStR 2010, 1727. Siehe hierzu auch BMF 20.12.2010, BStBl. I 2011, 16 = DStR 2011, 29; BMF 20.12.2010, BStBl. I 2011, 14 = DStR 2011, 31.

der Vorbelastung eine signifikante Verschlechterung für dar. Auch bei mittelbaren Beteiligungen an Kapitalgesellschaften führt dies zu einer Umqualifizierung von privilegierten Beteiligungserträgen auf der Eingangsseite der Kapital-Investitionsgesellschaft in voll steuerpflichtige Einnahmen auf Anlegerebene. Betroffen sind insbesondere nicht steuerbefreite Kapitalgesellschaften einschließlich Sach- und Unfallversicherungen sowie Privatanleger, die ihre Anteile über ein Betriebsvermögen (z.B. gewerbliche KG oder vermögensverwaltende Kapitalgesellschaft i.S.v. § 8 Abs. 2 KStG) halten.[17]

18 Als Kapital-Investitionsgesellschaften werden gemäß § 19 Abs. 1 Satz 1 nicht nur Fonds in der Rechtsform von Kapitalgesellschaften erfasst (z.B. die deutsche Investment-AG oder die luxemburgische SICAV/SICAF in der Rechtsform einer *société anonyme* (SA), *société à responsabilité limitée* (S. à r. l.) oder *société en commandite par actions* (SCA),[18] sondern alle Investitionsgesellschaften, die keine Personen-Investitionsgesellschaften sind. Damit unterfallen auch Investmentfonds der Vertragsform, wie zum Beispiel inländische Sondervermögen und vergleichbare ausländische Strukturen wie der luxemburgische *fonds commun de placement* (FCP), dem Regime der Kapital-Investitionsgesellschaften, wenn es sich dabei um Investitionsgesellschaften handelt (sie also nicht die Voraussetzungen eines Investmentfonds erfüllen), da sie nicht als Personen-Investitionsgesellschaften i.S.v. § 18 einzustufen sind.[19] Ausnahmen hiervon können ausländische Investmentfonds anderer gesellschaftsrechtlicher Natur darstellen, wenn sie der Rechtsform einer Investmentkommanditgesellschaft vergleichbar sind, wie möglicherweise eine luxemburgische SICAR in der Rechtsform einer *société en commandite simple* (SCS).

19 Bisher wurden derartige ausländische Vermögen nach der Verwaltungspraxis oft als Bruchteilsgemeinschaften behandelt, waren also steuerlich transparent. Sofern derartige ausländische Fondsvehikel, wie z.B. luxemburgische FCP, nunmehr als Kapital-Investitionsgesellschaft zu qualifizieren sind, kommen womöglich DBA-Vergünstigungen, wie z.B. reduzierte Quellensteuern, nicht mehr in Betracht.[20] Sofern es sich bei dem ausländischen Fondsvehikel nicht um ein Investmentvermögen i.S.d. § 22 Abs. 2 Satz 1 und Satz 2 handelt (dazu siehe unten), findet gemäß § 22 Abs. 1 Satz 1 die Statusverschlechterung ohne Übergangsregelung ab dem 24.12.2013 Anwendung.

20 Ob dies indes zur Folge hat, dass stille Reserven in einer Beteiligung an derartigen Vermögen zum Zeitpunkt des Inkrafttretens des AIFM-StAnpG zu versteuern sind, ist bisher nicht abschließend geklärt.[21] Richtig ist, dass es zu einer zwangsweisen Umwandlung von Fonds in Vertragsform kommt, die nach altem Recht nicht als in- oder ausländische Investmentvermögen einzustufen waren, bislang also steuerlich transparent behandelt wurden,[22] jedoch mit Wirkung seit dem 24.12.2013 als Kapital-Investitionsgesellschaft und damit als Vermögensmasse i.S.d. § 2 Abs. 1 KStG gelten. Die befristete Bestandsschutzregelung des § 22 Abs. 2 Satz 1 und 2 kommt für diese Vehikel nicht in Betracht, da es sich nicht um in- oder ausländische Investmentvermögen nach altem Recht handelt. Dieser Statuswechsel kann womöglich nicht zu Buchwerten durchgeführt werden und würde somit zu einer steuerpflichtigen Gewinnrealisierung auf Ebene der (deutschen) Anleger führen (Veräußerungs- und Anschaffungsvorgang).[23] Auf ausländische

---

[17] Vgl. näher *Elser/Stadler* DStR **2014** 233; kritisch dazu *Elser/Stadler* DStR **2013** 225, 227.
[18] *Gottschling/Schatz* ISR **2014** 30, 33.
[19] Näher zu verschiedenen ausländischen Gesellschaftsformen und der Abgrenzung zwischen Kapital-Investitionsgesellschaften und Personen-Investitionsgesellschaft *Gottschling/Schatz* ISR **2014** 30, 32 f.
[20] Vgl. näher *Jesch/Haug* DStZ **2014** 345, 351, Fußnote 53; *Elser/Stadler* DStR **2014** 233, 239.
[21] *Bujotzek* DB vom 7.1.2014, Blogs, AIFM-Steueranpassungsgesetz im zweiten Anlauf verabschiedet.
[22] Vgl. *Roth* Das Treuhandmodell des Investmentrechts – Eine Alternative zur Aktiengesellschaft? Habil. 1972, S. 138.
[23] *Elser/Stadler* DStR **2013** 225, 226 f.

Vehikel ist dabei § 11 Abs. 1 dem Wortlaut nach nicht anwendbar.[24] Dabei ist zu berücksichtigen, dass es mit dem Inkrafttreten des AIFM-Steuer-Anpassungsgesetzes zu einem Wechsel bei der Zurechnung der Wirtschaftsgüter kommt, wenn diese in Deutschland beschränkt steuerpflichtig geworden sind. Da der Wechsel in der Zurechnung kraft Gesetzes eintritt, kann hierin weder eine verdeckte Einlage in eine Kapitalgesellschaft noch eine Veräußerung mittels Tausches oder tauschähnlichen Vorganges gesehen werden.[25] Hierfür spricht auch, dass der Gesetzgeber für die Fälle des Regimewechsels sonst eine Veräußerungs- bzw. Anschaffungsfiktion normiert hat.[26] Es kommt daher bei (deutschen) Anlegern nicht zu einer steuerpflichtigen Gewinnrealisierung.[27]

2. Interimistische umfassende Fortgeltung des alten Rechts in der Zeit vom 22.7.2013 bis zum 23.12.2013 (Absatz 1 Satz 2). § 22 Abs. 1 Satz 2 ordnet für einen Übergangszeitraum die Fortgeltung sämtlicher Vorschriften des Investmentsteuergesetzes – die auch noch auf das Investmentgesetz Bezug nehmen – in der Fassung am Tag vor dem Inkrafttreten des Kapitalanlagegesetzbuchs an.

Der Übergangszeitraum betrifft die Zeit vom 22.7.2013 bis zum 23.12.2013. Damit knüpft das alte Recht des Investmentsteuergesetzes vor dem AIFM-Steuer-Anpassungsgesetz (Geltung bis zum 23.12.2013) an das Recht des Investmentsteuergesetzes in der Fassung des AIFM-Steuer-Anpassungsgesetzes (Geltung ab dem 24.12.2013) ohne zeitliche Lücke an.

Dieser eher ungewöhnliche Fortgeltungsbefehl alten Rechts erging vor folgendem Hintergrund: Der seinerzeit bestehende Übergangszeitraum nach dem Abbruch des Gesetzgebungsverfahrens für das AIFM-Steuer-Anpassungsgesetz durch die eingetretene Diskontinuität mit Ablauf der Legislaturperiode hatte zu Unsicherheiten hinsichtlich der fortwährenden Anwendbarkeit des unveränderten Investmentsteuergesetzes geführt. § 1 Abs. 1 in der am 21.7.2013 geltenden Fassung lautete wie folgt:

> „*Dieses Gesetz ist anzuwenden auf*
> 1. *inländische Investmentvermögen, soweit diese gebildet werden,*
>   a) *in Form eines Sondervermögens im Sinne des § 2 Absatz 2 des Investmentgesetzes, das von einer Kapitalanlagegesellschaft i.S.d. § 2 Absatz 6 des Investmentgesetzes verwaltet wird,*
>   b) *in Form eines Sondervermögens im Sinne des § 2 Absatz 2 des Investmentgesetzes, das von einer inländischen Zweigniederlassung einer EU-Verwaltungsgesellschaft im Sinne des § 2 Absatz 6a des Investmentgesetzes verwaltet wird,*
>   c) *in Form eines Sondervermögens im Sinne des § 2 Absatz 2 des Investmentgesetzes, das von einer EU-Verwaltungsgesellschaft im Sinne des § 2 Absatz 6a des Investmentgesetzes im Wege der grenzüberschreitenden Dienstleistung verwaltet wird, und*
>   d) *in Form einer inländischen Investmentaktiengesellschaft im Sinne des § 2 Absatz 5 des Investmentgesetzes,*
> 2. *inländische Investmentanteile in Form der Anteile an Sondervermögen nach Nummer 1 Buchstabe a bis c (inländische Anteile) oder in Form von Aktien an der inländischen Investmentaktiengesellschaft nach Nummer 1 Buchstabe d und*

---

24 Vgl. auch *Neumann* BB **2013** 669, 673 und 676.
25 *Kleutgens/Geißler* IStR **2014** 280, 285; *Haisch/Helios* BB **2013** 1687, 1696; zum Diskriminierungsverbot im Zusammenhang mit der unterschiedlichen Behandlung von inländischen und ausländischen Investmentfonds vgl. EuGH, Urteil vom 10.4.2014 Rs. C-190/12; dies deutet auf eine Unionsrechtswidrigkeit des auf Inländer beschränkten Anwendungsbereichs von § 11 Abs. 1 hin.
26 *Haisch/Helios* BB **2013** 1687, 1696.
27 So auch *Kleutgens/Geißler* IStR **2014** 280, 286; *Haisch/Helios* FR **2014** 313, 324; *Haisch/Helios* BB **2013** 1687, 1696.

3. *ausländische Investmentvermögen und ausländische Investmentanteile im Sinne des § 2 Absatz 8 bis 10 des Investmentgesetzes."*

24 Durch Art. 2a des AIFM-UmsG wurde das Investmentgesetz jedoch aufgehoben. Diese Aufhebung fand nach Art. 28 Abs. 2 AIFM-UmsG mit Wirkung zum 22.7.2013 – dem Tag des Inkrafttretens des Kapitalanlagegesetzbuches zum 22.7.2013 statt. Es wurde u.a. die Auffassung vertreten, der Anwendungsbereich des seinerzeit unveränderten Investmentsteuergesetzes liefe aufgrund des isolierten Wegfalls des Investmentgesetzes ins Leere.[28] § 1 Abs. 1 Nr. 1 und Nr. 3 InvStG a.F. verwiesen nämlich für den Anwendungsbereich sowohl für inländische als auch ausländische Investmentvermögen auf das Investmentgesetz.

25 Das BMF hat noch vor der Aufhebung des Investmentgesetzes am 22.7.2013 mit einem an die obersten Finanzbehörden der Länder wie auch das Bundeszentralamt für Steuern adressierten Schreiben vom 18.7.2013[29] als Verwaltungsauffassung verlautbart:

> *„Das Investmentsteuergesetz ist bis zum Inkrafttreten einer gesetzlichen Neuregelung des Anwendungsbereichs weiterhin auf Investmentvermögen und Anteile an Investmentvermögen im Sinne des Investmentgesetzes in der am 21. Juli 2013 geltenden Fassung anzuwenden. Das Gleiche gilt für Investmentvermögen und Anteile an Investmentvermögen, die nach dem 21. Juli 2013 aufgelegt werden, wenn sie die Voraussetzungen des Investmentgesetzes in der am 21. Juli 2013 geltenden Fassung an ein Investmentvermögen erfüllen."*

26 Durch § 22 Abs. 1 Satz 2 wird die im vorerwähnten BMF-Schreiben vertretene Verwaltungsauffassung rückwirkend gesetzlich bestätigt. Dies gilt im Ergebnis auch für die im BMF-Schreiben erwähnte Möglichkeit der Neuauflage von Investmentvermögen im Übergangszeitraum, da nicht danach unterschieden wird, ob die Vorschriften des Investmentsteuergesetzes in der am 21.7.2013 geltenden Fassung auf bereits bestehende oder neu aufzulegende Investmentvermögen Anwendung finden. Zwangsläufig finden sämtliche alten Vorschriften demnach auch auf im Übergangszeitraum aufgelegte Investmentvermögen Anwendung.[30]

27 Zwar kann der Gesetzgeber den Inhalt geltenden Rechts mit Wirkung für die Vergangenheit nur in den verfassungsrechtlichen Grenzen für eine rückwirkende Rechtsetzung feststellen oder klarstellend präzisieren. Eine nachträgliche, klärende Feststellung des geltenden Rechts durch den Gesetzgeber ist dabei grundsätzlich als konstitutiv rückwirkende Regelung anzusehen, wenn dadurch eine in der Fachgerichtsbarkeit offene Auslegungsfrage entschieden wird oder eine davon abweichende Auslegung ausgeschlossen werden soll.[31]

28 Nichtsdestoweniger ist bei rückwirkenden Gesetzen zwischen Gesetzen mit echter Rückwirkung, die grundsätzlich verfassungswidrig sind,[32] und solchen mit unechter Rückwirkung, die grundsätzlich zulässig sind, zu unterscheiden.[33]

---

28 Als heftig umstritten bezeichnen *Gottschling/Schatz* ISR **2014** 30, 33 die Rechtslage unter Verweis auf eine Pressemitteilung des Finanzministeriums Hessen vom 2.9.2013 (Internetfundstelle ebenda, Fußnote 41), die indes eher politisch denn steuerwissenschaftlich motiviert erscheint.
29 BMF vom 18.7.2013, BStBl. I 2013, 899 = DB **2013** 1637; kritisch schon im Vorgriff auf die Verwaltungsregelung *Bäuml* DB **2013** 1.
30 So auch ausdrücklich die Begründung zum Gesetzesentwurf, BTDrucks. 740/13.
31 BVerfG, Beschluss vom 17.12.2013, 1 BvL 5/08, BFH/NV 2014, 653 L = DB **2014** 634. Im Ergebnis handelt es sich bei § 22 Abs. 1 Satz 2 letztlich nicht um eine konstitutiv rückwirkende Klarstellung, sondern um eine rein deklaratorische Klarstellung, siehe unten im Haupttext.
32 BVerfG, Beschluss vom 8.6.1977, 2 BvR 499/74, BVerfGE 45, 142, 167 f.; BVerfGE 101, 239, 262; BVerfGE 132, 302, 318; jeweils m.w.N.
33 BVerfGE 132, 302, 318 m.w.N.

Eine Rechtsnorm entfaltet echte Rückwirkung, wenn sie nachträglich in einen abgeschlossenen Sachverhalt ändernd eingreift.[34] Dies ist insbesondere der Fall, wenn ihre Rechtsfolge mit belastender Wirkung schon vor dem Zeitpunkt ihrer Verkündung für bereits abgeschlossene Tatbestände gelten soll („Rückbewirkung von Rechtsfolgen").[35]

Im Steuerrecht liegt eine echte Rückwirkung indes nach der Rechtsprechung des Bundesverfassungsgerichts nur vor, wenn der Gesetzgeber eine bereits entstandene Steuerschuld nachträglich abändert.[36] Für den Bereich des Einkommensteuerrechts bedeutet dies, dass die Änderung von Normen mit Wirkung für den laufenden Veranlagungszeitraum jedenfalls in formaler Hinsicht der Kategorie der unechten Rückwirkung zuzuordnen ist; denn nach § 38 AO i.V.m. § 36 Abs. 1 EStG entsteht die Einkommensteuer erst mit dem Ablauf des Veranlagungszeitraums, das heißt des Kalenderjahres.[37] Dasselbe gilt für Veranlagungen zur Körperschaftsteuer (vgl. § 30 Nr. 3 KStG).[38] 29

Da eine unechte Rückwirkung grundsätzlich zulässig ist und nur bei Vorliegen besonderer Vertrauenstatbestände zur Verfassungswidrigkeit führt, bedürfte es eines spezifischen Vertrauens des Steuerpflichtigen, um an der Verfassungsmäßigkeit dieser unechten Rückwirkung Zweifel aufkommen zu lassen.[39] 30

Da die fortwährende Anwendbarkeit des Investmentsteuergesetzes im Übergangszeitraum in den meisten Fällen vorteilhaft für den Steuerpflichtigen gewesen sein wird, wird auch kein besonderer Vertrauenstatbestand in die Nichtanwendbarkeit des Investmentsteuergesetzes vorgelegen haben. Sofern daneben in einzelnen Fällen die Nichtanwendbarkeit des Investmentsteuergesetzes im Übergangszeitraum für den Steuerpflichtigen vorteilhaft gewesen wäre, erscheint es zweifelhaft, inwiefern ein Vertrauenstatbestand in die Nichtanwendbarkeit des Investmentsteuergesetzes vorgelegen haben könnte. 31

Insofern würde sich darüber hinaus die Frage stellen, ob tatsächlich der Anwendungsbereich des seinerzeit unveränderten Investmentsteuergesetzes aufgrund des isolierten Wegfalls des Investmentgesetzes „ins Leere lief". Hierzu ist zu untersuchen, welche Rechtsqualität die in § 1 Abs. 1 InvStG a.F. enthaltenen Verweise auf das Investmentgesetz hatten. Bei Gesetzesverweisen ist danach mindestens zwischen den Kategorien statisch und dynamisch sowie abstrakt und konkret zu unterscheiden.[40] 32

Nach richtiger Auffassung dürften bis zur Aufhebung des Investmentgesetzes durch Art. 2a AIFM-UmsG die Verweise in § 1 Abs. 1 InvStG auf das Investmentgesetz als gleitende (dynamische) Verweise zu verstehen gewesen sein. Durch die Aufhebung des In- 33

---

34 Beschluss vom 31.5.1960, 2 BvL 4/59, BVerfGE 11, 139, 145 f.; BVerfGE 30, 367, 386; BVerfGE 101, 239, 263; BVerfGE 123, 186, 257; BVerfGE 132, 302, 318.
35 BVerfG, Beschluss vom 7.7.2010, 2 BvL 14/02, 2/04, 13/05, BVerfGE 127, 1, 16 f.
36 BVerfG, Beschluss vom 7.7.2010, 2 BvL 14/02, 2/04, 13/05, BVerfGE 127, 1, 18 f.; 127, 31, 48 f.; 127, 61, 77 f.; BVerfG, Beschluss vom 10.10.2012, 1 BvL 6/07, BVerfGE 132, 302, 319, BStBl. II 2012, 932.
37 § 25 Abs. 1 EStG; vgl. BVerfG, Entscheidung vom 14.5.1986, 2 BvL 2/83, BVerfGE 72, 200, 252 f.; 97, 67, 80; 132, 302, 319; vgl. auch bereits BVerfGE 13, 261, 263 f., 272; 13, 274, 277 f.; 19, 187, 195; 30, 272, 285.
38 BVerfG, Beschluss vom 17.12.2013, 1 BvL 5/08, BFH/NV 2014, 653 L = DB **2014** 634.
39 So zum Vertrauen in die Rechtmäßigkeit der Ausstellung eines Flüchtlingsausweises BVerfGE 59, 128, 164 ff.; in die bisher erlaubte Widerrufbarkeit freiwillig gewährter Vorsorgeleistungen BVerfGE 74, 129, 155 ff.; in die Fortdauer der Besteuerungsregelungen von Abfindungsvereinbarungen BVerfGE 127, 31, 49 ff. Nichts anderes gilt dabei für die insoweit besonders gelagerten, der echten Rückwirkung angenäherten Fälle, in denen für einen noch nicht abgelaufenen steuerlichen Veranlagungszeitraum rückwirkende Änderungen in Frage standen und für verfassungswidrig erklärt wurden (vgl. BVerfGE 72, 200; 127, 1; 127, 61; BVerfG, Beschluss vom 10.10.2012, 1 BvL 6/07, NJW **2013** 145).
40 Vgl. darüber hinaus die Aufzählung in BMJ, Handbuch der Rechtsförmlichkeit i.d.F. der Bekanntmachung vom 22.10.2008, 3. Auflage, Bundesanzeiger, http://hdr.bmj.de/, Rn. 219.

vestmentgesetzes verwandelten sich diese dynamischen Verweise zu starren (statischen) Verweisen.[41]

34 Durch Verweisung kann dabei auch auf Rechtsvorschriften Bezug genommen werden, die außer Kraft getreten sind oder die demnächst außer Kraft treten werden. Grund hierfür ist, dass der Normgeber ebenso gut den Text der betreffenden Bezugsnorm in die Ausgangsnorm hineinschreiben könnte. Für die Verweisung reicht es aus, dass der Bezugstext durch Publikation gesichert ist und jeder die Möglichkeit hat, sich von ihm Kenntnis zu verschaffen. Eine solche Verweisung ist ihrer Natur nach stets eine starre Verweisung, da sich der Bezugstext nicht mehr ändern kann.[42]

35 Bei dem im Übergangszeitraum statischen Verweis auf das Investmentgesetz handelte es sich darüber hinaus um eine abstrakte Verweisung. Das Investmentsteuergesetz forderte also lediglich abstrakt die Erfüllung der Tatbestandsmerkmale eines Investmentvermögens im Sinne des Investmentgesetzes alter Fassung (vgl. den Gesetzeswortlaut in § 1 InvStG a.F.: *„im Sinne des"* und nicht *„auf welches das Investmentgesetz Anwendung findet"* oder *„das dem Investmentgesetz unterliegt"*). Es war weder erforderlich, dass das Investmentgesetz tatsächlich zur Anwendung kam noch dass autonomaufsichtsrechtlich ein Investmentvermögen vorlag; insbesondere existierte keine steuerrechtliche Bindung an eine aufsichtsrechtliche Auslegungsvorgabe oder eine Entscheidung der BaFin.[43] Aufgrund der abstrakten Verweisung war es somit unerheblich, dass das Investmentgesetz durch Art. 2a AIFM-UmsG aufgehoben wurde. Das Investmentsteuergesetz hatte sich im Ergebnis durch den Verweis auf die Definitionen des Investmentvermögens im Sinne des Investmentgesetzes deren Inhalt in der zuletzt gültigen Fassung zu Eigen gemacht. Dies ist vergleichbar mit Art. 140 GG, wodurch fünf der sog. Kirchenartikel der Weimarer Verfassung in das geltende Bundesverfassungsrecht inkorporiert wurden. Die Kirchenartikel sind auf diese Weise vollgültiges Verfassungsrecht. Die Vorschriften des Investmentgesetzes lebten dadurch partiell trotz Aufhebung des Investmentgesetzes innerhalb des Investmentsteuergesetzes als dessen materiell-rechtlicher Inhalt fort.[44] Somit war das Investmentsteuergesetz auch ohne § 22 Abs. 1 Satz 2 im Übergangszeitraum jederzeit anwendbar in Hinblick auf das Vorliegen eines Investmentvermögens bzw. Investmentanteils. Es lag also bereits kein Verweis vor, der „ins Leere lief".

36 Im Ergebnis handelt es sich demnach bei § 22 Abs. 1 Satz 2 letztlich nicht um eine konstitutive rückwirkende Klarstellung, sondern um eine rein deklaratorische Klarstellung.

3. Befristeter Bestandsschutz für Altfälle (Absatz 2)

37 **a) Überblick zum Bestandsschutz einschließlich Befristungszeitraum.** § 22 Abs. 2 ist die in der Praxis relevanteste Ausnahmeregelung zur sofortigen Anwendbarkeit des neuen Rechts gemäß § 22 Abs. 1 Satz 1. Investmentvermögen i.S.d. vormaligen Rechts gelten für einen Übergangszeitraum als Investmentfonds im Sinne des Investmentsteuergesetzes in der Fassung des AIFM-Steuer-Anpassungsgesetzes, ohne dabei die speziellen Voraussetzungen nach § 1 Abs. 1b Satz 2 erfüllen zu müssen. Durch die mindestens dreijährige Bestandsschutzfrist soll es ermöglicht werden, ggf. Vermögensgegenstände

---

41 *Neumann/Lübbehüsen* DB **2013** 2053, 2055.
42 BMJ, Handbuch der Rechtsförmlichkeit i.d.F. der Bekanntmachung vom 22.10.2008, 3. Auflage, Bundesanzeiger, http://hdr.bmj.de/, Rn. 249.
43 *Neumann/Lübbehüsen* DB **2013** 2053, 2055.
44 *Neumann/Lübbehüsen* DB **2013** 2053, 2055.

preisschonend zu veräußern, um die steuerlichen Anlagebestimmungen nach § 1 Abs. 1b Satz 2 einzuhalten. Im Gesetzgebungsverfahren wurde aus Vertrauensschutzgründen indes für eine unbefristete Übergangsregelung plädiert. Diese sollte sich allenfalls an der noch geplanten grundsätzlichen Neukonzeption der Investmentbesteuerung insgesamt orientieren, also zumindest bis zum Abschluss der weiteren Arbeiten der Bund-Länder-Arbeitsgruppe und einer Verabschiedung eines modifizierten Konzeptes der Investmentbesteuerung.[45]

38 Der Gesetz gewordene Übergangszeitraum gilt für mindestens 3 Jahre gerechnet ab dem 21.7.2013 und längstens bis zum Ende des Geschäftsjahres, das nach dem 22.7.2016 endet; d.h. bei einem Geschäftsjahr vom 1.8. bis zum 30.7. bis zum 30.7.2016 und bei einem Geschäftsjahr vom 1.7. bis zum 30.6. bis zum 30.6.2017. Der Übergangszeitraum kann also bei einem vom Kalenderjahr abweichenden Geschäftsjahr bis zu ca. 4 Jahre betragen. Im für die Praxis relevantesten Fall eines vom Kalenderjahr nicht abweichenden Geschäftsjahres läuft der Übergangszeitraum damit bis zum 31.12.2016. Anknüpfungspunkt des Fristbeginns des steuerrechtlichen Bestandsschutzes blieb das Inkrafttreten des AIFM-Umsetzungsgesetzes zum 22.7.2013, obwohl das AIFM-Steuer-Anpassungsgesetz seinerseits erst zum 24.12.2013 in Kraft trat. Es erfolgte also keine zeitliche Anpassung des Bestandsschutzes an die durch das Scheitern des ersten Anlaufes eingetretene zeitliche Verschiebung. Maßgeblich ist das Geschäftsjahr des Investmentvermögens; nicht also dasjenige der Verwaltungsgesellschaft oder der Vertriebsgesellschaft.

39 Die Bestandsschutzregelung gewährt für den Übergangszeitraum nicht eine Vollgeltung der Vorschriften des Investmentsteuergesetzes in der am 21.7.2013 geltenden Fassung wie es für den Zeitraum bis zum 23.12.2013 unter § 22 Abs. 1 Satz 2 der Fall ist. Der Bestandsschutz beschränkt sich auf die Fiktion der Erfüllung sämtlicher Anlage-Voraussetzungen des § 1 Abs. 1b Satz 2 und schützt vor einem Statuswechsel nach § 1 Abs. 1d Satz 1 bzw. § 22 Abs. 1 Satz 1. Im Übrigen ist das Investmentsteuergesetz jedoch in der Fassung des AIFM-Steuer-Anpassungsgesetzes voll anwendbar, so dass beispielsweise auch die neuen Regelungen zum Anleihe-Stripping nach § 3 Abs. 1a und zur Werbungskostenermittlung nach § 3 Abs. 3 zu berücksichtigen sind. Ebenso muss das Investmentvermögen – der fiktive Investmentfonds – mindestens die Bekanntmachungsvoraussetzungen nach § 5 Abs. 1 Satz 2[46] fristgerecht erfüllen, damit nicht die Pauschalbesteuerung nach § 6 bei den Anlegern greift.[47]

40 Nach Ablauf dieser Übergangsfrist müssen die neuen investmentsteuerlichen Anlagevoraussetzungen des § 1 Abs. 1b Satz 2 erfüllt werden, ansonsten wird das Investmentvermögen zwangsweise in eine (nicht steuerbefreite) Investitionsgesellschaft i.S.v. §§ 18 oder 19 umgewandelt.[48] Verfahrensrechtlich kann der Statuswechsel frühestens nach Ab-

---

45 Vgl. hierzu den Vorschlag des Bundesverbandes Alternative Investments e. V. in seiner Stellungnahme vom 12.4.2013 zum Entwurf des AIFM-StAnpG, www.bvai.de/publikationen-und-presse/stellungnahmen/aifm.html?eID=dam_frontend_push&docID=1409.
46 Berger/Steck/Lübbehüsen/*Büttner/Mücke* § 6 Rn. 7 und 10.
47 Zur potentiellen verschleierten Beschränkung des freien Kapitalverkehrs durch § 6 vgl. Schlussanträge des Generalanwalts (EuGH, 21.11.2013, C-326/12, ISR **2014** 62) betreffend die Vorlagefrage des Finanzgerichts Düsseldorf (3.5.2012, 16 K 3383/10 F, IStR **2012** 663); *Kammeter* ISR **2014** 63; *Brielmaier/Wünsche* IStR **2014** 104; *Rohde/Neumann* FR **2012** 247. Das FG Hamburg (vom 13.7.2012, 3 K 131/11) und FG Berlin Brandenburg (vom 23.5.2012, 1 K 1159/08, DStRE **2013** 21) haben die Auffassung vertreten, dass die Pauschalbesteuerung sowohl im Einklang mit dem Gleichheitssatz sowie dem Verbot einer Übermaßbesteuerung steht. Zum Vorlagebeschluss des BFH vom 6.8.2013 (VIII R 39/12, DB **2013** 2600) betreffend sogenannte schwarze Fonds nach § 18 Abs. 3 AuslInvestmG vgl. *Kammeter* ISR **2013** 422.
48 Welche Rechtsfolgen sich auf Ebene der Anleger und des Investmentvermögens durch den bloßen Ablauf des Befristungszeitraums ergeben, sagt das Gesetz nicht ausdrücklich. Es gelten daher die

lauf desjenigen Geschäftsjahres erfolgen, das dem Ende des letzten Geschäftsjahres des Übergangszeitraums unmittelbar folgt. Mit Ende des Übergangszeitraums – im Fall eines kalenderjahrgleichen Geschäftsjahres also zum 31.12.2016 – entfällt der Bestandsschutz des § 22 Abs. 2 Satz 1 und Satz 3, so dass die allgemeinen Regeln des neuen Rechts gelten. Sofern das Investmentvermögen die Anlage-Voraussetzungen des § 1 Abs. 1b im genannten Beispielsfall ab dem 1.1.2017 nicht erfüllt, liegt somit in diesem Zeitpunkt eine „Änderung" der – der bislang fiktiv zureichenden – Anlagebedingungen i.S.v. § 1 Abs. 1d Satz 1 vor. Das für das inländische Investmentvermögen zuständige Finanzamt bzw. das bei ausländischen Investmentvermögen zuständige Bundeszentralamt für Steuern hat dann gemäß § 1 Abs. 1d Satz 1 das „Fehlen der Anlagebestimmungen" (gemeint: die Nichterfüllung der Voraussetzungen des § 1 Abs. 1b Satz 2) festzustellen. Erst nach Ablauf des Geschäftsjahres (d.h. mit Beginn des anschließenden Geschäftsjahres) des bisher fingierten Investmentfonds, in dem der Feststellungsbescheid (formell) unanfechtbar geworden ist,[49] gilt dieser gemäß § 1 Abs. 1d Satz 3 (für einen Zeitraum von mindestens 3 Jahren) als Investitionsgesellschaft. Im Beispielsfall des kalenderjahrgleichen Geschäftsjahres findet demnach die Besteuerung als Investitionsgesellschaft erst **ab dem 1.1.2018** statt, wenn die (formelle) Unanfechtbarkeit des Feststellungsbescheides bis zum 31.12.2017 eingetreten ist.[50] Noch mit Ablauf des Geschäftsjahres, in dem der Feststellungsbescheid unanfechtbar geworden ist (im Beispielsfall **mit Ablauf des 31.12.2017**), gilt der Investmentanteil gemäß § 8 Abs. 8 Satz 1 und 2 als veräußert und ein Anteil an einer Investitionsgesellschaft zum selben Zeitpunkt als angeschafft. Es wird also ein steuerlicher Realisationsakt fingiert, wobei die (im Veranlagungsweg) festzusetzende Steuer bis zur tatsächlichen Veräußerung des Anteils **zinslos gestundet** wird (§ 8 Abs. 8 Satz 5 und 7). Im Fall von in- und ausländischen **Spezialfonds** ist zu beachten, dass nach Ablauf des Übergangszeitraums §§ 15 Abs. 3 und 16 Satz 8 gelten, die abweichend von den allgemeinen Bestimmungen kein Feststellungverfahren vorsehen. Darüber hinaus gilt ein Investmentanteil an einem in- oder ausländischen Spezialfonds mit Ablauf des vorangegangenen Geschäftsjahres, in dem die Anlagebedingungen „abgeändert" wurden, als veräußert. Im Beispielsfall des kalenderjahrgleichen Geschäftsjahres würde damit der Investmentanteil **schon mit Ablauf des 31.12.2016** als veräußert gelten, also ein Jahr früher als im Fall des Publikums-Investmentvermögens wie oben dargestellt. Kapitalertragsteuer ist nicht einzubehalten, die Besteuerung findet also im Veranlagungsweg statt (§ 15 Abs. 3 Satz 4). Anders als im Fall des Publikums-Investmentvermögens findet jedoch **keine Stundung** der festgesetzten Steuer bis zur tatsächlichen Veräußerung statt. Der Spezial-Investmentfonds seinerseits gilt gemäß § 15 Abs. 3 Satz 5 für einen Zeitraum von 3 Jahren als Investitionsgesellschaft. Das Gesetz schweigt zum Zeitpunkt, ab dem der Regimewechsel von Investmentfonds zu Investitionsgesellschaft stattfindet. Es dürfte davon auszugehen sein, dass dies unmittelbar auf die Fiktion der Anteilsveräußerung folgt. Damit würde der Regimewechsel nach Ablauf des Geschäftsjahres des Spezial-Investmentfonds, in dem der Investmentanteil als veräußert gilt, stattfinden (d.h. mit

---

allgemeinen Regelungen für Regimewechsel, vgl. auch *Haisch/Helios* FR **2014** 313, 324; *Elser/Stadler* DStR **2014** 233, 239.

49 Das Erfordernis einer unanfechtbaren Entscheidung ist im Sinne der Rechtssicherheit zu begrüßen.
50 Damit stellt sich die Frage, inwieweit durch Verfahrenshandlungen (Einspruchsverfahren mit anschließendem finanzgerichtlichen Verfahren) die formelle Unanfechtbarkeit des Feststellungsbescheids verfahrensrechtlich über das Ende des Jahres des erstmaligen Erlasses des Feststellungsbescheides hinausgeschoben werden kann – und damit möglicherweise mehrere Kalenderjahre der Nichtanwendbarkeit der Regelungen über die Investitionsgesellschaften „gewonnen" werden können. Eine ähnliche Frage stellte sich auch schon bei § 13 Abs. 4 Satz 3, vgl. dazu Berger/Steck/Lübbehüsen/*Hölzl* § 13 InvStG Rn. 76.

Beginn des anschließenden Geschäftsjahres). Im oben gebildeten Beispielsfall wäre das der **1.1.2017**. Die Ungleichbehandlung von Publikumsfonds (Anwendbarkeit des vorerwähnten Feststellungsverfahrens mit potentiellem Hinausschieben der Anwendbarkeit der Besteuerungsregeln als Investitionsgesellschaft unter gleichzeitiger Stundung der festzusetzenden Steuer auf den fiktiven Anteils-Veräußerungsgewinn) und von Spezialfonds (Wechsel in die Besteuerung als Investitionsgesellschaft ohne Feststellungsverfahren, und zwar mindestens ein Jahr früher und ohne Stundungsmöglichkeit der auf den fiktiven Anteils-Veräußerungsgewinn festzusetzenden Steuer) dürfte vor dem Gleichheitssatz verfassungsmäßig zweifelhaft sein.[51]

b) Investmentvermögen und Anteile an Investmentvermögen (§ 22 Abs. 2 Satz 1 und Satz 3). Grundvoraussetzung der Anwendbarkeit des Bestandsschutzes (Fiktion des Vorliegens eines Investmentfonds i.S.v. § 1 Abs. 1b Satz 2) ist das Vorliegen eines **Investmentvermögens** i.S.d. Investmentsteuergesetzes in der am 21.7.2013 geltenden Fassung (§ 22 Abs. 2 Satz 1). Anteile an Investmentvermögen im vorgenannten Sinne gelten als Anteile an Investmentfonds i.S.d. § 1 Abs. 1b Satz 2 (§ 22 Abs. 2 Satz 3). 41

Teilsondervermögen i.S.d. § 96 Abs. 2 Satz 1 KAGB, **Teilgesellschaftsvermögen** i.S.d. § 117 oder des § 132 KAGB oder vergleichbare rechtlich getrennte Einheiten eines ausländischen OGAW oder AIF (Teilfonds) gelten gemäß § 1 Abs. 1 Satz 2 für Zwecke des Investmentsteuergesetzes selbst als OGAW oder AIF. Die Prüfung des Vorliegens eines Investmentvermögens bei § 22 Abs. 2 Satz 1 muss demgemäß auch auf diese gesonderten Einheiten abstellen. 42

Anteilklassen verbriefen hingegen generell lediglich unterschiedliche Rechte an einem Vermögen, nicht jedoch separate Vermögensmassen. Dies gilt auch bei Anteilklassen, für die separate Besteuerungsgrundlagen i.S.d. § 5 zu ermitteln sind. Bei Anteilklassen ist für Zwecke der Anwendung des § 22 Abs. 2 (wie auch des § 1 Abs. 1b) daher generell auf die Ebene des gesamten Investmentfonds abzustellen. Dies gilt unabhängig davon, ob für die Anteilklassen separate Besteuerungsgrundlagen i.S.d. § 5 zu ermitteln sind.[52] 43

Das Gesetz enthält sich einer ausdrücklichen Regelung des **Zeitpunktes**, zu dem das Vorliegen eines solchen Investmentvermögens gegeben sein muss. Jedenfalls dürfte der Bestandsschutz auch für solche Investmentvermögen gelten, die bis zum Ende des durch § 22 Abs. 1 Satz 2 geregelten Übergangszeitraums, also bis zum Ablauf des 23.12.2013, vorlagen.[53] 44

Die Finanzverwaltung geht davon aus, dass inländische oder ausländische Organismen für gemeinsame Anlagen, die in der Zeit vom 22.7.2013 bis einschließlich 23.12. 2013 aufgelegt wurden und die die Voraussetzungen des Investmentgesetzes in der am 45

---

51 Der allgemeine Gleichheitssatz des Art. 3 Abs. 1 GG gebietet dem Gesetzgeber, wesentlich Gleiches gleich und wesentlich Ungleiches ungleich zu behandeln (so BFH vom 18.12.2013, I B 85/13, juris, mit Verweis auf BVerfG vom 15.1.2008, 1 BvL 2/04, BVerfGE 120, 1, unter C.I.2.aaa, und vom 8.5.2013, 1 BvL 1/08, NJW **2013** 2498, unter C.II.1.). Aus dem Gleichheitssatz ergeben sich je nach Regelungsgegenstand und Differenzierungsmerkmalen unterschiedliche Grenzen für den Gesetzgeber, die vom bloßen Willkürverbot bis zu einer strengeren Bindung an Verhältnismäßigkeitserfordernisse reichen (vgl. z.B. BVerfG-Beschlüsse vom 4.2.2009, 1 BvL 8/05, BVerfGE 123, 1, unter C.II.1.a; vom 7.5.2013, 2 BvR 909/06, 2 BvR 1981/06, 2 BvR 288/07, DStR 2013, 1228, unter C.I.1.; BVerfG-Urteil vom 19.2.2013, 1 BvL 1/11, 1 BvR 3247/09, NJW 2013, 847, unter B.IV.1.a).
52 So auch die Auffassung der Finanzverwaltung, vgl. BMF-Rundschreiben vom 4.6.2014, IV C 1 – S 1980-1/13/10007 : 002, 2014/0500897 (ersetzt BMF-Rundschreiben vom 23.4.2014, IV C 1 – S 1980-1/13/10007 : 002, 2014/0363858), S. 3.
53 So auch die Gesetzesbegründung in BRDrucks. 740/13, S. 70 = BTDrucks. 18/68, S. 68, wonach es genügt, dass das Investmentvermögen vor dem 24.12.2013 nach dem bisherigen Recht aufgelegt wurde.

21.7.2013 geltenden Fassung erfüllen würden, unter die Bestandsschutzregel des § 22 Abs. 2 Satz 1 fallen.[54]

46 Darüber hinausgehend stellt sich die Frage, ob auch Organismen für gemeinsame Anlagen, die zwar erst ab dem 24.12.2013 oder später vorlagen, jedoch jedenfalls die Voraussetzungen eines Investmentvermögens i.S.d. Investmentsteuergesetzes in der Fassung vor dem AIFM-Steuer-Anpassungsgesetz erfüllten, auch von der Bestandsschutzregelung des § 22 Abs. 2 Satz 1 und Satz 3 erfasst sind. Der Gesetzeswortlaut des § 22 Abs. 2 Satz 1 lässt dies in Ermangelung der Erwähnung eines konkreten Zeitpunktes zu. Es heißt insbesondere nicht, dass das Investmentvermögen bis zum 23.12.2013 vorhanden sein musste, um von der Bestandsschutzregelung profitieren zu können. Nach der ebenfalls zu berücksichtigenden systematischen, teleologischen wie auch historischen Auslegung würde dies bedeuten, dass sämtliche Investmentvermögen, die die Voraussetzungen eines Investmentvermögens i.S.v. § 1 Abs. 1 oder Abs. 1a InvStG a.F. erfüllen, während des Übergangszeitraums weiterhin ohne Beachtung von § 1 Abs. 1b Satz 2 neu aufgelegt werden könnten, solange jedenfalls der Katalog der zulässigen Vermögensgegenstände i.S.v. § 2 Satz 1 InvStG a.F. i.V.m. §§ 1 Satz 2 i.V.m. 2 Abs. 4 InvG erfüllt wird. Damit wären die neuen in § 1 Abs. 1b Satz 2 enthaltenen investmentsteuerrechtlich-spezifischen Voraussetzungen während des gesamten Übergangszeitraums nicht nur für „Altfälle" irrelevant, sondern auch für „Neufälle". Dies würde den Anwendungsbereich von § 1 Abs. 1b auf solche Investmentvermögen beschränken, die nicht die Voraussetzungen von §§ 1 Satz 2 i.V.m. 2 Abs. 4 InvG erfüllen. Im systematischen Zusammenspiel mit dem grundsätzlich umfassenden Anwendungsbefehl des § 22 Abs. 1 Satz 1 per Datum 24.12.2013 würde sich in der Praxis das Regel-Ausnahme-System wohl umkehren, weil die überwiegende Anzahl der Investmentvermögen i.S.v. § 1 Abs. 1 KAGB wohl auch die Voraussetzungen eines Investmentvermögens i.S.v. § 1 Satz 2 InvG erfüllen. Ferner macht das Wort „weiterhin" in § 22 Abs. 2 Satz 2 nur Sinn, wenn das in Bezug genommene Investmentvermögen i.S.v. § 22 Abs. 2 Satz 1 ein solches mit Vergangenheitsbezug ist. Ansonsten hätte eine erstmalige Erfüllung der Voraussetzungen des § 1 Abs. 1 oder Abs. 1a InvStG a.F. für die Anwendung des § 22 Abs. 2 Satz 1 genügen müssen. Die systematische wie auch teleologische Auslegung deuten also darauf hin, dass nur solche Investmentvermögen von der Bestandsschutzregelung erfasst sein sollen, die bis spätestens zum 23.12.2013 vorlagen.

47 Diese Auslegung von § 22 Abs. 2 Satz 1 entspricht auch den Gesetzesmaterialien, wonach nur solche Investmentvermögen von der Bestandsschutzregelung erfasst sein sollen, die vor dem 24.12.2013 nach dem bisherigen Recht aufgelegt wurden.[55] Nach richtiger Auffassung sind somit nur solche Investmentvermögen vom Bestandsschutz des § 22 Abs. 2 Satz 1 erfasst, die bis zum Ablauf des 23.12.2013 vorlagen.

48 Ohne Auswirkung auf den Bestandsschutz des Investmentvermögens bleibt die Ausgabe, Rücknahme oder sonstige Übertragung von Investmentanteilen. Da bei **Anteilklassen**, selbst wenn für sie separate Besteuerungsgrundlagen nach § 5 zu ermitteln sind, für Zwecke der Anwendung des § 22 Abs. 2 (wie auch des § 1 Abs. 1b) generell auf die Ebene des gesamten Investmentfonds abzustellen ist (siehe oben), bleibt auch die Begründung neuer Anteilklassen (und die Ausgabe entsprechender Investmentanteile)

---

[54] BMF-Rundschreiben vom 4.6.2014, IV C 1 – S 1980-1/13/10007 : 002, 2014/0500897 (ersetzt BMF-Rundschreiben vom 23.4.2014, IV C 1 – S 1980-1/13/10007 : 002, 2014/0363858), S. 12.
[55] Vgl. die Gesetzesbegründung in BRDrucks. 740/13, S. 70 = BTDrucks. 18/68, S. 68, wonach nur solche Investmentvermögen von der Bestandsschutzregelung erfasst sein sollen, die vor dem 24.12.2013 nach dem bisherigen Recht aufgelegt wurden.

nach dem 23.12.2013 ohne Auswirkung auf den Bestandsschutz des Investmentvermögens als solches.

Eine andere Frage ist, in welcher **rechtlichen Qualität** das Investmentvermögen i.S.v. § 1 Abs. 1, Abs. 1a, Abs. 2 Satz 1 InvStG a.F. i.V.m. § 1 Satz 1 InvG am 23.12.2013 vorliegen musste, um unter den Bestandsschutz des § 22 Abs. 2 Satz 1 zu fallen. Auch hierzu verhält sich der Gesetzeswortlaut nicht. In den Gesetzesmaterialien ist von Investmentvermögen, die bis zum 23.12.2013 aufgelegt wurden, die Rede.[56] Auch die Finanzverwaltung geht davon aus, dass es darauf ankomme, dass der Fonds bis einschließlich 23.12.2013 aufgelegt wurde.[57] 49

Zwar findet sich dieser Begriff auch im Kapitalanlagegesetzbuch (zum Beispiel § 165 Abs. 2 Nr. 1 KAGB, nach dem zu den Mindestangaben in dem Verkaufsprospekt der Zeitpunkt der Auflegung des Investmentvermögens gehört; so auch schon im Investmentgesetz in § 42 Abs. 1 Satz 3 Nr. 1), jedoch ist der Begriff gesetzlich nicht definiert. Die Erlaubnis durch die BaFin und die Auflegung eines Investmentvermögens müssen nicht zusammenfallen.[58] Ferner kommt eine Erlaubnis durch die BaFin bei ausländischen Investmentvermögen nur in Hinblick auf den Vertrieb der Investmentanteile in Betracht. Maßgebend für die Bestandsschutzregelung des § 22 Abs. 2 (wie auch in § 1 Abs. 1b Satz 2 Nr. 6 Satz 3) ist nach Auffassung der Finanzverwaltung der Zeitpunkt des sachenrechtlichen Erwerbs.[59] Aus Billigkeitsgründen wird die Finanzverwaltung aber auch dann eine Unternehmensbeteiligung bei § 1 Abs. 1b Satz 2 Nr. 6 Satz 3 als „erworben" betrachten, wenn vor dem 28.11.2013 ein Vertrag abgeschlossen wurde, in dem sich eine Investmentgesellschaft unwiderruflich zum Erwerb einer Beteiligung an einem Unternehmen verpflichtet hat und vor diesem Stichtag zumindest eine vertraglich vereinbarte Teilzahlung erbracht wurde.[60] Demgemäß sollte auch für die Auflegung des Investmentvermögens letztlich auf die schuldrechtlich bindenden Vereinbarungen abzustellen sein. Jedenfalls ab dem Zeitpunkt des verbindlichen Eingehens der ersten Investitionszusage ist dies der Fall.[61] Da es hierbei aus Sicht des Fonds (anders als bei § 1 Abs. 1b Satz 2 Nr. 6 Satz 3) nicht um den eigenen Erwerb eines Vermögenswerts des Portfolios geht, kann es auf eine Teilzahlung des Investors nicht ankommen. 50

Schließlich ist im Einzelnen zu bestimmen, was **Investmentvermögen** i.S.d. Investmentsteuergesetzes in der am 21.7.2013 geltenden Fassung bezeichnet. Das Investmentsteuergesetz in der benannten Fassung enthielt keine eigene Definition eines Investmentvermögens. Vielmehr wurde die Definition des § 1 Satz 2 InvG über § 1 Abs. 2 Satz 1 InvStG a.F. inkorporiert. Danach war Voraussetzung für das Vorliegen eines Investmentvermögens ein Vermögen zur gemeinschaftlichen Kapitalanlage, das nach dem Grundsatz der Risikomischung in Vermögensgegenständen i.S.d. § 2 Abs. 4 InvG angelegt war.[62] Nach dem Wortlaut des § 22 Abs. 2 Satz 1 genügt die Erfüllung dieser Vorausset- 51

---

56 BRDrucks. 740/13, S. 70 = BTDrucks. 18/68, S. 68.
57 BMF-Rundschreiben vom 4.6.2014, IV C 1 – S 1980-1/13/10007 : 002, 2014/0500897 (ersetzt BMF-Rundschreiben vom 23.4.2014, IV C 1 – S 1980-1/13/10007 : 002, 2014/0363858), S. 12.
58 Vgl. BaFin vom 18.6.2013, WA 41-Wp 2137-2013/0343, Häufige Fragen zu den Übergangsvorschriften nach den §§ 343ff. des KAGB, Kapitel I-10, „Auflage neuer AIF im Übergangszeitraum".
59 BMF-Rundschreiben vom 4.6.2014, IV C 1 – S 1980-1/13/10007 : 002, 2014/0500897 (ersetzt BMF-Rundschreiben vom 23.4.2014, IV C 1 – S 1980-1/13/10007 : 002, 2014/0363858) S. 12.
60 BMF-Rundschreiben vom 4.6.2014, IV C 1 – S 1980-1/13/10007 : 002, 2014/0500897 (ersetzt BMF-Rundschreiben vom 23.4.2014, IV C 1 – S 1980-1/13/10007 : 002, 2014/0363858) S. 12.
61 So auch der an das BMF herangetragene Vorschlag in BMF-Rundschreiben vom 4.6.2014, IV C 1 – S 1980-1/13/10007 : 002, 2014/0500897 (ersetzt BMF-Rundschreiben vom 23.4.2014, IV C 1 – S 1980-1/13/10007 : 002, 2014/0363858) S. 11.
62 Zur Definition eines inländischen Investmentvermögens vgl. Berger/Steck/Lübbehüsen/*Berger* § 1 InvStG Rn. 11ff.

zungen für das Vorhandensein eines Investmentvermögens i.S.d. Investmentsteuergesetzes in der am 21.7.2013 geltenden Fassung. Das Investmentsteuergesetz in der genannten Fassung war indes im Falle von **inländischen** Investmentvermögen nur auf solche anwendbar, die gebildet wurden in Form eines Sondervermögens oder in Form einer Investmentaktiengesellschaft (§ 1 Abs. 1 Nr. 1 Buchst. a bis c und Nr. 1 Buchst. d InvStG a.F.).[63] Das Investmentgesetz seinerseits war nur auf solche Investmentvermögen anwendbar, die in Form von Sondervermögen i.S.d. § 2 Abs. 2 InvG oder Investmentaktiengesellschaften i.S.d. § 2 Abs. 5 InvG gebildet wurden. Ferner verlangt jedenfalls § 22 Abs. 2 Satz 2 Hs. 1, dass das Investmentvermögen „weiterhin" die Voraussetzungen des § 1 Abs. 1 und Abs. 1a InvStG a.F. erfüllen muss, um in den Genuss des Bestandsschutzes nach § 22 Abs. 2 Satz 1 zu kommen. Es ist demnach Voraussetzung für die Anwendung von § 22 Abs. 2 Satz 1, dass spätestens zum 23.12.2013 ein Investmentvermögen vorgelegen haben muss, das die Voraussetzungen des § 1 Abs. 1 und Abs. 1a InvStG a.F. erfüllte. Hierfür bedarf es letztlich keines Rückgriffs auf § 22 Abs. 2. Anderenfalls würde im Rahmen des Bestandsschutzes nach § 22 Abs. 2 Satz 1 das Investmentsteuergesetz in der Fassung des AIFM-Steuer-Anpassungsgesetzes anwendbar sein auf Investmentvermögen (fingierte Investmentfonds) ohne Beachtung des Typenzwangs. Insofern würde es sich nicht mehr um einen Bestandsschutz (Fortführung eines Status quo) handeln, sondern um eine qualitative Erweiterung. Andere inländische kollektive Anlageformen (zum Beispiel geschlossene Fonds in der Organisationsform einer GmbH & Co. KG) werden vom Bestandsschutz daher nicht erfasst; sie wurden seinerzeit auch nicht vom Investmentsteuergesetz erfasst.[64] Nicht erforderlich für die Anwendbarkeit des Investmentsteuergesetzes alter Fassung war indes, dass die vorgenannten inländischen Investmentvermögen alle weiteren ordnungs- und aufsichtsrechtlichen Anforderungen erfüllten; das Investmentsteuergesetz blieb auch dann anwendbar, wenn zum Beispiel gegen die aufsichtsrechtlichen Anlagegrenzen verstoßen wurde.[65] Dies wird im Rahmen des Bestandsschutzes durch § 22 Abs. 2 Satz 2 Hs. 2 in Hinblick auf die Erfüllung von Anlagebestimmungen und Kreditaufnahmegrenzen nach dem Investmentgesetz jedoch eingeschränkt (siehe unten).

52 § 22 Abs. 2 Satz 1 enthält keine Beschränkung auf inländische Investmentvermögen und erfasst demnach auch **ausländische** Investmentvermögen i.S.v. § 1 Abs. 1 Nr. 3 InvStG a.F.[66] Voraussetzung des Bestandsschutzes nach § 22 Abs. 2 Satz 1 im Fall eines ausländischen Investmentvermögens ist demnach, dass am 23.12.2013 ein ausländisches Investmentvermögen nach § 1 Abs. 1 Nr. 3 InvStG a.F. i.V.m. § 2 Abs. 8–10 InvG vorlag. Voraussetzung ist nach § 2 Abs. 8 Satz 1 InvG, dass ein Investmentvermögen im Sinne der §§ 1 Satz 2 i.V.m. 2 Abs. 4 InvG, das dem Recht eines anderen Staates untersteht, vorlag (materieller Investmentbegriff).[67] Voraussetzung war daher auch, dass in Vermögensge-

---

63 Erfasst werden auch Spezialfonds i.S.v. § 2 Abs. 3 InvG und Spezial-Investment-AGs i.S.v. § 2 Abs. 5 Satz 2 InvG und § 15 InvStG a.F., vgl. im einzelnen Berger/Steck/Lübbehüsen/*Berger* § 1 InvStG Rn. 17.
64 Berger/Steck/Lübbehüsen/*Berger* § 1 InvStG Rn. 16.
65 Berger/Steck/Lübbehüsen/*Berger* § 1 InvStG Rn. 17; Berger/Steck/Lübbehüsen/*Englisch* § 11 InvStG Rn. 7.
66 BMF-Rundschreiben vom 4.6.2014, IV C 1 – S 1980-1/13/10007 : 002, 2014/0500897 (ersetzt BMF-Rundschreiben vom 23.4.2014, IV C 1 – S 1980-1/13/10007 : 002, 2014/0363858) S. 12.
67 Zur Definition eines ausländischen Investmentvermögens nach § 2 Abs. 8 Satz 1 InvG vgl. im einzelnen Berger/Steck/Lübbehüsen/*Lübbehüsen* vor §§ 1 InvStG, 13 ff.; Berger/Steck/Lübbehüsen/*Berger* § 1 InvStG Rn. 25 f., 27 ff. m.w.N. sowie das BaFin-Rundschreiben 14/2008 (WA) vom 22.12.2008 unter I.-1. – abgedruckt als Anhang 7 zu BMF vom 18.8.2009, BStBl. I 2009, 931, in der Fassung des BMF-Schreibens vom 21.5.2013, IV C 1 – S 1980-1/13/10001:003, DOK 2013/0462474 (BStBl. I 2013, 726), dem sich die Finanzverwaltung im vorerwähnten BMF-Schreiben unter Tz. 5 ff. angeschlossen hat.

genständen i.S.d. § 2 Abs. 4 InvG risikogemischt angelegt wurde. Die Anlage konnte in sämtlichen Gegenständen i.S.d. § 2 Abs. 4 InvG (d.h. alle investmenttauglichen Vermögensgegenstände) erfolgen.[68] Darüber hinaus bestanden nach Verwaltungsauffassung bestimmte Anlagegrenzen, die dem Gesetz indes nicht zu entnehmen waren.[69] Die Erleichterungen nach § 2 Abs. 8 Satz 2 InvG (Dachfonds) gelten auch im Rahmen des § 22 Abs. 2 Satz 1. Ebenso erfasst sind gemäß § 22 Abs. 2 Satz 1 i.V.m. § 1 Abs. 1 Nr. 3 InvStG a.F. i.V.m. § 2 Abs. 8a InvG EU-Investmentvermögen, die dem Recht eines anderen Mitgliedstaates der Europäischen Union oder eines anderen Vertragsstaates des Abkommens über den Europäischen Wirtschaftsraum unterstanden und die unabhängig von ihrer Rechtsform den Anforderungen der Richtlinie 2009/65/EG entsprachen.

53 Nach Auffassung der Finanzverwaltung sind solche ausländischen Investmentvermögen, die lediglich durch die steuerrechtliche Übergangsregelung im Sinne der Rz. 297 des BMF-Schreibens vom 18.8.2009 zum Investmentsteuergesetz als bestandsgeschützte Organismen gelten, nicht als Investmentvermögen i.S.d. § 22 Abs. 2 Satz 1 InvStG anzusehen.[70] Dies sind vor allem Vermögen, die durch das von Verwaltungsseite aufgestellte Erfordernis von Anlagegrenzen (insbesondere gemäß §§ 90b Abs. 5, 90h Abs. 4 Satz 1 und 90h Abs. 5 Satz 1 InvG) nicht dem formalisierten Begriff der ausländischen Investmentfonds genügten.[71] Diese enge Auffassung dürfte angesichts des weitgefassten Anwendungsbereichs in Hinblick auf ausländische Investmentvermögen (siehe oben) zu bezweifeln sein. Indes hat die Finanzverwaltung die bestandsschützende Verwaltungsregelung im genannten BMF-Schreiben bereits angepasst, so dass die durch die steuerrechtliche Übergangsregelung im Sinne der Rz. 297 des BMF-Schreibens zum Investmentsteuergesetz erfassten Fonds jedenfalls auf diesen Bestandsschutz zurückgreifen können. Rz. 297 lautet nunmehr[72] wie folgt:

> „Soweit ein ausländisches Investmentvermögen nach dem Rundschreiben 14/2008 (WA) der BaFin vom 22. Dezember 2008 abweichend von der bis dahin praktizierten Vorgehensweise kein ausländisches Investmentvermögen mehr wäre, wird es für die Anwendung des InvStG bis zum Ende des Geschäftsjahrs, das nach dem 22. Juli 2016 endet, auch weiterhin als ausländisches Investmentvermögen eingestuft, wenn es die Besteuerungsgrundlagen veröffentlicht hat und auch weiterhin veröffentlicht oder dem BZSt eine entsprechende Mitteilung gemacht hat und später keine gegenteilige Mitteilung gemacht hat und die Anwendung des § 6 InvStG unabhängig von der Veröffentlichung ausgeschlossen ist."

54 Sofern nach dem Vorstehenden ein ausländisches Investmentvermögen i.S.v. § 1 Abs. 1 Nr. 3 InvStG a.F. vorliegt, stellt sich aus Sicht eines inländischen Anlegers die Frage,[73] ob der Bestandsschutz auch voraussetzt, dass ein **ausländischer Investmentanteil**

---

68 Berger/Steck/Lübbehüsen/*Berger* § 1 InvStG Rn. 72.
69 Berger/Steck/Lübbehüsen/*Berger* § 1 InvStG Rn. 73 ff.; BaFin-Rundschreiben 14/2008 (WA) vom 22.12.2008 unter I.-1.-d. – abgedruckt als Anhang 7 zu BMF vom 18.8.2009, BStBl. I 2009, 931, in der Fassung des BMF-Schreibens vom 21.5.2013, IV C 1 – S 1980-1/13/10001:003, DOK 2013/0462474, BStBl. I 2013, 726, dem sich die Finanzverwaltung im vorerwähnten BMF-Schreiben unter Tz. 5 ff. angeschlossen hat.
70 BMF-Rundschreiben vom 4.6.2014, IV C 1 – S 1980-1/13/10007 : 002, 2014/0500897 (ersetzt BMF-Rundschreiben vom 23.4.2014, IV C 1 – S 1980-1/13/10007 : 002, 2014/0363858) S. 12; BMF-Schreiben vom 18.8.2009, BStBl. I 2009, 931 in der Fassung des BMF-Schreibens vom 21.5.2013, IV C 1 – S 1980-1/13/10001:003, DOK 2013/0462474 (BStBl. I 2013, 726) in der Fassung des BMF-Schreibens vom 22.5.2014, IV C 1 – S 1980-1/13/10007:006, 2014/0448020.
71 Berger/Steck/Lübbehüsen/*Berger* § 1 InvStG Rn. 103.
72 In der Fassung des BMF-Schreibens vom 22.5.2014, IV C 1 – S 1980-1/13/10007:006, 2014/0448020.
73 Im Hinblick auf EU-Investmentanteile stellt sich diese Frage nicht, da § 2 Abs. 10 InvG, anders als § 2 Abs. 9 InvG, keine weiteren Voraussetzungen (Rückgaberecht des Anteils oder Vorliegen einer Aufsicht über Vermögen zur gemeinschaftlichen Kapitalanlage) stellt.

i.S.v. § 1 Abs. 1 Nr. 3 InvStG a.F. i.V.m. § 2 Abs. 9 InvG vorliegt.[74] Ein ausländischer Investmentanteil lag nach § 2 Abs. 9 InvG vor, wenn ein Anteil an einem ausländischen Investmentvermögen i.S.d. § 2 Abs. 8 InvG gehalten wurde und entweder der Anleger verlangen konnte, dass ihm gegen Rückgabe des Anteils sein Anteil an dem ausländischen Investmentvermögen ausgezahlt wird, oder die den Anteil ausgebende ausländische Investmentgesellschaft in ihrem Sitzstaat einer Investmentaufsicht unterstellt ist. Der Sinn und Zweck der Regelung des § 22 Abs. 2 Satz 1 und 3 sowie der Wortsinn „Bestandsschutz" legen nahe, dass im Bestand nur geschützt werden kann ein bisher gegebener Status quo (siehe bereits oben zum Erfordernis des Typenzwangs für inländische Investmentvermögen). Demnach würde die Bestandsschutzregelung stets voraussetzen, dass ein inländischer Anleger mit einem ausländischen Investmentanteil (im technischen Sinne) bereits dem Investmentsteuergesetz alter Fassung unterfiel.

55 Indes bezieht sich § 22 Abs. 2 Satz 1 nach seinem Wortlaut allein auf Investmentvermögen i.S.d. Investmentsteuergesetzes alter Fassung. Auch im Rahmen des durch den Verweis auf das Investmentsteuergesetz alter Fassung betroffenen § 1 Abs. 1 Nr. 3 InvStG a.F. ist damit lediglich das Tatbestandsmerkmal ausländisches Investmentvermögen angesprochen.

56 Auch aus § 22 Abs. 2 Satz 3 ergibt sich nichts anderes. § 22 Abs. 2 Satz 3 ist seinem Wortlaut nach keine weitere Voraussetzung für die Anwendung von § 22 Abs. 2 Satz 1, vgl. den unterschiedlichen Wortlaut bei § 22 Abs. 2 Satz 2. Ferner stellt § 22 Abs. 2 Satz 3 auch keine eigenständige Voraussetzung des Bestandsschutzes dar. Die Vorschrift verweist insbesondere nicht auf inländische oder ausländische „Investmentanteile" i.S.d. § 1 Abs. 1 Nr. 2 oder Nr. 3 InvStG a.F. (i.V.m. § 2 Abs. 9 InvG), sondern auf „Anteile an Investmentvermögen" i.S.v. § 22 Abs. 2 Sätze 1 und 2. Hätte der Gesetzgeber den Bestandsschutz nur für solche ausländischen Fonds gewollt, deren Anteile als ausländische Investmentanteile i.S.v. § 1 Abs. 1 Nr. 3 InvStG i.V.m. § 2 Abs. 9 InvG zu qualifizieren sind, hätte es in § 22 Abs. 2 Satz 3 eines Verweises auf § 1 Abs. 1 Nr. 3 bedurft. Zumindest würde man in § 22 Abs. 2 Satz 3 die technische Bezeichnung „ausländische Investmentanteile" erwarten dürfen, wenn diese gemeint sein sollen.[75] Bei dem Bestandsschutz für „Anteile an Investmentvermögen" handelt es sich also um einen solchen, der sich vom Bestandsschutz für das Investmentvermögen i.S.d. § 22 Abs. 2 Satz 1 und 2 ableitet. Dieses derivative Verständnis des Bestandsschutzes wird auch von den Gesetzesmaterialien getragen, wo es heißt: „Der Bestandsschutz gilt nach Satz 3 auch für die Anteile an Investmentvermögen, die Bestandsschutz genießen."[76]

57 Im Ergebnis spricht der Gesetzeswortlaut und die Systematik für eine Auslegung, wonach aus Sicht eines inländischen Anlegers der Bestandsschutz nach § 22 Abs. 2 Satz 1–3 bei ausländischen Investmentvermögen nicht voraussetzt, dass ausländische Investmentanteile i.S.v. § 1 Abs. 1 Nr. 3 InvStG a.F. i.V.m. § 2 Abs. 9 InvG zum 23.12.2013 vorlagen. Darüber hinaus lassen die Gesetzesmaterialien daran zweifeln, dass nach dem historischen Gesetzgeberwillen allein ausländische Investmentanteile i.S.v. § 2 Abs. 9

---

74 Zur Definition eines ausländischen Investmentanteils i.S.v. § 2 Abs. 9 InvG vgl. Berger/Steck/Lübbehüsen/*Berger* § 1 InvStG Rn. 141 ff. m.w.N. sowie das BaFin-Rundschreiben 14/2008 (WA) vom 22.12.2008 unter I.-2. und 3. – abgedruckt als Anhang 7 zu BMF vom 18.8.2009, BStBl. I 2009, 931, in der Fassung des BMF-Schreibens vom 21.5.2013, IV C 1 – S 1980-1/13/10001:003, DOK 2013/0462474 (BStBl. I 2013, 726), dem sich die Finanzverwaltung im vorerwähnten BMF-Schreiben unter Tz. 5 ff. angeschlossen hat.
75 Zum weiten investmentrechtlichen Anteilsbegriff, wie er zum Beispiel bei § 2 Abs. 8 Satz 2 InvG galt, im Vergleich zum Begriff des ausländischen Investmentanteils i.S.v. § 2 Abs. 9 InvG vgl. Berger/Steck/Lübbehüsen/*Berger* § 1 InvStG Rn. 118 und Rn. 144, m.w.N.
76 BRDrucks. 740/13, S. 70 = BTDrucks. 18/68, S. 68.

InvG erfasst sein sollten. Mithin ist es für die Anwendbarkeit des Bestandsschutzes nach § 22 Abs. 2 Satz 1 und Satz 3 irrelevant, ob das ausländische Investmentvermögen einer Aufsicht über Vermögen zur gemeinschaftlichen Kapitalanlage unterstellt war oder ob ein Recht zur Rückgabe des Investmentanteils bestand.

c) Weiterhin Erfüllung der Voraussetzungen des § 1 Abs. 1 bzw. Abs. 1a InvStG a.F. sowie der Anlagebestimmungen und Kreditaufnahmegrenzen nach dem InvG (§ 22 Abs. 2 Satz 2).

58 Neben der Erfüllung der Voraussetzungen des § 1 Abs. 1 bzw. Abs. 1a InvStG a.F. spätestens zum 23.12.2013 – was sich nach obigen Ausführungen letztlich bereits aus § 22 Abs. 2 Satz 1 ergibt – ist nach § 22 Abs. 2 Satz 2 **Hs. 1** erforderlich, dass das Investmentvermögen „weiterhin" die Voraussetzungen des § 1 Abs. 1 und[77] Abs. 1a InvStG a.F. erfüllt, und zwar während des gesamten Übergangszeitraums während dessen der Bestandsschutz bestehen soll (zu den Folgen eines wesentlichen Verstoßes dagegen während des Übergangszeitraums vgl. unten zu § 22 Abs. 2 Satz 4).

59 Grundsätzlich war es seinerzeit für die Anwendbarkeit des Investmentsteuergesetzes irrelevant – sofern jedenfalls Investmentvermögen in der Form eines Sondervermögens oder einer Investment-AG vorlagen, – ob alle weiteren ordnungs- und aufsichtsrechtlichen Anforderungen erfüllt wurden.[78] Weitere Voraussetzung für die Anwendung des Bestandsschutzes nach § 22 Abs. 2 Satz 1 ist jedoch gemäß § 22 Abs. 2 Satz 2 **Hs. 2**, dass die Anlagebestimmungen und Kreditaufnahmegrenzen nach dem Investmentgesetz in der am 21.7.2013 geltenden Fassung erfüllt werden, und zwar „weiterhin". Das Wort „weiterhin" dürfte, gleichsam „vor die Klammer gezogen", sich auf beide Satzteile des § 22 Abs. 2 Satz 2 beziehen. Es ging dem Gesetzgeber um einen Bestandsschutz zum Stichtag vorgefundener Strukturen und nicht um eine Erweiterung vormals etwaig nicht gegebener Voraussetzungen.[79] Damit müssen jedenfalls inländische Investmentvermögen die für sie am 21.7.2013 geltenden Anlagebestimmungen und Kreditaufnahmegrenzen des seinerzeit geltenden Investmentgesetzes weiterhin bis zum Ende der Übergangszeit beachten.

60 Zumindest ungenau, da vom Gesetzeswortlaut nicht gedeckt, ist hingegen die in einem Rundschreiben geäußerte Auffassung der Finanzverwaltung, wonach pauschal auf die Voraussetzungen des Investmentgesetzes in der am 21.7.2013 geltenden Fassung abgestellt wird.[80] Das Gesetz stellt auf die Anlagebestimmungen und Kreditaufnahmegrenzen des Investmentgesetzes alter Fassung, nicht jedoch pauschal auf sämtliche Voraussetzungen des Investmentgesetzes ab.

61 Im Ergebnis bedeutet dies, dass **inländische** Investmentvermögen, die die Bestandsschutzregelung des § 22 Abs. 2 Sätze 1 und 2 nutzen wollen, im Rahmen der aufsichtsrechtlichen Anpassung ihrer Anlagebedingungen an das Kapitalanlagegesetzbuch auch weiterhin an die alten Vorgaben des § 1 Abs. 1, Abs. 1a InvStG a.F. einschließlich der Anlagebestimmungen und Kreditaufnahmegrenzen gebunden sein müssen.

---

77 Gemeint sein dürfte hier „oder", denn es ist nicht ersichtlich, dass allein EU-Investmentvermögen erfasst sein sollen.
78 Berger/Steck/Lübbehüsen/*Berger* § 1 InvStG Rn. 17.
79 Nach den Gesetzesmaterialien (BRDrucks. 740/13, S. 70 = BTDrucks. 18/68, S. 68) ist der Bestandsschutz nach Satz 2 davon abhängig, dass die bisherigen Voraussetzungen, die sich aus dem Verweis des Investmentsteuerrechts auf das Investmentgesetz ergeben, auch „weiterhin" von dem Investmentvermögen erfüllt werden. Die Regelung des § 22 Abs. 2 Satz 2 wurde seinerzeit auf Empfehlung des Finanzausschusses mit aufgenommen (BTDrucks. 17/13522 vom 15.5.2013 S. 29 und 17/13562, S. 14).
80 BMF-Rundschreiben vom 4.6.2014, IV C 1 – S 1980-1/13/10007 : 002, 2014/0500897 (ersetzt BMF-Rundschreiben vom 23.4.2014, IV C 1 – S 1980-1/13/10007 : 002, 2014/0363858) S. 12.

62 Fraglich ist hierbei, ob allein die Umstellung der Vertragsbedingungen auf die Vorgaben des KAGB dazu führen kann, dass die Bestandsschutzregelung i.S.d. § 22 Abs. 2 InvStG im Zeitpunkt der Umstellung ausläuft. Durch eine solche Sichtweise würde die dreijährige Bestandsschutzfrist de facto auf ein Jahr verkürzt.[81] Nach richtiger Auffassung der Finanzverwaltung kann indes allein die Umstellung der Vertragsbedingungen auf die Vorgaben des KAGB nicht dazu führen, dass die Bestandsschutzregelung i.S.d. § 22 Abs. 2 InvStG im Zeitpunkt der Umstellung ausläuft.[82]

63 Spätestens zum Ende der Übergangsfrist muss die Anpassung der Anlagebedingungen an die investmentsteuerlichen Vorgaben des § 1 Abs. 1b Satz 2 abschließend erfolgt sein, damit es nicht mit dem Ablauf der Übergangsfrist zu einer Anwendung von § 1 Abs. 1d kommt (siehe bereits oben).[83]

64 **§ 22 Abs. 2 Satz 2 Hs. 2** findet nach richtiger Auffassung hingegen auf **ausländische** Investmentvermögen, die der Aufsicht unter dem Investmentgesetz in der Fassung vom 21.7.2013 aus territorialen Gründen nicht unterfielen, grundsätzlich keine Anwendung. Zwar unterstellte das Investmentgesetz der Inlandsaufsicht durch die BaFin (§ 1 Satz 1 Nr. 3 i.V.m. §§ 135 ff. InvG) auch den Vertrieb ausländischer Investmentanteile. Dies galt jedoch nicht für die Beaufsichtigung des im Ausland angesiedelten Investmentvermögens an sich.[84] Für ausländische Investmentvermögen i.S.v. § 1 Abs. 1 Nr. 3 InvStG a.F. galten demnach formalrechtlich weder Anlagebestimmungen noch Kreditaufnahmegrenzen nach dem Investmentgesetz in der am 21.7.2013 geltenden Fassung. Ebenso für die Einordnung als ausländisches Investmentvermögen kam es demgemäß auch nach Auffassung der BaFin und der Finanzverwaltung grundsätzlich nicht auf die Einhaltung bestimmter Anlagegrenzen an.[85] Die über § 2 Abs. 4 InvG hinausgehenden besonderen Erwerbsbeschränkungen der §§ 46 ff. InvG konnten für die Anwendbarkeit des Investmentsteuergesetzes auf ausländische Vermögen nach zutreffender Auffassung nicht gefordert werden.[86] Nach Verwaltungsmeinung wurden indes in Einzelfällen weitere Anlagegrenzen im Rahmen der Qualifikation als ausländisches Investmentvermögen gefordert.[87] Die Verwaltungsauffassung wurde zurecht als „aus dem Nichts kommend" kritisiert.[88] Unter § 22 Abs. 2 Satz 2 Hs. 2 können letztlich allenfalls solche Anlagegrenzen für ausländische Investmentvermögen gelten, die auch schon vor Inkrafttreten des AIFM-Steuer-Anpassungsgesetzes rechtmäßig galten. Die Voraussetzungen nach § 22 Abs. 2 Satz 2 Hs. 2 können demnach nur auf solche Investmentvermögen anwendbar sein, für die am 21.7.2013 Anlagebestimmungen und Kreditaufnahmegrenzen nach dem

---

81 Vgl. die Übergangsvorschriften in §§ 343 ff. KAGB.
82 BMF-Rundschreiben vom 4.6.2014, IV C 1 – S 1980-1/13/10007 : 002, 2014/0500897 (ersetzt BMF-Rundschreiben vom 23.4.2014, IV C 1 – S 1980-1/13/10007 : 002, 2014/0363858) S. 12.
83 Welche Rechtsfolgen sich auf Ebene der Anleger und des Investmentvermögens durch den bloßen Ablauf des Befristungszeitraums ergeben, sagt das Gesetz nicht ausdrücklich. Es gelten die allgemeinen Regelungen für Regimewechsel, vgl. auch *Haisch/Helios* FR **2014** 313, 324; *Elser/Stadler* DStR **2014** 233, 239.
84 Berger/Steck/Lübbehüsen/*Köndgen* § 1 InvG Rn. 28 f.
85 BaFin-Rundschreiben 14/2008 (WA) vom 22.12.2008 unter I.-1.-d. (Eingangssatz) – abgedruckt als Anhang 7 zu BMF vom 18.8.2009, BStBl. I 2009, 931, in der Fassung des BMF-Schreibens vom 21.5.2013, IV C 1 – S 1980-1/13/10001 : 003, DOK 2013/0462474 (BStBl. I 2013, 726), dem sich die Finanzverwaltung im vorerwähnten BMF-Schreiben unter Tz. 5 ff. angeschlossen hat.
86 Berger/Steck/Lübbehüsen/*Berger* § 1 InvStG Rn. 79 ff.
87 Vgl. im Einzelnen zu diesen Anlagegrenzen BaFin-Rundschreiben 14/2008 (WA) vom 22.12.2008 unter I.-1.-d. – abgedruckt als Anhang 7 zu BMF vom 18.8.2009, BStBl. I 2009, 931, in der Fassung des BMF-Schreibens vom 21.5.2013, IV C 1 – S 1980-1/13/10001:003, DOK 2013/0462474 (BStBl. I 2013, 726), dem sich die Finanzverwaltung im vorerwähnten BMF-Schreiben unter Tz. 5 ff. angeschlossen hat sowie Berger/Steck/Lübbehüsen/*Berger* § 1 InvStG Rn. 93 ff.
88 Berger/Steck/Lübbehüsen/*Berger* § 1 InvStG Rn. 94.

Investmentgesetz galten, ansonsten können diese Voraussetzungen zwangsläufig nicht „weiterhin" erfüllt werden. Es soll also nicht um die rein steuerrechtliche Einführung zu beachtender Anlagebestimmungen und Kreditaufnahmegrenzen gehen, die nicht „weiterhin" zu beachten wären, sondern „erstmals".[89] Es geht nicht um eine Erweiterung vormals nicht gegebener Voraussetzungen, sondern um übergangsweise Bewahrung des Status quo. Abweichungen von diesem Grundsatz zulasten des Steuerpflichtigen bedürfen eines entsprechenden Gesetzeswortlauts. Darüber hinaus würde sich bei einer erstmaligen Anwendung der Anlagebestimmungen und Kreditaufnahmegrenzen (nach dem Investmentgesetz in der am 21.7.2013 geltenden Fassung) auf ausländische Investmentvermögen die Frage stellen, konkret welche dieser Bestimmungen und Grenzen auf das jeweilige ausländische Investmentvermögen anwendbar sein sollten. Beispielsweise sahen die §§ 53, 80a, 90a, 99 Abs. 3, 112 InvG unterschiedliche Kreditaufnahmegrenzen vor. Das Gleiche gilt für die Anlagebestimmungen (vgl. zum Beispiel §§ 46, 67, 84, 85, 88, 90b, 90h, 90m InvG). Ein solch vager Gesetzesverweis dürfte unter dem Bestimmtheitsgrundsatz Zweifeln unterliegen.

d) Verhältnis von § 22 Abs. 2 Satz 2 zu Satz 4. Das **Verhältnis von § 22 Abs. 2 Satz 2 zu Satz 4** ist nicht ohne weiteres erkennbar. Während § 22 Abs. 2 Satz 2 bereits voraussetzt, dass die dort genannten Maßgaben „weiterhin" zu erfüllen sind – und damit möglicherweise bereits während des gesamten Übergangszeitraums zu beachtende Voraussetzungen aufstellt –, zielt § 22 Abs. 2 Satz 4 ersichtlich (ebenfalls) auf die gesamte Zeitspanne des Übergangszeitraums ab. Schädlich bei § 22 Abs. 2 Satz 4 ist jedoch allein ein wesentlicher Verstoß, während § 22 Abs. 2 Satz 2 mangels einer derartigen Qualifikation jeden Verstoß genügen lassen würde. Das Verhältnis der beiden Vorschriften dürfte dahingehend zu verstehen sein, dass § 22 Abs. 2 Satz 2 mit dem Wort „weiterhin" lediglich auf die Zeit vom 21.7.2013 bis zur erstmaligen Anwendbarkeit des AIFM-Steuer-Anpassungsgesetzes am 24.12.2013 abstellt – sich also in dieser die Gesetzesfassungen vor und nach dem Inkrafttreten des AIFM-Steuer-Anpassungsgesetzes verknüpfenden Bedeutung erschöpft –, während § 20 Abs. 2 Satz 4 die gesamte Zeitspanne des Überleitungszeitraums für Alt-Fonds vom 24.12.2013 bis zu dessen Ende nach § 22 Abs. 2 Satz 1 betrifft. 65

e) Statuswechsel (§ 22 Abs. 2 Satz 4). Der Bestandsschutz entfällt bei wesentlichen Verstößen gegen die in § 22 Abs. 2 Satz 2 genannten Voraussetzungen, insbesondere also gegen die bisherigen Anlagebestimmungen oder Kreditaufnahmegrenzen. Bei § 22 Abs. 2 Satz 4 stellen sich im Einzelnen die Fragen, (1.) worauf der potentielle Verstoß abzielt, nämlich insbesondere entweder auf einen Verstoß durch Änderung der Anlagebestimmungen oder Kreditaufnahmegrenzen oder auf einen Verstoß in der Geschäftspraxis gegen die (unveränderten) Anlagebestimmungen und die (unveränderten) Kreditaufnahmegrenzen sowie (2.) wann ein Verstoß „wesentlich" ist. 66

Zweifel könnten hier in Hinblick auf das Bezugsobjekt des Verstoßes aufkommen, da insbesondere die Komplementärnorm des § 1 Abs. 1d mit den Worten „in der Anlagepraxis" klarstellt, dass (auch) bei schlichter Nichtbeachtung der (unveränderten) Anlagebestimmungen ein Verstoß vorliegt, während in § 22 Abs. 2 Satz 4 diese Worte fehlen. Darüber hinaus wird in § 22 Abs. 2 Satz 5 als maßgeblicher Anwendungsfall des Satzes 4 67

---

[89] In § 22 Abs. 2 Satz 5 wird diese Unterscheidung zwischen „weiterhin" und „erstmals" vorgenommen, so dass davon ausgegangen werden kann, dass der Gesetzgeber in § 22 Abs. 2 Satz 2 nicht solche ausländischen Investmentvermögen erfassen will, die „erstmals" die Anlagebestimmungen und Kreditaufnahmegrenzen nach dem Investmentgesetz alter Fassung erfüllen müssten.

allein eine Änderung der Anlagebedingungen – nicht hingegen die Änderung der Geschäftspraxis – erwähnt. Mit Blick auf die Gesetzeshistorie ist ferner beachtlich, dass sowohl die vorerwähnten Worte „in der Anlagepraxis" in § 1 Abs. 1d als auch die Fassung von § 22 Abs. 2 Satz 4 auf den Finanzausschuss des Bundestages zurückgehen.[90] Man hätte hier also erwarten können, dass ein Verstoß gegen die Anlagepraxis auch in § 22 Abs. 2 Satz 4 erwähnt würde, wenn dies dort auch gelten soll. Nach den Gesetzesmaterialien sollte die Erwähnung der Anlagepraxis in § 1 Abs. 1d indes lediglich der redaktionellen Klarstellung dienen. Die Einordnung als Investmentfonds setze voraus, dass sowohl die Anlagebestimmungen als auch das tatsächliche Verhalten des Vehikels dem Anlagekatalog des § 1 Abs. 1b InvStG entsprechen. Dies werde mit der Änderung des Gesetzestextes deutlicher gemacht.[91] Nach dem Gesetzeswortlaut in § 22 Abs. 2 Satz 4 wird darauf abgestellt, ob gegen die in Absatz 2 Satz 2 genannten Voraussetzungen (wesentlich) verstoßen wird. Nach Absatz 2 Satz 2 müssen die dort genannten Voraussetzungen – insbesondere also auch die Anlagebestimmungen und Kreditaufnahmegrenzen nach dem Investmentgesetz a.F. – „erfüllt" werden. Eine Erfüllung dieser Voraussetzungen dürfte dem Wortlaut nach nicht nur die schriftlich niedergelegte theoretische Erfüllung meinen, sondern auch diejenige in der täglichen Geschäftspraxis. Im Ergebnis spricht die Gesetzessystematik selbst ohne ausdrückliche Benennung der Geschäftspraxis eher dafür, bei § 22 Abs. 2 Satz 4 auch einen wesentlichen Verstoß im Rahmen der Geschäftspraxis gegen die im Übrigen unveränderten Anlagebestimmungen und bzw. oder Kreditaufnahmegrenzen genügen zu lassen, um die Vorschriften über den Statuswechsel anzuwenden.

68 Kein Verstoß liegt jedenfalls solange vor, als zwar Anlagebestimmungen oder Kreditaufnahmegrenzen geändert werden, jedoch weiterhin die Anlagebestimmungen und Anlagegrenzen nach dem Investmentgesetz in der am 21.7.2013 geltenden Fassung erfüllt werden. Innerhalb dieser Grenzen ist damit eine Änderung der Anlagebestimmungen und Kreditaufnahmegrenzen unschädlich, solange nicht ein Fall des § 22 Abs. 2 Satz 5 gegeben ist (dazu siehe unten).

69 Ferner stellt sich die Frage, wann ein Verstoß gegen die in § 22 Abs. 2 Satz 2 genannten Anlagebestimmungen und Kreditaufnahmegrenzen, sei es durch Änderung der entsprechenden Bedingungen oder durch einen Verstoß in der Geschäftspraxis, **wesentlich** ist. Zweifellos ist damit nicht jeder Verstoß, anders als es § 22 Abs. 2 Satz 2 möglicherweise zunächst denken ließe, schädlich. Für die Bestimmung der Wesentlichkeit dürfte das gleiche Maß wie in § 1 Abs. 1d Satz 1 gelten. Nach den insoweit überzeugenden Gesetzesmaterialien[92] soll wie folgt unterschieden werden:

„Ob ein Verstoß gegen die Anlagebestimmungen „wesentlich" ist, hängt von den Gesamtumständen des Einzelfalls ab. Bei der Beurteilung der Wesentlichkeit sollte insbesondere Folgendes berücksichtigt werden:
– *den Grad des Verschuldens des Verwalters bei der Entstehung des Verstoßes,*
– *die Zeitdauer des Verstoßes,*

---

90 Vgl. BTDrucks. 17/13522, S. 10 und 29.
91 Vgl. die Ausführungen des Finanzausschusses in BTDrucks. 17/13562, S. 11, übernommen in BRDrucks. 740/13, S. 70 = BTDrucks. 18/68, S. 68). Zu § 22 Abs. 2 Satz 4 wird indes lediglich angemerkt (BTDrucks. 17/13562, S. 14, übernommen in BRDrucks. 740/13, S. 70 = BTDrucks. 18/68, S. 68): „Nach Satz 4 gilt der Bestandsschutz nicht mehr, wenn ein wesentlicher Verstoß gegen die bisherigen für Investmentvermögen geltenden Anlagebestimmungen oder Kreditaufnahmegrenzen vorliegt." Es fehlt also die (vermeintliche) redaktionelle Klarstellung in Hinblick auf die Geschäftspraxis.
92 BRDrucks. 740/13, S. 42 = BTDrucks. 18/68, S. 43.

- der wertmäßige Umfang des Verstoßes im Verhältnis zum Gesamtwert des Vermögens des OGAW oder des AIF und
- der Umfang der Bemühungen des Verwalters, die auf eine Beseitigung des Verstoßes gerichtet sind.

Die Entziehung des Rechtsstatus als Investmentfonds ist nur als Ultima Ratio gedacht. Das Feststellungsverfahren nach Absatz 1d sollte also nur in besonderen Ausnahmefällen angewendet werden. Ein solcher Ausnahmefall ist beispielsweise gegeben, wenn ein Verstoß bewusst und zweckgerichtet für missbräuchliche Steuergestaltungen herbeigeführt wurde. Keine wesentlichen Verstöße liegen hingegen in der Regel vor, wenn die Überschreitung von Anlagegrenzen nicht durch einen Geschäftsabschluss verursacht wurde. Ein Geschäftsabschluss ist jede aktive Transaktion, die die Zusammensetzung des Investmentfondsvermögens verändert. D. h., Überschreitungen der Anlagegrenzen die auf bloßen Wertveränderungen der Vermögensgegenstände basieren, führen grundsätzlich nicht zum Verlust des Rechtsstatus als Investmentfonds.

Einzelne aktive Überschreitungen von Anlagegrenzen sind regelmäßig unwesentlich, wenn die Überschreitungen kurzfristig zurückgeführt werden."

70 Für den Fall eines solchen wesentlichen Verstoßes gegen die Vorgaben des § 22 Abs. 2 Satz 2 ergeht in sinngemäßer Anwendung von § 1 Abs. 1d ein Feststellungsbescheid, mit dem der Verstoß gegen die Anlagebestimmungen bzw. die Kreditaufnahmegrenzen gesondert festgestellt wird. Bei inländischen Investmentfonds liegt die Zuständigkeit für den Erlass des Feststellungsbescheides beim örtlich zuständigen Finanzamt. Bei ausländischen Investmentfonds ist das Bundeszentralamt für Steuern für die Feststellung zuständig. Wird ein Investmentfonds zukünftig als Investitionsgesellschaft i.S.d. Abschnitts 4 behandelt, ist dies mit einem Wechsel des Besteuerungssystems für das Investmentvehikel und die Anteilseigner verbunden. Daher erfolgt eine Schlussbesteuerung der Anteilsinhaber, die die Erfassung stiller Reserven sicherstellt. Diese ist in §§ (1 Abs. 1d Satz 1 i.V.m.) 8 Abs. 8 und § 15 Abs. 3 sowie 16 Satz 8 InvStG geregelt (siehe bereits oben).

71 **f) Zwingender Statuswechsel bei erstmaligem Hedgefonds-Status (§ 22 Abs. 2 Satz 5).** Als wesentlicher Verstoß gilt jedenfalls eine Änderung der Anlagebedingungen nach dem 23.12.2013 in der Weise, dass die für Hedgefonds geltenden Vorschriften nach § 283 KAGB oder § 112 InvG i.d.F. vom 21.7.2013 erstmals erfüllt sind. Ändert demnach ein bestandsgeschütztes Investmentvermögen seine Anlagebedingungen in der Weise ab, dass das Investmentvermögen erstmals als Hedgefonds gilt, verliert es nach Absatz 2 Satz 5 seinen Bestandsschutz. Die Vorschrift findet auf zum 23.12.2013 bestehende Hedgefonds keine Anwendung, da ausdrücklich auf die erstmalige Anwendbarkeit der Vorschriften für Hedgefonds abgestellt wird.

72 **4. Anleihe-Stripping (Absatz 3 Satz 1).** Modelle zur Umgehung der Verlustabzugsbeschränkung nach § 8c KStG durch „Bond-Stripping" sollen durch Änderungen bzw. Neuregelungen in §§ 3 und 3a InvStG ausgehebelt werden. Nach **§ 3 Abs. 1a** wird bei einer Abtrennung der Zinsscheine oder der Zinsforderungen von dem dazugehörigen Stammrecht eine Veräußerung des einheitlichen Wirtschaftsguts vor der Abtrennung fingiert. Weiter wird in demselben Zeitpunkt eine Anschaffung der nach der Abtrennung selbständigen Wirtschaftsgüter unterstellt.

73 Die Neuregelung des § 3 Abs. 1a ist erstmals auf die Abtrennung von Zinsscheinen bzw. Zinsforderungen von dem dazugehörigen Stammrecht anzuwenden, die nach dem Tag der 2./3. Lesung des Gesetzentwurfs des AIFM-Steuer-Anpassungsgesetzes im Bundestag vollzogen wurde.[93] Die 2./3. Lesung erfolgte am 28.11.2013. Erfasst sind damit Abtrennungen ab dem 29.11.2013.

---

[93] Vgl. die Gesetzesmaterialien, BRDrucks. 740/13 (Beschluss) S. 108.

74 **5. Werbungskosten (Absatz 3 Satz 2). § 3 Abs. 3** in der Fassung des AIFM-Steuer-Anpassungsgesetzes sieht eine Neuregelung der Zuordnung jener Kosten vor, die nicht in einem unmittelbaren wirtschaftlichen Zusammenhang mit laufenden Einnahmen/Gewinnen und Verlusten aus Veräußerungsgeschäften stehen. Die bisherige pauschale Berücksichtigung von 10% nicht abziehbarer Werbungskosten ist entfallen. Mit der Neuregelung sollen Gestaltungen verhindert werden, bei denen die mittelbaren Werbungskosten weitgehend den jährlich steuerpflichtigen Erträgen zugeordnet und die steuerfrei im Investmentfonds zu thesaurierenden Erträge entsprechend entlastet wurden.

75 Nunmehr sind Werbungskosten inklusive Abschreibungen des Investmentfonds, die in einem unmittelbaren wirtschaftlichen Zusammenhang mit Einnahmen stehen, bei den jeweiligen Einnahmen abzuziehen. Die verbleibenden, in einem nur mittelbaren wirtschaftlichen Zusammenhang mit laufenden Einnahmen sowie mit sonstigen Gewinnen und Verlusten aus Veräußerungsgeschäften stehenden Werbungskosten sind nur eingeschränkt abziehbar.[94]

76 Die Änderungen beim Werbungskostenabzug gelten gemäß § 22 Abs. 3 Satz 2 abweichend von den allgemeinen Anwendungsregeln erstmals für Geschäftsjahre, die nach dem 31.12.2013, also ab dem 1.1.2014, beginnen. Dadurch musste die Fonds-Buchhaltung jedenfalls in dieser Hinsicht nicht unterjährig umgestellt werden.

77 Auf Bitten von Branchenverbänden, wonach die Neuordnung des Werbungskostenabzugs umfangreiche Programmierarbeiten erforderlich mache, hat die Finanzverwaltung durch BMF-Schreiben verlautbart, dass es bei Publikums-Investmentfonds nicht beanstandet wird, wenn die Werbungskostenaufteilung nach § 3 Abs. 3 erstmals auf Geschäftsjahre angewendet wird, die nach dem 31.3.2014 beginnen bzw. begonnen haben.[95] Damit wird bei kalenderjahrgleichem Geschäftsjahr bei Publikums-Investmentfonds eine Umstellung der Buchhaltung auf die neuen Maßgaben nach § 3 Abs. 3 erst ab dem 1.1.2015 von der Finanzverwaltung nicht beanstandet.

78 **6. Ausschüttungsreihenfolge (Absatz 4).** Eine Ausschüttungsreihenfolge war bislang nur im BMF-Schreiben zum Investmentsteuergesetz vorgesehen.[96] **§ 3a** sieht nunmehr eine gesetzliche Ausschüttungsreihenfolge vor. Damit wurde das Ziel verfolgt, Gestaltungen im Zusammenhang mit Ausschüttungen zu vermeiden. Die Systematik lehnt sich in ihren Grundzügen an die Verwendungsreihenfolge bei der Ausschüttung von Eigenkapital bei Körperschaften unter dem alten Körperschaftsteuer-Anrechnungsverfahren an. Erträge des Investmentfonds werden unter Berücksichtigung ihrer steuerlichen „Wertigkeit" auf Anlegerebene zur Ausschüttung gebracht. Für Ausschüttungen sollen zuerst hoch besteuerte Anteile verwendet werden und Substanzbeträge zuletzt.[97] § 3a sieht vor, dass für eine Ausschüttung die Substanzbeträge erst nach Ausschüttung sämtlicher Erträge des laufenden und aller vorherigen Geschäftsjahre als verwendet gelten. Nach Auffassung der Finanzverwaltung können Liquiditätsüberhänge aufgrund von AfA und von Einlagenrückgewähr (§ 27 Abs. 1 KStG, § 27 Abs. 8 KStG) wie bisher vorrangig ausgeschüttet werden.[98]

---

94 *Bäuml* FR **2013** 746, 752.
95 BMF-Schreiben vom 3.6.2014, IV C 1 – S 1980-1/13/10007 : 002, 2014/0498740.
96 BMF-Schreiben vom 18.8.2009, BStBl. I 2009, 931 Tz. 16 ff. in der Fassung des BMF-Schreibens vom 21.5.2013, IV C 1 – S 1980-1/13/10001:003, DOK 2013/0462474 (BStBl. I 2013, 726).
97 *Bäuml* FR **2013** 746, 752.
98 BMF-Rundschreiben vom 4.6.2014, IV C 1 – S 1980-1/13/10007 : 002, 2014/0500897 (ersetzt BMF-Rundschreiben vom 23.4.2014, IV C 1 – S 1980-1/13/10007 : 002, 2014/0363858) S. 11; vgl. auch die Gesetzesbegründung in BRDrucks. 740/13, S. 53.

Hintergrund des beliebig wirkenden Datums **23.8.2014** ist, dass die Regelungen zur Ausschüttungsreihenfolge in § 3a erstmals auf Ausschüttungen anzuwenden sein sollen, die nach Ablauf von acht Monaten nach Verkündung des AIFM-Steuer-Anpassungsgesetzes abfließen. Der um acht Monate hinausgeschobene Anwendungszeitpunkt räume den Investmentfonds eine angemessene Übergangsfrist ein, um ihre Ausschüttungsbeschlüsse an die Neuregelung des § 3a anzupassen.[99] Abfluss i.S.d. hier regelmäßig vorliegenden bargeldlosen Zahlungsverkehrs durch Überweisung bejaht die Rechtsprechung zur insoweit heranziehbaren Norm des § 11 Abs. 2 EStG bereits mit Zugang des Überweisungsauftrages an die Bank, falls mit seiner Ausführung zu rechnen ist und ausreichende Deckung durch Guthaben oder Dispositionskredit vorhanden ist und der Betrag dem Empfänger anschließend tatsächlich zugeht; andernfalls im Zeitpunkt der Lastschrift.[100] Der bloße Ausschüttungsbeschluss oder die rechtliche Entstehung der Forderung auf Auszahlung reichen also nicht. Ein Abfluss kann indes auch allein durch die Abgabe rechtsgeschäftlicher Willenserklärungen bewirkt werden, insbesondere Aufrechnung. Eine Aufrechnung des Schuldners mit einer ihm gegen den Gläubiger zustehenden fälligen Gegenforderung bewirkt das Erlöschen der gegenseitigen Forderungen, soweit sie sich decken (§§ 387 ff. BGB). Damit steht sie wirtschaftlich einer tatsächlichen Leistung gleich. Entscheidend ist (ungeachtet § 389 BGB) nach herrschender Meinung grds. der Zeitpunkt der Aufrechnungserklärung, es sei denn, die Aufrechnung ist vor Fälligkeit der Forderung erklärt (dann Abfluss bei Fälligkeit).[101]

7. Altfallschutz für Single-Hedgefonds (Absatz 5). Nach **§ 5 Abs. 3 Satz 4 InvStG a.F.** gelten die Vorschriften zur Ermittlung und Veröffentlichung des Zwischengewinns und die Ersatzwertbesteuerung nicht für die damaligen Sondervermögen mit zusätzlichen Risiken, also Single-Hedgefonds und Dach-Hedgefonds i.S.d. §§ 112, 113 InvG. Auch für ausländische Single- und Dach-Hedgefonds fanden die Vorschriften keine Anwendung. Hintergrund dieser Regelung war wohl die Befürchtung, eine Verpflichtung zur Ermittlung des Zwischengewinns könnte sich angesichts der Komplexität der von Hedgefonds gehandelten Finanzprodukte prohibitiv auf deren Vertriebserfolg auswirken.[102]

§ 22 Abs. 5 sieht vor, dass die Ausnahme von der Verpflichtung zur Ermittlung und Veröffentlichung des Zwischengewinns weiterhin bei derzeit bestehenden Single- und Dach-Hedgefonds anzuwenden ist. Relevanz entfaltet die Vorschrift für Single-Hedgefonds, die in § 5 Abs. 3 Satz 4 nicht mehr erfasst werden.[103] Die Regelung ist erforderlich, weil die Bestandsschutzregelung in § 22 Abs. 2 Satz 1 lediglich das Vorliegen eines Investmentfonds i.S.d. § 1 Abs. 1b Satz 2 fingiert, im Übrigen aber die Vorschriften des Investmentsteuergesetzes in der Fassung des AIFM-Steuer-Anpassungsgesetzes Anwendung finden. Voraussetzung ist, dass es sich um Investmentvermögen i.S.d. Absatzes 2 Satz 1 handelt (siehe dazu oben), so dass die Bestandsschutzregelung Anwendung findet.

---

99 So die Begründung in den Gesetzesmaterialien, vgl. BRDrucks. 740/13 (Beschluss) S. 108.
100 BFH 11.8.1987, IX R 163/83, BStBl. II 1989, 702; BFH 6.3.1997, IV R 47/95, BStBl. II 1997, 509 m.w.N.
101 Kirchhof/*Seiler* Einkommensteuergesetz, 2014, § 11 Rn. 26 ff. mit Nachweisen. Vgl. dort auch weitere Möglichkeiten des Abflusses durch die Abgabe rechtsgeschäftlicher Willenserklärungen wie beispielsweise Schuldumwandlung oder Abtretung.
102 Blümich/*Wenzel* InvStG, Juni 2013 EL 119, § 5 Rn. 75.
103 In der Gesetzesbegründung ist daher auch nur die Rede von Single-Hedgefonds, vgl. BRDrucks. 740/13 (Beschluss) S. 108.

§ 23
Übergangsvorschriften

(1) § 2 Abs. 3 Nr. 1 zweiter Halbsatz in der am 1. Januar 2004 geltenden Fassung und § 2 Abs. 2 Satz 2 in der Fassung des Artikels 8 des Gesetzes vom 14. August 2007 (BGBl. I S. 1912) sind bei inländischen Investmentfonds auf Veräußerungen von Anteilen an unbeschränkt körperschaftsteuerpflichtigen Kapitalgesellschaften und von Bezugsrechten auf derartige Anteile anzuwenden, die nach Ablauf des ersten Wirtschaftsjahres der Gesellschaft erfolgen, deren Anteile veräußert werden, für die das Körperschaftsteuergesetz in der Fassung des Artikels 3 des Gesetzes vom 23. Oktober 2000 (BGBl. I S. 1433) erstmals anzuwenden ist, und auf sonstige Veräußerungen, die nach dem 31. Dezember 2000 erfolgen. § 8 Abs. 1 ist hinsichtlich der in § 3 Nr. 40 des Einkommensteuergesetzes und in § 8b Abs. 2 des Körperschaftsteuergesetzes genannten Einnahmen nur anzuwenden, soweit diese auch im Falle der Ausschüttung nach § 2 Abs. 2 oder Abs. 3 Nr. 1 in der am 1. Januar 2004 geltenden Fassung und § 2 Abs. 2 in der Fassung des Artikels 8 des Gesetzes vom 14. August 2007 (BGBl. I S. 1912) begünstigt wären.

(2) Die §§ 37n bis 50d des Gesetzes über Kapitalanlagegesellschaften in der Fassung der Bekanntmachung vom 9. September 1998 (BGBl. I S. 2726), das zuletzt durch Artikel 3 des Gesetzes vom 21. Juni 2002 (BGBl. I S. 2010) geändert worden ist, sind letztmals auf das Geschäftsjahr des inländischen Investmentfonds anzuwenden, welches vor dem 1. Januar 2004 beginnt, sowie auf Erträge, die in diesem Geschäftsjahr zufließen. § 40a des in Satz 1 genannten Gesetzes ist letztmals auf Einnahmen anzuwenden, die vor dem 1. Januar 2004 zufließen, sowie auf Gewinnminderungen, die vor dem 1. Januar 2004 entstehen. Die in dem in Satz 1 genannten Gesetz enthaltenen Bestimmungen zum Zwischengewinn sind letztmals auf Veräußerungen, Erwerbe oder Abtretungen anzuwenden, die vor dem 1. Januar 2004 stattfinden.

(3) Die §§ 17 bis 20 des Auslandinvestment-Gesetzes in der Fassung der Bekanntmachung vom 9. September 1998 (BGBl. I S. 2810), das zuletzt durch Artikel 32 des Gesetzes vom 21. August 2002 (BGBl. I S. 3322) geändert worden ist, sind letztmals auf das Geschäftsjahr des ausländischen Investmentfonds anzuwenden, welches vor dem 1. Januar 2004 beginnt, sowie auf Erträge, die in diesem Geschäftsjahr zufließen. § 17 Abs. 2b des in Satz 1 genannten Gesetzes ist letztmals auf Einnahmen anzuwenden, die vor dem 1. Januar 2004 zufließen. Die in dem in Satz 1 genannten Gesetz enthaltenen Bestimmungen zum Zwischengewinn sind letztmals auf Veräußerungen, Erwerbe oder Abtretungen anzuwenden, die vor dem 1. Januar 2004 stattfinden.

Systematische Übersicht
I. Allgemeines —— 1
II. Absatz 1 —— 2
III. Absatz 2 —— 4
IV. Absatz 3 —— 7

I. Allgemeines

1   Die Vorschrift regelt den Übergang der steuerlichen Vorschriften des KAGG und des AuslInvestmG zum InvStG.

II. Absatz 1

Durch § 23 Abs. 1 S. 1 wird die Behandlung von Gewinnen aus der Veräußerung von Anteilen an unbeschränkt körperschaftsteuerpflichtigen Kapitalgesellschaften sowie von Bezugsrechten auf derartige Anteile geregelt. Im Regelfall können die Gewinne, welche direkt auf Ebene des Investmentvermögens realisiert wurden, nach den Bestimmungen des InvStG im Rahmen des Teileinkünfteverfahrens bzw. des Beteiligungsprivilegs (teilweise) steuerfrei ausgeschüttet werden. Ohne entsprechende Übergangsregelungen wären die vor dem Inkrafttreten des StSenkG v. 23.10.2000 (BGBl. I 00, 1433) realisierten Veräußerungsgewinne ebenfalls privilegiert; dies bedeutet, dass bei Ausschüttung die grundsätzlich steuerpflichtigen Gewinne als steuerfreie Gewinne behandelt werden würden.[1] Durch § 23 Abs. 1 wird demnach sichergestellt, dass auf diejenigen Gewinne aus der Veräußerung von Anteilen an Kapitalgesellschaften, welche im Anwendungszeitraum des körperschaftsteuerrechtlichen Anrechnungsverfahrens erzielt, aber noch nicht ausgeschüttet wurden, § 3 Nr. 40 EStG und § 8b KStG keine Anwendung finden, sodass die Gewinne in voller Höhe steuerpflichtig sind.

Eine entsprechende Regelung für Aktiengewinne i.S.v. § 8 Abs. 1 wurde in § 23 Abs. 1 S. 2 normiert. Gewinne aus der Veräußerung von Anteilen an unbeschränkt körperschaftsteuerpflichtigen Kapitalgesellschaften und von Bezugsrechten auf derartige Anteile dürfen demzufolge lediglich dann im Aktiengewinn berücksichtigt werden, soweit diese im Rahmen einer unterstellten Ausschüttung i. S. v. § 3 Nr. 40 EStG bzw. § 8b KStG steuerfrei wären. Sog. Alt-Aktienveräußerungsgewinne werden im Endeffekt aus dem Aktiengewinn ausgenommen, während bei der Prüfung für Veräußerungsgewinne § 23 Abs. 1 S. 1 anzuwenden ist.[2]

III. Absatz 2

In § 23 Abs. 2 S. 1 und 2 wird der Übergang von der Anwendung der steuerrechtlichen Vorschriften des Gesetzes über Kapitalanlagegesellschaften (KAGG) zur in § 21 festgelegten Anwendung des InvStG geregelt. Dabei wird grundsätzlich nicht auf einen generellen Stichtag abgestellt. Es ist vielmehr das Geschäftsjahr des jeweiligen Investmentvermögens maßgeblich. Dabei ist das KAGG letztmals auf das Geschäftsjahr des inländischen Investmentvermögens anzuwenden, welches vor dem 1.1.2004 beginnt; ebenfalls auf die Erträge, welche in diesem Zeitraum zufließen. Demzufolge sind die sog. Transparenzvoraussetzungen i.S.v. § 5 erstmalig für nach dem 31.12.2003 beginnende Geschäftsjahre zu erfüllen.[3]

Soweit sich beim Begriff des Aktiengewinnes i.S.d. § 8 Änderungen gegenüber dem früheren Begriff gemäß § 40a KAGG ergeben, ist die Regelung des § 40a KAGG zum Aktiengewinn gemäß Abs. 2 S. 2 letztmals auf Gewinne und Gewinnminderungen des Anlegers vor dem 1.1.2004 anzuwenden.

Die im KAGG normierten Bestimmungen zum Zwischengewinn sind letztmalig zum 31.12.2003 anzuwenden.

---

[1] *Blümich* § 19 InvStG Rn. 2; *Beckmann/Scholtz/Vollmer* § 19 InvStG Rn. 1.
[2] *Blümich* § 19 InvStG Rn. 3; *Berger/Steck/Lübbehüsen* § 19 InvStG Rn. 31.
[3] *Blümich* § 19 InvStG Rn. 7; *Beckmann/Scholtz/Vollmer* § 19 InvStG Rn. 3.

IV. Absatz 3

7 § 23 Abs. 3 enthält die zu Abs. 2 parallelen Regelungen im Bezug auf das AuslInvG und regelt demnach den Übergang von der Anwendung steuerrechtlichen Vorschriften des AuslInvG zum InvStG. Das InvStG ist demnach erstmals auf Investmenterträge aus denjenigen Geschäftsjahren anzuwenden, die nach dem 31.12.2003 beginnen, während das KAGG und das AuslInvG letztmals auf Investmenterträge aus Geschäftsjahren anzuwenden sind, die vor dem 1.1.2004 beginnen.

8 Dem Grunde nach sind diese Anwendungsvorschriften nahezu identisch, jedoch besteht ein Unterschied darin, dass bereits nach der alten Rechtslage die ausländischen Investmentvermögen bestimmte Obliegenheiten erfüllen mussten, um für die deutschen Anleger einen speziellen steuerrechtlichen Status zu erlangen, vgl. §§ 17 ff. AuslInvestmG. Danach wurde zwischen sog. schwarzen, grauen und weißen Investmentvermögen unterschieden. Eine Ermittlung und Veröffentlichung des Aktiengewinns für ausländische Investmentvermögen war mangels Anwendbarkeit des Halbeinkünfteverfahrens (§ 3 Nr. 40 EStG) bzw. des Beteiligungsprivilegs (§ 8b KStG) nicht zulässig. Diese europarechtlich unzulässige Benachteiligung gegenüber deutschem Investmentvermögen ist letztmals für vor dem 1.1.2004 zugeflossene Einnahmen aus der Rückgabe oder Veräußerung von Investmentanteilen anzuwenden.[4] Für den Zwischengewinn gelten jedoch die gleichen Übergangsregeln wie für inländische Investmentvermögen.[5]

---

[4] *Beckmann/Scholtz/Vollmer* § 19 InvStG Rn. 7.
[5] *Blümich* § 19 InvStG, Rn. 10f.

Sachregister

Die fetten Zahlen verweisen auf die Paragraphen, Vor = Vorbemerkung,
die mageren Zahlen verweisen auf die Randnummern

and Symbols
95%-Befreiung 8 InvStG 2

A
A-Bond 1(3) InvStG 235
Abflusssteuer 4 InvStG 22
abgegrenzte Erträge 1(3) InvStG 204
Abgeltungssteuer 5 InvStG 216
Abzugsteuer 4 InvStG 22
ADDI
    Anpassung **5 InvStG** 156
    ausländische Fonds **5 InvStG** 139 ff.
    Investitionsgesellschaftsumwandlung
        20 InvStG 22
    Wechsel des Besteuerungssystems **5 InvStG** 154
AIF 19 InvStG 6
    Auflage eines **343 KAGB** 35 ff.
    Investmentaufsicht **1(1–2a) InvStG** 47 ff.
    offene Investmentvermögen **1(1–2a) InvStG** 57
    Vertriebsuntersagung *s. dort*
AIF-Kapitalverwaltungsgesellschaft
    Anforderungen an Vermögensgegenstände
        282 KAGB 3
    Anteilsübertragung **277 KAGB** 2
    Anzeigepflicht **321 KAGB** 15
    Anzeigeschreiben *s. dort*
    FATF-Listung **322 KAGB** 24
    Haftungänderung der Verwahrstelle
        300 KAGB 8
    Haftungsfreistellung der Verwahrstelle
        301 KAGB 3
    illiquide Vermögensgegenstände
        300 KAGB 3
    inländischer Vertrieb ausländischer AIF
        322 KAGB 1 ff.
    inländischer Vertrieb Spezial- und EU-AIF
        321 KAGB 1 ff.
    KMU **287 KAGB** 14
    Kontrollerlangung **287 KAGB** 6 ff.
    Kontrollerwerb **282 KAGB** 4
    Leerverkäufe **276 KAGB** 3
    Leverage
        BaFin **274 KAGB** 2
        Beschränkung **274 KAGB** 2
        Delegierten Verordnung **274 KAGB** 3 ff.
    Liquiditätssteuerung **300 KAGB** 5
    Minderheitsbeteiligungen **287 KAGB** 16

Mitteilungspflicht
    Anteilseigner der Zielgesellschaft
        289 KAGB 38 ff.
    Arbeitnehmer **289 KAGB** 43 ff.
    BaFin **289 KAGB** 42
    Form der Mitteilung **289 KAGB** 55
    Inhalt der Mitteilung **289 KAGB** 50
    Kontrollerlangung **289 KAGB** 33 ff.
    Mitteilungsadressaten **289 KAGB** 36
    Mitteilungsfrist **289 KAGB** 56
    Verstöße **289 KAGB** 60 ff.
    Zielgesellschaft **289 KAGB** 37
Mitteilungspflicht bei Anteilserwerb
    282 KAGB 5
nicht börsennotiertes Unternehmen
    289 KAGB 16
Offenlegungspflicht
    Arbeitsbedingungen **290 KAGB** 37
    Auswirkungen auf die Beschäftigung
        290 KAGB 36
    Emittent **290 KAGB** 10
    externe/interne Kommunikation
        290 KAGB 22
    Finanzierung des Erwerbs **290 KAGB** 42 ff.
    Form der Offenlegung **290 KAGB** 23
    Inhalt der Offenlegung **290 KAGB** 16 ff.
    Interessenkonflikte **290 KAGB** 18
    Kontrollerlangung **290 KAGB** 7 ff., 11
    nicht börsennotiertes Unternehmen
        290 KAGB 9
    Offenlegungsadressaten **290 KAGB** 14
    Offenlegungsfrist **290 KAGB** 24
    Sitzverlegung **290 KAGB** 32
    Übersicht **290 KAGB** 3
    Verstöße **290 KAGB** 50
    wirtschaftliche Ausrichtung **290 KAGB** 31
    zukünftige Geschäftsentwicklung
        290 KAGB 26 ff.
Offenlegungspflicht bei Kontrollübernahme
    287 KAGB 18
Rechtzeitigkeit der Information **289 KAGB** 57
Repräsentant **17 InvStG** 12
Risikomischung **282 KAGB** 2
Risikoprofil **300 KAGB** 4
Risikosteuerung **300 KAGB** 6
Unterrichtungspflicht **289 KAGB** 11
    Anteilserwerb **289 KAGB** 19

Sachregister

Anteilsverkauf **289 KAGB** 21
Berechnung des Stimmrechtsanteils **289 KAGB** 23
Beteiligung an einem nicht börsennotierten Unternehmen **289 KAGB** 15
Form der Unterrichtung **289 KAGB** 31
Inhalt der Unterrichtung **289 KAGB** 29
Schwellenwerte **289 KAGB** 18
Unterrichtungsadressatin **289 KAGB** 27
Unterrichtungsfrist **289 KAGB** 32
Verstöße **289 KAGB** 60 ff.
Veränderungen der Beteiligungshöhe **289 KAGB** 10
Vertrieb an (semi-)professionelle Anleger **321 KAGB** 18
Vertrieb mit Drittstaatenbezug **321 KAGB** 3
Vertrieb mit reinem EU-Bezug **321 KAGB** 3
Vertriebsabsicht **321 KAGB** 17
Vertriebseinstellung *s. dort*
Vertriebsvoraussetzungen ausländischer AIF **322 KAGB** 19 ff.
wesentliche Anlegerinformationen **301 KAGB** 3
zulässige Vermögensgegenstände **285 KAGB** 4
Zweckgesellschaften **287 KAGB** 15

AIFM-Richtlinie
ausländischer AIF **317 KAGB** 16
EU-AIF **317 KAGB** 16

AIFM-Steuer-Anpassungsgesetz 22 InvStG 2 ff.
Aktiengewinn **21 InvStG** 34
Altfallschutz für Single-Hedgefonds **22 InvStG** 80
Anwendungszeitpunkt **22 InvStG** 12
ausschüttungsgleiche Erträge **21 InvStG** 24
Ausschüttungsreihenfolge **22 InvStG** 78
Bekanntmachung der Besteuerungsgrundlagen **21 InvStG** 43
Bestandsschutz für Altfälle **22 InvStG** 37 ff., *s.a. dort*
Bond-Stripping **22 InvStG** 72
Dividenden **21 InvStG** 37
echte Rückwirkung **22 InvStG** 32
Erträge aus REITs **21 InvStG** 18
Erträge eines Investmentvermögens **21 InvStG** 3
Freistellung von Beteiligungserträgen **22 InvStG** 16
interimistische Fortgeltung des alten Rechts **22 InvStG** 21
Kapital-Investitionsgesellschaften **22 InvStG** 18
Kapitalertragsteuereinbehalt **21 InvStG** 5
Millionärsfonds **21 InvStG** 10
steueroptimierte Geldmarktfonds **21 InvStG** 14
Streubesitzdividenden **21 InvStG** 40
Verschmelzung **21 InvStG** 28
Werbungskosten **22 InvStG** 74
Wertpapierleihe **21 InvStG** 16
Zinserträge **21 InvStG** 20

akkumulierte ausschüttungsgleiche Erträge 7 InvStG 65
angewachsene Erträge **7 InvStG** 81
Anrechnung **7 InvStG** 104
ausländische Dividenden **7 InvStG** 83
Bemessungsgrundlage **7 InvStG** 66 ff.
besitzzeitanteiliger Ertrag **7 InvStG** 87
Doppelbesteuerung **7 InvStG** 99
Mehr- und Mindestbeträge **7 InvStG** 79
Pauschalierung vor Veröffentlichung **7 InvStG** 91
thesaurierte Erträge **7 InvStG** 66 ff.
thesaurierte Erträge bei Verschmelzung **7 InvStG** 80
Verschmelzung von Investmentfonds **7 InvStG** 86

Aktiengewinn 8 InvStG 2 f.
§ 15b EStG **8 InvStG** 40
AIFM-Steuer-Anpassungsgesetz **21 InvStG** 34
Anleger-A. **8 InvStG** 9
Ansatz eines niedrigeren Teilwerts **8 InvStG** 24
Berechnungsgrundlagen **8 InvStG** 22
Berichtigung aufgrund früherer Korrekturen **8 InvStG** 25
Berichtigung bei Wertaufholung **8 InvStG** 25
besitzzeitanteiliger **17a InvStG** 46
betriebliche Anleger **8 InvStG** 5
Dach-Investmentfonds **10 InvStG** 15
Dauer der Besitzzeit **8 InvStG** 23
Dividenden **8 InvStG** 9
Fonds-A. **8 InvStG** 9
Gewerbesteuer **8 InvStG** 41
Investitionsgesellschaftsumwandlung **20 InvStG** 16
Kapital-Investitionsgesellschaften **19 InvStG** 36
negativer **8 InvStG** 2, 4
positiver **8 InvStG** 2 f.
Privatanleger **8 InvStG** 6
Spezial-Investmentfonds **15 InvStG** 23
Spezial-Investmentfonds, ausländische **16 InvStG** 8
Steuerabzug **8 InvStG** 36
Steuerabzug betriebliche Anleger **8 InvStG** 39
Steuerabzug Privatanleger **8 InvStG** 38
Steuerausländer **8 InvStG** 7

Veröffentlichungspflichtverstoß **8 InvStG** 27
Veröffentlichungspflichtverstoßfolgen
   8 InvStG 29
Verschmelzung **17a InvStG** 41
Wechsel des Besteuerungssystems **8 InvStG** 41
Ziel-Investmentfonds **10 InvStG** 15
Aktienquote 3 InvStG 84, 94
Allgemeinkosten 3 InvStG 55 ff.
   Stufenregelung **3 InvStG** 57
   Verwaltungskosten **3 InvStG** 56
Altersvorsorgeerträge 2 InvStG 21, 33
Amtshaftung 342 KAGB 56
Anbieten 293 KAGB 12
   indirektes **293 KAGB** 17
   Internet **293 KAGB** 18
   konkrete Erwerbmöglichkeit **293 KAGB** 13
   Werbemaßnahmen **293 KAGB** 14
Anfangsphase 1 (1–2a) InvStG 78 ff.
Anlagebedingungen 1 (1–2a) InvStG 179
   Abänderung **1 (1–2a) InvStG** 136
   Anlageverhalten ausländischer AIF
      317 KAGB 42
   Anlageverhalten EU-AIF **317 KAGB** 42
   Anzeigeschreiben **316 KAGB** 11
   ausländischer AIF **317 KAGB** 38, *s.a. dort*
   Ausschüttungsbeschluss **12 InvStG** 11
   Belastungsverbot **317 KAGB** 50
   Bewertung des AIF **317 KAGB** 59
   EU-AIF **317 KAGB** 38, *s.a. dort*
   Hedge-Fonds **283 KAGB** 27
   Investition in Zielfonds **317 KAGB** 44
   Investitionsgesellschaftsumwandlung
      20 InvStG 4
   Investmentfonds **1 (1–2a) InvStG** 118
   Kostenvorausbelastung **317 KAGB** 60
   Kreditaufnahme **317 KAGB** 46
   Leerverkaufsverbot **317 KAGB** 49
   Mindestinhalte bei geschlossenen AIF
      317 KAGB 41
   Mindestinhalte bei offenen AIF **317 KAGB** 40
   nachträgliche Änderungen **317 KAGB** 64
   OGAW **1 (1–2a) InvStG** 123
   Rücknahmeverpflichtung bei geschlossenen
      AIF **317 KAGB** 58
   Rücknahmeverpflichtung bei Immobilien-
      Sondervermögen **317 KAGB** 57
   Rücknahmeverpflichtung bei offenen AIF
      317 KAGB 53
   Spezial-AIF **273 KAGB** 2
      Abtretung **275 KAGB** 4
      BaFin **273 KAGB** 3
      Belastung **275 KAGB** 4
      Schriftform **273 KAGB** 2

Spezial-Investmentfonds, ausländische
   16 InvStG 6
Verpfändungsverbot **317 KAGB** 50
wesentlicher Verstoß **1 (1–2a) InvStG** 137 ff.
Anlagebestimmungen 1 (1–2a) InvStG 117
Anlagegrenze
   Ausnahmen **1 (1–2a) InvStG** 110
   Bestandsschutz **1 (1–2a) InvStG** 102, 107
   Beteiligung in einzelne Kapitalgesellschaften
      1 (1–2a) InvStG 104 ff.
   Immobilien-Investmentfonds **1 (1–2a) InvStG** 101
   Kreditaufnahme **1 (1–2a) InvStG** 111 ff.
   Leverage **1 (1–2a) InvStG** 114
   nicht-börsennotierte Kapitalgesellschaften
      1 (1–2a) InvStG 99
   Öffnungsgrenze **1 (1–2a) InvStG** 84
   Schmutzgrenze **1 (1–2a) InvStG** 84
   Spezial-AIF mit festen Anlagebedingungen
      284 KAGB 13
   Überschreitungen **1 (1–2a) InvStG** 148 ff.
   Unternehmensbeteiligungen **1 (1–2a) InvStG** 102
Anleger 1 (1–2a) InvStG 178
Anleger-Aktiengewinn 8 InvStG 9
   Fonds-Aktiengewinn **5 InvStG** 188
Anlegerschutz 1 (1–2a) InvStG 45
Anleihe 3 InvStG 39
Anrechnungsmethode 4 InvStG 14
Anteilklassen 22 InvStG 43
Anzeigepflicht
   AIF-Kapitalverwaltungsgesellschaften
      321 KAGB 15
   ausländischer AIF **320 KAGB** 8
   EU-AIF **320 KAGB** 8
   Vertrieb **295 KAGB** 6
   Vertriebsuntersagung **314 KAGB** 20
Anzeigeschreiben
   Änderungen im Verkaufsprospekt **316 KAGB** 32
   Anlagebedingungen **316 KAGB** 11
   Anzeige-Gebühr **330 KAGB** 62
   anzeigepflichtige Änderungen **316 KAGB** 29
   ausländische AIF-Verwaltungsgesellschaft
      325 KAGB 39, **327 KAGB** 33, **328 KAGB** 48, **330 KAGB** 55
   ausländischer AIF **320 KAGB** 9, **322 KAGB** 38 ff.
   Einzelinformationen **321 KAGB** 26
   Ergänzungsanzeige **316 KAGB** 20, **321 KAGB** 33
   Erklärung der ausländischen Verwaltungs-
      gesellschaft **330 KAGB** 57
   erteilte Zulassung **310 KAGB** 11

EU-AIF **320 KAGB** 9, **321 KAGB** 20 ff.
EU-AIF-Verwaltungsgesellschaften
   323 KAGB 23, **324 KAGB** 29 ff.
Feederfonds **316 KAGB** 15
Geschäftsplan **316 KAGB** 10, **321 KAGB** 21
Gründungsdokumente **321 KAGB** 22
Informationen über den AIF **321 KAGB** 24
Master-Feeder-Konstruktionen **321 KAGB** 29
Muster **310 KAGB** 15
OGAW **312 KAGB** 18
   Aufsichtsbehörde des Aufnahmestaates
      312 KAGB 39 ff.
   einzureichende Dateien **312 KAGB** 26
   Ergänzungsanzeige **312 KAGB** 33
   fehlerhafte Angaben **312 KAGB** 35
   Sprache **312 KAGB** 27
   Teilfonds **312 KAGB** 23
   Unterlagen **312 KAGB** 22 ff.
   Vollständigkeit **312 KAGB** 32
Prüfung der Vollständigkeit **316 KAGB** 17
Prüfungspflichten der BaFin **321 KAGB** 33
Publikums-AIF **316 KAGB** 8 ff.
Sitz des Master-AIF **321 KAGB** 25
Verhinderung des Vertriebs an Privatanleger
   321 KAGB 27
Verkaufsprospekt **316 KAGB** 14
Verstoßfolgen **321 KAGB** 44
Vertriebsbeginn **316 KAGB** 23
Vertriebsmitteilung der BaFin **321 KAGB** 38
Vertriebsuntersagung **316 KAGB** 25
Vertriebswege **310 KAGB** 17
Verwahrstelle **316 KAGB** 13, **321 KAGB** 23
Vollständigkeitsprüfung **310 KAGB** 12
wesentliche Anlegerinformationen **316 KAGB** 14

Anzeigeverfahren
   Änderungen der EU-OGAW-Unterlagen
      310 KAGB 38
   Änderungen im Verkaufsprospekt **320 KAGB** 32
   Änderungsmitteilungen **310 KAGB** 43, 46 ff.
   Anlagebedingungen **310 KAGB** 23
   Anzeigepflicht **316 KAGB** 7
   anzeigepflichtige Änderungen **320 KAGB** 29
   Anzeigeschreiben **316 KAGB** 8, s. dort
   ausländischer AIF **320 KAGB** 1 ff.
   Ergänzungsanzeige **320 KAGB** 16
   EU-AIF **320 KAGB** 1 ff.
   gleichartige ausländische AIF **320 KAGB** 27
   Herkunftsstaatserklärung **310 KAGB** 42
   Jahresbericht **310 KAGB** 23
   OGAW-Bescheinigung **310 KAGB** 22
   Prüfung der Änderungen **320 KAGB** 30
   Prüfungskompetenz der BaFin **310 KAGB** 36
   Publikums-AIF **316 KAGB** 1, 6

Sprache **310 KAGB** 28
Verkaufsprospekt **310 KAGB** 23
Vertriebsbeginn **320 KAGB** 21
Vertriebsuntersagung **320 KAGB** 23
Vollständigkeit der Unterlagen **320 KAGB** 14
wesentliche Anlegerinformationen **310 KAGB** 25

Asset Stripping **292 KAGB** 6
Auflage eines AIF **343 KAGB** 35 ff.
Auflage neuer AIF vor Erlaubniserteilung
   343 KAGB 24 ff.
   Bezugnahme auf den Erlaubnisantrag
      343 KAGB 28
   drucktechnische Ausgestaltung des Hinweises
      343 KAGB 34
   Geltungsumfang des KAGB **343 KAGB** 25
   Genehmigung der Anlagebedingungen
      343 KAGB 27
   Hinweis an hervorgehobener Stelle
      343 KAGB 32
   Hinweis im Vertriebsdokument **343 KAGB** 31
   Hinweispflicht gegenüber Anlegern
      343 KAGB 30
   zulässige AIF-Kategorie **343 KAGB** 26
ausgeschüttete Erträge **1(3) InvStG** 189 ff.
   abgegrenzte Erträge **1(3) InvStG** 204
   Ausschüttungsvolumen **1(3) InvStG** 214
   Ausschüttungszeitpunkt **1(3) InvStG** 216
   Bestandteile **1(3) InvStG** 192
   gewerbliche Personengesellschaften
      1(3) InvStG 203
   Kapitalerträge **1(3) InvStG** 194
   Kompensationszahlungen **1(3) InvStG** 203
   Repos **1(3) InvStG** 252 ff.
   sonstige Erträge **1(3) InvStG** 201
   Substanzausschüttungen **1(3) InvStG** 208
   Termingeschäfte **1(3) InvStG** 211
   Thesaurierungsfiktion **1(3) InvStG** 216
   Veräußerungsgeschäfte **1(3) InvStG** 199
   Vermietung/Verpachtung **1(3) InvStG** 198
   Zwischengewinne **1(3) InvStG** 203
ausländische AIF-Verwaltungsgesellschaft
   325 KAGB 14, **326 KAGB** 26, **327 KAGB** 12,
   328 KAGB 18, **330 KAGB** 17
   aktiver Absatz **325 KAGB** 35, **326 KAGB** 22,
      330 KAGB 25
   Anzeigeschreiben **325 KAGB** 39, **327 KAGB** 33, **328 KAGB** 48, **330 KAGB** 55
   ausländischer AIF **326 KAGB** 12, **328 KAGB** 24, **330 KAGB** 19
   Beaufsichtigung **325 KAGB** 18
   Erlaubnisverfahren **325 KAGB** 21 ff.
   EU-AIF **325 KAGB** 25, **327 KAGB** 18, **330 KAGB** 20

Europäischer Pass **333 KAGB** 1 ff., **334 KAGB** 16
FATF-Listung **325 KAGB** 23
Feeder-AIF **330 KAGB** 63
fremdsprachige Unterlagen **330 KAGB** 66
Informationspflichten **330 KAGB** 35
Meldepflichten **330 KAGB** 34
nicht kooperative Länder **330 KAGB** 50
Notifizierungsverfahren **333 KAGB** 18
professionelle Anleger **325 KAGB** 26 f., **326 KAGB** 16, **327 KAGB** 22, **328 KAGB** 29
Referenzmitgliedstaat **325 KAGB** 17, **326 KAGB** 29
Referenzmitgliedstaat nicht die BRD **327 KAGB** 15, **328 KAGB** 21
semiprofessionelle Anleger **325 KAGB** 28, **326 KAGB** 15, **327 KAGB** 21, **328 KAGB** 28, **330 KAGB** 40
Spezial-AIF **325 KAGB** 25, **327 KAGB** 18
Unterrichtungspflichten **330 KAGB** 38
Vereinbarungen über die Zusammenarbeit **330 KAGB** 47
Vertrieb an Privatanleger **330 KAGB** 51
Vertrieb im Inland **325 KAGB** 32, **326 KAGB** 19, **327 KAGB** 25, **328 KAGB** 32
Vertriebsanzeige **325 KAGB** 12, **326 KAGB** 10, **330 KAGB** 53 ff., **333 KAGB** 13, **334 KAGB** 18
Vertriebsanzeigeprüfung **325 KAGB** 40, **326 KAGB** 40, **327 KAGB** 32, **328 KAGB** 47
Vertriebsbeginn **326 KAGB** 42, **327 KAGB** 35, **328 KAGB** 51
Vertriebsvoraussetzungen **325 KAGB** 13, **326 KAGB** 11

ausländische Einkünfte **4 InvStG** 2, 8, 17
Abflusssteuer **4 InvStG** 22
Abzugsteuer **4 InvStG** 22
Anrechenbarkeit **4 InvStG** 18
Anrechnung ausländischer Steuern **4 InvStG** 24
Anrechnungsmethode **4 InvStG** 14
Anrechnungsvolumen **4 InvStG** 19
Dividenden **4 InvStG** 11
Doppelbesteuerung **4 InvStG** 14
Einkunftsarten **4 InvStG** 9
Fiktion ausländischer Zuflusssteuer **4 InvStG** 23
Freistellungsmethode **4 InvStG** 3
Höchstbetragsberechnung **4 InvStG** 20
Immobilienerträge **4 InvStG** 10
Investmentanteile **4 InvStG** 5
Mindestbesteuerung **4 InvStG** 7
Progressionsvorbehalt **4 InvStG** 13

Steuerabzug **4 InvStG** 25, **4 InvStG** 26
Steueranrechnung **4 InvStG** 15
steuerbare Investmenterträge **4 InvStG** 16
Steuerfreistellung **4 InvStG** 4
Unternehmensgewinne **4 InvStG** 12
Versagung der Steueranrechnung **4 InvStG** 25

ausländische Investmentfonds
ADDI **5 InvStG** 139
Bekanntmachungsfristen **5 InvStG** 167
Bekanntmachungspflicht **5 InvStG** 144
beschränkte Steuerpflicht **17 InvStG** 57
Besteuerungsgrundlagen **13 InvStG** 18
der Vertragsform **17 InvStG** 23
Einkünfte aus Gewerbebetrieb **17 InvStG** 61
erstmalige Transparenz **5 InvStG** 160
erweiterte Bekanntmachungspflicht **5 InvStG** 139 ff., 164
gewerbsmäßiger Wertpapierhandel **17 InvStG** 65
inaktive Anteilklassen **5 InvStG** 159
inländische Einkünfte **17 InvStG** 59
Kapitalertragsteuer **5 InvStG** 141, **17 InvStG** 70
Kapitalertragsteuerabzug **5 InvStG** 151
Körperschaftsteuer **17 InvStG** 70
Korrekturverfahren **5 InvStG** 169
mit eigener Rechtspersönlichkeit **17 InvStG** 22
OGAW-Richtlinie **5 InvStG** 145
Pauschalbesteuerung **6 InvStG** 26 ff.
Preisermittlung **5 InvStG** 145
Repräsentant **17 InvStG** 10 ff.
Serien-Anteilklassen **5 InvStG** 158
Veröffentlichungsfrist **5 InvStG** 155
Verschmelzung **5 InvStG** 157, **17a InvStG** 6, 16
Verstoß gegen die Ermittlungs- und Bekanntmachungspflicht **5 InvStG** 143
Vertriebsprovisionen **17 InvStG** 69
zwischenzeitlicher Verlust des transparenten Status **5 InvStG** 153

ausländische Investmentgesellschaft **17 InvStG** 19
Repräsentant **17 InvStG** 18, 27

ausländische Investmentvermögen **22 InvStG** 52

ausländischer AIF
AIFM-Richtlinie **317 KAGB** 16
Anlagebedingungen **317 KAGB** 38
Anlagebedingungen des Feeder-AIF **317 KAGB** 77
Anlagebedingungen des Master-AIF **317 KAGB** 74
Anzeigepflicht **320 KAGB** 8, **322 KAGB** 35

Anzeigeprüfung **322 KAGB** 47
Anzeigeschreiben **320 KAGB** 9, **322 KAGB** 38 ff.
Anzeigeschreiben (Merkblatt) **320 KAGB** 11
Anzeigeschreiben in deutscher Sprache **320 KAGB** 12
Anzeigeverfahren **320 KAGB** 1 ff.
Aufsicht im Sitzstaat **317 KAGB** 10
Aufwands- und Ertragsrechnung **299 KAGB** 5
Ausgabe-/Rücknahmepreise **299 KAGB** 12
ausländische AIF-Verwaltungsgesellschaft **326 KAGB** 12, **328 KAGB** 24, **330 KAGB** 19
Ergänzungsanzeige **322 KAGB** 47
EU-AIF-Verwaltungsgesellschaften **324 KAGB** 11
Europäischer Pass **332 KAGB** 1
FATF-Listung **322 KAGB** 24, **324 KAGB** 19
gesetzlicher Gerichtsstand **317 KAGB** 19
gezahlte Vergütungen **299 KAGB** 8
Halbjahresbericht **299 KAGB** 11
inländischer Vertrieb **322 KAGB** 2 ff.
Jahresbericht **299 KAGB** 3
Kursentwicklung **299 KAGB** 15
OECD-Musterabkommen **322 KAGB** 31
öffentliche Aufsicht **317 KAGB** 11
Rechnungsprüferbericht **299 KAGB** 9
Repräsentant **317 KAGB** 18, s. dort
Richtlinienkonformität **322 KAGB** 33
Tätigkeitsbericht **299 KAGB** 6
Unterrichtungspflichten **317 KAGB** 65
Vereinbarung in Steuerangelegenheiten **317 KAGB** 71
Vereinbarungen der Aufsichtsstellen **317 KAGB** 68
Verkaufsprospekt **318 KAGB** 6 ff.
Vermögensaufstellung **299 KAGB** 4
Veröffentlichungspflichten **299 KAGB** 2
Vertrieb **295 KAGB** 8
Vertrieb von Feeder-AIF **317 KAGB** 72
Vertriebsbeginn **322 KAGB** 51
Vertriebsuntersagung **322 KAGB** 52
Verwahrstelle **317 KAGB** 27 ff.
wesentliche Anlegerinformationen **318 KAGB** 21
Zahlstelle **317 KAGB** 35
Zulässigkeit des Vertriebs **317 KAGB** 10 ff.
Zusammenarbeit der Aufsichtsstellen **317 KAGB** 13 ff.
ausschüttende Investmentfonds 5 InvStG 13
Ausschüttung 1 (3) InvStG 184, **12 InvStG** 17
Aufsichtsrecht **12 InvStG** 1
Ausschüttungsbeschluss **3a InvStG** 15, **12 InvStG** 2

ausschüttungsgleiche Erträge **1 (3) InvStG** 186
ausschüttungsgleiche Erträge der Vorjahre **1 (3) InvStG** 210
Ausschüttungsklausel **12 InvStG** 13
Ausschüttungsreihenfolge **3a InvStG** 4
Bekanntmachung **5 InvStG** 38
Erträge **3a InvStG** 16
integrierter Gesamtbeschluss **12 InvStG** 15
Investmentfonds **1 (3) InvStG** 187 f.
Investmentgesellschaften **3a InvStG** 12
Kapitalertragsteuer **7 InvStG** 61
Liquiditätsüberhänge **3a InvStG** 18
Pauschalbesteuerung **6 InvStG** 36
Quellensteuer **1 (3) InvStG** 185
Substanzausschüttungen **1 (3) InvStG** 208
Substanzbeträge **3a InvStG** 17
Thesaurierungsklausel **12 InvStG** 13
Ausschüttungsbeschluss 12 InvStG 2
Änderung **12 InvStG** 43
Anlagebedingungen **12 InvStG** 11
Ausschüttungsbestandteile **12 InvStG** 44
Ausschüttungsreihenfolge **12 InvStG** 45
Ausschüttungsreihenfolge, verbindliche **12 InvStG** 48
Beträge **12 InvStG** 19
Bundesanzeiger **12 InvStG** 23
Dokumentationsfunktion **12 InvStG** 8
echte Rückwirkung **12 InvStG** 30
Endausschüttung **12 InvStG** 29
Erfassung beim Anleger **12 InvStG** 35
ergänzende Angaben **12 InvStG** 59
Ex-Tag **12 InvStG** 36
Fehler **12 InvStG** 40
Form **12 InvStG** 21
freiwillige Zusatzangaben **12 InvStG** 66
inländische Investmentgesellschaften **12 InvStG** 9
Jahresbericht **12 InvStG** 23
Korrektur **12 InvStG** 42
Leistungsfähigkeitsprinzip **12 InvStG** 55
Muster **12 InvStG** 65
Nichterstellung **12 InvStG** 39
Pflichtangaben **12 InvStG** 24
steuerliche Wirkungen **12 InvStG** 8
Substanzausschüttungen **12 InvStG** 45
Unterlassen **12 InvStG** 37
Voraussetzungen **12 InvStG** 16 ff.
Wirkungen **12 InvStG** 32
Zeitpunkt **12 InvStG** 28
Zurechnung von Erträgen **12 InvStG** 63
Zusammensetzung der Ausschüttung **12 InvStG** 24
Zusatzangaben **12 InvStG** 27

Sachregister

Zwischenausschüttung **12 InvStG** 29
Zwischengewinn **12 InvStG** 20
ausschüttungsgleiche Erträge **1(3) InvStG** 186, 219
    A-Bond **1(3) InvStG** 235
    B-Bond **1(3) InvStG** 236
    Begriff **1(3) InvStG** 221
    Bestandteile **1(3) InvStG** 224 ff.
    Besteuerung **1(3) InvStG** 220
    C-Bond **1(3) InvStG** 238
    D-Bond **1(3) InvStG** 240
    der Vorjahre **1(3) InvStG** 210
    E-Bond **1(3) InvStG** 243
    Emissionsrendite **1(3) InvStG** 235
    F-Bond **1(3) InvStG** 244
    Floater **1(3) InvStG** 236
    G-Bond **1(3) InvStG** 245
    Gewinnobligationen **1(3) InvStG** 243
    Kapitalerträge **1(3) InvStG** 225
    Körperschaftsanteile **1(3) InvStG** 229
    nicht-privilegierte Kapitalforderungen **1(3) InvStG** 245
    Optionsanleihen **1(3) InvStG** 244
    Repos **1(3) InvStG** 252
    Rückausnahmen **1(3) InvStG** 232
    sonstige Erträge **1(3) InvStG** 249
    sonstige Kapitalforderungen **1(3) InvStG** 231
    Standard-Anleihen **1(3) InvStG** 236
    Stillhalterprämien **1(3) InvStG** 228
    Stückzinsen **1(3) InvStG** 232
    Termingeschäfte **1(3) InvStG** 230
    Veräußerung von Grundstücken **1(3) InvStG** 250
    Vermietung/Verpachtung **1(3) InvStG** 248
    Verschmelzung **14 InvStG** 15
    Vollrisikozertifikate **1(3) InvStG** 238
    Wandelanleihen **1(3) InvStG** 240
Ausschüttungsreihenfolge **22 InvStG** 78

B

B-Bond **1(3) InvStG** 236
BaFin
    AIF-Kapitalverwaltungsgesellschaft Leverage **274 KAGB** 2
    Anlagebedingungen Spezial-AIF **273 KAGB** 3
    Anlegerschutz bei EU-OGAW **311 KAGB** 11 ff., *s.a.* EU–OGAW
    Anzeigeschreiben (Merkblatt) **320 KAGB** 11
    Anzeigeverfahren *s. dort*
    Beschwerdeverfahren **342 KAGB** 6 ff., *s.a. dort*
    bilaterale behördliche Vereinbarung **296 KAGB** 1
    Bußgeldvorschriften **340 KAGB** 19
    Drittstaaten **296 KAGB** 1
    Europäischer Pass **335 KAGB** 1
    Leerverkäufe **276 KAGB** 8
    Mitteilungen durch Strafverfolgungsbehörden **341 KAGB** 4
        Akteneinsicht **341 KAGB** 9
        Eröffnung des Ermittlungsverfahrens **341 KAGB** 7
        fahrlässig begangene Straftaten **341 KAGB** 6
    OGAW-Bescheinigung **296 KAGB** 2
    Schlichtungsstelle, öffentlich-rechtliche *s. dort*
    Schlichtungsverfahren **342 KAGB** 28 ff., *s.a. dort*
    Spezial-AIF
        Anlagebedingungen **273 KAGB** 3
        Belastung der Vermögensgegenstände **275 KAGB** 6
    Strafverfahren **341 KAGB** 1
    Vertriebsuntersagung *s. dort*
    Werbung **302 KAGB** 9
Beauty-Contest **309 KAGB** 34
Begriffsbestimmungen
    des KAGB **1(1–2a) InvStG** 177
    investmentsteuerrechtliche **1(1–2a) InvStG** 178
begünstigte Erträge **2 InvStG** 59
    Beteiligungserträge (REIT) **2 InvStG** 66
    Einlagenrückgewähr **2 InvStG** 62
    Erträge aus anderen Investmentanteilen **2 InvStG** 64
    Kompensationszahlung **2 InvStG** 63
    Zwischengewinn **2 InvStG** 65
Bekanntmachung
    Abnutzung für Substanzverringerung **5 InvStG** 113
    Absetzung für Abnutzung **5 InvStG** 113
    abziehbare Quellensteuern **5 InvStG** 103
    abziehbare Quellensteuern aus Dividendenerträgen **5 InvStG** 105
    Altveräußerungsgewinne **5 InvStG** 59
    Angaben **5 InvStG** 39 ff.
    anrechenbare Quellensteuern **5 InvStG** 95
    anrechenbare Quellensteuern aus Dividenderträgen **5 InvStG** 99
    Ausschüttung **5 InvStG** 38
    Ausschüttungen aus dem steuerlichen Einlagenkonto **5 InvStG** 56, **5 InvStG** 60
    Beispiel **5 InvStG** 38 ff.
    Bekanntmachungsfristen **5 InvStG** 131, *s.a. dort*
    Bemessungsgrundlage anrechenbarer Quellensteuern **5 InvStG** 73

Sachregister

Bemessungsgrundlage anrechenbarer Quellensteuern aus Dividendenerträgen **5 InvStG** 77
Bemessungsgrundlage fiktiver Quellensteuern **5 InvStG** 82
Bemessungsgrundlage fiktiver Quellensteuern aus Dividendenerträgen **5 InvStG** 83
Berufsträgerbescheinigung **5 InvStG** 138
Betrag der ausgeschütteten Erträge **5 InvStG** 43
Betrag der Ausschüttung **5 InvStG** 39
Betrag der ausschüttungsgleichen Erträge **5 InvStG** 45
Bezugsrechte auf Freianteile **5 InvStG** 61
Bundesanzeiger **5 InvStG** 125
Dividendenerträge **5 InvStG** 47
Erträge der Vorjahre **5 InvStG** 40
erweiterte Bekanntmachungspflicht für ausländische Fonds **5 InvStG** 139 ff.
fiktive Quellensteuern **5 InvStG** 107
fiktive Quellensteuern aus Dividendenerträgen **5 InvStG** 109
Fonds-Aktiengewinn **5 InvStG** 178 ff.
gezahlte Quellensteuer **5 InvStG** 116
Höchstbetragsberechnung **5 InvStG** 96
Jahresbericht **5 InvStG** 127
Kapitalertragsteuer **5 InvStG** 42
Kapitalertragsteuerbemessungsgrundlage **5 InvStG** 86
Kapitalertragsteuerbemessungsgrundlage von Dividendenerträgen **5 InvStG** 91
Quellensteuer **5 InvStG** 42
REIT-Dividenden **5 InvStG** 50
Repräsentant **17 InvStG** 32, **317 KAGB** 23
Schachteldividenden **5 InvStG** 51
semitransparente Investmentfonds **5 InvStG** 172 ff., *s.a.* Semitransparenz
steuerfreie DBA-Erträge **5 InvStG** 67
steuerfreie DBA-Erträge ohne Progressionsvorbehalt **5 InvStG** 70
steuerfreie Veräußerungsgewinne **5 InvStG** 65
Thesaurierung **5 InvStG** 38
Veräußerungsgewinne **5 InvStG** 53
Werbungskosten **5 InvStG** 114, 120
WM-Datenservice **5 InvStG** 129
Zinsschranke **5 InvStG** 58
Zwischengewinn **1(4) InvStG** 265 ff.

Bekanntmachungsfristen
ausländische Fonds **5 InvStG** 167
ausländische Investmentgesellschaften **5 InvStG** 133
inländische Investmentgesellschaften **5 InvStG** 135
Korrekturmöglichkeit **5 InvStG** 136

mehrere Zwischenausschüttungen **5 InvStG** 134
Schlussausschüttung **5 InvStG** 131
Thesaurierung **5 InvStG** 131
Zwischenausschüttung **5 InvStG** 132

Bekanntmachungspflichten
Spezial-Investmentfonds **15 InvStG** 19

Belastung 275 KAGB 3

Berufsträgerbescheinigung
Bekanntmachung **5 InvStG** 138
Pauschalbesteuerung **6 InvStG** 21
Verschmelzung **17a InvStG** 28

Beschwerdeverfahren
Ablauf **342 KAGB** 18 ff.
Anleger **342 KAGB** 11
Begründungserfordernis **342 KAGB** 17
Bescheidungsverpflichtung **342 KAGB** 22
Erledigungskompetenz **342 KAGB** 7
Folgewirkungen der Beschwerde **342 KAGB** 22 ff.
Formerfordernis **342 KAGB** 14
Kunde **342 KAGB** 11
parallele Streitbeilegungsverfahren **342 KAGB** 25
personeller Anwendungsbereich **342 KAGB** 11
Petitionsgrundrecht **342 KAGB** 7
Prüfungsmaßstab der BaFin **342 KAGB** 20
Rechtsnatur der Beschwerde **342 KAGB** 7
Rechtsschutz gegen Beschwerdebescheide **342 KAGB** 27
sachlicher Anwendungsbereich **342 KAGB** 9
Sachverhaltsermittlung der BaFin **342 KAGB** 18
Zulässigkeit der Beschwerde **342 KAGB** 9 ff.

Bestandsschutz *s.a.* Übergangsvorschriften
Anlagebestimmungen **22 InvStG** 59
Anlagegrenze **1(1–2a) InvStG** 102, 107
Anteilklassen **22 InvStG** 43
ausländische Investmentvermögen **22 InvStG** 52
ausländischer Investmentanteil **22 InvStG** 54
Befristungszeitraum **22 InvStG** 37 ff.
erstmaliger Hedgefonds-Status **22 InvStG** 71
Feststellungsbescheid **22 InvStG** 40
Investmentvermögen **22 InvStG** 41
Kreditaufnahmegrenzen **22 InvStG** 59
Statuswechsel **22 InvStG** 66
Teilgesellschaftsvermögen **22 InvStG** 42
Teilsondervermögen **22 InvStG** 42

Bestandsschutzregelungen vor 343–355 KAGB 4

Besteuerung
ausschüttungsgleiche Erträge **1(3) InvStG** 220
Dach-Investmentfonds **10 InvStG** 2

Ertragsarten **1(3) InvStG** 218
Investitionsgesellschaften **1(1–2a) InvStG** 36, 128
Investmentfonds **1(1–2a) InvStG** 36
Kapital-Investitionsgesellschaften **19 InvStG** 9 ff.
Master-Feeder-Strukturen **10 InvStG** 19
Personen-Investitionsgesellschaften **18 InvStG** 5
Repräsentant **17 InvStG** 50
Vertriebsgesellschaft **17 InvStG** 50
Zwischengewinn **1(4) InvStG** 258 ff.
Besteuerungsgrundlagen
ausländische Fonds **13 InvStG** 18
ausschüttende Investmentfonds **5 InvStG** 13
Bekanntmachung **5 InvStG** 17 ff., 38, s.a. dort
Bescheinigung **5 InvStG** 21
Bindungswirkung der publizierten **5 InvStG** 18
Dach-Investmentfonds **10 InvStG** 2, 6
Dachfonds **5 InvStG** 25
eingeschränktes Transparenzprinzip **5 InvStG** 6
erweiterte B. für mm-Dividenden **5 InvStG** 121
Feststellungserklärungen **5 InvStG** 22
gesonderte Feststellung **13 InvStG** 22, s.a. dort
inländische Investmentvermögen **13 InvStG** 12
intransparente Investmentfonds **5 InvStG** 12
Master-Feeder-Strukturen **10 InvStG** 19
offene InvestmentKG **13 InvStG** 17
Publikumsfonds **5 InvStG** 17, 22 f., **13 InvStG** 15
semitransparente Investmentfonds **5 InvStG** 11
Spezial-Investmentfonds **5 InvStG** 24, **15 InvStG** 41 ff.
Spezialfonds **13 InvStG** 16
thesaurierende Investmentfonds **5 InvStG** 13
transparente Investmentfonds **5 InvStG** 16
vereinfachtes Feststellungsverfahren **13 InvStG** 11
Veröffentlichung des Aktien-Gewinns **5 InvStG** 176
Veröffentlichung des DBA-Gewinns **5 InvStG** 176
Veröffentlichungspflichten **5 InvStG** 4
Ziel-Investmentfonds **10 InvStG** 4
Beteiligungsprivileg
Stufenregelung **3 InvStG** 93
Werbungskosten **3 InvStG** 49
betriebliche Altersversorgung 1(1–2a) InvStG 162

betriebliche Anleger
Aktiengewinn **8 InvStG** 5
Investitionsgesellschaftsumwandlung **20 InvStG** 14
Kapitalertragsteuer **7 InvStG** 148
Pauschalbesteuerung **6 InvStG** 66
Verschmelzung **17a InvStG** 43
Betriebseinnahmen 2 InvStG 29
Betriebsvermögen
Anteile im **2 InvStG** 27
positiver Aktiengewinn **8 InvStG** 8 ff.
Vollausschüttung **2 InvStG** 39
Bewerter, externer 278 KAGB 20
Auslagerung **278 KAGB** 23
BaFin **278 KAGB** 20
berufliche Garantien **278 KAGB** 22
Höchstpersönlichkeit **278 KAGB** 28
mehrere **278 KAGB** 25
Registrierung **278 KAGB** 21
Spezial-AIF **286 KAGB** 7
Unabhängigkeit **278 KAGB** 26
Weisungsrecht **278 KAGB** 24
Bewertungsrichtlinie
Bewertungsmethode **278 KAGB** 9
Bewertungsstichtag **278 KAGB** 14
Eskalationsverfahren **278 KAGB** 13
externe Bewertung **278 KAGB** 12
Funktionsträger **278 KAGB** 11
Spezial-AIF **286 KAGB** 5
bewertungstägliche Steuergrößen
Aktien-Gewinn **5 InvStG** 28
DBA-Gewinn **5 InvStG** 28
eingeschränktes Transparenzprinzip **5 InvStG** 29
Veröffentlichungspflichten **5 InvStG** 28
Zwischengewinn **5 InvStG** 28
Blankettstraftatbestände 339 KAGB 9
Blanketttatbestände (OWi) 340 KAGB 4
Bond-Stripping 22 InvStG 72
Bond-Stripping-Strukturen 3 InvStG 30 ff.
Börsenpreis 6 InvStG 47
Bruttoeinnahmen 3 InvStG 63
Bundesanzeiger
Ausschüttungsbeschluss **12 InvStG** 23
Bekanntmachung **5 InvStG** 125
Feststellungserklärung **13 InvStG** 63
Investitionsgesellschaftsumwandlung **20 InvStG** 8
Repräsentant **317 KAGB** 23, **17 InvStG** 32
Spezial-Investmentfonds, ausländische **16 InvStG** 7
Vertriebsuntersagung **314 KAGB** 39
Bußgeldvorschriften 340 KAGB 1 ff.
BaFin **340 KAGB** 19
Blanketttatbestände **340 KAGB** 4

Einheitstäterbegriff **340 KAGB** 15
Einspruch **340 KAGB** 20
Erstattung einer Anzeige **340 KAGB** 6
fahrlässiges Handeln **340 KAGB** 8
Fahrlässigkeit **340 KAGB** 18
Gewerbezentralregister **340 KAGB** 20
Irrtum **340 KAGB** 16
juristische Personen **340 KAGB** 12
Leichtfertigkeit **340 KAGB** 17
Ordnungswidrigkeitenkatalog **340 KAGB** 9
    Geldbuße bis zu € 100.000 **340 KAGB** 9
    Geldbuße bis zu € 50.000 **340 KAGB** 10
Täterschaft **340 KAGB** 11
Verbandsgeldbuße **340 KAGB** 13
Verjährung **340 KAGB** 21
vollziehbare Anordnungen **340 KAGB** 5
Vorsatz **340 KAGB** 7, 16
zuständige Verwaltungsbehörde **340 KAGB** 19

C

C-Bond 1(3) InvStG 238
Compliance-Funktion 317 KAGB 25
Cum-Ex-Trades 2 InvStG 52

D

D-Bond 1(3) InvStG 240
Dach-Hedgefonds
    Hedge-Fonds **283 KAGB** 25
    Verkaufsprospekt **318 KAGB** 14
    Vertrieb **297 KAGB** 16
    Werbung **302 KAGB** 8
Dach-Investmentfonds 5 InvStG 25
    Aktiengewinn **10 InvStG** 15
    Besteuerung **10 InvStG** 2
    Besteuerungsgrundlagen **5 InvStG** 25, **10 InvStG** 6
    Durchzertifizierung **10 InvStG** 10
    Ermittlungsverfahren der Erträge **10 InvStG** 7
    Ertragsausgleich **10 InvStG** 14
    Fonds-Aktiengewinn **5 InvStG** 201
    Investmentanteile im Betriebsvermögen **8 InvStG** 16
    Kapitalertragsteuer **10 InvStG** 18
    Prinzip der Doppeltransparenz **10 InvStG** 6
    Zwischengewinn **1(4) InvStG** 264, **10 InvStG** 16
Dauerdelikte 339 KAGB 10
DBA-Gewinn 8 InvStG 2
    Fonds-Aktiengewinn **5 InvStG** 186
    Spezial-Investmentfonds **15 InvStG** 28
Derivate 1(1–2a) InvStG 27
    Spezial-AIF mit festen Anlagebedingungen **284 KAGB** 14

    Werbung **302 KAGB** 7
Dividenden 3 InvStG 34
    AIFM-Steuer-Anpassungsgesetz **21 InvStG** 37
    Aktiengewinn **8 InvStG** 9
    ausländische Einkünfte **4 InvStG** 11
    Kapitalertragsteuer **7 InvStG** 42, 174 ff.
    mm-Dividenden **5 InvStG** 121
    Spezial-Investmentfonds **15 InvStG** 76
    Surrogate **2 InvStG** 70
    Zuflussprinzip **3 InvStG** 34
Dividendenerträge
    Bekanntmachung **5 InvStG** 47
    Bekanntmachung der Bemessungsgrundlage der fiktiven Quellensteuer **5 InvStG** 83
    Bekanntmachung der Kapitalertragsteuerbemessungsgrundlage **5 InvStG** 91
    Kapital-Investitionsgesellschaften **19 InvStG** 34
    Kapitalertragsteuer **7 InvStG** 208
Doppelbesteuerung
    akkumulierte ausschüttungsgleiche Erträge **7 InvStG** 99
    ausländische Einkünfte **4 InvStG** 14
Doppelbesteuerungsabkommen 1(1–2a) InvStG 148
    Durchschau **1(1–2a) InvStG** 164
    EU-Investmentfonds der Vertragsform **1(1–2a) InvStG** 175
    offene Investmentkommanditgesellschaften **1(1–2a) InvStG** 163
    Stufenregelung **3 InvStG** 77
Drittstaaten 329 KAGB 9
    BaFin **296 KAGB** 1
    Repräsentant **17 InvStG** 14
Drittstaaten-Master-Feeder-Strukturen
    Anzeige **329 KAGB** 34
    Anzeigeschreiben **329 KAGB** 35
    Bescheinigung des Herkunftsmitgliedstaates **329 KAGB** 36
    Drittstaaten **329 KAGB** 8
    Erklärung der AIF-Kapitalverwaltungsgesellschaft **329 KAGB** 41
    Erklärung der EU-AIF-Verwaltungsgesellschaft **329 KAGB** 37
    Europäischer Pass **332 KAGB** 1
    FATF-Listung **329 KAGB** 25
    Notifizierungsverfahren **332 KAGB** 16
    professionelle Anleger **329 KAGB** 12
    semiprofessionelle Anleger **329 KAGB** 18
    Vereinbarungen über die Zusammenarbeit **329 KAGB** 22
    Vertrieb an Privatanleger **329 KAGB** 32
    Vertriebsanzeigeprüfung **329 KAGB** 48

drohende Zahlungsunfähigkeit 339 KAGB 38
Durchschau 1(1–2a) InvStG 95, 16
Durchschnittsmethode 3 InvStG 27

E
E-Bond 1(3) InvStG 243
echte Rückwirkung 22 InvStG 28
Edelmetallfonds 1(1–2a) InvStG 71
Einheitstäterbegriff 340 KAGB 15
Einlagenrückgewähr 2 InvStG 62
Einnahme-Überschuss-Rechnung 3 InvStG 14
Einzelkosten 3 InvStG 50 ff.
    Absetzungen für Abnutzung 3 InvStG 53
    passiver Ausgleichsposten 3 InvStG 54
    Substanzverringerung 3 InvStG 53
    unmittelbarer wirtschaftlicher Zusammenhang 3 InvStG 52
Emissionsrendite 3 InvStG 36
    ausschüttungsgleiche Erträge 1(3) InvStG 235
Emittent 287 KAGB 17, 288 KAGB 6
Endausschüttung 12 InvStG 29
Erträge
    Altersvorsorgeerträge 2 InvStG 21, 33
    Anteile im Betriebsvermögen 2 InvStG 27
    ausgeschüttete 2 InvStG 16
    Ausschüttung 3a InvStG 16
    ausschüttungsgleiche 2 InvStG 16
    begünstigte 2 InvStG 59, s.a. dort
    begünstigte Ertragsteile 2 InvStG 53 ff.
    Betriebseinnahmen 2 InvStG 29
    Cum-Ex-Trades 2 InvStG 52
    Ertragsermittlung s. dort
    Freistellungsverfahren 2 InvStG 30
    Gewerbesteuer 2 InvStG 84
    Halbeinkünfteverfahren 2 InvStG 30
    laufende 2 InvStG 23, 57
    Leerrückgabe 2 InvStG 52
    Leerverkäufe 2 InvStG 52
    Missbrauchstatbestände 2 InvStG 51 ff.
    Stammrecht 3 InvStG 32
    Steuerbefreiung 2 InvStG 90
    Steuerpflicht 2 InvStG 8
    Teilausschüttung 2 InvStG 46 ff.
    Teileinkünfteverfahren 2 InvStG 30
    Thesaurierung 2 InvStG 40 ff.
    Veräußerungsgewinne 2 InvStG 58
    Vollausschüttung 2 InvStG 35
    zeitliche Zuordnung 2 InvStG 34 ff.
    Zwischengewinn 2 InvStG 25
Ertragsausgleich 1(4) InvStG 289 ff., 2 InvStG 123, 9 InvStG 3
    aufsichtsrechtlicher 9 InvStG 11
    Dach-Investmentfonds 10 InvStG 14
    Durchführung 9 InvStG 18 ff.
    Erfassung des Zwischengewinns 9 InvStG 19
    Ertragsausgleichsbetrag 9 InvStG 21
    Finanzamt 9 InvStG 20
    gesetzliche Pflicht 9 InvStG 5
    negativer 9 InvStG 4
    neue Investmentanteile 9 InvStG 15
    positiver 9 InvStG 4
    stichtagsbezogene Zurechnung 9 InvStG 15
    Verschmelzung 17a InvStG 39
    Voraussetzungen 9 InvStG 7 ff.
    Wirtschaftsprüfer 9 InvStG 20
Ertragsermittlung
    Durchschnittsmethode 3 InvStG 27
    Einnahme-Überschuss-Rechnung 3 InvStG 14
    getrennte Ermittlung für jede Ertragsart 3 InvStG 12
    gewerbliche Erträge 3 InvStG 17
    Gewinnanteile an Personengesellschaften 3 InvStG 115
        gewerbliche 3 InvStG 120
        Grundstückspersonengesellschaft 3 InvStG 121
        Methode 3 InvStG 117 ff.
        mittelbare Veräußerung 3 InvStG 119
        Umfang 3 InvStG 117 ff.
        unmittelbare Veräußerung 3 InvStG 118
        vermögensverwaltende 3 InvStG 118
        zeitliche Zuordnung 3 InvStG 115
    investmentrechtliche Erträge 3 InvStG 15
    objektives Nettoprinzip 3 InvStG 20
    steuerbare Erträge 3 InvStG 18
    Stufenregelung s. dort
    Trennungsprinzip 3 InvStG 6
    Umfang der zu ermittelnden Erträge 3 InvStG 25 ff.
    Verlustverrechnung 3 InvStG 106 ff.
    Werbungskostenabzug 3 InvStG 20
    Zuflussprinzip 3 InvStG 14
    zweistufige 3 InvStG 11
Eskalationsverfahren 278 KAGB 13
EStG-Aktiengewinn 15 InvStG 39
EU-AIF
    AIFM-Richtlinie 317 KAGB 16
    Anlagebedingungen 317 KAGB 38
    Anlagebedingungen des Feeder-AIF 317 KAGB 77
    Anlagebedingungen des Master-AIF 317 KAGB 74
    Anzeigepflicht 320 KAGB 8
    Anzeigeschreiben 320 KAGB 9, 321 KAGB 20 ff.
    Anzeigeschreiben (Merkblatt) 320 KAGB 11

Sachregister

Anzeigeschreiben in deutscher Sprache **320 KAGB** 12
Anzeigeverfahren **320 KAGB** 1 ff.
Aufsicht im Sitzstaat **317 KAGB** 10
Aufwands- und Ertragsrechnung **299 KAGB** 5
Ausgabe-/Rücknahmepreise **299 KAGB** 12
ausländische AIF-Verwaltungsgesellschaft
  325 KAGB 25, **327 KAGB** 18, **330 KAGB** 20
Europäischer Pass **331 KAGB** 14, **333 KAGB** 11
gesetzlicher Gerichtsstand **317 KAGB** 19
gezahlte Vergütungen **299 KAGB** 8
Halbjahresbericht **299 KAGB** 11
inländischer Vertrieb **321 KAGB** 1 ff.
Jahresbericht **299 KAGB** 3, **308 KAGB** 1 ff.
Kursentwicklung **299 KAGB** 15
öffentliche Aufsicht **317 KAGB** 11
Rechnungsprüferbericht **299 KAGB** 9
Repräsentant **317 KAGB** 18, *s. dort*
Tätigkeitsbericht **299 KAGB** 6
Unterrichtungspflichten **317 KAGB** 65
Vereinbarung in Steuerangelegenheiten
  317 KAGB 71
Vereinbarungen der Aufsichtsstellen
  317 KAGB 68
Verkaufsprospekt **318 KAGB** 6 ff.
Vermögensaufstellung **299 KAGB** 4
Veröffentlichungspflichten **299 KAGB** 2
Vertrieb **295 KAGB** 8
Vertrieb von Feeder-AIF **317 KAGB** 72
Verwahrstelle **317 KAGB** 27 ff.
wesentliche Anlegerinformationen **318 KAGB** 21
Zahlstelle **317 KAGB** 35
Zulässigkeit des Vertriebs **317 KAGB** 10 ff.
Zusammenarbeit der Aufsichtsstellen
  317 KAGB 13 ff.
EU-AIF-Verwaltungsgesellschaft
  Änderungsmitteilungen **323 KAGB** 35
  Anzeigeschreiben **323 KAGB** 23, **324 KAGB** 29 ff.
  ausländischer AIF **324 KAGB** 11
  Bewertungsdivergenz **324 KAGB** 22
  De-minimis-Regelung **330a KAGB** 8
  delegierte Verordnung **336 KAGB** 10
  ESMA-Verfahren **324 KAGB** 23 ff.
  kleiner AIFM **330a KAGB** 8
  Kooperationsvereinbarungen mit Drittstaaten
    336 KAGB 1, 8
  Vertrieb von Master-Feeder-Konstruktionen
    323 KAGB 28
  Vertriebsabsicht **323 KAGB** 16
  Vertriebsanzeigeverfahren **323 KAGB** 5
  Vertriebsaufnahme **323 KAGB** 27 ff.
  Vertriebsbeendigung **323 KAGB** 30
  Vertriebsmitteilung **323 KAGB** 27
  Vertriebsvoraussetzungen **323 KAGB** 14, **324 KAGB** 17
  Vertriebsvorkehrungen **323 KAGB** 30
  Vollständigkeit der Vertriebsanzeige
    323 KAGB 20
  Zulassungsbescheinigung **323 KAGB** 21
EU-Investmentfonds der Vertragsform
  1 (1–2a) InvStG 168 ff.
  aufsichtsrechtliche Verankerung
    1 (1–2a) InvStG 172
  Doppelbesteuerungsabkommen
    1 (1–2a) InvStG 175
EU-Investmentvermögen 1 (1–2a) InvStG 178
EU-OGAW 298 KAGB 2
  Anlegerschutz **311 KAGB** 11
  Anzeigeschreiben **310 KAGB** 10, *s.a. dort*
  Anzeigeverfahren **310 KAGB** 8 ff., *s.a. dort*
  Aufsichtsbehörde des Herkunftsmitgliedstaates **311 KAGB** 21
    Ersatzvornahme durch BaFin **311 KAGB** 27
    Fristüberschreitungen **311 KAGB** 25
    Hilfeersuchen an ESMA **311 KAGB** 30
    Schlichtungsentscheidungen **311 KAGB** 31
    Untätigkeit **311 KAGB** 22
    Unzulänglichkeit **311 KAGB** 24
  aufsichtsbehördliches Einschreiten
    311 KAGB 7
  Deregistrierungsverfahren **311 KAGB** 38
  Disclaimer **309 KAGB** 39
  Eingriffsinstrumente der BaFin **311 KAGB** 16
  Einschalten von Dritten **309 KAGB** 36
  Einstellung des Vertriebs **311 KAGB** 38
  Einstellung des Vertriebs von Teilfonds
    311 KAGB 41 ff.
  inländische Informationsstelle **309 KAGB** 52
  inländische Zahlstelle **309 KAGB** 40
  Internet-Vertrieb **309 KAGB** 38
  Mitteilung der Untersagung **311 KAGB** 33
  öffentlicher Vertrieb **309 KAGB** 16, **309 KAGB** 18
  öffentliches Angebot **309 KAGB** 14
  ohne inländische Zahlstelle **309 KAGB** 49
  Privatplatzierung **309 KAGB** 24
  Repräsentant **17 InvStG** 13
  Sprache **303 KAGB** 4
  steuerliche Informationen **309 KAGB** 64
  Teilfonds **309 KAGB** 65
  Verkaufsprospekt **309 KAGB** 58
  Veröffentlichung der Untersagung **311 KAGB** 34
  Veröffentlichungsmedium **309 KAGB** 62

Veröffentlichungspflichten, allgemeine
  298 KAGB 3 ff.
    Änderungen der Informationen
      298 KAGB 6
    Form **298 KAGB** 7
    Sprache **298 KAGB** 4
  Veröffentlichungspflichten, besondere
    298 KAGB 8
  Verstoß gegen KAGB **311 KAGB** 17
  Vertrieb **294 KAGB** 4
  Vertrieb im Inland **309 KAGB** 11
  Vertriebsuntersagung **311 KAGB** 14
  Zahlstelle **309 KAGB** 59
Europäischer Fonds für soziales Unternehmertum **337 KAGB** 9
  qualifizierte Anlagen **337 KAGB** 10
  qualifizierte Portfolio-Unternehmen
    337 KAGB 11
  Social Impact **337 KAGB** 5
  Überschreiten von Schwellenwerten
    337 KAGB 14
  zulässige Anleger **337 KAGB** 12
Europäischer Pass
  AIF **331 KAGB** 1
  Änderungsanzeige **331 KAGB** 40
  Anzeigeschreiben **331 KAGB** 28
  ausländische AIF-Verwaltungsgesellschaft
    333 KAGB 1 ff., **334 KAGB** 16
  ausländischer AIF **332 KAGB** 1
  beizufügende Unterlagen **331 KAGB** 35
  Bescheinigung der BaFin **335 KAGB** 1
  Drittstaaten-Master-Feeder-Strukturen
    332 KAGB 1
  eigene Prüfung des Aufnahmestaates
    334 KAGB 17
  Ergänzungsanzeige **331 KAGB** 23
  EU-AIF **331 KAGB** 14, **333 KAGB** 11
  Feeder-AIF **331 KAGB** 37
  Gebühren **331 KAGB** 39
  inländischer AIF **331 KAGB** 14, **333 KAGB** 11
  Notifizierungsverfahren **332 KAGB** 16
  Outgoing-AIF-Notification **331 KAGB** 14
  Outgoing-AIF-Update **331 KAGB** 40
  professionelle Anleger **331 KAGB** 18
  Prüfungsmaßstab **331 KAGB** 22 ff.
  Vertriebsanzeige **331 KAGB** 19, **332 KAGB** 13
Europäischer Risikokapitalfonds **337 KAGB** 2 ff.
  Begriff **337 KAGB** 14
  kleine AIFM **337 KAGB** 10
  qualifizierende Anlagen **337 KAGB** 15
  Überschreiten von Schwellenwerten
    337 KAGB 17
EuSEF-VO **337 KAGB** 2 ff.
EuVECA-VO **337 KAGB** 2 ff.
Ex-Tag **12 InvStG** 36

F
F-Bond **1 (3) InvStG** 244
Family-Office-Vehikel **1 (1–2a) InvStG** 16
FATF-Listung **322 KAGB** 24
  AIF-Kapitalverwaltungsgesellschaften
    322 KAGB 24
  ausländische AIF-Verwaltungsgesellschaft
    325 KAGB 23
  ausländischer AIF **322 KAGB** 24, **324 KAGB** 19
  Drittstaaten-Master-Feeder-Strukturen
    329 KAGB 25
Feeder-AIF
  Anzeigeschreiben **316 KAGB** 15
  ausländische AIF-Verwaltungsgesellschaft
    330 KAGB 63
  ausländischer AIF **317 KAGB** 72
  EU-AIF **317 KAGB** 72
  Europäischer Pass **331 KAGB** 37
  Werbung **302 KAGB** 8
Feinabstimmungsabschlag **3 InvStG** 38
Feststellungklage **314 KAGB** 58
Feststellungsbescheid **1 (1–2a) InvStG** 131, 144
  Bindungswirkung **15 InvStG** 48
  Empfangsbevollmächtigte **15 InvStG** 51
  Inhaltsadressaten **15 InvStG** 50
  Spezial-Investmentfonds **15 InvStG** 48
Feststellungserklärung
  Abgabefrist **13 InvStG** 22, 33
  Abgabepflicht **13 InvStG** 32 ff.
  Abgabepflichtverstoß **13 InvStG** 44
  Abgabeverpflichteter **13 InvStG** 40
  Bundesanzeiger **13 InvStG** 63
  faktische Bindungswirkung **13 InvStG** 62
  Fehlerkorrektur **13 InvStG** 52
  Feststellungserklärung **13 InvStG** 22
  Form **13 InvStG** 41
  Formulare **13 InvStG** 48
  Inhalt **13 InvStG** 41
  Investmentgesellschaft **13 InvStG** 23, **13 InvStG** 25
  Kapitalertragsteueranmeldung **13 InvStG** 55
  Korrektur **13 InvStG** 66
  notwendige Unterlagen **13 InvStG** 43
  rechtliche Bindungswirkung **13 InvStG** 58
  Spezial-Investmentfonds **15 InvStG** 44
  Spezialfonds **13 InvStG** 51
  Strafbesteuerung **13 InvStG** 45
  Thesaurierungen **13 InvStG** 50
  Unterlagen **13 InvStG** 22
  Veröffentlichung **13 InvStG** 63
  Wirksamkeit **13 InvStG** 42
  Wirkungen **13 InvStG** 56
  Zwangsmittel **13 InvStG** 44
  Zwischenausschüttungen **13 InvStG** 37, 49

Sachregister

FiFo-Methode **3 InvStG** 27
Finanzamt
    Ertragsausgleich **9 InvStG** 20
    gesonderte Feststellung **13 InvStG** 22, **13 InvStG** 112
    Kapitalertragsteuer **7 InvStG** 129
Fokus-Bank-Verfahren **13 InvStG** 133 ff.
    Folgeentscheidungen **13 InvStG** 135
    Korrekturfrist **13 InvStG** 142
    Korrekturproblematik **13 InvStG** 137
    Publikumsfonds **13 InvStG** 138
    Spezialfonds **13 InvStG** 139
Fonds
    Begriff **1(1–2a) InvStG** 1
    graue **1(3) InvStG** 217
    schwarze **1(3) InvStG** 217
    weiße **1(3) InvStG** 217
Fonds-Aktiengewinn **8 InvStG** 9
    Anleger-Aktiengewinn **5 InvStG** 188
    Anpassung bei Ausschüttung/Thesaurierung **5 InvStG** 205
    ausländische Investmentfonds **5 InvStG** 208 ff.
    Bekanntmachung **5 InvStG** 178 ff.
    Berechnungssystematik **5 InvStG** 199 ff.
    Berechnungswahlrecht **5 InvStG** 190
    Bestandteile **5 InvStG** 199
    Dachfonds **5 InvStG** 201
    DBA-Gewinn **5 InvStG** 186
    Ermittlungspflicht **5 InvStG** 193
    im engeren Sinne **5 InvStG** 182
    Korrekturposten **5 InvStG** 207
    Publikums-Investmentfonds **5 InvStG** 183
    Spezialfonds **5 InvStG** 185
    Veröffentlichungspflicht **5 InvStG** 193
    Verschmelzung **5 InvStG** 202
Fondsprivileg **2 InvStG** 104
    großes **2 InvStG** 104
    kleines **5 InvStG** 13
    offene InvestmentKG **15a InvStG** 13
Form
    Anlagebedingungen Spezial-AIF **273 KAGB** 2
    Ausschüttungsbeschluss **12 InvStG** 21
    Beschwerdeverfahren **342 KAGB** 14
    Feststellungserklärung **13 InvStG** 41
formeller Fondsbegriff **2 InvStG** 110
Fortsetzungsfeststellungsklage **314 KAGB** 56
Freistellungsmethode **4 InvStG** 3
Freistellungsverfahren
    Ausschluss **2 InvStG** 30
    partielle Anwendung **2 InvStG** 53 ff.
Fußstapfentheorie **17a InvStG** 43, 50

G
G-Bond **1(3) InvStG** 245
gemeiner Wert **285 KAGB** 8, **3 InvStG** 32
gemeinsame Anlage **1(1–2a) InvStG** 24
gemeinschaftliche Kapitalanlage **1(1–2a) InvStG** 63
geschlossener AIF **352a KAGB** 4
gesonderte Feststellung **13 InvStG** 22
    Abweichungen zur Bekanntmachung **13 InvStG** 80
    Ausschluss allgemeiner Korrekturvorschriften **13 InvStG** 92
    Berichtigungszeitpunkt **13 InvStG** 87
    erhöhter Bestandsschutz **13 InvStG** 97
    Fehler des Bundesanzeigers **13 InvStG** 103
    Fehler im WM-Datenservice **13 InvStG** 105
    Fehlerfolgen **13 InvStG** 72
    Fehlerkombination **13 InvStG** 75, 81
    Fehlerkorrekturen **13 InvStG** 67 ff.
    Feststellungserklärung *s.a. dort*
    Feststellungsfrist **13 InvStG** 95
    Finanzamt **13 InvStG** 22, 112
    formale Fehler **13 InvStG** 70
    Gegenstand der Feststellung **13 InvStG** 27
    Kompensation materieller Fehler **13 InvStG** 82
    Korrektur und Pauschalbesteuerung **13 InvStG** 126 ff.
    Korrekturfrist **13 InvStG** 95
    Liquidation **13 InvStG** 36
    materiell-rechtliche Fehler **13 InvStG** 69
    Prinzip der Ex-Nunc-Korrektur **13 InvStG** 88
    Prinzip der Ex-Tunc-Korrektur **13 InvStG** 122
    Rechtsmittel **13 InvStG** 98
    Spezialfonds **13 InvStG** 24, 115
    teilweise Kompensation materieller Fehler **13 InvStG** 83
    Unterlassen einer Korrektur **13 InvStG** 107
    Unterschiedsbetrag **13 InvStG** 77
    Unterschiedsbeträge, mehrere **13 InvStG** 84
    Verzinsung bei Unterschiedsbeträgen **13 InvStG** 111
    Wirkungen der Feststellung **13 InvStG** 30
    Zwischenausschüttungen **13 InvStG** 32
Gewerbesteuer
    Aktiengewinn **8 InvStG** 41
    Erträge **2 InvStG** 84
    Gewinnanteile **2 InvStG** 88
    Investmentaktiengesellschaft mit veränderlichem Kapital **11 InvStG** 13
    Kapital-Investitionsgesellschaften **19 InvStG** 9
    offene InvestmentKG **11 InvStG** 12
    Personen-Investitionsgesellschaften **18 InvStG** 7

Sondervermögen **11 InvStG** 9
Teileinkünfteverfahren **2 InvStG** 83 ff.
Gewerbezentralregister 340 KAGB 20
**gewerbliche Personengesellschaften
1(3) InvStG** 203
gewerbsmäßiger Wertpapierhandel 17 InvStG
65
Gewinnobligationen 1(3) InvStG 243
Gold-plating 285 KAGB 1
Goldfonds 1(1–2a) InvStG 71
Grundstückskapitalgesellschaften 2 InvStG
98
Grundstückspersonengesellschaften
gewerbliche **2 InvStG** 102
Steuerbefreiung **2 InvStG** 100
vermögensverwaltende **2 InvStG** 100

H
Halbeinkünfteverfahren 3 InvStG 49,
s.a. Teileinkünfteverfahren
Hebelfinanzierung s. Leverage
Hedge-Fonds 283 KAGB 1 ff.
Aktienrücknahmen **283 KAGB** 37
Anlagebedingungen **283 KAGB** 27
Anteilsrücknahmen **283 KAGB** 37
Dach-Hedgefonds **283 KAGB** 25
Immobiliengesellschaften **283 KAGB** 7
Leerverkäufe **276 KAGB** 7, **283 KAGB** 1,
20 ff.
Leverage **283 KAGB** 14
Leverageumfang **283 KAGB** 16
Primebroker **283 KAGB** 28
Privat-Equity-Grenze **283 KAGB** 6
Privatanleger **283 KAGB** 42
Rechtsform **283 KAGB** 11
Risikomischung **283 KAGB** 4
Schleusen-Mechanismus **283 KAGB** 38
Schwellenwerte **283 KAGB** 9
Spezial-AIF **283 KAGB** 4, 26
Unternehmensbeteiligungen **283 KAGB** 8
Vermögensgegenstände, zulässige
1(1–2a) InvStG 90
Verwahrstelle **283 KAGB** 33
zulässige Vermögensgegenstände **283 KAGB**
5
Zwischengewinn **5 InvStG** 219
Hinzurechnungsbesteuerung
AStG **2 InvStG** 108
DBA-Schachtelprivileg **2 InvStG** 109
formeller Fondsbegriff **2 InvStG** 110
Kapital-Investitionsgesellschaften **19 InvStG**
31
Steuerbefreiung **2 InvStG** 106
Höchstbetragsberechnung 4 InvStG 20
Holdinggesellschaften 1(1–2a) InvStG 28

I
Immobilien-Gesellschaften
Hedge-Fonds **283 KAGB** 7
Vermögensgegenstände, zulässige
1(1–2a) InvStG 91
Immobilien-Gewinn 8 InvStG 2
Immobilien-Investmentfonds
Anlagegrenze **1(1–2a) InvStG** 101
Rücknahmeverpflichtung **317 KAGB** 57
Verkaufsprospekt **318 KAGB** 16
Immobilienerträge 4 InvStG 10
Immobiliengewinn
Investitionsgesellschaftsumwandlung
20 InvStG 16
Spezial-Investmentfonds **15 InvStG** 28
Immobilienquote 3 InvStG 78
Immobilienvermögen 1(1–2a) InvStG 67
**inländische Investmentgesellschaften
12 InvStG** 9
inländische Investmentvermögen 13 InvStG
12
inländische Sondervermögen 11 InvStG 2
EU-Investmentfonds **11 InvStG** 17
inländischer AIF 331 KAGB 14, **333 KAGB** 11
intransparente Investmentfonds 5 InvStG 12
Investitionsgesellschaft 1(1–2a) InvStG 129 ff.,
179
Besteuerung **1(1–2a) InvStG** 36, 128
Beteiligung eines Investmentfonds
1(1–2a) InvStG 130
Personen-Investitionsgesellschaften
18 InvStG 4
Spezial-Investmentfonds **15 InvStG** 130
Statusmindestfrist **1(1–2a) InvStG** 146
Umwandlung in einen Investmentfonds
20 InvStG 4, s.a. Investitionsgesellschaftsumwandlung
Investitionsgesellschaftsumwandlung
ADDI **20 InvStG** 22
Aktiengewinn **20 InvStG** 16
Anlagebedingungen **20 InvStG** 4
Antrag **20 InvStG** 4
betriebliche Anleger **20 InvStG** 14
Bundesanzeiger **20 InvStG** 8
fiktiver Verkauf der Anteile **20 InvStG** 9
Immobiliengewinn **20 InvStG** 16
materielle Folgen **20 InvStG** 11 ff.
Privatanleger **20 InvStG** 12
Publizität **20 InvStG** 17
Sperrfrist **20 InvStG** 5
Spezial-Investmentfonds **15 InvStG** 22
Investmentaktiengesellschaft mit veränderlichem Kapital 1(1–2a) InvStG 159
Gewerbesteuer **11 InvStG** 13
Körperschaftsteuer **11 InvStG** 13

Sachregister

Investmentanteile 1 (1–2a) **InvStG** 22 ff.
  ausländische Einkünfte 4 **InvStG** 5
  im Betriebsvermögen 8 **InvStG** 11
    Abzug tatsächlicher Kosten 8 **InvStG** 14
    Besteuerungsfolgen 8 **InvStG** 10
    Dach-Investmentfonds 8 **InvStG** 16, 8 **InvStG** 20
    Emittlung des Aktiengewinns 8 **InvStG** 12 ff.
    negativer Aktiengewinn 8 **InvStG** 19 ff.
    Nettomethode 8 **InvStG** 13
    positiver Aktiengewinn 8 **InvStG** 8 ff.
    REIT-Gesellschaften 8 **InvStG** 21
    Schlussbesteuerung 8 **InvStG** 8 ff.
    schlußbesteuerungauslösende Sachverhalte 8 **InvStG** 15
    Umfang des Aktiengewinns 8 **InvStG** 8
    Wertaufholung 8 **InvStG** 17
  im Privatvermögen
    Abzug des Zwischengewinns 8 **InvStG** 31
    Abzug thesaurierter Erträge 8 **InvStG** 32
    Alt-Veräußerungsgewinne 8 **InvStG** 33
    DBA-Gewinn 8 **InvStG** 35
    Schlussbesteuerung 8 **InvStG** 30 ff.
    steuerfreie Liquiditätsüberhänge 8 **InvStG** 34
    Substanzauskehrungen 8 **InvStG** 34
    Zuordnung der Veräußerungsgewinne 8 **InvStG** 30
  Steuerpflicht 2 **InvStG** 8
  Veräußerung *s.* Aktiengewinn
Investmentaufsicht 1 (1–2a) **InvStG** 40 ff.
  AIF 1 (1–2a) **InvStG** 47 ff.
  Anlegerschutz 1 (1–2a) **InvStG** 45
  gesetzliche Fiktion 1 (1–2a) **InvStG** 53
  Luxemburger CSSF 1 (1–2a) **InvStG** 48
  OGAW 1 (1–2a) **InvStG** 46
  Private Equity Fonds 1 (1–2a) **InvStG** 66
Investmentfonds 1 (1–2a) **InvStG** 39 ff., 179, 17 **InvStG** 20, *s.a.* Sondervermögen
  Anlagebedingungen 1 (1–2a) **InvStG** 118
  Anlagebestimmungen 1 (1–2a) **InvStG** 117
  Anlagegrenze *siehe dort*
  ausschüttende 5 **InvStG** 13
  Ausschüttungen 1 (3) **InvStG** 6 f.
  Besteuerung 1 (1–2a) **InvStG** 36
  Beteiligung an Investitionsgesellschaften 1 (1–2a) **InvStG** 129
  Erträge *s. dort*
  Geschäftszweck 1 (1–2a) **InvStG** 63
  gesetzliche Vertretung 1 (1–2a) **InvStG** 180
  intransparente 2 **InvStG** 14, 5 **InvStG** 12
  Investmentaufsicht 1 (1–2a) **InvStG** 40 ff.
  Kreditaufnahme 1 (1–2a) **InvStG** 115
  Öffnungsgrenze 1 (1–2a) **InvStG** 84
  passive Anlage 1 (1–2a) **InvStG** 63 ff.
  Regimewechsel zu Investitionsgesellschaft 1 (1–2a) **InvStG** 131 ff.
  Risikomischung 1 (1–2a) **InvStG** 70 ff.
  Rückgaberecht 1 (1–2a) **InvStG** 54 ff.
  Schmutzgrenze 1 (1–2a) **InvStG** 84
  semitransparente 2 **InvStG** 13, 5 **InvStG** 11
  Side Letter 1 (1–2a) **InvStG** 119
  Steuerbefreiung 11 **InvStG** 4
  thesaurierende 5 **InvStG** 13
  transparente 2 **InvStG** 12, 5 **InvStG** 16
  Vermögensgegenstände, zulässige 1 (1–2a) **InvStG** 83 ff.
  Verschmelzung 14 **InvStG** 4
  Wertpapier 1 (1–2a) **InvStG** 88
  Zweckvermögen 11 **InvStG** 7
Investmentgesellschaft 13 **InvStG** 25
  Ausschüttung 3a **InvStG** 12
  gesonderte Feststellung 13 **InvStG** 23, 25
InvestmentKG, offene 15a **InvStG** 15
  allgemeine Voraussetzungen 15a **InvStG** 16
  Besteuerungsgrundlagen 13 **InvStG** 17
  betriebliche Altersversorgung 1 (1–2a) **InvStG** 162
  Betriebsstätte im Inland 15a **InvStG** 39
  Bewertung von Anteilen 15a **InvStG** 35
  DBA-Nutzung 15a **InvStG** 23
  Doppelbesteuerungsabkommen 1 (1–2a) **InvStG** 163
  Einbringung von Wirtschaftsgütern 15a **InvStG** 40
  Einkünfteermittlung der Anleger 15a **InvStG** 34
  Entnahme von Wirtschaftsgütern 15a **InvStG** 44
  Folge des Statusverlustes 15a **InvStG** 31
  Fondsprivileg 15a **InvStG** 13
  Geschäftsführung 15a **InvStG** 15
  Gewerbesteuer 11 **InvStG** 12
  Nutzungsmöglichkeiten 15a **InvStG** 45
  Pension Pooling 15a **InvStG** 1
  Prospekthaftung 306 **KAGB** 28
  qualifizierte 15a **InvStG** 14
  qualifizierte Voraussetzungen 15a **InvStG** 17
  Spiegelbildmethode 15a **InvStG** 36
  Teilwertansatz 15a **InvStG** 40 f.
  Typenzwang 1 (1–2a) **InvStG** 160
  Verstoß gegen die Anlagebedingungen 15a **InvStG** 30
  Wegfall der Zweckbindung 15a **InvStG** 29
  Wert der betrieblichen Altersvorsorge 15a **InvStG** 18

Investmentsparplan
    Kosten **304 KAGB** 3
    Kostenvorausbelastung **304 KAGB** 1
    mehrjähriger Erwerb **304 KAGB** 4
    Sparrate **304 KAGB** 5
Investmentvermögen 1(1–2a) InvStG 12
    ausschüttende **2 InvStG** 52
    Bestandsschutz für Altfälle **22 InvStG** 41
    Besteuerungssysteme **1(1–2a) InvStG** 36
    Fernabsatzgeschäfte **305 KAGB** 3
    formeller Fondsbegriff **2 InvStG** 110
    Investitionsgesellschaften **1(1–2a) InvStG** 128 ff.
    offene **1(1–2a) InvStG** 57
    Typenzwang **1(1–2a) InvStG** 151
    Widerrufsrecht **305 KAGB** 4 ff.
    Zinsschranke **2 InvStG** 114
InvStG 1(1–2a) InvStG 28 ff.

J
Jahresbericht
    Anzeigeverfahren **310 KAGB** 23
    Aufwands- und Ertragsrechnung **299 KAGB** 5
    ausländischer AIF **299 KAGB** 3
    Ausschüttungsbeschluss **12 InvStG** 23
    Bekanntmachung **5 InvStG** 127
    EU-AIF **299 KAGB** 3, **308 KAGB** 1 ff.
    gezahlte Vergütungen **299 KAGB** 8
    Rechnungsprüferbericht **299 KAGB** 9
    Tätigkeitsbericht **299 KAGB** 6
    Vermögensaufstellung **299 KAGB** 4

K
Kann-Ausschütter 12 InvStG 12
Kapital-Investitionsgesellschaften 19 InvStG 7
    AIFM-Steuer-Anpassungsgesetz **22 InvStG** 18
    Aktiengewinn **19 InvStG** 36
    allgemeiner Unternehmenssteuersatz **19 InvStG** 21
    als erwerbbare Vermögensgegenstände **19 InvStG** 32
    Anlegerebene **19 InvStG** 14 ff.
    Anteilsveräußerung/-rückgabe **19 InvStG** 24
    Besteuerung **19 InvStG** 9 ff.
    Dachinvestmentfondsebene **19 InvStG** 32 ff.
    Dividendenerträge **19 InvStG** 34
    Einkünfte aus Ausschüttungen **19 InvStG** 14
    Ertragsbesteuerung **19 InvStG** 17
    Gewerbesteuer **19 InvStG** 9
    Hinzurechnungsbeträge nach AStG **19 InvStG** 29
    Hinzurechungsbesteuerung **19 InvStG** 31
    Körperschaftsteuer **19 InvStG** 11
    Nachweispflicht des Anlegers **19 InvStG** 17

Kapitalerträge 1(3) InvStG 194
    angewachsene Ansprüche **1(3) InvStG** 196
    ausschüttungsgleiche Erträge **1(3) InvStG** 225
    Lebensversicherungen **1(3) InvStG** 197
    Veräußerungsgewinne **1(3) InvStG** 196
    Zinsen **1(3) InvStG** 195
Kapitalertragsteuer
    Abgeltungswirkung **7 InvStG** 22
    Abzug von Kirchensteuer **7 InvStG** 141
    Abzugsverfahren **7 InvStG** 222
    akkumulierte ausschüttungsgleiche Erträge **7 InvStG** 65
    Altgewinne **7 InvStG** 51
    Anrechnung **7 InvStG** 344
    Anrechnung ausländischer Quellensteuer **7 InvStG** 25
    Anrechnung ausländischer Steuern **7 InvStG** 146
    auf inländische Erträge **7 InvStG** 168 ff.
    ausgeschüttete Dividendenerträge **7 InvStG** 178
    ausgeschüttete Erträge **7 InvStG** 27
    ausländische Fonds **5 InvStG** 141
    ausländische Investmentfonds **17 InvStG** 70
    ausländische Kapitalerträge **7 InvStG** 47
    ausländische Zwischenverwahrung **7 InvStG** 266
    Auslandszahlung **7 InvStG** 252 ff.
    Ausnahmen **7 InvStG** 39, 51
    Ausnahmen für betriebliche Anleger **7 InvStG** 148
    Ausnahmen für Kapitalgesellschaften **7 InvStG** 148
    Ausschüttung **7 InvStG** 61
    ausschüttungsgleiche Dividendenerträge **7 InvStG** 182
    Ausschüttungsstichtag **7 InvStG** 191 ff.
    auszahlende Stelle **7 InvStG** 140
    Auszahlung **7 InvStG** 248
    bei Teilausschüttungen **7 InvStG** 163
    Bekanntmachung **5 InvStG** 42
    besondere Entgelte **7 InvStG** 43
    Bruttoauszahlung **7 InvStG** 187
    Dach-Investmentfonds **10 InvStG** 18
    Direktanlage **7 InvStG** 169
    Dividenden **7 InvStG** 42, 174 ff.
    Dividendenerträge **7 InvStG** 208
    Einkommensteuergesetz **7 InvStG** 119
    Einkünfte **7 InvStG** 43
    Entrichtungspflichtiger bei Inlandszahlungen **7 InvStG** 237
    Entrichtungsverpflichteter **7 InvStG** 186

Sachregister

Entrichtungsverpflichteter bei ausgeschütteten Erträgen **7 InvStG** 218
Entrichtungsverpflichteter bei ausschüttungsgleichen Erträgen **7 InvStG** 267
Entrichtungsverpflichteter bei Erträgen aus Vermietung/Verpachtung **7 InvStG** 278, **7 InvStG** 282
Entrichtungsverpflichteter bei sonstigen ausschüttungsgleichen Einkünften **7 InvStG** 287
Ermittlung der Erträge **7 InvStG** 29
Erstattung an ausländische Anleger **7 InvStG** 345
Erstattung an nicht ansässige Personen **7 InvStG** 327
Erstattung bei ausschüttungsgleichen Erträgen **7 InvStG** 308 ff.
Erstattungsverfahren **7 InvStG** 316, 332
Erträge aus Vermietung/Verpachtung **7 InvStG** 211
Erträge der Vorjahre **7 InvStG** 37
Finanzamt **7 InvStG** 129
Fondsausgangsseite **7 InvStG** 12
Fondseingangsseite **7 InvStG** 17
Girosammelverwahrung **7 InvStG** 247
Grundprinzipien **7 InvStG** 16
Grundstücksveräußerungsgewinne **7 InvStG** 53
Gutschrift **7 InvStG** 248
Haftung der Investmentgesellschaft **7 InvStG** 321
Immobilienerträge **7 InvStG** 183
inländische Kapitalerträge **7 InvStG** 40, 47
Interbankenverkehr **7 InvStG** 121
Investmentanlage **7 InvStG** 170
Kapitalertragsteuersatz **7 InvStG** 23
Kapitalrückzahlungen **7 InvStG** 36
Kirchensteuer **7 InvStG** 124
Kirchensteuereinbehalt **7 InvStG** 24
Kompensationszahlung **7 InvStG** 171
Leerrückgabe **7 InvStG** 171
nachholender Kapitalertragsteuerabzug **7 InvStG** 65
Nettobetrachtung **7 InvStG** 29
Plausibilisierung **7 InvStG** 33
Sammelverwahrung **7 InvStG** 120
Schachtelbeteiligungen **7 InvStG** 56
Sondervermögen **11 InvStG** 19
Spezial-Investmentfonds **15 InvStG** 74 ff.
steuerfreie DBA-Einkünfte **7 InvStG** 54
Umstellung auf Zahlstellensteuer **7 InvStG** 168
Verfahren **7 InvStG** 119 ff.
Verlustverrechnung **7 InvStG** 31
Vermietung/Verpachtung **7 InvStG** 44
Verwahrkette **7 InvStG** 249
Verwahrstelle **7 InvStG** 188
Werbungskosten **7 InvStG** 125
Ziel-Investmentfonds **10 InvStG** 17
Zwischengewinn **7 InvStG** 111
Kapitalverkehrsfreiheit 13 InvStG 134
Kirchensteuer 7 InvStG 124
kleiner AIFM 330a KAGB 8
 aktiver Absatz **330a KAGB** 28
 Auskunftserteilung **330a KAGB** 45
 Bescheinigung des Herkunftsmitgliedstaat **330a KAGB** 42
 Erklärung der EU-AIF-Verwaltungsgesellschaft **330a KAGB** 43
 Europäischer Risikokapitalfonds **337 KAGB** 10
 fremdsprachige Unterlagen **330a KAGB** 47
 Hebelfinanzierung **330a KAGB** 20
 Nachweis über Zahlung **330a KAGB** 46
 professionelle Anleger **330a KAGB** 34
 Registrierung im Herkunftsmitgliedstaat **330a KAGB** 37
 Schwellenwert, allgemeiner **330a KAGB** 18
 Schwellenwert, besonderer **330a KAGB** 19
 semiprofessionelle Anleger **330a KAGB** 33
 Vertrieb im Inland **330a KAGB** 25
 Vertriebsanzeige **330a KAGB** 41
 Vertriebsbeginn **330a KAGB** 48
 Vertriebsgestattung im Herkunftsmitgliedstaat **330a KAGB** 39
kollektive Vermögensverwaltung 343 KAGB 6
Kompensationszahlung 1(3) InvStG 203, **2 InvStG** 52
 begünstigte Erträge **2 InvStG** 63
 Kapitalertragsteuer **7 InvStG** 171
Kontrolle 288 KAGB 4
Kontrollerlangung
 AIF-Kapitalverwaltungsgesellschaft **287 KAGB** 6 ff.
 Anhang zum Jahresabschluss des AIF **291 KAGB** 6
 Bericht über die Lage der Zielgesellschaft **291 KAGB** 8
 Ereignisse nach Abschluss des Geschäftsjahres **291 KAGB** 9
 Erwerb eigener Aktien **291 KAGB** 11
 Informationsmedium **291 KAGB** 4
 Inhalt der zusätzlichen Informationen **291 KAGB** 7
 Lagebericht der Zielgesellschaft **291 KAGB** 5
 Mitteilungspflicht **289 KAGB** 33 ff.
 Offenlegungspflicht **290 KAGB** 7 ff., 11

Pflichten der AIF-Kapitalverwaltungsgesellschaft **291 KAGB** 13 ff.
Verstöße gegen die Informationspflicht **291 KAGB** 18
voraussichtliche Entwicklung der Zielgesellschaft **291 KAGB** 10
Zerschlagungsverbot **292 KAGB** 10 ff., s.a. dort
Körperschaftsteuer
ausländische Investmentfonds **17 InvStG** 70
Investmentaktiengesellschaft mit veränderlichem Kapital **11 InvStG** 13
Kapital-Investitionsgesellschaften **19 InvStG** 11
Sondervermögen **11 InvStG** 9
Zwischengewinn **5 InvStG** 222
Kostenvorausbelastung
Anlagebedingungen **317 KAGB** 60
Investmentsparplan **304 KAGB** 1
Kreditaufnahme
Anlagebedingungen **317 KAGB** 46
Anlagegrenze **1 (1–2a) InvStG** 111 ff.
Bestandsschutz für Altfälle **22 InvStG** 59
Investmentfonds **1 (1–2a) InvStG** 115
Leverage **1 (1–2a) InvStG** 114
Spezial-AIF mit festen Anlagebedingungen **284 KAGB** 23

L
Leerrückgabe 2 InvStG 52
Kapitalertragsteuer **7 InvStG** 171, 172
Leerverkäufe 276 KAGB 1, **283 KAGB** 1, **2 InvStG** 52
AIF-Kapitalverwaltungsgesellschaft **276 KAGB** 3
BaFin **276 KAGB** 8
durch Derivategeschäfte **276 KAGB** 5
gedeckte **283 KAGB** 23
Hedge-Fonds **283 KAGB** 1, 20 ff.
Hedgefonds **276 KAGB** 7
Spezial-AIF mit festen Anlagebedingungen **284 KAGB** 15
ungedeckte **283 KAGB** 23
Verstoßfolgen **276 KAGB** 6
Leistungsfähigkeitsprinzip 12 InvStG 55
Leverage 283 KAGB 14
AIF-Kapitalverwaltungsgesellschaft
BaFin **274 KAGB** 2
Beschränkung **274 KAGB** 2
Delegierten Verordnung **274 KAGB** 3 ff.
Anlagegrenze **1 (1–2a) InvStG** 114
Kreditaufnahme **1 (1–2a) InvStG** 114
Liquidationsphase 1 (1–2a) InvStG 78 ff.
Liquiditätsüberhänge 3a InvStG 18
Lock-Up Periode 1 (1–2a) InvStG 58

Long-Position 283 KAGB 1
Lotsenfunktion 294 KAGB 35, **295 KAGB** 4
Luxemburger CSSF 1 (1–2a) InvStG 48

M
Marktpreis 6 InvStG 48
Master-Feeder-Struktur
Besteuerung **10 InvStG** 19
Besteuerungsgrundlagen **10 InvStG** 19
Spezial-AIF **280 KAGB** 2
Mieten 3 InvStG 40
Millionärsfonds 21 InvStG 10
Mindestbesteuerung 4 InvStG 7
Mindesthaltefristen 1 (1–2a) InvStG 58
Miteigentümer-Lösung 11 InvStG 4
Mittelständische Beteiligungsgesellschaften 1 (1–2a) InvStG 31
Muss-Ausschütter 12 InvStG 12
Muss-Thesaurierer 12 InvStG 12

N
negativer Aktiengewinn 8 InvStG 2, 4
nicht börsennotiertes Unternehmen 289 KAGB 16
nicht-privilegierte Kapitalforderungen 1 (3) InvStG 245
Notifizierungsverfahren 332 KAGB 16

O
objektives Nettoprinzip 3 InvStG 20
OECD/BRD-Musterabkommen 17 InvStG 56
öffentlicher Vertrieb 309 KAGB 16
öffentliches Angebot 309 KAGB 14
Öffnungsgrenze 1 (1–2a) InvStG 84
Überschreitungen **1 (1–2a) InvStG** 148 ff.
OGAW 1 (1–2a) InvStG 12, **19 InvStG** 5
Anlagebedingungen **1 (1–2a) InvStG** 123
Anzeigeschreiben **312 KAGB** 18
grenzüberschreitender Vertrieb **312 KAGB** 6 ff.
grenzüberschreitender Vertriebsbeginn **312 KAGB** 48
Investmentaufsicht **1 (1–2a) InvStG** 46
offene Investmentvermögen **1 (1–2a) InvStG** 57
Veröffentlichungspflichten beim grenzüberschreitenden Vertriebsbeginn **312 KAGB** 3 ff.
Vertrieb **294 KAGB** 3
OGAW-IV-UmsG 1 (1–2a) InvStG 3
OGAW-Kapitalverwaltungsgesellschaft 309 KAGB 10
OGAW-Richtlinie
ausländische Fonds **5 InvStG** 145
Zwischengewinn **5 InvStG** 227

Sachregister

Ombudsstelle 342 KAGB 42
    Amtshaftung 342 KAGB 56
    Beleihung 342 KAGB 52
    Bestellung der Ombudspersonen 342 KAGB 59
    Bezahlung der Ombudspersonen 342 KAGB 61
    Bindungswirkung des Schlichtungsvorschlags 342 KAGB 92
    Eignung der Ombudspersonen 342 KAGB 58
    grenzüberschreitende Sachverhalte 342 KAGB 108 ff.
    Organisationsstruktur 342 KAGB 57
    Rechtsnatur 342 KAGB 49
    Rechtsstellung der Ombudspersonen 342 KAGB 60
    Verwaltungssubstitution 342 KAGB 54
Optionsanleihen 1(3) InvStG 244
Optionsscheine 3 InvStG 39
ordentliche Kündigungsrechte 352a KAGB 7
Ordnungswidrigkeiten s. Bußgeldvorschriften
Outgoing-AIF-Notification 331 KAGB 14
Outgoing-AIF-Update 331 KAGB 40
Outgoing-Notification 312 KAGB 1

P

passive Anlage 1(1–2a) InvStG 65
    Immobilienvermögen 1(1–2a) InvStG 67
    Private Equity Fonds 1(1–2a) InvStG 66
Pauschalbesteuerung 6 InvStG 6
    Ansässigkeitsstaat 6 InvStG 71
    Anteil am Mehrbetrag 6 InvStG 42
    ausländische Investmentfonds 6 InvStG 26 ff.
    ausländische Steuern 6 InvStG 40
    Ausschüttungen auf die Investmentanteile 6 InvStG 36
    Ausschüttungszeitpunkt 6 InvStG 59
    Bemessungsgrundlage 6 InvStG 32
    Berufsträgerbescheinigung 6 InvStG 21
    beschränkt Steuerpflichtige 6 InvStG 68
    betriebliche Anleger 6 InvStG 66
    Billigkeitsregelung 6 InvStG 24
    Börsenpreis 6 InvStG 47
    Dach-Investmentfonds 6 InvStG 67
    Doppelversteuerung bei Anteilsveräußerung 6 InvStG 72
    fehlerhafte Veröffentlichung von Besteuerungsgrundlagen 6 InvStG 23
    Marktpreis 6 InvStG 48
    Mindestbetrag 6 InvStG 52
    Nachweis der Richtigkeit der Besteuerungsgrundlagen 6 InvStG 30
    Nicht-Veröffentlichung von Besteuerungsgrundlagen 6 InvStG 26 ff.
    Option 6 InvStG 56
    Privatanleger 6 InvStG 65
    Publikums-Investmentfonds 6 InvStG 9
    Qualifikation der Einkünfte aus der 6 InvStG 64
    Rücknahmepreis 6 InvStG 44
    Spezial-Investmentfonds, ausländische 16 InvStG 6
    thesaurierende Investmentfonds 6 InvStG 12
    und Korrektur der gesonderten Feststellung 13 InvStG 126 ff.
    unionsrechtliche Bedenken 6 InvStG 77
    unvollständige Veröffentlichung von Besteuerungsgrundlagen 6 InvStG 11
    verfassungsrechtliche Bedenken 6 InvStG 74
    vergleichende Berechnung 6 InvStG 33
    verschleierte Diskriminierung 6 InvStG 79
    verspätete Veröffentlichung von Besteuerungsgrundlagen 6 InvStG 24
    Werte in ausländischer Währung 6 InvStG 49
    Wertpapierkennnummer 6 InvStG 19
    Ziel-Investmentfonds 10 InvStG 5
    Zuflusszeitpunkt 6 InvStG 59
    Zwischengewinn 6 InvStG 54
Pension Pooling 15a InvStG 7
    alternative Anlagevehikel 15a InvStG 46
    Behandlung der übernommenen Verbindlichkeit 15a InvStG 52
    DBA-Nutzung 15a InvStG 23
    Hebung stiller Lasten 15a InvStG 50
    Quellensteuerreduktion 15a InvStG 8
    Realisierung stiller Lasten 15a InvStG 49
    Rechtsfolgen 15a InvStG 20
    vermögensverwaltende Personengesellschaften 15a InvStG 48
Personen-Investitionsgesellschaften 18 InvStG 4
    Besteuerung 18 InvStG 5
    Buchführungspflicht 18 InvStG 8
    Einkünfte 18 InvStG 6
    Gewerbesteuer 18 InvStG 7
Personengesellschaften
    Ertragsermittlung
        Grundstückspersonengesellschaft 3 InvStG 121
        mittelbare Veräußerung 3 InvStG 119
        unmittelbare Veräußerung 3 InvStG 118
    Ertragsermittlung der gewerblichen 3 InvStG 120
    Ertragsermittlung der vermögensverwaltenden 3 InvStG 118
    Ertragsermittlungsmethode 3 InvStG 117 ff.
    Ertragsermittlungsumfang 3 InvStG 117 ff.
Petitionsgrundrecht 342 KAGB 7
Platzieren 293 KAGB 19
positiver Aktiengewinn 8 InvStG 2 f.

Sachregister

Primebroker 283 KAGB 30
    Direktbeauftragungsmodell 283 KAGB 33
    Hedge-Fonds 283 KAGB 28
    Verwahrstelle 283 KAGB 33
Prinzip der Doppeltransparenz 10 InvStG 6
Prinzip der Ex-Nunc-Korrektur 13 InvStG 88
Prinzip der Ex-Tunc-Korrektur 13 InvStG 122
Privatanleger
    Aktiengewinn 8 InvStG 6
    Investitionsgesellschaftsumwandlung
        20 InvStG 12
    Pauschalbesteuerung 6 InvStG 65
    Teileinkünfteverfahren 2 InvStG 68
    Verschmelzung 17a InvStG 50
    Vollausschüttung 2 InvStG 36
    Zwischengewinn 1(4) InvStG 260
Private Equity Fonds
    Investmentaufsicht 1(1–2a) InvStG 66
    passive Anlage 1(1–2a) InvStG 66
Privatplatzierung 293 KAGB 9
professionelle Anleger 284 KAGB 3
    AIF-Kapitalverwaltungsgesellschaften
        321 KAGB 18
    ausländische AIF-Verwaltungsgesellschaft
        325 KAGB 26 f., 326 KAGB 16, 327 KAGB
        22, 328 KAGB 29
    Drittstaaten-Master-Feeder-Strukturen
        329 KAGB 12
    kleiner AIFM 330a KAGB 34
    Spezial-AIF mit festen Anlagebedingungen
        284 KAGB 3
Progressionsvorbehalt 4 InvStG 13
Prospekthaftung
    Angaben von wesentlicher Bedeutung
        306 KAGB 10
    Anspruchsberechtigte 306 KAGB 19
    Anspruchsgegner 306 KAGB 20
    Anspruchsinhalt 306 KAGB 27
    Anteilsübernahme 306 KAGB 27
    Ausgleichsbetrag 306 KAGB 29
    Ausschluss 306 KAGB 25, 38
    deliktische Ansprüche 306 KAGB 36
    fehlerhafte Angaben 306 KAGB 4, 7 ff.
    Gesamtschuld 306 KAGB 24
    gewerbsmäßige Anteilsverkäufer 306 KAGB
        21
    Haftungsbeschränkung 306 KAGB 26, 38
    Haftungsvereinbarung 306 KAGB 24
    Innenregress 306 KAGB 24
    InvestmentKG 306 KAGB 28
    Kausalität 306 KAGB 17
    Kenntnis der Fehlerhaftigkeit 306 KAGB
        25
    Konkurrenzen 306 KAGB 32
    Prospektveranlasser 306 KAGB 21
    Prospektverantwortliche 306 KAGB 21
    Rückübertragung 306 KAGB 27
    Verjährung 306 KAGB 31
    vertragliche Ansprüche 306 KAGB 35
    Vertriebsvereinbarung 306 KAGB 24
    Vollständigkeit 306 KAGB 13
    vorvertragliche Ansprüche 306 KAGB 34
    zivilrechtliche 306 KAGB 32
Prospektrichtlinie 318 KAGB 17
Publikums-AIF
    Anzeigeschreiben 316 KAGB 8
    Anzeigeverfahren 316 KAGB 1, 6
Publikums-Investmentfonds
    Besteuerungsgrundlagen 5 InvStG 17, 22 f.,
        13 InvStG 15
    Fokus-Bank-Verfahren 13 InvStG 138
    Fonds-Aktiengewinn 5 InvStG 183
    Pauschalbesteuerung 6 InvStG 9
    Regimewechsel zu Investitionsgesellschaft
        1(1–2a) InvStG 131 ff.
    Vermögensgegenstände, zulässige
        1(1–2a) InvStG 90
Publikumssondervermögen 281 KAGB 2
Publizität 20 InvStG 17

Q

Quellensteuer
    Ausschüttungen 1(3) InvStG 185
    Bekanntmachung 5 InvStG 42
    Bekanntmachung abziehbarer 5 InvStG
        103
    Bekanntmachung abziehbarer Q. aus Dividendenerträgen 5 InvStG 105
    Bekanntmachung anrechenbarer Q. 5 InvStG
        95
    Bekanntmachung anrechenbarer Q. aus Dividendenerträgen 5 InvStG 99
    Bekanntmachung der Bemessungsgrundlage
        5 InvStG 73
    Bekanntmachung der Bemessungsgrundlage
        aus Dividendenerträgen 5 InvStG 77
    Bekanntmachung der Bemessungsgrundlage
        fiktiver Q. 5 InvStG 82
    Bekanntmachung der Bemessungsgrundlage
        fiktiver Q. aus Dividendenerträgen
        5 InvStG 83
    Bekanntmachung fiktiver 5 InvStG 107
    Bekanntmachung fiktiver Q. aus Dividendenerträgen 5 InvStG 109
    Bekanntmachung gezahlter 5 InvStG 116
    Kapitalertragsteuer 7 InvStG 25
Quellensteuer, ausländische 1(1–2a) InvStG
    163
    Quellensteuerreduzierung 1(1–2a) InvStG
        164

R

Rechtsmittel
    gesonderte Feststellung **13 InvStG** 98
    Vertriebsuntersagung **314 KAGB** 45

Rechtsstaatsprinzip vor 343–355 KAGB 1

Referenzmitgliedstaat 325 KAGB 17, **326 KAGB** 29

Repos 1(3) InvStG 252

Repräsentant 17 InvStG 10 ff.
    AIF-Verwaltungsgesellschaft **17 InvStG** 12
    Amtsniederlegung **317 KAGB** 15
    Anlage des eingelegten Geldes **17 InvStG** 35
    Aufgaben **17 InvStG** 16
    Aufgabenkreis **17 InvStG** 30 ff.
    ausländische Investmentgesellschaft **17 InvStG** 18
    Außenverhältnis **317 KAGB** 7
    Befugnisse **17 InvStG** 16
    Bekanntmachung **317 KAGB** 23, **17 InvStG** 32
    Bestellung **317 KAGB** 11 ff.
    Bestellung inländischer Kreditinstitute als **17 InvStG** 43
    Besteuerung **17 InvStG** 50
    Bestimmen über die Anlage **17 InvStG** 35, 44
    Bundesanzeiger **317 KAGB** 23, **17 InvStG** 32
    Compliance-Funktion **317 KAGB** 25, **17 InvStG** 12
    Drittstaaten **17 InvStG** 14
    Empfangsbevollmächtigung **317 KAGB** 10
    EU-OGAW **17 InvStG** 13
    fachlich geeignete Person **317 KAGB** 20
    fachliche Eignung **317 KAGB** 22
    freiwillig bestellter **17 InvStG** 49
    Gerichtszuständigkeit **17 InvStG** 16
    Geschäftsleitungsfunktionen **17 InvStG** 34
    gesetzlicher Gerichtsstand **317 KAGB** 19
    inländische Repräsentanzgesellschaft **17 InvStG** 47
    inländisches Kreditinstitut **317 KAGB** 19
    Innenverhältnis **317 KAGB** 8
    Repräsentantenvertrag **317 KAGB** 12
    Repräsentanzbüro **17 InvStG** 47
    ständiger Vertreter *s. dort*
    Überschreiten des Aufgabenkreises **17 InvStG** 51
    Verkaufsprospekt **318 KAGB** 11
    Vertretungsbefugnis **317 KAGB** 6
    Vertrieb **17 InvStG** 40
    Widerruf der Bestellung **317 KAGB** 15
    Zuverlässigkeit **317 KAGB** 21

Request for Proposal 309 KAGB 33

Reverse Solicitation 309 KAGB 30

Risikomischung 1(1–2a) InvStG 70 ff.
    AIF-Kapitalverwaltungsgesellschaft **282 KAGB** 2
    Anfangsphase **1(1–2a) InvStG** 78 ff.
    Ausnahmen **1(1–2a) InvStG** 79
    Edelmetallfonds **1(1–2a) InvStG** 71
    Goldfonds **1(1–2a) InvStG** 71
    Hedge-Fonds **283 KAGB** 4
    indirekte **1(1–2a) InvStG** 74
    Liquidationsphase **1(1–2a) InvStG** 78 ff.
    Spezial-AIF mit festen Anlagebedingungen **284 KAGB** 8
    Staatsanleihen **1(1–2a) InvStG** 73
    Underlying **1(1–2a) InvStG** 72

Rückgaberecht 352a KAGB 5
    gesetzliche Fiktion **1(1–2a) InvStG** 62
    Investmentfonds **1(1–2a) InvStG** 54 ff.
    Kündigung **1(1–2a) InvStG** 54
    Lock-Up Periode **1(1–2a) InvStG** 58
    Mindesthaltefristen **1(1–2a) InvStG** 58
    ordentliche Kündigungsrechte **352a KAGB** 7
    Sonderkündigungsrechte **352a KAGB** 6

Rücknahmepreis 6 InvStG 44

S

Schachtelbeteiligungen 7 InvStG 56

schädliche Kapitalforderungen 5 InvStG 92

Schattenrechnung 2 InvStG 119

Schleusen-Mechanismus 283 KAGB 38

Schlichtungsstelle 342 KAGB 30
    duale Konzeption **342 KAGB** 30
    öffentlich-rechtliche **342 KAGB** 33
    Ombudsstelle **342 KAGB** 42
    privatrechtliche **342 KAGB** 42, *s.a.* Ombudsstelle
    wirksame Übertragung **342 KAGB** 42 ff.

Schlichtungsstelle, öffentlich-rechtliche
    Bestellung der Schlichter **342 KAGB** 40
    Bindungswirkung des Schlichtungsvorschlags **342 KAGB** 89
    Eignung der Schlichter **342 KAGB** 39
    Geschäftsstelle **342 KAGB** 37
    grenzüberschreitende Sachverhalte **342 KAGB** 104 ff.
    Oganisationsstruktur **342 KAGB** 35
    Rechtsstellung der Schlichter **342 KAGB** 41
    Tätigkeitsbericht **342 KAGB** 38

Schlichtungsverfahren
    abgewiesener PKH-Antrag **342 KAGB** 75
    anderweitige gerichtliche Anhängigkeit **342 KAGB** 71
    Anhängigkeit bei Schlichtungsstelle **342 KAGB** 76
    Antragsbefugte **342 KAGB** 62
    Antragstellung **342 KAGB** 80
    Ausnahmen von der Bindungswirkung **342 KAGB** 95

außergerichtlicher Vergleich **342 KAGB** 74
Bindungswirkung des Schlichtungsvorschlags
342 KAGB 89 ff.
duale Konzeption **342 KAGB** 30
hinreichend bestimmte Streitigkeit
342 KAGB 64 f.
Kosten des Antragsgegners **342 KAGB** 101
Kosten des Antragstellers **342 KAGB** 99
öffentlich-rechtliche Schlichtungsstelle
342 KAGB 33
Oganisationsstruktur der Schlichtungsstelle
342 KAGB 35
Prüfungskompetenz der Zulässigkeitskriterien
342 KAGB 79
sachlicher Anwendungsbereich **342 KAGB** 64 ff.
Schlichtungsstelle **342 KAGB** 30
Schlichtungsvorschlag **342 KAGB** 86
Verfahrensablauf **342 KAGB** 80 ff.
Verfahrenshindernisse **342 KAGB** 70 ff.
Verjährung **342 KAGB** 77
Verjährungshemmung **342 KAGB** 97
Zulässigkeit **342 KAGB** 62 ff.
Zusammenhang mit KAGB **342 KAGB** 66
Schmutzgrenze **1 (1–2a) InvStG** 84
Überschreitungen **1 (1–2a) InvStG** 148 ff.
semiprofessionelle Anleger **284 KAGB** 3
ausländische AIF-Verwaltungsgesellschaft
325 KAGB 28, **326 KAGB** 15, **327 KAGB** 21, **328 KAGB** 28, **330 KAGB** 40
Drittstaaten-Master-Feeder-Strukturen
329 KAGB 18
kleiner AIFM **330a KAGB** 33
Spezial-AIF mit festen Anlagebedingungen
284 KAGB 3
semitransparente Investmentfonds **5 InvStG** 11
Anlegertypen **5 InvStG** 8
Semitransparenz
Mindest-Pflichtangaben **5 InvStG** 174
nicht publizierte Angaben **5 InvStG** 172
Short-Position **283 KAGB** 1
Side Letter **1 (1–2a) InvStG** 119
Sonderkündigungsrechte **352a KAGB** 6
Sondervermögen **11 InvStG** 4
Außenprüfung **11 InvStG** 26
Erstattungsverfahren **11 InvStG** 23
Gewerbesteuer **11 InvStG** 9
Kapitalertragsteuer **11 InvStG** 19
Körperschaftsteuer **11 InvStG** 9
Steuerpflichtiger **11 InvStG** 8
Sondervermögen, inländische **1 (1–2a) InvStG** 155
Spezial-AIF **285 KAGB** 5
Abtretung von Forderungen **275 KAGB** 2

Anlagebedingungen **273 KAGB** 2
Abtretung **275 KAGB** 4
BaFin **273 KAGB** 3
Belastung **275 KAGB** 4
Schriftform **273 KAGB** 2
Anzeigeschreiben **321 KAGB** 20 ff.
ausländische AIF-Verwaltungsgesellschaft
325 KAGB 25, **327 KAGB** 18
Belastung der Vermögensgegenstände
275 KAGB 2
Belastung von Forderungen **275 KAGB** 2
Bewerter **278 KAGB** 17, **286 KAGB** 6 f.
Bewerter, externer **286 KAGB** 7, *s. dort*
Bewertung der Vermögensgegenstände
278 KAGB 1, 5
Bewertungshäufigkeit **279 KAGB** 3, 6, **286 KAGB** 8
Bewertungsoffenlegung **279 KAGB** 9
Bewertungsverfahren **278 KAGB** 8, **286 KAGB** 5
Bewertungsverfahren, Grundsätze **278 KAGB** 15
einzelne Verschmelzungsvorgänge
281 KAGB 10
Ermittlung des Nettoinventarwertes
278 KAGB 4
Hedge-Fonds **283 KAGB** 4
inländischer Vertrieb **321 KAGB** 1 ff.
interne Bewertungsrichtlinie **278 KAGB** 9, **286 KAGB** 5
Master-Feeder-Struktur **280 KAGB** 2
Nettoinventarwert **286 KAGB** 5
Trennung der Bewertungseinheit **278 KAGB** 18
Verkehrswert **278 KAGB** 6
Verschmelzungsplan **281 KAGB** 5
Verschmelzungsprüfung **281 KAGB** 7
Verschmelzungsverbot **281 KAGB** 2
Vertrieb **295 KAGB** 8
Verwahrstelle **275 KAGB** 5
vorvertragliche Informationspflichten
307 KAGB 1
Anlagebeschränkungen **307 KAGB** 3
Anlagestrategie **307 KAGB** 3
Auslagerung von Funktionen **307 KAGB** 10
Berufshaftungsrisiken **307 KAGB** 9
Bewertungsverfahren **307 KAGB** 11
bisherige Wertentwicklung **307 KAGB** 17
Identitäten **307 KAGB** 8
Jahresbericht **307 KAGB** 2
Kosten **307 KAGB** 13
Leverage **307 KAGB** 5
Liquiditätsmanagement **307 KAGB** 12

Sachregister

    Marktpreis **307 KAGB** 16
    Nettoinventarwert **307 KAGB** 16
    Primebroker **307 KAGB** 18
    vertragliche Beziehungen **307 KAGB** 7
  Wert des AIF **286 KAGB** 5
  Wertpapierprospekt **307 KAGB** 20
Spezial-AIF mit festen Anlagebedingungen
  Anlagegrenzen **284 KAGB** 13
  Anlegeranzahl **284 KAGB** 4
  Darlehensgewährung an Immobilien-Gesellschaften **284 KAGB** 16
  Derivate **284 KAGB** 14
  feste Anlagebedingungen **284 KAGB** 6
  Immobilien **284 KAGB** 13
  Kreditaufnahme **284 KAGB** 23
  Leerverkäufe **284 KAGB** 15
  professionelle Anleger **284 KAGB** 3
  Risikomischung **284 KAGB** 8
  semiprofessionelle Anleger **284 KAGB** 3
  Unternehmensbeteiligungen **284 KAGB** 20
  zulässige Vermögensgegenstände **284 KAGB** 12
  Zustimmung der Anleger **284 KAGB** 11
Spezial-Investmentfonds 15 InvStG 2
  Abgabefrist **15 InvStG** 45
  Abstandnahme von Steuerabzug **15 InvStG** 86
  Aktiengewinn **15 InvStG** 23
  Aktiengewinnermittlung **15 InvStG** 29 ff.
  Aktiengewinnermittlung, anlegerspezifische **15 InvStG** 38
  Aktiengewinnveröffentlichung **15 InvStG** 27
  Anlegerbegrenzung **15 InvStG** 10
  Anlegerkreis **15 InvStG** 9
  Aufsichtsrecht **15 InvStG** 8
  Ausgabe neuer Anteile **15 InvStG** 60
  Bekanntmachungspflichten **15 InvStG** 19
  Besteuerungsgrundlagen **5 InvStG** 24, **13 InvStG** 16, **15 InvStG** 41 ff.
  DBA-Gewinn **15 InvStG** 28
  Direktbeteiligung des Anlegers **15 InvStG** 32, 35, 94
  Dividenden **15 InvStG** 76
  Durchführung der Besteuerung **15 InvStG** 47
  Ein-Anleger-Fall **15 InvStG** 43
  Erträge aus Vermietung/Verpachtung **15 InvStG** 107
  EStG-Aktiengewinn **15 InvStG** 24, 39
  Feststellungsbescheid **15 InvStG** 48
  Feststellungserklärung **15 InvStG** 44
  Feststellungserklärung, berichtigte **15 InvStG** 53
  Fokus-Bank-Verfahren **13 InvStG** 139
  Fonds-Aktiengewinn **5 InvStG** 185

  gesonderte Feststellung **13 InvStG** 24, 115
  Gewinne aus privaten Veräußerungsgeschäften **15 InvStG** 111 ff.
  Immobilienerträge **15 InvStG** 77
  Immobilienerträge und Doppelbesteuerungsabkommen **15 InvStG** 127
  Immobilienerträge, Abgrenzung **15 InvStG** 123
  Immobilienerträge, Ermittlung der Höhe **15 InvStG** 126
  Immobilienerträge, gesonderter Ausweis **15 InvStG** 120
  Immobiliengewinn **15 InvStG** 28
  Immobilienkapitalgesellschaft **15 InvStG** 110, 118
  indirekte Beteiligung **15 InvStG** 35, 97
  Inhaltsadressaten **15 InvStG** 50
  inländische **15 InvStG** 6
  inländische Erträge **15 InvStG** 76
  inländische Immobilien **15 InvStG** 100 ff.
  Investitionsgesellschaft **15 InvStG** 130
  Investitionsgesellschaftumwandlung **15 InvStG** 22
  Kapitalertragsteuer **15 InvStG** 74 ff.
  Kapitalertragsteuereinbehalt **15 InvStG** 71
  Kapitalertragsteuerentrichtung **15 InvStG** 85
  Kapitalertragsteuererstattung **15 InvStG** 90
  Kapitalertragsteuersatz **15 InvStG** 83
  KStG-Aktiengewinn **15 InvStG** 24
  mittelbare Veräußerung von Anteilen **15 InvStG** 61
  Mitunternehmerschaftsfall **15 InvStG** 33, 95
  qualifizierte Beteiligung **15 InvStG** 92
  Regimewechsel zu Investitionsgesellschaft **1(1–2a) InvStG** 134 ff.
  Rückgabefall **15 InvStG** 58
  Schätzung der Besteuerungsgrundlagen **15 InvStG** 55
  Steuerabzug **15 InvStG** 18
  Steuerbescheinigung **15 InvStG** 91
  Strafbesteuerung **15 InvStG** 20
  Supertransparenz **15 InvStG** 100
  Veräußerungsfall **15 InvStG** 57
  Veräußerungsfiktion **15 InvStG** 21
  Verlustvortrag **15 InvStG** 56 ff.
  Verschmelzung **15 InvStG** 62
  wertpapierleihähnliche Geschäfte **15 InvStG** 65 ff.
  Wertpapierleihe **15 InvStG** 36, 98
  Zusammenrechnung verschiedener **15 InvStG** 34, 96
  Zuständigkeit **15 InvStG** 46
  Zwischengewinn **5 InvStG** 222, 40

Spezial-Investmentfonds, ausländische 16 InvStG 2
    Aktiengewinn **16 InvStG** 8
    Aktiengewinnermittlung **16 InvStG** 6
    Anlagebedingungen **16 InvStG** 6
    Anlegerbegrenzung **16 InvStG** 3
    Bundesanzeiger **16 InvStG** 7
    nicht anwendbare Vorschriften **16 InvStG** 6 ff.
    Pauschalbesteuerung **16 InvStG** 6
    Werbungskosten **16 InvStG** 6
Spezialinvestmentaktiengesellschaft 281 KAGB 11
Spiegelbildmethode 15a InvStG 36
Staatsanleihen 1(1–2a) InvStG 73
Staatshaftung 314 KAGB 61
Standard-Anleihen 1(3) InvStG 236
ständiger Geschäftsraum 305 KAGB 5
ständiger Vertreter 17 InvStG 51
    feste Geschäftseinrichtung **17 InvStG** 53
    nachhaltige Geschäftsbesorgung **17 InvStG** 52
    OECD/BRD-Musterabkommen **17 InvStG** 56
Statusmindestfrist 1(1–2a) InvStG 146
Steuerabzug 4 InvStG 25, 26
Steueranrechnung 4 InvStG 15
steuerbare Investmenterträge 4 InvStG 16
Steuerbefreiung
    Auslandssachverhalt **2 InvStG** 95
    Ausschüttung **2 InvStG** 90
    ausschüttungsgleiche Erträge **2 InvStG** 91
    Erträge **2 InvStG** 90
    Fondsprivileg **2 InvStG** 104
    Grundstückskapitalgesellschaften **2 InvStG** 98
    Grundstückspersonengesellschaften **2 InvStG** 100
    Hinzurechnungsbesteuerung **2 InvStG** 106
    privates Veräußerungsgeschäft **2 InvStG** 94
    spekulative Veräußerung von Grundstücken **2 InvStG** 94
    Thesaurierung **2 InvStG** 91
Steuerfreistellung 4 InvStG 4
steueroptimierte Geldmarktfonds 21 InvStG 14
Steuersubjektqualifikation 1(1–2a) InvStG 179
Stillhalterprämien 1(3) InvStG 228
Stimmrecht 288 KAGB 4
Strafbesteuerung
    Feststellungserklärung **13 InvStG** 45
    Spezial-Investmentfonds **15 InvStG** 20
Strafvorschriften 339 KAGB 1 ff.
    Blankettstraftatbestände **339 KAGB** 9
    Dauerdelikte **339 KAGB** 10
    geschützte Rechtsgüter **339 KAGB** 5 ff.

Investmentgeschäft ohne Erlaubnis **339 KAGB** 13 ff.
    Betreiben **339 KAGB** 18
    Geschäft einer KVG **339 KAGB** 14 ff.
    Irrtum **339 KAGB** 28
    Konkurrenzen **339 KAGB** 32
    ohne Erlaubnis **339 KAGB** 19 ff.
    subjektiver Tatbestand **339 KAGB** 27
    Tatbestandsirrtum **339 KAGB** 29
    Täterschaft **339 KAGB** 30
    Teilnahme **339 KAGB** 31
    Verbotsirrtum **339 KAGB** 28
Investmentgeschäft ohne Registrierung **339 KAGB** 22 ff.
    Betreiben **339 KAGB** 24
    Geschäft einer AIF-KVG **339 KAGB** 23
    Irrtum **339 KAGB** 28
    Konkurrenzen **339 KAGB** 32
    ohne Registrierung **339 KAGB** 25 f.
    subjektiver Tatbestand **339 KAGB** 27
    Tatbestandsirrtum **339 KAGB** 29
    Täterschaft **339 KAGB** 30
    Teilnahme **339 KAGB** 31
    Verbotsirrtum **339 KAGB** 28
Offizialdelikt **339 KAGB** 50
Pflichtverletzung bzgl. Insolvenzanzeige **339 KAGB** 34 ff.
    Anzeigeerstattung **339 KAGB** 39 ff.
    drohende Zahlungsunfähigkeit **339 KAGB** 38
    Konkurrenzen **339 KAGB** 44
    subjektiver Tatbestand **339 KAGB** 42
    Täterschaft **339 KAGB** 43
    Teilnahme **339 KAGB** 43
    Überschuldung **339 KAGB** 37
    Zahlungsunfähigkeit **339 KAGB** 36
Strafrahmen **339 KAGB** 45
Tätigkeitsdelikte **339 KAGB** 10
Unterlassungsdelikt **339 KAGB** 11
Verjährung **339 KAGB** 47
Verjährungsbeginn **339 KAGB** 48
Versuchsstrafbarkeit **339 KAGB** 12
Stufenregelung 3 InvStG 57
    Aktienquote **3 InvStG** 84, 88, 94
    Auslegung **3 InvStG** 58
    Beteiligungsprivileg **3 InvStG** 93
    Bruttoeinnahmen **3 InvStG** 63
    Dachfonds **3 InvStG** 59
    Davongrößen **3 InvStG** 62
    Doppelbesteuerungsabkommen **3 InvStG** 77
    Fehlen positiver Salden **3 InvStG** 74 ff.
    G-Papiere **3 InvStG** 72
    Gesamtvermögen **3 InvStG** 85

Sachregister

Gewinn-/Verlustvorträge **3 InvStG** 65
Grobzuordnung anhand der positiven Salden **3 InvStG** 80, 90, 97, 102
Immobilienquote **3 InvStG** 78
laufende Einnahmen **3 InvStG** 61
Streubesitzdividenden **3 InvStG** 95, 99
Stufe 1 **3 InvStG** 77 ff.
Stufe 2a **3 InvStG** 83 ff.
Stufe 2b **3 InvStG** 93 ff.
Stufe 3 **3 InvStG** 101 ff.
Teileinkünfteverfahren **3 InvStG** 83
Teilschritt 1 **3 InvStG** 61 ff.
Teilschritt 2 **3 InvStG** 66 ff.
Teilschritt 3 **3 InvStG** 73
Teilschritte **3 InvStG** 60 ff.
Übergangsregelung **3 InvStG** 105
Veräußerungsgewinne **3 InvStG** 61
Verlustverrechnung **3 InvStG** 64
Verteilung innerhalb der Gewinne/Verluste **3 InvStG** 73, 82, 92, 100, 104
Verteilung innerhalb der laufenden Erträge **3 InvStG** 66, 81, 91, 98, 103
Wertpapierleihgeschäfte **3 InvStG** 87
zeitliche Anwendung **3 InvStG** 105
Subsidiarität **3a InvStG** 1
Substanzausschüttungen **1(3) InvStG** 208
Substanzbeträge **3a InvStG** 17
Supertransparenz **15 InvStG** 100

T

Tätigkeitsdelikte **339 KAGB** 10
Teilausschüttung
Kapitalertragsteuer **7 InvStG** 163
Thesaurierung **2 InvStG** 46
Vorabausschüttung **2 InvStG** 50
zeitliche Zuordnung **2 InvStG** 46 ff.
Zuflussprinzip **2 InvStG** 47
Zwischenausschüttung **2 InvStG** 50
Teileinkünfteverfahren
Ausschluss **2 InvStG** 30
begünstigte Erträge **2 InvStG** 59, s.a. dort
betriebliche körperschaftsteuerpflichtige Anleger **2 InvStG** 73
betriebliche nicht körperschaftsteuerpflichtige Anleger **2 InvStG** 72
Gewerbesteuer **2 InvStG** 83 ff.
partielle Anwendung **2 InvStG** 53 ff.
persönliche Voraussetzungen **2 InvStG** 67 ff.
Privatanleger **2 InvStG** 68
Rechtsfolgen **2 InvStG** 67 ff.
Stufenregelung **3 InvStG** 83
Veräußerungsgewinne **2 InvStG** 58, 71
Teilgesellschaftsvermögen **22 InvStG** 42
Teilinvestmentvermögen
Vertrieb **293 KAGB** 35

Vertriebseinstellung **315 KAGB** 6
Vertriebsuntersagung **314 KAGB** 36
Teilsondervermögen **22 InvStG** 42
Teilwertansatz **15a InvStG** 40 f.
Termingeschäfte **1(3) InvStG** 211
ausschüttungsgleiche Erträge **1(3) InvStG** 230
thesaurierende Investmentfonds **5 InvStG** 13
Thesaurierung
Bekanntmachung **5 InvStG** 38
Doppelversteuerung **2 InvStG** 43
Feststellungserklärung **13 InvStG** 50
negative Thesaurierungen **3a InvStG** 18
Teilausschüttung **2 InvStG** 46
Thesaurierungsfiktion **2 InvStG** 45
zeitliche Zuordnung **2 InvStG** 40 ff.
Thesaurierung, negative **1(3) InvStG** 215
Thesaurierungsfiktion **1(3) InvStG** 216, **2 InvStG** 45
transparente Investmentfonds **5 InvStG** 16
Transparenzprinzip **2 InvStG** 10
bewertungstägliche Steuergrößen **5 InvStG** 29
eingeschränktes **5 InvStG** 6
Trennungsprinzip **3 InvStG** 6
Zinsschranke **2 InvStG** 115
Transparenzrichtlinie **288 KAGB** 6
Trennungsprinzip
Ertragsermittlung **3 InvStG** 6
fiktive Steuersubjektqualität **3 InvStG** 7
Treuhand-Lösung **11 InvStG** 4
Typenzwang
inländische Sondervermögen **1(1–2a) InvStG** 155
Investmentaktiengesellschaften mit veränderlichem Kapital **1(1–2a) InvStG** 159
Investmentvermögen **1(1–2a) InvStG** 151
offene Investmentkommanditgesellschaften **1(1–2a) InvStG** 160
Wahlrecht **1(1–2a) InvStG** 152
zulässige Rechtsformen **1(1–2a) InvStG** 154 ff.

U

Übergangsregelungen **vor 343–355 KAGB** 4
Übergangsvorschriften **vor 343–355 KAGB** 6 ff.
aktive geschlossene Alt-Fonds **353 KAGB** 47 ff.
Altersvorsorge-Sondervermögen **347 KAGB** 6 ff.
Anpassungsmaßnahmen **347 KAGB** 10
parallele Geltung von InvG und KAGB **347 KAGB** 12
Verbot der Neuauflage **347 KAGB** 17
Auflage eines AIF **343 KAGB** 35 ff.

ausländische AIF-Verwaltungsgesellschaften **344 KAGB** 2 ff.
Depotbankgenehmigungen **345 KAGB** 47
Drittstaatenstichtag **344 KAGB** 4
Erlaubnisfiktion für OGAW-KVG **355 KAGB** 5 ff.
gemischte Investmentaktiengesellschaften **348 KAGB** 4 ff.
gemischte Sondervermögen **348 KAGB** 4
    Anpassungsmaßnahmen **348 KAGB** 16
    Bestandsschutz für bestimmte Vermögensgegenstände **348 KAGB** 4 ff.
    Immobilien-Sondervermögen über 50% **348 KAGB** 9 ff.
Genehmigungsverfahren von Anlagebedingungen **345 KAGB** 49 ff.
geschlossene AIF in der Vertriebsphase **353 KAGB** 56 ff.
geschlossene Alt-Fonds **353 KAGB** 7 ff.
    Abgrenzungsfragen **353 KAGB** 18 ff.
    ausländische/EU-AIF-Verwaltungsgesellschaften **353 KAGB** 37
    Bestandsschutz bei 2016 auslaufenden **353 KAGB** 38 ff.
    Infizierung weiterer geschlossener AIF **353 KAGB** 32 ff.
    Instandhaltungsmaßnahmen **353 KAGB** 21
    Liquiditätsreserve **353 KAGB** 26
    Master-Feeder-Konstruktionen **353 KAGB** 28
    mehrstufige Dachfonds **353 KAGB** 28
    mehrstufige Strukturen **353 KAGB** 27
    planmäßige Erstinvestitionen **353 KAGB** 19
    Tätigen **353 KAGB** 11
    Umgestaltung eines Vermögensgegenstandes **353 KAGB** 22
    zusätzliche Anlagen **353 KAGB** 13 ff.
grenzüberschreitende Verwaltung inländischer Spezial-AIF **343 KAGB** 22
Immobilien-Sondervermögen **346 KAGB** 3 ff.
    Altanleger **346 KAGB** 3
    Altfälle **346 KAGB** 9 ff.
    Aussetzungen von Anteilsrücknahmen **346 KAGB** 8
    Dokumentationspflichten **346 KAGB** 5
    Neuanleger **346 KAGB** 5
inländische AIF-KVG **343 KAGB** 4
    Auflage eines AIF **343 KAGB** 8
    Auflage neuer AIF vor Erlaubniserteilung **343 KAGB** 24 ff., s.a. dort

Aufnahme von Vertriebsaktivitäten **343 KAGB** 9
    Einbeziehung der AIFM-VO **343 KAGB** 17
    Einbeziehung der Verwahrstelle **343 KAGB** 18
    erforderliche Maßnahmen **343 KAGB** 13 ff.
    hinreichend fortgeschrittene Projektierung des AIF **343 KAGB** 10 f.
    Jahresfrist für Erlaubnis/Registrierung **343 KAGB** 21
    kollektive Vermögensverwaltung **343 KAGB** 6
    Kompetenzerklärung semiprofessioneller Anleger **343 KAGB** 19
    Konsequenzen bei fehlender KAGB-Erlaubnis **343 KAGB** 40 ff.
    Tätigkeiten im Vorfeld **343 KAGB** 7 ff.
    Umfang der Compliance **343 KAGB** 16 ff.
    Zeitfenster zur Implementierung des KAGB **343 KAGB** 12
    Zeitpunkt vollständiger Compliance **343 KAGB** 14
inländische OGAW **355 KAGB** 9 ff.
    Anpassung der Vertriebsunterlagen **355 KAGB** 21 ff.
    Depotbankgenehmigungen **355 KAGB** 29
    materielle Änderungen **355 KAGB** 12 ff.
    redaktionelle Änderungen **355 KAGB** 17 ff.
    verspätetes Inkrafttreten der Anlagebedingungen **355 KAGB** 28
kleine AIF-KVG **345 KAGB** 27
kollektive Vermögensverwaltung **343 KAGB** 6
Konsequenzen bei fehlender KAGB-Erlaubnis
    Abwicklung des AIF **343 KAGB** 41
    ausländische Verwaltungsgesellschaften **343 KAGB** 49
    EU-AIF-Verwaltungsgesellschaften **343 KAGB** 49
    Übertragung des AIF **343 KAGB** 42 ff.
    Übertragungsanordnung der BaFin **343 KAGB** 46
    Übertragungsbeschluss der Anleger **343 KAGB** 43
öffentlicher Vertrieb ausländischer/EU-AIF **351 KAGB** 21 ff.
öffentlicher Vertrieb ausländischerAIF/EU-AIF **345 KAGB** 35 ff.

passive geschlossene Alt-Fonds-(KVG) **353 KAGB** 5 ff.
Privatplatzierung ausländischer AIF/EU-AIF **345 KAGB** 40 ff.
Prospekthaftung aus § 127 InvG **352 KAGB** 9 ff.
Regelungsadressat **vor 343–355 KAGB** 12
Regelungssystematik **vor 343–355 KAGB** 14
Regelungstechnik **vor 343–355 KAGB** 16
regulierte AIF-KVG **345 KAGB** 21 ff.
regulierte offene Publikums-AIF **345 KAGB** 3 ff.
    Genehmigungsbedürftigkeit **345 KAGB** 8
    materielle Änderungen **345 KAGB** 7 ff.
    redaktionelle Änderungen **345 KAGB** 14 ff.
    Verknüpfung mit Erlaubnisantrag **345 KAGB** 11
    Veröffentlichungspflicht **345 KAGB** 10
    verspätetes Inkrafttreten der Anlagebedingungen **345 KAGB** 20
regulierte offene Spezial-AIF **345 KAGB** 26 ff.
Schlichtungsstelle **354 KAGB** 1 ff.
Single-Hedgefonds **350 KAGB** 7 ff.
    Anpassungsmaßnahmen **350 KAGB** 7 ff.
    Bestandsschutz für Privatanleger **350 KAGB** 14 f.
    Erwerbsverbot für Privatanleger **350 KAGB** 12 f.
    partielle Fortgeltung des InvG **350 KAGB** 16 ff.
    partielle Fortgeltung von Vorschriften für Publikums-AIF **350 KAGB** 19 ff.
Sonderverjährungsnorm aus § 127 Abs. 5 InvG **352 KAGB** 3 ff.
sonstige Investmentaktiengesellschaften **349 KAGB** 4 ff.
sonstige Sondervermögen
    Anpassungsmaßnahmen **349 KAGB** 9
    Bestandsschutz für bestimmte Vermögensgegenstände **349 KAGB** 4 ff.
Spezial-AIF mit Privatanlegerbestand **350 KAGB** 21 ff.
unregulierte AIF-KVG **351 KAGB** 10 ff.
    Anpassungsmaßnahmen **351 KAGB** 11
    Anwendungszeitraum **351 KAGB** 12
    nicht (rechtzeitig) beantragte KVG-Erlaubnis **351 KAGB** 15
unregulierte offene Publikums-AIF **351 KAGB** 3 ff.
    Anpassungsmaßnahmen **351 KAGB** 4 ff.
    Anwendungszeitraum **351 KAGB** 8
    verspätetes Inkrafttreten der Anlagebedingungen **351 KAGB** 9

Vertrieb gemäß Prospektrichtlinie **353 KAGB** 63
Vertrieb inländischer AIF/EU-AIF **345 KAGB** 43 ff.
Vertrieb regulierter offener Publikums-AIF **345 KAGB** 29 ff.
    Vertriebsanzeigeverfahren **345 KAGB** 30
Vertrieb regulierter offener Spezial-AIF **345 KAGB** 34
Vertrieb unregulierter offener Publikums-AIF **351 KAGB** 16 ff.
Vertrieb unregulierter offener Spezial-AIF-(KVG) **351 KAGB** 20
Vertrieb von EU-OGAW **355 KAGB** 31 ff.
Übernahmerichtlinie **288 KAGB** 6
Überschuldung **339 KAGB** 37
Umbrella-Konstruktion **293 KAGB** 26
Umsatzsteuer **3 InvStG** 43
Underlying **1 (1–2a) InvStG** 72
unechte Rückwirkung **vor 343–355 KAGB** 2
Unterlassungsdelikt **339 KAGB** 11
Unterlassungsklage **314 KAGB** 59
Unternehmensbeteiligungen
    Anlagegrenze **1 (1–2a) InvStG** 102
    Hedge-Fonds **283 KAGB** 8
    Spezial-AIF mit festen Anlagebedingungen **284 KAGB** 20
    Vermögensgegenstände, zulässige **1 (1–2a) InvStG** 92
Unternehmensbeteiligungsgesellschaften **1 (1–2a) InvStG** 30
Unternehmensgewinne **4 InvStG** 12
Unterrichtungspflichten
    ausländischer AIF **317 KAGB** 65
    EU-AIF **317 KAGB** 65
    Prüfung **317 KAGB** 66
    Sprache **317 KAGB** 65
Unterschiedsbetrag **13 InvStG** 77

V
Veräußerungsgeschäfte **1 (3) InvStG** 199
Veräußerungsgewinne **1 (3) InvStG** 196
    Bekanntmachung **5 InvStG** 53
    Erträge **2 InvStG** 58
    Stufenregelung **3 InvStG** 61
Verbandsgeldbuße **340 KAGB** 13
Verbraucher **305 KAGB** 9
Verjährung
    Bußgeldvorschriften **340 KAGB** 21
    Prospekthaftung **306 KAGB** 31
    Schlichtungsverfahren **342 KAGB** 77
    Strafvorschriften **339 KAGB** 47
Verkaufsprospekt
    Aktualisierungspflicht **318 KAGB** 22

Sachregister

Angaben von wesentlicher Bedeutung **306 KAGB** 10
Anzeigeschreiben **316 KAGB** 14
ausländischer AIF **318 KAGB** 6 ff.
Dach-Hedgefonds **318 KAGB** 14
EU-AIF **318 KAGB** 6 ff.
EU-OGAW **309 KAGB** 58
fehlende staatliche Aufsicht **318 KAGB** 13
fehlerhafte Angaben **306 KAGB** 4, 7 ff.
Haftung für fehlenden **306 KAGB** 30
Immobilien-Sondervermögen **318 KAGB** 16
Jahresbericht **318 KAGB** 19
öffentliche Kapitalmarktinformationen **306 KAGB** 6
Prospekthaftung **306 KAGB** 2
Repräsentant **318 KAGB** 11
und Prospektrichtlinie **318 KAGB** 17
Vertrieb **297 KAGB** 9 f.
Vollständigkeit **306 KAGB** 13
Widerrufsrecht bei Nachtrag **305 KAGB** 13
Zahlstelle **318 KAGB** 11
Verkehrswert **285 KAGB** 8
Verlustverrechnung **3 InvStG** 106 ff.
AIFM-StAnpG **3 InvStG** 110
Gleichartigkeit der Erträge **3 InvStG** 107
Verlustverrechnungskreise **3 InvStG** 108
Verlustvortrag
Spezial-Investmentfonds **15 InvStG** 56 ff.
Zinsschranke **2 InvStG** 119
Vermietung/Verpachtung
ausgeschüttete Erträge **1(3) InvStG** 198
ausschüttungsgleiche Erträge **1(3) InvStG** 248
Vermögen **1 (1–2a) InvStG** 75 ff.
Vermögensaufstellung **299 KAGB** 4
Vermögensgegenstände, zulässige
Durchschau **1 (1–2a) InvStG** 95
gewerbliche Personengesellschaften **1 (1–2a) InvStG** 94
Hedge-Fonds **1 (1–2a) InvStG** 90
Immobilien-Gesellschaften **1 (1–2a) InvStG** 91
Investmentfonds **1 (1–2a) InvStG** 83 ff.
Katalog **1 (1–2a) InvStG** 86
Personengesellschaften **1 (1–2a) InvStG** 96
Publikums-Investmentfonds **1 (1–2a) InvStG** 90
Unternehmensbeteiligungen **1 (1–2a) InvStG** 92
Wertpapier **1 (1–2a) InvStG** 88
Veröffentlichungspflichten
ausländischer AIF **299 KAGB** 2
Besteuerungsgrundlagen **5 InvStG** 4
bewertungstäglichen Steuergrößen **5 InvStG** 28

eingeschränktes Transparenzprinzip **5 InvStG** 6
EU-AIF **299 KAGB** 2
EU-OGAW **298 KAGB** 3 ff.
grenzüberschreitender OGAW-Vertrieb **313 KAGB** 3 ff.
Aktualisierung **313 KAGB** 7
Änderungen **313 KAGB** 11 f.
Anteilsklassen **313 KAGB** 12
Internetseite **313 KAGB** 5
Unterlagen **313 KAGB** 3
Unterrichtung **313 KAGB** 8
Vermarktungsstrategie **313 KAGB** 11
Sprache **303 KAGB** 2
Vertriebseinstellung **315 KAGB** 5
Vertriebsuntersagung **314 KAGB** 25
verschleierte Diskriminierung **6 InvStG** 79
Verschmelzung **281 KAGB** 3
AIFM-Steuer-Anpassungsgesetz **21 InvStG** 28
angewachsene Erträge **14 InvStG** 16
ausländische Fonds **5 InvStG** 157
ausländische Investmentfonds **17a InvStG** 6, 16
ausschüttungsgleiche Erträge **14 InvStG** 15
Berufsträger-Bescheinigung **17a InvStG** 28
besitzzeitanteiliger Aktiengewinn **17a InvStG** 46
Bestätigung der Aufsichtsbehörde **17a InvStG** 29
betriebliche Anleger **17a InvStG** 43
Erfüllung inländischer Vorgaben **17a InvStG** 24
Ermittlung des Aktien-/Immobiliengewinns **17a InvStG** 41
Ertragsausgleich **17a InvStG** 39
fingierte Schlussbesteuerung **17a InvStG** 36
Fonds-Aktiengewinn **5 InvStG** 202
Fortführung der Anschaffungskosten **17a InvStG** 27
fortgeführte Anschaffungskosten **17a InvStG** 55 f.
Fußstapfentheorie **17a InvStG** 43, 50
Investmentaktiengesellschaft **14 InvStG** 19
Investmentfonds **14 InvStG** 4
Katalog **14 InvStG** 19
Korrekturpflicht des übertragenden Investmentvermögens **17a InvStG** 53
mehrere Sondervermögen **14 InvStG** 20
nachholender Kapitalertragsteuerabzug **17a InvStG** 37
Nachweispflichten **17a InvStG** 28 ff.
Privatanleger **17a InvStG** 50
Realisationstatbestand **17a InvStG** 18
Rechtsfolgen **17a InvStG** 35 ff.

Rumpfgeschäftsjahr **14 InvStG** 11
Spezial-Investmentfonds **15 InvStG** 62
Spezialinvestmentaktiengesellschaft
  281 KAGB 11
steuerliche Behandlung auf Anlegerebene
  14 InvStG 13 f.
steuerliche Behandlung auf Fondsebene
  14 InvStG 9 ff.
steuerneutrale **14 InvStG** 7
Übergang von Verlustvorträgen **17a InvStG** 40
übernehmendes Sondervermögen **14 InvStG** 10
übertragendes Sondervermögen **14 InvStG** 9
Voraussetzungen **14 InvStG** 7
Vorlagefrist **17a InvStG** 33
Zuflussfiktion **14 InvStG** 15
Zusammenlegung von Anteil-/Aktienklassen
  17a InvStG 17
Zwischengewinn **17a InvStG** 42
Versuchsstrafbarkeit 339 KAGB 12
Vertrieb 293 KAGB 4, **322 KAGB** 10
  Anbieten **293 KAGB** 12
  Angaben in einem Prospekt **293 KAGB** 29
  Anzeige *s. Anzeigeverfahren*
  Anzeigepflicht **295 KAGB** 6
  Ausgabe von Masterfondsanteilen **293 KAGB** 31
  ausländische AIF **295 KAGB** 8
  Ausnahmen **293 KAGB** 20 ff.
  Dach-Hedgefonds **297 KAGB** 16
  dauerhafter Datenträger **297 KAGB** 12
  Einstellung *s. Vertriebseinstellung*
  einzelne Teilfonds **293 KAGB** 27
  EU-AIF **295 KAGB** 8
  EU-OGAW **294 KAGB** 4
  Form der Information **297 KAGB** 12
  geschlossene Fonds **293 KAGB** 10
  gesetzliche Veröffentlichungspflichten **293 KAGB** 30
  Hinweis auf Haftungsfreistellung **297 KAGB** 11
  Informationsausnahmen **297 KAGB** 19
  inländisches Kreditinstitut **17 InvStG** 45
  Internetseite **297 KAGB** 12
  Kaufunterlagen **297 KAGB** 21
  Lotsenfunktion **294 KAGB** 35, **295 KAGB** 4
  Master-Feeder-Vereinbarung **297 KAGB** 14
  Mindestangaben **293 KAGB** 29
  namentliche Benennung **293 KAGB** 21
  Nennung von Besteuerungsgrundlagen **293 KAGB** 28
  Nennung von Preisen/Kursen **293 KAGB** 22
  OGAW **294 KAGB** 3
  Papierform **297 KAGB** 12
  passiver **293 KAGB** 33
  Platzieren **293 KAGB** 19
  Privatanleger **295 KAGB** 5
  Privatplatzierung **293 KAGB** 9
  produktbezogen **293 KAGB** 6
  Publikums-AIF **295 KAGB** 5
  Repräsentant **17 InvStG** 40
  Richtlinien-Ermächtigung **293 KAGB** 34
  Risikomanagementmethoden **297 KAGB** 26
  Spezial-AIF **295 KAGB** 8
  Teilinvestmentvermögen **293 KAGB** 35
  Umbrella-Konstruktion **293 KAGB** 26
  Umsetzung eines Kundenauftrages **293 KAGB** 8
  und Prospektpflichten **295 KAGB** 12
  Untersagung *s. Vertriebsuntersagung*
  Verhinderung **295 KAGB** 11
  Verkaufsprospekt auf Verlangen **297 KAGB** 9
  Verwahrstelle **297 KAGB** 11
  wesentliche Anlegerinformationen **297 KAGB** 4
  Zusatzangaben **293 KAGB** 29
Vertriebsanzeige
  ausländische AIF-Verwaltungsgesellschaft
    325 KAGB 12, **326 KAGB** 10, **327 KAGB** 32, **328 KAGB** 47, **330 KAGB** 53 ff., **333 KAGB** 13, **334 KAGB** 18
  Drittstaaten-Master-Feeder-Strukturen **329 KAGB** 48
  EU-AIF-Verwaltungsgesellschaften **323 KAGB** 5
  Europäischer Pass **331 KAGB** 19, **332 KAGB** 13
  kleiner AIFM **330a KAGB** 41
Vertriebseinstellung 315 KAGB 4
  Teilinvestmentvermögen **315 KAGB** 6
  Veröffentlichungspflicht **315 KAGB** 5
Vertriebsgesellschaft 17 InvStG 50
Vertriebsuntersagung
  Adressaten **314 KAGB** 11
  AIF **314 KAGB** 1 ff.
  Anfechtungsklage **314 KAGB** 53
  Anzeigepflichten **314 KAGB** 20
  ausländischer AIF **322 KAGB** 52
  Auswahlermessen **314 KAGB** 8
  BaFin **314 KAGB** 7 ff.
  Bundesanzeiger **314 KAGB** 39
  Entschließungsermessen **314 KAGB** 9
  erheblicher Verstoß gegen Anlagebedingungen **314 KAGB** 30
  erneute Anzeige nach **314 KAGB** 43
  EU-OGAW *s. dort*
  Feststellungsklage **314 KAGB** 58
  Fortsetzungsfeststellungsklage **314 KAGB** 56

Informations- und Veröffentlichungspflichten **314 KAGB** 25
Klagebefugnis **314 KAGB** 48
Nicht-Erstattung von Kosten **314 KAGB** 32
ordnungsgemäße Vertriebsanzeige **314 KAGB** 16
Privatanlegeransprüche **314 KAGB** 27
Privatanlegerschutz **314 KAGB** 6
Rechtsnatur der Maßnahmen **314 KAGB** 12
Rechtsschutz **314 KAGB** 45
Rechtsweg **314 KAGB** 46
Staatshaftung **314 KAGB** 61
Teilinvestmentvermögen **314 KAGB** 36
Umbrella-Konstruktion **314 KAGB** 37
Unterlassungsklage **314 KAGB** 59
Verhältnismäßigkeit **314 KAGB** 10
Verwaltungsvollstreckungsverfahren **314 KAGB** 60
vorläufiger Rechtsschutz **314 KAGB** 54
vorzeitige Aufnahme des Vertriebs **314 KAGB** 15
Werbungsverstoß **314 KAGB** 21
Widerspruchsverfahren **314 KAGB** 52
zulässige Maßnahmen **314 KAGB** 7 ff.
Zulässigkeit des Vertriebs **314 KAGB** 17 ff.
zuständiges Gericht **314 KAGB** 50
Verwahrstelle
Anforderungen **317 KAGB** 30 ff.
Anzeigeschreiben **316 KAGB** 13, **321 KAGB** 23
Hinweis auf Haftungsfreistellung **297 KAGB** 11
Kapitalertragsteuer **7 InvStG** 188
mehrere **317 KAGB** 34
Primebroker **283 KAGB** 33
Spezial-AIF **275 KAGB** 5
Vergleichbarkeit **317 KAGB** 28
Verwaltungssubstitution 342 KAGB 54
Verwaltungsunrecht 340 KAGB 1
Verwaltungsvollstreckungsverfahren 314 KAGB 60
Verwendungsreihenfolge 3a InvStG 2
Vollausschüttung
Betriebsvermögen **2 InvStG** 39
Privatanleger **2 InvStG** 36
zeitliche Zuordnung **2 InvStG** 35 ff.
Vollrisikozertifikate 1(3) InvStG 238
Vorabausschüttung 2 InvStG 50
vorläufiger Rechtsschutz 314 KAGB 54

W
Wandelanleihen 1(3) InvStG 240
weiße Fonds 17 InvStG 2
Werbung 302 KAGB 2
BaFin **302 KAGB** 9
Dach-Hedgefonds **302 KAGB** 8

Derivate **302 KAGB** 7
Erkennbarkeit **302 KAGB** 3
Feederfonds **302 KAGB** 8
irreführende **302 KAGB** 4
Schuldverschreibungen **302 KAGB** 6
Sprache **303 KAGB** 2
in Textform **302 KAGB** 5
Untersagung **302 KAGB** 9 ff.
Vertriebsuntersagung **314 KAGB** 21
Wertpapierindex **302 KAGB** 7
Werbungskosten
Abziehbarkeit **3 InvStG** 44
AIFM-Steuer-Anpassungsgesetz **22 InvStG** 74
Allgemeinkosten **3 InvStG** 45, 55 ff., *s.a. dort*
Bekanntmachung **5 InvStG** 114, 120
Beteiligungsprivileg **3 InvStG** 49
direkte *s.* Einzelkosten
Einzelkosten **3 InvStG** 44, 50 ff., *s.a. dort*
Ermittlung der Nettogröße auf Fondsebene **3 InvStG** 47
Halbeinkünfteverfahren **3 InvStG** 49
Kapitalertragsteuer **7 InvStG** 125
Nettogrößen-Ermittlungsschema **3 InvStG** 48
Spezial-Investmentfonds, ausländische **16 InvStG** 6
Werbungskostenzuordnung **3 InvStG** 44 ff.
Zuflussprinzip **3 InvStG** 41
Zuordnungsregel **3 InvStG** 44
Wertaufholung 8 InvStG 17
Berichtigung **8 InvStG** 25
Wertpapier
Investmentfonds **1 (1–2a) InvStG** 88
Vermögensgegenstände, zulässige **1 (1–2a) InvStG** 88
Wertpapierindex 302 KAGB 7
Wertpapierleihe
AIFM-Steuer-Anpassungsgesetz **21 InvStG** 16
Spezial-Investmentfonds **15 InvStG** 36, 98
wesentliche Anlegerinformationen
Abschlussvermittler **306 KAGB** 23
AIF-Kapitalverwaltungsgesellschaft **301 KAGB** 3
Aktualisierungspflicht **318 KAGB** 22
Anlagevermittler **306 KAGB** 23
Anzeigeschreiben **316 KAGB** 14
Anzeigeverfahren **310 KAGB** 25
ausländischer AIF **318 KAGB** 21
EU-AIF **318 KAGB** 21
fehlerhafte Angaben **306 KAGB** 14 ff.
Haftungsausschluss **306 KAGB** 25
Haftungsbeschränkung **306 KAGB** 26
Haftungsgegner **306 KAGB** 22
Kausalität **306 KAGB** 17
Verzicht **297 KAGB** 7

Vollständigkeit **306 KAGB** 16
vorvertragliche Informationspflicht **297 KAGB** 4
Zurverfügungstellung **297 KAGB** 8
wesentlicher Verstoß **1 (1–2a) InvStG** 137 ff.
   Darlegungspflichten **1 (1–2a) InvStG** 141
   Feststellung durch Finanzverwaltung **1 (1–2a) InvStG** 143 ff.
   Gesamtumstände **1 (1–2a) InvStG** 139
   Geschäftsabschluss **1 (1–2a) InvStG** 140
Widerrufsrecht **305 KAGB** 4 ff.
   Ausschluss **305 KAGB** 9
   Frist **305 KAGB** 6
   Gespräch **305 KAGB** 4
   Nachtrag zum Verkaufsprospekt **305 KAGB** 13
   Rechtsfolgen **305 KAGB** 10
   Rückübertragung **305 KAGB** 10
   ständiger Geschäftsraum **305 KAGB** 5
   Verbraucher **305 KAGB** 9
   Verkauf der Anteile **305 KAGB** 12
   Verwirkung **305 KAGB** 11
   Verzicht **305 KAGB** 11
   Widerrufsbelehrung **305 KAGB** 7
   Widerrufserklärung **305 KAGB** 8
   Zahlung des Gegenwertes **305 KAGB** 10
Widerspruchsverfahren bei Vertriebsuntersagung **314 KAGB** 52
Wirtschaftsprüfer **9 InvStG** 20
WM-Datenservice
   Bekanntmachung **5 InvStG** 129
   Fehler bei gesonderter Feststellung **13 InvStG** 105

Z

Zahlstelle **318 KAGB** 11
Zahlungsunfähigkeit **339 KAGB** 36
Zerschlagung **292 KAGB** 6
Zerschlagungsverbot
   Ankauf eigener Anteile **292 KAGB** 22
   Anteilsrücknahme **292 KAGB** 22
   Ausschüttung **292 KAGB** 17
   Emittent **292 KAGB** 14
   erfasste Ausschüttung **292 KAGB** 18
   Erheblichkeit des Verstoßes **292 KAGB** 29
   inkriminierte Maßnahmen **292 KAGB** 16 ff.
   Kapitalherabsetzungen **292 KAGB** 21
   nicht börsennotiertes Unternehmen **292 KAGB** 11
   Verstoßfolgen **292 KAGB** 28 ff.
   Wohlverhaltenspflichten **292 KAGB** 25
   Wohlverhaltenspflichten, Dauer der **292 KAGB** 27
Ziel-Investmentfonds
   Aktiengewinn **10 InvStG** 15
   Bekanntmachungsfrist der Besteuerungsgrundlagen **10 InvStG** 9
   Besteuerungsgrundlagen **10 InvStG** 4
   Durchzertifizierung **10 InvStG** 10
   Kapitalertragsteuer **10 InvStG** 17
   Pauschalbesteuerung **10 InvStG** 5
   Zwischengewinn **10 InvStG** 16
Zillmerung **304 KAGB** 2
Zinsen
   Kapitalerträge **1 (3) InvStG** 195
   Stückzinsen **1 (3) InvStG** 232
   Zwischengewinn **1 (4) InvStG** 271
Zinsertrag **2 InvStG** 116 ff.
Zinsschranke
   Bekanntmachung **5 InvStG** 58
   Investmentvermögen **2 InvStG** 114
   Schattenrechnung **2 InvStG** 119
   Transparenzprinzip **2 InvStG** 115
   Verlustverrechnung **2 InvStG** 119
   Verlustvortrag **2 InvStG** 119
   Zinsertrag **2 InvStG** 116
   Zwischengewinn **2 InvStG** 120
Zuflussprinzip **3 InvStG** 28
   abgetrennte Zinsscheine **3 InvStG** 30
   angewachsene Ansprüche aus Emissionsrendite **3 InvStG** 36
   Anleihe **3 InvStG** 39
   ausländische Steuern **3 InvStG** 42
   Bond-Stripping-Strukturen **3 InvStG** 30 ff.
   Dividenden **3 InvStG** 34
   Ertragsermittlung **3 InvStG** 14
   Feinabstimmungsabschlag **3 InvStG** 38
   Mieten **3 InvStG** 40
   modifiziertes **3 InvStG** 33
   Optionsscheine **3 InvStG** 39
   Umsatzsteuer **3 InvStG** 43
   Werbungskosten **3 InvStG** 41
   Zinsen **3 InvStG** 35
Zweckvermögen **11 InvStG** 6
Zwischenausschüttung **2 InvStG** 50
   Ausschüttungsbeschluss **12 InvStG** 29
   Feststellungserklärung **13 InvStG** 37, 49
Zwischengewinn **1 (4) InvStG** 259 ff., **2 InvStG** 25, **5 InvStG** 214
   abgegrenzte Zinserträge **2 InvStG** 26
   Abgeltungsteuer **5 InvStG** 216
   angewachsene Ansprüche **1 (4) InvStG** 270
   Ausschüttungsbeschluss **12 InvStG** 20
   begünstigte Erträge **2 InvStG** 65
   Bekanntmachung **1 (4) InvStG** 265 ff.
   Berechnung **1 (4) InvStG** 283
   Bestandteile **1 (4) InvStG** 269 ff.
   betriebliche/institutionelle Anleger **1 (4) InvStG** 262

bewertungstägliche Steuergrößen **5 InvStG** 28
Dach-Investmentfonds **1(4) InvStG** 264, **10 InvStG** 16
derivativer Z. aus aus gehaltenen Anteilen **1(4) InvStG** 280
derivativer Z. aus Ausschüttungen **1(4) InvStG** 273
derivativer Z. aus Erwerb/Veräußerung **1(4) InvStG** 276
Ermittlungspflicht **5 InvStG** 223 ff.
Ersatzwert bei fehlender Veröffentlichung **5 InvStG** 230
Ertragsausgleich **1(4) InvStG** 289 ff., **2 InvStG** 123, **7 InvStG** 114
Hedgefonds **5 InvStG** 219
indirekte Werbungskosten **1(4) InvStG** 285
Kapitalertragsteuer **7 InvStG** 111
Körperschaftsteuer **5 InvStG** 222
materielle Bedeutung **5 InvStG** 216
Nachweis- und Korrekturpflicht für ausl. Investmentfonds **5 InvStG** 233
negative Kapitalerträge **2 InvStG** 122 ff.
OGAW-Richtlinie **5 InvStG** 227
originärer **1(4) InvStG** 269
Pauschalbesteuerung **6 InvStG** 54
Privatanleger **1(4) InvStG** 260
Spezial-Investmentfonds **15 InvStG** 40
Spezialfonds **5 InvStG** 222
Veröffentlichungspflicht **5 InvStG** 223 ff.
Verschmelzung **17a InvStG** 42
Ziel-Investmentfonds **10 InvStG** 16
Zinsen **1(4) InvStG** 271
Zinsschranke **2 InvStG** 120